僧格林沁史料长编

第二册

王立新　白乌力吉　主编

本册点校者　王立新

黄山书社

2021—2035年国家古籍工作规划重点出版项目（第一批）
2023年度国家古籍整理出版专项经费资助项目

本册目录

咸丰八年

二月

二月十二日

〇上谕

咸丰八年二月十二日内阁奉上谕：

奕淙等奏副都统伦恭挑缺不公一折。上年六月伦恭一人挑缺，以未中箭之闲散阿凌阿挑补马甲，其中箭之养育兵伊立布未挑，有无情贿等弊，著派僧格林沁、文彩秉公查讯具奏。该印务参领及该管佐领，著查取职名，先行交部议处。钦此。

——《咸丰同治两朝上谕档》第8册，第58页。

二月十四日

〇载垣等奏

臣载垣等跪奏，为遵旨会议事。

内阁抄出陕西巡抚曾望颜奏审明官钱铺局那移私贩及隐匿亏短情弊、按律定拟一折。咸丰八年正月初十日奉朱批：御前大臣、军机大臣会同该部议奏，片并发。钦此。又片奏盐法道及历任列衔用印之西安府知府可否免其查议等因，同日奉朱批：览。钦此。

该臣等会议得，据陕西巡抚曾望颜奏称：

窃照陕西省官钱铺局委员及管事人等那移私贩，并与藩司家人伙开私铺，又续行查出隐匿亏短各弊，均经臣先后具折奏明，于咸丰七年十月十六日奉上谕：曾望颜奏查出官钱铺委员等那移私贩，请旨革讯，并究出藩司司徒照家人伙开钱铺一折，陕西委员候补知县郭廷椿、丁忧未入流李洵、现任甘肃礼县知县李应诏先后管理官钱局铺事务，竟敢那移官

项，与捐职王迎科及司徒照家人黄君任开设义源崐等钱铺，并将官钱运往各处售卖。既据该抚派员查明，亟应澈底根究。郭廷椿、李洵均著革职，交曾望颜严行审讯。李应诏著一并革职，即著乐斌派员将该员解赴陕西，归案讯办，以儆官邪。定案时将该藩司参办。余著照所议办理。该部知道。钦此。又于十一月初二日奉上谕：前因曾望颜奏参陕西官钱铺委员、候补知县郭廷椿等那移私贩，并藩司司徒照家人黄君任伙开钱铺等情弊，当降旨将郭廷椿等革职，交曾望颜严行审讯，定案时并将该藩司参办。本日复据曾望颜将续查亏短银数，并收买大钱渔利、私钱铺那用银钱、委用隐匿铁钱、销毁帐本各款胪列具奏，委员郭廷椿等与管事之王迎科通同藩司家人种种舞弊，隐匿侵吞，为数不少，殊属可恶。该抚现在督同道府各员查核严究，所有旧管委员著一并提讯，如有扶同侵渔情弊，并著严参惩办，务期澈底根究，毋许稍有不实不尽。陕西布政使司徒照，于家人通同属员舞弊，为时已久，毫无觉察，实属昏愦，著先行撤任，听候该抚查办。钦此。

臣遵即督同候补道王承基、刘鸿恩，西安府知府沈寿嵩，候补知县徐德良、孔宪璜等，提集人证，正在查讯，适准陕甘总督臣将旧管官钱铺局委员李应诏派员押解到陕，随即归案，连日研鞫。缘李应诏籍隶顺天大兴县，报捐未入流，分发陕西，补授沔县典史；郭廷椿籍隶顺天通州，由议叙未入流分发陕西，咨补大荔县典史，旋捐知县，仍留陕西候补；李洵籍隶山东历城县，指捐陕西候补未入流；王迎科即王八，籍隶山西临晋县，捐纳布政使理问职衔；黄君任即黄五，籍隶广东四会县，跟随前藩司司徒照服役管门，冒捐布政司经历。咸丰四年陕省开设官钱铺，先后委令李应诏、郭廷椿经理，王迎科在铺管事，李应诏并照料鼓铸铜大钱，在省城东南隅另设官钱局。迨五年添铸铁钱，即委李应诏管理，李洵弹压，李应诏之胞弟李应诰管帐。讵李应诏等各图肥己，遂将官项银钱那移私贩，与黄君任等伙开私铺，并陆续隐匿亏短，为数甚多。经臣奉旨严讯，悉心推究，乃知该革员等诡秘极多，弥缝甚固，或将数目前后轇轕，彼此参差；或将帐本任意藏匿，私行烧毁；或捏报钱价，以多掩少，化少为多。种种颠倒错乱，牵混含糊，不可枚举。故作弊多年，亏那累万，令人无从稽查。现在各按情节，逐一根究，惟有就其所开帐目，核其作弊情形。

如那移官项、伙开私铺一节。讯得前设官钱铺原为易钱放饷、节省库款，每月司库先期发银交铺，由铺缴回钱票，兵民领票者多系不取现钱，故票本、银钱存铺甚多。李应诏、王迎科商同那用营利，并邀李洵合伙。又恐藩司知觉，遂许黄君任干股一分，黄君任贪利允从。一共四人，开设四如永钱铺，用裴相奎管事。王迎科又独将呼延姓、孙姓闭歇之天兴顺钱铺接开，用杨德亭管事；又商同李洵、郭廷椿，将王择昇闭歇之义源崐布铺改开钱铺，仍借义源崐字号，以图掩饰，用荆昌吉管事；又与李洵伙开豫祥成钱铺，与已革仓书纪应荷即纪六伙开天顺和钱铺，用邵崐、吕景春各管事。凡遇各私铺银钱缺乏，俱系王迎科向官铺那用，归本不归利。臣查官铺银钱丝毫均系国帑，岂容任意取携？乃该革员等伙开

私铺，擅自那用，统计先后那去银六十八万余两，那去制钱一百九万余串，除陆续归还并经臣查办之后叠次追缴外，尚亏短银三千一百六十九两零、制钱一万一千七百七十五串零。又查，官钱铺暂记帐内，有天兴顺五年八月欠银八千六百两，以后并无收帐，天兴顺五年正月至九月帐本片纸俱无。据郭廷椿、王迎科供，天兴顺曾与官钱铺有买空卖空交易，因恐查帐败露，嘱令杨德亭藏匿，不期杨德亭竟自烧毁。杨德亭今已病故，无从追问。是其帐内所短之银八千六百两，无论是否系买空卖空，抑系实在那借，此时清查铺款，总当以帐为凭，帐内既属有欠无归，即与实在亏短无异。讯据王迎科等情愿将天兴顺欠银及亏官铺银钱照数赔缴。此那移官项、伙开私铺之实在情形也。

又，隐匿铁钱一节。讯系鼓铸铁钱，事属创始。李应诏因在新立局添设炉座，置买地基、房屋、家具等件，浮开银一万五千余两，藩司核减发银九千二百两。李应诏等冀得将来由司详请奖叙，缴回银四千余两，自愿垫办，遂于官铸铁钱每日匿报数十千及百余千不等，计五年分铸铁钱八万九千七百九十四串，匿报一万二千五百八十一串八百七十九文。六年分铸铁制钱十六万一百八十四串，匿报二万七千八百二十一串。嗣李应诏捐升选授甘肃礼县赴任，李应诰亦捐知县进京候选，李洵专管局事，路万太管帐。迨李洵丁忧，复添委候补府照磨刘克健在局学习，李洵仍然违例身后办事。刘克健翻阅帐本，李洵不准查看。刘克健因系学习，未敢争论。自七年正月至八月底，共铸铁制钱二十二万二千四百串，李洵匿报三万八百串。统计由五年春间至七年八月底，共铸铁制钱四十七万二千三百七十八串，隐匿铁制钱七万一千二百二串八百七十九文。研鞫实止此数，并无再有铸多报少情事。传集炉头张永亮等逐细质究，所铸之数尚属相符。臣查李应诏、李洵前后隐匿铁钱既止七万余串，何以五家私铺帐内有铁钱十五万串？据李洵等供称，内有咸阳、泾阳、佛坪等处将官发铁钱拉进省城转卖，经各私铺买回，所以铁钱之数浮出七万之外。复诘以隐匿果止此数，又何故将炉头逐日交钱草帐暨五、六两年出入流水各帐本烧毁？据供，逐日交钱帐本，因已誊入光钱总帐，五、六两年出入流水各帐，系开发炉头、工匠、书役口食等项，俱已发清，各帐即属无用，随时抛弃烧毁。现将五、六两年光钱总帐并隐匿铁钱作为垫款帐本陆续呈出，其为隐匿铁制钱仅止七万余串，似尚可信。惟钱局买地造房、置办炉座器具，已经藩司发银五千两，即使不敷，欲行垫办请奖，该革员等亦当自出己资，何得于官铸铁钱隐匿少报？况查(有)所买地基房屋内，有李洵商同郭廷椿将真契隐匿，另造伪契十纸，共计价银五千九百八十五两，及追出原买真契，仅合银一千三百四十余两。又有与杨生智等买受房地一契，价银三千两，迨饬咸宁县传讯杨生智等，供称实价银二千两。种种浮冒，皆有确据。此外，李洵续房地三契，计用制钱三千一百五十串，按照当日钱价，亦不过合银一千四百余两。至先后修建房屋、制办炉座器具，均有浮开情弊。显系藉口垫款之名，以为浮冒隐匿之计。讯之李应诏、李洵、郭廷椿等，俱各俯首认罪。现委候补知府吕儁孙等督

同咸、长两县，将官钱局先后所买房地并建造修盖之房屋以及炉座器具，按款估计，共值制钱一万四千三百串，以现在时价一千六百文合银一两计算，除制钱八千串抵去库司前发之银五千两，又抵去隐匿铁钱六千三百串外，其余隐匿铁钱六万四千九百二串八百七十九文，李应诏、李洵自愿分赔。此藉词隐匿铁钱实在情形也。

又，减价收买大钱暨私贩铁钱一节。讯据王迎科供，每月兵饷搭放当十铜大钱，民间不甚畅行，伊起意令荆昌吉等每串用制钱八百文或八百余文买回，转卖与官钱铺，每串抵制钱八百余文及九百余文不等。追解交司库，又合足制钱一千文。所得盈余，俱归私铺。并据李洵等供，因藩司将铁制钱发官钱铺行使，并札发各州县当商钱行二八搭用，遂将隐匿之钱商同王迎科，由官钱铺分发五家私铺，诡称官发铁钱，令荆昌吉等运往蓝田、岐山等处售卖，荆昌吉等均不知是隐匿之钱。质之荆昌吉等，供亦无异。此减价收买大钱及私贩铁钱之实在情形也。

又，郭廷椿、王迎科所报官钱铺月折，核计短银三万余两一节。查月报折内，下月报折所开旧管数目与上月报折所开实在数目多不相符。且七月内有领司库库平银十万两一款，以银合钱，又以钱合银，一转移间，遽短去议平银三万余两。讯据王迎科等供称，缘官钱[铺]平日领到藩库银两，即按当时市价，每两易钱若干文，以钱票照数缴库，其实银两仍存铺中，并非即时易钱，每月皆系如此办理。迨至年底清结总帐，又将各月钱价归并一个钱价通融计算，以便多寡之际任意捏开。其一年之中所获利息，均系减少呈报。此伊等作弊伎俩。今伊等即用此法，于七月所领库平银十万两，藉口市价无定，照原估每银一两易钱一千八百三十文之价，合作钱十八万三千串；又将钱十八万三千串另捏市价每钱二千五百三十六文值银一两之价，再合作议平银七万二千一百六十两八钱八分。所以计其钱数，依然十八万三千串，并无所亏，而银数已于暗中减少。伊等遂将余出之银私自藏匿，共计藏匿议平银三万一千八百三十九两一钱二分。现经查出，郭廷椿、王迎科情愿如数认赔。此所报月折短银三万余两之实在情形也。

此外又查出官钱局亏短采办铁炭本制钱六万七千九百四十八串三百三十五文，除经臣陆续追缴铁炭并钱文等项外，尚计亏短制钱五万四百八十五串五百七十四文。讯据李洵供，在山西采办，诘其何时可到，不能确指日期，显系藉词掩饰。李洵情愿认赔，自应按数追缴。

至黄君任即黄五，是各革员倚恃舞弊之人。复加研诘，据供，各革员等种种作弊，伊俱知情，因贪图干股之利，遂至表里为奸。所有冒捐职官，自认糊涂。其王迎科衣箱内起出印册，实系藩司交伊转交王迎科核对细数，一时忘记取回。

以上各等情，反覆推求，各供不讳。随遴派委员查封四如永、天兴顺、义源岷、豫祥成、天顺和各私铺，于义源岷铺内搜出王择昇、王择荣冒认铺东呈纸，当将王择昇等带案研讯。

据供，义源崐原系王择昇等家布铺，亏本歇业，租与郭廷椿等开设私铺，仍用义源崐旧字号，藉以遮掩。郭廷椿犯案后，嘱令出名冒认，希图减罪。伊等写就呈词，不敢投递。提讯郭廷椿，供认属实。王择昇既未递呈，尚属畏法，应解回山西原籍，严加管束。郭廷椿希图减罪，尚无别情。

所有旧管委员，除前选云南镇南州知州潘仲辑咨明云南抚臣饬取亲供备办外，其现在紫阳县知县张其翊、三水县典史梁锡敬等，当经讯取亲供，因前管铺局事务为日无多，实不知李应诏、王迎科等如何作弊，委无扶同侵渔情事，请免置议。

案无遁饰，将李应诏等依例拟斩监候，声明完赃后从重拟发新疆；黄君任从重拟遣；李应诰拟徒，从重拟发军台；路万太等拟徒。等因。具奏前来。

查律载，监守自盗仓库钱粮，不分首从，并赃论罪；又，官物收掌若有侵欺借贷者，并计赃以监守自盗论。又，例载，监守自盗仓库钱粮入己，数在一千两以上，斩监候，勒限一年追完，如限内全完，死罪减二等发落。又新定章程，阻挠钱法、任意折算之商民人等，为从杖六十、徒一年、枷号一个月。各等语。此案已革知县李应诏，已革未入流李洵，委管官钱局，均有监守之责，辄于官铸铁钱匿报七万余串，李洵又于所领铁炭本制钱，除追缴外，尚亏制钱五万四百余串，均属监守自盗。已革知县郭廷椿，系官钱铺委员，王迎科管理铺事，执掌银钱，乃与李应诏等那用官项，开设私铺，除交还及原缴外，尚短银三千余两、制钱一万一千余串，又有天兴顺欠官项银八千余两，月报折内隐匿银三万余两，按守掌官物侵欺借贷律，亦应照监守自盗论。该革员等计赃均在一千两以上，该抚将李应诏、李洵、郭廷椿依监守自盗钱粮一千两以上例拟斩监候，王迎科即王八，除折算贩卖大钱铁钱及买空卖空杖徒各轻罪不议外，亦照监守自盗一千两以上例拟斩监候，均勒限著追，一年完缴后，加等拟遣，固系照例从重办理。惟设立官钱铺局，原以军务未竣，藉以协济兵饷，该革员等奉委经理，自应激发天良，力图撙节，乃骫法营私，隐匿侵吞，盈千累万，实属丧心昧良、目无法纪，较之寻常监盗仓库钱粮情节尤重。况现在京外设立官钱铺局，筹画度支、整顿钱法吃紧之际，似此贪劣藐法之员，若不从严惩治，何以正人心而儆官邪？且陕省破案事属创始，难免各处观望，若一轻纵，势必纷纷效尤，侵吞日甚，何所底止？于国计大有关系。臣等公同酌议，拟将李应诏、李洵、郭廷椿、王迎科即王八，于监守自盗斩监候本例上加重，请旨即行正法，以昭炯戒。黄君任以藩司家丁，胆敢与李应诏等朋比为奸，串通舞弊，又复违例冒捐职衔，伙开私铺，以致那用官项，种种藐法。设使此案若无该犯从中图利朦蔽，上下遮掩，李应诏等亦不敢如此明目张胆。是黄君任之罪，即与李应诏同科，亦不为枉。惟究系无禄之人，自应量为末减，拟以绞候。查有向来遣罪加不至死之例，今从重拟以绞监候，与例稍有未符。但衡情执法，似难尽拘成例，原拟遣罪尚觉轻纵，应请旨将黄君任拟以绞监候，归入本年秋审情实办理。铨选湖北咸宁县丁忧知县李应诰，与路万太先后在官钱局管

帐，明知李应诏等匿报铁钱，任意扣出，听从指使，实属狼狈为奸。该抚拟于李应诏斩罪上减二等，杖一百、徒三年。李应诰发往军台亦不足以蔽辜，李应诰应革去知县，与路万太从重于李应诏等斩罪上减一等，拟杖一百，流三千里。李应诰仍从重发往新疆效力赎罪，路万太定地发配，折责安置。

撤任藩司司徒照，于该省设立官钱铺局重大事务竟漫不经心，任听劣员等串通该司家丁侵那官项，数逾累万，且该家丁又复冒捐职衔。该司虽无授意，惟该革员等与家丁通同舞弊三年之久，岂竟毫无觉察？并据该抚奏称，于查出时，该司亦以风闻前弊，禀请查办。查该司既有风闻，何以不早为禀查？乃已查出方请查办，复仍以“风闻”字样具禀，岂因该抚查出究办，该司料难隐瞒，亦以风闻之词具禀，正为自己立脚地步？种种弊窦，尽属显然。若照昏愦严议，仅予革职，实不足蔽辜。请旨将撤任藩司司徒照革职，发往新疆充当苦差，勿庸再交部议。李应诏、李洵、郭廷椿、王迎科、黄君任等五人应交赔项，均勒令由司徒照名下追缴，勒限一年，由陕西巡抚就近严追，如限内完缴，即行起解；傥逾限不完，即令该抚派员将司徒照押解来京，交刑部监追，既免官项虚悬，且可惩一儆百。

该抚奏称，荆昌吉、裴相奎、邵崑、杨德亭、吕景春各受雇与王迎科掌管私钱铺事，俱不知有隐匿铁钱，惟听从折价收贩大钱铁钱，均应照新定章程，任意折算之商民人等为从，杖六十、徒一年，加枷号一个月，满日分别递籍，定地充徒。杨德亭业已病故，应毋庸议。已革仓书纪应荷即纪六，于王迎科等那移侵匿并不知情，惟与王迎科伙开私铺，究属不合，应照违制律杖一百，系书吏加一等，杖六十、徒一年，至配折责安置，仍俟勒令完缴赔项，再行起解。候补府照磨刘克健，委令赴局学习，既系李洵不准查看帐本，半年之久，并不禀明，亦不能查出积弊，实属无能，应请革职。余讯无干，概行省释。其义源崐等私铺资本利息及官钱局亏短银钱分别勒追，各犯寓所资财、原籍家产分咨查抄等语，均应如所奏办理，将所抄家产备抵咨部。

再，该抚片奏内称，陕西宝陕局鼓铸向系盐法道管理，嗣因新立官钱局添铸大钱铁钱，并设官钱铺，遂专由藩司派员掌管。因所派委员俱无印信，故一切文册并令西安府列衔用印，其实官钱铺局事件，均系该员李应诏等面禀前藩司司徒照专办，不独历任西安府无由查问，即向管宝陕局之盐法道亦不得与闻。臣抵任以来，悉其所弊之端，讯据西安府知府沈寿嵩所闻无异，遂派委候补道王承基等并该府随同臣提犯研鞫。经该府沈寿嵩不避嫌怨，严切根究，始将实情究出。是官钱铺始终为各革员把持朦蔽，所有盐法道暨历任列衔用印之西安府知府无从查问，而现办此案之能使水落石出者，又全由现任西安府知府沈寿嵩之力，若概科以失察之条，转无仰副我皇上赏罚持平至意，可否仰恳天恩，俯准将盐法道、历任西安府知府暨现任西安府知府沈寿嵩免其察议之处，出自逾格鸿慈。等语。可否免其察议之处，相应声明，恭候钦定。

该抚又称，官钱铺局经此次整顿之处，自应申明旧章，认真办理。所有官钱铺事务，仍归宝陕局责成盐法道会同藩司管辖，其官钱铺专由藩司管理，所派专管宝陕局官钱铺委员每处二员，每年一换，出具交代册结，以杜侵那。其册报由藩司刊给委员钤记，俾昭信守，无庸西安府列衔用印，以除虚文而昭核实。等语。恭候命下，由刑部移咨吏、户二部核办。

再，此折系刑部主稿，合并声明。

所有臣等会议缘由，理合恭折具奏请旨。

咸丰八年二月十三日

臣载垣

臣僧格林沁

臣德木楚克扎布

臣景寿

臣彭蕴章

臣柏葰

臣穆荫

臣杜翰

臣桂良

臣麟魁

臣赵光

臣宗室国瑞

臣齐承彦

臣孟保

臣李清凤　差

臣万青藜

——《咸丰同治两朝上谕档》第8册，第60—70页。

〇上谕

咸丰八年二月十四日内阁奉上谕：

御前大臣、军机大臣会同刑部议覆陕西官钱铺局委员舞弊罪名一折。各省设立官钱铺局，原以军务未竣，藉资协济，派委管理各员，宜如何激发天良，实心经理！此案陕西官钱局委员已革知县李应诏、已革未入流李洵，于官铸铁钱匿报至七万余串，李洵复亏短钱炭本钱五万余串之多。官钱铺委员已革知县郭廷椿，管理铺事已革未入流王迎科，那移官项，伙开私铺，以致亏欠银钱数逾巨万，均属营私骫法，丧心昧良。据曾望颜讯明，照监守

自盗例从重定拟，尚觉情浮于法，李应诏、李洵、郭廷椿、王迎科均著照载垣等所请，于应得斩监候罪上从重即行处斩，以昭炯戒。撤任陕西布政使司徒照之家人黄君任，串通委员，朋比分肥，致令肆意侵那，毫无忌惮，若仅从重拟遣，尚属轻纵，亦著照载垣等所请，改为绞监候，入于本年秋审情实办理。丁忧湖北知县李应诰、管事人路万太，明知委员匿扣局钱，听从指使，狼狈为奸，均应从重惩办。李应诰著照议改为革职，发往新疆效力赎罪；路万太著照议改为杖一百、流三千里。候补府照磨刘克健续派在局学习，不能查出弊端，又未将委员等不容查阅之处据实禀明，著即革职。至司徒照以藩司[①]大员，摈斥道府，独任私人，可恶已极[②]，于李应诏等通同黄君任种种舞弊三年之久，岂能[③]毫无觉察？直至曾望颜查出弊端，始以风闻详禀，虽未讯出婪赃[④]入己情事，谓非自图立足，其谁信耶？本应即照□□□□立正典刑，姑念其人本平庸，稍予末减[⑤]，司徒照著革职，发往新疆充当苦差。所有李应诏、李洵、郭廷椿、王迎科、黄君任等五人应完赔项，均由司徒照名下追缴，勒限一年，就近完清，再行发遣，逾限不完，即行送部监追。其管理宝陕局之历任盐法道及官钱铺造册列衔之历任西安府知府，并承审此案之现任西安府知府沈寿嵩，既据曾望颜声明，于局铺事件向未与闻，恳请免议，所有失察处分，均著免其查议。余依议。该部知道。嗣后无论京外，有似此案情罪俱重者，必应从严惩办，立予正法，著追赔项，俾现在京外局号大员、委员、吏胥等早知儆戒，或自顾身家者不敢泯尽天良。将此通谕知之。[⑥]

钦此。

——《咸丰同治两朝上谕档》第 8 册，第 59—60 页。

二月二十一日

〇上谕

咸丰八年二月二十一日内阁奉上谕：

---

① “藩司”为朱笔所改，原作“督办”。

② 画线部分为朱笔所加。

③ 画线部分为朱笔所加。

④ 画线部分为朱笔所改，原作“无授意”。

⑤ 画线部分为朱笔所改，原作“迥非寻常失察可比，仅予革职，不足蔽辜”。

⑥ 画线部分为朱笔所加。

僧格林沁、文彩奏，查讯副都统挑缺不公，供词互异，请分别暂行解任革职等语。① 此案据副都统伦恭供称，向来挑缺并不信任参领等保举；而据副参领松明供称，阿凌阿系伊姻侄，挑缺时曾向伦恭回明，阿凌阿在印房当差效力。供词互异，显有情托情事，必应严切根究。伦恭著暂行解任，松明著即革职，一并交僧格林沁等讯明具奏。

钦此。

——《咸丰同治两朝上谕档》第8册，第97—98页。

三月

三月初一日

〇上谕

咸丰八年三月初一日内阁奉上谕：

僧格林沁等奏遵查副都统挑缺不公、讯有情贿等弊、请分别革职审办一折。② 副都统

---

① 本日，僧格林沁、文彩奏："奴才等当经遵奉谕旨，片行该旗，将印务参领及该管佐领职名由该旗径送兵部先行议处，并拣派司员章京，传集正红旗蒙古印务参领瑞森，参领德英额，副参领瑞明、松明，佐领瑞祥，并养育兵伊立布、已革马甲阿凌阿到案，连日逐加研讯。据瑞森、德英额、瑞明、瑞祥佥供，上年六月十三日，伦恭一人挑缺，有瑞祥佐领下马甲一缺，第一名养育兵伊立布中箭一枝，并未挑补，第十九名印房效力当差闲散阿凌阿并未中箭，经副参领松明向伦恭回道，阿凌阿素常差使好，伦恭说就挑他，随即松明接牌传谕，将阿凌阿挑补。并据瑞森供称，伦恭挑缺时，伊立布中箭一枝，伊曾向伦恭回过伊立布中箭。讯之副参领松明，供称，阿凌阿系伊姻侄，挑缺时松明向伦恭回道，阿凌阿在印房效力当差好，伦恭将阿凌阿挑补马甲。惟据伦恭亲供内称，向来本旗挑缺，并不信任参领等保举，是日挑缺系何人接牌传放，隔年之久，实不记忆，彼时挑缺，伊立布虽中箭一枝，弓力较软，不合式样，曾未挑补；其阿凌阿虽未中箭，因伊身量强壮，步射平妥，是以挑补马甲等语。查松明既供阿凌阿系伊姻侄，显有情托朦蔽之事，反覆驳诘，坚不吐实，仅称在伦恭前回称阿凌阿在印房效力当差好挑补，而核与伦恭所称并不信任参领等保举供词互异，且伊立布既经中箭，又经瑞森回过，并未挑补，将未中箭之阿凌阿挑补，情节更有可疑，必应澈底根究，以期水落石出。相应请旨，将副都统伦恭暂行解任，副参领松明革职，以便归案审讯。"详见中国第一历史档案馆藏录副奏折，档案号03-4210-093。

② 本日，僧格林沁、文彩奏："奴才等仍饬司员章京连日详加推鞫，据松明供出，稔知阿凌阿之父佟幅向伦恭门上李姓情托，伊应许挑缺时可以将阿凌阿保举。当将佟幅传案，并派番役将李姓拿解前来。又讯据李姓名李升供出，系本旗骁骑校长春辗转情托，随将长春传案研讯。据李升供称，雇给伦恭服役，上年六月间，骁骑校长春赴伦恭宅画事，向伊告说，本旗出有马甲一缺，有伊戚闲散阿凌阿欲找门路挑补此缺，李升应许向伊主人央求。各散后，伊向伊主人央求，伊主人未允。是月不记日期，伊向长春捏说业已求准，令其写给阿凌阿职名。后长春又问伊得缺后用钱若干，伊告说得缺后令其给钱一百二十吊。是月十三日，伊主人在本旗衙门一人挑缺，是日晚伊找向长春，问明阿凌阿业已得缺，向要钱文，长春将佟幅找至，给伊钱票一百二十吊。伊因阿凌阿果然得缺，又向多要钱文，佟幅又多给钱三十吊。伊一人使用，并未向伊主人告知。至交给伊职名，伊已烧毁等语。讯之佟幅，供亦符合。质讯长春，亦供认代佟幅向李升情托属实。惟向伦恭讯问，据称家人李升回官事时或者说过，彼时申斥，不准求揽官事，其挑补阿凌阿马甲一节，因伊身体强壮，步射平妥，并松明在公堂声说阿凌阿在印房效力当差，是以将阿凌阿挑补马甲等语。查此案虽据各犯供出已有情贿等弊，惟李升既供向伊主人央求未允，何以伦恭即将未中箭之阿凌阿挑补，而伦恭又称李升或者说过，彼时申斥不准？供词闪烁，显系恃符狡卸，相应请旨，将解任副都统伦恭暂行革职。骁骑校长春既有代佟幅情托之事，应请即行革职，以便详讯。"详见中国第一历史档案馆藏录副奏折，档案号03-4210-111。

伦恭将未中箭之阿凌阿挑补马甲,据该副都统门丁李升供系骁骑校长春请托得受钱文,现在伦恭供词闪烁,显系恃符狡卸,伦恭著暂行革职,骁骑校长春著即行革职,一并归案审办。

钦此。

——《咸丰同治两朝上谕档》第8册,第92—93页。

三月初五日

〇上谕

军机大臣字寄兼管顺天府府尹张,府尹梁。咸丰八年三月初五日奉上谕:

僧格林沁奏,副都统富勒敦泰拉运炮位器械起程,咨行顺天府赶备人夫车辆,屡催未经备齐,现由火器营捐输项下拨钱,雇觅人夫车辆,运赴通州,请饬顺天府备船运至防所等语。军行要需岂容连日躭延,所有炮位器械,既经火器营拨款,雇备人夫车辆运至通州,其到通后应需船只,著张祥河、梁同新即饬该地方官迅速备齐应用,毋再迟延。将此谕令知之。

钦此。遵旨寄信前来。

——《咸丰同治两朝上谕档》第8册,第96页。

三月二十一日

〇僧格林沁等奏(节录)

奴才僧格林沁等谨奏……据正红旗桂彻佐领下奉恩将军、暂行革职副都统宗室伦恭亲供内称,去年六月间,有雇工人李升向伊回官事时,曾经说有伊亲戚阿凌阿家中寒苦,求挑一分钱粮糊口,伊彼时应允。是月十三日,伊一人在本衙门挑缺时,第一名伊立布中箭一枝,参领瑞森回过伊立布中箭,伊曾听见,并未言语,实因家人李升向伊求过,又有副参领松明当堂声说阿凌阿在印房效力当差之言,是以将未中箭之阿凌阿挑补马甲。本年二月十一日在挑缺处公同署都统惇郡王、副都统克兴阿挑缺,有养育兵伊立布在惇郡王前控诉,去年六月十三日伊立布中箭未挑,伊彼时原向伊立布申斥,并问及该管佐领有无中箭存记。至家人李升如何撞骗之处,伊实系不知等语。

奴才等提讯各犯研加推鞫,缘阿凌阿之父佟幅系正红旗蒙古领催,与本旗副参领松明系属儿女姻亲,骁骑校长春系佟幅表弟。阿凌阿在本旗官学念书,咸丰四年二月,印务参领瑞森、参领德英额、副参领瑞明查学,见阿凌阿学习满汉字,稍可当差,瑞森等当时将阿

凌阿挑在印房额外效力当差。上年六月，本旗六甲喇出有马甲一缺，佟幅托松明挽转门路，将伊子阿凌阿挑补，松明告说并无门路，如挑缺时可以在大人前保举，叫他自己找门路。佟幅又找向长春，嘱为挽转副都统伦恭门路，长春应允。是月不记日期，长春到伦恭宅画事，遇便向门丁李升告说，本旗出有马甲一缺，有伊戚阿凌阿系本旗闲散，欲挽转门路挑补此缺，李升应许向伊主人央求给阿凌阿挑补。后李升向伊主人伦恭央求，捏说阿凌阿系伊亲戚，家里寒苦，求赏给钱粮，伊主人应许，如阿凌阿步射平妥，就将其挑补。李升随给长春送信，说已向伊主人求准，向长春要阿凌阿职名。后佟幅找向长春打听信息，长春将托准李升之事告知，并令佟幅写给职名。佟幅令长春问准李升，如得缺要钱若干。后长春又到伦恭宅画事，将职名交给李升，并问李升如得缺后用钱若干，李升告说如得缺后令其给钱一百二十吊。长春又转向佟幅告知，佟幅应允。佟幅复将托定李升之事告知松明。是月该旗佐领瑞祥将所出马甲一缺验看，得养育兵伊立布等二十二名，闲散阿凌阿排列第十九名，牌上写明在印房效力当差，经印务参领瑞森、副参领瑞明验看无异。是月十三日，伦恭一人在本衙门挑缺，第一名伊立布中箭一枝，阿凌阿并未中箭，松明向伦恭回称，阿凌阿在印房当差好，瑞森回明第一名伊立布中箭一枝，伦恭未语，随将未中箭之阿凌阿挑补木牌递给松明传放。是日晚，李升找向长春，问明阿凌阿业已得缺，向要钱文。长春将佟幅找至伊家，佟幅给与李升钱票一百二十吊。李升又因阿凌阿果然得缺，多要钱文，佟幅又多给李升钱票三十吊。各散后，伊立布因中箭并未得缺，屡向佐领瑞祥告说家里寒苦，欲要伸诉，瑞祥令其用心练习弓箭，必可得缺，不许生事。本年二月十一日，惇郡王同副都统克兴阿并伦恭挑缺，伊立布仍排列第一名，并未中箭，亦未得缺，忆及上次挑缺中箭并未将其补放，情急喊嚷，经惇郡王向佐领瑞祥询问阿凌阿如何得缺，瑞祥回称，因伊当差好，伦恭将其挑补，彼时伦恭向伊立布申斥。经署都统、惇郡王奕誴等奏参，奉旨派奴才等查讯，审悉前情。

奴才等仍恐该犯等另有隐匿情节，伦恭有无受赃情事，复加详鞫，据伦恭供称，实不知李升如何撞骗。严究李升有无给伊主人钱文及另有分用之人，据供所得钱文实系伊一人使用，并无向伊主人告知，亦无分用之人，长春交伊职名，亦未给伊主人瞧看，业已烧毁。并据印务参领瑞森、参领德英额、副参领瑞明结称，阿凌阿实系挑在印房额外效力当差，如有虚捏，情甘认咎。传讯该旗印房同班当差马甲忠祥、领催松山，供亦无异。反覆究诘，矢口不移。

案无遁饰，应即拟结。惟应如何定拟罪名之处，奴才等因无例案可稽，当经抄录供招，分咨宗人府、刑部查照例案咨覆去后，兹准宗人府、刑部先后核议咨覆前来。

查宗人府咨覆，道光十八年十一月二十六日奉旨会同严讯正白旗满洲副都统宗室功普、辅国公宗室奕颢私交名帖一案，抄录原奏及所降谕旨，一并咨行办理。查原奏内称，辅

国公宗室奕颢，以一品大员，因吉庆教习伊子，辄于该旗拣选佐领，起意代为情托，业经革去职任，系辅国公，应仍请旨交宗人府严加议处；已革兵部右侍郎、正白旗满洲副都统宗室功普，身任二品大员，听受奕颢情托，信嘱该管参领，向都统代为转求，业经革职，应请再罚宗室养赡钱粮五年。等因。于道光十八年十二月初二日具奏，本日奉旨：此案奕颢因正白旗拣选佐领，辄将教习伊子之前锋校吉庆名帖送交功普，浼求拣选引见，以一品大员不知检束，恣意妄为，实属狂谬胆大。功普于奕颢私交名帖，辄阿附尚书代为辗转央求，殊属卑鄙。现据敬敏等会同定拟具奏，奕颢毋庸交宗人府议处，其公爵即行革去，伊子三人自不应列入应封，著即扣除引见。功普毋庸罚养赡钱粮。奕颢、功普均著发往盛京效力赎罪，以为大员徇私情托者戒。所遗公爵，著宗人府照例办理。余依议。钦此。

又，准刑部咨称，名例例载，凡官员有先参革职提问，犯该杖一百者革职，其暂革副都统伦恭，听从李升央求，将阿凌阿挑补马甲，查律载嘱托公事当该官吏听从曲法事已施行杖一百等语，伦恭应拟杖一百等因。

查宗室伦恭身系二品大员，听受家人李升央求，辄将未中箭之阿凌阿挑补马甲，实属徇私妄为，业经奏请暂行革职，该宗室兼摄奉恩将军，可否援照奕颢等之案办理，抑或照刑部例载拟结之处，伏候钦定。

又，刑部文称，查律载枉法赃五十五两杖一百流三千里，无禄人减一等。又例载，指称大小内外官员名头诓骗财物计赃犯该徒罪以上者，发近边充军；又以财行求及说事过钱者皆计所与之赃与受财人同科，无禄人减一等。又律载，不应为而为事理重者杖八十。各等语。此案李升听受长春嘱托，向伦恭求赏阿凌阿钱粮，得受阿凌阿之父佟幅京钱一百二十吊，后复向佟幅索添京钱三十吊，除该犯索添京钱三十吊系事后受财，准枉法罪止满杖轻罪不议外，应以枉法赃五十五两杖一百流三千里，系无禄人，减一等，杖一百徒三年，仍照指称大小内外官员名头诓骗财物计赃犯该徒罪以上发近边充军例，拟发近边充军，咨送兵部定地发配，到配杖一百，折责安置。领催佟幅，托松明将伊子保举，并托长春挽转门路，许给李升钱文；骁骑校长春，代李升过付钱文。长春业经革职，佟幅应革去领催，与长春均照以财行求及说事过钱与受财人同科例，均系无禄人，减一等，于杖一百流三千里罪上减一等，杖一百徒三年，拟杖一百徒三年，系旗人，各折枷号四十日，满日鞭责发落。副参领松明，应许佟幅代为保举阿凌阿，于挑缺时向伦恭回称阿凌阿在印房当差，是以伦恭将阿凌阿挑补马甲，现准刑部查照不应为而为事理重律杖八十，又官员先参革职提问犯该罪在杖一百以下者交部议处，分别降罚，其先经革职之处准予开复，等因。查松明事前应许佟幅将阿凌阿保举，乃挑缺时参领瑞森向伦恭回称伊立布中箭，伊仍敢在伦恭前保举阿凌阿当差好，实属有意徇私，居心奸诈，业经奏请革职，若仅照不应重律杖八十，交部议处，开复革职，似觉轻纵，拟请从重不准开复，毋庸置议。已革马甲阿凌阿，系伊父代为营求，业经

罪坐其父，应免置议。印务参领瑞森、佐领瑞祥，于未中箭之阿凌阿挑补马甲，当时并未回明各堂，业经奉旨交部议处，应与申诉得实之养育兵伊立布、讯无不合之参领德英额、副参领瑞明、马甲忠祥、领催松山，均毋庸议。李升所得赃钱，讯已花用，无力完缴，应免著追……

咸丰八年三月二十一日

——录副奏折，档案号03-4210-152。

〇上谕

咸丰八年三月二十一日内阁奉上谕：

前因副都统伦恭挑缺不公，派僧格林沁、文彩秉公查讯，并将该副都统暂行革职。兹据僧格林沁等讯明，援案定拟具奏。伦恭身任大员，辄听信家人央求，将未中箭之阿凌阿挑补马甲，实属徇私妄为，仅予革职，不足蔽辜，著发往盛京效力赎罪。副参领松明，既知阿凌阿未经中箭，仍敢在伦恭前保举，亦属有意徇私，业经革职，著不准其开复。余依议。

钦此。

——《咸丰同治两朝上谕档》第8册，第123页。

四月

四月初九日

〇实录

命科尔沁亲王僧格林沁酌带兵勇，赴通州一带防堵。

——《清文宗实录》卷二五〇，咸丰八年四月甲寅。

〇上谕

军机大臣字寄绥远城将军成。咸丰八年四月初九日奉上谕：

本日据谭廷襄等奏，夷船闯入海口，炮台被占，已派僧格林沁等酌带兵勇，赴通州一带防堵，尚恐兵力不敷，著成凯迅挑绥远城精兵一千名，配齐军装器械，派委得力协领等官管带，克日驰赴通州驻扎，听候调遣，毋稍迟误。将此由六百里加紧谕令知之。

钦此。遵旨寄信前来。

——《咸丰同治两朝上谕档》第8册，第150页。

○上谕

军机大臣字寄热河都统英。咸丰八年四月初九日奉上谕：

本日据谭廷襄等奏，逆夷闯入海口，占据炮台，该督等现在督兵防剿，尚恐兵力不敷分布，著英隆拣调精兵一千名，配齐军装器械，派委得力协领等官统带，驰赴通州驻扎，听候僧格林沁调遣，毋稍迟误。将此由六百里加紧谕令知之。

钦此。遵旨寄信前来。

——《咸丰同治两朝上谕档》第8册，第151页。

○上谕

军机大臣字寄察哈尔都统西。咸丰八年四月初九日奉上谕：

前经谕令西凌阿统带察哈尔官兵二千名前往山海关防堵，业经该都统等奏先后进口。本日据谭廷襄等奏，逆夷昨日闯入天津海口，炮台被占，京畿东路应需设兵防堵，著西凌阿查明营总珠克都尔帕木、那木济勒多尔济等所带三起、四起兵一千名现抵何处，即饬前往通州一带，听候僧格林沁调遣。至山海关防务亦关紧要，仍著西凌阿驻扎防守。将此由六百里加紧谕令知之。

钦此。遵旨寄信前来。

——《咸丰同治两朝上谕档》第8册，第151页。

○上谕

军机大臣字寄署密云副都统哈。咸丰八年四月初九日奉上谕：

本日据谭廷襄等奏，夷船闯入海口，轰伤兵勇，炮台被占，现派僧格林沁等酌带兵勇，前赴通州一带防堵。著哈福那迅将密云精兵挑选五百名，派佐领恩成管带，克日驰赴通州驻扎，以资防守，毋稍迟误。将此由六百里加紧谕令知之。

钦此。遵旨寄信前来。

——《咸丰同治两朝上谕档》第8册，第151页。

四月初十日

○上谕

军机大臣字寄兼管顺天府府尹张，顺天府府尹梁。咸丰八年四月初十日奉上谕：

昨据谭廷襄等奏，夷船闯入海口，占踞炮台，已派僧格林沁等酌带京营兵一千五百名，

驰赴通州一带防堵,并调密云兵五百名,热河、察哈尔、绥远城兵各一千名,均赴通州一带驻劄。官兵需支口粮,应于通州设立粮台。著张祥河、梁同新即派通永道锡祉赶紧妥筹办理,毋稍迟误。将此谕令知之。

钦此。遵旨寄信前来。

——《咸丰同治两朝上谕档》第8册,第155—156页。

四月十二日

○西凌阿奏

四月初十日,接准军机大臣字寄,四月初九日奉上谕:前经谕令西凌阿统带察哈尔官兵二千名前往山海关防堵等因。钦此。查察哈尔三、四起官兵尚未抵至山海关,当即差派满营五品顶带花翎骁骑校伊付贡布、五品顶带蓝翎色布什新泰星夜赴永平府等处,勿论三、四起官兵行抵何处,遵旨赶紧截回通州一带,听候僧格林沁调遣。一面飞饬三、四起营总珠克都尔帕木、那木济勒多尔济等钦遵办理。今三、四起官兵既经遵旨截回通州一带,其头、二起官兵,奴才另行饬令移营布置,以期联络而重防守。

朱批:知道了。

——《筹办夷务始末(咸丰朝)》卷二二,第37页。

○上谕

军机大臣密寄直隶总督谭,头等侍卫托,内阁学士乌,传谕直隶布政使钱炘和。咸丰八年四月十二日奉上谕:

昨据谭廷襄等奏,俄、米二夷仍愿说合,当谕知该督等,除遣使进京及在内地传教两事断难允准外,其余利之所在,尚可斟酌办理,且看俄、米转述如何,再行奏闻。本日据该督奏称,战守两难,仍宜用抚,已派员往俄、米探询等语,想日内必有回覆。此时崇纶即欲赴京,一切机宜,俟崇纶到后再行指示。该督即遵照昨奉谕旨,妥为布置,俟俄、米转述有信,即行奏闻。该督现驻葛沽,与昨所谕前敌筑营之旨尚属相符。本日复谕知僧格林沁,一俟密云官兵行抵通州,即饬驰赴天津,归托明阿统带,著即相度地势扎营,以资防御。该夷探测水势,均系舢板,自非如轮船之迅疾,当可易于阻止。且恐此项测水之船,复有俄、米在内,则转圜之说仍属空言。尤应督饬提镇严为防御,勿使再有深入。

另片奏参署天津镇总兵达年、署大沽协副将德魁、提督张殿元、副都统富勒敦泰,均著革职,仍留营督带兵勇,以观后效。阵亡之游击沙春元等五员,自应从优议恤。惟现在抚局未定,未便宣示,俟天津夷务完竣,再行明降谕旨。

将此由六百里密谕谭廷襄、托明阿、乌尔棍泰,并传谕钱炘和知之。

钦此。遵旨寄信前来。

——《咸丰同治两朝上谕档》第8册,第162—163页。

〇上谕

军机大臣密寄科尔沁博多尔噶台亲王僧,礼部尚书瑞。咸丰八年四月十二日奉上谕:

本日因谭廷襄奏请添调京兵,业经谕令僧格林沁等,将前调之密云兵五百名,于抵通后即饬赴天津防堵。旋据密云咨报,此项官兵已于本日起程,并据谭廷襄等复报夷船倏忽内驶、筹防紧要,仍请酌拨京兵星夜来津等语。现在京兵已难再调,惟察哈尔三、四起兵一千名,本日据西凌阿奏,已派员驰赴永平等处截回通州。此项官兵抵通后,并著僧格林沁等简派得力之员管带,饬令前赴天津,听候谭廷襄、托明阿等调遣。僧格林沁等驻扎通州,原以保卫京师,设津郡事机紧急,必须亲自前进,亦只宜于杨村、蔡村等处择要驻扎,庶于京师相距不远,而于津郡呼应亦灵。至此项官兵调赴津郡,僧格林沁等军营兵力太单,所有直隶通永等镇官兵相距尚近,即著酌量调拨,以资防守。将此密谕知之。

钦此。遵旨寄信前来。

——《咸丰同治两朝上谕档》第8册,第164—165页。

〇上谕

军机大臣密寄直隶总督谭,仓场侍郎崇,内阁学士乌,头等侍卫托,刑部侍郎国,正黄旗护军统领珠,革职副都统富,传谕直隶布政使钱炘和。咸丰八年四月十二日奉上谕:

本日早间,因谭廷襄昨有请调京兵之奏,特命僧格林沁等俟密云兵五百名到通州时,即饬前赴天津。顷又据谭廷襄等来报,据称沿河兵勇万难阻遏,仍请添调京兵。岂初十日寄谕,至今尚未接奉耶?现复谕知僧格林沁等,俟察哈尔官兵一千名到通,再派得力之员管带,饬赴天津,一并归托明阿分拨布置矣。惟此二项官兵一时未能到齐,国瑞、珠勒亨、富勒敦泰所带马步队京兵本有二千,何以不闻接仗,亦不见其扼守何处要隘?现在僧格林沁所带京兵,原为京师保障,岂能尽赴天津?若如所请,则国瑞等所带皆不足恃,岂有如此办法?此项京兵即有伤亡,为数当尚不少,加以张殿元、达年皆有本标之兵,何至如此一日数惊、张皇无措?托明阿久历戎行,素称勇敢,此时当已抵津,即著妥筹调度。该夷现虽乘船驶进,而陆路亦应严防,若以步兵练勇防河路,而以马队防陆路,布置更为周密。富勒敦泰营盘失陷,张殿元、达年等不能防护炮台,业已降旨革职。即国瑞、珠勒亨一同退却,亦难辞咎,若再不力为防御,或致别有疏失,自问当得何罪?前谭廷襄屡次奏报,总言兵勇声势甚壮,迨一经溃败,即毫无筹画,事前既无布置,今又如此恇怯,即使再添精兵,何能有

益？著即与托明阿、国瑞、珠勒亨等妥速筹办，务使郡城得保无虞，方可徐图议抚。若再有贻误，致失事机，朕惟有执法惩治，不能宽贷也。将此由六百里密谕谭廷襄、崇纶、乌尔棍泰、托明阿、国瑞、珠勒亨、富勒敦泰，并传谕钱炘和知之。

钦此。遵旨寄信前来。

——《咸丰同治两朝上谕档》第 8 册，第 165—166 页。

四月十四日

○范承典折

掌山西道监察御史臣范承典跪奏，为夷情诡诈，未便再示羁縻，请申天讨以锄后患，仰祈圣断事。

窃英夷上年在粤扰乱省城，挟总督而去，诚未有之奇变，当事诸臣宜如[何]呕心筹策，转败为功。乃转瞬驶至天津，仍复毫无准备。该夷故为迂折，任意要求，突然开炮，遂据要隘，以畿甸密迩之海疆，顷刻为夷人所有，此真主忧臣辱，一误不容再误者也。

今该夷处处行强，我则一味示弱，设从此相安无事，未始非从权应变之一法。无如鸱张无已，势将盘据大沽，根株既深，翦除不易。以后得陇望蜀，必难遂其无厌之求，日久隙深，终归决裂。现在夷人声势虽张，布置未完，内地奸民附从亦尚未众，立脚未稳，驱逐不难。伏乞皇上断自圣衷，早申天讨，务将该夷等逐出内地，以杜后患。国威一振，庶夷人知所儆畏，而后抚绥之说可行。今诸臣未识远图，先以议和为主，一经夷人反复，便成棘手。且迁延时日，适遂其从容布置之谋，或由上海续集多人，甚至勾结各匪，同时扰害，津郡一摇，局势更不可问。

再，天津郡城较之通州一带尤为紧要，该夷已夺炮台，人心未免惶惑，必须特遣重臣镇抚，庶百姓恃以无恐，而奸民邪党不敢生心。可否饬令僧格林沁前往天津督办之处，出自圣裁。

臣愚昧之见，是否有当，伏乞皇上圣鉴。谨奏。

——《筹办夷务始末补遗(咸丰朝)》，第 666—667 页。

四月十五日

○上谕

军机大臣密寄科尔沁博多尔噶台亲王僧，礼部尚书瑞。咸丰八年四月十五日奉上谕：

前因谭廷襄等屡次奏请添调京兵，节经谕令僧格林沁等，将密云兵五百名、察哈尔三、四起兵一千名调赴天津。本日复据谭廷襄等奏，该夷大小火轮船七只，带舢板多只，直入

内河，经该督等沈船下石堵塞，不料夷船乘潮而上，仍复开通，居民迁徙，兵勇溃散，扼守北河及分布近城地面之兵为数无多，现在导水旁泄，以涸其船，各等语。览奏实深愤懑。业经谕令谭廷襄等设法抵御，并于津郡以北一带水路侦察严防，以资补救矣。夷船此次恃强直入内河，兵勇慑其虚声，纷纷溃散，几至逼近津郡，不知该夷虽船坚炮利，为数究属无多，且系入我重地，岂遂无制伏之法？兵家因地制宜，或囊沙以遏流，或沈石以阻船，或决堤以泄水，总在用我之长，攻彼所短，使其伎俩无所施，方为得计。谭廷襄等于守御已无把握，僧格林沁久于行阵，著即相度地势，默运机宜，于天津以北密为防备。闻武清县之王家务、天津县之筐儿港两处引河皆可归入宁河县之芦台入海，由此泄水，即可使夷船不能再行前进，并著妥筹办理。至现在兵勇数既无多，前调之兵一时未能到齐，恐尚不敷调派，如需添调京兵之处，并著僧格林沁等酌量奏调，以资防守。将此谕令知之。

钦此。遵旨寄信前来。

——《咸丰同治两朝上谕档》第 8 册，第 167—168 页。

四月十七日

〇僧格林沁、瑞麟奏

科尔沁亲王僧格林沁、礼部尚书瑞麟奏：

奴才等于十二日晨刻抵通，沿河踏看，河水约深四五尺，河面约宽十余丈不等，两边俱系平滩，询之土人，据称夏令涨发，河水出槽，平滩皆为水漫，水面宽至数里，有至数十里者，水深约至丈余。逆夷如敢内窥，必乘盛涨之时，河面宽深，夷舟得以行驶。奴才等原拟在张家湾迤南扎营，今查张家湾往南三十余里，直至马头地方，均系平滩，地势低洼，一至涨发滩漫，其地皆在水中，安营实有不宜。至前路杨村、蔡村地方，虽俱紧要，两岸长堤一线，亦属不能安营。至河水涨发时，设夷匪驾驶小舟旁窜，马步兵力均难施展。现在惟有先筹通州严防，奴才等已择于东关外运河两岸扎营，其间地势稍高，且附近州城数里，于安民缉奸等事尚属相宜。并拟在城上安设炮位，其附近树木遮碍，须行砍伐，饬令地方官妥为办理，并豫办桩木碎石等物，访择河身要害、可以堵塞之处，以备临时相机行事。惟查通州城垣多有坍塌，护城河亦已淤塞，理宜早为修竣，已咨行顺天府速筹办理。城身修补完固，则沿城安炮，可以对河轰击，并于河岸列兵，严防旁逸，以壮声威。至天津以北武清县之王家务、天津县之筐儿港两处引河，可从宁河县芦台入海，奴才瑞麟遵即前往运河一带查勘，确实办理，再行具奏。

刻下天津吃紧，密云官兵于十三日抵通，当饬佐领恩成即刻带往，听候直隶总督谭廷襄调遣。察哈尔四起官兵于十五日抵通，亦即派令副都统克兴阿统带赴津，先于杨村驻

扎，令克兴阿自行前往津郡察看情形，相机进止。夷兵人数虽属无多，第恐其兵船前者驶入，后者继进，奴才等所带兵力尚单，近畿一带官兵无可调拨，现拟豫调黑龙江兵一千名，吉林外五城兵一千名，哲（理）[里]木盟兵一千名，昭乌达盟兵一千名。该省该盟等道途遥远，约计路程，均须一月有余，如有缓急，深恐临时调取不能应手，拟请饬下该将军等迅即选派来京，驻扎南苑，以资策调。如蒙俞允，奴才僧格林沁并即酌拟该省该盟统带之员，奏明指调，以期得力。京城八旗炮位，亦应请饬各都统等，令将炮架炮车配齐，以备调拨。

——《筹办夷务始末（咸丰朝）》卷二三，第 14—15 页。

〇上谕

军机大臣密寄科尔沁博多尔噶台亲王僧，礼部尚书瑞。咸丰八年四月十七日奉上谕：

僧格林沁、瑞麟奏抵通布置情形并请调黑龙江等处官兵一折。僧格林沁等于通州东关外运河两岸扎营，布置水陆两路，因所带兵力尚单，拟豫为备调。惟黑龙江、吉林两处官兵屡经各省请调，该将军等均以余丁凑数，并称无可再调。今为防堵京师起见，已谕令景淳、奕山各调五百名来京，听候调遣。其哲里木盟、昭乌达盟蒙古兵各一千名，已谕理藩院咨调。但现在天时渐热，恐该蒙古兵于水土不服，已令其暂驻热河听调。八旗炮位亦传知豫备矣。昨因谭廷襄等奏，已派桂良、花沙纳前往天津筹办夷务，能否理（谕）[喻]，尚未可定，设该夷另换小船，由运河北驶，我之炮力足以御之。著僧格林沁等在沿河一带节节设防。托明阿现在杨村驻扎，并有珠勒亨马步队正可联络堵截，以固藩篱。谭廷襄毫无布置，天津兵勇已不足恃，所称北河横浅，业已决口泄水，层层阻滞，著僧格林沁等悉心体察，不可有名无实。其通州负米人夫为数甚多，著严饬地方官妥为弹压，毋令滋事。是为至要。将此密谕知之。

钦此。遵旨寄信前来。

——《咸丰同治两朝上谕档》第 8 册，第 170—171 页。

〇上谕

军机大臣密寄吉林将军景，黑龙江将军奕。咸丰八年四月十七日奉上谕：

广东夷人犯顺，由上海径抵天津，夷船闯入海口，直入内河。现派僧格林沁等酌带兵勇前赴通州一带防堵，尚恐兵力不敷，著景淳、奕山于吉林、黑龙江各拣调精兵五百名，配齐军装器械，派委得力协领等官，克日管带来京，听候调拨，毋稍迟误。将此由五百里各谕令知之。

钦此。遵旨寄信前来。

——《咸丰同治两朝上谕档》第 8 册，第 171—172 页。

〇王茂荫奏

再，臣刻闻夷船已到红桥，是其志决北犯，“讲”之一字，断不可恃。闻前派亲王僧格林沁在张家湾防堵，恐夷船不待到此，即登陆而直趋京城，防堵徒为虚设，而城中守备亦来不及。应请旨即令僧格林沁连通州防兵一并统带前进，于离津数十里间择要设守，以严堵御。并多发巡卒，各路巡察，以防夷人一过天津，即行登陆。

——《筹办夷务始末(咸丰朝)》卷二三，第25页。

四月十八日

〇尹耕云奏

巡视北城掌湖广道监察御史臣尹耕云跪奏，为夷船逼近京师，根本可虑，亟宜速战，以安庙社而慰人心。

英夷猖獗，神人共愤。当其初至天津，即应予以大创，乃迁延议抚，致令毁我炮台，伤我兵勇。顷闻小火轮船已抵西沽，该夷以数百犬羊之众，敢于深入，是直视畿辅如无人之境矣。故无论其万不就抚，即使饱其所欲，受和而去，而轻藐我朝廷，侮弄我将帅，不久再至，其为祸必更甚于今日。况彼何常愿抚？不过以抚愚我。抚议一日不决，则轮船之开驶无人阑阻，奸民之勾结无人盘问。现在相距已在二百余里以内，假令直逼京师，势将掩我不备。城下之盟，自古羞之。矧尤有不忍言者。年来百物腾昂，人心岌岌，倘九门之外，见有蹄迹，能保居民之安堵乎？为今日计，惟有以战为守。先将杨村以南河道堵塞，阻其前进；飞饬僧格林沁统带所部兵马，进扼险要；即拨八旗劲旅万人，为之应援，先后带兵各官，均归管制，许以便宜行事。其在大沽炮台相率溃散者，逮至京师，治以失律之罪。一面谕令天津官绅，齐集勇练，截断归路。重悬赏格，招募死士，有沉一船者赏千金，枭一首者赏百金。宣布哀痛诏书，声明逆夷罪状，以作万众敌忾同仇之气。痛加剿洗，庶几知所惩艾，然后议抚，则权在我而和可坚。此一举也，庙社之安危，生灵之休戚，均于是乎系，稍缓须臾，即有噬脐莫及者。是在我皇上与左右大臣之决与不决耳。宋景德澶渊之役，真宗倚任寇准，亲征渡河，远近望见御盖，欢呼闻数十里，契丹引兵北归。我皇上天锡勇智，胜算万全，特左右大臣不能为寇准，致误我国家耳。事机急迫，沥血呼号，惟冀圣明采纳，京师幸甚，天下幸甚。谨奏。

——《筹办夷务始末补遗(咸丰朝)》，第672—674页。

四月十九日

○焦祐瀛呈

军机章京焦祐瀛谨呈：

天津海河来源二支，一北运河，一南运河，至天津城东北汇流入海河，所谓三汊河也。尚有小河二，一曰子牙河，一曰大清河，距城北三里许西沽地方汇入北运河。此二水来源甚微。北运河岸杨村有坝一道，南运河岸静海县以上有坝一道，向来夏秋水涨，有碍漕船，则开此两坝以减水。北运河水由东淀入海，南运河水由天津西南入海。是此两河本有旁泄之处。今将南北运河减水坝启放，下游筑坝截住，将子牙、大清两河上游堵塞，则天津城外海河来源已断，虽有潮水，不过数尺，而潮落之时，直可断流。现在伏汛未至，尽可赶办。但使夷船搁浅，逆夷自易于控制矣。为此呈请代奏，可否请旨密饬僧格林沁、瑞麟迅速筹办。

谨呈。

——《筹办夷务始末(咸丰朝)》卷二三，第27页。

○上谕

军机大臣密寄科尔沁博多尔噶台亲王僧，礼部尚书瑞。咸丰八年四月十九日奉上谕：

前谕西凌阿，将察哈尔三、四起官兵饬令前赴通州，谅已陆续到防。兹据庆(云)[昀]奏，接准兵部咨文，复调派精兵一千名，由昌平州取道前赴通州等语。本月初十日，顺天府以承办粮台，寄谕咨照兵部，该部误会，行文察哈尔，以致庆昀误调。惟思僧格林沁军营兵力甚单，此项官兵已谕庆昀即饬前赴通州矣。昨据谭廷襄奏，英夷小火轮船至北河王家庄即被浅阻，渐渐退回。是该夷此时不敢遽行北驶，仍应于水陆两路节节设备，以免疏虞。

据军机章京焦祐瀛呈称，北运河岸杨村有坝一道，南运河岸静海县以上亦有坝一道，若启放泄水，则天津海河来源已断，可使夷船搁浅等语。北运河一带，瑞麟已前往查看，其南运河是否可以照办，著僧格林沁即派妥员，会同该地方官查明办理。原呈著抄给阅看。将此谕令知之。

钦此。遵旨寄信前来。

——《咸丰同治两朝上谕档》第8册，第178页。

○上谕

军机大臣字寄署察哈尔都统庆。咸丰八年四月十九日奉上谕：

庆昀奏调拨官兵前赴通州防堵一折。此项官兵一千名，业经庆昀调拨，即著饬令管带

各员，由昌平州取道通州，赴僧格林沁等军营听候调遣，沿途经过地方，已谕令顺天府府尹、直隶总督妥速豫备矣。将此由五百里谕令知之。

钦此。遵旨寄信前来。

——《咸丰同治两朝上谕档》第 8 册，第 178 页。

四月二十日

〇谭廷襄等奏

直隶总督谭廷襄、内阁学士乌尔棍泰、直隶布政使钱炘和奏：

伏查北河水浅已极，大船断难行驶，现派员赴通，拟乞开上游北寺庄一带堤工，俾潮、白二水不入正河，并令务杨二厅囊沙束水，以备阻遏。所有该夷前泊西沽船二只，与已进北河船一只，均已退至三岔河口，似已知水路难进，不复向前。惟探闻夷船内暗带潮勇，且有步队，近日海外又有续到之船，情形实属叵测。臣等已密行咨会僧格林沁、托明阿等严防陆路，并派弁带兵在北仓设卡盘查，以昭慎密。津郡民情已稍安贴，谆饬绅商张锦文等激励团练，并派兵四路巡查土匪，拿获即行正法，藉资镇定；招集兵弁，分驻城内外，密为之防。俄、米二国夷使昨已前来，派员往询，据称仍愿照海口原议与英、佛尽心说合。英、佛二夷处亦曾派员往见，告以钦派大学士桂良等日内即可到津，饬令等候，该夷并无别语，惟云总须有"全权"二字方可定议。该夷大小船十二只同泊三岔河，人数颇多，恐其以购买水菜为由，藉词登岸，当饬设一义民局，令练总张锦文等照料，尚为安静。惟夷使因船内人多天热，见望海楼有空房数间，坚欲暂驻，禁阻不听，既经议抚，只得暂为羁縻，以待大学士臣桂良等前来与之定议。

朱批：知道了。住房实预为通商地步，不闻居民有起而阻之者，人心若此，可胜浩叹。

——《筹办夷务始末（咸丰朝）》卷二三，第 32—33 页。

〇谭廷襄奏

臣查海河后路沈船不多，系因南漕日日进口，不能办理所致。天津郡城残破，内无一日之水，又无隔宿之粮，城外廛肆毗连，河路错杂，其不能战守情形，业经节次据实上陈。现时不得已而仍行议抚，抚而有成，则畿辅可安，生灵可保，无碍大局，未始非一时救急之方。夷祸酝酿已四五年，至此一并发泄，事事储备，然后举动，而我皆不觉。今败坏决裂至此，不抚则其患更大，故臣万不得已而勉强为之。津郡能羁縻一日，则京师可筹备一日，区区之心，实在于此。伏愿皇上密饬僧格林沁严防陆路北窜，并令各旗整饬禁旅，以备非常。臣与津存亡，自誓已久，非敢以言抚为退缩求生地步。

朱批：览奏已悉。汝节制全省，岂止守一津郡？若如是自誓，实为有负委任，如大局何？不料汝竟有此想，乖谬已极。

——《筹办夷务始末（咸丰朝）》卷二三，第33页。

〇上谕

军机大臣密寄科尔沁博多勒噶台亲王僧，礼部尚书瑞。咸丰八年四月二十日奉上谕：

本日据谭廷襄等奏，夷船退回三岔河待抚，惟探闻该夷船内暗带潮勇，且有步队，近日海外又有续到之船；该夷复因望海楼有空屋数间，坚欲暂驻，禁阻不听，情形实为叵测，请严防陆路北窜。兹复据谭廷襄等奏称，四国夷酋投递公文，以现闻钦差来津，如果有全权便宜行事，或准或驳，皆可定议，否则伊等仍须进京，水路难行，必改陆路，傥有人拦阻，必行抵御，各等语。现已谕令桂良等，接见该夷后，如非不情之请，即可量为斟酌办理。惟逆夷要求多款，势难悉如所请，一有不遂其欲，竟恐豕突狼奔，由陆来犯。现派伊勒东阿统带京兵九百名前赴通州，著僧格林沁等速即查明，何处为天津赴通水陆必由之路，俟伊勒东阿到营，即饬带兵驻扎，作为前敌。至僧格林沁营盘，似宜酌量移至后路，在八里桥一带相度要隘驻守。该夷设竟来犯，即著督饬将士截击。该亲王在后调度，仍宜格外慎重，不可轻于一试，致损国威。现在京中已派惠亲王、怡亲王载垣、郑亲王端华办理城内一切防堵事宜，僧格林沁如有紧要情形，即著飞咨商办可也。将此密谕知之。

钦此。遵旨寄信前来。

——《咸丰同治两朝上谕档》第8册，第181页。

〇张之万奏

翰林院修撰张之万奏：

自夷船驶入海口，数日之间，节节前进，直抵天津，固因办理夷务各臣抚绥无术，怯懦无能，实不知严为之备，于战、守、和三者，俱不能因地制宜，而得扼要之图也。夫战者，必先为不可胜；守者，必先求有可据；即和，亦必使敌知吾之不可胜、有可据，而后能绝其思逞之谋。以海口地利言之，固无如先塞海河者矣。该督臣等惟不知此，名为塞河，仅沈一舟，又不分布兵勇实力守御。海口既失，退无可保，官民偕逃，兵练四散，夷船深入，听其自来，事堪痛恨，孰甚于此？现时虽简派大臣前往妥办，曲加招抚，谅皆效顺，然夷性犬羊，情难逆料，傥所请不能尽允，安知该夷不更思溯流北上，以为要胁之计？则所以严备之者，似亦莫若先塞运河下流。伏查北运河自津郡而上为西沽，再上为桃花口、蒲口、杨村，而杨村市镇较大，为剥船停泊之所，易启夷情窥伺，深为可虑。合无仰请谕旨，饬下带兵大员统筹形势，先据要隘，即于杨村以下择河流曲折处所，或下木桩，或用囊沙，层层堵塞，而即以我精

锐之师列营屯守，则彼无可进，我有可凭，夷虽难驯，断不敢舍舟而登陆。是正所谓用我所长制彼之短也。

——《筹办夷务始末（咸丰朝）》卷二三，第36—37页。

〇上谕

军机大臣密寄科尔沁博多尔噶台亲王僧，礼部尚书瑞。咸丰八年四月二十日奉上谕：

前因夷船驶抵津关，复图窥伺北河，节经谕令谭廷襄等将决口泄水等事迅筹妥办，并谕僧格林沁等悉心体察，于运河两岸节节设防，以资堵截。本日复据修撰张之万奏，北运河自津郡而上为西沽，再上为桃花口、蒲口、杨村，而杨村市镇较大，为剥船停泊之所，易启夷情窥伺，请饬带兵大臣统筹形势，先据要隘，即于杨村以下择河流曲折处所，或下木桩，或用囊沙，层层堵塞，即以我精锐之师列营屯守，该夷断不敢舍舟登陆，各等语。夷船现欲溯流北驶，以为挟制，虽其小火轮船于王家庄阻浅退回，而当此夏令雨多，河流恐其复旺，必得层层阻隔，使不得乘潮而上，方免意外之虞。著僧格林沁、瑞麟体察情形，妥筹办理。至前谕于王家务、筐儿港两处引河泄水，闻居民恐田地被淹，多不乐从。该处河流本有入海故道，即昨日焦祐瀛所呈各河口皆系减水引河，原于民田无碍，但恐任意开放，浸及民田，转致民间惶惑。著僧格林沁等妥筹启放，毋拂舆情。是为至要。张之万折著抄给阅看。将此密谕知之。

钦此。遵旨寄信前来。

——《咸丰同治两朝上谕档》第8册，第180—181页。

〇上谕档

交景运门。

本日军机大臣面奉谕旨，著怡亲王载垣于左右两翼内每翼派兵五十名，八旗护军营内每旗派兵一百名，共九百名，交伊勒东阿统带，即日前往通州，听候僧格林沁调遣。钦此。相应遵旨传知，希即钦遵办理。此交。

四月二十日申刻。

——《咸丰同治两朝上谕档》第8册，第182页。

〇上谕档

交顺天府。

本日奉旨，续派京兵九百名，即日前赴通州听候调遣。所有应行豫备各事宜，相应传知顺天府，希即钦遵办理。此交。

四月二十日申刻。

——《咸丰同治两朝上谕档》第 8 册，第 182 页。

〇上谕

军机大臣密寄钦差大学士桂，吏部尚书花，直隶总督谭，仓场侍郎崇。咸丰八年四月二十日奉上谕：

早间据谭廷襄等奏，夷船退至三岔河，静候钦差会议。旋复据呈递四国来文，以钦差大臣必须有全权便宜行事衔名，如从前耆英者，方可会议，否则仍欲进京，竟由陆路行走，傥有人拦阻，即行抵御等语。其狂悖无礼，深堪发指。现在既派桂良、花沙纳前往定议，与谭廷襄在大沽接见时已不相同。彼时夷船尚在海口，亦未开仗，尚冀以理折其骄心；今则要挟愈甚，益肆披猖，惟有先释其疑，再与理论。另发去寄谕一道，即照道光年间寄耆英、伊里布款式缮写，其中略有更易。傥各夷索阅，即将此(指)[旨]示之，告以既有此旨，岂尚不能便宜行事？但非理相干之事必难允准者，本大臣亦即便宜回覆，并非事事皆准，方为便宜全权也。该夷人众船多，或恐不遂所欲，肆行要劫，尤不可以不防。当接见之时，谭廷襄务饬带兵各大员严为防护，盛陈兵卫，以备不虞。傥稍不留意，致有意外之变，谭廷襄一误再误，罪无可逃，即国瑞、珠勒亨、富勒敦泰防护不力，亦必重治其罪。陆路防堵事宜，已谕僧格林沁等妥办矣。将此由六百里各密谕知之。

钦此。遵旨寄信前来。

——《咸丰同治两朝上谕档》第 8 册，第 182—183 页。

〇上谕

咸丰八年四月二十一日内阁奉上谕：

科尔沁博多勒噶台亲王僧格林沁，著颁给钦差大臣关防，督办军务。

钦此。

——《咸丰同治两朝上谕档》第 8 册，第 185 页。

四月二十一日

〇僧格林沁、瑞麟奏

钦差大臣、科尔沁亲王僧格林沁，礼部尚书瑞麟奏：

连日在通布置，于城上及沿河安炮地方均经择定，并将该州旧存炮位设法拉运登城，及酌量修治。通州负米人夫现尚安静，已饬该地方官妥为弹压稽查。其天津县之筐儿港、

武清县之王家务两处引河，奴才僧格林沁先经传到通州河员绘图来营，查该二处均各有坝一道，面询该河员，称该处河坝向系预备河水涨发之时用以泄发，现在河水平浅，其坝高于水面，不足以资泄放等语。奴才瑞麟遵往运河一带履勘，直至杨村等处回营。查得王家务及筐儿港，又名玉坝，两处闸口高于水面均四尺有余，旧有闸口石砌石底，碍难起空，与河员呈图情形大略相同。惟王家务以南有土门楼及双街地方，旧有缺堤，须开空往东数里，约深五六尺许，河水可以泄出。第其出路散漫，多系农田，并未通有河身，似于泄放河水均属不甚相宜。至军机章京焦祐瀛呈内所称南北运河之减水坝可以启放断流之处，查北运河岸杨村一坝，即系筐儿港等处地方，其南运河岸静海县一坝是否可资泄放，当(资)[咨]行侍郎国瑞就近前往详细查看，并将青县、沧州各坝均行豫备开放。奴才等连日访查，现有通州东北二十余里之平家滩一处可以泄水，当即亲往，查得平家滩本系河身拗折之处，距河岸约五里之小杨水庄，现有土坝一道，地与河面略平，坝内积土淤垫，即系从前冲口。坝外旱河一道，直达燕郊以西箭杆河，归宁河芦台海口桥为便捷，一经泄放，水势必可夺流而出。惟堤内由杨水庄至平家滩积土，须行刨深丈余，宽三四丈，即可启堤放水湍行。奴才等已于十九日兴工开空，惟留上下各五丈地面，以待临时启掘便利。

又，奴才僧格林沁前在连镇办贼时，因值河水涨发，曾派京营参将李鸿宾将山东德州四女寺之拦水坝开放泄水。又，在冯官屯引水灌贼时，亦将东昌府城外拦水坝开放入徒骇河。现拟将此二处，派令直隶候补知府李麟遇，会同京营参将李鸿宾前往查办，应即请旨，饬令参将李鸿宾迅即来营，听候差委。

至察哈尔官兵陆续到防，业经具奏。其庆昀接到兵部行文后调之一千名，应暂行驻扎口外，听候调遣，毋庸即日来营。

现准天津各路函禀及探报，英夷小火轮船至北河王家庄即被浅阻，渐行退出。该夷此时不敢遽行北驶，惟至夏令涨发之时，仍恐夷舟乘河水宽深，肆其驶突，尤为可虑。况闻逆夷舟中带有潮勇，多闽广人语音，尤难保其不从陆路潜行窥伺。日昨通州城厢议立团练总局，奴才等当已颁发团练告示，于运河两岸各州县，饬令刊刻散帖城乡村镇地方，激励绅民，务使自相保卫，以防逆夷小船内驶及土匪窃发、奸细潜踪。

——《筹办夷务始末(咸丰朝)》卷二四，第5—7页。

〇上谕

军机大臣密寄钦差大臣、科尔沁博多勒噶台亲王僧，礼部尚书瑞。咸丰八年四月二十一日奉上谕：

僧格林沁、瑞麟奏遵覆运河水陆设备情形一折。所称河坝高于水面之处，自未便宣泄，其平家滩等处即著照议办理。德州泗女寺及东昌城外之拦水坝，亦著照所请，妥为筹

办。惟京营参将李鸿宾,因京城现在筹防需人差委,未能派令前往,有现随文彩之守备李万年,曾在僧格林沁军营,即可调赴通州差委。本日据朱凤标等奏,将卫河、西河之水一律宣泄,海河即可立涸,并可制夷船使不能退等语。著将原片抄给僧格林沁等阅看,悉心酌办。

现在水路之防以泄水为要著,而陆路之防尤应严密。本日已降旨颁给僧格林沁钦差大臣关防,所有防剿事宜悉归调度。昨所谕分别扎营之处,谅已领悉。所有珠勒亨等所带马步各队,凡在天津迤北者,统归僧格林沁节制调遣。至现在需兵甚急,所有后调之察哈尔兵一千名,仍听其来京,毋庸截留口外。将此密谕知之。

钦此。遵旨寄信前来。

——《咸丰同治两朝上谕档》第 8 册,第 183—184 页。

○绵愉等折

臣绵愉、臣奕䜣、臣奕誴跪奏,为遵旨复奏事。

咸丰八年四月二十日发交廉兆纶折一件,命臣等妥议具奏。据原奏内称:逆夷内犯,故为迂曲无厌之请,以缓我兴师致讨之谋,屡遣重臣,几经往复,而夷船已越津门而北,逼近京畿,议者仍主抚绥,无多准备,等语。查逆夷犯顺,窜陷粤省,盘踞大沽,多方要求,心怀叵测,特派谭廷襄等前往办理。该夷胆敢攻我炮台,抗拒官兵,联樯北驶。刻下桂良、花沙纳计可抵津,照会该夷见面,有断不能允者,仍不便曲从夷情。而夷人狡狯百出,倘直犯通州,尤属可虑。虽有僧格林沁在彼驻扎,自应统筹全局,密为布置,然终恐兵力过单。现在国瑞等所带京兵业经退守,谭廷襄束手无策,可否将国瑞、珠勒亨、富勒敦泰、托明阿等所带马步各队,及张殿元等所带绿营官兵,统归僧格林沁节制调遣,以为前敌。

至河路宜如何沉船泄水,自应实力防范,绝其来路,亦必须兼防陆路,以杜逆党潜入,再饬下各旗营预选京兵听调,以为通州后路。至所称恐逆党暗布京畿,乘机为匪,亦当防范。应请旨饬令步军统领衙门、顺天府、五城严密稽查。又据原奏内称,多设粥厂,务使实惠均沾,等语。查五城地面叠经奉旨添设粥厂,兵民皆可就食。若此时再议多添,转恐奸民混迹其中,盘诘匪易,所请应毋庸议。若夷船竟至通州,自应显悬赏格,以激兵心,应归于僧格林沁酌量办理。至奖谕广东绅民,急捣香港,牵制该夷,固属可行,然亦须操必胜之权而后可。应请密谕黄宗汉,会同广东绅士,督率兵练,相机办理,将该夷驱逐出省,不得肆其猖獗,方为上策。

至各旗营操演,俱有定期,若因赡给旗兵,又添操演,并悬赏格,所费亦不为不巨。曷若以此经费,接济军营,兵勇不致枵腹荷戈,似更有裨益也。

臣等愚昧之见,是否有当,恭折覆奏,伏乞皇上圣鉴。谨奏。

——《第二次鸦片战争》第 3 册,第 360—361 页。

四月二十三日

〇桂良、花沙纳折

奴才桂良、奴才花沙纳跪奏，为行抵天津，密陈沿途情形，恭折驰奏，仰祈圣鉴事。

窃奴才等本月十八日承准军机大臣密寄，奉上谕：杜翰奏，金安清呈递夷务条款，著抄给阅看等因。钦此。仰见我皇上圣谟广运，迩言必察，跪聆之下，钦佩难名。将来察看夷情，再行采择。

十九日起程，行抵通州，往僧格林沁军营密为商酌，据云，该夷倘不遵开导，必欲进京，迅即知照，妥速布置，现饬通州知州开挖箭杆河，以便宣泄运河之水。二十日抵河西务，寅刻承准军机大臣密寄，奉上谕：桂良、花沙纳，著准其便宜行事。又奉上谕：此旨著给与该夷阅看。各等因。钦此。

奴才等伏思夷性犬羊，平日桀骜不驯之态，久在圣明洞鉴之中。今复妄肆要求，有加无已，设所欲不遂，一旦决裂，不特天津一带民情震动，即近畿密迩，亦恐不堪设想。奴才等惟有懔遵训谕，殚竭愚忱，相机开导，以期仰慰宸廑于万一。但闻英、佛两夷自开炮后益肆骄慢，所求进京之事志在必行，深虑难以驯伏。二十一日行抵天津，接见督臣谭廷襄及司道以下各官，知夷船因浅搁难进，现在东门外三汊河停泊，共计小火轮船十余只，虽登岸未曾滋扰，而(踞)[倨]傲益甚。奴才等拟先遣随带司员率同委员与之辩说，察其情词，再为公同接见，设法羁縻。所有经过地方，民情尚属安谧。

谨将行抵天津日期，并沿途情形，合词恭折由六百里密奏。伏乞圣鉴。谨奏。

[咸丰八年四月二十二日]

咸丰八年四月二十三日奉朱批：知道了。钦此。

——《第二次鸦片战争》第3册，第362—363页。

〇许彭寿奏

再，该夷专恃火器，而广东百姓每与夷人陆战辄胜，闻系于开仗之所先空濠沟数十道，每道相隔约二三丈，不先施放枪炮，俟夷人开枪，即伏入濠中，枪过即时越出，蹲身趋近前濠，屡趋屡伏，逼近贼前，该夷火器便无所施矣。可否求谕知僧格林沁等，以备采择。

——《筹办夷务始末(咸丰朝)》卷二四，第11页。

〇上谕

军机大臣密寄钦差大臣、科尔沁博多勒噶台亲王僧，礼部尚书瑞。咸丰八年四月二十三日奉上谕：

本日据侍讲许彭寿奏,夷人专恃火器,广东百姓与夷人陆路接仗,每先开乞濠沟,使该夷技无可施等语。著将原片抄给僧格林沁、瑞麟阅看,即著该大臣等体察地势情形,密为豫备。至僧格林沁前路官兵尚觉单弱,此时如何调拨布置,并探悉天津现在夷情若何,著随时奏闻。所颁钦差大臣关防,本日已由驿发交祗领矣。将此密谕知之。

钦此。遵旨寄信前来。

——《咸丰同治两朝上谕档》第 8 册,第 188 页。

〇上谕

军机大臣字寄吉林将军景,黑龙江将军奕。咸丰八年四月二十三日奉上谕:

前因僧格林沁等奏通州需兵防堵,谕令景淳、奕山各调兵五百名来京听候调遣,尚未据该将军等覆奏。现在京师需兵防堵,著景淳、奕山将前项官兵迅速调拨,派员管带来京,毋稍延缓。将此由六百里各谕令知之。

钦此。遵旨寄信前来。

——《咸丰同治两朝上谕档》第 8 册,第 188 页。

〇上谕

军机大臣字寄热河都统英。咸丰八年四月二十三日奉上谕:

前据僧格林沁奏,请调哲里木、昭乌达两盟蒙古兵各一千名,暂驻热河围场听调,已由理藩院行文矣。现在京师需兵防堵,著英隆于该两盟官兵到后,即饬令迅速赴京,听候调遣。将此由六百里谕令知之。

钦此。遵旨寄信前来。

——《咸丰同治两朝上谕档》第 8 册,第 189 页。

四月二十四日

〇僧格林沁、瑞麟奏

钦差大臣、科尔沁亲王僧格林沁,礼部尚书瑞麟奏:

奴才等扎营通州东关外运河两岸,于通州水路筹防均可顾及,而在通州前路。其通州西关外之八里桥,为由通进京陆路,亦滨运河,则在通后路,实与奴才等现在安营处所相去不远,似可暂毋庸更动。刻下兵力尚单,已将副都统克兴阿所带察哈尔兵札调回通,以凭策遣。惟查有采育一处地方,实为天津进京陆路要口,离奴才大营约六十里,殊恐不能兼顾,应将侍郎伊勒东阿所带京兵指令前往该处扎营,并俟绥远城兵到来,一并拨往,交伊勒

东阿统带，与奴才等侦缉前路军情，随时互相策应。

天津迤北地方，杨村一带最为扼要，现在托明阿带兵驻守，奴才等已咨令侍郎国瑞，将所带官兵并佐领恩成带领之密云兵并归杨村安扎，与奴才等前后声息互相联络，并已咨行托明阿在彼确探，敌人如敢登陆来犯，酌量兵力，与敌多寡势足相敌，即行迎击，否则或诱令深入，与奴才等前后夹击，以谋万全。惟是陆路平坦纷歧，应俟各路官兵全数到营，如有要害地方必须分卡驻兵之处，仍当随时查酌办理，以期严密。

夷情叵测，而所恃究在船坚炮利。若使舍舟登陆，弃其所长，用其所短，或当较为易制。运河泄水地方，惟平家滩一处情形似属较有把握，现已兴工赶紧挑空。奴才等连日复亲往督视，适守备李万年奉差自津来通，当已饬留在营，即令办理平家滩挑河事宜。其山东德州四女寺及东昌府城外之减水坝二处，札委直隶候补知府李麟遇前往查办。第查各处之减水坝，均系预备河水过涨以凭宣泄，坝身多与现时河面相等，若欲启坝泄断上流，使下游干涸，必须将坝底砌石全行起空，查明引河出路并无农田村落阻碍，引河泄放方可畅行，而居民不致受害。知府李麟遇官职较卑，刻下崇纶、乌尔棍泰在津现无专办事件，相应请旨饬派一人前往督同查勘，并请饬下山东巡抚查照，如果该二处起泄实属相宜，有益无损，应令即时举行，将坝身全行拆放。至青县之兴济城、沧州之捷地镇两处石坝距津较近，均系南运河之减水坝，即尚书朱凤标片内所陈，奴才等先已咨行侍郎国瑞，就近前往查明，酌量办理。至子牙、大清二河，即朱凤标所称卫河、西河，应否宣泄及有无启放之处，容再确查具奏。

侍郎伊勒东阿于二十一日戌刻到营，当即令于二十二日带兵前往采育扎营矣。

——《筹办夷务始末(咸丰朝)》卷二四，第13—14页。

○上谕

军机大臣密寄钦差大臣、科尔沁博多勒噶台亲王僧，礼部尚书瑞。咸丰八年四月二十四日奉上谕：

僧格林沁等奏筹防陆路及运河宣泄事宜一折，览奏均悉。僧格林沁等扎营通州东关外运河两岸，既与八里桥相去不远，自毋庸移动。采育地方既为进京要路，即饬伊勒东阿带兵严防。杨村系水陆最要之地，托明阿在彼驻扎，所有原带官兵及国瑞所带之兵，均归并杨村，饬令妥为布置。本日已将托明阿补授直隶提督，所有绿营弁兵即著严加约束，毋许滋扰居民。据英隆奏，热河兵丁仅存千余名，现派兵五百名，于二十等日分三起前进，此项官兵抵通后，著僧格林沁等酌量布置。至启坝泄水，必须相度地势，体察民情，方为有益无损。山东泗女寺等处应派大员前往查勘，崇纶现随桂良等开导逆夷，著派乌尔棍泰驰赴山东，并谕崇恩派委妥员会同查勘，总须与民田无碍，方可议及拆坝，不可强拂舆情。至青

县之兴济城、沧州之捷地镇，本系南运河减水坝，如可设法宣泄，即饬国瑞悉心筹办。将此密谕知之。

钦此。遵旨寄信前来。

——《咸丰同治两朝上谕档》第8册，第190页。

〇上谕

军机大臣密寄直隶总督谭，内阁学士乌。咸丰八年四月二十四日奉上谕：

前因谭廷襄奏以守一津郡自誓，当于折内严切批示，并谕该督饬令带兵大员严密防范。兹闻三岔河所泊大火轮夷船，即系十九日由红桥退回之船，时有夷匪登岸闲游，并于望海楼、海佛寺、阅海寺修造工作，本地之人皆为所用，将成夷馆。天津城内铺户居民已大半迁徙，仅有知县、典史在署居住，并无官兵防守，民勇亦不知散居何处，涣散情形，闻之实深愤懑。谭廷襄现尚留任，责无旁贷，若任令居民为夷所用，必致津郡被其占踞，与广州情形一辙，该督等亦将为夷人所制，岂不寒心？谭廷襄失事于前，朕不即加严谴，此时有何补救，当与地方文武激发天良，密计图维，以冀挽回大局。本日据僧格林沁等奏宣泄运河事宜，所称山东德州泗女寺及东昌城外之减水坝二处，请派大员前往查勘，著派乌尔棍泰迅即驰往查办。如果该二处启泄无碍农田水利，即可会同山东委员相度地势办理，已谕知崇恩派员会勘，总期无拂舆情为要。将此由六百里密谕知之。

钦此。遵旨寄信前来。

——《咸丰同治两朝上谕档》第8册，第190—191页。

〇上谕

军机大臣密寄山东巡抚崇。咸丰八年四月二十四日奉上谕：

僧格林沁等奏，山东德州泗女寺、东昌城外之减水坝二处，已委直隶候补知府李麟遇前往查看泄水之路，另请添派大员，等语。启坝泄水，俾夷船搁浅不能进退，最为要著，但须查看地势，于农田无碍，始可举办。本日已谕令内阁学士乌尔棍泰驰赴山东，著崇恩即派委妥员会同查勘，如开坝后与农田村落并无阻碍，而于天津一带河道可断来源，即行相机筹办为要。将此由六百里密谕知之。

钦此。遵旨寄信前来。

——《咸丰同治两朝上谕档》第8册，第191页。

四月二十五日

〇奕䜣奏

窃惟夷性无厌，自五口通商以来，反覆无常，屡滋异议，甚至有去冬广东肆扰之事，踞我省城，掳我大臣，复敢公然北驶，直抵天津海口。皇上大度优容，相待以礼，而逆夷以要求未满所欲，辄于本月初八日占夺炮台，进逼津门，驶入北运河，若非阻浅回舟，则夷船已犯通州矣。皇上轸念时艰，怀柔广被，既命桂良、花沙纳前往查办，复起用耆英办理夷务，仰窥宸衷，固自有所不得已也。然臣谓耆英从前办理夷务，非委曲顺从，即含糊答应，畏夷如虎，视民如草，以致酿成巨患，流毒至今。此次若仍照从前办法，所求悉允，桂良、花沙纳亦所能为；若不照从前办法，则耆英畏葸于前，未必能振作于后。是在皇上乾纲独断，凡必不可允之条，即百计要求，不能因耆英代为乞怜，而稍涉迁就；其可准之条，如果该夷俯首听命，则羁縻勿绝，原不妨予以转圜。应请严饬耆英，务须正名问罪，先责其滋扰粤省、扑犯津门之举，后告以中国虽连年不靖，亦断不能受外夷如此挟制，若坚执不从，则将闭关罢市，纠合兵勇，以决胜负。如此先折其气，而后俯顺其情，庶抚议即定，不至蹈从前覆辙。傥一味示弱，或致敷衍了局，则惟耆英是问。

抑臣闻逆夷以船为巢，不敢远离，现在遏流泄水，夷船北犯一层已可无虑。陆路则有僧格林沁节节设防，如该夷敢于登岸，实可制其死命。外间传闻逆夷雇有潮勇数千，以潮勇与夷人合计，极多不过万人，舍舟登陆，亦必分半守船，且一经深入，首尾不能相顾，是登陆者我兵即可合力歼旃，守船者即激励天津乡勇剿除。上游泄水，夷船不特不能北驶，即天津海口以内亦将阻浅，不能退出。该夷巢穴辎重惟船是恃，一经阻浅，夷情自乱，炮械亦无所施，兵勇合击，可操必胜。从前台湾连破夷船，皆此法也。以夷船之所有，作兵勇之犒赏，不特兵勇踊跃从事，而潮勇惟利是图，亦可使其以毒攻毒。

臣又闻广东绅民恨夷切齿，现在罗惇衍等遵旨激励乡兵进攻省城，并有廉兆纶直捣香港之请，此实釜底抽薪之策。逆夷初进粤省，即欲收取民间兵器，是其心盖惴惴焉日恐百姓之寻仇也。闻香港乃其货物聚处，成本甚重，必不敢弃而不顾，广东一经动兵，夷船闻信必返，则天津抚局亦易措手。或恐其因广东剿办，挟天津以相制，情形将愈紧急，臣则谓其内顾巢穴，亦不能在外持久，即令其挟天津以相制，是其心已有所恐也。因其有所恐而议抚，不愈于使其无所惮而议抚乎？

总之，逆夷贪利逞强，是其素习，然以贸易为性命，与内地逆匪盗兵作乱者不同，其要求各款，有可准者，原可与时变通，以期息事安民；其必不可允者，若因其桀骜，勉强议准，以图暂了目前，则无厌之求转瞬又生枝节，日甚一日，仍归于战而后已。与其追悔于后日，不若坚持于此时。坚持而虑其豕突，则津通之激励兵勇与广东之力攻省城、香港，不可不

早筹胜算也。

——《筹办夷务始末(咸丰朝)》卷二四,第16—19页。

〇谭廷襄等奏

再,国瑞等原带京营马步兵各一千名,钦奉谕旨,统归臣谭廷襄调遣。嗣因夷船窥伺北河,经臣奏明,令托明阿移驻杨村,即留原调未经到京之密云等处官兵堵截。尚恐单薄,复将珠勒亨所带马队五百名、富勒敦泰所带步队五百名,均由北岸移驻杨村以南,与托明阿会商调遣,亦经奏明在案。其国瑞原带马队五百名,又续拨内火器营兵五百名,扎营城之西南,正资防护,现准僧格林沁咨调,饬赴杨村。臣查津郡兵力太单,未便再行分拨,且近日杨村情形尚不吃紧,此项官兵应请仍留津郡,以资防护。

朱批:知道了。

——《筹办夷务始末(咸丰朝)》卷二四,第22—23页。

〇焦祐瀛奏

光禄寺少卿焦祐瀛奏:

查本月初八日,逆夷攻破天津炮台,谭廷襄等兵勇八九千人同时溃散,一任夷船直抵郡城,至有不能战不能守之说。其意盖以逆夷枪炮凶猛,不能抵御。不知粤匪滋扰,何尝不用枪炮?各营兵将何尝不能抵御?无如张殿元等本不知兵,所带各兵又从未经战,一闻炮声,心胆先怯。假令当时有久经战阵之兵将,必不至一战而溃。今北运河浅阻,逆船已不能上驶,但既藏有潮勇,难免不由陆路窥伺。现在钦差大臣僧格林沁驻扎通州,兵力虽厚,而潮勇久经战斗,似须有勇敢之员方能抵御。查有副将田在田,前在山东原籍督练杀贼,曾奉特旨发往直隶,以副将尽先补用,现补开州协副将。可否饬调该员迅赴通州,俾为前敌?再,查山东济东道黄良楷勇敢素著,屡立战功,并请饬下山东巡抚,即令该道带练勇数百名,并就近酌调德州官兵三四百名,星夜驰赴通州大营,交僧格林沁统带。夫潮勇虽猛,究为数不多,如得敢战之将,率领精锐之兵,力挫凶锋,则夷胆自寒,而官军之气皆壮矣。

——《筹办夷务始末(咸丰朝)》卷二四,第23—24页。

〇上谕

军机大臣密寄直隶总督谭。咸丰八年四月二十五日奉上谕:

谭廷襄奏夷情稍定,已退出船二只,并办理防护情形,览奏均悉。该督现既择游民之强者作为勇目,务当妥为约束,毋令民夷杂处,致滋勾结。并懔遵昨日谕旨,密计图维,毋

得以仍在议抚,防范稍形松懈。现在夷船虽不能遽行上驶,闻带有潮勇及闽广匪徒,难保不由陆路窥伺,所有带兵各大员,必得勇敢出众,方足以资表率。据光禄寺少卿焦祐瀛奏,开州协副将田在田前在山东督练杀贼,颇能得力,堪为前敌,著该督即饬该员迅赴通州,交僧格林沁听候差遣。所奏将国瑞原带马队五百名并续拨内火器营兵五百名仍留津郡之处,著仍与僧格林沁咨商办理。如杨村一带必须此项官兵镇守,天津尚多绿营兵丁堪资防堵,仍当调回兼顾为要。将此由六百里密谕知之。

钦此。遵旨寄信前来。

——《咸丰同治两朝上谕档》第 8 册,第 192—193 页。

四月二十六日

〇绵愉等奏

巡防王大臣惠亲王等奏:

查京旗各营官兵,现经臣派拨一万二千名,拟分列前八营、后四营,设遇有紧急,应于京城迤东一带择要扎营分布,作为两翼之势。臣等拟拣派曾经出师侍卫及章京等官管带,并酌派副都统六员统领。仍拟请旨,特派大臣统率,以归节制。臣等并拟派员即日前往相度地势,布置安营,以备不虞。其东路一带,现已派赛尚阿前往僧格林沁军营询问情形,臣等拟令于回京时沿途察看扼要地方,以便安营设伏,预为僧格林沁官军后路策应。其存城八旗各营官兵,臣等拣派一万五千余名,拟令各按本旗巡守地方,听候调拨。其余官兵一万余名,分布城上垛口防守,并看护炮位。均由臣等酌派大臣及官员等分拨管带。至八旗汉军楼存、局存及火器营存大小炮位,现已查明,均属堪用,俟临期再为酌量调拨。谨将布置大概情形恭折密奏,其有未尽事宜及应行变通之处,容俟悉心妥筹,再为随时酌核办理,并将拟派带兵大臣衔名及官兵数目,另缮清单,恭呈御览。

计开:

一、拟派八旗汉军官兵二千名;八旗护军营官兵四千名;健锐营官兵一千名;内外火器营官兵二千名;圆明园八旗官兵一千四百名,技勇营官兵一千名;巡捕营官兵六百名。以上共官兵一万二千名。派副都统文盛,署副都统穆隆阿、平瑞、福铃、景文、文永,统领管带,分拨十二营盘驻扎,预为策应前路官兵。

一、拟派副都统载岱、恩醇、景廉、广林、载崇、载鸯,署副都统文谦、文祥、双福、察杭阿、博铭,管带八旗各营官兵一万五千名,各按城内本旗地面巡守,听候调拨。

一、拟派克勤郡王庆惠,成郡王载锐,督率副都统存佑、连成、宝鋆、孟保、文惠、舒精阿、阿彦太、灵桂,管带八旗满蒙汉官兵一万余名,上城分段守护。俟查明散秩大臣及各衙

门京堂各员，再为酌量添派。

一、拟派三旗亲军营官兵在紫禁城天安门外守护，即令续办事侍卫、章京、亲军校专分旗管带。

一、拟派内务府三旗护军统领、章京等，管带骁骑、护军、精捷三营官兵，在东安、西安、地安三门内分布巡逻，听候调拨。

一、外七门，拟派南营参将等官，协同汉军章京，带领巡捕五营及汉军官兵共三千名，上城分段守护。俟查明散秩大臣及各衙门京堂，再为酌量添派管带。

——《筹办夷务始末(咸丰朝)》卷二四，第25—27页。

〇上谕

军机大臣字寄钦差大臣、科尔沁博多勒噶台亲王僧，礼部尚书瑞。咸丰八年四月二十六日奉上谕：

现在托明阿带兵驻扎杨村，该处为由津至京水陆最要之地，著瑞麟前往查看托明阿如何布置，如有备御未周之处，著会同商办，以为僧格林沁前路屏蔽。现在惠亲王等奏明，于京师城外分扎十二营，尚无总统大员，瑞麟俟布置杨村一带前路妥协后，即著来京，总统各营事务。并著僧格林沁传旨，咨调西凌阿前赴通州，帮同僧格林沁统带官兵。其山海关察哈尔官兵，即著僧格林沁另行派员前往管带。将此谕令知之。

钦此。遵旨寄信前来。

——《咸丰同治两朝上谕档》第8册，第193—194页。

四月二十八日

〇僧格林沁奏

钦差大臣、科尔沁亲王僧格林沁奏：

据直隶总督谭廷襄咨，以国瑞之兵现防津郡，未便移扎杨村。复经奴才覆以此项官兵系属马队，于津郡防守非其所宜，而杨村北路紧要，据托明阿咨，遵筹布置，尚患兵力单薄，国瑞之兵仍应归于杨村驻扎，当经咨覆谭廷襄及国瑞，并令托明阿就近催令即行移扎，并将前经谭廷襄奏明，由北岸移扎杨村以南之珠勒亨与富勒敦泰所带之兵，统归托明阿调遣。计该提督现带密云官兵五百，合之国瑞、珠勒亨、富勒敦泰之兵，统计杨村一带官兵二千五百名，应已足敷布置。奴才瑞麟遵于即日前往，会同托明阿熟商，如有备御未周之处，务须布置妥协后，即行回京。奴才遵已飞调西凌阿来通同办，统带筹防。至山海关亦属紧要地方，查侍郎玉明将次差竣，当即咨调前往该处防守。所有察哈尔及绿营官兵并该处炮

位民团，统归管带。玉明未到之前，应将该处官兵暂交副都统定福管带，以便西凌阿刻即来通。现在副都统克兴阿已带察哈尔官兵到通，即在运河西岸扎营。其有倒毙疲瘦马匹，拟于南苑牧养马内更换。热河头、二起官兵三百名于二十四日抵通，三起官兵二百名尚未到来，俟到齐均令即在运河东岸扎营。

通州东北之平家滩，引河挑空即日竣工。查询土人，此名北河，来源甚旺，一经引放，可减运河水势十之六七。惟孙河及内河两处来源，在通州东门外汇入运河，连日相度地势，无处可以泄放。运河栽桩树栅处所，奴才逐日亲往督办，并将砍伐大树运塞河面，仅留中洪一道，以便粮船行走。其南运河静海县属、捷地镇等处之减水坝，经侍郎国瑞查覆，坝身高于水面，均于泄放不甚相宜。山东东昌、德州等处是否可资泄放，应俟乌尔棍泰前往查明酌办。

侍讲许彭寿所陈，与夷陆战，宜先多空壕坎，以避枪炮，兵勇可以蹲身伏进等语，于法诚为甚善。惟逆夷如果登陆，与之接战处所不能预定。谨当遵查地势情形，如有可用之时，密为布置。至于陆路分歧之处，催令各州县营绘呈舆图，并详加访查，以期全局在胸，方可筹防周妥。

朱批：知道了。

——《筹办夷务始末（咸丰朝）》卷二四，第35—37页。

四月二十九日

〇上谕

军机大臣密寄钦差大臣、科尔沁博多勒噶台亲王僧。咸丰八年四月二十九日奉上谕：

本日据桂良等奏，英夷所求条款，连日派员面议，分别准驳，而该夷情形，似非全准不可等语。该夷要求各款内，如镇江、汉口各处通商，并由江通海各处任凭伊国随时往来，要紧地方由伊国设领事官惩办不法之徒等语，直欲以中国地方听伊出入，所请断属难行。现已谕知耆英正言驳斥，另行设法羁縻。惟该夷以此款为最要，一经拒绝，其决裂实在意中。此时调拨各兵渐可齐集，著僧格林沁相度要隘，妥速布置，不可迟缓。天津府城危在旦夕，该大臣谅亦探有消息。官军挫败以后，战守两难，惟有激励民团，尚可冀其出力，保卫府城。僧格林沁如闻该夷内犯之信，或派委干员，或颁发告示，激励乡团，以助兵力。现闻杨村、通州等处官兵，因食物昂贵，颇形苦累，当此防剿吃紧之际，若听其饥疲，兵丁何能出力？所得口分应如何酌量加增，俾得宿饱，并著该大臣迅速核计，传谕粮台办理。续调密云兵，由署副都统哈福那亲带来京，已令其归僧格林沁调度，现应派往何处驻扎，即著量为派拨。将此密谕知之。

钦此。遵旨寄信前来。

——《咸丰同治两朝上谕档》第8册，第198—199页。

五月

五月初一日

〇谭廷襄奏

再，侍郎国瑞原带马队五百名，续拨步队五百名，准僧格林沁覆称，马队官兵于津郡防守不宜，应仍移往杨村驻扎。伏查津郡与杨村同系沿河地面，杨村距津郡六十里，夷船初至，即经臣拨兵一千名，与托明阿之兵会合设防。今天津镇存兵，除阵亡伤亡及失迷未回外，实止三千有零，防守郡城，并分拨四路巡查土匪，数不为多。城外绿营，止有臣标及提标兵七百名。若将国瑞所带兵一千名再行移驻杨村，存兵过单，不独民人惊疑，并恐夷人轻视。此时刻刻须防其变，臣与国瑞熟商，杨村尚不紧急，所有前项马步兵一千名，拟请仍准留津，如北路有警，追剿截杀，尚可兼顾。

——《筹办夷务始末（咸丰朝）》卷二五，第2页。

〇上谕

军机大臣字寄直隶总督谭。咸丰八年五月初一日奉上谕：

前因谭廷襄奏，请将国瑞所带马步官兵一千名留津防守，谕令与僧格林沁咨商，如杨村必需此项官兵，仍须调回兼顾。本日复据奏称，津郡兵力过单，仍请将前项官兵准留津郡等语。津郡防守，于马队不甚相宜，设或由陆北窜，恐追赶无及，不如在前堵截较为得力。著谭廷襄仍将国瑞所带马步兵一千名移扎杨村，交僧格林沁分拨布置。其天津应添防兵，著该督于直隶附近各营内酌量抽调，以补一千名之数。将此由五百里谕令知之。

钦此。遵旨寄信前来。

——《咸丰同治两朝上谕档》第8册，第202页。

五月初二日

〇上谕档

查臣等于上年十一月间因军务较繁，奏明添传额外行走章京二员。现在军机章京、户部员外郎王锡振随同僧格林沁前赴通州，军机章京、刑部员外郎段承实随同桂良、花沙纳

前赴天津。查照成案,应即以额外行走之户部员外郎康锡龄、刑部员外郎朱梦元充署,并请添传此次记名在先之内阁中书方鼎锐、户部候补主事朱学勤在额外行走。谨奏。

咸丰八年五月初二日奉旨:知道了。钦此。

——《咸丰同治两朝上谕档》第8册,第204页。

○恽世临奏

山西道御史恽世临奏:

现闻夷性渐驯,可以议抚,惟是现议条款,外廷无从悬揣。臣以已往之事度之,则有万不可允准者。臣本籍江苏,道光二十四年曾赴上海。其时甫经通商,城外设立夷馆,夷人三五成群,进城征逐。询之土人,始知夷馆中佣工男女皆本地民人,每人每月给番银四圆,甚有为之教读者。该夷又传天主教,习其教者,夷人每年助资银两,以三十两为至少之数。贫民贪利,传染日多,地方官不敢禁止。近年闻苏州省城及嘉湖等处,均有夷人往来矣。天津离京城二百余里,若令设立夷馆,则与上海无异,其为人心之害,可胜言哉?且渐而至通州矣,渐而至京城矣。禁则起衅,不禁则坏法,地方官何所适从?必将隐忍蒙蔽,听其来去自由。其中传教裹胁等事,势所必有。万一肆其犬羊之性,突然反噬,则其祸更有不忍言者矣。耆英从前办理夷务,于夷人所请率皆允许,即准其入广东省城一事,该夷转以为负约在我。今日之衅,实由于此。是耆英毫无远见卓识,久在圣明洞鉴之中。此次饬令办理夷务,圣心自有权衡,臣愚未敢臆测。惟天津设立夷馆,则关系匪轻。如该夷果有此请,伏乞宸衷独断,立予驳斥。其近畿各海口,亦不准其通商。专意用兵,不图旦夕之安,而杜将来无穷之害。或谓夷船直抵天津,我兵失险,有不能不抚之势。臣以为此正猛虎入阱,可以计取之时也。夷船非遇大潮汐不能出口,海外大船不能入而救援,实同鱼游釜底。僧格林沁以重兵扼要,布置精严,若再激励沿河居民,齐心团练,则成兜剿之势,不待战而夷情已馁,酌允所请,必当就抚。是宜以战守速抚议之成,不可以议抚而隳战守之策。

——《筹办夷务始末(咸丰朝)》卷二五,第9—11页。

五月初三日

○哈福那奏

署密云副都统奴才哈福那跪奏,为途次钦奉谕旨径赴军营,恭折奏闻。仰祈圣鉴事。

窃奴才于四月二十九日自密云统带官兵起程,五月初一日巳刻行抵大兴县所属之孙河地方,接准兵部火票,咨开:为札饬事,车驾司案呈,咸丰八年四月二十九日本部具奏密云等处官兵起程日期一折,本日奉旨,著交僧格林沁军营,钦此,相应由五百里札行统带密

云官兵副都统哈福那,迅即遵奉谕旨,管带官兵,径赴钦差大臣僧格林沁军营,毋庸来京在德胜门外教场驻扎等因。接准前来。奴才除即敬谨钦遵谕旨,统带密云官兵改道前赴钦差大臣僧格林沁军营外,理合将途次钦奉谕旨径赴军营之处,谨恭折奏闻,伏祈皇上圣鉴。谨奏。

咸丰八年五月初一日

【知道了。】①

——朱批奏折,档案号04-01-01-0867-027。

五月初四日

○上谕

军机大臣密寄钦差大学士桂,吏部尚书花,侍郎衔耆。咸丰八年五月初四日奉上谕:

桂良等奏领到关防并陈现办情形一折。英夷嗜利逞强,专择万不能允之事故肆刁难,桂良等遽为所慑,竟将内地通商、游历各省两节,允俟军务完竣后酌办,轻为许诺,但顾目前,必贻无穷后患。即兵费推交广东、进京约俟再议,虽属万不得已,姑为羁縻之计,惟日后不能践言,转致失信于该夷,衅端复起。前据桂良等抄呈何桂清书函,所称折服夷人当示以诚信,择其可允者允之,其必不能允者即正言拒绝,不可游移。桂良等惟当将添口减税各条与之以利,若必事事皆准,何用大臣会议耶?

本日据奕山奏,已会同夷酋木哩斐岳幅将乌苏里河至海口等处分界通商事宜合约定议,桂良等即可藉此一事告知俄酋,谅伊必早有所闻。惟中国与尔国二百年相好,故能如此优厚,至英、弗二国现踞广东,断难尽如所请。而李泰国等情形凶悍,恐一旦决裂,枉费尔等说合好意。英、弗二酋来至天津,本应置之不理,皆因俄国前来说合,声言并无恶意,是以未与用武。不料该二国先开大炮,直逼天津府城,迄今未有定议。今俄国已准五口通商,又在黑龙江定约,诸事皆定,理应为中国出力,向英、弗二国讲理,杜其不情之请,速了此事,方能对得住中国。若再不能挽回,我三人不能办理,即日回京,现有僧格林沁带兵在后,听其办理。但兵端一开,不能再议抚局,不但各国均无所益,即尔公使为好之本心,亦难剖白矣。如此晓谕,看其如何转圜,再行酌办。将此由六百里密谕知之。

钦此。遵旨寄信前来。

——《咸丰同治两朝上谕档》第8册,第206—207页。

---

① 奉批时间为咸丰八年五月初三日,参见中国第一历史档案馆藏录副奏折,档案号03-4211-063。

〇上谕

咸丰八年五月初四日内阁奉上谕：

常山奏恳请派赴军营一折。热河围场总管常山，愿赴军营效力，即著分带蒙古两盟官兵，前往僧格林沁军营。其总管印信，即著翼长和纯护理。

钦此。

——《咸丰同治两朝上谕档》第 8 册，第 209 页。

五月初五日

〇绵愉等奏

巡防王大臣惠亲王、怡亲王载垣、郑亲王端华奏：

窃臣绵愉于本月初四日由僧格林沁军营旋京，途次接据僧格林沁专差送到耆英致伊信函一件，悉耆英业已由津旋回。臣绵愉展阅，不胜骇异。随将原信携至巡防处，与臣载垣、端华公同密看，均极惊讶。伏思臣等以耆英熟习夷情，是以密请派赴天津办理夷务。该员系获罪之人，复蒙恩弃瑕录用，宜如何激发天良，尽心筹画，讵意以夷情叵测，并未办有头绪，辄欲藉辞卸肩，未奉特旨，竟敢先自回京。其畏葸无能，辜恩误国之处，殊堪痛恨。

又，查该员信内有初五日辰巳之间可抵僧格林沁军营之语。臣等拟请饬下僧格林沁，将该员在营讯明后即行正法，以昭炯戒。至臣等无知人之明，以致滥行保举，咎无可辞，应请旨将臣绵愉、载垣、端华从重治罪。

［耆英致僧格林沁函］

初二日申刻，拜奉钧函，远荷垂问夷情，惟英夷仍骄悍异常，昨日夷民即有寻衅欲行争斗光景，英仰蒙皇上天恩，誓死报效。初一日英夷通事在桂中堂公馆，坐索照会，并将伊等攻破广东省城时所得交代文案内，有英密奏夷情朱批折件，出令大众阅看，殊为可骇。旋经公同商酌，英赴天津，圣意原谓熟习夷情，素来见信，以便设法羁縻，不意出阅折件，尽是当年辱骂该夷之言。缘日前已有传闻，谓该夷包藏祸心，欲图报复，英一人休戚生死，殊无关系，惟抚局正在将定未定之时，万一该夷思欲狡焉一逞，则关碍全局，大为可虞之至。万不得已，本日已将此情密奏，是以英即刻回京，拟在通州听候。初五日辰巳之间，可趋诣麾下，面陈一切耳。

朱批：此折并信函，著惠亲王等与恭亲王、惇郡王、军机大臣公同阅看定酌。

——《筹办夷务始末（咸丰朝）》卷二五，第 22—24 页。

〇奕䜣等奏

臣奕䜣、奕譞、彭蕴章、柏葰、穆荫、杜翰跪奏：

本日蒙发下惠亲王等折、耆英信函，奉朱笔：此折并信函，著惠亲王等与恭亲王、惇郡王、军机大臣公同阅看定酌。钦此。臣等查耆英系蒙恩弃瑕录用办理夷务之员，不知感发天良，与桂良等会商办法，竟敢不候谕旨，擅自回京，实属辜负天恩。惠亲王等请讯明后即行正法，实属罪所应得。臣等拟请钦派大臣前往通州，会同僧格林沁严行审讯具奏，抑或饬下僧格林沁派员将耆英押解来京，交宗人府会同刑部严讯之处，请旨遵行。至惠亲王、载垣、端华自请治罪，臣彭蕴章、柏葰、穆荫、杜翰亦难辞咎，应请一并治罪，伏候钦定。谨奏。

咸丰八年五月初五日奉朱笔：耆英经朕弃瑕录用，委任办理夷务，乃畏葸无能，大局未定，不候旨擅自回京，不惟辜负朕恩，亦无颜以对天下，实属自速其死。著僧格林沁派员将耆英锁杻押解来京，交巡防王大臣、军机大臣，会同宗人府、刑部严讯具奏。此次朕用耆英，原出于不得已，冀其有成，虽经惠亲王等保奏，实系操纵自朕。无先见之明，愧恧殊深。惟王等赞襄无方，若不予以薄惩，曷以洽服众议？惠亲王著毋庸管理中正殿、雍和宫事务；载垣、端华均著开领侍卫内大臣缺，与惠亲王一并交宗人府议处；彭蕴章、柏葰、穆荫、杜翰均著交部议处。钦此。

——《咸丰同治两朝上谕档》第8册，第211—212页。

〇上谕

军机大臣密寄钦差大臣、科尔沁博多勒噶台亲王僧。咸丰八年五月初五日奉上谕：

据惠亲王等参奏耆英擅自回京，并呈递信函，览奏实堪诧异。耆英本系获罪之员，前因惠亲王等奏请派赴天津办理夷务，朕念伊尚悉夷情，宽其既往，弃瑕录用，令与桂良、花沙纳妥筹商办。伊应感发天良，力图报效，即使逆夷狡狯，猝难开导，亦须悉心筹画。昨桂良、花沙纳代伊奏请回京，未曾允准，乃竟不候谕旨，先自由津回至通州。阅伊所致僧格林沁信函，畏葸无能，不顾大局，置身事外，殊深痛恨。已有朱谕，令僧格林沁派员将耆英锁杻押解来京，交巡防王大臣等严讯矣。该大臣接奉此旨，务将耆英派员押解起程。现在抚局未定，难保该夷不肆狂悖，更启兵端，自应先机筹备防剿之策，方不致仓猝失据。该大臣驻扎通州，距津甚近，务当随时侦探，作速布置。至驻扎山海关之察哈尔兵一千名，本日已谕令前赴通州，并谕庆祺迅调盛京兵一千名，饬交玉明统带，往山海关防堵，以臻严密。将此密谕知之。

钦此。遵旨寄信前来。

——《咸丰同治两朝上谕档》第8册，第210—211页。

〇上谕

军机大臣字寄盛京将军庆，山海关副都统定。咸丰八年五月初五日奉上谕：

前因通州需兵防堵，叠谕吉林、黑龙江将军各调兵五百名迅速来京。本日据承志奏，吉林官兵业已分作两起，即日起程。其黑龙江官兵，谅奕山接奉谕旨，亦即速调来京。著庆祺飞饬沿途催提两处官兵，克日驰赴通州，听候僧格林沁调遣，毋稍延缓。至山海关驻扎之察哈尔兵一千名，亦著该副都统饬令迅赴僧格林沁军营勿迟。山海关地方紧要，著庆祺迅调盛京官兵一千名，交协领管带，饬令前往，交玉明统率。如该侍郎尚未行抵该处，即将此项官兵交定福暂行管带。至前调哲里木盟蒙古兵一千名，并著庆祺就近饬催，迅速起程进京，听候僧格林沁调遣。将此由六百里加紧各谕令知之。

钦此。遵旨寄信前来。

——《咸丰同治两朝上谕档》第 8 册，第 212 页。

五月初七日

〇僧格林沁奏

钦差大臣、科尔沁亲王僧格林沁奏：

窃奴才接奉寄谕，据桂良等奏，英夷要求各款断属难行，连日探报夷情狡展，而英吉利尤为横恣，叵测万分，恐非理喻所能格化。夷船夹带潮勇并铁锨等物，自系预备开掘河路或登陆空濠筑垒等用。又闻其天津占踞金家窑地方，用该处板厂木料打造船只，其为意图北犯，形迹显然。津门兵勇溃败之余，气怯心馁，战守两不足凭。杨村一带，托明阿等带兵驻扎，经瑞麟前往筹画布置，奴才现复派弁络绎查探，并先咨行托明阿，将该处官剥民船就近饬令移往子牙河内收泊，又将通州一带河路船只亦饬地方官查明，派员密往察看，酌量移泊。现在平家滩一处挑空引河，于四月二十九日工竣，仍留河岸及坝头各五丈地方，专候临时开掘。其河身要害处所，逐日钉桩树栅，并预备船只树株，择要沈塞，逐层堵截。奴才大营及运河两岸筑立炮台数处，尚未工竣。惟通州城垣坍塌，情形甚重，于安炮处所，先行设法补筑应用，一面严饬地方官赶紧兴修。奴才原带炮位均不甚大，仅可陆路携带应用。至各炮台及城上安设，拟请由京调拨五千斤以上大炮十余尊，即日运通。并拟将现在杨村富勒敦泰所带八旗汉军炮营官兵调回通州，激励用之。宣化镇兵于四月二十九日到通，分扎运河西岸。绥远城兵于五月初一日八起到通，当经拨赴采育扎营。其续到密云官兵五百名，即在河东扎营，以便调拨。

天津民气本强，此番夷务反侧，民情亦大不足恃。此时颁发告示，激励乡团，非但不能

有益，恐刻下议抚未定，转致该夷得所藉口。且办理团练，必由地方官吏率同绅士举行，已由奴才咨请巡防王大臣，饬令顺直所属津通一带地方，查照节奉颁发章程，并坚壁清野条议，实力办理。并拟请旨，饬下各部院堂官传令各衙门官员，有愿及时报效者，具名陈奏，由各堂官选派，分赴近京运河一带各州县督劝团练，随时侦察路径险要地方情形，如有奸细潜藏及匪党窥伺，立即飞禀京营及通州大营，派兵剿拿。其有各该州县本籍堂司各官，于该处民情地利熟悉者，令赴各该州县城乡，密行纠约团练，激励众心，相机行事。民情积愤之余，一有整率之人，必当忠义奋兴，且可临事知方，不致卤莽，或滋他患。事定之日，分别奖叙，立功者即时保奏，傥或贻误军情，亦即参劾不贷。

至通州等处官兵，因食物昂贵，颇形苦累，奉到谕旨，令奴才核计酌量加增，当即传谕粮台，将该兵丁等应得口分各例，详细禀报前来。缘上月粮台所发口分，按照旗兵每名每日盐菜实银七分四厘九毫有零，绿营每兵每日盐菜实银四分八厘三毫有零。其尚有马干米折等项，奉部定章程，应行折扣，按放钞票。据该粮台声称，上月未经放给，因通州粮价昂贵，正在议请改放实银等因。奴才详加查核，计上月所放兵丁口分，合现在通州银价物价，实属不敷食用；若遽将马干米折全行改放实银，又恐过于浮多。今拟于上月放过应得盐菜实银外，于旗兵，将所应得马干一项，仍行照部六扣之数，每日再行放给实银一半，合银四分八厘；绿营兵，将所应得马干米折各项，概不折扣之数，每日再行放给实银一半，合银三分五厘五毫。计旗兵每日可得实银一钱二分二厘有零，绿营兵每日可得实银八分三厘八毫有零，银数按部章发给票银，兵丁已可足敷食用。当即札饬粮台遵照办理。当此逆夷情状骄盈，抚局既难有定，奴才现在惟有将筹防一切日夜赶紧布置，不致稍涉疏虞。

——《筹办夷务始末（咸丰朝）》卷二五，第29—32页。

〇僧格林沁奏

再，耆英自津来通，奴才接奉五月初五日寄谕，并恭录朱批：著将耆英锁（扭）[杻]派员押解来京，交巡防王大臣等严讯，等因。钦此钦遵，刻即派出火器营参领成发、理藩院主事德祥二员，并札通永道预备锁（扭）[杻]，添派地方员弁随同，将耆英锁（扭）[杻]押解起程赴京，交巡防王大臣处钦遵办理。理合附片具奏。

咸丰八年五月初七日奉朱批：知道了。钦此。

——《筹办夷务始末补遗（咸丰朝）》，第678页。

〇上谕

军机大臣字寄钦差大臣、科尔沁博多勒噶台亲王僧。咸丰八年五月初七日奉上谕：

僧格林沁奏遵筹布置各情形一折。所筹挑空引河、修城安炮，宣化、绥远、密云等兵分

驻运河东西两岸及采育等处，一切布置均属周妥。其遵议酌增兵丁口分章程，即著照所议办理。托明阿统带官兵驻扎杨村，闻珠勒亨一军独驻河东，恐非要地，应移扎何处，与各军联络，著僧格林沁体察情形，妥为调度，不可以有用之兵置之无用之地。所请饬各部院堂官派员赴各州县办理团练事宜，已谕巡防王大臣行知各衙门办理矣。将此谕令知之。

钦此。遵旨寄信前来。

——《咸丰同治两朝上谕档》第8册，第216页。

○上谕档

军机大臣面奉谕旨：本日据僧格林沁奏，请饬各部院堂官派员赴近畿各州县办理团练等语，著巡防王大臣查照所议，行知各衙门分别办理。钦此。相应抄录原奏，知照贵王大臣钦遵办理可也。为此知会。

计开：抄单一纸。

五月初七日

——《咸丰同治两朝上谕档》第8册，第216页。

五月十一日

○绵愉等奏

臣绵愉等跪奏，为遵旨会同审讯具奏事。

本月初五日奉朱谕：著僧格林沁派员将耆英锁杻押解来京，交巡防王大臣、军机大臣，会同宗人府、刑部严讯具奏，等因。钦此。臣等督同派出司员，连日审讯。据耆英供称：实因英夷包藏祸心，恐因此有害抚局，并有面陈事宜，是以于桂良、花沙纳代为具奏后，即行进京。至通州后，奉五月初五日军机大臣字寄上谕一道，即于通州缮折，据实覆奏。旋因僧格林沁奉到严旨，将耆英锁杻押解来京，并将耆英覆奏原折夹板追回。现蒙严讯，惟有恳求皇上天恩，将耆英从重治罪等语。

臣等谨将耆英所具亲供三件，并通州所发原折一件，当堂拆阅，一并恭呈御览，伏乞圣鉴训示。谨奏。

咸丰八年五月十一日奉朱批：著恭亲王奕䜣、惇郡王奕誴，会同大学士、六部、九卿秉公定拟具奏。耆英所具供并折，发交尔等同阅。钦此。

附：耆英在通州所发奏陈擅自回京缘由原折

耆英跪奏，为恭奉密寄，由驿据实覆奏，仰祈圣鉴事。

窃奴才于本月初五日奉到咸丰八年五月初四日上谕：前因耆英素悉夷情，等因。钦此。奴才跪读之余，不胜惶愧。四月二十七日，奴才行抵天津，与桂良、花沙纳相见，伊二人深以奴才前来，得以会商，以期抚局早定，上慰圣怀，下安民望。讵奴才照会各夷之后，英、佛两夷虽遣通使至奴才行寓来见，不过数语即归。二十九日赴英、佛两夷所住之望海楼，原冀会晤夷酋，设法开导，乃竟坚执不肯相见，托言推诿。迨是晚英夷通使里太国至奴才桂良、花沙纳行寓，逼索条约各款，必欲一一照准，复经随员等向其婉言商榷，该夷顿时愤激，即欲转回，语言狂悖，极为可恶。奴才等以大局所关，虽忿懑填胸，不得不降心开导，冀其转圜，因将酌商照会发给，不肯接收，竟忿忿而去。

次日，里太国复同通使威妥马至奴才桂良、花沙纳行寓，仍逼索议准照会，神色俱厉，并呈出奴才当年密陈夷情朱批折件，公同展阅，多系辱骂夷人之语。今粤城既破，督署被搜，所有夷务案卷既为该夷所得，当年权宜之计，尽为该夷窥破，现欲令其就我范围，复然见信，诚恐万难措手。并据随员等禀称，探闻英夷包藏祸心，深怀叵测。其坚执不肯与奴才商办，复出阅折件，明露怀恨，已成嫌怨，不能不暂避凶锋，保全大局。况各夷时有三五成群来往街市，骚扰居民，甚至结队肆行，诚恐别启衅端。

桂良、花沙纳与奴才再四熟商，夷性本属多疑，复加心怀怨恨，若奴才拘泥必与会晤，设有不虞，不但与大局无益，且恐速其决裂，难以收拾。是以奴才桂良、花沙纳另片奏恳天恩，允准奴才来京，以备面奏一切，何敢各存意见，致误机宜。倘奴才意存诿卸，丧心昧良，视国势之安危为轻，惟一身之休戚是计，何能逃于圣明洞鉴之中？奴才于拜折后，次日起程，现抵通州，将夷情大局，与僧格林沁面见，熟商密议，计求万全，即赴阙廷，跪聆圣训，再行恪遵筹办。

谨将钦奉谕旨，并奴才来京缘由，据实恭折附驿先行覆奏，伏祈皇上圣鉴。谨奏。

——《第二次鸦片战争》第 3 册，第 421—423 页。

〇耆英供词

耆英谨具亲供事：

四月二十七日行抵天津，见夷人往来，肆行滋扰，既不能以理禁止，又不可以威镇摄。逆夷肆虐，日甚一日，诚恐(虑)民情不能忍受，争隙一起，全局皆非。至其中情形，不但不能形诸笔墨，且亦不敢宣之听闻，办理实属棘手。

五月初一日，里太国复同通使威妥马至桂良、花沙纳行寓，逼索议准照会，神色俱厉，并呈出当年密陈夷情朱批折件，公同展阅，多系辱骂夷人之语，该夷怀疑深恨，誓不甘心。又据委员探听，英夷包藏祸心，执意不见耆英，缘此桂良、花沙纳等公商，英夷既深怨耆英，总然在津，于事无益，倘由此顿起隙端，更难措施，是以商令回京，保全抚局，以免决裂。此桂良、花沙纳奏请令耆英回京之实在情形也。

遂于初二日公同商酌，是日，桂良因病，有桂良随员在坐，耆英当向花沙纳及随员等云：如奏请耆英回京，我不敢列衔，恐涉猜疑；若照崇纶于拜折后即行起身，又恐民夷生疑，诸多未便。花沙纳云：若夷人问起，便说耆英与你们意见不合，你们公使又不肯相见，所以大皇帝将耆英叫回。耆英云：若商民问起，即可答以公出，不过数日即回天津，以释群疑。于公同议定后，是以桂良、花沙纳另片奏恳皇上格外天恩，允准耆英来京，实为通筹夷务全局、面陈机宜起见。

窃思耆英中外多年，虽衰迈糊涂，岂不知举凡陈奏事件，须俟奉到批折始敢遵行？今未候批折率行回京，诚如圣谕，实属自速其死。惟所欲面陈之事，实关系国家安危大局，又虑该夷耳目众多，汉奸动辄泄漏，必须面陈，万不敢形诸笔墨，是以不辞，冒死回京，冀聆圣训，俾有遵守。此非擅离津郡以图脱卸之实在情形也。

津门夷人任意骚扰，民勇皆有困极思斗之意，易起衅端，则抚局恐立见决裂，是通州一带务须妥筹战守。初四日，耆英道经杨村，与托明阿会晤，将战守事宜详加讲求。初五日行抵通州，与僧格林沁见面，将津门夷情详细告知，必须通盘筹议，以期剿抚兼施，方合机宜。并交其白火药箭一枝，以备照式制造，火攻尚属利器。伊云筹防一切情形拟于日内具奏，至应防河路，咨令该督设法办理等语。所有耆英由津冒死来京，实为面陈通筹夷务起见，非敢顾惜身命也。

谨具亲供，伏乞代奏，仰恳皇上天恩，将耆英从重治罪。所具亲供是实。

耆英亲供。

耆英谨具亲供事：

查英夷要约各条，惟内地通商、游历各省州县择地设立领事官两节，实关国家安危大局，万不可牵就一时，致滋无穷后患。现虽允其俟军务完竣再为酌办，亦不过暂示羁縻，以安其心。倘该夷即欲于无事省分立即前往，必致惊扰；若待写立和约印册时，于条目内稍有驳斥，势必决裂，亟应预为筹备，节节防御，一经泄漏，必致立起兵端。事宜慎密，时不可缓。既不敢形诸笔墨，又不敢商之外人，所以冒昧回京，以冀趋谒阙廷，面陈一切，伏乞皇上指授机宜，俾得遵守。并请密饬统兵大员及文武地方官，水陆择要先事预防，断不可稍形疏漏，致误事机。此耆英必欲回京面陈之实在情形也。

伏思耆英以垂暮之年仰荷高厚鸿慈，弃瑕录用，虽誓死自效，尚不能仰报于万一，何敢（籍）[藉]词卸责、自作抽身之计？今冒死回京，实属糊涂，惟有叩恳皇上天恩，将耆英从重治罪。为此再具亲供是实。

再，事关綦密，缮写不敢假手于人，目力昏花，未能恭楷，合并声明。

耆英亲供。

耆英谨又供：

于四月二十九日往见四国夷人，英、佛两国夷酋差通使传说，不与相见；米、俄两国会晤，情词尚属恭顺。今四国夷酋移居陆路，距海口外大兵船极远，该夷由海口载运铁铣镢二百余把，帐房百余架，在津郡得有芦席三百余领，又(站)[占]三叉河、望海楼、韩家房屋、金家窑等处民房。四国夷酋分据金家窑民房，收藏器械等物，并驾三板船五六只，在南运河试水，登我废炮台，用千里眼遥望，声言再不打仗，不过懈我军心，其包藏祸心，已可概见。若以要约条款已定，即可退船息兵，耆英未敢必信。该夷现在三叉河所泊夷船来去无定，来时则人心摇动，去时则商民顿安。体察夷情，实非昔年可比，并非一味图利，颇露窥窃诡诈之情。即如该夷始欲(站)[占]据天津，复又不要，佥谓甚好。复又请内地通商，试问天津又不在内地耶？始以进京为请，今又可缓，现又改为请内地通商、游历各省州县，岂潞河又不在内河耶？种种鬼蜮，岂可遽信。亟须通盘筹画，谋定后行为要。谨又具亲供是实。

耆英又供。

——《咸丰同治两朝上谕档》第 8 册，第 223—225 页。

五月十三日

〇奕䜣奏

窃臣闻逆夷要求各款，多出情理之外，其尤关利害者，莫如江岸通商一节。皇上圣谟广运，必不轻易允准。特恐在事诸臣，暂图目前息事，致贻后日巨患，将来虽欲议剿而不得也。西洋各国通商，二百年来相安无事。由于夷货寄顿只有澳门一处，洋行开设只在广东省城外，不特中国兵威彼未窥破，不敢妄思滋扰，即中国利源彼亦未尽悉，不致别启觊觎也。自添设五口以来，当时固以为夷性贪利，顺其欲以餍之，庶几饱而思息耳。乃迄今未廿年，又欲添设海口，甚至有长江口岸之请。是其贪得无厌，竟无止足之时矣。查长江发源四川，由湖北、江西、安徽，数千里直至江南之镇江，无论山川设险之所、城邑扼要之区，处处皆中原大局所关，断不宜令夷人实逼处此。即以利源而论，富商大贾，舟楫贸易，皆藉长江为转流。关税出于是，场盐行于是，漕粟运于是。该夷今日所请，即云意止通商，迨经年累月，目睹此数大利源，充其无厌之心，必又将滋生异议。其时民夷狎习，团练既呼应不灵，而各处险要皆在彼掌握之中，设令别有要挟，我将不许，则剿办更难措置。我将轻许，则精华悉饱犬羊，噬脐之悔，其何及矣。

从来剿抚之道，必出万全，臣岂敢轻言战斗！况彼之船坚炮利，天津海口甫一接仗，而我兵勇溃散，炮械军装尽以资敌。刻下桂良等犹以词令为折冲，天津现有之兵为数无多，

傥逆夷执意要求，不能以理喻，则不得不早筹战备。至今日而言战，战更有无可恃者，然臣谓总在办理之得人耳。天津乡勇现仍团结，果有素孚物望之官绅实力训练，晓以大义，啖以重赏，必可得力。北河泄水，已可阻之使不能进；西河、南运河泄水，兼可制之使不能退。催调吉林、黑龙江及蒙古马队速赴僧格林沁军营，一有蠢动，即行鼓勇前进，或分兵协剿。有饬僧格林沁，及早图维，妥筹办理。纵使彼铤而走险，我兵勇水陆设谋，可操必胜之势。一面寄信黄宗汉、罗惇衍等，率励乡兵，分攻粤省及香港，则皆其商贾所聚，并不能军，而广东百姓恨夷切齿，果奉有进兵明文，自必踊跃用命，胜算尤有可据。如此而津门逆夷或可畏而思转，然后加以羁縻，庶抚局可稍久远。与其一味示弱，弃江岸以为了事，后日虽欲追悔而无及者，利害不啻百倍。

臣又闻外间有许其俟内地军务告竣再行商办之议。惟图暂顾目前，而终归不了之局，是又贻患于将来，则更为非计。

——《筹办夷务始末(咸丰朝)》卷二六，第10—12页。

〇奕䜣奏

臣闻英夷头目未曾与崇纶、谭廷襄见面，即桂良、花沙纳抵津以后，亦仅相见一次。近日往来公所，咆哮要挟，皆系李泰国从中煽虐，为其谋主，俱可灼见。闻李泰国系广东民人，世为通使，市井无赖之徒，胆敢与钦差大臣觌面肆争，毫无畏惮。并耆英折内有"李泰国语言狂悖，极为可恶"之语，揆其情状，实堪发指。若不加以惩创，不特外夷藐视，将来李泰国必至各处海口扬言自负，恐从此效尤者日众。拟请饬下桂良等，待其无礼肆闹时立刻拿下，或当场正法，或解京治罪，并晓谕各夷，以该通使本系内地民人，不知法度，种种狂妄，形同叛逆，所以将其正罪。既足褫逆夷之丑，且不啻去其腹心指臂，办理当易著手。如恐该夷愤激，致启衅端，请饬下僧格林沁，或令托明阿移营前进，或另行酌拨劲兵，俱在附近天津地方屯劄，以备接仗，庶不致有措手不及之虑。

——《筹办夷务始末(咸丰朝)》卷二六，第12—13页。

〇许彭寿奏

翰林院侍讲许彭寿奏：

窃西夷各国驶至津门，背约负恩，神人共愤。只以地当畿辅，时值艰虞，饷需既恐未充，兵力又难深恃，是以按兵未进。仰见我皇上廑怀国计，轸念民生，其难其慎之至意。惟是剿抚两途，互有得失。剿而失利，患在目前；抚而乖方，患在异日。皇上如天之度，无非为民社策安全；人臣谋国之诚，要当为邦家筹久远。窃思该夷所求，专利不厌。既利于彼，必损于我。传闻该夷欲赔兵饷，欲入大江，欲建夷馆于内城，欲通贸易于津郡。种种要求，

闻者发指。有一于此，均属可虞。不得已而较其缓急，则赔饷、入江虽有后患，然江路之军务未完，非一时所能入；兵饷之所需必巨，非一日所能偿。但使大小臣工自今以往，体宵旰之忧勤，戒因循之积习，缮兵足食，尝胆卧薪，待内患之既平，念国威之当振，一朝发愤，因小屈而得大伸，则桑榆之补，犹未晚也。乃若京师重地许以久居，则彼将坚筑垣墉，暗列火炮。洋楼则以渐而增，不得不听其侵占。丑类则接踵而至，不得不任其蔓延。潜引奸民，广传邪教。我之虚实，彼无不知；彼之去来，我不能禁。有举动则显事阻挠，有罅隙则阴为窥伺。为地既近，为备愈难。至于天津海口复为所踞，则师艇之常泊于海口者必多，小船之通行于内河者愈熟，遥为应援，俨成犄角。是使腹心之地，常有寇盗之防，将来隐忧，殆难尽述。

议者谓要盟无信，不妨姑许以为退夷之计。殊不思堂堂中国，朝议暮更，已非所以示信。况此二事，近在目前，事苟未行，夷何肯退？夷既示退，议何能更？迨至所议既定，所求既行，彼已根深蒂固，我乃起而悔之，徒予藉口之端，曾无反汗之法。豢豺狼于卧榻，投骨鲠于咽喉，虽有智者，难善其后。国家景运方隆，何遂示弱至此？若谓夷焰方张，兵威已挫，不如所请，将不忍言。此则施诸议论，虽似谋国之忠，而揆诸机宜，究昧用兵之法。该夷来往皆坐小船，从无步行十里者。此其不良于行，已无疑义。闻僧格林沁已豫为泄水之计，查通州南有减河两道。又，宝坻之香河亦与运河不远。若三处开浚引河，则运河立见浅搁。再，静海之南、沧州之北有减河一条，亦应开浚以泄汶上以北之水。如此则南北运河涓滴不入津境，津河正干，只余永定一支。水浅船搁，彼奚由进？由津至通，凡二百里，夷虽凶狡，断不能身著皮衣，步行二百里于烈日之中。其所恃者不过潮州溃勇，而所招潮勇，皆江苏资遣回籍之辈，其数不足二千，且但精鸟枪，不娴击刺。欲恃此以轻犯近郊，臣知其必不能矣。

今钦差大臣既驻通州，其前锋自应驻通州以南，坚壁深藏，守而勿战。俾引河得以完工，通州得以自固，先禁彼之北来，然后筹我之南下。惟该夷精于用炮，凡我军营垒，必须囊以沙土，垒以湿棉，以柔制刚，使不能得志。至于两军相接，夷人于远则每用火箭，近则兼用洋枪。此外尚有炸炮一种，所向莫当。臣再四思维，藤牌可破，一人一牌，足资遮蔽。炮来则举以自藏，炮过则挟以前进。该夷但利远攻，不利短接，若以藤牌当其前，复以骑兵抄其后，短兵既接，火器已穷。至于或用火攻，或用夜战，此则带兵大员所当临机决胜者，非可豫为揣度也。况闻该夷近日渐肆淫掠，津民愤怒，人人有灭此朝食之心。地方官不能弹压，惟冀和议之速成，以为庶可无事。不知众怒难犯，与其强为禁遏，必致贻患于将来。不如用以前驱，转可收功于目下。可否饬下督臣密为布置，听其攻袭，即以夷船银物充赏。利之所在，当无不踊跃争先。

总之，此时该夷要求，已大半遂其所欲，谅不肯因一二事之龃龉遽堕全局，正不必鳃鳃

过虑，以致堕其术中也。

——《筹办夷务始末（咸丰朝）》卷二六，第19—22页。

〇陈濬奏

山东道监察御史臣陈濬跪奏，为夷情叵测，大员专主议和，恐误大局，恭折沥陈，仰祈圣鉴事。

窃照逆夷阑入天津海口，夺占炮台，乘虚直抵郡城，猖獗已极。奉旨派桂良、花沙纳前往查办，迄今日久，其如何应剿应抚之处，尚无定见。近有人自天津来，传言桂良、花沙纳畏夷如虎，凡有要求，罔敢不应，已许其入京盖建夷馆，不日即有夷人来京等语。道路传闻，无不骇愕。从来外夷臣服中国，入修朝贡，皆事毕即返，不许久留，所以严中外之大防也。

若其不修臣节，而听异言异服之人盘踞京邸，出入自由，则纳侮藏奸，其弊何所不至？且该夷桀骜性成，譬若豺狼，非可驯之物。臣在籍时，曾闻琉球国城被英夷借住后，遂久占不还，甚至闯入王宫，肆行无忌。此等凶顽之辈，岂复礼法可拘？古人云，卧榻之侧，不容他人鼾睡。况辇毂之下，岂可容豺狼群聚，能保其无意外之变乎？至该夷非理妄求，外间传说甚多，未可尽信，然以此一事推之，似亦不为无因。臣窃揣夷人既求入住京城，必求添设马头，其所求添设之马头，必系天津、镇江等处。何以言之？天津为海河总汇，镇江据江淮要冲，漕盐之所往来，商贾之所辐辏。若该夷得遂其狡计，数年之后，天下之利权归之，中国之民命系之，必至束手受制，无可奈何，其为祸患，岂徒伤威损重已乎？

前咸丰三年，粤逆窜踞金陵，英夷闻其素奉天主教，即由上海前往与之结盟约好。今若得在镇江通商，则与金陵接壤，万一互相勾结，其患即在目前，又无俟数年之后矣。

臣伏思桂良、花沙纳等受恩深重，具有天良，何至卖国全躯若此？然而恇怯之极，遂生回惑，回惑之甚，遂陷奸邪，此臣所以不无鳃鳃过虑者也。夫城下之盟，春秋耻之。昔楚之伐宋，至于易子析骸，而宋之君臣守义不屈，楚卒为之退师修好。况我朝寰区统壹二百余年，皇上有上法尧舜之心，而诸臣乃欲为衰世不为之事，此尤中外人民所感愤而不平者也。

今之大病，病在惧夷。惧夷之说曰：是不宜战，战则必败。夫逆夷以数千之众，穹越重洋，深入重地，劳师袭远，兵家所忌，兼之水土不服，疾疫交作，闻夷人在天津因病自毙者日日有之，是彼固处于必败之势矣。我直而彼曲，我主而彼客，我众而彼寡，我逸而彼劳，是我又处于必胜之理矣。而曰我必败，而彼必胜，此臣之所未解也。且逆夷之所长者，炮火耳。自古曾有恃炮而遂可无敌者乎？亦曾有畏炮而尚可图存者乎？行军之道，变化无方，独不能避长击短，使之炮无所施乎？又何至仓皇无措，自挫锐气若此哉？且夷人亦何惧之有？闽粤之人与夷杂处，视之不啻犬羊，即天津之民，初亦惧夷，既习见其无能为，遂亦以

兽畜之。

闻有夷人水师提督往游民家，被天津之民褫剥衣服，将缚而杀之，再四乞哀，而仅得免。将帅若此，其可惧又安在哉？故时人之言曰：惧夷者官也，非民也；惧夷之甚者，大官也，非小官也。如叶名琛、谭廷襄，所谓大官矣，而畏葸若彼；桂良、花沙纳，又所谓大官矣，而恇怯若此。彼则误之于前，此又将误之于后，大局尚堪设想耶？

臣睹此忧危，不胜焦灼，伏愿皇上深思至计，将桂良、花沙纳撤回，另简忠勇大臣前往查办。抑或以臣风闻无据，乞将臣所陈，并桂良等奏报，饬下僧格林沁就近确查实在情形是否，宜和宜战，二者孰有把握，据实奏覆，皇上将僧格林沁之奏召群臣集议，各竭智谋，然后宸衷独断，决策行之，庶几转祸为福，天下幸甚。

臣激切妄陈，无任悚惕之至，伏乞皇上圣鉴。谨奏。

——《第二次鸦片战争》第3册，第428—430页。

〇钱宝青奏

宗人府府丞臣钱宝青跪奏，为夷人邀请驻京恐难谕止，仰祈乾断，明示威棱，以期就范事。

窃本月初十日据桂良、花沙纳奏，夷人欲派钦差驻京，先令人来踩度地势，租赁房屋，除宫禁重地不准往来，其余任行无阻等语。此千古未有之奇闻，而桂良等毅然入奏，幸皇上洞烛几先，不允所请。然以情理度之，桂良等未必遂能阻止也。何也？桂良等于该夷要求重款均已准行，其心非不知为不可，而一一忍受，则此事之不能独阻可知。若言俄夷能为转圜，则进京之事创自俄夷，又焉肯代为出力？闻桂良等于夷人所请，皆先写照会允准，钤用钦差大臣关防，付与该夷，然后入奏，是以如内地通商及赔偿兵费等款，皆廷寄所驳斥，而桂良等力为之请者，以照会在彼，不敢翻悔。违谕旨，皇上犹或原之；悔照会，则夷人得而戕之也。历观所求各款，初请不准者，再请即无不允。夷人知桂良等不敢不为之请，桂良等知皇上不能终却，遂肆无忌惮至此，其恇却误国有甚于耆英者。耆英遗患在十二年以后，而桂良等则言至速亦在一二年后；耆英代拟谕旨请准，桂良则不候谕旨而先给照会。今所允各事已悔不可追，若驻京之事仍复一请再请，强皇上以必从，则琉球之祸将立见于天朝，京师岂复为国家所有？况桂良等原奏，已明言该夷驻京是否别有诡谋实不敢信，则是姑为所请，以贻君父之忧，他日准行之害，君与相任其咎，而彼则固已先事声明，其立足尤不为不稳也。臣以为，英夷之骄已极，津民之愤已深，若借此一端翻然改计，此机诚不可失。盖当事之不肯主剿者，亦欲委曲求全，避开衅之名，使之无可藉口耳。今若必欲驻京，则曲已在彼，岂夷人之言事事须允，而皇上谕旨一事亦不能仰体乎？伏乞皇上于桂良等再有要请之时，特降谕旨，明言夷人要请多已（免）[勉]从，圣度宽宏，不与计较，今乃坚执驻

京,是桂良等不能力持大局,即予罢斥,饬令回京,不准再与夷人辩议,□从前所给准行照会,概置不论,天津及各属绅民杀夷夺船者,不复再为禁止,应剿应抚,悉归僧格林沁督办,不更派员;如能罢议驻京,则共息干戈,言归于好,所有已准之款仍许议从。如此恩威并示,庶夷人有所震慑,即桂良等亦稍知振作,而于抚局仍为无伤。此后酌议条款,转觉易于折辩。

夫桂良等之畏夷如虎,固已情见乎词,一则曰里太国愈肆咆哮,再则曰威妥马怫然大怒。此皆夷人之厮卒,遂已奉若神明。且惟恐津民愤而诛夷,力请早为允准。其要挟之处,无一事一语不自夷人肺腑中出,恐初十日寄信谕旨,尚不敢向夷人露意,安望其能阻止乎?故臣以为,非乾断示威,不能就范也。皇上之欲用津民非一日矣,前此人心涣散,由于谭廷襄抚驭无方,今则公忿私仇并为一念,与夷渐习,伎俩皆知,桂良等所谓彼骄我怒,当在何时?若谓夷船去后,而托卧薪尝胆之虚文,窃恐终无其事矣。臣非轻于言剿之人,惟自初十日以后,所闻市井闲谈、士大夫清议,无不以夷人驻京为宗社安危所系而惴惴不安者,再四思维,知非口舌所能阻止,因拟一虚实并用之法,以冀转机。伏乞皇上俯鉴愚忱,加之采择,不胜激切悚惶之至。谨奏。

咸丰八年五月十三日

——《筹办夷务始末补遗(咸丰朝)》,第690—694页。

五月十四日

○上谕

军机大臣密寄钦差大学士桂、吏部尚书花。咸丰八年五月十四日奉上谕:

桂良、花沙纳奏事机万分紧迫请旨定夺一折。前因英夷欲驻京师,曾谕令桂良等告以遇有要事尽可来京面诉,不必留人远驻京师,或照俄夷成例,但派学生留驻,不能有钦差名目,须改中国衣冠,遵中国制度,不得与闻公事,仍须俟广东了事再行详细议定礼节。将来由内地北来,由中国派官护送,一切供应,不必令其自备资斧,或三年一次,或五年一次来京。是英夷进京一层,并非概行拒绝。如果桂良等明白开导,该夷得此体面,何至谓我徒事耽延?俄夷来文,谓将进京、内江两事已代说明,询之英夷,乃云并无其事。此中情节,或俄夷未曾转达,或英夷故为狡赖,均未可知。该夷所求镇江马头,与佛夷之金陵,桂良等皆许其军务告竣再可定议,原不过为缓兵之计,他时尚费周章。若进京一节,亦须如其所请,是桂良、花沙纳筹办夷务毫无主见,惟一味畏葸,竟未将初十日寄谕细心体会。英夷照会谓我徒事迁延,若再无定说,惟带兵北窜等语。究竟何者已定,何者未定,岂桂良等尚未分晰告知耶?连日据王大臣科道条奏,佥以该夷驻京及内江通商万不可准,桂良等岂不知

贻患将来？惟应照初十日寄谕妥为筹办，使该夷知非全行拒绝，又非概允该夷所请，如此羁縻，或可不至决裂。其佛夷所请，或万不能阻止，亦只可仿照办理。倘该夷定欲派钦差来京，建楼久住，当告以此事断难允准，我等若擅自允许，大皇帝必将我等从重治罪，所许各条亦只好均归罢议，应如何办理之处，听英、佛两酋照覆；一面告知俄、米两夷，令其将内河船只及早退出，免致打仗时误受损伤；并飞咨僧格林沁妥速筹备。似此决绝言之，看其如何动静。若竟用武，只可与之决战。傥其顾惜桂良等所许利益已属不少，必转托俄、米二夷出来说合，彼时再行酌办，庶不致全为挟制，贻害无穷。将此由六百里密谕知之。

钦此。遵旨寄信前来。

——《咸丰同治两朝上谕档》第 8 册，第 230—231 页。

〇上谕

军机大臣密寄钦差大臣、科尔沁博多勒噶台亲王僧。咸丰八年五月十四日奉上谕：

前因英、佛等夷要求各款内有在京久驻一节，曾谕桂良等此层必须阻止，即不能罢议，亦须俟广东了事，再行议定。本日据桂良等奏，英夷又来照会，谓若再无定说，即行带兵北窜，并天津情形万分紧迫等语，已谕桂良等再行剀切晓谕。如该夷坚执不允，抚局自必决裂，势须与之用武，著僧格林沁迅即妥筹准备。现在托明阿驻扎杨村，兵力尚单，著即饬西凌阿统带劲兵迅赴杨村，或另派得力将弁带兵前往，务当早为布置，以备不虞，毋稍迟误。将此由五百里密谕知之。

钦此。遵旨寄信前来。

——《咸丰同治两朝上谕档》第 8 册，第 231 页。

五月十七日

〇僧格林沁、西凌阿奏

钦差大臣、科尔沁亲王僧格林沁，察哈尔都统西凌阿奏：

查连日由京城巡防处饬运到通八旗大炮，奴才等分别安设各营炮台，及通州东门城上与东南之文昌阁地方。奴才僧格林沁营盘炮台三座，其余各营皆有一二座不等。奴才西凌阿到营，帮同逐日亲身督办，于十六日传令各营及城上挨次演放。前后各营联络，尚觉势单。并将京城捐输之炮及京局陆续铸成大炮调运前来，以备添设。至沿岸村阜地方，尚有可以增立营盘、设伏诱敌之处，再行分别虚实，随时办理。平家滩引河已成，河身筑坝处所，钉桩备料，豫备下埽。运河沈伐树株，树立桩栅两道，现于上游再行钉桩一道，以期益臻严密。敌情叵测，由津至通二百余里，水程剽疾。夏涨将至，夷船即可突如其来，必须时

时准备。

恭奉本月十四日寄谕，前因英、佛等夷要求各款，内有在京久驻一节，曾谕桂良等必须阻止，等因。钦此。查奴才僧格林沁抵通以来，将东西两岸营垒并力经营，现已将次就绪。京师办理巡防，所有选派各营兵将，自已豫定，与通州一气相联，惟在临机联络策应，以期万妥。夷情狡恶异常，而专恃者船炮，度其内犯，必不肯全舍舟登陆。而水陆兼要地方，可以与之角者，惟此间尚得地势，且非布置十分周密，不能决胜。杨村地方，奴才曾在彼扎营，一线河堤，马步兵力本难施展，一到雨水涨发，两岸尽属泥淤。托明阿等带兵二千五百，力量本单，屡饬该提督等，敌人来犯，酌量兵力足制，方可迎击，如或众寡不敌，便当诱令深入，与奴才等前后夹攻。嗣闻该提督等扎营地方散漫，复经饬令择要归扎一处，各营毋许相离一里，以期敌至可以商同一气，声息相闻。

再，奴才等在通，部勒甫经有绪，若将劲兵交西凌阿带赴杨村，此处兵力益单。而杨村地方，夷船如果乘涨而来，纵然兵力厚集，势难施展，非有两岸连营大炮，不能御之。惟有仍饬托明阿查照奴才前令，临敌酌量诱击，逆夷果敢深入，我军便可首尾轰击。至沿河登陆处所，即使狼奔豕突，其真夷酋目等必不轻离舟次，惟当防其分遣汉奸、潮勇人等，多方误我，牵制大军，希图乘间水陆并进，行其长驱内窜之志。奴才等亦派定将兵，临时分投截击，断不为其所误。夷性犬羊，势非一肆抵触不已，刻下要求，迴出情理万分，若非稍示威棱，将其鸱张更不知所底止。奴才等飞咨桂良等，即将如何动静情形刻即飞覆，以凭准备，不敢稍涉疏虞。

朱批：览奏均悉。

——《筹办夷务始末（咸丰朝）》卷二六，第38—40页。

○僧格林沁等奏

僧格林沁等又奏，接准巡防王大臣函咨，侍卫图库尔等官兵于十六日赴八里桥安营，并经面奏，应调投诚义勇来营协助兵力，相应请旨饬下官文、德兴阿，传令勇目詹起伦、刘正发、蔡连修，带领得力义勇，赶紧前来通州军营，听候差遣，并即调令现在皖豫军营之京营参将龙汝元、游击何建鳌督带来营。一俟吉林、黑龙江及两盟马队官兵俱前项义勇到齐，足资策应，即可将八里桥官兵仍饬回京，分拨各门。

——《筹办夷务始末（咸丰朝）》卷二六，第40—41页。

○上谕

军机大臣字寄钦差大臣、湖广总督官，钦差大臣、正白旗蒙古都统德，镶黄旗蒙古都统胜，河南巡抚英。咸丰八年五月十七日奉上谕：

僧格林沁奏请饬调投诚义勇赴营协助等语。僧格林沁现在带兵驻扎通州，防御天津夷人窜突，必得熟悉行阵兵将赴营差委，藉资御敌。著官文、德兴阿即饬勇目詹起伦、刘正发、蔡连修等，带领精锐义勇，速赴通州军营听候差遣，并著胜保、英桂饬令现在该省军营之京营参将龙汝元、游击何建鳌迅速赴通带勇，以资得力。将此由六百里各谕令知之。

钦此。遵旨寄信前来。

——《咸丰同治两朝上谕档》第8册，第238页。

五月二十四日

〇实录

镶黄旗蒙古都统胜保奏，请帮同僧格林沁办理夷务。得旨：尔谋猷国事之心，深堪嘉尚，朕览甚悦。惟现在夷务将竣，毋庸照尔所请行，另有寄尔谕旨。

——《清文宗实录》卷二五五，咸丰八年五月戊戌。

五月三十日

〇绵愉等奏

巡防王大臣惠亲王等奏：

窃本月二十九日，接准直隶总督谭廷襄咨称，夷船全数由津开行，地面业已肃清等语。查现在天津夷务既已就抚，船只全行退出，所有前经派出策应前路之各项官兵，自应酌量裁撤，以节糜费。臣等拟请先将八里桥出队之官兵三千名并八旗各固山在本旗住守之官兵共九百六十名即行裁撤，饬令各回旗营当差。惟夷情反覆无常，深恐其贪得无厌，去而复返，不得不稍加防范，其通州以东各营照旧驻扎。各处檄调之兵，现已将次赶到，亦应请毋庸阻止，或令分驻南苑，或命径赴通州大营换回，统由钦差大臣僧格林沁酌核办理。

抑臣等更有请者。现在夷船业经退出，其天津海口一带急应妥为布置，以防后患。请旨可否即令钦差大臣僧格林沁先行来京，面聆圣训后，会同臣瑞麟亲往天津，周历履勘，自津郡至海口，应如何安设炮台、添设兵勇，均须节节筹备。及一切应行变通事宜，即会同直隶总督妥为布置。俟事竣后，即由僧格林沁等奏明请旨。

——《筹办夷务始末(咸丰朝)》卷二八，第50页。

〇上谕

军机大臣密寄钦差大臣、科尔沁博多勒噶台亲王僧。咸丰八年五月三十日奉上谕：

本日据巡防王大臣等奏抚局已定、酌撤京兵并拟查看海口情形一折。现在天津夷船全数退出内河，前经派出驻扎八里桥官兵，自应先行裁撤，通州以东各营暂令照旧驻扎，各处调到官兵将次抵京，亦可分别调度。其由天津至海口一带即应豫为防范，严密布置，著僧格林沁即行来京，面授机宜。所有通州各营盘，著派西凌阿照看。将此密谕知之。

钦此。遵旨寄信前来。

——《咸丰同治两朝上谕档》第8册，第257—258页。

〇上谕

咸丰八年五月三十日内阁奉上谕：

前因夷船闯入大沽海口，炮台被占，当将署天津镇总兵达年、署大沽协副将德魁革职拿问，直隶提督张殿元、副都统富勒敦泰均革职留营，护军统领珠勒亨革职留任，以示惩儆。所有达年、德魁、张殿元等，著谭廷襄仍遵前旨，审讯查明，分别具奏。其珠勒亨、富勒敦泰二员，仅予革职留任留营，恐尚不足蔽辜。侍郎国瑞所带京兵，虽未冲散，亦未前进应援，并著僧格林沁分别查明参奏。阵亡游击沙春元，署游击、都司陈毅，候补千总常荣魁，经制外委赵国璧，外委石振冈，护军校班金布、增锦，骁骑校蔡昌年，候补千总恩荣，均著交部从优议恤，以慰忠魂。

钦此。

——《咸丰同治两朝上谕档》第8册，第258页。

六月

六月初三日

〇上谕

军机大臣字寄钦差大臣、湖广总督官，钦差大臣、正白旗蒙古都统德。咸丰八年六月初三日奉上谕：

前因僧格林沁奏请饬调投诚义勇赴营协助，当经谕令官文、德兴阿，即饬勇目詹起伦、刘正发、蔡连修等带领义勇赴通州军营听候调遣。现在天津夷船已退，所调各路之兵俱可陆续酌撤，所有前调之勇目詹起伦等三名，均著仍留各该大臣军营差遣，毋庸带勇前赴通州。将此由五百里各谕令知之。

钦此。遵旨寄信前来。

——《咸丰同治两朝上谕档》第8册，第262—263页。

六月初七日

〇僧格林沁、西凌阿奏

钦差大臣、科尔沁亲王僧格林沁、察哈尔都统西凌阿奏:窃奴才僧格林沁于六月初四日奉圣训后,遵即起程折回通州大营,将现在各处防兵通盘筹计,除分扎通州运河两岸内外火器营、炮营、健锐、技勇、巡捕等营官兵一千五百名,密云、热河兵各五百名,宣化镇兵一千名,共计三千五百名,应请照旧分扎、毋庸裁撤外,现在驻扎杨村之密云兵五百名、京旗兵二千名,驻扎采育之京旗兵九百名,全行裁撤回旗。其驻扎通州察哈尔官兵二千名内,奴才等挑留一千名,以备调遣;下余一千名,同现屯南苑之察哈尔兵一千名一并撤回,以节经费。

至天津郡城,必须重镇,现咨令直隶提督托明阿,酌带本省绿营官兵慎密防守。该提督曾任绥远城将军,若统带绥远城官兵,必可得力,是以将现扎采育绥远城兵一千名交该提督一并统带,赴天津迤东屯扎。其天津一切防范事宜,必须妥为布置。现在瑞麟奉命前往查办事件,路经通州,奴才等会同悉心筹议。惟夷船甫出海口,沿海布置,备料鸠工,尚需时日。奴才僧格林沁现拟遴员随同瑞麟前往,在天津迤东海河两岸相度地势情形,筑垒安营,以备先行移兵进扎;并派京营将备前赴天津县属查看树株,以备应用。一俟办有就绪,随时奏闻。

所有奴才等遵旨撤留官兵、预筹布置缘由,理合恭折覆奏,伏乞皇上圣鉴。谨奏。

[咸丰八年六月初七日][1]

——《筹办夷务始末(咸丰朝)》卷二九,第10—11页。

六月十一日

〇托明阿奏

直隶提督托明阿奏:

接准僧格林沁咨,将绥远城马队官兵一千名拨归奴才统带,其本省绿营官兵由奴才酌调,前往天津保卫,等因前来。当即分行各营遵照,一面札商督臣谭廷襄,酌量调留本省官兵去后,随准督臣谭廷襄函覆:自军兴以来,直隶官兵历经征调,存营日少,马兰、泰宁二镇向不征调,正定、大名二镇防备南路,通永镇防备沿海,本年办理夷务,仅调提督二标一千名,余皆天津本镇之兵;嗣又奉旨,调宣化兵一千名赴通,此外无可征调矣;现在天津除镇

---

① 日期据中国第一历史档案馆藏朱批奏折,档案号04-01-03-0008-001。

标外，尚存奴才标属兵三百余名，尽可拨归统带，俟奴才抵津，再为商酌调拨等因。奴才现在提催绥远城官兵赶紧前来，以便带赴天津，定于十二日前往。俟抵津后，即与督臣谭廷襄会商保卫一切事宜，以期有备无患。

朱批：知道了。

——《筹办夷务始末（咸丰朝）》卷二九，第12—13页。

六月十四日

〇上谕

军机大臣字寄钦差大臣、科尔沁博多勒噶台亲王僧。咸丰八年六月十四日奉上谕：

现在天津夷船全数退回，所有前调之哲里木、昭乌达两盟官兵各一千名，是否应留何处兵一千名以备调用，抑或全拟撤回，著僧格林沁酌量奏明。所有应撤官兵，尚须酌给奖赏。再，前据伊兴额奏，请饬调察哈尔马五百匹等语，曾谕该副都统，俟天津夷务办竣再行挑拨，并著僧格林沁察看情形，能否于察哈尔调京马匹内，酌拨三四百匹赴伊兴额军营之处，一并具奏。将此谕令知之。

钦此。遵旨寄信前来。

——《咸丰同治两朝上谕档》第8册，第281—282页。

六月十六日

〇僧格林沁奏

奴才僧格林沁跪奏，为遵旨查明参奏事。

咸丰八年五月三十日内阁奉上谕：前因夷船闯入大沽海口，等因。钦此。奴才遵即咨查直隶总督，将所有天津海口共扎营盘几座，相距远近，前敌如何溃散，后路曾否援应，详细声覆，以凭核办去后。旋准该督咨覆：前路炮台及后路各营，相距二三里及四五里，互相连络，因炮台及援应将弁多有伤亡，后路练勇溃散，遂至失陷。至副都统富勒敦泰，扎营北岸于家堡地方，距北炮台陆路约有六里，营内京营大炮及喷子炮十五位全行失陷。又，护军统领珠勒亨所带马队扎营北岸新河地方，距北炮台不远。侍郎国瑞所带马队扎营南岸新城迤南，距炮台约二十余里，是日带队赶到，炮台已失，原扎营盘未动等因。奴才覆加查核，富勒敦泰统带京营炮位驻扎北岸，失陷炮位营盘，所获咎戾与已革提督张殿元、已革总兵达年、副将德魁情罪相同，应请旨将已革副都统富勒敦泰即行拿问，交巡防王大臣照例治罪。珠勒亨、国瑞统带马队，于夷船闯入海口、炮台失陷时，珠勒亨虽经督兵击打，国瑞

亦带队援应,究未能奋力攻夺,均属咎无可辞,应请旨将革职留任护军统领珠勒亨、刑部侍郎国瑞一并交部严加议处,以昭炯戒。并将查讯富勒敦泰、珠勒亨、国瑞亲供抄录,恭呈御览。

至夷船初到之时,在事者自当仰体皇上柔远至意,无须遽行开炮用武。迨夷船[突]入海口,逼紧炮台,直隶总督谭廷襄身任疆圻,复蒙圣恩节制重兵,自宜布置万全,时刻提防决裂。今夷船闯入拦江沙内,甫经开仗,兵勇溃散,炮台失守,谭廷襄督率无方,已有应得之咎。现据国瑞、富勒敦泰亲供,均称前敌失利,谭廷襄等乘轿向西奔走等语。其为该督恇怯无能,贻误事机,罪更难逭。且查道光年间夷船驶入厦门、上海时,闽浙总督颜伯焘、两江总督牛鉴均经严谴。况天津海口为都城门户,现被蹂躏,炮台拆毁,炮位遗失,情形较重。谨附折参奏,可否将直隶总督谭廷襄饬交巡防王大臣查询办理,并将张殿元、达年、德魁等一并解送巡防处,严审定拟,以肃军旅之处,伏候圣裁。

所有奴才遵旨查明参奏缘由,谨恭折具奏请旨。

[咸丰八年六月十四日]

——《第二次鸦片战争》第 3 册,第 470—471 页。

○上谕

咸丰八年六月十六日内阁奉上谕:

僧格林沁奏遵旨查参天津失事大员一折。革职留任护军统领珠勒亨,马队伤亡,营盘不整。刑部侍郎国瑞,虽营盘未动,惟未能上前援应。各有应得之咎。珠勒亨、国瑞著交部分别严加议处。已革副都统富勒敦泰,统带京营炮位驻扎北岸,竟将炮位、营盘全行失陷,著即拿问,同已革提督张殿元、总兵达年、副将德魁一并押解来京,交惠亲王、载垣、端华会同刑部严行审讯,按律定拟具奏。直隶总督谭廷襄,有统辖绿营之责,据奏兵力足恃,布置皆妥,乃一经开仗,即失炮台,实属督率无方。并据僧格林沁查取国瑞等供,是日该督坐轿奔走,尤为恇怯无能,大负委任。谭廷襄著即革任来京,听候查办。

钦此。

——《咸丰同治两朝上谕档》第 8 册,第 284 页。

六月十七日

○瑞麟奏

礼部尚书瑞麟奏:

奴才谨于初六日陛辞,跪聆宸训后,遵即于初七日起程,行抵通州,见僧格林沁,会商筹办。随于初八日驰赴津郡,十二日至海口。奴才沿途查看地势,自葛沽以下,河面渐次

加宽,无险可扼。惟查有双港地方,距天津三十余里,地势较高,河身亦隘。奴才往返覆勘,相度情形,谨拟在东西两岸择要扎营,安设炮台,足资捍御。现拟即日兴修,以期豫为防范。至海口一带,奴才连日周历履勘,南岸炮台三座、北岸炮台均被夷人拆毁,拟俟筹备经费,购办物料,即行妥为布置。

朱批:知道了。

——《筹办夷务始末(咸丰朝)》卷二九,第17—18页。

六月十八日

○上谕

谕军机大臣等:

英桂等奏击剿亳州股匪获胜并豫营马步不能分拨一折。永城捻匪击退后,英桂等调派山西官兵一千名前往扼守,并因亳州兵力较单,复派游击承惠等兵协同朱连泰堵剿,声势尚为联络。惟豫营兵勇既据声称不过三千名,分驻永、亳、鹿三处,所存马队堪以进仗者不过一百余名,所有袁甲三请调陕西官兵一千名并商拨马队助剿之处,著毋庸议,并著将不能分拨情形咨覆袁甲三办理。鹿、亳为归、陈屏蔽,该抚当严饬伊兴额、朱连泰等实力剿洗,分投埽荡,毋令贼匪再有蔓延。至前调之京营参将龙汝元、游击何建鳌,现因天津办防紧要,仍著该抚遵照前旨,饬令迅赴僧格林沁军营,以资差委。又片奏,河南候补道周煦徵,现办军需报销局务,骤难更易生手,著准其留于河南。其胜保军营粮台,并著英桂等知照该都统,即令候补道贾臻就近督办。将此由六百里谕令知之。

——《清文宗实录》卷二五七,咸丰八年六月壬戌。

六月十九日

○僧格林沁、西凌阿奏

钦差大臣、称尔沁亲王僧格林沁、察哈尔都统西凌阿奏:

现于十五日飞咨盛京将军、热河都统、山海关副都统,查明前项蒙古兵行抵何处,即行全数截回。该官兵中途奉撤,并未到防,拟请无须奖赏。至伊兴额请调马匹,奴才僧格林沁遵即派员前赴南苑查看,现存军需马匹内堪以匀拨马四百匹,解交该营应用。惟正值暑热、大雨时行之际,拟请缓至八月初间,由上驷院派委妥员,并咨调直隶委员会同管解前进,以期迅速。

再,奴才等接准瑞麟咨称,查看地势,勘得双港东西岸平坦高阜堪以扎营,安设炮台,应(须)[需]物料等件刻已设法购办,树木一项,惟上坊有杨柳一千余株可备采择,其余地

方并无可采之木。等因。奴才伏查津郡附近地方树木既属稀少，自宜变通购觅，以应急需，当经札饬通永、霸昌二道，各于所属州县采办桩木三万根，陆续解送通州运河浮桥，奴才等派员随时由河路赶紧运往天津，以期无误工作。

［咸丰八年六月十七日］①

——《筹办夷务始末（咸丰朝）》卷二九，第18—19页。

〇上谕

咸丰八年六月十九日内阁奉上谕：

僧格林沁等奏截撤蒙古官兵一折。所有前调之哲里木、昭乌达两盟官兵各一千名，著准其全数截撤，应赏绸缎银两，仍照例由京颁发，即著僧格林沁咨令该两盟带兵官迅速造具员名兵数清册，咨报军机处。其哲里木盟赏件，由山海关给发。昭乌达盟赏件，由热河给发。如该官兵尚未行抵各该处，即著常清、定福各派妥员分道赍往，按名散给。

钦此。

——《咸丰同治两朝上谕档》第8册，第288页。

〇上谕

谕军机大臣等：

昨因英桂等奏，亳州剿匪获胜，谕令该抚即饬伊兴额等将此股匪众速行埽荡。本日据袁甲三奏称，徐境捻匪渐就肃清，即日进攻宿南贼匪，惟北路自亳州以至灵璧贼圩林立，朱连泰兵力过单，不敷剿办，请饬令德楞额与朱连泰合为一军，将亳境捻巢迅速埽除等语。亳州等处匪势甚炽，非痛加剿洗，深虞延蔓。德楞额现驻鹿邑，藉杜该匪窜入豫境。惟远防不如近剿，著英桂、瑛棨即饬该员统领所部赴亳，与朱连泰兵勇联络声势，协力攻剿，务使亳境肃清，即以保固归陈门户，不得株守鹿邑，致以有用之兵置之无用之地。

至袁甲三片奏，伊兴额所调察哈尔马匹，请仍留北路，以备缓急，毋庸饬赴徐州等语，察哈尔解京马匹，现据僧格林沁查明，可以匀拨四百匹解往，惟时值暑热，须俟八月初间起解，一俟解到以后，著袁甲三即拨交伊兴额军营应用，以资得力。

将此由六百里各谕令知之。

——《清文宗实录》卷二五七，咸丰八年六月癸亥。

---

① 日期据中国第一历史档案馆藏朱批奏折，档案号04-01-01-0868-055。另据该折附片（档案号04-01-01-0868-074）称："尚书瑞麟于本月初七日路经通州，奴才等会同筹议，夷船甫经退出海口，鸠工觅料，尚须时日，必先于津郡迤东海河两旁选择要地，以便移兵进扎。当经遴委翼长瑞禧等随同瑞麟赴津，相度地势，筑垒安营。瑞麟于初八日起程，该翼长等于初九日起程，并经抽拨各营监造炮台、营垒官兵，于十二日起程。"

六月二十一日

〇上谕

咸丰八年六月二十一日内阁奉上谕：

兵部奏遵议天津失事大员处分一折。革职留任护军统领珠勒亨，著照部议，即行革任。刑部左侍郎宗室国瑞，著照部议，降四级调用，不准抵销。珠勒亨、国瑞著发往僧格林沁军营，听候差遣委用。

钦此。

——《咸丰同治两朝上谕档》第 8 册，第 291 页。

六月二十四日

〇瑞麟奏

署直隶总督瑞麟奏：

覆勘双港地势，谨拟于西岸扎营六座，东岸扎营四座，安设炮台，现已兴工。应须物料等件，亟宜设法购办。查树木一项，津郡惟上坊有杨柳一千余株，堪备采择，其余地方并无可采之处。当饬沿海各州县体察情形，劝谕乡民，捐办树株，估计价值，量予奖励；一面咨商钦差大臣僧格林沁赶紧筹办。旋准覆称，即饬通永、霸昌二道，各于所属购办木桩三万根，由通州运赴天津，该价由天津捐输项下发给等语。并由僧格林沁抽拨各营监造炮台、营垒官兵前来。

奴才通盘筹画，此项工程，所需经费甚巨，无米之炊，殊难措手。节经奴才设法筹商谆劝，以期集腋成裘，众擎易举。据长芦盐政乌勒洪额捐银二万两，已革直隶总督谭廷襄捐银二千两，盐运使克明捐银三千两，天津道英毓捐银五千两，永定河道崇厚捐银二千两。应俟捐项缴齐，容奴才汇案另行奏恳恩施，量予奖励。至直隶藩臬及道府各员，尚未据报捐数，谅无不念切时艰，情殷报效。并拟令转饬各属，一体量力捐输，以济要需。惟现在工程紧要，需用孔殷，势难停工待饷。奴才再四思维，惟有仰恳天恩，俯准由直隶藩库先行筹款，暂拨银三万两，即日派员护解来津，俾资兴筑。一俟津郡捐饷集有成数，即当陆续归款，以重库储。

——《筹办夷务始末（咸丰朝）》卷二九，第 24—26 页。

〇上谕

谕军机大臣等：

瑞麟奏，筹款修筑营盘，设法捐输，并先借拨藩库银两等语。天津防堵事宜，昨经谕令

该署督赶紧办理,若专待捐款,恐缓不济急,著准其在藩库先拨银三万两垫用。惟工用尚多,即军械及铅丸、火药等需,亦恐不少。该省藩运各库能否再行垫拨,著瑞麟即饬藩运两司酌量筹画,倘库款不敷,即著奏请部拨库银数万两,以济急需,俟续捐得有成数,再行拨还部库。如此一转移间,所有应办事宜不至迟缓。至捐输各员,准其俟缴齐银两,奏请奖叙。该署督先就现有款项,相度地势,择要兴工,妥速办理。

——《筹办夷务始末(咸丰朝)》卷二九,第 26 页。

六月二十七日

〇瑞麟奏

署直隶总督瑞麟奏:

现筑炮台,虽赶办不及,而沿海一带河陆维系之处,并无保卫捍御之区,若其间安炮设兵,非惟无可把握,亦且徒费虚糜。奴才详细勘度,惟有前奏双港设炮扎营,诚为扼要之区。奴才一面严饬赶紧抢办,一面飞商钦差大臣僧格林沁,酌拨劲兵二千名豫为备调,先由通州各营炮位及现在铸成万斤炮位,酌拨大小二十尊,即速运津,以资防守。至陆路一带,现有托明阿管带马队官兵一千名,亦在双港陆路扼要设防,可期联络声势。

——《筹办夷务始末(咸丰朝)》卷二九,第 29 页。

〇上谕

军机大臣密寄钦差大臣、科尔沁博多勒噶台亲王僧,礼部尚书、署直隶总督瑞。咸丰八年六月二十七日奉上谕:

据瑞麟奏,遵旨速筹防范,已咨商僧格林沁,酌拨劲旅二千名备调,并由通州各营内拨大小炮位二十尊赴津等语。夷船有仍欲来津之说,想不过虚声恫喝,即使果来探听消息,瑞麟惟当好言开导,原无须多兵耀武。惟有备无患,自应豫为筹画,所需兵丁炮位,著僧格林沁酌量调拨应用。至炮台营垒,均应次第修筑。双港地方既为扼要,即著先行办理,其余各工亦可陆续兴办,毋稍迟缓。将此各密谕知之。

钦此。遵旨寄信前来。

——《咸丰同治两朝上谕档》第 8 册,第 303 页。

六月二十八日

〇上谕

咸丰八年六月二十八日内阁奉上谕:

已革直隶总督谭廷襄，防堵海口不能实力抵御，以致炮台失陷，夷船驶入内河，前据僧格林沁查参，业经降旨，饬令来京听候查办。著派惠亲王、载垣、端华会同刑部讯明失事退避各情，按律定拟具奏。

钦此。

——《咸丰同治两朝上谕档》第8册，第304页。

七月

七月初八日

○僧格林沁、西凌阿奏

钦差大臣、科尔沁亲王僧格林沁、察哈尔都统西凌阿奏：

伏查津郡之防，必须赶紧修整炮台、营垒。前准署直隶总督瑞麟咨称，查得津郡附近树木稀少，奴才等当饬通永、霸昌二道，各于所属购办桩木三万根，限期备送，以便赶紧开工。迄今多日，节次严催，解到堪用桩木大小三千余棵，随时委员验收，解赴天津应用。并委翼长、副都统宗室增庆于六月二十九日前赴天津帮办督催。其京通炮局赶铸炮位，京局铸成一万二千斤大铜炮三尊，尚须净膛磋光；通局铸成一万斤大铜炮三尊。天津现既待炮孔亟，拟请将新铸炮位即时全数运往，在彼修饰。又，京局铸成二千六百斤铜炮二尊、六百斤铜炮十尊，一并解往，并拟将调通大小炮位酌拨数尊，以资镇守。奴才西凌阿亦于本月初五日先行押桩起程，以便帮同催办炮台、营垒事宜。奴才僧格林沁于初十日以后，一得瑞麟、西凌阿双港营垒已有就绪之信，拟即带兵移营双港。至通州营垒、炮台均已修理整固，现拟各营酌留官兵看守炮位，拟请钦派副都统一员来通，以便接替统带照料。至双港营垒工程未竣之时，设若夷船复来，自当仍由署直隶总督瑞麟设法羁縻。移营双港之后夷船再至，奴才等惟有体察情形，慎防该夷诡计，相机办理。惟统计各营官兵，择要屯扎，为数较单，现拟札饬屯扎南苑之吉林、黑龙江官兵一同赴津，以资调遣。[①]

所有奴才等筹办津郡防务各缘由，是否有当，伏乞训示遵行。为此谨奏请旨。

［咸丰八年七月初六日］

——《筹办夷务始末（咸丰朝）》卷三〇，第6—7页。

○僧格林沁、西凌阿奏

僧格林沁等又奏：

---

① 详见中国第一历史档案馆藏朱批奏折，档案号04-01-01-0868-059。

天津所需桩木甚殷，地方官玩泄性成，奴才在通就近饬催，尚不能迅速办理。即如西南二路厅同知，经霸昌道怡昌转饬采办，现据该道禀称，该厅官半月之久，杳无只字具覆。奴才业经咨行顺天府，摘去该厅顶(带)[戴]，责令遵办，如再抗延，即行严参。若后移营较远，恐各该地方官倍形延缓，贻误工作，可否于顺天府兼尹、府尹内敕放一员出都，沿河督办，以期及时备齐，不致有误要工，伏候圣裁。

再，修造炮台需用牛皮包裹，以避火攻，业经奴才饬办，购买甚艰。复经咨行武备院行取，兹准覆称，该衙门只存有马皮，亦无牛皮。张家口购办皮张较易，请旨饬下署察哈尔都统庆昀并张家口税务监督，赶紧购办不论生熟牛皮一千张，委员解津，以应要需。[①]

[咸丰八年七月初六日]

——《筹办夷务始末(咸丰朝)》卷三〇，第7—8页。

〇僧格林沁、西凌阿奏

僧格林沁等又奏：

奴才在通设立炮局，与京局分铸，本拟京局赶铸一万二千斤重铜炮十尊，通州赶铸一万斤铜炮十尊，并酌量配铸大小炮位，以资应用。所需铜斤，派员在京通一带各路购买，并设法劝收捐(收)[输]铜斤。但需用过多，虽仍委员极力搜罗购买，恐不敷应用，相应请旨饬下户、工二局，各匀拨铜二万五千斤，交[京中]铸炮局祗领应用。至京局铸成炮位，现委瑞禧前往，会同明泰赶紧督催掏膛，以期迅速解运。惟炮位斤重过大，现值泥淖地软之时，经过地方，应请饬下步军统领衙门转行旗营修垫道路，以利遄行。[②]

[咸丰八年七月初六日]

——《筹办夷务始末(咸丰朝)》卷三〇，第8页。

〇上谕

军机大臣字寄钦差大臣、科尔沁博多勒噶台亲王僧。咸丰八年七月初八日奉上谕：

僧格林沁、西凌阿奏催办炮台营垒拟移营双港一折。现在购办桩木，解赴天津，修整炮台营垒，并搬运炮位，办理渐有就绪。惟该夷船是否再来，不能豫定，该大臣可先赴天津查看双港营垒炮台，布置周妥后，可仍回通州驻扎，不必常驻天津。如有应行办理之处，不难随时前往，总以通州后路为要。如夷船到津，仍由瑞麟妥为开导。僧格林沁赴津后，通州营垒炮位即交副都统克兴阿暂为照料。应调官兵，即照所拟办理。需用牛皮，已谕庆昀

① 详见中国第一历史档案馆藏朱批奏折，档案号04-01-01-0868-060。

② 详见中国第一历史档案馆藏朱批奏折，档案号04-01-01-0866-014。

购办，解赴天津。所需桩木，已派府尹梁同新前往通州督办。并谕户、工两部筹拨铜斤，及步军统领衙门修垫道路矣。

再，前任漕运总督李湘棻曾在僧格林沁军营，其人是否堪以调赴军营，藉资驱策，著查明具奏。[①] 今将此谕令知之。

钦此。遵旨寄信前来。

——《咸丰同治两朝上谕档》第 8 册，第 323 页。

〇上谕

军机大臣字寄署察哈尔都统、副都统庆，传谕张家口监督崇连。咸丰八年十月初八日奉上谕：

现在天津修造炮台，需用牛皮包裹，以避火攻。据僧格林沁奏称，业经向武备院咨取，该处只有马皮，并无牛皮。惟张家口购买皮张较易，著庆昀即饬该监督崇连，赶紧购办不论生熟牛皮一千张，迅即派员解赴天津，以应急需。将此谕知庆昀，并传谕张家口监督崇连知之。

钦此。遵旨寄信前来。

——《咸丰同治两朝上谕档》第 8 册，第 324 页。

〇上谕

咸丰八年七月初八日内阁奉上谕：

僧格林沁奏，请派员督办桩料等语。天津现办要工，所需桩木甚殷，著派顺天府府尹梁同新前往通州一带，沿河督饬地方采办，毋误要需。其西南两路厅同知采办不力，业经僧格林沁咨行顺天府摘去顶戴，如再玩延，著即严参惩办。

钦此。

——《咸丰同治两朝上谕档》第 8 册，第 324 页。

---

① 七月初八日，僧格林沁接到此谕，在其七月十四日折中对此事覆称："奴才伏查李湘棻前在奴才军营，人甚勇往，堪以调营差遣。惟现在精力是否如前，业经札饬该员之子、直隶候补知府李麟遇飞速禀覆，尚未接据覆禀。"八月二十九日，僧格林沁续奏："今于八月十九日李湘棻到营，奴才查看精力尚健，堪以驱策，即饬前赴大沽海口，听候礼部尚书瑞麟调遣。"详见中国第一历史档案馆藏朱批奏折，档案号 04-01-01-0868-061、04-01-16-0171-055。

七月十三日

〇上谕

谕军机大臣等：

本日据胜保奏，军务紧要，马队得力，请饬于绥远城、察哈尔各挑选四五百名来营等语。绥远城兵在通州者已有一千，恐难再调。其所需察哈尔马队尚可酌量分拨，著僧格林沁于现存通州之一千名内分拨五百名，派员管带，前赴胜保军营，以资得力。至伊兴额前请拨察哈尔马五百匹，据僧格林沁覆奏，可以匀拨四百匹，因天气炎暑，暂停起解。现在胜保军营亦尚缺马，此项马匹著即随同此起马队一并解交胜保，俾与伊兴额均匀拨用。津郡防务紧要，如果存兵尚形单弱，并著僧格林沁酌量情形，飞咨察哈尔都统，再行挑选马队五百名赴通，补足原数。将此谕令知之。①

——《清文宗实录》卷二五八，咸丰八年七月丙戌。

七月十六日

〇僧格林沁奏（节录）

屯扎通州官兵现已次第起程，奴才因湿气举发，两脚肿痛，不能乘骑。拜折后，定于十五日由水路移营赴津。抵双港、海口两处查看，如兵力不足，再行续请征调……

咸丰八年七月十四日

——朱批奏折，档案号04-01-01-0868-061。

〇僧格林沁奏（节录）

……京局铸成一万二千斤重大铜炮二尊，二千六百斤铜炮二尊，六百五十斤铜炮十尊，均于本月十四日挽运到通。通局铸就一万斤大铜炮三尊。奴才并在通州各营内酌带

---

① 七月十三日，僧格林沁接到此谕，于十四日具奏："查此次防堵，前后调到察哈尔官兵三千名，业经奏明撤回二千名，现存该处兵一千名，已于本月十一日由通起程，移扎天津，自应由此千名内酌拨前往。惟查察哈尔兵丁前次屡奉调赴南省，大半皆因疲羸遣撤而回，在营在途病故者不少。是黄河迤南水土实属不服，若将该处之兵调往，仍属不能得力。但现在胜保军营需待马队甚殷，亦宜及时拨往。奴才再四筹画，惟有先将托明阿统带在津屯扎绥远城马队内匀拨五百名，即令托明阿拣验三百名，配用膘壮马匹，先行派员由津起程，再拣选二百名饬赴南苑领取马匹，随后兼程前进，听候胜保策遣。奴才当即飞咨托明阿遵照匀拨。至胜保、伊兴额军营需用马匹，应请饬下照料马匹王大臣，在于南苑捐输军需马内挑选八百匹，即交绥远城赴南苑领马官兵管解，分交两处军营各四百匹，以资应用。严饬沿途加意喂饮，以期欢腾壮足。并飞咨直隶总督、河南巡抚，一俟此项马匹过境，委员帮同照料护解。"中国第一历史档案馆藏朱批奏折，档案号04-01-01-0868-061。

武成永固炮四尊，二千六百斤铜炮四尊，一千五百斤喷炮四尊，一千余斤捐输铁炮三尊，小铜炮八尊。共计大小炮四十尊，均由水路运赴天津。其通州营盘内，尚存武成永固大炮四尊，二千六百斤铜炮八尊，六百五十斤铜炮八尊，小铜炮八尊，统计存留大小炮二十八尊。酌留看守营垒并炮局官兵等二百名，交副都统克兴阿妥为照料……

——朱批奏折，档案号04-01-01-0866-119。

〇上谕

僧格林沁奏遵旨筹拨官兵马匹一折。察哈尔兵丁既于南方水土不宜，所有胜保军营需用官兵，著照所请，先将在津屯劄之绥远城马队内，咨令托明阿匀拨五百名，并令拣选三百名，配用膘壮马匹，先行派员管带启程；其余二百名，俟领到南苑马匹再行前进。至僧格林沁请在南苑捐输马内挑选八百匹，交绥远城领马官兵管解，分交胜保、伊兴额两路军营各四百匹之处，已谕令上驷院迅速挑选矣。僧格林沁现已移营赴津，如果兵力不敷，著即奏请调拨。将此谕令知之。

——《清文宗实录》卷二五九，咸丰八年七月己丑。

七月二十三日

〇僧格林沁等奏

钦差大臣、科尔沁亲王僧格林沁，察哈尔都统西凌阿，礼部尚书瑞麟，署直隶提督、西安将军托明阿奏：

窃奴才僧格林沁于十五日自通州移营赴津，十八日驶抵双港，当即亲诣现时兴修各营垒炮台，复加勘视，土工现修有五六成，木架将立，皆因木料挽运维艰，不能应手，必须赶紧催提。奴才业经飞咨奉派督催桩木之顺天府府尹梁同新，严行饬催，以济要工。其拨调大小炮位，均已运到双港。原拟两岸分置十营，每营安设炮台一座，现因兵力较单，炮位亦少，拟减一处，将技勇营盘工程暂行停止。其拟定密云、宣化营盘，按照河路方向，地尤吃紧，酌拟该营各修建炮台二座。共计修建炮台十一座。奴才等复向各营修工委员等详切指示，催令各处如法上紧修建，不准延缓草率。奴才等即于二十日前往大沽海口，会同查勘得旧炮台五座，均已倾颓残缺，炮台下挡潮拦水坝亦经冲汕坍没。奴才等公同商酌，炮台仍在原地基建立，拦水坝亦须照旧修整。但原旧炮台高止丈余，诚恐受敌，必须增高三丈、四丈、五丈不等，并宜加宽培厚，方资巩固致远。炮台下随墙亦须安设大炮，以备近击。惟觅料鸠工，非数月难期竣事。现已遴派文武分段承修，并酌派翼长增庆暂驻大沽督办工程。大沽炮台，必须坚实木桩，方期经久。松柏购觅不易，现觅杉木应用。奴才僧格林沁、

奴才西凌阿、奴才托明阿仍在双港驻扎，往返督催。所需桩木、标绳、芦苇、铁练、竹缆，一切杂料，必须宽为筹备，奴才瑞麟拟即折回天津催办。

朱批：览奏，各情俱悉。现拟炮台做法，可绘图呈览。

——《筹办夷务始末（咸丰朝）》卷三〇，第21—22页。

七月二十五日

〇上谕

德兴阿奏浦营防剿吃紧、请饬拨马队来营一折。现在金陵贼巢未克，江北防剿吃紧，德兴阿军营马队只一千七百余名，不敷分布，自应酌量添调，以资截剿。此时天津防务较缓，著僧格林沁于所带马队内挑选三四百名，并著瑞麟、托明阿于直隶提标内酌拨马队二百名，驰赴德兴阿军营，听候调遣。所请另拨马二百五十匹，即由南苑捐输马内拨给，俟僧格林沁等所派马队官兵赴南苑领取，带往浦口可也。将此谕令知之。[①]

——《清文宗实录》卷二五九，咸丰八年七月戊戌。

七月二十七日

〇上谕

胜保奏皖省军情吃紧、请催调马队官兵前往助剿一折。现在安徽庐州失守，皖北军情万分紧急，必须添调马队，以资攻剿。著僧格林沁遵照前后谕旨，迅即派往，并多备余马，交该官兵带往，毋稍迟误。将此谕令知之。[②]

——《清文宗实录》卷二五九，咸丰八年七月庚子。

---

① 僧格林沁等七月二十六日接到此谕，在八月初一日折中对此覆称："奴才遵即筹拨吉林马队官兵二百五十名，选派佐领博勒合图作为委营总管带，于八月初一日先行起程，并分咨奴才瑞麟、奴才托明阿筹拨直隶提标马队官兵二百名前往南苑，领解另拨马匹，速赴浦口军营，听候德兴阿调遣。"详见中国第一历史档案馆藏朱批奏折，档案号04-01-20-0016-008。

② 僧格林沁等七月二十八日接到此谕，在八月初一日折中对此覆称："遵查前次调拨绥远城官兵，前起三百名，于七月二十四日由津起程，径赴胜保军营；二起二百名，亦于二十四日起程，赴南苑领马，并搭解分拨胜保、伊兴额两营马匹，驰往该营。兹值皖省待兵孔殷，应由直隶总督飞檄前途，催令各起官兵兼程前进，毋许片刻逗留。现在军营马队马匹多有倒毙，实无余马堪拨，而南苑牧放马匹又屡经调拨，谅计膘壮者亦必无多，应请敕下署察哈尔都统庆昀体查情形，或于捐输马内拨交南苑备调，或由大群内拨调来京之处，恭候训示。"详见中国第一历史档案馆藏朱批奏折，档案号04-01-20-0016-008。

八月

八月初一日

〇上谕

军机大臣字寄钦差大臣、科尔沁博多勒噶台亲王僧，直隶总督庆。咸丰八年八月初一日奉上谕：

瑞麟奏请复设水师以重海防，并酌筹增饷各折片。天津海口原设水师，于道光元年、六年先后将水师总兵及水师营裁撤。现值海氛未靖，自应亟筹复设，以重防务。本日已谕知黄宗汉、庆端等，于闽广两省抽调大号战船、艇船各二只，备齐器械，派员管带来津，以备操演。其瑞麟请设水师二千名，与马步官兵共成三千名，除将原额抵补外，共添兵一千三百余名，及添盖兵房等事，均著照议办理。惟直隶提督移至大沽海口一节，从前立法，酌量通省形势，安设提镇，以资弹压，自有深意，今专为防夷起见，于形势有无窒碍，著僧格林沁会同庆祺筹酌。或将天津镇总兵加提督衔，准其专折奏事，而提督仍驻古北口，以符旧制，著妥议具奏。至添设水师以后，每年增饷十余万两，现在添建兵房营署及置备器械等项，复须银十余万两。据瑞麟奏，请将长芦盐引每斤减价制钱二文，除京引照常减价外，余拟仍复旧价，立将缉私巡费复归官办；及闽广商船，准其在大(直)沽地方起剥，每年捐交剥价钱数万串；并劝办抽厘等事。均为协济饷需起见。既称商情悦服，自可无碍施行，并著酌定章程具奏。将此谕令知之。

钦此。遵旨寄信前来。

——《咸丰同治两朝上谕档》第 8 册，第 362 页。

八月初二日

〇僧格林沁等奏

钦差大臣、科尔沁亲王僧格林沁、察哈尔都统西凌阿奏：

现在奴才等督催双港工程，炮台已有就绪，炮位已经挽运上台。至营墙土窨尚未修理完竣，现在赶紧修办。其大沽海口炮台所需料物，逐日运送。并遵朱谕，恭绘双港、大沽拟修炮台营垒做法总图，敬谨贴说，恭呈御览。

京营参将龙汝元、游击何建鳌已于七月二十三日到营。又，察哈尔采办牛皮一千张现已运到，均堪应用。并据署都统庆昀咨称，每张价银一两一钱，计用银一千一百两，系该监

督崇连捐办。

［咸丰八年八月初一日］[1]

——《筹为夷务始末（咸夏朝）》卷三〇，第27页。

〇僧格林沁等奏（节录）

……据派委办理收发修营物料委员护军参领宝山、巡捕营守备李万年呈报，自六月起，成做筑墙梯板所用木植俱系劝用义合等船厂之物，业经禀明在案。今据该厂东从九职衔李廷荫等开写木料价值，呈请报捐等情。查该职员等情殷报效，洵属急公，自应照所捐价值合计，可否给予奖叙，谨分晰开列，恭呈御览。如蒙俞允，由部填发执照来营，以便给发祗领。

再，此次所捐物料，每银一两系按京钱三吊二百文合计，理合声明……

［咸丰八年八月初一日］

【均照所请奖叙。该部知道。】

——朱批奏折，档案号04-01-12-0491-137。

〇上谕

咸丰八年八月初二日内阁奉上谕：

僧格林沁奏，张家口监督崇连捐办牛皮一千张，解往军营备用等语。崇连著交部从优议叙。

钦此。

——《咸丰同治两朝上谕档》第8册，第365页。

〇上谕

僧格林沁奏，请调察哈尔马匹等语[2]。前据庆昀奏称，该处捐输项下剩马无多，已将驳回更换并已报捐输、尚未送到各项马匹咨行转催。现在南苑牧放马匹屡次调拨，膘壮者亦少，著该署都统即在太仆寺牧群并捐输马匹内，挑选膘壮马八百匹，迅速派员解京，交南苑牧放，以备调用。俟将来捐输马匹解齐，仍如数拨还太仆寺牧群，毋令短少。

——《清文宗实录》卷二六〇，咸丰八年八月甲辰。

---

① 日期据中国第一历史档案馆藏朱批奏折，档案号04-01-20-0016-008。

② 详见中国第一历史档案馆藏朱批奏折，档案号04-01-20-0016-008。

〇上谕

咸丰八年八月初二日内阁奉上谕：

僧格林沁奏，据宗室奕纪禀称，热河丰宁县属产有金矿，业经派员前往㐌取金砂煎炼，计于工本之外，尚有盈余，可否派员往办，并请将京旗闲散酌量拨往，以资弹压，并可随同工作等语。[①] 著八旗都统、内务府大臣妥议具奏。

钦此。

——《咸丰同治两朝上谕档》第8册，第365页。

八月初四日

〇上谕

德兴阿奏，拨解饷银军械接济皖军，请催拨马队速赴浦口助剿，并李兆受投诚尚未可信各等语。前因庐州失陷，谕令江南北粮台各拨饷银解往。兹据德兴阿奏称，已饬杨能格筹解饷银协济，并拨军械以备应用。所请调拨马队，因马匹短少，不能多拨。已据僧格林沁奏称，抽调吉林马队二百五十名，派佐领博勒合图统带，于八月初一日启程；又调直隶提标马队官兵二百名，亦即行南下。此项马队共四百五十名，自可陆续到浦。至李兆受投诚一节，当胜保奏到时，朕即以滁州城内尚有杨逆踞守，何以于李兆受往来大营，密约投诚，毫无知觉？恐其尚有诡诈，谕令胜保严密防维，不可大意。此时李兆受既仍在乌衣等处督战，又移文来安县营，自称必不骚扰，一到即回，似欲懈我军心，其投诚尚不可信。著德兴阿、鞠殿华严谕该处文武员弁，如滁全匪众果敢前来扑扰，即当认真剿击，毋为所惑，致中其奸计。至该匪等欲由水口窥伺六合，情形吃紧，著德兴阿等督饬将士实力堵截，毋任滁和逆匪得与南路句通。是为至要。将此由六百里谕令知之。

——《清文宗实录》卷二六〇，咸丰八年八月丙午。

---

① 八月初一日，僧格林沁奏："奴才僧格林沁在通州屯扎时，接据宗室奕纪禀称，热河丰宁县属窄岭一带地方产有金矿，当经奴才在营遴派热河佐领富昌保、顺天东路厅捕盗营候补把总王万忠，带领四川调到炉民李复堂等，前往该县卢麻子沟、小窑沟、大窑沟、化榆沟等处，约有数十里，逐处看视，矿苗甚旺，㐌取金砂七十五斤，回营呈验。奴才在营亲视煎炼，得金一钱九分，合计工本之外，可有盈余。如蒙俞准开采，于库藏不无裨益。谨附片奏闻。可否派令奕纪会同热河都统妥协采办，或另派大员前往督办之处，恭候圣裁。抑奴才更有请者。丰宁一带地方辽阔，既经开采矿苗，不肖小民偷㐌生事，在所难免，必须官兵弹压，方昭周妥。现在京旗生齿日烦，闲散旗人倍觉艰窘，拟俟该处矿苗试办果能旺足，似可将八旗内务府闲散内酌量拨往该处，作为弹压官兵，并可随同工作，与生计似属有益。是否之处，应请敕交八旗都统、内务府大臣会议办理。并将炼成矿金封送军机处，恭备呈阅。"详见中国第一历史档案馆藏朱批奏折，档案号04-01-36-0103-034。

八月十八日

〇僧格林沁等奏

奴才僧格林沁等跪奏，为奏闻事。

窃奴才僧格林沁前自通州移营天津双港，并亲赴大沽海口查看布置一切情形，业经随时恭折奏蒙圣鉴在案。现在双港炮台营垒赶紧兴做，数日内即可竣工。大小炮位连新收捐输洋炮数位，均匀安设炮台，演试数次，均属应手有准。奴才瑞麟于八月初四日前赴海口，督办该处工程，所有炮台堤岸地盘均已打起。因炮台逼近海河，地平二尺即水，不能取土，所需之土皆系挑挖引河，由远运送甚艰，是以炮台地盘止打至七八尺不等，再高数尺，即须木料应用。奴才等前因大沽炮台必须坚实木桩，方期经久，拟购杉木应用。讵大沽一带杉木甚少，当经派员前赴天津，虽有购觅之处，无如商人居奇，价值过昂，实不易得。现已节交秋分，转瞬冬令，各项要工不能不赶紧办理，奴才等万分焦灼，惟有设法购备应用料物，极力督催工做，不敢稍形松懈。理合将现在情形恭折奏闻，伏祈皇上圣鉴。

再，直隶总督庆祺现已接印任事，可否钦派会同办理，于一切应用料物，以期迅速，伏候圣裁。谨奏请旨。

［咸丰八年八月十六日］

——《第二次鸦片战争》第3册，第515页。

〇上谕

军机大臣字寄钦差大臣、科尔沁博多勒噶台亲王僧，礼部尚书瑞，直隶总督庆。咸丰八年八月十八日奉上谕：

僧格林沁等奏赶筑炮台情形、并请派督臣会同办理一折。双港炮台营垒，据称即可竣工。其大沽海口炮台，地盘业已打起，惟亟须木料应用，而商人居奇，杉木殊不易得。该大臣等请派督臣会办，自为呼应较灵起见。所有天津修筑炮台等事宜，即著庆祺会同僧格林沁、瑞麟办理。时序已届秋分，转瞬即交冬令，各项要工均应赶紧修筑，并著僧格林沁等实力督催，毋稍迟误。将此谕令知之。

钦此。遵旨寄信前来。

——《咸丰同治两朝上谕档》第8册，第378页。

八月十九日

○上谕

谕军机大臣等：

前据僧格林沁奏，遵派吉林马队二百五十名、直隶提标兵二百名赴德兴阿军营，均已先后启程南下。本日据崇恩奏，捻首苏添幅率领大股攻陷丰县，阑入山东，单县被围紧急，金乡、鱼台贼踪遍地，势甚猖獗。东省为北路藩篱，非厚集兵力，恐难抵御。所有前调往江北之官兵四百五十名，现有都司韩文兰等带兵五十名在京领马，尚未启程；所有前站官兵，谅尚在山东境内。著僧格林沁、托明阿飞咨饬令该带兵官就近截留山东，交巡抚崇恩调遣。现复谕知袁甲三，将山东派赴徐州兵一千余名，均交史荣椿统带，回至东省会剿。俟该提督到山东后，前项截留官兵即并归统带。其领解备用余马，已谕崇恩派员先行解赴浦口矣。天津现存官兵数不甚多，夷务尚未大定，未便调出，著庆祺、托明阿于直隶各镇协内，挑选精锐官兵一千名，或千数百名，交新授太原镇总兵田在田统带，即行驰赴山东，协同史荣椿剿办。田在田即著毋庸来京陛见。

本日庆祺奏，元城县有匪徒聚众劫官一案，大名镇兵自应留资弹压，毋庸调出。此等匪徒虽不过为抗粮滋事，而当邻境贼踪逼近，尤宜及早查办，以免酿成巨患。著庆祺责成该道联捷，将凶犯迅速捕拿，毋任漏网。

将此由五百里谕令知之。

——《清文宗实录》卷二六一，咸丰八年八月辛酉。

八月二十一日

○上谕

谕军机大臣等：

前因山东单县被围紧急，谕令僧格林沁等将前次调赴江北官兵截留，交山东省调遣。本日据崇恩奏，叠次剿匪获胜，单县业已解围。又据德兴阿奏，近有皖逆数万扑及江浦，势甚危急等语。所有吉林马队及直隶提标官兵，著毋庸截留山东，仍著飞咨饬令迅赴德兴阿军营，以资攻剿。至前谕庆祺、托明阿于直隶各镇协内挑选官兵一千名或千余名前赴山东之处，现在已可无需，著于挑选后，即令在本汛听候备调，毋庸即赴山东。并著饬知田在田，仍遵前旨，来京陛见。将此由五百里谕令知之。

——《清文宗实录》卷二六二，咸丰八年八月癸亥。

八月二十四日

〇庆祺奏

直隶总督庆祺奏：

窃臣接印视事后，当将现办一切要务略为经理，即于本月初七日由津乘舟，循行河道，前赴海口查勘。所有现设严防之双港地面，经僧格林沁亲督经画，已将营盘、炮台等工办有就绪，不日即可观成。其海口各炮台，经瑞麟前往驻办，并皆创有成规。惟料物尚有不敷，落成稍缓，亦已催料添工，赶紧兴筑。以上大势，一为前敌门户，一为后应藩篱，布置已极严密，足慰宸廑。惟海口至双港一段，水程相隔一百余里，尚可酌量加防。拟于水中添设埋伏，以资堵御。臣于海口折回之便，商之僧格林沁，亦曾有此见，只以大工未竣，尚未及举。

现奉廷谕，饬令臣会同僧格林沁、瑞麟赶紧办理，臣自应驰赴工所，悉心商核。所需木植，亦应迅速妥筹，设法供用，以期不误要工。惟臣现驻津郡，省中一切案牍，虽由驿递来津，尚无贻误，然积案已多。若因办公移寓海口，往返稽迟，未免更形积压。而采办料物，亦似在津稍觉应手。兹拟酌派委员驻工，听候瑞麟督率指挥，臣于往勘后，一面回津守催工料，藉理通省事宜，仍不时亲往海口督办，以求速成，庶不致有顾此失彼之虞。

至臣面奉谕旨，整顿津镇行伍一节，遵于莅任后按册详查，天津郡城以及大沽海口，额设官兵尚无缺数，惟近以饷银积欠，生计维艰，传点虽不误期，而平日另图生业、擅离营汛等情，亦殊不免。且此次海口逃逸之众，一蹶恐难复振，尤须查讯革除，另为挑选，方期得力。其应用器械，海口抛弃甚众，现所存者亦多残缺不全，并应作速筹添，以备利用。

惟设防整兵制械，种种急务，需费浩繁，现计款无所出，一俟捐务办有成效，即当赶紧举行。

朱批：知道了。

——《筹办夷务始末(咸丰朝)》卷三〇，第40—41页。

九月

九月初四日

〇上谕

胜保奏统筹南北大局、请豫筹堵剿一折。所陈贼势军情，不为无见。此时南路情形，自以江浦等处为最重。该大臣所称先复滁州，应援东路，然后并力庐郡，节节进兵，固系先

其所急。但该大臣督师怀定之交，正以严扼捻逆句连之路，未必遂能亲往赴援。昨已谕知该大臣等令提督德安统兵前赴六合救援，并助德兴阿调度，即为应援东路之师。著胜保、翁同书即遵前旨，速为调拨。至潜太一路，昨据都兴阿等奏，已进克太湖，自可渐规舒桐。惟都兴阿与李续宾马步各军相为辅翼，势难抽撤一军，分路进剿。前谕官文酌分楚军数千，绕赴北路，至今未据覆奏。俟其覆奏到时，再当察看布置。捻匪之由徐宿北窜者，已经山东、河南兵勇沿途截剿，回窜颍亳老巢；山东被陷之曹县、(城)[成]武均经克复；豫境亦无匪踪。所称请饬僧格林沁拨兵驻劄大名、曹州，已可无须。且此时夷务尚未大定，天津防兵亦难遽撤。该大臣既统皖北全军，惟当与翁同书和衷协力，专意进剿，未可以兵单饷绌为词，坐令久稽时日。将此由六百里谕令知之。

——《清文宗实录》卷二六三，咸丰八年九月丙子。

九月初六日

〇上谕

咸丰八年九月初六日内阁奉上谕：

僧格林沁、庆祺奏参在籍道员声名庸劣、带勇溃散一折。[①] 本年大沽海口炮台失事，带兵大员业经分别治罪，在籍道员费荫章，带勇劝捐，声名狼藉，及炮台被陷，该员所带乡勇同时溃散，实属庸劣无能，自应一并惩办。费荫章著即革职，发往军台效力赎罪。

钦此。

——《咸丰同治两朝上谕档》第 8 册，第 398 页。

〇上谕

咸丰八年九月初六日内阁奉上谕：

僧格林沁等奏捐输炮位各员开单请奖等语。[②] 天津添铸炮位，该商黄得禄等情殷报

---

① 九月初三日，僧格林沁、庆祺奏："窃照本年夷船闯入海口，攻陷炮台，兵勇同时溃散，所有带兵大员，业经刑部审明，分别治罪。惟带勇之绅士，既系同时失律，未便任其幸免，自应一并参办，以肃军心。奴才等抵津以来，留心访察，查有在籍道员费荫章曾经带勇，并办劝捐，众议沸腾，声名狼藉。当夷人攻陷炮台，该员身在行间，所带乡勇同时溃散，毫无纪律，贻误匪轻。当此整顿军务之际，若不从严参办，无以示惩。相应请旨，将在籍道员费荫章革职，发往军台效力赎罪，以儆将来。"详见中国第一历史档案馆藏录副奏折，档案号 03-4133-025。

② 九月初三日，僧格林沁、庆祺奏："海防炮位，极关紧要，现虽京通分局赶铸，并由京城调拨，尚须广为筹备。奴才等因洋商护船炮位甚为灵捷，若收捐输，深堪应用。兹商船抵津，正在筹商劝谕间，据候选盐提举黄得禄等赴奴才僧格林沁军营，捐效洋铁炮七位，当即逐一演试，均能致远有准，业经验收。查该商等情殷报效，洵属急公，自应拟请奖叙，以示鼓励而广招徕。"详见中国第一历史档案馆藏录副奏折，档案号 03-4133-034。

效，踊跃急公，自应量予奖叙。候选盐提举黄得禄，著以道员双月选用，并给予从二品封典。县丞衔宋廷琮，著注销县丞衔，仍留监生，赏给守御所千总衔。俊秀宋世芳，著赏给守御所千总衔。该部知道。单并发。

钦此。

——《咸丰同治两朝上谕档》第 8 册，第 399 页。

九月初八日

○上谕

军机大臣字寄署察哈尔都统、副都统庆。咸丰八年九月初八日奉上谕：前调赴通州驻扎之察哈尔官兵，经僧格林沁挑留一千名，其余一千名，同屯驻南苑之察哈尔兵一千，撤回归伍。著庆昀仍将此项撤回兵二千名备齐军械马匹，驻扎张家口外听候调遣。将此谕令知之。

钦此。遵旨寄信前来。

——《咸丰同治两朝上谕档》第 8 册，第 406 页。

○孟传金奏

江南道御史孟传金奏：

窃自夷人就抚以来，亲王臣僧格林沁移兵天津，奏令各州县采办树株，以供炮台桩栅等因，此诚思患豫防之至计。臣风闻各州县采办树株，有严刑而勒民交树者，有昂价而按户派钱者，有无端讹诈而取他物相抵者，有故意挑斥而逼令变产以偿者。甚且有墙下所植、墓中所树，而窆掘戕伐，听其房屋倾圮、棺椁暴露者。种种弊端，不可枚举。夫兵因卫民而设，苟民不能保，而转以滋扰焉，不可也。今天津采办树株，若只为炮台桩栅等用，以臣愚见，谅亦无须过多，是不过遣军营一二干员，各处采买足矣，何至军书旁午，人心皇皇，直省各州县俱为骚动？且使城乡无茂密之林，郊野鲜完整之基。草木何知，均罹刀锯；尸骸何罪，骤暴风霜。此事之所得已，而理之所不可解者也。相应请旨饬下直隶总督暨亲王臣僧格林沁，此次采办树株，有可撙节之处，酌行核减。如必劝令民间捐办，则宜设法善为开导，万不可令各员弁刁难抑勒，徒饱私囊。如系事后官为报销，则宜先明白晓谕，发价售买，一县共买若干，照数开载清楚。万不可假吏胥之手，俾得侵蚀帑项，鱼肉善良。至民间坟墓树株，一概不许砍伐。设有不肖官吏藉端生事，因公济私，不遵谕旨，仍前讹诈刁勒，恐吓私派者，一经查出，或别经发觉，即行严参，照例惩创。其刨伐民间坟墓树株者，尤加等治罪。如此明示限制，庶亿兆无不悦服，而官事亦可速集矣。

——《筹办夷务始末（咸丰朝）》卷三一，第 22—24 页。

〇上谕

咸丰八年九月初八日内阁奉上谕：

前因天津修筑炮台，经钦差大臣僧格林沁等饬令顺天、直隶各州县采办树株，以供桩栅各用。兹据御史孟传金奏，各属采办树株，骚扰过甚，并有逼勒科派、乞掘坟墓、倾圮房屋诸弊。炮台之设本以卫民，若如该御史所奏，官吏藉端生事，因公济私，转以病民，殊失绥靖闾阎之道。著僧格林沁、庆祺等严行查察，如有委员及文武员弁借采办为名刁难抑勒、扰累地方者，即著从严参办。其民间呈控有案者，即为理直，毋得徇隐属员，致妨民业。

钦此。

——《咸丰同治两朝上谕档》第8册，第407页。

九月十七日

〇僧格林沁等奏

钦差大臣、科尔沁亲王僧格林沁等奏：

近日奴才等督催海口炮台，工程已有六七分，现在仍赶紧工作。所需木料，由奴才庆祺在津设法筹办，源源运解，不致误工。并因海口土性寒紧，干后裂缝，商派委员押带剥船，在于浦口迤上，装载沙性土方搅和，以期坚固。惟是时令渐凉，工紧昼短，必须广募人夫，日夜抢办，方能迅速。奴才瑞麟当此款项支绌之际，固不敢不力求撙节。但海口地旷风寒，人烟稀少，鸠工匪易。又未敢因夫价稍昂，不变通办理，以致有误巨工。奴才僧格林沁等先后前往工次目睹，殊多棘手。惟有殚厥微忱，酌量情形，实心经理。现在炮台渐有模范，自宜即筹炮位。应请饬下会议军器王大臣，由京局拨解一万二千斤大铜炮三尊，运赴海口。通局铸就万斤大铜炮十尊，已经运到六尊，安设双港各营盘；其余四尊，业已催调，一俟来营，立即一并运往。又另铸五六千斤重炮位，拟即随时运解，以备安设。其前次由都运到京局铸造一万二千斤炮二尊，内有一尊，经奴才等演试，因药力过足，炮子稍紧，出有裂纹情形，随饬运回通局，另行改铸。至炮台需用牛皮，尚不敷用，奴才僧格林沁咨洽署察哈尔都统庆昀续购一千张，已如数解营，并经奴才庆祺在津督饬续行购买应用。

——《筹办夷务始末（咸丰朝）》卷三一，第42—43页。

九月三十日

○僧格林沁、庆祺奏

钦差大臣、科尔沁亲王僧格林沁，直隶总督庆祺奏：

伏查原奏，请将提督改驻大沽，并将天津镇调驻古北口，互相移调，系为海防紧要、移缓就急起见。钦奉前因，奴才等细加商酌。查提督原驻古北口，诚如圣谕，从前安设提镇，自有深意，未可遽更旧制。而海口水师新复，整理匪易，必须大员总统，方期缓急可用。查实任天津镇总兵安勇尚在军营，现署天津镇总兵汤苏，系由副将署理镇篆，职分较轻，又复履任未久。奴才等再(思)[四]筹思，议请每年二月，提督改驻大沽，统带水师筹办海防；至十月仍回古北口本任，所有海口水师，责令天津镇督饬训练。仍俟一二年后，海疆静谧，察看情形，遵旨归天津镇统辖，请加提督衔，准其专折奏事，提督即无庸改驻大沽。其实任天津镇，傥一时未能到任，奴才等即于署事人员内留心察看，果能才猷出众、堪任总统之寄，随时奏请破格恩施，以期海疆得人。似此量为变通，于因时制宜之中，不失从前立法之意。

又，原奏长芦盐引复价及巡费归公一节。查长芦引盐，曾于道光二十二年奏明，每斤加价京钱四文，复经裁减。现办海防善后，需费浩繁，应请查照二十二年旧章，无分京外，一律复价。查引盐一包，除去卤耗席斤，净盐不过五百余斤。请按五百斤核算，每斤复价京钱四文，每引应交京钱贰千文。按各州县银价酌中定拟，议令每引交库平实银四钱三分。所有复价，以奉文之日为始。仍自咸丰九年正月起，无论请领何年引目，并代销滞引，以及捆运官商民贩，领引一道，先交实银一钱，其余三钱三分，分作三限完交，以三个月为一限，每限交实银一钱一分。逾限不完，照例参追。京城实销引目，银钱价值悬殊，请将加价钱文，尽数以京城满钱市票解交。并令通纲每引另加银一分，津贴京引，随同领引时先交之实银一钱一并交纳。均令免交倾化火耗及解费等项，以恤商力。至天津公共口岸并永平府属七州县，因逼近边滩，内有刮土私煎，外有口盐(拦)[阑]入，私销出没，最称难办之区，历经奏准，免其加价，此次自应循照办理。惟缉私巡费归官之后，即当设卡拨兵。现值水师新复，势难兼顾，议令仍归商办。

——《筹办夷务始末(咸丰朝)》卷三一，第51—53页。

○上谕

军机大臣字寄钦差大臣、科尔沁博多勒噶台亲王僧，直隶总督庆。咸丰八年九月三十日奉上谕：

僧格林沁、庆祺奏遵议提督改驻海口并酌议加价抽厘等章程开单呈览一折。直隶提督驻扎处所，未容遽议更张，而海口复设水师，亟资整理。据僧格林沁等请令该提督于每

年二月改驻大沽，至十月仍回古北口，自可于营务、海防两有裨益。惟现在时令已交十月，而海口善后事宜尚未告蒇，该提督自不能远离津郡。著俟督办炮台等工完竣，再行奏请。来年即照所定章程，按期来往，俾资兼顾。至所议盐斤加价及设局抽厘各事宜，均著照拟办理。其添设将弁等事，仍著勘议明确，随时具奏。将此谕令知之。

钦此。遵旨寄信前来。

——《咸丰同治两朝上谕档》第 8 册，第 436 页。

十月

十月初四日

〇上谕

咸丰八年十月初四日内阁奉上谕：

直隶宣化镇总兵员缺，著汤苏补授。该员现署天津镇总兵，著僧格林沁、庆祺察看，如该员正资得力，即仍留署任，俟接署有人，再行饬赴新任。

钦此。

——《咸丰同治两朝上谕档》第 8 册，第 442 页。

十月十三日

〇上谕

军机大臣字寄钦差大臣、科尔沁博多勒噶台亲王僧，户部尚书瑞，直隶总督庆。咸丰八年十月十三日奉上谕：

前据僧格林沁等奏称，提督改驻海口及加价抽厘等章程，当经分别谕令遵办，并令将添设将弁等事勘议明确具奏，现尚未据奏到。而招募水师，尚待操练，亟应将所添将弁议定章程，使各有统属，庶新募之众可成劲旅。且时令即届冱寒，建盖兵房以资栖止，尤为紧要。著僧格林沁、瑞麟、庆祺将现募水兵已得若干，将弁应如何添设，及盖造兵房、置造军装器械现在如何办理，据实具奏，迅速筹办，毋稍迟误。将此谕令知之。

钦此。遵旨寄信前来。

——《咸丰同治两朝上谕档》第 8 册，第 453—454 页。

十月十五日

〇上谕

咸丰八年十月十五日内阁奉上谕:

僧格林沁、庆祺奏请将得力之署总兵仍留署任一折。[①] 直隶署天津镇总兵汤苏,现在办理海防,添募兵丁,正资得力,著准其仍留天津镇署任,俟接署得人,再行饬赴宣化镇本任。其所遗通州协副将员缺,著照例由部推选。现出大沽协副将员缺,著龙汝元补授。该员现在大沽工次,著俟差竣再行送部引见。该部知道。

钦此。

——《咸丰同治两朝上谕档》第 8 册,第 461 页。

〇上谕

咸丰八年十月十五日内阁奉上谕:

僧格林沁等奏,获咎大员著有微劳,恳恩鼓励等语。[②] 已革护军统领珠勒亨,经僧格林沁等派往沿河州县催办桩木及一切差务,尚知愧奋,著赏给五品顶戴。前任漕运总督、六品顶戴李湘棻,随同瑞麟督催工作,尚属认真,著赏给四品顶戴。以示鼓励。

钦此。

[咸丰八年十月十三日]

——《咸丰同治两朝上谕档》第 8 册,第 461 页。

〇上谕

咸丰八年十月十五日内阁奉上谕:

---

① 十月十三日,僧格林沁、庆祺奏:"咸丰八年十月初四日内阁奉上谕:直隶宣化镇总兵员缺,著汤苏补授。等因。钦此钦遵。奴才等伏查该升镇人甚朴实,办事勇往,于营伍事宜均能实力讲求。现在天津办理海防,添募兵丁,正资得力,应遵旨仍留署任,俟接署得人,再行饬赴新任。其汤苏所遗通(永)[州]协副将员缺,查有由河南军营调回候补副将、京营参将龙汝元,人朴实,打仗勇往,堪以请补。再,查现值海防吃紧之际,大沽协副将毛三元,已奉旨补授大名镇总兵,该协副将员缺,尚未由部行知补放有人,现无实缺人员经理,拟将龙汝元调补大沽协副将。惟通州协副将应归部推,大沽协副将系请旨简放之缺,且龙汝元系保升京营副将之员,请补直隶员缺,均与例未符。第大沽员缺紧要,必须得人,□□未敢稍事拘泥。该员龙汝元前在直隶军营甚为得力,与大沽协人地相宜,理合恭折保奏,是否有当,伏乞皇上训示。如蒙俞允,该副将龙汝元现在大沽工次,容俟差竣,再行给咨送部引见,恭候钦定。"详见中国第一历史档案馆藏录副奏折,档案号 03-4214-106。

② 十月十三日,僧格林沁等奏:"已革护军统领珠勒亨,自获咎以来,颇知愧奋,经奴才僧格林沁等派委,前往沿河各州县催办桩木,并制造巨筏,一切差务,均能实力奉行,不辞劳瘁。又,前任漕运总督、六品顶戴李湘棻,经奴才僧格林沁派赴海口,随同奴才瑞麟督催工作,该员认真催(儹)[趱],颇著微劳。惟珠勒亨、李湘棻曾任大员,奴才等未敢保奏,应如何鼓励之处,出自皇上天恩。"详见中国第一历史档案馆藏录副奏折,档案号 03-4214-107。

僧格林沁等奏参署镇营务废弛等语。① 直隶署通永镇总兵、河屯协副将黄起鹏驻扎北塘，经僧格林沁等派员查点兵丁，不敷原额，实属废弛。黄起鹏著交部严加议处，以示惩儆。

钦此。

——《咸丰同治两朝上谕档》第8册，第462页。

○上谕

咸丰八年十月十五日内阁奉上谕：

僧格林沁等奏，续捐经费各员恳恩奖叙等语。② 前任直隶布政使钱炘和，现任直隶按察使清盛、清河道董醇、候补道李泽长，所捐银两，均著该部查明该员子弟，给予奖叙。

钦此。

——《咸丰同治两朝上谕档》第8册，第461页。

○上谕

咸丰八年十月十五日内阁奉上谕：

僧格林沁等奏，官生报捐银两请予奖励等语。③ 前任江苏苏松太道史翼久，著交部从优议叙。监生韩越，著赏给都司职衔。俊秀韩官达，著赏给监生，并加守御所千总职衔。以示鼓励。

钦此。

——《咸丰同治两朝上谕档》第8册，第462页。

---

① 十月十三日，僧格林沁等奏："现在办理海防，沿海各营将领自应振刷精神，认真整顿，所属兵丁不容空缺。本月初九日，奴才等派委京营守备张海前往北塘营查看官兵数目，据署通永镇总兵黄起鹏声称，该处除奉调出师之外，现存兵三百余名。随令传集点验，自辰至酉，仅传到四五十名，实属不成事体。似此废弛营伍之员，未便姑容，除通永镇总兵员缺由奴才庆祺遴员署理，并将黄起鹏即行撤任外，理合附片奏参，请旨将署通永镇总兵、河屯协副将黄起鹏交部严加议处。"详见中国第一历史档案馆藏录副奏折，档案号03-4214-108。

② 十月十三日，僧格林沁等奏："捐输工程经费银两各员，前经奴才瑞麟遵旨奏请将长芦盐运使克明等奖(历)[励]，仰蒙恩准在案。兹据前任直隶布政使钱炘和、直隶按察使清盛、清河道董醇均各捐银一千两，候补道李泽长捐银五千两，以上四员，奴才等谨援照前次鼓(历)[励]成案，吁恳恩施，均拟请饬部查明该员子弟，给予奖叙。是否有当，伏候钦定。"详见中国第一历史档案馆藏录副奏折，档案号03-4300-020。

③ 十月十三日，僧格林沁等奏："据前任江苏苏松太道史翼久赴奴才僧格林沁军营报捐京平银二千两，当经照数兑收，洵属急公，自应吁请恩奖，可否饬部照例议叙，恭候钦定。又，据天津县监生韩越、俊秀韩官达报效京平银一千两，亦经照数兑收。查捐输例载，由监生捐都司衔，应用银九百两；由俊秀捐监生，用银一百八两；加捐守御所千总衔，用银四百两。共计应用银一千四百八两。统减四成，合实用银八百四十五两。每两按四吊文，共合钞三千三百八十吊。兹该监生等报效京平实银一千两，合新库平银九百四十两，照官价酌核，每两折钞四吊文，共合折钞三千七百六十吊，较之应用钞数，尚属有盈无[绌]，拟请将监生韩越赏给都司职衔，俊秀韩官达赏给监生，并加守御所千总职衔。"详见中国第一历史档案馆藏录副奏折，档案号03-4300-021。

○僧格林沁等奏

钦差大臣、科尔沁亲王僧格林沁，礼部尚书瑞麟，直隶总督庆祺奏：

双港工程将竣时，奴才僧格林沁复详加相度，尚须于奴才僧格林沁营盘内，并健锐营营盘内，添建三丈高炮台二座，方合机宜，当即赶紧兴修，于九月间一律蒇事。海口南岸炮台三座，高自三丈至五丈不等。北岸炮台二座，一高三丈，一高五丈。均经次第兴工，竖立桩木，安设炮台口。周围坚筑堤墙，沿墙修盖土窨，密布炮门枪眼。堤外开挖濠沟，并置木栅。联成巨筏，以扼海口要隘。又于北岸石头缝地方添设三丈高炮台一座，以为后路策应。兹于本月十二日，各项工程一律告竣。

伏查海口南北两岸地势卑洼，工程浩大，经奴才瑞麟督修抢办，昼夜趱催，以期迅速成功。兹已工竣，堪慰宸廑。惟此次海口兴筑炮台堤墙等工，克期蒇事，沿海地多斥卤，挑挖新土，尚带潮湿，转瞬严寒，一经结冻，恐不免有酥碱情形。来岁春融，所有炮台营垒，均宜加培灰泥，以防雨水冲刷。

再，查此项工程所需物料夫价等项，先后在直隶藩库借拨银九万两，运库借拨银一万两，前任长芦盐政乌勒洪额等捐输银五万七千一百五十一两一钱三分。除双港动用银四万七千四百五十两，海口炮台动用银八万九千八十四两五钱六分，统计用过十三万六千五百三十四两五钱六分外，尚存银二万六百十六两五钱七分。拟酌留银一万六百十六两五钱七分，交提督史荣椿接收，以备来春加培灰泥等用。并先归还直隶藩库银一万两，其余借拨银两，应由奴才庆祺于厘捐及盐斤复价项下收有成数，陆续归款。其前饬各该州县采办桩木、续行捐输银两之官绅商民等，应如何奖励之处，亦由奴才庆祺查明办理。

现在京通两局铜炮计十六位，双港营盘安设一万二千斤重炮二位，一万斤重炮四位；分运海口一万二千斤重炮二位，一万斤重炮六位，五千斤重炮二位。收到捐输洋铁炮二十五位，安设双港六位，运至海口十九位。并奴才瑞麟在海口购买洋铁炮四位，一并安设。其海口大炮，因新建炮台泥土尚湿，未便在炮台上演设，先就墙上演放完毕，远近均能有准，已酌量挽上各炮台分设，以及堤墙炮门等处，派委副将乌忠阿等统带宣化镇官兵一千名，协同大沽协官兵妥为守护。至通州存营官兵炮位，拟即撤回。奴才僧格林沁业经札行副都统克兴阿，统带前项官兵，并护送存营炮位，迅即回京。该处营垒，札交文武妥为看守。其双港各营官兵，应俟海河结凌，并山海关防兵，一并撤回归伍，以节经费。双港现设武成永固炮四位，撤回都城。其双港营垒撤防后，交天津镇派兵守护。

谨绘南北两岸炮台营垒全图，恭呈御览。

再，张家口监督崇连，捐办皮货银一千一百两，统计该监督共捐牛皮二千张，合银二千

二百两,应请饬部照例议叙。

——《筹办夷务始末(咸丰朝)》卷三二,第12—14页。

〇上谕

军机大臣字寄钦差大臣、科尔沁博多勒噶台亲王僧,户部尚书瑞,直隶总督庆。咸丰八年十月十五日奉上谕:

僧格林沁等奏修理双港、海口等处炮台营墙一律完竣、酌撤防兵、绘图呈览一折。僧格林沁在大沽海口及双港地方修筑炮台,安设营垒,并置木筏,以扼海口要隘,各项工程已于本月十二日一律告竣。该大臣办理海防已逾数月,夙夜辛勤,自应暂行回京,以节劳勚。本日降旨,赏给御用巡幸袍一件、巡幸褂[①]一件,即交伊子伯彦讷谟祜赍往,交僧格林沁祗领。现在各工完竣,该大臣著即来京,所有操练水师、建盖兵房等事,即交瑞麟、庆祺妥为办理。炮台分设炮位,著即饬副将乌忠阿等带宣化镇官兵一千名,协同大沽协官兵小心守护。余俱著照所议办理。至所调吉林、黑龙江、察哈尔等处官兵,程途遥远,未便令其归伍,此次回京后,应在何处驻扎,著僧格林沁筹议具奏。将此谕令知之。

钦此。遵旨寄信前来。

——《咸丰同治两朝上谕档》第8册,第460页。

〇上谕

咸丰八年十月十五日内阁奉上谕:

僧格林沁自通州前往天津办理海口、双港炮台,并续建炮台等项工程,现已一律完竣,念其数月以来,勤劳聿著,著赏给御用巡幸袍一件、巡幸褂[②]一件,即交伊子伯彦讷谟祜赍往天津,交僧格林沁祗领,以示嘉奖。其所带兵丁,并著酌加更调,俾资休息。

钦此。

——《咸丰同治两朝上谕档》第8册,第460页。

〇上谕

咸丰八年十月十五日内阁奉上谕:

① 原为“马”褂,朱笔改作“巡幸”褂。

② 原为“马”褂,朱笔改作“巡幸”褂。

僧格林沁等奏，请将捐输洋炮各员奖励等语。[1] 天津海口设防，该员等报捐洋炮，洵属踊跃急公，自应量加奖叙。北河分缺先用州判丁焘，著赏加州同衔。双月选用县丞丁熙，著以州同单月即用。按察司经历衔邹国光，著注销原衔，仍留监生，赏给光禄寺署正衔，并赏戴蓝翎。州同衔黄建基，著赏加同知衔。俊秀吴英、陆长庆，均著赏给府知事衔。附生奚廷琦，著以知县不论双单月选用，并赏加同知衔。候选知府、务关河工同知陈应枢，著交部照例议叙。其捐办牛皮之张家口监督崇连，并著交部从优议叙。

钦此。

——《咸丰同治两朝上谕档》第8册，第461页。

十月二十日

○僧格林沁等奏

钦差大臣、科尔沁亲王僧格林沁，礼部尚书瑞麟，直隶总督庆祺奏：

---

① 十月十三日，僧格林沁等奏："兹续据州判丁焘等报捐洋炮十八位，经奴才僧格林沁验试，均堪应用。该捐生等踊跃急公，自应奏请奖励，谨录清单，恭呈御览。

"计开：

"北河分缺先用州判丁焘，双月选用县丞丁熙，共捐二千斤洋铁炮一位，查验铁性较粗，每斤作价制钱七百五十文。又，一千斤洋铁炮一位，每斤作价制钱一串文，共合制钱二千五百串。查州判捐州同衔，银五百二十二两，减四成递减二成，合银二百五十二两。又，候选县丞加捐双月州判，银四百三十二两，递捐双月州同，银五百二十二两，加捐本班先用并改单月即用，各银二百五十二两，共银一千四百五十八两，减四成合银八百七十五两。合计现捐炮位，有盈无绌。应请将北河分缺先用州判丁焘赏加州同衔，双月选用县丞丁熙以州同单月即用。

"按察司经历衔邹国光，捐效一千五百斤洋铁炮二位，一千斤洋铁炮一位，七百斤洋铁炮一位，三百斤洋铁炮二位，每斤作价制钱一串文，共合钱五千三百串。查由监生捐光禄寺署正职衔，银九百两，减四成，合银五百四十两。又，京官请捐蓝翎，实银一千两，以钱折银一千两，拟请将按察司经历衔邹国光，注销按察司经历衔，仍留监生，赏加光禄寺署正衔，并请赏戴蓝翎。至捐请翎支，应用一半实银，该职员捐效炮位折价，与成案不符，第所捐系应用军器，且合计价值有盈，是以酌核拟请奖叙，合并声明。

"州同衔黄建基，天津县俊秀吴英、陆长庆，共捐二千斤洋铁炮一位，三百斤洋铁炮二位，每斤作价制钱一串文，共合钱二千六百串。查州同衔捐同知衔，银一千七百两，减四成，合银一千零二十两。又，俊秀捐监生银一百八两，加捐府知事衔，银一百二十两，共银二百二十八两，减四成，合银一百三十七两。合计现捐炮位，有盈无绌。应请将州同衔黄建基赏加同知衔，俊秀吴英、陆长庆，均赏给府知事衔。

"天津县附生奚廷琦，捐效二千斤洋铁炮四位，七百斤洋铁炮一位，每斤作价制钱一串文，共合制钱八千七百串。查附生捐贡生银一百四十四两，加捐知县银三千三百三十两，捐□□班共银一千四百三十一两，捐免保举银六百两，共银五千五百零五两，减四成，合银三千三百零三两。又，加捐同知衔，银一千五百八十四两，减四成，递减二成，合银七百六十一两。合计现捐炮位，有盈无绌。应请将附生奚廷琦赏以知县，不论双单月选用，并请赏加同知衔。

"候选知府、务关河工同知陈应枢，捐效二千斤洋铁炮一位，查验铁性较粗，每斤作价制钱七百五十文。又，一千斤洋铁炮一位，每斤作价制钱一串文，共合制钱二千五百串。应将候选知府、务关河工同知陈应枢请旨交部照例议叙。

"以上前后收捐洋铁炮共二十五位，收买洋铁炮四位。"详见中国第一历史档案馆藏录副奏折，档案号03-4300-019。

查南北两岸各建炮台三座，现设水师兵三千名，每炮台拟驻兵四百名。又各匠役字识等兵，北岸拟设二百名；南岸为提镇操兵驻劄之处，事务较繁，应设四百名。至管辖员弁，南北两岸，拟设游击、都司、守备等官共六员，分驻六炮台；又每炮台设千总一员、把总一员、经制外委二员、额外外委四员，随营操防。查海口、大沽两台，原设有都司二员、守备一员、千总二员、把总六员，应即抵补。尚须拨添游、都、守以及千总等官七员，已在于通省简僻营分量为抽调，俟酌拟妥协，另行具奏。经制外委等弁，即于本镇各营分别改拨考拔。以上两岸官兵，归大沽协副将管辖，天津镇总兵统辖。其兵数，除海口、大沽两营原设一千六百余名，应添募新兵一千三百余名。现已招募五百余名，由提镇督饬上紧练习。尚少兵七百余名，因大沽本地不敷挑选，现已各处招募，务择其年力精壮者赶紧募补足数。旧存额兵，详加考验，裁汰老弱，随时更换。应给饷需，水师应较陆路稍优，拟均照马兵口粮银数，在于捐输项下支给，并仿照健锐等营操赏工费章程，量为变通，以抬枪、鸟枪作为考验应习之技，再能放炮有准，加给工费银五钱；善识水性、能藏身水内者，加给工费银五钱。又，能于鸟枪上头演习纯熟、交锋时可抵长矛者，加工费银五钱。又，如长矛、腰刀各项杂技习演出众者，每一技加给工费银一钱。似此层层加赏，庶足以鼓励戎行。双港现设营盘九座，拟于天津郡城各营内共派兵二百名，前往分驻巡防。至应建兵房，时交冬令，不克兴工。现将炮台所余木料，尽留备用。一俟开春，即行赶办。至现募兵丁，即可于新筑炮台左右土窨内暂住。如不敷用，再行搭盖窝棚，以资栖止。添设兵丁，即应添置器械。本年海口各营器械又多损失，现经分别制备，不致迟误。

朱批：知道了。

——《筹办夷务始末（咸丰朝）》卷三二，第20—22页。

○僧格林沁奏

现在北塘炮台，奴才尚未亲身履勘，拟于拜折后，带同随营翼长等即行遵旨起程，绕赴北塘，查勘该处炮台，顺路至通州铸炮局查阅毕，由通州回京覆命。

朱批：知道了。

——《筹办夷务始末（咸丰朝）》卷三二，第22页。

○上谕

咸丰八年十月二十日内阁奉上谕：

僧格林沁奏，请将马队官兵口分全放实银等语。天津双港屯扎吉林、黑龙江、察哈尔马队官兵，现届冬令，马匹无地牧放，豆草价昂，颇形苦累，自系实在情形。加恩著照所请，所有现驻天津之吉林、黑龙江、察哈尔马队官兵月支口分，准其全放实银，以示体恤。

钦此。

——《咸丰同治两朝上谕档》第 8 册，第 464 页。

○上谕

咸丰八年十月二十日内阁奉上谕：

僧格林沁奏，请将采办桩木各员分别奖励等语。直隶霸昌道怡昌等，经僧格林沁派令采办桩木，均能认真督催，不辞劳瘁，自应量予鼓励。霸昌道怡昌，著交部议叙。同知衔顺义县知县贺瀛，著以同知尽先补用。候补知县郭志聪，著以知县本班尽先补用。该部知道。

钦此。

——《咸丰同治两朝上谕档》第 8 册，第 464 页。

十月二十五日

○上谕

咸丰八年十月二十五日内阁奉上谕：

此次天津办理海防，在事各员经理数月，著有微劳，自应量予奖励，著僧格林沁、瑞麟择其尤为出力者，会同酌保数员，毋许冒滥。

钦此。

——《咸丰同治两朝上谕档》第 8 册，第 471 页。

十月二十九日

○上谕

咸丰八年十月二十九日内阁奉上谕：

怡亲王载垣，科尔沁亲王僧格林沁，内外宣勤，勋劳楙著，均著加恩在紫禁城内乘坐二人椅轿，以示优眷。

钦此。

——《咸丰同治两朝上谕档》第 8 册，第 481 页。

十一月

十一月初三日

○瑞麟、庆祺奏

礼部尚书瑞麟、直隶总督庆祺奏：

查大沽海口两营，原设有都司二员、守备一员、千总二员、把总六员，现拟拨添游击、都司、守备等官三员。原设兵额一千六百余名，应添募新兵一千三百余名。前已招募五百余名，尚少七百余名。奴才等公同商酌，南北两岸共设炮台六座，南岸南炮台应设游击一员，查有葛沽营游击堪以裁移，改为前右营游击，督兵驻守。中炮台作为中右营，即以大沽协左营都司驻守。老炮台作为后右营，即以大沽协右营都司驻守。北岸土炮台，查有巩华城都司堪以裁移，改为前左营都司，督兵驻守。砖炮台，查有三河营都司堪以裁移，改为中左营都司，督兵驻守。石头缝炮台作为后左营，即以海口营守备驻守。以上原设三员，裁改者三员。其裁改三员内，巩华城实任都司穆长荣，随缺移赴新任。此外移改之游击一缺、都司一缺，遴委妥员先行试署。其应添之千总、把总、外委等弁，酌量改拨，报部查核。至裁缺之葛沽、三河、巩华城等处营务应归何员管辖，并改拨员缺如有应行变通之处，奴才庆祺随时筹议，奏明办理。南北两岸官兵，现今分别布置。所有前任直隶总督谭廷襄奏请移改弁兵之处，应毋庸议。此次添募新兵，现于各处续行招募足数，交提督史荣椿、署天津镇总兵汤苏认真训练，一面赶紧添盖窝栅，俾资栖止。旧存额兵内，裁汰老弱，随时募补。至宣化镇官兵一千名，前因招募新兵未齐，经僧格林沁派令副将乌忠阿带赴海口，守护炮台。现在添募新兵业经足数，应将宣化镇官兵裁撤，即交乌忠阿统带起程，各令归伍，以节经费。前经遣撤之双港各营官兵，自十月二十日为始，分作六起起程。奴才瑞麟即督随后起官兵回京。

朱批：近已面谕，明岁海防，仍责成僧格林沁督办。此折著僧格林沁察核具奏。

——《筹办夷务始末（咸丰朝）》卷三三，第1—3页。

十一月初四日

○僧格林沁奏

钦差大臣、科尔沁亲王僧格林沁奏：

查尚书瑞麟、直隶总督臣庆祺具奏拨添海口将弁并招募水师足数一折。据该大臣奏称，葛沽营游击、巩华城都司、三河营都司均堪裁移，并大沽协海口营都守分驻各炮台，其

应添之千总、把总、外委等弁，均酌量改拨等语。所议均属妥协。查海口原设兵一千六百余名，新募兵一千三百余名，合计有兵三千名，在南北两岸炮台，可资守卫。伏思大沽海口，南至山东地界二百余里，东至山海关六百余里，地方甚为辽阔，虽难处处设防，其扼要处所，亦应严密布置。所有未尽周备之处，容俟明春奴才到津后，与直隶督臣庆祺再为详细筹画，随时具奏。明岁酌调官兵前往防守，奴才现调拨吉林、黑龙江官兵各一千名，哲里木、昭乌达官兵各一千名，察哈尔官兵一千名，共马队五千名，应请敕下各该处，于明年二月内一并到防。并酌带京旗官兵二千名，以资调拨。惟需用经费不赀，本年津郡虽已办理厘捐，盐斤复价，诚恐仍不敷用，并请敕下户部、直隶总督豫为筹备。

——《筹办夷务始末（咸丰朝）》卷三三，第3—4页。

〇上谕

咸丰八年十一月初四日内阁奉上谕：

前据瑞麟、庆祺奏遵拟添拨海口将弁事宜一折，当交僧格林沁察核具奏。兹据查明，裁移分驻之处均尚妥协，著照所请，所有天津海口应添设前右营游击一员，著即以葛沽营游击裁移改驻；大沽协左营都司，著作为中右营都司；大沽协右营都司，著作为后右营都司。应添设前左营都司一员，著即以巩华城都司裁移改驻；应添设中左营都司一员，著即以三河营都司裁移改驻；其海口营守备，著作为后左营守备，以资防守。至应添千总、把总、外委等弁，著庆祺酌量改拨。余著照所议办理。该部知道。

钦此。

——《咸丰同治两朝上谕档》第8册，第491页。

〇上谕档

交户部：

本日军机大臣面奉谕旨：据僧格林沁奏，天津海口防务紧要，现拟添调吉林等马步队七千名，于明年二月到防，所需经费，除饬直隶总督庆祺豫筹外，并著户部妥为筹备，毋误要需。钦此。相应抄录原奏，知照贵衙门钦遵办理可也。

此交。

十一月初四日。

——《咸丰同治两朝上谕档》第8册，第488页。

〇上谕

军机大臣字寄直隶总督庆。咸丰八年十一月初四日奉上谕：

昨据瑞麟、庆祺奏酌拟拨添海口将弁并招募水师足数各情，当交僧格林沁察核具奏。本日据覆称，该大臣所拟请裁移添设之将弁各缺均甚妥协，其原设及新募之兵足资守卫，业经明降谕旨，依议办理矣。惟据称海口地方辽阔，尚须添调官兵以资防守。所请调之吉林、黑龙江、蒙古两盟及察哈尔等处马队兵五千名，均于二月初间可到，合之僧格林沁另带京旗官兵二千名，共有七千之数。津郡现办厘捐及盐斤复价，犹恐不敷应用，除饬户部豫为筹备外，并著庆祺先期筹备，以免临时缺乏。将此谕令知之。

钦此。遵旨寄信前来。

——《咸丰同治两朝上谕档》第8册，第488页。

○上谕

军机大臣字寄吉林将军景、黑龙江将军奕。咸丰八年十一月初四日奉上谕：

僧格林沁奏察核海口情形请豫调官兵一折。现在津沽海口各炮台一律修造完竣，明岁必须添调官兵前往，以资防守。著景淳、奕山于吉林、黑龙江两处各挑拨马队精兵一千名，配齐军装器械，于本年十二月起程，俟明年二月初间必须行抵天津，归僧格林沁调遣，毋稍延缓。将此各谕令知之。

钦此。遵旨寄信前来。

——《咸丰同治两朝上谕档》第8册，第487—488页。

十一月初六日

○上谕

咸丰八年十一月初六日内阁奉上谕：

僧格林沁、瑞麟(奉)[奏]遵保办理海防尤为出力各员、恳恩奖励、开单呈览一折。[①]此次天津办理海防，修建通州、双港、海口炮台营垒一切工程，经僧格林沁等督饬随带司

---

① 本日，僧格林沁、瑞麟奏：“咸丰八年十月二十五日内阁奉上谕：此次天津办理海防，在事各员著有微劳，自应量予奖励，著僧格林沁、瑞麟择其尤为出力者，会同酌保数员，毋许冒滥。钦此。仰见我皇上俯念海防、有劳必录之至意。奴才等遵即公同酌核，未便没其微劳，亦不敢稍涉冒滥。伏查此次办理海防，修建通州、双港、海口炮台营垒一切工程，除全营翼长宗室增庆系二品大员，候补内阁侍读学士瑞禧曾经受恩，不敢仰邀议叙外，所有随带司员、章京等，除办理文案外，有经奴才等差委督工、承修、(儹)[趱]办并购运、收发等事，计阅数月之久，该员弁等昼夜辛勤，实心任事，均能始终奋勉，洵属著有微劳。现在大工一律完竣，在事各员内，直隶文武应由该督酌量奏奖外，所有奴才等遵旨择其尤为出力者，吁恳皇上逾格恩施，量予鼓励，以昭激劝。敬谨拟缮清单，恭呈御览，伏乞圣鉴训示。”“正白旗护军参领成保、正黄旗护军参领宝山，该二员人品端方，办事敬慎，并前在直隶、山东军营打仗奋勉，均堪胜副都统，请交部带领引见。是否堪胜之处，恭候钦定。”详见中国第一历史档案馆藏录副奏折，档案号03-4135-025、档案号03-4135-026。

员、章京等实心经理，数月之内，一律完竣，均能始终出力，洵属著有微劳，自应量加奖励。翼长、副都统宗室增庆，著交部从优议叙。候补内阁侍读学士瑞禧，著赏戴三品顶戴，以四品京堂候补。其保举堪胜副都统之正白旗护军参领成保、正黄旗护军参领宝山，均著交兵部带领引见。记名道府、刑部郎中程祖诰，著以四品京堂候补，遇缺提奏。侍卫处主事阿勒金布，著遇有六部员外郎，不论咨留题选，缺出即补。即补主事阿克达春，著分部，遇有该部主事缺出，无论咨留题选，即补后，即以员外郎升用。理藩院额外主事德祥，著销去试俸，遇有满蒙主事缺出，无论题选即补。内务府堂笔帖式俊达，著遇有堂主事缺出即补，先换顶戴。笔帖式桂瀚，著遇有六品司库，不论何项班次，遇缺即补。候补堂笔帖式恒裕，著俟补缺后，以堂主事遇缺即补。咨部笔帖式松山，著以六部笔帖式补用。委笔帖式常广，著以印务笔帖式即补。即选通判刘原海，著赏加同知衔。同知衔常绂，著以同知不论双单月遇缺即选。优贡生存诚，著以知县分发直隶补用。候选县丞骆崇周、李光晋、唐建镛，均著免选本班，以知县不论双单月遇缺前先选。供事朱纲，著以县丞不论双单月遇缺前先选。正蓝旗汉军骁骑参领桂林，著赏加二品顶戴。正黄旗满洲骁骑副参领博恩，著遇有参领缺出即行升用。委前锋侍卫双成，著以本翼前锋侍卫缺出即行补用。步军校福禄，著以都司分发直隶补用。委护军校庆和，著以守备尽先升用。巡捕营游击李炳业，著以参将即行升用。守备李万年，著以都司即行升用。候补守备张海，著遇有守备缺出即补。六品顶翎把总鲁国良，著以五营千总缺出即行升补。经制外委纯贵，著遇有把总缺出即补。正黄旗汉军骁骑校广亮，著以佐领升补。领催英秀，著以应升骁骑校即补。该部知道。单片并发。

钦此。

——《咸丰同治两朝上谕档》第 8 册，第 493—494 页。

十一月十二日

〇绵愉等奏

臣绵愉等跪奏，为沥诚吁恳、仰祈圣鉴事。

恭查本月十八日冬至大祀，前经奉旨：朕亲诣行礼。钦此。旋经礼部、太常寺遵议酌改礼节，尚未奉有谕旨。仰见我皇上敬天之心，虽力有不能，犹思自勉。惟是至诚昭格，礼贵从宜，在宫在坛，圣心本无二致。伏念宸躬甫愈，登降已觉过劳，况时届严冬，每多风雪，以五夜而临空旷之区，于畏寒旧恙更非所宜。臣等不揣冒昧，仰恳皇上将大祀典礼派员恭代，仍照成案，即于宫内致斋，俟圣体大安，再请亲行，以上协昊天眷佑之心。而我皇上昭事至诚，固已矢诸夙夜，则明禋之典，不妨暂缓躬亲。臣等愚昧之见，是否有当，合词恭折

吁恳，伏乞皇上圣鉴。谨奏。

咸丰八年十一月十二日

臣绵愉

臣奕䜣

臣奕誴

臣载垣

臣僧格林沁

臣德木楚克扎布

臣景寿

臣奕仁

臣彭蕴章

臣穆荫

臣匡源

臣文祥

——《咸丰同治两朝上谕档》第8册，第504—505页。

○上谕

咸丰八年十一月十二日内阁奉上谕：

朕自上年秋间染患腿疾，一载以来，郊坛大典未能躬诣，每抱歉忱。本年冬至圜丘大祀，业经降旨亲诣行礼。兹据惠亲王等合词具奏，以朕体虽愈，步履尚未如常，登降拜跪，恐多勉强，吁请仍暂缓亲诣。揆诸朕心，实有难安。该王大臣等于召见时再三吁恳，因念大礼攸关，设有愆仪，转不足以昭诚敬，不得已勉从所请，所有本年冬至大祀，著派恭亲王奕䜣恭代行礼，并著在禁城内斋宿，先期一日，诣坛内斋宿。朕仍在宫内敬谨致斋，十八日亲诣大高殿行礼，以严对越。

钦此。

——《咸丰同治两朝上谕档》第8册，第503页。

十一月十三日

○上谕

咸丰八年十一月十三日内阁奉上谕：

前因惠亲王等奏铁钱局奏留监督，署户部右侍郎书元不画奏稿，并有于稿面批写之

处，当令书元明白回奏，并派载垣、僧格林沁查办。兹据查明，奏称，监督德泰、文镛既因书元面加申饬，并有奏留监督不能画稿及办理不可太紧之语，该员等辄因书元语多牵混，竟未将此意回明惠亲王等各堂，殊属非是。书元署任将及两月，竟未到局，于奏留监督一事，自称例不出考，其谓局员朦混，既未能指出该员等劣迹，又不自向惠亲王等面商，殊非和衷办公之道。署户部右侍郎书元，铁钱局监督、刑部员外郎德泰，郎中文镛，均著交部分别议处。[①] 余依议。

钦此。

——《咸丰同治两朝上谕档》第8册，第505—506页。

十一月十七日

○上谕

军机大臣字寄盛京将军玉，金州副都统希，锦州副都统侍。咸丰八年十一月十七日奉上谕：

前据玉明等奏，没沟营河口有夷船停泊，经该将军饬令防守尉等督带兵勇防堵，不令登岸，夷船旋即驶去，当谕令如再有夷船进口，仍派员善为开导，并严禁接济。现在天津海口经僧格林沁等添筑炮台营垒，业已工竣，布置周密。该夷明岁春融难保不由上海一带北驶。如果至牛庄贸易通商，自可设法羁縻；傥肆其凶狡，登岸骚扰，不可不豫为防范。其金州、锦州沿海各口，亦须一体严防。没沟营既经该夷窥伺，应如何加意布置、以备不虞，海口要隘固宜扼守，口内陆地亦应密为设防，毋稍疏懈，著玉明、希拉布、侍顺体察各海口情形，妥为筹画具奏。将此各谕令知之。

钦此。遵旨寄信前来。

——《咸丰同治两朝上谕档》第8册，第513—514页。

○上谕

奕山奏，协济官兵之蒙古王公等援案请奖等语。(墨)[黑]龙江官兵，自咸丰六年以来，叠次调赴军营助剿，所有经过地方，经该蒙古王公等协济马匹、牛羊、草料等物，洵属急公，殊堪嘉尚。科尔沁博多勒噶台亲王僧格林沁，郭尔罗斯镇国公扬三巴拉、辅国公阿勒坦鄂齐尔，科尔沁多罗斌图郡王什里巴赞尔、和硕达尔汉亲王索特那木彭素克，均著交理

---

① 十一月初十日，载垣、僧格林沁"蒙发下惠亲王等及书元各回奏折一件，奏朱笔：著载垣、僧格林沁查办"。本日，载垣、僧格林沁具折覆奏。详见中国第一历史档案馆藏录副奏折，档案号03-4135-055。

藩院分别议叙,以示奖励。

——《清代起居注册(咸丰朝)》第 44 册,第 26514—26515 页。

十二月

十二月初一日

〇绵愉等奏

臣绵愉等谨奏,为遵旨妥议具奏,恭折仰祈圣鉴事。

户部奏宇号行钞新章酌拟章程八条请旨试办一折,本月二十八日奉朱批:惠亲王、载垣、端华、僧格林沁、军机大臣妥速议奏。钦此。又片奏,签掣十字为数较多,拟请每月签掣一次,不拘字数等语,奉朱批:一并议奏。钦此。臣等遵将该部原奏公同详阅,大致以行钞之初,准铺商开放本票,以致流弊日滋,该商等藉川换兑换名目,任意浮开,纷纭轇轕,一经该部澈底清查,票遂不行,钞亦因之壅滞。所称弊自票生,则以不出本票为先;弊由商作,则以改归官办为急。自系为通行宝钞、永杜弊端起见。如果试行有效,则利权不操于商人,可期兵民信守,收发悉归于官办,何虑款目纷繁?臣等就该部所拟章程逐款核覆,恭呈御览。

一、官钱铺改名官钞局并裁宇丰号一条。查五宇官号向由铺商经管,与民铺无异,今既改为官办,自不得仍以铺称。应如所请,宇泰等字号皆仍其旧,惟改称官钞局,使名实相副。其宇丰号既称过于偏僻,应即裁撤,归并四号办理。其宇丰号未收旧钞,即移在总局发钱收尽而止。

一、各号收钞宜归官办一条。查官钞局不用正商,必须慎选司员经理,以专责成。应如所请,每局派司官二员,所用商伙,或由官号呈保,或由管号官自行选用,仍由该管司员认真稽查,不得瞻徇情面。管号官一年差满,前后交代,另派司员会同总局司员监盘销算,由接管司员出结接办,嗣后再有亏短,即与前任无涉。傥有舛错亏那等弊,接任官及监盘司员据实呈明,分别奏参。其始终勤慎、丝毫无误者,准其奏加奖叙。

一、钞本宽为筹备一条。查宝钞之行,全恃钞本以资周转,应照所请,捐铜局所收四六现钱项下,准捐生改交钱票,每次约收二十余万吊,即以此项专作钞本。如有不敷,由宝泉、宝源两局及铁钱局按二八成酌数札领给发,山西宝泉分局以钱易银七万两,仍存钞库,以防匮乏。

一、五十家民钞宜暂资流通一条。查民铺五十家,分收钞十万吊,每铺领钞本二八钱二千吊,放竣再领,原为疏通官钞起见。今甫改新章,应照所请,民号之钞暂仍其旧,俟办有成效,察看情形,再行裁撤。

一、银钱票钞互换归总局办理一条。查官钞局专为开放宝钞而设,若任其持钞与票赴市买银,及民间持银赴局买钞,则款目纷繁,易滋流弊,交代时即不免轇轕,应如所请,只管开放,不兼一毫买卖。如有应需买银卖钞之处,应由户部奏明,归总局再行办理。傥有影射弊端,即由该部堂官随时查明参奏。

一、总局司员重其责成一条。查此次新改章程,总局事务较繁,司员责任愈重,应照所请,该管司员如果始终勤慎,准其于差满时分别奏请甄叙;傥有错误,即由该堂官随时参办。其笔帖式、书吏亦照所拟办理。

一、逐月放款多寡随时斟酌一条。查放项多寡,全在总局。若拘定款目成数,殊多窒碍。应如所请,嗣后总局视钞价之贵贱,以定放款之多寡,或增裁款目,或加减成数,总期酌盈剂虚,庶免市侩把持之弊。

一、各号浮费宜加核除一条。查各局既由官办,一切费用自宜预为酌定。应如所请,局伙及更夫、厨夫,每号不得过二十人;每月劳金,每名每月至多不得过四两;煤米灯烛、纸张笔墨等项,每月不得过七百吊。统由管号官赴总局领取。以后物价渐平,随时酌减,以节縻费。

以上八条,臣等悉心酌核,均于现行钞法不无裨益。惟试办之初,全在该部慎选贤员,妥为经理。以后或稍有窒碍,或另滋弊端,仍请饬下户部随时访查,设法补救,以期经久而裕国用。

至所称掣字之法,向系二十日一卯,签掣十字,上年十月间将入筒宝钞全行掣竣,未经入筒空钞及银票换出者,现有二百二十余万串,若仍按旧章办理,为数较多,钞本难筹。所奏亦系实在情形。应照该部所拟,每月签掣一次,不拘字数,总以十万串为率,将五百文、一千文、一千五百文、二千文配札停匀,以为流通银票之地。

是否有当,伏乞皇上训示遵行。

再,此折系军机处主稿,合并声明。谨奏。

臣绵愉

臣载垣

臣端华

臣僧格林沁

臣彭蕴章

臣穆荫

臣匡源

臣文祥

咸丰八年十二月初一日奉旨:依议。钦此。

——《咸丰同治两朝上谕档》第8册,第530—533页。

十二月初二日

〇上谕

咸丰八年十二月初二日内阁奉上谕：

西凌阿奏节次动用捐输银两请免造册报销等语。本年西凌阿统带察哈尔官兵前往山海关防堵，发给兵丁行装，并由僧格林沁提取及补修器械，通州、天津修理营盘等项，共用过捐输银两数目，著免其造册报销。其动用生息、捕盗、盘费库银三项，仍照例报部核销，以归核实。该部知道。

钦此。

——《咸丰同治两朝上谕档》第 8 册，第 534 页。

十二月十七日

〇上谕

军机大臣字寄直隶总督庆。咸丰八年十二月十七日奉上谕：

现在天津海口，业经僧格林沁添筑炮台营垒，以资守御。其沿海各口岸，何处应行设防，尚须周历履勘，方能布置周密。著庆祺传旨谕知史荣椿，会同格绷额，即由天津驰赴山海关，将沿海一带口岸及扼要地方详加履勘，查明后，史荣椿即折回大沽海口，格绷额即在山海关驻扎，俟防兵到关，归其统带。并派署天津镇总兵汤苏、大沽协副将龙汝元，将由天津至山东海丰县一带沿途海口各要隘一体详查明确。所有两路查勘情形，均由庆祺绘图贴说，详晰具奏。将此谕知庆祺，并谕史荣椿、格绷额，传谕汤苏等知之。

钦此。遵旨寄信前来。

——《咸丰同治两朝上谕档》第 8 册，第 576 页。

十二月十九日

〇起居注

是日，僧格林沁、那木济勒旺楚克、色伯克多尔济、巴图等四人，引章嘉呼图克图一人入觐，于养心殿东暖阁召见，跪请圣安，赐茶。

——《清代起居注册（咸丰朝）》第 44 册，第 26866—26867 页。

十二月二十二日

〇上谕

崇恩奏遵保办理丰官屯粮台并查办报销出力各员开单请奖一折。山东省前办僧格林沁、胜保粮台在事各员，均能经理得宜，始终出力，自应量予奖叙。候补知府董步云，著赏加道衔。高唐州知州邵涟，著赏加知府衔。沂郯海赣通判余亮焘，著以同知直隶州知州用。城武县知县盛桂林，著开缺以同知用。候选知县唐德埗，著俟选缺后以同知直隶州知州用。试用知县周士溥，著归候补班补用。试用从九品黄丙、试用未入流韩云章，均著俟补缺后以县丞用。候选未入流张春溥，著留于山东补用。生员贲云章，著赏给六品顶带。书吏胡金城等四名，均著以未入流不论双单月选用。该部知道。单并发。

——《清代起居注册(咸丰朝)》第44册，第26914—26915页。

十二月二十四日

〇绵愉等奏

臣绵愉等谨奏，为遵旨会议具奏事。

咸丰八年十一月二十八日奉朱笔：会议行钞新章之王大臣等，著将捐铜局收捐改归实银之处悉心商酌，会同户部妥议具奏。钦此。臣等查，捐纳官职，原应照例定银数十成上兑，嗣因筹饷新例，历次奏明减成，至咸丰四年开捐铜局，援案办理，一切捐项已减去四成，按六成上兑，并于其中搭收钞票、大钱四项。第办理已有数年，今欲加收实银，须将选补之法略为变通，以广招徕，仍于铜局章程搭收钞票、大钱等项，照旧办理，俾资周转。臣等公同商议，除铜局现办章程按六成上兑一切不改外，如新捐京外大小各官，及已捐京外大小各官，有愿照原例十成未减银数补交四成实银者，定为新班，统压陈班，不论卯次选补，庶捐生得以观感奋兴。恭候命下，再行吏兵二部，照现议新章妥定班次办理。此次补交四成实银，专为部库京饷而设，无论京外省候补候选各项人员，有愿报捐补加四成实银者，统归京铜局上兑，外省与各处军营不得收兑此项银两，以归核实。

又捐监一项，凡捐正印官者，其同日所捐监生及先期所捐监生，均令照例补足四成实银，以示区别。

再，上年十月捐铜局曾有拟定捐例六条，以半银半票收捐，奏准通行，报捐尚为踊跃，应仍照旧办理。臣等复加商议，再于筹饷例内酌加九条，照例定银数按十成算，以五成实银、五成钞票大钱等收捐，亦统归京铜局上兑，外省与各处军营不得收兑。

另缮清单，恭呈御览。如蒙俞允，自奉旨之日起，照改定新章办理。其余仍按旧章，不

事纷更，于加收实银与各项周转均有裨益。

再，火器营收捐条款，应请亦照新章一体办理。

臣等会同妥议，意见符合，谨恭折具奏，伏乞皇上圣鉴，训示遵行。

再，此折系户部主稿，合并声明。谨奏。

臣绵愉
臣载垣
臣端华
臣僧格林沁
臣彭蕴章
臣穆荫
臣匡源
臣文祥
臣翁心存
臣瑞麟
臣周祖培
臣基溥
臣沈兆霖
臣宝鋆
臣刘崑

咸丰八年十二月二十四日奉朱批：依议。钦此。

——《咸丰同治两朝上谕档》第8册，第594—595页。

〇绵愉等单

谨将酌改九条缮具清单，恭呈御览。

一、捐免省入近省；

一、捐免坐补原缺；

一、回原衙门行走各员报捐外任；

一、捐免回避各项人员；

一、捐免历俸；

一、捐免离任；

一、捐免在任候选；

一、军营保举文员分发后报捐指省；

一、增附捐教官业经奉旨停止，其前捐之员仍准其过卯。

以上九条，均以五成实银、五成钱票宝钞，银票、现钱均匀搭配，在京铜局报捐，外省不得收兑。

咸丰八年十二月二十四日奉朱批：览。钦此。

——《咸丰同治两朝上谕档》第8册，第596页。

咸丰九年

正月

正月初四日

〇僧格林沁奏（节录）

……窃奴才奉命办理海防事宜，所有酌调吉林、黑龙江、察哈尔、哲里木盟、昭乌达盟官兵各一千名，并京营官兵二千名，均经奏蒙圣鉴在案。其所调京兵，奴才拟请拨带内外火器营、健锐营、巡捕营官兵各五百名，并拨带八旗汉军炮手八十名，每旗运解六百斤铜炮一位，由京局拨运小铜炮十六位，并酌带随营办理营务、文案各员，以资策遣。除乾清门侍卫、副都统成保，头等侍卫布勒和德、扎精阿，二等侍卫舒明安四员，前经面奉谕旨，令奴才带往，其各营带兵章京、将备等官，由奴才酌量拣派外，谨将拟带文武各官开缮清单，恭呈御览……①

咸丰九年正月初四日

——录副奏折，档案号 03-4253-001。

〇僧格林沁奏

请饬下户部拨发银二十万两，陆续解交天津粮台，以济急需。至上年防堵官兵，因食物昂贵，颇形苦累，于四月二十九日恭奉谕旨，令奴才核计酌量加增。当经奏请将旗兵所得马干一项，再行放给实银一半，计旗兵月支实银四两二钱有零；绿营兵所得马干米折，再

① 僧格林沁奏请随带官员有：三品顶戴、候补四品京堂瑞禧，宗室国瑞，道衔翰林院编修郭嵩焘，颜料库郎中恩承，侍卫处主事阿勒金布，侍卫处署主事伊勒通阿，工部候补主事阿克达春，理藩院候补主事德祥，理藩院学习笔帖式桂芬，侍卫处委笔帖式王锜，侍卫处学习笔帖式常瑛，候选知县骆崇国、李光晋、唐建镛，候选县丞朱纲，三等侍卫忠德，委前锋侍卫双成，镶黄旗满洲骁骑校丰盛额。参见中国第一历史档案馆藏录副奏折，档案号 03-4253-003。

行放给实银一半，计每兵支实银二两五钱有零。嗣于十月间，因豆草昂贵，马队官兵窘累，奏请每月口分实银四两二钱有零之外，将应领票银一两四钱四分放实银以示体恤，仰蒙允准在案。所有现调马队官兵及京营养马兵丁口分，仍应请一体放给实银，计每兵月支实银五两六钱五分二厘八毫，以敷喂养食用。惟现当经费支绌，查旗兵每名月支实银四两二钱有零，似可酌减，拟请每兵每月放给实银三两，核计每日有银一钱，可以撙节糊口，其余仍行放给票银。至绿营兵丁，每月领实银二两五钱有零，尚无浮多，应请仍循其旧。

朱批：依议。

——《筹办夷务始末(咸丰朝)》卷三四，第7—8页。

正月初九日

〇上谕

军机大臣字寄直隶总督庆。咸丰九年正月初九日奉上谕：

现在天津办理海防，业已布置妥贴，僧格林沁于月内总可到津，所有地方弹压事宜，必须该督前往督率，呼应较灵，著庆祺即赴天津调度一切。何日起程，先行具奏。将此谕令知之。

钦此。遵旨寄信前来。

——《咸丰同治两朝上谕档》第9册，第13—14页。

正月二十日

〇起居注

未刻，上御澄虚榭南书房，赐惠亲王、载垣、端华、僧格林沁、彭蕴章、穆荫、匡源、文祥等八人饭食。

——《清代起居注册(咸丰朝)》第45册，第27110—27111页。

正月二十三日

〇上谕

军机大臣字寄绥远城将军成。咸丰九年正月二十三日奉上谕：

现在天津海口需兵防堵，业经谕令僧格林沁即日前往督办。著成凯于绥远、归化两城官兵内，挑选年力强壮、技艺娴熟者各五百名备调，并于各该城曾经出师得力将官内，酌派

妥员统带，其军装、器械、马匹等，均著豫备齐全，勤加操演，一闻饬调，即日迅速起程，不得稍涉迟误。将此由四百里谕令知之。

钦此。遵旨寄信前来。

——《咸丰同治两朝上谕档》第9册，第33—34页。

〇上谕

咸丰九年正月二十三日内阁奉上谕：

庆祺奏修筑炮台、购买木料等银请免造册报销一折。前经僧格林沁等奏，修筑炮台等工动用银两，业经免其报销。兹据庆祺奏，购办木植，除余剩外，动用木料价银及运送木(值)[植]、运办沙土船价、土方、人夫等项，共银四万四千九十八两零，著一并免其造册报销，以归画一。余著照所议办理。该部知道。

钦此。

——《咸丰同治两朝上谕档》第9册，第34页。

正月二十四日

〇上谕

军机大臣字寄直隶总督庆。咸丰九年正月二十四日奉上谕：

天津办理海防，近已添调各处精兵计五千名，谕令勤加操练，听候调遣。惟兵力究形单(簿)[薄]，著庆祺于直隶省北路各营官兵内，挑选精锐二千名，饬将军装、器械、马匹豫备齐全，派曾经出师得力将弁管带，听候僧格林沁调拨，毋稍延误。将此谕令知之。

钦此。遵旨寄信前来。

——《咸丰同治两朝上谕档》第9册，第39页。

〇上谕

河南河北镇总兵乐善，著发往天津，交僧格林沁差遣委用，毋庸前赴胜保军营。

——《清代起居注册(咸丰朝)》第45册，第27172页。

正月二十七日

〇上谕

军机大臣密寄钦差大臣、大学士桂，吏部尚书花，钦差大臣、两江总督何，传谕五品卿

衔、刑部员外郎段承实。咸丰九年正月二十七日奉上谕：

桂良等奏现探夷情据实密陈一折。据称黄仲畲、里泰国先后报到，额酋于上年腊月到粤，果否回沪，尚在未定。伊弟普路斯迟三四十日可到广东，拟至上海一转，即往天津，定欲进京互换和约等语。览奏实堪诧异。各夷和约，本议定在上海互换，是以授何桂清为钦差大臣，原冀桂良等即在上海妥为办理，乃迟之又久，于进京等事尚未挽回，而英酋额尔金驶回香港，另换伊弟普路斯到沪，并欲直至天津。是该夷反覆无常，意存叵测，已可概见。僧格林沁、庆祺现已赴津，该处防堵事宜均已办理周密，如该夷径行到津，当由僧格林沁等酌量办理。傥该酋仍到上海，桂良等务须极力开导，告以大皇帝派我等来此办理税则，并令广东将钦差大臣关防移交何桂清，所有和约并另交专条，必须即在上海由我等一手办理，若到天津，该处并无经手之人，无从办理；且自上年各国船只退出后，天津绅民业已团练整齐，不使轮船驶近拦江沙，傥到津船只或受损伤，我等不能任咎；又或复开兵衅，则上年条约必至全归罢议，于各国通商事宜大有妨碍。如此剀切晓谕，总使该夷在沪换约方为妥协。况消弭四事另立专条尚无成说，岂桂良等毫不动心，竟欲令该夷在津换约，置身事外耶？兹另发去谕旨一道，著以宣示该夷，俾知天津已有准备，不至遽行北驶。该大臣等仍应设法挽回四事，另立专条，再行奏请互换，万不准含糊了事，自干罪戾。将此由六百里密谕桂良、花沙纳、何桂清，并传谕段（成）[承]实知之。

钦此。遵旨寄信前来。

——《咸丰同治两朝上谕档》第 9 册，第 42—43 页。

〇上谕

军机大臣字寄钦差大臣、科尔沁博多勒噶台亲王僧，直隶总督庆。咸丰九年正月二十七日奉上谕：

本日据桂良等奏，夷酋额尔金于上年十二月二十九日到粤，果否回沪，尚在未定，其弟普路斯迟三四十日可到广东，拟至上海一转，即往天津，定欲进京互换和约，意见甚坚，万难挽回等语。天津海口一带，现已由僧格林沁严密设防，该夷酋如果坚执意见，必欲前赴天津，计数日之内即可赶到，亟应蚤为准备。著僧格林沁等迅速调齐各路官兵，在海口扼要严防，毋令片帆驶入，并激励乡团，豫为策应，以期声势联络，藉壮兵威。庆祺现在天津，有地方之责，如探该夷酋有来津确信，著即派委妥员迎至拦江沙外，询以此来何事；至互换条约及另立专条，前已说定在上海由钦差大臣桂良等交换，此间并无通事及经手办理此事之人，况上年天津自遭蹂躏后，官兵乡勇一律重加整顿，傥任意闯入，恐多未便，不若及蚤仍回上海听候办理，两有裨益。如此曲为开导，或可冀其回帆，不致滋生事端。僧格林沁等一面仍严行防范，蚤为设备，仍不可过事张皇，必须谋定后战，确有把握。是为至要。桂

良等折片，著抄给阅看。将此由五百里密谕知之。

钦此。遵旨寄信前来。

——《咸丰同治两朝上谕档》第9册，第44—45页。

二月

二月初二日

○上谕

咸丰九年二月初二日内阁奉上谕：

昨因兵部奏库伦办事大臣德勒克多尔济等处分，未会理藩院，批令逐层明白回奏。兹据全庆等奏称，接到理藩院咨文，该部司员并未回堂，径行咨覆，由部主稿，请将司员严议，并自请议处等语。兵部于应会理藩院具奏之件，疏漏不会，已属轻率；所引从前议处僧格林沁成案，系兼在京武职，亦与此案不符。所有不候堂画辄行片文之职方司掌印郎中启贤、总办郎中程诚，均著交部严加议处；失察之该部堂官，著一并交部议处。所请钦派大员研讯之处，著毋庸议。

钦此。

——《咸丰同治两朝上谕档》第9册，第51页。

二月初五日

○庆祺奏

直隶总督庆祺奏：

史荣椿会同格绷额，汤苏会同龙汝元，遵旨于年内分别起程。兹该提督等已先后同津，将沿海情形绘图，分别咨呈前来。臣详加校阅，宁河县北塘海口，距大沽三十里，大小商船乘潮出入，人烟稠密，地势险要，亟宜设法驻守。旧有炮台七座，新旧安设炮位二十四尊，除不堪用炮位四尊，现存二十尊。

距北塘三十五里为营城庄，北接芦台，至海三十余里。该处驻兵，可与北塘等处互为掎角。

又，丰润县涧河海口一处，本有营汛。旧设炮台二座，距海五里，大小炮位四十二尊，除不堪用七尊，现存三十五尊。

又，黑铅子海口一处，本有营汛。旧设炮台三座，距海八里余，距涧河口十二里，安设

炮位三尊，两翼大小铁炮二十四尊。

又，滦州刘家河海口一处，本有营汛。旧设炮台一座，距海五里，距黑铅子炮台九十里，安设大小铁炮五十五尊。

又，乐亭县清河海口一处，本有营汛。旧设炮台一座，距海三里，距刘家河炮台五十里，安设大小铁炮三十五尊。

又，臭水沟海口一处，本有营汛。旧设炮台一座，距海三里，距清河口炮台三十里，安设大小铁炮四十一尊，除不堪用五尊，现存三十六尊。该处在乐亭县三海口迤北、县城迤南，扎营于此，于防海守城两有裨益。

又，老米沟海口一处，旧有炮台一座，距海六里许，距臭水沟炮台十二里，归乐亭城把总管理，安设大小铁炮十六尊。

又，昌黎县浪窝海口一处，本有营汛。旧设炮台一座，距海二里许，距老米沟炮台三十里，安设大小铁炮二十九尊。

又，蒲河海口一处，本有营汛。旧设炮台一座，距海五里许，距浪窝口炮台八十里，安设大小铁炮十七尊。炮台西北形势高爽，可以扎营。

又，抚宁县洋河海口一处，本有营汛。旧设炮台一座，距海四里许，距蒲河口炮台二十五里，安设大小铁炮二十一尊。

又，临榆县地方秦王岛，屹立海岸，三面临水，本有营汛。随岩原设炮台一座，铜炮一尊。

又，石河海口一处，旧有炮台三座。马头庄炮台二座。均距海二里许，归宁海城把总管理。安设大铜炮三尊、铁炮一尊。察看地势，甚为得力，应分别安营驻守。

山海关东南姜女庙，距九江河口十里，时有避风船只拢岸。庙东有沙冈一道，形势扼要，系奉天地面，应设兵防守。

此由天津至山海关一带，史荣椿会同格绷额履勘之情形也。

由大沽至祁口河，相距百里，沿途滩港水浅，大船不能深入。祁口河海口，系祁口营汛地，旧有弁兵，庄后有炮台形迹。该处水势较深，而入口以后，愈进愈窄，船只碍难驶入。惟与大沽相近，恐该夷扬言扑岸，声东击西，分我兵势，自应一律设防。

由祁口至狼(蛇)[坨]子汛河口，计程百里，沿途海岸，俱系蛤沙积成坡岸，间多荆棘阻御。长潮水至坡边，落潮去坡一二里，俱系硬滩，船难停泊。其赵家沟、徐家沟二处，虽有海口，仅止本地渔船出入，大船不能进口。狼(蛇)[坨]子汛地，旧设有弁兵巡缉，并无炮台，该处河身上游现俱淤塞，尚非要隘。

迤南之大山河，即大沽河，系山东海丰县界。汤苏等询之该县，此外别无口岸。察看该处河口，长潮时约宽四五里，水深四五丈；落潮时约宽二三里，水深二三丈。商船出入，

仅泊口内城子地方，再进即形浅阻。夏秋之交，雨水盛涨，与海潮相连，水势较长。附近之郭庄、关庄，有东省扎营旧址，询系道光年间防夷所设。

此由天津至海丰县一带，汤苏会同龙汝元履勘之情形也。

臣复查海防形势，天津为畿辅咽喉，大沽又天津门户，自系最关紧要。北塘、芦台近接大沽，所有炮台一切，亦应急速安置。其涧河口、黑沿子、刘家河、清河口、臭水沟、浪窝口、洋河口等处，据史荣椿声称，炮台土垒均被水冲刷，日久未修；蒲河口炮台为沙土屯掩；秦王岛炮台墙垛亦多损坏；石河口炮台须加高加宽，安营筑垒。自系实在情形。拟即责成该地方官量加修葺，由臣派委候补道春保前往认真督办。各处炮位尚恐年久，未能全行得力，亦应随时演放，量加整理。至防海各军，应如何周密安插，以固藩篱，容与钦差大臣僧格林沁熟商，妥为布置。大沽河地方系直隶交界，曾经东省设防，应请旨饬下山东抚臣拨兵驻扎，以重海疆。

——《筹办夷务始末(咸丰朝)》卷三五，第5—8页。

〇上谕

军机大臣字寄钦差大臣、科尔沁博多勒噶台亲王僧，直隶总督庆。咸丰九年二月初五日奉上谕：

庆祺奏遵旨传知提镇大员查看沿海情形、绘图贴说呈览一折。除大(估)[沽]河地方谕令崇恩酌度设防外，所有由天津至山海关一带海口内，如北塘、芦台，近接大沽，最关紧要，炮台一切，急宜安置。其涧河口等处炮台土垒均被水冲刷，蒲河口炮台为沙土屯掩，秦王岛炮台墙垛损坏，石河口炮台须加宽加高、安筑营垒，自应亟为兴修。该督现派候补道春保前往督办，即著僧格林沁、庆祺责成该道，会同各该地方官迅速修葺，务期一律整齐，毋许有名无实。至海口地方较多，所有防海各军应如何择要布置，以期严密，并各海口炮位，多恐因安设年久，未能得力，应如何量加整理，随时演放，俾得适用之处，并著僧格林沁、庆祺悉心筹画，妥为办理。将此由五百里谕令知之。

钦此。遵旨寄信前来。

——《咸丰同治两朝上谕档》第9册，第56页。

〇僧格林沁等奏

钦差大臣、科尔沁亲王僧格林沁，察哈尔都统西凌阿，直隶总督庆祺奏：

查海口现设兵丁三千名，均系附近居民，虽无农田，或驾驶船只，或在盐场工作，或捕鱼为业，均可养赡家口，入伍充兵，均非所愿。其应募而来者，大半并无一技之长，不能谋生，于一切操防难期得力。现已将京旗京营官兵抽出八百名拨赴海口，分扎两岸炮台。即

于新募兵丁抽出八百名，饬赴双港屯扎。奴才西凌阿统带察哈尔官兵五百名，在北塘海口驻扎。总管伊什旺布统带察哈尔官兵五百名，在丰润县之涧河口驻扎。其吉林、黑龙江马队官兵二千名，据副都统格绷额呈称，乐亭县属之清河、老母沟各驻扎马队二百五十名，昌黎县属之浪窝口、蒲河口各驻扎马队二百五十名，山海关界内之白塔岭、秦王岛各驻扎马队二百五十名，小河口驻扎马队五百名。至京旗京营官兵二千名，除拨赴海口八百名外，其余一千二百名驻扎双港各营。两盟官兵二千名，现饬副都统成保统带哲里木盟官兵五百名，在新城驻扎；头等侍卫布尔和德、二等侍卫舒明安统带昭乌达官兵五百名，在新河地方驻扎；郡王衔扎赉特贝勒拉木棍布扎布、头等侍卫扎精阿统带哲里木盟官兵五百名，在双港西岸驻扎；围场总管常山统带昭乌达官兵五百名，在双港东岸驻扎。并将拦河木筏豫为安设，仍留口门一段，以便往来船只行驶。此外河路地势，如有未尽周备之处，即当添筑炮台，续行布置，以期有备无患，益昭严密。

朱批：知道了。

——《筹办夷务始末(咸丰朝)》卷三五，第9—10页。

○上谕

军机大臣字寄锦州副都统侍。咸丰九年二月初六日奉上谕：

前因天津海口需兵防堵，谕令侍顺于大凌河挑选膘壮马匹，以备官兵乘骑。本日据僧格林沁等奏，据山海关带兵副都统格绷额呈称，吉林头、二起官兵在大凌河所领马匹，均系疲瘦矮小骒马，怀驹者甚多，是以三、四起官兵均未领取，已由该大臣行文该副都统另行拣选解往。著侍顺即行拣选膘壮骟马一千匹，迅速解赴山海关，交副都统格绷额，以资乘骑。其前次挑选马匹不慎之员，并著侍顺查明参奏，以示惩儆。将此由四百里谕令知之。

钦此。遵旨寄信前来。

——《咸丰同治两朝上谕档》第9册，第58页。

○上谕

军机大臣字寄热河都统常。咸丰九年二月初六日奉上谕：

前调锡林郭勒马匹，因尚未到哨，当谕令常清派员迎催，径解通州军营。本日据僧格林沁奏，两盟官兵业已到营，亟须马匹应用，所有前调锡林郭勒马二千匹，此时如已到哨，著常清即派妥员催(儹)[趱]前进，以一千匹解交天津军营，一千匹解交山海关军营。傥已由张家口行走，即著该都统知照，令其迅速分解各该军营，毋稍迟误。将此由四百里谕令知之。

钦此。遵旨寄信前来。

——《咸丰同治两朝上谕档》第9册，第58—59页。

○上谕

咸丰九年二月初六日内阁奉上谕：

前因景淳奏，伯都讷协领、委营总常陞志图报效，自愿力疾从公，已派令带兵赴津。该员到营后能否病痊，当经谕令僧格林沁查验。兹据僧格林沁奏，委营总常陞因伤病复发，不能乘骑，业经禀明该将军，未曾允准，仍令带兵起程，并非自愿力疾报效。[①] 核与原奏不符，景淳著交部议处。常陞病体未痊，难期得力，著即撤回，仍著景淳另选年力精壮之员，派赴山海关管带官兵，以资得力。

钦此。

——《咸丰同治两朝上谕档》第 9 册，第 59 页。

○上谕

咸丰九年二月初六日内阁奉上谕：

僧格林沁奏，请将管带马匹军械不慎之委营总严议等语。[②] 管带黑龙江二起官兵之布特哈副管、委营总呢喀善，随带马匹，沿途并不小心喂养，致有疲病，并任令兵丁售卖，所带军械短缺太多，实属玩泄，呢喀善著交部严加议处，仍令随营带队，以观后效，傥再不知愧奋，即著严参治罪。

钦此。

——《咸丰同治两朝上谕档》第 9 册，第 59 页。

二月十二日

○上谕

军机大臣字寄钦差大臣、科尔沁博多勒噶台亲王僧，直隶总督庆。咸丰九年二月十二日奉上谕：

增庆等奏遵查奉天海口情形，拟扼要布置，并绘图贴说呈览。据称，该省没沟营为由海入河总口，没沟营之北田庄台地方，已酌定安营添炮，田庄台迤北黄土坎、小姐庙、开河城三处均须设伏安营。至没沟营地方，前经玉明等奏明安兵设炮，筑立品墙，团练乡勇，现拟将品墙加高培厚，间设抬枪小炮，其东首之东弓湾须添筑炮台四座，安设大炮四尊。东

① 僧格林沁有关此事的奏折，见中国第一历史档案馆藏录副奏折，档案号 03-4303-054。

② 僧格林沁此奏，见中国第一历史档案馆藏录副奏折，档案号 03-4253-017。

弓湾迤北立科地方须筑炮台三座，安设大炮三尊，并于蛤（利）［蜊］坨地方安兵扼守。至没沟营北岸陆路，亦应节节严防。惟盛京向无大炮，不能致远，请饬于京旗炮局，或于火器营新造炮位内，酌拨大炮数尊，由僧格林沁派员由海道运往，并拣派在津监筑炮台谙练之员前往筑办。此项经费非十余万两所能了局，前有长芦盐政应拨奉省饷银十六万两，因直隶办防截留，请即饬如数解交，以应要需。等语。所请酌拨大炮，著僧格林沁即行拣选齐备，派员由海道解往，交增庆等分别安设。其所须修筑炮台人员，并著即行派往。至长芦欠解饷银，现值该处办防紧要之时，自应即为筹解，著庆祺传谕长芦盐政松龄，将此项饷银迅速筹拨，即不能将十六万两全行解清，亦须速筹数万金先行解往，其余续解，以免贻误要工。

惟以没沟营地方办防经费即须十余万两，尚有金州、锦州等处，现往查看，亦须布置，当此经费支绌之时，深恐难于筹画。僧格林沁于安营设炮事宜极为谙悉，庆祺曾任盛京将军，地方情形亦知大略，增庆等所请筹防各处，有无可以删减，地方辽阔，总以扼要为主，著该大臣等妥为筹议具奏。增庆等原奏，著抄给阅看。所呈没沟营迤北海口图式，一并发去。将此由四百里谕知僧格林沁、庆祺，并传谕长芦盐政松龄知之。

钦此。遵旨寄信前来。

——《咸丰同治两朝上谕档》第9册，第70—71页。

二月十六日

〇上谕

军机大臣字寄钦差大臣、科尔沁博多勒噶台亲王僧，直隶总督庆。咸丰九年二月十六日奉上谕：

本日据彭蕴章等呈递僧格林沁信函，朕详加披览，所筹各处布置均尚妥协。天津北塘至山海关一带，沿海口岸纷歧，若处处设防，经费、兵力均有不给，自应择要办理。现在大沽、北塘两处防务已臻严密，山海关、牛庄兵力过单，且夷人曾经窥伺，不可不豫为添调。著庆祺即将宣化镇备调兵一千名，饬交署总兵乌忠阿带赴山海关，僧格林沁即札饬墨尔根城副都统格绷额统带，以资协防。①

至安肃县安家庄习教人数众多，如果无为匪情事，势难概行禁止，致生枝节。该督仍饬地方官不动声色严加防范，万一夷船北来，勿令勾结滋事。是为至要。将此谕令知之。

---

① 二月十七日，僧格林沁接到此谕后，随即札饬署副都统乌忠阿管带宣化镇备调官兵一千名，速赴山海关，并札饬副都统格绷额统带，以资防守。详见中国第一历史档案馆藏录副奏折，档案号03-4217-106。

钦此。遵旨寄信前来。

——《咸丰同治两朝上谕档》第9册，第77页。

二月二十一日

〇庆祺奏[①]

直隶总督庆祺奏：

查该夷诡谲伎俩，全以赴津互换和约为词。天津为京师门户，全局攸关，轻于议战，傥小挫固伤国体，即获胜亦非长策，是以慎重图维，惟期万全无弊。况江浙漕粮北上之际，正当吃紧，一经开衅，该夷必以阻扰为挟制，更可深虑。奴才意在严守内河，节节防御，使该夷不能窥伺，以保大局。如其由沪来津，先示羁縻，派员迎至拦江沙外，与之理说，谕以钦差大臣桂良等现在上海，尽可在彼处互换和约，无须远涉而来，此间并无奉旨专办夷务大臣，惟当中国多事之秋，大皇帝派有亲王僧格林沁督带重兵，巡防海口一带，督臣庆祺系守土重臣，并未派办和议，不能与外国使臣接见，且天津民情强悍，上年各国船只纷纷驶入该处，绅民心怀不平，经地方官善言弹压，始免滋启事端，目前整理乡团，严守疆界，虽为防备土匪起见，恐任意闯入，众怒难犯，官亦不能禁止等语。该夷傥俯首听从，回帆而去，自毋庸与之启衅。傥复萌故智，任性闯进内河，则衅非我开，断难听其蹂躏。现在海口炮台、木筏、水雷、伏炮竭力讲求，逐层布置，虽不敢谓确有把握，然尚可以一试。即各路团勇能否得力，固当观之临时，而民心鼓舞，自知保卫身家，以亦大堪驱策。惟须筹办饷需，以资接济，庶于畿疆重(也)[地]，有备无患。至原拟派令绅士前赴夷船之说，奴才伏思，绅民团练本为该夷所忌，上年罗惇衍等在广东办理民团，夷酋即多方挑剔，此时正藉绅民为制伏该夷之用，更不便使之出头，设或被其羁留，尤属不成事体。

——《筹办夷务始末(咸丰朝)》卷三五，第35—36页。

〇上谕

军机大臣字寄钦差大臣、科尔沁博多勒噶台亲王僧，署直隶总督文。咸丰九年二月二十一日奉上谕：

本日据僧格林沁递到庆祺密折一件，据称天津为全局攸关，且当南漕北上之际，未便轻于议战，如夷船驶到，宜先示羁縻，派员迎至拦江沙外，与之理说，仍令往上海互换和约。

---

① 据僧格林沁奏，原任直隶总督庆祺于二月十八日酉刻病故，其密折一件、遗折一件，由僧格林沁进呈。参见中国第一历史档案馆藏录副奏折，档案号03-4217-105。

傥肯回帆，即可毋庸启衅；如竟闯进内河，再当观衅而动。所见甚为详慎。著僧格林沁会商文煜，豫派妥员，如果该夷船到，即往拦江沙外与之理论，勿令驶入内河。其理论之词，照庆祺所拟，亦尚宽严得体。惟所派之员，据庆祺所奏，不令绅士出面，固为周到，但派委官员，亦应详慎遴选。上年派委各员，如下宝书等，皆已慑于夷酋之狡悍，且与之习熟，恐为夷人所玩视，此次著另选明干有才之员派往理谕，以免贻误。庆祺折著发给阅看。将此谕令知之。

钦此。遵旨寄信前来。

——《咸丰同治两朝上谕档》第 9 册，第 87 页。

〇上谕

军机大臣字寄新授直隶总督恒。咸丰九年二月二十一日奉上谕：

本日已有旨，授恒福为直隶总督，并令驰驿即赴新任，毋庸来京请训矣。僧格林沁现据天津办理海防，所有筹画饷需及弹压地方一切事宜，皆与总督商办。恒福接奉此旨，即将巡抚印务移交新任巡抚瑛启接办，该督即驰抵天津，会办防务，毋庸听候部文，致稽时日。将此谕令知之。

钦此。遵旨寄信前来。

——《咸丰同治两朝上谕档》第 9 册，第 88 页。

〇僧格林沁奏

钦差大臣、科尔沁亲王僧格林沁奏：

接准军机大臣字寄，二月十二日奉上谕：增庆等奏遵查奉天海口情形，拟扼要布置，绘图贴说呈览，等因。钦此。奴才遵即详阅该副都统等原奏，并没沟营海口图说，细加筹议，若如该副都统所拟，层层布置，节节严防，诚属周密妥协。惟兵分力单，现在炮械亦恐不敷分布。即如天桥厂地方，虽系临海，而水浅滩长，登岸非易。该处现既设有兵勇炮位，即请无须增添。设或果有警动，锦州副都统驻扎之处止隔六十里，可资援应。至没沟营，为奉省咽喉重地，各处商船即在彼停泊，不能驶至牛庄。查上年和约内，原有牛庄通商之议。设使夷人必欲前往牛庄，应由该将军委员明白晓谕，各处商贾皆在没沟营聚集，俗谓赴牛庄者，即系没沟营地方，牛庄并无商贾行肆。惟海口通商既在和约之内，未便设防，致起衅端。应于没沟营海口以上之田庄台安炮筑垒，加意严防。应请饬下该副都统等，体察兵力并所存军械，如敷分布，即择要分布两层；傥或兵力较单，炮械不敷，即可统归一处，在两岸扼要之地屯扎，可期得力。其余口岸，拟请无须安营筑垒，交该将军等各就现存兵勇，酌派游兵设伏哨探，果有警动，随时就近飞报各该管地方，相机办理。至所需大炮，奴才现将双

港安设大炮并由京局运到炮位内,酌拨万斤大炮二尊、六千五百斤炮二尊、五千五百斤炮四尊,遴派两翼炮营骁骑校各一员、炮手兵各二名,直隶派委署武清营都司刘廷瑞、天津镇标守备张化龙,酌带兵弁,雇备船只,遵旨由海道运往。一俟雇妥船只,即行放洋。其双港所设炮位,拟俟京局续有铸就,随时补运安设。至监筑炮台谙练之员,拣派现在军营直隶候补知州陆慎言、委前锋侍卫双成克期前往,听候该副都统差委。

——《筹办夷务始末(咸丰朝)》卷三五,第32—35页。

〇上谕

军机大臣字寄正红旗汉军副都统增、盛京将军玉、奉天府府尹景。咸丰九年二月二十一日奉上谕:

前因增庆等奏查看海口情形,拟请择要设防,当经谕令僧格林沁等覆加酌核,有无可以删减,妥议具奏。本日据僧格林沁奏称,奉天海口果能节节设防,诚属周妥,惟恐兵分力单,且炮械亦不敷分拨,自应扼要布置,以期得力等语。著照该大臣所议,所有没沟营海口以上之田庄台地方,著增庆等派兵,于两岸扼要处所屯扎,安炮筑垒,严密设防,并体察兵力及所存军械,如果足敷分布,即分作两层布置;傥兵力军械俱有不敷,即可统归一处。其余口岸无须安营筑垒,仍著派游兵设伏哨探,遇有警动,再行相机办理。至牛庄本在议添通商海口之列,现虽未换和约,或夷船遽行驶至,自应拣派妥员,明白开导,使其不至骚扰,一面将详细情形驰奏,不得遽行用武,致令该夷有所藉口。其余一切事宜,俱著照僧格林沁所议妥为办理。原折著抄给阅看。将此由五百里谕令知之。

钦此。遵旨寄信前来。

——《咸丰同治两朝上谕档》第9册,第88页。

二月二十二日

〇上谕

军机大臣密寄钦差大臣、科尔沁博多勒噶台亲王僧。咸丰九年二月二十二日奉上谕:

桂良等奏探闻夷情坚欲进京一折,并抄录新闻纸呈览。据称,探闻额酋现在香港,专候新公使卜鲁斯同赴上海,即送其进京,未进京之先,不必议办粤事等语。是该夷入京之志甚坚,桂良等能否阻止,尚未可定。僧格林沁到(京)[津][①]以后,布置自已周密,仍著勤加侦探,严行防范。昨因庆祺密折所陈不为无见,谕令该大臣商同文煜豫为筹办,想亦定

① “到京”,《清文宗实录》卷二七七、《筹办夷务始末(咸丰朝)》卷三五、《东华续录》咸丰八十五均作“到津”。

能领会。所有桂良等原折，并进呈新闻纸，均著抄给阅看。[1] 将此密谕知之。

钦此。遵旨寄信前来。

——《咸丰同治两朝上谕档》第 9 册，第 90 页。

二月二十五日

○上谕

军机大臣密寄钦差大臣、科尔沁博多勒噶台亲王僧，(置)[署]直隶总督文。咸丰九年二月二十五日奉上谕：

前因桂良等奏，探闻夷情坚欲进京，曾谕僧格林沁勤加侦探，并将桂良等原折及进呈新闻纸一并抄给阅看，谅僧格林沁已商同文煜豫为筹办。现在额酋及卜鲁斯是否即赴上海，尚无确信。如夷船竟驶至天津海口，该大臣等当遵照前旨，派委明干之员迎至拦江沙外，与之理谕，告以此间总听候上海信息，如钦差桂良等果有文移知照，准令入口，此间必不阻止；若在上海并未议明，断不能擅令进口，仍应回至上海听候办理。如此晓谕，该酋倘肯回帆，自可毋庸启衅；万一不听理论，该委员即告以回明地方官代为请旨，令该夷在彼听候。如胆敢开炮，僧格林沁等已早为豫备，即可观衅而动，慑以兵威。谅僧格林沁必能体会朕意也。本日已谕知桂良等妥筹办理，一俟奏到如何情形，再行谕知僧格林沁等酌办可也。将此由五百里密谕知之。

钦此。遵旨寄信前来。

——《咸丰同治两朝上谕档》第 9 册，第 94 页。

二月二十九日

○僧格林沁奏

奴才僧格林沁跪奏，为恭折复奏仰祈圣鉴事。

咸丰九年二月二十三日接准二月二十二日恭奉寄谕：桂良奏称，闻夷情坚欲进京等因，并桂良原折及新闻纸各件。奴才当即飞咨署直隶总督文煜，迅速前来会商办理。兹于二十六日接奉二十五日密寄一道，跪读之下，敬谨聆悉。奴才自抵天津海口，已及一月，布置渐有头绪，值此海防吃紧，惟当督率各营官兵，排列队伍，演放炮位，严密设防。倘夷船一二只驶进海口，谨遵训示，由地方官派员迎至拦江沙外，与之理论，奴才断不敢轻举肇

---

① 桂良等折，可参见《筹办夷务始末(咸丰朝)》卷三五，第 36—39 页。

衅。设三五只以上蜂拥而至，是决裂情形已露，自未便专恃羁縻。且重防设备海口，若任其闯入内河，已入咽喉重地，再行观衅而动，则毫无把握，必致如去岁所堕诡计。似宜以拦江沙内鸡心滩为限，虽仍应遵旨派员往谕，然即须加倍提防，设竟闯进鸡心滩，势不能不慑以兵威，只可鼓舞将士奋力截击，开炮轰打，以伸天讨而扼妖氛。

总之，我国家专恃柔远羁縻，该夷等断不知感动，贪求无厌，何能满其所欲？即如该夷新闻纸内开，该国上年支出公费军费，与中国交仗军费各银数，其情又属叵测，是抚驭不能了局。慑以兵威，凶焰挫衄之后，亦必沿海各处肆扰，剿击亦难了局。此时惟有沿海地方官认真整顿营伍，加意操防，一面固结民心，举行团练，同深敌忾。并请密饬江浙督抚，设法笼络其余恭顺各国，毋令结党，以孤其势，日久可望有效。

除飞催署督臣文煜到防会同筹商，再行恭折会奏外，奴才愚昧之见，理合先行密复，是否有当，伏乞圣裁。

再，拨解盛京炮位，已于二月二十六日放洋。至现在马队官兵缺马者甚多，所有前调(西)[锡]林(果)[郭]勒马匹屡经咨催，迄今尚无到防之信，应请旨再行严催，合并附陈。谨奏。

——《第二次鸦片战争》第 4 册，第 40—41 页。

〇上谕

军机大臣密寄钦差大臣、科尔沁博多勒噶台亲王僧，署直隶总督文。咸丰九年二月二十九日奉上谕：

僧格林沁奏接奉密寄谕旨覆陈筹备机宜一折。据称夷船如到天津，拟以鸡心滩为限。该处系在拦江沙内，前此谕令派员前往理谕，须至拦江沙外，抚剿自不相妨。文煜于二十五日自省起程，计期已可到防，著僧格林沁与之会商，先行派出明干委员，一闻夷船驶至，即迅速迎往，询其来意。如果声称为互换和约而来，可告以此间专候上海来信，尔既在彼议定，则钦差大臣亦必折回，与尔了结此事，一俟上海文到，应令几人进口，此间定当拨兵护送，决不拦阻，我中国总以诚心待人，断不失信；若无上海文移，天津实难擅准，或在拦江沙外等候，或回上海候信，总不能遽行放入；尔若闯入内河，则民团乡勇不免与尔为难，设有损失，地方官不任其咎。总在派出之员随机应变，与之羁縻，以待桂良等奏到。若竟恃其船多，一拥而前，直入鸡心滩，则是有意寻衅，亦不能不慑以兵威，惟在僧格林沁相机酌办。至(西)[锡]林郭勒马匹，据庆昀奏到，于二月十六日由左翼四旗一带草地送入热河境内，昨已谕知常清迅速分解矣。将此密谕知之。

钦此。遵旨寄信前来。

——《咸丰同治两朝上谕档》第 9 册，第 105 页。

三月

三月初七日

○上谕

连日据恒福奏，亳州捻匪阑入豫境，窜陷宁陵、睢州，经官军立即克复，该匪复扑扰西华县，势甚猖獗。河南、山东一带傥有疏虞，处处可以北窜，深为可虑。著僧格林沁于防海官兵内，酌量抽拨马步精兵一二千名，前赴黄河北岸择要防堵，拣派得力大员统带前往。傥闻何处告警，即可就近驰援，以期有备无患。如抽拨以后，海防不敷调遣，尚有各路豫备官兵可以奏调补数；如足敷调遣，则暂缓添调，以节经费。著该大臣斟酌办理。至直属大顺广等处，民风素称犷悍，现值邻氛甚炽，深恐句结滋事，前调本省官兵一千名在大名驻劄，应否再行添调，以资布置，著文煜酌度情形，妥为调度。将此各谕令知之。

——《清文宗实录》卷二七八，咸丰九年三月丁丑。

三月初九日

○上谕

军机大臣密寄钦差大臣、科尔沁博多勒噶台亲王僧。咸丰九年三月初九日奉上谕：

本日据桂良等奏，探闻夷情仍坚欲进京，并抄录夷文各件，业经谕知桂良等再加开导，设法挽回矣。惟披览照会各件，情词桀骜，并据桂良等探闻，有英夷带兵二千名、船十余号直赴天津，弗、米两夷各带兵船之信。现在桂良等如能设法羁縻，令其即在上海换约，固属妥善；如竟不能阻止，则到津后，亦恐非口舌所能争胜。况既带兵船，必至用武，前谕僧格林沁，于防海官兵内酌拨马步精兵一二千名赴黄河北岸扼扎，日内尚未据覆奏。现当夷氛甚恶，急宜厚集兵力，以资捍卫，此项官兵调出后，深恐海防不敷调遣，即著该大臣酌量各路豫备官兵内应行调补若干，迅速具奏，以便早为催调。桂良等原折并英、弗两国照会各件，均著抄给阅看。将此谕令知之。

钦此。遵旨寄信前来。

——《咸丰同治两朝上谕档》第9册，第122页。

三月十二日

〇僧格林沁奏

再，本月初九日怡亲王载垣、武备院卿明善驰抵海口，奴才僧格林沁跪聆圣训，并面授一切抚剿机宜，奴才自当酌量情形，妥为办理。

伏思设夷人必欲进京互换和约，由大沽海口入河，水路直达通州，固为便易。但大沽海口布置均已周密，不特不可令其经由，且不可令其窥伺。查北塘海口入河六十里，至芦台地方登岸，由香河县、通州一带陆路亦可进京，或由北塘登陆到津，乘船至通之处，应由钦差大臣桂良、花沙纳及伴送之员临时酌定，饬令地方官妥为办理。并拟令夷人大小船只均在拦江沙外停泊，用内地船只渡进内河，庶可以重防务而杜另生枝节。

奴才愚昧之见，是否有当，伏候训示遵行。谨附片具奏。

［咸丰九年三月初十日］

——《第二次鸦片战争》第4册，第49页。

〇上谕

军机大臣字寄钦差大臣、科尔沁博多勒噶台亲王僧，署直隶总督文。咸丰九年三月十二日奉上谕：

僧格林沁、文煜奏遵旨酌拨官兵一折。① 僧格林沁于海防抽拨昭乌达、吉林、黑龙江官兵共二千名，派员统带，前往黄河北岸。文煜并拨官兵千名，交大名镇道择要防守。均著

---

① 三月初十日，僧格林沁、文煜奏："奴才僧格林沁伏查，豫省防务现关紧要，自应在于各路防海官兵内赶紧抽拨，现将驻扎天津海口之昭乌达盟官兵一千名，札饬围场总管常山、乾清门二等侍卫舒明安管带前往。惟该官兵马匹疲羸，恐不得力，当饬在察哈尔马队内挑换骑用，以利遄行。并飞札副都统格绷额，将现扎山海关吉林、黑龙江官兵抽拨各五百名，派员管带起程。计共筹拨官兵二千名，派委河南河北镇总兵乐善统带，前往黄河北岸择要防堵，倘闻警报，就近驰援截击，以扼北犯。此项防兵，总以固守黄河迤北为限，□□一渡黄，各路纷纷调取，势必四散分布，□恐难资得力。倘兵力尚觉不敷，该镇□查情形，飞报奴才僧格林沁大营，再行筹拨添□，以期有备无患。其山海关抽兵之后，更觉单少，只可将分扎附近口岸官兵撤归一处，藉厚兵力，多派哨探，在各口岸放卡梭巡。

"至防海官兵本不为厚，现值豫省匪警，直属大顺广一带邻近贼氛，在在堪虞。奴才文煜遵旨筹拨督标官兵五百名、提标官兵五百名，交大名镇道择要防守。仍须豫集兵力，是以奴才僧格林沁将吉林、黑龙江备调官兵各一千名，分咨各该将军饬令起程来□。拟仍令山海关截留各五百名，下余一千名屯扎天津海口，应请敕下吉林、黑龙江各将军严催，迅速起程。

"再，屯扎海口马队官兵马匹已□一半，所存马匹复多疲瘦，且吉林、黑龙江续调官兵需用马匹军械，亦恐□带不□，应请旨交署察哈尔都统庆昀拣膘壮马二千匹，迅速径解来津，并敕武备院制备弓八百张、撒袋八百副、箭四万枝、鸟枪一千二百杆，听候调取，以应急需……

"再，奴才僧格林沁将屯扎双港之哲里木盟官兵五百名，饬移大沽海口北岸屯扎，合并奏闻。"详见中国第一历史档案馆藏录副奏折，档案号03-4253-025。

照所议办理。惟抽拨之后，海防兵力较单。本日已谕景淳、特普钦、奕山，将吉林、黑龙江备调之兵各一千名，饬令迅速起程，仍于山海关截留各五百名，其余一千名即屯扎天津海口，并照该大臣密咨，俟此项官兵到防后，再令常山、乐善等统带所拨之兵前往黄河北岸，以资防堵。所需马匹，已谕庆昀挑选，迅速解津，并传知武备院制备弓箭等项，听候该大臣调取矣。

另片奏，大沽海口布置周密，不可令夷人窥伺等语。夷船如至海口，该大臣等仍遵二月二十九日所寄谕旨，先行派员晓谕，如有旨准其进京换约，即令其在拦江沙外停泊，用内地船只渡进内河，由北塘登陆到津，仍由水路至通。届时酌量办理可也。将此谕令知之。

钦此。遵旨寄信前来。

——《咸丰同治两朝上谕档》第 9 册，第 127 页。

〇上谕档

交武备院。

本日军机大臣面奉谕旨，著即制备弓八百张、撒袋八百副、箭四万枝、鸟枪一千二百杆，听候僧格林沁调取。钦此。相应传知贵院，钦遵办理可也。

此交。

三月十二日

——《咸丰同治两朝上谕档》第 9 册，第 127—128 页。

〇上谕

军机大臣字寄察哈尔署都统庆。咸丰九年三月十二日奉上谕：

僧格林沁等奏请调察哈尔马匹备用一折。现在天津屯扎海口官兵马匹不敷乘骑，著庆昀即在察哈尔牧群挑选膘壮马二千匹，派委妥员，分起解往天津，交僧格林沁查收，并由庆昀知照沿途经过地方，豫备草豆，加意喂养，勿令疲瘦。即或不足二千匹之数，亦必须一千余匹，毋再短少，并不得以瘦弱充数。是为至要。将此由五百里谕令知之。

钦此。遵旨寄信前来。

——《咸丰同治两朝上谕档》第 9 册，第 128 页。

〇上谕

军机大臣字寄吉林将军景、署吉林副都统特、黑龙江将军奕。咸丰九年三月十二日奉上谕：

前因天津海口防堵，曾谕景淳、奕山各挑选精锐官兵一千名，操演候调。旋据该将军等奏，业经挑备官兵各一千名，配齐军装器械，听候调遣。现在天津防兵不敷调遣，著景

淳、特普钦、奕山将此项备调官兵即日派员统带，迅速起程，于路经山海关时，各分拨五百名，即在山海关防守屯扎，其余一千名，饬令即赴天津，听候僧格林沁调遣，毋许迟延。将此由五百里各谕令知之。

钦此。遵旨寄信前来。

——《咸丰同治两朝上谕档》第9册，第128页。

〇上谕

军机大臣字寄正红旗汉军副都统增、盛京将军玉、奉天府府尹景。咸丰九年三月十二日奉上谕：

据倭仁奏奉天海口情形，没沟营防守若固，三叉河一带自可无虞，增庆等现拟在黄土坎等处设防，实属无益。本日已据玉明等覆奏，均照僧格林沁所议办理矣。至所称增庆随带多员，驿马用至八九十匹，供应浩繁，沿途不无骚扰等语，著增庆明白回奏。如该副都统所带随员果有骚扰情事，并著玉明、景霖迅即查明，据实参奏。原折著抄给阅看。将此谕令知之。

钦此。遵旨寄信前来。

——《咸丰同治两朝上谕档》第9册，第128—129页。

三月十九日

〇上谕

军机大臣字寄署察哈尔都统庆。咸丰九年三月十九日奉上谕：

庆昀奏遵挑马匹分起解赴天津一折。僧格林沁所调马匹，若俟各牧群归群后，恐需时日，著即将现备察哈尔官兵马匹内，先行挑选一千余匹，派员分起解送天津军营，一面将起程日期知照僧格林沁，并令沿途加意喂养，毋使疲瘦，致误要需。其备调察哈尔兵马匹，仍饬各该总管等如数补足，赶赴齐集处所，勿稍迟误。将此谕令知之。

钦此。遵旨寄信前来。

——《咸丰同治两朝上谕档》第9册，第133—134页。

三月二十五日

〇上谕

军机大臣字寄钦差大臣、科尔沁博多勒噶台亲王僧，署直隶总督文。咸丰九年三月二十五日奉上谕：

僧格林沁等奏参长芦盐政松龄办理税课派委非人一折，已明降谕旨，将该盐政撤任，交部严加议处矣。新任盐政到任需时，现当商船云集之际，所有盐政印务，即著文煜暂行兼署。① 至片内所称增加报捐各数，除正额银九钱应行归入课税外，其耗银一钱四分，著留为办公经费，此外不准再于正课内开销，并例外浮收，以杜流弊。至行用杂费等款共合银四钱一分，据称统行归捐，惟现在王大臣等会议洋药厘捐归地方官经理、征解，即日奏请通行各省一律办理，所有行用杂费一款，即著毋庸捐输，将来归入厘捐，以恤商力而免重复。著文煜派委妥员核实办理，毋滋扰累。② 将此谕令知之。

钦此。遵旨寄信前来。

——《咸丰同治两朝上谕档》第 9 册，第 134 页。

○上谕

咸丰九年三月二十五日内阁奉上谕：

僧格林沁、文煜奏参盐政设行浮收税课、请撤任严议一折。③ 长芦盐政松龄，征收关税，信任从九品职衔赵雅泉等，设立独行，于正税之外藉端浮收银两，办理实属错谬，松龄著即行撤任，交部严加议处。余著照所议办理。

钦此。

——《咸丰同治两朝上谕档》第 9 册，第 144 页。

① 三月二十一日，僧格林沁、文煜奏："奴才僧格林沁查，现值粮商船只连樯抵津，一切税务正当吃紧，新任盐政未到之前，应先派署，以专责成。查直隶藩司文煜不日交卸督篆，该司实心任事，明白大体，可否就近暂行兼署之处，伏候圣裁。"详见中国第一历史档案馆藏录副奏折，档案号 03-4139-083。

② 三月二十一日，僧格林沁、文煜奏："奴才僧格林沁因现值需饷浩(烦)[繁]之际，与其洋药设行例外浮收，饱地棍之囊，莫如归公充帑，不无裨益。当经面饬原派承审此案之瑞禧等，向各铺户详切开导，该铺民咸愿如数增加报捐，以裕国帑。今拟每正额九钱，仍加耗羡银一钱四分，其余行用二分，计银三钱六分，杂费津钱一百四十文，合银五分，共银四钱一分，统行归捐，按每百斤正税三十两，合计可多增银十三两六钱六分二厘。其应如何变通章程，拟请敕交文煜会同新任盐政妥为经理，以期有效。是否有当，伏乞训示遵行。"详见中国第一历史档案馆藏录副奏折，档案号 03-4398-006。

③ 三月二十一日，僧格林沁、文煜奏："据天津铺民宋联萼等联名禀控从九品职衔赵雅泉等设立独行，正税之外，多收银两等情。奴才僧格林沁因控关例外浮收，当将赵雅泉等传拘到营，派委瑞禧、国瑞、郭嵩焘、恩承会同天津府知府石赞清讯问。据赵雅泉供认，新定收税货物，每价银九钱，收取行用及一切倾熔杂费银五钱、津钱一百四十文属实。旋准盐政松龄呈递禀批等件，大略相符。奴才文煜到营覆讯无异。查长芦盐政办理关税是其专责，现值新立税则伊始，尤当详慎经理，乃该盐政派委藉端肥己之人，设行浮收税课，办理殊属错谬，未便稍事姑容，相应请旨，将长芦盐政松龄即行撤任，交部严加议处。所遗盐政员缺，并请迅赐简放。至从九[品]职衔赵雅泉，乘新立税则之时，首先递禀怂恿盐政，设行例外浮索；迨经传营严讯，复敢肆行狡饰。且据原禀内称，二分行用相沿已久，显系侵渔肥己，扰累商贾。应请注销职衔，比照在京各牙行领帖开张、照例□□清查换帖，若有光棍顶冒、朋充巧立、霸开总行、逼勒商人、不许别□、拖欠客本、久占累商者问罪，枷号一个月、发附近充军例，从重即行发边远充军，以示惩儆。其余伙犯谭永祥、宁宝林、杜奎隆三名，交直隶总督委员讯明，照例办理。"详见中国第一历史档案馆藏录副奏折，档案号 03-4590-014。关于该案详情，可参见录副奏折，档案号 03-4398-009。

三月二十六日

〇瑞麟等奏

奴才瑞麟、穆荫、载鸶跪奏：

奴才等接据僧格林沁咨文[1]，内称，察哈尔备调马一千余匹，已挑选齐备，分作二三起，限三月内赴津，拟请将此项马匹饬赴南苑暂行牧放等语。奴才窃思南苑一时水草不能赡足，马匹较多，难资牧放，奴才等公同商酌，拟请将此项马匹，仍由僧格林沁咨交直隶总督，分拨附近各州县暂为牧放，或筹画喂养，于临时调拨仍可无误，似较妥便。是否有当，谨奏。

咸丰九年三月二十六日奉朱批：依议。钦此。

——《咸丰同治两朝上谕档》第9册，第147页。

〇军机处咨

拟咨僧格林沁文底

办理军机处为咨行事。

本日据钦差大臣、科尔沁博多勒[噶]台亲王僧咨行上驷院文称，察哈尔备调马一千匹已挑选齐备，应饬前赴南苑暂行牧放等因，咨照前来。查南苑水草现在不能赡足，马匹较多，难资牧放，已由管理上驷院事务瑞等奏明，仍由贵大臣咨交直隶总督分拨牧放。相应抄录奏片并钦奉谕旨，咨行贵大臣钦遵办理可也。

须至咨者：

右咨

钦差大臣、科尔沁博多勒噶台亲王僧

——《咸丰同治两朝上谕档》第9册，第147—148页。

三月二十八日

〇上谕

军机大臣密寄钦差大臣、大学士桂，吏部尚书花，钦差大臣、两江总督何，传谕五品卿衔刑部员外郎段承实。咸丰九年三月二十八日奉上谕：

桂良等奏现在布置并探闻夷情一折。进京换约一节，既有华商设法劝阻，该夷到沪

---

① 僧格林沁咨文，现藏中国第一历史档案馆，档案号03-4257-015。

后，或可在上海定议。惟此时驻京等四事尚未挽回，若先将条约用宝，发交该大臣等，设夷情狡执，径赴天津，桂良等更无把握，彼时再将条约赍回，亦徒耽延时日。若谓夷情躁急，迫不及待，只要豫先说明，往返两旬，亦不致令其久候。该夷四月初十前后可以到沪，桂良等届时即赴上海，悉心筹画，将四事设法挽回，不可但至附近地方，专恃委员办理。如四事说明另立专条，该夷肯在上海换约，即迅速驰奏，再将条约发去；倘该夷必欲来津，桂良等仍遵前旨，于王有龄、薛焕、吴煦三员中酌带两员，驰驿来京办理，以免迟误。至该夷前已言明另择别地居住，是驻京一事可以消弭，但未指明何处，该大臣等亦须先为商酌，即直隶地方，亦不可任其居住，于大局方无窒碍。总之，普酋既有到沪之信，桂良等惟当竭力阻止，逐件挽回，不可畏难自阻。至夷船欲先至拦江沙相待，本日已谕令僧格林沁等密为防范矣。将此由六百里密谕桂良、花沙纳、何桂清，并传谕段承实知之。

钦此。遵旨寄信前来。

——《咸丰同治两朝上谕档》第 9 册，第 153—154 页。

〇上谕

军机大臣密寄钦差大臣、科尔沁博多勒噶台亲王僧，直隶总督恒。咸丰九年三月二十八日奉上谕：

本日据桂良等驰奏，探明英酋普鲁斯约计四月初必到香港，初十前后即可到沪。香港现已派出小火轮船八号，每船水兵约七十名，即日赴沪，为将来护送普酋赴津之用，且(间)[闻]有先令各船驶至拦江沙相待之信。此项兵船人等，桂良等拟俟该酋到沪后，即与之议定，只准在口外停泊，不得驶入内河。等语。现在恒福已抵津接篆，谅日内已往大沽海口，著僧格林沁即与该督详细筹商，密为防范。如夷船竟有驶至拦江沙之信，著即派委干员往询，告以此间专候上海来信，一切遵照二月二十九日谕旨相机酌办可也。将此密谕知之。

钦此。遵旨寄信前来。

——《咸丰同治两朝上谕档》第 9 册，第 154 页。

四月

四月初二日

〇僧格林沁、恒福奏

钦差大臣、科尔沁亲王僧格林沁，直隶总督恒福奏：

查宁河县境内之北塘营，额兵本只五百余名，节次调赴南省征剿，仅剩三百余名，殊形

单弱。北塘、大沽两海口相距只三十余里，备防同一紧要。该处除旧有炮台外，奴才僧格林沁前经奏明添筑炮台，不日即可工竣，亦应拨兵守护。奴才等公同商议，拟将停赴大名之提标兵五百名调至北塘，派委得力之员管带，分守炮台，归于察哈尔都统西凌阿统带。至停调之督标兵五百名，撤回归伍后，仍由奴才恒福严饬中军副将逐日操练，听候备调。

朱批：均照所议办理。

——《筹办夷务始末（咸丰朝）》卷三七，第1页。

四月初五日

○僧格林沁等奏

钦差大臣、科尔沁亲王僧格林沁，察哈尔都统西凌阿，直隶总督恒福奏：

倘夷船驶至，即当恪遵圣谕，派委干员往询，令其等候上海来信。设使夷船蜂拥驶入，只可相机办理，不敢轻举肇衅。该夷如必须进京互换和约，前经奴才僧格林沁奏奉谕旨，令其由北塘登岸，由陆路至津，再由水路赴通进京。惟北塘距拦江沙甚近，海口亦宽，潮旺之时，夷船易于驶入。现在该处安炮屯兵，夷酋进京之后，其在船夷众无人约束，窃恐未必安静，倘或上岸闲游，甚或滋扰营盘，不可不防其渐。彼时如任其妄为，则有关国体，而弹压阻挡，又恐另启衅端。奴才僧格林沁、奴才西凌阿先已悉心商酌，拟在北塘、芦台适中之营城地方，两岸另建立营垒，赶紧修筑炮台，一俟工竣，即将北塘安设炮位移往，并将现扎北塘之兵移扎该处，严密防守，以备不虞。其北塘炮台营垒内，即可安设埋伏。奴才恒福于三十日由北塘前赴营城，与奴才西凌阿会同察看地势，颇极扼要，防守甚为得力。所需修工经费，奴才僧格林沁前经札调东路同知李朝仪前往北塘、芦台，剀切劝谕，兹据该丞禀报，商民尚为踊跃，情愿豫先交出厘捐银一万两，以佐巨工等情。奴才等拟遴派委员，即日兴修，所需银两，即由此项捐款内先行动用，即责成该丞收发照料。

朱批：即照所拟办理。

——《筹办夷务始末（咸丰朝）》卷三七，第2—3页。

○上谕

军机大臣字寄河南巡抚瑛。咸丰九年四月初五日奉上谕：

僧格林沁等奏，请饬调游击冷庆回任办防等语。直隶通永镇标北塘营游击冷庆，在河南带兵防剿。现在捻匪窜回皖境，豫省防务较轻，天津办理海防，北塘海口最关紧要，著瑛棨即饬该员迅回北塘本任，以资得力。将此谕令知之。

钦此。遵旨寄信前来。

——《咸丰同治两朝上谕档》第9册,第163页。

四月十二日

○上谕

军机大臣密寄钦差大臣、科尔沁博多勒噶台亲王僧,直隶总督恒。咸丰九年四月十二日奉上谕:

前有旨,令德勒克多尔济俟俄罗斯国呈递鸟枪一万杆、炮位五十尊运至库伦时,奏闻办理。兹据德勒克多尔济奏,该夷坚欲由海船行走等语。现在和约已换,业经准其由海口进京,此项枪炮,将来送至海口,著僧格林沁、恒福遴派明干员弁前往晓谕,令该夷船停泊拦江沙外,毋须前进,另换内地船只,装载运送到津,于明示体恤之中,仍暗寓堤防之意。谅该大臣等必能慎重妥办也。将此密谕知之。

钦此。遵旨寄信前来。

——《咸丰同治两朝上谕档》第9册,第184页。

四月十六日

○恒福奏

窃查历届军营粮台办理支销,均应先期奏明,事竣造报。兹据办理天津粮台天津道孙治、候补道春保会详称,天津海口筹办防堵,奉钦差大臣、亲王僧格林沁派委,各员修筑炮台营垒,制造铁炼、铁锚、炸炮、水雷、火船、水龙,以及添制炮位、采买木植、碾造火药等项,应需银两,节经遵札在于军需项下照数发给承办之员领回支用,报由大营验收,粮台无从稽核,应请归于承办各员自行造册报销等情。臣查此次筹办海防,承修一切工程,制造各项军械,有系委员领银承办、报明大营验收者,该道等所称粮台无从稽核,固系实在情形。惟粮台为军需总汇,当此经费支绌之时,尤应力求核实。所有拨发过工程军械银两,应由粮台先将承办衔名、领银数目分晰缮具清单报部,一面饬知承办之员妥速办理,俟事竣撤防,据实造册报销,仍归粮台汇总核转。如有经部驳饬册造与例不符者,惟承办各员是问,庶足以昭核实而清款目。其由粮台承办之军火、器械、帐房,以及支放官兵口粮、马干等项,仍由该道造报,以专责成。

朱批:依议核实办理。

——《筹办夷务始末(咸丰朝)》卷三七,第7—8页。

〇僧格林沁、恒福奏

钦差大臣、科尔沁亲王僧格林沁，直隶总督恒福奏：

四月十三日接奉四月十二日恭奉上谕：前有旨，令德勒克多尔济俟俄罗斯国呈进鸟枪一万杆、炮位五十尊运至库伦时奏闻办理，等因。钦此。遵查前奉寄谕，英夷派出火轮船八只，为护送普酋赴津之用，等因。奴才等伏思，英夷既为换约而来，何须如许兵船？已属堪疑。今俄夷进呈军械，复坚欲海运来津，尤觉可虑。难保无夷人暗有密约，先后俱到，使我难于辨认，另蓄诡谋情事。奴才等惟有懔遵圣训，随时相机慎重妥办，断不敢稍涉大意。至运送军器船只抵津，应交何处收存，该国必有护送之夷，应否令其进京，奴才等不敢专擅。傥蒙准其进京，拟请由北塘进口。伏乞训示遵行。

再，续调吉林、黑龙江官兵，奴才僧格林沁已接到头起进关文报，并请饬下武备院，将前经奏准制造鸟枪、弓箭、撒袋赶紧造齐，随时解赴海口，以资应用。

——《筹办夷务始末(咸丰朝)》卷三七，第8页。

〇上谕

军机大臣字寄钦差大臣、科尔沁博多勒噶台亲王僧，直隶总督恒。咸丰九年四月十六日奉上谕：

僧格林沁等奏，俄夷运送军器船只抵津，应交何处，护送之夷应否进京，请旨遵行等语。俄罗斯国运送枪炮，如果船只到津，该大臣等仍遵前旨，令其停泊拦江沙外，另换内地船只装载进口。其枪炮应交何处，及护送之夷应否进京，届时奏明请旨。续调之吉林、黑龙江官兵陆续进关，已饬武备院将制造鸟枪、弓箭等件赶紧造齐，解赴海口应用。恒福奏请饬山西拨饷银十万两，并调魁霖赴津各折片，本日已谕知和春、英桂遵照办理矣。将此谕令知之。

钦此。遵旨寄信前来。

——《咸丰同治两朝上谕档》第9册，第197页。

〇上谕档

交武备院。

本日军机大臣面奉谕旨：所有前谕制备弓箭、撒袋、鸟枪，著即赶紧制造，随时解赴天津海口，交僧格林沁应用。钦此。相应传知贵院，钦遵办理可也。

此交。

四月十六日

——《咸丰同治两朝上谕档》第9册，第197页。

四月十八日

〇上谕

军机大臣密寄钦差大臣、科尔沁博多勒噶台亲王僧，直隶总督恒。咸丰九年四月十八日奉上谕：

桂良等奏，探闻英酋普鲁斯已于三月二十四日行抵香港，日内尚无到沪信息，万一经过上海，不肯进口，径赴天津，请饬直隶总督告以额尔金在上海曾有照会，留桂良等在南等候，俟伊回来议事，此时改换普酋前来，自当静候桂良等回至天津，再与商办一切，庶使各夷不至别有他说等语。著僧格林沁、恒福，如果英国普酋到津，即派干员照此晓谕，令在拦江沙外静候，一切仍遵叠次谕旨，密为防范可也。将此密谕知之。

钦此。遵旨寄信前来。

——《咸丰同治两朝上谕档》第9册，第202—203页。

四月二十二日

〇上谕

谕军机大臣等：

傅振邦奏，北路军情紧要，请添拨马队助剿等语。粤逆现由六合纷窜蒋坝，盱眙吃重，清淮亦在戒严。该提督因马队不敷调遣，请于天津防堵官兵内，添拨得力马队一千名前往助剿。惟天津续调吉林、黑龙江兵二千名，原为慎重海防起见，是否可酌拨五百名前往傅振邦军营之处，著僧格林沁酌量办理。如此项官兵不能抽拨，即著该大臣于备调之绥远、归化二城官兵内调拨五百名，饬令驰赴安徽蒙城一带，交傅振邦调遣。并著一面奏闻，一面咨调，毋稍延缓。将此谕令知之。

——《清文宗实录》卷二八一，咸丰九年四月壬戌。

四月二十五日

〇上谕

官文、胡林翼奏，湖北现需马队，拟借拨黑龙江甲兵千名，请饬天津军营酌量施行等语。现在窜扰湖南之贼甚多，恐其阑入湖北，马队既甚得力，自应豫调，以备不虞。著僧格林沁体察情形，如天津防所黑龙江甲兵内尚可抽调，即著酌量借拨，饬赴湖北军营应用。原片著钞给阅看。将此谕令知之。

——《清文宗实录》卷二八一，咸丰九年四月乙丑。

四月二十六日

〇僧格林沁奏

钦差大臣、科尔沁亲王僧格林沁奏：

近日进口沙卫船只，系四月初间放洋。经奴才随时派员查询，据称，上海火轮船、兵船渐渐增添，或称有百余只，或称数十只，并有瞥见夷船购买食物，似欲北驶情状，各等语。传闻之言，固不足深信，但亦不可不倍加严防。又奴才前闻山东福山县属烟台海口停有夷船，当经札行登州镇总兵查明声覆。兹据该镇曾逢年呈报，本年三月二十三日，有夹板广商洋货船四只驶至烟台海口，船内把篷使舵皆系黑白夷人，并非兵船等语。奴才伏思该处并非通商口岸，洋船在彼久停，亦难保无另有诡诈之谋。奴才惟有督率各营慎密堤防，不敢稍涉大意。

——《筹办夷务始末(咸丰朝)》卷三七，第21页。

〇上谕

谕军机大臣等：

僧格林沁奏筹拨马队官兵赴傅振邦军营一折。览奏均悉。天津防务紧要，现既探闻上海增添夷船，并有北驶情状，自应厚集兵力，加倍严防。傅振邦所需马队，该大臣已饬吉林续到兵一千名前往，其未到之黑龙江马队一千名，即可毋庸再拨。所有备调各路官兵，已据各该将军、都统陆续奏报备齐候调矣。

——《筹办夷务始末(咸丰朝)》卷三七，第21—22页。

〇上谕

谕军机大臣等：

胜保等奏贼众兵单、军情危迫一折。自逆匪攻陷天长，胜保移师扼守盱眙前路，并亲至旧铺调度。讵逆势众多，将汉涧营盘层层围裹。张得胜一营虽已撤出，其成兴、黄诚忠等所带川兵川勇尚未突出重围，自宜保全劲旅，毋令为贼所困。著该大臣激励将士，内外夹攻，务将全军撤出为要。现在贼势既趋重盱眙一路，仪扬情形自必稍松，本日已谕令和春等迅派援师，不分畛域，赴天长一带越境会剿。胜保即可会同剿办，仍严防盱眙前路，毋令窜越，警及清淮。乐善现在天津防海，恐未能前往安徽。所请调拨马队之处，已谕知僧格林沁酌量办理矣。将此由六百里谕令知之。

——《清文宗实录》卷二八一，咸丰九年四月丙寅。

五月

五月初一日

〇上谕

谕军机大臣等：

本日据胜保、翁同书奏，逆匪占踞天长汊涧，盱眙后路仍形危急，请饬催各路进兵一折。前据胜保、傅振邦各奏拨天津马队，现因海防未撤，不能多拨，已谕僧格林沁调拨黑龙江马队一千名赴傅振邦军营。此项马队到时，即由傅振邦分拨五百名，交胜保军营调遣。除乐善现有经手事件，业经僧格林沁覆奏，不能令其带兵来皖外，其江南大营已派熊天喜带兵四千渡江援剿，复添派兵勇一千，交张玉良调遣。现在击退扬州扑城之贼，复分兵保守邵伯等处。本日复谕和春，即饬毛三元等，与胜保合剿天长。无须另派镇将带兵赴皖矣。胜保不可专待天津马队，惟当就现有兵力分投堵扼，迅克天长，而解汊涧之围，以期埽清北路。至湖北各营东下之师，虽已劄营于英、霍之间，只能为六安后路，须俟分援湖南马步水师撤回，方拟力图进取，一时固难移兵深入皖境。且都兴阿、杨载福等军，前据官文等奏明，即使东下，亦不能受他人节制也。将此由六百里各谕令知之。

——《清文宗实录》卷二八二，咸丰九年五月庚午。

〇上谕

僧格林沁奏通筹南北大局，请添拨马队官兵专防北窜一折。粤、捻各匪意图北窜，自应厚集兵力，藉资扼剿。著僧格林沁即将前派赴傅振邦军营之吉林马队一千名调赴山东，即派协领德楞额统带前往。行抵东省后，由崇恩饬令前往曹单一带，相度缓急，扼要驻劄。并将黑龙江马队一千名派赴傅振邦军营，到营以后，著傅振邦分拨五百名，前往胜保军营调遣。其管带此项马队，著于各协领内，拣派较为得力者二员管带南下。一俟到营，即由关保等统带，可资得力。将此谕令知之。

——《清文宗实录》卷二八二，咸丰九年五月庚午。

五月初七日

〇上谕

军机大臣密寄钦差大臣、科尔沁博多勒噶台亲王僧，直隶总督恒。咸丰九年五月初七

日奉上谕：

昨据桂良等奏，四月二十五日接英酋照会，内称，卜鲁斯赴京交聘，不日乘舟径赴天津，并有希在天津豫备夫役舟车以便入都，并于京城内择出宽广寓所、该夷率领随员官弁前来等语。桂良等已照覆该酋，令其毋径赴津，必须至上海商议，并派知县黄仲畬至海口，俟夷船到时，与之言明，即在上海换约。惟夷性狡执，恐难挽留，倘不听劝阻，径赴天津，僧格林沁、恒福惟当遵照前旨，派员晓谕，令其停泊拦江沙外，告以桂良等已由上海起程，不日到津，即可会晤商办一切，并告以海口节节设防，切勿轻于驶入，致有损伤，以全和好。如该夷请另派员前往，可告以各国和约皆系桂良等经手办理，他人不能知悉。明白开导，令其静候可也。将此密谕知之。

钦此。遵旨寄信前来。

——《咸丰同治两朝上谕档》第9册，第252页。

五月十八日

〇上谕

军机大臣字寄钦差大臣、科尔沁博多勒噶台亲王僧，直隶总督恒。咸丰九年五月十八日奉上谕：

本日据桂良等奏夷酋不遵开导、坚欲北行一折。据称英酋卜鲁斯、弗酋布尔布瀧到沪，均不肯与桂良等相见，但坚执进京换约之议，决意北行。米酋华若翰亦随同前往。又称英夷兵船已有六只于初九日开行，其余亦将陆续北驶。本日已谕知桂良等即行回京，并传谕文煜，令其驰赴天津，帮同恒福办理夷务矣。各夷船只如到天津海口，著僧格林沁、恒福即遵前旨，速派明干委员前往，迎至拦江沙外，向其晓谕，告以桂良等在上海已有照会，告知中国并无他意，兵船万不可驶入拦江沙，现在大沽海口已节节设备，如轻易入口，恐致误伤，并非官与之为难，反失和好之道；即将来进京时，亦须由北塘行走至天津，由水路进京；并告以去岁天津所定和约，均系桂良等一手经理，此处无人深悉底里，即使克时进京，亦须等候桂良等到京，方能互换，为期亦不甚迟。倘该酋不肯在拦江沙外静候，即用内地船只迎护，由北塘登陆至津，即著该酋在天津等候。一切豫备馆驿、派人护送，自当以礼相待。仍与言明，两国既系和好，互换和约，不得随带兵船，不得多带从人。倘该夷虚放枪炮，入口试探，使夷船受我误伤，勿令官兵轻举妄动。其一切设备，僧格林沁务当先行赶紧妥筹办理。至备办馆驿等事，恒福即与文煜商同妥办可也。将此由五百里谕令知之。

钦此。遵旨寄信前来。

——《咸丰同治两朝上谕档》第9册，第267—268页。

○上谕

咸丰九年五月十八日奉上谕：

本日据桂良等奏，夷酋卜鲁斯投递照会，声称不能在上海互换和约，坚欲入京，该大臣等拟即日来京，请先派大员前往天津经理；并称，探闻英夷兵船已于本月初九日由上海开行六只。等语。现已谕令僧格林沁等遵照叠次谕旨妥为筹办，著文煜星夜驰赴天津，帮同恒福办理夷务。

钦此。

军机大臣遵旨由五百里传谕直隶布政使文煜。

——《咸丰同治两朝上谕档》第 9 册，第 268—269 页。

五月十九日

○僧格林沁、恒福奏

奴才僧格林沁、奴才恒福跪奏，为夷船已抵天律海口，恭折驰奏，仰祈圣鉴事。

窃奴才等于五月十七日午刻正在炮台驻守，据哨船回报，见有夷船四只在拦江沙外游驶，当经暗饬各营，不动声色，严密防范。随有小杉板船二只，乘坐十余人，拢近西岸炮台，并有小火轮船一只，随后驶入鸡心滩内，用千里镜在桅杆上打看。当即派令武弁改装易服，扮作本地乡团，询以此来何事。该夷声称系英国船只，赴京换约。该弁等谕以此间并无官兵，候知会天津各官，再行复信。该夷允以三日为期，令将海口安设木筏铁戗等项均行撤去，方为两国和好之道，并言先到夷船四只，仍有火轮船二十余只，英、佛两国公使二员、提督二员陆续来津等语，随即驶回鸡心滩外，登火轮船。少时，该夷小杉板船又复乘潮绕越木筏，意图窥伺营垒后面，经哨船兵弁阻止，该夷仍申三日回信之约，并嘱撤去一切布置，各等语。

奴才等拟俟三日届期，即派令委员遵旨赴该夷船剀切晓谕，告以钦差大臣桂良等现在上海，尔国仍应赴沪办理，如不肯赴沪，即在拦江沙外守候桂良等来津互换和约。倘该夷不遵劝谕，径将多船闯入鸡心滩内，则衅非我开，自难任其狂悖，惟有遵照前次谕旨，慑以兵威。

所有夷船已抵天津海口缘由，理合缮折由驿四百里驰奏，伏乞皇上圣鉴训示。谨奏。

［咸丰九年五月十七日］

——《第二次鸦片战争》第 4 册，第 79—80 页。

○上谕

军机大臣字寄钦差大臣、科尔沁博多勒噶台亲王僧,直隶总督恒,传谕直隶布政使文煜。咸丰九年五月十九日奉上谕:

僧格林沁等奏夷船已抵海口、拟俟三日派员前往晓谕一折。此次到津夷船止有四只,自系昨日桂良等所称先行开驶之船;其声言尚有火轮船二十余只,亦与桂良等探报相符。该夷船既退回鸡心滩外,且尚无多只,亦不值与之用武。惟当先为晓谕,使知天津设兵,并非为防伊国,实因沿海重地恐有盗匪骚扰,不能无此防备,尔国亦当体谅我国,不能因两国和好,即为撤防;现在已准进京,惟须等候大学士桂良等到后,即令由北塘行走,由天津进京,两不相妨;尔等可先至北塘停泊,静候公使。如此开导,如其肯往北塘,即著恒福等派员弹压,不使登岸,并禁止奸民暗通接济。该夷如需淡水、食物,不妨官为应付,以示不疑。俟桂良等到,商议一切。至海口木筏、铁戗等件,既不能撤,则米船出入亦不甚便,且恐米船进口,而夷船随后尾入,听之不可,阻之无词,转多窒碍。著恒福飞咨山东巡抚,如有续到米船,令其暂在东境收口,勿遽前进。已另有旨寄谕全庆、廉兆纶矣。

僧格林沁另片奏,请将前调马队二千名,再调绥远、归化二城马队一千名,均赴山东防堵等语。[1] 胜保、傅振邦军营需用马队各五百名,业已允其所请,该处盼望甚殷,仍著遵照前旨派往。其德楞额所带之一千名,即派赴曹单;添调之绥远、归化二城马队一千名,已谕知成凯等照数派拨,即令桂成统带赴东矣。

将此由五百里谕知僧格林沁、恒福,并传谕文煜知之。

钦此。遵旨寄信前来。

——《咸丰同治两朝上谕档》第9册,第269—270页。

五月二十日

○上谕

谕军机大臣等:

---

① 五月十七日,僧格林沁奏:"前次调拨吉林马队官兵一千名防堵山东曹单一带,黑龙江马队官兵一千名分拨胜保、傅振邦等营,业经遵旨札饬各带兵官自津陆续启程,行抵山东后,分途驰赴各路军营在案。现在夷船业已抵津,察其来意,必非安善,诚恐捻、粤各匪目海防紧急之时,乘势北窜,一时调来防兵,势恐不及。可否仍令吉林、黑龙江马队官兵二千名,并请敕调归化、绥远二城官兵一千名,均赴山东曹州府、济宁州一带,统归德楞额管带,择要驻扎,以备缓急调拨之用,似于大局甚有关系。是否有当,伏乞圣裁。再,德楞额在连镇军营保升总管,并蒙恩赏加头品顶戴、记名副都统。奴才前次奏折内,误记为协领,实属疏忽,应请旨将奴才僧格林沁交部议处。"详见中国第一历史档案馆藏录副奏折,档案号03-4253-031。

昨因粤捻各匪屡图北窜，谕令成凯、桂成将绥远、归化两城备调防兵各五百名，统交副都统桂成管带，驰赴山东曹州府单县一带择要驻扎。此项官兵到后，所需口粮马干等项，著崇恩宽为筹备，毋令缺乏。再，僧格林沁前于天津防兵内派拨吉林马队一千名，交德楞额统带驰赴曹州，因原奏内称，德楞额系黑龙江协领，是以谕令交崇恩调遣。昨据僧格林沁奏称，德楞额系总管，曾赏加头品顶带、记名副都统，前折误为协领。德楞额既系大员，自未便归崇恩调遣，所有前调之吉林官兵，及此项所调绥远、归化两城官兵，于曹单一带应如何布置，以遏贼氛，著崇恩与德楞额、桂成会商办理。将此由五百里谕令知之。

——《清文宗实录》卷二八三，咸丰九年五月己丑。

五月二十二日

〇僧格林沁、恒福奏

奴才僧格林沁、恒福跪奏，为夷船陆续驶进海口，及遵旨晓谕各情形，恭折奏祈圣鉴事。

窃奴才等前将夷船初至、驶入内河各情奏明后，叠奉五月十八、十九日寄谕，仰荷圣明指示，委曲详尽，敬谨遵悉。查该夷十七日驶入火轮船一只，停泊鸡心滩，至是日傍晚乘潮退出。其小杉板船绕越木筏者，悄将软木筏绳缆三根全行割断，随并火轮船四只收泊远洋，不见形影。十八日辰刻，复行驶回，并续到之夷船约二十余只，在拦江沙外一带停泊。未刻，风雨陡作，突有火轮船八只，乘风潮之势直入内河，至鸡心滩，距安设铁戗之处不逾半里。奴才等即传饬各营安准炮位，点配火绳，恐其径冲入铁戗口门，豫备轰击，仍督饬各营分班斎夜守候。是夕该夷乘风涛黑暗之中，曳倒(搁)[拦]江铁戗四架，内有火轮船一只被铁戗刺伤，拢泊滩岸，潮退水落搁浅，数日不能移动。

二十日午刻，奴才恒福派委同知博多宏武、知县杜恩录前往晓谕，告以总督、藩司不日即至海口，令其暂候数日，会议一切。该夷声称，本日即欲湾进内河，不能迟缓，拦河之铁戗木筏若不撤去，即自行搬运，以便进船，情形颇为骄纵。博多宏武等谕以本处团练不知轻重，恐有损伤，致伤和气，再三开导，仍称未刻必来闯进。是日潮长至夕，而夷船照旧停泊往来，并未闯近铁戗。奴才等惟有日夜严防，该夷如敢突入，即行开炮轰抵。

现在鸡心滩下接连湾泊夷船九只，拦江沙外约计夷船十余只。据该夷声称，英酋卜鲁斯等尚在拦江沙外。奴才等商议，将来奴才恒福督同藩司文煜与夷酋会商事务，即赴北塘办理，已飞咨西凌阿，迅将北塘炮营存放炮位及调防各官兵概行移至营城，妥为布置，北塘新修营垒，仍令派兵看守。

至海运米船续到十余号，与夷船错杂停泊，已传谕令其湾向祁口、大口河等处躲避，仍

由奴才恒福飞咨山东巡抚截留后至运船。奴才僧格林沁督率弁兵，严守大沽海口，观衅而动，但使该夷不至猖獗冲犯铁戗，自当饬令弁兵等不遽开放枪炮，以昭慎重。

所有夷船陆续驶近海口，并遵旨委员晓谕缘由，谨专折具陈，伏乞皇上圣鉴训示。谨奏。

［咸丰九年五月二十日］

咸丰九年五月二十二日奉朱批：览奏已悉。钦此。

——《第二次鸦片战争》第4册，第90—91页。

○僧格林沁、恒福奏

奴才等正封折间，于戌刻见该夷小杉板船二只驶近炮台河岸，当派武弁改装迎头拦阻。该夷十余人手持械器，坚欲登岸，又加派武弁数名，扮作乡团，向岸往拦，以助声势，该夷始不敢径行登岸。随问早间会晤之官员，仍邀见面，该武弁告以官员因尔等出言不逊，已回天津。该夷即出汉、夷各字照会二角，交该武弁送投天津道。奴才等拆阅来文，尚无违悖字样，即饬天津道孙治给与回文，阻其上岸。所需菜蔬伙食，拟由奴才恒福遵照谕旨，送给猪羊、米面、菜蔬等物。所有汉字照会照缮一分，恭呈御览。其夷字一纸，当由奴才等觅通夷文之人绎出，如有关系，再行进呈。奴才等拟于二十一日派员告以总督、藩司二十四五日可到海口，并闻尚有恩旨准尔等进京，以安其心而免决裂。

所有该夷投递文件缘由，谨附片陈奏，伏乞圣鉴。谨奏。

［咸丰九年五月二十日］

咸丰九年五月二十二日奉朱批：览。钦此。

附抄录英国武官为船上官兵上岸买办粮菜及游逛勿许拦阻事给天津兵备道照会

大英钦命管理五印度暨东南洋各岛岸水陆提督军门赫，为照会事。

照得本军门带领兵船几只，随伺钦差卜大人到此。钦差系属所奉大英君主与贵国大皇帝去岁所立和约已蒙批准，到京交(付)［换］，但所带船只，必须俟卜大人差竣回津，尚须耽延时日，是以请烦贵道示谕大沽地方乡民人等知悉，如有船上官兵上岸买办新鲜菜蔬伙食等物，以及游逛，勿许拦阻，本军门业已严饬弁兵，不准多人上岸，以免滋扰。为此照会。顺候升祺懋著。须至照会者。

右照会钦命驻扎天津兵备道。

一千八百五十九年六月二十日

——《第二次鸦片战争》第4册，第91—92页。

〇恒福奏

奴才恒福更有请者。奴才自三月二十四日到津接印后，两月之间，来往津沽，随同钦差大臣、亲王僧格林沁办理防务，于筹画布置、堵御机宜渐觉熟悉。惟夷务情形，从前历届办理章程、本末源流，奴才向未知悉。即上年桂良等在天津时如何定议，赴沪如何与商，奴才亦皆茫无所闻。诚如圣训，均系桂良等一手经理，此处无人深悉底里。现在桂良回京尚无日期，虽派员谕令该夷守候，而夷情桀骜不驯，断不肯安心静待。若奴才即行接见，该夷言语既不相通，性情又难揣度，深恐与桂良等原议不符，转生枝节。抚驭大局，一经贻误，关系非轻。再四筹思，不得不藉资熟手。查武备院卿明善，于上年七月奉旨与桂良、花沙纳等驰赴上海办理夷务，本年甫行回京，其中底细，与桂良等讲求甚熟，自可委婉与商，抚绥夷众，俾奴才与僧格林沁即可专心防务，以备不虞。相应请旨，饬令明善迅速兼程来天津海口，专办抚局。至一切饬备馆驿、派员护送等事，奴才自当与文煜商同妥办。总期以理相待，上副圣怀。

——《筹办夷务始末(咸丰朝)》卷三八，第30页。

〇上谕

军机大臣字寄钦差大臣、科尔沁博多勒噶台亲王僧，直隶总督恒，传谕直隶布政使文煜。咸丰九年五月二十二日奉上谕：

僧格林沁等奏夷船陆续驶进海口、遵旨晓谕情形，并恒福片奏请饬明善来津等语。此次该夷等为换约而来，虽陆续驶进海口，经派员晓谕后，尚未闯进铁戗，据称卜鲁斯亦在拦江沙外停泊。惟当加意严防，不值与之用武，致令藉口挑衅。明善虽曾随同桂良等赴沪，究非上年天津原议之人，一切机宜，未必尽能洞澈，且恐一与夷酋见面，必至不肯耽延，速其进京之请。本日据桂良等奏，卜酋等于本月十三日起碇赴津，该大臣等亦于是日率同薛焕等驰驿回京，但能少待时日，即可俟桂良等来津办理。僧格林沁等当告以桂良等回京消息，令移泊北塘口外，静待经手人到，互换和约。如坚执不听，著妥为开导，专令伊国换约之官员由北塘到津静候，并著恒福、文煜与其约明，不准随带多人，执持军械，惊扰民人，方合和好之意；并告以议和并非用兵，所有该国提督及带来兵船，均不可登岸，庶彼此均可信心。即日文煜到津，著即前赴北塘，与卜酋相见，言明一切。其由北塘到津夷官之馆驿日用，自应官为给办；即在外江停泊之提督等应需菜蔬食物等件，亦当派员在彼一体酌给，免致上岸滋扰，并勿令与民人交易。僧格林沁仍饬弁兵严守大沽海口，勿遽开枪炮，以顾大局。将此由五百里谕知僧格林沁、恒福，并传谕文煜知之。

钦此。遵旨寄信前来。

——《咸丰同治两朝上谕档》第9册，第273页。

五月二十五日

〇僧格林沁、恒福奏

奴才僧格林沁、奴才恒福跪奏，为夷人复递照会，并连日情形，拟令夷人由北塘进口，奴才恒福驻扎新河，就近照料，恭折具陈，仰祈圣鉴事。

窃奴才等于二十日曾将续到夷船驶入海口，与遵旨派员晓谕各缘由，会折陈明在案。二十一日，有夷人乘坐小杉板船二只，前来炮台前游驶，意欲登岸，经弁兵拦阻，该夷称系来取照会回信。当即告以天津回信尚未到来。该夷临行时，谆嘱将拦河铁戗等物撤去，如不撤去，该夷提督自行带人拔取。少时，奴才等随派武弁持天津道照会回文前往夷船，旋因风大潮涌，船只难以逆行，并因木桩碰伤，不能行走折回。二十二日辰刻，复令该弁持天津道照会赴夷船投递，该夷提督出船面见，该弁复按照会内大意，告以总督、藩司二十四五日可到。察其词色，尚无十分桀骜，而船桅上悉悬炮位，似已豫备用武。该夷随派通事孟甘乘船前来，又投递照会天津道汉、夷文字各一件，旋即驶回鸡心滩。

二十三日巳刻，通事孟甘复乘船至炮台下，声称各船今日并退外洋，一二日再进口湾泊，并嘱天津道如有照会回文，径送外洋。询以系何缘故，该通事声称不知。该船旋即撤退，仍余一只停泊在鸡心滩外。其旧停泊拦江沙外各火轮船，又与退出之船逼近拦江沙排列拢泊。夷情诡谲，不易揣测，诚恐故作缓计，使我疏懈，乘潮闯入铁戗。奴才等惟有督率各营官兵加意严防，不敢稍涉大意。

自十七日夷船到后，饬令官兵在暗处瞭望，炮台营墙不露一人，各炮门俱有炮帘遮挡，白昼不见旗帜，夜间不闻更鼓，每遇潮长，各营撤去桥板，各项官兵不准出入。该夷火轮船八九只，在铁戗外游驶，意在乘间闯入，屡在船桅用千里镜打看，止见营垒数座，不见炮位官兵。其小杉板船每到河边，必询炮位多少，铁戗、铁(练)[链]、木筏之外，有无别项物件。并云，闻得奴才僧格林沁现在海口各等语。该弁兵等答以不知，令其无从捉摸。该夷间在拦江沙外一带开放真炮，尚不敢近驶。察看夷情，盖因不知官兵虚实，又疑内河层层布置，冒险而来，恐受惩创，是以相持日久，未至骄逞，否则以该夷之凶焊，早经闯进内河，复萌故智。奴才僧格林沁驻守炮台，昼夜严防，不敢稍有疏懈。

复查该夷文内有北河字样，奴才恒福拟先发给照会，即以北塘为北河海口，预备该夷行走道路，仍属专候桂良等到京，准其赴京换约。本日已由奴才等咨催桂良等迅速行走，兼程来京，与该夷会晤。惟该大臣等曾否在沪起程，目下行抵何处，均未知悉。应请旨饬下该大臣等作速回京，以免日久耽延，致生枝节。北塘本有提标官兵五百名，通永镇标官兵三百名，北塘营本标兵三百名，现在拟令夷人由此进口，自应撤后，以示不疑。已饬该署镇李志和，除酌留兵丁数十名看守两岸炮台，其余前项官兵与一应炮位，均令星速撤往营

城驻扎,归西凌阿统带。查海口北岸新河地方距北塘较近,奴才恒福拟于二十四日驻扎新河,以便会同文煜就近照料一切,惟于羁縻之中,仍寓防范之意。

奴才僧格林沁现拨巡捕营、火器营兵各一百名,又驻扎双港之哲里木盟、[昭]乌达盟马队各五百名,一并调赴新河,随奴才恒福驻扎弹压。其夷人需用食物,已遵旨饬天津道备办,派员即由北塘出口送至夷船。惟该夷能否守候桂良等,尚难豫定,俟续有情形,再行驰报。

其二十二日辰刻天津道与该夷照会一件,同时接到夷人照会一件,均照录恭呈御览。至夷字文书,已交熟悉夷文、去年留交天津县收管之广东人黄惠廉译出,系与汉字照会一样。合并声明。谨缮折由驿四百里具陈,伏乞皇上圣鉴训示。谨奏。

附件一:天津兵备道为请约束兵丁切勿上岸所需物资已饬备办运送事给英提督照会

大清国钦命分巡天津、河间等处地方兵备道孙,为照会事。

准贵军门照会,以兵人上岸买办食物不得阻拦,照会前来。查贵国与我大清国议换和约,原系大学士桂、吏部大堂花会商办理,于去岁复赴上海等候半年有余,京师诸大臣等,皆不悉议和原委。闻得大皇帝已饬大学士桂迅速回京,照料贵国钦差入京换约。现在大沽海河至天津节节设防,实以中国方多事故,天津重地,恐有疏虞,非为防贵国起见。既与贵国议和,亦当互相体谅,以全和好。由海登岸,路径纡回,皆系安设营垒之处,诸多不便。应请贵军门饬谕兵人,共体此意,暂行等候,无庸上岸。所需猪羊菜蔬,已饬府县等备办,绕道运送拦江沙外,以尽地主之谊。余俟本省总督部堂与布政使刻日驰抵海口,照料办理。为此照复。顺候升祺。须至照会者。

附件二:英提督为要挟清廷撤除北河海口防御器物事给天津兵备道照会

大英钦命五印度暨东南洋并各岛岸水师提督军门、功赐佩带三等宝星合,为照会事。

照得本月十七日本军门派员上岸,预先知会大英君主/法皇帝与贵国大皇帝所立和约已蒙批准,在于京师交付。兹据该员回禀,北河海口已应允将所拦水路之物除去,但现在并未除去,是以知会贵道,钦差业经来到,只得将其阻拦等物拔除。如若不容,断难罢手,如有关系,惟拦挡之人任咎可也。为此照会。顺候升祺并茂。须至照会者。

右照会大清钦命驻扎天津等处地方兵备道。

一千八百五十九年六月二十二日。

——《第二次鸦片战争》第4册,第95—98页。

〇上谕

军机大臣字寄钦差大臣、科尔沁博多勒噶台亲王僧,直隶总督恒,传谕直隶布政使文

煜。咸丰九年五月二十五日奉上谕：

僧格林沁等奏夷人近日情形一折，并将照会缮递，览奏均悉。夷船于拦江沙内外往来游驶，近日虽移至外洋，未露桀骜情形，而该夷反覆无常，难保不肆意悖悍，设竟欲闯入内河，该大臣仍当示以镇静，派员谕以上年所定和约中国既许以互换，决不肯食言，致有更变；惟大沽海口不能行走，设竟无理闯入，以致误有损伤，中国不任其咎。并谕令该夷等移泊北塘静候，卜酋等到后，与桂良等熟商办理。至卜鲁斯本有十三日在沪起程之说，本日据桂良等奏称，该酋船只改于十五日开行，三国共有二十七只。该酋是否实已潜至拦江沙外，自应加探访。前据恒福奏，请派令明善前赴海口，当经谕知不令前往，今知发递舛错①，未经接到，本日已将此件寄谕，命军机处先由五百里递去。该大臣等奉到后，即遵照妥办。恒福现驻新河，即可督同文煜就近照料，自无须另行派员。桂良等于十六日尚在苏州，即赶紧遄行，到津尚须时日。卜鲁斯到海口后，总须令其静候桂良等到津。傥该酋不愿在洋守候，可告以换约系属和好之事，本不应多带兵船，此时既准其由北塘赴津，设或随从多人，携带器械，必致民情惶骇，滋生事端，所有换约官员人等，至多不得过二十人之数，沿途备办供给，必当尽礼。既为议和而来，中国总以诚信相待，断无疑虑。上年卜酋亦曾到津，当时委员内如有认识该酋之人，即可派令同为委员，以便(辩)[辨]认该酋真伪。该夷虽性情诡谲，此时既与议和，但当以诚相感，使其深信不疑，以免别生枝节。是为至要。将此由五百里谕知僧格林沁、恒福，并传谕文煜知之。

钦此。遵旨寄信前来。

——《咸丰同治两朝上谕档》第9册，第278页。

五月二十七日

〇僧格林沁、恒福奏

奴才僧格林沁、奴才恒福跪奏，为夷船不遵理谕，闯入内河，先行开炮，向我轰击，我兵奋怒，击毁夷船，自未至亥，终日鏖战，该夷步队直逼墙根，搦战不退各情形，恭折驰奏，仰祈圣鉴事。

窃逆夷连日桀骜情形，不堪缕叙。奴才恒福驰赴北塘时，曾经照会该国公使前往会商，该夷置之不理，再三来言，总以拦河诸具限时撤去为词。二十四日夜，该夷以小杉板船

① 据僧格林沁等奏："奴才等于二十三日午刻接兵部大票递到夹板一付，当即拆阅，系交署吉林将军特普钦谕旨一道，奏折、安折各一件。奴才等随即加封，由驿五百里飞递该署将军衙门查收。其应发交奴才等折件，是否递往吉林，应请旨饬查，迅速发回，并饬军机处先行抄发一分，以凭钦遵办理。"参见中国第一历史档案馆藏录副奏折，档案号03-4219-062。

驶入铁戗内,用炸炮轰断拦河大铁(练)[链]二根、大棕缆一根,适与哨船相值,即便驶回,该弁兵等亦未施放枪炮,随仍将铁(练)[链]接系稳固,照旧横拦河面。二十五日辰刻,该夷火轮船十余只,排列铁戗口门外,又傍南岸炮台下,驶入火轮船三只,直逼铁戗旁,以数人凫水,用丝绳系铁戗前柱,而引其端于该夷船尾,另以一船轮回曳之一二时之久,拉倒铁戗共十余架。其排列多船,皆竖红旗,立意启衅用武,骄悖情形,实难容恕。惟念两年抚局,一经开炮,则局势全变,仍复隐忍静伺,以恣该夷之骄,而蓄我军之怒。

正在相持之际,复派员持天津道照会前往晓谕,该夷不准投递,竟将各船蜂拥直上,冲至第二座炮台,直撞铁(练)[链]两次,皆被拦截,不能径越。该夷即开炮向我炮台轰击,我军郁怒多时,势难禁遏,各营大小炮位环轰叠击,击损夷船多只,不能行走。余船皆竖白旗起碇下驶,仍复绕至破船后向炮台轰击,直至日夕未尝稍休。又有小杉板船二十余只,满河游驶,其向后十余只,径行拢泊南炮台河岸,该夷步队一并上岸,排列濠沟以外。当即加派抬枪鸟枪各队前往策应,连环轰击,该夷不敢径越濠沟,均向苇地藏伏,暗施鸟枪,似此凶悍实堪发指。奴才等惟有督率军士竭力堵御,以冀上伸国威,下抒民望。奴才恒福本在新河驻扎,一闻炮声,即督率马步各队官兵驰回大沽,以作后路声援。适藩司文煜亦自保定抵营。

所有逆夷不遵理谕,我军奋怒,鏖战至夜,并该夷步队掰战各缘由,谨缮折由驿六百里驰奏,伏乞皇上圣鉴训示。谨奏。

[咸丰九年五月二十六日]

——《第二次鸦片战争》第4册,第101—102页。

〇上谕

军机大臣字寄钦差大臣、科尔沁博多勒噶台亲王僧,直隶总督恒,传谕直隶布政使文煜。咸丰五年九月二十七日奉上谕:

僧格林沁等奏夷人先行开炮、官兵击毁夷船情形一折。夷船不遵理谕,闯入内河,向我炮台先行开炮,官军愤怒,列炮环轰,将该夷船击损多只。此系该夷自行起衅,不得不示以兵威。惟该夷既竖白旗,仍复掰战,并有步队上岸,藏伏苇地,施放鸟枪等事,僧格林沁仍当严督将士妥为防备。傥该夷心生畏惧,不敢仍前掰战,即该夷仍驾船游驶,抑或扳弄铁戗,稍有骚扰,断不可先行开炮。设使夷人开炮,再行轰击,以顾全局。傥该夷来递照会,僧格林沁断不可接收,亦不准向其见面,抚局著责成恒福、文煜妥为办理。现虽用武,著恒福等派委妥员,或令天津道行文该夷,诘以既为换约而来,并已许其进京互换,是中国已属尽情,毫无他意,何以反先行开炮、肆行骚扰?是伊先自背约,并非我之无信。傥该夷自知理屈,得有转机,恒福等即可告以桂良等尚未到京,伊等或在拦江沙外停泊,或在天津

等候，总须桂良等到京后方可互换和约。至卜鲁斯是否实已到拦江沙外，此次兵船接仗是否止系英夷之人，抑有弗、米等国在内，著僧格林沁等设法查探确实为要。北塘海口原设官兵，前据该大臣奏称移往他处，此时既已接仗，则各海口均应严加防范，著饬李志和仍统原带各兵前往北塘，驻守炮台，实力防堵。惟不可先行开炮，自我启衅，违令者必治其罪。盛京海口，已谕令玉明等严行防守。其山海关地方，即著僧格林沁严饬格绷额等实力防堵，无稍疏懈。前调赴山东之绥远、归化城兵一千名，本日据崇恩奏，山东民团可用，兵力已厚，毋庸前往，现已谕令成凯等将此项官兵派往天津防所，俟抵津后，即交僧格林沁调遣。将此由六百里谕知僧格林沁、恒福，并传谕文煜知之。

钦此。遵旨寄信前来。

——《咸丰同治两朝上谕档》第 9 册，第 281—282 页。

○上谕

军机大臣字寄正红旗汉军副都统增，盛京将军玉，奉天府府尹景。咸丰九年五月二十七日奉上谕：

玉明奏，缉捕经费请由船规项下动拨等语。奉天省近来盗风日炽，该将军现饬各路缉捕委员合力兜拿，所有该官兵等应需经费钱文，除将招商木价抵补外，其不敷之数，准其由船规项下动拨，以资兵食。仍著该将军督饬委员并地方文武，将未获各案实力严拿，毋任漏网。夷船现抵天津海口，本日据僧格林沁奏称，该夷不遵理谕，阑入内河，先行开炮，官军开炮轰击，攻毁夷船多只，大获胜仗。天津既已用武，奉天田庄台两岸炮台，并著增庆、景霖督饬在防官兵严密设防。仍勿先开枪炮，如夷船开炮驶入，不得不回击以拒之，著饬沿海口岸弁兵一体遵照可也。将此由四百里谕令知之。

钦此。遵旨寄信前来。

——《咸丰同治两朝上谕档》第 9 册，第 282 页。

○僧格林沁、恒福奏

奴才僧格林沁、奴才恒福跪奏，为查明接仗各情形，恭折奏祈圣鉴事。

窃奴才等于二十六日寅刻，曾将逆夷连日猖獗、不遵理谕、终日鏖战各情奏明在案。该夷步队直逼南炮台濠沟，搿战至夜，我军用抬枪、鸟枪连环轰击，该夷纷纷倒地。其藏匿苇间者尚千余人，伏地抢进，不辨远近。我军以火弹、喷筒御之，每火光一亮，瞥见该夷，即排施枪炮，对准开放。该夷术穷力尽，不敢恋战，向船逃窜。我军至天明始行收队。沿河夷尸堆积，除该夷抬运上船外，尚余一百数十具，并洋枪四十一杆，及随枪器具、夷人什物多件。又有三板船三只搁入浅滩，内夷兵一人蹲伏船内，为我军擒获，并由滩岸生擒夷兵

一名。讯据供称，一系英人，一系米人，并系开仗时，从拦江沙外乘坐小杉板船调集应援者。询称此次上岸夷兵约共一千五六百人，死者甚众。其当先大火轮船一只，即系英酋提督赫某坐船，该酋因坐船桅杆被炮击折，打伤右腿，卧在床上，不能转动，挑衅接仗，尽系该酋主意等语。奴才恒福派员看守，以为将来曲示抚绥之地。

查二十五日与该夷接仗，共火轮船十三只，我军轰击，有直沉水底者，有桅杆倾侧、不能移动者，仅有火轮船一只驶出拦江沙外，余皆受伤不能掌驾。该夷炮势如雨，向我轰击，炮子之大，有重五六十斤者，火箭炸炮，络绎齐施，幸炮营围墙深厚，尚足抵御。而各炮台口门适当夷船，与之相对轰击，满汉各营兵弁阵亡三十二名，直隶提督史荣椿、大沽协副将龙汝元、海口左中营都司奇车布、正白旗鸟枪护军校塔克慎、千总王世扬、把总张文炳，并以接仗奋不顾身，中炮阵亡，应请照例分别给予恩恤。

查史荣椿勤能干练，忠勇性成，屡著战功。副将龙汝元朴实勤慎，办理营务始终无倦。此次办理海防，巨细经理，未尝一刻休息。所以能办有成效，该二员之力为多。兹以亲上炮台，督率兵勇，奋击夷船，一时殒命，殊深痛惜。应请皇上天恩从优给予恤典，并于直隶天津并原籍地方建立专祠，以慰忠魂。其余阵亡、受伤官兵，由奴才等分别给予恤赏银两，以昭激劝。至此次接仗一昼夜之久，各军奋力堵御，战气百倍，实堪嘉尚，当由奴才等从捐输项下提银五千两，分别奖赏鼓励。其各出力弁员，可否由奴才等择尤保奏，出自皇上恩施。

该夷经此次挫折后，必以报复为名，调集广东、上海各兵船，再图窥伺。所有损坏各炮墙，即时查明，赶紧修补。炮位亦间有震裂及经夷炮击毁者。应请敕下京局所造铜炮数尊，赶紧造成，陆续解赴大营，以便更换安置。

所有查明接仗各情形，谨专折由驿六百里驰奏，伏乞皇上圣鉴训示。谨奏。

［咸丰九年五月二十六日］

——《第二次鸦片战争》第 4 册，第 102—104 页。

○上谕

咸丰九年五月二十七日内阁奉上谕：

僧格林沁等奏查明接仗各情形一折。夷人船只不遵理谕，闯入内河，于本月二十五日先行开炮，官军亦开炮回击。该夷船只受伤，仍未肯退出，并以步队搦战，经官军击毙数百名，生擒二名，余俱逃窜回船。夷船入内河者共十三只，惟一船逃出拦江（河）［沙］外，余悉被炮击伤，不能驾驶。该夷兵头赫姓，亦被炮伤腿，不能转动。夷人狂悖无理，经此次痛加惩创，自应知中国兵威未容干犯。该将弁等协力齐心，大获胜仗，实属异常奋勇，所有在事出力将弁兵勇，著僧格林沁即行查明保奏，候朕施恩。并准其先于捐输项下提银五千两，分别奖赏。直隶提督史荣椿、大沽协副将龙汝元，身先督战，奋不顾身，致被炮伤殒命，实

堪痛惜。史荣椿、龙汝元均著从优议恤,并于直隶天津及各该原籍地方建立专祠。其同时阵亡之海口营都司奇车布、正白旗鸟枪护军校塔克慎、千总王世扬、把总张文炳,并著照例分别议恤,以慰忠魂。

钦此。①

——《咸丰同治两朝上谕档》第9册,第382页。

〇上谕

军机大臣字寄钦差大臣、科尔沁博多勒噶台亲王僧,直隶总督恒,传谕直隶布政使文煜。咸丰九年五月二十七日奉上谕:

本日早间,据僧格林沁、恒福奏,夷人先行开炮,官军回击,伤损夷船多只,当经谕令该大臣等探明卜酋曾否到来,设法开导,为剿抚兼施之计。兹复据僧格林沁等奏查明接仗各情形一折,夷人船只不遵理谕,闯入内河,于本月二十五日先行开炮,官军亦开炮回击。该夷船只受伤,仍未肯退出,并以步队搦战,经官军击毙数百名,生擒二名,余俱逃窜回船。夷船入内河者共十三只,惟一船逃出拦江沙外,余悉被炮击伤,不能驾驶。该夷兵头赫姓,亦被炮伤腿,不能转动。夷人狂悖无理,经此次痛加惩创,自应知中国兵威未容干犯。该将弁等协力齐心,大获胜仗,实属异常奋勇,所有在事出力将弁兵勇,著僧格林沁即行查明保奏,候朕施恩。并准其先于捐输项下提银五千两,分别奖赏。直隶提督史荣椿、大沽协副将龙汝元身先督战,奋不顾身,致被炮伤殒命,实堪痛惜,史荣椿、龙汝元均著从优议恤,并于直隶天津及各该原籍地方建立专祠。其同时阵亡之海口营都司奇车布、正白旗鸟枪护军校塔克慎、千总王世扬、把总张文炳,并著照例分别议恤,以慰忠魂。至该夷蓄意狂噬,遽受大创,自应胆落。赫酋业已受伤,无可与之理论,卜鲁斯此时是否在拦江沙外?即著恒福等探明该酋作何动静,傥以赫酋犯顺为非,即可乘机理谕,派委妥员诘以何故先行开炮,背约起衅,并非中国失信,冀其悔悟转环,以全抚局。此事如有可乘之机,恒福等切不可失,是为至要。至夷情狡悍,来图报复,亦在意中。所有损坏炮位及炮墙等,均著即行修整,并督饬弁兵加意防范。所需炮位,已饬八旗汉军速拨武城永固炮八尊,刻即解往应用矣。所有直隶提督,已简放乐善;其大沽协副将员缺,即著以游击徐廷楷补授。将此由六百里谕知僧格林沁、恒福,并传谕文煜知之。

钦此。遵旨寄信前来。

——《咸丰同治两朝上谕档》第9册,第268—290页。

---

① 此件结尾处,原注:二行内"夷人"及八行内"夷人"二字,均于现递顶上用黄签签明"'夷人'拟改'英夷'"字递上,发下,遵旨改缮发抄。该二处现于文中用下画线标出。

〇上谕

军机大臣字寄绥远城将军成，归化城副都统桂。咸丰九年五月二十七日奉上谕：

前因山东曹单一带需兵防堵，谕令成凯、桂成，于绥远、归化两城备调天津防兵内，各调拨五百名驰往山东单县一带择要驻扎。兹据崇恩奏称，曹单民团甚多，兵力已厚，无须添兵等语。著成凯、桂成将前次调拨官兵配齐军装器械，仍交桂成管带，迅速起程，径赴天津，交僧格林沁调遣，无庸前往山东。将此由六百里谕令知之。

钦此。遵旨寄信前来。

——《咸丰同治两朝上谕档》第9册，第283页。

五月二十九日

〇恒福奏

直隶总督奴才恒福跪奏，为夷情桀骜，难以抚驭，奴才未能遵旨开导，恳请迅派大员驰赴天津办理夷务，以全大局，恭折驰陈，仰祈圣鉴事。

窃夷船自五月十七日驶入海口以后一切情形，奴才已会同僧格林沁由驿具奏在案。伏查办理外夷事务，本与攻剿逆匪大相悬殊，是以抚驭怀柔为历来御夷之策，然必彼此以礼相接，方免决裂而通和好。该夷上年来津，毁我炮台，闯我海口，挟制要盟，种种骄悍情形，久在圣明洞鉴。惟因中土多事，不得不暂事包容。奴才虽系至愚，亦当上体宸怀，何敢轻于挑衅。此次该夷自到海口，即遣夷人前来知会，将一应拦河防具尽行撤去。该弁兵等告以钦差桂良等在上海守候半年，何以不赴上海。该夷答以止知遵照上年议定之言来京换约，不知有桂良在沪之事。该夷提督照会天津道，催撤防具，语意亦大略相同。迨由该道派员送给蔬菜食物，彼则一概不收。嗣由奴才给英酋普鲁斯照会一件，派易州知州李同文、北塘汛千总任连升送至夷船，文内仅言奉旨准其由北塘赴京，尚未提及不得携带器械及官员人等至多不过二十人之数等语，乃该酋竟不收受，并将文内“贵国钦使”字样圈出，挑剔应双抬书写，且止与该夷汉文正使威妥玛名片一纸，内有即入天津郡城之语。该夷人向委员李同文等告知定行接仗，不走北塘，其踞傲无礼之状，不堪悉述。

奴才伏思，僧格林沁自上年奉旨办理海防以来，昼夜辛勤，殚诚竭虑，今年正月又亲至海口驻扎，与士卒誓同甘苦，风雨无间，劳瘁至今，其忠勇朴诚，实为奴才所不及。所有木筏铁链等件，层层布置，本拟令该夷知所畏惧，其船停泊拦江沙外，然后再行开导，令其向北塘行走。而该夷一到，即入拦江沙停泊，至鸡心滩，近逼铁戗，经僧格林沁隐忍以待。该夷又砍断棕缆，击倒铁戗，我军仍不肯先行开炮轰击。僧格林沁原为委曲将就，不欲轻开

衅端，以免另生枝节。乃该夷船于二十五日连樯而来，向内直驶，迭开大炮，意欲抢上炮台，此时若再迟疑，则炮台、营垒悉非我有，又蹈上年覆辙。奴才是日在新河，一闻炮声，即督带马步各队，于枪炮如雨之中驰入营盘，与僧格林沁相晤，督兵奋击。自未至亥，夷炮船火箭炸炮络绎不绝，势正猛烈，以致提督史荣椿、大沽协副将龙汝元同时中炮殒命，并阵亡官弁兵丁三十余员名。夷情狷獗，至于此极。夫和战两端，原难相提并论，和与战分别办理，方免临时迹涉游移。且天津重地近接京师，门户之防较他处尤关紧要。该夷又复贪得无厌，得步进步，今日允撤防具，明日必至全让炮台，不独僧格林沁奉命设防，难以听其狂悖，即奴才以地方之责，亦难于夷船直驶之时，任其迭开枪炮，不行回击。此二十五日之战，皆由该夷人肆意妄行使之，不得不战、不能不战之实在情形也。

奴才受恩深重，未报涓埃，何敢以向不熟悉夷情借词推诿。惟因生性愚直，深恐有误事机，是以有饬派明善来津办理夷务之请。乃发折后，该夷人照会不接，食物不收，北塘又不肯行走，是与奴才已成决裂之势，直使人无法理谕，无从抚绥。况既云互换和约，何以又带兵船？即使不走北塘，亦未始不可另再缓议，又何以定欲接仗？其为骄傲狷狂，有意寻衅，已可概见。在僧格林沁系奉旨特派专办防务，于夷船闯进不得不慑以兵威，原属正办。而奴才迭奉谕旨，饬令妥为照料，自应仰体我皇上圣德如天，含容无外，宛转设法，务将抚局保全。无如该夷人桀骜不驯，既不能以诚信感孚，亦不能以言词开导，以致猝然用武，实切悚惶。

窃思待外夷之法，应和则和，应战则战，总须察看夷情，随时相机办理。目前大局，夷人既经挫折，稍敛凶锋，若派员赶紧来津，专办和议，或能办理较易，亦未可知。可否仰恳皇上格外天恩，迅派重臣由驿驰赴天津办理夷务，于全局实有裨益。

奴才不胜激切待命之至，谨缮折由驿四百里驰奏，伏乞皇上圣鉴训示。谨奏。

［咸丰九年五月二十八日］

——《第二次鸦片战争》第4册，第108—110页。

○上谕

军机大臣字寄直隶总督恒，传谕直隶布政使文煜。咸丰九年五月二十九日奉上谕：

恒福奏夷情桀骜难以就抚、请派大员办理一折。此次夷船闯进海口，先行挑衅，经僧格林沁挫其凶锋，正可乘此机会，设法开导。从来驾驭外夷，未有不归于议抚者，专于用兵如何了局？前恒福请饬明善到津，未曾允准，原以该督等有管辖地方之责，不得置身事外。今该督仍请另派大员办理夷务，殊属非是。所有防剿事务，已责成僧格林沁矣；其议抚事宜，仍责成恒福督同文煜设法办理。恒福经朕简任总督，受恩深重，不得心存推诿，致误事机。

上年天津失事，以致和议受亏，今幸得此胜仗，稍挫凶锋，趁此时与之开导，当易有转

机。英酋先行开炮，自取挫败，当无颜来说合。其米、弗两国即未随同犯顺，即著恒福督同文煜迅往北塘驻扎，或派员会晤，或行照会该二国，告以二国既系换约而来，中国向重信义，本于天津预备馆驿，无如总须多待时日，必俟桂良等到后方能互换；至海口设防，系向来本有，原拟由北塘接进，不意英夷先行背约，拔我铁戗，击我炮台，以触我兵奋怒回击，现在相持，恐有误伤二国船只，今特布告，如愿在拦江沙外守候，必须远避，否则定期，派人由北塘接进天津相待，以敦和好，然不必多带从人，恐我居民惊扰，反失和美；至英夷背约无礼，反将中国以诚信相待之心有失，实出意外。虽连日与我为怨，亦尚有照会，令其释疑，仍敦信好。恐执迷不误，有误二国换约之事，特此告知。看其是否前来，如何答覆。如米、弗两夷为英夷说和，即可因势利导，相机措词，暂为羁縻，俟桂良等到后再议互换和约之事。恒福等受此重任，必当尽心办理，以副朕怀。

至僧格林沁在前应敌，其后路必须步步设防，酌调直隶官兵，已谕僧格林沁矣。以后所办防剿事宜，恒福等不必会衔。至天津民团是否可用，以辅助官兵，仍须官为钤束，勿令藉生事端。其所获夷兵两名，本留为抚绥之地，如何妥筹办理之法，著一并计议。恒福专办抚局，即无庸驻扎僧格林沁大营。至本日所奏投递照会情形，均系二十五日以前之事，该夷船击败以后，退泊何处，卜鲁斯等是否尚在拦江沙外，有无另谋猖獗，并著恒福等确探具奏。

将此由六百里谕知恒福，并传谕文煜知之。

钦此。遵旨寄信前来。

——《咸丰同治两朝上谕档》第9册，第293—295页。

〇上谕

军机大臣字寄钦差大臣、科尔沁博多勒噶台亲王僧。咸丰九年五月二十九日奉上谕：

前因夷人先行开炮，经官兵击毁夷船多只，当谕令僧格林沁，仍严督将士，妥为防备。此次英夷自起衅端，肆意猖獗，该大臣亲督官兵奋力轰击，使该夷大受惩创，尚属调度有方。惟驭夷之法，究须剿抚兼施，若专事攻击，恐兵连祸结，终无了期。不如趁此获胜之后，设法抚驭，仍令就我范围，方为妥善。前谕恒福、文煜乘机理谕，谅该大臣必能深悉此意。惟恐各官兵因此次获胜，总以攻剿为是，致误大局。现已谕令恒福毋庸仍住大营，即与文煜驻扎北塘，专办抚局矣。至该夷被击之后是否尚泊拦江沙外，抑仍图窥伺内河，作何举动，两日未据奏报，实深廑念。僧格林沁驻扎海口，后路尚觉空虚，应调直隶何处官兵择要扼守，统归僧格林沁调度，以为大军援应。一切守御之法，该大臣谅必妥为筹办。傥该夷再肆狂悖，前来开炮，自当竭力抵御，饬令弁兵固守炮台，不可稍有疏失，断不可先行开炮，使该夷有所藉口。是为至要。以后恒福等所办抚局，僧格林沁不必会衔。二十五日之战，史荣椿、龙汝元阵亡，系在何处被炮，著将阵亡情形详细具奏。将此由六百里谕令知之。

钦此。遵旨寄信前来。

——《咸丰同治两朝上谕档》第 9 册,第 293 页。

六月

六月初一日

〇上谕

军机大臣密寄钦差大臣、两江总督何。咸丰九年六月初一日奉上谕:

此次夷酋卜鲁斯等以互换和约来津,带领兵船,欲进大沽海口,已谕令在拦江沙外停泊,静候桂良等到京商办。复恐夷情躁急,未肯久待,又谕僧格林沁、恒福等令由北塘进口,暂在天津安设馆驿,仍候桂良等到后办理。讵该夷不收照会,不遵理谕,屡将海口所设铁戗等件撤毁多件。五月二十五日,夷船闯入,先行开炮,官军不得不回击,夷船受伤多只,犹以步队搦战,势甚猖獗,我军击毙夷兵数百名,生捡二名,余皆败窜。计夷船入内河者共十三只,惟一船逃出拦江沙外。据生捡夷兵供称,皆英夷号称提督之赫姓主见。是日,赫姓因桅折压伤其腿,不能转动。现在各船仍泊拦江沙外。英夷背约恃强,先行开衅,并非我中国失信。惟念古来驾驭外夷,终归议抚,若专意用兵,终非了局。现仍令僧格林沁办理防剿事务,另派恒福督同文煜办理抚局。英夷背约称兵,固难与之理论,其米、弗虽与同来,未必帮同犯顺,仍可善为抚绥,令由北塘至津暂住,待桂良等到后再议。该二国情形如何,尚未据恒福等覆奏。英夷挫折之后,其兵船在天津海外者无多,计必或赴上海,或召广东兵船,重来报复。著何桂清密派妥员赴沪查探,有何动静,暗中防范。其天津被创之事,不可漏泄。傥该夷果有火轮船至上海,欲纠众北犯,可令该处华商与夷商等声言,若复用兵,则上年所议各条前功尽弃,岂不可惜。嘱各商从中劝阻,或挽米、弗二夷之在沪者为之劝解,令英夷弭兵息事,仍在天津等桂良等办理,庶各国可以同沾利益,亦保全抚局之一道也。惟此意须出自商人,不可官为宣露,更不可因此事先给照会。何桂清有办理夷务之责,既有变局,不可不早令知悉。将此由六百里密谕知之。

钦此。遵旨寄信前来。

——《咸丰同治两朝上谕档》第 9 册,第 297 页。

〇僧格林沁、恒福奏

奴才僧格林沁、奴才恒福跪奏,为数日与该夷相持情形,并遵旨酌保打仗出力人员,恭折奏祈圣鉴事。

窃咸丰九年五月二十八日，迭奉二十七日两次寄谕，仰荷圣明指示，周详精审，莫名钦佩。自二十五日与该夷昼夜鏖战，幸获全胜，夷船受伤者，随驶出鸡心滩外，停泊修整。其击沉之船四只，均有夷兵看守，我兵凫水近船，该夷仍枪炮齐施，坚据不移。二十七日夜，瞥见该夷小三板船多只，攒聚沉船旁，彻夜不息。二十八日卯刻，鸡心滩外火轮船烟焰腾起，但见沉入水底之船一只，桅杆矗立，从水面行驶，自系该夷潜以丝绳系前船，由水底曳动双轮，如行平地，顷刻已驶出鸡心滩外。未刻，我军复凫水往烧其船一只，洋炮多尊，陆续运入营盘。三日以来，夷人惟蹲伏不动，与我军相持，未敢内犯。讯据所获夷目二名供称，普鲁斯及各国公使乘坐大火轮船停泊拦江(河)[沙]外，因水浅未敢驶入。二十五日接仗，获有佛兰西旗帜、米利坚夷兵，是启衅称兵虽出自英夷，而佛、米两国帮同滋扰，亦所不免。察看情形，此次该夷带领兵船驶入内河，名为换约而来，实系意在占据天津，借端要挟，专肆凶横。既经官兵尽力惩创，即时派员往谕，势必不能相安，已饬天津道照会该夷，剀切晓谕，即交所获米夷带归投递，俾知悔悟，以示羁縻。如稍有可乘之机，自当设法转圜，使该夷不至怙终，而弭构兵之衅。

至北塘营兵炮位，甫经移至营城，若复那回设防，不独转移烦重，徒费人力，且查北塘炮台后路即系村落，民房鳞次，无险可扼，转非慎重防维之意。奴才等已移咨西凌阿，多设哨探，昼夜巡逻，夷船驶入北塘，不(防)[妨]听其停泊，一经上岸，即督马队各兵前往堵截，以防袭我后路。该夷既失船炮之险，我兵又可施驰骋之力，较之北塘设防，更有把握。将来夷酋入京，仍由北塘行走，亦可留为将来议抚之地。

此次与夷人接仗，部署半年之久，各营军士无不奋勇出力，得以稍伸天讨。可见从前各省海口节次失利，亦实有难施攻剿之处。大沽防务，经此次获胜后，军心愈壮，人思敌忾，自可日期稳固，足以上慰宸廑。此折系派宗室国瑞赍奏入京，该员曾值内廷，此次营务极为谙悉，可以详细面陈。

至谕旨饬令保奏是日在事出力将弁兵勇之处，益见我皇上甄叙勤劳，虽微必录。奴才等遵即确切查明二十五日接仗出力各员弁，并于奇险之中，激发忠义之气，谨缮具清单，陈请奖叙，伏候圣裁。所有受伤员弁，俟验明等第，再行申奏请奖。其余一切布置出力文武员弁，均属著有微劳，容俟查明，分别酌请恩奖，以期仰副皇上有劳必甄之至意。

所有数日与该夷相持情形，并遵旨酌保打仗出力人员缘由，谨缮折具奏，伏乞皇上圣鉴训示。谨奏。

——《第二次鸦片战争》第4册，第110—112页。

〇僧格林沁等奏

僧格林沁等又奏，郡王衔扎赉特贝勒拉木棍布扎布督带马队官兵屯扎双港。夷船到

来，该贝勒立即督队驰至海口，派兵在草头沽一带梭巡放卡，以备不虞。迨二十五日，夷炮如雨之际，该贝勒亲督马队驰骋，扼防海岸。是日夷人上岸，很扑南营，保全营垒，尤为出力，实属异常忠勇。惟业经荣膺显爵，应如何鼓励之处，出自皇上天恩。[①]

——《筹办夷务始末（咸丰朝）》卷三九，第 4 页。

〇上谕

军机大臣字寄钦差大臣、科尔沁博多勒噶台亲王僧，直隶总督恒，传谕直隶布政使文煜。咸丰九年六月初一日奉上谕：

本日国瑞到京，即经召见，询以军营一切光景，并阅僧格林沁、恒福奏数日与该夷相持情形并遵保出力人员一折。所奏虽获胜仗、该大臣仍设法办抚，甚合机宜，朕心深慰。夷人自被击后，蹲伏拦江沙外，与我军相持，未敢内犯。讯据夷目供称，卜鲁斯及各国公使乘坐大火轮船，俱停大沽口外。僧格林沁等已饬天津道照会该夷，剀切晓谕，即交所获米夷带归投递，以为转圜。并移咨西凌阿，夷船驶入北塘，不妨听其停泊，一经上岸，即督马队堵截。该大臣所筹，与前降谕旨用意正相符合，著即相机妥办，以期及早蒇事。僧格林沁督办海防，筹画精详，不辞劳瘁，著先行赏给御用烟壶一对、时辰表一对，即由国瑞赍交僧格林沁祗领。所有保举加衔、升用、赏戴翎支及先换顶戴各员，均依议行。至应赏勇号并拉木棍布札布加恩之处，统俟定局后再降谕旨。其未经宣布情节，俟国瑞到津后再为传谕可也。所获米夷之人，已令带投照会，看其如何答覆，有无转圜之意。傥竟无回信，或三夷齐心桀骜，再应如何办理之法，著悉心筹画为要。直隶宣化镇中营游击员缺，著即以戎发升补，俟海口撤防再行送部引见。将此由五百里谕知僧格林沁、恒福，并传谕文煜知之。

钦此。遵旨寄信前来。

——《咸丰同治两朝上谕档》第 9 册，第 299—300 页。

六月初二日

〇上谕

咸丰九年六月初二日内阁奉上谕：

僧格林沁等奏遵旨查明天津海口打仗出力人员开单请奖一折。英夷大小轮船多只，

---

① 在《筹办夷务始末（咸丰朝）》卷三九中，本片并上折均系于六月庚子（初二日）目下，然针对此折、片之上谕（即本书下一条文档）发布于六月初一日，故本书将其系于六月初一日。

驶至天津海口,不遵理谕,闯进鸡心滩,毁我防具。五月二十五日,竟敢先行开炮,轰我炮台。我军开炮回击,奋力抵御,自未至亥,沈毁英夷多船,并毙其上岸步队数百名,生擒二名。各该将弁等协力齐心,大张挞伐,实属奋勇可嘉,自应立沛恩施,以昭激劝。参领穆腾额、倭和,均著赏加副都统衔,穆腾额并著赏给苏博通额巴图鲁名号,倭和并著赏给锡林巴图鲁名号。参领玉亮,著赏给斐凌阿巴图鲁名号。副参领明春,著赏给西尔布苏特依巴图鲁名号。副将徐廷楷,著赏给绰罗台巴图鲁名号。副前锋参领海群,著以前锋参领升用,并赏给西里德克巴图鲁名号。游击保升参将李炳业,著赏换花翎,并赏给效勇巴图鲁名号。副参领怀他布、孝纯保,均著以参领升补。委参领全忠、瑞秀、明志,均著以副参领升补。委前锋参领文兴、乌勒希春、额勒精额,均著以副前锋参领升用。护军校常安、明善、常英、庆瑞、富勒贺、官禄、祥顺、克兴额、穆都哩、伊克坦、音德布、春玉、伊拉清额,均著以空花翎升用。前锋校乌宏阿、常德、克兴额、克什泰,均著以委前锋参领升用。蓝翎长德安、常泰、德克精额、庆喜、郭拉明阿、富广、庆连、吉拉通阿、札布尚阿、瑞志、常山、永寿、额哲松额、克什泰、常明、德忠、瑞祥、额拉金图、希拉布、恩光,均著以护军校升用;吉瑞、赛沙春、阿明阿、庆明、兴寿、额图珲、万福、希尔春、常安、乌郎阿、格图克勒,笔帖式善英,均著以前锋校升用。护军忠顺等五十八名、达桑阿等八十八名,前锋瑞福等三十二名,均著赏给蓝翎长。降补守备马淮,著开复参将原官,仍留巡捕营即补,并免缴捐复银两。降补外委纯贵,著开复守备原官,仍留巡捕营即补,免缴捐复银两,并赏换花翎。都司阿呢扬阿,千总王兴邦,把总赵起、华云彪,经制外委李兴,均著赏戴蓝翎。千总邓起元,著以守备升用,并赏戴蓝翎。千总葛开泰,把总费荫魁,著以守备尽先升补。已革守备亿年,著开复守备原官,并免缴捐复银两。即补把总李恒春,著以千总尽先拔补。候补千总春庆、巴山,均著俟补缺后以守备升用。候补把总包志均、安继祖,均著俟补缺后以千总拔补。外委李焯兴、王贵、刘长和、杨桂林,均著以把总拔补。兵丁瑞明等八名,均著以经制外委拔补。把总王德顺,候补千总王兆麟,均著以千总即行拔补。外委李有庆、孟毓奎、赵奎七,武举郝连城,军功刘万和、张兴,均著以把总即行拔补。外委陈万平等八员,兵丁于得功等二十三名,均著以经制外委即行拔补。兵丁郑明保等十七名,均著以额外外委即行拔补。以上准升各员,均著先换顶戴,以示奖励。余著照所议办理。该部知道。单并发。

钦此。

——《咸丰同治两朝上谕档》第9册,第383—384页。

〇上谕

军机大臣密寄调任四川总督黄,调任广东巡抚兼署两广总督劳。咸丰九年六月初二日奉上谕:

广东夷务情形，日久未据奏报，甚深廑念。英酋卜鲁斯等率领兵船至沪，未与桂良等相见，但行照会，声称赴津互换和约。及到大沽海口，谕令拢泊拦江沙外，静候桂良等回京商办，或先由北塘暂到天津，安插馆驿，俱不遵依，声言欲撤我海口防具。五月二十五日，驶入火轮船并杉板船多只，逼近炮台，竟敢先行开炮，并以步队上岸搦战，经僧格林沁等督兵回击，伤毙夷兵数百名，击坏夷船十二只，生擒夷兵二名，其英国提督赫姓被炮伤桅压腿不能动，实足以寒夷胆而伸国威。连日该夷在拦江沙外修整坏船，未敢内犯。僧格林沁与之相持，军心益壮。惟念驾驭外夷之道，断不能始终用武，傥该夷挫折之后果有悔心，或挽米、弗二夷出面说和，或待桂良等到日换约，尚可宥其狂悖，息事罢兵。所恐夷情难测，或调广东夷兵前来报复，或被戗于津、修怨于粤，均属不可不防。黄宗汉奉到来京谕旨，是否业已起程，或尚在粤，劳崇光调任广东，兼署督篆，是否已抵新任，均未奏到。天津接仗情形，广东想未深悉，特以谕知黄宗汉、劳崇光密加防范。即如罗惇衍等绅董中素符乡望者，亦应整顿乡团，以备不虞。该督等只宜信函往来，断不准形诸公牍，尤不可假奉旨为由，致于抚局有碍。特不必宣露防御情形，使夷人知觉。① 傥该夷在粤照常无事，即不可先行挑衅。劳崇光到粤东驻扎何郡？王庆云未到以前，务须兼顾两省，并与省中常通消息，留心夷务为要。将此由六百里密谕知之。

钦此。遵旨寄信前来。

——《咸丰同治两朝上谕档》第9册，第300—301页。

六月初三日

〇僧格林沁奏

奴才僧格林沁跪奏，为遵旨覆奏，仰祈圣鉴事。

咸丰九年六月初一日，接奉五月二十九日恭奉寄谕，等因。钦此。奴才跪读之下，敬谨聆悉。伏查五月二十九日以前海口夷务情形，业经缮奏，派委宗室国瑞恭赍进呈，以备垂训，计于初一、二日即可到京。现在前被打伤之船仍在拦江沙停泊，揆度情形，该夷既受大创，船只多被击伤，进退维谷。奴才与恒福、文煜因连日并无动静，本拟于二十九日将前获米利坚夷人先行放回，以听该夷消息。因是日早间，瞭见夷船一只向北行驶，至巳刻已抵北塘海口，旋据西凌阿所带马队哨探得：是日北塘西北蛏头沽地方有杉板船一只，乘坐夷人八名，内三人登岸，欲行进庄，见有官兵，即退入船。官兵拾获米夷汉字照会总督庆公文一件、名片五纸，飞递到营。是连日大沽彼此轰打，该夷不能闯入，是以往彼窥伺。奴才

① 画线部分为朱笔所改，原文为："并传旨令罗惇衍等整顿乡团，以备不虞。特不可宣露防御情形，使夷人知觉。"

与恒福会同商酌,饬由天津道办给覆文,并委员仍备办米面、猪羊、食物等件,由北塘运赴拦江沙外米夷坐船,以示优待。该夷是否就抚,俟委员旋回,再行恭折奏报。其米夷一名,现拟再缓放回,并前获之英夷一名,业受重伤,拟一并妥为看守。仍饬黄惠连与其盘桓,诱行抚驭之策。

此次夷船来津,兵船携带大炮甚多,肆意披猖,断非实心和好,未必无欲图占踞天津,另作要挟之计。二十五日甫经接仗,此时若即与言和,该夷正在愤怒,必不肯受我羁縻,即使勉强就抚,亦必不能坚久。现在米夷船只既至北塘,是彼来就我,办理或可稍易。奴才伏思夷情叵测,此时恒福、文煜遽然前往北塘,设有疏虞,有关国体,似宜等候委员回营,详度该夷情形,再定会议地方。且既经决裂之后,自应倍加慎重,倘一经俯就,该夷必复踞傲。再四筹计,抚驭之局,愈缓愈稳。是以奴才面饬恒福等暂缓前往,听候委员消息。仍严督将士妥为防守,以备该夷另生诡谋。该夷若由广东、上海调兵来津,火轮船行走迅速,为期不远。现在一面赶办抚驭,一面修整营垒。奴才现将安设双港炮位调运来营,又京局、津局解来炮位,暨夺获夷炮,均自安设,似足防守。恒福遵谕续调督标官兵五百名屯扎新河,为大沽北岸策应。其归化、绥远二处官兵到津,拟即派扎双港,俟八旗武成永固炮位解到,亦即安设该处,以为大沽后队。

至二十五日,直隶提臣史荣(桂)[椿]在南岸中炮台、大沽协副将龙汝元在北岸前炮台上督兵轰击,该提臣等皆身先士卒,亲燃大炮。夷船炮子打入炮台,登时阵亡。

再,英酋普鲁斯之大船十只,现仍在拦江沙外一带停泊,合并奏闻。并将夷人照会,暨饬天津遵办给覆文各一件,抄录恭呈御览,伏乞皇上圣鉴训示。谨奏。

[咸丰九年六月初二日]

咸丰九年六月初三日奉朱批:办理均属妥协。钦此。

——《第二次鸦片战争》第4册,第131—132页。

〇僧折所附照会

米利坚照会

为照会事。

照得本大臣恭膺大伯理玺天德简命,祇领亲笔国书,恭进中华大皇帝陛下,复躬聆训诲,谕使将真诚友好之谊上达贵国朝廷。当行抵上海地面,承钦差全权大臣桂、花、何、段照知,请到京师互换在天津所立和约等由。按该约第五款内载,美国使臣由天津海口往京,沿途车马、人夫、公馆办差等事,皆由该处各地方官豫备照理等因。今本大臣驾坐宝哈旦大火轮战舰,业已寄泊口外,敢请贵大臣遵约,饬令备办沿途诸事,致本大臣得以与随带人员迅速就道,前往都城。请即照覆是望。为此照会。

须至照会者。

给米利坚照会

为照会事。六月初一日，由北塘递到贵国照会总督部堂公文一角，始悉贵国钦差行舸已抵天津海口。前奉大皇帝谕旨，饬总督部堂、布政使照料贵国钦差，由北塘行走，入京换约。本道备送公礼一分，呈奉钦差行舸。伏乞照收。

须至照会者。

——《筹办夷务始末(咸丰朝)》卷三九，第8—9页。

〇恒福奏

直隶总督恒福奏：

奴才拟即督同藩司文煜前往北塘。正在束装启程间，僧格林沁以夷情叵测，俟天津道派弁赍送米夷照会及食物等件旋回后再行前往，该大臣已单衔具奏。奴才伏思驾驭外夷终归议抚，诚如圣谕，专意用兵，如何了局？所有天津应行豫备馆驿及沿途一切供给，已经分饬地方官妥为豫备。现在米夷既经投递照会，虽倒填二十四日期，在接仗以前，其中是否畏惧，抑或另有诡谋，原难测料，但冀能就抚驭，即可借势转圜，以全大局。一俟天津道照会递到，该夷如何举动，委弁旋回，得有确实消息，奴才即与藩司文煜迅速驰往北塘。如果夷情就抚，即遵旨或派员会晤，或行文照会，告以和约一层必须俟桂良等到后方能互换。总期相机办理，暂为羁縻，守候桂良等到京妥办。其米夷一名、英夷一名，现饬天津道派员妥为看守，给以饮食，留为抚局地步。英酋普鲁斯，讯据所获夷人供称，仍在拦江沙外，共船十只，依旧停泊，尚无动静。

朱批：知道了。

——《筹办夷务始末(咸丰朝)》卷三九，第9—10页。

六月初四日

〇全庆、廉兆纶奏

兵部尚书全庆、仓场侍郎廉兆纶奏：

窃惟英夷自犯顺以来，纵横肆逆。其驶至大沽也，闻有与地方照会，具言夷人游逛，不许拦阻，毁我堤防，不许支吾。彼其心盖以中国虽大，久已为积威所劫，一与之较，即谓之衅自我开。其骄谲也如此。五月二十五日，居然驾驶轮船，喝令群夷擅拆海口木筏、铁戗等件，仍复连开大炮，击我炮台。幸而僧格林沁等上秉天威，大获胜仗，沈其战舰，歼其丑

类,创深痛巨,逃出拦江。远近臣民,莫不举额相庆。然臣愚窃料逆夷情事,尚不能即时就抚也。盖以凭陵上国,称雄海外,一旦贺战胜者在中国,则忧瓦解者在群夷,势不能不极力抗衡,以侥幸于一转其局。设朝廷亟布怀柔之德,则逆夷益生狂悖之心。我以为感之以诚,彼反谓示之以弱,而抚局愈不可就。臣等闻其战败以来,不进不退。彼其心甚急,而其事反似缓者,或将观我动静,以相机施其毒心。或将逞彼凶锋,以走舸呼其死党。以臣等之愚窥之,窃恐早晚之间,该夷仍别有举动,断不肯听我兵战胜,就抚而去。而臣等之所过虑者,我之精锐,现只聚于大沽,旁无应援,后无拥护。且闻双港之旅已调于前营,津门之备但资于土练。又闻北塘一带亦颇空虚,彼正多方以谋之。我不悉力增兵以应之,仅恃海上一军,当其非常凶焰,万一有他,何以善其后乎?臣等愚以为,正当乘僧格林沁既胜之师,厚集兵力,大声天讨,挫彼凶狂。该夷蓦越重洋,势必不能持久。待其穷蹙,取前议而更张之,以绝其觊觎之心[①],办理方为得手。

臣等明知国用浩繁,动多掣肘。第两利相权取其重,两害相权取其轻。今英夷逼处辇毂之下,蕴毒至深,天下之急,孰有急于此者?臣等以为,无论何项要需,皆宜权衡于轻重之间,先其所急。俟夷情既定,其他用款自可从容筹画,次第施行。惟望皇上断自圣衷,速简重臣,发劲旅,以严近畿各海口之备,以大僧格林沁等之援。俾我兵百战之余,得以再接再(厉)[励]。兵力既厚,勇气自伸。并令广东义勇捣香港以牵其援兵[②],登州水师合旅顺以截其归路[③],然后国威可振,抚局可成也。

朱批:览奏已悉。

——《筹办夷务始末(咸丰朝)》卷三九,第 11—13 页。

六月初六日

〇恒福奏

直隶总督恒福奏:

窃查本年办理海防,调兵防堵,所有哲里木、昭乌达两盟官兵,奉旨赴天津军营,归僧格林沁调遣。五月二十五日,英夷大小火轮船多只直闯海口,叠开大炮,攻我炮台。继复以步队多人,上岸直扑营垒。两盟马队于枪炮如雨之中往来驰突,连环枪炮,轰毙极多。又因夷人势众凶猛,营南兵力较多,经僧格林沁饬令于该队内拨改步队数百名,以护营垒。

① 朱批:此言最为切要,但不知将来能办到此地步否。

② 朱批:此举难期必胜。

③ 朱批:此举万万不能。洋面争衡,徒贻笑耳。

该官兵复能排列濠沟以外，击退夷众，力保营盘。实属奋勇图功，不避锋镝，洵为勇敢得力之军。其两盟出力马队，僧格林沁以蒙古官兵分应出力，且因初有微劳，是以未经列入。惟奴才于是日由新河驰抵海口，目睹该夷犷悍异常，炮子纷纷落地，有重至六七十斤者，电激雷轰，营墙震动，其凶悍猛烈情形，迥非粤捻各逆可比。该马队官兵等均能一往无前，异常奋勇，不敢壅于上闻。兹谨择其尤为出力之带队官员，开具清单，恭呈御览。可否俯准奖励，出自皇上天恩。

——《筹办夷务始末(咸丰朝)》卷三九，第14—15页。

〇恒福奏

初三日戌刻，据千总任连升回沽面禀，初二日，因风大未能赶到，初三日早，甫到拦江沙外，米夷火轮船与各夷船只鳞次停泊，该弁投递公文，夷兵于船上排列队伍，嘱该弁守候逾时，始将猪羊等物收受，发给汉文照会一件、红纸片一件，察其情形，似与英夷暗通消息，并面订初六日赴北塘会晤日期。奴才与藩司文煜公同拆看，系米夷副使兼管翻译事务卫廉士照会天津道公文，内载各情，与任连升所禀相同。

伏思英夷挑衅，经此番惩创之后，自难露面。如米夷真愿就抚，赴京换约，奴才等待之以礼，设法羁縻，使之就我范围，则佛国游移之见或可挽回，即英国骄悍之情亦成孤立。但有机会可图，自可妥商办理。第该夷与英夷船只毗连，暗通消息。且该夷面问该弁，现在大沽海口，闻系僧王统兵驻守等语。初六日，又欲乘坐火轮船一只，嘱派熟识水道之人导引入口，是否实为换约而来，抑或另有诡计，殊难深信。奴才会商藩司文煜，于照会内添叙北塘水浅，该国船只难以入口，初六日派弁备船往接。此项照会，仍派千总任连升前赴该船投递，再行留心察看。藩司文煜于初四日先赴北塘，妥为布置。奴才拟于初五日即赴新河，俟初六日接见该夷时，如果该夷整队上岸，我军亦排队相接，以崇体制。如该夷不带多人，火轮船亦不入海口，自当饬令弁兵改装易服，密为防范。总期相度机宜，不动声色，以全抚局。

朱批：览奏俱悉。

——《筹办夷务始末(咸丰朝)》卷三九，第15—16页。

〇米利坚照会

为照会事。

六月初一日，准贵道送来公文一角，并公礼一分。登拜之余，曷□感铭。现奉本国钦命驻扎中华便宜行事全权大臣华谕令照复达知，订于本月初六日在北塘地面与直隶总督部堂庆会晤，请即派委熟识北塘水道之人一名前来，带领本国火轮船进口是望。为此

照会。

须至照会者。

——《筹办夷务始末(咸丰朝)》卷三九,第 17 页。

〇给米利坚照会

为照会事。

六月初一日,由北塘递到贵国钦差照会一件,始知贵国钦差行舸亦抵海口。本督部堂前经钦奉大皇帝谕旨,照料贵各国钦差由北塘入京换约。曾于五月二十五日照会大英国钦差卜在案,当接大英国汉文正使威回片一纸,不听委员投递照会,径领兵船开炮接仗。本部堂闻之,不胜骇异。因念大英国钦差来意,原为入京换约起见,非为寻衅而来,我国大沽设防,原为弹压地方,亦非别有他意。本督部堂既奉谕旨,督同藩司照料贵各国钦差由北塘入京诸事,而大英国钦差必欲于大沽行走,毁坏拦江一切防具,起意凭陵,此中曲直是非当有公论。兹准贵国钦差照会,申明入京换约之议,本督部堂已经督同藩司饬知地方官,豫备车马人夫馆驿,一切妥为照料。贵国钦差或住船上,或住北塘,一俟我国钦差大臣大学士桂
吏部大堂花到津,会同贵国钦差商办入京换约事宜。我国与贵国素称和好,并无嫌隙,我国向以诚信待人,本督部堂自当督同藩司谨遵谕旨,妥为办理。正在封递照会间,于六月初三日,据天津道呈送大亚美理驾合众国钦命驻扎中华副使兼管翻译事务卫公文一角,得知贵国钦差订于本月初六日在北塘地面与本督部堂会晤,甚为欣慰。查北塘海口水浅,贵国船只难以入口。至期即派千总任连升豫备船只,迎接贵国钦差赴北塘会晤。两国和美,请勿多带从人,以免居民惊扰,以敦旧好。是为至要。

须至照会者。

——《筹办夷务始末(咸丰朝)》卷三九,第 17—18 页。

〇上谕

军机大臣字寄直隶总督恒。咸丰九年六月初六日奉上谕:

恒福奏,两盟官兵出力、开单恳请奖励,并夷务事件文煜应否会衔,各等语。前据僧格林沁奏保海口出力各员弁,业经谕知该大臣,均依议行,惟须定局后再降明发谕旨。兹据该督奏称,五月二十五日之战,蒙古两盟马队官兵奋不顾身,击败夷众,实属异常出力,所请赏给该台吉、章京、护卫等项顶戴花翎,均依议行,即著该督传谕各该员,准其将所请顶戴花翎先行换戴,以示嘉奖。一俟夷务定局,即与僧格林沁前保各员同降谕旨。藩司文煜随同恒福办理夷务,遇有陈奏事件,著准其会衔具奏,与夷人往来公文,并著一并列衔。恒

福另折奏，与米酋订于初六日在北塘地方会晤。夷情狡悍，未必即能就范。该督于会晤后，著仍回大沽，与僧格林沁商酌办理。将此由五百里谕令知之。

钦此。遵旨寄信前来。

——《咸丰同治两朝上谕档》第9册，第304页。

○上谕

咸丰九年六月初六日内阁奉上谕：

恒福奏请将蒙古两盟带队尤为出力官员开单请奖一折。五月二十五日，英夷船只驶至天津海口，先行开炮，我军接仗，大获全胜，京营及两盟满蒙官兵往来冲突抵御，实属奋勇可嘉。僧格林沁因其系蒙古官兵，于前日请保出力单内未经列入，兹据恒福代为奏请，自应量予奖励。协理台吉诺林木丕勒，著赏戴花翎；珂兴额，著赏给头品顶戴。梅楞章京那木萨朗扎普巴克莫特博勒霍明保恩克巴雅尔，均著赏给二品顶戴；萨音吉雅土那逊德勒格尔林沁桑保萨音布彦阿木尔吉勒噶朗，均著赏戴花翎。头等护卫勒格鲁普、色鲁普，均著赏给二品顶戴。四等台吉恩克巴雅尔，梅楞章京克齐业勒图拉克巴，四等台吉霍木布扎普扎兰，章京毕力克图，二等台吉那逊孟可，梅楞章京拉普坦多尔济，四等台吉恩克特莫尔那特莫特，梅楞章京萨音乌勒吉玛呢巴达尔，均著赏戴花翎，以示奖励。余著照所议办理。该部知道。单并发。

钦此。

——《咸丰同治两朝上谕档》第9册，第385页。

○僧格林沁奏

奴才僧格林沁跪奏，为夷船陆续退出拦江沙外，现筹防守机宜，恭折奏祈圣鉴事。

六月初三日恭奉咸丰九年六月初二日寄谕，仰荷圣训周详，招携怀远，顾全大局，莫名钦服。该夷自受创后，相持数日，旋据米酋华若翰投递照会，督臣恒福先饬天津道孙治给与回文，随饬藩司文煜驰赴北塘，相机议款，一面照会米酋，喻以由北塘入京换约之意，并允听从初六日会晤商议。闻米酋尚称驯顺，或能遵谕办理。惟能否联合英夷，使受羁縻，尚未可知。奴才以北塘营垒规模与大沽无异，既将炮位兵丁撤去，恐该夷入内窥觑，便可推知大沽情形，是以于营内埋伏地雷，锁闭营门，令守营兵丁明告该夷，阻其入营。恒福专任抚局，不能不与夷酋会晤，而北塘防兵既撤，与夷船通处恐有疏虞，仍须驻扎大沽，定期会议，程途非遥，可以往返就商。总须使我有制夷之方，该夷不至乘我之隙，方为尽善。

英夷侵凌中国，几至二十年，经此一番惩创，挫其凶狡之气，愤憾必深。该夷兵船驶入内河者多被损伤，其势不敷一战，必往广东、上海调取兵船，以图报复。且闻此次有该夷大

船二只，专载砖瓦等物，夷情诡谲，难保不图占踞天津，盖造夷馆，任意要挟。米、佛二夷既与党同，或托辞与我连和，漫我军心，以阴逞其狡谋，亦不得不多方虑及。奴才已飞咨两广、两江各督臣，知照击毁夷船多只、该夷败退各情形，各令探有夷船北驶之信，飞速咨报。大沽营垒间有损毁，已饬赶紧修补，惟期鼓励军心，严治守备，以防夷船之报复，断不敢以北塘方设法抚绥，稍存大意。

至二十五日击沉夷船四只，该夷由水底拉回一只，我军烧毁一只，其余二只，连日开炮轰击，糜烂破损，搁置铁戗外，亦无夷兵守看。沉水大小炮位，经我军捞运七尊，安设炮台营墙，约重三四千斤不等，尚有万斤以上大炮，派水夫捞取，辄被该夷开炮抵御，夷人或潜来拉运，我军亦开炮轰击。鸡心滩外击损夷船八只，该夷昼夜补修，先整理二只，驶出拦江沙外，至初四日酉刻，各船前拉后拥，乘潮下驶，顷刻均已退出，并从前拦江沙外停泊之船，约共十七八只。此夷船陆续退出拦江沙外之情形也。

该夷经此次受创，悔恨交迫，入京换约之议本属诡谋，或竟可以中阻。米酋两次照会皆列总督营衔名，亦见其故作周折，并非实心求和之意，或竟添调兵船，百图滋扰，统俟数日后稍有端倪，再行陈奏。

所有夷船陆续退出拦江沙外，并现在防守情形，专折具奏，伏乞皇上圣鉴训示。谨奏。

［咸丰九年六月初四日］

咸丰九年六月初六日奉朱批：所虑实为周妥，统俟本日该督与米酋见面后方能得其梗概，再为详谕饬遵。钦此。

——《第二次鸦片战争》第 4 册，第 141—142 页。

○僧格林沁奏（节录）

……据提督乐善呈报，大沽协右后营都司白凤泷，于五月二十五日带领水兵照料木筏，遇夷人开炮，竟未回营，差人近营处所寻觅无踪等因。查该都司既查无下落，自系临阵潜逃。现当两军相持、万分吃紧之际，自应照例办理，以肃军令。当经咨行督臣恒福，札饬各地方官并该都司原籍严密查拿，一经缉获，即行就地正法。所遗大沽协右后营都司员缺，查有海口营千总潘永春，随同副将龙汝元在北岸炮台轰击夷船，值该副将阵亡，军心慌乱，该员立即接督官兵，仍前镇静截击，亲燃大炮，对准施放，实属胆识兼优，异常奋勇。仰恳逾格恩施，将白凤泷所遗都司员缺，即以潘永春升补。惟系越级保升，与例未符，第当军务需人之时，可否量才超补，以示鼓励，伏候圣裁。

又，阜城汛千总戎发，前经拟升景州营守备，尚未具题，已蒙恩补放游击，所遗景州营守备员缺，查有打仗奋勇、保升守备之千总邓启元堪以升补。如蒙俞允，俟海口撤防后，再由督臣给咨送部引见……

咸丰九年六月初六日奉朱批：潘永春、邓启元均准其升补，余照所拟办理，兵部知道。钦此。

——录副奏折，档案号03-4219-101。

六月初七日

○上谕

军机大臣字寄钦差大臣、科尔沁博多勒噶台亲王僧，直隶总督恒，传谕直隶布政使文煜。咸丰九年六月初七日奉上谕：

昨据恒福奏，与米酋订于初六日在北塘会晤，当谕该督会晤后仍回大沽，与僧格林沁商办。该酋见后情形，谅该大臣等已奏报在途矣。本日桂良等奏，拟令薛焕率领候选知县黄仲畬，即由河间直赴天津；并特拟照会交赴天津，由僧格林沁等给与该夷，以安其心；并称夷性多疑，若令久候海口，势必不能，请饬恒福等与各夷议明，凡系进京换约之人，准其先至天津城外居住，其余仍在拦江沙外静候；至绕泊北塘一节，万一该夷不肯由彼处前进，似宜斟酌妥办；等语。桂良等所奏各情，自系未知该夷业经开仗，已非从前局面。薛焕、黄仲畬计日当可到津，即令在僧格林沁军营听候差委；其所拟照会，是否与现办情形相符，亦须斟酌，再行投递。该夷初至海口，本令其由北塘赴天津城外暂住，静候桂良等，乃该夷不遵理谕，辄起衅端。此时桂良等奏，尚虑该夷不肯由北塘前进，请斟酌办理等语，意在令其仍由大沽赴津，未免过于迁就，不知现在夷情之凶悍，尤宜加意严防，岂可自毁藩篱、以快敌人之志。今米酋既肯赴北塘与恒福会晤，如察其情词，肯为英酋转圜，或弗、米二国肯先换和约，著即督饬文煜乘机利导，即弗酋助恶，亦只可佯为不知，使其先就范围，则英酋势孤，当更易于办理。至进京一节，如米夷不先提及，亦勿与先提，俟桂良等到后再说可也。将此由五百里谕知僧格林沁、恒福，并传谕文煜知之。

钦此。遵旨寄信前来。

——《咸丰同治两朝上谕档》第9册，第308—309页。

○上谕

军机大臣字寄钦差大臣、大学士桂，吏部尚书花，传谕五品卿衔刑部员外郎段承实。咸丰九年六月初七日奉上谕：

桂良等奏接奉谕旨，先令薛焕、黄仲畬赴津，并请饬恒福等妥办一折。前据桂良等奏，夷酋业已赴津，原拟令其由北塘进口，来京换约，其大沽海口，经僧格林沁安设铁戗、木筏等件，断难因此撤防，已先由天津道投递照会。讵该夷狂悖，不遵理谕，强欲闯进海口，撤

我防具，驶入内河，五月二十五日先行开炮，轰我炮台。僧格林沁督率弁兵回击，毁其船只，伤毙夷兵甚多。所有接仗情形，据僧格林沁奏称，已咨桂良等知悉。连日相持，未再接仗，夷船已退出拦江沙外，能否悔过，尚难豫料。兹闻米夷遣人至北塘投递照会，恒福、文煜与订期，初六日在北塘会晤，现尚未据恒福等奏到。傥米夷肯为转圜，自可相机办理。如该夷等不肯由北塘进口，断难自撤防具，准令由大沽进口。况既经接仗，情形又与前议不同。桂良等先令薛焕、黄仲畬径赴天津，著诣僧格林沁军营，听候该大臣等相机调遣。桂良等仍迅速趱程进京，无论何人先到，即著递折，豫备召对，面授机宜。将此由六百里谕知桂良、花沙纳，并传谕段承实知之。

钦此。遵旨寄信前来。

——《咸丰同治两朝上谕档》第 9 册，第 309—310 页。

六月初八日

○上谕

军机大臣字寄钦差大臣、科尔沁博多勒噶台亲王僧，直隶总督恒，传谕直隶布政使文煜。咸丰九年六月初八日奉上谕：

恒福奏接到米夷照会，即欲进京，现拟暂为羁縻一折。初六日恒福未能与米夷会晤，该夷照会，订于初九日备船往接，到北塘后即行进京换约，并有携带些少随员之语。米夷既欲到京换约，即不必过为拦阻，致彼生疑。但须告以桂良等尚未到京，汝等或在北塘守候[①]，或径欲进京，总须俟桂良等到后，方能互换和约。如该夷情愿少带从人先行来京，该督即拣派道员一人、副参将一人伴送，妥为照料，护送来京。至弗夷虽随同英夷闯进，仍可佯为不知，即著恒福等给伊照会，告以现闻该国船只亦到拦江沙外，米夷现在准其进京换约，惟此次英夷系无端寻衅[②]，自违和好，并非中国失信，想弗国必不肯背约，是否与米国同换和约，抑或俟英国事定之后，与该国一同互换。如此照会，看伊如何回覆。并将俟桂良等到京方能办理之处，一并照会弗夷知悉。桂良等到京，总在本月二十日后。至米夷停泊北塘，一切弹压稽查，仍须僧格林沁等严密防范，毋稍大意。将此由六百里谕知僧格林沁、恒福，并传谕文煜知之。

钦此。遵旨寄信前来。

——《咸丰同治两朝上谕档》第 9 册，第 314 页。

---

① 画线处为朱笔所加。

② “无端寻衅”四字为朱笔所改，原文为“先行开炮”。

六月十二日

〇上谕

军机大臣字寄钦差大臣、科尔沁博多勒噶台亲王僧，直隶总督恒，传谕直隶布政使文煜。咸丰九年六月十二日奉上谕：

恒福等奏接晤米酋情形，并拟缓订日期、令该酋赴京一折。米酋华若翰，于初九日在北塘地方与恒福等会晤，辞意尚为恭顺。此时既许其来京换约，或由北塘起旱赴天津，由水路进京，或由香河一带进京之处，俱令该夷自行酌定，断不可勒令必须由香河行走，以免生疑，惟不可多带从人。并须饬令各该地方严密防范，沿途情形，料亦骤难窥测。起程在二十日以外，则到京之时，桂良等计亦可到。惟薛焕及黄仲畬，前有旨准其先赴天津，此时既由恒福派员护送该夷进京，薛焕等即可毋庸先赴天津，著恒福即沿途行知薛焕等遵照，令其即行来京，毋庸投赴僧格林沁军营。至该酋所称英、弗两酋均往上海，原难凭信，惟米酋和约内载有他国或有争端、该国应善为调处之语，倘伊愿为该两国调处，即可乘机转圜。著僧格林沁等悉心酌度，相机办理。本日亦已谕知何桂清，令其探听，英、弗两酋如果在沪，先给照会，将弗酋开导矣。米酋所恳转给俄夷书信，不必拂其所请，恒福等著遇便寄京，即可转付俄夷。至所请催山西饷银，已谕令英桂速行筹解矣。将此由六百里谕知僧格林沁、恒福，并传谕文煜知之。

钦此。遵旨寄信前来。

——《咸丰同治两朝上谕档》第9册，第318—319页。

六月十五日

〇僧格林沁奏

奴才僧格林沁跪奏，为英、佛两国船只全数开行，并遵旨护送米夷进京，办理一切情形，恭折奏祈圣鉴事。

窃奴才前将夷船驶出拦江沙外各情具奏后，与该夷相持，已逾十日，讫无动静。据米夷酋初九日与督臣恒福会晤时声称，英、佛两国公使初六、七日已回上海。连日瞭望拦江沙外夷船，仍系照旧停泊，自初十日起，夷船陆续开行，至十二日巳刻，全数不见形影，惟米酋大小火轮船二只停泊北塘海口。察其情形，颇亦自知理屈，进退无措，或暂回本国，以图再举，或开泊别处，另生枝节，均未可知。该夷二十年凭凌中国，志高气扬，骄满已极。中国任其所为，无可如何。此次之来，原不过以和好愚我，暗施其诡诈伎俩，占踞天津，挟制京师，使我不能与之较量，然后意外要求，无所不至。彼时允其所求，则辱国损威；不允则

盗已入室，万难禁遏。若果但为换约而来，兵船二十余只，夷炮百余尊，夷兵数千名，安所用之？其为有意逞凶要挟，固不待辨而明者也。

二十五日之战，力挫凶锋，使彼不得一涌径至天津，该夷怀愤必深，仍将调集兵船以图报复，此必然之势。若得中国兵力使受一二次巨创，该夷虚憍之气不堪再折，必立见颓挫，可保中国数十年无事。或该夷稍有悔悟之心，可以相机开导，使受羁縻，输心效顺，出之自彼，抚局方为稳固。此奴才窥度英、佛两国情形，当从缓设法招徕，不宜操之过急，其情事实系如此。

至米夷入京换约一节，接奉咸丰九年六月十二日谕旨，圣虑周详，一切当敬谨遵照办理。惟天津民户稠杂，去岁夷船停泊城外，不无滋扰，此次夷使过境，居民或因交仗，言语伤犯，反觉非宜。应令其绕过天津，再行登舟，似于事体较为稳妥。该夷三国比党同谋，断无两国败回、允听米夷一国自行换约之理，其中恐有诡谋。米夷会晤时，既不认与我接仗，所移照会填写日期衔名，种种含糊，必系与英、佛两国商量停当，留之天津，以为转圜之地。委员曹大绶、博多宏武往米夷船会晤该夷副使卫廉士，并二十五日所获米夷，亦不肯承应，且称三国兵民互用，米国有英、佛之人，打仗时惟以旗帜为准。且据由北塘旱路入京，该夷自备坐轿，由地方雇给轿夫，并有行李百余担，应备夫百余名，不肯乘坐车辆。该夷惟以入京换约而言，不认接仗，自属为将来与英、佛两夷说话地步。

据上年留于天津之广东人黄惠廉言，外夷习规，两国交兵，求和者应出兵费给与允和之家，从前该夷屡向中国要索，皆以兵费为言，是其明证。此次该夷挫败，若向我求和，恐我索其兵费，若我向之求和，该夷亦必以所失船炮为辞，要求兵费，此种情形，必须预防。是以初九日之会，奴才曾令武弁等托米酋转向英夷讨取兵费，盖先以杜其向我声索兵费之意。该英、佛两国和局转关总在米酋，然要须俟彼有意调处，明白剖断，俾无流弊，方为尽善。此又奴才窥度三国情形，当善为笼络，不宜一味将就允许者也。

米夷所寄俄夷书信，自应遵旨寄京转付。惟念去岁英、佛两国滋扰，实系俄夷从中推波助澜，此次若令与米夷互相通信，又恐两相煽惑，别生事端，似以不与通信为妥。所交原信，仍由督臣恒福收存，俟该夷到京后，自行投递。奴才愚昧之见，是否有当，伏候训示遵行。

至英夷沉船三只，船身破烂，其中大小铜轮数百，铜质精美，俱无损失。大小夷炮陆续捞取十二尊，万斤以上炮四尊，其间一尊膛口八寸，定心铁子约厚寸许，计重六十余斤，若用实子，总在百斤，膛口过大，实子力重，恐亦不能运送，现据所得夷炮，足资使用，合并奏闻。

所有夷船全数开行，及遵旨护送米夷入京换约缘由，谨缮折具奏，伏乞皇上圣鉴训示。

再，京旗拨解大炮八尊，并续调归化、绥远二城官兵一千名，均拟俟其到津后，饬令安

扎(护)[双]港各营,以为后路声援,合并陈明。谨奏。

[咸丰九年六月十三日]

——《第二次鸦片战争》第4册,第154—156页。

〇上谕

军机大臣字寄钦差大臣、科尔沁博多勒噶台亲王僧,直隶总督恒,传谕直隶布政使文煜。咸丰九年六月十五日奉上谕:

僧格林沁奏英、弗船只全数开行并护送米夷进京办理情形一折。英、弗两国夷船,自初十日陆续开行,至十二日全数驶去。该夷此去,或由上海、或赴广东添募兵船,希图报复,均未可知。且恐该夷蓄谋诡谲,潜匿附近岛屿,待集兵船,乘我不备,于昏夜风雨之中突然内犯,尤不可不严加防范。著僧格林沁仍督饬将弁加意防守,并设法哨探夷踪,毋稍大意。至米酋到京,城内万难允其坐轿,惟由北塘登岸,旱路不妨许其坐轿,至绕过天津,即由水路行走,到通后令其坐车或坐骡轿进京,毋得许其坐轿。著恒福、文煜先与该酋说明,以免临时狡执。米夷所寄俄夷书信,该大臣恐其两相煽惑,所虑亦是。但此信将来总须交付俄夷,不如官为经手,转可杜其私相通信之弊。所有米夷信件,著恒福即封咨军机处,交理藩院转付俄夷,较之令其自行投递更觉妥协。恒福奏天津海关税银请展限开征等语,现在海口商船未能出入,税课无从征收,自系实在情形。惟各关税银向无展限之事,著于奏报期满时,声明交户部核议,以符定制。将此由六百里谕知僧格林沁、恒福,并传谕文煜知之。

钦此。遵旨寄信前来。

——《咸丰同治两朝上谕档》第9册,第325—326页。

〇上谕

军机大臣字寄钦差大臣、江宁将军和,钦差大臣、两江总督何。咸丰九年六月十五日奉上谕:

前因英夷挫折之后,其兵船在天津海外者无多,计必或赴上海,或召广东兵船重来报复,当谕令何桂清派员赴沪查探,密加防范,并令该处华商与夷商等劝阻,冀其弭兵息事,或先招致弗夷,散其党与,尚未据何桂清覆奏,谅已遵旨妥办矣。兹据僧格林沁奏称,米酋与恒福会晤,声称英、弗两国公使初六、七日已回上海,瞭望拦江沙外夷船,自初十日起陆续开行,至十二日巳刻全数不见形影,惟米夷大小火轮船二只停泊北塘,静候入京换约等语。此次英夷背约恃强,先行开衅,经官兵击退之后,当亦自知理屈,或暂回本国以图再举,或开泊别处另生枝节,均未可定。现在上海通商,该夷囤寄货物不少,必自知顾惜,且

有各商从中劝解，当不致在沪猖獗。惟苏、松两府为财赋重地，吴淞江口直达苏州府，黄浦江口直达松江府，此二处不可不严密设防。著何桂清密派妥员，随时侦探，相机办理。闻道光年间曾用數旧粮船载石沈水，扼截江面及内地河面，以固苏松门户。夷船未曾内犯，谅可查照布置，以期有备无患。至镇江一城，滨临大江，无要隘可守，惟现在金山一带尚有水军驻扎，著和春督饬水陆弁兵严加防范，特不可先行开炮，致该夷有所藉口。傥该夷先行肇衅，自当慑以兵威，足资御侮。至现在抚夷大局，操纵不在天津，而在上海，何桂清身任钦差，督办夷务，如探听英、弗二酋果在上海，则羁縻笼络，务当设法办理，以弭兵衅而全抚局。是所望也。将此由六百里各谕令知之。

钦此。遵旨寄信前来。

——《咸丰同治两朝上谕档》第9册，第326—327页。

〇上谕

军机大臣字寄广东巡抚兼署两广总督劳。咸丰九年六月十五日奉上谕：

前因夷船在天津开炮，当将接仗情形谕劳崇光等知悉。兹据僧格林沁[奏]，英、弗各船于月之十二日已全数开行，惟米夷船二只尚泊北塘，静候入京换约。该酋既不认随同接仗，现已准其来京换约。傥以后英夷果有悔心，或挽米、弗二夷说和，尚可宥其狂悖。第上月二十五日之战，该夷大受惩创，怀愤必深，恐将调集兵船，以图报复，或即修怨于粤，均未可知。前据劳崇光奏报，已于五月十七日卸事，克日起程，此时自已早到粤东。著将地方应办各事妥为经理，如探有夷人回粤消息，即当严密防范。至省城一举一动，该夷无不知悉，总须不动声色，内为之备，方为妥协，并将到任后驻扎何郡及现在该省民夷一切情形即行奏报，以慰廑念。将此由六百里谕令知之。

钦此。遵旨寄信前来。

——《咸丰同治两朝上谕档》第9册，第327页。

〇僧格林沁奏（节录）

……屡次委员赴夷船传递语言，皆不免折于夷人凶威，所言每未明畅。以该夷语言不通，又未能习知其情状，是以动多疑□之处。查黄惠廉久住外洋，于夷情尚属谙晰，奴才察看其人，亦尚安静，曾谕令其随营当差，亦有感激图报之意。奴才已许给与出身之阶，以资鼓励。仰恳皇上天恩，即以黄惠廉留于直隶，以县丞候补。嗣后委员赴夷船商议事件，即饬黄惠廉前往，较为得力……

咸丰九年六月十五日奉朱批：黄惠廉著留在直隶，以县丞归候补班补用。钦此。

——录副奏折，档案号03-4142-099。

〇僧格林沁奏（节录）

……据办理粮台天津道孙治详称，大兴县民妇陈高氏呈称，伊孙陈善受雇柏葰服役，伊孙前曾报捐知县，柏葰案内传讯伊孙，并无科场弊端，惟报捐知县，比照隐匿公私以图选用未除授者发附近充军，该氏年八十四岁，止有一孙相依为命，今报效银二千四百两，叩恳代奏赎罪等情。查系隐匿公私以图选用未除授之例科罪，尚非不准援免。查例载，七品以下犯军流罪者，赎银一千五百两，陈高氏捐银二千四百两，核计捐免赎罪银两，有盈无绌，等因。查该氏年逾八十，只此一孙，孤苦无依，尚与留养之例相符。现将所捐银两饬该粮台照数兑收，可否准其赎罪留养之处，伏候圣裁……

咸丰九年六月十五日奉朱批：陈善著准其赎罪留养。钦此。

——录副奏折，档案号 03-4590-025。

六月十八日

〇恒福等奏

遵查行走程途一节，奴才等与僧格林沁商议，米夷自北塘登岸，令由陆路至军粮城，即由军粮城径至北仓上船。当饬委员告知，该酋意甚乐从。查北仓距天津府城二十里，夷酋舍陆登舟，虽行走天津地面，离城（校）[较]远，免其窥探后路虚实，且与程途并不纡折。抵通后，再行起程入京。查有盐运使衔清河道崇厚，副将衔候补参将、宣化镇标中营游击张秉铎，堪以护送，拟即派令督同委员暨各地方官沿途妥为照料。俟到京时，交顺天府府尹衙门接收办理。换约后，仍派该道等护送出京，到北塘上海，以资熟手。所有该夷酋进京人数，前已奏明，议定只带伊国随员二十名，并跟从及内地在米国书写汉字之人十名，共三十名。仍谕饬委员等及沿途文武不动声色，密加防范。至江苏臬司薛焕、候选知县黄仲畲，奴才恒福遵即专札飞催，饬令该司率同黄仲畲，无论行抵何处，径赴京城，不必绕道天津，以期迅速。

奴才等连日在炮台上用千里镜瞭望，仅见有米夷大小火轮船二只在北塘海口一带湾泊，其英、佛两国船只均已不见帆影。惟询得由牛庄驶来商船云，十四日瞥见距天津海口约二百余里之十八托水洋面，泊有夷船九只等语，是否调取救援，意图报复，抑或藏匿海岛，别有诡谋，均难测料。已由僧格林沁督饬各官兵，仍行严密防范，以备不虞。

十三日午刻，米夷副使卫廉士带领通事，乘坐小火轮船一只驶入北塘河内，邀委员议事。奴才等当派广平府同知博多宏武、候补知州曹大绶前往接见。该夷云，系探听谕旨，准其何日进京，并催取照会等语。奴才等伏思，日前米夷来会，虽述和约章程内有互相调

处之言,而又不肯遽任其事,及与委员等会晤,其词若远若近,难以捉摸。此时惟有俯如所请,令于二十日外起程北上,以免生疑。当于十五日给予米夷照会。旋接该夷照覆一件,奴才等公同拆阅,系定期本月二十一日自北塘起程北上。已饬令崇厚等知照,赶紧妥为豫备,并密谕于水路沿途缓程前进,约计时日,桂良等必可先行到京。

奴才等复与僧格林沁商议,以米夷既欲进京,而英、佛两夷又无实在消息,拟再复给米夷照会一纸,设法转圜,试其如何答覆,再为驰奏。

再,奴才等初九日接见米酋后,即于次日委员送给猪羊、米面、菜蔬等物。该酋复开单嘱买一切食物,亦经照单备办送交,均经接收。合并陈明。

——《筹办夷务始末(咸丰朝)》卷四〇,第2—4页。

〇上谕

军机大臣字寄钦差大臣、科尔沁博多勒噶台亲王僧,直隶总督恒,传谕直隶布政使文煜。咸丰九年六月十八日奉上谕:

恒福、文煜奏派员护送米酋起程一折。本月二十一日,米夷自北塘进京,即照该督等所拟,由军粮城径至北仓上船赴通。仍密饬清河道崇厚等小心防护,及沿途地方官妥为照料。本日桂良等已到京,即可仍令经手,互换和约。至英、弗夷船全行驶去,尚无消息。兹据牛庄商船在距天津海口二百余里之十八托水洋面见有夷船九只,是该夷潜匿附近地方,或听米夷信息,或招集兵船再图报复。若再来肆其猖獗,其凶锋必更甚于前,著僧格林沁加意严防,毋稍大意。前因米夷肯赴北塘与恒福会晤,是以屡次谕令该督,督饬文煜乘机利导,使弗夷就我范围,足以孤英夷之势。兹恒福等照会米夷,令其转达英、弗两国,如情愿修好,进京换约,即可前赴北塘商议,未免漫无区别。弗夷助恶,尚可佯为不知;英夷则首起兵端,若先行俯就,恐长其骄悍之气,更难办理。此等机宜,措词失当。现在英、弗二酋未必即能悔悟,愿赴北塘。设或托米夷转圜,自当分别计议,请旨遵办可也。将此由五百里谕知僧格林沁、恒福,并传谕文煜知之。

钦此。遵旨寄信前来。

——《咸丰同治两朝上谕档》第9册,第329页。

〇恒福、文煜奏

直隶总督恒福、布政使文煜奏:

本月十六日,据派赴北塘海口照料之委员、候补知府长启等禀称,是日申刻,有米国船只进口,该府等当派千总任连升上船,询系俄罗斯国,藉用米夷船只,驶泊北炮台以下。船上夷官六人,内有通使安姓,即去岁来过之安文功,呈出公文一角,托买食物单一纸。阅看

夷文，情词颇为桀骜。该夷原有呈进枪炮之说，此次照会中并未提及。乃称遣派章京等官入京投递书信，给与该国公使。查去岁和约内，有无准其由海口投递书信之语，奴才等未能得知。该夷如此肆意任为，似未便径听所请。奴才等与僧格林沁商议，俄夷此次来意，未可窥测，拟先令委员往该船晓谕，就近探其来意。所有照会内应复各语，先缮稿进呈御览。该夷声称携带战船几只，现在瞭望拦江沙，只有该国大火轮船一只，其随后所来夷船若干，尚未探悉。

——《筹办夷务始末(咸丰朝)》卷四〇，第1页。

〇上谕

朱谕王大臣等：

僧格林沁等先询其来意，如无要事，即代为接递书信；如必欲进京，即令其少带从人。俟米夷起身后，再令其由北塘进京。抵都后更可与言明，常由海口往来，往返徒劳，一切事件，各有地方官之专责，并可以践丕酋所改专条之言，以释其疑。至战船一层，不必与较，可告以我国与贵国相好有年，今虽与英国开仗，系彼自启衅端，并不借贵国兵力代为御侮。此说妥否，王等酌之。

——《清文宗实录》卷二八六，咸丰九年六月丙辰。

〇上谕

军机大臣字寄钦差大臣、科尔沁博多勒噶台亲王僧，直隶总督恒，传谕直隶布政使文煜。咸丰九年六月十八日奉上谕：

恒福等奏，俄夷投递照会，并拟给照覆等情，览奏均悉。俄夷借坐米夷船只，驶近北炮台停泊，所递照会，以现派伊国副章京步多国似克、通事官石射马略甫二员，带同跟随二人，欲由旱路进京，投给伊国公使书信，并非为进枪炮而来。至称慕喇约甫即带几只战船到海口，听候回信，其来意甚不可测。所有现到四人，著恒福等准其由北塘进京。前经肃顺、瑞常与上次俄国使臣丕业罗幅斯奇议准，如有人到津，先期照会中国，由北塘进京，此时可约期，俟米酋起身后，派委文武二员伴送，所有路上驿馆供给，概由地方办理，毋庸该使自出己资。其护送之官毋须大员。如慕喇约甫欲行会晤，恒福等与订期相见，可告以此次天津与英国开仗，乃英酋背约，先起衅端，傥其自知理曲，悔悟求和，中国仍不拒绝。俄国所带战船，想系帮助中国起见，以固和好，亦可无须。如未曾晤面，不必于照会中提及携带战船之事，以免语多枝节。至现在拦江沙外，虽只有该国火轮船一只，惟既据称携带战船数只，仍著僧格林沁密饬将弁，即北塘海口亦须严加防范，以备不虞。将此由五百里谕知僧格林沁、恒福，并传谕文煜知之。

钦此。遵旨寄信前来。

——《咸丰同治两朝上谕档》第9册，第330—331页。

六月二十一日

〇恒福奏

再，英夷犯顺，不遵理谕，攻我炮台，其桀骜情形，久荷圣明洞鉴。奴才等商之僧格林沁，给予米夷照会，派员赍送，试探该夷口气，能否设法转圜。仍声明如欲接仗，则大沽团防自当静候，原不敢示之以弱。今蒙恩训，指示周详。权衡缓急，助恶者尚可包容，起衅者必宜区别。奴才等思欲乘机议抚，未免措词失当，惶悚莫名。所有米夷回覆各情，业于正折详细声明。嗣后如有情形，自当请旨再行遵办，断不敢有误机宜。至海口防御，僧格林沁仍严饬各营昼夜小心防范，遇有风雨昏黑，加倍留神，以防报复。兹由奴才恒福飞饬沿海各地方营汛，见有夷船帆影，立即禀报。

朱批：知道了。

——《筹办夷务始末（咸丰朝）》卷四〇，第16页。

六月二十二日

〇恒福、文煜奏

直隶总督恒福、布政使文煜奏：

僧格林沁派降捐通判黎鸿恩、千总邱瑞祥往俄罗斯船查询。而该员未到之先，委员博多宏武、曹大绶等在北塘，因该夷催信甚急，就近上船，先与该夷会晤。询其来意，据云所带兵船系赴日本国争占马头，顺便送俄官二员、随从二名由海口进京，面见该国公使，有紧要事件等语。博多宏武等再三开导，始于未刻开船出洋。迨黎鸿恩、邱瑞祥赶到北塘，夷船业已开行。随驾船追及，该夷声称，派员进京，因所议和约内有与该国公使面议事件，其兵船赴日本国有事等语，与博多宏武等所言相同。且该国公使又久在京城，自未便向其拦阻。该夷丕业罗幅斯奇既与肃顺、瑞常议定，如有人到，即由北塘进京，自不必再有迟疑。并遴派知府长启、候补都司文安，护送俄国副章京步多国斯克、通事官石射马略甫暨随从二人进京，妥为照料。其水路仍仿米夷进京行走，到京时交顺天府、理藩院接收。如该夷不日出京，即仍令该文武护送照料。其俄夷火轮船一只，停泊拦江沙外，当密为防范。至英国接仗一层，并经委员黎鸿恩等向通事安文功询问，该夷进京是否专为本国事件，抑为英、佛两国事件，据安文功答以两层俱有，其实在底细，亦不能尽知等语。该通事安文功一

面之词，虚实真伪，未可尽信。如有调处之言，到京即可吐露。该酋木哩斐岳幅并未言及接见之意，如其约期会晤，自当面为晓谕。

朱批：知道了。

——《筹办夷务始末(咸丰朝)》卷四○，第16—18页。

○僧格林沁函

启者，米夷已于本月二十一日自北塘起身，一切情形极为驯顺。至到京后抚驭事宜，并有关紧要办法，已就管见所及，据实陈奏。并派编修郭嵩焘进京，以备垂询。

伏思该夷在海口地方，一切恭顺者，自系慑我威势，惟恐进京后复萌诡诈恐吓之谋。盖因京城与该夷会晤大臣，不悉该夷在海口时，初助英、佛二夷与我打仗，继而故作不知，仍以和好愚我。彼既不认与我接仗，在我虽应佯为不知，仍应令该夷知我有意涵容，以挫其骄满之气。查海口营武弁邓启元、葛开泰，自五月十七日夷船到来，节次与之接见，六月初九日北塘会面，该二员亦在彼伺候，是该夷始终情形，该二员尽知，而该夷屡受该员等挫折，亦必敛其倨傲。鄙意拟饬邓启元等进京，每遇与该夷会晤时，即令该员等跟随，虽无补于大局，亦可少杀该夷狂悖之态。愚拙之见，是否之处，望速示覆，以凭遵办。

再，俄夷久驻京城，各处游玩，已难禁止。此时米夷同在京师，可否暗与俄夷商酌，米夷在京之日，俄夷暂不必游玩，借可禁止米夷效尤。均请王爷中堂大人鉴核施行。此请钧安。

僧格林沁顿首

——《第二次鸦片战争》第4册，第185—186页。

六月二十四日

○僧格林沁奏

奴才僧格林沁跪奏，为办理抚夷大局，当刚柔相济，谨据该夷情形，恭折奏祈圣鉴事。

窃维米、俄两夷先后进京各事宜，业由督臣恒福节次奏明在案。奴才查米夷肯由北塘进京，不听坐轿，该夷即允乘车。俄夷船只径至北塘海口出入递送照会，并未一至大沽。似此情形，较之上年，颇为驯顺，未尝非慑我兵威之故。英、佛两夷狼顾进退，亦未能骤图报复。二十年隐忍，两载经营，仰赖皇上天威，将士用命，经此一番惩创，该夷桀骜之气，骤无所施。趁此机会，正当力求控御之方，申明大义，振起国威。此机一失，后难复得。

上年办理抚局，固因夷船深入，使我无所施为，然不免失之过柔，徒增诸夷藐视中国之

心，是以本年英、佛等夷桀骜情形，甚于去岁。此次米夷初至，即有投递俄夷书信，俄夷亦乘米夷入京，尾随前进，是其合党同谋，情节诡诈，已可概见。俄夷所称携带兵船与日本国争占马头，及英、佛两国在桑岛修补各等语，恐系随意捏造，莫可穷诘。该二夷抵京后，必将铺张英、佛两国强悍情形，大言恐吓，代为要挟，该二夷借此渔利。若仍一味迁就，益将轻视中国，肆其吓诈，以图各满所欲，此后办理更难为力。奴才以为桂良等专事俯就，已难望其振作，宜派有胆有识大臣，帮同妥为办理，务要词严义正，折服其心。一面明降谕旨，将英夷历年狂悖情形宣示中外，该夷如知愧悔，中国不为已甚，仍准和好，倘执迷不悟，即绝其通商。该夷惟利是图，或可就抚。即米、俄各夷知皇上天威震叠，剿可制胜，抚有能臣，亦足稍戢其凶狡之气。所获米夷蒋什坡一名，俟华若翰到京后，并请明降谕旨给还该国，使该夷感激皇上生成之德，亦曲示羁縻之一端也。

其英、佛二夷，挫败后意图报复，势所必然。然越七万里滋扰中国，非处万全，必不肯轻动，若再惩创一次，则其势亦不能复振。据黄惠廉询之所获英夷，声称该国兵船出外争战，少则二三十只，多则七八十只。该处五印度乐的地方正在打仗，尚未罢兵。以大势揆之，亦无竭全力以赴中国之理。即使该夷舍命报复，现在营垒培厚加高，密布大炮，各营官兵无不奋勇，足资抵御，可以仰抒宸廑。但令佛夷先行受抚，绝其党援，该夷亦可徐图招辑。即米、俄两夷欲为调处，亦当使彼就我求和，不可俯就。若议及英、佛二国之事，惟当于其是非曲直相机应变，不激不随，以求理胜。使诸夷怀德畏威，永思和好，在此一举。

奴才愚见所及，不敢不以上闻，以期稍裨时事于万一。所有办理抚局大概缘由，谨专折具奏，伏乞皇上圣鉴训示。

再，编修郭嵩焘，自到防以来，随同奴才布置一切，昼夜辛勤，于剿抚各事宜均为熟悉。六月初九日与米夷北塘会议，该员在旁目睹情形，此折即交该员赍京递奏，以便面陈梗概。合并声明。谨奏。

［咸丰九年六月二十一日］

——《第二次鸦片战争》第4册，第178—179页。

〇上谕

军机大臣字寄钦差大臣、科尔沁博多勒噶台亲王僧，直隶总督恒，传谕直隶布政使文煜。咸丰九年六月二十四日奉上谕：

据僧格林沁奏，办理抚夷大局，当刚柔相济，令郭嵩焘赍折呈递。朕详加披阅，并召见郭嵩焘，询悉该大臣筹画剿抚事宜均属允当。此次英夷犯顺，经该大臣督兵攻击，实足以寒逆胆而快人心。现在海口营垒布置益加周密，即使该夷再图报复，必能挫其凶锋。至剿抚兼施，两事本并行不悖。该大臣于议剿既有把握，则抚局自可不至迁就。本日据何桂清

奏,英、弗两酋已先后回至上海,现令华商、夷商设法解散,一切情形已咨行僧格林沁查照办理。该大臣接到后,谅已深悉。刻已谕令和春严防该夷勾结金陵逆匪,并谕何桂清确探该夷动作。如华商、夷商肯为剖辩是非,该夷自知理屈,自可乘机利导,但不可先为俯就,以长该夷桀骜。谅何桂清必能斟酌办理。特该夷能否悔祸戢兵,尚无把握。至米夷进京换约,情词尚属恭顺,较英、弗两夷易于驾驭。现仍责成桂良等一手经理,可毋庸添派大员。至僧格林沁请将英夷狂悖情形宣示中外,并所获米夷蒋什坡一名,俟华若翰到京后明降谕旨给还该国各情,俟米酋到京后再行降旨宣布可也。何桂清录呈新闻纸,著抄给阅看。将此由五百里谕知僧格林沁、恒福,并传谕文煜知之。

钦此。遵旨寄信前来。

——《咸丰同治两朝上谕档》第9册,第336页。

六月三十日

〇僧格林沁、恒福奏

钦差大臣、科尔沁亲王僧格林沁,直隶总督恒福奏:

窃奴才僧格林沁前因南路军情紧急,奏拨马队助剿,力扼北窜,奉旨拨马队一千名赴山东,再拨马队一千名赴安徽,交傅振邦、胜保两营协剿,当令黑龙江头起与吉林二、三、四起为一军,交记名副都统、总管德楞额统带前赴山东;令吉林头起与黑龙江二、三、四起为一军,交佐领德永等管带赴皖。昨因英、佛夷酋退回上海,奉旨已谕令和春严防该夷句结金陵逆匪等因。钦此。仰见皇上烛照无遗,圣谟□到。奴才愚见,江北逆匪悉金陵羽翼,惟逆首之言是听,诚恐该夷授意,互相句结。使粤、捻两逆并力北来,以图牵制重兵,而该夷率领救援,再图赴津报复,使我应接不暇。诡谲情形,不可不先为防范。所有江北及豫、皖、山左各军,均应加意严防,实力堵剿,使奴才无南顾之忧,得以专心防海,则实大局之幸也。

——《筹办夷务始末(咸丰朝)》卷四〇,第36—37页。

〇僧格林沁、恒福奏

奴才恒福与僧格林沁商议,以米酋华若翰既已入京,而该夷提督尚在北塘海口,自应妥为抚驭。至所需淡水食物,开单前来,均经委员采办致送。复由奴才恒福饬派县丞黄惠廉、千总任连升送给瓜果、菜蔬、冰块各件,赴该夷提督大船,藉以试探口气,并察看动静去后,兹据黄惠廉等回沽面禀,该夷提督达底拿甚为感激,黄惠廉就便向其询问英、佛两夷船只实在去向,该酋云称英夷实有船三只,在山东庙岛地方听候,并有仍欲北来之信;而询以

何日可到，所来何事，则又称不知的确；黄惠廉等又询以俄国船只究竟何往，该酋云系赴日本国有事，路过庙岛等语。而据黄惠廉声称，日本在北，庙岛在南，如从此间海口前赴日本国，则庙岛并非顺道，其言殊未可信。现在该酋所坐大火轮船一只，与俄夷大火轮船一只，均在大洋停泊。其米夷小火轮船一只，常往来北塘河内，一切情形，尚称安静。该夷提督有与奴才恒福夷文信一件，并送洋枪三只、地毯一张，交黄惠廉等赍回。其夷信一纸，已由黄惠廉译出汉字，钞录恭呈御览。其该夷所送洋枪、地毯一件，应否收受，请旨遵行。

——《筹办夷务始末(咸丰朝)》卷四〇，第37—38页。

〇上谕

军机大臣字寄钦差大臣、科尔沁博多勒噶台亲王僧，直隶总督恒，传谕直隶布政使文煜。咸丰九年六月三十日奉上谕：

本日据僧格林沁等奏拨赴山东、安徽马队给予军装口粮，并米、俄停泊各船安静情形各折片，览奏均悉。内称恐该夷授意金陵逆匪，互相勾结，使粤、捻两逆并力北来，以图牵制，而该夷率领救援，再图赴津报复，使我应接不暇等语，所虑自属周密。现在粤逆尚无勾结该夷之信，且(踞)[距]北路尚远。其安徽捻匪时图北窜，徐州贼踪未靖，虽有重兵节节设防，一时无虑窜越，惟山东之曹单一带本省土匪出没，仅恃德楞额一军防堵。该大臣随时侦探，以期有备无患。傥有北窜之信，即可随时奏明，派往迎截。至天津所有之兵，专以防夷为重，现在夷情能否就范，尚未可定，自未便再行调往他处，以致要地空虚。米、俄二夷均已先后到京，一切情形尚属安静。米夷达底拿回赠恒福各礼物，即著恒福收受可也。将此由四百里谕知僧格林沁、恒福，并传谕文煜知之。

钦此。遵旨寄信前来。

——《咸丰同治两朝上谕档》第9册，第342页。

七月

七月初一日

〇上谕

咸丰九年七月初一日内阁奉上谕：

德兴阿著赏给六品顶戴，发往天津，交僧格林沁差遣委用。

钦此。

——《咸丰同治两朝上谕档》第9册，第345页。

七月初三日

○僧格林沁奏

奴才僧格林沁跪奏，为俄夷船只驶至山海关，捏称英夷，行踪诡秘，现已飞饬加意严防，恭折驰奏，仰祈圣鉴事。

六月三十日接准副都统格绷额文称：二十七日见有大船一只，在距老龙头十里以外停泊，当即雇觅民船，派人前往查探，船极高大，共有夷人四五百名，多系广东口音，声称英国人，自上海、广东来，久闻山海关名胜，前来观望，随后尚有小船二三只等语。旋有夷人数名乘坐小舢板近岸，欲买牛羊等物。内有一名实系俄夷，上年曾在黑龙江办理界务，与现在防兵彼此认识。该副都统调集各处哨探官兵协同防守等因。

奴才随即札饬该副都统加意严防，果系俄夷，断不致用武。第究系何国船只，难以辨认。或英夷在大沽受创，前往该处滋扰，希图牵制，亦未可定。惟水面不可与之较量，如果结队登岸，实有寻衅情形，亦应任其深入，方可得手。总不得轻举妄动，致干未便。伏查俄酋慕姓大船，已于二十四日起碇，或者即系此船。何以捏称英夷船只，此理殊不可解。足见夷情叵测，动辄施其诡诈。拟请明白传谕在京俄夷，现在中国与英夷接仗，随在设防，各处口岸不得擅自停泊船只，设非官兵认识，一经损伤，翻失和好之道。北塘现有俄夷船只，亦可就近传谕，恐该夷不肯遽信，转致生疑。近日俄、米二夷船只停泊北塘，尚属安静。

至英夷上年曾经窥伺武汉，此次在大沽受创，难保不潜往滋扰，意图泄愤。奴才业将该夷驶抵海口一切情形，并所筑炮台营垒高厚尺丈，拦河各项布置，详细咨行钦差大臣官文及早准备。仍恐未尽周详，查都司施绍恒由京来营，奴才暂留差委，所有大沽海口防守规模，该员备悉，拟饬该员由驿兼程驰赴湖北，面见官文，传述一切，以期有备无患。

所有夷船驶至山海关及派员前往湖北各缘由，谨恭折具奏，伏乞皇上圣鉴。谨奏。

［咸丰九年七月初一日］

——《第二次鸦片战争》第4册，第200—201页。

○上谕

军机大臣字寄钦差大臣、科尔沁博多勒噶台亲王僧。咸丰九年七月初三日奉上谕：

僧格林沁奏俄夷船只驶至山海关捏称英夷一折。俄夷大船一只，停泊距老龙头十里以外。经副都统格绷额派人往查，有夷人四五百名，多系广东口音，称系英国人，自上海、广东来此。内有俄夷一名，为防兵识认。恐系俄酋慕姓前往山海关，捏称英夷，意图窥伺形势。本日已饬肃顺等照会在京之俄夷伊格那提业幅，告以中国现与英夷接仗，各处口岸设防严密，如见伊船只，即行开炮，尔国船只不得擅自停泊，亦不得与英夷同船，恐致误伤，

转失和好。僧格林沁仍严饬格绷额密加防范，如察系俄夷，自可以理开导，勿令停泊；设有英夷船只前往该处滋扰，即诱令登岸，俟其深入，痛加剿击，以期聚而歼旃。将此由五百里谕令知之。

钦此。遵旨寄信前来。

——《咸丰同治两朝上谕档》第9册，第348页。

〇给俄罗斯照会

为照会事。

近据钦差大臣僧奏报，于六月二十七日，山海关海口见有大船一只，自称系英国船只，近岸观望。幸我国兵丁认识，内有贵国之人，是以未经开炮。今特照会贵大臣，务即行知贵国，现在英国先行无礼，业已与我国开仗，我国各处海口设防严密，如见英国船只，即行开炮轰击。嗣后贵国船只官民人等，切勿指称英国船只，亦勿在并非通商之海口游行。贵国人尤不可与英国人同船，恐开炮击英国船只，有伤贵国之人。如贵国之人指称英国，或同坐英国船只，我国防海之人必欲开炮轰击。因我两国和好有年，故先行照会，告知贵大臣，务将此情节迅速行知贵国，勿得自误可也。

为此照会。

——《筹办夷务始末(咸丰朝)》卷四一，第11页。

〇僧格林沁奏（节录）

……外火器营营总保成操防谨饬，办事勤能，前曾出师广西、直隶、山东，上年防堵通州、双港，修筑炮台营垒，屡著功绩。所有火器营制造各项军火器械，均系该员经理。本年制造水雷，亦极精巧。正拟奏请恩施，量加鼓励，该员因积劳成疾，于六月二十□日在营病故。可否照军营病故例从优赐恤之处，出自皇上天恩……

咸丰九年七月初三日奉朱批：著照所请议恤。兵部知道。钦此。

——录副奏折，档案号03-4220-003。

〇僧格林沁奏（节录）

……据办理粮台天津道孙治详称，据盛京岫岩城镶黄旗蒙古巴尔虎萨凌阿佐领下闲散连兴呈称，因闻军需孔殷，捐效银二千五百两，请以本省佐领尽先补用等情，当饬将捐银弹兑。查捐例，如无指捐专条，应比照品级相同之官捐数核办。查由俊秀捐监生银一百八两，加捐即□都司银三千二百四十两，共银三千三百四十八两。统减四成，合银二千零九两。今该捐生捐银二千五百两，拟请赏以本省佐领尽先补用，比照都司捐例，有盈无绌，详

请具奏前来。可否恳请奖叙之处，出自皇上天恩……

咸丰九年七月初三日奉朱批：连兴著以本省佐领尽先补用。钦此。

——录副奏折，档案号03-4307-003。

○何桂清奏

钦差大臣、两江总督何桂清奏：

查此次天津之役，为二十余年未有之快事。得信后，夷商颇怀疑惧，纷纷收回存本，上海地方，竟同罢市。经署苏松太道吴煦、开复知府蓝蔚雯传到英夷李泰国、佛夷伊担，告以普鲁斯任性妄为，自取挫辱，与人无尤，然大皇帝圣度如天，既有成约在前，必邀恩施格外，毋庸疑惧。该二夷皆唯唯而退。吴煦等又令华商向夷商明白开导，各夷咸知感悟，抱怨普鲁斯之办理不善，商民之心始定。不纳关税之说，亦未再提。吴煦等见有机可乘，且上海地方已早闻米夷在天津会议换约，即谕令华商作为己意告知夷商，以条约一事，额尔金经营年余，甚费心力，大皇帝准其进京换约，待之不为不厚。因前此北上迅速，未与钦差大臣在上海面商定议，又未知直隶总督在北塘守候，致有歧误，实则彼此俱无成见。钦差大臣计期业已抵京，米夷必照议办理。英、佛二夷如果再往理说，必当优待如初；傥以意气用事，必致兵连祸结，废时失事，况胜负亦未可定，上年所议各条全功尽弃，未免可惜。该夷商等照此一再申说，英酋虽称所言□属有理，而中国先行开炮，该夷官兵死伤数百人，若不报复，恐为上海诸夷所笑，且渠不能自主，拟即请示国王再定。佛酋则称伊国亦有伤亡，不能不照英酋办理。揆其词意，目前无可劝解，不便操之过急。而何时如何报复，该酋等不肯明言，转以米酋取巧为讥。英酋意在搜寻衅端，固不知我海运已竣，于十四日将该酋乘坐南旋之火轮船一只驶往天津，欲阻我沙船进口。十六日复有轮船驶行东南大洋，探系英、佛二酋使人送信回国。臣查佛、米二夷向俱听命于英，今英酋报复之意尚坚，佛酋从而附和。米酋进京必先换约，而换约之后，若即查照新章开市，恐英、佛藉以有词，于抚局似有窒碍，钦差大臣桂良等自必早经计及。

议者又以现闻英、佛二夷在国自行构衅，我可藉为离间之计。殊不知各夷互斗本属常情，而与中国交涉事件，仍复交相袒护。况互斗之确否仍不可知。佛夷素称强悍，每利于西洋各国构兵，向其借助，该夷即因以为利，坐获重资，有如贸易，是欲藉米、佛为转圜，恐亦难恃。此时英夷意欲阻我今届海运，业已无能为役，所虑者，印度夷兵及各国回信均非数月不能来，今冬明春，必有变局，下届海运漕粮恐有阻滞，河运又万难遽改。上海六月初八以前，洋药捐款，十日内收银七千两，各国夷税亦仅二万余两，不及往时三分之一。初九日以后，贸易虽未停止，已与停止无异。军饷无可取资，民心益加惶惑，钱漕均形棘手。正不必该夷句结粤逆为患，而误漕误饷，均不待言。此后情形，不堪设想。现闻英酋愿出重

资，购觅钦差大臣僧格林沁折（槁）［稿］，似疑我将闭关绝好也。若不使之闻之，则猜疑日深，恐汉奸夷匪复似广东之捏造上谕，从而煽惑，所患实非浅鲜。臣拟即钦遵训谕，作为己意，佯作不知佛夷亦曾助逆，照会布尔布隆，嘱其迅速北上，随同米夷换约，并令向普鲁斯曲为开导，以破其疑。第夷性犬羊，诚恐置之不覆，复密饬吴煦等，遣令布尔布隆素相信任之夷目伊担、通事梅德尔先后向其开导，告以臣有照会前来，视其如何回覆，再行发给。

——《筹办夷务始末（咸丰朝）》卷四一，第5—7页。

七月初四日

○定福奏

山海关副都统定福奏：

六月二十七日午刻，接据瞭探官报称，石河口由东驶来夷船一只，驶进海口等情，当即饬委协领伊克精额驰赴海口查探。时副都统格绷额亦在彼查探。讵夷船距岸约有七八里许，拦江沙外停泊。续有夷人九名，乘坐杉板小船，由老龙海口登岸。内有通汉语一人，名雅妥玛，称系大英国人，由广东而来，意欲进城买物，言语支离。当向开导，此处非夷人应到之地。该夷稍延数刻，随即回船去讫。适副都统格绷额雇觅商船一只，派官一员、兵二名，假冒水手，随同商人驶近夷船。细看人数，约有二三百名。格绷额已将马步队官兵布置妥协，于城内四门加派炮手、官兵驻守，昼夜巡逻。忽于二十八日，瞭见由西南驶来夷船一只，驶至海沿停泊。奴才惟与格绷额督饬官兵严防，并飞咨僧格林沁、直隶总督、盛京将军一体严防。

朱批：知道了。山海关非伊应到之地，即有登岸之人，亦断不准接济食物，尤不可希图省事，致有互相买卖各情。

——《筹办夷务始末（咸丰朝）》卷四一，第10—11页。

七月初七日

○何桂清奏

钦差大臣、两江总督何桂清奏：

通商事宜，向以英夷为领袖，米、佛各夷随同办理。现在米夷已先进京换约，回南后必求查照新定章程办理。英、佛二夷所属各国夷商，亦必藉道光年间章程内，有大皇帝如有恩施于别国、各国一体均沾之语，前来饶舌。若不允准，则夷商心存怨望，不为我用，不独无从施釜底抽薪之计，且商与酋互相比合，与我为难，兵连祸结，势将无所底止。设俯顺商

情，从权开市，则英、佛二夷新定之条约未换，从前之条约又有作为废纸之议，几无章程可循，领事、通事、司税人等，尽可高下其手，从中舞弊。夷商既有利可图，亦即置条约于不顾，从此夷务更不可问，而于议抚大局仍无把握，今冬海运必多掣肘。傥欲藉米夷为从中调处之人，则英、佛二夷现已鄙其取巧，且上年在天津，英夷之就我范围，全系钦差大臣桂良等自行筹办，米夷虽有调处之言，未见实效。辗转思维，此次给发佛夷照会，实为夷务一大关键。因与抚臣徐有壬往来密商，酌定一稿，发交署苏太道吴煦等，藉夷商王在抱怨普鲁斯之时，嘱令华商转告夷商，以此次天津之役，系由普鲁斯自行肇衅，与条约无干，徒于生理有碍，实属无谓。且初到上海时，钦差大臣桂良等已守候月余，应见不见，应商不商，迨抵天津，又不收文收物，硬闯海口，轰练拔桩，试问已经和好之国，有此情理否？钦差大臣僧格林沁，未将其船只全行击毁，非不能也，悯其愚顽也，今已小受惩创，则钦差大臣僧格林沁之用兵神速，炮台坚固，尔等谅已得知，若相持不下，尔等财货尽归乌有，所为何来？该夷商等咸以为然，纷纷议论。因之普鲁斯亦有所闻，始知众怒难犯，渐有悔心。华商复令各夷商将普鲁斯肇衅情由寄信回国，互相传布，以杜普鲁斯之捏词耸听。吴煦等因有机可乘，即遣伊担、梅德尔，并由梅德尔转邀布尔布隆亲信最深之夷人，齐向告知。臣尚未悉佛夷亦有死伤之人，有照会令其赴津换约，并令转告英酋，商情如此，国王闻之，必将加罪。在普鲁斯，固属咎由自取，为布尔布隆计，殊属不值。布尔布隆始尚游移，继亦恍然，答称尔等所言却是为我，总督如有照会前来，断不置之不答，但不知其如何说法，且英夷系属大国，普鲁斯心存报复，伊不便独自作主，只好缓缓进言，若得何总督亦给普鲁斯一文，则更易于措词等语。梅德尔即禀吴煦等，将照会发给。旋据布尔布隆送到照覆之文，由吴煦等禀呈前来。臣细核照覆之文，情词尚属恭顺，惟以未能独自作主为惜，又称该酋与普鲁斯均已纤毫无疑。揆其意见，似欲臣亦给普鲁斯一文也。臣思布尔布隆既欲得臣照会普鲁斯之文为进言之具，则其力不能转圜，必藉天朝威力以制之，已情见乎词。普鲁斯始则逞其桀骜之气，姑思一试，继于受创之后，为众商所抱怨，其气已馁，亦可概见。此事总须议抚完结，与其专借米、佛之力，留将来藉口地步，莫若俯如布尔布隆所请，亦给普鲁斯照会，先责以不在上海接晤，此次布尔布隆照会内纤毫无疑之语，诘其是否进京换约，而不言天津之事。并再照覆布尔布隆，告其已给普鲁斯照会，仍密嘱吴煦等，令梅德尔等及各夷商再行设法挽回。总以尊崇国体，不露我去求和之意，且视普鲁斯有无回文，再行相机办理。就现在情形而论，米夷既已进京换约，佛夷又已疏通，则英夷之势已孤。至布尔布隆所称业已奏知该国王，应候回信办理，亦尚在情理之中。而夷商人等已写信回国，则普鲁斯之恃强妄为，该国王亦必当有所闻知。即使尚有后言，我可就各该酋之回文与之理说，或可息事弭兵。

——《筹办夷务始末(咸丰朝)》卷四一，第15—18页。

七月初九日

○贾桢等奏（节录）

大学士管理兵部事务臣贾桢等谨奏，为遵旨查议具奏事。

内阁抄出僧格林沁等片奏，开州协副将员缺，查有山西太原营参将冷庆屡著战功，胆识兼优，熟谙营务，堪以拟补。又，通州协副将魁霖，本在江北军营，经恒福奏调来津，该副将于六月初旬持钦差大臣和春来咨到营，奴才等饬令管带督标官兵，在新河驻扎，现准和春咨，以该员接奉行知，私带弁兵十三名北上，奏参革职，恭阅邸抄，业已钦奉谕旨。该革员久历戎行，带队勇往，素为恒福所深悉，现在既已在津派令带兵防堵，合无仰恳天恩，准令已革通州协副将魁霖留营效力，以赎前愆而观后效。所遗通州协副将一缺，查有京营游击李炳业，拟补巡捕中营参将，尚未引见，该员干练有为，朴诚果敢，堪以拟补，俟海口防务完竣，再行分别给咨引见。至所遗参将、游击各缺，应由山西、京营照例拔补。[①] 等因。于咸丰九年六月三十日奉朱批：兵部查议具奏。钦此。

查定例，陆路参将历俸二年始准保题；又，副将缺出，本省之人不准题补本省之缺；又，军营所出之缺尽归军营人员量功升用；各等语。今该大臣奏称，开州协副将员缺，请以山西太原营参将冷庆拟补。查冷庆升补参将，尚未引见实授，并无俸次可计，且系直隶人升补本省副将，均属与例不符。又，通州协副将魁霖革职遗缺，现据钦差大臣和春片奏，请以山东德州营参将赵树棠拟补，奉朱批：兵部议奏。钦此。臣部正在查核，尚未覆奏。今据僧格林沁奏，通州协副将一缺，请以李炳业拟补。查李炳业请升参将，并未咨部有案，且系顺天人升补直隶副将，籍隶本省，亦属与例不符。惟现值海防紧要，天津军营正在需人，可否各准其补授之处，恭候钦定。如奉旨准以冷庆升补直隶开州协副将，李炳业升补直隶通州协副将，应俟海防事竣，给咨该员等赴部引见后，再行给与札付，令其赴任。其所遗参将、游击各缺，由臣部另行办理。

至已革副将魁霖，现已在津派令带兵防堵，可否准其留营效力，以赎前愆而观后效，合并声明请旨……

——录副奏折，档案号03-4220-015。

七月初十日

○上谕

咸丰九年七月初十日奉旨：

---

① 僧格林沁等片，详见中国第一历史档案馆藏录副奏折，档案号03-4219-145。

冷庆准其升补直隶开州协副将，李炳业准其升补直隶通州协副将，俟防务完竣，再行送部引见。已革通州协副将魁霖，准其留于天津军营效力。至李炳业，于上年十一月经僧格林沁保奏，以参将升用，系明降谕旨，何以兵部尚未知悉？著该堂官查明具奏。

钦此。

——《咸丰同治两朝上谕档》第9册，第363页。

○上谕

军机大臣字寄钦差大臣、科尔沁博多勒噶台亲王僧，直隶总督恒，传谕直隶布政使文煜。咸丰九年七月初十日奉上谕：

肃顺等奏，俄夷伊格那提业幅呈称，数日后，有该国使臣木哩斐岳幅坐船来至北塘，并有带来物件，请告知北塘官员，毋得拦阻等语。木哩斐岳幅船只如到北塘，著即派员询其来意，如欲差人进京，不必拦阻，但只准其二三人来京。该督等即拣派妥员，沿途护送，所携物件，代雇夫役，小心防护，俾安静行走。木哩斐岳幅曾在吉林侵占地界，此次未至北塘，恐其(令)[另]有诡谋，并著僧格林沁密为防范，毋稍大意。将此谕知僧格林沁、恒福，传谕文煜知之。

钦此。遵旨寄信前来。

——《咸丰同治两朝上谕档》第9册，第362页。

七月十一日

○上谕

军机大臣字寄钦差大臣、科尔沁博多勒噶台亲王僧，直隶总督恒，传谕直隶布政使文煜。咸丰九年七月十一日奉上谕：

现在米夷在京颇为恭顺，即日呈递国书，所有该国和约，已加恩准其在北塘海口换约。俟该夷起程，即将和约由驿发交恒福。该督接到后，即在北塘海口与该夷互换可也。至前获夷人蒋什坡一名，既系米国之人，即可发还该国，以示怀柔。所获英夷人犯一名，曾受重伤，留之无益，或即交米夷，令其由海船带回上海，交何桂清，由上海道交还英酋卜鲁斯收明，亦可藉此稍示羁縻。著该大臣等斟酌办理可也。将此谕知僧格林沁、恒福，并传谕文煜知之。

钦此。遵旨寄信前来。

——《咸丰同治两朝上谕档》第9册，第366页。

〇军机处咨

办理军机处为咨行事。

前据贵大臣饬令海口营武弁郑启元、葛开泰二员进京，跟随钦派大臣与米夷相见。现在米夷已议定赴北塘换约，甚为恭顺，不日出京，相应饬令该二员回营当差。

须至咨者。

右咨

钦差大臣、科尔沁博多勒噶台亲王僧

咸丰九年七月十一日

——《咸丰同治两朝上谕档》第9册，第367页。

七月二十日

〇上谕

军机大臣字寄钦差大臣、科尔沁博多勒噶台亲王僧，直隶总督恒，传谕直隶布政使文煜。咸丰九年七月二十日奉上谕：

昨据俄国使臣伊格那提业幅照覆肃顺等称，本国之船断不借用英国旗号，其不通商之处，前已行知本国，不令船只前往，但京城至东海甚远，此时恐未周知，现复备文，求转送北塘，俟本国船只到时交付，并将各国旗式绘图封送等语。俄夷既称断不捏称英国之人，并饬令该国船只勿到不通商之处，情形似属恭顺，所绘旗式，著即交僧格林沁查验，并知照盛京、山海关两处一体知悉。惟夷船往来海口，如果并不滋事，即系英、弗之船，亦毋庸开炮轰击。倘敢先行开炮，或登陆滋扰，则无论何国旗号，皆当严拒。著一并知照玉明、定福、格绷额遵照，勿受彼欺为要。华若翰计已行抵北塘，兹将答复该国玺书由驿递至北塘，交恒福面交该使臣祗领。如华若翰换约后业已回帆南驶，即著恒福由驿递交何桂清转交为要。将此谕知僧格林沁、恒福，并传谕文煜知之。

钦此。遵旨寄信前来。

——《咸丰同治两朝上谕档》第9册，第377页。

七月二十二日

〇僧格林沁奏

奴才僧格林沁跪奏，为遵旨办理俄、米两夷事宜，及各海口夷船来往游驶情形，恭折奏

祈圣鉴事。

七月十一、十二日恭奉咸丰九年七月初十、十一等日寄谕:肃顺等奏,俄夷伊格那提业幅呈称,该国有使臣木哩斐岳幅坐船来至北塘,并有带来物件,著即派员护送。又以米夷在京呈递国书,所有该国和约,准其在北塘互换。前获夷人蒋什坡一名,即可发还该国。所获英夷人犯,或即交米夷令其带回上海交还卜鲁斯,并饬奴才等斟酌办理。圣训周详,敬谨遵悉。当即派令知州曹大绶、同知博多宏武等前赴北塘守候,俄夷船只行抵海口,即往询其来意,如系差人进京,即遵旨派员照料,防护行走。该酋木哩斐岳幅既在吉林侵占地界,有无别故尚未可知,仍一面严密防范,总不听其上岸窥我虚实。距今数日,尚无信息。米酋华若翰已于十八日回至北塘,经恒福等接待,互换和约。因连日淫雨,行李未经到齐,该夷火轮船驶出拦江沙外等候。至十九日戌刻,行李运到北塘,即于二十日早用内地船只转运出洋。该夷船亦开向内河迎接,过载后,于申刻回驶至大火轮船停泊之处,天色已晚,两船相依一处停泊。二十一日早,瞭望外洋,该船已经开驶。其所获米夷蒋什坡一名,已由恒福等交还该酋收领。其英夷人犯一名,若交该酋带往,似不足以昭皇上怀柔之德,应俟上海英、佛两夷就抚,和议稍定,由海船发交何桂清宣旨发还,似于事礼为顺,而于皇上生成全德,亦可明白宣示,俾知感激。奴才与恒福筹商办理,仍留英犯一名,以待上海之转旋,未便(经)[径]交米酋带往。

至山海关停泊夷船三只,前据副都统格棚额呈称,尚未辨其为俄夷为英夷,当经饬令查探明确,并辨认旗帜。旋据复称,该夷旗帜或尖或长,五色交杂,难以辨认。七月初一日,复开泊山海关西之白塔岭、秦王岛地方,似有绘画地图之势。初二日以后,陆续向西南开行。抚宁、昌黎、乐亭各海口,均有船只游驶。而抚宁县之洋河口,昌黎县之蒲河口,有夷人乘坐小船上岸,声称带有各种洋货,于沿海一带出售,并在蒲河口购觅骡马,又于浪窝口近岸询问永平、昌黎、乐亭各府县相距远近。均经各海口兵役晓谕拦阻,未至上岸滋扰。十九日接据格棚额来咨,夷船三只,十二、三日仍至乐亭县属老母沟左近一带游驶,终莫测该夷之意何属。奴才惟有严饬沿海各营县加意防范,相机堵御,以期仰副皇上慎重海防之意。所有俄、米两夷情形,及山海关一带夷船游驶各缘由,谨缮折具奏,伏乞皇上圣鉴。

再,本年粮船约计一千二百余只,夷船未到以前,共放入一千一百四只,六月二十九日以后续到之粮船共二十余只,此外未到之船,自可陆续来沽。其回空船只,前因夷船停泊海口,未便放行,日来尽数放出大洋。近日闽广洋船渐次来沽,亦约二十余只,现饬查船委员严密稽查。天津一带民情均极安堵,合并陈明。谨奏。

[咸丰九年七月二十一日]

咸丰九年七月二十二日奉朱批:知道了。钦此。

——《第二次鸦片战争》第4册,第222—224页。

七月二十三日

〇上谕档

五月二十七日寄僧格林沁谕旨一道，内有直隶提督史荣椿恤典等事，业于是日摘抄，专交兵部。本日臣等面奏，请将是日摘交谕旨改发通抄。惟查内有应行酌改字样，谨用黄签签出进呈，伏候钦定。俟发下后再行缮写，交内阁发抄。谨奏。

咸丰九年七月二十三日奉朱批：照拟改。钦此。

——《咸丰同治两朝上谕档》第9册，第386页。

七月二十四日

〇僧格林沁、恒福奏

奴才僧格林沁、奴才恒福跪奏，为遵旨复奏事。

七月二十一日恭奉咸丰九年七月二十日寄谕：昨据俄国使臣伊格那提业幅照复肃顺等称，本国之船断不借用英国旗号等因。钦此。遵查米夷火轮船二只，于二十日夜间开行，业由奴才等具奏在案。所有发给该夷之玺书，当由奴才恒福加书，由驿递交两江总督臣何桂清接收，俟米酋华若翰行抵上海，发交祗领，以昭我皇上绥靖怀柔之意。俄夷所绘各国旗式，遵即照绘三分，由驿递交玉明、格绷额、定福，以凭传谕各海口，辨认各国船只。奴才等复思，俄夷既在吉林侵占地界，难保不窥探各海口，另生诡谋。英、佛两夷败退之后，各处游驶，窥我虚实，伺隙而动，亦在意计之中。是现在山海关一带夷船，究莫知其来自何国，但据旗帜为凭，(浵)[深]恐夷情诡谲，难以确信，或遇风雨阴晦，虽有旗帜，亦无从辨认。更可疑者，俄夷甫经绘呈四国旗式，即有信函递交该国船只，其中恐有诡谋秘语交通传递。诚如圣谕，无论何国旗号，登岸滋扰，皆当严拒，勿受彼欺。总不使该夷船进岸窥伺，庶足以严限制而示防维。现在英、佛两夷抚局未定，各处海口不能不严密防备，应请饬下肃顺等，传饬俄酋使臣及书信来往暂由库伦陆路行走，北塘出入，盘查禁阻，动多窒碍，彼此均有未便。此次所递交该夷船只书信，暂由奴才恒福收存，各该夷船驶抵北塘，仍行派员递呈。

所有遵旨递给米酋玺书及各国旗式知照盛京、山海关各缘由，谨缮折复奏，伏乞皇上圣鉴。

再，副都统成保蒙恩调补荆州左翼副都统，自应回京请训，惟该员现在军营管带马队，一时接代无人，奴才僧格林沁拟请俟撤防后再令回京，恭聆圣训。合并陈明。谨奏。

［咸丰九年七月二十二日］

——《第二次鸦片战争》第4册，第225—226页。

〇上谕

军机大臣字寄钦差大臣、科尔沁博多勒噶台亲王僧，直隶总督恒，传谕直隶布政使文煜。咸丰九年七月二十四日奉上谕：

僧格林沁等奏接奉寄谕并俄夷所送各国旗式遵办一折。俄夷所绘各国旗式，业经僧格林沁递交玉明、格绷额、定福，传谕各海口辨认。所称但据旗帜为凭，深恐夷情诡谲，难以确信，著仍遵前旨，此后夷船往来海口，如仅在洋游驶，并无滋事情形，无论何国旗号，毋庸开炮轰击；设或登岸滋事，即当严以拒之，勿受彼欺。并著知照玉明等一体遵照办理。至所请俄酋使臣书信往来饬暂由库伦陆路行走一节，现在木哩斐岳幅将次行抵北塘，必尚有在京使臣往来书信，业经言明准其投递，且俟木哩斐岳幅船只回帆后，该国使臣书信由库伦行走可也。至调补荆州左翼副都统成保，著准其俟撤防后再令回京请训。将此谕知僧格林沁、恒福，并传谕文煜知之。

钦此。遵旨寄信前来。

——《咸丰同治两朝上谕档》第9册，第386页。

〇上谕

咸丰九年七月二十四日内阁奉上谕：

僧格林沁等奏请将办公草率、不自检束之总兵撤任议处一折。[①] 直隶宣化镇总兵、署天津镇总兵汤苏，经僧格林沁派守大沽及双港等处，于营务操防未能认真办理，又买部民为妾，以致物议哗然，实属不自检束。汤苏著即撤任，交部议处。其所署天津镇总兵员缺，著冷庆署理。

---

① 七月二十二日，僧格林沁、恒福奏："兹查有现任宣化镇总兵汤苏，上年署理天津镇总兵印务，奉上谕：著僧格林沁、庆祺察看，如该员正资得力，即仍留署任，俟接署有人，再行饬赴新任。钦此。奴才僧格林沁会同前督臣庆祺，以该员甫到署任，人尚朴实，据实奏明，一面仍随时察看。本年二月，奴才僧格林沁派令该署镇驻守大沽北岸炮台，安放炮位，该署镇将守门炮位安放营墙以外，全不思筑立坚厚营墙，原为放炮官兵藉资匿蔽，岂有将炮位安放墙外之理？布置机宜未能谙练。及令驻扎双港，于一应营务操防，亦未见认真办理。奴才等近复访闻，该署镇有买部民子女为妾一事，当即派员确查。旋据查得，汤苏所买之妾，系八年十月内由京买来，于十月十六日进署，原系天津县河东山墙根地方田姓之女，先配营兵温秃子为妻；温秃子死后，又嫁蔡村道士；道士死后，在京城草帽胡同佣工。汤苏令家人张姓到京，用京钱一千六百吊买来，随带一子，现年四岁。伊父田老及亲戚常川到署来往。等语。伏查职官买部民子女为妾，已干例禁，况现在办理海防，军务正当紧要之际，宜何如洁己自爱，恪守官箴！乃汤苏以天津本镇大员，买天津人为妾，虽在京城所买，与买之本地者有间，而确系天津人氏，又有伊父田老及亲戚常川到署来往，殊属不合。该署镇一切办公既属草率，未能实心整顿，而私事又不自检点，物议哗然，实不称专阃大员之任，未便稍事姑容，致滋贻误。为此据实奏参，请旨将署天津镇、宣化镇总兵汤苏交部议处，一面先行撤任，听候部议，以示儆戒而饬官常。至天津镇总兵员缺紧要，自应先行委员接署，以专责成。查有新授开州协副将冷庆安详稳练，熟谙海防，可否委令署理之处，出自圣裁……"详见中国第一历史档案馆藏录副奏折，档案号03-4220-039。

钦此。

——《咸丰同治两朝上谕档》第9册,第388页。

八月

八月初三日

〇僧格林沁奏

钦差大臣、科尔沁亲王僧格林沁奏:

前据副都统格绷额禀报,夷船三只,于六月二十七日在距老龙头十余里停泊,奴才当即飞饬沿海各路防兵加意严防,业经附折陈明在案。续据各营县禀报,该夷大船停泊外洋,小杉板近岸,寻觅食物,亦极驯顺。一月以来,该夷历至老龙头、秦王岛、老母沟、清河口、涧河口等处口岸周历,用小船试探水之深浅,查看地方地势,均已绘图。各海口兵役一经拦阻,即行驶回。奴才详加筹思,窥其形势,似系英夷败退之船,沿海窥探,或伺隙而动,或相准虚实,以图再举。所有各海口防兵,或隐或现,该夷亦不能尽知虚实。

七月二十四日,夷船三只,由外洋越过北塘、大沽,于二十七日驶至大沽迤南之祁口地方停泊。随有夷人数名,坐小杉板近岸试水,并询问水陆赴津程途。经祁口营署守备张锡元告以此处距津六七百里,中间数十里泥淖难行,该夷亦即驶回。查大沽迤南刘家河、唐家河、马棚口、祁口、狼坨子均系汊河,或仅容小船行驶,或数十里以内,舟楫不通,且地处荒僻,居民无多,该夷亦无所施其狡悍。惟陆路距大沽不远,自应先事豫防,以期有备无患。当派火器营参领保清、通州协副将李炳业带兵二十名先往哨探,复派副都统成保、侍卫札精阿,各带哲里木盟马队二百名,前往刘家河等五处汊河口岸分扎,以壮声威。该夷船三只,于二十八日由祁口折回大沽迤南二十余里之刘家河停泊,不时在桅上用千里镜打看,不知其意何属,至本日卯刻尚未开行。奴才惟有督饬各营官兵随时布置,昼夜严防,不敢稍涉大意。

该夷败退之余,大沽防守既严,大约不敢轻犯。刘家河等五处汊河,船只不能行驶,亦无可窥伺。或沿海口岸停泊数日,渐渐南驶。惟山东烟台恐要久停,该处商贾云集,人烟辐辏,若因各海口均系停泊数日即便开行,视为故常,恐一旦窃发,殊属堪虞,应请敕下山东抚臣豫为防范。该夷既经受创,知有准备,亦必不敢滋扰。

五月二十五日与该夷接仗之时,各营官兵无不奋勇争先,勉图杀贼立功,惟北岸北炮台海口营兵见贼势凶猛,越墙凫水逃避者三百余名,自应即时查拿,以正军法。彼时因夷船在海口停泊,若操之过急,恐有逃出外洋勾串情事,是以于米夷船只开行后,即行派委弁

兵分投查拿。现已拿获三名，业经正法，枭首示众。

再，前获英夷一名，本系带伤被捡，近因痢泻，医治无效，现已病故。

朱批：另有旨。水陆筹防，甚为周密，不可稍涉大意，以备不虞。尤应严饬各路统兵镇将暨弁兵等，不准因有前番得意，遇夷即战，徒邀保举，不顾剿抚大局。如有前项情事，即由汝处查拿正法，不必请旨。此次游驶夷船，为鬼为蜮，殊难测度。看来恐系俄夷多方窥伺，有隙即战，以图要挟，无隙即讲和贸易，并代各国豫占马头，利人利己，以为他日地步，皆在意中。若云英夷图报，尚不在今秋，须俟明岁春夏之交，或者另生诡谋。

——《筹办夷务始末（咸丰朝）》卷四二，第10—12页。

〇上谕

军机大臣字寄钦差大臣、科尔沁博多勒噶台亲王僧，直隶总督恒。咸丰九年八月初三日奉上谕：

僧格林沁奏夷船在沿海口岸窥伺一折。据称夷船三只，一月以来，历至老龙头、秦王岛、老母沟、清河口、涧河口等处，用小船探水，并查看地势；复驶至大沽迤南之祁口、刘家河停泊，用千里镜打看等语。夷船到处游驶，为鬼为蜮，殊难测度。英、弗各船前已驶回上海，现在夷船恐系俄夷多方窥伺，已于折内详细批示矣。该大臣现在调派成保等带领马队分扎各处，防范尚为周密。该夷如敢登岸滋扰，或在船上先行开炮，著即遵前旨，奋力轰击，勿受彼欺，致落后著。如仅只试探水势及上岸寻觅食物，自不必先开衅端，致彼有所藉口。至前获英夷一名，现既物故，即为棺殓，或即交沙船带回上海，交何桂清转交该夷，以为转圜地步，或暂存海口，俟该夷就抚后再为交还，即著僧格林沁等斟酌办理。山东烟台地方，本日已谕令崇恩严密防范矣。将此谕令知之。

钦此。遵旨寄信前来。

——《咸丰同治两朝上谕档》第9册，第414页。

〇上谕

军机大臣字寄山东巡抚崇。咸丰九年八月初三日奉上谕：

僧格林沁奏，夷船三只，一月以来，屡经驶至老龙头、秦王岛等处探水，近复折回大沽迤南刘家河停泊，渐次南驶，山东烟台地方恐要久停，请饬防范等语。山东烟台海口，前因有夷船在彼停泊，曾谕该抚严密稽查防范。兹据僧格林沁奏，夷船渐向大沽洋面南驶，难保不再到烟台海口，意图久停。该处商贾云集，人烟辐辏，若视为故常，任其逗留，恐一旦窃发，猝不及防，殊为可虑。此外各海口港汊纷歧，多有可停泊之处，均宜严为准备。现在通商章程尚未定议，民间概不得与之私行交易，应一并禁绝。著崇恩严饬沿海地方官认真

行查,密加防范。如有夷船停泊,谕令迅速开行,毋许久留,致令上岸滋扰。崇恩现虽有旨令来京候简,仍宜实心办理。如因简放有人,意存诿卸,将来设有贻误,恐不能当此重咎也。将此由五百里谕令知之。

钦此。遵旨寄信前来。

——《咸丰同治两朝上谕档》第9册,第413页。

〇僧格林沁、恒福奏(节录)

……窃查天津镇中军游击苟兰芳,咸丰八年在江北军营打仗阵亡,所遗员缺,查有拣发游击春霖,操防谙练,带队奋勤,承修炮台营垒工程极为出力,堪以拟补。又,八沟营守备白坤捐升都司,离任遗缺,查有蓝翎尽先守备葛开泰打仗勇往,屡蹈险危,堪以拟补。惟天津镇中军游击一缺,系准部咨,轮用应升应补人员,拣发游击春霖应补边缺,今请补天津镇标之缺,与例稍有不符。八沟营守备一缺,系四月十二日由部行文,令于合例人员拣选升调,葛开泰保奏以守备尽先升用,系于六月初二日奉旨依议,钦此。开缺在先,奉旨在后,与例亦有未符。第该员等均在军营出力,实属卓著勤劳。当此海防吃紧之际,正须破格用人,未便拘泥成案,合无仰恳天恩,俯准以拣发游击春霖补授天津镇中军游击,以尽先守备葛开泰补授八沟营守备,实与营务、戎行两有裨益。奴才等为鼓励人才起见,是否有当,谨缮折具奏请旨,伏乞皇上圣鉴…… [咸丰九年七月二十九日]

咸丰九年八月初三日奉朱批:兵部议奏。钦此。

——录副奏折,档案号03-4220-046。

八月初四日

〇上谕

谕军机大臣等:

前因山东曹单军情吃紧,谕令僧格林沁,于海防备调官兵内派拨一千名,交德楞额统带,前赴韩庄一带驻劄。兹据胜保奏称,现在移营五河,相机攻取怀远,因马队不敷调遣,请将驻劄韩庄之德楞额马队一千名,就近调往助剿,而令僧格林沁再于防兵内抽拨数百名前赴东境,各等语。皖省军情目前固属紧要,而山东为京畿门户,捻匪时图北窜,防兵亦未可空虚。著僧格林沁酌量情形,如果津防马队足敷分拨,即著抽拨五百名,派员管带,前赴韩庄一带,归德楞额调遣。并知照德楞额,于所管马队内拨出五百名,派员带往胜保军营,以资攻剿。将此谕令知之。

——《清文宗实录》卷二九〇,咸丰九年八月辛丑。

纸张红糖回家售卖，因进口不便，用车运货，即被分局人役拿住，指为偷漏，将该船客人王姓押送盐政衙门究办，旋即毙命等语。并著恒福按照所指各情，详细查明有无重征勒索等弊，严行惩办。

原折片著抄给阅看。将此谕令知之。

钦此。遵旨寄信前来。

——《咸丰同治两朝上谕档》第9册，第418页。

八月初八日

○僧格林沁奏

奴才僧格林沁跪奏，为遵旨筹拨马队前赴山东，并日内夷船游驶各海口情形，恭折奏祈圣鉴事。

八月初四、初五日接奉咸丰九年八月初三、初四等日寄谕，并恭奉朱谕，荷蒙圣训周详，敬谨遵悉。夷船三只由山海关南驶，至大沽迤南刘家河停泊，业于初二日奏闻在案。初四日申刻，忽有两桅夷船一只由刘家河驶进拦江沙内鸡心滩外，影于闽、广商船之后停泊，旋有小杉板一只，上坐夷人十余名，驶入头道铁戗内，经巡哨官兵喝止，亦即收住。当派守备邓启元坐船迎出，问其来意。据称系英国船只，在各处海口绘画地图，并称打仗后伊国有难民十二名在此收留，伊等前来领取，如若给还，伊情愿领回；又问伊国讲和之人曾否到来等语。经邓启元告以此处并无尔国难民，尔亦不应沿海窥探，停泊船只。该夷声称，明日即开船驶回上海。旋即驶回刘家河，归并一处停泊。初五日卯刻，夷船三只并向东南驶去，远出外洋，不见帆影。申刻，忽又有夷船一只绕回北塘迤北之蛏头沽地方，其余二只在北塘东北海面来往游驶。察看该夷情形，因挫败之后进退无据，沿海测量水势，摹画地图，又于大沽、北塘设防之地窥探情形，意图牵制。其杉板船驶入内河，徬徨四顾，语言闪忽，说话之间，一面用千里镜打看炮台营垒。诚如圣谕，该夷为鬼为蜮，殊难测度。奴才当已飞咨西凌阿严密防范，并谕饬弁兵等静以伺变，不准生事幸功，轻易动作，以期仰副皇上顾全大局、剿抚兼筹之意。

胜保奏调德楞额马队助剿怀远股匪，钦奉谕旨，饬奴才酌拨马队五百名归德楞额调遣，仍饬德楞额于所管马队内拨出五百名，派员带往胜保军营，以资攻剿。奴才查海防所调吉林、黑龙江马队二千名，分扎山海关一带，兵力尚嫌单薄。大沽、北塘两处，惟察哈尔及两盟蒙古官兵分拨防堵，皆无可抽拨。惟双港驻扎之归化、绥远二城马队内，尚可酌拨前往。已饬协领德福管带绥远城马队五百名，星速驰赴德楞额军营，听候酌拨，归胜保调遣。奴才伏念韩庄当淮徐之冲，捻匪、幅匪环伺蠢动。德楞额管带马队一千名已觉单微，

到防之后，即经剿匪获胜，是该马队经德楞额调度日久，训练驯习，正资得力。若复分调他处，另易新兵，在胜保同为一起新集之师，未必专资指使，而在德楞额已去五百熟练之兵，不免更费周章。奴才愚昧之见，即将绥远城马队拨赴胜保军营，无庸德楞额另拨，庶彼此各收实用，而于圣谕山东为京师门户，防兵未可空虚，关系大局情形，亦可藉资堵御。是否由德楞额酌拨，抑即以绥远城马队拨归胜保之处，伏候圣裁饬遵。

再，已故英夷择时莫革甚之尸，应俟抚局定后，该夷询及时，再行给领。若此时即交何桂清发给，转觉难以置词。

所有遵旨酌拨马队官兵，并夷船停泊海口各缘由，谨缮折呈奏，伏乞皇上圣鉴训示。谨奏。

［咸丰九年八月初六日］

——《第二次鸦片战争》第 4 册，第 234—235 页。

〇上谕

军机大臣字寄钦差大臣、科尔沁博多勒噶台亲王僧。咸丰九年八月初八日奉上谕：

本日据僧格林沁奏遵旨筹拨马队并近日夷船游驶情形一折，览奏均悉。英夷船只于八月初四、五等日在大沽南北各海口往来游驶，以寻觅难民为词而测水绘图，且用杉板船驶入内河，窥探炮台，情殊叵测。僧格林沁已飞咨西凌阿等严密防范，静以待动。所筹俱属周妥。本日适据劳崇光奏到密询广东夷商各情形，据称英夷自天津挫败后，各国皆与离心，惟印度之孟加剌为英夷属国，若往调兵，不能不从。又南洋黑夷，谚称黑鬼，惟利是视，啖以重利，难保不从。若六月中旬由上海前往调兵，约八月中旬可到天津等语。此虽系夷商等臆揣之词，而该夷举动诡秘，亦难保其必无。该大臣总须严为之备，于大沽、北塘等处勤加侦探，使其无隙可乘，方为妥善。又据劳崇光奏，该夷耳目甚众，即如僧格林沁天津报捷原奏，六月杪广东省处处传抄，考其由来，则称自夷船抄得，嗣接僧格林沁抄折咨会相符等语。前何桂清亦奏称，该夷以重价购觅僧格林沁折稿，可见该夷工于侦伺，不可不防。著僧格林沁嗣后于陈奏折片各件，有关夷务者，加意严密，勿使稍有泄漏。是为至要。至胜保所请马队，该大臣已派协领德福管带绥远城马队五百名，前赴德楞额军营，著即将此项马队官兵饬令径赴胜保军营，听候调遣；并知照德楞额，毋庸将原管马队抽换，以免周折。其已故英夷，即著照所议办理。将此谕令知之。

钦此。遵旨寄信前来。

——《咸丰同治两朝上谕档》第 9 册，第 421 页。

八月初九日

〇何桂清奏

钦差大臣、两江总督何桂清奏：

普鲁斯藉上海民夷互斗为口实，搪塞照覆，迄已旬余。该酋接到臣照覆之文，并未另覆。现在互斗之案，已经委员乔松年等查办究竣。吴煦、蓝蔚雯等，因民夷均已安贴，七月二十日以前，吴淞口时有夷船二三只出入不常，密探普鲁斯及布尔布隆，仍无动静，即传诚实华商，谕令作为己意，转告夷商，以天津之事系普鲁斯任性妄为，布尔布隆随同附和，中国将弁亦有伤亡，现闻京中王大臣公议，不令普酋等进京换约，前议概作罢论，并须赔还兵费，方准通商，但衅由普酋所肇，尔等失业可悯，如该夷等自知悔悟，尚可恳求总督，转乞大皇帝格外施恩，或能仿照米夷七口通商章程办理，即在上海换约。夷商闻之，亦深疑惧，而以普鲁斯等前此寄信回国，如何措词，甚为秘密，诚恐该国王调兵前来报复。现在普鲁斯等业已不能自主，必须另行设法办理，方与伊等贸易无碍。华商人等因而议及，普鲁斯等必已捏词耸听，虽有新闻纸及夷商家信寄回，而夷商中亦未必众口佥同，该国王远隔数万里，未必即能备知实情，傥能由钦差大臣桂中堂将普鲁斯前后桀骜情形详细照会英夷宰执大臣，俾该国王瞭然于胸，亦弭兵息事之一法。英、佛两国相距近甚，如交佛夷代递，必可收到。至米夷上年在津亦系先定和约，本年天津之事，明知英夷不肯即了，伊只图见好，允为调停，仍踵上年故智，先行换约，其居心实属巧滑，亦不易于驾(驶)[驭]等语。并据吴煦等将译出新闻纸钞录具禀前来，臣查阅新闻纸内，有英夷船只于未开行以前在北河一带测量水势深浅之语，即系该夷绘画天津炮台图说之诡计。米酋在京，亦不感激我相待优厚，是其处心积虑，不忘报复。而米与英之貌离心合，均可概见。惟普酋等六月十六日遣船送信回国，照寻常往来程期计算，约十月间可以返棹。兹事必多议论，非仓猝所能定，恐须冬春之交方有回信。虽准钦差大臣桂良等咨会米酋，已定期在北塘换约；开市之期，言明应与英、佛一律，尚须回至上海再议，不致参差。

又准钦差大臣僧格林沁咨，米酋华若翰已于七月十九日由北塘启碇南旋。而此半年之间，相持不下，关税难期起色。且九月以后，即应料理海运，万一该夷拦阻沙船出口，即多掣肘。议者或云暂改河道，无论停办多年，骤议复旧，船只河道，非数月内所能竣工，亦无此经费。且江北捻逆交乘，眈眈虎视，更未敢冒昧从事。或又云仍行海运，而改道刘河出口，殊不知由刘河放洋，不能飞越吴淞口外。咸丰四年间之改道刘河，因刘逆窃踞上海县城，其患仅在上海，本与吴淞口无涉，今夷船停泊于吴淞口内外，与不改道何异？臣焦思中夜，几至张弛两难。是犹能知人之病源，而不知用何药以治之也。

米酋华若翰，已于七月二十五日返棹上海，寓居洋行，尚无动静。

朱批:知道了。务须妥为筹画明年海运事宜,于万难之中,总要全数办成。责成沙船,方有把握。若有夷务搅扰,犹能安稳抵津,朕必令验米大臣查明该绅耆等,请旨加恩。

——《筹办夷务始末(咸丰朝)》卷四二,第22—25页。

八月十三日

○僧格林沁奏

奴才僧格林沁跪奏,为遵旨复奏北塘情形,并筹备机宜,恭折具奏,仰祈圣鉴事。

窃照咸丰九年八月初八日承准军机大臣字寄,八月初六日奉上谕:有人奏,请饬严防北塘等因。钦此。仰见我皇上圣虑周详,博采众论,跪诵之下,钦感难名。伏查北塘海口陆路距大沽北岸炮台三十余里,奴才于春间到防后,察看地势,既防大沽,不能不兼顾北塘犄角之势。又因炮台旧基逼近村庄,限于地势,仅能粗立规模。查北塘北岸,营垒以外虽无村落,地方甚低,每遇大潮,营外四面皆水。南岸炮台东临外海,北近内河,西南二面民房林立,相距营墙不过数步,村庄广袤三里,人烟千户,即使炮台可守,一经接仗,炸炮火箭,必致延烧村内房屋,兵民交惊,万难守御。盖缘夷炮凶猛,大沽村庄距炮台三里许,五月二十五日接仗,夷炮已飞至村庄。北塘炮台与村庄比附,或被炮火延烧,不但枪炮官兵徒多损折,亦且挫我锐气,滋长寇氛。此限于地势不能设守之实在情形也。

至北塘村外,西南均系盐滩,潮沟泥淖,人马不能行走。该处距大沽、新河均不过三十里,仅有一路可通,并无分(岐)[歧]道路,距北塘村数里,道路与海岸相离甚近,河湾船只,道路行人,俱能一目了然。设使与夷人相持,北塘营垒规模既小,不能多设官兵,自应由大沽、新河拨兵援应,夷船既然看视,必不容我官兵近村。即使官兵奋不顾身,村内一线街道,一经延烧,无路可至炮台。此北塘不能多设官兵、他处不能援应实在情形也。

且查北塘并无商贾居积,百物辐辏,均在芦台。道光年间添设通永镇总兵驻扎芦台,足见芦台人稠地广,为濒海重地。再四思维,只得于北塘、芦台适中之营城地方,赶紧修筑炮台营垒,即将北塘炮位防兵全数移至营城。并奏明派西凌阿督带马步官兵驻扎该处,严密防守,截其由水陆北窜之路。其北塘炮台内,暗设火箭以为埋伏。又于北塘西南、大沽迤北之新河地方,派拨马队官兵扎营驻守,截其由陆路分窜。该夷如敢由北塘上岸,以袭大沽北炮台后路,新河防兵足资扼截,该夷亦难以径行绕越。奴才非敢虚此一路听其出入,亦非初未虑及,有所疏略,实以该处地基窄狭,万难施展,不得不量为变通,以期与大沽、营城虚实相间,使该夷不知底蕴。在该处绅民不知兵机,以保卫村庄为意,固愿添兵驻守,在奴才亦非敢将此处村庄置之膜外。统筹全局,权其轻重,与其守而复弃,徒滋扰害,转失保民之道,莫若留为虚步,远设防维,亦可施我兜击之术。现在营城、新河等处官兵仍

复如前防守,而北塘另饬本地方文武及各委员,不时瞭望巡查,以期与大沽海口信息时通,并令营城马队时至北塘,来往梭巡,不令该夷窥我虚实。仰蒙谕旨垂询,谨将筹备实情具陈梗概。

至夷船三只停泊北塘东北蛏头沽,初九日巳刻,有杉板船一只撑驾近岸,见有官兵沿海防守,即向问购买喂羊青草,经官兵答以此处并无青草,即驶回大船而去。至是日申刻,该夷大小火轮船三只陆续向东面开驶,不见帆影,尚未知其驶向何处。俟各海口探有确踪,再行奏报。

再,初九日恭奉谕旨,以该夷工于侦伺,饬奴才于陈奏各件有关夷务者加意严密,勿使稍有漏泄。奴才于陈奏事件皆加意慎重,军营重地,办理文案处所,断非外人所能窥伺。惟与该夷接仗后,曾将原奏知照山东巡抚、两江总督、两广总督,均交驿递,中途拆阅,在所不免。奴才惟有益加慎密,以期仰慰圣怀。

所有遵旨复奏各缘由,谨缮折具奏,伏乞皇上圣鉴训示。谨奏。

[咸丰九年八月十一日]

咸丰九年八月十三日奉朱批:览奏。各情均悉。钦此。

——《第二次鸦片战争》第4册,第236—238页。

八月十七日

〇上谕

咸丰九年八月十七日内阁奉上谕:

僧格林沁等奏请将年力就衰之署总兵休致一折。① 直隶署通永镇总兵李志和,年逾七旬,精力就衰,著以原品休致。其通永镇总兵员缺,准其以候补参将海绶护理。

钦此。

——《咸丰同治两朝上谕档》第9册,第431页。

---

① 八月十四日,僧格林沁、恒福奏:"兹据署通永镇总兵李志和禀称,该总兵由行伍出师楚粤,荐升参将。复派出师江南瓜(州)[洲]等处,叠次打仗受伤。咸丰三年十二月补授直隶通永镇总兵。嗣在军营伤发,经钦差大臣和春奏准,原品休致。来至直隶就医,调养数月,渐次痊愈。咸丰八年五月,经前督臣谭廷襄奏留差委,复经前督臣庆祺奏署通永镇篆务,于十月二十二日接印视事。现因感受潮湿,染患泻疾,自揣年逾七旬,精力就衰,且身受枪炮刀矛等伤十三处,时发时止,深恐贻误事机,呈请回籍调理前来。奴才等查该署总兵年逾七旬,精力已衰,本系休致人员,经前督臣奏派署理通永镇,现在患病属实,当此海防吃紧之际,较之寻常营务,倍关紧要,未便令以病躯恋栈,致兹贻误。相应据情陈奏,仰恳天恩,俯准仍以原品休致,以示体恤。至现任通永镇总兵刘季三尚在江南军营,未能回任,所有总兵篆务,自应拣员接署。查有候补参将、署北塘营游击海绶谙练操防,带队勇往;曾在江南、安徽等省打仗出力,补授江西饶州营参将,奉旨改发直隶,历署大沽协副将、葛沽营游击等缺,办理裕如;巡防海口,昼夜奔驰,尤为能耐劳苦。以之护理通永镇总兵印务,可期得力……"详见中国第一历史档案馆藏录副奏折,档案号03-4144-061。

八月二十日

〇上谕

谕军机大臣等：

前据僧格林沁奏，筹拨绥远城马队五百名，驰赴德楞额军营听候调拨，当谕饬令径赴胜保军营，以免周折。昨据胜保奏，进攻怀远正当吃紧，请将原劄韩庄之马队抽换五百名，就近赴皖，而以天津新拨绥远城马队留于韩庄，补足原额。已谕令德楞额如数拨往，并谕胜保，俟攻克怀远，仍将德楞额派拨马队调回韩庄驻劄，以资堵御。惟此项马队将来调回韩庄后，其绥远城马队五百名应否仍调回天津防守，抑饬令归伍之处，著僧格林沁届时体察情形，奏明办理。将此谕令知之。

——《清文宗实录》卷二九一，咸丰九年八月丁巳。

〇恒福奏[①]

直隶总督恒福奏：……接准河南抚臣瑛棨咨到会同东河总督黄赞汤、山东巡抚崇恩具奏折稿，内称，皖省粤捻交乘，兵单贼众，议请天津海防事竣，简派威望重臣移师南下，督同剿办，以期一鼓荡平等语[②]。奴才接阅后详细筹思，该抚等以逆焰日张，愈蔓愈广，亟思大气包举，埽荡无遗，然只图胜算而未作深谋，但计一隅而未筹全局。奴才愚昧所及，不敢不为我皇上密陈之。

溯自军兴以来，命将出师，于今数载，而未肯轻派重臣者，非为体制较崇，亦以重臣所关者大、所系者深，不尽在战阵攻取之间也。即如咸丰三年间僧格林沁奉命督师剿办北窜粤逆，于连镇、高唐等处悉数殄灭，一律肃清，彼时岂不可以得胜之师直抵江南、削平丑类？而圣谟深远，并未令其统师南剿、屡试凶锋，此于爱护之中，实寓慎重之意。[□神威不可轻试，而声望尤当蓄养也。粤逆自连镇、高唐被创以后，未敢复行北窜，岂必无窥伺之意？而僧格林沁积威所慑，有闻其声，而未敢掉以轻心者。是近以攻之，不过平定一方；遥以慑之，转可威慑群丑。而况事贵慎乎谋始，尤当善于图终。大兵鼓行而前，不待交锋，而贼已先知消息，倘名为畏兵而远避，实则绕越而前来，径行则恐为贼乘，还击则反居贼后，彼时

---

① 本折中加中括号者，系据中国第一历史档案馆藏录副奏折（档案号03-4144-076）所补。

② 黄赞汤、瑛启、崇恩联名具折，内称："惟兵以分而力单，加以地势辽阔，捻粤交乘，恐扫穴擒渠，尚须别筹方略。臣等往返函商，伏思天津海防马队现集万余，悉为劲旅；钦差大臣、亲王僧格林沁曾在直隶、山东剿除粤逆，久著声威，贼中闻风畏惧。可否俟天津海口撤防，即将此项得力马队酌拨数千名，特简威望重臣，调派打仗勇敢、熟悉皖豫军事之将领，如乐善、格绷额等，分起统带，尽数前来，由西北一路直指蒙亳，督令傅振邦、关保将旧统兵勇分驻要地，以供策应，而大兵鼓行前进，径捣贼圩。胜保、翁同书两军亦令酌量增兵募勇，于东南一路兜剿。一面知会江南，严防徐郡要隘。所有东、豫边境，臣等各饬所属，厚集民团，防其窜越。庶几扫穴擒渠，如操左券。"载《钦定剿平捻匪方略》卷六五，第8—9页。

进退无据，转多窒碍情形。兼之蒙亳一带贼圩如林，节节围攻，难保不多需时日。虚北面紧要之地，以争南路草莽之圩，进攻则自困，中止则损威。古人谓胜之不武、不胜为笑，殊非计之得也。］然此仅就攻剿粤捻各匪而言，已不可令重臣轻出，而况海防事务有不可以寻常军务论者。本年五月二十五日大沽海口之战，奴才目击接仗情形，该夷船炮之坚利、攻战之猛鸷，百倍于粤捻各逆［而为奴才生平所未经］，若非炮台营垒之高厚坚固，不足以折其凶锋；若非满蒙京营马步官兵之用命齐心，不足以销其逆焰；而要非僧格林沁一人有以布置周密，调度有方，是否可操必胜，甚不可知。是不特夷人之所畏者仅僧格林沁一人，即各营官兵，其中最得力者，论冲击驰骋，无如满蒙马队；论守台燃炮，无如京营官兵。而亦非僧格林沁之赏罚严明，甘苦与共，亦不能如是之身使臂、臂使指也。现在海防未撤，僧格林沁日夜驻守炮台，未尝或离。而该夷之船尚复游驶往来，多方窥伺。傥或移师皖豫，［即使各夷均已就抚，一律撤防，而夷情反复无常，实难保其必不乘虚而至矣。天津为近京门户，非皖豫之在畿辅以南者也。英夷为外洋凶悍之国，又与腹地盗贼不同也。舍近而图远，因小而忽大，已非计之至用；且粤逆捻匪伎俩，其在皖豫之间者，□胜保、傅振邦、关保等皆所悉知，特苦于军饷之不敷、兵力之不足耳。倘得添兵裕饷，四面合围，并不难立奏肤功，廓清南路。若夷人，则其性贪狠，其情诡诈，□逞凶海外，历有年所，其觊觎中国，亦非一朝。今则横逆之施忽被痛加惩创，其气虽馁，而其忿未平。倘或有隙可乘，其报复之来，势必倍加凶狠。如僧格林沁业已统师南下，］而夷船猝至，即使另派重臣专办防务，奴才窃谓临敌易帅，兵家所忌，骤易生手，较之僧格林沁之办理防务，两年以来，尽心殚虑，熟悉情形，其得力之深浅，自早在圣明洞鉴之中。然则剿办南路粤捻各匪，或可遴选大员，不必定须僧格林沁，而御夷则非僧格林沁不办，断难另易他人，致令全局有碍。奴才反复以思，不揣冒昧，敬密陈管见，可否仰恳皇上天恩，俯念奴才为全局起见，无令重臣轻出而远离，此不特海防之幸，实天下之幸也。

朱批：所奏甚合大局。该河督等奏请，早已降谕未准。至汝之所陈意外之意，并委曲为难之处，朕已洞悉。批折遇便即缴。

——《筹办夷务始末（咸丰朝）》卷四二，第38—40页。

八月二十二日

○上谕

军机大臣字寄钦差大臣、科尔沁博多勒噶台亲王僧，直隶总督恒。咸丰九年八月二十二日奉上谕：

何桂清奏，夷务抚局未定，恐明年拦截海运，现先筹米四五十万石运津等语。上海英、

弗二夷尚未就抚，知我明年必办海运，恐阴谋拦阻劫掠，以图报复，甚为可虑。经何桂清等督同藩司王有龄等先事筹画，乘海运沙船贩货北上之便，密饬上海绅商等，令该商船垫资贩运，出该夷之不意，先行起运四五十万石，以十万石为一批，从中秋后起至十一月陆续放洋。傥有年内不能交兑之米，暂泊天津海口，俟春融进口交兑。该督等已派绅董持苏松太道公文，坐头批米船，赴天津道衙门投递。本日特派陈孚恩赴天津，督同坐粮厅查验收兑。此系豫防夷人挟制起见，著僧格林沁、恒福于米船到口时，督饬员弁，盘查明白，即放进口。并著恒福多备船只，尽数起剥，一经兑收，即照例免税放行，严禁需索等弊，俾该船商迅速反棹，不致守冻为要。倘苏省委员尚未到津，而米船先到，即著责成天津道先行查验收兑，勿得稽延。将此谕令知之。

钦此。遵旨寄信前来。

——《咸丰同治两朝上谕档》第9册，第441—442页。

八月二十五日

〇上谕

咸丰九年八月二十五日内阁奉上谕：

僧格林沁奏酌保打仗受伤兵丁暨在事尤为出力文武各员开单恳请奖励各折片。[①] 本年五月二十五日，英夷闯入大沽海口，先行开炮，经僧格林沁督饬各营将士奋力扼截，立将该夷船击退，所有受伤兵丁暨在事尤为[出力]文武各员，均属著有微劳，自应量予奖励。内阁侍读学士瑞禧，著赏给二品顶戴。候补四品京堂宗室国瑞，著赏戴花翎。内火器营鸟枪护军凤恩、成瑞、奎文，外火器营鸟枪护军奢图恒、玉贵、穆尔根泰、富泰、奇车布，均著以护军校升用。健锐营前锋喀拉崇阿，著以前锋校升用。巡捕营兵丁宋保宸、陈玉明，均著

① 据僧格林沁奏："副都统衔尽先协领、黑龙江佐领舒通额，由扬州军营带领换防兵丁回籍，经奴才恒福奏明，挑选吉林、黑龙江官兵四十名，交该员管带，随赴天津军营听候差遣，奉朱批：著照所请。钦此。旋因该兵丁内受伤患病，挑不足数，仅有官兵三十八员名，交该员管带来津。数月以来，该员在大沽海口随营当差，颇为勤慎。五月二十五日接仗之时，曾经在事出力，派赴唐家河等处□□查探，均合机宜。奴才等查，该协领舒通额，自咸丰二年出师扬州，历在军营打仗出力，人极诚朴，勇往有为，蒙恩赏加勇号花翎，深知感奋。现在□□□防□稍松，原挑官兵内尚有患病未痊、勉强□□者，应即饬令全数管带回省，以示体恤。俟明春查看情形，再行饬调。除分咨外，理合附片陈明，伏乞圣鉴。"详见中国第一历史档案馆藏录副奏折，档案号03-4220-068。

另据僧格林沁单："张家口花翎佐领定安，拟请赏以协领即补；张家口防御连喜，拟请赏以佐领升用；张家口记名佐领、防御伊什贡布，拟请赏以先换佐领顶戴；张家口骁骑校玉亮，拟请赏以防御升用；张家口委领催、保升骁骑校托克通阿，拟请赏以骁骑校遇缺即补；张家口委前锋校利钦泰，拟请赏以骁骑校升用；察哈尔骁骑校贡嘎章桑，拟请赏以本旗应升之缺补用；直隶候补知府、东路厅同知李朝仪，拟请赏以本省不论繁简知府缺出请旨简放。"详见中国第一历史档案馆藏录副奏折，档案号03-4144-093。

以把总拔补。翰林院编修郭嵩焘，著赏戴花翎。礼部郎中恩承，著以四品京堂候补，先换顶戴。四品顶戴李湘棻，著赏还花翎。侍卫处署主事伊勒通阿，著俟补缺后，以六部员外郎尽先即补。工部候补主事阿克达春，著免补主事，仍留工部，以员外郎不论班次遇缺即补，先换顶戴。理藩院候补主事德祥，著免补主事，仍留理藩院，以员外郎不论满蒙题选咨留遇缺即补，先换顶戴。侍卫处委笔帖式玉琦、常瑛，均著以六部笔帖式遇缺即补。理藩院学习笔帖式桂芬，著赏给额外主事。直隶候补知府李麟遇，著以道员不论双单月遇缺即选。候选知府钱镛，著以分缺先前选用。候选知县骆崇周，著俟选缺后，在任以直隶州知州归候补班前尽先即补，先换顶戴；李光晋、唐建镛，均著俟选缺后，在任以同知归候补班前尽先即补，先换顶戴。候选县丞朱纲、花上林，均著免选本班，以知县不论双单月遇缺前尽先即选。候选知县吴湕，著留于直隶，归候补班补用。降调知县刘世安，著开复原官，仍留山西，归候补班前先补用，并免交捐复银两。候补通判张毓生，著免补本班，以知州仍留直隶，遇缺尽先补用。试用知县叶新榆，著归候补班，遇缺尽先即补。委用知县夏家鼎，著以分缺先前补用。候补县丞陶云锦，著免补县丞，以知县仍留直隶，归候补班前尽先补用。候选县丞刘清溪，著不论双单月遇缺前先选。沧州河工巡检姚镕，著开缺以县丞仍留北河，归候补班前先补用。正红旗汉军委笔帖式汝舟，著以县丞留于直隶，归候补班前先补用。供事曹庆龄、生员陈汝梅，均著以县丞不论双单月遇缺前尽先即选。候补知县杜恩禄等六员名，均著赏戴蓝翎。丁忧回旗直隶候补知县恩泰，著免其分部，仍留直隶差委。三等侍卫忠德，著赏给二等侍卫。健锐营翼长阿克东阿，著赏加副都统衔。内火器营委参领倭什本，著以副参领升用，先换顶戴。空花翎善福，著以委参领升用。护军校恒昌，著以空花翎升用，先换顶翎。健锐营前锋校倭什布，著以委前锋参领升用，先换顶翎。镶黄旗满洲骁骑校丰盛额，著赏给三等侍卫。镶红旗汉军炮营章京、佐领纪文光，著赏换花翎。正红旗汉军委印务章京、骁骑校杨奎翰，著以佐领尽先升用。正黄旗汉军骁骑校、保升佐领广亮，著先换佐领顶戴。镶黄旗汉军炮兵文隆等四员名，均著以骁骑校即补。外火器营护军札拉芬布等五名，均著以护军校尽先升用。健锐营蓝翎长巴图隆阿等二名，均著以前锋校尽先升用。巡捕营游击何建鳌，著赏加副将衔。候补参将张秉铎，著免补参将，以副将尽先升用。游击春霖，著以参将尽先升用。已革守备吕祥康，著开复原官，并免交捐复银两。候选守备塔思哈，著以营守备不论双单月遇缺尽先即选。千总廖承恩、鲁国良、唐福、王英奎，均著以守备不论班次遇缺即补，先换顶戴。尽先千总张鹭逵等四员，均著以五营千总不论班次遇缺即补。候补外委张殿魁等三员，均著以五营把总不论班次遇缺即补。已革千总鲁肇英，著仍留巡捕营，以千总拔补。守备刘福泰，著以都司升用，先换顶戴。革职留任推升贵州游击田茂、已革把总鲜仲元，均著开复原官，并免交捐复银两，田茂仍留直隶，以游击补用。内火器营委参领什禄等十三员，均著以本旗本营应升之缺尽先升用。其

训练得力之直隶提督乐善，随同防剿出力之乾清门侍卫、副都统成保，热河围场总管常山，头等侍卫布勒和德、舒明安、札精阿，副都统衔尽先协领、佐领舒通额，均著交部从优议叙。北塘防堵出力之张家口佐领定安，著以协领即补。防御连喜，著以佐领升用。记名佐领、防御伊什贡布，著先换佐领顶戴。骁骑校玉亮，著以防御升用。委领催、保升骁骑校托克通阿，著以骁骑校遇缺即补。委前锋校利钦泰，著以骁骑校升用。察哈尔骁骑校贡嘎章桑，著以本旗应升之缺补用。直隶候补知府李朝仪，著以本省知府不论繁简缺出请旨简放。该部知道。单三件并发。

钦此。

——《咸丰同治两朝上谕档》第 9 册，第 447—449 页。

〇上谕

咸丰九年八月二十五日内阁奉上谕：

僧格林沁奏，请将天津办理海防出力各员恳恩奖励各等语。[1] 本年五月间，夷船驶赴天津，海防紧要，经升任巡抚文煜等筹画饷需，添造防具，并拦阻夷船，均属著有微劳，自应量予奖励。升任山东巡抚文煜，著交部从优议叙。长芦盐运使崇厚，著赏加二品顶戴。天津道孙治，著赏加盐运使衔。候补道鲍桂生，著赏换花翎。即补知州曹大绶，著俟补缺后，以本省知府无论何项缺出请旨简放，并赏换花翎。广平府同知博多宏武，著开缺以本省知府无论何项缺出请旨简放，并赏戴花翎。京营候补外委徐安福，著以五营千总不论班次遇缺即补，并赏戴蓝翎。该部知道。

钦此。

——《咸丰同治两朝上谕档》第 9 册，第 449—450 页。

---

① 据僧格林沁等奏："大学士瑞麟上年驻扎大沽，督率文武员弁，创建炮垒，修筑营垒，昼夜在工，风雨无间，一切工作，均极谙练。此次夷船闯进，叠开大炮，旁攻侧击，幸赖营垒高厚，兵勇得以遮蔽，齐心协力，克奏肤功。溯本推源，皆由该大学士督催认真，工程坚固。察哈尔都统西凌阿，两年帮办军务，勇往朴诚，驻扎营城，独当一面，于北塘、营城一带督建炮垒，不惮辛劳；当夷船抵津以后，饬令官兵严密防守；至夷船直闯大沽，各营接仗，该都统派拨马队，来往梭巡，联络声势，实属相机布置，卓著勤劳。直隶总督恒福，到任以来，商办防务，殚虑竭诚，于调兵筹饷各事宜，无不与奴才和衷商榷，共济时艰；五月二十五日之战，由新河督带马步官兵驰赴大沽，于两军对敌之时，直入营垒，履险相援，不避锋镝。前直隶布政使、升任山东巡抚文煜，为守兼优，通达大体，前在布政使司任内，值防兵云集之时，筹画饷糈，竭尽心力，一切赖其经理，以收士饱马腾之效。伏念奴才此次统兵，挫英夷桀骜之气，严京师门户之防，上仰赖于宸谟，下亦资乎众力。该大臣等督办工程，襄理军务，皆属著有劳绩，惟均系身任大臣，应如何鼓励之处，恩出圣裁。"详见中国第一历史档案馆藏录副奏折，档案号 03-4220-067。

八月二十九日

〇袁甲三奏（节录）

……天津拱卫神京，一切防范，较他处尤宜严密。夷务现虽得手，而夷情尚未大定，赖僧格林沁布置周妥，声威震慑，俾该夷帖然听命。此时所以请饬该王南来者，原以时届秋冬，风潮不顺，该夷断无窥伺天津之理。况该王不必深入皖境，但于山东毗连江南地方，如徐州、清江之间，择要驻扎，即可统辖各军，声息相通，为南路之总统，仍以增北路之屏蔽，□□人心一振，军令一肃，三两月内，必可一气呵成。即或大功不能告蒇，而沿淮□必可肃清，北窜既已无虑，各路统兵大臣均可从容部署。开春以后，仍令该王折回北路，程途不过十余站，似不至有误事机……

——录副奏折，档案号03-4247-076。

九月

九月初二日

〇僧格林沁、恒福奏

钦差大臣、科尔沁亲王僧格林沁，直隶总督恒福奏：

准军机处将伊格那提业幅致伊国公使木哩斐岳幅书信一函咨交前来，恒福当将原信收存，拟俟夷使到日，即行派员递往。现已月余之久，该夷使木哩斐岳幅并无前来北塘消息，节逾秋分，西北风司令，该国船只恐亦难以驶至。所有俄夷原信一件，未便久留，可否咨交军机处查收发还。

——《筹办夷务始末（咸丰朝）》卷四三，第16页。

〇上谕

军机大臣字寄钦差大臣、科尔沁博多勒噶台亲王僧，直隶总督恒。咸丰九年九月初二日奉上谕：

前因俄国使臣伊格那提业幅有信函求转送北塘，交伊国公使木哩斐岳幅查收，当由军机大臣咨交恒福收存。兹据僧格林沁等奏称，木哩斐岳幅并无前来北塘消息，可否将原信咨交军机处发还等语。所有伊格那提业幅原信，即著僧格林沁等咨送理藩院，交回俄罗斯馆可也。将此谕令知之。

钦此。遵旨寄信前来。

——《咸丰同治两朝上谕档》第9册，第465页。

〇僧格林沁奏（节录）

……据四品顶戴李湘棻呈称，咸丰九年八月二十五日奉上谕，四品顶戴李湘棻著赏还花翎，等因。钦此。窃湘棻以获咎之[躯]，躬荷格外天恩，弃瑕造就，俾得驰躯行伍，补赎前愆。去岁因炮台一律完竣，蒙恩赏给四品顶戴，又蒙召见，亲睹天颜，非分之荣，实湘棻梦想所不到。本年跟随钦差大臣、亲王僧格林沁海口防御，小心差委，期力效犬马之劳，上酬高厚，乃沐隆叠贲，复赏还花翎，闻命悚惶，□感无地，惟有望阙碰头，叩谢天恩。为此将感激下忱缮呈，伏祈代奏。等情。理合恭折奏闻……

[咸丰九年八月二十九日]

咸丰九年九月初二日奉朱批：知道了。钦此。

——录副奏折，档案号03-4145-006。

〇僧格林沁、恒福奏（节录）

……奴才等遵查，南粮米石关系京仓兵食，最为紧要，该夷被创之后，难保不拦截沙船，阻我漕粮北上，是来年海运必须早为筹画。何桂清密饬上海绅商垫资贩运，洵为关顾大局，为未雨绸缪之计。奴才僧格林沁俟米船到口之时，即饬文武员弁盘查明白，迅速放行，不准稍有迟滞。奴才恒福已札行天津道，赶紧催调剥船，以备转运。是否径解通仓，抑或暂卸北仓，自应随时察看情形，与陈孚恩妥商办理。惟时令已晚，一经立冬之后，不独大沽一□河水冻结，不能转运，而大海之中，西北风多，由沪放洋抵津，风色恐有不顺。大沽口外洋面宽阔，风高浪劲，停泊为难，且逼近炮台，亦未便令沙船鳞集于前，致多窒碍。已由奴才恒福飞咨何桂清作速筹办，务令于立冬以前运抵天津海口，方无贻误。如有迟到船只，即饬令就近停泊山东烟台等处海口，俟春融再行赴津，俾昭慎重……

[咸丰九年八月二十九日]

咸丰九年九月初二日奉朱批：知道了。钦此。

——录副奏折，档案号03-4309-010。

〇僧格林沁等奏（节录）

……准闽浙督臣庆端等饬派候补游击孙思庭统带年字二号、固字三号、年字四号、清字六号战船四只，于本月陆续收入大沽海口。奴才等查，现在海口所有探船哨船，俱用小船，以便灵便，遇有顺风顺潮，易于驾驶，即遇旁风浅水，亦可扬帆行走。该夷火轮船只，无论水势风色顺逆，行驶灵速，且吃水不过五六尺，船坚炮利，洋面攻击，□为凶悍。以中国船力与之争胜于大洋，已难操必胜之权。现到闽□战船，船身笨重，吃水至八九尺之多，载

货堪用，如令出洋接仗，设遇水浅风逆，小船灵便，尚可□□，似此笨重之船，运棹不灵，必至贻误。该船所带军械尚属齐全，第炮位短小，不能致远摧坚，仅可装载货物，以便转运。所有水师兵丁人等，拟即暂留管驾，容再酌量遣撤，以节縻费。至闽省搭解铁钱，现已遵旨饬令天津道收存，以备制造防具之需。其税银五万两，仍令该原解委员、候补通判朱成径解户部投纳，以期妥速而昭慎重……

咸丰九年九月初二日奉朱批：知道了。钦此。

——录副奏折，档案号03-4332-089。

九月十四日

○上谕

军机大臣字寄钦差大臣、科尔沁博多勒噶台亲王僧。咸丰九年九月十四日奉上谕：

本日彭蕴章等呈递僧格林沁寄惠亲王等信一函，据称本月十一日，大沽海口见有三桅夷船一只向北行驶，十二日仍在拦江沙外停泊，不知何国船只，如系俄夷，即派员告以如有应行进京事件，当由库伦行走，此地因与英、弗两国接仗，即文书照会不敢接收，看其如何答覆，再行核办等语。此次夷船在拦江沙外停泊，如敢闯入大沽海口，毁我防具，无论何国，即行开炮轰击。如系俄国船只，令其前赴北塘投递文书，即可援照米夷之例办理，但不准其兵船入口；如有文书照会，可派员接收，或该夷有寄伊格那提业幅信件，亦可代为转递。本年三月间，肃顺等与前次俄国使臣丕业罗幅斯奇议准，如有人到津，先期照会中国，由北塘进京，既有此议，自未便拦阻，致令生疑。若该夷使如欲进京，不准多带从人，以免骚扰驿传；若只差一二人进京递信，即妥为护送[①]，仍须奏明，候旨遵行可也。将此谕令知之。

钦此。遵旨寄信前来。

——《咸丰同治两朝上谕档》第9册，第484—485页。

○军机处咨

办理军机处为咨行事。

前据贵大臣等咨称，俄罗斯船只未到北塘，将伊国使臣伊格那提业幅信函咨回。兹复据伊格那提业幅文称，本国船只今年尚能到口，另备书一件，乞饬令北塘官员，见伊国船只投递等语。相应将该国使臣书信咨送贵大臣等查收，俟俄罗斯国船只到时代为投交，如有

① 画线部分为朱笔所改，原文为“但该夷如欲进京”。

回信，亦代伊咨送本处，转交理藩院可也。

须至咨者。

右咨

钦差大臣、科尔沁博多勒噶台亲王僧

直隶总督恒

附俄罗斯文一件

——《咸丰同治两朝上谕档》第 9 册，第 485 页。

九月十八日

○僧格林沁、恒福奏

奴才僧格林沁、奴才恒福跪奏，为遵旨接收俄夷照会，恭折奏祈圣鉴事。

咸丰九年九月十五日恭奉十四日寄谕：此次夷船在拦江沙外停泊等因。钦此。并由军机处寄到伊格那提业幅致该夷信函一件。窃照大沽海口于九月十一日申刻，见有三桅夷船一只在拦江沙外向北行驶，至黄昏时，仍见帆影，似在北塘海口停泊，不知系何国船只。查前奉寄谕，据广东抚臣劳崇光奏称，英、佛二夷八月中旬可到天津海口，是以不得不倍加谨慎。当即飞咨西凌阿、玉明、格绷额一体严防，并传知北塘营弁不时哨探。十二日早，炮台瞭望仅有夷船一只，揆其形势，似系俄罗斯夷船。

伏思本年七月初间，俄夷伊格那提业幅寄与伊国公使木哩斐岳幅信函，有数日内船到北塘之说，两月之久，并未到来，是该夷言语殊难凭信。此时驶至夷船，即使果系俄夷船只，亦属可疑，更恐该夷暗藏英、佛之人，探听消息，尤应倍加防范。且未经奉有谕旨如何办理，未便遽行接待。随即派委从未与俄夷会面之候选知府钱镛、署天津县知县姚煦，前往北塘守候。奴才等面饬该员等，如夷人投递文书，不必接收，寻觅食物，亦无庸应付，答以曾与英、佛二夷接仗，现在设防，尔系何国船只，我等不能辨认。

奴才等愚昧之见，俄夷来往向由张家口行走，若纷纷由各海口投递文书，取道进京，各处口岸，均应专派官员守候支应，势必应接不暇，不胜其扰累。一经疏慢，转致有所借口，且于中国体制大有关碍。是日午刻，该夷舢板一只，上有十余人，驶进内河，称系俄国之人投递照会，经委员等驳斥。其通事二人内，一系广东人，年约十八九岁，据称伊跟随佛国之人到此。委员向其究诘，又一通事极力掩饰，称系仅有一人，又称并无他国之人。查其形色，深怪广东人出言冒失。足见夷情叵测，随处施此诡诈。奴才等谆饬委员延宕支吾，恭候训示遵办。

兹奉谕旨：该夷有寄信件，代为转递，一二人进京递信，妥为护送。仰见我皇上抚驭外

夷，仁恩高厚。奴才等曷胜钦佩。遵即饬令委员将伊格那提业幅信函交该夷收领，并据该夷呈出给奴才恒福照会一件，驻京俄夷信函四件。该夷初原无意进京，拆看伊格那提业幅信函，执意进京，并据伊格那提业幅要与伊等会面，有商办事件。是以议定准令二三人进京，仍须听候请旨遵行。并向该夷告知：两国和好，本无猜疑，惟现与英、佛交仗，海口设防，不得不加意详慎，虽系俄国船只，有无暗藏他国之人，亦须查明，庶免疑忌。当派县丞黄惠廉、营弁邱瑞祥前往该夷大船稽查。旋据回营禀称，查得该夷大船约有俄夷五六十名，佛夷一名，系由上海开行，船上有万斤以上大炮一位，万斤以下大炮数位，并鸟枪等项器械。据佛夷一名，系搭船赴日本国传教，俄夷亦赴日本国过冬等语。并据黄惠廉等禀称，该夷舢板回至大船，通事人等将议定进京人数向夷酋告知。该夷酋因恐往返耽延，有需时日，又因北塘海面风浪过大，难以久停，是以不愿派人进京。现已约定暂在北塘停泊，听候伊格那提业幅回信到来，即便开行。其意反复，殊难测度。

除将照会一件封送军机处恭呈御览，信函四件一并赍送军机处转交理藩院，传该夷收启外，相应请旨敕下理藩院索取该夷回信，迅即发（过）［递］来营，以便掷交该夷收领，即饬令开行。

所有遵旨接收该夷信函各缘由，谨（奏）［具］折复奏，伏祈皇上圣鉴。谨奏。

［咸丰九年九月十七日］

——《第二次鸦片战争》第4册，第248—250页。

〇上谕档

本日据僧格林沁等咨送俄夷照会、信函各件，臣等查阅，该夷照会内有物件几匣等字样，未据一并送到，拟于本日寄信僧格林沁等谕旨内叙入，令其查明办理，伏候钦定。谨奏。

咸丰九年九月十八日奉朱批：著叙入寄信，令其查明办理。钦此。

——《咸丰同治两朝上谕档》第9册，第494页。

〇上谕

军机大臣字寄钦差大臣、科尔沁博多勒噶台亲王僧，直隶总督恒。咸丰九年九月十八日奉上谕：

本日据僧格林沁等奏接收俄夷照会信函一折。俄夷既恐进京往返耽延，有需时日，又因北塘海面风浪难以久停，该大臣等已与约定，暂在北塘停泊，听候伊格那提业幅回信，到时即便开行。所有该夷交来之驻京俄夷信函四件，已由军机处转交理藩院，付该夷收领。一俟取到伊格那提业幅回信，即由军机处递交该大臣行营，令委员等交付该夷，饬令迅速

开行可也。至俄夷照会内有物件几匣同公文转送之语，本日该大臣等咨交军机处文内并无此件，并著查明办理。将此由五百里谕令知之。

钦此。遵旨寄信前来。

——《咸丰同治两朝上谕档》第9册，第493页。

〇上谕

咸丰九年九月十八日内阁奉上谕：

僧格林沁奏道员捐输劝捐炮位恳恩奖励等语。双月选用道黄得禄，叠次购买并劝捐炮位，均堪适用，尚属著有微劳，黄得禄著以道员分发广东，归候补班补用，并免其补交保举银两。余著照所议办理。

钦此。

——《咸丰同治两朝上谕档》第9册，第494页。

〇上谕

咸丰九年九月十八日内阁奉上谕：

僧格林沁等奏请将调任运司暂留办团等语。[1] 调任长芦盐运使崇厚，经僧格林沁等委办团练，正资得力，著准其暂留本任，并著文煜饬令山东盐运使陈景亮暂缓交卸，俟明年春间再令各赴新任，以重职守。

钦此。

——《咸丰同治两朝上谕档》第9册，第494页。

九月二十七日

〇僧格林沁、恒福奏

钦差大臣、科尔沁亲王僧格林沁，直隶总督恒福奏：

夷船在北塘海口停泊，数日以来，尚属安静。九月二十一日，军机处递到伊格那提业幅给伊国兵船信函一件，遵即派员送往。因连日风势不顺，夷船在拦江沙外停泊，委员坐

---

① 僧格林沁等奏："再，长芦盐运使崇厚奉旨与山东盐运使陈景亮对调。奴才等查，该司在津办理海防总局，劳瘁不辞，颇资得力，并派办长芦练勇，会同天津道孙治整顿民团，奴才等拟于结冻酌量裁撤防兵后，饬令该司等统带练勇二千名，联络声势，海口如有警动，即作为后路声援，以补兵力之不足。是以该司升任运司时，奴才等即责成招募练习，现在办理正有头绪，未便遽易生手。合无仰恳天恩，俯准将崇厚暂留长芦运司之任，陈景亮暂缓交卸，一俟明春防兵到齐，即饬崇厚赴山东新任，以重职守。"详见中国第一历史档案馆藏录副奏折，档案号03-4145-073。

船为风浪所阻，不能驶近夷船。至二十五日，风浪稍息，始行送到。该夷接收，即于是日午刻开船，向东南驶去。前据黄惠廉禀称，该夷欲赴日本国过冬，未知确否。该夷行踪诡秘，殊难测度。至前据该夷照会内有物件几匣，同公文递送，经委员向其查问，据称彼时原欲递送，因未装妥匣桶，是以未经递送。现在给伊格那提业幅信函二件，食物、酒瓶，计三匣一桶，祈遇便寄京等语。

再，俄夷船只准由北塘海口递送文件，系在英、佛两夷未经决裂之先所定之约。现在英、佛二夷自接仗之后尚未输服，不知何时前来报复。俄夷时至海口，人物、船只均难辨认，设有损伤，转非和好。可否由恒福咨行理藩院，传知该夷，迅即给伊国寄信，嗣后该夷船只暂毋到设防各海口，以免错误，应俟海口平靖之后，再照前约办理。

——《筹办夷务始末(咸丰朝)》卷四四，第8页。

〇上谕

军机大臣字寄钦差大臣、科尔沁博多勒噶台亲王僧，直隶总督恒。咸丰九年九月二十七日奉上谕：

僧格林沁、恒福奏俄夷得有回信、该船现已开行一折。该大臣等将伊格那提业幅回信发给俄夷，该船即已开行，其留存寄京信件，即著递送军机处转交理藩院，以便发交伊酋收领。所称俄船时至海口、难于辨认，拟由恒福咨行理藩院传知该夷，嗣后毋到海口，俟撤防后再照前约一节，自为慎重防务起见，惟俄夷书信准由北塘投递，既经立有专条，设该夷据此争辩，不肯遵依，转难驳诘，况该夷往来书信，若悉由库伦转递，更觉骚扰驿站。至各国船只有到大沽海口毁我防具者，不论何国，一体开炮轰击，前经剀切谕知，谅该夷亦不敢干犯。傥仅到北塘停泊递书，必不至于滋事。以后俄夷如有船只再到北塘求递书信，著僧格林沁等仍将书信接收，许其转递京中。所请由恒福咨行理藩院之处，著毋庸议。将此由四百里谕令知之。

钦此。遵旨寄信前来。

——《咸丰同治两朝上谕档》第9册，第519页。

〇实录

前任山东巡抚崇恩奏，遵查烟台海口，试办抽厘。得旨，该前抚所奏，尚有不实不尽之处。如该县等平日不免抽收，尚畏功令，不敢形诸禀牍；今既奉明文，诚恐入官无几，徒饱私囊。朕闻烟台一处，每船有七百金之多。此项非为通省陋规，即该处自然之利，若不认真查办，尚复成何事体。此时海防非吃紧之时，著派郭嵩焘轻骑减从，速往各处严密访查，仍会同文煜，破除情面，核实具奏，务期有裨经费，杜侵渔而有限制，方为妥善。并著僧格

林沁于营中拣派妥员，令郭嵩焘带往查办。

——《清文宗实录》卷二九五，咸丰九年九月癸巳。

〇僧格林沁奏（节录）

……九月十八日酉刻承准军机处发下朱笔□书一件，奴才敬谨拆阅，系朱批前任山东巡抚崇恩奏折，奴才遵即密令郭嵩焘阅看，并令恭录收执，一面恭录，密咨文煜钦遵办理。查山东沿海地方口岸甚多，大半舟楫相通，转运货物，如何情形，虽不知其详细，而烟台一处总不至不能办理。奴才自到防以来，即闻该处有洋药纳税，及运粮沙船、闽广商船在彼卸货，并时有夷人夹板货船，或三五只、七八只、十余只不等，在彼停泊。且询之来往船只，皆称烟台海口人烟辐辏，商贾云集。以此情形，不减于天津地面。若地方大吏激发天良，督饬所属认真办理，于饷糈未必无少裨益。诚如圣训，此项非为通省陋规，即该处自然之利。奴才因天津海防紧要，数月以来，带同文武员弁，无分昼夜，妥为布置，是以未能奏请查办。更恐一有泄漏，该地方官巧为弥缝，转致办理棘手。本拟撤防后面陈一切，兹蒙圣躬洞烛，崇恩所奏不实不尽，派员查办，奴才曷胜钦佩。查郭嵩焘仰蒙圣恩，派办事件，自必竭尽心力，认真访查，惟于该处情形，不甚熟习。奴才查有四品顶戴李湘棻，人尚朴诚，奴才前于咸丰五年奏派前往山东办理矿务，因地方掣肘，未能办有成效。该员籍隶山东，于各海口情形稍知梗概，访查一切，较为得力，即派令李湘棻会同郭嵩焘前往查办。已饬该员等于二十一日自海口起程，路经利津海口，次第访查，并经谆嘱该员等破除情面，认真办理，以期有裨经费而杜侵渔……

［咸丰九年九月二十六日］

咸丰九年九月二十七日奉朱批：知道了。钦此。

——录副奏折，档案号03-4220-120。

〇僧格林沁奏（节录）

……兹据署天津镇冷庆呈报，拦江沙外驶到漕船一只，查系江苏认运商贩，装新漕糙米一千石。奴才等随即派员盘查明确，妥为导引，于九月二十一日随潮进口。询之该商船，据云上海沙船陆续开行，如多遇南风，可以多到船只……

［咸丰九年九月二十六日］

咸丰九年九月二十七日奉朱批：知道了。钦此。

——录副奏折，档案号03-4372-072。

十月

十月初三日

○彭蕴章等奏

臣彭蕴章等跪奏，为豫筹天津海防，仍宜设法宣泄河水以制夷船，恭折奏祈圣鉴事。

窃惟夷人以船为家，以水为地，一遇浅阻，虽船坚炮利，而其技立穷。故防夷之策，在筑炮台以利轰击，尤在泄水势以遏其往来。本年天津海口经钦差大臣僧格林沁安设铁戗木排，遂能击毁夷船多只，大获胜仗，可见阻遏夷船不使进口，已著有成效。该夷被创之后，震慑天威，自知理曲，从此帖然驯服，原在意中。而夷性犬羊，反覆无定，目前虽受羁縻，日后难保不再图窥伺。天津海口既不能久驻重兵，而经费有常，尤恐难乎为继。查上年大沽炮台失守，夷船由海河直达天津，其时津郡已在夷人掌握之中，剿之则不能进攻，抚之则徒为迁就，此皆无守之故也。臣等再四思维，惟有泄水之法，使夷船浅阻，不能深入，则炮台防兵更可得手。大沽距津郡百里，即使夷兵登陆，必不敢远离其船，直抵天津。夷人失其所恃，可不战而自屈矣。

伏思上年屡奉谕旨，令于南北运河泄水，并经前尚书朱凤标等奏请，掣动卫河等水以制夷船，复命僧格林沁等悉心酌办，嗣因夷船退出，未及详议经久章程。臣等细心采访，南运河沧州南二十五里捷地堤，有向东大石闸一座，闸之东现有河形，因年久淤塞，若挑挖深通，导之东流，至海岸平洼入海，再于天津城西芥园上下开引河一道，令水由城西入南洼，则南运河之水可减矣。北运河杨村筐儿港闸口基址尚在，若一律挑通，则水由东淀入海，而北运河之水可减矣。南北运河之水既泄，而大小西河之水于天津城北西沽地方汇入北运河，每遇盛涨，水势浩淼，亦须设法旁泄。查城东稍北旧有减水河，名贾家口，通陈家沟，入东淀，此处略为挑浚，导之东流，则西河之水可减矣。又查郡城东南马家口以下，亦可开通引河，引水入南洼；白塘口以下旧有古闸，亦宜开浚，则海河之水可减矣。以上各口，或修理旧闸，或建筑土坝，无事则闭，有事则启，来源既分，则下游易浅。虽海潮极强，而长落有时，夷船断不能贸然直入。如此办理，于守御之策益有把握，将来即可稍撤防兵，以节经费。或虑河水旁趋，恐于农田有碍，不知南北运河各有减水小河，原因夏秋水大，藉以疏消，今因其故道量为开通，并建立闸坝以时启闭，不惟无损于农田，兼可以弭水患，诚一举两得之事也。相应请旨，饬下僧格林沁、恒福，遴派干员，周历履勘，实心经理，及早兴修，不得草率了事。

至此项工程，系就本有河道挑挖深通，及修理旧闸、建筑土坝，工费似不甚巨，或作正

开销,或由官绅捐办,应由该大臣等酌量奏明办理。

臣等愚昧之见,是否有当,伏候皇上训示遵行。谨奏。

咸丰九年十月初三日

臣彭蕴章

臣穆荫

臣匡源

臣文祥

——《咸丰同治两朝上谕档》第9册,第532—533页。

〇上谕

军机大臣字寄钦差大臣、科尔沁博多勒噶台亲王僧,直隶总督恒。咸丰九年十月初三日奉上谕:

彭蕴章等奏豫筹天津海防、仍请宣泄河水以制夷船一折。据称,夷人被创以后,难保不再图窥伺,惟有泄水之法,使夷船不能深入,则炮台防兵更可得手。上年屡经议泄南北运河等水,旋因夷船退出,未及详议。今查南运河水应将沧州捷地堤淤河挑通,导之入海,再于天津城西开引河一道,令入南洼,则南运河之水可减。北运河水,应挑通杨村筐儿港,令由东淀入海,则北运河之水可减。大小西河水,应挑浚天津城东减水河,使之东流,则西河之水可减。再于马家口以下开道引河,引水入南洼,并开浚白塘口,则海河之水可减。以上各口,或修理旧闸,或建筑土坝,无事则闭,有事则启,来源分则下流易浅,夷船断难深入,于守御之策较有把握。等语。海口久驻重兵,深恐经费难乎为继,果能宣泄河水,使夷船不复能入大沽,直抵津城,则地险可恃,即可稍撤防兵。著僧格林沁、恒福查照该大臣等所议,派委妥员,分投履勘,傥将各闸坝修建,实能减泄河水,有裨守御,即著乘此冬令水涸之时,赶紧筹办。此项工程,系就原有河道挑空,工费自不甚巨,或作正开销,或由官绅捐办,并著僧格林沁等酌量奏明办理。原折著抄给阅看。将此谕令知之。

钦此。遵旨寄信前来。

——《咸丰同治两朝上谕档》第9册,第531—532页。

十月初九日

〇僧格林沁、恒福奏

钦差大臣、科尔沁亲王僧格林沁,直隶总督恒福奏:

查海防事务关系重大,必须为经久之计,方为筹画万全,可以遵守。上年夷船退出,奴

才僧格林沁会同前署督臣瑞麟创建炮台，修筑营垒。本年正月到防后，复行添置防具，一切铁戗、铁练、水雷，凡有可以设法之处，随时与奴才恒福会商办理。五月间，夷船闯入海口，查其船身轻便，吃水只五六尺，并不待大潮方可行走。击退后，至今数月，奴才等无日不以夷务为忧，即无日不以布置为念。因思海河之水如能宣泄，使夷人诡谲伎俩无所复施，方为得法。屡经探访舆论，佥以天津海河为直隶各河下哨，汇而入海，河面宽七八十丈至百余丈不等，海口水势深者四五丈，浅者二三丈。每遇风大潮涌，长水至一丈有余，即平潮亦长水七八尺。其潮长时，均过天津以上，直达杨村，实苦无御潮之法，是以未敢议办。今奉圣训指示周详，奴才等查彭蕴章等所奏，将沧州捷地堤、天津南洼及杨村筐儿港、减水河、马家口、白塘口等处，或修理旧闸，或建筑土坝，以泄海河之水，既可阻滞夷船，又可节省兵费，洵为通盘筹画、一劳永逸之谋。第运河之水可以泄使旁流，而海河之潮难以禁其顶托。其沧州等处，奴才恒福于五月间亦曾派员前往密查，据称，上年有挑浚捷地堤石闸之议，民间似以为未便。即天津府城以东之马家口、白塘口，似可减泄水势，使潮水不达天津，而全河之水注于一隅，深恐不能承受，致有漫溢之虞。若由此二处挑通河道，引水入海，平溜时固可泄水，而长潮时海水又复涌进，是于海河之外，又增一道海河矣。奴才僧格林沁于道光二十一年同赛尚阿查看直隶各处海口，曾至大口河，该处海口上溯九十里，上哨并无来源，潮涨之时，商贩大船可以藉潮浮送至六十里之官家庄。是潮势之涨落，实非人力所能施。昼夜图维，无从著手。究竟抵御潮水有无善策，及各处闸坝能否挑通，有益防务而又不累民间，必须逐细履勘，且能熟悉河务工程，行止方能定局。相应请旨，简派熟悉河务大员，带同熟悉天津情形之京员驰赴天津，会同奴才恒福亲诣履勘，如果可以兴办此项工程，再由奴才僧格林沁等妥为筹议。

［咸丰九年十月初七日］[①]

咸丰九年十月初九日奉朱批：钦此。

——《筹办夷务始末（咸丰朝）》卷四四，第12—14页。

〇上谕

军机大臣字寄钦差大臣、科尔沁博多勒噶台亲王僧，直隶总督恒。咸丰九年十月初九日奉上谕：

僧格林沁、恒福奏遵筹宣泄河水、请简大员会同查办一折。据称，海河河水宽深，潮水长落并无一定，非人力所能施。其沧州等处挑浚堤闸，前曾查办，民间多称未便，请派员会同履勘，再行兴办等语。宣泄河水之议，系由候补道丁守存函致彭蕴章、四品顶戴李湘棻

---

① 参见中国第一历史档案馆藏录副奏折，档案号03-4502-049。

函致匡源，而李湘棻言之尤为详细，是以该大臣等据实奏闻，请饬筹办。现据僧格林沁等奏，请派熟悉河务人员会勘，京中并无可派之员，惟丁守存等言之凿凿，或有把握。此时直隶南路吃紧，丁守存既经派往办团，自未便遽行调回。李湘棻又偕郭嵩焘前往山东，如能调李湘棻先回津郡，著令其将所言宣泄事宜详细胪陈，即由僧格林沁、恒福派委妥员，会同该员逐处履勘，如有把握，再行奏请兴办。傥多窒碍，即著无庸办理。将此谕令知之。

钦此。遵旨寄信前来。

——《咸丰同治两朝上谕档》第9册，第541—542页。

十月十三日

〇上谕

谕军机大臣等，前据恒福奏，贼窜东明、长垣等处，当经谕令统兵需员，即派乐善迅速驰往大名一带，择要驻劄。兹据僧格林沁等奏，探闻捻匪被长垣兵勇击败后，复被曹单兵团击退，分股窜往河南通许等处。北路情形已松，乐善即毋庸派令前往，所有直隶防兵马步各队，即著责令阿麟保统带，择要驻劄，实力防剿，以固疆圉。将此谕令知之。

——《清文宗实录》卷二九七，咸丰九年十月己酉。

〇上谕

僧格林沁等奏捻匪情形稍缓、请将黑龙江西丹马队留驻豫北防剿一折。现在河南境内，关保已亲赴通许，兼有崇安、承惠等并力夹击，谅此败窜余匪不难立就歼除。所有巴扬阿统带之马队，著瑛棨仍遵前旨，体察情形，饬令迅赴湖北，不可久事稽延。况此项系生力之军，正宜乘其锐气，以征皖匪，断不准瑛棨任意截留，致有疲乏。至此项马队抵楚时，官文等拟拨向何路进攻，如由光固、六安一路进兵，需用此军，即可就近调拨。著官文、胡林翼探明巴扬阿马队进抵何处，飞速派员催提可也。将此由六百里各谕令知之。

——《清文宗实录》卷二九七，咸丰九年十月己酉。

十月十五日

〇上谕

军机大臣密寄钦差大臣、科尔沁博多勒噶台亲王僧，直隶总督恒。咸丰九年十月十五日奉上谕：

本日据何桂清奏，英、佛二酋仍无动静，惟探闻粤东夷商指告卜鲁斯办理不善，揣度该

国王必另派人来议和,又虑中国生异议,必准备兵船同来寻衅,有不在天津而在盛京、山海关等处,计期总在明春之说等语。现在天津海口河流结冻,将近撤防,僧格林沁傥能于撤防时亲赴山海关履勘情形,严密设防,更为妥善。又据奏称,外国商船麕集山东烟台地方,经旬累月,询之米、佛领事,均称无船到东,英夷领事亦不知情,恐有奸民假托勾结,私相贸易。现在条约并无登州口岸,该夷本不应至烟台等处,僧格林沁等前派李湘棻会同郭嵩焘前往山东各海口查办此事,不可规目前小利,而开夷船私来贸易之端。本日已谕令文煜,严禁该处海口商人私相贸易,如地方官知情故纵,即著严参惩办。使无内奸引诱,则夷船无利可图,不禁自绝矣。将此密谕知之。

钦此。遵旨寄信前来。

——《咸丰同治两朝上谕档》第9册,第549—550页。

十月二十日

〇僧格林沁、恒福奏

奴才僧格林沁、奴才恒福跪奏,为恭折复奏,仰祈圣鉴事。

十月十六日承准军机大臣字寄,咸丰九年十月十五日奉上谕:本日据何桂清奏,英、佛二酋仍无动静,惟探闻粤东夷商指告卜鲁斯,等因。钦此。窃查该夷天津海口受创,自必仍在天津报复。所称寻衅不在天津,而在盛京、山海关,难保非虚声恐吓,分我兵势。其准备兵船同来,议和为名,乘我不备,施其诡诈。盛京、山海关、大沽海口均关紧要,自应一体严防。山海关城垣距海仅八里许,沿海口岸数处,舟楫不通,是以向无炮台营垒。奴才僧格林沁由山海关往来数次,道光二十一年又经沿海周历,备悉该处情形,无险可守,处处皆可登岸,难以布置。该夷一经登岸,惟有诱其深入,设法截击,聚而歼旃。该处现有吉林、黑龙江马队二千名,宣化镇步队一千名,设该夷全力登岸,兵力尚单,难资抵御。拟添调卓索图盟马队一千名,通永、宣化二镇官兵各五百名,共计马步官兵五千名,以厚兵力。

至民间团练,亦关紧要。奴才恒福前经札饬候补道柏春会同通永道德椿劝办,附片具奏在案。现已札饬该道等将沿海一带民团剀切劝谕,由宁河至山海关,务须声势联络,互相应援。该道柏春,即令驻扎山海关认真(校)[教]练,以期协助官兵。查山海关监督驻扎该处,呼应较灵,应请旨饬令该监督就近会同候补道柏春,将团勇事宜妥为办理,以资得力。兵勇既多,责任亦重,可否简派大员统带,抑或仍交格绷额统带之处,伏候钦定。续调之卓索图盟,通永、宣化二镇官兵,均于明年惊蛰以前到防。其卓索图盟官兵,应令上次带队之协理台吉阿勒坦提普博木济特带领来防。该盟官兵向来技艺生疏,亟须训练,拟请饬派前护军统领珠勒亨管带驻扎,以资教练。奴才僧格林沁拟于明年防兵到齐,再行前往山

海关，相地度势，并将扎营防守机宜面授统带之员。

至盛京田庄台地方，业经修筑炮台、营垒，现在防兵若干，炮位是否足用，应请饬下该将军务为筹画布置。本年春间曾由大沽海口拨解铜炮八位，现又将收捐洋铁炮拨出四位，已派弁由水路运往，交该将军备用。至该夷既有前赴盛京之说，必当严密堵御。明年防御吃紧，该将军似应统带重兵在彼驻扎，以昭慎重。

就奴才等管见所及，据实复陈，是否有当，伏乞皇上圣鉴训示。

再，夷情叵测，亟应严防，虽冰冻之后，防务暂松，亦不可稍存大意。所有本年防堵官兵，拟请仍留各海口，毋庸撤防。如蒙俞允，马步官兵万余名需饷浩繁，冬、腊、正三个月口粮应即设措。粮台已无存款，本省司库亦无款可拨，即当赶紧筹备，以供军储。并请饬下户部迅速筹拨巨款，俾资接济而重要需。其各营大小员弁兵丁，在防将及一年，现在严寒冰冻之际，如亲老及有事故者，酌量给假暂回旗籍，仍令于明年惊蛰以前来营，以示体恤。谨奏请旨。

［咸丰九年十月十八日］

——《第二次鸦片战争》第 4 册，第 258—259 页。

○僧格林沁函

敬启者，前准两江总督何文称：米夷回沪，愤愤不平，英、佛二夷并无动静，近日如何情形，尚未得有确信。查英、佛二夷素称强悍，海外各国无敢与之抗横者。该夷欺侮中国几二十年，任其所为，莫可如何。此次三国结党，兵船连樯而至，仍以和好换约愚弄中国，不待辨而知其诈。至其桀骜狂悖之态，莫能言状。该夷来意，志在占踞天津，节节北犯，恐吓京师，然后无厌之求、不情之请，城下要盟，遂其所欲。是以照会不接，食物不收，毁我防具，先行开炮，向我轰击。我兵蓄怒已深，击毁该夷船只。是该夷此次之败，率因骄满欺敌。其意以为炮台、营垒垂手可得，水战失利，继之步卒，是该夷不信中国敢于一战。其轻视官兵，至于如此。受此大创，必不甘心，将来报复，非计出万全，断不轻动。明年之防，尤关紧要，必须厚集兵力，方资扼守。

现在节交霜降，瞬息立冬，河水渐渐结冻，拟将防兵撤回休息，蓄养精锐，以备明年抵御。所有大沽海口驻扎之京、旗各营官兵二千名，两盟马队二千名，山海关一带驻扎之吉林、黑龙江马队二千名，宣化步队一千名，营城驻扎之察哈尔马队一千名，均拟暂行撤回，以节经费。明年节届惊蛰，仍全数到防。至结冻后，海河以外至鸡心滩，俱系坚冰，船只虽不能进口，然不能不作万一之虑。且大沽海口为京师门户，山海关又系陪都大路，均须留兵驻守，以备不虞。

查上年署直隶总督瑞奏请复设水师，定额官兵三千名。因此处为鱼盐之地，居民易于谋生，入伍充兵原非所愿，其应募而来者，非本处无赖即各处游民，是以陆续招募，本未足

额。除随时裁革及遇贼潜逃者,现在仅存一千八百名,分布两岸营垒,恐不足恃。拟于内外火器营、健锐营、巡捕营四营内,共调官兵一千名,分扎两岸各营,归化城马队五百名扎于营外策应,天津练勇二千名以为后路声援。如此,则大沽海口似觉严密。其山海关一路,拟调卓索图盟马队一千名在彼驻守。沁愚昧之见,是否之处,仍望王爷、中堂、大人衡度。如以为可,即请代奏敕调卓索图盟官兵迅赴防所,计其到防已在立冬以后,以便令该处马步官兵撤回。其京旗各营官兵一千名,应令于立冬后出京,一俟到来,即将京兵撤回。其余官兵,仍俟河水见冰,再行酌撤。

再,两盟官兵因水土不服,病故一百八十余名,患病暂难痊愈者二百余名,现已分起遣回,以节经费。

专此布达,即请王爷、中堂、大人钧安。仍望示复。

僧格林沁顿首①

——《第二次鸦片战争》第4册,第260—261页。

〇上谕

军机大臣字寄钦差大臣、科尔沁博多勒噶台亲王僧,直隶总督恒。咸丰九年十月二十日奉上谕:

僧格林沁、恒福奏遵旨议覆海口撤防各事宜,并恒福密陈僧格林沁办防劳瘁、请令入都陛见、来春再行赴津各一折。前因何桂清奏,探闻夷人有欲往盛京、山海关之说,随谕僧格林沁于撤防时至山海关相度防务。兹据僧格林沁奏,山海关地方曾经往来数次,该处无险可扼,设使夷人登岸,惟有诱令深入,聚而歼旃。具见该大臣成算在胸,著俟明春赴防时再行往勘。僧格林沁自正月到防后,筹画调度,不辞劳瘁,夏间击退夷船,大彰挞伐,迄今又逾数月,朕欣慰之余,时深系念。现届节候严寒,海河冰冻,俟南来漕船无复到津,即知夷船断难驶至,该大臣即带领京营官兵回京,以资休息。恒福著即回保定,以便整理地方公事。所有留防兵丁,统交乐善管带。仍著严密防范,毋得稍涉疏忽。除轮流防守炮台外,其余或择附近地方令其栖止,以示体恤,著僧格林沁、恒福斟酌办理,仍著乐善妥为弹压,毋令滋事。应需饷项,前已谕令文煜,由山东拨银十万两,赶于年内解到,能否足敷三个月支放,留防兵饷应否照防兵开销,抑或仍照征兵之处,并著查例具奏。至山海关应添防兵,除卓索图盟兵一千名本日已饬调,并交协理台吉阿勒坦提普博木济特带领,于明年正月底到关,届时著派珠勒亨前往管带训练,其通永、宣化官兵各五百名,即著恒福先期调拨。其由宁河至山海关沿海一带团练事务,即著传谕山海关监督,会同候补道柏春妥为办

① 《第二次鸦片战争》在此件结尾处注:"此件原无日期,其内容与上折有关,故排于此。"

理，无得有名无实。所有兵勇，均交格绷额统带，无庸另派大员。盛京应办防务，亦经谕令玉明等预为筹画矣。将此谕令知之。

钦此。遵旨寄信前来。

——《咸丰同治两朝上谕档》第9册，第559—560页。

○上谕

咸丰九年十月二十日内阁奉上谕：

僧格林沁等奏请将捐输人员奖励等语。[1] 六品军功韩云普，在天津捐办皮衣，以备搭赏兵丁之用，尚属急公。韩云普著赏给守御所千总衔，以示奖励。

钦此。

——《咸丰同治两朝上谕档》第9册，第561页。

○上谕

咸丰九年十月二十日内阁奉上谕：

僧格林沁等奏，请将劝捐出力人员奖励等语。[2] 主事衔候选司务乐平泉，前经办理捐输，并劝办洋铁炮位，始终黾勉。乐平泉著赏加员外郎衔，以示奖励。

钦此。

——《咸丰同治两朝上谕档》第9册，第562页。

十一月

十一月初四日

○上谕

军机大臣字寄钦差大臣、科尔沁博多勒噶台亲王僧。咸丰九年十一月初四日奉上谕：

---

① 僧格林沁等奏："据天津县民人、六品军功顶戴韩云普报效大毛羊皮袄一百三十件，经奴才验收，以备交营搭赏兵丁，每件作价津钱八吊文，共合津钱一千四十吊。每津钱四吊合银一两，合捐银二百六十两。查六品军功作贡监生加守御所千总衔，银四百两，减四成，合实银二百四十两。当饬粮台核计，所捐有盈无绌，拟请赏给守御所千总衔。"参见中国第一历史档案馆藏录副奏折，档案号03-4146-069。

② 僧格林沁等奏："主事衔候选司务乐平泉，于咸丰三年火器营奏准办理捐输，即经奴才等派委劝捐。该员殚竭心力，设法劝导，至今劝有数十万两之多。奴才前因黄得禄所捐洋铁炮极为得力，密委该员设法觅办。两年所收大小铁炮四十余尊，皆系该员在营襄同黄得禄劝办，实属懋著勤劳，办有成效。该员心地朴诚，稳练可靠，自奉差委，六载有余，自备资斧，始终黾勉，自应量予奖叙，以示鼓舞。可否仰恳天恩，赏以员外郎选用，先换顶戴之处，出自逾格鸿慈。"参见中国第一历史档案馆藏录副奏折，档案号03-4310-033。

本日据玉明等奏会议明春没沟营设防事宜并绘图贴说呈览一折。据称西弓湾等处现拟添筑炮台八座,炮位较少,不敷分布,拟请由津酌拨万斤及五六千斤铜炮十六尊,于明年开河时运赴没沟营海口;并因西弓湾河面较宽,利用铁戗、水雷,请饬一并拨给,派员由海运送到营,择要安设。各等语。西弓湾地方虽属扼要,总不如在大小潮沟、立科、碾子房等处多设疑兵,既可诱其深入,兼可杜其窥伺,较为得计,已于该将军等折内详晰批示矣。因思僧格林沁于该处情形尚为熟悉,该将军所称应需铜炮、铁戗、水雷各件,是否系该处必需之用,及何处需用若干,即著酌量情形具奏,再行拨给。现届节候严寒,海河冰冻,夷船当无北驶之理,前谕僧格林沁布置防兵各节,如已完备,即著该大臣遵照前旨,带领京营官兵回京,以资休息,毋稍延缓。玉明等原折著抄给阅看,地图一并发阅。将此谕令知之。

钦此。遵旨寄信前来。

——《咸丰同治两朝上谕档》第9册,第593—594页。

十一月初六日

〇上谕

谕军机大臣等:

瑛棨等奏,捻匪溃窜回巢,豫境现已肃清,惟本年两次窜扰,视为熟径,不可不豫为设防,该省马队无多,不敷调拨,现闻天津暂时撤防,请饬僧格林沁选派黑龙江马队一千名,派员管带,赴豫助剿。如津防难撤,即请饬令黑龙江将军挑派精兵或余丁一千名,迅赴军营等语。自系为需兵紧要起见。但现在天津尚未撤防,无兵可拨,而黑龙江马队余丁,屡次饬拨,早经该将军奏明,无可再调。河南如有缓急,需兵助剿,傅振邦一军相距不远,著该抚等即与该提督商酌,通融调遣,以资攻剿。将此由六百里谕令知之。

——《清文宗实录》卷二九九,咸丰九年十一月辛未。

〇何桂清奏

钦差大臣、两江总督何桂清奏:

十月二十五日,据署苏松太道吴煦、委员蓝蔚雯禀称,探闻印度轮船于二十二日夜到上海,英、佛定见发兵前来,有英、佛各一万,印度一万之说。夷酋是否另换,尚无确信。二十六日,复据禀报,探闻该夷等或云屯兵上海,或云屯兵定海;又云夷兵到日,先停各口税饷。钞录香港新闻纸驰呈。并接粤海关监督恒祺由轮船寄来之信,云英夷所调之兵渐次到粤,目前尚不见举动,各等情。二十七日戌刻,又接吴煦等禀,二十五日,英夷司税德都

德往见该署道等密报，英、佛水陆兵系由印度调来，因而较速，今兵头已到香港，不日前来上海，普鲁斯已接本国之信，昨夜传夷商密议，不知何事，诚恐碍及税务等语。该署道等答以普鲁斯在津自取其辱，不知愧悔，复激怒该国王调兵报复，中国蚤有豫备，恐尔国徒劳无益，该夷无词可答。诘以夷兵何时到齐、何时赴津，该夷答以未知详细，至迟约在明年春初，但夷船亦不畏冰冻，许以得有确音，再行密报而退。将夷行探报禀呈前来。臣查阅探报，该兵头曼斯必带兵六千，已抵香港，核与恒祺函称渐次到粤之语大约相符。

——《筹办夷务始末(咸丰朝)》卷四五，第4—5页。

〇上谕

军机大臣密寄钦差大臣、科尔沁博多勒噶台亲王僧，直隶总督恒。咸丰九年十一月初六日奉上谕：

前因节候严寒，海河冰冻，谕令僧格林沁于布置防兵事宜料理完竣，即带领京营官兵回京，以资休息。兹据何桂清陈奏各情，并抄录新闻纸、探报呈览，据闻英、弗各调兵一万，印度一万，赴津报复，为时在今冬明春，并不必等候开冻；其英国兵头曼斯必带兵六千，已抵香港，粤海关监督恒祺亦咨称有夷兵到粤各等语。所言调兵三万，或系恫喝之词。虽未必确实，而既有不待开冻之语，不可不豫为之防。所有应行酌撤之防兵，暂且毋庸议撤，并著僧格林沁暂缓来京，仍在防所，以资镇定。本日已谕何桂清再行详加侦探，随时驰奏，俟其覆奏到日，再行谕知该大臣可也。至此次夷船如果前来，著恒福即派委妥员前往探问，告以钦差大臣现在上海，可往上海与何桂清商办，如欲在津换约，须俟奏明办理，此间专主防剿，并非议和之地，看其如何答覆，迅速驰奏。傥仍不遵理谕，肆其狂悖，毁我防具，该大臣惟当激励兵勇，奋力攻击，挫其凶锋。惟在该大臣随时酌办，固不可坐失事机，任其猖獗，亦不可先行挑衅，致启兵端，使该夷有所藉口。何桂清原折并新闻纸、探报，均著抄给阅看。将此密谕知之。

钦此。遵旨寄信前来。

——《咸丰同治两朝上谕档》第9册，第599页。

十一月初十日

〇僧格林沁、恒福奏

奴才僧格林沁、奴才恒福跪奏，为遵旨严防海口，以备不虞，恭折具奏，仰祈圣鉴事。

窃奴才等承准军机大臣密寄，咸丰九年十一月初六日奉上谕：据何桂清陈奏各情，并抄录新闻纸、探报呈览，等因。钦此。伏查英、佛两夷自被创后，报复之心总未能忘。细阅

香港新闻纸及夷行探报,所称英、佛各调兵一万,印度调兵一万,虚实数目虽不可知,而赴津报复之言,及香港已有夷兵之信,自属确凿可据。大沽海口为该夷两年窥伺之地,自当加意严防,所有各路马步官兵,未便再行裁撤。奴才僧格林沁已通饬照旧防守,不准以现届冻河,稍涉松劲。

至派委妥员前往探问一节。奴才恒福即遵照豫先派定,惟该夷即称带兵三万前来报复,恐未必以换约为词。如果敛其骄悍,曲意求和,自当饬令委员迎机善导,看其如何答复,据实驰奏,听候谕旨。倘肆其猖獗,故智复萌,或以火轮船只直闯海口,或以步队夷兵舍舟登岸,绕我营盘左右,则兵家利钝之机决于俄顷,惟有激励将士奋力迎剿,以申天讨而挫凶锋。断不敢有失事机,致滋贻误。

所有遵旨等备缘由,谨缮折具陈,伏乞皇上圣鉴训示。谨奏。

［咸丰九年十一月初八日］

咸丰九年十一月初十日奉朱批:知道了。前谕不可先行挑衅,实为要语。若该夷轮船冲击,毁具开炮,或登陆抄袭,亦断不可致失机宜。慎之。钦此。

——《第二次鸦片战争》第4册,第269—270页。

○僧格林沁奏

玉明等因英、佛二夷曾在天津受创,明春必分窜沿海各省,肆行滋扰,亟应豫筹防守机宜,以期有备无患。伏思该夷既在天津受创,其报复自应仍在天津。至所称欲往山海关一带寻衅滋扰,难保非声东击西,意图牵制。该夷虽无信义,而利心至重,历年桀骜狂悖,无非志在通商。没沟营即牛庄为各口之一,该夷仍留贸易地步,一经窥伺,其通商各口,是其自行拒绝。查本年七八月间,夷船三只,沿海各口岸随处游驶,独不至没沟营者,已可概见。该将军等欲于彼处设防,自系严守门户、保卫商民起见,殊不知夷人并不扰害商贾。该夷受创之后,通商各口照常贸易,并无滋扰,即此可知。[此]揣度夷情,没沟营毋须设防之情形也。

抚驭外夷,自应曲意羁縻,使之感戴。如实有桀骜情形,有心寻衅,万不得已,慑以兵威,使之畏惧。本年大沽之役,衅自彼开。是以受创之后,虽愤恨于心,而自知理曲,无可置辩。若抚局未定,我于通商之处先行筑垒安兵,是自我拒绝,该夷转得有所藉口。此据理而论,没沟营不可设防之情形也。

该处既经修筑炮台营垒,自应(天泼)[添拨]官兵,严密防守。该夷诡诈百出,狡猾异常,傥有心窥伺,一面在上海议和,一面扬帆驶进海口,明为通商,暗伏奸计,击则衅自我开,不击则一经闯入内河,营垒炮台悉非我有。此以局势而论,没沟营未便设防之情形也。

水陆布置,疏密既须合宜,声势尤贵联络。西弓湾河面较宽,两岸相隔甚远,设有警

动,彼此不能应援。即内河一切防具亦难安设,且更无如许之多。此以地势而论,没沟营难以设防之情形也。

倘该夷竟敢闯入内河,驶近田庄台,是该夷有意肇衅,我则击之有名。且该夷深入重险,已犯兵家所忌,营垒官兵以逸待劳,俟夷船切近,对准轰击,马队伏于两岸,以备该夷登岸截剿。诚如圣训,在大小潮沟等处多设旗帜,疑兵伏而不动,虚实相间,我兵定握胜算。所有该将军等拟请在没沟营添筑炮台、营垒之处,应毋庸议。

至夷情叵测,奴才亦不敢料其必不扰及奉省。然斟酌损益,测度地势,与其在没沟营添筑炮台、营垒,诸多窒碍,且所费不赀,莫若在田庄台地方严密布置,较为得力。且该处已于两岸修筑营垒三处、炮台四座,未经与夷人接仗者,必以为营墙丈余,足资抵御。不知该夷炮火之猛烈,丈余濠墙,可以穿透。现值冬令,未便兴工,应豫先备办木植,一俟春融,即将营墙里外各树木桩一道,用土培厚。现在原筑炮台丈尺较低,仍须加高为要。先后由津运往铜铁炮十二位,加之该处原有炮位,傥不敷分布,大沽现存五百斤铁炮,尚可拨解二三十位,炮位虽小,防守营墙颇为得力。如必须大炮,俟明年调到炮匠添铸,再行拨往。至铁戗水雷,诚为防守利器。惟体察地势,并非处处皆可安设。大沽海河,水底一色胶泥,防具陈于水中,屹立不动。田庄台地方,河底系属流沙,随潮上下,今日此高彼洼,异日则此洼彼高,铁戗水雷断难安设。该处河面与大沽相等,惟有拦河树栅、拦河铁(练)[链]可以使用。无论何项防具,仅能阻挡夷船不能驶入,不能破损夷船。树栅铁(练)[链]安于炮火可及之处,设使该夷拉曳,即行开炮轰击,该夷亦不敢轻于尝试。应请饬下该将军等,仍在田庄台严密布置,妥为防守,以期稳固。

——《筹办夷务始末(咸丰朝)》卷四五,第7—10页。

○上谕

军机大臣密寄盛京将军玉,兼管奉天府府尹倭,府尹景。咸丰九年十一月初十日奉上谕:

前据玉明等奏会议没沟营设防事宜,当谕令僧格林沁酌量情形具奏,并将该将军等原折抄寄,及所绘地图一并发阅。兹据奏称,没沟营毋须设防,添筑炮台、营垒诸多窒碍,莫若在田庄台地方严密布置,较为得力等语。所奏情形较为详晰,应即照所议办理。至田庄台,营垒炮台尚嫌卑薄,著玉明等豫先备办木植,一俟来春,即将营墙里外各竖木桩,用土培厚,原筑炮台丈尺较低,亦著加高,以资抵御。由津运往之炮位及原有炮位如不敷用,即咨明僧格林沁,再拨二三十位解往,如需大炮,须俟明年添铸后方能拨运。铁戗、水雷既于田庄台河底不甚相宜,自无须安设。余著该将军等按照所奏妥为布置,毋稍大意。原折著抄给阅看。将此由五百里密谕知之。

钦此。遵旨寄信前来。

——《咸丰同治两朝上谕档》第 9 册,第 605 页。

十一月二十日

〇上谕

军机大臣密寄钦差大臣、科尔沁博多勒噶台亲王僧,直隶总督恒。咸丰九年十一月二十日奉上谕:

前因夷船有赴津报复之信,谕令该大臣等暂缓撤防,如该夷来津,肆其狂悖,毁我防具,自当开炮轰击,特不可先行挑衅。该大臣于办理此事,胸中想已早有成算。傥其遣人投递书函,以求和为名,则未便即行攻击,又不便径行拒绝,应如何迎机而导,不至开衅,而又不坐失事机,该大臣等当先事豫筹,不可临时致有掣肘。僧格林沁为统兵大臣,固无与该夷讲和之理,而暗中筹画,俾恒福办理,该大臣总操其柄。著僧格林沁、恒福会同商酌如何应付之法,先行具奏。至北塘地面,前据奏称无险可守,难设炮台,惟该处后路太空,万一该夷冲突而来,直扑天津,虽有马队抄袭,但恐地广兵单,不足以资抵御,自应办理民团。天津乡勇数万,著该大臣等择其精锐可靠者,挑选一万,勤加训练,于北塘至天津陆路地方择地暗为设备,不但于北塘后路可援,亦可保障天津。其应如何密为布置,亦须未雨绸缪,著一并会同妥筹具奏。将此密谕知之。

钦此。遵旨寄信前来。

——《咸丰同治两朝上谕档》第 9 册,第 622 页。

十一月二十三日

〇僧格林沁奏

钦差大臣、科尔沁亲王僧格林沁奏:

据何桂清奏称,英、佛二夷调兵三万,赴津报复,为时在今冬明春,并不等候开冻等语,奴才业将防守事宜恭折覆奏在案。查该夷受创之后,必不甘心,报复之期,或在明年春夏之交,如果实系调兵三万,今冬赴津,势将致死于我。兵行诡道,岂肯使人知觉?奴才细译该大臣原奏,探闻得自夷商,其为该夷恫吓之词,似无疑义。第兵法虚实,难以豫料,自应倍加防范,庶免疏虞。现在海河虽未坚冻,业经结凌,数丈数十丈不等之冰块,随潮上下,来往漂流。拦江沙以内,大小船只均不能行驶。该夷果于此时来津,只能用舢板渡近海边,履冰登岸。陆路滋扰,人数虽多,不能提带大炮,我兵马步抄截,现在兵力,足资抵御。

该夷久于用兵，熟知地利，必不出此下策。明年之来，势必凶狠，蓄谋已久，诡诈益多。或用船只来往游驶，以图牵掣；或卑词示弱，怠我军心；甚至北塘伪为求和，乘我不备，一面船只直闯内河，一面陆路袭我左右。我兵较之夷人，不及三分之一，实形单弱。拟将热河、密云备调官兵各五百名调赴大沽，协同防剿，以厚兵力。并请饬下热河都统、密云副都统，派令热河协领尚那布、密云协领恩成管带官兵，于明年惊蛰以前到防。

至现在河水结冻，防务稍松，京营官兵有亲丧事故及亲老丁单者，酌量给假埽墓省亲，以示体恤。每次数十名，假期不过十余日，轮流更替，至明年惊蛰前截止。

其各路马步官兵，在防将及一载，不无疲乏。京营受伤患病者前已换回，其两盟马队，因水土不服，病故一百八十余名，患病暂难痊愈者二百余名，业经遣回游牧，现不足二千之数，自应裁汰疲乏，更换精壮，并补足原额，以期得力。所有京营、吉林、黑龙江、察哈尔、两盟酌量更换，每处不过一二百名。如蒙俞允，应由奴才查明应行更换数目，咨行各该处派拨。俟到防时，即令疲病者撤回。

至察哈尔、两盟马队，多有未经战阵，于进退抄截，较之吉林、黑龙江官兵稍欠便捷。山海关虽有吉林、黑龙江官兵，该处兵力原不为厚，未便再予抽拨。拟于吉林、黑龙江各添调一百名，协助察哈尔、两盟官兵，并拟派令副都统衔黑龙江尽先协领舒通额、吉林佐领春寿管带，于明年惊蛰以前来防。并请旨饬下各该将军，传令舒通额、春寿，在于军营撤回之年力精壮、打仗奋勇官兵指名挑选，不得以老弱充数。

再，山海关地方无险可守，处处均可登岸。该夷既有前往滋扰之说，自应益加详慎。臣恒福、臣乐善沿海口岸均未周历，奴才拟于明年正月，会同督臣恒福前往查看，如何设法，酌核办理。其设防应用物料，亟须豫为筹画，当经先派提臣乐善前往，相度地势并现在防守情形。兹据回营禀称，该处文武各官，于防守事宜毫无准备，数千斤大炮掷于街市，城门半已损坏，半被土壅，不能启闭，兵无纪律，器械不齐等语。奴才闻之，不胜骇异。该处添调防兵将及一年，副都统定福镇守要隘，责任至重，何得置身事外，漫不经心？实属不知缓急，未能稍事姑容，致滋贻误。且查该副都统年近七旬，精力就衰，难期振作，可否饬令回京查看，出自圣裁。如蒙俞允，并请简放年力精壮、熟习军务之员，以期得力。其该处府县各官，应由督臣恒福拣员更换，以昭慎重。至该处明年之防，最关紧要，计马步官兵练勇，非声望素著之大员不足以资防守。副都统格绷额久经战阵，管带马队，攻击冲突，较为优长，惟统带重兵，独当一面，责任似重，且恐呼应不灵。可否仍请简派大员前往统带之处，恭候钦定。

——《筹办夷务始末（咸丰朝）》卷四五，第22—24页。

〇上谕

军机大臣字寄钦差大臣、科尔沁博多勒噶台亲王僧。咸丰九年十一月二十三日奉上谕：

僧格林沁奏海防紧要请添调官兵以资扼守一折。夷人报复来津，势必凶很，自应厚集兵力，本日已谕令常清、玻崇武，将前饬备调官兵各五百名，分别派令协领尚那布、恩成管带，于明年惊蛰以前到天津大沽防所，听候调遣。其京营官兵，酌量给假，以示体恤，并京营及吉林、黑龙江、察哈尔、两盟等处疲病官兵应行更换，据该大臣查明，每处不过一二百名，即著咨行各该处，派拨精壮兵丁补额，俟到防后，即将疲病各兵撤回。至所请添调吉林、黑龙江兵各一百名，现在该二处防务紧要，叠次调拨过多，势难再令派出。前拨往山东驻扎之黑龙江兵一千名，交德楞额管带，经胜保调去五百名，据称俟克复怀远即当撤回，著僧格林沁行知德楞额，俟胜保将调往官兵五百名撤回后，即行酌拨二百名，前往大沽军营，以资防守。如此一转移间，于山东办防未即见少，而津沽已可敷用。至山海关地方，极关紧要，定福于防务漫不经心，实堪痛恨，现已将该副都统开缺，饬令回京，以成保调补山海关副都统矣。该大臣即饬该副都统，于到任后将应办事宜实心经理，俟明年正月，仍著该大臣会同恒福前往察看，无令稍涉疏懈。所称山海关兵勇较多，格绷额恐难独当一面，请简大员前往统带之处，即著僧格林沁酌保一员，奏明派往，以便督率办理。前因北塘后路太空，谕令挑勇设备，该大臣接奉谕旨，谅已遵照筹办，仍将如何布置之处专折具奏，以慰悬念。将此谕令知之。

钦此。遵旨寄信前来。

——《咸丰同治两朝上谕档》第9册，第634—635页。

〇上谕

军机大臣字寄热河都统常。咸丰九年十一月二十三日奉上谕：

前因天津办理海口防堵，谕令常清于热河挑选精锐官兵五百名备调，著该都统即将此项备调官兵配齐军装器械，派协领尚那布管带，于明年惊蛰以前驰抵天津防所，交僧格林沁调遣。将此谕令知之。

钦此。遵旨寄信前来。

——《咸丰同治两朝上谕档》第9册，第635页。

〇上谕

军机大臣字寄密云副都统玻。咸丰九年十一月二十三日奉上谕：

前因天津办理海防，谕令玻崇武于密云挑选精锐官兵五百名备调，并谕于闻调时即饬协领恩成管带起程，著该副都统将此项备调官兵配齐军装器械，派协领恩成管带，于明年惊蛰以前驰抵天津防所，交僧格林沁调遣。将此谕令知之。

钦此。遵旨寄信前来。

——《咸丰同治两朝上谕档》第9册，第635页。

〇上谕

咸丰九年十一月二十三日内阁奉上谕：

僧格林沁等奏，请将先期撤防之带兵大员议处等语。墨尔根城副都统格绷额，不候该大臣知照，先将防兵撤回，实属疏忽，著交部议处。

钦此。

——《咸丰同治两朝上谕档》第9册，第635页。

十一月二十六日

〇何桂清奏

前据署苏松太道吴煦、候补知府蓝蔚雯先后密禀，旬余以来，寄信轮船共到四只，十一月初二日，有三桅火轮兵船一只，载兵六百余名，驶至上海，探系常在中国往来，现恐派令出兵，是以由日本驶至听信。英酋普鲁斯自得该国回信，因未派人接办，志气益骄。先经饬传夷商，令其不必完纳关税。夷商等因华商曾经开导，即以有碍贸易，坚不允许。普鲁斯不得已，许俟兵船到后再议。并探闻英夷轮船前在天津北河一带探水，有相离北河不远之处，水势宽深，大船可以近岸。该酋初意一俟兵齐，即赴天津，由水势宽深处登岸，直抵北河炮台之后。因所调印度兵头内，有以天津地势险窄、钦差大臣僧格林沁用兵神武，诚恐徒劳无益，不如将兵船分派通商各口，一律对港，不准中外商船进出，较为省力。盖知中国战船无多，陆兵不利于水，即不打仗，我已坐困，定能胁成和议也。普鲁斯亦以为然。是其计甚为险恶。又据米夷可夫密报相同。

佛酋布尔布隆，闻有撤回之信，其公使尚须另派。有新派之副公使梅尔登，先自印度来。因咸丰四年该夷助顺协剿上海刘逆时，曾与吴煦、蓝蔚雯认识，于十一月初八日来见。据云伊国兵到，必先讲理，决不冒昧攻打。吴煦等答以尔国向本深明顺逆，此次既知讲理，天下无不了之事，何必带兵？该夷则云事系英夷会办，不能不一同发兵，此系该国苦衷，中国必能见谅。吴煦等则答以天津事由普酋肇衅，中外共知，该夷亦深抱怨英酋而退。将译出新闻纸二件禀呈前来。臣查阅新闻二纸，一则英夷用兵之意已决，天津及通商各口其患

相同；一则隐约其词，似封港之说不为无因，其患不在天津，而先在各口。揆核梅尔登情词，佛夷断难专主。其所称不即攻打，又与封港之意隐合，更难保非懈我军心。且英、佛貌合心离，证诸新闻纸内英、佛不愿合兵以杜争功之语，亦属可据。

现在金陵、浦口军情同时吃紧，饷需军火日不暇给，夷务又复纠纷，关税厘捐势必渐形短绌，海运更形棘手。容即会商抚臣，另行筹议具奏。惟一线转圜之机，不能不属望于商人。前此夷商寄信回国，群言普鲁斯之办理不善，该国王续得此信，不知有无变计。佛夷梅尔登既与吴煦等阳为联络，英、佛又互相猜忌，能否从中设法，臣已密饬吴煦等相机妥办。不可示弱，以致迹涉求和。而夷情狡谲，恐亦未必可靠。如佛夷另派之公使，亦与梅尔登情形相仿，或尚易于商量。至前此探报内英夷所派兵头为曼斯必，现在新闻纸内又称系格兰，夷人名姓，每有因翻译口音不同致相径庭。而夷兵之陆续驶抵香港，又据前浙江盐运使潘仕成禀报，接到广东来信，所言亦复相同。容俟续探确情，及兵到上海后，随时督饬吴煦等遵旨办理，另行驰奏。

其米夷船只吨钞，已蒙恩准照新章征收，查照道光年间一体均沾之例，英、佛原可准其照米夷完纳。此时英夷志在寻衅，既须维系商情，更须尊崇国体，若由我先发均沾之念，恐为各夷所轻视。前据英商援案呈请，吴煦等即谕令华商婉为开导，以各国船钞俱有新章，因英夷未经议定，不能照办；如援旧例声请，非由普鲁斯照会总督，奏请大皇帝施恩不可。普鲁斯知无可诿避，又为众商迫促，不能不降心相从，始有照会前来。佛酋布尔布隆，亦援一体均沾之例呈请照办。查核情词，均不似密迪乐之谬妄。而每吨减征银一钱，并计亦为数有限，正当笼络夷商及罗致佛夷之际，臣自未便拒绝，是以各覆一文，以体恤商情为词，允其奏明请旨遵行。现已另折奏请训示，或亦息事弭兵之一助也。

——《筹办夷务始末（咸丰朝）》卷四五，第27—30页。

〇上海夷馆新闻纸

北河兵败一事，甚为怨懊，不必论水提军别样差处，惟以二事观之，我等明派其不是。若先夺炮台，然后去拔拦江之物，决不致流血而败。即水战亦是太晚，上岸接仗之际，以时候及地段而论，极无见识，既不知潮落后滩土泥淖，不堪行走，又相战之时，攻其已备，乃中敌人之计。且劲敌守在炮台之内，我兵直向而前，决不将已装之枪炮置而不放。如若时候早些，乘潮高而从远路抄转，向炮台攻打，则不惟免败，或可望胜。今于炮船上停放，重拨兵仓惶上岸，宜其败卒回至败船。然我国家在北河损坏之船，仍欲以中国之银造还；所死伤之兵勇，欲报此仇。我等忖度此番北河丧师败绩，较之一千八百五十四年十月十七日在俄罗斯地方之败更甚。我国家必欲与中华再战，将从前污蔑之血，必欲滴滴赔偿方歇。傥然水提军与中华争战时，亦如与俄罗斯、佛兰西相战，则未至于此败。或曰，此番决不料敌

人如此，立军台而不退。虽见港内有拦截之物，再不想岸上亦有埋伏。其于交锋之时，轻视华人。然伊等亦有心思，枪炮未至其身，亦不肯先走，此反覆详言。此次用兵，水提军实担其差。刻下我国家将欲与中华兴兵鏖战，北京失信之事，必不轻恕，定加罚款。现在华人布成阵势，以待我战，其头目乃计高胆大，我等已多方思虑。再杂些俄国之人在内，谅无徒劳劳矣。

——《筹办夷务始末(咸丰朝)》卷四五，第 32—33 页。

〇英、佛二国新闻纸

北河败仗之事，刻下英人思议百出，纷纷不一。兵船到齐之日，自有一定办法，此时毋庸豫泄。缘英、佛两国，八月中方接报天津之败。初闻败兵消息，官兵尽皆含忿，决意起兵报仇。后闻花旗进京，亦有以礼推之说。英国钦差普鲁斯办理不善，水师督阵无方，骄欺敌人，以至大败。现在查问，一面派将军格兰，由印度国统领白黑兵一万来中国。

英国另加大兵船只，共载炮一百九十一位，并浅水轮船数十只，或有云二三十只，或有云五十只。又，另有水师兵一千，派尊士为副水师统领。现已有水师船几号前来。又，佛国已派允奉为佛军统领，领水师船十二号，载兵七千，另有小船载兵三四千，共一万有零，陆续前来。该佛钦差在津河办理不善，现定撤委，调回国去。佛军去岁在安南交战，今该处兵戈已息，拟将该军立刻来中国听调。英人多有不愿与佛国合兵，以杜争功。

——《筹办夷务始末(咸丰朝)》卷四五，第 33 页。

〇上谕

军机大臣密寄钦差大臣、科尔沁博多勒噶台亲王僧，直隶总督恒。咸丰九年十一月二十六日奉上谕：

本日据何桂清奏，英酋志在寻衅，并抄录新闻纸呈览。据称，卜酋因该国未派人接办，志气益骄。并探闻英夷轮船前在天津北河一带探水，有相离北河不远之处，水势宽深，大船可以近岸。该酋初意一俟兵齐即赴天津，由水势宽深处登陆，直抄北河炮台之后。印度兵头欲将兵船分派通商各口封港，不准商船进出，较为省力。等语。英夷志在报复，本在意中。天津大沽海防已极周密，惟北塘一带，该夷既有轮船探水，又有登陆抄我炮台后路之语，不可不密为设备。前经谕令僧格林沁、恒福办理民团，于北塘至天津陆路地方暗中布置，其应如何防范之处，著迅即筹办，专折具奏。据何桂清奏称，弗夷新派之副公使梅尔登，与吴煦等认识，据称该国兵到，必先讲理，决不冒昧攻打，惟事系英夷会办，不能不一同发兵。其言虽未可遽信，但英、弗既互相猜忌，正可临时设法，离散其心。该大臣等成算在胸，届时相机妥办可也。何桂清折并新闻纸，著抄给阅看。将此密谕知之。

钦此。遵旨寄信前来。

——《咸丰同治两朝上谕档》第9册，第643—644页。

十一月二十八日

〇劳崇光奏

两广总督劳崇光奏：

再，近日密探得，英吉利夷酋之在粤者，接到彼国来信，据称该国王闻知普鲁斯天津败仗，即传官绅集议，佥以普鲁斯逞强挑衅，丧师辱国，斥其非是。惟夷性桀骜褊狭，虽明自知理曲，而惟恐经此挫折，不能报复，为各国所耻笑，是以仍欲强颜兴师，前来修怨。现已调集各埠水陆兵丁一万余人，驾驶火轮船，陆续前来，俟来年正、二月同至天津，水陆并进。并闻调有黑夷马队一千，浅水火轮船名根钵者五十只。又闻由北塘陆路至京，沿途地势，该夷已绘有舆图。各等语。臣揣该夷之意，似将以大队火轮船在大沽海口牵制僧格林沁，而潜用浅水船装载陆兵至北塘，乘虚登陆，攻我不备。

臣访寻此间弁兵曾与该夷陆路交战者，与讲求御敌之法，据言该夷陆战，专恃火器，全队皆用鸟枪，并无别项军械。惟鸟枪之末，皆另加一尖锐铁矛头，亦可用以击刺。其鸟枪中远，与中国抬枪相等，而装药之迅速、施放之灵便过之。鸟枪之外，亦兼用炮车。其炮五六百斤，或二三百斤不等。大抵火器猛烈，步伐整齐，号令严肃，有进无退，是其所长；能密而不能疏，能整而不能散，能勇往直前而不能随机变化，人自为战，是其所短。胜之之道，当用奇兵，埋伏包抄，或用疑兵以误之，或凭险设守，使不能入。诱至山林沮洳之地，以奇兵蹙之。总不宜与交战于平原旷野之地。至其马队，止能驰聘冲突，而人居马上，体段生硬，两手紧握缰绳，不能别有施展，迥不似东三省及蒙古马队之能于马上施放枪箭也。

臣伏思僧格林沁深通韬略，忠勇绝行，筹虑精审，自必蚤已布置周详，有备无患。而臣所探情形如此，不敢不据实密陈。拟请旨密饬知照，妥为防范。

臣又探闻，该夷之意，欲分兵赴山东登州地方滋扰，使我备多力分。查上海至天津，以登州为适中之地，且对岸即可窥伺盛京。如果该夷扰及登州，办理尤多棘手。拟请旨密饬山东抚臣思患豫防，严密布置，毋稍大意，或钦差知兵大臣前往会同筹办。

抑臣又有过虑者。来年正、二月，正海运南漕放洋之时，万一该夷中途阻截，贻误天庾正供，攸关甚巨。如何设法变通办理，可否请旨密饬江浙督抚诸臣迅筹良策。

——《筹办夷务始末(咸丰朝)》卷四五，第33—35页。

〇上谕

军机大臣密寄钦差大臣、科尔沁博多勒噶台亲王僧，直隶总督恒。咸丰九年十一月二十八日奉上谕：

据劳崇光奏，密探夷情，请饬令天津、山东妥为防范等语。夷人之必来报复，及轮船之外兼用马队，或由北塘登陆，窥伺炮台后路，均在意计之中，节经谕令僧格林沁亟筹防范，其如何布置情形，尚未据该大臣覆奏。兹据劳崇光探闻，英夷调兵万余，驾驶火轮船，于明年正、二月由粤赴津，水陆并进，并调有黑夷马队一千名，浅水火轮船名根钵者五十只，其意似将以大队轮船在大沽牵制我军，而潜用浅水船装载陆兵，至北塘乘虚登岸。此等诡谲伎俩，自应加意防维。开春如果夷船驶至，不遵理谕，恃强登陆，如劳崇光所奏情形，该大臣应如何设法抵御，著与恒福会同筹画，与北塘布置事宜一并迅速具奏。至该夷欲分兵赴山东登州一带滋扰，业经谕知文煜，即于陆地暗中设备矣。劳崇光奏片，著抄给阅看。将此密谕知之。

钦此。遵旨寄信前来。

——《咸丰同治两朝上谕档》第9册，第650—651页。

十二月

十二月初二日

〇僧格林沁、恒福奏

奴才僧格林沁、奴才恒福跪奏，为悉心筹画海防布置事宜，恭折复奏，仰祈圣鉴事。

窃奴才等承准军机大臣字寄，十一月二十日、二十三、二十六日、二十八日奉上谕四道。跪诵之余，莫名钦佩。伏查北塘地势，无险可扼，奴才僧格林沁曾于八月间详细具陈在案。该夷再来报复，水路前经失利，势必舍舟登岸，袭我炮台后路，奴才等早经虑及。查大沽海口北岸，沿海并无口岸，均系淤滩，炮台上一望，即在目前，该夷船只不能隐伏，登岸不得地利，似可无虞。惟南岸地方较远，兼之汊河数处，地势曲折，如祁口河、马篷口、驴驹河、道沟村等处，均可登岸，或抄截炮台后路，或扑犯大沽村庄。是以奴才等于大沽东、南(西)［两］面修筑长濠一道，复又劝谕绅民，在大沽村外挑挖长濠，筑立围墙，并令北岸炮台后路之于家堡、唐儿沽一律办理，以期严密。

至该夷所称由水势宽深处登陆，直抄炮台后路。查海口水势，宽则无边，其深处惟有拦江沙外。拦江沙以内，潮长则深，潮退即系泥滩。该夷大船既不能进拦江沙，小船又不

能傍岸，惟有小舢板载人登陆。应看彼时地势，道路平坦，即用马队携带车炮，绕出濠墙，迎头截击；如遇雨水停积，大潮上灌之时，马队车炮固不得力，而该夷亦泥淖难行，我兵仅可守御内濠，以逸待劳，更易制胜。至拦河防具，原有铁戗、铁链，仍恐未尽周备，现在博采众论，悉心讲求，设法添制，以期拦阻。

至北塘后路太空，恐该夷直扑天津，谕令奴才等挑选乡勇一万名，勤加训练，择地设备，保障天津。并据劳崇光奏称，该夷有马步队由北塘登岸之语。查北塘原有炮台旧基，本年春间复加修整，此时废之则恐惑民心，留之又恐为敌踞。前曾安伏地雷，现拟穵通地道，装塞火药，设该夷窥伺，燃之以备火攻，兼不使该夷得以占踞。

直省精华，萃于津郡，又为京师门户，从前粤匪窥伺，年来夷人觊觎，俱在天津。是防堵情形，倍关紧要。若该夷冲突而来，直扑天津，或由大沽南岸登陆，沿河之新城、葛沽、咸水沽、辛庄、白塘口、双港、土城，均系集镇，此外尚有村庄数处，相隔不过数里，既可驻足，又可饱掠，由此直趋天津，此夷策之上者也。由北塘距津陆路百余里，其中惟军粮城一处村庄，此外一片荒地，空阔无依，既无食物，并鲜甜水，我军马队随地可以截击，该夷岂能驰骤自如？且即使直抵天津，而津郡城池尚在南岸，卸断浮桥，渡河亦复不易。该夷深于兵法，恐未必出此下策也。

再，查天津民团练勇，仅可助虚势而壮声威。练之御敌，万不可恃。上年海口练勇约有万名，夷炮一开，鸟兽散焉，以致冲动官兵，不能成列。现在津郡城乡团勇不过万人，多系铺勇户勇。所谓铺勇者，每铺出一人；户勇者，每户出一人。设遇有警之时，可以镇压土匪，不能调出迎敌。且练勇一万名，一月口粮，计需数万两。与其练勇，莫若添兵。惟现在部库支绌，此时未便添兵糜费，拟请豫派京兵二千名，俟有警动，再行来津防守。其京兵二千名，拟派健锐营五百名，两翼八旗五百名，外火器营四百名，圆明园八旗内火器营、巡捕营各二百名。并请饬下该管王大臣，即令该官兵骑用技艺马匹，一经征调，一日夜可抵天律，不致迟误。

至天津城池半已残缺，城内民无宿粮，地无井泉，每日水米，均恃城外接济。所有富商大贾，百货居集，均在城外，防守甚难。奴才等再四思维，天津为紧要重地，亟应设法严防。揆之地势，亦应附城一带挑穵重濠，筑立土城，将四门关厢圈入重濠，设有警动，守濠即系守城，较为得力。奴才僧格林沁当派翼长乐善、瑞禧，奴才恒福派委运司崇厚、天津道孙治周历覆勘濠墙地势，周围约长三十五里。因东、西、北三面铺户居民房屋林立，相连数里，南面近城地方多系坟茔，是以不能收缩。而三十五里尚不甚大，易于防守。备调京兵二千名，天津镇标兵千余名，芦团练勇一千名，分段扼守，足敷抵御。此项濠墙，派令津郡官绅捐办，是否踊跃，未据该运司等禀复。如捐有成数，拟俟春融即行开工，计期一月，可望蒇事。谨将天津地方拟穵环濠绘图贴说，恭呈御览。

至于英夷骄悍，佛夷附和，新闻所载之词未足深信。其所称杂俄夷在内之语，俄国固怀叵测，而英夷挑衅，亦不可堕其术中。夷人如到津投递书函，以求和为名，诚如圣训，未便即行攻击，亦不便径行拒绝。奴才等愚见，和战二字，本系判然两途。和之局必当在沪，战之局必当在津。该夷如欲求和，自必即在上海与地方官定议；兵船一经驶至大沽海口，自系决意报复，断无和好之理。假以求和为名，兵不厌诈，借此懈我军心，我兵亦知该夷诡诈，必不堕其奸计。用兵之道，贵乎鼓作士气，不宜稍有游移，心无专主。夷船一至，各营将士势必勇气奋发，定欲再挫贼锋，使该夷片帆不返。若今日言和，明日言抚，兵丁与该夷虽有不共天地之心，将领常存畏首畏尾之念，一旦人心懈怠，难再收拾。

奴才等拟俟见有夷船帆影，即派员迎出，令其前往北塘，告以该处有人款待，看该夷之意何属。大沽海口，仍以鸡心滩为界，夷船驶至，即行开炮轰击。地方既有限制，官兵有所适从，即使该夷诡诈百出，我兵既有一定规模，万不能被其愚弄。奴才等熟筹妥议，至再至三，制胜之机，间不容发，若不豫有主持，临时万难施措。全局攸关，固不敢轻开边衅，亦不敢坐失机宜，以期仰副圣主抚驭外夷、慎重海防之至意。

再，天津军营尚需马匹，应请饬下署察哈尔都统，挑选膘壮马一千匹，明年二月内到防。

所有奴才遵旨筹议布置各缘由，谨恭折具奏，伏乞皇上圣鉴训示。谨奏。

［咸丰九年十一月三十日］

——《第二次鸦片战争》第4册，第280—283页。

○僧格林沁、恒福奏

再，节次据何桂清、劳崇光奏报，探闻夷情，或称调兵三万，或称马步万余，先言今冬明春，不候开冻，继又言明年正、二月之间。嗣后续有探闻，自必另有一番情形。揆之该夷报复之心，未尝片刻释然。明年之来，势必倍加凶狠，拚死一战，不胜不已。又恐再战再北，从此不振，不能为国，是以先将虚声恫吓，乱我军心。或借此要我求和，或分我兵势，该夷得以乘隙肆其狂悖。现在局势，惟有镇静以待。河内布置似已严密，夷船断难闯入。陆路马步官兵练勇，足资抵御，设使该夷马步万余，我兵迎剿兜击，必握胜算，可以仰慰宸廑。

至该夷屡以虚声散布，盖因不知我兵虚实，兼可查看中国官员神色。现在既经布置严密，官兵又敷截击，既有把握，无所畏惧。应请饬下何桂清、劳崇光，传饬地方各官，如与夷人接见，即将大沽一带水路逐层防守器具，陆路布置情形，向该夷明言直告。沿海马步官兵虽不甚多，尚称精锐，如该夷登岸接仗，求之不得，情愿与决一战，并非大言夸张。该夷久于用兵，虽未目睹，一听必已了然。该夷如再声称调兵来津报复，其势如何凶猛，地方各官仅可置之不理，无庸拦阻，任听该夷多调夷兵前来接战，示以镇定，察其动静，再看该夷

之意若何。如能悔过输诚,即当迎机善导,使其就我范围,从此息兵罢战,该夷未必不心肯乐从。全在地方各官措词得当,互用刚柔。

奴才等愚昧之见,是否有当,谨附片具奏。

［咸丰九年十一月三十日］

——《第二次鸦片战争》第4册,第23—284页。

○上谕

军机大臣密寄钦差大臣、科尔沁博多勒噶台亲王僧,直隶总督恒。咸丰九年十二月初二日奉上谕:

僧格林沁、恒福奏,遵筹海防布置事宜,绘图呈览,并遵保山海关统兵大员各等语。览奏均悉。用兵之道,不宜稍涉游移。僧格林沁等以夷情愿和则应在沪,欲战则必来津,大沽海口仍以鸡心滩为界,傥夷船驶入,毁我防具,自应开炮轰击,使官兵有所适从,不致懈怠;其或在外游驶,即派员迎至北塘,告以彼处有人(看)［款］待,看其如何情形,再行驰奏。随机应变,均甚妥协。其北塘陆路暗伏地雷,不使占踞炮台,并有马队可以截击,又挑挖环濠,布置事宜亦属周密。所请调察哈尔马一千匹,本日已谕令庆昀速行照数挑选,于明年二月内解抵防所。所需调健锐等营京兵二千名,亦已谕令各该营挑选候调。惟京营距津二百余里,必令一日夜赶到,恐人马疲乏,仍须先期数日奏调方妥。至此项京兵,宜选精锐者列为前敌,其次方令防守城濠。而所筑环濠,据称约三十五里,仍应拣选练勇之中可恃者协助兵丁,以资守御。山海关地方紧要,自应谋勇兼优之员,方足以资捍卫。所保奕山、赛尚阿俱未惬朕意,仍著该大臣再行酌保,候旨派往。僧格林沁办理夷务竭尽心力,卓著战功,勤劳在外,瞬阅一年,朕心嘉悦之余,尤深廑系。此时防务稍松,著该大臣于本月中旬即行来京陛见,以慰朕念,并可面授机宜,俟来春再行赴津。该大臣来京之前,须将一切防务交明乐善、西凌阿暂行管理。恒福驻扎大沽,呼应较灵,并著暂缓回省,与乐善等妥为防守。至该大臣等另片奏,称津沽布置情形无妨令何桂清、劳崇光等告知该夷,令来决战等语,虽为先声夺人起见,然办理军务,惟当自筹善策,不必诱示敌人,转似激之使来。所奏著毋庸议。将此密谕知之。

钦此。遵旨寄信前来。

——《咸丰同治两朝上谕档》第9册,第659—660页。

○上谕

军机大臣字寄署察哈尔都统庆。咸丰九年十二月初二日奉上谕:

僧格林沁等奏,请调察哈尔马匹赴津等语。现在天津防所尚需添调马匹,著庆昀在于

牧群内挑选膘壮马一千匹，于来年二月内解赴天津防所备用，毋稍迟误。将此谕令知之。

钦此。遵旨寄信前来。

——《咸丰同治两朝上谕档》第9册，第660页。

十二月初七日

〇僧格林沁奏

钦差大臣、科尔沁亲王僧格林沁奏：

伏查山海关防堵情形，与大沽海口不同。该处无险可扼，守已不易，战则更无把握。设使该夷前往窥伺，惟当婉词应对，告以此处并无大员，仅有兵勇防守海岸，如有应议之事，现在钦差大臣驻扎上海，可以前往投文。于言语之间，既未便恃强，又未便示弱。该夷诡诈百出，势必佯嗔假怒，欲将用武，不过藉此看我动静，探我虚实，意图牵动我师。彼时固不可坐失事机，尤不可自我挑衅，必须轻重合宜，缓急可恃。而静镇有谋、堪当此任者，一时不得其人。数年以来，奴才共事之文武各官，一切才具，久在圣明洞鉴之中。奴才惟有详细筹思，俟回京后再行面陈。

京营官兵，有亲丧事故，给假回京扫墓者四十八员名，已于本月初一日回营。其亲(考)[老]丁单者二百员名，亦经给假，于初五日起程。并查有疲病缺额者，应行文各该营照数派拨，同二次给假官兵，均于十五日出京，十八日来营。俟到营后，再将疲病官兵撤回。奴才拟俟十九日自营起程回京，恭诣阙廷，跪聆圣训。

至英、佛二夷，节次布散虚声，无非要我求和。两江、两广各督臣示以镇静，该夷自必另生奸计。此时海河结冻，船只不能行驶，即使夷船前来窥伺，仅能在拦江沙外停泊，既无后路炮火策应，亦断不敢登岸扑犯。惟前据两江总督何桂清奏报夷情，迄今数日，自应续有探闻。如该夷仍有来津之信，奴才自当仍驻海口，暂缓回京。

朱批：依议。

——《筹办夷务始末(咸丰朝)》卷四六，第9—10页。

〇上谕

咸丰九年十二月初七日内阁奉上谕：

僧格林沁奏参办理不善之员一折。[1] 据称翰林院编修郭嵩焘，奉派前往山东省查办事件，办理未能妥协，郭嵩焘著交部议处。

钦此。

——《咸丰同治两朝上谕档》第9册，第677页。

〇上谕

军机大臣字寄山东巡抚文。咸丰九年十二月初七日奉上谕：

本日僧格林沁奏参郭嵩焘前往山东查办事件未能妥协请旨一折，当降旨将郭嵩焘交部议处矣。前因山东烟台等处商船出入贸易，所收正杂厘税恐多隐匿侵吞之处，特谕僧格林沁派令郭嵩焘前往，严密访查。兹据僧格林沁奏，该员前赴烟台，派委绅士，设局抽厘，未经会同李湘棻查办，又未及与文煜面商。福山县地方，遽有不知姓名多人殴绅拆局之事，当经文煜严饬地方拿究，即著该抚讯明该局绅士等有无办理不善及朘削激变情事，秉

① 十二月初五日，僧格林沁奏："窃奴才前奉密谕，派令郭嵩焘前往山东烟台等处严密访查抽厘事务，仍会同文煜破除情面，核实具奏。等因。钦此。奴才当派李湘棻会同该员前往查办。旋准郭嵩焘禀称，李湘棻行稍迟缓，难于合并，乃留书与之，令其由利津以东至登州，该员径赴烟台、荣城、胶州等处。

"旋据李湘棻禀称，沿路尾随，未与郭嵩焘见面，及至烟台，郭嵩焘业已起程往查南路；据福山县禀称，郭嵩焘业经传齐绅士，设局抽厘，于常例三分税银之外，抽厘二分，并有告示□约等情。该员即起程前往胶州，欲与郭嵩焘会面，行至安邱，接据福山县禀报，有不知姓名多人，鸣锣聚众，将绅士殴打，竟将局屋拆倒，该县会营勘验，一面禀请道府前来督办。等语。奴才当以郭嵩焘既不会同李湘棻查办，又不等候抚臣文煜会商，遽行设局征税，以致舆情不顺，有殴绅拆局之事，当经咨行山东抚臣查明咨覆，并札行郭嵩焘据实禀覆。

"旋据该抚臣先后咨称，接准郭嵩焘来函，伊亲至福山查明，该处目下情形，厘税并征，银数可观，非另设专局，派绅士经理抽收，仍属有名无实，现伊先在烟台添设厘局，定于三分正税之外，再按二分抽厘，选派绅士经理试办等情。该抚臣当即函覆，统俟亲历各处，斟酌情形，再行核议，请旨定夺。旋据福山县禀称，该处设局后，本地谣言四起，突有不知姓名多人，殴绅拆局，该抚臣当即严饬查拿滋事首要各犯，弋获究办。业已拿获多人，无虑再滋事端。此次滋事之由，访诸舆论，大抵总为厘税较重、群生疑畏所致。再查，沿海陋规派员确查，兹又亲历各口查明，旧例粮食不准出口，是以商船出入口岸，无论曾否卸货，州县营汛衙门均有陋规，由来已久，不知起自何年。今因天津等处寇氛不靖，故登属南来商船多于往日，而烟台买卖为尤旺，本年各处所收正杂各税，烟台业已收到一万二千余两，其余各口，亦自数千两至数百两不等。因恐尚有隐匿侵吞情弊，续又严饬确查，并拟令将福山县余栢奏参提审，以期水落石出。该抚臣校阅营伍，与郭嵩焘道途相左，郭嵩焘现已晋省，该抚臣一俟亲历各属海口并将各营伍校阅完竣，亦当兼程回省，所有以后各口厘税章程，应俟回晤郭嵩焘，妥筹熟商，斟酌妥善，奏明请旨定夺。至该局绅士人等有无办理不善及朘削激变情事，容俟提犯审明，秉公据实拟办。等因前来。

"并据郭嵩焘禀称，滋事□痞匪刘所等结党横行，屡犯殴官劫抢巨案，始而赴局辱骂，继而匿名揭帖，定期殴局等语。奴才查阅所禀各情，迹近遮饰。至该员奉命前往查办，自应钦遵谕旨，饬访查以前陋规及侵渔情弊，仍俟文煜驰抵海口，熟筹妥议，酌定章程，奏明请旨遵办。乃该员于已往之事概不访查，又不俟文煜会面商办，遽行派委绅士，设局抽厘。此处尚未办妥，复又驰往他处，以致舆情不顺，酿成聚众之案。且自到东省两月有余，并未与文煜见面，文煜行抵海口，该员业已晋省。是该员办理一切，实属草率专擅。相应请旨，将翰林院编修郭嵩焘交部议处，即令回京，听候部议。并拟札调李湘棻回营当差。至该处抽厘事务，文煜到任未久，无所用其回护，该抚臣业经查出向来陋规，藉此除积弊、定新章，自亦不难。应请饬下山东巡抚文煜一手经理，妥为筹办。"详见中国第一历史档案馆藏录副奏折，档案号03-4221-102。

公审办，并查明从前陋规，严除积弊，毋稍徇隐。郭嵩焘现已回至山东省城，文煜(较)[校]阅营伍事竣，亦当旋省，所有各口厘税章程，仍著与郭嵩焘面晤筹商，奏明办理，总期有裨国用，无拂舆情，方为妥善。郭嵩焘俟厘税章程商定，由文煜具奏后，即行回京，听候部议。将此谕令知之。

钦此。遵旨寄信前来。

——《咸丰同治两朝上谕档》第9册，第676—677页。

十二月十六日

〇僧格林沁奏

奴才僧格林沁跪奏，为海防紧要，奴才拟暂缓进京，恭折奏祈圣鉴事。

窃奴才承准军[机]大臣字寄，十二月初二日奉上谕：僧格林沁著于本月中旬来京陛见，等因。钦此。奴才拟于十九日自营启程，业经附折陈明在案。兹于十[二]月十二日接准两江总督何桂清咨称，英、佛兵船已到上海。抄录原奏、新闻纸，由六百里咨行前来。奴才详加阅看，英夷大小船只七十六只，夷兵一万一千四百余名、炮四百三十七门。佛夷虽无船炮数目，而现已调兵一万五千名，其船炮必不减于英夷。如果属实，人心不无惶惑。且查该大臣原奏内称，佛夷借兵胁和等语。似此情形，稍拂其意，势必在上海肆其狂悖。设使奴才进京数日，得有上海紧报，复又驰赴海口，转致中外慌恐，是以奴才仍拟驻扎海口，毋庸进京，以期镇定。现在时值隆冬，该夷未必即来大沽海口，即使夷船驶至，仅能在拦江沙外，不能切近内河。

所有京兵二千名，除有亲丧事故、亲老丁单者给假省亲，疲病者更换外，查海口距京道路不远，其余官员兵丁情愿回京者，拟自本月二十日起，分三次，自备资斧，轮替给假回京，每次假期十五日，明年二月初五日截止，以示体恤。

所有奴才仍驻海口，暂缓回京，及京营官兵轮流给假各缘由，谨恭折具奏，伏乞皇上圣鉴。谨奏。

[咸丰九年十二月十四日]

——《第二次鸦片战争》第4册，第293—294页。

〇上谕

军机大臣密寄钦差大臣、科尔沁博多勒噶台亲王僧。咸丰九年十二月十六日奉上谕：

前谕僧格林沁于本月中旬来京陛见。兹据奏称，接准何桂清咨，英、弗兵船已到上海，仍拟驻扎海口，暂缓回京等语，系为慎重边防起见。惟现在天气严寒，河冰冻结，夷船断难

北驶，该大臣驻兵海口晌阅一年，懋著荩劳，朕心实深廑系。僧格林沁著仍于十九日起程来京陛见，以慰朕念，兼可面授机宜。一切防务，仍遵前旨，交乐善、西凌阿暂行管理，并著恒福留心会商。所有京兵二千，准其分起轮替给假回京，以示体恤。将此密谕知之。

钦此。遵旨寄信前来。

——《咸丰同治两朝上谕档》第9册，第696—697页。

十二月二十三日

〇林寿图奏

山东道御史林寿图奏：

窃臣默筹各路军情，腹心大患，贼甚于夷；而咽喉急证，夷重于贼。自僧格林沁大沽之捷，中外欣慰，臣以为未也。自米夷华若翰之和，中外欣慰，臣亦以为未也。米酋之和，知我兵力不足，聊用羁縻之也。英、佛二国，亦知将以羁縻之也。故虽经挫败，而变诈不衰。虽加开导，而报复益决。

臣曩从事枢垣，屡读寄谕，令何桂清诱夷商以贸易，餂佛夷以和约，冀以待米者待佛，且以待佛者待英，弭祸患于既萌，寓恩威于并用。此策可行，诚为至善。以臣所见，窃恐未然。虽姑存议和之心，不可疏决战之策。惟坚持再战之议，乃可鼓临阵之心。今上海虽诱和，天津实决战矣。然明年再战，有足虑者。僧格林沁，国之重臣也，以臣观之，今孤注也。天津海口为神京拱卫，尤咽喉之急证也。天津之水势，拦江之防具，滨海之炮台，彼皆目击而心知，必将熟思而审处，肯如今年之冒昧以取败乎？臣料其必水陆并进，昼夜环攻，多募潮勇以犯头锋，暗载马队以备冲突。或我兵狃于前事之胜，则佯怯以乘瑕，或我兵苦于分路之疲，则更番以叠战。僧格林沁谋略素优，忠勤不懈，布置周协，固不待言。然以今年敌轻而骄，不知虚实，犹能洞我炮台，损我将弁，几乱我部曲，明年凶猛可知。

今盛京、山海关能当一面者，已难其选。即北塘一带，亦有不敷调遣之处。随营将领，不过乐善、国瑞、西凌阿、瑞禧等。文武参军，勇怯相闻。万一两军交绥，事机紧急，将不继而兵或退。至僧格林沁，躬冒矢石，甚非计也。臣观都统胜保，性刚而气矜，志大而衷褊，任统帅或非宜，若其勇往赴敌、临阵不怯，盖实长于野战。令暂留北塘等处，盛京、山海关协同堵御，必能破敌成功。此外江南军营尚多健将，如李若珠、张玉良、冯子材辈，宜先其所急，饬下和春、张国樑斟酌机宜，调交僧格林沁差遣。夷务稍定，即回军营。

朱批：与惠亲王等同看，并与僧格林沁悉心筹商。

——《筹办夷务始末（咸丰朝）》卷四六，第30—32页。

十二月二十六日

〇焦祐瀛奏

光禄寺少卿焦祐瀛奏：

窃惟大沽为津郡咽喉，津郡为京师屏蔽，筹防之法，不厌详求。钦差大臣僧格林沁虑及郡城民无宿粮，地无井泉，因议附城一带挑空重濠，思患豫防之计，可谓至矣。以臣揆诸地势，体察民情，尚多室碍之处。敢为我皇上敬陈之。

查天津西、南两门皆系陆路，民居较少，地势空旷。今议将得胜口挑空，自西南以水为卫，办法最为妥善。至北门滨临运河，东门滨临海河，仅有浮桥两道，渡口数处，以通往来。河之东北，居民铺户绵亘数里，周围围筑土城。而大河为之间隔，无论四面不能环绕周匝，即东北濠墙亦不相联属，名为城外又筑一城，实则自为段落，隔绝不通。此地势之未便也。

城中柴米取给于城外，而城外之柴米全赖于四乡。今关厢之外，深沟高垒，道路不通，则城外之来源先断，而城中之固守愈难。更可虑者，津郡地势低洼，百姓坟墓大半彼此相接，今虽宽展挑空，而冢墓参错其间，濠墙不能曲折避让。即空旷之地，亦是民间田园。一经空濠，遂化为乌有。生有失业之忧，殁有暴骸之(祸)[祸]，人心能无惶骇乎？此民情之未便也。

城小则易守，城大则难防。今濠堑宽至三十二里，而以京兵二千、津兵一千、芦团一千分布防守，已属不敷。若雇募乡勇补其阙，而乌合之人更不足恃。况地势既嫌其隔阂，呼应即不能灵通。置此劲旅于空闲之地，臣窃为兵勇惜矣。马步官兵屯扎海口，月需饷银为数甚巨，藩运各库不敷支发，有官绅捐款，以之接济兵丁口粮，不无小补。当此艰难之际，兴此无益之工，臣又为经费惜矣。

自来防夷之策，首在固守口岸。现在大沽海口营垒坚固，巩若金汤，又有双港营盘为之接应，以逸待劳，以静制动。即使该夷敢于窥伺，亦必再受痛惩。若谓该夷有马队可以登陆肆扰，而船不近岸，马队岂能飞渡？况夷人以船为营，津郡距海口一百二十余里，该夷马队岂能舍船深入？此又无庸鳃鳃过计者也。

所有津郡附城空濠筑城，诸多滞碍之处，应请旨饬令僧格林沁及直隶督臣恒福再行悉心妥议，详勘地势，俯顺民情，务使兵无空设，饷不虚糜，庶于防务有裨，而津郡之人心益固矣。

——《筹办夷务始末(咸丰朝)》卷四六，第38—39页。

十二月二十九日

○上谕

明岁海防未撤，恐粤捻北趋，固不可不虑。然更切隐忧者，在南不在北。将来江楚诸军西进舒桐，东复天六，加以皖军克定远，直抵庐城，虽粤捻隔绝，难保不暗通消息，分遣数大股巨捻北扰东豫。若直省稍有震动，海口兵力岂能多分？必至兼顾不遑，处处掣肘。是豫杜北窜，固我藩篱，实为当务之急。著派惠亲王、载垣、端华、僧格林沁、军机大臣等虚衷商议，共筹万全之策。

——《咸丰同治两朝上谕档》第9册，第740页。

十二月三十日

○实录

上御保和殿，筵宴朝正外藩科尔沁、乌珠穆沁、喀喇沁、敖汉、阿巴噶、苏尼特、浩齐特、四子部落、喀尔喀、茂明安、郭尔罗斯、扎噜特、翁牛特、乌喇特、奈曼、土默特、青海、伊克明安、土尔扈特、察哈尔、绰罗斯王、贝勒、贝子、公、额驸、台吉、塔布囊等及朝鲜正副使等，随文武大臣依次就坐，诸乐并作。上进酒。召左翼科尔沁卓哩克图亲王巴图、科尔沁扎萨克达尔汗亲王索特纳木彭苏克、乌珠穆沁扎萨克车臣亲王彭苏克纳木济勒、科尔沁扎萨克图郡王索特纳木伦布木、科尔沁郡王济克默特朗布、喀喇沁扎萨克都楞郡王色伯克多尔济、敖汉郡王布彦德勒格呼固鲁克齐、阿巴噶扎萨克郡王阿尔塔什迪、苏尼特扎萨克都楞郡王布达噼噶拉、浩齐特扎萨克郡王济克登噶卫章、四子部落扎萨克达尔汗卓哩克图郡王伊什齐党、喀尔喀贝勒布彦巴达尔呼、茂明安贝勒格楚克、郭尔罗斯扎萨克镇国公扬赞巴拉、扎噜特镇国公达瓦呢杨保、翁牛特镇国公永隆、乌喇特扎萨克镇国公贡苏隆扎布、喀喇沁扎萨克公衔头等塔布囊乌凌阿、科尔沁扎萨克博多勒噶台亲王僧格林沁、柰曼扎萨克达尔汗郡王固伦额驸德木楚克扎布、喀喇沁贝勒德木齐扎布、土默特扎萨克贝子索特那木色登、科尔沁镇国公棍楚克林沁、科尔沁公衔头等台吉和硕额驸布彦讷谟祜等，右翼喀尔喀图谢图汗车林多尔济、青海扎萨克郡王乌勒金扎布、青海扎萨克贝勒拉旺多布济、喀尔喀扎萨克贝子德勒克多尔济、青海扎萨克贝子伊达木林沁、喀尔喀镇国公巴勒达尔多尔济、喀尔喀扎萨克辅国公旺楚克察克都尔苏伦、喀尔喀扎萨克辅国公柰当苏伦、喀尔喀辅国公车登扎布、喀尔喀辅国公贡楚克扎布、伊克明安辅国公乌尔都那逊、土尔扈特扎萨克头等台吉额尔德呢、察哈尔三等台吉索诺木达尔济、绰罗斯三等台吉蓝翎侍卫哈丰阿等，至御座前，赐酒成礼。

——《清文宗实录》卷三〇四，咸丰九年十二月乙丑。

咸丰十年

正月

正月初一日

〇起居注

上诣奉先殿行礼。御太和殿,受王公大臣、蒙古王公贝勒贝子额驸台吉、文武大小官员及朝鲜国使臣等朝贺礼。礼成,诣寿皇殿行礼。午刻御太和殿,赐王公大臣、官员,蒙古王公、贝勒、贝子、额驸、台吉、他布囊等,及科尔沁札萨克和硕博多勒噶亲王僧格林沁等五人,鄂曼札萨克多罗达尔汉郡王、固伦额驸德木楚克札布一人,四子部落札萨克多罗达尔汉卓哩克图郡王伊什齐党一人,阿巴噶多罗卓哩克图郡王刚噶尔伦布等四人,蒿齐特札萨克多罗郡王济克登噶维张一人,喀尔喀多罗贝勒布彦巴达尔呼等十九人,土默特札萨克固山贝子索特那木色登一人,郭尔罗斯镇国公扬赞巴拉一人,札鲁特镇国公达瓦宁保一人,翁牛特镇国公永咙一人,乌喇特札萨克镇国公贡苏咙札布一人,乌珠穆沁辅国公车凌多尔济一人,苏尼特辅国公布彦特古斯等二人,喀喇沁札萨克公衔头等他布囊乌凌阿等五人,茂明安札萨克头等台吉卓克巴达尔呼一人,敖汉多罗郡王布彦德勒格吟固鲁克齐一人,青海札萨克郡王乌尔津札布等四人,伊克明安辅国公乌尔图那逊一人,土尔扈特札萨克台吉额尔德呢等二人,绰罗斯台吉哈丰阿一人,察哈尔台吉索诺木达尔济等五人,及朝鲜国正使判中枢府事李埒、副使礼曹判书林永洙等二人宴。

——《清代起居注册(咸丰朝)》第49册,第29511—29515页。

〇上谕

咸丰十年正月初一日奉朱谕:

本年朕三旬庆辰,业经渥敷闿泽,而中外王大臣,有勤劳素著者,允宜特沛恩施。怡亲

王载垣、科尔沁亲王僧格林沁，均著加恩赏穿杏黄色端罩貂褂，其朝服蟒袍仍用蓝色。郑亲王端华，著赏穿四团正龙补服，并著在紫禁城内乘坐二人肩舆。大学士彭蕴章、尚书穆荫，均著加恩赏戴花翎。侍郎杜翰，著加恩赏加二级。侍郎匡源、文祥，均著加恩赏加一级。以上加级在恩诏以外，并准作为随带。侍郎灵桂，著加恩赏还二品顶戴。直隶总督恒福，著加恩赏戴花翎。两江总督何桂清，著加恩赏加太子太保衔。用示朕宣纶锡羡之至意。

特谕。

——《咸丰同治两朝上谕档》第 10 册，第 1—2 页。

正月初二日

○起居注

上御紫光阁，赐王公大臣、官员，蒙古王公、贝勒、贝子、额驸、台吉、他布囊等，及科尔沁札萨克和硕博多勒噶台亲王僧格林沁等六人、乌珠穆沁札萨克和硕车臣亲王彭苏克那木济勒等二人、苏尼特札萨克多罗都楞郡王布达哷噶拉等二人、阿巴噶多罗卓哩克图郡王刚噶尔伦布等四人、蒿齐特札萨克多罗郡王济克登噶维张一人、喀尔喀多罗贝勒布彦巴达尔呼等十九人、茂明安多罗贝勒格楚克等二人、土默特札萨克固山贝子索特那木色登一人、郭尔罗斯镇国公扬赞巴拉一人、札鲁特镇国公达瓦宁保一人、翁牛特镇国公永咙一人、乌喇特札萨克镇国公贡苏咙札布一人、喀喇沁札萨克公衔头等他布囊乌凌阿等五人、敖汉多罗郡王布彦德勒格哷固鲁克齐一人、四子部落札萨克郡王伊什齐党一人、青海札萨克郡王乌尔津札布等四人、伊克明安辅国公乌尔图那逊一人、土尔扈特札萨克台吉额尔德呢等二人、绰罗斯台吉哈丰阿一人、察哈尔台吉索诺木达尔济等五人，及朝鲜国正使判中枢府事李㤚、副使礼曹判书林永洙等二人，并洞阔尔呼图克图、察汉达尔汉呼图克图喇嘛等二人宴，并赏赉有差。

——《清代起居注册（咸丰朝）》第 49 册，第 29520—29523 页。

正月初十日

○起居注

是日午刻，上御长春宫，赐惠亲王、载垣、端华、僧格林沁、彭蕴章、穆荫、匡源、杜翰、文祥等九人饭食。

——《清代起居注册（咸丰朝）》第 49 册，第 29538 页。

○恒福奏

直隶总督恒福奏：

窃照天津大沽沿海各口，经钦差大臣、科尔沁亲王僧格林沁水陆兼筹，因地设险，布置已极周详。惟臣愚昧所及，有不得不过虑者，请为我皇上陈之。

查大沽海口，其能通舟楫者，虽只海门一道，而沿海一带地方宽阔，海汊纷歧，傥夷人附岸而登，同时告警，其势有不能彼此兼顾者。似宜厚集兵力，分布要隘，联络声势，方足以资抵御而免疏虞。昨据两江督臣何桂清来咨，钞录该夷新闻纸内，有七路可进之语。查上年五月，该夷败退，于沿海各口亦曾探量水势深浅，各处绘图，其心甚为叵测。如果再行北驶，难保其不于各海口乘间抵隙，豕突狼奔。傥果同时登岸，虽有马步数十，而东冲西击，动越数十里，即使士能奋勇，而马力亦不能支。此非多为准备，所在严防，未足以挫其凶焰。

当兹国帑支绌，协拨为难，臣虽至愚，岂不虑此？然事有不能先筹万全而后举行者，亦惟有备兵于先事，筹饷于临时，以为豫图御敌之计。去冬僧格林沁请调官兵二千名，亦因撙节饷需，请饬临时遣赴天津。此系为专防郡城之用，似难兼顾海口。兹臣与提臣乐善再四熟商，拟请添调内外火器、健锐三营京兵二千名。如正兵未能多调，其闲散养育兵内技艺娴熟者，自不乏人。若调此项兵丁前来，既可以节省钱粮，又胜于新募壮勇，最为简便。此外再请添调得力马队一千名协同分守，抑或由山海关驻扎之吉林、黑龙江官兵二千内抽拨一千名来□，另行添调别处马队五百名赴关防堵，如此一转移间，布置益臻严密，实于全局有裨。至此次所请马队应由何处调拨，可期迅速而能得用，伏乞垂询僧格林沁，必能深知底蕴，斟酌尽善。

——《筹办夷务始末（咸丰朝）》卷四十七，第2—3页。

○上谕

军机大臣字寄直隶总督恒。咸丰十年正月初十日奉上谕：

恒福奏海口地方防兵不敷、请添调官兵一折。据称沿海一带地方宽阔，海汊纷歧，若夷人附岸而登，同时告警，其势不能彼此兼顾，拟请添调京兵二千名及得力马队千名等语。自为思患豫防起见。惟现在已于直隶、山东等省备调精兵万余名，恒福请调各兵，著俟僧格林沁到津后再行商办。其直隶应调兵四千名，著恒福于该省北路各营内挑选精锐，勤加操练，以备调遣。本日已谕户部，由库拨银二十万两，分批解往天津海口，支发军饷，以收饱腾之效。该督务须饬令粮台撙节支放，毋得虚糜。其直隶各属应解旗租银两，为数甚巨，仍著该督严催解部，以抵此次拨款，毋任宕延。将此谕令知之。

钦此。遵旨寄信前来。

——《咸丰同治两朝上谕档》第10册,第15页。

〇上谕档

交户部。

本日军机大臣面奉谕旨,著户部即行筹拨银二十万两,分为二起或三起,由京解往天津海口僧格林沁军营,毋稍延缓。钦此。应即传知贵部钦遵,迅速办理,勿误。

此交。

正月初十日

——《咸丰同治两朝上谕档》第10册,第15页。

正月十三日

〇恒福奏

直隶总督恒福奏:

再,上年十一月间,奴才与僧格林沁会议,拟请于本年正月会同前往山海关一带查看如何设防,酌核办理。经僧格林沁奏奉谕旨,俟明年正月,仍著该大臣会同恒福前往查看,毋令稍涉疏懈等因。钦此。现在海河内外冰凌冻结,自应即趁此时前往该处,会同筹议防务。昨接僧格林沁来函,定于本月十七日出京,前赴山海关。奴才现拟于本月十三日先期自大沽起程,由沿海一带行走。抵关后,会同僧格林沁周历查看。应如何设法筹防方昭严密,容俟履勘后会合酌议,据实具奏,请旨遵行。奴才起程后,此间一切防务,当谆嘱提臣乐善会同西凌阿加意巡察,严密防范。其海河内应添防具,现经提臣乐善遵照僧格林沁所议,赶紧添备,逐一布置,未敢稍事松缓。

朱批:知道了。

——《筹办夷务始末(咸丰朝)》卷四七,第8页。

正月十八日

〇何桂清奏

臣何桂清跪奏,为探明现在夷情,并头批海运漕米业经设法放洋,尚无阻滞,恭折由驿六百里密奏,仰祈圣鉴事。

窃臣前将英、佛兵船来去无定情形恭折驰奏后,旋据署苏松太道吴煦,候补知府蓝蔚

雯先后密禀，咸丰九年十二月二十四日续到英夷兵船一只，二十八日又到一只，共载夷兵二百余名，连前到九只，共计十一只，并无动静。该国水师兵头尊士，于十二月十三日赴粤后，卜鲁斯本有即日亦去之说，后因染患目疾，先遣翻译威妥玛代往，于十二月三十日驾坐送信轮船出口。是日有该夷送信轮船前来上海，带到该国十月二十五日至十一月初二日新闻纸，译出禀呈。并据探明，前报该夷停泊中华及左近属国洋面大小火轮船四十九只内，已到上海十一只外，其余三十八只俱已驶抵香港及广东、福建、浙江洋面。该夷又在香港招汉奸一千名，随往天津，以便挑运行李粮食。现已招得五百人。又，佛夷有兵船十九只，现在安南尚有五只，已到广东。佛夷副公使梅尔登，于十二月二十七日前赴宁波，濒行曾至苏松太道署告辞。据称往返不过旬余，如有应议之事，俟该夷返棹再商。该夷与威妥玛先后驶离上海，究竟是否实系前往宁波、广东，是否如期返棹，若合若离，行踪诡秘，无从探确。

卜鲁斯屡有拦阻漕船放洋之议，拟以兵船阻我出口。上海华夷各商纷纷传说，众口佥同。其时头批米船虽已将次放洋，而情势汹汹，能否平安出口，尚未可必。

臣一得此信，即会同抚臣徐有壬，飞饬吴煦等密嘱华商向夷商妥为开导，告以尔等离家数万里，将本求利，设中华漕米稍有阻滞，必致先从上海闭关绝好，尔等运来之货即无从销售，内地之货亦不准转运来口，我们两国商人皆无买卖可做，必致绝尔我生理。华商以此转告夷商，该夷咸以为然，密告华商云，卜鲁斯之未经撤回，不过全其体面，实已无甚大权，必待该夷兵头曼斯必到后，始定如何办法。现在上海兵船不多，伊等情愿力阻卜鲁斯不可造次。卜鲁斯前既办理不善，此番或可不再执拗等语。卜鲁斯始犹以阻运为策之至善者，迨经华夷各商往返辩论，喻以利害，并告以若再挑衅，夷商即不问经费。卜鲁斯知众怒难犯，始不敢坚执阻漕之议。头批海运漕米自十二月二十二日起得以陆续放洋，并无阻滞。惟威妥玛即于三十日前赴广东，不知其中有何诡计。现在上海所雇沙、卫等船，约计足敷江、浙两省漕运之用。惟祝天气畅晴，并无风雨阻滞，则赶紧兑运，月内可以蒇事。一经全数放洋，沙、卫等船随处皆可驶避，纵不能同时抵津验收，亦不过耽延时日，盘剥蒸变、縻费折耗而已，尚不致束手无策。即使不能全数放洋，而头批已去，民心即定。此仰赖皇上鸿福，非臣始愿所能计及也。

至新闻纸内所言情形，甚属可恶，然其中未必尽实。照录恭呈御览。江宁藩司薛焕驰回苏省，已于咸丰九年十二月二十九日接印任事，驻(札)[扎]常州，随时商办一切。

除密咨钦差大臣僧格林沁、直隶总督臣恒福查照，一面会同江苏抚臣徐有壬，督饬薛焕、吴煦等查探确情，如有动静或可乘之机，即饬薛焕以他事为由，星夜驰往上海查看情形，酌量办理外，谨将现在情形，由驿六百里密奏，伏乞皇上圣鉴。谨奏。

［咸丰十年正月十一日］

咸丰十年正月十八日奉朱批:览奏均悉。钦此。

附抄载有英法调兵前来侵华消息的新闻纸

谨将英夷十月二十五至十一月初二日新闻纸钞录,恭呈御览:

佛兰西调往中华之兵,现在陆续下船,有云六千,有云八千,亦有云连水手计之,不下二万。英吉利炮手等,约共一千人,于十月二十六日开行,前往中华,其余兵船,定于十一月内全数开行。现在赶造小炮船七十只,限两个月完工,带往中华调用。并著印字人随同兵丁前往中华,以便刷印信息走报。又造活浮桥以备兵丁渡河之用。

驻扎印度之英酋,格外多发钱粮,招回旧兵,前往中华。

——《第二次鸦片战争》第4册,第296—298页。

正月二十五日

〇景淳、禄权奏

吉林将军景淳、署船厂副都统禄权奏:

奴才等于本年正月初二日准钦差大臣僧格林沁咨照,具奏山海关防堵之吉林、黑龙江马队官兵,裁汰疲乏,更换精壮,以期得力。吉林应换委营总、委参领各一员,兵丁一百二十名,务于本年惊蛰以前管带到防,再令疲病官兵撤回,等因前来。

奴才等查,吉林通省额兵一万一百零五名,自军兴以来,连官兵、西丹奉调十余次,共计一万七百余名,存营之兵不敷差遣,所剩余丁又复无多。现值俄夷侵扰,边陲守御在在需人,而各项差徭倍形竭蹶。第思防海防边同关紧要,且此次撤换无几,尚可勉强选拔,傥或再遇更调,实无可挑拨。奴才等现由吉林乌拉拣派技艺娴熟、年力精壮一百二十名,每兵二名合带跟役一名,遴委曾历戎行之佐领那斯洪阿委为营总,骁骑校永廉委为参领,配齐军火、器械、鞍辔,作为一起,定于正月二十二日由省起程,前赴山海关防所听遣。应需整装银两,仍照前办成案,酌借本身俸饷接济。该官兵等均无马匹,俟到防后,由统兵大臣酌量拨给。其前途公□饭食已咨备办,并严饬该官兵等星驰行走,不准迟误。

朱批:知道了。

——《筹办夷务始末(咸丰朝)》卷四七,第24—25页。

正月二十九日

〇僧格林沁、恒福奏

钦差大臣、科尔沁亲王僧格林沁，直隶总督恒福奏：

窃奴才僧格林沁跪聆训示后，于十七日出京。二十二日，与增庆同抵山海关，奴才恒福已于二十日抵关。奴才等当即带同增庆、格绷额、成保，关内、关外及沿海一带周历履勘。

临榆县城，周围八里余，东西二面各有罗城一道。城之东西，为通衢大路。北面距山六里，南面距海十里。县城及东罗城多已坍塌，间有完整之处。惟西罗城全行坍塌，并无完整处所。东罗城南北与边墙相连，北边墙至山，计长六里；南边墙至海，计长十里。边墙为关内关外界限，现已坍塌数十段，行人俱可往来。附近边墙，向有南北翼城二座。南翼城内，系右翼四旗驻防官兵营房。此城建于山坡之上，距县城仅止里许，而地势高于县城数丈，为临海第一险要之地，若被敌人占踞，城上断难抵御。惟周围墙垣均已倒塌，若照旧修整，非但无此巨款，且亦赶办不及。地处山坡，一尺以下即有坚石，又不能环绕挑挖濠堑。奴才等现在熟思妥计，于无可布置之中，详筹布置之法，总须扼守险要，不使敌人占踞。其县城及东西罗城，守御之法，惟有挑挖护城环濠，并于西面人烟较多之处，亦须挑濠筑垒，以资守卫。已于二十六日开工。惟此处地势较他处不同，高低不等，遍地皆系石子活沙，挑挖诚为不易。且此处民人向不习于工作，须往他处招募，工程较大，并须置备器具，恐所费不赀。奴才等公同商酌，劝令绅民，捐资襄办，能否有效，难以豫定，现已饬派通永道德椿、永平府知府博多宏武，传集绅商，设法劝谕。

至山海关一带，共计马步官兵六千余名，惟兵分势单，转难得力，所有沿海小口岸驻扎之马队，应即撤回。拟于关外威远城左边驻扎马队一千四百名，分作三营。关内文胜庵迤北驻扎马队一千四百名，分作三营。南翼城内驻扎宣化步队一千名。本处满营、绿营官兵约计千余名，续调之宣化、通永官兵一千名，分守县城及东西罗城。仍恐兵数较单，现有练勇八百名，临时协同守城，以壮声威。如此分拨布置，防守似稍严密。一俟冰泮，各起马队于沿海各口岸及附近海边多设哨探，以期互相联络，声气相通。

至天津护城环濠，据运司崇厚禀报，已于二十六日开工。奴才恒福拜折后，即赴天津督催，赶紧挑挖。奴才僧格林沁暂驻山海关，俟布置一切办有就绪，再行前往大沽海口。

所有奴才等查看山海关地势、酌拟布置情形，谨绘图贴说，恭呈御览。

朱批：知道了。图留览。

——《筹办夷务始末（咸丰朝）》卷四七，第30—32页。

〇上谕

咸丰十年正月二十九日内阁奉上谕:

僧格林沁奏监督捐输工费恳请奖励等语。山海关监督、礼部郎中寿昌,于山海关挑空城濠工费捐银一万两,尚属急公,寿昌著赏加三品顶戴,并赏戴花翎,以示鼓励。该部知道。

钦此。

——《咸丰同治两朝上谕档》第10册,第43页。

二月

二月初六日

〇何桂清奏

臣何桂清跪奏,为探闻夷船先有四只北驶,现仍设法转圜,恭折由驿六百里驰陈,仰祈圣鉴事。

窃臣前将探报上海夷情及海运头批漕米设法放洋日期专折驰奏后,江宁藩司薛焕以夷情叵测,海运堪虞,此事总须华夷各商设法转圜,而商人众多,心志不齐,恐有筑室道谋之虑,因与吴煦等面为筹商,查有老成殷实、与夷商素相契洽之华商徐昭珩、杨坊二人,堪以任使,当即密饬妥为办理。该二商因与夷商中之怡和、广隆、宝顺、华记、公益、和记等六家贸易来往,即以正大之词反复开导,该夷商等已允相机行事。嗣据夷商窥测卜鲁斯之意,由该夷商等公拟开列八条,恳为照准。内有天津原议五十六款不能更改一字,及另贴银一百万两布置一切,又带兵一二千至天津府城候旨,并请撤大沽防兵等四条,万难准行。其余可带兵仍赴大沽口外驻扎,事毕即返;又请中国钦差先行给予一文,嘱其弭兵息事;又约定何时赴津,何时进京,请委大员同坐轮船前往;又兵费两不赔偿,夷商虽力为担承,卜酋必欲以礼相待,方能照办等四条,诸多窒碍,亦不能行。复饬华商再行设法调处。

海运二批漕米二十余万石,于正月十二日起陆续出口放洋。旋据署苏松太道吴煦、候补知府蓝蔚雯节次密禀,英夷兵船两只,于正月十一日等日先后出口,驶往极东深水外洋,或谓其前赴北洋查探情形,或谓其回广东,无从探悉。英夷翻译威妥玛、副兵头尊士,忽于正月十七日由粤回至上海,二十四日即有英夷兵轮船大小四只,由尊士督驾出口。探系前往山东、直隶交界总隘洋面驻扎,预备拦阻漕船,滋扰天津地步。上海佛夷寓处附近空地,添搭棚厂五十六间,于十三日开工,据云不日兵到上海,借以栖止。英、佛两夷俱闻带有战马前来。英商费立盟认办该夷兵船面食,每日三万磅,计每百磅价银三两六钱;天裕夷商

认办佛夷兵船牛肉，每日七千磅，每百磅价银六两三钱。各已立有承揽。并探闻英夷兵头脱兰，即曼斯必，有正月底二月初可到上海之说，然无行抵香港确信。

又传闻英佛兵齐即赴天津，断不侵犯炮台正面，必于大沽左近港口进兵，窥伺炮台后路。佛夷梅尔登，即美理登，于上年十二月二十七日前往宁波。探因该夷有船只来往定海洋面，托名护送商船，借以索费，被该处民人拿获，致相争殴，梅尔登前往调处未结，于本年正月十三日回至上海。旋据送到佛酋布尔布隆照会臣文一件，恳求清理此事。诚恐为将来借口地步，臣已咨令浙江抚臣罗遵殿确查，迅速办结，以免别生枝节。

梅尔登回沪后，即有该酋通事孙文典，向吴煦等询前次罢兵之议。吴煦等总令删去索费、撤防两事，另筹良策。尚无回音。

伏查英夷兵船现有四只，且与佛夷带有战马，添搭棚厂，预备兵食，以见其必将用兵，恐即以拦阻漕船为胁和之计。若置之不理，其情更离；倘稍有迁就，即迹涉求和，愈难措手。虽经吴煦等迭次密谕华商转向夷商劝导，而卜酋所望甚奢，能否就范，尚无把握。倘有可乘之机，即饬薛焕以他事为由，驰赴上海，会督吴煦等暗中筹商，相机设法办理。惟已经放洋头、二批漕米，是否不致阻碍，在后之米能否跟踪出口，尚难悬揣。臣仍会同江苏抚臣徐有壬，督饬薛焕、吴煦密探在后夷情，镇静图维，再行奏闻。

除飞咨钦差大臣僧格林沁、直隶督臣恒福、山东抚臣文煜查照办理外，理合恭折密奏，并抄录夷商所拟八条，恭呈御览，伏乞皇上圣鉴。谨奏。

［咸丰十年正月二十七日］

附抄洋商所拟八条

谨将夷商知会华商徐昭珩等现拟八条，钞录恭呈御览。

一、天津原议五十六条不能更改一字。

二、仍须带兵至大沽口外驻扎，事毕即返。

三、须带兵一二千至天津府城，候旨进京换约，惟进京不带多人。

四、彼此不先出文求和，由华夷商人各禀本国钦差恳请弭兵息事，保全贸易。诸事议定，请中国钦差给予一文，以两国向来和好，前年经额尔金在津议定各事，准予照办，嘱其入京换约，勿以去年彼此误会小嫌介意。

五、约定何时赴津，何时进京，能得中国钦差或委大员同坐轮船赴津更好，否则同去之人陆路先行亦可。

六、兵费两不赔偿，系夷商力为担承，卜鲁斯并未允许，必俟以礼相待，方能照办。

七、须另贴银一百万布置一切，即为两不赔费及不致拦漕停税之信据。所用皆有益于中国之款，非赔偿也。若云赔偿，须英、佛各二十余万。

八、既经议和，请撤大沽之防。伊等带去之兵，亦断不准登岸。至在沪定议，须在二月以内，愈早愈妙。

——《第二次鸦片战争》第 4 册，第 298—301 页。

〇上谕

军机大臣密寄钦差大臣、科尔沁博多勒噶台亲王僧。咸丰十年二月初六日奉上谕：

本日据何桂清奏，探闻夷船先有四只北驶，欲在直隶、山东一带扼要处所截我漕船，并传闻英、佛兵齐，即赴天津，断不侵犯炮台正面，必于大沽左近港口进兵，窥伺炮台后路等语。夷情狡猾异常，难保不避实击虚，所有芦台等处兵力尚单，应如何豫防抄后之处[1]，著僧格林沁俟山海关应办事宜办有眉目，即交增庆、格绷额、成保等接办，以资守御，僧格林沁即行驰赴大沽海口，严防炮台后路，勿令该夷抄截，以豫杜其窥伺之心，是为至要。何桂清原奏折单，并本日寄信谕旨一道，一并钞给阅看。将此密谕知之。

钦此。遵旨寄信前来。

——《咸丰同治两朝上谕档》第 10 册，第 50 页。

二月初七日

〇僧格林沁奏

钦差大臣、科尔沁亲王僧格林沁奏：

窃奴才抵关后，当将履勘地势、布置情形恭折陈明在案。奴才连日督同增庆等，督饬官绅，招集人夫，赶紧挑挖，以期及早蒇事。无如本处工作乏人，且地多石子，兼之严寒坚冻，办理殊觉费手。计自二十六日开工，已及旬日，南面朝阳之处，结冻二尺余，甫经刨开。北面结冻尤深，现在不能开工。其南翼城既经坍塌，且周围多系石底，现已绕越挑挖。其间石块，觅匠穿凿。不能穿凿之处，堆集树栅，以使合围。并于倾颓墙垣之上，择其平坦处所，用土培补，作为炮台四座，设炮安兵。各项工程，约需两月以后或可竣事。大炮已经添做炮盘、炮匣，运赴城上。其数百斤至百余斤铁炮，现已选出五百余尊，赶造炮车、炮架，亦于城上安设。

添调卓索图盟马队一千名，宣化、通永步队一千名，现已到防。关外威远城左近马队三营，派令珠勒亨管带；关内文(珠)[殊]庵迤北马队三营，派令格绷额管带。其续调之宣化、通永官兵一千名防守西关，亦归格绷额管带。设遇敌人由关内结队登岸，格绷额督带

① 画线处为朱笔所改，原文为“为布置”。

马队官兵迎击，珠勒亨带领马队进关接应。若由关外登岸，珠勒亨督带马队、都司吉庆管带山永协标步队迎击，格绷额带领马步官兵出关接应。傥敌人于关内关外同时登岸，格绷额、珠勒亨各带本队，分投截剿。张家[口]协副将乌忠阿，管带宣化步队一千名驻扎南翼城，以为掎角之势。本处山永协标官兵四百六十名防守东罗城。副都统成保，带领本处满营官兵七百名，先后调到之喜峰口、冷口、罗文峪满营官兵二百五十名，防守县城。增庆系属统带，拟令驻扎南门以内，居中调度。惟满营官兵防守县城，为数亦属无多。查驻防内成丁闲散，当不乏人，现在选择二百名，勤加操演技艺，临时派拨守城，以补兵力之不足。此项余丁，拟于每日每名发给口分银五分，以资养赡。如此分定段落，各有责成，进可以战，退可以守。设有警动，可期镇定。即使敌人众多，现在兵力足资抵御。

奴才谆嘱增庆等，船只驶至，见有舢板近岸，迅即派人迎出，问其来意。如有应议事件，令其前往上海，彼处有人办理。傥执意不从，即令前往北塘商办。或需用食物淡水，即行付给。惟有以礼相待，不可稍拂其意。傥实在肆其狂悖，已露寻衅形迹，我兵亦当各守方位，暗伏不动，金鼓不闻，旗帜不露。虽已登岸深入，仍须看其如何举动。果系携带军火器械，其势不战不已，我兵一面迎头截剿，一面马队分两翼抄击，毋使一名生还，庶足以彰天讨而振国威。总之不可自我挑衅，亦不可坐失事机。增庆、格绷额军营阅历多年，轻重缓急之间，必能处置得当。奴才于初五日拜折后，启程回驻大沽海口。

再，天津海口、山海关铸造大小炮子，需铁甚多。查铁钱局调到铁斤现存通州，既已停铸，别无用项，奴才业已行文户部，调取三百万斤，分解天津、山海关，以便应用。

——《筹办夷务始末(咸丰朝)》卷四八，第16—18页。

〇僧格林沁又奏

大沽驻扎两盟及归化城马队官兵，多系未经阵战，奴才拟于山海关防堵之吉林、黑龙江官兵内，各抽拨一百名，前往大沽协同防剿，上年进京，业经奏蒙允准在案。现已札行增庆、格绷额，饬令该官兵于二月下旬前赴大沽防所。至卓索图盟官兵，自正月二十七日起，业经陆续全数到防。查得该盟各旗官兵技艺生疏，马匹大半疲瘦。奴才谆饬珠勒亨等勤加教演技艺，督催官兵认真喂养马匹。复查得喀拉沁塔布囊乌凌阿旗副管旗章京西兰泰现年七十二岁，喀拉沁王色伯克多尔济旗副管旗章京绰克巴达尔现年六十一岁，均年力已衰。喀拉沁塔布囊德勒格尔旗副管旗章京台斐音，现年五十七岁，精神亦形委顿，难期得力。奴才已行文该盟盟长，即饬土默特贝子索特那木色登旗管旗章京巴图鲁桑迅即来防，以资管带。俟该员到防后，即令西兰泰等各回本旗。

——《筹办夷务始末(咸丰朝)》卷四八，第19—20页。

○上谕

军机大臣字寄钦差大臣、科尔沁博多勒噶台亲王僧，正红旗汉军副都统增。咸丰十年二月初七日奉上谕：

本日据僧格林沁奏分拨官兵防守城池一折。山海关布置一切，现已办有头(续)[绪]，分拨添调各官兵防守，认真操演，足资堵御。该大臣已起程回至大沽，将应办事宜交增庆等接办。该处设有夷船驶至近岸，须先派员迎探，询其来意，如有应议事件，即妥为开导，令其前往上海，彼处另派有大员经理此事。倘执意不从，即令前往北塘商办。该夷或需用淡水食物，即行付给。设遇有夷人登岸购买物件，人数不多，不必遽行驱逐，惟须密为防范。总期示以镇静，不可先行开衅。如果该夷先开枪炮，实有狂悖情形，即著督率兵丁迎头截剿，以马队分两翼抄击，聚而歼旃。该处业经僧格林沁布置周密，该副都统等届时相机行事，毋得稍涉大意。将此谕知僧格林沁，并传谕增庆知之。

钦此。遵旨寄信前来。

——《咸丰同治两朝上谕档》第 10 册，第 54 页。

二月初十日

○上谕

咸丰十年二月初十日奉旨：

都察院奏，山东监生谭维清，以地城图说一书赴该衙门呈递，著发交僧格林沁阅看，有无可以采择之处，酌量办理。谭维清著该部解往，听候传询。

钦此。

——《咸丰同治两朝上谕档》第 10 册，第 65 页。

二月十三日

○僧格林沁等奏

钦差大臣、科尔沁亲王僧格林沁，察哈尔都统西凌阿，直隶总督恒福奏：

窃照本年正月，蒙恩由内发下银二万两，交奴才僧格林沁带赴军营，作为随时奖赏之需。奴才当即派员解交天津粮台，并饬国瑞到营后，查取各营官兵上年打仗守营数目，以凭奖赏。兹据查明，满蒙绿营马步官兵四千四百五十四名，分别等差，共用银三千八百余两。各营弁兵荷蒙恩施，无不欢腾感戴，遥望阙廷，叩谢天恩。并提拨银五千两解赴山海

关,交增庆等收存,以备将来赏需。奴才僧格林沁于二月初五日自关启程,初九日到防。奴才恒福于初十日自天津回至大沽海口。

奴才僧格林沁初八日在芦台途次恭奉寄谕:据何桂清奏探闻英佛兵齐等因。钦此。查该夷前次水路受创,再来报复,由陆路抄袭,原在意中,是以上年于两岸炮台左近多方布置。南岸之大沽、草头沽,北岸之于家堡、唐儿沽等村,业经挑濠筑垒,并于炮台营垒周围栽立木签竹签,拦挡树栅。此外环濠数道,极为稳固。设或该夷登岸,无论由何面攻扑,未至头道濠边,我兵枪炮可及,该夷断难飞越。总之不必禁其登岸,可以使之深入,不可使之切近营垒。营内官兵,仍以原数防守里濠,添调之密云、热河官兵一千名驻扎大沽,防守里濠。两盟马队二千名、归化城马队五百名分扎两岸,以备出濠抄击。现在兵力虽不为厚,而逐层布置,亦属严密。即使夷人万余,足资抵御,可以仰慰宸廑,无烦圣虑。

其大沽濠墙应需炮位不敷分拨,查京局新铸铜喷炮十位,分存八旗汉军炮营,拟请饬拨五位来营,以资防守。海河现已解冻,上下淌凌,河岸铁戗被大块冰凌碰坏十余架,现在赶紧修整。一俟冰块化尽,即将所有铁戗,计重万余斤,现已打成六架,拟再打造四架,共计十架,与原有铁戗相间安设,益臻严密。

再,奴才等查得,永平府属之昌黎、乐亭两县,距海仅止数十里;又,距北塘三十里之芦头镇,人烟众多,商贾云集,亦系紧要之区。已饬各该地方官劝谕绅商,捐资挑筑环濠。其昌黎、乐亭已各捐有实银一二万两不等,不日即可开工,由各该地方文武会同绅士赶紧办理。诚恐该处文武不谙工作,奴才等公同商酌,查有候补道李麟遇,心地朴诚,办事认真,于防守布置事宜较为熟悉,已由奴才恒福札委该员前往督办,以专责成。

至天津环濠,国瑞到津后,复详细履勘,其有碍坟墓之处已经设法绕越,周围仍共计三十余里。奴才西凌阿、奴才恒福先后前往查看,虽已开工,现在地当冻结未化,招集人夫亦未到齐。其郡城东面海河两岸,拟筑大炮台二座,并随墙安设炮洞二十余门。其余各面,即随濠墉建立小炮台数十座,以备安设炮位。

朱批:览奏,布置各情均尚周妥。

——《筹办夷务始末(咸丰朝)》卷四八,第20—22页。

二月十七日

○文煜奏

山东巡抚文煜奏:

本年二月初五日,接准何桂清来咨,以正月二十四日,有英夷兵轮船大小四只由上海出口,探闻前往直隶、山东交界总隘洋面,豫备拦阻漕船,滋扰天津地步等因。又经臣咨行

沿海在事文武，不动声色，认真严密巡防，一见夷船踪迹，立即驰奏核办。兹据署福山县知县陈寿元会同瞭探委员王庭辉禀称，二月初八日午刻，由东南驶来夹板船一只，在之罘岛口停泊；是日申刻，又有火轮船一只、夹板船二只，自东南大洋驶至之罘岛，与前到之船一处停泊；究竟该船是否俱系夷船，船内是货是兵，尚未探悉；等情。并据该镇道府先后咨禀呈报前来。臣查近年夹板夷船，经内地商人雇用贸易者甚多，上年所停各船，多系前项船只。船内人等，本不必定皆夷人。惟现在所到船只与火轮船一处停泊，且适符大小四只之数，恐即上海出口之船。现当漕船北上之际，该夷既有拦阻漕船之说，必须豫为堤防。而沿海口岸，尤当杜其窥伺。除飞咨钦差大臣僧格林沁、何桂清，直隶总督恒福，奉天府府尹景霖，一体查照防范外，臣惟有督饬在事文武，在于沿海陆路紧要处所认真实力巡防，一面力行团练，严拿奸细。如果该夷等仅止在彼停船，即可置之不问。否则别有要求，即当察看形势机宜，随时奏明，设法办理。

——《筹办夷务始末(咸丰朝)》卷四八，第22—23页。

〇玉明等奏

盛京将军玉明、副都统宝山、兼管奉天府府尹倭仁、奉天府府尹景霖奏：

本年二月初九日，接据金州副都统希拉布咨称，正月三十、二月初一等日，瞭见大小火轮夷船四只，在该属和尚岛口外亮子冈洋面停泊，当经奴才等飞咨金州、锦州副都统，督饬沿海地方官相机严防，并知照钦差大臣僧格林沁、直隶总督、山海关副都统在案。兹于二月十二日复据金州副都统咨称，二月初二日巳刻，有夷人六名，驾驶小船上岸，因其并无滋扰情形，未敢孟浪攻击。随密饬该处铺商善为开导。据该夷声称，系英国船只，载有夷官名吉必董，并非通商，拟赴天津，到此暂停，后路尚有火轮船多只，俟上海聚齐，即行起碇等语。旋于初三日由亮子冈退出，东西游奕，至老挞子沟停泊，距岸三十里，试探水势，用千里镜窥看。现经该副都统督率旗民地方官严防。等情。咨行前来。

奴才等查，金州海口大小十余处，老水贴岸者居多。今该夷既称暂行安碇，尚未入口滋扰，但夷情叵测，既已探量水势，复用千里镜窥看，难保其不乘间登岸肆扰。该处海口距金州切近，亟应水陆设防，以杜窥伺。奴才等除飞饬该旗民地方官不动声色、加意防堵外，查副都统希拉布驻扎金州，近在咫尺，奴才等复飞咨该副都统，务须亲督兵勇，于所属各海口并陆路扼要处所详加布置，严密设防，不得委诸地方官弁，致有疏虞。惟该夷既有赴津之语，虚实固难臆断，仍应飞咨钦差大臣僧格林沁及直隶总督豫作准备。

再，金州所属各海口岛屿相联，此处见有夷船，彼处亦可瞭见。况该夷船只游奕无定，而金州各海口均有弁兵瞭望，一见夷船，不能辨清口岸，难免不重复驰报。若纷纷具奏，诚恐有烦圣虑。拟请嗣后如再报有夷船，奴才等酌量轻重缓急，除船只较多、另有别情者，仍应由

驿驰奏外，若船数无多、仅止游奕者，仍飞咨钦差大臣僧格林沁并邻省滨海各督抚一体防堵。

朱批：知道了。

——《筹办夷务始末（咸丰朝）》卷四八，第24—26页。

二月二十四日

○上谕

咸丰十年二月二十四日内阁奉上谕：

僧格林沁等奏盐政将届任满、恳请留任一折。①长芦盐政宽惠，办理鹾务、海防均能得力，著准其留任一年。

钦此。

——《咸丰同治两朝上谕档》第10册，第90页。

二月二十八日

○上谕

咸丰十年二月二十八日内阁奉上谕：

僧格林沁、恒福奏遴员递署总兵副将一折。②直隶宣化镇总兵，著金泰署理。其所署山永协副将，本系绿营员缺，该大臣等请以山海关驻防右翼四旗协领伊克经额署理，并声

---

① 二月二十一日，僧格林沁、恒福奏："窃查长芦盐政宽惠，自上年到任以来，督同运司崇厚办理盐务，日有起色。时值海防吃紧，经奴才等派委办理一切事宜，俱臻妥协。前经派令办理开垦水田，该盐政亲履阡陌，实心经理，不辞劳瘁。本年天津郡城挑挖濠墙，建筑炮垒，该盐政会同地方文武，先于上年冬间相度地势，并设立公所，邀集绅董，剀切劝捐，绅民踊跃□□得以应手。现在襄同侍郎国瑞督催工作，尚未完竣。查该盐政系上年四月初九日到任，连闰扣至本年闰三月初九日，例应报满。届期或简员补放，或再留一任，自应伏候圣裁。惟天津开垦水田并修筑护城濠墙、炮台工程紧要，该盐政帮同经理，工资得力，未便遽易生手，可否将该盐政宽惠再留一任，于鹾务、工程两有裨益。奴才等为鹾务、海防紧要起见，是否有当，谨合词恭折具奏，伏乞皇上圣鉴训示。"详见中国第一历史档案馆藏录副奏折，档案号03-4149-162。

② 二月十五日，僧格林沁、恒福奏："窃照署宣化镇总兵、督标中军副将姜殿鳌，前于调防官兵，并不赶紧催令赴防，转为呈请缓期起程，实属不知缓急，经奴才恒福参奏，钦奉谕旨，交部议处。兹经兵部以降三级调用、毋庸查级议抵，奉旨依议。钦此。行知遵照。等因。奴才恒福查得，实任宣化镇总兵马得昭现在江北军营，一时不克到任，姜殿鳌既经降调，应即遴员接署，以重职守。查有调署山永协副将之张家口协副将金泰，勤明干练，整顿操防，且于口北情形素所熟悉，以之委署宣化镇总兵，洵堪胜任。其所遗山永协副将员缺，现当山海关办理海防，一切布置城守、训练兵丁倍关紧要，非谙练军务、熟悉情形之员不能胜任。现在本省将领，非现居要缺，即在军营带兵。前请拣发副参等员，尚未奉旨，一时实无可委之员。奴才恒福会同奴才僧格林沁再四筹商，查有山海关驻防右翼四旗协领伊克经额，奴才等前在关时曾经接见，该员稳练精明，才具开展，虽未经出师，而于该处情形极为熟悉，堪以就近委令兼署。惟满营兼署绿营，与例未符，而防务吃紧，暂时乏员，不得不变通办理，以期得力。奴才等为要缺需员起见，是否有当，谨合词恭折会奏，伏乞皇上圣鉴训示。"详见中国第一历史档案馆藏录副奏折，档案号03-4223-073。

明满洲营员署理绿营与例未符，惟因该处现办防务，该员熟悉地方情形，不得不量为变通，以资得力。伊克经额著准其署理山永协副将，他处不得援以为例。该衙门知道。

钦此。

——《咸丰同治两朝上谕档》第10册，第103页。

三月

三月初六日

〇上谕

军机大臣密寄钦差大臣、科尔沁博多勒噶台亲王僧，直隶总督恒。咸丰十年三月初六日奉上谕：

何桂清奏英、佛各酋呈递照会，意存挟制，并钞录新闻纸呈览一折。英、佛各酋呈递大学士公文，有欲令中华认咎、派员赴津迎接，及长驻京城、赔偿兵费各节，大致相同。所言狂悖已极，已由军机大臣照会何桂清，转覆该酋矣。所递译出该夷新闻纸，有英、佛增兵共有三万之众，携带炮械等具，仍攻天津，并有于北塘左右觅得水势深处登岸，直抄津口炮台之后等语。虽不足深信，然卜鲁斯与布尔布隆狼狈为奸，其情凶狡，所言添兵及登岸攻我炮台之后，亦不可不防。著僧格林沁、恒福相度形势，妥为布置，务使防御周密，计出万全，方操胜算，毋涉大意。原折及所呈新闻纸，著钞给阅看。俄酋伊格那提业幅，因吉林地界一事不允所请，呈递照会，有兵船数只欲来北塘，并有俄酋书信求为由京送至上海等语。当经给与照会，将原信发还。现届春融，如有俄夷兵船前来北塘，僧格林沁等即告以原定和约并无兵船前来之语，所立专条，系海口无事之时，方准俄夷由北塘行走，现在海口设防，若随带兵船前来，则各国言语像貌无从辨认，且恐别国冒充滋扰，傥被官兵误伤，反失和好，勿得在海口逗留，致多不便。该夷若以解送枪炮为名，驶至近岸，著仍遵前旨，令在拦江沙外停泊，由内地另派小船搬运进口，仍当严密防范。至在京俄酋声称派人前赴北塘，难保不别生诡计，如果有俄夷由京来至北塘，著该大臣等严密查访拿获，派人解京，毋令窥探虚实。是为至要。将此密谕知之。

钦此。遵旨寄信前来。

——《咸丰同治两朝上谕档》第10册，第113—114页。

三月十四日

〇僧格林沁、西凌阿奏（节录）

……窃奴才于本年二月二十二日接准户部咨称，本部奏催各省防剿兵勇花名清册一折，咸丰十年二月十八日具奏，本日奉朱批：依议办理……查原奏内称，各省及各路军营防剿兵勇存营本有花名册档，应令统兵大臣及各督抚，将现在留营防[剿]员弁兵勇实数，造具花名清册，分晰注明口分钱粮总散各数，勒限一个月，即行奏报核办。其带兵员弁及地方官、粮台委员，查有详报不实、希图冒饷等弊，即以军法从事。自此奏定限期，傥仍前玩愒，逾限延不造册奏报，即由臣部据实严参。嗣后各省及各路军营兵勇有无裁减，每月于二十日以前造册奏报一次，与初次册造数目核对，如有不符，及按月不依次造报，一并从严参处，并令将各年防剿兵勇数目分案造具清册奏报，以凭确核等语。查奴才等统带均系京旗京营及察哈尔、两盟、归化城、热河、密云满蒙古官兵，并无乡勇，当饬各营营总如式造具花名清册，以凭奏报，并饬嗣后有无裁减，随时呈报，以便于每月二十日以前奏报一次，以符定制。惟查内外旗兵及京营官兵，向不致有空名侵蚀情事，奴才等军营遇有革故兵缺，即以余丁充补，无余丁者，即将兵缺咨回本旗营挑补，并随时札行粮台停止盐粮，仍分别知照兵部及该管衙门，历经办理在案。第预杜流弊，自不能[不]加意稽核，现在防务稍松，奴才等谨遵部议，每月奏报一次。设遇劲敌在前，防堵吃紧，或一经接仗，彼此相持之际，各营营总有不能兼顾之势，即不能依限造报。至咸丰八年调防通州、双港等处官兵，是年十月全数撤回归伍。上年各处堵剿官兵并未撤防，连本年添调之热河、密云官兵，此次一并造报。所有历年防剿官兵数目，应请毋庸再行分案造册奏报，以免重复……

[咸丰十年三月十一日]

咸丰十年三月十四日奉朱批：户部知道，单并发。钦此。

——录副奏折，档案号03-4248-032。

〇僧格林沁等奏（节录）

……查巡捕营守备李万年，前在军营管辖□□，打仗奋勇，且于布置一切尚为熟谙，现闻该员因案革职，发往军台效力赎罪，现当军营用人之际，而该革员所犯尚非贪污重情，可否发交奴才军营充当苦差，以赎前愆之处，出自圣主逾格鸿施……

[咸丰十年三月十一日]

咸丰十年三月十四日奉朱批：该革员现有牵涉案件，所请著军机大臣存记，俟定案时请旨。钦此。

——录副奏折，档案号03-4223-115。

○僧格林沁、恒福奏

奴才僧格林沁、奴才恒福跪奏，为遵旨相度地势，妥为布置，恭折奏祈圣鉴事。

窃奴才等于本月初八日承准军机大臣字寄，咸丰十年三月初六日奉上谕：何桂清奏，英、佛各酋呈递照会，并抄录新闻纸，有英、佛增兵共有三万之众，于北塘左右登岸，等因。钦此。查英、佛各酋所称增兵三万，固不足深信，亦不可不加意严防。北塘虽未设守，而左右皆系盐滩，该夷登岸不易。即使冒险越过盐滩，北塘后路现有马队各营，该夷亦不能直抄炮台之后。夷兵果有三万，现在马步兵力，加之逐层布置，足资抵御，可以仰慰宸廑。至俄酋欲派人前赴北塘，奴才等已密委妥员，在天津大沽、芦台、营城、北塘等处不动声色，留心密查。如有俄夷前来窥探，一经拿获，即行派人解京。

再，查英、佛各酋自上年五月受创之后，初未尝不即图报复，揆其兵力有所未逮，更恐再经失挫，难以为国；欲就我求和，既虑我索兵费，又虑海外各国从此轻侮，是以屡经风示夷商，冀其转圜，而仍以虚声恐吓，借此不失体面。此等情形已属显然者一也。

上年该夷携带兵船炮火驶至海口，系属有心以兵力要挟，是以明知大学士桂良等在上海守候多时，并不往见，惟恐窥破奸计，预为堤防，不能逞其狂悖。本年果欲增兵报复，上海必不稍露风声；节次何桂清奏报，探闻夷兵或称二万五千，或称三万，兵船若干只，炮火若干位，上海添盖棚厂，不日兵到栖止，某商认办面食，某商认办牛肉，明目张胆，随意宣扬，至愚之人，计不出此，况非至愚。夫兵行诡道，千里袭人，则当衔枚卧鼓，出其不意，攻其不防，焉肯使人知觉，豫作准备。是其有意求和，不肯先出诸口。此等情形已属显然者二也。

夷商夷酋，何所区别，言未出口，他人难以窥测。夷商窥测卜鲁斯之意，欲请中国先行给予一文，嘱其弭兵，约其何时赴津，何时进京，兵费两不赔偿，卜酋必欲以礼相待，方能照办。此即卜酋有心就抚，授意夷商，而又将万难准行数条故意刁难，欲使我先行给伊照会。此等情形已属显然者三也。

上海道吴煦等历次与夷商辩论之词，不抗不卑，颇为得体，且办理一切，均合机宜，惟此次接收该夷给大学士照会，并允其转禀代奏，办理似为失计。无论所言如何狂悖要挟，总是照会先自彼出，则我措词立论皆易着手。该酋在上海将及一年，大言恫吓，虚壮声威，百计图维，诡诈毕露，因我不堕奸计，万分情急，不能忍耐，是以另生小巧，专给大学士照会，以避自彼求和。且该夷二十年来养成骄性，一旦望其俯首贴耳，摇尾乞怜，是诚不能，所以照会内仍不免有狂悖字句。在吴煦等当告以两江总督系中国重臣，又系办理夷务钦差，此文不能寄京，即当送至钦差办理。该大臣接到此文，立即答复，先责其上年不遵理谕之非，然后婉言训斥，妥为安抚。果能悔过抒诚，许以奏请恩施，免交兵费，仍准照旧通商。

若不愿和好，仍要报复，前在大沽受创，自应再往大沽决战，方不失尔国体面。战胜则任尔所为，倘再挫败，毋贻后悔。如此答复，亦断不至决裂。该夷势必强词置辩，于渐次就我范围之中，仍寓要求谋利之意。无伤大体而有利于彼者，不妨俯允数条，既可稍如其意，又足全其体面。息兵就抚，在此一举。过此机会，办理又费周章。此次该夷固属不能忍耐，先出照会，仍借此尝试，看我如何答复。今该大臣与该夷照会，遽允代为转递京师，未免示之以弱。该夷既经窥破，从此意外要挟，不一而足，稍拂其意，必以兵力胁制。两江总督何桂清接奉批折，自应照会该夷，而该夷复文，势必另有一番要求。可否饬下该督臣体查情形，倘该夷情词恭顺，所请似可俯允，自当代奏请旨。如仍前狂悖，所请难以准行，应即饬驳，不得迁就拘泥，致令该夷视为轻易。

至上海系通商之处，该夷不肯滋扰，势必沿海窥伺，大沽布置地势，该夷尽知，非计出万全，不敢轻举妄动。即或驶至，不过停泊游奕，假以投文为名，窥探虚实，暗施奸计。奴才等公同商酌，夷船驶至投递照会，概不接收，令其仍回上海，告以该处有专办夷务大臣，看其如何举动。现在惟有将各处炮台营垒严密布置，以期稳固。惟土性不坚，干则酥裂，一遇阴雨潮浸，即行脱落，必须不时修补。现当防务万分吃紧之际，明知饷项不能充裕，亦不敢顾惜经费，有误事机。本年大沽、山海关防兵加添数千，各月支饷银甚巨，幸蒙皇上天恩，由部拨解银二十万两，连直隶设法劝捐、藩库筹款接济，计可放至四月。四月以后，尚在无着。奴才等赶紧设法筹画，尽力劝捐，能否捐有成数，再行具奏请旨。

再，二月十一日奴才僧格林沁承准军机大臣转传二月初十日奉旨：都察院山东监生谭维清，以地城图说等因。钦此。奴才等详加披阅，各项地城图说，尚属详细，所论不为无见。至大沽海岸土薄地湿，潮水长落无常，能否按照图说制造，应令谭维清酌量试办。二月二十七日，由地方官将谭维清解送到营。奴才等悉心谘询，并令周历海岸，遍观营垒，应如何制造地城，及布置一切有无未尽妥善之处，令其据实指出，以凭采择，不可稍涉拘泥，亦不可意存缄默。旋据禀：海口洼下，地城不宜，夙愿虽了，无益实用，海口地势，二尺即水，地城之说，难以措手，恳请饬令回籍等语。既据禀称地城不能试办，应毋庸议。惟海口形势，炮台营垒，该监生均已周历遍观，可否即令回籍，奴才等未敢擅便。伏候训示遵行。

所有奴才等遵旨严防海口、酌量布置各缘由，谨恭折复奏，伏乞皇上圣鉴。谨奏。

［咸丰十年三月十一日］

——《第二次鸦片战争》第4册，第323—326页。

○上谕

军机大臣密寄钦差大臣、科尔沁博多勒噶台亲王僧，直隶总督恒。咸丰十年三月十四

日奉上谕：

僧格林沁、恒福奏遵旨相度地势、妥为布置一折。所称北塘后路，有马步各营，该夷不能直抄炮台之后，办理自必妥协。所料该夷情形，亦能洞悉。至此次接收该夷给大学士照会，业经何桂清允其转递，以后难以拒绝。若该夷到津，有求递大学士文书，恒福不妨拒绝。至前谕何桂清英、佛二夷应议各节，必须在上海说定，方准其照米夷之例办理，并非令其至北塘再议也。倘该夷驶至大沽海口，不投照会，径闯炮台，毁我防具，该大臣等自应开炮轰击，痛加剿洗；或该夷假投递文书为名，仍欲拆毁防具，闯入大沽，亦不可不加惩创。若该夷投递文书，并无桀骜情形，著恒福派员前往接收，看其如何措词。如已在上海议定，并未带有兵船，即酌量允其代奏。若语言狂悖，别有要挟，即行拒绝，告以应回上海，与办理通商之钦差商议，此地不能接收。倘该夷恃强狂悖，即可置之不理。若仍有意寻衅，直攻炮台[1]，亦即督兵轰击。如此分别办理，不致过激，使该夷无所藉口，方为妥协。其间操纵机宜，该大臣等务须临时斟酌办理。是为至要。若该夷已递照会，并无悖慢之词，又无毁防情形，该大臣等即督兵轰击，使该夷有所藉口，更激其决战之心，亦必(为)[惟]僧格林沁等是问[2]。山东监生谭维清所呈地城图说，既于海口不宜，应毋庸议。谭维清不必令其回籍，著暂留该大臣等军营差委可也。将此密谕知之。

钦此。遵旨寄信前来。

——《咸丰同治两朝上谕档》第10册，第128页。

〇僧格林沁奏

再，奴才上年劝捐洋铁炮位案内，俊秀黄秀兰等业经拟定价值，核计捐输炮价银数，奏请奖叙，恭奉朱批：户部核议具奏。钦此。钦遵在案。续有捐生许叶兴等所捐二千斤重洋炮二位，一千斤重洋炮二位，共重六千斤，每斤作价津钱两吊文，每钱四吊作银一两，核计尚未请奖，谨开列清单，恭呈御览。可否照请奖叙，出自天恩。

再，前次捐生内有黄应举一员，由光录寺署正衔捐级请封，并请给予花翎，经户部议奏，查吏部奏定章程，捐请花翎全交实银，不准以钱抵交，该员捐炮以钱计算，与以钱抵交无异，核与章程不符，除捐加级请封照准外，所有捐请翎支钱文，应另核请奖。又，监生报捐同知、知县等官，应补交四成实银等因，知照前来。伏查前次所[收]捐输炮位，由奴才核计作价，仍以银数请奖，并非以钱抵交。即或官为购买铁炮，亦应发用实银。况当海防紧要，火器实为利用，京外所铸炮位均系铜炮，至洋铁炮位，洵属购觅不易，自应吁恳逾格恩

① 画线部分为朱笔所改，原文为“肆扰”。

② 画线部分为朱笔所加。

施，仍照奴才原请，将黄应举一员准其加级请封，并赏戴花翎。至监生捐同知、知县等官应补交四成实银，此项系捐炮作价，以银请奖，较减成搭交钞票者不同，并请免其补四成实银，以昭激劝而广招徕之处，出自皇上天恩。其余各捐生内，有应声叙及银数不敷者，业经奴才转饬查明补足，另行咨部核办。谨附片具奏请旨。

计开：

世袭云骑尉许叶兴，捐炮[价]合银八百十四两，查捐监生银一百八两，县丞双月银七百二两，三班银三百五十一两，分发银一百六十两，共例银一千三百二十一两，减四成，合银七百九十三两，拟请赏给监生，以县丞分发补用。

俊秀乐孟繁，捐炮[价]合银一千七百八十七两，查捐监生银一百八两，光禄寺署正双月银二千八百五十三两，共例银二千九百六十一两，减四成，合银一千七百七十七两，拟请赏给监生，以光禄寺署正双月选用。

顺天府宛平县右营马兵费有信，捐炮价合银三百九十九两，查捐监生银一百八两，营千总双月银五百四十两，共例银六百四十八两，减四成，合银三百八十九两，拟请赏给武监生，以千总双月选用。

[咸丰十年三月十一日]

咸丰十年三月十四日奉朱批：览。另有旨。钦此。

——《筹办夷务始末补遗》，第149—150页。

〇上谕

咸丰十年三月十四日内阁奉上谕：

僧格林沁奏续捐炮位各员开单请奖，并前次请奖之员恳恩仍照原请等语。天津续捐洋炮之世袭云骑尉许叶兴，著赏给监生，以县丞分发补用。俊秀乐孟繁，著赏给监生，以光禄寺署正双月选用。马兵费有信，著赏给武监生，以营千总双月选用。所捐炮位，既据奏称系以银数请奖，并非以钱抵交，所有前次捐生黄应举，著准其仍照原请，加级请封，并赏戴花翎。其由监生报捐同知、知县等官，并准其免交四成实银，以昭激劝。此系因海防紧要，姑允所请，他省捐输不得援以为例。该部知道。

钦此。

——《咸丰同治两朝上谕档》第10册，第128—129页。

三月十九日

〇实录

钦差大臣僧格林沁等奏通筹全局、请在各省设法劝捐以实部库而裕军储,[1]得旨:所请晋、豫、东三省劝捐接济京防各饷,实因顾全大局起见。现在指拨、派拨以及药税加成各项京饷,奏咨严催,勒限起解,何啻至再至三,该督抚等自应激发天良,督饬藩司,源源拨解,以京师为重。若再以加以续捐三百万,多多益善,岂不更觉充裕?然各省劝捐,数载于兹,恐未必如前踊跃。况那东补西,不过变一名目而已。著户部认真查核,现在应拨京饷,已解若干,再行奏明严催,以期有益兵民。僧格林沁等所请,实属可行,惟应于此三省续捐数内,划拨京饷几成、海防经费几成,或先尽海防,有余再行解京。一面严催各项京饷,以清眉目,勿得专顾目前,致各省以劝捐为由,转置正拨于不问,希冀宽免严议。至应派道府大员以专责成,俟部议奏上时,再行分别寄谕。

——《清文宗实录》卷三一〇,咸丰十年三月癸未。

〇上谕

军机大臣字寄署黑龙江将军特。咸丰十年三月十九日奉上谕:

---

① 三月十七日,僧格林沁、恒福奏:"窃照军兴以来,于今十载,各路征剿之师,虽间著战功,而迄无成效。揆时度势,必当先计军需,以维大局。溯自咸丰三年贼据金陵后,纠众北犯,彼时河南、山西等省虽多窜扰,为期不久,元气尚未大伤。直隶一省被贼阑入,将及二年,仰赖宸谟远到,指授机宜,首逆歼除,得以肃清北路。然二年之间,绅民士庶捐资助饷,不下数十万两。八年以后,天津办理海防,官绅并捐,及捐树捐厘、盐斤复价等项,又不下四五十万两。直隶地瘠民贫,得此巨款,良为不易。本年尚蒙恩由部拨银二十万两,以充海防兵饷。奴才等伏查,京师为根本重地,部库支绌倍甚从前,八旗兵丁艰于谋食,困苦情形,不堪言状。皇上轸恤旗兵,无微不至,月饷实银,现放至七成以上,万一协饷稍迟,何以为继?再四思维,不得不于外省设法捐输,以资协济。况江浙军情鸱张日甚,所失陷者半完善之区,所收复者尽疮痍之地。如果夷情就抚,沿海一带防务稍松,马步各军不能不分拨南征,救民水火。若不预筹兵食,岂能枵腹荷戈?奴才等因东豫两省接壤畿疆,先与该抚等密为函商办理。旋据山东抚臣文煜函称,东省自咸丰三年至六年止,通省捐输不及三十万两,现在督饬所属,妥为筹议,而昼夜焦思深虑,无从生法等语。奴才等已详细函覆该抚,嘱其极力措筹,认真办理。如司道以下狃于积习,即当据实纠参,以儆疲玩。河南抚臣庆廉尚未到任,能否一律举办,未能悬拟。因思山西省分较东、豫尤为富庶,奴才恒福前在晋时,叠次劝捐,前后奏报共至三百余万两。当因民力未逮,暂行停止。至今屈计已逾两年,捐输可以接办。兹先宽为计算,拟以一百万两为率,派员前往,会同劝办,以专责成而期妥速。查有调赴海防军营之山西候补道黄辅辰,老成练达,任事实心,在晋多年,办理捐输事宜素称得力。又,东安县知县白维,籍隶山西太谷县,熟悉该省情形。拟即派令候补道黄辅辰,带同东安县知县白维,前赴山西妥为劝办。应请旨饬下山西抚臣英桂,遴派司道大员,会同黄辅辰办理通省捐输,每收至十万两,即解部库一次,收捐之后,随时给予奖叙,一面具奏,一面咨会奴才等查照。其山东、河南两省,一并请旨饬下该抚等派员专办,毋稍推诿,庶几京储充裕,即军饷有资,全局幸甚,天下幸甚。奴才等愚昧之见,是否有当,谨合词具陈,伏乞皇上圣鉴,训示遵行。再,直隶虽非饶裕之区,又屡经办捐之后,奴才等仍督饬地方官竭力劝办,以冀稍益涓埃。"详见中国第一历史档案馆藏录副折,档案号 03-4428-057。

僧格林沁奏请调佐领来营带队等语。[①] 据称，黑龙江佐领苏克津、舒通额二员，均先后随营，打仗奋勇，屡立战功，现值海防紧要，带队乏员，著特普钦即饬该二员星速前赴天津军营，交僧格林沁差委，以资得力。并准其选带亲随弁兵，每员不得过十名，以示限制。将此谕令知之。

钦此。遵旨寄信前来。

——《咸丰同治两朝上谕档》第10册，第137页。

三月二十一日

〇上谕

本日据胜保、庆廉奏捻匪大股窜入豫境、扰近省垣，现筹布置情形一折。据称，捻首刘狗、孙葵心等，大股窜至商亳交界，于三月十二、三等日，由豫省睢州境内分股向兰仪通许一带掳掠，驰行甚捷，现在距省五六十里之白邱等村已有贼马窥探；豫省兵力单薄，能否遏截，尚无把握，已飞札大名镇道，督兵赴考城防堵，并咨会河督黄赞汤严防黄河等语。捻匪窜入豫省，势甚猖獗，直隶大名一带逼近贼氛，防务最关紧要，恒福即饬大名镇道，督率在防官兵出境截击，毋令阑入畿疆，致滋延蔓。并著僧格林沁、恒福勤加探访，傥贼踪已渡黄河，即由僧格林沁等于天津防兵内酌派马队精兵驰往截剿，以杜北窜。将此谕令知之。

——《清文宗实录》卷三一一，咸丰十年三月乙酉。

三月二十四日

〇劳崇光奏

两广总督劳崇光奏：

近日夷务情形，现侦探确实，英夷兵约一万二千人，佛夷兵约八千人，已陆续自伊本国开船，三月内可以到齐。佛夷新兵头孟朵邦先到香港，旋来至省城，在观音山一宿而去，并

---

① 三月十七日，僧格林沁奏："奴才僧格林沁拟将驻扎山海关之吉林、黑龙江官兵内，派拨二百名，赴大沽海口协同防剿，业经附折陈明在案。当因山海关防务吃紧，所有各起营总未便派拨，饬令副都统格绷额，在带队官内酌委营总一员，管带前项官兵。兹该官兵于三月初十日到防，其委营总巴尔加□仅止防堵二次，未经阵战，于战守事宜不甚谙习。查有副都统衔黑龙江佐领苏克津、舒通额二员，久历戎行，屡立战功。苏克津前在山东冯官屯军营，于五年二月二十八日逆匪李开方扑出濠墙，该员随同奴才夜战克胜。舒通额上年在海口带领步队截击登岸夷匪，极为奋勇。均属军营得力之员。该员等现在本省仅有佐领本任差使，并无经手紧要事件，合无仰恳皇上天恩，俯念海防紧要，派令该员等赴奴才军营，以资得力。如蒙俞允，应请敕下黑龙江将军，饬令该员等星即来营，并拟准其选带亲随弁兵，每员不得过十名，以示限制。"详见中国第一历史档案馆藏录副奏折，档案号03-4254-016。

未来臣署谒见，现闻已赴上海。英夷新兵头葛蓝亦已到香港，尚未闻来至省城。据商人等密报，该夷有马队兵二千，将赴山东利津海口登岸，由武定府陆路直趋天津。以臣揣之，马二千匹，由火轮船航海七八万里而来，似非情理，且由利津陆路至天津，并非冲途，一千人安敢冒昧深入？难保非故腾此说，使我备多力分。惟既有此议，不敢不据以上闻。请旨饬下山东抚臣暗中布置防范，以期有备无患。

——《筹办夷务始末(咸丰朝)》卷四九，第29—30页。

〇上谕

军机大臣密寄钦差大臣、科尔沁博多勒噶台亲王僧。咸丰十年三月二十四日奉上谕：

据劳崇光奏近日夷务情形、请饬布置防范等语。所称英、佛夷兵陆续由本国分赴香港、上海等处，与何桂清等探闻之词大略相同。惟据称商人密报，该夷有马队二千，将赴山东利津海口登岸，由武定府陆路直赴天津各等语。该夷多带马匹，远涉重洋，似无其理。然所历闽广浙苏等省，随处可以买马，亦难保必无其事。山东省兵力单薄，前据文煜筹办海防，拟令青州适中之地驻扎重兵，以备闻警策应，其各海口未能设备。利津毗连天津，既有所闻，自应早为布置。著僧格林沁即派妥员前往察看情势，应如何扼要守御、使其不能深入之处，妥筹办理，一面飞咨文煜知悉可也。劳崇光原奏著抄给阅看。将此密谕知之。

钦此。遵旨寄信前来。

——《咸丰同治两朝上谕档》第10册，第145页。

三月二十六日

〇僧格林沁、恒福奏

钦差大臣、科尔沁亲王僧格林沁，直隶总督恒福奏：

近日运米商船陆续进口，查询上海夷人并无动静，海面亦不见夷船行驶。惟节据登州镇总兵曾逢年禀报，夷船数只，在之罘岛、长山岛、芙蓉岛等处，或停泊一二日，或来往游移，飘忽靡定。夷情叵测，不知其意何属。奴才等惟有水旱两路加意严防，不敢稍涉大意。

朱批：知道了。

——《筹办夷务始末(咸丰朝)》卷四九，第30—31页。

三月三十日

○何桂清奏

钦差大臣、两江总督何桂清奏：

窃臣于咸丰十年三月初三、十四等日承准军机大臣字寄，二月二十四、三月初八等日上谕二道，并军机处咨会二件，当即缮备照会，钞粘咨文，饬发江藩司薛焕，转给英、佛二酋去后。

伏查英酋普鲁斯，其志本在报复，前此照会之文，该酋以为渠先讲理，如不允所请，再行动兵。适值杭湖警报频仍，松江一带相率戒严，上海人民迁徙，市井萧条，各夷领事、翻译人等时至道署探讨消息，夷商亦向华商询问情形，普鲁斯从而生心，益思胁制。臣当即饬委薛焕，以察看海运为由驰赴上海，设法办理。幸杭城于数日内克复，普鲁斯等静候回文，尚无动作。三月十八日，接到臣钞粘咨会之文，普鲁斯阅后大肆咆哮。内北塘换约一层，尤为忿怒。邀同佛酋布尔布隆商议多时。十九日，复集夷商先行责备，以此次劳师动众，糜费粮饷，所争只在大沽进京，尔等从前议立条款，总谓可以言和，兹复文为此，毫无愿和之意，可见尔等尽系谎言，惟有一意决战。夷商则以所请太奢，多方剖辩，普鲁斯置之不理。二十日，华商复嘱夷商往询有无复军机处之文，据普鲁斯云，将来到京面言，此时无可再复等语。揆核情形，已将决裂。并探闻英佛两夷在日本等处买马千余匹，送至上海之虹口地方喂养。一面赶制鞍辔，又令木工造（叉）[乂]式木架，钻有多孔，行用木人乘马，中藏火器，以为陆路冲突之用，不知是否确实。又闻前遣火轮船北驶，已于成山县之海山扎有夷兵。因成山对峙一山，中阔一百五十里，凡船只赴北洋者均经此口，该夷兵专为拦阻漕船及商货船只而设。又闻普鲁斯之意，兵船到齐，概赴天津，并有附近数处，到亦侵犯。薛焕等因时势孔迫，密谕华商，再行转告夷商，设法阻其北犯。无如该酋意颇坚决，总以不能由大沽进口换约及带兵赴津为憾。夷商又以中外用兵不干我等之事，而拦阻漕船，不令南北货船来往，直是绝我生机，即中华商人亦不甘心，诚恐众怒难犯。普鲁斯悻悻而散。华商拟即邀集河船人等与之讲理。据薛焕等钞录新闻纸三件前来，核与前浙江盐运使潘仕成录送相符。

臣查普鲁斯桀骜情形实堪发指，自夷商议拟八条以后，该酋意谓可以照行，经薛焕逐层辩驳，该酋复与布尔布隆备是照会，则以驻京、索费二事为主脑，尚系要求之惯技。及至军机处逐层指饬，该酋又因北塘换约一节大为拂意，犬羊之性，难以理谕。果其决意报复，亦断非口舌所能争。臣惟有谆饬薛焕等会督华商，笼络夷商，委婉开导，设法羁縻。至布尔布隆，大抵悉听普鲁斯主持，该酋随声附和而已。

上海夷船，自二月下旬后往来无常，现在停泊上海者尚有十余只。闻英夷兵头葛兰、

佛夷兵头冒牛班现已来至上海,该二夷兵船,有三月杪、闰月初到齐之说,为期渐近。虽夷商尚为我用,转圜实多棘手。除会同江苏抚臣徐有壬密饬沿海各县营妥为防范外,并飞咨钦差大臣僧格林沁、盛京将军、直隶督臣、山东浙江抚臣一体备防。仍再密探情形,随时驰奏。万一不遵理谕,径行北驶,即饬薛焕遵旨驰驿北上。

朱批:知道了。

——《筹办夷务始末(咸丰朝)》卷四九,第31—33页。

○上谕

军机大臣密寄钦差大臣、科尔沁博多勒噶台亲王僧,直隶总督恒,盛京将军玉,山东巡抚文。咸丰十年三月三十日奉上谕:

何桂清奏夷酋接到回文、报复之念益坚一折。据称,三月十三日,卜鲁斯与夷商公议,先遣两轮船赴北洋听信,拦阻漕船,并阻南北往来商船;另遣轮船赴舟山听信,占踞定海,以为接应。夷商等因先经华商开导,再三劝阻,未允。十四日,果有轮船二只北驶。十五、十七等日,复有轮船二只南驶。并闻英、佛两夷在日本等处买马千余匹,送至上海之虹口地方喂养;制造乂式木架,钻有多孔,欲用木人乘马,中藏火器,以为陆路冲突之用。又闻前遣轮船北驶,已于成山外之海山扎有夷兵,专为拦阻漕船、商船。卜鲁斯之意,兵船到齐,概赴天津附近,数处一齐侵犯。等语。夷(商)[酋]卜鲁斯接到咨会,决意用兵,已有夷船北驶,自应严密防范。大沽海口,经僧格林沁、恒福布置周妥,著即时时侦探,相机堵御。该夷既有同时侵犯各口之说,则山海关、盛京、山东各海口亦应一体严防,著僧格林沁、玉明、文煜督饬在防员弁认真守御,毋稍大意。现在江浙漕船到津者数已不少,该夷既欲拦截往来,则此项收泊沙船,或令其暂泊口内,或令其放洋,著僧格林沁、恒福妥筹办理。其未经收口之船,一遇夷船拦阻,或赴奉天、山东暂时停泊,玉明、文煜亦当熟筹办法,毋令该夷抢掠。是为至要。将此由五百里密谕知之。

钦此。遵旨寄信前来。

——《咸丰同治两朝上谕档》第10册,第155—156页。

○上谕

军机大臣字寄山东巡抚文、山西巡抚英、河南巡抚庆。咸丰十年三月三十日奉上谕:

前据僧格林沁等奏,通筹全局,拟在晋、东、豫三省劝捐,接济京津各饷,当谕令户部认真查核,一面严催各项京饷,毋致各省以劝捐为由,转置正拨于不问。兹据户部奏,遵旨查核该三省历年捐输各案,为数业已不少,该士民情殷报效,虽捐项至再至三,犹形踊跃,请

饬山东、山西、河南各巡抚体察各该地方情形，奏明办理等语。[①] 僧格林沁等拟在该三省设法劝捐，系为筹备京仓各饷起见，既据户部奏称，该三省士民历年勉竭余资，力图报效，著文煜、英桂、庆廉体察情形，悉心筹画，详细具奏，总期于军饷、地方两无窒碍，方为妥善。至各省派委劝捐各员，难保无依势作威、多方抑掯、藉端滋扰情弊，甚至有贿求嘱托，将有力者指为下户，无力者指为殷实，反覆颠倒，曲济其私，或以完作欠，或以多报少，弥缝侵蚀，半归私橐，种种弊端，深堪痛恨。并著各该抚力除积弊，遴选公正绅士，会同地方官妥为劝办，以济要需。是为至要。将此各谕令知之。

钦此。遵旨寄信前来。

——《咸丰同治两朝上谕档》第 10 册，第 157 页。

---

① 三月三十日，大学士管理户部事务瑞麟等奏："臣等伏查，本年二月，臣部会议变通出入章程内，附片陈明，八旗兵饷改放七成实银，综计部库应入之款内，各省地丁、盐课等项奏拨银五百万两；洋药税银一百万两；各省补交监生四成，山西、直隶节省铁炭脚价，并旗租、关税、药厘各款，合银一百万两；又铜局六条、九条及奏改二钱实银捐项，约可得银一百七十余万两。通计一年，约共入银八百七十余万两。除改放兵饷七成实银一年应用银三百三十八万余两、杂项一年应用银二百余万两外，尚可余银三百余万两，声请催令各督抚、监督遵照叠次奏拨银数解部，以济京饷在案。诚以国家取民有定制，出入有常经，惟此地丁盐关等项，均属年额之正供，并非例外之输纳，各督抚、监督如果认真经理，源源报解，度支日益充裕，自不致贻误要需。

"兹据僧格林沁等奏请山西劝捐银一百万，山东、河南一律照办，以裕京储而济军需等因，奏奉谕旨，交臣部认真查核，应拨京饷已解若干，未解若干，再行奏明严催。臣等遵即查核，上年十一月臣部奏拨本年京饷，山东等省应解地丁、盐课，共银五百万两，洋药税银一百万两。本年三月，仅据山东省解到地丁银五万两，盐课银三万两，河南药税银一万五千两，其余未解本年京饷及历年欠解银两，分晰缮具清单，恭呈御览。应请旨饬下该督抚、监督等，即将应解本年地丁、盐关、药税等项赶紧按月陆续报解，倘任意迟延，贻误兵饷要需，即由臣部据实纠参，请旨交部从重议处。其历年欠解京饷，并上年药税银两，不得藉词专顾本年拨款，转置积欠于不顾，并令作速按年报解清款，如再推诿延宕，一并由臣部奏参。

"至僧格林沁等奏请晋、豫、东三省劝捐接济京防各饷，诚如圣谕，顾全大局，实属可行。臣等检查该三省捐输各奏案，山西历年奏报，共捐过银三百五十余万两；山东历年奏报，共捐过银十六万余两，钱四万五十余串，米六十万余石，谷十四万余石；河南历年奏报，共捐过银十四万余两，钱十四万余串，饷票合银三十万余两，合钱一百八十余万串。以上三省均就奏案，约计已有此数，此外由各该抚咨报捐输银钱米石各项，尚不在其内。数年以来，各该省士庶情殷意切，虽捐项至再至三，犹不惜勉竭余资，力图报效。此次僧格林沁等拟在该三省设法劝捐，事关筹备京防各饷，应请旨饬下山西、山东、河南各巡抚，认真体察各该地方情形，是否能行，毋许迁就，亦不可设词推诿，总须于军饷、地方两无妨碍，与事有益，细心筹画，奏明办理。

"至拨款与捐款，原系两不相涉之项，尤不准以续捐银两抵解正拨京饷，以杜□□而免含混。又，天津海防经费，本年已拨部库银二十万两，山西协拨月饷银二万两，加以盐斤复价、捐输等项，目前尚敷军用。此后该三省续捐，一俟集有成数，报解到日，应如何酌核分拨京防各饷，再由臣部具奏请旨遵行。惟奏称派令候补道黄辅辰等赴晋劝办一节，臣等熟商，倘该员与本省官员稍有不和，转多掣肘，与事反竟无益，应请毋庸派往。

"再，臣等所闻，各省派委劝捐之员，名曰美差，该委员一经派充其事，往往倚势作威，多方抑掯滋扰，不可名状，而且贿求嘱托，有力者竟指为下户，无力者转指为殷实，反覆颠倒，无非曲济其私，甚至各户捐项业经交纳，或以完作欠，或以多报少，弥缝侵蚀，半归私橐。此中情弊，实难枚举。应令该抚等查照臣等所指以上情节，务须慎选妥员劝办，不可仍蹈故习。"详见中国第一历史档案馆藏录副奏折，档案号 03-4428-063。

闰三月

○上谕

咸丰十年闰三月初三日内阁奉上谕：

僧格林沁等奏办理要工动用各款请免造报一折。[①] 僧格林沁等上年办理各处工程，除动用捐款外，其不敷银八万三千六百余两，准其陆续劝捐归补。此项经费，并著免其造册报销。余著照所议办理。该部知道。单并发。

钦此。

——《咸丰同治两朝上谕档》第10册，第164页。

○僧格林沁、恒福奏

钦差大臣、科尔沁亲王僧格林沁，直隶总督恒福奏：

闰三月初一日，承准军机大臣密寄，三月三十日奉上谕：何桂清奏，夷酋接到回文，报复之意益坚等因。钦此。遵查前据何桂清奏报，该夷所请各条断难准行。既经驳饬，该夷势必肆其狂悖，亟应加意慎防，以昭严密。三月二十八日，据哨探官兵报称，驴驹河村东二十余里，见有夷船一只在彼停泊，并裹去鱼船、拘留米船等情，当经拣派弁兵前往哨探。奴才僧格林沁业经函致王大臣，代为陈明在案。三十日辰刻，该夷牵带米船三只，一并驶至大沽海口，在拦江沙外停泊，作何举动，因海雾迷漫，瞭望不能真切。是日未刻，将米船三只释放，该夷船只向东驶去，因海雾未散，不能远望，不知何往。饬传船户详细查询，据称，夷船载有大铁炮四个、小铁炮数个，夷人约有百名，夷人向伊等探问祁口水势深浅、距大沽远近、官兵若干、濠堑尺丈，祁口至大沽中间村庄几处。并据船户声称，哨探弁兵贴近夷船，该夷将弁兵三人接上大船等语。现在哨探弁兵未经回营，是否被该夷拘留，抑或因连

---

① 闰三月初一日，僧格林沁、恒福奏："窃照上年办理海防，大沽、北塘、营城添建炮台营垒，制造拦河铁戗铁练、河内桩木、火攻木筏、地雷水雷，添铸大小炮位，挑挖□濠，修筑墙垣各项，布置防具。五月二十五日接仗以后，两岸炮台营垒竖立木桩，培补坚厚，均系不容稍缓紧要工程。奴才等督饬承办各员实心经理，力求撙节。现在防务紧要，仍须妥为布置，随处修理，一时不能完竣。历时既久，自应先行截数奏报，以清款目。计自上年正月起，至十二月止，共用银三十五万五千二百二十八两八钱九分零六毫三丝九忽，由官绅商民捐输银二十七万一千五百五十二两七钱六分二厘一毫，全数动用；其不敷银八万三千六百七十六两一钱二分八厘五毫三丝九忽，动拨正款。除官绅未经奏奖及零星捐输应行酌奖者，统俟查明，分别办理外，所有上年动拨正款银八万三千六百七十六两零，奴才恒福饬属赶紧劝捐，陆续归补，以重正款而裨经费。所有海防各项工程，均经奴才等随时稽查，核实督办，尚无浮冒情事。所需经费，系动用捐款，不敷银两，劝捐归补，应请免其造册报销。至本年接办各工，容俟防务告蒇，体查情形，另行奏明，分别办理。谨恭折具奏，并将各项工程用过银两数目开缮清单，恭呈御览，伏乞皇上圣鉴训示。"详见中国第一历史档案馆藏录副奏折，档案号03-4314-012。

日风浪不顺在他处阻风，尚须饬查。至此次夷船驶至，必系查探本年海口防守情形，以便乘隙窥伺。现在两岸层层布置，似可无虞。至该夷在大沽海口停泊未久，即便驶去，难保不往山海关游奕，奴才等业经咨行玉明、增庆一体严防。海运米船，已进口三百零八只，拦江沙内外，现有数十只尚未进口。夷船在拦江沙外停泊之时，米船近夷船左右行驶，该夷并无阻拦。俟哨探弁兵回营，如探有确情，再行奏报。

朱批：俟探有确情，即行奏报。此次夷船如果驶进沙内，不递照会，竟行毁防开炮，必其处心积虑，别蓄诡谋，接仗时尤应慎益加慎，不可稍存轻易之心。朕惟有昕夕一诚，默吁天祖，加佑我清，战则必胜，和则必坚，海氛永靖，休息人民，实所望而不敢必者也。

——《筹办夷务始末（咸丰朝）》卷五〇，第3—4页。

〇上谕

军机大臣密寄钦差大臣、科尔沁博多勒噶台亲王僧，直隶总督恒。咸丰十年闰三月初三日奉上谕：

前据僧格林沁以探有夷船停泊驴驹河，裹去渔船、拘留米船各情，函致惠亲王等，经军机大臣陈奏。本日据僧格林沁等奏，夷船于上月三十日，牵带米船三只，一并驶至大沽海口，在拦江沙外停泊。后将米船放回，该夷船即向东驶去等语。该夷向船户探问祁口地势，甚为详细，其为窥探虚实诡计无疑。祁口地方距大沽若干远近，有无防兵，该大臣自必密为布置。所有哨探弁兵曾否放回？抑被夷船带去？本日复据载垣面奏，接端华由工次来书，知明善接上海私信，该夷在广东募湖勇三千，在该处操演，意欲于山东海口一带空旷处所登陆抄袭。复据卞宝书云，北仓地方，系上年米夷换约所经之路，该处空虚无备，恐米夷混迹，导之使来，各等语。著僧格林沁详查地势，如有可以绕越炮台、直达京师之路，即著扼要防守，并即奏明添兵，以防抄袭。其防守炮台之兵，万不可轻易移动，致有疏虞。至山东沿海各口，防不胜防，惟利津地方距津较近，仍著查明具奏。将此密谕知之。

钦此。遵旨寄信前来。

——《咸丰同治两朝上谕档》第10册，第164页。

闰三月初八日

〇僧格林沁、恒福奏

钦差大臣、科尔沁亲王僧格林沁，直隶总督恒福奏：

夷船在大沽海外停泊，奴才等业经恭折奏报在案。本月初四日，恭奉朱谕，奴才等惟有懔遵圣训，慎益加慎，不敢稍存轻易之心，以仰副皇上永靖海氛、休息人民之至意。同日

承军机大臣字寄,闰三月初三日奉上谕:该夷向船户探问祁口地势等因。钦此。查该夷船上月三十日向东驶去,初一日早辰即在祁口距海边约三十里停泊,自系由外洋行绕者。回祁口两日,并无动静。初三日巳刻,复又向东驶去,瞭望不见。初二日,哨探兵三名回营。据称,跟随千总谢启发前往哨探,夷人将谢启发、官兵二名接上大船,该兵等将哨船系于大船之后尾随。夷人送给该兵等酒米,谢启发乘便向该兵等告说,夷人相待甚好。探问大沽营内官兵若干,谢启发答以不足三百名。并嘱令回营转禀,炮台及营外不可多露官兵。旋因缆绳磨断,夷船行驶甚快,哨船追赶不及,是以回营等语。初三日夜间,仍令该兵等前往哨探。初六日回营禀称,哨船驶至祁口,夷船已经开驶不见,谢启发等已被该夷带去。所有该夷带去哨探弁兵缘由,奴才等即咨沿海各省一体查照。至候补千总谢起发,系天津人,充当勇目,在南省军营素称勇敢,人甚明白,胆量亦壮,即或夷人威吓,不致屈辱。

至祁口距大沽百里,未设防兵,而有汛兵瞭望,派拨马队哨探。该处并非村落,仅有渔户数十家,食物淡水须数十里以外寻觅,人马驻扎诸多不便。既非要隘,自无须驻扎官兵。傥该夷由彼登岸,我兵无难截击。此次夷船之来,其为窥探虚实,似无疑义。其在祁口探水,无非希图牵制,嗣后必有数只连樯而来,在大沽一带游驶。如有可乘之机,即暗施诡计。否则虚张声势,以便在上海胁和。

至备调京兵二千名,拟俟上海得有确信,或大沽见有夷船多只,再行奏调,驻扎天津防守。津郡修筑炮台虽未完工,周围濠墙月半即可竣事。奴才等固愿备调官兵及早到防,以厚兵力,且无后顾之忧,实因限于经费支绌,不敢豫先奏调。

至利津海口是否险要,奴才等前经咨行山东抚臣文煜派员详细查看,尚未接准咨覆。上年李湘棻曾往山东各海口周历,奴才等当面查询,据称,利津海口向有牡砺嵴横亘口外,船只入口,必须标记,然后敢行。海口之西,有青坨、面条沟、幻水坨,海岸无店,大船进之不易。夷人马步(即)[既]由此登岸,一路并无甜水,且村庄稀少,中多阻挡等语。查利津距天津五百余里,距大沽四百余里。该夷上年欺敌致败,再来报复,势必倍加谨慎,非计出万全,不敢轻于尝试。数百里之外,前无接应,后无救援,孤军深入,期于侥幸而至津沽,该夷善能用兵,未必冒险。然由大沽左近登岸,抄袭炮台后路,原在意中。现在各项布置,足资捍卫。马队官兵,随处可以截击。炮台营垒官兵,均系分定段落,不能移动调拨。

据登州镇总兵曾逢年禀报,之罘岛、长山岛、大黑山岛时有夷船两三只不等,或停泊一二日,或来往行驶。询之进口商船,据称,山东各海岛曾见夷船数只停泊,此外沿路海面并未见有夷船等语。米船先后进口五百余只,现仍饬派兵督催,随到随即放入,不得在外停留。

再,上年奴才等派令县丞黄惠廉等前往上海探听夷情,兹该县丞等于本月初三日由海道回营,所探夷情,与接欠探报大略相同,并无的确信息。合并附陈。

——《筹办夷务始末(咸丰朝)》卷五〇,第6—8页。

〇上谕

军机大臣字寄钦差大臣、科尔沁博多勒噶台亲王僧，直隶总督恒。咸丰十年闰三月初八日奉上谕：

僧格林沁、恒福奏夷船仍往祁口停泊、现又开驶一折。览奏均悉。夷船在祁口地方，来去无定，自系窥探虚实。该处既非要隘，无须驻扎官兵。设有夷人登岸滋扰，即侦探确实，督兵截击，毋令深入。僧格林沁等因经费支绌，不敢豫调官兵，固为节省起见。但现在防务吃紧，仍须早为布置，以免临事周章。本日已令户部筹画银二十万两，解赴大沽军营。所有备调官兵，即可酌量奏调。至海防经费，亦不能全赖部拨，著恒福仍于本省司库款项内设法筹措。此次设防后，直隶省拨用军饷若干，著该督查明具奏，并随时造册报部，以凭稽核。漕船进口已有五百余只，该夷并未(阑)[拦]截，著僧格林沁等飞咨文煜，催令山东各口停泊米船迅速开洋赴津，以免耽延。本日据胜保等奏，请将大名道联捷所拨防兵六百名长扎兰仪、上店、柳园河口，其口粮等项，仍归直隶支放等语。此项防兵，系堵截捻匪阑入直境，所需口粮，著恒福照例支给。将此谕令知之。

钦此。遵旨寄信前来。

——《咸丰同治两朝上谕档》第10册，第170—171页。

〇上谕档

交户部。

本日军机大臣面奉谕旨：著户部筹银二十万两，即解僧格林沁军营，以充兵饷。钦此。相应知照贵部，钦遵办理可也。

此交。

闰三月初八日。

——《咸丰同治两朝上谕档》第10册，第171页。

闰三月十四日

〇僧格林沁、恒福奏

钦差大臣、科尔沁亲王僧格林沁，直隶总督恒福奏：

窃奴才等于本月初九日承准军机大臣字寄，咸丰十年闰三月初八日奉上谕：现在防务吃紧，仍须早为布置，以免临事周章，等因，钦此。仰见圣虑周详，先机筹备，奴才等曷胜钦感。伏查各省备调官兵内，京营官兵及直隶官兵距津不远，临时奏调，不致稽迟，惟山西距津较远，

临时奏调，不能迅速，拟将山西备调北镇官兵二千名，先行调赴防所，以资捍卫。应请旨饬下山西抚臣英桂，选派技艺娴熟、年力精壮兵丁，不得以老弱充数，并配带抬枪、鸟枪，以期适用。此项官兵，应拣曾经出师镇将大员管带来防，即令驻扎津郡防守。俟夷船到来，奴才等体察情形，如仍须添调，或京营官兵，或直隶官兵，临时再行奏请调拨。米船进口共计六百四十余只，卸米回空一百三十余只。奴才等业经飞咨文煜，催令各口米船迅即赴津，以免耽延。

［咸丰十年闰三月十一日］

——《筹办夷务始末(咸丰朝)》卷五〇，第9—10页。

〇上谕

军机大臣字寄山西巡抚英。咸丰十年闰三月十四日奉上谕：

前因捻匪窥伺陕境，恐其旁窜晋疆，当谕将前备调官兵二千名，饬原拣统带之副将穆腾额等，带赴泽潞一带择要扼扎。旋据英桂奏，已于太原、大同二镇挑选官兵，并于省标派兵分防要隘，以杜窜越。本日据僧格林沁等奏，请调山西备调官兵赴防等语。山西毗连陕州等处，既据该抚派兵严防，并另挑太原、大同兵二千名赴省听调，是分布之兵尚可敷用。所有前谕备调官兵二千名，著英桂即饬穆腾额等统带，配带抬枪鸟枪，驰赴津郡，听候僧格林沁调遣，毋稍迟误。将此由五百里谕令知之。

钦此。遵旨寄信前来。

——《咸丰同治两朝上谕档》第10册，第181页。

〇实录

钦差大臣僧格林沁奏，津防军粮紧急，探差官弁口分并驼马喂养，每月需银一百三十六两零，请全准支领。[1] 从之。

——《清文宗实录》卷三一三，咸丰十年闰三月戊申。

---

① 闰三月十一日，僧格林沁、西凌阿奏："窃照奴才军营防剿官兵，月支银两散总各数，已于三月十一日缮具清单，专折奏报，并将各营造送册档，随案咨行户部查核在案。今自三月初十日起，至闰三月初十日止，所有续到官兵及各营官兵内，增添裁减，并随带文武员弁月支银两数目，开缮清单，恭呈御览。再，奴才等上月造报后，接准户部咨称：巡捕营常川探差官弁九员，均按双分口分支给；又差马三十匹，每匹月支豆草银二两二钱五分；又归化城拴养驼二只，每只月支干银一两五钱。本部并无成案，亦未据奏准有案，自不应于例外另支。至随带文武员弁衔名，此次并未一并列册送部。等因。咨行前来。查探差官弁九员，奴才等因常川派令哨探，巡查各处，食物昂贵，该弁等月支口分不敷食用，是以支给双分口分，即无须另给川资，计每月需银四十二两零。差马三十匹，系由京城巡捕营差马内拨带，以备差探骑用，并非兵丁例马，亦非兵丁拴养，计每月需银六十七两零。驼二只，系前因夷人有携带马匹之信，海外向无驼只，奴才僧格林沁由京带出二十四只，以备恐吓夷马之用，除拨给山海关六只，先行发给归化城马队二只，现又发给察哈尔两盟马队十六只，计每月需银二十七两。所有探差官弁双分口分、差马豆草、驼只喂养，每月共需银一百三十六两零。可否仍准支领之处，伏候圣裁。如蒙俞允，奴才等行文户部，遵照办理。"详见中国第一历史档案馆藏录副奏折，档案号03-4314-038。"

闰三月二十三日

〇何桂清奏

接据吴煦来禀,闰三月初十日,有天津大营尽先守备谢起发来署面称,系在钦差大臣僧格林沁营中效力,三月二十八日,瞭见大沽口外泊有夷船一只,奉派带同兵丁五名,驾坐小船前往,查系佛夷兵船,该夷转向谢起发详问大沽防堵情形及兵弁炮位数目、有无拦江铁戗,大沽由陆路至天津计若干里,该守备遵照僧格林沁面谕,答以防兵无多,且无大员驻扎,炮台六座,每座仅设炮一位,拦江铁戗等物上年已为英兵所毁,大沽至天津尚有数百里。该夷仅将带去之兵丁释回,扣留谢起发不放。次日,复用千里镜窥探大沽情形,以谢起发所言不实,屡欲杀害,该守备矢口不移,夷船随即驶回上海。本日,夷兵头复向盘问,并令通事山东人孙文典转诘,该守备仍执前说。经孙文典缓颊释放等情。即经吴煦给发护照,饬令搭坐商船,由海道赶回津沽大营,具禀前来。臣查该夷船只时赴北洋窥伺,居心殊为叵测。又据吴煦等禀称,上海现有英夷兵船六只,佛夷兵船一只,吴淞口外续到英佛大兵船共八只。夷兵间有登岸,尚不滋事,惟于对岸海塘随处盖有石灰印记,不知何意。并传闻该夷多带马匹,有由大沽陆路赴津之意,均不能不严为之防。

朱批:知道了。

——《筹办夷务始末(咸丰朝)》卷五〇,第20—21页。

闰三月二十五日

〇僧格林沁、恒福奏

奴才僧格林沁、奴才恒福跪奏,为北塘海口见有夷船二只停泊,迹涉可疑,现已派员前往查询,并拨兵防守,恭折仰祈圣鉴事。

本月二十一日未刻,炮台瞭望,见有夷船一只,由东北驶赴北塘河拦江沙外。正拟派人前往哨探,又由东南洋面驶来夷船一只,在驴驹河迤南停泊。旋据北塘营弁禀报,夷人舢板一只,上有夷人九名,驶进河口近岸,船上并无通事,言语不通,无从查询,该夷用手指画,揣度其意,似欲赴京投文形状,又未持有公文,等情。禀报前来。奴才等派令理藩院员外郎德祥,带同县丞黄惠廉,于二十二日前往北塘查询。二十二日早晨,驴驹河迤南夷船停泊未动,至未刻,起碇北驶,亦赴北塘口外一处停泊。其二十一日进口舢板,连日风浪过大,未能出口,即东河岸下锚。二十三日,德祥等回营禀称,该夷等俱不通中国言语,黄惠廉因以佛国夷语向该夷查询,据称系俄国船只,到此等候京城夷馆信函,并有信寄京。现来仅有大船一只,沿途海面并未见有别项船只。此外言语,多不相通。并称大船上有通

英、佛言语之人,即当唤来,以便答话。其寄京信函,亦在大船,并未携带等情。

查俄夷上年节次寄京信件,均由舢板携带,并有通事相随,所求递送信函,即欲听候回信,其势迫不可待。此次既称投信,又无信函,并无通事,进口三日之久,从容不迫。且既称仅来大船一只,何以又由南洋驶来夷船一只亦在一处停泊?形迹种种可疑,难保非英、佛二夷溷入俄夷船内,希图窥伺。惟北塘地方断难守御,虽拟舍而不守,诱令深入,以便兜击,然仍不令其轻易占踞,现已派拨马步官兵前往驻扎。如该夷舢板多只载夷登岸,必不能携带大炮,我兵即可俟其登岸,庶可得手。至该夷舢板,已于二十三日出口,仍应看其如何动静。如一二日内持有寄京信函,奴才等自当钦遵前奉谕旨接收,代为递送。设无寄京信函,其为窥探虚实,似无疑义,奴才等惟有加意严防,不敢稍涉大意。

所有北塘海口夷船驶至,并派员查询缘由,谨恭折具奏,伏乞皇上圣鉴。谨奏。

[咸丰十年闰三月二十三日]

——《第二次鸦片战争》第4册,第343—344页。

○上谕

军机大臣密寄钦差大臣、科尔沁博多勒噶台亲王僧,直隶总督恒。咸丰十年闰三月二十五日奉上谕:

僧格林沁、恒福奏北塘海口见有夷船二只停泊、现在防守情形一折。此次北塘口外,先后驶来夷船二只停泊,虽据称系俄国船只,而既有寄京信函,并不由舢板携带,且无通事,先称仅来大船一只,续又由南洋驶来一只,形迹可疑。据称大船上有通英、佛言语之人,难保非英、佛二夷溷入俄夷船内,希图窥伺。该大臣等现已派拨马步官兵前往北塘驻扎,以备临时缓急之用。所筹自属周妥。北塘地方,前经肃顺等与俄夷约定,如海口无事,可以差人往来。现当设防之际,原不应前来。兹该夷舢板船已经出口,如再来北塘送信,著恒福接收,许其寄京。如欲差一二人进京,奏明请旨酌办。至俄夷此来,无非欲趁英、佛二夷来时,从中取利,未必先行开炮,自违和约。倘我军先行轰击,正堕彼术中,该夷得所藉口,必至公然与英、佛朋比为奸,更难措手。断不可以该夷欲作说合,从中取利,堕其术中。应令该夷速即退避为要。该大臣务当随机应变,与恒福妥筹办理,以慰朕望。

至马队恐不敷分拨,可于山海关吉林、黑龙江兵内酌调若干,以资策应。大沽防兵不可掣动,北塘后路及天津兵力较单,应如何添兵布置之处,著该大臣斟酌办理,迅速奏明添调。

再,昨据何桂清奏,尽先守备谢起发,已由夷船放归,搭坐商船赶回津沽矣。又,据该督奏,英、佛二夷兵船十八只,驶至定海厅地方停泊。其夷兵借居城内,分住寺院,并遍贴夷示,欲占地屯兵,藉为挟制,难保不即由定海驶至天津。种种诡谲情形,不可不严为之备。所有锡林郭勒马一千匹,昨据庆昀奏,内有七十二匹不堪留牧,咨行理藩院行知补交,

业经谕令庆昀,俟收全时解赴天津应用。其伊克昭、乌兰察布两盟官兵,本日据成凯等奏先后到城,惟皆不习技艺,不服水土,中多患病,未必全行适用。现在勤加操演,并令将疲瘦马匹妥为牧放矣。将此由四百里密谕知之。

钦此。遵旨寄信前来。

——《咸丰同治两朝上谕档》第10册,第216—217页。

闰三月二十五日

○僧格林沁等奏

再,前被夷船带去之海口营探尚起龙,于本月二十一日回营。奴才等详细询问,据称,前同营弁谢起发、兵丁高士棻,被该夷拘留,三月初三日自祁口开船,初五日到奉天不知地名山岛停泊。该夷拦截商船五只,各带一人赴该夷大船,查问买煤处所,并看商船所用煤末,不堪使用。次日将商船五人并营兵尚起龙、高士棻放回商船。尚起龙等搭坐商船赴山东莱州登岸,高士棻在途患病,尚起龙一人回营。据称,夷人头目李姓、通(字)[事]白姓,时常向该兵等查探大沽海口炮台情形,并马步官兵若干。该兵等答以并无马队,仅有本地乡勇三百余名,该夷并不肯信。该兵等向夷人询问系何国船只,该夷亦不肯明告,据称是巡船,到大沽查探情形。该夷连日向该兵善言查询,并无威吓情事。该兵等欲与谢起发同来,夷人不允,声称带赴上海见伊国提督等语。除咨行两江总督何桂清查探,俟该夷船驶回上海,令将营弁谢起发交还,送营归伍外,谨附片奏闻。

再,本月二十三日奴才等接准何桂清咨称,英夷改派额尔金、佛夷改派葛罗等情,抄录原奏,咨行前来。合并附陈。谨奏。

[咸丰十年闰三月二十三日]

咸丰十年闰三月二十五日奉朱批:知道了。钦此。

——《第二次鸦片战争》第4册,第345页。

闰三月二十九日

○僧格林沁、恒福奏

奴才僧格林沁、恒福跪奏,为俄夷持有寄京信函,求为递送,并守候回信,恭折奏祈圣鉴事。

窃维夷船驶至北塘,舢板进口,派员查探各情形,于二十三日恭折奏报在案。二十六日恭奉寄谕一道,奴才等敬谨(领)[聆]悉。查该夷原称仅来大船一只,船上有通英、佛言

语之人。二十三日舢板退出河口,是晚复又驶回,增添夷人四名。二十四日派令德祥带同黄惠廉前往,询得续来夷人通晓佛国夷语,系米国夷人;先后驶来大船二只,据称均系俄国船只,仍欲寄信至京,并未携带信函,持有汉字帖一纸,开写所要食物。黄惠廉向该夷告说,寄信一节,须回明上司方敢递送,令其数日后持信来听候。奴才等派员前往大船,送给食物淡水,借可查探动静。二十五日差弁回营禀称,船上夷人约有百余名,带有大小炮位。其舱内有无夷人,不能看视。所有淡水食物,该夷未收,据称未将信函寄京,食物未便收受。

旋据北塘汛弁禀报,该夷舢板三只,各有十余人,先后进口,虽言语不通,查其情形,似系仍欲寄信至京,举动极为狂悖。至应否接收信函,代为递送,奴才等拟俟二十六日奉到批折,再为钦遵办理,是以未经派员前往。二十七日,饬令德祥等前赴北塘,该夷呈出寄京信函二件,并称俟得有回信即便开行。奴才等先经嘱令黄惠廉传谕该夷,寄京信函系该夷本国事务,即代为递送,倘有关英、佛二夷之事,不能转递。该夷声称并无关系英、佛二夷情事等语。奴才等固知,该夷信内即有英、佛二夷之事,亦断不肯宣露,然不得不豫为杜绝,使该夷等无所施其诡诈。

至山海关防务,亦关紧要,该处关内关外,处处皆可登岸,现在马队官兵未便抽拨。北塘后路、天津郡城业经豫为布置,此时暂缓添调官兵。大沽两岸,马步各队足资抵御,并可兼防南岸迤南至祁口一带,北岸迤北至北塘一带。奴才等现已咨催山西官兵二千名迅即来防。其备调京兵二千名,应请饬下各该旗豫为准备,仍俟得有上海准信,再行调赴津郡防守,以壮后路声威。

除奴才恒福将该夷信函封送军机处,发交夷馆祗领,俟有回信给与该夷,令其速即退避外,谨恭折具奏,伏乞皇上圣鉴。谨奏。

[咸丰十年闰三月二十七日]

——《第二次鸦片战争》第4册,第348—349页。

〇薛焕奏

巡抚衔江苏布政使薛焕奏:

窃臣奉钦差大臣、两江总督何桂清行知,承准军机大臣字寄,钦奉上谕:何桂清现筹防剿事宜等因。钦此。伏查夷情桀骜,蓄意称兵,暨节次设法化导情形,叠经何桂清先后驰奏在案。本月初二等日,夷人突入定海厅城,连日饬探,尚无十分骚扰。续接署浙江宁绍台道梁恭辰报称,该夷在道头地方泊船,其城内散住者约计五六百名。兹又由署苏松太道吴煦、候补知府蓝蔚雯探得,夷船驶赴北洋窥测,以津沽防堵严密,港狭水浅,欲用兵船一二十只虚攻大沽,牵掣我师。另觅得山海关以内有一海岸,不知地名,计距大沽二百余里,距京师三百余里,该处港阔水深,可以登岸。约定各路兵船于外国六月二十五、六,即中国

五月初七、八等日，由北登陆，径奔都门。并雇有广东匪徒数百名，内多熟悉直隶路径者，均令骑马前导。拟以北驶兵船分调一半前往，余泊沿途各港接应。此说甚秘，系夷兵船上所雇华人由北回沪，偶露风声。吴煦等又令华商密探，所闻相同。另由前浙江盐运使潘仕成所探，该夷侦知大沽左右有盐田，(太)[水]深可以泊船，有欲由此上岸，直抄炮台后路之谣。

伏思该夷(目)[自]上年受创以后，天津兵威，实闻而胆落，然犹添调兵马，处心积虑，妄图报复，无非欲为螳臂当车之计。上海华夷两商素来相安，此时亦颇联络，均劝息兵。乃该酋壹意独行，有必欲战胜而后止之说。英酋额尔金、佛酋葛罗虽尚未到，然观其目前举动，水陆驻兵，且窥探防堵虚实，测量水口浅深，谲谋诡计，总欲伺我间隙，一逞狂悖之行。察其最为注意者，似仍在大沽炮台。至所言山海关以内海岸，臣未看北地形势，无从照指其处。但该夷既有日期欲由此登岸，尤不可不严为之防。臣面禀督臣何桂清，函禀抚臣徐有壬。窃谓现在夷情，实属万分猖獗。理谕既无可复施，权术似在所必用。然假用权术，必赖兵威相辅而行。山海关一带，计已早驻重兵，更宜增军，层层布置，以备不虞。就津防而言，大沽军容已极雄壮，而内河要隘各处，亦须多筑营垒，添调兵丁，或以团练之勇充实其中，遍竖旗帐，作为疑兵。缘大沽壁垒精严，诚不畏其扑犯，第恐该夷侦知内防兵力不厚，别无顾忌，遂专心致志，力攻炮台，关系实非浅鲜。盖夷性多疑，使彼知我内河节节严防，自不敢狡焉思逞，即兵船驶至拦江沙外，亦当不至遽行跋扈。是内河增设疑兵，正为大沽炮台助力也。似此密筹胜算，然后开一线之路，冀其就我范围。但夷性与人理相殊，谕令如何息事，彼必故意违拗。所有拟定办法，似不必明向宣导，宜以旁敲侧击之法，引其自入彀中，得尺则尺，得寸则寸。如是则抚议或可易成，亦不至兵连祸结。且中国虚实，终不为其所窥，嗣后当可永期驯服矣。

——《筹办夷务始末(咸丰朝)》卷五〇，第30—33页。

〇上谕

军机大臣密寄钦差大臣、科尔沁博多勒噶台亲王僧，直隶总督恒。咸丰十年闰三月二十九日奉上谕：

僧格林沁等奏俄夷持有寄京信函、求为递送一折。俄夷船只驶赴北塘，呈出寄京信函二件，并称俟得回信，即便开行。经恒福将该夷信件封送军机处，已由理藩院转交夷馆矣。俄夷趁英、佛来时，忽至北塘投信，显系藉此窥探虚实，所称信函并无关系英、佛之事，原不足信。北塘地方既未设防，恐该夷藉买食物为名，任意登岸，不可不豫为杜绝。如该夷需用淡水等物，著恒福派人代为买办，毋许登岸盘踞。一俟在京俄酋寄有回信，即饬令迅速开行。僧格林沁于北塘后路、天津郡城均已豫为布置，自可暂缓添调官兵，其前调山西官兵二千名，一俟到防，即择要布置。京兵二千名，已饬各该旗营豫为准备，届时酌量调遣，

以壮后路声威。并须多设疑兵,令该夷难以窥测。

本日据薛焕奏,探闻夷船赴北洋窥探,以津沽防堵严密,欲用兵船一二十只虚攻大沽,牵掣我师,另觅得山海关以内海岸,可以登岸,约定各兵船由此登陆,径奔都门。并雇有广东匪徒,令骑马前导。又探闻该夷侦知大沽左右有盐田,水深可以泊船,欲由此上岸,直抄炮台后路等语。山海关地方,前经僧格林沁等亲往察看,分拨官兵防守城池,布置谅已周妥。惟该夷既有由此登岸之说,自应严密防范,著即督饬增庆等随时侦探,毋令登陆肆扰。其余附近山海关各海口,亦宜妥为筹防,不可稍涉大意。该夷诡谲异常,声东击西,意欲分我兵力,亦未可定。谅僧格林沁等必能相机防堵,其如何布置之处,即著迅速奏闻。

夷务关系紧要,该大臣等一切奏报文移,务当格外慎密,以免该夷探听消息。即营中之人,亦宜加意严防。是为至要。薛焕折著钞给阅看。将此由四百里密谕知之。

钦此。遵旨寄信前来。

——《咸丰同治两朝上谕档》第10册,第223页。

四月

四月初五日

〇上谕

军机大臣密寄钦差大臣、科尔沁博多勒噶台亲王僧,盛京将军玉,直隶总督恒。咸丰十年四月初五日奉上谕:

有人奏,夷人登陆滋扰,必先勾通内地民人为之向导,方敢深入等语。前据薛焕奏,探闻该夷觅得山海关以内海岸登陆,径奔都门,并侦知大沽左右有盐田,水深可以泊船,欲由此上岸,抄炮台后路,业经谕令僧格林沁、恒福将如何布置之处迅速奏闻。该夷诡谲异常,现在沿海窥探,难免与内地民人勾通,豫为临时向导。该大臣等营内官兵,似不至与该夷通气。惟乡勇及贩卖食物等人,恐有奸细混迹,非认真稽查,未易败露。著僧格林沁、玉明遇有形迹可疑之人,严密访拿,破其奸计。天津五方杂处,闽广人颇多,沿海各口地方辽阔,更恐有匪徒埋伏,为该夷所用。著恒福遴委干员,会同地方官并公正绅士,编查保甲,严拿奸细,使海滨肃清,以弭隐患,毋得视为具文。盛京之田庄台、没沟营等处,著玉明一体办理。其山海关一带,即著僧格林沁密饬增庆等严查拿办,断不可稍涉大意。俄酋伊格那提业幅正月间来文,有兵船欲到北塘听其调度之语。现在该酋以乌苏里等处地界不允所请,语益不逊,欲于初八日由京赴北塘登舟。该酋心存叵测,或勾结英弗滋扰,伊从中说合,意图取利;或暗助英弗,与我寻衅,逞其狂悖,均未可知。若阻其前往,未免受其挟制,

已谕步军统领衙门、顺天府派委员弁护送前往,俟到北塘后,著恒福委员即饬该酋迅速登舟开行,毋令逗留,并著僧格林沁严加防范。倘该夷欲换利哈彻幅来京,一面设法阻止,一面奏明请旨。将此由五百里各密谕知之。

钦此。遵旨寄信前来。

——《咸丰同治两朝上谕档》第10册,第235—236页。

四月初七日

〇上谕

军机大臣密寄钦差大臣、科尔沁博多勒噶台亲王僧,直隶总督恒。咸丰十年四月初七日奉上谕:

俄罗斯伊格那提业幅,现定于初八日由京前赴北塘,本日业经传知顺天府专派妥员护送前往,并令将食宿之处妥为办理矣。著僧格林沁、恒福即行派委员弁迅速探迎护送,并饬沿途地方官,照顺天府一律办理。俟该酋登舟后,即令开行,勿使在该处逗遛。其经行道路,务须由北仓行走,不准前往天津及大沽炮台后路等处,免其窥见,致令得我虚实。是为至要。将此由四百里密谕知之。

钦此。遵旨寄信前来。

——《咸丰同治两朝上谕档》第10册,第238页。

四月初九日

〇僧格林沁、恒福奏

奴才僧格林沁、奴才恒福跪奏,为遵旨相机布置,并俄夷得有回信,尚未开驶情形,恭折奏祈圣鉴事。

窃奴才等于上月卅日承准军机大臣密寄,咸丰十年闰三月二十九日奉上谕:据薛焕奏,探闻夷船等因。钦此钦遵。奴才僧格林沁业经恭录谕旨,札行副都统增庆等,一体钦遵办理在案。查薛焕探闻夷情,仍近虚声恫吓,测度该夷之意,无非希图大沽防兵调拨他处,该夷得以乘隙窥伺。至于该夷步队登岸远袭津郡等处,在在不易各情形,奴才等已于闰三月初六日详细陈明在案。惟大沽左右,山海关附近,各有口岸数处,大船虽不能上驶,其沿海地方处处皆可登岸,实属防不胜防,且亦无此兵力。是以上年将涧河口、老米沟、秦王岛等处官兵撤回山海关,大小炮位运回附近县城,仍常川哨探,来往梭巡。至现在海防用兵情形,各处布置严密,奉天、山海关、大沽驻扎重兵,该夷自必深悉。其可以登岸之处,

竟不设兵防守，该夷以为故示疏失，诱令深入，聚而歼旃。虚实相间，山海关各海口似无须拨兵驻扎。第兵法变幻靡常，奴才等亦不能料其必不敢由彼登岸。

至距大沽二百余里，距京师三百余里，港阔水深，可以登岸，查山海关以内，无此地方。其临榆县属之秦王岛，昌黎县属之浪窝口、蒲河口，乐亭县属之老米沟，距山海关数十里及一二百里不等，距大沽、京师均在四五百里。由该处登岸，数十里之内并无镇市，仅有零星村落，该夷裹粮不易，觅食维艰。惟距北塘六十里、距大沽百里之芦台镇地方，人烟铺户较多，为米粮聚集之所，由宁河、香河、通州至京师，约在三百余里。因该处地方紧要，本年二月间劝令绅民挑筑环濠，举行团练，均经齐备。该处为营城后路，且地势平坦，马队驰骤，极为得力。现在各营步队官兵，均经派定防守炮台营垒；其后路策应，左右截击，全恃马队。倘该夷人数众多，水陆分投并进，步队官兵足资抵御，马队远处截击，近处策应，似不敷分拨。奴才等现已将备调宣化镇标官兵一千名札调来防，即令在北岸距炮台十里之唐儿沽驻扎，以为后路应援，即可替出马队，临时分投截剿。营垒后路有此步队，亦不致空虚。奴才僧格林沁现已督饬西凌阿、增庆等，沿海随时妥为侦探，务使声势联络，气息相通。该夷一经登岸，何处就近，何处拨派马队前后兜击。如此酌量布置，兵力既厚，防守益增严密。

至俄夷大船二只停泊北塘，舢板进口，上月二十七日接收信函，代为寄京，舢板随即退出。其后来大船一只，即于二十八日起碇往东南驶去，仍留一只守候。二十八日由军机处交出信函一件，即交该夷收领，舢板仍在口内停泊，听候夷馆回信。本月初四日交出该夷回信一件，已交该夷收领，原期该夷得信后即可开行，讵料舢板船一只，夷人数名，仍在北塘逗留不去，又无通中国言语之人。屡经指画，催令开行，无如该夷逞刁咆哮，用手指画，似系仍要食物形状。查该夷船初到时，开单所要食物淡水，当经派弁送往，并不收受。后又仍要食物，业经付给。奴才等若非仰体皇上柔远外夷有加无已，则断难任其推而复索。今该夷无厌要求，逞刁狂悖，情近欺凌，又无通中国言语之人，似难揣度供应。

正在办理间，本月初五日寄谕，仰荷圣明指示周详，奴才等跪聆之下，莫名钦感。查该夷诡谲异常，难免勾通内地民人，豫为向导，亟须认真严密查拿。其山海关一带，奴才僧格林沁已遵即密饬增庆等严密稽查，妥为防范。所有大沽一带马队步兵，自奴才等到防后，曾经严饬各营及文武地方官认真稽查，遇有可疑之人，随时盘诘。至大沽各营以外添筑长濠，安设门座，前已饬派官兵分驻各门，盘查出入。至进口漕船舵工水手，多系在上海雇觅，其中惟恐暗伏奸细，奴才等派委文武各员，于稽查洋药之外，并令按船查对人数，每遇护照与人数不符者，即将耆民详讯供招，札饬天津道，派弁沿途密查，及该船抵津后，亦令地方官随时稽查，以杜奸匪混迹。并曾经晓谕各项船只，倘遇夷船驶至海口，俱不准其出口，以免宣泄防守情形。天津五方杂处，易于藏奸，自环濠工竣之后，业经饬令地方官督同绅士严查保甲，慎防奸细，并于各濠门添设卡房，派拨官兵，认真盘诘。现复遵旨严饬各该

官兵密为访拿，毋稍疏懈，以期仰副皇上慎重海防之至意。

再，此次俄罗斯来至北塘，形踪诡秘，骄傲异常，难保非给英、佛窥探虚实，暗怀奸计。今在京俄酋伊格那提业幅又欲来至北塘与该夷会面，更属可疑。揆其情形，决非好意。查英、佛与俄夷本属狼狈为奸，若不知我虚实，尚存疑惧之心，似此俄夷内外消息相通，往来会面，英、佛何事不知的确？嗣后若不严禁往来，不特难防奸细，（及）［即］海防事务更难办理。可否请旨饬下理藩院传谕该夷，经此次出京之后，不可再有往来，以免窥探勾通。至俄酋利哈彻幅倘欲进京，奴才等自当竭力设法阻止，再行奏闻。

所有遵旨相机布置、酌调防兵各缘由，谨恭摺覆奏，伏乞皇上圣鉴。谨奏。

［咸丰十年四月初七日］

咸丰十年四月初九日奉朱批：知道了。俄夷备知底细，亦不在往返晤面，便可泄漏机关，总在御之得法。若海口立阻其来，反致该夷有所借口。往返护送，不过在京饶舌，路途烦扰。若永泊拦江沙内，将来必形费手。钦此。

——《第二次鸦片战争》第 4 册，第 360—363 页。

○僧格林沁奏

瞭望北塘拦江沙外，又有夷船一只，与俄夷大船一处停泊，自必仍系前次开驶之俄夷船只。

朱批：知道了。

——《筹办夷务始末（咸丰朝）》卷五一，第 11 页。

○僧格林沁等奏（节录）

再，山海关各项工程，需用甚巨，值兹经费维艰，自应藉资民力。前经派委道府，督同地方官妥为劝输，一有成数，随时奏请奖励。本年二月初五日，奴才僧格林沁附片陈明，并将前次捐输各员奏蒙恩准，奖叙在案。兹据署临榆县知县恩泰禀称……据该县贡生王士博等七员名，共续捐实银八千二十两，业经解交通永粮台，照数兑收前来，自应照例给予奖励，以昭激劝。并据该粮台覆议，该生等请捐升衔、职衔，按照筹饷事例，均属有盈无绌。奴才等覆核无异，谨将各捐生等缮具清单，恭呈御览，可否照请奖叙之处，出自天恩。如蒙俞允，由部添发执照，即行分给祗领……

计开：

贡生王士博，捐银二千五百六十两。查由贡生捐知府衔，银四千二百五十六两，减四成，合银二千五百五十四两。拟请赏给知府衔。

举人、双月选用知州田植仁，捐银一千十两。查双月知州捐三班，银一千四百三十一

两,减四成,合银八百五十九两。拟请赏给知州本班先无论双单月选用。

俊秀杨魁清,捐银一千二百十两。查俊秀捐武监生,实银一百八两;又加捐游击衔,银一千八百二十四两,减四成,合银一千九十五两。共银一千二百三两。拟请赏给监生,加游击衔。

监生郝岳□,捐银一千一百五十两。查监生补交四成实银四十五两;又加捐通判衔,银一千六百两,减四成,合银九百六十两。共银一千五两。拟请赏给通判衔。

俊秀张林,捐银一千九十两。查俊秀捐监生,实银一百八两;又加捐通判衔,银一千六百两,减四成,合银九百六十两。共银一千六十八两。拟请赏给监生,加通判衔。

贡生赵长庚,捐银二百两,查贡生捐州同衔,银三百两,减四成,合银一百八十两。拟请赏给州同衔。

同知衔徐步云,捐银八百两,请赏四品顶戴。查捐例并无此条,应否赏给之处,拟请敕部核议。

咸丰十年四月初九日奉朱批:户部核议速奏。钦此。

——录副奏折,档案号03-4314-071。

○薛焕奏

巡抚衔江宁布政使薛焕奏:

窃臣于闰三月二十五日奉钦差大臣、两江总督何桂清传谕,承准军机大臣密寄,闰三月十八日钦奉上谕二道。臣跪诵之下,钦佩莫名。

伏查英酋普鲁斯狂悖已极,不肯与大小官员相见,诚如圣训,无庸再与该酋哓辩,转令彼持之愈坚。臣屡与署苏松太道吴煦等密函,暗嘱华商窥其动静,随时向夷商开导,总谓圣恩高厚,视天下如一家,中外商民,悉为赤子,奈普鲁斯既不知感悟,又不悔上年之败,仍欲构兵,岂尚不知北省军威不可轻犯?因举钦差大臣僧格林沁前曾围剿逆匪林凤祥、歼毙无遗之事,备告之以生其畏。又言普酋如此妄为,早可闭关绝好,乃大皇帝不忍外国商民失业,仍准照旧通商,尔等幸蒙莫大恩施,如能劝令普酋悔悟,早日就抚,将来获利岂不更多?歆动之以生其感。然此等理谕之词,但能笼络夷商,使其不附普鲁斯作祟,而该酋报复之念,仍坚执不移。

吴煦等探闻该夷既欲虚攻大沽,别由山海关以内登岸,遂分股抄袭大沽后路,均用马队前导。近又探得佛酋拟欲分扰山东登州、莱州一带,牵制我师,使我师应接不暇。又据候选知县黄仲畬钞闰三月新闻纸及各夷信,译书英、佛两夷船数兵数清单,具禀到臣。虽虚实皆未可知,而不能不严为之备。

臣方谓额尔金即可到沪,应遵谕旨,先责普鲁斯背约之罪,而以仍准议和,宣导天朝格

外宽恕之恩。拟谕以条约之设,原以既经议和,即当不再用兵。上年天津之役,普鲁斯擅自带兵前去,其时中国不但不责其带兵即是背约,尚遣官馈物,上船投文,实已曲加礼貌。乃普鲁斯却物不收,退文不接,硬肆兵船入口,悬挂红旗,毁坏防具,与我接仗,以致自取败衄。是普酋首先构衅,前约已不足凭,应另行会议妥协,方能永久。此说若额酋前来,即使未必听从,冀可藉以删改约内窒碍之事。

正在禀商督抚臣筹办间,适接吴煦等函称,据华商报,额尔金自英国启程,道经佛国,拟约葛罗同来。佛夷国王谓女主忽战忽和,太无主见,只为各行其志,佛仍一意主战,现又添兵四千。额尔金以葛罗既不复来,亦回覆该国女主不来中国,仍听普鲁斯主持,有兵船不日北驶之说,并钞录译书新闻纸前来。臣查额尔金、葛罗原定四月初间可到,今忽中止。此次新闻纸,乃上海夷馆闰三月二十四日卯刻,普鲁斯必另接有该国密信,不令人知。究竟是何诡谋,额尔金、葛罗果否不复前来,殊难悬揣。惟现称夷船不日北驶,诚不可不豫为严防。

至定海情形,臣接浙江宁绍台道梁恭辰来文,该夷渐肆无状,甚至强索钱粮征册,擅入监狱。夷兵约三四千名,轮流入城操演,夷目分股巡查,情殊叵测。请派熟悉夷务之员前往妥办,冀免决裂。

据吴煦函称,接奉浙江抚臣王有龄函谕,已委署松江海防同知俞斌,带华商杨坊前赴定海各等语。又风闻定海武营衙署堂廊及各城门皆有夷兵盘踞,兹饬密查前去,俟得上海、定海两处动静确报,容即随时驰奏。

朱批:另有旨。该两国一欲战,一欲和,足征其实不欲战,碍难开口。此机关实不可失也。

——《筹办夷务始末(咸丰朝)》卷五一,第11—13页。

〇薛焕奏

臣接奉闽浙督臣庆端咨会,本年三月十五日,有荷兰国双桅夷船一只,内夷兵一百余名,红毛双桅夷船一只,内夷人五百余名,俱带器械,先后驶至厦门,闻系转往上海,旋于十七日驶出处洋,均往北而去,等因。臣查红毛即英夷之别种也,近来上海正有英船陆续驶至,荷兰则别是一国,此船恐系由英佛两夷雇募而来。上海现无荷兰国兵船进口。

朱批:知道了。

——《筹办夷务始末(咸丰朝)》卷五一,第13—14页。

〇薛焕奏

正在缮折间,续接吴煦等函称,普鲁斯及布尔布隆,自三月二十三日呈报照会督臣何桂清公文,乞为代奏后,迄未来请看上谕,该酋等用兵之念坚决异常,实堪发指。现闻夷商纷纷私议,英佛兵船本拟于五月初七、初八等日齐集北洋,分路侵犯,若额尔金、葛罗不来

中国,其用兵日期尚要提前。吴煦等因令华商于有意无意之间向老成夷商密探,据云兵船现已由定海及各口陆续北驶,未必均来上海寄碇,其举动约期虽不能知,大约总在四月以内。另闻该夷雇募熟习直隶路径之广东匪徒甚多,并欲用牛只(驼)[驮]负木人冲突,名为火牛阵。旋据定海探报,亦言夷船之泊定海者,装有木人火牛等物,又有广东跣足匪徒一千余名,均戴竹盔,穿夷字号衣,输流上岸,搬运器械,近日该夷广购喂饲牛马草料等情,由吴煦等密报前来。臣查夷人居心阴险,其用兵日期及设计冲阵,未必肯自泄漏,诚莫窥其虚实。第既有所闻,自应备豫不虞。

——《筹办夷务始末(咸丰朝)》卷五一,第 14 页。

○薛焕折附件

英夷新闻纸

连日盼望公司轮船,均谓额尔金不日可到。孰知五月十四日,即中国闰月二十四日,七点钟,轮船到沪,各商家均接本国之信,竟已大换章程。额尔金于三月初启身,先过佛国,欲邀葛罗同来中国,酌定是战是和,原有一线转机。乃佛王盛怒,颇谓英主忽是忽非,既欲遣使再往中华,亦惟各行其道,现在佛国定见,增兵四千名,并添战船战具,续到天津,一(径)[经]进京,定欲责问背约之咎。额尔金在佛国二十余日,会议多次,毫无转机,当即知会英伦女主,曰佛既如是,我国亦不复遣使重去,诸听普鲁斯主持,与佛同上北京。此言在英国未知中国情形,若知京都如此回文,亦必添兵,战恐不远,现俟船齐,一准北驶,毫无他议矣。佛兵船军政使,在定海索取该厅实征内兵册,藉以查户口人数,占衙署不过借以凉爽,均无他故,果欲侵占地土,有何难哉?是知其意在北而不在南。

英、佛两夷停泊各海口船只兵丁数目清单

香港泊英国兵船十九只:

大夹板船一只,炮四十四门,水兵三百七十五名;

大火轮船一只,炮六门,水兵三百五十名;

大火轮船一只,炮五十一门,水兵五百名;

大火轮船一只,炮十七门,水兵一百五十名;

大火轮船一只,炮六门,水兵一百六十五名;

大火轮船一只,系向夷商租凭,炮位兵丁未载明数目;

大夹板船一只,无炮位,水兵二百名,陆兵五百名,此系住兵之船,不以攻战;

大夹板船一只,装载粮食;

大夹板船三只,共炮八门,住医生及病伤兵丁;

浅水火轮船八只,共炮二十四门,水兵三百四十八名,每船约兵五六十名,往来通递书信,接济兵食。

以上各船现住香港,计不日尚有移动。

定海泊英国兵船十二只:

大夹板船一只,水兵五百名;

大火轮船一只,水手三百五十名,水兵四百五十名;

大火轮船一只,炮五十一门,水兵五百三十名,兵头尊士所驾,以为中军;

大火轮船一只,炮二十一门,水兵四百名;

大火轮船一只,炮十六门,水兵三百五十名;

大火轮船五只,无炮位,每船约装陆兵六百名,共三千名,及粮食军械;

中火轮船一只,炮六门,水兵一百一十名,走报书信,往来接济;

浅水火轮船一只,炮二门,水兵三十七名。

上海泊英国兵船六只:

大火轮船一只,炮十六门,水兵二百四十名。

大火轮船一只,炮六门,水兵一百十四名,此船现装陆兵二百名,不日赴新德记行屯扎;

大火轮船一只,炮六门,水兵一百一十名;

浅水火轮船二只,共炮四门,水兵七十四名;

夹板船一只,炮十六门,水兵一百三十名。

登州泊英国兵船六只:

大夹板船一只,炮二十六门,水兵二百名;

大火轮船一只,炮二门,水兵一百六十五名;

浅水火轮船四只,共炮九门,水兵一百八十五名。

广州泊英国兵船六只:

大火轮船一只,炮二十一门,水兵一百五十四名;

大火轮船一只,炮十六门,水兵二百六十名;

大火轮船一只,系向夷商租赁,炮位兵丁未载明数目;

浅水火轮船三只,共炮十门,水兵一百三十七名。

福州泊英国兵船:

大火轮船一只,炮三门,水兵五十名。

厦门泊英国兵船:

夹板船一只,炮十二门,水兵一百三十名。

宁波泊英国兵船：

浅水火轮船一只，炮二门，水兵三十七名。

日本泊英国兵船三只：

中火轮船二只，无炮位，装夷人二百名，汉人四百名，专为购买牛只马匹而设，近已回上海，不日仍赴日本云；

浅水火轮船一只，炮二门，水兵三十七名。

上海泊佛国兵船八只：

大夹板船一只，炮五十门，水兵四百名，兵头卑治所驾；

大夹板船一只，炮四十门，水兵三百七十五名；

大夹板船一只，炮位人数未载明；

大火轮船四只，炮位人数未载明；

浅水火轮船一只，炮六门，水兵一百十九名。

定海泊佛国兵船五只：

大火轮船四只；

浅水火轮船一只。

登州泊佛国兵船：

浅水火轮船三只，共炮十八门，水兵三百五十名。

香港泊佛国兵船六只：

大火轮船五只；

浅水火轮船一只。

其英船尚欠兵船八只未到，近闻已抵新加坡，十日前后可到香港；佛船未到者，未详确数。

——《筹办夷务始末（咸丰朝）》卷五一，第17—21页。

○上谕

军机大臣密寄钦差大臣、科尔沁博多勒噶台亲王僧，直隶总督恒。咸丰十年四月初九日奉上谕：

僧格林沁等奏，俄夷得有回信、船只并未开驶情形，业于折内详晰批示矣。本日复据薛焕奏，探闻英、佛两夷欲战欲和，主见未定，续经探知，有定于四月内北来决战之说，并将新闻纸及所探夷船数目单抄录呈览各等语。额尔金由英赴佛，本欲约葛罗同来，因佛夷意欲决战，额酋亦不复来中国，仍听卜鲁斯办理。此等传闻之词，本不足凭信，惟既有此说，亦见其本不欲战，碍难开口，有此机会，殊不可失。已谕令何桂清、薛焕妥为筹商，迎机酌

办。至所探英佛兵船现已由定海及各口陆续北驶，其举动总在四月以内，并欲用牛只驮负木人冲突，兼雇有广东跣足匪徒一千余名等情形，种种诡谋，亦不可不严为防备。僧格林沁等于海口防务，大致以虚实相间、马步相辅为主，布置自属周妥。傥夷船果于日内陆续驶至，应否将备拨官兵先期调派，以壮声势，即著僧格林沁、恒福悉心酌办。既有木人、火牛等事，自应多挑濠沟为要。其余应如何设法抵御，并著豫为筹画。薛焕折片并新闻纸、船数单，均著抄给阅看。至俄酋伊格那提业幅到北塘后，傥必欲易换利哈彻幅前来，似亦无庸过于拦阻，致该夷有所藉口。仍著该大臣等酌度情形，妥为办理。将此密谕知之。

钦此。遵旨寄信前来。

——《咸丰同治两朝上谕档》第10册，第239—240页。

四月十七日

○僧格林沁、恒福奏

奴才僧格林沁、奴才恒福跪奏，为俄酋已至北塘登舟起碇，恭折仰祈圣鉴事。

窃奴才等于本月初十日恭奉朱谕，并承准军机大臣密寄咸丰十年四月初九日恭奉谕旨一道，抄录薛焕原奏等件。奴才等均已敬谨聆悉。查原奏内称，探闻英酋额尔金道经佛国，拟约葛罗同来，佛国一意主战，额尔金亦回覆该国女主，不来中国，仍听卜鲁斯主持等语。该酋将命而出，听从他国嘱令，即可中道而止，情理殊为不通。且上年十一月二十六日何桂清奏报，英夷用兵之意已决，佛夷断难专主，英、佛貌合心离，不愿合兵。何以此时佛夷一意主战？又原奏内称，定海夷兵三四千名，轮流入城操演等语。其三四千名，自系见其轮流入城约计之数，并非实见有三四千名屯于一处。至操演自应在城外空旷无人处所，何须入城操演？其为以少诈多，欺哄庸愚，已可概见。前经探闻购买马若干匹，骑坐木人，以便冲突。今将马匹弃而不用，另用牛只，名火牛阵。是其种种情形，均不可信。现惟加意慎防，该夷虽诡诈百出，我军稳若磐石，不为摇动，该夷即无隙可乘。

查大沽左右，并炮台后路，以及津郡一带，节节驻兵，层层布置，若该夷船只人数不致众多，我兵拒之自有余力。倘果如历次新闻纸所开船数人数，或更有加增及分股扰犯，亦惟以此兵力抵敌。马步官兵应战应守，均经分定段落，拟请暂缓添调。各项布置或明或暗，远近虚实相间，无可再加严密。现仍督饬各营官兵昼夜严防，沿海梭巡，不敢稍涉大意。山西官兵头起五百名，已于初十到防，其余不日即可到齐，即令在津郡驻扎，分于海河两岸，防守东面环濠。续调宣化官兵一千名，据报已于本月初九日起程，一俟到来，饬令在唐儿沽驻扎。

至俄酋伊格那提业幅，于初十日住北仓，十二日住北塘，当派员外郎德祥、运司崇厚、天津道孙治前往北塘照料。计来夷人二十六名，是日上船十六名，十四日全数上船，十五

日辰刻开行南驶。十四日通事明长呈出信函三件，皮面汉书一件，递礼部转呈军机处一件，专致奴才僧格林沁一件。嘱托收存，俟伊国续有船只到来代交。经德祥等告知，中国王大臣不收外国信函，现在中国正在英、佛交兵，嗣后俄国船只总以不来为是，信函不能代为收存。该夷执意不从。已将递送礼部转呈军机处信函一件留存，转交夷船信函一件接收，其余信函一件，已经掷还。查此次夷船驶至北塘，夷酋出京各情形，深为叵测，难保无暗藏奸计，殊堪发指。该夷开驶后，势必前往上海与英、佛暗通消息。至津沽一带兵力布置，俄夷尽知详细，俄夷转述一切，英、佛二夷亦必深信不疑。防守既已严密，该夷料难窥伺，欲和之意必坚，欲和之情必切，所最难者，先出诸口，自彼求和。全在上海办理得当，迎机善导，使之就我范围。诚如圣谕，有此机会，殊不可失。

再，本月十三日接准顺天府文称，初七日恭奉寄谕，军机大臣面奉谕旨：夷人起程不准雇给轿夫等因。钦此。奴才恒福派令文武委员在杨村等候护送，旋据禀称，询之顺天府委员声称，夷人出京三十里，至于家卫地方，坐轿直至北塘等语。查中华民人不应受雇于夷人抬轿，虽系愚民无知，究属不合。已将轿夫九名带至大沽惩办示儆。

除由奴才恒福将信函备文咨送礼部外，所有俄夷登舟起碇缘由，谨恭折覆奏，伏乞皇上圣鉴。

至前派查探夷船之营弁谢(超)[起]发，于本月初十日回营，合并附陈。谨奏。

[咸丰十年四月十五日]

咸丰十年四月十七日奉朱批：览奏各情俱悉。钦此。

——《第二次鸦片战争》第4册，第372—374页。

四月十九日

〇玉明奏

四月十二日，据金州旗民地方官详报，四月初七日，和尚岛口外见有火轮船一只停泊，旋有商民十七人驾驶杉板小船登岸，据称，系江南金永康、金长源船户高暢堂、金锡蕃等，由没沟营装载豆石，于四月初三日行至山东洋面，被火轮船拦截，带至和尚岛口外，用杉板小船送伊等上岸，将水手张老海，连船载粮货扣留，经该地方官查验照票相符，发给口粮等情，驰报前来。奴才查该夷在山东洋面胆敢劫掠商船，桀骜情形，实堪发指。金州和尚岛距城较近，防堵最为吃紧，已飞咨该副都统希拉布，督饬旗民地方官严行戒备，并由驿六百里咨会钦差大臣僧格林沁知照，仍通饬金州、锦州滨海旗民地方官一体严加防范

朱批：知道了。

——《筹办夷务始末(咸丰朝)》卷五一，第26—27页。

四月二十一日

○上谕

军机大臣密寄钦差大臣、科尔沁博多勒噶台亲王僧，直隶总督恒。咸丰十年四月二十一日奉上谕：

本日据玉明奏，漕船在山东洋面被夷船截抢，该夷复在船演放炮位，并有夷船二只，向青泥洼行驶各等语。据称，金州和尚岛口外，有火轮船一只停泊，并江南金永康等商船，在山东洋面被劫。初八日，该夷火轮船一只，向东南洋驶去，复有该夷劫来丁游船一只，与前劫商船一处停泊。据被劫船户登岸声称，由上海装运漕米，行至威海城山头，被火轮船截抢，带到青泥洼口，原人俱令登岸。每商船有夷人五六名，并不交给原票，前后共劫去商船六只，并将船身另涂白色，欲改修火轮船，带赴天津打仗。该夷复在船演炮，惊骇乡民。又有白布篷船一只、四桅重叠篷大夷船一只，向青泥洼行驶，各等语。该夷截抢漕船，涂改船色，扣留商船原票，情殊叵测，难保非汉奸假称被劫商船，登岸窥探虚实；更难保该夷不藉此船只，潜载夷兵，扮作商船，执持照票，混入各口，随处埋伏。著僧格林沁等密饬将弁严为防备，俟漕船进口时严密盘查，庶免堕其奸计。是为至要。将此密谕知之。

钦此。遵旨寄信前来。

——《咸丰同治两朝上谕档》第10册，第257页。

五月

五月初二日

○上谕

军机大臣密寄钦差大臣、科尔沁博多勒噶台亲王僧，直隶总督恒。咸丰十年五月初一日奉上谕：

前据文煜奏，佛夷孟姓船只驶至烟台山下，约有三四千人，持械上岸，于山上扎营，并张贴伪示，尚无滋扰，已派署青州府知府董步云等前往询问来意。当经谕令该抚，饬令该员等，谕该夷以上年曾经知照该国，按米利坚换约之事商办，未据答覆，今骤然带兵前来，查该处并非通商之地，亦非商办换约处所，未便久留，应即回上海，向钦差大臣商议，向其妥为开导。本日复据文煜奏，该夷自占踞张姓房屋后，复占踞比邻刘姓房屋，于山下开井二眼。二十一日巳刻，东南洋面复驶来火轮船二只，仍泊芝罘岛，并由该船搬下马鞍二三百盘，并未见有马匹。又逼令各铺户买伊洋钱使用，似有挟制通商之意，等语。夷人船只

久在山东洋面游驶，兹复于烟台地方上岸扎营，并陆续占踞民房，实属心存叵测。现已饬令文煜密为防范。该夷既携带多兵，恐以烟台为屯聚之处，仍欲驶往天津及山海关等处，肆行滋扰。僧格林沁等于大沽海防业已办理周妥，其附近各海口情形，仍著随时侦探。傥该夷等或实有欲用马匹乘虚抄袭情事，应如何设法堵御，即著该大臣等豫为筹画布置为要。将此密谕知之。

钦此。遵旨寄信前来。

——《咸丰同治两朝上谕档》第 10 册，第 281 页。

五月初八日

○薛焕奏

巡抚衔调任江苏布政使臣薛焕跪奏，为英、佛联为一气，恃其兵力厚集，并因苏省兵情溃裂，狂悖愈甚，额尔金、葛罗仍有不日到沪之说，恭折由驿驰奏，仰祈圣鉴事。

窃臣于四月二十二日钦奉朱批："另有旨。该两国一欲战一欲和，足征其实不欲战，碍难开口，此机关不可失也。钦此。"同日奉到咸丰十年四月初九日寄谕一道，跪诵之下，仰见圣明洞鉴，毫发无遗，莫名钦服。伏思臣自四月初六日回沪，其时即值常州、无锡贼势披猖，苏州又相继不守，通省人心惊惶，沪上商民无不携资远避，夷人耳目最近，一时几欲立起变端，幸吴煦妥为安抚，尚未滋事。至四月十七日督臣何桂清到沪，即同臣等接见英酋卜鲁斯，该酋夜郎自大，所言皆无情理，经何桂清与臣等反复开导，毫不悔悟。提及"和好"二字，彼则言并无和好。告以公事总须互商方能有益，彼则云并无商量，如欲完结，只有前致军机大臣所索四条概予准行，否则打仗，别无二说。再向训导，默然不答。佛酋布尔布隆不肯见面，但其副使哥士耆来督臣何桂清处，据称如有要言告知哥酋，即与面谈无异，及见哥士耆，所言亦与卜酋相同，而于驻京一说尤坚决不破。告以上年天津之役，尔国并未附和，中国与尔素敦和好，哥酋则谓上年赴津换约，系遵国谕而行，该国并未带兵，何以英国到彼尚有人送照会上船，独该国无人理之？是中国将彼比于属国，不肯以平礼相待，所以该国王立意决战，无可商量等语。何桂清答以布酋上年赴津，直隶恒总督派人寻觅，欲与接见，因洋面宽阔，未经寻获其船，并非轻待。卜酋、哥酋又称，额尔金、葛罗不日仍来中国，立即赴津办事，断不在上海停留，外省大臣亦不能主持此事，词气狂妄已极。米酋华若翰现亦来沪，与臣等接晤，据称该酋亦要赴津。臣等告以尔国公事业已办竣，向其阻止，而该酋则谓英、佛既到天津，我亦必须前往察看。该酋之意虽非有心作祟，亦不能代为出力。

今英、佛二酋既联为一气，又伺我军情万紧，胁和之念愈坚，虽经何桂清督同臣等面为开导，又暗嘱华商设法化解，奈夷情执拗较前尤甚，明系知我大营全军解体，恃彼兵力已

增,肆无顾忌,任意要求,实非情理所能感悟。

现探得英兵已陆续屯扎山东之成山,佛兵亦扎成山对峙之高丽洋岛,一俟额酋、葛酋到来,即同北驶。臣惟有矢尽愚忱,相机设法,再随同何桂清实力开导,总冀挽回一分即尽一分心力,断不稍存委卸,自外生成,以期仰副圣主廑念边防之至意。

所有英、佛联为一气,狂悖愈甚情形,谨恭折由六百里密奏,伏乞皇上圣鉴训示。谨奏。

[咸丰十年四月二十四日]

——《第二次鸦片战争》第4册,第380—381页。

〇上谕

军机大臣密寄钦差大臣、科尔沁博多勒噶台亲王僧,直隶总督恒,山东巡抚文。咸丰十年五月初八日奉上谕:

本日据薛焕奏英、佛联为一气,狂悖愈甚一折。据称何桂清到沪,见卜鲁斯,反复开导,毫无悔悟。佛夷哥士耆所言,亦与卜酋相同。又称额尔金、葛罗仍来中国,立即赴津办事,米酋华若翰亦要赴津等语。英、佛两夷因江南大营溃退,愈肆恫喝,据称英兵已屯扎山东之成山,佛夷亦扎成山对峙之高丽洋岛,一俟额酋、葛酋到来,即行北驶。著僧格林沁、恒福随时侦探,密为防范。其山海关一带,亦应一体严防。佛夷已占踞烟台地方,文煜前派署青州府知府董步云等前往询问来意,著即督饬该员妥速办理,并于各海口认真严防,以免该夷登岸滋扰。是为至要。原折著钞给阅看。将此密谕僧格林沁、恒福,并由四百里密谕文煜知之。

钦此。遵旨寄信前来。

——《咸丰同治两朝上谕档》第10册,第300页。

五月初九日

〇僧格林沁、恒福奏

奴才僧格林沁、奴才恒福跪奏,为恭折覆奏,仰祈圣鉴事。

窃奴才等于本月初三日承准军机大臣密寄,咸丰十年五月初二日奉上谕:夷人船只久在山东洋面游驶,兹改于烟台地方上岸扎营,等因。钦此。查佛夷现在山东烟台地方扎营凿井,占住民房,屯聚夷兵,故作前来报复之状,其中难保必无英国之人。揆度夷情,欲和无由,欲战难操必胜。自去年至今,百端恐吓,不过要我言和,伊等便可乘势奢求,数月以来总未遂其诡计。英、佛曾云十二月内必要报复,弹指英、佛兵败至今已届一年,若不有此举动,其势无颜以对诸夷,所以英酋额尔金半途回国。如今在烟台屯兵又不露英国之名,种种情形,皆是自留议和地步。此时若责成上海迎机善导,或可就我范围。倘英、佛绝意

报复，或直犯大沽，或由祁口、北塘马步登岸，绕袭我后。现在祁口、北塘迤后添设营盘，唐儿沽挑筑濠墙，官兵防守，遥为声势。临时多设侦探，一经见有夷船，即令两盟马队节节策应，诱其深入，合兵会剿。大沽海口现又续造万斤铁戗，连前已足密排。兹有天津被掳民船登岸回津，讯据声称，伊驾船为生，由上海卖货回津，于四月初七日在山东烟台迤东洋面遇见夷船一只，将伊船掳去，带去奉天金州地面，将舵工水手全行逐下，伊即搭船回津。曾见该夷将船桅截去一半，船面周围竖立板墙，上钉牛皮，涂以白灰，以备打仗。现已劫去沙卫各船四十余只，闻得意欲劫掳百只方足使用。设使该夷用所掳之船连成一处，乘潮涌进，闯我防具，有此铁戗层层密布，足资拦挡。

查双港炮台，原因当年夷人骚扰海口，轰塌炮台，天津亦无可守之地，是以权在双港安设炮台营垒，以防水路。今津郡环濠已成，海河两岸炮台工竣，已将双港各营炮位全数运赴天津，分设两岸炮台炮洞，水陆兼防，以省兵力，其双港炮台营垒，仍留作为虚营，以壮声势。所调山西兵二千名、天津镇标兵一千名及该处芦团练勇，均已分守天津环濠。所有前项官兵均应派员管带。查署天津镇总兵冷庆现在海口带兵，天津道孙治亦在海口总办粮台，均未能兼顾。奴才等即就近札委长芦盐运使崇厚管带，以资操防，并饬各项官兵严密防范。是天津布置亦可无虞矣。

惟佛夷兵船既停泊烟台，夷兵上岸扎营，有鞍无马，行踪叵测，水陆相距大沽皆不甚远。奴才等除督饬各营将弁昼夜严防，及饬令西凌阿、增庆慎选官兵，沿海侦探，妥为防范外，并于天津、静海、盐山、庆云沿途添设马拨，络绎驰报。复经飞咨山东巡抚文煜，速饬登州镇道，由烟台至直隶庆云一带安设马拨，逐日将夷人动静飞报奴才大营，以便酌量缓急，随时调度，并令该抚转饬登州镇道，严饬各州县禁止，毋许卖给马匹，以杜该夷诡计。

所有奴才等筹画缘由，谨恭折具奏，伏乞皇上圣鉴。谨奏。

[咸丰十年五月初六日]

咸丰十年五月初九日朱批：览奏已悉。钦此。

——《第二次鸦片战争》第4册，第394—396页。

〇僧格林沁、恒福奏

钦差大臣、科尔沁亲王僧格林沁，直隶总督恒福奏：

窃查大沽海防最关紧要，即使将来英、佛就抚之后，夷情诡诈，反覆靡常，海口设防亦不容稍涉大意。咸丰八年原议，除大沽协存营官兵一千六百名外，添设水师兵一千四百名，统归三千名之数，以期严防。嗣因募补不敷定额，又将操练无成之兵随时开革，今止剩尚堪教演者一千九百名。若必欲募补足额，势必有名无实。现在所赖京兵在防及各处调防马步官兵，固属足资捍卫。惟思抚局一定，自应将各路[马步]官兵全行撤回。抑或他处

需兵，移缓就急。大沽海口，仅存此水师一千九百名，实不足以严京师门户。奴才等再四思维，不得不早作将来永久严防之计。

查现在调到山西北镇官兵二千名，曾经派员赴津点验，据称老弱居多。复经派委长芦盐运使崇厚、署天津镇总兵冷庆前往逐细拣选，复据禀称，此项官兵，尚堪教演者仅有一千名，其余一千名，或软弱疲病，或技艺[一切]生疏。[并查讯此项官兵多系入伍未久，以致技艺尚未练习。]伏思此项软弱之兵，留于津郡实难得力。况近年以来，南北情形迥不相同，南方多事而兵单，北方完善而兵厚。当此征调纷繁、国帑支绌之时，自应因地制宜，变通办理。查京城八旗生齿日繁，兵额有一定限制，年壮旗丁挑补钱粮，缺少人多。谋食既艰，练习必惰。即使得缺，亦难望其弓马娴熟。奴才等愚昧之见，可否将调到北镇官兵内老弱者一千名撤回原省，交山西抚臣分别裁汰，将此一千名额粮饷拨归直省，将京旗满洲、蒙古、汉军并内务府三旗及演艺各营，一体挑选年力精壮、能习技艺之养育兵、闲散一千名，再由八旗满洲、蒙古、汉军每旗拣派年壮三品至七品世职二员管带赴津，奴才等再择其勤慎有为或曾经出师者，督率训练枪箭技艺，必可得力。现今海口兵力较厚，即在天津防守。一俟夷务定局，大兵凯撤，此项兵丁即可移扎大沽，以足三千之数。仍令春分到防，结冻回京，不令久守海疆，以昭体恤。傥该兵到防之时，京中各旗营所出护军马甲之缺，一由京挑，一由外补，将此技艺娴熟之兵一经补缺，即令回旗当差，再由京旗选拔精壮来防操练。不特津防得有一千精壮之兵，且京中各营所得之兵亦堪拱卫。如此一转移间，庶兵归实用，饷无虚縻，于京外操防似有裨益。①

[咸丰十年五月初六日]

——《筹办夷务始末(咸丰朝)》卷五二，第19—21页。

○上谕

军机大臣字寄钦差大臣、科尔沁博多勒噶台亲王僧，直隶总督恒。咸丰十年五月初九日奉上谕：

僧格林沁等奏请调拨防兵变通办理一折。据称，现调山西北镇官兵二千名，其尚堪教演者仅有一千名，其余一千名，软弱疲病，技艺生疏，甚难得力，请将此项老弱官兵一千名撤回原省，交山西抚臣分别裁汰，将此一千名额设粮饷拨归直省，即在京旗满洲、蒙古、汉军并内务府三旗及演艺各营，挑选精壮养育兵、闲散一千名充额，拣员管带赴津训练，以资守御等语。山西到防官兵半多疲弱，该大臣等力筹整顿，量为转移，欲由京旗挑补精壮足额，自系为添兵节饷起见。惟现在该夷抚局未定，未便议及善后章程，此项老弱官兵一千

① 参见中国第一历史档案馆藏录副奏折，档案号03-4254-032。

名，著该大臣等撤回山西原省，交英桂分别裁汰。仍著英桂另挑精壮官兵一千名，调赴天津防所，以足原额。所请由京旗挑选壮丁、以为永久严防之计，著俟该夷就抚后再行核办。至撤回疲弱之兵应行裁汰及另挑补额之处，本日已谕知英桂分别办理矣。将此谕令知之。

钦此。遵旨寄信前来。

——《咸丰同治两朝上谕档》第 10 册，第 302 页。

〇上谕

军机大臣字寄山西巡抚英。咸丰十年五月初九日奉上谕：

僧格林沁等奏调拨防兵裁汰老弱一折。据称，调到山西官兵二千名，其尚堪教演者仅有一千名，其余或软弱疲病，或技艺生疏，留于津郡，实难得力等语。天津防务最关紧要，现在山西调到之兵，多系老弱充数，实不足以资捍卫，业经谕令僧格林沁等逐加挑选，将软弱疲病及技艺生疏之官兵一千名，均令撤回该省。英桂接奉此旨，著即按照该大臣等所撤官兵数目，另行挑选精锐，如数补足，委派妥员，迅速管带赴津，以期战守兼资，一兵有一兵之用，不致虚糜饷需。是为至要。至此项官兵既不能得力，将来撤回山西，即行裁汰，不得令其入营归伍，滥支口粮。仍当另挑精壮，以足原额。将此谕令知之。

钦此。遵旨寄信前来。

——《咸丰同治两朝上谕档》第 10 册，第 302—303 页。

〇上谕

咸丰十年五月初九日内阁奉上谕：

僧格林沁等奏，已革副将巡防出力，恳请开复等语。[①] 已革直隶通州协副将魁霖，管带防兵，认真操练巡防，将及一载，尚属勤奋。著准其开复原官，仍留直隶补用，以示鼓励。

钦此。

——《咸丰同治两朝上谕档》第 10 册，第 303 页。

---

① 五月初六日，僧格林沁等奏："已革通州协副将魁霖，前在江北军营带兵剿匪，上年四月间，经奴才恒福以办理海防，将领无多，不敷调遣，素知该员带队勇往，谙练操防，奏奉谕旨：通州协副将魁霖现在江北军营，著即该员前往天津，听候差遣，钦此。旋经钦差大臣、江宁将军和春咨会，饬令魁霖自金陵大营起身来津。六月初五日据魁霖禀报到营，当经奴才等饬令该员管带督标官兵，在大沽北岸驻扎。嗣准和春来咨，以该员擅自携带弁兵十三名赴津，奏参革职。复经奴才等以业经派令该员在津带兵防堵，可否留营效力赎罪，奏蒙恩旨：魁霖准其留于天津军营效力等因，钦此。各在案。伏查该员前因钦奉谕旨来津，听候差遣，其随带弁兵十三名，未经报明，系属一时糊涂；且自到防后，管带督标官兵驻扎大沽北岸，认真操练，昼夜巡防，将及一载，实属始终勤奋。合无仰恳天恩，俯准将已革通州协副将魁霖开复原官，仍留直隶补用，以示鼓励，出自鸿慈。奴才等为海防紧要、将领难得起见，是否有当，谨附片具陈，伏乞圣鉴训示。"详见中国第一历史档案馆藏录副奏折，档案号 03-4224-071。

五月十一日

〇玉明奏

盛京将军玉明奏：

窃奴才于四月二十七日承准军机大臣密寄，四月二十一日奉上谕：玉明奏，漕船在山东洋面被夷船截抢，并夷船游驶、演放炮位各等语。等因。钦此。奴才遵即派员恭赍御旨，驰赴金州，密咨传知该副都统希拉布钦遵办理，并令委员剀切谆嘱，严禁愚民句结导引。详细确查去后，复准钦差大臣僧格林沁咨称，嗣后夷船驶至奉天，如系英、佛夷人索要食物淡水，自应概不付给；傥系俄夷取要食物，即可酌量应付，亦未便尽如其数，以杜其无厌需索；如有夷船驶至，应须派人答话，务当拣派妥当之人，不可轻露军营实在情形；等因，咨会前来。当经奴才通饬沿海各城遵照，留心辨认，详慎办理在案。

续准金州副都统咨报，青泥洼于四月二十三日又到火轮船一只，连前停泊夷船，共计九只。五月初二日，据金州旗民地方官详称，青泥洼湾内火轮夷船九只，劫留商船二十一只，现仍停泊未动。四月二十七日，和尚岛口外续到夷船十只，内有小火轮船一只时常出入，似是该夷之信船。又，红土崖迤东之大孤山，见有夷船一只停泊。和尚岛迤南三山岛外大洋，见有夷船二只游奕。前后共计停泊大小火轮夷船二十只，前次劫来商船二十一只，尚有外洋游奕夷船二只等情，驰报前来。

奴才伏思该夷犬羊之性，狡诈异常，虽有构兵报复之语，然津沽戒备甚严，或不敢遽然前往尝试，乃分窜滨海各省，既在洋面劫漕掠船，肆其凶悍，复驶入金州荒僻海湾，于向不驻兵安炮处盘踞窝留，演放炮位，故作鸱张，其为先声恫喝，拥兵胁和，已可概见。惟阴谋诡谲，反覆无常，不可不随时加意堤防，庶免堕其奸计。而乡民贪图小利，辄为接济食物，久必被其胁诱，贻患匪轻。现经奴才委员前赴金州，谆嘱该副都统，严饬旗民地方官，密禁附近村民接济该夷食物，以杜句通而消隐患。其被劫船户水手，亦即随时遣解回籍，毋令久聚滋事。仍按户编查保甲，认真稽察，毋稍疏懈。

至金州大小海口十九处，而老水贴岸者居多，夷船处处俱可登岸。现在青泥洼等处夷船愈聚愈多，虽尚无滋扰情事，而防堵最为吃紧。奴才惟有仰遵圣训，传知该副都统，严饬兵勇，非夷人大队登岸，不得遽行开炮。仍于陆路择要设兵，防其窥伺，以冀仰副圣主慎重筹防之至意。

朱批：知道了。

——《筹办夷务始末（咸丰朝）》卷五二，第28—30页。

○上谕档

交吏部。

军机大臣面奉谕旨:前任广东按察使龄椿,著发往天津军营,交僧格林沁差遣委用。钦此。相应传知贵部,即日饬令该司钦遵,前赴天津大沽海口军营,听候差委可也。

此交。

五月十一日

——《咸丰同治两朝上谕档》第10册,第313页。

五月十二日

○耆龄奏

广东巡抚奴才耆龄跪奏,为访查粤海关税银数目,并省城夷务现拟筹办情形,恭折密奏,仰祈圣鉴事。

窃奴才前于南雄州途次,承准军机大臣字寄,咸丰十年闰三月初五日奉上谕:户部奏,筹拟广东军饷,请饬新任巡抚妥为收放一折,等因。钦此。查奴才前在江西省城,传闻粤海关税务系仿照江海关办法,用夷人代收。奴才窃以为利权轻畀于人,恐为异日之患。随经密为访查,因道路遥远,虽有所闻,未能详悉。钦奉前因,改派妥员前往省城,向各银号确切密访。缘粤海关自夷人入城后,各国商人走私甚多,税银短绌,经督臣劳崇光与前任监督恒祺会商,由上海雇英吉利夷人李泰国来粤代收税银,于咸丰九年九月底开办。赴各洋船并洋行查货,均系夷人前往,本关书吏仅凭夷人口报税银数目登簿,有无以多报少情事无从稽考。现在李泰国仍往上海,交给夷人赫德接办。计自九年八月二十六日起至本年闰三月二十五日止,共征银六十三万六千五百余两。内佛兰西夷人陆续提去银三十三万三千三百三十余两,米利坚夷人提去银四万两,均称系作抵六百万抚夷经费。又,英吉利、佛兰西二国共提去填筑地基银八万八千三百两,即系填筑太平门外沙面地方,将来拟盖洋楼之处。又,提去洋银一万八千元为夷兵防城经费。共被夷人提去银四十七万四千余两。余银支销通关经费并拨解军饷等项,存库银两无多。其各属完解藩库地丁等银均存储佛山镇,应解粮道库(道)款等银、运库盐课银两仍在省城,俱随时拨入军需项下动用,并未被夷攫取。

奴才伏查广东省现值军务未竣,每月需饷银二十五六万两,欠发西北江勇粮银七十余万,此外各营尚不在内,军需紧急,系属实在情形。捐输已至再至三,民力渐疲,且多有数年尚欠(清)[请]奖者,以致捐户观望,此时劝办恐难如前踊跃。惟厘金现办挂漏甚多,尚

可设法扩充,如盐茶厘税最为大宗,办理未能核实。奴才惟有不避嫌怨,次第举行,固不敢迹近操切,亦不敢踵事因循。总期不拂舆情,设法裕饷。万一必须动拨关税、以资接济之处,自当奏奉谕旨,再行动用。至粤海关税银雇令夷人代收,实有太阿倒持之势。盖粤东与上海不同,上海夷人均在城外,且系该夷重资所在,既不敢遽动干戈,即不敢强取税项,而粤东则夷人现踞城内,关税官征官用尚恐该夷垂涎,一令该夷代征,愈启慢藏之患。盖知我库银已有成数,逐日索取,必尽其所有而后已。现在以补还六百万经费为名,他日足数,又将别设名目,以遂其攫取之计。若明欲收回利权,该夷必起而力争,转滋他衅。奴才正筹办间,适藩司周起滨因公来韶,已嘱令回省与监督毓清密商,嗣后关库收到税银,无论多寡,酌提十之五六解往佛山,以就近支军需及接济口粮为名,另款存储,以备拨解。余银照前补还该夷经费,使其不致生疑。如能照此办理,虽不能即清其源,亦可稍节其流。粮道库款及盐课银两,亦令运存佛山,以昭慎重。

省城地方从前原为商贾聚集之所,自该夷踞城后,多有迁往佛山镇者。近来商贾贸易,佛山居十之六,省城仅十之四,畏夷人之逼也。但佛山处西北江下游,商贾辐凑,人烟稠密,而形势散漫,并无城郭,时虞广西匪艇下窜,居民铺户常有戒心。奴才拟借防御西匪为名,于该镇建筑城垣炮台,置造炮械军火,守备既固,人心日安,在省商贾将不招而自至,庶利权操之自我矣。所需经费拟即就该镇抽厘济用,以本地之财为本地保固之资,庶亦人情所乐从。现在密访绅士委员,一俟得人,即行举办。

又,现驻省城观音山将军衙署等处夷兵,虽只六百余人,香港尚有二千余人。省中旗绿各营军火器械概被收去,城上大炮或钉塞火门,或击断两耳,炮台拆毁无遗。沙面地基尚在填筑,已高出水面六七尺,探闻须俟筑高一丈再行盖造洋楼。沙面河道为外郡晋省必由之路,该夷意在以沙面驻兵扼省城之吭,以观音山驻兵附省城之背,是使我守备全无,得遂其挟制把持之计。去年冬间又向督臣劳崇光以银五百两租九龙之尖山嘴地方,现亦修盖房屋。查九龙与香港对岸,香港乃悬海之区,往来必须舟楫,九龙则新安县属境,陆路四处可通,其意图蚕食内地,奸谋甚毒。奴才愚昧之见,此时战守两无可恃,惟当认真整顿营伍,先清内寇以壮军威,力行团练以固众志,修筑佛山城垣以收利权,使该夷徒据省会空城,无所施其伎俩,然后相机收复。该夷因奴才驻扎韶州,不进省城,闻欲来韶相见。如果前来,奴才当不动声色,妥为抚谕,仍令回省贸易。

再,该夷在粤省以万余金购买稻草,访闻欲载往天津,扎草人于马上,用冲头阵,以当炮火,而以精锐继进;又云填塞天津沟坎烂泥,免致陷足。复以千余金收买寸许厚木板,将载赴上海打造小船,以备天津同时并进之用。又有马队三四千,内一千匹系向日本国借得,亦均载往天津。应请敕下僧格林沁预为准备。

所有访查粤海关税银数目并省城夷务现拟筹办缘由,谨恭折密奏,伏乞皇上圣鉴训

示。谨奏。

［咸丰十年四月二十五日］[1]

——《第二次鸦片战争》第4册，第387—390页。

五月十四日

〇上谕

军机大臣密寄钦差大臣、科尔沁博多勒噶台亲王僧，直隶总督恒。咸丰十年五月十四日奉上谕：

前据文煜奏，夷人续到轮船二只，内起出马一百五六十匹。复据玉明先后奏报，夷人先后驶至金州海口者，已有船六十余只，在大孤山、和尚岛、青泥洼等处停泊。本日复据劳崇光奏，该夷由上海赴东洋日本国，购马五六百匹，运至浙江定海；又赴南洋曼奈即小吕宋，购马一千二三百匹，运至广东香港，已用船装载北行。其驶至香港兵船，旋亦驶赴上海，人数约一二万，尚有二三千人在香港支搭帐房，亦一并登舟北驶。昨据耆龄奏，亦称该夷以万余金购买稻草，访问欲载往天津，扎草人于马上，用冲头阵，以当炮火，而以精锐继进；又欲填塞天津沟坎烂泥，免致陷足；复以千余金收买寸许厚木板，将载赴上海，打造小船，以备天津同时并进之用；又有马队三四千，亦均载往天津等语。虽夷人虚声恫愒，是其（贯）［惯］技，然如该抚等所奏，是购买马匹、扎造草人，竟是实有其事。该夷诡诈百出，不可不防。天津布置已臻严密，不为摇动，然不可稍存大意，尚宜悉心筹度，讲求应敌之方，不可掉以轻心，至为该夷所乘。是为至要。

又，据奏，英夷公使额尔金，邀同佛夷公使葛罗士，自伊本国前来。该二酋系咸丰八年在天津与桂良等面议条约之人，因上年卜鲁斯等办理不善，致启衅端，是以伊等复来重理前说。各夷商惟恐兵连祸结，致妨贸易，屡求伍崇曜等探问。可见该夷虽肆凶悍，未必不希冀说合，仍循前议。傥夷船抵津，未遽动兵，恒福当派员开导，毋先开衅。如该夷先行开炮，或施诡计，僧格林沁即相机堵御。总在有备无患，计出万全，方为妥善。将此密谕知之。

钦此。遵旨寄信前来。

——《咸丰同治两朝上谕档》第10册，第315—316页。

---

① 据《清文宗实录》卷三一九可知，本折奉批于五月乙巳，即五月十二日。

五月十九日

〇僧格林沁、恒福奏

钦差大臣、科尔沁亲王僧格林沁,直隶总督恒福奏:

咸丰十年五月初九、初十、十五等日,承准军机大臣字寄五月初八、初九、十四等日恭奉上谕三道,并钞录薛焕原奏一件,均已敬谨聆悉。查现在夷人于山东之烟台等处登岸驻扎,与本地商贾互市。又于奉天金州洋面停泊夷船多只,续行劫掳商船,并往日本国及小吕宋购买马匹,欲用稻草扎草人于马上,用冲头阵,继以精锐夷兵,及填塞天津沟坎,购觅板片,打造小船,意在天津同时并进之用。查该夷狡猾异常,情形实属叵测,诚如圣谕,该夷诡诈百出,不可稍存大意,尚宜悉心筹度,讲求应敌之方。

现在海口一带处处沟槽,中间隙地,今年雨水较多,濠墙以外尽皆泥淖,两岸亦皆严加侦探,设使该夷马队果敢登岸抄袭营垒,奴才等惟有饬令马队相机截剿。即使该夷填沟塞濠,岂能尽知大沽营盘左右有此层层濠沟?况有马步严防,正欲诱其深入。傥英、佛兵船驶至海口,并不直入拦江沙,在外停泊,似有等候讲话情形,奴才恒福即行遵旨派员赴该夷船,讯其来意,令其前往北塘讲话。若该夷不候理谕,径行闯入拦江沙内,是狂悖之形已露,奴才等亦不敢坐失机宜,不得不以火器抵御。

刻下直隶沿海口岸,虽节经探报,并未见有夷船帆影,奴才等惟有恪遵谕旨,传知各营将士,并饬令西凌阿、增庆等一体严密防范,沿海一带妥为侦探,以期仰副皇上训示谆谆、慎重海防之至意。

——《筹办夷务始末(咸丰朝)》卷五三,第6—7页。

〇上谕

军机大臣密寄钦差大臣、科尔沁博多勒噶台亲王僧,直隶总督恒。咸丰十年五月十九日奉上谕:

前因夷人在烟台地方占房盖屋,金州海口到有夷船六十余只,并于外洋购买马匹,广东购买稻草、木板等物,叠经谕令僧格林沁等加意严防,不可掉以轻心。本日据僧格林沁等奏侦探防守情形一折,据称海口一带处处沟槽,今年雨水较多,濠墙外尽皆泥淖,该夷即欲填沟塞濠,亦不能尽知大沽营盘虚实,且正欲诱其深入,现已传知各营,并饬令西凌阿、增庆等严密防范,及沿海一带妥为侦探,各等语。所筹尚属周密。

本日又据文煜奏,夷人到烟台后,续载来牛三四十只,上岸牧放,并搬取乱石,砌海岸马头;又驶来大船二只,载有夷兵五百;威海汛地方到来轮船一只,有夷人十余名,声称英国有兵船四五十只,约兵万余,五七日内即到威海;烟台街上,夷人往来,约八九千;据通事

云，大将军在后，尚有马八百对；二将军亚蒙先来，只为去岁天津之事；各等语。又，本日有人奏，夷船泊福山海口，有马队三千，上骑中空木人，内装火药，每日上岸操演；复闻募到潮勇，约五六千人，间日十余人或二三十人不等，结伴北行，文煜所派防堵兵五百名毫无觉察；又，沂州府属之莒州，不通大路，日内忽有南来人众数起，皆官兵衣装，口操粤音，称系由河南撤防回京，并无印文执照，该地方官弁亦不根究查询，任听行走；各等语。

各夷陆续麇聚烟台，且有欲来威海扎营之说，无非欲觊觎津沽。该夷知防御严密，不敢轻犯，难保不为潜师陆路之谋。若先以潮勇尝试，继以马队徐来，更欲使我水陆兼防，伺隙思逞，居心实不可问。已谕文煜，饬令山东地方官认真盘问，加意严防。著恒福严饬直隶、山东交界过往必经之州县，及通京城大路所属州县，一体严密盘查。如有似此情形者，即行严拿惩办，不可稍有疏虞，致令偷越，以杜奸谋。僧格林沁既设有侦探，亦当饬令于沿海及陆路一带实力稽查，不可稍涉大意。

营总色尔固善，由江南大营带有黑龙江官员兵丁八十七员名，投奔津沽，并持有吴煦执照、禀函。该营总等不思效命疆场，转败为胜，遽尔率众北行，殊属非是。副都统衔营总色尔固善，著革职留营，责令戴罪自效。所有此项兵丁，溃败之余，难期得力，若留于天津军营，诚恐慢我军心，著僧格林沁妥为斟酌，如无可遣赴之处，或即留于大营后路，不可令在前敌。该营总来自上海，所持吴煦禀函是否足凭，该大臣亦须倍加详慎。江苏署苏松太道吴煦，率给执照船只，亦有不合，著交部议处，以示惩儆。

文煜折并著钞给阅看。将此密谕知之。

钦此。遵旨寄信前来。

——《咸丰同治两朝上谕档》第10册，第323—324页。

五月二十日

〇上谕

军机大臣密寄钦差大臣、科尔沁博多勒噶台亲王僧，直隶总督恒。咸丰十年五月二十日奉上谕：

前谕恒福于直隶北路各营挑选精锐官兵四千名，勤加操练，以备调遣。昨据文煜奏山东登州海口夷务情形，已谕僧格林沁等严加防范。朕思该夷声东击西，是其惯技，若由陆路内犯，从山东入直，故作欲向京师之势，天津大营不能不分兵截击，该逆即可乘虚直扑大沽，不可不豫为布置，以资策应。著恒福即将前次备调官兵四千名，派委得力将官，分起管带，前往青县地方择要驻扎。并著僧格林沁于大营内择一曾经战阵、谋勇兼优大员，奏明前往统带，如有警报，仍即迅拨马队，令乐善统带前往，以厚兵力，既可以固京师门户，亦可

兼顾天津。是为至要。将此密谕知之。

钦此。遵旨寄信前来。

——《咸丰同治两朝上谕档》第10册，第326—327页。

五月二十三日

〇上谕

军机大臣密寄钦差大臣、科尔沁博多勒噶台亲王僧，直隶总督恒。咸丰十年五月二十三日奉上谕：

前据文煜奏，委署青州府知府董步云等接见佛酋，该酋言词狡诈，意在寻衅，当谕文煜再令委员开导，并于烟台赶办团练，严密防御。兹复据文煜奏，该夷火轮船四只，先后驶赴威海，叠次拉抢商船二十余只，复谕文煜赶紧出省，前往登莱青一带择要驻扎，筹办防堵。本日复据薛焕奏，额尔金既抵吴淞口，佛酋葛罗计可先后到沪，有即日北驶之说。夷人在奉天、山东洋面抢掠船只，恐其探海口水浅之处，欲乘小船前来，情殊叵测。额尔金等既将即日北驶，恐其竟扑大沽，或用小船登岸，或搭造浮桥，或将所掳商船先来探试，均不可不防。著僧格林沁等豫为布置，严密防备，毋使该夷得行其诡计，方为妥善。至该夷于拦江沙外游驶，固不可先行议抚，如有可乘之机，亦不可因我有备，致失议和机会。其间操纵，该大臣等临时酌夺，迅速具奏。本日文煜折著钞给阅看。将此谕令知之。

钦此。遵旨寄信前来。

——《咸丰同治两朝上谕档》第10册，第330页。

五月二十六日

〇僧格林沁、恒福奏

奴才僧格林沁、奴才恒福跪奏，为遵旨调拨直隶官兵，并北塘口外停泊俄夷船只，恭折具奏，仰祈圣鉴事。

咸丰十年五月二十、二十一等日承准军机大臣密寄，五月十九日奉上谕：有人奏，夷船泊福山海口，有马队三千，上骑中空木人，等因。钦此。又五月二十日奉上谕：朕思该夷声东击西是其惯技，若由陆路内犯，从山东入直，故作欲向东之势，等因。钦此。并抄录文煜奏折一件。奴才等均已敬谨聆悉。奴才恒福当即札饬直隶、山东交界一带及通京城大路文武地方官，实力稽察，严加防范。奴才僧格林沁亦分饬各营侦探官兵，留心探访，认真巡查，倘有前项可疑之人，即可会同地方文武合力兜拿，若人数较众，一面跟踪一面飞报就近

军营,立即派拨马步官兵迎头会捕。

至直隶备调官兵四千名,奴才恒福原拟提标、天津镇标、宣化镇标各挑兵一千名,正定、通永两镇各挑兵五百名,分别咨照听候调遣。嗣因大沽北岸之唐儿沽地方紧要,须兵防守,已将宣化镇官兵一千名奏调来防,驻扎唐儿沽。又,因天津环濠炮台工竣,必须派兵防守,已将天津镇兵一千名饬交盐运使崇厚统带,以资守卫。其正定镇兵五百名,现值南省逆匪鸱张,黄河迤北均应严防,该镇官兵乃大名后路,未便拨调。又,通永所辖营汛均系切近海隅,防守正在吃紧,亦未便遽行征调。是前项备调官兵四千名,仅剩提标兵一千名堪以调遗。奴才等再四熟商,惟恐兵力较单,不足截剿,现拟再由提标各路抽调兵一千名,连前共计二千名,即饬来防,听候调遣。

至已革协领色尔固善等八十八员名,奴才等查德楞额驻扎山东峄县,所统兵数无多,现亦防剿吃紧,拟将此项官兵拨给马匹器械,饬令驰赴山东峄县,交副都统德楞额军营差委。

本月二十一日辰刻,在大沽炮台上遥望海面有三桅夷船一只,向北行驶至北塘口外停泊不动,当即派弁前往查探。二十二日,据署守备任连升等禀报:是日辰刻有舢板一只,上坐水手十一名、夷官二名,驶进河口登岸,通事名巴图,称系俄罗斯船只,持有通事明常名片,声言二十三日巳刻明常进口,欲与德委员有紧急话说。任连升答以德委员不知有无差使,未必明日即能到此,言毕旋即回船出口。奴才等于二十三日即派员外郎德祥、天津县知县姚煦同往北塘与该夷晤面。是日德样、姚煦回营禀报:据通事明常声言,伊等系由上海欲往日本国有事,路过此处,现有信函二件,一系伊国公使,一系米酋华若翰,欲寄京内投礼部转致军机处等语。奴才等窃思前阅薛焕原奏,俄酋到沪极力怂恿英、佛打仗,并云在京日久,述及都门并津沽防堵各情形,言之凿凿等语,以致英、佛报复之念益坚,桀骜之形愈甚。是俄夷心存叵测,甚于英、佛,今若再任其来往寄信,更恐与事无益。奴才等查该夷四月十五日由北塘开行,原说赴日本国有事,由日本回国,乃该夷不久折回,诚恐替英、佛两国要求。当于德样等前往北塘时,奴才等即经饬嘱德祥、姚煦,倘该夷有要寄京信函,不可接收,若提英、佛两国之事,亦不必与其谈论,并令将前次明常所留之信,仍交伊带回,是以德祥等按照奴才等所嘱未收其信。明常因不收伊所带之信,甚为著急,至于问其所寄何事,伊回答语甚支离,德祥等由北塘回营时,明常仍在彼处,并未回船,现经饬令该地方文武一体妥为照料。

所有遵调防兵,并俄夷船只驶至北塘各缘由,谨恭折奏闻,伏乞皇上圣鉴。谨奏。

[咸丰十年五月二十四日]

咸丰十年五月二十六日奉朱批:知道了。钦此。

——《第二次鸦片战争》第4册,第417—419页。

〇僧格林沁、恒福奏

再,奴才恒福昨接署两江督臣薛焕来函,据云:此次英、佛夷船北驶,米夷亦有船来等语。现在俄夷船到北塘投递信函,并有米夷华若翰致军机处之信,奴才等以大沽海口防范宜严,而俄夷心存叵测,托寄信函未便轻易接收,致启窥伺。因思烟台既有佛夷船只,米夷想必在内,山东抚臣文煜上年在津照料,曾与米酋华若翰见面,此时夷船既到东境,该抚即可选派明练委员,告以米酋现有信交俄夷转致京中大学士,欲由北塘转寄,因大学士向不办理外国事宜,是以未经接收转递,即俄夷信函亦并未收。现在署两江总督薛焕奉命署理钦差大臣,办理通商事务,如有应议之件,自可前赴上海面为商办。倘华若翰与薛焕向不熟识,亦可由山东派员同往。并先令委员向米酋告知,如英、佛意在用兵,自应前赴大沽,如欲议和,即宜仍赴上海,惟断不可轻听俄夷之言,堕其诡计。即或米酋未来,亦可令该委员向佛酋迎机开导,并由文煜与米酋照会,言佛国向与中国并无嫌隙,此信即托其转寄米酋华若翰接收。如此设法离间,似可破俄夷之奸谋,并可探英、佛之消息。如蒙俞允,仰祈饬下山东抚臣文煜妥速遵办。奴才等因米酋既有寄京之信,兹令山东抚臣寄信米酋,事出有因,借此以为转圜之计。愚昧之见,是否有当,伏乞圣鉴训示。谨奏。

［咸丰十年五月二十四日］

——《第二次鸦片战争》第4册,第419—420页。

〇载垣等奏

臣载垣、端华、彭蕴章、穆荫、匡源、杜翰、文祥跪奏,为请旨事。

窃臣等以俄夷代递米夷信函,可否接收,奏请训示,钦奉朱批:俄夷寄京信函,著恒福派员接收,转送京师;至米夷信函,碍难接收,可告以俄国现有驻京学生,尚可递送,等因。钦此。伏查米夷信函,本无由天津海口投递明文,自难接收,惟告以俄国系有驻京学生,故可递送,恐该夷等恳请驻京之念益坚。臣等公同商酌,拟于寄信僧格林沁等谕旨内,以俄夷寄京信函著恒福派员接收,转送京师;至米夷转递信函,和约内并未载有米国由天津海口呈递之条,是以碍难接收;如米国钦差船只到来,可告以尔国既已换约,自应按照条约办理,别无再议;如欲给英、佛两国从中调处,亦须由上海办理五口通商钦差大臣处商议,方为信守和约之道;等语。缮写寄谕僧格林沁等遵办。抑或仍遵原奉朱批缮写之处,伏候训示,臣等再行恭缮进呈。谨奏。

［咸丰十年五月二十六日］

咸丰十年五月二十六日奉朱批:所拟甚妥,著即照此改缮。钦此。

——《咸丰同治两朝上谕档》第10册,第341页。

〇上谕

军机大臣密寄钦差大臣、科尔沁博多勒噶台亲王僧，直隶总督恒。咸丰十年五月二十六日奉上谕：

僧格林沁、恒福奏，遵调官兵到防，并俄夷船只停泊北塘、投递米夷信函各等语。直隶备调官兵四千名，除分拨唐儿沽及环濠炮台等处防守外，所余及新调之兵，共只有二千名，为数较单。青县一带，为山东等省入京要道，亟宜驻扎重兵，以防奸宄溷迹。所有前项备调官兵二千名，著僧格林沁等遵照前旨，拣派得力大员，迅饬前往该县驻扎。当由京营另调兵二千名，派克兴阿管带前往，一并驻扎青县，与直隶官兵分作两营，以厚兵力而资捍御。俄夷寄京信函，著恒福派员接收，转送京师。至米夷转递信函，和约内并未载有米国由天津海口呈递之条，是以碍难接收。如米国钦差船只到来，可告以尔国既已换约，自应按照条约办理，别无再议。如欲给英、佛两国从中调处，亦须由上海办理五口通商钦差大臣处商议，方为信守和约之道。

再，本日文煜奏，海滨续到夷船，先后共有夷兵万名之多，并有炮车百数十辆，情形甚为猖獗，著僧格林沁等豫筹防范。将此密谕知之。

钦此。遵旨寄信前来。

——《咸丰同治两朝上谕档》第10册，第336—337页。

〇僧格林沁等奏（节录）

……侯补总兵文祥，已于五月十七到防。奴才等察看，该员年尚精壮。伏思唐儿沽乃北岸炮台后路扼要之处，必须委妥员驻扎，以资得力。业经札饬文祥，管带宣化镇官兵一千名驻扎唐儿沽，实力操防，以昭严密……

［咸丰十年五月二十四日］

咸丰十年五月二十六日奉朱批：知道了。钦此。

——录副奏折，档案号03-4248-061

五月二十八日

〇上谕

军机大臣密寄钦差大臣、科尔沁博多勒噶台亲王僧，直隶总督恒。咸丰十年五月二十八日奉上谕：

文煜奏近日夷情一折。据称，该夷日在洋面抢船，本有欲游蓬莱之说，近又闻无暇往

游。孟酋已到,问巡检严国礽,由烟台赴天津有大河否。该酋带来兵千余人;马三四百匹,马高大者约有五尺;炮车三十余架。听其口气,似欲于过暑后,放船至海丰县属之大山地方,再行水陆并进,直赴天津。所抢船只,问作何用,据云用搭浮桥、装草料。请饬僧格林沁调派马队,前赴盐山扼截。至所到烟台海口夷人及广东人,约共一万数千人,小车共二百五六十辆,马共八百余匹,牛共一百六七十只,粮食军械不计其数。等语。夷人于烟台海口愈聚愈多,并探有欲由海丰水陆赴津之信,实属居心险诈。现已谕知文煜,派委司道大员,克日前往该处筹办防堵。至盐山等处,为海丰赴津必由之路,应如何派拨官兵,前往该处择要驻扎,以资扼截,即著僧格林沁等熟筹妥办。至夷人如果由山东陆路深入,官军与之接仗,务须步队在前,随后以马队继进,藉收抄截之效。马队断不可远迎。傥以马队为前敌,恐一挫不可复振,步队更难为力。并著该大臣等妥为调派。

再,昨令僧格林沁等,将备调官兵二千名,交派出得力大员管带,与克兴阿所带之京营官兵二千名,分作两营,一并驻扎青县,谅已遵照办理。前谕令乐善带领马队,必须探明该夷或由山东陆路直奔京师,抑或抄袭大沽后路,该大臣务当相机截剿,勿堕该夷分我兵力之诡计。本日复谕春佑、玻崇武,各将备调热河、密云兵各五百名,并谕庆昀挑选察哈尔马队一千名,一并前往青县驻扎,均交克兴阿管带。以上各项兵丁所需口粮,著恒福宽为筹备,于该处附近一带另设粮台,以供支放,或即由天津粮台支放,毋令缺乏。将此由五百里密谕知之。

钦此。遵旨寄信前来。

——《咸丰同治两朝上谕档》第10册,第343页。

五月二十九日

〇上谕

军机大臣密寄钦差大臣、科尔沁博多勒噶台亲王僧,直隶总督恒。咸丰十年五月二十九日奉上谕:

本日据薛焕奏,额尔金、葛罗已到上海,即日北驶,并派员来津听候差遣等语。薛焕署理钦差大臣后,即照会英、佛、米、俄四酋,英、佛并不照覆。额尔金、葛罗到沪,惟装运军火行李上船,并带有竹梯、车马、木刻假夷人等,数日内即行北驶。经华商杨坊等劝其与薛焕见面,该酋答以只知进京,不与外省官员相见。额酋即日起碇,葛罗尚须稍迟数日,米、俄两酋亦附和同行。该夷等联为一气,决意北驶,薛焕已无从劝阻。大沽设防严密,该夷谅不敢轻入。设或来至拦江沙外游驶,或径抵北塘,即著恒福拣派善于词令之人,询其来意。如该夷称欲进京换约,不肯遽言用兵,或投递文书,该督亦不必拒绝,可作为己意,告以上年米夷由北塘进京,互换和约,汝等此来,如愿照米夷办理,不带兵船,少带从人,照会前

来，亦可代为转奏，大皇帝抚御各国，一视同仁，允汝等进京，亦未可定。如该夷即言用武，该督一面迅速具奏，一面派委妥员，仍作为己意，详细开导。总以去岁英国先行起衅，佛国并未帮助，大皇帝仍格外施恩，尚准其减输船钞，足见中国不为不宽大，今汝等必欲用武，不但与两国兵民有损，且与通商贸易之处更属无益。以此为辞，或可稍有转机。如此晓谕，看其如何回覆，奏明请旨。固不可露先往说和之意，亦应因势利导，不可失此机会。薛焕现派候补知府蓝蔚雯，带同候选知县黄仲畲，及华商一二人，坐捕盗轮船前来北塘，听候差委。到时不必惊疑，即令上岸，交恒福差遣。至夷性诡谲，或藉换约为名，窥探虚实，或俄、米两国先来，从中说合，故作缓兵之计，令我猝不及防，遽肆猖獗，不可不严为防范。仍著僧格林沁等倍加慎重，不可堕其奸计。虽僧格林沁责在防剿，然抚局亦当暗为帮同恒福妥为办理。是为至要。原折著钞给阅看。将此由五百里密谕知之。

钦此。遵旨寄信前来。

——《咸丰同治两朝上谕档》第10册，第346—347页。

六月

六月初二日

○僧格林沁、恒福奏

奴才僧格林沁、奴才恒福跪奏，为北塘、祁口续到夷船五只，并遵旨接收俄夷信函，恭折奏祈圣鉴事。

咸丰十年五月二十五日承准军机大臣密寄，五月二十三日奉上谕：著僧格林沁等豫为布置，严密防备，毋使该夷得行其诡计，等因。钦此。又于五月二十八日承准军机大臣密寄，五月二十六日奉上谕：直隶备调官兵四千名，除分拨唐儿沽及环濠炮台等处防守外，所余及新调之兵，等因。钦此。奴才等跪读之下，仰荷圣明垂训周详。

奴才等当即派委员外郎德祥、都司邓启元前往北塘接收俄夷信函，并晓谕明常不收米夷信函原委。旋据德祥等回营禀称：俄夷通事明常因闻仅收俄国信函，甚为急躁，声言米酋托为代呈，今不接收，回船何颜以对米酋。经德祥等反覆理论，明常始将米夷信函撤回。德祥等将俄夷信函一件持回，明常仍在北塘，未曾返棹，并称俟长潮时即行出口。前于二十六日午刻，在大沽瞭见海面又有夷船一只驶往北塘，与俄夷船只一处停泊，明常亦于是日收拾行装，率同原来夷人乘坐舢板出口，向该国大船驶去。二十七日卯刻，遥望海面又有火轮船二只向祁口驶去，是日又见火轮船二只先后自正东驶来，径往北塘而去，其船距俄夷船只相近，彼此放炮迎接。

又，据北塘官弁报称，是日午刻，明常等乘坐舢板一只复行进口，未刻，又有俄夷舢板一只尾随前来，亦登岸入庙，与明常见面，经该地方文武查询，据明常声称，此系给明常送信，随后尚有大船二只来此。复经委员等向明常查询，今日所到火轮船二只系何国之船，据称系米利坚之船。各等语。

奴才等窃查，现在北塘停泊夷船称系俄、米之船，祁口游奕之船自必英、佛无疑，是该四国夷酋先后踵至，其呼吸相通、为鬼为蜮已可概见。且英、佛夷船在祁口一带忽进忽退，往来游奕，意在窥我虚实，并在高沙岭、驴驹河等处丈量水势，又有形似粤人，登岸询问赴津路径，该夷情形实属叵测，自应严密防范。奴才等饬令南岸马队官兵轮流前往祁口一路巡防，以杜夷人登岸，并饬大沽各营暨北塘侦探官兵时刻严防。

至直隶提标官兵二千名，前赴青县一带驻扎，现已由奴才恒福遵即饬调，所有遵旨拟派统带之处，现在大沽海口军营带兵各大员，均皆扼要驻守，实无可拨之员。奴才等与提督乐善再四熟商，查有直隶河屯协副将牛浩然，曾经出师，素称勇敢，即令该员管带，以资得力。俟此项官兵到防后，应归护军统领克兴阿统带，庶于事权归一，防剿可期无误。是否有当，伏候训示遵行。

除俄夷信函一件，由奴才恒福备文咨送礼部转送军机处外，所有续到夷船，并派员接收信函，暨饬调直隶提标官兵各缘由，理合恭折具奏，伏乞皇上圣鉴。谨奏。

［咸丰十年五月二十九日］

——《第二次鸦片战争》第4册，第425—426页。

〇僧格林沁等奏

再，奴才等前奉谕旨：该夷于拦江沙外，固不可先行议抚，如有可乘之机，亦不可因我有备，致失议和机会，等因。钦此。仰见宸谟广运，圣训周详，跪诵之余，莫名钦佩。该夷船只到来，如果情词恭顺，悔罪输诚，奴才等自当斟酌妥筹，请旨遵办。惟是津防严密，而该夷仍敢北来，其桀骜肇衅之端，未必遽甘帖伏。若稍为拒绝，则兵端立起，衅自我开；若概自听从，则黩请妄求，贪得无厌。且和在沪上，气势宽而尚易调停；和在大沽，事机迫而更难驾驭。若在上年议和于既战之后，慑以威而机有可乘；今则议和于未战之先，示以恩而事宜预定。

奴才等熟计通筹，该夷如果意在求和，自以仍在上海方为正办。此时英酋额尔金、佛酋葛罗，已据署两江督臣薛焕奏报，额酋已抵吴淞口，葛酋计可先后抵沪。该二酋为原定和约之人，此番前来，必为重申前议，诚能趁该酋等甫经抵沪，设法羁縻，晓以上年大沽海口接仗，实由卜鲁斯自开衅端，并非中国轻于用武，竭力转圜，未始非目前机会。傥该酋等坚欲北驶，其势万难拦阻，一经驶抵大沽后，则为战为和决于俄顷，非得初次在海口接见之

人预为筹画，恐于操纵之方，临时未能确有把握。奴才等公同商议，八年三月间该夷等初到大沽海口之时，经前任直隶总督谭廷襄、前任仓场侍郎崇纶等奉命会同办理。该夷等投递照会，求为定议，均不过数条，其间应准应驳，经谭廷襄等具奏请旨遵办，原未一概允从。彼时该夷亦尚为驯顺，惟用诡计，外以和好为词，而内怀叵测，以致击毁炮台。迨闯入津郡内河以后，以兵挟和，肆无忌惮，彼时不得不曲为迁就，暂解目前之急，议定和约增至数十条之多，已非谭廷襄、崇纶经手办理。

此次该夷到后，即使议抚，亦应于和约内改议酌定，能减一条可省一条之事。而欲有词可措，不使该夷有所借口，则非有八年在海口初议之员与之质证辩诘，不足折服其心。奴才等愚见以为，谭廷襄、崇纶从前与该酋接见，所议皆不过数条，此次若仍令该二员与之反覆开导，以在天津所定和约数十条，皆系该夷犯顺以后妄肆要求，原不足概为凭准。且上年五月间，如果为遵换和约而来，何必多带兵船，坚欲闯近大沽，不肯由北塘行走，甚至先行开炮，犯我防具，种种狂悖，是该夷明知和约一事理屈情输，先逞其凶悍之情，阴济其狡贪之志，得步进步，以致有此决裂。如得初议之人坚持前说，不为动摇，则在彼为无词，在我为有据，使之无可置喙，或当渐就范围，再行查照初在海口原请之数条，或准或驳，请旨祗遵办理，似于控制权宜较为切实可恃。

查现在北塘口外先经驶有俄夷船只，昨又据报米夷亦有船只到来，谅英、佛二夷之船亦随后踵至。看此情形，俄、米则阳奉阴违，英、佛则同谋济恶，情事显然，恐又与八年春间相仿。奴才僧格林沁督兵守御，惟有严密筹防。奴才恒福责任地方，何敢稍存推诿，惟上年抵任后随同奴才僧格林沁办理防务，为该夷所深知，若和议出自奴才恒福一人经理，该夷必为示之怯弱，得启骄心，且于上年办理米夷换约一事情形迥不相同。如果英、佛二夷船只驶到，彼以无前次初见之人与之质论，必以改议条款为中国背约，借口哓哓，难以理论，转于和议有所妨碍。奴才等再四思维，可否于谭廷襄、崇纶二员内，敕令一员来津，将该夷之事会同奴才恒福熟筹妥办，于抚夷全局似有裨益。

奴才等为夷情日警，预筹议抚起见，是否有当，理合附片密陈，伏乞圣鉴训示。谨奏。

［咸丰十年五月二十九日］

咸丰十年六月初二日奉朱批：另有旨。僧格林沁素顾大局，深得兵心，于决战之时固无罅隙之漏，而于抚局亦必能代为擘画。至恒福以封疆大吏兼理防务，于议战议抚胥关天下苍生，岂可稍存成见。若必欲仍复旧观，必以丁岁冬粤城未失以前论，试问能乎？否乎？钦此。

——《第二次鸦片战争》第4册，第427—429页。

〇上谕

军机大臣密寄钦差大臣、科尔沁博多勒噶台亲王僧，直隶总督恒。咸丰十年六月初二

日奉上谕：

僧格林沁、恒福奏，北塘、祁口续到夷船，接收俄夷信函，并请派谭廷襄等来津筹办各折片，览奏均悉。僧格林沁等派员接收俄夷信函，业将米夷信件令其撤回。惟明常既经出口，因又有米船驶至北塘，复行进口，情殊叵测。夷人在海口一带庙内住宿，和约内并未载有此条，著僧格林沁等派员晓谕该酋，令其迅速下船出口，不可任其久踞，致堕术中。祁口往来之船，在高沙岭、驴驹河等处丈量水势，又有粤人登岸，询问赴津路径，其为英、佛无疑。该大臣等尤当督饬南岸马队官兵，轮流至祁口一路巡防。如该夷有欲扎营情事，亦须派人向其开导，断不可如烟台、金州等处，任其登岸占踞，致令得步进步。总须以理相拒，不可衅自我开。是为至要。并晓谕居民，不得与之接济，以杜该夷窥伺。至驻扎青县官兵，即照所请，派副将牛浩然管带。俟此项官兵到防，归克兴阿统带。此次夷船北驶，关系大局，必须战抚兼筹，方为妥善。僧格林沁布置周密，于决战虽有把握，然亦必须暗中筹画抚局。恒福身任地方，此时战抚之机，间不容发。防剿事宜，僧格林沁业经办理周妥，惟抚局屡降谕旨，令恒福专办，责无旁贷，岂可稍存成见，有意推诿。著仍遵前旨，遇有夷船前来，即拣派妥员询问来意，相机妥办。所请派谭廷襄等来津之处，著毋庸议。奏片内已详细批示，谅该大臣等必能领会也。俄夷信件，尚未据礼部送到，俟送到时，再行相机办理。将此由五百里密谕知之。

钦此。遵旨寄信前来。

——《咸丰同治两朝上谕档》第10册，第353—354页。

〇恒福奏

天津郡城，环壕共长三十六里，大小炮台一百五十余座。现在防务吃紧，调到之山西官兵二千名不敷分拨守护，经奴才与钦差大臣、科尔沁亲王僧格林沁会商，就近饬调天津镇标兵一千名、芦团津练勇一千名，分定段落，实力防守，以壮声威。除镇标官兵系防守本管汛地、例不支给口粮外，其余练勇一千名，查照奏定成案，每名日给制钱二百文，按月造册报部。

朱批：户部知道。

——《筹办夷务始末（咸丰朝）》卷五四，第6—7页。

六月初四日

〇上谕

军机大臣密寄钦差大臣、科尔沁博多勒噶台亲王僧，直隶总督恒。咸丰十年六月初四

日奉上谕：

文煜奏续到夷船情形各折片。据称，烟台海口续有夷船驶到，夷人、广东人约共一万四五千人，马一千一二百匹，骡七八十头，大车四十余辆，独轮小车一百余辆，木桶、木箱、麻袋等多件。委员问以现居烟台何事，答以避暑，七月后即赴天津。该夷复探听烟台至利津及利津至天津水陆程途远近，并于山南平地试演炮车。兼闻烟台铺户传说，该夷于六月初旬即要起身，并该夷大将军即日坐船西行。已分咨僧格林沁等严防等语。夷人前有由海丰大山水陆赴津之说，近复探问利津至天津程途，其为欲图水陆窜津，显而易见。前谕僧格林沁等，派拨官兵前往盐山等处择要驻扎，以资扼截，谅已遵照办理。其马队、炮车应如何设法堵御，以免临时费手，并著豫为筹画。

再，本日据薛焕奏，额尔金、葛罗于五月十七、十九日先后由沪起碇，并探得该酋等有会齐兵船，于六月初旬偕抵大沽海口，察看中国如何举动，始决战和之说。务于天津内河节节多竖旗帜帐房，夜间虚点灯火，添设疑兵。夷人多疑，自然不敢轻犯。等语。行军虚实之法，本无一定。该抚所称多设疑兵，是否可行，著僧格林沁等斟酌办理。至所称既有看中国举动始决战和之说，是该夷未敢专意主战。恒福仍遵前旨，向其开导，如有可乘之机，妥为办理，不可坐失机会。

再，本日接到俄夷来文内，有愿从中说合之语，已由军机处给与照覆，交礼部转递恒福查收。所有该夷来文与军机处照覆，及文煜折片，俱著钞给僧格林沁、恒福阅看。将此由五百里密谕知之。

钦此。遵旨寄信前来。

——《咸丰同治两朝上谕档》第10册，第356—357页。

〇载垣等奏

臣载垣、端华、彭蕴章、穆荫、匡源、文祥跪奏，为请旨事。

本日由礼部递到俄文一封，臣等公同阅看，内有英、佛与中国有隙，伊与米夷愿从中善为说合之语。虽不可露出愿令该夷从中调处之意，然此机会，似不可失。臣等拟即由军机处给与照覆，微示不为已甚之意。如该夷再行恳求，即可藉弭兵端。谨将该夷汉字、夷字文共六件，原信一封，及臣等拟出照覆恭缮，一并进呈。如奉旨准行，臣等即将照覆封交礼部，转递恒福，饬交该夷，并将照覆及该夷来文，抄给僧格林沁等阅看。是否有当，伏候训示遵行。谨奏。

咸丰十年六月初四日奉朱批：依议。钦此。

——《咸丰同治两朝上谕档》第10册，第357页。

〇恒福奏

直隶总督恒福奏:

窃本年春间,臣与钦差大臣、科尔沁亲王僧格林沁先后行抵山海关,会同周历海壖暨临榆县城关一带,相度形势,挑浚壕墙,当将商筹布置情形恭折会奏。嗣臣旋津,道经昌黎县,率同委用道黄辅辰亲往查看,其城垣尚属完整,惟城外附近民居,较城内多至数倍,拟照津郡办法,挑筑墙壕,以资捍卫,当即履勘地势,指定规模,饬令劝捐赶办。又,乐亭县城池,委令通永道德椿等往看,因年久失修,坍塌过甚,亦应挑壕筑墙,当饬赶紧劝捐妥办。又,查宁河县境内之芦台镇,人烟稠密,距北塘海口仅数十里,向系屯积粮食货物,行销各处,为近海繁庶之区。并该县境内之唐儿沽,系在大沽北岸,居民以鱼盐为业,地临海滨,易于登岸。又,大沽壕墙系上年冬间挑筑,间有坍损,且所穵沟壕未能宽深。均经臣与僧格林沁商酌,分别委员前往,会同各该地方官并绅董妥为劝捐,挑壕筑墙,修葺整齐。兹据各该地方官并委员等先后禀报,临榆、昌黎、乐亭等县,芦台、唐儿沽、大沽等处,壕墙工程,一律完竣。

朱批:知道了。

——《筹办夷务始末(咸丰朝)》卷五四,第22页。

六月初五日

〇上谕

军机大臣密寄钦差大臣、科尔沁博多勒噶台亲王僧,直隶总督恒。咸丰十年六月初五日奉上谕:

劳崇光奏,探闻英酋额尔金等,由香港、上海即赴天津,并购得新闻纸,知英吉利国王之意主和,惟适值江苏军务决裂,难保该酋不故作刁难等语。夷人于山东、奉天等海口业已肆行占踞,近复有人船陆续驶至北塘海口,若听其任意登岸,则麇聚既众,必至滋蔓难图,不可收拾。惟昨因俄酋来文内,有愿为英、佛说合之语,业将原文抄给僧格林沁等阅看,并谕令乘机妥办。本日据劳崇光奏报各情,亦与昨日薛焕所称,该夷欲于到大沽后,察看中国举动,再决战和之语暗合。是该夷等志在求和之说,尚非无因。著僧格林沁、恒福酌量情形,如夷人日内续有船只到津,恣意上岸,图占民房,或支搭帐房居住,必须派人先行前往,善为开导,此处断难任所欲为,致将来追悔无及,不可令其踵山东故智。若英、佛两夷到后,或遣员进口投递文书,则是意图求抚,自可藉弭兵端,即著恒福遵照前旨,设法办理,不可坐失机宜。惟夷情叵测,亦恐借议和为名,乘我不防,暗施诡计。僧格林沁仍当

整饬防务，不可稍涉大意。即或该夷船只进口虽多，如不开炮，及不毁我防具，亦须看其动静，断不可衅自我开。其间操纵，务当悉心策画，不得以夷情愿抚，懈我士气，亦不得先启衅端，致该夷有所藉口。劳崇光原奏，著钞给阅看。将此由五百里密谕知之。

钦此。遵旨寄信前来。

——《咸丰同治两朝上谕档》第10册，第359—360页。

六月初十日

〇上谕

军机大臣密寄钦差大臣、科尔沁博多勒噶台亲王僧，直隶总督恒。咸丰十年六月初十日奉上谕：

前据薛焕奏，额尔金、葛罗即日北驶，并派员驾坐捕盗轮船来津，听候差遣，当谕令恒福，派善于词令之人，俟该夷酋到时，询其来意，因势利导，并谕僧格林沁暗帮恒福办理抚局。兹据薛焕奏称，捕盗轮船水手等全被卜鲁斯唤去，现饬蓝蔚雯等改由陆路行走，星夜北上。并称上年天津开仗，系卜酋与佛酋布尔布隆擅自主战，并非该国主本意，是以另派额酋、葛酋前来办理。其意原重在和，而不重在战。惟卜酋恐一经议和，则益重其上年擅战之失，是以坚称国主主战，预为布置。额、葛两酋既至以后，阻使不令见薛焕一面，使无从说合，无非一片私心。等语。此次薛焕探询夷情，自系确有所见。英、佛两国既另换使臣，并不令卜鲁斯等赴津办事，其意不专主用兵，已可概见。其所以带兵前来者，亦处于不得不然之势。此时若不迎机善导，不但激额酋等之怒，且中卜酋奸计，殊非抚驭外夷之法。蓝蔚雯等由陆路北来，一时未能到津，如果英、佛船只前来，著恒福不必俟上海委员，先行照会该二酋，告以汝等系原议和约之人，此次前来换约，自应照米国办理。如有商办事件，不妨彼此照会。所带兵船，均停泊北塘拦江沙外。并将二十九日谕旨参酌，照会该酋，使知上年接仗，全系卜酋之失，并非中国不敦信义。所派之员及照会公文，词句之间，亦要细心斟酌。该夷心多疑忌，不可因小失大。如该夷必欲钦派大员赴津会议，即告以桂良已交卸钦差大臣关防，花沙纳早经身故，只有署钦差大臣薛焕办理通商事宜。汝等在上海既不肯与之相见，来此更无可议之人，只好我与尔等代奏。但须所议之事不外情理，大皇帝自必格外施恩。若如卜鲁斯之决意主战，中国亦早经准备，断不畏惧。如此心平气和，推诚开导，则该酋等得有体面，必可稍为转圜。消弥兵衅，全在于此。想僧格林沁与恒福必能揣测夷情，斟酌妥办也。薛焕折著钞给阅看。将此由五百里密谕知之。

钦此。遵旨寄信前来。

——《咸丰同治两朝上谕档》第10册，第369—370页。

六月十三日

○上谕

军机大臣密寄钦差大臣、科尔沁博多勒噶台亲王僧，直隶总督恒。咸丰十年六月十三日奉上谕：

本日据军机大臣呈递僧格林沁致惠亲王等信函，内有该大臣派员查看米夷船只，告以该国前托转递信函，所以未经接收之故，该夷深为诧异。及同委员至俄船查询，俄夷明常则称已将信函代为呈递。各等语。是明系俄夷从中播弄是非，有意挑衅，希图取利。亟应乘势离间，以破奸谋。该大臣等拟仍派员赴米船，告以总督公文可以接收，并申明前信未收之说。所筹甚中款要。惟与俄夷熟识，如德祥、姚煦等员，不可派往，务须慎选妥员，前赴米船，告以贵国前讬俄国转递信函，中国并未接收，现仍在俄国手内，贵国应即向其索取；如俄国称系中国有与之回信，无论何词，断不可信；如中国有与贵国信函，亦必须遵照和约，由上海钦差大臣处转送；今俄国既有来往不实之事，恐误各国与中国交好之谊；不惟贵国如此，即英、佛二国，恐俄国从中亦有假设之词，使各国不能信服中国信义；倘该二国如不信其播弄，欲照贵国去岁之例前来换约，大皇帝亦必宽其既往，仍可商酌办理，断无用武之意；恐贵国与英、佛二国不知俄国所行之事，信其一面之词，致使与中国有伤和好，然此并非中国多疑，实系俄国由此次寄信之事显露虚假，碍难凭信，是以不得不派人言明，方能于事有益。如此剀切晓谕，看其如何答覆，再行相机酌办。总在使俄、米及英、佛各国互相疑贰，则俄夷怂恿之计便无所施，而于英、佛抚局亦属不无裨益也。将此由五百里密谕知之。

钦此。遵旨寄信前来。

——《咸丰同治两朝上谕档》第10册，第371页。

六月十四日

○僧格林沁、恒福奏

奴才僧格林沁、奴才恒福跪奏，为夷船先后驶到十余只，现在北塘海口停泊，并询得距大沽海口一百四五十里现有夷船百余只，恭折奏祈圣鉴事。

窃奴才等自五月二十九日至六月十一日承准军机大臣字寄，恭奉谕旨六道，奴才等敬谨聆悉。至奴才等奏请饬派八年三月办理夷务之员，荷蒙朱谕，训示周详。奴才等惟有仰体圣怀，心领神会，竭力图维，总期于大局有裨，方为妥善。至办理夷务不外乎战守二端，然以今日时势而论，战和之机，不在中国，而在该夷。【其机虽在该夷，先机而导，遇机而

发，则仍操之自我，不可只图其易而避其难。】倘该夷处心积虑，决意用兵，或船只直犯海口，或步队登岸抄袭，奴才等自当激励将士，奋力堵御。设使该夷有心求和，【该夷有心求和，彼必有一番挟制，理势然也。】一有可乘之机，奴才恒福惟有凛遵叠次钦奉谕旨，设法抚绥，迎机善导，使该夷就我范围。奴才僧格林沁暗为帮同办理，庶和议速成，早纾宸廑。第夷性犬羊，恐不能甘于自屈，且轻中国已非一时一事，即使有心求和，亦必恃强挟制，所请之条，万难照准，一拂其意，必致决裂，是和议一局终须费手。此时但得英、佛二夷照会，或俄、米两酋代英、佛致意，奴才恒福即照覆该夷，令其遵照米夷之例，进京换约，并约其即赴北塘，会商一切，无论该夷是否依从，是我先占以礼相待地步。【甚好，此为议抚之端倪，不可为战后之地步。】查薛焕原奏内称：候补知府蓝蔚雯等已于五月二十六日由陆路起程赴津，约计本月二十日(已)[以]后即可到来。如须派员赴夷船传话，及该夷通事人等舢板进北塘河口，即令蓝蔚雯等接待，若待该夷(臣)欲由北塘登岸会面，奴才恒福即当前往。至英、佛二酋初次会面，言语之间，势必仍肆狂悖，任意要挟，桀骜情形在所不免。奴才恒福惟有平心静气与之理论，总须先行折服其心，使该夷自知理曲，然后和议可成，且能稳固。若仅于姑息了事，仍不免遗患于将来。至该夷果欲进京换约，亦应先在海口，将条约议定，以免到京后另有要求。奴才等管见所及，是否之处，伏候圣裁。

奴才等因差弁谢起发回营传述米夷情形，似不知前次并未接收该夷信函，并恐俄夷包藏祸心，有意挑衅，是以复又派员前往申明原委。前据该弁回营持有米夷照会奴才恒福公文一件，仅微露欲为调处之意，并无切实字句。该弁等回称：米夷交给照会，并无即候回文之语，惟称有无回文均可。似此情形，若即答复，转似中国有意求和，倘英、佛果不欲用兵，随后俄、米二夷必有信息。

北塘口外原停泊夷船五只，初二日开驶一只，初八日巳刻驶来七只，均在北塘海口停泊，逐日在大沽一带拦江沙内外来往游移，或用千里镜照看，或用舢板试水，旋即仍回原处停泊。十一日炮台瞭望拦江沙外，隐隐有夷船数十只，或隐或现，远望不甚真切。连日进口商船，据称，距海口约在一百四五十里以外东淀洋面，见有夷船百余只在彼停泊等语，是该夷大股兵船业经连樯而至。奴才等惟有严饬各营马步官兵加意严防，不敢稍涉大意。日内如夷船渐渐逼近，则大沽、天津倍形吃重，山东一路似觉较缓，届时拟将驻扎青县官兵调来分布防守，以期厚集兵力。除俟续有夷情再行奏报外，谨将米夷照会抄录，恭呈御览。

所有夷船先后驶至海口十余只，并接收米夷照会各缘由，谨恭折具奏，伏乞皇上圣鉴。

再，前任广东按察使龄椿，已于本月初八日到营，合并附陈。谨奏。

［咸丰十年六月十三日］

咸丰十年六月十四日奉朱批：另有旨。米夷既有照会，即应照复，以免将来口实。只可告以中国原无必战之心，不可授以仗彼求和之柄。钦此。

附抄美使为奉命会同俄使从中调处事照会

大亚美理驾合众国钦命驻劄中华便宜行事全权大臣华，为照会事。

照得本国大伯理玺天德深愿申美意于贵国大皇帝，暨加厚福于华民，敕命本大臣（侯）［候］英法两国抵北河洋面之时，一并戾止，以便会同俄罗斯国钦差大臣效劳于贵国。惟此来以不偏倚而无左袒之意为要。兹本大臣按照上命，倘能效劳于中国，自必在北河暂候，但本大臣或能将贵国与英法两国所有不和之处妥为调处，以成美举，殊深嘉慰。为此照会，顺候辰祺克绥。须至照会者。

右照会大清兵部尚书兼都察院右都御史、直隶总督部堂恒。

——《第二次鸦片战争》第 4 册，第 435—438 页。

〇僧格林沁函

敬启者。近日夷情已恭折具奏，并将米夷照会抄录恭呈御览。至夷情难测，战和二端，难以预定。惟宜事先筹算，以免临时失措。米夷虽有照会，现拟不答，因该夷已到多日，并未投递照会，足见该夷欲作居间，要我俯就，是以未便答复。若该夷再有照会欲为调处，立候复文，亦不得不即为照复。其答复之意，拟将八年英夷以兵力要挟无理之状，不堪枚举，上年船只驶至，若仍仿照米夷由北塘进京换约，自不失和好。乃照会不接，食物不收，毁我防具，先行开炮，以致受创。既经决裂，所有八年之议自应罢论。惟英、佛二国远涉重洋，前赴海口，大皇帝深仁厚泽，必能宽其既往，仍准进京换约，惟须先将条约议定。若照英国向办成章，仍须偿我兵费，大皇帝如天之量，必能格外加恩。等语答复。沁所见如此，是否之处，伏候钧裁。如不妥协，即请奏明改正发下，以便有所遵循。

再，米夷华若翰上年来至北塘，与总督恒有一面之识，拟于日内由总督恒派弁送给该夷食物，不提英、佛之事，看其如何情形。特此奉闻。

王爷

中堂钧安。

大人

僧格林沁顿首[1]

——《第二次鸦片战争》第 4 册，第 438—439 页。

〇僧格林沁函

敬启者：本月初七日接准军机处照复俄夷公文一件，当即加封，派营弁谢启发送往，并

① 此信封皮原标怡、惠亲王，郑中堂，军机大人等衔。

令该弁就近查看停泊均系何国船只，如有米夷船只，即向该夷告知：前由俄夷转递京城信函，并未接收者，因上年和约并无由北塘寄京信函之条，且不知米国船只曾否到来；其俄国信函虽已寄京，业经军机处斥驳等语。该夷闻之殊深诧异，并称尚有公文欲行投递。该弁告以并未回明总督，未便接收。该夷复同该弁至俄夷大船查询，俄夷明常则称已将信函代为呈递。似此情形，显系俄夷包藏祸心，有意挑衅，俟中国与英、佛等国兵端一开，该夷从中取利，不得不窥破奸计。现拟仍派员前赴米夷大船，向伊告知，总督知尔国船只驶到，派员查问来意，寄京信函不准接收，如有总督公文，准其接收递送，并再申明，前交俄夷寄京信函，登时发交该夷领回，并未接收代递，看该夷之意若何。除俟该弁回营再行恭折具奏外，特此布达。近日夷情，敬祈代为先行奏闻。

现在陆续驶到夷船十余只，大船均在北塘河口拦江沙外停泊，小船时赴各处游移窥伺。至前由潘志和身上搜获白纸一张，据供系明常给固姓之信，用药酒喷洒，字迹即出等语。不知确否。兹将白纸一张寄呈，即请于俄罗斯满蒙官学生内能翻译俄文者，交其试验，如果有字迹，即可知其是何言语。合肃敬请

王爷

中堂钧安。

大人

僧格林沁顿首

——《第二次鸦片战争》第4册，第439—440页。

〇文煜奏

臣昨将烟台夷船连前共泊四十只情形奏明在案。兹据该处文武员弁禀报，自五月二十九至六月初四等日，陆续自东南大洋驶来夷轮各船十只，初三日由大竹山南洋驶来大火轮船一只，由长岛北洋向西北大洋驶去。该夷现在烟台，间日操练兵马，试放炮车，时有十数人骑马出营，分往附近里许巡哨，旋即折回。造成竹梯一百二三十架，每架约高二丈有余，督率广东人，自烟台山西面海岸起，由山南经奇山所村，北至烟台山东面海岸，开掘濠沟，绕长四五里。复将前到六轮大车卸去两轮，改作四轮大车。从船上搬出车箱数十个，即将卸下两轮装成两轮大车等情。并据委员候补游击定顺禀称，五月二十九日，亲赴烟台查探，在严巡检处遇见该夷李通事，谈次偶露秘语，言大将军定于六月间陆续由水路赴天津，仍留夷兵在此驻扎等语。兹于六月初八日接据登州镇道咨报，六月初五日，夷人将山上营帐(折)[拆]去三四百架，同前到木箱、木桶、麻袋等物以及大小炮位搬运入船，从营内拉出马三四百匹，并有夷人十余，均各上船，共装火轮船五只，于是日午刻出口，从西北大洋驶去。又据福山县禀称，初六日丑刻后，烟台夷营又将前到木桶、木箱、大小车辆搬运上

船，从营内拉出马八百余匹，夷兵三千余人，均各上船，共装火轮船五只，于卯刻出口，向西北大洋驶去。现在烟台口内，尚泊夷船四十只。六月初八日，又据委员候补知府董步云禀称，探得英、佛两夷水陆并进，一系由金州水路赴天津，一系由烟台放船至利津、海丰地方，起旱赴天津，约期进发。各等情。臣查夷人先有分兵北去之信，今既装载兵船，前后十只，向西北驶去，难保不从此陆续开行，当飞咨钦差大臣、亲王僧格林沁严行防范，并饬利津、沾化、武定一带侦探，傥若夷兵来时，一面报臣行次，一面带同团练，先行设法堵御。

朱批：知道了。

——《筹办夷务始末（咸丰朝）》卷五四，第30—31页。

六月十六日

○僧格林沁、恒福奏

奴才僧格林沁、奴才恒福跪奏，为夷船连樯而至，津沽防守倍形吃重，亟须厚集兵力以免疏虞，恭折奏祈圣鉴事。

窃奴才等于本月十四日承准军机大臣密寄，咸丰十年六月十三日奉上谕……奴才等谨遵训示，相机办理。至夷船十余只停泊北塘，并近日夷情，已于本月十三日恭折驰奏在案。

十三日自辰至申，陆续驶来夷船约有一百数十只，均在拦江沙外停泊，距海口不过三四十里，炮台瞭望甚为真切，是津沽之防万分吃紧。各营步队官兵分守濠墙，兵力原不为厚，所恃者营垒布置严密，濠堑数道，堪能抵御。马队三千余名分扎营城、大沽（计）[及]海河二道（四）[西]岸地方，若该夷分股同时并进，非但马队不敷抵敌，即步队防守营垒亦觉单薄。海口为咽喉重地，天津为京师屏障，均为紧要之区，自当慎之又慎。连日据山东坐探报称：烟台人马枪炮多已上船开行，所存无多，不准有人窥探，似系空营等语。其为全数前来大沽，已可概见。事已紧迫，不及恭候批折，奴才僧格林沁业经札饬克兴阿，将热河、密云官兵各五百名，八旗汉军官兵一百名，直隶提标官兵二千名，留于津郡，交运司崇厚统带，协同兵勇防守。其余马步官兵全数前来大沽海口，分驻两岸，并经札行增庆派拨马队五百名，令苏克津管带，星夜前往芦台驻扎，以资堵御。

再，查大沽迤南二百里之大口河，系山东地方，道光二十一年奴才僧格林沁曾往查看，现又复经派员履勘。该处随系岔河，上哨船楫不通，但平日商船进口，可行六十里至埕子庄地方，若自埕子庄登岸至羊儿庄，系属赴津大道，设使天津有警，京师必致（振）[震]动，是此路之防，较之青县尤关紧要。亟应豫筹马队，以备临时截击。且羊儿庄一带地势平坦，马队驰骋最为得力。海口夷船虽到百余只，现惟昼夜施放大炮，其意不过希图威吓，此

外尚无动静，究不知额、葛二酋曾否到来，此时未便派员前往查探。该夷船只既多，声势必大，而其志必骄。若即派员前往，该夷更生轻侮之心。前派营弁赴米夷大船，曾有一南省人向该弁声称，英、佛两夷之意，总须先战后和，自系该夷等平素有此议论。

查上年夷船甫经到来，即有(船)[舢]板近岸投递照会，此次夷船已到多日，毫无信息，足见该夷骄满之极，此时断非言语所能理喻，仍应镇静以待。或米夷照会前来，即当乘机转圜。十三日奴才恒福派千总冯恩福送给米夷食物，因风浪不顺，尚未回营。除俟该弁回营，有无紧要情形，再行奏报外，所有夷船驶至百余只，亟须厚集兵力各缘由，谨恭折具奏，伏乞皇上圣鉴。谨奏。

［咸丰十一年六月十五日］

——《第二次鸦片战争》第4册，第446—447页。

〇上谕

军机大臣密寄钦差大臣、科尔沁博多勒噶台亲王僧，直隶总督恒。咸丰十年六月十六日奉上谕：

僧格林沁、恒福奏夷船连樯而至、津沽防守吃重一折。夷船一百数十只，均在拦江沙外停泊，距海口不过三四十里。僧格林沁调派马步官兵，分扎各路，并于埕子庄地方豫筹马队，以备临时截击，布置谅已周密。上年英夷驶至大沽海口，毁我防具，经僧格林沁督兵轰击，大获胜仗，该夷未必不心存畏忌。此次复调集兵船，声言水陆并进，意图报复，实则以兵胁和。劳崇光、薛焕均探该夷有议和之意，米夷又欲从中调处，是英、佛两酋不专主战，已可概见。今该夷船只既在拦江沙外停泊，不可迟延多日，即著恒福派委妥员，询其来意，并先行照会该酋，令其照米国之例，少带从人，由北塘进京换约。如该酋等给与该督照覆，虽词气傲慢，而其欲和之意若微露端倪，该督即可乘此机会，反覆开导，令其渐就范围。若谓先给照会，即示之以弱，不知上年该夷挫败，其辱已甚，此次先行委员给与英、佛、米照会，正见中国宽大，并非畏惧求和。朕思僧格林沁海口布置虽已周妥，声威亦为该夷所畏，原不难使该夷再受痛惩，惟念决裂之后，从此兵连祸结，迄无了期，虽图快于目前，而遗患于将来。朕又何忍沿海居民遭其荼毒。恒福身任地方，尤当仰体朕心，不可因海口设防严密，仍存先战后和之意。该督于接奉此旨，总须以抚局为要，不得畏难自阻，致负委任。所有如何照会该酋之处，即著恒福妥筹，速行办理，不可稍存成见，有误大局。将此由五百里密谕知之。

钦此。遵旨寄信前来。

——《咸丰同治两朝上谕档》第10册，第376—377页。

六月十七日

○僧格林沁、恒福奏

钦差大臣、科尔沁亲王僧格林沁，直隶总督恒福奏：

本月十五日，承准军机大臣密寄，恭奉谕旨，荷蒙训示，奴才等敬谨聆悉，相机办理。

十五日，千总冯恩福回营禀称，送米夷食物，该夷全行收领，回送奴才恒福洋酒二箱。该夷声称，英、佛二夷即欲占踞北塘，抄袭大沽后路。此外并无言语。是日未刻，炮台瞭望，见有夷船三十余只，悬挂红旗，烟气冲空，乘潮驶至北塘河口。旋有夷人马匹登岸，占踞村庄。

查上年原令该夷赴北塘会面，该夷坚执不肯前往。本年船只甫经驶至，即向北塘河口停泊，是其有心占踞北塘，已可概见。奴才等早经札饬该管地方官，饬令该管居民即为迁徙，见在多已搬移，仅有零星小户。该夷既经登岸，占踞村庄，或战或和，难以豫定。奴才等业经饬派马队，遥为屯劄。倘该夷结队前进，或直扑大沽，或竟犯津郡，总俟离北塘较远，再为截剿，不得先行迎击，使该夷有所藉口。

至该夷占踞村庄，意在以兵胁和，亦未可知。一有可乘之机，奴才恒福即派员前往，问其来意。若该夷能照米夷之例，少带从人，进京换约，奴才等惟有谨遵迭次谕旨，妥为办理。倘该夷欲坐轿进京，并多带从人，奴才等虽婉转阻拦，该夷坚执不从，亦系起衅之端。奴才等自当设法理谕，以期消患弭兵。现令千总冯恩福送给米夷照覆，应俟回营，米夷有无照会，再行驰奏外，谨将奴才恒福给米夷照覆钞录恭呈御览。

再，本月十三日，奴才僧格林沁札调克兴额带兵来防，兹据禀称，已于本月十四日由青县启程赴津，现又札催星夜前来，以资防守。

——《筹办夷务始末(咸丰朝)》卷五五，第4—5页。

○上谕

军机大臣密寄钦差大臣、科尔沁博多勒噶台亲王僧，直隶总督恒。咸丰十年六月十七日奉上谕：

昨因夷船在拦江沙外，谕令恒福先行照会该酋，令其少带从人，来京换约。本日据僧格林沁等奏，夷船三十余只驶至北塘海口，夷人登岸，占踞村庄。恒福现已照会米酋，转约英、佛二夷进京换约，所办尚为妥善。惟当接米酋照会时，即应立时照覆。今英、佛既已在北塘登岸，始行照覆米酋，已属落后一著。倘米酋不为即达，英、佛必至立起衅端。著恒福即赶紧分拟照会，径行给与英、佛两酋。其英夷照会内，不必提上年打仗之事，但告以汝等此次既到北塘，足见真心和好，有意换约而来，如愿照米国之例进京换约，必代为转奏，俟

奉旨允准，即可由此北上。佛国照会内，告以上年尔国并未助英国打仗，大皇帝深为嘉奖，此次来至北塘换约，从此更可永敦和好。如此分别照会，其看如何答覆，迅即驰奏。如该夷愿照米国之例进京，其坐轿及少带从人之处，即在此内不必专意提及。傥该夷必欲坐轿进京，亦不必过于阻止，但告以只可在城外坐轿。不必以此小节，致误大局。以后照会，务须心平气和，以礼相接，不必稍露用武之意，致该夷难以转圜。是为至要。至大沽后路及天津郡城，著僧格林沁仍严密防范，毋稍大意。将此由五百里密谕知之。

钦此。遵旨寄信前来。

——《咸丰同治两朝上谕档》第10册，第378—379页。

六月十八日

○僧格林沁、恒福奏

奴才僧格林沁、奴才恒福跪奏，为差弁回营持有米夷照会，内称英、佛两国即欲交兵，旋即北塘夷匪结队出村，意图扑犯，恭折奏祈圣鉴事。

本(年)[月]十七日卯刻，千总冯恩福回营，持有米夷照会，其意似已无法办理，并向该弁声称，北塘现有广匪五千名，黑夷三千名，即欲抄袭大沽炮台后路。卯刻探差禀报：北塘夷人出队，约有千余名，并人拉马驾车炮数位，直向唐儿沽营垒攻扑。奴才等在炮台瞭望，该夷枪炮连环，络绎不绝。当经德兴阿带同侍卫明安、卓明阿、托伦布、德成，佐领舒通额，参将常善保，督带吉林、黑龙江、哲里木盟、昭乌达盟、归化城马队官兵迎头抵御，至午刻该夷始行回村，我兵受伤三名，受伤马数匹，马步夷匪均有伤毙。此日之战，因该夷结队出村十里以外，意图攻扑营垒，不得不整队抵御。该夷即已回村，奴才等仍拟给与米夷照会，令其转致英、佛二夷弭兵和好。惟既经接仗，以后词句之间，未便再事软款。除俟续有夷情，及得有米夷照复，再行恭折驰奏外，谨将米夷照复并奴才恒福复又给与米夷照会抄录恭呈御览，为此奏闻，伏乞皇上圣鉴。

再，奴才恒福此次给与米夷照会之便，送给该夷瓜果等物，派弁一并赍往，合并陈明。谨奏。

——《第二次鸦片战争》第4册，第450页。

○米利坚照覆

为照覆事。

现据贵部堂本月十七日来文，阅悉。贵国与英、佛两国现在不幸，所有不平之端，其曲直是非，本大臣不能与贵部堂评论。缘本国与贵国素日和好，与英、佛两国亦无少异。傥

能将各纷争之事妥为调停，岂不欣然乐为乎？奈实系不能。今惟有按照贵部堂所请，将来意转达两国而已。相应照覆。

须至照覆者。

——《筹办夷务始末（咸丰朝）》卷五五，第13—14页。

○恒福给米利坚照覆

为再行照覆事。

照得本月十七日接到贵大臣照覆，内称：英、佛两国争持之处，此时业已无法，可请两国公使照来文办理，只恐未接兹文之前，两国已先交仗等语。

本督部堂溯查八年之役，英国伤我将士，毁我炮台，兵船驶至天津，大皇帝爱惜津郡数十万民生，深怀大德，不拘小信，是以英国任意要挟，暂如所请。惟定拟条约，亦应彼此相商，方为定准，岂有倚仗兵威挟制之理？至于九年，既是换约，只须用船一二只前来，何须带领兵船士卒如许之多？我国于英、佛两国船到之时，先与照会，嘱赴北塘换约，乃并不答覆，遽然蜂拥海口，先行开炮。彼时计我国兵力，不及英国十分之一，而水陆均能获胜者，实因英国欺我太甚，以致英国自取挫失。而我国大皇帝宽仁大度，仍亲派大臣前赴上海，办理通商，以全旧好，是我国之不欲用武，想各国皆能尽悉我大皇帝广大怀柔之意。

昨闻英、佛两国到来，我国即将北塘防兵撤退，以为登岸议和地步。不料来至海口数日，并不照会我国，忽于十五日水陆并进，率众登岸，占踞北塘村庄，居民惶恐。十六日遽行用兵列阵，我国未肯即行前去迎战。十七日彼军又复对阵开炮，我国不得不为抵御，然仍饬带兵各营只许迎敌，未许进攻，仰体大皇帝宽容之意，欲敦旧好。惟是为战为和，不能并用。若本意在和，何须故意用兵，以为要挟之计？尽可约期相见，照贵国上年之例，进京换约，实为省事。若英、佛两国一定主战，我国水陆均有设备，现虽占我北塘，不难督兵攻击，但恐英、佛两国再有损伤，此后难以和好。数日以来，我国之退让留情，不为不至。

贵大臣既系为好而来，将此意转达英、佛两国，趁此时彼此均无损伤，收兵息事，仍照上年之例进京换约，以全和好，则各国商民均受其福。若贵大臣不为转达，而英、佛两国亦未能操必胜之权，彼时再有损伤，恐贵大臣难以对英、佛两国，亦非与英、佛两国真相好矣。兹定于三日之内，英、佛两国如无回信，我国惟有主战而已。且陆路用兵非同水面，如英、佛两国不知我军容让之意，仍复恃强，我国主将自有调度。傥英、佛两国士卒再经挫失，不但于和议一局转多窒碍，即英、佛两国公使亦难于回国覆命也。

相应再行照覆。

须至照覆者。

——《筹办夷务始末（咸丰朝）》卷五五，第14—16页。

〇上谕

军机大臣密寄钦差大臣、科尔沁博多勒噶台亲王僧，直隶总督恒。咸丰十年六月十八日奉上谕：

僧格林沁等奏，米夷照会内称，英、佛两国即欲交兵，旋有夷匪结队出村，意图扑犯一折。米夷照会恒福，有业已无法之语，是该国不能从中调处。该督仍给与照会，令其转致英、佛两夷，弭兵和好，措词颇为得体。惟米夷既有推诿之意，自应径行照会英、佛两酋，示以中国宽大，或可稍知悔悟。此次该夷出村扑犯，业经击退，在我给与照会，并非示之以弱，迹涉求和；在该夷慑我兵威，心存顾忌，正可乘此据理晓谕，使之知感知惧。著恒福仍遵前旨，迅速分别照会英、佛两酋，令其照米夷之例进京换约，并须心平气和，如此次照会米夷，措词不激不随，曲为开导，但不必提及打仗，使该夷无可转圜。僧格林沁调度有方，不患不获胜仗，所虑该夷败后，扬帆远遁，不但各海口地方不能安靖，即大沽之防不能遽撤，夷务迄无了期，究非万全之策。前降谕旨已极详备，该大臣等必能仰体朕心也。将此由五百里密谕知之。

钦此。遵旨寄信前来。

——《咸丰同治两朝上谕档》第10册，第380页。

六月二十日

〇僧格林沁、恒福奏

奴才僧格林沁、奴才恒福跪奏，为夷人势大志骄，暂难议和，若先行俯就，徒捐国威，与事无济，谨沥情直陈，仰祈圣鉴事。

窃奴才等承准军机大臣字寄，六月十六、十七等日奉上谕：该夷此次调集兵船，声言水陆并进，等因。钦此。奴才等跪读之下，不胜惶恐。伏思奴才等受恩深重，当此时事艰难，何敢轻起衅端？惟愿海氛早靖，迅拨马步官兵，剪除粤捻各匪，上纾宵旰，下苏民困，使天下苍生咸登衽席。无如夷情犬羊，贪得无厌，即使上年准由大沽海口行走，八年之约悉如原议，该夷亦不能换约而返，势必兵船停泊津郡，步队择要屯扎。其无理无情之状，非臣子所敢言，亦非臣子所忍言。所幸上年仰赖圣主洪福，一战击退。当该夷败退之后，若即乘机转圜，未始不能就抚。前督臣何桂清节次奏报，一味推诿，立志不办，以致激成今日之患。该夷就抚无由，通商无术，不得不起倾国之兵前来恐吓要挟。历年夷人滋事，无非志在通商，希图获利，是夷人之性，财命相连。今大沽、金州、烟台夷船数百只，人数万名，马数千匹，计其雇用他国船只，其费几何？雇觅闽、粤等匪，其费几何？购买马匹，其费几何？

数万人马粮草,其费几何?约计不下千万。该夷不惜重资,岂专为议和换约而来?是其处心积虑,又非臣子所敢言也。劳崇光、薛焕误听夷人之言,以为该夷果真无心主战,仍欲求和,不辨真伪,率行入奏,其实仍系该夷诡计,漫我军心。

今日之事,岂止英、佛二国带有兵马,俄、米二夷亦必协助兵力。是四夷狼狈为奸,同恶相济。英、佛、米三夷志在精华,俄夷利我土地。此等情形,仍望议和,殊非易易。且米夷曾有先战后和之说,所以未能遵旨先行给与英、佛二夷照会者,因恐先与照会,其志必骄,无论词句如何平和,亦不能遏止该夷恃强狂悖。且屡次照会米夷,毫无转机,米夷照复之语显然易见。似此情形,仍望弭兵和好,是诚万难。至现在该夷兵力,若分股水陆同时阑进,奴才等深知虽无把握,然兵戈即交,惟有叩祷神灵默佑,奴才等竭力支持。现在所恃者,满蒙旗绿官兵志切同仇,咸思效命疆场。若一旦自屈,倘守心(焕)[涣]散,更难收拾。时势至此,不能不沥情直陈。奴才等仍酌量事机,设法转圜。前派员送给米夷照会,因风浪不顺,尚未驶至。倘该夷因无英、佛二夷照会,未便转答,故为推诿,奴才等即拟照会英、佛二夷,仍交米夷转致。十八日至十九日午刻以前,北塘夷人并未出村列队,现派德兴阿督带马队驻扎新河,倘该夷直犯津郡,或抄袭大沽后路,即为抵御。十八日,北塘营弁二名潜出回营,据称,十七日之战,击毙夷匪五十余名,头目一名,该夷拖回尸身,存于苏姓院内,现在该夷于北塘村内外严为布置,似欲久踞。日内如该夷水陆来犯,奴才等惟有竭力堵御。若该夷并不出村列队,奴才等亦不派兵前往攻击。

除俟续有夷情再行奏报外,所有沥陈该夷实在情形,谨恭折具奏,伏乞皇上圣鉴。谨奏。

六月十九日

咸丰十年六月二十日奉朱批:钦此。

——《筹办夷务始末补遗》,第177—181页。

〇上谕

军机大臣密寄钦差大臣、科尔沁博多勒噶台亲王僧,直隶总督恒。咸丰十年六月二十日奉上谕:

前据僧格林沁等奏,夷匪由北塘结队出村,意图扑犯,经我军击退,当谕令恒福分别照会英、佛两酋,令其照米夷之例进京换约,以冀夷情就范。兹据僧格林沁等奏夷人势大志骄,暂难议和,沥情直陈一折。所奏情形,尚为透彻。此次夷人连樯而至,原属意存叵测,不可不严为之防。僧格林沁恐一意主抚,以致懈我军心,所虑尚是。惟恒福身任地方,抚事责无旁贷。且十七日之战,既已击毙夷匪五十余名,以后该夷并无动静,未必非候我给与照会,藉此转圜。此机断不可再失,总当遵奉叠次谕旨,照会该夷,不可任令委员藉口风

浪不顺,畏葸不前。傥再贻误事机,致令大局决裂,惟恒福是问。该督以专办抚局,务当平心和气,妥速办理。此时先行给与照会,并非求和。因去岁该夷既受惩创,今番先行照会,不但不为示之以弱,尤见中国宽大,并可看其如何举动。是以屡降谕旨,令恒福遵办。若一经开仗,则荼毒生灵,滋扰海口。傥仍不受抚,结怨愈深,后患终无了期,亦非万全之策。该督总当仰体朕心,曲为开导,以顾大局。是为至要。若坐失机宜,该督不能当此重咎也。将此由五百里密谕知之。

钦此。遵旨寄信前来。

——《咸丰同治两朝上谕档》第10册,第391—392页。

六月二十二日

○僧格林沁等奏

奴才僧格林沁、奴才西凌阿、奴才恒福跪奏,为接据米夷照会,仍系推诿,现据英夷送来免战白旗,拟即照会该夷令其定期会晤,恭折奏祈圣鉴事。

窃奴才等承准军机大臣字寄,咸丰十年六月十八日恭奉上谕一道,奴才等敬谨聆悉。查该夷十七日步队退回之后,即有夷船数只驶进北塘河口,距营城炮台仅止数里,先经奴才西凌阿将火攻木筏备齐,列于河内。该夷瞥见即行回驶,匆迫之际,搁线轮船二只,即有夷人多名拖拉,乘潮驶去一只,仍有一只至今不能移动。

十九日亥刻,奴才西凌阿派佐领定安、防御连喜来营禀称:是日午刻,搁浅船上夷人二名,由北塘北岸登岸,各执白旗一面,上写"免战"二字,另有折叠白布一块。经定安等查问来意,并问有无公文,据称并无公文,惟马队站列太近,恐被船上炮火损伤,致失和气,如彼此有派人来往之事,务须手执白旗,必不致损伤等语。经定安等答称:河内船只即当早些出口,你们占踞北塘,该处逃出民人深为痛恨,屡要用火焚烧船只,俱被总督阻止,倘一时阻挡不及,致有损伤,反为不美。该夷无可回答,即将折叠白布掷于地上,据称留作往来之用,旋即回船。定安等见折叠白布上有汉、夷字迹,回明奴才西凌阿送呈来营。

二十日未刻,守备邱瑞祥、千总冯恩福回营,持有米夷照会,查阅来意,虽系推诿,仍允转致英、佛二夷。邱瑞祥等目睹该夷令人抄录分送各船。奴才等公同商酌,英夷既已送到免战白旗,虽不可恃,究系该夷先已自屈,拟即照会该夷定期会晤。此次照会即派定安等送赴该夷搁浅大船,如船上夷人不敢擅收,即令派人同出海口,径往额酋船只。至该夷诡诈百出,其"免战"二字难免非慢我军心,乘我不备,俟隙扑扰。当经传饬马步各营加意严防,不可稍涉大意。

除俟英夷有无照复及续有夷情再行驰奏外,谨将米夷照复并奴才恒福给英夷照会抄

录，及免战白旗式样，一并恭呈御览。伏乞皇上圣鉴。

再，克兴阿已于十七日到防，所有马步官兵分拨营城及大沽两岸协同防守，合并附陈。谨奏。

［咸丰十年六月二十一日］

附抄录美使华若翰为现已无法调停事照复

大亚美理驾合众国钦命驻劄中华便宜行事全权大臣华，为照复事。

现据贵部堂本月十七日来文阅悉。贵国与英、法两国现在不幸，所有不平之端，其曲直是非，本大臣不能与贵部堂评论。缘本国与贵国素日和好，与英、法两国亦无少异，倘能将各纷争之事妥为调停，岂不欣然乐为乎？奈实系不能。今惟有按照贵部堂所请，将来意转达两国而已。相应照复。须至照复者。[1]

——《第二次鸦片战争》第4册，第454—456页。

〇上谕

军机大臣密寄钦差大臣、科尔沁博多勒噶台亲王僧，直隶总督恒。咸丰十年六月二十二日奉上谕：

本日据僧格林沁等奏英夷送来免战白旗，拟即照会，令其定期会晤一折，并将照会及旗式各件，抄录呈览。览奏俱悉。夷船于驶近北塘河口后，瞥见火攻木筏备齐，即匆迫回驶，以致轮船搁浅。其船上夷人二名上岸，各执白旗一面，上书“免战”二字；另有折叠白布一块，据称须留作往来之用。各等语。此即夷人先已自屈，显有就我范围之意，此机断不可失。恒福所给英夷照会，深得大体。惟佛国亦有兵船在津，虽未答话，未便置之不理，亦须一律给与照会，不可专给英夷，致令有所藉口。日内该夷或有照会，或与该督晤面，务须迎机而导，不必责备其去岁开仗之非，即可向该夷告以援照米夷之例，减带从人，由北塘进京换约。设或该夷另有条款及格外要求，无论如何为难，恒福断不必当面驳诘，亦不可故作刁难，惟当允其即为陈奏。若在北塘议和，稍不遂意，必有变更，总不如准其进京商议为妥。尤不可令该夷稍生疑虑，方能就我抚局。如愿来京换约，即与该夷约定日期，迅速具奏。谅恒福必能仰体朕心，不避艰难，妥速办理也。现在抚局尚未大定，僧格林沁仍当督饬马步各营加意严防，不可稍涉大意。将此由五百里密谕知之。

钦此。遵旨寄信前来。

——《咸丰同治两朝上谕档》第10册，第397页。

---

① 此附件《筹办夷务始末（咸丰朝）》系于六月十八日。

六月二十六日

〇僧格林沁、恒福奏

奴才僧格林沁、奴才恒福跪奏，为英夷接收照会，并未照复，现拟稍迟二三日再行照会，看其如何情形，以便乘机办理，恭折奏祈圣鉴事。

窃奴才等于本月二十日酉刻，令佐领定安等执持照会前往投递。该员等二十一日卯刻至该夷搁浅大船，面交夷目葛乐分接收。该夷目嘱令定安等二十二日早六点钟时，在北塘北岸候取回信，该员如约而往，葛乐分已在彼等候，并未持有照会，令定安等同往大船，定安即令连喜回营禀报，定安同往北塘河内该夷大船。夷酋额尔金、伊国水师提督合姓，虽未明见其面，似已均在大船，言语之间，该夷深悔送给免战白旗。但称白旗系恐有伤中国马队，并非两国说合歇息干戈。此外言语无非夸耀现来夷船士卒炮火之多，并问海口官兵若干，炮位斤重，定安答以官兵不过二三千名，大炮三四千斤，该夷因定安所答多有不实，亦不细问，催促上岸。问以照会，则称有无尚在未定，如有，随后送至北塘北岸。定安因该夷并无照复，无凭销差，向该夷索要收到字据，经葛乐分写给红纸说帖一件。二十三、四日在北塘北岸守候二日，该夷并未送到照复。该夷之意，有心故意刁难，现拟候至二十六日，如无消息，再行照会该夷，并一并照会佛夷，看其是否答复。

奴才等查该夷此番之来，大张旗鼓，如此声势，仍望其仿照米夷之例，由北塘进京议和换约，终恐该夷断不肯为，狂悖已极，势必大肆猖獗，致死于我，若我兵力不支，其患不堪设想。倘该夷一经败退，复又扬帆而去，非泄愤于他处，即报复于将来，兵连祸结，何有了期。若如该夷所愿，上年在上海照会内称，须撤去大沽防具，兵船驶至津郡，八年之约，一字不改，另有要求，亦应饱其所欲，断无如此办法。今日之事实无两全之道，惟有仰赖我皇上如天之福，该夷肯由北塘进京，则办理易于为力也。

至奴才等共办一事，所有战和机宜，无不和衷共济，商酌办理，奴才僧格林沁奉命督师，万不敢稍有成见，致误事机。战和之权操之在夷，业经详细陈明在案。现惟设法引导，使该夷及早就抚。如该夷出村列队，我兵仅可置之不理，仍遥为瞭望，加意巡逻。果系深入，或抄袭大沽后路，或直扑津郡，节节上窜，万不能不拨兵抵御，仍将该夷驱逐回村，似不必多有斩擒，以彰我国宽仁大德，使该夷知感知愧。

除俟一二日内该夷有无照复，及续有夷情，再行奏报外，谨将葛乐分给与定安说帖，抄录恭呈御览。伏乞皇上圣鉴。谨奏。

［咸丰十年六月二十四日］

——《第二次鸦片战争》第 4 册，第 457—459 页。

〇僧格林沁、恒福奏

奴才僧格林沁、奴才恒福跪奏，为接得英夷照会，仍不改前约，并按照本年二月照会办理，恭折奏祈圣鉴事。

窃奴才等二十四日候至戌刻，未见该夷来信，当即奏报在案。二十五日丑刻，防御连喜赍到英夷照会一件，查阅该夷情形，一味持强挟制，诚如何桂清、薛焕所奏，非言语所能转圜。若仍以柔和答复，该夷轻视中国已非一日，势必益长该夷骄悍之气，其无理要挟，更将无所(抵)[底]止。即使全行俯如所请，必将令我撤去大沽之防，一拂其意，仍不免决裂。至本年二月普鲁斯如何照会军机处，如何答复，奴才等无案可稽。至此次该夷已经投递照会，如何照复，应否直斥其非，抑或按照该夷照会悉如所请，伏候训示遵行。奴才等揣度该夷如此声势而来，势必决意用武，现惟督饬各营加意严防，并严饬督带马步各官，如该夷结队出村，非深入扑扰，不得截击。

除俟一二日内有无情形再行奏报外，谨将该夷照会抄录恭呈御览。伏乞皇上圣鉴。谨奏请旨。

[咸丰十年六月二十五日]

附抄录英使额尔金为所求不遂不能中止进兵事照会

大英钦差特畀全权便宜行事大臣、世袭伯爵额，为照复事。

接据贵部堂于六月二十日发文，内以两国如有应议之事，即愿意面会之说，本大臣阅悉。查凡有我国求要各节，皆是我钦差大臣卜于二月间遵奉行文，照会军机处各大臣，详细知悉在案。(令)[今]兹进兵之故，实因军机处复文殊属不妥，故此咨我水陆二军举行。宜再申明：似此不能不有动兵之祸，虽本大臣亦以为可惜，而来文并无贵国改意必定尽约之语，本大臣何得咨行水陆二军中止？总之，果有大清钦差大臣实奉其权，妥议行文前来，本大臣自宜细心查照。惟有一事贵国定必通晓，是前文内开求要各议，此本大臣毫不可改减。至贵国所有欲与法国会议通知之处，不便由本大臣转致，应宜自行知照大法钦差大臣可也。为此照复。顺候日祺。

须至照会者。

——《第二次鸦片战争》第4册，第459—460页。

〇僧格林沁等奏

再，英酋额尔金阴险凶悍异于常人，初则占踞广东省城，困辱大学士叶名琛，继而逞凶于海口，要挟于天津，种种狂悖，殊难发指。此时因我万分艰难，是以四国同时而来，又欲

肆其凶悍，其意竟欲使我兵不敌，长驱直入，城下之盟，任所欲为，言念及此，令人愤不欲生。似此情形，恐难轻于转圜，势将战胜而胁和，或我卑词厚币而求和，饱其所欲，可免兵戈之事。否则无论如何引导，恐难就抚。若我防范严密，该夷无隙可乘，势必他处滋扰，或占踞城池，或断绝海道，使我百货不能流通，甚至勾结粤、捻各匪，同时水陆并进，使我万分危急，然后快其心意。奴才等料额酋之为人，看此番之来势，当必计不出此。然人事不得不尽，奴才等仍当设法竭力图维。

至于俄夷，尤堪痛恨。八年结伴而来，肆意要挟。上年甫经接仗以后，该夷即至海口。本年由京前往上海，勾引各国同时而至。近日北塘汛弁出村，据称十五日系俄夷引路占踞北塘。米夷声称十七日之战，俄夷亦曾协助兵力。是该夷心怀叵测，已可概见。前据潘志和所供，虽不足信，然京师北面之防，不可不慎。现在俄夷船只仍在北塘河外停泊，并无动静，其意似有所待。前由军机处由驿递出俄罗斯毡包一个，奴才等暂存，尚未发给该夷。至英、佛二夷如有转机，择地会面之期，倘俄夷同来，应否准其会面答话，奴才等未敢擅便，伏候训示。谨附片具奏请旨。

——《第二次鸦片战争》第 4 册，第 460—461 页。

〇上谕

军机大臣密寄钦差大臣、科尔沁博多勒噶台亲王僧，直隶总督恒。咸丰十年六月二十六日奉上谕：

本日僧格林沁等奏，英夷接收照会，并未照覆。旋据奏称，接得英夷照会，抄录呈览；并俄夷同来，应否准其会面各折片。览奏均悉。英酋额尔金既投递照会，虽语多要挟，然并非专意主战，亦可概见。此次不必直斥其非，亦不必言上年接仗之事，致该夷无所转回，但告以中国与尔国并无必战之心，额尔金系八年原议和约之人，此时前来换约，与八年原约并无不合，如有应行面议之事，大皇帝现派有钦差在京面议，汝等即可定期由北塘进京，议定为是；至本年二月卜酋照会军机处文书，及军机处如何答覆，此处并不知悉，将来汝等到京后，自可向钦差议论。如该酋取出卜酋照会文底及军机处照覆，与恒福阅看，即告以此系卜鲁斯一面之词，况八年和约系额尔金所议，今额尔金到此，自应按八年和约办理，卜酋之事，本处既不知悉，更无须在本处提起，总须进京与钦差面议为妥。并照会佛夷，令其一同援照米国之例，少带从人，由北塘进京换约，不必令英酋转交。至俄夷播弄是非，勾结挑衅，最为可恶，此时亦不必明言。并可照会米夷，询其前次中国未接之信函，曾否向俄夷要回，俾该夷互相猜忌。至英、佛二酋，如愿择地会面，即或俄夷同来，毋庸阻止，恒福不必向其答语。再，前俄夷所寄毡包一件，著即送去，并告知该夷，现无应商之事，催令即行起碇，勿在海口逗留。该大臣等办理夷务，既能严密防范，又能设法羁縻，深合机宜。接奉此

旨，谅必斟酌妥善也。将此由五百里密谕知之。

钦此。遵旨寄信前来。

——《咸丰同治两朝上谕档》第10册，第406—407页。

六月二十七日

○僧格林沁、恒福奏

奴才僧格林沁、奴才恒福跪奏，为夷人分股攻扑新河，马队不能支持，退守唐儿沽，恭折驰奏，仰祈圣鉴事。

本月二十六日巳刻，夷人出队马步约有万余名，分两路来扑，一向新河，一向新河迤北军粮城道路，我马队官兵不及二千名，仍分两路迎敌。该夷炮车数十辆，继之以火箭，一齐并发，马匹惊惶，兼之连日大雨，遍地积水，仅有一线道路，马队不能抄击，万难支持，虽毙贼多名，究系众寡不敌，现已退守唐儿沽。

查该处距大沽仅止八里，惟有一河之隔，计先后派拨防兵二千名，并由大沽营垒拨往炮位，均交克兴阿、文祥，严守唐儿沽濠墙。至该夷扑入新河村庄，旋即竟往唐儿沽攻扑。我兵俟其逼近，枪炮齐施，该夷未敢前进，于酉刻退回新河。奴才等惟恐该夷由军粮城节节赴津，已饬西凌阿派拨营城驻扎之吉林、黑龙江、察哈尔马队，会合大沽南北两岸马队跟踪追剿。天津虽有兵勇数千名，均系步队，仅能防守濠墙，远出迎击，恐难得力。奴才僧格林沁业经札饬增庆，将山海关吉林、黑龙江官兵一千三百名，交格绷额管带，飞速前往天津，择要驻札，以备截剿。但事已紧促，惟恐缓不济急。

除俟该夷有无扑扰他处，及查明伤亡官兵，再行驰奏外，所有该夷扑入新河缘由，恭折(谨)[具]奏，伏乞圣上圣鉴。谨奏。

[咸丰十年六月二十六日]

——《第二次鸦片战争》第4册，第461—462页。

○上谕

军机大臣密寄钦差大臣、科尔沁博多勒噶台亲王僧，直隶总督恒。咸丰十年六月二十七日奉上谕：

僧格林沁等奏夷人分股攻扑新河、马队不能支持一折。据称，二十六日，夷人出队，马步约有万余，分扑新河、军粮城，我军因众寡不敌，现已退守唐儿沽等语。唐儿沽距大沽仅止八里，为大营后路，最关紧要，著即严饬克兴阿等扼守壕墙，不准稍有松懈。军粮城为赴津之路，恐该夷一面牵掣唐儿沽，一面由军粮城上窜，必致我军应接不暇。西凌阿防堵北

塘一带是其专责,此次虽因众寡不敌,马队不能抄击,究系该都统未能奋勇抵御所致。西凌阿派拨吉林等处马队,必须设法迎头截剿,将该夷击回。傥再有贻误,该都统岂能当此重咎?僧格林沁现调山海关马队前往天津驻扎,著即飞催前进。此时夷人扑入新河村庄,其势甚张,该大臣惟当镇定军心,妥为调度,不可稍涉张皇。恒福办理抚局,责无旁贷,不得因业经接仗,遂置抚局于不问,著仍遵前旨,迅速照会该酋,设法转圜,以顾大局。是为至要。将此由六百里密谕知之。

钦此。遵旨寄信前来。

——《咸丰同治两朝上谕档》第10册,第408页。

六月二十九日

○僧格林沁、恒福奏

奴才僧格林沁、奴才恒福跪奏,为唐儿沽被贼占踞,大沽两岸危在旦夕,恭折奏祈圣鉴事。

本月二十八日卯刻,该夷大队先欲渡河,因我兵防守严密,随向唐儿沽攻扑,枪炮连环,相持两时之久。该夷愈集愈多,我兵伤亡甚重,余俱退回。奴才等登时将浮桥拉撤,令溃兵均归北岸炮台。

现在南北两岸,惟有竭力支持,能否扼守,实无把握。京畿一带防守极紧,并伏乞皇上迅派重兵,以资守卫。为此奏闻,谨奏。

[咸丰十年六月二十八日]

咸丰十年六月二十九日奉朱批:另有旨。钦此。

——《第二次鸦片战争》第4册,第465页。

○上谕

朱谕,谕僧格林沁:

握手言别,倏逾半载,现在大沽两岸正在危急,谅汝在军中忧心如焚,倍切朕怀。惟天下根本,不在海口,实在京师。若稍有挫失,总须带兵退守津郡,设法迎头自北而南截剿,万不可寄身命于炮台。切要切要。以国家倚赖之身,与丑夷拚命,太不值矣!离营后,南北两岸炮台,须择可靠之大员代为防守,方为妥善。朕为汝思之,身为统帅,固难言擅自离营,今有朱笔特旨,并非自己畏葸,有何顾忌?若执意不念天下大局,只了一身之计,殊属有负朕心。握管不胜凄怆!谆谆特谕,汝其懔遵!

此朱谕,著载垣、端华、军机大臣公同阅看,附廷寄,由六百里加紧发去。

——《咸丰同治两朝上谕档》第10册,第410—411页。

〇上谕

军机大臣密寄钦差大臣、科尔沁博多勒噶台亲王僧，直隶总督恒。咸丰十年六月二十九日奉上谕：

本日据僧格林沁等奏唐儿沽被贼占踞、大沽两岸危在旦夕一折。据称，该夷大队于二十八日卯刻先欲渡河，因我兵防守严密，随向唐儿沽攻扑。我军相持两时，伤亡甚重，余俱退回。现在拉撤浮桥，令溃兵均归北岸炮台，以图扼守。各等语。唐儿沽既被占踞，夷势自必益张，该大臣现以兵勇悉力抵御，如果无可支撑，唯当设法酌撤，由该大臣等督带驰赴天津，扼要守御，以固京师门户。至该大臣韬略素娴，久为朕躬所倚赖，现在身膺重寄，惟当以大局为重，不可因目前小挫，致有愤懑之心。总当妥为调度，镇定自持，以期挽回补救。是为至要。该大臣所寄载垣等信函，业由军机大臣呈览矣。将此由六百里加紧密谕知之。

钦此。遵旨寄信前来。

——《咸丰同治两朝上谕档》第10册，第410页。

〇载垣等致僧格林沁函

敬启者。

接奉钧函，备悉一切。并于二十八日来报内，知唐儿沽地方被夷攻入，大沽势甚危急等情。此时敌势方盛，断难力御，须筹缓兵之法，以期计出万全。该夷如再来攻扑，似无妨我军先竖白旗，并遣人告以中国与该夷等于上年业经议和，何可叠次用武？现在大皇帝已派有钦差前来议事，即日可到。至王爷为国家柱石，人望所系，断不可计较一时之胜败。该夷如果暂缓用武，则大沽炮台固应严守，否则天津府城极关紧要，王爷应将兵勇撤赴府城，与恒制军熟商守御之策，以固京师门户，以维远近人心。此为大局起见，王爷切应顾及，万不可因小有挫折，遂致轻于赴难。是为至要。除钦奉谕旨业经寄信外，应再肃函布复。顺颂捷安不一。

杜
穆
怡亲王
郑亲王 谨启
匡
文

——《咸丰同治两朝上谕档》第10册，第411页。

〇上谕

军机大臣字寄署察哈尔都统西。咸丰十年六月二十九日奉上谕：

前日据僧格林沁奏称，夷人占踞新河，恐由军粮城直赴天津府城，业令西凌阿派拨营城驻扎之吉林、黑龙江、察哈尔马队，会合大沽南北两岸马队，跟踪追剿。本日复据僧格林沁奏称，夷人已由新河攻入唐儿沽地方，大沽炮台万分危急。是该夷专欲攻扑大沽，急应厚集兵力，著西凌阿即将营城驻扎之吉林等马队，刻即统带前赴大沽，救援后路，与僧格林沁合力夹击，以分贼势。军情紧急万分，不得以派援津城为辞，迁延不进，致罹国宪[①]。将此由六百里加紧谕令知之。

钦此。遵旨寄信前来。

——《咸丰同治两朝上谕档》第 10 册，第 412 页。

〇上谕

咸丰十年六月二十九日奉上谕：

本日据僧格林沁奏唐儿沽被夷占踞、大沽危在旦夕一折。业由六百里加紧谕知僧格林沁等妥筹办理矣。夷人既占唐儿沽，恐其分股径扑天津郡城。天津为京师门户，岂可稍有疏失。宽惠等于一切布置防守事宜，谅已妥为豫备，著即赶紧选派明干兵役，于唐儿沽赴津一带地方层层设探，并于濠墙内各处加意防守。如果夷势狓猖，以大股悉力扑犯，宽惠等即可派委干员，告以大皇帝已钦派大员前来，与尔国议事，即日可到，以期稍缓其势。总宜固守津郡，毋得稍涉大意。是为至要。

钦此。军机大臣遵旨，由六百里加紧传谕长芦盐政宽惠、盐运使崇厚。

——《咸丰同治两朝上谕档》第 10 册，第 413 页。

〇载垣等致宽惠、崇厚函

启者。

刻到僧王爷二十八日报，知唐儿沽地方被夷攻入，大沽炮台危在旦夕，业已钦奉谕旨，寄知僧王爷，如夷人实在猖獗，不妨退至府城，谅能遵照办理。惟夷人之势甚张，或由唐儿沽径趋府城，亦未可定。天津濠墙坚深，足资抵御，傥夷兵前来，想二位大人自能力筹捍卫。惟其锋过锐，或一时难于接仗，无妨我军先竖白旗，并遣人告以中国与该夷等于上年业经定有和议，岂可叠次用武？现在大皇帝已派有钦差前来议事，即日可到，该夷务须守

① 画线部分为朱批所改，原文为“干重咎”。

候为要。惟望二位大人差遣能事员弁，妥为办理。除本日钦奉谕旨，业由六百里加紧传谕外，特此奉布，顺候台祺不一。

杜翰
穆荫
怡亲王
郑亲王
匡源
文祥
谨启

——《咸丰同治两朝上谕档》第10册，第413页。

〇上谕

军机大臣字寄西安将军托，绥远城将军成，热河都统春，署察哈尔都统庆，山东巡抚文，山西巡抚英，署陕西巡抚谭，密云副都统玻，青州副都统恩，传谕直隶布政使文谦。咸丰十年六月二十九日奉上谕：

连日叠据僧格林沁等奏，英、佛等夷占踞北塘村庄，其大股分扑新河、军粮城，我军接仗失利。本日据奏，唐儿沽亦被占踞，大沽炮台万分危急。现在夷氛猖獗，其或袭天津，或趋京师，均未可定，亟宜厚集兵力，以严捍卫而固畿疆。著托明阿于原调马队一千外，再行挑拨马队五百名，共一千五百名。成凯、德勒克多尔济[①]、英桂于太原、绥远、归化各城内，挑选驻防兵一千名；春佑挑选热河兵五百名；谭廷襄挑选陕西兵三千名；庆昀于原调马队一千外，再行挑选马队一千名，共二千名；文谦挑选直隶兵三千名；并文煜将本年原调之山东兵三千名；恩夔将本年原调之青、德州兵五百名；玻崇武酌量于密云调拨若干名。均须赶紧调派，一律精壮，配齐军装器械火药铅丸，各派大员管带，即日起程，驰抵通州，听候瑞麟调遣。该将军等务须勿涉张皇，致令民情惊扰，并不可稍涉延缓，贻误事机。将此由六百里各谕令托明阿等，并传谕文谦知之。

钦此。遵旨寄信前来。

递上，发下后分寄，均照朱改，前衔均添入“署归化城副都统德”。

——《咸丰同治两朝上谕档》第10册，第413—414页。

〇上谕

本日派大学士瑞麟统带京旗各官兵五千名，于七月初一日启程，前往通州，并尚书伊

① 画线部分为朱笔所加。

勒东阿所带官兵四千名，共马步队官兵九千名。所有应领饷项，已谕令户部先拨银十万两，交顺天府支应。即著张祥河、董醇于通州安设粮台，照例支放，并派委廉干大员前往督办，毋稍迟误。

——《筹办夷务始末（咸丰朝）》卷五五，第38页。

○载垣等致恒福函

启者。

顷于二十八日来报内，知夷人已将唐儿沽地方占踞，现在大沽炮台危急，业经钦奉谕旨，寄信僧王爷及大人知悉，并钦奉朱谕，令僧王爷酌度情形，退保津郡，须顾天下大局，不可为一身之计，垣等亦将此意切实函致。惟英夷送来照会以后，中国尚未给与覆文。此时事势紧急，大人可即行照会该夷，以大皇帝业经派有钦差前来议事，即日可到，该夷务应守候，不可再行用武。此事径由大人差派能事员弁持文前往，妥为开导，不必与僧王爷商量。但能该夷守候钦差，不再猖獗，即可暂纾目前之急。其如何议抚之处，现且无庸争论也。至大人与僧王爷共事，休戚相关，设僧王爷或有他故，于大人实有关系。此次朱谕，谅大人亦必见及，务须仰体圣意，于僧王爷前，将应顾大局、不可只为一己之处，务须时刻保全。是为至要至祷。专肃奉布，顺颂台祺不一。

杜翰
穆荫
载垣　同启
端华
匡源
文祥
六月二十九日

——《咸丰同治两朝上谕档》第10册，第411—412页。

六月三十日

○僧格林沁、恒福奏

奴才僧格林沁、奴才恒福跪奏，为夷人占据唐儿沽，并未出村扑扰，并给与英、佛二夷照会，尚未接准照复，恭折奏祈圣鉴事。

本月二十八日，该夷数千由新河直扑唐儿沽，鏖战两时之久。该夷凫水由苇塘抄入我队之后，兵力不支，不得不退守后路。奴才等当将溃兵收集归入北岸各营，并饬查首先溃

败官兵，以凭惩办。现在马队官兵分布大沽壕外，临河扼守，以防偷渡，并由南岸营内抽拨大小炮位陈于河岸。惟东西二沽，系临河村庄，曲湾不下十里，该夷避实就虚，亦属防不胜防。奴才等现住南岸营内，乐善在北岸营内，已将两岸营垒炮位择要安设，以防该夷攻扑。各营官兵分段防守，人心稍定，若能遏止该夷渡河，各营尚可支持，倘被该夷占据，大沽非但人马粮草不能接济，即声气亦不能通。二十八日收队以后至二十九日申刻，该夷并无动静。二十八日之战，该夷炮车二百余辆，夷人五六千名，实系众寡不敌，然亦毙贼无数。我兵每发一炮，该夷成行倒毙，余贼不顾尸身，仍向前进。收队以后，是日晚间，奴才恒福给与英、佛二夷照会，尚未接准照复。第该夷初到，已极凶悍，决意用兵，现已占踞数村，其志更骄，恐非言语所能理谕，自必仍向两岸炮台狠命攻扑。奴才等惟有竭尽心力，设法严防，并饬派伊什旺布、苏克津管带马队驻扎军粮城，以防该夷赴津之路。

除俟得有夷人照复，及续有情形，再行驰奏外，谨将奴才恒福给英、佛二夷照会抄录恭呈御览。伏乞皇上圣鉴。

再，二十六日新河接仗之时，该夷分股扑窜，经西凌阿派拨之营城西岸马队接应，擒获广匪、夷匪十余名，一俟解到，奴才等讯明分别办理。合并附陈。谨奏。

［咸丰十年六月二十九日］

附抄录恒福为再次要求见面会商事给英法照会

为再行照会事。

本月二十八日经本督部堂将亲奉谕旨，已经(亲)[钦]派大臣在京等候贵大臣进京商办等情，知照在案。旋据差官回称：贵营竖立白旗，有暂止干戈之意，足见贵大臣不失和好，欣慰良深。查八年所议条约，虽非本督部堂与贵大臣会议，但既仰蒙大皇帝钦派大臣在京等候，贵大臣到京后，即可定议。惟两国既敦和好，自宜永息干戈，本督部堂一俟接到贵大臣照复后，即行派员前来，听候择定日期，以便本督部堂与贵大臣相见，面商一切可也。

须至照会者。

——《第二次鸦片战争》第4册，第465—467页。

〇恒福折

直隶总督奴才恒福跪奏，为密陈时势万难，急须设法转圜、保卫神京，恭折奏祈圣鉴事。

窃思近日夷务情形，奴才节次会同钦差大臣、亲王僧格林沁恭折驰奏在案。本月二十八日收队以后，该夷并未攻扑大沽及两岸炮台。奴才揣料，必定添运大炮，多集夷船，总欲占踞两岸炮台而后已。海口一失，天津必不能保，京城必致震动。是现在京城之防万分吃

紧。钦差大臣、亲王僧格林沁质性朴诚,忠节自励,二十八、九两日,奴才默查该大臣心意与大沽炮台共相存没,而该夷之意,似非由大沽海口进京,必难就范。奴才窃思,此事上海既未能议抚,迁延日久,夷势已张,[既至大沽,断难措手,与其大沽炮台][①]为该夷所踞,莫若先行撤防,以示圣主宽大之意。查大沽、营城马步官兵尚有万余名,若令钦差大臣、亲王僧格林沁统带,保卫京城,根本既固,则设法议抚,亦可变通转圜。奴才非敢冒昧渎奏,实为天下安危所系,不得不据实沥陈,伏乞皇上圣鉴。谨奏。

[咸丰十年六月二十九日]

——《筹办夷务始末补遗》,第185—186页。

○上谕

军机大臣密寄钦差大臣、科尔沁博多勒噶台亲王僧,直隶总督恒。咸丰十年六月三十日奉上谕:

昨据僧格林沁等奏,唐儿沽被夷占踞,大沽两岸危急,当由六百里加紧发去朱谕一道,令该大臣总当以大局为重,本日已可接奉矣。兹据僧格林沁等奏,夷人占踞唐儿沽,并未出村扑扰,给与照会,亦尚未覆。并据恒福奏密陈设法议抚之策各一折。览奏均悉。此时夷人既未出村扑扰,或系尚畏该大臣威名,不敢遽肆冲突,或另有诡谋,欲占踞两岸炮台,均难豫定,不可不严为防范。如该夷由北塘搬运大炮,即饬西凌阿迎头截击,勿令遂其奸计。仍著恒福一面再行给与照会,告以大皇帝因尔等远来,已特派文俊、恒祺由京前来北塘,伴送尔等进京换约,以期永敦和好。该夷应允后,如肯由北塘行走,固属妥协;若必欲由大沽行走,即可由我更换小船,令该夷乘坐,由大沽行走。知照文俊等与之接晤后,一同进京换约。并须与之约定,以后彼此不准再行用武。大沽之防仍不可撤,如该夷万难理谕,仍以全力向两岸炮台攻扑,我军抵御不甚得手,僧格林沁务须遵奉朱谕,酌派大员防守炮台,该大臣即抽带兵勇,迅保津郡,以固京师门户。谅僧格林沁必能仰体朕心,权宜办理也。昨因军情紧急,谕令瑞麟,于备调京兵一万名内,先拨五千名,于七月初一日统带前赴通州。伊勒东阿所带京兵四千名,仍驻扎河西务,归瑞麟调遣。并谕令托明阿调西安马队一千五百名,成凯等调太原、绥远、归化各驻防兵一千名,春佑调热河兵五百名,谭廷襄调陕西兵三千名,庆昀调马队二千名,文谦调直隶兵三千名,文煜调山东兵三千名,恩夔调青、德州兵五百名,玻崇武酌调密云兵若干名,均派大员统带,克日起程赴通。至大沽炮台后路如属空虚,著恒福于附近该处之直隶各营官兵,并上年所团天津所属之静海等县练勇,酌量调赴,以作大沽后路,庶分贼势。毋致疏虞。是为至要。将此由六百里加紧密谕

① 此处原稿在边线处添加数字,然难以识别,方括号内文字,系根据《筹办夷务始末(咸丰朝)》卷五五予以补充。

知之。

钦此。遵旨寄信前来。

——《咸丰同治两朝上谕档》第 10 册,第 419—420 页。

○上谕

军机大臣字寄西宁办事大臣文,武备院卿恒。咸丰十年六月三十日奉上谕:

本日据僧格林沁等奏,二十八日卯刻与夷人接仗后,至二十九日申刻,夷人仍踞唐儿沽,并未出村寻衅,该大臣等将应设炮位等妥为布置,人心较定,并由恒福给与英、佛照会,告以大皇帝业已派有大臣在京等候该使臣等商议,尚未接有该夷照覆等语。现已将文俊、恒祺前往北塘伴送该使臣进京换约之处明降谕旨,该大臣等现在无论行抵何处,著即兼程前进。倘该夷索看旨意,可即将本日明发谕旨给与阅看。接见以后是何情形,著即详细驰奏。将此谕令知之。

钦此。遵旨寄信前来。

——《咸丰同治两朝上谕档》第 10 册,第 420 页。

○恒福函

敬启者:

本月三十日接奏钧函,谨悉一是。恒福于二十八日给予英、佛二夷照会后,二十九日又复将钦奉谕旨,现已钦派大臣在京等候,俟该夷到京,即行商办等情,续行知照去后,旋据差官回称,该夷接收照会,据云数日内一并照复。均经抄录照会,先后奏明在案。

本日辰刻奉到钧示:因此时事势紧要,即可照会该夷,以业经派有钦差大臣前来议事,即日可到,不可再行用武等因。当即遵照来示,复分给英、佛两夷照会,即时派员作为钦奉谕旨,已派有钦差大臣前来等因送往。兹将照会抄呈钧阅。此件因恒福未向僧邸言知,是以会衔折内,未便叙入恭呈御览,一俟接到该夷照复,再行驰奏。

惟该夷桀骜性成,无论如何狂悖,恒福自应仰体圣意,宽大为怀,以救目前之急而全大局。至僧邸之意,总欲扼守两岸炮台,使该夷在海外就抚,否则惟有一死相拚。而该夷情形,又非由大沽行走,断难转圜。然现在夷务猖獗,此间炮台恐难抵敌。与其为该夷所踞,莫若先撤大沽之防。如蒙圣明鉴此下情,饬将大沽、营城现在马步官兵万余名,即命僧邸统带保卫京师,既于该夷所请撤防之议不显露允从,而大沽之防既撤,或可望其就范。惟是僧邸报国之志甚坚,恐其不肯轻易回转。

本日僧邸恭奉朱谕,并不与人阅看。恒福微以婉词试询,而竟丝毫不露,令人不能进言。为今之计,若能即蒙谕知僧邸,现已派员前来议抚,暂且毋庸用兵,而京师之防不可不

慎，令僧邸前往河西务、通州一带妥为布置，其大沽海口军务责成乐善会同恒福严密防守，一俟僧邸走后，徐图撤防。如此婉转，僧邸自知不可徒全一己之名，竟置大沽于不顾，或可挽回其意。此恒福愚见所及，即请王爷大人裁酌代奏具陈。肃此泐复，恭请钧安，恒福谨启。

六月三十日

——《第二次鸦片战争》第4册，第472—473页。

七月

七月初一日

○僧格林沁、恒福奏

奴才僧格林沁、恒福跪奏，为大沽两岸极力布置，严密防守，恭折奏祈圣鉴事。

六月三十日恭奉朱谕一道，奴才僧格林沁敬谨聆悉。又承准军机大臣密寄，二十九日奉上谕：唐儿沽既被占踞，夷势自必益张，等因。钦此。现在人心已定，若奴才僧格林沁回守天津，必致人心摇动，大沽之防，恐不可恃。且天津濠墙炮位远不如大沽，该夷船只一经入河，津郡万难保全。是现在情形，惟有严守大沽。奴才等连日设法布置，于沿河筑墙，拨运炮位，并激励马步官兵竭力固守。如有畏葸退缩，即以军法从事。现在查出二十八日首先败退之宣化兵，业经正法，传首各营。仍传知各营将领严加防范，如该夷来扑，我兵抵敌，若仅出村瞭望或隔河窥探，不得擅开枪炮，其北岸官兵亦不得出队前往攻击。可虑者大小梁子，若该夷渡河占踞，大沽倍形吃重，虽有濠墙，均系本处绅民捐办，修筑不甚坚厚，现在昼夜培补，竖立木柱，以期稳固。惟村民逃走一空，无从雇觅人夫，惟令兵丁工作。所有各项布置，再有数日可期严密。该夷越河来扑，堪以抵御，可以仰慰宸廑。

再，奴才恒福给与该夷两次照会，尚未照覆，谨将二次照会抄录，恭呈御览。伏乞皇上圣鉴。

再，各营大小官弁，如有临敌退缩及乱言惑众者，奴才僧格林沁拟即以军法从事。合并附陈。谨奏。

［咸丰十年六月三十日］

附抄录恒福为要求停战会商事照会英法底稿

为照会事：前经两次照会，尚未接准照覆，本督部堂于六月三十日辰刻恭奉谕旨：业经

派有钦差大臣前来议事，不日可到，等因。钦此。相应照会贵大臣查照，并祈转行水陆二军停止干戈，以免两有损伤，有失和好。为此照会。须至照会者。

此件已于六月三十日巳刻送交该夷接收矣。

——《第二次鸦片战争》第4册，第473—474页。

○上谕

军机大臣密寄钦差大臣、科尔沁博多勒噶台亲王僧。咸丰十年七月初一日奉上谕：

前因僧格林沁等奏，唐儿沽被夷占踞，大沽炮台危急，当由六百里加紧发去朱谕一道，令僧格林沁妥筹大局办理。兹据奏称，回守天津，必致兵心摇动，夷船一经入河，津郡万难保全，现在情形，惟有严守大沽，已连日设法布置，激励马步官军竭力固守等语。览所奏情形，自属确有见地，著即激励南北两岸在防将士悉力固守，如有临敌退缩及乱言惑众者，该大臣即当以军法从事，以严纪律而固军心。现已由恒福两次给与该夷照会，傥该夷从此就抚，事机固顺；如或再肆猖獗，该大臣督军击退，则津郡与京师皆可无虞震动；万一事机紧急，该大臣总当恪遵朱谕，断不可固执已见。谅该大臣必能仰体朕心，勿专以大沽为重，置京师于不顾。孰轻孰重，又何待朕屡次谆谆训谕也。将此由六百里加紧密谕知之。

钦此。遵旨寄信前来。

——《咸丰同治两朝上谕档》第10册，第422页。

○载垣等函

敬启者：

恭阅奏报内，知大沽人心已定，具见王爷布置得宜，垣等莫名钦服。至大沽为津郡门户，津郡若有他虞，则京师必致震动。王爷之意，以为军心不可摇动，大沽不可轻离，自系深谋远虑。第现在夷人占踞唐儿沽，所有大沽后路虚实，均被窥透。傥该夷一面分攻大沽，一面直趋津郡，则津郡后路实无人可以统兵调遣。王爷乃国家柱石之臣，中外倚以为重，京师为根本重地，与其徒守海口，何如近卫神畿？前日钦奉朱谕，谆谆训诫，固不可宣露，致令人心摇惑。然至事机紧急之时，亦必当钦遵办理。况数日来，圣心为王爷远在海口深切焦劳，若不仰体圣意，实非忠君爱国之道。且王爷素日所论事件，总宜保全大局、仰慰圣心为重，何今日专顾大沽炮台，置京师于不问？务望斟酌权宜，以慰宸怀为要。是则垣等所深企也。除钦奉谕旨业经寄信外，应再肃椷布泐。顺颂捷安不一。

杜翰

穆荫

载垣 端华 同启
匡源
文祥
七月初一日

——《咸丰同治两朝上谕档》第10册，第422—423页。

〇上谕

军机大臣密寄直隶总督恒。咸丰十年七月初一日奉上谕：

本日据僧格林沁等奏大沽两岸布置严密等情形一折，并据军机大臣将恒福寄伊等信函进呈，均已阅悉。夷人接二十八日照会后，业已竖立白旗，该督于三十日复将现已派有钦差赴津给与英、佛照会，虽尚未接有覆文，或可望其就抚。昨已派文俊、恒祺前往北塘海口，伴送英、佛使臣来京，约于日内可到津城，著恒福再行给与照会，以钦差业经赶到津城，即可前赴北塘，与额、葛两酋会晤，由文俊等伴送来京，办理换约之事。如该夷酋应允，不妨优加礼貌，或在天津先行筵宴，令其欣从，不至妄生疑虑。至该夷酋行走道路，总宜设法宛转令其由北塘进京，方无意外之虞。昨谕更换小船、准由大沽进口一层，且不可先行提及，俟该酋等递到覆文，或有迟疑，即著飞速驰奏，候旨遵办。僧格林沁专意力扼大沽，不肯撤回天津，保卫京师，实深廑念，已另谕该大臣矣。惟事势如果紧急，恒福总当设法保全，不令遽蹈危险。此时不可过于急切，转致激其意气，毅然不顾。朕为维持大局、爱惜人才，该督自能仰体此意也。将此由六百里加紧密谕知之。

钦此。遵旨寄信前来。

——《咸丰同治两朝上谕档》第10册，第423页。

七月初二日

〇上谕

军机大臣密寄钦差大臣、科尔沁博多勒噶台亲王僧，直隶总督恒。咸丰十年七月初二日奉上谕：

据载垣等呈递大沽海口探报，内称：二十八日侍卫布尔和德解到所获夷人十五名，内有广西长发贼十名等语。该夷此次来津，带有长发贼，是该夷与粤逆勾结，已可概见。现在恒福给与英佛照会，该夷如从此就抚，僧格林沁自应固守大沽炮台。若该夷决意用兵，事机紧要，该大臣仍当察看情形，遵照前旨，择要扼守，不可专顾炮台，致误大局。并派得

力之员扼守大沽，以防夷船闯入，方为妥善。该夷既与粤逆连为一气，即或我军攻剿得手，亦必扬帆而去，邀集发捻各匪，水陆并进。京师更为紧要，仍赖该大臣带兵迎击，以资捍卫京师。此系通筹全局，非仅为保全该大臣一身计也。所捡夷人五名内，如有俄、米两国之人，不可伤害，派员送还，并照会该二国，既与中国和好，尔国之人断非助战，想是误被裹胁，看其如何回答。英、佛二夷接到照会有无回信，并著迅速驰奏，以慰廑念。将此由六百里密谕知之。

钦此。遵旨寄信前来。

——《咸丰同治两朝上谕档》第10册，第424—425页。

七月初三日

○僧格林沁、恒福奏

奴才僧格林沁、奴才恒福跪奏，为接得英夷照会，极为狂悖，恭折奏祈圣鉴事。

窃奴才等七月初一日承准军机大臣字寄，奉上谕：已特派文俊、恒祺等因。钦此。奴才恒福即日照会英、佛二夷一体遵照。初二日辰刻，夷人四名持有白旗至海河北岸，当即派弁迎往，据称欲见总督，有面说之话。随将该夷用一船渡至奴才恒福寓所，该夷递出照会一件，言词甚为狂悖。夷人四名内，一名通晓华语，所说亦与照会相同。奴才恒福答以大皇帝已派钦差大臣在京等候面议，并派大员前来伴送进京，即日可到。如必要走大沽海口，即用我国船只行走。现在两岸炮台并非防范尔国，系防本国海盗而设。该夷付之一笑，仍称必要按照会办理，不能更改。奴才恒福告以照会所开各条，应具奏请旨，俟奉到谕旨，再行知照，两国原系和好，即可从此罢兵。该夷则称此话回去转达，至于用兵之事，额酋亦不能作主，全在水陆二军等语。该夷等旋即渡河回村。奴才恒福恐该夷传述不明，复又办给照会。

奴才等料该夷之意，必将全力攻扑大沽及两岸炮台，总欲逞其心志而后已。无论如何设法转圜，曲为开导，及一切条约均如所请，断不能息止兵戈。奴才等惟有激励将士，勉以忠义，以期竭力抵御，倘邀我皇上洪福，击退该夷，大局可望转机，办抚亦易得手。

谨将奴才恒福初一、初二等日给与该夷照会，并初二日接得英夷照会，抄录恭呈御览，伏乞皇上圣鉴。

再，奴才西凌阿已于初二日到营，现在大沽迤西之邓善沽地方驻扎，防守河岸，合并附陈。谨奏。

［咸丰十年七月初二日］

附件一:英使额尔金为必须攻占海口炮台并照允以前所开条款方能罢兵照会

大英钦差特简入华总握全权便宜行事大臣额,为照覆事。

昨据贵部堂于六月二十八、二十九、三十等日来文三件,先以奉经钦派大臣在京等候本大臣进京,续以钦差大臣前来,不日可到,祈本大臣转行我水陆二军门停止干戈等语。已悉。查前于六月二十二日照覆内,以今兹进兵之故,实因二月内我钦差大臣照会军机处各大臣求要各节,旋准转行复文,殊属不妥,致咨我军举动等因,业经移行贵大臣知照在案。兹我水陆二军门现所办理,必将河口左右炮台占取,俾得河道通畅,使本大臣直抵津城荡平之路。自应俟其得有炮台之后,并有贵国定志,务将二月间去文内开各条,一一概准切实可凭之据,方能移咨罢兵可也。为此照覆,须至照会者。

右照会大清兵部尚书、直隶总督部堂恒。

一千八百六十年七月初一日

庚申年八月十七日[①]

附件二:抄录恒福为来照收悉俟恭奉谕旨再为照覆事给英使照会

为照覆事。本月初二日贵大臣派员送到照覆一件,均已聆悉。至六月二十五日接到贵大臣二十二日照覆本督部堂,当经具奏,恭奉谕旨,业经照会贵大臣在案。至此次贵大臣照会内开各情,本督部堂具奏请旨。一俟恭奉谕旨,再为照覆。须至照会者。

附件三:抄录恒福为来照收悉俟奉到上谕再行照会事给法使照会

为照覆事。本月初二日贵大臣派员送来照会二件,均已聆悉。至所述各项情形,及二月所议四款,本督部堂即行具奏请旨。一俟奉到上谕,再行照会。两国原系和好,自应停止干戈,商酌办理,总期彼此有益,仍敦旧好。须至照会者。

附件四:抄录恒福为奉旨已派钦差大臣在京等候会议事给英使照会

为照会事。照得海上诸国与中国通商,素称和好。今贵大臣前来,连日用兵,不知何意?本督部堂仰体大皇帝惠爱生灵之意,于前接到贵大臣照会,当即据实奏闻。本日恭奉谕旨,大皇帝已经钦派大臣在京等候贵大臣进京,以便会同商议。为此遵旨照会,即祈见覆施行。须至照会者。

---

① 此处中西历日期颠倒,应为一千八百六十年八月十七日,庚申年七月初一日。另,《第二次鸦片战争》第4册标注“此为恒福咨送军机处之原件”。

附件五:抄录恒福为奉旨已经钦派大臣在京等候会议事给法使照会

为照会事。照得海上诸国与中国通商,素称和好。本督部堂前因不知贵大臣到来,无从照会;昨接英国照覆,始知贵大臣亦来海口,经本督部堂据实奏闻。本日恭奉谕旨,大皇帝已经钦派大臣在京等候贵大臣进京,以便会同商议。为此遵旨照会,即祈见覆施行。须至照会者。

——《第二次鸦片战争》第4册,第488—491页。

〇僧格林沁、恒福奏

再,正缮折间,该夷乘船渡河攻扑大小梁子。因该处树木丛杂,马队不能前进,该夷登岸,炮火齐施,马队屯扎不住,已被该夷占踞。该夷所坐船只,即系宁波船二只,并新河、唐儿沽、潮沟以内原有小船,该夷缚扎渡河。该夷既经渡河,现在马步官兵仍行抵御,奴才等惟有竭力严守大沽。谨附片具奏。

[咸丰十年七月初二日]

——《第二次鸦片战争》第4册,第492页。

〇恒福奏

本月初二日,奴才接见夷人,并接收英夷照覆,语多狂悖,势难转圜各缘由,已经会同钦差大臣、亲王僧格林沁具奏在案。兹于本日未刻承准军机大臣字寄,奉谕旨,奴才所寄王大臣信函,仰蒙圣鉴,并蒙谕僧格林沁专意力扼大沽,不肯撤回天津,实深廑念,等因。钦此。奴才自当仰体圣意,竭力设法保全。惟夷人桀骜性成,必欲将两岸炮台占取,使河道通畅,直抵津城,且欲俟得有炮台之后,务将二月间所开各条概准,方能罢兵等情。是其骄傲之意,断非口舌所能争。为今之计,惟有仰恳天恩,明降谕旨,将该夷所请各款俯赐曲从,并饬军机大臣径行照会该夷,使其得有颜面,可以回国,或可冀其息兵就范,实为万幸。奴才因时势危迫,恭折密陈,不胜急切待命之至。

[咸丰十年七月初二日]

朱批:战机已决,挽回无术。现仍拟由文俊等转覆该夷,不过希其万有一得,以不改前年原约为钓饵也。

——《筹办夷务始末(咸丰朝)》卷五六,第13—14页。

〇恒福又奏

初二日辰刻,接到英夷照会,已于未刻由六百里驰奏在案。酉刻,佛夷二名亦执持照会前来请见,奴才当与接见。该夷言语一味狂悖,其照会内,虽系按照二月条款,及派有全

权大臣前来,才得垂听,而言语之间,仍欲占踞两岸炮台,其情形与英夷无异,断非言词所能挽回。奴才随给照会,交该夷等持回。谨将佛夷照会二件及奴才给予该夷照会钞录,恭呈御览。

［咸丰十年七月初二日］

朱批:知道了。

——《筹办夷务始末(咸丰朝)》卷五六,第 14 页。

○恒福奏

再,敌势万分猖獗,大沽、天津难以保全。可否仰恳天恩,饬由军机大臣迅即照会该夷,俯如前请,撤去大沽之防,或可稍有转机。并请谆谕僧格林沁先行前往近畿一带扼要驻扎,保卫神京,责成奴才会同乐善暂在军营,徐图撤防。谨附片具奏请旨。

［咸丰十年七月初二日］

咸丰十年七月初三日奉朱批:览。钦此。

——《第二次鸦片战争》第 4 册,第 488 页。

○上谕

军机大臣密寄钦差大臣、科尔沁博多勒噶台亲王僧,直隶总督恒。咸丰十年七月初三日奉上谕:

僧格林沁等奏,接得英夷照会,极为狂悖,钞录呈览;并该夷占踞大小梁子各折片。又据恒福奏,夷情紧急,请由军机处迅即照会等语。旋据奏报,接到佛夷照会呈览。该夷言词狂悖,其意将以全力攻扑大沽及两岸炮台,现复占踞大小梁子,夷势万分猖獗。现由军机处拟出照会,已交文俊等转达该夷,其能否听从罢兵,尚未可知。该大臣等自当固守炮台,悉力抵御。恐该夷攻扑炮台后面,营外并无援兵,本日已传谕宽惠等,令其拣派得力之官绅,带领天津兵勇,驰往大沽一带救援。俟兵勇到时,僧格林沁、恒福即派员管带,相机攻剿。并谕宽惠等将天津以南州县各民团调出,遥为声援,以助兵势。山海关马队,已寄增庆等,令其飞催前进。该大臣等惟当激励兵勇,内外夹击,将该夷痛加剿洗,以解炮台之危。俟该夷少挫,或尚易于转圜。傥该夷攻扑炮台,大沽万难固守,该大臣仍当遵照朱谕,带领得力官兵保全津郡,即以捍卫京师,不可稍涉拘泥。是为至要。江苏委员蓝蔚雯、黄仲畬等,于五月二十六日由上海陆路启行,约此时当抵直境,著恒福饬令地方官查明该员等行抵何处,即催令迅速前往大沽,听候差委。将此由六百里加紧密谕知之。

钦此。遵旨寄信前来。

——《咸丰同治两朝上谕档》第 10 册,第 426—427 页。

〇上谕

军机大臣字寄正红旗汉军副都统增，墨尔根城副都统格。咸丰十年七月初三日奉上谕：

前据僧格林沁奏，夷人占踞唐儿沽，已调山海关官兵备剿等语。夷人占踞唐儿沽，大沽后路万分吃紧，天津马队不敷剿办，著增庆即将僧格林沁所调山海关吉林、黑龙江官兵一千三百名，交格绷额管带，飞速驰赴天津，探听大沽情形，取路前进，听候僧格林沁调遣，以资救援，毋得稍有迁延，致误事机。将此由六百里加紧谕令知之。

钦此。遵旨寄信前来。

——《咸丰同治两朝上谕档》第10册，第428—429页。

〇上谕

军机大臣字寄西安将军托，绥远城将军成，归化城副都统德，热河都统春，署察哈尔都统庆，山东巡抚文，山西巡抚英，署陕西巡抚谭，密云副都统玻，青州副都统恩，传谕直隶布政使文谦。咸丰十年七月初三日奉上谕：

前因夷人将北塘、唐儿沽占踞，大沽炮台危急，当谕令托明阿挑拨马队一千五百名，成凯、英桂、德勒克多尔济挑选驻防兵一千名，春佑挑选热河兵五百名，谭廷襄挑选陕西兵三千名，庆昀挑选马队二千名，文谦挑选直隶兵三千名，并文煜将本年原调之山东兵三千名，恩夔将本年原调之青州、德州兵五百名，玻崇武酌量于密云调拨若干名，均即赶紧调派，驰抵通州，听候调遣。该将军等接奉前旨，谅已钦遵办理矣。本日据僧格林沁等奏，大沽后路吃紧万分，著托明阿等遵照前旨，迅即调齐各兵，遴派妥员管带，星夜驰赴通州，不得稍事迁延，致干重咎。文谦所调各营兵，昨日据报已派一千五百名赴通，未调各兵仍著赶紧派拨，以厚兵力。将此由六百里加紧各谕令知之。

钦此。遵旨寄信前来。

——《咸丰同治两朝上谕档》第10册，第429页。

〇上谕

咸丰十年七月初三日奉上谕：

本日据僧格林沁等奏，夷匪占踞大小梁子等语。该夷现以全力攻扑大沽及两岸炮台，势极猖獗，虽有西凌阿等马队，尚恐兵力单弱，不敷攻击。大沽为天津门户，保大沽即所以保天津，著传谕宽惠、崇厚，将防守天津之兵，派令原带各员，悉数带往大沽一带合力剿办。该郡练勇向称勇敢，并著选派素得民心官绅带往助剿。所有兵勇前抵大沽后路，仍听僧格

林沁派员管带。其天津以南附近各州县民团，并著宽惠等悉数调赴大沽左近，遥为声援，虽不能与该夷接仗，亦可以远助兵势。该盐政等务当迅速筹办，不可稍涉延缓。至天津城守事宜，即著宽惠等督同地方官严密布置。是为至要。

钦此。军机大臣遵旨，由六百里加紧传谕长芦盐政宽惠、长芦盐运使崇厚。

——《咸丰同治两朝上谕档》第 10 册，第 429—430 页。

〇上谕

军机大臣字寄山东巡抚文。咸丰十年七月初三日奉上谕：

前据薛焕奏，委员蓝蔚雯、黄仲畬等改由陆路赴津，计已入山东界内，著文煜即饬各属查明江苏委员蓝蔚雯等现在行抵何处，即令星速驰往天津大沽海口，听候僧格林沁等差委，毋许迟误。将此由五百里谕令知之。

钦此。遵旨寄信前来。

——《咸丰同治两朝上谕档》第 10 册，第 430 页。

七月初五日

〇宽惠、崇厚折

长芦盐政宽惠、盐运使崇厚奏：

窃奴才等奉军机大臣传谕，七月初三日奉上谕：本日据僧格林沁等奏夷匪占踞大小梁子等因。钦此。奴才等查大沽为天津门户，其附近之唐儿沽、大小梁子现被该夷占踞，则大沽已三面受敌。前因兵力单弱，不敷防剿，遵奉钦差大臣、科尔沁亲王僧格林沁札饬，在于防守天津兵内，调拨提标兵一千名驰赴大沽，以资协剿在案。现在天津环城濠墙共安设旗绿兵五千余名，奴才等已饬原带各员赶紧齐队，克日启程，一面飞报僧格林沁，听候分拨防剿。其练勇一项，现亦挑选精壮者二千余名，配齐军装器械，遴派得力官绅管带，听候僧格林沁调遣。至天津郡城，既系大沽后路，且系京师屏翰，当此事机迫切，防守亦应严密。现有津郡铺勇三千余名，本系各项商民自行联络，协力守望，即行在于郡城关厢一带昼夜巡逻，实力防范，以免奸匪溷迹。奴才等仍雇募壮勇，分拨防守，以壮声威。至附近天津以南各州县民勇，系散处各属村镇，或百数十名、或数百名不等，无事则安本业，有事则共相防护，本与练勇不同。且天津所属地面辽阔，良莠不齐，难保无土匪盐枭乘隙四起，必应豫为之防。现今分饬各州县，督率民勇，各按地段，认真巡缉，藉以定人心而靖奸宄，势难征调。

奴才等伏念夷酋登岸以后，紧要处所俱为该夷所踞，大沽已成孤立之势。奴才等详筹熟计，该夷以倾国之师蜂拥而来，其意原重在转圜，藉以夸耀夷众，并非利我土地。且以目

前大沽之势论之,亦不宜再与一战,战则已成彼逸我劳、彼主我客之势。惟有迅为议抚,方可补救目前。现蒙钦派大员到津,自能设法妥办。惟该夷所重者总须便宜行事,合无仰恳皇上俯念大局之安危,关系甚重,迅赐简派职分最崇之大臣前来,并颁给关防,许以便宜行事全权字样,方为该夷所信服,冀可息静干戈。

奴才等受恩深重,目击时势艰难,情事迫切,不敢安于缄默,谨披沥据实上陈。

——《筹办夷务始末(咸丰朝)》卷五六,第24—25页。

〇僧格林沁、恒福奏

钦差大臣、科尔沁亲王僧格林沁,直隶总督恒福奏:

本月初三、初四等日承准军机大臣字寄,奉上谕:大沽探报内称,所获夷人内有长发贼十名,本日已传谕宽惠等,令其拣派官绅,带领天津兵勇,驰往大沽一带救援,各等因。钦此。查上月二十六日捡获夷匪、广匪,奴才等业经附折陈明在案。旋据解送来营,计英夷二名、广匪十三名,并无广西长发逆贼。当将英夷二名给还该夷,其广匪十三名,因受伤甚重,亦经给与该夷,换回受伤兵丁八名。

至天津之防最关紧要,现在兵勇一经拨动,必致人心惶惑,更难收拾。且大沽之西,现有西凌阿、德兴阿督率马队三千名,该夷虽已渡河,若西奔天津,马队迎头截击,东扑大沽,即可抄袭该夷之后。是以奴才僧格林沁札行宽惠等,暂缓派拨兵勇前来援应。初二日大小梁子之战,击毙贼匪百余名,该夷抵死不退,占踞村庄。初三、四日,由唐儿沽前往石缝炮台之后,平垫沟渠,夷人聚至数百名,并支搭帐房,意图攻扑炮台,经我兵开炮轰击,始行溃散。日内该夷自必全力来扑,非在大沽,即系北岸炮台。若能一战击回,办理易于得手。

朱批:知道了。

——《筹办夷务始末(咸丰朝)》卷五六,第26—27页。

〇僧格林沁、恒福奏

再,文俊、恒祺到津后,遵旨给与该二夷照会,现在尚未接有该夷照覆。奴才等细心熟商,该夷未给照覆以先,文俊等万不可即来海口,与该夷见面。如接到该夷照覆,定期晤面时,总以前赴北塘,以免窥伺大沽虚实,方为妥善。

朱批:览。

——《筹办夷务始末(咸丰朝)》卷五六,第27—28页。

〇上谕

军机大臣密寄钦差大臣、科尔沁博多勒噶台亲王僧,直隶总督恒。咸丰十年七月初五

日奉上谕：

前谕令宽惠、崇厚迅派兵勇救援大沽后路，昨复谕令焦祐瀛、张之万回籍办理团练，招集义勇，顺海河前进，并力堵剿。本日据宽惠等奏，遵拨防守天津旗绿各营兵五千余名，并挑选练勇二千余名，派员管带，前赴大沽，听候僧格林沁调遣，大沽后路声威已壮。惟该夷现在占踞大小梁子，逼近西沽，虽有马队屯扎，在彼守御，恐亦未必得力。既有天津兵勇数千，足敷剿办，著该大臣悬立重赏，激励众心，内外夹击，并派队渡河，由唐儿沽进攻，以保北炮台后路，不可全行调守濠墙，致令后援兵单，不能牵制贼势。并须于贾家桥一带加意严防，以通饷道，尤为第一关键。其余通大沽饷道，如新城等处，亦须分筹守堵，毋为该夷占踞。

八年间，诸臣条奏御炸炮火箭之法，或用牛皮、藤牌以避之，或分马队为两翼，置之阵后，斜抄而出，使该夷不得抄我军之后；或乘夜进攻该夷；或挖濠沟数十道，俟该夷开枪，我兵即伏濠中，枪过越出，逼近敌前，使该夷火器无所施其伎俩；或以零星队伍诱其施放枪炮，突然抢入该夷队中，短兵相接，亦可制胜。其言不无可采。著该大臣体察情形，相机筹办。

现在文俊等已驰赴大沽，前令军机处拟给英、佛两国照会二件，谅已送交，该夷如何答覆，尚未奏报。恒福办理抚局，是其专责，仍须设法转圜，保全大局。惟现在战机已决，该夷能否就范，尚未可知，勿堕该夷奸计，懈我军心。是为至要。

正在寄谕间，复据僧格林沁等奏报夷匪情形，并札饬宽惠等暂缓派拨兵勇等语。此项兵勇，本日已谕知宽惠等，仍遵前旨调往，保守大沽后路，即所以保守天津，且可疏通饷道。现在焦祐瀛等到津，即可续募勇丁，以资防剿，人心尚不至于摇动。该夷业经决裂，占我村庄，与之决战，并非衅自我开。现在兵勇厚集，该大臣自当相机剿办，并严守南北炮台，毋稍大意。至奏称文俊等宜与该夷在北塘晤面，已谕知文俊、恒祺照办矣。将此由六百里加紧密谕知之。

钦此。遵旨寄信前来。

——《咸丰同治两朝上谕档》第10册，第435—436页。

〇上谕

咸丰十年七月初五日奉上谕：

本日据宽惠等奏派拨兵勇赴援大沽并防守郡城一折，所称尚为周妥。惟夷氛逼近，大沽危急，现派去兵勇七千名，恐尚形单薄。昨已命焦祐瀛等赴津办团，并谕宽惠等，先行雇募勇丁，著即招集素有身家义勇，顺海河陆续前进，以为前勇后路声援。一面固守濠墙，以保津郡。并照焦祐瀛等函内所称，先行出示晓谕各勇丁，申明大义，令其同心杀贼，有能歼

捡夷匪及攻夺被踞村庄者,除贼之辎重即行赏给外,并立予重赏,以期踊跃从事。现在北塘一带,良民富户皆迁徙一空,仅存无业游民。此辈惟利是图,恐为夷人招致。本日已有旨令御史陈鸿翊回籍办理团练,该员世居北塘,或能笼络此项游民,安定北塘人心,不致为该夷所用。至贾家桥为大沽饷道,最关紧要,已谕僧格林沁严密防堵。此外各处饷援道路,亦应分筹堵守,毋为该夷所踞。傥饷道有失,惟宽惠等是问。夷人炸炮火箭猛烈,但将兵勇星分棋布,俟枪炮过后,分头抢进夷队,短兵相接,则炸炮火箭无所施其伎俩。务当严饬带勇各员妥为布置,毋令为该夷所乘,方为妥善。正在寄谕间,接据僧格林沁等奏报,天津兵勇拨动,恐致人心惶惑,业已札行宽惠等缓拨兵勇援应等语。大沽炮台步队甚少,必得天津兵勇前往援应,况防堵大沽后路即以保卫津城,著宽惠等仍遵前旨,将派拨兵勇催令前进,并续募勇丁补额,以为防守郡城、接应前路兵勇之用,毋稍迟误。

钦此。军机大臣遵旨,由六百里加紧传谕长芦盐政宽惠、长芦盐运使崇厚。

——《咸丰同治两朝上谕档》第10册,第436—437页。

○上谕

军机大臣密寄西宁办事大臣文,武备院卿恒。咸丰十年七月初五日奉上谕:

前因恒福奏,接到英、佛两酋照覆,当令军机处拟给照会,咨文俊、恒祺转行。本日据宽惠奏,大沽情形万分危急,文俊等已前往海口,以冀挽回。该大臣等行抵大沽,当已将军机处拟给照会转行,是否得有夷酋照覆,如何情形,有无可以转圜之处,速即驰奏。

正在寄谕间,复接僧格林沁等奏称,该大臣等如接到该夷照覆,定期晤面时,总宜前赴北塘,以免窥伺大沽虚实等语。著文俊、恒祺俟接到该夷照覆,定有相见之期,再往北塘与该夷晤面。是为至要。将此由六百里加紧密谕知之。

钦此。遵旨寄信前来。

——《咸丰同治两朝上谕档》第10册,第436页。

七月初六日

○僧格林沁奏

奴才僧格林沁跪奏,为北岸石缝炮台失守,大沽两岸万难支持,现拟遵旨退守,恭折奏祈圣鉴事。

本月初五日卯刻,该夷马步万余名,全力攻向石缝炮台。提督乐善督带官兵奋力攻击,各炮台亦开炮策应,已将夷人击退。惶乱之际,被该夷炸炮将我北岸炮台及石缝炮台药库燃著,烟气迷漫,官兵不能看视,该夷舍命回扑,以致失陷。提督乐善登时阵亡,阖营

覆没。该夷既经占踞石缝炮台，其余两岸各营万难守御。奴才查炮台虽不能守，马步兵力尚堪拚死一战，拟酌量撤退，扼要防守。惟津郡为水陆受敌之处，无论如何厚集兵力，亦不能守。惟有督带重兵，扼守通州一带，以固京师。

谨恭折具奏，伏乞皇上圣鉴。谨奏。

［咸丰十年七月初五日］

——《第二次鸦片战争》第4册，第496—497页。

〇恒福奏

直隶总督恒福奏：

七月初五日，该夷由北岸出队，攻扑石缝炮台，提督乐善力竭阵亡，失守各情，业经僧格林沁驰奏在案。惟北岸炮台既失，南岸炮台益孤，万难扼守。奴才遵旨，力劝僧格林沁统带防兵，即日启程，退守通州一带，保卫京师。该大臣誓守炮台之志虽坚，现经奴才谆述节次钦奉恩旨，该大臣仰体宸廑，感激之余，深知领会。奴才惟有再行催劝该大臣即速启程，不令遽蹈危险，以期仰慰圣怀。俟该大臣起身后，所有一切撤防之事，奴才率同署天津镇总兵冷庆等妥为照料。奴才现与该夷照会内，有已奉旨派有钦差全权大臣即日来沽等语，并仰恳天恩，俯念事势万分危迫，特派重臣迅速来沽，与该夷当面晤商和议，实为万幸。并将照会英、佛二夷底件恭呈御览。

——《筹办夷务始末（咸丰朝）》卷五六，第33—34页。

〇上谕

军机大臣密寄钦差大臣、科尔沁博多勒噶台亲王僧，直隶总督恒。咸丰十年七月初六日奉上谕：

僧格林沁等奏北岸石缝炮台失守、现拟遵旨退守一折。据称，初五日卯刻，该夷马步万余攻扑石缝炮台，因药库被然，以致炮台失陷，提督乐善登时阵亡，现拟督带重兵扼守通州等语。览奏曷胜愤懑。夷氛猖獗，炮台虽不能守，而马步官军为数不少，该大臣等现拟酌量退撤，再图决战，实能顾及大局，闻之稍慰。惟通州为京师屏蔽，而天津实为通州门户，若非力扼天津，恐通州亦难安堵。此时夷势虽张，而海河防具层层密布，想船只尚难立时闯入。且津郡城外筑有濠墙，尚堪扼守。著僧格林沁等将大沽兵勇一面撤退，一面前赴津城，将海河两岸及郡城守御事宜，督饬宽惠等妥为筹画后，再赴通州，未可因该处水陆受敌，置之不顾。瑞麟于初一日始往通州，一切布置尚无眉目。其天津后路以至通州，应如何相度要隘、择要严防、调拨兵勇、分投堵扎、以臻周密之处，均著该大臣等妥为办理，随时奏报。至大沽炮位军火不少，并著恒福将可以运回者即行搬运，其不能搬运者，炮位即应

钉眼，或推落海河，其余军装、火药、粮饷等，均应立时焚毁，毋许存留资敌。将此由六百里加紧密谕知之。

钦此。遵旨寄信前来。

——《咸丰同治两朝上谕档》第10册，第438—439页。

〇上谕

军机大臣密寄直隶总督恒。咸丰十年七月初六日奉上谕：

本日据僧格林沁奏北岸石缝炮台失守、拟以兵力退保通州一折，业由六百里加紧谕知僧格林沁妥筹布置矣。兹据恒福奏称，事势危急，已劝明僧格林沁即日起程，退守通州一带，保卫京师，并将照会英、佛之件呈览。本日复据文俊等奏称，接到佛夷照覆，必欲钦派全权大臣、能允二月定款者，方肯会晤等语。具见该督遵旨妥办，尚能以保全大局为心。钦派重臣一节，该督业经允许，著再行给与照会，现在大沽业已撤防，所有海河内一切防具，亦须多日方能撤清，庶可由此赴津，惟既敦和好，兵船不必多带，致恐百姓惊扰，反为无益。至该夷屡次以和误我，此时大沽之防既撤，由津至通一带布置尚未周备，亦正可藉此稍缓时日。该督一面会商僧格林沁等，于附近天津及由津至通一带择要设备，毋稍疏虞，庶不至堕其术中也。将此由四百里密谕知之。

钦此。遵旨寄信前来。

——《咸丰同治两朝上谕档》第10册，第440页。

〇宽惠、崇厚奏

长芦盐政宽惠、盐运使崇厚奏：

窃奴才等于初四日将遵旨派拨兵勇前赴大沽助剿，并体察情形、兼筹抚局缘由，恭折由驿五百里奏闻，并一面飞报僧格林沁，听候调遣在案。兹于初五日，奴才等接准钦差大臣、科尔沁亲王僧格林沁札知，天津为大沽后路，亦关紧要，未便拨动兵勇，以致人心惶惑，除由僧格林沁专折奏报外，札饬奴才等暂缓派拨兵勇来沽，仍严防津郡等因。伏查昨奉谕旨，令将防守天津兵勇悉数调赴大沽协剿，仍由僧格林沁派员管带，奴才等即经分饬赶紧齐队，派令原带之员妥为管带，正在陆续启程间，接奉前因，现在仍饬管带官整装以待，一俟奉闻行调，立即催令起行，不致延缓。

——《筹办夷务始末(咸丰朝)》卷五六，第37页。

〇上谕

咸丰十年七月初六日奉上谕：

本日据宽惠等奏赴援大沽兵勇现在整装以待，并据僧格林沁等奏北岸石缝炮台失守、大沽两岸万难支持各一折，业由六百里加紧谕知僧格林沁等妥筹办理矣。津郡为京师门户，大沽既无可守，则津郡愈形吃重。所有前调兵勇，即著毋庸派赴大沽，留于该郡严密布置。并督饬石赞清激励民心，竭力堵御，于天津附近各要隘处所层层设备，迎头截击，毋得稍有疏虞，致令京师震动。是为至要。僧格林沁本日已令其酌撤大沽兵勇，退保天津，以定人心，其应如何守御机宜，宽惠、崇厚等即可禀承该大臣，熟商妥办，力求防剿之策，方为妥善。

钦此。

军机大臣遵旨，由六百里加紧传谕长芦盐政宽惠、盐运使崇厚、天津府知府石赞清。

——《咸丰同治两朝上谕档》第 10 册，第 439 页。

〇上谕

军机大臣密寄光禄寺少卿焦，翰林院侍讲学士张。咸丰十年七月初六日奉上谕：

本日据僧格林沁等奏，初五日卯刻，北岸石缝炮台被夷攻陷，情形危急，拟遵旨退守，以保京畿，已谕该大臣将天津城守及津城后路、通州前路妥筹布置矣。焦祐瀛等于今日起程，所有危急情形，谅已在途探悉。此时虽有文俊等议抚，亦不过暂时羁縻，恐将来终须剿办。著即飞速前进，驰抵天津，赶即出示晓谕四乡居民，激以大义，并悬赏格，令其同心杀贼。该夷如不受抚，竟来扑犯，即纠集团勇，痛加剿洗，使该夷知所畏惧。焦祐瀛等自能斟酌缓急、相机筹办也。将此由四百里密谕知之。

钦此。遵旨寄信前来。

——《咸丰同治两朝上谕档》第 10 册，第 441 页。

〇上谕

军机大臣密寄钦差大学士瑞。咸丰十年七月初六日奉上谕：

瑞麟奏通州设防情形，并河西务官军应否赴通及请调京旗炮位各折片，览奏均悉。大沽北岸石缝炮台，于初五日卯刻被夷攻陷，僧格林沁等遵旨退守，已谕令将天津府城及津城后路、通州前路酌度情形，派兵扼扎。所有伊勒东阿统带官兵四千名，应令仍驻河西务，听候僧格林沁调遣。备调京兵五千名，已令办防王大臣催令赴通，一俟到齐，即著瑞麟量为派拨，择要驻扎。通州旧存营址，系僧格林沁相度，当属扼要，八里桥亦系要道。瑞麟应于通州城外安营，于一切调度机宜，自属便捷。若该大学士固守城内，则匪众之来，安保不由城外越过、转致扼剿无及？所请将大营移入城中，究不如城外较便。其挖濠等事宜，仍著饬令地方官迅速办理。至修城一节，暂且缓办。绘呈通州城图留览。其所需炮位，已饬

令各旗赶紧运送矣。将此谕令知之。

钦此。遵旨寄信前来。

——《咸丰同治两朝上谕档》第10册,第441页。

〇文俊、恒祺奏

西宁办事大臣文俊、武备院卿恒祺奏:

窃奴才等于七月初四日,在咸水沽途次接奉初三日寄谕,并军机处拟定照会底来咨二件,遵即录妥照会,饬委苑副舒麟、候补县丞陶柽林,送至该夷处所。嗣据直隶督臣恒福函称,奴才等万不可即来海口,以免该夷窥伺大沽虚实,并钞录奏片知照前来,奴才等即于初五日仍回天津。旋据督臣恒福差弁来津,送到佛国照覆一件,并声称本日北岸石缝炮台已被夷人占踞,提臣乐善业经阵亡;又云钦差大臣、科尔沁亲王僧格林沁竖立白旗,该夷始行停战。再,奴才等拆阅佛国照覆,必欲钦派全权大臣、能允二月定款者前来,方肯会晤。此等情形,虽奴才等前往,该夷亦必不肯相见,徒为耽延时日,于事反为无益。谨将该佛国照会原文恭呈御览。伏乞皇上俯念时事已至十分危急,关系甚巨,迅赐简派重臣,颁给关防,得有威权,方使该夷敬畏,庶可挽回全局。奴才等不胜迫切待命之至。

——《筹办夷务始末(咸丰朝)》卷五六,第35—36页。

〇上谕

谕军机大臣等:

文俊、恒祺奏接到佛夷照会、请另简重臣赴津一折。并据恒福驰奏,情形大略相同。佛夷照会,称必须得本年二月间所要各款允许,方肯互换和约,情词实为桀骜。已谕知恒福照覆该夷矣。英夷此时尚无照会到来,未知是何意见。文俊、恒祺现驻天津,著俟英夷照覆到时,即行由驿驰奏。

——《筹办夷务始末(咸丰朝)》卷五六,第36—37页。

七月初七日

〇文谦奏

直隶布政使文谦奏:

窃奴才于本月初四日巳刻接奉军机大臣传谕,咸丰十年七月初三日奉上谕:本日据僧格林沁等奏,大沽后路吃紧万分,等因。钦此。奴才遵查,奉调直隶兵三千名内,已派督标、提标,正定、宣化二镇各营兵一千五百名,当于奏报后即经移会,并复咨催各提镇赶紧

挑选，派员管带，星速启程赴通，不日约可抵防。其余兵一千五百名，奴才查前奉督臣恒福行知，以直隶督标、提标并各镇实存兵数，除分守各汛并调赴海防外，存兵无多，设再有征调，深恐筹拨为难，曾经奏明在案。连日会同署督标中军副将崇福悉心核商，抽调实属不易。惟近日夷情益张，拱卫神京最关紧要，未敢稍事拘泥，只可移缓就急，拟续在督标各营内选调兵一百名，提标各营内选调兵三百名，正定镇各营内选调兵三百名，宣化镇各营内选调兵三百名，共计兵一千名，尚不敷五百名。查马兰镇标现存绿营兵二千五百余名，拟调派二百名。泰宁镇标现存绿营兵三千余名，拟调派三百名。核计所调，不过十分之一，似于守护尚不致过形单薄。连前共(奏)[凑]兵一千五百名。统计先后拣派兵三千名，业已足数。一并移会各提镇，赶紧挑选，一律精壮，配齐军火，派员管带，星夜启程，驰赴通州，听候调遣。至统带大员，现经接奉督臣恒福札饬，以署宣化镇总兵、拣发副将金泰距通较近，以之派往，可期迅速，自当遵照，印饬该署总兵前往管带，俾资统率。

朱批：知道了。

——《筹办夷务始末(咸丰朝)》卷五六，第 41—43 页。

〇上谕

咸丰十年七月初七日奉上谕：

文谦奏续调官兵派员管带驰赴通州一折。此次续调官兵内，马兰镇二百名，泰宁镇三百名，为数无多，况系守护为重，马兰镇兵尤难调出，著文谦于直隶各营中另行挑选精兵五百名，补足一千五百名之数，仍遵前旨，饬令迅速驰赴通州，听候僧格林沁、瑞麟调遣，其原调马兰、泰宁二镇之兵，均著各归原汛。

钦此。军机大臣遵旨，由五百里传谕直隶布政使文谦。

——《咸丰同治两朝上谕档》第 10 册，第 443 页。

〇上谕

军机大臣字寄西安将军托，绥远城将军成，署归化城副都统德，热河都统春，署察哈尔都统庆，山东巡抚文，山西巡抚英，三品顶戴、署陕西巡抚谭，密云副都统玻，青州副都统恩，正红旗汉军副都统增，传谕直隶布政使文谦。咸丰十年七月初七日奉上谕：

前因天津大沽后路万分吃紧，谕令托明阿将前调马队一千五百名，成凯、英桂、德勒克多尔济前调驻防兵一千名，春佑前调热河兵五百名，谭廷襄前调陕西兵三千名，庆昀前调马队二千名，文煜原调山东兵三千名，恩夔原调青州、德州兵五百名，玻崇武酌量于密云调拨若干名，文谦除已调赴外，尚有未调兵一千五百名，均即赶紧调派，驰抵通州，听候调遣。本日复据僧格林沁等奏，大沽两岸炮台危急万分，著托明阿等遵照前旨，迅速调齐，携带军

火器械，催令管带之员星夜驰赴通州，毋得稍有迟延，致误事机。庆昀所调察哈尔马队，已报一千名起程，尚有未起程马队一千，仍即赶紧催齐赴通。玻崇武于密云挑选官兵五百名外，堪备再调尚有若干名，前曾令迅速具奏。热河兵五百名，春佑已报起程。现在事机紧迫，必得厚集兵力，以固京师门户，所调各马步队尚形单薄，未足以资保障，除察哈尔勿庸再调外，著托明阿、成凯、德勒克多尔济、春佑、文煜、英桂、谭廷襄、文谦于原调各兵外，再行酌量调拨，务期多多益善，携带军火器械，兼程赴通，不得以无兵可调藉词搪塞。昨日据增庆奏，山海关尚有卓索图盟马队一千名，宣化、通永两镇步队二千名，著即全数拨调，同各处续调之兵，并著派委得力之员管带赴通，交僧格林沁、瑞麟统带，以壮声威而资扼守。将此由六百里加紧各谕令知之。

钦此。遵旨寄信前来。

——《咸丰同治两朝上谕档》第10册，第443—444页。

七月初八日

〇僧格林沁奏

奴才僧格林沁跪奏，为夷人先后占踞两岸炮台，现将马步官兵撤退，并拟将各路防兵调赴北面，以固京畿，恭折奏祈圣鉴事。

本月初五日夷人占踞石缝炮台，奴才当将大概情形恭折驰奏在案。至大沽营垒，经费已经三载，计费帑项数十万，筹画之周备，防范之严密，无以复加。无如该夷穷凶极恶，视死如戏，每攻一处，誓以不得不已。所有新河、塘儿沽、石缝三次之战，奴才在炮台瞭望，我兵枪炮一发，该夷纷纷倒毙。其余各夷始则犹拖拉尸身，继而置之不顾，遂践踏尸身抵死前进。三次击毙夷匪三四千名，而石缝一战为最多。当石缝炮台与该夷相持之际，因海河阻隔，不能派队前往应援，只得用炮接应。石缝炮台既失，北岸药库又被炸子燃着，已无可抵敌。且我后路已为该夷所踞，若以步队来扑，石缝炮台内以大炮策应，我兵万难抵御，徒损伤将士，于事毫无补救。

查该夷之意，无非欲尽得两岸炮台。情知不敌，莫若息兵罢战，奴才当即传饬各营竖立免战白旗。奴才是晚戌刻，统带马步官兵徐徐撤退。本应防守天津以扼京师门户，查该夷处心积虑，全在天津，且天津府城滨临海河，虽有新筑环濠围墙，较之大沽不啻天渊，该夷水陆并进，仍是不能扼守。现在秋成将熟，遍地高粱，天津环濠以外尤为稠密，易于藏奸，我则不能看视，自应仍在通州迤南屯扎，距京既近，声气可以相通，并资保卫京师。其天津炮台安设大炮，拟即运送回京，小炮及调防之旗绿官兵，一并撤至通州。现在山海关无须设防，所有该处之现在调防马步官兵，拟令副都统增庆管带来通。各项官兵一经到

齐，共计马队七千名，步队万名，兵力不为不厚。倘该夷敢于北犯，临时酌量，总须与之野战，断不可株守营垒，转致受敌。各项官兵到齐，所有原在通州、河西务防堵官兵，拟请撤回京城，以资防守。其前调各省满汉官兵，可否暂停来防，以免众心摇动。

再，提督乐善原在奴才营内，奴才留心查看，该员心地淳正，操防谨饬，随同奴才布置一切，无不竭尽心力，妥为办理。前因北岸吃紧，经奴才派赴石缝炮台，该提督誓众死守，初五日之战，自卯初至午初，奋力抵御三时之久，力竭捐躯。可否照提督例从优赐恤，并于海口地方建立专祠，以慰忠魂之处，出自皇上逾格洪施。其余伤亡官兵，容俟查明，再行核办。

至奴才于海口地方布置防守已及三年，计费帑项甚巨，现于数日内，连失小村数座，并两岸炮台营垒各项大小器械，以致夷势益张，实系奴才无能，调度乖方，劳师糜饷，误国病民，咎无可辞，应请旨将奴才交部从重治罪，以示惩儆。

谨恭折具奏，伏祈皇上圣鉴。谨奏请旨。

［咸丰十年七月初七日］

——《第二次鸦片战争》第4册，第502—504页。

〇僧格林沁奏

奴才僧格林沁跪奏，为敬陈天津难以守御，恭折奏祈圣鉴事。

窃奴才于本月初七日在杨村途次，承准军机大臣密寄，奉上谕：通州为京师屏蔽，而天津实为通州门户，等因。钦此。仰见圣虑周详，奴才曷胜钦佩。查天津濠墙周围三十余里，处处皆可扑犯，虽有大小炮位，为数无多，不敷分布。该夷炮火猛烈，天津濠墙断不能抵御。该夷若以步队直扑濠墙，兵力即不能支，再以船上大炮攻击，兵勇腹背受敌。且天津海河向无防具，一时制造安设，赶办不及。夷船一经驶至，郡城即在濠墙以内，兵勇何能驻扎？必致阖郡人民咸遭荼毒。该夷之意原在天津，计其船只不日即可驶至。奴才目睹情形，审度时势，天津实无防守之法，不得已驻兵通州，以固京师。且天津再经接仗，设有挫失，办理抚局更形棘手，是以奴才初六日路过天津，已饬运司崇厚将炮位、防兵赶紧一并撤退，以示不疑。此时惟有设法转圜，使该夷及早在津就抚，不得再有决裂情形。

至奴才是否即赴通州，未敢擅便，现在蔡村暂驻，恭候训示遵行。谨恭折具奏，伏祈皇上圣鉴。

再，初五日戌刻，奴才出大沽时，督臣恒福尚在该处，以备照料一切，合并附陈。谨奏。

［咸丰十年七月初七日］

——《第二次鸦片战争》第4册，第504—505页。

〇上谕

军机大臣密寄钦差大臣、科尔沁博多勒噶台亲王僧。咸丰十年七月初八日奉上谕：

据僧格林沁奏天津无可守御、现往蔡村候旨，并现拟调兵固北面之防、自请治罪各一折。业经明降谕旨，将乐善照提督例从优赐恤，准于海口建立专祠；并将该大臣拔去三眼花翎、革去正黄旗领侍卫内大臣、镶蓝旗满洲都统，以示薄惩矣。天津既无可守，该大臣拟于通州迤南屯扎，将天津炮位及在防官兵撤至通州，并将山海关马步各兵一并交增庆带往。所筹均尚周妥，即著照所议办理。其通州河西务原驻各兵无庸撤回京师，该大臣将所带官兵留于通州驻扎，即著迅速来京，面授机宜，再行回至防所，节节向前布置，以卫京师。将此由四百里密谕知之。

钦此。遵旨寄信前来。

——《咸丰同治两朝上谕档》第 10 册，第 444—445 页。

〇上谕

咸丰十年七月初八日内阁奉上谕：

僧格林沁办理一切未能周妥，实属咎有应得，著拔去三眼花翎，革去正黄旗领侍卫内大臣、镶蓝旗满洲都统，以示薄惩。

钦此。

——《咸丰同治两朝上谕档》第 10 册，第 446 页。

〇恒福奏

直隶总督奴才恒福跪奏，为钦差大臣、亲王僧格林沁遵旨带兵退守，并奴才给与该夷照会让出南岸炮台，并劝阻该夷进兵未允，旋即回津各情，恭折驰奏，仰祈圣鉴事。

七月初五日该夷攻占北岸炮台后，事势危急，即经奴才谆述迭次钦奉谕旨，力劝僧格林沁带兵退守。该大臣仰体圣心，即于是日酉刻带领官兵前往通州驻扎。适该夷通事官巴姓及夷官五人来与奴才相见，声称北岸炮台已为占踞，即欲将南岸炮台立时交出，方肯息兵。奴才以防兵既撤，炮台空虚，与其为该夷攻占，不若即允退出，免致扰害居民，并可稳住该夷，使僧格林沁安稳而行，不致再有交仗之事，当即缮就照会，交付该夷去后，奴才暂留大沽与该夷两次面晤，竭力开导，阻其直扑天津，欲其先议和而后论战。据该夷云，必须中国钦差与其两国公使彼此商办。并言如果优礼相待，尚可和议早成，否则万难定议。且欲将先后所约各条一概允准，方肯罢兵。各等语。奴才以津郡地方紧要，再四劝阻，以期展延时日。无如该夷言词桀骜，未肯允从，其意其势，非先占据天津不止。奴才等已于

初六日申刻自大沽折回,初七日子刻行抵咸水沽,当即先将劝阻该夷未允情形,具函飞致钦差文俊、恒祺,妥速筹办,一面赶紧回津,再与文俊等详细面言,以冀暂缓用武。奴才因事机危急万分,是以未及先行奏明,不揣冒昧,临时变通办理。谨将照会底稿照录,恭呈御览。

所有僧格林沁遵旨退守,暨奴才随后回津各缘由,理合由六百里恭折驰奏,伏乞皇上圣鉴。谨奏。

[咸丰十年七月初七日]

附恒福为认输求和事给英法照会底稿

为照会事。本月初五日,贵国水陆二军已占我后路炮台,是贵国善能攻战,我军情愿输服。为此照会贵大臣不必用兵。其八年及本年二月条约,已有钦差全权大臣前来面议,即日必到,并请贵大臣由大沽河口行走。须至照会者。

——《第二次鸦片战争》第4册,第500—501页。

七月初十日

〇僧格林沁奏

钦差大臣、科尔沁亲王僧格林沁奏:

窃奴才于本月初九日在蔡村途次准军机大臣密寄,奉上谕:该大臣将所带官兵留于通州驻扎,即著迅速来京,面授机宜,等因。钦此。奴才于初九日酉刻行抵通州,查得马队官兵,除马匹疲瘦及受伤患病者尚未到通,其余均已到齐,派令在马头、张家湾、通州三处驻扎。步队官兵亦未到齐。至咸丰八年奴才在通州防堵时,曾在平家滩地方挑穵引河一道,以备宣泄北运河之水,已经二年,自必淤塞,奴才拟即会同大学士瑞麟前往查看,赶紧挑穵。查北运河,该夷火轮船虽不能行驶,舢板足能进河。舢板各有炮位,若以马步队沿河前进,舢板相辅而行,亦无法抵敌。是目下之急,惟以泄水为要。

昨据恒福派人报称,夷船已至津郡,夷酋登岸居住,城上竖立该夷旗号。因其职分较小,不与交谈,非有全权便宜行事之重臣,不足与议。奴才揣度该夷之意,此次大沽接仗既已得意,其愤恨之心必消,仍必须重臣与之面议条约,方肯就抚,否则仍不免再起兵端。该夷虽诡诈百出,其性多疑,此次一切条目,必在津郡议妥,方肯进京互换和约,必不肯到京后再议。惟有仰恳天恩,迅即简派一品大臣,假以权势,与该夷议和,或可转圜,不致决裂。

至通州履勘布置,挑穵引河,尚须数日。奴才拟俟办有就绪,再行回京,跪聆圣训。其海口节次打仗情形,侍郎国瑞督兵打仗,备知详细,兹先派该员赍折进京,以备垂询。

至奴才丧师失律，厥罪甚重。荷蒙皇上逾格恩施，不加重谴，奴才曷胜感激。惟奴才此番挫失之后，深恐呼应不灵，再致贻误，合无仰恳圣恩，派员总统马步官兵，以资防守，奴才仍在军营戴罪图功，以赎愆尤。

——《筹办夷务始末（咸丰朝）》卷五七，第16—17页。

〇僧格林沁奏

再，现在各处防兵全数调赴通州，已饬运司衔天津道孙治来通办理粮台，以资熟手。惟计(冯)[马]步官兵一万七八千名，一月所费不赀，亟须豫为筹画，以免临时竭蹶。查天津盐库尚有银二十余万两，已运出津郡，寄交藩库，相应请旨敕下该藩司、盐政，即将所存银两迅即解通，以济军饷。

——《筹办夷务始末（咸丰朝）》卷五七，第17页。

〇上谕

军机大臣密寄钦差大臣、科尔沁博多勒噶台亲王僧。咸丰十年七月初十日奉上谕：

据僧格林沁奏遵旨将所带官兵留于通州驻扎、先派员赍折来京一折。本日已召见国瑞，询悉情形矣。此次该夷占踞炮台，经该大臣将马步官兵撤退，驻扎通州，系遵奉谕旨、通筹大局起见，并非督剿不力。该大臣威望素著，能得兵心，自应仍领钦差大臣关防，会同瑞麟总统诸军，办理防务，妥筹布置，以期保卫京师。现在通州一带防堵吃紧，要隘处所，官兵恐不敷分布，所有瑞麟、伊勒东阿统带前往之京营官兵一万四千名，著暂留通州，扼要设防，俟各处所调之防兵到齐后，再行体察情形，酌量抽拨回京。其所调防兵，均归僧格林沁、瑞麟统带。本日已寄谕文谦，将天津盐库寄存之二十余万两拨解通州粮台，以济要需，责成天津道孙治经理。其顺天粮台，专为支应瑞麟等一军，该大臣等所带官兵既合为一处，粮台亦应归并孙治一手经理。俟文谦将银两解到时，顺天粮台即行裁撤。前日已明降谕旨，授桂良、恒福为钦差大臣，桂良于十一日起程，十五日可抵津郡，与恒福会办一切。至通州泄水、挑窍引河，务须赶紧筹办。是为至要。正在寄谕间，据恒福奏，该夷马队意欲屯扎北仓，恐该夷尚未知已派有钦差，执意北犯，殊属可虑。著僧格林沁严饬前路地方各官，如见夷官，可告已派钦差，不日抵津，稍遏豕奔而免疏虞。将此由六百里加紧密谕知之。

钦此。遵旨寄信前来。

——《咸丰同治两朝上谕档》第10册，第449页。

〇上谕

咸丰十年七月初十日奉上谕：

僧格林沁奏，防兵需饷，请将寄存藩库银两迅解通州等语。据称，天津盐库尚有银二十余万两，先已运出津郡，寄交藩库。现在各处防兵计一万七八千名，全数调赴通州，每月所费不赀，著文谦即将前项寄存银两迅即全数解赴通州，交天津道孙治粮台接收，以济军饷。至焦祐瀛、张之万现在天津附近一带办理团练，亦应先筹经费，以为募勇之需，并著文谦另行筹拨银三万两，迅速解赴天津，交焦祐瀛等收用。均毋迟误。

钦此。军机大臣遵旨，由五百里传谕直隶布政使文谦。

——《咸丰同治两朝上谕档》第10册，第452页。

〇上谕

军机大臣密寄钦差大臣、直隶总督恒，帮办大臣、武备院卿恒。咸丰十年七月初十日奉上谕：

昨谕文俊在杨村驻扎，俾往来密寄事件，藉免疏虞，并密谕，恒福等寄信一件，及桂良照会英、佛两酋公文二封，均著文俊设法密寄。该督等接奉前旨，自必钦遵办理。惟闻文俊已由杨村起程回京，未知能否接递，如恒福等尚未接奉前谕，即著派委妥员迎提勿误。桂良于十五日准可到津，即与该酋订期晤商一切。恒福等务当会同妥速办理，以慰廑念。本日据僧格林沁奏驻兵通州、筹办守御事宜，已谕令文谦将藩库所存天津饷银解交通州粮台，仍饬天津道孙治管理，并令另拨银三万两解津，交焦祐瀛等办理团练。恒福即督饬该藩司迅速拨解，是为至要。本日复谕令文俊折回杨村驻扎矣。正在寄谕间，据恒福奏现在天津情形各折片，览奏已悉，已命恒祺为帮办大臣，著即商同办理可也。将此由六百里加紧谕令知之。

钦此。遵旨寄信前来。

——《咸丰同治两朝上谕档》第10册，第450页。

〇文谦奏

直隶布政使文谦奏：

窃奴才于本月初八日巳刻接奉军机大臣传谕，七月初七日奉上谕：文谦奏续调官兵派员管带驰赴通州一折。等因。钦此。奴才遵查各镇协营兵丁内，惟正定镇标有前经督臣恒福先后饬令该镇挑备调拨兵九百名，除奴才两次奏报派调兵六百名外，当存挑备兵三百名。又，查河间协左右二营并各汛，尚存兵九百余名。现与署督标中军副将崇福酌商，拟再调正定镇兵三百名，河间协兵二百，补足前调一千五百名之数。饬令配齐军火器械，派员管带，克[日]启程，驰赴通州，听候僧格林沁、瑞麟调遣。其原调之马兰、泰宁二镇兵五百名，移咨该镇，即令各归原汛。至前调各兵内督标存城兵四百名，已据该协咨报，派署后

营游击温积桂管带,于本月初六日启程赴通。正定镇标前起兵三百名,亦据报于初七日派署龙固营都司会文管带前进。其余各兵,现经严催,即日赶紧启程前往。

朱批:知道了。

——《筹办夷务始末(咸丰朝)》卷五七,第 23 页。

〇文谦奏

奴才正在缮折间,复接军机大臣传谕,七月初七日奉上谕:著托明阿、成凯、德勒克多尔济、春佑、文煜、英桂、谭廷襄、文谦于原调各兵外,再行酌量调拨,等因。钦此。奴才近因夷情益张,焦灼万分,自应厚集兵力,拱卫神京。伏查直隶提督各标并天津、通永、大名、正定、宣化各镇额设各兵,除陆续调拨外,所存兵数本已无多。昨奉调兵三千名赴通,已属抽调匪易。此外惟大名镇尚有备调兵一千名,因捻匪回窜归窠,尚未调赴防所。虽捻踪出没无常,省南门户防守宜严,然大顺广一带现已集办团练,似尚可补兵力之不足。奴才惟有先其所急,现拟于大名备防兵一千名内,再行酌调兵五百名,知会镇臣阿麟保,赶紧饬令携带军火器械,派员管带,兼程赴通,交僧格林沁、瑞麟统带调遣,以壮声威。

朱批:知道了。

——《筹办夷务始末(咸丰朝)》卷五七,第 23—24 页。

〇增庆奏

正红旗汉军副都统增庆奏:

窃奴才于七月初八日戌刻承准军机大臣[字]寄,七月初八日奉上谕:昨日据增庆奏,山海关尚有卓索图盟马队一千名,等因。钦此。当将卓索图盟马队一千名,交五品顶带珠勒亨、乾清门头等侍卫荣全、二等侍卫尚宗瑞管带,先行启程。原调宣化步队一千名,交张家口协副将乌忠阿管带,续调宣化、通永步队各五百名,交前独石口协副将关立管带,分起兼程前进。以上马步官兵,均经配齐军火器械,

并饬通永道德椿、署永平府知府博多宏武分起随营赴通,沿途照料,支放口粮。现当河水盛涨之时,恐有阻隔,已令该道府转饬所属经过渡口,多备船只,以利军行。伏思奴才系奉命统带马步官兵之员,且无地方责任,现在防所马步各队既经全数拨调,虽按起派有管带之员,然兵数已有三千之众,奴才自应沿途督催前进,该官兵等庶免迟误,以期迅速抵通,交僧格林沁、瑞麟调遣。

朱批:知道了。

——《筹办夷务始末(咸丰朝)》卷五七,第 24—25 页。

〇托明阿等奏

西安将军托明阿等奏：

窃奴才等于七月初四日接准署陕西抚臣谭廷襄转准军机大臣字寄，六月二十九日奉上谕：连日叠据僧格林沁等奏，英、佛等夷占踞北塘等因。钦此。奴才等即□前奉谕旨备调马队官兵一千余员名，并赶紧续派精壮马队官兵五百余员名，共一千五百余员名，应需马匹军装器械等项办理齐全。副都统乌兰都情愿带往，当将官兵分作五起，交该副都统督带，于七月初八日启程，驰赴通州，听候瑞麟调遣。

朱批：知道了。

——《筹办夷务始末（咸丰朝）》卷五七，第25页。

〇谭廷襄奏

三品顶带署陕西巡抚谭廷襄奏：

窃臣于本年七月初四日承准军机大臣字寄，六月二十九日奉上谕：现在夷氛猖獗，亟宜厚集兵力，以严捍卫而固畿疆，等因。钦此。除恭录飞咨西安将军托明阿钦遵办理外，伏查陕西叠经征调，营伍久已空虚。现时豫捻未尽歼除，川省亦复不靖，潼关及汉中一带边界均属紧要，惟直隶海防尤重，自应先其所急，酌量调派。臣查潼关及雒南、关南防所，原驻提标属兵一千五百余员名，应就近饬调，即令原带将弁由防所克日分起径赴潼关前进，较为迅速。此外拟调提标属兵三百名，汉中镇标属兵二百名，延榆绥镇标属兵五百名，另拟咨会护理督臣林扬祖，于兰州及宁夏镇两处派兵五百名，共足三千名之数。其统带大员，查有汉中镇总兵伊绵阿，甫由西路撤防回任。该镇于咸丰三年曾在直隶正定等处带兵，臣知其人明慎干练，已咨调该镇星夜来省，统带潼关等处防兵趱程前进。另调提镇各官兵程途较远，计非二十日及月余不能赶到，应咨会提镇，拣派得力将弁，随后督押，迅速启程，不敢稍任耽延，致滋贻误。

朱批：知道了。

——《筹办夷务始末（咸丰朝）》卷五七，第25—26页。

〇庆昀奏

署察哈尔都统庆昀奏：

窃查七月初一日承准寄到谕旨：著庆昀于原调马队一千外，再行挑选马队一千名，共二千名，赶紧调派等因。钦此。钦遵飞札添调，并拟先将调到之人催令一面挑选，一面编队。本有随案派定之正副营总四员分翼管辖，即令前次奉旨派出之统带官兵总管那玛善

统带,先行限日进口。其军械刀矛枪箭,凡有未经造齐之件,均由驻防官械暂为抵发,并先期分别咨札经由地方官员各等情,于初二日奏蒙圣鉴在案。

正在严催迅速挑选赶紧启程间,七月初四日承准寄到七月初三日奉上谕:前因夷人将北塘、唐儿沽占踞,大沽炮台危急,等因。钦此。当即飞札挑兵协领舒都尔古、带兵总管那玛善等,迅将已报挑齐之右翼四旗官兵,并现在所挑左翼四旗官兵,共一千名,分作两起,限于初六、初七两日进口查验,依次启程。兹于初六日,据总管那玛善统带正营总鄂勒哲依、副营总西尔满,管带队官三十员,兵五百名,分作十队,排队进口。奴才亲赴教场,逐一查验,兵数如额,箭枪等械亦已抵拨足用。又于初七日,据正营总那木萨赖、副营总奇莫特多尔济,管队官三十员、兵五百名,队伍如前,依次进口。惟此起官员尽系蒙古,那玛善已经前往,因拣派驻防防御喜麟、候补骁骑校奇臣照料,送交那玛善统辖。其添调马队一千名,应需马匹,业已传知群牧。应俟挑齐兵丁进口启程时,分别日期,另行恭折由驿驰奏。

朱批:知道了。

——《筹办夷务始末(咸丰朝)》卷五七,第26—28页。

七月十一日

○成保奏

山海关副都统成保奏:

窃奴才于本月初八日准钦差统带马步官兵副都统增庆接奉寄谕,饬调驻扎山海关各路官兵前赴通州防剿,并饬各省酌拨官兵,务期多多益善。查山海关驻防八旗官兵八百余员名,并调来喜峰等口之驻防旗兵二百五十余员名,操练之余丁二百名,皆系奴才所属。山海关,除驻防旗营官兵外,尚有署山永协副将伊克精额管带绿营官兵八百余员名,并练勇九百名,堪资防卫。现当军务万分吃紧之际,合无仰恳天恩,准令奴才将各属旗营官兵内选择五百名,赶紧带赴通州,听候调遣。如蒙俞允,奴才起身后,山海关副都统印务,查有署协领、佐领和盛阿老成练达,结实可靠,堪以委令护理。伏候训示遵行。

——《筹办夷务始末(咸丰朝)》卷五七,第28页。

○上谕

军机大臣字寄署直隶提督成。咸丰十年七月十一日奉上谕:

成保奏酌拨官兵请带赴通州一折。前已有旨,令成保署理直隶提督,并命宝山署理山海关副都统。成保著俟宝山到任后,即赴僧格林沁军营听候差遣。所有挑备官兵五百名,著仍留山海关防守,毋庸带往。将此谕令知之。

钦此。遵旨寄信前来。

——《咸丰同治两朝上谕档》第10册,第452页。

七月十二日

〇成凯、德勒克多尔济奏

绥远城将军成凯、署归化城副都统德勒克多尔济奏:

窃奴才等于七月初三日承准军机大臣字寄,六月二十九日奉上谕:连日叠据僧格林沁等奏,英、佛等夷占踞北塘村庄等因。钦此。奴才等正在派拨催令启程间,于七月初六日复承准军机大臣字寄,七月初三日奉上谕:前因夷人将北塘、唐儿沽占踞,大沽炮台危急等因。钦此。奴才等查此次奉旨,由太原、绥远、归化各城内拣派官兵一千名,驰往通州,听候调遣,系为捍卫畿辅,最关紧要。奴才成凯与奴才德勒克多尔济悉心熟商,军行孔急,若与抚臣往返商定,诚恐耽延时日,有误事机,自宜先由绥远、归化两城驻防酌派,饬令刻即启程,以期迅速。当经一面飞咨抚臣,由太原驻防拣派官兵二百名,派员管带,径行驰往,一面即将绥远右卫前次备调官兵五百名,派拨归化城土默特拣派蒙古官兵三百名,两城共八百名,配齐军装、器械、火药、铅丸、马匹等项,各派协参领等官管带,饬即于七月初八等日,分作三起启行。

惟查绥远城官兵连年征调,生计甚属竭蹶,今复出省从征,衣履杂脚均须备办。所有俸赏行装,前奉部咨,概不准支给,体察兵丁,又无处借贷,军行紧急,不得不筹给借项,以资接济。查归绥道库现有存储前次奏请截留备支两盟蒙古官兵口粮、余剩税课及茶斤节省银两,尚堪动拨。此次所派绥远官六员名,按品借给半俸,委骁骑校十六名、兵四百名,各借给半装银十两,请即由此项银内给发。右卫官一员、委骁骑校四名、兵一百名,现已飞檄城守尉全安筹款,一律借给,以纾兵力,事竣扣还归款。至土默特蒙古官兵,素无俸饷,若与绥远城满洲官兵一律筹给借项,将来无项扣还,应请援照节次办过成案,仰恳天恩,所有此次拣派官九员,每员按品赏给半俸,委骁骑校八名、兵三百名,每名赏给行装银两,以示体恤。

再,蒙古官兵等向无拴养马匹,前次出师,均系临事筹款购买。此次援案,仍须购买膘壮马三百八匹,并鞍辔等项,以备乘骑。所需马价、鞍辔、俸装等银,均由归绥道库征存逐月续征税银内动支。

再,土默特官兵应需锅帐,上年派往天津官兵全数带往军营,此次自应赶紧补制齐全。所需银两,查归化城旗库现存有补修军器银一千一百余两,请由此项银内动支,事竣造册核销,以利遄行而重军务。

朱批：依议。

——《筹办夷务始末(咸丰朝)》卷五七，第38—39页。

七月十三日

〇上谕

军机大臣密寄钦差大臣、科尔沁博多勒噶台亲王僧，大学士瑞。咸丰十年七月十三日奉上谕：

前因通州一带防堵吃紧，当谕令僧格林沁等于要隘处所严密布置，并添调直隶等省官兵，归该大臣等调遣，现已各报陆续起程。尚恐不敷剿办，所有卓索图、哲里木、昭乌达三盟兵丁，除已调赴军营外，其余是否尚堪续调，著僧格林沁体察情形，或每盟各调一千，或各调二千，即行酌量具奏，并斟酌驻扎地方[①]。顺天粮台，前谕令归并天津粮台，责成天津道孙治管理。本日复谕令户部，续拨饷银十万两，解交通州顺天粮台，以资接济。如寄存藩库之银尚未解到，亦可通融拨用。现在通仓米石，本拟运至京仓，惟转运非易，赶办尤难，若即以此项米石核算兵丁应得口粮，估计时值，于饷需内搭放数成，既可节省实银，且尤便于兵食，于经费较有裨益。著僧格林沁等悉心体察，妥议具奏。至顺天粮台，现既归并孙治一手经理，无论银米及搭放款项，均应与天津粮台一律支发，以昭平允。天津夷人虽未扰害地方，恐其探听路径，意图内犯，著僧格林沁等于由津至通各要路多设巡卡，严密防范，遇有夷人潜行附近一带，立即阻止，勿令前进暗探消息，以杜其北犯之渐。此[外]，来往行人亦应认真盘诘。是为至要。前由张家口解往之要犯关四，并由京解往之于七及潘志和三犯，曾否审有端倪，该犯等现在羁禁何处，著一并覆奏。将此密谕知之。

钦此。遵旨寄信前来。

——《咸丰同治两朝上谕档》第10册，第456—457页。

〇上谕

咸丰十年七月十三日内阁奉上谕：

赛尚阿著赏给五品顶戴，交僧格林沁差遣委用。

钦此。

——《咸丰同治两朝上谕档》第10册，第458页。

---

① 画线部分系朱笔所加。

七月十四日

○上谕

僧格林沁勤劳王事，朕甚廑念。况近京一切布置，更必日夕勤劬。著惠亲王等前赴通州传旨，询咨僧格林沁防守情形，并著僧格林沁激励兵心，以期有备无患。此朱谕，即著惠亲王等赍往。特谕。

——《咸丰同治两朝上谕档》第 10 册，第 463 页。

○桂良奏

钦差大臣大学士桂良奏：

窃奴才桂良奉命驰赴天津，会同恒福办理事件。于本月十一日起程，行抵张家湾，往见僧格林沁。据云，到津后，将办理情形随时知照等因，奴才随即前进。

连日豫为筹画将来面会该夷议抚各节，细将本年二月十六日英国照会悉心细绎。据称，和约所载五十六款，必当一一认真照办。外另有四款，内称所议毋庸在京居住一层，原与奴才等在上海时，曾接该夷照会，议定互换和约以后，或择别地居住，或因要务随时往来，通融办理等因在案。嗣因上年该酋到津受创以后，致欲将通融之议作为罢论，虽经军机处咨覆文内正言指驳，而奴才此次到津，与该酋会晤时，必议及此款。奴才伏思在京居住一层，自应仍照上海之议。诚恐该酋指称此款，系和约五十六条中第三款，坚求允准，必将复议通融一节，狡词翻悔。此系现在议抚最要关键。奴才再四思维，实深焦灼，不得不豫为筹度，遥祈皇上密授机宜，俾有遵循。

复查该夷照会，又有赔偿各项，并送还炮位船只一节。奴才伏思该酋嗜利性成，既有赔偿一语，且又未定数目，将来难保不多方需索。设为数甚巨，亦属碍难遽允。并乞圣训指示周详。

以上各情，奴才在京时所给照会文内，曾有均无不可商办等语，深恐会商时，该酋乞求邀允，相应豫为陈明。到津后即当会同恒福等遵旨办理。

——《筹办夷务始末(咸丰朝)》卷五八，第 7—8 页。

○英桂奏

山西巡抚英桂奏：

窃准军机大臣字寄，六月二十九日奉上谕：现在夷氛猖獗，亟宜厚集兵力，以严捍卫等因。钦此。当因太原驻防满洲营马甲仅止五百余名，不敷多派，先行派定二百名，一面飞咨绥远城将军成凯、归化城副都统德勒克多尔济酌量派选，共成一千名之数，赴通听遣去

后，兹准成凯等咨，已于绥远城派兵五百名，归化城派兵三百名，各派大员管带，克日起程前进。臣因太原旗营额设马一百五十匹，不敷骑坐，复在省标左右二营暨太原旗绿各营内，挑选健马二百匹，配齐军装器械，派委盂寿营游击崇顺督率防御骁骑校，督带精壮官兵二百名，于七月初八日自省起程，驰赴通州，听候调遣。并饬司筹款，另购马二百匹，分拨各营，以资操演。

正在具奏间，又准军机大臣字寄，奉上谕：大沽两岸炮台危急万分等因。钦此。除在大同镇标各营内添调精兵一千名，携带军火器械，派委得力将备管带，克日兼程赴通外，所有前调满洲营官兵起程日期及续调绿营官兵名数，理合恭折由驿具奏。

朱批：知道了。

——《筹办夷务始末(咸丰朝)》卷五八，第12页。

〇文煜奏

山东巡抚文煜奏：

窃臣承准军机大臣字寄，七月初七日奉上谕：前因大沽后路万分吃紧，谕令文煜将原调山东兵三千名，赶紧调派驰抵通州等因。钦此。查臣前奉上谕，著臣将本年原派山东兵三千名，委员管带赴通，等因，当经臣将本年奏准原调兖、曹二镇官兵，系二千名，嗣因该镇截留防匪，而沿海营伍亦在防夷吃紧之时，不能凑足三千，惟有仍将原调二千名凑拨足数，派委临清协副将文英、候补游击保德管带赴通各缘由，奏明在案。今复蒙谕，于原调各兵外，再行酌拨，务期多多益善等因。臣思山东兖、曹、登三镇额兵，除节次调赴各省征剿外，各营存兵零星不成总数。目下烟台夷务较前虽缓，而夷船一日未去，则防堵一日不能解严。登镇逼近烟台，防兵万难调遣。其兖、曹二镇，既经调拨二千前赴通州，其余营汛存兵，尚恐不敷防匪，今若悉数调出，诚恐捻匪诇知内地空虚，乘机窃发，为害不浅。伏读圣训，大沽情形危急，臣亦万分焦灼，何敢以无兵可调藉词搪塞？惟有仍于原调二千之外再拨一千名，以应急需。查有前经商准副都统德楞额，派拨马队二百五十名前赴利津防堵，尚未到防，臣现又飞速咨催该副都统改拨通州。又前调设防之东昌等处兵六百五十四名驻劄韩亭，以防夷氛蠢动，今念畿疆事重，自应先其所急，并添派省标兵九十六名，共凑一千之数，统归文英、保德管带赴通，听候调遣。

再，查山东各镇官兵散处四方，既不能朝发夕至，且兖、曹两镇之兵正在剿捕幅匪，亦须分投札调，而军火器械又须由省城军需局给领。现经严饬各营管带员弁迅速遄行，并饬藩司暨军需局，速将俸赏行装等项银两照例支发，同军火器械配齐，解交各营，俾得克期起程，免致贻误。兹就近将臣防所原调兵六百五十四名、省标续拨兵九十六名，及臣前次奏明省标派拨兵三百零四名，共一千零五十四名，先派候补游击保德管带，于七月十一日由防

启行赴通,听候调遣。其余各营,臣现又飞札严催,一律迅速启行,务期早抵通州,以资捍卫。

朱批:知道了。

——《筹办夷务始末(咸丰朝)》卷五八,第12—14页。

七月十七日

○僧格林沁、瑞麟奏

奴才僧格林沁、奴才瑞麟跪奏,为恭折复奏,仰祈圣鉴事。

本月十三日承准军机大臣密寄,奉上谕:三盟兵丁除已调赴军营外,其余是否尚堪续调,僧格林沁体察情形,酌量具奏。现在通仓米石本拟运至京仓,惟恐转运非易,即以此项米石,核算兵丁应得口粮,于饷需内搭放数成,既可节省实银,且尤便于兵食,于经费较有裨益。著僧格林沁等悉心体察。等因。钦此。

十五日惠亲王等至通,与奴才僧格林沁面议防守机宜,并赍到朱谕,奴才僧格林沁敬谨聆悉。伏思奴才僧格林沁损兵折将,罪无可逭,荷蒙圣恩不加严谴,又蒙锡以温谕,奴才跪读之下,感愧无地,惟有激励将士奋勉图功,以仰报高厚鸿慈于万一。

查三盟兵丁拟请各调一千名住古北口,以为京师后路声援,应由军机处行文理藩院迅即拨调,并派令卓哩克图王巴图、巴林王那木济勒旺楚克、喀拉沁王色伯克多尔济各带本盟官兵,以期得力。该王等均系备兵札萨克,例应带兵。

至京城之防,倍关紧要,各项大炮应于大城安设,斤重较小炮位安于外城,其神枢炮位各在本段垛口安设,并请将城上各垛口用土培厚,以期稳固。奕山、赛尚阿曾在军营,于布置一切,稍为明晰,合无仰恳天恩,将奕山等交王大臣,以资驱策。

至此次夷人之来,步队不过万余名,节次击毙数千名,计算该夷现有不过一万之众,我兵马步三万,合力截击,堪敷抵御。惟京师为根本重地,兵力不可过单,拟将伊勒东阿所带官兵四千名先行撤回。其通州驻扎八旗骁骑营官兵一千二百名,八旗汉军官兵八百名,均系弓箭刀矛,火枪甚少,抵此劲敌难期适用,此项官兵拟俟山海关马步官兵到齐,一并撤回守城,以节经费。奴才僧格林沁统带津沽撤回步队,于十一日前往张家湾迤南分扎十营,马队官兵在马头一带,节节屯扎,以作前敌,并多设侦探,直至天津,以期声气相通。奴才瑞麟仍统领原带官兵在通州驻扎,续到察哈尔官兵二千名,派令克兴河管带一千名,在马驹桥驻扎,察哈尔总管那玛善管带一千名,在采育驻扎。山海关马步官兵将次到防,拟将马队派赴马头一带,步队在张家湾一带,分布防守。天津大炮业经运解来通,奴才等即派天津防堵之汉军官兵八百名运送回京。

至通仓米石搭放兵饷,诚有便于兵食,第七月分兵饷业经支领,拟自八月再行搭放。

至应放几成，折银若干，业经札知粮台详细核计，一俟详复到日，奴才等再为妥议具奏。

于七、潘志和二犯，前在大沽派员审讯，供词闪烁，因关四一犯尚未解到，当将该二犯发交天津县收禁。本月初六日札调，十一日解至通州。是日准署察哈尔都统庆昀将要犯关四派员押解来通，一并札交通州知州收禁。惟案内之吴三尚未解到，现已派员悉心研讯，一俟讯有确供，即行复奏。

平家滩引河，昼夜督催挑空，将次工竣，现于北运河钉桩下埽，使上游之水归入引河，惟口门渐收渐小，水溜至急，堵合甚难，现在设法筹办，以期宣泄，第完工恐需时日。

所有奴才等遵旨复奏，及奴才僧格林沁移营张家湾，并将在防官兵分拨驻扎各缘由，谨恭折具奏，伏乞皇上圣鉴。谨奏。

［咸丰十年七月十六日］

咸丰十年七月十七日奉朱批：另有旨。僧格林沁著暂缓来京。钦此。

——《第二次鸦片战争》第4册，第534—536页。

○上谕

军机大臣密寄钦差大臣、科尔沁博多勒噶台亲王僧，大学士瑞。咸丰十年七月十七日奉上谕：

本日据僧格林沁、瑞麟奏覆陈近日防守情形一折，业经于折内批示僧格林沁暂缓来京矣。该大臣现在统带撤回步队，于张家湾迤南分扎十营，马队官兵在马头一带节节屯扎，瑞麟仍统领原带官兵驻扎通州，其察哈尔官兵分拨在马驹桥、采育等处驻扎，并多设侦探，宣泄河水。布置均尚周密，即著照所议办理。所有三盟兵丁三千名，业经谕令巴图等亲自统带前来，驻扎古北口，以为京师后路声援。伊勒东阿所带官兵四千名，著准其先行撤回，并准俟山海关马步官兵到齐后，即将通州驻扎之八旗满洲兵一千二百名、八旗汉军兵八百名一并撤回京师。奕山、赛尚阿二员，已交钦派王大臣差委。其吴三一犯，亦已由兵部解赴通州，归案审讯。即著派员严行究办，毋任狡展。将此密谕知之。

钦此。遵旨寄信前来。

——《咸丰同治两朝上谕档》第10册，第467—468页。

○春佑奏

热河都统春佑奏：

窃奴才于本月初九日承准军机大臣字寄，七月初七日奉上谕：著春佑于原调各兵外，再行酌量调拨，务期多多益善，并著携带军火器械，兼行赴通等因。钦此。查热河驻防额设兵二千二百六十名，本年三次调赴海防兵一千五百名，现存兵数，养育兵外，尚存有六百

余名。热河为边疆要地,未便无兵镇守。惟京师门户尤为吃紧,自不得不先其所急。兹酌量拨派兵三百名,拣委佐领谟翻作为营总,佐领广成作为副营总,防御福寿等作为带队官,共派七员,分起管带。惟军火器械,经前三次调兵,携去十分之九,剩存若干,未能一律精利,现饬赶紧设法修补完全。定于十六、十八两日次第起程,驰赴通州,听候调遣。

朱批:知道了。

——《筹办夷务始末(咸丰朝)》卷五九,第5页。

〇托明阿、谭廷襄奏

西安将军托明阿、署陕西巡抚谭廷襄奏:

窃臣等前奉谕旨,饬调西安满汉马步官兵四千五百名前赴通州,当将调派情形暨催提分起启程日期,先后分别奏报在案。兹于七月十一日承准军机大臣字寄,初七日奉上谕:现在事机紧迫,必得厚集兵力等因。钦此。遵查陕省旗绿官兵,频经征调,营伍空虚,现在皖捻未除,川氛正炽,东南一带,多与豫蜀毗连,隘口纷歧,防范弹压,在在吃重。且省城绿营,仅止存兵一千数百名,除字识、匠役及墩塘各汛外,可备战守者不及千名,实属单薄异常。商雒防所止有兵八百名,潼关并无防兵。不得已酌添旧日练勇,与营汛分守,以固入陕门户。此外提镇各兵均已无多,再加征调,实属处处掣肘。惟海防事机紧迫,敢不悉心筹画、先其所急、以卫京畿?兹臣托明阿于原调马队一千五百名外,拟再挑选八百名,派得力之员分带启程,连前共计二千三百名。臣谭廷襄于原调马步队三千名外,拟将豫备留陕防堵之河州镇兵七百名,一俟到日,亦即饬赴通州,连前共计三千七百名。现又咨会固原提臣,另在所属酌量察看,如能添调,即饬携带军火,克日来省。并咨明护理督臣,将能否添调之处一并酌办。总期多多益善,以壮声威。

至前调马步各兵,臣等遵旨严催。西安马队,已于本月十二日全数由省启程,副都统乌兰都即于十三日督押前进。商雒等处步兵队一千五百余员名,饬令分起跟接,并飞催汉中镇总兵伊绵阿赶紧趱行,在后押督。所有续派满营马队、绿营步队,拟仍归该二员一并统带。其余道远提镇各兵,又经飞催星夜兼程行走,不准稍延,以冀及早抵通,听候调遣。

朱批:知道了。

——《筹办夷务始末(咸丰朝)》卷五九,第5—7页。

七月十九日

〇桂良等奏(节录)

钦差大臣大学士桂良、直隶总督恒福、武备院卿恒祺奏:

窃奴才桂良于十五日在杨村途次，曾将接到英、佛两国照会，钞录恭折奏闻，并将原件咨军机处备查在案。拜折后，旋奉朱批本月十三日折件，并承准军机大臣密寄上谕：桂良奏筹商议抚各节请旨遵行一折，桂良此次到津，大局所关，自当豫行筹画，以便与该夷晤商等因。钦此。即日驰抵津郡。与奴才恒福等恭阅训谕，并会商现办情形，一面派员知照该夷，定日会议。讵料该酋额尔金等声称，现在并未罢兵，前已将所办各事节经照会，俟一概允准照覆前来，再行晤面，此时无可商办，毋庸相见等语。奴才等窃思既不见面，无从措手。

奴才恒祺因知该夷底蕴，向系巴夏礼、威妥马从中主事，该国公使唯其言语是听，随即将该二酋邀至寓所，再四劝导，令其一同来至奴才桂良寓中，与奴才恒福公同见面，当将所求各款遵旨逐层辩驳。乃该酋声称，和约所载各条，并本年二月间照会军机处及此次照会奴才桂良各款，必得一概允准，不容稍事商量，如有一款不准，伊即带兵北犯。并称天津通商一层，现在天津业已屯占，尽可开埠通商，不与中国相干，因闻奴才桂良到来，姑为言明，始于照会内提及此款，以俟我处照覆允准，今既见面，即当克日一一照覆等语。奴才等听其言词狂悖，令人发指。而大局所关，又不得不设法羁縻。且思天津现虽撤去城上旗帜及看守之兵，而兵船尚泊内河，马队全扎海光寺一带，若稍有耽延，不特占踞天津，窃恐骤然北向。况该夷立索照覆，不容刻缓，奴才等因事机危迫，焦急异常，而又不敢遽为概允。正在万分为难，接奉朱批本月十五日折件，并承准军机大臣密寄，奴才等恭读上谕，仰见皇上圣虑周详，怀柔至意。奴才恒祺随即复邀巴夏礼并佛酋美理登，谨遵谕旨，竭力挽救。连次舌敝唇焦，而该夷声称，今日如不允准，再有异言，即不必给与照会，亦不能在天津久待等语。奴才等见其固执不回，若再稍事迟疑，不允所请，致恐贻误大局，不得已将二国和约所载各条并二月间及现在照会内所开各款，备文照覆英、佛两国，概为允许，以解目前危急。谨钞录给与该二国照会，恭呈御览。

奴才等通盘筹画，诚如圣训，当于羁縻之中，仍寓挽救之意。惟现在既经议抚，恐该夷即欲进京换约。经奴才恒祺设词探问，该酋将来到京，应设驿馆行寓，需用若干，藉以计其人数多寡。据该酋声称，英、佛两国每处约计四五百人，并须另派数十人先期进都，以便观看沿途及京中房屋住址足敷居处，再行入京等语。奴才察其情词，并非专为房屋起见，实因藉此观我动静、有无设防伏兵等情。窃思通州一带现尚扎营，设该夷经过时，见有设兵防守，势必转致疑忌。且夷人每至一处，先用千里镜登高瞭望，不得不豫为计及。如我处示以不疑，或可令其裁减人数。奴才等现已与之婉言，两国既经议和，彼此皆应罢兵，更不容稍涉张皇，致启猜嫌，益以坚其带兵之念，实于抚局大有关系。应如何将防兵撤避，勿令该夷窥见，免致生疑藉口，有误事机，相应请旨饬下僧格林沁、瑞麟等妥为办理。如驻京弗多带人、赔偿宽定限期以及天津通商各节，奴才等自当谨遵谕旨，设法妥议章程，容俟稍有

头绪，再行驰折奏闻。

奴才等此次概允所请，实因夷性不驯，事出无奈。现在该酋巴夏礼到此，桀骜情状，甚于八年间，棘手万分。且该酋额尔金声言，此时未接确实凭据，断不见面，更不容奴才等一词置喙。万一再启衅端，尤非口舌所能争胜，并恐多一番波折……

——《筹办夷务始末(咸丰朝)》卷五九，第7—9页。

〇上谕

军机大臣密寄钦差大臣、科尔沁博多勒噶台亲王僧，大学士瑞。咸丰十年七月十九日奉上谕：

本日据桂良等奏夷务情形一折。据称，接到夷酋照会，内有所请各款必得一概允准，不容再事商量，如有一款不准，即行带兵北犯之语；又，据该酋声称，英、佛两国进京，每处约计四五百人，并须另派数十人先期进京，观看京中房屋，察其情形，实欲藉此沿途窥我虚实，请将通州防兵如何撤避，免致该夷窥见，生疑藉口。等语。夷性狂悖，已将所请断难一概允准，并不许其来京多带从人及先期派人来京，严谕桂良等设法挽回开导矣。僧格林沁、瑞麟前奏办理通州防守情形，当经谕令照办。当此夷情叵测，僧格林沁等即将所办战守事宜赶紧豫备，严加防范。又，据载垣等呈递桂良等信函，内有据英酋额尔金遣人送信，云伊国派有晋京买物之人，行至距津百余里地方，为官兵盘获，现已派员赴通，请将盘获之人释放等语。著僧格林沁等即将所获之人解回天津，交桂良等办理，并著饬令官兵，照旧严密巡查。嗣后如有此等藉端窥探奸细人等，仍应上紧缉拿，不得因此次盘获之人解回天津，以致稍涉疏忽。是为至要。将此密谕知之。

钦此。遵旨寄信前来。

——《咸丰同治两朝上谕档》第10册，第471—472页。

七月二十日

〇文煜奏

山东巡抚文煜奏：

窃臣前奉上谕，以大沽炮台万分危急，夷人或袭天津、或赴京师，均未可定，亟宜厚集兵力，以严捍卫而固畿疆等因。钦此。当经臣遵旨拨派山东各镇标营兵三千名，委员统带，前赴通州，听候僧格林沁、瑞麟调遣。已将两次派调官兵一千五十四名，先委候补游击保海管带，于七月十一日启程，节次奏明在案。今连日接据天津探报，大沽炮台已被夷兵围守，僧格林沁所带马步各队均已撤回通州，夷人欲赴天津议和等语。夷氛如此猖狂，闻

之不胜愤懑。臣前奉上谕，以夷船屯泊烟台，饬臣带兵赴莱青一带暗地设伏，并奉寄谕，夷人傥图攻扑城池，或图扰天津后路，或即由直省径奔京师，著文煜相机前进，设法堵剿等因。钦此。臣思该夷此次犯境，其意犹在求和。皇上圣度涵容，亦已准其会议。今若屯兵津口，更不惊扰地方，或即少带从人进京换约，则天津一路可期无虞。但恐该夷既到天津，难保不更思前进。辇毂近地，岂容该夷恣意横行？现在僧格林沁等统带马步各队驻扎通州，又蒙上谕，分调各省官兵以资捍卫，自可扼其北窜。惟臣窃料各省官兵一时不能俱到，山东距京较近，臣理宜即就东省所调官兵统带前进，藉壮声势而卫畿疆。查烟台夷船尚存二十余只，无非借地屯兵，以为退步之计，即使天津夷船返棹，仍来此地会合出洋，而彼时抚局已成，自亦无须用武。且计自六月初十等日该夷孟酋分起北驶后，其留住兵目，亦并未出营滋扰。目下利津、海丰各处前已派员设防，莱青一带募勇亦已陆续报到，此间防务，似可暂时无虑。因思该夷既到天津，臣自应先其所急，遵旨前进，设法堵剿。可否仰祈天恩，准臣由直隶一路前赴通州，协同堵御。如蒙俞允，所有此间防务，容臣另行奏请派员管理。

——《筹办夷务始末(咸丰朝)》卷五九，第21—22页。

〇上谕

军机大臣字寄山东巡抚文。咸丰十年七月二十日奉上谕：

文煜奏请驰赴通州一带协同防剿一折。夷人屯聚津城及大沽海口，现饬桂良等前往议抚。夷情狂悖，决裂仍在意中，不能不严为防备。该抚所称分调各省官兵一时不能俱到，山东距京较近，理宜即就东省所调官兵统带前进，协同堵御等语。现在通州一带防剿事宜，已由僧格林沁等严密布置。山东地方亦关紧要，文煜著勿庸自行带兵赴通，即将所有先后派拨山东官兵三千余名，仍遵前旨，迅即催令管带之员赶赴通防，归僧格林沁等调遣，勿稍迟误。其山东沿海防务，仍应慎密筹办，不可稍涉疏虞。是为至要。将此由五百里谕令知之。

钦此。遵旨寄信前来。

——《咸丰同治两朝上谕档》第10册，第473页。

〇桂良等奏

钦差大臣大学士桂良，直隶总督恒福，武备院卿恒祺奏，为接到英、佛两国罢兵照会【包藏祸心，焉得谓之罢兵】，并议减赔偿现银，及巴酋即欲先期进京，恭折奏闻，仰乞圣鉴事。

窃奴才等于本月十八日，曾将现办急迫情形及给与该二国照会钞录进呈，恭折由六百里驰奏在案。拜折后，旋接该二国照会，奴才等公同阅看，察其词意，尚不至仍前桀骜，谨

钞录该二国照会，恭呈御览，并原件咨军机处备查。

惟赔偿一项，前经奴才等照覆该夷，有各口税务分成扣归等语。原思就税课之盈绌，抵赔项之多寡，既非现银，又无定限，较之宽期按付，似更活动。乃现接该二国照会，并未答覆此项。且巴酋先索现银三四百万，其余方肯再议分成等语，业经附片奏明在案。现经奴才等节次较论，总以按照分成章程方为妥协。据该酋声称，从前广东及舟山所偿赔项，动至数千万两，今每国仅止前后共八百万两，断不能不先给一半现银，若再议减从缓，仍欲到京索讨等语。且佛国所说之数，奴才等曾经比照英国前数加赔四百万一层与之辩驳，佛国本只二百万，自应比照前数加倍二百万两，不得骤增三倍等词，备文照覆。讵佛酋坚不应允，当将所给照会立时退回，只得照所给英国照会备文给付。此时与英国共索现银，亦复牢不可破。奴才等迭次婉词，告以中国现因各省军费浩繁，度支短绌，实不能骤给现款。据该酋往返商酌，复称既经如此为难，现在格外从减，总得每国现给一百万两，计不及八分之一，不能二百万之数再为议减等语。奴才等设法挽回，至再至三，业已计穷力竭，其势万难再减。惟现当经费支绌，一时何得集此巨款，克日照给？只得于无可减数之中，再筹展限之策。现与该酋商量，必须各省筹款方可应付，未克一时猝办，而该酋尚固执不回。窃恐我处操之过蹙，彼更持之益坚。奴才等惟有再行设法开导，令其分期宽限，断不敢不计有无，率行轻允。至如何议定给付之处，即当驰奏。

至进京换约之期，本拟将各款议定后再令入都，今该酋来称，额酋定于二十一日与奴才等晤面，二十二日即须将现定各款彼此当面盖印画押后，即先令巴夏礼随带数十人进都，观看沿途及京中房屋住址。奴才等令其从缓再去，乃急不可待，并称此处少延一日，即可省一日兵费，以便早日换约等语。窃思夷情反覆，彼既志在换约，不若迎机而导，俾得迅速定议，免致再生枝节。

奴才桂良与奴才恒福，因尚有与额酋等商办将来驻京及通商一切章程，奴才恒福并因地方紧要，未敢抽身，现拟派令长芦运使崇厚，随同奴才恒祺伴送巴酋先行进都，照料沿途及到京一切事宜。惟通州一带所设防兵，昨经奏明请旨，饬下僧格林沁等妥为撤避，不使该夷窥见，致启猜嫌。现因该酋数日间即欲北上，似宜迅速办理，以免临时疑忌。现据该二国照覆所称即日罢兵，自不致再启衅端，如我处示以有备，转恐有所藉口，势更难以理喻。奴才等公同筹画，实为抚局起见，不敢不再行陈明。

朱批：另有旨。想该大臣等双目已盲。该二国罢兵一语，桂良等能有把握否？

——《筹办夷务始末（咸丰朝）》卷五九，第16—18页。

〇上谕

军机大臣密寄钦差大臣、科尔沁博多勒噶台亲王僧。咸丰十年七月二十日奉上谕：

前据春佑奏，访拿要犯吴金榜解京，当即解交僧格林沁审办。本日据庆昀奏，因访拿吴金榜未获，先将该犯妻室人等解送步军统领衙门讯究。据该都统原奏所列该犯雇工韩双喜供词，于吴金榜、关四等勾结夷人、窝藏盗匪颇有确据，该大臣提讯此案时，正可切实根究，毋任狡展。该犯妻室人等，俟解到京后，即行解往通州，归案严讯。庆昀原折著抄给阅看。正在寄谕间，接据桂良等奏报，英、佛二酋，欲每国先给银一百万方议罢兵，并额酋定于二十一日与桂良等晤面，二十二日将现言各条当面盖印画押后，即先令巴夏礼随带数十人进京，观看沿途及京中房屋住址，桂良等已派恒祺、崇厚伴送进京等语。该夷包藏祸心，欲藉此窥我虚实，已严谕桂良等，须俟条约议定后方许来京，并不得多带从人，亦不得允许先赔现银，令其设法挽回开导矣。第恐该夷桀骜性成，或竟派人先期来京看视。如来人无多，仍即盘获解津，交桂良等办理。傥该夷带兵而来，即设法拦阻，以未奉谕旨、不能令其过去为词，阻令回津。如该夷不遵理谕，先行开衅，著即督兵截击，以戢凶锋。如恒祺、崇厚伴送同来，即传旨令其仍行伴送回津，毋许进京。是为至要。该大臣赶紧整兵严备，以防不测。并著谕知瑞麟，一体会同严防，毋稍大意。将此密谕知之。

钦此。遵旨寄信前来。

——《咸丰同治两朝上谕档》第10册，第476页。

○上谕

军机大臣密寄察哈尔都统庆。咸丰十年七月二十日奉上谕：

庆昀奏访查通夷要犯现经他往、先将家室人等解送讯究一折。要犯吴三即吴金榜，已经热河访获解京，由京解往通州，交僧格林沁审办矣。据庆昀奏，该犯雇工韩双喜供词，有吴金榜与关四认识强盗，来往分银，并吴金榜、关四勾结俄夷，商议买马送往天津，若有兵来，即在元宝沟屯聚之语。是潘志和前供元宝沟地方紧要之说，不为无因。该处山川是何形势，其通草地之路共有几处，通于何方，并现在有无盗匪及夷人屯聚，亟应确切查明，认真严拿，以杜后患。著庆昀密派妥员前往该处详细查勘，迅速具奏。该都统前奏，正白旗地方有刨窀黄蓍民人聚众持械，驱逐不去。此项人数众多，难保无匪徒藉窀黄蓍为名，潜谋滋事，即著密札各群总管及驻防出青官厂加意防护，认真盘查，不可稍存大意。张家口为俄夷往来熟径，久有通商之意，恐有该夷藏匿，及内地汉奸暗通消息，务当不动声色，多设侦探，遴派明干之员，密赴远近一带时常访查，遇有形迹可疑之人，即行盘获究办，勿令遂其奸计。是为至要。将此密谕知之。

钦此。遵旨寄信前来。

——《咸丰同治两朝上谕档》第10册，第477—478页。

七月二十一日

○上谕

军机大臣密寄钦差大臣、科尔沁博多勒噶台亲王僧，大学士瑞。咸丰十年七月二十一日奉上谕：

昨因夷人欲先派人进京，当谕僧格林沁等设法拦阻，并整军设防，以备截击。因思夷人占踞北塘后，该处久无探报，现在若何情形，无由得悉。该夷诡计多端，傥分队由北塘一路径奔宁河、宝坻、三河，北趋顺义等县，既不经由天津，亦可绕过通州，不可不严为防范。现在张家湾及通州一带大路，已有僧格林沁、瑞麟分屯重兵，扼要驻扎，其宁河等处路途纷歧，在在可通，即著僧格林沁等札饬该地方官随时探明，禀报大营。并著该大臣等多设侦探，四出探听，如探夷人有从此路举兵北来信息，立即拨兵前往，奋力截击。其余来往行人，亦一体盘查，以防奸细窥伺路径。毋稍疏忽。将此谕令知之。

钦此。遵旨寄信前来。

——《咸丰同治两朝上谕档》第10册，第479—480页。

○上谕

军机大臣字寄吉林将军景，署黑龙江将军特。咸丰十年七月二十一日奉上谕：

英、佛两国夷人屯聚天津及大沽海口，肆意要求，尚未就抚。傥该夷包藏祸心，节节北犯，则津城密迩京师，自应亟筹捍卫。所有通州一带防剿事宜，已由僧格林沁、瑞麟等严密布置，此外仍须厚集兵力，以资攻剿。著景淳、特普钦于吉林、黑龙江各拣调马队余丁一千名，并各挑选精壮猎户一千名，配齐军装、器械、枪炮等件，派令得力之员管带，星夜起程，迅速赶赴通州，听候僧格林沁等调遣，毋得稍有迟延。若由草地行走，取道便捷，即著由草地星速前进，总期毋误事机。是为至要。将此由六百里加紧各谕令知之。

钦此。遵旨寄信前来。

——《咸丰同治两朝上谕档》第10册，第480—481页。

○军机处咨

办理军机处为咨行事。

六月十六日，据察哈尔都统庆咨送由关四家中起出夷帽一具，相应备文咨送贵大臣查收，以便质讯该犯可也。

须至咨者。

计开：

小木盒一个

右咨钦差大臣、科尔沁博多勒噶台亲王僧

咸丰十年七月二十一日

——《咸丰同治两朝上谕档》第 10 册，第 480 页。

○上谕

军机大臣字寄西安将军托，三品顶戴、署陕西巡抚谭。咸丰十年七月二十一日奉上谕：

前据托明阿、谭廷襄各奏到，遵派备调马队官兵一千五百余员名，及配调雒商防所原驻提标等兵三千名，饬令副都统乌兰都、总兵伊绵阿管带，起程赴通，并经催趱前行。嗣复奏明，托明阿于原调马队外，又挑选八百名，谭廷襄于原调步队外，又添派河州镇兵七百名，亦即归于前派统带之员一并管带，星速赴通。现在僧格林沁等在通办理防剿事宜，天津夷情叵测，难保其不节节北犯，军情紧切，著托明阿、谭廷襄迅即饬催原调并续调马步官兵，务令星夜趱行，赶紧驰至通州，听候僧格林沁等调遣，以资备御，毋稍延误。

又，据御史梁经先奏，陕西刀匪、回匪抢劫各案层见叠出，该匪巢穴即在蒲富临渭四邑之交，二百余里，一片辽阔，并无城池，虽渭南之下邽镇、临潼之关山镇各设有县丞，职分卑小，难资弹压，该县等又以四邑交界，互相推诿，以致盗风日炽，惟添设县治，庶缉捕责有攸归，下邽地处四邑之中，汉唐皆有县治，关山镇亦尚有围墙丞署，若割四邑之地于该处改设下邽县城，修筑较易，而渭南、临潼两县丞即可裁撤，至修葺城池、衙署、学校等项，前有修华岳庙余银交商生息，可以提取动用等语。著谭廷襄察看该处情形，是否可行，并修筑城池等经费有无窒碍之处，详细查明具奏。将此由五百里谕令知之。

钦此。遵旨寄信前来。

——《咸丰同治两朝上谕档》第 10 册，第 481 页。

七月二十二日

○上谕

军机大臣字寄陕甘总督乐。咸丰十年七月二十二日奉上谕：

英、佛两国夷人屯聚天津及大沽海口，肆意要求，尚未就抚，津城密迩京师，自应亟筹捍卫。所有通州一带防剿事宜，已由僧格林沁、瑞麟等严密布置。此外仍须厚集兵力，以资攻剿。著乐斌于关内外挑选精壮猎户二千名，配齐军装、器械等件，派令得力之员管带，星夜起程，赶赴通州僧格林沁等军营，听候调遣。如猎户不敷调派，即由各营另拣精健兵

丁,以足二千名之数,毋得稍有迟延。并探明由何路行走取道便捷,即著由何路迅速前进,总期毋误事机。是为至要。将此由六百里加紧谕令知之。

钦此。遵旨寄信前来。

——《咸丰同治两朝上谕档》第10册,第483页。

〇僧格林沁、瑞麟奏

奴才僧格林沁、奴才瑞麟跪奏,为马步官兵酌撤数里,以免该夷窥伺虚实,恭折奏祈圣鉴事。

本月二十、二十一等日承准军机大臣密寄,恭奉上谕二道,奴才等敬谨聆悉。并接准桂良等函称:抚局渐有成议,两国既经议和,彼此皆应罢兵,似宜示以不疑,或可阻其带兵之念,应如何将防兵撤避,免启该夷猜嫌等语。

查该夷桀骜狂悖,自系实在情形,恐非言语所能理谕。桂良等自必焦急万分,若稍拂其意,立即决裂,抚局转难有成。奴才等现拟将张家湾步队各营东移,马步西移,各不过数里;马头一带马队官兵移于河东香河县地方,距大道亦不过十里;通州各营官兵暂于通州城内庙宇店寓居住。该夷由大路行走,可以不见官兵,以免该夷猜忌,且不使其窥探虚实。奴才等仍多发哨探,如该夷结队北犯,即行截击。

增庆督催山海关官兵,已于二十日到防;所有骁骑营及汉军官兵共二千名,拟即饬令回京。现在直隶绿营官兵约数千名,虽各有将备,并无统属之员。奴才僧格林沁业经札饬成保,将副都统关防交协领护理,迅即来通,以资统带。平家滩工程拦河土坝,尚有三丈口门,如不另出情形,二十二日可以完竣。现在防所除多设侦探之外,无可布置。马步官兵均扎野营,其器械间有不齐者,已由京城、津郡调来,足敷分拨。各营帐房不全,已支搭席棚栖止。现惟申明纪律,勤加操演,以备抵敌。

至官兵搭放米石,据粮台详称,按照军需则例,每兵日支米八合三勺,折银一分一厘六毫二丝。奴才等详细复核,尚称允当,并令该粮台,无论文武大小官员以及官员跟役,一律搭放米石,以昭平允。

潘志和等犯,现已派员连日研讯,其关四、吴三二犯,业经供认给俄罗斯递送信函,并与馆内夷人来往,彼此馈送礼物。是潘志和、关四、吴三三犯情节较重,现在夷氛正炽,未便明正典刑,致起疑端,拟将潘志和等三犯先行监毙。其余各犯交密云、昌平等处监禁,俟平靖后再行讯办。

近日各营并未拿有奸细。英夷所派进京买物之人,奴才等所统各营官兵并未盘获。

再,二十日奴才僧格林沁阅看各营操演阵式,山西大同官兵队伍错乱不齐,管带之杀虎协副将穆腾额并未出营带操,实属怠惰偷安,不知振作。又,外火器营参领孝顺布,因该

营营总穆腾额查点兵数，言语分争，胆敢将营总衣服撕破，用手揪扭，实属不守营规，胆大妄为。当此整饬营务之际，未便稍事姑容，相应请旨将杀虎协副将穆腾额、外火器营参领孝顺布革职，留营效力，以示惩儆。所有奴才酌量移营各缘由，谨恭折具奏，伏乞皇上圣鉴。谨奏。

［咸丰十年七月二十一日］

——《第二次鸦片战争》第5册，第15—16页。

〇上谕

军机大臣密寄钦差大臣、科尔沁博多勒噶台亲王僧，大学士瑞。咸丰十年七月二十二日奉上谕：

据僧格林沁等奏酌撤马步官兵以免该夷窥伺一折，览奏均悉。张家湾等处马步各队，业经该大臣等量为移拨，以防该夷窥探虚实。仍须多发哨探，如有北犯之信，即行调拨截击，不可稍有疏虞。至藉端窥探奸细人等，仍须上紧缉拿，不得稍涉松懈，致令漏网。其潘志和、关四、吴金榜等三犯，既经讯有通夷端倪，尚须研究确情，以便密为防范，吴金榜并有开垦官荒牵涉未结之案，著即将该三犯暂行羁禁，以备质对，事定后再行处治。傥军务紧急，即将该三犯立时正法。至杀虎协副将穆腾额，所管山西大同官兵队伍错乱，且并未出营带操，实属偷安，不知振作。外火器营参领孝顺布，因该营营总穆腾额查点兵数，言语纷争，胆敢将营总衣服撕破，用手揪扭，实属不守营规，胆大妄为。穆腾额、孝顺布均著革职，留营效力，以示惩儆。将此密谕知之。

钦此。遵旨寄信前来。

——《咸丰同治两朝上谕档》第10册，第482—483页。

〇林扬祖奏

护理陕甘总督、甘肃布政使林扬祖奏：

窃臣于本年七月初八日接准署陕西抚臣谭廷襄来咨，承准军机大臣字寄，本年六月二十九日奉上谕，令谭廷襄挑选陕西兵三千名，派员管带，驰抵通州，听候瑞麟调遣等因。抚臣谭廷襄即将陕西商雒防所兵一千五百名全行派往，又派延绥镇属兵五百名、汉中镇属兵二百名，并派调陕西提标兵三百名，分起前进。其不敷官兵五百名，咨臣于甘省督标及宁夏镇属各营派兵五百名赴陕，以足三千之数。臣接准来咨，即于陕甘督标五营挑派精兵二百名，宁夏镇属各营挑选精兵三百名，派委得力备弁管带，配齐军装器械、铅丸火药，迅速兼程赴陕，由抚臣拣派大员，交汉中镇总兵伊绵阿统带，驰赴直隶通州，听候调遣。现在督标兵二百名，已于十三日起程。并据提臣经文岱咨报，提属之兵已于七月初九等日起程。

其宁夏兵三百名，臣已连日飞催，饬令无分雨夜，兼程前进。应需行装银两，亦已饬司即日照数发给，俾得迅速遄行，不得稍有迟误。

朱批：知道了。

——《筹办夷务始末（咸丰朝）》卷六〇，第10—11页。

七月二十三日

〇桂良等奏

窃奴才等将夷情危迫万分、事关重大，并接据英、佛照会各情，于二十二日酉刻恭折请旨在案。甫经拜折后，即据英酋巴夏礼来至奴才桂良行寓，奴才恒福、恒祺一同在座。据巴夏礼以奴才等未奉有便宜行事全权之旨，不能与之定约，该二国额、葛等酋准于即日带兵径赴通州，听候派有当国第一大员、实能便宜行事总握之大臣前来通州，以敦和好，再为定约等语。并言现已过期，此时奴才等即使业经奉有谕旨，亦不能在此画押。当经奴才等再三开导，力为劝阻，该酋甚言此刻即行画押盖印，亦不能阻其前进，言词之间，已属万分决裂。又云，河西务、张家湾、通州等处，伊知均有防兵，如不与我兵相遇，决不肆开枪炮，若沿途见有防兵，定必即行开仗，直抵通州，尔时或战或和，再听中国之便等语。其狂悖情形，较前尤甚。奴才等仍当竭力阻止，冀其稍缓须臾，恭候谕旨，密示机宜，再行钦遵办理。惟该夷素性倔强，能否听从劝阻，实无把握。至通州一带应如何防范之处，已由奴才等委弁飞速知照僧格林沁矣。

——《筹办夷务始末（咸丰朝）》卷六〇，第18—19页。

〇上谕

军机大臣密寄钦差大臣、科尔沁博多勒噶台亲王僧，大学士瑞。咸丰十年七月二十三日奉上谕：

据桂良等叠奏夷酋不遵开导，并夷情危急情形各一折。据称，夷酋巴夏里以不允先期进京，拟即不候伴送，先行起程等语。并据桂良等将该夷酋照会呈览，内有桂良并无画押之权，欲带夷兵赴通州另议之语。已谕令桂良等设法暂事羁縻矣。夷人狂悖桀骜，心怀叵测，诚恐桂良等难于挽回，径行北犯，著僧格林沁等即行严密防堵，并于各路多设侦探，不可稍涉大意。倘额、葛二酋肆其狂悖，径行带兵北来，或巴夏里以先行来京察看房屋为词，径行北来，即著僧格林沁等督兵截回。如该夷不肯听从，擅行闯越，著僧格林沁等即行剿办，毋得坐误事机。本日复据桂良等寄惠亲王等信函一件，内有夷酋进京时由河西务分路、不过通州，欲进广渠门行走，并携带帐房百数十架沿途栖止等语。夷情诡谲多端，必于

无兵处所前进，著僧格林沁等即于河西务分达广渠门道路扼要严防，毋稍疏虞。是为至要。桂良等原信著抄给阅看。

至三汊河来源，以南运河为大。八年夏间，曾经乌尔棍泰前赴德州四女寺挑空引河，由该处泄水入海，彼时三汊河下游水势即形浅弱。著僧格林沁即行派员前往德州，将四女寺闸坝即行启放，并知照文煜派员会同办理。如有淤浅之处，务当星夜挑空，并设法将南运河正身筑坝堵闭，务令水势全由四女寺减水河入海，俾下游三汊河水势日落。该夷大船搁浅，自不能久踞津河，于制夷事宜不无裨益。其由津郡通州赴京行人，并著僧格林沁等严行盘查，毋令奸细混迹。除侦探兵役外，其余一概不许来往。是为至要。

正在寄谕间，据桂良等驰奏，英、佛两夷酋准于即日带兵径赴通州，再为定约，并云沿途如见有防兵，即行开仗等语。该夷等不候理谕，遽欲北来，实属凶悍已极，著僧格林沁、瑞麟将前后路官军速行派拨整齐，严兵以待，傥该夷竟敢逞其凶横，肆行奔窜，即著前路官军迎头拦剿，并于凡可由津至京各要隘严行扼截，不得稍有疏忽。其后路官军应如何策应之处，均著妥为筹画，毋任夷踪得以滋蔓。是为至要。

将此由六百里密谕知之。

钦此。遵旨寄信前来。

——《咸丰同治两朝上谕档》第10册，第487—488页。

〇上谕

今早见面时寄谕仍照缮，由六百里加紧发去，以冀挽回之机。并将今日僧格林沁寄谕，添缮“即行严兵以待，预备截击”，改由六百里，见面前先递先发。

——《咸丰同治两朝上谕档》第10册，第487页。

〇上谕

谕载垣、穆荫：

除面奉旨允许酌办几条外，如再有要求，可许则许，亦不必请旨，如万难允许之条，一面发报，一面知照僧格林沁督兵开仗，载垣等即赶紧撤回扈驾。

除此再无可谕。

——《咸丰同治两朝上谕档》第10册，第487页。

〇成凯、德勒克多尔济奏

绥远城将军成凯、归化城副都统德勒克多尔济奏：

窃奴才等于七月初十日接准军机大臣字寄，七月初七日奉上谕：前因天津大沽后路万

分吃紧等因。钦此。奴才等当即会同悉心熟商。现在畿辅事机紧要，兵力单薄，自应先其所急。惟绥远、归化两城及右卫杀虎口，系属边防要镇，亦不可不熟虑其后。查绥远城额设领催、前锋、马甲二千名，除前经派往山东防剿，此次派往通州调遣，并各项差使外，共余存城兵七百余名，现由绥远城再行续派兵二百四十名。右卫额设领催、马甲三百名，除派往通州调遣外，仅存兵二百名，现由右卫续派兵六十名。归化操演兵一千名，除前后派往天津、通州调遣外，现将存城操演兵二百名尽数派拨。三处兵共派兵五百名，遴委得力将弁管带，配齐军火器械，饬即于七月十九等日分起启程，兼程驰往通州，听候调遣。

所有此次续派满蒙官兵，分别借支给予行装俸项，并土默特蒙古官兵采买马匹鞍辔价银，亦请与前调官兵一律筹办。所需银两，仍请照抚臣前移，饬由归绥道库筹款支发。

朱批：知道了。

——《筹办夷务始末（咸丰朝）》卷六〇，第29—30页。

七月二十四日

〇上谕

桂良等奏夷务决裂情形，览奏曷胜愤怒。朕为近畿百姓免受荼毒，不得已勉就抚局，乃该夷屡肆要挟，势不决战不能已。况我满汉臣仆，世受国恩，断无不敌忾同仇、共伸积忿。朕今亲统六师，直抵通州，以伸天讨而张挞伐。著内廷王、御前大臣、军机大臣、内务府大臣迅速定议。并有僧格林沁密折一封，一并阅看。本日奏事之外廷大臣，并著与议。特谕。

——《咸丰同治两朝上谕档》第10册，第492页。

〇贾桢等奏

臣贾桢等跪奏，为时势艰难，遵旨直陈事。

本月二十四日恭奉朱谕一道，并僧格林沁密奏一件，均著臣等看视。恭读朱谕，我皇上欲亲统六师，直抵通州，以殄丑类，具见圣天子乂安寰宇之至意。惟地异澶渊，时无寇準，虽天威所临，海氛自应慑伏，然非万全之道也。臣等以为，断不可轻于一试。至于僧格林沁所奏木兰之说，尤多窒碍。京师楼橹森严，拱卫周密，若以为不足守，岂木兰平川大野、毫无扞蔽，而反觉可恃？况一经迁徙，人心涣散，蜀道之行未达，土木之变堪虞。夷人既能至津，亦何难至滦耶？种种情形，不堪设想。臣等愚昧之见以为，尽其可知者于人为，听其不可知者于天命。我国家深仁厚泽，二百余年，必为昊苍所默佑，而人事则宜勉力为之。降温谕以鼓士气，悬厚赏以励首功，简阅军实，厚集兵力，所有防剿事宜，请旨饬下该

管王、大臣等迅速筹办。是否有当,伏乞圣鉴训示。谨奏。

咸丰十年七月二十四日

——《咸丰同治两朝上谕档》第10册,第492—494页。

〇贾桢等奏

臣等钦奉朱笔:贾桢等联衔折,系何人拟稿、何人定稿?钦此。查本日贾桢等联衔折,系宝鋆拟稿,贾桢、周祖培等公同商定。谨奏。

——《咸丰同治两朝上谕档》第10册,第494页。

〇上谕

军机大臣密寄钦差大臣、科尔沁博多勒噶台亲王僧。咸丰十年七月二十四日奉上谕:

据桂良等密奏一折,现在英、佛夷酋,以条约未定,即欲带兵北来,本日已命怡亲王载垣、尚书穆荫即日前赴通州。现在先给该夷照会,杜其进兵之计。著僧格林沁即日盖用钦差大臣关防,封妥,派委员前迎该夷投递,毋稍迟误。将此由六百里加紧谕令知之。

钦此。遵旨寄信前来。

——《咸丰同治两朝上谕档》第10册,第491页。

〇英吉利照会

为照会事。

照得本将军于二十四日早辰,统带本军一队,由津至通。我大英钦差特简入华总握全权便宜行事大臣伯爵额,亦拟按程同进。查我英军近自大沽来津,大兵所经,无不与民体贴备至,此次进通,亦必无异。惟遇贵国兵勇沿途阻路,或有营盘炮台等处,守兵不先自退,必致自取败衄。除出示晓谕民人进通外,理合照会贵大臣请烦查照可也。

须至照会者。

为照会事。

昨接贵大臣等来函,订于今日晤面,阅悉。查本大臣前于七月十三日覆内,以各节皆应先与贵大臣定约,盖印画押,方能咨照罢兵等因。昨经专派参赞大员巴、威,将所条议各款当堂送与帮办大臣恒查阅。惟除贵国务定各节,前文早开,颇已详晰外,自十八日以来,往返商论,迨二十日,缮送款稿相示,什具八九,先后重叠,贵大臣等更无不知。据参赞等回报,贵大臣等所云,续增条约不先入奏,并无画押之权,亦未奉有授为便宜行事全权大臣之谕等语前来,本大臣闻之甚为诧异。因思前于初七日并初九日来文两件内,以各节无不

可商办之意，而本大臣只因阅视贵衔之内均用“便宜”“全权”等字样，是以可与定议，今至如此支离，似近失信，毋庸多言。只以贵大臣等动称必待入奏，未免耽延时日，本大臣万难相候。只得咨照陆路大将军，相机酌带兵弁若干前引，俾本大臣得以安抵通州，应在彼处就近与贵大臣等盖印画押，复修旧好，此间不便会面矣。为此照会。

须至照会者。

——《筹办夷务始末(咸丰朝)》卷六〇，第32—33页。

〇给英吉利、佛兰西照会

为照会事。

照得本月二十三日，据钦差大臣桂等驰奏，知贵大臣有欲到通州商议事件，不能再与桂等照会之语。查贵国历次照会内所称各条，大皇帝谕令大臣桂等所云无不可商办者，原令其商办允准各款之章程，以便定约后按照办理，乃桂等未能体会谕旨，诸多驳诘，以致贵大臣欲来通州商议。第两国既议和好，若前来通州，不但徒劳往返，且恐兵民均生疑虑。况贵国所开各款业经允许，自无不可面定。现奉大皇帝谕旨，特命本大臣等前赴天津，与贵大臣商议一切。现已即日起程，统俟会晤贵大臣后，将条款章程议定，以敦和好。应先备文照会。

须至照会者。

——《筹办夷务始末(咸丰朝)》卷六〇，第33—34页。

七月二十五日

〇上谕

军机大臣密寄钦差大臣、和硕怡亲王载，钦差大臣、兵部尚书穆。咸丰十年七月二十五日奉上谕：

本日已将桂良、恒福撤去钦差大臣，恒祺撤去帮办大臣，并谕令桂良等派员将钦差大臣关防送交载垣等接收矣。前江苏派赴天津办理夷务之委员蓝蔚雯、黄仲畬等，已谕令桂良等，将各该员交该王大臣等差遣委用。该员等能否得力，于夷务究竟有无裨益，著悉心察看，如未能得力，即饬令来京，或留于僧格林沁军营，另候差委，著该王大臣等斟酌办理。将此由五百里密谕知之。

钦此。遵旨寄信前来。

——《咸丰同治两朝上谕档》第10册，第495页。

〇上谕

咸丰十年七月二十五日内阁奉上谕：

僧格林沁著赏还三眼花翎。

钦此。

——《咸丰同治两朝上谕档》第10册，第495页。

〇僧格林沁、瑞麟奏

奴才僧格林沁、奴才瑞麟跪奏，为恭折复奏，仰祈圣鉴事。

本月二十一、二十二、二十三等日，承准军机大臣密寄恭奉上谕三道，奴才等敬谨聆悉。所有宁河、宝坻等县，业经札饬通永道，转饬各该县随时探明禀报。如该夷从此路举兵北来，奴才等即拨兵迎击。其由天津、北塘至京各处道路，奴才等现已派员明察暗访，一有可疑之人，即行拿获，以杜该夷窥探虚实。二十三日桂良、恒福等派员来营报称，该夷因不如所请，极为狂悖，势将决裂，有即日带兵北犯直至通州之意。因公文信函赶办不及，是以派员来营，以期早作准备。二十四日津郡坐探回营报称，探得二十二日天津自城内鼓楼至北门外西沽、丁字沽，夷人屯聚无数，城外支搭帐房多架，炮车多俩，势将北犯。又，据恒福派弁报称，英夷准于二十四日起程各等语。

查该夷既已占踞天津，踞我险要，势必大肆狂悖。此番结队进京，不知桂良等是否与之约定，抑或已经决裂不能阻止，奴才等尚未得有确信。倘非与桂良等约定，奴才等自当奋力截击，倘邀皇上洪福，一战击退，抚局自易得手。第胜负之机决于俄顷，难以豫定，后路之继，京师之防，亟应豫为筹备。现在德兴阿、格绷额、珠勒亨督带马队三千名，以备旁击兜后。奴才僧格林沁、奴才西凌阿所带各营马步队，以备迎头截击。奴才瑞麟所带马步官兵，拟在通州迤南以为后路策应。总俟该夷行至马头迤北，再为迎剿。北运河拦河土坝将次完工，因河底流沙，水溜过急，复又冲创二次，以致不能合(陇)[龙]。现将平家滩引河挑挖宽深，以泄上游之水，计已消减数成。现在北运河水势已浅，重船不能行驶。德州四女寺开坝泄水，奴才僧格林沁已派四品顶戴李湘棻即日前往督办，并咨行山东巡抚文煜，迅即派员赶紧办理。

所有奴才等遵旨严防该夷北犯各缘由，谨(奉)[恭]折复奏，伏乞皇上圣鉴。

再，署提督成保已于二十四日到防，令其统带绿营官兵，合并附陈。谨奏。

[咸丰十年七月二十四日]

咸丰十年七月二十五日奉朱批：览奏一切均悉。现在议抚之王大臣料已行过通州，惟不知此时已见伕否？若尚未决裂，僧格林沁等断不可轻于一试，总期于抚局有丝毫之益，

实为万幸也。

——《第二次鸦片战争》第5册，第35—36页。

〇英桂奏

山西巡抚英桂奏：

窃臣前奉上谕，大沽炮台危急万分，所调各马步队尚形单薄，著于原调各兵外，再行酌量调拨，兼程赴通，以资扼守等因。钦此。当即懔遵，飞咨大同镇臣庆德，在于镇标各营内续调官兵一千名，派委得力将弁，克日管带起程，一面由驿奏闻在案。兹准庆德咨称，已将前项官兵挑选足数，派委河保营参将穆腾额为统领，北楼营都司刘联芳为管带，七月十五日由营起程，驰赴通州，听候调遣，不致迟误。

又，臣续准军机大臣字寄，七月十三日奉上谕：现在通州办理防务，京旗各兵均须宽筹军械备用等因。钦此。兹于省标左右、太原三营内，就其现时操演者，凑成抬枪三百杆、鸟枪三百杆、抬炮五十尊，派委候补知县嵩龄、署抚标右营守备瑞泰，于七月二十四日管解起程，赴京交纳。其余镇协各营，尚可拨解若干，已飞饬检查，一俟覆到，另行委解。

朱批：知道了。

——《筹办夷务始末（咸丰朝）》卷六〇，第43—44页。

七月二十七日

〇僧格林沁、瑞麟奏

奴才僧格林沁、奴才瑞麟跪奏，为遵旨派员投递照会，恭折奏祈圣鉴事。

本月二十五日恭奉上谕：已命怡亲王载垣、尚书穆荫即日前赴通州，现在先给该夷照会，著僧格林沁盖用钦差大臣关防，派员前往投递。二十六日恭奉朱谕：议抚之王大臣料已行过通州，不知此时已见仗否？若尚未决裂，僧格林沁断不可轻于一试。各等因。钦此。

奴才僧格林沁遵即盖用关防，派委前广东臬司龄椿、知府用蓟州知州曹大绶前往投递，约计二十六日即可迎见该夷，能否遏其前进及有无照复，二十七日可得确信。二十六日，怡亲王载垣等与奴才等会晤，复又办给照会，阻其进兵。奴才等公同商酌，载垣等暂住马头，一俟得有该夷或折回天津、或驻兵不进确信，再行前往会议。

查该夷之意，无非欲有特派亲信重臣与之议和，以为体面，今怡亲王等已经给与照会，谅该夷或可贴然就抚。二十六日哨探报称，该夷前后二起约有三千余人，二十五日行抵杨村，计其每起日行不过三四十里，揆度其意，似非决意用武，若前议各条俯如所请，或可罢

兵。倘该夷并不照复，结队前进，势将决裂，奴才等现在马步官兵足资抵御，可以仰慰宸廑。

至载垣等系特派宗室亲王及军机大臣，所带从人无多，似不足以示威严，奴才等现已酌派精健两营马队官兵，各佩腰刀，以作护卫。

除俟得有该夷确信，再行驰奏外，所有奴才等派员递送照会及拨兵护卫各缘由，谨恭折具奏，伏乞皇上圣鉴。谨奏。

［咸丰十年七月二十六日］

咸丰十年七月二十七日奉朱批：知道了。钦此。

——《第二次鸦片战争》第 5 册，第 44—45 页。

〇僧格林沁、瑞麟奏

再，怡亲王载垣等二十六日已前往马头。是日酉刻，探报禀称，夷人前队已至蔡村扎营，是否前进，二十七日探报到营，方有确信。至马头一带，前派格绷额、德兴阿、珠勒亨督带马队二千名以作前敌。现在钦差王大臣既住马头，奴才僧格林沁商令西凌阿前往统带马队官兵，以期慎重。现已两次给与照会，倘该夷并不照复，仍结队前进，自系有心决裂，所有怡亲王载垣等未便仍在马头，应即折回通州。俟该夷已过河西务，奴才等仍派［员］前往拦阻，设法开导，倘恃强狂悖，不遵理谕，一经越过马头，即行督兵进剿。

至该夷死党不过三五千名，深入重地，已犯兵家所忌。现在张家湾迤南通街大道，已挑挖濠堑，修筑土垒，连日激励将士，晓以大义，无不奋勇感慨，咸欲灭此丑类。倘该夷绕越而西，马驹桥一带现有马队，奴才等即行督兵横截，亦可得手。以现在兵力地势，足敷截剿，不致再有挫失，堪以仰释圣虑。谨附片具奏，伏乞皇上圣鉴。谨奏。

［咸丰十年七月二十六日］

咸丰十年七月二十七日奉朱批：谅汝昨接朱谕，更必士气奋兴。钦此。

——《第二次鸦片战争》第 5 册，第 45—46 页。

〇王拯奏

军机章京王拯呈请代奏：

窃见二十四日奉朱笔：桂良等奏夷务决裂情形，览奏曷胜愤懑。朕今亲统六师，直抵通州，以伸天讨而张挞伐等因。钦此。

钦差大臣、怡亲王载垣等即日到通，事可挽回，必能办理。惟夷兵旦晚至通，接仗亦在意计之中。事势固极危切，然彼孤军深入，正犯兵家大忌。一再剿击能胜，敌斯挫矣。僧格林沁虽退军在通，犹堪一战。中外臣民同伸义愤，恨不灭兹朝食，人心未离，即天命未去

也。要在朝纲振起，则我众寇寡，我主寇客，无论胜负如何，但使相持，不过旬月，彼必废然而思遁矣。惟恐大谋不定，莠言朋兴，一误再误。敌未入而我先自弊，安危至计，诚不可缓。伏惟圣谕，直抵通州，以伸天讨，策之上也。廷议诸臣，有地异澶渊、人无寇準之言，殊不足上承主德、下副民心。若蒙圣恩，宣示定计，凡在臣民，未有不鼓舞奋兴、踊跃用命者。事在人为，安见古今之不相及耶？又况有僧格林沁等尚堪战守耶？老成之见，则请旋跸禁城，缮治守备，与民固守，效死勿去，必能自完，策之中也。万不得已，至于无策，而有巡幸木兰之请，在僧格林沁，不可谓非愚忠。我皇上以天祖付托、臣民系属之身，岂有置宗庙社稷弗顾，而能独求旦夕之安者？又况跸路仓皇，众□解体，供张弗继，扈从难周，尤恐中途变生不测，仓猝谁御之者？其患不可胜言。大势一去，不可挽回。当此安危大计所关，拯虽卑微，同为臣子，不敢不披沥君父之前。万一圣驾必不可留，则请谕旨明发，于内廷王中选择一人，与僧格林沁同为留守，一则以凭寄命，一则以安众心。假使付托非人，诚恐祸由觊觎，变起萧墙。道路传闻，早有佥士窥伺、潜谋异志之言，窃以为必言之谣妄者。乃时势阽危，大谋摇撼，殊恐民之讹言必有所自，不胜干冒昧死以闻。傥蒙圣听万一，天下幸甚。

——《筹办夷务始末(咸丰朝)》卷六一，第8—10页。

〇上谕

从来中华之于外国，首重怀柔，互市通商，原所不禁。我朝二百年来，海国贸易，均在广东。嗣准五口通商，仍以两广总督为钦差大臣，总理其事。历任诸臣办理诸多未协，以致兴戎召衅。叶名琛自任总督，刚愎自用，其于办理通商等件，奏报多有不实不尽，大失众心，致有咸丰七年冬间之事。英吉利领事人等遽启兵端，闯入我边城，袭掳我官吏，当以叶名琛孽由自作，事有使然，犹未即兴问罪之师。八年间，领事额尔金等赴诉天津，当谕直隶总督前往查办，该领事等乃乘不备，攻踞海口炮台，直驶津门。爰命大学士桂良等往与面议，息事罢兵。所请条约数十余件，多有肆意要求，桂良等为之恳乞恩准。自古要盟不信，本属权宜，旋令桂良等驰往上海各国贸易地方议立税则，再将所立条约讲求明允，以为信据。乃英国领事卜鲁斯等不肯在彼平心定议，上年仍复驾驶兵船来津。我大沽海口设立防兵，因谕该领事如有要议事件，当向北塘行走。卜鲁斯桀骜不驯，遽在大沽逞其凶横，毁我防具。经统兵大臣痛加轰剿，亦系自罹殃祸，莫可怨尤。如美利坚国使臣独自北塘登岸，随带从人进京换约，我中国礼待无亏，从容毕事。似此各国使臣，顺逆皆所自为，谅亦中外所共闻知。

本年英国领事人等仍复驶船津口，我中国绝人不为已甚，仍饬畺吏前往海口，预为接待，并令大沽统兵大臣，如外国人等自北塘登岸，即是来议事件，不得先自借端生事。不料该领事等虽自北塘登岸，而实包藏祸心，夹带炮车并马步各队，安心寻衅，复起兵端。试思

北塘天险，当该国人换船登岸之际，我兵如果有心相害，开炮轰击，若辈岂犹能自全耶？该领事等不思感化，惟事逞凶，竟由北塘抄至大沽后路，到处占据，并即驶船阑入津城。因思桂良系前年在津原议之人，又令驰往与之理谕，犹冀该领事等稍知礼义，但能所求不出情理之外，亦必予以优容宽大，首息争端，再申理论。讵意桂良叠次奏报，额尔金等肆意要求，罔知餍足，不惟婪索兵费，强增口岸，竟欲于来京换约之时，陈兵拥众，入我郊畿，所欲大出情理之外。为问换约何事，而必欲带领各数百人？是意欲何为耶？将视我京师一如广州？只此千数百人前来，便任其所为耶？天津有事以来，我内外大小臣工抗章请战，不啻数十百上，总欲不使事之决裂，诚以中华多故，民力不堪，构怨兴兵，非可了事，小民动遭荼毒，故有所不忍耳。乃桂良等奏，接该领事等照会，所请各条，必得概允，一有驳斥，立即用兵。凶狡情形，至于斯极。必若再事含容，其何以对天下？惟有严饬统兵大臣，整顿师律，调集各路马步诸军，与之决战。

近畿各州县地方士民，或率领乡兵齐心助战，或整饬团练阻截路途，凡兵民人等，有功破格优叙，所获资财，全充犒赏。并当谕令各海口，一律闭关，绝其互易。天津百姓素称义勇，前此粤贼犯境，帮同官军击退有功，今即敌人强占城池，试问我津城大清百姓，其遂甘心从逆否乎？城乡军民各色人等，务各敌忾同仇，无论明攻暗袭，事成奖恤，均各加等。兵家胜败何常？该国兵远来，即有数万，未可当我中国人民仟佰之一，其能经几战乎？朕非好武穷兵之主，凡此大不得已苦心，上鉴天祖，下为天下臣民共谅。即外国人非禽兽，同此心即同此理，亦必闻之知所感动。此实该领事等横逆太甚，非我中国预存成见，不肯相让，必欲与寻仇为难也。

总之，各国互市通商而外，即不应有非分妄求。况如带兵入驻京师等件，猖狂已极，是何情理？无论如何，断断不能允准。该领事等去国万里，动费本资巨万，本意原为流通货物，营求生理，事至决裂如此，固由历来办理乖谬，亦必有刁恶汉奸混迹其中，百端唆使，希图于中取利。此等凶徒，中外之人交受其害，神人共嫉，必不能使幸免殛诛。而该领事等任其颠倒愚弄而不自知，不至祸及其身不止，谅非口舌所能相晓也。惟经此次剀切明谕，即至决战之后，该领事等如能憬悟，各就范围，就使议定各口通商之外，欲再添立埠头、酌给资本等等稍近情理之件，中国亦必俯赐曲从，与之罢兵息战，开关互市，同享升平乐利之福。并将此次办理缘由，及所立条约，讲求妥善，遣使驰赍彼国君主，共相要约，以成信誓。朕仰承天眷，抚有中华，中外臣民，一视同仁，顺逆皆由自取。该领事等倘执迷不悟，灭理横行，我将士等惟有尽力歼除，誓弗与同天日。其毋后悔！

——《第二次鸦片战争》第5册，第47—49页。

七月二十八日

○载垣、穆荫奏

怡亲王载垣、兵部尚书穆荫奏：

窃奴才于二十四日恭□训谕后，二十五日丑刻自京启程，巳刻行抵通州，与瑞麟会晤，询知杨村地方据探报称有夷人在彼游奕。奴才等当即函知桂良、恒福等，以奴才等奉旨前往天津，会办抚局，已由京启程，如夷首整队北上，务即给与照会，设法拦回，奴才等即在马头等候回信。是日戌刻，接到军机大臣字寄，七月二十五日奉上谕：本日已将桂良等因。钦此。并接到寄桂良夹板一副，亦即由奴才等转递。

二十六日巳刻，由通州至李二寺僧格林沁军营，询悉奴才等初次给与英、佛两夷照会，由僧格林沁盖用关防，派令龄椿、曹大绶等于二十五日早间递去后，尚无回音。奴才等公同商酌，再行给与照会，以现闻该夷有排队前来之事，如能折回天津，即可将一切章程于津城会晤商办，倘必欲带兵前来，则河西务一带现有防守官兵，倘彼此不睦，于和议大有妨碍等语，反覆开导。亦即借用僧格林沁关防，并由僧格林沁派弁赍往。奴才即行驰抵马头，探闻夷人由杨村窜及蔡村，并该夷由津窜出者约共四千人，沿途留扎，现到蔡村者约只五百人。二十七日丑刻，接奉军机大臣字寄，七月二十六日奉上谕：本月二十五日，兵部递到俄夷使臣伊格那提业幅咨文一件等因。钦此。查奴才等初次给与该夷照会，由龄椿等赍递，已阅两日，何以该员尚未回营？该夷如何回覆，无从知悉，实深焦灼。该夷虽蓄意北上，而所到之处，恐有埋伏，每日行走，不过二三十里，似尚有畏惧之意。奴才等本日拟暂住马头，听候消息，如该夷接到照会后，即能约退队伍，愿候商办，奴才等即当兼程前进，遵照叠奉训谕，妥为办理。总期该夷就我范围，不使再行决裂。倘该夷仍前桀骜，于接到照会后不给照覆，或再敢蔓及蔡村以北，必欲践从前到通商议之说，奴才等再当给与照会，令其将队伍止住于安平、河西务一带适中之地商办，亦属可行。倘该夷竟再不遵理谕，惟有知照僧格林沁等严兵以待，不使得逞。

查僧格林沁军营队伍尚属整齐，西凌阿等督带马队，分劄马头镇等处，地方亦扼要。俄酋伊格那提业幅如果探闻奴才等出京，欲来见面，奴才等惟有遵旨，以俟英、佛二国议定后，如果有须晤商之事，再行斟酌，此刻不必前来等词，婉言拒绝。惟钦差大臣关防，奴才等拜发折件等事，均须钤用，未知桂良等何以至今尚未送到。闻恒福尚住津郡，迄今亦无回信，或由道路稍梗，须绕越行走之故。至委员蓝蔚雯、黄仲畬等，蒙恩交奴才等差遣委用，一俟该员等到来，奴才等当悉心察看，将能否得力之处据实奏闻。

朱批：知道了。览此情形，尚属有机可乘。

——《筹办夷务始末(咸丰朝)》卷六一，第12—14页。

〇载垣等奏

正在具折(开)[间],委员曹大绶回营,带到英酋照覆。内称,必准各款,原定本月二十一日盖印画押,旋又请缓一日,业已遵依,于二十一日晚间,忽有翻覆,难免失信,仍在天津远地,再顾定约,自必耽延时日,是以拟赴通州,兹接来文,亦未便顿改初意,当沿途设法,免致惊惶等语。奴才等察度情词,该夷虽未即约退队,而言辞尚属驯顺,急应迎机开导。现即给与照覆,以奴才等现已行至马头,如恐耽延,则安平及河西务系适中之地,即可在彼会晤,惟该夷所带队伍必须撤回天津,或即于所到之处扎定,不可再令前进。此件照会,业派妥弁赍往,一俟得有照覆,如该夷队伍不再前来,奴才当即驰往安平、河西务一带,与该夷晤面商办。至英、佛本通同一气,但使英夷就范,谅佛夷自无他说。所有英夷照会,及奴才等此次给与照覆,均钞录恭呈御览。

朱批:知道了。

给英吉利、佛兰西照会

为照会事。

照得本王大臣等恭奉大皇帝恩命,作为全权大臣,前赴天津,与贵大臣商办业经允许各款章程。于二十五日行文照会,谅贵大臣必已知悉。乃闻贵大臣又有由天津排队前来之事,实为骇然。查贵国与中国既欲永敦和好,商办条约,安有排队之理?既须排队,即非和好。似此情形,本王大臣等转未便率行前进。应请贵大臣将所带队伍悉行派令折回天津,以示并无嫌隙,庶本二大臣等得以到津会晤商办,以为永远和睦之道。

再,如欲照现定条款办理,并无格外增添,本王大臣等非同桂中堂可比,断不食言。如贵大臣必欲带兵前来,未肯将队伍撤退,显系非真心和好,则河西务一带现有防守官兵,倘彼此不睦,于和议大有妨碍,本王大臣等亦不能阻止,惟望贵大臣自行酌量。本王大臣等现已行抵马头,应俟接到贵大臣照覆,将队伍撤回天津,以便本王大臣等即日赴津可也。

须至照会者。

英吉利照覆

为照覆事。

本月二十六日早,接据贵大臣等来文内,以现奉大皇帝谕旨,特派贵大臣等前赴天津,与本大臣会晤,恐民疑虑,请免徒劳等因,阅悉。查本大臣前在天津,候钦差大臣桂到津,与各大臣等刻即行文会议,是本大臣无不欲照和好了事之据,合当用特申明。惟因咨会水陆各军台罢兵,先须定约。其中如何必准各款,除先后代为面言之外,更有数日往来文件,

全使各大臣等一切无不明悉。嗣准允许,必于本月二十一日盖印画押,旋又请缓一日,本大臣亦已遵依。讵于二十一日晚遽行翻覆,以若不再行入奏、无从画押之意转述。似此信意推辞,难免本大臣以为失信,当亦毋庸多赘。只以仍在天津远地,再欲定约,自必耽延时日,应于就近之处商定为便,是以照会各大臣等,立意拟赴通州,不能在他处定约。兹接贵大臣等来文,亦未便顿改初意。至于来文所云,恐民疑虑之语,此在本国陆路大将军沿途设法,于一切所言所行,极力免致惊惶。应行通知贵大臣等,自必一体悦乐。惟此次进通之举,总因贵国有失信之故。详阅来文,贵大臣等似恐民生疑虑,关系匪轻。诚如所恐,亦惟贵国自行主持,本大臣亦合附明。为此照覆。

须至照会者。

给英吉利照覆

为照覆事。

本月二十七日早,接据贵大臣来文,内称,本无不欲照和好了事,具见贵大臣诚心和好,本王大臣等甚为欣悦。惟因桂中堂未能即日定约,恐致耽延时日,应于就近之处商定,遂立意拟赴通州等语。本王大臣等此次奉大皇帝恩命,作为全权大臣,特为和议而来。本王大臣等业已行抵马头地方,原拟俟贵大臣将队伍撤回天津,本王大臣等即日赴津,照原议定约,和好了事,以免耽延。兹贵大臣恐致耽延,仍欲进赴通州。(大)[本]王大臣等现已行抵马头,若再回通州,往返又耽延日期。莫若彼此相商,如贵大臣愿将队伍撤退,折回天津,本王大臣等自可即日赴津,会晤商办。傥贵大臣恐往返徒劳,即将队伍在杨村劄住,择一就近适中之地商办,亦属可行。或在河西务,或在安平,应由贵大臣择定照覆。本王大臣等俟接据覆文后,即可定日晤面,就近商定原议条约,盖印画押,决无耽延。如有商议未协之处,何难由贵大臣再行带兵,径赴通州,亦不为迟。应请贵大臣迅速照覆,本王大臣等专候覆文办理。

再,本王大臣等系奉旨专为议和而来,是以起身匆忙,一切纸张印信,未能一律,贵大臣无生疑虑可也。

须至照会者。

——《筹办夷务始末(咸丰朝)》卷六一,第14—18页。

〇匡源等奏

臣匡源、臣杜翰、臣文祥跪奏,为时势危迫,人心涣散,请皇上明降谕旨,以释群疑而固大局事。

窃逆夷犯顺,闯入海口,毁我炮台,占我天津,僧格林沁等退至通州一带督兵防守。是

时寇在门庭，而京都安谧如常者，诚以圣心镇定，中外臣民皆有所恃耳。自本月二十四日发下亲统六师朱谕及僧格林沁请巡幸木兰密折一件，命王大臣等会议，贾桢等会同臣等连衔覆奏，力陈其所以不可举行之故，臣等并于召对时再三恳求圣驾万勿轻动，蒙皇上温谕臣等事可缓行，仰聆天语，于有害无利之处，无不圣明洞鉴，臣等感激涕零，知皇上必不轻万乘之尊、冒不测之险、求须臾之安也。

乃数日以来，扣车调马，道路汹汹，咸谓木兰之行即在旦夕，以致城内纷纷迁移，莫能禁止，谣言四起，众怨沸腾。昨恭读朱谕，将巡幸之豫备作为亲征之举，镇定人心，以期巩固，钦此。臣等愚昧以为，人心可以镇定矣。不意外间人言更多疑虑，以为朱谕中“在京北坐镇”一语，圣意仍属木兰，众情益涣，岌岌可危。

臣等伏思，人君抚有天下，首在俯顺人心，人心不失，即天命所归。当此安危大计所关，臣等不敢不再披沥于君父之前，惟有叩求皇上明降谕旨，宣示中外，使知木兰之役决计不行，严治臣等不能随时匡救之罪，以谢臣民，并谕令王大臣等将所调马匹全行撤回，仍留兵丁护卫园庭，四面分布，以昭慎重，其顺天府所扣车辆，一并令其放出，俾万姓众目共睹，知皇上断不轻弃军民人等而去，则踊跃欢呼，可收众志成城之效矣。

臣等因事机紧迫，冒昧渎陈，伏祈皇上圣鉴，即赐施行。臣等不胜激切，待命之至。臣等谨奏。

咸丰十年七月二十八日

——《咸丰同治两朝上谕档》第 10 册，第 499—500 页。

○上谕

本日已允军机大臣之请，停巡幸之举，著惠亲王、端华会同匡源等妥拟谕旨。

——《咸丰同治两朝上谕档》第 10 册，第 499 页。

○上谕

咸丰十年七月二十八日内阁奉上谕：

近因军务紧要，需用车马，纷纷征调，不免啧有烦言。朕闻外间浮议，竟有谓朕将巡幸木兰、举行秋狝者，以致人心疑惑，互相播扬。朕为天下人民主，当此时势艰难，岂暇乘时观省？且果有此举，亦必明降谕旨，豫行宣示，断未有銮舆所莅不令天下闻知者。尔中外臣民，当可共谅。所有军营备用车马，著钦派王大臣等传谕各处，即行分别发还，毋得尽行扣留守候，以息浮议而定人心。

钦此。

——《咸丰同治两朝上谕档》第 10 册，第 499 页。

七月二十九日

〇僧格林沁、瑞麟奏

奴才僧格林沁、奴才瑞麟跪奏，为夷人逐日前进，其意必至通州，现在严阵以待，以备截击，恭折奏祈圣鉴事。

窃奴才等于二十七日接准载垣等函称，接得英夷照会，仍欲到通商议等语。是该夷坚欲赴通，难以阻止。现经载垣等复又两次给与照会，该夷并不照复，仍往前进。载垣等复经设法拦阻，不能遏止，现已折回通州。本日哨探报称，该夷前队已至河西务。奴才等派令格绷额督带马队，在河西务以北安平地方驻扎，俟该夷探马到时，以便拦阻，如不听从，即行拿获。其夷人后队，仍俟越过马头，再为迎剿。

再，奴才等恭阅邸抄，二十七日奉朱谕：夷氛虽近，尤应鼓励人心，将巡幸之豫备，作为亲征之举，若通州一带马头见仗，朕仍带劲旅京北坐镇等因。钦此。各营官兵闻之不胜欢呼踊跃，继之以感激涕零。因思数千丑类，何须有烦圣虑，预作亲征之举？大小将士因感愧而转生疑惧，将谓圣驾出都，既有关乎国之安危，京师立即震动，士卒有后顾之优，勇气既消，万难策励。此虽将士妄自揣度，亦系实在情形。合无仰恳天恩，即将来马头一带见仗之后，再定亲征之举，庶可维系人心，巩固根本。总之，奴才等折报频通，事尚可为，若奴才等万一失挫，彼时即行亲征，亦可不致落后。

奴才等为保全大局、固结人心起见，谨不揣冒昧，恭折密陈，伏乞皇上圣鉴。谨奏。

［咸丰十年七月二十八日］

——《第二次鸦片战争》第5册，第57—58页。

〇上谕

军机大臣密寄钦差大臣、和硕怡亲王载，钦差大臣、兵部尚书穆。咸丰十年七月二十九日奉上谕：

昨据载垣等奏，给与夷人照会，约其在河西务等处商办事宜，方谓有机可乘。本日据僧格林沁等奏，英夷并不照覆，仍往前进，载垣等不能遏止，现已折回通州，该夷前队已至河西务等语。该夷逐日前进，自系坚执其赴通商议之言，现经僧格林沁等派令格绷额督带马队驻扎安平，俟该夷探马到时，先为拦阻。如其后队越过马头，即行鼓励众心，尽力剿击，不可再失机宜。近日京师军民因有木兰之举，浮言四起，昨已明降谕旨，将并无巡幸之说明白宣示，所扣军营备用车辆即行发还，以息浮议。复颁发内帑二十万两，普赏内外防堵巡防兵丁，想士气奋兴，同仇敌忾，必能克奏肤功。蠢兹丑夷，不能任其猖獗也。朕意已定，别无犹豫。该王大臣等在外，亦不可为浮言所惑。至载垣等办抚之人，不宜仍在通州，

此时尚堪暂留，若该夷听受拦阻，自应望有转机，再为入手；若狂悖太甚，不听拦阻，载垣等不必俟其开仗，即行回京。将来战胜议抚，即赶紧驰往，亦断不至迟误。若仍扎后路，犹恐军民观望，打仗不勇，殊属可虑。载垣等接奉此旨，仍将一切情形先行驰奏。是为至要。将此由六百里加紧密谕知之。

钦此。遵旨寄信前来。

——《咸丰同治两朝上谕档》第10册，第501—502页。

〇上谕

军机大臣密寄钦差大臣、科尔沁博多勒噶台亲王僧，大学士瑞。咸丰十年七月二十九日奉上谕：

僧格林沁、瑞麟奏夷人逐日前进，其意必至通州，现在严阵以待，以备截击一折。据称，载垣等接英夷照会，仍欲赴通商议，经载垣等复又两次给与照会，该夷并不照覆，仍往前进，载垣等现已折回通州。据探该夷前队已至河西务，僧格林沁等现派格绷额督带马队驻扎安平，俟该夷探马到时，著即拦阻，毋令再行前进，如不听从，即行拿获。至夷人后队傥越过马头，即著僧格林沁等迎头截击，尽歼丑类，断不容其行至通州。朕前日朱谕，本有“亲统六师”及“在京北坐镇”之语，再三熟思，动不如静，况人心所系，关系非浅，僧格林沁等所虑，正合朕意，现在巡幸之举决计不行，无论见仗如何，朕心业已坚定。昨已明降谕旨，宣示中外，镇定人心。复廑念兵艰，特发内帑银二十万两，普赏内外防堵巡防兵丁，鼓励众心，当益可收士饱马腾之效。本日命军机大臣将昨日谕旨二道抄录发去，即著僧格林沁等宣布各营将士兵丁，使咸知朕意惟在与之决战，并无他念，以作士气而固军心。该夷以数千之众深入内地，我军数万合力兜击，无难一鼓荡平。该大臣等惟当激励众兵，同仇敌忾，以副朕望。载垣等若仍留通州，恐兵士犹谓尚欲议抚，意存观望，已谕令该王大臣察看情形，或尚可暂留，或即行回京，斟酌办理。所有赏兵银两，业已由内发出，著即将各营兵数若干及续到各省兵数查明，迅速具奏，以便解往颁赏。将此由六百里加紧密谕知之。

钦此。遵旨寄信前来。

——《咸丰同治两朝上谕档》第10册，第500—501页。

〇上谕

军机大臣密寄直隶总督恒，光禄寺少卿焦，翰林院侍讲学士张，掌山西道监察御史陈，传谕长芦盐政宽惠。咸丰十年七月二十九日奉上谕：

前因夷人肆行狂悖，叠经密谕焦祐瀛等集团悬赏，跟踪追剿，为步步牵制之计。本日据僧格林沁等奏，该夷接载垣等照会，并不照覆，仍往前先，已至河西务，载垣等已折回通

州等语。逆夷逐日前进,坚执赴通商议之说,其心叵测,断不容其深入。现经僧格林沁等督饬官军拦阻,一俟该夷越过马头,即行迎头截击,尽力剿灭。该夷既不受抚,朕意惟在与之决战,毫无疑虑。惟大兵剿击,尤须民团协力,相辅而行,著焦祐瀛等速即招集津郡一带民团,悬赏杀贼,许以破格优奖,一闻马头开仗,即行进击,果能斩馘兵头,夺其辎重,格外许以重赏,决不吝惜。况该夷队半已北犯,后路空虚,津勇正可乘机焚其船只,诛其丑类。其武清、静海民团,即可跟踪追剿,时时牵制,以疲其力,使该夷跋前疐后,大兵更易得手。倘该夷败挫,亦须防其回踞津城。先发制人,实为要著。该少卿等毋得意存顾忌,赶紧将拨银三万两提取,以备赏需。恒福如已抵通,即著折回天津会同办理;如尚未回津,即著宽惠会同焦祐瀛等筹办。闻夷人带来潮勇,留守大沽,不给口粮,使其四出滋扰,此时正可饵之以利,招之使来,如投归者人数不多,即另为安置;倘大股来投,即令剿夷立功,方准收录。总在该督等察其诚伪,控制得宜,令该夷失所凭依,方能制其死命。近日京师浮言四起,谓朕将有木兰之行,昨已明降谕旨,将并无巡幸之说明白宣示,人心业已大定。复颁发内帑二十万两,普赏内外防堵巡防兵丁,以收士饱马腾之效。津郡距京不远,如该处亦有讹言,著恒福等即将此旨宣布军民,使咸知朕意,不为浮言所惑,以励众志而安人心。又,本日据探报称,夷人北来时,津郡为之代雇车百数十辆,途中复应付柴草,及至河西务,又向武清县索取草料,该县未曾付给,并武清民团未奉地方官示谕,不肯与该夷为难等语。夷人既带兵北犯,与我为仇,地方官何以尚为代备车辆草料?殊出情理之外。至民团须多方激励,始能众志成城,著恒福等饬令地方官晓谕民团,一闻官兵剿击,即须并力兜截,地方官如有接济夷人车辆供给者,并著查明,严参治罪,决不宽贷。恒福亦不得处处掣肘,致误事机。将此由六百里密谕恒福、焦祐瀛、张之万、陈鸿翊,并传谕宽惠知之。

钦此。遵旨寄信前来。

——《咸丰同治两朝上谕档》第10册,第502—503页。

〇僧格林沁、瑞麟奏

奴才僧格林沁、瑞麟跪奏,为奏闻事。

前因该夷并不照复,仍往前进,载垣等折回通州等因,已于二十八日恭折具奏在案。二十八日夜间,已接准佛兰西二次照复,二十九日卯刻,据载垣等留于马头候信之游击伊灵阿来营禀称,夷人通事巴夏里,威妥马等二十三名,于二十八日晚至马头,欲见钦差,当告以已回通州,该夷即欲于二十九日前往通州会晤等语。奴才等一面知照载垣等与其会晤,一面派员带领该夷赴通,并将大道两傍步队炮位隐伏,不令该夷窥伺。该夷于(巴)[巳]刻行过张家湾,前往通州。

查该夷现派巴夏里、威妥马等前来,自系有面商事件,其大队现在河西务驻扎。似此

情形,已有转机,乘此迎机善导,或可罢兵就抚。倘再致决裂,现在马步官兵均已整队以待,即当奋力截击。

除俟探明夷队驻扎不动,抑或前进,再行驰奏外,所有该夷派人来见,事有转机缘由,谨恭折具奏,伏乞皇上圣鉴。谨奏。

[咸丰是年七月二十九日][1]

咸丰十年七月二十九日奉朱批:览奏已悉。该夷派人来见,总不如与该夷酋会晤为妙。惟既赴通州,汝应严阻其陆续前来,以消隐患。钦此。

——《第二次鸦片战争》第5册,第56页。

○载垣、穆荫奏

奴才载垣、穆荫跪奏,为夷情坚狡,遵旨办理情形,恭折驰奏,仰祈圣鉴事。

窃奴才等续给夷人照会,及行抵乌头等情,业经专折奏闻。嗣于二十八日迭接佛夷照复,惟以欲赴通州为词;英夷则并未再有照复,惟于投递照会差弁前称,通州之行,万难中止,并询问僧格林沁扎营处所及前敌马队数目,并奴才等居住地方。并据探报,夷人已到河西务等情。奴才等以夷情如此坚持,再四熟商,复给与照会准其赴通,惟队伍则须于杨村等处驻扎,不得前来。适蓝蔚雯已到,即令赍往,奴才等即折回通州候信。至本日丑刻,复据马头营员差人报称,有夷人二十余人,于二十八日掌灯时分前来马头,住居庙内等语。该夷蓄意赴通,蓝蔚雯所赍照会即使递到,谅亦难于挽回。

伏思奴才等于二十四日恭奉朱笔:谕载垣、穆荫,除面奉旨允许酌办几条外,如再有要求,可许则许,亦不必请旨;如万难允许之条,一面发报,一面知照僧格林沁督兵开仗。等因。钦此。查该夷屡经照会开导,坚欲携带大队前来通州,即属万难允许之事。若再听其深入,则僧格林沁等所带重兵均在该夷之后,迎头既无可拦截,尾追则逼令前进。事机至此,奴才等业已谨遵旨函致僧格林沁。惟前调各省援兵迄今尚未到齐,似应再行饬催,并简派知兵宿将督带,于由通入京各要隘严密扼截,即为僧格林沁后路,实属幸甚。

奴才等现仍驻通州,恭候批折训示。谨缮折由六百里加紧驰奏。所有佛夷两次照复,及奴才等续给英、佛照会,均照录恭呈御览,伏乞皇上圣鉴。谨奏。

——《第二次鸦片战争》第5册,第60—61页。

○佛兰西照覆

为照覆事。

---

① 此折的具奏日期,《第二次鸦片战争档案史料》作咸丰十年七月二十八日,显然有误,因折内已叙及二十九日之事。故而此折应该是在七月二十九日具奏,当日奉批。

顷接贵王大臣等本月二十五日来文，本大臣难明贵国如此执迷不悟，仍不省识，现在贵国失信所致之情节，自前本大臣至北河口屡次照明，今无别词。因中国未曾行佛国所定之赔补，而本大臣维望可敦和好，只思停干戈。军务未息，乃被负望，自应催复干戈。惟本大臣抵至通州，如有贵国全权大臣前来，诚允所定之章程，则军务得息，旧好能敦，而本大臣随带兵将，护驾进京，互换天津和约。如贵国不识己益，转抗拒往通州之师，则军务复兴，而兵驰抵京师。然或兴干戈及其所关，或致安和于通州，皆由贵王大臣等意择，但自应知悉究竟军务所关之利害。须至照会者。

——《筹办夷务始末(咸丰朝)》卷六一，第21—22页。

〇佛兰西照覆

为照复事。

本月二十六日于途次接准贵亲王、军机来文，内开：贵大臣若前来通州，不但徒劳往返，且恐兵民疑虑。况贵国所开各款业经允许，自无不可面定。现奉大皇帝谕旨，特命本王大臣等前赴天津，与贵大臣商议一切。等因。查贵亲王、军机亦必尽知本大臣来京之意，实系复修旧好，是以本大臣特派随员，会同贵国大臣桂等，当立章程数款，俱经大臣桂等一一允准。惟至画押之日，大臣桂等请本大臣宜俟奏明大皇帝批准后，方可画押等语。本大臣不欲迟延时日，是以前往通州，在彼处商办事件，必不能如天津一样。贵亲王、军机均悉，本国大将军设法，以免众民疑虑，若有惊恐之事，如贵亲王、军机所言，恐兵民疑虑，其事实乃贵国所致而已。须至照会者。

[右照会大清钦差大臣、御前大臣、和硕怡亲王载，军机大臣、兵部尚书穆。]

——《筹办夷务始末(咸丰朝)》卷六一，第22页。

〇载垣等照会英使

为照会事。

照得本王大臣二十六日与贵大臣照会，及二十七日递去照复，知均经贵大臣接到，而并未见复，实为不解。查本王大臣系为与贵国议和，奉命出京，惟愿觌面，得成和好，而河西务以北防守官兵，均归督兵大臣统带，非本王大臣所得与闻。今知贵大臣所带队伍业已抵河西务，设再前进，与防兵相遇，必致彼此不睦，将使本王大臣欲敦和好之心，竟成虚愿，殊为可惜。

查贵大臣二十六日照复内，惟欲前赴通州，本王大臣亦不欲竟虚雅意。今与贵大臣相约，如能将队伍于杨村、蔡村、河西务驻扎，不再前进，贵大臣则照天津所议进京章程，少带从人，勿携器械，前来通州，与本王大臣会晤，即可将允许各款章程议定，盖印画押，随择日

进京换约,以免耽延时日。贵大臣所带从人应须车辆等件,均可由地方官豫备,一俟告知人数,即当派往,并当令营官护送。本王大臣便可知照统兵大臣,严饬官兵,勿令惊扰,以便贵大臣迅速前来。其贵国队伍驻扎何处,亦可由本王大臣札饬该处地方官支应一切。似此办理,庶不虚本王大臣愿敦和好之意,谅亦贵大臣所愿。幸即迅付复文为望。须至照会者。

——《第二次鸦片战争》第5册,第62—63页。

○载垣等照会英使

为照会事。照得本王大臣二十八日接贵大臣二十六日照复,内称,不欲耽延时日,是以前往通州等语。查本王大臣系为与贵国议和,奉命出京,惟愿觌面得成和好,而河西务以北防守官兵,均归督兵大臣统带,非本王大臣所得与闻。今知贵大臣所带队伍业已抵河西务,设再前进,与防兵相遇,必至彼此不睦,将使本王大臣欲敦和好之心,竟成虚愿,殊为可惜。

查贵大臣二十六日照复内,惟欲前赴通州,本王大臣亦不欲竟虚雅意。今与贵大臣相约,如能将队伍于杨村、蔡村、河西务驻扎,不再前进,贵大臣则照天津所议进京章程,少带从人,勿携器械,前来通州,与本王大臣会晤,即可将允许各款章程议定,盖印画押,随择日进京换约,以免耽延时日。贵大臣所带从人应须车辆等件,均可由地方官豫备,一俟告知人数,即当派往,并当令营官护送。本王大臣便可知照统兵大臣,严饬官兵,勿令惊扰,以便贵大臣迅速前来。其贵国队伍驻扎何处,亦可由本王大臣札饬该处地方官支应一切。似此办理,庶不虚本王大臣愿敦和好之意,谅亦贵大臣所愿。幸即迅付复文为望。须至照会者。

——《第二次鸦片战争》第5册,第63—64页。

○载垣等奏

正在缮折间,据营员伊灵阿来通面禀,称夷人巴夏礼、威妥马带从人二十一名,于明晚到马头,欲求见钦差等语。午刻,该夷人等即已到通,经地方官令于东岳庙候见。该夷等已到州官署内,称洗澡后再定地方相见。是以奴才等派出随带司员等,尚未得与该夷会晤,其队伍尚驻河西务。已知照僧格林沁,派拨重兵拦截,勿令前进。

朱批:另有旨。该夷狡谲性成,知汝等回通,即赶紧前来,似属和议可成,实则豫伏带兵抵通要盟根底。况葛逆照会万分狂悖,不惟战则归过于我,并为将来战后不受抚奢求地步。可恶可愤之至。

——《筹办夷务始末(咸丰朝)》卷六一,第23—24页。

○上谕

军机大臣密寄钦差大臣、和硕怡亲王载，钦差大臣、兵部尚书穆。咸丰十年七月二十九日奉上谕：

载垣等奏夷情坚狡、欲携大队来通，请催调援兵，并巴夏里等抵通求见各折片。夷情狡谲，必欲带队赴通，名为议和，实则豫伏以兵要盟地步。况佛夷所递照会，万分狂悖，和议必不能成，惟有与之决战。已谕僧格林沁等相机截击，不得再令该夷一人北来，并谕胜保统带精兵，驻扎由通入京各要隘矣。巴夏里、威妥马等系该夷谋主，闻明常亦暗随在内，即著将各该夷及随从人等羁留在通，毋令折回，以杜奸计。他日战后议抚，再行放还。若不能羁禁巴夏里等，令其全数回河西务，亦无不可。断不准去留任意，有碍战局。至巴夏里等欲来求见，恐该夷以宾礼自居，长其骄傲，将来见额、葛等酋又将何以待之？即著该王大臣勿庸接见，以崇天朝体制，仍遣委员与之辩驳。所请索要现银及带兵进城，万不能允。所有直隶、山东、山西、陕西各援兵，已寄谕饬催。该王大臣寄军机大臣信函，业经呈览。英夷照会，即著发去矣。将此由六百里加紧密谕知之。

钦此。遵旨寄信前来。

——《咸丰同治两朝上谕档》第10册，第504—505页。

○上谕

若不能羁禁巴夏里等，令其全数回河西务，亦无不可。断不准去留任意，有碍战局。若该夷必欲见载垣等，不妨与之一晤，以决战抚之机。送去时亦可酌派随员一同前去面见额酋，以悉其底蕴，此亦不得已之法。[①]

叙入寄谕内。

——《咸丰同治两朝上谕档》第10册，第505页。

○上谕

军机大臣密寄钦差大臣、科尔沁博多勒噶台亲王僧，大学士瑞。咸丰十年七月二十九日奉上谕：

本日据载垣等驰奏，夷情坚狡，遵旨办理情形，并巴夏里等业已抵通各折片，业经谕知载垣等，将抵通夷人酌量羁留，毋令折回，以杜奸计；并简派胜保督兵，于由京入通各要隘严密扼截矣。该夷狡谲性成，佛夷照会，尤为狂悖，其带兵抵通，名为议和，实则挟以兵要

① 此条系朱笔。

盟之见，此时和议，断不能成，惟有与之决战。

惟恐该夷陆续北来，我兵反致落后，措手不及，深为可虑，巴夏里等业经到通，此外如有零星前来者，无论人数多寡，即行拦截，断不可任其径过。若该夷大队前来，务须认真兜剿。其通州附近各要隘，亦须处处设卡，不可稍有疏虞。一切行人，断不准其来往，如经别处拿获，讯出由何路放过，即惟何路是问。本日寄谕当已接到，军心自必奋兴鼓舞，由内发去赏兵银两，所有防堵各营，应分十二万两，该大臣等无庸俟兵数查齐，即著派员迅速来京祗领。其直隶、山东、山西、陕西各路援兵，业由六百里加紧飞催赴通，听候该大臣等调遣矣。将此由六百里加紧密谕知之。

钦此。遵旨寄信前来。

——《咸丰同治两朝上谕档》第 10 册，第 505—506 页。

○上谕

军机大臣密寄候补三品京堂胜。咸丰十年七月二十九日奉上谕：

本日据载垣等奏，夷情狡谲，坚欲携带大队赴通等语。夷性坚狡，现在名为议和，实则暗将大队带至通州，为以兵要盟地步，可恶可愤之至。现在和议断不能成，惟有与之决战，已谕僧格林沁等严兵以待，俟该夷队北来，即行痛剿。惟由通入京各要隘，亦应严密设防，以为僧格林沁后路，著派胜保即日简练精兵，亲自统带，于通州以西择要驻扎，傥遇夷人闯越，即行扼截剿击，以遏奸宄而卫京师。是为至要。将此密谕知之。

钦此。遵旨寄信前来。

——《咸丰同治两朝上谕档》第 10 册，第 506 页。

○上谕

军机大臣字寄山东巡抚文，山西巡抚英，三品顶戴、署陕西巡抚谭，传谕直隶布政使文谦。咸丰十年七月二十九日奉上谕：

前谕直隶、山东、山西、陕西等省调兵赴通，已据报陆续起程。现在夷情骄悍，恐未必遽能就抚，亟须厚集兵力，以壮声威。著文煜、英桂、谭廷襄、文谦即将各该省官兵催令星夜趱行赴通，听候僧格林沁、瑞麟调遣。如陕西兵行至山西境内，山东、山西、陕西等省兵行至直隶境内，并著各该抚藩等一体严催，毋许片刻逗留。是为至要。将此由六百里加紧谕知文煜、英桂、谭廷襄，并传谕文谦知之。

钦此。遵旨寄信前来。

——《咸丰同治两朝上谕档》第 10 册，第 506—507 页。

○何璟奏

工科给事中何璟奏:

窃臣前闻皇上有幸木兰之议,二十七日,与左都御史爱仁等联名呈递封奏,恭奉朱谕一道,仰见圣怀周密,钦佩难名。惟谕旨既曰作为亲征,复曰京北坐镇,臣等愚忱未释,是以二十八日复递联名封奏一件,是日明颁上谕,解释群疑,朝野欢呼,人心大定。此皆仰赖皇上圣明、宗庙之灵、社稷之福也。

至若逆夷猖肆,和不可成,战宜早决。臣尤伏愿皇上振兴臣下,激励兵民,事不宜迟,机不可失。请以今日急务,敬为我皇上陈之。

一、请皇上颁罪己之诏,以感人心也。传曰:禹汤罪己,其兴也勃焉。禹汤大圣,盛德岂复有累?然引咎自责,遂格天人,降至后世。唐德宗下诏罪己,诏下之日,骄将悍卒,莫不挥泪。我仁宗睿皇帝因林清之变,亦尝颁罪己之诏,遍谕臣民,当时恭读纶音,人人感奋,故不久而乱亦削平。臣伏愿皇上远师禹汤,上法皇祖,剀切宣诏,布告四方,必可以速召天和、立孚庶志矣。

一、请奋挞伐之威,以剿夷虏也。各省入援之兵日集都城,僧格林沁又调蒙古兵数万入关,誓与该夷决战,其弁兵新至,锐气可乘,陆战是其所长,夷兵实不足惧。伏愿皇上简任亲信重臣,统带各路官兵,令与僧格林沁相机进剿,一战而胜,重赏诸军。温诏一颁,士气百倍。彼夷兵汉奸,不过数千登岸,以十击一,无患不胜矣。

一、请明立赏格,以励乡团也。天津民团素称勇悍,此次不甚联络者,以朝廷议战未决,不能鼓其群力耳。伏愿皇上明降谕旨,饬焦祐瀛、张之万等立集乡团,前后夹击,能馘夷兵一级者,赏银五十两。能擒斩其总兵头者,赏银千两;次兵头者,赏银五百两。能计焚夷船者,小船赏五百两,大船赏一千两。能夺获夷船者,除军器火炮缴官外,将船全行赏给,并予奖叙。如此则天津之民皆成劲旅矣。

一、谕解汉奸,以散夷党也。逆夷所带汉奸,潮州、宁波、福建、山东皆有之。以臣所闻,广东汉奸,有因掳去者,有系掠卖者,非尽甘心从逆之人。一处如此,他处可知。应请密饬直隶总督恒福,急出示晓谕,准其自投来归,免其罪谴。若能擒夷人来献者,酌给奖励。如此则汉奸之解散必多,逆夷将不离自间。其擒夷来献者,分派各营效力。其自投来归者,分拨近州县管束,事竣妥解回籍,亦不虞其有他变矣。或谓赏兵赏团,费多款巨,不知与其以数百万不易筹之饷往和逆夷,曷若将补逆夷兵饷十之二三赏给兵勇?且我悬赏格,夷生畏心,若擒斩其数百人,将必扬帆出港,安肯聚而待歼?则至多亦不过耗朝廷数万赏需而已。

风闻逆夷所增和约,有断不宜允准者,自在圣明洞鉴之中。而桂良、恒福等擅依入奏,

皇上若不赫然震怒，立奋天威，逆夷之恣睢已甚于今日，而其祸患遂深于将来。又闻逆夷欲我尽撤防兵，是惧我也。因其惧而战之，彼军深入，中情易馁，我战必胜。战胜而彼讲和，则剿抚兼施，其权在我矣。

——《筹办夷务始末(咸丰朝)》卷六一，第33—36页。

〇何璟奏

再，天津和议，如尚未成，逆夷妄言带兵至京，以恐吓桂良等，即请饬桂良等，问其果敢来否？不必阻其来，一面饬僧格林沁，将兵分布各路，或于林屋设伏，或于要隘掘坑，我未许之，而彼迳来，即可随地剿杀，臣恐逆夷未必敢轻入也。万一和议已成，即许其带多人入京，在桂良等虽不可失信，而僧格林沁领兵守土，即可在中途留止，令照去年米利坚人数，如夷人不听，即就地开仗。昔战国时，楚襄王遣子良致地于齐，而使昭常守之，齐使至受地，昭常以守土自任，矫楚王之命以拒齐。夫大将在外，有可以安国家利社稷者，专之可也。彼弱小诸侯，尚可行之强敌，况堂堂天朝，何不可以制外夷乎？今仿此意行之，谅逆夷亦无如何，入京之说，即不中止，亦必裁减人数矣。臣愚昧之见，是否有当，谨附片再奏。

［咸丰十年七月二十九日］

——《第二次鸦片战争》第5册，第59—60页。

八月

八月初一日

〇德楞额等奏

宁古塔副都统德楞额等奏：

探得夷船驶入海口，扑扰津城，奴才等现办山东军务，虽在江北吃紧之际，然较之津通一带，轻重悬殊。奴才德楞额病虽未见大痊，尚能支持督兵，现商令奴才哈勒洪阿暂驻韩庄大营，奴才德楞额分带一半兵勇，计千名，星驰赴通，听候调遣。伏候训示遵行。

——《筹办夷务始末(咸丰朝)》卷六二，第3页。

〇上谕

军机大臣字寄督办山东剿匪事宜、宁古塔副都统德。咸丰十年八月初一日奉上谕：

德楞额等奏请分兵赴通助剿等语。夷人占踞津城，通州一带防务吃紧，自应厚集兵力，以资攻剿。既据德楞额奏请赴通助剿，即著统带兵勇一千名，驰赴通州军营，听候僧格

林沁调遣。将此由六百里谕令知之。

钦此。遵旨寄信前来。

——《咸丰同治两朝上谕档》第10册,第508页。

○上谕

军机大臣密寄钦差大臣、科尔沁博多勒噶台亲王僧,大学士瑞。咸丰十年八月初一日奉上谕:

德楞额等奏,自请带兵赴通等语。据称,探得夷船驶入海口,现在山东军务,虽当江北吃紧之际,较之津通,轻重悬殊,商令哈勒洪阿暂扎韩庄,德楞额分带兵勇一千名,星驰赴通,听候调遣。山东韩庄一带防务稍松,已谕令德楞额,准其带兵赴通。俟该副都统到时,著僧格林沁等体察情形,如大营可无需此项马队,即令德楞额屯扎附近通州一带,或绕截该夷前途,或抄击该夷后路,由该大臣等自行酌量调派可也。

正在寄谕间,据载垣等奏到夷情就范一折。据称,载垣等在通,已与巴夏礼、威妥马接晤,言尚驯顺。呈出在津时与桂良等议定续增条约八款,惟天津通商一款极有关系,第桂良等业经允许,难于翻悔,当即给与照会,俟额尔金到通,即行盖印画押,再行进京换约。其所带队伍,悉驻张家湾以南五里外,不再前进一寸。该大臣等现既准额酋抵通,其照会内有随带弁兵约照一千之数,其余扎营,总于张家湾以南五里之外等语。著僧格林沁仍严兵以待,于额尔金来通时,除约定千兵以外,如有任意续来,仍应拦阻。该夷酋等诡谲异常,额酋既随带弁兵千数来通,将来葛酋定议时,所带弁兵,亦必照此数目。总须严密侦防,恐其人数众多,一发难制,尤恐巴夏礼等貌为驯顺,其中仍有叵测。该大臣等谅必能筹画精详、万无一失也。将此由五百里谕令知之。

钦此。遵旨寄信前来。

——《咸丰同治两朝上谕档》第10册,第508—509页。

○朱笔

僧格林沁寄谕内,添叙现既准额酋抵通,除约定千兵以外,如任意续来,仍应拦阻。

——《咸丰同治两朝上谕档》第10册,第509页。

八月初二日

○载垣、穆荫奏

钦差大臣、怡亲王载垣,兵部尚书穆荫奏:

窃奴才等接准军机大臣密寄，七月二十九日奉上谕：巴夏礼、威妥马系该夷谋主，闻明常亦暗随在内，即著将各该夷及随从人等羁留在通，毋令折回，若不能羁禁，巴夏礼等令其全数回河西务，亦无不可，所请索要现银及带兵进城，万不能允等因。钦此。旋即接到批发奴才等具奏，给与巴夏礼照会折件，奉朱批：知道了。钦此。

查此次巴夏礼等所请各条，极有关系。奴才等因该夷正在长驱直入，事势紧急，不得已再给与照会。既经钦奉寄谕，索要现银及带兵进城万不能允，奴才等何敢遽与画押？该夷公使额尔金，约须本日午后方能到通，奴才等应再专折请旨，所有前奏各情，如蒙圣恩允准，奴才等俟额尔金到通后，即与盖印画押。倘系万不可行，亦乞详晰批示，奴才等即当知照僧格林沁，将额尔金拦回。如肆狂悖，由僧格林沁督兵开仗，奴才等遵照前奉朱谕，即行回京。

再，此折批发后，能于本日申刻以前递到通州，方于事机无误。其该夷呈出在津所定各条，照录恭呈御览。

朱批：另有旨。带兵进城一节，令其仍照与桂良商定，英、佛两国每国不得过四百人。现银一节，换约后，在津郡于两月限内缴清。

——《筹办夷务始末（咸丰朝）》卷六二，第4—5页。

〇载垣等奏

该夷是日来通，言词尚属恭顺，于天津所定各款外，并未别有要求。接见之时，僧格林沁遣国瑞前来，瑞麟亲自前来，暗中商酌，均谓可行。且奴才等察看僧格林沁，如果竟须开仗，实系毫无把握。并距京甚近，实有投鼠忌器之虑。且一经开仗，不但目前抚局难成，此后更难著手。万不得已，给与照会，以救燃眉之急。种种情形，不能不缕陈于圣主之前，仍望明白训示，俾有遵循。不胜悚切待命之至。

至佛夷前来，如有万不能允之事，亦尚须开仗，不能稍涉迁就。

朱批：知道了。

——《筹办夷务始末（咸丰朝）》卷六二，第5—6页。

〇托明阿、谭廷襄奏

西安将军托明阿、署陕西巡抚谭廷襄奏：

窃照臣等叠奉谕旨，饬调西安满汉马步官兵前赴通州，听候调遣，当经臣托明阿两次挑选马队二千三百名，臣谭廷襄先将潼关、雒南、商南各防所原驻提标属各兵一千五百余员名就近饬调，克日分起取道赴直。并派提标属及汉中、延、榆、绥镇标属兵一千名，另咨护理督臣，于兰州、宁夏两处派兵五百名。嗣又遵旨续行添调，改派河州镇兵七百名，均经

先后具奏在案。旋准固原提臣经文岱来咨,复于提标属续行添调兵五百名。统计先后共计步队四千二百名。兹查西安马队二千三百名,并商、雒等处步队一千五百余员名,配带军火等项,自七月十二至二十一、二等日,业已渡河,趱出陕境。汉中镇总兵伊绵阿,随后督带汉中镇及提标兵共五百名,由省前进。业经臣谭廷襄先后咨会山西、直隶各督抚一体照例供支,催令迅速行走。至延、榆、绥、河州、兰州、宁夏并续调提标各兵,亦均具报自营起程。惟距西安或十余站及二十余站不等,程途较远,诚恐迟延,当再严催迎提,一俟来省,迅速前进。

朱批:知道了。

——《筹办夷务始末(咸丰朝)》卷六二,第6—8页。

〇军机大臣等奏

恭查昨奉谕旨,寄信僧格林沁等,于额尔金来通时,除约定千兵以外,如有任意续来者,仍应拦阻等因。钦此。仰见我皇上万不得已俯允所请,仍寓思患豫防之至意。惟本日据探报内称,张家湾等处马步队官兵,已于初一日酉刻全行拔赴八里桥一带扎守。窃思八里桥在通州之西,其由张家湾至通之路,虽有格绷额等马队在彼屯扎,恐官兵知业经议和,未必认真拦阻,若令该夷大队陆续到通,密迩京师,辰发午至,一旦猝不及防,深为可虑,是以臣等于本日寄信僧格林沁谕旨内添写,令该大臣激励众兵,刻不忘战,于张家湾一带照旧严防,除已准到通之夷兵千名外,如再有陆续前来者,仍遵前旨,严行截剿。谨奏。

——《咸丰同治两朝上谕档》第10册,第510—511页。

〇上谕

军机大臣密寄钦差大臣、科尔沁博多勒噶台亲王僧,大学士瑞。咸丰十年八月初二日奉上谕:

昨据德楞额奏,请分兵赴通助剿,已谕令该副都统,准带兵勇千名,驰赴通州,并谕知僧格林沁,于附近通州一带酌量调派。本日据傅振邦奏,颍亳大股捻匪倾巢而出,计有十数万众,由永南沿浍而东,袭破练圩两处,围攻浍南军营,虽经击退,其势甚炽,请饬河南、山东一体严防等语。复经谕知德楞额察看情形,能否带兵赴通,自行斟酌办理矣。

再,本日据托明阿等奏,西安马队二千三百名,并商、雒等处步队一千五百余员名,配带军火等项,自七月十二至二十一、二等日,业已渡河,趱出陕境。此次马步各队,计已陆续可到,著即将续调之察哈尔马队后起官兵一千名,分拨胜保军营,令于由通入京各要隘酌量布置,以为该大臣等后路援应。现在该大臣等军营兵共有若干名,及所调各省官兵已到营者共有若干名,著将数目查明具奏。

昨谕知僧格林沁等，额尔金来通时，除约定千名以外，如有任意续来者，仍应拦阻。本日据载垣等奏，该夷业已就抚，额酋于本日午刻到通，恐其于准带夷兵千名之外，仍有大队陆续到通。该处密迩京师，辰发午至，猝不及防，深为可虑。传闻该大臣等兵已退扎八里桥，其由张家湾至通一带，虽有格绷额等马队在彼屯扎，恐官兵等知已议和，未必认真拦阻，著该大臣即行激励众兵，刻不忘战，于张家湾一带照旧严防。除准带夷兵之外，如有陆续前进者，仍遵前旨，严行截剿，毋稍顾虑。

将此由六百里密谕知之。

钦此。遵旨寄信前来。①

——《咸丰同治两朝上谕档》第10册，第509—510页。

八月初三日

○僧格林沁、瑞麟奏

钦差大臣、科尔沁亲王僧格林沁，大学士瑞麟奏：

窃奴才等于七月二十九，八月初一、初二等日，承准军机大臣密寄，恭奉谕旨三道，奴才等敬谨遵悉。又承准军机大臣钞寄，七月二十八日奉朱谕：朕廑念兵艰，由内发银二十万两普赏。钦此。奴才当即恭录，传知马步各队各营官兵，闻命自天，感激无地。奴才等率领兵丁，望阙叩头，恭谢天恩。所有各营应分赏银十二万两，自应迅速支领。惟战和之局尚未大定，业经晓谕各兵，共沐圣恩，拟稍迟数日，再行派员支领。

至钦差大臣等与巴夏礼等会晤，和议渐有端倪。该夷队伍，准令在张家湾以南驻劄。夷酋至通时，随带弁兵一千之数，诚如圣谕，尤恐该夷貌为驯顺，其中仍有叵测，自应严兵以待，倍加防范。至奴才等原劄营张家湾东南，今既该夷在张家湾以南五里驻兵，似系兵夷相连，难以防守，所有马步官兵，现已移于张家湾西北驻扎。自八里桥至张家湾正西，连劄二十余营，以扼赴通及赴广渠门道路。奴才僧格林沁现在通州张家湾适中、距大道二里之郭家坟地方驻扎，奴才瑞麟在八里桥驻扎，并派格绷额等督带马队，在张家湾以南以东屯扎。倘该夷再肆狂悖，大队前进，奴才等督兵横截，必可得手。至胜保所带官兵，拟请饬令在定福庄一带驻劄，毋许前进，以壮后路声威。

本日探报，该夷探马午刻至安平，大队现到河西务。俟续有夷情，再行奏报。

---

① 本条内容，《清文宗实录》卷三二七（咸丰十年八月壬戌）误作八月初一日。据上一件资料可知，命僧格林沁即行“激励众兵，刻不忘战，于张家湾一带照旧严防。除准带夷兵之外，如有陆续前进者，仍遵前旨，严行截剿”之句，系廷臣于八月初二日添入寄信僧格林沁谕旨之中。

朱批:知道了。

——《筹办夷务始末(咸丰朝)》卷六二,第9—10页。

八月初四日

○载垣、穆荫奏

钦差大臣、怡亲王载垣,兵部尚书穆荫奏:

窃奴才等于初二日申刻接奉批折,凡英夷所请各条,均蒙圣恩允准。其入京换约,所带兵数不得过四百人一层,傥该夷必欲多带,奴才等业与瑞麟商有办法。

本日巳刻,该夷巴夏礼邀同佛夷巴士达美里登,同带四十余人,来至通州。奴才等仍于东岳庙接见。据该夷巴夏礼呈出照会,内有互换和约时,所有该夷国书须亲呈大皇帝御览之语。奴才诘以二十九日接晤时并无此说,(可)[何]以忽生枝节?并以米夷、俄夷国书均未亲递,且大皇帝接收该夷国书后,必有玺书,亦应交来使带回呈递等语,反覆开导,舌敝唇焦,而该夷坚执如故。查此事关系国体,万难允许。除该夷现求羊只柴草等物仍饬地方官支应、不使藉口外,已知照僧格林沁、瑞麟严兵以待。傥该夷悔悟,不敢固执前说,奴才等自应定期画押。傥因此生心,其队伍敢过张家湾以北,则该夷实属叵测。奴才等不敢泥于议抚,致误战局,即应由僧格林沁、瑞麟督兵剿办,奴才等遵旨回京。

至佛夷呈出所求八款,与英夷大略相同。奴才等业已给与照会,许照所请办理。该夷照会条款,容续行钞录,并奴才等给与照覆,恭呈御览。

——《筹办夷务始末(咸丰朝)》卷六二,第13—14页。

○载垣等奏

奴才等正在接见该夷间,叠据恒福及天津县姚煦递到咨呈禀信,备述英夷孟姓带兵将天津府知府石赞清劫去、人情汹汹等语。当即询问巴夏礼,据称知有此事,惟不肯认错,言词桀骜,实属可恶。

——《筹办夷务始末(咸丰朝)》卷六二,第14页。

○载垣等奏

奴才等前奉寄谕,知已令胜保统带精兵,扼扎由京入通要隘。查兵力不宜过分,傥前敌不能得手,即后路难期振作。奴才等愚见,可否请旨,将胜保所带全军饬令即赴僧格林沁大营,以备实力剿击,并饬巡防大臣另派精兵,仍交胜保统带,以卫京城。

——《筹办夷务始末(咸丰朝)》卷六二,第14页。

〇上谕

军机大臣字寄钦差大臣、和硕怡亲王载，钦差大臣、兵部尚书穆。咸丰十年八月初四日奉上谕：

本日据载垣、穆荫奏夷情恣肆、万难允许一折。该夷巴夏礼等，已带四十余人抵通州，呈出照会，有互换和约时须将该夷国书亲呈御览之语，经载垣等再三驳诘，坚执如故。此系该夷狡诈，故生枝节，国体所存，万难允许。该王大臣可与约定，如欲亲递国书，必须按照中国礼节，拜跪如仪，方可允行。设或不能，只宜按照米、俄两国之例，将国书赍至京师，交钦差大臣呈进，俟接收后，给与玺书，亦与亲递无异。现在抚局将有成说，不值因礼节而决裂。设该夷固执前说，不知悔悟，惟有与之决战。其队伍敢过张家湾以北，即著该王大臣一面赶紧知照僧格林沁等督兵剿办，该王大臣即一面回京，毋得泥于议抚，致误战局。至该夷劫去天津府知府石赞清一节，该王大臣可即行文知照额酋，此系中国最得民心之官，猝被尔国羁留，士民愤恨异常，汹汹欲斗，中国亦断难禁止。现当两国互换和约之时，岂宜有此？务令孟姓夷酋迅速以礼送还，以全和好而弭事变。该王大臣与夷人约定各条，务须于在通时与之定准，切不可有俟到京后再行商酌之语。夷情狡执，言词务须斩截，以昭中国信义，勿得稍有游移。是为至要。将此由六百里加紧密谕知之。

钦此。遵旨寄信前来。

——《咸丰同治两朝上谕档》第 10 册，第 512—513 页。

〇上谕

军机大臣密寄钦差大臣、科尔沁博多勒噶台亲王僧，大学士瑞。咸丰十年八月初四日奉上谕：

载垣、穆荫奏夷情恣肆、万难允许情形一折。据称，英夷所请各条，已皆允许，该夷巴夏礼复邀同佛夷巴士达美里登来通，呈出照会，内有换约时所有该国夷书须亲呈御览之语，虽经载垣等反覆开导，而该逆坚执如故，此条万难允许，已知照僧格林沁等严兵以待等语。似此夷情狡展，又复忽生枝节，殊属可恶。如载垣等再加开导，该夷能悔悟，不执前说，自不值因此决裂。已谕令该大臣等，如果夷酋能遵天朝礼节拜跪呈递国书，自属可行，否即仍应援照米夷来京呈递国书办理。诚恐夷情多生枝节，并无就抚之心，如因此条不允，仍带夷兵过张家湾，著僧格林沁等即行痛剿，不必再为顾惜抚局。该大臣等务严兵以待，毋致仓猝，或失事机。

本日据载垣等呈递恒福咨文，内称，该夷因闻大兵欲抄其后路，将天津府知府石赞清劫留营中不放，士民愤恨异常，汹汹欲斗，有不容并立之心。已谕载垣等给与该夷照会，令

其迅即放回，并谕恒福等密为布置，傥该夷始终桀骜，一闻张家湾开仗之信，即令民团进攻。该夷前后受敌，谅难脱逃。

昨有旨，令胜保带兵扎定福庄。兹据载垣等奏，兵力不宜过分，请将胜保所带全军饬令即赴僧格林沁大营等语。著僧格林沁等体察情形，如尚需厚集兵力，即将胜保所带全军饬赴僧格林沁大营，以备剿击；或于所带之兵酌量分调若干前往。若前敌之兵已敷拦剿，胜保一军仍令扎定福庄，以为后路。该大臣等军营现共有兵若干名，及所调各省官兵已到营者共若干名，前经谕令查明数目具奏，务于即日遵查，迅速奏闻可也。

将此由六百里加紧密谕知之。

钦此。遵旨寄信前来。

——《咸丰同治两朝上谕档》第10册，第513—514页。

〇上谕

军机大臣密寄直隶总督恒，光禄寺少卿焦，翰林院侍讲学士张，掌山西道监察御史陈，传谕长芦盐政宽惠。咸丰十年八月初四日奉上谕：

本日载垣等奏，英夷孟姓，带兵将天津府知府石赞清劫去，当即询问巴夏礼。据称知有此事，惟不肯认错，言词桀骜，实属可恶。并据恒福咨载垣等文内，有士民愤恨异常，汹汹欲斗，有不欲并立之心等语。石赞清莅任四年，为士民所爱戴，今被该夷恃强劫去，实堪愤恨，已谕载垣等给与该夷照会，令其迅即放还，以敦和好。著恒福等一面饬令该处士民向该夷酋孟姓索取，务令以礼送还，傥该夷不服理谕，仍将石赞清扣留不放，则众怒难犯，势必激而与战。现在英酋巴夏礼、佛酋巴士达美里登等，在通与载垣等相见，又复另生枝节，欲求面递国书，载垣等再三开导，坚执如故。夷情恣肆，恐抚局终成决裂。本日复谕令僧格林沁等严兵以待，傥该夷一过张家湾寸步，即督兵迎截，痛加剿戮矣。恒福等乘此津民愤怒之时，应即速遵前谕，广集民团，多方激励，一闻张家湾开仗，即令津郡民团截其后路，痛加剿洗，以泄众愤。并出示晓谕津民，有能斩馘兵头、诛其丑类者，即加以重赏，并许以破格优奖。如能夺其辎重、焚其船只者，所得赀财，悉准立功人自行运取外，仍与重赏。并设法招回被胁难民，以利饵诱潮勇来归，使该夷自相疑贰，俾党羽渐孤，于剿办事宜自有裨益。其武清静海民团，务令跟踪追剿，牵制该夷北犯，俾该夷后路有所顾忌。是为至要。该夷心怀叵测，傥抚局既不能成，朕惟有立意与之决战。恒福等务宜豫办民团，整旅以待，毋得顾惜抚局，因循坐误，自失机宜。并著焦祐瀛等，将现在如何情形即行驰奏。将此由六百里加紧密谕恒福、焦(佑)[祐]瀛、张之万、陈鸿翊，并传谕宽惠知之。

钦此。遵旨寄信前来。

——《咸丰同治两朝上谕档》第10册，第516页。

○载垣等奏

窃英夷巴夏礼等昨日到通,坚欲亲递国书,开导不服等情,业经奴才等于本日丑刻具奏。辰刻,夷酋巴夏礼复到奴才等行寓,欲知照僧格林沁,将张家湾之兵撤退,情词尤为桀骜。询以国书之事,则坚称仍欲亲递。奴才等复加严诘,该夷惟称不递国书,即是中国不愿和好,掉头不顾,骤马逃去。奴才等以该夷狂悖至此,抚局断无可议,当即知照僧格林沁,将该夷截拿。顷接探报,知巴夏礼业已就擒,大兵亦已开仗获胜。奴才等并已函致恒福、焦(佑)[祐]瀛等,激励民团,截其后路。该夷巴夏礼善能用兵,各夷均听其指使,现已就擒,该夷兵心必乱,乘此剿办,谅可必操胜算。奴才等暂赴瑞麟军营,会商后路堵剿事宜,即行回京。

——《筹办夷务始末(咸丰朝)》卷六二,第18页。

○上谕

军机大臣密寄直隶总督恒,光禄寺少卿焦,翰林院侍讲学士张,掌山西道监察御史陈,传谕长芦盐政宽惠。咸丰十年八月初四日奉上谕:

本日因载垣、穆荫奏英夷劫去津守石赞清,并欲亲递国书各节,业由六百里加紧谕知恒福等,激励民团,整旅以待矣。兹又据载垣、穆荫奏,巴夏礼坚欲撤退僧格林沁张家湾之兵,该王大臣与之剖辨,掉头不顾,骤马逃去。该王大臣因其狂悖已甚,立即知照僧格林沁与之开仗,大兵获胜,巴夏礼业已就擒。各等语。巴酋系该夷谋主,善于用兵,现在就获,夷心必乱,若更以民团截其后路,可望一鼓歼除。著恒福即会同焦祐瀛等,乘此声威,激励团勇,一涌而前,痛加剿洗。其津通一带沿途各民团,有能杀贼立功者,一体号召,协助官军,并悬重赏,鼓励众心。闻津郡绅士张锦文等暗中早有布置,此时前路业经得有胜仗,机不可失,著即饬令该绅士等督率团勇,明攻暗袭,必可同膺懋赏。该夷兼顾后路,必不敢长驱而前。全在恒福等迅即调度,勿误事机。是为至要。将此由六百里加紧密谕恒福、焦(佑)[祐]瀛、张之万、陈鸿翊,并传谕宽惠知之。

钦此。遵旨寄信前来。

——《咸丰同治两朝上谕档》第10册,第514—515页。

○僧格林沁、瑞麟奏

僧格林沁、瑞麟跪奏,为夷情骄悍,结队来扑,我兵迎击失利,退守八里桥,恭折驰奏,仰祈圣鉴事。

窃奴才等前因钦差大臣与巴夏里等会晤,所议和约渐有就绪,并准令在张家湾五里之

外驻兵等情。奴才等当将马步官兵移张家湾以后,以期和议有成,业经恭折具奏在案。本月初三日,巴夏里等复又来通,前议各条虽无增改,惟夷酋进京时须带兵千名,并欲在大皇帝前亲递国书。经载垣等再三开导,该夷坚执不允,言语之间,已经决裂。奴才等当即连夜拨兵仍往张家湾以南扼守。

初四日,载垣等派恒祺前往马头面见夷酋。行至张家湾以南,即见该夷结队前进,询知夷酋尚在河西务,恒祺即已折回。奴才僧格林沁面饬恒棋,令其回禀钦差王大臣,事已决裂,应将巴夏里等羁留在通。维时巴夏里等已行至大队不远,因枪炮声紧,复又折回通州,向载垣等查询因何用兵,言毕驰马而回,当经马队官兵拿获,解往通州。至该夷于午刻马步各队逼前扑犯,经我兵枪炮齐施,毙贼无数。正在分拨马队抄击,该夷火箭数百只齐发,马匹惊骇,回头奔驰,冲动步队,以致不能成列,纷纷退后。奴才等现在督带官兵退守八里桥,以扼赴京道路,并知会载垣等迅即回京,即将巴夏里等一并押解进京。奴才等赶紧再振军心,倘该夷由通上犯,奴才等惟有与之以死相拚。

俟该夷到通后,如何情形,再行驰奏外,谨恭折具奏,伏乞皇上圣鉴。谨奏。

咸丰十年八月初四日

【即有旨。】

——《第二次鸦片战争》第5册,第83—84页。

〇上谕

军机大臣密寄钦差大臣、科尔沁博多勒噶台亲王僧,大学士瑞,光禄寺卿胜。咸丰十年八月初四日奉上谕:

僧格林沁等奏夷队来扑、我军退守八里桥一折。僧格林沁现扼八里桥,截住夷兵前进之路,谅能振起军心,乘贼喘息未定之时,务须设法更番搦战,使其不得休息。恐该夷调齐大队,转来扑犯,致落后手。尤须防其抄袭后路,或由通州城内冲出,扑我八里桥之后,取道北犯。胜保之兵,应令扎于家卫,以备截击来京要路。其所带仅止步队,现有察哈尔马队一千名,如老弱不堪冲突,即可将其兵丁守营,另选精兵,用其马匹,以利驰逐。事机万紧,著僧格林沁、瑞麟会同胜保妥筹战胜机宜,务期一鼓作气,戮力同心,迅挫凶锋。实殷厚望。该夷所恃火器猛烈,总须以奇兵抄袭,挫其前锋,能以鸟枪刀矛等短兵相接,则可操胜算矣。将此由六百里加紧各密谕知之。

钦此。遵旨寄信前来。

——《咸丰同治两朝上谕档》第10册,第515页。

〇上谕档

本日张家湾业已开仗,臣等前拟明发谕旨一道,业已遵旨改缮,敬呈御览。可否即日发抄,并附僧格林沁报便,另录先发一分之处,伏候训示。谨奏。

咸丰十年八月初四日奉朱批:著即行发抄,并另录一分,附报先发。钦此。

——《咸丰同治两朝上谕档》第10册,第518页。

〇上谕

咸丰十年八月初四日内阁奉上谕:

朕抚驭寰海,一视同仁,外洋诸国,互市通商,原所不禁。英吉利、佛兰西与中华和好有年,久无嫌隙。咸丰七年冬间,在广东遽启兵端,闯入我城池,袭掳我官吏,朕犹以为总督叶名琛刚愎自用,召衅有由,未即兴问罪之师也。八年间,夷酋额尔金等赴愬天津,当谕总督谭廷襄前往查办。该夷乃乘我不备,攻踞炮台,直抵津门。朕恐荼毒生灵,不与深较,爰命大学士桂良等往与面议,息事罢兵。因所请条约多有要挟,复令桂良等驰往上海,商定税则,再将所立条约讲求明允,以为信据。讵夷酋卜鲁斯等桀骜不驯,复于(八)[九]年驾驶兵船,直抵大沽,毁我防具,经统兵大臣僧格林沁痛加轰剿,始行退去。此由该夷自取,并非中国失信,天下所共知也。本年夷酋额尔金、葛罗等复来海口,我中国不为已甚,准令由北塘登岸,赴京换约。不意该夷等包藏祸心,夹带炮车,并马步各队,抄我大沽炮台后路。我兵撤退后,复至天津。因思桂良系前年在津原议之人,又令驰往,与之理谕,犹冀该夷等稍知礼义,但使所求尚可允许,不出情理之外,亦必予以优容。岂意额尔金等肆意要求,竟欲婪索兵费,强增口岸,陈兵拥众,入我郊畿,凶狡情形,至于斯极。爰命怡亲王载垣、兵部尚书穆荫前往再三开导,并命将所请各条妥为商办。逆夷犹敢逞凶,带领夷兵逼近通州,称欲带兵入见。朕若再事含容,其何以对天下?现已严饬统兵大臣,带领各路马步诸军,与之决战。近畿各州县地方士民,或率领乡兵齐心助战,或整饬团练阻截路途。无论员弁兵民人等,如有能斩黑夷首一级者,赏银五十两。有能斩白夷首一级者,赏银一百两。有能斩著名夷酋一人者,赏银五百两。有能焚抢夷船一只者,赏银五千两。所得赀财,全行充赏。天津百姓,素称义勇,务各敌忾同仇,明攻暗袭,以靖逆氛。朕非好武穷兵之主,凡此不得已之苦衷,当为天下臣民所共谅。至该夷所掳闽广等处内地人民,皆朕赤子,如能自拔来归,或斩夷首来献,朕亦必予以厚赏。该夷去国万里,原为流通货物而来,全由刁恶汉奸百端唆使,以致如此决裂。并当谕令各海口,一律闭关,绝其贸易。其余恭顺各国,任其各安生理。经此次剀切明谕,该夷倘能醒悟,悔罪输诚,所有从前通商各口,朕仍准其照常交易,以示宽大之仁。如尚执迷不悟,灭理横行,我将士民团等,惟有尽力歼

除，誓必全殄丑类，其毋后悔。将此通谕中外知之。

钦此。

——《咸丰同治两朝上谕档》第10册，第517—518页。

八月初五日

〇上谕

军机大臣字寄吉林将军景，署船厂副都统禄。咸丰十年八月初五日奉上谕：

景淳、禄权奏，挑派兵丁，遴员管带赴通，惟该官兵余丁均无马匹，应否拨给等语。现在夷情决裂，窜踞通州一带，张家湾业经开仗，僧格林沁驻扎八里桥，筹办防剿，著景淳等即将挑出之兵一千名，催令管带员弁迅速赶赴通州以西八里桥军营，听候调遣。大凌河等处马匹不堪乘骑，僧格林沁军营现有马匹，足敷拨给，务须迅速起程，毋得因等候马匹，致有迟误。是为至要。行装等项，著照所议办理。将此由六百里加紧谕令知之。

钦此。遵旨寄信前来。

——《咸丰同治两朝上谕档》第10册，第519页。

〇上谕

军机大臣密寄西安右翼副都统乌。咸丰十年八月初五日奉上谕：

前据托明阿奏，选派马队官兵，交乌兰都督带赴通。续据奏报，两次派拨马步队，业于七月十二日全数出境，想不日可以抵通矣。惟夷情恣肆，抚局已形决裂，僧格林沁业经开仗获胜。现在夷人不时来扑，僧格林沁现扎八里桥，胜保现扎于家卫，防堵由通入京要隘，以截夷人前进，必须厚集兵力，方可无虞。著乌兰都迅即统带所部马队官兵二千三百名，星夜趱行，前赴通州以西八里桥地方，听候僧格林沁等调拨，毋稍迟延。将此由六百里加紧密谕知之。

钦此。遵旨寄信前来。

——《咸丰同治两朝上谕档》第10册，第519页。

八月初六日

〇载垣等致胜保函

启者。接到初四日手函，当于召见时呈递。昨者前路马队退守八里桥营盘，十分吃重，得阁下驻扎后路，足壮声援。所要西安马队，本日又已严催带兵官星速赴营，俟到时即

当奏请分拨若干，归阁下统带，定可得力。通州前路及赴京一路均需多设哨探，随时知照巡防处，恐贼情狙诈，别有诡谋，务须著著争先，如续获大胜，逆夷自不敢再图闯越。巴夏礼等解到，现已收禁，邸帅来函，知又续或夷人三十余名，押解至定福庄。本日奏明，此后俘获，暂行毋庸解京，即请阁下于左近村庄相地羁禁，派兵看守，毋任窜逸。是为至要。肃复。顺请勋安不一。

杜翰
穆荫
怡亲王 同启
匡源
文祥

——《咸丰同治两朝上谕档》第 10 册，第 521 页。

〇**载垣等致胜保函**

启者。接到来函，所有料敌决胜、筹度布置各机宜，均极妥协，足征奇谋，成算高出伦侪，钦佩无似。现在夷人虽极凶悍，然夷酋被擒，其中已馁。其时来窥伺者，正其逐步尝试，渐图进取，不敢深入耳。趁其中怀疑虑之时，正可制其死命。阁下所筹派拨马步精兵绕出马头，袭其后路，是现在第一要著，甚合机宜。本日已奉谕旨，照议办理，即当商同邸帅、中堂，派兵速为布置，勿再迟延。当此事机紧急之时，阁下既有所见，如或不及会商，亦可一面奏闻，一面举行，不必过于拘泥，致误事机。至调勇一层，近畿似无健勇可调，应调何路勇丁及得力战将，望早为奏调，以收指臂之效。除战守机宜已由寄信谕旨指示外，谨同此专函奉复，并候勋安。

杜翰
穆荫
怡亲王 顿首
匡源
文祥

——《咸丰同治两朝上谕档》第 10 册，第 522—523 页。

〇**上谕**

军机大臣密寄钦差大臣、科尔沁博多勒噶台亲王僧，大学士瑞，光禄寺卿胜。咸丰十年八月初六日奉上谕：

僧格林沁自退扎八里桥之后，日来与该夷是否又经见仗，未据奏报，实深廑念。连日

拿获奸细，据供逆夷用兵，马队在前，步卒在后；临阵则马队分张两翼，步卒分三层前进，前层踞地，中层微俯，后层屹立，前层先行开枪，中层继之，后层又继之。我军若迎头轰击，马匹一经受伤，必然惊溃，惟有斜抄横击，轰毙必多等语。夷情凶悍，深知兵法，是在该大臣等审度形势，妥筹应敌，以操必胜之权。朕思该夷所以迟迟而进，因知我有备，故不敢直前。但恐情急，仍不免前来冲突。若仅用正兵与之相角，恐夷人诡谲，不足以尽其变。现在夷人大股屯聚李儿寺南，前敌马队数百，盘踞郭家坟一带。此时惟有派马步劲旅三千，绕至马头一带，以牵其后，彼进则我进，彼退则我退，使之怀疑，不敢北趋，然后大兵分三路击之，一挫其锋，自难立足。并用暗袭之法，于夜间更番出击，使其自相惊扰。夷性多疑，军心一乱，剿办自易得手。军情变幻靡常，总在出奇制胜。著该大臣等斟酌事机，妥为布置，以奏肤功。实深殷盼。如有捡获夷人，即于阵前正法，不必解京，以免该夷藉口。前明降谕旨，有斩杀夷首、焚抢船只者，分别悬以赏格，著僧格林沁等再行宣布，鼓励人心。果有斩馘来献者，即如数予以赏项，毋稍吝惜，以图敌忾同仇。是为至要。将此由六百里加紧各密谕知之。

钦此。遵旨寄信前来。

——《咸丰同治两朝上谕档》第10册，第521—522页。

八月初七日

〇军机处奏

顷接胜保致臣等信函，谨将原函恭呈御览。函内所称派拨兵练严守通州，复派马队前往马头一带截剿，及该员名下委员应归何处粮台支领薪水，以上各层，应如何办理之处，伏求皇上批示，以便续入本日寄信谕旨之内。谨奏。

咸丰十年八月初七日奉朱批：委员薪水，著归瑞麟粮台支领。至严守通州，复派马队截剿，即著责成瑞麟、胜保严兵以御，或有转机。若该夷并无复文，即行前进，只有与之决战耳。钦此。

——《第二次鸦片战争》第5册，第107页。

〇胜保函

驰启者：昨日戌刻接奉寄谕，并赐函，均已敬悉。仰见洞察下情，无微不至。感甚。幸甚。现在夷情，仍然相持。初六日侵晨，夷来百余，至通州南门探视，经我京营马队并追去之。午刻又来数十，探巴夏里及罪夷下落，亦被我防军逐去。弟因与瑞相熟商，此时通州最吃重，且与八里桥为犄角，仓储尚多，万不可为夷踞，宜速分兵同守。澄泉颇谓然。遂拨

两营兵二千，仍于东南两关扎营，严饬州牧带练专守城内，城上各添炮位，如夷来扑，当以大营兵捣其后，俾收夹击之效。其八里桥亦加意布置，备御之方，或可无虞。

昨日派妥弁扮乡民入贼营探其确耗，见该夷兵多散处，骄慢之甚，若扑之可得手。昨夜已商挑奋勇千名，往击其距通最近之李家窯匪营，尚未卜能得手否。其出奇截击一层，已与瑞相商，拨凑得京营马队七百余名，为数尚单，恐不得痛剿，拟于今日连夜令其前往马头、安平一带，相机行事。

邸帅马队虽多，半属伤弓之鸟，且带队多系大员，习成骄惰。前日张湾之战，并未伤折，一闻夷炮(彻)[辄]反奔，致将步队冲乱。而邸帅仍姑息之不加参办，其何以振作乎？邸帅营现仍在八里桥西南六七里之咸户庄，帅意因屡挫渐愤，不免相左，有所忿懥恐惧，则不得其正也。虽(奏)[奉]谕令保会同商办，实未奉行。即瑞相亦有不与闻者。且因保之会办无明旨，各带队大员俱不得见，将何从调度耶？此时保与瑞相合为一气，拟今日暂移八里桥，以便朝夕相酌商。其定福庄仍留兵若干为后营，惟盼早得新调马队，自为整顿，定尚有济。保日来痔疾痛甚，王事驰驱，不敢告劳耳。手泐大概奉闻。统容再寄。此颂勋安。制胜保顿首。初七日寅刻，书毕即赴八里桥矣。

怡亲王爷前请安。

鹤泉
清轩
百川
继园 诸兄大人阁下

请调战将健勇折，本日下午拜发。[1]

——《第二次鸦片战争》第5册，第108—109页。

〇胜保函

再，邸帅昨日忽与该夷照会，令其进扎通州以南，仍请怡亲王议抚。此文并未与瑞澄泉及弟商确，径由通州行去。弟与澄泉熟筹，此时夷未来扑，正因防御尚严故耳。若令进扎，岂非揖盗入室？且通州一去，则八里挢之营成孤注，设不就抚，何以御之？即欲议和，亦惟有令其退，安可令其进耶？弟与澄翁商之，实难遵行，只好以国计兵机为重，各办各事耳。澄翁与弟意见能同，而于邸帅则回护而不敢言于上。弟更不便言矣。军情万紧，不得不述一二，祈谅之。

再，弟处应办之事甚多，委员亦有十余，皆自备资斧，恐难久持，不知应归何处粮台，祈

① 原信封标："专弁飞呈军机大臣钧启。"

示知。弟责任甚重,而事权毫无,徒深焦急,未免制肘,幸澄翁时有加谅耳。又及。

——《第二次鸦片战争》第5册,第109—110页。

○上谕

军机大臣密寄光禄寺卿胜。咸丰十年八月初七日奉上谕:

昨因夷匪盘踞郭家坟一带,当谕令胜保会同僧格林沁等派拨劲旅,绕出贼后,以牵其势。谅僧格林沁等接奉此旨后,已遵谕办理矣。现在巴酋就捦,夷胆已落,正宜乘势攻剿。如再观望,恐该夷大队前来,益觉费手。且该夷前队已在通州之南,距京密迩,必须有兵牵制,始能阻其前进。著胜保即行遵奉前旨,派员统带马步队各千余名,马队由南路绕出马头一带,彼进亦进,彼退亦退,有机可乘,即行抄击;步队由北路绕出夷营附近之处,遥为声势,夜间施放枪炮,或举号火,以惑其心,使夷人彻夜不能安眠。倘欲进来则有河阻隔,兵心亦壮。如兵力不敷,可向僧格林沁商拨,本日并谕知僧格林沁、瑞麟遵办矣。正在寄谕间,据军机大臣呈递胜保信函,业已览悉。所请委员薪水,著归瑞麟粮台支领。至严守通州、复派马队截剿之处,即著责成瑞麟、胜保严兵以御。若该夷并无覆僧格林沁照会前来,即行督兵前进,惟有与之决战耳。将此由六百里加紧密谕知之。

钦此。遵旨寄信前来。

——《咸丰同治两朝上谕档》第10册,第528—529页。

○僧格林沁函

启者:

初五、初六等日夷队仍在通州以南,并未前进,不知其意何属。沁现在整理官兵,以备迎敌,惟该夷两日未动,仍望议和,亦未可定。初五日威妥玛赴通寻找弁兵,未尝非看我如何动静。若竟置之不理,该夷转圜无由,激至决意前进,是以沁办给照会,令其决定战和之机,已派通州知州送往。除俟送到后如何情形,有无回信,再行奏报外,谨将照会底抄录呈阅,可否代奏之处,伏候酌核。此请王爷、大人钧安。

僧格林沁顿首[①]

附抄录僧格林沁为是和是战尚可选择并希照复事给英使照会

为照会事。照得本爵一介武夫,不学无文,然忠君爱民,尚堪自许,而天下士庶绅商,

---

① 原信封标:"怡亲王
穆大人钧启。"

共知我心。八年之役，原系大学士桂等与贵大臣议妥条款，定于九年换约，大皇帝原无更改。维时因我海面不靖，是以设防，但系防中国之海盗，并非拦阻贵国换约。本爵出都之时，面奉谕旨，英法二国既经和好，遇事无不可商办，船只到来，可告以由北塘进京，公使到来，知我国多事之秋，且系和好无嫌，必肯由北塘行走。不料贵国公使未晓此意，坚执不从，必欲船进大沽，商酌未定，即向我决裂。是九年之役，是非曲直，自有公论，不待再辩。

本年贵大臣之来中国，仍欲以礼相待，乃贵大臣一味恃强，不容商办，兵队由海口、天津以至河西务一带。本爵仰体上天好生之德，节节退让，并未抄袭后路，在贵大臣亦当知足，亦当满意，且亦极为体面。至我两国原无深仇大恨，无论如何用兵，终归和好。至贵国所不甘者，无非前者总督大吏办理不善，以致下情不能上达；设使当日本爵与贵国公使办理此事，断不使中间稍有闭塞。然已往之事，亦不必论。

前因大学士桂未能仰体圣意，是以大皇帝特派怡亲王载、军机大臣穆出京，与贵大臣商办换约事宜。至怡亲王之为人，公忠体国，信义自励，人品学业，出于本爵之上，与贵国巴通事会晤二次，相谈甚洽。至本爵大队原在张家湾以南驻扎，怡亲王与巴通事议定贵国驻兵张家湾以南，商准本爵移兵于张家湾以北，业经怡亲王给与贵国照会，两国士卒咸知和议已成。讵意初三日巴通事复又来通，所说之事，与前次所论多有不符，经怡亲王再三理劝，坚执不从，并称即时起兵，前来决战。本爵闻信之下，派拨马步官兵无多，在张家湾以南五里之内暂扎，拦阻贵国大队暂缓前进。乃贵国遽行开仗，我兵非不能敌，因恐有伤和好，是以再行退让。至巴通事等，于两军相持之际，驰马闯近队伍，将士因恐损伤，是以拦回。本爵业经派员送往京城，妥为款待，并看视贵大臣将来进京时居住房屋。并经于收队后，与贵国送回数名，当必收到。

至现在贵大臣之意，究欲如何？如欲决战，本爵马步官兵勇气未消，仍能拚死一战。且京都咫尺，大兵云集，以众寡而论，贵国未必即能得力。官兵密迩家乡，亦必致死决战。彼此多有损伤，实非本爵及贵大臣与国家办事之本心。倘贵大臣仍敦旧好，情愿息兵，前议各条，悉如定约，毫无增减，即望扎队于通州以南，酌带随从在通州城内居住，本爵即请钦差大臣怡亲王尚书穆出京，在八里桥、通州之间，择地会晤。庶和议早成，彼此军民得以休息，从此亿万斯年，永敦和好。本爵职司主战，和局应不与闻，因现在彼此隔膜，是以转达，仍望迅即照复，并希转致法国公使。未接照复以前，如贵国兵队越过通州，本爵惟有督兵决战。

须至照会者。

——《第二次鸦片战争》第5册，第100—102页。

〇僧格林沁函

启者：

沁今日办给英夷照会，业经抄录呈阅。适接钦派王大臣来文，巴夏里等五名，业经送交刑部收禁等因。至夷人狂悖情形，实堪痛恨，惟该夷犬羊性成，仅可不必与之较量。现在巴夏里等五名及续解二十九名，似可毋庸收禁，借巴夏里等为转圜之计，未尝不是善策。前曾函致王爷、大人，将该夷等分在指定公寓居住，饮食一切妥为看待，仍望照前办理，庶与今日照会相符，不致失信于该夷。专此布达，望速施行。并候钧安。

僧格林沁顿首[①]

——《第二次鸦片战争》第5册，第103页。

〇僧格林沁函

启者：

八月初六日据通州知州禀称，英夷威妥玛由门缝投递信一函，抄录前来。当即办给信稿，交天津道孙治转交该州，令其缮写给与该夷。兹将来信、复信抄录呈阅。即请王爷大人钧安。

僧格林沁顿首[②]

——《第二次鸦片战争》第5册，第103—104页。

〇上谕

军机大臣密寄钦差大臣、科尔沁博多勒噶台亲王僧，大学士瑞，光禄寺卿胜。咸丰十年八月初七日奉上谕：

昨因拿获奸细，据供夷人用兵形势，当经密谕该大臣等妥筹布置，并令派拨马步劲旅三千，绕出马头一带，明攻暗袭，使之惊疑不定，然后分路冲击，谅已遵谕办理矣。本日据载垣等呈递僧格林沁信函，始知该大臣已经给与该夷照会，如愿议和，令赴通州南门外驻扎，听候换约。此举未免失之孟浪。此次夷人来递照会，语虽狂悖，无非探听巴夏礼信息，该州已经覆给照会，是为正办。该大臣即欲罢兵息事，亦应迅速奏明，命载垣等给与照会，

① 原信封标："怡亲王穆大人钧启。"

② 原信封标："怡王爷穆大人钧启。"

方合办法。该大臣系主战之人，岂可轻给议抚照会，致令该夷轻视！更恐慢我军心。且通州为仓储重地，若令该夷盘踞，适以赍盗粮。朕再三熟思，此举未尽妥善。但该大臣业经给与照会，若再与之反覆，未免失信于外夷。看其照覆如何，再行相机办理。如该夷仍复桀骜，即著僧格林沁会同瑞麟、胜保等军与之决战；如该夷仍欲求和，即著迅速具奏，候朕定夺。其屯兵之处，总以仍在张家湾以南为善。如该夷并不照覆，即行进兵，或一面照覆，一面前进，即著僧格林沁等督兵截击，断不容其屯踞通州，令我益无把握。夷人与我相持数日，谅必在彼密为布置，我军亦不可坐视以待。著即力振军威，奋兴士气，并仍遵前旨，派拨劲兵，绕出其后，使其进退两难，屈而求和，与抚局方有裨益。胜保处兵力不敷，即酌量派拨得力兵将交其统带，毋得各持意见，致误事机。是为只要。将此由六百里加紧密谕知之。

钦此。遵旨寄信前来。

——《咸丰同治两朝上谕档》第 10 册，第 526—527 页。

〇上谕

军机大臣密寄直隶总督恒，光禄寺少卿焦，翰林院侍讲学士张，掌山西道监察御史陈。咸丰十年八月初七日奉上谕：

前因巴夏礼就捡，僧格林沁与夷开仗获胜，当已谕知恒福等激励民团，截其后路矣。此旨是否接到？其绅士张锦文等暗中布置究竟如何？能否乘势明攻暗袭？现在夷人大股屯踞李儿寺，前敌马步数百屯踞郭家坟，僧格林沁等退扎八里桥，胜保亦已带兵继进。夷性多疑，所以迟迟未进，自因知我有备，不敢直前。且巴夏礼巨憝就捡，其中必馁，然时来窥伺，仍欲逐步渐图前进。本日据恒福奏，天津民团已募千名，该督又调有督标兵五百名。著即密为调遣，不分昼夜，乘虚捣袭，或设疑惊扰，为极肄以疲、多方以误之计，俾夷有所牵制，其前路自不敢径行直前。并可使津民一面声言，如该夷前路再行北犯，我津民必从后尽力攻剿，一面使该处绅士如辛荣等人向该夷转说，尔等在通所求各款，已经钦差大臣等允许，乃因巴夏礼肆行狂悖，遽然开仗，以致和议不成，误我商民海口生理，尔等如将兵退回天津，则我等阖郡百姓，必能恳求钦差王大臣等照旧相待；如仍欲前进，与官兵接仗，则津民在汝军之后，断不相容，恐众怒难犯，非尔等之利也。若该夷仍前狂悖，即激励兵民，从后牵掣夷兵，务令首尾不能相顾。是为至要。将此由六百里加紧密谕知之。

钦此。遵旨寄信前来。

——《咸丰同治两朝上谕档》第 10 册，第 527—528 页。

〇袁希祖奏

署户部右侍郎、内阁学士袁希祖奏：

窃臣闻僧格林沁捡获夷酋多名解京，复恭读上谕，谆谆布告中外，仰见皇上德威并用，一朝之间，肤功立奏，允宜皇上临御午门，献俘阙下，以伸国法而快人心。并请饬下僧格林沁，乘胜进逼大沽，焚毁其船只，将余丑悉数歼除，树威海澨，以为长治久安之计。

或者谓，自古平夷之策，以服其心为上。臣窃以为，今日之时势独不然。古者夷患多远在边陲，每因鞭长莫及，只得用术羁縻。今天津近在畿辅，若容其设立马头，通商无忌，将来频年设防，不但耗费饷糈，久而难继。而夷情反覆，和议无常，是自于肘腋之间留一心腹之患，大不可也。前年广东之役，掳叶名琛，囚柏贵，狂悖之行，轻视天朝，至于斯极。而上谕犹望该夷醒悟，悔罪输诚，似有网开一面之意，仰见皇上宽大之仁。而臣以为轻纵放还，不特上无以慰列圣之灵，而下何以对死事之臣？且僧格林沁捡之，皇上纵之，万一逆焰复张，其蒙古之兵，安肯再为用命耶？

夫英夷之为中国患，非一日矣。道光年间，李鸿宾将香港让与夷人之后，夷势渐张。臣闻广督林则徐曾将夷酋义律、伯麦捡获，后经琦善、耆英、牛鉴等专言抚夷，甘心遣放，以至镇江、定海等处先后失守，以中国二十一百万之帑藏，厚资敌利，遂至贻患今日。宣宗成皇帝每以此为深憾。该夷二十年来藐视我中国无人，得寸则尺，今竟敢以四五千众横扰通州，若非天夺之魄，经僧格林沁将夷酋捡获，京畿重地，实逼处此，思之可为寒心。以臣深思熟计，总不如立正典刑，拔去祸根之善也。或又谓逆夷有四国之众，今概予骈诛，恐将来四国句联，兵争不息，从此边衅大开，不可不虑。此不知夷人之情者也。臣上年差旋回籍，族中人多有在上海贸易者，臣与论夷事三四昼夜，深得夷情。英夷强而不富，以火轮船只为长技，枪炮机关灵动，确然难犯。然通商者一起，用兵者又一起，各不相谋。英夷频年用兵之费，全资商力。加以内奸怂恿，告以中国苦兵，乘机寻衅。又虑己力不足，句联四国，狼狈为奸。其敢于如此狂悖者，皆外间封疆大吏因夷税出息不少，贪其利而纵容之，乃至养成今日。其实中国百货，皆外洋所必需者，不但大黄、茶叶有关夷人之性命，若真闭关不与通商，此通商之夷人，必与用兵之夷人寻斗不已。而我中国夷税之利自在也。

臣又闻广东人之言曰，去年英夷受创之后，气已不振。今年纠众来津，众皆不愿，胁之以威，竟有至死不肯来者。是以募广东之潮勇，纠登州之土匪，凑集三五千人，妄肆鸱张，下此孤注。今竟将其首逆捡获，众心立见解体矣。且臣闻夷人之火轮船，其成本甚重，大者值二百万金，小者值百万金。当此夷人无主之时，众心必乱，经皇上已悬重赏，其海口亡命，必有能以计毁之者。请旨饬下僧格林沁移营前进，将赏格刊布天津，所有赏银，即由僧格林沁大营颁给，为此时第一要著。若能使其片轮不返，就令夷人十年生聚，十年训练，亦力有不给。此一劳永逸之计也。

此事关系国家安危甚大，以臣一人之见，谨就利害所能知者言之。尤吁请皇上饬下王大臣暨六部九卿会议，各抒所见，以期折衷于一，计出万全，早定庙谟。不得如前之议和议

战，节节耽延，有误事机。此诚在皇上当(几)[机]立断，决之于早也。

——《筹办夷务始末(咸丰朝)》卷六二，第42—45页。

○胜保函

飞启者：本日卯刻赴八里桥策应前敌，适值逆夷由郭家坟一带，分三股扑向西北。瑞相督队迎其东股，弟督队迎其南股，僧王督马队迎其西面。该逆蜂拥而来，势甚凶猛。西路一股，皆为马队，官兵压击，始而获胜，继而退撤。我步队官兵与之鏖战时许之久，不分胜负。弟亲督抬枪队向前策应，各兵人人奋勇，连环轰击，已将南路之贼渐压退。不期贼炮过密，以致弟身中二伤，左颊左腿俱受炮子打穿，登时落马不省人事，并将战马二匹同时阵毙。正在昏迷之顷，各队兵丁将弟抬至阵后，可惜俄顷之间便获大捷，竟因弟身受重伤，不得成此一战，岂非天哉！言至此，不觉痛哭失声。

弟自八载戎行，屡经危险，而卒留此身报效国家。今虽身受重伤，而雄心未已，现在伤处尚不至致命，但使果能早愈，誓灭此贼。惟此时业已血满征袍，不能坐立，引领北向，徒负国恩。不得已告假十日，回京治疾，但得痊愈，即行请安出而剿贼。

此间队伍，除今日出队外，尚有二千余名，抬枪俱已调出，只可暂交瑞相料理，或仍留扼截，或调令城守，俱候旨而行。现在心志昏迷，痛楚万状，不能督队，不得已一面具折，一面即行抬回。除具折奏报外，先此奉闻。

所有应办一切事宜，即祈及早布置。飞此敬请暑安。弟制胜保顿首。

诸枢密均此。怡王前祈叱名请安。①

——《第二次鸦片战争》第5册，第107—108页。

○上谕

军机大臣密寄钦差大臣、科尔沁博多勒噶台亲王僧，大学士瑞。咸丰十年八月初七日奉上谕：

军机大臣呈递胜保信函，知前路接仗失利，大营退扎八里桥，胜保已受重伤。抚局难成，载垣、穆荫办理不善，已撤去钦差大臣。现派恭亲王奕䜣前往督办和局。本日明发谕旨一道，僧格林沁等即宣示夷人，并竖白旗，令其停兵待抚。恭亲王奕䜣未便与夷人相见，候其派委议抚之人，或恒祺、或蓝蔚雯等到后，再与面议。该大臣等仍当严阵以待，堵其北犯，务须阻遏凶锋，以顾大局。是为至要。发去照会二件，即派员持交英、佛二酋可也。将此由六百里加紧密谕知之。

---

① 原信封标："穆大人台启。"

钦此。遵旨寄信前来。

——《咸丰同治两朝上谕档》第10册,第526页。

○僧格林沁奏

奴才僧格林沁跪奏,为夷人连日扑犯,先因击回,续因抵死不退,不得不暂为避后,固守京城,恭折驰奏,仰祈圣鉴事。

窃该夷于初六日未刻,马队数百名,直奔咸户庄而来,当经马步官兵立时击退。初七日巳刻,该夷马步大队蜂拥而来,分为五股,扑犯八里桥、咸户庄等处。奴才当即督兵进剿,鏖战两时之久,毙贼甚众,官兵伤亡不少,该夷抵死不退。正在相持之标,忽有一队向于家卫分扑,势将欲抄奴才后路,虽有策应官兵,惟恐不敌,当即一面抵敌,一面缓缓撤退。该夷仍向前进,经成保督带哲里木盟左翼马队官兵奋力冲突,复又毙贼多名,该夷始行扎定。奴才现在皇木厂扎队,以期与城上官兵合力一战。该夷现在于家卫、咸户庄一带占踞,一二日内必结队前来。查贼队不过五六千名,所恃者炮火猛烈,固结死党,无论如何攻击,致死不退。奴才惟有竭尽心力,以图截剿。现惟严防京师,是为至要。奴才已商令绵勋等,将所带官兵分扎各门关厢,以壮声威,借资策应。

谨恭折具奏,伏乞皇上圣鉴。谨奏。

咸丰十年八月初七日

朱批:览奏已悉。

——《第二次鸦片战争》第5册,第99—100页。

八月初八日

○胜保奏

奴才胜保跪奏,为奴才本日临阵身受炮子重伤,吁恳赏假调治,恭折奏祈圣鉴事。

窃奴才奉命视师,于初三日出京后,旋蒙特简,命奴才会同大学士瑞麟等办理一切,无如呼应不灵,不无掣肘。奴才受恩深重,竭力驰驱,满拟迅殄夷氛,以纾宵旰之忧于万一。乃本日辰刻奴才亲督大队驰赴八里桥以南策应,适遇逆夷由郭家坟一带分为三股蜂拥而来。时僧格林沁、瑞麟与奴才各当一面。僧格林沁所带马队始而获胜,继而撤回。奴才迅督抬枪各队悉力环攻,鏖战两时之久,逆夷已将退却。正在吃紧之际,不意逆夷枪炮雨发,奴才忽为炮子所中,左颊左腿,同受重伤,登时落马,所乘战骑,当时阵毙。奴才顷刻昏迷,不省人事,即为各弁兵驾起抬归,时瑞麟尚在与贼力持。讵各队一见奴才身受炮伤,遂各人无斗志。奴才昏迷之中,将定福庄队暂交瑞麟料理。

伏念奴才志图灭此朝食，故奋不顾身，亲自督战，几获大捷，乃事与愿违，有志未遂，抚衷自问，实觉辜负国恩。现在创巨痛深，心地时明时昧，铅子尚未取出，实不能勉力支持。现经瑞麟派人送奴才回京养伤。惟有仰恳皇上天恩，赏假十五日，俾奴才得以专心调治，稍形痊愈，即当递折请安，力图报效。奴才与贼誓不两立，身虽受伤，雄心未已，一息尚存，此志不容稍懈。

所有奴才现在炮子重伤，恳恩赏假调治缘由，谨恭折具奏，伏乞皇上圣鉴。谨奏。

咸丰十年八月初八日奉朱批：依议。钦此。

——《第二次鸦片战争》第5册，第104—105页。

○瑞麟、胜保奏

奴才瑞麟、奴才胜保跪奏，为军情紧急，恭折奏闻圣鉴事。

窃奴才等于本日辰刻在八里桥迤南策应前敌，适值逆夷由郭家坟一带分三股扑向西北，经僧格林沁亲督马队与贼接仗。奴才瑞麟、奴才胜保恐马队为时已久，或有疏虞，奴才瑞麟督队迎其东股，奴才胜保督队迎其南股。该逆蜂拥而来，势甚凶猛，其西路一股，皆为马队官兵压击，始而获胜，继而退撤。我步队官兵与之鏖战，相持两时之久，不分胜负。奴才亲督抬枪队向前策应，各兵人人奋勇，连环轰击，毙贼不少。

正在吃紧之间，奴才胜保左颊左腿受炮子伤二处，登时落马不省人事，遂为各弁兵扶至阵后。奴才瑞麟犹复督队力战，无如各弁兵见奴才胜保受伤，人无斗志，纷纷退撤。其时鏖战已久，铅丸火药俱已用完，又兼贼由河南逐向西趋，奴才瑞麟不得不撤队回守八里桥，以观贼之动静。讵逆夷遂扑八里桥，奴才瑞麟即将存营枪炮奋力轰击，贼逆全股西趋，彼时各路官兵纷纷逃散。奴才瑞麟伏思贼既西趋，恐由于家卫直扑广渠门大道。奴才胜保身受重伤，势难在营调养，仰恳天恩赏假十五日，俾奴才胜保得以回京安心调养。

至奴才胜保与奴才瑞麟相商，此时严守都城为第一要著，奴才瑞麟可否进城布置防守，抑或来园面陈一切，伏候训示遵行。为此谨奏请旨。

朱批：知道了。胜保著赏假调理。瑞麟著毋庸来园，即在城外督率伊勒东阿等接应队[伍]，会同僧格林沁截击。

[咸丰十年八月初七日]

——《第二次鸦片战争》第5册，第105—106页。

○沈兆霖奏

臣沈兆霖跪奏，为夷务急宜熟筹，谨就管见所及，仰祈圣鉴事。

窃夷人自八年抵津后，叠次构衅，至本年七月竟由天津内犯，大言恐吓，要求无已。皇

上明降谕旨，历数数年来夷人罪状，大申天讨，中外臣民，同声称快。惟夷众虽不满万余，而火器胜于中国，能及远而有准。然临阵者果能奋勇无前，毫无畏葸，即有所伤，而以我之众乘彼之寡，亦不难于歼灭。惟现在火器难御之成见，先入而为之主，则气已稍挫，倘毫无把握，轻于一试，设一挠败，必至不能复振。故臣以为当今之计，宜以缓攻坚持为主。先饬直隶总督恒福，并督办民团之焦祐瀛、张之万，以督标之兵，本地之勇，扰其海口之船，再命天津府知府石赞清，与焦祐瀛、张之万协办团练。石赞清胆识兼备，久得民心，团练必能奏效。或杀其酋，或焚其船，使之兼顾海口，不能骤进。即进，亦必留劲卒守船。此所谓攻其所必救也。

僧格林沁八里桥之兵，及瑞麟、胜保统带各队，须相隔前后一二十里，分作三处扎开，使紧相呼应，互相救援，以为犄角之势。皆宜深沟高垒，勿轻与战，严为之备，使敌至不能骤拔。若奉调各路之兵陆续而来，亦饬令分择要地扎住，俾由潞至津，处处均能联络接应。而深林隈隐之处，又多设旌旗鼓角，使之动生疑畏。正兵厚集，其势持重养威，而以奇兵乘其敝，复以疑兵惑其心，彼种种牵制，必将徘徊而不敢进。于是密拿奸细以防其叵测，严断接济以绝其饷源，与之相持，一月有余，而朔风大作，海河将冰，其所带之饷亦将罄尽，自必急图遁归矣。昔周亚夫坚壁不战，人以为懦，而卒破七国，正此计也。

臣又闻夷人所倚为谋主者，惟巴雅里一人。前此掳去叶名琛，亦系此人之计。余如厄尔金、葛罗等，皆不能画策。今巴雅里业已就擒，敌已失其所恃，必将设法索回。据国法言之，自应即予诛磔，何烦再计。然敌之势本利在速战，若即行诛戮，恐愤兵深入，其势益锐。莫若暂且牢固监禁，有照会与彼，即告以夷兵前进，先斩此人，使之系望生还，而不敢轻进锐举。倘彼诡言放回此人，即便受抚，务祈皇上独伸乾断，勿为浮议所惑，切勿先放，总须令其兵船全数退出海口，悉照八年所定各款立定和约，一款不增，然后允予加恩释放，仍不准原船带回，改由陆路押解上海交还，方为稳妥。否则该夷素以和议诱我，一为所诱，此人回去，仇我必甚，其设计必更毒于前矣。

臣书生愚昧之见，是否足备采择，谨缮折密陈，伏乞皇上圣鉴。谨奏。

——《第二次鸦片战争》第5册，第116—117页。

八月初九日

〇上谕

军机大臣字寄热河都统春。咸丰十年八月初九日奉上谕：

前有旨，令景淳、特普钦等各拨兵一千名、猎户一千名，前赴通州一带，交僧格林沁等调遣。昨据景淳等奏，派兵一千名，业已起程。现在夷氛逼近京城，朕于本月初八日巡幸

木兰，所有前调吉林、黑龙江兵丁如已进山海关，即著春佑迅速知照带兵官，饬令折赴热河护驾，毋庸前赴通州。再，热河行宫及一切供应，著春佑即饬该总督及地方官妥为打扫豫备。是为至要。将此由五百里谕令知之。

钦此。遵旨寄信前来。

——《咸丰同治两朝上谕档》第 10 册，第 531 页。

〇上谕

军机大臣字寄署山海关副都统宝。咸丰十年八月初九日奉上谕：

前有旨，令景淳、特普钦等各拨兵一千名、猎户一千名，前赴通州一带，交僧格林沁等调遣。昨据景淳等奏报，派兵一千名，业已起程。现在夷氛逼近京城，朕于本月初八日巡幸木兰，所有前调吉林、黑龙江兵丁，如已行至山海关，即著宝山饬令前赴热河护驾，毋庸前赴通州。如尚未进关，并著派员迅速迎提。是为至要。将此由五百里谕令知之。

钦此。遵旨寄信前来。

——《咸丰同治两朝上谕档》第 10 册，第 531—532 页。

八月初十日

〇上谕

军机大臣密寄钦差大臣、科尔沁博多勒噶台亲王僧，大学士瑞，咸丰十年八月初十日奉上谕：

朕于八月初八日启銮，巡幸木兰，本日已驻跸要亭行宫。所有前调西安马队，昨据乌兰都奏报行抵保定，现在计已全到大营。此项马队，即著该大臣等饬令乌兰都，带领全队，迅赴热河护驾，毋得迟延。据恭亲王等奏报夷务情形，业已谕令相机办理。第该夷桀骜异常，抚局恐不可恃，著该大臣等激励军心，力图剿办，不得任令攻扑城池。是为至要。途中并无探报，嗣后如何情形，务须随时奏报，以慰朕怀。前颁赏兵丁银十二万两，存寄圆明园银库，候该大臣等派员祗领，因经费不敷，业已提赴行在备用，即著该大臣等由粮台另行拨款赏给后，再报销可也。将此由六百里密谕知之。

钦此。遵旨寄信前来。

——《咸丰同治两朝上谕档》第 10 册，第 533 页。

八月十二日

○僧格林沁、瑞麟奏

奴才僧格林沁,奴才瑞麟跪奏,为恭折复奏,仰祈圣鉴事。

本月十一日承准军机大臣密寄,咸丰十年八月初十日奉上谕:所有前调西安马队,著该大臣等饬令乌兰都带领,迅赴热河护驾,毋得迟延。据恭亲王等奏报夷务情形,第该夷桀骜异常,抚局恐不可恃,著该大臣等仍激励军心,力图剿办,不得任令攻扑城池,是为至要。等因。钦此。奴才等遵即札饬乌兰都,带领全队,迅赴热河以资护卫。

至奴才僧格林沁所带官兵,由海口转战至通,屡次挫失,已难复振。初七日八里桥一带鏖战两时之久,伤亡过半,兵心益怯,迎头截击,恐不足恃。初七日以后,该夷探马各处哨探,大队并未前进,仍在三间房、咸户庄、于家卫等处盘踞。恭亲王授为钦差大臣,曾经办给照会,该夷照复,专在索要巴夏里等。续又办给照会,该夷并未照复。其两次照会,均系奴才僧格林沁派弁送往。该夷与差弁议论,则称两国相争,不害来使,巴通事系传话之人,现被拘留,不知存亡。佛国通事爱姓,欲轻骑进城,与恭亲王会晤,惟心怀疑虑,须有确据,方肯进城等语。奴才僧格林沁已令差弁向恭亲王等详细回明。至前获巴夏里等,可否饬下恭亲王等加以恩礼,妥为看待,以免该夷将来播弄是非。现在之势,处于两难,若将该夷正法,是激群夷之怒,坚其攻城之心;若将该夷放回,其患更不堪设想。惟今之计,仍应妥为看待,以为转圜地步。

至抚局宜迅速办理,不可稍延。现在恒祺、蓝蔚雯等并未出京,即使该夷有心就抚,亦无由转机。初六日奴才僧格林沁因事机万难,怡亲王等已经回京,办理抚局无人,是以办给该夷照会,通州知州并未送往,已于初七日派弁收回。

现在京师守城,奴才僧格林沁派员查得大炮并未上城,所有安设炮位,恐不足恃,奴才等所带炮位,亦一并送回守城。近日京城百物腾贵,住户纷纷逃避城外,土匪四起,随处抢劫,人心大为摇动。该夷数日不动,自必另有诡谋,若该夷结队前进,奴才等所带官兵,虽不能迎头截剿,拟即兜后攻击;倘该夷扑窜他处,惟有督兵横截。至古北口虽系要隘,并无炮火,奴才僧格林沁已饬令副将乌忠阿,将宣化镇炮位迅即运送古北口安设,以资防守。

除俟续有情形再行驰奏外,谨恭折具奏,伏乞皇上圣鉴。谨奏。

[咸丰十年八月十一日]

【另有旨。】

——《第二次鸦片战争》第5册,第126—127页。

○上谕

军机大臣密寄钦差大臣、科尔沁博多勒噶台亲王僧。咸丰十年八月十二日奉上谕：

本日据僧格林沁等奏夷务情形一折，览奏已悉。该夷现在虽未大队攻扑，时时窥探，迁延日久，必多诡计，抚局自宜早定。所奏佛夷爱嘉略欲进城求见一节，已谕恭亲王奕䜣斟酌办理矣。至该夷大队，如果直抵城下，僧格林沁等即督兵在后兜剿，毋令攻扑城池。傥城已攻扑，万不能支，该大臣带兵速赴古北口，布置防守。现调三盟蒙古官兵，不日可以到口，无人管带，著僧格林沁先派乾清门侍卫，如舒明安之类，酌定一二人，赶赴行在，以备统带蒙古官兵，分布要隘。是为至要。将此由六百里谕令知之。

钦此。遵旨寄信前来。

——《咸丰同治两朝上谕档》第10册，第536页。

○上谕

军机大臣密寄钦差大臣、恭亲王奕，大学士桂，户部左侍郎文，克勤郡王庆，工部尚书绵，内大臣奕，侍郎衔赛。咸丰十年八月十二日奉上谕：

前据奕䜣等奏现办夷务情形，朕已批示相机而行矣。本日据僧格林沁等奏，佛国通事爱姓，欲轻骑进城，与恭亲王会晤，心怀疑虑，须有确据，方肯进城；并巴夏礼须加以恩礼，妥为看待，以为转圜地步；现在恒祺、蓝蔚雯等并未前往，即使该夷有心就抚，亦无由转机；该夷各处哨探，抚局宜迅速办理，不可稽延各等语。英、佛两夷，自奕䜣覆给照会后，并无照覆前来，相持日久，恐该夷另有诡谋。且城外土匪四起，设为该夷勾结，尤为可虑。佛夷通事既欲求见，未必无转圜之机，即著奕䜣给与照会，择城外适中之地，派恒祺等前往会晤，看其光景如何，斟酌办理。现在尚议抚局，巴夏礼自应妥为看管。傥抚局不成，该夷攻扑城池，著庆惠、绵森、奕山、赛尚阿等悉力固守。万一势不可支，即将巴夏礼提出正法。并著奕䜣等先行知照庆惠等知悉。将此由六百里密谕知之。

钦此。遵旨寄信前来。

——《咸丰同治两朝上谕档》第10册，第535页。

○上谕

军机大臣密寄直隶总督恒，光禄寺少卿焦、翰林院侍讲学士张，掌山西道御史陈，传谕长芦盐政宽惠、盐运使崇厚、天津府知府石赞清。咸丰十年八月十二日奉上谕：

前据恒福等奏，遵旨调集督标兵丁，并天津静海民团，截剿该夷后路，谅已举行。数日未接奏报，殊深悬系。现在该夷前队屯踞八里桥西三间房地方，逼近京城，难保不即图攻

扑。僧格林沁等虽严阵以待,遏其前锋,必须另有兵勇,牵其后路,使该夷有所顾忌,始不至公然前进。胜保一军,昨因挫失,不能绕击该夷中路。著恒福等仍遵前旨,迅即调集兵勇,剿其后路,毋再迟延。该夷因津民众怒难犯,已将石赞清送回,可见该夷甚畏天津百姓。即令石赞清传集绅民,向该夷理论,如敢扑犯京城,定不与之通商,以期挽回大局。石赞清素得民心,必能为国家出力也。恒福身任封疆大吏,任令地方官为该夷备办车马,送其北行,以致震惊乘舆,问心亦当自愧,惟有急图补救,尚可稍赎前愆,若再意存观望,京师傥不能保,天津岂能独存耶?前据焦祐瀛等奏,勇力尚单,亦无火器,即不能奋勇向前,亦可大张声势,务须激励绅民,节节牵制。如能令该夷大队退回,其功当与前敌相等也。将此由六百里加紧密谕恒福、焦祐瀛、张之万、陈鸿翊,并传谕宽惠、崇厚、石赞清知之。

钦此。遵旨寄信前来。

——《咸丰同治两朝上谕档》第10册,第535—536页。

八月十六日

〇奕䜣等奏

臣奕䜣、臣桂良,臣文祥跪奏,为谨将现在办理夷务紧急情形,及接到照复缘由,恭折具陈,仰祈圣鉴事。

窃臣等奉命办理夷务,数日以来,尚未开仗,一面设法议抚,一面知会城内巡防团防各大臣严密防守,并知会军营,相机堵御。但城中人心惊惶,臣文祥前在城极力抚绥,人心稍定,惟兵力单弱,防守未能周备,实不足恃。至僧格林沁及瑞麟等所带之兵,已溃散十之五六,存营之兵,均无斗志,疲馁已极,堵御实难得手。臣等于初九日遣员给与英、法两酋照会,至十二日始有照复前来。仍申前议,且须放还被获之夷人后,在通州议和,进城换约,亲递国书,始行退兵天津,并有来春方回该国之说。词意狂悖。

至巴夏里于十一日在刑部呈递名片,约恒祺面说。臣等即令恒祺前往,询其请见之意。该夷欲求同时被获之罗酋同居,并云如欲遣人议和,必须该酋同往,免致扣留。反复辩论,情殊狡诈。该卿将战和两层,透彻开导,该夷似悟非悟,未易转圜。

又据十二日军营来信,该夷至朝阳门外列队,我军勉力支持,尚未开仗。诸事紧急,办理实属棘手。臣等惟有谨遵朱谕,相机而行,悉心筹画,再给照会,总冀抚局有成,方为妥善。揆度情势,该夷意欲索还巴夏里等,而巴夏里亦希冀放还,从此著手,或有转机。

所有现在办理情形,恭折由六百里驰奏。来往照会五件,一并钞录,伏乞皇上圣鉴。谨奏。

[咸丰十年八月十四日]

朱批:另有旨。

附件一:抄录奕䜣为所有天津议定和约一一皆准并希派员定期会办事给英使照会

为照复事。接到贵大臣来文,一切均悉。查来文内开各情,系由前大臣经手所办,或有失当之处,本爵初未与闻。本爵系属天潢亲派,钦奉特派,膺兹重任,凡所办理,皆得秉权便宜行事,自与前大臣等所办不同。本爵以实心待人,想贵大臣亦必无别意。所有在天津议定和约,自必一一皆准,本爵必不失信,贵国亦断无更改。如此办理,自能永远和好。至亲递国书一节,俟贵大臣到京日,选择严肃处所,设立香案,由本爵代接贵国国书,置之案上,以昭礼敬。来文所云进兵京师,隳城易姓改朔等语,实非臣下所宜言。贵大臣既云心存和好,岂应有此言?若必至穷兵(渎)[黩]武,争战不息,贵国虽有现在军士,中国除现在各营劲旅,亦尚有口外及各省应调之兵。似今日彼此均不宜更言争战,以伤和好也。

至贵国员弁前在通州归途被我军冲散被获一事,彼时前大臣等实有将其拘系监押,本爵近始查知,即饬令该管官将贵国各员弁分别释放安置,受伤者医治,务使以礼相待。本爵推诚待人,当先令贵国消尽疑怀。本日贵国巴领事给我国恒大人名片,约往说话。兹将原片随附带去,便知此人平安,并未加害。至来文所云彼此两国派员将前已商定事宜面晤会办一节,俟接照复,定期即日举行可也。

须至照会者。

附件二:抄录英使为限期三日内释还被押英法员弁并应允全部条件盖印画押方能停止进兵事照会

为照复事。接准贵亲王本月初九日来文,阅悉。查所有留京之本国人等,往来通州,皆在免战旗号所保之内,均为怡亲王、大臣穆所明知,未有不准往返之语。乃僧亲王愚昧失信,致有初五日之役。该员弁等或在通城、或在归途被执,既深违各国兵交使在之常经,羁留不遣,又为奸谋之举。我军现驻距京城门仅三十里,日后报复贵国与在事贵员等,实属理所应得。来文所云面议八条,均已允准,惟亲递国书一节,尚未议妥,该员弁负气而走等因。所指是因本大臣恭奉我大君主御笔国书,如何应呈大皇帝御览生有争论,又以本大臣于初二日交与参赞大员巴转送怡亲王、大臣穆之公文内提此一节,一似从前未曾议及别出之条,殊属非是。果有以此报与贵亲王者,实为所愚。此层早已及之。本大臣于七月十八日照会桂中堂,谨将进呈亲笔国书所叙,与八月初二日照会怡亲王、大臣穆之文,无不吻合,有案可据。前此在津在通之时,均不列入条议者,诚以列国来使呈书他国之主,列国之主欲与他国之主敦好而接见

来使之处,此凡在礼义之邦,无有不知,无不奉行。遇有自谓礼(议)[义]之国,不用此礼相待,斯虽言称和好,而实滋他国之疑异。

总之,本大臣向存修好之心,今勉再一披示,卒与贵亲王以可挽之机,不致进兵京师,必致隳城,将(遗)[贻]易姓改朔之巨害。兹以三日为期,所有留京英法两国官弁人等,令先各回本营。贵亲王亦能行文内以全照在津城交与桂中堂之续约,不日在通盖印画押,则我大兵在此停止,毋庸前进。俟约定之后,本大臣即带护卫兵弁足数进京,将戊午年定约互换,各等事毕,大兵节次按程回津。惟因贵国各官先后多有(籍)[藉]词失信,耽延时日,现值秋深,不便照原议之期启行,应俟来春再离津城。贵亲王果愿依议,则彼此两国,各宜派员将预应商定事宜面晤会办。倘不于限内一一依允,则两国合军进兵攻京,必令咸使闻知。凡有当待我两国之人,敢违列邦大典,难免自贻伊戚也。为此照复。

附件三:抄录法使为限三日内照复准允释还被押员弁事照会

为照复事。昨接贵亲王公文一角,阅悉一切。但此文甚是不善,反招其殃矣。今本大臣将前与怡亲王之照复一角,因遇交仗之阻,故未递送。兹宜附送贵亲王,亦如照复贵亲王无异也。惟贵国之官员失信悖约,是以贵国亡无日矣。谅贵亲王才智超众,可免将来国家之祸,惟宜尅日放回吾法国之员数名。该员等系在通州商办事件,被贵国官员不仁不义拿获者。放回后,本大臣方能与贵亲王在通州商议各条,画押盖印,亦如前议,定进京换约。诸事完毕后,我军方能退至津郡,驻扎过冬。因贵国悖约,耽延时日之故,是以不能即速回兵。

今本大臣与贵亲王暨军机处各大臣详细言明,若贵国再如前失信悖约,多方推故,必致立即复动干戈。除本日外,本大臣再限三天,以为贵亲王照复之期。至日若无允准之照复,即由大法、英两国将军,登时领兵前进,攻破京师而占踞之。使中国知道凡犯公伦而无故乱擒大法、英之人者,两国之君后万不饶之。为此照会。

须至照会者。

咸丰十年八月十一日

附件四:抄录法使为限二日内照复应允在通州议和并在通扎营事给钦差大臣照会

为照复事。前已接准贵王大臣等在通州所交与本国协理大臣巴公文一角,均已阅悉。因遇交仗之事,未即照复。查贵王大臣前与本大臣互相约定,及贵王大臣等文内所准扎营之处,是以英、法两国队伍前进无疑。尚未至所约扎营之处,乃僧格林沁失信背义,不顾廉耻,实系小人之流,以致我国员弁数名,前去通州商办事件,皆被害矣。僧格林沁狂傲之

至，胆敢攻扑法、英两国前队，以致败绩溃散，大失名气，取笑于人，尚不自愧。我法、英两国将军见其既已失信背约，是以督兵前进，至通州八里桥，复遇交仗，而僧格林沁之劲旅，死者数千名，其营盘器械尽被我国得之。贵王大臣等文内，前已屡次言明，决不食言，非别位议和大臣可比等语。既如此，今亦可在通州复修旧好，其事亦如前议。惟我军宜于通州扎营，俟画押盖印后，本大臣方可进京换约，我军亦可在京师城外扎营。和局完毕后，我营自可移至天津郡矣。

今本大臣复存和好之意，再等两日，以为照复之期。兹宜明言，本国大皇帝之意，深望贵朝国祚绵长。若我两国攻破京师而占踞之，其贵国之危不浅。今虽未至，此文系本大臣末次和好之意。或(再)[在]通州议和，或我军前往京师，惟贵国自取之耳。贵朝兴亡均在兹，本大臣惟愿贵朝取兴亡之道。须至照会者。

附件五：抄录奕䜣为劝令勿攻京师并答应释放所押法人事给法使照会

为照复事。接到贵大臣照复，均已阅悉。惟前次办理不善，并非本亲王之事，此次贵国照会内，有亡无日矣等语，未免出言失当。况来文内称，既以三日为期，何以贵国之兵仍复列队前来？殊非和好之道。本亲王乃大皇帝之亲弟，素秉忠信，向不欺天，亦不欺人，不妨明白告知，现在和约将成，若一旦罢论，岂不可惜？贵国如必欲攻城，我京兵之家口均在城内，必拚命死战，非在外打仗可比。况京外所(谓)[调]兵勇，尚属强众，攻城时不独贵国被获之人先行受害，即贵国大队后路亦难保全。

至贵国被获之人，虽系前次之人办理不善，将其羁禁，然自本亲王授为钦差大臣，皆得秉权办理此事，并未将所获之人加害。此时未便送还，将来换定和约，必定送还。彼时本亲王之为人行事，亦必令贵国永远信服矣。①

——《第二次鸦片战争》第5册，第132—137页。

〇上谕

军机大臣密寄钦差大臣、恭亲王奕，大学士桂，户部左侍郎文，钦差大臣、科尔沁博多勒噶台亲王僧，光禄寺卿胜。咸丰十年八月十六日奉上谕：

本日据恭亲王奕䜣等奏办理夷务紧急情形各折片，并往来照会五件，览奏(具)[俱]悉。该夷既有在通州议和之语，似有转机。恭亲王等给予照会，措词均尚得体。现在事机紧迫，间不容发，朕亦不为遥制，即著恭亲王等相机办理，总期抚局速成，和约已换，国书已递，朕即可及早回銮，镇定人心，并保全亿万生灵之命，回銮后不致再生枝节，方为妥善。

① 五个附件依时序收录，较《第二次鸦片战争》顺序有所调整。

文祥奏,胜保伤已渐愈,请将西安马步队交胜保统带等语。西安马队,前有旨令僧格林沁饬乌兰都带赴热河,现在黑龙江马队二千不日即可前来,此项西安马队二千三百名,即著留交胜保调遣,毋庸令其前赴热河。所有西安步队,并著归胜保统带,以资攻剿。将此由六百里密谕知之。

钦此。遵旨寄信前来。

——《咸丰同治两朝上谕档》第10册,第540—541页。

○袁甲三奏

钦差大臣、漕运总督袁甲三奏:

臣接据穆腾阿函称,顷闻道路传言,夷匪已至天津。正深悬系,恭阅邸钞,直隶提督乐善海口阵亡。并读上谕,以僧格林沁办理一切未能周妥,拔去三眼花翎。等因。是天津吃重,传言似非无因。查京师为根本重地,天津又为京师紧要门户,当此警报遥传,凡属臣工,均有奋激图报之念。况穆腾阿满洲世仆,渥荷国恩,历代擢任大员,穆腾阿又以从事军营,屡蒙特简,尤应殚竭血诚,仰酬高厚。因思咸丰三、四年间粤逆北窜时,穆腾阿曾与乐善同在僧格林沁军营随剿,乐善为国捐驱,僧格林沁如何办理,外间不得而知。穆腾阿瞻依北阙,寝馈难安,亟欲回顾海防,稍尽臣子之职。但系奉命帮办安徽军务,现在军务未完,未敢冒昧自陈,恳请代奏等情前来。

臣查都统穆腾阿出师多年,战功懋著,自帮办臣军务以来,和衷共济,尤资匡襄。现值天津吃重,臣督师全皖,藉固藩篱,未能带队北趋,忧愤填胸,非可言喻。幸皖军现已得手,该都统尚可分身,自应驰赴北路,为尤其所急之计。理合据情代陈。如蒙俞允,该员系现任御前侍卫、镶黄旗蒙古都统,应请旨饬令驰驿回京供职,到京后再候圣裁任使,庶事机不致外扬,而人心亦藉资镇定。

——《筹办夷务始末(咸丰朝)》卷六三,第27—29页。

○上谕

军机大臣字寄钦差大臣、漕运总督袁,帮办军务、镶黄旗蒙古都统穆。咸丰十年八月十六日奉上谕:

袁甲三奏北路军务紧要、请饬带兵大员回京等语。逆夷自攻夺大沽炮台后,占踞天津,命桂良等前往议抚,迄无成说,现已带兵直逼京城。僧格林沁等兵屡挫之后,不能振作,昨已有旨,调张得胜带得力练勇前来,归胜保调遣,谅已迅速启程。穆腾阿帮办军务,现在督攻定远,正当得手之际,若再行他调,诚恐该匪乘虚窜出,又费周章。该都统著毋庸前来,惟当督率兵勇,迅克坚城,拴斩渠首,以慰朕怀。将此由六百里谕令知之。

钦此。遵旨寄信前来。

——《咸丰同治两朝上谕档》第10册,第541页。

八月十七日

○僧格林沁奏

奴才僧格林沁跪奏,为夷情万分紧急,亟应赶紧议抚,以资补救,恭折奏祈圣鉴事。

本月十四日承准军机大臣密寄,八月十二日奉上谕:该夷虽未大队攻扑,迁延日久,自必更生诡计,抚局自宜早定。佛夷爱嘉略欲求见一节,已谕恭亲王奕䜣斟酌办理。至夷匪大队如果直抵城下,僧格林沁等即督兵兜剿,勿令攻扑城池。倘城已攻破,万不可支,该大臣带兵速赴古北口布置防范。等因。钦此。查该夷驻兵三间房等处,逐日窥探。十二日马步千余名至朝阳门外东岳庙一带,奴才当即分兵两路,俟其攻城,从后抄袭。彼此列阵两时之久,该夷撤队退回,并未接仗。十四日,该夷在朝阳门外石路迤北窥伺东直门道路,奴才严阵以待,该夷并未前进,亦未交兵。揆度该夷多日并未攻城者,系大炮未到,又因顾惜巴夏里等。现在若一面赶紧议抚,前定各条稍有加增,亦能俯准,一面恩待巴夏里等,令其转圜,或有补救。城池不破,宗庙社稷以及亿万生灵均可保全。若再事迁延,该夷不顾巴复里等,势必尽力攻城。十四日该夷给恭亲王照复,仍索要巴夏里等,并仍欲将国书亲呈御前,若不依从,即日便要攻城等语。其一切详细,恭亲王自必抄录照会奏闻。

至奴才所带马步官兵,卓索图盟、归化城、吉林、黑龙江马队溃散极多;直隶提标、宣化、通永、山西大同步队溃散十之七八;京旗各营官兵,屡次挫失,心胆已寒。瑞麟、胜保所带之兵,现存无多;绵勋、伊勒东阿所带官兵,虽系一万,枪箭刀矛,焉能抵敌炮火?现在人心涣散,难以收拾,京城防守,是以尚有未散之兵,设有疏失,势将全行溃散。此等情形,实因奴才督兵不力,调度无方,误国之罪,百身莫赎。至续调三盟官兵无人管带,奴才自当遵旨,在乾清门侍卫内拣派一二员前往管带。惟舒明安等均系屡次带队挫败之人,虽经派往,恐不得力。可否于随扈侍卫内简派之处,伏候圣裁。

再,奴才前饬副将乌忠阿将宣化营炮位运往古北口,业经附折陈明在案。现又饬派署通永镇总兵海绶,将营城大小炮位赶紧运往,以资防守。

谨恭折具奏,伏乞皇上圣鉴。谨奏。

咸丰十年八月十五日

朱批:知道了。力挽抚局,已屡谕恭亲王矣。至管带蒙古兵之侍卫,著毋庸由军营派来。

——《第二次鸦片战争》第5册,第137—138页。

○上谕

军机大臣字等西安副都统乌。咸丰十年八月十七日奉上谕：

前有旨，谕知僧格林沁，饬令乌兰都统带西安马队，星夜前赴热河随扈。现在胜保在京防剿，兵力较单，该副都统无论行抵何处，即带领全队迅行折回，直赴京师，归胜保调遣，以资堵剿，毋得稍有耽延。是为至要。将此由六百里谕令知之。

钦此。遵旨寄信前来。

——《咸丰同治两朝上谕档》第10册，第542页。

八月十七日

○文煜奏

窃臣承准军机大臣密寄，八月初五日奉上谕：夷人以议和为名，由津至通，节节进逼等因。钦此。该夷此次求和，已蒙皇上派员议准，乃犹欲将夷书亲呈御览，且坚请撤退僧格林沁张家湾之兵，任意要求，肆无忌惮。若不痛加剿灭，何足以张国威？现经僧格林沁劄营八里桥，自可阻其前进。仰蒙皇上廑念海疆，诚恐夷人窜扰登州一带，饬臣加意严防。臣查烟台前泊夷船五十余只，自六月内分起北驶后，节据登州镇道府县咨禀，或有一二只从西北来，或有一二只从西北去，此来彼往，至今尚存二十二只。内有八月初四日从西北大洋驶来夷船一只，内起出夷兵百余名，俱各受有伤痕，自系在通州被击败回，来此休息。臣思该夷数月以来不在山东挑衅者，其意专注天津，以烟台为退步耳。今其志既不得逞，而又少挫凶锋，难保不存失之于彼、收之于此之想。诚如上谕，不可不加意严防也。遵即咨登州镇道，转饬沿海文武官弁严密侦探。前往天津夷船，如果退回烟台，伏而不动，自宜照前防范，并密拿奸匪，严断接济，以清内患。如该夷敢于寻衅，当即遵旨拨兵迎击，勿令窜扰地方，以仰副圣主谆谆告戒之意。

朱批：知道了。

——《筹办夷务始末（咸丰朝）》卷六三，第31—33页。

○奕䜣等奏

钦差大臣恭亲王、大学士桂良、户部左侍郎文祥奏：

窃臣等于十二日接到该夷照覆，业于十四日将办理棘手之处奏明在案。拜折后，复接该夷照会，据称，三日之期已迫，并言明日如不送回，即行攻城。臣等仍给与照会，并设法将巴夏礼提出，于德胜门内高庙暂住，并派成琦带兵防守，仍以礼相待。并令恒祺透澈开

导,令其写汉字信函,劝令退兵后,即将伊放回。仍密饬成琦,万一该夷攻城紧急,即遵谕旨,将巴夏礼等立时正法。其刑部及各县监禁夷匪,亦传知刑部、顺天府行知各县,一并按此办理。惟连日接据探报,夷人结队至广渠门、朝阳门一带窥伺。并据僧格林沁报称,夷人运六七千斤大炮,已于前日抵通,并有云梯数船,络绎前来。自八里桥直至通州迤南,夷人皆占踞我兵帐房,连营数十里,探报亦几至不通。而僧格林沁及瑞麟所带之兵,败衄之余,为数甚少,率皆疲馁不堪。城内守具本未豫备,仓猝之间,无从下手。守堵之兵,人无斗志,大约一闻炮声,立时惊溃。战守两者皆不足恃。臣等伏念京师为根本重地,天下大局攸关,设有疏虞,必致全局瓦解。惟有殚竭血诚,力图挽救。傥邀圣主福庇,尚有一线可为,不惜委曲迁就,以期转危为安。至于局外议论,时势至此,断不略计及也。

抑臣等更有请者。古北口一带关系紧要,现闻该夷结队陆续北探,复向沿途民人询问京北路径,心殊叵测。且有僧格林沁等所部溃逃兵勇,在京北一带沿途抢掠,道路几至梗塞。应请旨饬下古北口提标各兵扼要严守,以备不虞。

再,自初八日以后,人心涣散,呼应不灵,各处办公人员半多星散,以致一切差委均难应手,焦急实深。合并附陈。

——《筹办夷务始末(咸丰朝)》卷六三,第33—34页。

〇上谕

谕军机大臣等:

昨据恭亲王奕䜣等奏夷务紧急情形,当谕令相机办理,朕亦不为遥制,总期抚局早成,朕即可及早回銮,镇定人心。谅恭亲王等必能领会朕意,妥为办理。本日据恭亲王等奏,抚局难成,现仍竭力挽回一折。夷人运送大炮云梯,显系欲为攻城之举。城内外兵力疲馁,战守皆无足恃。京师为根本重地,傥有疏虞,大局何堪设想?据该夷照会,无非欲送还巴夏礼等,始肯罢兵。转圜之机,在此一线。该夷如肯遵照恭亲王等所给照会,退至张家湾一带,酌定适中之地,定期各派委员,将在津续定条约盖印画押,将巴夏礼等送回,固属甚善。如必不肯遵行,或并无照覆前来,不必待其进攻城池,莫若即将所获巴酋等全行送还,以示大方,尚可冀其从此罢兵换约。不值为此数十夷丑,致令亿万生灵俱遭涂炭。至亲递国书一节,及该夷照会,有不尽此礼则国书不便呈上,及向未列入、准此动兵之议等语,似该夷不至为亲递国书所议不合,再致决裂。一切相机行事之处,即著恭亲王等斟酌办理,无待朕详为指示也。

——《筹办夷务始末(咸丰朝)》卷六三,第34—35页。

八月十八日

〇官文、胡林翼奏

钦差大臣、协办大学士、湖广总督官文,湖北巡抚胡林翼奏:

窃奴才等前闻英、佛夷众有游行天津各海口之说,窃虑犬羊无厌之求,中怀叵测。我圣主恩同覆帱,自必曲示怀柔,俾知向化。讵日来风闻该夷酋肆志跳梁,竟欲盘踞津门。奴才等闻信之下,忧愤填胸,目眦欲裂。伏思京师为天下根本,津门为都邑屏藩,岂容该逆逞志鸱张,肆行无忌!亟宜摄以兵威,肃清内地。奴才等封疆任重,恨不克提师驰往,共灭朝食。查刻下淮北军务固形吃重,究属堂室以外之患,且彼处马步各军,已有袁甲三、穆腾阿、李若珠等统带,堪资调度,较之直隶夷务,情形似觉稍松,自应先其所急,上纾九重宵旰,以张挞伐之威。奴才等拟即派都兴阿酌带马队四百名,星夜驰往僧格林沁大营,以备攻剿。都兴阿久历行阵,胆识俱好,兼于北路情形甚为熟悉,可期有裨。如蒙圣恩俯如所请,奴才等即飞饬都兴阿遵照,一面选派队伍,裹带行粮,克日遄行,并咨河南、直隶各督抚一体催趱,不准片刻逗遛。奴才等不胜迫切待命之至。

[咸丰十年八月十六日]

——《筹办夷务始末(咸丰朝)》卷六三,第35—36页。

〇上谕

军机大臣字寄钦差大臣、协办大学士、湖广总督官,帮办军务、荆州将军都,头品顶戴、湖北巡抚胡。咸丰十年八月十八日奉上谕:

本日据官文等奏,探闻夷人窜扰天津,拟派都兴阿统带马队入援一折。英、佛两夷自占据天津之后,朕命大学士桂良等议抚未成,现已带兵直犯京师,扎营城外,势甚猖獗。朕于八月初八日举行秋狝,驻跸热河。京中虽有多兵,俱系未经战阵,该大臣等既请派都兴阿来京,即著统带马队四百名星夜前来,归僧格林沁大营,以备攻剿。湖北营中练勇向称骁健善斗,并著官文等挑选一二千名,另派得力将领管带,迅速赴京,听候调遣。所有军火兵械饷需,均著一律备齐,毋得迟误。将此由六百里加紧谕令知之。

钦此。遵旨寄信前来。

——《咸丰同治两朝上谕档》第10册,第543—544页。

八月十九日

〇胜保奏

光禄寺卿胜保奏:

自本月初七日在八里桥地方临阵督战,身受炮子重伤两处,不得已吁恳赏假十五日,回京调理,所有原带之兵,暂交大学士瑞麟统带,奉朱批:依议。钦此。奴才遵即赶紧延医调治,取出铅子,内服外敷。幸奴才气体素壮,数日以来,左颊左腿青□渐消,疼痛稍减,惟伤痕太深,急切未能生肌收口。但夷氛密迩,奴才辗转□□,寝馈难安。日来倩人挟掖,勉强试步,渐能动履。因即力疾裹疮而出,先赴亲王僧格林沁及大学士瑞麟军营查看情形,并至园寓,面晤恭亲王奕䜣、军机大臣文祥等,密筹战守机宜。其守城诸臣,以奴才久历戎行,粗知一二,殷加谘商。奴才目击时艰,不敢因无谕旨责成,稍存(膜)[漠]视,遂复与侍郎麟魁、宝鋆及克勤郡王庆连、内大臣奕山、尚书绵森等周历东面各门,详细筹度城守要略。第城上守具欠备,且兵力尚单,当即咨商瑞麟,将奴才原带之左翼四旗汉军兵丁一千名调赴朝阳门、广渠门一带,又调右翼四旗汉军兵丁五百名前赴安定门一带,均听内大臣奕山、侍郎衔赛尚阿等调遣,按段分拨,实力巡守,以厚兵力。惟奴才伤痕未平,尚不能乘骑督队,而时艰方棘,又未敢拘泥假期,现择西直门外适中之地暂驻,以便与圆明园及城北各营声息相通。一面赶紧医调,庶冀及早复原;一面就奴才心力所及,遵旨与在事诸臣随时赞商,勉图补救,以仰纾宵旰之忧于万一。

朱批:览奏。报国心殷,实堪嘉尚。

——《筹办夷务始末(咸丰朝)》卷六四,第1—2页。

〇上谕

军机大臣字寄光禄寺卿胜。咸丰十年八月十九日奉上谕:

本日据胜保奏力疾销假一折,并片陈夷务办法,览奏均悉。胜保伤未痊愈,即出任事,足征报国心殷。昨有旨,命统带西安马队,以备剿击。乌兰都途中未接寄谕,现已带领前三起马队一千五百名行抵热河,业令在承德、滦平等处暂行驻扎;其随后之六起,系委营总、佐领官隆管带,第七起系委营总、佐领德克敦布管带,约计此时可抵保定,即著胜保飞提截留,毋庸令其再赴热河。总兵伊绵阿统带步队一千五百名,谅已赶到僧格林沁军营;其后队二千七百名,据谭廷襄奏,均已起程,统交胜保督率,于城东北一带择地扎营,以防该夷攻城,并扼北犯之路,兼可与僧格林沁、瑞麟等大营互相联络。所有西安马队步队饷需,即著胜保知照僧格林沁等,由大营粮台支应。将此由六百里谕令知之。

钦此。遵旨寄信前来。

——《咸丰同治两朝上谕档》第10册,第546—547页。

八月二十日

〇奕䜣等奏

奏为时势危迫,抚不可恃,请饬统兵大臣激励兵心,以维大局而保危城,恭折仰祈圣鉴事。

窃臣等于十六日将接到该夷照会、给予照复并提出巴夏里于德胜门内高庙暂住,带兵防守,仍以礼相待各情,均经具折奏闻在案。本日复接到英、佛两国照会,以巴酋等未经送还,三日之期已满,惟有以兵力威逼各等语。臣等思该夷急欲得巴夏里回归,故为此恐吓之语,大约夷人用意,说以先得巴夏里,然后定地画押,再行退兵。臣等则令其先行退兵,然后再与画押,俟画押后,始将巴酋放还。缘目下情形,战守均不足恃,若先行放还,或即予处死,恐堕其术中,进兵益急。是以仍给与照复,以和议未定,难于草草送还,若用兵力威逼,不独和局可惜,恐该夷在京之人亦必难保各等词,以示羁縻而资箝制。

臣等伏思夷情狡诈不测,现虽给予照复,暂为缓兵之计,而夷兵距京甚近,巴酋之能否作字劝令缓攻,及夷人之能否因巴酋在城,暂缓进攻,均属毫无把握。至僧格林沁、瑞麟等屡次来函,总以军无斗志,深盼和议速成。不知和之本在能守,今战守既一无足恃,即和局亦万不能成。相应请旨饬下僧格林沁等及守城王大臣,激励军心,力求制胜之策。一面再由臣等设法补苴,力保危城,以期挽回于万一。

所有本日续接英、佛两国照会,并给予照复,一并抄录呈览,恭折由六百里驰奏,伏乞皇上圣鉴。谨奏。

[咸丰十年八月十八日①]

附件一:英使额尔金为限期已满未见应允已令用武照会

大英钦差大臣、伯爵额,为照复事。

接准贵亲王来文,内以天津议定续约,何日何处可以盖印画押,必俟我兵离京远营,不肯先订外,我国官员,原在免战旗保之内,已为僧亲王奸谋拘系,仍为贵亲王违理羁留,必俟定约,方能释放等情,本大臣均已阅悉。只以前文数件,屡为详陈各议,兹接来文,无一依允,前限三日之期已满,合将如此往来行文并无结局之意,咨会大将军克查核照行。为此照复。须至照会者。

---

① 关于此折的具奏日期,《第二次鸦片战争》第5册第145页作咸丰十年八月十七日。然《筹办夷务始末(咸丰朝)》卷六四第14—16页之恭亲王等折内则称:"窃臣等于十八日卯刻,将夷氛日炽、请饬统兵大臣等力求制胜之策,并提出巴、罗两酋,劝其作字退兵等情,缮折具奏后,申刻接军机大臣密寄……"据此可知,此折当具于咸丰十年八月十八日。

右照会大清钦差大臣和硕恭亲王。

一千八百六十年九月三十日

庚申年八月十六日

附件二:法使葛罗为限期已满未见应允已告知本国将军继续用兵照会

大法钦差全权大臣、世袭男爵葛,为照会事。

今日辰刻,接到贵亲王昨日之公文一角,均已阅悉。前次本大臣之文内,依理所请各事,今贵亲王不惟不从,反请本大臣许不能依许之事,然自失现在复修和好之机。如前次之照会内,本大臣业已言明,于本月十五日若不送还不义被获之大法英两国员弁,即由大法英两国将军之意办理。日期已过,并未见还,本大臣现用好意与贵亲王办理各件,皆不得允许,是以今早已告知本国大将军,饬其宜用兵力威迫,以获所请之各事。为此照会。须至照会者。

右照会大清钦差大臣和硕恭亲王。

咸丰十年八月十六日

〇恭亲王等奏

窃臣等正将接到夷人照会、办理照覆各情形缮折具奏间,适接军机大臣字寄,八月十四日奉上谕:据麟魁、庆英奏,请饬步军统领仍驻城内,文祥著准其留驻城内,会同麟魁、庆英及守城王大臣等布置一切,遇有与恭亲王奕䜣等商办之件,再行赴园,晚间仍即进城,如有要事不能赴园,亦可函商办理等因。钦此。文祥现即遵旨进城。惟查臣等奉命办理抚局,事机紧要,即如该夷照会等件,均系僧格林沁军营转递臣等公所,无分昼夜,随到随覆,未能片刻停留。文祥留驻城内,设遇有商办之件,再行赴园,必致迟误;到园以后,复恐有误进城;若往返函商,则城内城外相去较远,夜(门)[间]照会不能递至城内,于臣等随时面商之处,多有未便。且事宜秘密者,尤恐因信函往来,必致迟延,有误事机。臣等辗转筹商,在文祥实有难于兼顾之势。合无仰恳圣恩,俯念抚局紧要,准令文祥仍驻城外,与臣等得以随时会商,庶可无误机宜。查文祥向在枢廷,于近来夷务熟悉,且本任左营总兵,差委员弁,探报夷情,尚可得有确实消息,否则臣等于夷人动作不能知悉,尤难措手。至园(廷)[庭]守卫事宜,文祥就近督饬绿营弁兵稽查弹压,亦较有益。其所署步军统领亦极紧要,可否另行简员署理,以期各专责成而免歧误。文祥奉派在园办理军机处事务,亦可一手经理。

——《筹办夷务始末(咸丰朝)》卷六四,第9—10页。

〇上谕

军机大臣密寄钦差大臣、恭亲王奕,大学士桂,户部左侍郎文,钦差大臣、科尔沁博多

勒噶台亲王僧,大学士瑞,光禄寺卿胜。咸丰十年八月二十日奉上谕:

本日据恭亲王奕䜣等奏抚不可恃,请饬统兵大臣激励兵心、以维大局一折,并钞录照会等呈览。据称,夷情狡诈不测,现虽给予照覆,暂为缓兵之计,而夷兵距京甚近,战守既一无足恃,即和局亦万不能成等语。所虑甚是。恭亲王等办理抚局,叠次谕令相机而行,并明示以酌量情形,放还夷酋。此中缓急操纵之机,谅恭亲王等必能斟酌办理。惟此时未放夷酋之先,并将来放还夷酋之后,设该夷大队进攻,必须兵力能与相敌,抚局始有足恃。战、守、和三者相辅而行,不能互相观望,全诿诸办抚局之人也。僧格林沁、瑞麟大营马步队,并绵勋、伊勒东阿等所带之兵,兵力不为不厚,节调各省兵丁,到者谅复不少。朕前经颁发内帑,普加赏赐,复谕令悬立重赏,以励有功,该大臣总宜振兴士气,力求制胜之策,傥再接再厉,尚可转败为功,不可先自委靡,徒唤奈何[①]。据瑞常等奏,请令胜保入城会同防守,昨已谕令胜保,统带西安各队,扎营京城东北,以备剿击,并与僧格林沁等大营互相联络。傥陕西后起[②]兵现尚未到,即著胜保暂时入城,布置防守一切,仍驻扎城外[③]。如兵已到齐,著仍遵前旨行。文祥著仍驻城外,与恭亲王等商办抚局,并办理军机处一切事件。步军统领已改派瑞常署理矣。将此由六百里加紧密谕知之。

钦此。遵旨寄信前来。

——《咸丰同治两朝上谕档》第10册,第547—548页。

八月二十一日

〇奕䜣等奏

钦差大臣恭亲王、大学士桂良、户部左侍郎文祥奏:

窃臣等于十八日卯刻,将夷氛日炽、请饬统兵大臣等力求制胜之策,并提出巴、罗两酋,劝其作字退兵等情,缮折具奏后,申刻接军机大臣密寄,八月十六日奉上谕:本日据恭亲王奕䜣等奏,办理夷务紧急情形等因。钦此。臣等自初八日圣驾启銮后,远隔天颜,瞬逾旬日。每念道路之风霜、关外之寒冷,私衷依恋,寝食难安。兹读谕旨,深盼和议速成,即可及早回銮,惟以不致再生枝节,方为妥善。谆谆训诫,仰见我皇上眷念臣民,无时或释。而臣等愚昧,其何以仰副倚任之重?跪诵再三,不禁涕泗之交□也。

伏思逆夷自初七日接仗以后,虽未进扑京城,而炮位、云梯、铅药等搬运至通者络绎不

① 画线处为朱笔所改,原文为:"傥再望风溃退,任令攻扑城池,该大臣等其何以对朕也。"

② "后起"二字为朱笔所加。

③ 画线部分为朱笔所改,原文为:"协同防守。"

绝。其不敢遽行深入,则以羁留之人尚未释放。是巴酋等之操纵,于抚局定有关系。臣等公同商酌,巴、罗两酋既经移禁高庙,其佛酋伊德士、哦不干的二名,亦由刑部移禁该处,以示平允,惟不准与巴酋晤面。至巴夏礼所作信函,已交僧格林沁派员转递。其信后夷字,据委员黄惠廉云,系名字及年月日,不关紧要。该酋此件信函,并无切实之语,谅该国未必因此罢兵。即使竟如所请,免战请和,而夷情日肆,亲递国书一层,恐未容再加驳诘。且于前次允准各条款外,正难保无别项要求,设使有万难允许之事,即抚议终于决裂。种种棘手,何堪设想。臣等惟有竭尽力心,妥为筹办,固不敢坐失机宜,以致稽延时日,尤不敢稍涉草率,任令节外生枝,以仰答圣主殷殷期望之至意。

至战守与抚,事贵交济,设战与守绝无可恃,则抚议安能有成?伏求皇上迅饬僧格林沁、瑞麟等整顿各军,以图进剿,并严谕城守王大臣,于内外城守御之方悉心讲求,实力经理,庶敌人有所忌惮,或可就我范围。至臣等前请将西安马步队拨归胜保督带,仰蒙圣恩允准。惟查胜保虽已裹创而出,而左腿之伤尚未大愈,自未能即时出队。此项官军业由僧格林沁调赴石峡,系为古北口防务起见,未容即行他调。应俟胜保伤痕全愈、可以带队接仗之时,再行调拨助剿。约计黑龙江马队彼时亦必可到热河,臣等亦较放心。除已咨明僧格林沁,饬令马队官兵仍驻石峡,无得擅移他处外,是否有当,仍候圣明裁夺,分别饬遵。

［咸丰十年八月十九日］

——《筹办夷务始末(咸丰朝)》卷六四,第14—16页。

〇上谕

谕军机大臣等:

本日据恭亲王奕䜣等奏现办抚议情形各折片,览奏已悉。前因事机紧迫,谕令将巴夏礼等放还,以示大方,原恐该夷即欲攻城,藉此保全亿万生灵之命。恭亲王等现派恒祺、蓝蔚雯等与该酋商办从前允许各条,如何派员会晤画押,并覆给该夷照会,使知羁留该酋原为商办和约起见。此中操纵,甚合机宜。如该酋肯许日久相安,不至别生枝节,即可与之约定画押盖印。倘该酋推诿,不肯担承,仍令其致书额尔金等,极力挽回。将来抚局若成,恭亲土不妨接见该酋,面示天朝宽厚之恩,并晓以利害,令其心折,再行送还。至换约以后情形,原难豫料。设该夷再有反覆,则其曲在彼,而我为有辞。惟此时不能不慎之又慎,以期防患于未形。谅恭亲王等必能筹虑周详也。僧格林沁、瑞麟及城守王大臣,昨已寄谕,令悉心战守。西安兵既已调赴石峡,即著驻劄该处,以资防守。

——《筹办夷务始末(咸丰朝)》卷六四,第16—17页。

八月二十四日

〇奕䜣等奏

钦差大臣恭亲王、大学士桂良、户部左侍郎文祥奏：

窃臣等于本月十九日，将抚议棘手、请饬统兵大臣及城守王大臣等力筹战守，以期相济等情，由驿驰奏在案。二十日，接军机大臣密寄，八月十八日奉上谕：本日据恭亲王等奏，抚局难成，仍竭力挽回一折等因。钦此。仰见我皇上垂念亿万生灵、深恐遽遭涂炭之至意，臣等莫名钦服。惟查该夷自初七日接仗以后，尚未大有举动，自因羁留之人均未放还，心存顾忌。至巴夏礼生性狡悍，此次既被拘执，怀恨必深，设竟纵令归去，其怂恿额尔金等肆其毒螫，实在意中。臣等愚见，似须俟抚议稍有头绪，再行相机酌办，未敢因该夷索取甚急，遽行放回。至亲递国书与否，经恒祺等诘问巴酋，已有不必勉强之说。但能消弭一事，即少一层枝节。臣等惟有竭尽心力，务求妥善，断不敢任令决裂，亦不敢稍涉轻率。

至臣奕䜣奉命办理抚局，于圆明园如意门外善缘庵内设立公所，两旬以来，并未那动。前据豫亲王义道等公具信函，嘱臣移居城内，当以臣系奉旨应驻城外筹办，未敢他往等词答覆。乃昨据义道等钞录奏折并所奉谕旨，知照前来，知该王大臣等以恐臣奕䜣心不坚定，或有迁避之意，则抚局复裂，该夷势必直趋木兰等词具奏，幸蒙皇上圣明洞鉴，钦奉上谕：谅恭亲王必能领会朕意，竭力图维，不至轻为迁避，等因。钦此。循诵再三，不觉涕零。查城内外相去虽不甚远，当此事机紧急之时，讹言易起，亦属实在情形。惟臣与臣桂良、臣文祥仰蒙圣恩，畀以重任，果使夷情凶狡，万无可为，自应遵旨驰赴行在。傥有一线可乘之机，必当竭力筹办，维持大局，断不敢委之而去，辜负天恩。既蒙圣慈鉴察，臣亦何敢多渎？

至僧格林沁，日来并未出队。其后路堵剿事宜，臣等与胜保随时会晤商办。合并附陈。

朱批：知道了。览巴、威各酋往返信字，具见逆夷暂戢桀骜，无非为此羁囚。执意进兵、不必相顾等语，尤觉情见乎词。先行纵归，必另生诡计。著俟抚局已成，不致别生枝节，即加紧驰奏，以便回銮。慎之密之。照常情形，无决裂之事，仍六百里具奏，不必加紧。

——《筹办夷务始末(咸丰朝)》卷六四，第22—24页。

八月二十六日

〇奕䜣等奏

钦差大臣恭亲王、大学士桂良、户部左侍郎文祥奏：

窃臣等奉命办理抚局，原拟委曲求全，以顾大局。是以旬余以来，极力设法羁縻，并于二十二日早，因该夷已抄至德胜、安定二门，事机紧急，连夜约同奴才文祥出城，复给该夷

照会，许以送遣巴酋，并令巴酋写信与额酋，令其止兵。乃照会发去之后，该夷并无回字。至午间，该夷已抄至德胜门土城外，暗袭僧格林沁、瑞麟之后。我军不战自溃，败兵纷纷退至圆明园，夷匪亦衔尾而来。探闻各城均闭，臣等即赶紧暂赴万寿寺，仍望再议和局，拟给照会，不料该夷已由东、北两面窜至，占踞园庭，焚烧附近街市，令人发指。臣等见事机如此，万不能再议抚局。本拟奔赴行在，不料该夷自东、北两面而来，将臣等隔绝南路。北望行在，不禁涕泗交流。时漏已四下，败兵又复纷至万寿寺，不得已只得暂赴芦沟桥，冀有续调兵勇经过，暂行截留。并因胜保现在城外，约其来桥督带，以期将占踞园庭之贼逐去。然能否有济，亦无把握。至如事不济，臣等能否绕道奔赴行在，尚难豫定。其僧格林沁及瑞麟，亦均隔在南面，兵丁逃散一空。该两营驻扎处所，尚无确信。

［咸丰十年八月二十三日］

——《筹办夷务始末（咸丰朝）》卷六四，第 26—27 页。

○上谕

军机大臣密寄钦差大臣、恭亲王奕，大学士桂，户部左侍郎文，光禄寺卿胜，直隶总督恒。咸丰十年八月二十六日奉上谕：

本日据恭亲王奕䜣等驰奏夷人扰踞园庭、情形危急一折，览奏愤懑之至。连日接恭亲王等奏报，方冀抚议有成，不料夷务决裂败坏至此。据恭亲王等奏称，万不能再议抚局。现在兵力毫无足恃，若任令该夷盘踞日久，消息不通，以后更难措手。仍应于万难之中设法，极力挽回，以冀维持大局。恭亲王等现在芦沟桥驻扎，恐文报阻隔，往返耽延，著绕至园庭东北一带择地驻扎，竭力筹办抚局，奏报亦较为便捷。僧格林沁、瑞麟大营现在何处，并城内如何情形，均著探明，迅速驰奏。胜保是否已到卢沟桥，所有续到各省兵勇即行截留，俱著交胜保统带，相机剿办。俟兵力稍厚，亦可绕至东南，抄其后路。务须与恭亲王等声气相通，不至有碍抚局。古北口一带，已谕乌兰都带兵防守，恒福仍宜前来，督率地方官办理一切，著即星夜赴口，毋得迁延。本月二十日及二十一日寄谕，已谕军机大臣抄给阅看。将此由六百里加紧密谕知之。

钦此。遵旨寄信前来。

——《咸丰同治两朝上谕档》第 10 册，第 553—554 页。

八月二十七日

○上谕

军机大臣字寄西安副都统乌。咸丰十年八月二十七日奉上谕：

昨谕令乌兰都，带领西安马队一千五百名，驻扎古北口内，日内想已赶到。昨据恭亲王等奏报，逆夷于本月二十二日直犯圆明园，焚烧街市，令人发指。该夷诡计多端，难保不分股北犯，著即相度要隘，妥为布置，多设哨探，严行扼守。朕闻此项官兵队伍齐整，纪律严明，防剿必能得力。仍宜随时操练，不可日久生疲。其续到陕西马步各队官兵，僧格林沁令其屯驻密云县所属石硖地方，现在已到数目若干，著乌兰都查明，迅速奏闻，均著归乌兰都统带。所调黑龙江马队二千名，约计已可进关，俟到口时，即著截留，屯扎该处，一并交该副都统管带。未到之前，毋庸迎提。僧格林沁大营粮台是否尚在顺义，未得确信，恐已移至他处，不能接济该副都统军营。已传谕霸昌道英毓，饬令密云、怀柔、顺义等县，无论钱米，暂行支放。俟恒福、吴廷栋到口，即可设立粮台矣。将此由五百里谕令知之。

钦此。遵旨寄信前来。

——《咸丰同治两朝上谕档》第10册，第557页。

八月二十八日

○上谕

军机大臣密寄钦差大臣、科尔沁博多勒噶台亲王僧，大学士瑞。咸丰十年八月二十八日奉上谕：

本日据僧格林沁等奏夷人退出园庭一折。览奏已悉。僧格林沁、瑞麟统带重兵，节节退扎，已属畏葸无能。此次夷人直犯圆明园，肆行焚抢，又不能驰往救护，实属咎无可辞。僧格林沁著革去爵职，仍留钦差大臣，瑞麟著即革职，均仍留军营带兵堵剿，保护京城。傥该夷大队攻扑，务须从后兜击，力赎前愆。昨据恭亲王等奏，该夷扰踞园庭，抚局不能再议，已谕令极力挽回。兹据僧格林沁等奏称，恭亲王等于二十四日已饬恒祺将巴夏礼放回，以后如何情形，尚未接恭亲王奏报。恭亲王等现在常新店，距城较远。恒祺现在城内，著僧格林沁等知照恒祺，先行羁縻巴酋，勿令再有决裂，听候恭亲王等办理可也。该夷狡诈多端，现虽退出园庭，仍盘踞黑寺一带，抚局是否能成，实难预料，仍须严为防备。再，海淀一带土匪肆起，清河地方，逃兵匪徒聚集多人，在彼掠抢，以致文报不通，著该大臣等迅速查拿惩办。是为至要。将此由六百里加紧密谕知之。

钦此。遵旨寄信前来。

——《咸丰同治两朝上谕档》第10册，第558页。

○上谕

咸丰十年八月二十八日内阁奉上谕：

僧格林沁著革去爵职，瑞麟著即革职，以示惩儆。

钦此。

——《咸丰同治两朝上谕档》第10册，第558页。

八月二十九日

〇奕䜣等奏

钦差大臣恭亲王、大学士桂良、户部左侍郎文祥奏：

臣等于本月二十三日，将逆贼占踞园庭、焚抢民房，并臣等隔断在南，一切危急情形，恭折驰奏在案。伏思臣等于二十二日早间发给该夷照会，令其止兵，于二十三日内，准巴夏礼面见放还，由僧格林沁军营派守备廖承恩送去。至是日申刻，廖承恩回称，该夷不给照覆，仅与收到字条等语。该弁言语支离，恐此件照会未经送去。此时臣等已至万寿寺，恒祺亦即赶到，据云，今日见巴夏礼，已取有并不报复字据，条约亦不增添等字，并探闻夷人尚未肆扰园庭等语。当经复给该夷照会，责以既许还巴夏礼，何以并不止兵。拟令恒祺于次日再见巴夏礼，许以送还，再取切实字据。正商办间，探闻该夷已进踞园庭，败兵纷纷，均至万寿寺。臣等当即暂赴芦沟桥，恒祺并未随同前来。至二十三日申刻，接到恒祺由城寄来信件，据云，是日威妥马约其出城相见，伊已面见该酋，许其将巴夏礼送还，请示遵办。并云，据威妥马声称，二十二日早间所发照会，该夷并未收到。如果接此照会，必不致扰及园庭等语。虽系该夷藉口之词，殊难凭信。至廖承恩，于此等紧要文件，如果畏险未经送去，捏词饰报，必须加以惩治。当即知照僧格林沁，将该弁先行看管，俟与该夷质证明确后，再行办理。一面回覆恒祺，以前许送巴夏礼，原系未经占踞园庭，方可与之议抚，今该夷既已肆扰园庭，焚烧街市，即使送还巴夏礼，城中亦难免滋扰，尤应斟酌举行，确有把握。去后，方冀恒祺接到臣等覆音，竭力再与该夷议论，讵于二十四日，又接恒祺来信，如不放还巴夏礼，该夷刻即开炮攻城，当经留京王大臣公同商议，权宜办理，于二十四日将巴夏礼送到德胜门外夷营等语。

臣等思前此给与该夷照会，系在园庭未经占踞之先，尚可与之理论，现既扰及园庭，虽京城尚属无事，而御园被扰，其情形与大内宫廷无异，即不能将巴酋轻为纵释。并据胜保来桥，述及是日公议送回巴夏礼时，伊曾力言现在该夷狂悖异常，敢将园庭占踞，焚烧民房，狂悖情形，殊堪发指，断无再将巴夏礼释回之理，与臣等意见相同。第业经恒祺与留京王大臣等公议将巴夏礼释放，势已无可如何。在留京王大臣，以保全京城、冀得稍缓攻城起见，暂时从权办理。臣等亦惟有设法统筹，以期挽回万一。惟该酋有即使议和换约时，亦须带兵入城，把守一门，并欲留兵在京，驻守三年，方行全数退兵等语，是其凶狡狂悖之

形,万难与之理论。臣等拟在此稍留一二日,等候恒祺与该酋所议信息。如其稍知悔悟,将园庭速行退出,并留兵驻京各情概行删去,尚可委曲周全,以安大局。傥竟冥顽不移,则切齿痛心,断难再言抚事。臣等现将调到之山东、陕西两省马步官兵统交胜保管带,并续调各省未到兵勇,札饬恒福赶紧严催齐集,均交胜保,以资剿办,并由胜保酌夺形势,在于西面扼要驻劄,以备相机进剿。

臣等奉命办理抚局,万分为难。诚如朱谕,抚局难成,人所共晓,臣等尚复殚尽愚忱,竭力筹办,原冀得有转圜,上安宗社陵寝。乃抚议稍有就绪,因照会未经递到,又致决裂至此,实非意料所及。至恒祺信内有臣奕䜣已赴西陵之语,未知此语出自何人,俟查明具奏办理。

朱批:览奏。一切均悉。

——《筹办夷务始末(咸丰朝)》卷六四,第33—36页。

○胜保奏

光禄寺卿胜保奏:

窃奴才日与守城王大臣庆惠、奕山等商议城守方略,及置备必需器用,计陆续添调上城,安设武成永固、无敌、神功、神机、神枢等大小炮位,共计一千三百余尊,分布各城。复赶紧制造火弹等物,以备不虞。并商同瑞麟,拨调山东曹州镇兵五百名进劄于东北城,以为游兵,随时策应。尤恐守城兵丁未娴纪律,奴才撮其大要,手定简明章程九条,交庆惠、奕山等传谕守城官兵一律遵行。

正在布置之际,接奉寄谕,所有六起、七起西安马队及总兵伊绵阿等先后步队四千二百名,俱交奴才督率,于城东北一带择地劄营。查此项马步兵丁尚无到京信息,大约尚在保定以南,奴才即行遵旨飞提,仍恐缓不济急。讵于本月二十二日丑寅之间,逆夷结队迤逦来扑城关,僧格林沁率领大队,在城东北六里许向前迎敌,甫经交战,旋即撤退。时瑞麟闻逆夷来犯,亦列队安定门三里许之黄寺一带,稍与相持,亦即溃退。逆夷遂由黄寺、黑寺直趋西北,扑犯圆明园;复分股扑至德胜门城关,以牵我师。而僧格林沁、瑞麟两军即退,致逆夷深入,无所遏截。海淀本无防兵,而应归奴才所统之军又未在手,万分焦灼,愤恨填膺。因复力疾进城,与庆惠、麟魁等共商保全都城之策。于酉刻复出西直门,适值恭亲王奕䜣、大学士桂良、侍郎文祥等在园寓闻贼将至,不得已暂行南移,奴才迎至八里庄以北,面见奕䜣等,咨商直隶总督恒福,迅调冷庆、徐廷楷所带之天津、河间等处兵二千数百名星夜前来,奴才先行择要安营,以壮援兵声势。俟陕西兵到,一同相机扼剿。以待奴才所调川楚等勇先后齐集,兵力较厚,定当出奇致果,立殄狂氛,以振国威而全大局。惟圆明园为宸居游豫之所,不图逆夷仓猝窥犯,奴才裂背北望,泪下沾襟。但得援兵速至,必即首先督

师痛剿，以期仰纾圣廑。惟以奴才现在所秉事权，尚恐有呼应不灵之处，惟有竭力为之而已。

朱批：知道了。折中并未叙及伤愈情形，殊深廑念。现能否骑步如常？抑尚须需人扶掖？

——《筹办夷务始末(咸丰朝)》卷六四，第38—40页。

〇胜保奏

奴才察看僧格林沁、瑞麟所带各队，已成惊弓之鸟，万难期其振作。昨日逆夷北扑，数不满千，乃马队则望影而逃，步队亦闻风而窜，以致逆夷如入无人之境，直抵海淀，到处焚掠。然被逆夷之扰者，不过十之二三；而受土匪之害者，反有十之六七。苦于奴才无兵可为驱策，徒深焦急。现带戈什员弁数十人，暂扎西便门外之天宁寺，以与城内声息相通，专待新调之兵到来，再行设法截剿。此时僧格林沁、瑞麟之兵俱在都城西南一带散处，而蒙古兵尤多滋扰之处，恭亲王奕䜣、大学士桂良、侍郎文祥俱在长新店一带暂住，拟日内仍令恒祺等将巴夏礼赦回，勉强议和。但不过求旦夕之安，将来恐仍归于战。奴才惟有急催所调新兵早日到齐，言战方有把握。尤须稍假事权，方不致有掣肘。奴才意以为必须痛剿后再行议和，始为万全之策也。

朱批：所奏不为无见。

——《筹办夷务始末(咸丰朝)》卷六四，第40页。

九月

九月初二日

〇上谕

军机大臣密寄钦差大臣、头品顶戴、候补侍郎胜。咸丰十年九月初二日奉上谕：

本日据胜保奏齐集援兵、静以观变一折，足征该大臣忠勇性成，赤心报国。著即授为钦差大臣，并开缺以侍郎候补，总统各省援兵，相机剿办。即由胜保知照礼部，颁给关防。现在直隶、陕甘等兵仅到八百名，其各起大队，二三日内始能到齐。远道赴援，必须休息。已谕令庆惠等坚守以待，并谕恭亲王等迅办抚局。傥该夷猖獗，万不能成，即行知照胜保，督兵进剿。该大臣自应静候办理。惟事机紧迫，必须量敌而进，计出万全，一战成功，始慰朕望。傥兵力未厚，不可轻于一试。所调川楚各勇，均已飞催，尚未据报起程。惟都兴阿自请带马队四百名前来，朕已允准。本日据英桂奏，与总兵庆德先后带兵勇三千，克日起

程，文煜亦拨海丰防勇一千、曹勇三千前来。其各省未到援兵，毋庸归僧格林沁、瑞麟大营，均著交胜保调遣。太常寺少卿崇恩，著随同该大臣办理军务。已革副都统伊兴额，著准其调赴军营差委，以资得力。将此由六百里加紧密谕知之。

钦此。遵旨寄信前来。

——《咸丰同治两朝上谕档》第10册，第561—562页。

九月初四日

○上谕

军机大臣密寄钦差大臣、已革科尔沁亲王僧，已革大学士瑞。咸丰十年九月初四日奉上谕：

恭亲王等奏北路空虚，请饬僧格林沁驰赴古北口督兵设防一折。前有旨谕知该大臣，傥城已攻破，即带兵速赴古北口布置防守。本日据义道等奏，该夷入城，尚属安静，已谕令恭亲王等迅速进城换约。此时抚局尚在未定，该大臣等自应相机办理，未便带兵北来。清河一带为古北口要路，闻有败兵在彼盘踞，劫掠行人。附近圆明园地方，均有土匪出没。若不及早肃清，将来聚集日多，更难扑灭，于饷需文报往来，均有关系。著僧格林沁等迅即派员招集溃兵，查拿土匪，疏通道路。是为至要。将此由六百里加紧密谕知之。

钦此。遵旨寄信前来。

——《咸丰同治两朝上谕档》第10册，第566页。

○乌兰都奏

西安副都统乌兰都奏：

窃奴才钦奉谕旨，于八月二十五日由热河带领西安马队官兵起程，二十七日到口，即日会同该地方文武各员查勘地势，相度情形，即在口内教场安营。查该处四面环山，岔口纷歧，其间捷径间道处处可通，惟西南山口直达密云，为前途各口总汇之区，实系南北咽喉要道，必须此处安营，方可堵贼北犯。奴才扎营后，即差弁兵沿山各口昼夜巡查，盘诘奸宄，并派马探前往密云等处不时侦听。仍饬该地方官一并派兵，择要设卡巡防，以期有备无虞。

昨于上(年)[月]二十八日承准军机大臣字寄，八月二十七日奉上谕：昨据恭亲王等奏报，逆夷于本月二十二日直犯圆明园，焚烧街市等因。钦此。奴才即行复派弁兵，前往石峡一带查看情形去后，该弁等旋称，探至石峡、密云、怀柔等处，均无僧格林沁拨驻陕西马队官兵，惟密云一带见有养伤治病官兵，为数亦不甚多。沿途民情照常安堵，商民各安生

业。闻得僧格林沁、瑞麟现在西直门外二里沟地方驻扎等情。查该夷既已恣肆,难保其不抄掠。环拱之区,奴才自应远放侦探。傥该逆胆敢分股北犯,奴才即行带领官兵迎剿,断不使逆贼犯越北口。其所调黑龙江官兵,尚不知行抵何处,一俟到口,即行截留,择要安插,以厚兵力。

朱批:知道了。总理行营王大臣知道。

——《筹办夷务始末(咸丰朝)》卷六五,第24—25页。

九月初五日

○僧格林沁、瑞麟奏

奴才僧格林沁、奴才瑞麟跪奏,为夷情桀骜、抚局未定、军心涣散、时势危迫,现拟严防北路以遏夷氛,恭折驰奏,仰祈圣鉴事。

窃奴才等于九月初一日承准军机大臣密寄,八月二十八日奉上谕:

昨据恭亲王等奏,该夷扰踞园庭,抚局不能再议,已谕令极力挽回。恒祺现在城内,著僧格林沁等知照恒祺,先行羁縻巴酋,勿令再有决裂,听候恭亲王办理。海淀一带土匪四起,清河地方,逃兵、土匪聚集多人,在彼抢掳,以致文报不通,著该大臣迅速查拿惩办。是为至要。等因。钦此。

查英法大队屯扎黑寺一带,经武备院卿恒祺迭次前往夷营,设法羁縻,该夷口虽[言]和,仍复日增夷兵炮火,其中难保不包藏祸心。经恒祺屡向婉言,始有三日之约,至二十九日午刻,如不换约,定欲攻城。该夷把守安定门一节,其意甚坚,不遵理驳。二十八日午后,抚局尚未能定。时势已迫,经城内王大臣公同商酌,令恒祺前往夷营,告知巴夏礼,于二十九日午刻开安定门,使该夷入城,以待换约。不意该夷是日入(后)[城]之后,携进炮位数尊,安放城上。虽无骚扰情形,居心实属叵测。现在恭亲王于初一日业已由长新店回至西便门外天灵寺住宿,尚未进城与该夷会议。抚局是否可成,尚难预料。倘该夷再有非礼要求,难保不再行决裂。奴才目睹情形,焦灼万分。

奴才僧格林沁自海口转战至今,迭经挫败,误国殃民,死有余辜。倘若夷人有变,奴才等曷敢不实力兜击?无如现在军心涣散,炮火全无,奴才僧格林沁所统步队屡经失挫,溃散十之八九;马队除阵亡、受伤及溃散者,现在各处分扎不满三千。奴才瑞麟所统之兵,除调赴守城及撤归原营并马步溃散者,现在仅存千余名。其绵勋、伊勒东阿所统之兵,已经全数调入守城。胜保前统之兵,现在所存无几。至新到山东、陕甘之兵,或扎西便门一带,或扎芦沟桥以西,查其情形,即使(免)[勉]强商调,亦恐不足御敌。此时之势,夷人已经把守城门,战守之方无从设措,惟有仰托皇上洪福,抚局早成,方为妥善。

伏思圣驾驻跸热河，北路之防(再)[最]关紧要。奴才等前派署通永镇总兵海绶将营城所存炮位运往古北口，此时谅已可到。现在拟派外火器营营总穆腾额、已革守备李万年赶紧驰往古北口，将运到炮位妥为安设，以防该夷北犯。

所有海淀、清河一带，逃兵、匪徒聚集抢掳，现西凌阿带领马队驻扎清河一带，奴才等即咨令该都统就近查拿。圆明园一带，已派乾清门侍卫萨克(填)[慎]等，带领撤回之圆明园八旗、外火器营、健锐营马步官兵巡逻搜捕，以靖地方。

所有夷情桀骜、抚局尚未议定及严防北路各缘由，谨恭折具奏，伏乞皇上圣鉴。

再，现在驿站文报时有迟延，是以仍派弁赍送密云，交该副都统由六[百]里驰递。合并声明。谨奏。

咸丰十年九月初二日

奉朱批：抚局能成与否，实难预料。所奏夷情已悉。至新到之兵，已有旨全数归胜保统带矣。钦此。

九月初五日

——《筹办夷务始末补遗》，第245—248页。

九月初七日

○实录

豫亲王义道奏，僧格林沁屡著战功，仰恳恩施。得旨，朕视满蒙臣仆原无二致，何必妄自分别？况此次夷务，失炮台者僧格林沁，非瑞麟也。又非终身废弃，更何必代为乞恩？此折若系汝一人之见，不过识见未充，情尚可恕，若系与留京守城诸人商酌具奏，乞他人之恩，掩己畏葸之罪，更属非是。

——《清文宗实录》卷三三〇，咸丰十年九月丁酉。

九月十一日

○僧格林沁奏

钦差大臣僧格林沁奏：

九月初七日承准军机大臣密寄，初四日奉上谕：圆明园地方有土匪出没，若不即早肃清，将来聚集日多，更难扑灭，于饷需文报往来均有关系，著僧格林沁等迅即派员招集溃兵，查拿土匪，疏通道路，是为至要，等因。钦此。奴才业经派员带兵，时常前往巡查，以期镇定人心。

查该夷因前获之巴夏礼等三十余名已死过半，是以于初五、初六等日复又分股烧毁圆明园、三山等处。奴才望见烟气冲空，寸心如割，即马步官兵，无不愤恨，即欲拚死一战。因该夷已踞守安定门，一经决裂，转于抚局有碍。此皆奴才督率无方，恇怯无能，以致该夷如此猖獗。现经恭亲王节次给与照会，抚局渐有就绪，已定于本月初八日踏看住宿地方，初九日给与银两，初十日定议。有无变更，尚难豫定。所有北面之防，未便稍缓。前饬营总穆腾额、已革守备李万年前往古北口，查看地利形势，并将热河官兵撤回，守护园庭。古北口虽有马队，尚形单薄，所有密云提标官兵，前经饬令回营，奴才现已札饬署提督成保，即日前赴古北口，带领提标官兵，会同副都统乌兰都妥为布置防守，并饬令密云协领恩成，选择官兵五百名，前往古北口驻扎，以厚兵力，统归成保管带。

至现在近京一带，马步官兵为数甚多，虽系败溃之余，仍系当年劲旅。所有续调各省援应，均系绿营官兵、练勇，未必即能得力。且现在捻匪时思北窜，不得不豫为防范。所有山东、河南援应兵勇，拟请暂缓前来。傥日内抚局已定，可否由奴才行文阻止，令其折回，以免南路空虚之处，伏候训示遵行。

至附京一带，虽有土匪乘机抢掳，经各处拿获者随时正法，并经出示晓谕居民，格杀无论，近日稍形敛迹。其京北密云等处，均有养病养伤官兵。此外溃散官兵，隐于各处者，亦所不免。奴才已面饬成保沿路查看，除病伤之外，俱令来营归伍。如查有扰累居民情事，即行就地正法。奴才仍另行派员各处搜查。

——《筹办夷务始末(咸丰朝)》卷六六，第25—27页。

〇上谕

军机大臣密寄钦差大臣、已革科尔沁亲王僧，已革大学士瑞。咸丰十年九月十一日奉上谕：

据僧格林沁奏派员防守古北口情形一折。据称，和议渐有就绪，有无变更，尚难豫定。古北口虽有马队，尚形单薄，现饬成保带领提标官兵，会同乌兰都布置防守，并令密云协领恩成带兵五百名前往驻扎，统归成保管带。等语。俱著照所议办理。至山东、河南援应兵勇，前已有旨，谕令庆廉、文煜等行至直隶境内，即行扎住，听候调遣。本日复谕杜翻等，将曹勇三千酌量改归南路助剿，以杜捻匪北窜。该大臣无庸再行文阻止。附京一带土匪肆抢，前经该大臣等奏称，已派西凌阿带兵在清河扎营。朕闻该处并无官兵驻扎，该都统系在何处避匿，著僧格林沁等查明参奏，仍责令派出各员认真查拿，即行正法，不得有名无实。将此由六百里密谕知之。

钦此。遵旨寄信前来。

——《咸丰同治两朝上谕档》第10册，第571页。

〇上谕

军机大臣字寄直隶总督恒。咸丰十年九月十一日奉上谕：

前据恒福奏称，本月初八日可以抵口，现在当已驻扎该处，设立粮台。所有西安马队一千五百名，黑龙江马队二千名，并僧格林沁新调之密云官兵五百名，均应由粮台支放口粮。本日据户部奏称，密云县尚收存僧格林沁粮台饷银十八万九千两，请解热河。此项银两，即著恒福派委妥员，提至古北口粮台，以资接济，仍责令经手委员核实支放，毋得虚糜。是为至要。将此由六百里谕令知之。

钦此。遵旨寄信前来。

——《咸丰同治两朝上谕档》第10册，第572—573页。

〇袁甲三奏

钦差大臣、漕运总督臣袁甲三跪奏，为逆氛窜逼畿郊，圣心亟宜坚定，俾臣民得抒义愤，并请专任亲信知兵大臣定谋决战，以一事权而安天下，恭折沥陈，仰祈圣鉴事。

窃维中国之驭外夷，必须威足以制之，而后恩足以结之。我皇上德被寰区，恩周中外，上筹国计，下恤民生。明知英、佛等夷犬羊之性，贪得无厌，而频年议抚者，原欲暂事羁縻，期于相安无事也。乃该夷诡诈异常，勾结各夷，串通汉奸，要求愈甚，近又窜踞津沽，蔓延畿郊，大肆披猖。我皇上赫然震怒，调将征兵，以期扫荡群丑，凡属血气之伦，莫不攘臂奋呼，踊跃用命。臣受恩深重，望阙瞻依，谨就管见所及，敬为皇上披沥陈之。

查夷人向以贸易为国，惟利是视。闻从前道光年间，英夷由广东窜扰江浙，系向各商舶称贷而来。迨就抚后，所得仅敷还债，各商舶无可再借，是以十余年未敢再犯中国。此次连樯北窜，仍系各国凑集，有挟而求，希获重利，并非觊觎土地。现已节近霜降，西北风渐行司令，该夷去国万里，岂能日久逗留？况各国乌合，胜则相争，败则一哄而散，此一定之理也。皇上深居端拱，命将出师，不旬月间，必将告捷，万无意外之虞。溯查嘉庆十八年林逆滋事，变起仓卒，京外人心大为震动。仁宗睿皇帝驻跸热河，一闻警报，兼程回銮，入京之日，人心大定。此时夷逆虽窜近畿郊，而帝城守御有备，尤非从前林逆之预伏内应可比。臣所谓圣心亟宜坚定者此也。

外间传钞谕旨，斩获黑白夷逆，分别优赏，洵足励士气而鼓人心。臣查调兵外省，到京有需时日，本恐缓不济急，况只有此数，安能处处分布。畿辅近地，俱有民团，生长北方，习于刚劲，情殷敌忾者颇不乏人，如天津之张锦文等前于三四年间办团，曾著战功，荣膺懋赏。此时若明降谕旨，某县团练杀贼立功，除照格给赏外，仍加广学额，豁免钱粮，必能处处皆兵，不烦征调，悉与夷逆为仇。从前广东义民为英夷所惧，信而有征，况畿辅之民，沐

浴圣化，尤为优渥者乎？以臣所闻见，民间闻朝廷为犬羊所侮，无不切齿痛心，怒发冲冠，一见恩旨，自当益切感奋。臣所谓俾臣民得抒义愤者此也。

屡年议抚而抚议无成，是向来主战者确有先见之明，非谓必不可抚，谓能剿而后能抚。非有以折其气，必不能降其心也。僧格林沁为朝廷勋戚之臣，历著战功，能识大体，臣与其并不认识，而博采舆论，均谓朴诚勇敢，能与国家共休戚，能与士卒共甘苦，且所部蒙古，向称富(疆)[强]，均有可用之力。前次天津之挫，由于逆情狡狯，而汉奸又泄我机谋。迨退守通州，布置未备，兵勇之锐气未复，非督战之罪也。臣愚以为乾纲独断，宜专任僧格林沁一人，准其便宜行事，其余将佐，均归节制，庶可事无牵掣，意无摇动，必可雪此仇恨。臣俯考史书，旁征往事，若寇准、高琼之谋不用于澶渊，则北宋早为南渡之举；若李纲、宗泽之计不挠于群议，则汴京安有靖康之忧？伏愿皇上勿为不战所误，勿以轻战幸功，必能一鼓荡平，天下大局即可转危为安。此则臣千思万虑，昕夕默祷而求者也。

抑臣更有请者，臣才识迂拙，仰蒙圣明委任，视师数年，于戎事稍有体会。今闻根本重地如此危急，不禁汗泪交流，寝食俱废。倘蒙俯采刍言，臣情愿即刻北上，随同僧格林沁身任其事。如有贻误，愿执其咎，以期殚竭血忱，稍资补救，断不敢以孟浪之谈，上惑圣听也。

所有沥诚下悃，理合缮折具陈，伏乞皇上圣鉴，训示遵行。臣无任瞻依恋阙屏营待命之至。谨奏。

咸丰十年九月十一日奉朱批：览奏已悉。现已退守临淮，况围攻凤阳二城，贼氛正炽，汝断难远离。所请毋庸议。钦此。

——《第二次鸦片战争》第5册，第195—197页。

九月十三日

〇上谕

军机大臣字寄直隶总督恒。咸丰十年九月十三日奉上谕：

昨据恒福奏，现已抵口，并恳驰赴行在，已批示暂缓来见矣。黑龙江官兵陆续由热河赴口，不日即可到齐。现在兵数既多，必须大员统辖，以一事权。所有西安马队一千五百名，黑龙江马队二千名，密云步队五百名，均著归恒福调遣。此项官兵素称劲旅，著督饬各带兵官勤加操练，不可令其日久生疲。至密云县暂存僧格林沁粮台银十八万九千两，现在曾否全数提到？各项官兵口分即由此款动用，仍照户部议定防兵口分，按数支发。当此军需浩繁、经费支绌之时，务当严饬办理粮台各员撙节出入，核实支销，毋稍虚糜。将此由五百里谕令知之。

钦此。遵旨寄信前来。

——《咸丰同治两朝上谕档》第10册，第576页。

九月十五日

〇胜保奏

钦差大臣、候补侍郎胜保奏：

将贵谋不贵勇，兵贵精不贵多，诚至论也。谋之不臧，勇安足恃？兵既不练，多亦奚为？夫僧格林沁之败，由于自用而不听善言；瑞麟之失，由于太宽而为兵所累。闻其现在该两营所存马队不过三千余人，步队不过二千有余，无论不能成军，且其锐气尽丧，人无斗志。即如初九日夷马突来，奴才出以整暇，阖营均无惊扰，而西偏之蒙古马队，即有闻警而逃至卢沟桥一带者，虽僧格林沁亦不能禁止。是此项官兵万难得力，留之无益，即令剿办土匪，亦恐难济。惟南苑所扎之吉林、黑龙江马队，约有一千余名，加以激励整顿，尚易转怯为勇。拟请饬下僧格林沁、瑞麟，于所统马步队中，应请裁撤者即令撤回，其可留用者，或令归并奴才军营，或令自成一旅，均候圣裁。

至剿办土匪一层，现在和议已成，夷氛自当渐退。奴才拟一面与恭亲王等料理迎銮事宜，一面出示晓谕，拨兵镇压土匪，以靖畿辅而固人心。

——《筹办夷务始末(咸丰朝)》卷六七，第23—24页。

〇上谕

军机大臣密寄钦差大臣、头品顶戴、候补侍郎胜。咸丰十年九月十五日奉上谕：

据胜保奏，僧格林沁等所统各队请饬分别撤留等语。本日已有旨，令僧格林沁、瑞麟驰赴行在，并将所统察哈尔及蒙古三盟官兵带回遣撤，其余吉林、黑龙江等处各军均著归并胜保军营，即交该大臣统带，并著留心察看，其不得力者即行撤回。该夷和约已换，各省续调兵勇纷纷前来，未免虚糜粮饷，著胜保先将河南所调之勇饬令折回，此外兵勇，酌量情形具奏，再降谕旨，停其赴京。将此由六百里密谕知之。

钦此。遵旨寄信前来。

——《咸丰同治两朝上谕档》第10册，第578—579页。

〇上谕

军机大臣密寄钦差大臣、已革科尔沁亲王僧，已革大学士瑞。咸丰十年九月十五日奉上谕：

本日据恭亲王奕䜣等奏，英、佛两夷已于本月十一、十二等日互换和约，虽现在俱未退兵，城外尚有胜保一军以备缓急，僧格林沁、瑞麟著即驰赴行在。该大臣等军营所调察哈尔、蒙古三盟官兵，即著全数带回遣撤；其余各军，均著交胜保统带。将此由六百里密谕知之。

钦此。遵旨寄信前来。

——《咸丰同治两朝上谕档》第10册，第579页。

九月十七日

○上谕

军机大臣字寄直隶总督恒。咸丰十年九月十七日奉上谕：

据恒福奏请添派道员分办粮台等语。现在英、佛两夷业经换约，昨有旨谕令僧格林沁、瑞麟前来行在，所带察哈尔及蒙古三盟官兵，均令撤归游牧，所余无多，统归胜保管带，以备缓急。僧格林沁等大营粮台，自当即行裁撤，以节糜费。著恒福饬令天津道孙治认真钩稽，核实报销，不准稍有浮冒。至胜保一军，著即派候补道柏春办理粮台，督率委员，妥为支应，事竣即由该道造册报销可也。将此谕令知之。

钦此。遵旨寄信前来。

——《咸丰同治两朝上谕档》第10册，第585—586页。

九月二十三日

○奕䜣等奏

恭亲王奕䜣、大学士桂良、户部左侍郎文祥奏言：

查河南捻匪肆起，几遍通省。自窜扰汝宁以后，贼势益形猖獗。当此多事之秋，更难保不乘机北窜。且直隶大名一带壤接东豫，民情素称强悍，万一捻匪外来，土匪内应，直省必致震动，办理更形棘手。现在大名本镇及调防官兵仅二千余名，兵力甚单，不足以资抵御，必须添调重兵，扼要严防，并派大员统带诸军，相机剿办，方资得力。查胜保军营共有兵勇万余名，僧格林沁军营约有一千余名，瑞麟军营约有二千余名，共约有一万数千名。拟请于三营内，酌拨精兵三四千名，或于续调未到兵勇内截留数千名，简派大员统带，驰往大名一带相机剿办，以期消患未萌。

再，风闻河间府属之献县、冀州所属之衡水县均有土匪聚集多人，现已札饬直隶藩司文谦委员确查，如果实有其事，即当派镇协大员，于河间一带紧要地方防堵，一面拨兵剿

办,免致蔓延为患。

——《钦定剿平捻匪方略》卷八四,第28—29页。

○上谕

军机大臣密寄钦差大臣、已革科尔沁亲王僧,已革大学士瑞。咸丰十年九月二十三日奉上谕:

本日僧格林沁等奏遵旨拨交遣撤官兵一折,览奏(具)[俱]悉。现在直隶畿南土匪蜂起,据文谦奏,献县、衡水、武强、交河一带千百成群,肆行抢掠,虽经该藩司派道员许诵恒前往,会同文煜所带兵勇掩捕,兵力太单,恐不能迅速蒇事,迟延日久,必致愈聚愈多,剿办更为费手。大名等处,闻亦有匪徒蠢动。河南捻匪猖獗,来去无常。山东幅匪未清,近复有捻匪大股围困济宁,情形甚为危急。此时各省兵勇撤调空虚,难保不乘机北窜。朕思现在天气寒冷,正北方劲旅得力之时,若能于年内将捻逆一律荡平,粤逆势孤,办理尚可得手。僧格林沁、瑞麟均著无庸驰赴行在,即著带兵前往剿办北路各匪,先由河间一带,次及山东、河南,权其缓急,以次进剿。据僧格林沁等奏,哲里木、昭乌达两盟及归化城官兵尚属得力,著即将两盟官兵一千二百余名留于军营,其归化城兵三百名,为数太少,著酌量裁撤。本日已谕胜保,分拨吉林、黑龙江等处马队二千数百名,共合成四千之数,归该大臣等统带。僧格林沁现为钦差大臣,俟到东豫时,著督饬各路兵勇,合力兜剿。该大臣军营兵力如有不敷,各营均可调遣。僧格林沁等惟当激励将士,力赎前愆。如能迅奏肤功,自当重膺懋赏。朕实有厚望焉。至派佐领纪文光等所运炮位,已谕恒福截留古北口安设,无庸解赴热河。

此次天津海口等处阵亡官兵均堪悯恻,乾清门头等侍卫扎精阿等五十五员,副前锋校保林等七百五十六名,均著交部从优议恤。伤亡之健锐营副前锋参领喀勒崇伊一员,各营弁兵三十九名,均著交部照例议恤,以慰忠魂。候补总兵文祥,参将和陞,不能约束兵丁,以致溃散,均著即行革职。僧格林沁、瑞麟自请从重治罪之处,著毋庸议。

另片奏,西凌阿等因病请假等语,西凌阿、格绷额均著赏假一个月。

将此由六百里密谕知之。

钦此。遵旨寄信前来。

——《咸丰同治两朝上谕档》第10册,第597—598页。

○上谕

军机大臣密寄钦差大臣、头品顶戴、候补侍郎胜。咸丰十年九月二十三日奉上谕:

朕因京南一带土匪蜂起,并山东、河南两省均有捻匪窜扰,恐其互相勾结,乘虚北犯,

本日已谕令僧格林沁、瑞麟带兵前往剿办。存营之兵，该大臣等所带官兵，除已拨交胜保军营外，仅有哲里木等盟官兵一千二百余名，其余均已遣撤。著胜保再于大营内批送吉林、黑龙江等处得力官兵马队，拨给二千数百名，合成四千之数，交僧格林沁等统带。现在弗夷虽已撤兵，尚未尽退；英夷有五六日内退兵[之说]，犹怀观望。仍著该大臣整齐兵旅，以备不虞。朕闻该夷所用广匪，均已由京遣散，并给予兵器，听其自便，如果属实，此项匪徒难保不聚众滋事。著胜保严密访查，如有掳掠等情，立即捕拿，同土匪一律惩办。将此由六百里密谕知之。

钦此。遵旨寄信前来。

——《咸丰同治两朝上谕档》第10册，第598—599页。

〇上谕

军机大臣字寄直隶总督恒。咸丰十年九月二十三日奉上谕：

本日据僧格林沁等奏，现派佐领纪文光等运送制胜、得胜铜炮八位，九月十八日起身前赴热河。此项炮位解到古北口时，即著恒福截留，于要隘处所相地安设，以资防守。将此由六百里谕令知之。

钦此。遵旨寄信前来。

——《咸丰同治两朝上谕档》第10册，第599页。

〇僧格林沁等奏（节录）

……健锐营翼长阿克东阿，于七月初五日在石缝炮台阵亡，经奴才奏请赐恤，并请将所遗之缺以海群升补，业蒙恩准在案。惟阿克东阿系翼长，具奏时奴才误记为委翼长，现经该营咨询，除咨覆该营更正外，所有错误之处，实系奴才疏忽，相应请旨将奴才僧格林沁交部议处……

咸丰十年九月二十三日奉朱批：依议。钦此。

——录副奏折，档案号03-4225-117。

九月二十五日

〇胜保奏

钦差大臣、候补侍郎胜保奏：

窃奴才前将已到各省兵勇拟请酌留一万二千名，以备缓急。连日督令坚修营垒，勤加简练，该官兵等本属生力之军，加以奴才激励整顿，以作其气，旬日之间，军威颇壮。昨据

僧格林沁咨送马队一千四百名，瑞麟咨送东省马步队及绥远右卫三起官兵一千四百名到营。第系挫败之余，必须竭力振作，始能得用。

查近日夷情，佛国全数撤退后，英夷自觉势孤，已陆续带队东撤。现在黄寺、黑寺一带所存夷匪不多，而地坛以东尚有夷人盘踞，往来络绎不绝。其城内夷兵数百，为额酋所带，屯扎怡亲王府，佛酋葛罗住贤良寺，无甚滋扰。恭亲王等近与往来答拜，该夷等尚称驯服，谅不日当可全退。

惟京畿四面奸民土匪伏匿颇多，前已刊刻告示，张贴村镇，并发交近京各州县一体晓谕，其零星小股、百十成群者，现已闻风纷纷解散。惟东南衡水等处匪数较多，恐日久酿为巨患，已饬署天津镇总兵(令)[冷]庆先行驰往该处，会合地方文武，剿抚兼施，相机妥办。奴才拟俟夷兵退尽后，即行分兵布置东北、东南一带，以护京师而清跸路，敬谨会同恭亲王等办理迎銮一切事宜。

现在僧格林沁、瑞麟已驰赴行在，古北口现有督臣恒福督兵驻扎，似可无虞。自密云以南，届时奴才再当节节设备，以昭慎重。北路夷氛渐退，现既有奴才一军，似足以资镇抚。其山东南境，殊觉空虚。所有抚臣文煜，自带赴援之兵勇一千名，已由奴才先行咨令全数折回，即赴济宁，督率剿办。其傅振邦所派之协领恒龄、参将玉祥等，管带兵勇一千五百余名，亦可毋庸赴京。奴才已札知该带兵官，无论行抵何处，迅将此项兵勇星夜带回，即赴山东济宁州一带，会合东省官兵相机援剿。至总兵张得胜，尚无到京信息，该镇勇往无前，向称得力，奴才拟俟其来到，留于军营，不无裨益。俟北路撤防，再行饬令南下。

谕军机大臣等：

胜保奏东省捻氛甚炽、请饬抚臣回省督剿一折。前因英、佛两夷已换和约，谕令文煜在直境驻劄，听候调遣。复据文煜奏称，驻富庄驿一带，会同直隶官兵掩捕土匪。现在胜保、恒福已各派兵前往，僧格林沁等不日亦可统师南下，兵力足敷剿办。皖省捻匪窜扑济宁，城围未解，正当吃紧之际，著文煜统带兵勇即赴济宁，会同德楞额及傅振邦所派之协领恒龄等兵勇分投夹击，迅解城围，毋留余孽。

——《筹办夷务始末(咸丰朝)》卷六八，第4—5页。

○上谕

军机大臣字寄山东巡抚文，署河南巡抚贾，署陕西巡抚谭，传谕直隶布政使文谦。咸丰十年九月二十五日奉上谕：

胜保奏，军营援兵云集，需饷浩繁，此时帑藏空虚，既非部库所能供亿，亦非直隶司库所能支持，请仿照陕省办法，令各省自为筹饷，各养各兵等语。所有胜保军营山东、河南、陕西兵勇，著文煜、贾臻、谭廷襄各按名数多寡，每月应需饷银若干，由各省自为筹款，源源

报解直隶粮台,代为支发。其吉林、黑龙江等处马队官兵,除拨给僧格林沁等军营外,尚余若干,统由直隶藩司筹款支应。如此通融办理,庶军心可固,而兵力可充矣。将此由六百里谕知文煜、贾臻、谭廷襄,并传谕文谦知之。

钦此。遵旨寄信前来。

——《咸丰同治两朝上谕档》第10册,第602页。

九月二十七日

○上谕

咸丰十年九月二十七日内阁奉上谕:

僧格林沁著赏还科尔沁郡王,并赏还三眼花翎。瑞麟著赏给侍郎衔,并赏还花翎。

钦此。

——《咸丰同治两朝上谕档》第10册,第606页。

○上谕

咸丰十年九月二十七日内阁奉上谕:

伊兴额著赏给六品顶戴,交僧格林沁、瑞麟差遣委用。

钦此。

——《咸丰同治两朝上谕档》第10册,第606页。

○上谕

前因直东一带土匪蜂起,当谕僧格林沁、瑞麟带兵前往剿办,先由河间一带及山东、河南,权其缓急,以次进剿。并谕知胜保,拨给吉林、黑龙江等处马队二千数百名,交僧格林沁等调遣矣。本日已赏给伊兴额六品顶带,交僧格林沁等差委。著该大臣即将僧格林沁分拨之吉林、黑龙江马队一千数百名,全数拨交瑞麟,先行带往河间剿办土匪;其余再行续拨。现在济宁尚未解围,所有胜保军营山东兵二千余名,即著遣回,交文煜统带,迅赴济宁,以资攻剿。将此由六百里谕令知之。

——《清文宗实录》卷三三一,咸丰十年九月丁亥。

九月二十八日

○上谕

军机大臣字寄署山海关副都统宝。咸丰十年九月二十八日奉上谕:

前因直东一带土匪蜂起，命僧格林沁、瑞麟统带马步各兵，前往河间一带节节进剿，惟兵力尚单，恐不敷剿办，所有留防山海关吉林官兵一千名，著宝山派令原带兵官管带，即赴南苑驻扎，听候僧格林沁等调遣，以资得力。本日据宝山奏，夷船复泊老龙头海口，派员驱逐防范等情。现在夷人业经换约讲和，彼此罢兵，如有夷人登岸，惟当派员善言开导，不得擅启衅端，致生枝节。将此由六百里谕令知之。

钦此。遵旨寄信前来。

——《咸丰同治两朝上谕档》第 10 册，第 606—607 页。

九月二十九日

〇上谕

谕军机大臣等：

官文奏吁恳提兵入援京师一折，览奏具见悃忱。惟现在英、佛两夷经恭亲王等办理，业已互换和约，定期退兵，该大臣所请提兵入援之举，著毋庸前来。前据曾国藩奏请带兵入援，亦因抚局就绪，谕令停止。其都兴阿一军行抵寿州，并谕令即赴江北，毋庸北上矣。至东豫一带捻匪未能肃清，现经派令僧格林沁、瑞麟等督兵前往，足敷剿办。惟粤逆近又窜陷徽宁，势甚披猖，难保不乘虚北犯。如探有内窜之信，即著该大臣带领所派马步队三千余名驰赴北路，迎头截击，毋令分窜。将此由六百里谕令知之。

——《清文宗实录》卷三三一，咸丰十年九月己未。

九月三十日

〇上谕

谕军机大臣等：

本日据恭亲王奕䜣等奏，匪首畏罪、自请效力等语。据称，胜保探知，河间土匪头目王落越，系属匪类托名，现王落越畏罪，愿效力自明，并请解散匪众各等情。前据恒福奏称，匪首王落越，藉团练为名，聚众一千余人，肆行掳抢，当谕令僧格林沁、瑞麟前往剿办，先由河间一带，次及山东、河南，以次进剿。现在王落越忽称匪类托名，难保非闻大兵将至，畏罪投首。惟既愿效力自明，如果属实，即可令其解散丑类，以省兵力，其零星匪徒搜捕亦易于蒇事。著僧格林沁、瑞麟详细查明，应如何将王落越留营效力，及饬令解散匪徒，不至大兵南下再行聚众滋事之处，悉心筹画，妥为办理。将此由六百里谕令知之。

——《清文宗实录》卷三三一，咸丰十年九月庚申。

十月

十月初一日

〇上谕

军机大臣字寄钦差大臣、科尔沁郡王僧，侍郎衔瑞。咸丰十年十月初一日奉上谕：

前因直东一带土匪蜂起，当谕僧格林沁、瑞麟带兵前往剿办，并谕胜保，将僧格林沁等拨交之吉林、黑龙江马队一千数百名，交瑞麟先行带往河间，剿办土匪。兹据胜保奏，匪首王落越遣人投诚，献县等处滋事匪众，系王启山等六人为首，因伊不肯从，到处冒名，计图嫁祸，王落越情愿齐集练勇，捡获王启山等，解散其党，以图自赎。王落越是否真心畏罪自明，仍著僧格林沁等详细查明，即令拿办王启山等赎罪，以期迅速蒇事。本日据杜翻奏，捻匪猖獗，济宁、兖州、泗水均已被围，文煜所带兵勇尚未赶到。僧格林沁等俟畿辅一律肃清，即行前赴山东，节节剿办，以期尽绝根株。至吉林、黑龙江马队，业经胜保奏明，听僧格林沁调遣。如兵力尚有不敷，著僧格林沁等再向胜保大营分拨，以利攻剿。将此由六百里谕令知之。

钦此，遵旨寄信前来。

——《咸丰同治两朝上谕档》第10册，第611—612页。

十月初五日

〇钦差大臣、科尔沁郡王僧格林沁等奏：

十月初二日，据奴才所派前往天津侦探夷情之都司邓启元禀报，探得佛国夷兵由津撤回后，所有马队，皆由杨村迤北，从军粮城径赴北塘，约计千余名。步队到津后，分住望海楼及河东一带民房、铺户、庙宇等处，二十日后始行由水路赴海口。截止二十七日，共约计退回海口夷兵四千余名。天津现住大小夷船十三只。二十八日，由京退回英国夷兵五百余名，分住衙署民房。并探得英、佛二国欲各留兵二千五百名，分住天津海口，意在等候兵费，并防我之不虞。又探得俄国现有大船一只，人四五十名，住河东兴隆街铺房，亦有过冬之信。现在海口尚有大小火轮夹板等船一百三十余只。

朱批：知道了。

——《筹办夷务始末(咸丰朝)》卷六九，第18页。

〇上谕

咸丰十年十月初五日内阁奉上谕：

僧格林沁等奏请留道员办理粮台，并前次报销暂行缓办等语。现命该大臣等统兵剿匪，所有军营粮台，即著派天津道孙治办理。至该道前次所办粮台。业经报销二次，其第三次报销，自应随时报部，方免轇轕，著即饬令赶紧清厘，以重帑项。

钦此。

——《咸丰同治两朝上谕档》第10册，第621页。

〇上谕

谕军机大臣等，僧格林沁等奏请调官兵一折。僧格林沁等现在暂劄中顶，一俟马步各队调齐，著即驰赴河间，相机剿办。所拟调拨之内外火器营、胜保军营等兵，军火等项，并哲里木盟等处官兵，均著照所议，如数调派，以厚兵力。其昭乌达盟马队一千名，仅存一百余名，不敷征剿，该大臣等可即将此项余存之兵饬回该盟，以示体恤，即由胜保军营另拨兵千名，补足此数，毋庸再令该盟挑补，耽延时日。将此由六百里谕令知之。

——《清文宗实录》卷三三二，咸丰十年十月乙丑。

〇实录

命直隶布政使文谦筹饷二十万两，解往钦差大臣僧格林沁军营。

——《清文宗实录》卷三三二，咸丰十年十月乙丑。

十月初六日

〇上谕

昨因僧格林沁等请调官兵，当谕俟马步各队调齐，即驰赴河间剿办。兹据恒福奏，省南一带土匪蜂起，安平县有土匪三四百人，由深州阑入该县黄城村内焚抢；束鹿县有土匪千余名，在该县旧城村抢(借)[劫]。此外晋州、藁城、肃宁等处，亦有匪徒窜扰。又，沧州枭匪萧麦秋、盐山县枭匪李四锅腰，率众千余人，阑入静海县属之北港各滩，抢掠盐场，焚烧汛房。畿南河间一带，土匪尚未肃清，复有安平等处匪徒滋扰，逼近省垣。若不及早歼除，必致酿成巨患。僧格林沁等现劄中顶，著即调集各兵，亟筹剿办。如河间一带尚不能立时蒇事，即酌量分兵，各路掩捕，务期尽数捕灭，勿任蔓延，以安良善而靖地方。将此由六百里谕令知之。

——《清文宗实录》卷三三二，咸丰十年十月丙寅

十月初八日

〇僧格林沁奏

科尔沁郡王僧格林沁奏言：

山东捻匪鸱张，自应遵旨，于畿辅一带办有头绪，即行督兵南下。惟现在贼势正炽，臣所带马步官兵五千余名，不敷分拨，现已咨行胜保，将陕甘官兵四千名拨赴臣营，以资攻剿。所有瑞麟带领马队及各营步队，十月初四、五等日可以出京，臣即于初六日起程前往，约于河间会齐，再为酌核，何路吃紧，即往何路剿办。至西凌阿，病虽未愈，尚可随营调理，现已商令带领无马兵丁，俟捐输马匹到时，分拨该官兵乘骑，并统率陕甘官兵，即行前赴军营，藉资协助。

——《钦定剿平捻匪方略》卷八六，第2—3页。

〇胜保奏

接僧格林沁咨称，山东济宁、兖州、泗水各处戒严，现奉谕旨，酌调官兵，以厚兵力，拟即拨调臣营陕甘官兵四千名带往畿南等情。查臣营兵勇仅有直东陕甘等处官兵七千七百余名，川、楚、南阳勇丁三千名，今遣撤山东兵二千名，统计现存不过八千余人。东省捻势虽张，固应迅速剿办，然屡次遵旨分拨兵勇暨臣自行量为酌拨，如赵康侯等曹勇三千名，大山防勇一千名，早经折回东境助剿。又截留总兵张得胜所统勇丁一千五百余名，傅振邦派来之协领恒龄等所带兵勇一千五百余名，并文煜续带援兵一千名，复由大营拨去之副将文英、游击保德所带官兵二千名，核计不下万名，且东省本有德楞额防堵官兵数千名，是东省兵力已厚，于北路并力以图，似足以资剿办。臣昨又添拨天津官兵一千名，饬令归该大臣调遣，已于初四日全数起程南下。此次僧格林沁咨调陕甘官兵四千名，实在无可分拨，似难遵照办理。

——《钦定剿平捻匪方略》卷八六，第3—4页。

〇上谕

谕军机大臣等：

本日据僧格林沁奏，山东捻匪鸱张，拟于畿辅一带土匪办有头绪后，即行带兵南下，现咨调胜保营陕甘官兵四千名助剿一折。复据胜保奏称，该营所存兵勇，统计不过八千余人，无可分拨等语。现在山东济宁、泗水等处虽经解围，而大股捻匪七八万，分路四窜，兖、沂、曹、济、泰各属二十六州县，纷纷告警。核计山东现有兵力，实属不敷攻剿。且直隶河间一带土匪尚未肃清，复有安平匪徒滋扰，逼近省垣，此外晋州、藁城、肃宁、沧州、盐山各

处匪徒蜂起。畿南一带地方尤关紧要，自应先其所急。著胜保即将陕甘官兵四千名，迅速拨赴僧格林沁、瑞麟军营，以资攻剿，毋稍延误。将此由六百里各谕令知之。

——《清文宗实录》卷三三二，咸丰十年十月戊辰。

十月十六日

〇上谕

谕军机大臣等：

前因僧格林沁等军营需饷，传谕文谦，迅筹银二十万两，分起解往，以资接济。兹据奏称，库项竭蹷，拟俟各属钱粮收库后，先拨给僧格林沁军营三万两，其胜保营内，所有天津等处官兵，拟酌拨银一万五千两；并称用多入少，不能不量入为出，拟此后每月酌拨僧格林沁军营月饷银二万五千两，胜保军营月饷银一万五千两，按期解往，其余仍应由各该粮台另行筹议。各等语。[1] 直隶藩库支绌，系属实在情形。惟据该藩司所拟各营月拨之款，是否足敷支放，著僧格林沁、瑞麟、胜保详细核实，查明具奏。如为数不敷，应如何另行筹议之处，即著该大臣等迅速筹画，以足兵食。将此由六百里各谕令知之。

——《清文宗实录》卷三三三，咸丰十年十月丙子。

十月十七日

〇僧格林沁、瑞麟奏

科尔沁郡王僧格林沁、侍郎衔瑞麟奏言：

十月初九日，臣等先后行抵河间，曾经出示晓谕，解散匪徒党与，悬赏购拿王落越、贾

---

① 十月十二日，文谦奏："奴才接奉军机大臣传谕，咸丰十年十月初五日奉上谕，僧格林沁等奏筹调官兵等因，钦此。遵旨传谕前来。伏查直隶藩库应存正杂各款，前于奏拨兵费案内查明，只存实银十数万两，已将万难情形奏明圣鉴在案。以目前而论，僧格林沁等军营所需饷银，实难兼顾。但剿办土匪为本省军务，无论如何竭蹶，必须设法均匀凑解。各属下忙钱粮，现已报解银六七万两，即日均可解到。奴才拟俟收库后，先行拨给僧格林沁军营三万两，以备支用。又，胜保军营原奏奏明各养各兵内，有吉林、黑龙江等处马队官兵，除拨归僧格林沁统带外，下余饷银，均应由直隶藩库筹备。昨经奴才查明，照奏奉谕旨，移查管理胜保粮台之候补道柏春，□□复称，现在粮台并无应支吉林、黑龙江官兵口粮，仅有天津、河间、西安等处官兵三千余员名，应归直隶供应。奴才亦拟酌拨银一万五千两，藉资挹注。惟两处军营所需银数过巨，且前由部拨胜保粮台银十万两，亦须由直隶筹画归款，本省应放兵饷及一切紧要兵差，又难停放。值此用多入少之际，同时并举，万难筹维。奴才忝膺直藩，职司度支，不能不通盘筹计，只有量入为出，陆续分措，庶可通融周转，并拟此后每月酌拨僧格林沁军营月饷银二万五千两，胜保军营月饷银一万五千两，按期解往。其余饷需，仍应由各该粮台另行议筹，俾免贻误。奴才为通筹全局起见，是否有当，伏乞皇上训示。"详见中国第一历史档案馆藏录副奏折，档案号03-4318-040。

瀣二首犯，并于告示内声叙，该二犯果能悔过输诚，自行投首，准其随营效力赎罪。旋据候补道许诵恒禀称，各路匪徒，以王落越一股为最，该道四路访查，王落越已离萧家屯旧巢，连日捕获匪目杨小山等九名，讯明就地正法，其王落越一犯，访闻于九月间避赴山东等语。又据河间县知县禀称，贾瀣一犯，由献县杜生村往东南逃窜，并据各属禀称，陆续击毙土匪不下数百名，余匪星散，现在地方肃清，各等语。查直境土匪系于九月间聚众焚抢，当经地方文武督带兵役乡团缉获多名正法，并知大兵不日即到，是以渐次解散，惟首犯王落越、贾瀣二名闻风逃避。臣等现已拣派干员设法追捕，务期弋获。至各州县缉获土匪，办理迅速，多得乡团练勇之力。臣等业经札饬各该州县，查明实在出力乡团，详报来营，酌量鼓励。

因思直境既无大股土匪，臣等未便日久株守河间，臣僧格林沁拟于数日内督带马步官兵，取道东昌，查探捻匪情形，相机进剿。至衡水一带土匪，虽已解散，恐有不法之徒再为啸聚。查候补道许诵恒、署河间协副将常存，现带官兵六百余名，加之各处团勇，足资弹压，业札饬该道等来往梭巡。又饬署天津镇总兵冷庆驻扎静海县之北港各滩，查拿枭匪。并拟酌留官兵，由臣瑞麟统带，暂驻河间，俟续调陕甘官兵到齐，再行前进。

再，前经臣等奏拨胜保军营陕甘官兵四千名，业蒙允准在案。旋据胜保咨称，若全数调拨，大营为之一空，现拟匀拨陕甘兵一千名、甘肃后起兵九十名、川楚勇二千名等因。查所拨川楚各勇恐难得力，未免虚糜饷项，应请饬下胜保，仍遵前旨，将现存陕甘官兵四千名迅速拨给，以资攻剿。

——《钦定剿平捻匪方略》卷八六，第24—26页。

〇上谕

谕军机大臣等：

本日据僧格林沁等奏查办直隶土匪情形，并拟移兵东省、剿办捻匪各折片。僧格林沁等自行抵河间后，经各地方乡团会同兵役陆续缉获土匪，分别正法，各匪以次解散。该大臣拟即督带马步各队，取道东昌，以次南下，剿办捻匪。瑞麟暂驻河间，等候后起兵丁。其衡水、静海等处，已札饬冷庆、许诵恒等带兵梭巡弹压，并令各州县查明出力乡团鼓励。所筹均尚周妥，即著照所拟办理。山东捻匪，曹州一带已报肃清，尚有大股捻匪扰及峄境，德楞额所带兵勇失利，已谕文煜会合该副都统迎前截击，杜其北犯。该匪飘忽无常，避实乘虚，是其惯技。此次深入东境，蹂躏二十九州县，并未大受惩创。该大臣行抵东豫后，必须会合两省兵力，进捣匪巢，以期一鼓荡平。是为至要。将此由六百里各谕令知之。

——《清文宗实录》卷三三三，咸丰十年十月丁丑。

○上谕

前据僧格林沁等奏，不日带兵南下，请调胜保营陕甘官兵四千名。复据胜保奏称，兵力无可分拨，当经谕令胜保，将此项官兵迅速拨赴僧格林沁等军营矣。本日据僧格林沁等奏，直隶土匪渐次解散，拟即由河间取道东昌，剿办捻匪，俟续调陕甘官兵到齐，即行前进。并称胜保拟匀拨川楚勇各二千名，恐难得力各等语。僧格林沁移兵东省，剿办捻匪，亟应厚集兵力，以壮声威。此项官兵若留于胜保军营，徒事防守，未免可惜。著胜保仍遵前旨，将前项陕甘官兵四千名迅速拨赴僧格林沁军营，以资攻剿而利遄行，毋得延误。该大臣所调河南川楚各勇三千名，并著酌量撤回原省，以节縻费。将此由六百里谕令知之。[1]

——《清文宗实录》卷三三三，咸丰十年十月丁丑。

○上谕

僧格林沁等奏，请饬豫东办理粮台等语。前命僧格林沁、瑞麟带兵剿办匪徒，现在河间土匪业已解散，不日由直启程，前往山东。如该省地方肃清，即赴河南剿办捻匪。所带兵勇万余名，亟应宽为筹备饷糈，以资支应。著文煜、庆廉按照该大臣等咨拨之数迅即筹解，并各拣派司道大员，办理该大臣等粮台事务，毋令匮乏。将此由六百里谕令知之。

——《清文宗实录》卷三三三，咸丰十年十月丁丑。

○上谕

军机大臣字寄察哈尔都统庆。咸丰十年十月十七日奉上谕：

---

① 十月十九日，胜保接到此谕。十月二十四日，胜保奏："跪诵之下，曷敢迟违，当即选派陕西固原提标各营官兵二千五百名，饬令署总兵彦禄等，分起督带起程。连上次派拨之西宁、延绥、秦州、靖远、榆林等处兵一千五百名，共计官兵四千名，克日前往，以符僧格林沁请调数。现因沿途州县兵差往来络绎，所需车马骤难凑办，奴才已严饬粮台设法赶紧雇觅，俾利遄行。惟僧格林沁奏称，奴才所拨川楚勇二千名恐难得力，又准该大臣咨称，前派之西宁等处官兵，令其暂缓来营，等语。奴才伏思，川楚勇尚未到营，何以知其不能得利？既奉谕旨，奴才业已遵照改拨。至前派之西宁等处官兵一千五百名，皆系陕甘劲旅，由该省入援，业经行抵保定、涿州一带。奴才因僧格林沁亟须兵力，是以飞饬该官兵等就近改道驰往，较由奴才军营派拨为更便捷。若如僧格林沁所咨，势须先令此项官兵来京后，再由奴才拨令前往，不特徒劳往返，多延时日，且沿途供支车马，亦恐周转不及，实属无此办法。奴才已仍令其就近改道驰往，以期迅速。查本年春间，奴才奉命督办豫省军务，正值捻匪扑窜省垣，势甚岌岌，奴才启行之日，未带一兵，今僧格林沁统带马步已六七千名，又加以奴才所拨官兵，数将逾万，而东境捻氛已报肃清，如取道兖沂，直下徐宿，则德楞额、傅振邦所部官兵俱可为僧格林沁之助，兵力已不患其不厚。目下捻虽归巢，转瞬春融，难保不出巢大扰，分路北趋。奴才驻军于此，非特镇抚畿疆，力杜窥伺，亦正为将来策应地步。事机所在，关系綦重，不得不缕陈于圣主之前。至前拨僧格林沁军营副将黄得魁所带之川楚勇二千名，奴才现已钦遵谕旨，饬令折回河南，以厚豫省兵力，而节北路饷需。"十月二十六日奉朱批："知道了。钦此。"详见中国第一历史档案馆藏录副奏折，档案号03-4254-075。

僧格林沁等奏,请裁减兵额等语。[①] 据称,本年天津海口一带接仗,察哈尔官兵首先溃败,实属不堪调用。而该处兵额最多,若不量予裁减,必致虚縻粮饷。所筹自系为节省经费起见。著庆昀查明该处兵额共若干名,其分拨各台者若干,游牧者若干,汰除老弱,简择精壮,尚可练习者若干,应如何酌量分别裁减之处,即著妥议具奏。将此谕令知之。

钦此。遵旨寄信前来。

——《咸丰同治两朝上谕档》第10册,第634页。

〇僧格林沁等奏(节录)

……奴才军营差委需人,查有头等侍卫杨金甲、三等侍卫宗室遐昌、蓝翎侍卫朱捷南、健锐营副前锋参领伊勒哈春、正白旗印务章京兼公中佐领恒龄、巡捕营游击张振魁、前安徽拣发游击成桂、刑科笔帖式文举人恩纶、候补七品苑副景兰、即选知州陆庆松等十员,堪以随营差委,除咨行该旗该衙门查照外,谨附片奏闻……

咸丰十年十月十七日奉朱批:知道了。钦此。

——录副奏折,档案号03-4226-059。

十月二十二日

〇上谕

咸丰十年十月二十二日内阁奉上谕:

僧格林沁等奏,请将拿获要犯之官绅奖叙等语。直隶署青县知县联儁,于该县所属之戴村,拿获纠众抢劫要犯贾瀣、刘四等,讯明正法,尚属缉捕勤能,联儁著赏戴蓝翎。候选中书裘德潾,自带乡团,拿获土匪曹练等二名,亦属奋勉,裘德潾著交部议叙,以示鼓励。

钦此。

——《咸丰同治两朝上谕档》第10册,第641页。

---

① 僧格林沁原奏内称:"十月初八日恭奉谕旨,昭乌达盟马队一千名,仅存一百余名,不敷征剿等因,钦此。奴才等自应仰体圣□,将余存之兵饬回该盟。伏查马队官兵打仗得力,以黑龙江为最,其次哲里木盟、昭乌达盟。此三项官兵,马上便捷,技艺娴熟。其吉林等处官兵,非但技艺生疏,且间有不会骑马者,于攻击抄袭难期得力。奴才等此次督兵南下,兵力原不为厚,若马队不能得力,恐难应手。是以前次一面具奏,一面派委四品台吉棍札布前往该盟,令其挑补足额,迅速来营。合无仰恳天恩,仍准饬调,如蒙俞允,并请敕下该盟长,迅饬官兵作速起程。其经过地方,照例支应。至溃散之吉林官兵四百余员名,奴才僧格林沁业经行文该将军查明,官员即行革职,兵丁革退,仍派员押解来营,戴罪图功。至察哈尔兵额最多,而此项官兵最不足恃,此次海口一带接仗,该处官兵首先溃败。似此不堪调用官兵,未便虚縻粮饷。除阵亡官兵照例议恤,受伤者照例给予□赏银两外,所有该处名额,应如何裁减,以节帑项之处,应请敕下该都统妥议具奏。"详见中国第一历史档案馆藏录副奏折,档案号03-4226-058。

〇僧格林沁、瑞麟奏言

查臣等现统马队三千五百名，步队二千名，绿营官兵五千名，每月需银总在六万之数。现在捻匪鸱张，每股均有数万之众，臣等现有兵力不敷剿办，驰抵豫东后，尚须酌添马步官兵，以二万名核计，每月需银十万两。直隶藩司文谦，现拟月拨饷银二万五千两，仅敷数日之用，应请饬下该藩司及豫、东各省宽为筹备，源源接济，每月总须十万之数，方不至有停兵待饷之虞。本年春夏之间，山西每月解赴军营饷银二万两，数月以来，未据报解，应请一并饬下该抚臣仍前拨解，俾供支放。马步官兵兹已分起前进，待饷甚急，应请饬催文谦，即将库存部饷赶紧筹拨十八万两，迅解来营，以济要需。至直境大股土匪业已解散，无须屯扎重兵，臣瑞麟拟暂驻河间，臣僧格林沁拜折后起程，前往东昌，再行取道曹州。昨据文煜咨称，该省东、西两路一律肃清。臣拟俟抵曹州后，查探豫、皖、江南等省何处紧急，即行渡河南下，剿办捻匪。

——《钦定剿平捻匪方略》卷八七，第10—11页。

〇上谕

谕军机大臣等：

前据文谦奏，每月酌拨僧格林沁军营月饷银二万五千两，当经谕令僧格林沁等，查明该藩司所拟月拨之款是否足敷支放。本日据僧格林沁等奏，现在需饷，每月总在六万之数，抵豫、东后，尚须添兵，以马步官兵二万名核计，每月需银十万两。文谦拟拨月饷二万五千两，仅敷数日之用。而山西自春夏之间，每月拨解银二万两，数月以来，未据报解，请饬各该省宽为筹备，并按月解交等语。僧格林沁等统兵南下，需饷甚急，亟应迅筹接济，以期士饱马腾。著黄赞汤、文煜、文谦，于各该省宽为筹备，源源接济，每月总须凑成十万之数。其山西省月拨之二万两，并著英桂拨解，毋稍稽延。至僧格林沁马步官兵，业经分起前进，文谦解到之银二万两，支放已竣，并著文谦查明库存部饷未解京者尚有若干，酌量提解僧格林沁军营，以济要需。嗣后各省解京饷银，并著饬令源源解部，勿稍迟缓。将此由六百里谕知黄赞汤、文煜、英桂，并传谕文谦知之。

——《清文宗实录》卷三三四，咸丰十年十月壬午。

十一月

十一月初四日

〇袁甲三奏

钦差大臣、漕运总督袁甲三奏：

窃自逆夷犯顺，我兵屡战不利，不得已而议抚。今幸和约已成，夷兵渐退，而贼情叵测，后患方长，亟宜力挽积习，豫备不虞，卧薪尝胆，皇上与臣民共之，此时之谓也。臣愚以为，首在慎采纳、节糜费、精训练、储将才，庶几外侮可御，国耻可雪。若因仍简陋，积习自安，恐愈久愈难收拾也。

津沽构衅以来，防备不为不严，兵力不为不厚，亦曾屡战而屡败之矣。近时之失利，非我兵前勇而后怯，亦非夷人前愚而后智也，只以宜战宜和，左右既无定见，即若迎若拒，将帅无所适从。盈庭聚讼，不战胜于内，安望其制胜于外耶？夫战不胜，则和不久，虽暂时言和，亦必终归于战。是在宸衷独断，不为众议所摇，然后忠义之士，得坚其敌忾之心。臣所谓采纳宜慎者此也。

京城旗绿各营，额兵不下十余万，岁糜帑项数百万。数既不能充足，人亦不能尽精强，游手者得以坐耗，斯敢战者疲于不饱。说者谓国家以旗兵为根本，不可使有决望，似也。然朝廷聚天下之财以养旗兵，例饷之外，岁有加赏，体恤可谓至矣。近日领饷稍有不足，怨望横生。盖推恩者循例而以为常，斯沾恩者身受而不知感，人情固然，不足怪也。且旗兵不听其自行谋生，食指日繁，正供有限，一旦饷缺，束手待毙。生之适所以死之，非计之得也。臣窃谓国家深仁厚泽，沦浃二百余年，普天率土，同受豢养之恩，即共切同仇之志，似应无论旗绿各营，其不愿入伍、不能打仗者，均听自便，或另作安置，俾有生路。特选精锐三四万人，优其粮饷，专习戎政，庶几士饱马腾，所向无敌矣。臣所谓糜费宜节者此也。

京城八旗兵丁，久以操演为具文。其训练尚勤者，以健锐、火器、香山各营为最，技艺亦能娴熟。然一遇大敌，望风而靡者，各该统领大员向系循例简用，本不尽知兵之人；该兵丁亦不轻易从征，其平日按式学习，几如纸上空谈。睹旌旗而色变，闻鼙鼓而心惊，亦人情所必至也。且统领不常其任，临时派人管带，兵将不相习，即进退无所措，安望其呼应灵通耶？若于各该营不拘官阶大小，择其年力精壮者，酌拨十数人，或数十人，分置各路军营，俾资历练，定限换防，仍于原营无损，则日久均经战阵，胆以练而愈壮，摧锋陷阵，皆将视为故常。再择久历戎行、堪为统领者，专其责成，久于职守，平日兵知将意，将识兵心，斯临敌如身之使臂，臂之使指，号令一而情谊联。臣所谓训练宜精者此也。

自古练兵必先择将。语云：千军易得，一将难求。皇上临御之初，即值疆土多故，十年以来，所得将才若干，已屡试屡验，默识于宸衷矣。现在京营带兵者，除胜保、僧格林沁外，多未身经行阵。僧格林沁屡挫之后，物议在所不免。然其平素赤心为国，与士卒同甘共苦，实不可及。各路兵勇随其打仗者，无不爱慕不忘，盖其忠悃之感人者深也。惟事变不可豫知，军情亦难豫定，非多储将才，期与相辅而行，恐应接不暇，将成孤注之一掷。且不试之于平日，而欲责之临时，用人者既将就而不暇择，任事者亦竭蹶而不敢辞。此两误之计也。此外偏将亦须得人，全在实力甄拔，以待有事。应请饬下各路统兵大员，将素经战阵、能得兵心者各保送数人，以供选择。庶几群策群力，缓急足恃矣。臣所谓将才宜储者此也。

凡此数者，皆当时之急务。所愿皇上持之以定见，行之以实心，聚精会神，历久不懈。斯上有怵惕维厉之心，下有深固不摇之气。天威丕振，我武惟扬。根本固于苞桑，外患内忧，以次削平矣。

朱批：精训练储将才一条，著总理行营王大臣妥议具奏。

——《筹办夷务始末（咸丰朝）》卷七〇，第15—18页。

十一月初七日

〇穆腾阿奏

镶黄旗蒙古都统穆腾阿奏言：

已革副都统伊兴额，前在徐宿带领马队剿捻，颇有威望，嗣因被革回京，该处民团禀请奏留徐宿办理剿捻事宜，惟有吁恳天恩，俯念徐宿一军有关大局，仍饬令伊兴额迅赴徐营，会同傅振邦剿除捻逆，以顾北路藩篱，兼慰徐宿民望。

——《钦定剿平捻匪方略》卷八八，第5—6页。

〇穆腾阿奏

臣于十月二十九日行抵徐州，经过山东州县，虽有被扰之区，居民安谧如常。惟于东省途次，屡见被捻裹胁难民逃出回乡，据称捻众在郯城被官军击败，尽回老巢，声言明春正、二月间，捻首孙葵心仍率众扑犯东省，窥伺兖州、(宁)济[宁]一带。查兖济素称饶富，该逆窥伺已久，若不力筹堵御，难保不乘隙再犯东境。臣愚以为，捻众巢穴均在徐宿一带，而徐境实为东省屏蔽，西路归鹿又为豫省要隘，若就此三路厚集兵力，分投防剿，不但逆踪不能北犯，且临淮协饷专赖豫东两省拨解，于皖省全局亦有裨益。

——《钦定剿平捻匪方略》卷八八，第6—7页。

〇上谕

谕军机大臣等：

穆腾阿奏，请饬伊兴额迅赴徐州督剿捻匪等语。已革副都统伊兴额，前在徐宿一带剿匪，深得民心。该革员现已赏给六品顶带，在僧格林沁等大营，著该大臣等体察情形，如无须伊兴额带队，即著饬令迅赴徐州，联络乡团，剿办捻匪，以顺舆情而固众志。至皖北捻匪，虽经遁归老巢，现据穆腾阿奏称，该逆声言，明春正、二月间，捻首孙葵心仍拟率众扑犯东省。僧格林沁现已督兵驰抵东昌，若径由归陈一带南下，恐东省空虚，无以遏该匪北窜之路。著即于济宁、兖州一带择要驻劄，先将北路妥为布置。如豫省归陈及江南徐宿一带须兵助剿，即著僧格林沁等派兵前往，与毛昶熙、关保、傅振邦等军会合进剿，以期力埽贼氛。将此由六百里各谕令知之。

——《清文宗实录》卷三三五，咸丰十年十一月丙申。

十一月十三日

〇僧格林沁奏

臣于十一月初六日行抵济宁，因沿途车辆不齐，官兵多系徒行，不能迅速，现拟驻扎济宁，制办军火攻具，俟后路官兵到齐，再行前进。臣抵济宁后，查得九月间捻匪窜近州城，经知州卢朝安豫于城外备筑围墙一道，挑乞濠堑二道，引水环绕，以资保卫；复督带练勇会营出城迎截，随即击退。其汶上县被围，亦经地方官督带兵团击回。

至豫皖捻匪情形，询据南省撤回官兵声称，逆首张落刑、龚瞎子、孙葵心等各聚匪党无数，此外大小头目，聚集人数亦复不少，每年数次出巢打粮，总向无兵处所焚抢，迨官兵往剿，业经饱掠而归。每至一村，抢掳赀财粮米，村舍烧为赤地，杀害老弱，裹胁少壮，其不甘心相从者，亦属无家可归。以此出巢一次，即增添人数无算。此捻匪众多之情形也。

捻匪巢穴，官兵难以进攻，该逆并将巢穴四面一二百里外村庄焚烧无存，井亦填塞，官兵裹粮带水，何能与之久持？一经撤退，该逆紧蹑其后，往往因此失利。此各路官兵仅能堵御、不能进攻之情形也。

贼匪每次出巢，马步数十万，列队百余里，兵少贼多，众寡悬殊，是以任其猖獗，无可如何。前此粤捻各树旗帜，并未合伙，近年彼此相通，联为一气，官兵在北，粤匪在南，捻匪居中，以为粤匪屏蔽。若厚集兵力，分投进剿，捻匪一经受创，粤匪自必蠢动，非竭力相助，即另图北犯，以分我之兵势。此剿办捻匪不易之情形也。

查臣原带马步官兵六千余名，续由胜保调拨陕甘官兵四千名，山东巡抚调拨绿营官兵

二千名，青州旗营官兵五百名，核计马步官兵共一万二千余名。拟俟各路官兵到齐，军火攻具办妥，即行督兵南下，会合傅振邦、德楞额二军相机进剿。傥能得手，即当直捣老巢，荡平丑类。

臣前于献县途次，遇由南撤回伤病吉林官兵一百二十余员名，逐一查验，病愈尚堪从征者八十员名，仍令委营总富和管带，随同前进。此项官兵并无马匹器械，应由军营拨给。其伤病未愈者，仍令撤回。

又，行至阜城县，据直隶昌平营游击玉祥禀称，该员带领直隶官兵一千二百余名，由傅振邦饬令带赴胜保军营。查此项官兵自可无须北上，臣已饬令该官兵仍折回傅振邦军营，听候调遣。

瑞麟已于十一月初三日督带后路官兵自河间起程南下。

——《钦定剿平捻匪方略》卷八八，第12—15页。

〇实录

钦差大臣僧格林沁奏报，驰抵济宁，俟军火办齐，即行前进。得旨：现在夷务虽平，而捻逆各匪意图北犯，实在意中。傥汝军深入捻巢，渐次埽除，亦非一战即可成功。若旷日持久，致该逆侦知我无后劲，绕路北窜，彼时汝军反为贼所隔，欲回无路可绕，即使能绕出贼前，亦恐将为强弩之末，不能贯鲁缟，岂不有关天下全局？现在反覆熟思，汝仍应遵前旨，坐镇山东，以杜其窥伺之心，断难轻于一试，致误全局。

——《清文宗实录》卷三三五，咸丰十年十一月壬寅。

〇实录

命山东巡抚文煜迅解银十万两、直隶布政使文谦迅解银十七万两，赴钦差大臣僧格林沁军营。

——《清文宗实录》卷三三五，咸丰十年十一月壬寅。

十一月二十一日

〇瑞麟奏

臣于十一月初三日催集马步各队，由河间起程，十二日驰抵济宁。正拟安置扎营，适鱼台一带有大股捻匪意图北窜，僧格林沁与臣会商，统兵进剿。十四日，由嘉祥驰赴巨野，正值大雪，军行甚惫，探知该逆大股屯踞羊山集。十五日，僧格林沁专带马队二千余名，臣带马队三百余名，由羊山集进攻，捻匪纷纷出窜。臣与侍卫隆春往南追剿，毙匪数十名。

时僧格林沁已带队往东攻剿，将臣所带之队一并调去，当与隆春往东访问，知僧格林沁大队已被贼压下，只有副都统格绷额带队迎击。臣即会同督队，而该逆愈聚愈多，四面包裹，我军以众寡不敌，全行退下。臣由西北闯出，忽乘马坠地，右腿受伤，勉强支持，至济宁城外暂息。当即飞饬前副都统伊兴额，迅调知府赵康侯练勇数千名，为僧格林沁接应，复调陕甘官兵兼程前进助剿。至臣营阵亡官员兵丁，容俟查明，再行奏报。惟臣刻下腰腿痛甚，步履维艰，可否吁恳天恩，赏假数日，赶紧调治，一俟稍痊，再与僧格林沁筹调兵勇，以图进攻。

——《钦定剿平捻匪方略》卷八八，第18—20页。

〇文煜奏

兖州镇总兵富新一军，原令专驻曲阜严防，现在曲阜附近业已肃清，所有零星土匪，该地方文武可以随时随地实力搜拿，而金乡、鱼台一带为南捻入东门户，所关尤属紧要，该逆现已回窜，扰及鱼台边界，富新一军拟即调往该处击剿，并即责令该总兵在金乡、鱼台一带常川驻防，扼贼窜路，似可毋庸专驻曲阜，致以有用之兵置诸无贼之地。

奏入，上命军机大臣传谕文煜曰：

捻逆回窜东境，僧格林沁进剿失利，匪势极为猖獗，所有富新一军，业经文煜调往鱼台，著即催令星驰前进，探明匪踪，实力迎击。此外如有可调兵勇，并著该抚酌量调派，分投堵剿，毋任匪众得以深入。其曲阜地方，仍著督饬地方文武严拿土匪，以重林庙。

——《钦定剿平捻匪方略》卷八八，第21—22页。

〇上谕

谕军机大臣等：

瑞麟奏剿匪情形、并恳恩赏假调理一折。据称，本月十二日，行抵济宁，探得鱼台一带有大股捻匪，遂与僧格林沁由嘉祥、巨野统兵进剿。十五日，于杨山集地方捡斩捻匪数十名。其时僧格林沁已往东攻剿，访知大队被贼匪压下，即同格绷额等带队迎击。因贼来愈多，退至济宁。并因坠马受伤，请假调理等语。僧格林沁由杨山集进剿捻匪，仅据瑞麟奏被匪压下，究竟如何失利，现在驻兵何处，及一切布置情形，著僧格林沁详细驰奏，以慰廑念。捻匪大股窜扰，该大臣专带马队二千迎剿，以致轻进失利，恐贼势益张，乘虚北窜，该大臣等务当督率将士，绕出贼前，迎头截击，毋令分窜。傥该逆被击回巢，该大臣仍当遵照前旨，在济宁、兖州一带择要驻劄，先将北路妥为布置，再行相机前进。赵康侯练勇及陕甘官兵，据瑞麟奏称，业已调往接应。本日并据文煜奏称，总兵富新一军，已令前往鱼台。均著僧格林沁催提前进。此外如有可调兵勇，并著该大臣酌量调拨，以厚兵力。瑞麟著赏假

数日,在营调理,一俟稍愈,即与僧格林沁将防剿事宜会商妥办。将此由六百里谕令知之。

——《清文宗实录》卷三三六,咸丰十年十一月庚戌。

十一月二十二日

○僧格林沁、西凌阿奏

科尔沁郡王僧格林沁、镶蓝旗蒙古都统西凌阿奏言:[十一月十一日,]据淮徐道禀报,捻匪五旗并出,人数甚众,距郡城数十里,意图窥伺等情。瑞麟已于十一月十二日驰赴济宁,臣等正拟督兵前往徐州,复[据淮徐道报称,捻匪已向西北窜逸。旋]据鱼台等县飞报,捻匪窜入境内,请兵救援。奴才等当即酌带马步官兵,(由)[于十三日酉刻裹粮前进,迎头击剿,酌留一成官兵,仍在济宁驻扎。是日夜间,行抵]嘉祥[县。十四日午刻,马队官兵驰抵]巨野[县,步队官兵晚间赶到]。探闻贼匪在巨野东南六十余里之羊山盘聚,旋向西南奔窜。[因十四日天降大雪,随即融化,遍地泥水,步队行走艰难,]臣等于十五日[卯刻]先带马队前往跟追。行至距羊山十余里之金山地方,该逆结队而出,约计马贼万余人,步贼三万余人,分三路抗拒。臣僧格林沁、西凌阿率同国瑞,带马队五百余名,抵敌东南,瑞麟、格绷额带马队(五百)[千]余名抵敌西南,枪箭齐施,毙贼无数。该逆愈集愈众,围裹数重,相持两时,众寡不敌,臣等带领官兵冲出重围。适瑞禧已带步队驰抵距金山二十里之独山地方,臣等亦带领马队退至独山扎营。十六日,该逆全数来扑,环绕马步各营。我兵开炮轰击,殪贼多名,该逆纷纷向西南窜逸。臣等因马队兵力过单,不能跟踪追剿。

此次毙贼虽多,而官兵阵亡亦复不少。头品顶戴副都统格绷额并伊子即补防御忠伦、侍卫德成同时阵亡;三等侍卫遐昌在贼围中马匹蹉跌,致无下落。该员等忠义奋发,临阵捐躯,格绷额父子阵亡,尤堪悯恻,均恳天恩,交部从优议恤。其余伤亡官兵,容俟查明,再行分别办理。

瑞(龄)[麟]督队乘马滑倒,致将腰骨跌伤,现在汶上县赶紧医治。臣僧格林沁于十七日回驻济宁,以扼运河北岸。并行知河南巡抚,札饬大名镇道,于黄河北岸加意严防。

惟臣等所带马队实属不敷攻剿。拟将驻扎古北口之黑龙江官兵一千名,前调之哲里木盟官兵五百名,及请旨敕催之昭乌达盟官兵八百名,一并催调来东助剿。臣僧格林沁一面行文察哈尔都统,在商都马群内挑马一千匹,分五起解送来营,以资乘骑。并行文巡捕营调取都司一员、守备一员、千总把总各四员,星夜来营,听候差委。

[咸丰十年十一月十八日]

咸丰十年十一月二十二日奉朱批:钦此。

——《钦定剿平捻匪方略》卷八九,第1—3页。

〇上谕

谕军机大臣等:

据僧格林沁奏称,十五日于金山地方与匪接仗,因贼众兵单,退至独山;该逆复来扑扰,被击向西南窜逸,该大臣已回驻济宁等语。捻逆窜扰东境,虽经官兵轰毙多名,而我军亦有伤亡,尚恐该匪恃众回窜,僧格林沁现驻济宁,兵力尚单,未可轻率前进,致有挫失。著就现有兵力,会合东省兵勇,将北路各要隘严密布置,毋任贼踪阑入。一俟兵力厚集,再行相机前进。将此由六百里谕令知之。

——《清文宗实录》卷三三六,咸丰十年十一月辛亥。

〇上谕

上又命军机大臣传谕恒福、春佑曰:

捻匪窜入山东羊山集等地方,僧格林沁督兵迎击,该逆向西南奔逸,难保不复图回窜。该大臣现驻济宁,兵力较单,著恒福将驻扎古北口之黑龙江、西安马队官兵,择其年力精壮、技艺娴熟者,各挑选五百名,共成一千名,分派得力大员统带,星速起程,前赴济宁。并著春佑即调哲里木盟官兵五百名,及前调昭乌达盟官兵八百名,即日驰赴济宁。均听候僧格林沁调遣,毋得迟误。

——《钦定剿平捻匪方略》卷八九,第4—5页。

〇上谕

僧格林沁等奏,副都统父子剿匪阵亡,恳恩优恤等语。头品顶戴、墨尔根城副都统格绷额等,于山东金山地方截剿捻匪,因匪众兵单,以致父子同时阵亡,实堪悯恻,格绷额并伊子即补防御忠伦,均著交部从优议恤,乾清门侍卫德成著一并从优议恤,以慰忠魂。

——《清代起居注册(咸丰朝)》第52册,第31536—31537页。

〇僧格林沁奏

查已革副都统伊兴额深得民心,臣派员前往徐州查探贼情,旋据回营禀称,徐宿一带绅民盼望伊兴额极为恳切,因即拨给马队官兵,令其前往徐州。惟伊兴额现系六品顶戴,品秩较微,合无仰恳天恩,量加擢用,在伊兴额呼应较灵,而徐宿一带乡团更形踊跃。

——《钦定剿平捻匪方略》卷八九,第5—6页。

○上谕

已革副都统伊兴额，前经赏给六品顶戴，交僧格林沁差委。兹据该大臣奏称，该员深得徐宿一带民心等语，伊兴额著赏给三品顶戴，责令办理徐宿民团事宜。

——《清代起居注册(咸丰朝)》第 52 册，第 31535 页。

○上谕

僧格林沁奏，东省筹饷延宕，并请改派大员督办粮台等语。山东巡抚文煜、布政使清盛，于僧格林沁军营饷需未能豫为筹备，均著交部议处，仍责令迅速筹解，源源接济。傥再意存(膜)[漠]视，即著从严参办。委员补用道沈维璥，办理粮台呼应不灵，著即撤回。所有僧格林沁粮台事务，即著清盛办理。

——《清代起居注册(咸丰朝)》第 52 册，第 31535—31536 页。

○袁甲三奏

自捻匪窃发以来，近更延蔓，叠溃东省之防，渐有北窥之志，此归彼出，窜突几无虚日。今皇上特简僧格林沁督兵南下，将见提纲挈领，次第廓清，是军务一大转机。臣谨就现在兵力贼情，通筹全局，为我皇上沥陈之。

淮南州县多被粤逆窜踞，所以未获与捻逆合伙北窜者，长淮为之限也。臣前于凤寿解围后，与臣翁同书计议，扼定长淮，以守为战，上自三河尖，下至高宝湖，分设水军，往来策应。而捻首孙蔡心前由汝宁窜扰光、固，旋由固始南趋，与庐定贼匪会合，欲解安庆、桐城之围，幸楚师有备，未获逞其狡狯。现该捻首麇聚六庐之间，其勾结北窜，事在意中。长淮千余里，要隘甚多，防范均应严密。若锐意南征，即规复一二城池，而无重兵以守之，仍恐旋得旋失。且捻踪在后，万不能无回顾之忧。此淮南守急于战之实在情形也。

徐宿一军本不满万，近因饷需支绌，裁汰甚多，苗练撤退，亦复不能相顾，防剿均难著手。傅振邦忧虑成疾，能否及时(全)[痊]愈，尚未可知。帮办之总兵田在田，威望尚轻，阅历亦浅，难以独当一面。山东、河南之兵，只能扼守本疆，不能越境会剿。且从前捻匪专以野战为能，近则筑圩屯踞，贼垒林立，官军以全力围攻，累月经旬，未能破其一寨。即此破彼筑，亦属徒烦兵力。况与东豫境地毗连，路路可通，现在北窜之贼虽暂时回巢，而附巢无可掳掠，必至旋归旋出，东豫两境皆成熟路。加以畿辅以南到处伏莽，万一有闻风继起者，人心骚动，大为可虞。至苗沛霖勇练，本属良莠不齐，前次所抚河北各圩，近日多怀观望，尤不可不加意防维。此淮北战守并急而又两难措手之实在情形也。

为今之计，惟有先清北路，然后并力南征。尤须联络声威，抚绥团练，合东、豫、徐、宿

诸军,统归僧格林沁节制。臣一面扼守长淮,一面分拨兵勇,先与僧格林沁之军会合夹攻。傥能得三五次胜仗,贼焰渐衰,人心自定,即可相机收抚,以次荡平,东豫江皖之间,民气得资休息,然后鼓行而南,粤逆不难埽除矣。惟僧格林沁现抵何处,尚未接奉明文,业经切实函商东豫两省如何布置,统容随时妥筹,相机办理。

——《钦定剿平捻匪方略》卷八九,第6—9页。

〇上谕

袁甲三奏筹议兜剿捻匪、联络官军声势一折。所称先清北路、然后并力南征,并将东豫徐宿诸军统归僧格林沁节制调度,均能切中时势。惟僧格林沁所部兵勇不及万人,兵力既未厚集,器械尚待修整,此时只可暂驻济宁,力杜北窜。俟各路官军到齐后,方可节节前进,先将捻匪悉数埽除,然后会合各军,并力南下,以期一鼓荡平。该大臣务宜力保清淮,扼守中路关键,仍与僧格林沁等随时函商,统筹全局。是为至要。将此由六百里谕令知之。

——《清文宗实录》卷三三六,咸丰十年十一月辛亥。

十一月二十四日

〇杜翻奏

据金乡、鱼台等县禀称,捻逆由该县西北之陈家集等处窜入东境,分路冲突,十一月十二、十三等日,大股踵至,围攻金乡县城,经该县知县钱廷煦带同团勇,于圈堤口奋力截击,轰毙多名,该逆始向西南退去,分占干鱼头、化雨集、鸡黍集、胡家庄各民寨,四出焚掠。其鱼台一股,亦扑县城,该县知县赵溶督团固守,并率勇迎击,毙匪百余名。该逆屯聚金乡之羊山、嘉祥之满家洞、李登楼一带,意图负嵎久踞。现在僧格林沁、瑞麟已由济宁督带马步各军拔队驰剿,臣亦檄饬沿河地方官,督率民团,严为防堵。

奏入,报闻。

——《钦定剿平捻匪方略》卷八九,第13—14页。

十一月二十六日

〇文煜奏

捻逆被僧格林沁击败后,潜往西南窜逸。兹据巨野文武禀称,逆匪于十一月十七日复扰该县,大股马贼蜂拥而来,城垣业已被围,现在登陴固守,请兵救援等情。臣接阅之下,

不胜愤懑，当飞报僧格林沁拨兵援剿。能否解围，俟续报到时，再行具奏。

——《钦定剿平捻匪方略》卷八九，第16页。

〇上谕

文煜奏，捻逆复扰巨野，县城被围，飞报钦差大臣发兵援剿等语。该抚于所属县城被贼围攻，并未将如何筹画情形详细声叙，岂以僧格林沁带兵，现在东省，文煜遂可卸责？若僧格林沁统兵南下，该省军务又将谁诿耶？著文煜将现在如何派兵援剿，一切布置情形，迅速妥筹办理，毋得以一奏了事。另折奏，平原、莘县等州县藉团抗粮，业经谕令杜翻晓谕各属团总、团长人等弹压解散，如有实在抗拒不遵者，即将首犯严拿惩办。乡民藉团抗粮，固属事所必有，地方官浮收勒折，因而激成事端，亦不能保其必无。该抚身任封疆，征收漕粮，系属地方应办事件，亦岂能尽诿之督办团练大臣？仍著文煜严饬各该州县妥为办理，傥有不肖之员任意加耗，以致人心不服，即著查明严参。文煜自请议处，并请将藩司议处。文煜、清盛于各饷不能如期应付，著交部分别议处。将此由六百里谕令知之。

——《清文宗实录》卷三三六，咸丰十年十一月乙卯。

十一月二十八日

〇傅振邦奏

臣前因伤病交作，奏恳赏假一月，就徐营调理，旋即赴徐延医施治。其时正值捻匪扰宿北山套，盘踞民寨，继而五旗贼众倾巢北来，分三股肆扰，蒙村、二郎山、奶奶山及夹沟、白土窑、老龙山等处先后告急，臣扶病强起，日与淮徐道吴棠、署徐州镇总兵李恒清面商防剿。该逆旋由山套向东蔓延，田在田督筹南路，势难兼顾，臣于北路力疾援应，更不容缓。十一月初旬，大股由奶奶山扰至胡家楼等处，直逼徐城，当即派队击退。又另股自蒙村窜至徐郡西南二十余里之马场湖等处，臣复派马步队乘夜出城，驰至郝家寨左近，遇贼前锋，当经压退，该匪奔向西北沛丰一路，众军追杀十余里，毙贼数百名，生捡十余名。同时东南股匪蔓及东北吕家楼滋扰，意图牵掣，臣以军情甚紧，先派马步队一千四百余名，又加派恒龄带马队四百名，均归李恒清统率，即于十三日驰赴北路截剿，一面飞禀僧格林沁，咨会东豫抚臣，会合夹击，迅就殄除，一面就徐郡兵力，尽数派赴东南，分布扼守，并随时与田在田函商布置。嗣又据睢宁县知县黄宪铠禀报，捻匪勾结土匪，于十五日阑入睢西(候)[侯]家庙，急请拨兵援剿。臣又将派驻徐三村之马队移调赴睢协助，另筹一军赴徐三村填扎。十六、七等日，边马突至东南二十余里之柳家集，又经拨队往击。当臣至徐州之时，适值贼氛肆扰，事机孔亟，不敢因患病请假，稍涉推诿。现值假期居满，病势仍未见痊，合无仰恳天

恩，准臣续假二十日，俾得静心调摄。一俟稍愈，即奏明销假，断不敢藉词延宕。

奏入，上谕内阁曰：傅振邦著再行赏假二十日，仍在徐州军营安心调理。

——《钦定剿平捻匪方略》卷八九，第17—19页。

十二月

十二月初二日

〇瑞昌、王有龄奏

杭州将军瑞昌、浙江巡抚王有龄奏：

窃臣等于十一月初四日承准军机大臣密寄，十月十一日奉上谕：本年秋间，英、佛两国带兵扑犯都城等因。钦此。伏查江浙两省贼势狓猖，兵力不敷剿办，虽蒙简授曾国藩为钦差大臣，现在规取徽宁，未能赴苏进剿，亟应添兵协助，以免日久蔓延。借资外国之兵，其有无格外要求，虽难预料，但由彼在京陈请，亦足征同仇敌忾之诚，如果照议举行，可期迅速应手。此后各省货物，已准外国自行贩运，不复抽厘，其包揽内地厘捐，势所必至。饷源既断，决裂即在目前，不得不为急则治标之计。

浙省宁波一口，现无俄国之人。佛国虽设有领事，往来宁沪之间，并未常川在宁。且向来宁口通商事宜，皆听命于上海。此举事关重大，若由浙向其商办，必将决之于沪，而不能质之于宁。江苏抚臣薛焕、署苏松太道吴煦，机宜熟悉，胆识俱优，必能访察实情，斟酌尽善。臣等已密行知会，嘱令就近妥商酌办，由薛焕另行具奏。

惟足食足兵，国之大政，必先尽其在我，未可常恃他人。我朝以神武开基，京兵素称骁劲，亲王僧格林沁，前在连镇、高唐等处统兵剿贼，歼戮靡遗，海内仰其威名。今津沽业已撤防，傥蒙敕下僧格林沁，统率京东劲旅经略东南，拯斯民水火之中，慰江浙云霓之望，纵令外国抒诚助顺，中朝亦自有挞伐之师，藉以宣布德威，尊崇国体，于大局裨益，实非浅鲜。

至浙省有漕州县，仅止杭嘉湖三属，本年多遭兵燹，新漕已无可办。若由外国领价买运，价银先入其手，难保不随意开销。窃恐藉此把持，从中渔利，将来南漕海运，转多掣肘之虞。可否令其自行贩运赴津，官为收买，按照时价，公平给价。如果办理不甚合宜，即可随时停止，庶不致授人以柄，为所挟持，而于筹备京仓，仍无窒碍。

谕军机大臣等：

前据曾国藩、袁甲三、薛焕等覆陈夷酋拨兵助剿江南逆匪，及米商等领运台米洋米运津二事，当经谕令恭亲王奕䜣等悉心体察，酌议具奏。本日复据瑞昌、王有龄奏称，江浙两省兵力不敷剿办，借资外国之兵，有无格外要求，虽难预料，但彼由京陈请，亦足征同仇敌

忾之诚,如果照议举行,可期迅速应手;并称由外国领价买米,恐银先入手,随意开销,或藉此把持渔利,将来南漕海运,转多掣肘,请令其自行贩运,官为收买等语。著奕䜣等将曾国藩、袁甲三、薛焕等覆奏各折一并妥议章程具奏。瑞昌等折,著钞给阅看。

——《筹办夷务始末(咸丰朝)》卷七一,第 15—17 页。

〇僧格林沁奏

捻匪自击退后,向西南窜至张古集地方。臣因运河堤岸并无官兵防守,即饬副将文瑛等分扎运河堤岸,仍传谕各处乡团严加防守。探得该逆在郓城县一带盘踞游弋,往来奔窜,自十一月二十日起,由赵王河堤岸南窜,随处抢粮。至二十四日窜至曹州府迤东二十里之新集地方,似恐官兵从后兜击,不敢遽行回窜。臣恐该逆时思北窜,官兵转致落后,剿办更难著手,因将东省布置稳固,再图进剿。查东省南界旧黄河,现在虽已改道,而旧有堤岸尚存。本年春间,沿河之山东各州县修筑长围一道,横亘三百余里。其金乡、鱼台二县,自黄河堤岸至南洋湖边,接连修筑九十余里,尚未竣工。此项长围,为山东全省屏障,立法极为妥善,若工程坚固,有人防守,捻匪断不能窜扰。臣已札饬兖沂曹济道王观澄,率同各该州县,传集团总,妥议防守章程,并派员前往周历履勘,务期一律坚实,以资捍卫。一俟办有就绪,臣即移营前往,择要驻扎。乡团果能分段防守,官兵随处策应,捻踪即不能阑入东境。既无后顾之忧,再当移营徐宿一带,节节进剿。

——《钦定剿平捻匪方略》卷九〇,第 1—2 页。

〇上谕

僧格林沁奏捻匪渐次回窜,拟俟续到官兵再行进剿一折。据称捻匪自被击退之后,向西南窜至张古集地方。该大臣分饬官兵,在济宁、汶上所属之长沟、袁口等处驻劄,以防运河堤岸,仍传饬各处乡团协同防守。该捻在郓城一带游弈奔窜,并由赵王河堤岸随处抢粮,至曹州府迤东新集地方,深恐官兵从后兜击,不敢遽行狂窜。该大臣现将东省布置稳固,拟俟续调官兵到齐,再当移营徐宿,节节进剿等语。僧格林沁兵力尚单,不敷进剿,更恐该逆被剿,情急北窜,官兵转落贼后,剿办更难得手。归化城官兵五百名,即由该大臣咨调,一俟各路官兵到齐,先将东省布置稳固,再行相机进剿,不可遽行深入。文煜前奏巨野被围,现在情形若何,该抚谅已派兵剿办,著该大臣随时策应。沿河各州县修筑长堤,横亘三百余里,金乡、鱼台尚未竣工。黄河堤岸,虽可为东省屏障,必须防守得人,捻匪始不能阑入。并著该大臣饬令各地方赶紧修筑坚固,鼓舞民团,分段防守,并令官兵互相联络,以杜北犯。将此由五百里谕令知之。

——《清文宗实录》卷三三七,咸丰十年十二月辛酉。

○僧格林沁奏

查十一月十五日在羊山地方与贼接仗，臣在东面督带马队迎剿，瑞麟在西面督带马队迎剿。是日该逆大股来扑，贼众兵单，本属难以得手。而贼匪愈聚愈多，不能不夺路而行。瑞麟退至数里之外，忽然落马，惟落马后退至巨野县，原可驻扎接应各队，乃瑞麟不在巨野扎营，复越过嘉祥、济宁，退至汶上，距贼二百余里，以致后路官兵涣散，实属怯懦无能。相应请旨将侍郎衔瑞麟革去职衔，饬令回旗，以示惩戒。查西凌阿带兵多年，胆识尚属优长；国瑞随臣在营二年有余，经臣委为营务翼长，办理军务，亦能认真。合无仰恳天恩，饬派西凌阿、国瑞作为臣营帮办，藉资臂助。

——《钦定剿平捻匪方略》卷九〇，第3—4页。

○上谕

僧格林沁奏，督兵大员不能得力等语。侍郎衔瑞麟，督带马队，于羊山接仗，落马后节节退守，实属懦弱无能，瑞麟著革去侍郎衔，饬令回旗。镶蓝旗蒙古都统西凌阿、工部右侍郎国瑞，均著帮办僧格林沁军务。

——《清代起居注册(咸丰朝)》第52册，第31599页。

○上谕

僧格林沁奏，请将进队迟延之带兵官惩办等语。吉林佐领、委营总法凌阿，于羊山接仗时延不进兵，实属退缩无能，法凌阿著即革职，仍留军营，以观后效。傥再不知愧奋，即行从严参办。

——《清代起居注册(咸丰朝)》第52册，第31599—31600页。

○上谕

前据僧格林沁奏，副都统格绷额之子、即补防御忠伦，随其父在羊山剿贼同时阵亡，当降旨交部从优议恤。兹据该大臣奏，查明忠伦身受重伤，尚未阵亡，所有前交该部议恤之处，著即撤销。

——《清代起居注册(咸丰朝)》第52册，第31600—31601页。

十二月初三日

〇上谕

军机大臣字寄钦差大臣、科尔沁郡王僧。咸丰十年十二月初三日奉上谕：

恭亲王奕䜣等奏，通判潘国荣愿捐炮位，请旨饬办等语。据称，前任浙江运司潘仕成之子、分发湖北试用通判潘国荣呈称，情愿回粤，倡办捐铸炮位一万斤，共二十尊，每尊自三五百斤至一千斤不等，合膛炮子五千斤；另炸炮十尊，炮子一百枚，力木炮架三十座，足敷配用。或按洋式铸造，或购自洋船。并称回粤后，愿推广劝捐，每捐炮十尊，带炸炮三尊。俟有成数，呈缴广东督抚验收，由海船运至上海或山东、天津等处，听候拨用等语。炮位为军行利用，而炸炮尤为迅烈，以之攻剿发捻等匪，洵属利器。本日已寄谕劳崇光、耆龄，饬令潘仕成同伊子潘国荣妥为办理。著僧格林沁豫为筹度，此项炮位捐齐，或续行捐铸再有成数，应由海船解至何处，转解该大臣军营，即自行咨明广东督抚查照办理可也。将此由五百里谕令知之。

钦此。遵旨寄信前来。

——《咸丰同治两朝上谕档》第10册，第701—702页。

〇实录

恭亲王奕䜣等奏，山东金山失利，请饬僧格林沁慎重严扼。得旨：所虑实与历次寄谕相符，现在只以力扼北犯为要，著未可轻进，而转致疏虞。

又奏，通筹夷务全局，酌拟章程，批惠亲王、总理行营王大臣、御前大臣、军机大臣妥速议奏。单并发。

——《清文宗实录》卷三三七，咸丰十年十二月壬戌。

〇上谕

军机大臣字寄两广总督劳，广东巡抚耆。咸丰十年十二月初三日奉上谕，：

本日恭亲王奕䜣等奏，据前任浙江运司潘仕成之子、通判潘国荣呈称，情愿回粤倡办捐铸炮位一万斤，共二十尊，每尊自三五百斤至一千斤不等，合膛炮子五千斤；另炸炮十尊，炮子一百枚，力木炮架三十座。或按洋式铸造，或购自洋船。并称回粤后，愿推广劝捐，每捐炮十尊，带炸炮三尊。俟有成数，呈缴广东督抚验收，由海船运至上海或山东、天津等处，听候拨用，等语。现在僧格林沁带兵前往山东等处，筹剿捻逆等匪，炮位为军行利器，而炸炮尤为猛烈，攻剿在所亟需，著劳崇光、耆龄即行饬令潘仕成，率同伊子潘国荣，将此次捐铸炮位迅速办理呈缴，或即令潘仕成等劝捐，或另委粤省公正绅士广为劝捐，俱令

每炮十尊,带炸炮三尊。俟捐齐后,覆明价值,奏请奖叙。此项炮位应由海船解至何处,转解僧格林沁军营,著劳崇光等即知照僧格林沁筹度办理。本日已寄谕该大臣咨行该督抚矣。将此由五百里谕令知之。

钦此。遵旨寄信前来。

——《咸丰同治两朝上谕档》第10册,第702页。

十二月初七日

〇僧格林沁奏

捻匪击退后,在郓城一带游弋。十一月二十七日,由曹州过堤,向虞城县一带回巢,亟须赶紧筹防,毋使该逆再入东省,当饬黄河堤岸各州县修筑长围,加高培厚,务使一律坚固。查郓城等县团勇节次与捻匪接仗,颇称勇敢,若以团勇防守长围,辅以兵力,可期联络。无事之时,派令出濠哨探,一有(紧)[警]报,全数在长围防守,以资抵御。惟人数既多,所费甚巨,此项经费,拟于本省按亩捐资,此外办理厘捐及官绅乐输,均作为本省防堵经费。已札饬运河道敬和等查照成案,先自济宁州试办亩捐,应请饬下抚臣文煜,迅即派委妥员分投劝办,以期迅速蒇事。

——《钦定剿平捻匪方略》卷九〇,第4—5页。

〇上谕

谕军机大臣等:

僧格林沁奏捻匪窜出东境、现在督饬地方筹议防守一折。据称,捻匪自被击退,于郓城等处南窜后,由曹县过堤,向虞城县一带回巢。现在赶紧筹议防守,将黄河堤岸饬令地方各州县速即修补,加高培厚,一律坚固;分别段落,以民团看守驻劄,无事酌定人数,出濠哨探,有警即全数赴堤守御。现饬运河道敬和等查照成案,先自济宁试办,按亩捐赀,并将厘捐及官绅乐输,均作为本省防堵经费。等语。山东为北路藩篱,果能凭河筑垒,以民团分段防守,辅以兵力,可期稳固。著僧格林沁等即按照所奏妥为办理,并著文煜迅即派委妥员,分投劝办,以期兵民互相保护,经费有资,俾捻氛不得再行阑入。是为至要。将此由五百里各谕令知之。

——《清文宗实录》卷三三七,咸丰十年十二月丙寅。

○上谕

僧格林沁奏参不遵调遣之编修并办事迟钝之道员，请旨惩办等语。[1] 翰林院编修孙毓汶，在籍办理练勇事务，经僧格林沁派令带勇防守黄河堤岸，乃竟意存推诿，不遵调遣，孙毓汶著即革职发往新疆效力赎罪，免其枷号。兖沂曹济道王观澄年力就衰，军务难期得力，著即勒令休致，以示惩儆。

——《清代起居注册（咸丰朝）》第 52 册，第 31620—31621 页。

十二月十二日

○上谕

清盛奏遵旨办理粮台一折，山东布政使清盛，现在办理僧格林沁大营粮台，所有筹饷劝捐及关涉粮台事宜，著准其专折具奏，山东布政使并著毋庸派员署理。

——《清代起居注册（咸丰朝）》第 52 册，第 31658 页。

十二月十七日

○上谕

谕军机大臣等：

前据文煜奏，邹县地方教匪宋继朋等传教聚众，设坛祭旗，经知县林士琦前往查拿，胆敢开放枪炮，列仗抵拒。旋经兖州镇总兵富新会同知府张鹏志，带领兵勇，由土旺上马庄一路进剿，颇有斩馘。及至官庄地方，该匪死力抗拒，未能得手。兹复据该抚奏称，守备姜长清奋勇杀贼，中炮阵亡，官军由官庄退至土旺，现在拨调德州等营官兵一千名，俟行抵近省地方，即由该抚亲自带往堵剿等语。此股教匪，聚众戕官，凶焰顿张，亟应乘其初起，赶

---

① 十二月初二日，僧格林沁等奏："山东乡团素称得力，均系在地绅士管带，并办理一切事宜。是以奴才派委候选知府赵康侯等带勇防□黄河堤岸。该员桑梓情殷，勇于任事。其济宁州练勇事务，查系已革湖南巡抚冯德馨、侍读衔翰林院编修孙毓汶等办理。奴才札令该员（带）管带团勇防守长围，乃编修孙毓汶意存推诿，不肯前往，经奴才传令该编修来营，善言开导，该员违抗不遵，语言骄傲，奴才当面给与札文，亦不接收。似此阻挠军令、不遵调遣之员，若不从重惩办，于军务大有关系。相应请旨，将侍读衔翰林院编修孙毓汶即行革职，发往新疆效力赎罪，仍枷号一个月示众，满月再行起解。再，查山东兖沂曹济道王观澄年力就衰，办事迟钝，现当军务吃紧之际，难期得力，相应请旨，将该员勒令休致，所遗道员一缺，查运河道敬和心地朴实，老成谙练；道员用登州府知府、留署济宁州知州卢朝安，在东多年，民情熟习，且才具明敏，办事勤能，奴才自到济宁二十余日，所有派委一切事务，均能实心经理。可否于该二员内调补、升补之处，伏候圣裁。"详见中国第一历史档案馆藏录副奏折，档案号 03-4226-141。

紧扑灭,勿令滋蔓难图。僧格林沁现驻济宁,距该县境不远,著即分拨官兵,前往剿办。并著文煜迅速出省,亲督官军,务将此股教匪克日埽除,毋留余孽,不得坐待各营官兵调齐再行出省,致误事机。姜长清阵亡情形,著文煜查明具奏。将此由五百里各谕令知之。

——《清文宗实录》卷三三八,咸丰十年十二月丙子。

十二月二十一日

○僧格林沁等奏

科尔沁郡王僧格林沁、镶蓝旗蒙古都统西凌阿、工部右侍郎国瑞奏言:

据兖州镇富新等先后禀报,教匪头目宋继(明)[朋]等,聚集五六千人,扰害各村,经该地方文武督带兵团前往查拿,该匪等胆敢列仗抗拒,戕害守备一员、兵勇多名。臣西凌阿带兵前往,十二月十二日分三路进剿,逆匪约有七八千人,自南山至北山蜂拥而至,我兵枪炮齐施,毙贼七八百名,余匪败入老巢。臣僧格林沁复令臣国瑞督兵前往协剿,行至龙泉地方,即见逆匪自南山顶至北山坡横列七八里。我兵奋勇争先,臣西凌阿亦率步队由北面轰击,两路会剿,将南山坡并河滩大股逆匪击毙将及千名,其余奔窜山顶。官兵追至后峪、瓦曲之间,又毙贼百余名,旋即收队,仍撤回土旺扎营。已饬兖州镇总兵富新、兖州府知府张鹏志、邹县知县林士琦等,督带兵团,认真搜捕余匪。十三日,据伊兴额禀报,探闻捻匪五旗并出,欲扑济宁大营,当将剿办教匪之马步官兵全行撤回,严加防范。

至此次剿匪尤为出力之各营官兵,可否由臣等查明保奏之处,出自鸿施。

——《钦定剿平捻匪方略》卷九〇,第14—16页。

○僧格林沁等奏

僧格林沁、西凌阿、国瑞又奏言:

据鱼台、丰县地方官禀报,捻逆现又出巢北窜,贼目赵浩然等率领蓝、黑两旗贼队,围攻陈家寨后,直向北窜,该逆边马已于十二月十四日窜过火神殿等处,现在砀山县境。臣等惟有督队严防,如果该捻扑窜东境,即行相机截剿。

——《钦定剿平捻匪方略》卷九〇,第16页。

○上谕

僧格林沁等奏剿办邹县教匪歼除殆尽一折。山东邹县地方教匪宋继朋等聚众滋扰,胆敢拒伤官弁,经僧格林沁派拨官军进剿,至该处南山、北山,匪众直前冲扑,我军枪炮齐施,毙贼七八百名。越日,复分队进攻,前后夹击,毙贼千余名,自北而南,并将河滩及沟壕

埋伏之匪击毙将及千名。余匪奔窜至后峪、瓦曲地方,负嵎抗拒,我军登山奋击,又毙贼百余名,余匪逃遁。此次剿办教匪尚属迅速,所有在事出力各营官兵,著僧格林沁查明保奏。仍著督令该地方文武,将余匪搜除净尽,毋留遗孽。

——《清代起居注册(咸丰朝)》第 52 册,第 31749—31750 页。

〇上谕

谕军机大臣等:

僧格林沁等奏,捻逆出巢北窜,现拟整队截剿等语。捻匪每遇冬春之交,即行离巢,四出焚掠,习以为常。该大臣现既称,有贼目赵浩然等,率领蓝、黑两旗贼队,围攻陈家寨后,即向北窜至砀山县境地方;又据伊兴额报称,捻匪五旗并出,有直扑济宁大营之信。现在西凌阿、国瑞剿捕邹县教匪竣事,业已将全队撤回,著该大臣等赶紧整饬队伍,联络乡团,扼要严防;一面勤加侦探,傥遇该匪窜至,即相机截击,毋令阑入东境。上次羊山之战,官军未能得手,此次如捻逆北窜,该大臣等务当布置周妥,谋定后战,不可稍涉大意。将此由六百里谕令知之。

——《清文宗实录》卷三三九,咸丰十年十二月庚辰。

〇僧格林沁奏

查东省倚恃乡团、聚众抗粮者,不一而足,推原其故,东省虽有督办团练大臣,并不周历查看,亦未认真办理,地方官虽知村庄有聚众情事,既以团练为名,即不敢过问。若不及早挽回,必致酿成巨案,更难收拾。督办大臣杜翻,数月以来并未办有成效,每至一处,地方官备办车马,供应与督抚同,以致众议沸腾。各处张贴匿名揭帖,乡党为之不平。臣抵济宁时,该侍郎亦在济宁,迨贼氛较近,该侍郎即往曹州,复至武定。捻匪各处窜扰,该侍郎身任督办,并未率领乡团防守扼截,实属有负委任。相应请旨,撤去督办大臣。其团练事务,责成山东巡抚督率地方各官认真办理。务当选择公正绅士、乡望素著之人专司其事,不得藉端勒索。傥该团总等有惑众抗粮、勒索乡民情事,即由地方官随时稽查,从重惩办。各地方官不能秉公办理,稽查不力,由该抚据实严参,庶几可收实效。

——《钦定剿平捻匪方略》卷九〇,第 17—18 页。

〇上谕

僧格林沁奏,东省倚恃乡团,聚众抗粮,请交地方官督办团练等语。前任户部侍郎杜翻督办山东团练,既据该大臣奏称,该侍郎查阅各处,供应未免浩繁,况未著成效,著即撤去督办山东团练大臣,俟交审案件讯办完结,再行来京。所有山东省团练事宜,即著文煜督

办。该抚务即督率所属地方官认真经理,选择公正绅士专司其事,严饬各处团总等同心守御,不得藉端勒索,惑众抗粮。该地方官亦不得以现在撤去团练大臣,辄即迁延不办。如各该州县不能秉公办理,实力稽查,及浮收勒折,以致百姓有所藉口,别滋事端者,即据实严参,毋稍徇隐。

——《清代起居注册(咸丰朝)》第52册,第31750—31752页。

〇上谕

僧格林沁奏,前在羊山打仗阵亡、伤亡各员名,开单请恤等语。所有单开各员,除侍卫伊勒通阿、游击张振魁业经降旨议恤外,三等侍卫宗室遐昌,哲里木盟二品顶带花翎梅林鞥合巴雅尔,三品顶带花翎梅林那顺德格勒,头品顶带台吉兵倭罗启立,四品顶带花翎台吉兵德瓦等一百六十一员,内火器营鸟枪护军校玉林等十一员;前锋营蓝翎长玉陞等六百六十名内,除玉陞一名业经议恤,余六百五十九名;外火器营鸟枪护军德顺等三名。均著交部议恤。单并发。

——《清代起居注册(咸丰朝)》第52册,第31752—31754页。

十二月二十四日

〇上谕

文煜奏攻剿教匪续获全胜一折。邹县教匪,经僧格林沁派令西凌阿等带兵攻剿,歼除殆尽,并将田黄镇一带贼巢焚毁,匪首宋允九已被轰毙。该抚前拟调兵出省亲往督剿,此时匪势穷蹙,余党不难歼除,文煜著毋庸出省。所有前拟奏调官兵,即著饬令停止,以节糜费。西凌阿等所部官兵,前据僧格林沁奏,因徐宿捻匪仍欲回扑济宁,已将该都统等兵调回大营,所有搜捕余匪事宜,即著饬令参将吴应龙,管带现有之泰安、兖州营兵,会同地方文武乡团严密查拿,务期净绝根株,不留余孽。首犯宋继(明)[朋]下落,仍著查明,严缉务获,毋任漏网。将此由五百里谕令知之。

——《清文宗实录》卷三三九,咸丰十年十二月癸未。

咸丰十一年

正月

正月初六日

〇田在田奏

上年十二月，捻匪数万，由河南夏邑县之韩道口窜至砀山，当会商傅振邦、吴棠等，飞饬该县官民严密防守，派千总李廷栋等分赴唐家寨等处督率防御，并调各团应援。贼众围扑县城，经勇练击退，杀贼数十名，生擒一名。讯知该逆五旗齐出，欲赴羊山盘踞，抗拒东省官兵，幸郡王僧格林沁已派兵在金乡、鱼台等县迎堵，贼众谅难逞志。比调齐马队，均至徐城，豫备行粮，相机援剿。而粮台缺乏，各营积欠甚多，若遽携以远征，则存营全无接济。况伊兴额现招马勇，前敌等营皆其旧部，到徐后均已归并该营，此外马队无多，且通计徐宿城守原额并分防各路兵勇六七千名，实能出队者不过三四成，又自九月至今随臣南北奔驰，大半疲乏。再四思维，正深焦灼，复据副将胡元昌等禀报，另股捻匪由浍南东窜，盘踞罗集圩寨，欲东窥怀定，接引张、龚两逆，并拒北路。经臣飞饬游击恩临等派拨兵练驰抵罗集攻剿。宿南兵力尚单，当先其所急，添拨兵勇赴宿堵御，俟各省协饷提到，再分兵赴北应援。如察看北路稍松，臣即回宿督剿。

现奉谕旨，命臣督办剿匪事务，膺兹重任，惶悚弥深。窃念目前要务，筹饷为先，饷无可增，惟有力求撙节。练兵之道，贵精不贵多，臣现与滕家胜、吴棠会筹，力求核实，酌裁队伍，重加整顿，一俟诸事就绪，伊兴额马队亦可整齐，即当合力大举，埽荡逆氛。

——《钦定剿平捻匪方略》卷九一，第3—5页。

〇上谕

谕军机大臣等：

田在田奏捻匪围扑砀城即时击退并分布堵剿一折。据称,贼由河南夏邑县之韩道口窜至砀山,党与数万,围绕县城,经该县勇练击退,并拿获匪党赵虎,讯知该逆五旗并出,欲到羊山盘踞,抗拒官兵。另股捻逆由浍南向东窜踞罗集圩寨,欲由怀定一带接引张、龚两逆,并拒北路。又伊兴额现招马勇,徐宿前敌等营,均已并归伊兴额营。等语。捻匪招集党与,欲赴羊山,意图并力抗拒东省大军,僧格林沁现派兵在金乡、鱼台等处劄营堵截,著即督饬官军,联络乡团,严密防剿,毋令阑入东境。伊兴额在徐州办理团练,仍归僧格林沁节制。现在该员招集马队,为数较多,应需粮饷,是否由山东粮台支给,如有不敷,自应由徐州粮台接济。惟据田在田奏,各营积欠甚多,现在裁兵节饷,恐亦不能兼顾。伊兴额系办理团练,或另有经费可以支发,著僧格林沁等查明,酌量办理,俾该员马队及蚤整齐,以便合力进剿。是为至要。将此由六百里谕令知之。

——《清文宗实录》卷三四〇,咸丰十一年正月乙未。

正月初七日

〇袁甲三奏

臣前次奏请,以东豫徐宿剿捻诸军均归僧格林沁节制,与臣南北夹攻,仰蒙采纳,命与僧格林沁随时函商,统筹全局。

伏思僧格林沁奉旨驻军东境,急切不能南下。近据探报,捻逆仍图结伙北犯,欲以全力抗拒北军,直东在在可虑。僧格林沁只可暂驻济宁,如锐意深入,贼股纷窜靡定,万一绕出其后,必致兼顾不遑,进退维谷,其患不可胜言。独是捻匪势已燎原,若非及早扑灭,岂惟东豫直各境岌岌可危,即沿淮各营亦腹背受敌,进不可战,退不能守。一旦藩篱顿开,捻逆与发逆勾合,为害更烈。僧格林沁一军兵数并不甚多,非厚集既恐不敷战守,欲添调又恐难筹饷糈,必得就近素练之兵、熟悉贼情者,与之并力合谋,乃能操必胜之权,而制贼死命。此北路兵力不足,不可不豫筹也。

至长淮为南北关键,必须振领提纲,有高屋建瓴之势,乃能一气贯注,操纵自如。现在皖省情形,六安以南归楚师防剿,寿州以上翁同书主之,臣扼扎临淮,势处下游,上下千余里,隔绝既多,运掉不能灵动,即临时难以策应。闻新任臬司李续宜智勇深沈,极有权略,且久历戎行,精于用兵,在楚营督师剿贼,入皖日久,情形熟悉,特一时不能到任。即令到任,而责成不专,不能尽其所长,亦属无功。况近日围练构衅,非有大权以镇之,将排难解纷之不暇,又安能专心防剿?此南路事权不一,不可不豫筹也。

为今之计,得抚藩臬长于武略者,军务地方合为一家,据上游以控制全淮,则势顺而易为力。再得苗沛霖、李世忠两营素相浃洽者,拊循激励而用之,亦可收相助之效。无须以

大队客兵，徒滋掣肘，兼糜粮饷也。

查楚师向称劲旅，为群丑所惮。胡林翼练兵筹饷，志切澄清，且知非清皖不能保楚，数年来，不分畛域，为埽荡江淮之计。其所见甚大，而所谋甚远也。特恐皖抚与楚师划为两家，不相联合，莫若即以李续宜授为安徽巡抚，责令督办安徽军务，在楚营不过少一带兵之人，而皖省督办与楚师呼吸灵通，必能联贯一气，大振军威。

至临淮上下，目前既无进剿之机，止须水陆数千，以资扼守，联苗、李两营以为辅助。第必驾驭得人，乃不致互生猜忌。且事归皖抚统辖，以藩臬分任之，更能指臂相联。查撤任河南藩司贾臻，勇敢任事，有干济才，前在皖营最久，素为苗沛霖、李世忠所信。按察使衔补用道张学醇，在臣营带兵数年，颇谙戎机，且屡与苗练会合剿贼，精明干练，极有作用。若以贾臻为安徽藩司，以张学醇为安徽臬司，均令驻防临淮，筹兵督练，必能与李续宜协力同心，相助为理，长淮可以无虑，即贼踪不至北趋。臣于此时藉可分身，计抽现有之兵，可得精锐七八千人，赴徐州一带择要驻扎，期与僧格林沁声势联络，不必再调未练之兵，亦不必另筹格外之饷，即以臣营与僧格林沁现需饷数，责令各督抚不准丝毫欠解，士马自可饱腾。臣与僧格林沁随时察看贼势，或前后策应，或左右分击，再得徐豫两军为之辅翼，以扼旁窜，不但北路可以屏蔽，捻匪亦可计日荡平矣。

黜陟之权，非臣所敢妄拟，而军务利钝所关，一转移间，南北大局均有裨益，又何敢隐忍不言？傥蒙圣明垂察，俯如所请，即恳饬下该员等克期来皖，俾臣得与筹商一切，布置妥善，然后统师北去，不致有回顾之忧。

至翁同书、张光第，皆老成稳练，为大吏中不易得之人，应如何另候简用，出自乾断。臣不胜悚切待命之至。

——《钦定剿平捻匪方略》卷九一，第8—13页。

〇上谕

谕军机大臣等：

本日据袁甲三奏通筹剿捻大局请酌量变通一折。据奏，皖省地方大吏既得其人，则长淮可以无虑，贼踪不至北趋，该大臣藉可分身赴徐州一带驻劄，与僧格林沁声威联贯，再以徐、豫两军为之辅翼，捻匪可以计日荡平。各等语。所奏实系为通筹大局起见。僧格林沁驻军济宁，系属北路屏蔽，节据奏报，捻匪有分股抗拒之信，尤宜加意严防，断不可锐意深入，致令根本空虚，难于回顾。袁甲三如能移师徐州，北路兵力较厚，与僧格林沁合谋并力，先将捻匪节节埽除，然后会商进剿机宜，庶可万全无弊。至临淮为南北关键，扼守最要，袁甲三若遽行撤动，亦恐逆匪乘虚窜扑，必须俟李续宜等到任后，会商布置，一切妥协，派委得力大员在彼镇扼，然后可以抽兵赴徐。张光第现办皖省粮台，所有经手未完事件，

须俟新任藩司贾臻到后接替有人，方可饬令交卸。将此由六百里各谕令知之。

——《清文宗实录》卷三四〇，咸丰十一年正月丙申。

正月十八日

〇僧格林沁等奏

僧格林沁、西凌阿、国瑞奏言：

上年十二月间，探闻捻匪五旗并出，欲扑济宁军营，臣等移师济宁迤南唐家口一带驻扎。因该处有牛头河一道，东西绵长八十余里，堪以扼守。旋据曹、单、金乡等处纷纷告警，请兵救援，臣等即于本年正月督带马步队取道金乡，探报捻匪在距金乡四十余里之白福图及田家集等处盘踞。初六日，大股向西北奔窜，臣等督队跟追。十一日，追至菏泽县属之关李家庄地方，逆众四五万人列队抗拒。臣等以马步队分南、北、中三路进剿，枪炮连环，毙贼无算。该逆愈聚愈众，我兵因连日奔驰，沿途无食，饥疲万状，自卯时战至午刻，步贼冒烟而进，马贼两旁抄袭。副都统衔舒通额督带马队将北面之贼击回，而步贼已扑入中队。我军短兵接战，正在相持，南面之黑龙江马队、陕甘步队力不能支，先行退后，兵力益单，中、北二队被该逆围绕，势难支持，均即溃散，枪炮器械遗失多件。二品顶戴、察哈尔总管伊什旺布登时阵亡，应请旨交部议恤，以慰忠魂。

臣等调度乖方，应请旨交部严加议处。至归化城副都统桂成统带陕甘官兵，黑龙江协领色尔固善管带马队，接仗时督队不力，首先败退，应请旨革职，留营(带)[戴]罪图功。

现在捻匪仍在曹县一带游弋，臣等因地方蹂躏，人马无处觅食，已回驻唐家口，收集官兵，整理器械，再图进剿。

至陕甘官兵不能得力，现拟详加选择，分别革退遣撤。惟既经开除，兵力更单，查东省乡民较为勇敢，拟即随时招募充补，以厚兵力。

——《钦定剿平捻匪方略》卷九一，第22—24页。

〇上谕

谕军机大臣等：

本日据僧格林沁等奏官军截剿东境捻匪失利一折。此次捻匪窜入东境，屯踞金乡之白福图等处，旋向西北奔窜。僧格林沁等督队跟剿，至菏泽县属之关李家庄地方，接仗失利，全队溃散，军械遗失，实属调度乖方，业将该大臣等交部严加议处矣。僧格林沁等督带重兵，北地倚为屏蔽。朕惟恐该大臣锐意轻进，叠经有旨谕知，自应倍加慎重。一闻该匪入境，即当前后布置，谋定后战。乃奔驰数日，率饥疲之卒，当方张之寇，后路既无援兵，左

右亦少策应，以致为贼所乘。勇往虽有余，惜尚未能持重也。该大臣现在收集溃兵，回驻唐家口，著即将不得力官兵严加裁汰，招募充补，一面联络民团，扼要严防，毋令该匪再行北窜。本日已谕知袁甲三派拨兵勇，会同田在田、伊兴额等实力截击，并牵制捻众后路。至该匪人数众多，皆系乌合，伊兴额于徐宿一带素得民心，著即饬令激励乡团，相机堵御，并解散胁从，设法招抚捻众，以孤其势。俟袁甲三移军徐州以后，再与商定机宜，会同剿办，方有把握。此时总不宜轻进，再蹈覆辙也。昨恒福折，谓该大臣未可轻易直前，所奏不为无见，著钞给阅看。将此由六百里谕令知之。

——《清文宗实录》卷三四一，咸丰十一年正月丁未。

〇僧格林沁奏（节录）

……续调来营之吉林、黑龙江西丹各五百名，枪箭俱不谙习，马上亦极生疏，遇有缓急，万不足恃。查古北口尚有西(单)[丹]千余名，技艺未必娴熟，勇往者自亦无多，惟古北口防务尤关紧要，应请添调黑龙江食饷甲兵驻扎古北口，以资守卫。至由胜保军营调到陕甘官兵四千名，大半不能得力。此次接仗本可获胜，若非该官兵首先溃败，以致各队人心摇动，不致有挫失。现拟将陕甘官兵详加选择，分别革退遣撤。惟既经开除，兵力更单，查东省乡民较为勇敢，拟即随时招募充补，以厚兵力。至六品顶带德兴阿，自上年八月患病，未能带队，现在京城调理，数月以来，自必就痊。古北口防务吃急，官兵亟须委员管带，应请旨敕下该旗查明，德兴阿如已病痊，即令前往古北口带兵，以资得力……

——录副奏折，档案号03-4249-005。

〇上谕

前据袁甲三奏，通筹剿捻大局，拟抽精锐七八千人，赴徐州一带驻劄，与僧格林沁联络声势，当经谕令袁甲三，如能移师徐州，北路兵力较厚，与僧格林沁并力进剿，庶可万全无弊。兹据僧格林沁奏称，捻匪窜入东境，官军追至菏泽县境，截剿失利，全队溃散，现退至济宁迤南之唐家口驻劄等语。僧格林沁轻进失机，官军锐气顿挫，恐逆捻乘隙北窜，本日已谕令该大臣收集溃兵，扼要严防，不可冒昧轻进；并令饬伊兴额联络徐宿一带乡团，相机堵御，设法解散胁从，招抚捻众，以孤贼势。惟此时捻势鸱张，已向西北一路窜扰，僧格林沁大营兵力尚单，殊属可虑。袁甲三虽未能即赴徐州，所带兵勇谅可分拨，著即派委得力镇将，与田在田、伊兴额等合力兜击，牵制后路，俾该逆有所顾忌，不敢径行北趋。是为至要。并催令贾臻迅速赴任，办理招抚事宜，毋稍延误。将此由六百里谕令知之。

——《清文宗实录》卷三四一，咸丰十一年正月丁未。

〇上谕

内阁奉谕旨：

僧格林沁等奏剿捻情形一折。逆捻窜扰山东菏泽县之关李家庄地方，经僧格林沁等督队进剿，毙贼无算。因贼愈聚愈众，以致失利。僧格林沁、西凌阿、国瑞调度乖方，均著交部严加议处。其首先败退之归化城副都统桂成、黑龙江协领色尔固善，均著即行革职，仍留营戴罪图功，傥再不知愧奋，即行从严惩办。阵亡之二品顶戴察哈尔总管伊什旺布，著交部议恤，以慰忠魂。

——《清代起居注册(咸丰朝)》第53册，第31992—31993页。

正月二十三日

〇文煜奏

署直隶总督文煜奏言：

初七、八等日，捻逆由巨野分窜馆陶、菏泽，径扑曹州府城护堤，并攻破观庙、李庄等处民团，其前队窜至直隶东明县境之武备冈屯扎。僧格林沁亲督大队追剿，未能得手。十二日，该逆向西南窜扑东明、长垣等县，意在分我兵力。臣已先饬大名道府暨各该县设备，兹复飞咨直隶督臣及大名镇臣拨兵协力堵击，以杜纷窜。其济宁一带至省，必不能越张秋镇要口，臣已拨兵在彼驻守，豫为之防。

——《钦定剿平捻匪方略》卷九二，第5—6页。

正月二十七日

〇僧格林沁等奏

僧格林沁、西凌阿、国瑞奏言：

自前次接仗后，捻匪业经折回，窜出东省边濠。十七至二十等日，复有另股由归德、虞城一带窜至菏泽县地方。查该逆更番肆扰，臣等两次迎剿，未能得手，原拟乘其窜出东境，即行移营前进，守卫边濠，以扼东省门户，不料一股甫退，一股复来，盖东省富庶，该逆垂涎，兵团扼守边濠，不能遂其掳掠，是以屡次希图牵掣。现在菏泽一带盘踞，亟应督兵剿除。惟步队行走迟延，且器械尚未齐备，已札调知府赵康侯并曹州等处团总，各带乡团，在巨野县属之大义集会齐，臣等拟于二十五日督带马队前往，合力进剿。傥能大彰挞伐，余匪窜出边濠，即一面分布兵团，逐段防守，一面赶紧补筑濠堑，以资捍御。

——《钦定剿平捻匪方略》卷九二，第14—15页。

〇上谕

谕军机大臣等：

前因僧格林沁奏，追剿东境捻匪接仗失利，当经谕令僧格林沁等，宜扼要严守，不可轻进，并谕令袁甲三分兵援应，会同田在田、伊兴额合力兜剿。本日复据僧格林沁等奏，捻匪黑、蓝二旗，复由归德、虞城一带窜至菏泽县地方，现在该县一带盘踞，已札调候选知府赵康侯并曹州等处团总，各带乡团，在巨野县属之大义集会齐，拟于二十五日督带马队前往会剿，各等语。捻匪更番出窜，意在疲我兵力。当此贼势方张，正宜谋定后战，克操胜算，以期大挫贼锋。僧格林沁此次复亲带马队，锐意轻进，深恐再蹈从前覆辙。著即督饬各属乡团迎头截击，并飞催步队官兵相机策应。该大臣身为统帅，指挥调度是其专责，断不可轻临前敌，屡冒危险。俟此股击退，赶紧分布兵团，防守边濠，遏贼来路，以待袁甲三等分兵会剿，兵力稍厚，再图进取，方为妥善。将此由六百里加紧谕令知之。

——《清文宗实录》卷三四一，咸丰十一年正月丙辰。

〇上谕

田在田奏寿州团练构衅、现赴宿州镇抚一折。据称，淮南团练杀伤苗练，致苗练愤起争端。淮北数百练圩，纷纷纠众构衅，沙河、涡河一带新附各圩饥民，乘机赴灵、泗等处滋事，宿南人心震动。现经开导宿州民练，将苗练旗号撤去，并分拨兵勇，在宿境东北驻劄，一面驰回宿州，镇抚人心。等语。苗练与寿州团练构衅，叠经谕令袁甲三秉公查办，并妥为安抚，田在田现回宿州，自系为安定人心起见。惟此时捻匪窜扰东境，延及直隶东明、长垣边界，本日复据僧格林沁奏称，此股捻匪虽已折回，窜出东省边濠，而另投捻众又复窜菏泽，徐州为东境藩篱，较宿南一带尤为紧要。苗练构衅一案，现有袁甲三就近办理，田在田到宿后，应即折回徐州一带，与滕家胜、吴棠等联络民团，督率兵勇，相机堵截，以遏捻逆北窜之路。并与僧格林沁一军互相援应，以收夹击之功。毋因苗练牵掣，致令北路空虚。是为至要。将此由六百里各谕令知之。

——《清文宗实录》卷三四一，咸丰十一年正月丙辰。

二月

二月初一日

○上谕

军机大臣字寄察哈尔都统庆、副都统廉。咸丰十一年二月初一日奉上谕：

前据僧格林沁等奏，请裁减察哈尔兵额，当经谕令庆昀查明该处兵额，酌量裁减，以节糜费。兹据庆昀等奏，遵查该处各项兵额共八千一百六十八名，饷数例只京兵之半，分守之地，东西计千里以外，南北亦八九百里，与札萨克游牧共卫北边，难议裁减，拟将现在甲兵空缺六十三名暂行停拨，并已拨到旗之二百二十四名及各旗出征兵内，遇有出缺，无丁可补，一并暂行停拨等语。察哈尔各项官兵，控制北面，地方辽阔，近日缉盗防边更为紧要，且俸饷定额本较京旗数减，穷困者多。既据该都统等查明情形，自未便遽议裁减，著仍循照旧章办理，所有甲兵等空缺，并著无庸停拨，以重边防。惟该处兵丁从前征调时临阵多不得力，该都统等务宜汰除老弱，简补精壮，随时讲明纪律，认真操演，以备征调，庶几兵归实用，饷不虚糜。将此谕令知之。

钦此。遵旨寄信前来。

——《咸丰同治两朝上谕档》第11册，第44—45页。

二月初三日

○僧格林沁奏

僧格林沁、西凌阿、国瑞奏言：

查各营马队现有三千余名，臣等选带二千余名，于正月二十七日行抵大义集。途次接据探报，捻匪分三股先后阑入东境定陶、曹县、菏泽等县地方，往来无定。臣等询之大义集及附近各村团长，则称贼势甚众，乡团胆怯，不能协助迎剿，即各守村寨，尚不知能否保全等语。臣等查系实在情形，万难勉强，即于二十七日仍回唐家口，激励官兵防守河岸。至马步官兵，溃败之余，喘息未定，锐气未复，欲抵此十余万方张之寇，强弱悬殊，难望得手。惟有养精蓄锐，裁汰疲乏，以图再举。其陕甘官兵不堪驱策者二千余名，拟即遣撤回伍，一面咨商袁甲三迅即拨兵，会同田在田、伊兴额实力截击，以便牵制捻匪后路。俟牛头河及运河防守布置严密后，如有可乘之机，再行督兵剿办。

——《钦定剿平捻匪方略》卷九三，第1—2页。

〇上谕

谕军机大臣等：

前据僧格林沁等奏，黑、蓝二旗捻匪复窜菏泽，拟亲督乡团前往会剿，当经谕令该大臣等，宜严扼边濠，不可轻临前敌，致令再有挫失。本日据僧格林沁等奏，捻匪五旗并出，分股在定陶、曹县、菏泽等处滋扰，该大臣行抵大义集，各州县乡团，因贼势过众，胆怯不能协剿，现在仍回唐家口，激励官兵、防守河岸等语。此股捻匪既号称十余万，凶悍异常，各属乡团未能协助官兵，但各守村寨，必须互相联络，方能杜贼窜扑。该大臣等仍当激励赵康侯等，令其分饬乡团，遇贼即击，毋令贼踪北窜。现在裁汰陕甘官兵二千余名，兵力更单，惟有将牛头河及运河等处各要隘严密防守，以固北路藩篱。俟袁甲三会同田在田、伊兴额等分兵剿办，将捻匪后路牵制，该大臣再当酌度机宜，督兵策应。此时宜仍遵前旨，不可锐意轻进，再蹈从前覆辙。将此由六百里谕令知之。

——《清文宗实录》卷三四二，咸丰十一年二月辛酉。

二月初五日

〇上谕

谕内阁：

清盛奏，粮台事务可否责令道员专办等语。清盛现在署理山东巡抚，所有僧格林沁军营粮台事务，著兖沂曹济道卢朝安暂行代办。俟谭廷襄到任后，仍著清盛办理。

——《清文宗实录》卷三四二，咸丰十一年二月癸亥。

〇上谕

谕军机大臣等：

毛昶熙奏捻匪出巢四窜、请会合邻省马队痛加剿洗一折。据称，捻匪自宁陵解围后，退至该县迤北，有沿堤东窜之势。前窜东境之捻，由曹考西趋兰仪边境，意在句连前股西犯，复潜绕夏邑东北一路，经官兵跟追，已向东南遁去。白旗捻股窜向柘城一路，攻扑县城。刘狗等捻时在沿边一带往来游驶，声言欲扑归德郡城。因蒙亳一带米粮缺乏，是以倾巢而出。若四面截击，实可削平。惟存营马队太单，不敷防剿，请饬德楞额、伊兴额督带马队来豫会剿。等语。捻众倾巢出窜，如能厚集兵力，痛加剿洗，较之围攻捻圩，自易为力。惟现在贼匪扰及东境，北路正当吃紧，著僧格林沁等斟酌情形，如德楞额、伊兴额可以带队前往，即饬赴豫省，会同毛昶熙之军合力剿办。傥峄县及徐州一带地方防剿紧要，即令该

副都统等确探贼踪，分投迎击，与豫省官军互相援应。亦不得株守一隅，致误事机。将此由六百里加紧谕令知之。

——《清文宗实录》卷三四二，咸丰十一年二月癸亥。

二月初六日

○袁甲三奏

捻逆结伙北犯，臣本拟将皖事布置周妥，即押带精锐进驻徐州，与僧格林沁会合夹击。乃团练构衅寿城擅杀一案，臣添委臬司张学醇赴寿，会同庐凤道才宇和查办，尚未接据禀报，而苗沛霖又以缺粮为词，纠约宿州小黄旗等练，赴东路泗灵打粮，枝节横生，远近震骇。当即分别函札，剀切劝谕，饬令撤回，一面派拨兵勇，饬委总兵张得胜等带赴固镇，相机遏截，并飞属总兵滕家胜由徐宿赶赴泗灵，联络民圩，以资镇摄。如果即日撤回，尚可设法驾驭；倘竟不服弹压，不得不以兵力钳制。

又，据蒙城官绅禀称，苗沛霖前调蒙练，有围攻寿城之说。该练董等激动公愤，将其城内所设公局办事亲信之人搜杀数名，余俱逐令出城，一切禀命于官，不受苗练胁制，人心奋发，深明大义，与寿城之擅杀不同。但恐民志未能坚定，该练或又乘机报复，则军务尚未定局，兵勇骤难分拨。臣惟有体察练情，相机酌办。倘稍有定局，即当派拨劲旅，速赴徐宿，与田在田、伊兴额等会合兜剿，先以牵制捻逆后路，一俟李续宜到任，会商布置，臣即统兵北去，与僧格林沁互相策应，力埽捻氛，以固北路藩篱。

——《东华续录》咸丰九十八，第33—34页，咸丰十一年二月甲子。

○上谕

上谕军机大臣等：

下蔡苗练马步队已由两河口攻扑寿州北关，伤我兵勇，并由菱角觜过河，正阳吃紧，寿城危急。该练种种狂悖，实堪发指。袁甲三此时正当严扼临淮，未可遽行移兵徐宿，著即密商翁同书，如张学醇与苗沛霖素称相得，可以消其反侧，见在已至下蔡，即责成该臬司向其晓谕，予以自新，倘能早知悔罪，约束部众，听候查办，尚可曲从宽宥；若藉寻仇为名，肆行狂悖，叛迹显然，即当密速定计，设法诱捡，以除地方之害。蒙宿人心既不为其所用，正可乘势解散党与，令其缚献首逆，切不可养痈贻患，致令不可收拾。翁同书此时为颍寿人心所系，惟当严密布置，力保危城，不可意存推诿，俟李续宜到任后再行交卸。署阜阳县知县叶春培，剿抚捻圩既有威名，苗沛霖辄欲将该员撤任，其意何居？翁同书不允所请，自是正办。张学醇久在军营，素得兵心，即著办理寿州粮台，以专责成，蒋锡绶即毋庸办理。重

庆镇总兵尹善廷，见在带勇截剿苗练，正当吃紧之际，著仍留皖省，毋庸前赴四川本任。苗练纠约宿州小黄旗等练赴泗霍打粮，袁甲三已令滕家胜前往镇摄，著即饬令该总兵联络民圩，相机办理。将此由六百里加紧各密谕知之。

——《东华续录》咸丰九十八，第35—36页，咸丰十一年二月甲子。

二月十二日

〇清盛奏

探得曹州、城武、定陶等县地方，均有逆踪盘踞，当咨副都统德楞额等派拨弁兵，分投堵剿，并札饬各县调集民团，实力严防。兹据聊城县知县许济清禀称，该逆由寿张县境扰及东平州属之戴家庙南岸，凫水渡过河东，逼近李连桥河口，距城仅数十里，河北无险可扼，请即发兵驻守。又，据署宁阳县知县李琛禀称，大股捻逆已自鞍山渡河，窜至东平迤西洼里地方，并有图窜长山县周村之语。臣查捻匪渡过运河，步步北犯，亟应设法剿除，藉免滋蔓。东省存兵已无可调，惟前派往武定府属捕拿枭匪之济东泰武临道明新、署中军参将玉山所带官兵一千名甫经调齐，今武属情形稍松，拟移缓就急，饬令该道将等即带前项兵丁刻日兼程前进，择定扼要处所严密防剿，并严饬各州县率团协堵，以固北路藩篱。如果事机紧急，再调满绿各营兵，或雇募壮勇，亲自督带出省，断不敢稍事延误。

——《钦定剿平捻匪方略》卷九四，第3—4页。

〇上谕

谕军机大臣等：

本日据清盛奏捻逆渡河北窜、派兵截剿一折。窜扰山东捻逆各股，先在曹县等处地方盘踞，由寿张县境扰及东平州属之戴家庙南岸，凫水渡河，其大股并自安山渡河，窜至东平迤西洼里地方，并有图窜长山县周村之语。此次捻逆蜂拥而至，人数众多，现已渡过运河，步步北犯，亟应设法剿除，以免延蔓。清盛现已移调济东泰武临道明新等，将所带登中等营官兵一千名前往防剿。著即饬令该道实力剿洗，一面严饬各州县，率领民团，协同堵御，以遏北窜之路。各该处距省较近，所有省城守御事宜，并著清盛妥为布置。如果贼情紧急，清盛即当带兵出省，力挫凶锋，不可株守省城，致有贻误。僧格林沁等驻劄唐家口，德楞额驻军峄县，现在贼已绕越西北，在该大臣等军营之后。清盛所派兵力尚单，深恐不敷剿办，著僧格林沁等迅即派拨精兵，招集团练，绕出贼前，会同该署抚派出之兵，迎头截剿，务须逼贼回巢，勿令北窜。将此由六百里加紧各谕令知之。

——《清文宗实录》卷三四三，咸丰十一年二月庚午。

○上谕

春佑奏朝阳县盗匪滋扰、派兵剿办一折。据称，朝阳县贼首刘猪、李沨滏等，纠集多人，经该县知县富昌带领兵勇亲往捕拿，枪伤贼匪二十余人，杀死五人，生捻四人，余匪逃窜。二月初四日，该匪刘猪等复纠党六七百人，分路进街放火焚烧，劫放监犯三百余名，并将县署看押人犯二百余名劈门放出。该县及丁役人等均各受伤，三座塔税员衙门库银亦被抢劫。现在占踞街市，势甚猖獗。春佑已派兵五百名往剿，并请将僧格林沁所调哲里木官兵五百名暂留协剿，一面飞咨盛京派兵堵缉。逆匪刘猪等，系奉天已获盗首王达余党，胆敢纠众劫囚，焚烧衙署，抢劫税银，实属罪大恶极，亟应一鼓剿除。春佑所筹尚妥。著即饬令热河道福厚、协领尚那布，督率参将松年等，将该匪悉数歼除，尽法惩办。并著玉明、倭仁、景霖赶紧派兵合力夹击，一体兜拿，毋任一名漏网。哲里木官兵五百名，著准其暂行截留，俟剿办事竣，仍饬速赴僧格林沁军营，以资调遣。该县文武下落，并贻误情形，及仓库被劫银两、监犯实数，均著春佑查明具奏。将此由五百里各谕令知之。

——《清文宗实录》卷三四三，咸丰十一年二月庚午。

二月十四日

○上谕

杜翻奏捻匪分股肆扰、省垣吃重一折。据称，捻匪由定陶、巨野等处窜入郓城，扰至东平，复抢渡安山运河，分扰泰安等县，直扑肥城、长清交界地方，窥伺省城，另股扰近寿张、东阿一带，希图北窜省城及张秋镇，李连桥等处均形吃重，现调民团严防要隘等语。捻匪分扑东境，势极狓猖，已据清盛奏报，现在贼距省城仅百余里。清盛截留调赴武定等属官兵一千名，改赴长清五道岭，以杜攻扑省城之路，兵力甚形单弱。著清盛一面督饬明新等实力防剿，一面会同杜翻整饬民团，调集丁勇，前往长清交界，协同官兵扼守。并调泰安、东平等处团勇分投堵御，严防沿河北岸。仍随时知照僧格林沁，体察情形，迅速分兵，会同该署抚等兵勇迎头截剿，务期逼向南趋，毋令贼踪北窜。将此由六百里加紧谕令知之。

——《清文宗实录》卷三四三，咸丰十一年二月壬申。

二月十五日

○僧格林沁等奏

僧格林沁、西凌阿、国瑞奏言：

臣等驻扎唐家口，防守牛头河等处，正布置间，接巨野县禀报，捻匪由定陶向西北一带奔窜，行走甚急，臣等即督马步兵勇移营南旺湖、崔家桥等处，以防该逆偷渡。又探得捻匪窜至郓城以东，臣西凌阿督带马步，于二月初四日行抵袁口地方驻扎。该逆于是日午后由西南蜂拥而来，屯聚汶河西岸，经各处乡团严防对岸，歼贼甚多。该逆拌死抢渡，乡团溃散，全股遂窜入东平、汶上，肆行焚掳。臣等当将牛头在防兵勇撤回济宁，挑选精壮者统带前进，余令留守州城。臣西凌阿督带马队，由袁口驰赴汶上西北，以扼北窜。

旋据营总富和等禀称，伊兴额等带兵追贼，于四月初七日由巨野、郓城跟追至汶河，探知捻逆已由戴家庙等处过河，复追至汶上以北之杨柳集地方，与贼接仗获胜，追杀二十余里，毙贼千余名，不料该逆大股万余复行列队抗拒，环绕攻扑，将伊兴额、滕家胜兵勇层层围裹，伊兴额奋力冲击，毙贼无算，而贼势愈聚愈众，以致伊兴额、滕家胜力不能支，同时阵亡等情。伊兴额、滕家胜剿贼被戕，殊堪悯恻，可否仰恳天恩，交部从优议恤，以慰忠魂。

现在捻匪由汶上窜至宁阳，复又东窜，前队已至泗水等处。前调副都统德楞额前来会剿，并令知府赵康侯募勇三千名，道员李麟遇募勇一千五百名，即令该副都统督带，跟踪追剿。臣等带兵督后，以为策应。正在起程间，探得南路捻逆五旗并出，边马已到马牧集以南，有向正北、西北窜扑之势。臣僧格林沁、国瑞现拟带领后队暂驻汶上县居中调度，臣西凌阿现回济宁防守州城，并分派委员，将运河沿堤妥为布置，劝谕乡团，严加防守，以杜北窜。

——《钦定剿平捻匪方略》卷九四，第 12—15 页。

〇上谕

谕军机大臣等：

本日据僧格林沁等奏捻匪全股东窜，南捻又图北犯；并清盛奏捻逆逼近省城、情形紧急，现设法布置各一折。此次捻逆抢过汶河，由汶上窜至宁阳，复又东窜，其前队已至泗水。而南路捻逆复五旗并出，有向北窜扑之势。泰安一带距省较近，贼踪现已扰及，恐致震动省垣。清盛已调募城守营等兵勇一千数百名分布隘口，著即督饬实力防守，毋稍疏懈。其前次移调之明新等兵一千名，著饬令扼劄要隘，痛加剿洗。如果省垣情形稍松，贼势趋重此路，清盛仍遵奉前旨，带兵出省，会同僧格林沁、德楞额等军分投埽荡，勿任蔓延。此次捻众更番窜扰东境，恐该大臣等兵力不敷剿办，著德楞额迅速统率所部官兵，并赵康侯、李麟遇等练勇，探贼所向，分路追击；僧格林沁、国瑞暂驻汶上，居中调度；西凌阿防守济宁。仍随时体察贼势，相机剿办，总期逼贼回巢，毋令长驱北犯。将此由六百里加紧各谕令知之。

——《清文宗实录》卷三四三，咸丰十一年二月癸酉。

〇上谕

据僧格林沁等奏，捻匪扑过汶河，伊兴额、滕家胜追剿阵亡。东省捻势鸱张，现由宁阳、泗水等处折而东趋，并探闻南路捻逆复有五旗并出之说。僧格林沁驻军汶上，恐兵力尚单，不敷攻剿，已谕令德楞额带队前往协剿。前谕田在田，于宿州布置周妥后，仍回徐州，现在捻匪纷窜，徐州地方紧要，著田在田即与吴棠整饬团练，力筹防剿，探明贼踪，务须设法牵制该逆后路，使不敢悉数北犯。并传谕詹启纶星夜驰赴新任，随同田在田等带兵进剿，毋稍迟延。将此由六百里加紧谕知田在田、吴棠，并传谕詹启纶知之。

——《清文宗实录》卷三四三，咸丰十一年二月癸酉。

〇上谕

所有春佑奏请截留僧格林沁奏调之哲里木官兵五百名，并热河派出之绿营官兵，均著克兴阿统带。

——《清文宗实录》卷三四三，咸丰十一年二月癸酉。

二月二十日

〇清盛奏

据泰安府县禀，初十日捻逆围扑泰安郡城东西两门，马队五六千分攻四隅关厢，该府率勇并力击退，贼分三股，由泰安东南、正南、东北窜去，旋由莱芜窜至博山之颜神镇，复窜至章邱之黑峪口、长山之周村等处。现经僧格林沁派委候补道李麟遇、副都统德楞额，管带马步兵勇，分两路齐赴东北一带追剿。惟省城逼处堪虞，臣现带兵勇于二月十七日出省，前赴章邱一带，确探贼踪，迎头截击，为前后夹攻之计。飞咨青州副都统恩夔，札饬青州府一体严密扼守。至省城防务，臣已布置周妥，并飞调明新带兵星夜折回省城，于西关外扼要驻扎，保护根本重地，并可为臣后路声援。

——《钦定剿平捻匪方略》卷九五，第1—2页。

〇上谕

谕军机大臣等：

清盛奏捻逆被击东窜、现在带兵出省剿办一折。捻匪自攻扑泰安击退后，分股四窜，由莱芜窜至博山之颜神镇，复窜至章邱之黑峪口、长山之周村等处地方。清盛现带兵勇前赴章邱一带，著即探明贼踪，迎头截剿。其省城防务，即责令明新妥为布置。现在贼势趋

重东路，僧格林沁派李麟遇、德楞额管带兵勇，分路赴东北追剿。著该大臣等即严饬该员等会合民团，奋力击贼，并饬令恩夔扼守青州一带，毋使扰及完善地方。前据僧格林沁等奏，南捻复五旗并出，边马已到马牧集，有向正北、西北窜扑之势。此股捻匪现在情形若何？西凌阿回驻济宁，曾否将该匪击退？清盛另片奏，邱县有白莲教匪数百人，抢犯劫库，并折毁武营衙署，经代理令王凖捕拿格杀数人，生捡头目一名、余匪数名各等语。邹县教匪尚未扑灭，邱县教匪复敢入城肆扰，亟应及早歼除，以免句结。著清盛严饬参将成志等实力搜捕，并将莘县、馆陶等处匪徒悉数拿获，尽法惩治，毋任一名漏网。将此由六百里各谕令知之。

——《清文宗实录》卷三四三，咸丰十一年二月戊寅。

二月二十八日

〇上谕

军机大臣字寄镶黄旗满洲副都统克、镶红旗蒙古副都统蕴，咸丰十一年二月二十八日奉上谕：

本日据克兴阿等奏请添调步兵、并请拨饷解炮各折片，览奏均悉。前谕令乌兰都，管带驻扎古北口西安官兵一千名，迅赴热河听候调遣。此项官兵到后，即令前赴朝阳一带助剿。古北口运到二千四百斤以下铁炮四尊，已传知春佑，饬令原派管解员弁，赶紧运赴克兴阿等军营。克兴阿等现已行抵建昌东路扎营，距朝阳较近，现在兵力已不为少，急宜乘贼守未固之时，迅抵老巢，焚其辎重，歼捡首逆。切不可因请调官军炮位，稍涉迁延，致令贼匪远窜。是为至要。前据春佑奏，请拨军饷，业经总理行营王大臣议奏，由热河都统酌拨矿课银一万九百余两，以资军食。惟宜撙节动用，迅速蒇事，勿致虚糜粮饷。截留昭乌达官兵既不得力，著即饬令前赴僧格林沁军营。请调保定营炸炮，已谕令文煜拨运数尊，配齐炮子，解赴该副都统等军营矣。将此谕令知之。

钦此。遵旨寄信前来。

——《咸丰同治两朝上谕档》第11册，第71页。

三月

三月初一日

〇杜翻奏

查捻匪占踞长山县之周村后，时思回窜，因章邱县各团堵御甚严，遂由益都县之金岭

镇东窜青州府，攻扑东北两门，经该府王继庭等力保危城，并縋勇迎击，杀毙百数十名，生捡四十余名，该匪始东往潍县窜去。现据潍县知县张楷枝禀称，该匪分四五股抄路来扑，该县会同在籍知府陈介眉等督勇抵御，该匪大股继至，我军众寡不敌，致陈介眉力竭阵亡，该县撤队回城固守等语。刻下僧格林沁所派之都统德楞额、候补道李麟遇，及清盛所派之济东道明新各军，当已跟踪追及，自可逼贼南趋，不致北窜肆扰。惟该匪另股又自金乡阑入，直扑东平州戴家庙，抢渡运河，窜至肥城县之衡鱼庄一带，距省仅一百数十里，省城防堵情形愈为吃重。现在新任抚臣谭廷襄尚未到任，署抚臣清盛带兵出省，臣已飞调历城、长清等县民团仍赴四槐树、固山、开山各要隘分投堵御。但民团虽众，必须官兵协剿，方可得力。查前由西路调回之官兵一千名，除明新管带五百名赴东路追剿外，其参将玉山所带兵五百名，原派在省城东关驻扎，以为后应，现在东路之贼去省已四百余里，自应移缓就急，仍令赴西路，会督民团防剿。臣已专函飞致清盛，迅调该参将克期前往。至省城兵弁本属无多，臣于城内各团抽拨团勇三千名，分定段落，登陴驻守，昼夜严防。

——《钦定剿平捻匪方略》卷九六，第1—2页。

○上谕

昨据清盛奏，东窜捻股已由安邱回窜清口，而另股又由戴家庙十堡抢渡运河，现在李连桥一带村庄焚掠，恐由东阿、平阴水浅处偷渡盐河。本日复据杜翻奏，东窜捻股由青州窜扰潍县，另股黑、黄、花等旗，又自金乡阑入，直扑东平州之戴家庙，并抢渡运河，窜至肥城之衡鱼庄一带，各等语。捻匪更番出扰，疲我兵力，前股甫退，而后股复来，致令东省数十余州县惨遭蹂躏。况业已抢渡运河，即恐其乘虚北窜。僧格林沁、国瑞暂驻汶上，西凌阿驻劄济宁，现在捻匪纷窜，毫无堵御；德楞额、赵康侯、李麟遇等兵勇，亦未闻绕出贼前，迎头截剿。似此迁延观望，恐致贻误事机。且贼一入东境，飘忽无常，官兵徒事尾追，业已饱掠而去。必须于金乡等处严密堵御，毋令窜越，方为善策。著僧格林沁等将近日贼势何路吃重、官兵如何堵剿及一切布置情形迅速驰奏，以慰廑念。将此由六百里谕令知之。

——《清文宗实录》卷三四五，咸丰十一年三月己丑。

三月初三日

○僧格林沁等奏

僧格林沁、西凌阿、国瑞奏言：

据探五旗捻逆四五万人，由金乡、鱼台北窜。臣等因前派兵勇随同德楞额追剿东窜之贼，已去其半，当派已革道员黄良楷招募练勇五千名，臣西凌阿督带西安、山东驻防官兵暨

马队分扎牛头河一带，臣僧格林沁等复派副都统桂成管带陕甘步队一千五百名、赵康侯带领练勇二千五百名、常山保带马队三百名，会同各处乡团，分守东平、汶上等处运河。又因济宁长沟地方乃上年匪窜熟路，亲统马步队千余名前往长沟驻扎。该逆自二月十六至二十一等日拥众直犯运河，兵勇奋力守御，不能抢渡，连日轰毙捻匪多名。二十二日，该逆于戴家庙等处横扑四十余里，复潜拥大股至沈家口迤南沙沟地方。该处水浅，不过二三尺，以致大股抢过运河，我军寡不敌众，叠有伤亡。现在该逆盘踞东平、汶上之间，臣等饬令马步官兵设法绕至北面，再行追剿，以遏北窜。又，据拿获奸细供称，该逆意图攻犯济宁，臣西凌阿已带防守牛头河之兵折回济宁，督同该处存营官兵暨在城文武绅团力筹防守。

——《钦定剿平捻匪方略》卷九六，第14—15页。

〇上谕

僧格林沁等奏另股捻匪窜过运河、现督兵剿办一折。捻匪另股数万，复由金乡、鱼台北窜，由沈家口迤南沙沟地方抢渡运河，虽经官兵击毙多名，究未大加惩创，现在大股盘踞东平、汶上一带。著该大臣等饬令马步官兵扼要严防，逼令贼匪南趋，并设法防其复扰泰安、青州等处，不可再令北窜。僧格林沁等前派兵勇随同德楞额追剿东窜之贼，现存兵力未免单薄，不敷防剿，惟当联络绅团，招集乡勇，以辅兵力之不足。总期兵民联为一气，可冀同心御侮，力遏凶锋。该匪欲由北面攻扑济宁，西凌阿业已带兵折回，著即督饬文武绅团实力防守，毋稍疏懈。阵亡官兵，著该大臣等查明具奏。将此由六百里谕令知之。

——《清文宗实录》卷三四五，咸丰十一年三月辛卯。

三月初十日

〇上谕

联捷奏勇粮不继，请将山西省解送僧格林沁大营及江北粮台银各二万两截留应用等语。①

---

① 三月初五日，督办直豫晋防河事务联捷奏称："奴才现在集团调勇，堵御贼氛，并布置城守事宜，在在皆需经费。查道库、县库存款无几，不敷动拨，各乡团虽有团丁，向由该绅士等量给米粮，令其各保本村，一经调集外出，即须按日发给口分。刻下事在紧急，又未及劝捐助饷，奴才与同城府县倾囊捐赀，接济各路勇粮，计人数已逾六千，所捐之项仅敷五七日之用，实属难乎为继，焦灼万分，一筹莫展。适有山西委员解送钦差大臣僧格林沁军营及江北粮台银各二万两，行抵大名，因道路阻隔，不能前进，暂住郡城。查此项银两系属接济军食之用，现在直隶军粮既行吃重，一时又无从筹款，可否即将此项银两留作直隶御匪动用，如有赢余，再行分拨前往，事竣由大名分局照例核实报销之处，出自格外鸿施。"详见中国第一历史档案馆藏录副奏折，档案号03-4322-019。三月初九日，联捷复奏：三月初五日，"报折后恭奉廷寄，准将河北捐项统归河北之用，跪聆之余，曷胜感激。因思河北捐项奴才既可就近提用，所有山西现解银两，自应仍归原解军营应用，以济要需。除饬署大名府知府刘煦迅筹绕道速解前进，毋误遄行外，所有前请截留饷银，仍归僧格林沁暨江北粮台需用缘由，理合缮折驰奏，伏乞皇上圣鉴"。详见录副奏折，档案号03-4322-031。

山东、江北军营需饷甚急，若率行截留，必致贻误。所有山西省解送僧格林沁军营及江北粮台银各二万两，著不准截留。并著联捷加派弁兵，妥为护送。如道路梗阻，亦须绕越解往。至直省防河应发勇粮，仍著联捷自行筹画，不得以经费短绌藉口，稍涉玩误。将此由六百里谕令知之。

——《清文宗实录》卷三四五，咸丰十一年三月戊戌。

三月十六日

〇清盛奏

查东昌府属教匪自邱县窜出后，分扰莘、冠等县，焚署劫狱，经臣派参将成志带兵二百名，会同地方官赶紧剿办。兹据禀报，教匪勾结盐匪，窜入阳谷、馆陶等县，势极猖獗，若不及时歼灭，诚恐滋蔓难图。惟成志一军既形单薄，而僧格林沁所统马步官兵现驻长沟，又为南捻牵掣，恐难分兵应援。臣本拟统带玉山等军亲往会剿，无如捻逆尚在肥城、东平一带往来游弋，窥伺省门，臣若撤兵西进，则捻逆乘间复至，势必燎原。且省城附近村庄土匪乘机窃发，经臣派兵剿捕，人心始觉稍安，而沂州府属幅匪又在滕、费、兰、泗等处焚掠，省南门户亦属不可不防。臣摄任封圻，责无旁贷，虽值兵单饷绌之际，不能不设法兼顾。查东窜捻匪，昨据济东道明新禀报，业已肃清，臣飞饬该道带兵五百名赶赴东昌，同成志等并力搜捕。

又，查有僧格林沁调拨土默特马队五百名已到齐河，臣复咨明截留，仍由该营总乌尔棍札布管带，与明新会合西进。臣一俟南捻出境，省垣防务稍松，仍带玉山等军赶赴东昌等处，悉力痛剿，务将该教匪等尽数埽除，以冀仰副宸廑。

——《钦定剿平捻匪方略》卷九八，第2—4页。

三月十七日

〇僧格林沁等奏

僧格林沁、西凌阿、国瑞奏言：

据副都统德楞额禀报，捻逆窜至潍县境内，我军跟踪追至凤凰山一带，与贼接仗获胜，击毙贼匪多名，捡获二百余名。又，张峙地方追杀贼匪，生捡三名，讯据供称，该逆挑出马步贼匪督后，以防我军追杀，其余大股欲窜诸城等语。当经飞饬该副都统实力追剿。复据禀报，该逆由兰山窜至运河北岸，现拟设法剿办。

至后股逆匪，前于东平盘踞十余日，经我军连日截杀，全股东窜，行营翼长舒通额带领

马步兵勇即日跟踪追剿，该逆到处不敢盘踞，现已窜至滕县迤南，查其形势，欲由韩庄一路窜回老巢。经臣等饬令舒通额等相机追剿，毋任蔓延。

邹县教匪，因知我军分路剿捻，该逆乘虚蠢动，结队出山，扰及邻村州县。臣等饬令已革济东道黄良楷带领练勇前往邹县扼扎，以杜出窜，一俟后股捻匪出境，即饬舒通额等带兵会合进剿。

至费县幅匪，大半皆系无业贫民，乘间窃发，情形尚不甚重，俟德楞额等一军追剿前股捻匪，窜出东境，即可就近歼除。

惟曹属土匪勾结难民，由罗家河口抢船北窜，现由观城县窜扑清、丰一带，又兼莘县教匪肆扰，均应及早歼除，以清直省门户。第臣等所统之兵，除前后派往剿办捻匪，现在存营官兵无多，不敷分拨，查前经奏调归化城马队五百名，计期将抵东境，臣等现已札饬东昌府知府秦际隆就近截留归化城马队，并饬带兵官乌尔棍札布速赴东昌会合进剿，以扼北窜。复札饬直隶大顺广道联捷一体督兵会剿，以杜蔓延。

——《钦定剿平捻匪方略》卷九八，第6—8页。

〇上谕

僧格林沁等奏，请饬直隶等省筹解饷银等语。[①] 各省应解僧格林沁军营兵饷，直隶省尚欠二月分协饷三万两；河南省自上年冬季仅解过银二万两，现在积欠银十三万两；山西省自上年冬季至今，应解协饷银十万两，均未解到。现在该营兵饷积欠过多，当此防剿吃紧之际，亟应赶紧筹解。著文煜、严树森、常绩迅将应解僧格林沁军营协饷速为筹解，毋得再事迁延；并著谭廷襄于该省无论何款，先行垫拨银七八万两，以资接济。将此由五百里各谕令知之。

——《清文宗实录》卷三四六，咸丰十一年三月乙巳。

---

① 据僧格林沁等奏称："查奴才等军营兵饷，前经奏明，由山东筹饷三万两，直隶、河南协饷各三万两，山西协饷二万两，每月约计十一万两，不过仅敷一月兵勇口粮及制备军火之用。查奴才等自抵东境以来，各省协饷或未能按期解到，或数月未经咨报起解，屡次咨催，置若罔闻。虽经饬令粮台设法筹措，现已积欠过多，无法挪借。目今兵勇口粮业经欠发多日，现当防剿吃紧之际，若令士卒日久枵腹，恐难得力。查直隶尚欠二月分协饷三万两；河南自上年冬季止仅解过银二万两，现在积欠银十三万两；山西自上年冬季至今，应解协饷十万两，均未解到。此时待饷孔亟，合无仰恳圣恩，饬下直隶、山西、河南各督抚，将应解银两迅速筹解，并请饬下山东抚臣，无论何款，先行垫拨银七八万两，以清垫款而资兵食。"详见中国第一历史档案馆藏录副奏折，档案号03-4322-035。

三月二十八日

○僧格林沁奏

僧格林沁、西凌阿、国瑞奏言：

据副都统德楞额报称，捻逆盘踞安邱，经我军连日攻击，该逆不敢久踞，于二月二十九日全股退出城外，旋向正南、东南一带分窜。德楞额一面饬令李麟遇由西路向下坡地方蹑踪前进，一面会同道员明新由马市地方分投跟追。三十日，行至小汶河北岸，瞥见南岸捻逆马步万余人向前奔驰，遂督兵追袭，击毙不计其数，乘胜追杀三十余里，毙贼甚众。该逆此次被我军痛剿，不敢任意盘踞，现已抢过运河，窜回老巢。

至后股捻匪，由东平州悉数东窜，臣等深恐该逆仍窜泰安一路，与前股会合，当饬舒通额等督带马步各队跟踪追剿，以遏扑窜泰安之路，泰安等处民团防范亦严，该捻遂向曲阜、兖州一路窜扰，此时仍在滕县盘踞。臣等已飞札德楞额，星夜带领兵勇驰赴滕县，并由邹县调回黄良楷练勇二千名，饬令前往助剿，日内均可到滕，一俟大兵云集，即督饬各营将领合力剿除。

至曹属匪徒，渡河阑入馆陶、阳谷、冠县，复与莘县教匪勾结，势甚鸱张。臣等派归化城马队五百名，现已由齐河折回，行抵东昌，明新亦带领步队赶到。惟河北界临直境，必须及时剿办。一俟后股捻匪出境，臣等仍抽拨官兵前往助剿。

再，自捻匪窜扰东境以来，各处土教幅枭匪徒狡焉思逞，虽经随时剿抚，而此伏彼起，头绪纷繁。前据汶上县禀报，该县境内张家楼地方亦有教匪聚众滋事，臣等当派拨马步，交赵康侯等督带，驰赴张家楼，将教首侯曰賛等数名全行拿获，现在严刑审讯，傥能讯出党与，即可派兵往拿，以清内患。

——《钦定剿平捻匪方略》卷九八，第5—7页。

〇上谕

僧格林沁奏通筹南北大局、密陈袁甲三奏参苗沛霖[①]各折片。据称,苗沛霖屡著战功,近与孙家泰寻衅仇杀,实因寿州民团擅杀苗练,袁甲三奏参苗沛霖妄怀反侧,并不统筹全局,请将袁甲三撤回,将兵权移于苗沛霖等语。苗沛霖与徐立壮、孙家泰仇杀,围扑寿州,叠谕袁甲三派员秉公查办。近据袁甲三奏,寿州城围稍松,现派提督李世忠前赴寿州一带相机查办。苗沛霖恃强跋扈,袁甲三尚欲设法羁縻,谅不致激而生变。临淮为南北要冲,防剿正当吃紧,袁甲三未便撤回,致有贻误。苗沛霖不候查办,辄围攻寿州,若再与以兵权,恐愈形横恣,以后难于驾驭。俟袁甲三查办苗沛霖与孙家泰等仇杀一案完竣,再行酌夺办理。前股逆匪已回老巢,后股尚在滕县盘踞,并有土匪、幅匪、教匪滋事,急宜迅速歼

---

① 僧格林沁咸丰十一年三月二十四日奏折及附片:"窃奴才以获咎之人,渥荷天恩,不加重谴,仍命统带官兵,剿办捻匪,感激下忱,沦肌刻骨。伏思奴才蒙古世仆,知识浅陋,愧无将帅之才,以致未能迅歼群丑,每念黎民涂炭,寝馈难安。然目睹安危之机,但有所见,岂敢缄默不言,稍涉观望,有负我皇上知遇之隆,有加无已之恩!

"奴才方接毛昶熙来文,知袁甲三奏参苗沛霖妄怀反侧,并毛昶熙奉到寄谕一道,恭录行知奴才。因事关重大,且素悉各路统兵大员情形,不敢不据实直陈。

"查袁甲三前后统兵剿匪,数年以来,并未与贼认真接仗,不过所恃营下灵通,一味敷衍粉饰,其妒才忌能,往往显然。上年伊兴额抵徐后,西南一带捻匪剃发归正者不下十数万,办理尚属得手,可惜伊兴额现已阵亡,徐宿一带良民闻知,莫不心慌。且捻匪几次北窜,袁甲三、田在田均经奉旨,令其牵制捻匪后路,乃该员等从无派拨一兵尾击于后,以致捻匪猖獗北窜,毫无顾忌。袁甲三之居心险诈,已可概见。

"至于苗沛霖,由文生举行团练,自备资斧,誓灭巨寇,克复城寨,不一而足,屡著战功,实难泯灭,附近居民无不听其指挥,盖因苗沛霖敢与捻匪为怨,民有倚靠,赖以安生。胜保前次督军三省,所以驾驭苗沛霖者,亦因藉其牵制捻匪之意。但苗沛霖秉性刚直,素鄙袁甲三之不能为民除害,是以傲慢居多,因此生嫌。

"至苗沛霖与寿州团练孙家泰寻衅仇杀之事,系因孙家泰怀记素嫌,无故传杀苗练都司李学曾等六人。以民团擅杀四品武官,其任意妄行,亦属显然。若彼时有人代为申理,苗沛霖亦不能藉口鸱张。地方大吏只因一时之爱恶,以致酿成巨患,虽蒙谕旨派员查办,恐有意迁延时日,曲直不能分明,仍属私仇不解,互杀难息。袁甲三参苗沛霖妄怀反侧,亦不认真详查。惟苗沛霖在蒙城团练,与捻为难,苗练叙集数十万之众,前经克城收寨,并无勇粮,嗷嗷待哺,其口粮取之于民,势所不免,虽属非理,然亦出于万不得已之情。

"奴才前因苗沛霖之事关系大局,曾密饬淮徐道吴棠查访情形,兹据禀报,称奴才所知大略相同,并据吴棠抄录苗沛霖致安徽按察使张学醇之信,内云,孙家泰擅杀之事,无论先禀各大宪,即奏明皇上亦可,今若能将寿州凶逆诛之,即我营弟兄胡言乱语,苗沛霖挥泪陈情,谅能仍如往日之忠义;又云,此时再有抚我之人,即是我大众兄弟之大恩人也,诬我者,尽是素有嫌隙之人。等语。其余言词,不过述己忠义,并无反心。以此观之,苗沛霖尚非已行反侧。乃袁甲三身受国恩,至优极渥,不思统筹全局,只顾轻于陈奏,若一旦苗沛霖观望不前,不独各股逆匪□□无所顾忌,自必猖獗日甚;即苗练各团群相蠢动,前虽与捻为仇,今必与捻为一气,徐宿立见倾颓。加以山东之幅、教、枭各匪乘□滋蔓,兵力愈难支持。东境无日肃清,直省恐难望其平静。且苗沛霖现在声势较大,未可与群匪同观。奴才与伊素未谋面,恐难突然驾驭,可否仰恳天恩,宽其小过,仍请明降谕旨,奖励已往之功,并将袁甲三撤去兵权,令其回京供职,另简统兵大员,速将苗沛霖、孙家泰是(否)[非]曲直立判明确,使苗沛霖心悦诚服,自不难倍加奋勉,力图报效。但有微劳,予优赏则群相观感,数十万苗练尽为官用,藉此牵制数十万捻匪不敢北窜,我军得以先除东境各股匪徒,一俟内患已除,大兵南下,剿抚兼施,或可扫清捻匪,继平粤逆,步步图惟,以期由乱入治。

"天下安危,所关匪细,奴才为大局起见,是否有当,谨恭折由六百里驰奏,伏乞皇上圣裁。"详见中国第一历史档案馆藏录副奏折,档案号03-4228-058。

除，以靖地方。前有旨，令胜保驰往景州、德州一带办理防剿事宜，以壮北路声势，该大臣惟当严饬各营将士痛加剿洗，毋任蔓延。将此由六百里谕令知之。

——《清文宗实录》卷三四七，咸丰十一年三月丙辰。

四月

四月初九日

○上谕

前据严树森奏称，河南省河北三府捐输，请半归防河经费，半归僧格林沁军需。嗣据联捷奏称，河北捐项，请统归防河动用。当经先后交户部速议具奏。兹据周祖培等奏称，严树森系通筹全局，并非置河防饷需于不顾，且统辖全省，呼应较灵，请仍归该抚派员经理等语。河南省河北彰德、卫辉、怀庆三府劝捐事宜，即著严树森派委妥员一手经理，所收捐款，除一半解归僧格林沁军营月饷外，其余一半，悉数解交联捷军营，作为防河经费。务饬经手之员随收随解，毋任迟误。并著严树森督饬该员等妥为筹办，不得苛派扰累及侵渔中饱，如有此等情弊，即著联捷随时查明，会同严树森从严参办。该抚等务当和衷办理，毋得意存畛域，再行渎请。

——《清代起居注册（咸丰朝）》第54册，第32528—32530页。

四月初十日

○谭廷襄奏

据金乡、鱼台等县禀报，南捻于三月二十六日出巢，在砀南之韩家道口游弋，似欲北窜。正在饬探间，复据署兖州府知府来秀、滋阳县知县王致彦禀称，滕县捻匪回窜邹县，僧格林沁本在西关扎营，退入城内，登陴防守，四月初二日贼至邹县西北白林厂，兖州王印村已见边马等情。查前股南捻盘踞滕县，曾经僧格林沁咨会，已派德楞额带兵往剿，并续派济东道黄良楷等带领马步兵勇前往救援。僧格林沁督队驻扎邹县，大兵云集，不难立解重围，是以臣专意东昌，原冀内患早清，全力可御外侮。乃东昌匪徒猖獗，甫经添拨兵勇，兖州复又告急。该郡西距东昌、北距省城俱不过二三百里，省中官兵屡经调拨，本已空虚，东昌一军既为贼所牵掣，不能抽拨，曹州土匪蜂起，青州、武定盐枭滋扰，请兵之禀一日数至，几于应接不暇，今南捻已越滕邹而近兖郡，傥乘虚北窜，或扑省城，或向东昌勾结各匪，非特东省可虞，直隶南面亦无屏蔽，其患曷可胜言？仰祈饬下胜保迅统马步重兵前来助剿，

庶声势既壮，自可埽除群丑，保卫畿南。

——《钦定剿平捻匪方略》卷一〇一，第3—5页。

〇上谕

前据僧格林沁奏，后股捻匪尚踞滕县，派令德楞额等攻剿。本日据谭廷襄奏，砀南捻匪出巢，计图北窜，滕县捻匪进逼兖城，傥与东昌各匪句结，畿南极为可虑，请饬胜保带兵赴东，并请于临清、德州分驻重兵各等语。砀南捻匪欲图北窜，滕县捻匪复窜至兖州之王印村，亟应迅速堵剿。惟胜保前因贼陷曲周，窥伺广平，莘县等匪逼近大名，已饬令正定兵八百名驰赴广平，并令伊绵阿拨兵一千赴威县，副将成禄带西安马队三百名前往会剿。此时广平、大名一带防剿吃紧，若令胜保径赴山东，必致后路空虚，所关非细。僧格林沁等统领重兵，必须统筹全局，力扼该匪北窜之路，不可株守邹县一隅之地，漫无布置。本日谕令胜保督兵前进，于直东边界妥筹防剿，并令文煜酌量出省，督饬地方文武，力遏捻匪北窜。其兖州一路，该大臣等惟当督饬兵勇，迅速截击，勿令句结东昌各匪，以致蔓延直境；并须与谭廷襄悉心筹画，会合兵力，将北窜之匪痛加剿洗，以期渐就肃清。至东昌各属匪徒，前据谭廷襄奏，道员明新由堂邑进兵，未能得手，已派参将玉山等往援，并添派游击玉秀等督兵夹击。著即严饬带兵各员迅速进兵，实力攻剿，傥迁延贻误，即指名严参，从重惩办。兖州城守及各属防御事宜，并著饬令各该地方文武认真筹办，毋许疏失。将此由六百里各谕令知之。

——《清文宗实录》卷三四八，咸丰十一年四月戊辰。

〇上谕

本日据谭廷襄奏，砀南捻逆出巢，意图北窜；滕县捻匪回窜邹县，僧格林沁本在西关劄营，退入城内，登陴防守。四月初二日，贼至北林厂攻打民团，兖州王印村已见边马。该处距府城甚近，西至东昌、北至省城均不过二三百里。省城官军调拨已空，东昌一军又为匪徒牵掣。曹州土匪蜂起，青州、武定盐枭滋扰。其余土匪随处窃发。请饬胜保带兵赴山东会剿。并称临清、德州水陆两路均与直境毗连，如临清有兵，则近逼东昌，直隶南面可以安稳。德州有兵，则先扼运河，仍与前路联络一气。各等语。前因贼陷曲周，已据胜保派拨正定官兵驰赴广平，并令伊绵阿拨兵千名赴威县，副将成禄带马队前往会剿。现在砀南捻匪又图北窜，若与东昌各匪句结，则畿南门户岌岌可虑。前谕胜保确探贼势趋向，相机前进。此时捻匪逼近兖州，虽谕僧格林沁等力遏该匪北窜之路，第该大臣退入邹县城中，贼势愈形猖獗。胜保虽未便径赴山东，致北路空虚，而直东边界，必须亲往督办，方能得力。著即迅速启程，探明何路紧要，即向何路督剿，并严饬前派各官兵，迅赴广平、大名一带，剿

除贼匪,毋得迁延贻误。文煜前调天津官兵一千名,交大名道王榕吉统带,并著飞催前进。该署督应否出省,著仍遵前旨,与胜保商酌办理。临清、德州为直隶门户,能否派兵前往驻劄,并著胜保体察情形,妥筹布置。将此由六百里各谕令知之。

——《清文宗实录》卷三四八,咸丰十一年四月戊辰。

四月十一日

○杜翻奏

捻逆由东平南窜滕县,旋由滕县折回邹县,僧格林沁督兵退守邹城,并有大股捻匪出巢北窜之信。而北路东昌一带教匪四起,前经道员明新等带兵往剿,先获两胜,忽于三月三十日在聊城县之沙镇失利,明新退回东昌。教匪乘机进逼城下,愈聚愈多。该府与直隶密迩,实为北路屏蔽,傥再勾结捻逆,并力北来,其患不可胜言。臣目击情形,万分焦灼,可否请旨饬下胜保迅速带兵来东,自北而南,节节进剿,逼令该匪南趋,并扼另股续窜之路。一面先饬德州刘智庙所驻官兵一千五百名就近驰赴东昌,助剿教匪,以遏逆氛。

奏入,上谕曰:

昨已有旨,令胜保由京赶紧起程,相机前进,以固畿辅藩篱。东省民团未尽得力,著赶紧策励,以补兵力之不足。从前捻逆屡犯齐疆,无大兵扼守,只民团即可驱令回巢,何以有兵后反不如前?

——《钦定剿平捻匪方略》卷一〇一,第7—8页。

四月十五日

○谭廷襄奏

据各属禀报,捻匪窜过邹县、兖州府,直抵济宁,扑城围圩。该文武督率兵团,分投守御。该匪分为两股,一由济宁渡运,一由汶上渡运,盘踞河岸,宁阳、东平一带遍地匪踪。虽经僧格林沁派兵追剿,在戴家庙迤南接仗,尤如匪势太众,未克歼除。询之逃出难民,闻有暂驻羊山之说。又,叠次探悉,该匪因被水阻,不能越渡,遂即回窜过济,仍欲南趋,目下尚在中途盘踞。又,砀南一股出巢,亦图北窜,是否来接此股,抑欲别往肆扰,尚无确实踪迹。兼之曹州、东昌等处各匪蔓延,兵力实属不敷分布。臣甫经莅任,适际时艰,既无可调之兵,又无素练之勇,四顾筹维,实深焦灼。惟有仰恳天恩,饬下胜保分兵剿办,俾臣得以力筹南捻,实于军务有裨。

——《钦定剿平捻匪方略》卷一〇一,第20—21页。

〇上谕

谕军机大臣等：

前因谭廷襄奏砀南捻匪欲图北窜，滕县捻匪扰及兖州，当经谕令僧格林沁等速行截击，并令该抚将东昌各属匪徒实力剿洗。本日据谭廷襄奏，捻匪窜过邹县，直扑济宁，并分两股，由济宁、汶上渡过运河，宁阳、东平遍地匪踪。现因水阻，意图回窜过济，因恐曹属土匪截夺辎重，尚在中途盘踞。其砀南捻匪欲窜何处，尚无确信。并曹州、东昌匪势蔓延，请饬胜保拨兵助剿。等语。捻匪窜渡运河，僧格林沁派兵追剿，在戴家庙迤南接仗，剿办情形尚未奏报。该匪恐被曹属土匪截夺辎重，盘踞中途，此时正在迟疑之际，虽贼众兵寡，未能迎头截剿，亦可击其中腰，截其后尾，并夺其辎重，以期力挫贼锋。著僧格林沁等督饬官军，相机剿办，不可株守邹县，坐失事机。若能笼络曹属土匪，使为我用，并力剿洗，尤为妥善。其砀南匪众，未必非接应此股，并著该大臣等确加侦探，设法遏其北窜。至曹州、东昌两属土匪、教匪到处滋扰，东省兵勇无多，不敷剿办，尚属实情。昨因联捷奏称，东省匪势猖獗，请饬胜保分兵三路进攻。本日复谕知该大臣，酌量拨兵前往。仍著谭廷襄督饬总兵郝上庠等严扼河岸，毋令匪徒得以分窜；并添拨练勇，与胜保、联捷等兵勇联络声势，四面兜剿，以期渐就肃清。将此由六百里各谕令知之。

——《清文宗实录》卷三四九，咸丰十一年四月癸酉。

〇上谕

前因联捷奏，东省范县贼匪欲接南捻渡河，濮、观等州县亦皆被胁，请饬胜保分三路进兵，当谕令胜保于驰抵直隶、山东交界后，酌量情形办理。本日据谭廷襄奏，曹州土匪狓猖，濮、范、巨、郓、菏、定、城武等属随地皆匪，结成大股，蔓及寿张、阳谷地方，东昌教匪屯聚于莘、堂、冠、馆等属，徒党日增，近又有由直隶清河、威县回窜之匪，蔓及临清所属，其余如沂州属之幅匪、武定属之枭匪及土匪、骑马贼随地皆有，请饬胜保分兵助剿等语。曹州、东昌两属匪势日益蔓延，该省兵力不敷剿办，系属实在情形。僧格林沁等在兖州一路堵剿捻匪，其势亦难兼顾。见在曲周县已无贼踪，胜保前派正定官兵及伊绵阿所派之兵，并成禄所带马队，谅已驰抵广平、威县一带。此项官兵应否驰赴东省剿办，著即酌量调遣，毋稍拘泥。将此由六百里谕令知之。

——《东华续录》咸丰九十九，第62页，咸丰十一年四月癸酉。

四月十六日

〇胜保奏

连日据各府县禀报，山东邱莘等县土匪、教匪陷曲周后，于四月初一日窜至威县，被官兵击退。初七日窜至清河，攻陷县城，复分股窜踞县属之黄金庄，距广宗、巨鹿、故城等县皆仅数十里，马步贼众约七八千人。其堂邑另股教匪，于三月三十日在聊城属之沙镇地方焚掠，道员明新接仗失利，该逆逼近东昌府城，焚掠村庄。郓巨之匪于三月十七日攻破濮州，二十二日复陷范县，抢渡过河，濮州城池旋即收复。又朝城之马老庄、舍利寺，范县之旧城、凤凰岭，各有土匪续起。范县西岸土匪孙承瞬勾结河东土匪约一千七八百名，渡黄西犯。复准山东抚臣谭廷襄咨称，安徽大股捻逆三月二十六日装旗出巢，现在砀南之韩家道口一带盘踞，意图北窜；其屯踞滕县之捻股现已回窜邹县，僧格林沁退入城内固守，四月初二日该逆窜至邹县白林厂，猛攻民围。各等语。查东省匪徒蜂起，到处蔓延，臣酌度情形，自以保卫直境为急。此时贼踪既在保定正南，势将骎骎西犯，若臣专由河间一路前进，转落贼后，必须分路由西北进兵，方能遏其深入。已饬副将徐廷楷带官兵一千名，营总诺们泰带旗兵八百名，由河间前进，迅赴冀州，听候调遣。臣即日自率勇丁一千名、亲军四百余名、马队二百余名驰赴保定，视贼所向，妥筹调度。臣到保定后，当与督臣文煜面商机宜，将后路如何布置、饷糈如何接济部署妥协，即亲督各军力埽贼氛。惟砀南捻逆出巢，又图北窜，则景州、德州亦复吃重。现在景德一路有总兵伊绵阿带兵驻扎，是东南门户暂可无虞。臣惟酌量大广一带贼情缓急，相机剿办，俾直境先就肃清，再行节节埽荡。

奏入，上谕曰：

抵保定后，即相机前进，不准以居中调度为辞，致涉耽延。

——《钦定剿平捻匪方略》卷一〇二，第1—3页。

四月十七日

〇僧格林沁等奏

僧格林沁、国瑞、德楞额奏言：

捻匪围攻滕县，经翼长舒通额等带领马步兵勇节次进剿，屡有斩捡，立解城围。该逆因丰沛乡民泄放南阳湖水，不能南窜，于四月初二日拌死西窜。我军待其过半，左右横击，将贼截为两段，杀毙百余名。该逆窜至济宁城东，又经守城存营官兵轰毙多名。该逆首尾受敌，随分两股，一由济宁迤南抢渡运河，初九日由鱼台窜出东境；一由汶上县过河，向南奔窜。官兵跟踪追剿，不期该逆窜至郓巨时，曹属不肖之徒悉归长枪会匪，群相蠢

动,勾结南捻,在郓巨一带盘踞,贼势甚众。现饬知府赵康侯密约曹属各州县乡团合力剿办。

嗣接邹县禀报,教匪宋继朋聚集两万余人,盘踞凤凰山一带,四出勾结乡民,焚掳村庄,围攻县城,势甚鸱张,当经臣僧格林沁、臣德楞额所统马步兵勇全数调赴邹县,并将黄良楷、翁吉顺所带练勇三千余名一并留营。臣国瑞、臣德楞额督带兵勇,于四月初八日驰抵土旺驻扎。初九日,由土旺行至白莲池,见四十余里村庄房舍烧毁净尽,当即挥队进攻。该逆恃险抗拒,我军奋勇直前,将白莲池山寨外树栅攻开,直抵围墙。该逆死守贼圩,十一日,我军马队进攻贼寨,步队进攻山顶贼圩,杀贼无数。正在得手之际,该逆由南北山腰拥出贼众,直扑我军后路。臣等督饬马队冲击,又杀贼多名,该逆始行回山。我军伤亡尚不甚多,现在仍回土旺扎营。

查黑龙江佐领、委营总奇普通阿头受枪伤,登时阵亡,殊堪悯恻,相应请旨交部议恤,以慰忠魂。

——《钦定剿平捻匪方略》卷一〇二,第7—9页。

〇上谕

僧格林沁等奏滕县解围、并剿办各路贼匪获胜一折。捻逆盘踞山东滕县,经翼长舒通额等带领兵勇进剿,立将滕县解围。该逆西窜,官军奋力冲击,杀毙百余名。复窜至济宁城东,经守城官兵开放大炮,轰毙贼匪多名。该逆分两路遁去。德楞额剿办峄县、兰山、费县等处匪徒,先后杀贼六七千名,生擒数百名,立即正法,夺获器械、旗帜、马匹不计其数,救出难民甚众,立将沙沟营、临城驿克复。邹县教匪宋继朋盘踞凤凰山一带,经国瑞等督带兵勇,由土旺进剿,先后毙贼甚众,坠落山涧死者不计其数,并夺贼圩二座。著僧格林沁等乘此声威,督饬将弁,迅扫逆氛,毋留余孽。黑龙江佐领、委营总奇普通阿受枪阵亡,殊堪悯恻,著交部议恤,以慰忠魂。

——《清代起居注册(咸丰朝)》第54册,第32610—32612页。

〇上谕

谕军机大臣等:

前因谭廷襄奏,捻匪由邹县直扑济宁,渡过运河,分窜宁阳等处,并曹东两属匪势蔓延,当谕令僧格林沁等相机剿办,不可株守邹县。本日据僧格林沁等奏,滕县解围,该逆一股由鱼台窜回老巢,一股尚在郓巨一带盘踞,邹县教匪宋继朋踞守凤凰山,势甚鸱张等语。东省各属匪徒纷纷蜂起,势若燎原,若非及早埽除,势将愈聚愈多。著僧格林沁等仍遵前旨,督饬将弁,并会合各处乡团,迅将各匪痛加剿洗,勿留余孽。将此由六百里谕令

知之。

——《清文宗实录》卷三四九，咸丰十一年四月乙亥。

〇上谕

据僧格林沁等奏，军营马匹不敷，请饬察哈尔迅拨马匹等语。僧格林沁等现在山东攻剿捻逆，军营马匹不敷骑用，著庆昀、廉至于商都马群内拣选膘壮马一千匹，派员迅速解赴山东邹县僧格林沁等军营，毋稍迟误。将此由五百里谕令知之。

——《清文宗实录》卷三四九，咸丰十一年四月乙亥。

四月二十二日

〇谭廷襄奏

据僧格林沁咨称，南捻分为二股，一由济宁迤南窜过运河，一由汶上迤西袁路口窜过运河，派都统西凌阿等带领马队追至金乡，均将次出境等情。查捻逆由滕邹扑犯济宁，经该州兵勇击退，虽有勾结曹州匪徒、暂屯羊山之说，现值僧格林沁大兵追击，将次出境，当可陆续回巢。其续出砀南一股，尚无北窜确信。惟东昌匪势蔓延，必应亲往督剿。臣檄调原驻开山官兵四百名，饬游击绪纶统带，并由省募勇一千余名随臣前往，拟先到茌平一带体察贼势，分别进剿。至南路尚有匪徒屯聚寿张、阳谷等处，与东昌声息相通，亦应设法筹办。僧格林沁营内有副将文英所带本省官兵二千名，业已咨请分拨，未知能否前来。

又，曹属匪徒蜂起，情形较为吃重，现据禀报，窜扰金乡、鱼台、汶上地面，非有大兵前往，不能镇定。臣先经饬令曹州府知府童正诗设法解散，并募勇防剿，又令曹州镇总兵郝上庠前往濮范防河，以免与东昌各匪勾结。第东省兵力未能兼顾，应由僧格林沁酌量分兵，会合各团剿办。臣现于四月十八日出省，深虑济南守御空虚，已饬营挑选官兵三百名在城屯扎，昼夜巡查，并会商杜翻整理团练，以资保卫。

——《钦定剿平捻匪方略》卷一〇二，第20—22页。

四月二十五日

〇严树森奏

据彰卫两属禀报，山东土匪回窜清丰后，即在濮州盘踞，馆陶、朝城及郓巨一带遍地皆贼，范县又有另股渡河西窜，濮范所辖渡口屯踞匪众千余人，来往自如，近复破南乐、扰威县、围大名，并蔓及开州、元城、肥乡等处，蹂躏直境，窥逼豫疆，其边马有至临漳所属回隆

集、内黄所属泊口集者，经参将穆特布等迎击，颇有斩捡，贼向大名宋家屯一带窜去，近闻过黄之贼又有数千等情。查濮、范、河东各匪陆续渡河，深入直境，逼近临漳、内黄、滑、浚一带，意图肆掠完善。豫中、河北三府财赋之区，贼氛环逼，朝发夕至，边骑又驶窥楚旺漕次，难保不志在因粮。而漕艘阻于运道，急切不能开行。楚旺并无城池，设遇大股阑入，何以御之？臣现檄令河北镇总兵牛浩然、河北道王荣第迅就现有兵力会筹堵剿，添派通判马步瀛练勇五百名，统归调遣，并请饬下防河大臣，迅将直东两省黄河渡口来往贼踪认真堵截，并于大顺广一带迅筹埽荡，以靖畿南而固河北。

——《钦定剿平捻匪方略》卷一〇三，第1—2页。

〇严树森奏

正缮折间，据杞县禀报，山东曹州府属土匪四起，曹郡团练堵剿未能得手，四月十四日，考城县城外望见东、南、北均有火光，自大韩集以东二十余团，俱已随从捻匪，马贼四五千，步贼约有数万，边马已至考境，声言欲往西窜等情。臣已飞饬开归所属地方文武严密防堵，一面飞咨山东抚臣暨带兵大臣迅图剿洗。

——《钦定剿平捻匪方略》卷一〇三，第2—3页。

〇上谕

昨据僧格林沁奏，捻匪盘踞郓巨，已令西凌阿驻劄长沟，相机进剿。本日据严树森奏，曹属土匪四起，十四日考城县城外望有火光，自大韩集以东二十余团，均已随从捻匪，贼马四五千匹，步贼约有数万，边马已至考境，声言欲往西窜等语。曹州府城被围，曾据联捷奏报，现复蔓及考城，势甚猖獗。严树森因陈汝军情紧急，业已出省。谭廷襄赴东昌督剿，亦属难于兼顾。现在西凌阿驻劄长沟，距曹州较近，著僧格林沁等即饬该都统，统领所部官军相机前进，务须迎头截击，勿任扰及完善之区。该大臣如有可派官兵，并著酌量添派，饬令进援曹州，以遏贼势。将此由六百里谕令知之。

——《清文宗实录》卷三五〇，咸丰十一年四月癸未。

五月

五月初三日

〇上谕

谕军机大臣等：

前因僧格林沁奏，兵饷不敷支放，请饬宽为筹备，当谕户部迅速筹拨。兹据户部奏请速行按数筹拨等语，[①]著照所议。所有本年河东加票银五万两，现在津防已撤，著常绩即行拨解山东，交僧格林沁军营。其指拨之河南本年春拨册报实存清查案内银五万两，长芦辛酉年应报盐课银十万两，并著文煜、严树森迅速如数解赴该大臣军营备用，毋许迟误。仍将解饷委员姓名及启程日期，先行报部查核。将此由六百里各谕令知之。

——《清文宗实录》卷三五一，咸丰十一年五月庚寅。

五月初五日

〇僧格林沁等奏

僧格林沁、国瑞、德楞额奏言：

捻匪分为两股，一股业已窜回老巢，一股窜至郓巨一带。因曹属会匪群相蠢动，意欲

① 五月初三日，大学士管理户部事务臣周祖培等奏："臣等遵查僧格林沁等现在山东剿办捻匪，饷需最关紧要，自应宽为筹备，以资接济。查河东加票一款，前经奏定，每年凑银伍万两解赴天津，以为僧格林沁军营海防之用。今津防已撤，所有本年加票银伍万两，拟仍拨解东省僧格林沁等军营备用。拟再拨河南本年春拨册报实存清查案内提解银伍万两，又长芦辛酉年应报盐课银拾万两。以上三款，共银贰拾万两，应请旨敕下直隶总督、河南山西各巡抚，迅饬照数拨解僧格林沁等军营，以济军饷要需，毋得稍有迟误，并将各委员姓名及起程日期先行报部查核。

"至直隶等省应解僧格林沁军营月饷，查直隶每月应解银叁万两，据该省先后报解拾年拾壹、拾贰两月并拾壹年正、贰、叁等月均各照数解赴该粮台交纳，其肆月以后月饷，应令该督转饬按月筹款拨解。此外尚有前经奏拨银拾柒万两，未据报解，并令该督陆续分批解往，毋再迟误。

"其河南每月应解银贰万两，仅据该省报解拾年拾壹月银贰万两。山西每月应解银贰万两，仅据报解银贰万两。又，咨报山东应还山西垫款银伍万两，就近归还，抵作山西应解之款。以上二省欠解该营月饷较多，应令各该抚按月接续，照数赶紧筹解，毋再迟延短欠，致干参办。

"所有此次奏拨河东加票及河南实存清查各银伍万两，不得抵作月饷，以免牵混。

"又，山东每月应解僧格林沁军饷银叁万两，查本年正月该省奏报，初次拨解银拾万两，又解银叁万两，作为正月分协饷。其贰、叁、肆月应解银两，未据报解有案，亦应令该抚按月照数拨解，毋误要需。

"至各该粮台应将一切支用款项务须核实支给，不得稍有浮冒。仍将兵勇各数及支放各款，遵照奏定章程，每月分晰造报一次，以凭查核。"详见中国第一历史档案馆藏录副奏折，档案号 03-4324-005。

勾结南捻，占踞金乡。四月十三日，捻首胡四、赵浩然带马步捻匪蜂拥而至，该县知县钱廷煦率领民团登陴固守，并与都统西凌阿、知府赵康侯会督兵练内外夹击，该匪由西南窜去，十四日全数窜出东境，西凌阿等折回郓巨。二十一日，探得马家围子有土匪二千余名，西凌阿等即督带马步兵勇前往进剿，毙贼一千六七百名，其吕月屯之匪亦被击败，西凌阿回驻长沟。

邹县教匪恃险抗拒，官军用炮轰击，毙贼不计其数，该逆由山坡及圩内三路拥出，经臣德楞额督带协领色尔固善等复毙贼数百名，该匪被剿穷蹙，情愿投诚。二十七日，据逆首宋继朋遣人来营，呈递禀词，尚属真切。臣等即仰体皇仁，开其自新之路，准令投诚，藉散胁从。

所有臣等各营马步官员兵勇，自去岁以来，身经数十仗，其中勇敢向前、临阵伤亡者俱属可嘉可悯，容俟查明再行办理。

至剿办曹属逆首刘占考一股，尚觉兵单。查已革济东道黄良楷尚称勇往，所募之勇亦属得力，臣等饬令前赴曹属，随同西凌阿合力进剿。

——《钦定剿平捻匪方略》卷一〇四，第 8—10 页。

〇上谕

僧格林沁等奏捻匪窜出东境并剿办郓巨会匪、邹县教匪获胜一折。捻匪窜至郓城、巨野，勾结长枪会匪，图陷金乡，该县知县钱廷煦登陴固守，并与都统西凌阿、候选知府赵康侯兵勇内外夹击，逆匪由西南窜去。西凌阿等折回郓巨，派兵剿捕马家围子土匪，毙贼一千六七百名，其吕月屯之匪亦被击败遁，歼贼二千余名，夺获旗械无算，西凌阿回驻长沟。其邹县教匪恃险抗拒，官军用炮轰击，毙贼不计其数，该逆由山坡及圩内三路拥出，经德楞额等督兵抄击，复毙贼数百名，夺获枪炮器械多件。各该地方渐就肃清，惟曹州府属会匪刘占考等尚在啸聚，著该大臣等严饬将弁，迅速剿办，毋稍延缓。所有打仗出力及临阵伤亡各员弁兵勇，均著僧格林沁等查明办理。

——《清代起居注册（咸丰朝）》第 54 册，第 32775—32777 页。

五月初六日

〇田在田奏

叠据探报，苗练勾结捻逆，沿浍东窜，并勾东省回窜捻众，由北双沟一带至栏杆山、夹沟等处，牵我北路之师。其仓里蓝旗一股甫退，又有黑旗捻首赵克元等率党数万接踵而来，围攻高黄山等圩，占踞灵鹫寺旧寨，向符离大营攻扑，并分党于濉口一带攻胁各圩。虽

奶奶山、烈山等处尚有参将吕道宣等两军共八百名，而声息隔绝，军饷无从接济。夹沟、符离各营本徐宿饷道所关，每处仅兵勇二三百人，守尚不足，现在东西皆贼，饷车固不能来，即臣与吴棠公文，亦无从递送城内。仅原设额兵四百名及臣小队百余名，即背城亦难一战，况城外圩寨受逼，人心摇动，恐不免首鼠两端，不但宿城四面皆贼，声援断绝，即徐郡一城孤立，门户洞开，大局亦不堪设想。前因饷绌兵单，不得已飞商袁甲三，由临淮拨兵先来，已准函覆，派总兵张得胜等带兵来宿，能否即日赶到，固未可知。即令克日移师，而东路泗、睢、邳、宿节节阻滞，亦恐牵掣尚多。且万一怀远有失，则宿南尤为吃重，堵御更难。相应请旨饬下僧格林沁，迅拨马步兵勇三四千人，派令得力大员统带，驰赴徐宿，会同臣等剿办，以期迅殄妖氛。

再，臣连日病势有增无减，拜折后仍力疾带队，亲赴符离以北察看东西两路情形，相机攻剿，疏通饷道。

——《钦定剿平捻匪方略》卷一〇四，第17—19页。

〇上谕

谕军机大臣等：

本日田在田奏，官军自攻克奶奶山后，即派兵驰往灰古堆寨，连日攻剿，贼势已穷。正拟并力围剿，而苗练句结捻逆，沿浍东窜，并句东省回窜捻逆，由北双沟一带至栏杆山、夹沟等处，牵我北路之师。仓里蓝旗甫退，又有黑旗捻首赵克元等纠众数万，围攻高王山等圩，向符离大营攻扑，并分扰濉口。宿州城外圩寨受逼，人心摇动，声援断绝，徐郡门户洞开，请饬僧格林沁迅拨马步兵勇会同剿办。并称苗练又句亳蒙捻众三四万，图断宿城饷道，使其内溃，即扑徐州。各等语。徐宿为北路藩篱，苗练句结捻众，图断宿城饷道，长驱攻徐，情形极为诡谲。宿州兵勇仅止数百名，不敷剿办，设有疏虞，则徐郡亦难独支，必至蔓延东省。此时捻逆甫经回巢，剿办教匪亦渐有头绪，傥苗练句结捻匪，窜扰徐宿，或东路苗捻联合，则东至灵(壁)[璧]、泗州，南至怀远、临淮均为贼薮，剿办愈形棘手。著僧格林沁、西凌阿、国瑞酌量情形，如官兵可以抽调，即迅速酌拨马步官兵三四千名，派令得力大员统带，前赴徐宿，会同田在田分投剿办，将泗睢邳宿之匪相机攻剿，并设法疏通饷道。既可援应徐宿，即可保卫山东，于防剿机宜较有裨益。谅该大臣等必能统筹全局，断不存畛域之见也。将此由六百里谕令知之。

——《清文宗实录》卷三五一，咸丰十一年五月癸巳。

〇上谕

田在田奏，苗练句结捻逆，沿浍东窜，牵我北路之师，又有黑旗捻首赵克元等率党围攻

高王山等圩,图扑符离大营,并分党于濉口一带,攻胁各圩;夹沟、符离各营兵勇无多,城外圩寨受逼,人心摇动;又句结亳蒙各捻,围攻宿州,饷道断绝,请饬僧格林沁拨兵会剿等语。本日已谕令僧格林沁等酌量情形,迅拨官兵前赴徐宿会剿。苗沛霖与团练寻仇,围攻寿州,本日据翁同书奏,徐立壮业已正法,孙家泰见在监禁,苗练能否解围,尚无把握。此次句结捻逆,围攻徐宿,若不妥为办理,恐与寿州同出一辙。僧格林沁等能否派兵援应,尚未可定,著田在田、吴棠会同商酌,将苗练党与设法解散,以孤其势。其受逼各圩寨既不免首鼠两端,尤当竭力开导,以期固结人心,毋令为匪党所胁。饷道尤关紧要,更须设法疏通,以冀保全大局。将此由六百里谕令知之。

——《东华续录》咸丰一百,第 6 页,咸丰十一年五月癸巳。

五月初九日

〇僧格林沁奏

僧格林沁、西凌阿、国瑞奏言:

邹县教匪宋继朋等悔罪投诚后,当饬四乡居民各归本业,臣等带兵驻扎土旺,饬署兖州府知府来秀等节次前往,催其作速归农。兹据宋继朋等屡向来秀哀求,以大兵驻扎切近,归乡男妇皆怀畏惧,不敢下山,恳将大兵暂撤,即可归乡,不敢稍有迟滞等语。正在办理间,旋据单县、鱼台等处禀报,南捻赵浩然又装旗出巢,在丰砀一带游弋,未审所向。曹属各处闻此警报,良民不无心慌,匪类恐愈思蠢动。东昌等处匪徒,虽经谭廷襄带兵进剿获胜,究属贼众兵单,前经咨请拨兵助剿,权其轻重,亦应先顾北路藩篱,乘宋继朋等哀恳撤兵之际,即可分兵前往,以安其心。五月初二日,将马步各队由土旺撤回邹县,一面派员晓谕,宋继朋等知我大军撤回,是日即纷纷下山,所有安抚事宜,委来秀等妥为经理,并令署兖州镇总兵双龄带领本镇官兵二百名在彼弹压。

臣等即由邹县带兵驻扎长沟,与臣西凌阿商办曹属黄河南北两岸土匪事宜。河北贼匪,现拟臣西凌阿统带黑龙江各起马队共一千余名,于初五日由汶上、东平一路驰赴东昌,会同谭廷襄所带官兵合力进剿,以期早清北路。至曹属会匪,勾结各处土匪肆行滋扰,拟饬翼长舒通额等带领马步兵勇驻扎巨野,相机进剿。仍由臣等张贴告示,谕以利害,令其改过自新,散其胁从,分别办理。

——《钦定剿平捻匪方略》卷一〇五,第 4—6 页。

五月十二日

○吴棠奏

江南淮徐扬海道吴棠奏言：

自捻股交乘，宿州四面皆贼。顷又探知，捻逆后股复倾巢悉至宿境，合计不下六七万人，分扑东、西、北三面。奶奶山寨，派参将吕道宣兵勇四百余名往扎，因多日不得口粮，退守符离就食，该山寨遂为捻踞。符离之北黄花洞，夹沟东北之灰古堆、时村，遍地皆贼，逼胁圩寨，率多附从，逆焰日炽。叠派游击闪凤来等各带马步携饷送宿，三次均被截回。查宿营本无存储，各营及存城兵勇三千余人嗷嗷待哺，今饷道阻塞已将一月，文报不通亦已旬余，镇臣田在田何能久支？徐营兵勇亦仅二千余人，四面策应，守尚不足，实无队可往助剿。两城坐困，宿州尤急。忧心如焚，莫知为计。

又得南路警报，郡西郝、杜两寨被捻围困。四月二十八日，派游击杨文全等带领亲军小队分救各圩，藉固民心。郝家寨暂时解围，贼复旁窜刘家店等处。其围攻杜集寨之贼忽远忽近，参将龚耀伦孤守蒙村，其西南附近各圩多为贼踞。游击艾宪银在烈山被围，五次飞章告急，无队可援。蒙、烈两营已数日不见文报。二十九日及五月初一、二等日，大股绕至郡城西南马场、阎村一带，郡城所留马步小队尽数派出，密令伏路突击，或入夜潜扰，一面激励民练登陴守御。虽略有斩捡，均不过游弋匪徒。以数百名勇，断不能敌盈千累万之寇。局势日迫，岂惟宿城危如一线，而徐郡亦将四面受困。

北路刘平、负固，西路砀山各寨，被捻攻扰，由豫至徐，道路梗塞。漕运总督袁甲三已奉旨仍驻临淮，不能分兵兼顾北路，臣惟有竭尽驽力，拊循兵练，布置守御，一面多拨侦探，改装绕道，以与臣田在田通信，设法济饷，勉持危局。仰恳圣恩，俯念万分迫急，简拨大兵星速来援，并力击贼，赶救危城，则徐宿幸甚，大局幸甚。

——《钦定剿平捻匪方略》卷一〇五，第13—15页。

○上谕

谕军机大臣等：

前据田在田奏，苗练句结捻逆窜扰宿州，图扑徐州，当经谕令僧格林沁等，酌量派拨马步官兵三四千名，速往援应。本日据吴棠奏称，后股捻逆倾巢悉至宿境，不下六七万人，奶奶山等处均为匪踞。宿营本无存储，饷道复行阻塞，且与徐州文报不通业已旬余，徐城兵勇仅二千余人，蒙村、烈山两营被围以后，大股捻逆扰及郡城西路，砀山各寨复被捻扰，徐州亦将四面受困，请速拨大兵救援等语。徐宿捻势鸱张，且有收麦以后攻围徐州、即行长驱北犯之谣，亟应速筹援救。现在山东情形较松，兵力谅可分拨，徐宿为南北要冲，断不可

令捻匪窜踞，著僧格林沁、西凌阿、国瑞即酌拨马步官兵，派委得力大员统带前进，克日驰赴徐宿，分投援应，以杜该匪北窜之路。将此由六百里谕令知之。

——《清文宗实录》卷三五二，咸丰十一年五月己亥。

〇上谕

前因苗练句结捻匪，围攻宿城，田在田兵力较单，当谕袁甲三派兵援应。兹据吴棠奏，探明宿城被困，饷道阻塞，徐州存营兵勇仅二千余人，不能派往策应，请添拨重兵救援等语。宿州捻逆狓猖，田在田隔绝南路，吴棠不能救应，袁甲三虽未能遽离临淮，而徐宿两城坐困，且系临淮后路，设有疏失，关系南北大局。本日已谕僧格林沁等派兵援应，而山东东昌等处匪徒尚未埽除，能否分兵徐宿，尚难豫定。著袁甲三仍遵前旨，迅速派拨劲兵，即饬令总兵张得胜赶紧统带驰往徐宿一带，会同田在田迅将此股捻匪痛加剿洗，以解城围，毋许迟误。将此由六百里谕令知之。

——《东华续录》咸丰一百，第15页，咸丰十一年五月己亥。

五月十七日

〇僧格林沁奏

查臣所带马步官兵虽万余名，除节次打仗阵亡以及各路分拨，如都统西凌阿督带马步一千余名前往东昌，会同山东巡抚谭廷襄剿办贼匪；侍郎国瑞督带马队一千余名、步队四千名前往巨野，剿办会匪；又拨马队六百名，随同德楞额前往峄县，剿办幅匪；山东官兵一千名，派令副将文瑛管带，前往东平州一带驻扎，弹压土匪；又京旗各营及西安官兵驻扎济宁外，臣长沟大营仅剩官兵千余名。徐宿现虽十分吃紧，臣军营实无官兵可以分拨。

昨据翼长舒通额等禀报，剿办巨野会匪，五月初七日自辰至午，鏖战两时之久，毙贼一千余名，大获胜仗，是日官兵撤回嘉祥驻扎。初十日，舒通额带领马队前往巨野，探得城外贼匪甚多，围困县城。十一日，我军马队奋力截杀，步队随后兜击，枪炮齐施，该逆败退，我军追杀二十余里，毙贼二千余名，城围立解。现在巨野迤北十里外尚有贼匪盘踞，应暂息兵力，再行进剿。

——《钦定剿平捻匪方略》卷一〇六，第9—10页。

〇田在田奏

北路白、红、蓝各旗捻匪，连日剿洗，仅余尹家窝一窟，其势已穷，当饬参将王清泰由灰古堆而来，会合胡元昌一军乘胜埽荡。讵自四月二十四日后，城南各贼愈来愈多，前股黑

旗王得漳、任传秀、李广化等股已绕至东北,距灰古堆不远;后股黑旗李城、任弗得等股直趋近城,抢刈二麦;其蓝旗魏濬沅、魏希坤、陈青让等股均由乾山、褚庄一带扰至符离集南,断我徐州饷道;黑旗赵克元、蓝旗李得金等股,由仓里进至高黄山以南,向城垣西北滋扰;另股孙亮等于城北十里铺地方抢筑营垒,断我符离之声援。臣以捻势复张,分布宿城四面,践踏麦禾,城内势成坐困,饥军尤难拊循,自应厚集兵力,以固根本重地。惟饷道隔绝,无法接济。适据总兵胡元昌等报称,东北遍地捻踪,各营同时被围,剿既力单,守亦无食,不得已饬令抽派游击闪凤来管带所部马队,由时村绕道赴徐,催解饷项。二十九日,该总兵等齐至灰古堆寨,布置甫定,据探苗练投捻后,坚求其围攻宿城,必复仇而甘心,并声言苗沛霖已勾结张落刑等,由怀远北来,约蒙亳各捻齐来等语。五月初一日,蒙亳永各境白旗、花旗捻股不下数万,又由西蜂拥而来,占踞城西三里庙、九里湾等处,与南北各股联络,逼城近扎。次日,东路各捻首亦先后逼近城根,凶猛异常。城内兵勇千人,仅及贼百分之一,众寡悬殊,犹幸人人奋发,踊跃争先,尚可背城借一。惟宿城凋敝已久,所恃二麦有秋,藉资食用,经此次蹂躏,收获无期,兼徐郡音信隔绝,兵勇断饷日久,日事哗噪,合无仰恳天恩,饬催僧格林沁速拨劲旅数千,星夜援剿,徐宿幸甚,大局幸甚。

——《钦定剿平捻匪方略》卷一〇六,第12—15页。

〇上谕

谕军机大臣等:

前因吴棠奏捻逆悉至宿境,谕令僧格林沁等酌调马步官兵速行派往。本日据僧格林沁奏接奉本月初六日谕旨、备陈无兵可拨情形一折。并据田在田奏称,本月初一日以后,蒙城、亳州等处捻匪悉数窜至宿州,不下十万余人,四面攻围。城中兵勇不及百分之一,且因饷道断绝,军民乏食,情形万分危急,请速拨劲旅救援。并据吴棠奏,官军克复侯孟山寨,此时北路无捻,如重兵南下,乘其抢麦顾巢之际,并力埽荡,实一时难有机会,各等语。僧格林沁军营官兵,先后派赴东昌等处剿匪,存营自属无多,惟宿州为北路紧要门户,设有疏虞,则捻逆必至悉窜东境,与各路匪众句结,剿办更难措手。现在巨野已获胜仗,国瑞带马队千名、步队四千,又有黄良楷等所带练勇,兵力较厚。且东省多系土匪,扑灭较易,而徐宿捻势鸱张,不能不先其所急,以冀保全大局。著僧格林沁、西凌阿、国瑞体察情形,如东昌、巨野两处官军内可以抽拨,即赶紧酌拨马步官兵,派委得力大员管带,赴徐宿一带援应。该州被围日久,城中之粮仅支十日,且此时北路并无捻匪,乘其抢麦顾巢之际,不难痛加剿洗,机会尤不可失。该大臣等务当权其轻重缓急,设法援应徐宿,毋误事机。将此由六百里谕令知之。

——《清文宗实录》卷三五二,咸丰十一年五月甲辰。

○上谕

前据吴棠奏，宿城被围，饷道阻塞，文报不通，当谕僧格林沁、袁甲三各拨兵勇驰往援救。兹据田在田奏，该匪投并西捻，纠约大股十余万围困宿州，食尽援绝，万分危急等语。西路大股捻众东趋，经田在田派兵进取柳沟，屡获胜仗，犁其巢穴，正可乘势进攻，讵该匪投并西捻，纠约大股，围攻宿城，断我徐州饷道，四面践踏麦禾，城内饥军，势成坐困。本日复谕知僧格林沁速拨劲兵驰往救援，并谕袁甲三飞催张得胜统带精兵赶往夹击，以解城围，谅该大臣等必遵旨拨兵赴援。惟宿城万分危迫，田在田仍在激励将士，坚守待援。徐州存城兵勇虽属无多，见在官军克复侯孟山寨，郡北肃清，可以撤队南顾，著即督饬参将王致祥等驰赴夹沟，会同游击闪凤来等节节埽荡，务将饷道疏通，以解宿州之围。此外如有兵勇可拨，亦当先其所急，派往援应。至砀山县为河南、山陕各省饷道必由之路，关系非轻，吴棠业已派兵驰往探剿，著饬守备李廷栋等迅速剿洗，毋令饷道梗塞。是为至要。将此由六百里谕令知之。

——《东华续录》咸丰一百，第25—26页，咸丰十一年五月甲辰。

○僧格林沁奏

已革济东泰武临道黄良楷，于咸丰十年因所带练勇在郯城县之重坊与民团斗殴滋事，经山东巡抚文煜奏参革职。臣素悉该员熟习营务，剿匪勇敢，于是年十二月札调来营，饬令募勇，以辅兵力。该员自到营带勇以来，叠次出队，身冒矢石，毙贼多名。此次在邹县剿办教匪，带勇攻圩，尤为出力。合无仰恳天恩，将黄良楷开复原官，留于山东候补。如蒙俞允，该员现在军营差遣，一俟军务稍松，再由臣咨行山东巡抚，照例送部引见。

——《钦定剿平捻匪方略》卷一〇六，第18页。

○上谕

僧格林沁奏，请将革员开复原官等语。山东已革济东泰武临道黄良楷，带勇剿贼，歼毙多名，进攻邹县贼圩尤为出力。已革邹县知县林士琦，自备口粮，募勇随同僧格林沁等进攻教匪，不辞劳瘁。均著开复原官，留于山东候补，俟该省军务稍松，照例送部引见。

——《清代起居注册(咸丰朝)》第54册，第32899—32900页。

〇上谕

僧格林沁奏,请将拣发参将改用京职等语。[1] 直隶拣发参将常山保,著准其改用京职,以护军参领遇缺即补。该部知道。

——《清代起居注册(咸丰朝)》第54册,第32898页。

〇上谕

僧格林沁奏,请将带队奋勇之副都统等开复原官等语。归化城副都统桂成、副都统衔黑龙江协领色尔固善,前因在(荷)[菏]泽县属之关李庄与捻匪接仗,督队不力,经僧格林沁等奏参,降旨革职,仍留军营。兹据奏称,该二员自被参后,剿办教匪,均经毙贼多名,尚知愧奋。桂成、色尔固善均著开复原官。该部知道。

——《清代起居注册(咸丰朝)》第54册,第32898—32899页。

〇上谕

前因副都统德楞额在山东郯城县剿匪,奏报不实,经文煜奏参,将该员革职,暂停开缺。兹据僧格林沁奏称,德楞额于被参后,追剿汶上等处捻匪,毙贼多名,复剿办兰山、费县等处匪徒,叠获胜仗,恳恩开复前案处分等语。阿勒楚喀副都统德楞额,前案革职暂停开缺处分,著准其开复。该部知道。

——《清代起居注册(咸丰朝)》第54册,第32900—32901页。

五月二十五日

〇田在田奏

查宿城四面捻匪不下数十股,众约十万余,黑旗居其大半,狡悍异常。当派文武各员

---

① 五月十四日,僧格林沁奏:"奴才军营管带马队实属乏人,查直隶拣发参将常山(善)[保]系吉林人,随伊父三等侍卫丰陞额住京,该员由护军校出兵江南,经统兵大臣向荣、和春两次保举,升任副护军参领,并请赏戴花翎。咸丰七年十二月回京当差,九年奉旨补放直隶拣发参将,该员前赴海口军营,经前任直隶总督恒福留营差委,复经奴才僧格林沁派委,操练土默特马队官兵,月余之间,即能一律熟习。随令该员帮同管带马队二年之久,每经战阵,勇往向前,管辖兵丁严肃,通晓清语,实属得力之员。且自剿办捻匪以来,颇有斩捦,今任绿营,非其所长,合无仰恳天恩,将拣发参将常山保对品改用京职,或请赏给头等侍卫,或以护军参领遇缺即补。如蒙俞允,实于管带马队可期得力。奴才等为带队需员起见,可否之处,出自圣恩。"详见中国第一历史档案馆藏录副奏折,档案号03-4229-044。在本折中,僧格林沁由于笔误,将同一个人分别写作"常山善"和"常山保",被咸丰帝发现,故而咸丰帝在"善"字、"保"字旁边分别用朱笔点了一个圆点。据《清代起居注册(咸丰朝)》可知,应为"常山保"。

扼守四门，督派兵练分段巡查。臣亲督总兵胡元昌等专驻城上，指挥各队。五月初五日，该捻大股由西、南两面拥上，当饬恩临等带领臣亲军小队分列南关左右，臣亲赴南城督战，各军合力迎剿，贼众惊溃，斩获甚多。时北路扑城之贼亦被炮击退，城内奸细亦经陆续访拿，立时枭示，街巷悉就清厘，人心略定。初六日，我军向东南进剿。臣密饬王豹文带勇由西关掩旗潜行，驰至杜庄，焚烧贼粮。捻逆急欲回救，复乘势掩杀多人，大获全捷。前派赴徐迎饷之游击闪凤来等及吴棠派来马队已至夹沟，贼以援兵日增，益加惊惧。初八日潜窜杜庄之前，抢筑营垒，亦经我军击退。惟东、北两路仍为贼踞。初十、十一等日，督饬兵练分东、北两门齐出，叠次兜击，将各庄刈麦散贼尽数歼除。于是蓝、白、花各旗立脚不住，撤退一二十里不等。十一日夜间，派欧玉标等带马队向北冲突，直至夹沟，会同闪凤来一军由符离拨队北去，扼扎沿路要隘，节节接应，幸于十二日一律抵宿。现在宿州城围稍松，第东、北贼势蔓延，徐郡又同时吃紧，饷道一日不通，即首尾不能相顾，非厚集兵力，难望克期荡平。合无仰恳圣恩，饬令僧格林沁速派大军援剿，非惟徐宿得保无虞，即北路亦资屏蔽，实于大局有裨。

——《钦定剿平捻匪方略》卷一〇七，第11—12页。

〇上谕

谕军机大臣等：

前因宿州被匪围困，叠经谕令僧格林沁等拨兵前往援救。本日据田在田奏，围城捻匪黑旗一股，自本月初五至十二等日，经该总兵叠次派兵出城，并亲行督队剿击，连获大胜，城围稍松。惟贼踪依然遍野，饷道不通，徐宿同时吃重，请饬大兵速行赴援。并据另片奏，十三日亓县股匪又复扑城各等语。宿州被围日久，虽经田在田奋力攻击，城围稍松，而亓县股匪辄复扑城，岂能久支？且徐州附近贼踪充斥，吴棠兵力过单，设有疏虞，则匪众必将蔓延东境，与各匪句结窜扰，于北路全局大有关系，自应先其所急，速筹援救。著僧格林沁、西凌阿、国瑞遵照前旨，于去南路较近各官军内酌拨精兵，派委得力大员统带，克日驰赴徐宿相机进剿，速解城围，以固北路藩篱。该大臣等身膺重寄，谅能权衡轻重，不至稍存畛域之见，致有贻误也。将此由六百里谕令知之。

——《清文宗实录》卷三五三，咸丰十一年五月壬子。

五月二十九日

〇僧格林沁、国瑞奏

南捻鸱张，徐宿危急，臣等屡经探悉，焦灼万状。若东省贼势较松，正可移缓就急，徐

宿得手，东境亦免蹂躏。惟查曹属各州县会匪时有窃发，延及畿南一带，纷纷思逞。臣等自本年二月以来，或追剿东窜捻匪，或剿办邹县教匪，大军东征三月有余，不意曹属各州县长枪会匪勾结土匪，煽惑乡民，暗通南捻，逼勒良团，曹属情形大变。幸邹县教匪被创敛迹，大军撤回，驰赴郓巨，叠获胜仗，军威稍振。五月十三日，臣国瑞督兵在巨野西北与贼接仗，该逆拥众数千人列仗抗拒，我军奋力迎击，追剿二十余里，杀贼二千余名，贼势不支，向张家楼一带逃窜。臣僧格林沁亦于十五日由长沟驰赴巨野，以便随时调度。十六日，臣等带领马步官兵前往张家楼进剿，该逆已于被击后退回郓城迤西盘踞。十七日，即带领各军驰赴巨野西南五十余里之龙堌集驻扎，相机追剿。其曹州围城之贼，因我军北路获胜，旋即撤退，曹州现已解围。连日探得逆首郭秉钧、刘占考等仍窜往巨野、城武之间，集贼万余，沿村盘踞。二十一日，复遣舒通额等带领马队进剿，至距城武二十余里之柳林集等处，与贼接仗，歼毙悍贼千余名。探悉该逆仅退数里，在彼调集各处悍贼，意欲仍与官军抗拒，自当痛加剿洗，以折凶锋。并连日出示晓谕，令被胁之徒改过自新，以免深究。但恐大军一撤，余匪复萌异志，办理殊形棘手。

至徐宿南捻，据报于五月十四日拥众三万余人，由韩庄一带意图北窜，虽经副都统德楞额兵勇扼守运河北岸，无如贼众兵单，该逆乘夜偷渡三四千人，窜赴兰山一带，现饬该副都统分兵进剿。此时徐宿虽值危急，实属无兵可拨，当即咨催袁甲三之军迅速赴宿，并咨商山东抚臣谭廷襄，如东昌无须重兵助剿，臣僧格林沁即可咨调都统西凌阿，带领马队折回大营，再行酌拨官兵，速赴徐宿，以资助剿。

——《钦定剿平捻匪方略》卷一〇七，第19—22页。

〇上谕

谕军机大臣等：

前因宿州危急，叠经谕令僧格林沁等酌拨官兵援应。兹据僧格林沁、国瑞奏，曹属匪徒盘踞，无兵可拨，咨商谭廷襄，如东昌无须重兵助剿，西凌阿回营，再行拨兵赴援徐宿等语。曹州所属地方，长枪会匪句结土匪，煽惑乡民，暗通南捻，几于遍地贼踪，虽经僧格林沁大军剿击，叠获胜仗，曹州解围，而逆首郭秉钧、刘占考等，仍在巨野、城武之间，纠集各处悍贼，意图抗拒，大兵自难遽行撤动。惟徐宿情形吃紧，现在南捻复渡河窜赴兰山一带，必须亟筹堵御，以遏贼匪来路。西凌阿一军，现在东昌已屡获胜仗，如谭廷襄兵力足敷剿办，无须西凌阿助剿，该都统即可带领马队折回大营，由僧格林沁酌量派拨马步精兵，前赴徐宿援剿。西凌阿、谭廷襄务须体察东昌一带情形，先其所急，毋得顾此失彼。曹州府知府童正诗有防河之责，据僧格林沁等奏，该员不洽民情，于良莠多有颠倒袒护，著谭廷襄查明，如该员办理不善，以致民心不服，即据实参奏，毋稍徇隐。德楞额扼守运河北岸，该逆

乘夜偷渡，窜赴南山一带，何以不实力堵御？该副都统分兵追剿，能否剿除此股捻匪，并著该大臣等查明实在情形具奏。将此由六百里各谕令知之。

——《清文宗实录》卷三五三，咸丰十一年五月丙辰。

六月

六月初四日

○谭廷襄奏

据沂州府知府、郯城县知县禀报，五月二十日，红、白、蓝三旗逆捻四万余人，由徐州窜逼该县红花埠地方。又据鱼台县知县禀报，五月二十日，黑旗逆捻边马窜至唐家寨东南十五里之黄家口一带，另股逆捻意欲北窜羊山、梁山一带。各等情。查南捻既经窜入东境，势已不及援应徐宿。现在东昌附近匪巢，虽叠经攻毁，而莘、冠境内以及朝城、观城、阳谷、寿张、濮州、范县等处贼势尚众，西凌阿所带马队难遽撤回，已知照僧格林沁酌办。至逆捻两路窜入东境，沂州一股系偷渡运河，由韩庄而至兰山。德楞额一军驻扎该处，应责成赶紧堵截。其地东达青莱，北接泰安，臣恐其垂涎东三府富饶，计图饱掠，业咨青州副都统、登州镇总兵并前派办团之提督傅振邦设法备御。至省垣根本重地，尤当慎重防维。臣现酌派将领先回筹备，并咨会杜翻整顿团练，傥逆捻北犯，臣再带兵前往。其鱼台窜至黄家口逆捻，既有图占羊山、梁山之说，僧格林沁自必竭力剿办。第曹属情形，北路土匪由菏、定窜入曹县；长枪会匪由巨野阑入单县，复退窜城武之白家楼、王庄等处；土匪刘占考等围困曹州府城四十余日，复分二股，一窜河南考城，一扑单县，郭秉钧、刘前、马朋年各匪皆竖旗响应；幅匪周九等窜扰郯城之土门堡及费县之里坚崮等处。是兖沂曹济遍地匪踪，在在须防，而又无兵可拨。臣惟有竭尽血诚，悉心酌办，以期上纾宵旰忧勤。

——《钦定剿平捻匪方略》卷一〇八，第10—12页。

○上谕

前据僧格林沁等奏，西凌阿马队如可折回大营，即当酌派官兵往援徐宿，当谕谭廷襄等酌量情形。并因僧格林沁等奏捻窜兰山，谕令该大臣等，将德楞额能否堵剿之处查明具奏。本日据谭廷襄奏，东昌剿匪吃紧，南捻复分股窜入东境，通筹各属情形，亟议堵御等语。捻匪由徐州北窜，扰及郯城、鱼台，自应亟筹堵御。德楞额一军，系该大臣等派往沂属剿匪，何以于南捻渡河、窜扰兰郯未能堵剿？著僧格林沁等严饬该副都统赶紧截击，如兵力不敷，即著该大臣等派兵迎头截剿，务将渡河之匪悉数歼除，毋得再任蔓延。德楞额如

不实力堵剿，即著严参惩办。青莱等府，地方富厚，恐该匪计图饱掠，著谭廷襄即飞咨恩夔等及傅振邦，督饬兵勇，严密设防。其省城守卫事宜，即知照杜翻妥为经理。至窜扑黄家口逆捻，现欲图扰羊山、梁山，且北路土匪窜入曹县，长枪会匪阑入单县，延及城武等处。傥任各匪句结，势必不可收拾。僧格林沁等近在巨野，且兵力尚厚，著即派拨官军，迎头堵截，速为埽荡，毋令北犯。现在兖沂曹济遍地匪踪，此时自应先清北路。该大臣等务当督饬官兵，分投剿办，勿得迁延贻误。东昌各属匪徒，剿办尚为得手，即著西凌阿、谭廷襄迅将莘县等处匪巢速行埽除，毋留余孽。将此由六百里各谕令知之。

——《清文宗实录》卷三五四，咸丰十一年六月辛酉。

六月十一日

〇僧格林沁奏

宿徐一带贼踪遍地，吴棠兵力不敷，设有疏虞，所关匪细。臣前因东省剿匪吃紧，曾札饬徐州镇总兵詹启纶招募楚勇二千名。嗣据报称，业已募齐，交参将李有才统带起程。此项楚勇尚属得力，自应先其所急，拨赴徐州，以资援剿，业札詹启纶饬令迅速前往，俟徐宿军务稍松，再行来东。其西凌阿一军，准谭廷襄咨称，东昌军务紧要，遽难折回，自应仍令西凌阿在彼会同剿办。

至曹属长枪会匪，前经剿抚兼施，旋有匪首桂锡桢、王渭溪先后投诚，均令随营效力赎罪。五月二十五日，翼长舒通额、赵康侯等探得贼窜城武县，即跟踪追至徐官庄以东，奋勇迎击，该匪纷纷败退，我兵追杀十余里，歼毙四五千名。其窜入围内之贼，我兵乘夜马步并进，将徐官庄攻破。该匪由西面窜出，委营总常山保带队追剿二十余里，杀毙多名，余匪经城武、单县、定陶等处团练截杀殆尽。

查曹州府现虽解围，而府城西面尚有大股贼匪啸聚，当饬舒通额等督队，会同护理知府王朝翼，调集团练，探踪进剿。巨野、城武、定陶、曹县等处被胁乡民均已薙发，人心稍定。

再，据德楞额禀报，五月二十三日带队行抵郯城，探悉皖捻窜入沭阳交界，距郯城红花埠七十余里之芳山等处，遍地贼踪。县城东北马陵山以东，县城西北层山、磨山等处，皆有贼圩，时出焚掠。正派协领色尔固善带领马队由马陵山进剿，又闻幅匪周九一股由兰陵镇等处窜赴沭阳、勾结捻逆回扑兰郯之信，复派勇目刘志和等前往截击。二十四日，该勇目等行抵黄石口，见周九纠众迎扑，我军分路齐进，毙匪四百余名，生擒六十余名。现仍檄饬各军，觇贼所向，相机埽荡。

——《钦定剿平捻匪方略》卷一〇九，第1—3页。

〇上谕

内阁奉谕旨:

僧格林沁奏,请将办公乖谬、庸懦无能各员议处休致等语。山东曹州府知府童正诗,(祖)[袒]护长枪会,以致郭秉钧纠众焚抢。逃民进城,该员复向索钱文。实属乖谬,著交部严加议处。巨野县知县徐镈,于捻匪窜近县境毫无准备,致土匪入城滋扰,实属庸懦无能,且年力就衰,难期振作,著勒令休致。该员等业经撤任,所有曹州府、巨野县员缺,著谭廷襄迅即拣员请补,以重职守。

——《清代起居注册(咸丰朝)》第54册,第33044—33045页。

六月二十八日

〇都兴阿奏

据江南徐州镇总兵詹启纶禀称,接奉僧格林沁札饬,招募两湖义勇二千名,派员带往山东助剿等因。臣当即批饬该镇如数招募,派参将李有才等于六月初一日束装起程。旋据该镇呈称,于六月初九日复奉僧格林沁札开,宿州被围日久,徐州贼踪充斥,令该镇迅饬李有才等即带新勇前赴徐州,暂留攻剿。又于十二日接署漕臣王梦龄函开,东省捻股由万年闸渡河,窜逼海州、板浦、南城,距清淮不及百里,必须厚集兵力,分路布置。现在詹启纶新募之勇二千名尚未过淮,据该地方文武禀请截留,事在急迫,已行照准等语。查海安与盐、阜毗连,下河完善之区急需保卫,臣当随时酌量调拨,以资援剿。

——《钦定剿平捻匪方略》卷一〇九,第13—14页。

〇上谕

都兴阿奏,派赴徐州助剿之楚勇,现经王梦龄截留清淮等语。总兵詹启纶,招募楚勇二千名,前赴山东助剿,已派委将弁,管带启程。续经僧格林沁札调徐州,攻剿捻匪。适东省捻股由万年闸渡河,窜逼海州、板浦等城,距清淮不及百里,复经王梦龄将此项新勇截留清淮。该处防兵不敷分布,自应先其所急。惟徐宿为北路门户,防剿尤关紧要,所有此项楚勇,著王梦龄暂留清淮助剿,一俟该处军务稍松,即饬令参将李有才等,带勇迅速前赴徐州,毋得稍事迁延,致滋贻误。将此由六百里谕令知之。

——《清文宗实录》卷三五五,咸丰十一年六月乙酉。

七月

七月初三日

〇僧格林沁奏

据探长枪会匪经大兵击败后，余党邀结砀境各股北窜，六月初四日，大股万余人窜至鱼台境内之谷亭镇盘踞。查南捻扑入东境，亟宜堵御，惟会匪猖獗，若遽行撤兵御捻，必致群匪复起，办理更形棘手。臣一面饬翼长舒通额等迅剿会匪，一面查探捻匪情形，筹备堵剿。初八日，舒通额等带领马队至曹州府城六十里之安陵集地方，遇匪首李灿漳，当令常山保等追捕，将该犯及其家属一并拿获，我兵仍追杀余党至考城一带，该匪纷纷逃逸，马贼焦桂涓、刘前等窜过黄河，未及追获。又探得匪首郭秉钧等窜至曹州东北田潭老巢藏匿，翼长赵康侯带领步队追剿，十一日至田潭，环攻一日，破其围寨，杀毙贼匪三百余名。查询郭秉钧已逃往郓城，与刘四合伙，即将逆首陈怀五生捡正法，马步兵勇仍向郓城追剿。该匪闻风东窜，我兵追至郓城迤东红门厂，贼匪又向梁山一带窜逃。适营总富和等自东平州属安山过河，向西迎剿，遇贼接仗，毙贼数百名，败匪西窜。

现在南捻盘踞谷亭，四出打粮，臣于十六日由龙堌集移营至嘉祥县驻扎，饬侍卫舒明安等带领马队，并派游击蔡连秀等会带新调楚勇，前往进剿。二十三日，我军齐攻谷亭，该逆分股来扑，经马队将其左右两股马贼压退，该逆中股马贼来扑步队，经步勇杀毙马贼多名，马队亦枪箭齐施，复毙贼百余名，该逆始行败回。二十四日以后，连日大雨，我军马步暂难进队。至贼匪马步不下二万，我军仅二千余名，兵力较单，必须添调，以资攻剿。查东昌贼匪叠经官兵剿洗，余匪无多，现有胜保、谭廷襄两军足资剿办，是以臣咨调西凌阿带领马队及归化城官兵一并前来，并将舒通额所带马队官兵调回嘉祥，以厚兵力。

其郯城县属芦塘圩等处土匪，经德楞额督兵进剿，歼毙贼匪三百余名，并经该县知县顾桢将攻陷重坊匪犯徐应辉拿获正法。至河北棍匪，业经色尔固善等剿抚兼施。惟青山股匪周儿盘踞石圩，官军叠次进攻，毙贼无数。因探得皖捻自东南沿河窜回，德楞额饬色尔固善等移兵截击，至良王城，该匪瞥见我兵，纷窜高粱地内，我军四面截杀，毙贼二百余名。至大王庙地方，马步贼匪四散奔逃。现仍设法剿办青山棍匪，以期肃清腹地。

——《钦定剿平捻匪方略》卷一一〇，第1—4页。

〇上谕

僧格林沁奏剿办会匪棍匪获胜并堵剿捻匪情形一折。山东曹州府会匪分股盘踞，经

僧格林沁派兵进剿，翼长舒通额追贼至安陵集，捡获匪首李灿章及其家属。翼长赵康侯破贼于田潭，生捡匪首陈怀五，并毙匪三百余名。营总富和等败贼于赵家坝等处，毙匪数百名。舒通额复于于家楼地方击贼获胜，毙匪数百名。适僧格林沁探知捻匪窜扰谷亭，调派侍卫舒明安等马步兵勇分路进攻，杀贼无数。其郯城县属芦塘圩等处匪徒，经副都统德楞额督兵进剿，歼贼三百余名，生捡数十名，并经该县知县顾桢将攻陷重坊匪犯徐应辉拿获正法。色尔固善在良王城毙贼二百余名，该匪争渡，官军追至，枪箭齐施，淹毙杀毙无数，夺获旗帜刀矛千余件。剿办均尚得手。著僧格林沁督饬将弁，将各路贼匪迅速扫荡，毋任滋蔓。

——《清代起居注册(咸丰朝)》第55册，第33172—33174页。

〇上谕

谕军机大臣等：

僧格林沁奏，准拨长芦盐课，请饬先行征解等语。[①] 僧格林沁军营兵饷，前经户部核议，准拨长芦辛酉年盐课十万两，以供支放。现因长芦盐课奏销展限，尚未启征，未能拨解。该大臣军营兵饷，积欠口分两月有余，现当攻剿吃紧之际，岂容以停兵待饷，致有贻误。著文煜转饬该运司，无论何款，先行照数拨解，俟盐课启征，再行归款，以济要需。将此由五百里谕令知之。

——《清文宗实录》卷三五六，咸丰十一年七月己丑。

〇上谕

僧格林沁奏，革员打仗出力，可否免其发遣等语。[②] 已革守备李万年，在山东鱼台县等

---

① 据僧格林沁奏称：“据办理粮台布政使清盛、兖沂曹济道卢朝安□称，兵饷不敷支放，前经奏请宽为筹备，旋经户部核议，奏奉上谕，准拨长芦辛酉年盐课银十万两，解交军营。该司道即移咨长芦运司赶紧拨解在案。接准该运司覆称，长芦辛酉年盐课，因本年春运阻碍，商力拮据，详明奏请展限至十一月内奏销，是以尚未启征。此外别无可筹，□俟届期收有成数，或有别款，即行赶紧委解等因。查兵勇云集，□各省协饷不继，积欠口分业已两月有余，惟盼长芦新拨盐课赶早解到，庶资接济。乃因奏销展限，急切不能征解，呈请奏明，饬该运司先于别款酌拨，俾供支应，俟启征盐课，再行归还等因前来。查奴才军营兵饷，业已积欠口分两月有余，现当兵勇攻剿吃紧之际，停兵待饷，深虞贻误事机，□有长芦盐课银十万两，已蒙恩准拨解，今既奏请展限，合无仰恳天恩，饬下直隶总督转饬该司，无论何款，先行照数拨解，以济急需，俟盐课启征，再行归款。”详见中国第一历史档案馆藏录副奏折，档案号03-4325-029。

② 据僧格林沁奏称：“巡捕营已革守备李万年，前因与署游击张维翰口角一案，咸丰十年二月十八日经刑部具奏，发往军台效力赎罪。嗣因巡捕营千总霍瑞祥自缢案内牵涉李万年，有应行质讯之处，由台调回备质。是年八月，经奴才由部咨调，随营差遣。该革员自到营以来，叠次打仗，均属奋勇，复于本年六月二十三日带勇进攻鱼台县境内谷亭地方贼巢，与贼接仗，该革员头受重伤。并李万年三子、候补把总李振铎随同进剿，亦受重伤。该革员奋不顾身，仍然督队，始将贼匪击败，实属尤为出力。合无仰恳天恩，可否将已革守备李万年免其发往军台效力赎罪，并免交台费之处，出自皇上逾格鸿施。”详见中国第一历史档案馆藏录副奏折，档案号03-4229-111。

处叠次打仗，受伤力战，击败贼匪，尚知奋勉，李万年著免其发往军台效力赎罪，并免交台费银两。

——《清代起居注册(咸丰朝)》第55册，第33178页。

○上谕

僧格林沁奏，请将阵亡各员议恤等语。保举知府、前任山东曹河同知孙瑞龄，督带团练在邹县黄疃村助剿教匪被害。东平州团总、五品衔即选教谕陆厚谌在戴家庙地方堵剿捻匪，与千总殷之璋、王宏志、王守山，文童殷之玺同时阵亡。前任知县王光绶，在沙土集遇贼，打仗阵亡。均堪悯恻。孙瑞龄、陆厚谌、殷之璋、王宏志、王守山、殷之玺、王光绶，均著交部议恤，以慰忠魂。

——《清代起居注册(咸丰朝)》第55册，第33174—33175页。

○上谕

僧格林沁奏，查明历次打仗阵亡、伤亡官兵，开单请恤等语。内火器营保升护军校、先换顶戴之蓝翎长德安等弁兵一百八十二名，保升蓝翎长明贵等弁兵五名，外火器营额外空花翎克兴额等官兵二百十二员名，健锐营前锋校兴福等一百五十七员名，八旗汉军炮营副参领兴麟等官兵二十六员名，巡捕营候补千总、武举巴山等弁兵八十四员名，技勇营兵丁二名，哲里木盟台吉德里克等官兵二十一员名，昭乌达盟兵丁二十九名，土默特营骁骑校札密彦札布等官兵七员名，吉林、黑龙江蓝翎骁骑校、委营总音德布等官兵一百七十一员名，察哈尔官兵十四员名，西安营兵丁十名，陕甘营署靖边营都司张希孔等官兵五百三十五员名，海口营弁兵一百二十员名，山东绿营前沙沟营都司杨士英等官兵一百三十七员名，均著交部分别议恤，以慰忠魂。单并发。

——《清代起居注册(咸丰朝)》第55册，第33175—33178页。

七月十二日

○僧格林沁奏（节录）

……二品顶戴、内阁侍读学士禧瑞自咸丰三年随带军营，经奴才派委，督队打仗以及一切事务不辞劳瘁，因前在连镇等处染受湿潮，以致四肢浮肿，时发时愈，仍在营勉强当差。自本年入春以来，因营务纷繁，辛劳益甚，因之气血两亏，病势转增，两足不能穿靴，亦不能乘骑，留于军营，难期得力，相应请旨，将该员开缺，回旗调理。该员年力尚强，一俟病痊，仍行来营当差……

咸丰十一年赞襄政务大臣奉旨:依议。钦此。

——录副奏折,档案号03-4163-023。

七月十八日

○僧格林沁、国瑞奏

南捻被我军惩创后,仍在谷亭镇盘踞,臣僧格林沁督舒通额、翁吉顺等部赴唐家口进攻。七月初三夜,该逆全股向羊山一带窜去。初五日,马步队向前跟追,因高粱丛密,枪箭不能施展,收队撤回嘉祥。该逆于初六日窜赴郓城一带,臣僧格林沁暂回长沟驻扎。

伏思该逆窜回郓城,意图向东北两路窜扰,旋饬舒通额统带马队驰往梁山驻扎,务出贼前,又派游击蔡连秀等带勇驻扎安山。适参将李有才所募楚勇二千名,经吴棠饬令来营,臣等当即派赴汶上县属之袁路口、靳家口等处,严防运河,并飞咨抚臣谭廷襄,严饬兵练防守黄河。近日侦探,郓城之贼直抵梁山,见我军已到,该逆未敢停留勾结,旋向郓、巨之间王老虎庙、洪川口等处盘踞不动。惟据单县、鱼台等处禀报,南捻三旗并出,现在丰砀一带游弋,日渐北窜。查大田日内可望成熟,若南捻尚未窜过大堤,一俟高粱收割过半,即可督军进剿;傥南捻已经窜入东境,自应速催西凌阿统领马队前来,相机迎剿。

再,臣国瑞前于五月二十四日跌伤右腿,由龙堌暂回长沟调养,现在虽已痊愈,惟尚不能骑马督队,合并陈明。

——《钦定剿平捻匪方略》卷一一一,第1—2页。

○僧格林沁奏(节录)

……查郓城县久无地方官在彼安抚,以致民心无主,纷纷思乱。前因会匪刘四反叛等聚众,复在该县盘踞。六月间奴才等派委马步官兵前往剿办,该逆闻风逃遁。伏思安抚百姓、办理一切事宜,均关紧要,必须熟悉地方民情之员,方足治理。新补郓城县知县郭生枢,系属初膺民社,人地不宜,难期得力,经奴才等访诸舆论,查有知府用前署郓城县知县陈烈,熟谙地方风俗,人尚勇往,曾经在郓城一带办过团练,当经饬令该员到营,札委前往接署,妥为安抚民心,重整团练,并即咨行山东抚臣谭廷襄,将郭生枢撤省另用在案。兹据陈烈声称,该员系浙江山阴县人,由未入流加捐知县,分发山东,叠次剿匪出力,荐升至补同知直隶州知州,后以知府用,先换顶戴,并蒙赏戴蓝翎,曾经代理濮州、郓城、鱼台等处,咸丰八年九月初十日在鱼台闻讣丁忧,遵例穿孝。伊父系直隶候补知县,是年十一月将灵柩接至济宁,因匪徒阻路,暂行安厝,即经前任巡抚崇纶奏准,留东带勇剿匪。嗣二十七个月服满,并无未完事件,可否回籍起咨,呈请核办前来。查该员虽系未能回籍守制,实因道

途梗塞，且已见棺成服，原与丁忧延不回籍守制者有间，并查似此起服留省补用，吏部亦有成案。合无仰恳天恩，俯念地方安抚情形紧要，准□该员起服，暂行署理郓城县知县，以资治理……

咸丰十一年七月十八日赞襄政务大臣奉旨：著照所请。钦此。

——录副奏折，档案号 03-4163-024。

七月二十五日

○袁甲三又奏

上年秋冬以来，捻匪猖獗，僧格林沁统兵南来，声势颇壮，臣以为当乘此兵力，各路会合，先清捻患，再剿粤逆，是以奏请分兵会合，并请以李续宜为安徽巡抚，督办军务，合楚皖为一家，合军务地方为一手，接办有人，臣即可抽身北去，冀以补僧格林沁之不足，或于大局有济。嗣以粤逆上犯，李续宜不克来皖，贾臻因署理巡抚，其布置已与臣意相左。适臣又以苗练牵掣，事与愿违。彼时徐宿一军虽不能进剿，尚可自守，经臣奏请归僧格林沁节制，冀其就近联络，先顾北路藩篱，俟臣皖事定局，再议北征。当僧格林沁来时，臣专函告以地势贼情，犹恐不详不尽，又派知府张文林等前往谒见，凡笔墨不能达者，冀可当面细陈。不意伊兴额私见未化，飞函密告僧格林沁，谓臣差去之人均不可靠。僧格林沁因有先入之言，于张文林等到营，并不询及南北情形，厥后轻进失利，东省门户洞开，土匪亦乘机肆起，蔓延畿辅，至今未能扑灭。捻匪以东窜为熟路，此往彼来，几无虚日，徐宿人心哗然骚动。僧格林沁不能兼顾各处，民寨逼而从贼者不可胜计，事机一误，乃至如斯。

自胜保视师畿南，剿办土匪，僧格林沁无北顾之虑，专力南征，近闻屡获胜仗，曹属渐就清理，但令不再生枝节，即可步步为营，相机前进。惟闻各旗捻匪分路北去者又络绎不绝，其能否驱令回巢，尚未可知。查僧格林沁为人勇敢朴诚，实不多见，惟军务重大，必须文武交资，且行军之道，尤在各处联络，僧格林沁于各营筹商军务，均不回信，致与各路不通声息，即臣处偶有书函来往，亦皆略而弗详。孤军独峙，苦无声援，此则事机贻误之由来也。

徐宿为南北咽喉，臣前因官绅飞函请救，先派协领穆克德布等往办铜萧团练，以定人心。旋又派知府张汝梅前往查勘，该处绅民攀留，不令回营，其望救之切可想而知。乃田在田日以铺张战功为事，名为往来策应，实则毫无布置。近与徐州道吴棠意见不合，动多掣肘。虽皆系幕中人所为，而田在田究不能辞咎。臣已饬张汝梅暂留徐州，并派参将于殿甲带队五百名往供调遣，以慰众望。顷据来禀，已与该处官绅酌拟抽练民勇，以辅兵力，凡有寨处所不能完粮者，即责令每寨挑选若干名，随时训练，自备口粮，无事为农，有事为兵，

统计徐属各寨可得两三万人,勤加操演半年之后,可成劲旅。临时以官军领之,能否即有成效,尚难遽必也。

至贾臻徒手来皖,本不如李续宜之有凭藉。臣因其随胜保军营数年,必能晓畅戎事,而自到皖以来,未能由颍前进一步,惟屡奏移豫军来皖,以为得计,殊不思从前之贼在皖,防皖即以防豫,近日豫省腹地土匪蜂起,移军入皖,岂能听本省之残破而不顾?且即以防皖而论,亦当以亳、太为冲,非颍郡一隅所能遏贼。此时惟有就颍郡可措之饷,养现有之兵,极力振作,为扼重淮、颍上流之策。无论胜保不克南下,即令来皖,而既令督办皖豫,万不能尽移豫师于皖,致顾此而失彼。现在贾臻如何布置,因道路多阻,臣亦不得其详,只好就臣营竭力分顾。惟带兵将领可以自成一队者,前有滕家胜、张得胜、黄开榜、张学醇、张汝梅数人,迩来滕家胜战殁于山东,黄开榜羁留于高宝,张学醇不能专力带兵,张汝梅又为徐州截留,统带乏人,遇事掣肘,不得已令臣子编修袁保恒帮同照料。而因臣抱恙,又不克远离左右,一切为难情形,有不敢尽陈于君父之前者。傥胜保肃清北路,及时南来,臣得稍分重肩,身体日健,则南北两路惟皇上所命,竭力为之,不敢自惜身命也。

——《钦定剿平捻匪方略》卷一一二,第8—13页。

七月二十七日

○黄赞汤奏

叠据兰仪、杞县各处驰禀,东省曹州府属会匪,经僧格林沁击败后,窜入豫境,到处焚掠,节经该州县督团截击,其大股已至陈留,距省仅四五十里。抚臣严树森现驻陈州,正值苗练滋扰沈项防剿吃紧之时,傥省城人心摇动,所关非细,当与司道将守城事宜密为布置,并调派在城兵勇马步队一千名,委游击李殿甲等统带,前赴陈留一带迎剿,一面饬各州县调勇协击。其兰仪渡口,亦有贼匪盘踞,先经飞饬稽查渡口委员,将渡船及往来船只全数移泊北岸,并令知县骆文光会同北岸河口官兵暨各寨团勇在河干设防。该匪见守御整齐,退向东窜。旋据李殿甲等禀称,官兵与贼接仗获胜,连日于各乡村镇搜剿,陈留、兰仪、杞县等境均已肃清。查省垣为根本重地,该游击李殿甲本系统带抚标官兵驻扎曹门城上,现因附近无贼,即饬调回省,以重城守。其睢州、宁陵之贼,已由抚臣严树森等于归陈就近派拨将弁督兵前往剿办,臣仍当随时函商抚臣,督同司道,筹办省防,以免疏失。

——《钦定剿平捻匪方略》卷一一二,第18—20页。

八月

八月初七日

○胜保、谭廷襄奏

逆首张善继、左临明等捡获正法后，其余贼首张殿甲、张玉怀、程学书等续窜西路，经臣等派拨马步各队跟踪痛剿，将匪众歼除，阵毙张玉怀、程学书，生捡伪元帅张殿甲等，解营讯明正法，直东交界东西两路遂无贼踪。惟濮、范两城本为另股土匪所踞，先经臣谭廷襄派郝上庠将范县匪首丁联芳收抚，复其城邑，而濮州王来凤一股人数较众，强悍尤著，闻北路大军捡渠埽穴，慑于声威，亦遂具禀求抚。臣等令臬司周士镗等前往受降，王来凤暨其部众俯首听命，当令就近扼防河口，严杜捻踪北窜，以为立功地步。惟目下郓巨捻氛正炽，复有句通南捻由濮范渡河北窜之信，僧格林沁仍扎济宁所属之长沟一带，恐致鞭长莫及，臣等以河口最关紧要，不敢稍涉疏虞，濮州防河事宜即责成王来凤于杨儿庄道口等处守御，范县即责成丁联芳严守东关一带，仍令郝上庠率领原带东兵扼驻范濮之间，兼顾两处，臣胜保并派参将兴山等各带兵勇分扎莘冠观城各境，互相援应。

此次办理教匪、土匪，剿抚兼施，历时三月，即经蒇事，所有在事文武员弁兵勇，容臣胜保汇案核实保奏；其尤为出力人员，谨先行开列，吁恳恩施。

上谕内阁：

官军续获贼首正法，并派兵收复濮州城池，匪首投诚，河北一律肃清，办理尚为妥速。胜保调度有方，著交部从优议叙。尤为出力之沂州协副将郝上庠，著以总兵交军机处记名，请旨简放，并赏加提督衔。其余在事出力员弁兵勇，著胜保查明，汇案择尤奏请奖励，毋许冒滥。

——《东华续录》同治一，第 26—27 页，咸丰十一年八月癸亥。

八月初十日

○上谕

袁甲三军营协饷，本年仅据各省解到银六万五千两，实属不敷支放，自应速筹接济。除山西省裁撤津防月饷二万两，已改解僧格林沁军营外，所有临清关欠解银一万两，淮北欠解盐课银一万五千两，闽海关欠解银二十余万两，江西欠解漕折银十三万两、地丁银一万两，著文清、庆端、薛焕、毓科、谭廷襄迅速筹拨，派员陆续解往该大臣军营，毋再迟缓。

其河南省应解月饷，并著严树森按月如数解往。仍将前欠银两陆续补解，以免贻误。将此由六百里各谕令知之。

——《清穆宗实录》卷二，咸丰十一年八月丙寅。

〇谭廷襄奏

查东平、汶上一带为捻匪往来窥伺要路，据东平州禀报，捻匪盘踞运河王仲口一带，抵死抢渡，由汶上之张麻口拥过东岸，直扑城垣，复由东平之东南向宁阳一路窜去。此股系郓巨土捻勾通南捻，人数颇众，宁阳毗连泰安，北距省城不过三百里。会垣重地，不可不豫为筹防。现在东昌善后一切事宜，拟委署曹州镇总兵郝上庠会同前兖沂曹道王观澄办理，并留兵搜拿逃匿余匪，臣即日酌带兵勇驰回济南省城，督办防剿。

再，济宁州属鱼台县又有捻股续来，将与郓巨之匪联合。兖州府属之韩庄，沂州府属之郯城、兰山等处，捻已窜入焚掠，所赖扼守运河，尚可保全东面。兹复被匪窜越，僧格林沁驻扎长沟，势难兼顾，胜保所带兵勇仍住附近东昌地面，似应先令胜保前往郓巨曹单，力图埽荡。

——《钦定剿平捻匪方略》卷一一三，第17—18页。

〇上谕

谕军机大臣等：

谭廷襄奏捻匪窜过运河，由东平直扑宁阳，并曹兖各属匪踪遍地，请饬胜保前往剿办各折片。捻匪由王仲口一带抢渡运河，向宁阳一路窜去，北距省城不过三百里。曹、单、定陶一带匪踪肆扰，鱼台县又有捻股续来，将与郓巨之匪联合。兖州府属之韩庄，沂州府属之郯城、兰山等处，捻已窜入焚掠。山湖两路，均属紧要。谭廷襄现在留兵办理东昌善后，亲自带兵折回省城，著即严密防守，并督饬各路兵勇，联络绅团，合力防剿，以杜贼匪窜绕之路，毋稍疏虞。至郓巨曹单一带，贼匪纷起，亟应力图埽荡。僧格林沁驻扎长沟，势难兼顾。胜保所带兵勇，现在东昌地方，著即饬令带兵各员就近前往，会合僧格林沁、谭廷襄所派兵勇，分投截剿，毋任北窜。昨因胜保奏请叩谒皇考大行皇帝梓宫，业已准其前来，著即迅赴热河，叩谒后即行亲往督办，毋失事机。将此由六百里各谕令知之。

——《清穆宗实录》卷二，咸丰十一年八月丁卯。

八月十七日

〇上谕

谕军机大臣等：

谭廷襄奏，捻匪由宁阳窜入肥城西南，折向泰安，又东窜至玉皇山，并阑入莱芜边界；其后股又至宁阳。东平河岸，仍有大伙屯聚。土匪乘机焚掠。前在邳州渡河之捻逼近安邱，其由海州、沭阳北窜之捻已抵莒州。各路纷来，情形吃重。东三府团练尚形单弱，恐不足以资抵御。谭廷襄现已折回省城，所有守御事宜，务须妥为布置。其先期调派之总兵曾逢年兵一千名、青州副都统兵五百名，著即饬令会合团丁，分投堵剿，毋令贼匪窜扰东三府属。现在河北业已肃清，并著胜保亲统官兵，迅速驰往山东，会合僧格林沁、谭廷襄所派兵勇，分路剿办，以遏该匪北窜。将此由六百里各谕令知之。

——《清穆宗实录》卷三，咸丰十一年八月癸酉。

八月十九日

○僧格林沁等奏（节录）

奴才僧格林沁、奴才西凌阿、奴才国瑞跪奏……切奴才僧格林沁等于七月二十二日接奉批折，遽见蓝色印花，并折内有"赞襄政务王大臣奉旨"字样，惊悉大行皇帝龙驭上宾，跪聆之下，抢地呼天，莫名悲恸，当派乾清门侍卫富山驰赴行在，叩谒梓宫，恭请圣安，旋于七月二十五日接奉行知，先皇帝于七月十七日寅刻升遐。奴才等率领在营文武各官望阙哀叩，号泣同深。伏思我皇上纯孝性成，遭兹大事，哀痛自不能已，惟仰承先皇帝付托之重，尚望恪遵慈训，以敬天法祖、勤政爱民为急务，节哀思以当大事，勤□业以法遗谟，庶期上慰在天之灵，下纾臣民之望。奴才等世受国恩，复蒙先皇帝知遇，委以统兵重任，正拟具折奏请叩谒梓宫，以申哀慕，旋准兵部行知，七月十八日内阁奉上谕，各路统兵大臣，均不必奏请前来，致旷职守等因，遵即在营照例成阕，其衣行礼节，俟接准礼部颁发遗诏到日，再当奉行。至军务事宜，奴才等惟有竭尽血诚，力求肃清疆圉，以报高厚鸿慈于万一……

［咸丰十一年八月十四日］

咸丰十一年八月十九日军机处赞襄政务王大臣奉旨：览。钦此。

——录副奏折，档案号 03-4178-101。

八月二十三日

○谭廷襄奏

查大股南捻三四万人，由泰安至肥城、长清境内，分三路并进。前派驻扎开山、杨家台、杜家庙各营，均当其冲。该匪先到开山，闯出山口，杨家台、杜家庙二营整队往援。该匪另股已由肥城、长清冲过营盘，直扑省城大路，营总乌尔贡扎布、游击绪纶由杜家庙带领

马步绕出贼前，臣复添派楚勇在距城十二里之段店迤西迎击，当将贼队压下，退至距城二十里之丁家山口屯驻。惟贼势过众，势将逼城，臣属侍郎杜翻与司道等官婴城固守，臣亲驻西关土围以内，饬副将常存等严密防备，游击傅万清等督带楚勇，力遏凶锋。十四日，该匪扑犯土围，我军列阵以待。该匪知难攻取，遂潜至城北并无土围之处涉水径渡，复在西面之灵官庙、十五殿，南面之二里坝，东面之山水沟等处爬围，复攻王家林营盘，均被兵勇击退。十五日，该匪大队排列城南千佛山下，驻扎杨家台之参将保德带兵由山僻小径绕出，与二里坝围内兵勇对面轰击，毙贼数百。其赴各村焚掠者，亦被团练随地截杀；窜至齐河张村渡口，扎筏希图抢过，又被半渡击散。该匪不能抵御，逐渐东窜。十六日，又有大队继至，我军开炮向南横击，毙贼无数，匪众亦即东窜。臣先咨调登州镇总兵曾逢年带兵千名，于东三府适中地方豫图截剿，并令青州副都统恩夔挑兵五百名以资守护。见在僧格林沁业已亲督大队追剿，即日进省，两面夹击，自可埽除群丑。其东平及郓巨等处尚有匪众屯聚，恐其窜越，仍当督率将士竭力严防。[所有此次守围接仗最为出力者，先行开单，恳恩奖励。其余出力人员，][①]容再查明，择尤核实保奏。

上谕内阁：

捻匪抢渡运河，由泰安等处分路并进，闯出开山，由肥城、长清直扑山东省城大路，逼近城下，扑犯土围，均经兵勇击退，毙贼无数，该匪纷纷东窜。著谭廷襄严饬总兵曾逢年等认真截剿，毋任蔓延。在事出力文武员弁，著谭廷襄查明，核实保奏。

——《东华续录》同治一，第 34—35 页，咸丰十一年八月己卯。

九月

九月初四日

○上谕

谕军机大臣等：

清盛奏僧格林沁军营粮台欠饷过巨，兵勇哗溃堪虞等语。现在捻匪阑入东平等处，僧格林沁亲统大队追剿，将士枵腹荷戈，深虞哗溃，著文煜、严树森、英桂严饬藩运两司，迅将积欠月饷及专拨之款，并长芦未解银两，每省先行筹银四五万两，委员起解，务于九月赶到，毋许延玩。将此由五百里各谕令知之。

——《清穆宗实录》卷四，咸丰十一年九月己丑。

---

① 此处语义不连贯，据《钦定剿平捻匪方略》卷一一三第 33 页补。

九月十三日

○谭廷襄奏

查捻匪分路北来，人数甚众，此时分股窜犯青莱，业将遍及登州，驿路阻隔，尚未得有确音。惟青州副都统恩夔在郡城外截剿获胜，已据自行奏报。此外贼过之处，如邹平、长山兵团接仗，均有斩捡。第贼势蔓延，股数太众，臣驻省城，一面筹办安抚，一面讲求守御。近日郓巨会匪偷渡濮范，郝上庠屡战未能得手，已添派马步兵勇千余前往协剿。新泰等处土寇，由该县等追击南窜。捻逆刘狗被刘萌等勾至单县围城，六月经该县调团击退，刘萌等窜往城武、曹县，刘狗等窜回老巢。惟东平黑虎庙土捻拥众数千，既恐其渡黄北犯，又恐其渡运东趋，左支右绌，掣肘万分。

臣以庸愚，膺兹重任，在在皆当兼顾，断不敢玩误迁延。惟通省之精华，皆为捻逆一再窜扰，以致钱漕束手，百事艰难。当此之时，若不亟思变计，军务益不可为。

伏思山东形势，湖路之滕峄、山路之兰郯为入境冲要，而济属之金乡、鱼台与丰砀连疆，曹属之曹单与归虞接壤，均为捻匪出入之路。沂属日照县逼近青口，又其旁趋捷径。凡兹五路，皆所宜防。今僧格林沁一军驻扎济宁长沟，舍门户而居腹里，外匪长驱直入，绝无阻滞，烽烟四起，本境先已骚然，内匪乘之，遂至不能抵御。德楞额一军虽在边界，但滕峄与兰郯本系两路，山湖相隔，顾此失彼，更属防不胜防。且从前徐宿重兵皆能御贼，今则索饷不暇，贼至惟有纵之使去，不顾他人利害。此捻患所以日深也。

溯查东省未驻大军以前，捻来御于境上，从未深入。此时自应通筹各路，于峄县之韩庄、郯城县之红花埠、单县之马良集分驻重兵，俾得声势相联，互相援应。至于腹里，本有要地，如沂州为山路总口，东平州为湖路总口，皆可四面接应，今则偶尔驻兵，忽去忽来，并未专任责成，亦奚足恃？况近年兵饷两绌，甚至撤守边之兵以应征调，节守边之饷以裕支发，自谓有恃无恐，而孰知大营不能处处御贼，一有差失，败坏不可收拾，遂至于此。臣目击时艰，能无焦灼？为今之计，惟有裁汛并营，节经费以实戎行。团练怯懦居多，并拟分路安设团营。地方叠遭兵燹，钱粮短绌，业已罄竭来源，劝捐抽厘，虽非善策，亦不能不少资接济。臣亲与司道另议章程，分派委员，次第核实经理，但能于事有益，即当设法图维。统俟办有端倪，再行分别咨奏。

——《钦定剿平捻匪方略》卷一一四，第22—25页。

九月二十日

〇上谕

前因僧格林沁奏，东省乡团请交地方督办，奉旨，令督办山东团练大臣、前任户部右侍郎杜翻俟交审案件讯办完结后，即行回京。嗣复奉旨，令该侍郎仍留山东，帮同谭廷襄办理团练事宜。现在杜翻前来热河叩谒梓宫，即留京候补。所有山东团练事宜，著责成谭廷襄督同该省官绅认真妥为办理。

——《清代起居注册(咸丰朝)》第56册，第33793—33794页。

〇僧格林沁奏

江南捻匪先后分扑山东，抢渡运河，自泰安径扑济南，势甚猖獗。臣以省城为根本重地，即于八月十五日亲统诸军，会同德楞额马步兵勇，取道泰安，星驰前进。该逆闻风东窜，复盘踞湖山泊迤南之孙家镇十余村。沿湖泥泞，颇难进攻。二十七日，德楞额等乘隙抄击，杀贼多名，该逆由靳家桥改窜青州。九月初一日，马步各队追至河滩，毙贼二十余名。初四日，德楞额等于临朐县城南东西河岸设伏抄袭，两路各毙贼数百余名。初七日，追至诸城县属五湖山口，顺河追杀，毙贼百余名；复追至莒州属蒋家岭、柳家店等处，共毙贼二十余名，生擒贼一百余名。初十日，追至沂水县沂河东岸，突见黑旗捻股跨河抗拒，我军分队奋压，贼纷纷败退，追杀十余里，复经德楞额等带队冲杀，毙贼一万余人，救出难民数千名，黑旗股匪剿杀殆尽，并毙贼目数十名。十三日，追至兰陵镇，将步贼千余全行剿灭，余匪向徐州败窜回巢。

捻匪频年未受惩创，此次经我军痛加剿洗，实足以寒贼胆而快人心。臣自当激励兵勇，乘胜剿办，并设法剿抚兼施，以期立就蒇事，上纾宸廑。在事官弁兵勇，追剿窜匪十余昼夜，裹粮进队，连获大胜，前后共计毙贼万数千名之多，实属奋勉从事。谨择其尤为出力者，先行开列，仰恳恩施。其余出力文武兵勇，并请核实奖励，出自逾格鸿慈。

——《钦定剿平捻匪方略》卷一一五，第12—14页。

〇上谕

僧格林沁奏追剿各股捻匪连获大胜，全行击败回巢，请将尤为出力各员先行奖励，开单呈览一折。江南捻匪先后分扑山东，抢渡运河，自泰安径扑济南，势甚猖獗。八月十五日，僧格林沁亲统诸军，督同德楞额兵勇前进。该逆闻风东窜，复盘踞湖山泊迤南孙家镇十余村，经德楞额等抄击，贼由靳家桥改窜青州。九月初一日，马步各队赶到，追至河滩，毙贼二十余名。初四日，德楞额等于临朐县南东西河岸设伏抄袭，两路各毙贼数百名。初

七日，追至诸城县属五湖山口，顺河追杀，毙贼百余名；复追至莒州蒋家岭、柳家店等处，共毙贼二千余名，生捡一百余名。初十日，追至沂水县沂河东岸，黑旗捻首跨河抗拒，我军分队奋压，贼纷纷败退，追杀十余里。该逆合股扼拒，复经德楞额等冲击，追杀四十余里，毙贼一万余人，夺获骡马数百匹，旗帜刀矛不计其数，救出难民数千名。黑旗股匪剿杀殆尽，并毙贼目数十名。十三日，追至兰陵镇，将步贼千余全行剿灭，余匪向徐州败窜回巢。捻匪自入东境以来，虽叠经剿击，总未大受惩创。此次僧格林沁亲督大军，痛加剿洗，歼除殆尽，洵足以寒贼胆而快人心。僧格林沁躬冒矢石，调度有方，著加恩赏还御前大臣，并赏还黄缰，以示优奖。副都统德楞额，前因防剿不力，降旨交部议处，此次剿捻极为出力，功过尚足相抵，著免其议处，仍留僧格林沁军营带兵剿贼，俟续有劳绩，再行请奖。协领舒通额，著赏给头品顶戴，并赏穿黄马褂。协理台吉讷林丕勒，著赏给头品顶戴，并赏给巴噶图尔台巴图鲁名号。克兴额，著赏给格根图巴图鲁名号，并赏穿黄马褂。协领色尔固善，著赏给头品顶戴。佐领富尔荪，著以副都统用。头等侍卫舒明安，著赏给副都统衔。侍卫隆春、哈勒洪阿，均著赏给二等侍卫；奇可塔善，著赏给三等侍卫。副参领奎祥，著以正参领升用，先换顶戴。委参领倭什布，著以副参领升用，先换顶戴。骁骑校富全，著免补防御，以佐领即补。千总冯恩福，著以守备即补，先换顶戴。守备廖承恩，著以都司即补，先换顶带。其余出力文武官弁兵勇，著准其择尤保奏，候朕施恩。该部知道，单并发。

——《清代起居注册(咸丰朝)》第56册，第33794—33800页。

〇僧格林沁奏（节录）

……前任奉天金州厅同知，现今更名毓昌[①]，□在金州同知任内，详办谋杀重案，限满未结，辄听捏饰之供，草率具详，以□月日不□符一案，经侍郎和润、府尹景霖奏奉谕旨，□即行革职，永不叙用，并不准其降捐等因。钦此。今该员随同奴才军营效力年余，倍加奋勉，叠经奴才派令督队打仗，随队深入□险，不辞劳瘁，当军务吃紧、激励人材之际，未便没其微劳，但该员曾奉谕旨，革职永不叙用，奴才亦不敢遽请恩施，除仍激励该革员奋勉从事，如果始终奋勉，可否再行请旨恩施之处，伏乞皇太后、皇上训示遵行……

咸丰十一年九月二十日军机处赞襄政务王大臣奉旨：知道了。钦此。

——录副奏折，档案号03-4164-120。

---

① 毓昌，原名育淳，咸丰八年五月撤任，归案质讯；咸丰九年十二月谕令将其革职永不叙用。

十月

十月初二日

〇实录

以科尔沁郡王僧格林沁为正红旗汉军都统，镇国将军奕山为镶白旗蒙古都统，乾清门侍卫载崇为正黄旗汉军副都统。调正白旗汉军副都统明善为镶蓝旗满洲副都统。

——《清穆宗实录》卷六，咸丰十一年十月丁巳。

十月初五日

〇谭廷襄奏

南捻扑犯省城，被击东窜，复经僧格林沁由青州、莒州、沂州一带追至台庄，截杀殆尽。惟此系逆首赵浩然等最后一股，其先经窜出并由沂州、日照、莒州窜入等股，人数甚众，沿途分扰，登莱青所属几于无处不到，现经各路兵团击退。另有一股由昌潍围困胶州，亦经击散，回窜诸城、莒州而去。惟高密尚有余匪，青州所属之寿光县又有一股，约五六千人，屯聚多日，近复西窜长山、章邱一带，势将扑省，并探闻有欲渡大清河之说。臣一面飞饬沿河州县兵团协力防守，并将船只提至北岸，以防偷渡，一面调集兵勇，亲驻城外土围，昼夜严防，仍饬东路兵团到处邀击，不使该逆旁窜。

奏入，命议政王、军机大臣传谕胜保、文煜、谭廷襄曰：

山东捻匪，经僧格林沁追至台庄，截杀殆尽，其窜入登莱青各股，亦经兵团击退。惟高密余匪及寿光一股，近复西窜长山、章邱一带，势将扑省，并探闻有欲渡大清河之说。山东省北地方毗连畿南，关系紧要，著胜保迅速督饬兵勇，探明贼踪，迎头截击，严遏北窜，以固疆圉。并著谭廷襄调集兵团，沿河防堵，毋任偷渡。天津、河间一带，地当冲要，即由文煜拨兵防守；并联络乡团，于直东交界地方择要堵御，毋令匪踪阑入。

——《钦定剿平捻匪方略》卷一一六，第3—5页。

十月初七日

〇实录

以醇郡王奕譞管善扑营事；科尔沁郡王僧格林沁管奉宸苑事；贝勒载治管上虞备用处

事;御前大臣奕山为后扈大臣,并掌銮仪卫事。

——《清穆宗实录》卷六,咸丰十一年十月壬戌。

十月初九日

○僧格林沁奏(节录)

……据吉林委骁骑校海常阿等呈报,乾清门四等侍卫嘎勒炳阿,于六月十六日在聊城县属□家庄行营偶感腹泻,回至东昌延医诊治,服药罔效,延至七月初间更形沉重,至七月十三日病故等情,呈报前来。查该员在营打仗勇往,今因病身故,除饬该委骁骑校等妥为料理身后事宜外,可否请旨,将侍卫嘎勒炳阿照军营病故例议叙之处,出自天恩……

[咸丰十一年十月初四日]

咸丰十一年十月初九日议政王、军机大臣奉旨:嘎勒炳阿著照军营病故例议叙。该部知道。钦此。

——录副奏折,档案号03-4230-095。

○僧格林沁奏(节录)

……据统带陕甘官兵归化城副都统桂成呈报,转据护理陕安镇总兵、循化营参将彦禄呈称,前因落马跌伤膀腿,医治未痊,兼之曾受寒湿旧病复发,现在步履维艰,不能乘骑,呈请开缺回旗调理等情,呈报前来。奴才等当即给假,令其赶紧调治,迄今日久,仍未见愈。查验该员病势,一时恐难速痊。现当军务吃紧之际,带队需人,未便任其久病,致旷职守,相应请旨,将护理陕安镇总兵、循化营参将彦禄开缺,令其回旗调理……

[咸丰十一年十月初四日]

咸丰十一年十月初九日议政王、军机大臣奉旨:彦禄著准其开缺,回旗调理。钦此。

——录副奏折,档案号03-4230-096。

○僧格林沁奏(节录)

……据管带吉林官兵协领、记名副都统富和呈称,吉林四起营总、厢红旗佐领依尔格奔屡次打仗退后不前,经该协领再三开导,不遵约束等情,当将该营总传营,讯明属实。查依尔格奔身系营总,有带队之责,临阵退缩,已属怯懦,迨经该领队协领富和开导,复敢不遵约束,尤属任性,若不从严惩办,诚恐纷纷效尤,除将该员暂行革职、枷号示众外,相应请旨,将吉林营总、厢红旗佐领依尔格奔即行革职,仍留军营效力,以示惩儆……

[咸丰十一年十月初四日]

咸丰十一年十月初九日议政王、军机大臣奉旨：依议。钦此。

——录副奏折，档案号03-4230-097。

十月初十日

○僧格林沁奏

臣追剿赵浩然等股捻匪获胜后，九月十七日，淮徐扬海道吴棠来营，臣当将招抚捻首魏濬沅投诚事宜饬令就近妥办，并派桂锡桢前往兰郯一带招降棍匪，以期剿抚兼施。嗣据桂锡桢回营禀称，现在匪首周九即周克生、刘双印等知官军剿捻叠胜，颇知敛迹，一经招抚，即薙发来归。臣因传见周克生等，晓以大义，该匪等俯首知罪，情愿随营效力，自赎前愆，当经准其投诚，饬令回圩，选带马步三千人，随营剿贼。

正在办理间，探悉山东捻匪由兰山分为两股，盘踞郯城大滩等处。臣于九月二十一至二十五等日亲督兵勇合力进攻，该逆向窑湾窜逸，其后股亦渡沂河向西南奔窜。经国瑞、德楞额督队追击，至距邳州三十里之迦口运河北岸，该逆尚未渡河，约计贼匪连裹胁难民共万余名。瞥见我军，贼即列队横亘迦口迤北，拌死抗拒。我军奋力冲杀，毙贼五六百名。逆众渡河逃窜，落水淹毙者不计其数，救出难民数千名。该逆遂连夜凫水逃遁，我军暂驻邳州。即据淮徐扬海道吴棠禀称，败匪不及二千名，窜过徐州，经存城兵勇并铜萧各圩练勇截杀，所余回巢贼匪无几等语。

查窜入山东各股皖捻业经歼除殆尽，沂属匪首周克生等虽已悔罪投诚，第江南山东毗境，尚有棍匪滋扰，并不时勾结南捻，蹂躏东境，自应乘此声威，一律剿除。臣于追贼到郯时，即据红花埠绅董联名禀诉，江南宿迁县属刘马庄棍匪刘业居，聚众勾结捻逆，扰害地方，当饬营总何建鳌等带队驰赴刘马庄攻剿。该逆抵死固守，我军直捣贼圩，将其内垒攻破，先后毙贼一千余名，刘业居乘夜东窜。其邳州所属孟家楼地方，匪首孟继往勾结南捻，四出窜扰，经德楞额带同投诚之周克生等自邳州驰赴该处，将孟继往拴获，讯明正法。我军屡获胜捷，人心稍定。

惟江南淮徐、山东兖沂幅员辽阔，无险可扼。此次各股捻逆受创回巢，难保不再行勾结，觊觎北路，是山东边防亟应豫为筹画。窃思该省边防，除沿河堵御，别无良策。运河自东平、汶上以至邳、宿、桃源，堤岸绵长，河水正浅，若不联络民团，分段防守，恐兵力单薄，不足以资抵御。臣现责成运河道敬和赶紧将戴村坝工修筑稳固，使入运之水不致旁流，河水既潴，沿堤兵民联络，可期捍卫。臣已札调候补道黄良楷来沂会办防河事宜，并咨山东抚臣谭廷襄，选派明干道府一二员来沂协同经理。

此次剿匪出力之文武员弁兵勇，经臣核实查明，归于叠次剿捻出力人员内汇案开列，

恳恩分别奖励。

再，臣于十月初二日据安邱等县禀报，复有另股捻匪自胶州一路向西回窜，臣拜折后，即督饬马步各队前往追剿。

——《钦定剿平捻匪方略》卷一一六，第11—15页。

○僧格林沁奏

都统西凌阿督带马队，于四月间剿办郓巨土匪，屡获胜仗，旋因东昌教匪猖獗，山东抚臣谭廷襄商令该都统带队前往会剿，叠复城池，战功卓著。侍郎国瑞随同臣攻剿邹县教匪，不辞劳瘁；复剿办长枪会匪，屡战皆捷；此次又与臣督兵追剿捻逆，昼夜驰驱，异常辛苦。副都统德楞额随同追剿捻逆，屡挫凶锋；且兰郯棍匪鸱张，勾结南捻，不时滋扰，该副都统仅带兵勇二千余名，竟能追贼百里之外，歼除悍贼殆尽。此次获胜，皆赖国瑞、德楞额之力。以上三员，可否酌加奖励之处，出自鸿(滋)[慈]。

臣于剿办棍匪情形稍松，即应统兵回营，办理曹属会匪，兼防西路门户。其运河北岸兰峄等处防剿事宜，仍应责令德楞额督办，方臻妥协。

——《钦定剿平捻匪方略》卷一一六，第15—16页。

○僧格林沁奏

臣营黑龙江、土默特、哲里木盟、昭乌达盟马队官兵，打仗均属得力。惟吉林各起马队，派来者多系西丹，胆气懦怯；其截留之吉林马队，亦系由扬州、临淮遣撤之军，在南路军营多年，疲敝已极，亦不得力。自应分别调撤，以资防剿。现在捻匪数股窜入东境，兵力倍形单薄，应再添调吉林马队一千名以厚兵力。惟此次续调该省官兵，必须认真选派，若再以西丹及老弱之兵充数，岂非徒费周章、虚糜帑项，于军务毫无裨益。应请旨饬下吉林将军，认真选派年力精壮、枪马熟习官兵一千名，迅速驰赴山东，以资助剿，庶可一兵得一兵之力。再，查吉林省城正蓝旗满洲协领常明、正红旗满洲协领庆林二员，操防认真，军律严肃，应令该二员管带前来，方能得力。并请严谕该将军，不得以该二员有本省差务，另行委员管带来营。俟此项官兵到后，即令在营之吉林西丹官兵撤回本省，以节经费。此次续调官兵需用鞍鞊，即由该省自备；其应用马匹，应请饬下锦州副都统，于大凌河牧群内挑选壮马一千匹，俟吉林官兵到境，拨给乘骑。

——《钦定剿平捻匪方略》卷一一六，第16—17页。

○上谕

谕议政王、军机大臣等：

僧格林沁奏截剿回窜捻匪获胜并剿抚兰峄郯宿各匪情形，办理极为得手。该大臣因有另股捻匪自胶州向西回窜，业已督饬兵勇前往追剿。惟胶州地处东北，此时南路兰郯等处是否业已肃清？设官军鼓行而东，而沂属捻匪复乘其后，未免有孤军深入之虞，不可不加慎重。昨据谭廷襄奏，胶州股匪业已被击，回窜诸城莒州，惟高密余匪及寿光一股屯聚日多，近复西窜长山、章邱一带，将扑省城。僧格林沁自应先其所急，回援省城，以顾东省大局。若遽行亲赴东路，恐有顾彼失此之虑。即著该大臣妥筹办理。至曹属会匪日形滋蔓，谭廷襄兵力不敷，该大臣亦应顾及，应如何分兵剿捕之处，并著悉心筹画。将此由六百里谕令知之。

——《清穆宗实录》卷六，咸丰十一年十月乙丑。

〇上谕

僧格林沁受三朝知遇之恩，宣力中外，功勋卓越。现在统兵剿办捻教各匪，纪律严明，兵民爱戴。朕欣慰之余，尤深眷系，允宜特沛恩施，用彰殊眷。僧格林沁著赏还博多勒噶台亲王，以示朕优异荩臣至意。

——《清代起居注册（咸丰朝）》第56册，第33996—33997页。

〇上谕

上又命议政王、军机大臣传谕景纶、侍顺曰：

僧格林沁奏，请添调吉林马队，并于大凌河挑选马匹以备乘骑等语。吉林派赴僧格林沁军营马队，多系西丹，胆气怯懦，其截留之吉林马队，皆系由扬州、临淮遣撤之军，疲敝已极，不能得力，自应分别调撤，以资防剿。著景纶再添调吉林马队一千名，派赴该大臣军营，必须认真选派，不得再以西丹及老弱之兵充数，并派吉林正蓝旗满洲协领常明、正红旗满洲协领庆林管带，以期得力，不得以本省差委需人，另行委员管带，以致无裨实用。俟此项官兵到后，即由僧格林沁将存营吉林西丹官兵撤回本省，以节经费。此次续调官兵需用鞍鞊，即由该省自备；其应用马匹，著侍顺于大凌河牧群内挑选马一千匹，俟吉林官兵到境，拨给乘骑，毋稍延误。

——《钦定剿平捻匪方略》卷一一六，第19—20页。

〇上谕

僧格林沁奏截剿回窜捻匪大获胜仗，并兰郯棍匪畏罪投诚及击败郯宿贼匪情形一折。山东捻匪由兰山分为两股，盘踞郯城大滩等处，经僧格林沁于九月二十一至二十五等日督饬兵勇合力进攻，该逆见大兵云集，即向窑湾窜逸，其后股亦渡沂河，由西南奔窜。经国

瑞、德楞额督队迎击,该逆在距邳州三十里之迦口地方列队拚死抗拒,势极凶悍。我军奋力冲压,勇气百倍,枪箭齐施,逆势不支,纷纷败溃。我军沿河追杀十余里,毙匪五六百名,淹毙长发悍贼不计其数,救出难民数千名,夺获枪炮、旗帜、刀矛无算。其受伤未及过河之匪,均被截杀净尽。兰山等处棍匪周九等,见我军声势壮盛,叠获全胜,畏罪投诚,经僧格林沁严加训谕,各该匪无不自拔来归,并愿随营效力,自赎罪戾。其宿迁县属刘马庄匪首刘业居,聚众勾结捻逆,扰害地方,经僧格林沁饬营总何建鳌等带队攻剿,该匪抵死固守,官军直捣贼圩,枪炮如雨,立将外圩攻破,毙贼一千余名。复乘胜击贼内垒,该(死)[匪]复拚命死拒,经国瑞督带炮位四面环击,轰毙贼数百名。匪势穷蹙,欲偷渡沫子河远遁,经副管恒龄迎头截击,歼贼无算,刘业居乘夜东窜。至邳州孟家楼地方匪首孟继往,纠率死党,勾结南捻,四出窜扰,经德楞额带同投诚之周克生即周九等,自邳州驰赴该处,并力搜捕。适孟继往随捻首葛玉泰等窜扰胶州,甫经回巢,即将孟继往拴获,讯明正法。剿办甚为得手。仍著僧格林沁激励将士,乘胜迅扫逆氛,并将在逃之刘业居严拿务获,毋任漏网。

所有在事出力之乾清门四等侍卫托伦布,著赏给二等侍卫。翰林院侍讲学士全顺,著赏戴花翎。笔帖式常瑛,著以六部主事无论题选咨留遇缺即补,先换顶带。官学生福春,著以六部笔帖式遇缺即补。知县骆崇周,著赏戴蓝翎;朱纲,著俟选缺后,在任以同知归候补班前先补用,先换顶带。临邑县知县张赞勋,著赏戴蓝翎。直隶候补典史盛思源,著俟补缺后免选府经历,以知县仍留直隶,归候补班前先补用。补用县丞张其达,著免补本班,以知县归于江苏,候补班前先补用。供事李云鹏等,均著以县丞不论双单月遇缺尽先即选。护军校札拉芬布,著以空花翎遇缺即补,先换顶带。蓝翎长吉和春,著以前锋校遇缺即补,先换顶带。尽先守备唐福,著以都司即补,先换顶带。把总吴得顺,著赏戴蓝翎。尽先千总徐永福,著免补千总,以守备尽先补用,先换顶带。尽先把总高得顺,著免补把总,以千总尽先补用。外委刘宽,著赏给六品顶带。蓝翎尽先千总谢起发,著免补千总,以守备尽先补用。经制外委郑明宝等,均著赏戴蓝翎。六品蓝翎桂锡桢,著赏加守备衔,并赏换花翎。尽先千总吴永诏,著赏换花翎。队长刘冠绍等,均著赏戴蓝翎。尽先把总刘万胜等,均著免补把总,以千总尽先补用。六品蓝翎张国栋等,均著以把总尽先补用。尽先外委董福春等,均著免补外委,以把总尽先补用;王书康著免补外委,以把总升用。该部知道。单并发。

——《清代起居注册(咸丰朝)》第 56 册,第 34001—34008 页。

十月十四日

○上谕

谕议政王、军机大臣等：

徐宿北窜匪众，经僧格林沁官军击败，自已震慑声威。此时胶州股匪如已埽荡，谅该大臣即拟整军南行。惟沂州各属幅匪蔓延已久，设该大臣兵力专注南路，而沂匪复行肆扰，于东省全局殊有关系，自应派拨劲旅，前赴徐宿，会同田在田直捣贼匪老巢，以杜该逆再行北窜。其应否全军南下，仍著僧格林沁将东省情形悉心筹酌，如可无虞，即行前进，毋失机宜。该大臣谅必确有灼见也。

正在寄谕间，据谭廷襄奏，捻匪回窜章邱，被击败遁，已飞咨僧格林沁派队回剿；并郓巨会匪，潜由濮范渡河，范县失守，请饬僧格林沁回军，直抵曹属，并分拨马队一二千名前赴东昌协剿各等语。山东省东昌、曹州两属匪势日炽，谭廷襄兵力不敷剿办，深恐该匪等句结北犯，为患愈甚。现在胶州如已蒇事，即著僧格林沁亲督官军，驰赴曹州，将该府各属匪徒速筹埽荡，毋任再有滋蔓。西凌阿前在东昌剿匪，连复城池，极为得手，并著该大臣派拨马队一二千名，交该都统管带，星夜驰赴东昌，会合谭廷襄派出官军实力攻剿，毋许延缓。

东省大局甚为紧要，僧格林沁兵力尚厚，亟应择贼匪最重之处，悉锐进剿，以收实效。该大臣谅能通盘筹策，以副委任。其徐宿剿匪，能否即行分兵前往，仍著酌量办理。

将此由六百里谕令知之。

——《清穆宗实录》卷七，咸丰十一年十月己巳。

○上谕

田在田奏击退回援仓里捻匪、设法进攻捻圩，并邀截回巢窜匪，拟俟僧格林沁进兵徐郡、剿抚兼施各折片。贼由王梁城等处分股南窜，虽经知府张汝梅等督率兵团分路邀击，仅各斩获零星败匪，参将于殿甲等复在大滩力战阵亡，该匪大股仍由马庄集等处并新集地方分向西南遁去；另股马贼，亦由拾家屯南遁。该匪既未在徐郡大受惩创，难保不去而复来。该总兵等务当分布兵勇，联络乡团，严扼要隘，毋任该匪再行北窜。山东另股捻匪，现由胶州向西回窜，僧格林沁业已督兵折回东境追剿。昨因高密、寿光股匪西窜长山、章邱一带，将扑省城，曹郡会匪日形滋蔓，谕令该大臣分兵剿捕。本日复谕令僧格林沁，应否全军南下，须酌量山东情形，再议前进。田在田等专办徐宿剿匪事务，责无旁贷，自应就现有兵力，妥筹办理，先拔仓里贼圩，再行进攻该捻老巢，以期迅埽贼氛。是为至要。将此由六百里谕令知之。

——《清穆宗实录》卷七，咸丰十一年十月己巳。

十月十五日

○谭廷襄奏

捻匪被青州官兵击败后，由乐安、寿光回扑长山、章邱，因南有僧格林沁大军，西有省城兵勇堵截，不敢奔突，遂至齐东等属沿河窥探，欲图偷渡。臣已先饬各州县将船只悉泊北岸，一面调集兵团，隔河扼守。该逆不能偷渡，复窜至章邱县之水寨等处，图扑省垣，叠被团勇邀击，复经把总杨逢春于九月三十日在山后寨及危山等处设伏，轰毙多名。该逆连夜奔窜，由黑峪口、浪窝等处入山南窜，兵团追剿，悉向宁阳、曲阜逃逸。臣已飞咨僧格林沁，由邳州派队回剿，中途相遇，当可悉数歼除。

——《钦定剿平捻匪方略》卷一一七，第1页。

○谭廷襄奏

东省各营，惟僧格林沁一军马步一万数千名，力量较厚，然以当数万之贼，尚觉其少。胜保一军，数不逾万，且分布于直东交界，兼顾颇难。至于臣军，初止三四千人，迨后逐渐增添，内顾省城，外顾东昌，合计两处兵勇不过六千有余，勉力支持，已逾半载。夏间与胜保、西凌阿在东昌会剿，兵勇较多。自八月初间南捻分股北窜，西凌阿马队先于七月间经僧格林沁调去，臣因省城紧急，酌带兵勇赶回守御，现在郓巨会匪乘虚而入，潜由濮范渡河，范县已被匪阑入，堂莘朝观数县贼势蔓延，其河东郓巨及曹单等处烽烟遍地。又有大股土匪、捻匪不时出没，近复围攻曹县城池。此时军务，应以剿办东昌及曹属各匪为最亟。惟臣与胜保所部兵勇均属不敷分拨，且马队甚少，往往难于陷阵冲锋。僧格林沁追捻直抵邳州，复回剿后股败匪，南路可望渐次平静。惟有吁恳天恩，饬下僧格林沁回军直抵曹属，并分拨马队一二千名前赴东昌，协力合剿，庶几大河南北两面皆可埽荡，曹单门户得以办团扼守，而直隶之大广等属亦可稍安。

——《钦定剿平捻匪方略》卷一一七，第1—3页。

○田在田奏

北路回巢之匪，先于九月十一日由王梁城渡河，经知府张汝梅亲督马队，伺其半渡，乘势掩杀，毙贼百余名，天晚收队。探悉后股续至，十三、四等日，遂往横林庄等处集团堵御。十七日，贼由兰郯渡河，勾结幅匪甚众，参将于殿甲等带领兵练迎剿。十八日，马队先在杨家圩附近接仗，歼贼十余名；步队行至大滩，遇贼大股，鏖战时许，寡不敌众，致被围困，于殿甲及守备陈占雄、圩董窦元灏均力竭阵亡。臣即添拨兵勇，会同邳宿两路防军并力兜剿。该逆由宿迁一带南奔，又经沿途邀击，悉绕由马庄集及新集等处分路向西南窜去。其

另股马贼，二十七日由徐郡东北绕窜，经吴棠派兵于拾家屯等处追剿获胜，贼即南遁。查此次窜匪经僧格林沁大军惩创，志在回顾老巢，惟西路匪党尚多，近日复有来援仓里后一同北拒之信，现接吴棠来函，僧格林沁俟攻克刘业居贼圩，即可南来，果能趁此声威，进兵徐郡，臣即于仓里攻克后，率兵先驱，直捣老巢，指日可望荡平。

——《钦定剿平捻匪方略》卷一一七，第5—6页。

〇上谕

上命议政王、军机大臣传谕谭廷襄曰：

河东郓巨曹单等处土捻围困曹县城池，并有北犯会匪潜回郓濮交界屯聚，一经偷渡，必与东昌之匪联合。此时东省军务，自以剿办东昌及曹属各匪为最亟。本日已谕知僧格林沁派兵兼顾曹属，并调马队分赴东昌矣。谭廷襄惟当就现有兵力酌量分拨，前赴东昌等处，会合僧格林沁派出兵勇合力剿办，毋令滋蔓。

——《钦定剿平捻匪方略》卷一一七，第6页。

〇上谕

上又命议政王、军机大臣传谕田在田、吴棠曰：

贼由王梁城等处分股南窜，虽经知府张汝梅等分路邀击，仅各斩获零星败匪，参将于殿甲等复在大滩力战阵亡，该匪大股仍由马庄集并新集地方分向西南遁去，另股马贼亦由拾家屯南遁。该匪既未在徐郡大受惩创，难保不去而复来，该总兵等务当分布兵勇，联络乡团，严扼要隘，毋任该匪再行北窜。山东另股捻匪现由胶州向西回窜，僧格林沁业已督兵折回东境追剿。昨因高密、寿光股匪西窜长山、章邱一带，将扑省城，曹郡会匪日形滋蔓，谕令该大臣分兵剿捕。本日复谕，僧格林沁应否全军南下，须酌量山东情形，再议前进。田在田等督办徐宿剿匪事务，责无旁贷，自应就现有兵力，妥筹办理，先拔仓里贼圩，再行进攻该捻老巢，以期迅埽贼氛。

——《钦定剿平捻匪方略》卷一一七，第7—8页。

〇上谕

上又命议政王、军机大臣传谕僧格林沁曰：

本日据田在田奏，攻剿仓里贼匪获胜，并以北面败匪回窜，俟僧格林沁南来，即会同进捣老巢等语。徐宿北窜匪众，经僧格林沁击败，自已震慑声威。此时胶州股匪如已埽荡，谅该大臣即整军南行。惟沂州各属幅匪蔓延已久，设该大臣专注南路，而沂匪复行肆扰，于东省全局殊有关系，自应派拨劲旅前赴徐宿，会同田在田直捣贼匪老巢，以杜该逆北窜。

其应否全军南下，仍著僧格林沁将东省情形悉心筹酌，如可无虞，即行前进，毋失机宜。该大臣谅必确有灼见也。

据谭廷襄奏，捻匪回窜章邱，被击败遁，并郓巨会匪潜由濮范渡河，范县失守，蔓延堂莘朝观，河东之郓巨曹单等处遍地烽烟，请饬僧格林沁回军直抵曹属，并分拨马队一二千名前赴东昌协剿等语。东昌、曹州两属匪势日炽，谭廷襄兵力不敷剿办，深恐该匪等勾结北犯，为患愈甚。现在胶州如已蒇事，即著僧格林沁亲督官军驰赴曹州，将该府各属匪徒速筹埽荡，毋任再有滋蔓。西凌阿剿匪极为得力，并著该大臣派拨马队一二千名，交该都统管带，星夜驰赴东昌，会合谭廷襄派出官军实力攻剿，毋许延缓。东省大局甚为紧要，僧格林沁兵力尚厚，急应择贼匪最重之处悉锐进剿，以收实效。其徐宿剿匪能否即行分兵前往，仍著酌量办理。

——《钦定剿平捻匪方略》卷一一七，第8—9页。

○实录

以恭亲王、博多勒噶台亲王僧格林沁管火器营事。

——《清穆宗实录》卷七，咸丰十一年十月庚午。

十月十八日

○田在田奏

现在仓里之役，军威大振，从苗从捻各圩，均各闻风震惧，情愿投诚，东路可望肃清。西路虽近捻巢，似亦可节节清理。惟临涣西南向为捻逆老巢，兼有浍河之险，数年用兵，从未有南渡深入者。幸各路捻股经僧格林沁大军剿洗，收复西北各圩，贼之门户已失。探闻捻首张闵行仍思抗拒，孙四瞎等已绕西路北窜，其气已馁。乘此东、宿两军同时得手，若能增益兵勇，渡浍而南，使该逆猝不及防，老巢当可一鼓而下。臣日内亲督各军，先东后西，拟俟布置就绪，即将团练招抚事宜暂交胡元昌办理，臣仍带亲军赴徐北丰沛等县，整顿湖田各团，添置水练，期与东省联为一气，力固北路，再就近抽身赴僧格林沁大营，将通筹全局缘由及西南道里险隘、应由何路分合进取之处，当面禀商。请俟窜匪击回，大兵即乘胜南下，与臣分路前进；否则抽拨马队千余，交臣带来，声言大队续至，庶可借资兵力，兼仗声威，臣即奋力前驱，直捣该逆老巢，永除后患。

再，据各路禀报，灵(壁)[璧]匪首丁曹呈新纠贼党窜至睢宁境内，安徽藩司张学醇已带兵由泗前往，吴棠得信后，亦商派知府张汝梅督带兵团会同剿办，并派队交署总兵李恒清管带，前赴徐西，疏通饷道。

——《钦定剿平捻匪方略》卷118，页3—4。

〇上谕

田在田奏,仓里、宋畽两圩均经攻克,并拟面商僧格林沁,乘势大兵南下等语。此时东省军务甚形吃紧,僧格林沁势难亲督全军前赴徐宿。惟徐郡剿匪正当得手之时,亦宜乘此声威,直捣浍南老巢。本日复谕令僧格林沁酌量情形,分拨马队,交该总兵官管带前往进攻矣。该总兵系专办徐宿军务之员,亦宜就现有兵力,联络乡团,先行设法进取,一面解散胁从各圩,以孤贼势。一俟僧格林沁兵到,即可会合直捣老巢。将此由六百里谕令知之。

——《清穆宗实录》卷七,咸丰十一年十月癸酉。

〇上谕

谕议政王、军机大臣等:

寄谕钦差大臣僧格林沁,田在田奏,仓里、宋畽两圩业经攻克,拟赴僧格林沁军营面商,俟续股窜匪击回,即与该大臣分兵南下等语。徐州军务,现当办理得手之时,自宜乘此声威,分兵南下,直抵临涣老巢,迅速埽荡,为永除后患之计。现在曹县、东昌固须分兵兼顾,而徐宿进兵机宜亦不可失,如果兵力尚能分顾,著即分拨马队,交田在田管带进攻,乘此破竹之势,迅拔浍南老巢,以期一鼓荡平。谅该大臣必能统筹全局,不至坐失机宜也。将此由六百里谕令知之。

——《清穆宗实录》卷七,咸丰十一年十月癸酉。

十月二十一日

〇上谕

议政王、军机大臣字寄钦差大臣、科尔沁博多勒噶台亲王僧。咸丰十一年十月二十一日奉上谕:

有人奏,山东巡抚谭廷襄本系弃瑕录用之员,并不愧励图报,以赎前愆,如兖沂曹济道王观澄、曹州府知府童正诗,前经僧格林沁奏参革职,该抚借收复冠县之案,滥保起用;本年八九月间,贼逼省垣焚掠,该抚并不发兵攻剿,但将四门紧闭,携妾到趵突泉品茶,预为潜逃地步;所开捐输、抽厘等局,委员四出勒捐,怨声载道。藩司清盛性尤贪鄙,委署各缺非钱不行,上年该司之父往游泰山,收受泰安县程仪千两,该司之子亦有另索程仪情事;又因案勒取临清州知州张延龄、章邱县知县屠继烈、历城县知县吴载勋等共银一万两。各等语。僧格林沁久驻东省,自应确有见闻,著将所参各节逐一详查,据实具奏。原折著抄给阅看。将此谕令知之。

钦此。遵旨寄信前来。

——《咸丰同治两朝上谕档》第 11 册,第 446 页。

十月二十三日

〇胜保奏

臣接奉谕旨,令臣斟酌情形南下,办理招抚事宜。臣查僧格林沁、谭廷襄两军均在黄河以南、以东,僧格林沁现追贼至台庄,而省南分股窜匪尚未净尽,且隔臣营均数百里,于河北实属鞭长莫及。派来东昌之马队,亦早经僧格林沁调回,黄河以北东豫数十州县,并畿南之大顺广府,只臣一军东西策应。此时西窜豫疆之捻均已窜回濮范,亟应进捣贼巢,将该匪悉数歼除,先清濮范河口,严固北路。仍须令谭廷襄察看省城情形稍松,移扎东昌,再饬大名道王榕吉驻兵大广威冀一带,联络声势,始于北路有备无患。若遽移师南下,设或苗练抚议不成,即须重兵筹剿,均非一二月内所能蒇事。万一北路再警,势将回援不及,非计之得也。如畿南、河北于此月内外早就肃清,即可振旅而行,无所顾虑。

又,臣前奉有督办皖豫军务、两省官兵均归节制之命,将来统师南下,所有河南、安徽两省官兵,自应仍请再行明降谕旨,以专责成,庶事权归一,而调遣应手。

顷又接颍郡团练及归德绅民公禀,盼臣前赴皖豫,甚为迫切。臣亦心急如焚,不敢稍存推诿。

——《钦定剿平捻匪方略》卷一一九,第 11—12 页。

十月二十五日

〇僧格林沁、国瑞奏

科尔沁博多勒噶台亲王僧格林沁、工部右侍郎国瑞奏言:

捻匪刘添详等率党万余,自高密、寿光、章邱等处南窜,已至邹滕境内,臣僧格林沁当将马步各队调回峄县截剿。该逆知我军驻扎兰峄,遂由西路回窜济宁巡桥地方,经西凌阿等带队迎剿,该逆见我军均在西路,遂于十月十一日窜至滕县东南之杨庄盘踞。臣国瑞督队分剿,贼匪向西北窜逸。十二日,我军追至滕县之罔山地方,该逆拚死拒守,我军施放枪炮,毙贼无算。复经舒通额分队抄袭,逆势不支,向西奔窜。我军奋勇追杀二十余里,毙贼二千余名,救出难民数千名。该逆于是夜由济宁东南石佛、赵村一带躧渡运河,因我军追杀,旋即向南回窜。西凌阿督带舒通额等各起马队,由济宁、金乡一路跟追,行至鱼台,见该逆抛弃辎重甚多,连夜遁回,已于十六日窜过大堤。臣僧格林沁留德楞额驻扎峄县,遂

与臣国瑞带队由峄县起程，自滕、邹、兖州、汶上一路西行，十九日驰抵东平迤西安山驻扎。俟探明黄河南北匪踪，相机追剿。

诸城另股捻匪分为两股，一向寿光等处西窜，已于罔村痛加剿洗；一由胶州沿海回窜，尚无著落。接据邳州知州马步瀛报称，十月十四日，突有花旗捻匪自东而来，窜至窑湾扎筏渡河，经马步瀛率领团勇击其半渡，毙贼数十名，淹毙无数，余匪溃逃。查此股即系由胶州沿海分窜之贼，亦经略受惩创。所有前后各股捻匪，除杀毙外，其余败残之匪业已悉数出境。

再，臣僧格林沁叠奉谕旨，令臣酌度情形，或全军南下，或分拨马队赴田在田军营助剿。臣等查曹属、东昌均有匪徒滋扰，现在范县失守，亦应及早收复，必须东境肃清，方可南下。至于分兵助剿一节，臣等军营马队仅三千余名，一经分拨，则腹地烽烟难以迅埽，自应暂缓抽拨。顷接探报，曹属匪首刘前等股已由罗家河口渡河西窜，分股扰至范县、菏泽。现在贼情，自应先由河北进剿，当经臣僧格林沁饬西凌阿带领马队驰赴安山，一俟到齐，即由臣国瑞统带，驰赴东昌，相机进剿。臣僧格林沁由河南带兵，遥为声势，使匪众不敢分窜，以期剿办得宜。

——《钦定剿平捻匪方略》卷一一九，第17—20页。

〇上谕

僧格林沁等奏剿办高密、寿光等处西窜捻匪获胜一折。本年十月间，捻匪刘添祥等率党万余，由高密、寿光、章邱一带窜至滕县境内，经僧格林沁调派马步各队，驰回驿县截剿。该逆探知官军驻扎兰峄，遂由西路回窜济宁巡桥地方。西(陵)[凌]阿饬令富和、常山保带队迎剿，该逆窜至滕县杨庄盘踞。国瑞督队分剿，贼匪向西北窜逸。官军跟追至滕县之冈山地方，该逆拚死拒守，官军施放连环枪炮，毙贼无算。舒通额分队抄袭贼后，逆势不支，纷纷奔窜。官军奋勇追杀，毙贼二千余名，救出被裹难民数千名。其由胶州沿海分窜贼股，经邳州团练击败，杀毙无算。余贼悉数出境。剿办甚属得力。著僧格林沁乘此声势，督饬各路兵勇，将山东分窜各路股匪迅速歼除，毋留余孽。

——《清代起居注册(咸丰朝)》第56册，第34181—34183页。

十一月

十一月初五日

〇上谕

咸丰十一年十一月初五日内阁奉上谕：

理藩院奏,科尔沁公衔台吉布彦诺木琥祖母患病,请假省视等语。僧格林沁之母现在患病,该大臣军务紧要,未能遽回游牧,伊子布彦诺木琥著除去往返程途,赏假两月,代该大臣回牧省视,并赏给内务府人参八两,即交布彦诺木琥赍交伊祖母收领,以资调摄。

钦此。

——《咸丰同治两朝上谕档》第11册,第500页。

十一月初六日

○上谕

议政王、军机大臣字寄钦差大臣、科尔沁博多勒噶台亲王僧。咸丰十一年十一月初六日奉上谕:

理藩院奏,据布彦诺木琥呈称,伊祖母年老患病,曾于四月间回牧省视,今已销假来京当差。复接家信,因祖母病势加重,恳请代奏赏假看视等语。已明降谕旨,照布彦诺木琥所请,赏假两月,回牧省视,并赏给伊祖母人参八两调理矣。因思僧格林沁为国宣力,移孝作忠,现当屡次大捷、剿办得手之时,自未便顷刻离营。既有布彦诺木琥回牧省视,该大臣即可专心戎事,以期迅奏肤公,克膺懋赏。朕有厚望焉。将此谕令知之。

钦此。遵旨寄信前来。

——《咸丰同治两朝上谕档》第11册,第500—501页。

十一月初七日

○上谕

清盛奏饷糈告匮、请饬催各省协饷一折。僧格林沁追剿捻逆,连获大胜,军威渐振。该大臣粮台月饷,已欠至三四月之多。东省被扰被灾,蠲缓较多,若非邻省协济,必至停兵待饷,贻误事机。著文煜、严树森、英桂督饬该藩司,迅将欠解月饷及专拨银两赶紧解赴山东粮台,以资接济,毋得仍前延玩,致干重咎。将此由五百里各谕令知之。

——《清穆宗实录》卷九,咸丰十一年十一月辛卯。

○上谕

清盛奏饬催协饷,并请饬卢朝安接办粮台、俾得专顾藩司本任事务各折。清盛以本省藩司,办理僧格林沁粮台几及一年,值此饷需支绌之时,正宜竭力筹画,方为不负委任。卢朝安以道员接办,呼应恐有不灵,必至贻误军饷。该藩司何得避难就易,巧于卸责?仍著

谭廷襄督饬清盛照旧经理,务当力顾大局,毋许任意推诿。

再,有人奏,东、豫两省被贼滋扰,请饬查勘灾荒地亩,奏请蠲缓一折。东、豫连年被贼,小民荡析情形极为可悯,现在应否蠲缓,著谭廷襄据实具奏。原折著钞给阅看。

将此由五百里谕知谭廷襄,并传谕清盛知之。

——《清穆宗实录》卷九,咸丰十一年十一月辛卯。

十一月初十日

○上谕

谕议政王、军机大臣等:

寄谕钦差大臣僧格林沁,有人奏,侍郎国瑞恣受苞苴,声名狼藉,山东官吏多拜伊门下;本年五月间在长沟大营作生日,官吏多有馈送;且闻有每节馈送甚厚者。该省人言藉藉,未必无因,请饬查办等语。国瑞系海疆获咎之员,蒙皇考大行皇帝弃瑕擢用,饬赴军营,应如何勉力报称?若如所奏,藉军营声势,婪索地方官吏,纳贿营私,至此已极。现当军务吃紧之际,正须整饬戎行,岂容贪劣之员任意掊克?该大臣秉性忠直,断不以该侍郎在营日久、打仗出力,稍涉回护。著即严密访查,据实参奏。原折著钞给阅看。至该大臣军营,或以该侍郎一经参劾、带队乏人为虑,不妨于京外各员内,择其素娴韬略、为该大臣所深知者,指名奏调。将此谕令知之。①

——《清穆宗实录》卷九,咸丰十一年十一月甲午。

十一月十七日

○朱潮奏

掌山西道监察御史朱潮奏言:

臣闻山东捻匪业已节次归巢,广搜铜铁,大铸军器,其中必有奸人私卖接济,请饬该抚

---

① 在十一月十九日奉批的奏片中,僧格林沁奏称:“奴才溯查,本年三月,因邹县教匪鸱张,即于是月二十八日带同侍郎国瑞,督带官兵,驰往该县驻扎。于四月初八日饬令该侍郎带队,先赴土旺扎营,次日督兵进剿。嗣因办理教匪已有头绪,奴才于五月初二日带同该侍郎由土旺撤兵,初四日始行移扎长沟。又于初九日即经奴才饬派该侍郎带兵赴曹属一带剿办会匪。是月二十四日,该侍郎跌伤右腿,次日由巨野迤西龙□地方起程,回长沟调治。是五月间该侍郎在长沟大营为日无几,奴才在长沟驻扎之时,未闻有与该侍郎作生日之事。至所参山东官吏多拜伊门下,且闻有每节馈送甚厚各情,奴才与该侍郎同在军营,亦未闻有其事。详查原参折,折内并未指出何人拜伊门下,无从查访,应请旨饬下原参之员,将何人拜伊门下、何人馈送甚厚,指明覆奏,如有确□,不难查明,据实参办。奴才受恩深重,万不敢稍涉(洵)[徇]隐,有负委任。”详见中国第一历史档案馆藏录副奏折,档案号03-4186-107。

严密查禁，如有私以铜铁运贼者，拿获即行正法，以绝偷漏而靖内奸。伏思捻匪满载而归，为度岁计，彼轻我军之不敢深入，必不多设守御，如简轻锐之师直掩其巢，聚而歼旃，或亦攻其不备之一策也。

——《钦定剿平捻匪方略》卷一二一，第15页。

〇上谕

谕议政王、军机大臣等：

有人奏，山东捻匪节次归巢，广收铜铁，大铸军器，必有奸人接济等语。捻匪志在大举北犯，不可不豫为之防。著僧格林沁、谭廷襄严密查访，如有奸人私卖接济，立即拿获正法。其或工匠偷卖火药、铅斤、硝磺与贼者，均须一律密为访查严禁。至各捻现在是否全行归巢，果能乘其不备，以精锐之师直捣巢穴，亦足以寒逆胆而孤贼势。并著该大臣等体察贼情，相机妥办。将此由四百里各谕令知之。

——《清穆宗实录》卷一〇，咸丰十一年十一月辛丑。

十一月十九日

〇僧格林沁奏（节录）

……奴才等军营遇有各营官弁缺出，均由打仗出力人员内拣选奏请补授，以资策励。兹查炮营正黄旗汉军公中佐领广亮，前因打仗阵亡，所遗员缺，奴才拣选得厢红旗汉军吴鉴佐领下骁骑校西成堪以拟补，所遗骁骑校员缺，拣选得本旗玉书佐领下三□炮兵玉山堪以拟补。厢黄旗汉军骁骑校文隆阵亡，遗缺拣选得正蓝旗汉军广明佐领下三□炮兵桂芬堪以拟补。镶白旗汉军骁骑校文祥阵亡，遗缺拣选得厢红旗汉军金国山佐领下七品顶戴三□炮兵松山堪以拟补。惟西成、桂芬、松山请补各缺，均非本旗人员，查此次八旗汉军炮营出兵人数无多，本旗并无应补人员，现当军营需人之际，合无仰恳天恩，准将西成等补放，俟有本旗缺出，即将该员等调补。如蒙俞允，俟军务告竣，再由各该旗补行带领引见。是否有当，伏候训示遵行……

咸丰十一年十一月十九日议政王、军机大臣奉旨：西成等均著依拟升补，余依议。钦此。

——录副奏折，档案号03-4328-020。

〇王兰谷奏

山东道监察御史王兰谷奏言：

山东、河南为畿辅藩篱，自咸丰十年至今，徐亳等处捻首张落刑、赵浩然、刘添详屡次窜入，焚掠数十州县，迄今未能殄灭，总由各该省剿办捻匪，筹防剿则曰逼令南趋，报肃清则曰尽行回巢，出境之后扼要而守，不复进剿，致捻匪乘间出扰，来去自由，毫无忌惮。向使乘胜进攻，捣其巢穴，拔其根株，何至贻害至此？犹忆咸丰八、九年前，官兵屡破贼圩，虽未悉数歼除，而捻匪之害究未如今之烈，无他，兵压贼巢，彼方自顾不暇，焉敢远出焚掠？是进剿之利已有明征。今各该省捻匪又复回巢，傥官兵仍旧株守，该匪粮尽乏食，不旋踵而复出，且守一日需一日之粮，守一年需一年之粮，无论贼之窜入如故，即使不能窜入，老师縻饷，何所底止？况重兵扼要，仅在一处，贼所从入，并非一途，守此则由彼入，终归无益。应请饬下僧格林沁、胜保迅埽余匪，克期进兵，与袁甲三、毛昶熙等兵勇互为声援，分路进剿，直抵徐亳等处，攻毁贼巢，以绝根株而清余孽。

——《钦定剿平捻匪方略》卷一二一，第16—18页。

〇上谕

谕议政王、军机大臣等：

有人奏捻匪屡犯山东河南，请饬各路进剿、直捣贼巢一折。逆捻以徐亳等处为巢穴，山东、河南附近地方叠被窜扰，虽节经官兵截剿，总未大受惩创。该匪每出，无不饱掠而归，蹂躏居民，实堪痛恨。若使各路官兵跟踪追蹑，直逼贼巢，何至为害无已？乃从前各统兵大臣，每以该匪侥幸出境，苟安目前，并不通筹全局，为捣穴搂渠之计，縻饷劳师，迄无底止。现在僧格林沁、胜保剿办曹州、东昌等处土匪均已得手，著即会同谭廷襄，迅将山东各股匪徒痛加剿洗。若于年内歼除净尽，即移得胜之师前进，直捣徐亳捻匪老巢。袁甲三驻军临淮，近日并无捷奏，所部兵勇，岂可任其逍遥自在，著即督饬李世忠等将附近贼圩克期攻拔。昨毛昶熙奏称，冬令匪不出巢，是归德情形已不甚吃紧，并著会商严树森督兵进剿，攻取亳州。郑元善计已带兵出省，著严树森严饬该司，会同张曜等军，由汝光一带协力进攻。该大臣等身受国恩，总当不分畛域，密速定期，约会各路，同时大举，直捣老巢，痛歼丑类，方是一劳永逸之计也。原折著钞给阅看。将此由六百里各谕令知之。

——《清穆宗实录》卷一〇，咸丰十一年十一月癸卯。

十一月二十日

〇僧格林沁等奏

僧格林沁、西凌阿、国瑞奏言：

山东会匪刘前等股，率众万余，窜至河西；刘占考等窜赴范县。臣国瑞带领马步官兵，

于十月二十三日自安山起程,二十五日驰抵东昌。探得土教各匪均聚莘范等县,其寿张迤西之竹口等处,匪徒筑围,盘踞亦复不少。二十九日,臣国瑞带领马队赶至竹口。十一月初一日,派署总兵常存等各军分四路进攻,副都统舒明安中枪阵亡,副管恒龄督队攻剿,忽援贼马步数千蜂拥而来,翼长舒通额等挥兵迎敌,毙贼数百名,追至簸箕营贼圩,见有贼匪逃入圩内者,臣国瑞即与舒通额扼守围圩出路,令恒龄等复跟追二十余里,直至范县西南,杀贼一千余名。官军仍扎竹口左近。初二日,簸箕营踞贼向东奔窜,即齐队进剿,截杀数十名,余匪窜入竹口,当将簸箕营贼圩焚毁。初三日,臣国瑞复带队进攻竹口贼圩,突有西北援贼来扑,恒龄带领马队迎剿,毙贼甚夥,该逆溃走。舒通额等带领大队一齐冲压,追杀三十余里,杀毙马步贼匪四五千名,残匪向西北逃窜,搜获投诚守备宋憬诗钤记一颗。因时已昏黑,撤队回寿张扎营。连日设法进攻,并饬游击蔡连秀等潜赴竹口安设地雷。十一日,地雷俱发,将贼圩围墙轰塌数丈,各军一齐攻进,杀毙贼匪千余名,落河死者不计其数,将竹口围圩全行踏毁。其范县踞匪,经臣国瑞派恒龄等带领炮位前往围攻;梁山等处,经臣僧格林沁、臣西凌阿派道员卢朝安搜捕余匪,清理民围。副都统德楞额办理峄县等处棍匪,俱已渐次安业。惟据报,运河迤南棍匪刘平等率党窜至汴塘盘踞,势甚披猖,当派侍卫哈勒洪阿等带领马队前往攻剿。十一月初四日,刘平复出山口,赴涧头集一带,盘踞山寨,随饬德楞额会合吴棠兵勇追剿,务将首恶捦获,毋任漏网。副都统舒明安中枪阵亡,实堪悯惜,合无仰恳圣恩,交部从优议恤。

——《钦定剿平捻匪方略》卷一二一,第21—24页。

〇上谕

僧格林沁等奏剿办寿张等处会匪连获胜仗,并围攻范县、督剿棍匪情形一折。会匪刘前等盘踞寿张迤西之竹口等处,经僧格林沁令国瑞带领马队,于本月初一等日进攻,该匪拼命抗拒。官军马队枪箭帮同进击,翼长舒通额、副都统舒明安等前往督剿,连日跟踪追压,毙匪甚众,将菠箕营贼圩焚毁,余匪归并竹口一处。官军大队冲压,追杀三十余里,毙匪四五千名,夺获牛马辎重甚多。该逆仍死守贼圩,游击蔡连秀等用地雷将围墙轰塌,一齐进攻,竹口围圩全行踏毁。其范县踞匪,经副管恒龄等前往围攻。梁山等处,亦经道员卢朝安前往清理民围。至运河迤南棍匪,盘踞涧头集一带,著该大臣即饬令副都统德楞额等,会合吴棠兵勇,跟踪追剿,务将首要捦获,毋任滋蔓。副都统舒明安中枪阵亡,殊堪悯惜,著交部从优议叙,以慰忠魂。

——《清代起居注册(咸丰朝)》第57册,第34447—34449页。

〇上谕

咸丰十一年十一月二十日内阁奉上谕：

前因御史曹登庸奏参山东巡抚谭廷襄将已经参革之兖沂曹济道王观澄、曹州府知府童正诗滥保起用，并贼逼省垣焚掠，该抚将四门紧闭，携妾到趵突泉品茶，预为潜逃地步；所开捐厘等局委员四出勒捐，怨声载道。又藩司清盛之父往游泰山，收受泰安县程仪银两，该司之子亦有另索程仪情事；又因案勒取临清州知州张延龄等银一万两。等情。降旨交僧格林沁查办。兹据查明覆奏。本年八月间，捻匪东窜，该抚所带官兵仅止数千，未可轻敌，谭廷襄督兵固守省垣，系为慎重起见。趵突泉在城外土围以内，该抚在彼住宿，于调度亦属相宜，并未访有携妾情事。惟王观澄办事迟钝，童正诗办事乖谬，前经该大臣严参，系奉旨分别勒休、降调之员，该抚仍将该二员派赴东昌带勇，实属委用非人。谭廷襄著交部议处。王观澄、童正诗著谭廷襄饬令来京，由吏部带领引见。皇华馆设局捐输，该委员等如果办理得宜，何至怨声腾沸？著谭廷襄严饬委员等，嗣后务当妥为劝导，不准稍有抑勒。清盛之父、前任刑部郎中柏龄，带同伊孙往泰山烧香，住居书院，由泰安县预备公馆，虽查无收受程仪确据，究属不知检束。清盛于伊父游山不能谏止，亦难辞咎。柏龄、清盛均著交部严加议处。前任泰安县知县方振业，于藩司之父前往泰山，辄为预备公馆，亦属有意见好，著交部议处。其临清州知州张延龄、章邱县知县屠继烈、历城县知县吴载勋，既据僧格林沁派员查访，并无汇银至京、交该司之父收受实据，著毋庸议。

钦此。

——《咸丰同治两朝上谕档》第11册，第518—519页。

〇上谕

谕议政王、军机大臣等：

前因清盛奏僧格林沁粮台欠饷太巨，当经谕令文煜等迅速筹拨。兹据僧格林沁奏，刻下待饷孔急，请饬迅解等语。僧格林沁粮台月饷，前已欠发至三四月之多，现在驰剿东昌、曹州等处教会各匪，兵力尚形不敷，必须另行添募壮勇，分路攻剿，迅速埽荡。若能饷足兵强，次第歼除，则直隶等省边界无防堵之费。文煜等岂可心存膜视，屡催罔应。著文煜、严树森、英桂将欠解各饷陆续迅速筹拨，傥再迁延不解，必当照新定章程惩处。其山东欠解十月分饷银三万两，亦著谭廷襄迅即筹拨，以济要需。将此由六百里各谕令知之。

——《清穆宗实录》卷一〇，咸丰十一年十一月甲辰。

〇实录

调察哈尔商都牧群马一千匹，解赴钦差大臣僧格林沁军营备用。

——《清穆宗实录》卷一〇，咸丰十一年十一月甲辰。

十一月二十二日

〇胜保奏

侍郎国瑞所带马队二千，前由东昌进兵寿张一带，攻剿竹口、范县，固属急于求功。乃近闻该侍郎攻竹口捻圩，顿兵未下，兵勇被伤甚多，而于城内屯踞捻匪分毫未损。查范县、竹口各贼圩皆刘占考党与，业已相约一律就抚，此时刘占考果决意投诚，则濮范两处已在我掌握，原可不烦兵力，奏效目前。夫办贼不可剿抚两歧，今国瑞带兵赴该处攻击，既屡攻不下，不但转为贼轻，且忽剿忽抚，益滋疑贰，自不如因势利导，抚之为宜。臣愚以为，此时最重者皖省大股捻匪暨苗沛霖一事，其次则濮范河口及早收复，以杜南捻渡河北窜之路。教匪余孽已剿除八九，惟朝莘冠馆一带仍须有兵镇抚，协同地方官实力搜捕，以净根株。拟请饬下谭廷襄驻扎东昌，国瑞带兵驻扎莘县境内，会合地方官搜捕余孽，免致再有蠢动。傥僧格林沁能亲扎东昌一带，则北面不致空虚，臣更可放心南下。是否之处，出自圣裁。臣拟于本月下旬驰赴大名，办理招抚刘占考事宜，将濮范河口料理妥协，一面分兵剿办吴锡溃西窜一股，一面料理南下事宜。

——《钦定剿平捻匪方略》卷一二一，第30—32页。

〇上谕

胜保奏，侍郎国瑞带队攻竹口捻圩，屡攻未下，兵勇被伤甚多，仅烧毁范县城关民房，杀毙被裹难民，而于城内屯踞捻匪分毫未损。范县竹口各圩，皆刘占考党与，业已相约一律就抚，原可不烦兵力。此时最重者，皖省大股捻逆暨苗沛霖一事，其次则濮范河口及早收复，以杜南捻渡河北窜之路。胜保一军，似不应为此牵掣。至朝莘冠馆一带富户良民，竟有不惜重赀捐为白莲教名目者，仍须实力搜捕，请饬谭廷襄仍驻东昌，国瑞驻扎朝莘境内。傥僧格林沁能亲扎东昌，北面不至空虚，更可放心南下，总期年内赶到皖豫境内。等语。刘占考果能决意投诚，则濮范两处已在我掌握之中。国瑞既未能立时攻克，糜饷老师，终恐无益。若将所带之兵驻朝莘境内，搜捕余匪，可以弭后患而净根株。其范县竹口各圩，即著胜保派得力将弁前往收抚。僧格林沁、谭廷襄是否能亲扎东昌一带，并著酌度情形，妥速议奏。如国瑞一军尚能得手，则招抚刘占考更有把握，是否可以移撤，抑或添兵

助剿，力图攻克，即著咨会胜保办理。该大臣等共办一事，务当彼此约会，和衷商搉，方能有裨大局，切勿各存意见也。将此由六百里各谕令知之。

——《清穆宗实录》卷一一，咸丰十一年十一月丙午。

〇上谕

上又命议政王、军机大臣传谕胜保曰：

胜保奏请饬僧格林沁等移兵驻扎东昌、国瑞驻兵莘朝等处，以便该大臣即筹赴皖，已谕知该大臣及僧格林沁、谭廷襄会商妥办矣。另奏，总兵成禄带兵一千名，由豫赴颍，收抚各圩等语。吴正谊、潘闿均盼胜保南下，而苗营公禀语涉跋扈，李世忠谓苗沛霖勉强就抚，事后必有反覆，实属洞悉情形。此时惟有慑以兵威，并将附和各圩收抚，以孤其势，则剿抚均易措手。胜保现派成禄等带兵由豫赴颍，所筹深合机宜。此时安阳、汤阴捻匪，如乌勒兴阿一军足敷剿办，即著督催成禄等统带官兵迅速南下，声言该镇等系为胜保前驱，该大臣督率大军不日可到，一俟到颍州后，即将附近颍寿各民圩责以大义，结以厚恩，次第收抚，令苗沛霖之势日孤，或跋扈之心稍戢。其应否剿办，应由袁甲三等酌度办理。至北路军务极关紧要，胜保务将直东交界贼匪迅速埽荡，俾地方悉就肃清，再行南下，毋致顾此失彼。

——《钦定剿平捻匪方略》卷一二一，第34—35页。

〇上谕

前因有人奏国瑞在营恣受苞苴等款，当经谕令僧格林沁严密访查。兹据僧格林沁奏，国瑞驻扎长沟，未闻有作生日之事，并请将拜伊门下及馈送甚厚之人，饬下原参之员指明覆奏，以便查明参办等语。本日据原参之员奏称，每节厚馈之人，系兖沂曹济道卢朝安；所闻拜伊门下者，未经查出姓名。又称国瑞贪劣，营中军士及地方百姓多有闻知等语。兖沂曹济道卢朝安，闻其人品甚属平常，国瑞如果贪婪素著，恐馈送者尚不止卢朝安一员。既称军士百姓皆知，即可确切查访。著该大臣仍遵前旨，就国瑞往来交密之人详细推求，虚实自无难究出。该大臣素性忠直，谅不至稍事徇隐、代人受过也。原参之员覆奏一折，著钞给阅看。将此谕令知之。

——《清穆宗实录》卷一一，咸丰十一年十一月丙午。

十一月二十五日

〇上谕档

交火器营。

钦差大臣、科尔沁亲王僧咨称，由津解送铜铁各炮位八尊，大小炮子一千五百余粒，请交八旗汉军营，并称炸炮子便于应用，请令营总穆腾阿制造等因。炮位、炮子已交值年旗转交八旗汉军收存，其炸炮一项，希贵营即查照办理可也。

此交。

计抄粘僧王咨文一件。

十一月二十五日

——《咸丰同治两朝上谕档》第11册，第527页。

〇上谕档

交值年旗转传镶黄旗汉军。

据钦差大臣、科尔沁亲王僧咨称，由津运到一万一千斤至四百斤大小铜铁炮共八尊，并四五十斤重至五六斤重大小炮子一千五百余粒，委员解京，希贵旗于此项炮位炮子运到后，即转传八旗汉军炮营，分别妥为收存可也。

此交。

十一月二十五日

——《咸丰同治两朝上谕档》第11册，第527—528页。

十一月二十九日

〇胜保奏

臣前次奏请僧格林沁亲扎东昌，因彼时教匪尚未蒇事，恐臣一经南下，则北路必致空虚，故有此请。今教匪业就肃清，濮范河口之匪亦俱收抚，查看情形，只须责成该省督抚派委得力大员认真弹压搜捕，兼由直东两省派兵扼驻河口，以杜南匪偷渡，臣大兵即可抽撤南下。现据探报，南捻赵浩然、李加膺等又装旗出巢，已到铜砀交界宝安山一带，恐其又欲北窜。僧格林沁一军现驻曹属郓巨一带，堵剿正当吃紧，自未便移兵北来，可否饬下该大臣无庸移扎东昌，以期先其所急。至苗沛霖一事，昨因袁甲三缴还明发谕旨，遂又饬与楚军合力夹击。再三详绎，乃袁甲三不能办理，并非苗沛霖不能转移。臣探得粤逆伪封苗沛霖给以伪印，伊置而未用；粤逆寄信欲占寿城，苗沛霖再三阻止，不使其来。是其心仍在可臣可叛之间。刻下颍寿光固、霍邱、阜阳、太和练圩尚有数百处，全行蓄发未薙，所以不即蠢动者，专望臣之一至、可以转圜也。今若立意主剿，该练既无自新之机，势必勾串粤捻，为患中原。至豫省与皖境接壤，本年皖捻出巢，豫省蹂躏几遍，并未受创而归。就现在情势而论，若欲平捻，必须重整豫军；若欲抚苗，必须早莅皖境；欲荡平皖豫，必先使事权归

一。我皇上如以臣为尚可委任,即请仍假皖豫两省之权,明降谕旨,以专责成。臣必当尽此才力,以图报称。如办无成效,即请皇上治臣以贻误之罪。

——《钦定剿平捻匪方略》卷一二二,第13—15页。

〇上谕

上命议政王、军机大臣传谕胜保曰:

据贾臻奏,楚师已抵六安,攻破苗党文占奎等坚圩,苗逆惊惧,于寿州、正阳关等处添筑营垒,意图抗拒。傥自知不能坚守,即纠党北趋,或由阜颍犯陈,或由蒙亳犯宋,则楚师势成尾追,请饬彭玉麟绕道渡淮,力扼北窜。已谕彭玉麟设法绕道前进矣。复据胜保奏,濮范渐就肃清,该大臣已可南下,苗沛霖必应招抚各等语。直东各匪虽经胜保剿办获胜,然尚未尽绝根株,刘占考尚在濮州,向背均难豫定。胜保又云,僧格林沁不能移扎东昌,南捻赵浩然等又欲北窜,傥僧格林沁不能抵御,全恃胜保为北路屏藩。设该大臣移师南下,该匪马步纷纷窃发,届时竟成鞭长莫及之势,较苗练之害尤深。苗沛霖既愿就抚,而复以盼望胜保为词,安知不俟胜保南下,彼即锐意北窜?至谓该练未用粤逆伪印,苗沛霖曾为监司大员,岂宜接受此印?且该练蓄发未薙,足见其另有诡谋。即贾臻所奏,亦谓苗沛霖万不可抚,自系见闻较切,始有此语。现在山东匪焰尚炽,胜保惟当督饬将士实力剿办,以期渐次肃清。其投诚匪众,尤当妥为安抚。事关北路安危,断不容稍涉大意,率请南下。至苗沛霖情形,既据该大臣以为可抚,自必确有把握。前寄去明发谕旨一道,尚在该大臣处收存,即著寄信苗沛霖,谕以该练如真心就抚,即应杀贼自效,果能将张落刑等股剿灭一二处,该大臣必当为伊恳请恩施。傥该练感悟,而复慑于楚军声威,或竟就我范围,亦未可定。此时剿抚兼权,固与袁甲三、彭玉麟之筹剿两不相妨也。至皖豫官兵,前经皇考谕令统归胜保节制,事权不为不专,此时自无庸再降谕旨。

——《钦定剿平捻匪方略》卷一二二,第17—19页。

〇上谕

谕议政王、军机大臣等:

胜保奏,探闻南捻窜入东境,僧格林沁恐未能赴东昌,但得重兵扼扎该府,使匪众不能北渡,该大臣亦即可赴颍等语。苗练蔓延颍寿,极为可虑,惟东匪扰及大名、开州等处,事关畿辅安危,尤属紧要。胜保近虽连获胜仗,而匪焰尚自狓猖,即所称刘占考等愿意投诚,亦未可恃。乃谓直东交界将就肃清,亟筹南下,恐于机宜未协。现已谕以北路军务紧要,不得遽请南行。惟该大臣于北路情形既存轻视,即暂缓起程,亦恐于剿办事宜诸多草率。现在南捻赵浩然等股窜至何处,僧格林沁如何堵截,东省军务何路最为吃紧,应如何布置

方为扼要，胜保请令该大臣驻扎东昌是否可行，移兵东昌后能否扼堵该匪、不令扰及直豫、以固北路藩篱、再筹进捣老巢、肃清东境，该大臣于直东情形极为熟悉，著于接奉此旨后悉心酌度，迅速覆奏，毋庸稍涉迁就，亦不得意存推诿。将此由六百里谕令知之。

——《清穆宗实录》卷一一，咸丰十一年十一月癸丑。

十二月

十二月初三日

〇上谕

咸丰十一年十二月初三日内阁奉上谕：

前因僧格林沁覆奏，谭廷襄将业经勒休、降调之道员王观澄等派令带勇，委用非人，藩司清盛之父柏龄往游泰山，该藩司不能谏止，泰安县知县方振业辄为豫备公馆，意存见好，均属咎无可辞，当经降旨，将谭廷襄等交部分别严议议处。兹据吏部议奏，请将谭廷襄等分别降调等语。前任刑部郎中柏龄、山东布政使清盛，均著照部议，降四级调用；前任山东泰安县知县方振业，著照部议，降三级调用；山东巡抚谭廷襄，著加恩改为降三级留任。钦此。

——《咸丰同治两朝上谕档》第 11 册，第 538—539 页。

〇谭廷襄奏

前奉谕旨，以山东捻匪有明春赴山西并渡大清河之信，令臣加意严防。查大清河为南北天险，捻逆屡次扎筏抢渡，均经击退。查张秋以上系寿张、濮、范，东南与曹州府属之郓城、巨野、菏泽，西北与大名府属之开州、东明、长垣及东昌府属均系毗连。本年八月范县失陷后，匪即占踞，并于北岸之莲花池、竹口等处修筑围濠。旋经官兵将莲花池、竹口攻克，现踞范县匪首刘占考，昨准胜保来咨，已遣人赴营投诚。并准国瑞来咨，郭廷珍等势穷乞降，已令呈缴枪炮马匹，于十一月二十三日收复范县。是河北业已办有端倪，濮范河防亟应赶紧料理。惟从前渡河之贼虽经陆续歼毙，遁入水套伏匿者尚复不少。黄河改道，自开东至张秋袤延三百余里，宽广六七十里，其间村落以数百计，皆在漫水以内，无业贫民困处其中，不免流而为匪，实为逋逃渊薮。濮范东岸毗连郓城、巨野、菏泽等处，现经僧格林沁亲统大兵在罗河口一带剿抚兼施，各圩已有归正之人，自可渐臻底定。惟曹属匪徒充斥非止一年，现据署曹州府知府林士琦等查报，附近菏泽百里内，民间围寨共九十处，只新集、皇镇、五伯冈三处系属良民；其孟庄等四十三处不免与贼通气，良莠参半；张什店等四

十四处，或为群奸啸聚之所，或为逆首起事老巢，濡染已深，即使大兵压境，急切难就敉绥。定陶、曹县二属被逆匪常连珮等攻城破寨，地方岌岌，虽经臣咨请僧格林沁拨兵前往，惟大军尚在北路，恐难兼顾。臣又札饬参将定顺带兵赴援，力量过单，剿办非易。臣通盘筹画，东省大半糜烂，以曹州为最甚，东昌次之，沂州、兖州又次之。必得逐处筹一办理之方，而后事事著实，不难转危为安。拟请饬下僧格林沁，一面肃清沿河北岸，一面派兵驻扎曹郡讲求清厘围寨之法。现署曹州府知府林士琦、菏泽县知县王朝翼勇于任事，即责成该二员详慎经理。臣再将移汛安营及马良集团营陆续筹办。至河北为曹、兖、东昌三属交错之地，现在范县已复，寿张、阳谷亦无贼踪，所可虑者，逋入水套之贼兵力不能遽及，此击彼窜，上可犯开东，下可犯张秋，兵团寡弱，防守难有把握。臣于张秋镇已设炮台，派兵扼守。其上游范县羊儿庄等处，亦应勘明添造。惟河中制贼利用炮船，山东素无谙练驾驶之人，容臣再加体察，酌量筹备。胜保将赴皖豫，兵固不能全留，而北路之防尤为吃紧，可否饬下该大臣酌量分拨一军，仍扎东昌等处要地，并令直隶总督于边界备兵策应，仰候圣裁。至于濮范河防，断非千余兵勇所能分布。臣营马队无多，惟有仰恳天恩，饬令僧格林沁另拨马队五六百名驻扎东昌，以资合剿。沿河地面业经钦奉谕旨，责成各省督饬道府州县一体严防。山东地方先经臣派曹州镇总兵亲驻河北，曹州府知府专办河南，其下游大清河另行委员督团稽察。所有河西开东一路系直隶地面，应由直隶总督派兵驻扎各口，并饬地方官将渡船撤赴西岸，以杜窜越。豫省考城与曹县毗邻，虽系干河，尚有堤濠可守，应由豫省随时堵截。

——《钦定剿平捻匪方略》卷一二三，第 11—15 页。

〇上谕

谭廷襄奏遵筹防河布置事宜，并陈近日曹郡剿匪情形，及亲赴东昌派员查拿武定盐枭各折片。大清河自李连桥以上，即为黄水穿运之处，毗连濮范等处，匪踪遍地。现虽经官军剿抚兼施，而水套内伏莽尚多。菏泽一带围寨，亦与贼匪暗通。该抚因请饬僧格林沁肃清沿河北岸，另派一军驻扎曹郡；并请饬胜保南下时，仍应留军北路，扼要驻扎；及直豫境内协力堵剿。所筹尚属周妥，已谕知僧格林沁等酌量办理。惟沿河北岸，虽谕僧格林沁力筹肃清，而匪势既众，一时未能悉就扑灭。河道纷歧，不可不豫为防范。张秋镇已经该抚设立炮台，派兵扼守。其上游范县等处，著一并查勘添造，以资堵御。其河面较宽之处，为炮所难及者，即著酌量情形，添制炮船。该省虽无谙练撑驾之人，该抚当加意讲求，未可畏难苟安。所称移汛安营及马良集团营，并著迅速办理。山东全省糜烂，现当筹画办理之方，如何用人，如何理财，次第举行，以收实效。该抚现赴东昌，务将该郡应办事件妥筹办理，不必急于回省，转致顾此失彼。其武定盐枭，已经派委文武拨兵捕拿，务当严行惩创，

使之畏慑兵威，断不可稍有将就了事之心。水套之贼，据奏兵力不能遽及，著设法收集船只，捡渠埽穴。现届河冰坚冻，剿除尤易为力，不准稽延贻误。将此由六百里谕令知之。

——《清穆宗实录》卷一二，咸丰十一年十二月丙辰。

〇上谕

谕议政王、军机大臣等：

谭廷襄奏遵议河防布置并曹郡近日情形一折。现在莲花池竹口贼寨已经国瑞等带兵攻克，刘占考等亦穷蹙乞降。濮范东岸毗连郓城、巨野、菏泽等属，现经僧格林沁亲统大兵在罗河口一带，著一面肃清沿河北岸，一面派兵驻扎曹州郡城，相度机宜，讲求清厘围寨之法，办理一处，务即了当一处，不可稍涉迁就。责成该地方官将善后事宜详慎妥实经理。山东省大半糜烂，而尤莫甚于曹州。此处办理著实，即其余东昌沂兖均可次第戡定。著该大臣等妥筹办理，一面知照谭廷襄将移汛安营及马良集团营一切善后章程豫为筹办。东昌教匪素与直隶曲周、鸡泽一带多所句结，此时匪等乞降，须防反覆，即诛锄亦骤难净尽。胜保将欲移军南下，必须酌量分拨一军，仍扎东昌等处要地。并著文煜于直东边界地方备兵策应，以防冲突。至濮范河防，谭廷襄所带兵勇千余，实属不敷分布，著僧格林沁酌量另拨马队五六百名驻扎东昌，交该抚调遣。河西开东一路，应由文煜派兵驻守，并饬地方将渡船全撤西岸，以杜窜越。河南省考城县与曹县毗连，虽系干河，尚有堤濠可守，应由严树森随时饬属堵截。均著各该督抚等实力办理，各专责成，不准稍涉松懈。谭廷襄原折，均著钞给阅看。将此由六百里各谕令知之。

——《清穆宗实录》卷一二，咸丰十一年十二月丙辰。

十二月初四日

〇僧格林沁等奏（节录）

……奴才等军营遇有各营员弁缺出，向由打仗出力人员内拣选奏请补授。查甘肃循化营参将彦禄，前因患病，经奴才等奏请开缺回旗调理，所遗参将员缺，奴才等查有甘肃河州镇标中营游击舒麟打仗勇往，堪以拟补，理合请旨补放。如蒙俞允，该员现在军营，应俟军务事竣，再行给咨送部，补行带领引见……

咸丰十一年十二月初四日议政王、军机大臣奉旨：舒麟著准其升补。该部知道。钦此。

——录副奏折，档案号03-4231-055。

〇胜保奏

连日各股逆匪将马匹器械呈缴后，臣以观城为莘冠濮范适中之地，于十一月二十五日驰往驻扎，当派河南道员周士键等驰往河镇收降教匪，大名道王榕吉等驰赴濮范收抚捻首刘占考。该教匪等即于二十五日续行呈缴枪炮器械一千二百余件，匍匐营门，输诚乞命。周士键等将各教匪人众挑得年力精壮者一千余名，分立营头，随军助剿，其余老弱悉令归农，按名给予免死牌，从前所犯罪恶，仰恳天恩概予免究，以后不得再滋事端。其濮范巨捻刘占考平日震慑声威，又因大兵压境，不待进兵，先行投戈归正。二十七日经王榕吉等带领该捻首及其部下头目二十余人至观城乞降，经臣宣示朝廷威德，宽其已往之罪，许以立功自赎，刘占考感悔归诚，并愿选择所部精悍助剿皖豫各匪。臣察其情状，出于至诚，即饬刘占考及其头目人等一律薙发，分别犒赏。查此股捻匪人数众多，河东之定陶、城武、曹县各属皆有该匪党与，必须逐一收抚，分别入伍归农，方可相安无事。惟据刘占考禀称，僧格林沁现仍派兵攻剿各圩等语。臣谕以不准再抗官兵，如果河东各圩赶紧薙发，必当代为咨明，不加攻剿，刘占考亦唯唯听命。臣已派知县铁珊等偕刘占考折回河东，赶紧收集各圩，咸令薙发归诚，约须旬余方能一律办妥。查刘占考既经归正，拟请改名刘效忠，并先行赏给五品顶翎，俾降众知所观感，以后果能出力，再当奏恳恩施。臣拟将教匪降众立为诚顺营，捻匪降众立为靖安营，应给号衣旗帜，已饬粮台赶紧制造，并酌给赏需。该降众皆踊跃争先，愿随大军打仗立功。其濮范一带甫经收复，尚须留兵镇抚，办理善后一切事宜。范县城内已有署曹州镇总兵常存带兵驻扎，当派总兵伊绵阿统领官兵千余名，由冠县移扎濮城。此时后路情形已松，冠县无庸留兵，臣亦即驰回馆陶，督催后路军饷。现在各旗股匪全数荡平，濮范河口一律肃清，在事出力各员弁均属著有微劳，谨先行开列，吁恳天恩，分别给予奖励。至前次克复莘县暨肃清河北出力人员，俟续行查明，仍遵前旨，核实请奖。

——《钦定剿平捻匪方略》卷一二三，第19—22页。

〇上谕

胜保奏濮范教匪荡平、河口肃清，现筹善后一折。濮范一带匪众，经官兵剿捕屡胜，现在各旗教匪并捻匪巨股，均经畏威投诚。该大臣于降众中挑选精壮一千余名，随军助剿，俾受箝制，其余老弱，概令归农。办理尚属妥协。惟该降众人数众多，恐大兵移撤之后，复行萌动，务须妥筹善后，经理得宜，并督兵暂驻东省，弹压地方，以定人心。另片奏添募裁撤勇丁，即照所议核明数目，造册报部，以免糜费。宋景诗马队业经分别裁撤，亦须妥为安置，毋令聚而为匪。正在寄谕间，复据谭廷襄驰奏，南捻五旗并出，由砀山窜至单县境内，及金乡县石佛集等处。僧格林沁之军现移扎洪川口一带，距单县不远。新收刘占考降众，

多系曹州土著，外匪一至，恐复生心。且曹属北路有兵，东路无兵，必应速为豫备。请饬胜保顺道进兵，与僧格林沁并力剿办，当可聚而歼旃。等语。著胜保迅即会合僧格林沁大军并力剿办，傥能趁此军威，将曹属贼匪全行埽荡，该大臣安心南下，可无后顾之忧。胜保谋略素裕，洞悉兵机，定能迅奏肤公，以慰廑念。将此由六百里谕令知之。

——《清穆宗实录》卷一二，咸丰十一年十二月丁巳。

十二月初五日

○僧格林沁等奏

僧格林沁、西凌阿、国瑞奏言：

探报匪首刘占考之弟刘占桃及贼目梁继海率众占踞红川口民围，臣等即于十一月十八日移营王家海。二十日，督带官军炮位，并饬知府赵康侯等带勇前往，用炮轰击。该逆仍复死守。臣西凌阿督令各营官兵暨赵康侯勇丁先越濠墙，由东面攻入，兖州镇总兵扎隆武、知县陈烈各带勇队自西南分路攻入，毙匪数百名。贼匪欲扑西门，经营总富和带队击回。臣等当将马队调至东门外左右设伏，旋有马步贼匪千余夺路逃出，经营总苏克金等带领马队追杀十余里，至刘家桥刘占考老巢，毙贼千余名，并将贼首刘占桃、梁继海歼毙，围内之贼搜杀无遗。臣等即于二十一日移营红川口迤南，是日复带官兵驰赴刘家桥，攻剿刘占考老巢。该逆之弟刘占先率党死守，我军奋力围攻，该逆乘夜向南逃窜。臣等督饬兵勇移扎刘家桥围内，立将贼圩平毁。二十三日，移营郭秉钧老巢迤东之宝珠口，当派投诚之李灿章将郭秉钧之弟郭秉镒、郭秉镄诱出，饬各营步队前往，将围圩攻破，毙贼数百名，并将郭秉镒、郭秉镄正法。二十五日，移营曹州府东南大屯地方，扎营未定，突有马步贼匪数千来扑，臣西凌阿督带马队迎剿，该逆列仗抵拒，营总苏克金绕贼北面冲压，逆势不支，遂均败退。我军追杀十余里，毙贼千余名，余匪向南窜逃。二十六日，督兵进攻佃户屯贼圩，圩民庞勋等出围乞降，声称贼首刘前已率众南去，围内俱系良民等语。当即准其投诚缴械，我军撤队回营。二十八日，探得曹属定、曹等县逆匪在金堤头迤南大董店等处屯聚。二十九日，臣西凌阿带领马步官军进剿，行至大张寺地方，该逆马步万余列仗来扑，营总苏克金等将贼击退。该逆隐伏各村，俟我军撤回，全股复出猛扑。臣西凌阿复派各队向西南斜击，马队奋力冲压，该逆纷纷败窜。我军追杀十余里，毙贼千余名，余匪仍窜入各村伏匿。查曹州府迤南曹县各围流为贼圩，匪势甚众，应察看情形，相机进剿。

臣国瑞带兵进攻范县城池，于十四、十六等日用炮猛攻，贼势穷蹙，城贼郭廷珍等具禀投诚。二十日，臣国瑞督带马步兵勇驰抵范县，匪首郭廷珍出见，当令其呈缴器械，郭廷珍等即率众出城，将枪炮马匹交出。官军入城安抚居民，其善后事宜，咨行山东巡抚派委道

府大员前往办理。前经谭廷襄收抚之王来凤亦于是日来营，臣国瑞晓以大义，王来凤情愿反正，仍带团丁防守河岸。并据王来凤面禀，刘占考等亦愿投诚。臣国瑞饬令王来凤就近前往兵部左侍郎臣胜保军营，禀明办理。臣国瑞即带队起程，驰赴曹州军营会剿。

臣僧格林沁接据淮徐扬海道吴棠禀报，蓝旗捻逆刘添详、刘添幅等于十一月十八日由永城一带北窜，黑旗捻逆李加膺等于二十日后起行。又据探报，南捻马步由金乡城南之甘鱼头一带窜至单邑迤南兴隆集等处盘踞，似欲西窜定曹，接应贼党。各等情。臣等惟有激励兵勇相机截剿。

再查马步各队在罗家楼、红川口、刘家桥、郭家唐房等处攻破贼圩，屡获胜仗，带队各员激励兵勇，以寡胜众，自应量加鼓励。谨择其尤为出力人员先行开列，奏请恩施，其余出力员弁兵丁，可否查明请奖之处，伏候训示遵行。

——《钦定剿平捻匪方略》卷一二四，第1—5页。

〇上谕

僧格林沁等奏剿办曹属会匪连获胜仗、叠破贼圩，并收复范县城池，请将出力各员先行奖励，开单呈览一折。曹州会匪占踞红川口民围，意图抗拒我师，十一月二十日，僧格林沁等督带官军用炮轰击，西凌阿等分兵越濠攻入，毙贼数百名，复追杀十余里，至刘家桥，毙贼千余名，歼毙贼首二名，围内之贼搜杀无遗。二十一日，进攻刘家桥老巢，贼匪乘间逃窜，当将贼圩全行平毁。二十三日，进攻郭家唐房老巢，立将围圩攻破，毙贼数百名。二十五日，移营曹州府东南大屯地方，佃户屯刘前老巢逆匪千余来扑，西凌阿督带马队冲压，该逆败退，追杀十余里，毙贼千余名，贼首刘前率众南遁，围内良民出围投诚。二十九日，西凌阿督队进剿，行至大张寺地方，该逆列仗来扑，我军马队分路冲压，追杀十余里，毙贼千余名。侍郎国瑞带兵进攻范县城池，内贼首郭廷珍等穷蹙投诚，当将县城克复。办理甚为得手。著僧格林沁乘胜进攻，将各股捻逆次第歼除，毋留余孽。所有在事尤为出力之吉林协领富和，著赏给博奇巴图鲁名号，并赏穿黄马褂。参领祥恩，著赏给副都统衔。协领萨英额，著赏戴花翎。佐领卓凌阿，著以协领尽先即补，先换顶带。游击何建鳌，著免补参将，以京营副将尽先即补。候选知府赵康侯，著免选本班，以道员尽先选用。都司邓启元，著赏换花翎。其余出力员弁兵勇，著僧格林沁择尤保奏，候朕施恩。该部知道。单并发。

——《清代起居注册（咸丰朝）》第57册，第34556—34560页。

〇上谕

僧格林沁等奏剿办曹属匪众并迎剿皖捻连获胜仗一折。曹州会匪盘踞大屯南路一带，经僧格林沁饬令西凌阿、国瑞带领马队毙贼四五千名，复进剿马家集逆首焦贵昌老巢。

惟时曹属捻匪已至袁家围、李家集盘踞，西凌阿先带马队往袁家围进剿，该逆败窜，复经翼长舒通额等跟追二十余里，毙贼三千余名。其马家集贼围，经国瑞带队进攻，贼匪乘夜逃窜。办理甚为得手。著该大臣仍督饬国瑞等军实力搜剿，以清余孽。

——《清代起居注册（咸丰朝）》第 57 册，第 34607—34609 页。

〇僧格林沁奏

查捻匪现有广搜铜铁情事，亟应严禁偷漏。其工匠私为成造及偷卖火药硝磺，均应一律查禁。除派员访缉外，并咨行山东抚臣谭廷襄，饬令地方文武严行禁止。至简精锐之师直掩贼巢，固属攻其不备，惟曹州、东昌等处土匪尚未荡平，且东境各匪无不勾通南捻，设我兵南下，贼匪绕越而北，互相结连，剿办更难著手。现在寿张县属贼圩均已攻克，并收复范县城池，其余匪徒有胜保一军足可剿办。曹属一带贼巢虽叠经攻破，而曹州府南贼匪过多，已调国瑞带兵来营，合力剿办，应俟曹属荡平后，酌度情形，或移扎东昌进剿，或督师南下之处，候旨遵行。

先是，竹口未克，贼众兵单，经臣咨会胜保就近拨兵会剿。该大臣坐拥重兵，观望不前。十一月初三日，国瑞督饬翼长舒通额等击贼获胜，将贼首伪元帅张姓、徐姓杀毙，并获投诚守备宋憬诗钤记一颗。查宋憬诗系胜保招抚之人，何以钤记尚在贼手？西凌阿前在东昌一带剿匪，亦获有宋憬诗功牌。其中恐有不实不尽。至国瑞进攻竹口，并迎剿援贼获胜后，旋有胜保营中前来招勇之人，勾引各营勇丁，口称月给口粮银三两二钱，臣营勇粮系月给二两六钱，以致国瑞所部勇丁应募甚多，兵心摇动。经国瑞派弁将招勇之李登祥拿获，据供系在胜保军营充勇，经副将黄得魁发给招勇札文，复讯出李登祥冒戴五品军功，溷入各营招勇情形，当将该犯正法。查黄得魁系胜保军营带兵之员，既发札文招勇，胜保何得不知？显系故掣兵势。理合据实请旨查办。

——《钦定剿平捻匪方略》卷一二四，第 6—8 页。

〇上谕

僧格林沁奏接奉历次寄谕据实覆陈一折。前因胜保奏，侍郎国瑞力攻竹口捻圩未下，兵勇受伤甚多，各圩皆可就抚，不必重烦兵力，是以谕令僧格林沁酌度办理。兹据该大臣奏，国瑞已攻克寿张县属贼圩，收复范县城池，现因剿办曹州府南贼匪，调该侍郎来营合剿，俟曹属荡平，移扎东昌，或督师南下。所筹悉合机宜，著即督饬妥办。胜保近以招抚刘占考全股、濮范等处一律肃清，即欲移师赴皖，办招苗沛霖事，已谕令将善后事宜妥为安插，再行南下。刘占考一股是否真心投诚，抑系别有诡谋；胜保固请南下，于办理苗练一事是否有益；胜保去后，该大臣能否兼顾直境，使捻踪不至北犯、降众尽可相安。该大臣洞悉

兵机,谅能谋画万全,著即迅速覆奏,以慰廑系。其曹属贼匪,仍著该大臣督饬国瑞迅速剿洗,或咨会胜保进兵夹击,以期及早荡平。所称搜获宋景诗伪印功牌,及胜保派李登祥招勇、经国瑞正法,其中总有不实不尽之处,不妨咨会胜保办理,以免宵小从中煽惑。至胜保之为人,负气任性,轻听人言,诚所不免,惟念其办事勇往,尚属可用,现当需材之时,不能不稍假事权。仍当谕令力除积习,共济艰难。僧格林沁素矢公忠,亦必不至稍存意见也。前据御史杨荣绪奏参国瑞苞苴贿赂,令议政王、军机大臣传谕该御史,旋据指出卢朝安厚馈一节。兹据该大臣片奏,查明并无其事等语,所奏自确。该侍郎既能打仗奋勇,即属良将,仍应属令黾勉图功。傥此后查有听情受贿等事,尚可随时参办,毋稍徇隐。将此由六百里谕令知之。

——《清穆宗实录》卷一二,咸丰十一年十二月戊午。

〇上谕

前据严树森奏,东匪窜入豫境,当经谕令该抚速行剿捕。兹据奏,该匪窜入滑浚汤阴等属,复由新乡窜入原阳等处,并将直东各匪逼处情形绘图贴说呈览等语。东匪窜扰豫境,窥伺怀庆,现经严树森派拨重兵拦头截剿,当可无虞西窜。然使逼令东归,不能大加惩创,则难保该匪不再图窜扰。副将杨飞熊等兵勇,既据该抚奏称系属劲旅,即著督饬该副将等实力剿击,悉数歼除,以寒贼胆。即或被剿东遁,该副将等务当越境跟追,会合直东等处官军认真夹击,毋留余孽,令匪徒不能再窥豫省,方为妥善。至东省之教匪会匪,到处蔓延,要以东昌、曹州为巢穴。现在刘占考等虽经胜保收抚,而此股匪徒窜扰如故,且大名各属遍地匪踪,亦安得谓河北已就肃清?现惟捣其巢穴,尽绝根株,自可无虞滋蔓。僧格林沁专办山东军务,谭廷襄身任地方,均属责无旁贷,胜保现亦饬令进兵曹属。所有东昌、曹州各匪,除已就抚外,其余匪众,即著僧格林沁、胜保、谭廷襄悉心会商,迅速调派得力官军分投进剿,务期埽穴捡渠,一律净尽,不得稍涉迁延,意存粉饰。其大名各属匪众,并著胜保派兵搜剿,速行翦除。即著文煜严饬地方文武一体会剿,严扼北犯,傥有疏虞,惟文煜是问。将此由六百里各谕令知之。

——《清穆宗实录》卷一二,咸丰十一年十二月戊午。

十二月初六日

〇上谕

谕议政王、军机大臣等:

有人奏,豫省归陈汝光,与皖省连界,并无关隘山水之险,若但防守豫境,不能处处弥

缝,不如因时乘势,合皖豫两省进剿。直东连界之教匪,及曹州所属会匪,无异捻匪,均应限以腊、正两月扑灭净尽,不可坐失机会。各等语。皖捻窜扰东豫,地方屡受其害,现在虽经回巢,而南捻已由砀山窜至单县。傥明春大股纷窜,则剿办愈形棘手。若能捣其巢穴,慑以兵威,则匪踪自不敢远出,实胜于分兵防守。归陈等处情形既松,防兵亦可进剿。袁甲三办理捻匪,是其专责,著即会同严树森、毛昶熙密筹机宜,分路进剿。总当以今腊明正迅速办理,为先发制人之举,不可稍涉迟缓。在事将弁如能奋勉立功,必当破格优奖。即该大臣等能剿除大股捻逆,亦必荣膺懋赏。直东教会各匪,现经僧格林沁等剿抚兼施,但东昌、曹州等处贼匪尚属不少,大名尤为北路关键,若不趁此捻逆未出巢之前迅速埽荡,则胜保所招之刘占考等,明春捻逆窜及山东,必至乘势反覆。著僧格林沁、胜保、谭廷襄妥筹会商,四面兜剿,净绝根株,务于腊、正两月一律荡平,断不可坐失机会。若将就了事,刘占考等于明春或有反覆,而大名等处贼匪未能肃清,以致窜入临洺关,或扰及山西完善地方,则由何人贻误,朕必严行查办,不能宽宥也。原折著钞给阅看。将此由六百里各谕令知之。

——《清穆宗实录》卷一二,咸丰十一年十二月己未。

十二月初七日

○谭廷襄奏

据代理单县知县周存庚禀报,南捻出巢,已抵单县,十一月二十六、七等日尚在该县东乡梁家洼、杨家洼一带盘踞,边马四出,攻扑民寨,据被裹难民供称,该逆俟后股黑旗贼首赶到,商议北窜等情。查黑旗贼首即系秋间剿败一股,其为计图报复无疑。僧格林沁现已驻军曹州,国瑞闻亦回抵长沟,即可移师进剿。是北路及东北均有大兵堵御,惟该逆究扑何处,尚难豫料。臣接胜保函称,拟由馆陶前往南乐,恐其所带马步逐渐赴皖,臣昨咨胜保,与僧格林沁并力曹南,仰祈饬下钦遵办理。臣即日起程,驰往东昌,妥筹堵御。

——《钦定剿平捻匪方略》卷一二四,第16—17页。

○上谕

谭廷襄奏,南捻出巢,尚在单县一带盘踞,边马四出,攻扑民寨,拿获被裹难民供称,匪等商议北窜等语。现在僧格林沁驻军曹州,国瑞之军亦回抵长沟,即可移师进剿,是北路及东北均有大兵堵御。惟该逆究从何路窜扑,尚难豫料。胜保现在馆陶,将欲移军赴皖,节经谕令务将北路肃清方可他往,谅其所带马步各军未即起行,著该大臣等即乘此机会,并力曹南,以为一鼓歼除之计。谭廷襄现赴东昌,著将续探军情即行径报僧格林沁、胜保军营,会商办理,庶可联络一气。总期先发制人,务须先将此股败匪殄尽,方可乘势捣其巢

穴,净绝根株。该大臣等谅能同心戮力,迅奏肤公,毋失事机也。将此由六百里谕令知之。

——《清穆宗实录》卷一二,咸丰十一年十二月庚申。

十二月初八日

○上谕

胜保奏续派官军截剿彰卫窜匪,并拟赴直豫交界督率调度一折。东省捻首焦克涓等股匪,由开州窜入豫省,直扑卫辉,经严树森派兵击剿,杨飞熊等统带劲旅,驰往迎击。胜保前已派兵勇四千余名赴豫助剿,现复派赵喜义带勇一千一百余名,驰赴彰怀一带,相机迎截。著即饬令管带兵勇之记名副都统乌勒兴阿等,会同豫省兵勇,将此股贼匪迅速埽除,毋令再行纷窜,致滋延蔓。现在豫省及胜保所派兵勇为数不少,足敷剿办,胜保自可毋庸带兵亲赴直豫交界督剿。此时南捻出巢,扰及曹单,较诸河北情形,更觉吃重。若再令贼踪窜入东省腹地,致各郡土匪蜂起,官军将有应接不暇之势。北路大局,关系非轻,著胜保仍遵前旨,即迅带兵勇驰赴曹郡,会合僧格林沁一军,将南捻悉力兜剿,尽数殄灭,永除巨患。胜保务当与僧格林沁和衷商办,共济时艰,以副委任。俟南捻歼除,再行前赴颍阜。将此由六百里谕令知之。

——《清穆宗实录》卷一二,咸丰十一年十二月辛酉。

十二月初九日

○上谕

上又命议政王、军机大臣传谕僧格林沁、胜保、官文、曾国藩、左宗棠、袁甲三、都兴阿、冯子材、田在田、毛昶熙,直隶、江苏、安徽、山东、河南、福建、浙江、江西、湖北、四川、广东、广西各督抚曰:

毛鸿宾奏,缕陈招勇流弊,所奏均属可采。用兵之道,择将为先。求将之道,当量其识之短长、才之大小,以为器使。且该督抚及统兵将帅诚能虚心采访,何地无才?不必湖南之人始能充勇,湖南之勇始能杀贼,嗣后各直省督抚及各路统兵大臣,务当认真选将,就地取材,各就各省,按照湖南募勇章程妥为办理。其所派募勇之将领,尤须酌量该员才具果能带勇若干,方令其募勇若干,庶因材器使,不致统率无方。至所募之勇,籍贯、来历尤应认真严查,不得以游手之人滥竽充数,尤不得上下相隔,竟至将与勇两不相识,一旦有警,贼匪得以混入勇中,无从觉察,以致贻误事机。湖南、湖北所募之勇,在各军营率多勇敢善战,各省如有前赴湘鄂募勇之员,并著知会该二省督抚随时察看,如有前项弊端,即行

参办。

——《钦定剿平捻匪方略》卷一二五，第6—8页。

十二月初十日

〇僧格林沁等奏

僧格林沁、西凌阿、国瑞奏言：

臣僧格林沁、臣西凌阿驻扎曹州府东南大屯地方，探得南路相距二十余里尚有大股会匪盘踞。正拟督军进剿，十二月初一日，臣国瑞督领翼长舒通额马队到营，值大股马步贼匪列仗来扑，距营较近，臣西凌阿、臣国瑞即带领马队迎剿。行至张家塘地方，该逆马步约六七千人直前扑犯，我军奋勇进击，贼遂败退，官军追杀三十余里，歼贼四五千名，并毙贼目数名。初三日，探得曹县马家集系逆首焦桂涓老巢，即日移营进剿。甫至马家集，南捻刘添详等带领马步贼万余前来援应曹属捻匪，已至袁家围、李家集盘踞。臣国瑞遂带步队炮位攻剿马家集贼巢，臣西凌阿先带马队前往袁家围进剿，臣僧格林沁亦带马队策应。该逆列队北来，众约一万余人。臣西凌阿指挥马队包抄，该逆拌死迎拒，因我马队奋击，贼即溃败，歼毙甚多。该逆有窜入袁家围藏匿者，有向西、南两路窜逃者。其西窜之贼，经翼长舒通额等带领马队追剿。南窜之贼，经副管恒龄带队追剿。臣等督领营总富和、苏克金搜杀袁家围及附近各村隐匿贼匪一千余名，救出难民五百余名，分路追杀二十余里，共毙贼三千余名。据难民供称，大小捻首已被我军杀毙十余人，并称黑旗李加膺等股尚有接踵前来之信。

臣国瑞复督步队炮位进攻马家集贼围，围内贼匪逼胁居民死守，我军开放大炮，击毙多名。旋据难民报称，贼匪全向南窜，现在围内俱系良民。臣西凌阿、国瑞各带马步队伍追剿，贼踪已远。因魏湾地方尚有贼首董执信聚集大股盘踞，各处败匪均归该处合伙，是以撤队，暂缓追击，以便剿办魏湾之贼。

至臣僧格林沁前奏俟曹属荡平酌量移扎东昌，查东昌之阳谷、寿张、范县，经臣国瑞剿抚兼施，现无贼踪。曹属会匪众多，贼围林立，虽经叠获胜仗，尚未能一律肃清。况南捻经此次惩创，后股是否续来，殊难豫定。如全军撤驻东昌，恐曹属会匪潜滋，皖捻复行思逞，兵力不克兼顾。臣僧格林沁暂难移扎东昌。惟军情随时变更，傥届期或可分兵，再行具奏。至谭廷襄能否驻扎东昌，应请旨令该抚臣酌量缓急，奏明办理。

——《钦定剿平捻匪方略》卷一二五，第9—12页。

〇上谕

僧格林沁等奏剿办曹属匪众、并迎剿皖捻连获胜仗一折。曹州会匪，盘踞大屯南路一

带，经僧格林沁饬令西凌阿、国瑞带领马队迎剿，毙贼四五千名。复进剿马家集逆首焦溃涓老巢，维时曹属捻匪已至袁家围、李家集盘踞，西凌阿先带马队往袁家围进剿，该逆败窜，复经翼长舒通额等跟追二十余里，毙贼三千余名。其马家集贼围，经国瑞带队进攻，贼匪乘夜逃窜。办理甚为得手。著该大臣仍督饬国瑞等军实力搜剿，以清余孽。

——《清穆宗实录》卷一二，咸丰十一年十二月癸亥。

〇上谕

僧格林沁奏称，东昌、阳谷等处现无贼踪，曹属会匪尚未一律肃清，南捻是否续来，殊难豫定，傥全军撤驻东昌，恐兵力不能兼顾等语。自属实在情形。著该大臣等仍遵前旨，会合胜保，先将曹南股匪悉力殄除。又据翁同书奏称，闻苗沛霖向人传说，捻匪于明年正月十六日出巢等语。该匪四出窜扰，往往先为扬言，自应豫筹堵剿。著僧格林沁、胜保、文煜、谭廷襄、严树森、毛昶熙妥为筹备，督饬各军并各要隘文武员弁探踪迎击，总须以剿为防，为先发制人之计，捣穴捡渠，尽歼丑类，方为一劳永逸。切不可有此疆彼界之分，以追贼出境，自了门面，致蹈从前积习。将此由六百里各谕令知之。

——《清穆宗实录》卷一二，咸丰十一年十二月癸亥。

十二月十四日

〇谭廷襄奏

查曹县西通河南兰考，西北为黄水决口漫淹之处，对岸系直隶东明、开州，迤北即山东之濮范。前因土捻各匪围攻曹县，经臣派参将定顺往援，适因南捻来犯，未能前往。幸有胜保派驻刘口之游击王天保带勇一千二百名驰至曹城，始获稍定。此时南捻屯聚曹县魏湾一带，逼临河岸，未知所向，应请饬下直豫两省加意严防。僧格林沁大军在曹县东北，与该逆相距不过百里，本境土围林立，跬步皆贼，必须节节埽荡，未必遽能深入。胜保军在河西，如由开东直趋曹境，自可两路夹攻。第河北尚有倪和尚、吴锡溃等匪由开州扑犯豫省，探闻分为两股，一窜怀庆，一窜汤阴。豫军副将杨飞熊等带兵迎击，逼使东归。如由旧路回巢，则开东为过河之处，大名与东昌沿边均属吃重。胜保之军因此牵掣，应从何路进兵曹属，尚待酌商。臣东昌一军共只三千余人，半在张秋、范县防河，半在东昌沙镇，控扼北路，一时不能移动。如杨飞熊一军及胜保派往兵勇将该匪击退回窜，直东边界自应认真夹击。

——《钦定剿平捻匪方略》卷一二六，第3—4页。

〇上谕

谭廷襄奏，南捻屯聚曹县魏湾一带，逼临河岸，未知所向，请饬直豫两省加意严防等语。僧格林沁前奏，魏湾地方有大股贼匪盘踞，拟即进剿等语。现在该处捻踪麇聚，与僧格林沁大营相距甚近，而本境贼围林立，著即督饬兵勇，节节搜剿，毋令纷窜。胜保军在河西，应由何路进兵曹属，俾得两路夹攻，即著迅速筹商。并著文煜、严树森严饬所属，认真堵剿。谭廷襄现驻东昌，亦宜一体严防。至窜扰河北股匪，经严树森派令副将杨飞熊等迎头截剿，胜保亦派兵勇跟追，如该匪击退，回窜直东边界，该大臣等务当合兵夹击，务使东昌、曹州两郡之匪尽拔根株，庶进捣捻巢，不至有回顾之虑。想该大臣等必能和衷共济，迅奏肤公也。将此由六百里各谕令知之。

——《清穆宗实录》卷一三，咸丰十一年十二月丁卯。

〇谭廷襄奏

臣于十二月初五日驰抵东昌。查教匪多隶东昌，会匪全在曹属。此次教匪中首要各犯歼毙而外，如从世钦、程顺书、雷凤鸣、杨鼓龄、张玉淮等均已悉数投诚，当即挑选精锐，饬令从征，余归地方安插。该降众多非良善，平日杀人焚掠，积怨已深，一旦无事而归，难保不生别衅。臣已拣派贤能委员分赴濮、范、观、朝、莘、堂、冠、馆等属，会同地方官亲赴各村，逐加开导，饬令乡团保结，并谕以业经恩施法外，准予自新，即当尽释嫌疑，不得挟仇生事，傥保结后降众不安本分，仍当予以创惩，一面安抚难民，清查保甲，整饬团练，搜捕盗贼。如地方官及委员等办理不善，草率从事，定即严参，以重责成而安反侧。其遁入水套之贼，兵力本难遽及，先经署范县知县过瑞云招令匪首刘有翌、丁淑堂投诚，当即委员在彼斟酌办理，如能悉数安抚，自可稍省兵力。容俟体察情形，再行奏报。曹州府属贼巢林立，僧格林沁自移营菏泽后，节次进兵，攻破郭秉钧等老巢，正在得手，而南捻复又北来。现据单县知县禀报，南捻围攻县城，经该员督率兵团竭力抵御，叠次捡斩，捻逆已于十一月二十九日西窜曹县，计距僧格林沁驻军之处不过百里，臣已飞咨僧格林沁、胜保会商剿办。

——《钦定剿平捻匪方略》卷一二六，第5—7页。

十二月十九日

〇胜保奏

捻匪巢穴，东路则在徐宿，西路则在蒙亳。欲捣捻巢，必须分兵两路，同时并进，方能得其要领。若专在北路防堵，则捻众此出彼归，迄无肃清之日。臣愚以为，今日急务，惟有

遵旨驰赴曹属，与僧格林沁合力剿办，会商妥协后，臣即当取道曹单，直趋归德府，就近攻剿豫境捻巢，如赵浩然等股，逐节埽荡，即可进薄蒙亳，兼办苗沛霖抚事。其徐宿境内，如刘添详、刘添幅等捻巢，或即由僧格林沁督兵前往，会合田在田进捣。臣现已将窜豫捻股截杀殆尽，惟因后路饷项支绌，拟即驰回大营，将一切事宜料理完竣，取道东昌，前赴张秋镇，亲督调度。查张秋滨临黄河，西南距曹州、东距东平皆百余里，在金乡、单县正北，为北窜要路。俟臣到彼，酌量南捻情形，究竟窜扑何路，与僧格林沁再行酌夺，奏明办理。至东昌一带，已有谭廷襄驻扎，应即由该抚督饬地方官随时弹压搜捕。臣再留兵勇千名，与僧格林沁所拨马队五百名，统归该抚调遣。臣此时已出直境，粮运需人办理，原派总理粮台之直隶道员柏春，以直隶人员办理山东粮台，难期得力，应请饬下山东抚臣，于该省司道中选派明干之员来营接办，以免贻误。

——《钦定剿平捻匪方略》卷一二七，第12—14页。

〇上谕

胜保奏，接据各路探报，粤逆有图犯豫陕之信；及驰赴曹州，会同僧格林沁合力剿办，并将副都统萨萨布等禀呈览。具见谋深虑远，谅不以危词上耸听闻。惟豫省军务，严树森自任甚力，前已谕知该大臣毋庸分任，以专责成。现在该大臣驰赴曹属，会同僧格林沁合剿，即著将各属匪徒灭除净尽。曹属距直隶甚近，关系北路门户，若不克期埽荡，为所牵掣，岂能南下。但不可希图迅速了事，仍留后患。僧格林沁等谅知以军务为重，当和衷商酌，通筹灭贼之方，毋致彼此各存意见。至胜保应否亲赴张秋镇调度之处，并著酌量情形，会商办理。谭廷襄所需兵勇，即由胜保派给千名，驻扎东昌，以资弹压。胜保赴东省后，粮台委员即著谭廷襄派员办理。所需饷银，并著该抚于藩运两库内拨给银二万两，务于年内解到，以济要需，毋稍迟误。将此由六百里各谕令知之。

——《清穆宗实录》卷一三，咸丰十一年十二月壬申。

〇毛昶熙奏

内阁学士毛昶熙奏言：

今天下大患，粤匪与捻匪而已。然粤匪初起，由两湖扰至江皖，沿途裹胁，皆剽疾善战之人，故其锋甚锐。今安庆、舒、桐已为我军克复，江北可望肃清。长发老贼日少一日，现虽窜扰江浙，亦不过苟延性命，不足为心腹之患也。惟捻匪皆产于江北，风气强悍，素习争斗，且实繁有徒，以旗计者十余，以股计者百余，以圩计者千余。近日汝光土匪应之，濮范土匪应之，曹单长枪会匪复应之，党羽日众，渐成燎原之势。若不亟筹扑灭，何以靖东豫而卫畿辅？

臣窃观向来办法，未能得其要领者，其误有二：

一则误于专言防堵也。夫捻匪出巢，必纠集五色杂旗，或分三路，或分五路，同时内扰。而一路之中，又分多股。我如分路堵之，则兵分力单；如合力堵之，则此剿彼窜。盖堵之一法，止可用于有险可守之区，如豫省虎牢、黑石二关及老犍坡等处是也。至颍徐归陈，平原千里，毫无险阻，犹之院本无墙，而犹袭守门遏盗之说，不亦谬乎？

一则误于无成算而轻战也。夫贼之出窜，其众数倍于我，其马则十倍于我。若毫无把握，即欲侥幸成功，一经挫败，我军气馁，贼焰愈张。上年豫省野猪冈之败，良将劲兵大半陷没。本年抚臣严树森远招近募，训练讲求，借将于楚，招勇于湘，可谓不遗余力矣。虽渐有可观，尚觉元气未复。

至于会合各路兵力，直捣老巢，实为平贼要策。臣驻兵宋郡，去亳尤近，俟各路进兵有期，自当策励各军，会合进剿。但就现在时势言之，恐各路官兵仍难克期会合。盖皖捻虽以张落刑为盟主，以刘狗、苏添才、姜台凌、王怀义、宋濬沅为大股，其实则各统其众，各居其巢。陈宋颍寿淮徐之间，地方数百里，实无处非贼巢。各路肘腋之间，贼窟尚多，次第埽除，尚难净尽。即以归德而论，除夏秋间经臣督率将弁攻克洪楼、周堂十余寨外，现在全力围攻金楼、马厂二圩，尚未得手，皆贼巢之当豫冲者。此外涡河以北尚有贼圩数十座，均须节节埽荡，然后进兵亳东，方无内患。若绕过小捻各巢，径捣大捻老巢，未始非揿渠歼魁之计，但越近攻远，恐远贼坚守堡寨于前，近贼断我饷道于后，不出十日，我军自溃。此会捣老巢之举恐难克期集事也。

而臣窃谓，捻匪有可平之机，制捻有万全必胜之策。谨为我皇上陈之。

查捻匪有每股捻首所养马步常贼不过二三千人，余则各处各圩，无事之时，不惟此股与彼股未尝聚处，即一股之中，其捻首与小头目亦各散居，故其势常分。其出窜也，必先装旗；其装旗也，必先演戏，纠约各圩匪目及外股捻首，议定每圩出人若干名、出马若干匹，约会于某日至某处聚齐，然后分股肆扰。故常十余日始能出窜。大约贼之窜山东者，多在保安山、龙山等处聚齐；贼之窜汴梁者，多在小柰集、大寺集等处聚齐；贼之窜陈州者，多在南十字河、张信溜等处聚齐。此数地者，皆逼近亳州，故亳州者，贼之吭也。为今之计，莫若择重臣素有威望者，统步队二三万人、东三省马队数千人驻扎亳州城内，专办剿捻事务，用春秋吴臣伍员多方误楚之法，将所部马步分为数起，轮流叠出，循环不断冲突于各捻圩之间，遇边马则歼之，遇辎重则焚之，使亳捻各股大匪无从勾结，即本股诸圩亦声息不通，惴惴自守，日防官兵之至，自不能装旗出窜，肆出打粮。不出两月，饥溃立形，然后以重兵次第围攻大股，贼无外援，必易得手。大股既平，则小股胆落，兼用招抚，立可解散，不必尽烦兵力矣。且归德附近小捻本易平灭，无如亳东大股动辄来援，往往功败垂成。秋冬以来，我兵围攻金楼、马厂二贼圩，志在必克，臣方谓功成在指顾矣，乃刘狗、宋濬沅、杨瘸汰、苏

全等大股统众来援，致未得手。至今思之，犹为痛惜。一路如此，各路可知。若亳城之内驻有重兵，则各股大捻自顾不暇，必不肯舍己救人。臣可乘此机会，攻剿涡北各圩，各路军营亦可埽清肘腋，会合进兵，直捣亳东，削平巨患。

查现在统兵大员，威望素著、为各巨捻畏惧者，无如科尔沁亲王僧格林沁一人。盖捻马虽多，不过藉以冲突，其实马上之贼毫无技艺，万不能当我东三省马队。僧格林沁一军马队本多，其管带将弁又多骁勇之材，故徐亳各捻无不闻而丧胆。上年僧营甫扎济宁，而亳东捻匪已多薙发潜逃。维时巨逆赵浩然恐大兵至亳，即纠集各股头目径赴东省，为牵掣我军之计。不幸官兵失利，贼势复振。自是之后，亳捻之赴山东者络绎不绝。其拒兵于境外者，实恐进兵于州城也。至山东新起之匪，不过为亳捻所煽惑，如僧格林沁统领重兵进扎亳城，则亳捻不敢远出，山东土匪其势自衰。胜保统带重兵现驻濮范，距曹单一带甚近，自可就近归其剿办，以专责成。至徐宿一带土著本少大捻，其向由该处窜扰山东者，亦系亳捻居多。若亳捻势蹙，自可无虞。即间有零星土捻窜扰东境，亦可责成田在田、吴棠，会合胜保兵勇前后扼截，以固北路。俟东境全清，即行会合各路大兵直捣老巢。臣所部兵勇虽止五千，亦当策励各营，会合截剿。

——《钦定剿平捻匪方略》卷一二七，第 15—22 页。

〇毛昶熙奏

亳州为各捻汇处，即为北防扼要之地，诚有重臣统兵驻扎，则各股巨捻自救弗遑，无暇窜豫，亦无暇窜东。外来之大贼既绝，内地之小匪易平。是扼亳州正以靖豫东，靖豫东正以卫畿辅。拔本塞源，提纲挈领，较之随处补苴，似有把握。本年十月间，僧格林沁前军偶至萧境，其时永砀蒙亳间奸民无不惕息，我军已有破竹之势。嗣闻此军回东，远近绅民无不失望。至蒙亳百姓皆有天良，何以从贼日众、甘心叛逆？总由贼匪太近、大营太远，蚩蚩之氓，不堪掳掠焚杀之苦，勉强附从，并非本心，实为可悯。况其间良民堡寨多与贼圩犬牙错处，尚有甘受荼毒不肯从逆者。若不及时拯救，终恐尽陷贼中。傥蒙皇上天恩，特命重臣统兵驻亳，剿抚兼施，不但良民同心杀贼，即附贼堡寨亦将渐次就抚，辅助官兵。伏愿皇上速决大计，不必俟东境之全清，即先催重兵之进扎，则中原之完善可全，北路之防维永固。

——《钦定剿平捻匪方略》卷一二七，第 22—23 页。

〇上谕

毛昶熙奏请派重臣统兵驻扎亳州、专办剿捻各折片。览其所陈，于地势贼情均得要领。惟僧格林沁与胜保会攻曹南各匪，未即肃清，若移兵驻扎亳州，于事机有无妨碍。且

南捻出巢北窜之匪，能否悉行堵御，不至腹背受敌之处，著该大臣详阅原奏，熟审机宜，迅速覆奏。又据奏，请以直东股匪专归胜保剿办，是否足资堵御，并著一并覆奏。原折片著钞给阅看。将此由六百里谕令知之。

——《清穆宗实录》卷一三，咸丰十一年十二月壬申。

十二月二十日

○上谕

议政王、军机大臣字寄山东巡抚谭。咸丰十一年十二月二十日奉上谕：

有人奏，前任山东青州府知府王继廷办事认真，本年二月，捻匪窜至淄河，守土之吏力不能敌，自当以保守城池为先，乃该员因与清盛不合，遂被奏参。又前任翰林院编修孙毓汶丁忧回籍，未经派办团练，上年僧格林沁初至山东，情形未熟，误听卢朝安一面之词，责令督练剿贼，并筹饷十万，该编修辞以不能，致被参革。均与被参情罪不符，请饬查办等语。该员等被参情节有无冤抑，著谭廷襄详细查明，据实具奏。原片著钞给阅看。将此谕令知之。

钦此。遵旨寄信前来。

——《咸丰同治两朝上谕档》第11册，第590页。

○上谕

清盛奏请派员接办粮台一折。僧格林沁粮台，前命藩司清盛办理，现在清盛降调，即应交卸起程，著谭廷襄于东省司道大员内，遴选公正廉明者一员接办。其自六月后收支各款，仍应责令清盛赶紧造册报销，毋任稍有含混，以重帑项。将此谕令知之。

——《清穆宗实录》卷一三，咸丰十一年十二月癸酉。

○毛昶熙奏

十二月初四日，捻匪刘添详、刘添幅等经僧格林沁大兵击败后，由东回窜，尚有八七千人，沿途勾结土匪数千，共有一万余人，将近归德境内。臣严饬前敌各营实力围攻，另派守备蒋东才等带领所部迎剿东路，一面飞饬参将陈禄兴带兵迎剿西路。复思贼众兵单，必须调团兜截，因饬归德各属官绅调集练丁，各就堡寨附近地方屯扎。初六日，贼分两股，一窜商邱之徐隆店，一窜商邱之李口集，每股六七千人。经徐隆店练长、训导王烺然等率团分道设伏，其时大雾弥漫，该匪向前行走，我勇伺隙包钞，枪炮齐施，贼众大乱，夺路狂奔。练勇乘势追杀，毙匪二千余人。其窜李口集一股，经武生李崇斌等乘雾迎击，轰毙贼目一名，

杀毙余逆五六百名，生擒一百六十三名。两股均经击败，余贼分窜坞墙集等处，经该集练长赵端木等带练出寨，四面屯扎，贼至齐出兜剿，杀贼一千余名，追击二十余里。又经石榴堌站寨练长、贡生卢儒范等联络团勇截击，杀毙一千余名，生擒捻逆三十余名。余匪欲由马头寺逃回老巢，经委员王之翰督同练总、县丞董敬仪等统领团勇，沿途追杀一千余名，生擒一百三十三名，内有捻首刘添增、二号雷二名，并红衣贼目五名。该匪四散逃奔，各寨练勇处处拦截，杀贼数百名至数十名不等。据擒贼供称，捻首刘添幅、刘添详，捻目徐本化，均被杀毙，各寨通共杀贼八千余名，生擒五百七十余名。查刘添详等大股捻匪意图由豫窜回老巢，经臣檄饬团练辅助官兵分途截剿，大获全胜，逆股歼除殆尽，刘添幅、刘添详二逆均被阵斩，宋郡团练实属奋勇，异常出力员弁勇丁，容臣汇案请奖。

——《东华续录》同治四，第 49—50 页，咸丰十一年十二月癸酉。

〇上谕

毛昶熙奏亳捻大股回窜老巢、扑扰归德，经官兵团练分头截击，全股扑灭殆尽一折。前窜山东之刘添祥、刘添幅大股捻匪，经僧格林沁大兵击败后，该逆回窜老巢，沿途勾结土匪，一万余人扑扰归德，经毛昶熙调集乡团辅助官兵分头截击。本月初六日，贼分股窜赴商邱徐隆店、李口集等处，练长王琅然等设伏包抄，杀贼二千余人，将该逆两股击败。余贼分窜坞墙集等地方，复经练长赵端木等迎头兜杀，毙贼二千余人。败窜余匪欲由马头等逃回老巢，委员王之翰督团追杀一千余名。该匪四散逃奔，各寨练勇处处拦截，杀贼数百名至数十名不等，并将刘添幅、刘添祥临阵杀毙。此次毛昶熙调集乡团击剿大□捻匪，竟能合力歼除，斩馘至八千余名之多，办理甚为得手。仍著督饬兵练，乘胜进剿，将败残余匪悉数殄除，直捣该逆老巢，毋留余孽。在事尤为出力之候选县丞董敬仪，著以知县不论双单月选用。吴丕勋著赏戴蓝翎。生员赵相如、刘行三、金冠贤，均著以训导不论双单月选用。府经历王之翰、陈庆云，均著赏加五品衔。贡生卢儒范，著以盐知事不论双单月选用。训导陈嘉□，著赏加盐提举衔。五品蓝翎赵端木，著以千总归标拔补。武生李崇斌、外委赵得章，均著以把总归标拔补。其余出力员弁勇丁，著毛昶熙汇案择尤保奏，候朕施恩。

——《清代起居注册（咸丰朝）》第 57 册，第 34764—34768 页。

〇僧格林沁奏（节录）

……奴才僧格林沁军营，前于六月间，有张上达自称江苏候补道员，两次呈递信函，语多狂妄，且言或月内有特恩赏按察使衔、帮办奴才军务，其余所称各词，尽属无（嵇）[稽]之语。正在查办间，旋据办理江北粮台盐运使乔松年禀称，张上达给该司信函，有准于七月督师南下，杀李牧如杀小鸡，嘱令将李牧收管。该司以张上达系江苏候补知县，前在江南

粮台当差，藩司杨能格曾派该员收放兵米，访闻勒索使费，因尚未入已，从宽免参，记过结案。其所指李牧，未指何名，查有李庆琛，业经保升知府，现经江苏巡抚薛焕调赴上海，或系此人，抑或另有所指。该员如有屈抑，不妨指名控告。所写江苏候补道之衔，江苏候补道中并无此人。抄录原信，禀请核办前来。查抄录信内即称书到即复、径送奴才军营，大书"钦差帮办军务张行营告投"字样，种种情形，殊属妄谬，自应认真查办，当饬兖沂曹济道卢朝安将该员访获，并转饬查询，该员究系何职，有无部照，并由何处前来，有无路票。讵意该员不服查询，复经具禀，哓哓置辩，当经奴才札饬卢朝安，传知先行摘去该员顶戴，令其据实禀覆。乃该员叠次具禀，一味狡猾，查取捐道部照，则称仅有实收，存放登州寓所；其路票，又据禀称现存蓬莱，情形更属支离。随经奴才咨行吏、户二部，查明该员是否捐升道员，曾否发给部照。并派员赴该员寓所，查点有无别项字迹。旋据搜出该员所拟奏稿、乩语及刊刻禀词等件，尤属胆大妄为，当因济宁防剿吃紧，该员既敢造言生事，诚恐煽惑人心，当将搜获奏稿等件咨送山东巡抚收存，并将张上达解交按察使衙门严加看管。复据卢朝安续行搜出张上达乩语及致胜保、谭廷襄信函等件，查信内称，军机章经许传旨前来，将派办军务，先命轻车驰往奴才军营候旨，并查看情形，密陈一切之语。其起获张上达所开清单内，有军机传旨密信等件，当即检查，并无军机密信。随饬卢朝安查明禀覆去后，兹据禀称，行查原派委员，据称于张上达起解赴省之时，将各件起获呈送，并无遗漏失落。至张上达所开清单，亦即查询该员，语涉狂迷，不容查问等情。又准吏、户二部覆称，该员因捐道员银数不敷，改捐知府，已于咸丰九年十二月将执照颁发江南河道总督等因前来。查张上达以江苏候补知县，捐升知府，辄称道员，投递信函，语多狂妄，虽系情近疯颠，但该员胆敢捏称即日有特恩赏按察使衔、帮办军务，并致乔松年信函即称督师南下欲杀李牧，其起获致胜保等信内又称军机章京许传旨将派办军务、先命驰往军营候旨，并查有乩语等件，殊干法纪。至单内开有军机传旨密信，查无其件，显系有心狡卸。其军机许章京有无其人，亦应讯究。此案在外难以讯结，除将所递禀函及续获各件咨送山东巡抚，派员将张上达前次起获乩语等件一并解送刑部外，相应请旨，将改捐知府张上达交刑部审明办理……

——录副奏折，档案号03-4231-087。

十二月二十三日

〇上谕

贾臻奏发捻各逆趋扑颍郡、贼势猖獗，请饬催南北援军兼程来颍一折。僧格林沁与胜保方并力曹南捻股，未知能否克期殄除，酌量南下。贾臻所请饬催胜保与其所派前队总兵成禄一军兼程南向，现在曹南剿办正当吃紧，该处为北路藩篱，所关尤巨，胜保之军断不能

全数即行。若如前奏,轻骑而南,或仅恃成禄所带一军,又恐不能制贼。万一稍有挫失,致堕北路兵威,甚为非策。本日业经先行寄谕官文等,迅筹拨兵救援。第恐发捻并力来犯,尚未免贼众兵单,著僧格林沁、胜保会合妥筹。现在曹南剿办曾否廓清?前据毛昶熙奏,请兵移驻亳州,已交僧格林沁详细核议是否可行,抑或于北路藩篱独力担承,使胜保能分身南下,于剿办发捻机宜能否确有把握,迅速相机筹办。总期南北兼权,毋致顾此失彼,方为妥善。并即确探颍郡情形,一并驰奏。将此由六百里各谕令知之。

——《清穆宗实录》卷一四,咸丰十一年十二月丙子。

十二月二十四日

○上谕档

交户部。

议政王、军机大臣面奉谕旨:僧格林沁奏,请饬户部,无论何款,先行拨解银十余万两,迅解来营等语,著户部速议具奏。钦此。相应传知贵部,钦遵办理可也。

此交。

——《咸丰同治两朝上谕档》第11册,第601页。

○上谕

谕内阁:

僧格林沁奏,哲里木盟长责任紧要,不能兼顾,另行拟员请简一折。僧格林沁住京年久,现在军营,恐贻误盟长事务,著照所请,所遗哲里木盟长员缺,著达尔汉亲王索特那木彭苏克补授。

——《清穆宗实录》卷一四,咸丰十一年十二月丁丑。

○袁甲三奏

据报西捻大股被北路官军剿败后,由宿西装旗,有与苗党勾结东窜之说。并以我军克复定远,兵力多赴南路,遂于十一月二十七日纠带马步贼四五千,窜至灵璧县之固镇一带抢掠焚杀,意在夺占要害。臣即饬副都统克蒙额、善庆,道员张汝梅,各带马队马勇由定远赶回,驰赴固镇,先行扼击,一面添派总兵张得胜等带领步队二千余人、炮船十余只前往堵剿,并饬署藩司张学醇带队前往会剿。该逆于浍河南岸孟家圩西面扎营一座,距我营仅五里。张得胜等于十二月初八日带勇围攻,抢过濠沟,立将贼营攻破,毙贼三百余名,被胁之孟圩练总次日来营投诚,情愿助剿。该逆复于北岸添筑贼营,欲为久持之计。十二日,克

蒙额等带领马队渡河,截其送粮之贼,杀毙数十人。贼出马步二千余人分两路包抄,善庆跃马驰击,毙贼无数。已革营总全福等带队合攻,贼遂败窜回圩。讯据捦贼供称,捻首任柱之弟是日被火枪轰毙,并云该捻首等意在清淮,恐被官军截击,是以在此死力相持,而以另股由灵璧县之虞姬墓一带东窜等语。臣已飞饬各该将领渡浍扎营,速行攻击。惟臣营兵勇只有此数,且分防各处要隘,抽拨甚难,子药粮饷均不充足,万不能移师远征。该逆如以另股东窜,则睢宿一带空虚,甚为可虑。相应请旨饬下署漕运总督,迅派劲旅前赴桃源一带择要扎营,以固清淮门户,并请饬令僧格林沁、田在田派拨马队,由北路确探进剿。

——《钦定剿平捻匪方略》卷一二八,第16—18页。

○上谕

谕议政王、军机大臣等:

袁甲三奏办理定远善后已有头绪,亟图联络楚师规复庐郡,及捻股窜扰固镇,另股东窜,请饬僧格林沁等派队扼剿各折片。捻首任柱等意在清淮,袁甲三已派将领渡浍扎营,惟兵勇分布要隘,不敷抽拨,如该逆果以另股东窜,则睢宿一带处处空虚,甚为可虑。著田在田派拨马队,由北路确探进剿,以牵贼势,毋令匪踪肆行阑入。僧格林沁剿办曹州匪徒,能否抽拨兵勇,兼顾睢宿,著酌度办理。并著吴棠迅派劲旅,前赴桃源一带择要扎营,以固清淮门户。至袁甲三驻临多年,专办捻匪,且兵勇不少,何以云抽拨甚难?意存推诿,殊属非是。著迅速添拨劲兵,层层布置,与田在田、吴棠等派出之兵联络声势,将败窜回圩贼匪奋力剿除,毋任牵掣。昨据贾臻奏颍郡危急情形,袁甲三本日奏报,仍未知贼匪欲犯颍州。临淮距颍郡不远,何以视同秦越?仍著懔遵前旨,与李世忠、贾臻会商援应。袁甲三惟当就现有兵力,酌量兼顾,不得专待客兵也。

另折奏,豫胜营勇粮不敷,请将月拨饷盐酌增一万包,自本年十一月为始等语。所筹自系实在情形。李世忠部下人数众多,而营饷久缺,岂能责其效力行间。著吴棠按照所请,饬运司乔松年按月运解,毋得有名无实,以资接济。至此项饷盐,原系一时权宜之策,毋令扰累商民。是为至要。

将此由六百里各谕令知之。

——《清穆宗实录》卷一四,咸丰十一年十二月丁丑。

十二月二十五日

○僧格林沁等奏

僧格林沁、西凌阿、国瑞奏言:

数年以来,南捻鸱张,江、皖、豫三省为之蹂躏。近又数扰山东,各处贼圩林立,蔓延数百里,逆匪数十万。我军若径抵老巢,该匪必结成死党,群相应援。况统师深入,万一饷糈不继,马步兵勇势将不攻自溃。是以臣等拟俟北路安帖,移营曹单,先顾东省门户,次及徐宿,以为南剿捻匪、北固藩篱之计。此臣等不敢躁进之实在情形也。

查曹属会匪叠经官军剿洗,屡破贼巢,剿办皖捻亦获胜仗,兵威已振。现闻菏泽、郓城、定陶、曹县等处俱无大股会匪屯踞,是贼匪渐知归正。臣等已饬各该地方官妥筹善后事宜,仍须搜查余匪,以净根株。曹县以西韩家集、魏湾盘踞贼首董之信等各股,经臣等督军进剿,该逆率领马步千余,均向西南逃窜。魏湾围内俱系良民,遂即安抚。董之信复窜王桥地方,臣西凌阿即督马队跟踪追剿。十二月初八日窜至睢州城北,绕城西行,初九日由城西向东南奔窜。臣西凌阿仍督兵前赴宁陵一带进剿,并经臣僧格林沁咨行河南巡抚严树森、帮办剿匪事宜毛昶熙督军截剿。臣西凌阿督军追至睢州,探悉董之信等率党无多,星夜奔窜,已投皖捻。匪首王振铎带领千余人随同董之信潜逃,因我军追剿甚紧,带众由东路绕越回窜,我军追至曹县大堤,该匪或逃回乡里,或悔罪投诚,王振铎已来营乞降,均即分别安插。臣西凌阿于十四日由魏湾一带搜捕余匪,十五日撤回马集行营。

其南捻刘添详等股,经我军击败后,余匪由虞城向南回窜。惟探报另股捻匪由鱼台县东南窜入湖团,初五日往北奔窜,在谢家庙、马家堌堆等处屯踞,臣等遂饬翼长舒通额等带领马队前往迎剿。十一日,该逆在白浮屠一带游弋,我军向该处进剿,贼于是夜退至单县迤东黄河北岸。及我军追至,该逆分为两股,一股往丰县迤南,一股往湖团。我军追至丰县迤南二十余里,屡有斩捦,遂将队撤回,会同地方官前往湖团,分别良莠,剿抚兼施,以期肃清地面。

其副都统德楞额往攻汴塘贼圩,节据呈报,逆首刘平业已潜回汴塘,该副都统调拨马步兵勇,会同吴棠进扎汴塘,叠次会剿,该逆负嵎死拒,未能得手等情。臣僧格林沁派委营总倭和管带大炮四尊运往助剿,仍饬该副都统会合吴棠兵勇赶紧进攻。

惟山东各处弹压土匪甚关紧要,臣等已将该省绿营官兵饬令署兖州镇总兵扎隆武全数撤回,并饬另选精壮数百名,会同德楞额剿办费县棍匪。至青、德满营官兵,亦令汉中镇总兵布克坦全数撤回,以资弹压。

——《钦定剿平捻匪方略》卷一二八,第22—25页。

○上谕

僧格林沁等奏曹属会匪渐次归正,现在分剿豫境窜匪南捻棍匪、筹议情形一折。曹属会匪叠经官军剿败,菏泽等处俱无大股屯踞。是贼匪渐知归正,著即饬该地方官,将善后事宜妥为办理,并搜查余匪,以绝根株。其南捻刘添详余匪及汴塘贼圩、费县棍匪,亦经该

大臣饬令西凌阿等分头剿办，著即饬令带兵各员迅速进攻，次第埽荡，以便移师前进。毛昶熙请饬该大臣以重兵驻亳州，据云可以制其死命，事机万不可缓，是否可行，著该大臣迅速筹奏。将此由六百里谕令知之。

——《清穆宗实录》卷一四，咸丰十一年十二月戊寅。

〇上谕

据僧格林沁奏，该营马队，迄今半载未发兵饷，步队亦积欠甚巨，饥寒交迫，各省解款甚属寥寥，请饬直隶等省将积欠月饷及指拨款项速解等语。僧格林沁一军，剿办山东捻土各匪，正当万分吃紧之时，若令停兵待饷，必至贻误事机。文煜等何得心存膜视，屡催罔应，置该营兵饷于不顾？著文煜、郑元善、英桂各将积欠僧格林沁军营月饷及指拨款项，懔遵前旨，陆续迅速筹解，源源接济，毋许再事稽延。傥仍前玩视，致误要需，惟该督等是问。将此由六百里各谕令知之。

——《清穆宗实录》卷一四，咸丰十一年十二月戊寅。

〇上谕

据胜保奏，拿获滋事练总宁左论，并访闻临邑县练长陈冠甲聚众抢掳、约期举事等语。宁左论戕害差弁，是否真心谋逆、思欲乘间起事？抑该弁有激变情事？陈冠甲杀害回民，是否彼此寻仇、互相斗杀？抑其中另有别情？文煜、谭廷襄于所属地方访闻易悉，著即密派员弁前往确探，知照僧格林沁办理。傥胜保所奏属实，即著派兵分投捦拿，以靖地方。将此由六百里各谕令知之。

——《清穆宗实录》卷一四，咸丰十一年十二月戊寅。

十二月二十八日

〇上谕

谭廷襄奏请将防河出力各员奖励一折。单内所开武生陈冠甲一名，已明降谕旨，照该抚原请给予奖叙矣。陈冠甲既据胜保奏参有聚众不法情事，何以此次谭廷襄将该练总列入荐章？其聚众不法情事如果确实，著该抚遵奉前旨，会同僧格林沁、文煜迅速派兵捦捕，并将所请奖励更正撤销，不得以奏奖在先，稍存回护。如其中另有别情，并著迅速具奏。至其手下人众，总宜设法解散，不至酿成事端，方为妥善。将此谕令知之。

——《清穆宗实录》卷一四，咸丰十一年十二月辛巳。

十二月二十九日

〇上谕

上命议政王、军机大臣传谕僧格林沁、谭廷襄曰：

前因贾臻奏，发捻各匪窜扑颍郡，势极狓猖，并据胜保奏，拟进扎张秋，埽荡东匪，当谕胜保派兵赴颍援剿。惟思颍州为淮北重地，贼势趋重，该郡贾臻力难堵御，且恐李续宜来皖需时，已谕胜保即日由豫赴颍，并令副都统遮克敦布驰赴直东交界，会同大顺广道王榕吉接办防务矣。山东东昌匪徒，经胜保等剿抚兼施，渐就肃清。其曹属会匪，据僧格林沁奏称，亦已无大股屯踞，渐次归正。第恐胜保赴颍以后，北路既无重兵，或至复形蠢动。僧格林沁现派西凌阿等剿办南捻刘添详余匪及汴塘等匪是否得手？其于直东交界能否兼顾？谭廷襄现驻东昌，自应将搜剿余匪及抚驭降众事宜妥为经理，并与遮克敦布等联络声势，毋令该省匪众再得阑入直境。胜保此行，事非得已，遮克敦布等威望较轻，是否可恃，尚难豫料。即著该大臣等将直东交界防剿事宜悉心会商，迅速奏闻。遮克敦布到防后，归该大臣节制，仍准其会同王榕吉奏事。

——《钦定剿平捻匪方略》卷一二九，第 11—13 页。

〇上谕

现因皖省颍郡军务紧要，谕令胜保所部兵勇，酌拨若干名留防直东，其余兵勇悉行统带，即日驰赴颍州办理防剿。惟直东交界一带贼匪，虽经胜保叠次惩创，而该逆时聚时散，出没无常。谭廷襄现驻东昌，兵力不敷分剿。僧格林沁远在定陶，亦属鞭长莫及。此时胜保前赴颍州，直东一带防剿事宜无人接管，北路空虚，亟应严密布置，以固畿辅藩篱。所有胜保酌留所部兵勇，著遮克敦布会同大顺广道王榕吉统带，和衷商办，妥为调度，务将直东交界一带土匪实力搜剿，毋令此拿彼窜。至大顺广道王榕吉，已令胜保传谕该员会同妥办。该副都统到后，著统归僧格林沁节制。所有剿匪事宜，准其随时相机办理。将此谕令知之。

——《清穆宗实录》卷一四，咸丰十一年十二月壬午。

〇僧格林沁奏（节录）

……奴才僧格林沁前因饷项支绌，曾于上年十一月札委天津道孙治，会同前广东按察使龄椿，于直隶办理劝捐事宜，并发给功牌，以为捐输奖励。所捐银两，或制备军器，或解赴山东粮台，接济兵食。年余以来，虽不甚踊跃，尚可稍补军需。现在天津道孙治奉旨升补山东按察使，所有劝捐事宜，必须会同本省现任人员办理，方能呼应较灵，相应请旨，敕

下直隶布政使暨通永道,会同该司龄椿妥为劝办,以期踊跃而裨军需……

咸丰十一年十二月二十九日议政王、军机大臣奉旨:钦此。

——录副奏折,档案号03-4328-100。

十二月三十日

○僧格林沁等奏

僧格林沁、西凌阿、国瑞奏言:

魏湾踞贼经臣等督军进剿,该匪闻风逃窜。十二月十七日,捻匪郭秉钧、焦桂涓等带领马步贼万余,由河西窜回东岸,径奔曹郡。菏泽县知县王朝翼带领官兵团练遇贼接仗,因众寡不敌,败回守城。臣等于十八日亲督马队前赴曹州迎剿,行至陈家集,探悉该匪已向西南五伯冈逃窜。臣等是日驻扎曹州迤西,十九日拔营紧蹑其后,自韩集、魏湾一带追至崔家坝迤南,见马贼二千余、步贼万余分三路向南奔窜,当即督饬马队,亦分三路冲击。该匪被剿穷蹙,复向南窜。我军由崔家坝追至黄河南岸龙门口地方,计程四十余里,沿途歼毙马步贼匪数千名,救出难民二千余名,贼首郭秉钧、焦桂涓等仅带马贼数百名向东南远遁,步贼歼毙殆尽。因时已昏黑,仍回魏湾扎营。现在曹属已无大股匪踪,只有各村逃回难民,已饬署曹州府知府林士琦妥为安插。臣等现因曹州一带渐就肃清,拟即日移扎单县,傥东昌一带余匪复聚,谭廷襄兵力不足,尚可抽拨劲旅前往会剿,以期保卫直东。

——《钦定剿平捻匪方略》卷一二九,第16—17页。

○上谕

谕内阁:

僧格林沁等奏剿办河西窜匪、歼除殆尽一折。本月十七日,会匪郭秉钧等由河西窜回东岸,径奔曹郡。经僧格林沁等于十八日亲督马队迎剿,直至陈家集。该匪闻风即向西南五伯冈逃窜,官军紧蹑其后,自韩集、魏湾一带追至崔家坝迤南,瞥见马步贼万余向南奔窜。我军分路冲击,该匪穷蹙,复向南窜。我军勇气百倍,由崔家坝直追至黄河南岸,沿途歼毙贼匪数千名,救出难民二千余名,夺获旗帜器械骡马不计其数。曹州府一带现已渐就肃清。剿办甚为得手。著即督饬员弁,分赴各团,实力稽查,搜捕余孽,毋令匪徒伏匿。

——《清穆宗实录》卷一四,咸丰十一年十二月癸未。

○僧格林沁奏

前奉谕旨,饬将移扎亳州情形迅速覆奏。查各股捻匪老巢多在宿州之西南、蒙城之左

右、亳州之东南一带，该匪若欲北来，由归德之永虞夏、徐州之丰沛萧砀直入山东之曹单鱼台，或由宿徐北至韩庄八闸。若重兵扎于亳州，偏向西南，北距曹州三百余里，以次往东，更虑鞭长莫及。若派队轮转进攻贼圩，使其不暇装旗北来，自应由西次第进攻，即使得手，距蒙宿贼圩尚远，东路捻众岂能坐以待困，势必由丰砀韩庄抄袭我军之后，我军不得不回顾北路。我军一动，亳州东南之贼势将尾随，受其牵掣，殊非善策。亳州屯兵之请，若保豫省则为良策；若卫东省，兼之北固藩篱，则不可行也。臣拟俟曹属肃清后即行移营单县者，正欲观皖捻之动静，剿抚兼施也。

至邹县教匪，本年四五月间进攻五次，未能得手，因该匪占踞险要，攻剿甚难，且彼时曹属会匪猖獗，不能不移缓就急，是以准令投诚，无非暂时羁縻，亦应有兵镇压，待南捻情形稍松，再行相机办理。

至滕峄棍匪，前经德楞额等招安刘双印、牛际堂等，现据该副都统禀称，因周克生为邱寿所害，降众复萌故智，接应汴塘之贼，臣现饬德楞额等详查起衅之由，俟辨明曲直，再行核办。如刘双印实系无故反侧，自应拨兵往剿。

河北教捻各匪，于本年五月、十月两次鸱张，贼众不过一两万，胜保所统之军暨谭廷襄所派兵勇未能立除贼氛。五月间臣令西凌阿统军前往会剿，十月复令国瑞督军前往，将两次大股贼匪痛加剿洗，胜保等方能办理得手，地方渐就肃清。以一两万之会教各匪，胜保尚不能独力剿除，又岂能当捻匪十余万之众？所有毛昶熙具奏胜保、田在田等扼截北路一节，尚未能深悉底蕴。

至胜保亲赴张秋镇调度之处，查寿张地面，前经臣与国瑞夹河剿办，一律肃清，近复叠次派员查看，居民照常安业，并无贼踪。其曹属一带，经臣等办理，渐已就绪，无须前来会剿。

——《钦定剿平捻匪方略》卷一二九，第18—21页。

〇僧格林沁奏

刘占考家属前经行营翼长赵康侯拿获，经臣札令解交曹州府看管。兹准胜保函称，该犯更名刘效忠，已经投诚，允将伊家属给还等情。查投诚会首刘占考素为元恶，勾结南捻，扰害乡民，今因势蹙投诚，尚未立有奇功，经胜保奏明赏给翎顶，得邀朝廷法外深仁。惟若辈狼子野心，如尽遂所欲，不特不知圣恩至重，亦恐曹属曾为所扰，民心不服。是以臣函覆胜保，应俟其剿贼立有奇功，即由胜保奏明请旨，赏还家属。是刘效忠一经剿贼，必与贼结怨，即可不致再生反侧。

——《钦定剿平捻匪方略》卷一二九，第21—22页。

〇上谕

谕议政王、军机大臣等：

僧格林沁奏审度军务机宜、遵旨覆陈一折。昨因颍州吃紧，谕令胜保督兵南下援剿，直东防务，令遮克敦布、王榕吉暂时接办，归该大臣节制。今据该大臣奏称，拟俟曹属肃清，即移扎单县，可以观捻匪动静，兼以固直东门户。筹画均甚周密。著即照所议办理。现在曹属已渐次肃清，该大臣即可统带大兵，节节进剿，俾南捻应接不暇，不敢窥伺山东。其遮克敦布等接办以后，该大臣仍须指授机宜，妥筹兼顾。

另片奏，刘占考家属暂缓给还等语。甫经投诚之刘效忠，昨已饬令胜保带赴行营。若辈狼子野心，自应照该大臣所拟，俟刘效忠剿贼立功后，再将其家属给还。

将此由六百里谕令知之。

——《清穆宗实录》卷一四，咸丰十一年十二月癸未。

《僧格林沁史料长编》编辑委员会

僧格林沁史料长编

第一册

王立新　白乌力吉　主编

本册点校者　王立新

黄山书社

2021—2035年国家古籍工作规划重点出版项目（第一批）
2023年度国家古籍整理出版专项经费资助项目

图书在版编目(CIP)数据

僧格林沁史料长编/ 王立新, 白乌力吉主编.—合肥：黄山书社,2024.2

ISBN 978-7-5737-1042-0

Ⅰ.①僧… Ⅱ.①王… ②白… Ⅲ.①僧格林沁(1811-1865)-传记 Ⅳ.①K827=52

中国版本图书馆 CIP 数据核字(2024)第 005302 号

僧格林沁史料长编

SENGGELINQINSHILIAOCHANGBIAN

王立新 白乌力吉 主编

出 品 人 葛永波
策　　划 葛永波 欧阳慧娟
责任编辑 欧阳慧娟 马奔奔
责任印制 李 磊
装帧设计 钱志刚
图画绘制 牟柏岩
标识创作 王 岩
出版发行 黄山书社
地址邮编 安徽省合肥市蜀山区翡翠路 1118 号出版传媒广场 7 层 邮编:230071
印　　刷 安徽新华印刷股份有限公司
版　　次 2024 年 6 月第 1 版
印　　次 2024 年 6 月第 1 次印刷
开　　本 787 mm × 1092 mm 1/16
字　　数 2300 千字
印　　张 111.75
书　　号 ISBN 978-7-5737-1042-0
定　　价 780.00 元

服务热线 0551-63533706

销售热线 0551-63533761

官方直营书店(https://hsss.tmall.com)

出版说明

本书收集的是关于晚清重要蒙古族将领僧格林沁的官方档案、史书资料。

僧格林沁(1811—1865),蒙古族博尔济吉特氏,蒙古科尔沁左翼后旗人,道光五年(1825)被选定为索特纳木多布斋郡王嗣子,承袭科尔沁左翼后旗扎萨克郡王,其后深得道光皇帝信任,先后任御前大臣、领侍卫内大臣等职。在咸丰同治年间成为清廷最倚重的将领。

道光二十年鸦片战争爆发,为防英军北上,次年十月,僧格林沁奉命周历直隶各海口,布置沿海防务。自鸦片战争起,清军在与入侵外敌作战中屡遭败绩。而1859年的大沽口之战,僧格林沁率领清军大败英法联军,迫使其狼狈逃往上海,取得了对外作战的胜利,在西方引起强烈震动。次年,做了充分准备的英法联军再次到达天津海口,由北塘登陆,占领京津,在此过程中,僧格林沁率军与之展开激烈战斗,最终战败。

咸丰同治年间,太平军、捻军相继而起,清朝统治遭受严重打击。在南方,清廷不得不起用曾国藩等对抗太平军,但仍心存猜忌;在北方,一直以僧格林沁为钦差大臣,统领满蒙官兵及各省兵练,与太平天国北伐军、捻军展开激烈争夺,以保京师,并制衡曾国藩等汉族督抚。咸丰三年九月初九日,授僧格林沁为参赞大臣,出京拦截太平天国北伐军。咸丰五年正月十九日,僧格林沁率军攻破连镇,林凤祥被俘,二十一日被封为博多勒噶台亲王;四月复攻克陈官屯,李开芳被俘,北伐军全军覆没。咸丰十年,僧格林沁奉命带兵镇压捻军,次年七月,谕令统辖山东、河南全省军务,并调度直隶、山西两省防兵,“直隶、山东、河南、山西各督抚提镇以下各官,及正白旗汉军副都统遮克敦布、礼部右侍郎毛昶熙、署漕运总督吴棠,均归节制。其蒙亳徐宿等处防兵,并著一并调遣”。因此僧格林沁是太平军及捻军的死敌,与曾国藩并称为“北僧南曾”。作为朝廷最倚重的将领,僧格林沁对当时的政局

有着多方面的影响。同治四年四月(1865年5月)僧格林沁战死,清廷不得不完全依靠曾国藩、李鸿章等汉族督抚维持自己的统治,外重内轻的统治格局形成。

本书整理者利用中国第一历史档案馆所藏朱批奏折、录副奏折、户科题本等档案史料,以及《清政府镇压太平天国档案史料》《鸦片战争档案史料》《第二次鸦片战争》等档案资料汇编,辅以道光以后各朝上谕档、起居注、实录、《东华录》,道光、咸丰两朝《筹办夷务始末》,和《钦定剿平粤匪方略》《钦定剿平捻匪方略》等,全面检索有关僧格林沁的资料,按时间顺序进行排列,在此基础上,对记载相近的资料予以甄别,对记载两歧的进行考证,相近者取其精,重复者求其善,并标点整理,最终形成《僧格林沁史料长编》。

僧格林沁没有著作存世,有关他的资料主要是各种官方文献。经过此番整理,有关僧格林沁的汉文官方记载,已基本收录。

另外,需要特别说明的是,本书绝大部分档案是清廷官方档案,其中包含许多对太平军、捻军等农民起义军的污蔑之词。对此我们持批判态度,绝不认同,只是出于古籍文献整理须坚持客观性原则,予以原貌呈现。

相信本书的出版,对于研究僧格林沁本人的经历、品性,对于研究太平天国、捻军以及第二次鸦片战争,乃至清代满蒙关系,均具有重要的价值。

黄山书社

2023年4月

凡 例

本书所收全部资料，按照时序排列。能确定年份而不能确定月、日者，系于当年之末；能确定年、月而不能确定准确日期者，系于当月之末。

书中所收上谕，系于朝廷发布指示的日期之下，其前冠以符号“○”。奏折分为两种：凡可确定奉批时间者，均系于奉批时间之下，其前亦冠以符号“○”，具折时间则标于奏折之末；只知道具折时间而无法确定奉批时间者，则系于具折时间之下，其前冠以符号“●”。其他材料，则系于原署日期之下，其前亦冠以符号“○”。

在整理过程中，力求展现文献文本内容。整理者认为脱漏之处，尽量予以补充，凡补充之文字，均置于[ ]之内；整理者认为原文中有衍出之文字，则加( )，以示删除；整理者认为原文有误，则将以为有误的文字加上( )，并将改正的文字置于[ ]之内。

奏折中的朱批文字置于【 】内；清朝皇帝在折内某些文字旁边加有圈点，整理时在原来加有圈点的文字之下加上着重号。

原文献中模糊不清、难以辨识之处，以□代替。

原文献中的小字，亦用小一号字排印。但行文过程中表示卑称的小字，如“臣”“奴才”等，则与正文字号相同。

清代的人名、地名、蒙古各部名称等，在不同的资料中表述不一，整理中不作统一。

异体字、通假字、避讳字、异形词尽量保留文献中的写法，同一语义，在不同的文献中有用字不一致者，如“挖”与“空”，“擒”与“捦”，整理过程中不作统一。

资料中所涉及的外国国名、人名等，多有加口字旁的，既不便于录入，又无实际意义，

整理过程中删去口字旁。如“暎咭唎”改作“英吉利”,“哦国”改作“俄国”,“咪国”改作“米国”,等等。

清代官方文献中,涉及皇帝、陵寝、谕旨等时,多有另起、抬格等处理方式,整理过程中一概不予保留。

总 目

第一册（道光五年—咸丰七年）

第二册（咸丰八年—咸丰十一年）

第三册（同治元年—光宣时期）

本册目录

道光五年

十月

十月二十五日

〇上谕

内阁奉谕旨：

索特那木多布斋无嗣，著将伊族侄僧格林沁继与索特那木多布斋为嗣，即承袭科尔沁扎萨克多罗郡王职衔。该部知道。

——《清代起居注册（道光朝）》第2册，第723—724页。

十二月

十二月二十六日

〇上谕

内阁奉谕旨：

索特那木多布斋之子僧（额）[格]林沁，著加恩挑在御前行走。

——《清代起居注册（道光朝）》第2册，第1320—1321页。

十二月二十八日

〇上谕

内阁奉谕旨：

科尔沁多罗郡王僧(额)[格]林沁,著加恩赏戴三眼花翎。

——《清代起居注册(道光朝)》第2册,第1333页。

十二月三十日

○起居注

上以除夕,御保和殿,赐朝正外藩筵宴。左翼科尔沁扎萨克土谢图亲王诺尔布林沁、卓里克图亲王噶勒藏栋罗布,喀喇沁扎萨克亲王品级都楞郡王和硕额驸满珠巴咱尔,浩齐特扎萨克郡王额林沁诺尔布,阿巴噶扎萨克郡王阿尔塔锡第,喀尔喀扎萨克贝勒沙克都尔扎布,喀喇沁贝勒托恩多,阿巴哈纳尔扎萨克贝勒巴勒楚克,土默特扎萨克贝子固伦额驸玛尼巴达喇,科尔沁贝子济克默特,敖汉镇国公固山额驸那木扎勒多尔济,乌珠穆沁镇国公都噶尔扎布,喀尔喀镇国公噶勒藏车林,科尔沁辅国公旺沁,喀喇沁扎萨克辅国公额外侍郎玛哈巴拉、乌喇特扎萨克辅国公多尔济怕喇木,归化城土默特辅国公齐鲁布,乌珠穆沁辅国公济克济特扎布,喀喇沁和硕额驸端岳特多尔济、布达锡哩,科尔沁头等台吉阿勒坦鄂齐尔,阿巴噶扎萨克头等台吉索诺多布沁,鄂尔多斯扎萨克头等台吉色楞德济特,喀喇沁扎萨克头等他布囊多罗额驸克星额、多罗额驸扎密扬多布丹,阿巴哈纳尔二等台吉伊达木扎布,喀喇沁二等他布囊德沁拉布斋,右翼科尔沁达尔汉亲王布彦温笃尔瑚,喀尔喀车臣(汉)[汗]阿尔塔什达、扎萨克亲王车林多尔济,阿拉善扎萨克亲王玛哈巴拉,科尔沁扎萨克郡王敏珠尔多尔济、僧格林沁,敖汉郡王斡咱巴拉,郡王品级贝勒回子哈迪尔,翁牛特扎萨克贝勒孟克济雅,杜尔伯特扎萨克贝勒雅林丕尔多尔济,郭尔罗斯贝子二等侍卫赓音苏,喀尔喀扎萨克镇国公索诺木旺楚克、辅国公敏珠尔多尔济,青海扎萨克辅国公伊什达尔济,喀尔喀扎萨克辅国公德勒克达什,附在察哈尔旗下和硕特辅国公桑鲁布多尔济,喀尔喀辅国公巴图图鲁,阿拉善公品级头等台吉囊都布苏隆,辅国公二等侍卫回子巴巴克霍卓,喀尔喀扎萨克头等台吉哈斯巴雅尔、达木丁车林,青海扎萨克头等台吉格勒克拉布丹,喀尔喀头等台吉多尔济拉布丹,二等侍卫回子克克色布库,喀尔喀三等台吉旺沁多尔济,附在察哈尔旗下土尔扈特三等台吉巴图蒙柯、四等台吉桑济,和硕特四等台吉丹巴多尔济锡拉布,及文武大臣并朝鲜国使臣依次就坐,诸乐并作,上进酒,余俱令侍卫等分觞授饮于坐次。众谢恩退,驾还宫。

——《清代起居注册(道光朝)》第2册,第1336—1343页。

道光六年

正月

正月十五日

〇起居注

上诣安佑宫行礼。辰刻，上御正大光明殿，赐朝正外藩筵宴。左翼科尔沁扎萨克土谢图亲王诺尔布林沁，卓里克图亲王噶勒藏栋罗布，喀喇沁扎萨克亲王品级都楞郡王和硕额驸满珠巴咱尔，浩齐特扎萨克郡王额林沁诺尔布，阿巴噶扎萨克郡王阿尔塔锡第，喀尔喀扎萨克贝勒沙克都尔扎布，喀喇沁贝勒托恩多，阿巴哈纳尔扎萨克贝勒巴勒楚克，土默特扎萨克贝子固伦额驸玛尼巴达喇，科尔沁贝子济克默特，敖汉镇国公固山额驸那木扎勒多尔济，乌珠穆沁镇国公都噶尔扎布，喀尔喀镇国公噶勒藏车林，科尔沁辅国公旺沁，喀喇沁扎萨克辅国公额外侍郎玛哈巴拉，乌喇特扎萨克辅国公多尔济怕喇木，归化城土默特辅国公齐鲁布，乌珠穆沁辅国公济克济特扎布，喀喇沁和硕额驸端岳特多尔济、布达锡哩，科尔沁头等台吉阿勒坦鄂齐尔，阿巴噶扎萨克头等台吉索诺多布沁，鄂尔多斯扎萨克头等台吉色楞德济特，喀喇沁扎萨克头等他布囊多罗额驸克星额、多罗额驸扎密扬多布丹，阿巴哈纳尔二等台吉伊达木扎布，喀喇沁二等他布囊德沁拉布斋，右翼科尔沁达尔汉亲王布彦温笃尔瑚，喀尔喀车臣汗阿尔塔什达、扎萨克亲王车林多尔济，阿拉善扎萨克亲王玛哈巴拉，科尔沁扎萨克郡王敏珠尔多尔济、僧格林沁，敖汉郡王斡咱巴拉，郡王品级贝勒回子哈迪尔，翁牛特扎萨克贝勒孟克济雅，杜尔伯特扎萨克贝勒雅林丕尔多尔济，郭尔罗斯贝子二等侍卫赓音苏，喀尔喀扎萨克镇国公索诺木旺楚克、辅国公敏珠尔多尔济，青海扎萨克辅国公伊什达尔济、喀尔喀扎萨克辅国公德勒克达什，附在察(喀)[哈]尔旗下和硕特辅国公桑鲁布多尔济，喀尔喀辅国公巴图图鲁，阿拉善公品级头等台吉囊都布苏隆，辅国公二等侍卫回子巴巴克霍卓，喀尔喀扎萨克头等台吉哈斯巴雅尔、达木丁车林，青海扎萨克头等

台吉格勒克拉布丹，喀尔喀头等台吉多尔济拉布丹，二等侍卫回子克克色布库，喀尔喀三等台吉旺沁多尔济，附在察哈尔旗下土尔扈特三等台吉巴图蒙柯、四等台吉桑济，和硕特四等台吉丹巴多尔济锡拉布，及文武大臣并朝鲜国使臣，随大学士、领侍卫内大臣以次就坐，诸乐并作，上进酒，外藩及使臣俱令侍卫等分觞授饮。毕，谢恩退。

——《清代起居注册(道光朝)》第3册，第1430—1437页。

八月

八月二十七日

〇上谕

内阁奉谕旨：

僧格林沁著加恩赏给紫缰。

——《清代起居注册(道光朝)》第5册，第2718页。

九月

九月十一日

〇实录

赏科尔沁郡王僧格林沁官房，并修费银五千两。

——《清宣宗实录》卷一〇五，道光六年九月己丑。

十二月

十二月二十九日

〇起居注

上以除夕，御保和殿，赐朝正外藩筵宴。左翼科尔沁扎萨克和硕土谢图亲王诺尔布林沁、卓里克图亲王巴图，巴林扎萨克亲王品级郡王索特那木多尔济，喀喇沁扎萨克亲王品级都楞郡王和硕额驸满珠巴咱尔，科尔沁扎萨克郡王僧格林沁，扎赉特扎萨克贝勒玛什巴图，扎噜特扎萨克多罗贝勒布木色楞，喀喇沁贝勒托恩多，土默特扎萨克贝勒济克默特扎

布、茂明安贝勒达木丕勒，科尔沁贝子济克默特，巴林扎萨克贝子多尔济帕拉玛，土默特扎萨克贝子固伦额驸玛尼巴达喇，喀尔喀贝子缊丹格鲁布，阿巴哈纳尔扎萨克贝子棍布旺扎勒，鄂尔多斯扎萨克贝子端多布色楞、桑斋旺沁、察克都尔色楞，郭尔罗斯扎萨克镇国公固鲁扎布，敖汉镇国公固山额驸那木扎勒多尔济，翁牛特镇国公乌尼济勒噶尔，扎噜特镇国公们多巴雅尔，科尔沁辅国公锡第锡哩，喀喇沁扎萨克辅国公额外侍郎玛哈巴拉，茂明安扎萨克头等台吉达特巴扎木苏，科尔沁头等台吉桑斋扎布，巴林头等台吉那木济勒旺楚克，喀喇沁头等他布囊布尼雅巴拉，科尔沁多罗额驸齐默特多布端，喀喇沁多罗额驸巴勒丹云丹，郭尔罗斯二等台吉扬咱巴拉，巴林二等台吉兼协理台吉扎拉沁扎布，阿巴哈纳尔三等台吉兼协理台吉达克丹旺布，喀喇沁多罗额驸扎那西哩、固山额驸布彦达勒格尔，右翼喀尔喀扎萨克亲王车林多尔济，阿拉善扎萨克亲王玛哈巴拉，科尔沁郡王多克默特，敖汉扎萨克郡王达尔玛济尔第，翁牛特扎萨克郡王拉特那锡第，苏尼特扎萨克郡王齐旺扎布，喀尔喀扎萨克郡王楚克苏木扎布、青海扎萨克郡王固木楚克济克默特，郡王品级贝勒回子哈迪尔，鄂尔多斯贝子赓音苏，阿拉善镇国公普尔普，喀尔喀扎萨克辅国公巴勒多尔济，扎崇回子巴巴克霍卓，阿拉善公品级头等台吉囊都布苏隆，喀尔喀扎萨克头等台吉桑济扎布、贡噶尔扎布，青海扎萨克头等台吉端多布，茂明安扎萨克头等台吉托克托琥，察哈尔扎萨克头等台吉恩克波罗特，头等台吉回子珂克色布库，土尔扈特协理台吉车登多尔济，察哈尔三等台吉拉特那巴咱尔、四等台吉贡楚克、车登波罗特、土萨土，土司丹紫江楚等二十六人，及朝鲜国、琉球国使臣依次就坐，诸乐并作，上进酒，余俱令侍卫等分觞授饮于坐次。众谢恩退，驾还宫。

——《清代起居注册(道光朝)》第6册，第3830—3837页。

道光七年

正月

正月十六日

〇起居注

上御正大光明殿，赐朝正外藩筵宴。左翼科尔沁扎萨克和硕土谢图亲王诺尔布林沁、卓里克图亲王巴图，巴林扎萨克亲王品级郡王索特那木多尔济，喀喇沁扎萨克亲王品级都楞郡王和硕额驸满珠巴咱尔，科尔沁扎萨克郡王僧格林沁，扎赉特扎萨克贝勒玛什巴图，扎噜特扎萨克多罗贝勒布木色楞，喀喇沁贝勒托恩多，土默特扎萨克贝勒济克默特扎布，茂明安贝勒达木丕勒，科尔沁贝子济克默特，巴林扎萨克贝子多尔济帕拉玛，土默特扎萨克贝子固伦额驸玛尼巴达喇，喀尔喀贝子缊丹格鲁布，阿巴哈纳尔扎萨克贝子棍布旺扎勒，鄂尔多斯扎萨克贝子端多布色楞、桑斋旺沁、察克都尔色楞，郭尔罗斯扎萨克镇国公固鲁扎布，敖汉镇国公固山额驸那木扎勒多尔济，翁牛特镇国公乌尼济勒噶尔，扎噜特镇国公们多巴雅尔，科尔沁辅国公锡第锡哩，喀喇沁扎萨克辅国公额外侍郎玛哈巴拉，茂明安扎萨克头等台吉达特巴扎木苏，科尔沁头等台吉桑斋扎布，巴林头等台吉那木济勒旺楚克，喀喇沁头等他布囊布尼雅巴拉，科尔沁多罗额驸齐默特多布端，喀喇沁多罗额驸巴勒丹云丹，郭尔罗斯二等台吉扬咱巴拉，巴林二等台吉兼协理台吉扎拉沁扎布，阿巴哈纳尔三等台吉兼协理台吉达克丹旺布，喀喇沁多罗额驸扎那西哩、固山额驸布彦达勒格尔，右翼喀尔喀扎萨克亲王车林多尔济，阿拉善扎萨克亲王玛哈巴拉，科尔沁郡王多克默特，敖汉扎萨克郡王达尔玛济尔第，翁牛特扎萨克郡王拉特那锡第，苏尼特扎萨克郡王齐旺扎布，喀尔喀扎萨克郡王楚克苏木扎布，青海扎萨克郡王固木楚克济克默特，郡王品级贝勒回子哈迪尔，鄂尔多斯贝子赓音苏，阿拉善镇国公普尔普，喀尔喀扎萨克辅国公巴勒多尔济，扎崇回子巴巴克霍卓，阿拉善公品级头等台吉囊都布苏隆，喀尔喀扎萨克头等台吉桑

济扎布、贡噶尔扎布，青海扎萨克头等台吉端多布，茂明安扎萨克头等台吉托克托琥，察哈尔扎萨克头等台吉恩克波罗特，头等台吉回子阿克色布库，土尔扈特协理台吉车登多尔济，察哈尔三等台吉拉特那巴咱尔、四等台吉贡楚克、车登波罗特、土萨土，土司丹紫江楚等二十六人，并朝鲜国、琉球国使臣，随大学士、领侍卫内大臣以次就坐，诸乐并作，上进酒，外藩及使臣俱令侍卫等分觞授饮。毕，谢恩退。

申刻，上御山高水长观火戏，赐王公大臣，蒙古王、贝勒、贝子、公、额驸、台吉，及各外藩使臣等茶果。

——《清代起居注册（道光朝）》第 6 册，第 3933—3940 页。

十二月

十二月二十九日

〇起居注

上以除夕，御保和殿，赐朝正外藩筵宴。左翼科尔沁扎萨克土谢图亲王诺尔布林沁、卓里克图亲王巴土，乌珠穆沁扎萨克车臣亲王多尔济、济克默特那木济勒，喀喇沁扎萨克亲王品级都楞郡王满珠巴咱尔，巴林扎萨克郡王那木济勒旺楚，敖汉郡王斡咱巴喇，奈曼扎萨克郡王阿宛都瓦第扎布，科尔沁贝勒贡格拉布坦、达尔玛扎布，喀喇沁贝勒托恩多，喀尔喀贝勒伊什拉克巴，科尔沁贝子济克默特，土默特扎萨克贝子固伦额驸玛呢巴达喇，都尔伯特扎萨克贝子鄂绰尔琥雅克土，阿巴噶贝子德木楚克达什，鄂尔多斯扎萨克贝子永隆多尔济，喀尔喀贝子阿第雅，科尔沁扎萨克镇国公色旺多尔济，翁牛特镇国公丰伸保，乌喇特扎萨克镇国公巴土鄂齐尔、拉特那巴拉，科尔沁辅国公伯罗特，喀喇沁扎萨克辅国公额外侍郎玛哈巴拉，阿巴噶辅国公那旺多尔济，苏尼特辅国公额林沁，喀喇沁和硕额驸端岳特多尔济，科尔沁头等台吉阿勒坦鄂齐尔、喇特那噶尔毕，克什克腾扎萨克头等台吉比玛拉济尔第，喀喇沁二等他布囊德沁拉布斋布彦土，阿巴哈纳尔三等台吉兼协理台吉达克丹旺布，喀喇沁固山额驸旺沁棍扎布、贡布旺沁、德勒克桑宝，右翼喀尔喀车臣汗阿尔塔什达、扎萨克图汗玛尼巴咱尔、亲王车林多尔济，科尔沁扎萨克郡王林沁扎勒灿、僧格林沁，阿巴噶郡王那木萨赖多尔济，鄂尔多斯扎萨克郡王巴保多尔济，郡王品级贝勒回子哈迪尔，喀尔喀贝勒索诺木多布沁、贝子伦布多尔济、贡格多尔济，敖汉镇国公固山额驸那木扎勒多尔济，喀尔喀扎萨克镇国公索诺木旺楚克、吹钟扎布、辅国公达兰扎布、拉布丹多尔济，茂明安扎萨克辅国公乌尔图那逊，喀尔喀扎萨克头等台吉彭楚克多尔济、车林达什、达尔玛扎布、巴雅尔，青海扎萨克头等台吉拉布扎拉木楚克、回子克克色布库，喀尔喀二等台

吉赛尚阿、德木楚克多尔济、玛什巴土，浩齐特二等协理台吉鄂勒斋土、土尔扈特四等台吉达尔巴勒达克，察哈尔三等台吉孟呵济勒噶尔、四等台吉彭楚克达兰泰，及朝鲜国、暹罗国使臣宴，依次就坐，诸乐并作，上进酒，余俱令侍卫等分觞授饮于坐次。众谢恩退，驾还宫。

——《清代起居注册(道光朝)》第 10 册，第 6378—6385 页。

道光八年

九月

九月初五日

○上谕

道光八年九月五日内阁奉上谕：

奕颢奏查明法库边门外科尔沁郡王旗界台吉私招流民开垦地亩一折。科尔沁郡王僧格林沁旗界台吉那沁等，将该旗库都力等处牧马荒厂招集流民私行开垦，据该将军委员查明，共有一千四百余户，均系无业贫民，携眷种地度日。若按户驱逐，未免失所，请查照卓力【哩】克图王、宾图王二旗招留民户成案，准其容留之处，是否可行，著交理藩院议奏。

钦此。

——《嘉庆道光两朝上谕档》第33册，第255页。

道光九年

八月

八月三十日

〇实录

赏科尔沁郡王僧格林沁黄马褂。

——《清宣宗实录》卷一五九，道光九年八月辛卯。

九月

九月十三日

〇上谕

内阁奉谕旨：

著派僧格林沁前往已故达尔罕亲王罗布藏棍布之墓赐奠。

——《清代起居注册(道光朝)》第13册，第7893—7894页。

九月二十四日

〇上谕

朕此次恭谒祖陵，所有常川随扈之蒙古王、贝勒、贝子、台吉等，俱各实心奋勉，郡王僧格林沁、那木济勒旺楚克、布呢雅巴拉、多尔济拉布坦，郡王衔贝子玛呢巴达喇，俱著加恩各赏银八百两。贝勒托恩多，贝子济克默特、玛哈巴拉，俱著加恩各赏银六百两。头等台

吉回子呵克色布库，著加恩赏银四百两。用示朕眷怀之至意。

——《清代起居注册(道光朝)》第 13 册，第 7946—7947 页。

十二月

十二月三十日

○起居注

上以除夕，御保和殿，赐朝正外藩筵宴。左翼科尔沁卓里克图亲王巴图、扎萨克郡王僧格林沁、多克默特，敖汉扎萨克郡王达尔玛济尔第、郡王幹咱巴拉，苏尼特扎萨克郡王齐旺扎布，土默特扎萨克贝子固伦额驸玛呢巴达喇，扎鲁特扎萨克贝勒布木色楞、色达尔，喀喇沁贝勒托恩多，土默特扎萨克贝勒济克默特扎布，茂明安贝勒达木丕勒，科尔沁扎萨克贝子济克默特，敖汉贝子诺尔布桑，郭尔罗斯扎萨克镇国公扬赞巴拉，翁牛特镇国公乌呢济尔噶尔，科尔沁辅国公巴图，喀喇沁和硕额驸端岳特多尔济，科尔沁头等台吉拉特那噶尔毕，茂明安扎萨克头等台吉达特巴扎木苏，喀喇沁多罗额驸巴拉旦蕴旦、二等台吉布彦图、多罗额驸扎那西里、固山额驸布彦德勒格尔，右翼喀尔喀土谢图汗牙林泰、车臣汗阿尔塔什达、扎萨克图汗玛尼巴咱尔、扎萨克亲王车登巴咱尔、车林多尔济、郡王多尔济拉布旦、托克托琥图鲁、郡王品级贝勒回子哈迪尔、扎萨克镇国公索诺木达尔济雅，阿拉善镇国公德勒格布彦，喀尔喀扎萨克辅国公达什拉布坦，青海扎萨克辅国公达玛林扎布，附在察哈尔旗下辅国公桑鲁布多尔济、云端，喀尔喀公品级头等台吉讷多布多尔济、扎萨克头等台吉贡楚克扎布、那木济勒多尔济、吹昆楚克达什、敏珠尔多尔济，青海扎萨克头等台吉多尔济旺楚克，二等侍卫头等台吉回子克克色布库，杜尔伯特闲散二等台吉诺尔布策林、三等台吉巴土孟克、四等台吉桑咱，和硕特四等台吉多尔济西拉布，并伯克、土司，朝鲜国、暹罗国使臣等宴。及文武大臣依次就坐，诸乐并作，上进酒，余俱令侍卫等分觞授饮于坐次。众谢恩退，驾还宫。

——《清代起居注册(道光朝)》第 14 册，第 8839—8844 页。

道光十年

正月

正月十五日

〇起居注

辰刻,上御正大光明殿,赐朝正外藩筵宴。左翼科尔沁卓里克图亲王巴图、扎萨克郡王僧格林沁、多克默特,敖汉扎萨克郡王达尔玛济尔第、郡王斡咱巴拉,苏尼特扎萨克郡王齐旺扎布,土默特扎萨克贝子固伦额驸玛尼巴达喇,扎鲁特扎萨克贝勒布木色楞、色达尔,喀喇沁贝勒托恩多,土默特扎萨克贝勒济克默特扎布,茂明安贝勒达木丕勒,科尔沁扎萨克贝子济克默特,敖汉贝子诺尔布桑,郭尔罗斯扎萨克镇国公扬赞巴拉,翁牛特镇国公乌呢济尔噶尔,科尔沁辅国公巴图,喀喇沁和硕额驸端岳特多尔济,科尔沁头等台吉拉(持)[特]那噶尔毕,茂明安扎萨克头等台吉达特巴扎木苏,喀喇沁多罗额驸巴拉旦蕴旦、二等台吉布彦图、多罗额驸扎那西里、固山额驸布彦德勒格尔,右翼喀尔喀土谢图汗牙林泰、车臣汗阿尔塔什达、扎萨克图汗玛尼巴咱尔、扎萨克亲王车登巴咱尔、车林多尔济、郡王多尔济拉布旦、托克托琥图鲁、郡王品级贝勒回子哈迪尔、扎萨克镇国公索诺木达尔济雅,阿拉善镇国公德勒格布彦,喀尔喀扎萨克辅国公达什拉布坦,青海扎萨克辅国公达玛林扎布,附在察哈尔旗下辅国公桑鲁布多尔济、云端,喀尔喀公品级头等台吉讷多布多尔济、扎萨克头等台吉贡楚克扎布、那木济勒多尔济、吹昆楚克达什、敏珠尔多尔济,青海扎萨克头等台吉多尔济旺楚克,二等侍卫头等台吉回子克克色布库,杜尔伯特闲散二等台吉诺尔布策林、三等台吉巴土孟克、四等台吉桑咱,和硕特四等台吉多尔济西拉布,并伯克、土司,朝鲜国、暹罗国使臣,章嘉呼图克图等,随大学士、领侍卫内大臣以次就坐,诸乐并作,上进酒,外藩及使臣俱令侍卫等分觞授饮。毕,谢恩退。

申刻,上御山高水长观火戏,赐王公大臣,蒙古王、贝勒、贝子、公、台吉,及朝鲜国、暹

罗国使臣，章嘉呼图克图等茶果。

——《清代起居注册(道光朝)》第15册，第8905—8911页。

十二月

十二月三十日

〇起居注

上以除夕，御保和殿，赐朝正外藩筵宴。左翼科尔沁扎萨克土谢图亲王诺尔布林沁、卓里克图亲王巴图，乌珠穆沁扎萨克车臣亲王多尔济、济克默特那木济勒，科尔沁扎萨克宾图郡王沁扎勒赞、郡王僧格林沁、多克默特，巴林扎萨克郡王那木济勒旺楚克，喀喇沁扎萨克郡王布呢雅巴拉，奈曼扎萨克郡王阿宛都瓦第扎布，敖汉郡王斡咱巴拉，阿巴噶郡王那木萨赉多尔济，鄂尔多斯扎萨克郡王巴保多尔济，土默特扎萨克郡王品级贝子固伦额驸玛呢巴达喇，科尔沁贝勒贡噶拉布坦、达尔玛扎布，喀喇沁贝勒托恩多，科尔沁扎萨克贝子济克默特、阿敏乌尔图，杜尔伯特扎萨克贝子鄂绰尔瑚雅克图，喀喇沁扎萨克贝子额外侍郎玛哈巴拉，阿巴噶贝子德木楚克达什，鄂尔多斯扎萨克贝子车克都尔色楞，喀尔喀贝子阿第雅，科尔沁扎萨克镇国公色旺多尔济，翁牛特镇国公丰伸保，乌喇特扎萨克镇国公巴图鄂齐尔、拉特那巴拉，科尔沁辅国公伯勒特，郭尔罗斯扎萨克辅国公阿尔坦鄂齐尔，阿巴噶辅国公那旺多尔济，苏尼特辅国公额林沁，克什克腾扎萨克头等台吉比玛拉齐哩第，巴林头等台吉丰伸泰，科尔沁多罗额驸乌济布彦，巴林二等台吉扎勒沁扎布，喀喇沁二等他布囊西林达瓦、固山额驸滚布旺沁、德勒克桑保，右翼喀尔喀扎萨克亲王车登多尔济、车登巴咱尔，阿拉善扎萨克亲王玛哈巴拉，喀尔喀扎萨克郡王多尔济拉布坦、车克苏木扎布，郡王品级贝勒回子克克色布库，土尔扈特扎萨克贝子车林多尔济，阿拉善贝子品级囊多布苏龙，喀尔喀扎萨克辅国公固鲁色特旺丹多尔济，喀尔喀扎萨克头等台吉车登噶瓦、济克默特多尔济、车都布多尔济，茂明安扎萨克头等台吉托克托瑚，青海扎萨克头等台吉齐伯克多尔济、济克默特旺舒克，附在察哈尔旗下浩齐特扎萨克头等台吉恩柯伯罗特，阿拉善头等台吉布尼西里，喀尔喀二等台吉德木楚克多尔济，附在察哈尔旗下浩齐特三等台吉拉特那巴咱尔，土尔扈特四等台吉图萨图，浩齐特四等台吉贡楚克、车登那孙绰克图，并琉球国、暹罗国使臣，随文武大臣依次就坐，诸乐并作，上进酒，余俱令侍卫等分觞授饮于坐次。众谢恩退，驾还宫。

——《清代起居注册(道光朝)》第19册，第11402—11409页。

道光十一年

正月

正月十五日

〇起居注

辰刻，上御正大光明殿，赐朝正外藩筵宴。左翼科尔沁扎萨克土谢图亲王诺尔布林沁、卓里克图亲王巴图，乌珠穆沁扎萨克车臣亲王多尔济、济克默特那木济勒，科尔沁扎萨克宾图郡王林沁扎勒赞，郡王僧格林沁、多克默特，巴林扎萨克郡王那木济勒旺楚克，喀喇沁扎萨克郡王布呢雅巴拉，奈曼扎萨克郡王阿宛都瓦第扎布，敖汉郡王斡咱巴拉，阿巴噶郡王那木萨赉多尔济，鄂尔多斯扎萨克郡王巴保多尔济，土默特扎萨克郡王品级贝子固伦额驸玛呢巴达喇，科尔沁贝勒贡噶拉布坦、达尔玛扎布，喀喇沁贝勒托恩多，科尔沁扎萨克贝子济克默特、阿敏乌尔图，杜尔伯特扎萨克贝子鄂绰尔瑚雅克图，喀喇沁扎萨克贝子额外侍郎玛哈巴拉，阿巴噶贝子德木楚克达什，鄂尔多斯扎萨克贝子车克都尔色楞，喀尔喀贝子阿第雅，科尔沁扎萨克镇国公色旺多尔济，翁牛特镇国公丰伸保，乌喇特扎萨克镇国公巴图鄂齐尔、拉特那巴拉，科尔沁辅国公伯勒特，郭尔罗斯扎萨克辅国公阿尔坦鄂齐尔，阿巴噶辅国公那旺多尔济，苏尼特辅国公额林沁，克什克腾扎萨克头等台吉比玛拉齐哩第，巴林头等台吉丰伸泰，科尔沁多罗额驸乌济布彦，巴林二等台吉扎勒沁扎布，喀喇沁二等他布囊西林达瓦、固山额驸滚布旺沁、德勒克桑保，右翼喀尔喀扎萨克亲王车登多尔济、车登巴咱尔，阿拉善扎萨克亲王玛哈巴拉，喀尔喀扎萨克郡王多尔济拉布坦、车克苏木扎布，郡王品级贝勒回子克克色布库，土尔扈特扎萨克贝子车林多尔济，阿拉善贝子品级囊多布苏龙，喀尔喀扎萨克辅国公固鲁色特旺丹多尔济，喀尔喀扎萨克头等台吉车登噶瓦、济克默特多尔济、车都布多尔济，茂明安扎萨克头等台吉托克托瑚，青海扎萨克头等台吉齐伯克多尔济、济克默特旺舒克，附在察哈尔旗下浩齐特扎萨克头等台吉恩柯伯罗特，阿

拉善头等台吉布尼西里，喀尔喀二等台吉德木楚克多尔济，附在察哈尔旗下浩齐特三等台吉拉特那巴咱尔，土尔扈特四等台吉图萨图，浩齐特四等台吉贡楚克、车登那孙绰克图，并朝鲜国、琉球国、暹罗国使臣，章嘉呼图克图等，随大学士、领侍卫内大臣以次就坐，诸乐并作，上进酒，外藩及使臣俱令侍卫等分觞授饮。毕，谢恩退。

申刻，上御山高水长观火戏，赐王公大臣，蒙古王、贝勒、贝子、公、台吉及朝鲜国、琉球国、暹罗国使臣，章嘉呼图克图等茶果。

——《清代起居注册（道光朝）》第 20 册，第 11493—11500 页。

二月

二月二十日

○上谕

朕于本月十八日启銮，所有行在领侍卫内大臣仅有五人，著派僧格林沁进领侍卫内大臣班，并与福克津轮流管带后扈。

——《清代起居注册（道光朝）》第 20 册，第 11640—11641 页。

八月

八月初九日

○起居注

内阁奉谕旨：

本年因朕五旬万寿庆辰，内外二品以上大臣等，俱已分别恩施矣。所有玛呢巴达喇、车登巴咱尔、僧格林沁、多尔济拉布坦、托恩多、济克默特等在京，平日于一切差使俱各极力奋勉，亦宜渥沛恩施，郡王衔贝子玛呢巴达喇著加恩晋封贝勒，多尔济拉布坦著加恩在御前行走，车登巴咱尔、僧格林沁、托恩多、济克默特著加恩各赏给半年俸银，用示朕眷念至意。该院知道。

——《清代起居注册（道光朝）》第 22 册，第 12756—12757 页。

十二月

十二月三十日

〇起居注

上以除夕，御保和殿，赐朝正外藩筵宴。左翼科尔沁卓里克图亲王巴图、扎萨克郡王僧格林沁，巴林扎萨克郡王那木济勒旺楚克，喀喇沁扎萨克都楞郡王布尼雅巴拉，苏尼特扎萨克郡王布尔呢锡哩，阿巴噶扎萨克郡王阿尔塔西第，土默特扎萨克郡王品级贝勒固伦额驸玛尼巴达喇，翁牛特扎萨克贝勒宝拜，阿噜科尔沁扎萨克贝勒札木杨旺书克，喀喇沁贝勒托恩多，乌珠穆沁扎萨克贝勒达克丹，阿巴哈纳尔扎萨克贝勒巴勒楚克，科尔沁扎萨克贝子济克默特，喀喇沁扎萨克贝子额外侍郎玛哈巴拉，阿巴哈纳尔扎萨克贝子伊达木札布，乌珠穆沁镇国公都噶尔札布，喀尔喀镇国公噶拉赞车林，科尔沁辅国公旺沁，乌珠穆沁辅国公济克济特札布，归化城土默特辅国公齐鲁布，喀喇沁和硕额驸端余特多尔济、布达锡第，科尔沁头等台吉拉特那噶尔毕，喀喇沁扎萨克头等他布囊多罗额驸克陞额，阿巴噶扎萨克头等台吉索那木多布沁，敖汉头等台吉党色里特里克冲，喀喇沁多罗额驸札木扬多布丹、二等他布囊布彦图，右翼喀尔喀扎萨克亲王车林多尔济、车登巴咱尔，柰曼扎萨克郡王阿宛都洼第札布，敖汉郡王斡咱巴喇，浩齐特扎萨克郡王额林沁那尔布，喀尔喀扎萨克郡王多尔济拉布坦、托克托呼图鲁、车凌棍布，郭尔罗斯贝子二等侍卫赓音苏，喀尔喀扎萨克镇国公索那木旺楚克、札那札布，扎萨克辅国公巴勒多尔济、札木萨赉、札布齐旺多尔济、桑都布多尔济、巴图图鲁、德林达什、库克纳尔，扎萨克辅国公察哈巴克，茂明安扎萨克辅国公乌尔图那逊，辅国公二等侍卫回子巴巴克霍卓，喀尔喀公品级头等台吉巴彦桑，扎萨克头等台吉哈思巴雅尔、库克纳尔，扎萨克头等台吉巴木巴勒达什伦都布，喀尔喀二等台吉头等侍卫多尔济帕拉木，附在察哈尔旗下和硕特二等台吉玛什巴图，土尔扈特帮办二等台吉贡信，喀尔喀三等台吉旺沁多尔济，附在察哈尔旗下鄂尔多斯三等台吉孟克济尔噶尔，和硕特四等台吉贡楚克达兰泰，鄂尔多斯四等台吉达克当里克鲁布，并朝鲜国、暹罗国、南掌(图)[国]使臣，随文武大臣依次就坐，诸乐并作，上进酒，余俱令侍卫等分觞授饮于坐次。众谢恩退，驾还宫。

——《清代起居注册(道光朝)》第 23 册，第 13974—13981 页。

道光十二年

正月

正月十五日

〇起居注

辰刻，上御正大光明殿，赐朝正外藩筵宴。左翼科尔沁卓里克图亲王巴图、扎萨克郡王僧格林沁，巴林扎萨克郡王那木济勒旺楚克，喀喇沁扎萨克都楞郡王布尼雅巴拉，苏尼特扎萨克郡王布尔呢锡哩，阿巴噶扎萨克郡王阿尔塔西第，土默特扎萨克郡王品级贝勒固伦额驸玛尼巴达喇，翁牛特扎萨克贝勒宝拜，阿噜科尔沁扎萨克贝勒札木杨旺书克，喀喇沁贝勒托恩多，乌珠穆沁扎萨克贝勒达克丹，阿巴哈纳尔扎萨克贝勒巴勒楚克，科尔沁扎萨克贝子济克默特，喀喇沁扎萨克贝子额外侍郎玛哈巴拉，阿巴哈纳尔扎萨克贝子伊达木札布，乌珠穆沁镇国公都噶尔札布，喀尔喀镇国公噶拉赞车林，科尔沁辅国公旺沁，乌珠穆沁辅国公济克济特札布，归化城土默特辅国公齐鲁布，喀喇沁和硕额驸端余特多尔济、布达锡第，科尔沁头等台吉拉特那噶尔毕，喀喇沁扎萨克头等他布囊多罗额驸克陞额，阿巴噶扎萨克头等台吉索那木多布沁，敖汉头等台吉党色里特里克冲，喀喇沁多罗额驸札木扬多布丹、二等他布囊布彦图，右翼喀尔喀扎萨克亲王车林多尔济、车登巴咱尔，柰曼扎萨克郡王阿宛都洼第札布，敖汉郡王斡咱巴喇，浩齐特扎萨克郡王额林沁那尔布，喀尔喀扎萨克郡王多尔济拉布坦、托克托呼图鲁、车凌棍布，郭尔罗斯贝子二等侍卫赓音苏，喀尔喀扎萨克镇国公索那木旺楚克、札那札布，扎萨克辅国公巴勒多尔济、札木萨赉、札布齐旺多尔济、桑都布多尔济、巴图图鲁、德林达什、库克纳尔，扎萨克辅国公察哈巴克，茂明安扎萨克辅国公乌尔图那逊，辅国公二等侍卫回子巴巴克霍卓，喀尔喀公品级头等台吉巴彦桑、扎萨克头等台吉哈思巴雅尔、库克纳尔，扎萨克头等台吉巴木巴勒达什伦都布，喀尔喀二等台吉头等侍卫多尔济帕拉木，附在察哈尔旗下和硕特二等台吉玛什巴图，土尔扈特帮办二

等台吉贡信，喀尔喀三等台吉旺沁多尔济，附在察哈尔旗下鄂尔多斯三等台吉孟克济尔噶尔，和硕特四等台吉贡楚克达兰泰，鄂尔多斯四等台吉达克当里克鲁布，并朝鲜国、暹罗国、南掌国使臣，随大学士、领侍卫内大臣以次就坐，诸乐并作，上进酒，外藩及使臣俱令侍卫等分觞授饮。毕，众谢恩退。

申刻，上御山高水长观火戏，赐王公大臣，蒙古王、贝勒、贝子、公、台吉及朝鲜国、暹罗国、南掌国使臣，章嘉呼图克图等茶果。

——《清代起居注册(道光朝)》第24册，第14061—14068页。

四月

四月十二日

○耆英等奏

奏为职官恃符狡展请旨革职严审，并请敕查蒙古各旗有无勒索得赃以凭究办事。

据理藩院奏送土默特郡王衔贝勒玛呢巴达拉呈控领催巴哩向护卫巴图尔桑勒索钱文等情一案，道光十二年二月初八日奉旨：理藩院领催巴哩，书吏倪连、马昭，俱著交刑部会同军机大臣耆英严审，按律定拟具奏；郎中松瑞，著解任听候传讯。钦此。旋据该衙门将巴哩、倪连、马昭等并抄录原呈送部，随片传郎中松瑞到案。

臣等以案关需索外藩，书役等是否讹诈得赃，该司员有无授意染(旨)［指］，最为紧要关键。提讯巴哩，只认与巴图尔桑口角，于勒索钱文坚不承认。提同经承倪连、马昭，并传到已满经承、留馆当差之陈忠元，隔别严审，究出倪连等系听从巴哩，向蒙古领俸人等索诈未成，并据陈忠元供认，巴图尔桑托伊代领道光十年分该旗羊酒盘费米石二石八斗有零，系伊领出未交；应领羊酒盘费银肆拾叁两零，伊交给章京巴彦巴图鲁银十八两，其余二十五两亦系伊克扣等情。复令巴图尔桑与巴哩三面环质，始据供称，伊充当理藩院清档房外郎，每年蒙古四十九旗应领俸票缎票，向系王会司掌印司员于用印后同本司书吏通事当堂监放。今年正月二十六日，经掌印郎中松瑞因倪连、马昭俱系新充经承，与蒙古人多不认识，将俸银俸缎票及例应折缎米票各一百三十九张派伊领去，帮同支放。伊起意需索银两，素知王会司司员常在吉祥馆吃饭，欠有账目，借称抵还饭账，可以向领俸人等骗钱，与倪连、马昭、陈忠元三人商允，每王公、贝勒俸票八百两以上要银五十两，六百两至四百两俸票要银三十两，三百两以下俸票(票)［要］银二十两、十两及三五两不等。俟得受时，大家均分。随各向领俸人等捏说，司员因饭账不敷，令其抵欠，必须给与银两，如不付给，即将缎票扣留。领俸人等彼此观望，均未付给。随将俸票陆续散放一半。二十九日系户部

放俸日期，将未经放完俸票带去补放。陈忠元向伊告述巴图尔桑不肯给银，伊走至户部，适遇巴图尔桑在彼，巴图尔桑向索俸票，伊声言俸银八百两，总须给银五十两方肯交领。巴图尔桑不允，彼此争闹揪扭，伊子那逊多尔济在旁帮护，经陈忠元等及伊堂弟通事阿奇图劝开，随将俸票交给巴图尔桑领俸。移时，又与巴图尔桑遇见，复向詈骂揪扭，又经人劝散。嗣闻巴图尔桑欲行控告，始将各缎票补放，委非松瑞授意需索。

复向松瑞再三推究，诘以今年俸缎各票因何派令巴哩承办，该员供称，因倪连、马昭俱系新充经承，与蒙古人等多不识认，是以派令巴哩帮同散放。巴哩如何向巴图尔桑索银争闹，当时并未闻知，实属失于觉察。至吉祥馆饭账，委系公同食用，随时清还，巴哩并不经手等语。

当即行文理藩院，饬传在京蒙古王公领俸人等，讯明历年应领俸银米缎各项是否当堂给领、有无勒索情弊。咨查去后，经该衙门取具喀尔沁贝勒托恩多护卫王大福、科尔沁王僧格林沁护卫掖不肯、科尔沁贝子济克默特护卫得禄当堂给领、并无勒索甘结等因咨覆。臣等以王大福等所具甘结与现讯各犯供词不符，复饬传王大福等三人送部，并据理藩院将经手支领俸银之毕里克图、那式苏二人一并咨送前来。据王大福、掖不肯供称，今年俸缎折米印票实是当堂给领，并无勒索，至支领俸银有无勒索，系毕里克图、那式苏、得禄承领，伊等不知底细，王会司传讯时，并未逐一问明，即令具结，王大福先写就当堂给领并无勒索蒙古字结一张，掖不肯、得禄亦即随同具结等语。质之毕里克图、那式苏、得禄，佥称倪连、马昭、陈忠元于伊等领俸银时系指称抵还吉祥馆饭账，向索银两，因从前俱无使费，当向辞覆，并未付给，旋将俸银票交领。核与巴哩等各供尚属相符。随片传王会司员外郎钟灵到案，据供，伊因王大福等供称今年俸缎折米印票系当堂给领，并无勒索，俸银票不知底细，维时未及将各项逐一详问，即取具王大福等甘结；复将王大福等传讯，始知俸银票系毕里克图、那式苏经手，并非当堂给领，且有勒索情弊，即将毕里克图、那式苏等送部质讯，委无勒令具结情事。

臣等查郎中松瑞并不当堂给发印票，辄派令并非承行之巴哩私自散放，已属更易旧章，况巴哩等向领俸人等索讨银两，系指称司员因饭账不敷，令其抵欠，而松瑞果有在吉祥馆食饭之事，虽讯据巴哩等坚称抵还饭账系伊等藉端指撞，委非松瑞授意，殊难凭信，自应澈底根究，未便任其恃符狡展。至巴哩等朋谋索诈，已经议有成数，其所供均无入手之赃，恐系恃领俸人等俱已回旗，无凭质证，一味狡执，且贝勒玛呢巴达拉所属之旗应领羊酒盘费米石银两业据陈忠元供认冒领克扣，难保无另有侵蚀别情，自非查询明确，不足以成信谳。相应请旨将解任郎中松瑞革职，提同严审，以期水落石出。并请敕下理藩院飞咨各盟长，查明肆拾捌旗历年呈进羊酒应领盘费米石银两是否均已具领，并传集今年来京领俸人等逐一讯明，如有被巴哩诈骗钱文之人，即将赃数若干及于何地交付何人接受之处，录取

确切详晰供词，并将被诈赃数较多之人摘传一二名，迅速解部，与巴哩等质对明确，治巴哩等以应得之罪。其并未详细讯明、率行取结之王会司员外郎钟灵，应俟定案时再行附参。

所有臣等会同□讯情形并奏请革审查询缘由，谨缮折具奏请旨。

道光十二年四月十二日

——《嘉庆道光两朝上谕档》第37册，第142—145页。

〇上谕

道光十二年四月十二日奉旨：

此案理藩院领催巴哩等需索外藩领俸钱文，前经降旨交刑部会同军机大臣耆英严审，并□□将理藩院郎中松瑞解任，听候传讯。兹据会同审讯具奏，理藩院郎中松瑞于给发蒙古俸缎折米印票，并不当堂监放，辄派令并非承行之巴哩私自散放，已属更易旧章，巴哩向领俸人等索讨银两，系指称司员饭账不敷，令其抵欠，松瑞果有在吉祥馆食饭之事，巴哩等现供抵还饭账，系伊等藉端指撞，委非松瑞授意，殊难凭信，自应澈底根究。松瑞著革职归案严审，务期水落石出。至巴哩等朋谋索诈，已经议有成数，其所供均无入手之赃，自因领俸人等均已回旗，恃无质证，任意狡展，且贝勒玛呢巴达拉所属之旗应领羊酒盘费米石银两业据陈忠元供认冒领克扣，难保无另有侵蚀别情，必应查询明确，以成信谳。著理藩院飞咨各盟长，查明四十八旗历年呈进羊酒应领盘费米石银两是否均已具领，并传集本年来京领俸人等逐一讯明，如有被巴哩诈骗钱文之人，即将赃数并何地交付何人接受之处，录取确切详晰供词，并将被诈赃数较多之人摘传一二名，迅速解部，质对明确，治巴哩等以应得之罪。其并未详讯、率行取结之王会司员外郎钟灵，著俟定案时一并附参。

钦此。

——《嘉庆道光两朝上谕档》第37册，第142页。

七月

七月十三日

〇裕泰奏（节录）

奴才裕泰跪奏，为遵旨查办科尔沁旗界开垦荒地事宜，勘定界址，酌拟章程，恭折奏闻，仰祈圣鉴事。

窃照道光十二年五月初七日内阁奉上谕：奕颢奏请简员往查边外旗界开荒地亩开垦等语，著派裕泰亲往边外秉公督率办理。钦此。奴才于五月十六日接准该将军移知，即

于十九日奏明起程，二十三日驰抵科尔沁旗界，提集人证卷宗，督率随带委员，逐加查讯……

本年三月间，该王僧格林沁由京回至游牧地方，查知台吉那沁等在原奏界址以外，复又招民开垦，当将那沁等拘拿管押，饬令民户速行搬移。该民户因众台吉使用伊等押荒钱文，未肯即走，该王遂令蒙古人等，将界外民户概行驱逐，并恐其暂时躲避，仍复潜回居住，饬将窝棚烧毁，亦有民人自将窝棚搬移者，统计共有三百余户。

奴才钦遵谕旨，亲往履勘，该旗请开闲荒，原奏界址，东至硕勒合硕，系贝子济克默特管界，西至姑柰住勒克，系宾图王旗交界，南至昌图，系该旗已开之熟地，均不能再行展占；惟北至库都力甸子，而北面尚有该旗余荒。该台吉等图得押荒钱文，复行招民开垦。该民人等因先未设立封堆，不知界址所在，亦即出钱写地。迨至事后，蒙古与民人始各自乞立封堆，不但民人所乞之封堆务求宽远，只图多占，不足为凭，即蒙古所乞之封堆，亦俱在平川草甸，毫无倚傍，一经雨水冲刷，即坍塌无存，日后无凭查验，且原奏所称南北宽四五十里及五六十里之语，亦属约略之辞，并未确切指定处所，易启争执之端。奴才悉心酌拟，除滨临河岸、本系以河为界者毋庸更议外，其余按照蒙古所立封堆，各就附近山冈土坡，另行设立封堆。虽封堆有平毁之时，而山冈土坡无迁移之理。仍责成蒙古，将所立封堆随时加高培厚，各因其土性之所宜，种植树木，以为表识。每年由将军衙门委员查验，若封堆坍塌不全，惟该蒙古是问；倘封堆以外再有私招私垦情弊，立即拿送究办。至所定界址，面询众蒙古等，佥称公允妥协，毫无妨碍，出具切实甘结前来，察其情词，洵皆悦服。

并查明该王僧格林沁所驱民户，委系在原奏界址以外，尚非无故撵逐；即其烧毁窝棚，亦在该民人搬出以后。且该处窝棚俱系垒土为墙，苫草为盖，所费无多，不过暂容栖止而蔽风雨，本与内地居民房舍不同。惟该民户等因闻库都力地方招民开垦，挈眷来至边外，欲求租种地亩，本不知界址所在，至被愚弄，误写界外之地；而诓使押荒□文之穷苦台吉，又无可邀偿。若使钱地两空，该民人等扶老携幼，无计谋生，其情亦殊可悯。查该处界内尚有闲荒，足可安插，奴才仰体皇上恩施蒙古、民人，一视同仁、不使一夫失所之至意，拟请将误写界址外地亩之民人三百余户，令其移入界内，与原招民户一体种地输租，核与理藩院原奏准其招民开垦之语亦属相符。该民户等已被台吉诓使押荒□文，应免其再出押荒银两，以昭体恤。

现值青苗盛长，不能查丈地亩，应俟秋后，循照旧章，委员前往会同查丈，发给执照，将地数交与该旗，按则收租；民数交与昌图厅，编设保甲，造册呈报。其原定章程有未尽妥协者，体察舆情，量为变通，期于蒙古、民人生计两有裨益，彼此相安，经久无弊。谨酌拟章程，另缮清折，恭呈御览。除将蒙古指控倚众刁抗、不容查丈地亩之逸犯李亭开，严饬勒缉务获究办外，应将私招民人开垦荒地之台吉那沁等，照例咨送盛京刑部，审拟治罪；其

失察台吉招民开地之盟长、扎萨克，统俟刑部审明定案时，查取职名，咨送理藩院，照例议处……

六月二十八日

道光十二年七月十三日奉朱批：该部议奏。钦此。

——录副奏折，档案号03-9546-046。

〇实录

盛京工部侍郎裕泰奏，遵旨查勘科尔沁旗开垦荒地界址，酌拟章程八条：一、丈量荒地，仍以三十六弓为一亩；一、原交押荒银两，每顷不及十两者，照数补足，有不止十两者，在每年应交大租制钱五千文内坐扣；一、以一地重复出写者，令后写之户与先写之户均匀分种；一、蒙古村屯酌留牧放种植界内，有典给民人者，追出典契，换租种合同，扣足典价，按则输租，其情愿赎回者，照土默特民典蒙古地亩例办理；一、典出地亩，无力回赎，照例令民人再种五年、四年、三年、二年，抵销典价，年满日只准蒙古自种，或租给原佃，不得再行出典及另招流民；一、民户年满交地后，准其自躧界内闲荒，向地局领种；一、蒙古自种熟地，不准租给民人，界外民开熟地，严行封禁，如有假自种为名，影射私招民人者，重治其罪；一、严禁揽头名目，写地者令报本名，自向地局交租，以五顷为限，概不准多给。[①] 下理藩院议行。

——《清宣宗实录》卷二一五，道光十二年七月丁巳。

八月

八月初二日

〇上谕

内阁奉谕旨：

多尔济拉布坦所遗鹰狗处事务，著僧格林沁管理。

——《清代起居注册（道光朝）》第26册，第15422页。

① 裕泰所拟章程，详细内容可参阅中国第一历史档案馆藏录副奏折，档案号03-9546-046。

十一月

十一月初七日

〇上谕

玛呢巴达喇奏患病未痊，复请赏假，当经降旨赏假十五日，俾资调理。伊所管正白旗领侍卫内大臣事务著派博启图、正红旗蒙古都统事务著派绵偲、火器营事务著派僧格林沁、上虞备用处事务著派安福、善扑营事务著派高克鼐、虎枪统领事务著派长龄等暂行署理，俾玛呢巴达喇在家安心调理。

——《清代起居注册（道光朝）》第 28 册，第 16519—16520 页。

十一月十一日

〇上谕

阅兵大臣员缺，著敬敏补受。总理行营大臣、管理善扑营大臣、虎枪统领员缺，俱著长龄补受。管理中正殿事务大臣、领纛大臣员缺，俱著博启图补受。火器营事务，著僧格林沁管理。上虞备用处事务，著安福管理。鹰狗处事务，著伊萨克管理。

——《清代起居注册（道光朝）》第 28 册，第 16553 页。

十二月

十二月三十日

〇起居注

上以除夕，御保和殿，赐朝正及外藩宴。左翼科尔沁扎萨克土谢图亲王诺尔布林沁、卓哩克图亲王巴图、扎萨克郡王僧格林沁、郡王多克默特，巴林扎萨克郡王那木济勒旺楚克，奈曼扎萨克郡王阿宛都洼第扎布，敖汉扎萨克郡王达尔玛济里第、郡王斡咱巴拉，扎鲁特扎萨克贝勒布模色楞萨达尔，茂明安贝勒达木丕尔，喀尔喀贝子云丹盖鲁布，鄂尔多斯扎萨克贝子端多布色楞、察克都尔色楞，郭尔罗斯扎萨克镇国公扬簪巴拉，翁牛特镇国公乌呢几尔噶勒，扎鲁特镇国公们都巴雅尔，科尔沁辅国公巴图、头等台吉桑斋扎布、多罗额驸齐默特多布端，茂明安扎萨克头等台吉达特巴扎木苏，喀喇沁多罗额驸巴拉丹云丹，巴

林二等台吉兼协理台吉扎拉沁扎布，喀喇沁固山额驸布彦德勒格尔，右翼喀尔喀扎萨克亲王车登多尔济、车登巴杂尔，阿拉善扎萨克亲王囊都布苏陇，喀喇沁扎萨克都楞郡王布呢雅巴拉，苏呢特扎萨克郡王齐旺扎布，四子部落扎萨克郡王伊什齐党、郡王回子伊萨克，哈密郡王衔贝勒回子伯锡尔，青海扎萨克贝勒那木噶旺扎尔，科尔沁扎萨克贝子济克默特，喀尔喀贝子德勒克多尔济，绰罗斯贝子赓音苏，阿拉善镇国公铺尔铺，喀尔喀辅国公扎充，青海扎萨克辅国公多尔济萨木，扎哈沁公车德布达什，辅国公二等侍卫回子巴巴克霍卓，喀尔喀公品级扎萨克头等台吉玛喀苏噶、头等台吉头等侍卫巴彦桑、扎萨克头等台吉格几巴尔、车楞多尔济、噶木丕勒多尔济、贡噶尔扎布、二等台吉头等侍卫多尔济帕拉木，杜尔伯特二等台吉达什多尔济、多勒噶尔扎布，附在察哈尔土尔扈特四等台吉那木萨赉、巴拉桑，和硕特四等台吉拉什冻鲁布恩克，绰罗斯四等台吉乌呢几尔噶尔，并朝鲜国、琉球国使臣，随文武大臣依次就坐，诸乐并作，上进酒，余俱令侍卫等分觞授饮于坐次。众谢恩退，驾还宫。

——《清代起居注册(道光朝)》第 28 册，第 17126—17132 页。

道光十三年

正月

正月十五日

〇起居注

辰刻,上御正大光明殿,赐朝正外藩筵宴。左翼科尔沁扎萨克土谢图亲王诺尔布林沁、卓哩克图亲王巴图、扎萨克郡王僧格林沁、郡王多克默特,巴林扎萨克郡王那木济勒旺楚克,奈曼扎萨克郡王阿宛都洼第扎布,敖汉扎萨克郡王达尔玛济里第、郡王斡咱巴拉,扎鲁特扎萨克贝勒布模色楞萨达尔,茂明安贝勒达木丕尔,喀尔喀贝子云丹盖鲁布,鄂尔多斯扎萨克贝子端多布色楞、察克都尔色楞,郭尔罗斯扎萨克镇国公扬簪巴拉,翁牛特镇国公乌呢几尔噶勒,扎鲁特镇国公们都巴雅尔,科尔沁辅国公巴图、头等台吉桑斋扎布、多罗额驸齐默特多布端,茂明安扎萨克头等台吉达特巴扎木苏,喀喇沁多罗额驸巴拉丹云丹,巴林二等台吉兼协理台吉扎拉沁扎布,喀喇沁固山额驸布彦德勒格尔,右翼喀尔喀扎萨克亲王车登多尔济、车登巴杂尔,阿拉善扎萨克亲王囊都布苏陇,喀喇沁扎萨克都楞郡王布呢雅巴拉,苏呢特扎萨克郡王齐旺扎布,四子部落扎萨克郡王伊什齐党、郡王回子伊萨克,哈密郡王衔贝勒回子伯锡尔,青海扎萨克贝勒那木噶旺扎尔,科尔沁扎萨克贝子济克默特,喀尔喀贝子德勒克多尔济,绰罗斯贝子赓音苏,阿拉善镇国公铺尔铺,喀尔喀辅国公扎充,青海扎萨克辅国公多尔济萨木,扎哈沁公车德布达什,辅国公二等侍卫回子巴巴克霍卓,喀尔喀公品级扎萨克头等台吉玛喀苏噶、头等台吉头等侍卫巴彦桑、扎萨克头等台吉格几巴尔、车楞多尔济、噶木丕勒多尔济、贡噶尔扎布、二等台吉头等侍卫多尔济帕拉木,杜杜尔伯特二等台吉达什多尔济、多勒噶尔札布,附在察哈尔土尔扈特四点等台吉那木萨赉、巴拉桑,和硕特四等台吉拉什冻鲁布恩克,绰罗斯四等台吉乌呢几尔噶尔,并朝鲜国、琉球国使臣,随文武大臣依次就坐,诸乐并作,上进酒,余俱令侍卫等分觞授饮于坐次。众

谢恩退,驾还宫。

申刻,上御山高水长观火戏,赐王公大臣,蒙古王、贝勒、贝子、公、台吉及朝鲜国、琉球国使臣,章嘉呼图克图等茶果。

——《清代起居注册(道光朝)》第29册,第17256—17262页。

五月

五月二十七日

○上谕

僧格林沁、载铨俱著在御前大臣上学习行走。

——《清代起居注册(道光朝)》第30册,第18094页。

六月

六月初三日

○长龄等奏

御前大臣臣长龄等跪奏,为遵旨会议接递奏折章程,恭折具奏,仰祈圣鉴事。

道光十三年五月二十三日奉上谕:昨因奏事处率行接收不识姓名人擅递封章,已降旨将哈朗阿、兴保分别议处严议矣。嗣后奏事处应如何妥立章程,著御前大臣、军机大臣会同妥议具奏。钦此钦遵。臣等详查,奏事官接收各衙门折奏,凡遇宫内办事,每日寅刻系在乾清门外檐下接收;圆明园办事,系在内左门外檐下接收。所有各部院衙门旗营等处递折之官员、笔帖式人等,同时纷纷交递,难期遍识。若再值冬令寅刻,尤难详辨面貌,实不足以昭稽核。今臣等遵旨悉心酌议,嗣后奏事官接收奏章,宫内办事之日,于寅刻在内左门外九卿值房接收;圆明园办事之日,在出入贤良门外朝房内接收。如遇临幸各处,即在该处宫门外朝房内接收。每日接递之际,请令奏事官先接寻常折奏,再接封奏,务令逐件详慎检明。其联衔封奏及寻常折奏,均令各衙门出具印片,交该递折官员等随折交奏事官,以凭核对。至单衔递奏封章者,自亲王以至御史,均令亲身呈递。嗣后该奏事官如有查出匿名奏章及形迹诡诈、实在可疑之人,除将呈递之件存留,一面指令粘杆处该班侍卫等,将递事之人严行看守,一面回明御前大臣,查明奏办。倘奏事官无故吹求,有将奏折应接不接者,一经查出,即行参办。如此酌定章程,庶足以便稽察而昭详慎。

所有臣等会议缘由，理合恭折具奏，是否有当，伏乞皇上训示遵行。谨奏请旨。

道光十三年六月初三日

臣长龄

臣博启图

臣僧格林沁

臣载铨

臣曹振镛

臣文孚

臣穆彰阿

臣王鼎

——《嘉庆道光两朝上谕档》第38册，第287—288页。

十二月

十二月十九日

〇上谕

内阁奉谕旨：

现在諴僖皇贵妃薨逝，著派多罗郡王僧格林沁穿孝，于首七日释服。

——《清代起居注册(道光朝)》第33册，第19703页。

道光十四年

正月

正月初一日

〇实录

以科尔沁扎萨克郡王僧格林沁、不入八分辅国公载铨为御前大臣。

——《清宣宗实录》卷二四八，道光十四年正月丁卯。

二月

二月二十二日

〇实录

以科尔沁扎萨克郡王僧格林沁管上虞备用处事，镶红旗满洲副都统吉勒通阿管工部火药库事。

——《清宣宗实录》卷二四九，道光十四年二月丁巳。

四月

四月二十六日

〇实录

以科尔沁郡王僧格林沁管善扑营事。

——《清宣宗实录》卷二五一，道光十四年四月辛酉。

六月

六月十八日

○上谕

僧格林沁等奏粘杆处章京广祥年老多病，呈恳开缺回旗等因，请旨一折。粘杆处章京广祥年逾七旬，兼有旧疾，著即原品休致。

——《清代起居注册(道光朝)》第 35 册，第 20828 页。

七月

七月初四日

○上谕

博启图奏伊病尚未痊愈、复请赏假一折。博启图病虽稍愈，而气力尚若弱，著安心调理，一俟病痊，即行销假当差。所管正白旗领侍卫内大臣事务，著僧格林沁署理；正蓝旗满洲都统事务，著哈哴阿署理。

——《清代起居注册(道光朝)》第 35 册，第 20910—20911 页。

七月十三日

○上谕

正蓝旗满洲都统员缺，著敬敏调补，所遗正蓝旗蒙古都统员缺，著僧格林沁补授。

——《清代起居注册(道光朝)》第 35 册，第 20976—20977 页。

○上谕

正白旗领侍卫内大臣员缺，著僧格林沁补授。

——《清代起居注册(道光朝)》第 35 册，第 20977 页。

九月

九月十三日

〇上谕

后扈大臣员缺，著僧格林沁补授，其学习后扈大臣员缺，著济克默特补授。

——《清代起居注册（道光朝）》第 36 册，第 21378—21379 页。

十月

十月初三日

〇上谕

乌尔恭阿奏现在旧疾复发、动转维艰，恳请开缺一折。乌尔恭阿现在旧疾复发、动转维艰，著赏假一月，俾资调理，俟病痊后即行销假当差。所有管辖毋庸开缺，其正白旗蒙古都统事务，著僧格林沁署理；其所署镶红旗汉军都统事务，著敬敏署理。

——《清代起居注册（道光朝）》第 36 册，第 21543—21544 页。

道光十五年

正月

正月初二日

○上谕档

遵旨查开王大臣年岁生日单：

惇亲王绵恺，年四十一岁，六月二十二日生日。

礼亲王全龄，年十九岁，十一月初八日生日。

睿亲王仁寿，年二十六岁，三月初六日生日。

郑亲王乌尔恭阿，年五十八岁，六月十七日生日。

豫亲王裕全，年五十九岁，五月二十九日生日。

肃亲王敬敏，年六十三岁，十二月二十三日生日。

庄亲王奕賫，年二十二岁，二月二十日生日。

怡亲王载垣，年二十岁，八月二十六日生日。

定亲王奕绍，年六十岁，五月十一日生日。

惠郡王绵愉，年二十二岁，二月二十七日生日。

克勤郡王承硕，年三十四岁，三月二十三日生日。

顺承郡王春山，年三十六岁，四月初十日生日。

庆郡王绵慜，年三十九岁，二月初八日生日。

成郡王载锐，年三十一岁，正月二十一日生日。

大学士长龄，年七十八岁，十一月十八日生日。

　　曹振镛，年八十一岁，十月十四日生日。

　　文孚，年七十一岁，正月二十八日生日。

潘世恩，年六十七岁，十二月二十一日生日。

协办大学士穆彰阿，年五十四岁，十二月二十九日生日。

阮元，年七十二岁，正月二十日生日。

尚书汤金钊，年六十五岁，十一月二十三日生日。

耆英，年四十九岁，二月初二日生日。

王鼎，年六十八岁，二月初三日生日。

载铨，年四十二岁，八月二十二日生日。

汪守和，年七十二岁，六月十一日生日。

奕颢，年五十二岁，三月十七日生日。

王宗诚，年七十二岁，四月二十六日生日。

成格，年六十七岁，十月十八日生日。

史致俨，年七十六岁，十月二十三日生日。

敬徵，年五十一岁，十月初八日生日。

何凌汉，年六十四岁，八月二十五日生日。

禧恩，年五十二岁，二月二十九日生日。

恩铭，年五十岁，九月二十三日生日。

吴椿，年六十六岁，三月十六日生日。

都统富克津，年五十二岁，十月二十一日生日。

奕绘，年三十七岁，正月十六日生日。

高克鼐，年七十岁，正月十一日生日。

绵誉，年五十六岁，九月十六日生日。

苏清阿，年六十三岁，十月三十日生日

哈朗阿，年四十九岁，十月十一日生日

僧格林沁，年二十五岁，六月初五日生日。

绵偲，年六十岁，二月二十九日生日。

总督琦善，年四十九岁，十二月十九日生日。

陶澍，年五十八岁，十一月三十日生日。

杨遇春，年七十六岁，十二月二十五日生日。

鄂山，年六十六岁，九月初五日生日。

程祖洛，年六十岁，十月二十日生日。

讷尔经额，年五十三岁，七月十七日生日。

卢坤，年六十四岁，十一月二十七日生日。

将军宝兴,年五十九岁,十一月二十一日生日。

保昌,年六十二岁,八月十七日生日。

富僧德,年六十九岁,十月二十四日生日。

桓格,年六十九岁,八月初八日生日。

和世泰,年五十五岁,五月初五日生日。

巴哈布,年五十八岁,十一月初二日生日。

奕经,年四十五岁,十月初二日生日。

苏勒芳阿,年六十八岁,八月初六日生日。

哈丰阿,年六十四岁,四月二十一日生日。

乐善,年六十七岁,十月初八日生日。

瑚松额,年六十四岁,十二月初一日生日。

武忠额,年六十一岁,三月二十二日生日。

彦德,年七十一岁,六月二十日生日。

特依顺保,年六十九岁,六月初五日生日。

热河都统嵩溥,年六十二岁,三月初三日生日。

察哈尔都统凯音布,年六十一岁,八月二十五日生日。

乌鲁木齐都统长清,年五十四岁,六月二十九日生日。

致仕大学士托津,年八十一岁,八月二十二日生日。

卢荫溥,年七十六岁,九月三十日生日。

致仕尚书黄钺,年八十六岁,八月初五日生日。

——《嘉庆道光两朝上谕档》第40册,第1—3页。

正月二十日

〇上谕

奕颢、裕诚现在俱派出差,起程后,镶红旗蒙古都统事务著僧格林沁署理,正蓝旗护军统领事务著达哈布署理。

——《清代起居注册(道光朝)》第38册,第22541—22542页。

二月

二月初九日

○上谕

内阁奉谕旨：

忠山著管理善扑营事务，僧格林沁、载铨著管理虎枪营事务，长龄著毋庸管理。

——《清代起居注册（道光朝）》第38册，第22650—22651页。

○实录

以科尔沁扎萨克郡王僧格林沁、礼部尚书载铨充总谙达。

——《清宣宗实录》卷二六三，道光十五年二月戊戌。

四月

四月初九日

○僧格林沁等奏（节录）

……据侍卫处正白旗主事定保禀称，现接兵部来文，内称准领侍卫内大臣处咨称，据汉二等侍卫黄大奎呈称，前因在籍偶患腿疾，当经呈请展限，并非托病迁延，实非捏词朦混，查该员腿疾系属实情，相应咨部办理等语。当查去年十二月内，正白旗汉侍卫黄大奎具呈吁恳咨部核办，因该侍卫在籍患病，是否虚实，本处无凭可查，业经饬驳在案。今接部文，系侍卫处实有咨文到部，不知何故，应请行查办理。

臣等接阅之下，不胜骇异，当即行查兵部去后，兹据兵部将本处正月十八日原行印信遵封文一件咨送前来。臣等详查稿案，并无咨行兵部之文。溯查汉侍卫咨行文案，向系正黄旗笔帖式和中阿专司办理，当即饬传该员等面加讯问。

兹据黄大奎供称，前因兵部行文甘肃，查我腿疾是否虚实，恐本省文到时，应选之缺已过，不能选补，是以寻向素识之侍卫处笔帖式和中阿商议，和中阿令我具呈，由领侍卫内大臣处转咨兵部，即可据此选补。和中阿即代作呈词呈递，经章京等饬驳，和中阿又私作公文，交我送部。而陕甘总督声明黄大奎并无捏饰回文，亦于二月初十日到部，该部据此二文选补。我曾给过和中阿钱八吊文、银十四两等语。

复讯据和中阿供称，去岁曾代黄大奎写过诉呈一纸，旋经章京等饬驳，未经呈递，我随即代办公文，因在封印期内，点写印信遵封，私交黄大奎送往兵部投递。两次得受黄大奎钱八吊文，并未得受银两是实。

查黄大奎因恐选缺过期，胆敢与和中阿商谋，私作公文咨部，实属目无法纪。所供似觉尚有不实不尽，相应请旨，将黄大奎、和中阿饬交刑部严讯定拟，以成信谳。

再，臣僧格林沁、福克津失察黄大奎，臣长龄、载铨失察和中阿舞弊之处，均有应得之咎。相应将臣等交部议处……

道光十五年四月初九日

——录副奏折，档案号03-2637-024。

〇上谕

道光十五年四月初九日奉旨：

二等侍卫、已选游击黄大奎，笔帖式和中阿，俱著革职，交刑部审讯。僧格林沁、福克津、长龄、载铨，均著交部议处。

钦此。

——《嘉庆道光两朝上谕档》第40册，第122页。

七月

七月二十二日

〇实录

以科尔沁郡王僧格林沁、工部尚书载铨为总理行营大臣。

——《清宣宗实录》卷二六九，道光十五年七月己酉。

九月

九月初七日

〇上谕

谕内阁：

国家设立火器，原系准备征战防守之意，当日何其精捷威武？况满洲火器营炮位，尤

宜灵便有准，每出必中。此次朕回銮之便，在卢沟桥阅看满洲火器营演炮，令其连放两次，固有中牌者，亦有未中而能致远者，亦有放出铅丸半道落地、未能到牌者，殊属不成事体。即云炮位年久，间有损坏之处，亦应随时早为修理，何至朕亲阅之时，尚复任意点放，致铅丸落地，竟未到牌？总由平日该管王大臣并不尽心督饬官兵演放所致，殊属非是。嗣后务须严加训练，务使一兵即有一兵之用，勉力演放，俱臻精锐，断不可再致如此玩懈，视为具文。除将此次演炮之马甲交该管王大臣等重惩外，奕绍、僧格林沁、绵岫、哈哴阿均著交部察议，内火器营翼长等著交部议处。

——《清宣宗实录》卷二七一，道光十五年九月癸巳。

十二月

十二月二十一日

〇实录

以惇亲王绵恺为镶红旗蒙古都统，科尔沁扎萨克郡王僧格林沁为阅兵大臣，工部尚书载铨管善扑营事，协办大学士、吏部尚书穆彰阿管总理行营大臣事。

——《清宣宗实录》卷二七六，道光十五年十二月乙亥。

十二月三十日

〇起居注

上以除夕，御保和殿，赐朝正外藩筵宴。左翼科尔沁扎萨克和硕土什业土亲王诺尔布林沁，科尔沁和硕卓里克土亲王巴土，喀尔喀车臣汉阿尔塔西达，喀尔喀扎萨克土汉玛尼巴咱尔，巴林扎萨克多罗郡王那木济勒旺楚克，喀拉沁扎萨克多罗都楞郡王布尼雅巴拉，奈曼扎萨克多罗郡王阿宛都洼第扎布，科尔沁扎萨克多罗郡王林沁扎拉参，蒿齐特扎萨克多罗郡王吹精扎布，敖汉多罗郡王斡咱巴拉，鄂尔多斯多罗郡王巴宝多尔济，阿巴噶多罗郡王那木萨赉多尔济，喀尔喀扎萨克多罗郡王托克托霍土鲁，喀尔喀扎萨克多罗郡王车凌棍布，喀尔喀扎萨克多罗郡王土克济扎布，科尔沁多罗贝勒达尔玛扎布，科尔沁多罗贝勒贡格拉布坦，喀尔喀多罗贝勒索诺木多布沁，喀拉沁扎萨克固山贝子额外侍郎玛哈巴拉，鄂尔多斯固山贝子达什多尔济，科尔沁固山贝子阿米乌尔图，喀尔喀扎萨克固山贝子贡格多尔济，阿巴噶固山贝子德木楚克达什，喀尔喀固山贝子阿的雅，喀尔喀固山贝子云丹盖鲁布，科尔沁扎萨克镇国公多布沁旺丹，乌拉特扎萨克镇国公拉特那巴拉，乌拉特扎萨克

镇国公噶拉党旺楚克多尔济，翁牛特镇国公丰绅宝，翁牛特镇国公桑噶巴拉，喀尔喀镇国公吹忠扎布，郭尔罗斯扎萨克辅国公阿勒他额齐尔，科尔沁辅国公伯罗特，苏尼特辅国公额林沁，阿巴噶辅国公萨木丕尔诺尔布，喀尔喀扎萨克辅国公拉布坦多尔济，青海扎萨克辅国公珠尔默特多布端车林，喀拉沁和硕额驸端约特多尔济，喀拉沁和硕额驸布达西里，喀拉沁扎萨克头等他布囊克兴额，克什克腾扎萨克头等台吉比玛拉济里第，科尔沁头等台吉拉特那噶尔比，敖汉头等台吉当色里特立克忠，喀尔喀扎萨克头等台吉车林多尔济，喀尔喀扎萨克头等台吉巴雅拉，喀尔喀扎萨克头等台吉彭楚克多尔济，喀尔喀扎萨克头等台吉达尔玛扎布，青海扎萨克头等台吉多尔济旺扎尔，土尔扈特头等台吉增林佟鲁普，巴林二等台吉扎拉沁扎布，喀拉沁二等他布囊布彦图，侍卫、副都统衔喀尔喀二等台吉多济那木凯，喀拉沁三等他布囊多尔济拉布坦，喀拉沁固山额驸德勒克桑宝，喀拉沁固山额驸棍布旺沁，附在察哈尔旗下和硕特头等台吉恩可伯罗特，附在察哈尔旗下和硕特三等台吉拉特那巴雅尔，附在察哈尔旗下和硕特四等台吉那苏绰克图，附在察哈尔旗下和硕特四等台吉贡楚克车登，附在察哈尔旗下土尔扈特四等台吉土什图，住京喀尔喀扎萨克和硕亲王车登巴咱尔，科尔沁扎萨克多罗郡王僧格林沁，科尔沁扎萨克固山贝子济克默特，土默特扎萨克固山贝子德勒克色楞，绰罗斯固山贝子二等侍卫赓音苏、辅国公二等侍卫回子巴巴克霍卓，喀尔喀公品级头等台吉头等侍卫巴彦桑，喀尔喀二等台吉头等侍卫多尔济帕拉木、二等侍卫喀尔喀二等台吉那逊达赉，右翼科尔沁和硕卓里克图亲王巴图，科尔沁扎萨克多罗郡王僧克林沁，科尔沁多罗郡王多克默特，巴林扎萨克[多]罗郡王那木济勒旺楚克，奈曼扎萨克多罗郡王阿宛都洼第扎布，敖汉扎萨克多罗郡王达尔玛济里第，苏尼特扎萨克多罗郡王布尔尼西里，阿巴噶扎萨克多罗郡王阿尔他西第，敖汉多罗郡王斡咱巴拉，扎赉特扎萨克多罗贝勒拉木棍布扎布，阿鲁科尔沁扎萨克多罗贝勒扎木扬旺舒克，乌珠穆沁扎萨克多罗贝勒达克丹，科尔沁扎萨克固山贝子济克默特，土默特扎萨克固山贝子德勒克色楞，阿巴哈那尔扎萨克固山贝子伊达木扎布，巴林固山贝子索里雅，喀尔喀固山贝子云丹盖鲁布，乌珠穆沁镇国公都噶尔扎布，扎鲁特镇国公们都巴雅尔，科尔沁辅国公旺沁，乌珠穆沁辅国公济克济特扎布，归化城土默特辅国公齐鲁布，科尔沁和硕额驸多布沁拉布济，科尔沁多罗额驸阿玉西里，喀拉沁扎萨克头等他布囊多罗额驸克兴额，敖汉头等台吉多罗额驸达旺多布端，阿巴噶扎萨克头等台吉都噶尔布木，鄂尔多斯扎萨克头等台吉色楞德济特，科尔沁头等台吉济克默特朗布，巴林头等台吉丰绅泰，苏尼特头等台吉布达嗪噶拉，巴林二等台吉扎拉沁扎布，喀拉沁二等他布囊西林达瓦，乌里雅苏[台]参赞大臣、喀尔喀三音诺彦扎萨克和硕亲王车林多尔济，喀尔喀扎萨克和硕亲王车登巴咱尔，阿拉善扎萨克和硕亲王囊都布苏隆，青海扎萨克多罗郡王贡楚克济克默特，翁牛特扎萨克多罗贝勒宝拜，喀尔喀扎萨克多罗贝勒那木济勒多尔济，喀拉沁扎萨克固山贝子额外侍郎玛哈巴拉，库伦

办事大臣上学习行走、喀尔喀扎萨克固山贝子德勒克多尔济，喀尔喀扎萨克固山贝子命珠尔多尔济，绰罗斯固山贝子二等侍卫赓音苏，喀尔喀辅国公桑都布多尔济，喀尔喀辅国公布尼达里，辅国公二等侍卫回子巴巴克霍卓，喀尔喀公品级头等台吉头等侍卫巴彦桑，喀尔喀扎萨克头等台吉噶拉党贡多布，喀尔喀扎萨克头等台吉棍布多尔济，喀尔喀扎萨克头等台吉额林多尔济，喀尔喀扎萨克头等台吉巴丹棍布，喀尔喀扎萨克头等台吉吹贡楚克达什，青海扎萨克头等台吉达尔玛西第，喀尔喀头等台吉那苏巴土，喀尔喀二等台吉头等侍卫多尔济帕拉木，喀尔喀二等台吉二等侍卫那逊达赉，土尔扈特协理台吉布彦德勒格尔，附在察哈尔旗下和硕特二等台吉玛什巴图，附在察哈尔旗下绰罗斯三等台吉孟可济里噶勒，附在察哈尔旗下和硕特四等台吉彭苏克，附在察哈尔旗下和硕特四等台吉达兰泰，附在察哈尔旗下鄂鲁特四等台吉达克当立克鲁布，并朝鲜国、暹罗国使臣，随文武大臣依次就坐，诸乐并作，上进酒，余俱令侍卫等分觞授饮于坐次。众谢恩退，驾还宫。

——《清代起居注册(道光朝)》第42册，第25024—25040页。

道光十六年

正月

正月十五日

〇起居注

上诣寿皇殿行礼。辰刻御保和殿，赐朝正外藩筵宴。左翼科尔沁扎萨克和硕土什业土亲王诺尔布林沁，科尔沁和硕卓里克土亲王巴土，喀尔喀车臣汉阿尔塔西达，喀尔喀扎萨克土汉玛尼巴咱尔，巴林扎萨克多罗郡王那木济勒旺楚克，喀拉沁扎萨克多罗都楞郡王布尼雅巴拉，奈曼扎萨克多罗郡王阿宛都洼第扎布，科尔沁扎萨克多罗郡王林沁扎拉参，蒿齐特扎萨克多罗郡王吹精扎布，敖汉多罗郡王斡咱巴拉，鄂尔多斯多罗郡王巴宝多尔济，阿巴噶多罗郡王那木萨赍多尔济，喀尔喀扎萨克多罗郡王托克托霍土鲁，喀尔喀扎萨克多罗郡王车凌棍布，喀尔喀扎萨克多罗郡王土克济扎布，科尔沁多罗贝勒达尔玛扎布，科尔沁多罗贝勒贡格拉布坦，喀尔喀多罗贝勒索诺木多布沁，喀拉沁扎萨克固山贝子额外侍郎玛哈巴拉，鄂尔多斯固山贝子达什多尔济，科尔沁固山贝子阿米乌尔图，喀尔喀扎萨克固山贝子格多尔济，阿巴噶固山贝子德木楚克达什，喀尔喀固山贝子阿的雅，喀尔喀固山贝子云丹盖鲁布，科尔沁扎萨克镇国公多布沁旺丹，乌拉特扎萨克镇国公拉特那巴拉，乌拉特扎萨克镇国公噶拉党旺楚克多尔济，翁牛特镇国公丰绅宝，翁牛特镇国公桑噶巴拉，喀尔喀镇国公吹忠扎布，郭尔罗斯扎萨克辅国公阿勒他额齐尔，科尔沁辅国公伯罗特，苏尼特辅国公额林沁，阿巴噶辅国公萨木丕尔诺尔布，喀尔喀扎萨克辅国公拉布坦多尔济，青海扎萨克辅国公珠尔默特多布端车林，喀拉沁和硕额驸端约特多尔济，喀拉沁和硕额驸布达西里，喀拉沁扎萨克头等他布囊克兴额，克什克腾扎萨克头等台吉比玛拉济里第，科尔沁头等台吉拉特那噶尔比，敖汉头等台吉当色里特立克忠，喀尔喀扎萨克头等台吉车林多尔济，喀尔喀扎萨克头等台吉巴雅拉，喀尔喀扎萨克头等台吉彭楚克多尔济，喀

尔喀扎萨克头等台吉达尔玛扎布，青海扎萨克头等台吉多尔济旺扎尔，土尔扈特头等台吉增林佟鲁普，巴林二等台吉扎拉沁扎布，喀拉沁二等他布囊布彦图，侍卫、副都统衔喀尔喀二等台吉多济那木凯，喀拉沁三等他布囊多尔济拉布坦，喀拉沁固山额驸德勒克桑宝，喀拉沁固山额驸棍布旺沁，附在察(喀)[哈]尔旗下和硕特头等台吉恩可伯罗特，附在察哈尔旗下和硕特三等台吉拉特那巴雅尔，附在察哈尔旗下和硕特四等台吉那苏绰克图，附在察哈尔旗下和硕特四等台吉贡楚克车登，附在察哈尔旗下土尔扈特四等台吉土什图，住京喀尔喀扎萨克和硕亲王车登巴咱尔，科尔沁扎萨克多罗郡王僧格林沁，科尔沁扎萨克固山贝子济克默特，土默特扎萨克固山贝子德勒克色楞，绰罗斯固山贝子二等侍卫赓音苏，辅国公二等侍卫回子巴巴克霍卓，喀尔喀公品级头等台吉头等侍卫巴彦桑，喀尔喀二等台吉头等侍卫多尔济帕拉木，二等侍卫喀尔喀二等台吉那逊达赉，右翼科尔沁和硕卓里克图亲王巴图，科尔沁扎萨克多罗郡王僧格林沁，科尔沁多罗郡王多克默特，巴林扎萨克多罗郡王那木济勒旺楚克，奈曼扎萨克多罗郡王阿宛都洼第扎布，敖汉扎萨克多罗郡王达尔玛济里第，苏尼特扎萨克多罗郡王布尔尼西里，阿巴噶扎萨克多罗郡王阿尔他西第，敖汉多罗郡王斡咱巴拉，扎赉特扎萨克多罗贝勒拉木棍布扎布，阿鲁科尔沁扎萨克多罗贝勒扎木扬旺舒克，乌珠穆沁扎萨克多罗贝勒达克丹，科尔沁扎萨克固山贝子济克默特，土默特扎萨克固山贝子德勒克色楞，阿巴哈那尔扎萨克固山贝子伊达木扎布，巴林固山贝子索里雅，喀尔喀固山贝子云丹盖鲁布，乌珠穆沁镇国公都噶尔扎布，扎鲁特镇国公们都巴雅尔，科尔沁辅国公旺沁，乌珠穆沁辅国公济克济特扎布，归化城土默特辅国公齐鲁布，科尔沁和硕额驸多布沁拉布济，科尔沁多罗额驸阿玉西里，喀拉沁扎萨克头等他布囊多罗额驸克兴额，敖汉头等台吉多罗额驸达旺多布端，阿巴噶扎萨克头等台吉都噶尔布木，鄂尔多斯扎萨克头等台吉色楞德济特，科尔沁头等台吉济克默特朗布，巴林头等台吉丰绅泰，苏尼特头等台吉布达哷噶拉，巴林二等台吉扎拉沁扎布，喀拉沁二等他布囊西林达瓦，乌里雅苏[台]参赞大臣、喀尔喀三音诺彦扎萨克和硕亲王车林多尔济，喀尔喀扎萨克和硕亲王车登巴咱尔，阿拉善扎萨克和硕亲王囊都布苏隆，青海扎萨克多罗郡王贡楚克济克默特，翁牛特扎萨克多罗贝勒宝拜，喀尔喀扎萨克多罗贝勒那木济勒多尔济，喀拉沁扎萨克固山贝子额外侍郎玛哈巴拉，库伦办事大臣上学习行走、喀尔喀扎萨克固山贝子德勒克多尔济，喀尔喀扎萨克固山贝子命珠尔多尔济，绰罗斯固山贝子二等侍卫赓音苏，喀尔喀辅国公桑都布多尔济，喀尔喀辅国公布尼达里，辅国公二等侍卫回子巴巴克霍卓，喀尔喀公品级头等台吉头等侍卫巴彦桑，喀尔喀扎萨克头等台吉噶拉党贡多布，喀尔喀扎萨克头等台吉棍布多尔济，喀尔喀扎萨克头等台吉额林多尔济，喀尔喀扎萨克头等台吉巴丹棍布，喀尔喀扎萨克头等台吉吹贡楚克达什，青海扎萨克头等台吉达尔玛西第，喀尔喀头等台吉那苏巴土，喀尔喀二等台吉头等侍卫多尔济帕拉木，喀尔喀二等台吉二等侍卫那逊达赉，土尔扈

特协理台吉布彦德勒格尔，附在察哈尔旗下和硕特二等台吉玛什巴图，附在察哈尔旗下绰罗斯三等台吉孟可济里噶勒，附在察哈尔旗下和硕特四等台吉彭苏克，附在察哈尔旗下和硕特四等台吉达兰泰，附在察哈尔旗下鄂鲁特四等台吉达克当立克鲁布，并朝鲜国、暹罗国使臣，随文武大臣依次就坐，诸乐并作，上进酒，余俱令侍卫等分觞授饮于坐次。众谢恩退，驾还宫。

——《清代起居注册（道光朝）》第 43 册，第 25126—25143 页。

七月

七月初八日

○僧格林沁等奏

臣僧格林沁等跪奏，为遵旨定拟具奏仰祈圣鉴事。

本月初四日内阁奉上谕：哈丰阿奏参在京大员干预本地公事，并将原给书信条议一并呈览一折。御前侍卫、都统高喀乃负恩胆大，自取罪戾，著即革职，交御前大臣、军机大臣会同审讯具奏。钦此。又，本月初五日奉上谕：蓝翎侍卫那提顺著革职，交御前大臣、军机大臣一并审讯。钦此。

臣等当即遵旨将该二员传到，公同讯问，据高喀乃供称，致函与黑龙江将军哈丰阿，嘱托公事三条，并空言炫耀与九卿商议、户兵二部通融等语属实。那提顺供称，高喀乃嘱伊代作信函，授意撰拟，并无别情。臣等已将两次讯明供词先后恭呈御览。

本月初六日奉上谕：此案高喀乃干预公事，业经讯取确供，著御前大臣、军机大臣按律定拟具奏。钦此。

臣等伏思，文武官员各有攸司，惟当循分尽职，谨慎恪恭，不特外省公事不应越俎代谋，即各部院分职办公，其事不干己者，亦不得探听搀越，况内廷行走大臣尤宜小心慎密，方为不负殊恩。此案高喀乃以黑龙江历久遵办公事，辄因私意妄托该将军更改章程，怂恿奏办，复添砌与九卿商议、户兵二部通融等语，实属错谬妄为，诚如圣谕，负恩胆大，自取罪戾。查律载，监临势要为人嘱托者杖一百，又例载杖一百系私罪者革职。今高喀乃以一品大员违例请托，错谬已极，仅予革职，未免轻纵，应请旨将高喀乃发往军台效力赎罪，以示惩儆。已革蓝翎侍卫那提顺，讯只听从主使，并无干预别情，惟因高喀乃嘱令代写信函，未能阻止，亦有不合，应请旨开复原官，仍交部照例议处。

所有臣等遵旨定拟缘由，谨会同恭折具奏，伏乞皇上圣鉴。谨奏。

道光十六年七月初八日

——《嘉庆道光两朝上谕档》第 41 册，第 287—288 页。

七月二十日

〇上谕

凯音布未到京以前，镶蓝旗蒙古都统员缺，著僧格林沁署理。

——《清代起居注册(道光朝)》第44册，第26228页。

八月

八月十二日

〇僧格林沁等奏

臣僧格林沁等跪奏，为遵旨会议仰祈圣鉴事。

本月初十日臣等面奉谕旨：嗣后万寿庆节若遇雨，诸臣应由何处行礼，著御前大臣、军机大臣会议具奏。钦此。臣等恭查会典，内载，万寿圣节驻跸圆明园，皇子、王以下，文三品武二品以上官，按翼在正大光明殿阶下左右；文四品、武三品以下各官，在出入贤良门外行礼等语。臣等敬谨酌拟，嗣后万寿圣节若遇雨，皇子、王公等在正大光明殿檐下行礼，文三品、武二品以上官在出入贤良门内外檐下左右行礼，文四品、武三品以下各官在大宫门内外檐下左右行礼。

所有臣等公同会议缘由，谨缮折具奏，俟奉旨后行知礼部，于每年恭奏万寿行礼仪注折内夹片声明。谨奏。

道光十六年八月十二日

——《嘉庆道光两朝上谕档》第41册，第349—350页。

九月

九月二十八日

〇上谕

道光十六年九月二十八日内阁奉上谕：

本月二十六日亥刻，圆明园不戒于火，经王大臣等督率官员弁兵赶紧扑救，旋即止熄。兹据各该衙门遵旨将是日救火出力各员开单呈览，朕详加披阅，该王大臣、官员、弁兵等勇往向前，不辞劳勚，均属勤奋可嘉，自应普沛恩施，以示奖励。所有是日值班御前大臣僧格

林沁，乾清门值班吉凌阿、贵成、开明阿、培成、伊勒东阿、穆克登额，奏事官德裕，批本中书吉隆阿，奏蒙古事侍卫多尔济帕拉木，圆明园值班大臣奕纪，开门后赶到之御前大臣载铨，定亲王奕绍，惠郡王绵愉，领侍卫内大臣长龄，睿亲王仁寿，惇亲王绵恺，总管内务府大臣禧恩、敬徵，军机大臣潘世恩、赛尚阿，南书房翰林祁寯藻、吴其濬，御前侍卫桂轮、道庆、奇克唐阿，乾清门侍卫奕缃、倭什讷、阿保、常安、阿玉玺、乌勒木培、额勒亨额、玉明、珠勒亨、那福德、长寿、赛什雅勒泰、开隆阿、珠勒格善、明庆、岳明阿、惠成，总兵奎照，领侍卫内大臣福克津，军机章京熙成、海庆、郑乔林、陈孚恩、刘冣昌，批本中书桂林，均著加恩赏加三级。丑时以后赶到之军机大臣、署步军统领穆彰阿，总兵联顺，御前侍卫济克默特、车登巴咱尔、德勒克色楞、中山、玻多欢、巴清德、都尔通阿，值班散秩大臣额勒浑，乾清门侍卫庆敏、崇恩、庆兴、绵性、哈哴阿、巴里善、巴图咙阿、那逊达赉、特兴额、春佑、庆贤、穆腾阿，奏事官英林、和昇额，批本官松峻，批本中书阿凌阿、承珖，奏蒙古事侍卫巴彦桑，均著加恩赏加一级。圆明园郎中等官十五名，俱著赏加三级。园户三十五名，俱著赏给一两重银锞两个。圆明园八旗、包衣三旗营总等官十三员，护军校二十七名，俱著赏加三级。护军一百二十六名，抬汲桶抬水夫七十四名，俱著赏给一两重银锞两个。步军统领衙门救火官弁六十六员名，俱著赏加三级。其步甲营兵等三百八十五名，俱著赏给一两重银锞两个。

钦此。

——《嘉庆道光两朝上谕档》第41册，第410—411页。

十一月

十一月二十一日

〇上谕

镶黄旗满洲都统著穆彰阿调补，所遗镶白旗满洲都统著僧格林沁调补，所遗正蓝旗蒙古都统著绵偲补授。

——《清代起居注册(道光朝)》第46册，第27066页。

十一月二十二日

〇上谕

领纛大臣著僧格林沁补授。

——《清代起居注册(道光朝)》第46册，第27073页。

十二月

十二月二十九日

○起居注

上以除夕，御保和殿，赐朝正外藩筵宴。左翼科尔沁和硕卓里克土亲王巴图，科尔沁多罗郡王多克默特，科尔沁扎萨克和硕图什业图亲王诺尔布林沁，科尔沁扎萨克多罗扎萨克图郡王索特那木伦布木，巴林扎萨克多罗郡王那木济勒旺楚克，喀喇沁扎萨克多罗都楞郡王色伯克多尔济，奈曼扎萨克多罗郡王阿宛都霍第扎布，敖汉多罗郡王斡咱巴拉，翁牛特扎萨克多罗郡王拉他那济尔第，苏尼特扎萨克多罗郡王齐旺扎布，鄂尔多斯扎萨克多罗郡王土们济勒噶尔，科尔沁多罗贝［勒］达尔玛扎布，土默特扎萨克多罗贝勒那逊鄂勒哲依，扎鲁特扎萨克多罗贝勒布模色楞，扎鲁特扎萨克多罗贝勒萨达尔，喀喇沁扎萨克固山贝子额外侍郎玛哈巴拉，敖汉固山贝子诺尔布桑，鄂尔多斯扎萨克固山贝子端多布色楞，鄂尔多斯扎萨克固山贝子察克都尔色楞，鄂尔（罗）［多］斯扎萨克镇国公扬赞巴拉，科尔沁辅国公巴土，喀喇沁辅国公德里克呢玛，喀喇沁辅国公班咱西里，科尔沁公品级头等台吉萨丹栋鲁布，喀喇沁扎萨克头等他布囊多罗额驸克星额，喀喇沁和硕额驸布达西里，科尔沁多罗额驸齐默特多布端，科尔沁头等台吉拉他那噶尔比，敖汉头等台吉丹色里特立克忠，喀喇沁二等他布囊布彦土，喀喇沁二等他布囊散扎西里，喀喇沁多罗额驸扎那西里，喀喇沁三等他布囊多尔济拉布坦，喀喇沁固山额驸布彦德勒各尔，住京喀尔喀扎萨克亲王车登巴咱尔，科尔沁扎萨克多罗郡王僧格林沁，科尔沁扎萨克固山贝子济克默特，土默特扎萨克固山贝子德勒克色楞，绰罗斯固山贝子二等侍卫赓业苏，辅国公二等侍卫回子巴巴克霍卓，喀尔喀公品级头等台吉头等侍卫巴彦桑，喀尔喀二等台吉头等侍卫多尔济帕拉木，喀尔喀二等台吉头等侍卫那逊达赉，右翼喀尔喀车臣罕阿尔他西达，喀尔喀扎萨克土罕玛呢巴咱尔，喀尔喀三音诺彦扎萨克和硕亲王车林多尔济，土尔扈特亲王恩克济勒噶尔，喀尔喀扎萨克多罗郡王托克托呼图鲁，喀尔喀扎萨克多罗郡王车林棍布，喀尔喀扎萨克多罗郡王图克济布，喀尔喀扎萨克多罗郡王拉苏龙巴咱尔，青海扎萨克多罗郡王车林端多布，旧土尔扈特扎萨克多罗贝勒巴雅尔玛克奶，霍硕特扎萨克固山贝子车登多尔济，喀尔喀扎萨克镇国公索诺木达尔济，青海扎萨克辅国公察汉巴克，伊克明安辅国公乌尔土那逊，喀尔喀公品级扎萨克头等台吉彭楚克多尔济，喀尔喀扎萨克头等台吉敏珠尔多尔济，察哈尔四等台吉拉什栋鲁布，察哈尔四等台吉乌呢济勒噶尔，察哈尔四等台吉巴勒桑，察哈尔四等台吉恩克，察哈尔四等台吉鄂齐尔巴土，并朝鲜国、琉球国使臣，随文武大臣依次就坐，诸乐并作，上进酒，余俱令侍卫等分觞授饮于坐次。众谢恩退，驾还宫。

——《清代起居注册（道光朝）》第46册，第27447—27456页。

道光十七年

正月

正月初一日

〇实录

赏喀尔喀亲王车林多尔济、科尔沁郡王僧格林沁黄缰。

——《清宣宗实录》卷二九三，道光十七年正月己卯。

正月十五日

〇起居注

上诣安佑宫行礼，辰刻，上御正大光明殿，赐朝正外藩筵宴。左翼科尔沁和硕卓里克土亲王巴土，科尔沁多罗郡王多克默特，科尔沁扎萨克和硕图什业图亲王诺尔布林沁，科尔沁扎萨克多罗扎萨克图郡王索特那木伦布木，巴林扎萨克多罗郡王那木济勒旺楚克，喀喇沁扎萨克多罗都楞郡王色伯克多尔济，奈曼扎萨克多罗郡王阿宛都洼第扎布，敖汉多罗郡王斡咱巴拉，翁牛特扎萨克多罗郡王拉他那济尔第，苏呢特扎萨克多罗郡王齐旺扎布，额尔多斯扎萨克多罗郡王土们济勒噶尔，科尔沁多罗贝勒达尔玛扎布，土默特扎萨克多罗贝勒那逊鄂勒哲依，扎鲁特扎萨克多罗贝勒布模色楞，扎鲁特扎萨克多罗贝勒萨达尔，喀喇沁扎萨克固山贝子额外侍郎玛哈巴拉，敖汉固山贝子诺尔布桑，额尔多斯扎萨克固山贝子端多布色楞，额尔多斯扎萨克固山贝子察克都尔色楞，郭尔罗斯扎萨克镇国公扬赞巴拉，科尔沁辅国公巴土，喀喇沁辅国公德里克呢玛，喀喇沁辅国公班咱西里，科尔沁公品级头等台吉萨丹栋鲁布，喀喇沁扎萨克头等他布囊多罗额驸克星额，喀喇沁和硕额驸布达西里，科尔沁多罗额驸齐默特多布端，科尔沁头等台吉拉他那噶尔比，敖汉头等台吉丹色里

特立克忠，喀喇沁二等他布囊布彦土，喀喇沁二等他布囊散扎西里，喀喇沁多罗额驸扎那西里，喀喇沁三等他布囊多尔济拉布坦，喀喇沁固山额驸布彦德勒各尔，住京喀尔喀扎萨克亲王车登巴咱尔，科尔沁扎萨克多罗郡王僧格林沁，科尔沁扎萨克固山贝子济克默特，土默特扎萨克固山贝子德勒克色楞，绰罗斯固山贝子二等侍卫赓业苏，辅国公二等侍卫回子巴巴克霍卓，喀尔喀公品级头等台吉头等侍卫巴彦桑，喀尔喀二等台吉头等侍卫多尔济帕拉木，喀尔喀二等台吉头等侍卫那逊达赉，右翼喀尔喀车臣罕阿尔他西达，喀尔喀扎萨克土罕玛呢巴咱尔，喀尔喀三音诺彦扎萨克和硕亲王车林多尔济，土尔固特亲王恩克济勒噶尔，喀尔喀扎萨克多罗郡王托克托呼图鲁，喀尔喀扎萨克多罗郡王车林棍布，喀尔喀扎萨克多罗郡王图克几扎布，喀尔喀扎萨克多罗郡王拉苏龙巴咱尔，青海扎萨克多罗郡王车林端多布，旧土尔固特扎萨克多罗贝勒巴雅尔玛克奶，霍硕特扎萨克固山贝子车登多尔济，喀尔喀扎萨克镇国公索诺木达尔济，青海扎萨克辅国公察汉巴克，伊克明安辅国公乌尔土那逊，喀尔喀公品级扎萨克头等台吉彭楚克多尔济，喀尔喀扎萨克头等台吉敏珠尔多尔济，察哈尔四等台吉拉什栋鲁布，察哈尔四等台吉乌呢几勒噶尔，察哈尔四等台吉巴勒桑，察哈尔四等台吉恩克，察哈尔四等台吉鄂齐尔巴土，及琉球国使臣，随大学士、领侍卫内大臣依次就坐，诸乐并作，上进酒，外藩及使臣俱令侍卫等分觞授饮。毕，谢恩退。

申刻，上御山高水长观火戏，赐王公大臣，蒙古王、贝勒、贝子、公及各外藩使臣等茶果。

——《清代起居注册(道光朝)》第47册，第27556—27565页。

正月三十日

〇上谕

道光十七年正月三十日内阁奉上谕：

前据济克默特等奏护军等传说神武门官兵拦阻酒篓、验系火药一案，当降旨著僧格林沁等审讯。兹据该大臣等审明，实系市井游谈，全无确据，分别定拟，均属咎所应得，著照所拟完结。[①] 紫禁城门禁森严，该旗护军等轮流值班，前锋统领等职司统辖，责有攸归，济克默特等既有风闻，自应据实具奏，以凭究办。其安福等五人职同管辖，并未列衔，自系查无确据，未敢冒昧具奏，亦无不合。嗣后该统领等务当严饬所属，于一切出入人等随时随地严密稽查，固不得以游谈无据之词，任令辗转传播。其有事关重大、形迹可疑，应呈明者立即呈明，应入奏者据实具奏，不得稍存讳饰。倘知而不言，获咎更重。凛之！慎之！

① 僧格林沁等审理此案的奏折，可参阅中国第一历史档案馆藏录副奏折，档案号03-2653-087。

钦此。

——《嘉庆道光两朝上谕档》第 42 册,第 34 页。

三月

三月初十日

○上谕

内阁奉谕旨:

本日朕举行耕耤典礼,仰承昊贶,渥沛春膏,达旦连宵,入土深透,朕寅感之余,弥深庆幸。所有从耕之王大臣等,俱著加恩赏给纪录一次。御前大臣僧格林沁、奕纪,御前侍卫、乾清门侍卫、銮仪卫、粘竿处、太常寺各执事人员,兼管顺天府府尹、顺天府府尹暨所属各执事人员,俱著加恩赏加一级。请(桥)[轿]校尉,每人著加恩赏给广储司一两重银锞一个。其顺天府耆老农夫等,著该府尹等查明奖赏。

——《清代起居注册(道光朝)》第 47 册,第 27891—27892 页。

七月

七月初七日

○上谕

长龄所管镶黄旗领侍卫内大臣事务,著奕纪署理;正红旗满洲都统事务,著僧格林沁署理。

——《清代起居注册(道光朝)》第 49 册,第 28610 页。

七月二十一日

○上谕

近因僧格林沁患病,业经赏假十日。惟念僧格林沁之病暂时难以速痊,著加恩不必限以时日,俾得在家安心调理,俟病痊再行销假当差。伊所管火器营事务,著惇亲王绵恺署理;镶白旗满洲都统,著载铨署理;伊所署正红旗满洲都统,著奕纪署理。

——《清代起居注册(道光朝)》第 49 册,第 28684 页。

十一月

十一月初五日

〇上谕

军机大臣字寄热河都统耆。道光十七年十一月初五日奉上谕：

本日据理藩院奏，科尔沁扎萨克多罗郡王僧格林沁，遣二等护卫络保赴该衙门呈称，该郡王之姑母、已故贝勒那苏木札布之妻身死不明，已明降谕旨，将布彦特古斯及民人傅全解交耆英质讯矣。蒙古恶俗，每多用蛊毒伤人，据布彦特古斯供称，该氏临终时，手脸俱青，并该氏有毒物伤害之言，种种情节，疑窦甚多。著交耆英提集人证，秉公严审，务期水落石出，以成信谳。理藩院原折，并译出该图萨拉克齐原呈，均著钞给阅看。将此谕令知之。

钦此。遵旨寄信前来。

——《嘉庆道光两朝上谕档》第42册，第425页。

十二月

十二月三十日

〇起居注

上以除夕，御保和殿，赐朝正外藩筵宴。左翼科尔沁扎萨克和硕图什业图亲王诺尔布林沁，科尔沁和硕卓里克土亲王巴土，巴林扎萨克多罗郡王那木济勒旺楚克，喀拉沁扎萨克多罗都楞郡王色伯克多尔济，奈曼扎萨克多罗郡王阿宛都洼第扎布，科尔沁扎萨克多罗宾图郡王林沁扎拉赞，科尔沁多罗郡王多克默特，敖汉多罗郡王斡咱巴拉，浩齐特扎萨克多罗郡王吹精扎布，阿巴噶多罗郡王萨尔济勒多尔济，科尔沁多罗贝勒达尔坞扎布，科尔沁多罗贝勒贡格拉布坦，杜尔伯特扎萨克固山贝子额绰尔呼雅克图，鄂尔多斯扎萨克固山贝子达什多尔济，科尔沁固山贝子阿米乌尔图，阿巴噶固山贝子德木楚克达什，科尔沁扎萨克镇国公多布沁旺丹，乌拉特扎萨克镇国公噶勒党旺楚克多尔济，乌拉特镇国公拉特那巴拉，翁牛特镇国公丰绅宝，郭尔罗斯扎萨克辅国公阿拉他鄂齐尔，科尔沁辅国公伯罗特，阿巴噶辅国公萨木丕勒诺尔布，科尔沁公品级头等台吉萨丹栋鲁布，克什克腾扎萨克头等台吉比玛拉济里第，科尔沁和硕额驸多布沁拉布济，科尔沁多罗额驸乌济布彦，科尔沁头

等台吉济克默特朗布，敖汉头等台吉多罗额驸达旺多克丹，苏呢特头等台吉布达蟒噶拉，喀拉沁二等他布囊西林达瓦，巴林公主子孙二等台吉兼协理台吉扎勒沁扎布，右翼喀尔喀图什图汗车林多尔济，阿拉善扎萨克和硕亲王囊都布苏隆，库伦帮办事务大臣上学习行走、喀尔喀扎萨克固山贝子德勒克多尔济，喀尔喀扎萨克镇国公巴拉达尔多尔济，喀尔喀扎萨克辅国公拉布丹多尔济，喀尔喀扎萨克辅国公伴党扎布，喀尔喀扎萨克辅国公贡鲁色德，喀尔喀扎萨克辅国公旺丹多尔济，喀尔喀扎萨克辅国公布尼达哩，察哈尔辅国公桑鲁布多尔济，察哈尔辅国公云敦，喀尔喀公品级台吉车林桑鲁布，喀尔喀扎萨克头等台吉拉布丹多尔济，喀尔喀扎萨克头等台吉济克默特多尔济，喀尔喀扎萨克头等台吉车登噶瓦，喀尔喀扎萨克头等台吉额林沁巴勒，青海扎萨克头等台吉达玛林策楞，青海扎萨克头等台吉拉玛棍藏尔济马，喀尔喀头等台吉那苏巴图，阿拉善头等台吉布尼西哩，察(喀)[哈]尔三等台吉巴图孟可，察(喀)[哈]尔四等台吉多尔济西拉布，察(喀)[哈]尔四等台吉桑斋，住京喀尔喀扎萨克和硕亲王车登巴咱尔，科尔沁扎萨克多罗郡王僧格林沁，科尔沁扎萨克固山贝子济克默特，土默特扎萨克固山贝子德勒克色楞，绰罗斯固山贝子二等侍卫赓音苏，辅国公二等侍卫回子巴巴克霍卓，喀尔喀公品级台吉头等侍卫巴彦桑，喀尔喀二等台吉头等侍卫多尔济帕拉木，喀尔喀二等台吉二等侍卫那逊达赉，并朝鲜国、暹罗国使臣，随文武大臣依次就坐，诸乐并作，上进酒，余俱令侍卫等分觞授饮于坐次。众谢恩退，驾还宫。

——《清代起居注册(道光朝)》第 50 册，第 29936—29945 页。

道光十八年

正月

正月十三日

〇起居注

辰刻,上御正大光明殿,赐朝正外藩筵宴。左翼科尔沁扎萨克和硕图什业图亲王诺尔布林沁,科尔沁和硕卓里克土亲王巴土,巴林扎萨克多罗郡王那木济勒旺楚克,喀拉沁扎萨克多罗都楞郡王色伯克多尔济,奈曼扎萨克多罗郡王阿宛都洼第扎布,科尔沁扎萨克多罗宾图郡王林沁扎拉赞,科尔沁多罗郡王多克默特,敖汉多罗郡王斡咱巴拉,浩齐特扎萨克多罗郡王吹精扎布,阿巴噶多罗郡王萨尔济勒多尔济,科尔沁多罗贝勒达尔玛扎布,科尔沁多罗贝勒贡格拉布坦,杜尔伯特扎萨克固山贝子额绰尔呼雅克图,鄂尔多斯扎萨克固山贝子达什多尔济,科尔沁固山贝子阿米乌尔图,阿巴噶固山贝子德木楚克达什,科尔沁扎萨克镇国公多布沁旺丹,乌拉特扎萨克镇国公噶勒党旺楚克多尔济,乌拉特镇国公拉特那巴拉,翁牛特镇国公丰绅宝,郭尔罗斯扎萨克辅国公阿拉他鄂齐尔,科尔沁辅国公伯罗特,阿巴噶辅国公萨木丕勒诺尔布,科尔沁公品级头等台吉萨丹栋鲁布,克什克腾扎萨克头等台吉比玛拉济里第,科尔沁和硕额驸多布沁拉布济,科尔沁多罗额驸乌济布彦,科尔沁头等台吉济克默特朗布,敖汉头等台吉多罗额驸达旺多克丹,苏呢特头等台吉布达蟒噶拉,喀拉沁二等他布囊西林达瓦,巴林公主子孙二等台吉兼协理台吉扎拉沁扎布,右翼喀尔喀图什图汗车林多尔济,阿拉善扎萨克和硕亲王囊都布苏隆,库伦帮办事务大臣上学习行走、喀尔喀扎萨克固山贝子德勒克多尔济,喀尔喀扎萨克镇国公巴拉达尔多尔济,喀尔喀扎萨克辅国公拉布丹多尔济,喀尔喀扎萨克辅国公伴党扎布,喀尔喀扎萨克辅国公贡鲁色德,喀尔喀扎萨克辅国公旺丹多尔济,喀尔喀扎萨克辅国公布尼达哩,察哈尔辅国公桑鲁布多尔济,察哈尔辅国公云敦,喀尔喀公品级台吉车林桑鲁布,喀尔喀扎萨克头等台吉

拉布丹多尔济,喀尔喀扎萨克头等台吉济克默特多尔济,喀尔喀扎萨克头等台吉车登噶瓦,喀尔喀扎萨克头等台吉额林沁巴勒,青海扎萨克头等台吉达玛林策楞,青海扎萨克头等台吉拉玛棍藏尔济焉,喀尔喀头等台吉那苏巴图,阿拉善头等台吉布尼西哩,察哈尔三等台吉巴图孟可,察哈尔四等台吉多尔济西拉布,察哈尔四等台吉桑斋,住京喀尔喀扎萨克和硕亲王车登巴咱尔,科尔沁扎萨克多罗郡王僧格林沁,科尔沁扎萨克固山贝子济克默特,土默特扎萨克固山贝子德勒克色楞,绰罗斯固山贝子二等侍卫赓音苏、辅国公二等侍卫回子巴巴克霍卓,喀尔喀公品级台吉头等侍卫巴彦桑,喀尔喀二等台吉头等侍卫多尔济帕拉木,喀尔喀二等台吉二等侍卫那逊达赉,并朝鲜国、暹罗国使臣,随大学士、领侍卫内大臣依次就坐,诸乐并作,上进酒,外藩及使臣俱令侍卫等分觞授饮。毕,谢恩退。

——《清代起居注册(道光朝)》第 51 册,第 30034—30043 页。

三月

三月初七日

〇上谕

道光十八年三月初七日内阁奉上谕:

耆英奏审讯喀尔喀贝勒之妻身死不明情形一折。此案原告布彦特古斯、占巴劳墩供系受毒身死,而全案人证不能指实,其愿否开检之处,著僧格林沁据实具奏。钦此。[1]

——《嘉庆道光两朝上谕档》第 43 册,第 72 页。

三月初八日

〇僧格林沁奏(节录)

……奴才姑母于十六年二月二十二日身故以后,未有异闻。至十七年九月,喀尔喀图萨拉克齐布彦特古斯来京,亲供伊太太身死不明,眼睁舌出,口流涎沫,手脸皆青黑。奴才

---

① 本条谕旨的发布时间,《清代起居注册(道光朝)》中记作三月初六日(见该书第 51 册第 30284—30285 页),然谕旨中所言耆英之折,道光帝在三月初七日方予朱批(热河都统耆英:《奏为审讯喀尔喀旗图萨拉克控诉该旗老贝勒夫人身死不明情形事》,道光十八年三月初三日,录副奏折,档号 03-3882-020),可知本条谕旨不会在此前一天发布。僧格林沁回奏此事之折中亦言:"三月初七日奉上谕,耆英奏审讯喀尔喀贝勒之妻身死不明情形一折。此案原告布彦特古斯、占巴劳墩供系受毒身死,而全案人证不能指实,其愿否开棺之处,著僧格林沁据实具奏。钦此。"(参见本书下一条)故当以上谕档时间为准。

以骨肉亲情，碍难忍昧，因呈送理藩院奏闻，恳恩准究。兹奉上谕，愿否开棺之处，据实具奏。奴才泣思布彦特古斯、占巴劳墩供系受毒，而人证不能指实，此案难成信谳，奴才亦不敢以骨肉不忍之情回护不验，其应如何开验之处，伏乞皇上圣明洞鉴……

道光十八年三月初八日

——录副奏折，档案号03-3882-021。

〇实录

谕内阁：

昨据耆英奏，审讯喀尔喀贝勒之妻身死不明一案，只原告布彦特古斯、占巴劳墩供称因毒身死，其余众供不能指实，非开检难以定谳，当降旨令僧格林沁据实具奏。兹据覆奏，未敢回护不验。著僧格林沁即派亲信明白护卫一员前赴热河，交耆英率同干练司员，带领仵作，眼同开检，认真确验，是否有受毒等情，照例惩办，务须水落石出，以成信谳，毋稍不实不尽。

寻奏：检验已故喀尔贝勒之妻，委非受毒身死。布彦特古斯，合依诬告人谋死人命，其有审无挟雠、止以误执伤痕诬告蒸检者，为首发近边充军例，发近边充军。占巴劳墩系该夫人陪嫁家奴，合依子孙将祖父母、父母死尸诬告他人谋害致尸遭蒸检，其并非挟雠、止以误执伤痕者，照诬告人死罪未决律，杖一百流三千里，加徒役三年。下部议，从之。

——《清宣宗实录》卷三〇七，道光十八年三月庚辰。

四月

四月初七日

〇僧格林沁奏（节录）

管理满洲火器营事务臣僧格林沁等谨奏……道光十八年四月初二日奉上谕：火器营护军德子即德克敦布，大来即图桑阿，著管理火器营大臣迅即解交刑部，归案审办。钦此钦遵。当经接奉谕旨，正在饬传该营迅速解送间，适据外火器营翼长阿勒景阿等禀称，本日巳时，经该汛副将蒋百龄带领弁兵前赴外火器营公署，业将正蓝旗护军德克敦布、图桑阿等二人带去等因。臣等复查，前经该御史折内奏称，该参领等于人命重案抗不交出等语，臣等随饬传该翼长等，据称西城兵马司于三月二十九日业经传唤正蓝旗护军德克敦布、图桑阿二人在案，无如该管参领并未解赴，亦未回禀该管翼长等情。臣等查该管正蓝旗参领等，既不遵即解赴，又不据实禀报翼长，实属怠玩公事，相应请旨，将外火器营正蓝

旗营总德胜、副参领乌尔清阿等交部议处，以为怠玩公事者戒……

道光十八年四月初七日

——录副奏折，档案号03-2905-010。

〇上谕

道光十八年四月初七日奉旨：

僧格林沁等奏，营员怠玩公事，请旨交部议处。此案正蓝旗护军德克敦布、图桑阿，经该城传唤，该管参领并不据实禀报翼长回堂办理，实属怠玩。外火器营正蓝旗营总德胜、副参领乌尔清阿，均著交部议处。嗣后各衙门遇有因案传讯人员，应即时禀报该管官回堂交出，倘有隐匿不报、以致迟误者，即著严参惩办。

钦此。

——《嘉庆道光两朝上谕档》第43册，第101页。

闰四月

闰四月十二日

〇载铨等奏

臣载铨等跪奏，为遵旨会议具奏仰祈圣鉴事。

道光十八年三月二十七日奉上谕：

京师南苑为我朝肄武之地，皇子皇孙亦于此讲武习勤，操练弓马，家法相承，垂诸永久，断不可废之典。乃近年围场牲畜甚属寥寥，此皆管理不善之故。试思牲畜以草木为渊薮，若丛林丰草翦伐过甚，既无藏匿养育之所，又有贼盗偷窃之虞，必致围猎之时一无牲畜，尚复成何事体？且扈从各官，有例应携带鸟枪者，此外影射偷打牲畜者必有其人，甚属藐视法度，可恶之至。即皇子跟随人等，所带枪数向来亦无定限，难以查考。嗣后苑内草木应如何禁止砍伐，扈从各官及皇子跟随人等应如何设法稽查，酌定限制，著御前大臣、军机大臣会同管理奉宸苑大臣妥议章程具奏。钦此。

臣等伏查，南苑为我朝肄武之地，向来草木畅茂，牲畜蕃多，足供弋猎。近年以来，以该管各官积久生玩，且开垦之田亩日增，则生草之荒地日少，加以群相翦伐，私带鸟枪，影射偷打，不知防范，以致苑中牲畜既无藏匿养育之所，又无孳生蕃息之时。若再相率因循，不加整顿，诚如圣谕，必至围猎之时一无牲畜，尚复成何事体？其如何严加禁止及随时查察之处，臣等谨拟数条，恭呈御览，伏候钦定。

一、查向例，皇上临幸南苑，止开北大红门、镇国寺门，设有官员兵丁稽查出入人等，立法至为周备，惟扈从官员携带鸟枪，例无分别禁止之条。应请嗣后凡遇临幸之时，除健锐、火器二营派出进班兵一百名，仍照例携带排枪一百杆外，所有御前、乾清门侍卫内，兼御鸟枪者准各带鸟枪一杆，惟此项人员向无额数，嗣后统于派出随围后，查明确数，先行知照总理行营大臣等，以备稽查。其虎枪营之御鸟枪向系十人，亦止准各带鸟枪一杆。此外扈从官员人等，概不准携带。仍请届期由总理行营大臣及奏派大臣、侍卫，于北大红门、镇国寺门两处，带领该门官兵详细稽查，倘查有私带鸟枪之员，立即指参，照例惩办。

［一、］阿哥等学围时应用鸟枪及谙达所带鸟枪，每位下准各带五杆，其余哈哈珠色及随从侍卫人等一概不准私带。仍由该门官兵详细稽查，不许滥射牲兽，即交随往之总谙达、散秩大臣、管理南苑大臣随时稽查，以昭定制。

一、南苑庄头补种树木向有专条，惟奉行日久，恐有芟锯过甚、补种不齐之弊，应请嗣后交该处无拘年限，但有缺少，即行随时补种，以符旧制。至草甸荆茨，饬令三旗苑丞等不时稽察，遇有私行砍伐之人，立即查拿惩究。倘苑丞等不能实力奉行，经该管南苑大臣查出，连该苑丞等一并参办。

一、查例载，打割羊草二十余万束，除上驷院、庆丰司行取外，其余碎草鬻卖银两，作为九门马甲并听差人等马干及喂养鹿只、办买豆叶等项之需，再有余剩，酌赏本苑达他听差人及海户等，以资当差。每年于立夏次日，上驷院放青马九百匹，庆丰司牛二百四十五头、羊二千九百三十二只，及本苑所蓄牲兽，俱资此项草苗牧放豢养，草生已不能长茂。且两次开地五百一十余顷，草地越窄，不敷刈割之数，复兼冬季各地甸村庄私行扒取根楂，则次年难期畅茂，必致牲畜失养。应请饬交该管大臣，将现种地亩详细查丈，有无浮开等弊，自行奏明办理。仍责成三旗苑丞、总领章京及九门章京，率同兵丁严密稽查，如有私扒根楂之人，立即惩办。所有围场数处草地酌量芟刈，务令多留根楂，以备养牲。该管大臣四季各轮流一人前往周查，并请于每年二月间，由该管大臣奏请特派大臣，前往查验年前割草后所留根楂长短及有无私行扒取之弊。其打割羊草之数，总视草生丰歉，除各项行取之数应用外，本处鬻卖之数，遇有不敷之年，即不准打取。所有应放马干等项银两，应由该处自行酌核办理。倘有失于防范、任人窃取根楂，查明严参治罪。本苑堂官等疏于觉察，一并从重议处。

一、南苑现有牲兽，除黄羊外，鹿、长尾鹿共计有一千六百余只。近年来荆棘多枯，草复不茂，不但蓄养不能肥壮，竟有难于存留者。若不及早筹办，恐致日渐减少。应请每年令十甲海户头目，率领海户，各按汛地，栽种荆棘各一千颗，以备滋生。并请由交鹿之便，饬下盛京解交活獐二十只，陆续蓄养，即由派出大臣每次详查数目若干具奏。其孳生之多寡，自不难按年稽核。如苑内有偷打牲畜之犯，该衙门若不查拿，别经发觉，将该管官员章

京分别门汛，从重究办治罪。其旧例平玄沙土及补栽荆棘，一并查明登注，以便经久。

以上五条，臣等公同酌核，悉心筹议，果能体之以实，持之以久，庶丛林茂草可期渐致丰滋，在囿牲禽不难日形蕃庶。盖豢养既无虞失所，斯围猎自可改观也。相应由该管大臣等严密稽查，倘苑内荒地有附近地佃人等敢于现有田亩外侵占垦种、私行开展等事，立即查拿究治。并严谕所属员弁力除积习，随事认真，不得视为具文，积久生懈。倘敢始勤终怠，阳奉阴违，仍蹈从前故辙，一经查出，立即从重参处，以期仰副我皇上整饬围场至意。

所有臣等会议缘由，是否有当，伏乞皇上圣鉴。谨奏。

道光十八年闰四月十二日

臣载铨

臣僧格林沁

臣宗室奕纪

臣穆彰阿

臣潘世恩

臣王鼎

臣奎照

臣文庆

臣宗室禧恩

——《嘉庆道光两朝上谕档》第43册，第161—164页。

闰四月二十九日

○僧格林沁等奏（节录）

正白旗领侍卫内大臣臣僧格林沁谨奏……据续办事章京敬敫等呈称，亲军札克达那屡次严传当差未到，正在查办间，于本月二十四日经领侍卫内大臣福克津面见续办事章京敬敫等，言及札克达那不必再传，我已给假，俟冬间再行回京等语。查定例，兵丁等告假出京，向系直省呈明，由该管堂官给假，咨行兵部，该旗即有越省出口者，相应由臣等奏请赏假，以凭查核，历办在案。今据敬敫等呈明，亲军札克达那自行请假，经领侍卫内大臣福克津率行给假，该亲军札克达那并未呈明续办事章京回堂给假，私行出境，不知何往，殊属非是。臣谨将私行出境及率行给假之处一并声明奏闻，请旨查办……

道光十八年闰四月二十九日

——录副奏折，档案号03-2905-066。

〇上谕

道光十八年闰四月二十九日奉旨：

本日据僧格林沁奏，查出亲军(扎)[札]克达那私行出境，并福克津率行给假等语，当令军机大臣传到福克津，面加讯问，据供，札克达那因前赴直隶看视父病，伊并未画稿咨行，给假前往。是福克津于该亲军请假时，未经公同商酌，率行给假，实属任性妄为，著交部严加议处。

钦此。

——《嘉庆道光两朝上谕档》第43册，第190页。

五月

五月初一日

〇上谕

道光十八年五月初一日内阁奉上谕：

昨因僧格林沁奏参亲军扎克达那私赴直隶晋州知州伊父任所看病，当即查明，福克津并未公同商酌，画稿咨行，率行给假，已降旨将福克津交部严议矣。扎克达那身为亲军，如果私行出境，应即拿交刑部治罪。即使请假省亲，亦应回明管辖大臣，公同照例核办，乃止回明福克津一人，遽行出京，殊属胆大。扎克达那著即革退亲军，并著琦善派员押解回旗，毋许逗遛。

钦此。

——《嘉庆道光两朝上谕档》第43册，第191页。

十二月

十二月二十四日

〇僧格林沁等奏（节录）

管理满洲火器营事务大臣臣僧格林沁等跪奏……据内火器营翼长富英、委翼长双柱等禀报，本月二十三日，据正白旗派出承领次年正月分马饷银之蓝翎长庆安禀呈，是日同护军倭和一同由部领出马饷银贰佰肆拾贰两壹钱贰分，实系与倭和眼同入箱，将箱装入车

内。倭和并未下车，走至八面槽地方，倭和说到路西大门内找人说一句话，等至约有一刻时候，倭和未回，不敢久等，将车拉至印房，抬银箱下车时，见箱内无银，锁头未锁等因，呈报前来。查庆安、倭和系由本旗派往户部承领马饷银人，理宜小心押解，虽路途中倭和遽报有事，亦当面同验明银箱，再为放走，乃漫不经心，携银逃走后，始行验箱呈报携银逃走，究难凭其一面之词。除将遗失马饷银贰佰肆拾贰两壹钱贰分着落该旗参领等赔补、照数补放外，相应请旨，将蓝翎长庆安先行摘去顶戴，交刑部审讯外，并将携银逃走之护军倭和，一并咨行步军统领衙门等处，一体严拿务获究办。所有本旗承办正参领荣兴、副参领沙精阿，一并奏请交部议处……

道光十八年十二月二十四日

——录副奏折，档案号03-3797-022。

〇上谕

道光十八年十二月二十四日奉旨：

据僧格林沁等奏，护军携银逃走等语。正白旗蓝翎长庆安，著先行摘去顶带，交刑部审讯。护军倭和，著步军统领衙门、顺天府、五城一体严拿务获，归案究办。该旗承办正参领荣兴、副参领沙精阿，著交部议处。余依议。

钦此。

——《嘉庆道光两朝上谕档》第43册，第498页。

十二月三十日

〇起居注

上以除夕，御保和殿，赐朝正外藩筵宴。左翼科尔沁和硕卓哩克图亲王巴图、和硕达尔汉亲王索特那木彭苏克，巴林扎萨克多罗郡王那木济勒旺楚克，喀拉沁扎萨克多罗都楞郡王色伯克多尔济，奈曼扎萨克多罗郡王阿宛都洼第扎布，科尔沁多罗郡王多克默特，敖汉多罗郡王斡咱巴拉，苏呢特扎萨克多罗郡王布尔呢西哩，阿巴噶扎萨克多罗郡王阿尔他西第、多罗郡王萨尔济勒多尔济，科尔沁多罗贝勒达尔玛扎布，翁牛特扎萨克多罗贝勒宝拜，扎赉特扎萨克多罗贝勒拉木棍布扎布，阿鲁科尔沁扎萨克多罗贝勒扎木扬旺舒克，乌珠穆沁扎萨克多罗贝勒达克丹，鄂尔多斯扎萨克多罗贝勒贡藏扎布坦扎木苏，喀尔喀扎萨克多罗贝勒巴彦巴图尔、多罗贝勒旺楚克拉布坦，阿巴哈那尔扎萨克固山贝子伊达木扎布，巴林固山贝子索哩雅，科尔沁辅国公旺沁，喀拉沁辅国公德哩克呢玛，乌珠穆沁辅国公济克济特扎布，归化城土默特辅国公齐鲁布，喀拉沁扎萨克头等他布囊多罗额驸克星额，

阿巴噶扎萨克头等台吉都噶尔布木，科尔沁和硕额驸多布沁拉布济，喀拉沁二等他布囊和硕额驸布达西哩，科尔沁头等台吉拉特郡噶尔毕，敖汉头等台吉丹色哩特立克忠，巴林二等台吉兼协理台吉扎勒沁扎布，喀拉沁二等他布囊西林达瓦、二等他布囊布彦图、二等他布囊三扎西哩、三等他布囊多尔济拉布坦，科尔沁多罗额驸阿玉西哩，喀拉沁多罗额驸卓特巴扎布，右翼喀尔喀车臣汗阿尔他西达、扎萨克和硕亲王额林沁多尔济、扎萨克多罗郡王托克托呼图噜、扎萨克多罗郡王图克济扎布，土尔扈特扎萨克多罗贝勒巴尔那逊，喀尔喀扎萨克固山贝子察克都尔扎勒、镇国公噶勒藏车林、扎萨克辅国公巴拉多尔济、扎萨克辅国公齐旺多尔济、辅国公哈斯车林、辅国公德勒克多尔济、头等台吉满珠巴咱尔，青海扎萨克头等台吉布彦达赉、扎萨克头等台吉端多布旺扎勒，副都统衔库伦帮办大臣喀尔喀二等台吉多尔济那木凯，察哈尔三等台吉拉特那巴扎尔、四等台吉贡楚克车登、四等台吉那逊绰克图、四等台吉图克图、扎萨克头等台吉恩可伯罗特，住京喀尔喀扎萨克和硕亲王车登巴咱尔，科尔沁扎萨克多罗郡王僧格林沁、扎萨克固山贝子济克默特、扎萨克固山贝子德勒克色楞、辅国公二等侍卫回子巴巴克霍卓，喀尔喀公品级头等台吉头等侍卫巴彦桑、二等台吉头等侍卫多尔济帕拉木，二等侍卫喀尔喀二等台吉那逊达赉，并朝鲜国、琉球国使臣，随文武大臣依次就坐，诸乐并作，上进酒，余俱令侍卫等分觞授饮于坐次。众谢恩退，驾还宫。

——《清代起居注册（道光朝）》第 54 册，第 32206—32214 页。

道光十九年

四月

四月初十日

〇上谕

僧格林沁现在告假，其所管正白旗领侍卫内大臣事务，著乌尔恭阿署理；镶白旗满洲都统事务，著穆彰阿署理。

——《清代起居注册（道光朝）》第55册，第32790页。

十二月

十二月初七日

〇僧格林沁等奏（节录）

管理满洲火器营事务臣僧格林沁等谨奏……据外营翼长阿勒景阿等呈报，本月初四日起更之前，本营南门外有宗室玉山带领兵捕多人，将本营正蓝旗鸟枪护军校永通、永奎擅行锁拿，解赴本汛官厅，当即派蓝翎长恩特贺赴厅，讯问因何情由锁拿之处，该千把总等躲避不见，宗室玉山等在门口拦阻，声言进去就锁，恩特贺旋即回营等语，永通、永奎迄今并未释回等因，呈报前来。臣等当即讯问永通、永奎有何犯法情由，据该翼长等禀称，事前本营并未见有传唤永通、永奎文票，亦不知因何被拿等语。臣等查，向来本营兵丁内遇有被控之人，均由各衙门发票传唤到营，本营接据传票，即行派员解送，并无兵捕等滥行锁拿之案。今护军校永通、永奎被本汛兵役人等锁拿解送之处，本营并未接据传票，亦不知因何事故。臣等伏思护军校系六品职官，如有被控情由，理合出具文票传唤，何至兵役人等

擅行锁拿,并未知会本营?实出情理之外。相应请旨饬交步军统领衙门,将该汛千总、把总纵役同宗室玉山擅锁职官之处确实查明,奏闻办理……

道光十九年十二月初七日

——录副奏折,档案号03-2810-050。

〇上谕

道光十九年十二月初七日奉旨:

僧格林沁等奏,正蓝旗鸟枪护军校永通、永奎,被宗室玉山带领兵役将其锁拿。该护军校等系属职官,如有被控,亦应具文票传,该兵役等何得擅行锁拿?著步军统领衙门确切查明,据实具奏。

钦此。

——《嘉庆道光两朝上谕档》第44册,第500页。

十二月二十九日

〇起居注

上以除夕,御保和殿,赐朝正外藩筵宴。左翼科尔沁和硕卓里克图亲王巴图,巴林扎萨克多罗郡王那木济勒旺楚克,喀拉沁扎萨克多罗都楞郡王色伯克多尔济,奈曼扎萨克多罗郡王阿宛都洼第扎布,科尔沁多罗郡王多克默持,敖汉多罗郡王斡咱巴拉,科尔沁扎萨克多罗扎萨克图郡王索特那木伦布木,翁牛特扎萨克多罗郡王喇特那济哩第,敖汉扎萨克多罗郡王达尔玛济尔第,苏呢特扎萨克多罗郡王齐旺扎布,科尔沁多罗贝勒贡格拉布坦,阿巴哈那尔扎萨克多罗贝勒彭楚克桑布,扎鲁特扎萨克多罗贝勒萨达尔,土默特扎萨克多罗贝勒那逊鄂勒哲依,茂明安多罗贝勒格楚克,喀喇沁扎萨克贝勒品级固山贝子额外侍郎玛哈巴拉,鄂尔多斯扎萨克固山贝子端多布色楞,鄂尔多斯扎萨克固山贝子察克都尔色楞,敖汉固山贝子诺尔布桑,喀尔喀固山贝子云丹盖鲁布,郭尔罗斯扎萨克镇国公杨赞巴拉,乌拉特镇国公拉特那巴拉,扎鲁特镇国公们都巴雅尔,科尔沁辅国公巴图,科尔沁辅国公班咱西里,科尔沁公品级头等台吉萨丹栋罗布,科尔沁和硕额驸多布沁拉布济,敖汉头等台吉多罗额驸达旺多克丹,科尔沁头等台吉济克默特郎布,敖汉头等台吉布彦德勒格勒古鲁克齐,苏呢特头等台吉布达忙噶拉,巴林二等台吉扎勒沁扎布,喀拉沁二等他布囊西林达瓦,右翼喀尔喀图什业图汗车林多尔济,阿拉善扎萨克和硕亲王囊都布苏隆,喀尔喀扎萨克和硕亲王车林多尔济,杜尔伯特扎萨克和硕亲王棍布扎布,土尔古特扎萨克多罗郡王多诺罗布多尔济,喀尔喀扎萨克多罗贝勒那木济勒多尔济,杜尔伯特扎萨克多罗贝勒雅

林丕勒多尔济，喀尔喀扎萨克固山贝子德勒克多尔济，青海扎萨克固山贝子索诺木丕勒济，阿拉善镇国公普尔普，喀尔喀辅国公扎祟，喀尔喀公品级扎萨克头等台吉玛哈苏噶，喀尔喀公品级台吉阿玉尔扎那，喀尔喀扎萨克头等台吉格济巴勒，喀尔喀扎萨克头等台吉车凌多尔济，喀尔喀扎萨克头等台吉布彦济尔噶勒，喀尔喀扎萨克头等台吉噶木丕勒多尔济，喀尔喀扎萨克头等台吉额林多尔济，伊克明安扎萨克头等台吉毛诺海，青海扎萨克头等台吉旺沁，青海扎萨克头等台吉齐伯克多尔济，喀尔喀头等台吉噶木丕勒多尔济，喀尔喀二等台吉索诺木多尔济，察哈尔二等台吉玛什巴图，察哈尔三等台吉孟克济尔噶勒，察哈尔四等台吉布尔呢巴达里，察哈尔四等台吉达郎泰，察哈尔四等台吉彭楚克，住京喀尔喀扎萨克和硕亲王车登巴咱尔，科尔沁扎萨克多罗郡王僧格林沁，喀尔喀扎萨克多罗郡王那逊巴图，科尔沁扎萨克固山贝子济克默特，土默特扎萨克固山贝子德勒克色楞，辅国公二等侍卫回子巴巴克霍卓，喀尔喀公品级头等台吉头等侍卫巴彦桑，喀尔喀二等台吉头等侍卫多尔济帕拉木，喀尔喀二等台吉二等侍卫那逊达赉，并朝鲜国使臣，随文武大臣依次就坐，诸乐并作，上进酒，余俱令侍卫等分觞授饮于坐次。众谢恩退，驾还宫。

——《清代起居注册(道光朝)》第58册，第34492—34501页。

道光二十年

三月

三月十七日

〇上谕

道光二十年三月十七日奉旨：

乌尔恭阿、僧格林沁著加恩改为降一级留任，不准抵销。王鼎、隆文、王玮庆、文蔚著照部议，罚俸六个月，不准抵销。

钦此。

——《嘉庆道光两朝上谕档》第45册，第130页。

五月

五月十六日

〇载铨等奏

臣载铨等跪奏，为遵旨议奏、仰祈圣鉴事。

本月十三、十四日，臣等面奉谕旨，奏事处司员当差辛苦，向无出路，著酌拟鼓励章程。钦此。仰见我皇上奖励人材、持衡用中之至意。

伏查奏事处向设司员六员，内务府四人、各部院二人轮班当差，八年限满、差使无误者列为二等，咨回原衙门行走，即间有当差勤奋、实在出色之员，亦仅空列一等，回原衙门或再留八年，并无升迁外用之例，殊不足以昭平允。查各衙门遇京察之年，实缺司员每满七人即以一员保列一等，记名后候放关差道府。臣等公同商酌，谨请于奏事处司员六人内，

如实有差使奋勉、始终不懈者，照各衙门之例，每届三年京察，御前大臣将合例者保列一等一员带领引见，与各衙门一等人员一体候旨记名召见，开单请简关差道府，仍不占本衙门缺额。傥该员等差使不过循分供职，即不必保奏，无得冒滥。其余仍照旧章，毋庸更改。如此变通办理，既可以示鼓励，复于各该员衙门京察并无侵占之虞。该员等自当倍加奋勉，于公事亦有裨益。

所有臣等遵旨会议缘由，是否有当，伏祈皇上圣鉴。谨奏。

道光二十年五月十六日

臣载铨

臣僧格林沁

臣穆彰阿

臣潘世恩

臣王鼎

臣隆文

臣何汝霖

奉旨：依议。钦此。

——《嘉庆道光两朝上谕档》第45册，第245—246页。

七月

七月十五日

〇上谕

僧格林沁奏参并未查道之护军统领一折。音登额年已衰迈，毋庸交部议处，即以原品休致。所遗镶红旗护军统领员缺，著文蔚补授。

——《清代起居注册（道光朝）》第60册，第35503页。

八月

八月十一日

〇上谕

道光二十年八月十一日内阁奉上谕：

左翼监督著僧格林沁去,右翼监督著吉伦泰去。

钦此。

——《嘉庆道光两朝上谕档》第45册,第347页。

十一月

十一月二十六日

〇上谕

道光二十年十一月二十六日奉旨:

太常寺赞礼郎善泰呈诉该堂官元禄不令典仪、复勒令告病一案,著派载铨、僧格林沁、穆彰阿、隆文查讯具奏。

钦此。

——《嘉庆道光两朝上谕档》第45册,第472页。

道光二十一年

闰三月

闰三月十一日

〇僧格林沁、赛尚阿奏

奴才僧格林沁、赛尚阿跪奏,为遵旨查讯具奏事。

本月初六日,据镶黄旗蒙古副都统绵悌奏,委印务章京塔清阿等禀称,印务参领石成等办理旗务不公,拴马数目不符等情一案,奉旨:此案著派僧格林沁、赛尚阿查讯具奏,钦此。

奴才等查原折内称,绵悌本月初二日进内大臣班,有本旗委印务章京塔清阿、长庆,骁骑校福禄、德克金布四人呈禀,印务参领石成、副参领音德贺承办旗务不公,以及官员所拴马匹数目不符等语,并呈出塔清阿等所递禀帖暨福禄甘结各一件。奴才等当传应讯人证,督同司员等详加查讯。缘塔清阿、长庆、福禄、德克金布四人均系跟随绵悌进班及呈递膳牌人员,初二日绵悌进内大臣班,将本旗所呈拴马名单取出,向伊等查问。长庆指单上吉龄阿、博恒、胡松阿三名皆未拴马,今单上有名,系属石成、音德贺办理不公;塔清阿指单上德禄、德贵亦系未经拴马之人;德克金布、福禄均未指出人名。次日,长庆虑及伊等所说马匹之事有关上司,随约同塔清阿、德克金布至绵悌宅内呈递禀帖,声称绵悌与郑亲王乌尔恭阿同寅契好,倘不商知,则因小失大,并请绵悌但言自行由马匹单内查出等语。是日,塔清阿有差未到,单内列有福禄之名,并未向福禄告知。初五日,绵悌传伊等四人于单内画押,福禄因未知所禀原委,另具甘结一张,单内未经画押等情。

查石成系该旗印务参领,管理马档房事务,拴马名单是其专责,当向该员研诘。据称该旗官拴马共二十七匹,除给应行拴马人员外,自上年五月陆续出有官拴马七匹,伊与副参领音德贺拴养三匹,参领百成、副参领哲尔精额拴养二匹,印务章京海兴、扎清阿、阔灵

阿、额腾额拴养二匹。至伊等本身应拴马各一匹，仍照旧拴养。所有冒拴马匹，每月将未经拴马人名入册，支领马干。今既按册查出，不敢隐瞒，情甘认罪等语。质之百成、哲尔经额、音德贺、海兴、扎清阿、阔灵阿、额腾额，各认分拴马匹，与石成所供数目相同。奴才等犹恐该参领等冒拴马匹不止此数，再加诘问，据供长庆等但指出五匹，今供认七匹，此外实无隐匿。复向长庆等研鞫，亦不能指出别项情弊。似属可信。又据石成供称，伊等额外多拴马匹，并未回堂，是以都统、副都统先事不知，昨于传讯后始将情由往都统处回禀，都统言我已知道，初五日绵公曾来告知，我因长庆等禀内有王爷未经查出字样，未便列衔，另请处分等语。

查此案印务参领石成，以专管马档事务之员，于该旗未拴马匹，并不据实报明，辄敢私行拴养，并以未经拴马人名填写入册顶冒，实属有意朦混，应请交部严加议处。参领百成，副参领音德贺、哲尔精额，印务章京海兴、扎清阿、阔灵阿、额腾额，虽未管理马档事务，不知窜名情弊，惟私行分拴马匹，实属不合，均请交部议处。委印务章京长庆、塔清阿，骁骑校德克金布，在绵悌前指出马匹不符情弊，原无不合，惟于次日呈递禀帖，饰词解说，意存消弭，应请交部议处。骁骑校福禄，于长庆等呈递禀帖一节并不知情，应毋庸议。都统、郑亲王乌尔恭阿，副都统那桑阿，失于觉察，乌尔恭阿于绵悌告知后，又未会衔具奏，似属应办不办，与那桑阿均有不合，请一并交部议处。绵悌亦有失察之咎，惟系自行查出，可否免其置议之处，恭候钦定。

所有奴才等查讯缘由，理合恭折具奏，伏乞皇上圣鉴。谨奏。

道光二十一年闰三月十一日

——《嘉庆道光两朝上谕档》第46册，第93—95页。

〇上谕

道光二十一年闰三月十一日奉旨：

前据绵悌奏，委印务章京塔清阿等禀称，参领石成等办理旗务不公，拴马数目不符等情，当派僧格林沁、赛尚阿查讯。兹据僧格林沁等讯明具奏，此案印务参领石成，于该旗未拴马匹，辄敢私行拴养，并以未经拴马人名填写入册，实属有意朦混，著交部严加议处。参领百成，副参领音德贺、哲尔精额，印务章京海兴、札清阿、阔灵阿、额腾额，私行分拴马匹，实属不合。委印务章京长庆、塔清阿，骁骑校德克金布，先经指出马匹不符情弊，旋又递禀饰说，意存消弥。均著交部议处。该旗都统乌尔恭阿、副都统那桑阿失于觉察，乌尔恭阿于绵悌告知后，又未会衔具奏，著一并交该衙门议处。绵悌亦有失察之咎，惟系自行查出，著免其置议。骁骑校福禄，于长庆等呈递禀帖一节并不知情，亦著免议。

钦此。

——《嘉庆道光两朝上谕档》第46册，第93页。

闰三月二十二日

〇上谕

道光二十一年闰三月二十二日奉旨：

僧格林沁奏，理藩院核议斡珠尔巴诺们罕处分未能详晰，请旨查核，著派载铨、奕经查明具奏。

钦此。

——《嘉庆道光两朝上谕档》第46册，第116页。

闰三月三十日

〇上谕

道光二十一年闰三月三十日奉旨：

前据僧格林沁奏，理藩院核议斡珠尔巴诺们罕处分未能详晰，当派载铨、奕经查明具奏。兹据查出历年案据，均无呼图克图字样，请饬更正等语。斡珠尔巴诺们罕违例私开牧场，经该将军等查办，该诺们罕胆敢护庇狡展，不服听断，有意抗违，实属咎由自取，著仍照原议，革去本身封号，饬回游牧处所。绥远城将军色克精额及理藩院堂官未能详细查明，究属疏忽，均著交部议处。其册档内呼图克图字样，即著该衙门更正。

钦此。

——《嘉庆道光两朝上谕档》第46册，第121页。

七月

七月二十日

〇僧格林沁奏（节录）

……奴才蒙恩派管左翼税务，经奴才奏派镶白旗满洲参领伊密扬阿随同办理。于道光二十年八月十三日起，连闰扣至二十一年七月十二日止，计任一年期满，共收过牲畜税银三万六千九百零四两六钱五分，房地税银一千三百零九两九钱七分四厘，二共收银三万八千二百十四两六钱二分四厘，除交户部正额银一万零八两，又交房地税银一千三百零九两九钱七分四厘，下存羡余银二万六千八百九十六两六钱五分，内动发过牺牲所一年草豆

银八百两，河南道刷卷饭银一百三十二两，户部贵州司付咨饭银七十二两，户部广东司更差饭银五十两，又交户部钱粮随项饭银四十五两三钱零四厘，署中一年心红纸张银一百九十一两五钱，署中书役人等公费饭食银三千七百六十五两二钱四分，张家口、南口书役人等盘费银一百九十四两五钱，照例赏书吏银九百四十两，以上共用羡余银六千一百九十两零五钱四分四厘，均系尊照向例发给。

查左翼定额盈余银一万八千两，此次尚多收银二千七百零六两一钱零六厘，共收盈余银二万零七百零六两一钱零六厘。此项银两应交何处，伏候皇上训示遵行……

道光二十一年七月二十日

——录副奏折，档案号03-3199-010。

〇奏折

查左翼监督应征正项银一万零八两，钦定盈余银一万八千两。上届松峻任内，除征收正额及例用外，盈余银二万七百二十四两零，较钦定盈余额数多收银二千七百二十四两零，奉旨交圆明园二万五百两，赏给松峻二百二十四两零。此次僧格林沁任内，除征收正额及例用外，现存盈余银二万七百六两零，较钦定盈余银额数多收银二千七百六两零，较松峻任内短收银十八两零。应交圆明园若干两、赏给僧格林沁若干两之处，伏候钦定。谨奏。

——《嘉庆道光两朝上谕档》第46册，第218—219页。

〇上谕

道光二十一年七月二十日奉旨：

左翼税盈余银，著交圆明园二万四百两，赏给僧格林沁三百六两零。

钦此。

——《嘉庆道光两朝上谕档》第46册，第218页。

九月

九月初五日

〇上谕

正黄旗满洲都统事务，著僧格林沁署理。

——《清代起居注册（道光朝）》第64册，第37589页。

九月十九日

〇上谕

朕昨日阅看火器营操演新设抬枪,准头尚可。该管大臣僧格林沁、哈哏阿、忠山、巴清德,著加恩各赏加二级;带队翼长乌兰泰、委翼长哈芬泰、掌关防营总玉保,著各赏给小卷绸袍褂料一套。鸟枪护军参领喜格,副鸟枪护军参领英俊,委鸟枪护军参领玉柱、额图浑、文贵、长春、舒德、孝顺泰、乌兰都,空花翎奇车布,著各赏给小卷绸袍料一件。

——《清代起居注册(道光朝)》第 64 册,第 37663—37664 页。

十月

十月初八日

〇上谕

内阁奉谕旨:

著派僧格林沁、赛尚阿、巴清德驰驿前赴天津一带查阅海口。

——《清代起居注册(道光朝)》第 64 册,第 37745—37746 页。

〇上谕

僧格林沁、巴清德现俱出差。火器营事务著睿亲王仁寿、扎勒罕泰署理。

——《清代起居注册(道光朝)》第 64 册,第 37746 页。

〇上谕

僧格林沁、赛尚阿现俱出差。僧格林沁所管镶白旗满洲都统事务,著玻多欢署理;伊所署正黄旗满洲都统事务,著载垣署理。赛尚阿所管镶蓝旗汉军都统事务,著裕诚署理。

——《清代起居注册(道光朝)》第 64 册,第 37746—37747 页。

十月初九日

〇上谕

道光二十一年十月初九日内阁奉上谕:

僧格林沁等奏，请随带员弁等语。侍卫处主事钤祥、笔帖式恩承，外火器营翼长乌兰泰，护军校兴贵、吉祥，蓝翎长巴图隆阿，护军玉振、志斌，理藩院郎中上行走文康，工部主事张玉册，镶蓝旗汉军炮营参领定福，正白旗护军参领松山，委署护军校本福，蓝翎长崇连、永祥，护军永陞、富珠隆阿，均著准其随带，驰驿前往。

钦此。

——《嘉庆道光两朝上谕档》第46册，第299页。

十月十三日

○上谕

谕军机大臣等：

现在天津各海口所铸大炮，讷尔经额谅早演试，所奏设立标杆、开炮取准，是否确有把握，著僧格林沁等于查阅海口之便，就近将新铸大炮抽查十分之一二，于空旷处所装放炮子试演能击远近若干里，并用废船装载柴苇各件，其高低仿照夷船尺寸，从上流放下，引至标杆之处，我兵觑准，用炮轰击，果否发无不中，抑或微有参差。如能演试纯熟，实有把握，军心自固。傥须斟酌妥善，始克有准，著该大臣等即与讷尔经额会商妥办，据实具奏。将此谕令知之。

——《清宣宗实录》卷三五九，道光二十一年十月癸巳。

○上谕

谕军机大臣等：

本日据御史黎光曙奏天津海防筹备一折。朕详加披阅，所称天津抵御之兵宜分三层布置一条，早经降旨令讷尔经额与胡超会商，将各兵分驻要隘，并将陕西兵丁作为后路应援，谅均布置妥协。至所称已设海口之炮那至后面等语，此时亦未便遽行更张，著毋庸议。

又请饬海口绘图呈进一条，昨已降旨，饬令讷尔经额等绘图贴说，著仍遵前旨，将海口水势深浅详细查明具奏。

又请将藤牌改用牛皮一条，前据讷尔经额覆奏，试用牛皮不能御炮，均著毋庸议。至请核实演验炮位一条，昨降旨令僧格林沁等抽查炮位十分之一二，犹恐验试过少，不能信心，著僧格林沁等即于各海口炮台之上，额外多试数尊，务期适用。

又新调各兵宜加抚绥一条，前经降旨，饬令该督等酌给棉衣，量予薪炭，并谕令会同哈哴阿、富僧德一体妥办，谅已加意抚恤，俾各兵挟纩知恩。至所称天津海口兵丁滋闹，知县郭绍曾弹压，被其斥骂，因躲避不出等语，如果属实，必应严行惩办，以肃军令。著讷尔经

额、胡超据实查明办理,勿稍姑容。

又新调各兵宜选宜练一条,此次所用防堵兵弁,其本省调取者,讷尔经额固已选择劲旅;即外省所调之兵,亦经该督抚提督遵旨遴选,断不致以疲羸充数。惟驻防数月之久,或兵丁等有始勤终怠及老弱患病等事,著讷尔经额、胡超、陈金绶等随时留心察看。至决胜于一时,尤当鼓勇于平日,其应如何饬令带兵将备讲求攻守之法、俾临阵不致张皇束手之处,谅该督等必能仰体朕意,指示有方。

又天津土兵宜广为召募一条,著该督即遵前降谕旨,饬令州县广为召募,及早收为我用;如查有匪徒与夷通者,严密拿办,以绝萌芽。又招商储备米粮一条,据称天津食米全恃奉天接济,若至防堵加紧之时,海汊小口俱已堙塞,使不及早储备米粮,尔时米船不能进口,则人心不安等语。著该督及早多方储备,毋致临事周章,是为至要。

总之,事贵广益,不厌精详,以上各条,其已行者务求核实有效,其未行者不妨采择办理,勿存成见,勿掉轻心。该大臣等晤面之后,将一切机宜熟筹妥办,以操胜算而固畿疆。该御史原奏,并著钞给阅看。将此各谕令知之。

——《清宣宗实录》卷三五九,道光二十一年十月甲午。

〇上谕

据托浑布奏,遵旨查明海丰县大沽河一道,与直隶盐山县狼坨子接壤,查系荒僻海滩,近口十余里有拦沙横阻,登岸数十里并无居民庐舍。情形虽不甚险要,究为两省接壤之区,现在该抚已添兵雇勇,派员分段防守。著僧格林沁等于查阅海口行至狼坨子地方时,再加履勘,该抚所奏情形是否确实,其布置一切是否可资得力,据实具奏。托浑布折,著钞给阅看。又朱封一件,发交僧格林沁、赛尚阿祗领。将此谕令知之。

——《清宣宗实录》卷三五九,道光二十一年十月甲午。

十月二十一日

〇僧格林沁等奏

钦差御前大臣僧格林沁、工部尚书赛尚阿、护军统领巴清德、陕西提督胡超奏:

窃于道光二十一年十月初八日钦奉谕旨,派令奴才僧格林沁、赛尚阿、巴清德前赴天津一带查阅海口。奴才等跪聆圣训后,当于月之十一日,带同司员、章京等启程,于十四日行抵距海口四十里之葛沽地方,接晤固原提督胡超,随同查阅事宜,大略商榷。次早会同校阅固原兵丁,人各精健,技亦娴熟。阅毕一同前进,即于是日驰赴大沽海口,与督臣讷尔经额会晤。

先是，奴才等未经会晤以前，于十三日在天津府城途次接奉廷寄，内开，道光二十一年十月十三日奉上谕：著僧格林沁等于查阅海口之便，就近将新铸大炮抽查十分之一二，于空旷处所装放炮子试演能击远近若干里，并取废船装载柴苇各件，其高低仿照夷船尺寸，从上流放下，行至标杆之处，我兵觑准，用炮轰击，果否发无不中，抑微有参差，即与讷尔经额会商妥办，据实具奏等因，钦此。又于十五日大沽海口差次接奉廷寄，内开，道光二十一年十月十四日奉上谕：内核实演放炮位一条，昨降旨令僧格林沁等抽查炮位十分之一二，犹恐试演过少，不能信心，著僧格林沁等即于各海口炮台之上，额外多试数尊，务期适用等因，钦此。奴才等当与督臣讷尔经额并提镇各臣公同捧阅，仰见皇上圣虑周详，整饬核实之至意。

奴才等窃维欲严设兵防，必先筹地利，连日与督臣、提臣面行确商，复历次接见该镇道，旁求博采，略悉大概情形。随会同亲诣大沽海口南岸，周历履勘，看得该处口岸迎面临河，除附近之北塘，暨南至山东、东至山海关各小口外，别无大船可以逸越进口歧途。对海遥望，海口约在二三十里以外，外接深洋，内系海口，海口以内，有拦江沙一道，横亘无涯，水面隐约可见。询之该镇道将弁，以至土著乡耆，佥称此沙南抵山东，东抵山海关，横阻海河，早晚潮汐两至，长落之际，水过沙停，渐积渐多，愈多愈实，坚硬如铁。现在沙埂积宽约三四里不等，潮长水深一二丈，潮落水仅尺余，中间另有沟槽，约宽三十丈，深亦不及三尺。再进有浅沙一道，约宽十余里，潮落水深二尺四五寸。再进为河身，约宽一百丈开外，夏秋水深，冬春水浅，遇有东南、东北风作，水势较深，亦不过长至一丈四五尺而止。现复经督臣督同镇道，于拦江沙内十里许水中暗排木桩；再进二里许，暗沈石船，上堆铁锚，旁加木桩；再进一里许，河身转湾处，连设铁链一道，铁蒺藜一道；再进一里许，设木筏一道，逐层防护。再进为河滩，一片泥淖，不容立足。沿海渔人过滩网捕，据称须两脚捆缚二尺许长木段，始得躧浅而过。奴才等因委员乘坐小船，携带竹杆绳索，前往丈量测试，旋呈丈尺，与前说微有参差，大致覆核无异。现在河水渐冻，所有水中设伏铁具，亦均暂捞置土坝内安放，以备来春听用。此大沽海口形势之实在情形也。

惟形势既审万全，控制尤须得法。查大沽南岸海口，近岸设有瞭望楼一座，高可六丈，四面通明，派有兵丁，昼夜轮流守望。楼以北连设炮台三座，内新筑二座，各宽十二丈，进深八尺，高一丈六尺；旧设一座，宽九尺，进深六尺，高一丈五尺。河北一座，规模相埒。其最南一座，紧向河湾，中一座紧对河心，北一座紧控河门，河北一座紧贴河身，建筑均为扼要。台前各护以土，高与台齐，上锐下丰，藉柔炮势。距台约十丈内外不等，筑有拦潮坝一层。距坝约五七尺不等，筑有土埝一层。埝外乞有壕沟一道，约宽深各一丈内外。炮台惟河北一座相距较远，余三座相距均不过里许。大炮台空处，间段筑有土炮台十二座。其炮位自一千斤至万斤者，分设三炮台并河北炮台；自三百斤至八百斤者，分设各土埝。共计

炮一百四十四门，因地定数，各炮台分设六门至九门、十余门、二十余门不等，以备击远。南岸土埝，另设有小铁炮二百门，以备攻近。安炮处所，左右各按城垛口式，以麻袋盛土，纵横高堆，积为土垒，以为放炮兵丁遮护。其河北炮台办法，与南岸相同。现以河冰初结，顺流淌冰，船不得渡，奴才等未及亲往查阅。应俟奴才等南路回旋，彼时计冰冻坚实，再行前往查阅。至其建筑形势，南岸一望可及，可期声势联络，呼应相通。此大沽海口防堵机宜之实在情形也。

至抬枪鸟枪，奴才等抽查校阅，均极精娴，兵丁年岁汉仗亦各强健，尚无老弱残疾滥行充数。惟查现驻天津防兵，除固原兵二千名，虽合计有四千余名之多，而除去南路要口防兵九百名，西沽新城防兵六百名，计南北炮台，仅存防兵二千五百余名，似稍形单弱。况果至有事，后路更不可不亟为预筹，而又未便再从大队分拨。奴才等与督臣、提臣再三详酌，现在固原官兵已到，大沽有督臣督同镇道将弁驻扎弹压，葛沽有提臣管带，已成犄角之势，足资声援，所有西沽新城驻扎原备后路之官兵六百名，应请调归大队，俾厚兵力，且得操练而免旷闲。其西沽新城，尚驻有直隶练勇五百名、固原陕勇五百名，亦敷防守，应请责成提督胡超、总兵陈金绶，分派将弁，不时操演，期收实用。至于后路，即拟以奴才胡超管带之固原兵二千名，留为策应，刻下海河结冻，请仍驻葛沽，来岁春融，再移至距海口五六里之海神庙驻扎。无论何时，一闻海上有警，奴才胡超即带兵驰抵距炮台里许听候。如我兵大队得势，既足以藉壮军威，且防分窜；傥稍不得势，奴才胡超即带兵直抵炮台，接应攻剿，期操全胜。傥将来犹虑兵力不足，奴才等沿路留心，查看得距天津较近之贺家口一带，水陆交通，地势宽展，尚可屯兵备拨，应俟用时再行踏勘。

再，前此屡奉恩旨，以天气渐冷，轸念防兵，敕谕加意抚恤。查驻津防兵，现经督臣督同镇道支给棉衣银两，盖有兵房，御寒有具。内惟守护炮台兵丁一项，滨海久处，尤切严寒。现经督臣酌拟，除一律放给棉衣银两外，候河冻后，每台酌留兵四百名，分作两班，每班五日为期，循环轮换。值班者，炮台下搭窠棚栖止；下班者，分住近村兵房。仍由该镇道随时体查抚恤，务令恩遍推衣，人知挟纩，以冀仰释圣怀于万一。

——《筹办夷务始末(道光朝)》卷三八，第22—28页。

○僧格林沁等奏（节录）

……奴才等会同查阅事毕，随于十五、十六、十七等日，会同督臣、提臣，并督同该镇道、司员、章京等，前诣海口炮台，演放炮位，一面饬知该将弁预备，仿照夷船尺寸船只，作为标准。随据该将弁等复称，内地船只，大号者较夷船亦小数倍，仿照尺寸，一时不易购求，当选得长两丈余商船一只呈验。奴才等随令于海河距炮台约六七里外上流安放，装载柴苇，当将炮座对准船只，逐加演试，其过火出炮均极灵捷，远可抵船，甚或过之。其炮兵

中未能对准苗头、致失高低者，亦或间有。计共试过大炮三十二位，演放五十二出，内共正中船身者十八出，其未中各炮，飞越过船者，要亦不离船身左右。船上柴苇，半击无存，船亦损坏灌水，船身倾侧。合计现在所有新铸、旧存炮座，致远摧坚，均甚适用。

惟火器之用，捷在呼吸，必发无不中，方能制胜。况夷人性等羊犬，临事有进无退，抵死不回，非一炮收一炮之用，不足以褫其魄。是又非平日习之精熟，临用□免参差。现值用武之时，不妨精益求精，慎益求慎，奴才等随与督臣面谕各该将弁，再于众炮兵中择其技艺极为可靠者，分拨炮台，施放大炮【极是】；稍次者，分拨土埝，施放小炮。仍于天气晴明之日，按期分台如法演习，务期眼力手法十分精熟，发必中的，以仰副皇上整饬戎行之至意……

——录副奏折，档案号 03-2965-033。

〇上谕

谕军机大臣等：

僧格林沁等奏查阅天津大沽海口驻兵设炮、形势机宜一折。览奏甚属明晰。又另片奏，试演炮位，皆能致远有准，朕心宽慰。现在大沽海口，既有拦江沙天险可恃，复经该督等于沙内层层布置，并各炮台声势联络，兵丁技艺精娴，足资捍卫。惟南北炮台，仅存防兵二千五百余名，稍形单弱，准其将西沽新城驻劄原备后路官兵六百名调归大队，俾厚兵力而资操练。其西沽新城，驻有直隶练勇五百名、固原陕勇五百名，著责令胡超、陈金绶分派将弁，不时操演，期收实用。至于后路，即以胡超管带之固原兵二千名留备策应。其贺家口一带地势宽展，尚可屯兵备拨，著讷尔经额、胡超临时再行履勘酌办。

至炮台兵丁施放大炮，尤须运用灵捷，方能致远摧坚。该大臣等已谕令各将弁，于炮兵中择其技艺极为可靠者，分拨炮台，施放大炮；其次分拨土埝，施放小炮。仍著按期分台如法演习。

现当天气严寒，所有守护炮台兵丁，准其每台酌留兵四百名，分作两班，五日为期，循环轮换，以示体恤。

将此谕知僧格林沁、赛尚阿、巴清德、胡超，并谕令讷尔经额知之。

——《清宣宗实录》卷三六〇，道光二十一年十月辛丑。

〇僧格林沁等奏（节录）

……本月十五日，奴才等于大沽海口差次接到廷寄，内开，道光二十一年十月十四日奉上谕：据托浑布奏，遵旨查明海丰县大沽河一道，与直隶盐山县狼坨子接壤，查系荒僻海滩，近口十余里，有拦沙横阻，登岸数十里，并无居民庐舍。情形虽不甚险要，究为两省接壤之区。现在该抚已添兵雇勇，派员分段防守。著僧格林沁等，于查阅海口行至狼坨子地

方时，再加履勘，该抚所奏情形是否确实，其布置一切，是否可资得力，据实具奏。托浑布折，著发给阅看。等因。承准军机大臣遵旨寄信前来。

奴才等于查阅天津大沽海口事毕，当即会同提臣胡超，并带领随带司员、章京等启程，沿途挨查，俟查至狼坨子地方时，即赴山东海丰县履勘，□情形如何，再行据实覆奏……

道光二十一年十月二十一日奉朱批：知道了。钦此。

——录副奏折，档案号03-2987-023。

十月二十二日

〇上谕

前据哈唃阿、富僧德先后具奏山海关防堵情形，将炮位安置土垒之上，俟逆夷登陆，施放攻击，业经降旨照议办理矣。现在僧格林沁等计已到关，著即将该处防堵情形详细履勘，所办是否周妥。现在海口炮位无多，该逆设或登岸滋扰，必当豫为设伏，或突出攻击，或截其归路。是以前次所调吉林官兵，曾经降旨，不可派在海口防堵，以备陆路接仗冲突之用。该处现办事宜果否确有把握，傥夷船驶至，能否诱之登陆，设法兜剿，大加惩创，该大臣等务须详加察看，期于计出万全。如有未尽妥善之处，著即与哈唃阿等悉心筹议，务求一制胜之策，奏明办理。将此谕令知之。

——《清宣宗实录》卷三六〇，道光二十一年十月壬寅。

〇上谕

僧格林沁著加恩赏给元豹马褂一件，赛尚阿著加恩赏给貂尾马褂一件，巴清德著加恩赏给貂皮马褂一件。

——《清代起居注册（道光朝）》第64册，第37867页。

十月二十四日

〇实录

又谕：朕闻逆夷所用火炮内暗藏火箭，大者每枝价银十二两，小者每枝价银六两。著奕经等于抵浙后，设法取得数枝，遇便送京呈览。将此谕令知之。

寻奏：近获逆夷火箭二枝，尚有夺获双筒手枪、鸟枪、响弹等件，一并送呈。得旨：大铁火箭，经朕饬令僧格林沁，著火器营制造，业经造成数百枝，平放可及三百弓，猛烈堪用。

——《清宣宗实录》卷三六〇，道光二十一年十月甲辰。

十一月

十一月初二日

〇僧格林沁等奏

钦差御前大臣僧格林沁、尚书赛尚阿、护军统领巴清德、陕西提督胡超奏：

窃奴才等于十月十九日，将查阅天津大沽海口一切情形恭折覆奏，由大沽差次拜发，奴才等即于次早会同奴才胡超，督率司员、章京等起程，一路挨近海滩行走。适因十七、十八等日日夜大雪，东南风陡作，海潮溢上，河岸极其难行。奴才等沿路看得，自大沽海口以南至狼坨子地方，凡海口四处：其自大沽海口而南一百里为祁口河，海口近岸，潮长宽百余丈，水深七八尺，潮落宽八九十丈，水深二三尺，此处驻兵二百名；再南五十一里为赵家沟，海口近岸，潮长宽十余丈，水深五六尺，潮落宽八九丈，水深一二尺，此处驻兵五十名；再南四十二里为徐家沟，海口近岸，潮长宽十余丈，水深三四尺，潮落宽一二丈，水深不及一尺，此处驻兵五十名；再南二十二里为狼坨子地方，即山东海丰县之大口河，又名大沽河，海口近岸，潮长宽二三里，水深约三丈，潮落宽一二里，水深二丈余，此处驻兵一百名。狼坨子后路，六十里之羊儿庄驻兵一百名，又于狼坨子迆北、距徐家沟适中之冯家铺驻兵五十名，徐家沟迤北、距赵家沟适中纪家铺驻兵五十名。赵家沟、祁口河二处迆北，距大沽之闲空处所，马棚口驻兵五十名，唐距河驻兵五十名，驴驹河驻兵一百名，道沟子驻兵九十名。凡十一处，共驻兵约九百名。奴才等逐处详加查阅，兵各强壮，械亦整齐，抽演枪炮，声势亦尚联络。此直省南一路沿海地势、兵防之大略也。

奴才等统计，自直隶沧洲之祁口河起，至山东海丰县之大口河止，四处海口内，惟大口河海口一处水较宽深，局较散漫，大小船只均可驶入，且为直隶、山东两省接壤之区，系属最要口岸。其祁口河水势，较之各口亦加宽深，系属次要口岸。然究其支河，大口河一路，不过流至下游九十里之泊头而止，祁口河一路，不过流至下游二十余里之下洼子而止，其余如赵家沟、徐家沟两处海口，暨道沟子、驴驹河、唐距河、马棚口、纪家铺、冯家铺等处，水势益浅，夷船一时不能阑入。

奴才等复一路留心察看，所经滨海地方，赤地二百余里，并无市集田园，其沿海居民，距数十里始得一村，每村不过二三十家，多亦止七八十家。奴才等挨村步入，亲加履勘，并委随带各员分投查阅，该居民杂处群居，多系网户，询以事畜衣食，一概仰给于海，网罟而外，家无盖藏，与闽粤江浙沿海村民情形，丰啬迥异。窃历数逆夷侵犯之所，大率志不在得地，而在得财，此等荒凉处所，未必敢舍舟登陆，轻身涉险。即便震于大沽海口等处重兵，

转择幽僻口岸偷渡，是又非百十余兵所能济事。奴才等梼昧之见，现在北风司令，冰结已坚，所有沿海，如赵家沟、徐家沟两处口岸，并道沟子等处，现驻防兵，与其散置海滨，分其势而徒令旷闲，曷若并归大队，厚其力而且资操练？如虑沿海地势绵亘，即于原驻兵处改安马拨，亦足声势相通。因询之该镇道将弁等，佥称此项防兵，原系固原官兵未到、各县乡勇未集以前，派拨守望，现在后路兵勇已集，而大队兵力尚未甚厚，诚宜顾及大队。

奴才等现就中途查阅情形，公同筹酌，拟将狼坨子地方原驻兵一百名不动，以壮军声，再于羊儿庄地方原驻兵一百名外，由沿海撤出驻兵内，拨兵二百名，共三百名，归并驻扎，以实后劲。其应驻羊儿庄之兵弁，拟向距狼坨子四十里之齐家庄移驻，以期彼此呼应便捷，且与山东海丰县关家庄防兵合成掎角之势。其祁口河原驻兵二百名，拟酌留兵一百名，南与狼坨子、北与大沽大营首尾相应。再请旨敕下该督遴派干员，将现在募得狼坨子乡勇二百四十名、祁口乡勇一百六十名、盐山县沿海各堡乡勇八百余名勤加练习，更足以协同捍卫。至沿海原设防兵处所，拟仍按原驻汛地，每处著留兵数名，人给一马，作为马拨，专司哨探。如果遥见海中夷船游奕，离何处较近，分投驰报各路营盘，夹攻兜剿，似较分驻百数十兵转为得力；其余兵丁撤归大沽海口大队，俾得轮流操练。惟兵动械随，兵既归并，其沿海分置炮座，应即分运各处营盘，以充军实。因于奴才等旋至大沽后，商之督臣，据称本年九月间，奏请添兵六千名以资经久案内，曾经声明，于沿海地方添设墩台营房，以期声势联络等因，奉旨交军机大臣会同兵部议准在案，今拟于祁口河、狼坨子等处分设重兵，再于沿海添设马拨，适与前奏相符，且益臻周密等语。奴才等意见既属相同，相应声明请旨，如蒙俞允，其沿海哨探各兵，体察地势，某处究应酌留若干名，再由督臣讷尔经额会同奴才胡超筹商定议，分别拨留，奏明办理，以期益归详慎。

再，奴才等于拜折后，即拟由大沽渡过北岸，往查北塘炮台，适据该地方文武各员报称，现在河冰两岸虽已冻结，其中流以潮水往来，结冻未坚。冰上既难行走，打冰过渡，又恐上游淌冰过猛，船难拢岸，请仍由天津营浮桥过渡。奴才等因带同司员、章京，仍由天津一路迂道往查北岸及北塘炮台，俟查阅事毕，奴才僧格林沁、赛尚阿、巴清德即往查东路各海口，奴才胡超仍回葛沽驻劄防堵，合并陈明。

——《筹办夷务始末(道光朝)》卷三九，第13—17页。

〇上谕

据僧格林沁等奏查阅南路海口形势一折。据奏，狼坨子地方原驻兵一百名不动，再于后路羊二庄地方原驻兵一百名外，由沿海撤出驻兵内，添拨兵二百名，归并驻劄；应驻羊二庄之兵移驻齐家庄；祁口河酌留兵一百名等语。览奏已悉。所请募练乡勇一节，此等沿海居民，宜令自行团练，保卫村庄，即令官为操练，亦未必尽能得力，自应择要驻兵，化散归

并，并于沿海改安马拨，俾兵力不致过单，而哨探亦可迅速。已谕知讷尔经额酌量办理。

另片奏山东海口情形，已有旨令托浑布妥为布置矣。

将此谕令知之。

——《清宣宗实录》卷三六一，道光二十一年十一月壬子。

〇上谕

据僧格林沁等奏查阅南路海口形势一折。据奏，祁口河、狼坨子等处分设重兵，再于沿海添设马拨，面商该督，意见相同，应即照议办理。其沿海哨探各兵，著讷尔经额体察地势，酌定名数，奏明筹办。其乡勇一项，只能各保村庄，即使官为操练，恐临阵亦难得力。总在该督随时激劝，调度得宜，庶可以收实效。至天津拱卫京师，地方紧要，迥非闽粤浙江等处可比。现在北风司令，逆夷未必前来，明春东风解冻，难保不乘潮北驶。若稍有警动，关系匪轻。讷尔经额身任总督，且经筹办年余，责无旁贷，必须相度形势，设法堤防，不在节节添驻重兵。万不可因府城距海尚远，稍存大意，以致临事周章。是为至要。将此谕令知之。

——《清宣宗实录》卷三六一，道光二十一年十一月壬子。

〇僧格林沁等奏

僧格林沁、赛尚阿、巴清德、胡超又奏：

本月十五日，奴才等于大沽海口差次，接准军机大臣字寄，道光二十一年十月十四日奉上谕：据托浑布奏，遵旨查明，海丰县大沽河一道，与直隶盐山县狼坨子接壤，查系荒僻海滩，进口十余里有拦沙横阻，登岸数十里，并无居民庐舍，情形虽不甚险要，究为两省接壤之区，现在已添兵雇勇，派员分段防守，著僧格林沁等于查阅海口行至狼坨子地方时，再加履勘，该抚所奏情形是否确实，其布置一切是否可资得力，据实具奏。等因，钦此。奴才等于本月二十二日查至狼坨子地方，即于二十三日行抵山东海丰县之城子庄，顺至关家庄并近海一带查阅，查得该两庄附近之大沽河海口，为海丰、盐山两县搭界，其海河之拦江沙、口岸之淤滩，以至潮水长落、河身宽深丈尺，并村墟寥落、民居贫苦各情形，暨水陆层层设伏处所，奴才等亲加履勘，复逐一询之该守该弁及附近土人，所称咸与抚臣托浑布原奏无异。惟该处通海内河一道，河口较宽，每遇东风潮长，时有浙江宁波商船乘潮驶入，贩运山东杂货，即奴才等此番查阅关家庄之时，尚见有宁波三桅商船九只在河守冻。奴才等因带同司员人等登船阅看，询悉宁波属民，置买南货，泛海来东，现贩山东枣子回南，因闻浙江不靖，在此候信，以致守冻难行等语。奴才等伏思现在逆夷盘踞宁波一带，不难饰作商船，北来窥伺，傥春融冻解，乘风潮溷迹前来，亦不可不豫筹及此。况该海口为两省接壤，

夷船一经阑入，可直可东，似不得以本地河身下游断流，逆料其穷于前进，稍弛防范。至该处一切布置，奴才等查得关家庄现驻兵一百五十名，系排作前敌，城子庄驻兵一百名，系排作后援，兵械尚俱整齐。惟合之奴才等所查情形，似兵力稍形单弱。然核计守须旷日，用有常经，且沿海口岸，视此较险者尚多，刻下亦未便轻议添兵，徒资更调。查该处除驻官兵二百五十名，此外尚有海丰乡勇四百名，再加以直省狼坨子、羊儿庄两处现排驻兵四百名，并盐山县乡勇，人数已在一千以上，如果操练娴熟，似已敷用。但该乡勇等，以乡愚骤充行伍，不习攻剿，空荷戈矛，终不十分可恃，应请旨饬下该抚拣派干员，协同该县，乘此闲暇之际，将器械修理整齐，不时操练，抚驭兼施，较操兵少宽时日，俾其不觉劳苦，倾心效用，气壮技娴，能知兵民互卫，自一人收一人之用；该将备再能不分畛域，一有警报，彼此知会，协力攻剿，或不致疏虞。仍俟明春冰解，由该抚随时体察情形，妥为布置，以期慎益求慎。

再，奴才等查阅两省接壤海口事毕，即就近取道沧洲南界，查阅城子庄、羊儿庄一带后路。查得两处后路，河水渐远渐浅，数十里外，以次断流，陆路距各口岸四十里外，间有庐舍田畴，烟户仍不甚稠密，余均草甸荒路，毋庸另议防堵。查毕后，奴才等于二十七日回至天津大沽海口，合并陈明。

——《筹办夷务始末(道光朝)》卷三九，第18—21页。

○上谕

前据托浑布奏，查明海丰县海口情形，当有旨谕令僧格林沁等驰往履勘。兹据奏称，该处城子庄等处近海一带情形，暨水陆设伏处所，与原奏无异。惟通海内河一道，河口较宽，东风潮长，时有宁波商船乘潮驶入，贩运杂货。现在关家庄尚有三桅商船九只在河守冻等语。英逆诡诈异常，该处海口，内地商船既可驶进，即难保夷船不从此窜入。且恐其饰作商船，溷迹窥伺。必应未雨绸缪，不动声色，密加防范。该海口为两省接壤之区，若仅驻兵数百名，安炮数尊，未必遽能得力。然遽议添兵添炮，又未免徒滋更调。至乡勇一项，只能保卫村庄，傥恃此临阵攻剿，恐亦难收实效。该抚务乘此潮枯水落之际，应如何择要据险，妥为布置，使之有备无患，著即悉心体察情形，妥议具奏。将此谕令知之。

——《清宣宗实录》卷三六一，道光二十一年十一月壬子。

○讷尔经额奏

窃臣承准军机大臣字寄，道光二十一年十一月初三日奉上谕：据僧格林沁等奏查阅南路海口形势一折。据称祁口河、狼坨子等处分设重兵，在于沿海添设马拨，面商该督，意见相同，应即照议办理。其沿海哨探各兵，著讷尔经额体察地势，酌定名数，奏明筹办。其乡勇一项，只能各保村庄，即使官为操练，恐临阵亦难得力，总在该督随时激劝，调度得宜，庶

可以收实效。至天津拱卫京师，地方紧要，不可因府城距海尚远，海口防堵森严，稍存大意，以致临事周章。是为至要。等因。钦此。

遵查南路海口各处所派防兵共九百余名，现已遵照钦差大臣原奏，归并于祁口河、狼坨子、齐家庄三处，共计防兵五百名；其余四百名，俱撤归大沽军营，以资训练。仍于原设防兵各处添设马拨，酌留兵丁哨探。至乡勇一项，其就地团练者，但可自卫身家；其应募随营者，均择其年力精壮之人，捐给口粮，责成带兵将弁认真训练，仍随时察看，果能奋勇向上，即可使之临阵冲锋，次则作为后队，以助声势。

再，天津为京师门户，地方倍关紧要。严防海口，固以保卫郡城，而郡城之防范，亦未敢稍涉疏忽。前因天津存城之兵仅止八百余名，以之守御，本觉单弱，是以于奏请添设新兵折内，特请在于天津郡城添兵一千名。现据天津镇禀报，左右城守三营已招募足数，皆系各营余丁并本地土著民人，年力强壮。俱由该镇将验明收伍，发给粮饷，趁此冬令，赶紧训练，以期技艺纯熟。又天津城内向有绅商设立救火局，素称齐心合力，约束有方。已据该地方官于此中挑选一千余人，派出官弁，管带团练，并由官绅商民捐资发给口食。此项人等皆勇敢良民，习于救火，缘墙附壁，手足便捷，捍卫城池，足抵兵力。现在天津城内，统计兵不下三千人，可资防守。其器械一切，本营俱足敷用。沿城炮位，共有一百数十尊。臣因添驻新兵后，制造抬炮一百杆，现亦将次造竣。又天津盐务巡役向习技艺，前与盐臣会商，选派巡役多名，协同地方官所派干役，分布关庙内外，昼夜梭巡。其客店行寓，每日由委员分查一次，以防奸匪溷迹。数月以来，地方甚为镇静。

臣职司守土，当此之时，凡有应行筹办事宜，苟思虑所到与谘访所及，无不随时酌办，断不敢稍存大意，致有顾此遗彼之虞，以期勉副皇上委任之至意。

朱批：以朕观之，郡城之兵不在多设。何则？即使逆夷登陆，断不能奔驰百余里，直犯府城。惟不可不加意防堵。朕思大沽海口至府百里而遥，曲折宽窄，河面必各异形，此中正好用计用智，省兵力而能剿戮，非仅堵其不能至郡也。若一经议防，惟知添炮增兵，朕见其徒劳而不能制胜。卿其细绎之。

——《筹办夷务始末（道光朝）》卷三九，第31—33页。

十一月二十日

〇僧格林沁等奏

钦差御前大臣僧格林沁、尚书赛尚阿、护军统领巴清德奏：

窃奴才等于本月初一日拜折后，即折回天津，由浮桥过河，于初三日行抵大沽北岸。随查得大沽北岸原有旧设炮台一座，距海口较远，于防堵难期得力。其新炮台紧贴河身，

建筑正当扼要。奴才等复试演枪炮连环，并阅看速战阵，声势甚属联络，与南岸三炮台守望可通。其对台海口，水沙丈尺暨台外土坝土埝，均与奴才等前奏南岸情形相同。其现驻将弁员名、兵炮数目，已于前折归并声明在案。自此向东北递进，为宁河县、丰润县、滦州、乐亭县、昌黎县、抚宁县、临榆县各界，即抵山海关口。

奴才查得，宁河县境内南岸沿海长四十余里，其北塘海口，距县城九十里，为蓟河入海水道，距海口三十余里，中有拦江沙，土名盖子，横亘水中，由沙线向外，水势以次渐深而入海，向内水势以次渐深而入河。现值冬令，沙上平时水深二三尺，潮小加至五六尺，潮大加至七八尺。询之土人，据称，遇夏秋水旺之时，潮可一丈，加以东南、东北大风，潮可二丈。其中或值大潮而遇顶风，小潮而遇顺风，则大潮可小，小潮可大，所争不过三二尺之间。此海口向有本地商船乘潮行走，即上年逆夷登岸，前赴黑沿子地方乞买食物，乘来之三板船，亦由此拦入。他如丰润县属以至临榆县属各海口，水势情形大率相仿。岸上自大沽一带，惟北塘村落逼近河身，居民稠密，其余或间段盐碱，或一片淤泥，并无烟户。向北一带，界连丰润，有村庄四处，户口无多，均以捕鱼为业，此外并无洲岛居民。现于北塘南岸、紧对海口东向驻扎大营，营前设炮台一座，毗连而南为教场，前设炮台一，北岸斜对海口，驻扎营盘，设炮台一。两岸三炮台，地居中权，重资控御。其南两炮台之左右翼，各扎营盘一，保障南岸大营；北岸炮台之北，扎有营盘一，接应北岸大营。且外淀海水盐滩相连处所，合两岸三炮台之东北、东南两角，各另扎有埋伏营盘一，以备上岸兜剿。南路环卫大营，由东而西，迤逦扎有小营，以防剿急分窜。又于北塘庄西南之塘儿沽、新河，东北之蛏头沽、避风嘴、营城、董台等处，各安马拨，以备有警急通文报。以上营各有炮，炮各随兵，共设大小铜铁炮一百三十七座，防堵官弁八十五员，兵二千四百八十四名。此奴才等查得宁河县境内海口兵炮之大略也。

过此即丰润县界。该县境内沿海长六十余里，有海口二处，距县城各一百八十里。其一涧河，为堤河入海水道。其一黑沿子，并无河口。迤东为黑洋河入海故道，久已淤塞不通。其地距海口四十余里，中有拦江沙，土名白马岗。其沙线水势以及风汛顺逆、潮水长落情形，均与宁河县海口略同，惟涧河、黑沿子两处，又各有不同者。缘涧河河口较宽，约略四丈，黑沿子滨临海岸，并无河口。询据附近居民，佥称除本地渔船外，从无商船到此，岸上除黑沿子庄外，只有三处村庄，大率倚海为生，余皆盐碱荒滩，泥水草淀，别无洲岛居民。现于涧河以西，紧贴河身、斜对海口驻扎营盘，设炮台一，共大小炮三十九座，防堵官弁八员，兵二百五十名；黑沿子正对海岸，驻扎营盘，设炮台一，共大小炮三十八座，防堵官弁八员，兵二百五十名；又于正北之黑沿子庄、西北之高家庄安设马拨。此奴才等查得丰润县境内海口兵炮之大略也。

过此即滦州界。该州境内沿海长一百数十里，有刘家河海口一处，距州城一百三十

里。近海处水势散漫,平时浅不盈尺,潮来深不盈丈。其拦江沙河口以西,有河坨一区,以南有河岗一道,平时均高出水面,潮来水深一二三四尺不等。坨岗以西断截处有沟槽一道,以东断截处有沟槽一道,各宽约二十余丈,平时水深四五尺,潮来水深一丈五六尺,本地装载数十石粮船只,可以乘潮由沟出入,其装载数百石粮较大船只不能到口。岸上有大庄窠等四村庄,其村舍寥落、居民贫苦情形,与宁河等县相同。现于刘家河以西,紧贴河身、斜对海口驻扎营盘,设炮台一,共大小炮四十五座,防堵官弁九员,兵三百名;又于大营以西之边家庄、长坨庄、常家灶、圈里庄等处各安设马拨。此奴才等查得滦州境内海口兵炮之大略也。

过此即乐亭县界。该县境内,沿海长一百二十余里,有海口二处,距县城各五六十里。其一清河口,为本河入海水道,距海二十余里,即干涸无水。其一臭水沟口,为滦州河支流入海水道。潮水长落、河身宽深,均与宁河等县海口以内情形不甚悬殊。口外各有拦江沙三道。清河口之第一道,距河十里内外,第二道二十余里以外,第三道四十余里以外。臭水沟口之第一道,距河口四里内外,第二道七八里以外,第三道十余里以外。平时水浅,不能行船。潮长水深一丈三四尺,本地轻载船只可以乘潮过沙,重载船只不能到口。岸上清河口西,有村庄九处;臭水沟口东,有村庄三处。其村舍寥落、居民贫苦情形,均与宁河等县相似。其余村庄,距海较远。此外附近艾家庄,有祥云岛一处,并无居民,余均河坨荒滩,别无洲岛。现于清河口以东,紧贴河身、斜对海口驻扎营盘,设炮台一,共大小炮三十六座,防堵官弁七员,兵二百名;臭水沟西,紧贴河身、斜对海口驻扎营盘,设炮台一,大小炮三十五座,防堵官弁六员,兵二百名;又于两营相距并上下界相距适中之古柯庄、郭家庄、祥云岛、剅头港、戴家铺、苏家海等处安设马拨。此奴才等查得乐亭县境内海口兵炮之大略也。

过此即昌黎县界。该县境内沿海长一百余里,有海口二处。其一浪窝海口,为滦河入海水道,距县城九十里。其一蒲河海口,为本河入海水道,距县城二十五里。潮水长落、河身宽深,均与宁河等县海口以内情形不甚悬殊。口外之拦江沙三道,相距道里,亦与乐亭县海口沙线无异。沙脉迤逦相连,本地轻载船只,可以乘潮过沙,重载不能到口。岸上浪窝口西有村庄三处,浪窝口东、蒲河口西有村庄十一处,蒲河口东有村庄五处,居民较多,亦各网捕为业,此外皆畸零不成村落,余均沙岗漫野,并无洲岛居民。惟蒲河口之西北、周家庄之东南,另有七里海一处,其水直通海河,然形势中流虽甚宽阔,出入两口逼窄,不能容船,且周围重叠沙岗,界断大海,情形亦不十分险要。现于浪窝口以东河湾内,正对海口驻扎营盘,设炮台一,共大小炮三十座,防堵官弁九员,兵三百名;蒲河口以东,紧贴河身、斜对海口驻扎营盘,设炮台一,共大小炮二十六座,防堵官五员,兵二百名;又距两营适中之北河岸、团林庄、高坨村等处安设马拨。此奴才等查得昌黎县境内海口兵炮之大略也。

过此即抚宁县界。该县境内沿海长二十余里，有洋河海口一处，为东河入海水道，距县城四十五里。潮水长落、河身宽深，均与宁河等县海口以内情形略同。口外之拦江沙三道，南北相距道里、东西相联脉络，亦与昌黎等县无异，重载船只不能到口，即轻载亦时形浅阻。岸上河口迤西有村庄七处，河口迤东有村庄二处，此外皆畸零不成村落，余皆沙岗绵亘，并无洲岛居民。现于洋河口河湾内，正对海口驻扎营盘，设炮台一，共大小炮二十一座，防堵官弁六员，兵二百名；又于营盘迤西之圈里庄、苏家村等处安设马拨。此奴才等查得抚宁县海口兵炮之大略也。

以上东路，除临榆外，沿海州县六，海口九，营盘二十，共管带将弁一百四十三员，防堵兵丁四千三百八十四名，大小铜铁炮四百七座，抬枪、鸟枪、刀矛咸备。内炮数有随时酌移者，有甫经解到者，总数稍有不符。兵数现经督臣奏准，通撤三分之一。所有现存兵丁，宁河之北塘口一带，宣化镇总兵官石生玉统之；丰润之涧河口、黑沿子一带，署督标后营游击刘正统之；(湾)[滦]州至抚宁之刘家河口、清河口、臭水沟口、浪窝口、蒲河口、洋河口等路，山永协副将兴泰统之；其余河口以东之秦王岛、石河口二处，属临榆县，归山海关大营统辖，所有该二处海口地势、兵炮机宜，容奴才等另折声明，以清汛界而便圣鉴。

统计奴才等查过天津以东海口，自以宁河之北塘口烟户最多，昌黎之蒲河口、抚宁县之洋河口村落虽少，而距海甚近，较为险要，然或以江沙拦阻，或以口岸逼隘，且核之各处潮长水势，总在二丈以内，逆夷大船似难驶入；即使其多用小船，由沙线沟口乘潮驶入内河，计潮长潮落，仅历三个时辰，其顺流而易于进者，必搁浅而难于退。且时届隆冬，漫滩冰冻，所有沿海现驻防兵，请暂仍其旧，统俟明春体察事机，应减应添，再由督臣核实奏明，请旨办理。

其各营兵炮，奴才等挨营抽查试演，如刀矛之步伐止齐，均甚可观，即抬枪、鸟枪，亦属便捷，惟施放大炮，虽间有远而准者，其中靶分数较少。推原其故，凡分置小营，皆斤量较轻炮座，且绿营兵丁平日习于枪而不习于炮，瞻顾炮身之或有失闪，往往装药分量不足，实药工夫不到，药子轻重不符，遂不足以摧坚致远。奴才等因于各口阅毕，逐一如法指示，并严饬该将备时加训练，俾各精娴。请旨敕下直隶督臣讷尔经额，通饬沿海各该将备，督率兵丁，留心演习，依法施放，其食药务足分量，装药务臻结实，烘药务灵，苗头务准，总期无发不中，有敌皆摧，庶几有备无患，上慰我皇上廑念海防之至意。

[道光二十一年十一月十八日][1]

——《筹办夷务始末(道光朝)》卷四〇，第9—16页。

---

① 此日折片三件，据《鸦片战争档案史料》第4册第468、473、475页可知，具于十一月十八日。

○上谕

据僧格林沁等奏查阅天津东路海口情形一折。据查，宁河之北塘口、昌黎之蒲河口、抚宁之洋河口，或以江沙拦阻，或以口岸逼隘，且核其潮长水势，总在二丈以内，逆夷大船似难驶入，即使用小船，由沙线沟口乘潮驶入内河，而潮落亦必搁浅等语。所有沿海现驻防兵，著暂仍其旧，统俟明春由该督体察情形，应添应减，核实奏明，请旨办理。至该大臣等挨营抽查，试用刀矛火枪，均属可观，惟施放大炮，中靶分数较少，业经逐一如法指示，并严饬该将备时加操练，俾各精娴。仍著讷尔经额通饬沿海各将弁，督率兵丁，留心演习，依法施放，其食药务足分量，装药务臻结实，烘药务灵，苗头务准，讲求不厌精详，庶几各臻娴熟，足以致远摧坚。该督其实心训练，勿负朕谆谆诰诫之至意。将此谕令知之。

——《清宣宗实录》卷三六二，道光二十一年十一月庚午。

○僧格林沁等奏

窃奴才等于道光二十一年十月二十六日，由山东海丰县旋抵葛沽途次，承准军机大臣字寄，道光二十一年十月二十二日奉上谕：前据哈哴阿、富僧德先后具奏山海关防堵情形，业经降旨，著照议办理矣。现在僧格林沁等计已到关，著将该处防堵情形详细履勘，该处现办事宜果否确有把握，傥夷船驶至，能否诱之登陆，设法兜剿，大加惩创，该大臣等务须详加察看，期于计出万全。如有未尽妥善之处，著即与哈哴阿等悉心筹议，务求一制胜之策，奏明办理。等因。钦此。奴才等随由宁河县北塘海口沿途查阅，于十二日行抵临榆县界，接晤哈哴阿，悉心请求，即会同向山海关一路，查得临榆县沿海海岸长九十余里，有海口二处：一为县西南之秦王岛，距县城三十里；一为县正南之石河口，距城十里。奴才等详加察看，两处海口情形各有不同，即与大沽、北塘两海口情形亦异。如秦王岛，高不计寻丈，屹然挺立，接连海岸，迆逦深入海中。东、西、南三面海水贴岸，并无滩唇，潮落亦然。近岛水内，乱石如林，或隐或现。其拦江沙三道，上接抚宁，下抵关外，亦无河口，无论大小船只，均难拢岸。岛北虽有宽十余丈港汊一道，系海潮漫溢之水，平时水深三四尺，潮长水深八九尺，向里十余里，水势散漫而止，即便逆夷小船可以乘潮驶入，游奕时久，势必潮退船停。其地因平时有本地重载粮石大船沙外住泊，为剥运小船卸载马头，遂以海口目之，若就形势而论，直不得谓之海口。至石河口，为县北诸山山水汇归入海水道，平时水不盈尺，惟大雨后山水陡发，水势较大，并潮长计之，可至丈余，且向里岸陡河低，潮来不及一里，即形浅阻。现又于河口抛塞砖石，并小船亦难出入。惟河口宽阔，又于流至县南之五六里处所分作两股，其一股从西北向县北流去，其一股从水关向边墙外泄去。且海口距县城仅有十里，不得不谓之险要。

按，初设防堵时，秦王岛、石河口两处，兵炮均设于滨海贴岸。查海岸距头道沙线甚近，沙内水浅，为夷船所不能到；沙外相距过远，又为我炮所不能及。今经该都统哈哴阿将两海口滨海炮座向里移设，距海岸四里许，另筑土垒，以冀夷人上岸，陆地施放轰击。

所有绿营官兵，现移于石河口分流处所一带，以八小营联为两大营，掎角驻扎。又于大营以东驻扎满洲营盘，大营以西驻扎吉林营盘。奴才等随于次日点验兵炮各械，共驻吉林官兵一千二十五员名，阿勒楚喀副都统倭克精额统之；满营官兵二百二十一员名，山海关协领塔清阿统之；绿营官兵二千一百六十九员名，开州协副将向荣统之。共设大小铜铁炮二百二十一座，抬枪、鸟枪、刀矛咸备。奴才等即先演试安设大炮，食药结实，凡炮子较小者，均用软纸层层糊裹，干后体质极坚，俾大小与炮膛间不容发，以故出炮无不迅疾洪亮，致远摧坚。其埋伏小炮，号旗一挥，就土垒内填然震起，仓猝莫辨方向。其速战阵声势联络，步伐整齐，炮车演习尤精。法以二十人挽运八百斤大炮五座，每炮载之以车，随阵挽拉，行走迅速，与抬枪、鸟枪连环施放，甚属联络。满营鸟枪，绿营抬枪、鸟枪，复经奴才等各点出数十名校阅，均熟而有准，中靶在七八分以上。吉林兵人尤骁健，队亦整严。

其原设兵炮之秦王岛、石河口滨海处所，各设瞭望兵十名，按日分班，由大营更换。又于岸北各村安设马拨，海上但见夷船北驶，即飞报大营，往前攻剿。以上情形，该都统布置极为周妥，调度甚合机宜，似无可另行筹画。惟据奴才等查看，调到吉林官兵，营盘内皆系单布帐房，现在天气严寒，海风尤劲，殊难栖止。查天津、大沽以及山海关等处海口驻扎兵丁，帐房均以芦席搭盖窝铺，尚足以御风雪，所有吉林官兵帐房，相应请旨饬交督臣，转饬地方官，一律办给芦棚，用示我皇上一视同仁至意。

又，奴才等阅看吉林马队时，窥见人皆年富力强，惟马匹率多疲瘦，驰骤不力。询之副都统倭克精额，据称此项马匹，系奉丈在大凌河牧群内拣选，缘该处马生劣，未经验过者多，以致拣挑马内不无疲软。又山海关领马内，亦间有□瘦不适乘用者。奴才等查，统计吉林官兵一千二十五员名，领马一千二十五匹，内大凌河马疲瘦不堪用者二百三十五匹，山海关马疲瘦不堪用者二十九匹，又倒毙马十三匹，共二百七十七匹。伏思吉林官兵得力专在马队，非士饱马腾，无以收冲突之功，现值防堵吃紧之际，未便迁就，应一并请旨敕下督臣，于直隶营马内先行如数拨换，其换下马匹，分别饬令原处领回归牧，以昭核实而肃军政。

[道光二十一年十一月十八日]

——《筹办夷务始末(道光朝)》卷四〇，第 17—20 页。

〇上谕

本日据僧格林沁等奏履勘山海关防堵情形，布置极为周妥，调度甚合机宜，朕心颇慰。

惟该处吉林官兵,营盘内皆系单布帐房,天气严寒,殊难栖止。昨据讷尔经额、胡超奏,大沽、北塘两处,除有兵房土房可以尽令各兵分匀居住外,其余弁兵及陕西兵二千,均用秫秸编帘,涂以厚泥,遮护帐房,并量予薪炭,以为向暖之需。至山海关留防之兵,亦据讷尔经额函商哈哴阿,并札饬地方道府,一律妥为安顿。吉林官兵事同一例,著讷尔经额、哈哴阿迅饬照此办理,俾人皆挟纩,蓄税养锋,明春可资得力。至吉林马队,人皆年力富强,将来可收冲突之效,惟所备马匹率多疲瘦。兹据僧格林沁等查明,大凌河马不堪用者二百三十五匹,山海关马不堪用者二十九匹,又倒毙马十三匹,均著讷尔经额于直隶营马内先行如数拨换。其换下马匹,分别饬令原处领回牧放。明岁春融,尤当多备马匹,恐临时尚有拨换之处,务当严饬各营趁早饲养,一律膘壮,毋致误事。将此各谕令知之。

——《清宣宗实录》卷三六二,道光二十一年十一月庚午。

〇僧格林沁等奏

奴才等查阅北塘炮台时,除演试枪炮刀矛外,据总兵官石生玉面称,该营尚制有火箭、火弹、火砖、喷筒等火具,专备攻击夷船之用。奴才等逐项演试,其火箭颇能致远,惟外约箭筒,尺寸甚长,内系药线多条,体笨而用迟,似便于设伏,不便于对垒。火弹之用,未见十分猛烈。内惟火砖、喷筒抛放较灵,甚为适用。微嫌火砖式样,系照常用砌墙之沙板砖尺寸成造,未免限于体重,抛掷不能甚远。揆之于理,此等战具,原无定格,莫若改为四五寸见方,则只手平掷,可以轮转而出;或再系以短绳,持绳抛去,同一落船,撞出火焰,当益远而得力。

又,据该镇面称,并募得本地习水民人二十名,人各小船一只,每人每日支给工食制钱一百五十文,现在操练备用。奴才等随会传集验看,询称均系本地民人,素习水性,打雁为生,每值打雁时,驾船出海,船载三四十斤铁铳二,不用篙桨,人伏水面,推船而行,推至雁群聚集处所,或十船五船,一律排齐,胡哨一声,群雁惊起,就中众铳齐发,一发可获雁以百十计,本地因呼之曰雁排子。奴才等即令设立排靶,当场演试,竟能铳无虚发,发无先后。

奴才等因思明岁夷船果敢北上,岸上兵炮亦足壮声威,特虑其住泊海口,不进不退,窥伺我兵,亦不得不豫筹水陆交攻之计。现在天津海口纵兵力厚集,宜于陆而不宜于舟,奴才等愚昧之见,莫如就此项打雁民人内广为招集,充作水勇,亦足备现在募兵之用。第招集后,若专恃其铁铳,为力甚小,原不足以制大船,拟以二人管驾一船,以五船联为一排,用三船装载硝磺柴草,船头船尾牢拴短粗铁(练)[链],练头贯以四五寸长钢钉,各带铁锤一柄,用二船装载火砖多块,于天险月黑时,派定五排十排,甚至数十排百余排,分投暗出,篙桨无闻,直抵夷船附近,先以火砖船扑向该夷船头,尽力抛掷,仓猝之间,全船夷人自必齐向船头救护,不及瞻顾船尾,趁便以硝磺船紧傍夷船后尾,以钉钉住,点燃火种,即弃硝磺

船，由水奔赴火砖船，十人合驾两船，早辨归路。如小船初抵大船时，夷人以刀矛就近击刺，于船底避之，更此退彼进以扰之，迨小船既离大船后，夷人以大炮向远轰击，即翻转小船，就水中避之，更或在船下，或在船傍，此出彼没以疑之。如此设措，在我可收以小克大之功，在敌定受务远略近之患，亦攻剿中之一法。果能得手，焚其巨船数只，夷人纵冥顽不灵，当无不惧而思退，退而求息，斯事机稍易措手。惟小民趋利若鹜，是必厚集人力，以鼓其气壮其胆，再重给工食，以立其命，恤其家，俾知幸而成功，身家有秩禄之显，不幸而败事，子孙无冻馁之虞，夫然后用之侦探、用之攻船，但许进不许退，务期图功效命，不得忘义偷生，自无不奉令承教。如此而有不摧之敌、不毁之船，当亦理势所必无也。

然擒成一鼓，断非二十人所能，约略计之，当百倍其数，乃能有济。奴才等因询之该地方文武，能否广为招集，据称，本地海上操业者居多，尚可广为招致，惟限于钱粮，不敢轻举。奴才等以为，当无事时，一铢一粟皆有常经，现值灭此朝食之秋，既有此项民勇可供驱策，与其任其闲旷，徒赍羊犬之招徕，曷若早事羁縻，先固吾民之志气？此又外控内维，一举两得，所当审其轻重者也。伏乞敕下直隶总督讷尔经额，转饬该镇道等广为招募，俾收实效，于攻剿似有裨益。

［道光二十一年十一月十八日］

——《筹办夷务始末（道光朝）》卷四〇，第 21—24 页。

〇又谕

据僧格林沁等奏，查阅北塘防守情形，该处现募有习水打雁民人二十名，设立排靶演试，铳无虚发，请广为招集、充作水勇等语。此项打雁民人，既经该大臣等当场演试，足备募兵之用，著讷尔经额即照该大臣等所议章程，以二人管驾一船，以五船联为一排，装载硝磺柴草，制备铁炼、钢钉、铁锤等项器具，于今冬无事之时广为招募，多备船只木筏，勤加练习，以备明春之用。并著遴派参游以上大员管带弹压，如差委乏人，即著奏明请旨。原片著钞给阅看。将此谕令知之。

——《清宣宗实录》卷三六二，道光二十一年十一月庚午。

〇僧格林沁等奏（节录）

……奴才等拜折后，即于十八日起程，约于二十四五日抵京，请安覆命。所有奴才等查得海口情形，尚有历次覆奏折内未能周备者，请容俟奴才等旋京之日，面达圣聪……

道光二十一年十一月二十日奉朱批：览。钦此。

——录副奏折，档案号 03-2917-021。

十一月二十五日

〇僧格林沁、赛尚阿奏（节录）

……窃奴才等前奉谕旨查阅天津一带海口，南至山东海丰县，东抵山海关，凡沿途海口形势及各路安兵设炮诸事宜，但有应斟酌损益者，奴才等已会同奴才讷尔经额、哈哴阿、胡超妥商更定，节次据实奏闻，无敢隐饰。惟事机所关至巨，不厌慎重讲求，其中有浅尝之似已明备，再按之而尚待熟筹者；或分见之似颇合机宜，综计之而转相窒碍者。奴才僧格林沁、赛尚阿年幼无知，受恩至重，见及不敢不言，言之又不敢自信。而值国家持大议、决大计之时，万一奴才等冒昧露章入奏，辞意稍有未达，转恐有碍大局，而上廑圣虑。兹差竣覆命，谨就奴才等耳目心思所到、商议意见相同者，为我皇上陈之。

窃维用兵之道，天时而外，首重地利，必我先立身于不败之地，而后可以制人。此其略夫人得而知之。顾地利之山川形势，断不能悉合人谋，然则已成之局，未便因地利未臻美备，轻议更张，要必于未臻美备中，仍图立身不败以制人，夫然后可以言守、可以言战。伏查直隶海口，以天津之大沽、宁河之北塘、临榆之山海关三处最为险要。就三处现在防堵大概情形论之，大沽则滨海陈兵，前无进步；北塘则背村成阵，低处为营；山海关虽有陆路雄关，莫阻洪涛巨舰。此皆不得地利者也。奴才等因于沿途接见地方文武各官，留意咨询，并明查暗访，有虑敌炮之及我营垒，建移兵避炮、退舍结营之议者；或有虑我民之资敌抢掠，申移民避寇、坚壁清野之说者。奴才等初听之，觉说皆近理；迨既经查阅一过，始知以上三处要口，不得不照依现在形势安设也。

即以大沽论，何尝非滨海陈兵？殊不思现在安营设炮处所，非海口岸，系海河岸也。按自海口至河岸，尚距二十余里，且口外有拦江沙横阻，夷人大船轻易不能驶入内河，即使其多用小船，乘潮而来，又水路层层设伏，陆路处处烂滩，断不能载运大炮。则凡夷船限于跋涉之地，皆我兵利于攻击之时。夷人总性等犬羊，当不求无益之死。若遽将兵炮向后撤退，海口漫无控御，小号夷船将接踵而来，一经登岸，得地劄营，则运炮屯兵，皆其易事，势将更难攻剿。况大沽为天津保障，天津实畿辅咽喉。夷人既经上岸，断不肯株守海隅，将不特分窜近京一带地方，即京师百姓亦将因之人心不安，斯时抚驭为难，所关良非浅鲜。

至如北塘，亦何尝非背村成阵？无如村口河岸中间隙地，仅敷劄营，此外再议择地，左右皆无地可容，势须移营村后。查该村烟户名为八千户，实有二万余家。今以久驻之兵忽移置村后，是不以兵卫民，而转以民障兵，难保人心不生怨望。当此维系人心之际，方抚恤之不遑，而舍曰弃之？我既资敌以民，民定趋利若骛，斯时纷纷铤而走险，将柰之何？此尤不可不思患预防者。至谓移之使避，查该民人等地居斥卤，人无恒产，以海为天，有力者载运粮石而通民间泉贝，无力者网罟舟楫即其生涯，顾所事不同，要之不离乎海。今一旦使

之轻弃故土，荡析离居，是外患未除，吾民先困，尤属不可妄动。

若山海关之设兵，原非防度关之寇，实防登岸之夷也。斯关为陪都大路，近关一带海河甚深，倘我兵不设重防，夷人必思占据，斯时膺城负固，以水为巢，势将东路通衢为之梗塞。况关税县城相距甚近，在在堪虞，益不容不预筹而为之备。而此处海口，又有与大沽、北塘两处不同者。临岸为夷船所不能到，隔沙为我炮所不能及，势不得不转纵一步，诱之使进，以图歼剿。

由此观之，以上三大海口情形地势诚未美备，惟有持得尺得寸之见，重藉人力以补之。然则如大沽、北塘海口，讷尔经额之陈师于前，山海关海口，哈哴阿之移营于后，皆不得谓之无见，惟再四熟筹，后路终嫌单弱。伏查奴才等前奏，曾拟以胡超现在带领驻劄葛沽之固原官兵作为后路，是犹就现在情形而言，非有事时之定论也。夷人诡诈多端，动在理法人情之外，比闻其已在宁波制造内地式样商船，倘明春装点北驶，或就一口乘潮排箅而来，或由各口循槽嘶贯而入，一经登岸，所有调来固原官兵正资使之攻剿，何暇俾之置散投闲？是后路仍待另筹，以期算无遗策，请更得通盘详计之。

按，从来行兵之道，从未有总统驻劄前敌者，更未有军装、火药、粮饷概置前敌者。如直隶总督，以提镇比之，实总统任也，此番讷尔经额之驻劄海口，原为布置一切机宜起见，因而该道随之，军火、粮饷亦随之，以图简易。此施之于无事时则可，施之于有事时则不可。何也？窃料此番逆夷果敢北来，定不似前番之志不在战，且历观其贪饕之性，重在得财，如力图海口津梁，必窥伺天津府县。奴才等拟请以大沽、北塘两大海口炮台，以精兵守之，为前敌；于天津、大沽适中之葛沽一带，以重兵实之，为大营；以附近天津之贺家口一带，亦以重兵护之，为后路。惟查两大海口炮台，不惟大沽与北塘相距为遥，即大沽南岸与大沽北岸亦但守望可通，不能呼吸立至。缘该河外通于海，两岸相距约宽一百二十丈有余，潮汐、遇风皆难过渡。奴才等此次查阅之迂道，是其明征。因计大沽北岸及北塘将来果守之稍不得力，大营接济相距约四五十里，恐会合不无稍迟，今拟于大沽北岸以北并北塘南岸以南之适中处所，除新河原设官兵外，酌设伏兵，于北塘北岸以北之附近处所，除蛏头沽原设官兵外，酌设伏兵，专作为北岸、北塘前敌之接济后路。如此则逐层相卫，一气呵成。其前敌并拟于大沽、北塘各设带兵大员二员，统守战各兵驻之。迨接仗时，如夷人直扑炮台，即合二员兵力攻之。攻而不退，无论其驶船入河、徒步上岸，以一员带守兵留守炮台，以防其继进，以一员带战兵攻之，斯战者无兼顾炮台之忧，守者无分驰接仗之累。志一气娴，断不至如浙省定海、镇海等处之一靡不振。战而得力，大营重兵前进，以壮声威；不得力，合兵以助攻剿。克则歼之，否则更进后路，以全力图之。其大沽北岸及北塘后路，倘大营重兵一时不能赶到，更有现在拟添之生力军二支就近接应，纵谓夷人真同畜类，亦未有不豕突狼奔者也。迨其既败，遁归则前敌可以尾追，分窜则南、东两路可以兜截。即使

其未战以前先用炮火，此次各海口之深壕土垒，原所以备不虞；迨其炮力既竭，然后我兵开炮攻之。再任攻之不退，住泊海口，以老我师，斯时如雁排水勇募练有成，我兵亦不难再议前进。即谓夷人船坚炮利，亦未有不震而知惧之理。果其震而知惧，惧而求息，或网开一面，或天讨再申，固自我操权，其他无虑矣。此外如天津以南、以东两路，南路已经奴才等奏明改设，其东路现并与奴才巴清德联名具奏，请照南路办理，大意总期于沿海虚设以诱之内来腹地，埋伏以阻其归路，仍设有瞭望马拨，分投驰报，首尾各大营协兵攻剿，冀获全胜。倘来岁春融，南省事机顺利，夷人怯于北驶，得以息兵养民，诚为天下臣民所共望。即作夷人必来计，如此设施，更仰仗天威庙算，无患不备者，未必不有敌皆摧也。

抑奴才等更有请者。地理既备，尤当以人和济之。惟据奴才等看得，现在带兵各员，虽未尝有不和之迹，亦实未尝得和之真，请并得密陈圣鉴。查总督讷尔经额，循守规矩，撙节经费，务慎微而能谨小，是其长处；遇事迟疑，待人冷峭，有秋肃而无春和，是其短处。处军事与官常不同，以故自提镇以下，但能勉力从公，未肯倾心效用。至如胡超，勇敢有余，沉潜不足，久历戎行，军营习气过重，其与督臣言语辞色之间，往往不能十分水乳同处，久之恐于军事殊为无益。他如陈金绶之勇往无前，石生玉之体用兼备，未始不足有为，而又仅能自了。奴才等愚昧之见，明年逆夷果敢北驶，请以陈金绶专守大沽南岸炮台，再请简曾历戎行、勇略兼具者一员为之接应；以石生玉专守北塘炮台，以胡超为之接应。其大沽北岸炮台，现有游击罗应鳌带兵把守，甚为得力，且陆路与北塘声势相通，中间毫无阻碍，并就近交胡超管理，庶该提督事有专司，责无旁贷，无从缄默观望，以收因地得人之效。至如天津府城，为仓库钱粮重地，商贾杂处，水陆并陈，凡城内之薪水粮食，一概仰给关外，况为神京拱卫，非设兵专守，不足以镇摄人心，应请敕下督臣讷尔经额，奏委司道大员驻劄贺家口一带，安设粮台，作为后路，办理粮饷，保卫城池。其现在前敌所驻军火、粮饷即移置后营粮台，以慎军储而资后劲。其葛沽大营，即请以督臣讷尔经额统领重兵驻劄，俾便调遣。倘夷务办理较为费手，仰蒙特简老成持重、洞悉军事大员一员，作为钦差，俾司总统，斯仰承谟烈，事权归一，于防堵尤有裨益。第如此一转移间，较现在局势未免稍多靡费。奴才等日侍圣躬，岂不知经费有常？曷敢冒昧陈请？无如近畿重地不比海上一隅，奴才等正不敢顾此失彼。

所有奴才等年轻糊涂见识，相应据实沥陈，可否摘录，敕下直隶总督，再行详慎妥议之处，出自圣裁……

道光二十一年十一月二十五日

——朱批奏折，档案号04-01-30-0409-004。

十二月

十二月初六日

○讷尔经额奏

直隶总督讷尔经额奏：

承准军机大臣字寄，道光二十一年十一月二十日奉上谕：据僧格林沁等奏，查阅北塘防守情形，该处有习水打雁民人，今冬无事之时，广为招募，多备船只木筏，勤加练习，以备明春之用。等因，钦此。臣当即恭录行知，钦遵办理。臣思此项水勇，若一色招募雁户，恐以此为业者不能甚多。查前次招募新兵，其中即有素识水性者一百余名，臣前于夏间阅看该新兵水中技艺，点放枪火，甚属便捷，用以设伏烧贼，可期得力，前经奏明在案。此时各海口招募新兵，亦有素识水性者，均可挑出教演备用。现即札饬沿海州县暨该管道府，于海滨一带先尽雁户招募，如不能多得，即择其素识水性、年强力壮之人广为招集，令雁户教演水中打枪，如能练有准头，便可充作水勇，用以焚烧贼船。一俟募有成数，即斟酌多寡，专派参游以上大员管带，以备临时相机调度。所有船只木筏、硝磺柴草、一切器具，并即多为预备。

——《筹办夷务始末(道光朝)》，卷四一，第 13 页。

○上谕

谕军机大臣等：

讷尔经额奏遵旨招募雁户，并于新兵中择素识水性之人，派令雁户教演等语。该处习水打雁民人，铳无虚发，前经降旨，饬令广为招募。并据奏，此项水勇，若一色招募雁户，不能甚多，此时各海口招募新兵，亦有素识水性者，均可挑出教演，著该督责成沿海州县暨该管道府，先尽雁户招募，如不能多得，即择素识水性、年力强壮之人广为招募，派令雁户教演水中打枪，务臻熟练。俟募有成数，即专派参游以上大员管带。所有船只木筏、硝磺柴草、一切器具，并著多为预备。该督务当实力实心，勤加训练，一经遣派，人人得力，方为有益。不得滥行充数，以致有名无实。是为至要。

——《筹办夷务始末(道光朝)》，卷四一，第 13—14 页。

十二月二十六日

〇僧格林沁奏（节录）

……窃逆夷自广洋犯顺以来，迄今一年有余，胆敢占据定、镇、宁波等处，钦派扬威将军提兵征剿，一并沿海防堵，办理至为周备，自无患外夷丑类小技恃强。但其施夷烟以滋瘾，散掳财以市惠，惟恐军心摇惑，号令不齐。趁此精兵未集、兵仗未交之际，仰祈皇上特颁谕旨，钦派大员前往该处，遴员赴敌，宣谕圣意，确问逆夷究系为何滋扰不已。将为鸦片烟事，即伊国中亦有法禁，是何居心流毒中国？且自林则徐赴粤办理禁烟事务，毁土绝源，未经题明商贩资本，以此该夷各处泣诉，求伊价值。又靖逆将军等奏，该夷烟物虽毒，实系承本贩卖。皇上念外夷远贾，不忍使其货财两空，因此破格施恩，偿还价值，其欲已足，何得贪求无厌？抑或为通商之事？彼既仗依天朝兴贩谋生，天朝断无绝人之路，即由该钦差大臣带往粤东，会同督抚租与马头，安居通商。皇上开天地之恩，外夷自当感格。如或欲侵土地，冥顽不灵，是则神人共愤，法所难容。务诘真确，如果仍据城池，扰害民旅，即著该将军迅速进兵，剪此丑类，务期净绝。

再，鸦片烟物毒恶綦甚，饥不能充，寒不能御，漫尝为嬉，日渐羸惰，伤财致命，莫此为尤。惟我皇上念切瘝痌，圣心焦灼，因此定法惩警，约登吾民于善道。今闻南省吸食如故，仍有入瘾不悛者。以皇上救民之心，民何不加感戴？自今为始，已瘾者觅方善治，未吸者急须相戒，各相自爱，一同仰体皇上爱民如子之心。即为家长者教训子孙，勿使受外夷朦混。查其情有可原者，自可网开一面，请照旧例办理。而惟官为民之望，如有故犯，决依新例。再，地方官果能自立清正，凯切剖晓，则凡吾民具有人心者，必不至顽梗不化。是皆前此地方官不能推广皇仁、善为化导之所至。其南省历任地方官员，请一并查取职名，交部议处，以为顽视民瘼者戒。务使该军民人等读谕深思，大凡可以有益于民者，皇上无不乐劝以施恩。惟此烟物，英夷以无用之土而换我天朝有用之财，且流毒贻患，忍心害理，皇上屡降敕禁，实为民生受此隐毒，迷而不悟。皇上屡阅折报，宵旰勤求。即林则徐烧毁烟土，该夷哭诉呈恳，求得价值，彼自感恩愿足。靖逆将军又为奏请赏价，皇上悯将士劳苦，黎庶惊慌，如数赏值，以使兵民得以安息。其所以待英夷之高厚殊恩，亦皆为休息兵民所致。彼既烟价已得，宜其乘流远窜，以感我天朝不诛之恩，而竟潜徙无定，仍扰海疆，占据城郭，伤我弁兵，致我远师露宿奔劳，百姓游离失所。

皇上为怜兵忧民，行破格之恩，而逆夷猖獗益甚，犹以烟物散施，要买愚朦，诱人其术，遂令秃发为夷之像，更衣为夷之制，迨将交兵之际，先驱斯民以为我敌，而置于尝刃之所。皇上闻之，心实不忍民受其愚，且勒从之民，岂不思故土之风化、国家之培养？自多悔恨欲归之人，但恐归为官弁缉获，必作逆夷惩治，或由此欲归不敢，进退维艰。嗣后凡有背夷逃

归者，该督抚问明底细，妥为安置，勿使失所，以为继归者望。用是愚民相警相戒，得以早悟，不堕逆夷之奸而自外生成也。

倘蒙圣鉴允奏，派员赍往谕旨宣示中外，则振聋发聩，弁兵皆悉逆夷诡诈，无不攘臂欲战；即下民亦悉皇上救民之切，无不切齿同仇；虽附夷之汉奸，亦皆知从逆犯顺，抛弃祖宗，荡析家室，能不伤心悔悟，星散逃归？则逆夷势解，当必自畏自惭，免甲泥首，诚恳自新，格心向化。如或不自知罪，仍前抗迷，则整顿师旅，天戈下临，水陆交攻，广罗兜剿，轰除逆奸，俾无遗类……

道光二十一年十二月二十六日

——朱批奏折，档案号04-01-30-0409-005。

十二月三十日

〇起居注

上以除夕，御保和殿，赐朝正外藩等宴。左翼科尔沁和硕卓哩克图亲王巴图，科尔沁和硕达尔汉亲王索特那木彭苏克，科尔沁扎萨克多罗宾图郡王林沁扎勒赞，巴林扎萨克多罗郡王那木济勒旺楚克，喀喇沁扎萨克多罗都楞郡王色伯克多尔济，柰曼扎萨克多罗郡王阿宛都窪第扎布，敖汉多罗郡王斡咱巴拉，浩齐特扎萨克多罗郡王吹经扎布，阿巴噶多罗郡王萨尔济勒多尔济，科尔沁多罗贝勒贡格拉布坦，喀尔喀扎萨克多罗贝勒齐旺多布斋，科尔沁固山贝子阿敏乌尔图，阿巴噶固山贝子德木楚克达什，喀尔喀沁固山贝子阿第雅，鄂尔多斯扎萨克固山贝子达什多尔济，翁牛特镇国公丰伸保，乌珠穆沁镇国公桑噶扎布，乌喇特扎萨克镇国公噶勒党旺楚克多尔济，苏尼特辅国公巴图鄂齐尔，喀喇沁和硕额驸布达西哩，克什克腾扎萨克头等台吉比玛拉济哩第，乌喇特扎萨克头等台吉瑚毕图，科尔沁头等台吉喇特那噶尔毕，巴林二等台吉扎勒沁扎布，喀喇沁二等他布囊西林达瓦，喀喇沁二等他布囊布彦图，喀喇沁二等他布囊三扎西哩，喀喇沁固山额驸棍布旺沁，右翼喀尔喀车臣汗阿尔塔什达，乌里雅苏台参赞大臣、喀尔喀三音诺彦扎萨克和硕亲王车林多尔济，喀尔喀扎萨克和硕亲王额林沁多尔济，喀尔喀扎萨克和硕亲王车林多尔济，喀尔喀扎萨克多罗郡王托克托呼图噜，青海扎萨克多罗贝勒那木扎勒丹巴，青海扎萨克固山贝子格勒肯那木扎勒，喀尔喀扎萨克辅国公党苏隆多尔济，伊克明安辅国公乌尔图那逊，察哈尔辅国公蕴端，察哈尔辅国公桑鲁布多尔济，喀尔喀扎萨克头等台吉车林多尔济，喀尔喀扎萨克头等台吉巴雅尔，喀尔喀扎萨克头等台吉车琳达什，喀尔喀扎萨克头等台吉达尔玛扎布，喀尔喀头等台吉蟒珠巴咱尔，副都统衔科布多帮办大臣、喀尔喀二等台吉多尔济那木凯，土尔扈特闲散二等协理台吉布彦柯什克，察哈尔四等台吉多尔济锡拉布，察哈尔四等台吉

巴头，察哈尔四等台吉桑斋，住京喀尔喀扎萨克和硕亲王车登巴咱尔，科尔沁扎萨克多罗郡王僧格林沁，喀尔喀扎萨克多罗郡王那逊巴图，科尔沁扎萨克固山贝子济克默特，土默特扎萨克固山贝子德勒克色楞，奈曼固伦额驸德木楚克扎布，辅国公二等侍卫回子巴巴克霍卓，喀尔喀公品级头等台吉头等侍卫巴彦桑，喀尔喀二等台吉头等侍卫多尔济帕拉(本)[木]，喀尔喀二等台吉二等侍卫那逊达赉，并朝鲜国、南掌国使臣，随文武大臣依次就坐。诸乐并作，上进酒，余俱令侍卫等分觞授饮于坐次。众谢恩退，驾进宫。

——《清代起居注册(道光朝)》第65册，第38403—38411页。

道光二十二年

正月

正月十五日

〇起居注

辰刻，上御正大光明殿，升座，赐朝正外藩等宴。左翼科尔沁和硕卓哩克图亲王巴图，科尔沁和硕达尔汗亲王索特那木彭苏克，科尔沁扎萨克多(尔)罗宾图郡王林沁扎勒赞，巴林扎萨克多罗郡王那木济勒旺楚克，喀喇沁扎萨克多罗都楞郡王色伯克多尔济，柰曼扎萨克多罗郡王阿宛都洼第扎布，敖汉多罗郡王幹咱巴拉，浩齐特扎萨克多罗郡王吹经扎布，阿巴噶多罗郡王萨尔济勒多尔济，科尔沁多罗贝勒贡格拉布坦，喀尔喀扎萨克多罗贝勒齐旺多布斋，科尔沁固山贝子阿敏乌尔图，阿巴噶固山贝子德木楚克达什，喀尔喀固山贝子阿第雅，鄂尔多斯扎萨克固山贝子达什多尔济，翁牛特镇国公丰伸保，乌珠穆沁镇国公桑噶扎布，乌喇特扎萨克镇国公噶勒党旺楚克多尔济，苏(巴)[尼]特辅国公巴图鄂齐尔，喀喇沁和硕额驸布达西哩，克什克腾扎萨克头等台吉比玛拉济哩第，乌喇特扎萨克头等台吉瑚毕图，科尔沁头等台吉喇特那噶尔毕，巴林二等台吉扎勒沁扎布，喀喇沁二等他布囊西林达瓦，喀喇沁二等他布囊布彦图，喀喇沁二等他布囊三扎西哩，喀喇沁固山额驸棍布旺沁，右翼喀尔喀车臣汗阿尔塔什达，乌里雅苏台参赞大臣、喀尔喀三音诺彦扎萨克和硕亲王车林多尔济，喀尔喀扎萨克和硕亲王额林沁多尔济，喀尔喀扎萨克和硕亲王车林多尔济，喀尔喀扎萨克多罗郡王托克托呼图噜，青海扎萨克多罗贝勒那木扎勒丹巴，青海扎萨克固山贝子格勒肯那木扎勒，喀尔喀扎萨克辅国公党苏隆多尔济，伊克明安辅国公乌尔图那逊，察哈尔辅国公蕴端，察(喀)[哈]尔辅国公桑鲁布多尔济，喀尔喀扎萨克头等台吉车林多尔济，喀尔喀扎萨克头等台吉巴雅尔，喀尔喀扎萨克头等台吉车琳达什，喀尔喀扎萨克头等台吉达尔玛扎布，喀尔喀头等台吉噜珠巴咱尔，副都统衔科布多帮办大臣、喀尔喀

二等台吉多尔济那木凯，土尔扈特闲散二等协理台吉布彦柯什克，察哈尔四等台吉多尔济锡拉布，察哈尔四等台吉巴图，察哈尔四等台吉桑斋，住京喀尔喀扎萨克和硕亲王车登巴咱尔，科尔沁扎萨克多罗郡王僧格林沁，喀尔喀扎萨克多罗郡王那逊巴图，科尔沁扎萨克固山贝子济克默特，土默特扎萨克固山贝子德勒克色楞，柰曼固伦额驸德木楚克扎布，辅国公二等侍卫回子巴巴克霍卓，喀尔喀公品级头等台吉头等侍卫巴彦桑，喀尔喀二等台吉二等侍卫那逊达赉，并朝鲜国、南掌国使臣，并喀勒丹锡哷图呼图克图喇嘛等宴。

——《清代起居注册(道光朝)》第66册，第38511—38518页。

五月

五月十六日

〇上谕

昨据僧格林沁面奏，已于哲哩木、卓索图、昭乌达等三盟内，自备蒙古精兵三千名，携带器械、衣甲、帐房等件，派员管带，在于各该盟近口地方驻劄，听候调遣。此项官兵将来调遣时，著禧恩妥为豫备，所需铅丸火药，即著于盛京就近给发。将此谕令知之。

——《清宣宗实录》卷三七三，道光二十二年五月甲子。

五月二十二日

〇上谕

谕军机大臣等：

前因逆夷有北赴天津之谣，有旨谕令禧恩、托浑布相度地势，豫筹防范。现当南风司令，难保该逆不乘风北驶，盛京、山东海口，系逆船必由之路，即难保其不分路登岸滋扰。该逆船坚炮利，断不可与之沿海迎战。若徒恃沿海之炮击退夷船，必无把握。该将军等务当恪遵前旨，将前路兵炮移置后层，待其舍舟登陆，先以大小炮相机轰打，分路横击，或从背后抄截，庶可制其死命。著各先事豫筹，毋致临时贻误。

至盛京为根本重地，防范尤应加严。该处炮位本属无多，若仅于海口安设，后路无继，断难得手。著禧恩妥为相度，于各口扼要处所，将炮位那移安置，层层设伏，厚集兵力，俟其离岸较远，聚而歼旃。是为至要。昨有旨，挑备吉林兵一千往锦州驻劄，黑龙江兵一千往盛京驻劄，原以备天津调遣之用。傥盛京兵力尚单，著该将军酌量截留，俾资堵剿。再，前据僧格林沁奏，自备三盟蒙古精兵三千名，于近口地方驻劄候调。万一吉林、黑龙江之

兵全赴天津，而盛京兵力不敷，即于此项兵丁内酌量截留，以为策应。著该将军通盘筹画，速行奏闻。

扬威将军防夷各条及牛鉴片，均著钞给禧恩、托浑布阅看。

将此各谕令知之。

——《清宣宗实录》卷三七三，道光二十二年五月庚午。

五月二十五日

〇上谕

内阁奉谕旨：

每年需用饷银养赡兵丁，原为效力国家，以卫地方百姓。近因英夷在江苏沿海一带猖獗，已由察哈尔调派兵丁二千名前赴天津防堵。该兵丁等均系世受国家重恩、淳良蒙古臣仆，一切自知检束。惟虑前途设有性情愚鲁，因车马食物，妄行勒索驿站，沿途任意骚扰民间等，转觉不成事体。著派僧格林沁、车登巴咱尔，俟此次兵到教场之日，即将此旨传谕尔众官兵等，务各奉法在途行走，速抵天津，跟随钦差大臣妥为堵御，共与国家宣力，以图仰报君上重恩。傥有妄行勒索驿站、任意骚扰地方百姓者，除将犯法之人立即照军法外，（仍外）仍将该管官指名参奏，一并严议，决不宽贷。将此通谕知之。

——《清代起居注册（道光朝）》第67册，第39193—39195页。

六月

六月初六日

〇上谕

谕军机大臣等：

禧恩奏严防后路、扼要拒守，并筹办军火一折。据称，金州、复州二处海口最关紧要，已将原设大小炮位撤归后路适中扼要之所，妥为安置等语。著即照所议妥办。并饬令熊岳水师营二处各备精兵，届期应援。关外尚有黑龙江官兵一千名，如有警报，兵力觉单，著该将军随时酌量，即飞咨哈哴阿，于驻关吉林兵丁内酌拨三五百名，以资协剿，亦无不可。仍当诱令该逆登岸，设法抄袭攻击，方可得手。至蒙古兵丁，除哲哩木一盟接壤奉天外，其卓索图、昭乌达两盟兵丁，询据僧格林沁称，系由边外行走，并不取道古北口、喜峰口等处，著即饬该三盟各兵丁分屯边外游牧。该三盟之兵应调与否，著禧恩酌量情形，随时妥办。

将此谕令知之。

——《清宣宗实录》卷三七四，道光二十二年六月癸未。

七月

七月初九日

〇上谕

道光二十二年七月初九日内阁奉上谕：

左翼监督著僧格林沁去，右翼监督著玉明去。

钦此。

——《嘉庆道光两朝上谕档》第47册，第188页。

八月

八月二十日

〇上谕

前据僧格林沁面奏，于哲哩木、卓索图、昭乌达等三盟内自备精兵三千名，于近口地方驻剳，当经降旨著禧恩妥为豫备。现在此项兵丁无需调遣，著即饬令各回该盟。其管带之将弁，著酌量赏给缎匹。兵丁三千名，著每名赏给银一二两。由该署将军拟定开单，由驿呈览。至该处所贮缎匹是否足敷分赏之用，并著一并查明具奏。将此谕令知之。

——《清宣宗实录》卷三七九，道光二十二年八月丙申。

九月

九月初一日

〇上谕

内阁奉谕旨：

敬徵现在出差，其所管镶红旗满洲都统事务，著僧格林沁署理。

——《清代起居注册（道光朝）》第68册，第39637页。

十月

十月二十九日

〇上谕

道光二十二年十月二十九日奉旨：

僧格林沁等奏，试放新铸子母炮位，不甚坚固。[1] 造办处铸造炮位，自应坚固精纯，方能合用。兹据奏，新造炮位试行点放，即震落子炮底一个，显系偷减工料，致做法不能如式。所有此项炮位，著交造办处领回，另行铸造，即于承办司员名下著赔，不准开销。并著查取职名，交部议处。嗣后铸造炮位，如再不能坚固，除该司员等分别著赔议处外，惟管理造办处之人是问。

钦此。

——《嘉庆道光两朝上谕档》第47册，第381页。

十二月

十二月二十九日

〇起居注

上以除夕，御保和殿，赐朝正外藩筵宴。左翼科尔沁扎萨克和硕图什业图亲王色登端噜布，科尔沁和硕卓哩克图亲王巴图，科尔沁和硕达尔汗亲王索特那木彭苏克，乌珠穆沁扎萨克和硕车臣亲王彭苏克那木济勒，喀拉沁扎萨克多罗都楞郡王色伯克多尔济，奈曼扎萨克多罗郡王阿宛都洼第扎布，苏呢特扎萨克多罗郡王布尔呢西哩，阿巴噶扎萨克多罗郡

---

① 据僧格林沁等本日奏：“本营春季操演枪炮阵时，镶黄旗莲花座母炮震落炮底一位，当即奏请交造办处更换在案。今据造办处文称，本处奏请将母炮四位、子炮十八个全行运交火器营试放，择其堪用者，由该营选留母炮一位、子炮五个，等因前来。奴才等遂于本月二十八日带领本营翼长、章京并护军炮甲等，同造办处司员将运来母炮四位、子炮十八个在外火器营教场试放，查其新铸之炮，与奴才等奏请更换时所拟下镶处加厚之处相符，甚属坚固。惟本营陈子母炮重一百十五斤，吃铅丸五两，今新造之炮重一百八十五斤，吃铅丸四两，较比陈炮重七十斤，膛小一分。奴才等按，本营向来试放新造鸟枪装药二两，抬枪装药六两，先行空放。今将运来之炮四位各装药四两，先行空放，内即震落子炮底一个。奴才等查其震落情形，其炮底似非连身撤造，不甚坚固。且前经奴才哈哴阿试放时，其子炮底亦震落二个，今震落情形与前次相同。遂询据该铁匠禀称，其做法俱系筒底粘造，并非连身撤造。奴才等因见不甚坚固，恐再放有失，其余子炮十四个，是以未敢试放，仍交造办处运回，另行铸造。”详见中国第一历史档案馆藏录副奏折，档案号03-3031-037。

王阿尔他西第，扎赉特扎萨克多罗贝勒额外侍郎拉木棍布扎布，科尔沁多罗贝勒贡格喇布坦，科尔沁多罗贝勒三音呼毕图，喀尔喀扎萨克多罗贝勒巴彦巴图尔，喀尔喀多罗贝勒旺楚克拉布坦，苏呢特多罗贝勒三达瓦拉，乌珠穆沁扎萨克多罗贝勒达克丹，鄂尔多斯扎萨克多罗贝勒棍藏拉布他扎木苏，巴林固山贝子索哩雅，阿巴哈那尔扎萨克固山贝子伊达木扎布，乌喇特镇国公拉特那巴拉，科尔沁辅国公旺沁，喀喇沁辅国公德里克呢玛，乌喇特扎萨克辅国公拉旺哩克锦，归化城土默特辅国公齐噜布，科尔沁和硕额驸多布沁拉布济，喀喇沁和硕额驸布达西哩，喀喇沁扎萨克头等他布囊多罗额驸克星额，阿巴噶扎萨克头等台吉都噶尔布木，鄂尔多斯头等台吉恩克巴雅尔，科尔沁多罗额驸阿玉西哩，苏呢特头等台吉布达忙噶拉，巴林二等台吉扎勒沁扎布，喀喇沁二等他布囊西林达瓦，喀喇沁多罗额驸卓特巴扎布，右翼青海扎萨克多罗贝勒罗布桑金巴，库伦办事大臣、喀尔喀扎萨克固山贝子德勒克多尔济，喀尔喀扎萨克固山贝子彭楚克多尔济，喀尔喀扎萨克固山贝子敏珠尔多尔济，喀尔喀固山贝子巴勒多尔济，喀尔喀扎萨克辅国公扎木巴拉，喀尔喀辅国公桑杜布多尔济，杜尔伯特扎萨克辅国公齐默特巴勒，喀尔喀扎萨克头等台吉格济木巴勒，喀尔喀扎萨克头等台吉阿巴尔米特，喀尔喀扎萨克头等台吉鄂林克多尔济，喀尔喀扎萨克头等台吉巴拉党棍布，喀尔喀扎萨克头等台吉那木济勒多尔济，喀尔喀扎萨克头等台吉垂公楚克达什，察哈尔扎萨克头等台吉恩克伯罗特，青海扎萨克头等台吉索诺木拉布坦，杜尔伯特二等台吉多勒噶尔扎布，杜尔伯特三等台吉贡格呢音布，察哈尔三等台吉喇特那巴雅尔，察哈尔四等台吉那逊绰克土，察哈尔四等台吉贡楚克车登，察哈尔四等台吉图萨图，住京喀尔喀扎萨克和硕亲王车登巴咱尔，科尔沁扎萨克多罗郡王僧格林沁，喀尔喀扎萨克多罗郡王那逊巴图，科尔沁扎萨克固山贝子济克默特，土默特扎萨克固山贝子德勒克色楞，奈曼固伦额驸德木楚克扎布、辅国公二等侍卫回子巴巴克霍卓，喀尔喀公品级头等台吉头等侍卫巴彦桑，喀尔喀二等台吉头等侍卫多尔济坯拉玛，喀尔喀二等台吉二等侍卫那逊达赉等宴，及文武大臣依次就坐，诸乐并作，上进酒，余俱令侍卫等分觞授饮于坐次。众谢恩退，驾还宫。

——《清代起居注册（道光朝）》第69册，第40657—40666页。

道光二十三年

正月

正月十五日

○起居注

辰刻，上御正大光明殿，赐朝正外藩筵宴。左翼科尔沁扎萨克和硕图什业图亲王色登端噜布、和硕卓哩克图亲王巴图、和硕达尔汗亲王索特那木彭苏克，乌珠穆沁扎萨克和硕车臣亲王彭苏克那木济勒，喀拉沁扎萨克多罗都楞郡王色伯克多尔济，奈曼扎萨克多罗郡王阿宛都洼第扎布，苏尼特扎萨克多罗郡王布尔尼西哩，阿巴噶扎萨克多罗郡王阿尔塔西第，扎赉特扎萨克多罗贝勒额外侍郎拉木棍布扎布，科尔沁多罗贝勒贡格喇布坦、多罗贝勒三音呼毕图，喀尔喀扎萨克多罗贝勒巴彦巴图尔，喀尔喀多罗贝勒旺楚克拉布坦，苏尼特多罗贝勒三达瓦拉，乌珠穆沁扎萨克多罗贝勒达瓦丹，鄂尔多斯扎萨克多罗贝勒棍藏拉布他扎木苏，巴林固山贝子索哩雅，阿巴哈纳尔扎萨克固山贝子伊达木扎布，乌喇特镇国公拉特那巴拉，科尔沁辅国公旺沁，喀喇沁辅国公德里克呢玛，乌喇特扎萨克辅国公拉旺哩克锦，归化城土默特辅国公齐噜布，科尔沁和硕额驸布达西哩，喀喇沁扎萨克头等他布囊多罗额驸克星额，阿巴噶扎萨克头等台吉都噶尔布木，鄂尔多斯头等台吉恩克巴雅尔，科尔沁多罗额驸阿玉西哩，苏尼特头等台吉布达忙噶拉，巴林二等台吉扎勒沁扎布，喀喇沁二等他布囊西林达瓦、多罗额驸卓特巴扎布，右翼青海扎萨克多罗贝勒罗布桑金巴，库伦办事大臣、喀尔喀扎萨克固山贝子德勒克多尔济，喀尔喀扎萨克固山贝子彭楚克多尔济、固山贝子敏珠尔多尔济，喀尔喀固山贝子巴勒多尔济，喀尔喀扎(扎)萨克辅国公扎木巴拉，喀尔喀辅国公桑杜布多尔济，杜尔伯特扎萨克辅国公齐默特巴勒，喀尔喀扎萨克头等台吉格济木巴勒、头等台吉阿巴尔米特、头等台吉鄂林克多尔济、头等台吉巴拉党棍布、头等台吉那木济勒多尔济、头等台吉垂公楚克达什、头等台吉恩克伯罗特，青海扎萨克头

等台吉索诺木拉布坦，杜尔伯特二等台吉多勒噶尔扎布、三等台吉贡格呢音布，察哈尔三等台吉喇特那巴雅尔、四等台吉那逊绰克土、四等台吉贡楚克车登、四等台吉图萨图，住京喀尔喀扎萨克和硕亲王车登巴咱尔，科尔沁扎萨克多罗郡王僧格林沁，喀尔喀扎萨克多罗郡王那逊巴图，科尔沁扎萨克固山贝子济克默特，土默特扎萨克固山贝子德勒克色楞，奈曼固伦额驸德木楚克扎布、辅国公二等侍卫回子巴巴克霍卓，喀尔喀公品级头等台吉头等侍卫巴彦桑，喀尔喀二等台吉头等侍卫多尔济坯拉玛、二等台吉二等侍卫那逊达赉，并章嘉呼图克图、噶勒丹锡呼图呼图克图喇嘛等宴，及朝鲜国、琉球国使臣，随大学士、领侍卫内大臣以次就坐，诸乐并作，上进酒，余俱令（外潘使臣）侍卫等分觞授饮。毕，谢恩退。

——《清代起居注册（道光朝）》第70册，第40754—40762页。

四月

四月初六日

〇僧格林沁等奏（节录）

镶白旗满洲都统、科尔沁扎萨克多罗郡王臣僧格林沁等谨奏……窃臣旗据参领德克仅布等呈称，本甲喇佐领嵩玉禀称，本佐领下领催松山呈报，于本年四月初四日黎明时，将本佐领下应放兵丁饷银九十八两四钱一分，共计大小五十六包，贮匣携带进署，经本旗过平后，走至印房门口，因小便将银匣交给本佐领下雇工传事民人赵庄儿暂拿。小便完时回头找寻，忽然不见，想伊必赴甲喇，前行即至甲喇找看，并无赵庄儿在彼，急赴各处找寻，并无踪迹。彼时佐领等设措银两，将本佐领下兵丁等饷银如数放竣，不敢隐瞒，为此呈报。等因。查该佐领下应放兵丁饷银，虽经该佐领嵩玉、领催松山等设措银两如数放竣，惟该雇工传事民人赵庄儿拐骗兵丁饷银，逃走无踪，呈旗办理等因前来。

臣等查雇工传事民人赵庄儿胆敢将兵丁饷银九十八两四钱一分拐骗逃走，甚属不法，相应请旨饬交步军统领衙门、顺天府、五城将赵庄儿一体严拿务获，交部审办外，其领催松山既经本旗将应放兵丁饷银平兑后，即当自己谨慎（特）[持]护，率行暂交雇工传事民人赵庄儿，以至拐骗逃走，甚属疏忽，且系松山一面之词，碍难凭信，此内恐有别项情弊，相应将领催松山送交刑部审讯办理外，将失察之参领德克仅布、副参领刚安、佐领嵩玉等职名咨送兵部，分别议处……

道光二十三年四月初六日

——录副奏折，档案号03-3814-007。

五月

五月二十五日

〇上谕

道光二十三年五月二十五日内阁奉上谕：

僧格林沁等奏，碾造火药失火，烘毙兵丁，请将翼长等交部严加议处。[①] 满洲外火器营配造火药，碾内火发，烧毁药房三间、火药三十余斤，烘(弊)［毙］兵丁八名，烘伤兵丁十名。该翼长等未能小心防范，咎无可辞，翼长乌兰泰、哈芬泰，均著交部严加议处。管理火器营大臣僧格林沁、哈哴阿、中山、巴清德、扎勒罕泰，著一并交部议处。所有烘毙兵丁八名，每名赏给银一百两，以示矜恤。此项银两，即著僧格林沁等及翼长按成罚赔赏给。余依议。钦此。

——《嘉庆道光两朝上谕档》第48册，第273页。

六月

六月初七日

〇上谕

道光二十三年六月初七日奉旨：

---

① 据管理满洲火器营大臣臣僧格林沁等本日奏："窃外火器营前经奏准自行配造军需火药，当经臣等饬令该营翼长乌兰泰、哈芬泰督率兵丁，在本营西门外公馆安设作场，加意配造。兹于本月二十四日据该翼长等禀称，二十三日酉刻，兵丁等正碾药间，碾内忽然火发，致将药房烧毁，当经该翼长等赶紧扑灭，查出烧毙兵丁八名，烧伤兵丁共十名，禀报前来。臣等闻信，不胜惶恐，随即亲往查看，所有烧毁房间、烘毙兵丁情形，与所报无异。即向该翼长并所有药房造药人等逐一查问起火之缘，俱称正在碾药之时，猛见碾槽一红，火光即起，测其起火情由，因是日刮风，未免碾内吹入石沙，以致滚槽相触，碾出火星，此外并无别情等语。查设立造药作场，系本营大臣住班公馆内，西边另有跨所房三间。臣等惟恐有失，先经饬令该翼长等周围高砌隔墙三层，大门至药房门回环五道，各门俱有守门之人，二门以内，点火不入，且前后左右离街俱在百步以外，由去年正月制造火箭起至今毫无疏失。今该翼长等所禀碾内因风吹入石沙，碾出火星，似属无疑。惟制造火药必须加意严防，今因造药，竟致失火，伤毙数人，虽无起火别情，究系该翼长等未能加意防范，咎无可辞，相应请旨，将外火器营翼长乌兰泰、哈芬泰一并交部严加议处。及是日监造之护军校恭讷春临时在场，身亦烧伤，可否恳恩免其置议。至臣等未能先事预防，亦有应得之咎，应请一并交部议处外。所有伤毙之兵八名，系因公殒命，情殊可悯，可否恳恩咨部照例体恤之处，出自皇上天恩。再，所有烧毁药房三间、火药三十余斤，拟该翼长等赶紧赔补。"详见中国第一历史档案馆藏录副奏折，档案号03-2924-041。

外火器营翼长乌兰泰、哈芬泰均著照议革职留任,僧格林沁、哈哏阿、中山、巴清德、扎勒罕泰均著降一级留任,不准抵销。

钦此。

——《嘉庆道光两朝上谕档》第 48 册,第 292 页。

七月

七月十七日

○僧格林沁奏(节录)

……奴才蒙恩派管左翼税务,经奴才奏派内火器营委翼长常顺随同办理。于道光二十二年七月十三日起,至二十三年七月十二日止,计任一年期满,共收过牲畜税银三万六千九百零六两六钱五分,房地税银九百零八两零七分,二共收银三万七千八百十四两七钱二分,除交户部正额银一万零八两,又交房地税银九百零八两零七分,下存羡余银二万六千八百九十八两六钱五分,内动发过牺牲所一年草豆银八百两,河南道刷卷饭银一百三十二两,户部贵州司付咨饭银七十二两,户部广东司更差饭银五十两,又交户部钱粮随项饭银六十五两九钱二分四厘六毫,署中一年心红纸张银一百九十一两五钱,署中书役人等公费饭食银三千七百六十五两二钱四分,张家口、南口书役人等盘费银一百九十四两五钱,照例赏书吏银九百四十两,以上共用羡余银六千二百十一两一钱六分四厘六毫,均系遵照向例发给。

查左翼定额盈余银一万八千两,此次尚多收银二千六百八十七两四钱八分五厘四毫,共收盈余银二万零六百八十七两四钱八分五厘四毫。此项银两应交何处,伏候皇上训示遵行……

道光二十三年七月十七日

——录副奏折,档案号 03-3199-041。

○奏折

查左翼监督应征正项银一万零八两,钦定盈余银一万八千两。上届端华任内,除征收正额及例用外,盈余银二万七百二十四两零,较钦定盈余额数多收银二千七百二十四两零,奉旨交广储司二万四百两,赏给端华三百二十四两零。此次僧格林沁任内,除征收正额及例用外,现存盈余银二万六百八十七两零,较钦定盈余额数多收银二千六百八十七两零,较端华任内少收银三十七两零,应交圆明园若干两、赏给僧格林沁若干两之处,伏候钦定。谨奏。

——《嘉庆道光两朝上谕档》第 48 册,第 340—341 页。

〇上谕

道光二十三年七月十七日奉旨：

左翼税盈余银，著交圆明园二万两，赏给僧格林沁六百八十七两零。

钦此。

——《嘉庆道光两朝上谕档》第48册，第340页。

十月

十月二十六日

〇上谕

内阁奉谕旨：

僧格林沁等奏请将制造火箭火药炮位出力人员量予鼓励一折。所有满洲火器营遵旨制造火箭火药炮位，试看甚属伶便，实为得力，著加恩，该营翼长乌兰泰、委翼长哈芬泰所有以前革职留任处分，均著准其开复。营总博崇武、呢恩珠、玉宝，鸟枪护军参领喜格，委鸟枪护军参领长顺、乌兰都、玉山、舒德孝、顺泰，空花翎德克津布、常保，鸟枪护军校佛英额、怀他布、庆龄、恭讷春、志斌、乌尔棍泰、阿洪阿、吉祥、双福、富全、明禄等，均著以本营应升之缺升用。委鸟枪护军参领长春现已补放都司，著交部议叙。

——《清代起居注册（道光朝）》第72册，第42060—42062页。

十一月

十一月初三日

〇上谕

道光二十三年十一月初三日奉旨：

僧格林沁等奏，遵旨配成火药，请交各旗营分贮。[①] 所有外火器营新制配成火药三万

① 据管理满洲火器营事务大臣臣僧格林沁等本日奏："十月二十七日，臣僧格林沁面奉谕旨，外火器营遵旨新配成火药三万斤，著交各旗营分贮，拟定数目具奏。钦此钦遵，臣等谨将拟定分贮各旗营数目另缮清单，恭呈御览。"详见中国第一历史档案馆藏录副奏折，档案号03-3033-049、03-3033-050。

斤，著交圆明园枪营四千斤，健锐营六千斤，内火器营六千斤，外火器营六千斤，汉军八旗每旗五百斤，前锋营每翼二百斤，八旗护军营每旗四百五十斤。均著该管各旗营大臣饬属妥为存贮，毋致稍受潮湿。傥漫不经心，日后不堪应用，惟该管大臣等是问。

钦此。

——《嘉庆道光两朝上谕档》第48册，第563页。

十二月

十二月二十九日

○起居注

上以除夕，御保和殿，赐朝正外藩筵宴。左翼科尔沁扎萨克和硕图什业图亲王色登端噜布，科尔沁和硕卓哩克图亲王巴图，科尔沁和硕达尔汉亲王索特那木彭苏克，乌珠穆沁扎萨克和硕车臣亲王彭苏克那木济勒，科尔沁扎萨克多罗扎萨克图郡王索特那木伦布木，科尔沁多罗郡王济克默特郎布，巴林扎萨克多罗郡王那木济勒旺楚克，喀喇沁扎萨克多罗都楞郡王色伯克多尔济，柰曼扎萨克多罗郡王阿宛都瓦第扎布，敖汉扎萨克多罗郡王达尔玛济尔第，翁牛特扎萨克多罗郡王喇特那济哩第，敖汉多罗郡王布彦德勒格勒固鲁克齐，苏呢特扎萨克多罗郡王齐旺扎布，阿巴噶多罗郡王萨尔济勒多尔济，四子部落扎萨克多罗郡王伊什齐党，土默特扎萨克多罗贝勒那逊鄂勒哲依，扎噜特扎萨克多罗贝勒萨达尔，阿巴哈那尔扎萨克多罗贝勒彭楚克桑布，茂明安多罗贝勒格楚克，敖汉固山贝子诺尔布桑，鄂尔多斯扎萨克固山贝子察克都尔色楞，郭尔罗斯扎萨克镇国公扬赞巴拉，扎噜特镇国公们都巴雅尔，翁牛特镇国公那宛敦噜布，科尔沁辅国公阿克敦，喀喇沁辅国公班咱西哩，苏呢特辅国公布彦特古斯，乌珠穆沁辅国公车林多尔济，喀喇沁和硕额驸布达西哩，科尔沁头等台吉喇特那噶尔比，巴林二等台吉扎勒沁扎布，喀喇沁二等他布囊布彦图，喀喇沁二等他布囊三扎西哩，喀喇沁固山额驸布彦德勒格尔，右翼喀尔喀车臣汗阿尔塔什达，乌里雅苏台参赞大臣、喀尔喀三音诺彦扎萨克和硕亲王车林多尔济，喀尔喀扎萨克和硕亲王鄂林沁多尔济，喀尔喀扎萨克多罗郡王托克托琥图噜，喀尔喀扎萨克多罗郡王那苏隆巴咱尔，青海扎萨克多罗郡王达什旺扎勒，喀尔喀扎萨克多罗贝勒贡楚克扎布，阿兰善镇国公德勒格尔布彦，喀尔喀扎萨克辅国公达什多尔济，喀尔喀扎萨克辅国公珠尔米特旺济勒，青海扎萨克辅国公达玛林扎布，喀尔喀公品级扎萨克头等台吉达木第扎布，喀尔喀公品级头等台吉乌尔锦扎布，喀尔喀扎萨克头等台吉郎准多布丹多尔济，喀尔喀扎萨克头等台吉敏珠尔多尔济，喀尔喀扎萨克头等台吉喇特那西齐，喀尔喀扎萨克头等台吉都拉木扎布，

喀尔喀头等台吉蟒珠巴咱尔，青海扎萨克头等台吉端多布那木济勒，青海扎萨克头等台吉棍布多尔济，土尔扈特扎萨克头等台吉图布新克什克，察哈尔二等台吉玛什巴图，察哈尔三等台吉孟克济尔噶勒，察哈尔四等台吉布尔呢巴达哩，察哈尔四等台吉彭楚克，察哈尔四等台吉达郎泰，住京喀尔喀扎萨克和硕亲王车登巴咱尔，科尔沁扎萨克多罗郡王僧格林沁，喀尔喀扎萨克多罗郡王那逊巴图，科尔沁扎萨克固山贝子济克默特，土默特扎萨克固山贝子德勒克色楞，柰曼固伦额驸德木楚克扎布，喀尔喀公品级头等台吉头等侍卫巴彦桑，喀尔喀二等台吉头等侍卫多尔济帕拉木，喀尔喀二等台吉二等侍卫那逊达赉宴，及文武大臣依次就坐，诸乐并作，上进酒，余俱令侍卫等分觞授饮于坐次。众谢恩退，驾还宫。

——《清代起居注册（道光朝）》第 72 册，第 42478—42487 页。

道光二十四年

正月

正月十五日

〇起居注

辰刻，上御正大光明殿，赐朝正外藩筵宴。左翼科尔沁扎萨克和硕图什业图亲王色登端噜布，和硕卓哩克图亲王巴图，和硕达尔汉亲王索特那木彭苏克，乌珠穆沁扎萨克和硕车臣亲王彭苏克那木济勒，科尔沁扎萨克多罗扎萨克图郡王索特那木伦布木、多罗郡王济克默特郎布，巴林扎萨克多罗郡王那木济勒旺楚克，喀喇沁扎萨克多罗都楞郡王色伯克多尔济，鼐曼扎萨克多罗郡王阿宛都瓦第扎布，敖汉扎萨克多罗郡王达尔玛济尔第，翁牛特扎萨克多罗郡王喇特那济哩第，敖汉多罗郡王布彦德勒格勒固鲁克齐，苏呢特扎萨克多罗郡王齐旺扎布，阿巴噶多罗郡王萨尔济勒多尔济，四子部落扎萨克多罗郡王伊什齐党，土默特扎萨克多罗贝勒那逊鄂勒哲依，扎噜特扎萨克多罗贝勒萨达尔，阿巴哈那尔扎萨克多罗贝勒彭楚克桑布，茂明安多罗贝勒格楚克，敖汉固山贝子诺尔布桑，鄂尔多斯扎萨克固山贝子察克都尔色楞，郭尔罗斯扎萨克镇国公扬赞巴拉，扎噜特镇国公们都巴雅尔，翁牛特镇国公那宛敦噜布，科尔沁辅国公阿克敦，喀喇沁辅国公班咱西哩，苏呢特辅国公布彦特古斯，乌珠穆沁辅国公车凌多尔济，喀喇沁和硕额驸布达西哩，科尔沁头等台吉喇特那噶尔比，巴林二等台吉扎勒沁扎布，喀喇沁二等他布囊布彦图、二等他布囊三扎西哩、固山额驸布彦德勒格尔，右翼喀尔喀车臣(汉)[汗]阿尔塔什达，乌里雅苏台参赞大臣、喀尔喀三音诺彦扎萨克和硕亲王车林多尔济，喀尔喀扎萨克和硕亲王鄂林沁多尔济、扎萨克多罗郡王托克托琥图噜、扎萨克多罗郡王那苏隆巴咱尔，青海扎萨克多罗郡王达什旺扎勒，喀尔喀扎萨克多罗贝勒贡楚克扎布，阿尔善镇国公德勒格尔布彦，喀尔喀扎萨克辅国公达什多尔济、扎萨克辅国公珠尔米特旺济勒，青海扎萨克辅国公达玛林扎布，喀尔喀公品级扎

萨克头等台吉达木第扎布，喀尔喀公品级头等台吉乌尔锦扎布、扎萨克头等台吉郎准多布丹多尔济、扎萨克头等台吉敏珠尔多尔济、扎萨克头等台吉喇特那西齐、扎萨克头等台吉都拉木扎木、头等台吉蟒珠巴咱尔，青海扎萨克头等台吉端多布那木济勒、扎萨克头等台吉棍布多尔济，土尔扈特扎萨克头等台吉图布新克什克，察哈尔二等台吉玛什巴图、三等台吉孟克济尔噶勒、四等台吉布尔呢巴达哩、四等台吉彭楚克、四等台吉达郎泰，住京喀尔喀扎萨克和硕亲王车登巴咱尔，科尔沁扎萨克多罗郡王僧格林沁，喀尔喀扎萨克多罗郡王那逊巴图，科尔沁扎萨克固山贝子济克默特，土默特扎萨克固山贝子德勒克色楞，鼐曼固伦额驸德木楚克札木，喀尔喀公品级头等台吉头等侍卫巴彦桑、二等台吉头等侍卫多尔济帕拉木、二等台吉二等侍卫那逊达赉宴，及文武大臣依次就坐，诸乐并作，上进酒，余俱令侍卫等分觞授饮于坐次。众谢恩退，驾还宫。

——《清代起居注册(道光朝)》第 73 册，第 42582—42590 页。

四月

四月二十六日

〇上谕

道光二十四年四月二十六日奉旨：

僧格林沁著加恩改为降三级留任，不准抵销。

钦此。[①]

——《嘉庆道光两朝上谕档》第 49 册，第 148 页。

---

① 道光二十四年四月初五日，道光帝由天坛回时，僧格林沁之马躲避不及，将请轿校尉碰倒，僧格林沁具折自请交部议处。四月初五日奉旨：昨日僧格林沁之马将校尉一名碰倒，僧格林沁著交部议处。四月二十六日，兵部尚书裕诚等奏："查文职例载，律例俱无正条、又无可比照之案，将案情详细察核，酌议处分，请旨等语。此次僧格林沁随侍圣驾，于所骑之马未能善为控驭，致将请轿校尉碰倒，甚属非是，奏奉谕旨交部议处。臣等公同酌议，应请将御前大臣、领侍卫内大臣、镶白旗满洲都统、科尔沁扎萨克多罗郡王僧格林沁，于职任内议以革职留任。"详见中国第一历史档案馆藏录副奏折，档案号 03-2927-091。

五月

五月二十日

〇潘世恩等题（节录）

太子太保、大学士管理户部事务臣潘世恩等谨题……先据左翼监督道庆将前任监督僧格林沁任内，自道光贰拾贰年柒月拾叁日起，至贰拾叁年柒月拾贰日止，壹年收支税银数目造册送部，随将册造办过猪羊牛只、骡头马匹各项数目是否相符之处，行查各该处去后，今准上驷院、太常寺、礼部等处先后查覆，数目均属相符，咨覆到部。该臣等查得，左翼额税银壹万两，今据左翼监督道庆咨报，前任监督僧格林沁任内，自道光贰拾贰年柒月拾叁日起，至贰拾叁年柒月拾贰日止，壹年期满，征收过正额银壹万零捌两，查与额征银数有盈无绌。又，征收过房地税银玖百捌两柒分。二共银壹万玖百壹拾陆两柒分。内除支给采买猪羊牛价银陆千壹百贰拾柒两壹钱，采买马价银陆拾肆两，采买骡头价银叁百叁拾两，业经上驷院、太常寺、礼部等处先行查覆，数目、价值均属相符，应准开销，实在解部正额并房地税银肆千叁百玖拾肆两玖钱柒分，已据该监督批差解部，经臣部移付银库查收，应毋庸议……

道光二十四年伍月贰拾日

——户科题本，档案号 02-01-04-21269-013。

六月

六月初九日

〇上谕

道光二十四年六月初九日内阁奉上谕：

左翼监督著僧格林沁去，右翼监督著载增去。

钦此。

——《嘉庆道光两朝上谕档》第 49 册，第 206 页。

七月

七月初五日

〇上谕

道光二十四年七月初五日奉旨：

僧格林沁、哈哴阿、巴清德、扎勒罕泰均著加恩改为降二级留任，不准抵销。

钦此。[①]

——《嘉庆道光两朝上谕档》第49册，第237页。

八月

八月初一日

〇僧格林沁等奏（节录）

管理满洲火器营事务大臣臣僧格林沁等谨奏……本年七月二十八日奉上谕：御史常喜等奏西、北两城地面有外火器营新开米局，请旨饬查一折，又御史奕涞奏请慎重兵糈、严防滋弊一折，均著交管理火器营大臣等明白回奏。钦此钦遵。臣等窃维养兵之道，贵在足食，我国家豢养兵丁，深仁厚泽，无微不至，要在实惠及兵，方足以昭国恩而资兵养。查臣营兵丁所领米石，向分四季，在于清河本裕、安河丰益二仓支领，每季共领米一万六千余石，除任便兵丁多少不拘卸食外，其余之米，均由臣营催觅车头转卖，按照市价分放兵丁钱文。此向来办理者也。数年以前，兵丁等指米与车头借钱，均系三分四厘行利，在于米季坐扣，因利息过重，兵丁多有因此被累者。经臣等禁止，将所借之钱停利归本，俱已还清。该车头等彼时辞退，复经另行找觅，至今四年之久，该车头张杰等又复贪心无厌，亦欲放钱取利，因未准行，以致五月季开仓之前，遽欲增长脚钱，裁减米价，若从其所改，则每兵每季

① 道光二十四年六月十八日内阁奉上谕：昨日满洲火器营带领引见之应放鸟枪护军校人员内，其拟陪蓝翎长启昌箭射无准，启昌著交该营责惩，所有该管王大臣等，著交部议处。兵部随即行文该营，查取该管王大臣职名，六月二十二日据该营咨送到部。七月初五日兵部尚书裕诚等奏："查定例，绿营保题人员弓马生疏、奉旨降调者，将原保错误之提督、总兵降一级调用等语。此案火器营蓝翎长启昌，于引见时箭射无准，该管王大臣钦奉谕旨，著交部议处，应请将管理火器营事务大臣、镶白旗满洲都统、科尔沁扎萨克多罗郡王僧格林沁，镶红旗汉军都统、侯哈哴阿，正白旗护军统领、镶蓝旗满洲副都统巴清德，正黄旗护军统领、镶红旗满洲副都统扎勒罕泰，照例于职任内各议以降一级调用。系属公罪，例准抵销，可否准其抵销之处，恭候钦定。"详见中国第一历史档案馆藏录副奏折，档案号03-2928-044。

较前少得钱两吊有余，势在断难迁就，即于附近各处另雇车辆。不料俱被串通，不敢应许，以致由西山雇觅骡脚，于限内将应领之米全数领出，其食余米石择地暂为存贮，遣人赴市粜卖。乃该车头等又复暗地串唆，致使所存之米延至七月并未卖出，而八月开仓又复临迩，经该翼长等各处招商雇车，然非其党类者均不敢应许，是其党类者仍蹈前辙，臣营兵丁等逐日操练，又难令其纷纷赴市自行售卖，是以不能不因事变通。臣等公同商酌，惟有开设米局，雇觅贾人代兵卖米，以为一劳永逸之计，故在臣营南门外开设广裕米局，大有庄开设广益米局，并在法华寺暂设堆房存米，当即备文声明缘由，咨报步军统领衙门，并西、北二城察院衙门在案。此即因该车头等齐行霸市，以致臣营开设米局之实在情形也。

再，开设米局，无非雇人替兵卖米，以每季余米暂堆局内，陆续粜卖，归总算账，合计共卖钱若干，除局中工食使用外，其余之钱按石合算，分放兵丁。如此转移间，庶较从前假手车头铺户层层剥利，总可使兵多得钱文，所为与兵得益起见。且从前每季余米万石之多，均经该车头之手，任便堆积转卖，臣等更不知消售何处，时恐有回漕之弊，臣营无从觉查。今臣营既立米局，除由局中碾卖细米外，如卖粗米即赴米市，俱有官行执照，纵有奸商，断难从中影射牵混，即在官人役，亦可易于稽查，再不致有囤积居奇、回漕等弊。是臣营开设米局，既可杜回漕之弊，又可免车头把持，殊与兵丁得益。即附近民人现在纷纷买米，似又与民食有裨。臣等愚昧之见，似属有益无碍。然事在初立，臣等尤不敢以为尽善，如嗣后稍有不善之处，仍当另为筹画……

道光二十四年八月初一日

——录副奏折，档案号03-3035-025。

〇上谕

道光二十四年八月初一日内阁奉上谕：

据僧格林沁等奏，遵旨查明，外火器营新开米局，系陆续粜卖钱文，分放兵丁，不至有囤积、回漕等弊。所有该营广裕、广益米局，著准其开设，仍著该管营大臣等随时稽查。傥办理不善，致有奸商影射朦混等弊，惟该管营大臣等是问。抑或行之日久，有未能尽善之处，亦著另为妥筹具奏。至西、北两城及查营御史，仍当认真查察，如有囤积、回漕诸弊，立即据实具奏，将该铺户人等严拿惩办，务期于兵糈、民食两有裨益，毋得视为具文。

钦此。

——《嘉庆道光两朝上谕档》第49册，第267页。

九月

九月二十四日

〇上谕

内阁奉谕旨：

敬敏奏患病一时不能痊愈请旨开缺一折。肃亲王敬敏著毋庸开缺，赏假一个月调理，其所管正蓝旗满洲都统事务，著僧格林沁署理。

——《清代起居注册(道光朝)》第75册，第43836—43837页。

十一月

十一月初四日

〇上谕

道光二十四年十一月初四日奉旨：

僧格林沁等奏，已故云南安宁州知州隆庆应赔盐课银两，可否在伊子国兴阿等俸银内扣半归款之处，著该部议奏。[1]

钦此。

——《嘉庆道光两朝上谕档》第49册，第416页。

---

① 已故前任云南安宁州知州隆庆任内，查有嘉庆二十三、二十四、二十五等年应赔安宁等井盐课银二万一千二十四两七钱六分九厘，应于该故员家属名下如数完缴。随据该故员之子、太常寺读祝官国兴阿呈称：职父应赔安宁等井盐课银二万一千余两，现系赤贫如洗，亦无财产，惟有请将职所食俸银一半扣缴归款，一半支食当差。按定例，现任文武官员应缴因公核减分赔等项银两，无力完缴，由各旗籍任所查明实无家产，取具印结，请于廉俸内递年扣抵者，每年止扣一半，其一半留与当差，如有自请全扣者听。银数在一万两以下者，取结咨部请扣；一万两以上者，该督抚、都统专折奏明扣缴。前任云南安宁州知州隆庆之子、太常寺读祝官国兴阿，应赔伊父安宁等井盐课银两系在一万两以上，所有声请将俸银扣缴一半归款之处，应咨该旗，照例自行具奏。户部遂咨行镶白旗为理。道光二十四年十一月初四日，僧格林沁等奏："臣等查该故员隆庆，前在云南安宁州任内未完盐课银两，原应在伊家属名下赶紧设措如数交纳，前据该故员隆庆之子、太常寺读祝官国兴阿呈称，实因赤贫如洗，亦无财产，请将国兴阿所食俸银一半扣缴归款、一半支食当差等因，当派该参佐领详查无异，加具印结，咨部在案。今据国兴阿等呈称，前于户部催追代赔故父隆庆未完安宁等井盐课银两，实因赤贫如洗，无力完缴，(仪)[谨]请将国兴阿所食读祝官俸银一半扣缴归款，一半支食当差，加结咨行户部，今于本年十月内，因故父隆庆之次子吉郎阿补授赞礼郎，三子图桑阿补授读祝官，是以呈请将职等所食俸银内，各按一半扣缴归款，一半支食当差等因，呈递前来。惟因代赔银数在一万两以上，应否在于该故员隆庆之子国兴阿、吉郎阿、图桑阿等名下俸银内各按一半扣留归款、一半支食当差之处，臣等照例由旗专折奏明请旨，饬部核覆施行。"详见中国第一历史档案馆藏录副奏折，档案号03-3323-036。

十二月

十二月三十日

○起居注

上以除夕，御保和殿，赐朝正外藩筵宴。左翼科尔沁扎萨克和硕图什业图亲王色登端噜布、和硕卓哩克图亲王巴图、和硕达尔汉亲王索特那木彭苏克，乌珠穆沁扎萨克和硕车臣亲王彭苏克那木济勒，科尔沁扎萨［克］多罗扎萨克图郡王索特那木伦布木、扎萨［克］多罗宾图郡王林沁扎勒赞、多罗郡王济克默特郎布，巴林扎萨克多罗郡王那木济勒旺楚克，喀喇沁扎萨克多罗都楞郡王色伯克多尔济，敖汉多罗郡王布彦德勒格呼固鲁克齐，浩齐特扎萨克多罗郡王垂经扎布，阿巴噶多罗郡王萨尔济勒多尔济，科尔沁多罗贝勒贡格拉布坦、固山贝子阿密乌尔图，杜尔伯特扎萨克固山贝子鄂绰尔呼雅克图，阿巴哈纳尔扎萨克固山贝子桑斋萨拉特多布，阿巴噶固山贝子德木楚克达什，喀尔喀固山贝子阿第雅，科尔沁扎萨克镇国公乌尔济济勒噶勒，乌珠穆沁镇国公桑噶扎布，乌拉特镇国公喇特那巴拉，科尔沁辅国公帕勒巴、和硕额驸多布沁喇布济，喀喇沁扎萨克头等他布囊德勒格尔，克什克腾扎萨克头等台吉毕玛拉济哩第，乌拉特扎萨克头等台吉瑚毕图，科尔沁多罗额驸乌济布彦，巴林头等台吉扎勒沁扎布，敖汉头等台吉多罗额驸达旺多克丹，科尔沁固山额驸棍布色楞，苏呢特头等台吉布达蟒噶拉，喀喇沁固山额驸棍布旺沁，右翼喀尔喀图什业图汗车林多尔济，喀尔喀扎萨克和硕亲王车林多尔济，阿拉善扎萨克和硕亲王公桑珠尔默特，喀尔喀扎萨克固山贝子德勒克多尔济、镇国公巴尔达尔多尔济，喀尔喀辅国公喇布丹多尔济，喀尔喀扎萨克辅国公班当扎布古鲁色特，喀尔喀辅国公章达勒密济特，喀尔喀公品级车凌桑噜布，喀尔喀扎萨克头等台吉都噶尔车木布、勒喇布丹多尔济、济克默特多尔济、额林齐木坯勒，青海扎萨克头等台吉端多布，和硕特扎萨克头等台吉额林沁多尔济，阿拉善头等台吉布呢西哩，土尔扈特二等协理台吉约木云，察哈尔三等台吉索诺木达尔济，四等台吉鄂齐尔巴图、恩克、喇什栋噜布、巴勒桑，住京喀尔喀扎萨克和硕亲王车登巴咱尔，科尔沁扎萨克多罗郡王僧格林沁，喀尔喀扎萨克多罗郡王那逊巴图，科尔沁扎萨克固山贝子济克默特，土默特扎萨克固［山贝］子德勒克色楞，柰曼固伦额驸德木楚克扎布，喀尔喀公品级头等台吉头等侍卫巴彦桑、二等台吉头等侍卫多尔济帕拉木、二等侍卫那逊达赉等宴，及文武大臣依次就坐，诸乐并作，上进酒，余俱令侍卫等分觞授饮于坐次。众谢恩退，驾还宫。

——《清代起居注册（道光朝）》第76册，第44568—44575页。

道光二十五年

正月

正月十五日

〇起居注

辰刻，上御正大光明殿，赐朝正外藩筵宴。左翼科尔沁扎萨克和硕图什业图亲王色登端噜布、和硕卓哩克图亲王巴图、和硕达尔汗亲王索特那木彭苏克，乌珠穆沁扎萨克和硕车臣亲王彭苏克那木济勒，科尔沁扎萨[克]多罗扎萨克图郡王索特那木伦布木、扎萨[克]多罗宾图郡王林沁扎勒赞、多罗郡王济克默特郎布，巴林扎萨克多罗郡王那木济勒旺楚克，喀喇沁扎萨克多罗都楞郡王色伯克多尔济，敖汉多罗郡王布彦德勒格呼固鲁克齐，浩齐特扎萨克多罗郡王垂经扎布，阿巴噶多罗郡王萨尔济勒多尔济，科尔沁多罗贝勒贡格拉布(担)[坦]、固山贝子阿密乌尔图，杜尔伯特扎萨克固山贝子鄂绰尔呼雅克图，阿巴哈纳尔扎萨克固山贝子桑斋萨拉特多布，阿巴噶固山贝子德木楚克达什，喀尔喀固山贝子阿第雅，科尔沁扎萨克镇国公乌尔济济勒噶勒，乌珠穆沁镇国公桑噶扎布，乌拉特镇国公喇特那巴拉，科尔沁辅国公帕勒巴、和硕额驸多布沁喇布济，喀喇沁扎萨克头等他布囊德勒格尔，克什克腾扎萨克头等台吉毕玛拉济哩第，乌拉特扎萨克头等台吉湖毕图，科尔沁多罗额驸乌济布彦，巴林头等台吉扎勒沁扎布，敖汉头等台吉多罗额驸达旺多克丹，科尔沁固山额驸棍布色楞，苏呢特头等台吉布达蟒噶拉，喀喇沁固山额驸棍布旺沁，右翼喀尔喀图什业图汗车林多尔济，喀尔喀扎萨克和硕亲王车林多尔济，阿拉善扎萨克和硕亲王公桑珠尔默特，喀尔喀扎萨克固山贝子德勒克多尔济、镇国公巴尔达尔多尔济，喀尔喀辅国公喇布丹多尔济，喀尔喀扎萨克辅国公班当扎布古鲁色特，喀尔喀辅国公章达勒密济特，喀尔喀公品级车凌桑噜布，喀尔喀扎萨克头等台吉都噶尔车木布、勒喇布丹多尔济、济克默特多尔济、额林齐木坯勒，青海扎萨克头等台吉端多布，和硕特扎萨克头等台吉额林沁多尔

济，阿拉善头等台吉布呢西哩，土尔扈特二等协理台吉约木云，察哈尔三等台吉索诺木达尔济、四等台吉鄂齐尔巴图、恩克、喇什栋噜布、巴勒桑，住京喀尔喀扎萨克和硕亲王车登巴咱尔，科尔沁扎萨克多罗郡王僧格林沁，喀尔喀扎萨克多罗郡王那逊巴图，科尔沁扎萨克固山贝子济克默特，土默特扎萨克固山贝子德勒克色楞，奈曼固伦额驸德木楚克扎布，喀尔喀公品级头等台吉头等侍卫巴彦桑、二等台吉头等侍卫多尔济帕拉木、二等侍卫那逊达赉等宴，及文武大臣依次就坐，诸乐并作，上进酒，余俱令侍卫等分觞授饮于坐次。众谢恩退，驾还宫。

——《清代起居注册(道光朝)》第77册，第44670—44677页。

正月二十日

〇上谕

内阁奉谕旨：

满洲火器营兵丁，原为演习技艺而设，各项武艺俱应教练熟习。乃昨日山高水长阅看马枪马箭，皆甚生疏。该管营大臣僧格林沁、哈朗阿、忠山、巴清德、扎勒罕泰，均著交部议处。所有马枪马箭生疏之兵丁，著交该王大臣等严行责惩。

——《清代起居注册(道光朝)》第77册，第44695—44696页。

正月二十八日

〇上谕

道光二十五年正月二十八日奉旨：

僧格林沁、哈哴阿、中山、巴清德、扎勒罕泰均著降二级留任，不准抵销。余依议。

钦此。

——《嘉庆道光两朝上谕档》第50册，第33页。

二月

二月二十二日

〇上谕

镶黄旗领侍卫内大臣员缺，著僧格林沁调补。所遗正白旗领侍卫内大臣员缺，著车登

巴咱尔补授。

——《清代起居注册(道光朝)》第 77 册,第 44906 页。

六月

六月十八日

〇奏折

查左翼监督应征正项银一万零八两,钦定盈余银一万八千两。上届道庆任内,除征收正额及例用外,盈余银二万六百九十八两零,较钦定盈余额数多收银二千六百九十八两零,奉旨交广储司二万三百两,赏给道庆三百九十八两零。此次僧格林沁任内,除征收正额及例用外,现存盈余银二万七百十七两零,较钦定盈余额数多收银二千七百十七两零,较道庆任内多收银十九两零。应交广储司若干两、赏给僧格林沁若干两之处,伏候钦定。谨奏。

——《嘉庆道光两朝上谕档》第 50 册,第 305 页。

〇上谕

道光二十五年六月十八日奉旨:

左翼税盈余银著交广储司二万三百两,赏给僧格林沁四百十七两零。

钦此。

——《嘉庆道光两朝上谕档》第 50 册,第 305 页。

九月

九月二十六日

〇上谕

军机大臣字寄吉林将军经。道光二十五年九月二十六日奉上谕:

前因火器营需用自来弩枪鞘,谕令经额布采买五百杆解京备用,业经如数解到。兹据僧格林沁等奏,解到枪鞘内有杨木八十五杆,性较柔软,日久难期稳固,著该将军补办桦楝二木枪鞘一百杆,于明年冬间贡差之便,解交该营应用。将此谕令知之。

钦此。遵旨寄信前来。

——《嘉庆道光两朝上谕档》第50册，第429页。

十二月

十二月二十九日

〇起居注

上以除夕，御保和殿，赐朝正外藩筵宴。左翼科尔沁扎萨克和硕图什业图亲王色登端鲁布、和硕卓哩克图亲王巴图、和硕达尔汉亲王索特那木彭苏克，乌珠穆沁扎萨克和硕车臣亲王彭苏[克]那木济勒，科尔沁扎萨克多罗扎萨克图郡王索特那木伦布木，喀拉沁扎萨克多罗都楞郡王色伯克多尔济，敖汉多罗郡王布彦德勒格呼固鲁克齐，阿巴噶扎萨克多罗郡王阿尔他西第，阿巴噶多罗郡王萨尔济勒多尔济，扎赉特扎萨克多罗贝勒额外侍郎拉木棍布扎布，科尔沁多罗贝勒三音瑚毕图，翁牛特扎萨克多罗贝勒宝拜，喀尔喀扎萨克多罗贝勒巴彦巴图尔、多罗贝勒旺楚克拉布坦，乌珠穆沁扎萨克多罗贝勒达克丹，苏呢特多罗贝勒萨达瓦拉，巴林固山贝子索哩雅，鄂尔(斯)[多]斯扎萨克固山贝子巴达尔唬，喀尔喀镇国公棍桑，科尔沁辅国公旺沁，喀喇沁辅国公德里克呢玛，归化城土默特辅国公齐噜布，喀喇沁和硕额驸布达西哩、扎萨克头等塔布囊多罗额驸克星额，阿巴噶扎萨克头等台吉都噶尔布木，鄂尔多斯扎萨克头等台吉恩克巴雅尔，科尔沁多罗额驸阿玉西哩，科尔沁头等台吉喇特那噶尔毕，巴林头等台吉扎勒沁扎布，喀喇沁多罗额驸卓特巴扎布、二等塔布囊布彦图、三等塔布囊多尔济拉布坦，右翼喀尔喀车臣(汉)[汗]阿尔他什达，乌里雅苏台参赞大臣、喀尔喀三音诺彦扎萨克和硕亲王车凌多尔济，喀(拉)[尔]喀扎萨克和硕亲王鄂林沁多尔济、多罗郡王托克托琥图噜、多罗郡王图克济扎布、多罗贝勒棍楚克扎布、多罗贝勒金坯勒多尔济、固山贝子察克都尔济勒，青海扎萨克固山贝子伊达木林沁，喀尔喀扎萨克镇国公噶勒桑栋多布、辅国公索诺木车凌、辅国公车栋多布多尔济、辅国公党苏隆多尔济、辅国公巴图图鲁、辅国公哈思车凌、辅国公德勒克达什，青海扎萨克辅国公察哈巴克，伊克明安辅国公乌尔图那逊，察哈尔辅国公云端、辅国公桑噜布多尔济，喀尔喀扎萨克头等台吉巴雅什达、头等台吉棍布扎布、头等台吉齐旺扎布、头等台吉蟒珠尔多尔济，土尔扈特闲散头等协理台吉索诺木多布济，御前侍卫、副都统衔科布多办事大臣、喀(拉)[尔]喀二等台吉多尔济那木恺，察(喀)[哈]尔四等台吉巴图、四等台吉多尔济西喇布、四等台吉桑斋，住京喀尔喀扎萨克和硕亲王车登巴咱尔，科尔沁扎萨克多罗郡王僧格林沁，喀尔喀扎萨克多罗郡王那逊巴图，科尔沁扎萨克固山贝子济克默特，土默特扎萨克固山贝子德勒克色

楞，奈曼固伦额驸德木楚克扎布，喀尔喀公之衔头等台吉头等侍卫巴彦桑、二等台吉头等侍卫多尔济帕拉玛，乾清门二等侍卫、喀尔喀二等台吉那逊达赉，并朝鲜国正使判中枢府事李宪球一人，越南国陪臣张好合等宴，及文武大臣依次就坐，诸乐并作，上进酒，余俱令侍卫等分觞授饮[于]坐次。众谢恩退，驾还宫。

——《清代起居注册(道光朝)》第80册，第47028—47037页。

道光二十六年

正月

正月十六日

〇起居注

辰刻，上御正大光明殿，赐朝正外藩筵宴。左翼科尔沁扎萨克和硕图什业图亲王色登端鲁布、和硕卓哩克图亲王巴图、和硕达尔汉亲王索特那木彭苏克，乌珠穆沁扎萨克和硕车臣亲王彭苏[克]那木济勒，(克)[科]尔沁扎萨克多罗扎萨克图郡王索特那木伦布木，喀拉沁扎萨克多罗都楞郡王色伯克多尔济，敖汉多罗郡王布彦德勒格㖊固鲁克齐，阿巴噶扎萨克多罗郡王阿尔他西第，(呵)[阿]巴噶多罗郡王萨尔济勒多尔济，扎赉特扎萨克多罗贝勒额外侍郎拉木棍布扎布，科尔沁多罗贝勒三音瑚毕图，翁牛特扎萨克多罗贝勒宝拜，喀尔喀扎萨克多罗贝勒巴彦巴图尔，多罗贝勒旺楚克拉布坦，乌珠穆沁扎萨克多罗贝勒达克丹，苏呢特多罗贝勒萨达瓦拉，巴林固山贝子索哩雅，鄂尔多斯扎萨克固山贝子巴达尔虎，喀尔喀镇国公棍桑，科尔沁辅国公旺沁，喀喇沁辅国公德里克呢玛，归化城土默特辅国公齐噜布，喀喇沁和硕额驸布达西哩、扎萨克头等塔布囊多罗额驸克星额，阿巴噶扎萨克头等台吉都噶尔布木，鄂尔多斯扎萨克头等台吉恩克巴雅尔，科尔沁多罗额驸阿玉西哩，科尔沁头等台吉喇特那噶尔毕，巴林头等台吉扎勒沁扎布，喀喇沁多罗额驸卓特巴扎布、二等他布囊布彦图、三等他布囊多尔济拉布坦，右翼喀尔喀车臣(汉)[汗]阿尔他什达，乌里雅苏台参赞大臣、喀尔喀三音诺彦扎萨克和硕亲王车凌多尔济，喀(拉)[尔]喀扎萨克和硕亲王鄂林沁多尔济、多罗郡王托克托琥(国)[图]噜、多罗郡王图克济扎布、多罗贝勒棍楚克扎布、多罗贝勒金坯勒多尔济、固山贝子察克都尔济勒，青海扎萨克固山贝子伊达木林沁，喀尔喀扎萨克镇国公噶勒桑栋多布、辅国公索诺木车凌、辅国公车栋多布多尔济、辅国公党苏隆多尔济、辅国公巴图图鲁、辅国公哈思车凌、辅国公德勒克达什，青海扎萨克辅

国公察哈巴克，伊克明安辅国公乌尔图那逊，察哈尔辅国公云端、辅国公桑噜布多尔济，喀尔喀扎萨克头等台吉巴雅什达、头等台吉棍布扎布、头等台吉齐旺扎布、头等台吉蟒珠尔多尔济，土尔扈特闲散头等协理台吉索诺木多布济，御前侍卫、副都统衔科布多办事大臣、喀(拉)[尔]喀二等台吉多尔济那木恺，察哈尔四等台吉巴图、四等台吉多尔济西喇布、四等台吉桑斋，住京喀尔喀扎萨克和硕亲王车登巴咱尔，科尔沁扎萨克多罗郡王僧格林沁，喀尔喀扎萨克多罗郡王那逊巴图，科尔沁扎萨克固山贝子济克默特，土默特扎萨克固山贝子德勒克色楞，奈曼固伦额驸德木楚克扎布，喀尔喀公品级头等台吉头等侍卫巴彦桑、二等台吉头等侍卫多尔济帕拉玛，乾清门二等侍卫、喀尔喀二等台吉那逊达(赍)[赉]，并朝鲜国正使判中枢府事李宪球一人，越南国陪臣张好合等宴，及文武大臣依次就坐，诸乐并作，上进酒，余俱令侍卫等分觞授饮于坐次。众谢恩退。

——《清代起居注册(道光朝)》第 81 册，第 47151—47159 页。

正月十七日

○载垣等奏

臣载垣等跪奏，昨遵旨传集蒙古汗、王、贝勒、贝子、公、胡图克图等，询以哲布尊丹巴胡图克图是否改称喇嘛，抑系仍称胡图克图。据内外扎萨克该汗王等众口同词，均称情愿仍称胡图克图，并令该汗王等各自亲笔书押存案。谨奏。

道光二十六年正月十七日

臣载垣

臣僧格林沁

臣穆彰阿

臣潘世恩

臣赛尚阿

臣祁寯藻

臣何汝霖

——《嘉庆道光两朝上谕档》第 51 册，第 19 页。

二月

二月十八日

〇潘世恩等题（节录）

太子太保、大学士管理户部事务臣潘世恩等谨题……先据左翼监督玻多欢将前任监督僧格林沁任内，自道光贰拾肆年陆月拾叁日起，至贰拾伍年陆月拾贰日止，一年收支税银数目，造册送部。随将册造办过猪羊牛只、骡头马匹各项数目是否相符之处，行查各该处去后，今准上驷院、太常寺、礼部等处先后查覆，数目均属相符，咨覆到部。该臣等查得，左翼额税银壹万两，今据左翼监督玻多欢咨报，前任监督僧格林沁任内，自道光贰拾肆年陆月拾叁日起，至贰拾伍年陆月拾贰日止，一年期满，征收正额银壹万零捌两，查与额征银数有盈无绌。又，征收过房地税银壹千壹百拾捌两贰钱叁分玖厘伍毫。二共银壹万壹千壹百贰拾陆两贰钱叁分玖厘伍毫。内除支给采买猪羊牛价银捌千贰百陆拾壹两伍钱叁分伍厘，采买骡头、马匹价银叁百玖拾肆两，业经上驷院、太常寺、礼部等处先后查覆，数目价值均属相符，应准开销，实在解部正额并房地税银贰千肆百柒拾两柒钱肆厘伍毫，已据该监督批差解部，经臣部移付银库查收，应毋庸议……

道光贰拾陆年贰月拾捌日

——户科题本，档案号02-01-04-21353-003。

闰五月

闰五月十七日

〇上谕

睿亲王仁寿、郑亲王端华，著管理镶黄旗领侍卫内大臣事务。怡亲王载垣、定郡王载铨，著管理正黄旗领侍卫内大臣事务。僧格林沁、车登巴咱尔，著管理正白旗领侍卫内大臣事务。

——《清代起居注册（道光朝）》第82册，第47802页。

十二月

十二月二十九日

○起居注

上以除夕，御保和殿，赐朝正外藩筵宴。左翼科尔沁扎萨克和硕图什业图亲王色登端鲁布、和硕卓哩克图亲王巴图、和硕达尔汉亲王索特那木彭苏克，乌珠穆沁扎萨克和硕车臣亲王彭苏克那木济勒，科尔沁扎萨克多罗扎萨克图郡王索特那木伦布木、多罗郡王济克默特郎布，巴林扎萨克多罗郡王那木济勒旺楚克，喀拉沁扎萨克多罗都楞郡王色伯克多尔济，翁牛特扎萨克多罗郡王拉特那济哩第，敖汉多罗郡王布彦德勒格呼固鲁克齐，苏尼特扎萨克多罗郡王齐旺扎布，阿巴噶扎萨克多罗郡王阿尔他西第，科尔沁多罗贝勒公格拉布坦，土默特扎萨克多罗贝勒那逊鄂勒哲依，扎噜特扎萨克多罗贝勒萨达尔，茂明安多罗贝勒格楚克，鄂尔多斯扎萨克固山贝子察克都尔色楞，郭尔罗斯扎萨克镇国公扬赞巴拉，扎噜特镇国公们都巴雅尔，翁牛特镇国公那旺敦罗布，科尔沁辅国公阿克敦，喀拉沁辅国公班咱西哩，苏尼特辅国公布彦特固斯，乌珠穆沁辅国公车凌多尔济，科尔沁和硕额驸多布沁拉布济，敖汉头等台吉多罗额驸达旺多克丹，巴林头等台吉扎勒沁扎布，苏尼特头等台吉布达蟒噶拉，喀拉沁固山额驸布彦德勒格尔，右翼阿拉善和硕亲王公桑珠尔默特，杜尔伯特扎萨克和硕亲王棍布扎布，喀尔喀扎萨克多罗郡王拉苏隆巴咱尔，杜尔伯特扎萨克多罗贝勒巴咱尔咱那，库伦办事大臣、喀尔喀扎萨克固山贝子德勒克多尔济，阿拉善镇国公普尔普，喀尔喀辅国公扎崇，青海扎萨克辅国公多尔济沙木，喀尔喀公品级扎萨克头等台吉齐默特多尔济、玛哈苏噶，喀尔喀扎萨克头等台吉格济巴勒、乌都木济、噶木丕勒多尔济、罗布桑车林，青海扎萨克头等台吉喇木棍测尔佳勒、达什图托布，察哈尔扎萨克头等台吉恩克伯罗特、三等台吉拉特那巴咱尔、四等台吉棍楚克车登、那逊绰克(国)[图]、图萨图，住京喀尔喀和硕亲王车登巴咱尔，科尔沁扎萨克多罗郡王僧格林沁，喀尔喀扎萨克多罗郡王那逊巴图，科尔沁扎萨克固山贝子济克默特，土默特扎萨克固山贝子德勒克色楞，奈曼固伦额驸德木楚克扎布，喀尔喀公品级头等台吉头等侍卫巴彦桑、二等台吉头等侍卫多尔济帕拉木，乾清门头等侍卫、科尔沁二等台吉棍楚克林沁，二等侍卫、喀尔喀二等台吉那逊达赉等宴，及文武大臣依次就坐，诸乐并作，上进酒，余俱令侍卫等分觞授饮于坐次。众谢恩退，驾还宫。

——《清代起居注册(道光朝)》第 84 册，第 49292—49300 页。

道光二十七年

正月

正月十五日

○起居注

辰刻，上御正大光明殿，赐朝正外藩筵宴。左翼科尔沁札萨克和硕图什业图亲王色登端鲁布、和硕卓哩克图亲王巴图、和硕达尔汉亲王索特那木彭苏克，乌珠穆沁扎萨克和硕车臣亲王彭苏克那木济勒，科尔沁扎萨克多罗扎萨克图郡王索特那木伦布木、多罗郡王济克默特郎布，巴林札萨克多罗郡王那木济勒旺楚克，喀拉沁札萨克多罗都楞郡王色伯克多尔济，翁牛特札萨克多罗郡王拉特那济哩第，敖汉多罗郡王布彦德勒格呼固鲁克齐，苏尼特札萨克多罗郡王齐旺札布，阿巴噶札萨克多罗郡王阿尔他西第，科尔沁多罗贝勒公格拉布坦，土默特札萨克多罗贝勒那逊鄂勒哲依，札噜特札萨克多罗贝勒萨达尔，茂明安多罗贝勒格楚克，鄂尔多斯札萨克固山贝子察克都尔色楞，郭尔罗斯札萨克镇国公扬赞巴拉，札噜特镇国公们都巴雅尔，翁牛特镇国公那旺敦罗布，科尔沁辅国公阿克敦，喀拉沁辅国公班咱西哩，苏尼特辅国公布彦特固斯，乌珠穆沁辅国公车凌多尔济，科尔沁和硕额驸多布沁拉布济，敖汉头等台吉多罗额驸达旺多克丹，巴林头等台吉札勒沁札布，苏尼特头等台吉布达蟒噶拉，喀拉沁固山额驸布彦德勒格尔，右翼阿拉善和硕亲王公桑珠尔默特，都尔伯特札萨克和硕亲王棍布札布，喀尔喀札萨克多罗郡王拉苏隆巴咱尔，都尔伯特札萨克多罗贝勒巴咱尔咱那，库伦办事大臣、喀尔喀札萨克固山贝子德勒克多尔济，阿拉善镇国公普尔普，喀尔喀辅国公札崇，青海札萨克辅国公多尔济沙木，喀尔喀公品级札萨克头等台吉齐默特多尔济、头等台吉玛哈苏噶，喀尔喀札萨克头等台吉格济巴勒、头等台吉乌都木济、头等台吉噶木丕勒多尔济、头等台吉罗布桑车林，青海扎萨克头等台吉喇木棍测尔佳勒、达什团托布，察哈尔扎萨克头等台吉恩克伯罗特、三等台吉拉特那巴咱尔、四等台吉

棍楚克车登、四等台吉那逊绰克(国)[图]、四等台吉图萨图,住京喀尔喀和硕亲王车登巴咱尔,科尔沁扎萨克多罗郡王僧格林沁,喀尔喀扎萨克固山贝子济克默特,土默特扎萨克固山贝子德勒克色楞,奈曼固伦额驸德木楚克扎布,喀尔喀公品级头等台吉头等侍卫巴彦桑、二等台吉头等侍卫多尔济帕拉木,乾清门头等侍卫、科尔沁二等台吉棍楚克林沁,二等侍卫、喀尔喀二等台吉那逊达赉宴,及文武大臣依次就坐,诸乐并作,上进酒,余俱令侍卫等分觞授饮于坐次。众谢恩退。

——《清代起居注册(道光朝)》第 85 册,第 49395—49402 页。

五月

五月十一日

○上谕

道光二十七年五月十一日内阁奉上谕:

左翼监督著僧格林沁去,右翼监督著扎勒罕泰去。

钦此。

——《嘉庆道光两朝上谕档》第 52 册,第 173 页。

十二月

十二月三十日

○起居注

上御保和殿,赐朝正外藩等宴。左翼科尔沁扎萨克和硕图什业图亲王色登端噜布、和硕卓哩克图亲王巴图、和硕达[尔]汉亲王索特那木彭苏克,乌珠穆沁扎萨克和硕车臣亲王彭苏克那木济勒,科尔沁扎萨克多罗扎萨克图郡王索特那木伦布木、扎萨克多罗宾图郡王林沁扎勒赞、多罗郡王济克默特郎布,巴林扎萨克多罗郡王那木济勒旺楚克,喀拉沁扎萨克多罗都楞郡王色伯克多尔济,敖汉多罗郡王布彦德勒格呼固鲁克齐,阿巴噶扎萨克多罗郡王阿尔他什第、多罗郡王萨尔济勒多尔济,蒿齐特扎萨克多罗郡王垂经扎布,科尔沁多罗贝勒公格喇布坦,土默特扎萨克多罗贝勒那逊鄂勒哲依,科尔沁固山贝子阿密乌尔图,阿巴哈那尔扎萨克固山贝子桑斋萨喇特多布,阿巴噶固山贝子德木楚克达什,喀尔喀固山贝子阿第雅,鄂尔多斯扎萨克固山贝子达什多尔济,科尔沁扎萨克镇国公乌勒济济勒噶

勒,乌珠穆沁镇国公桑噶扎布,乌喇特扎萨克镇国公噶勒当旺楚克多尔济,郭尔罗斯扎萨克辅国公阿勒他鄂齐尔,科尔沁辅国公帕拉巴,归化城土默特辅国公格木坯勒多尔济,喀喇沁和硕额驸布达西哩、扎萨克头等他布囊德勒格尔,克什克腾扎萨克头等台吉毕玛拉济哩第,科尔沁多罗额驸乌济布彦、头等台吉喇特那噶尔毕、头等台吉达特巴扎木苏,巴林头等台吉扎勒沁扎布,科尔沁固山额驸棍布色楞、二等他布囊布彦图、二等他布囊三扎西哩、固山额驸棍布旺(心)[沁]、三等他布囊多尔济喇布坦,右翼喀尔喀扎萨克和硕亲王鄂林沁多尔济、扎萨克和硕亲王车林多尔济、扎萨克多罗郡王托克托呼图鲁、扎萨克多罗郡王图克济扎布、多罗贝勒幹当当準车楞,青海扎萨克辅国公达玛林扎布,喀尔喀扎萨克头等台吉诺尔布扎勒、扎萨克头等台吉巴雅尔、扎萨克头等台吉车林达什、扎萨克头等台吉伊特星诺尔布、扎萨克头等台[吉]达什端多布、扎萨克头等台吉扬德勒格尔、扎萨克头等台吉车林端多布,青海扎萨克头等台吉布彦达赉、扎萨克头等台吉端多布旺扎勒,土尔扈特扎萨克头等台吉喇特那巴咱尔,喀尔喀头等台吉蟒珠巴咱尔,察哈尔二等台吉玛什巴图、三等台吉孟克济喇噶勒、四等台吉达兰泰、四等台吉彭楚克、四等台吉布尔呢巴达哩,住京喀尔喀扎萨克和硕亲王车登巴咱尔,科尔沁扎萨克多罗郡王僧格林沁,喀尔喀扎萨克多罗郡王那逊巴图,奈曼固伦额驸德木楚克扎布,土默特扎萨克固山贝子德勒克色楞,喀喇沁多罗贝勒德木齐扎布,喀尔喀公品级头等台吉头等侍卫巴彦桑、二等台吉头等侍卫多尔济帕拉木、二等台吉二等侍卫那逊达赉宴,及文武大臣依次就坐,诸乐并作,上进酒,余俱令侍卫等分觞授饮于坐次。众谢恩退,驾还宫。

——《清代起居注册(道光朝)》第88册,第51742—51751页。

道光二十八年

正月

正月十五日

〇起居注

上御正大光明殿，赐朝正外藩筵宴。左翼科尔沁扎萨克和硕图什业图亲王色登端鲁布、和硕卓哩克图亲王巴图，和硕达尔汉亲王索特那木彭苏克，乌珠穆沁扎萨克和硕车臣亲王彭苏克那木济勒，科尔沁扎萨克多罗扎萨克图郡王索特那木伦布木、多罗郡王济克默特郎布，巴林扎萨克多罗郡王那木济勒旺楚克，喀拉沁扎萨克多罗都楞郡王色伯克多尔济，翁牛特扎萨克多罗郡王拉特那济哩第，敖汉多罗郡王布彦德勒格呼固鲁克齐，苏呢特扎萨克多罗郡王齐旺扎布，阿巴噶扎萨克多罗郡王阿尔他西第，科尔沁多罗贝勒公格拉布坦，土默特扎萨克多罗贝勒那逊鄂勒哲依，扎噜特扎萨克多罗贝勒萨达尔，茂明安多罗贝勒格楚克，鄂尔多斯扎萨克固山贝子察克都尔色楞，郭尔罗斯扎萨克镇国公杨赞巴拉，扎噜特镇国公们都巴雅尔，翁牛特镇国公那旺敦罗布，科尔沁辅国公阿克敦，喀拉沁辅国公班咱西哩，苏呢特辅国公布彦特固斯，乌珠穆沁辅国公车凌多尔济，科尔沁和硕额驸多布沁拉布济，敖汉头等台吉多罗额驸达旺多克丹，巴林头等台吉扎勒沁扎布，苏呢特头等台吉布达蟒噶拉，喀拉沁固山额驸布彦德勒格尔，右翼阿拉善和硕亲王公桑珠尔默特，都尔伯特扎萨克和硕亲王棍布扎布，喀尔喀扎萨克多罗郡王拉苏隆巴咱尔，都尔伯特扎萨克多罗贝勒巴咱尔咱那，库伦办事大臣、喀尔喀扎萨克固山贝子德勒克多尔济，阿拉善镇国公普尔普，喀尔喀辅国公扎崇，青海扎萨克辅国公多尔济沙木，喀尔喀公品级扎萨克头等台吉齐默特多尔济，喀尔喀公品级扎萨克头等台吉玛哈苏噶，喀尔喀扎萨克头等台吉格济巴勒，喀尔喀扎萨克头等台吉乌都木济，喀尔喀扎萨克头等台吉罗布桑车林，青海扎萨克头等台吉喇木棍测尔佳勒，青海扎萨克头等台吉达什团托布，察哈尔扎萨克头等台吉恩克伯

罗特，察哈尔三等台吉拉特那巴咱尔，察哈尔四等台吉棍楚克车登，察哈尔四等台吉那逊绰克图，察哈尔四等台吉图萨图，住京喀尔喀和硕亲王车登巴咱尔，科尔沁扎萨克多罗郡王僧格林沁，喀尔喀扎萨克多罗郡王那逊巴图，科尔沁扎萨克固山贝子济克默特，土默特扎萨克固山贝子德勒克色楞，鼐曼固伦额驸德木楚克扎布，喀尔喀公品级头等台吉头等侍卫巴彦桑，喀尔喀二等台吉头等侍卫多尔济帕拉木，乾清门头等侍卫、科尔沁二等台吉棍楚克林沁，二等侍卫、喀尔喀二等台吉那逊达赉，及文武大臣依次就坐，诸乐并作，上进酒，余俱令侍卫等分觞授饮于坐次。众谢恩退，驾还宫。

——《清代起居注册(道光朝)》第89册，第51845—51853页。

四月

四月初三日

○上谕

内阁奉谕旨：

僧格林沁现在告假，其所管正白旗领侍卫内大臣事务，著奕格署理；镶白旗满洲都统事务，著郑亲王端华署理；满洲火器营印钥，著睿亲王仁寿佩带。

——《清代起居注册(道光朝)》第90册，第52408—52409页。

五月

五月初八日

○上谕

道光二十八年五月初八日内阁奉上谕：

左翼监督仍著僧格林沁去，右翼监督仍著麟魁去。

钦此。

——《嘉庆道光两朝上谕档》第53册，第151页。

五月二十八日

○奏折

查左翼监督应征正项银一万零八两，钦定盈余银一万八千两。上届连贵任内，除征收

正额及例用外，盈余银二万七百二十三两零，较钦定盈余额数多收银二千七百二十三两零，奉旨交圆明园二万四百两，赏给连贵三百二十三两零。此次僧格林沁任内，统计一年，除征收正额及例用外，现存盈余银二万七百二十四两零，较钦定盈余额数多收银二千七百二十四两零，较上年连贵任内多收银一两零。应交圆明园若干两、赏给僧格林沁若干两之处，伏候钦定。谨奏。

——《嘉庆道光两朝上谕档》第 53 册，第 184 页。

〇上谕

道光二十八年五月二十八日奉旨：

左翼税盈余银，著交圆明园二万四百两，赏给僧格林沁三百二十四两零。

钦此。

——《嘉庆道光两朝上谕档》第 53 册，第 184 页。

十一月

十一月十三日

〇上谕

肃亲王敬敏现在年迈，满洲都统事务殷繁，其精神恐有未周，著调补镶蓝旗蒙古都统。所遗正蓝旗满洲都统员缺，著僧格林沁调补，其所遗镶白旗满洲都统员缺，著耆英补授。镶黄旗蒙古都统事务，仍著耆英署理。

——《清代起居注册（道光朝）》第 92 册，第 53912—53913 页。

十一月十四日

〇上谕

内阁奉谕旨：

耆英现在出差，所管镶白旗满洲都统，著僧格林沁署理；所署镶黄旗蒙古都统，著特登额署理。

——《清代起居注册（道光朝）》第 92 册，第 53917 页。

十一月十九日

○上谕

内阁奉谕旨：

僧格林沁所进之马，朕乘骑甚好，著赏给墨云聪名号，并加恩赏给僧格林沁宝石念珠一盘、翡翠搬指一个、荷包八色、元狐蟒袍一件、乌云豹皮褂一件。

——《清代起居注册(道光朝)》第92册，第53962页。

十二月

十二月二十九日

○起居注

上以除夕，御保和殿，赐朝正外藩筵宴。左翼科尔沁扎萨克和硕图什业图亲王色登端噜布、和硕卓哩克图亲王巴图、扎萨克和硕达尔汉亲王索特那木彭苏克、扎萨克多罗宾图郡王林沁扎勒赞、多罗郡王济克默特朗布，巴林扎萨克多罗郡王那木济勒旺楚克，喀喇沁扎萨克多罗都楞郡王色伯克多尔济，敖汉多罗郡王布彦德勒格呼固克齐，苏尼特扎萨克多罗郡王布尔尼西哩，阿巴噶扎萨克多罗郡王阿尔他什第，科尔沁多罗贝勒贡格喇布(垣)[坦]，扎赉特扎萨克多罗贝勒额外侍郎拉木棍布扎布，翁牛特扎萨克多罗贝勒宝拜，喀尔喀扎萨克多罗贝勒巴彦巴图尔、多(尔)[罗]贝勒旺楚克喇布坦，乌珠穆沁扎萨克多罗贝勒达克丹，苏尼特多罗贝勒三达瓦喇，都尔伯特扎萨克固山贝勒贡噶绰克坦，巴林固山贝子索哩雅，敖汉固山贝子达克沁，鄂尔多斯扎萨克固山贝子巴达尔琥、扎萨克固山贝子敬米特多布扎勒，喀尔喀镇国公贡桑，乌喇特镇国公喇特那巴拉，喀喇沁辅国公德里克尼玛，乌喇特扎萨克辅国公拉旺哩克锦，科尔沁和硕额驸多布沁喇布齐，喀喇沁扎萨克头等他布囊布哩那巴拉，阿巴噶扎萨克头等台吉都噶尔布木，鄂尔多斯扎萨克头等台吉恩克巴雅尔，科尔沁多罗额驸阿玉西哩，喀喇沁多罗额驸卓特巴扎布，苏尼特头等台吉布达啸噶拉、头等台吉托第布木，右翼喀尔喀图什业图(汉)[汗]车林多尔济、扎萨克和硕亲王车林多尔济，阿拉善扎萨克和硕亲王贡桑珠尔默特，杜尔伯特扎萨克多罗贝勒雅哩木坯勒多尔济，喀尔喀扎萨克固山贝子德济特多尔济、扎萨克固山贝子敏珠尔多尔济，青海扎萨克固山贝子索诺木坯勒济，杜尔伯特扎萨克固山贝子乌尔图那逊，喀尔喀扎萨克镇国公车登扎布、扎萨克辅国公多尔济扎布、扎萨克辅国公济克济特多尔济、辅国公桑都克多尔济、扎萨克头等台吉阿巴尔米特、扎萨克头等台吉额凌多尔济、扎萨克头等台吉巴勒党棍木布、扎萨

克头等台吉那木济勒多尔济、扎萨克头等台吉垂贡楚克达什、扎萨克头等台吉恩克德勒格楞贵，青海扎萨克头等台吉栋藏噶尔布、扎萨克头等台吉齐伯克多尔济，吐尔扈特头等台吉齐默特多尔济，察哈尔三等台吉索诺木达尔济、四等台吉恩克、四等台吉喇什栋噜布、四等台吉乌察尔巴图、四等台吉巴勒桑，住京喀尔喀扎萨克和硕亲王车登巴咱尔，科尔沁扎萨克多罗郡王僧格林沁，鄂曼扎萨克多罗郡王固伦额驸德木楚克扎布，喀喇沁多罗贝勒德木齐扎布，土默特扎萨克固山贝子德勒克色楞，喀尔喀公品级头等台吉头等侍卫巴彦桑、二等台吉头等侍卫多尔济帕拉木、二等台吉二等侍卫那逊达赉宴，及文武大臣依次就坐，诸乐并作，上进酒，余令侍卫等分觞授饮于坐次。众谢恩退，驾还宫。

——《清代起居注册(道光朝)》第 92 册，第 54366—54375 页。

道光二十九年

闰四月

闰四月十四日

〇僧格林沁奏（节录）

……窃奴才蒙恩仍著管理左翼税务，当即仍派火器营委翼长明泰随同办理，于道光二十八年五月十三日起，至二十九年闰四月十二日止，计任一年期满，共收过牲畜税银三万六千九百零七两六钱五分，房地税银六百五十两零一钱九分，二共收银三万七千五百五十七两八钱四分。除交户部正额银一万零八两，又交房地税银六百五十两零一钱九分，下存羡余银二万六千八百九十九两六钱五分。内动发过牺牲所一年草豆银八百两，河南道刷卷饭银一百三十二两，户部贵州司付咨饭银七十二两，户部广东司更差饭银五十两，又交户部钱粮随项饭银三十二两六钱三分七厘五毫，署中一年心红纸张银一百九十一两五钱，署中书役人等公费饭食银三千七百六十五两二钱四分，张家口、南口书役人等盘费银一百九十四两五钱，照例赏书吏银九百四十两，以上共用羡余银六千一百七十七两八钱七分七厘五毫，均系遵照向例发给。

查左翼定额盈余银一万八千两，此次尚多收银二千七百二十一两七钱七分二厘五毫，共收盈余银二万零七百二十一两七钱七分二厘五毫。此项银两应交何处，伏候皇上训示遵行……

道光二十九年闰四月十四日

——录副奏折，档案号03-3200-026。

〇奏折（节录）

查左翼监督应征正项银一万零八两，钦定盈余银一万八千两。上届僧格林沁任内，除

征收正额及例用外，盈余银二万七百二十四两零，较钦定盈余额数多收银二千七百二十四两零，奉旨交圆明园二万四百两，赏给僧格林沁三百二十四两零。此次僧格林沁接管任内，统计一年，除征收正额及例用外，现存盈余银二万七百二十一两零，较钦定盈余额数多收银二千七百二十一两零，较僧格林沁上届任内少收银三两零。应交圆明园若干两、赏给僧格林沁若干两之处，伏候钦定……

［道光二十九年闰四月十四日］

——录副奏折，档案号03-3200-027。

〇上谕

道光二十九年闰四月十四日奉旨：

左翼税盈余银，著交圆明园一万九千两，赏给僧格林沁一千七百二十一两零。

钦此。

——《嘉庆道光两朝上谕档》第54册，第137页。

十一月

十一月十三日

〇上谕

道光二十九年十一月十三日内阁奉上谕：

本日子刻，福园门内六阿哥所不戒于火，经王大臣等督率官员弁兵赶紧扑救，旋即止熄，均属勤奋可嘉，自应普沛恩施，以示奖励。惠亲王绵愉、惇郡王奕誴、瑞郡王奕誌、定郡王载铨、成郡王载锐，御前大臣载垣、端华、僧格林沁，军机大臣赛尚阿、何汝霖、陈孚恩，总管内务府大臣柏葰、阿灵阿、广林，御前侍卫德勒格尔、景寿，乾清门侍卫富明、德兴阿、蕴秀、罕彰阿，圆明园进班大臣图伽布，署右翼总兵联顺，均著加恩赏加一级。副将杨廷彪，圆明园郎中双明，员外郎安祺，营总百禄，委护军参领郭什泰、穆克登泰，步军统领衙门笔帖式庆春、带官三十一员，步营八旗翼尉德祥、章京四员，并著加恩各赏加一级。达他园户并圆明园兵丁二十五名，步军统领衙门兵丁三百二十名，步营兵丁四十九名，均著每人赏银一两，由广储司发给。该部知道。

钦此。

——《嘉庆道光两朝上谕档》第54册，第510—511页。

十二月

十二月十二日

〇载垣等奏

怡亲王臣载垣等跪奏，为吁恳节哀事。

本月十一日，大行皇太后升遐，臣等趋赴阙廷，叩请圣安时，仰见皇上悲哀异常，臣等不敢面陈一语。退思我皇上负荷宗庙社稷之重，春秋渐高，圣体正资调摄，若不稍节哀思，何以仰慰在天之灵？臣等惟有吁恳皇上顺变节哀，勉强抑制，所有一切丧仪，应行举办各事，应请旨派交臣等详查旧制，悉心斟酌，次第奏请举行。

溯查乾隆四十二年大事，高宗纯皇帝曾勉从王大臣所请，每日奠醊后，仍居养心殿。今臣等不揣冒昧，谨援成宪，吁恳遵依，不胜瞻恋之至。理合缮折具奏，伏乞皇上圣鉴俯允。谨奏。

道光二十九年十二月十二日

臣载垣

臣端华

臣载铨

臣载锐

臣僧格林沁

臣穆彰阿

臣赛尚阿

臣何汝霖

臣陈孚恩

臣季芝昌

臣文庆

臣柏葰

臣明训

臣阿灵阿

臣广林

——《嘉庆道光两朝上谕档》第54册，第584—585页。

道光三十年

正月

正月十四日

〇实录

卯刻，上疾大渐。召宗人府宗令载铨，御前大臣载垣、端华、僧格林沁，军机大臣穆彰阿、赛尚阿、何汝霖、陈孚恩、季芝昌，总管内务府大臣文庆，公启镉匣，宣示御书，皇四子奕詝立为皇太子。

——《清宣宗实录》卷四七六，道光三十年正月丁未。

〇实录

宣宗成皇帝宾天。时宣宗居圆明园慎德堂，孝和睿皇后苫次。卯刻，召宗人府宗令载铨，御前大臣载垣、端华、僧格林沁，军机大臣穆彰阿、赛尚阿、何汝霖、陈孚恩、季芝昌，内务府大臣文庆，宣示朱谕，立皇四子奕詝为皇太子。午刻，宣宗疾大渐。上哭诣慎德堂，少顷，宣宗升遐。上稽颡哀恸呼号，擗踊无算。扈从近臣等遵奉朱笔遗旨，请上即正尊位。上恭视小殓毕，奉大行皇帝灵驾进城。戌刻，奉安乾清宫西次间。上翦发成服。亲王以下、有顶带官员以上，宗室、觉罗及三旗内务府官员，俱成服，齐集举哀。亥刻，上敬视大殓毕，奉安梓宫于乾清宫正中，行殓奠礼。

——《清文宗实录》卷一，道光三十年正月丁未。

二月

二月初六日

〇实录

怡亲王载垣等奏，召对时与陈孚恩语言辩论，举措失仪，自请严议。得旨：尔等虽失小节，究属忠悃之诚；而陈孚恩虽为广言起见，于大体殊属乖谬。仁寿、载铨、载垣、端华、僧格林沁、陈孚恩，均著一并交各该衙门议处。寻议上，得旨：仁寿等著罚俸六个月，准其抵销；陈孚恩著降三级留任，准其抵销。

——《清文宗实录》卷三，道光三十年二月己巳。

二月十五日

〇上谕

吉伦泰、柏葰现在出差。吉伦泰所管镶白旗汉军都统事务，著赛尚阿署理。柏葰所管蒙古都统事务，著阿勒清阿署理；所署镶黄旗蒙古都统事务，著僧格林沁署理。

——《清代起居注册（道光朝）》第 97 册，第 56905—56906 页。

四月

四月十一日

〇上谕

道光三十年四月十一日内阁奉上谕：

左翼监督著僧格林沁去，右翼监督著福济去。

钦此。

——《嘉庆道光两朝上谕档》第 55 册，第 159 页。

六月

六月二十九日

〇上谕

据恭理丧仪王大臣等奏，宣宗成皇帝梓宫奉移慕陵暂安，开列王大臣名单，请派轮流守卫一折。皇考梓宫暂安慕陵飨殿，自应敬谨值宿。所有恭理丧仪王大臣，著派仁寿、特登额、裕诚；宫门值宿王、贝子、公，著派庆惠、载鈖、有凤；散秩大臣，著派景崇、承志、继善、盛福、巴雅尔绰克托、克兴额；查值班兵丁大臣，著派希兴阿、庆兴、兴贵。并著御前大臣载垣、端华、僧格林沁，御前侍卫景寿、特兴额、西凌阿，乾清门侍卫恩醇、肃顺、安兴阿、国瑞、蕴秀、惠略，与单开派出各项人员，均著分为三班，轮流在陵守护。著一个月一换。余依议。

——《清代起居注册（道光朝）》第98册，第57749—57751页。

九月

九月初六日

〇上谕

道光三十年九月初六日奉旨：

僧格林沁、阿灵阿奏，请将聚众殴差之匪徒查办等语。[1] 密云县所属穆家峪地方税局，有贩羊回民，胆敢聚集多人，持械逞凶，闯关劫犯，不法已极，著顺天府府尹迅速查拿，按名弋获，交刑部从严审办。

---

① 道光三十年九月初六日，僧格林沁、阿灵阿奏："窃奴才等奉旨派管左右两翼税务。查两翼专收牛马猪羊各牲畜税课内，又以猪羊为大宗。前因口外牲畜孳生日繁，有无籍匪徒，于应进张家口纳税之猪羊马驼绕道偷漏，曾于道光二十二年经户部议准，在密云县所属穆家峪地方特立税局，专司稽查，凡牛马驼只等畜，在该税局纳税起票，其羊只一项，亦在该处查明数目，给票赴土城关纳税，以防偷漏等弊，奏明遵办在案。乃近来奸商肆行绕越偷漏，两翼各口税课日见亏短，奴才僧格林沁当派左翼海巡六品官王智果前往穆家峪查察，于八月十八日，竟有羊贩等十余人，在该县所属之朝都庄回民穆十羊店内，聚集百有余人，头缠蓝白布，手持木棍枪刀，竟至税局，将门窗拆毁，牌匾打碎，并将该员用枪戮伤，赶护羊十八群闯关而过，所有是日该局拿获未解之偷漏牛税人潘帼玉一并劫去。该海巡立即禀报密云县，验明伤痕，旋即回京面禀前情。奴才等复派差役前往查看属实。查该犯等似此纠伙持械逞凶，闯关漏税，不法已极，若仅照寻常偷漏以罚示惩，由本翼自行办理，实不足以昭炯戒。相应请旨，饬交刑部审明，按律治罪，俾各奸商咸知畏惧，不敢肆行无忌，于税课方保无亏。除将该犯穆十等花名住址由奴才等咨行顺天府，以备按照查拿外，理合恭折奏闻请旨。"详见中国第一历史档案馆藏录副奏折，档案号03-4075-035。

钦此。

——《嘉庆道光两朝上谕档》第 55 册,第 409 页。

九月十八日

〇上谕

道光三十年九月十八日内阁奉上谕:

恭理丧仪,著添派御前大臣载垣、端华、僧格林沁敬谨将事。

钦此。

——《嘉庆道光两朝上谕档》第 55 册,第 423 页。

九月二十四日

〇上谕

道光三十年九月二十四日内阁奉上谕:

朕恭送皇考梓宫奉移慕陵飨殿,礼成。所有恭理丧仪之睿亲王仁寿、定郡王载铨,尚书柏葰、裕诚、特登额,侍郎阿灵阿、翁心存,均能恪恭将事,著各赏加二级。御前大臣载垣、端华、僧格林沁,甫经添派,著各赏加一级。礼部堂官惠丰、何汝霖、联顺、瑞麟、曾国藩,工部堂官穆彰阿、特登额、灵桂、彭蕴章,并前任礼部尚书孙瑞珍、工部尚书杜受田,及承办丧仪之内务府堂司各官暨礼工二部司官,办理一切,悉臻妥协,俱各赏加二级。其在任未久之署礼部侍郎孙葆元,工部尚书王广荫,侍郎奕毓、车克慎,并太常寺随从堂司各官,俱各赏加一级。恭送梓宫及随从御营之王公、文武大小官员、侍卫章京等,并守护陵寝公永康、载岱,总兵德春,均著赏加一级。守护慕陵之拜唐阿兵丁并随从御营之兵丁,均著赏给半月钱粮,以示朕锡类推仁至意。

钦此。

——《嘉庆道光两朝上谕档》第 55 册,第 429 页。

十一月

十一月初五日

〇上谕

道光三十年十一月初五日奉旨:

僧格林沁、柏葰等奏休致副将在佐领宅内自行扎伤、请交部审办各一折。[1] 休致副将倭什洪额著革去翎顶，印务章京兼骁骑校文桂著革职，一并交刑部严行审办。卓明著听候传讯。失察之该旗参领、佐领等，著刑部定案时声明办理。

钦此。

——《嘉庆道光两朝上谕档》第55册，第498页。

十二月

十二月十一日

〇上谕

内阁奉谕旨：

本月二十一日，载垣前往慕陵值班，所有銮仪卫印钥，著联顺暂行佩带，俟僧格林沁由陵回京后，即著僧格林沁佩带。

——《清代起居注册（道光朝）》第100册，第58952页。

十二月十三日

〇上谕

道光三十年十二月十三日内阁奉上谕：

---

① 正蓝旗满洲都统僧格林沁等本日奏："据署理奎亮佐领事务、理藩院右侍郎和色本禀称，本佐领下前任广西义宁协副将倭什洪额因病告休，由兵部题准原品休致，给与全俸，以养余年……其应领俸银俸米，向系援照旧案办理。今由步军统领衙门片查，该员系何职分、何以领二品官俸米等因前来。查该员系休致副将，请领全俸，其中有无朦混，即须确切查明，方可咨覆等情，自行检举，呈请查办前来。臣等正在查办间，又据该署佐领和色本呈称，休致副将倭什洪额，系职缌麻服弟殷德本之妻叔，素相往来，并无嫌隙，于初三日晚来至职家，寻职不见，率用自带小刀扎伤肚腹、划伤脖项等语。臣等当即公同进署，饬传倭什洪额面讯。据倭什洪额供称，因署佐领和色本不念亲情，总以官事为重，一时气忿，与其受穷身死，莫如速死，故用身佩小刀划伤一处、扎伤一处，别无缘故，各等语。臣等查副将每季应领俸银二十六两七钱二分九厘，例无俸米，今倭什洪额现领米三十三石三斗，与例显有不符。再，查此案系前任佐领讷清额、现任印务章京兼骁骑校文桂等所办之事，讷清额现已病故，文桂系倭什洪额之子，其中显有情弊。且倭什洪额于该署佐领和色本禀请查办后，辄赴其家内自行扎伤，尤属刁恶。均应彻底根究。相应请旨，将原品休致副将倭什洪额革去顶翎，印务章京兼骁骑校文桂革职，一并交刑部严审，以清弊窦而惩刁风。其该参佐领等，俟刑部定案时，如有失察之咎，再行交部议处。"详见中国第一历史档案馆案录副奏折，档案号03-2945-033。

僧格林沁、特登额奏请调剂值班官兵一折。[1] 著照所请，所有慕陵值班之官员兵丁等，著加恩每日每员名各赏银八分，所需银两，即在广恩库利银内给发，以示体恤。余著照所拟办理。该部知道。

钦此。

——《嘉庆道光两朝上谕档》第55册，第572页。

十二月二十八日

〇上谕

道光三十年十二月二十八日内阁奉上谕：

朕亲书卢沟桥永定河神庙扁额一面，著派僧格林沁于正月初四日卯刻前往敬谨悬挂。

钦此。

——《嘉庆道光两朝上谕档》第55册，第609页。

〇上谕

道光三十年十二月二十八日内阁奉上谕：

今早赏给僧格林沁四团正龙补服，即著加恩，嗣后准其穿用。

钦此。

——《嘉庆道光两朝上谕档》第55册，第610页。

---

① 僧格林沁、特登额十二月初十日奏："窃奴才僧格林沁等赴慕陵值班守护，当以天寒风紧之际，火烛一切必须加倍小心防范，方足周备，随饬慕陵内务府司员将隆恩门外东西朝房谨闭，所有值宿官员及备差人等，均移于神厨库；其慕陵围墙附近八旗堆拨、值班人等均不准吸烟，晚间亦不许点灯；三孔桥以里并无灯火，仅令于三孔桥两旁平桥迤南安设铁橄榄灯一对。东西朝房所设水缸挪移十口，安设于河外官兵值班有火堆拨内，以免结冻。晚间令八值班官员督率兵丁传筹，不准片刻停留，并令散秩大臣、副都统、侍卫等轮流值班坐更。奴才等除每日三祭敬谨将事外，每日夜间率领御前侍卫、乾清门侍卫、工部内务府司员笔帖式等亲赴内外稽查数次，仍著本处内务府尚膳正那满通额、郎中常惠及八旗总管明庆等三员无分昼夜，不时巡逻。所有值宿官员兵丁等，均不敢稍有疏懈。奴才永康等前于十一月间因值班官兵甚觉苦累，恳恩将该官员兵丁等长支库银暂缓坐扣，已蒙允准在案。奴才等伏思宣宗成皇帝梓宫现在隆恩殿暂安，该官员兵丁等必须敬谨守护，不能稍离，然梓宫奉安地宫尚需时日，该官兵等每月虽得整分钱粮，而逐日备差值宿，饭食均系自备，若不量为调济，诚恐日久不免竭蹶……奴才永康等随查广恩库所存各款银两内……有兵丁借支库银一款，现存银四千零六十二两五钱……覆查内务府值宿及备差官员、拜唐阿，并八旗值宿官员、兵丁，每日五十员名，奴才等公同商酌，合无仰恳圣慈，俯念该官员、兵丁等备差勤苦，每日每员名各赏银八分，作为口分，每日需银四两，约至二十七月内，共需银二千两……如此量为调济，该官员、兵丁仰沐鸿施，于一切差务自必倍加奋勉矣。可否赏给之处，出自皇上天恩。"详见中国第一历史档案馆藏朱批奏折，档案号04-01-16-0162-076。

咸丰元年

正月

正月初一日

○上谕

咸丰元年正月初一日内阁奉上谕:

僧格林沁等奏,本日升殿鸣鞭之际,有人自西向东趋走,纠仪科道未经拦阻等语。著都察院查明参奏。

钦此。

——《咸丰同治两朝上谕档》第1册,第1页。

正月十五日

○上谕

咸丰元年正月十五日内阁奉上谕:

僧格林沁等参奏,直隶布政使陈启迈,本日由御道旁径过,未经回避,请旨议处等语。陈启迈著交部议处。

钦此。

——《咸丰同治两朝上谕档》第1册,第21页。

四月

四月初九日

〇赛尚阿等奏（节录）

大学士管理户部事务臣赛尚阿等谨奏……咸丰元年叁月初捌等日，准左翼监督僧格林沁、右翼监督阿灵阿各将差满日期照例预报等因前来。臣等查得，左右两翼税差期满，例由臣部将各衙门保送人员并八旗及内务府俸深人员职名开列具题，恭候钦点更替。近年俱专折奏明请旨，均蒙特简大员管理在案。今左翼监督僧格林沁，于道光叁拾年肆月拾叁日起，至咸丰元年肆月拾贰日止。前右翼监督福济，于道光叁拾年肆月拾叁日到任起，至柒月贰拾陆日止；现任监督阿灵阿，于道光叁拾年柒月贰拾柒日到任，接前任计算，扣至咸丰元年肆月拾贰日止。均系一年任满，例应更替。理合专折具奏，请旨简放。并将上三届左右两翼监督各员缮写名单，恭呈御览，伏俟命下，臣部照例行文左右两翼，仍俟一年差满，预期报部，奏请更换……

咸丰元年肆月初玖日

【左翼著特登额去，右翼著舒兴阿去。】

——朱批奏折，档案号04-01-17-0087-036。

四月十九日

〇上谕

英隆、克兴额奏恳颁抬枪式样、添造演习一折。黑龙江现拟添造抬枪八十杆，著僧格林沁等于内外火器营拣派熟习火器章京一员，挑选抬枪二杆及随用器械，并带同工匠数名，前往盛京，如式制造。由英隆等派员领回，分拨各处，加意训练，以重操防。余著照所拟办理。该部知道。

——《清代起居注册（咸丰朝）》第 2 册，第 590—591 页。

四月二十三日

〇僧格林沁奏（节录）

……窃奴才蒙恩管理左翼税务。经奴才奏派正蓝旗满洲印务参领永祥随同办理，于

道光三十年四月十三日起，至咸丰元年四月十二日止，计任一年期满，共收过牲畜税银三万六千九百零七两六钱五分，房地税银八百二十两零六钱六分二厘，二共收银三万七千七百二十八两三钱一分二厘。除交户部正额银一万零八两，又交房地税银八百二十两零六钱六分二厘，下存羡余银二万六千八百九十九两六钱五分。内遵照向例，动发过牺牲所一年草豆银八百两，河南道刷卷饭银一百三十二两，户部贵州司付咨饭银七十二两，户部广东司更差饭银五十两，署中一年心红纸张银一百九十一两五钱，署中书役人等公费饭食银三千七百六十五两二钱四分，张家口、南口书役人等盘费银一百九十四两五钱，照例赏书吏银九百四十两，以上共用羡余银六千一百四十五两二钱四分，均系查照向例发给。再，此一任办买各处祭祀牲畜正额不敷，动用额外盈余银一千二百七十两零五钱八分三厘。查左翼定额盈余银一万八千两，此次尚多收银一千四百八十三两八钱二分七厘，共收盈余银一万九千四百八十三两八钱二分七厘。此项银两应交何处，伏候皇上训示遵行……

咸丰元年四月二十三日

——录副奏折，档案号 03-4375-007。

〇录副奏折（节录）

查左翼监督应征正项银一万零八两，钦定盈余银一万八千两。上届恩华任内，除征收正额及例用外，盈余银二万七百二十三两零，较钦定盈余额数多收银二千七百二十三两零，奉旨交圆明园二万五百两，赏给恩华二百二十三两零。此次僧格林沁任内，统计一年，除征收正额及例用外，现存盈余银一万九千四百八十三两零，较恩华上届任内少收银一千二百四十两零，较钦定盈余额数多收银一千四百八十三两零。应交圆明园若干两、赏给僧格林沁若干两之处，伏候钦定……

咸丰元年四月二十三日

——录副奏折，档案号 03-4375-044。

〇上谕

咸丰元年四月二十三日奉旨：

左翼税盈余银，著交广储司九百两，赏给僧格林沁五百八十三两零。

钦此。

此道缴进，未再发下。

——《咸丰同治两朝上谕档》第 1 册，第 140 页。

〇奏片

臣等查,左翼现存盈余银一万九千四百八十三两零,如蒙恩赏僧格林沁五百八十三两零,应交广储司一万八千九百两。右翼实存盈余银五千五百七十九两零,如蒙恩赏阿灵阿四百七十九两零,应交广储司五千一百两。伏候钦定。谨奏。

此系递事,发下后再递奏片。

——《咸丰同治两朝上谕档》第1册,第142页。

〇上谕

咸丰元年四月二十三日奉旨:

左翼税盈余银,著交广储司一万八千八百两,赏给僧格林沁六百八十三两零。

钦此。

此道发抄。

——《咸丰同治两朝上谕档》第1册,第140页。

五月

五月初二日

〇上谕

咸丰元年五月初二日奉旨:

理藩院奏据呈请追佃户抗租一折。前因科尔沁蒙古王旗佃户、捐纳游击吴保泰等抗欠地租,降旨交盛京将军奕兴审办。嗣据该将军以并无私增地租查覆,当饬令比追抗欠,并将案内人证提解讯究。兹据该郡王僧格林沁呈称,自上年春季迄今一年之久,众佃延不交租,实系吴保泰、王柏龄等以减租煽惑等语。蒙古户口繁多,全赖地租为生计,似此刁徒抗玩,必当认真比追。著该将军会同奉天府府尹,查照成案,剀切晓示各佃户等,谕令及早完纳,并将霸抗之佃户吴保泰、王柏龄等严究惩办具奏,毋稍宽纵。

钦此。

——《咸丰同治两朝上谕档》第1册,第150页。

八月

八月初六日

〇起居注

柏葰现在入闱,其所管镶白旗蒙古都统事务,著僧格林沁署理。

——《清代起居注册(咸丰朝)》第3册,第1312页。

闰八月

闰八月初二日

〇卓秉恬等奏(节录)

大学士管理兵部事务臣卓秉恬等谨奏……咸丰元年八月十七日内阁抄出:管理火器营大臣僧格林沁等奏:昨日奴才由本营带领引见人员时,将鸟枪护军校等绿头牌呈递舛错,请将奴才僧格林沁等交部察议。等因。咸丰元年八月十七日奉旨:僧格林沁、德木楚克扎布、中山、春佑均著交部察议,钦此。钦遵抄出到部。

查文职例载,承旨书谕致有字句错落者,承办官罚俸三个月等语。今管理火器营大臣僧格林沁等带领引见人员时,将护军校等绿头牌呈递舛错,奏请交部察议,应请将管理火器营大臣、正蓝旗满洲都统、科尔沁扎萨克多罗郡王僧格林沁,奈曼扎萨克多罗达尔汗郡王德木楚克扎布,正白旗蒙古都统中山,镶蓝旗汉军副都统、兵部右侍郎春佑,均比照承旨错误罚俸三个月例,各议以罚职任俸三个月。查系公罪,例准抵销。可否准其抵销之处,恭候钦定……

咸丰元年闰八月初二日

【著准其抵销。】

——朱批奏折,档案号04-01-17-0087-032。

九月

九月二十九日

〇实录

以御前大臣僧格林沁署管銮仪卫掌卫事。

——《清文宗实录》卷四四,咸丰元年九月辛巳。

十月

十月初二日

〇起居注

是日,兵部题顺天武乡试外场监射较射大臣开列请钦点一疏,奉谕旨:

这辰字围,著僧格林沁监射,恩华较射;宿字围,著仁寿监射,陈宝禾较射;列字围,著花沙纳监射,王庆云较射;张字围,著禄普监射,何桂清较射。余依议。

——《清代起居注册(咸丰朝)》第4册,第2000—2001页。

十一月

十一月二十七日

〇上谕

军机大臣字寄直隶总督讷。咸丰元年十一月二十七日奉上谕:

本日据僧格林沁面奏,由西陵回京,在途有易州直隶州知州具呈现在查传拦舆喊诉各妇女之夫男及严追主唆等情,并将原呈陈奏。此案前经惠亲王回京面奏,当即谕令讷尔经额派员查办。旋据该督奏称,已派清河道谭廷襄等前往,尚未据奏获犯几名,作何办理。著该督仍遵前旨,核实查办。现在该知州呈称,该处诉冤妇女,即系从前图免粮租、问拟流徒之徐文兴、杨进福家属,并先有山南村民任洛吉抢去州役册票一案,现在饬拿审讯等语。奸民藐法抗租,必当严行惩办,以儆刁风。至该州吏胥苛派舞弊,以致激成事端,亦不可不从严惩治。经此次查办之后,务当妥定章程,俾官民相安,经久无弊。是为至要。原呈著

钞给阅看。将此谕令知之。

钦此。遵旨寄信前来。

——《咸丰同治两朝上谕档》第1册,第499—500页。

十二月

十二月十一日

○僧格林沁等奏(节录)

臣僧格林沁等谨奏:

为本年考试应封宗室,由宗人府于本月十一日奏请钦派王大臣等公同阅卷,并考试马步箭等因,本日奉旨圈出僧格林沁、阿灵阿、吉伦泰、穆荫,钦此钦遵。臣等当即会同将考试应封宗室等试卷公同详加校阅,分别酌拟优平劣等第,粘贴黄签。臣等谨将试卷之列为优者三本,列为平者四本,列为劣者二本,统计试卷共九本,恭呈御览,伏候钦定……

咸丰元年拾贰月拾壹日

——朱批奏折,档案号04-01-38-0161-008。

十二月二十八日

○上谕

理藩院奏,科尔沁扎萨克多罗郡王僧格林沁,率领本旗台吉阿勒巴图等谢恩,并具呈陈奏,该旗昌图农民吴保泰等抗不交租,惑众敛钱,请特派大员率领官兵查办,所需银两,情愿由伊应得地租银两内照数备拨,以补库款等语。上年僧格林沁因该旗昌图农民吴保泰等抗不交租,请特派大员带领官兵查办,乃系本地方应办之事。兹据僧格林沁呈请,愿将此项兵丁需费,由伊应得地租银内照数备拨,弥补库款,感戴实出至诚。惟念该蒙古等生齿日繁,自必赖此度日,若由此项租银弥补兵费,不惟伊等生计未免拮据,反不足示朕体恤蒙古之至意。所有此项兵丁需费银两,加恩著毋庸僧格林沁弥补,用示朕轸念蒙古世仆之至意。

——《清代起居注册(咸丰朝)》第5册,第2861—2863页。

咸丰二年

三月

三月初二日

○上谕

皇考宣宗成皇帝梓宫永远奉安慕陵，所有恭理丧仪、慕陵值班及承办隧道工程各王公大臣，均能恪恭将事，敬慎无愆。睿亲王仁寿、怡亲王载垣、郑亲王端华、御前大臣僧格林沁、大学士裕诚、尚书特登额，均著赏加三级。定郡王载铨，尚书柏葰、阿灵阿、翁心存，均著赏加二级；载铨、阿灵阿，著再各加一级。克勤郡王庆惠，贝子载鈖，公有凤，御前侍卫景寿、特兴额，乾清门侍卫恩醇、肃顺、蕴秀、安兴阿、国瑞、载鹭，散秩大臣景崇、承志、盛福、巴雅尔、绰克托、克兴额，均著赏加二级。稽查值班兵丁大臣希兴阿、庆兴、兴贵，均著赏加二级。总管内务府大臣阿灵阿，著赏加一级。基溥、泰宁镇总兵兼总管内务府大臣德春，均著赏加二级。礼工二部暨内务府承办丧仪之堂司各官，著各赏加二级；其到任未久者，均著赏加一级。太常寺随从堂司各官，著各赏加一级。慕陵值班之三旗侍卫，四个月以上者，著各赏加二级；三个月以下者，著各赏加一级。慕陵八旗值班之总管明庆，著赏给二品顶戴；明庆并翼长景春、宝祥，著各赏加二级；值班之防御、骁骑校，均著赏加一级；值班之领催、马甲人等，均著赏给一月钱粮。绿营值班之署游击色楞额，著以应升之缺升用；守备魏际盛、马正，千总冷祥，并左右营该班官五员，著各赏加一级；兵丁著赏给一月钱粮。内务府及工部值班之官员、笔帖式等，均著赏加一级。承办恭理差务之内务府郎中文丰，著遇有三卿缺出提奏。礼部员外郎龄椿，著以本部郎中即行升补。慕陵内务府总办差务尚膳正那满通额，著以应升之缺升用；备差之官员、笔帖式、达他等，均著赏加一级；领催、拜唐阿等，均著赏给一月钱粮。随从行礼及扈从御营之王公文武大小官员、侍卫、章京等，并守护陵寝公永康、载岱，总兵德春，均著赏加一级。守护慕陵之拜唐阿、兵丁并随从御营之

兵丁，均著赏给一月钱粮。以示朕锡类推仁至意。

钦此。

——《清代起居注册(咸丰朝)》第6册，第3291—3297页。

五月

五月十九日

〇上谕

僧格林沁等奏，所有火器等营前赴广西营员陆续回京等语。火器营委翼长祥麟，营总乌兰都，空花翎莫尔根泰，保升空花翎鸟枪护军校佛尔庆额，蓝翎鸟枪护军贵成、巴彦倭什胡勒，蓝翎长连兴，蓝翎护军台广，正白旗护军营保升参领、副护军参领法克精阿，正黄旗前锋营保升前锋、侍卫、前锋校永哈布，健锐营委翼长海瑞等，经赛尚阿等带往广西，辄以不服水土，先行回京，本有应得之咎，姑念其前在军营打仗，均有微劳，著免其治罪，仍令回各该处当差。

——《清代起居注册(咸丰朝)》第7册，第3879—3880页。

六月

六月十三日

〇上谕

咸丰二年六月十三日内阁奉上谕：

僧格林沁奏，端华于大考翰詹时，为已革学士保清修补试卷等语。著端华明白回奏。是日监试王大臣载垣等何以不行阻止？并著据实明白回奏。

钦此。

——《咸丰同治两朝上谕档》第2册，第240页。

七月

七月初六日

〇上谕

前据僧格林沁等奏，火器等营员自广西军营陆续回京，当因该员等曾经打仗出力，姑免治罪，仍令回各处当差。因思军营告病人员，已有旨令吏、兵二部照海疆告病之例随时存记，俟该员病痊引见时，声明请旨。火器等营各员，前在广西军营，辄以水土不服，先行回京，与军营告病人员无异。所有火器营委翼长祥麟，营总乌兰都，空花翎莫尔根泰，保升空花翎鸟枪护军校佛尔庆额，蓝翎鸟枪护军贵成、巴彦倭什胡勒，蓝翎长连兴，蓝翎护军台广，正白旗护军营保升参领、副护军参领法克精阿，正黄旗前锋营保升前锋、侍卫、前锋校永恰布，健锐营委翼长海瑞，均著交兵部及该营存记，遇有应行升补之处，声明请旨。仍著该管王大臣等留心察看，如有差使懒惰者，即行据实严参。

——《清文宗实录》卷六五，咸丰二年七月甲寅。

十月

十月初六日

〇上谕

僧格林沁奏，伊因腿疾时发，步履维艰，一切差使，恐有不敬，请开御前大臣、领侍卫内大臣之缺等语。僧格林沁毋庸开御前大臣、领侍卫内大臣之缺，嗣后凡遇随从行礼差使，著加恩毋庸随从，以示体恤。

——《清代起居注册(咸丰朝)》第 9 册，第 4961—4962 页。

十二月

十二月初三日

〇僧格林沁等奏（节录）

管理满洲火器营事务大臣臣僧格林沁等谨奏……窃臣营于道光二十三年十一月初三日，本营筹办配造军需火药三万斤，奉旨：所有外火器营新制配成火药三万斤，著交圆明园

枪营四千斤，健锐营六千斤，内火器营六千斤，外火器营六千斤，汉军八旗每旗五百斤，前锋营每翼二百斤，八旗护军营每旗四百五十斤，均著该管各旗营大臣饬属妥为存收，毋致稍受潮湿，倘漫不经心，日后不堪应用，惟该管大臣等是问。钦此。今于本年十一月二十七日奉旨调取各旗营存收火药，于二十九日陆续送至本营。查各旗营所交火药内微有受潮，簸筛吹晾，尚可使用，惟健锐营原存火药六千斤内，收到原药三千三百六十二斤外，有自行搀杂掺演药一千二百余斤，因不堪使用，当令该营参领恒通等领回，其余尚亏药一千四百余斤，相应请旨，著该营王大臣等将搀杂短少之处查明，具奏办理……

咸丰二年十二月初三日

【著管理健锐营事务王大臣等查明奏办。】

——朱批奏折，档案号04-01-01-0847-001。

十二月三十日

○实录

上御保和殿，筵宴朝正外藩科尔沁、喀尔喀、乌珠穆沁、阿拉善、巴林、喀喇沁、奈曼、阿巴噶、敖汉、浩齐特、哈密、吐噜番、扎赉特、土默特、扎噜特、青海、阿巴哈纳尔、鄂尔多斯、郭尔罗斯、翁牛特、扎哈沁、克什克腾、苏尼特、杜尔伯特、霍硕特、察哈尔王、贝勒、贝子、公、额驸、台吉、塔布囊等，及朝鲜正副使臣、土司等，随文武大臣依次就坐。诸乐并作，上进酒。召左翼科尔沁扎萨克图谢图汗亲王色登端噜布、科尔沁卓哩克图亲王巴图、科尔沁扎萨克达尔汗亲王索特纳木彭苏克、乌珠穆沁扎萨克车臣亲王彭苏克纳木济勒、科尔沁扎萨克图郡王索特纳木伦布木、科尔沁扎萨克冰图郡王林沁扎勒赞、科尔沁郡王济克默特朗布、巴林扎萨克郡王那木济勒旺楚克、喀喇沁扎萨克都楞郡王色伯克多尔济、阿巴噶扎萨克郡王阿尔塔什第、敖汉郡王布彦德勒格呼固鲁克齐、浩齐特扎萨克郡王吹精扎布、科尔沁贝勒贡葛喇布坦、扎赉特扎萨克贝勒额外侍郎喇木棍布扎布、土默特扎萨克贝勒那逊鄂勒哲依、扎噜特扎萨克贝勒赛音济尔噶勒、喀尔喀贝勒布彦巴达尔呼、科尔沁贝子阿米果尔图、敖汉贝子达克沁、阿巴哈那尔扎萨克贝子桑斋萨喇特多布、鄂尔多斯扎萨克贝子达锡多尔济、科尔沁扎萨克郡王僧格林沁、奈曼扎萨克郡王固伦额驸德木楚克扎布、喀喇沁贝勒德木齐扎布、土默特扎萨克贝子德勒克色楞，右翼喀尔喀图谢图汗车林多尔济、喀尔喀扎萨克亲王车林多尔济、阿拉善扎萨克亲王贡桑珠尔默特、喀尔喀扎萨克郡王托克托瑚图噜、青海扎萨克贝勒罗布桑济木巴、喀尔喀扎萨克镇国公巴勒达尔多尔济、喀尔喀扎萨克辅国公济克济特多尔济、喀尔喀辅国公章达密济特、扎哈沁公敏珠尔多尔济等，至御座前，赐酒，成礼。

——《清文宗实录》卷八〇，咸丰二年十二月乙巳。

咸丰三年

二月

二月初六日

○上谕

僧格林沁、花沙纳奏遵旨查抄一折。已革大学士赛尚阿,前在广西军营劳师糜饷,日久无功。已革两广总督徐广缙,接受关防,督办军务,迁延不进,以致武昌、汉阳等府相继失守。已革两江总督陆建瀛,带兵防堵九江,一战兵溃,置九江、安庆于不顾,遽回江宁,以致省城惊扰,贼船下窜。均属罪无可逭。除将在京寓所赀财家产分别查抄,并赛尚阿之子先已有旨革职外,所有徐广缙之子、刑部员外郎徐叔乔,陆建瀛之子、刑部员外郎陆钟汉,均著革职。徐广缙、陆建瀛原籍家产及任所赀财一并查抄。该部知道。

——《清代起居注册(咸丰朝)》第 11 册,第 6448—6449 页。

三月

三月初三日

○上谕

咸丰三年三月初三日内阁奉上谕:

八旗汉军都统奏,查明各营炮位开单呈览。著派僧格林沁、裕诚按照单开覆查具奏。

钦此。

——《咸丰同治两朝上谕档》第 3 册,第 103 页。

三月初八日

〇上谕

僧格林沁、裕诚奏覆查炮位一折。[①] 所有八旗汉军炮位,除每年照演外,其久未出演之炮位,应如何轮流出演,著各该都统等速议章程具奏。至炮车间有损坏,亦应酌量估修,核实办理。镶红旗洋炮一位,亦著酌配铅药成数试演。

将此各谕令知之。

——《清文宗实录》卷八七,咸丰三年三月壬子。

三月二十一日

〇僧格林沁等奏(节录)

……咸丰三年三月十五日奉上谕:

春山等奏遵议出验炮位一折。各旗所存铜铁炮,除实系损伤、不堪演放外,其余未经出演炮位,或斤量过重,或生有锈黝,应如何起锈出新及另择宽阔地方试演之处,著管理火器营王大臣悉心筹办。其洋炮一位如何试演,炮车如何分别修整,一并查议具奏。将此谕令知之。钦此。

奴才等遵即率同本营翼长、营总、参领等,并咨调工部司员,带领匠役,逐一详查。三千斤重以上炮位久未出演,由局屋运出院内,车辆俱有损伤,不能行动。除实系损伤、不堪演放外,堪以试放之铜炮七十九位,其炮车应粘修者三十六辆,折修者四十三辆,添造三千斤以上铁心铜炮车六辆。其阜成门所存洋炮一位,斤量约计五千余斤,身长一丈四尺,似应造四轮车一辆,并请饬交工部按式修整。其分量较重铁炮,因多年未经试放,且膛内不平者多,车辆应请缓修。至武成永固炮六十位,奴才等公同阅看,铜润体坚,俱是康熙年间铸造,膛内平净,必能致远有准,似可毋庸试放。

---

① 三月初八日僧格林沁、裕诚奏:"本月初三日奉上谕:八旗汉军都统奏,查办各营炮位开单呈览。著派僧格林沁、裕诚按照单开覆查具奏。钦此。奴才等遵即按照单开,会同前赴各旗炮局,并内外各城楼存设炮位,逐一详细查看,各旗铜炮与单开情形均属相符。八旗一千斤至七千斤铜铁炮共二百四十六位,一百斤至九百斤铜铁炮共二千一百六十六位,二共二千四百一十二位。内各旗原奏不堪用铜炮十六位,今奴才等查得不堪用铁炮二十一位,共三十七位。惟内有正红旗木镶炮二位,据单开因有缝裂入残,奴才等查看,炮系铜身,外用木镶,炮身虽有缝裂,其铜身有无伤损,不能指实,及将所镶之木剥退,查看炮身并无伤损,仍堪入于操演使用。再,正黄旗亦有木镶炮一位,已著该旗剥退木镶,炮身有无损伤,再行酌拟办理。镶红旗阜成门城楼所设洋炮一位,炮身长一丈四尺,铜性甚属润泽,实堪适用,相应请旨,饬令该旗合其炮位,酌配用药铅丸成数,以备需用。各旗三千斤以上炮久不出演,其炮车间有损坏,不堪适用,应令各该旗核实报修。"详见中国第一历史档案馆藏录副奏折,档案号 03-4259-032。

再，现当军需吃紧之际，应请饬交工部，将炮车赶紧修整，俟修理完竣时，奴才等仍遵前旨，再行请旨，择地将大小台湾、大铁心、铜及大洋等炮，或膛大而体轻，或膛内微有不平，情形不同，须演放后方能知其坚固，有无准头。谨将应修炮位之车辆数目另缮清单，恭呈御览……①

咸丰三年三月二十一日

——录副奏折，档案号03-4259-035。

三月二十二日

〇上谕

镶黄旗满洲都统、惠亲王等代奏印务笔帖式文兴呈献攻守器具一折。著交僧格林沁传询文兴，所拟甲车制造试验是否可行，据实具奏。

——《清代起居注册(咸丰朝)》第12册，第6950页。

四月

四月初九日

〇上谕

僧格林沁奏遵旨传询笔帖式文兴拟制甲车等器并试验情形一折。镶黄旗满洲印务笔帖式文兴所造甲车，样式与火器营去岁制造子母炮车相同，毋庸再造。文兴著即回旗当差。

——《清代起居注册(咸丰朝)》第12册，第7127页。

四月二十三日

〇上谕

谕内阁：

① 该清单，详见中国第一历史档案馆藏录副奏折，档案号03-4259-036。

僧格林沁等奏遵演炮枪等件一折。[①] 据称,试演山西解到炮枪,不及火器营并武备院所造之窝蜂枪,此项炮枪,著交火器营收存,毋庸照式制造。其藤牌一项,著僧格林沁等酌量制造。

——《清文宗实录》卷九二,咸丰三年四月丁酉。

五月

五月初三日

〇上谕

僧格林沁等奏商民捐资铸炮,恳请鼓励,开单呈览一折。现在军务未竣,该商民等呈请捐资铸炮,洵属急公好义。宛平县民李煜,著赏给六品顶带。其大兴县民赵武祥等,著该部核议,从优请奖。至应造何项火器,著派柏葰、朱凤标会同管理火器营王大臣妥议,奏明办理。余依议。单并发。

——《清代起居注册(咸丰朝)》第13册,第7363—7364页。

五月十四日

〇上谕

咸丰三年五月十四日内阁奉上谕:

僧格林沁等奏,州同衔钱佩璋报捐银两,请改赏武职升衔等语。著户部再行核议具奏。

钦此。

——《咸丰同治两朝上谕档》第3册,第213页。

① 四月十九日奉上谕:"署山西巡抚哈芬解到炮枪、藤牌、炮车等件,著交火器营,传到该委员,眼同试演,能否合用,验明具奏。"僧格林沁等随即行文工部,传令该委员阿克彰阿,将炮枪等件运至外火器营教场,于二十二日眼同将蝉足炮五位、圆捷枪五杆逐一试演,炮砂可至一百余弓,宽十余步;枪可至五十余弓,宽五六步。到靶如雨点而已,俱不能入木靶。二十三日,僧格林沁等奏:"此项炮枪均不如道光年间宣宗成皇帝特旨著奴才营及武备院所造之大小窝蜂枪,可膛子远而有准,群子百步之内有猛力。现时武备院存收大小一千余杆。今山西解到枪炮,奴才等公同试演,不甚得力。其布套皮藤牌,立于一百二十弓之外,用排枪试演,铅丸虽不能均透,似属可用,暂留奴才营,以便讲求制造。"详见中国第一历史档案馆藏录副奏折,档案号03-4259-048。

五月十八日

〇上谕

上谕内阁曰：

现在逆匪分股窜扰河南地方，已派大兵前往剿办，并命直隶、山东各督抚及统兵大员专办防剿。近畿一带大兵云集，亦可源源接应。因思京师为根本重地，防范稽查尤关紧要，著派御前大臣、科尔沁郡王僧格林沁，步军统领、左都御史花沙纳，右翼总兵达洪阿，军机大臣、内阁学士穆荫，专办京城各旗营巡防事宜。

——《钦定剿平粤匪方略》卷41，第7页。

〇京城巡防处奏

拟备京城防守事宜：

健锐营兵调二千名，外火器营兵调二千名，圆明园八旗兵调二千名，察哈尔蒙古兵调四千名，驻扎南苑，并调马五千匹；中营兵调二千名，右营兵调一千名，均驻扎西路；左营兵调一千名，北营兵调一千名，均驻扎东路；南营兵调一千六百名，守外七门。如此项步军不敷用，前三门外营房满洲兵协防，豫备麻布口袋五十万条，多备火药、铅丸。外七门垛口、内九门垛口，每垛口用五人或六人。内九门，用八旗马甲、前锋护军、内火器营兵轮班替换。

【城内各堆拨、巷口等处，应添设八旗兵及步甲，应一并筹及。此片著封交僧格林沁等阅看，俟城外查看毕，即行赶办；各营兵应调数目增多、减少之处，著一并妥筹。】

——《清政府镇压太平天国档案史料》第7册，第221页。

五月十九日

〇上谕

内阁奉谕旨：

赛尚阿著留京，随同僧格林沁等办理巡防事宜。①

——《清代起居注册（咸丰朝）》第13册，第7496页。

---

① 《清政府镇压太平天国档案史料》第7册第218页（录自方略稿本）、《钦定剿平粤匪方略》卷41第7页所载内容与此相同，唯系于五月十八日。

五月二十二日

○实录

以御前大臣僧格林沁署正蓝旗汉军都统,领侍卫内大臣德勒克色楞署正红旗汉军都统。

——《清文宗实录》卷九五,咸丰三年五月丙寅。

五月二十四日

○僧格林沁等奏

奴才僧格林沁等谨奏,为查看附近京师地方形势,恭折奏闻,仰祈圣鉴事。

窃奴才等奉命专办各旗营巡防事宜,奴才等自二十日起,至二十三日止,带同司员、章京前往通州、黄村、马驹桥、芦沟桥、石景山、清河、孙河等处查看,并沿路随处相度设伏、扎营以及安设望楼地方,谨绘图贴说,恭呈预览。至各旗营兵丁数目及铅丸、火药、帐房、军装、器械、马匹等项,奴才等业经片查各旗营并工部赶紧查明咨覆,一俟咨覆到时,奴才等即行次第布置。

惟京城地面人烟稠密,良莠不齐,现当巡防吃紧之际,自应严定章程,俾铺户居民咸知儆惧,匪徒无所溷迹。是以奴才等所拟十二条,均系从重科断罪名。谨将所拟各条另缮清单,恭呈预览。奴才等仍悉心筹商,总期巡防严密,地方肃清。

再,奴才等拟于京畿四面安设大营数十处,驻扎马队官兵,均距京不过四五十里,傥逆匪北窜,各营马队官兵片刻即至,京城以内各旗营官兵出队迎敌。且黄河迤北均系平川大路,并无稻田阻隔,现已调集各路马队精兵,傥逆匪渡河,即以马队冲剿。谅兹小丑,无难歼除净尽矣。

所有奴才等查看京师形势,并定拟稽查章程,是否有当,伏祈圣鉴。如蒙俞允,奴才等即将所定十二条张贴告示,咸使知之。并自奉旨之日为始,给限十日,限满有犯者,即照新定章程办理。为此谨奏请旨。

[五月二十四日]

咸丰三年五月二十四日奉朱批:依议。迅速办理。图留中。钦此。

附定拟稽查章程

一、现值办理巡防之时,亟应严查奸细,以防窥伺。嗣后旗营地方官弁,如有拿获带有悖逆物件及违悖字单等项逆迹昭然奸匪,除将正犯即照军法从事外,其容留之人与犯人同罪。获犯官弁奏请越级超擢,兵丁赏给顶戴。如无缉捕之责者,无论官员军民,能留心捕

获或(为)[首]告到官者,准其一律奖赏。

一、严查住户铺户,以防溷迹之弊。申禁之后,住户、铺户概不准容留闲杂人等居住。铺户每五家出具连环互保,即责成互保之家互相稽查,傥有违禁容留者,立即呈报查拿,讯实从重发遣。呈报得实之人,立即优加赏赉。傥敢徇隐不报,别经发觉,连互保四家一律治罪。住户各按街巷胡同,即责成各该胡同居住之官员,无论文武,为该处素所推重者一员,逐户晓喻,不时严查,傥有徇隐疏懈,即将稽查不力之员严行参处。如该胡同内无官员居住,或兵或民,即责成年长者稽查。

一、窝娼聚赌最易藏奸,应严饬各该地方官,限十日内驱逐罄尽,出具切结,呈报步军统领衙门备查。傥限外仍有窝留之处,一经发觉,或被邻佑首出,除将卖奸妇女交县官、[卖]房间入官、犯奸犯赌之人加重遣戍外,将出结之员严参,并将房主及左右邻一并治罪。其原拿弁兵或出首得实之人,分别官民,给予奖励。

一、现当巡防地方之际,亟应(获案)[严禁]私造火器、火药,现已严饬旗营官弁设法访缉。如拿获私造火器十件以上、火药百斤以上,即交刑部,照私铸铜钱例拟斩;如火器不及十件、火药不及百斤,即发近边充军。获案弁兵或出首告发之人,优加奖赏。

一、京城夜禁,犯者仅止笞罪,现值肃清地面之时,自宜加重办理。嗣后城内铺户居民,除延医生、接稳婆、死丧紧急之事,准其报知本段官兵,逐段伴送外,傥有夜犯一更、五更犯者,加枷号一个月,二、三、四更犯者加枷号两个月,以昭炯戒。

一、街市一切食用物件,起更后即不准售卖,违者枷号一个月责惩。傥系外来之人犯者,枷责后递籍管束。

一、酗酒滋事,原关例禁,现值巡防之时,地面尤宜肃清。传禁之后,傥有违犯者,除照本例科罪外,仍各枷号一个月。

一、傥有无赖之徒,藉端向铺户、居民讹诈抢夺、诬陷滋扰各情,一经访拿,或被告发讯实,即照棍徒扰害律立时发遣。

一、分争斗殴均应禁止。嗣后傥有斗殴之案,将起衅争斗之犯,除照本例加等科罪外,职官有犯即行参处,兵役有犯即革去钱粮差使,平人酌加枷号一个月。

一、米石出城有干禁令,嗣后尤宜倍加查拿。傥有奸商贩运出[城]出境者,一经拿获,除将米石入官,将违禁之犯加枷号两个月。数至十石者,(增)[从]重发遣。

一、商贾士(官)[宦]居民,自应安居乐业,各谋生理。近见士宦商民轻信无稽讹言,纷纷迁徙眷口,运寄(资)[赀]财,实属(摇)[煽]惑人心。现饬地方各官严行访查,如系无故迁徙[运寄]、有心(运寄)躲避者,即将起意之人(按律)治罪,(资)[赀]财入官。傥实有事故、必须回籍者,亦应报明地方官,除盘费银两外,其余(资)[赀]财暂行交官,仍由在京地方官发给执照,由原籍地方官照数发给。

一、街谈巷议最易惑众，现已拣派旗营官弁，并严饬各该地方官员，无论茶馆酒肆，背巷冲衢，周历梭巡，如有议论是非、妄造谣言，以及编造歌词、假捏图谶等项者，立时严拿，照插耳箭游示京城，仍发近边充军。①

［咸丰三年五月二十四日］

——《清政府镇压太平天国档案史料》第7册，第312-315页。

〇实录

御前大臣僧格林沁等会议京城巡防章程十二条：

一、查获奸匪，以军法从事，容留者同罪，获犯弁兵升赏；

一、住户铺户，五家互保，不得容留匪人；

一、饬地方官驱逐倡赌；

一、严缉私造火器火药，加等治罪；

一、夜犯加重惩治；

一、起更后不准售卖物件；

一、严禁酗酒滋事；

一、无赖之徒，讹诈抢夺，照棍徒律发遣；

一、平人斗殴，加等科罪，弁兵参革；

一、严禁米石出城；

一、士宦商民，不得无故迁徙；

一、谣言惑众，严拿治罪。

从之。

——《清文宗实录》卷九五，咸丰三年五月戊辰。

〇上谕

谕军机大臣等：

本日据僧格林沁等奏，请豫筹抚恤难民等语。② 京师重地，如有难民纷至，人心必致惊

① 本件内容，据中国第一历史档案馆藏录副奏折（档案号03-4241-075）校改。

② 五月二十四日，僧格林沁等奏："奴才等伏思，现在贼匪鸱张已极，万一逆氛北犯，凡我良民，被其蹂躏而不甘任其裹胁者，必至流离失所，若不预筹抚恤之方，而随时安辑，诚恐转徙逃避，聚集京师。夫京师为五方杂处之区，人心本难齐一，若有难民纷至，则京畿一带人心摇动，不言可知，关系诚非浅鲜。拟请饬下直隶总督、顺天府府尹，于近畿各府州县及口外各府厅州县，劝令官绅等捐输米麦，即在各该处妥为储积，于难民逃至之时，即随时散给，设法安辑，断不可使难民无以糊口，纷避来京，致奸民得以溷迹而至，庶流离免饥乏之苦，而邦畿无震骇之虞也。"详见中国第一历史档案馆藏录副奏折，档案号03-4170-024。

惶，自应随时安抚，俾不至流离失所，而奸宄亦无从溷迹。现在近京一带办理巡防，先以安定民心为要务。著直隶总督、顺天府府尹，于近畿各府州县及口外府厅州县，劝令官绅等量力捐输米麦，即在各处豫为储积，遇有难民逃至，随时散给口粮，或遣令回籍，或择地安插，自不至麇集京师、别生事端也。将此谕令知之。

——《清文宗实录》卷九五，咸丰三年五月戊辰。

五月二十六日

○上谕

察哈尔官兵到京，昨已降旨，令在南苑驻扎。著派僧格林沁、德勒克色楞、特兴额、多尔济那木凯前往照料弹压，并著随时认真训练，以备调遣。

——《清代起居注册（咸丰朝）》第 13 册，第 7546 页。

五月二十七日

○僧格林沁、穆荫奏

奴才僧格林沁等谨奏，为京城银价骤昂，有碍军民生计，请旨饬部妥议事。

窃维近年银价固属昂贵，然系由渐而长，每两纹银不过合京钱四吊文，为日已久，军民相安。惟自二月十五日关闭钱铺不下百余处之后，每两止合京钱三吊三四百文，现时每两换京钱四吊三四五六百文不等，仅数日之内，价值低昂大相悬殊，显系奸商因兵饷每月按照二十九日市价数目搭放大钱、官票，故昂银价，有意从中阻挠。

奴才等伏思，兵饷按照市价搭放大钱、官票，原为筹备国用，变通办理，若按现时市价搭放，转于国用殊有妨碍。且查京师食用物件，向多现钱交易，而商贩人等，皆系用银贩运，今银价骤长，在该商贩等势不能不倍增物价，于军民生计日用大有关系。奴才等公同商酌，每银一两，官为拟定京钱四吊，以搭放下月兵饷大钱、官票，可否请旨敕下户部、顺天府，即按京钱四吊易银一两之处，斟酌妥议，总期利国用以平市价而便军民。倘部臣等以银价增减应听商便，碍难官为定准，奴才等拟请嗣后兵丁饷银，官银钱号定为每银一两易京钱四吊，如兵丁愿赴官号兑换者，应按该佐领汇总，钤用图记，赴官号兑换。倘官银钱号任意勒措，及有短少钱文等情，准该佐领呈明该管堂官，奏明究办，以免混淆之弊。

为此谨奏请旨。[①]

咸丰三年五月二十七日

——《清政府镇压太平天国档案史料》第7册,第351页。

〇上谕

僧格林沁等奏,请筹军民生计等语,著户部妥速议奏。

——《清代起居注册(咸丰朝)》第13册,第7554页。

〇僧格林沁、穆荫奏

奴才僧格林沁、奴才穆荫谨奏,为奏闻事。

本月二十五日,军机大臣面奉谕旨,派奴才僧格林沁、穆荫查看察哈尔到京官兵。等因。钦此。奴才等遵于二十六日午刻前往教场查看,时只存兵丁五名。据称,所有头起官兵二十五日,酉刻行抵教场,即于戌刻起程前赴南苑,并未停留等语。

奴才等除咨行兵部、工部、顺天府,嗣后续到官兵,务须照例支应并行知,待奴才等查看后,再行起程赴南苑驻扎外,理合恭折奏闻。谨奏。

[咸丰三年五月二十七日]

咸丰三年五月二十七日奉旨:依议。钦此。

——《清政府镇压太平天国档案史料》第7册,第352页。

五月二十八日

〇上谕

咸丰三年五月二十八日内阁奉上谕:

户部奏官兵应酌给口粮一折。所有驻扎南苑之察哈尔官兵应给口粮银数,著加恩每官一员日给银七分五厘,每兵一名日给银六分,每届五日按数照时价折钱散给。余依议。

钦此。

——《清政府镇压太平天国档案史料》第7册,第379页。

〇上谕

察哈尔官兵现在驻扎南苑,听候调拨,已有旨派僧格林沁等弹压训练,并著派培成带

① 本折可参见中国第一历史档案馆藏录副奏折,档案号03-9506-059。

同理藩院司员常川在彼照料。

——《清代起居注册(咸丰朝)》第13册,第7568页。

五月二十九日

〇上谕

咸丰三年五月二十九日内阁奉上谕:

现驻南苑之察哈尔官兵,昨有旨折给口粮银两,著再加恩赏给米石,以示体恤。其按月酌给米数并如何支放之处,著户部速议具奏。

钦此。

——《清政府镇压太平天国档案史料》第7册,第394页。

〇实录

御前大臣僧格林沁奏,巡防京师,请派旗营严行巡查。得旨,所筹甚属周妥,著照所奏,五日内一律添派。

——《清文宗实录》卷九五,咸丰三年五月癸酉。

六月

六月初六日

〇僧格林沁奏

奴才僧格林沁跪奏,为请旨事。

窃查前奉谕旨,饬调盛京官兵四千名,令维禄等统带,吉林马队官兵二千名,骑用大凌河马匹,令倭克精额等统带,俱赴天津地方扎营防堵。今拟令盛京官兵在天津县城迤南运河两岸择要扎营,令吉林马队官兵在葛沽迤西择水草蕃茂处所扎营,以期得力。第恐官兵到时,一切需用之物,该地方官未能预为筹备,仓猝之际,供应不齐,以致官兵缺食,于防堵要事不无关系。现在直隶总督、藩司各员又均有专办要件,恐难兼顾及此,拟请饬下长芦盐政文谦、天津道张起鹓预期办理一切,以备官兵到日,即能刻期扎营。至官兵需用钱粮,请由该盐政、道员一面设法筹备,一面即在彼处劝捐。谅绅民人等自应深悉两处官兵原为保障天津一带,必能志切同仇,输将踊跃,庶于军需钱粮定可接济源源也。奴才素知文谦、张起鹓明白谙练,办事勤能,一俟捐有成数,即将各捐生衔名准该盐政等连名开单进呈,候

旨施恩。

奴才为官兵需用起见,是否有当,伏候训示遵行。为此谨奏请旨。

［咸丰三年六月初六日］

——《清政府镇压太平天国档案史料》第 7 册,第 503—504 页。

六月十三日

〇上谕

内阁奉谕旨:

现驻南苑之察哈尔官兵四千名均已到齐,前有旨,折给口粮,按月赏给米石,以示体恤。著再加恩,犒赏羊四百只,由该衙门豫备,派僧格林沁会同华山泰、培成监放。

——《清代起居注册(咸丰朝)》第 13 册,第 7695 页。

六月十六日

〇僧格林沁等奏

奴才僧格林沁等片奏,为请旨事。

再,查驻扎南苑察哈尔官兵,已蒙恩赏给暑药。无如正值天气炎暑,而该官兵等因水土不服,出缺者二名,现有染患时症者数十名,京中医生调治,而该蒙古官兵禀赋不符汤药,可否请旨饬下理藩院,令雍和宫医生喇嘛数名速赴南苑,以便医治。

再,由商都调京马共五千匹,现有倒毙者一百余匹,官兵所骑马匹内沿途倒毙疲乏者四百余匹,已由马群内照数拨给,以便骑用。

又,留京在南苑牧放马匹牧长十四员、兵一百四十名,并押送察哈尔官兵张家口驻防官三员、兵十二名,暂留南苑,随同华山泰办理一切文案,尚未拨给口分,为日持久,该官兵等恐其竭蹶,可否请旨饬下户部酌给口粮,以示体恤而免赔累。

是否有当,伏乞圣鉴施行。为此谨奏请旨。

［咸丰三年六月十六日］

——《清政府镇压太平天国档案史料》第 8 册,第 47—48 页。

〇上谕

僧格林沁等奏,驻扎南苑之察哈尔官兵,现值盛暑,请拨医调治。著理藩院饬令医生喇嘛数名前往南苑诊视,以示体恤。所请拨补马匹之处,著依议行。其应补给口粮之官

兵，著户部查照成案办理。

——《清代起居注册（咸丰朝）》第13册，第7714页。

六月二十日

〇僧格林沁等奏（节录）

……本月十八日，据礼部主事宗室延煦、候补知府金铠报称，曾在金铠家服役之民人张霖，持有钦差大臣印文等项三件，到延煦家借钱，经延煦将印文扣留，令张霖回家听候等情，禀报前来。奴才等以该犯既经被人将印文扣留，难保不脱身逃遁，当即拣派司员，带领外委段连奎、陈鹏安，番役赵凤玉、朱琨，跟踪前往德胜门内花枝胡同，将该犯张霖并伊妻张刘氏、窝留该犯寓居之董长林、董长锐拿获，并由该犯屋内起获钦差大臣大学士行营翼长参领之关防一颗，管带大营练勇分司行营钤记一颗，书信三纸，烂书字纸一堆，并顶帽等件，一并解送前来。奴才等督饬章京、司员详加审讯……查张霖以无藉小民，随往广西军营，胆敢私刻钤记，假捏路照、札文，沿途冒充差官，支领夫马来京，已属目无法纪。起获书信内，竟敢捏称奉旨点派随往广西办理营务，并恭亲王密谕保奏、回京听旨、另行差往大营等语，尤属狂悖已极。惟值此逆氛未靖之际，该犯在南省一带逗遛一年有余，现虽来京，行踪诸多诡秘，且该犯狡滑异常，奴才等深恐该犯有从逆情事。该犯倚恃旁无证据，坚不吐实，亟应严切讯究，以成信谳。董长林、董长锐窝留该犯寓居，是否知情，伊妻张刘氏有无代为循隐，均应根究。除将起获路照一件、印文二件、书信三纸包封呈览外，相应请旨，将张霖、董长林、董长锐、张刘氏，并钤记、书籍、字纸，交刑部严行审讯，从重定拟……

咸丰三年六月二十日

——录副奏折，档案号03-4578-037。

〇僧格林沁等奏（节录）

……查镶黄旗蒙古参领福曜，现经奴才等派办巡防事宜。今该犯供称，系跟随福曜前往广西军营，其所带行营翼长参领关防一颗，是否是福曜之物，奴才等当向该员查询。据称：职于咸丰元年四月跟随都统巴清德前赴广西军营，经都统将张霖分派职带往，于六月至桂林省城，张霖即在都统行营充当字识。七月十五日攻克猪仔峡，都统将张霖保举从九品职衔。至十月，都统在平乐府防所病故后，张霖并未随同回京，即留在职行营充当字识。至二年五月，张霖因病具呈告退，革除字识名字。职曾经钦差大臣赛尚阿派委行营翼长，在平乐府防堵，当即仿照各营带兵将官钤记，刻有行营翼长参领关防木戳一颗，以为钤盖文报使用。后经钦差大臣徐广缙札饬回京供职，即将木戳销毁。至张霖所存木戳，职实不

知情等语……

［咸丰三年六月二十日］

——录副奏折，档案号03-4578-038。

六月二十二日

〇上谕

本日据巡防王大臣僧格林沁等奏，请加赏八旗汉军银两等语。现在八旗汉军添演枪操，所有敖尔布养育兵、闲散等，均须按期操演，倍形勤苦，著加恩赏给银二千四百两，即于火器营捐输项下动拨分赏，以示体恤。

——《清代起居注册（咸丰朝）》第13册，第7789—7790页。

六月二十四日

〇僧格林沁咨

钦命办理巡防事宜王大臣为咨行事。

本王大臣于五月二十二日密派营员前往山东一带查访事件，并访地方居民一切情形。兹据该员等回营销差，相应将该员等所禀查访情形开单咨行贵处，酌核办理可也。须至咨者。

右咨军机处。

附粘单

差弁把总李效宗、许彩山禀称：奉派往西路一带哨探，遵即于五月二十二日改装易服出都，由常新店、良乡、窦店、琉璃河、涿州、松林店、高碑店、定兴县、小店、大北河、固城、安肃县，见城南门外坍塌一段，修补尚无日期。至漕河、保定府省城，询得学院各署，三、六、九日团练，义勇兵每日每名口分京钱一百六十文。总督于五月二十二日出省，带领义勇兵三百名，每日每名口分京钱二百文。挑选督标五营兵，每营五百名，前往风凌镇等处防堵。保定府城西面城垣坍塌一段，修补未完。现在箭道北沙帽胡同设局铸抬枪，尚未完竣。路经大集店、方顺桥、望都、清风店、定州、明月店、新乐县、阜城驿、正定府，见府城西南面坍塌一段，修理未完。又至十里铺、张子河、栾城县、赵州、柏乡县、顺德府、邯郸县、风凌镇，见该县现有行营，设有粮台，藩司驻扎大营。临洺关现有营座粮台，总督驻扎。大名府至黄河以北，有天津宣化督标兵在彼防堵。五月初四日归德府有土匪滋扰，从南门窜出东门，抢掠睢州一带，初七日至刘家口，初九日扑汴梁城，被本城陈大老爷施放大炮击毙二千

余名，贼匪逃奔朱仙镇。又闻由汜水渡河扰武陟、彰德等处，被讷总督派员会同知府击败，现被官兵追至司马集。把总等因该处盘诘过紧，是以回京销差。

差弁千总费明、董浩兴禀称：奉派赴固安、河间、德州、淮徐一带哨探，于五月二十二日出右安门，走黄村、固安县、徐沟村、孔家马头、雄县，遇见霸州官兵经过，千把外委四员，带兵五十名赴省，至该县换车，每兵一名供给京钱三百文。由雄县至任邱县、献县、商家林，闻通州协甘恪修带兵五百名驻扎河间府城。由辛店至阜城，过漫河至景州，遇天津王千总往恩大人军营送马五百匹。该州县皆有团练。走至刘智庙，有河间协邱鸿恩带兵五百名驻扎。至德州，该州沈牧自行团练壮勇二百名，赴交界巡防，四乡亦各有团练。自德州至东昌、恩县、茌平、桐城驿、旧县、东平州、汶上县、兖州府，知府叶圭书。是日探得贼于五月初九日在曹州府属之刘家口偷渡，被沿河居民打一胜仗。次日，贼将沿河民房拆毁，捆成大筏渡黄，至河中，因水大，木筏损坏，淹毙贼多名。适曹州镇带兵开放枪炮，该匪往西南逃窜，竟奔汴梁，沿途分扰归德府属之宁陵、睢州，开封府属之兰仪，三州县俱已失守。后直扑祥符县，知县带县署差役人等，并约阖城回民坚闭四门，单开南门，施放枪炮，将贼击退。次日又来又击，当被大雨冰雹，将贼打散，败奔蟒山头。并闻李大人因贼将欲渡黄，遂将沿河所有船只全行烧毁。又闻山东巡抚李大人于五月二十一日由兖州府前往曹县防堵，恩大人于五月二十六日由济宁州前往曹州府防堵，濮口有瑞大人带兵驻扎。千总等闻贼已西窜，淮徐一带甚为安静，且无船只，不能过河，由汶上、东平、东阿等州县折回东昌府城聊城县。探得聊城县系三岔要路口，有探报往来各路军营探信。初九日，据探子回报，贼匪在蟒山头扎营，于五月十七、八等日夺孟津口渡黄。先有十数人骑水羊渡过河北，抢得煤船三只，回到河南，贼众千余人乘煤船渡河，攻怀庆府，被大兵击退。贼分两股，一股西窜，一股奔江西，余贼占距据阳城山口。又闻得五月二十七日夜，黄河攀龙集地方，因雨急风紧，水势骤长，漫溢堤坝，遂将原筑堤坝合龙之处冲陷，东西两岸亦皆有坍塌。初十日，有东昌府参将玉山，奉李大人派，带兵二百名，由刘家口回聊城县防堵。千总等伏思淮徐一带现既据报安静，至曹州府、曹县、濮口等处皆有大兵屯扎，似无可虞，不敢逗留，即于十一日北上，(由)[因]东昌旱路水大万难行走，遂雇船由运河走临清州、李家店、德州，遇山东崇藩台上任。仍因水大不能复行旧路，沿堤由(联)[连]镇、沧州、青县、唐官屯、梁官屯、天津府、河西务、张家湾回京销差。

[咸丰三年六月二十四日]

——《清政府镇压太平天国档案史料》第8册，第190—193页。

七月

七月十九日

○上谕

昨据陆应谷奏，请将守城出力之许州知州金梁以知府留于河南补用，并赏戴花翎，业经降旨允准。因思贼匪前扑许州，该州阖城文武绅民登陴堵御，合力固守，转危为安，自应普被恩施，以示鼓励，著陆应谷将在事出力文武绅民详细查明，酌量保奏，候朕施恩，毋许冒滥。其余被贼地方失守城池之文武员弁，仍著遵照前旨，迅即查明，据实严参，按律惩办，毋稍徇隐。

——《清代起居注册(咸丰朝)》第14册，第8125—8126页。

七月二十二日

○僧格林沁等奏

奴才僧格林沁等谨奏，为筹备军饷办理情形，恭折奏闻，仰祈圣鉴事。

窃奴才等奉命办理巡防事宜，所有一切防守事件，业经次第具奏举行。惟现在妖氛猖炽，殄灭尚无确期，军饷浩繁，库藏现已告匮，是目下最急最重之事，莫大于筹备军饷。虽然，各省举行捐输，为数无多，无济于事。奴才等每虑及此，寝馈难安。因见本年春夏之际，京城商民大半息业，返里晋省之民，携回重赀岂止数千万两。现在京师劝捐寥寥，即由赀财聚于晋省之故。奴才等因思该省乃天下财赋饶裕之区，绅士庶民素称朴诚忠厚，若能妥善劝捐，必可大收实效。是以奴才等公同商酌，将详切情形函致晋抚哈芬，满拟七、八两月之间该省必可劝捐数百万两，以资补助。讵于本月二十一日接到覆函，内云晋省现在虽不如前，较之他省仍称富足，无如民情涩吝，若使之捐赀助饷，其势甚难。现虽赶紧劝捐，为数无几，诚恐军饷不能接济，最为可虑等语。该抚臣受恩深重，值此时艰，自必竭力图维，岂肯心存膜视？所覆一切，自系该抚臣办理不易之实在情形。然除晋省之外，财赋之区半为逆贼蹂躏，断难望其捐输济用，现在若不即为筹画，尚欲缓图，势必临时饷竭兵溃，为害岂可胜言。兴念及此，焦灼难名。

为此不揣冒昧，据实陈明，并将该抚臣原函恭呈御览，伏乞圣裁。谨奏。

［咸丰三年七月二十二日］

——《清政府镇压太平天国档案史料》第8册，第604—605页。

〇上谕

前因军需孔亟，叠经谕令山陕等省督抚申谕劝捐，兹据哈芬片奏，体察现在情形，并巡防王大臣僧格林沁等奏，函致该抚妥速筹办，现接覆函，据称赶紧劝捐等语。刻下军务未竣，仍须借资民力。山西较之各省尚称饶富，风俗淳朴，绅士商民中急公好义者必不乏人，上次输将踊跃，于事不为无济，是以特降恩纶，推广学额、中额，以昭激劝，并令在籍绅士广宣德意，遍谕闾阎，捐助军饷，以冀迅殄贼氛，共享升平之福。现在河北贼匪屡经大兵攻剿，即日可望埽除，惟接济军需，晋省地属邻近，必须赶紧筹办，方免贻误。哈芬业经出省，藩司郭梦龄前次办理捐输章程具在，自应迅速查照办理。著该抚即责成该司饬属实心经理，并著于属员中择其官声素著、为民悦服者，遴委数员，分赴各属，会同地方官绅，于该处殷实之户剀切申劝，使民间咸知，捐赀助饷即以保卫乡闾，并可渥邀恩奖。如此实力劝谕，谅皆乐于输将。其上次捐户数目，此次除已捐输外，如有已得奖励、不愿重邀优叙者，即著藩司给予印照，暂行贷借，军务告竣，按数发还。徐继畬等现办团练，该司与就近商酌，总期及早集事，无误要需。该抚接奉此旨，即著刊刻宣示，俾该省绅民人等咸喻朕意。

将此由六百里谕知哈芬，并传谕郭梦龄、徐继畬等知之。

——《清文宗实录》卷一〇一，咸丰三年七月乙丑。

七月二十九日

〇僧格林沁奏

奴才僧格林沁谨奏，为急筹军饷，请派京员回籍劝捐，以纾经费，恭折奏闻，仰祈圣鉴事。

窃维军务告竣无期，库藏现已报匮，亟应宽为筹画，以资补救。奴才原以饶裕之区，晋省甲于天下，若该省绅民输将踊跃，军饷可无匮乏之虞。乃抚臣哈芬来函内称，晋省虽称富足，使之捐资助饷，其势甚难等语。奴才伏查，各路大营兵勇及京城兵饷，每月所需不下二百万两，兼之丰北、永定河工在在需饷。抚臣哈芬身任地方，操之过急势近勒派，缓图又误事机，是该抚臣办理不易，自系实在情形。

前次蒙恩颁赐清字朱谕，仰见圣恩高厚，体贴入微。奴才跪读之下，沦肌浃髓，钦佩难名。然值此时艰之际，若不赶紧设法图维，一至饷竭兵溃，其害不敢设想。当此万难之际，其内外札萨克蒙古王公等，无不亟思效命，志切同仇。所有需用驼马，由奴才另折具奏。惟经费一项，奴才再四筹思，现在各省地方安静而素称饶裕者，惟山西、四川、广东、陕西四省，必须在京大臣官员内闾里咸尊、素有人望者前往劝导，或可望收实效。请饬下在京之

四省大臣官员，公同会议，各责成一二员前往该省，会同督抚大吏，于绅商中极力劝导，或罄囊捐输，或暂且借贷，一有成数，随时奏明拨解，以济要需。

军食民命，所关甚重，奴才实出万不得已，谨就愚衷，不揣冒昧，恭折具奏。是否有当，伏候圣裁。谨奏请旨。

［咸丰三年七月二十九日］

——《清政府镇压太平天国档案史料》第 9 册，第 53—54 页。

〇上谕

内阁奉谕旨：

自军兴以来，需饷浩繁，特发帑金数千万两，以冀为民除害。今逆贼困踞江城，已极穷蹙。河北之贼，旦夕亦可翦除。惟军需各款，不能不宽为筹备。叠经降旨，谕令山西、陕西、四川、广东等省督抚，申谕劝捐，以资接济，并特颁恩旨，加广中额、学额，以昭激劝，通行各省，谅已周知。本日据僧格林沁奏，请派山西、四川、广东、陕西京员回籍劝捐，该郡王自系因需饷孔殷、亟筹集事起见。朕思各该省大吏身任封疆，值此军需紧要之时，自无不督率所属，尽心筹办，即各省在籍大小官绅，或经特旨简派，或由京员保奏，奉旨帮办捐输、团练事宜，该员等桑梓情联，悃忱共抒，亦必能协同地方官剀切劝谕，踊跃输将，以申敌忾同仇之志。前此山陕等省捐资备饷不下数百万两，即被兵省分及素称瘠苦之区，亦多竭诚报效，可见急公好义，人有同情，经理得人，易收成效，正不必再派京员纷纷四出，致令各省官绅转生观望。著申谕山西、陕西、四川、广东各督抚，督饬地方官及在籍绅士，广宣德意，遍示乡闾，俾知捐助军饷即与效力行间无异，所捐之款一有成数，即行奏明，候朕优加奖励。各该督抚即宣谕官绅士民，同心合力，以济军需，从此埽荡贼氛，绥靖疆圉。朕实有厚望焉。

此旨著通谕各省督抚知之。

——《清代起居注册（咸丰朝）》第 14 册，第 8205—8209 页。

〇上谕

僧格林沁奏，请令内外扎萨克蒙古王公台吉人等捐输驼马。著兵部会同理藩院妥议具奏。

——《清代起居注册（咸丰朝）》第 14 册，第 8217 页。

八月

八月初五日

〇上谕

英隆奏请将捐备去年冬季、今年春季奉旨由黑龙江调往江南一带官兵马匹牛羊并喂养草豆等物之廓尔罗斯扎萨克公等鼓励一折。官兵由本处起程,经过蒙古哲里木盟长等地方,所需牛羊并喂养草豆,俱未收价。廓尔罗斯扎萨克公扬赞巴拉、阿尔塔宽齐尔,科尔沁扎萨克多罗郡王僧格林沁、扎萨克和硕塔尔罕亲王索特那木彭苏克、扎萨克多罗兵图郡王林沁扎拉赞等,俱著交理藩院分别议叙。

——《清代起居注册(咸丰朝)》第14册,第8278—8279页。

八月初六日

〇僧格林沁等奏

奴才僧格林沁等谨奏,为遵旨派员前往山东覆加查访,恭折奏祈圣鉴事。

窃奴才等前据派赴山东之千总费明等探访得,东昌府在籍巡抚傅绳勋办理团练,并未捐助银钱,先将家属迁移下乡,并欲将近城庄稼割去;又知府王观澄欲搬家属,以致人心慌乱,经聊城县知县李肇春拦阻,仍复黄夜潜移;县令之母坐堂安民各等情。奴才等当将该弁所禀情形,于本年六月二十六日据实具奏。本日军机大臣传奉谕旨,令奴才等派员前往覆查。钦此。遵即遴派守备程秀,带同原探千总费明,前往覆加查访。

兹据该员等旋京禀称:由京起程,经过地方尚属安静。于七月十三日行抵东昌府,询访情形,核与原报相同。该员等正在查访间,适遇聊城县知县李肇春出城弹压粮船过境,见该员等在彼行走,知县李肇春当向查问,该员等告以访查事件,知县李肇春即约同该员同到知县衙署。复向知县李肇春面询,据称:傅绳勋闻得贼匪窜近,先将家属迁至平阴属实,其办团应捐之资,向归公局经管,该县不能深悉;至王观澄原欲将眷属迁移,该县向其谏阻,后仅知其将辎重运往他处,其如何将家属黄夜潜移,实不得知;当贼匪窜至刘家口时,人心惊惶,纷纷迁避,并有知县亦经迁去之说,因请伊母临堂犒赏团勇,婉谕决无迁避之意,民心由此稍安;傅绳勋曾欲关闭城门,经该县阻止,并无令该县割去临城庄稼之事。等因。禀覆前来。

谨将遵旨派员覆加查访缘由,恭折具奏,伏乞圣鉴。谨奏。

［咸丰三年八月初六日］

——《清政府镇压太平天国档案史料》第9册,第119—120页。

〇上谕

僧格林沁等奏请修整察哈尔官兵帐房军械等件并筹备衣服马匹一折。察哈尔官兵驻扎南苑两月有余,帐房什物、鸟枪弓箭等项间有(捐)[损]缺,著工部、武备院查明,修整更换。其官兵等应用御冬衣服,并乘骑马□,据奏请令自行备送等语,著内务府查明,核议具奏。

——《清代起居注册(咸丰朝)》第 14 册,第 8285—8286 页。

八月初九日

〇上谕

僧格林沁等奏,请将管带三盟官兵之贝勒改派等语。喀(拉)[尔]喀贝勒布彦巴达尔呼于上年承袭贝勒,未经阅历公事,系初学当差,于管带兵丁要差不甚相宜,著即照所奏,布彦巴达尔呼仍回原籍,著改派乾清门行走之二等他布囊布彦图、乾清门行走之三等他布囊多尔济拉布坦。布彦图著分管喀拉沁三旗官兵,多尔济拉布坦分管土默特两旗官兵。仍著将三盟官兵交额外侍郎拉木棍布扎普、总管那福德等妥为训练,勤加操演,并木兰马场内禽兽,均准其自行枪射,俾娴技艺。所请收好帐房、支搭席棚存身之处,著不准行。

——《清代起居注册(咸丰朝)》第 14 册,第 8313—8315 页。

八月二十四日

〇上谕

前据僧格林沁等奏,筹备察哈尔官兵御冬衣服,当降旨交内务府核议具奏。兹据奏称,拟折给银两钱文等语。所有驻扎南苑之察哈尔官员兵丁,著加恩赏给银二百七十六两、制钱二万二千三十串,由火器营捐输项下给发,以为制办冬衣之用。余依议。

——《清代起居注册(咸丰朝)》第 14 册,第 8467—8468 页。

九月

九月初二日

〇僧格林沁等奏

御前大臣僧格林沁等谨奏,为遵旨选择察哈尔官兵马匹[事]。

臣等查，所有留在南苑备差马二千匹内，挑选堪以乘骑者不足数百匹，其余俱系疲瘦，不堪乘骑。可否请旨，由（有）[南]苑阿拉善圈马内选择数百匹。如不敷乘骑，由绿营马匹内选择，以备急用。俟臣调马匹到京时，再行照数补还。为此谨奏请旨。

咸丰三年九月初二日奉朱批：著依议办理。今日降旨调京所需马匹，著一并筹及。钦此。

——《清政府镇压太平天国档案史料》第9册，第533页。

○上谕

上命军机大臣传谕僧格林沁、德勒克色楞、特兴额、多尔济那木凯、培成曰：

昨有旨，令培成、多尔济那木凯带领驻扎南苑之察哈尔官兵驰赴正定一带协同防剿，著僧格林沁等挑选得力精兵二千名，饬令迅速分起前进。

——《钦定剿平粤匪方略》卷57，第19页。

九月初五日

○僧格林沁等奏（节录）

……前据各旗营呈报城墙坍塌段落及外七门外水冲浪窝，业经步军统领衙门、巡防处先后奏请敕交工部兴修在案。兹因巡防紧要之际，奴才等复亲往查看，惟朝阳门外月墙坍塌约长十余丈，情形较重，且系城外，纵工部加添人夫，赶紧修理，断非十余日可能完竣。奴才等公同商酌，拟在坍塌月墙以外，假就仓廒房间空缺处，接筑砖墙，以资捍卫。

再，查外七门外水冲浪窝数段，离城墙一二尺、三四尺不等；又广渠门外迤南浪窝一段，透进城墙，势难缓待。应即用土填塞，以昭慎重。

以上各工，拟交各该营汛购料觅工，予限十日，兴筑完竣。所需银两，即在火器营捐输项下动用，俟工竣时，由巡防处派员验收……

咸丰三年九月初五日

——录副奏折，档案号03-4517 080

九月初九日

○实录

上御乾清宫，授惠亲王奉命大将军印，御前大臣、科尔沁郡王僧格林沁参赞大臣关防。先期遣内阁学士载堪奉印、奉关防，陈于乾清宫案。大将军、参赞大臣暨从征各官，咸蟒袍

补服,俟于丹墀东。届时,上御龙袍衮服,至乾清宫入座。大将军、参赞大臣升自东阶,从征各官从升。大学士裕诚、祁寯藻奉印、奉关防,授大将军、参赞大臣。大将军、参赞大臣祇受,率从征将士行礼。礼成。上还养心殿。

——《清文宗实录》卷一〇五,咸丰三年九月辛亥。

〇上谕

前此逆贼滋扰怀庆,叠经大军攻剿,溃窜山西。复经胜保等飞追截击,该逆计穷东窜,复由临洺北窜正定一带。胜保等现已统领大兵出山,绕至贼前。该逆不敢抗拒,残喘苟延。畿疆近地,岂容逆匪肆行! 前命培成、多尔济那木凯、达洪阿等,统带旗营官兵并察哈尔官兵出京进剿,必须亲近重臣总统诸军,以伸天讨。惠亲王绵愉仁勇忠诚,威德克济,著授为奉命大将军;御前大臣、科尔沁郡王僧格林沁公忠体国,谋勇兼资,著授为参赞大臣。本日朕御乾清宫,亲颁大将军印、参赞大臣关防,并颁给锐捷刀,交惠亲王祇领;讷库尼素光刀,交僧格林沁祇领。即日统领健锐营、外火器营、两翼前锋营、八旗护军营、巡捕五营及察哈尔各官兵,并哲哩木、卓索图、昭乌达东三盟蒙古诸王等劲旅,由京前往合剿,与钦差大臣胜保等前后夹击。天戈所指,自可克日荡平。王等其戮力同心,严明赏罚,迅奏肤功,以副委任。

——《清代起居注册(咸丰朝)》第15册,第8594—8597页。

〇上谕

谕军机大臣等:

胜保奏追贼获胜、并飞催各路官兵分道进扼一折。逆贼自窜直境,所过州县并未堵御,官兵亦迄未追及,以致穷蹙余匪肆意奔突。经此次痛剿及逃散不下三四千人,自必愈形穷蹙。惟该逆既已渡河而北,恐南路进剿之兵又成尾追之势。本日特命惠亲王为奉命大将军,并命僧格林沁为参赞大臣,统带健锐营兵五百名,外火器营兵五百名,两翼前锋营、八旗护军营兵二千名,巡捕五营兵五百名,察哈尔兵一千名,即日出京,与该大臣前后夹击。所有前次派出培成等所带各官兵,皆系同时陆续启程,该大臣所称催令分赴深泽、无极及阜城驿等处进剿之处,犹恐缓不济急,著即先将催到之兵扼要布置,仍飞咨僧格林沁分拨进剿。庆祺所带之盛京兵已由水路启程,即可令其前赴河间扼截。此时西凌阿等由南兜剿,即可兼防东窜之路,该大臣再能迅速北趋,已不难兜围剿灭,勿因命将出师,稍有延待。总期同心戮力,迅殄妖氛。论功行赏,朕惟以剿贼之迟速为权衡也。

本日又据桂良奏,水路由深州可通豫河,直至天津,现已移咨庆祺相机进止;又滏阳河一带界连冀州、献县等处,亦连天津,为盐船聚集之所等语。著该大臣即酌筹妥防。其讷

尔经额原带之兵，现归西凌阿管带，能否即将此项官兵调拨东南一带，即著酌量办理。

将此由六百里加紧谕令知之。

——《清文宗实录》卷一〇五，咸丰三年九月辛亥。

○上谕

顺天府奏，现饬大兴、宛平二县赴乡雇觅骡驼车辆，价值较昂，请饬拨银备办等语。著准其于火器营拨给协济银四千两，核实给领，以资筹备。现在僧格林沁统领官兵即行启程，已令户部拨给银二万两，交顺天府赶紧设立粮台，派委妥员承办，送至直隶保定一带，再由直隶粮台接办，毋稍迟误。将此谕令知之。

——《清文宗实录》卷一〇五，咸丰三年九月辛亥。

○上谕

内阁奉谕旨：

僧格林沁现在统兵出京，著添派亲王衔定郡王载铨、内大臣璧昌办理巡防事宜。

——《清代起居注册（咸丰朝）》第15册，第8594页。

九月初十日

○上谕

僧格林沁现在派往军营，伊所管之正白旗领侍卫内大臣事务，著恭亲王奕䜣署理。

——《清代起居注册（咸丰朝）》第15册，第8609页。

○上谕

僧格林沁现在派往军营，伊所管之正蓝旗满洲都统事务，著裕诚署理。

——《清代起居注册（咸丰朝）》第15册，第8610页。

○上谕

谕军机大臣等：

据桂良奏，贼由深泽扰及深州，恐东窜河间、天津等语。贼匪知大兵自西北兜围，折向东南窜突，河间、天津甚关紧要。僧格林沁等所带劲兵，昨甫启程，未必即能分路赶到，自应先就现到之兵扼要布置。庆祺若折回天津，固嫌水程迂缓；令其严扼河间，正可迎头截击。但盛京官兵宜于陆战，必须舍舟登岸，方能得力。庆祺究系文员，只宜督率调度，仍须

曾经出队武职大员管带接仗，著胜保迅即酌派一二员飞速前往。恩华所带之兵，既并归胜保大营，其随带炮位尽可留用。所有佟鉴带赴保定之炮，准其分携前往河间一带。此时滹沱以南傥已无贼，西凌阿必已由藁城北渡，该处由束鹿东驰，距深州甚近，佟鉴由安平进兵，去深州亦只数十里，必能前后夹击。维禄所带盛京兵尚在南路，即由南宫、冀州一带扼其东南，贼更无从纷窜。至天津一路，已谕知文谦严防，本日复谕令将船只分别收撤，但兵力终觉单薄，著胜保妥筹布置。如佟鉴、西凌阿均能追及贼踪，河间扼守已严，或令庆祺折回，或另拨兵协助，即行飞咨办理。河间文武能否得力，省城守备情形如何，即著桂良随时具奏。总之，兵贵神速，不可专待京兵。是为至要。将此由六百里加紧各谕令知之。

——《清文宗实录》卷一〇五，咸丰三年九月壬子。

九月十一日

〇上谕

胜保奏续获胜仗、扼要堵剿一折。藁城贼匪逃向晋州，该大臣已派西凌阿、经文岱等跟踪紧追，该大臣由定州至保定，督兵进剿。惟河间、天津一带甚属空虚，本日已谕令僧格林沁，派令培成、多尔济那木凯、达洪阿等，将所带之京兵及察哈尔官兵迅催前进，由高阳、深泽一路迎击。惟培成等甫经出京，道途纡折，恐一时未能赶到，且诸将中惟达洪阿曾经出兵，其余俱未经行阵，仍著胜保迅派得力将弁带兵前往，扼要堵截，勿稍延待。庆祺带领盛京官兵，应于何处截击，遏贼东窜天津之路，并著该大臣酌量调度。僧格林沁所带官兵四千余名，约在涿州一带布置，兼顾保定、易州等处。其河间、天津等处，何路紧要，即著拨兵迅速进剿，并随时知照僧格林沁等酌度缓急，相机夹击。讷尔经额原带之兵，前已有旨，饬令归西凌阿管带，著胜保迅即飞调来营，以资攻剿，毋任逗遛迟误。将此由六百里加紧谕知胜保，并谕庆祺知之。

——《清文宗实录》卷一〇六，咸丰三年九月癸丑。

〇上谕

谕军机大臣等：

本日据胜保奏，藁城贼匪现已攻破、逃往晋州等语。著僧格林沁即催令培成、多尔济那木凯、达洪阿等，先将已到之兵即刻管带前进，探明贼踪，与胜保等知会，合力夹击，毋令逃窜。将此由六百里加紧谕知僧格林沁，并谕培成、多尔济那木凯、达洪阿知之。

——《清文宗实录》卷一〇六，咸丰三年九月癸丑。

〇上谕

上又命军机大臣传谕桂良曰：

此时逆匪被创逃窜，不难设法殄捡，惟保定既有准备，恐贼匪东窜河间、天津等处，不可不迅速截剿，已谕知僧格林沁、胜保，将培成、多尔济那木凯、达洪阿等所带官兵催赴迎击，该督即知照庆祺，将所带之兵扼要会剿，并确速侦探贼踪，毋稍延误。

——《钦定剿平粤匪方略》卷59，第22页。

〇上谕

前由山西窜入直隶逆匪，经胜保统领各路官兵追剿截击，叠获胜仗。兹命惠亲王为奉命大将军，御前大臣、科尔沁郡王僧格林沁为参赞大臣，即日带领京兵并察哈尔官兵、东三盟蒙古官兵驰往，与胜保会同剿办，天戈所指，不难一鼓歼除。惟念京城内外及近畿乡曲小民，见闻未广，或不免听信讹言，致有惊扰，著巡防王大臣、步军统领衙门、顺天府、五城、直隶总督将现在剿办贼匪情形刊刻宣示，剀切晓谕城乡商民人等各安生业，互相稽查，傥有形迹可疑及造言生事之人，一体严拿，从重惩办，用副朕戢暴安良至意。将此通谕知之。

——《清文宗实录》卷一〇六，咸丰三年九月癸丑。

九月十二日

〇僧格林沁奏

奴才僧格林沁跪奏，为奏闻事。

窃奴才奉命带兵迎剿，于本月初九日跪聆圣训，即日出京，督带各营官兵次第行走，十一日午刻齐抵涿州，当在该州迤南扎营。业经飞咨钦差大臣胜保暨直隶督臣桂良确探贼踪，奴才复委巡捕营员星夜往探，一俟得有确实文报，再定行止，不敢稍涉大意。

所有奴才驻扎涿州情形，理合恭折奏闻。谨奏。

咸丰三年九月十二日奉朱批：知道了。钦此。

——《清政府镇压太平天国档案史料》第10册，第118页。

〇上谕

军机大臣字寄钦差参赞大臣、科尔沁郡王僧。咸丰三年九月十二日奉上谕：

据胜保奏，探闻逆匪欲由晋州窜扰安平、祁州、蠡县一带，该大臣已抵清风镇，即日由保定一路向南击剿。派善禄由祁州进兵，并咨会庆祺防剿河间北路，培成、多尔济那木凯

由东北蠡县速进会剿，达洪阿由保定驰进，与该大臣会合，酌量分拨协剿。顷又据胜保奏，逆贼分股滋扰，攻陷深州，蠡县告急等语。著僧格林沁即日带兵驰赴保定，以防逆贼北窜，并可防备东西两路，以便胜保专力进攻；并著飞催培成、多尔济那木凯、达洪阿等即行管带现到官兵迅速前进，知照胜保应由何路接应，即行调拨，毋稍延误。

本日据载龄奏称，十一日，有侍卫阿拉金、巴隆阿、阿林、景和四人领马。该侍卫等所带官兵业已赶赴军营，何以该侍卫等尚未起程？著僧格林沁即查明。该员等到营如系任意迟误，即行据实参奏。

将此由六百里加紧谕令知之。

钦此。遵旨寄信前来。

——《清政府镇压太平天国档案史料》第10册，第112—113页。

〇上谕

本日据胜保奏，贼由晋州纷窜。又据奏，贼匪分股窜扰深州等情。逆匪奔突无定，若分股滋扰，又恐牵掣我师。西南两路固应防备，而东路河间、天津一带尤关紧要。绵洵、桂龄、郝光甲、蕴秀等究竟在何处耽延？著即严催星速前进，毋得再有延误。庆祺现在行抵何处，应于何路堵截贼匪，著胜保酌量调拨。胜保等惟有并力进剿，迅殄丑类，以副委任。现在江西匪船下窜安徽，庐州一带势甚危急，若不及早殄灭此股贼匪，傥皖省匪徒北窜，更恐滋蔓难图矣。保定防守一切事宜，即责成桂良严密布置，并与僧格林沁商酌办理。讷尔经额前由天津运赴清化镇炮位，现在是否带至军营，著查明酌调应用。将此由六百里加紧各谕令知之。

——《清文宗实录》卷一〇六，咸丰三年九月甲寅。

九月十三日

〇僧格林沁奏

奴才僧格林沁跪奏，为逆匪扰窜地方皆系东北往京之路，涿州之兵正可迎击，势难分拨，恭折奏祈圣鉴事。

本月十二日卯刻，奴才在涿州大营接准军机大臣字寄，咸丰三年九月十一日奉上谕（谕文略）。旋准直隶督臣桂良咨，准钦差大臣胜保咨称，贼匪又有窜扰蠡县之说，移咨转催培成、多尔济那木凯由蠡县、高阳进兵，等因前来。是贼踪窜扰，皆系东北往京之路。伏查奴才所统之兵乃都城屏障，蠡县迤北无险可恃，路路可通，即使立即派兵往迎，贼必东堵西窜，仍不能扼其东北绕突。且即使果能迎至该逆之前，兵分力单，亦难望其得力。奴才

详细筹思，现在时势，总宜暂在涿州驻扎，听候确信。如逆匪仍奔东北，则涿州之兵正可迎截，即使该逆绕过保定省城，或东或西向京窜奔，亦可迅速移营横前拦截，方免顾此疏彼之虞。总之，贼氛逐渐逼近京畿重地，北面之防尤关至重，奴才所统之兵不敢远离京畿，应请饬下钦差大臣胜保，先其所急，相机乘胜，必须绕出贼前，合力拦截，庶可杜其窜扰京畿。

奴才为慎重畿疆重地起见，恭折覆奏，伏乞圣鉴。谨奏。

咸丰三年九月十三日奉朱批：所见是极。虽续有廷寄，汝亦可斟酌进止。随时军情，岂能拘于谕旨？朕派汝出去，专赖汝屏障京师。左右狐疑，必无定见，汝之办事，岂肯出此。著暂驻涿州，以为北路声势。贼未至，慎莫轻出；贼既来，必不使返。朕见到如此，料汝之见亦如此。僧格林沁原折并朱批，著惠亲王等同看。钦此。

——《清政府镇压太平天国档案史料》第10册，第126—127页。

〇上谕

昨因贼陷深州，蠡县告急，降旨令僧格林沁等进驻保定，与胜保等合力攻剿。本日据僧格林沁奏，蠡县迤北，无险可恃，所统之兵总宜驻劄涿州，不可远离。所见极是。僧格林沁统领京兵，现驻涿州，实为京师屏障、保定后路，且足为该大臣北路声援。朕命将之意，实在于此，并非令该王等代替该大臣也。直隶军务一切，仍责成胜保，就现在统领之兵酌量调度，以一事权，不必疑虑。昨又令西凌阿、善禄帮办军务，声势愈盛，贼胆必寒。

该逆既扰晋州，复窜深州，奔突无定。兹据桂良奏，深州乡勇聚集万余人，将城围困，专望枪炮接济。闻该大臣拟由张登集驰往进剿，并令佟鉴带炮随往，著即乘此机会迅速前进。其晋州贼匪分股，是否西凌阿、善禄等追剿亦已得手？东路河间一带必宜严防。庆祺绕由鄚州驰赴河间，仍须该大臣派委得力大员协力截击，尤须扼贼东窜天津之路。并随时知照崇恩一体严防，若余匪穷蹙，窜至山东，必须迅速追击。东省兵单，皖省情形亦复吃紧，想该大臣全局在胸也。

胜保等统带之兵现有若干，催调未到之兵若干，讷尔经额所带之兵现亦归胜保调遣，统计大营各路官兵共有若干名，著即详悉奏闻。贼匪奔窜剽疾，其火药铅丸，虽沿途抢掠，亦岂能如许之多？著胜保密查，如有奸民暗中售卖，必须设法严拿，断其接济。且屡次击败贼匪，遗弃骡马器械等件充塞道路，安知非诱我兵夺拾耽延，藉得乘间逃逸？种种奸计，均须虑及，切勿大意。

将此由六百里加紧谕知胜保，并谕西凌阿、善禄知之。

——《清文宗实录》卷一〇六，咸丰三年九月乙卯。

九月十四日

〇胜保奏

臣于十一日探得，逆匪分扰安平、蠡县及距保定六十里之张登地方。又，查深州东、南两面大水，贼难偷渡；北面水小，逼近饶阳，泥淖可行；西路无水，界连安平、祁州、深泽、无极等处，恐贼仍由此窜逸，亟须四面兜剿。已派善禄由祁州、深泽驰赴深州西面，择要堵剿；西凌阿由束鹿赴深州西南面驻扎，与善禄作犄角之势。臣由张登、安平直捣而南，径趋深州，督率各路兜剿。至饶阳一带，已派吉林、黑龙江马队三百余名前往，遥作声势。至庆祺所带盛京官兵，业已飞催，并遵派松玉前往河间，与庆祺商办防剿事宜。傥贼势尚众，仍有不敷攻剿之处，即当咨商僧格林沁办理。

——《东华续录》咸丰二十七，咸丰三年九月丙辰，第 35 页。

〇上谕

谕军机大臣等：

胜保奏由省进赴深州、并飞饬各路兜剿一折。逆贼窜踞深州，明知北面大兵云集，乃敢分股北扰安平、蠡县及张登集等处，固因东、南两面水大难行，亦难保非零星牵缀，分我兵力。现在贼众约有若干？何以扰及数处？胜保既督兵由省启程，自可从北面随剿随进，其善禄、西凌阿由西面及西南面进剿，自应如此布置。惟东、南两面虽有大水，仍不可不严为堵截。深州乡勇围贼之事是否确实？如果民心齐集，加以兵威，自必更易得手。绵洵、桂龄、蕴秀、郝光甲所带各兵，何以屡催未到？著即查明现抵何处，饬令迅速趱行，不得又以接咨迟延，藉词推诿。讷尔经额所带之兵，并著速行催调，以备攻剿。

惠亲王现须留京，调度京城内外一切巡防事宜。此次派出官兵，均系僧格林沁统带出京。僧格林沁、培成、多尔济那木凯、达洪阿等所带官兵俱驻涿州，保障京师，所有保定省城防守事宜，仍著桂良妥为布置。

恩华奏带之文武员弁，即著胜保察看，分别去留。

将此由六百里加紧各谕令知之。

——《清文宗实录》卷一〇六，咸丰三年九月丙辰。

〇上谕

上命军机大臣传谕奕兴、景淳、英隆、舒伦保、成凯、盛壎、毓书、华山泰、富勒敦泰曰：

现在贼匪由山西窜出，扰及直隶，京畿内外早经分设巡防，并特简惠亲王为大将军、僧格林沁为参赞大臣，统领重兵，以为钦差大臣胜保声援，妥筹布置。惟贼情狡诈，飘忽靡

常,被剿紧急,仍虞奔突,必得豫筹准备,方足以严捍卫而固畿疆。著奕兴、景淳、英隆、舒伦保、成凯、盛壎、毓书、华山泰、富勒敦泰各于所管官兵内,迅即挑选精壮,酌定名数,操演纯熟,并备齐军装器械、火药铅丸,听候谕旨,一经调拨,即刻起程来京。此系密旨,思患豫防,该将军、都统、副都统等务当不动声色,豫为筹备,断不可稍涉张皇,以致讹言四起,惊扰兵民。其直隶境内攻剿情形及贼踪所向,并著随时侦探,以备不虞。并各将挑选官兵名数先行具奏。

——《钦定剿平粤匪方略》卷六〇,第16—17页。

九月十五日

〇僧格林沁奏

再,奴才接准钦差大臣胜保咨称,逆匪扰及深州一带,该大臣即日督兵,由保定省垣自北而南直捣贼营,会合各路剿办,移咨奴才相机保卫神京,以为官兵后援等因。与奴才前次具奏机宜吻合。奴才业将河间迤北路路可通京畿,是以在涿州扼要暂扎,以便相机横截,并知照该大臣确探贼踪所向,如奴才督兵前进,与该大臣所统各路官兵可以合力兜围,使贼不致突围,由左右路径北犯,我兵不致绕截不及,又成尾追之势时,立即飞咨奴才,以便选择兵丁,移营前进,与该大臣合营剿办,以期迅扫妖氛,早舒圣廑等因,飞咨该大臣在案。谨附片具奏。

[咸丰三年九月十四日]

咸丰三年九月十五日奉朱批:所虑俱是,随时相机剿办。钦此。

——《清政府镇压太平天国档案史料》第10册,第143—144页。

〇僧格林沁奏

再,九月十四日,已革理藩院尚书恩华由涿州经过,奴才将该革员传至大营,查询贼匪情形。复据该革员声称,适准钦差大臣胜保文称,九月十二日奉上谕:

胜保奏,恩华现已赶到,可否责令戴罪自效等语。恩华业经革职拿问,惟当军务需人之际,既据该大臣奏留,著缓解京,准其留于胜保军营戴罪图功,以观后效。钦此。

在该革员自应星即驰赴钦差大臣胜保军营听候差委,惟该革员既已行抵涿州大营,且备悉逆匪情形,可否暂留奴才军营戴罪图报之处,出自皇上天恩。谨附片具奏。

咸丰三年九月十五日奉朱批:另有旨。钦此。

[咸丰三年九月十四日]

——《清政府镇压太平天国档案史料》第10册,第143页。

○上谕

前有旨，将恩华留于胜保军营，戴罪图功，以观后效。本日复据僧格林沁奏，该革员业已行抵涿州，可否留营效力等语。恩华即著留于僧格林沁军营差遣委用，戴罪自效。

——《清代起居注册（咸丰朝）》第15册，第8677页。

○上谕

僧格林沁奏请饬粮台委员迅赴军营一折。著巡防王大臣饬令派办粮台之文彩等，会同顺天府分饬委员即日前往涿州，迅筹支应，毋稍延误。

——《清代起居注册（咸丰朝）》第15册，第8676页。

九月十七日

○上谕

军机大臣字寄钦差参赞大臣、科尔沁郡王僧，泰宁镇总兵兼总管内务府大臣德。咸丰三年九月十七日奉上谕：

据桂良奏，接准山西咨报，贼至平山县西雄德店地方，并有占踞山西五台县属陈家庄之事。如果实有其事，则紫荆关、易州一带自应严密设防。傥系逆党播散谣言，冀图大兵西剿，则东面防备未免稍空。著僧格林沁迅速确探，应如何派拨堵剿之处，妥为筹办，不可堕贼奸计。仍著德春就近确切侦探，务得实情，随时知照僧格林沁酌量设备。昨谕令恒春派兵一千名前赴易州，此时恐未能赶到，著德春飞咨山西巡抚催令前进，择要布置，毋稍迟延。将此由六百里加紧各谕令知之。

钦此。遵旨寄信前来。

——《清政府镇压太平天国档案史料》第10册，第182页。

九月十八日

○僧格林沁奏

奴才僧格林沁跪奏，为奏闻事。

本月十七日，奴才接准直隶督臣桂良咨：准山西抚臣恒春六百里加紧咨称，贼匪已据五台县属陈家庄地方。查该县与直隶平山、阜平及灵寿等县连界，隘口甚多，亟宜拨兵前往扼守，免致窜扰。等因。该督臣现已飞咨各路分拨兵勇，扼要严防，飞咨酌量分兵堵御前来。

奴才查此股之匪，是否仍系逆匪扰及晋省时潜伏余孽，或系土匪窃发。惟该处与紫荆关一带毗连，密迩陵寝重地，不敢稍涉大意，是以派拨侍郎培成，管带所统马队兵一千二百五十名，立即驰往西陵迤西、紫荆关迤东择要驻扎，就近确探，随时呈报，以便相机筹办。并飞咨直隶督臣，迅即委员驰往培成营内支应粮饷。

理合恭折奏闻。谨奏。

［咸丰三年九月十七日］

咸丰三年九月十八日奉朱批：汝能妥为布置，不致漫无主见，甚好。直隶西、北两路空虚，固应预先筹画，然大兵万不可轻动，若疲于奔命，必致南、西、北三路皆误，所关甚重。钦此。

——《清政府镇压太平天国档案史料》第 10 册，第 191—192 页。

〇上谕

向荣奏通筹水陆攻剿全局一折。览奏俱系悬拟布置情形，于实在打仗攻克事宜，尚未确有把握。金陵、镇江被贼占踞半年有余，虽叠次剿办，获有胜仗，而该逆负嵎如故，老师糜饷，朕心焦虑时深。现在贼匪由山西窜入直隶，经胜保悉力穷追，正在吃紧之际，断难分兵南向。至朕特命大将军惠亲王、参赞大臣僧格林沁总统重兵，保卫畿疆，并非令其远行攻剿。前因安徽贼踞安庆，进逼庐州，屡饬江忠源赶紧赴援，须俟皖省剿办就绪，方能移兵协剿。此时江南军务，该大臣责无旁贷，惟有设法肃清江面，断贼接济，尤为急务。前命广东督抚雇备拖罟船百只、快蟹船数十只驶赴江南，并令购备夷炮解至武昌，配船运往，会合夹击。复经张亮基奏，买船改造战舰，兼备中船小船，共四百只，驶往下游。此项船只，曾有旨，谕令先尽所有，交江忠源飞催赴皖协剿，但为数较多，其续行改造成就者，该大臣亦可咨调应用。其红单船只，该大臣亦可飞札迎提，与镇江艇船并新铸大炮，即分布江路，断贼往来接应，与陆路兵勇夹击。计上海土匪，指日埽除，想许乃钊于事竣之后，仍可进剿沿江逆匪，督率虎嵩林等先复镇城，则金陵巨憝援绝势孤，可以克期授首。该大臣当迅筹克复两城，毋再因循株守，徒糜饷需。将此由六百里谕知向荣，并传谕彭玉雯知之。

——《清文宗实录》卷一〇六，咸丰三年九月庚申。

九月二十日

〇巡防王大臣奏

本日奉旨，著僧格林沁军营派拨京兵二千名、察哈尔马队一千名，迅速前赴胜保军营，所有僧格林沁军营应如何添兵之处，著妥议添拨。等因。钦此。臣等拟将哲里木盟马队

一千名、热河兵五百名、古北口兵四百名拨往僧格林沁军营，以资防剿。

——《钦定剿平粤匪方略》卷六〇，第 31 页。

〇上谕

军机大臣字寄钦差参赞大臣、科尔沁郡王僧。咸丰三年九月二十日奉上谕：

昨据胜保奏，连获胜仗，现在逆匪困踞深州，粮药将尽，正可乘此机会，一鼓歼除。但恐胜保军营兵力尚单，不能四面兜围，傥致溃围而出，又须费手。此股贼匪一日不灭，则涿州大兵一日不能撤防。朕与惠亲王等商酌，仍须添派精兵，速往助剿。著僧格林沁于所带兵内，迅即派拨京营官兵二千名、察哈尔马队一千名，克日派委大员管带，前赴胜保军营听候调遣。并据惠亲王等奏，酌拨哲哩木盟马队一千名、热河兵五百名、古北口兵四百名，派令速赴涿州，以资防剿。僧格林沁接奉此旨，著即遵照办理，毋稍迟延。将此由六百里加紧谕令知之。

钦此。遵旨寄信前来。

——《清政府镇压太平天国档案史料》第 10 册，第 223 页。

〇上谕

寄谕钦差大臣胜保。昨据该大臣奏，军营兵力尚单，不能四面兜围，东南一带甚觉空虚，本日已谕令僧格林沁，派拨京营官兵二千名、察哈尔马队一千名，迅速前赴深州军营听候调拨。此项官兵，三两日内即可赶到，著即择要布置，乘机围攻，痛加剿洗，万不可任贼分窜。张集馨由庙工带兵折回，亦谕令在深州以南督率团练，弹压抚绥。此时郝光甲及明庆、蕴秀等所带之兵谅可赶到，再加以添派三千劲旅，兵力不为不厚。该大臣务当乘此机会，与西凌阿、善禄等迅图围剿，一鼓荡平，毋稍延缓。将此由六百里加紧谕令知之。

——《清文宗实录》卷一〇六，咸丰三年九月壬戌。

〇上谕

张集馨奏遵旨回省协同办理防剿一折。逆匪窜入深州，现经胜保等督兵围剿，僧格林沁驻劄涿州策应，本日复谕令添派精兵，迅赴深州协剿矣。张集馨带兵五百名、练勇一千五百名，由庙工驰回，正可并力夹击，著即驰抵深州迤南一带，扼要严密堵截，毋任逆党偷窜。昨据胜保奏，深州东路饶阳县，团集乡勇万余人，堪资堵御，可见地方百姓志切同仇，洵足补兵力所不逮，并著该藩司于沿途经过各处剀切晓谕，实力团练，俾皆奋勇杀贼，尽歼丑类，以靖畿疆。将此由六百里谕令知之。

——《清文宗实录》卷一〇六，咸丰三年九月壬戌。

九月二十二日

〇僧格林沁奏

奴才僧格林沁跪奏,为奏闻事。

本月二十一日,奴才接准军机大臣字寄,咸丰三年九月二十日奉上谕:昨据胜保奏,连获胜仗,现在逆匪困踞深州。等因。钦此。遵旨寄信前来。查此股逆匪现在困踞深州,正可乘此机会,一鼓荡平。奴才遵即札饬护军统领多尔济那木凯带领所统察哈尔马队官兵一千名,并所统京营官兵二百五十名,副都统达洪阿带领所统京营官兵二千名,共计官兵三千二百五十名,(应)[立]即拔营,星夜驰赴深州,听候钦差大臣胜保调遣。该护军统领等遵于即日起行。

再,现在前路情形,奴才原可移进河间驻扎,惟因山西之警未得确音,兼仍恐深州之逆溃围北犯,诚如圣谕,大兵万不可轻动,是以仍在涿州扼守,以昭慎重。

谨将奴才遵旨派拨官兵缘由,恭折覆奏,伏乞圣鉴。谨奏。

——《清政府镇压太平天国档案史料》第10册,第247—248页。

〇僧格林沁奏

奴才僧格林沁跪奏,为奏闻事。

本月二十一日夜子刻,接准钦差大臣胜保八百里飞咨,拆阅系因逆匪于二十日夜偷向东南窜逸,恐其窜扰河间一带,该大臣移咨仓场侍郎庆祺防堵河间文件。是现在贼踪无定,北面之防甚关至紧。查多尔济那木凯、达洪阿于二十一日移营驰往深州会剿,奴才当经飞札该护军统领等,无论行抵何处,即在何处暂行扎营,俟奴才确探来营,再行札饬遵照。

奴才一面飞咨胜保,将现在贼踪所向并官兵追至何处立即咨覆,以便相机筹办,并抄录胜保原咨飞移庆祺,按照原咨机宜严防外,理合恭折奏闻。谨奏。

咸丰三年九月二十二日奉朱批:知道了。本日胜保报到,已有旨寄汝矣。钦此。

——《清政府镇压太平天国档案史料》第10册,第248页。

〇僧格林沁奏

再,前次兵部解到马匹,及由京营运送锅帐来营驼只、车辆驮骡,除培成移营拨用外,现在多尔济那木凯、达洪阿带兵前进,已将各营驼马车辆尽数拨给,尚不敷用。奴才营内现存官兵设有拨调,若待捐输驼马来营应用,恐缓不济急。应请饬下兵部于现到京马匹内拨解四千匹、顺天府就近雇觅驮骡五百头来营,以备急需。

谨附片具奏请旨。

咸丰三年九月二十二日奉朱批：著兵部、顺天府速行照数拨解雇觅。钦此。

——《清政府镇压太平天国档案史料》第10册，第248—249页。

〇上谕

军机大臣字寄钦差参赞大臣、科尔沁郡王僧。咸丰三年九月二十二日奉上谕：

据僧格林沁奏派兵驰赴深州一折，览奏均悉。本日据胜保奏，督剿深州贼匪大获胜仗，该逆已于二十日夜窜往东南，全股逃逸，经胜保派西凌阿等追剿，并派魁福带领马队赴河间，会同庆祺抄截，胜保亦由深州督兵分路截剿等语。是逆匪业已窜出，著僧格林沁即饬多尔济那木凯、达洪阿，将所带官兵内先行分派马队，迅即直赴赵北口、任邱一带截击，以遏贼北窜之路。其天津以北务关路等处，亦著酌派弁兵，一律严行堵截。

据恒春奏，查明山西五台并无股匪窜往，该县误行禀报，已降旨将该县革拿惩办。恒春现已饬尚阿太、和昌带兵一千名，驰往易州，听候德春调遣。所有培成带领兵一千二百五十名，即可饬令撤回，以备调拨。当此逆贼穷窜之时，果能四面兜围，前后夹击，当不难一鼓歼擒。该大臣务饬统兵各员，与胜保等合力剿办，万不可再令他窜。至讷尔经额，著仍遵前旨解京。另片所请留办粮台之处，著不准行。将此由六百里加紧谕令知之。

钦此。遵旨寄信前来。

——《清政府镇压太平天国档案史料》第10册，第244页。

〇上谕

胜保奏剿贼大获胜仗一折，并片奏匪众逃窜、分兵追截各等语。逆匪困踞深州城中，连日伏匿不出，经该大臣于十九日辰刻督兵进剿，适绵洵、桂龄、蕴秀带兵赶到，因令西(陵)[凌]阿、善禄攻其西北、西南两路，绵洵、桂龄攻其东南，胜保复亲督马步各队由东北面进攻。该逆蜂拥出城抗拒，我兵枪炮齐施，匪众退走入林，练勇随分两翼跟追抄杀。突有骑马贼数百人结队冲来，先经该大臣派令马队伏于林边，见贼一至，奋力前驱，逆匪纷纷溃散。复调集固原步队向前，用枪炮夹攻，该逆拥挤，跌入濠内，自相践踏，死者不计其数。我兵追至北门吊桥，因天色已晚，分队暂撤，中留炮路，以诱贼追袭。逆众果尽数来追，约有数千人，复经佟鉴用铜炮连环轰击，官兵亦枪炮回攻，该逆死伤枕藉，余匪奔逃入城。统计歼毙逆匪七八百名，夺获旗帜、马匹、器械无算。该逆不敢踞城，于二十日夜间全股由东南逃窜。现经西凌阿等带领马队跟踪追剿，胜保督带马步官兵分路抄截，僧格林沁复派精兵前往接应，该大臣等务即督饬各路大兵四面兜剿，以期一鼓歼除，毋留余孽。

——《清代起居注册(咸丰朝)》第15册，第8738—8741页。

〇上谕

胜保奏获胜情形并逆匪全股窜逸各等语。逆匪被攻紧急,连夜向东南窜逸,虽据该大臣声称,较之负嵎抗拒更易剿除,第兜裹稍不得力,或致该逆上窜天津、下窜德州,势必余烬复炽。且此次抗拒之骑马贼尚有数百人,并有大炮,似尚非十分穷蹙。庆祺所带之兵,未可深恃,即所称由景州一带截其南窜之兵,亦未必竟能得力。昨谕僧格林沁拨兵接应,令径赴赵北口、任邱等处迎头截击,毋庸绕道深州,谅可与该大臣前后夹击。深州城内是否尚有余匪,该处文武作何下落,各路未到之兵系何员管带,因何尚未催齐,著分别查明具奏。

该大臣营中将士,前在怀庆屡次打仗,极为出力,嗣复追贼赴晋,亦能不避艰险,迅速绕出贼前,奋勇截剿。现虽逆匪由晋东窜出山,尚未剿洗净尽,而将弁兵丁日久勤劳,朕心时深轸念。著胜保将怀庆出力人员,择其立功尤著者先行保奏,其余各将弁兵丁并著存记。如能迅将此股贼匪悉数殄灭,该大臣等即将叠次出力劳绩一并详细保奏,朕必加等奖励。此旨著宣示军营,使大小官兵愈知奋勉。至直隶地方团练有效者,如饶阳等处,挑选壮练,随营助剿,似亦可资得力,并著体察情形,酌量赏戴顶翎,以遂其报国之忱。

山西五台县被扰一节,已据恒春查明误报,该大臣等正可全力专注东南,以期尽歼丑类,早靖畿疆。

将此由六百里加紧谕令知之。

——《清文宗实录》卷一〇七,咸丰三年九月甲子。

九月二十三日

〇上谕

谕军机大臣等:

据惠亲王等奏通筹现在军情、请将东三盟兵三千交德勒克色楞统带合兵进击一折。深州逆匪,全股由东南逃窜,已经该大臣及西凌阿等分路追截。复有旨,谕令僧格林沁派多尔济那木凯、达洪阿,带领马步队兵三千余名前往助剿,再加以东三盟劲旅三千,谅此败窜余匪,自不难克期殄灭。现在安徽巢庐一带贼匪意图北窜,昨复据江忠源奏,江西贼船自九江窜扰兴国,官军失利。河南、山东与皖楚毗连,为畿辅屏障,若不将直隶贼匪及早歼除净尽,傥南来股匪窜及豫东,南北合股,必又直犯京师,天下事尚堪设想欤。惠亲王等筹虑及此,与朕意适合。著胜保统筹全局,务将此股窜匪赶紧殄灭。其零星余匪,或酌留西凌阿、善禄一人,带兵与德勒克色楞搜捕,胜保即可选带精锐官兵向南迎击,军威定可

大振。

胜保竭尽忠勇,心力俱瘁,朕甚廑于怀。德勒克色楞抵营后,伊所带之蒙古兵,俱系未经战阵,必应随同一两仗,方可独用。谅胜保亦深悉朕之专倚畀也。惟军情变幻靡常,难以悬揣,仍著该大臣悉心筹办,无误事机。多尔济那木凯、达洪阿等所带官兵行抵何处,并著该大臣飞催前进,合力夹击。

将此由六百里加紧谕令知之。

——《清文宗实录》卷一〇七,咸丰三年九月乙丑。

九月二十四日

○僧格林沁奏

奴才僧格林沁跪奏,为奏闻事。

九月二十三日,奴才接准军机大臣字寄,咸丰三年九月二十二日奉上谕:逆匪业已窜出,著僧格林沁即饬多尔济那木凯、达洪阿所带官兵先行分拨马队,迅即直赴赵北口、任邱一带截击。等因。钦此钦遵。

查逆匪现窜献县地方,虽在深州迤东偏北,切近河间,惟据奴才派往河间坐探之营总乌兰都等探报,河间迤北、新城迤南、雄县鄚州,积水成河三段,水沟三道,共约三十余里,并无大船摆渡,亦无绕路可通,惟西至保定,现有旱路可行;东至天津,由任邱、大城、静海一带系大道,现亦因积水成河,不通旱道等语。奴才再四筹思,该处一带处处积水,逆匪似难直路北犯,此时若即令多尔济那木凯、达洪阿往任邱、赵北口一带截击,该处面面皆水,万一贼由东西横窜,兵为水阻,绕越不及,必致迟滞,亦成尾追。是以奴才飞饬多尔济那木凯、达洪阿,即日由北河移营新城地方暂扎,令其确探贼踪,相机横截,毋任北犯。即使该逆诡谲,竟由任邱、赵北口、雄县一带涉水北犯,新城正当适中,足资扼截。并即札令恩华管带左翼前锋、护军营官兵一千名,乾清门侍卫绷阔选带察哈尔官兵七百名,移扎固安。并遵旨将培成所带官兵一千二百五十名撤回,俟到营时,亦即令其驻扎固安,互为应援,以壮声威。惟河间至保定既无泥淖阻隔,仍恐该逆向西北奔绕,则涿州仍系要冲,是以奴才仍在涿州驻扎。傥探闻逆匪由献县东窜青县、静海一带,则武清县、务关路等处吃紧,彼时再令前路多尔济那木凯等移营进扎武清、务关路扼截,奴才即可移营固安,横前截剿。

所有奴才拨兵移营缘由,是否有当,伏乞皇上训示。谨奏。

[咸丰三年九月二十三日]

咸丰三年九月二十四日奉朱批:即有旨。钦此。

——《清政府镇压太平天国档案史料》第10册,第259—260页。

○上谕

军机大臣字寄钦差参赞大臣、科尔沁郡王僧。咸丰三年九月二十四日奉上谕：

僧格林沁奏拨兵移营情形一折，览奏均悉。惟多尔济那木凯、达洪阿所带官兵暂扎新城，仍距胜保军营尚远，不能合力夹击。直省南路之兵，现在催调既未齐来，若北路无兵协济，恐贼匪沿途裹胁日多，剿办更难得手。著该大臣仍遵前旨，迅饬多尔济那木凯、达洪阿带领马步各队，探贼所向，赶紧驰往迎击，与胜保合力夹攻，断勿株守，致误事机。直隶贼匪一日不灭，天下大局一日不定。多尔济那木凯等万勿使绕道迎击，致落贼后为要。其余派拨一切，布置尚属周妥，仍著随时确探贼踪，相机调度。此股贼匪必须及早歼除，远堵不如近剿，谅该大臣亦当通盘筹及。

另片奏，察哈尔患病各官兵，即著饬令回旗。近日京师因调兵需用车骡，致仓粮转运不及，且载煤驼只甚属稀少。煤米为日用急需，已饬顺天府明白晓谕，妥为筹办。涿州军营扣留驼只车骡，著该大臣酌量令其轮流转运，知照顺天府通融办理可也。

将此由六百里谕令知之。

钦此。遵旨寄信前来。

——《清政府镇压太平天国档案史料》第10册，第268页。

○上谕

本日据僧格林沁奏逆匪现窜献县一折。昨派德勒克色楞帮办军务，统带东三盟官兵驰赴胜保军营。此项官兵到营尚需时日，而攻剿刻不容缓，多尔济那木凯、达洪阿所带之兵，应于何处迎头截击，著胜保就近调拨，务将窜匪克期殄灭，毋稍延误。至东三盟兵陆续赶到时，并著胜保随时知照，扼要兜剿，以净余孽。将此由六百里加紧谕令知之。

——《清文宗实录》卷一〇七，咸丰三年九月丙寅。

○胜保奏

臣于二十二日驰抵河间，探明逆匪窜至献县。查该县距河间仅七十里，臣已派维禄、魁福带领马队，连夜先赴献县北十二里之臧家桥地方扼截，臣随后督兵继之，并飞咨西凌阿、善禄，如贼仍在献县，即分扼东南、西北两路，不使窜出，臣飞速由北捣下，以期痛加剿除。傥贼又向东南窜逸，即督催马队冲杀，步队随后追赶，不容逆匪喘息。臣即日探明贼踪所向，相机扼截，不使窜过河间、天津，总以捍卫北犯为第一要务。后路官兵，业已催赴景州一带，为南路声援，现经续拨官兵三千名，想日内即可来营，添此劲旅，剿办自易得手。其庆祺所带官兵，臣已令探明贼踪相机进止，或作大兵后路应援，或驻赵北口，以防由大城

一带北窜。

——《钦定剿平粤匪方略》卷六一,第31页。

〇上谕

军机大臣字寄钦差参赞大臣、科尔沁郡王僧。咸丰三年九月二十四日奉上谕:

据胜保奏,驰抵河间,知贼匪现在献县,已催令西凌阿、善禄等带兵分路攻剿,胜保即日督兵向南直捣,仍催多尔济那木凯、达洪阿等带兵前进等语。现在胜保由河间向南迎击,必须厚集兵力,方能痛加剿洗。著该大臣速即催令多尔济那木凯、达洪阿,即日带兵驰往河间一带,与胜保合为一军,并力围攻。此股匪徒,必须趁此喘息未定,悉数歼除,万不可稍有迁延。今早廷寄,朕意犹在持重,恐官兵落后,是时移步换形,万不可拘泥前旨,总以越快越好。这样好机会,错过岂不可惜?该大臣仍与胜保随时知照,确探贼情,相机布置,如贼竟往东窜,自应酌量移兵防堵,勿误事机。将此由六百里加紧谕令知之。

钦此。遵旨寄信前来。

——《清政府镇压太平天国档案史料》第10册,第268—269页。

〇上谕

该匪意图北窜,知大兵扼其前路,势必纷窜东南。此时自以防其北犯为要,惟南窜山东,该处兵力尚单,恐难抵御,且恐安徽贼匪声息相通,又滋句结。总应在直隶境内歼除净尽,俾免后患。兹复谕知僧格林沁,迅催多尔济那木凯、达洪阿飞速带兵前进,与该大臣合力攻剿。其应由何路前进之处,著胜保酌量调拨,以免歧误。至天津一带,亦为贼所觊觎,必须截其要路,勿令乘虚东窜。将此由六百里加紧谕令知之。

——《清文宗实录》卷一〇七,咸丰三年九月丙寅。

九月二十六日

〇僧格林沁奏

奴才僧格林沁跪奏,为遵旨饬催官兵速赴胜保军营合剿,恭折覆奏,仰祈圣鉴事。

本月二十五日,接准军机大臣字寄,咸丰三年九月二十四日奉上谕:现在胜保由河间向南迎击,必须厚集兵力,方能痛加剿洗。等因。钦此。遵旨寄信前来。奴才遵即恭录寄谕,飞札多尔济那木凯、达洪阿,即带所统官兵驰往,听候胜保调遣。并谆饬该护军统领等,前途泥淖积水之处,亟宜裹粮前运,万不可稍有迟缓。复经飞咨胜保,将奴才遵旨飞饬多尔济那木凯、达洪阿立即带兵由新城前赴该大臣军营,并应由何路进兵便捷,即听该大

臣指示调遣，以期迅速。

兹复准胜保咨称，现已探明逆匪由献县南窜交河县境，该大臣业已督兵起程。等因前来。奴才伏查此股逆匪是否畏威南窜，抑因河间现有重兵屯扎，兼之府城迤北积水阻隔，又复南折纡绕，不可不慎防诡诈之谋。河间一路，胜保督兵追击，并有庆祺之兵后援，似可无虞。惟交河南窜，临近运河，设使逆匪夺船北驶，则京畿东南吃重。奴才业经飞咨直隶总督、山东巡抚，遴委干员，哨探梭巡，所有运河船只万勿资敌。此时东南情形较重，是以奴才飞札已革尚书恩华、乾清门侍卫绷阔，即统所带官兵，由固安移营武清防堵。奴才统带旗营官兵移营固安屯扎，确探贼踪，相机布置。

再，奴才行营带兵乏员，所有六品顶带宗室奕纪，拟即留营，现委督同乾清门侍卫布勒和德、奏蒙古事侍卫都其阿，管带右翼前锋、护军营官兵，合并声明。

为此奏闻。谨奏。

［咸丰三年九月二十五日］

咸丰三年九月二十六日奉朱批：另有旨。钦此。

——《清政府镇压太平天国档案史料》第10册，第284—285页。

〇上谕

军机大臣字寄钦差参赞大臣、科尔沁郡王僧。咸丰三年九月二十六日奉上谕：

僧格林沁奏催兵前进并移营固安一折。据称，将多尔济那木凯等暂驻新城之兵催赴胜保军营，恩华等驻扎固安之兵改赴武清，该大臣亲带官兵移营固安。均著照所议办理。仍与胜保随时知照，以便相机防剿。至需用马驼，已谕知兵部、顺天府，遵照前旨拨解雇觅。其蒙古捐输马驼及多伦诺尔购备马匹，均已分别谕催。惟自口外解京，恐需时日，该大臣此次移营，自涿州至固安，道路较近，不论民夫车辆，均可于粮台通融协济，切不可专候此项马驼，致有迟误。将此由六百里加紧谕令知之。

钦此。遵旨寄信前来。

——《清政府镇压太平天国档案史料》第10册，第301页。

〇上谕

军机大臣字寄署察哈尔都统华。咸丰三年九月二十六日奉上谕：

现在僧格林沁军营马匹不敷应用，前据华山泰奏，挑选商都牧群马一千匹，采买口外膘壮马一千匹，均已派员分起管解，著即迅催押送来京。其多伦诺尔同知购买马匹，并著华山泰飞催该厅解送，并将蒙古捐输驼马一并解来京，以备军营需用，勿稍迟误。将此由五百里谕令知之。

钦此。遵旨寄信前来。

——《清政府镇压太平天国档案史料》第10册,第301—302页。

〇上谕

军机大臣字寄兵部堂官。咸丰三年九月二十六日奉上谕:

前因僧格林沁军营驼马不敷应用,奏请于到京马匹内拨解四千匹,曾有旨令兵部速行照数拨解。本日复据僧格林沁奏,现在移兵前进,所存驼马不敷轮转,著兵部迅即遵照前旨,将到京马匹如数拨往该大臣军营备用,毋任延缓。将此谕令知之。

钦此。遵旨寄信前来。

——《清政府镇压太平天国档案史料》第10册,第302页。

九月二十七日

〇吴廷溥奏

兵科给事中臣吴廷溥跪奏,为兵机必分利钝,防剿亟宜兼施,敬陈管见,仰祈圣鉴事。

窃维逆匪狂猘,窜入直境。幽燕之民,素称强悍,且质性朴愚,颇知忠义,但使地方官加以激劝,定能团集围杀,不留余孽,可以上纾宸廑。风闻逆匪窜至河间、献县,经钦差大臣胜保带兵追击,跳梁丑类,自必计日扫除净尽。惟思胜保由河南至山西,复至直隶,连次斩擒,虽所带俱属精兵,恐未免师老兵疲之虑。臣思僧王所带之兵纪律严明,出师气锐,既与贼匪相去甚近,正宜及锋而用。可否仰乞皇上饬谕就近迎剿,与胜保合力歼除,将此股贼匪就直隶境内一鼓歼灭,然后令僧王回京,胜保少为休息,简练军实,即时击剿另股贼匪,庶为上计。盖路远兵疲,虽精亦钝;及锋而用,虽少亦精。御贼于远,则宜以防为剿;御贼于近,则必以剿为防。此古今不易之兵机也。

至如逃伍之兵与探报不实之文武员弁,所犯虽小,而所误甚大。当此用兵吃紧之时,断无仍用照常查办之理,均宜饬谕各王大臣即行正法,以警其余。

微臣梼昧,妄言大计,惟此惓惓愚诚,伏冀皇上圣明采择,不胜战慄悚惶之至,伏乞训示。谨奏。

[咸丰三年九月二十七日]

——《清政府镇压太平天国档案史料》第10册,第310—311页。

九月二十八日

○上谕

军机大臣字寄钦差参赞大臣、科尔沁郡王僧。咸丰三年九月二十八日奉上谕：

据给事中吴廷溥奏，兵机必分利钝，贼远宜防，贼近宜剿等语。现在逆匪由献县窜扰交河，胜保等已督兵由河间向南迎击。该大臣前已催令多尔济那木凯、达洪阿带兵驰往河间，刻下想已与胜保合为一军，并力围剿。本日朕召见巡防王大臣等筹商，此时自以保卫京师为重，该大臣现已移营固安，堵贼由东而北窜路，驻扎甚为扼要，仍当确探贼踪，随时知会胜保，体察缓急情形，相机接应。庆祺驻扎河间，亦可为前路声援。其天津要路，尤宜严行堵截，总以防贼北窜，毋令逸匪抄出我军之后，是为至要。吴廷溥原折，著摘抄阅看。将此由六百里加紧谕令知之。

钦此。遵旨寄信前来。

——《清政府镇压太平天国档案史料》第 10 册，第 319 页。

○上谕

寄谕直隶总督桂良，贼匪窜扰，难保不由东而北，窥伺天津。本日据该督奏报，业已饬令天津镇道严加防堵，并著迅饬各地方文武员弁，于天津前路水陆要隘加意严防，运河及各处河路、港汊船只，均须收集净尽，去其桨舵，以杜贼匪抢渡，并随时知照僧格林沁、胜保，互为接应。张集馨所带兵勇，此时谅已驰抵省南一带，著即饬令该司扼要截剿，遏贼回窜之路。省城及各属团练，务当督饬认真办理，毋稍疏懈。前据胜保奏，后路官兵业已催赴景州一带，为南路声援。此项官兵何人管带？现抵何处？何以屡催不到？并著飞催前进，傥查有任意逗遛等情，即行从严参办。至侦探贼踪，最关紧要，前次定州探报贼匪情形不实，以致我军因而纡折，此等诳报，大误事机，著即查明该州诳报缘由，据实参奏。将此由六百里加紧谕令知之。

——《清文宗实录》卷一〇七，咸丰三年九月庚午。

○上谕

咸丰三年九月二十八日奉上谕：

前据庆祺奏，探闻逆匪由献县窜往交河一带，已叠次谕令胜保，督通西凌阿、善禄分路追击截剿，并由参赞大臣僧格林沁派多尔济那木凯、达洪阿统带精兵前往会剿，指日大兵云集，不难一鼓荡平。惟交河距运河甚近，该匪被剿穷蹙，或由水陆两路纷窜，则天津一带在在堪虞。该管练勇声势尚壮，上游沧州、静海等处现在如何布置？尤宜收集船只，使该

匪无从抢渡。其陆路等处,亦宜严密防范,杜其窜逸。仍随时确探贼踪,知照僧格林沁、胜保于前路截击。该盐政即会同特克慎、张起鹓妥速筹办,并督饬地方文武及绅士、练勇等,严查奸细,毋稍疏忽。

钦此。军机大臣遵旨,由六百里加紧传谕长芦盐政文谦、天津镇总兵特克慎、天津道张起鹓。

——《清政府镇压太平天国档案史料》第 10 册,第 318—319 页。

○上谕

内阁奉谕旨:

顺天府奏催捐输驼只前赴军营等语。现在兵差紧要,所有锡林郭勒等处捐备驼只,著兵部、理藩院即行催令迅速来京,解交僧格林沁军营备用。其前经顺天府雇备驼只,即著换回,以资周转。

——《清代起居注册(咸丰朝)》第 15 册,第 8792—8793 页。

九月二十九日

○僧格林沁奏

奴才僧格林沁跪奏,为奏闻事。

窃奴才前因妖氛渐近,运河东路较为吃重,酌拨官兵移扎武清,奴才移营固安缘由,恭折奏报。奴才即于二十六日驰抵固安屯扎,途次接据探报,逆匪东窜交河县泊头镇地方。查该镇已距沧州运河切近,河内船只虽前经飞咨直隶督臣檄饬沿河地方官设法先筹,勿将运河船只资贼北犯在案,奴才仍恐往返迟缓,当复就近飞札长芦盐政、天津道等立即遵办,并饬令妥为布置,以保无虞。一面派委直隶委员确探沿路水势道途,并遴派官弁确探贼踪,设敢北犯,以便随时筹拨迎击,不敢稍涉大意。谨将奴才移营日期及筹办缘由,恭折奏祈圣鉴。

再,奉旨续调热河、古北口、哲哩木盟等处官兵,业于二十五日起,至二十八日,陆续行抵固安,分营驻扎,合并声明。谨奏。

[咸丰三年九月二十八日]

咸丰三年九月二十九日奉朱批:知道了。钦此。

——《清政府镇压太平天国档案史料》第 10 册,第 323 页。

〇僧格林沁奏

再，现据派往河间坐探之营总乌兰都等报称：该逆东窜交河县属泊头镇地方，据该镇逃出难民声称，贼匪向问天津道路。等语。复据长芦盐政等申称：天津办理防堵，统计官兵、团练、壮勇七千余名，该盐政镇道等管带分驻截防，惟停泊海河水手均非安分之徒，稽查弹压均关紧要，既御外寇，又防内患，兵力单薄，呈请酌派弁兵，顺流至津，共保无虞。等语。

查现在情形，东路倍形吃重，天津地当水陆要冲，所禀自系实在情形。业经奴才札委六品顶戴宗室奕纪、乾清门二等侍卫布勒和德卓钦、侍卫都兴阿管带右翼前锋、护军营官兵一千名，即日起程前往天津协同防堵。并将奴才现在一切布置飞咨钦差大臣胜保查照，并声明将贼踪所向令其随时咨覆。惟奴才现统官兵，除多尔济那木凯、达洪阿带赴胜保军营官兵三千二百五十名，恩华、绷阔带赴武清防堵官兵一千七百名外，计连续到哲哩木盟官兵一千名，热河、古北口官兵八百五十名，共四千五百余名。兵力实属不厚，必须预筹后援之兵。可否将未到之卓索土盟、昭(马)[乌]达盟官兵二千名到京时暂行驻扎，听候前路确探，再行派拨，以昭慎重。谨附片具奏。

［咸丰三年九月二十八日］

咸丰三年九月二十九日奉朱批：著惠亲王等酌度。钦此。

——《清政府镇压太平天国档案史料》第10册，第324页。

〇僧格林沁奏

再，正缮折片间，接据庆祺文称：九月二十七日，探得逆匪由沧州欲窜青县，已抢有船只，距天津甚近。等语。是逆匪欲图北犯，东北之防甚关紧要。查多尔济那木凯、达洪阿由新城移营前赴河间，计期不过行抵保定，即使星夜前进，亦成尾追之势。奴才业经飞调该护军统领、副都统带兵取道固安、武清一带，以便迎击。其山西巡抚恒春派往紫荆关驻守官兵一千名，奴才已飞调兼程驰赴固安驻扎，听候调遣。奴才亦即督兵移营武清，就近确探贼踪，相机筹办。

惟查庆祺文内所称，逆匪已抢有船只，距天津甚近，该侍郎所带官兵如何迎击，文内并未声明。查运河北达通州，西通雄县、白沟河、保定，且可直抵良乡县迤南琉璃河。奴才业经飞咨直隶总督，即选带兵勇由水路东下迎击，以杜逆匪顺流西窜，并飞咨庆祺带兵绕出贼前，扼其北窜。如此四面兜围，合力攻剿，此股逆匪不难一鼓荡平。

所有奴才酌调官兵各缘由，是否有当，伏候训示遵行。谨附片具奏。

［咸丰三年九月二十八日］

咸丰三年九月二十九日奉朱批:即有旨。钦此。

——《清政府镇压太平天国档案史料》第10册,第324页。

○上谕

谕军机大臣等:

僧格林沁奏逆匪欲窜青县等语。该逆扰及献县之后,未据胜保续奏。其由交河泊头镇上窜沧州,复欲窜往青县。该大臣既据庆祺咨报移营武清,并饬多尔济那木凯、达洪阿带兵迎击,尤须探明贼踪所至,迅速前往进剿,与胜保合力夹击。总须抄出贼前,在天津前路迎剿。若任贼窜至天津,再从后路堵御,则贼势益炽,剿办更难得手。庆祺统带官兵现在进至何处?如何设法截击?该大臣仍须与胜保随时知照调拨,毋失事机。紫荆关之山西官兵一千名,即著调赴固安。其运河西通白沟河与良乡迤南琉璃河等处,已谕令桂良酌量缓急,妥筹办理。另片奏调拨官兵前往天津协同防堵,并请将续到蒙古官兵暂行驻劄等语,当交惠亲王等酌度,据奏布置尚属周妥,已议将卓索图、昭乌达两盟官兵二千名暂劄通州,以备调遣。将此由六百里加紧谕令知之。

——《清文宗实录》卷一〇七,咸丰三年九月辛未。

○文谦、特克慎、张起鹓奏

本月二十八日巳刻,逆匪窜至天津,离城十里。午刻,分股直扑,开放枪炮。臣等督饬兵勇,枪炮齐施,直至亥刻,贼众始退,伤毙逆贼约二百余人,斩获首级二颗。点验兵勇,伤亡不过十数人。并闻该逆有船二十余只窜绕下西河之信,臣文谦当即折回西沽虹桥,严加防守;臣特克慎带领天津知府钱炘和、知县谢子澄整队进剿;臣张起鹓回天津城内弹压,以防内患。并据胜保差官到津,据称已经追及贼尾,明日即可到津。臣等前后夹击,誓灭群丑。

——《钦定剿平粤匪方略》卷六二,第22—23页。

○上谕

军机大臣字寄钦差参赞大臣、科尔沁郡王僧。咸丰三年九月二十九日奉上谕:

正在寄谕间,据文谦等奏逆匪窜扰天津、接仗获胜一折。贼氛剽疾,于二十八日午刻窜至天津,官兵接仗获胜。并据称,胜保之兵追贼,即日可到。现谕惠亲王等,添派京营官兵前往应援,著僧格林沁迅催奕纪等所带兵一千名星速进剿,并著该大臣赶催多尔济那木凯、达洪阿所带官兵驰往夹击。天津距京师甚近,该处勇多兵少,必须厚集兵力,与胜保并力剿杀,方足以歼除群丑。谅该大臣必能权衡缓急,不至贻误事机也。将此由六百里加紧

谕令知之。

钦此。遵旨寄信前来。

——《清政府镇压太平天国档案史料》第10册,第336—337页。

〇上谕

军机大臣字寄直隶总督桂。咸丰三年九月二十九日奉上谕:

本日据僧格林沁奏称,逆匪由沧州欲窜青县,已经抢有船只,查运河北达通州,西通雄县、白沟河、保定,且可直抵良乡迤南琉璃河,业经飞咨直隶总督,即带兵勇由水路东下迎击,以杜逆匪顺流西窜等语。贼匪窜入运河,意图北窜天津,尚未据胜保奏报。已谕僧格林沁饬令多尔济那木凯、达洪阿带兵探贼所向,前往与胜保并力迎击。固安、武清一带现有重兵屯扎,惟保定为京南屏障,水陆要隘均应严密设防。如何派拨将弁扼要截击之处,著随时侦探贼情,相机迅办。

正在寄谕间,据文谦等奏报,贼于二十八日午刻窜至天津,接仗获胜;并称胜保追贼,次日可到天津。已寄谕僧格林沁催兵接应矣。

将此由六百里加紧谕令知之。

钦此。遵旨寄信前来。

——《清政府镇压太平天国档案史料》第10册,第331—332页。

〇上谕

上又命军机大臣传谕胜保曰:

连日未接该大臣奏报,正深悬系,兹据文谦等奏,该逆于二十八日午刻已分股直扑天津府城等语。该逆来势剽疾,必须前截后追,迅速兜围,尽数歼灭。现已谕知僧格林沁,迅催奕纪带兵前进,并再添派官兵,移前进剿。所有多尔济那木凯、达洪阿由固安、武清迎击之兵,与庆祺所带官兵,均著该大臣星速飞调,扼要迎击,万不可令该逆再行纷窜。顷又谕惠亲王等,迅拨京旗各营劲旅,即日前往应援。该大臣其迅歼丑类,勿留余孽。

——《钦定剿平粤匪方略》卷六二,第23—24页。

〇上谕

军机大臣字寄钦差参赞大臣、科尔沁郡王僧。咸丰三年九月二十九日奉上谕:

本日据文谦等奏,贼窜天津,已谕该大臣迅催奕纪等带兵前进,并添派官兵驰往应援矣。顷复据胜保奏称贼匪窜过青县,并一路追剿情形。胜保兼程追贼,与该逆相距仅三十余里,已飞调西凌阿由河东跟追,使贼不能回窜。善禄由河西进发,以为胜保后路。如该

逆被官兵截击，或窜入淀河，天津、河间以北务关路等处均应严防。著该大臣迅速遴派将弁，管带精兵，于各要隘实力堵剿。并著飞催庆祺、松玉等移兵赵北口以东及淀河一带，安设炮位，择要堵劫。现在该大臣从何路进剿，如何分拨官兵，即著飞速奏闻，万勿迟延。将此由六百里加紧谕令知之。

钦此。遵旨寄信前来。

——《清政府镇压太平天国档案史料》第10册，第331页。

〇上谕

贼匪窜过青县，显系分股狂奔。贼众既能分窜，岂我兵转不能分？西凌阿、善禄系在胜保前路追贼，何以转落胜保之后？近畿剿捕，何等紧要，岂犹似远省，可冀掩饰？西凌阿、善禄，均著先行摘去顶带，拔去花翎，以示薄惩。若再藉词迁延，必以军法从事。此旨著传谕军营，如能奋勇立功，亦必破格加恩也。总之，此股贼匪必应赶紧尽数扑灭。其务关路等处要隘，已照该大臣所请，谕知僧格林沁矣。抵天津后，一有胜仗，或续有探悉贼情，即行飞速奏报，以慰悬系。将此由六百里加紧谕令胜保知之。

——《清文宗实录》卷一〇七，咸丰三年九月辛未。

〇上谕

文瑞等奏请于通州城外筑立砖墙并筹办团练各折片。已谕知顺天府并仓场侍郎，督饬署通永道择要赶办。文瑞、乌尔棍泰，带兵领队是其专责，现在驻劄通州南关外，营盘是何地名，形势如何，其由天津抵通之路共有几处，以何处为扼要，通州迤西，除常行大路外，有无僻路绕越，均须严密筹备，此系文瑞等应办之事。其修理城池及劝捐等事，系守土之责，带队大臣不必兼辖其事，转致抛荒本职。至军情缓急，不同寻常营务事件，均应报明奉命大将军酌办；或事关紧要，恐转报稍涉迟延，即当一面具奏，一面呈报，亦毋庸亲身来京递折。现据僧格林沁奏报，贼匪掳有船只，欲由青县北窜，是东路巡防较他处尤关紧要。所称竖立木架、拦阻船只，仅能禁其开行，仍恐未能杜贼抢掠。且由天津至通州，陆路亦无险隘，尤不可稍涉大意。团练以助兵力，原应与官兵声势联络，但系民间自行举办，不可以兵法相督，使其闻而生畏。总之，地方之事应归地方经理；军务防剿机宜，则带队大员之责也。将此谕令知之。

——《清文宗实录》卷一〇七，咸丰三年九月辛未。

十月

十月初二日

○僧格林沁奏

奴才僧格林沁跪奏,为奏闻事。

咸丰三年十月初一日,接准军机大臣字寄,九月二十九日奉上谕:云云。同日奉上谕:云云。又奉上谕:云云。等因。钦此。奴才于东安途次,接据天津盐政文谦禀报,逆匪于九月二十八日窜距津郡十里之遥,夺有船只等语。是现在京畿东南倍形吃重。该逆既有船只,水陆均宜慎防北犯。查武清县东南杨村地方,乃由津北上水陆要冲,奴才现已驰抵东安,拟即移至杨村。因天津迤北泥淖,车马难行,酌拨步队马兵乘船赴津应援。惟现在赵北口距贼较远,似无须重兵屯扎,且贼匪夺有船只,西可窜至淀河,北可窜至通州,东过海河,由陆路亦可直达通州,皆非马队所能得力。此时桂良、庆祺、松玉等官兵应由水路自西而东,直逼天津,胜保派拨官兵严防海河,并宜慎防该逆回窜之路,如此布置,似为周匝。如蒙俞允,应请饬下桂良、庆祺、松玉、胜保一体迅速遵行。

所有奴才遵旨筹画情形,谨恭折具奏,伏候训示遵行。

再,奴才遵旨业经飞催奕纪、多尔济那木凯、达洪阿星夜遄行。谨奏。

咸丰三年十月初二日奉朱批:另有旨。钦此。

——《清政府镇压太平天国档案史料》第10册,第365—366页。

○文谦、特克慎、张起鹓奏

查窜天津之贼,经兵勇击退后,有余匪在树林内藏匿,意图凫水过岸,抄截大营后路。臣等雇派在河沟暗伏之雁户排枪迎击,贼疑渔船,欲行抢渡,该雁户随即开放排枪,击毙数十人。差探前途逆贼奔回梁王庄一带地方。臣等惟有严加防范,使贼无隙可乘。胜保大兵在后追击,臣等兵勇在前堵截,该匪计必穷蹙旁窜,其由大城、固安北窜之路,应请饬下僧格林沁严加防堵。天津兵力单薄,昨臣等接准僧格林沁札称,已派奕纪带兵一千名来津接应,俟奕纪到津,即添派兵勇会同追剿。

——《钦定剿平粤匪方略》卷六三,第6—7页。

○上谕

军机大臣字寄钦差参赞大臣、科尔沁郡王僧。咸丰三年十月初二日奉上谕:

僧格林沁奏，现已驰抵东安，拟即移营杨村，并布置各情形，览奏均悉。已谕知胜保，令其察看贼情，相机进剿，并将该大臣原折钞给阅看矣。杨村地方为由津北上水陆要冲，该大臣驻扎该处，正可迎头截击。

本日据文谦等奏，贼匪被剿、奔回梁王庄一带地方等语。贼情朝夕变幻靡常，一切布置难以豫度，该大臣总须时时侦探，必应尽知贼之真情，并与胜保、文谦等随时知照，何路紧要，即向何路堵截。机宜相关，间不容发。桂良未便遽离保定，庆祺、松玉、奕纪并多尔济那木凯、达洪阿等所带各兵，应由何路扼要截剿，均著该大臣飞催前进，妥速布置，无稍延误。天津至京水旱各路及抄近道路，可详细具图奏来。文谦等折，著钞给阅看。将此由六百里加紧谕令知之。

钦此。遵旨寄信前来。

——《清政府镇压太平天国档案史料》第10册，第363页。

○上谕

寄谕钦差大臣胜保：

本日据文谦等奏贼匪被剿回窜梁王庄一带地方，又据僧格林沁奏现抵东安布置情形，已谕令与该大臣知照办理矣。贼踪剽疾，亟应趁其喘息未定，合力兜剿。西凌阿、善禄等兵是否均已赶到？奕纪及多尔济那木凯、达洪阿所带官兵，计亦可先后抵津。此股贼匪，必须于天津一带剿戮净尽，万不可令其北窜，复致蔓延。水陆各要隘均应严密筹防，其应如何派拨分布，并遏贼回窜之路，著该大臣随时知照僧格林沁及文谦等，妥速办理。连日未接奏报，沿途有无接仗？实深悬系。是时朕心甚定，朕体亦安，汝不必挂念，急力剿办，无恤其他。朕为天下臣民主，若君心先自慌张，苍生何所赖也？谅汝亦必明此理。桂良未便离省，庆祺、松玉所带之兵应由何路截剿，著即飞催遄进，毋稍迟误。僧格林沁折著钞给阅看。将此由六百里加紧谕令知之。

——《清文宗实录》卷一〇八，咸丰三年十月癸酉。

○上谕

军机大臣字寄钦差参赞大臣、科尔沁郡王僧。咸丰三年十月初二日奉上谕：

昨有旨，将热河围场总管那敷德交僧格林沁差遣委用。本日复传谕该总管，将现带东三盟未起官兵前往该大臣军营听候差遣。此项三盟官兵本系劲旅，但未经战阵，必须挑选精锐，以备攻剿，万不可以疲弱充数，是为至要。将此由六百里谕令知之。

钦此，遵旨寄信前来。

——《清政府镇压太平天国档案史料》第10册，第364页。

十月初四日

〇上谕

军机大臣字寄钦差参赞大臣、科尔沁郡王僧。咸丰三年十月初四日奉上谕：

昨令热河围场总管那敷德，管带东三盟末起官兵前往僧格林沁军营听候差遣。此项官兵现已随德勒(色)克[色]楞起程，那敷德不及亲带，著该大臣于该总管到营时，酌量差遣可也。将此谕令知之。

钦此。遵旨寄信前来。

——《清政府镇压太平天国档案史料》第10册，第378页。

十月初五日

〇僧格林沁奏

奴才僧格林沁跪奏，为奏闻事。

十月初三日，接准军机大臣字寄，咸丰三年十月初二日奉上谕：本日据文谦等奏，贼匪被剿奔回梁王庄一带地方等语。等因。钦此。奴才先因天津一线长堤迤南隔有上下西河二道，虽陆路积水难行，但逆贼奸计百出，难保[不]扎筏涉水旁窜，当于本月初三日札令培成带兵驻扎黄花店地方。兹据天津县禀报，拿获胁从之王和供称：逆贼一到独流，各木厂多雇人夫，将木(质)[植]搬运西河，用木作筏等语。是西河情形甚重，亟宜严防，复飞饬该侍郎由黄花店迅速前移至王庆坨，加意扼截，就近侦探，设有警报，督兵迎击。现在天津虽叠获胜仗，奕纪所带右翼前锋、护军营官兵一千名业已抵津，仍恐单薄，奴才又添拨热河、古北口官兵八百五十名赴津协剿。惟静海西南现有胜保之兵进攻，奴才扎营杨村，扼其东北，但静海附近大水泥淖，马步队势难为力，且逆匪狡猾异常，北面不得不先事慎防，是以奴才飞咨德勒克色楞带兵驰至东安，多尔济那木凯之兵在固安驻守，其续调山西官兵亦在固安听调，以资拱卫。一面飞咨庆祺，统兵由水路前往天津迤西乌龙口屯扎，以杜逆匪觊觎西溃之谋。飞札达洪阿由捷径驰赴天津合剿，如地方泥水滞行，先选精锐之兵兼程前进。并谆札奕纪、文谦等，勿因连次获胜，稍事大意。并飞咨胜保体查情形，迅速咨覆，何处空虚，奴才拟即拨兵由何处进发，以期四面兜围。

所有奴才筹办拨调各缘由，理合恭折具奏，伏乞圣鉴。

再，奴才已飞札天津道赶绘水旱详细全图，奴才再将一切布置贴说，恭呈御览。谨奏。

[咸丰三年十月初四日]

咸丰三年十月初五日奉朱批:即有旨。钦此。

——《清政府镇压太平天国档案史料》第10册,第383—384页。

〇上谕

谕军机大臣等:

僧格林沁奏筹调官兵、扼要堵截一折。西河一带情形甚重,该大臣令培成移劄王庆坨扼截,惟培成所带多系察哈尔之兵,是否能独当一面?逆贼搬运木植,恐未必专为作筏,或欲建立寨栅,或欲平垫泥淖,务须探听确实,以便攻剿。奕纪所带兵一千名,又添拨热河、古北口兵八百五十名,均应帮同天津官兵进剿,不可但令守城,置之无用之地。达洪阿由捷径赴天津,系从何处行走?必须赶到协剿,万勿迟延。军情旦夕不同,总以相机布置,迅将逆匪兜剿净尽,勿令分窜为要。

另片奏,该大臣亲往天津,筹商进剿机宜,留德勒克色楞暂驻大营。览奏甚不放心。仍著僧格林沁折回杨村,以资镇守,并可扼要调度,随时与胜保知照,毋失事机。

旋据文谦奏报:初一日胜保大获胜仗,初三日奕纪已至天津,现在贼在静海之独流镇运取木石,筑垒以守,又用马四出窥探。达洪阿必须赶紧到彼,方可无误。汝总应仍回杨村为是,恐德勒克色楞不能御贼北窜也。

本日据顺天府奏,大兵聚在东路,涿州、良乡一带空虚,应如何兼顾之处,著该大臣酌量情形,妥筹办理。

将此由六百里加紧谕令知之。

——《清文宗实录》卷一〇八,咸丰三年十月丙子。

〇实录

参赞大臣僧格林沁奏报亲往天津筹商进剿。得旨,汝带多少兵去?为何不声明?若数骑前往,傥遇逆匪,奈何?

——《清文宗实录》卷一〇八,咸丰三年十月丙子。

十月初六日

〇僧格林沁奏

奴才僧格林沁跪奏,为奏闻事。

窃奴才于十月初四日,将驰往杨村布置一切情形,并拟令德勒克色楞权营一日,以便奴才前往津郡与文谦等会商机宜等因,业经恭折奏报。拜折后,正拟起行,即据杨村通判

厉维梁面禀并奕纪申报：逆匪夺有船二百余只，并作成木筏，欲图决堤西窜上下清河。等因。奴才因现在情形，永定河堤岸王庆坨阨要吃重，虽已札令培成带兵在彼堵截，尚恐兵力单薄，当飞调副都统伊勒东阿、乾清门侍卫绷阔，各带所统之兵兼程驰往王庆坨一带，与培成之军合力扼截。如逆匪果然西窜，则文安、霸州、武清、东安、固安一带皆系北上之路，官兵自应横前截拦。但该逆狡猾异常，既经夺有多船，即须兼防由上西河北驶。且迭据盐政镇道等禀，天津防堵严密，不敢直扑郡城，是以仍扎营杨村，居中策应。并飞致文谦或探实贼匪确系西渡，或御河一带布置周妥，可保无虞，奴才即行督兵西横。现据达洪阿报称，初四日已赶抵固安，不日即可驰抵杨村。设该逆仍盘踞静海，则远截不如近剿，拟即饬令带兵赴津，与奕纪督兵会同胜保南北夹击，以期迅扫妖氛。唯王庆坨迤南、天津正西、乌龙口迤东适中地方尚属空虚，奴才业经飞催庆祺之兵由赵北口水路前往，务于初八日以前到乌龙口，以期合力进剿，庶免顾虑。

所有奴才未能赴津及续行筹调各缘由，恭折奏祈圣鉴。谨奏。

［咸丰三年十月初五日］

咸丰三年十月初六日奉朱批：另有旨。钦此。

——《清政府镇压太平天国档案史料》第10册，第395—396页。

〇上谕

军机大臣字寄钦差参赞大臣、科尔沁郡王僧。咸丰三年十月初六日奉上谕：

昨有旨，令僧格林沁折回杨村，以资镇守。兹据该大臣奏称，探闻逆匪夺有船只，恐其由上西河北驶，现在仍扎营杨村等语，与朕意符合。此时该逆盘踞静海，据称饬令达洪阿赴津，与奕纪带兵会同胜保南北夹击，布置甚合机宜。

本日复据胜保奏，初一日大获胜仗，毙贼一千余名，贼匪窜回静海城中。惟胜保所带兵力尚觉稍单，必须前后夹攻，迅图剿灭，万不可任贼筑垒立栅，又成死拒之势。达洪阿此次进兵太觉迟缓，著即饬催带兵迅赴天津，与奕纪所带官兵飞速向前，与胜保、西凌阿、善禄等南北夹攻，毋再迟延。

至德勒克色楞所带东三盟兵，并伊勒东阿、绷阔等所带之兵，及庆祺所带盛京官兵，应于何处分布之处，均著与胜保知照，察看贼情，妥筹调遣，切不可以有用之兵置之无用之地。胜保所奏折片，著钞给阅看。将此由六百里加紧谕令知之。

钦此。遵旨寄信前来。

——《清政府镇压太平天国档案史料》第10册，第402—403页。

〇庆祺奏

奴才庆祺跪奏，为统兵回堵，严防北窜，恭折奏祈圣鉴事。

窃奴才因逆匪由深州东窜，与钦差大臣胜保会商暂驻河间，听候知照，相机进止，于九月二十四日专折奏闻在案。嗣于二十七日探得贼匪窜扰沧州等处，逼近天津，防堵甚为吃紧，因即钦遵前奉谕旨，迅速折回。于二十八日由河间起程，行抵任邱县北，正在登舟之际，接据胜保移咨，知照奴才于赵北口至淀河一带扼要堵御。当即依照，驰抵赵北口驻扎，并令副都统松玉带领官兵、炮位前往淀河之苑家口、苏家桥等处择要设防。初二日，据天津镇呈报，逆匪于二十八日未刻窜至距津郡数里之遥，经官兵会剿获胜，向南逃窜。又闻该逆现窜踞独流地面，距静海十八里，胜保由静海迎头截剿。查独流迤北有口门一道，积水未退，绵延七八十里，处处与淀河相通。若仅在赵北口一带设防，尚非十分扼要之处，且路长兵少，势难再分，不若直抵独流左近地方扼其总要，不使该匪窜出，较为严密，并可与胜保互相接应，前后夹击。惟奴才既准胜保来咨，令在赵北口、淀河一带设防，又不可弃而不顾，当于初四日午刻，咨明参赞大臣、科尔沁郡王僧格林沁，就近拨兵前来堵御。本拟等候回文，再赴独流防剿，是日申刻，又据委弁侦探回禀，该逆已在独流附近抢船挖堤，意图北窜，若不迅速前进，恐失事机，因将未及等候情形，咨明僧格林沁去后，奴才星夜挽行，驰赴独流，相机兜剿。

所有奴才统兵回堵缘由，理合由驿驰奏，伏祈皇上圣鉴。谨奏。

［咸丰三年十月初五日］

咸丰三年十月初六日奉朱批：知道了。钦此。

——《清政府镇压太平天国档案史料》第10册，第396—397页。

〇上谕

内阁奉谕旨：

前据文谦等奏，逆匪于九月二十八日窜至天津，经该盐政等督兵剿击，歼毙二百余人，贼众当即败退，又于河沟内枪毙数十名，夺获贼船七只，搜杀长发贼多名。兹据胜保奏，九月二十七日至静海县地方，追及大股逆匪，沿途斩获甚多，贼即遁入城中。二十八日，善禄、西凌阿带兵赶到，由东南进攻，胜保由西南进攻。甫及城隅，贼即开炮。胜保督兵奋力进攻，枪炮齐施，逆贼分股抗拒。西凌阿、善禄督带马步各队迎击，胜保带兵由河西抄击，贼遂大败。我兵乘势斩杀，统计毙贼四百余名，夺获贼船十一只，枪炮器械百余件。初一日，逆匪由南门运河东岸蜂拥而出，势甚凶猛。西凌河、善禄列队堵击，胜保由西岸策马渡河，亲往督阵。该逆复由南门、北门拥出贼众约七八千人。我兵分投前进，该逆冒死冲突。

胜保催令奋勇向前,我兵勇气百倍,奋力掩杀,歼毙甚多。逆匪复分数股扑来,胜保飞调德州、西宁兵弁渡河接应,鏖战两时之久。马步各队四路抄杀,该逆纷纷倒地,长发红衣贼匪死相枕(籍)[藉],统计杀贼一千余名,逆匪复逃入城中。现饬官兵分布两岸,亟筹进剿等语。

逆匪自窜入直境,虽屡经官兵追剿,总未大受惩创。此次倾巢而出,经我兵合力夹攻,大获胜仗,洵足寒贼胆而振军威。胜保亲历行间,督兵鏖战,实属勇敢可嘉。西凌阿、善禄前因追贼落后,降旨摘去顶带,拔去花翎,此次督兵进剿,尚属奋勇,西凌阿、善禄均著赏还顶带花翎。副都统维禄、明庆均受枪伤,虽不甚重,可见临阵尚能争先,著各赏给大荷包一对、小刀一柄,交该员等祗领。现在参赞大臣僧格林沁统领各路重兵扼要调度,德勒克色楞、达洪阿、伊勒东阿、奕纪等各带精兵驰赴天津一带,会同胜保、西凌阿、善禄等乘胜围攻,务将逆匪即日埽除净尽,毋令窜逸。

——《清代起居注册(咸丰朝)》第 15 册,第 8843—8848 页。

○上谕

军机大臣字寄钦差大臣、正蓝旗汉军都统胜。咸丰三年十月初六日奉上谕:

胜保奏两次大获胜仗各折片,览奏甚慰。已明降谕旨,赏还西凌阿、善禄翎顶,并将受伤之维禄、明庆等分别加赏矣。逆匪在静海城外拚死冲突,经该大臣策马渡河,亲身督阵,以少击众,大振军威,实堪嘉尚。昨据文谦等奏,探闻贼在南运河沿距静海八里许地方扎成木垒,内实以土,开列六门,为据守之计。本日该大臣具奏情形,似逆贼全股俱在静海城内屯聚。究竟此时贼众聚集何处?是否全在静海?本日据僧格林沁奏,仍驻杨村居中调度,达洪阿不日可抵杨村,拟即饬令带兵赴津,与奕纪督兵会同胜保南北夹击等语。已谕令僧格林沁随时与该大臣咨商会剿,并令桂良将讷尔经额所带之兵催令前进,亦可协助该大臣兵力。天津兵勇足资抵御。该大臣惟有激励将士,迅催奕纪、达洪阿由天津赴静海会同夹击,以期迅殄群丑,万不可令贼筑垒自固,又延时日。傥被剿纷窜,应于何路扼要布置堵截,著与僧格林沁妥商办理。

另片奏,军粮匮乏,该将士等尚能踊跃用命。殊堪轸念,发去朱谕一道,著即传示军营,俾知朕意。军中所需米面,本日已谕令桂良、文谦等设法筹运,并著该大臣传谕河间府知府吴廷栋,就近赶紧购办米面,源源接济,附近各属仓社谷米,均准军营动用。

胜保折尾,有布置周妥、分兵南赴汴梁之语,自系统筹全局而言,此时情形,必以肃清畿辅为要,未可分身远涉也。

初二日所发奏报,何以初六日始到?沿途因何稽迟?著即查明。严饬地方驿递,以后必须按限催送,毋任迟延,致干重咎。

僧格林沁折著钞给阅看。将此由六百里加紧谕令知之。

钦此。遵旨寄信前来。

——《清政府镇压太平天国档案史料》第10册,第403—404页。

十月初七日

○胜保奏

臣于初四日由静海乘舟,绕下西河,连夜兼程前进,初五日辰刻抵津,知奕纪带兵一千八百名先期已到。臣查逆贼现因静海被创,意图困守,暗中盘踞独流镇、杨柳青一带,并于独流镇两岸复扎木城,以防官兵截剿,且知我兵在南,欲乘间窥伺天津,兼欲刨堤北窜。臣本欲驻扎王庆坨,因其地属僻壤,不便统筹全局,遂分拨奕纪所带热河兵五百名,令总兵经文岱带领前往,在独流后路相机用舟扎营,安设大炮堵剿。臣一面飞调达洪阿、多尔济那木凯驰赴天津会剿,一面先尽臣所带官兵与奕纪之兵,即日统率前进,总期早得成功,以纾宸廑。

——《钦定剿平粤匪方略》卷六四,第1—2页。

○胜保奏

臣连日布置,堵截该逆回窜之路,并派总兵经文岱带兵由王家口绕赴天津,调取炮位船只,以作围剿之用;一面飞调多尔济那木凯驰赴扬芬港、张庄一带,听候调拨;达洪阿迅赴天津,随同合剿;并调庆祺驰赴王家口驻扎,以扼其西窜文安、大城之路。惟庆祺尚知其在河间,多尔济那木凯、达洪阿,臣竟不知其在何路。探闻达洪阿等为人牵制,是以不遵调遣,殊不知国事至重,少迟一日,即至失机,况日久迁延,岂不误事!惟有仰恳天恩,迅饬由武清等处飞速前进,在天津西北一带听调。

——《钦定剿平粤匪方略》卷六四,第2页。

○上谕

钦差大臣胜保奏,催兵未到,现在西北未能合围,恐失机会。得旨:达洪阿等兵恐为北路牵制,此时若不合剿,失机会,所失尚小;长贼志,所失甚大。本日有寄与胜保谕旨,令伊严催,并寄谕僧格林沁速速催进。当此事机万分吃紧之时,岂能伪为持重,缓缓而行?该员等身为大员,岂无天良若是耶?

又奏,驰抵天津,相机进剿。批:前后夹击,谅可不致再行他窜。

——《清文宗实录》卷一〇八,咸丰三年十月戊寅。

〇顺天府奏

据武清县知县胡启文详称，盘获形迹可疑胡群、胡胜得弟兄二人，当即提讯。据供，自幼使船为生，今年五月在临清州地方随贼入伙，现在贼人都在静海县地方，头目王得等都往西南逃走。讯明后即行正法。臣等即飞札所属各州县，将该犯所供逆伙严密访拿，务令全数弋获。应请旨饬下僧格林沁等及直隶总督，一体札饬军营地方文武员弁，严拿务获。

——《钦定剿平粤匪方略》卷六四，第3页。

〇上谕

胜保奏驰抵天津、相机督剿一折。逆匪窜入静海，连次被创，仍盘踞独流镇、杨柳青一带，并于独流镇两岸扎立木城，意图抗拒。胜保现在调拨各路官兵，拟与善禄、西凌阿前后夹击。著即激励将士，克日进剿，务须逼入一处，合力围攻，尽数歼除，万不可再令他窜。达洪阿、多尔济那木凯，经该大臣调赴天津，现在行抵何处？当此攻剿吃紧之际，岂容任意延缓。已谕知僧格林沁严催前进，并著该大臣再行饬催，毋任迟误。昨据庆祺奏，留吉林兵七百五十名防守河间。此项官兵均系劲旅，应否调至军营，著该大臣酌量派拨。至佟鉴所带炮位，并著(摧)[催]提，以资攻击。将此由六百里加紧谕令知之。

——《清文宗实录》卷一〇八，咸丰三年十月戊寅。

〇上谕

军机大臣字寄钦差参赞大臣、科尔沁郡王僧。咸丰三年十月初七日奉上谕：

胜保奏连日催兵未到、西北未能合围一折，览奏曷胜焦急。据称，连日布置堵截该逆回窜之路；并派总兵经文岱带兵由王家口绕赴天津，调取炮船围剿；并飞调多尔济那木凯驰赴杨芬港、张庄一带听候调拨，达洪阿赴天津随同合剿；并调庆祺驰赴王家口驻扎，以扼其西窜文安、大城之路；多尔济那木凯、达洪阿迄今并无信息；等语。现在贼踞静海县城，亟须四面围攻，以为一鼓歼除之计。昨有旨谕令僧格林沁，催多尔济那木凯、达洪阿带兵前赴天津，听候胜保调遣。该员等带兵行走，何以如此迟缓？当此事机万分吃紧之时，岂无天良若是？著僧格林沁传旨飞催，毋得再有迟延，致干重咎，并将该员等何日抵津，迅速奏报。

又，据顺天府奏，武清县详报，盘获逆匪胡群等，供出逆伙王得等均往西南逃走等语。该大臣即严饬军营地方文武员弁一体严拿，毋稍疏纵。

胜保折并顺天府折，均著钞给阅看。将此由六百里加紧谕令知之。

钦此。遵旨寄信前来。

——《清政府镇压太平天国档案史料》第10册，第420—421页。

〇文谦、特克慎、张起鹓奏

贼匪自天津败窜静海，日在独流、杨柳青一带往来窥探，并闻有由武清县属王庆坨等处旁窜淀河之意。臣等正议遣兵防剿，适胜保已由静海水路绕出贼前，于本月初五日驰抵天津，即日派委总兵经文岱带兵五百名，驰赴王庆坨、扬芬港等处巡查堵剿，防其旁窜。胜保来津时，因船只短少，先带来官兵五百名，前经僧格林沁派奕纪带兵一千，复派热河兵五百名、古北口兵三百名，均已先后到齐。现议带领兵勇，于初六日起程，前往杨柳青、独流一带迎剿，以期与静海大兵合击，歼此群丑。

——《钦定剿平粤匪方略》卷六四，第 7—8 页。

十月初八日

〇上谕

军机大臣字寄钦差参赞大臣、科尔沁郡王僧。咸丰三年十月初八日奉上谕：

昨据胜保奏，催兵未到，西北空虚，当谕知僧格林沁，飞催多尔济那木凯、达洪阿迅速赴津会剿，是否现已赶到，与贼接仗？此股贼匪，必须及早并力合围，悉数殄灭，若任其乘虚他窜，剿办更难得手。著僧格林沁即行严督官兵，扼要截剿，与胜保等四面兜击。此时事势吃紧，不可有一处稍松。若何路再有窜逸，朕必将何路带兵官治罪。如多尔济那木凯、达洪阿沿途藉词逗遛贻误，即著严行参奏。将此由六百里加紧谕令知之。

钦此。遵旨寄信前来。

——《清政府镇压太平天国档案史料》第 10 册，第 429 页。

十月初九日

〇僧格林沁奏

奴才僧格林沁跪奏，为奏闻事。

窃奴才于十月初六日移营王庆坨地方，并筹度缘由，业经恭折奏报。初八日子刻，准庆祺咨报，该侍郎于初七日清晨带兵已进泊隔淀堤口门，闻距独流四五里适中之村第三府有匪分踞，该侍郎即令弁兵向前，开炮进攻，击翻贼船二只，毙贼约有百名，余匪藏匿不出。是日申刻，又复接仗，毙贼数十人，该逆炮力不敌，旋即退回，我兵亦即收队。等因。又于是日午刻，据奕纪差弁赍禀内称，该员同胜保于初七日辰刻带兵分路进攻杨柳青，大股贼匪已乘船逃去，搜获贼匪七名，夺获贼船二只，火药、粮食、器械等件，搜杀贼匪三名，奕纪

生擒长发贼一名，现在杨柳青村外扎营，各等因。是逆匪在独流蚁聚一巢，正可聚而歼旃。复经飞札各路官兵，随同胜保克期进剿，咨催庆祺乘胜进逼。奴才专弁迎催札调天津船只，以便速令达洪阿前往合力围攻。奴才仍恐缓不济急，现在设法雇觅民船，如能敷用，更可便捷。惟逆势渐穷，尤须慎防亡命豕突，亦经飞饬防堵各军加意慎防，以免溃窜。

所有各路进兵获胜各缘由，谨恭折奏闻。谨奏。

［咸丰三年十月初八日］

咸丰三年十月初九日奉朱批：知道了。钦此。

——《清政府镇压太平天国档案史料》第10册，第433—434页。

〇胜保奏

臣驰抵天津后，探得该逆在独流镇运河南北复扎木城，又闻进踞杨柳青两岸，用木板填塞巷口，欲图占踞，因即督带官兵五百名，并奕纪所带京营及古北口兵一千三百名，先行进剿。惟马队俱在静海水路，不能调来。适副都统佟鉴管带铜炮赶到，并盐政文谦亦愿带勇协助，臣于初七日卯刻督兵迎剿，传令固原、正定队伍先行，京营及天津壮勇随后接应。甫至杨柳青地方，即见四处起火，烟尘障天，船桅数十，停泊河干，贼众搬运粮石上船。臣即督令我兵分抄疾进，并派奕纪带勇督兵，在前飞催，不准停足，将其所筑木垒两段拆毁，一齐拥入街口。该逆措手不及，我兵枪炮齐施，杀死贼匪二百余人，落水淹毙者甚多，生擒十余名，并夺获贼船十二只，起获火药、粮米、刀矛、旗帜、器械等件。该逆马队百余名，沿河向南先逃。时已薄暮，即在杨柳青街外扎营，连夜飞调达洪阿、多尔济那木凯前来会剿，不知何时能到。复迎提臣所调静海得力官兵，令其飞由上西河绕至，以便星速前进。或将独流之贼先灭，即可合兵静海；或静海之贼先破，即可会剿独流。总之，以速为妙。

——《钦定剿平粤匪方略》卷六四，第11—12页。

〇上谕

军机大臣字寄钦差参赞大臣、科尔沁郡王僧。咸丰三年十月初九日奉上谕：

僧格林沁奏移营布置情形一折。本日据胜保奏称，贼匪由独流逼近杨柳青，该大臣不及待兵到齐，先行进剿获胜，现在扎营杨柳青街外，飞调达洪阿等官兵前进等语。该逆复经痛剿，退回独流，与静海城内之贼互为援救，非大兵迅速会集兜击，恐其穷极思窜。达洪阿既已赶到，著即令其遵照叠降谕旨，趱赴胜保大营，听候该大臣调度，万不可令在远处屯扎，坐失机会。其天津西北一带，应如何分拨官兵、扼要严防，并著该大臣妥速布置，毋任逆匪乘虚他窜，是为至要。将此由六百里加紧谕令知之。

钦此。遵旨寄信前来。

——《清政府镇压太平天国档案史料》第10册,第447—448页。

〇上谕

胜保奏进剿杨柳青逆匪一折。逆匪由独流窜扰杨柳青,经我兵痛加截剿,剩有骑马余贼向南逃去,自系窜至静海、独流等处。此次接仗,该大臣督率奕纪、文谦所带兵勇赴剿,各路会合之兵何以尚未赶到?本日据僧格林沁奏,庆祺已进泊隔淀堤口门,距独流四五里,与贼接仗,击毙百余名;达洪阿现在独流对直二十余里之瘸柳村地方屯劄候船。著该大臣仍遵前旨,飞速迎催,督同进剿,以便与静海迤南西凌阿、善禄所带之兵水陆夹击。此时逆匪在独流蚁聚,必须合力兜围,歼除净尽。达洪阿所带之兵均系劲旅,可期得力,务即迅提前进,毋任再有延缓,致误事机。将此由六百里加紧谕令知之。

——《清文宗实录》卷一〇八,咸丰三年十月庚辰。

〇上谕

咸丰三年十月初九日内阁奉上谕:

胜保奏进剿杨柳青贼匪全获胜仗一折。该大臣驰抵天津后,探知逆贼由独流分据杨柳青地方,适副都统佟鉴管带铜炮赶到,长芦盐政文谦亦带壮勇助剿,胜保即于初七日亲督官兵分抄迎击,并派奕纪督带兵勇前进,先将木垒拆毁,一齐拥入。该逆措手不及,纷纷逃遁。我兵奋勇追杀,枪炮齐施,歼毙长毛短发贼二百余人,落水淹毙者不计其数,斩获首级二十余颗,生擒十余名,并夺获贼船十二只,骡马数十匹,起获火药、粮米、刀矛、器械多件。其盘踞静海城中及分扰独流之贼,现经官军四面兜围,著僧格林沁、胜保迅即分督各路大兵,乘胜进剿,毋任窜逸。

钦此。

——《清政府镇压太平天国档案史料》第10册,第444页。

十月初十日

〇庆祺奏

初六日晚,行抵握头镇,距独流十八里,南有长堤一道,名曰隔淀堤,沿堤东行,至坝台之第八铺,地名独流大桥,有贼匪掘开口门数处。距独流不过四里适中一小村,名曰第三府,该逆分踞其间,抢夺船只,掳掠妇女,居民均已逃散。臣于初七日清晨进泊隔淀堤口门,即令副都统松玉、署游击冷庆带领官兵向第三府进攻。该逆枪炮齐发,我兵用连环炮

将第三府之贼击落水中多名，并击翻贼船二只，毙贼约百余名，贼退入独流镇内藏匿不出。是日申刻，又复接仗，我兵开炮轰毙贼匪数十人，内有穿黄衣者二人。本日遥望豫河之内，往来樯帆不断，自系与杨柳青逆贼互相联络，并闻该逆仍有窜天津之意。此时甫届立冬，河未结冻，急宜设法会剿。臣已咨商僧格林沁、胜保、文谦，约定日期，同时会剿，使贼首尾不能相顾，庶可聚而歼旃。

——《钦定剿平粤匪方略》卷六四，第18—20页。

十月十一日

〇胜保奏

再，奴才正在拜折，承准军机大臣字寄，奉上谕：现在逆匪经大兵痛剿，窜踞静海。若不赶紧兜击，恐该逆乘虚又图他窜。等因。钦此。奴才当即分别咨查严催去后，并据僧格林沁文称：本爵所统官兵，除饬令奕纪等先后管带官兵一千八百五十名拨往天津协剿外，本爵拱卫神京，剩兵无几，当将达副都统调赴对直独流之王庆沱驻扎，不惟以剿为守，藉可由此进兵，较为便捷；前经调取天津船只，未准解到，已雇觅民船，于初九日饬令该副都统前往贵大臣行营听候调遣；至多统领统带系属察哈尔马队官兵，并续调山西兵一千名，本爵亦因北面之防甚重，是以奏明将多统领等官兵屯扎固安防守。等因。初九日戌刻，达洪阿带兵七百余名来营，据称，委系奉参赞大臣札调，截留各处分防，往返奔驰，兵疲马乏，此次前来，亦非僧格林沁本意，达洪阿不敢再违谕旨等语。

奴才伏思，该员既为人所牵制，其不遵调遣，屡违谕旨，事出有因。奴才已嘱令其速调锅帐马步前来，以便随同进剿。其多尔济那木凯，俟其呈覆，再行分别缓急调拨。

所有遵旨严催并查明迟误缘由，理合附片具奏。

［咸丰三年十月初十日］

咸丰三年十月十一日奉朱批：知道了。钦此。

——《清政府镇压太平天国档案史料》第10册，第462页。

〇胜保奏

再，庆祺系奉旨归奴才调度之员，其现驻之隔淀堤地方，亦系奴才派令堵剿并绘图指示安营之所，如有逆匪窜出，用炮轰击。迨初七日，奴才进兵攻击杨柳青贼匪，庆祺亦经击毙贼匪多名，并未咨报奴才，先由参赞大臣僧格林沁具奏。查奴才军营与庆祺相距甚近，并非声气难通。奴才奉命责成办理直省军务，统筹全局，断不敢稍涉偏私，少遗余力。惟恐或有扞隔，是以诸事和商。然一国三公，号令百出，最为军营所忌。若各存意见，则军心

不能齐一,不但于事无济,而且有害。奴才惟有仰恳圣恩,训饬诸臣总当以国事为重,使奴才事权归一,呼应不致掣肘,庶可早灭妖氛也。谨附片具奏。

[咸丰三年十月初十日]

咸丰三年十月十一日奉朱批:所见甚大,另有旨。钦此。

——《清政府镇压太平天国档案史料》第10册,第463页。

〇上谕

军机大臣字寄钦差参赞大臣、科尔沁郡王僧。咸丰三年十月十一日奉上谕:

本日据胜保奏现筹围剿逆匪情形,并绘图呈览,布置尚属周妥。惟据称,达洪阿于初九日带兵七百余名来营等语。该逆分踞静海、独流二处,意欲分我兵力,必须大兵云集,四面合攻,方可一鼓歼除。著该大臣将达洪阿未到之兵一千余名,饬令赶赴胜保军营,以备调拨,毋再迟误。此时自以速殄逆匪为要,若前路进剿得手,则后路防守自可无虞。僧格林沁专为屏障京师,酌留兵将,所见亦是。第胜保大营若能多兵迅集,此股逆匪无难殄灭,前路获胜,后路自安,汝必能见到及此。况汝之忠忱,朕素深悉,总以国事为重,断不致稍有龃龉。本日览胜保折,多有谓汝不能与伊和衷,朕知汝之心无他也。该大臣与胜保共办一事,务须仰体朕心,(和)[合]力同心,肃清畿辅,以副委任。勉之!望之!将此由六百里加紧谕令知之。

钦此。遵旨寄信前来。

——《清政府镇压太平天国档案史料》第10册,第475—476页。

〇上谕

胜保奏,军营宜和衷共济等语,所见极是。逆匪占踞静海、独流二处,现经胜保派拨官兵,募备船炮,严密布置,克日围攻,惟在带兵各员听候调遣,合力兜击,自不难殄灭贼氛,迅速蒇事。侍郎庆祺、副都统达洪阿,均系归胜保调度之员。庆祺初七日击贼情形,何以并未咨报?著该大臣严饬该侍郎,务当协力同心,毋得任意藐玩,自干罪戾。达洪阿,叠次降旨,催令赴胜保军营,至今始带兵七百余名到营,实属迟延。此次姑免深究,其未到之兵千余名,已谕僧格林沁严催前进,仍著胜保飞速调拨,毋任藉词逗遛。至多尔济那木凯之兵应如何分拨催调,著该大臣斟酌办理。此股贼匪,既责成该大臣剿办,一切调度,朕断不为遥制。若诸将观望迁延,任意迟误,必致又蹈怀庆故辙。畿辅重地,岂容再有贻误!傥有不遵调度、致失期会者,该大臣一面奏闻,一面即以军法从事。此旨著传示军中将士,俾各懔遵。将此由六百里加紧谕令知之。

——《清文宗实录》卷一〇九,咸丰三年十月壬午。

十月十二日

○僧格林沁奏

奴才僧格林沁跪奏，为奏闻事。

窃奴才前将移营王庆坨(阨)[扼]要扎营及各路官兵驻守进扎各情形，恭折奏蒙圣鉴。兹逆匪由杨柳青退至独流，胜保现督天津兵勇扎营在独流东面相距八里之梁王庄地方进剿，庆祺之兵在独流西面三里许隔淀堤之第八铺截剿。查该侍郎逼近之处极关紧要，兵力单薄，深恐有误事机，奴才当派营总乌兰都、副将史荣椿，抽拨满蒙官兵四百名，由扬汾港水路进至隔淀堤，协同截剿。其围场总管那敷德，于初九日到营，奴才饬往杨村，将该处防堵之昭乌达、卓索图盟官兵内挑选五百名，并札伊勒东阿，将所带密云官兵均交那敷德管带来营。现在催调天津船只，一俟兵船到齐，亦即令由汾港水路前进，以厚兵力。

谨将分拨官兵缘由恭折奏闻，并将天津等州县道路图说恭呈御览。谨奏。

[咸丰三年十月十一日]

咸丰三年十月十二日奉朱批：览奏，各情知道了，图留中。钦此。

——《清政府镇压太平天国档案史料》第10册，第478页。

○僧格林沁奏

再，奴才前准军机大臣字寄，咸丰三年十月初五日奉上谕：本日据顺天府奏，大兵聚于东路，涿州、良乡一带空虚，如何兼顾之处，著该大臣酌量情形，妥筹办理。等因。钦此钦遵。查奴才前经札令多尔济那木凯，带察哈尔官兵与续到晋省官兵在固安(厄)[扼]守，原为居中策应，兼顾涿州、良乡，该处似可无须再为筹拨。且奴才所统之兵，各路分布，已不为厚，亦属无兵可拨。惟有请旨饬下顺天府，严饬地方文武实力盘查，使奸匪不能溷迹，尤为切要。谨附片覆奏。

咸丰三年十月十二日奉朱批：知道了。钦此。

——《清政府镇压太平天国档案史料》第10册，第478—479页。

十月十三日

○僧格林沁奏

奴才僧格林沁跪奏，为奏闻事。

本月十二日，据奕纪禀报，十一日随同胜保前往独流进攻，贼势十分猖獗，当即督同兵勇施放连环大炮，毙贼数百人，我兵直抵贼匪木城，声威大振，自未至子，始行撤回等情，禀

报前来。当经札覆该员禀请胜保据实入告。适天津船只于十二(月)[日]未刻到营,奴才当札委乾清门头等侍卫克兴阿,前锋侍卫倭什洪额、兴林,管带左翼五处官兵一千名,立即由一线河上船,直赴奕纪行营,听候调遣。奴才详阅奕纪单,内开,是日之战,右翼五处官兵颇为得力。伏思各该官兵世受国恩,踊跃图报,理所固然。但皆未经战阵之人,今乃一经出队,即能如此奋扬,其奕纪驾驭得当之能已可概见。查奕纪自奉委带兵赴津,复经设法添雇乡勇,凑足兵力,由津南指,身先士卒,大获胜仗,歼毙多贼,洵属谋勇兼备、深堪倚畀之员。但以六品微秩带领五千之众,实觉任重权轻,不足以资管辖。且进兵战阵之际,尤须职分较崇者,呼应可望应手。自应量请恩施,方足以资襄理。但该员系近支宗室,曾任大员,奴才未敢擅行保请。再四思维,惟有据实陈明,仰祈天恩,俯念军务需人之际,酌量予权,该员自必倍加激奋,军营亦可得收襄助之益矣。是否有当,伏乞皇上训示遵行。

再,十二日自晨至晚,前路枪炮声音不绝,自系东西夹攻。惟奴才营盘距贼较近,深恐逆匪被剿豕突,谆饬官兵随时准备,不敢稍涉大意。谨奏。

[咸丰三年十月十二日]

咸丰三年十月十三日奉朱批:所见亦是,朕有办法。钦此。

——《清政府镇压太平天国档案史料》第10册,第487—488页。

十月十四日

〇上谕

军机大臣字寄钦差参赞大臣、科尔沁郡王僧。咸丰三年十月十四日奉上谕:

据恒春奏,前经胜保饬回绥远城兵一千名,请旨调拨等语。前赴易州之山西满汉兵一千名,业经僧格林沁调至固安,此项绥远城官兵应否调赴易州,抑或另调别路驻扎,著该大臣体察情形,酌量调拨,即一面飞咨恒春遵照办理。

又据阜保奏,逆匪窜入静海,闻其火药铅丸俱尽,宜严防贿买等语。著僧格林沁严饬各营将弁,将火药铅丸妥为收藏,随时稽查,傥有奸细贿买、兵勇盗卖等弊,即著从重治罪,毋稍疏纵。

恒春、阜保折,均著钞给阅看。

钦此。遵旨寄信前来。

——《清政府镇压太平天国档案史料》第10册,第516页。

十月十五日

〇上谕

军机大臣字寄钦差参赞大臣、科尔沁郡王僧。咸丰三年十月十五日奉上谕：

本日据胜保奏，十三日督兵进剿独流逆匪，大获胜仗，毙贼千有余名。惟该逆穷极思窜，西南湖水空阔无际，虽经各路兵勇堵截，仍宜严防。又据御史王兆松奏，余匪穷蹙，势必又图他窜，蓟州重地，必应严密设防，马兰镇兵弁无多，请派兵于北路堵御。各等情。蓟州一带空虚，然贼未必即肯东窜，严密防堵，不可稍涉张惶，反启其觊觎之心。并著传谕德勒克色楞，亦可兼顾东路。此股贼匪，总须于静海、独流一带兜剿净尽。傥被剿余匪纷窜，著僧格林沁与胜保随时酌量情形，派兵扼要堵截，毋得稍有疏虞。将此由六百里加紧谕令知之。

钦此。遵旨寄信前来。

——《清政府镇压太平天国档案史料》第 10 册，第 530—531 页。

十月十八日

〇僧格林沁奏

奴才僧格林沁跪奏，为奏闻事。

十月十六日，接准军机大臣字寄，咸丰三年十月十五日奉上谕：本日据胜保奏，十三日督兵进剿独流逆匪，大获胜仗，毙贼千有余名。惟该逆穷极思窜，西面湖水空阔无际。等因。钦此。遵旨寄信前来。查王庆坨、杨纷港、当城一带水路要隘，均经分布官兵屯扎(阨)[扼]截。并因独流正西之王家口镇乃赴大城必由之路，亦经派拨官兵前往。因兵力不足，复经奴才委令籍隶大城之候补通判王曾棫广募乡勇，打雁挑枪，协兵(阨)[扼]截。复因津郡前面进剿兵勇已有八千余众，杨村无须设防，业将德勒克色楞、伊勒东阿所带官兵调赴王庆坨，选择添赴前敌，以资协剿。

伏查逆匪占踞独流、静海，相距十八里之遥，首尾尚能相创。我兵虽连日进攻，该逆坚匿不出，竟未能攻破，是逆匪未必势真穷蹙。揆之逆情，断不久踞一隅，必然另思他窜。而现在时势，奴才所统劲旅，又不能不尽数拟赴前敌，所节之兵虽经竭力分布，现在水势潆回，设使逆匪分股奔窜，必能(阨)[扼]截。惟瞬交大雪，一经结冻，则头头是道。设若大股蜂拥豕突，即当分兵处处拦截，得力与否，殊无把握。奴才三复思之，焦灼五中，惟有仰仗天威，俾前敌之军乘时围殄渠逆，早奏肤功，方称万全。奴才受恩至重，具有天良，值此万不可失之机，曷敢一字欺蔽圣聪，不得已迫切直陈无余，屏(莹)[营]惶栗。至将来该逆设

往西北绕逃，奴才自当督同德勒克色楞、培成等亲带现存之兵，横分东安、永清、固安一带，尽力截剿。至蓟州，虽中隔海河，亦须慎防，即使东窜，奴才即由杨村向东取道宁河、宝坻一带横截，并经严札天津镇道一体慎防。理合恭折奏闻。谨奏。

［咸丰三年十月十七日］

咸丰三年十月十八日奉朱批：布置甚妥，随时相机堵剿。钦此。

——《清政府镇压太平天国档案史料》第10册，第568—569页。

○僧格林沁奏

再，十月十五日，承准军机大臣字寄，咸丰三年十月十四日奉上谕：

据恒春奏，前经胜保饬回绥远城兵一千名，请旨调拨等语。前赴易州之山西满汉兵一千名，业经僧格林沁调至固安。此项绥远城官兵应否调赴易州，抑或另调别路驻扎，著该大臣体察情形，酌量调拨，即一面飞咨恒春遵照办理。又据阜保奏，逆匪窜入静海，闻其火药铅丸俱尽，宜严防贿买等语。著僧格林沁严饬各营将弁，将火药铅丸妥为收藏，随时稽察，傥有奸细贿买、兵勇盗卖等弊，即著从重治罪，毋稍疏纵。恒春、阜保折，均著抄给阅看。将此由六百里谕令知之。钦此。遵旨寄信前来。

奴才遵查，此项官兵既经胜保饬回绥远，似系业已疲羸之兵，若截调驻扎，殊恐虚糜帑项，难以得力，当经飞咨山西巡抚，仍照钦差大臣胜保原咨办理。至奴才所统各营火药铅丸，均系妥为收藏，并无盗卖情弊，现复遵旨严饬带兵侍卫、章京、将弁等随时稽查，不敢稍有懈弛。

再，十三日之战，奴才派往之健锐、火器、巡捕各营及哲里木盟官兵，随同松玉由王家营攻至独流，阵亡前锋护军二名，受伤外委一员、前锋护军战兵共七名。内除外委所受之伤系贼用枪装铁片致伤，其余皆系铅子伤。是否逆匪子药将尽，虚实殊难测度。谨附片覆奏。

［咸丰三年十月十七日］

咸丰三年十月十八日奉朱批：知道了。钦此。

——《清政府镇压太平天国档案史料》第10册，第569—570页。

○胜保奏

臣自十三日攻剿获胜后，连日进仗。该逆但厚加土垒，深空濠沟，并将两次进兵之处引水灌注，泥深垒逼，攻扑较难。其静海南面，虽西凌阿、善禄叠次进攻，该逆坚匿不出，尚未得手。臣现将北路妥为布置，拟于日内亲提劲旅，驰往静海，或商令达洪阿突出奇兵，冲过贼垒，绕出静海以北，与西凌阿、善禄并力夹攻，夺复静海后，合兵会剿独流，庶可克期

殄灭。

至近日解来炮位，轰击甚为得力。稔知京师炮营武城永固炮位及无敌炮，重三千六百斤及二千斤者，命中致远，极为便利，可否请旨饬下该营，共拨运三四尊，护送来营，以资攻击。

——《钦定剿平粤匪方略》卷六五，第 19—20 页。

〇胜保奏

查十月十五日，静海逆匪在城上开放枪炮，西凌阿、善禄督率兵勇，亦开大炮回击，轰毁城上木栅三处、木城一座。逆众拥出，兵勇奋力齐扑，伤毙逆匪多名。该逆潜从南门扑出千余人，经副将孔广顺等各带兵勇四路夹击，歼毙贼匪二三百名。十七日，派拨天津、正定、西宁三营官兵并马队一百余名至静海城北，与西凌阿、善禄合力夹攻。该逆分三股蜂拥抄出，我兵奋力回击，毙贼不少。统计此次毙贼五六百名。惟贼势虽极穷蹙，尚有五六百斤炮位三四十尊，抬枪鸟枪数百杆，是以臣拟添调炮位，尽力围攻，不使久延时日。

——《钦定剿平粤匪方略》卷六五，第 20—21 页。

〇上谕

军机大臣字寄钦差参赞大臣、科尔沁郡王僧。咸丰三年十月十八日奉上谕：

僧格林沁奏王庆坨等处要隘分兵屯扎，并选择官兵添赴前敌以资协剿一折，布置甚属周妥。本日据胜保奏，连日攻剿，逆匪坚匿不出，现拟分兵先攻静海等语。逆匪分踞独流、静海，筑垒挖濠，负嵎死守。胜保拟攻静海，以分贼势。惟独流系贼众屯聚之所，傥我军向南攻剿静海，而独流之贼乘虚窜出，亦不可不防。现在该大臣驻扎王庆坨，应否移营前进？两军声息不通，何能取胜？必须与胜保随时知照，相机接应，总以计出万全、不使贼匪窜逸为要。汝所带之司员中，或议论好无实济者，或心地欠醇者，总得刻刻留心，勿得入其计中。汝之可以被欺处，反因心里公平、无稍曲折。朕非教汝不公平，总期公而能明、外浑厚而内分明，不受人欺，即是可以用人处。末世人心，未能概以推诚论也。将此由六百里加紧谕令知之。

钦此。遵旨寄信前来。

——《清政府镇压太平天国档案史料》第 10 册，第 584 页。

〇上谕

据僧格林沁奏，逆匪占踞独流、静海，坚匿不出，其势尚未穷蹙。转瞬河冰冻结，头头是道，设大股贼匪奔突，即当处处拦截，得力与否，殊无把握等语。朕度僧格林沁之意，总

以及早进攻、乘机殄灭、勿令他窜为要。该大臣谅亦筹虑及此。现在贼匪坚匿木城不出，为死守计，必须大兵围剿，方可一鼓荡平。若令僧格林沁带兵前往助剿，不知汝二人共事一方，有无牵制之处？此举颇有关系，著该大臣详慎筹画，于一二日内据实覆奏，无稍迁就。朕断非疑胜保不能得力，先降是旨以试汝，朕专为全局计。设僧格林沁到彼后，两不统辖，致多掣肘。或分路进攻，有无窒碍，一并筹之。胜保度量甚洪，岂敢复有避忌、知而不尽言乎？

本日据奏，连日攻剿各折片，披览均悉。逆匪分踞独流、静海，往来奔救，该大臣拟先攻静海，翦贼羽翼，亦出奇制胜之一法。惟北面最关紧要，且由独流至静海，更恐有腹背受敌之虞。该大臣务须筹画万全，断不可顾此失彼，致堕奸计。逆匪坚守木城，炮攻未能得力，是否可用土袋累成炮台，自高击下？或于独流、静海之间横劄营盘，断贼往来接应之路？总宜随地相机，妥筹布置。所请京营炮位，已谕令巡防王大臣挑选四尊，即日派拨官兵运往备用。

另片奏，十七日出队，火器营官兵迟延未到，该大臣仅将翼长玻崇武申饬摘顶，未免过宽。以后如有似此玩误、不遵调度者，即一面奏闻，一面以军法从事，断勿轻纵。奕纪督队尚知奋勉，著暂存记，如该员续有出力之处，再由该大臣酌保具奏。

将此由六百里加紧谕令知之。

——《清文宗实录》卷一〇九，咸丰三年十月己丑。

十月二十五日

〇上谕

谕内阁：

御前大臣、科尔沁郡王僧格林沁，经朕特命为参赞大臣，统领重兵，出京扼要驻劄，筹办防剿。一切布置，均合机宜。现值天气严寒，念该大臣在军营中辛劳备至，且闻其拊循士卒，尤能甘苦与共，殊堪嘉尚。著发去御用貂冠一顶、黑狐皻马褂一件，绿玉烟壶一个，白玉四喜搬指一个，交僧格林沁祗领，以昭恩眷。

——《清文宗实录》卷一一〇，咸丰三年十月丙申。

〇上谕

军机大臣字寄钦差参赞大臣、科尔沁郡王僧。咸丰三年十月二十五日奉上谕：

本月十八日，僧格林沁奏到布置情形，以后未接续报，殊深悬系。因念僧格林沁统兵在外，天气渐寒，本日已明降谕旨，颁去赏件，交该大臣祗领矣。现在静海、独流两处贼匪

攻剿情形，近日亦未接奏报。该逆诡诈百出，难保不乘间窜逸。且各处积水一经冰冻，道路处处可通。著僧格林沁悉心体察，于静海、独流迤北等处，督饬带兵员弁严密堵御。其西路水陆各要隘，尤须节节派兵扼守，使该逆无隙可乘，剿办更易得手。并须严查零星余匪勾结本地土匪，改装偷窜，甚至假扮官兵、妇女、乞丐、僧道、难民等项，混迹往来，探听军情，尤不可不加意严防。一经缉获，务即讯究贼中虚实，将该犯尽法惩治。近日通州一带查拿奸细不少，可见该匪四处窥探，形迹诡秘，全在军营文武员弁时时认真稽查，令该匪不得乘间溷迹，方为严密。至东路一带，亦须随时侦探，酌量缓急，妥为布置，不可稍涉大意。将此由五百里谕令知之。

钦此。遵旨寄信前来。

——《清政府镇压太平天国档案史料》第 10 册，第 641 页。

〇僧格林沁奏

奴才僧格林沁跪奏，为恭折覆奏，仰祈圣鉴事。

本月十九日接准军机大臣字寄，咸丰三年十月十八日奉上谕：僧格林沁奏王庆坨等处要隘分兵屯扎，并选择官兵添赴前敌以资协剿一折，布置甚属周妥。等因。钦此。遵旨寄信前来。奴才跪聆之下，当饬培成、恩华等分赴(豫)[胜]保、庆祺军营，就近查看独流东西两面情形。兹据恩华回称，逆贼将独流东北一带引灌积水，胜保现候调拨炮位到营，设法攻剿。培成回称，查看独流街后迤西漫水，宽有数十里，深浅不一，该处逆匪仅有小渡船数只；庆祺兵船现泊子牙河，其前敌炮台在第三府安设，距贼营二里许，现在设法筹攻。各等情。奴才通盘筹度，以现时水势揆之，西北、西南各面逆匪不能逃窜，至结冻之后，则面面可通，防堵恐难周密，总宜及早进攻。此时结冻未坚，尚可宽觅人夫，随时暂为打凌，以防逃窜。惟逆匪窜至静海时，系由连河堤岸奔来，并恐仍由旧路回窜，纡绕北犯，业经函致胜保，酌量慎防。至胜保、庆祺两路兵勇，俱系船扎水营，分布周密，陆路无处扎营。奴才若统兵前进，亦须驻扎水营，于马队无益。设逆匪专窜之时，于追剿拦截反恐不速。且奴才扎营之处，与胜保之营逐日往来函商机宜，尚不甚远，是以仍在王庆坨扎营，居中策应。

所有奴才筹度情形，理合恭折覆奏，伏乞皇上圣鉴。谨奏。

[咸丰三年十月二十四日]

咸丰三年十月二十五日奉朱批：览奏俱悉。汝此时仍驻王庆坨，严防北路，甚好。本日另有寄谕并明发旨颁汝赏件，朕意欲汝激励将士，策应灵捷，朕待汝之恩，不知欲何等优加，岂些微物件所能喻也。钦此。

——《清政府镇压太平天国档案史料》第 10 册，第 633—634 页。

十月二十七日

○上谕

军机大臣字寄钦差参赞大臣、科尔沁郡王僧。咸丰三年十月二十七日奉上谕：

胜保奏连日攻剿独流逆匪获胜情形一折。本月二十四、五两日，胜保督率各路兵勇，用大炮、火箭轰烧贼垒，约毙逆匪数百余名。惟所调京营炮位尚未赶到，当此围攻吃紧之际，必须厚集兵力，速破贼巢，著僧格林沁即于德勒克色楞、伊勒东阿二人中拣派一员，酌带精兵，前赴胜保军营协剿，务将独流逆匪迅速殄灭，俾军务早竣，以慰廑念。将此由六百里加紧谕令知之。

钦此。遵旨寄信前来。

——《清政府镇压太平天国档案史料》第11册，第18—19页。

十月二十九日

○僧格林沁奏

奴才僧格林沁跪奏，为恭折覆奏，仰祈圣鉴事。

十月二十八日，接准军机大臣字寄，咸丰三年十月二十七日奉上谕：著僧格林沁即于德勒克色楞、伊勒东阿二人中拣派一员，酌带精兵，前赴胜保军营协剿。等因。钦此钦遵。

奴才伏查，前因津郡前面进剿兵勇已有八千余众，杨村无须设防，当将德勒克色楞、伊勒东阿所带官兵调赴王庆坨，选择添赴前敌，以资协剿，业经奏折在案。奴才旋因庆祺现扎之处地要兵单，将德勒克色楞所带蒙古官兵内选择四百五十名，交总管那敷德管带，并令伊勒东阿选带精兵六百名，于十月十八日派往该侍郎行营，会同堵剿。其德勒克色楞现存蒙古马队若派令前进，该处漫水结冻，马队势难展布，且设若逆匪溃窜之时，翻恐返截不及，只可留作拦截应援之军。理合恭折覆奏。

再，胜保所调京营大炮今已运至前敌，是进攻之具已齐，或可望即日克捷。知关圣廑，合并附陈。谨奏。

[咸丰三年十月二十八日]

咸丰三年十月二十九日奉朱批：知道了。钦此。

——《清政府镇压太平天国档案史料》第11册，第25页。

十一月

十一月初三日

〇上谕

庆锡奏蓟州紧要、请饬桂良拨兵驻劄一折。前有旨，谕令该总兵将蓟州西南一带随时侦探，酌量筹办，原为马兰镇距蓟州不远，庆锡就近筹防，尚能兼顾。并谕僧格林沁、胜保，令其体察情形，严防贼匪窜逸。该大臣等统筹全局，谅已妥为布置。本日据庆锡奏称，蓟州兵力较单，请饬桂良拨兵四五百名来蓟驻劄等语。惟查桂良前奏，省城仅有吉林兵五百余名，无可分调，仅将善禄所带陕甘兵内抽拨一百名，赴易州等处驻守，是该督附近镇属各营内无可酌拨，自系实在情形。著庆锡仍遵前旨，相机筹办，不可但以拨兵防守一奏了事，为诿卸地步也。将此谕令知之。

——《清文宗实录》卷一一一，咸丰三年十一月甲辰。

十一月初六日

〇上谕

谕军机大臣等：

据胜保奏现在筹办攻剿各折片。该逆负嵎死守，已逾一月，若不赶紧设法剿灭，恐贼穷必窜，师老则疲，又成余烬复燃之势。该大臣膺兹重寄，必应密筹全局，迅奏肤功，以纾朕念。现在东南一带尚觉空虚，据称贼匪欲由东路奔窜，虽已严饬西凌阿、善禄加意防范，仍恐兵力不敷。前谕胜保催提之张集馨、郝光甲所带各兵，是否迎提到营？并著随时相机布置，断不可令贼他窜。德勒克色楞本系帮办胜保军务，现已谕知僧格林沁，迅饬该贝子赴营，协同攻剿。另片奏，请增给马干银两等语，即照所请。现在军营马干，准其札行粮台，每马一匹，日给马干银一钱，以示体恤。将此由六百里谕令知之。

——《清文宗实录》卷一一一，咸丰三年十一月丁未。

〇上谕

军机大臣字寄钦差参赞大臣、科尔沁郡王僧。咸丰三年十一月初六日奉上谕：

前据僧格林沁奏，德勒克色楞未能带兵至胜保军营协剿等语。现在胜保军营带兵需人，德勒克色楞系特旨派令帮办胜保军务，著僧格林沁即日饬令该贝子迅速前赴梁王庄大

营。其所带蒙古马队各兵，著仍留于僧格林沁军营，以备防堵。德勒克色楞务须与胜保悉心妥筹布置，将独流、静海两处逆匪迅即殄灭，无令他窜。是为至要。将此由六百里谕知僧格林沁，并谕德勒克色楞知之。

钦此。遵旨寄信前来。

——《清政府镇压太平天国档案史料》第 11 册，第 105 页。

十一月初九日

〇僧格林沁奏

奴才僧格林沁跪奏，为恭折覆奏，仰祈圣鉴事。

本月初七日，奴才接准军机大臣字寄，咸丰三年十一月初六日奉上谕：前据僧格林沁奏，德勒克色楞未能带兵至胜保军营协剿等语。等因。钦此。遵旨寄信前来。奴才跪聆之下，当即恭录寄谕，移咨德勒克色楞钦遵前赴胜保军营。其该贝子所带昭乌达、卓索图两盟官兵，奴才接统，咨令扎赉特贝勒拉木棍布扎普管带。该贝子即于当日带领土默特本旗兵二百四十五名起程，因河已结凌，难以行走，现由天津赶紧绕往。

所有德勒克色楞起程日期，理合恭折覆奏。

再，奴才连日探得，前敌迭次出队，未见得手。而接准胜保函称，逆匪实已穷蹙，三五日、七八日内一鼓可成等语。奴才因北面之防所关至重，仍不敢稍事大意。现在除分布要隘、严密防堵之外，惟有严饬各营马队时加操演，务期一律娴熟，以备万一横截之用。合并附陈。谨奏。

［咸丰三年十一月初八日］

咸丰三年十一月初九日奉朱批：知道了。现在北路最关紧要，务须加倍严防。汝在北路防严，俾胜保极早成功，肃清畿甸，则汝之捍卫京都之功为最。钦此。

——《清政府镇压太平天国档案史料》第 11 册，第 121—122 页。

〇胜保奏

再，奴才满洲世仆，仰承圣主知遇之恩，不以菲材见弃，力小任重，时切冰兢。窃念人臣之义，致身事主，目睹时势多艰，不敢自暇，况当诸事积玩，整顿殊难，每遇图维一切事宜，彻夜不能安枕。凡督兵前进之时，亟欲灭此朝食，不觉裂眦竖发，生死置之度外。逆贼炮子从奴才顶耳飞过者不知凡几，仰赖圣主洪福，幸皆未为击中。此皆奴才分所当为。所恨不克即就成功，无以仰报高厚，虽九重万里，俨如君父在前也。

奴才赋性愚直，绝少才能，深荷圣明倚畀，曲赐成全，身非木石，能勿衔感？然奴才能

见谅于君父，未必能取悦于佥壬。僧格林沁日日差官弁堂役来奴才营盘探听消息，奴才每出队时，并带赴阵前，指示情形，令其回报，复详加函致，咨明奏稿，以期诸事和衷。在僧格林沁纵不见疑，而其左右佥壬多系广西军营偾事之人，未必甘心满意。前月十一日独流之战，奴才因河州兵单，恐贼马队抄出，预派奕纪赴阵前接应。奕纪胆怯，未敢身先，及至该逆乘隙冲来，若非奴才亲身带队前往冲击，几遭覆没。后因是日官兵大获胜仗，杀贼甚多，并未失利，且因奕纪善造火器，是以仅予申饬，未遽奏参，然不敢妄加保奏，自蹈欺饰。即山右迟误偾事之臣，竟似因奴才奏陈，以致褫职，种种更易致怨。又如屡次谕令德勒克色楞及达洪阿前来，虽断自宸衷，未必不疑为奴才所请。现在剿办逆贼，奴才昼夜筹思，不遗余力，但得设法殄除，断不稍稽时日。其中难办情形，亦为达洪阿、奕纪所共晓，而局外旁观者即责奴才以迁延，奴才亦何容置辩？夫自古功高多谤，何况无功？以郭子仪之重安唐室，尚受制于监军，奴才何人，能不自惕？如张良、邓禹极善用兵，亦未闻监察有人，始克奏效。奴才前在扬州破垒，赵城截贼，并未尝待人督责。伏思奴才屡奉谕旨训饬，褒宠优加，现在奴才处群疑众谤之地，心刻难安。惟深恩未报，逆焰未平，时势转移，在此一举，断不敢稍存诿卸，致负生成。然此不得已之苦衷，不能不据实陈告。可否仰求皇上早加严谴，以杜佥壬之口，俾奴才得以戴罪图效，抑或简派亲信重臣，督率办理，使奴才有所禀承之处，出自圣裁。奴才不胜感泣悚惶之至。谨奏。

［咸丰三年十一月初八日］

咸丰三年十一月初九日奉朱批：览。钦此。

——《清政府镇压太平天国档案史料》第11册，第119—120页。

〇上谕

军机大臣字寄钦差参赞大臣、正蓝旗汉军都统胜。咸丰三年十一月初九日奉上谕：

胜保奏近日攻剿情形一折，又另片自陈衷曲等语，览奏均悉。朕因胜保勇敢忠诚，特命统领诸军，廓清畿辅，责任綦重，倚畀至专，惟望其迅殄贼氛，拯民水火。自逆匪窜踞静海、独流，距京较近，又命僧格林沁驻兵北路，为京师之屏障，即为该大臣之声援，实系必不可少之举。试思逆匪被剿穷蹙，伺隙奔逃，傥北路稍虚，岂能杜贼纷窜？胜保与僧格林沁共办一事，自应不分畛域，两营声息时刻相通。乃以僧格林沁遣官弁等至营探听，遽谓为监察军情，是自疑因以疑人，其所见亦甚狭矣。并称请派亲信重臣督率办理，尤属非是。试思该大臣身为统帅，岂非亲信重臣乎？朕既畀以重任，岂复有所猜疑？果能奋勉图功，尽歼丑类，迅奏荡平，上可以慰朕心，下亦可以孚众望，悠悠之口，何足介意耶？胜保以天下安危自任，惟上知有朕，其他勿恤，朕亦深知，汝能体朕心，成此大功。但任事之人，自有难处，不待汝言，朕已早鉴。现在逆匪势穷思窜，若伏兵要路，诱贼离巢，为截击之计，是否

确有把握？傥徒为收复独流、静海起见，纵令窜逸，剿办更难得手。至所称于上游筑坝，泄水断流，以冀克期灭贼，自系要著，务即赶紧筹办，万勿再有迟延。该大臣忠勇素著，谅能计出万全，不负委任也。将此由六百里加紧谕令知之。

钦此。遵旨寄信前来。

——《清政府镇压太平天国档案史料》第11册，第134页。

〇上谕

僧格林沁奏，士民报效军营银两、草豆、棉衣，恳恩奖励等语。直隶武清县士民等志切同仇，情殷报效，自应分别加恩，以昭激劝。千总衔曹开甲，著赏加都司职衔。武举曹开芬，著赏加守备职衔。监生曹清，著赏给布政司理问职衔。生员曹志简，著赏给守御所千总职衔。俊秀曹义方，著赏给监生。武童曹桂龄，著赏给营千总职衔。俊秀曹芝龄，著赏给按察司照磨职衔。文童陈宝光、俊秀马际贤、俊秀马庆余，均著赏给从九品职衔。武生曹志默，著赏给营千总职衔。该部知道。片并发。

——《清代起居注册(咸丰朝)》第16册，第9251—9252页。

十一月初十日

〇上谕

伦恭奏拿获军营逃犯一折。马甲景福，既据该副都统饬属讯明，由僧格林沁军营逃回属实，即应在密云本处地方惩办，庶足示警，乃漫无主见，率请饬交刑部审办，糊涂已极。景福著即在密云正法，以肃军令。

——《清代起居注册(咸丰朝)》第16册，第9257—9258页。

十一月十二日

〇上谕

军机大臣字寄钦差参赞大臣、科尔沁郡王僧。咸丰三年十一月十二日奉上谕：

朕闻已革前任九江道士魁，现在该大臣军营。该革员前据御史方俊奏参，前在赛尚阿军营，狡诈贪鄙，大煽威柄，以致物议沸腾。今复随该大臣前往，朕偶尔思及，甚不放心。在该大臣秉性忠直，推诚待人，朕所素知，转恐因此受人欺蔽。似此劣迹昭著之员，何必留于军营，再滋物议？著该大臣饬令士魁刻即回京，无稍逗留。

据张锡庚奏，天寒冰冻，近畿南面亟宜严防；并据彦昌奏断贼接济等情。著该大臣体

察情形，妥筹办理。原折、片均著钞给阅看。将此谕令知之。

钦此。遵旨寄信前来。

——《清政府镇压太平天国档案史料》第 11 册，第 168 页。

十一月十四日

〇胜保奏

臣于十二日亲督兵勇直扑贼垒，甫至堤边，讵该逆因西南未得窜出，又料我兵必移往静海西岸防守，胆敢调回静海马步贼队千余名，从东南扑来，暗袭我兵之后。独流之贼又分四路拥出，逆众三四千名，分扑我兵队伍。臣闻报静海贼至，即令达洪阿抵御独流贼匪，臣督兵迎击静海匪股，复督饬托云保、魁福马队及正定步队，由堤岸抄击。该逆见我兵两路冲截，遂一齐败回静海，而独流垒中之贼愈出愈多，达洪阿等极力击杀，歼毙无数，贼犹死战不退。臣即商令德勒克色楞暂行督阵，臣单骑驰绕北堤，令健锐营出奇兵，从贼后抄击，贼遂大败。川勇及天津各勇并健锐、火器营兵奋勇掩杀，复饬佟鉴速用神威炮连环轰击，堤面冰坑，贼尸填积，逆众奔回木垒。我兵随追随杀，直抵濠边。此次毙贼千有余名，实足大快人心。臣细探贼营粮米只敷数日，若不使之窜逸，内溃外攻，荡平立待。惟各路防兵或千余、或数百，如遇贼匪全股突出，终觉力薄。西路虽节节派兵布置，而不免畛域各分，深恐一处疏虞，败坏全局。所有西北西南一路，应请饬令庆祺就近酌办，如镇将不遵调度，咨明严办。

——《钦定剿平粤匪方略》卷六八，第 24—26 页。

〇上谕

胜保奏，初九、十二等日，静海、独流两处剿贼获胜一折。此时逆匪穷蹙已极，自不难立就殄灭。北路一带，经僧格林沁叠次奏报，防堵悉臻周妥。惟西路一带，似尚不甚可靠。现在庆祺劄营正在独流西面，著僧格林沁即行传旨，谕知该侍郎酌度缓急，严饬西路各营镇将悉力堵截，傥有防范不严、被贼窜逸情事，朕不但将不遵调度之镇将从重治罪，即庆祺亦不能辞咎。该大臣前派伊勒东阿、那敷德带兵前往庆祺军营协剿，想已早筹及此。务当严饬各营将弁，不分畛域，合力同心，殄此穷寇，以慰朕望。将此由六百里加紧谕令知之。

——《清文宗实录》卷一一二，咸丰三年十一月乙卯。

〇上谕

胜保奏进剿独流逆匪大获胜仗一折。逆匪穷蹙已极，我兵攻剿愈力，该逆必思他窜。

该大臣洞悉贼情，自能节节布置，无待朕之谆嘱。所称西路官兵不免稍存畛域，请旨责成庆祺严防等语，已谕知僧格林沁传知该侍郎遵办。胜保统领全军，一切调度，各营自应遵照，著即传旨谕知庆祺尽力堵截。其西凌阿等防堵西南等处，亦著一体传知，毋令贻误。将此由六百里加紧谕令知之。

——《清文宗实录》卷一一二，咸丰三年十一月乙卯。

十一月十五日

〇钱庆善奏

山东道监察御史臣钱庆善跪奏，为风闻近日静海一带军营布置，并逆匪穷蹙思窜，诡谋不一各情形，恭折密陈，仰祈圣鉴事。

窃维今之急务，莫过军旅，而知彼知己情形尤为至急。臣随地随时留心访察，无据之辞不敢入告，但有关系，敢不进言？臣闻得胜保营盘安插极为坚固，帐房之外筑立土墙，墙隙安设炮位，以及守夜巡逻俱能严密，盘获奸细极多，且拿获广西老贼，知贼情状。此外达洪阿等营盘驻扎亦俱妥协。此无可虑者也。惟近来胜保稍有差误之处。迩日攻击逆匪木城，天津义勇先入，官兵未能接踵前进，以致勇入受伤，渐生怨怼。当此攻剿吃紧之际，兵勇相睽，利钝攸关。拟请谕寄申饬，务令该大臣拊循义勇，俾生感奋，并将带队不前之武弁查明正法，以肃纪律。此时但能兵勇联络一气，所向自无不利矣。至僧格林沁营盘，重兵环列，北卫京师，尤为紧要，闻该大臣扎营如寻常行围安设帐房光景，守夜巡逻又极大意，傥或贼踪北窜，直扑大营，稍有疏虞，所关匪细。拟请谕寄该大臣，倍加谨慎细心，以为京师捍卫，并察探贼踪所至，分兵为胜保接应，务须和衷，不分畛域。此我兵布置情形不可不讲求者也。

又闻逆匪固木垒以藏身，待援不至，裹胁既众，口食日繁，初则每日夜四餐，今则减为再食，是其食不足之明征也。坐以待毙，彼必不甘，铤而走险，防更宜密，此时断不可使之逸出，复旷时日稽诛。更闻此股逆首，一籍隶湖广，一籍隶山东，因刻下口粮不继，或思东窜，或思北来，诡计未定，各怀己见，自宜乘其心意不坚，设法剿击，必不相顾，我兵自可报捷。此又逆匪穷蹙思窜情形，不可不乘机歼灭者也。

臣既有所闻，理合据实直陈，伏乞皇上圣鉴。谨奏。

［咸丰三年十一月十五日］

——《清政府镇压太平天国档案史料》第 11 册，第 213—214 页。

○上谕

军机大臣字寄钦差大臣、正蓝旗汉军都统胜。咸丰三年十一月十五日奉上谕：

御史钱庆善奏称，近日攻击逆匪木城，天津义勇先入，官兵未能接踵前进，以致勇入受伤，渐生怨怼等语。天津义勇素称骁悍，前经谕令胜保查明，兵勇合在一处，有无牵掣，据实具奏。昨据该大臣奏报十二日胜仗情形，此项义勇亦甚出力。所称兵勇相睽之处，是否实有其事？著该大臣实力拊循，务使兵勇一心，互相策应，以期迅速灭贼。至所称此股逆首一思东窜，一思北来，诡计未定，乘此剿击，必不相顾。又称贼匪木垒，头二层均系空坛，假作炮位，第三层始用枪炮。该逆火药不继，为此虚狡之技，亦属情之所有。该大臣逼近贼巢，侦探较确，著即妥速设法，迅筹攻剿，但有可乘之机，不可坐失。

另片奏，贼营中裹胁吉林官兵马队甚多，且逼令教演马枪。此事尤出情理之外，著胜保确切查明，此项官兵系于何时何地被贼裹去，原带此队之官系属何人，迅即据实覆奏，毋稍回护。前据彦昌奏决河淹灌贼垒等语，是否可行，亦著该大臣体察妥办。原折、片三件并彦昌片均著钞给阅看。将此由六百里谕令知之。

钦此。遵旨寄信前来。

——《清政府镇压太平天国档案史料》第 11 册，第 214—215 页。

○上谕

军机大臣字寄钦差参赞大臣、科尔沁郡王僧。咸丰三年十一月十五日奉上谕：

御史钱庆善奏称僧格林沁、胜保军营情形一折，已谕知胜保严密布置矣。朕思该大臣统领重兵，扼要驻扎，原为捍卫京师，兼可为胜保后路声援。现当独流、静海攻剿吃紧之际，如该逆乘虚窜越，必应防范周密，方免疏虞。该大臣当已筹虑及此，务须随时侦探逆情，以遏贼踪北窜。其安置帐房及守夜巡逻，应如何倍加严密之处，惟当相机筹办，勿稍大意为要。原折著钞给阅看。将此由六百里谕令知之。

钦此。遵旨寄信前来。

——《清政府镇压太平天国档案史料》第 11 册，第 215 页。

十一月十七日

○僧格林沁奏

奴才僧格林沁跪奏，为恭折覆奏，仰祈圣鉴事。

本月十三日接准军机大臣字寄，咸丰三年十一月十二日奉上谕：朕闻已革前任九江道

士魁现在该大臣军营。该革员前据御史方俊奏参，前在赛尚阿军营狡诈贪鄙，大煽威柄，以致物议沸腾。云云。钦此。遵旨寄信前来。奴才跪聆之下，感激悚惶，遵即札饬士魁于即日离营回京。

至张锡庚、彦昌条奏各事宜，奴才均已敬阅。查张锡庚原奏内称，该逆难保不由王家口地方北窜等语，与奴才所虑吻合。奴才前已饬派官兵前往该处扼截，因地方紧要，兵力觉单，奴才所带劲旅已尽数拨赴前敌，而王庆坨较之王家口尤关至重，存营之兵势难再分，是以札委籍隶该处之通判王曾棫广募乡勇，打雁排枪，协同防堵。现在该逆将裹胁独流难民遣散甚多，讯之，所说贼势情形不一。殊恐逆匪溷迹其间，探听消息，以便及时乘间奔突，自宜倍加防范。奴才现已传知远近村庄各团绅民，随时随地认真盘查奸细。揆之贼踪所向，如王庆坨扼截严密，则王家口深为吃重。奴才惟有严饬该处带兵官严密防堵，随时打凌，设若逆匪溃至，必须极力截剿。若前敌之军在后紧追，两面夹击，或可不致远扬矣。奴才仍将寄谕原折飞咨胜保、庆祺等，一体遵办。

再，奴才于十一月十五日奉到咸丰三年十一月十四日恭奉寄谕：西路一带，似尚不甚可靠。现在庆祺正在独流西面，著僧格林沁即行传旨谕知该侍郎，酌度缓急，严饬西路各营镇将悉力堵截。等因。钦此。奴才遵即恭录谕旨，飞咨该侍郎严饬各营镇将一体钦遵。奴才仍一面凛遵圣谕，严饬各营将弁不分畛域，合力同心，殄此穷寇，断不得稍存疆界，致误机宜。

至近日前敌进攻，未能攻破贼巢，推原其故，总因东路扎营距城较远。我军出队往攻，该逆登高遥望，得以预为准备，且我兵出队、回营，拉运数千斤炮位，往返二十余里，未免劳乏，该逆以逸待劳，故得久拒。奴才已密致胜保，令其相度地势，酌量逼近【甚好】，以期迅扫妖氛，早纾圣廑。

理合恭折覆奏，伏乞皇上圣鉴。谨奏。

［咸丰三年十一月十六日］

咸丰三年十一月十七日奉朱批：知道了。一切情形及预筹剿堵机宜，俱甚妥当。钦此。

——《清政府镇压太平天国档案史料》第11册，第230—231页。

○僧格林沁奏

再，十一月十六日接准军机大臣字寄，咸丰三年十一月十五日奉上谕：御史钱庆善奏僧格林沁、胜保军营情形一折。等因。钦此。遵旨寄信前来。

伏查王庆坨迤南，东西相距二十余里，有小路要隘三处，正南之场房子，东南之三河头，西南之瘸柳树，皆为静海、独流、杨柳青等处赴武清、东安、永清捷径。奴才移营王庆坨

时，业经饬派官兵分往各该处驻扎，昼夜盘诘，来往行人稍有可疑，立即拿解来营，分别核办。奴才复带所统各路官兵，在王庆坨迤南五里许总隘之处分扎连营六座，一字向南排列，藉壮北面声威。虽劲旅尽数拨赴前敌，现在存营之兵分布各营，多寡不能划一，而各营皆系筑垒掘濠，昼夜梭巡，传筹递令，互相联络。营盘以外，各营派有马队官兵远近严密哨探，认真巡查，实不敢如该御史所奏，扎营如寻常行围安设帐房光景。独流与王庆坨相隔匪遥，况正当北路要冲，奴才断不敢稍涉大意，致误机宜。理合附片覆奏。

［咸丰三年十一月十六日］

咸丰三年十一月十七日奉朱批：知道了。钦此。

——《清政府镇压太平天国档案史料》第 11 册，第 231—232 页。

十一月二十六日

〇上谕

军机大臣字寄钦差参赞大臣、科尔沁郡王僧。咸丰三年十一月二十六日奉上谕：

本日据胜保奏，德勒克色楞所带之蒙古兵仅二百名，不敷调遣，请饬将该贝子原带之兵酌拨至营等语。著僧格林沁即将德勒克色［楞］原带之东三盟兵酌拨数百名，饬令即日前赴胜保军营，仍归德勒克色楞统带，以资攻剿。将此由六百里加紧谕令知之。

钦此，遵旨寄信前来。

——《清政府镇压太平天国档案史料》第 11 册，第 337—338 页。

十一月二十九日

〇僧格林沁奏

奴才僧格林沁跪奏，为探查贼势及随时布置各情形，恭折奏报，仰祈圣鉴事。

窃奴才在营日闻枪炮之声，探报前敌逐日出队，每至中夜尚然轰击，而总未能逼近贼垒，殊深焦灼。近闻独流一带有剃发零星潜出之人，殊恐逆匪混出，探访消息，以便择路豕突，或设法接济粮食，购觅火药。虽各营日有盘获可疑人犯多名，分别办理，奴才仍恐稽查不周，当经晓谕附近绅董，于各村一带协同巡捕，务使匪徒不能溷迹。复探得逆匪始到之时，每人皆给饭食，后改为日给麦一斤，旋又每人日给麦斤半，令各做面饼，用小袋装盛。现在增至二斤，其为赶做裹粮、急思他窜无疑。奴才当派员前往庆祺军营，密令其转传各营，一体严加防范矣。

至前敌进仗情形，我兵虽系连日出队，无如该逆诡谲异常，我兵往攻，先必坚守，窥我

军心懈慢,伺隙方出,是故屡次挫失。不但绿营兵勇日形怯羸,即八旗劲膂,勇敢之气日就消磨。奴才辗转焦思,该逆恃险固守,以逸待劳,我兵如此进攻,似难得力。现已密致胜保,步步为营,先将营盘逼近,再将天津海口七千斤至万斤大炮运至营中。此炮奴才前在海口演试,足可有五六里之猛力,若高筑炮台,向内攻击,或可倾覆贼巢。【炮可致远者,自应居高俯击,或可得力。】

二十三日,官兵先获胜仗,后因逆匪马队冲抄,我兵失利,副都统佟鉴、天津令谢子澄等同时阵亡,失去炮位、军械无算。奴才闻信之下,愤懑难名,疾首顿足,徒唤奈何。且谢子澄为津郡循吏,深洽舆情,现在郡城防堵义勇颇资鼓舞,今猝然阵亡,绅民之心皆为震动。设若人心涣散,迁避退缩,则郡城可虑之至。奴才当即飞致盐政文谦,赶紧收罗民心,并将津郡为咽喉重地,有关大局,前面虽有重兵,仍不能不藉资民力情形,为该盐政详切指示,以期固守藩篱。二十六日,据奕纪遣报来营,天津义勇因谢子澄阵亡,痛哭流涕,几至生变等语。奴才闻信之余,倍深焦灼,赶紧发去告示,详切安抚。

兹又据庆祺、那福德派往大城委员禀报,县南里坦地方有青县土匪结伙,欲行抢掠等情。是土匪乘机窃发,若不消患将萌,深恐与逆勾结。亦经飞咨直隶督臣,迅委干员前往捡捕,并严札该县,会同邻封实力查拿,以靖地方而免蔓延。

谨将奴才近日查探前敌进仗情形及随时布置缘由,理合恭折奏报,伏乞皇上圣鉴。谨奏。

[咸丰三年十一月二十七日]

咸丰三年十一月二十九日奉朱批:另有旨。钦此。

——《清政府镇压太平天国档案史料》第11册,第353—354页。

○僧格林沁奏

再,正在缮折间,接准军机大臣字寄,咸丰三年十一月二十六日奉上谕:本日据胜保奏,德勒克色楞所带之蒙古兵仅二百名,不敷调遣,请饬将该贝子原带之兵酌拨至营等语。著僧格林沁即将德勒克色楞原带之东三盟兵酌拨数百名,饬令即日前赴胜保军营,仍归德勒克色楞统带,以资攻剿。将此由六百里加紧谕令知之。钦此。遵旨寄信前来。伏查德勒克色楞原带去卓索图盟官兵二百四十五名,又拨往王家口二百五十名,交副都统那福德管带,其余存营卓索图盟兵五百余名,奴才遵即札饬该盟带兵官管带,即日前赴胜保军营,以资攻剿。理合附片覆奏。

[咸丰三年十一月二十七日]

咸丰三年十一月二十九日奉朱批:知道了。钦此。

——《清政府镇压太平天国档案史料》第11册,第355页。

〇上谕

军机大臣字寄钦差参赞大臣、科尔沁郡王僧。咸丰三年十一月二十九日奉上谕：

僧格林沁奏查探独流贼势及布置情形一折，览奏均悉。逆匪占踞独流、静海，已及两月，急应将营盘逼近，用炮轰击，焚毁贼巢。所筹各情，均与朕意符合。惟二十三日我兵进仗失利，锐气少挫。叠经降旨，严饬胜保督率将士并力攻剿，以赎前愆。现在该逆有裹粮思窜情形，该大臣驻扎王庆坨地方，足可堵御北面。惟由独流至东安一路，亦应设卡派兵，扼其要冲，不可稍涉大意。至青县土匪，在南里坦地方乘机窃发，难保不与该逆勾结。该大臣现已知会桂良，赶紧派委干员，迅速捕拿，仍著于附近大营处所严密巡缉，毋致延蔓。将此由六百里谕令知之。

钦此。遵旨寄信前来。

——《清政府镇压太平天国档案史料》第11册，第382—383页。

十二月

十二月初四日

〇胜保奏

奴才胜保跪奏，为连日于余家铺、李家楼等处步步为营，逼近贼垒，挖濠筑墙，并建筑炮台，逆匪乘夜屡次抢扑，被我兵明击暗抄，伤毙贼匪五六百名，仍饬各路严防，逼令势溃出巢，合兵剿洗，先将新移营垒绘图恭呈，奏祈圣鉴事。

窃奴才近因逆匪黑夜四出探路，势穷图窜，处处伏兵，捡获多名。内有独流附近村庄新裹乡民，择其有家属者，宽以不死，暗携告示，放归贼营，探听消息。昨据逃回供称，独流粮米但知无多，其实在存数无从窥探。只见贼众每餐或粥二碗，或面饼两枚，每人各有马肉两大块。静海之粮更少，时有贼来独流驼运。近见我兵营垒逼近，料又添有重兵，十分惊恐，不但安徽、江南、河南、山西、直隶等处新裹之众心多涣散，即两湖发长及尺之贼，本系贸易乡农人等逼胁来者，亦多思逃散。惟粤匪自知罪大恶极，与各省裹入监犯贼匪同为死党。奴才前已屡刊告示，令川勇设法散人，离间其心，逆首等愈惧，将欲逃出之人杀戮颇多，并扬言逃出来营者尽被我兵所杀，借此摇惑人心。奴才现又出示剀切详言，以期翦其羽党，使之势穷力孤；再将营垒逼近，建筑炮台，使逆众不能偷息，内溃外攻，自易得手。因于距贼垒里许之杜家嘴地方相度地势，督催丁夫赶筑炮台，以便昼夜攻击。

该逆日于垒边暗伏窥伺，时开枪炮。二十八、九两夜，屡次拚死抢扑。奴才终夜严兵

以待，阖营不准举火，使贼不知虚实，俟其扑近土墙，即于黑暗中用枪炮连环轰击。又密派马队抄袭于后，伤毙甚多。俟贼入垒后，时或列炬照耀，使逆众不敢遽近。初一日，复列阵而出，逆匪时出三五百，往来奔突，我兵迫近，又复入垒。赶筑炮台将成之际，贼炮连开，丁夫受伤数名，同时怯退。奴才等亲自督丁夫拥筑而成，规模粗就，天已戌刻，即令旗绿各营撤队入至濠墙内，列队以待。逆匪随即大股拥至，齐抛火弹，直至新筑炮台脚下，舍命很扑。幸天津、固原、西宁、河州、宣化及健锐、火器营兵俱能胆壮气定，列于炮台上下，一齐开放连环枪炮，打死贼匪不计其数，而该逆仍复死命相持，时许不退。奴才等催令至营多取火把张灯，以壮声势，并饬吉林、黑龙江及蒙古马队同由南面抄击，枪箭齐施，该逆始行败退回巢。随即拥出逆匪数百名，齐执火具，拖抢贼尸，我兵勇奋前掩杀，复毙多名，夺回挡牌数面，刀械四十余件，喷筒十余杆，并将骑马贼目杀死，夺获伪金官正将军大黄旗一面。统计连日伤死逆贼约及五六百名，我兵一无受伤。此皆仰托皇上洪福威力所致。

此番移营，逼近贼巢，营垒相峙，仅隔里许，深居险地，刻刻寇敌当前，彼之木城日久益坚，我之土墙新筑未固，寒宵深夜，防范颇难，非久经战阵之兵胆气粗壮者，断难驻守。奴才等已拨天津、正定、西宁、河州、宣化、固原各兵在前，健锐、火器各营兵丁在后，更番轮守。值此严寒，屹立风霜之中，报号传签，深虑疏懈。奴才日来格外给以米面，勉以好言，齐心严守，循墙列队，断不敢任其偷安误事。一二日炮台筑就，居高临下，极力攻击，逆匪定益胆寒，且不敢安居贼巢，以便设法剿灭。

惟各路虽皆分拨兵丁防守，而地方辽阔数十里，终虑势分力单。逆匪之能久踞者在此，我兵之攻围棘手者亦在此。奴才复查得，独流有通盐山陆路一道，地势偏僻，已派奴才营中管带川勇官张继武带领得力川勇四百名，赴大粉堆地方堵御，并添拨驻罗古庄之德州兵三百名前往协堵。仍虑力单，又添拨左右翼兵五百名同往驻守。二十九日，侍郎瑞麟带兵一千名到营，奴才惟恐新到之兵未经战阵，不便拨往，且奕纪现已奉旨回旗，北岸官兵乏员统带，奴才拟即商派瑞麟驻扎北岸，随同攻剿。奴才有思虑未周之处，亦可随时商(确)[榷]。

所有新筑营垒已成，赶建炮台，移兵近逼，逆匪乘夜屡次抢扑，经我兵杀毙多名，仍饬各路严防，勿令窜逸，以期悉数殄灭各情形，并绘具图说，谨会同奴才德勒克色楞合词恭折由六百里具奏，伏乞圣鉴。谨奏。

咸丰三年十二月初三日

【另有旨。图留中。】

——《清政府镇压太平天国档案史料》第 11 册，第 408—410 页。

〇胜保奏

再,奴才接奉军机大臣字寄,奉上谕:朕待胜保恩意不为不厚,倚畀不为不专,该大臣中夜扪心,亦当知感知惧,加倍小心。乃自逆匪占据独流、静海后,屡阅奏报,词气轻张,渐有自满之意。此次接仗,竟至大员阵亡,遗失炮位。该大臣虽前赴庆祺军营相度地势,独不思身为统帅,离营之时,何至毫无布置?及至失事,转以离营他往,诿过于人,又何以折服将士之心?为大将者,必当虚心集益,谋出万全,使将士人人用命,感奋图功。若师心自用,不听人言,以致众心涣散。胜保经此次训谕之后,若能返躬省过,与帮办军务德勒克色楞等及诸将士合力同心,克期剿除逆匪,不但尽赎前愆,仍可渥膺懋赏。傥迁延日久,糜帑无功,是胜保不能承受朕恩,国法岂能宽宥?等因。钦此。并懔承朱谕。奴才跪聆之下,不觉悚惶汗下。现当时事孔亟,奴才不能速殄妖氛,上纾君父之忧,而任大责重,措置失宜,致干主上之怒,于词严义正之中,寓成就矜全之意,扪心自问,感涕交萦。总由圣意优容过甚,爱怜逾深,奴才奋发于衷,恃圣明在上,孤意径行,有过而不自觉。兹蒙训饬严切,予以自新,奴才于感愧之余,益加猛省。惟有返躬自责,力赎前愆,断不敢师心自用,诿过于人,体圣主大造无私之至意,以全君父曲为护惜之深恩。

至二十三日奴才因急图进攻之计,一时粗心,失于斟酌,暂行离营,竟致有意料不及者。诚如圣谕,悔已无及。前陈奏抚剿兼施一层,奴才因遵照前次谕旨中设法解散之意,而措词未能明解。仰蒙训斥,悚惕益深。谨将迭次刊印告示恭呈御览。其粤匪及所结死党势必不敢投出,即使投出,奴才恨不寸磔碎割,思啖其肉,断不敢稍有疏纵。

奴才伏查第六府地方为独流西北要路,有子牙河水经冬未冻,尚觉有险可守。现在伊勒东阿带兵六百名在彼堵御,奴才复派左右翼兵丁二百名前(经)[往],昼夜会哨巡防。然每念及兵力尚单,时刻悬心。而奴才大营官兵,日夜与贼攻战,又无可以拨防者。僧格林沁现驻王庆坨,作为北路声应,自系紧要之区。奴才愚见,以为第六府若有重防,则王庆坨即可无虞。应否仰恳饬下该大臣前往,相度情形,斟酌移兵进驻,则声势更壮,并可与奴才就近和衷会商,同筹剿灭逆贼之处,出自圣明训示。

再,磁州知州恩符、候选知县方鸿恩,已恪遵谕旨,分别饬令回任、回籍矣。

所有奴才感悚下忱,理合附片具奏。

咸丰三年十二月初三日

——《清政府镇压太平天国档案史料》第11册,第410—411页。

〇上谕

军机大臣字寄钦差大臣、正蓝旗汉军都统胜。咸丰三年十二月初四日奉上谕:

胜保奏赶筑炮台、移营逼近贼垒等情,并绘图贴说,披览均悉。逆匪占踞独流、静海已逾两月,此股一日不除,畿辅一日不安。况扬州贼援麇至,现已全股窜赴瓜洲,扬城虽已收复,而贼势愈张,设使大股北窜,则淮徐、山东一带更将滋蔓难图。该大臣等务当趁此贼势穷蹙之时,赶紧进攻,毋稍延玩。至解散胁从,尤须加意慎重。若如胜保告示所云,临阵弃械,道旁长跪,即可免死资遣,毫无稽察,设被奸匪溷出,岂不又堕奸计耶?

另片奏,请饬僧格林沁移兵进扎第六府,本日已谕令僧格林沁酌度情形,克即移营前进,会同胜保相机夹攻。该大臣与僧格林沁共办一事,务须合力同心,克期进剿,迅殄丑类,若稍分畛域,彼此不相援应,以致贼匪窜逸,僧格林沁、胜保均难辞咎。所请饷银,已谕令桂良迅速拨解矣。

将此由六百里加紧谕知胜保,并谕德勒克色楞知之。

钦此。遵旨寄信前来。

——《清政府镇压太平天国档案史料》第 11 册,第 419 页。

〇上谕

军机大臣字寄钦差参赞大臣、科尔沁郡王僧。咸丰三年十二月初四日奉上谕:

胜保奏,请饬僧格林沁酌度地势、移兵前进等语。胜保连日移营逼近贼垒,建筑炮台,逆匪屡次抢扑,均被击退,现饬各路严防。惟兵勇分拨堵御,仍恐力单。据称第六府地方为独流西北要路,若有重兵在彼防守,声势更壮。朕思僧格林沁既须带兵前进,不徒防守一隅,总以合力进攻为要。该大臣接奉此旨,著即相度地势情形,移兵前进,与胜保并力攻剿,以期一鼓歼除,断不可令贼匪窜逸。本日据琦善等奏,扬州贼匪全股由东路窜赴瓜洲。扬城虽已收复,而匪党仍复肆扰。若不将畿疆赶紧廓清,致逆匪北窜勾结,剿办更难得手。僧格林沁与胜保共办一事,务当同心合力,迅速奏功。该大臣忠勇素著,必能统筹全局,用副委任。勉之!胜保原片著钞给阅看。将此由六百里加紧谕令知之。

钦此,遵旨寄信前来。

——《清政府镇压太平天国档案史料》第 11 册,第 418 页。

十二月初八日

〇僧格林沁奏

奴才僧格林沁跪奏,为恭折覆奏,仰祈圣鉴事。

本月初五日接准军机大臣字寄,咸丰三年十二月初四日奉上谕(谕文略)。窃思奴才自十月初六日移营王庆坨时,相度地势,自王庆坨营盘迤南数里即系大清河,涨潦积水,漫

淹一片，接连子牙河，直至独流，中间只有葛淀堤一道，叠经派员查看，堤岸宽仅丈余至数尺不等，南北两面皆水，碍难扎营。奴才限于地势，是以暂在王庆坨驻扎。现在独流正西第三府庆祺之营、西南峡口洼副将史荣椿与王家口副都统那敷德之营，并东北之第六府、当城等处分布防剿之兵，皆系水营。第六府地当阨要，奴才已早派伊勒东阿带兵在彼防堵。又因该处及峡口洼、王家口、当城各要隘时值结冻，贼易窜逸，恐兵力尚属单薄，奴才委员雇觅夫役，驾船将大清河、子牙河冰块穿凿。复委直隶同知黄德芳赶紧选募火枪壮勇，一俟募妥，拟即分拨，以协兵力，以杜逆贼北窜。至所派前敌各路官兵，前因逆贼扑出，经该官兵击回，毙贼二三十名，所有奋勇弁兵已存记，一俟大功告蒇，再为请奖。

伏查王庆坨地当紧要，南有大堤，可以扼贼北窜之路，东距天津杨村较近，如各处稍有警报，奴才均可带兵策应，易于截击，因此仍在王庆坨驻扎，并为设法监造各样攻剿器具，运赴前敌，以资各路分用。奈攻剿日久，大兵仍未蒇事，奴才万分焦灼，日前亲赴杨汾港、铁头堤、北横线河、三河头各地方详细履勘，均系逆贼北窜要路，分兵昼夜巡卡，仍不时派员赴各处稽查。兹据胜保奏称，第六府为独流要路，著奴才相度地势，移兵前进。奴才非不欲急赴前敌，与胜保合力攻剿，迅殄妖氛，惟查独流地势，除胜保于东面扎营，堪以进攻，此外皆系冰水，而第六府地方止有数尺宽堤，虽间有水落露出，地面狭窄，实难安营。奴才所统健锐营、火器营兵数百之外，其余又皆马队，若扎水营，不特需用兵船甚多难觅，且马队之兵亦无处屯扎。况该处各路民船前已雇觅，尽赴前敌使用，一时雇觅更难应手。且独流迤西俱已结冻，兵船止能顺开凿之路南北行驶，不能由西向东。再，奴才傥移营第六府与胜保合力攻剿，贼如北窜，又成尾追之势。

所有奴才未能移营前进，仍(阨)[扼]要驻扎王庆坨遏贼北窜各情形，奴才仍未敢擅便，谨遵旨恭折据实覆奏，伏乞训示遵行。谨奏。

咸丰三年十二月初六日

——《清政府镇压太平天国档案史料》第 11 册，第 439—440 页。

〇上谕

军机大臣字寄钦差参赞大臣、科尔沁郡王僧。咸丰三年十二月初八日奉上谕：

僧格林沁奏，第六府地面狭窄、实难扎营等语，览奏均悉。僧格林沁著仍驻扎王庆坨，扼要堵剿。现在独流逆匪，经大兵攻剿，势已穷蹙，自以防其乘虚北窜为要。既据该大臣体察情形，仍须驻扎王庆坨以备策应，即当严饬副都统伊勒东阿、那敷德，副将史荣椿等，严密防范。现值天寒冰结，尤应昼夜巡查，不可稍涉大意。该大臣统领重兵，为京师屏障，责任綦重，想已统筹全局，布置周妥。设有疏虞，惟该大臣是问。懔之！将此由六百里加紧谕令知之。

钦此。遵旨寄信前来。

——《清政府镇压太平天国档案史料》第11册,第459页。

〇上谕

军机大臣字寄钦差大臣、正蓝旗汉军都统胜。咸丰三年十二月初八日奉上谕:

本日据僧格林沁奏,查看第六府地面狭窄,实难安营,且马队之兵亦无处屯扎,如贼北窜,又成尾追之势等语,自系实在情形。已谕令僧格林沁仍驻扎王庆坨,责成专防后路矣。胜保剿办独流逆匪已逾两月,尚未能埽穴捡渠,实属延缓。近日移营前进,逼近贼垒,建筑炮台,昼夜环攻,自应得手。惟连日未见奏报,殊深悬系。该逆虽坚匿不出,亦须设法轰击,分路进攻;或诱令出巢,设伏截击。岂可任贼负嵎,疲我兵力,迁延时日,迄无成功。现在防御后路,既专责僧格林沁;进剿贼巢,胜保亦责无旁贷。著即督率带兵各员克日进攻,毋得藉词推诿,致干重罪。至静海城内贼匪近日情形,及西凌阿、善禄刻下如何攻剿之处,并著该大臣迅速据实具奏。将此由六百里加紧谕令知之。

钦此。遵旨寄信前来。

——《清政府镇压太平天国档案史料》第11册,第459—460页。

十二月十三日

〇翁心存、宗元醇奏

臣翁心存、臣宗元醇跪奏,为军营搭放官票宝钞,据随营粮台详报窒碍情形,奏闻请旨事。

窃臣等前于十一月二十八日,因粮台拨款领解将完,奏请饬部豫筹拨解,旋于本月初二日经户部议奏,以部库无款可筹,请发官票银五万两、宝钞钱十万串,与前借拨解天津军饷案内应筹还现银三万两间搭支放等因,奏准行文到臣衙门。臣等以军营支款繁多,何项必须实发现银,何项尚可搭放票钞,都中难以悬拟,即经咨明参赞大臣,并札令办理随营粮台、永定河道定保就近体察情形,妥速议定章程详报去后,嗣于初八日,经户部先行发给现银一万两、官票一万两、宝钞二万串,即日委员解往军营在案。

兹于初十日接据办理随营粮台、永定河道详称,官票、宝钞必先由地方试行有验,小民咸知票钞与银钱并重,行使方无窒碍。现在王庆坨地方褊小,并无银钱大铺,且附近之武清、东安一带亦从未试行,军营搭放票钞,设或众兵行使不便,关系匪轻。况兵丁每日所领盐菜口粮,购买食物,均系现钱,即采买豆草一切,亦多系零星小户,并无行商坐贾,试用尤难。详请奏拨现银五万两,当十、当五十大钱合制钱十万串,俾济军需。并奉参赞大臣札

令该道径详臣衙门核办。等语。

臣等伏思,现在经费支绌之时,票钞已经奉旨通行,断不敢不力求通变。惟钞币之法,施行当有次第,方可渐次流通。此时官票都中虽已通行,而京外偏僻州县,民间尚未必周知。至宝钞则甫经颁发,各省地方并未试用,更难骤用之军营。该道所详,自系实在情形。其所请酌发现银与大钱并用之处,应请旨饬交户部妥筹议奏,仍请饬令参赞大臣僧格林沁,将军营票钞是否可以搭放,再行详晰查明,据实具奏。臣等为慎重军饷起见,是否有当,伏乞皇上圣鉴,训示遵行。谨奏。

咸丰叁年拾贰月拾叁日

——录副奏折,档案号03-9507-083。

○上谕

军机大臣字寄钦差参赞大臣、科尔沁郡王僧。咸丰三年十二月十三日奉上谕:

据顺天府奏,随营粮台详称,军营搭放官票宝钞诸多窒碍,另请酌发现银、大钱一折。钞票甫经颁发,商贾藉以流通,且出纳均以五成,尤为便民善策。前经赏给八旗守兵、征兵与直境随征兵丁一月钞票钱粮,正欲令其通行无滞。据称,粮台道员定保,以王庆坨地方并无银钱大铺,且附近之武清、东安一带亦从未试行,军营难以搭放,经该大臣札令该道径详顺天府核办。而该兼尹、府尹亦并未咨查,辄据粮台一面之词,遂定为实在情形,显系畏难不办,置大局于不顾。朕意该大臣于度支竭蹶情形素所深悉,当此新章初定,自必力求变通,设法施行。况与银钱相间搭放,大营各官员应领款项甚多,岂不可酌量支发?钞票行与不行,转机在此。现方通饬各直省一律遵办,断不能因该粮台首倡窒碍之说,致各处兵丁有所藉口。著该大臣严饬粮台各员,酌度情形,妥筹搭发,毋得率听该员等模糊影响之谈,因噎废食也。将此谕令知之。

钦此。遵旨寄信前来。

——《清政府镇压太平天国档案史料》第11册,第515—516页。

○上谕

翁心存等奏军营搭放钞票窒碍情形一折。官票宝钞之兴,原以济银钱之不足。现当章程甫定,正期中外大臣力求变通,设法推行。顺天为首善之区,尤宜倡率遵办,以为各省之式。且出纳皆以五成为限,民间完缴正项钱粮与盐关课税,及一切交官等款,皆须钞票与银钱相辅而行。前降谕旨甚明,民间宜无不周知。方且购求钞票以为交课之用,尚何窒碍之有?该兼尹等率据粮台道员详文,谓须先由地方试行有验,方可行使,是先存一试行无验之心,为此阻挠之说,并未将如何流通一为筹及,直甘心置钞票于不用,是何居心?该

兼尹、府尹轻听该道之词，意存见好属员，率请拨给现银制钱，岂户工两局现铸大钱日不暇给，与库项空虚，该兼尹等竟茫无所知？即谓兵丁行使初尚未便，而随营官员应领款项甚多，岂亦难以搭放？是直畏难不办，竟置大局于不顾。至该员定保详称，系奉参赞大臣札令径详核办，该兼尹等亦不复咨查是否确实，遽信为实在情形，尤不可解。想僧格林沁公忠体国，不当如是也。所有应行次第施用钞票之处，即著该兼尹等妥速筹商，俾无阻滞。将此谕令知之。

——《清文宗实录》卷一一五，咸丰三年十二月癸未。

十二月十七日

〇僧格林沁奏

奴才僧格林沁跪奏，为查探近日逆势情形，恭折奏祈圣鉴事。

窃独流逆匪抗拒日久，官军围剿，总未捣穴捦渠。近日拿获逃出之犯供称，贼粮充足，尚敷数月之用，令人倍深焦灼。日前，逆垒间忽而掩旗止炊，寂然无声者二三日，各营间有传为贼势果真穷蹙，旋复人畜声喧，如前猖炽，并因前次夺得官兵军械，枪炮倍增于前，是故死守抗拒，官兵莫可如何。其为匪势未蹙，已可概见。所幸前敌东西两面高筑炮台，向下轰击，探访得此时开炮较前得力，伤贼甚夥。贼垒虽坚，日夜被炮轰击，亦有朝不保暮之势矣。

揆之逆匪思窜已久，今被炮逼，自必倍急于前，必须日夜击打，逼其离巢，前截后掩，实力歼剿，成功或可迅速。否则，日复一日，不特饷项浩繁，兼虑扬城之匪北突勾结，为患尤甚。奴才现惟无分昼夜，认真巡防，时时操演，以备截剿。前次委员赶造火攻器具、坚固梲牌，均已齐备，奴才亲加演试，尚为灵捷，然又非坚冰之上不能得手。现在运至前敌，惟盼天气骤寒，附近贼垒水深之处冻坚，即可施用，以资协攻。

谨将查探近日贼势情形，恭折奏报，伏乞圣鉴。谨奏。

咸丰三年十二月十六日

【览奏均悉。独流逆匪若不赶紧灭尽，实有将来之患，朕亦甚为焦急。】

——《清政府镇压太平天国档案史料》第11册，第566—567页。

十二月二十七日

〇僧格林沁奏

奴才僧格林沁跪奏，为探查近日前敌情形并随时翦除土匪各缘由，恭折奏闻，仰祈圣

鉴事。

窃逆匪占踞独流、静海，复又分贼在独流、静海之间五里庄地方筑成木垒，竟成三窟之势。且据拿获奸匪供称，该逆将官兵失去炮位现放木城之内，是该逆壁固垒坚，连得利器，足资抗拒死守，官兵莫可如何。现在东西两面日夜开炮轰其巢穴，该逆坚匿不出，连日总未接仗。各营报获由贼营逃出之人，供有逆匪妇女扮作乞丐，往南搬取救援，并南省之匪二月可到，各等语。虽似逆匪捏造，以安吓被胁之言，然总宜迅速蒇功，方免他虑。奴才日夜忖度，焦灼难名。

其拿获各起人犯，均经随时分别办理。惟据王庆坨团练会同营弁拿获土匪张永等，听从杨起凤纠约，聚众持械，随同武清县民张和抢劫伊父张俊粮食，致伤事主一案，现在逆氛逼近之区，无赖之徒未免心萌乘机妄为之念，一经有犯，必须尽法重惩，当委随营粮员、通永道海瑛督同武清县知县胡启文详切鞫讯。除逃犯张和、杨起凤罪无可逭，现在严饬缉拿务获，立予正法，其余在逃之犯亦即一体查拿，从重惩办外，现获之张永、晏黑子即晏洪升、高才、杨幅兴四犯，或认入室伤人，或认代为纠邀，情形较重，当经委员持令会同该县将此四犯押赴东安县属兰家场犯事地方，立正军法，枭首示儆。至供认听从之王俊、杨起龙、杨喜、张孝全四犯，亦属同恶，现经插耳箭，札交武清县分解两路游示附近各州县毕，即由顺天府定地发极边充军，俾土匪知所敛迹，以靖地方而免养痈之患。

所有探查办理各缘由，恭折奏闻。谨奏。

咸丰三年十二月二十六日

【办理俱是。惟逆匪情形实非甚穷蹙，何日了期，愤闷何堪。汝前奏一俟冰坚，即可进逼火攻，已隔多日，并未见续奏是否得力、是何攻法。再，据汝所闻，有何可乘之机，著一并据实密奏。】

——《清政府镇压太平天国档案史料》第12册，第77—78页。

十二月二十八日

〇上谕

内阁奉谕旨：

王大臣等历次捐备军饷，叠经降旨，交军机处存记。兹据军机大臣呈览(呈览)，该王大臣等捐备经费，具见悃忱，自应渥沛恩施，以昭奖励。惠亲王，恭亲王奕䜣，亲王衔定郡王载铨，礼亲王世铎，肃亲王华丰，御前大臣、科尔沁郡王僧格林沁，固伦额驸德木楚克扎布，喀尔喀扎萨克亲王达尔玛，贝子绵勋、德勒克色楞、奕缙，辅国公恒明，尚书、公奕湘，喀勒沁镇国公棍楚克林沁，大学士裕诚、祁寯藻，协办大学士贾桢，尚书柏葰、文庆、麟魁、徐

泽醇、阿灵阿、魏元烺、德兴、许乃普、花沙纳、赵光，左都御史联顺、朱凤标、都萨迎(迎)阿、毓书，侍郎瑞常、周祖培、潘曾莹、全庆、罗惇衍、穆荫、彭蕴章、春佑、载龄、龚文龄，内大臣璧昌，盛京礼部侍郎和色本，仓场侍郎庆祺、朱嶟，内阁学士陶樑，总管内务府大臣基溥、存佑，左副都御史文彩、李菡，武备院卿文丰，署奉宸卿恒祺，山西巡抚恒春，陕西巡抚王庆云，山东布政使崇恩，库伦办事大臣讷勒亨额，予告大学士潘世恩，头品顶带致仕光禄寺卿汤金钊，尚书衔前任侍郎杜堮，前任侍郎杜翻，前任上驷院卿豫堃，前任都统特登额、惟勤，前任江南河道总督潘锡恩，前任河东河道总督文冲，前副都统达洪阿，前任按察使积喇明阿、赵长龄，均著交宗人府、户部分别从优议叙。惇郡王奕誴，著交宗人府从优议叙，并再宽免罚俸一年。怡亲王载垣，成郡王载锐，睿亲王仁寿，郑亲王端华，豫亲王义道，庄亲王奕仁，克勤郡王庆惠，顺承郡王春山，贝子奕绪、奕格、载钧、载华、载蓉、载茯、庆敏，贝勒德木齐扎布，固伦额驸景寿，镇国公永康、绵寿、奕樑、奕绣、继善，辅国公载岱、溥吉、崇锡、景崇，公麟兴、盛福，侯张淳，和硕额驸恩醇，都统华山泰，侍郎爱仁、瑞麟、玉明、培成，内阁学士肃顺、灵桂，副都统珠勒亨、西兴阿、定福、哈勒吉那、阿彦泰、多尔济那木凯、德全、庆兴、刘钰、载堪、德崇额、阿彦达、隆庆、托云保、忠泰、都尔通阿、特兴额、巴雅尔绰克托、巴雅尔、松玉，散秩大臣穆隆阿、常喜，三品衔护军统领连和、百揆、重庆，銮仪卫冠军使福昇、金太，头等侍卫安寿、福钤、广志、恒寿、希拉布、桂馨、崇岳、纯庆、英蕴、额图浑、天保，二等侍卫崇恩，大理寺卿毓检，上驷院卿舒兴，前任副都统兴贵，前任内阁学士朱兰，前任驻藏帮办大臣鄂顺安，前任太常寺卿廖鸿荃，均著交宗人府、户部分别议叙。大学士卓秉恬，直隶布政使庚长，均著赏戴花翎。已革大学士穆彰阿，著赏给五品顶带。工部员外郎耆英，著赏给四品顶带。尚书孙瑞珍之孙孙楫，著赏给内阁侍读。肃亲王敬敏之子华丰，著再行从优议叙。原任侍郎奕经泰之子祥恩，著交部从优议叙。原任侍郎奕经，著赏给伊子从优议叙。原任都统禄普，著赏给伊子议叙。贝勒奕絪、原任尚书何汝霖，均著该衙门查明伊子具奏，候朕施恩。该部知道。

——《清代起居注册(咸丰朝)》第 17 册，第 10048—10055 页。

十二月二十九日

〇上谕

军机大臣字寄钦差参赞大臣、科尔沁郡王僧，钦差大臣、正蓝旗汉军都统胜。咸丰三年十二月十九日奉上谕：

朕因静海、独流贼匪负嵎日久，叠次切责胜保迅速剿除，倚任既专，兵力亦厚，乃迁延三月，尚未奏功。虽屡经接仗获胜，奏称该逆穷蹙已甚，而以京中所闻，贼众为数尚多，情

形仍属凶悍，非一两仗所能剿灭净尽。该处距京师甚近，时届岁除，未闻捷报，殊深焦急。且南军失利，大股逆匪蚁聚庐州，其觊觎北窜之心，焉能保其必无？非将此股先行铲除，不足以寒南中贼胆。胜保带兵勇往，固非有意玩延，然朕心寝食不安，胜保何竟不能仰体一二？殊负委任，每一念及，愤恨交加。

该逆全距东面，胜保之兵亦多向东面攻剿，而独流至静海、五里庄地方又有该逆木垒，必须重兵分路围剿，夺其堤埂，断贼南北救援之路，方能得手。只有僧格林沁驻军王庆坨，离贼营三十余里，相距较远，不如归并一处，以壮声威。该大臣等本系共办一事，原无畛域之分，著僧格林沁即日统兵前进，与胜保会合筹攻。所有该参赞大臣营内之三盟官兵，及培成、绷阔、那敷德等所带马步各队，均可酌提归前路，以资攻剿。至伊勒东阿、史荣椿所带之兵，或令前进，或应仍留王庆坨驻扎，以为后路声援，均著一并妥筹布置。断不准以防后路为词，致误事机。僧格林沁自出京后并未与贼接仗，趁此久蓄威声，必可扫数歼捡。若再有(些)耽延，何颜对朕？僧格林沁抵独流后，应于何处驻扎，或会攻独流，或分攻何处，务须与胜保和衷商榷，朕必不为遥制。总期克日将独流、静海与五里庄贼匪尽数剿灭，万不可令贼窜逸，再滋延蔓。傥能迅奏肤功，僧格林沁与胜保均当策勋懋赏。如再事因循，或各存意见，互相推诿，以致更延时日，僧格林沁与胜保均不能稍从末减。功罪赏罚，皆由自取。朕亦无可再谕，即盼捷音，以副委任。勉之！懔之！将此由六百里加紧各谕令知之。

钦此。遵旨寄信前来。

——《清政府镇压太平天国档案史料》第12册，第114—115页。

〇上谕

咸丰三年十二月二十九日内阁奉上谕：

逆匪窜踞静海、独流，已将三月，胜保统领各路大兵四面环攻，屡据奏称，贼情穷蹙已甚，总未能埽穴捡渠。胜保督师日久无功，能无自愧？僧格林沁现在驻兵王庆坨，著即统带马步各队移营前进，与胜保合为一军，并力进剿，务将逆垒一律埽除，不准互相推诿。胜保若因派僧格林沁前进，遂存卸责之见，国法具在，岂能宽贷？谅该人臣等断不敢各存意见，再事迁延也。

钦此。

——《清政府镇压太平天国档案史料》第12册，第113—114页。

咸丰四年

正月

正月初二日

〇僧格林沁奏

奴才僧格林沁跪奏，为奏闻事。

十二月三十日接准咸丰三年十二月二十九日内阁奉上谕：僧格林沁现在驻兵王庆坨，著即统带马步各队移营前进，与胜保合为一军，并力进剿，等因。钦此。伏查近日前敌情形，静海、独流东面、南面进攻之兵各有万余，兼之两面大炮向内击打，奴才早经料及逆匪必时思由北面、西面逃窜。连日逆匪极力向西面窜扑，并向庆祺营盘开放大炮，炮子竟有重至十三斤者。二十九日果据探报，逆匪于是日约有数百，由静海窜扑王家口地方，奴才因副都统那敷德统带兵勇千余在彼堵截，若零匪奔往，自足扼截，惟恐大股冲突，前敌之军再不能紧紧尾袭，殊恐兵力单薄，不能支持。若由该处纡绕北上，头头是路，设有疏虞，深为可虑。当经飞咨庆祺，就近拨兵协防。旋准该侍郎函报，逆匪扛抬小船、木筏，抢渡至梁头、李家庄等处肆扰等语。正月初一日庆祺遣弁报称，三十日复由静海扑出逆匪三千余名，是逆匪意在拼死向西溃围显然，必须将西方兵力加厚，方免疏失。当即札令侍卫绷阔带领察哈尔官兵五百名前往协堵。旋准庆祺咨报，拿获难民讯称，贼系窜往大城，现在孙家庄、梁头村、东河头均被贼踞，各等因。是逆匪竟有溃出，奴才闻信之下，曷深焦急。

三十日，奴才因接到钦奉谕旨带兵会剿，因王庆坨乃北面极关紧要之地，一经撤去官兵，殊恐逆匪乘虚窥伺北犯，是以于接奉谕旨时，立即飞调多尔济那木凯，将现统之兵兼程赶赴王庆坨大营。原拟札令该统领在王庆坨镇防，今接准此报，固安一带万分吃重，复经飞止该统领，仍在固安屯扎，如探有警报，一面令该统领即由固安向南迎击，一面飞报奴才行营。奴才亦不敢因有圣谕，断不准以防后路为词，致误事机，即涉拘泥。仍拟一得北犯

确信,按照节次奏报,即由武清横至固安拦前截剿。如探报西面窜出之贼或经殄除,或经击回,奴才自当立即遵旨移营前敌。

再,伊勒东阿现在第六府,与庆祺扎营之第三府毗连,史荣椿现带兵在峡口洼扼截,业已均在前敌,似无须另行拨动。其现在窜出之匪,除飞咨胜保、庆祺严饬各营,务当乘其离巢壁垒未坚之时,极力剿洗外,理合恭折奏闻。谨奏。

[咸丰四年正月初一日]

【览奏均悉。前路逆情随时探听,仍应会剿为是。现在西面虽有窜出之贼,尚有伊勒东阿等尽敷防剿,汝可速定进止。于接奉批回折即行覆奏。】

——《清政府镇压太平天国档案史料》第12册,第144—146页。

○僧格林沁奏

再,奴才于咸丰三年十二月二十八日恭奉朱批:办理俱是。惟是逆匪情形实非甚穷蹙,何日了期,愤闷何堪。汝前奏一俟冰坚即可进逼火攻,已隔多日,并未见续奏是否得力、是何攻法。再,据汝所闻,有何可乘之机,著一并据实密奏。钦此钦遵。奴才因前敌官兵未能逼近贼垒,似须设法火攻,或可得手,是以委员制造风筝数十具,每具安插火炮药袋,用药数斤。如将风筝放起,较准相离远近,火种由绳上腾起,至药捻处烧段提线,直往下落,火药亦即全燃矣。奴才亲加演试,甚为灵捷。若得顺风,里许之外,足可烧入贼垒。然必须藉助兵力,同时进攻,使逆匪外须抗拒官兵,垒内复须救火,应接不暇,我兵易于为力。并制造火罐及坚固挡车,均经解至前敌。原思附近贼垒水深之区坚冻,一得顺风,即密致各营合力并攻,用挡车直逼贼垒,奈上年十二月间西北风甚少,该处之冰时结时化,未能腹坚,是以派去之员尚在庆祺营中守候。

至逆匪叵测堪虑,自宜及时剿除。无如官兵疲羸,竟有莫可如何之势。奴才辗转筹思,惟有用炮夹击,庶望蒇事。因庆祺营盘击打较切,奴才委员前往海口,将万斤、七千五百斤大炮二位札调运解,现据该侍郎报称,于十二月二十七日业已到营。奴才复令侍郎培成于二十九日亲往点视,尚属可用。嗣后如另有可乘之机,奴才即行密奏,恭请圣裁。理合附片覆奏。

[咸丰四年正月初一日]

【知道了。】

——《清政府镇压太平天国档案史料》第12册,第146—147页。

正月初三日

〇上谕

军机大臣字寄钦差参赞大臣、科尔沁郡王僧。咸丰四年正月初三日奉上谕：

前有旨，令僧格林沁统带马步各队移营前进，与胜保合为一军。昨据该大臣奏，静海逆匪意图西窜，拟仍由武清横至固安，拦前截剿，已于折内批示矣。现在西路本有伊勒东阿所带官兵尽敷防剿，本日复命布彦泰驰往王庆坨，后路之防愈形周密，僧格林沁即当迅速移营，亲赴前敌，不得再有耽延推诿。该大臣督兵出京已及四月，初时原为胜保一军足敷剿办，是以准其驻扎，以障京师，以现在情形而论，非合力攻剿，不能迅速殄灭，若徒株守一隅，何时蒇事？著僧格林沁于接奉此旨后，刻即前进，其北面防堵事宜，即交布彦泰督办，并将如何会剿情形迅速据实覆奏。逆贼负嵎已久，万不能再任稽诛。该大臣若稍事迁延，贻误之罪，不独胜保一人当之也。将此由六百里加紧谕令知之。

钦此。遵旨寄信前来。

——《清政府镇压太平天国档案史料》第12册，第154—155页。

〇上谕

咸丰四年正月初三日内阁奉上谕：

御前二等侍卫穆腾阿、乾清门二等侍卫图库尔，著即驰赴军营，交僧格林沁差遣委用。

钦此。

——《清政府镇压太平天国档案史料》第12册，第154页。

〇僧格林沁奏

奴才僧格林沁跪奏，为独流逆匪向西面贾口冲突，被我兵歼剿多名，将贼击回，并静海贼匪扑奔王家口情形，恭折驰奏，仰祈圣鉴事。

正月初二，据副将史荣椿、营总乌兰都、侍卫达崇阿禀报，十二月三十日午刻，哨探得贾口村迤南张家庄一带贼匪出没，该副将等随即列队堵截。是夜派拨各营官弁兵勇分在贾口村三处加意严防，设遇动静，定以鸣锣为号。至初一日卯刻，突见独流贼匪扑出三四千名，该副将等带兵出队迎击，开放劈山神捷炮位，施放火箭、抬枪、排枪。该逆渡凌拒敌，直扑芦苇塘前，我兵奋勇攻击，共毙贼三百余名。至午刻余匪退回独流。此次内外火器营、健锐营、巡捕营、哲里木盟官兵并天津勇均属奋勇。等语。并据探报，是日逆匪势甚凶猛，向贾口绕扑，副将史荣椿等督兵迎击，副都统松玉接应旁击，本村居民亦皆持械，以壮声势。又据王家口驻扎之副都统那敷德呈报，窜出逆匪现经占踞东河头、梁头村、孙家庄、

刘木勺、周家庄、新庄、小米庄、李庄等数村，该副都统严兵以待，该逆并未出村扑奔。各等情。理合恭折奏闻。

再，奴才更有请者。此时逆匪向西扑奔，惟资分布各营奋力迎击，以免溃窜。兹查副都统松玉，巡捕营副将史荣椿、巴图，巴图鲁营乌兰都、二等侍卫达崇阿，健锐营委前锋参领海群，内火器营空花翎阿洪阿，自派拨前敌以来，连次击退逆匪，屡立战功，现当堵剿用人之际，可否即予奖励之处，出自皇上天恩。所有节次打仗出力盛京官兵及京旗各营兵勇，容俟查明，奴才会同庆祺据实保奏。其贾口村民同深敌忾，殊堪嘉尚，奴才业由随带火器营捐输项下拨赏银二百两，交松玉、史荣椿等即行犒赏。奴才并因独流逆匪向第三府连放大炮，击坏附近庆祺营盘屋宇甚多，而庆祺所带兵勇列队以待，极力向内击打，毫无退避畏葸情形，亦经拨赏银二千两，交庆祺分赏兵勇，以资倍加鼓舞。至扑出逆匪占踞各村，奴才业经飞咨胜保、庆祺，严饬官兵，并札饬那福德等，乘其势分离巢，壁垒未坚，及时殄剿。

除进攻如何再行奏报外，合并声明。谨奏。

【知道了。松玉等均著酌量请奖。】

——《清政府镇压太平天国档案史料》第 12 册，第 160—161 页。

正月初四日

〇胜保奏

据庆祺咨报，静海贼匪续又窜出数百名，赴于家庄等村，与前贼合为一处，亟应添设重兵，扼要堵截。臣伏读谕旨，已饬僧格林沁带兵来会。此时逆匪意在西注，臣已于独流、静海两处军营内，抽拨官兵一千二百余名，驰赴王家口，会同那敷德协防，复飞咨僧格林沁拨兵速往截剿。该逆虽向西逸出，不能北窜，势必折而南奔，臣于青县以北程官屯等处抽拨马步各队，妥为分布，又飞咨西凌阿、善禄严督两岸官兵认真堵御，不使再有逸出，并令会同派往王家口官兵并力夺取村庄，剿净余匪，以赎前愆。

——《钦定剿平粤匪方略》卷七五，第 26 页。

〇胜保奏

此次贼扑西南水濠，占踞村庄，王家口最为要隘，其地四通八达，必须大兵移扎，将占踞村庄之贼剿尽，方可相机前进。如静海逆匪舍命西窜，该处正当其冲，更可迎截痛剿。可否恳恩饬令僧格林沁速来面商良策，抑或令该大臣径行移营王家口、霸台一带驻扎截剿，则西、北两路之贼俱不能窜逸，而与庆祺之营声势联络，较之防守王庆坨，似更周密。

——《钦定剿平粤匪方略》卷七五，第 26—27 页。

〇上谕

军机大臣字寄钦差大臣、正蓝旗汉军都统胜。咸丰四年正月初四日奉上谕：

据胜保奏逆匪势欲西窜、现筹剿办各折片，本日已谕知僧格林沁，统领官军移营王家口，严密堵剿。该逆乘虚肆窜，是其惯技。既据奏称，王家口、霸台一带为遏贼西窜之冲，自应扼要堵截。僧格林沁节经严旨催令迅赴前敌会攻，想日内必应赶到。胜保与该大臣共办一事，或应分堵，或须合击，应如何妥密布置，务须和衷商榷，互为应援，万不可稍存意见，致有贻误。至逆踪剽悍，若由西而北，固关紧要，即折而南奔，亦须筹备。所称青县以北程官屯等处抽拨马步队分布之处，是否足资拦截？并著严饬带兵各员加意严防。西凌阿、善禄，防剿静海是其专责，何以屡经贼众扑出，并不能实力抵御？如有迁延疏懈情事，即行据实严参惩办。所有现在占踞各村庄之贼，务即乘其壁垒未坚，迅速剿除，不得任令大股续至，又成负固之势。其独流逆党，仍著亟筹攻剿，务与僧格林沁随时会商妥办，傥再迟延玩误，惟僧格林沁与胜保是问。将此由六百里加紧谕知胜保，并谕德勒克色楞知之。

钦此。遵旨寄信前来。

——《清政府镇压太平天国档案史料》第12册，第172—173页。

〇上谕

军机大臣字寄钦差参赞大臣、科尔沁郡王僧。咸丰四年正月初四日奉上谕：

前据僧格林沁奏，静海逆匪窜扑王家口地方，占踞村庄数处。本日复据胜保奏报，情形大略相同。是逆匪意图西窜，王家口、霸台一带最为吃重，虽经胜保抽拨官兵，会同那敷德堵剿，仍恐兵力不敷。僧格林沁所带官兵，本系扼贼北窜，若此时再不向前迎剿，直待有北犯确信始行向西横截，已落后著。现在逆匪所踞多系零星村庄，大兵一到，即可殄除。傥稍有迟延，致逆匪分布联络，静海大股溃围突出，势更不可收拾。僧格林沁自接奉移营前进谕旨后，连日奏报，均不免藉词推诿。今军情既有变迁，自不必再往独流，即著克日带兵，径赴王家口、霸台一带尽力攻剿，务将贼踞村庄全数夺回，使西、北两路均无可窜。此系紧要机宜，亦即可乘之机会。僧格林沁若再有推诿，则平日所筹皆系虚词，竟是临事畏葸，大负朕之委任。谅该大臣必不敢如是也。此时贼匪占踞村庄，必当赶紧剿办，不容残喘苟延，免致又成负嵎之势。现在伊勒东阿等严防后路，该大臣必当迅速前进，断不可俟布彦泰到营再行前往，致误事机。一切军情，务须与胜保和衷商榷。东北与西南，虽分两路，仍无异合为一军，不得稍分畛域，有误大局。将此由六百里加紧谕令知之。

钦此。遵旨寄信前来。

——《清政府镇压太平天国档案史料》第12册，第171—172页。

〇僧格林沁奏

奴才僧格林沁跪奏,为恭折覆奏,仰祈圣鉴事。

咸丰四年正月初三日接奉初二日恭奉朱批:览奏均悉。前路逆情随时探听,仍应会剿为是。现在西面虽有窜出之贼,尚有伊勒东阿等尽敷防剿,汝可速定进止。于接奉批回折即行覆奏。钦此。

伏思奴才自去岁十月间移营王庆坨以来,除所带劲旅均经拨往前敌之外,随时查度独流迤西之当城、第六府、贾口洼、王家口、第三府各处,皆属要隘,复经遴选官兵,添募壮勇,拨往各该处扼截。如伊勒东阿、史荣椿等并经随同前敌进剿,惟兵力仍单,而奴才所统各营仅剩三千余众,断难再分。所以驻扎王庆坨者,因该处乃北面极关紧要之区,奴才在彼屯扎,既可扼截北犯,兼可援应西面。奴才愚鲁微忱,早在圣明洞鉴之中,非不愿奋身前敌,早图殄灭,惟恐一经移营前进,则北面空虚,西面势孤,逆匪傥溃围而出,前面竟无截拦,尽成尾追之军,其将奈何?逆匪自粤纡绕万里,扰及畿疆,其心叵测,更何待言?是北面之防,断难或疏。奴才前次奏请饬调布彦泰来营,原因该副都统久历疆圻,谙练可靠,如蒙圣恩,准其接替镇防,奴才即可奋身前敌。前恭奉谕旨,著奴才与胜保合为一军,并蒙训示,不准以防后路为词。奴才跪读之下,悚愧交萦,曷敢稍事俄延,迹近推诿。惟奴才目睹时势,并因西面业有警动,若因奉有严旨,即置安危至计于不顾,自问难以仰对君父。是以将现在情形恭折陈奏。

荷承朱谕,令奴才速定进止,奴才理合再为缕陈。现在前敌胜保所统各路官兵不下数万,惟因屡次挫失,精锐勇敢者伤亡殆尽,枪炮利器多为贼有,贼势益张,兵心愈怯。节经奴才附折奏报在案。现以疲羸退缩之兵,冀剿鸱张诡诈之贼,固难望其得力,非添兵力,断难望其蒇功。奴才详细筹度,如移营前敌,即须带马步各队官兵三千以资攻剿。既与东面胜保合为一军,兵力增添,可保东面无虞。南面亦有万余之兵,亦资堵截。惟西北倍加吃重,仍须将多尔济那木凯调至王庆坨,统带察哈尔等处官兵一千余名,并奴才存留防兵数百名,在彼屯扎,其该统领现统之山西兵一千名,尚须分拨西面第三府、贾口洼两处要隘协同剿堵。惟北防所关至重,仅有兵一千数百名,不特兵力觉单,并恐多尔济那木凯尚难当此重任。傥逆匪溃围而出,纡绕北犯,多尔济那木凯所统之兵断难截剿。奴才所带马队官兵为水所阻,必须由天津绕越,长途数百里,不但即成尾追,更恐缓不济急。可否仰恳皇上天恩,遣派重臣,酌带官兵,迅速来防接替。奴才既无北顾之忧,即可统兵前进。是否有当,伏候训示遵行。

奴才于拜折后,拟俟西面窜出之贼或经殄灭,或攻击回巢,奴才即委令培成权营,以便轻骑先往前敌,亲身周历,与胜保互商机宜,先将前敌士气设法鼓舞,勉其迅图建功,并可

将扎营地势勘定，以便统兵前往。合并声明，为此谨奏。

［咸丰四年正月初三日］

【今日已另有寄谕。现在布彦泰因有疮疾，请假数日。汝若轻骑先往，不若酌带官兵。若由京再发重兵前往接防，实无可再拨。若由别省赶调，更不能济急。今日寄谕接到，汝自明白。】

——《清政府镇压太平天国档案史料》第12册，第161—163页。

〇上谕

军机大臣字寄兼管顺天府府尹事务、协办大学士、吏部尚书贾，兼署顺天府府尹、刑部左侍郎李。咸丰四年正月初四日奉上谕：

贾桢奏顺天承办粮台应否移归天津支应一折。现在僧格林沁移营王家口驻兵，该参赞随营粮台向系顺天府承办，著贾桢等仍饬令通永道海瑛照旧供支，毋庸归天津粮台并办，庶分路支应，较为便利。该兼尹等务当严饬该道一手妥办，以专责成，不得因该参赞大臣移营前进，稍有贻误。将此谕令知之。

钦此。遵旨寄信前来。

——《清政府镇压太平天国档案史料》第12册，第170页。

〇上谕

前因胜保军营需饷孔亟，令山西巡抚筹拨饷银三四十万两，已据恒春咨报，分起解赴直隶，转解军营接济。并准户部奏，将直隶捐输项下银三万余两，拨解胜保军营，以备支放。兹据胜保奏称，三月以来，仅收晋饷十七万两，余均屡催未到等语。现在胜保所统各路官兵应给口食，竟有一二月未曾关支者，若再稽延，致令兵溃，直隶承办粮台各员岂能当此重罪？著桂良严饬藩司，迅将山西解款，并应拨捐输款项，星飞委解，无再迟误。

昨日据僧格林沁奏称，逆匪窜踞东河头、梁头庄、孙家庄、刘木勺、周家庄、新庄、小米庄、李庄等处。本日胜保驰报，静海贼匪续又窜扰于家庄等处，王家口、霸台一带情形吃紧。是贼势被剿穷蹙，欲向西南窜逸。桂良办理防堵，业逾半载，谅已侦探明确，先期设防，其应如何巡缉堵御，勿令匪踪阑入，当必早有把握。著再督饬地方文武员弁严密布置，以固藩篱。

将此由六百里谕令知之。

——《清文宗实录》卷一一七，咸丰四年正月甲辰。

正月初五日

〇上谕

军机大臣字寄钦差参赞大臣、科尔沁郡王僧，钦差大臣、正蓝旗汉军都统胜。咸丰四年正月初五日奉上谕：

据胜保奏攻剿窜出逆匪情形并请催饷各折片，览奏均悉。逆匪盘踞独流、静海三月有余，尚未扑灭净尽，现复由西南窜出，占踞各处村庄，虽经善禄等督兵于初二日夺回于家庄等四处，并德坤等带兵夺回梁头等村三处，而东河头一村尚未夺回，难保该逆不另谋巢穴，分我兵力。昨已谕令僧格林沁克日带兵赴王家口、霸台一带尽力攻剿，遏贼西窜之冲，谅已移营前进。并谕胜保，于南路程官屯等处加意严防，毋稍贻误。现在已将贼踞村庄夺回七处，正可乘此机会，将东河头一村(力)[立]即夺回，以杜贼匪分窜之路。德勒克色楞计已到营，著僧格林沁即与胜保赶紧会商进剿机宜。既已合为一军，该大臣等自当统筹全局，合力同心，会筹进剿。傥仍各存意见，致令逆匪再有窜逸之处，朕惟该大臣等是问。所请催拨军饷，本日已有旨，拨内库银三十万两，即于初六日起程解赴军营矣。将此由六百里加紧谕知僧格林沁、胜保，并谕德勒克色楞知之。

钦此。遵旨寄信前来。

——《清政府镇压太平天国档案史料》第12册，第180—181页。

正月初六日

〇僧格林沁咨

参赞大臣、科尔沁郡王僧格林沁为咨呈事。

近日探得逆匪仍欲扑奔王家口。其窜出之匪，现已占踞东河头村，并未回巢。兹拿得静海逆匪，供亦相同。并据侍郎庆拿获人犯供称：贼在东河头村已筑木垒，支搭浮桥。今将讯取静海逆匪供词钞录，咨呈奉命大将军查照。

现在西北之防至紧至要。本参赞虽恭奉谕旨移营，与胜保合军，自应俟布彦人到营，再行前进。合并声明。须至咨呈者。

王自发供：我系江宁府江宁县人，年十七岁，在府城南门内居住，家有母亲。去年二月间，府城失陷，被裹胁入伙。后于四月间，李、林、吉三个丞相带同广东、广西、湖南、湖北、安徽、江宁、扬州约有万余人，自(蒲)[浦]口起身。经过安徽凤阳、亳州，河南归德、睢州、宁凌、泗水，渡黄河到怀庆府，由怀庆到山西一带。经过城池，不记地名。后到直隶临洺关、沙河县、任县、隆平县、柏乡县、赵州、滦城县、藁城县、晋州、深州、献县、交河、沧州。九

月二十四日到静海县,二十八日攻扑天津,败回,又(跕)[占]踞独流,将附近各村庄粮米、柴草、牲畜抢掳,归入独流。因静海粮米无多,由独流运送。现在粮米尚敷一月食用。我们原想(跕)[占]踞天津,歇息数日,分股北犯,不料被天津兵勇击退,仍在静海、独流(跕)[占]踞。现在我们由(蒲)[浦]口出来,原有四万余人,沿路伤亡、失迷、逃走约有万余,现在仍有三万余人。分为九军,每军约存火药二千余斤。独流约有一万七八千人,静海约有一万三四千人。我们沿路见有硫磺,大家分带。现在火药缺少,即用带来的硝磺、熬硝、烧炭配造火药,每日约造火药百余斤。我们原有大炮四十余个,每个计重二百七八十斤。听说独流打仗,我们得了三千余斤大炮三个、五百余斤大炮五个,抬枪二十余杆,手枪七八十杆,未放的火箭六只。现在众头目商议,天津既不能破,意攻扑王家口后直奔保定,仍要北犯。上年十二月二十九日,由静海分股出来,先行(跕)[占]踞东河头等村,乘空攻扑王家口。本月初三日,我身带尖刀,手持长枪,带同杨井山寻找粮米、柴草,被官兵拿获的。至两广、两湖长发人,称为老兄弟,誓同生死,不肯分离。我们每遇逃窜时,必分扎营垒,使官兵分势堵截,以便逃窜。现在独流、静海分踞五里庄、东河头村,正是要往王家口逃窜。所供是实。

——《清政府镇压太平天国档案史料》第12册,第186—187页。

正月初七日

〇僧格林沁奏

奴才僧格林沁跪奏,为奏闻事。

正月初五日接准军机大臣字寄,咸丰四年正月初四日奉上谕:今军情既有变迁,自不必再往独流,即著刻日带兵径赴王家口、霸台一带尽力攻剿,务将贼踞村庄全数夺回,使西、北两路均无可窜。等因。钦此钦遵。奴才凛遵严旨,惟有刻日移营王家口极力剿堵。惟北面之兵此时既难增添,若照前奏拨带三千,实在空虚之极。现拟督带精健两营并哲里木盟官兵一千有余前进,其余兵二千名仍留王庆坨,交培成统带慎防,并即飞札多尔济那木凯即日移兵前来屯扎。该统领现统之山西兵一千名,即分布西面第三府、贾口洼各五百名。并请饬催布彦泰迅速赴营,以资督防。

所有奴才遵旨刻日移营王家口并酌量留带札调官兵数目,理合恭折奏闻。谨奏。

[咸丰四年正月初五日]

【知道了。著传旨与培成严密防范,勿稍疏忽。现在东河头地方尚为贼据,确实情形可即行奏来。】

——《清政府镇压太平天国档案史料》第12册,第182—183页。

正月初九日

〇胜保奏

再，该逆自上年九月窜扰静海以北，抢掠民食。杨柳青、独流两处素为积粮之区，该逆恃有米粮，负嵎死拒，以致围攻三月，尚未扑灭。近来贼粮已尽，穷极思窜，故拚死扑出，占踞村庄，搜抢民食。然所得无多，不过稍延数日。惟恐该逆以重价购求，奸民或暗中接济，最宜实力严防。奴才节经谆饬各将士昼夜巡查。凡附近贼营十里内外村庄居民勒限迁徙，不准一名潜住。并饬大粉堆等处防剿官兵，如遇有来往民人，立即拿究，并屡次知照西凌阿、善禄，于南路一体认真查缉。月余以来，东北及东南面之接济早已严断。惟西面王家口等处米粮饶裕，村落亦多，奴才叠次严饬王家口、贾口、谷庄、罗家堂等处驻守官兵昼夜严查，至再至三。乃近获贼犯供称，每日将晚时，静海西边有人将粮草猪鸡等物挑负载运，卖给贼匪，尚有大米二百石、小米二百石、活猪二百口，俱系买来等语。奸民接济贼粮，如此肆行无忌，且牲畜活物即暗中运送，岂无声息？该官兵等毫无觉察，疏懈玩忽，殊堪痛恨。除将西路防守官兵查明从重惩办外，查现在参赞大臣僧格林沁已移营王家口，应请饬下该大臣就近严饬西路各官兵认真巡缉，凡附近贼营村庄居民一概驱逐，务将贼营接济断绝净尽，则剿办庶易成功。是否有当，谨附片具奏。

［咸丰四年正月初八日］

【著知照僧格林沁严查惩办。虽东路未据供出，亦难保其必无。】

——《清政府镇压太平天国档案史料》第12册，第223页。

正月初十日

〇上谕

军机大臣字寄钦差大臣、正蓝旗汉军都统胜。咸丰四年正月初十日奉上谕：

胜保奏独流逆匪向西南奔窜、督兵追剿等情一折，览奏曷胜愤懑。逆匪占踞独流以来，屡次谕令该大臣严密堵截，无任窜逸，以期聚而歼旃。即该大臣叠次奏报，亦云贼势穷蹙已极，且布置周密，贼匪无路可窜。朕日望捷音，以为克期必能扫荡。乃本日据奏，独流逆匪于初八日夜向西南奔逸，或归静海，或奔河西，尚未可定等语。是独流之贼全股窜出，且并不知逃往何处，比及侦探明确，派兵剿击，而贼踪已远，又成尾追之势。该大臣统领大兵数万有余，布置数月之久，乃竟任令久困余匪奔突而出。傥复占踞要隘，贼势益张，近畿一带生民又遭荼毒，该大臣等自问当得何罪？

另片奏，子牙镇为粮米所聚，僧格林沁咨令瑞昌扎营王家口以南等语。本日已谕令僧

格林沁即折回王庆坨防堵,仍将所带之兵一千余名归胜保统带。如僧格林沁未赴王家口,即著胜保将此项官兵飞调前来,以资攻剿。所有瑞昌、那敷德、史荣椿等所带之兵,均归胜保调遣。如僧格林沁不肯将各官兵交付,即著胜保传旨飞调,仍一面据实参奏;如带兵各员不遵调度,并著严参治罪。胜保身为统帅,既经贻误于前,已属罪无可逭。德勒克色楞及西凌阿、善禄等俱系帮办之员,均难辞罪。趁此贼匪狂奔,喘息未定,前截后追,正可殄灭无余。倘再失机会,致令余匪复肆鸱张,或窜踞他处,负嵎固守,朕必将胜保等一并从重治罪。现将僧格林沁所带官兵添拨胜保军营,已严谕僧格林沁不得掣肘。该大臣统领重兵,事权既已归一,防剿均难卸责,若不迅殄贼氛,更有何颜对朕耶?将此由六百里加紧(验)[谕]知胜保,并谕德勒克色楞、西凌阿、善禄知之。

钦此。遵旨寄信前来。

——《清政府镇压太平天国档案史料》第 12 册,第 237—238 页。

〇上谕

军机大臣字寄钦差参赞大臣、科尔沁郡王僧。咸丰四年正月初十日奉上谕:

前因静海逆匪窜扑东河头等处地方,谕令僧格林沁带兵径赴王家口、霸台一带攻剿。昨据胜保奏,该大臣于初六日至王家口,而僧格林沁并未奏报。本日据胜保等奏,督兵攻克独流,逆匪向西南溃窜。又称贼踞东河头,直通子牙镇。该处西通大城,南通青县,胜保于初六日已令瑞昌驰往堵剿。初九日接僧格林沁咨,令瑞昌扎营王家口以南、不必往子牙镇。各等语。官兵克复独流,逆匪纷窜西南一带,尚无定向,子牙镇为粮米所聚,若窜踞该处,又成负嵎之势,剿办更难得手。胜保既令瑞昌带兵前往堵剿,何以僧格林沁竟行截留,迟至三日始行咨明胜保?实属不知缓急。该大臣与胜保共办一事,当此军情万分吃紧,自应合力同心,统筹全局,岂可坚执意见,致令掣肘?就目下贼情而论,王庆坨仍系西北要隘,布彦泰病尚未痊,一时尚难前往,著僧格林沁即行折回王庆坨,探贼所向,实力堵剿。所有瑞昌、那敷德、史荣椿及僧格林沁带赴王家口各官兵,均著交胜保调遣,以备攻剿。如僧格林沁此时尚未赴王家口,亦即将前此奏明带往之兵一千余名,迅交胜保调拨,毋许擅留,再有贻误。至培成、伊勒东阿所带官兵,仍归僧格林沁统带。逆匪溃窜,志在狂奔,务当侦探明确,相机截剿。兵贵神速,最忌牵制。该大臣屡奉谕旨,迟回不决,已失事机,若再有延误,恐不能当此重罪也。将此由六百里加紧谕令知之。

钦此。遵旨寄信前来。

——《清政府镇压太平天国档案史料》第 12 册,第 240 页。

正月十一日

〇张之万奏

臣闻僧格林沁令山东将运河筑坝堵截，并令河南将卫河上流全行堵遏，原以防该逆决放，有碍进攻，而不知其策之大非也。贼在静海，其不能复窜者，皆以南北阻兵、东西阻水之故，若先断运河之流，将东西之水日就浅涸，是贼本无路可出，而为之留路也。且贼在静海，其可冀尽歼者，赖乎地势。东西既阻于水，附近又无大村庄接济，急攻之固可尽歼，重困之亦将自毙。应请饬下该大臣速收此令，以收地利之效，而绝贼窜出之萌。

——《钦定剿平粤匪方略》卷七六，第16—17页。

〇上谕

上命军机大臣传谕胜保曰：

张之万奏，静海东南一带兵单，未能堵御，拟于运河堤岸十数里内乞沟筑垒，我兵屯扎，再由北路攻之，可期殄灭。所奏不为无见。惟现在逆匪窜向西南，与该学政所奏情形是否相同？胜保昨奏，于西、南、北三面皆有布置，独于东面未经详细叙及，是否此路情形较轻，抑已防堵严密，著胜保悉心体察，分别办理。至堵截运河、卫河一节，是否果有其事？此举极关紧要，未可轻为尝试。该大臣务须妥慎筹办，毋致别滋流弊。此时静海城内及东河头两处贼匪是否仍行盘踞，抑或希图乘间窜逸，我兵应如何分攻合剿，并著将办理情形迅速具奏。

——《钦定剿平粤匪方略》卷七六，第17—18页。

●载良等禀

王庆坨驻扎三等侍卫宗室载良、骁骑校庆纯等谨呈，为禀报事。

于本月十一日午刻，据本处办理团练事宜六品军功顶戴李椿龄禀报，今探得贼匪由西南面逃窜，僧王爷追至大城县属白杨桥，未容逆匪窜入县城，杀毙逆匪一千余名。该逆一面接仗，一面逃窜，僧王爷赶紧追杀。各等因。禀报前来。职等照依李椿龄所禀，谨此呈禀三位王爷，俟探实后再行禀闻。

——《清政府镇压太平天国档案史料》第12册，第242—243页。

●董浩兴、高守仁禀

京城巡捕北营千总董浩兴、把总高守仁为禀明事。

千总等于正月十一日前往王家口等处，探得僧王爷带领官兵随后追赶，沿途杀毙贼匪

三四百余名，系获胜仗。僧王爷、胜大人带领官兵，追至大城县白阳桥洼，将贼匪圈围。由天津至大城县等处计一百八十余里，程途较远，所有拨起宜如何安设之处，伏乞巡防处王爷钧座、大人台前批示遵行。

——《清政府镇压太平天国档案史料》第12册，第243页。

正月十二日

〇上谕

军机大臣字寄钦差大臣、正蓝旗汉军都统胜，帮办军务、土默特贝子德。咸丰四年正月十二日奉上谕：

据奉命大将军惠亲王并恭亲王奕䜣将胜保、德勒克色楞、瑞麟信函二件呈览，知静海、独流逆匪全股西窜，僧格林沁已驰抵大城，与贼接仗；胜保疾趋霸州，遏其北窜。该大臣等奉旨剿贼，日久无功，致令乘虚奔突，即将该大臣等以军法从事，亦不足惜。惟畿辅近地事机紧急，该大臣等果稍有天良，必当趁该逆奔窜未定之时尽力堵御，迅速剿除，以赎罪戾。现已谕知僧格林沁，即由文安、大城一带督兵截击，不得令该逆更(相)[向]西南纷扰，尤不可任令北窜。胜保意在由北而南迎头截剿，径赴霸州，但自大城而西北，尚隔保定、任邱等县及东西淀、会同河，若令过河而西，将更不可收拾。本日已命大将军等，将东路三营即日移扎东安。固安、涿州为黄村前敌，著德勒克色楞于奉到谕旨即行拣带精锐官兵一千名，兼程驰往固安驻扎防守。所有黄村、东安、固安、涿州、通州、芦沟桥等处官兵，统归德勒克色楞节制。其余该贝子所带各兵，统交瑞麟管带，随同胜保前往迎剿，该大臣可以无须兼顾北路，即刻督兵向南，扼贼窜路，极力截杀，与僧格林沁随时知照，为夹击之计，万不许令该逆再有占踞地方，或竟敢窥伺保定省垣。该处为京师屏蔽，财物充阜，尤不可稍有疏虞。胜保当探明贼踪现在处所，迅督各路官军层层布置，迎击兜剿，不得更以积冰积水为词，稍事迁缓。仍与僧格林沁、德勒克色楞、西凌阿、善禄、桂良时相知照，密筹防御。该大臣等负罪已深，此次暂勿加谴，若再不将该逆悉数扫除，但有一处蔓延，必将该大臣等就地正法，勿谓宽典可冀幸邀也。仍将进兵机宜及贼情如何星速由驿驰奏。军情紧急，一切奏报，不必拘泥缮写楷书，总以据实迅奏为要。将此由六百里加紧谕知胜保、德勒克色楞，并谕西凌阿、善禄、瑞麟知之。

钦此。遵旨寄信前来。

——《清政府镇压太平天国档案史料》第12册，第245—246页。

〇上谕

军机大臣字寄钦差参赞大臣、科尔沁郡王僧。咸丰四年正月十二日奉上谕：

前因僧格林沁曾否已至王家口，未据奏报，特降谕旨，令其折回王庆坨，以防西北要隘。本日据奉命大将军惠亲王等奏[1]，接到胜保等来函，并探报情形，僧格林沁已在大城地方与贼接仗，歼毙逆匪数百名。是该大臣已追贼南下。事机紧要，若仍拘泥谕旨，遽行折回，恐逆匪竟奔西南，保定一带又被滋扰。著僧格林沁即行追赶，不可使该逆稍留喘息之地。胜保因恐驱贼北上，已带兵驰赴霸州，为迎头邀截之计，本日亦谕令迅速由北而南，迎头截击。其北面各路，已于涿州、固安、东安三处及后路之黄村节节布置，已有兵五六千名，并令德勒克色楞暂回固安，调度北路诸军。该大臣等可无后顾之忧，总以尽力追杀为要，无恤其他。胜保不能严密防范，僧格林沁屡次迟回不进，以致逆匪纷窜，若按军律治罪，该大臣等均无可辞。傥再不痛加剿洗，稍赎前愆，自问数月以来老师糜饷，更有何面目对朕耶？直隶保定省城为京师屏蔽，防守甚关紧要。昨据桂良奏，唐官屯、苑家口等处皆止官兵百余名。胜保所奏续派明庆、瑞昌、瑞麟、庆祺等分堵之兵未知到否，即使赶到，已落贼后。傥保定稍有疏失，朕惟僧格林沁、胜保是问。连日接仗如何情形，即著迅速具奏。军情紧急，一切奏报，毋庸拘泥缮写楷书，总以迅速具奏为要，毋稍迟延贻误。将此由六百里加紧谕令知之。

钦此。遵旨寄信前来。

——《清政府镇压太平天国档案史料》第 12 册，第 246—247 页。

正月十三日

〇僧格林沁奏

奴才僧格林沁跪奏，为独流、静海、五里庄、东河头村贼匪全股溃围逃窜，奴才亲督马队官兵跟踪追击，连日大获胜仗，恭折驰奏，仰祈圣鉴事。

窃奴才于本月初五日遵旨移营前进，初六日驰抵王家口安营，一面采择进攻路径及贼势情形，一面激励将士，定于初九日收复东河头村，以便移兵静海。旋据探报，独流等处逆匪于初八日午刻归入静海，欲扑王家口地方，奴才当即传饬各营，严兵以待。该逆匪果于初九日黎明全股扑至，因见王家口有备，遂向西南逃窜。奴才当将各营步兵留作后队，飞即督带札赉特贝勒拉木棍布札布、乾清门侍卫绷阔、副都统那敷德带领马队官兵一千余名

---

[1] 《钦定剿平粤匪方略》言当日惠亲王等系面奏。参见该书卷七六第 19 页。

跟踪追击。至子牙镇迤南，追及该逆后队。奴才当即饬令各队官兵奋力击杀，该逆随拒随走，经我兵追至张家庄地方，我兵虽奋勇如初，奈时已昏黑，奴才兵力甚单，寡众不敌，转恐失利，是以暂为收队，以息兵力。计自子牙镇至张家庄六十余里，贼尸枕藉，络绎不绝，约毙长发贼匪一千余名，生擒一百七十余名，内有伪司马二名、女贼三名，均即正法，夺获铜炮一个，抬枪、鸟枪数十杆，刀矛、旗帜等件不计其数。

奴才于初十日丑刻仍督兵追击。该逆知有追兵，沿路抛弃炮子、火药、铅丸、衣服、食物相属于道，意在我兵捡拾物件，以便脱逃。奴才传饬各兵，如有捡拾物件者军法从事，遂飞马前进。该逆分为前后二队，奴才督带官兵痛加剿洗。该逆后队约有六七百名，全数殄灭，并杀毙戴黄风帽贼目一名，戴红心黄边风帽贼三名，风帽上绣有总制、将军字样。夺获大黄旗十余面，铜炮、抬枪、鸟枪、喷筒、刀矛、器械多件。据生擒逆匪声称，该逆大队现在前途，适西凌阿等带领吉林、黑龙江马队赶到，奴才即令各路官兵合为一军，追剿该逆前队。据探报，该逆在舒成村盘踞，我兵赶到舒成村，该逆胆敢列队抗拒，连环枪炮、火箭、喷筒向我兵击打，奴才当即派员持令传知带兵各官，不许轻进。该逆见我兵整队不动，不能施其抄袭伎俩，欲图退避，奴才即令我兵向前追杀，复又毙贼三四百名，我兵仅止阵亡一名、受伤数名。该逆窜入舒成村，向外施放枪炮。维时已交亥刻，该逆诡谲异常，又恐官兵贪功锐进，堕其奸计，即传令撤队。

十一日，该逆先行列队，以待我军，奴才随分五路进兵，以一路击其中队，以两路击其左右，其余两路以防该逆抄袭之众。该逆见我兵队伍严整，仍退入舒成村。惟奴才轻骑追剿，不能携带大炮。

查逆匪虽众，奴才与其接仗三日，查看贼势，虽不凶猛，而狡猾异常，奴才所带马队仅三千余名，不敢遽行攻扑，更恐该逆分投豕突，纡绕北犯。目下奴才惟有督饬各路官兵严防北面，一俟后路官兵到时，以便合力夹击，或该逆仍往南窜，奴才督兵追杀，更觉得手。

除业经飞咨胜保派兵援应，并转行培成、多尔济那木凯飞速带兵驰往河间、保定迎头截击外，所有奴才追剿逆匪连日获胜各缘由，谨恭折由六百里加紧驰奏，伏乞圣鉴。谨奏。

［咸丰四年正月十二日］

——《清政府镇压太平天国档案史料》第12册，第252—254页。

〇上谕

军机大臣字寄钦差参赞大臣、科尔沁郡王僧，钦差大臣、正蓝旗汉军都统胜。咸丰四年正月十三日奉上谕：

僧格林沁奏督兵追击贼匪、连日大获胜仗一折。独流等处逆匪全股向西南逃窜，经该大臣督带马队连日跟追，先后歼捡贼匪二千余名。僧格林沁初次与贼接仗，即能激励将

士，痛加剿洗，且跟踪紧追，行走迅速，尚属可嘉。现在逆匪窜踞舒成村，西凌阿等所带马队均已赶到，僧格林沁现带马队三千余名，在舒成村外屯扎，正可乘其喘息未定，尽力攻击，并严饬各路弁兵认真堵截，无令再有窜逸。胜保统领大兵由北而南，现在行抵何处，并未据奏报。兵贵神速，现当追剿吃紧之际，岂得再有迟误！胜保前在山西追贼，甚为迅速，此次何以藉搜捕余匪、冰水难行为词，至今尚未赶到？岂以追贼之事，竟诿之僧格林沁耶？北路一带，昨已谕令德勒克色楞带兵一千名驰往固安，所有黄村等处官兵统归节制。僧格林沁、胜保此时总以合力夹击、迅歼逋寇为要，若因北路牵制，攻剿转难得力。著即督兵星速前进，并力兜围，断不准任令贼匪占踞乡村，扰扑城邑，又成负嵎之势。僧格林沁与胜保督兵数月，攻剿既未得手，防范又有疏虞，致贼窜逸，已属罪无可逭，若再不同心协力，迅殄贼氛，自问当得何罪？前拨内库银三十万两，已分别解赴两处军营，著该大臣等分饬粮台，派委妥员，迅速迎提，勿稍疏失。将此由六百里加紧各谕令知之。

钦此。遵旨寄信前来。

——《清政府镇压太平天国档案史料》第 12 册，第 264—265 页。

〇上谕

咸丰四年正月十三日内阁奉上谕：

僧格林沁奏连日督兵追剿贼匪大获胜仗一折。僧格林沁于初六日驰抵王家口。初九日，静海等处贼匪全股扑至，因见我兵有备，遂向西南逃窜。僧格林沁即督带札赍特贝勒拉木棍布札布、乾清门侍卫绷阔、副都统那敷德，带领马队官兵跟踪追击，至子牙镇迤南追及。各队官兵奋力击杀，自子牙镇至张家庄六十余里，贼尸枕藉，约毙长发贼千余名，生捦一百七十余名，内有伪司马二名、女贼三名，夺获铜炮一尊，抬枪、鸟枪数十杆，刀矛、旗帜不计其数。初十日，仍督兵追击，逆匪沿途抛弃火药、铅丸、衣服、食物，欲诱我兵拣拾，希图脱逃。该大臣严申军律，飞饬追兵前进。逆匪分为前后二股，我兵痛加剿洗，毙贼六七百名，并歼毙黄风帽贼目一名、红心黄边风帽贼三名，夺获大黄旗十余面，铜炮、抬枪、鸟枪、喷筒、刀矛、器械多件。适西凌阿等带领吉林、黑龙江马队赶到，合队追剿。探知该逆在舒成村盘踞，我兵追至，该逆胆敢列队抗拒，复被我兵追杀二四百名，余匪窜入村内。十一日，僧格林沁分五路进击，逆匪见我兵队伍严整，仍遁入村内。独流、静海、五里庄、东河头村等处逆匪，屡经我军攻剿穷蹙，全数溃围逃窜，现经僧格林沁督带马队官兵沿途追击，毙贼二千余名，剿捕尚为迅速。著该大臣督饬各路大兵赶紧兜围，并著胜保统带马步各队飞速前进，合力夹击，务期尽歼丑类，毋任窜逸。

钦此。

——《清政府镇压太平天国档案史料》第 12 册，第 265—266 页。

〇载铨奏

奴才载铨跪奏,为恭折参奏,仰祈圣鉴事。

窃于本月十一日巡防处接到胜保、德勒克色楞由军营致大将军之函,内称,因静海西南剿办不力,以致逆匪逃窜。复因子牙镇撤兵失宜,故令贼匪全股由此逸出。虽经胜保等飞催各路带兵之将领迅速兜剿,然又成尾追之故辙。至僧格林沁坐拥重兵,由王庆坨于初五日移营前进,旋于初八日夜间即有此失。是不进兵,尚可无虞,进兵后转致失势,实令人不解。况此时并未见有报来,该逆匪现在窜踞何处,该参赞现在何处堵御或督兵剿办,均未报有端倪。似此重大之事,西犯保定堪虞,北窜尤属不可。该大臣等皆茫无头绪,诚大不成事体。仰祈皇上饬下该大臣等,务要和衷共济,动出万全,不可再有耽延,更不可因小嫌而失大计。其北面一路稍有疏虞,恐该大臣等不能当此重咎。据奴才愚见,总须择其可靠者,督带精兵数千名,先防北路为要。再分数队尾追腰截,是所并重。至已困穷之贼,因此又将抢掠接济,皆是该大臣等养痈贻患之所致也。相应请旨,先行将僧格林沁、胜保治以应得之咎,勒令带罪立功,以图后效。其应作何布置周妥之处,仍祈切责胜保、德勒克色楞、瑞麟等同心合意,极力兜剿,务使一鼓歼除,不可再任鸱张。

奴才闻信之下,彻夜不眠,气喘腿软,动转维艰,实深焦灼,不能力疾进内面陈一切,谨将愚见所及,缮折具奏,稍尽微忱。为此谨奏。

[咸丰四年正月十三日]

——《清政府镇压太平天国档案史料》第12册,第263—264页。

正月十四日

〇僧格林沁奏

奴才僧格林沁跪奏,为逆匪被击,占村死拒,现催各路官兵各缘由,恭折仰祈圣鉴事。

窃逆匪由静海西南全股同时突出,奴才立即由王家口列队向南迎击。该逆忘命狂奔,我兵连获胜仗,歼擒逆匪,夺获炮位、军械各情形,业经奏报在案。此次连日大获胜仗,士气欢腾,逆匪被兵衔尾连击,不能豕突,现在河间所属舒成村蚁聚,并将附近之桃园、西成二小村屯贼以为犄角,拚死拒守。奴才因兵太单,兼之所统官兵饥渴,冰雪之中目不交睫者数日,未免倍觉劳苦,是以翘盼胜保、庆祺等策应甚殷。讵料该大臣等于贼匪窜出百数十里之后,始抵王家口地方,次日复向西北之苏家桥移营。道路纡绕较遥,是以不能迅速会合前来。奴才兵单无援,焦急万分。此时若操之过急,一经四溃,则散漫无制。若竟不乘势极力攻打,又恐该逆得以休养喘息。尤恐一股牵制我军,一股向前窜驶,则奴才势难

分顾,坐失机会,其将奈何?现已飞函胜保等催令速来,并运大炮,一俟抵营,再行恭折奏报。至逆匪现踞之处,奴才业经分布官兵屯扎围守,及时乘机攻剿。虽该逆在独流、静海未受大创,全股奔出,然现踞之村不似独流、静海之难攻,且所存米谷亦不甚多。若仰赖圣主天威,各路官兵及时合围痛剿,即可聚(尔)[而]歼旃,以慰宸廑,奴才曷胜祷切。惟困兽犹斗,理所必然,不得不严事堤防,并请密敕直隶、山东、河南各省一体防截,各固疆圉,以免疏虞。谨奏。

[咸丰四年正月十二日]

【览奏。各情知道了。料胜保即日可到,逆匪所占村庄,不可使之喘息已定、筑垒固守方好。】

——《清政府镇压太平天国档案史料》第12册,第254—255页。

○僧格林沁奏

再,正在缮折间,接准军机大臣字寄,咸丰四年正月初十日恭奉寄谕。奴才跪读之下,不胜悚惶。君父之前,曷敢剖辩。惟奴才现在带兵击剿,正在吃紧,此时设若贼匪突窜,奴才自当仍前追击。惟恭奉严谕,奴才无所施措。谨附片仰恳迅赐训示,以便遵行。奴才曷胜待命之至。谨奏。

[咸丰四年正月十二日]

【已有旨令汝在前路击贼,勿庸回王庆坨矣。】

——《清政府镇压太平天国档案史料》第12册,第255页。

○胜保奏

再,奴才正在拜折间,接奉朱批谕旨,令僧格林沁回王庆坨。奴才伏思军务变幻靡定,此时贼既窜西南,则以任邱、河间、肃宁为要隘。现在僧格林沁已在前敌,自以并力合剿为得计,可期速就成功。

惟西北之防不可不严,奴才愚见,或请饬令僧格林沁即在任邱防卫西北一带,或令该大臣与奴才同在前敌合力攻击,分制具势,即令庆祺、瑞麟等扼守任邱一带,为北路声援,扼要驻扎、听候调拨之处,伏候训示遵行。奴才等断不致令其北窜。奴才具有天良,惟有以国事为重,不敢稍涉偏私。倘僧格林沁有意掣肘,奴才亦惟有据实奏陈,不敢避嫌误国也。谨奏。

[咸丰四年正月十三日]

咸丰四年正月十四日奉朱批:另有旨。钦此。

——《清政府镇压太平天国档案史料》第12册,第269页。

〇上谕

军机大臣字寄钦差参赞大臣、科尔沁郡王僧，钦差大臣、正蓝旗汉军都统胜，帮办军务、土默特贝子德。咸丰四年正月十四日奉上谕：

前因逆匪全股西窜，谕令德勒克色楞带兵一千名驰往固安驻扎，以防北路。本日据胜保、德勒克色楞奏，已于十二日驰抵任邱，先带马队前往军营，与僧格林沁会商剿办等语。现在贼踞米家庄、束城一带，任邱去该处甚近，正可乘机克期进剿。德勒克色楞著无庸折回固安，即与胜保统带各兵赶赴前敌，会同僧格林沁并力围剿。其后路未到之兵，均著严提前进，不准藉词逗留。至北路一带，本日已命载龄前赴固安，所有黄村等处官兵统归调遣。该大臣等著即懔遵叠次谕旨，同心协力，四面兜剿，迅殄贼氛，断不准再令窜逸滋扰。其庆祺、瑞麟所带之兵，或暂留任邱防守，或调赴前营，均著该大臣等相机调度。总之，军情变幻靡常，[全]在临时酌度缓急，随机应变，切不可以有用之兵，置之无用之地。是为至要。将此由六百里加紧各谕令知之。

钦此。遵旨寄信前来。

——《清政府镇压太平天国档案史料》第12册，第271页。

〇上谕

昨据僧格林沁奏，独流等处贼匪全股溃围逃窜，连日督兵追击，大获胜仗，该逆窜入束城村，现在进兵追击。本日据胜保奏，十二日驰抵任邱，探知该夷窜踞米家庄、束城一带，即日带兵前进，与僧格林沁合力兜剿各等语。逆匪利在狂奔，且声东击西，是其惯技，现虽窜往西南，仍去天津未远，著文谦督饬分守各路兵勇，搜捕余匪，严密防守，毋得稍有松懈。静海、独流各村庄业已收复，该处百姓惨遭荼毒，荡产破家，深堪悯恻，著即督饬地方官妥为安抚，勿令一夫失所。并严催张起鹓迅速随营支应粮台，前由京解往饷银，妥慎收发，毋稍疏忽。

——《清文宗实录》卷一一八，咸丰四年正月甲寅。

正月十五日

〇僧格林沁、胜保奏

奴才僧格林沁、奴才胜保跪奏，为奏闻事。

窃奴才僧格林沁自追剿逆匪至河间县属之舒成村，沿途歼毙多逆，连获胜仗，该逆被击，不能免脱，在村死踞各缘由，业经恭折驰奏在案。兹正月十三日申刻，奴才胜保统带马

队五百余名驰抵军营，适奴才僧格林沁正在出队，即在行间会晤，当即会同将该逆所踞村庄前后地势详加周历。奴才等公同商酌，必须多集兵力，四面围剿，自易得手。现已飞催留驻任邱之瑞麟、庆祺飞速统兵兼程前进。其培成所带之兵，亦经札催赶赴大营。并行文天津，调取大炮，星速运来，以备及时攻击。至德勒克色楞奉旨驻扎固安，所统之兵尚单，现经商定，札令多尔济那木凯统带察哈尔官兵及山西官兵均赴固安，随同该贝子严密防堵，以昭慎重。

所有奴才胜保抵营日期并商酌调度各缘由，理合恭折奏闻。谨奏。

［咸丰四年正月十三日］

【知道了。昨因德勒克色楞已抵任邱，谕令不必回固安，著仍遵前旨，即行折回，随同僧格林沁等攻剿。其多尔济那木凯所带之兵，可调回固安，以昭严密而归核实。察哈尔及山西兵，仍应归顺天粮台支应军饷。】

——《清政府镇压太平天国档案史料》第 12 册，第 267 页。

〇上谕

谕军机大臣等：

现在静海、独流贼匪全股窜出，屯聚河间所属之束城村，经僧格林沁叠次斩捦，大获胜仗。胜保等亦由任邱督兵前进，会同剿办。该逆情形穷蹙，难保不分投四窜，西、南两路虽经派兵堵截，惟该逆声东击西，是其惯技。河间接壤山东，德州尤为吃重，其河南之武安、涉县，与山西之黎城、潞城等处，为该逆入直来路，尤当先筹防范。其山东临清上下毗连直隶处所，尤防零匪窜入。豫省之河北各县，与山西之东北，凡有邻近直隶各要隘，均宜一体设防。著张亮基、恒春、英桂督饬文武员弁严密巡查，实力堵御，毋许匪踪阑入。张亮基驻劄德州，尤当激励将士，申明纪律，勤加侦探，与僧格林沁、胜保大营联络声势，随时知照一切。静海、独流虽已收复，东路武定一带仍须密饬防范，不可稍涉大意。将此由六百里各谕令知之。

——《清文宗实录》卷一一八，咸丰四年正月乙卯。

〇呈文

正月十五日东路领队文、乌来文：

巡防东路领队文、乌为飞速呈报事。

据天津府钱守禀称：初八日夜，静海、独流贼匪全数窜逃。初九日胜帅统全师跟踪追剿，僧邸亦督师迎截，击毙坐黄轿贼目二名。现在贼匪窜踞大城，业经大兵四面围困。等语。

又据武清县探报：僧王于初九日誓师出队，往前追逐，贼匪披(糜)［靡］，并无斗志，尽力追杀无数，天明至白杨桥。此百余里，贼尸遍野，可称大胜。并闻传餐后仍旧前追，捡一伪丞相，尚未得真姓名，胜帅亦随后带兵追赶。现在贼之向往，似不过保定、河间两路。各等情前来。相应呈报大将军可也。

——《清政府镇压太平天国档案史料》第12册，第276页。

正月十八日

○僧格林沁、胜保奏

奴才僧格林沁、奴才胜保跪奏，为官军连日获胜，逆匪不能突围，恭折奏闻，仰纾圣廑事。

窃奴才等带兵驰抵大营，会商剿办各情形，业经恭折奏报在案。现在瑞麟、庆祺、培成、伊勒东阿、达洪阿等督带各路官兵次第赶到，其步队官兵亦已大半到营。奴才等公同商酌，分布扎营，随时出队攻剿。该逆时思溃逃，日有探掠零股奔出，均经各营即时殄除。并据拿获被胁附近逃出之民供称，匪众已有嗟怨之人，自系心渐叛离。惟逆贼狡滑异常，虽经大兵合力围剿，仍不可不慎加防范。查河间府离舒成较近，业经札令庆祺带兵二千余名前往(阨)［扼］截，并经飞调大炮星夜运解大营，一俟运到，极力攻打。查该逆占踞舒成左近四五村庄，日出抢掠粮食，意在探道思窜。经我兵昼夜巡缉，截杀多名。十五日又复从西面扑出贼匪甚众，复经奴才等督率马步各队击毙百余名，生擒数名。该逆畏惧，匿入贼巢，从周围墙孔中施放枪炮死拒，我兵亦有伤亡，势难扑入。奴才等惟有仰体圣谕，和衷共济，乘此不及喘息机会，赶紧图维，【能如此甚好。汝二人功成之后，同膺懋赏，方不负朕之恩。】以期迅扫妖氛，荡平群丑，断不敢有误机宜，致令远扬。

所有奴才等连日剿办各缘由，理合恭折奏闻，伏乞皇上圣鉴。谨奏。

［咸丰四年正月十六日］

【知道了。】

——《清政府镇压太平天国档案史料》第12册，第289页。

○僧格林沁、胜保奏

再，已革理藩院尚书恩华，自获咎以后颇知愧奋，奴才僧格林沁奏留随营，委办一切事务，无不竭尽心力。日前奴才僧格林沁因军饷支绌，多方筹画，拟向天津绅贾等劝捐商借，以济急需，委令该革员前往，会同盐政文谦办理。该革员扶病前往，毫无畏难推诿。乃甫抵郡城，病势增重。兹据随员銮仪卫治仪正奇兴阿等禀报，该革员于正月十四日在津病

故。奴才等闻报之下，曷胜悼惜。

除该革员随营之兵部员外郎李祜、巡(补)[捕]营官弁兵丁等饬即留营差遣，其余文武各员均令由津就近请文分别回旗回任销差外，谨将(赍)[赍]到遗呈一件，附折恭呈御览。谨奏。

[咸丰四年正月十六日]

【览。】

——《清政府镇压太平天国档案史料》第12册，第290页。

○上谕

理藩院奏将驻京之科[尔]沁镇国公棍楚克淋沁欲赴军营效力呈请转奏一折，棍楚克淋沁著发往军营，交僧格淋沁差遣委用。

——《清代起居注册(咸丰朝)》第18册，第10192页。

○呈文

正月十八日东路领队文、乌来文：

东路领队文、乌为飞速呈报事。

本月十七日申刻，据武清县报单声称：今于正月十五日据王庆坨腰站抄书禀称，有随营买卖人回坨口称，僧王爷在任邱县南属城地方设空城计，将贼诱入城内，大兵攻打，僧王亲将贼头目拿获，兵勇将贼步队全数杀死，所逃马队不过百人等语。理合呈报大将军可也。

——《清政府镇压太平天国档案史料》第12册，第305页。

正月二十一日

○上谕

军机大臣字寄钦差参赞大臣、科尔沁郡王僧，钦差大臣、正蓝旗汉军都统胜。咸丰四年正月二十一日奉上谕：

自逆匪由独流、静海窜出，占踞河间县属之舒成村一带，经该大臣等统带马步各队先后赶到，并据奏称，瑞麟、庆祺、培成、伊勒东阿、达洪阿等督带各路官兵，均已次第到营。德勒克色楞此时想亦由固安折回。现在大兵云集，逆匪窜踞乡村，喘息未定，正当趁势督兵围剿，聚而歼旃。连日亟盼捷音，肃清畿甸，乃数日来未据续报，实深悬系。兵贵神速，似此观望迁延，日复一日，使逆匪得以从容防备，深沟高垒，又成负嵎之势，攻剿更难得手。

僧格林沁追贼至河间,尚属奋勉,乃迁延数日,未见有何振作,朕实不解。胜保办理军务以来毫无成效,致围攻数月之贼复俾滋蔓。若再不奋勉赎愆,国法岂能幸逃?汝二人现在一处,断不准互相推诿,致误全局。果能在正月内扫数歼除,同受厚恩,不独有益于国,亦全朕用人体面。汝二人熟思攻剿之策,勿致再有贻误,身家性命,岂能保耶?著僧格林沁、胜保严饬各路带兵大员,赶紧进攻,合力围剿,务将此股逆匪克日殄除,毋再延误,致干重罪。现在该大臣等如何布置,是否确有把握,著即详细奏闻,以慰朕念。将此由六百里加紧谕知僧格林沁、胜保,并谕德勒克色楞、西凌阿、善禄知之。

钦此。遵旨寄信前来。

——《清政府镇压太平天国档案史料》第 12 册,第 323—324 页。

正月二十二日

〇僧格林沁、胜保奏

奴才僧格林沁、奴才胜保跪奏,为逆匪负嵎死拒,虽有斩获,未克痛加剿洗,恭折奏报,仰祈圣鉴事。

窃奴才等连日并力攻剿各情形,于正月十六日恭折奏闻在案。奴才等逐日亲督各路官兵,出队向贼踞各村极力围攻。该逆狡滑异常,坚匿不出。我兵佯退,诱其离巢,而一经返旆,逆众即行奔回,不敢远离巢穴。虽然日有斩捡,仍未能痛加殄剿。十八日卯刻出队,该逆亦出队排列,直至申刻,我兵始得抄围,殄毙逆匪数十名,夺获马匹、枪炮、旗帜数十件。该逆一经受创,仍即奔回。现在该逆所恃,死守各村,围墙列炮,炮火猛烈,我兵难于逼近其巢。若督催过急,诚恐徒损官兵不能攻破贼巢,翻致士气衰怯。现在各营仅有五百斤炮位,其力较微,难资克捷。赶到之二千斤、一千斤炮位,膛子不合,不能得力。奴才等万分焦急,拟俟大炮解运来营,激励将士,极力攻剿,断不敢稍涉迟延,有误事机。

再,逆匪自静海、独流溃围逃窜,经奴才僧格林沁督带马队官兵跟踪追击,殄毙伪将军、总制、师帅、司马以及长发贼二千余名,夺获枪炮、刀矛、旗帜等项不计其数。该官兵等洵属奋勉,可否仰恳天恩,准奴才等将初九、初十等日打仗尤为出力官兵酌量保奏,以昭奖劝之处,伏乞训示遵行。谨奏。

[咸丰四年正月二十日]

【另有旨。昨有寄谕,朕谓僧格林沁数日间未见振作,胜保办理军务毫无成效。今览此奏,固非有意迁延。然只言其难,以待大炮为辞,岂能任其喘息已定,又肆猖狂?汝二人何若是昧于事机?再令窜逸,尚成何事体?著赶紧剿洗,以符朕所定限期。】

——《清政府镇压太平天国档案史料》第 12 册,第 310—311 页。

〇僧格林沁、胜保奏

再，查東城一带村落稠密，大小相连，且树木丛杂，逆匪分股窜踞六七村庄。虽各处分兵扼要驻守，每遇零股夜出掠粮，亦屡经我兵截杀，窃恐少有疏漏，不但附近粮米可资寇粮，而村民更遭荼毒。且讯据逃出难民及生擒贼犯供称，该逆不敢公然奔窜，欲步步挪移，向前侵占村庄，乘隙图窜等语。奴才等公同详酌，一面奏闻，一面出示，令西、南两面附近贼巢三十里内村居人民，将所存粮食、草料一概搬运，远徙他方，俟贼平后再归乡里，庶贼匪野无取掠，其势自溃。理合附片具奏。

［咸丰四年正月二十日］

【可见该逆未有久据之意，攻剿更应得手。解散胁从，随时酌量出示办理。现当吃紧之际，碍难降旨。由汝等办则可，然不能若胜保已前所示，投戈长跪，漫无限制也。】

——《清政府镇压太平天国档案史料》第 12 册，第 311—312 页。

〇上谕

咸丰四年正月二十二日内阁奉上谕：

僧格林沁、胜保奏连日剿办逆匪情形，并请将前次追贼出力官兵酌量保奏一折。逆匪由独流、静海窜至舒成村一带，经僧格林沁带兵追剿，颇有斩获，尚属奋勉，及至逆匪占踞村庄，仍复迁延数日，未见立功。胜保自到独流，经朕屡次严谕，务将此股逆匪扫除净尽，不准再有窜逸，乃以围攻数月之贼，又任乘间逃窜，致滋蔓延，攻剿未能得手，堵御又复不力。僧格林沁、胜保均属罪无可逭，朕屡次宽宥，不加严谴，正冀其奋勉图功，稍赎前愆。本日据奏剿贼各情，虽经叠有斩捡，总未能痛加剿洗，亦不过敷衍塞责，耽延时日。现在德勒克色楞、瑞麟、庆祺、培成、伊勒东阿、达洪阿等督带官兵，均已次第到营，大兵云集，岂可再失事机？著该大臣等即督饬各路官兵，赶紧进攻，合力兜围，务将此股逆匪全数扫除，肃清畿辅。若再迟延贻误，国法岂能幸逃？所有初九、初十等日追贼打仗官兵，著择其尤为出力者秉公酌保，候朕施恩，毋许冒滥。

钦此。

——《清政府镇压太平天国档案史料》第 12 册，第 328—329 页。

〇上谕

僧格林沁、胜保奏，绅民捐输，接济军营粮草，恳恩奖励，并分别赏给军功执照等语。直隶大城县监生邓天一、文生邓天符，均著赏给州同职衔。余著照所议办理。该部知道。片并发。

——《清代起居注册（咸丰朝）》第 18 册，第 10212—10213 页。

正月二十三日

〇上谕

军机大臣字寄钦差参赞大臣、科尔沁郡王僧，钦差大臣、正蓝旗汉军都统胜。咸丰四年正月二十三日奉上谕：

昨于僧格林沁、胜保折片内批谕，解散胁从一节，随时酌量出示办理，不能若胜保已前所示，投戈长跪，漫无限制。因思该逆亡命长驱，专以裹胁为事，现在奔窜余匪，其死贼为数尚多，而被胁随行者亦复不少，诚恐愚氓无知，悔罪思归，投诚无路，转坚其从逆之心，为该匪拒守之助。惟在该大臣等相机酌办，或出示晓谕，射入贼垒，使贼党自相疑贰；或临阵竖旗，如能杀贼投诚及自拔来归，确有凭据者，准其免罪，随地妥为安置，并酌量咨遣回籍。其有设计诈降、图为内应者，尤当随机应变，察其真伪。贼情诡谲，不可不加意防备，万勿堕贼奸计。著僧格林沁、胜保妥筹办理，于解散之中，仍寓区别之意，庶足以孤贼势而杜奸谋。至连日进攻情形，并著赶紧设法剿除，勿得以守候大炮为词，致令再有窜逸。将此由六百里谕令知之。

钦此。遵旨寄信前来。

——《清政府镇压太平天国档案史料》第 12 册，第 349 页。

正月二十七日

〇僧格林沁、胜保奏

奴才僧格林沁、奴才胜保等跪奏，为奴才等连日攻剿情形，并挑挖长濠陷坑，赶紧布置，阻贼窜逸，仍飞催大炮到营，即图并力进攻，恭折奏闻，仰祈圣鉴事。

窃奴才等接奉谕旨：自逆匪由独流、静海窜出，占踞河间县属之束城村一带，经该大臣等统带马步各队先后赶到，并据奏称，瑞麟、庆祺、培成、伊勒东阿、达洪阿等督带各路官兵，均已次第到营。德勒克色楞此时想亦由固安折回。现在大兵云集，逆匪窜踞乡村，喘息未定，正当趁势督兵围剿，聚而歼旃。并现在该大臣等如何布置，是否确有把握，著即详细奏闻。各等因。钦此。

奴才等跪读之下，悚惕万分。伏查逆匪死踞各村，惟恃炮火猛烈，官兵莫能逼近各情形，节经奴才等恭折奏报在案。奴才等受恩深重，现在一处共办一事，何敢互相推诿，致误全局。奴才等连日会同德勒克色楞、西凌阿、善禄等熟商进攻之法，并布置一切。虽屡次出队，攻扑各村，杀贼无多，我兵亦有伤亡，非用大炮轰击，不能得手。前调天津大炮并屡次派员迎提，因河冰未解，舡行迟滞，至今尚未运到。此时奴才等固当力攻，亦须智取。十

五日，奴才胜保亲赴东南一带查看地势，并于遵祖、念祖、大李文、申路各村并相度情形，商令善禄营中马步官兵分立营盘驻守，严防东南，杜其逃窜山东并回窜青县之路。回至中途，见有贼匪数百名出掠附近村庄，当即挥兵拦杀，毙贼百余人，生擒七名，夺获骡马四匹。十六日，奴才等商同进攻排回村，传齐各队，并令达洪阿、那敷德、瑞麟、瑞昌等分路进攻。奴才僧格林沁在西北督队，奴才胜保亦绕赴西面会督各营攻扑。已攻近贼营，拉开鹿角，贼众情急死拒，于墙孔中密放枪炮，東城又出贼甚多，前来(按)[接]应。经奴才等指挥各兵，分投截杀，立毙贼匪七八十人，贼始败回巢中，我兵亦伤亡数人。此十五日、十六日攻剿情形也。

十八日，奴才等公同商酌，东西分攻排回、辛庄等处，并令善禄在东南一带攻小李文庄，奴才僧格林沁在西北督队，奴才胜保在东北督队。攻围渐逼贼巢，逆匪从東城西面扑出一股，经蒙古、黑龙江马队并瑞麟、达洪阿等带兵迎剿，又用新到五百斤铜炮轰击，伤毙贼匪数人，马队追杀数十人，贼始败却。其东西经各兵勇奋力围扑，已至辛庄村门，始开枪炮。逆众情急扑出，東城亦出多贼向东北扑来，奴才等即令马步各队迎击，并开放神威炮，轰毙贼匪十余人，击倒骑马黄巾红衣贼目一名，夺获抬枪四杆、鸟枪器械十余件。逆匪退踞土坡以西，又经吉林、黑龙江及蒙古马队由西北压下，固原官兵亦向前攻逼，又毙贼数十人。崇恩带山东官兵一同趁势围剿，夺获大铁炮两尊。我兵受伤亦十余人。贼势不支，败退回巢。此十八日进攻情形也。

日来奴才等公商，恐西南不免空虚，奴才胜保复赴西南一带相度形势，奴才德勒克色楞亦于二十一日催督各兵到营，扼要驻扎。各营近日拿获奸细及逃出难民，查讯贼情，据供该逆粮米无多，不能久踞，因前被官兵追杀丧胆，不敢结队逃窜，欲图零星潜逃等语。奴才等再四筹思，度此间地势平坦，粮草无多，非独流、静海可比，该逆断不能负嵎久踞。斯时必须布置周密，阻其窜逸。一面催提大炮来营，极力攻击；一面分拨马步各队，扼要驻扎。营垒未周之处，挑挖长濠，密布梅花陷坑，先使逆众困守于此。如能乘机攻破，自可聚而歼旃。即使被击拚死奔溃，马步各队层层围裹，前后击杀，亦易歼灭。奴才等深知宵旰忧廑，且屡奉严旨切责，断不敢稍事迁延，致误事机。而一切必须布置周妥，方有把握。

所有近日攻剿并布置详细情形，谨合词绘具图说，由六百里具奏，伏乞圣鉴。谨奏。

［咸丰四年正月二十五日］

【仍不过小有获胜，该逆并未大受惩创。零星逃窜，防范尤难。再过数日，舒城各村已空，尚以攻破贼巢为词，汝等有何颜对朕？仍急图歼灭之方，勿稍迟延。图留览。仍另有旨。】

——《清政府镇压太平天国档案史料》第12册，第365—367页。

〇僧格林沁、胜保奏

再，正在缮折间，于正月二十五日申刻，天津委员将札调大炮运到三尊，其余续调五六千斤炮位亦可陆续运来。奴才等拟即密饬各营，于二十六日黎明齐队奋攻。除续攻情形再行随时奏报外，理合附片具奏。

［咸丰四年正月二十五日］

【览。】

——《清政府镇压太平天国档案史料》第12册，第367页。

〇僧格林沁、胜保奏

再，本月初九、初十等日，奴才亲督官兵追剿逆匪，大获胜仗，所有在事出力之官弁及吉林、黑龙江、察哈尔、哲里木盟官员兵丁等蒙恩准其酌保，谨择其尤为出力之员另缮满汉清单，恭呈御览，伏乞圣鉴训示遵行外，查追剿逆匪之哲里木盟四等台吉倭尔图那苏图奋不顾身，杀贼阵亡，又前于正月初二、初三等日攻打东河头村，随同副都统那敷德打仗之昭乌达盟三等台吉柴卜桑身受炮伤，旋即阵亡，并阵亡之密云、吉林、察哈尔甲兵十二名。该官兵等奋勇捐躯，情殊可悯，合无仰恳天恩，敕部照例赐恤。至近日攻剿间有伤亡兵丁，容俟查明，再行奏闻。谨附片一并具奏请旨。

［咸丰四年正月二十五日］

——《清政府镇压太平天国档案史料》第12册，第367—368页。

〇载龄奏

再，奴才于立营后即分起安设远探，每日驰报军情。连日探闻贼匪盘踞舒城村一带地方，大兵虽已云集，所立各营均距贼营较远，四面兜围，未能严密。恐又如静海、独流，致令贼匪乘间逃逸，我兵追剿围攻，又将迁延时日。可否请旨饬令僧格林沁、胜保等相机移营，步步进攻，使逆匪无间可乘，庶可聚族歼旃，全数剿灭。奴才管见所及，是否有当，伏乞圣鉴。谨附片奏闻。

［咸丰四年正月二十六日］

——《清政府镇压太平天国档案史料》第12册，第370页。

〇上谕

军机大臣字寄钦差参赞大臣、科尔沁郡王僧，钦差大臣、正蓝旗汉军都统胜。咸丰四年正月二十七日奉上谕：

僧格林沁、胜保奏连日攻剿情形一折。该大臣等会督大兵，追剿窜匪，将及两旬，屡次奏报，均不过小有斩获。似此穷蹙奔突、喘息未定之贼，尚未能大加惩创，克日扫除。前经严旨切责，该大臣等不知愧励奋勉，迅图殄灭，总以专待大炮为词，逐日迁延，何时始能竣事？若待该逆零星逃窜，始议处处兜拿，则兵力既分，办理更形棘手。且束城等村，与独流之可以负嵎久踞者迥别，何以不能逼近贼垒？是否该逆又经筑有木城，该大臣等匿不以闻？即徘徊村贼营逆匪，于墙孔施放枪炮，该处墙垣不过民间住户砖土矮墙，何至坚厚若此，难以攻破？东西两路分兵叠进，该逆均得由束城分股接应，该大臣等所谓智取者何在？披图详阅，各营盘相距贼巢较远，且朕闻僧格林沁、胜保大营亦与贼营不近。况据奏，西南一带尚属空虚，恐布置未臻严密，兜围必难周匝。现在大炮已到三尊，其余指日亦可运到，该大臣等无所藉口耽延，著即督饬各路将弁兵勇，赶紧设法，急图歼灭之方，断不准再令逆匪乘间窜逸。经文岱、蕴秀，前统官兵，不能遏贼西窜，厥罪甚重。该二员现在何处？著即查明下落，据实具奏。僧格林沁所保之头等护卫那穆萨赍扎布系何人所带？有何劳绩？著一并查明具奏。将此由六百里加紧谕令僧格林沁、胜保等知之。

钦此。遵旨寄信前来。

——《清政府镇压太平天国档案史料》第 12 册，第 372—373 页。

〇上谕

张亮基奏酌移东省边界防兵堵贼西窜一折。现在逆匪占踞河间所属之束城村一带，叠经大兵攻剿。据僧格林沁、胜保奏，拿获奸细并逃出难民，供有贼巢中粮米无多、不能久踞，欲零星逃窜等语。该处距山东境界甚近，难保逆匪不乘间窜逸。张亮基奏，请将前拨盐山防兵撤回，调赴德平县及德州，分劄要隘防守，以期声势联络，自应如此办理。惟贼情诡谲，奔突靡常，傥由河间西窜，虽德平、德州等处情形稍缓，该抚仍当不分畛域，相机移师出境应援，迎头截击，毋得株守一隅，致误事机。该抚身任封疆，必当统筹全局，严密布置，若徒以守御情形一奏塞责，设有缓急，毫无把握，恐不能当此重罪也。将此由六百里谕令知之。

——《清文宗实录》卷一一九，咸丰四年正月丁卯。

〇上谕

参赞大臣、科尔沁扎萨克多罗郡王僧格林沁，前日由王家口至舒城村，身先士卒，进剿逆匪，已属出力，且杀贼甚多，实属可嘉，僧格林沁著赏给湍多巴图鲁名号。

——《清代起居注册（咸丰朝）》第 18 册，第 10254—10255 页。

〇上谕

僧格林沁奏遵旨查明军营出力员弁恳请鼓励一折。著照所请，黑龙江骁骑校、委参领、奖赏蓝翎多隆阿，著赏换花翎。佐领、委参领德楞额等一百员名，均著赏戴蓝翎。察哈尔乾清门蓝翎侍卫索诺木格里克，著赏给三等侍卫。佐领猛克塔尔，著以参领即补，先换顶带。参领卓克多尔丕木等二十七员名，均著赏（带）［戴］蓝翎。哲里木盟之二等台吉莽噶拉等十五员名，均著赏戴花翎。参领布彦巴里克齐等十员名，均著赏戴蓝翎。以示奖励。该部知道。单并发。

——《清代起居注册（咸丰朝）》第18册，第10255—10256页。

〇上谕

僧格林沁奏，查明追剿贼匪出力人员，遵旨保奏，开单呈览等语。本月初九、初十等日，逆匪由独流、静海向西南窜逸，僧格林沁亲督官兵追剿，大获胜仗，所有在事出力员弁兵丁，自应量予恩施，以示鼓励。乾清门二等侍卫绷阔，著赏给头等侍卫，并赏给额图浑巴图鲁名号；二等侍卫巴隆阿、景和，均著赏给头等侍卫。内火器营空花翎玉亮，著赏给委鸟枪护军参领。外火器营护军校勒丰额，著赏给空花翎。盛京委防御、领催巴克唐阿，领催、委骁骑校李占云，均著以骁骑校遇缺尽先补用，并赏戴蓝翎。盛京委官领催乌凌阿、阿克栋阿，委骁骑校、马甲武合、马朝云，委官马甲李万年，均著以骁骑校遇缺尽先补用。盛京委骁骑校、领催英俊，著赏戴蓝翎。降调之前任参将李万年，著开复参将原官，并赏戴花翎。技勇营候补把总张永泰，著以把总遇缺尽先补用。技勇营委步军校保申，著赏戴蓝翎。技勇营候补额外外委樊殿奎，著以额外外委遇缺尽先补用。单并发。

——《清代起居注册（咸丰朝）》第18册，第10256—10259页。

〇上谕

僧格林沁奏，请将追剿贼匪阵亡官兵赐恤等语。哲里木盟四等台吉倭尔图那苏图奋不顾身、杀贼阵亡，昭乌达盟三等台吉柴卜桑身受炮伤、旋即阵亡，均著交理藩院从优议恤。其余阵亡之密云、吉林、察哈尔甲（名）［兵］十二名，并著交部查明，照例议恤。

——《清代起居注册（咸丰朝）》第18册，第10259—10260页。

正月二十九日

〇僧格林沁、胜保奏

奴才僧格林沁、奴才胜保等跪奏，为二十六日奴才等进攻排回，用大炮轰击，亲督官兵奋力进攻，逆众情急，分股扑救，并乘夜扑营图窜，经我兵各路截杀，先后毙贼多名，夺获器械、旗帜多件，恭折奏报，仰祈圣鉴事。

窃奴才等屡次提解大炮，于二十五日运到三尊，即于二十六日寅刻出队。奴才僧格林沁督兵先攻舒城，逆匪坚匿不出，因令西凌阿在彼列队，亲自折赴排回村，会同奴才胜保督兵进攻。奴才等令达洪阿带领键锐、火器、技勇、巡捕各营及(大)[古]北口官兵、天津(全)[壮]勇攻其西南，令天津、固原官兵及四川、山东、河南练勇攻其东北。将至村边，该逆于墙孔密放枪炮，达洪阿带领兵勇，亲冒锋镝，鼓勇直前，兵勇中枪阵亡及受伤者已数十名，仍复力攻不退，已将该逆鹿角寨拉开。贼匪情急，于东西村口分股扑出，经我两路兵勇合力奋击，刀矛相接，毙贼百余，贼众披靡。我兵正欲乘势攻入，又有贼马步千余名由舒城、陈官村扑出，将我兵抄裹，复经天津、固原官兵施放连环枪炮，瑞麟见贼出甚多，亦用铜炮齐向贼队轰击，并派培成督带马队，从西面将骑马贼数百压下，枪箭齐施，毙贼百余名，贼始败退。步队官兵奋勇继追，又追杀数十名，贼遂退入村庄。我兵受伤已多，暂行收队，再图攻取。复用大炮连击数十出，击毁房屋甚多。当攻剿排回之时，有贼千余由舒城以北直扑桃园，经西凌阿督饬副将史荣椿等开放神捷劈山炮，轰毙贼匪三十余名、贼马(数)[十]余匹。又经黑龙江、察哈尔马队由两翼截杀，复毙贼十余名，夺马二匹。贼又另股攻扑王村，经总兵孔广顺督令兵勇奋击，杀贼二十余名，将贼击回。统计毙贼二三百名，夺获抬枪、鸟枪、刀矛、旗帜三十余件，获贼马二匹，兵勇阵亡十余名，受伤者三十余名。

奴才等于收队后传饬各营，本日进战六时之久，俱已劳乏，恐该逆乘夜暗袭我营，必须倍加防范。该逆果于亥刻拥众扑出，意图扑营而窜。先扑北面，经兵勇开放枪炮打回。其西面朝市，仅出贼数百名，施放喷筒、火弹，经马队官兵压回。该逆因西、北两面兵力较厚，未敢迳扑，因扑扰东面之张九村庄、刘九村庄营盘，经山东官兵、河南练勇击退，枪毙贼匪数十名。贼又转而南扑，亦经双成督令马队将其击退。该逆复由村后抄入营内，迭用火弹抛入，以致燃烧房帐，兵心未免惊慌，仍复与贼力战。我兵亦有伤亡，马匹间有失逸。幸崇恩、张集馨之营相距较近，带领兵勇赶来接应，开放连环枪炮，又经奴才胜保飞派吉林、黑龙江马队数百兵由东北面抄击，伤贼匪甚多，并生擒骑马贼一名，余贼败退，未能窜出。其南路小李文村经善禄攻击，贼匪扑出百余人，我兵从树林内枪炮环攻，伤毙二十余人，贼即败退回巢，死拒不出。

奴才等连日查该逆情形，粮草将尽，欲守不能，欲战不敢。经我兵四面围剿，穷极思

奔。奴才等惟有严饬各路官兵,齐心努力,昼则奋勇进攻,夜则严防溃窜,并令各营赶紧集夫挑筑长濠,使该逆困死无路,庶可确有把握。惟地势辽阔,人夫多有逃散,雇觅甚难。奴才等极力督催,以期克期蒇事。现又飞催后路大炮,赶运到营,藉助攻剿,以期及早歼除。

所有奴才等二十六日进攻获胜并该逆乘夜扑营被我兵击败及连日悉心筹画各缘由,理合由六百里恭折驰奏。

再,二十六日打仗阵亡之外火器营正参领恭讷春,奋勇捐躯,情殊可悯,应请旨饬部议恤。为此谨奏。

[咸丰四年正月二十八日]

——《清政府镇压太平天国档案史料》第12册,第380—382页。

〇上谕

军机大臣字寄钦差参赞大臣、科尔沁郡王僧,钦差大臣、正蓝旗汉军都统胜。咸丰四年正月二十九日奉上谕:

僧格林沁、胜保等奏进攻获胜等情一折。前据该大臣等奏,大炮已运到三尊,其余炮位亦可陆续到营,密饬各营于二十六日齐队奋攻,朕以为一切布置必有把握,可期一鼓荡平。乃本日据奏进剿情形,仍不过小有斩捡,且有贼匪抄入双成营盘焚毁帐房、损伤马匹之事。该大臣等前奏所谓布置周妥安在耶?现在庐州等处贼匪复肆鸱张,仍图北窜。又据崇纶、青麟、台涌先后奏到,黄州大营失利,营盘尽被贼匪焚烧,兵勇全行溃散,探闻贼匪水陆已至汉阳。江北情形如此紧急,该大臣等尤应兼筹并计,肃清畿辅,为移兵南下之举。此时河间一带剿匪情形关系大局,必当迅速殄灭,或聚而歼旃,或诱令出巢,四面兜击,务将首逆捡获,余匪自不难剿洗。僧格林沁、胜保统领大兵,经朕屡次严谕切责,宜如何奋勉立功、以图报称,乃此次奏报,挑长濠则以人夫逃散为词,攻贼垒则仍以待运大炮藉口,似此任意耽延,日复一日,傥皖楚贼党北窜,与此股逆匪勾结,剿办更难得手。该大臣等惟当懔遵叠次谕旨,赶紧设法攻剿,迅速奏功,以慰朕念,勿得再有迁延,致干重罪。将此由六百里加紧谕令僧格林沁、胜保等知之。

钦此。遵旨寄信前来。

——《清政府镇压太平天国档案史料》第12册,第389—390页。

〇上谕

咸丰四年正月二十九日内阁奉上谕:

僧格林沁、胜保等奏进攻逆匪获胜一折。二十六日,僧格林沁督兵先攻束城村,逆匪坚匿不出。复折赴排回村,会同胜保督兵进攻。达洪阿带领健锐、火器等营及古北口官

兵、天津壮勇攻其西南，天津、固原官兵及四川、山东、河南练勇攻其东北，逼进村边。达洪阿亲冒锋镝，奋勇直前，将该逆鹿角寨拆毁。贼匪情急，于村口分股扑出。我兵两路合力夹击，毙贼百余名，贼众披靡。复有贼千余名，由束城、陈官村扑出，经天津、固原官兵驰放连环枪炮，瑞麟亦用铜炮向贼众轰击，培成督带马队从西面攻剿，毙贼百余名。步队官兵奋勇继进，又追杀数十名。其由束城以北攻扑桃园之贼，亦经西凌阿督饬副将史荣椿等开放劈山炮，轰毙贼匪三十余名、贼马十余匹。又经黑龙江、察哈尔马队由两翼截杀贼匪十余名。另股贼匪攻扑王村，经总兵孔广顺督兵奋击，杀贼多名。逆匪窜踞束城各村，屡欲乘间逃逸，经僧格林沁、胜保亲督官兵奋力击退，毙贼甚多。现在大炮业已运到，著僧格林沁、胜保乘此声威，迅速进剿，断不准再有延误。

打仗阵亡之外火器营正参领恭讷春，著交部议恤。西安右翼副都统双成，在杜九村驻扎，并不加意防守，致令该逆乘夜抄入营盘，虽将贼匪击退，究属防堵不力，双成著即行摘去顶戴，如再不知奋勉，著僧格林沁等严参惩办。

钦此。

——《清政府镇压太平天国档案史料》第 12 册，第 388—389 页。

二月

二月初四日

〇僧格林沁、胜保奏

奴才僧格林沁、奴才胜保等跪奏，为连日贼扑营盘及官兵进攻贼巢大获胜仗，毙贼多名，并歼毙贼目，夺获器械多件，现仍督饬官兵，于一二日内竭力攻击，并严防贼窜等情，恭折奏祈圣鉴事。

窃奴才等于正月二十六日攻击获胜后，严饬各路官兵，于夜间加意严防，毋使该逆乘隙扑扰。二十七日戌刻，贼果突出千余人，直扑遵祖庄营盘。经吉林马步队官兵开放枪炮，伤毙贼匪无数，贼始退回。复转向念祖庄冲扑，并用喷筒、火弹连掷，意在惊扰我军。该处系善禄驻扎，带兵较多，且已有准备，因令各官兵毋得慌乱，待其扑近，齐出奋击。该逆猝不及防，踉跄奔溃，杀贼一百余名。奴才等所派接应马队适亦赶到，复追杀数十名，始行撤回。

次日，奴才等公同商酌，必须并力进攻，期于破其巢穴，遂于二十九日亥刻传令齐队，攻取本庄。正传令时，贼于陈官庄之西拥出数百人，直扑乌林阿之营，经乌林阿督令官兵奋力击退，杀贼数十名。初一日寅刻，奴才僧格林沁一面督兵进攻束城，使贼首尾不能救

应，并令朝市驻扎之瑞麟用大炮遥击，以助声势。奴才胜保先令山东、河南、四川各勇直前攻扑，亲督大队在后继进。将近辛庄，该逆早于村之左右两处设伏，俟我兵近村，突出二千余人，将各勇抄裹。各勇分投抵御，拚死血战。贼愈聚愈多，各勇间有受伤，我兵大队一拥而进，天津、固原、西宁、河州官兵奋力冲击，开放连环枪炮，贼众纷纷倒地，伤毙约百余名，犹复抵死抗拒，我兵鼓勇直前，刀矛齐进，复杀贼百余名，并杀其伪监军李姓一名，夺获大黄旗一面、小黄旗三面。贼众死伤枕藉，积雪之中，血迹甚多，纷向西南溃奔，经张集馨督率河南练勇合力奋击，毙贼数十名，贼众渐却。枪队练勇开放连环，轰毙伪师帅何姓一名、伪旅帅谢姓一名，夺获大黄旗二面。复经正定、宣化官兵近前接应，伤毙贼匪数十名，贼众丧胆奔回。忽由小李文庄拥出骑马贼二百余人，飞奔前来护救。奴才胜保复派山东步队暨吉林、黑龙江马队迎击，枪箭并发，将骑马贼歼毙过半，伤死贼马数十匹。正在交战之际，由束城西北出贼二三百名扑来，经郭什纳带精健二营官兵迎击，毙贼数十名。又见贼匪拥出千余，冲向东北，经马步队官兵直前迎击，奴才僧格林沁亦亲督马队官兵由西北抄截，与奴才胜保会合，乘势掩杀。贼众披靡，毙贼一百余人，并杀其伪总制一名。追杀直抵束城，贼入村坚匿，密放枪炮，并于哨楼上用大炮向下开(收)[放]，我兵伤亡数名。奴才僧格林沁于北面开放铜炮，向贼巢轰击，奴才胜保于东北面用炸炮、神威炮轰击。又逾一时，贼悉死守。因我兵自寅至午，鏖战四时，势难枵腹久攻，当即传令收队，暂休兵力。

统计此次毙贼四百余名，夺获枪炮、刀矛、旗帜五十余件，兵勇阵亡、受伤三十余名。仍严饬官兵彻夜严防，不准稍有疏懈。现获奸细供称，贼因粮食将尽，欲于数日内他窜。奴才等仍于日内激励兵勇，竭力进攻，总期迅速蒇事。

再，查该逆占踞各村，惟排回地处正西，离束城中隔一村，约有六里之遥，是以各路官兵环绕扎营，接连数十里。奴才等公同商酌，一面设法剿办，一面用炮攻击，一俟收复排回，西面各营俱可逼近。兵力既厚，攻剿自易得手。至奴才等营盘距束城仅三里许，出营数武，炮力即可直抵贼巢，且地势宽阔，马步各队官兵进退庶能得力。

所有贼扑营盘被官兵击败及初一日进攻贼巢大获胜仗情形，理合恭折由六百里加紧驰奏，伏乞圣鉴。谨奏。

[咸丰四年二月初二日]

——《清政府镇压太平天国档案史料》第12册，第397—399页。

〇僧格林沁、胜保奏

再，总兵经文岱、侍卫蕴秀已于正月十一日赶赴大营。奴才等查，该总兵等虽因限于地势，又因兵力较单，未能遏贼西窜，究属防堵不力，业将所带官兵委员管带。现当军务吃紧之际，该员等未便任其置身事外，当将总兵经文岱、侍卫蕴秀留营差遣，责令奋勉自效。

奴才等仍随时查看，倘不知愧奋，即据实参奏，从重惩办。谨附片具奏。

［咸丰四年二月初二日］

——《清政府镇压太平天国档案史料》第12册，第400页。

〇僧格林沁、胜保奏

再，前经遵示投出之萧良芳、林来、沈惠、沈五祥、沈廷、方窗等六名，奴才胜保随时体查，见其痛悔前非，诚心向顺。二月初一日进攻束城，奴才等令其随队打仗，萧良芳等六名奋不顾身，扑入贼队。奴才等目睹萧良芳等力杀七贼，沈惠、林来、沈廷等三名奋勇向前，身受重伤。似此悔罪自新，尚属可嘉，可否免罪，仍请法外施仁，量予恩施之处，出自圣裁。至该逆人心涣散，亟思逃逸，如果被胁之众悔过自新，奴才等惟有仰体皇仁，令其杀贼自效。其有为贼裹胁，代贼探路，实属有心附逆，法所难容，日内拿获数名，虽系附近村民，讯明后即行正法。谨附片具奏请旨。①

［咸丰四年二月初二日］

——《清政府镇压太平天国档案史料》第12册，第399页。

〇僧格林沁奏

查那木萨赉札布于正月初九、初十等日随同贝勒拉木棍布札布追剿逆匪，亲带蒙古兵丁直冲贼队，该护卫手刃长发贼多名，实属勇敢。臣因该护卫系三品顶翎，未敢请给二品顶戴，又未便没其微劳，可否赏给勇号，出自恩施。

——《钦定剿平粤匪方略》卷七八，第6页。

〇上谕

军机大臣字寄钦差参赞大臣、科尔沁郡王僧，钦差大臣、正蓝旗汉军都统胜。咸丰四年二月初四日奉上谕：

僧格林沁、胜保等奏连日进攻贼巢获胜等情一折。逆匪窜踞束城等村，叠经大兵四面环攻，尚未能痛加剿洗。据现获奸细供称，贼因粮食将尽，有欲于数日内他窜之语。该大臣等正当乘机合力进攻，为扫穴捡渠之计。至设伏诱贼出巢，分股截杀，固亦剿贼之一法。但恐贼众拚命奔突，一时堵截稍疏，仍不免溃围他窜，剿办又致费手。总不如移营逼近贼巢，并力攻击，使逆匪无路逃窜，即可聚而歼旃，殄除净尽，乃为上策。前奏称拟空长濠，是

① 本件中的“沈廷”，原稿作“沈延”，疑为录入错误，据《钦定剿平粤匪方略》卷七八第5页、《清代起居注册(咸丰朝)》第18册第10305页径改。

否挑空已就，足资堵截？兹复据奏，排回村距束城较远，以致我军扎营接连数十里。似此遥遥围截，分我兵力，声势何由联络？该大臣等务当迅速设法攻剿，万不可再延时日，复滋蔓延。

太仆寺卿齐承彦奏，长发贼不能耐寒，乘此严寒冰雪之际，亟宜进剿等语。自系实在情形。著即激励将弁兵勇及时进攻，勿失机会。至所称解散胁从一节，著一并体察情形，妥慎筹办，切勿堕贼奸计。是为至要。齐承彦折著抄给阅看。将此由六百里加紧谕令僧格林沁、胜保等知之。

钦此。遵旨寄信前来。

——《清政府镇压太平天国档案史料》第12册，第416—417页。

〇上谕

咸丰四年二月初四日内阁奉上谕：

僧格林沁等奏，请将总兵、侍卫留营差委等语。总兵经文岱、侍卫蕴秀，于贼匪西窜未能堵御，均难辞罪。经文岱业已摘去顶戴，蕴秀著一并摘去顶戴，俱著暂行革职，仍留军营，交僧格林沁、胜保等差委，以观后效。傥再不知奋勉，即著严参，从重治罪。

钦此。

——《清政府镇压太平天国档案史料》第12册，第418页。

〇上谕

咸丰四年二月初四日内阁奉上谕：

僧格林沁、胜保等奏官兵进剿贼巢大获胜仗一折。正月二十七日，逆匪千余人直扑遵祖庄营盘，经吉林马步队官兵开放枪炮，毙贼多名。该逆转向念祖庄冲扑，善禄带兵齐出奋击，杀贼一百余名。二十九日，陈官庄拥出贼匪数百人，复经乌林阿督兵击退。本月初一日，僧格林沁督兵进攻束城，瑞麟用大炮轰击，胜保先令山东、河南、四川各勇直前攻扑，亲督大队继进。将近辛庄，逆匪突出二千余人，各勇分投剿击，我兵大队一拥而进。天津、固原、西宁、河州官兵奋力冲击，开放连环枪炮，贼众纷纷倒地，伤毙约百余人，犹复抵死抗拒。我兵鼓勇直前，刀矛齐进，复杀贼百余人，并斩其伪监军李姓，夺获大黄旗一面、小黄旗三面。贼众于积雪之中死伤枕藉，余匪向西南奔溃，经张集馨督率河南练勇合力奋击，毙贼数十人，轰毙伪师帅、伪旅帅各一人，夺获大黄旗二面。正定、宣化官兵向前接应，复毙贼数十人，贼众奔回，复由小李文庄拥出骑马贼二百余人，经胜保派山东步队及吉林、黑龙江马队迎击，枪箭并发，将骑马贼歼毙过半，伤死贼马数十匹。其由束城西北拥出之贼，经郭什讷带兵击退。逆匪复出千余人冲向东北，僧格林沁亲督马队官兵由西北抄击，与胜

保会合，乘势掩杀，贼众披靡，复毙贼一百余人，并杀毙伪总制一名。统计毙贼四百余人。逆匪被围，屡图逃窜，经僧格林沁、胜保等督率各路官兵迎击，叠获胜仗，著即乘胜进攻，尽歼丑类，毋令窜逸。其前由贼营投出之萧良芳、林来、沈惠、沈五祥、沈廷、方窗等六名，随同官兵打仗杀贼，尚能悔过自新，著免其治罪，并赏给六品顶戴，以示法外之仁。

钦此。

——《清政府镇压太平天国档案史料》第12册，第417—418页。

二月初九日

〇僧格林沁、胜保奏

查逆匪占踞束城等村，臣等连日进攻，该逆死拒不出。我兵连次扑近墙栅，逆匪暗由墙孔施放枪炮，密如雨下，每遇进扑贼巢，弁勇时有伤亡。调到大炮向排回等村轰打，击塌屋宇甚多，压毙逆匪无算。现在该逆虽不能窜出，仍恐其乘隙逃逸。臣等再四筹度，惟有开挖深濠，以资围困。该逆如拚死奔扑，我兵即可奋力截击。傥竟如前死守，我兵只须严扼长围，不日贼巢粮尽，即可不攻自溃，彼时亦易剿殄。现在东北、西北两面开挖已竣，并于濠外安放鹿角树栅；其西面亦经动工，赶紧挑挖；东南面一片积水，间有不能挖濠之处，亦即设法堵截。惟有吁恳天恩，暂宽时日，俾得极力图维。曷胜悚惶，屏营之至。

——《钦定剿平粤匪方略》卷七八，第18—19页。

〇上谕

军机大臣字寄钦差参赞大臣、科尔沁郡王僧，钦差大臣、正蓝旗汉军都统胜。咸丰四年二月初九日奉上谕：

僧格林沁、胜保等奏，逆匪受创以后，仍坚匿不出，连日设法进击，以围为攻一折。逆匪窜踞束城等村已逾一月，叠次谕令该大臣等督饬官兵，逼近贼巢，痛加剿洗，数日未见奏报，焦急殊深。乃细阅本日奏到各情，竟称该逆死拒不出，调到大炮，仅能轰塌屋宇，该逆仍乘夜扑扰各路营盘，我兵屡次进攻，皆有伤折，现在惟有挖濠树栅，待其自溃，并请暂宽时日等语。此股窜匪，该大臣等若早能于奔突未定之时乘机协剿，何致迁延至此，尚不能埽穴擒渠？乃日久布置，仍似此敷衍入奏，并未立有尺寸之功，自问于心能无愧乎？刻下大炮已到，东北、西北挖濠已竣，西面、东南两路亦皆设法堵截，著即督率各路官兵赶紧进攻，断不准以冰雪皆融、泥淖难进为词，再延时日。该大臣等屡经严旨饬催，若不及早奏功，国法岂能再宥？所有打仗阵亡之镶红旗护军校景文，著交部议恤。将此由六百里加紧谕令僧格林沁、胜保等知之。

钦此。遵旨寄信前来。

——《清政府镇压太平天国档案史料》第12册，第457—458页。

〇实录

参赞大臣僧格林沁等奏贼匪窜匿束城村、设法围攻情形。得旨：朕数日未阅军报，即觉烦闷难堪。今早忽接军报，以为必可得手。及细阅情形，仍属敷衍。若不赶紧灭尽，何日是了？又藉口冰雪皆融，若早能歼灭，焉致今日之费力？断不能再宽时日。

——《清文宗实录》卷一二〇，咸丰四年二月戊寅。

二月十二日

〇上谕

逆匪窜踞束城等村，业经匝月。前经叠降严旨，令该大臣迅速进攻，痛加剿洗，乃数日又无奏报，朕心实深焦灼。束城各村地方褊小，积谷无多，且闻贼匪所搭木垒，半用树枝支架，必不能十分坚固，趁此进剿，自易歼除。若仅于贼匪扑营时竭力抵御，及至遁回贼巢，又复坐观不进，老师糜饷，日久无功，何时始克蒇事？现在大兵云集，围此穷蹙之寇，若不及早并力进兵，又将窜扰他处。且此时已届二月中旬，春融冰泮，马队难行，剿办更难得手。著该大臣等务当严饬带兵大员，激励将士，协力同心，一鼓作气，直捣贼巢，迅除丑类。如将弁中有不遵号令，及一营出队、他营不为应援者，即著照军法惩办，以肃戎行。若僧格林沁等各存意见，不能会合进攻，耽延时日，朕亦惟执法从事，决不宽贷。将此由六百里谕令僧格林沁、胜保等知之。

——《清文宗实录》卷一二一，咸丰四年二月辛巳。

二月十三日

〇僧格林沁、胜保奏

奴才僧格林沁、奴才胜保跪奏，为逆贼乘夜穷窜，奴才等极力截杀追击，歼毙千余名，该逆复履堤向西南奔窜，奴才等追及献县，该逆窜入城中，我兵围剿攻击，逆贼不敢踞城，复向南溃窜，奴才等督催官兵极力追杀，以期早就歼除，恭折奏祈圣鉴事。

窃奴才等前将布置情形屡经奏陈，本拟将逆贼困死束城。我兵连日挖筑长濠，沿墙列兵，东西北俱已成就。惟东南地多积水，淤泥尺余至二三尺不等，有不能挖壕之处，用鹿角树栅阻其窜路，仍饬极力挖壕，以资(阨)[扼]阻。讵逆贼被困情急，恐无生路，乘初九日亥

刻大雾迷漫之时，舍命由小礼文向东南奔窜。防卡之官兵闻声截杀，该逆随死随窜，步贼及骡马陷（淤）[于]泥淖，死者不计其数。复经善禄就近带兵驰赴念祖桥截杀，该逆纷纷乱窜，仍复抵死抗拒。经我兵极力扑击，毙贼七八百名，贼尸遍地，夺获大小黄旗五十余面、铁炮四尊，火药、器械甚多。贼顺堤由西南窜逸。奴才等一面乘夜齐兵，分路督带马队跟踪追击，一面派员催令步队随后前进，沿堤搜庄，仍复杀毙二百余名。贼直前狂奔，各处之桥已经奴才饬令拆毁，该逆行至边马桥，竟逼令乡民用木将桥支搭断孔偷渡。我兵随追随杀，及至河边，贼已过河，将桥烧断。奴才等赶紧绕至臧家桥，催令搭桥渡河，该逆已窜入献县。奴才僧格林沁、奴才胜保先后赶到，督率官兵，乘其喘息未定，极力攻击。该逆不敢踞城，又向南门奔窜，计复毙贼数百名。时已昏黑，因兵马连夜奔走百余里，暂令少休。奴才僧格林沁先督马队追击，奴才胜保一面尾督马队继进，一面催调步队接应，总期穷贼所向，尽力殄除。容俟剿办何如，续行奏报。理合由六百[里]加紧恭折驰奏。

再，缮折委员尚在后途，奴才于十一日卯刻拟就折稿，存饬缮妥，交驿驰递，即行督兵前进，合并陈明，伏乞皇上圣鉴。谨奏。

[咸丰四年二月十一日]

——《清政府镇压太平天国档案史料》第12册，第495—496页。

○桂良奏

本月初九日亥刻，贼匪向东南、西南窜逸，臣当饬该地方文武加意严防。复据胜保咨称，贼匪大股由小礼文扑窜，该大臣已亲督官兵，与僧格林沁分路抄截。该匪究系窜往何处，一俟侦探明确，即行奏报。

——《钦定剿平粤匪方略》卷七九，第10—11页。

○僧格林沁、胜保奏

奴才僧格林沁、奴才胜保等跪奏，为逆匪被围情急，全股扑出，马队官兵追击，连日大获胜仗，毙贼一千七八百名，现已追至富庄驿地方，催调步队官兵合力兜围，恭折奏祈圣鉴事。

窃查该逆跕踞束城等村，奴才等恐兵力攻扑，徒损无济，是以挖濠围绕，俟其粮尽势穷，即可全数殄灭，或该逆情急扑出，藉可诱其离巢，攻剿更觉得手。并札天津道转饬地方官，将沿路桥座全行拆毁，以杜逆匪窜逸之路。奴才等连日亲督夫役赶紧挑挖，业经三面告竣。惟东南面一片积水，不能挑挖，正拟伐树筑栅，该逆于初十日丑刻由束城东南涉水窜逸。奴才等当即带同拉木棍布扎布、西凌阿、培成、达洪阿，督带马队官兵跟踪追击。至念祖桥地方，该逆不能渡河，又恐官兵追击，分拨师帅一人，带领逆匪六百余人在彼以抵我

兵，时将军善禄业经督兵全数杀毙，夺获铜炮四尊，刀矛、旗帜多件。奴才等当饬善禄在后搜捕，即飞马前进。该逆至边马桥，仅止拆去一孔，该逆搭桥渡河，将桥烧断。查子牙河宽十余丈，水深溜急，人马断难浮过。探得距边马桥西南二十里有藏家桥一座，亦系拆去一孔，随派员前往，用木板支搭。因浮[桥]板片不能坚固，所有马队官兵俱系衔尾而过，不能畅行。甫及千名，即令达洪阿带领前进。探知逆匪已在献县城内。该逆见我兵已到，全股由西门(门)扑出，经达洪阿带兵向前迎击，将该逆队伍冲断，毙贼一百余名，该逆退入城中。时已亥刻，我兵暂为歇息。奴才等恐围困过严，该逆复又死拒不出，当将官兵分为三面，留正南一面，令其窜出。该逆果于丑刻由南门窜出，奴才等预派都统西凌阿带兵择要设伏，奴才等即督兵随后追击。距献县十余里之善女桥地方，时已天晓，追及该逆后队。我兵勇气百倍，前后夹击，至富庄驿地方计三十余里，贼尸枕藉，共毙贼一千余名，生擒五十余名，夺获抬枪、鸟枪三十余杆，刀矛、旗帜、红黄风帽一百余件，骡马十余匹，我兵阵亡二名，受伤二十余名。该逆随拒随走，至巳刻已到富庄驿村内。奴才等所统俱系马队，并无抬枪、抬炮。富庄驿系属集镇地方，墙垣坚厚，兼之该逆炮火猛烈，巷口设伏，我兵实难扑进。现已飞调步队官兵，一俟到齐，即合力兜围。

所有逆匪被围情急全股扑出，官兵追剿大获胜仗各缘由，谨恭折由六百里加紧驰奏，伏乞圣鉴。

再，富庄驿现无驿马，奴才等专弁赍至河间县，由驿驰奏。合并声明。谨奏。

[咸丰四年二月十一日]

——《清政府镇压太平天国档案史料》第12册，第470—471页。

〇僧格林沁、胜保奏

再，前任副都统达洪阿，自获咎之后，屡次带兵打仗，身先士卒，奋勇前进。本月初十日，督带马队官兵，在献县城外将该逆队伍冲断，击毙逆匪一百余名，实属奋勉。该员曾任二品大员，奴才等未便保奏，可否量予恩施之处，出自圣裁。谨附片具奏请旨。

[咸丰四年二月十一日]

——《清政府镇压太平天国档案史料》第12册，第471—472页。

〇上谕

军机大臣字寄钦差参赞大臣、科尔沁郡王僧，钦差大臣、正蓝旗汉军都统胜。咸丰四年二月十三日奉上谕：

僧格林沁、胜保奏逆贼乘夜穷窜、督兵追剿一折。逆匪窜踞束城等村，我兵围攻已逾匝月，叠次谕令该大臣等迅速进攻，并严防窜路，乃本日据奏，逆匪于初九日乘雾由小礼文

向东南奔窜，虽经我兵追杀多名，而逆匪拚死狂奔，由献县南门窜出后，究竟逃往何处，折内并未奏明。本日复据桂良奏称，该逆向东南、西南窜逸，是贼匪显系分股溃窜。我兵正当乘其喘息未定，四面兜击，庶可聚而歼旃，若徒事尾追，势必节节落后，剿办终难得手。我兵马队最利追剿，著僧格林沁、胜保迅即探明贼踪，派拨精兵，绕赴贼前截击，务期前后夹攻，尽歼丑类。其首逆各犯，尤不可令其乘间兔脱。并飞咨张亮基，于山东、直隶交界地方严密堵截，以遏贼冲。

此次贼匪系由小礼文地方窜出，防卡官兵何以任令奔突、不能堵截，著该大臣等查明参奏。傥有畏葸逃避情事，即著以军法从事，毋稍宽贷。贼众志在奔突，必须尽力穷追。据奏，河桥为贼烧断，我兵绕至臧家桥，已属落后，以致贼得窜入献县。又因我兵连夜跟追，暂令少休，恐贼匪乘间远扬，现在僧格林沁业已先督马队追击，何以胜保仅尾督后队继进？前此贼由独流窜出，经僧格林沁痛加剿洗，胜保耽延数日，始行赶到，此次若复稍有迁延，罪将谁诿？刻下贼踪是否分股奔窜，该大臣等是否分路追击，各路带兵大员如何兜截、前后策应，著即迅速具奏。

正在寄谕间，复据僧格林沁、胜保等奏，逆匪由献县南门窜出，我兵追及，毙贼千余名，该逆随拒随走，至富庄驿村内设伏，我兵实难扑进等语。逆匪纷窜，追剿尚属迅速，惟据称，富庄驿地方墙垣坚厚，我兵俱系马队，并无枪炮。行军以火器为最利，现在军营便捷炮位为数不少，该大臣等既跟踪追剿，并不带枪炮，以徒手击贼，有是理乎？至逆匪奔窜后占踞集镇，辄云炮火猛烈，不能扑进，而我兵转藉口于无枪无炮，似此迁延迂缓，必致贻误事机。且前此逆匪初到束城，该大臣等即以专待炮位为词，此次又以无炮藉口，其谁欺乎？若少事耽搁，该逆又将筑垒挖壕，负嵎死守，或乘隙奔突，若不西窜，即南扑景州、德州一带，皆系水陆要隘，我兵又成尾追之势，剿办何日可了？兵贵神速，岂可一误再误？著僧格林沁、胜保等迅就现到之兵设法进攻，以期扫穴捡渠，并飞催后队官兵星速前进，不准片刻迟延。若复藉[口]枪炮未到，以致老师糜饷，又蹈束城故辙，朕惟将该大臣等从重治罪，决不宽贷。将此由六百里加紧谕令僧格林沁、胜保等知之。

钦此。遵旨寄信前来。

——《清政府镇压太平天国档案史料》第12册，第501—503页。

○上谕

咸丰四年二月十三日内阁奉上谕：

本日据僧格林沁、胜保等两次奏报逆匪溃窜，督兵追击，大获胜仗各一折。逆匪窜踞束城等村，经僧格林沁、胜保等连日进攻，该逆情急，于初九日乘雾由小礼文地方向东南奔窜，骡马陷泥，死者不计其数。经善禄带兵截杀贼匪七八百名，夺获黄旗、炮械多件。僧格

林沁等督带马队追击,该逆窜入献县,见我兵赶到,由西门扑出。达洪阿带兵迎击,将贼队冲断,毙贼一百余名。我兵分为三面,复豫派西凌阿择要设伏。该逆由南门窜出,经僧格林沁等督兵追击至善女桥地方。我兵勇气百倍,前后夹击,至富庄驿三十余里,贼尸枕藉,共毙贼一千余名,生擒五十余名,夺获抬枪、鸟枪三十余杆,刀矛、旗帜等百余件。该匪被围穷蹙,亡命狂奔,经僧格林沁、胜保等督兵追剿,大获胜仗。著该大臣等即乘势进攻,务将窜匪悉数歼除,勿留余孽。达洪阿带兵杀贼,奋勉可嘉,著即开复原官。副都统庆龄扎营不能遏贼窜逸,带兵追剿又无斩获,无能已极,著即革职,留营戴罪自效。傥再不知奋勉,即著从严参办。

钦此。

——《清政府镇压太平天国档案史料》第12册,第503页。

二月十四日

○方略

工部右侍郎载龄奏言:

据探,逆匪盘踞束城村地方,经僧格林沁等于东、西、北三面扎营,特留南面,诱其败逃,并于南面距贼垒较远地方挑濠设伏,又将附近村庄饬令腾空。该逆匪果于初九日夜乘雾潜逃,被伏兵击回,窜至河间府,被乡勇击退,现在河间府迤北二十里堡盘踞。我兵陆续追至,扎营进剿。

奏入,上命军机大臣传谕载龄曰:

昨据僧格林沁等奏,逆匪全股窜出,官兵追至富庄驿。桂良奏称,有贼由东南、西南纷窜之语。富庄驿系在河间东南,其西南一带何处有贼分窜,亦未确指。现在逆匪亡命狂奔,后路之防尤关紧要,著载龄即饬各路弁兵分投确探,随时速奏。其固安、东安、黄村、涿州、通州、芦沟桥等处防堵各营,仍著严饬各该带兵员弁加意严防,不得因逆氛渐远,稍存大意。

——《钦定剿平粤匪方略》卷七九,第20—21页。

○上谕

军机大臣字寄钦差参赞大臣、科尔沁郡王僧,钦差大臣、正蓝旗汉军都统胜。咸丰四年二月十四日奉上谕:

昨据僧格林沁等奏,逆匪由献县窜出,占踞富庄驿村内,并未详叙有无分股。而桂良所奏,则称接据胜保来咨,有贼向东南、西南纷窜之语。是其分股溃窜,已属显然。本日据

载龄奏报，又称，探闻逆匪潜逃，被伏兵击回，复经河间乡勇击退，现在河间府属迤北二十里堡盘踞等语。据三处奏报互相印证，均属参差。富庄驿既在河间府城以南，二十里堡又在河间府城以北，相距一百数十里，其间必有分扰之处。究竟该逆是否全聚富庄驿村内，抑或另有零匪潜匿附近村庄，束城等村是否尚有余贼，著该大臣等迅速据实具奏，务须分投确探，四面搜剿，方能尽歼丑类。现在大兵尽力南趋，傥北面尚留余孽，致令再有裹胁冲突情事，岂非顾此失彼！著僧格林沁、胜保严饬各路带兵大员，激励将士，迅扫贼氛，肃清畿辅，断不准复以无炮无枪藉口，耽延时日，自取重罪。将此由六百里加紧谕令知之。

钦此。遵旨寄信前来。

——《清政府镇压太平天国档案史料》第12册，第509页。

二月十六日

〇僧格林沁、胜保等奏

奴才僧格林沁、奴才胜保等跪奏，为逆匪被剿势穷，亡命奔窜，官兵步步追击，连日屡战屡胜，该逆窜踞阜城县城并附近村庄，业经克复四村，该逆势已穷蹙，现在催调步队官兵合力兜剿，恭折奏祈圣鉴事。

窃奴才等于初十、十一等日追杀贼匪情形，业经恭折奏报在案。该逆被剿势穷，窜入富庄驿村，侦知该逆于官兵追击之时，恐被我兵全数兜剿，已分贼之前队千余名窜入阜城。奴才等商同分兵前往兜击，奴才僧格林沁督兵围攻富庄驿，奴才胜保即于是日戌刻督带马队千名，星夜驰抵阜城抄截。探知该逆至县，乡勇溃散，贼即窜入县城，当派魁福、格绷额带兵五百余名绕赴南路，奴才胜保即在阜城东北二里许之黄店地方屯扎。

奴才僧格林沁因富庄驿墙垣坚厚，该逆炮火猛烈，抵死抗拒，虽经马队环绕兜围，恐伤我兵精锐，未敢尽力攻扑。探得富庄驿粮米无多，料该逆不能久踞，将四面围兵撤退数里，即密派官兵授以机宜，令在富庄驿迤南树木丛集之处暗伏。该逆于十二日寅刻向南溃窜，奴才僧格林沁督带各路官兵在后尾随。约走数里，计该逆奔走疲乏，我兵呐喊压下，枪箭齐发，刀矛并举，追杀四十余里，毙贼八百余名。该逆力不能支，匿入枣树丛内，向外施放枪炮。因我兵追剿三昼夜之久，人马疲乏，休息片刻，仍奋勇前进。该逆被追情急，翻身列队，向我兵拼死冲扑，其势甚猛。我兵扎定队伍，镇静以待。该逆见我兵不动，不敢扑进，随分两翼抄袭我兵之后。相隔数步之外，我兵飞马迎击，无不人人奋勇。该逆败溃之余，不战自乱。我兵冲入贼队，复又毙贼七百余名。是日屡战屡胜，约毙贼一千六百余名，生擒三百余名，立即正法，夺获铜炮、铁炮十尊，抬枪、鸟枪一百余件，刀矛、旗帜等物不计其数。该逆受创披靡，亡命逃窜。

奴才胜保闻逆匪狂奔继至，即督马队官兵迎头奋击，将逆贼冲为两股。吉林营总关保带队尤为奋勇，极力击杀，该逆大败，四路奔溃。逃出被胁难民极多，杀毙贼匪数百余名，夺获大炮四尊，抬枪五十余杆，鸟枪、刀矛二百余件。该逆由城复出一股抄来接应，经奴才胜保派令营总那尔瑚善、丰山带兵百余名奋力杀退，毙贼数十名。时已昏黑，该逆窜入阜城及附近各村。

时各路马队俱已赶到，四面兜围，奴才僧格林沁即派侍郎瑞麟、伊勒东阿在北面屯扎，即于十三日丑刻带领马队官兵由间道绕在阜城迤南。查得该逆(跕)[占]踞村庄五处，当即分兵将西南之高家庄、宋家庄二处攻破，一面搜杀，一面烧毁房屋，使贼不能(跕)[占]踞。该逆纷纷溃散，殄毙多名。随督兵前进至南城二里许之后康庄，有逆匪一军，约计六百余名，俱系两广、两湖长发老贼在内盘踞，业经筑砌木垒，密布树栅，墙垣屋宇遍插黄旗，欲与城内贼众为犄角之势。奴才僧格林沁当即饬派西凌阿、达洪阿、经文岱带领步队官兵奋力攻扑。该逆由墙孔施放抬枪、鸟枪，经文岱奋勇直前，首先攻进树栅。健锐营委参领关福、巡捕千总何建鳌、六品顶翎把总回国庆拆毁木垒，拉开树栅，官兵一拥前进。二等侍卫达崇阿、健锐营委参领关福奋勇争先，由墙孔夺获抬炮二杆。该逆见我兵攻入村内，猝不及防，手足失措。我兵刀矛并进，毙贼三百余名。余匪逃出村外一百余名，经马队官兵尽行殄灭；匿入楼房二百余名，我兵四面放火，立时烧毙，内有水官伪将军一名、土官伪将军一名、圣马伪总制一名，生擒师帅一名。其西北党村亦经贼踞，奴才胜保、善禄督兵攻击焚毁，毙贼一百余名。合计阵亡官一员、伤亡兵勇四十余名。该逆经此次痛加剿洗，洵足以寒贼胆。奴才等惟极力击杀，总期殄灭此贼而后已。

所有连日追剿大获胜仗缘由，理合由六百里加紧驰奏，伏乞圣鉴。

再，哲里木盟梅勒章京珠勒济胡图克，是日打仗奋不顾身，杀贼数名，身受刀伤阵亡，相应请旨饬部照例赐恤。谨奏。

[咸丰四年二月十五日]

【屡次获胜，必能指日歼除。僧格林沁、胜保等调度有方，奋勇追击，深堪嘉尚。现在该逆所占县城，必不可俾令久踞，又成负嵎。看来此贼情势亦必不久据阜城，著赶紧杀尽，将首逆三名务期生擒致阙。】

——《清政府镇压太平天国档案史料》第12册，第516—518页。

〇僧格林沁奏

暂行革职总兵经文岱，十三日攻击后康庄，亲督官兵扑入贼垒，斩杀长发贼多名。可否仰恳恩施，开复原官，并赏还翎顶之处，出自圣裁。

——《钦定剿平粤匪方略》卷八〇，第2—3页。

〇上谕

军机大臣字寄钦差参赞大臣、科尔沁郡王僧，钦差大臣、正蓝旗汉军都统胜。咸丰四年二月十六日奉上谕：

据袁甲三奏，皖省逆匪由六安、正阳窜至蒙城、永城，复由永城窜往西北。该处路通徐州、砀山、河南夏邑等县，贼踪飘忽靡定，并闻后路之贼复有分赴亳永之说。逆匪由皖省陆续窜扰亳永一带，显系意图北窜，与直隶逆匪互相勾结。本日已谕令和春、福济拨兵堵剿，并谕英桂扼要严防矣。惟河南兵力甚单，不敷剿办，朕权其缓急，若俟直隶军务告竣，始行拨兵前往应援，恐有贻误，著僧格林沁、胜保迅拨马步精兵一千名，拣派得力大员管带，星夜驰赴河南归德一带，探明贼踪所向，迎头截击，会同英桂相机剿办，断不准令皖匪阑入豫境，蔓延为患。河南防兵，并准此次派往大员酌量调拨。惟所派之员必须慎重遴选，庶可独当一面，足资防剿。该大臣等现带各兵已有数万，谅已足敷追剿。京旗各营兵调赴大营者为数不少，势难再行分拨。惟该大臣等追剿逆匪正在吃紧之际，傥必须拨兵协剿，即著迅速奏明办理。

又据桂良奏，署都司陈毅协同署献县知县罗锦雯拿获贼目，据同获之贼指认为逆首林灜翔，现已解赴大营。著僧格林沁等审明，该犯如实系林逆，迅即派员妥速解京，毋稍疏虞。

正在寄谕间，据僧格林沁、胜保等奏追剿逆匪屡战屡胜一折，已明降谕旨，分别奖励矣。逆匪亡命狂奔，我兵追剿尚属迅速。惟逆匪窜踞阜城县城，并分踞村庄，为犄角之势，若不乘此声威，奋力进击，恐该逆复筑垒挖濠，负嵎死守，或乘间窜逸，又致蔓延为患。现在皖楚贼氛已逼，豫境较前情形更为紧急，是以令该大臣等分兵往援，尚恐一千名不敷剿办。若此股贼匪不能克日殄灭，致令大兵为所牵掣，迟延贻误之罪更将何辞？张亮基现带兵勇驰赴景州以北，正可前后夹击，使逆匪腹背受敌，自不难迅就扫除也。将此由六百里加紧谕令知之。

钦此。遵旨寄信前来。

——《清政府镇压太平天国档案史料》第12册，第523—524页。

〇上谕

桂良奏探闻大兵追剿贼匪情形并拿获贼目一折。贼匪窜入直境，僧格林沁、胜保统兵堵剿，桂良及署提督张殿元镇守省城，藉资捍卫。现在贼匪由富庄驿南窜阜城，僧格林沁等跟踪追捕，后路尤关紧要。逆匪声东击西，是其惯技，现虽逃窜东南，距省较远，亦难保不分股乘间又图他窜，该督务当察看情形，相机堵御。或自行出省防守，或令署提督张殿元带兵择要驻劄，必须悉心筹画，断不可株守省城，致有贻误。至署都司陈毅等拿获之贼

目，均指认为逆首林漋翔，著即派员解赴大营，毋得稍有疏虞。将此由六百里加紧谕令知之。

——《清文宗实录》卷一二一，咸丰四年二月乙酉。

〇上谕

咸丰四年二月十六日内阁奉上谕：

僧格林沁、胜保等奏连日追剿逆匪屡战屡胜一折。逆匪自奔窜富庄驿后，僧格林沁料贼不能久踞，设伏诱贼。该逆果于十二日向南溃窜，我兵随后紧追，枪箭齐发，刀矛并举，追杀四十余里，歼毙八百余名。该逆遁入树林，复分两股抄袭，我兵飞马迎击，逆党不战自乱，复毙贼七百余名。是日约共剿杀一千六百余名，生捡三百余名，夺获铜炮、铁炮十尊，抬枪、鸟枪一百余件，刀矛、旗帜等物不计其数。逃匪向南奔窜，胜保复由阜城迎头截杀，将逆贼冲为两段。吉林营总关保带队极力击杀，贼众四路奔逃，杀毙数百名，夺获大炮四尊、抬枪五十余杆、鸟枪刀矛二百余件。逆党复分股接应，胜保派令那尔瑚善、丰山带兵奋杀，毙贼数十名。该逆窜入阜城及附近各村，僧格林沁派侍郎瑞麟、伊勒东阿在北面屯扎，即于十三日带领马队官兵绕至阜城迤南，攻破高家庄、宋家庄，毙贼多名。其后康村逆匪六百余名，俱系楚粤长发老贼盘踞，经僧格林沁派西凌阿、达洪阿、经文岱带领步队攻扑。经文岱首先攻进树栅，参领关福等拆毁木垒，官兵一拥而进。二等侍卫达崇阿等复由墙孔夺获抬炮二杆，毙贼三百余名。逃出余匪一百余名及匿入楼房之贼匪二百余名均被官军殄毙，内有伪将军二名、伪总制二名。生擒师帅一名。其西北党村，亦经胜保、善禄督兵毙贼一百余名。

此次贼匪势穷狂奔，我兵分路兜击，屡战屡胜，僧格林沁、胜保等调度有方，奋勇追剿，深堪嘉尚。僧格林沁、胜保著各赏给威罗瓦佛一尊、白玉翎管各一枝、白玉搬指各一个、黄辫珊瑚豆大荷包各一对。所有打仗出力之二等侍卫达崇阿，著赏给苏彰阿巴图鲁名号；吉林营总关保，著赏给年昌阿巴图鲁名号；健锐营委前锋参领关福，著以副前锋参领升用；盛京营总昇伸，黑龙江佐领、委营总巴扬阿，委参领业普铿额，均著赏戴花翎；蓝翎骁骑校、委参领富克精阿，著赏换花翎；巡捕营千总何建熬，著以京营守备升用，先换顶戴；巡捕营六品顶翎把总回国庆，著以京营千总升用；经文岱著开复原官，并赏还翎顶。哲里木盟梅勒章京珠勒济胡图克，打仗杀贼受伤阵亡，殊堪悯恻，著理藩院从优议恤。

现在贼匪被大兵痛剿，势已穷蹙，著僧格林沁、胜保等激励将士，并力攻击，悉数歼捡，迅奏肤功，以副朕望。

钦此。

——《清政府镇压太平天国档案史料》第12册，第524—526页。

〇上谕

前任江宁将军托明阿仍著帮办军务，驰驿前赴僧格林沁、胜保军营。

——《清代起居注册(咸丰朝)》第18册，第10414页。

二月十八日

〇僧格林沁、胜保等奏

奴才僧格林沁、奴才胜保等跪奏，为官兵进攻贼巢，克复三村，大获胜仗，逆匪穷蹙已极，官兵环绕兜围，务期全数殄灭，恭折驰奏，以纾宸廑，仰祈圣鉴事。

窃奴才等[于]十二、十三等日克复村庄，毙贼多名，及官兵勇气百倍，逆贼胆寒已极各缘由，业经恭折奏闻在案。奴才等因马步各队官兵连日攻战，颇形劳乏，十四日歇息一日。是日，奴才等带同各路领兵大员，将贼踞各村复详加周历，勘明进退路径。查有县城西北之堆村、连村、杜家场三处，地势平坦，攻剿可以得手。即商定十五日极力进攻，派令达洪阿率同副将史荣椿、守备龙汝元，带领健锐、火器、技勇、巡捕各营官兵攻堆村西面；副都统郭什讷带领健锐营官兵攻堆村南面；侍郎瑞麟、伊勒东阿带领两翼八旗官兵攻连村北面；侍卫达崇阿带领哲里木盟官兵攻连村东面；将军善禄率领总兵孔广顺、候补副将吴灿、参将乐善、都司文魁、游击王建功，各带天津、固原、正定、河州、西宁、凉州各步队官兵并各练勇，攻杜家场贼巢；贝勒拉木棍布扎布、公棍楚克林沁、侍郎培成率同总管约逊、侍卫巴隆阿，各带马队官兵，在村南列队，以壮声威。

奴才僧格林沁、奴才胜保分路亲督，于是日卯刻同时进攻。

奴才僧格林沁带领亲随护卫数名，在堆村、连村之间往返督催策应。两村逆匪俱由墙孔施放连环枪炮，密如雨下。我兵奋勇齐进，切近贼栅，由两村扑出逆匪一千余名，呐喊摇旗，欲抄我兵之后。奴才僧格林沁当即传令马队官兵奋力截击，一面仍饬步队官兵极力攻扑堆村、连村。先有逆匪五六百名飞身上屋，向外开放枪炮，村内又有逆匪七八百名，操刀持矛，抗拒官兵。我兵拉开树栅，打入村内，刀劈矛刺，唧唧有声，该逆号哭之声闻于数里。我兵攀树援墙，将两村屋上贼匪尽行杀毙，村内逆匪并无一名走脱。

总兵孔广顺等攻击杜家场，奴才胜保策马四面指挥，我兵扑近贼垒，该逆枪炮密出，我兵先用草束、火药燃烧鹿角栅，延烧房屋，随冒火冲烟，奋力扑进。该逆约有一千余名，拚死抗拒，我兵连杀贼匪二百余名，该逆并不少退。奴才胜保督令兵勇跃墙上屋，一拥齐进，贼始荒乱，愈拥愈多，我兵愈杀愈进。该逆进则即被我兵刀砍矛刺，纷纷倒地，退则即被火烧立毙。奴才胜保恐村内烟火猛烈，致伤我兵，即宜诱其出村，以便截杀，随传令将南面官

兵撤回。该逆即由南面扑出五六百名,经那尔瑚善、丰山带领马队官兵呐喊追杀,枪箭齐发,刀矛并进,所有扑出逆匪全数剿灭,贼尸枕藉,一望无际。

先由堆村、连村拥出逆匪一千余名,经马队官兵在村外围击。该逆或分或合,欲图散乱我兵队伍。奴才僧格林沁口传号令,饬贝勒拉木棍布扎布、公棍楚克林沁、侍郎培成、总管约逊、侍卫达崇阿、巴隆阿将马队官兵列为一字压下。该逆胆敢向我兵开放枪炮。侍卫达崇阿、巴隆阿身受枪伤,(尤)[犹]带兵前进。该逆见我兵奋勇,其势不支,执黄旗贼匪招呼逆众,向东飞奔,欲进阜城西门。我兵紧紧追击,登时毙贼五六百名,[余]匪亡命奔窜。我兵正在追击,遥见城内拥出逆匪三四百名,直扑我兵,接应败溃之贼。维时奴才胜保统带得胜之兵,与奴才僧格林沁合兵一处,复又毙贼三四百名。该逆败溃狂奔,入城时已申刻。我兵力战六时之久,人马疲乏,奴才等即传令撤队。

十五日之战,斩杀该逆伪指挥黎姓、蓝姓二名,伪监军江姓一名,伪统制胡姓、赖姓、贾姓、谢姓、钟姓五名,伪师帅陈姓、黄姓、谢姓、何姓四名,伪旅帅曾姓、黄姓二名,伪卒长、司马等百余名。统计歼毙三千余名,生擒长发老贼三百余名,立予军前正法。其烧毙、投环、投井、自刎者不计其数,斩获首级四百数十颗,焚烧火药,夺获大铁炮七尊,抬枪、鸟枪、刀矛极多,木印、令旗多件,大小黄旗一百余件,骡马一百余匹。各营阵亡官二员、兵十名,受伤官十九员、兵勇一百八十六名。此次兵勇节节进剿逆匪,斩获甚多,奋力攻扑,立破贼巢三处,尤属奋勇出力。奴才等当即赏给兵勇银一万两,以昭激劝。奴才等惟有激励将士,克日进攻,务期早荡妖氛,以肃畿疆。至该逆虽已穷蹙,狡猾如常,其蒇事之期,不敢预定。然此股贼匪屡受惩创,断难蔓延。北窜之虞,似可无虑。

所有奴才等十五日督兵进攻贼巢、克复三村各缘由,谨恭折由六百里加紧驰奏,伏乞圣鉴。

再,打仗阵亡之镶红旗护军校崇瑞、正白旗步军校霍隆武,奋勇捐躯,情殊可悯,可否敕部议恤之处,出自天恩。谨奏。

[咸丰四年二月十七日]

【十五日之仗,斩获甚多,但县城未复,终恐思窜。著赶紧歼除,勿留余孽。僧格林沁等必知朕之渴盼捷音之速至也。另有旨。】

——《清政府镇压太平天国档案史料》第12册,第534—536页。

〇僧格林沁、胜保等奏

再,本月十五日进攻贼巢,各营官兵奋勇前进,拆垒拉栅,夺获旗帜,抢出大炮,并杀毙长发老贼数千余名,实属奋勇可嘉。头等侍卫巴隆阿、二等侍卫达崇阿等十九员身受枪伤,仍负痛杀贼,尤堪嘉尚。惟巴隆阿由王家口追贼出力,经奴才僧格林沁保奏赏给头等

侍卫，为日无多，达崇阿业经请赏勇号，尚未奉到谕旨，该二员均不敢再邀恩奖外，谨将尤为出力之员缮写清单，请旨先行给与奖励，以昭激励。谨附片具奏请旨。

［咸丰四年二月十七日］

咸丰四年二月十八日奉朱批：另有旨。钦此。

——《清政府镇压太平天国档案史料》第12册，第537页。

〇僧格林沁、胜保等奏

再，据善禄咨称，二月初九日夜间，逆匪由大李文、念祖庄适中奔窜，即饬官兵奋击，贼奔河堤，善禄督兵横截，并传知驻扎大李文之总兵德坤、游击格洪额出队截杀，讵德坤差弁回称，恐小李文有贼，俟天明始能出队；迨天微明，善禄在念祖桥截杀贼之后队，又传知德坤、格洪额飞速带兵追贼，乃迟至逾时方到，已属怠慢从事；兹复据德坤等呈报沿路追杀贼匪，希图讳过邀功。据实咨请参办前来。

奴才等查现当剿贼吃紧之际，该镇等乃敢任意延缓，致误事机，且该镇前因接应不力，经奴才胜保奏参摘去顶戴，尚复不知奋勉，厥咎甚重，相应请旨将兖州镇总兵德坤、三屯营游击格洪额即行革职，仍责令戴罪自效。如再不能奋勉图功，即以军法从事。谨附片具奏。

［咸丰四年二月十七日］

——《清政府镇压太平天国档案史料》第12册，第537—538页。

〇上谕

军机大臣字寄钦差参赞大臣、科尔沁郡王僧，钦差大臣、正蓝旗汉军都统胜。咸丰四年二月十八日奉上谕：

僧格林沁等奏官兵克复三村、大获胜仗一折。阜城县西北三村为逆匪分踞，经该大臣等于十五日分派官兵剿洗，毙贼三千余名，立将堆村、连村、杜家场三处克复，已明降谕旨，将出力官兵奖励矣。该逆复经此次痛剿，存城贼党无多，必当乘胜将县城攻克，生擒首逆，荡埽群丑，方为妥善，不得因其势已穷蹙，不致北窜，遂谓可以无虑。傥稍涉松懈，任该逆空濠筑垒，为负嵎之计，或又乘间奔突，不但西向武邑、南向景州，蔓延为患，即东滨运河，亦防其复行掠船偷渡，官兵分投追剿，又落后著。惟有乘其蚁聚城中，一鼓歼擒，毋留余孽。

况皖境贼匪大股已由蒙城、亳州窜入河南永城，而徐州萧县黄家口地方又有土匪为贼向导，并有将扰徐州之谣。是皖贼北窜情形万分紧急。前谕该大臣等派委大员，带兵一千名前往归德一带，谅已遵旨赶紧派往。然该处兵力即有此千名亦恐不敷，该大臣等不速将阜城之贼悉数扫除，傥永亳等处逆贼分路冲突，南北勾结，又将何以御之？惟盼北路得胜，

劲兵前往截击，庶足以遏凶锋。该大臣等岂不知朕日夜焦急、渴望捷音？犹以蒇事尚难克期为词，若不赶紧殄灭群丑，更将何颜对朕耶？德勒克色楞现在何处驻扎？何以两次奏报，并未见其带兵攻剿？著遇便覆奏。将此由六百里加紧各谕令知之。

钦此。遵旨寄信前来。

——《清政府镇压太平天国档案史料》第12册，第546—547页。

〇上谕

僧格林沁、胜保等奏克复三村、大获胜仗一折。逆匪窜踞阜城县城，分占附近各村，先经我兵将后康等庄逆贼悉数焚杀，贼胆已寒。本月十五日，僧格林沁、胜保等相度地势，派令达洪阿率同副将史荣椿等，并副都统郭什讷，分攻堆村西、南两面；瑞麟、伊勒东阿、侍卫达崇阿分攻连村东、北两面；善禄率同孔广顺、吴灿等进攻杜家场；拉木棍布扎布、棍楚克林沁、培成率同总管约逊、侍卫巴隆阿，列兵村南，以壮声威。僧格林沁亲带护卫数名，在堆村、连村之间往来策应。村内扑出逆匪一千余名，我兵马步齐进，奋力攻扑。两村屋上先有逆匪五六百名向外开放枪炮，村内又有逆匪七八百名抵死抗拒。我兵拉开树栅，打入村内，刀砍矛刺，将屋上及村内逆匪尽行杀毙，并无一人走脱。其杜家场一路，经胜保亲自指挥，先用草束、火药燃烧鹿角栅，延及房屋，我兵冒火扑入，先毙逆匪二百余名，随即跃墙上屋，愈杀愈进。贼由村南扑出五六百名，复经协领那尔瑚善、丰山督带马队官兵全数剿灭。其先由堆村、连村扑出之贼，复被拉木棍布扎布等排列马队尽数压下，其势不支，欲奔入阜城西门。僧格林沁督兵紧紧追击，登时杀贼五六百名。城内之贼拥出接应，胜保即与僧格林沁合兵一处，复杀贼三四百名，逆匪溃败入城。统计是日斩杀伪指挥二名，伪监军一名，伪总制五名，伪师帅四名，伪旅帅二名，伪卒长、司马等百余名，逆众三千余人，生擒长发老贼三百余名，斩获首级四百余颗，其烧毙及自尽者不计其数，夺获大铁炮七尊，骡马百余匹，枪械、旗帜无算。逆匪经此两次痛剿，势已穷蹙，著僧格林沁、胜保督饬将弁赶紧歼除，勿留余孽，以期早靖畿疆，以慰朕望。

其尤为出力之头等侍卫巴隆阿、二等侍卫达崇阿，前因剿贼立功，优予鼓励，此次打仗身受枪伤，仍负痛杀贼，深堪嘉尚，著僧格林沁等再行传旨嘉奖。山西大同镇总兵孔广顺，著赏给噶尔萨巴图鲁名号。巡捕中营副将史荣椿，著赏给哈希巴巴图鲁名号。副将用天津镇游击吴灿，著赏给奇车博巴图鲁名号。副将衔陕甘督标拣发参将乐善，著赏给阿克敦巴图鲁名号。升用游击、凉州营都司文魁，著赏给穆特恩巴图鲁名号。副护军参领庆昌、色普徵额，均著以护军参领升用。佐领博恩，著以副参领升用。委护军参领毓福，著以副护军参领升用。委前锋参领海群，著以副前锋参领升用。委参领禄昌，著以协领升用。前锋校乌林布、百祥、德兴，均著以委前锋参领升用。护军校和连，著以委护军参领升用。乌

枪护军校凤山、定福，均著以空花翎升用。鸟枪护军全广，著赏给六品顶翎。卓索图盟协理台吉布木济特，察哈尔总管约逊，黑龙江莫尔根协领那尔瑚善，吉林三姓协领丰山、红德城营守备杨殿林，均著赏戴花翎。署守备朱起鸿，都司李鸿宝，守备保升都司龙汝元，均换花翎。都司用守备额音额，守备陶桢、刘长清，候补守备、千总白凤龙，署千总田敦、信员善，外委丁永安，候补额外外委霍振国，署外委杨大喜，哲里木盟兵海寿，黑龙江领催盖哈苏，汉中等营兵丁萧明凤、刘成功、赵礼，六品军功王致祥，均著赏戴蓝翎。武生王万年著以把总用，川勇头目傅国成著以外委用，均著赏戴蓝翎。侍卫蕴秀，著开复原官。天津勇目赵奎七，著赏给六品顶翎。拣发湖北游击萨尔善，著毋庸发往湖北，归部以游击尽先选用，并赏戴蓝翎。守备衔千总徐璋，著以守备用。外委宋永兴，著免补把总，以千总升用。外委唐福、王玉恒，均著以千总尽先升用。马兵常山、王勋、史永禄，均著以把总尽先升用。蓝翎长成禄，著以鸟枪护军校升用。其阵亡之护军校崇瑞、步军校霍隆武，均著交部照例议恤。该部知道。单并发。

——《清代起居注册(咸丰朝)》第18册，第10425—10435页。

○上谕

僧格林沁、胜保奏，请将总兵、游击革职自效等语。兖州镇总兵德坤、三屯营游击格洪额，在大李文驻防，于贼奔河堤时，经善禄飞催带兵截击，逾时方到，已属怠玩；复捏报沿途追杀贼匪，希图讳过邀功。德坤前因接应不力，经胜保奏参摘顶，尚复不知奋勉，厥罪甚重。德坤、格洪额均著革职，仍责令戴罪自效，如再不知奋勉，即著以军法从事。

——《清代起居注册(咸丰朝)》第18册，第10435—10436页。

二月十九日

○上谕

军机大臣字寄钦差参赞大臣、科尔沁郡王僧，钦差大臣、正蓝旗汉军都统胜。咸丰四年二月十九日奉上谕：

连日叠谕僧格林沁、胜保迅派大员，带兵一千名，驰赴河南归德一带截剿，尚未据该大臣等覆奏。逆贼既陷永城，复扰夏邑，该处情形万分紧急，本日已飞饬桂明督带精兵一千五百名，由潼关克日驰往归德一带尽力迎击。现在徐州萧砀地方复有土匪肆行抢掠，为贼向导，亦须拨兵援应。朕思阜城剿办贼匪正在吃紧之际，前谕派兵一千名前赴归德，是否可以抽拨，军情缓急，难以悬揣。该大臣等两次将窜匪剿洗，若能于数日内攻克阜城，歼除逆匪，便可移兵乘胜而南。此次抽拨之兵，即稍缓数日，亦尚不迟。若再事迁延，致豫境与

徐州贼匪分股北窜，岂能不派兵往剿？著僧格林沁、胜保统筹全局，以现在贼情而论，或急须拨兵前往，或于剿灭此股后再以重兵分路南下，该大臣等接奉此旨，迅速商酌具奏。朕畀僧格林沁、胜保剿贼重任，断不肯令尔等掣肘，尔等亦当仰体朕宵旰焦劳之苦衷也。将此由六百里加紧谕令知之。

钦此。遵旨寄信前来。

——《清政府镇压太平天国档案史料》第12册，第552—553页。

二月二十日

〇上谕

军机大臣字寄钦差参赞大臣、科尔沁郡王僧，钦差大臣、正蓝旗汉军都统胜。咸丰四年二月二十日奉上谕：

前有旨，谕令僧格林沁、胜保派员带兵一千名，赴河南归德一带截剿。昨因阜城剿贼吃紧，复谕该大臣等暂缓抽拨，酌商迅奏。兹据徐州镇总兵百胜等奏，本月十二日，先有土匪窜入萧县黄家口焚掠；次日，突有大股逆匪踵至，在丰工以下屯踞南北两岸各村，意图分道直趋徐城。现在存营兵勇势甚单薄，军火钱粮皆储城内，请派兵救援。各等语。徐州为南北要冲，且系粮台重地，断不可不严为防范。本日已谕令琦善拨兵一二千名援应徐州，并令袁甲三由宿州驰赴该处扼守，尚未知能否分拨赴援。且均在徐州以南，而北路空虚，甚属可虑。著该大臣等仍即拣派得力大员，带兵一千名，迅速前往协剿，并侦探归德一带情形，酌量何路紧急，即带兵由何路截击。

张亮基现在景州一带，崇恩亦随大营剿贼，山东与徐州接壤，关系紧要，本日已谕令张亮基酌量情形，或该抚自行带兵前往，令崇恩赴景州防剿；或令崇恩前往徐州。该大臣即就近与张亮基筹酌办理，毋稍延误。阜城贼匪攻剿情形如何，甚为悬念，该大臣等顿兵日久，未能速殄贼氛，转致大兵为所牵掣，势且贻误大局，罪将谁诿耶？将此由六百里加紧谕令知之。

钦此。遵旨寄信前来。

——《清政府镇压太平天国档案史料》第12册，第558—559页。

二月二十二日

〇僧格林沁、胜保等奏

奴才僧格林沁、奴才胜保等跪奏，为逆匪受创之后死守不出，现在激励将士极力进攻，恭折奏闻，仰祈圣鉴事。

窃查逆匪自初十日被我兵步步追击，接连五日大获胜仗，毙贼六七千名，该逆心胆俱碎，昼夜使人潜探各营情形及出入路径。因我兵环绕兜围，该逆四路探访之人皆被我兵盘获。讯据声称，该逆伪丞相三人日夜哭泣，贼众除该逆死党数千之外，无不嗟怨心离。现在欲出则恐被截杀，欲守则人心不固。奴才等一面解散胁从，果有投出者，即当慎加体查，分别办理；一面督饬各路官兵尽力攻击。惟该逆诡诈异常，初至阜城，(跕)[占]踞四面村庄九处，希图牵制我兵，分我兵势。十三、十五等日连攻各村，以各营官兵全力始得攻破七村。该逆援应不暇，各思自卫。我兵转旆之间，未破之村已密布鹿角树栅五六层之多，离村一二箭之远。树栅俱用铁锁钩连，甚为牢固。奴才等连日督兵进攻，拖拉树栅，牢不可拔。且新砍树枝多系浸润，虽放火燃烧，而旋烧旋灭。该逆死守不出，暗施枪炮，数日以来，我兵伤亡二百余名，未能扑入。奴才等万分焦急，现在设法攻取，一面催提大炮来营，极力轰击，使贼不敢久踞。

查阜城县城虽系完固，城内房屋无多，积水之处十居八九，该逆俱在南关、东关盘踞，并踞有塔儿头、红叶庄二处。该逆屡受大创，死匿不出。如使出巢抗拒，不过一两仗即可剿尽。现在该逆掩旗息鼓，烟火俱无。揆之逆匪情形，即欲我兵攻扑，堕其奸计。我兵非不用命，惟恐伤亡过多，不但无济于事，更恐致怯兵心。我兵若示以从容，或制造攻具，或设法困守，使该逆知我布置情形，势必舍命扑出，我兵即可得手。现在各营督带兵丁挑空环濠，如果该逆因屡次窜出俱受大创，此次困死不出，十日之后，我兵空濠工竣，大炮亦可调到，即极力进攻，以期扫数殄灭。奴才等目下虽筹画战守之计，仍预防该逆南窜之路。查阜城县南通景、德二州，西南通郑家口，东南通连镇，西通武邑。奴才等深知郑家口、连镇地方富庶，蓄积饶多，久为贼所觊觎，倘令窜踞，攻剿又(形)[行]费手。现已派令藩司崇恩仍统原带山东官兵一千名，于郑家口一带扼要驻守。又，王刘村、孙家镇二处为至连镇要道，亦已派直隶督标、通永、天津步队官兵一千名在彼扼守，截其要路。至南路景州，现在抚臣张亮基已带兵驻扎迎击。惟西路武邑尚未派兵，该处地势平坦，便于追剿。若贼西窜，马队紧追截杀，无难悉数殄除。奴才等惟有悉心筹办，总期此股逆匪即早剿尽，不令远窜勾结，又复鸱张。

所有连日攻扑贼巢并奴才等筹办各情形，谨恭折由六百里驰奏，伏乞圣鉴。谨奏。

[咸丰四年二月二十日]

【览奏焦急实深。数日来满望可接捷书，何以令该逆又成死守之势？挑挖长濠，固为扼吭之善策。第此时贼之不出，非尽穷蹙，实故意老我师以待彼之南援。彼时(复)[腹]背受敌，或兼顾不暇，皆在意中，无异于将毙之虎又添双翼也。著僧格林沁等设法诱出，尽行歼灭，万不可再任窜逸。】

——《清政府镇压太平天国档案史料》第12册，第565—567页。

〇僧格林沁、胜保等奏

再，奴才等承准军机大臣字寄，奉上谕（谕文见十四日寄谕）。奴才等跪诵之下，仰见圣谟广运，策励驽骀，曷胜钦感。伏查该逆自初九日夜间由束城等村溃窜，奴才等亲督马队跟踪追剿，奴才胜保并飞咨直隶总督、山东巡抚，以贼踪未定，咨令饬属严防。奴才等卷甲疾驰，沿途截杀，该逆救死不暇，亡命南奔，实无分股窜扰及盘踞二十里堡之事。其束城等村尚未窜出之贼，早经官兵搜杀净尽，即河以南、阜城以北各处间有一二潜匿之贼，或官兵搜杀，或乡民缚送，并无遗留一贼。惟贼踪既去，地方土匪扬言贼去复来，乘机抢劫，或所不免。奴才等早于经过地方张贴示谕，严拿土匪，镇定人心，并请饬下直隶督臣通饬各州县严缉土匪，毋令扰害地方，并不得因土匪冒充贼匪，妄行禀报。该逆每逢溃窜，辄以全股扑出，虽经我兵截杀，尚可狼狈死拒。若果分股四窜，则势已瓦解，无能为役。该逆凶狡伎俩，百战之余，岂肯为此？即如奴才胜保上年在平阳将贼横截两处，贼仍奔入洪洞，合股始行窜出。此次在阜城，又将贼队冲断，而贼复拚命仍归一处。此又该逆不能分股之情形也。

至奴才等追贼，每日行百余里，沿途泥水深至尺许，非特大炮不能赶到，即步队抬枪、抬炮亦未能克期而至，焦急殊深，以欲形诸奏牍。然逐日出队攻剿，并未敢因此稍事耽延。

又，前奉寄谕：僧格林沁业已先督马队追击，何以胜保仅尾督后队继进。等因。钦此。奴才胜保惶悚愈深。查初十日奴才僧格林沁、奴才胜保同时督兵追剿，是日申刻同抵献县，与贼接仗，恐贼复窜，亟须紧追。惟各马队马匹本多疲弱，又因连日出队劳乏，本日疾趋百余里，途中草料无从购觅，马力难支，以致各营马队俱多落后。其已到马队，恐不敷追剿之用。是以奴才胜保与奴才僧格林沁商定，仍折回臧家桥，竭力催督后路马队前进。又因军情急须奏报，上慰圣廑，拟定折稿饬缮后，即督带马队前进，与奴才僧格林沁先后抵富庄驿会商攻剿，相隔约有一二时。此奴才追剿在后之原委也。

是日闻贼前队南窜，既有奴才僧格林沁在富庄驿督剿，奴才胜保即不得不先往追截，是以于十一日夜先行督兵直抵阜城，以便尾击贼之前队、截杀贼之后队。军营追贼情形变幻靡定，轻重缓急自宜相机办理。现在该逆受此大创，贼胆已寒，奴才惟有激励将士，乘此声威，擒渠埽穴，万不敢稍遗余力，上负生成。

所有贼匪并未纷扰潜匿及奴才等先后追剿缘由，谨附片复奏。

［咸丰四年二月二十日］

【知道了。】

——《清政府镇压太平天国档案史料》第12册，第567—568页。

〇僧格林沁、胜保等奏

再,前逆匪窜入献县,经大兵追蹑,亡命狂奔,落后骑马贼陷入泥中,经该县拿获,误为首逆林凤祥,解至奴才胜保军营。当即饬令随营委员审讯,据供实系广东人,名(扬)[杨]亭举,为贼营伪总制。奴才恐其避重就轻,亲提严审,并令新获贼犯及前投出潮勇萧良芳指认,均供实非首逆林凤祥。诘究再三,似属可信。当将贼犯杨亭举就地正法。查近来地方官拿获逃匪,不知贼情,往往称为首逆,以存居功之心。即如贼过大城时,所获贼营排刀手,该县亦以春官伪丞相禀报。误认讹传,殊难凭信。兹蒙皇上垂询,理合据实附片具奏。

[咸丰四年二月二十日]

【览。】

——《清政府镇压太平天国档案史料》第12册,第569页。

〇僧格林沁、胜保等奏

再,奴才等承准军机大臣字寄,二月十六日奉上谕:逆匪由皖省陆续窜扰亳永一带,显系意图北窜,与直隶逆匪互相勾结。河南兵力甚单,不敷剿办,著僧格林沁、胜保迅拨马步精兵一千名,拣派得力大员管带,星夜驰赴河南归德一带,探明贼踪所向,迎头截击,断不准令皖匪阑入豫境,蔓延为患。等因。钦此。奴才等跪读之下,焦灼万分,欲即移师南指,诚恐兵力一分,为逆匪所窥伺,不如合力共筹剿办之为得手。欲俟直境肃清,再行南下,又未免少需时日。诚有如圣谕所云,恐有贻误者。现在阜城之贼已成釜底游魂,败亡可以立待。但灰灭之烬,虽难复燃,而殄除之期,究难克日。奴才等再四思维,此时贼巢以北大兵堵截,固未便遽行撤动,而移缓就急,惟有遵旨拣派绥远城将军善禄先行带兵向南迎剿。又虑兵力太单,不足以逆折凶锋,仍酌拨汉中、河州、凉州步队二千名,庄浪、西安马队五百名,令该将军统带,径赴刘家口一带。如探知逆匪已逾黄河,即就河北择要堵剿。如逆匪尚在黄河以南,即引兵渡河迎击,兼卫汴梁。其阜城以北,善禄去后布置不免稍疏,现已飞调庆祺由河间郡城即日管带官兵来营。奴才等仍赶紧设法歼灭阜城贼匪。倘赖圣主如天之福,旬日之内,埽穴捡渠,彼时奴才等再行请旨,于奴才僧格林沁、奴才胜保二人中饬派一人督师南下。如贼守尚坚,急切未能得手,又当审度南北事势缓急,轻重之间,以图两全兼顾之策。或留奴才僧格林沁在此剿办,奴才胜保移师,继善禄之后前往迎剿。

现在统筹全局,不敢稍分畛域。以大势论之,北方之贼逼近畿辅,自当先行埽除。惟此时南寇方张,北贼已蹙,但能断绝南援,则北贼指日可灭。窃料此股皖匪竟敢公然北来,其人必众,其锋必锐。虽乌合之徒不足当节制之师,然众寡之势太相悬殊,则制胜之机终无把握。近日用兵之弊,往往讳言增兵,及至万不得已,然后请增,则贼势已成,情形又变。

杯水舆薪，卒归无济。即如奴才胜保去秋由河南蹑贼至直隶，以数千疲惫之兵当数万披猖之寇，顾此失彼，移东补西，往往明知有隙可乘，而苦于力之不足。总由将士不敷调遣，以致坐失事机。藉令奴才胜保一人直境，即有今日兵数，则荡平之功，当不致迟之又久也。至于饷项亦同此弊。迩来军务之难，更甚于往日，其故皆由于此。且贼情变幻靡常，兵机权宜无定。值兹时势艰难，全局摇动，设有贻误，关系匪轻。

奴才胜保自将兵以来，仰荷皇上圣恩高厚，倚任素专。虽遇事直陈，不避嫌怨，愚衷自竭，遑计谤疑，而军营一切委婉曲折，有未能悉形于奏牍者，必须叩觐天颜，沥陈下悃，圣明洞澈于怀，奴才得所指授，此后远专征伐，应机度务，稍有遵循。查军行人众，有一定之程，如蒙皇上恩施格外，俟直隶军务办有端倪，准奴才胜保入都亲承训示，即可轻车减从，兼程疾赴。一面派兵前行，一面倍道诣阙，往返不过旬余，仍可赶上大队，不致耽延时日。

方今南寇鸱张，驱众突至，非大兵数万，不能力扑妖氛。而阜城余烬未灭，牵制我师，奴才等筹度之间，愈深忧愤。事势至急，不敢不通筹全局，据实详陈。是否有当，伏候圣明训示。谨合词附片具奏。

［咸丰四年二月二十日］

——《清政府镇压太平天国档案史料》第12册，第569—571页。

〇上谕

军机大臣字寄钦差参赞大臣、科尔沁郡王僧，钦差大臣、正蓝旗汉军都统胜。咸丰四年二月二十二日奉上谕：

前因贼窜永城，谕令僧格林沁派兵驰往归德一带截击。昨因徐州萧砀等属已有贼踪，郡城吃紧，复谕该大臣等酌量缓急，或径赴徐州，或驰往归德，扼贼北窜。本日该大臣等奏，已派善禄带兵二千五百名前赴刘家口，尚系筹办归德一路。而张亮基奏报，复称逆贼已由丰工二坝渡河，有直扑济宁之信，是山东情形尤为紧急。兖州一带平原旷野，无险可扼，倘剿办稍迟，必至与徐州、归德之贼联为一气，沿河一带，势若燎原，大局几不可问。已另有寄谕，饬令善禄会同张亮基星驰前赴山东南路迎剿。僧格林沁等所派之兵，即著饬令星夜起程，毋庸俟庆祺来营，致滋延误。

阜城之贼虽经痛剿，尚未见实在穷蹙，显系牵制我师，以待南贼来援。该大臣等目睹南路贼情如此猖獗，犹不赶紧进攻，先断根株，奏报折内尚称倘能捡渠埽穴再行督师南下，如急切未能得手，再图两全兼顾之策。事势至此，犹复游移无准，仅以忧愤为词，于事何济？所有阜城剿贼事宜，即著责成僧格林沁专办，务将该逆设法诱出，尽数歼灭，不准再请展缓时日。胜保著即与僧格林沁商酌，督带马步精兵进驻德州一带，为善禄等后路策应。该处为水陆咽喉，既可杜南来之贼，并可遏阜城贼匪南窜之路，与僧格林沁军营声势亦可

联络。胜保接奉此旨，即将如何分兵、何日起程迅速驰奏。此系因汝等剿贼迟延，以致南贼北犯，不能不分兵两路，为兼顾之计，并非令胜保拥兵德州，遥为善禄等声援。傥前路紧急，即须驰往竭力堵剿。若令南北贼匪勾结，惟胜保是问。沿途所需军饷，即于山东省无论何款内酌提应用。所请敕部筹拨现银之处，已谕户部速筹接济。其截存内帑一项，除陆续拨解顺天粮台外，现尚存银一万两，亦谕知户部，即日改解胜保粮台矣。

至阜城之贼，尚有塔儿头、红叶庄二处盘踞，为犄角之势，必须克日攻剿，扫除净尽，断不准再延时日，致干重罪。

经文岱本日谢恩折内，经朕批令随同胜保前来。今胜保前赴德州，军情紧急，著无庸来京陛见，经文岱亦即饬令无庸前来。

张亮基原折著抄给阅看。将此由六百里加紧谕令知之。

钦此。遵旨寄信前来。

——《清政府镇压太平天国档案史料》第 12 册，第 585—586 页。

〇上谕

僧格林沁、胜保奏，查明出力员弁，续行保奏等语。密云副都统郭什讷，著赏戴花翎。黑龙江委参领多隆阿，著以佐领升用。外火器营营总乌兰都，果能始终奋勉，再有出力之处，著该大臣等据实保奏。

——《清代起居注册(咸丰朝)》第 18 册，第 10459—10460 页。

二月二十四日

〇僧格林沁、胜保等奏

奴才僧格林沁、奴才胜保等跪奏，为奴才等布置围剿机宜，并统筹全局，恭折奏祈圣鉴事。

窃该逆自十五日大创之后，连日坚匿死守，我兵进攻，贼即密放枪炮，兵勇每有伤亡。奴才等体察情形，必须设法将其困住，使无窜路，然后破其巢穴，庶可聚而歼旃。若徒事力攻，不特徒伤精锐，且恐该逆被攻情急，复拚死扑出，又成纷窜之势。贼自束城溃窜至今，经官军歼毙过半，所据县城及附近一二村庄，地方狭小，比在束城等村时较易合围。既已集夫周围挑筑长濠，濠外密布树栅，该逆两次冲扑图窜，因树栅坚牢，未能冲出，俱被我兵击回。刻下将次竣事，一俟长围既合，即当设法进攻，期于必克。

惟北贼渐可剪除，而南贼复图援救。昨准山东抚臣咨称，各属禀探，皖贼由虞城、夏邑窜至萧、砀两县，永城之贼由夏邑窜扑归德；又称贼已于十五日由丰工二坝渡河，顺堤西

窜。该抚因兖济一带吃紧，即日带兵驰往邀截，恐德州空虚，请拨兵扼守。等语。奴才等本拟将此股逆匪殄尽，移师南下。皖省有和春可资捍御，乃和春既未能克复庐州，又未能遏贼北窜，以致迫不及待，南北几难兼顾。皖贼以大股冒死北来，奴才等分兵往御，少则不敷剿办，多则恐此间兵单。再四思维，除善禄已带马步官兵二千五百名驰往堵剿外，尚虞不足，奴才胜保复添派副都统魁福带吉林马队五百余名即日起程前往，以继善禄之后，并严饬相机迎击，遏其凶锋，使贼不敢北犯。又派副将邱联恩带兵移扎景州，扼贼南窜。奴才等一面将阜城逆匪设法攻剿，并选备马队官兵二千，如果南贼飘忽而来，即令驰往迎头截杀。

惟各营马匹本少，前经奴才胜保奏拨马一千五百匹，未及到营，业已倒毙百余匹，余马率皆疲瘦，不堪乘用。虽勒令勤加喂养，未能膘壮。自束城追贼，昼夜奔驰，途中并难觅草料，马匹倒毙更多。奴才等军营马队统计五六千名，现有马者不过十之四五，其余有马队之名，而无得马之实。现已咨会直隶督臣，饬属购买解送来营。奴才等并示谕附近各州县城乡市镇绅民捐输骡马，分别给予奖励，以广招徕而收实用。

总之，此股逆匪现已穷蹙之至，稍宽时日，必可殄除。大兵乘胜全力南注，剿办较易为力。乃办理甫有就绪，南贼北来，意图勾结，时势如此，筹办尤难。奴才等受国厚恩，不敢稍存畏难之见，并不敢稍涉张皇，或至兵心摇惑。惟有竭尽心力，殚此血诚，于万难之中，求万全之策。总期不令南北两股之贼勾合一处。奴才等仍酌量缓急，如再接文报，东豫情形十分吃重，奴才胜保即将此间布置周妥，分督官兵亲往迎剿，奴才僧格林沁督饬官兵将阜城逆匪设法剿除。一俟畿辅肃清，再令各官兵一律南下，万不敢稍有拘泥，以致顾此失彼。

所有奴才等布置攻剿及统筹全局各缘由，谨绘图贴说，恭呈御览，理合恭折由六百里驰奏。

再，奴才德勒克色楞自二月初间颈患偏口疽，因军务吃紧，未敢请假，十五日与西凌阿在常家村力疾督队，因疮口未合，不能久支，扶病回营，是以奏报折内未经叙入。合并陈明。谨奏。

［咸丰四年二月二十二日］

【另有旨。前日寄谕，与汝等统筹之策相符，已有旨饬令胜保即日移驻德州，相机前进，岂能尚待十分吃重？军兴以来，我军处处迟缓，胜保岂不知耶？图留中。】

——《清政府镇压太平天国档案史料》第12册，第593—595页。

○上谕

军机大臣字寄钦差参赞大臣、科尔沁郡王僧，钦差大臣、正蓝旗汉军都统胜。咸丰四年二月二十四日奉上谕：

昨因逆匪由丰坝渡河，山东危急，当经谕令善禄带兵二千五百名，会同张亮基迎头堵剿，并谕胜保与僧格林沁商酌，督带精兵进驻德州，为两路兼顾之计。兹据僧格林沁、胜保等奏，据张亮基咨称，兖济一带吃紧，该抚驰回邀截，请拨兵扼守德州，该大臣等复派魁福督带马队五百名，为善禄后路应援，并选备马队二千名，如东豫情形十分吃重，胜保即分督官兵亲往迎剿。各等语。

该大臣等所筹各情，与前次寄谕适相符合。此时阜城贼匪尚未扫除净尽，而南贼复行北犯，事势至此，急宜迅筹剿办，断不能稍宽时日，再事游移。胜保著仍遵前旨，即日带兵进驻德州一带相机迎剿，不准稍有迁延。魁福所带吉林马队五百名，即饬令归善禄军营，并力迎击。副将邱联恩移扎景州，务须严饬扼守，遏贼南奔。阜城附近村庄，据称地方狭小，较易合围，现已乞濠树栅，杜贼窜路。著僧格林沁激励将士，设法进攻，务期及早克复县城，尽歼丑类，为移兵南下之举，庶免顾此失彼，以图全局。傥剿办稍迟，致令南贼来援，朕惟僧格林沁是问。至胜保、善禄、魁福，均已督兵驰往前路剿贼，德勒克色楞又患疮疾，此时阜城贼匪急须殄灭，僧格林沁统领全军，责无旁贷，务当督饬各路带兵大员加意严防。若复蹈前辙，致令贼匪乘间窜逸，又滋他患，该大臣岂能当此重罪耶？将此由六百里加紧谕令知之。

钦此。遵旨寄信前来。

——《清政府镇压太平天国档案史料》第12册，第632—633页。

二月二十七日

〇僧格林沁、胜保等奏

奴才僧格林沁、奴才胜保等跪奏，为连接东豫探报各情，兼通筹统计及奴才等剿办情形，恭折奏祈圣鉴事。

本月二十四日承准军机大臣字寄，奉上谕：（二十二日谕文略）。奴才等因前接各处咨报，丰县、永城等处有逆匪、土匪纷扰，恐其北犯救应，焦灼万分。兹准王履谦、长臻咨称，贼匪二千余人由丰县渡河，屯聚□庄地方，均旗分五色、头扎红巾等语。续据河南军需总局郑敦谨等禀称，二月十五日据宁陵县禀探，匪徒窜扰永城、夏邑，经徐广缙亲往剿捕，该匪闻风四散逃匿。又据杞县禀探，回民陈长泗聚众结捻，红巾涂面，或以女人扮作长发，自蒙亳窜扰永城，已由归德府派员带兵赴会亭防剿。该匪至夏邑，复被该处联庄会人等击散。又接善禄途次函开，闻有贼自砀山过河、现住单县村镇之说，驰赴（茌）[茌]平探明迎剿。各等语。

奴才查阅咨禀各情，其为土匪、逆匪虽尚难悬定，但该逆每遇窜扰各处，其行剽急异

常。此次既为救援北贼而来，自无不疾趋前进，似无半途屯聚之理。且上年由皖北窜之时，众至数万，现在南贼北来赴援，自必大股狂奔，何以据报贼仅数千？又奴才胜保转战数省，历见逆匪所用俱系黄旗，偶有杂色旗帜，殊不多见，向无用五色旗之事。揣测情形，或土匪啸聚滋事，或溃勇乘间乌合，民心惶惑，讹传逆匪北来，亦未可定。查善禄统带马步官兵三千余名，已于二十二日起程赴豫东一带，探明贼踪所向，相机迎剿。如系土匪滋事，足敷剿办。即实系皖贼窜至，善禄所带官兵久经战阵，胆气已壮，必能堵截，遏其凶锋。奴才胜保若即于此时分兵南下，少则不敷调拨，多则恐北路兵单。该逆以垂毙之贼，设窥我兵力既分，乘隙扑窜，致余烬又成燎原，所关非细。奴才僧格林沁、奴才胜保审度目下缓急情形，再四商酌，意见相同，应请旨仍令奴才胜保暂缓南行，先将此股逆匪殄除，再以大兵全力南注，军威大振，贼胆早寒，自可迎刃而解。

但军情缓急无常，如果日内再接东豫文报，实系皖贼大股北犯，意图勾结，奴才等自当将此间军事布置周妥，奴才胜保即遵前旨，分督官兵驰往剿办，断不敢稍有拘执，以致顾此失彼。现在阜城之贼困守一隅，势已穷蹙，惟其势愈穷，其情愈悍，自知万无生理，一味坚匿死拒。即如二十四日进攻，兵勇奋力前进，已将鹿角栅燃烧，扑近贼巢，而枪炮密出，伤亡至数十人，相持半日，势难攻入。若徒以爪牙精锐之兵易穷寇待死之命，似非得计。必须设法攻取，方可得手。连日挑筑长濠，业经竣事，奴才等亲往周历，其宽深足资堵御，间有一二处未尽如式者，亦已一律加挑，严饬各官兵昼夜严防，毋令乘隙潜窜。并令投出潮勇萧良芳等于列队时遥向贼垒谕以利害，散其党羽。凡裹胁之众愿投出者颇多，连日以来，陆续自贼中投出楚粤江南数人、十余人不等。奴才等传谕，宽其死罪，令其杀贼自效，无不踊跃，愿效死力。该逆见众心已离，惟以惨杀钳制其众。投出之人，多有逃至半途被贼追回，即加残害，至有屠割肢体者。被胁之众，往往畏死，不敢遽出，然人心已觉涣散，其结成死党之贼为数无多。该逆死匿不出者，倚恃现在人数无多，城关及塔儿头村粮米丰足，暂不乏食。奴才等相度机宜，设法办理，总期使被胁者有可生之路，从逆者无幸免之诛，贼势既孤，攻克较易。

所有奴才等公商熟筹各缘由，谨恭折由六百里驰奏，伏乞圣鉴。谨奏。

［咸丰四年二月二十五日］

——《清政府镇压太平天国档案史料》第12册，第639—641页。

〇僧格林沁、胜保等奏

再，奴才胜保去秋追贼入晋，太汾一带未遭蹂躏之区，绅民稔知军饷不足，情乐输将，是以奏明，由奴才胜保派员前往晋省妥为劝捐。今据该委员等禀称，捐款已有数万，现未缴齐等语。当此军饷万分吃紧之时，合无仰恳天恩，俯念军需紧要，饬令山西抚臣，无论司

库存有何项银两，先行筹拨银十万两，解赴奴才胜保军营，以济要需。将来捐款交齐，即就近拨解司库归款。一转移间，缓急殊有裨益。谨附片具奏。

［咸丰四年二月二十五日］

——《清政府镇压太平天国档案史料》第12册，第641—642页。

○僧格林沁、胜保等奏

再，直隶提督张殿元，经督臣桂良饬令带兵一千二百名在武邑防堵。查武邑在阜城以西五十余里，地势平衍，利于马队。无论现在长围已合，该逆欲窜不能，即使突围西窜，我兵马队层层紧追，剿办亦易得手，武邑地方似无须多设防兵。现当筹兵筹饷，二者兼难，岂可以有用之兵，置诸无用之地？奴才等窃思善禄、魁福已带兵由德州、(茌)［在］平顺运河一带相机迎剿皖贼，恐贼闻官兵大至，或折向西路，乘虚窜入直境。大名府为入直门户，必须重兵驻守。奴才等已行文张殿元，今即带兵改赴大名一带扼要防堵。其原带官兵内有吉林马队三百名，本系桂良截留，但马队利于追剿抄击，非防堵所必需，奴才军营正因马队缺马，不敷调遣，已饬调前项马队三百名来营助剿，另拨随营通永、宣化步队官兵四百名，统归张殿元带赴防所。现在续接探报，窜扰东豫之贼，其为土匪、逆匪尚难悬定。如系土匪零星啸聚，善禄等所带之兵足敷剿办。奴才胜保若遽行移扎德州，不特分我兵力，亦恐军心张皇。奴才等商定，仍于日内设法进攻，期将此股逆匪速行殄灭。倘一二日内再闻警报，东豫果形吃紧，奴才胜保即当遵旨选带官兵驰往督剿。谨附片具奏。

［咸丰四年二月二十五日］

【知道了。】

——《清政府镇压太平天国档案史料》第12册，第642—643页。

○上谕

僧格林沁、胜保等奏查探东豫贼情、请暂缓分兵南下一折。如该大臣等所奏果系确情，则现在善禄带兵南下，自已足敷剿办，胜保暂缓分兵，亦系通筹全局之计。惟此股南来之匪，究系土匪、逆匪仍未可定，且即系土匪，亦难保无句结逆党、先为向导情事。朕所以命胜保进驻德州者，原因阜城之贼日久未灭，虑其与南贼句连，剿办更形费手，是以斟酌再三，为此南北兼筹之策。该大臣等身在行间，既有此奏，自必确有把握，原可不必拘泥前旨，致误事机。如果东豫之贼实系皖贼大股，业经朕先事豫筹，而该大臣等以大意误事，朕亦不能曲宥。至所称先将此股逆匪殄除，再以大兵全力南注，自可迎刃而解，究竟此股逆匪何时可以殄灭？大兵何时可以南下？朕日夜焦灼，迫不能待。该大臣等徒事迁延，不即克日歼除，坐令南北大局为此垂毙之贼所牵掣，岂不更堕逆贼奸计？善禄已驰赴茌平，谅

已探明南贼确情。惟距大营稍远，若事事由该大臣等转奏，不免耽延，著传知该将军，凡一切进剿机宜及逆匪情形，均准其一面驰奏，一面知照该大臣等，以期迅速。至武邑防兵，据该大臣等奏请移赴大名，顷据桂良奏报，则称武邑未可撤防，马队仍须拨回，并另派副将达年赴大名设防。著该大臣等酌度缓急，毋致疏失。将此由六百里加紧谕令知之。

——《清文宗实录》卷一二二，咸丰四年二月丙申。

二月二十八日

〇上谕

谕军机大臣等：

昨据僧格林沁、胜保等奏，令张殿元带兵前赴大名。并据桂良奏，武邑吃重，未可撤防，另派副将达年驰往堵御。朕详加披阅，武邑逼近阜城，防堵固属紧要，但统筹全局，权衡轻重，兼顾南北，自以大名为扼要之地。现在皖贼由砀山偷渡黄河，扰及单县，虽有善禄等驰往迎剿，似可遏其北窜之路，傥该逆沿河西窜，从东明、开州等处乘虚窥伺，则大名系入直门户，亟应添拨重兵驻守，以资堵御。张殿元原带官兵，并僧格林沁等调换之通永、宣化步队各兵，著桂良飞饬该署提督迅往大名扼截。至阜城逆匪，困守一隅，我军四面兜围，当可指日歼除。然亦难保不因被剿情急，突围逃窜。桂良职任封圻，责无可贷，务当统筹大局，督饬文武员弁兵勇勤加侦探，实力防剿，不得稍有疏失。军情变幻靡常，难以臆定，该督仍当与僧格林沁、胜保、善禄等随时知照，酌量缓急，妥为布置，不得稍涉大意，致误事机。将此由六百里加紧谕令知之。

——《清文宗实录》卷一二二，咸丰四年二月丁酉。

〇上谕

军机大臣字寄钦差参赞大臣、科尔沁郡王僧，钦差大臣、正蓝旗汉军都统胜。咸丰四年二月二十八日奉上谕：

昨据桂良奏，武邑未可撤防，另派副将达年赴大名防剿，已谕令僧格林沁等酌度办理。朕思单县一带现已有匪徒窜扰，善禄、张亮基先后带兵南下，善禄由茌平一路探贼迎剿，该匪避实击虚，是其惯技，若由单县西窜，则直隶东明、开州等均与东境毗连，大名一带甚觉空虚。本日已谕令恒春，将前调之泽、潞防兵一千名，毋庸前往河南，径赴大名一带，并谕令桂良，饬署提督张殿元驰往大名，山西官兵即交该署提督管带，扼要严防。其武邑一带，距阜城甚近，仍著该大臣等实力堵御，毋令逆匪乘间窜逸。以目前情形而论，阜城现为贼踞，武邑自未便撤防。若统筹全局，则南来贼众已至单县，是大名一带尤不可不早为布置。

总之，阜城逆匪急当克期剿灭，万不可缓。若再事迁延，致令垂毙之贼牵掣我师，而南来贼匪阑入直境，该大臣等贻误之罪，岂能稍宽耶？将此由六百里加紧谕令知之。

钦此。遵旨寄信前来。

——《清政府镇压太平天国档案史料》第 13 册，第 11—12 页。

○上谕

前因逆贼由黄家口、包家楼窜渡黄河，并有直扑徐州、由荆山桥北窜之意，当经谕令百胜、王梦龄，于口岸紧要处所分布扼守，想已遵照办理矣。昨据僧格林沁、胜保奏称，贼由砀山渡河，见踞单县，善禄已督兵驰赴（茌）[茌]平，探明迎剿。是渡河贼匪已窜至单县。其屯聚包家楼之贼见又窜往何处，是否尚在该处占踞，近日有无贼匪续行偷渡，百胜等作何布置，连日未据奏报，实深悬系。前此袁甲三奏报，该逆自十六日至十八日由包家楼扎筏渡河，见在黄家口、包家楼两处仍有土匪占踞，且据奏，贼匪系分三起陆续北窜，其盘踞河岸之土匪，既将前股贼众导送渡河，安知续来逆匪又不藉为向导？著百胜等即就见在所带兵勇，一面保守郡城，一面竭力堵剿，将此股盘踞贼匪剿灭净尽，不得专以保护郡城为词，任令南来贼匪陆续偷渡，致滋蔓延。至南路军情，仍著随时奏报，毋稍延缓。将此由六百里加紧传谕知之。

——《东华续录》咸丰三十二，第 37 页，咸丰四年二月丁酉。

二月二十九日

○上谕

谕军机大臣等：

张亮基奏称，贼匪渡河后，攻陷丰县，窜近单县，经该营县等督率兵勇两次截击获胜，该匪复于二十一日窜入金乡县城，该抚现由山路径赴济宁，善禄由湖路东昌一带驰赴曹州迎剿，各等语。现在阜城之贼尚未殄灭净尽，剿办正在吃紧，胜保已暂缓分兵前赴德州，僧格林沁等先饬魁福统带马队五百名直赴山东。刻下贼匪已窜至金乡，善禄自应督兵迎探贼踪所向，扼要截击，万不可堕奸匪声东击西之计，致落贼后。张亮基亦当探贼所至，迎头截剿，与善禄两路夹攻，方可得手。若因已派善禄带兵进剿，该抚即纡道迁延，意存观望，贻误之罪，更将谁诿？其附近要隘，若有须分兵扼堵之处，或令魁福带兵前往，著善禄、张亮基酌量布置。总须并力兜剿，万不可令贼匪北窜，与阜城之贼句结，再致蔓延。臬司厉恩官带兵驻劄宿迁，此时贼窜山东，徐州亦尚有贼匪踵至，或饬令该臬司就近赴援徐州，或折回山东防剿，著张亮基酌度情形，相机调度。并著严饬地方文武员弁一体严密防范，毋

得再有疏虞。将此由六百里加紧各谕令知之。

——《清文宗实录》卷一二二,咸丰四年二月戊戌。

二月三十日

〇上谕

军机大臣字寄钦差参赞大臣、科尔沁郡王僧,钦差大臣、正蓝旗汉军都统胜。咸丰四年二月三十日奉上谕:

前据僧格林沁等奏通筹剿办情形,当[经]降旨,准令胜保暂缓进驻德州,原因该大臣等奏称,先将此股逆匪殄除,再以大兵全力南注,该大臣等自必胸有成算,不致徒托空言。但该逆窜扰畿疆,已逾五月,屡陷城邑,久抗王师,该大臣等虽迭次斩擒多匪,每云贼势穷蹙,何以占踞阜城后,复任令坚匿死拒又将两旬?以厚集之兵,乘得胜之势,蕞尔小邑,岂难攻克?即谓必须计取,又岂数日来尚未筹及,坐俟城关及塔儿头等村贼粮食尽后,听其仍前纷窜耶?南路贼踪渡河后攻陷丰县,逼近单县,复于二十一日窜入金乡,逆焰愈张,日趋而北。善禄、张亮基分带兵勇迎击,而贼情诡谲,设由歧途捷径飘忽疾走,与阜城之贼一经勾结,彼时该大臣等再议前截后剿,办理更形掣肘。不趁此时殄兹穷寇,一味迁延玩误,实不解是何意见。朕信任僧格林沁、胜保,所请无不允行,必不能藉口于朝命之遥制。即僧格林沁、胜保二人,平日办事性情各有所偏,早在朕鉴之中,屡加策励,亟望其同心合力,迅奏肤功。若各挟己见,两不相下,以私废公,坐致贻误,绝不念朕心之焦切、民生之疾苦,稍有天良,不应如此。时事至今,万难再宽期限。著僧格林沁、胜保即日将此股贼匪扫除,或可不加罪谴。讷库尼素光刀、神雀刀之赐,非为该大臣等饰宠示威,似此因循日久,糜饷老师,律以军法,夫复何辞?傥以历奉严旨视为具文,不即奋迅图功,是该大臣等无福承受朕恩,朕亦不复再谕矣。懔之!将此由六百里加紧谕令知之。

钦此。遵旨寄信前来。

——《清政府镇压太平天国档案史料》第13册,第42—43页。

三月

三月初一日

〇上谕

军机大臣字寄钦差参赞大臣、科尔沁郡王僧,钦差大臣、正蓝旗汉军都统胜。咸丰四

年三月初一日奉上谕：

前因贼扰单县一带，已虑及直隶开州、东明等处空虚，谕令僧格林沁等速饬张殿元驰往大名边界防剿。本日据张亮基奏，逆匪于二十四日攻陷巨野，二十五日攻陷郓城，该抚拟由间道趋赴东平，设法绕出贼前、迎头截击等语。贼踪飘忽已极，据各路奏报，皆称该逆意在救援阜城之贼。该大臣等前此所奏多系疑词，数日以来又无续报，岂此等紧急情形，竟未能探得一二耶？善禄由东昌一路进兵，究竟已抵何处？张亮基由东平一路进兵，亦未知能否即与贼遇。直隶、山东交界处所路径纷歧，贼踪处处皆可阑入，而我兵来往奔驰，每苦不能相及。我兵稍延一日，贼即深入一步。每一念及，焦灼难名。此时张殿元曾否前往大名？前所调山西泽、潞官兵赶到尚需时日，惟有先尽现带之兵星夜前进，随探随剿，以遏贼锋。张殿元所带之兵不敷剿办，且多未经行阵，仍须于该大臣等营中派拨马步精兵，并派得力将弁统带前往，剿办方能得手。亦不得专(恃)[事]防堵大名，致成株守。

至阜城之贼负嵎死拒，一闻南贼将来，必更急图窜逸。该大臣等既不肯分兵南下，又不能立将此股歼除，徒事迁延，是何意见？朕昨降谕旨甚明，本无可再行申谕，特以东省贼情，该大臣等竟茫无知觉，不得不详晰宣示。傥僧格林沁、胜保仍前大意，不即速筹剿办，致令南贼乘虚北窜，复有勾结蔓延情事，朕必将该大臣等身家性命相抵。别无他谕也。布置情形，著即飞速驰奏。张亮基折片，均著抄给阅看。将此由六百里加紧谕令知之。

钦此。遵旨寄信前来。

——《清政府镇压太平天国档案史料》第13册，第56—57页。

〇上谕

张亮基奏贼匪攻陷巨野，并续陷郓城各折片，览奏愤懑之至。该抚与善禄分路迎剿，逆匪既欲由郓城窜扑范县、寿张、东平，是该抚驰赴东平，正可迎头截击。惟称善禄约可行抵曹州，是该将军转在贼后。逆匪不由郓城西奔濮州，乃折而东北，欲由范县、寿张奔窜，或系探知善禄由湖路南来，为此巧避之计。该将军于中途曾否得信，赶紧由曹州折回东北，绕出贼前，与张亮基两路夹击？该省山路、湖路间道纷歧，若无确实探报，侦知贼踪所向，及至官军赶到，而该逆早已剽掠而去，辗转驰逐，贻误更多。西界直隶大名各属，已屡饬桂良派张殿元带兵防堵，并由山西调兵前来协防。惟该逆意在接应阜城，则范县、寿张一带既须严行截阻，且东昌、临清为商贾云集、士民富饶之区，尤不可为贼所觊觎，致令阑入。至运河东路汶上、东平各县，下则近接济宁，上可东趋省会，该逆如经官兵拦截，或肆意冲突，亦须豫筹堵御。究竟此起贼匪共有几股，是否接连而行，抑系分路抄掠，急须探明情形，方不至误向他途，致兵与贼不得一遇。现在能否将该逆截剿，该抚与该将军如何联络声势，贼匪究向何处，著善禄、张亮基迅筹合力邀击，仍随时驰奏，并知照僧格林沁、胜

保、桂良,一体派兵截击,毋任北窜。将此由六百里加紧各谕令知之。

——《清文宗实录》卷一二三,咸丰四年三月庚子。

〇上谕

前以大名防堵紧要,谕令桂良飞调张殿元原带官兵及僧格林沁等调换之通永、宣化步队各兵,归该署提督统带,驰往扼守,原以贼势剽疾,一经乘虚西窜,该处为由东入直门户,不可不先事筹防。兹据张亮基奏称,逆贼自窜踞金乡以后,分股向西北窜逸,巨野、郓城二县,复于二十四、五两日先后失守,现在善禄行近曹属,张亮基亦可行抵济宁,分东西两路进兵攻击。惟逆党舍命狂奔,飘忽已极,若由范县、濮州一带乘间分窜,或南向东明,西趋开州,路径纷歧,大名一带尤关紧要,著桂良即遵前旨,严饬署提督张殿元督兵前往扼截,并前派赴协防之副将达年,亦著飞饬带兵前进,随时探明贼情,相机迎剿,毋得株守一隅,致误事机。至直隶与山东毗连各要隘,无论南北两路,仍著桂良勤加侦探,饬令各该文武严密堵御,勿令匪踪阑入,并与僧格林沁、胜保互相知照,以期缓急可恃。军情紧急,桂良职任封疆,务当统筹全局,妥速布置,万勿稍有疏失。将此由六百里加紧谕令知之。

——《清文宗实录》卷一二三,咸丰四年三月庚子。

三月初二日

〇僧格林沁、胜保等奏

奴才僧格林沁、奴才胜保等跪奏,为连日进攻贼巢,骤难得手,现用大炮轰击,设法攻取,并审度南北军情贼势,酌量办理,恭折奏祈圣鉴事。

窃奴才等因贼踞城外村庄尚有数处,必须先行夺回,连日挑选奋勇官兵直前攻扑。讵该逆周围密布鹿角树栅,层层增设,至一二箭之遥,高至七八尺或丈余不等,【若果穷蹙,能如是乎?】俱用铁锁及绳索勾连牢固。四面踩寻,并无进栅之路。栅内挖濠,引积潦之水环绕。我兵甫至,贼即开放枪炮。我兵冒死拉砍树栅,及至拉开一层,伤亡已十余人,而未经拉开者尚有七八层。【该逆树栅多至七八层,使该逆初踞阜城即行速剿,何至又成负嵎?】用火焚烧,又因春令新砍树枝俱多湿润,旋烧旋灭。此外铺毡垫板,靡计不施,竟难扑入。【岂无别计可施?】而该逆则于墙孔内从暗击明,枪子、炮子密如雨下,奋勇者无不受伤。奴才等目击情形,殊深焦急。即各兵勇亦无不切齿恨贼,欲得一战。屡次催提大炮,实因泥水太深,未能速运。现已陆续催到,分头安设。奴才僧格林沁由西面攻红叶屯、塔儿头两处。奴才胜保由北面攻东南关及城内贼巢,昼夜轰击,俾贼不能安身,乘间诱令出巢,以便痛加剿洗。【即使出巢,该逆岂肯专待围剿致毙?并令冲突,北犯无虞,必直窜东省,与南

贼勾合,更滋蔓难图也。】

恭读寄谕:究竟此股逆匪何时可以殄灭?朕日夜焦灼,迫不能待。等因。钦此。奴才等奉命专征,不能迅殄逆氛,以致上劳宵旰,惭愧悚惶,莫能自释。伏查该逆自窜踞独流、静海以至今日,叠经官兵痛剿,贼势日穷。此时虽困守一隅,究竟狡滑异常,必须严加防范。现在长濠业经竣事,加以大炮轰击,逼令出巢。一面严饬各营,防其冲扑。夜间传号查墙,奴才等皆不时亲历。仍集思广益,博采群谋。凡攻取之略、灭贼之方,但有可以制其死命者,必当和衷商榷,悉心筹办,俾此贼速就殄灭,上慰宸廑。

至东豫贼踪,叠据山东、河南咨报,已由丰砀窜扰夏邑、金乡、巨野、郓城、单县各地方。但贼众仅数千人,枪炮极少,所陷城池本系素无守御。单县以乡勇二千与贼接仗,连战皆捷,擒斩甚多。虽土匪、逆匪尚难预定,而揣测情形,即使贼匪来援,必非大股。善禄、张亮基现已分投迎剿,足资堵截。奴才胜保若竟于此时分兵前往,倘阜城之贼乘我之隙拚死冲突而出,或因兵力较单不敷攻剿,致该逆再得苟延,诚如圣谕,为此垂毙之贼所牵掣,岂不更坠奸计?奴才等现已飞饬东豫各地方官随时探报,并四路多发探马,侦探贼踪。约计善禄、张亮基日内可以见仗,如能挫其凶锋,自可无虞北犯。倘贼仍猖獗,奴才胜保即当选带官兵驰往督剿。奴才胜保愚戆疏拙,才无可取,惟勇往直前,寸诚自矢,从不知畏难推诿,久在圣明洞见之中。侧闻南贼披猖,恨不星飞前进。但事势缓急轻重,不能不熟计兼筹。奴才僧格林沁深以为功届垂成,不宜复分兵力。奴才胜保俟接有善禄确信,再行南下。

所有奴才等连日筹办攻剿、审度情势各缘由,理合由六百里恭折驰奏,伏乞圣鉴。谨奏。

［咸丰四年二月三十日］

【岂能再宽时日。若不赶紧歼除,汝二人厥罪维均。若即日蒇功,则皆膺爵赏。即或胜保移营后方能竣事,该大臣转战数省,朕岂忍泯其功绩?】

——《清政府镇压太平天国档案史料》第13册,第43—45页。

〇僧格林沁、胜保等奏

再,正在缮折间,接善禄来函,行抵东昌,探报贼陷郓城,于二十七日窜入张秋镇,距东昌不及百里,贼众约四五千人,善禄即日带兵迎击等语。

奴才等伏思善禄遇贼接仗,再得重兵随后接应,固可遏其凶锋。但阜城之贼已如釜底游魂,大兵合力围攻,不久当可殄灭。奴才胜保若移师南向,马步官兵约需万余。统计奴才等所带官兵,除善禄管带赴东暨派防孙家镇各路外,尚三万有余,仅敷围剿。今骤撤兵万余,未免即形单薄。且奴才胜保驻营东北,移兵之后北面空虚。奴才僧格林沁驻营西面,亦关紧要,势难分身。若另派大员,恐不足以资威镇。该逆设因我兵分力薄,乘隙拚死而出,又逆知南贼来援,更张贼胆,或竟由东北、西北回窜,必致畿辅震惊。彼时奴才胜保

若回兵合剿，则南贼猖狂；若力杜南援，则北贼滋蔓。欲求两得，转致两失。事机所在，不可不熟计兼筹。奴才等再四商酌，与其分兵移扎，使垂毙之寇死灰复燃，不若合力剿除，使南贼势孤，凶焰易灭。况善禄来函仅凭探报，军情缓急，总以遇贼接仗为凭。即使东省吃紧，必应分兵驰往，亦须俟善禄接仗后酌度情形，以定行止。奴才等现已派令总兵桂龄带西宁、固原、河州得力官兵一千名，台禄带吉林马队二百五十名，驰往德州驻守，探明贼踪所在，一面禀报，一面进剿，以为善禄后路声援。如果贼势甚张，奴才胜保即督带马队前进，一日可至德州。惟北路兵单，不敷剿办，甚为可虑。

奴才等前奉寄谕：如尚须添兵，即行奏请。等因。钦此。伏查上年因逆匪窜扰静海，切近神京，是以通州、固安一带重兵设防。此时阜城之贼虽未剿除，但逆氛渐远，阜城以北并无贼踪，近京各处防兵似可饬令前进。应请饬下奉命大将军，令固安、涿州防兵一律进驻河间、献县一带。一俟奴才胜保分兵南向，即令移至阜城，由奴才僧格林沁调遣。傥善禄等已将东省之贼剿办得手，奴才胜保毋庸督兵前往，仍当与奴才僧格林沁将阜城之贼合力围攻，期于必克。其进驻河间、献县之各防兵，仍令撤防北上。如此权宜缓急，似可两无疏虞。是否有当，伏乞皇上训示。

再，据署提督张殿元禀称，奉文前赴大名，行至冀州，接准督臣桂良来文，饬令折回武邑守御，现已带兵折回等语。奴才等查现在大名吃紧，已抄录谕旨，飞饬该提督驰赴大名堵截。谨附片具奏。

［咸丰四年二月三十日］

——《清政府镇压太平天国档案史料》第13册，第45—47页。

○上谕

军机大臣字寄钦差参赞大臣、科尔沁郡王僧，钦差大臣、正蓝旗汉军都统胜。咸丰四年三月初二日奉上谕：

僧格林沁、胜保奏，请饬固安、涿州防兵一律进驻河间、献县一带等语。逆匪窜入张秋镇，善禄即日带兵迎击，此时尚未遇贼接仗。如果贼势披猖，胜保自应移兵进剿。阜城迤北兵力尚形单弱，仍应添兵协剿。惟固安等处防兵均系保卫京师，亦难全数调往。本日已谕令载龄派双禧、穆辂各带兵一千名，驰往献县一带。如胜保前赴德州，即将此项官兵调往大营，以资攻剿。据奏南来贼众约四五千人，前此善禄、魁福共带兵三千名，该大臣等现又派总兵桂龄带西宁、固原、河州官兵一千名，台禄带吉林马队二百五十名，兵力似足敷剿办。傥必须胜保前往，亦不过酌带精兵数千，何至撤兵万余？目下情形，总当迅将阜城逆匪全数殄除，则南来之贼闻风胆落，万不可以贼匪坚守为词，再延时日。军情变幻靡常，该大臣等一面督饬将弁，迅克贼巢，一面确探南路情形，相机筹办。务当凛遵迭次谕旨，勿得

观望迁延，自干重罪。将此由六百里加紧谕令知之。

钦此。遵旨寄信前来。

——《清政府镇压太平天国档案史料》第 13 册，第 70—71 页。

〇上谕

军机大臣字寄钦差工部侍郎载。咸丰四年三月初二日奉上谕：

据僧格林沁、胜保奏，请拨防兵进驻献县等语。据称，贼陷郓城，于二十七日窜入张秋镇，现派总兵桂龄带官兵一千名、台禄带吉林马队二百五十名驻扎德州，以为善禄后路声援。如贼势猖獗，胜保即督马队前往迎剿。惟阜城之贼经大兵四面兜围，无隙可乘，势必拚死抗拒。兵力既分，难免顾此失彼，不能不先事豫防，添拨重兵，以资剿办。著载龄即派双禧、穆铬，将原带防兵各一千名，迅速管带驰往河间、献县一带，听候僧格林沁等调遣，毋稍迟误。现在阜城之贼尚未殄灭，徐州渡黄逆匪已扰及山东境内，直隶大名等处防堵均关紧要，双禧、穆铬现令带兵前赴河间，近畿一带尤当加意严防，是否应须分拨布置之处，即著载龄酌量情形，妥速筹办，并饬各路带兵大员严密防范，勤加侦探，毋得稍有疏虞。将此由六百里谕令知之。

钦此。遵旨寄信前来。

——《清政府镇压太平天国档案史料》第 13 册，第 70 页。

〇僧格林沁、胜保等奏

再，据连日投出难民等供称，二十五日我兵进攻东门外贼巢，伪丞相吉文元额角中有炮伤，腰胁中箭数枝，登时毙命，逆众当将尸身抬回，埋在县署后院，并有欲将伪指挥黄姓推为丞相等语。

查二十五日奴才僧格林沁在阜城西门外督队，奴才胜保在东门督攻贼巢，连用大炮轰击，逆匪情急出拒，即令我兵开放枪炮，并传令吉林马队由东北抄杀。见贼队中有大黄方旗一面，骑马贼目头戴黄风帽，我兵即开炮向击，吉林、黑龙江马队枪箭齐施，射中该逆腰胁等处。旋见该贼目身带三箭，跌马倒地，群逆抢回，我兵乘势追杀数十人。逆众奔回垒中，枪炮死拒。我兵阵亡一人，未能攻入。

伏查二十五日在东门外打仗射死贼目系吉林甲兵金陞、黑龙江甲兵伊勒喜二名，应恳皇上天恩，赏给六品翎顶，以示鼓励。谨附片具奏。

［咸丰四年二月三十日］

咸丰四年三月初二日奉朱批：另有旨。钦此。

——《清政府镇压太平天国档案史料》第 13 册，第 45 页。

〇上谕

咸丰四年三月初二日内阁奉上谕：

僧格林沁、胜保等奏，官兵进攻贼巢、歼毙逆首等语。所有射毙逆首吉文元之吉林甲兵金陞、黑龙江甲兵伊勒喜，均著赏给六品翎顶，以示鼓励。

钦此。

——《清政府镇压太平天国档案史料》第13册，第69页。

三月初三日

〇上谕

军机大臣字寄钦差参赞大臣、科尔沁郡王僧，钦差大臣、正蓝旗汉军都统胜。咸丰四年三月初三日奉上谕：

善禄奏探明贼踪、迎头堵剿一折。该将军驰抵东昌，探闻贼匪数千，窜入阳谷县城，声言仍扑东昌。善禄现在南关外扎营，已咨胜保添兵截剿。昨据僧格林沁等奏，派桂龄、台禄带兵一千二百五十名驻扎德州，原为该将军后路声援。此时张亮基之勇改赴东平，不日即可会剿。惟此股逆匪势甚剽疾，意在接应阜城之贼，必须乘贼踪未定，一鼓歼除，勿令勾结为患。著僧格林沁、胜保即酌量添派精兵，驰赴善禄军营，无稍迟误。其直隶大名一带，仍严饬张殿元实力巡防，妥为布置。该大臣等务当统筹全局，权衡轻重，断不准任令匪踪阑入直境，更滋蔓延。将此由六百里加紧谕令知之。

钦此。遵旨寄信前来。

——《清政府镇压太平天国档案史料》第13册，第83页。

三月初四日

〇载龄奏

工部右侍郎奴才载龄跪奏，为奏闻事。

奴才于初三日准军机字寄，咸丰四年三月初二日奉上谕：据僧格林沁、胜保奏，请拨防兵进驻献县等语。云云。钦此。奴才遵即由六百(百)[里]加紧行文知照双禧、穆铬，各将原带官兵即刻带领起程，前赴河间献县，听候僧格林沁等调遣。伏查近畿一带，惟涿(县)[州]系保定、新城至京通衢要路，多尔济那木凯一人恐不足以资防堵，奴才拟令乌尔棍泰将所带官兵全数移赴涿州，帮同多尔济那木凯防堵；令珠勒亨分带官兵五百名移赴良乡驻

扎，以为涿州后路声援；特兴额带兵五百名，仍驻扎芦沟桥。声势似属联络。至东安地方，查现在情形尚不甚吃重，相应请旨饬下天津镇总兵特克慎、长芦盐政文谦以及该地方文武官员择要设防，即可为东路屏障矣。

所有奴才遵办调遣各缘由，理合由五百里驰奏，伏乞圣鉴。谨奏。

［咸丰四年三月初三日］

咸丰四年三月初四日奉朱批：知道了。东路防堵，即由汝处行知文谦等遵办。钦此。

——《清政府镇压太平天国档案史料》第13册，第85页。

三月初五日

○胜保奏

奴才胜保跪奏，为据报南贼急图北犯，情形吃紧，恐前路兵力尚单，奴才移师前进，相机迎剿，以遏凶锋，恭折奏祈圣鉴事。

窃奴才前数日屡接探报，知贼扰东省，连陷金乡、郓城、巨野等县，本应分兵亲督往剿，实缘阜城之贼穷蹙已极，四面围剿，不久即可殄除，若兵力忽分，深恐功亏一篑。不特僧格林沁以奴才为万不可去，即通营各带兵大员亦谓南路但系探闻，并未接仗，且土匪、逆匪尚难悬定，所报贼数亦止数千，善禄足能抵御，不(知)［如］暂缓移师。业经会同僧格林沁具奏在案。

拜折后，连接善禄、魁福来文及各州县禀报，贼已由张秋镇西窜阳谷。初二日又接善禄来函，贼陷阳谷，已窜过莘县，仍图北来援救，现在带兵遏截，请派兵接应等语。至各处所报贼数，或云万余，或云数万，贼情诡谲，其是否应援阜城之贼，抑或绕道由他路北犯，均未可定。奴才伏思贼众纵不甚多，而沿途勾结土匪，裹胁难民，即可多至数倍。善禄等马步各队仅三千余名，实觉众寡不敌，即使力能堵截，贼或折而旁窜，仍可阑入直境，与阜城之贼声息相通，剿办更形棘手。如仅派兵为善禄后路声援，恐缓急仍不足恃。即另派大员督带前进，奴才仍恐未能周妥。再四思维，不得不于万难分身之中，为南北兼顾之策。即于初三日选带马步官兵起程，至刘智庙确探贼踪。如贼由莘县直扑临清，奴才由故城、武城前进，迎头截杀。如西窜大名，奴才由邱县、清河一带横截。总期折其凶锋，遏其北窜。

大名府为畿辅门户，贼如由莘县西窜，相距甚近。张殿元带兵由武邑改赴大名，行至中途，因桂良咨令仍回武邑，嗣又咨令再赴大名，往返耽延数日，约计此时将可赶到。大名存城兵勇，据大名道联捷禀报，尚有二千余名。张殿元之兵如果到齐，计已五千余名。但恐缓不济急，奴才复拨河南练勇数百名前往协防。该勇等平日打仗尚称奋勇，且半系籍隶大名，皆有保卫身家之念，较他兵勇更可得力。

至奴才带往官兵，除善禄所带三千名及桂龄所带一千二百五十名早经前进外，奴才复

酌带马步官兵六千余名。其余各营马步队尚有一万数千名，统留归僧格林沁，以资攻剿。奴才起程后咨请僧格林沁严防北面，督饬各路官兵，将阜城之贼设法围剿。惟大兵甫经合围，又复抽撤，如贼窥我兵力已分，拚死冲出，但须严防东北，其西南一路贼即窜出，不难追剿。奴才在南路闻信，必当竭力夹击，似尚可以殄除。如其不窜，俟新调固安等处官兵一到，仍可严密合围。阜城垂毙之贼，数不盈万，奴才虽分兵前去，而所留之兵，其数尚倍于贼。惟东省逆氛正炽，如果众至数万，亡命赴援，自皖豫直达东境，曾未一挫其锋，自必倍形凶悍。奴才与善禄先后带兵万人，剿而兼堵，既须遏南贼之北来，并宜截北贼之南窜，不特众寡悬殊，抑且腹背受敌。明知履危蹈险，而时势所迫，何敢畏难？受恩至深，奚所顾虑？惟有殚竭血诚，誓灭此贼。傥赖圣主洪福，奴才督兵前进，即能大挫凶锋，使南贼不至勾结，再肆鸱张；或阜城之贼及早芟夷，大兵一律南下，则南贼势孤胆落，剿办亦易得手。俟探确贼踪，将迎剿情形再行驰报。

所有奴才接据东省警报，即日分兵南向并北路布置各缘由，谨恭折由六百里加紧驰奏，伏乞皇上圣鉴。谨奏。

［咸丰四年三月初三日］

【汝在军营得信较速，权其缓急，自应移营前进，总以遏其北窜为要。】

——《清政府镇压太平天国档案史料》第13册，第88—90页。

〇胜保奏

再，前奉寄谕，令奴才进驻德州。彼时实因探报未确，疑系土匪，而阜城功届垂成，未便遽行分兵前往。僧格林沁与各带兵大员俱以为奴才不可轻去，是以奴才暂缓南行。至初二日叠接咨禀，南路情形吃重，奴才必须亲往，遂与僧格林沁及各带兵大员剀切指陈，各带兵大员皆以为然。惟僧格林沁仍令奴才暂留，屡与婉商，终未许可。伏思军情缓急，间不容发，若议论不决，日复一日，必致有误事机。奴才统筹全局，不敢因僧格林沁列衔在前，稍有曲从。因于初二日一面与僧格林沁会商，一面连夜选派马步官兵六千余名，克日起程。并非各存意见，实缘缓急权宜，不可少涉大意。至善禄所带之兵三千余名，既未能迎贼截击，已不得用。奴才起程时，僧格林沁复恐阜城兵少，除已商留马步官兵一万数千名外，又将奴才所带明庆、乌凌额马队八百余名一并留营。如果贼众数万，善禄业经落后，仅仗奴才迎剿，马队未免单薄。俟新调固安等处之兵到阜城后，奴才尚拟添调马队千名，以资攻剿。谨附片具奏。

［咸丰四年三月初三日］

咸丰四年三月初五日奉朱批：览奏。知道了。钦此。

——《清政府镇压太平天国档案史料》第13册，第90—91页。

〇上谕

军机大臣字寄钦差参赞大臣、科尔沁郡王僧，钦差大臣、正蓝旗汉军都统胜。咸丰四年三月初五日奉上谕：

前曾叠降谕旨，以直隶大名一带空虚，饬令僧格林沁、胜保统筹布置，并令桂良严饬张殿元督兵前往扼截，兼令副将达年带兵迎剿。屡次寄谕，并谓不得专事防堵大名，致成株守。原以张殿元未经与贼接仗，恐不能深悉贼情，所带各兵尤恐不能得力，既经谕令桂良严密防堵，仍责成该大臣等酌拨马步精兵前往剿办。且以阜城现为贼踞，武邑亦不宜撤防。该大臣等自应遵照谕旨，通筹大局，断不准东境贼踪阑入直隶，致与阜城贼匪会合。乃本日据胜保驰奏，贼由阳谷窜过莘县，攻陷冠县，竟于初一日窜至清河县属之小滩地方屯聚，并有由馆陶清水庄窜至距临清二十五里之李官庄各禀报，览奏曷胜愤懑。善禄前奏已抵东昌南关，而贼由西路绕出其后，张亮基在东平，尚隔运河，均恐为该逆避实击虚奸计所误。胜保带兵星速前进，所见尚是。崇恩防守临清，未悉兵力如何，著胜保于驰抵故城后，迅即迎至清河，尽力截剿，万不可令北与阜城之匪联络。仍飞饬善禄赶紧设法绕赴馆陶、冠县西北各路，面面兜围，俾不得阑入大名界内与威县等处。并随时与僧格林沁知会，如须添调马队，即由该大臣咨商妥办。总期兼筹统计，不可顾此失彼。

此股贼匪自皖豫北来，众至数万，亡命赴援，其凶悍殊堪发指。若不迅将阜城贼匪扫除，万一突围而出，与南贼合并，势更不可收拾。僧格林沁督兵一万数千名，足资围剿，著即迅图攻克，不得再事迁延，坐俟南贼之至。其武邑、衡水、枣强各处，尚有胜保大军在南，如阜城附近各村贼匪南窜，尚可回兵夹击。其阜城东北各路如何设防，该大臣有无把握，双禧、穆铬所带官兵二千名曾否赶到，派拨何处防守，均著迅速驰奏。并著该大臣等随事随时得有探报，飞咨桂良、载龄一体严防。

将此由六百里加紧各谕令知之。

钦此。遵旨寄信前来。

——《清政府镇压太平天国档案史料》第 13 册，第 114—115 页。

三月初六日

〇僧格林沁等奏

奴才僧格林沁等跪奏，为连日攻剿逆匪，诱其离巢，我兵奋勇直前，毙贼多名，并分兵勇前往东省迎剿各缘由，恭折奏闻，仰祈圣鉴事。

窃奴才等连日督饬官兵极力进攻，该逆死守不出，更兼栅垒坚厚，我兵不能倾覆其巢。

奴才等焦灼万分，多方筹画，于初二日，奴才僧格林沁预派马步各队官兵，于夜半暗伏贼巢左近，使前次投出之宁宗扬等七名分向塔儿头、红叶屯贼巢声喊引诱，并用火燃烧鹿角树栅。仍因枝叉潮润，燃烧甚难。该逆由红叶屯扑出三四百名，由东南关扑出二百余名，我兵俟其离巢较远，奋勇压下。该逆力不能支，狂奔败退。我兵枪箭齐发，殄毙红叶屯贼匪二百余名。其东关扑出贼匪，经侍郎庆祺督带兵勇殄毙多兵，余匪退入贼巢。我兵勇伤亡三十余名。

奴才等正在设法筹办，初三日奴才胜保屡接善禄文函并东省各路探报，逆贼连陷金乡、阳谷等县，逆焰甚炽，非该大臣亲督兵勇，恐不足遏其凶锋，即日酌带马步官兵起程前进。奴才等公同酌定，除善禄、魁福、桂龄、台禄业经统带马步官兵七千余名，连善禄等所带官兵，合计官兵一万一千余名，兼之山东本省官兵练勇，足资堵剿。至奴才僧格林沁原统京旗及蒙古官兵七千余名，该大臣酌留马步官兵一万四千余名，侍郎庆祺统带官兵二千余名，共合二万三千余名。该大臣移营后，奴才僧格林沁正虑阜城东北空虚，虽商令奴才德勒克色楞移营东北，仍恐兵单难恃，适前任江宁将军托明阿到营，奴才僧格林沁当将现扎之直隶官兵一千余名令托明阿统带，亦在东北长濠之外驻扎，与奴才德勒克色楞互相连络。现惟兵分势单，攻剿恐难应手。奴才僧格林沁惟有激励将士，尽力图维，总期迅扫妖氛，早纾宸廑。

所有奴才等连日筹办情形并奴才胜保分兵赴东迎剿日期，理合恭折驰奏，伏乞皇上圣鉴。谨奏。

［咸丰四年三月初四日］

——《清政府镇压太平天国档案史料》第 13 册，第 101—102 页。

〇僧格林沁等奏

再，正在缮折间，初四日酉刻接准胜保函称，贼匪于初一日窜踞直隶清河县属之小滩地方，初二日窜至馆陶县属之李家庄地方，该大臣拟即取道故城，督兵前进等语。奴才僧格林沁闻信之下，五内如焚。伏思阜城之贼未能及时殄灭，南匪复窜近直境，傥胜保不能遏贼北犯，是北面竟无拦头之兵。奴才僧格林沁再四思维，惟有抽拨官兵，以备迎击。现在连夜在于三盟蒙古、察哈尔、吉林、黑龙江及京旗各营官兵内选择精锐兵丁二三千名，复在各营挑选膘壮马匹，并多派侦探，傥该逆纡绕北犯，奴才僧格林沁即督带此项马队官兵，或跟踪殄剿，或从中截击。奴才有此精锐马队二三千名，无论贼数若干，断不令其长驱北犯。

再，奴才于初三日接奉寄谕：已谕令载龄派双禧、穆辂各带兵一千名驰往献县，如胜保前赴德州，即将此项官兵调往大营，等因。钦此。查阜城故应添兵，惟逆匪窜近直境，北防最关至重。奴才僧格林沁业经饬知双禧等即督兵折回涿州。至北面之防，重兵未便俱在固安、涿州等处，其易州地方尤关紧要，应如何拨兵防守之处，应请敕下奉命大将军妥速筹

办。谨附片具奏。

［咸丰四年三月初四日］

——《清政府镇压太平天国档案史料》第13册，第102—103页。

〇僧格林沁等奏

再，奴才僧格林沁所统各营官兵，系顺天粮台支应盐粮。其钦差大臣胜保所统各营官兵，系直隶粮员经理。兹该大臣统带兵勇七千余名起程前进，所有该大臣酌留阜城大营官兵一万四千余名，应仍令直隶粮台支应，以清眉目而杜轇轕。查承办直隶粮台系天津道张起鹓，所有各营官兵多有月余未领口分，且饷银亦未解到，现在即责成该员设法办理。

除将饬令该道暂留阜城军营缘由，飞咨奴才胜保查照外，理合附片奏闻。谨奏。

［咸丰四年三月初四日］

【知道了。】

——《清政府镇压太平天国档案史料》第13册，第103—104页。

〇托明阿奏

前任江宁将军、帮办军务奴才托明阿跪奏，为驰抵军营，查看大概情形，恭折具奏，仰祈圣鉴事。

窃奴才仰荷天恩，饬令前赴僧格林沁、胜保军营帮办军务。于请训陛辞后，即于二月二十五日率奴才之子敬文等由京起程，自良乡、涿州一路前进，查看沿途府县地方均属平静，民仍照常耕作。奴才于三月初二日驰抵阜城县大营，面见钦命参赞大臣僧格林沁、钦差大臣胜保等，详叙攻剿情形。并查看得困贼濠栅深固，营盘严密，逆匪势形穷蹙。钦差大臣胜保即于次日带领兵勇前赴山东德州一带迎击贼匪去讫，现经公同商酌，拨给奴才直隶各营官兵一千名，于城东北扎住攻剿。奴才惟有勉尽驽骀，殚竭血诚，协同钦命参赞大臣僧格林沁等齐心努力，和衷共济，总期迅灭丑类，上慰宸廑。

所有奴才到营日期并查看大概情形，理合恭折具奏，伏乞皇上圣鉴。谨奏。

［咸丰四年三月初四日］

咸丰四年三月初六日奉朱批：知道了。钦此。

——《清政府镇压太平天国档案史料》第13册，第104页。

〇上谕

军机大臣字寄钦差参赞大臣、科尔沁郡王僧，钦差大臣、正蓝旗汉军都统胜。咸丰四年三月初六日奉上谕：

僧格林沁等奏连日攻剿逆匪一折。此次诱贼离巢，殄毙贼匪二百余名，仍不过小有斩获，未能迅克贼巢，览奏殊深焦急。胜保移营后，阜城东北令德勒克色楞、托明阿带兵驻扎，自应如此布置。胜保及善禄等所带官兵，统计一万一千余名，谅已足敷剿办。设该逆绕道北犯，德勒克色楞、西凌阿、托明阿皆系帮办大员，尽可酌派一员，督带马队前往，奋力截击，若僧格林沁自行带兵前往，竟将阜城围困之贼交德勒克色楞等剿办，该帮办等无所统属，事权不能归一，傥该逆乘虚窜出，与南来之贼互相勾结，或仍由东北回窜交河等处，岂非该大臣贻误之罪？

此时逆匪窜扰清河，胜保由故城进剿，必应力遏贼冲，尤当设法兜截，勿令逆匪绕越，致我兵又成尾追之势。本日据张亮基奏，探闻真贼不过千名，余皆沿途裹胁。此等乌合之众，自入山东境内，并未大受惩创，若我兵奋力攻击，尚不难一鼓歼捦。兵贵神速，万不可少涉观望，致误事机。

双禧、穆铬所带官兵二千名，前谕令调赴河间，兹据僧格林沁奏称，北防紧要，复令折回涿州。朕思远防不如近剿，该逆知我兵由故城进攻，或折而西窜，则枣强、南宫、冀州等处在在堪虞。著僧格林沁即将双禧等所带官兵酌拨于保定迤南扼要地方，以剿为防，毋庸折回涿州。其北路一带，已谕载龄妥为布置矣。

阜城逆匪不过数千，僧格林沁尚有兵二万三千余名，胜保亦带兵万余，兵力不为不厚，若以兵分力单为词，再事迁延，不思迅扫贼氛，是该大臣等一误再误，厥罪(惟)[维]均，朕惟执法从事，不能幸邀宽典也。

将此由六百里加紧各谕令知之。

钦此。遵旨寄信前来。

——《清政府镇压太平天国档案史料》第13册，第127—128页。

三月初七日

〇上谕

前因安徽贼匪由丰工偷渡黄河，窜扰山东金乡等处，经僧格林沁、胜保派令善禄等督兵迎剿。本日据崇恩奏，逆匪直扑临清州，该藩司派济南城守营参将吉兴等分路迎击，复派署临清营副将庆顺等出城接应，轰毙贼匪数百名，夺获旗帜、器械、火药、云梯多件，生捦贼匪三十余名。该逆复在南关占踞。又据善禄奏，驰抵临清，探知贼在黎官庄等处屯聚，该将军派令魁福带马队在临清迤南堵剿，善禄等带兵进攻，贼匪分股抗拒，我兵奋勇攻扑，枪炮齐施，毙贼不计其数。贼众蚁聚河岸，我兵大队继至，复斩捦多名，割取首级三十余颗，生捦贼四十余名，夺获黄旗、抬枪、刀矛无算，毙贼七八百名。

此次逆匪窜扰临清，崇恩督率将士等奋力击退，所有出力官兵绅勇，著崇恩酌量保奏，毋许冒滥。善禄等督兵进剿，叠获胜仗，惟逆匪分股偷渡运河，该将军等未能竭力堵御，实属罪有应得，善禄、魁福均著革职留任。胜保现已带兵迎剿，即著该大臣督率各路官兵迅殄贼氛，毋稍延缓。

——《清代起居注册(咸丰朝)》第18册，第10568—10571页。

三月初九日

○僧格林沁等奏

奴才僧格林沁等跪奏，为连日进剿获胜，该逆受创负嵎死守，现惟激励将士，极力图功，恭折奏闻，仰祈圣鉴事。

窃查该逆经奴才等屡次痛加剿洗，虽未十分穷蹙，而其心胆已寒，所恃者栅垒之坚，并暗由墙孔施放枪炮。官兵虽舍命攻扑，实难逼近，惟有用大炮前后轰击，使该逆不得潜藏。初四日自卯至午，大炮向红叶屯连环施放，遥见该逆陆续蛇行而出，匿于村东树林，以避炮火。奴才僧格林沁当即饬令都统西凌阿、将军瑞昌等督带马步官兵，由村南绕出村东。该逆猝不及防，踉跄溃退。我兵人人奋勇，尽力追杀，刀劈矛刺，毙贼一百余名，余匪败入贼巢。奴才等因连日进攻虽殄毙逆匪多名，究未能攻破其巢，曷胜焦急。初五日传饬各营，在于官兵练勇之内选择奋勇者九百余名，定于初六日寅刻极力进攻红叶屯。副都统达洪阿，侍郎瑞麟、伊勒东阿，副都统郭什讷，各带兵勇四面进攻。都统西凌阿，侍郎培成，侍卫绷阔、达崇阿，督带马队各路接应。举火为号，四面齐进。该逆依然死拒壁垒，枪炮如雨。我兵正在奋攻之际，该逆由塔儿头、阜城县城分股来援，达洪阿、郭什讷督带步队分往迎击。正与该逆相持，西凌阿饬令绷阔督带马队由西压下，培成、明庆督带马队由南横截，前后夹击，毙贼三百余名，夺获军械、旗帜、马匹甚多。我兵阵亡三名，受伤六十余名。该逆被创，纷纷败回贼垒，坚拒不敢复出。此连日进仗虽屡次获胜仍未能攻破其巢之情形也。

奴才等因探闻东省警报已在临清地方，两股相距匪遥，虽有胜保、善禄等之兵在前扼截，傥堵截稍疏，或勾结合伙，分路北窜，均堪焦虑。现惟有极力筹计，设法迅将此股荡平，方期妥善，断不敢稍事迁延，致误机宜。

谨将连日进仗情形恭折奏闻，伏乞圣鉴。谨奏。

［咸丰四年三月初七日］

【览奏。不过仍是小胜，何日方能蒇事？殊深焦急。屡降严谕，实无可再加。若有心迁延，朕即将正月半以后严旨汇齐阅看，次第治汝应得之罪。】

——《清政府镇压太平天国档案史料》第13册，第138—140页。

〇僧格林沁等奏

再，正在缮折间，三月初七日接奉寄谕：设该逆绕道北犯，德勒克色楞、西凌阿、托明阿皆系帮办大员（谕文略）。查阜城逆匪虽未能及时殄灭，现已周围挑挖长濠，各营官兵环绕兜围，尚足堵御。设使该逆溃围而出，马队官兵照前紧紧追击，亦可望克期蒇事。奴才前闻南匪众至数万，势［甚］猖獗，深恐胜保、善禄不能遏其北犯。设或该逆西窜，则易州紫荆关一带为至重至要之地。奴才焦急如焚，莫能言喻。原拟设探得至紧警报，即先其所急，直前横截，以昭慎重。现在胜保、张亮基等计期均可赶赴临清，是可无虞。奴才自当凛遵严谕，在阜城大营迅速图功，不敢稍事迁延，自罹重咎。其双禧等所带官兵，可否饬令前赴易州紫荆关择要屯扎，既可扼守山路，且与保定相去匪遥，声气亦可相通。奴才为慎重西北地方起见，是否有当，伏乞圣裁。谨附片具奏。

［咸丰四年三月初七日］

——《清政府镇压太平天国档案史料》第13册，第140页。

〇僧格林沁等奏

再，各路粮台支应，粮饷必须按期支放，以济兵食。如若饷乏愆期，兵丁枵腹待饷，于攻剿断难得手。现在顺天粮台支发各营粮饷虽属支绌，尚无欠缺，而直隶应放粮饷竟有五十余日未领粮饷之兵，尤须及时筹拨，以资支放。且妖焰尚炽，告蒇确期尚难预卜，尤须宽为储积，以应急需。奴才僧格林沁深知库藏空虚，绸缪不易。惟值此剿堵吃紧之际，殊恐饷项（溃）［匮］乏，为害不可设想。万不得已，附片奏闻，请旨饬下办理巡防王大臣，于万难之中迅速极力筹办，宽为储积，以备拨解。谨奏。

［咸丰四年三月初七日］

【巡防王大臣速议具奏。】

——《清政府镇压太平天国档案史料》第13册，第140—141页。

〇胜保奏

臣催督官兵于初六日至清河县属之油坊镇地方，距临清三十余里，探闻贼众约有二三万人，粤匪数不盈万，另有溃勇四五千人投入逆党，系李三闹为首，余皆安徽捻匪，被粤匪邀结而来。此股贼匪自丰工渡河，分三股北窜，至张秋合为一股，疾趋千余里，屡陷城池，众至数万，声言救援阜城贼匪。统计臣及善禄所带马步官兵仅及万人，现因善禄、桂龄等所带马步队俱扎东岸，恐西岸空虚，已先行派拨马队三百名赶赴临清西岸，防贼西窜。查临清州为南北冲要，亟宜乘其全股蚁聚之时，重兵合剿，以期聚歼。臣即刻齐队驰赴临清，

或渡河会合剿办，或即在河西攻夺浮桥，遏贼向西窜路，临时再行相度地势办理。现在西岸道路纷歧，在在紧要，此股贼匪一经大兵攻剿，势必穷而思窜，臣所带马队仅二千余名，不敷追剿，应请饬下僧格林沁，于多尔济那木凯马队到阜城时，或派德勒克色楞带马队千名，或派明庆、乌凌额带马队千名，飞速前来，以资剿办。

——《钦定剿平粤匪方略》卷八四，第26—27页。

〇上谕

军机大臣字寄钦差参赞大臣、科尔沁郡王僧。咸丰四年三月初九日奉上谕：

据僧格林沁奏请驻兵易州，并胜保奏称驰赴临清迎剿各折片。现在南来逆匪大股盘踞临清州城外，众已数万，复又扎垒筑城，意图抗拒。该州为南北水陆要冲，虽经善禄、崇恩竭力守御，深恐兵力单薄，不敷剿办。已谕令胜保星速统兵前进，合力兜剿，以期及早歼除，免致南北勾结。惟胜保所带马队仅止二千余名，且运河两岸道路纷歧，一经被剿穷窜，四路突出，在在堪虞。德勒克色楞本系帮办胜保军务，著僧格林沁迅由阜城大营内挑拨马队一千名，即日交该贝子统领，前往胜保军营，以资剿办，毋少迟延。

至所请移兵易州紫荆关之处，原为择要驻守起见。但以现在军情而论，阜城余寇未能歼灭，而东境逆势方张，自应扼守来路，可期以防为剿。所有双禧、穆铬原带官兵二千名，著仍遵前旨，于保定迤南一带扼要布置，既可固省垣根本，兼可为胜保后路声援。但能于前路堵截，则西北易州一路自可无虞。该大臣剿办此股逆贼，究竟何日可以蒇事？应如何设法智取，为扫穴捡渠之计，著即赶紧筹策，毋再迁延玩误。仍著随时与胜保、载龄、桂良互相知照，并勤加侦探，联络声势为要。

将此由六百里加紧谕令知之。

钦此。遵旨寄信前来。

——《清政府镇压太平天国档案史料》第13册，第158—159页。

〇上谕

谕军机大臣等：

昨据善禄奏临清州城危在呼吸，本日据胜保奏由油房镇督兵前进一折。该匪攻扰临清城，扎立木垒，三面围扑，虽经善禄、崇恩等先后击退，惟兵力甚单，贼势猖獗，该州南门月城已被地雷轰陷，暂用木栅拦护，情形甚属危急。据胜保奏称，桂龄于初六日赶到，与善禄会攻贼巢，歼毙多名，该逆仍坚匿不出，州城尚未解围，殊深焦灼。计该大臣刻下亦必驰抵临清，即著与善禄等设法分路剿办，并与张亮基、崇恩妥筹，内外夹击，务将此股逆匪赶早歼捡，万勿令其窥伺西岸空虚，或致奔突大名等处，更滋蔓延。仍随时与僧格林沁、载

龄、桂良互相知照,联络声势,断不准耽延时日,致干重罪。将此由六百里加紧谕令知之。

——《东华续录》咸丰三十三,第19—20页,咸丰四年三月戊申。

三月十一日

○胜保奏

再,奴才接据僧格林沁咨开,奴才所统各营官兵系直隶粮台经理,今奴才统带兵勇七千余名,起程南来,所有酌留阜城官兵一万四千余名,应仍令直隶粮台支应,现已饬令张起鹓暂留阜城军营,并附片奏明请旨。各等因。

伏查奴才营中兵勇因军饷不充,往往未能按月支发,每遇追贼,全在粮台紧随,设法支应。前次因该道张起鹓未能随至,所留委员等又不得力,以致军行乏食。今奴才甫入东境,接办粮台并未有人。若如僧格林沁所奏,则奴才军营反无办理粮台之员,设有贻误,关系匪轻。相应奏恳谕旨,仍饬张起鹓迅赴奴才军营,其奴才所留阜城官兵口粮暂归顺天粮台支发,以归划一。理合附片具奏,伏祈训示。

[咸丰四年三月初八日]

——《清政府镇压太平天国档案史料》第13册,第155页。

○胜保奏

再,奴才于缮折间,接据德勒克色楞初六日密函,僧格林沁拟即亲带官兵,南下堵御。其阜城之贼,奏留德勒克色楞及庆祺、瑞麟在彼防其北窜等语。

奴才接阅之下,不胜焦急。伏思奴才分兵南向之时,已虑阜城之贼伺隙而窜,是以奏请添兵,且恃有僧格林沁及达洪阿在彼,可以相机剿办。今若带兵前来,阜城甚觉空虚,贼必再图窜扰。不特垂成之功败于一旦,且恐余烬复燃,到处裹胁滋蔓,将不可言。论逆势强弱,则南贼倍觉披猖;论捍卫畿疆,则北路更关紧要。僧格林沁带兵南下,奴才以为万不可行。应请旨速饬僧格林沁,无论现已起程与否,必须仍驻阜城,力图围剿。如果克期殄灭,则南贼胆落势孤,大兵一律南来,自可势如破竹。即或稍延时日,奴才必当竭力遏截,使南贼不能北窜。僧格林沁无南行之举,奴才亦可无北顾之忧。是否有当,谨附片具奏。

[咸丰四年三月初八日]

咸丰四年三月十一日奉朱批:所见甚是。即有旨。钦此。

——《清政府镇压太平天国档案史料》第13册,第155—156页。

〇上谕

军机大臣字寄钦差大臣、正蓝旗汉军都统胜。咸丰四年三月十一日奉上谕：

胜保奏驰抵临清、剿贼获胜，请多调官兵以资剿办一折。逆匪窜扰临清，现在城外东、西、南三面关厢俱为贼踞，据称非有兵四五万不能合围。胜保及善禄、魁福、桂龄等先后带兵一万数千名，复谕令僧格林沁挑拨马队一千名，交德勒克色楞带往胜保军营。此股逆匪众至三四万，其中多系裹胁之人，助逆鸱张。该大臣请多调官兵围剿，无论京营各兵屡经征调，势难再行抽拨，即现在阜城之兵，剿办正当吃紧，若调拨太多，亦恐久困之匪乘间窜出，与南贼勾结，剿办更难得手。前谕陕西提督桂明带兵径赴直隶，该提督统兵二千余名，并谕恒春迅拨泽、潞防兵一千名赴大名一带，迭经降旨严催。著该大臣迅速迎提，勿任延宕。张殿元是否已抵大名？并著胜保飞催前进。所有桂明、张殿元之兵，均归该大臣酌量调遣。至僧格林沁欲亲带官兵迎剿，本无如此办法。前已有旨谕令该大臣仍驻阜城。此时阜城之贼专责僧格林沁迅图殄灭，一俟埽穴捡渠，即可与胜保合军，并力剿办南来之贼。若临清逆匪乘间窜越直境，朕惟胜保是问。该大臣久历戎行，自必洞悉贼情。此股逆匪虽恃众猖獗，断不可先存畏难之见。务当督饬善禄、张亮基等迅速进攻，勿令负嵎久踞及分股北窜，致干重罪。善禄、张亮基先后由景州、阜城督兵迎剿，何以于贼未到临清以前，俱未遇贼接仗，以致州城被围，城外关厢贼得踞为巢穴，著胜保确切查明，如有迁延观望情事，即著据实严参，毋得稍有瞻徇。

所请张起鹓迅赴军营办理粮台，并该大臣所留阜城官兵口粮暂归顺天粮台支发，已谕令僧格林沁照办矣。将此由六百里加紧谕令知之。

钦此。遵旨寄信前来。

——《清政府镇压太平天国档案史料》第13册，第183—184页。

〇富兴阿奏

左副都御史奴才富兴阿跪奏，为请旨事。

窃现在逆匪窜至山东临清州，胜保等业已前往迎剿。伏思临清州距阜城不过四百余里，逆信自必相通。传闻道路之口，现在阜城我兵复设长围，仍留东面一路。今胜保又复督兵前往，是其专责在参赞大臣僧格林沁等。若复再令逆匪由阜城窜出，仍是尾随击杀殿后裹胁之人，奏报掩饰纵贼之罪，故辙又循，关系非浅。相应请旨饬下僧格林沁加意严防，阜城被困之贼，专责之以该参赞大臣，倘有逃逸，为该参赞大臣是问。临清州之贼，专责之以胜保，倘不能遏贼凶锋，至逆匪窜入直隶境内，则为胜保是问。各专其责，以免藉口纵寇。然此次为有仰恳我皇上明法敕罚，如敢仍前贻误，以军律惩处而励将士。

抑奴才更有请者。阜城之贼倘行窜出,可危者莫如保定省城,其尤可危者更有天津。贼若窜出,所扰者非保定即天津。临清之贼,或为贼之后路,或分扰近畿,以牵制我兵。此必然之势也。并风闻得现在军营任事之臣,因承平日久,人不知兵,既未习见,又未耳闻,率多未谙军旅。倘贼匪一经窜出,若仍令统兵之臣再事补过图功,虽圣恩宽大,于事亦万无补益。所谓一误不可再误,揆之时势,实已无可再误。为祈皇上圣明垂照,预筹接办之人。而现在之保定、天津更当有备,请敕谕守土之臣严为之防,以免临时惶措。

谨就愚昧之见,恭折密奏。

——《清政府镇压太平天国档案史料》第13册,第185—186页。

○上谕

军机大臣字寄钦差参赞大臣、科尔沁郡王僧。咸丰四年三月十一日奉上谕:

前因贼窜临清,谕令僧格林沁迅由军营挑拨马队一千名,交德勒克色楞统带,前往胜保军营协剿。兹据胜保奏称,初七日行抵临清城外接仗,歼毙数百名,查勘临清城外东、西、南三面俱为贼踞,该大臣现带之兵不敷围攻,请添调官兵助剿等语。此股南来逆匪,意在援应阜城,并有绕道北犯之意,必须于前路厚集兵力,遏其凶锋。现在京营各兵实难抽拨,已谕令胜保,先就现带之兵相机筹办。著僧格林沁即饬德勒克色楞刻日督带马队一千名前往胜保军营,毋稍迟误。

阜城距临清甚近,我军兵力既分,难保该逆不潜通消息,伺隙奔逃。该大臣惟当赶紧设法筹攻,迅图蒇事。本日据富兴阿奏称,阜城现设长围,仍留东面一路,不知是否如此情形?若果东面空虚,亦恐该逆乘间冲突。刻下军情紧急,如临清之贼北窜,惟胜保是问;如阜城仍不能即日克复,以致贼匪突围而出,又滋蔓延,惟僧格林沁是问。

此时胜保带兵前进,据称接办粮台尚未有人,著僧格林沁仍饬暂革道员张起鹓迅赴胜保军营,以免贻误。至僧格林沁军营官兵,著即统归顺天粮台支应,以昭画一。本日据巡防王大臣奏,已拨内帑银十万两,迅速解往该大臣军营矣。

将此由六百里加紧谕令知之。

钦此。遵旨寄信前来。

——《清政府镇压太平天国档案史料》第13册,第182—183页。

○上谕

现在阜城尚未克复,南来逆匪已窜至临清城外,盘踞村庄,树立木垒。崇恩、善禄等防剿兵单,胜保于初七日督兵赴剿,虽获胜仗,惟该州为南北冲途,三面滨临运河,其漳河一路可达大名。现获奸细讯供,有逆匪若未能直援阜城、便由他道窜扰畿疆之说。直东接

壤,处处可通,而大名尤为扼要。前据桂良奏,存城兵勇已有二千余名,合以副将达年所带及墨尔赓额管带之吉林马队,并张殿元原带步兵九百名,僧格林沁等调换之通永、宣化各兵,为数不下数千。本日据胜保奏,临清西面无兵堵御,不知张殿元、达年等是否赶到,著该督迅即严饬该署提督等,与地方文武于要隘处所严密设防,加意堵截,毋误事机。其武邑防守事宜,该督已派正定镇总兵双禄前往驻劄,亦须先期布置,以臻周密。桂良统辖直隶,办理防堵已逾半年,当此逆匪奔窜、军情紧急之时,务当统筹大局,不得因阜城之贼现有僧格林沁等围剿,临清之贼胜保等亦已进兵攻击,遂于交界要隘防剿事宜推诿观望,致干罪戾。将此由六百里加紧谕令知之。

——《清文宗实录》卷一二四,咸丰四年三月庚戌。

三月十三日

〇僧格林沁等奏

奴才僧格林沁等跪奏,为遵旨拨调官兵以资堵剿,恭折奏祈圣鉴事。

三月初十日军机大臣字寄,三日初九日奉上谕(谕文略)。等因。钦此。奴才遵即传饬德勒克色楞带领卓索图盟及吉林、黑龙江马队一千名,即日驰赴胜保军营,合力攻剿,以期迅速蒇事。并飞饬双禧、穆辂统带官兵二千名,前往保定迤南扼要驻扎,以防为剿。

窃查阜城之贼自独流、静海窜出,经奴才僧格林沁屡次痛加剿洗,毙贼万余,现虽困踞阜城,该逆百战之余,狡猾异常。奴才前与胜保合力剿办,统计马步官兵三万有奇,未能克期蒇事。不意南贼复至,势不能不分兵堵截,计先后撤兵一万二千余名。阜城逆匪若全股出巢搦战,以现在兵力足敷抵敌。惟该逆诡诈伎俩,时思溃窜,兵分势单,地方辽阔,堵御颇形吃力。奴才惟有竭尽心力,设法图维。数日以来,连次极力进攻,我兵多有伤亡,未能逼近贼巢。现在惟有用大炮轰击,使该逆不能潜藏,剿办或可得手。据逃出难民声称,逐日大炮轰击,毙贼多名。查营中仅有大炮四尊,不敷应用。相应请旨敕下巡防王大臣,迅将五六千斤武成永固大炮运解四五尊,多备合膛炮子并火药二万斤,一并由水路运送来营。奴才非敢藉待大炮苛延时日,惟非用大炮轰击,别无进取之法。

奴才愚鲁诚悃,从无一字欺朦,久在圣明洞鉴。屡蒙严谕切责,奴才惶恐无地。奴才受恩深重,何敢有心迁延。实因无能,以致仰劳圣虑。伏思奴才奉命以来,半年有余,未能将此股逆匪扫数殄灭,老师靡饷,罪实难辞。惟有仰恳皇上天恩,将奴才僧格林沁从重治罪,戴罪图功,以儆统兵各员。奴才不胜待命之至。谨奏。

[咸丰四年三月十一日]

——《清政府镇压太平天国档案史料》第13册,第186—187页。

〇僧格林沁等奏

再，各州县监禁命盗重囚，半皆桀骜不驯之人。如地方有警，自必伺隙而动，殊为各该州县腹心之虑。且闻逆匪豕突地方，先放狱囚，以为向导，而该犯等冀逃重罪，固结相从，为患殊非浅鲜。可否饬下直隶督臣督同臬司，即将妖氛渐近各州县监禁罪犯，应遣徙者立即起解；其斩绞重犯案情可矜可原之犯，立即减等办理。此内如有营中堪备驱策之人，即行解营效力赎罪。至情罪重大法无可逭之人，或远拨寄禁，或即处决。总期狱无羁囚，于防剿均属相宜。奴才愚昧之见，是否有当，伏望圣裁。

再，奴才前经谘询得宝坻县监禁军犯丁二成、咭吧李五、王二即王渭三名，尚未定案之贼犯王四即王大群一名，徒犯李四朦、张付录即张茀录二名，武清县军犯刘二格即刘详、韩自平即韩治平二名等，共八名，甚为健捷，当经提禁来营，屡次打仗，俱能奋勇直前，杀贼多名，现将丁二成等八名留营差遣。合并声明。谨附片具奏。

［咸丰四年三月十一日］

——《清政府镇压太平天国档案史料》第13册，第188页。

〇上谕

军机大臣字寄钦差参赞大臣、科尔沁郡王僧。咸丰四年三月十三日奉上谕：

僧格林沁等奏，请调大炮，并自请治罪各等语。所有武成永固大炮，并炮子火药等件，已谕巡防王大臣如数解往矣。阜城逆贼，穷蹙余生，即使坚匿死拒，亦何至兼旬累月，无计可施？朕若欲加僧格林沁以罪，原不难立降严旨，即见施行。所以屡次训谕、不即加罪者，尚冀该大臣知感知奋，迅速图功。乃此次忽以自请从重治罪等词搪塞入奏，岂谓有此一奏，便可卸责耶？抑将谓军营剿办迟延，例应有此一请耶？朕于该大臣倚任不为不专，相待不为不恕，遇有调枪调马急需应用之处，无不立予允准，从未尝稍形牵掣，而一切办理迟缓之处，朕总详细指示，不肯遽加严谴。该大臣乃称非敢有心迁延，实因无能所致，试思有心迁延应得何罪？该大臣岂能当之？即此“无能”二字，已不应出之于口。如各路统兵大臣，人人皆以无能请罪，国事孔艰，更有何人可任？该大臣素性质直，乃亦效此虚文，殊不可解。如果视朕叠次严旨为具文，故意迁延，不能迅克阜城，朕自能按律治罪，不待僧格林沁之奏请也。昨所谕东（西）［面］合围未密一节，固系防贼窜突。然合围之道，总须面面逼紧，若但远扎营盘，遥施枪炮，即使无隙可乘，贼亦岂能坐毙？现在南贼方张，此股一日不除，贼心终不肯死。其中消息，该大臣身在行间，断无不熟思计及也。

另片奏，将宝坻县监犯丁二成等留营差遣之处，著即照所请行。其各该州县应照此办

理者，亦谕知桂良，将应行处决及发遣之犯，即行分别办理，勿令留狱。如情罪较轻而堪备驱策之犯，即照该大臣所请，解营效力，以杜奸萌。

将此由六百里加紧谕令知之。

钦此。遵旨寄信前来。

——《清政府镇压太平天国档案史料》第13册，第224—225页。

○上谕

军机大臣字寄直隶总督桂。咸丰四年三月十三日奉上谕：

僧格林沁奏贼匪逼近，各州县监禁重犯请饬迅速办理等语。逆贼窜扰处所，动辄开放狱囚，藉作向导。前因该逆北窜，经桂良奏请，将斩犯徐挺举等即行处决，实属权宜应变之法。现在阜城之贼时思窜出，而南来贼匪亦复逼近清河等处，自应先事豫筹，免令凶狡之徒转为贼用。著桂良督饬司道，将各州县监禁各犯详核案情，除斩绞重犯、法无可贷者立即随地正法外，至情有可矜、例不入秋审情实者，即予减等办理；应遣徙者，亦即审结起解。务期狱无留滞，以免疏虞。至军流以下各犯，有年力精壮，如天津监犯刘积德之力能杀贼者，并著酌量收录，俾得效力行间，立功赎罪。固不可因有此旨，将军流以下人犯滥行宽纵，亦不可因处决重犯，转致别滋事端。至此次僧格林沁将宝坻县监犯丁二成等六名、武清县监犯刘二格等二名提往军营打仗，俱能奋勇杀贼多名，已谕令该大臣准将各犯留营驱策矣。将此由六百里谕令知之。

钦此。遵旨寄信前来。

——《清政府镇压太平天国档案史料》第13册，第227—228页。

○上谕

胜保奏击贼情形并统筹大局一折。贼匪攻扑临清，守城兵勇单弱，经该大臣挑派兵勇五百名，排列马队，护送入城，协同守御，当将要截贼匪歼毙多名。惟贼众兵寡，该大臣一面就见有兵勇设法攻击，一面严催桂明所带官兵并泽、潞防兵迅即前来，酌量调遣。桂明于初七日已抵祥符，本日复谕令星驰就道，不得藉口夫马未齐，致有耽延。张亮基所带练勇二千应归何员管带，著胜保酌度派拨，藉资协剿。河北镇总兵花里雅逊布，前曾带兵在直豫一带剿办贼匪，见在河北并非吃紧，该员所带官兵是否可以檄调助剿，著该大臣查明，如果得力，即酌量调遣。至前请添调马队，早经谕令德勒克色楞统带精锐一千名前往临清，计期亦应赶到。所有各路官兵，统归胜保节制。崇恩见已授为巡抚，该员经朕弃瑕录用，见复统辖全省地方，正当力筹保卫州城，埽除此股贼匪，以报厚恩，傥复意存自满，故蹈前愆，或以军务重大、兵勇云集，诿之统帅，为避难就易之计，恐不能如张亮基之轻予薄惩

也。著该大臣传旨谕知该抚，合力同心，内外夹击，一并与桂明、张殿元归该大臣节制。所有前拨山东饷银十万两，并著传旨崇恩，饬令藩运各司迅速解交该大臣军营，以济急需。至该大臣统筹南北大局，此时阜城逆匪负嵎死守，临清复被围扰，务须兼筹熟计，不得任贼东西分窜，致与阜城之逆会合。一切机宜，该大臣随时酌办。朕信任既专，不为遥制。如有应行改弦更张之处，该大臣见解所到，不妨遇便奏闻。惟北路及京营官兵已属无可再调，大江南北逆党尚多，诚不能不虞其陆续偷渡北窜，节经严饬东南两河总督并徐州镇道扼守河口，分派秦定三、袁甲三驻扎临淮、正阳关等处，遏贼北来，见复严谕和春、福济兼顾淮北，不得株守庐州一郡。惟地势则北重于南，而贼众则南多于北。朕日盼该大臣迅将临清逆匪埽荡，俾阜城穷寇无可希冀应援，僧格林沁亦可办理得手，即会同统兵南下，殄除群凶，拯救生民，是所望于该大臣也。将此由六百里加紧谕令知之。

——《东华续录》咸丰三十三，第 26—27 页，咸丰四年三月壬子。

三月十四日

○桂良奏

再，奴才前因安陵镇地方紧要，奏明派署通永镇伊锦阿带领马步官兵八百八十余名在彼驻守。兹据该署镇禀称：接奉胜保札饬，将马队全数撤归大营，所余步队，分调正定、景州等处防堵。惟查安陵镇滨临运河，接连东省，为水路要隘，除咨商僧格林沁酌量缓急、就近备防外，理合附片谨奏。

［咸丰四年三月十三日］

咸丰四年三月十四日奉朱批：知道了。钦此。

——《清政府镇压太平天国档案史料》第 13 册，第 234 页。

○上谕

桂良奏酌筹防剿事宜一折。昨据胜保奏，逆匪围逼临清，不下三四万，我兵不过万人，众寡未免悬殊。傥该逆绕窜正西，即入大名府境，东面又可直达天津，皆当豫为防范。刻下阜城之贼尚未歼除，难保不乘我兵力稍分，意图奔突，与南来贼匪互相句结。张殿元在大名防守，派令达年赴开州、东明一路防堵，著严饬该员等相机剿办，不得以有用之兵置之无用之地。总期以剿为防，毋许一味株守，致失事机。至清河、威县一带，即系临清西面，甚关紧要，所有双禧、穆铬统带官兵二千名，即著饬令驻劄该处，择要设防，既可为胜保后路声援，即可杜贼匪北窜，不准观望迁延。军情变幻靡常，该督务当督饬文武员弁妥筹布置，勤加侦探。仍著随时与僧格林沁、胜保等互相知照，以期声势联络，毋得稍有疏忽。将

此由六百里加紧谕令知之。

——《清文宗实录》卷一二四，咸丰四年三月癸丑。

三月十六日

〇上谕

谕军机大臣等：

文谦奏，沧州为津南门户，请饬僧格林沁分兵前往防守等语。前以静海、独流贼匪虽窜往西南，而天津防守不容松懈，曾谕文谦督饬各路兵勇妥为布置。现在临清之贼亟欲救援阜城，除冲要各隘口派拨精兵驻劄外，其余邻近各州县，自应由各该文武各就地方情形设法防守，并督饬绅民，实力办理团练，以期保卫城池，联络声势。兹据文谦奏称，沧州等处居民惶惑，纷纷迁徙，请饬僧格林沁派兵前往。现在阜城围剿正当吃紧之际，断难分兵。沧州为津南门户，亦不可稍有疏忽。著文谦仍遵前旨，饬令该处文武严密设防，劝谕团练，以固众志而严守卫。并著多设侦探，如贼匪果有窜扰消息，文谦即可相机出境堵御，毋许观望不前，致有贻误。总之，天津全郡防守事宜，朕已责成文谦督办，固不能以请兵一奏，意存推诿。总兵特克慎、署天津道钱炘和亦属责无旁贷，傥文谦须往沧州等处，郡城防守事宜，即责成该镇道等妥筹布置，毋稍疏虞，致干重罪。将此由六百里加紧传谕知之。

——《清文宗实录》卷一二四，咸丰四年三月乙卯。

〇上谕

军机大臣字寄钦差参赞大臣、科尔沁郡王僧。咸丰四年三月十六日奉上谕：

据文谦奏称，沧州为津南门户，请饬拨兵扼守等语。现在阜城攻剿吃紧，大兵全力注此，而京营及各路防兵亦属无可分拨，本日已谕文谦，即就津郡现存兵勇相机扼堵矣。僧格林沁剿办阜城贼匪是其专责，无论该逆由何路窜突，该大臣均不能辞罪，正不独沧州一处为然。况前次本有东面空虚之说，如果该逆伺隙而出，又将凭何剿办？目下大营兵力能否酌分，应如何前剿后截，该大臣岂无成算？临清东北一路虽有胜保驻兵扼剿，而西南一面与直境毗连之处，仍须防其阑入。若不将此股穷寇赶紧剿除，任其勾结会合，僧格林沁自问当得何罪？现在究竟如何围攻，何日可以歼灭，著僧格林沁迅即筹办速奏，勿谓叠次严旨皆属具文，迁延贻误，致干重罪也。将此由六百里加紧谕令知之。

钦此。遵旨寄信前来。

——《清政府镇压太平天国档案史料》第 13 册，第 269 页。

三月十八日

〇僧格林沁等奏

奴才僧格林沁等跪奏,为奏闻事。

咸丰四年三月十二日接准军机大臣字寄,三月十一日奉上谕:据富兴阿奏称,阜城现设长围,仍留东面一路,不知是否如此情形?若果东面空虚,恐该逆乘间冲突,刻下军情紧急,如临清之贼北窜,惟胜保是问。如阜城仍不能即日克复,以致贼匪突围而出,又滋蔓延,惟僧格林沁是问。等因。钦此钦遵。伏查现在各营于贼垒周围挑挖长濠,业经工竣,东面亦系一律拨兵防守,惟因合此长围,宽广三十余里,是以不特东面觉空,即西、南、北各面兵力均觉单薄。奴才等惟有严督各营官兵,于出队攻剿之外,毋分雨夜,实力围困。

近日进攻,该逆仍前死守,并将贼踞各村及阜城县城之来往车道挑挖通沟,深浅不等,以避炮火。官兵出队,该逆伏于沟内,诱之不出。我兵逼近,该逆即由沟内施放枪炮。我兵撤队,该逆扑出时乘势歼剿。连日虽有斩捡,每日不过数十名。十五日,奴才僧格林沁督带劈山炮、抬枪进攻阜城南面,西凌阿带领马队沿濠接应,该逆坚匿死守。当派官兵十余人,带同前次投出之宁宗扬等七名,直至贼垒诱引,该逆仍不出巢。奴才随密派都兴阿、达崇阿、格绷额带领马队伏于前次烧毁村内,培成、明庆各带马队暗伏村庄左近,旋将大队撤回。该逆见我兵撤队,即由沟内拥出数百名,追扑我兵。时都兴阿、达崇阿等由村内扑出,仅止毙贼五六十名,黑龙江营总格绷额生捡一名。阜城北面亦出马步贼匪数十名,窥探长濠,经托明阿用炮轰击,毙贼十余名,余匪退入阜城。

现在贼情时欲逃窜,连日遣人探路,俱被官兵拿获。据供该逆欲守则日久粮缺,欲窜又恐官兵追杀,其近年被胁之人,无不即欲投出。奴才等辗转筹思,此时乘其人心已离,即当设法解散胁从,以孤贼势。当将捡获之犯纵回贼巢,并给与详切解散胁从告示,令其传布,以离其心。俟贼营续有投出之犯,惟有悉心鞫核。果系被胁者,量予免罪;其情形凶悍可疑之犯,此时贷其一死,仍恐留孽遗患,自宜立正军法,不敢稍浮轻忽。奴才等一面激励将士,设法围攻,断不敢株守长围,致干严谴。

除将录取供词及示底咨呈奉命大将军查核外,所有奴才等军营近日情形,理合恭折奏闻。谨奏。

[咸丰四年三月十六日]

【览奏。虽小有斩捡,而毫无把握,岂竟待其逃窜耶?僧格林沁自今年新正屡次追杀逆匪,尚知奋勉迅速,何今日顿易前辙,饰辞搪塞?现在玉明等已运炮前往,惟斤两太重,行走迟滞,断不准老师以待,致误机宜。】

——《清政府镇压太平天国档案史料》第 13 册,第 271—273 页。

三月十九日

〇上谕

军机大臣字寄钦差参赞大臣、科尔沁郡王僧。咸丰四年三月十九日奉上谕：

胜保、崇恩先后驰奏，逆匪于本月十五日夜复用地雷轰陷临清州城各一折，览奏曷胜愤懑。已有旨将胜保、善禄、崇恩即行革职，戴罪图功矣。逆匪自窜入东境，金乡等县叠遭蹂躏，兹复攻陷临清，大肆猖獗。该处为水路总汇，几于防不胜防。傥该逆乘势北犯，虽有胜保等督兵极力阻遏，而贼众兵单，势难分投堵截。刻下阜城之贼业经宄濠围困，因该逆坚匿不出，竟至一筹莫展，无计可施。前据胜保奏，曾调宛平、房山两县煤窑匠役，于阜城东北村内，令其开宄地道，以便暗用地雷，功尚未就，密交庆祺妥办，未知究竟如何。逆贼屡次攻陷城垣，俱用地雷，是其惯技，何以我兵竟不能以此破贼？僧格林沁务当通盘筹画，即将阜城余匪设计歼除。如能迅速奏功，则督兵直赴临清会剿，非但可为胜保援应，实所以保全大局。傥蒇事稍迟，致该逆潜通消息，或有勾连，必致更难措手。现已令玉明等解炮赴营，计日可到。僧格林沁自王家口追贼，屡次获胜，洵属奋勉，何以抵阜城后老师糜饷，至于此极？朕实不解。时事至此，犹不黾勉图功，迅速蒇事，以顾全局，该大臣平日以忠直自诩者，固如是乎？僧格林沁接奉此旨后，应如何设法进攻，直捣贼巢，为移兵赴援之计，使逆匪不得勾结为患，筹画万全，迅速具奏，方不负朕倚任之恩也。将此由六百里加紧谕令知之。

钦此。遵旨寄信前来。

——《清政府镇压太平天国档案史料》第13册，第314—315页。

三月二十三日

〇僧格林沁等奏

奴才僧格林沁等跪奏，为奏闻事。

三月二十日军机大臣字寄，咸丰四年三月十九日奉上谕（谕文略）。奴才等跪读之下，曷胜焦急。满拟临清之贼指日即可殄灭，不意州城已失，剿办更觉费手。奴才等查阅胜保原奏，该大臣非不预先料及，且一切筹画布置，无不详慎周匝，连战连捷，贼锋大挫，惟因该逆诡计百出，令人徒增愤恨。

至阜城之贼，仍是坚匿不出，诚如圣谕，奴才僧格林沁竟无计可施。查现在逆匪虽不能知其确数，考之先后拿获人犯供称尚有万余，占踞关乡村庄四处。各营官兵大半满蒙旗人，世受国恩，非不用命。每遇进攻，无不人人切齿，即欲直捣其巢。无如该逆狡猾异常，

我兵徒有伤亡，未能得手。十八日，托明阿、庆祺带兵进攻东关，我兵奋勇前进，该逆声息俱无。我兵切进树栅，该逆始由墙孔施放枪炮。我兵撤回，该逆扑出。是日毙贼数名，我兵受伤五名。奴才僧格林沁连日设法诱引，该逆不出。二十日，选择疲乏马匹，暗用木桩钉系贼巢迤西牧放，另派马队官兵伏于濠边。该逆见有马无人，意图抢夺马匹，拥出数百名。我兵俟其离马较近，一拥而出，毙贼五六十名，余贼败退，我兵奋力追击。村内枪炮齐发，密如雨下，我兵受伤三名。如此设法诱引，仅止小有斩擒，并未能痛加剿洗。是日该逆扑出之时，前次纵回贼巢之黄发登飞马投回。据供贼众愿投出者甚多，逆首防范极严，又恐投出被杀，是以游移观望。二十日夜，该逆攻扑培成营盘，拖拉树栅，经该侍郎督饬官兵，开放枪炮，立将该逆击回。

至煤窑匠役，前经胜保调到，当与奴才商定两处开空。胜保拨给奴才十五名，月余以来，昼夜派员督催，现在仅止空进二十余丈。该大臣所办之处密交庆祺，兹据庆祺声称，经手之员该大臣尽行带去，现在仅有窑夫二十余名，每日极多只做丈许，以道里揆之，成功不能迅速。是开空地道、暗用地雷之事断不可恃。至逆贼善用地雷，是其惯技，奴才等现已加意严防，并督饬各营将长濠深空，总以见水为度。揆之现在贼情，极思逃窜，奴才等惟有(谒)[竭]尽心力，设法严防。倘该逆粮尽势穷，拚死扑出，奴才等督兵殄剿，更易得手。

至奴才僧格林沁赋性愚鲁，何敢以忠直自翊。惟君父之前，事无大小，无不据实直陈，从不敢粉饰装点。现在惟有激励将士，设法图维，务期早灭此贼，上纾宸廑。

所有奴才等连日进攻各缘由，谨恭折具奏，伏乞圣鉴。谨奏。

［咸丰四年三月二十一日］

——《清政府镇压太平天国档案史料》第13册，第346—347页。

○僧格林沁等奏

再，奴才由舒城追剿逆匪，因匆迫遄行，以致各营官兵行走参差。及至阜城扎营后，查点各营官兵，竟有数十名未经来营。奴才以此项官兵若非迷失路径，误被土匪戕害，即系中途潜逃，均须确切查办。当经严饬各营统带上紧查缉，并经酌派兵勇，在于大队路经附近村落一带严密访查去后，旋据禀报，访得武邑县属粉张村、马回台村武举张攀桂等素行强横，现闻有活埋官兵情事。奴才派员酌带兵勇，将武举张攀桂等二十四名先后查拿到营。讯据张攀桂等六名供认活埋官兵及勒毙戕害各情不讳，由该村起获被害尸身五具，内有一具辨认，确系巡捕营兵林万芳。奴才因案情较重，必须详切覆鞫，当就近札调武邑县知县范骥、河间县知县王宝权来营，会同研讯无异。除将起意为首及情节较重之武举张攀桂，民人张清玉、吕成幅、吕恒梅、刘二千、周二奎立即军前正法，尚无下落官兵另行查办外，其余各犯即饬交该县等详报本省上司衙门照例办理。

再，查拿此案时，复有不法之人乘隙至该村落肆行焚抢，奴才闻报，饬派官兵查拿，捕获人犯五十七名。内王升隆、张幅、赵连城、高永太、孙胜、薛万兴、韩得、康大、张国胜、任奎、李八、潘国珍、朱平如、严得林、王东来、贾金城、李起凤等十七名，供认焚抢属实。奴才因该犯等不法已极，自应从重惩办，当将该犯等分别解赴犯事地方，立正军法，枭首示众，以安民心，其余各犯，重责保释。谨附片具奏。

［咸丰四年三月二十一日］

【知道了。】

——《清政府镇压太平天国档案史料》第13册，第347—348页。

○上谕

军机大臣字寄钦差参赞大臣、科尔沁郡王僧。咸丰四年三月二十三日奉上谕：

僧格林沁等奏连日进攻情形一折，览奏均悉。逆匪窜踞阜城，尚有万余，分占关厢村庄四处，我兵屡次诱敌，仍不过小有斩获，总未能痛加剿洗。该逆负嵎抗拒，又已月余。临清逆匪，近据胜保奏称，十七日进攻，仅毙贼多名，亦未能将贼垒即时攻克。且称，该逆仍分踞城外关厢，恃为犄角。是该大臣等剿办两处贼匪，均未能克日奏功。尤恐顿兵日久，师老力疲，致南北之贼联为一气，防剿更形棘手。昨据台涌奏，湖北逆贼连陷德安、云梦、应山等处，该督绕赴武胜关，已谕令舒伦保、柏山等带兵驰往堵剿。该处与豫省毗连，能否杜其北窜，尚难豫必。此时阜城之贼傥能及早克复，或与胜保分路进攻，或大军合力并剿，声威既壮，自可渐就肃清。若再事迁延，致败窜余匪牵制我军，北路全局尚可问耶？前调大炮谅已运到，著该大臣等督饬官兵迅速进攻，不可畏难自阻。贼众既愿投出，即当设法解散，以孤贼势。仍须严密防范，不可大意，致堕奸计。并饬庆祺赶紧设法开窋地道，以备轰击。

前据琦善奏，贼匪每假冒服色，希图溷迹等语。著该大臣严饬各营实力稽查，毋稍疏忽。原片著抄给阅看。

将此由六百里加紧谕知僧格林沁，并谕西凌阿、托明阿知之。

钦此。遵旨寄信前来。

——《清政府镇压太平天国档案史料》第13册，第387—388页。

三月二十七日

○胜保奏

奴才胜保跪奏，为乘夜进攻，焚毁东关外贼巢三处，歼毙贼匪多名，夺获器械多件，校

场现已退出，并乘胜相机力筹剿办情形，恭折奏祈圣鉴事。

窃奴才前因设伏截贼，歼毙逆众数百名，击散胁从数千名，逆众溃乱，自相惊扰。奴才知贼胆已寒，思窜愈急，当于二十三日丑刻，乘其人心未定，思欲破其贼巢。先于两岸排列马步各队，开炮轰击，以壮声威，严防北窜之路。商令善禄、崇恩、魁福进攻东北，厉恩官之（之）兵遥列东面。三更以后，我兵衔枚疾走，直扑贼巢，呐喊齐进。贼众大惊，始犹抗拒，施放枪炮。我兵连掷喷筒、火弹，奋勇扑入，刀矛并举，杀贼无数，当将林家园贼垒登时焚毁。余贼狂奔溃窜，我兵乘势掩杀，复将该逆所踞校场贼垒二处放火焚烧，夺获大小旗帜五十余面、器械百余件。该逆大股齐来救应，俱经我兵四路击杀，转战四时之久，天色渐明，南风大作，尘沙眯目，未便深入，因传令东面先行撤队。是日，该逆因东关巢穴已失，不能抵拒，全股逃至西南城厢屯聚，仍复于西北、东南营垒抗拒。奴才因于辰刻复督兵环列西岸，自塔湾以至德勒克色楞营盘，一律布置四千斤大炮、神威炮、五百斤铜炮及调到山东神功炮，向贼垒连环开放。该逆人众拥聚木垒之前，隔河相距仅一二箭之遥，被我兵开炮轰击，纷纷倒地，死伤枕藉。时见拖尸入巢，坚匿不出。计伤毙贼匪又数百名。而我兵苦于逼近贼营，又无可觅渡，且自丑至未，鏖战多时，兵力已疲，始行撤队。

查该逆众至数万，自南而北，未曾一受惩创，所以势极披猖。经奴才等连次接仗，贼见我兵以少胜多，人人思奋，遂怀畏惧，急欲禽骇兽奔。奴才揣测贼情，似已不敢北窜，而诡谲之情，深恐其绕路而奔。且该逆本欲赴援阜城之贼，尤不可不防勾结。现在贼巢尚有十余处，城上守陴之贼亦复不少。奴才明知众寡悬殊，而地方又平衍辽阔，不能合围，东南、西南、正南皆无可拨之兵，不得已于马队内抽拨三百名，令其渡河，分扎范家场、戴家闸、刘家庄三处，以为奇兵。贼若窜出，尽力扼截，一面报明，即当督队起程，作为接应。奴才竭力布置，限于兵力，仅能如此。

查桂明之兵现已到营，似属精悍可用，然兵丁尚有落后未齐。穆辂、双福之兵，虽经奴才屡次飞催，尚不知行抵何处。奴才现在军营马队为数无多，除马匹短乏，昼夜列队之外，不敷调拨，殊深焦急。奴才伏思，剿杀贼匪，情形变幻靡定，如果官兵得手，自然不患贼多；设或据垒相持，或为地势所限，贼虽少弱，往往一时骤难得手。奴才自抵临清以来，除城池为贼所陷，稍长凶锋，而屡次搴旗破垒，无战不捷，贼胆颇寒，贼势大挫。虽尚有两三万之众，而连日颇露剿办得手之机。倘赖圣主洪福，再当督率官兵，激励将士，或能早图克复，极力歼除，固奴才等所深愿而未敢必者。机会但有可乘，不敢少遗余力。惟地方辽阔，难以合围，将来余贼奔窜，势所必然。奴才等虽已少有布置，而于各路遏截追杀，尚不敷用。拟请将穆辂所带未到之步队官兵一千名拨赴阜城军营，以资围剿，并请饬下僧格林沁，于明庆、乌凌阿所带马队官兵酌拨一千或八百名，速来临清大营，听候奴才等酌拨要隘，庶可尽力截杀，期于痛加剿洗。如此一转移间，似于军务两有裨益。可否之处，出自圣裁。

所有焚毁贼巢三处，歼毙逆匪多名，并现筹截剿各缘由，谨会同奴才德勒克色楞、奴才善禄合词恭折由六百里加紧驰奏，伏乞圣鉴。谨奏。

［咸丰四年三月二十四日］

——《清政府镇压太平天国档案史料》第13册，第397—399页。

〇僧格林沁等奏

奴才僧格林沁等跪奏，为连日诱贼出巢，官兵奋勇攻击，屡获胜仗，毙贼多名，恭折奏闻，仰祈圣鉴事。

窃查逆匪前经奴才等设法诱其离巢，两次毙贼数十余名。近日虽斩捡无多，惟该逆小受惩创，即坚匿不出。二十二日正欲督兵出队，忽于辰刻陡起大风，奴才等因尘沙迷目，未便进攻。仍恐该逆乘风溃窜，当即传知各营加意严防。直至午刻，风势愈烈。该逆果由塔儿头村拥出二三百名，扑向西南营垒。奴才等即拨马步官兵绕出贼后。时该逆已扑近树栅，我兵齐进，前后夹击，毙贼五六十名，该逆败退。我兵阵亡一名，受伤六名。

奴才等以该逆受创之后，我兵若大队进攻，该逆必坚守不出，非轻骑诱敌，不能引其出巢。二十三日寅刻，预派侍卫达崇阿带领马队官兵二百名，伏于前次烧毁贼巢。其余马队官兵在濠边屯扎，以备接应。巳刻，奴才僧格林沁带领小队官兵数十名，在县城、红叶屯适中之树林内暗伏，即饬马步各队官兵前往诱引。该逆并不出巢，当将官兵撤回，奴才僧格林沁仍伏林内。该逆在城上及楼房瞭望，见我兵人数无多，大队全行撤回，时已酉刻，随由红叶屯扑出贼匪二百余名。达崇阿带兵出村，从中截击，毙贼数十名。余匪正自败退，忽于南关、东南关、红叶屯、塔儿头村倾巢扑出贼匪四五千名，蜂拥而至，复于贼巢四面开炮，以阻我援应之兵。马步贼匪直扑南面，当将达崇阿撤回，同小队官兵一字排列，枪箭不施。该逆由三面直扑我兵，约近数武，见我兵屹立不动，该逆不敢前进。复饬达崇阿带兵压下，我兵勇气百倍，枪箭齐发，毙贼五六十名。惟恐众寡不敌，致有挫失，复将达崇阿撤回，仍前排列。该逆数千之众，见我兵二百余人从容不迫，队伍整齐，该逆忽却忽前，莫知所措。正在狐疑之间，时将军瑞昌、侍卫穆腾阿带领盛京步队官兵，侍郎培成、总管约逊带领察哈尔马队官兵，副都统那敷德带领昭乌达、密云官兵，从东南、正南、西南压下。副都统乌凌阿、明庆，侍卫都兴阿，营总格绷额，带领官兵从东北、正东压下。侍郎庆祺督兵开放大炮，以壮声威。贝勒拉木棍布扎布、将军托明阿、都统西凌阿、侍郎瑞麟各带马步官兵，遥为声势。副都统达洪阿督带奋勇官兵，扑近贼队，从旁攻击。月余以来，我兵屡攻贼巢，未能得手，多有伤亡，正在切齿痛恨，适见该逆全股扑出，无不欢呼踊跃，奋勇直前，枪箭齐施，刀矛并举，毙贼不计其数。该逆见官兵骁勇无敌，即欲夺路逃回。我兵四面兜击，该逆溃逃无路，随拚死抗拒，以抵我兵，喷筒、火罐四面抛掷，抬枪、鸟枪连环施放。我兵毫不畏惧，

仍奋力攻击,复又毙贼多名。维时已交亥刻,我兵鏖战三时之久,且时已昏黑,即传令徐徐撤队。该逆因黑夜之际,一面抢拖贼尸,一面仍欲扑我队伍。奴才即传令马队官兵下马,同步队官兵一字排列,施放枪箭。该逆中枪著箭者甚多,踉跄败退。我兵随后追击,已距贼巢里许。因昏夜之际,不敢深入,即全队撤去。是日酉戌之间,毙贼二三百名,内穿黄衣贼一名、穿红衣贼十余名、执黄旗贼目数十名。昏黑之后,毙贼不知数目。此日之战,洵足大快人心而寒贼胆。我兵阵亡二名,受伤官一员、兵十四名。至奴才僧格林沁以数十骑诱贼数千之众,非敢轻敌冒险,实因月余以来,连次进攻,未能得手,焦急万分,是以轻骑诱敌。惟该逆受此大创之后,势必死守不出,奴才等惟有再为设法极力进攻,以期迅速蒇事。

所有奴才等连日诱贼出巢,痛加剿洗,毙贼多名,仍设法极力进攻各缘由,谨恭折由六百里驰奏,伏乞圣鉴。谨奏。

［咸丰四年三月二十六日］

——《清政府镇压太平天国档案史料》第13册,第414—416页。

〇僧格林沁等奏

再,三月二十五日酉刻,护军统领玉明、副都统刘钲运解武成永固大炮四尊来营,奴才当即运送侍郎瑞麟、庆祺营盘,以备轰击。查该护军统领等运解炮位,昼夜兼程,实属迅速。奴才僧格林沁商令该护军统领等暂留二三日,周历各营,查勘布置情形,再行回京覆命。谨附片具奏。

［咸丰四年三月二十六日］

【知道了。】

——《清政府镇压太平天国档案史料》第13册,第417页。

〇文谦奏

长芦盐政奴才文谦跪奏,为贼情变幻靡常,津郡地方紧要,防守虽属严密,兵力殊觉单薄,据实具奏,仰祈圣鉴事。

窃奴才接准总统各路巡防官兵大臣宗室载龄咨,咸丰四年三月二十日奉上谕(谕文略)。奴才查临清失守,逆势鸱张,闻得该州城郭坚固,米粮甚多,一旦为贼所据,该逆诡谲异常,设再分股窜扰,胜保为其牵制,不能分身追击,僧格林沁攻剿阜城吃紧,又难兼顾,即或分兵尾追,亦恐兵力未厚。若任其分股肆扰,更恐滋蔓难图。转瞬海运沙船抵津,该逆难保无窥伺之心。津郡防兵无多,虽经添募壮勇,随时操演,率多枪矛等械,仅能短兵相接,习于火器者甚属寥寥。冲锋陷阵,非有马队枪炮难期得力。京兵防守更关紧要,奴才何敢妄请添调?惟津邑系畿南门户,防剿亦属吃紧,可否敕下总统巡防大臣酌拨马步队兵

若干名来津驻劄，以资捍卫。既可拱卫京师，亦可兼防津郡。傥由间道北窜，不难相机迎剿。

奴才非敢遇事张惶，实因贼势猖獗，不能不筹思严防。是否有当，理合恭折具奏，伏乞皇上圣鉴。谨奏请旨。

［咸丰四年三月二十六日］

【巡防王大臣酌量变通筹画，即行具奏。】

——《清政府镇压太平天国档案史料》第13册，第420页。

〇上谕

军机大臣字寄钦差参赞大臣、科尔沁郡王僧。咸丰四年三月二十七日奉上谕：

僧格林沁奏连日诱贼出巢、官兵屡获胜仗一折。览奏均悉。逆匪窜踞阜城，坚匿不出，总未大受惩创。二十三日，经该大臣设计诱贼出巢，该逆突出四五千名，直扑南面，显系夺路奔逃，欲与临清之贼互相勾结。现在大炮业已到营，著该大臣即督饬员弁，赶紧进攻，以期迅速蒇事。

本日据胜保等奏，乘夜进攻，焚毁贼巢三处，惟城外贼巢尚有十余处，城内贼匪亦复不少，军营马队无多，不敷遏截追剿，请将穆辂所带之兵一千名拨赴阜城，于僧格林沁军营内明庆、乌凌额所带马队官兵酌拨一千名或八百名，速赴临清，听候调遣。各等语。著僧格林沁即于明庆等所统马队官兵内酌量调拨。穆辂所带之兵虽未经战阵，惟均系火器营劲旅，该大臣素所深悉，驱策必能得力。总期统筹全局，毋误事机。

又据文谦奏称，海运沙船将次抵津，该逆难保不生心窥伺，津郡防兵无多，仍须酌拨马步各队驻扎，以资捍卫，自系实在情形。惟各路防兵无可分拨，已传谕文谦就现在兵勇实力扼堵，并有旨飞调黑龙江、吉林马队官兵各一千名，进关后由天津一路驰赴军营，以备调拨。但此项官兵入关尚需时日，断不可因有此旨稍存观望。该大臣剿办阜城贼匪责无旁贷，固不可令与临清逆贼联为一气，若令其突围而出，再致滋扰他处，朕惟该大臣是问。

将此由六百里加紧谕知僧格林沁，并谕西凌阿、托明阿知之。

钦此。遵旨寄信前来。

——《清政府镇压太平天国档案史料》第13册，第432—433页。

三月二十八日

〇上谕

军机大臣字寄钦差参赞大臣、科尔沁郡王僧。咸丰四年三月二十八日奉上谕：

本日据胜保奏克复临清、督兵追剿一折。逆匪窜踞临清以来，官兵屡获胜仗。二十六日丑刻，经胜保设计焚毁贼巢，将临清西关及东南各贼垒一律攻破，杀贼无数，即将州城克复。惟歼戮虽夥，首犯尚未就获，仍恐多系裹胁之众。现据奏贼已南窜，更虑其诡诈百出，从旁绕越北犯。著僧格林沁迅即确探消息，严密防范。前谕该大臣将明庆、乌凌额所统马队调赴胜保军营，此时是否起程？如贼果南窜，离阜城较远，即著此项马队赶紧驰赴临清，协同追剿。傥贼有北犯之意，无论大名及山东东昌、德州一带，均著该大臣迅派马队迎头截击，万不可稍事耽延。仍著严饬军营将弁一律严防，并与胜保、桂良、载龄等随时知照，毋稍疏虞。将此由六百里加紧谕令知之。

钦此。遵旨寄信前来。

——《清政府镇压太平天国档案史料》第 13 册，第 444—445 页。

〇上谕

军机大臣字寄钦差工部侍郎载。咸丰四年三月二十八日奉上谕：

本日胜保等奏，临清州城已于二十六日克复，歼毙贼匪不下万余，该逆向南奔窜。现在德勒克色楞等已督带马队官兵跟踪追剿，胜保随后督兵继进。惟贼匪既拚死北犯，必不肯甘心南窜，已谕知僧格林沁加意严防。著载龄严饬各路带兵大员慎密防守，勤加侦探，与僧格林沁、胜保、桂良随时知照，严拿奸细，毋稍疏虞。将此由六百里加紧谕令知之。

钦此。遵旨寄信前来。

——《清政府镇压太平天国档案史料》第 13 册，第 445 页。

〇上谕

军机大臣字寄直隶总督桂。咸丰四年三月二十八日奉上谕：

本日据胜保驰奏，二十六日攻克临清州城，杀贼万余，贼垒全行焚毁，余匪向南奔窜。惟未经指明贼踪所向，恐该逆诡诈百出，仍留裹胁之众，诱我穷追，而潜分精锐之贼，绕越北犯。阜城之贼尚未歼灭，该逆既意在来援，必无甘心回窜之理。其由德州绕窜之路，僧格林沁尚可兼顾。至大名、广平一带，距僧格林沁军营较远，诚恐得信稍迟。著桂良严饬张殿元确探严防，毋任贼踪阑入。即贼踪四散狂奔，未入直境，亦可酌量带兵出境迎剿，不必拘定专防大名。傥胜保追剿得手，而该署提督不能截扼，朕惟张殿元是问。仍著桂良与僧格林沁、载龄随时知照，多设侦探，随时迅速具奏，不得稍存大意。将此由六百里加紧谕知桂良，并传谕张殿元知之。

钦此。遵旨寄信前来。

——《清政府镇压太平天国档案史料》第 13 册，第 445—446 页。

〇上谕

胜保奏攻克临清州城、余匪南窜一折。所称贼匪乘隙出街,向南纷窜,并无确实去向,难保该逆不绕越他窜。此时逆匪大股北来,其意图北犯之势甚决,断不肯因连次败挫,即折回故道。临清西南紧接大名、广平,由东南而北直抵德州,距阜城之贼甚近。本日已谕僧格林沁确探贼踪,傥逆贼果向南奔,即将明庆等所带马队迅速调往,随同追剿;傥有旁窜北路之信,即饬此项马队随处迎剿,胜保亦可前后夹击。该逆诡谲百出,或精锐早已潜窜,而留孱弱裹胁之众以当我兵威。则虽克复州城,仍非了局,该大臣等务当乘胜穷追,使该逆不得喘息,自不至再有蔓延。胜保屡以追贼获胜,此正可以得手之时,若能迅殄逆氛,立清畿辅,不特前次处分可一并开复,尚当荣膺懋赏也。崇恩著即留于临清督办善后事宜,东昌一带颇形空虚,即贼踪未曾扰及,亦不可稍疏防堵。胜保随营军饷,即著崇恩飞速运解,毋稍落后。将此由六百里加紧谕知胜保,并谕德勒克色楞、善禄、崇恩知之。

——《东华续录》咸丰三十三,第62—63页,咸丰四年三月丁卯。

四月

四月初一日

〇僧格林沁等奏

奴才僧格林沁等跪奏,为奏闻事。

三月二十七日,据即用知府景州知州李麟遇禀报,探得临清逆匪于二十五日夜间潜由南门全股向正南而逸。并据临清坐探目兵禀报,二十五日夜,贼匪由临清州城东南奔东昌府大道逃窜。至亮钟时,胜保等出队攻莲花庵木城。至天亮,胜保、德勒克色楞、善禄等带马步队往东南跟踪追去。各等语。奴才当经飞咨奉命大将军在案。二十八日,据探兵由临清回营面禀,二十六日逆匪向南窜至距临清二十五里黎官庄盘踞,其临清州城杀掳一空,枪炮、军火全为携去,胜保等已跟踪前进。各等语。

奴才正在缮折奏报间,恭奉咸丰四年三月二十七日寄谕(谕文略)。伏查此时临清截剿固关紧要,奴才自应钦遵谕旨,拨派马队,迅速前往。惟阜城围困之匪乃百战之余,狡(滑)[猾]异常,现在时时探看路径,亟思逃窜,实难或疏。是以奴才一面选拨精捷马队,一面飞咨胜保,迅饬穆辂带兵来营,一俟行抵阜城,即饬明庆带领选出马队八百名兼程赴东,以资协剿。为此奏闻。谨奏。

[咸丰四年三月二十八日]

【知道了。】

——《清政府镇压太平天国档案史料》第13册,第451—452页。

〇上谕

军机大臣字寄钦差参赞大臣、科尔沁郡王僧。咸丰四年四月初一日奉上谕:

据胜保奏追剿临清窜匪续获胜仗一折。逆匪由临清南窜,占踞李官庄,经胜保等督兵斩杀,尚有一二万之多,若不赶紧歼除,又必致负嵎抗拒。昨有旨谕令僧格林沁确探严防,并饬令迅拨马队驰赴胜保军营协剿。本日据奏,已挑选精捷马队八百名,俟穆辂带兵来营,即饬明庆带领驰赴胜保军营。穆辂之兵何以尚未赶到?著即派员一面催提,一面饬令马队官兵兼程前进。李官庄追剿吃紧,该大臣自必统筹全局,以期无误事机。据胜保奏,生捡贼匪供称,该逆本欲犯大名、东昌,因畏官兵紧追,不敢肆志前进,且谋屯聚村庄,再想窜路等语。李官庄与东昌、大名等处俱有大路可通,该逆诡谲异常,难保不绕越思窜,该大臣仍当确探贼踪,妥筹防范。至阜城之贼仍前死守,何日始能蒇事?玉明等所送炮位早到军营,又将何所藉口?本日奏报抽拨马队等语,于贼匪现在情形,该大臣如何布置、设法乘机攻取,并未叙及。朕宵旰焦劳,日盼捷音早至,乃一味迁延,不能迅奏肤功,朕于该大臣倚任不为不专,恩遇不为不厚,若顿兵日久,师老无功,该大臣尚有何颜对朕耶?著僧格林沁督饬将弁兵勇,克期将此股贼匪一鼓歼除,毋留余孽。并著与胜保、桂良、载龄等随时知照,毋稍疏虞。将此由六百里加紧谕知僧格林沁,并谕西凌阿、托明阿知之。

钦此。遵旨寄信前来。

——《清政府镇压太平天国档案史料》第13册,第473页。

〇上谕

胜保等奏余匪溃窜、官兵追剿情形一折。二十六日,我兵攻克临清州城,余匪向南奔窜,虽经胜保等督兵追剿,歼毙多名,而逆众尚有一二万之多,全股盘踞李官庄。该处四面空阔,道路分歧,我军分割各路,惟正南一带,仅拨马队扼截,布置尚未能周密。本日已谕令僧格林沁速派马队前赴胜保军营,以资调遣。至双禧之兵业已到营,而穆辂所带官兵究竟现在何处?据僧格林沁所奏,亦未行抵阜城,何以如此延玩?著该大臣迅即查明,仍遵前旨,严参惩办。逆匪现踞李官庄,尚有余存木栅濠沟未经平毁,明系临清之贼恃有此处窟穴,决计潜窜。我兵追击虽速,斩杀虽多,恐仍系裹胁之众,其长发老贼,又已漏网。此时若不乘其喘息未定,迅速进攻,痛加剿洗,必致败窜余匪又成负嵎之势。据称乞筑濠墙,催调大炮,若待布置数日之后再行进攻,岂不又落后著?该大臣统兵剿贼,总未歼除净尽,若再令此股幸脱,更滋蔓延,必将胜保从重治罪,决不宽贷。其大名、广平等处,与东境毗

连，张殿元现驻大名，前调之山西泽、潞防兵一千名，计日亦当赶到，著该大臣随时严饬张殿元实力防剿，毋稍疏懈，致干重罪。将此由六百里加紧谕知胜保，并谕德勒克色楞、善禄知之。

——《清文宗实录》卷一二六，咸丰四年四月己巳。

四月初四日

〇僧格林沁等奏

奴才僧格林沁等跪奏，为阜城逆匪亟思逃窜，连日舍命攻扑濠栅，经官兵枪炮轰击，毙贼无数，该逆转扑培成营垒，踏遇地雷，轰死贼匪甚多，现在督饬各营官兵加意严防，并设法进攻，以期迅速蒇事，恭折奏祈圣鉴事。

窃查该逆自三月二十三日经奴才僧格林沁设法诱其离巢，殄毙多名，该逆受创之后，死守不出。数日以来偶或截杀，为数无多。逐日用大炮轰打，遥见贼踞村庄时时烟土飞扬，坍塌屋宇甚多，毙贼不少。惟该逆刻刻思窜，近日连次使人探路，均于濠边被获。讯据供称，逆匪打造铁锄并木板、长梯，又在各村搜罗棉花，欲图平垫濠沟，溃围逃窜。近日逃出被胁难民八名，供亦相同。奴才等查各营挑挖长濠，宽深丈余，庶可围困。更恐该逆诡诈异常，长濠、树栅仍不足恃，又于长濠之内挑挖重濠一道，宽深亦各丈余，并加添树栅一层。至长濠、树栅仅可杜其逃窜，不能致其死命。查前据顺天粮台委员、直隶保定同知黄德坊捐造地雷四十个，奴才亲加演试，颇为灵捷，当派员外郎瑞禧、总兵经文岱前往长濠以内、贼巢以外，相度地势，择要安设。旋据该员等回称，查得阜城正北通富庄驿大道，西北通武邑县大道，东北通连镇大道，正南通景州大道，正西、西南通衡水县大道，共六处，拟安六个者四处，四个、二个者各一处；又查得阜城东南通德州、临清州大道尤关紧要，恐该逆由此逃窜，勾结临清逆匪，拟安地雷十个。奴才等查该员等所拟尚属周妥，当饬同知黄德坊即在所拟地方安设。

四月初一日丑刻，该逆攻扑南面濠墙，拖拉树栅，经副都统那敷德、侍卫那尔松阿、参领永奎督饬官兵开放枪炮，侍卫绷阔亦督兵协同轰击。该逆仍拚死攻扑，已拉开树栅，扑近濠边。我兵枪炮齐施，密如雨下，黑夜之间毙贼不知数目，但闻该逆跌倒及拖拉尸身之声。该逆见我兵枪炮不断，势难扑出，复退出树栅，扑向侍郎培成营垒。未至树栅，即走入通德州、临清大道，踏遇地雷，登时烟火冲天，雷声震地，该逆哭号之声闻于数里。至地雷毙贼若干，不知确数。查看地雷四面约有一箭之地，遗有轰碎缠头红绸、长短发辫及损坏枪鞘、长矛，以此揆之，毙贼自必甚多。

初二日子刻，该逆又扑向北面，奴才托明阿在炮台带同已革总兵德坤、已革游击格洪额、摘去顶戴热河协领柏林、奴才托明阿之子三等侍卫敬文，督饬官兵极力抵御。奴才僧

格林沁闻报，即派侍卫达崇阿带领哲里木盟马队，副都统郭什讷、营总乌兰都、参领明禄带领精健两营步队，协同截剿。我兵枪炮齐发，该逆冒烟而入，用棉花盛装口袋填满濠沟，复用铁锄平濠，已越过头道濠沟，扑近二道濠边，用喷桶、火罐向我兵抛掷。我兵枪炮连环不绝，该逆拚死攻扑。适已革喀尔沁旗他布囊德勒克桑布带领卓索图盟官兵从旁攻击，该逆力不能支，踉跄败退回巢。我兵因有濠墙屏蔽，受伤者只有三名。奴才僧格林沁前往查看，该逆系由南向北攻扑，人马踪迹东西约有半里，沿路积血甚多，血迹淋漓，纵横满地，并于濠边抛弃木板、长梯、棉花、口袋、血衣、喷桶、火罐不计其数。

初一、初二等日，枪炮攻击，地雷轰毙，黑夜之间虽不能知其确数，查其遗弃物件及沿路血迹，大约不下数百余名。揆之该逆屡受大创，必不肯坐以待毙，仍不免舍命攻扑。奴才等惟有严饬各营带兵官员妥为防范，不得稍有疏虞。

所有奴才等督饬官兵击退逆匪，现在设法进攻及加意严防各缘由，谨恭折由六百里驰奏，伏乞圣鉴。

再，东省贼势情形近日未得确报，不知追剿是否得手，合并附陈。谨奏。

［咸丰四年四月初二日］

——《清政府镇压太平天国档案史料》第13册，第487—489页。

○上谕

僧格林沁奏连日击贼获胜、督兵进攻一折。阜城逆匪，前经僧格林沁计诱出巢，殄毙多名，该逆欲平填濠沟，意图逃窜。本月初一日丑刻，逆众攻扑南面濠墙，拖拉树栅，经副都统那敷德、侍卫那尔松阿等督兵开放枪炮，侍卫绷阔亦督兵协同轰击，该逆拚死扑近濠边，我兵枪炮齐施，毙贼无数。逆匪复退出树栅，窜至德州、临清大道，踏遇地雷，轰毙不计其数。初二日子刻，该逆复扑北面，托明阿督率已革总兵德坤等带兵极力抵御，僧格林沁派侍卫达崇阿等带领马步各队协同截剿，贼众抛掷喷筒、火罐，拚死攻扑，经德勒克桑布带领卓索图盟官兵从旁攻击，该逆力不能支，踉跄败退回巢，沿途被我兵歼戮甚多，并于濠边抛弃木板、长梯、火器多件。此次贼匪经僧格林沁等攻击，又轰毙数百余名，贼已叠受惩创，惟仍未歼除净尽，克复县城。著该大臣迅即督饬官兵设法进攻，毋再延误。所有奋勇出力之已革总兵德坤、已革游击格洪额，及摘去顶带热河协领柏林，均著准其开复。其已革喀尔沁旗他布囊德勒克桑布，著理藩院查明该他布囊获咎原案，据实具奏。

——《清代起居注册(咸丰朝)》第19册，第10798—10801页。

○上谕

军机大臣字寄钦差参赞大臣、科尔沁郡王僧。咸丰四年四月初四日奉上谕：

僧格林沁奏初一、二日攻击贼匪获胜一折，已明降谕旨，将德坤等加恩开复矣。此次逆匪由阜城南面扑出，被地雷轰击，歼毙甚多。复向北面冲突，又经官兵击退回巢。逆势穷蹙，急图窜逸，该大臣已面面安设地雷，正当乘此机会，诱令出巢，悉数歼除。惟该逆诡计百出，一经受创，恐另图绕越之路，或奸细潜通消息，知我地雷处所，设法揭破，不可不防。该大臣务即凛遵叠次谕旨，迅督各路官兵，将此股贼匪尽行扫荡，收复阜城，毋令窜出，致与东境贼匪会合。

本日胜保奏，二十七、八等日将李官庄贼匪痛剿，沿途击杀五六千名，追至距冠县四十里之清水集。该逆占距三村，立即夺回，复又焚毙多名。贼匪现在屯聚清水集，必须并力围攻。而德勒克色楞腿受枪伤甚重，不能督带马队，平海亦项受枪伤。计该逆所最畏惮者，马队官兵，当此得力之时，无人管带，且不敷追剿，著僧格林沁于接奉此旨后，即日饬令明庆将挑选精锐马队官兵八百名统带启程，前赴胜保军营随同剿办，勿庸俟穆辂到营再行换(发)[拨]，转致迟误。该大臣即将明庆起程日期驰奏。穆辂自桂良奏参后，不知行抵何处，殊堪诧异，著僧格林沁迅速檄提，仍一面查明何以日久尚未到营，如有沿途逗留情节，据实严参，从重治罪。

将此由六百里加紧谕令知之。

钦此。遵旨寄信前来。

——《清政府镇压太平天国档案史料》第13册，第512—513页。

〇上谕

僧格林沁奏，留营差遣之同知捐资出力，恳恩鼓励等语。直隶保定府同知黄德坊，前经捐办堤桥工程，兹复捐办火器，均堪适用，办理粮台随营供给毫无遗误，洵属著有微劳。黄德坊著准其开缺，留于直隶，以道员用，并赏戴花翎。

——《清代起居注册(咸丰朝)》第19册，第10797—10798页。

四月初七日

〇上谕

军机大臣字寄钦差参赞大臣、科尔沁郡王僧。咸丰四年四月初七日奉上谕：

本日玉明等回京，呈递阜城军营形势地图，朕详加披览，布置尚为周密。贼匪自初一日被地雷轰败，初二日复因扑濠被剿之后，连日作何情状？曾否出扑？此时诱贼离巢，痛加剿洗，固为要策。但据玉明等面奏，僧格林沁曾带亲兵数人轻骑诱贼，为贼匪大股抄围，势甚危急，大兵随后赶到，始获全胜。按之该大臣二十六日所发奏报，情节适合。该大臣

因逆匪坚匿不出，急欲图功，轻于一试，固属不得已之苦衷，惟统帅为一军之主，国体攸关，非如偏裨将弁，专以冲锋陷阵为功。前此该大臣在王庆坨时，轻骑前往天津，朕即有朱批详示，并非教以畏葸。轻敌冒险，究非统帅所宜。该大臣务当督饬将士，将阜城贼匪设计殄除，于勇往之中仍寓持重之意，庶免朕心悬系。

至图内所绘阜城东面扎有董占元营盘，该革员前在怀庆打仗，即不甚得力，数月以来，直隶军报从未叙及该革员随同打仗，究系何时留于该大臣军营？是否尚堪驱策？著即认真察看，毋稍迁就。

现在山东逆匪经胜保连日追杀，窜往冠县一带，本日据报，所余之贼不过数千。冠县与大名接壤，已谕胜保严饬张殿元、达年实力堵剿，防其西窜。惟据擒获生贼，搜出阜城逆匪书信，仍有催其迅速救援之语。是阜城一日不净，贼心一日不死。傥再有续来逆匪，势必又肆鸱张。僧格林沁固不可恃勇轻进，亦不可专恃长围，致延时日也。

将此由六百里加紧谕令知之。

钦此。遵旨寄信前来。

——《清政府镇压太平天国档案史料》第13册，第549—550页。

四月初八日

〇僧格林沁等奏

奴才僧格林沁等跪奏，为逆匪被困万分穷蹙，乘风舍命冲围而出，官兵奋力截杀，痛加剿洗，余匪死拒濠墙，尚未归巢，现在尽力围截，恭折奏祈圣鉴事。

窃照连日进攻逆匪，叠次小有斩擒，并该逆极力图脱，连夜扑奔濠栅，及误中地雷击轰多匪各缘由，业经恭折奏报在案。近日狂风大作，尘沙飞扬，咫尺之间不能看视。奴才等因恐出队轻进，翻恐有误事机，是以并未出队，严饬各营不分昼夜巡守长围，以防溃突。至初四日夜，该逆复行扑奔濠边，我兵枪炮齐施。该逆复横退至埋有地雷处所，依前被轰，踉跄而回。奴才等幸其连次失利，足可壮我军心，一俟风息，即当设法进逼，极力攻剿。讵该逆于初六日子刻藉趁风势，大股向东南培成营盘舍命豕突。该处与乌凌额防守之处相连，虽经培成、乌凌额等极力抵御，竟被扑出重濠，顺风抛掷火(旦)[弹]喷筒，将培成等营内帐房燃烧。培成等督率官兵奋力截击，未容窜溃。是时，奴才一闻逆匪窜出，心胆欲裂，立即催调各营马队赶至该处，合力截杀。我兵奋勇直前，歼殄逆匪无数。该逆退至濠边，死拒不回，我兵总未容其突出。此时惟有吁祷上苍暂息狂飙，或可不致偾事，蒇此垂成之功。设竟不能兜拦，奴才等立即前截后袭，亦不敢任其远扬。

至培成等营盘失挫，(至)[致]令突至围墙，虽因风势太猛，人力难施，究属堵守不力。

相应据实参奏，请旨将侍郎培成即行摘去顶带，责令立功，以赎愆尤。副都统乌凌额亦有应得之咎，惟是日进攻头受枪伤，请从宽免议。奴才僧格林沁统率无方，以致官兵营盘挫失，应请一并议处。

除伤亡官兵饬令各该营查明，另行办理，并飞咨胜保，设逆匪竟溃往南奔，立即拦前截击外，为此谨奏请旨。

［咸丰四年四月初七日］

——《清政府镇压太平天国档案史料》第13册，第552—553页。

〇上谕

僧格林沁等奏逆匪突围思窜、现督官兵截剿一折。阜城贼匪久经官兵围剿，穷蹙思窜，于初六日夜间乘风扑出重濠，向培成等营盘抛掷火弹喷筒，焚烧帐房，虽经僧格林沁催调各营马队合力截击，毙贼无数，该匪死拒濠边，尚未窜出，究属防范不力。培成著摘去顶带；乌凌额因击贼受伤，免其置议；僧格林沁未能先事豫防，著传旨严行申饬。仍著该大臣督饬各路官军尽力围剿，务将此股逆匪悉数歼除，毋任窜逸。

——《清代起居注册(咸丰朝)》第19册，第10837—10839页。

〇上谕

军机大臣字寄钦差参赞大臣、科尔沁郡王僧。咸丰四年四月初八日奉上谕：

僧格林沁奏逆匪乘风扑过重濠、现在力筹截剿一折。已降旨将培成摘去顶戴，并将僧格林沁严行申饬矣。阜城军营濠墙树栅层层布置，已有月余之久，何以逆匪扑出竟无拦阻，致令焚烧营盘，直抵濠外，抗拒不回？是连日安设长围，全不得力，其防守官兵所司何事？实堪痛恨。今该逆死踞濠边，虽未全窜，已在长围之外，防堵愈难。且该逆屡出窜扑，皆向东南一带，显系欲从景州、德州等处溃逸，与南来之贼勾结。现在临清贼踪虽已渐远，仍在冠县境内，距直隶大名甚近。若任令向东南窜出，由景州、故城循运河而南，便可合为一股。即使我军能向东南力截，又恐大兵全聚一隅，该逆窥我他处空虚，阳扑东南，潜向东、西、北三面突围冲扑，处处皆可窜出，尤为可虑。僧格林沁不能迅速奏功，此次失利，转以人力难施为解，看其光景，直似束手无策。若不能将扑出之贼全数截回，极力歼戮，致令稍有疏虞，朕自能将僧格林沁从重治罪，不仅以议处了事。所称前截后袭、不任远扬等语，亦系毫无把握之事，总以就地歼灭为要。至此次扑出贼众，是否系阜城内外全股突出？抑城关两村仍有贼匪聚伏？我兵以全力扼其东南，设该逆窥我空虚处所，分股奔突，转致我兵疲于接应，又堕贼声东击西之计。该大臣务当通筹布置，毋稍大意。本日已另有寄谕，令胜保、崇恩、桂良一体严防矣。将此由六百里加紧谕令知之。

钦此。遵旨寄信前来。

——《清政府镇压太平天国档案史料》第13册,第559—560页。

〇上谕

据僧格林沁奏称,阜城逆匪扑过重濠,当经官兵奋力截击,未容突出,现仍设法拦截等语。此股凶悍余匪被围日久,显系穷蹙思窜,冀图与南贼会合。现既大股向东南冲扑,万一防剿稍疏,则该逆必致伺隙南奔,其由景、德二州折而西南,至临清、冠县之路,不过数百里之遥,一经奔突句结,势必复肆鸱张。而胜保一军,转有腹背受敌之患。冠县逆众不过六七千人,若此股迅就殄灭,即移得胜之师向北迎截,庶剿办可期得力。该大臣务即速筹南北兼顾全策,先将现办之贼聚歼净尽,免致稽延时日。并应如何堵截北路窜匪,以剿为防,总期计出万全,毋堕该逆声东击西奸计。崇恩身膺疆寄,本属责无旁贷,且现驻临清,距直境较近,若阜城之匪竟致突围而出,该抚带兵迎击,亦甚便捷。傥敢畏缩不前,或藉词株守一隅,朕必治该抚以贻误军情之罪。其由庆云、盐山至山东武定,并清河、大名与山东交界处所,均著崇恩严饬各该地方实力筹防,以资堵剿。如守土之官仍前玩误,即著随时严参惩办,从重治罪。将此由六百里加紧各谕令知之。

——《清文宗实录》卷一二六,咸丰四年四月丙子。

〇上谕

本日据僧格林沁驰奏,贼匪乘风扑过重濠,意图窜出等语。此次阜城贼匪大股冲突重濠,势甚猖獗,虽经该大臣等督兵堵截,现在死拒濠边,尚未回巢,难保不分股四出纷窜。该处东通连镇,北达献县,东南与景州,西南与武邑、衡水,均属壤地毗连,最关紧要。著桂良严饬各该地方文武员弁严密防范,断不可令贼踪乘间阑入。至临清余匪,昨据胜保奏,现已窜至冠县,又经官兵歼戮甚多,亦须严防其窜入大名等处。著该督仍饬令张殿元懔遵前旨,尽力截扼,或酌量带兵出境迎剿,不得专事防守。仍著桂良与僧格林沁、胜保、载龄等互相知照,并多设侦探,将界连阜城各地方情形随时迅速奏报,毋稍疏虞。将此由六百里加紧谕令知之。

——《清文宗实录》卷一二六,咸丰四年四月丙子。

四月十三日

〇僧格林沁等奏

奴才僧格林沁等跪奏,为逆匪被剿势穷,亡命南窜,官兵跟踪追击,殄毙多名,恭折奏

祈圣鉴事。

窃查逆匪自占踞濠边，我兵连日进攻，毙贼无数，并雇觅人夫另挖长濠。该逆恐长濠工竣，不能脱逃，于初九日夜全股南窜。奴才等当即带领马队官兵跟踪追击，沿路殄毙多名，夺获大炮三尊。该逆分为两股，一股抗拒我兵，一股窜至连镇。查连镇东西两座镇市，中隔运河，我兵追至河边，苦无船桥，奴才僧格林沁沿河寻渡，至距连镇二十里之东光县地方始得渡河。该逆已抢劫民间木料，搭造浮桥，占踞东西两镇并附近村庄一处。前队逆匪到时，已多方准备，以拒我兵进攻。现在奴才僧格林沁、奴才西凌阿在河东扎营，奴才托明阿在河西屯扎，赶紧催调步队，以便合力进攻。

十一日，奴才僧格林沁饬派明庆、绷阔带领马队，前往贼踞村庄查看情形，如能得手，即督兵进剿。该员等探至贼巢，该逆列队抗拒，该员等首先压下，官兵奋勇齐进，该逆力不能支，败退回巢。我兵随后追杀，枪箭刀矛并施，毙贼二百余名。我兵纵火焚烧贼巢，烧死逆匪不计其数，余匪向西奔窜。我兵追至河边，复又毙贼一百余名，投水死者甚夥，生擒十余名，夺获骡马、器械、旗帜甚多。据生擒逆匪供称，逆众欲窜临清，因畏马队追杀甚紧，是以占踞连镇，是否在此盘踞，抑或他窜，尚在未定等语。奴才等恐该逆匪窜扰山东，已令侍郎培成、副都统那敷德带领马队官兵，星夜驰赴桑园地方择要屯扎，一得该逆窜逃之信，即迎头截击。

所有逆匪被剿，势穷南窜，官兵追击各缘由，谨恭折由六百里驰奏，伏乞圣鉴。

再，自初六日该逆占踞濠边，我兵连日进攻，计培成营盘阵亡官兵八十余员名，连各营伤亡官兵共一百余员名外，火器营鸟枪委参领恭讷楚克、正黄旗满洲保升委护军参领和连奋勇捐躯，情殊可悯，应请敕部照例议恤，合并附陈。谨奏。

［咸丰四年四月十一日］

——《清政府镇压太平天国档案史料》第13册，第599—600页。

〇上谕

军机大臣字寄钦差参赞大臣、科尔沁郡王僧。咸丰四年四月十三日奉上谕：

僧格林沁奏逆匪被剿南窜、官兵追击情形一折。本月初六日，因逆匪烧毁培成营盘，扑出长围，当经谕令僧格林沁极力歼戮，就地扫除。数日未见奏报，实深悬系。兹据奏称，该逆于初九日夜全股南窜，一股抗拒官兵，分股窜至连镇，搭造浮桥，占踞东西两镇及附近村庄，多方准备。我兵绕至东光县地方始得渡河。十一日督兵进攻，该逆败退回巢，我兵纵火焚烧，该逆复向西奔窜。此次追剿贼匪虽有斩获，而我兵伤亡亦复不少。该逆窜据阜城已几两月，朕叠降严旨，谕令扫穴擒渠，不准再有窜逸，于该大臣调兵调炮，无不立允所请，原冀僧格林沁即早将此股贼匪殄灭，以保全朕倚任之恩。兹阅该大臣奏报，卒令溃围

扑出，复踞连镇，我兵追剿，又落后著。该大臣叠次所谓布置者安在？僧格林沁前此追贼尚属迅速，何近日迟延贻误若斯之甚？且逆匪亡命狂奔，毫无阻滞，我则必须绕越渡河，使该匪得以从容设备，该大臣贻误之罪，夫复何辞？连镇地方分据运河两岸，西南可达景州，东南可达吴桥，由河而北，又距泊头镇不远。若不就地殄除，又恐蹈独流故辙，剿办何时蒇事？

昨据胜保奏，临清逸匪窜入丰县，该大臣督兵追杀多名，余匪不过二三千名，不日即可歼灭。惟追剿逆匪不分昼夜，利于遄行，马队多有疲乏落后，不敷攻击。前次谕令僧格林沁迅饬明庆带兵助剿，原有刻不容缓之势，乃该大臣此次奏报，犹有十一日明庆督兵压贼之语，是并未遵旨令该副都统前往胜保军营，又不能迅速将此股逆匪歼灭无遗，专力南注，两失机宜，朕实不解该大臣之意。僧格林沁接奉此旨后，仍饬令明庆督兵南下，无再延误。

此股窜匪，务当乘其喘息未定，督饬马队官兵实力截击，悉数歼除。傥再令该逆又在连镇地方久踞，或又窜踞他处，朕必治僧格林沁贻误之罪。

别亦无可再谕矣。将此由六百里加紧谕令知之。

钦此。遵旨寄信前来。

——《清政府镇压太平天国档案史料》第 14 册，第 1—2 页。

〇上谕

文谦奏贼窜连镇，津郡筹防，请就近移兵一折。阜城贼匪窜踞连镇，跨占运河，与天津一水可通，自应豫为严密防守。该郡存兵分拨各处，殊虞单薄。载堪带兵五百名驻守杨村，该处情形现在不甚吃紧，而与津郡相距较近，已谕载龄派令载堪将所带之兵由杨村移赴天津，会同文谦合力守御。本日据僧格林沁奏，贼踞连镇，经我兵赶到围剿，叠有斩捡，惟所获贼供，逆匪是否在此盘踞，抑或他窜，尚在未定等语。贼踪剽疾异常，南北奔窜，均未可知。津郡尤为贼所觊觎，且去冬曾经攻扑，尤不可不加倍严防。著文谦就现存兵勇，与载堪慎密妥筹，并激励绅民，同心戮力，帮同巡缉，以期先事豫防。其由静海移赴沧州之兵，为该郡前路屏蔽，尤宜督饬带兵将弁与地方文武会同防剿，不可稍涉疏虞。并多设远探，将前路军情及地方布置情形随时具奏。

——《清文宗实录》卷一二七，咸丰四年四月辛巳。

〇上谕

僧格林沁等奏逆匪势穷南窜、督兵追剿一折。阜城贼匪经官兵连日进攻，歼毙无数，于初九日夜间全股南窜。僧格林沁督带马队官兵跟踪追击，沿途殄毙多名，夺获大炮三尊。该逆窜至连镇，占踞附近村庄一处。官兵合力剿击，僧格林沁派令明庆、绷阔带领马

队,前往贼踞村庄进剿。该逆始犹列队抗拒,官兵奋勇齐进,逆匪力不能支,败退回巢。我兵随后追杀,毙贼二百余名,纵火烧毙逆匪不计其数,余匪向西奔窜。官兵追至河边,又毙贼一百余名,投水死者甚众,生擒十余名,夺获骡马、器械、旗帜无数。著僧格林沁即督饬马步各队官兵就地歼除,毋任分窜。所有连日接仗阵亡之火器营鸟枪委参领恭讷楚克、正黄旗满洲保升委护军参领和连,均著交部照例议恤。其余阵亡官兵,著一并咨部议恤。

——《清代起居注册(咸丰朝)》第19册,第10874—10876页。

四月十四日

〇上谕

军机大臣字寄钦差参赞大臣、科尔沁郡王僧。咸丰四年四月十四日奉上谕:

昨因胜保追贼遄行,马队多有疲乏,不敷攻剿,复催令僧格林沁迅饬明庆督带马队官兵助剿。本日据胜保驰奏,剿办临清窜匪,于初九日在丰县黄河北岸殄灭净尽,因闻阜城逆匪全股扑出,拟酌带马步各队官兵,分两岸前进,确探贼踪,相机迎截等语。此时明庆所带马队,著无庸再行前进,仍留营中,以资攻剿。该大臣惟当懔遵叠次严旨,速将连镇盘踞贼匪就地歼除,无留余孽,不得因胜保督师折回,稍存观望,致失事机。刻下大江南北尚未荡平,皖楚贼氛甚炽,朕眷怀南服,深切隐忧。而阜城之贼,围攻两月,尚未能悉数歼擒,又令他窜,尔等带兵大臣当如何愧愤焦急,迅图蒇事。

胜保剿办临清窜匪,能将全股殄除,办理甚属迅速,本日已降旨嘉奖,以励各省军营。惟(据)[遽]称河北一律肃清,竟以红旗报捷,迹涉矜张,殊失朕望。此时连镇余匪,再加以胜保得胜之兵,自无难克期殄灭。僧格林沁秉心诚朴,不尚虚文,朕所素知。即日连镇全股贼匪殄灭,亦不必以红旗报捷,致涉铺张。该大臣务当与胜保合力同心,迅奏肤功,共膺懋赏也。

将此由六百里加紧谕令知之。

钦此。遵旨寄信前来。

——《清政府镇压太平天国档案史料》第14册,第19页。

四月十六日

〇僧格林沁等奏

奴才僧格林沁等跪奏,为督兵进攻贼巢,马队官兵退缩不前,已将带队官员革去顶戴,枷号示众,仍请旨即行革职,以示惩儆,恭折奏祈圣鉴事。

窃查该逆占踞连镇，前经奴才等饬派明庆、绷阔带兵进攻，毙贼数百余名，业经恭折奏报在案。十二日步队官兵陆续到齐，奴才等商定十三日合力进攻。是日，奴才僧格林沁、奴才西凌阿带领达洪阿由东岸进攻，奴才托明阿带领瑞麟、伊勒东阿由西岸进攻。我兵行至贼巢，呐喊齐进，该逆暗放枪炮，密如雨下，我兵冒烟而进。该逆恐我兵攻进，随由两岸扑出数百余名，我兵枪箭齐发，毙贼数十余名。该逆(尤)[犹]拼死抗拒，势甚凶猛。侍郎伊勒东阿左臂受铅子伤，仍负痛督兵，将该逆击败回巢。是日之战，各路马步官兵无不奋勇争先，惟盛京第七、八起马队带队官员，因马受炮伤，辄敢退后，以致两起兵丁退缩不前。现当攻剿万分吃紧之际，若不从重惩办，各营官兵纷纷效尤，何以严纪律而震军威？除将盛京第七、八起营总佛恩、恩禄先行革去顶戴，枷号示众外，相应请旨，将佛恩、恩禄即行革职，以为临阵退缩者戒。

现在奴才等一面设法进攻，一面慎防西北。该逆飘忽靡定，亟宜防其回窜及顺流复扰天津。现已将各营步队官兵屯扎西岸，先于西岸挑它长濠，阻其回窜之路，并札调天津船只停泊下游，钉桩下矛，以遏其窜扰津郡。西北布置妥协，无回窜之虞，东、南两面再为挑濠筑垒，该逆势必舍命扑出，我兵攻剿可期得手。查西岸连镇房屋无多，半系土房，惟东岸连镇瓦房鳞立，墙垣亦极坚厚，街市约长三里余。连镇迤东之戈户陈庄，亦系极大村落，房屋街道不减于连镇，且粮米极多。现已飞调大炮来营，以便轰击。

所有奴才等督兵进攻及布置一切情形，谨恭折具奏，伏乞圣鉴。谨奏。

[咸丰四年四月十四日]

——《清政府镇压太平天国档案史料》第14册，第23—24页。

〇僧格林沁等奏

再，本月十二日穆辂带兵八百余名到营，其余官兵运解锅帐尚未赶到。据称，沿路并无车辆人夫，兵丁携带锅帐步行前进，是以行走不能迅速。奴才等已饬该员在河西扎营。查现逆匪占踞连镇，中隔运河，官兵分两岸屯扎，兼防河道。惟地方较大，以现在兵力进攻则有余，若环绕兜围，防堵严密，仍觉单薄。近据探报，东省逆匪不日即可殄灭，所有明庆所带马队官兵拟暂缓前赴东省，仍留于连镇军营，以资协剿。谨附片具奏。

[咸丰四年四月十四日]

【知道了。】

——《清政府镇压太平天国档案史料》第14册，第24—25页。

〇上谕

军机大臣字寄钦差参赞大臣、科尔沁郡王僧。咸丰四年四月十六日奉上谕：

僧格林沁等奏马队官兵攻贼退缩一折。已降旨将营总佛恩、恩禄革职枷号,并令该大臣查明退缩兵丁,即行正法。逆匪窜扰连镇,跨河营巢,若待其布置已定,势必至如独流故事,攻剿难以得手。该大臣与西凌阿、托明阿分扎东西两岸,并密防该逆回窜西北之路,复将天津船只停泊下游,使贼众不得扰及津郡。逆匪自阜城窜出,并非穷蹙奔逃,一到连镇,即死守抗拒。该大臣于东、南二面挑濠筑垒,诚恐兜围严密,益坚该逆负嵎固守之心。此次马步官兵虽极奋勇,而贼巢仍未攻破,且致伊勒东阿臂受枪伤,是其明证。不如诱令离巢,设伏以待。一俟该逆扑出,迅即合围兜击,俾该逆不得回奔入巢,再以奇兵将贼队冲断,剿洗更易得力。著该大臣等酌量办理,万不可专恃胜保兵到,致延时日。前据桂良奏,张殿元、达年驻守大名之兵移营南乐,原以防东境冠县、朝城诸处窜匪,现在该处情形无关紧要,已谕令桂良将该署提督等所带官兵移向景州、交河一带,著该大臣察看何处紧急,派令协防,藉资堵剿。前此因德勒克色楞接仗受伤,特派乾清门侍卫恩全前往看视。本日已谕令胜保,迅饬恩全驰赴连镇,察看军营情形,回京覆奏。该大臣务将现在贼情及一切布置告知恩全,即饬令回京,以慰朕念。将此由六百里加紧谕令知之。

钦此。遵旨寄信前来。

——《清政府镇压太平天国档案史料》第14册,第50页。

〇上谕

前据桂良奏,张殿元等带领官兵移营南乐,原为临清贼匪窜至冠县、朝城而设。现在东境肃清,大名一带毋须重兵驻守,阜城匪众窜踞连镇,又已数日,设令相持日久,恐该逆拒守益坚,耗我兵力。著该督即行飞饬张殿元、达年等,将此项官兵迅速统带北行,向景州、交河一带探明贼踪,就近逼攻。仍飞咨僧格林沁,酌量何处紧要,即将此项官兵派拨防剿,毋稍迟延。将此由六百里加紧谕令知之。

——《清文宗实录》卷一二七,咸丰四年四月甲申。

〇上谕

僧格林沁奏督兵进攻贼巢一折。逆匪窜踞连镇,前经官兵歼毙多名,该逆仍负嵎抗拒。本月十三日,僧格林沁同西凌阿、托明阿等督兵分东西两岸进攻,行至贼巢,呐喊齐进。逆众暗放枪炮,由两岸扑出数百余名。我兵枪箭齐施,毙贼数十余名,该逆败退回巢,坚拒不出。据奏,此次接仗,各路马队官兵俱属奋勇争先,惟盛京第七、八起带领马队官员,因马受炮伤,辄敢退后,以致两起兵丁相率退缩,实属怯懦无能。所有带领此项马队之营总佛恩、恩禄,业经僧格林沁将该二员革去顶带,枷号示众,仍均著即行革职,并著将先行退缩之兵查明正法,以肃军律。僧格林沁等务当督饬将弁,设法攻剿,将窜踞连镇之余

匪迅即悉数歼除,毋任再有窜逸,致滋蔓延。

——《清代起居注册(咸丰朝)》第 19 册,第 10906—10908 页。

〇上谕

僧格林沁奏扎哩木盟之图谢图王旗下四品台吉屯赖扎木苏打仗阵亡、请旨照例赐恤一折。屯赖扎木苏杀贼多名,奋勇鏖战阵亡,殊堪悼惜,屯赖扎木苏著加恩交理藩院从优议恤。

——《清代起居注册(咸丰朝)》第 19 册,第 10905—10906 页。

四月十七日

〇上谕

谕军机大臣等:

昨因楚豫交界防剿紧要,谕令胜保将留驻曹州之陕甘官兵酌交桂明带赴武胜关,会同舒伦保、台涌等相机堵剿。兹据胜保奏,于十三日与善禄督带马步官兵,由运河两岸同赴东昌,探贼迎击,其桂明所带陕甘官兵暂驻曹州等语。曹州地方当南北之冲,固属紧要,惟此时楚豫交界情形甚为吃重,自应仍饬桂明带兵,或一千名,或一千五百名,迅赴武胜关,以资防剿。善禄既带步队官兵由金乡一带前进,其留驻曹州之兵应派何员统带,著该大臣酌量情形,迅速妥为布置。

至阜城逆匪窜踞连镇,跨河营巢,若我兵攻剿稍迟,贼匪势必负嵎死守,又蹈独流故辙,剿办何时蒇事?昨谕僧格林沁诱贼离巢,设伏以待,若该逆果向南溃窜,该大臣等由运河两岸前进,正可迎头截击。傥伏匿连镇,该大臣务与僧格林沁合力夹攻,就地铲除,勿留余孽。兵贵神速,断不可再有耽延,致误事机。

此次保举单开各员并无蒙古官兵,是否该官兵于克复临清时剿贼未甚出力,抑或有遗漏之处,著该大臣迅速查明具奏。蒙古列在藩服,傥著有劳绩,尤应破格请奖,断不可令其湮没不彰。至军营打仗,冲锋冒险,武职居多,胜保将文职开列在前,亦属非是。统兵大臣首在赏罚平允,即轻重先后之间,亦须权衡至当,始足以镇服军心,慎勿蹈重文轻武积习,稍有偏倚也。

将此由六百里加紧谕令知之。

——《东华续录》咸丰三十四,第 28—29 页,咸丰四年四月乙酉。

四月二十日

军机大臣字寄钦差参赞大臣、科尔沁郡王僧。咸丰四年四月二十日奉上谕：

前以阜城窜匪复踞连镇，谕令僧格林沁酌度情形，如能诱令出巢，设伏兜剿，庶易为力。数日以来，未据奏报，不知该大臣作何布置，朕心焦切万分。以此股贼情而论，显系伏匿抗拒，意图耗我兵力，且墙垣坚厚，米粮充足，一经负嵎久踞，复蹈独流故辙，又将何以著手？该大臣前奏挑濠筑垒，止于计及兜围，并未能迅速攻剿。朕以剿贼重任畀之僧格林沁，事权不为不专，大营兵力不为不厚，何以任令久困之贼突围而出？复不能乘势掩杀，为前后邀截之计。迨窜入连镇后，又不能及时剿洗，任其从容布置。该大臣贻误迁延，罪将谁诿？现在胜保、善禄统兵于运河东西两岸分路北趋，由东昌会齐前进。若该逆果向南窜，僧格林沁惟当竭力追杀，而胜保等亦正可迎头截击。傥仍伏匿连镇，则胜保计日赶到，即可合力进攻。僧格林沁亦不得专待胜保到后始图剿办。总之，此股穷寇一日不灭，畿辅一日不安。朕急切苦衷，该大臣岂不知之？著即体察机宜，严饬各路带兵各员速筹进攻，无论合围攻击，或窜出截杀，总期悉数歼灭，迅速办理，朕断不能再为该大臣宽予限期也。其张殿元、达年由南乐北行之兵，并桂良由省派往协剿之宣化兵五百名，均著飞催前进，相机调遣，藉资堵剿。并著随时知照胜保，迅速驰抵连镇，合力同心，将此股窜匪剿灭净尽，不准再有耽延，致干重罪。将此由六百里加紧谕令知之。

钦此。遵旨寄信前来。

——《清政府镇压太平天国档案史料》第14册，第80—81页。

〇上谕

军机大臣字寄钦差大臣、正蓝旗汉军都统胜。咸丰四年四月二十日奉上谕：

胜保奏余匪净尽、督兵由东平一带相机迎剿一折。该大臣于十五日即抵济宁，十七日发折后始行起程，尚须相机再进，是直以班师自诩，按辔徐行，殊属非是。现在自阜城窜踞连镇之贼，即系该大臣去年由豫晋追剿至直之贼，并非另有一股。此贼一日不灭，即该大臣一日不得辞责，岂恃东境无贼为全功，而以应办未了之事诿之他人耶？据奏，阜城贼踪窜向何方，尚无确耗，何侦探迟滞至此？连镇之贼跨河营巢，死拒不出，几与独流相等。僧格林沁乞濠筑垒，分扎官兵于东西两岸，并将天津船只停泊下游，布置虽周，而进攻总未得手。所杀逆匪不过数十名，且有伊勒东阿、乌凌额受伤之事。该处地势，河东较河西尤固。胜保现从东岸进兵，即当迅速驰抵连镇，一面飞催善禄由西岸星速前进，同抵该处，合力进攻。若任意迁延，徒以休息兵力为词，自问何颜对朕？功自功，罪自罪，断不能希图相抵也。

另片奏，知州黄良楷、知县卢朝安、在籍侍卫田在田，各带练勇搜杀溃匿贼匪等语。自

应亟行奖励。所有带勇各员及出力团长、练勇人等，著准其归入丰县剿贼出力各员内，一体保奏，候朕施恩。

该大臣此次追剿贼匪如此迅速，若驰抵连镇，将阜城窜匪与僧格林沁合力同心，迅歼丑类，肃清畿辅，方不负朕委任之恩也。

将此由六百里加紧谕令知之。

钦此。遵旨寄信前来。

——《清政府镇压太平天国档案史料》第14册，第79—80页。

四月二十二日

〇僧格林沁等奏

奴才僧格林沁等跪奏，为连日督兵进攻，毙贼多名，现已调到大炮轰击贼巢，并激励将士极力进攻，以期迅速蒇事，恭折奏祈圣鉴事。

窃查该逆自窜踞连镇，经我兵屡次剿洗，心胆益寒。近日官兵进攻，该逆仅出百余人向我兵抗拒，我兵前进，该逆即窜入贼巢。现在因长濠未竣，各路官兵未能环绕扎营，逐日无分昼夜派拨马队官兵列队，以防该逆攻扑。该逆每于晚间结队而出，希图逃窜。十五、十六等日，奴才等预派马步官兵伏于贼巢左近，该逆于戌刻突出，我兵奋勇齐进，前后夹击，两次毙贼约有一百余名。十七、十八等日督兵进攻，该逆并未出巢。十九日，奴才僧格林沁前往西岸，会同奴才托明阿查看长濠地势。奴才等仅带亲随数十人，详加履勘。惟该逆自连镇西北挖有明濠一道，来往行走，以避枪炮，并于明濠迤北筑起炮台，用炮击打挖濠人夫。奴才等公同商酌，若不将炮台拆毁，人夫断难工作。奴才僧格林沁当派内火器营委参领玉亮，带领前次投出之张德顺等十余名，抢上炮台。该逆抢抬炮位，往贼巢逃窜，该员等夺炮不及，当将炮台木板等物拆卸。该逆见官兵拆毁炮台，又见奴才等人数无多，即由连镇扑出二百余人。奴才等见该逆来势凶猛，且距贼巢甚近，马队官兵不能施展，随即退后约计二里之遥，翻身呐喊压下，时奴才等预伏之马队官兵从两翼抄出，副都统明庆，侍卫达崇阿、图库尔，飞马当先，冲入贼队，枪箭齐发，毙贼一百余名，余匪败退。我兵奋勇追杀，遥见该逆大股扑出约有一千余名。奴才等因附近贼巢地势不平，且恐马队深入不能得力，一面飞调步队，一面传令马队撤回。时瑞昌、瑞麟督带步队业经赶到，马步齐进，复又毙贼二百余名。正在攻剿之际，忽然细雨微微，旋即雨势甚紧，火绳烘药均已浸湿，枪炮不能施放，我兵复用刀矛毙贼数十余名，生擒三名，夺获刀矛、器械、旗(炽)[帜]不计其数，余匪踉跄败退。计三日进攻，我兵阵亡十名，受伤三十名，惟马队官兵伤毙马已甚多。该逆连日受创，死守不出。

查该逆所占连镇，地势较高，且近在河岸，集沙数处，高有五六尺、七八尺不等，每于出队，该逆在土坡以后隐藏。该逆复于连镇周围深挖濠沟，并将各巷口用木板、箱柜等物筑作木墙，我兵断难直捣其巢。现在惟有用大炮轰击，使该逆不得安生，溃窜而出，攻剿或可得手。现已札调张殿元带兵在吴桥县屯扎，达年带兵在宁津县屯扎，以遏该逆窜逃东南之路。至此股逆匪殄灭之期，实难预定。惟查其现在情形，尚不致鸱张为患。该逆前在阜城约有万人，屡经官兵殄剿及大炮轰击，毙贼究有若干，彼时原不能知其确数。近日阜城居民在阜城城内、南关、东南关、红叶屯、塔儿头地内掘出贼尸二千余具。自窜连镇之后，连日进攻，毙贼亦不下千有余名。以此计之，现在逆匪亦不过七八千名。但人数虽系无多，惟该逆窜扰数省，曾经百战，其狡猾诡诈之状，笔难尽述，且自知断无生路，众心结成死党。该逆若出巢抵敌，殄灭诚不费手；若坚匿不出，破之殊非易事。现据生擒逆匪及逃出被裹难民供称，该逆互相嗟怨，深悔渡黄北犯，现在惟有向南回窜，又恐马队追杀，是以到处盘旋。查东省之贼业经剿灭，此股溃败之贼亡命南窜，似无北犯之虞。所有京师各路防兵，似宜酌量撤回，既可以息兵力，兼可节省帑项。是否如斯，伏乞圣裁。胜保统带得胜之兵，不日即可驰抵连镇，奴才等惟凛遵叠次谕旨，和衷共济，迅速图功，以纾宸廑。

所有奴才等连日进攻情形，谨恭折具奏，伏乞圣鉴。

再，近日屡经拿获乡民代该逆购买马匹、硝磺、火药以及食物，业经讯明，就地正法，合并附陈。谨奏。

［咸丰四年四月二十日］

——《清政府镇压太平天国档案史料》第14册，第82—84页。

〇上谕

军机大臣字寄钦差参赞大臣、科尔沁郡王僧，钦差大臣、正蓝旗汉军都统胜。咸丰四年四月二十二日奉上谕：

僧格林沁等奏连日督兵进攻、毙贼多名，并据胜保等奏拨兵赴楚防剿、即日驰赴连镇会剿各一折。逆匪窜踞连镇，虽经僧格林沁等督兵进剿，小有斩获，未能扫穴擒渠，克期殄灭。览奏实深焦急。该逆于连镇挖濠筑墙，意图久踞。我兵惟用大炮轰击，仍不能出奇制胜，力破贼巢。似此旷日持久，剿办何时蒇事？胜保于十九日行抵茌平，计日已可行至连镇。两军会剿，兵力较厚，该大臣等务当协力同心，迅图攻剿。傥该逆负嵎死拒，我兵不难四面兜围，为就地划除之计。设势蹙南窜，仍可设伏以待，出其不意，一鼓歼除。军情变幻靡常，惟在该大臣等相机妥办，迅速奏功，断不可再延时日。附近连镇村庄是否有贼占踞？万勿任其裹胁居民。并当严断接济，使该逆援绝势孤，攻剿自易得力。其东北一带尤应加意严防，毋令抢掠船只，再滋延蔓。

前谕胜保酌拨官兵，交桂明[统带]，驰往豫楚交界会剿，著即严饬该提督与台涌、舒伦保、英桂、杨霈等互相知照，探明何处紧要，即驰赴何处迎头堵剿，万不可任令逆匪阑入豫境，致滋蔓延。

至胜保请仍饬张殿元驻守大名之处，前因东境肃清，谕令桂良饬令张殿元、达年赴景州、交河一带就近逼攻。现据僧格林沁札调张殿元在吴桥、达年在宁津带兵屯扎，该员等谅已遵办。前调山西泽、潞官兵现在行抵何处？若尚未到营，即可令此项官兵驻扎大名，以资防守。如必须张殿元等折回该处，著僧格林沁、胜保斟酌妥办，无以有用之兵置之无用之地。

至东路盐山、庆云一带与山东武定毗连地方，防守官兵势尚单弱，著僧格林沁、胜保妥筹应如何拨兵扼要堵截，并知照崇恩，严饬地方文武与绅民人等实力防堵，万不可稍有疏虞，至贼匪乘间窜逸。

该大臣等务当统筹全局，合力进攻，总期早灭妖氛，肃清畿辅，毋负委任。

僧格林沁所请京师各路防兵酌量撤回等语，已谕巡防王大臣酌办矣。

将此由六百里加紧各谕令知之。

钦此。遵旨寄信前来。

——《清政府镇压太平天国档案史料》第14册，第108—109页。

四月二十四日

○上谕

军机大臣字寄钦差参赞大臣、科尔沁郡王僧，钦差大臣、正蓝旗汉军都统胜。咸丰四年四月二十四日奉上谕：

麟瑞奏，带兵进关，请旨遵候调拨等语。此项吉林官兵一千名，既据该副都统管带，于四月二十一日行抵山海关内，由天津一路行走，即著僧格林沁、胜保派员飞檄迎提，催令速赴连镇军营，听候调遣。应于何路设防、何处助剿，并著该大臣相机办理。至连镇近日贼情何如，我军如何进攻，胜保计日赶到，务即乘此声威，与僧格林沁勠力同心，亟图剿灭，不得稍有迁延，再滋贻误。将此由六百里加紧谕令知之。

钦此。遵旨寄信前来。

——《清政府镇压太平天国档案史料》第14册，第133页。

四月二十五日

○上谕

军机大臣字寄钦差参赞大臣、科尔沁郡王僧。咸丰四年四月二十五日奉上谕：

朕闻阜城逆匪窜出时，察哈尔官兵并未知觉，迨将防濠之炮那向营盘轰击，始知贼出，兵已大乱。林灏详扒越濠沟，平毁濠墙，贼众跟出，以致焚毁营盘，抢去帐房百余架、马匹驼只数百匹，伤亡兵丁数十人。前据僧格林沁奏称，逆匪于初六日子刻扑出重濠，燃烧帐房，仅请将培成摘去顶戴，乌凌额尚请因伤从宽免议。迨逆匪窜至连镇，始奏称培成营盘阵亡官兵八十余名，并未将培成失事实在情形及被贼抢去帐房、驼马、火药各情详细入告。是该大臣前次奏参培成，显有不实不尽。逆匪窜踞阜城，叠据僧格林沁等奏称挖筑濠墙，杜贼窜逸，乃初六日贼踞濠边，初九日全行南窜，此数日中，竟不能设法堵剿，以致该逆窜踞连镇，余烬复燃，重烦兵力。可见该大臣平日布置尽属空谈，毫无把握。至各营带兵大员，均归该大臣节制，有功则赏，有罪则惩，毫厘不容假借。傥有失事之员，即当据实严参，又岂可讳败为功？所有培成营盘如何被烧，逆匪如何扑出，培成及该营兵丁是否在营，何以毫无知觉，帐房等件被贼抢去若干，著该大臣迅速详查，据实具奏，傥有一字虚捏，是僧格林沁自蹈欺罔之罪，断难逃朕洞鉴也。该大臣于军营一切事宜自当秉公酌办，方足以折服人心，不可稍有瞻徇回护，致负委任。朕又闻该大臣延觅喇嘛，在营讽经设醮。此虽系蒙古素所崇奉，但当剿贼吃紧之时，恐该兵丁等专务此事，于防剿或有疏虞，岂此事所能补救也？该大臣惟当力尽人事，不可以不急之务致懈军心。将此由六百里谕令知之。

钦此。遵旨寄信前来。

——《清政府镇压太平天国档案史料》第14册，第138—139页。

四月二十六日

○僧格林沁、胜保奏

奴才僧格林沁、奴才胜保跪奏，为奏闻事。

窃查逆匪自占踞连镇，经官兵屡次剿洗，殄毙多名。该逆受创之后，坚壁死守。奴才僧格林沁等恐该逆溃窜，先于西岸挑挖长濠，尚未竣工。该逆恐被围困，于二十二日夜复又占踞西岸连镇西北坡村，离所挖之濠甚近，用炮击打挖濠人夫。所有业经择定挖濠之处断难工作，只得另行择地挑挖。惟地方愈广，工竣更需时日。连日督兵进攻，并用炮轰击，毙贼百余名、数十名不等，我兵阵亡八名，受伤四十名。二十二日进攻贼巢，乾清门头等侍卫绷阔奋勇争先，前胸受抬枪伤。是日夜，该逆由东岸扑出，都统西凌阿带领马队官兵将

该逆杀退。现在逐日用大炮轰击,所有历次解来火药,现存无多,应请旨饬下巡防王大臣迅即拨解火药二万斤,委员运解来营,以应要需。

奴才胜保于二十三日带马队官兵驰抵连镇,当即由东面绕至东北,与奴才僧格林沁会晤,察看情形。北面与东北、西北面,均经奴才僧格林沁业已搭桥挖濠,修筑炮台,妥为布置,并见贼出巢即行击杀。而南面与东南、西南两面,官兵不敷分拨,稍觉空虚。奴才胜保酌拟即于贼营南面扎营,无论贼之拒守分窜,进攻扼截,皆可就近得手,一面调集船只,支搭浮桥,可以东西接应,声气相通。查该逆窜踞连镇而外,复于东、西两面二三里之内占踞村庄,以为犄角之势。连镇盖藏素丰,粮食充足,该逆藉以踞守。虽贼众较在独流时已少,办理似较独流稍易,然已起立木城,分踞村庄,如不及早扑灭,诚如圣谕,必致又成负嵎之势。奴才胜保拟俟步队到齐,即与奴才僧格林沁商定,分路进兵,总期极力攻击,早就歼除。如果势穷窜出,即当认真击杀,痛加剿洗。惟奴才胜保与德勒克色楞先带马队官兵,行走较速,是以赶到,其步队官兵由善禄、桂龄、孔广顺等督带,尚未到来。奴才胜保殊深焦急,已行文持令催提,限于日内务须赶到,不得稍有迟延,致干严参。一面飞催火药、车辆、锅帐一切,以便扼要安营。晚间分拨马队在于东南、正南、西南三面分列堵截,以防窜逸。

所有奴才僧格林沁等督兵进攻,奴才胜保驰抵连镇各缘由,谨恭折具奏,伏乞圣鉴。谨奏。

[咸丰四年四月二十六日]

——《清政府镇压太平天国档案史料》第 14 册,第 146—147 页。

〇上谕

军机大臣字寄钦差参赞大臣、科尔沁郡王僧,钦差大臣、正蓝旗汉军都统胜。咸丰四年四月二十七日奉上谕:

僧格林沁、胜保等奏连日进攻连镇贼巢一折。所奏毫无把握。逆匪起立木城,分踞村庄,如此容易,我兵但知挑挖长濠,又不能克期蒇功。即连日进攻,杀贼不过百余名、数十名,而我兵伤亡亦复不少。似此旷日持久,何时始能歼灭?兹阅该大臣等奏报,殊出情理之外。贼于初九日夜间窜出,占踞连镇,我兵紧接跟追,何以迟至二十二日,尚任该逆从容占踞(两)[西]岸村庄?且称另行择地挖濠,是此十日之内所办之工全归无用。傥逆匪愈占愈广,我兵濠堑亦将愈挖愈远,自来困贼有此下策否?若濠堑果有可恃,原不妨计日以待。阜城覆辙,已可概见,尚复沾沾必出此策。朕畀僧格林沁以如此重任,不料其束手无计,一至于此,朕实为之深愧。胜保已抵该处,步队亦即日到齐,自当力筹进攻,与僧格林沁和衷速办。此股逆匪本系胜保专办,不得一味诿过于人,前此寄谕业已详示。若胜保竟

恃山东剿贼为莫大之功，于连镇剿办事宜辄视为有人分任，徒事迁延，断不能逃朕洞鉴。前此所谕诱贼出巢、设伏出奇等事，能否遵办，即著相机妥筹。若任其负嵎死守，朕度该大臣等才力，亦必不能克日奏功也。

绷阔胸受枪伤，实属奋勇，著发去白玉四喜搬指一个、玉靶小刀一把、大荷包一对、小荷包四个，交该侍卫祗领。所需火药，已谕巡防王大臣如数拨解矣。

将此由六百里加紧各谕令知之。

钦此。遵旨寄信前来。

——《清政府镇压太平天国档案史料》第 14 册，第 159—160 页。

○上谕

是日内阁奉谕旨：

僧格林沁奏，官员捐输军饷等语。所有捐饷之察哈尔佐领色德巴扎尔等应得奖励之处，著兵部查核议奏。

——《清代起居注册(咸丰朝)》第 19 册，第 11002 页。

○上谕

僧格林沁奏，续查前次贼由阜城扑出打仗阵亡之官员，请旨议恤等语。镶红旗世管佐(翎)[领]达浑、镶黄旗护军校达哈布、正白旗护军校郭绅、察哈尔镶蓝旗公中佐领色楞拉什，均著该部照例议恤。

——《清代起居注册(咸丰朝)》第 19 册，第 11002—11003 页。

四月二十九日

○僧格林沁奏

奴才僧格林沁跪奏，为恭折覆奏，仰祈圣鉴事。

四月二十六日奴才接准军机大臣字寄，咸丰四年四月二十五日奉上谕(谕文略)。奴才跪读之下，曷胜悚惕。伏查逆匪前在阜城，奴才饬挖长濠以资围剿，各营官兵沿濠扎营，互相联络。奴才随时不动声色，亲往环绕稽查，并于夜间数次派员持令前往查看，严饬各营官兵加意防守。至四月初六日子刻，该逆趁风扑出，站墙官兵见该逆扑近树栅，即开枪炮轰击，极力抵御。该逆舍死冒烟而入，培成等营扎在东南，是时西北风大作，官兵站立迎风，该逆抢上濠墙，抛掷喷筒、火罐，将帐房、火药全行燃烧，遍地火焰，以致驼马惊散。奴才当饬赶紧查找。现据培成查明，失去驼马一百余匹，查找无踪，自系被贼抢去。其帐房、

火药实系焚烧，并未被抢。培成及该营兵丁俱在营盘。

至喇嘛在营讽经设醮一层，查三盟及察哈尔蒙古营内俱带有喇嘛医生，曾否在营讽经设醮，奴才实无闻见，奴才并无延觅喇嘛讽经设醮情事。至奴才营内系精健巡捕各京营官兵，亦无与喇嘛交接之人。

奴才自知赋性愚拙，知识谫陋，军旅之事素未谙习，事无巨细，无不与各营领兵大员熟商妥筹，实不敢自任己性。奴才自与逆匪接仗以来，随时具奏兵力贼情，无不据实直陈，实不敢讳败为功，即如杀毙贼匪以少报多，伤亡官兵以多报少，以贼窜为克复，讳鸱张为穷蹙，稍涉敷衍，致蹈欺朦重罪。总之，各军尚称用命，不能迅扫妖氛，致逆两次扑窜，皆由奴才统率无能之所致。奴才每思及此，惶栗愧赧，无地自容。兹奉严谕，惟有吁恳天恩，准奴才赶紧图功，以赎咎戾。

所有奴才遵旨覆奏各缘由，谨恭折覆奏。

[咸丰四年四月二十七日]

——《清政府镇压太平天国档案史料》第14册，第160—161页。

○上谕

僧格林沁奏遵查培成营盘失事情形一折。据称阜城贼匪既有长濠围困，又有各营官兵临濠扎营，互相联络，僧格林沁复派员时往查看，何以四月初六日逆匪奔突，竟从（陪）[培]成营盘全股窜出，抢越濠墙，并将帐房、火药燃烧，失去驼马一百余匹？是（陪）[培]成平日漫无准备，临事又不能实力堵击，畏葸无能，已可概见。僧格林沁前奏仅将该侍郎摘去顶带，不足蔽辜，培成著即革职，仍留军营效力赎罪。傥再不知奋勉，即著从严惩办。

——《清代起居注册（咸丰朝）》第19册，第11020—11021页。

五月

五月初四日

○僧格林沁、胜保奏

奴才僧格林沁、奴才胜保等跪奏，为四月二十九日合力攻剿，毙贼多名，现在激励将士克日进攻，以期迅速蒇事，恭折奏祈圣鉴事。

窃查逆匪自窜踞连镇以来，奴才等节次督兵进攻，殄毙多名。该逆既经受创，即坚匿死守，诱之不出。现在西岸长濠不日工竣，即饬各营沿濠扎营，以资围剿。奴才胜保所带步队业经赶到。奴才等公同商酌，亟须同时四面合力进攻，使该逆应接不暇，自易得手。

若该逆情急出巢，我兵马步兜击，亦可痛加剿洗。

四月二十九日卯刻，奴才僧格林沁督带马步官兵攻扑贼巢东北、西北二面，该逆死守不出，当饬官兵将附近贼巢之纵横明沟数道全行平毁，我兵始行逼近贼垒。该逆由墙孔施放枪炮，我兵奋不顾身，呐喊前进，直至木城。该逆喷筒、火弹密下如雨，我兵冒烟而入，焚烧西岸房屋十数间。东岸扑出贼一百余名，我兵枪箭齐发，毙贼三四十名，余匪败退。适由陈庄扑出二百余名，欲抄我兵之后，经预伏之马步官兵开放劈山炮、抬枪轰击，复又毙贼四五十名，余匪匿入贼巢。外火器营营总乌兰都膝受炮伤。连日进攻贼巢，共阵亡兵勇八名，受伤营弁兵勇六十三名。

奴才胜保进攻西南贼营，我兵一到，即见贼匪齐队而出，列于濠外。我兵摇旗而进，直至切近，开放连环枪炮，轰毙贼约数十名，贼即败退，纷纷匿入濠中。我兵勇直前扑击，施放喷筒、火弹，该逆不敢踞濠，退入木城。我兵呐喊直前，抢至濠内，仍用喷筒打入贼营，登时将其房屋两所、席棚数间、鹿角栅二段烧毁，贼即败退。我兵复乘胜越濠而进，呐喊直前，复烧其屋。该逆见火光四起，情急扑出，我兵勇复用连环枪炮奋力击回。约计伤毙贼匪一百余名。我兵受伤三十余名，阵亡外委一名、兵丁五名，仍复奋勇前扑。惟时东北风忽作，烟焰回吹迷目，又兼沙堤之上风起沙扬，未能得手，是以暂令收队。

奴才等现在激励将士设法进攻，务将此股逆匪悉数殄灭，或逼令奔窜，极力截击，以期早得蒇事。

所有奴才等合力进攻贼巢各缘由，谨恭折具奏，伏乞圣鉴。谨奏。

［咸丰四年五月初二日］

——《清政府镇压太平天国档案史料》第 14 册，第 201—202 页。

〇上谕

军机大臣字寄钦差参赞大臣、科尔沁郡王僧，钦差大臣、正蓝旗汉军都统胜。咸丰四年五月初四日奉上谕：

僧格林沁、胜保等奏合剿逆匪情形一折。贼匪窜踞连镇，已越两旬，仍未殄灭，朕心实深焦急。据奏，四月二十九日，僧格林沁督兵进攻贼巢东北、西北二面，胜保进攻西南贼营。虽各歼擒贼匪百余名及数十名，而我兵伤亡亦复不少，剿办仍未得手，不过敷衍入奏，毫无把握。胜保统带得胜之兵，于二十三日驰抵连镇，已及十日，正当钦遵叠次谕旨，与僧格林沁同心协力，设法进攻，以期迅歼群丑。如能遏令奔窜，务当前截后击，设伏以待，断不准令该逆再踞他处，致滋蔓延。

现据英隆奏称，副都统清安已于四月二十日带兵出境。该副都统年逾七旬，到营时，著僧格林沁等察看该员精神若何，能否得力，据实具奏。

胜保另片奏，请将山东折漕银两一半解部，一半仍留军营等语。已据户部奏明，除将此项划拨银十万两解赴顺天粮台外，其余折漕银两为数尚多，仍即解部，以备分拨胜保军营及京饷要需。著即飞咨崇恩遵照办理，毋许延误。

本日又据崇恩奏称，上年兖州粮台奏借银两，已经动支无存，前请筹借藩运两库银八万两，又遵旨先尽军营支用。所有现办临清抚恤银两，著准其另行筹备，作正开销。仍当饬属认真办理，务期实惠及民，不得任听官吏藉端侵冒。并严饬经手兖州粮台各员，迅将支发各款分晰造册送部，无任延宕。

将此由六百里加紧谕知僧格林沁、胜保，并谕崇恩知之。

钦此。遵旨寄信前来。

——《清政府镇压太平天国档案史料》第14册，第228—229页。

○胜保等奏

奴才胜保、奴才德勒克色楞、奴才崇恩跪奏，为逆匪被攻情急，穷蹙南窜，奴才胜保带兵追剿，并与奴才崇恩会商分路剿办情形，联衔由驿驰奏，仰祈圣鉴事。

窃奴才进攻连镇逆匪，连日轰毙多名，已将木寨内贼巢焚毁，越濠攻入，因逆风陡起，以致未能即时扑灭。该逆日见穷蹙，心胆已寒，惟思窜逸，奴才当经严饬各营格外防范，添派夜队，毋许稍有疏忽。奴才扎营在连镇正南，德勒克色楞营在东南，其东面责成培成、那敷德实力堵御在案。讵该逆诡谲异常，知东南一带布置较密，乃竟乘隙于五月初二日子刻，带骑马贼二千余名从正东突出，由宁津大路分窜。奴才得信后，一面传知各营合力围击，一面亲督马队即刻跟踪截剿。该逆先向宁津奔窜二十余里之许王村地方，旋折而南，取径吴桥，比及奴才追至，复折向西南，将近柘园镇地方，因奴才崇恩派有兵勇在彼防堵，遂又折向东南窜去。

查该逆此次舍命穷奔，惟希兔脱，其踪本难预定，既已南窜，总在恩县、平原一带。奴才知其精锐在前，贼目必在其内，是以督带协领台禄、那尔瑚善，带领吉林、黑龙江马队五百余名星夜追踪，毋敢松劲，总期极力剿杀，不使幸逃天讨，并即持令催调马队前来接应。奴才德勒克色楞亦带蒙古马队赶来，与奴才会合前进。其连镇后队贼匪，由奴才僧格林沁等相机剿办。奴才崇恩于侦实后，即派青州协领久禄带领马队由德州东南一路追剿，候补参将定顺、游击文英带领单县练勇绕赴恩县一带择要设伏，并飞饬兖沂曹济东临地方营汛文武各员、徐州镇道及山湖两路州县，迅即督带兵勇一律严防，务各实力迎头截剿，毋使肆扰，致误事机。奴才崇恩因贼之后队尚在连镇，虑其续向南来，德州以北防范仍须严密，是以未敢移兵随同南下，俟探明北股余匪日内有无窜逸，再行亲督兵勇竭力设法兜击，不敢稍稽时日。

所有奴才胜保督兵行至长庄，与奴才崇恩相遇会商分路剿办情形，理合由驿六百里加紧奏闻，伏乞皇上圣鉴。谨奏。

［咸丰四年五月初二日］

——《清政府镇压太平天国档案史料》第14册，第204—205页。

〇上谕

军机大臣字寄钦差参赞大臣、科尔沁郡王僧，钦差大臣、正蓝旗汉军都统胜。咸丰四年五月初四日奉上谕：

胜保等奏逆匪被攻情急南窜一折。据称，逆匪于五月初二日子刻，带骑马贼二千余名，从正东突出，由宁津大路分窜，胜保亲督马队跟踪截剿。该逆由吴桥柘园镇一带折向东南窜去，德勒克色楞亦带蒙古马队跟追。逆匪分股南窜，僧格林沁近在连镇，何以未据奏报？胜保所奏仅云在平原、恩县一带，贼踪究在何处，亦未能确实指明。逆匪诡谲异常，又系骑马逃窜，其势剽疾，必须探明追剿，迅速殄灭，勿令此股窜匪占踞村镇，以致牵制我军。逆匪系由连镇东面窜出，该处有培成、那敷德在彼堵御，何以毫无知觉，任令该逆肆行奔突？培成营盘，前在阜城被贼焚毁，此次又复失事，著僧格林沁确切查明培成、那敷德如何贻误情形，据实严参，迅速具奏。连镇贼匪既已分窜，其势益孤，僧格林沁正当督饬将弁乘势进攻，为一鼓歼除之计。如该逆全数南窜，务即督带马步各队奋力追剿，断不可稍涉观望，致误事机。崇恩现派协领久禄由德州东南一路追剿，候补参将定顺等在恩县一带择要设伏。该抚现在德州，仍当探贼所向，相机截剿，毋得专事株守。其兖沂曹济等处，务当严饬地方文武迎头截剿，遏贼窜路，则大兵跟踪追击更可得力。逆匪窜后，胜保已由德州驰奏，而僧格林沁既未拨兵追剿，又未将如何窜出情形迅速入告，此时若不赶紧将连镇余匪克期殄灭，自问当得何罪？将此由六百里加紧谕知僧格林沁、胜保，并谕德勒克色楞、崇恩知之。

钦此。遵旨寄信前来。

——《清政府镇压太平天国档案史料》第14册，第230—231页。

五月初五日

〇僧格林沁等奏

奴才僧格林沁等跪奏，为逆匪分股乘夜潜逃，现在马队官兵跟踪追击，恭折奏祈圣鉴事。

窃查该逆踞守连镇，连日用大炮轰击，该逆并不出巢。初二日，奴才僧格林沁正在开

炮攻击,据胜保差人声称,探得初二日夜间有骑马贼匪由连镇南面逃窜,胜保会同德勒克色楞、善禄就近带同培成、那敷德督带各路马队官兵跟踪追击。初三日生擒逆匪一名,讯据供称,伪丞相林凤详带骑马贼一千名逃窜,欲往临清迎接南来贼匪等语。是日接准胜保文称,该逆前队骑马步行约有二千余名,已由德州之东十余里地方向南奔窜,该大臣已督兵连夜追击。奴才僧格林沁现已分拨马队在东南、西南列队,傥该逆续有窜逃,以便截剿。惟大股贼匪仍踞连镇及附近各村,奴才等惟有激励将士相机进剿。

所有逆匪分股窜逃、官兵追击各缘由,谨恭折具奏,伏乞圣鉴。谨奏。

[咸丰四年五月初三日]

——《清政府镇压太平天国档案史料》第 14 册,第 220—221 页。

〇上谕

军机大臣字寄钦差参赞大臣、科尔沁郡王僧。咸丰四年五月初五日奉上谕:

昨据胜保奏,贼匪由东面突出南窜,当经谕知僧格林沁,将堵御东面之培成、那敷德查明贻误情形,严参速奏,并询该大臣何以并未拨兵追剿,且不将窜出情形入告。兹据僧格林沁驰奏各情,称系该逆由连镇南面逃窜,胜保会同德勒克色楞、善禄,带同培成、那敷德,督带马队官兵跟踪追击,与胜保所奏不符。是否培成前因失事获咎,此次与那敷德防堵东面,恐负罪更重,遂以贼由南面窜出饰词具报,该大臣不察虚实,据以入奏?且胜保于二十三日到连镇后,其善禄带领步队于何日到营,未据僧格林沁等奏及;此次胜保折中,亦不言会同善禄跟追。培成、那敷德不能遏贼窜逸,如果带兵追赶,何以任令该逆由宁津、吴桥直奔恩县、平原一带?而胜保亦不言就近带同该二员南追之事?该大臣虽驻兵连镇北面,相距非遥,何以所探情形毫无确信?可见该大臣与胜保共办一事,声势绝不联络,以致围攻不密,该逆得乘间脱逃,蔓延他处,实所不解。至该大臣分拨马队在东南、西南列队,防贼续窜,固属要著,惟不可徒事分防,毫无把握,甚至区分畛域,以追剿委之他人,冀图卸责。该大臣等均经朕特简办理军务,若不能和衷商搉,迅速剿捕,何日始能了事?该逆精锐既已南窜,且贼目亦已逸出,所存连镇余匪,著该大臣督率各营克日筹攻,务期悉数歼灭,万不可再令分股奔突,冀直境肃清便谓可以塞责。仍将谕询各情形详查,速行奏闻。该大臣秉性质直,勿为人所朦蔽,率行入告,致负委任。将此由六百里加紧各谕令知之。

钦此。遵旨寄信前来。

——《清政府镇压太平天国档案史料》第 14 册,第 243—244 页。

五月初六日

○上谕

军机大臣字寄钦差参赞大臣、科尔沁郡王僧。咸丰四年五月初六日奉上谕：

胜保等奏窜匪奔入高唐州、请飞调大营步队官兵各折片。昨有旨，续询僧格林沁，何以并不拨兵进剿，并令将连镇余匪赶紧肃清。此时窜匪已于初三日突入高唐州城，闭门拒守。胜保带到马队不过数百余名，沿途杀毙长发老贼数百名，跟踪赶至该州东关街内截杀，因该州兵勇无多，并未准备，城门大开，致该逆得以占踞。现在培成、那敷德虽已带马队与德勒克色楞赶到，分布城厢四面，惟讯据获贼供称，有占踞东昌、济宁之意，必须迅速添兵剿办，方不致再有蔓延。并据贼供，此股系逆首李开芳带贼先行，林凤祥尚在连镇。而胜保进剿之兵并无步队，亦无炮位，著僧格林沁迅拨步队精兵千名，星夜赶赴高唐，饬令克期到齐，不得稍涉迁延。应带炮位，亦即设法携带。并著飞饬善禄，仍令驰往胜保军营会剿，并可统领步队前行。

至连镇贼匪，尚有逆首在内，尤当迅筹攻克，不得更令乘间兔脱。本日据载龄奏，探初二日贼众系向东面逃窜，是连镇东面堵御不力，确有可凭。该大臣当严饬各营面面兜围，风雨昏夜，尤应加意防范。总期即日扫除净尽，勿留余孽为要。

将此由六百里加紧谕令知之。

钦此。遵旨寄信前来。

——《清政府镇压太平天国档案史料》第 14 册，第 259—260 页。

五月初七日

○僧格林沁等奏

奴才僧格林沁等跪奏，为逆匪连日乘夜攻扑长濠，经官兵击退，恭折奏祈圣鉴事。

窃查该逆分股溃围，逃窜多名，业经奴才等恭折奏报在案。奴才等伏思该逆既分股南窜，必是大股精锐，其现踞连镇者自系败残余匪，更易剿办。初三日，奴才僧格林沁饬派马队数十名前往东岸连镇陈庄探视贼情，藉可诱其离巢，痛加剿洗。我兵甫近贼垒，即扑出骑马贼匪三四百名，我兵佯退，诱其远离贼巢，该逆恐被伏兵攻击，并不追赶。适连镇陈庄连环炮响，拥出马步贼匪三四千名，在贼垒之前列队，西岸贼巢摇旗呐喊，炮声相应，我兵马步齐进，该逆翻身退入贼巢。是连镇之贼虽有溃逃，其大股逆党仍前死拒。初三、初四等日，该逆乘夜攻扑东南长濠，西凌阿、明庆督带夜队官兵奋力攻击，毙贼不知确数，惟见遍地血迹淋漓，我兵伤亡十余名。

奴才善禄于五月初二日闻贼窜往东南，随将所带步队分布停妥，何队听调，何队守剿，同侍卫蕴秀即带吉林台斐英阿、托克通阿、萨林三起马队起程，寻踪追赶。沿路随问乡民，据云贼未赴吴桥，已奔陵县之境，避过德州，初二日申酉间暂踞恩县。奴才初三日追至恩县，据铺民等云，骑马贼大约一千数百人，每过乡庄，逼胁民人牵马听用，节节替换，贼势已形狼狈，于初二日二更后闻有兵追，由恩县向南逃奔。奴才知胜保、德勒克色楞、魁福、培成、那敷德均带马队紧追，奴才想大股贼匪尚在连镇，围剿吃紧，且逃出之贼约数至多不过二千，有胜保等足资剿办，奴才将所带马队交蕴秀带领紧追，奴才折回行走，于初四日回营。

所有奴才等探视连镇逆匪情形，该逆攻扑长濠，官兵击退各缘由，谨恭折具奏，伏乞圣鉴。谨奏。

［咸丰四年五月初五日］

——《清政府镇压太平天国档案史料》第14册，第247—248页。

〇上谕

军机大臣字寄钦差参赞大臣、科尔沁郡王僧。咸丰四年五月初七日奉上谕：

僧格林沁等奏逆匪连日攻扑长濠、经官兵击退一折。据称，初三、初四等日，该逆乘夜攻扑东南长濠，经西凌阿、明庆督率官兵奋力击退。逆匪亟思溃围南窜，此次虽经我兵击败回巢，而贼情诡谲，仍恐声东击西，再图乘虚窜逸。现在贼踞高唐州城，虽经胜保等跟踪追剿，已成尾追之势，设连镇逆匪再行窜出，不惟胜保一军腹背受敌，且恐沿途裹胁，凶焰(异)［复］张，剿办又形棘手。该大臣总当督饬将弁，迅将此股余匪就地殄除。即使诱令离巢，亦当设伏要截，断不可任其四路狂奔，或另据村庄，以致蔓延为患。胜保所带官兵全系马队，此时逆匪窜踞城池，必须步队官兵协力攻剿。著僧格林沁仍遵前旨，迅拨步队精兵一千名，酌带炮位，即交善禄统带，星夜赶赴高唐州，与胜保、德勒克色楞合力攻击，万勿迟延，致误事机。将此由六百里加紧谕令知之。

钦此。遵旨寄信前来。

——《清政府镇压太平天国档案史料》第14册，第265页。

〇崇恩奏

再，本日据臣派出巡缉之前兖州府知府岳龄、青州营守备温长溥拿获奸细杜有仲一名。据供济宁州人，初二日三更时跟随逆贼林姓由连镇窜出，先向正东，又向西南，再向正南，绕路行百余里至一村庄，打听得临清一股早已剿灭净尽，贼目即令伊改装潜赴连镇，与贼目金姓等送信，不必再等救兵，嘱其即刻回南。又据供，连镇余贼尚有二三千人，有骑马

贼六七百余名,火药将尽,逐日愁惧,惟思南窜。至于贼目吉文元,已在阜城被官兵轰毙。等语。是逆贼穷蹙情形已可概见。

除由臣咨明僧格林沁、善禄等严密围剿,毋使一名漏网外,理合附片奏闻,伏祈圣鉴。谨奏。

［咸丰四年五月初五日］

咸丰四年五月初七日奉朱批:览。钦此。

——《清政府镇压太平天国档案史料》第 14 册,第 256—257 页。

五月初八日

○胜保奏

奴才胜保等跪奏,为分派官兵围攻窜踞高唐逆匪,并力筹剿贼情形,恭折奏祈圣鉴事。

窃奴才等督带马队追剿逆匪,直抵高唐,业经奏报在案。初四、初五日该逆闭城拒守,惟在城上开放抬炮抬枪,日夜不绝,我兵仅止马队,不能进攻。奴才由连镇抽带马队及德勒克色楞、培成、那敷德所带蒙古马队,统计二千八百余名,奴才俱令于四面分布截贼窜路。又逆料该逆情急,惟有乘夜扑营惯技,奴才因令各马队官兵昼夜列队,轮流更替,如贼扑至,即便迎杀,使贼无营可扑,则我兵胆勇百倍。奴才复不时亲往周历巡查。初五日子刻,逆贼拥出马步数百人,呐喊而来,直扑西面培成、那敷德之队。奴才正查夜队,闻信立即派兵驰往接应。我兵严阵以待,逆众即向冲扑,并用喷筒、火弹向队前乱掷。适奴才所派马队已到,合力压下,枪箭齐施,击伤贼匪数十名。贼众被创,踉跄窜进西门坚闭,并放枪炮抵拒我兵。黑暗之中不能乘势进攻。奴才复谆饬各官兵加意严防,毋少松动,致令又复偷窜。

伏查此股窜匪虽止千余,然皆老贼精锐死党,与裹胁之众不同,且首逆实在其内。昨据投出监犯宗万邱、周大龙、郭二三名供称,亲见伪丞相林凤祥现在城内,询其状貌,与奴才等迭次所获生贼之供俱相吻合。是李开方之在内与否尚难确指,而林凤祥之实在城内已无疑义。此次贼由连镇南窜,自系势穷图脱,仍欲袭攻济东一带,因官兵追蹑太紧,暂踞州城伺隙他窜。高唐本为南北通衢,四面平衍,道路纷歧,西路临清,东达齐河,南连博平,东南茌平,西南东昌,西北夏津,东北禹城,远者不过百余里,近者止数十里,贼如窜出,转瞬可到,非预备守御,保卫城池,贼至即陷,剿办愈难。除茌平为往来大路,已由奴才与德[勒]克色楞选派协领台禄、巴雅尔呼郎,带吉林、黑龙[江]马队前往择要设伏,以备邀截,其夏津一路,即派抚臣崇恩拨派之参将定顺,带领练勇三百名及青州马队堵截。奴才复派弁飞持令箭往东昌、博平一带,饬各地方官督率存城兵勇及绅团人等,于城守事宜赶紧布置,倘遇贼至,但能固守数刻,大兵追至,内外夹击,必可殄除。奴才等仍一面飞催步队,并赶造

攻具,拟于一两日内设法进攻。该逆虽极凶悍,而其人数不过千余。高唐州城垣整齐坚固,周围约八九里,核其人数已不敷分守。如能乘隙扑入,就地芟除,较更妥善。设其窜出,必当紧追痛剿,不令乘间兔脱。查林逆穷凶极恶,为此股逆匪渠魁,若将林逆殄除,则连镇余贼歼灭自易。奴才等惟有竭尽心力,设法筹办。但贼情狡黠,地势辽阔,逆贼日夜拚死扑窜,围剿颇难,又恐连镇余贼从后扑至,奴才现到马队不敷分拨。计新调吉林马队一千名日内可抵连镇,该处剿办亦在吃紧之际,奴才已飞咨僧格林沁,将此项马队酌留五百名,其余五百名饬令麟瑞星夜管带驰赴奴才军营,以资围剿。连日天气炎热,各马队随奴才等昼夜奔驰,已形疲乏,又兼终日列队,每值午后烈日灼肤,无可遮蔽,率皆头昏目眩,不特蒙古官兵不堪炎热,即吉林、黑龙江马队亦觉难以久支,幸赖圣主福庇,官兵尚未多受疾病。奴才惟有时加慰抚,仍当激励将士尽力灭贼,贼窜则奋勇追杀,贼守则设法攻破,总期及早将此股剿平,再行移师北向,会剿连镇之贼。

所有连日熟筹剿办及布置情形,理合会同奴才德勒克色楞恭折由六百里驰奏。

再,据逃出难民佥称,逆匪前到高唐时,该州知州曾经关闭城门,贼匪系由城东面积土高处扒越,将城门启放,是以贼众登时拥入。至该州已否殉难,容俟查明,再行续奏。合并陈明,伏乞圣鉴。谨奏。

[咸丰四年五月初六日]

【览奏均悉。布置俱是,迥非前在丰县自诩气象,胜保真可教也。勉力妥速剿办,以副朕委任之苦衷也。】

——《清政府镇压太平天国档案史料》第14册,第261—263页。

〇胜保奏

再,奴才接据抚臣崇恩来函,于恩县地方盘获奸细。讯据供称,系逆首林凤详遣往连镇送信,因林逆自连镇窜出时不信临清之贼已平,嘱令贼众占踞连镇,俟该逆调到接应,再作计较,至高唐后始知临清续来之贼真被官兵剿杀无存,遣伊潜往连镇给众贼送信,嘱令南窜逃生,不可困守等语。查林逆现据高唐,已被我兵截剿,断不能肆意狂奔,不过旦夕苟延,俟官兵调齐,可望逆首歼除有日。倘连镇之贼续行南窜,若再预为布置,伏路截杀,正可趁此得手。奴才已飞咨僧格林沁,嘱其速将北面马队官兵,每于天昏之时暗中拨移南面,于要路分布设伏,可以痛加惩创,又可使贼势不能合股,则剿除可期迅速。

谨附片具奏。

[咸丰四年五月初六日]

【知道了。殊不可料之太易。】

——《清政府镇压太平天国档案史料》第14册,第263页。

五月初九日

○僧格林沁等奏

奴才僧格林沁等跪奏,为遵旨覆奏事。

五月初六日接奉咸丰四年五月初四日寄谕一道。奴才正在缮折覆奏间,复于是日酉刻接准军机大臣字寄,五月初五日恭奉上谕(谕文略)。伏查该逆分股逃窜时,奴才并未接据培成、那敷德禀报,培成、那敷德带兵追贼,亦未向奴才告知。查东岸长濠,东面、北面先已工竣,南面长濠初一、二日尚未完工。奴才因闻该逆窜出俱系马队,非将濠沟平垫,断难偷越。逆匪分窜后,奴才周历查看,东面濠沟、濠墙一律完整,并无平毁情形,其东面大道亦无人马践踏踪迹,是否系由东面溃窜,应俟培成、那敷德追剿事毕,再行查办。

该逆窜出之时,奴才原欲拨兵协剿。旋据生擒贼匪并各路哨探俱称,分窜逆匪不过千名,胜保督带马队数千名似敷追剿,且大股逆匪仍踞连镇,地方较大,东、南二面甚形空虚,胜保等营追击去后,现在官兵已不敷兜围,奴才等只敷慎防西、北二面。近日拿获逆贼,供有窜出之贼如探明前次南来贼匪实系剿灭,仍窜回连镇并伙,再作打算之语,是以更不得不极力慎防。奴才等连日督兵进攻,虽有斩擒,每日仅止数十名。逐日用大炮轰击连镇一带,逼近贼营二三里,尚有三五十户小村数处,逆匪白昼多有匿于附近小村,以避大炮,奴才等当即全行烧毁。初五日夜,该逆将南面濠边破村打起木墙,此村原有三十余户残毁土房,奴才等立即于初六日督兵向该处轰击,内藏贼匪二百余名全数扑出,向贼巢狂奔,我兵马队压下,毙贼一百余名,生擒一名。据供,东西连镇及陈庄贼匪被大炮击毙无数,是以在小村躲避,当将该犯就地正法。我兵正在攻剿得手之际,讵料陡起大风,大雨骤至,烘药、火药俱为雨湿,连镇、陈庄趁势扑出贼匪一千余名,执持刀矛蜂拥而至,已相距奴才僧格林沁不及十步,我兵喊杀放箭,将该逆射回。该逆复至破村潜藏,奴才等因已(旁)[傍]暮,官军衣履、军机、药绳无不湿透,只得徐徐撤队。巡捕营把总保陞、千总回国庆奋勇争先,身受重伤,旋即阵亡。共阵亡兵四名,受伤兵十五名。

所有奴才遵旨覆奏缘由,并连日进攻各情形,理合恭折奏闻,伏乞皇上圣鉴。奴才惟有凛遵圣谕,督率各营克日筹攻,务期悉数殄灭,断不敢心冀直境肃清便谓可以塞责,致负委任。

再,初五日奴才接准胜保函称,逆匪占踞高唐州城等语。合并附陈。谨奏。

[咸丰四年五月初七日]

【览奏俱悉。连镇之贼岂容其负嵎日久,又作诡谋!现在两逆已分,首尾不顾,正是天假我灭贼时也。若株守不上紧进攻,待至已出之贼复回连镇,连镇之贼或南窜勾合,无论其裹胁又多,剿办棘手,迁延时日,饷项何堪!著速破逆巢,尽歼丑类,或诱之使出,追杀截

剿，俾尽无遗，断不能再宽期限也。】

——《清政府镇压太平天国档案史料》第 14 册，第 268—269 页。

〇僧格林沁奏

再，副都统麟瑞带吉林兵一千名，于五月初六日驰抵军营，臣已饬该副都统暂在北面扎营。至带马队之侍卫绷阔、达崇阿均系得力之员，现在受伤未愈，每遇接仗设伏，差委乏人。查护军参领阿克东阿、舒保前随多尔济那木凯在徐州等处防堵，现已撤防，相应请旨饬下该二员迅即来营，以资差委。

谨附片具奏请旨。

［咸丰四年五月初七日］

咸丰四年五月初九日奉朱批：著照所请。巡防处知道。钦此。

——《清政府镇压太平天国档案史料》第 14 册，第 270 页。

五月初十日

〇僧格林沁奏

奴才僧格林沁等跪奏，为恭折覆奏，仰祈圣鉴事。

五月初七日接奉军机大臣字寄，咸丰四年五月初六日奉上谕（谕文略）。查窜匪虽止千名，惟凶悍剽急，各路马队三千余名诚不敷剿办。总兵孔广顺先已带领步队六百余名并铜铁炮位，于初六日前进。奴才钦遵谕旨，选拨步队精兵四百名，胜保素日得力练勇四百名，令善禄于初九日统领驰往胜保军营。惟兵力既分，连镇东、南二面益形空虚，不克兜围，奴才等惟有严饬各营竭力防剿，务期就地悉数殄灭。倘该逆溃窜，奴才等督兵追击，更可得手。

所有奴才等遵旨拨兵协剿各缘由，谨恭折覆奏，伏乞圣鉴。谨奏。

［咸丰四年五月初八日］

【知道了。】

——《清政府镇压太平天国档案史料》第 14 册，第 279—280 页。

五月十一日

〇上谕

谕军机大臣等：

胜保等奏督兵进击、焚毁木栅、毙贼多名一折。逆匪困守孤城，其势益蹙，正可乘机设

法进攻,勿令乘间脱逃,致剿办又形棘手。连镇南路空虚,该逆知我军围攻高唐,必亟思南窜,以冀两股会合。该大臣见已咨调吉林马队五百名,并抽拨正定营兵一千余名,赶赴高唐,其连镇南路仍当设法兼顾,断不可使此贼续来,致我军有腹背受敌之患。昨据僧格林沁奏称,善禄已于初九日驰往胜保军营,此项官兵应于何处防剿,著该大臣迅即筹画。总期扼要堵截,毋得顾此失彼。

胜保近日奏报,尚无矜张自满之意。身为统帅,自应如此戒慎。嗣后益尚加勉,毋稍大意。汝既知无待督责,即当实践斯言,以副委任,是所望于该大臣也。

另片奏,请将徐州兵勇择要据守等语,著即传旨飞饬百胜、王梦龄,于兵勇渡河后,即在丰、沛所属及黄河口岸扼要严防,听候调遣。

将此由六百里加紧谕知胜保,并谕德勒克色楞知之。

——《东华续录》咸丰三十五,第16—17页,咸丰四年五月己酉。

五月十六日

〇僧格林沁等奏

奴才僧格林沁等跪奏,为奏闻事。

窃奴才等连日督兵进攻贼巢,该逆坚壁死守,百般诱引,偶或出巢,我兵即有斩擒,然每日不过三数十名。各营安设大炮昼夜轰击,时见贼垒中烟尘突扬,毙贼谅然不少。惟总未能捣穴擒渠,殊深焦灼。现在两岸长濠均已工竣,各营沿濠扎营,逼近贼垒,相隔至剩一二里许。惟地方较广,兵力不敷兜围,现在惟有慎防西、北,其东、南两面兵力单薄,仅敷防守濠墙,盘诘奸细。设若逆匪大股乘夜冲扑,恐难拦前截剿。奴才等现惟亲身不时周历,并派员实力巡查,严饬各营互相联络,以匡不逮。

所有连日进攻情形,理合恭折奏闻。

再,五月初九日奴才接准钦差大臣胜保咨调吉林马队五百名、武成永固大炮二位赴东,奴才当即照咨拨调,饬令副都统麟瑞管带,即日起程。至黑龙江头、二起官兵业经报到,其副都统清安尚未到营,应俟该副都统到营后,奴才再行体查,遵旨覆奏。合并声明。谨奏。

[咸丰四年五月十四日]

——《清政府镇压太平天国档案史料》第14册,第330—331页。

〇上谕

军机大臣字寄钦差参赞大臣、科尔沁郡王僧。咸丰四年五月十六日奉上谕:

僧格林沁等奏连日进攻贼巢情形一折。逆贼窜踞连镇,该大臣等督兵攻剿已及月余,

乃本日所奏各情，该逆仍坚壁死守，即诱令出巢，亦不过小有斩获，总未能扫穴捡渠。览奏实深焦急。该大臣统领重兵，剿办此股贼匪是其专责，乃军营布置，不过用炮轰击及两岸挖濠而已。逆匪坚匿不出，我兵即束手无策。似此旷日持久，糜饷老师，剿办何时蒇事？所称东、南两面兵力单薄，若逆匪冲扑，恐难拦截等语，可见该大臣于西、北一带布置尚属严密，而东、南两面竟毫无把握。设该逆乘虚窜逸，与高唐州贼匪联为一气，则胜保一军势必腹背受敌。且恐贼众另踞村镇，恃险负嵎，攻剿更形棘手。著该大臣等务即督饬各路将弁，迅将此股贼匪就地殄除。或先于附近设伏，诱令该逆出巢，四面兜击，一鼓歼灭。断不准任令该逆乘间兔脱，又致蔓延。

总之，此股逆匪一日不灭，畿辅一日不安。数万之兵，竟未能扫除数千穷寇。他省兵勇，精锐未有过于此者，人众未有多于此者。该大臣渥承恩眷，统领全军，顿兵糜饷，日久无功，尚有何颜对朕？且恐我军为此股贼匪所牵掣，南下无期，傥皖楚之贼再行乘间偷渡黄河，勾结为患，又将何以御之？此时若不赶紧图功，肃清畿辅，宽典不能屡邀。该大臣其自量之。

将此由六百里加紧谕令知之。

钦此。遵旨寄信前来。

——《清政府镇压太平天国档案史料》第14册，第336—337页。

五月十八日

〇上谕

军机大臣字寄钦差参赞大臣、科尔沁郡王僧。咸丰四年五月十八日奉上谕：

前因僧格林沁奏进攻贼巢情形，仍未能得手，当降旨谕令迅督各路将弁四面兜击，以期一鼓歼灭。近闻该处军营所以不能得力之故，总由带兵各员不思齐心进剿，而僧格林沁空握总统之名，又不肯破除情面，令在必行，甚至任令兵丁占居民房，营盘之中所余无几。且所挖之濠尽在北面，而南面空虚，任贼行走。我兵扎营率皆在数里之外，虚张声势，徒费铅药。(俟)[似]此疏懈耽延，毋怪逆匪屡次窜出，而僧格林沁毫无知觉，总于数日之后始行据禀入奏也。各路带兵官员究竟能否用命？若积习相沿，不遵号令，必当从严参办。僧格林沁身受重恩，非寻常统兵大臣可比，亦复何所瞻顾，而不能破除情面？将士不能用命，即系该大臣无能之罪，虽与士卒同甘共苦，亦不过小节微长，岂朕所期于该大臣者？著僧格林沁严督各路将弁，逼近进攻，若再以恐伤官兵为词，不肯努力进仗，即以军法从事。僧格林沁于将弁可以姑容，朕于僧格林沁断不能以姑息示恩。僧格林沁抚衷自问，当亦知之。傥日内不能将逆匪殄灭，致令又向他处占踞，朕亦别无他谕，自有惩办之法。

至蒙古官兵，勤劳久著，值此天气渐炎，于水土节候不甚相宜，必须及早奏功，庶得凯旋休息。该大臣务当仰体朕心，传谕诸军，同心协力，迅速蒇事，共膺懋赏也。

将此由六百里加紧谕知僧格林沁，并谕西凌阿、托明阿知之。

钦此。遵旨寄信前来。

——《清政府镇压太平天国档案史料》第 14 册，第 366 页。

五月二十二日

〇僧格林沁等奏

奴才僧格林沁等跪奏，为恭折覆奏，仰祈圣鉴事。

五月十九日接准军机大臣字寄，咸丰四年五月十八日奉上谕（谕文略）。奴才跪读之下，曷胜悚惶。伏思数月以来，老师糜饷，日久无功，荷蒙皇上天恩，曲赐矜全，不加严谴。奴才具有天良，敢不亟图建功，以赎罪戾。奴才所统各营将士非不精锐，总因限于统率无方，是以未能迅速蒇事。查现在马队官兵追击设伏，驱策便捷，是以屡著功绩，伤亡甚少。至逆匪初踞村镇，壁垒未坚，步队似易得手，各营步队较之马队倍尝艰(幸)[辛]，兼之身冒锋镝，伤亡较多，以致日形怯羸，临敌不免退缩观望。奴才蒙古藩臣，虽知识愚鲁，亦深知行军之道，法贵森严。实因所统步队皆系蒙旗人，素称劲旅，一旦绳之以法，殊觉可惜，是以总以善言开导，冀其共明大义，从未忍斩杀一兵。惟人数较多，贤否不一，尚有玩梗之人，奴才殊深焦灼。辗转筹思，维有吁恳圣主天恩，即将奴才重惩，仍令戴罪图功。各营官兵如能知所感惕，鼓舞奋兴，或于军务有益。至各营官兵患病养伤者，多系在民房调养。其并无事故兵丁，出队守墙，放卡巡哨，各有差使，不容离营。现在各营盘距贼垒只一二里许，业经枪炮可及，实难再近。连镇一带四面长濠均已一律挑挖工竣，并无南面空虚、任贼行走情形。至于逐日出队，皆系奴才亲身督队进攻，一切情形皆系亲身目睹，实不敢据带兵各员禀报率行入奏，是以各营尚无捏报欺饰之弊。近日奴才逐日督带各队奋力进攻，讵该逆依前死守，大股潜匿不出，我兵时有斩擒，然皆零星无几，未能痛加殄剿。实在限于时势，难收速效。惟有吁恳圣恩，容奴才赶紧图功，稍赎罪戾。

理合恭折具奏，伏乞圣鉴。谨奏。

［咸丰四年五月二十日］

——《清政府镇压太平天国档案史料》第 14 册，第 382—383 页。

〇上谕

军机大臣字寄钦差参赞大臣、科尔沁郡王僧。咸丰四年五月二十二日奉上谕：

僧格林沁等覆奏军营近日情形一折。僧格林沁剿办直境逆匪日久无功,经朕查知疏懈耽延各情,降旨严催进兵,于督责之中,曲寓矜全之意。该大臣宜如何感激厚恩,速图奏效,以赎前愆。乃据奏称,各营步队倍著艰辛,因伤亡较多,不免恇怯观望,该大臣不忍绳之以法,仅以善言开导,仍不能无玩梗之人。试思行军纪律首贵严明,若以该官兵曾经身冒锋镝,偶尔临敌退缩,遂置不问,各营纷纷效尤,何以处之?且各路军营所调官兵,孰非久经行阵之人?勇敢者赏,退怯者诛,断难稍涉游移。如不能用命,即当查明首先退缩之人,立以军法从事,庶足惩一儆百。傥一味姑容,致各兵丁习以为常,所谓素称劲旅者安在?僧格林沁总统全军,不能破除情面,严督马步各队克日进剿,但以焦灼空言恳恩重惩,该大臣亦思似此委靡不振、縻饷老师,岂屡次请罪所能塞责?僧格林沁著先行传旨申饬。各营既经逼近贼垒,南面亦不空虚,该匪无所逃避,即著该大臣亲督大军,实力进剿,攻破贼巢,一鼓扫荡。将弁官兵中有抗不遵令者,无论满蒙各旗及绿营汉兵,即在军前正法,不得再以可惜、不忍等词渎奏。如该逆仍前窜出,致与高唐一股会合,惟僧格林沁等是问。

另片奏,协领奎兴保捐助军饷等语。应如何给予奖励,著僧格林沁酌拟具奏。

将此由六百里加紧谕知僧格林沁,并谕西凌阿、托明阿知之。

钦此。遵旨寄信前来。

——《清政府镇压太平天国档案史料》第14册,第410页。

五月二十八日

〇僧格林沁等奏

奴才僧格林沁等跪奏,为奏闻事。

奴才于五月二十三日接奉咸丰四年五月二十二日恭奉寄谕。奴才跪读之下,感悚难名。遵将钦奉谕旨抄录,传知各营,复谆切导喻各兵,以冀鼓舞奋兴。奴才等现在极力设法进攻,因该逆防范甚严,得手深非易易。现在召募熟习路径之人,拟于夜间进攻,惟有赶紧图维,不敢稍涉稽延。至各营虽已合围,东、南面兵力原单,现已将西岸长濠收近一千余丈,西岸兵力觉厚,随令庆祺带步队二千五百名在南面扎营,令侍卫都兴阿带马队一千名移扎西岸,以期严密。惟官兵逼近贼垒,不能选择地势,是以各营盘皆屯扎附近河干低洼之处,设运河水势涨发,该逆掘堤放水,各营殊堪深虑。奴才业经飞咨山东抚臣,委员于上游设法宣泄预防。

至近日进攻,擒斩仍属无多。二十五日酉刻,该逆扑出多名,奴才亲督各营官兵趁机剿洗,殄毙三四十名,该逆败退回巢。我兵均尚奋勇,惟副都统明庆接应迟缓,值此力加整顿之时,未便姑容,应请旨将该副都统革职,留营以观后效。奴才仍随时查看,该员傥不知

愧奋，奴才即凛遵谕旨，按军法惩办。二十六日，奴才饬派奋勇官兵平垫该逆濠沟，该逆大股出巢，势甚蜂拥。奴才预派黑龙江营总格绷额带马队数十名在树林设伏，时该逆离巢已远，格绷额带领马队呐喊压下，枪箭齐发，毙贼四十五名。该逆马步数百余人向格绷额攻扑，该员飞马当先，马队数十名随后继进，将该逆击回，退入贼队。该逆大队呐喊摇旗，势甚凶猛，我兵各路马队一拥前进，副都统达洪阿督带官兵抄在该逆之后，复又毙贼五六十名。该逆仍前抗拒，复用武成永固大炮向贼队轰击，毙贼无数。正在进攻之际，达洪阿之马前脑受伤，该副都统换马前进，该逆枪炮向达洪阿施放，将达洪阿左胯佩带火镰钢条打断，各路马步官兵无不(奋)[愤]恨，登时逼近贼队，亟力殄剿，复又毙贼一百余名。该逆败退回巢。计两日毙贼约有二三百名，内伪带兵总制一名、穿红衣贼四名、穿黄马褂贼三名，我兵阵亡二名，受伤十余名。现在奴才会同托明阿激励将士克日极力进攻。至都统西凌阿脑后生疮甚重，因值围攻吃紧，在营调养，并未离营。

所有军营近日情形并设法布置各缘由，理合恭折奏闻。

再，现在连镇大营应由直隶粮台支领粮饷，官兵因该粮台将银两全行带赴山东，仅留有分局粮员知府张琛在连支应。其应行开支官兵口粮，该员惟以空言搪塞，以致该官兵等缺饷多日。适河南解交顺天粮台银三万两，奴才札令暂借拨二万两分放各营，以济急用。惟顺天粮台待饷孔殷，现在如此借拨，未免倍形支绌，是以札知直隶粮台天津道张起鹓迅速拨还归款，并催该道赶紧支应接济。合并声明。谨奏。

[咸丰四年五月二十六日]

——《清政府镇压太平天国档案史料》第14册，第451—453页。

○上谕

军机大臣字寄钦差参赞大臣、科尔沁郡王僧。咸丰四年五月二十八日奉上谕：

僧格林沁等奏军营近日情形并设法布置一折。已明降谕旨，将明庆革职留营，格绷额等分别奖励矣。据称该逆防范甚严，现募熟习路径之人，于夜间进剿，意在攻其不备，为一鼓殄除之计。该大臣因东、南兵力较单，将西岸长濠收近，随令庆祺带步队官兵在南面扎营，侍卫都兴阿带马队官兵移扎西岸，以期严密。是我兵业经逼近贼垒，若能四面合围，聚而歼旃，不使一名漏网，固为上策。但该逆负嵎死守，是其惯技，我兵既不能直捣贼巢，而挖筑长濠又未必能处处周密，徒延时日，迄无成功。且我兵亦被长濠所阻，进退不能自由，前车可鉴。设该逆乘间窜逸，我兵又成尾追之势。似此旷日持久，剿办何能蒇事？此时逆匪被围日久，意在狂奔，不若择要设伏，督兵进剿，尽驱该逆出巢，奋力截击，较之合围坐守更可得力。该大臣等务当悉心筹画，亟思剿除之策，断不可再事迁延。各营屯扎河干低洼之处，贼掘运河，固属可虑，现在夏令，雨水较多，泥淖之中，我兵攻剿岂能得力？该大臣仍

当相度机宜，妥为布置，早灭妖氛，以副委任。所需军饷，业于河南解交顺天粮台银两内借拨二万两，著即飞饬天津道张起鹓迅速拨还归款，毋任延宕。将此由六百里加紧谕知僧格林沁，并谕西凌阿、托明阿知之。

钦此。遵旨寄信前来。

——《清政府镇压太平天国档案史料》第 14 册，第 468—469 页。

〇上谕

咸丰四年五月二十八日内阁奉上谕：

僧格林沁等奏连日进剿、毙贼多名一折。逆匪窜踞连镇，经僧格林沁等移营逼近贼垒。二十五日，该逆扑出多名，僧格林沁亲督各营官兵乘机剿洗，毙贼三四十名。二十六日，复饬派官兵平垫该逆濠沟，逆匪大股出巢，势如蜂拥。僧格林沁预派黑龙江总管格绷额带马队数十名设伏，俟该逆离巢已远，格绷额督兵呐喊，枪箭齐施，毙贼四五十名。该逆马步数百人向我军攻扑，格绷额飞马当先，马队继进，将该逆击回。大队贼匪摇旗冲扑，我兵各路马队一拥直前，达洪阿带兵抄贼后路，复毙贼五六十名。该逆仍前抗拒，复用大炮向贼众轰击，毙贼无数。达洪阿马被贼伤，复换马前进。我兵勇气百倍，直逼贼队，极力殄剿，又毙贼百余名。计两日毙贼二三百名，内伪总制一名，红衣贼四名，黄马褂贼三名。此次攻剿逆匪，黑龙江总管格绷额身先士卒，奋勇前进，以数十骑破贼数百，斩获多名，实属奋勇可嘉。格绷额著赏给富隆阿巴图鲁名号。黑龙江委防御旺齐克札布、委骁骑校札木苏伦札、骁骑校委参领苏克金、委防御西兰保，均著赏戴蓝翎。接应迟缓之副都统明庆著即革职，仍留军营差遣，以观后效，傥不知奋勉，即以军法从事。该大臣等务当激励将弁，迅殄贼氛，毋再延缓。

钦此。

——《清政府镇压太平天国档案史料》第 14 册，第 465—466 页。

六月

六月初三日

〇僧格林沁等奏

奴才僧格林沁等跪奏，为奏闻事。

窃照奴才等日前进攻情形，均经随时奏报在案。近日该逆依前死拒，奴才等激励兵勇，极力攻剿，并用大炮轰击，连日皆有歼殄。二十九日列队进攻，瞥见该逆在贼垒以外复

行宄濠,达洪阿催督兵勇趁时攻扑击毙,甚为得手。讵该副都统左膀忽受枪伤,吐血数口,该副都统勉强支持,徐徐整队而回。奴才在队内闻报,如失臂指,当饬各营马步官兵将该逆击退,旋即亲往看视。该副都统神色虽觉颓败,而气尚壮实,当经面嘱安心调摄,以冀速痊。适即用知府景州知州李麟遇,因连镇西面界连州境,选带壮勇来营协剿,奴才素知该员人甚勇敢,所带壮勇亦皆强健可用,当饬于初一日丑刻随同官兵合力进攻。乃该逆狡悍异常,坚壁不出,李麟遇督带壮勇,奋力越过贼濠,逼至墙边,我兵相继而进,该逆枪炮如雨,竟仍不能得手。是日之战,毙贼虽属甚众,而兵勇伤亡三十余名,直隶守备哈清魁登时阵亡。此近日进攻之实在情形也。

奴才等惟有赶紧极力图维,以期迅速荡平,不敢稍涉延缓,理合恭折奏闻。其受伤阵亡兵勇另行办理外,所有阵亡守备哈清魁,应请天恩准予恤典。又巡捕营候补把总常山,于五月二十六日打仗身受重伤,次日因伤身故,应请照例一并赐恤。理合恭折具奏请旨。

[咸丰四年六月初一日]

咸丰四年六月初三日奉朱批:另有旨。钦此。

——《清政府镇压太平天国档案史料》第 14 册,第 489 页。

〇上谕

军机大臣字寄钦差参赞大臣、科尔沁郡王僧。咸丰四年六月初三日奉上谕:

前因逆匪被围日久,死拒不出,谕令僧格林沁等择要设伏,诱使出巢,痛加剿洗。乃本日据该大臣等奏称,二十九日列队进攻,达洪阿身受重伤,兵勇阵亡三十余名,显系我兵失利。所称各营马步官兵将该逆击退,语涉含混,并未将是日接仗情形详细声叙。该大臣统领全军,剿办此股逆匪,惟恃宄濠坐困,于攻剿事宜毫无把握,既未将贼巢克日扫除,而我兵出队复屡有挫折。似此日事迁延,老师糜饷,罪将谁诿?高唐窜匪尚未殄灭,设此股负嵎久踞,牵掣我师,或纷窜蔓延,肆行勾结,其患曷可胜言?况皖楚贼匪难保不复图北窜,畿辅一日不清,大兵即不能南下。朕宵旰焦劳,难安寝馈。该大臣身受重恩,亦当为朕分忧也。副都统松玉,日久未见打仗,现在何处扎营,是否得力,著查明具奏。阵亡之直隶守备哈清魁、巡捕营把总常山,均著咨部议恤。将此由六百里加紧谕知僧格林沁,并谕西凌阿、托明阿知之。

钦此。遵旨寄信前来。

——《清政府镇压太平天国档案史料》第 14 册,第 502 页。

〇僧格林沁等奏

再，副都统乌凌额，在营懋著勤劳，殚竭忠诚。前于四月初五日在阜城大营头受枪伤，日久未愈，力疾随营至东光县调理，复患重疾，于五月二十八日出缺。查该副都统效力行间，殁于王事，深堪悼惜。该副都统次子披甲保全随在军营，所有身后事宜，奴才当委粮台委员帮同照料，并酌派官一员、兵十名护送棺椁回吉林本旗。理合附片具奏。

［咸丰四年六月初一日］

【知道了。仍另有旨。】

——《清政府镇压太平天国档案史料》第14册，第490页。

〇上谕

咸丰四年六月初三日内阁奉上谕：

僧格林沁奏，副都统在营病故等语。墨尔根副都统乌凌额，在阜城军营头受枪伤，力疾随营，兹因病身故，殊堪悯恻，著照军营病故例赐恤。

钦此。

——《清政府镇压太平天国档案史料》第14册，第501页。

六月初十日

〇僧格林沁等奏

奴才僧格林沁等跪奏，为奏闻事。

窃照连镇进攻情形，业经随时奏报在案。六月初四日恭奉咸丰四年六月初三日寄谕一道，奴才敬谨聆悉，应俟另折覆奏。近因连日大雨不止，节次进攻未能得手，惟有凛遵圣谕，赶紧图维，以期一鼓荡平，捷音迅奏，不敢心存观望。近日逃出难民，据称该逆亟思逃散，奴才等谆饬各营加意严防。

再，奴才更有陈者，现在连镇官兵内应由直隶粮台支发粮饷者，前因该粮台日久未经支放，各兵待哺甚殷，奴才饬由顺天粮台暂匀拨银二万两以资接济，当经附折声明。恭奉谕旨：著即飞饬天津道张起鹓迅速拨还归款，毋任延宕。等因。钦此。遵即恭录，飞札该道钦遵在案。伏查现在应由直隶粮台支应官兵，在连镇者，较之高唐征兵为数甚多，且高唐贼数无几，不日即可蒇事。值此支绌之时，该道若不亲身筹画，不能裕如；且高唐军营似可由山东巡抚委员就近支应。可否仰恳皇上天恩，敕下山东抚臣筹拨款项，委员就近接办该处粮台，责令张起鹓折回连镇，赶紧筹办支应之处，伏候训示遵行。

谨奏。

［咸丰四年六月初八日］

咸丰四年六月初十日奉朱批:另有旨。钦此。

——《清政府镇压太平天国档案史料》第14册,第528—529页。

〇上谕

军机大臣字寄钦差参赞大臣、科尔沁郡王僧。咸丰四年六月初十日奉上谕:

连镇贼匪久未殄除,叠次严谕僧格林沁等克日进攻,迅歼群丑。乃本日据奏,连日大雨,进剿仍未得手,并未将如何筹剿情形详细声叙。朕心殊深焦灼。该大臣统领全军,日久合围,且兼天气炎蒸,日复一日,我师必致疲乏。若不及早进兵,任令该匪乘间逃散,万一与高唐窜匪互相勾结,办理更形棘手。老师糜饷,该大臣自问于心何安?著即赶紧督兵围剿,毋再延缓。张起鹓现在胜保军营支应粮饷,未便饬令该员折回连镇,本日已谕令桂良迅派干员前往办理矣。将此由六百里加紧谕知僧格林沁,并谕西凌阿、托明阿知之。

钦此。遵旨寄信前来。

——《清政府镇压太平天国档案史料》第14册,第543页。

〇上谕

军机大臣字寄直隶总督桂。咸丰四年六月初十日奉上谕:

僧格林沁等奏,请饬张起鹓折回连镇筹办支应等语。据称,该大臣所统各官兵,较胜保军营为数甚多,欲令该员亲往筹办。现在胜保剿办高唐贼匪尚未蒇事,张起鹓随营已久,未便折回连镇。僧格林沁军营兵数既多,粮台支应一切款目繁杂,著桂良派委干员前往办理,毋稍迟误。将此由六百里谕令知之。

钦此。遵旨寄信前来。

——《清政府镇压太平天国档案史料》第14册,第542页。

六月十四日

〇上谕

军机大臣字寄钦差参赞大臣、科尔沁郡王僧。咸丰四年六月十四日奉上谕:

前据僧格林沁奏,连日大雨,进剿仍未得手,当经谕令该大臣赶紧进攻。数日以来,未见续报。逆匪既分窜高唐,则连镇之贼其势已孤,该大臣于攻剿事宜何以尚无把握?实深焦灼。本日据琦善奏称,拿获伪总制刘玉山,供称,逆首杨秀清闻北路贼匪被围,欲派大股

党与从扬州、清江北窜等语。现在琦善大兵驻扎扬州，自可随时堵御。惟北匪一日不除，设南匪又从间道北窜会合，其事更不可问。总之，连镇逆匪若能及早殄除，不但该逆不敢窥伺河北，大兵且可乘势南下，皖楚之匪亦可次第扫除。若以败窜余匪牵掣大兵，旷日持久，深恐别滋他变。该大臣身受重恩，亦当筹虑及此。著即督饬各路将弁克日进攻，毋再迁延，致干重罪。将此由六百里加紧谕令知之。

钦此。遵旨寄信前来。

——《清政府镇压太平天国档案史料》第14册，第571页。

○上谕

本日据琦善奏称，拿获伪总制刘玉山，供称，逆首杨秀青因北贼被围，欲派大股贼匪由扬州、清江北窜应援等语。琦善大兵驻扎扬州，自可随时堵剿。但北贼一日不除，则南贼救援之心不绝，设或大股复来，剿洗更属不易。此时高唐逆匪不足千人，该大臣督兵攻剿，日久无功，恐南贼闻之，有轻量我军之心，势必乘虚北窜，更肆猖獗。若能及早荡平，可以杜其觊觎。著胜保等督饬将弁，一鼓作气，迅将高唐州城克复。此股既平，即可与僧格林沁合力剿办连镇逆匪，既可肃清畿辅，兼可为南下之举。若旷日持久，致令南匪续行北窜，余烬复然，该大臣自问当得何罪？将此由六百里加紧谕令知之。

——《东华续录》咸丰三十六，第11页，咸丰四年六月辛巳。

六月十五日

○僧格林沁等奏

奴才僧格林沁等跪奏，为连日阴雨，进攻尚未得手，并虞河水涨发，设法开筑套堤，拟用水困各缘由，恭折奏祈圣鉴事。

窃自六月以来，阴雨浃旬，河水日长，各营附近河淤泥淖积水居多，虽经逐日进攻，该逆狡滑异常，如前死拒。初十日以后，天始晴霁，无如该逆死守不出，奴才多方筹计，设法诱引。因闻贼垒中粮虽充盈，马草不甚足用，我兵若往逼近贼垒地方割取青苗，贼必出巢抢护，或可趁势歼殄。十二日，奴才预令马队遥遥整队以待，选派奋勇出队官兵，近至贼垒旁刈割诱引，该逆仍不肯大队扑出，窥探许久，始有小股出巢，派出马队即时向围，止毙贼数十名，至晚复击毙十余名。此外逐日皆有斩擒，实在为数无几。此近日进攻实在情形也。

奴才伏思现在局势，逆匪日久稽诛，蚁聚高阜，我兵扎营河次，地处低洼，是现在已属万分吃紧，利在速战。且该逆在连死拒，更难保非欲趁水势另生诡谋，尤须先事绸缪。是以奴才一面飞咨山东抚臣，派员将连镇上游德州地面四女寺引河挑浚，以期宣泄，一面极

力筹维，拟将沿濠修筑套堤，不特杜其诡谋，藉可翻资浸灌，以水成围，于军务不无补益。查它濠地面周围二十八里许，蚁筑套堤，所费不赀，必须藉助民力，以节帑项。该处系东光、吴桥等县所属，奴才当委令署东光县知县叶增庆先行劝谕合属绅民，将东光段落试行开工，奴才委员前往认真督催，实力讲求，该县民夫甚形踊跃，复札饬吴桥县一律举行。奴才素悉景州知州李麟遇、宁津县知县彭载恩均系明白能事之员，当委令各于所属劝喻绅民前来协助，奴才等仍督饬各营兵丁昼夜帮同修筑，以期不日成工。奴才拟俟兴筑稍有规模，随时体查情形，如可以水为兵，立即设法浸灌。仍当赶紧另筹攻剿之法，断不敢以开它套堤为由，意存藉延。

所有奴才在营剿办各缘由，理合恭折奏闻，伏乞皇上圣鉴。谨奏。

[咸丰四年六月十三日]

咸丰四年六月十五日奉朱批：知道了。以水为围，专为杜其逃窜，不能制其死命。现惟利在速战，惟恐其不出，何反使之不出耶？徒劳无益，曷若赶紧进攻，较有把握。沿濠筑堤，朕谓适启其诡谋。汝出师半载有余，未能歼兹小丑，屡次请罪，朕皆宽宥，若如是耽延畏葸，军法岂能幸逃？懔之。钦此。

——《清政府镇压太平天国档案史料》第14册，第564—565页。

〇僧格林沁等奏

再，六月初四日接奉咸丰四年六月初三日恭奉寄谕云云。等因。钦此钦遵。伏查是日之战，实缘达洪阿瞥见贼匪它濠，趁其离巢奋勇前攻，不防被贼枪伤。是日击毙逆匪数十名，该逆始行败退回巢，因毙贼无多，未经声叙，我兵实无挫失。其前奏伤亡兵勇三十余名，实系初一日攻扑贼垒被逆所伤。至副都统松玉，在营尚为得力。四月间据庆祺转报，该副都统打仗后染患时病，触起旧疾，给假离营调理，现尚未愈。兹蒙垂训，奴才调令扶病来营，查看该员两腿不能动转，系湿疲之症，一时难望就痊，未便任令恋栈，拟请即行休致，饬令回京。理合附片具奏，伏乞皇上训示遵行。谨奏。

[咸丰四年六月十三日]

【松玉著即休致，饬令回京。】

——《清政府镇压太平天国档案史料》第14册，第566页。

〇上谕

珠勒亨著驰驿前往连镇军营，听候僧格林沁调遣。所有雄县一带防堵事宜，著载龄派员接管。

——《清文宗实录》卷一三三，咸丰四年六月壬午。

六月十六日

〇上谕

咸丰四年六月十六日内阁奉上谕：

镶白旗满洲副都统达洪阿，由火器营鸟枪护军历升总兵，嘉庆年间从征滑县，道光年间防堵台湾，均有劳绩，经朕简任副都统、右翼总兵，派往广西带兵，因病召还。此次剿办直隶境内贼匪，先因失挫获咎，旋因出力即予开复。节据僧格林沁等奏报，该员冲锋陷阵，奋勇可嘉，昨因身受枪伤，犹复裹疮力战，当赏给伊侄孙福成二等侍卫并赏给药料，命伊子穆克金布前往军营看视。方冀调理速痊，藉资倚畀，遽闻溘逝，轸惜良深。达洪阿著加恩赏加都统衔，即照都统阵亡例赐恤，准其入城治丧。任内一切处分，悉予开复。应得恤典，该衙门察例具奏。伊子户部员外郎穆克金布，著俟百日孝满后，由该旗带领引见，以示朕笃念荩臣至意。

钦此。

——《清政府镇压太平天国档案史料》第14册，第586页。

六月二十日

〇僧格林沁等奏

奴才僧格林沁等跪奏，为奏闻事。

咸丰四年六月十五日子刻，接准军机大臣字寄，六月十四日奉上谕：前据僧格林沁奏，连日大雨，进剿仍未得手，当经谕令该大臣赶紧进攻。等因。钦此。遵旨寄信前来。又于六月十六日奉到批折，奴才跪读敬悉，惟有详细筹画，赶紧图功，以期稍赎愆尤，早纾圣怀。至南匪欲派大股党与从清江北窜一节，诚如圣谕，设南匪又从间道北窜会合，其事更不可问，奴才亦深虑及此。但细以现在局势筹计，南匪不靖，尚须预筹南下之兵，此时设若南匪续向北突，北方地势与官兵相宜，于歼剿较为得手。傥有警报，惟当分兵极力截洗。然尚须添调劲旅，以厚兵力。拟请敕调察哈尔马队二千名、绥远城马队一千名，哲里木盟、昭乌达盟、卓索图盟马队各一千名，均著本盟备兵，扎萨克统带，配齐军械，均在各本处听候。设有遣调，星速起程，各兵毋庸配带锅帐，以利遄行。应请敕下工部，先期置备各官兵应用锅帐，毋误急需。并上年察哈尔捐输驼马，应就近牧放，以备调拨乘骑。如此先事绸缪，似于军务有裨，可称万全。是否有当，伏候圣裁。

再，连镇之贼，负固死拒，两月以来，我兵屡次攻扑，百计诱引，奈该逆死守不出，兼之墙垣坚厚，我兵徒多伤亡，未能得手。奴才等万不得已，挖筑重堤，以水为兵，另设攻剿之

法。所有各该州县绅民深明大义,踊跃将事,现在已有就绪,逐日民夫数万余名。奴才等仍督饬各营兵丁,连夜修筑。日内若不降雨,大约二十四五日可以竣工。奴才等拟俟工竣,复用水浸灌,相机办理。合并附陈。谨奏。

[咸丰四年六月十八日]

咸丰四年六月二十(六)日①奉朱批:巡防王大臣密议速奏。该大臣所调之兵,有不敷再调者,亦有难期得力者,可斟酌妥筹。钦此。

——《清政府镇压太平天国档案史料》第14册,第595—596页。

六月二十一日

●载龄奏

工部右侍郎奴才载龄跪奏,为恭报起程日期,仰祈圣鉴事。

本月十七日奉上谕,珠勒亨著驰驿前往连镇军营,听候僧格林沁调遣。等因。钦此。奴才遵即行文知照。兹据珠勒亨咨报,该员于十九日巳刻由雄县起程,前赴连镇军营。所有珠勒亨起程日期,理合恭折奏闻。谨奏。

咸丰四年六月二十一日

【知道了。】

——朱批奏折,档案号04-01-16-0166-141。

○绵愉等奏

臣绵愉等谨奏,为遵旨密议具奏,仰祈圣鉴事。

咸丰四年六月二十日,据参赞大臣僧格林沁奏请添调察哈尔等处官兵六千名筹备防剿一折,奉朱批:巡防王大臣密议速奏。该大臣所调之兵,有不敷再调者,亦有难期得力者,可斟酌妥筹。钦此。

遵查该大臣原奏内称,奉到寄谕,又奉批折,惟有赶紧图功。现在局势,南匪不靖,尚须豫筹南下之兵,设或南匪续向北突,当分兵力极力截洗。然尚须添调劲旅,以厚兵力。

---

① 《清政府镇压太平天国档案史料》第14册第596页作"咸丰四年六月二十六日奉朱批",显然有误。此折的具奏日期为六月十八日,两日之内便可到京,朱批时间不会迟至六月二十六日。六月二十日的实录中有如下记载:"参赞大臣僧格林沁奏请添调蒙古马队官兵,防贼北窜。得旨:巡防王大臣密议速奏。该大臣所调之兵,有不敷再调者,亦有难期得力者,可斟酌妥筹。"对照朱批与实录,可知此折的奉批时间当为六月二十日。参见《清文宗实录》卷一三三,咸丰四年六月丁亥。另,六月二十一日,惠亲王绵愉等具折覆奏此事,内载:"咸丰四年六月二十日,据参赞大臣僧格林沁奏请添调察哈尔等处官兵六千名筹备防剿一折,奉朱批:巡防王大臣密议速奏。该大臣所调之兵,有不敷再调者,亦有难期得力者,可斟酌妥筹。钦此。"亦可作为佐证。

拟请敕调察哈尔马队二千名，绥远城马队一千名，哲里木盟、昭乌达盟、卓索图盟马队各一千名，均配齐军械，在本处听候，设有调遣，星速起程。等语。臣等伏查，现在贼踞连镇地方，该大臣督兵攻剿，日久未能殄灭，已属万分焦急，若再迁延时日，致南来贼匪会合，更恐蒇事无期，亟应添调官兵，先将连镇之贼及早歼除，于军务全局方能得手。臣等公同商酌，拟请将载龄所带驻扎固安防兵一千名，全数拨赴僧格林沁军营助剿逆匪，令载龄前往雄县，统辖该处防兵扼要驻扎，以为后路声援。再拟拣挑圆明园八旗官兵一千名，配齐军装、器械，即日饬赴参赞大臣军营合力攻剿。以上添调前往军营官兵共二千名，可否特派大员管带协剿之处，恭候圣裁。其该大臣请调察哈尔、绥远城及哲里木等三盟马队官兵，臣等拟行知理藩院等衙门，转行各该处，照所调数目，挑选齐备，在本处听候调用。伏候命下，臣等遵照赶紧办理。

谨将臣等遵旨密议缘由，恭折具奏，伏祈皇上圣鉴。谨奏。

［咸丰四年六月二十一日］

——《清政府镇压太平天国档案史料》第14册，第606页。

○上谕

军机大臣字寄钦差、工部侍郎载。咸丰四年六月二十一日奉上谕：

现在连镇攻剿吃紧，亟需添派官兵，迅将此股残寇克日歼除。本日已派玉明带领圆明园八旗兵丁一千名前往连镇军营，并著载龄即饬所带固安防兵一千名，一并前赴连镇军营，均归玉明统带。即由载龄先行知会僧格林沁，以备调拨。所有雄县防兵，著载龄迅速驰往统带，扼要驻扎，以为后路声援。一切防守情形，随时由驿驰奏。将此由六百里加紧谕令知之。

钦此。遵旨寄信前来。

——《清政府镇压太平天国档案史料》第14册，第604页。

○实录

命御前二等侍卫萨克慎赴连镇军营，交参赞大臣僧格林沁差遣委用。

——《清文宗实录》卷一三四，咸丰四年六月戊子。

六月二十四日

○僧格林沁奏

奴才僧格林沁跪奏，为运河水势陡涨，冲决河堤，现在赶紧设法抢护布置，恭折奏祈圣

鉴事。

窃奴才等前因逆匪负固死拒，攻剿不能得手，万不得已挑空重堤，以期截水浸灌，业附折奏闻在案。逐日督催各股人夫并各营官兵[赶]紧筑空，奈因连日大雨如倾，昼夜不止，不能及时完竣。兼之河水陡长，讵于六月二十一日丑刻，连镇南面河堤被水冲决。奴才闻报之下，立即前往看视，水势甚为汹猛。伏查现在各营屯扎之处，因逼近贼垒，断难相度地势，不能不低处河干，奴才即虑水涨为患，前经飞咨山东抚臣并札饬德州，将连镇上游四女寺引河挑浚，以冀宣泄。叠次札催，德州已报开空，因界分恩县四股尚未兴挑，兼之连日大雨，致有冲决之患。惟现在决口之水已将贼匪占踞之陈庄及南面小村浸没数尺，逆匪或在墙垣、房上躲避，或凫水奔赴连镇。惟套堤兴工未及一半，河堤冲决，二十一日雨势更大，水向东北溃出，所有东面营盘不能屯扎，现已调取船只，即在东面暂扎水营。奴才等已派员前往德州，督催提闸泄水，俟水势渐消，即赶紧督催抢护河堤，奴才等仍激励将士，乘此水势，相机攻击。

所有附近大营河堤冲决缘由，谨恭折具奏，伏乞圣鉴。谨奏。

[咸丰四年六月二十二日]

咸丰四年六月二十四日奉朱批：另有旨。钦此。

——《清政府镇压太平天国档案史料》第14册，第610—611页。

〇上谕

军机大臣字寄钦差参赞大臣、科尔沁郡王僧。咸丰四年六月二十四日奉上谕：

前据僧格林沁奏，挑空重堤，为截水灌贼之计，朕早知其徒劳无益，当经严切批示，谕令赶紧进攻。嗣据僧格林沁奏报，并未陈明进攻之策，但称堤工已有就绪，是直视空堤一节为可恃以成功，而置万余重兵于无用之地，何玩谬若此？今据奏，南面河堤被水冲决，虽贼踞村庄间有浸没，而我兵东面营盘竟至不能屯扎，可见筑堤截水不但未能制贼，而冲决浸灌，我兵转受其害。更恐该逆乘机纷窜，泥淖之中，我兵马队不能得力。僧格林沁以此等迂缓之谋视为上策，朕实不解。逆匪窜踞连镇，数月之久，未受惩创，反得养其精锐，蓄其奸谋，而我兵力疲气馁，何日始能蒇事？若以军律而论，即将僧格林沁重治其罪，亦不为过。第念连镇之贼势将垂毙，若骤易生手，转致启贼诡谋，是以僧格林沁奏请添兵，即将固安防守之兵悉数派往，又派玉明管带圆明园官兵前往协剿。著即懔遵前次批谕，以速战制贼之命，不得仍恃水围，徒延时日。若续派官兵均已到营，僧格林沁仍不能迅图进剿，国典具在，不能再从宽宥，勿谓叠次谕旨可视同具文也。至另片奏参之山东德州知州张应翔等，已照所请摘去顶戴矣。僧格林沁身为统帅，置攻剿重务于不问，而沾沾以堤工为急，则藉口耽延之罪又将谁诿耶？将此由六百里加紧谕令知之。

钦此。遵旨寄信前来。

——《清政府镇压太平天国档案史料》第 14 册，第 616—617 页。

〇上谕

咸丰四年六月二十四日内阁奉上谕：

僧格林沁奏，请将挑河贻误之知州并督催不力各员弁摘顶勒办等语。山东德州知州张应翔、同知衔浙江候补通判王曾椷、京营都司李鸿宝，均著先行摘去顶戴，予限三日，赶紧挑空。傥再迟延贻误，即著据实参办。

钦此。

——《清政府镇压太平天国档案史料》第 14 册，第 616 页。

六月二十八日

〇上谕

军机大臣字寄钦差大臣、正蓝旗汉军都统胜。咸丰四年六月二十八日奉上谕：

胜保等奏阴雨连旬、进攻未能得手一折。高唐逆匪占踞已久，胜保自六月初十日奏报攻剿情形后，几及两旬，未见续报，朕心实深悬系。乃本日据奏，又因连日阴雨，枪箭均不得力，虽逆匪并未窜出，而我兵多有伤亡，于攻克城池仍系毫无把握，览奏益增焦灼。环城积水甚深，进战固难得手，当贼匪夜间扑扰之时，尽可设法歼杀。此股逆匪数不满千，困守孤城，无从裹胁，但能随时斩戮，自可日亡日少，何至任此数百残寇久踞城池？若尽诿之天时地势，直欲坐待其毙，何日始能了事？所称城中粮草殆尽之语，恐亦未甚确实。无论贼势穷蹙与否，总以克日攻城、殄灭净尽为上策，不能专恃勇力之处，即应设谋用计，妥速筹攻，岂可坐待天晴，始图进取？

昨据僧格林沁奏，挑空重堤，因运河陡涨，致有冲决。傥连镇逆匪乘我兵泥淖难追，并力南窜，势必勾连复炽，剿办愈难。谅该大臣统筹全局，必不敢有意耽延也。

另片奏，商嘱崇恩于武定、德平一带加意严防，是否该抚亲往，抑系派员防守，能否得力，即著妥筹具奏。

将此由六百里加紧谕知胜保，并谕德勒克色楞、善禄、崇恩知之。

钦此。遵旨寄信前来。

——《清政府镇压太平天国档案史料》第 14 册，第 628—629 页。

七月

七月初二日

〇僧格林沁奏

奴才僧格林沁跪奏,为逆匪夜趁风雨舍死奔扑东面濠墙,我兵截击获胜,逆匪败退回巢,并近日军营情形,恭折奏祈圣鉴事。

窃连日天色开霁,运河水势渐平,而决口之水尚然泛澜漫流,现在赶紧设法修筑河堤。至西面堤岸虽然完固,尤恐河水陡涨冲决,是以严催委员将西面套堤筑固,不特于围剿有益,兼可以防西面水患。奴才复恐该逆趁水远扬,现在顾觅小船,派拨官兵,在于难以扎营水内往来游奕,昼夜梭巡,严饬各营官兵,无分雨夜,加意防警,不准稍有疏懈。该逆被围情急,时思溃窜,连次乘夜出巢窥伺,均经官兵击退。六月二十八日夜风雨大作,该逆果趁势乘筏凫水,向东面奔扑,势极披猖,奔至濠墙,经庆祺、明庆、绷阔、舒保、巴扬阿等督兵极力截剿,枪箭齐发,毙贼不知确数。惟见贼匪纷纷落水,其逃上木筏者抢捞贼尸,败退回巢。夺获长矛等物多件,次日查看沿濠血迹甚多,二十九、三十等日,由决口顺溜漂出带箭著枪贼尸一百余具。是夜之战,我兵阵亡官一员、兵十名,受伤官兵十四名,其阵亡之黑龙江正黄旗骁骑校、委参领伊郎阿,应请饬部照例议恤。

抑奴才更有陈者。奴才受恩至重,荷此巨任,深知君父日盼捷音,且以目下连镇军营形势,亦实在利在速战。今奴才挑濠筑堤,作此缓图者,总因奴才调度无能,不得已作此愚蠢之计。且该逆百战之余,狡(滑)[猾]异常,动辄潜匿死拒,虽日有折挫,无如逆众心坚如一,愍不畏死,而每遇合力并攻贼垒之时,我奋勇官兵亦多有伤亡,徒折精锐,总未能即时扫穴擒渠。两月以来,设法诱引,无计不施,该逆果敢出巢抗拒,我兵进剿必能得手。无如逆匪前经屡受惩创,现在不敢结队抵敌,偶或出巢,不过数十余人,是以未能痛加剿洗。奴才及各营统带,实未敢稍耽安逸,不论风雨日夜,随时前往督视,极力图维,仍莫可如何。

节次恭奉严旨,指示成全,圣慈优渥,感激涕零,奴才具有天良,岂敢(百)[再]事延缓。奈因时势如此,不得不然。谨不揣冒昧,将实在情形据实附陈。惟有吁恳皇上逾格天恩,(开)[宽]予时日,容奴才赶紧图功,以赎咎戾,奴才曷胜悚惶待命之至。谨奏。

[咸丰四年六月三十日]

咸丰四年七月初二日奉朱批:另有旨。钦此。

——《清政府镇压太平天国档案史料》第14册,第634—635页。

〇僧格林沁奏

再,六月二十六日由河西连镇逃出被胁难民一名,占墙官兵目睹该民人空手向濠墙奔跑,随后长发贼二名持刀追赶。该民人度离贼巢较远,翻身踢倒一名,夺刀将贼杀毙,割取首级,投赴大营。讯据供称,姓王名进修,河间府武邑县人,年二十八岁。本年二月在阜城县被贼裹胁,拨在湖北人伪司马刘起幅馆内,四月间到连镇。屡欲杀贼逃出,逆匪防范甚严。六月二十六日,刘起幅并同馆的曹安子带伊出巢割草,即向官兵濠墙奔逃,刘起幅等持刀追赶,伊将伪司马刘起幅踢倒,夺刀杀死,割取首级,仍要杀曹安子,业经逃跑回巢,伊情愿随同打仗杀贼。等语。查王进修系被胁难民,屡欲杀贼投出,因该逆防范甚严,今乘机杀毙长发贼匪,投赴军营,深堪嘉尚。查看伪司马刘起幅首级,发长尺余,虽系湖北人,其为随同谋逆之老贼似无疑义。

军兴以来,被胁逃脱者自必极多,而杀贼投出者仅见王进修一名而已,究系附近京畿百姓,有此勇敢之气。奴才当即给予六品顶带,并奖励银二十两,留营效力,逐日派令诱敌,使所有被胁之人共知观感。

谨附片奏闻,谨奏。

［咸丰四年六月三十日］

【览。】

——《清政府镇压太平天国档案史料》第 14 册,第 635—636 页。

〇上谕

军机大臣字寄钦差参赞大臣、科尔沁郡王僧。咸丰四年七月初二日奉上谕:

僧格林沁等奏逆匪奔扑濠墙、官兵截击获胜一折。该逆窜踞连镇业已八十余日,叠次谕令僧格林沁赶紧进剿,不得专恃水围,徒延时日。乃览本日所奏,逆众夜乘风雨,竟至奔扑东面濠墙,虽经我兵极力击退,而毙贼并不甚多,且弁兵亦有伤亡,攻剿仍不得手。似此辗转迁延,何日始能了事?该逆围困日久,必亟思逃逸,若果能全数窜出,我兵截剿自可得力。惟现在河水涨溢,办理已形棘手,设逆众四出奔逃,我兵尽在西、北一带,其东、南两面本觉空虚,倘有疏虞,官兵为水所阻,更恐顾此失彼。著僧格林沁熟筹妥办,计出万全,或移营逼近贼巢,以便堵击;或设法诱出,痛加剿洗。务期迅灭妖氛,肃清畿辅,断不准以贼众坚匿不出、我兵进攻徒折精锐等语一奏塞责。如再不能速战灭此穷寇,但以愚蠢自居,尚欲恳恩宽予时日,朕必治该大臣以有意耽延之罪。别无他谕矣。将此由六百里加紧谕知僧格林沁,并谕西凌阿、托明阿知之。

钦此。遵旨寄信前来。

——《清政府镇压太平天国档案史料》第 14 册,第 641—642 页。

〇上谕

咸丰四年七月初二日内阁奉上谕：

僧格林沁等奏截击逆匪获胜一折。六月二十八日，该逆趁风雨大作，乘筏凫水，向东面奔扑，意图逃窜，经庆祺、明庆、绷阔、舒保、巴扬阿等督兵截剿，枪箭齐发，毙贼无数，余匪纷纷落水淹(弊)[毙]，夺获军械多件，次日由决口漂出带箭著枪贼尸一百余具，贼势甚为穷蹙。该大臣等务即督兵赶紧围攻，速将此股逆匪尽数歼除，毋再迟延。所有阵亡之黑龙江正黄旗骁骑校、委参领伊郎阿，著交部照例议恤。

钦此。

——《清政府镇压太平天国档案史料》第14册，第641页。

七月十七日

〇僧格林沁等奏

奴才僧格林沁等跪奏，为恭报近日情形，恭折奏祈圣鉴事。

窃逆匪自上月二十八日受创之后，死守不出，该逆壁垒益坚，我兵更难得手，惟止设法诱引，零星斩捡，日不过十余名。幸体查现在贼情，似已离心，连日由连镇顺流飘出贼尸无数，皆系裂胸破腹折腿断背者。随时查看，实系长发逆尸。据投出之人声称，逆众被围情急，有思逃散者，有思投出者，逆首将心存逃散之人杀害投河内。贼巢谷米大半俱在河东，多被水淹，米麦渐缺，现在俱食黑豆，马草尤为短少，每出巢割草，复被枪炮击毙。昼夜大炮向贼巢轰击，毙贼亦复无算，逆众心胆倍寒，进退维谷，惟有死守不出。现在两岸套堤均已竣工，现拟将围堤冲决之处补筑。此时东面贼巢水深二三尺至四五尺不等，再将决口补筑，俟水势益深，该逆即难容止。惟河西地势较高，现因故城县属之郑家口河堤冲决，致下游河水大消，不能浸灌，殊恐该逆蚁聚西岸。然究属一隅之地，设果如是，即由西岸进攻，逆占之地愈狭，我兵或易为力。奴才等惟有日夜酌查情形，筹度进取。一有可趁之机，随时极力剿办，不敢稍事迁延，亦不敢稍涉大意，并遴派可靠之员，巡守修筑各堤，以防疏虞。

至前蒙派令护军统领玉明、侍卫萨克慎来营，兹于七月初三日萨克慎已经报到，七月十四日玉明亦带兵分起驰抵大营，经奴才饬令该护军统领带兵在连镇南面屯扎。新到之兵因长途跋涉，较形劳累，是以一面暂为休息，以蓄精锐，一面严督统带之员详加教导，藉收生力之效。

所有近日情形，理合恭折奏闻。谨奏。

［咸丰四年七月十五日］

咸丰四年七月十七日奉朱批:朕日盼捷音甚切,汝岂不知?此次所奏各情,尚系毫无把握,朕实不解。功罪惟汝自取,朕亦无可再谕矣。钦此。

——《清政府镇压太平天国档案史料》第15册,第43—44页。

〇僧格林沁等奏

再,据已革漕运总督李湘棻禀称,该革员前在江南杀贼不力被劾,奉旨发往军台效力赎罪,现由河道督臣杨以增委员押送,行至山东平原县,因患疟疾腹泻,呈明赴德州就医调理。值郑家口堤决,沿途吴桥一带皆为水阻,守候消涸,有需时日。该革员受恩优渥,获咎以来,愧悔莫名。因思大营近在咫尺,又知军务吃紧之际,禀求于守候时,暂在军营充当苦差,即先将台费照最多之台凑交粮台,以佐军饷,俟水涸之(候)[后],即日起程,庶期稍酬高厚等情。禀恳前来。

伏查户部奏定筹备军饷章程,内有军台效力官犯准其先缴台费分别释回免遣之条,惟此次军营及丰工被议之员不得援引等语。是该革员先交台费,与部定章程不符,未便率准。惟该革员曾任大员,奴才不敢壅于上闻,且该革员久历疆寄,年力亦尚健壮,值此多事需员之时,若即遣(戍)[戍],翻得置身事外。合无仰恳逾格恩施,俯念军务需人之际,准将该革员暂留奴才军营差遣。如蒙俞允,奴才移咨户部,查明照例应交台费数目,即令就近措交粮台兑收应用。留营后再有不力,是该革员不知感愧,自外生成,即请军法从事。若毫无建树,虽将台费呈交,亦仍令起程,不准免遣。奴才断不敢稍有瞻徇,自蹈愆尤。谨附片具奏,伏乞皇上训示遵行,谨奏。

[咸丰四年七月十五日]

【李湘棻著准其暂行留营差遣,如不得力,即行正法,或仍行发遣。惟不准免罪,亦不准先缴台费,以昭核实。】

——《清政府镇压太平天国档案史料》第15册,第44—45页。

七月十八日

〇实录

命已革山西太原镇总兵官乌勒欣泰往连镇军营,交参赞大臣僧格林沁差委。

——《清文宗实录》卷一三六,咸丰四年七月乙卯。

七月二十四日

〇上谕

谕军机大臣等：

前因胜保围攻高唐逆匪，日久未能克复，降旨拔去花翎，以示薄惩。高唐贼匪不及千人，我兵将及万人，何以蕞尔孤城，进攻两月，竟不能迅埽妖氛？殊不可解。朕闻胜保有俟连镇告捷后高唐即刻报捷之语，尤堪诧异。胜保与僧格林沁虽分剿两处逆匪，实则共办一事。朕宵旰焦劳，日盼北路肃清，捷音速奏，若该大臣果有此语，是直坐拥重兵，迟延观望，深负朕恩，其心术尚可问耶？前闻七月初一日贼由南面窜出，将吉林马队冲散，我兵多有伤亡，复窜至胜保营后，帐房被贼挑烂，当谕令该大臣据实覆奏。昨据奏，吉林帐房被贼挑破一节，诿为造饭帐房，殊属含混。崇恩于五月初间即赴高唐，同胜保攻剿逆匪，本月初三日始赴武定，与该大臣共事两月，自必知之最悉。胜保初到高唐究竟如何布置？屡次进攻是否认真督办？始则赶造吕公车，近复铸造大炮，并称炎暑大雨不利军行，高唐城外积潦甚深，攻具难施，将士不敷分拨，限于兵力，该大臣有无藉词搪塞、竟任耽延？我兵屡有伤亡，是否该逆扑出？抑系我兵进剿致有挫失？胜保身膺重寄，崇恩责任疆圻，高唐贼匪虽系该大臣总办军务，而该抚亦不能辞地方之责。逆匪早一日殄灭，东省即早一日肃清，于北路大局关系甚巨。崇恩经朕弃瑕录用，身受重恩，务须激发天良，毋负委任。该抚接奉此旨，即据实密奏，不准稍有隐饰，自干重罪。本日据奏，驰赴乐陵察看边隘，拿获奸细，供至武郡窥探虚实，并逆匪有欲东窜大柳镇之说，著该抚仍随时体察情形，何路紧要，即至何路堵剿，并严饬地方官实力防范，毋稍疏懈。将此由六百里加紧密谕知之。

——《东华续录》咸丰三十七，第28—29页，咸丰四年七月辛酉。

七月二十九日

〇僧格林沁等奏

奴才僧格林沁等跪奏，为连镇套堤工竣，逆匪被围，穷蹙万分，趁夜舍死奔扑，我兵极力截剿，歼毙多贼，大获胜仗，恭折驰奏，仰祈圣鉴事。

窃近日连镇逆匪经奴才等多方诱引，该逆大股仍前坚匿，未能大张挞伐，若专恃大炮轰打，又零星斩捡，何日蒇事？奴才等万分焦灼。惟所筑套堤现已竣工，均高丈余，周围环抱，我兵立于堤顶防守，声势颇为联络。其套堤冲决之处，现已修筑，惟水势消长不定，不敢一律修整。现将出水口门酌留二丈，以便随时查看水势，相机蓄积宣泄。前因投出零匪供称，贼众心渐乖离，日形惧怯，逆目林灋详向余匪捏称，连镇现无官兵，仅有乡勇围扎等

语，以安众心。奴才等揆度逆党恐惧情形，殊觉可信，是逆胆愈寒，图窜愈急，必须倍加防截。随严传各营，无论风雨昏夜，实力提防，设有警动，痛加截剿。该逆于二十五日夜大股出巢，扑奔西面，势如蜂拥。扛抬折叠长梯，向侍卫都兴阿营盘段落套堤濠墙支搭。该侍卫藉有宽堤可恃，镇静以待，俟其攀援而登，始行开放枪炮，自高击下，颇为得手，登时击毙者纷纷倒地。该逆犹舍命奔扑，向濠墙抛掷喷筒、火罐，我兵枪炮、弓箭连环施放，该逆不能前进。火光之中，惟见贼尸遍满濠边，我兵并无一人受伤。夺获伪总制大黄旗一面，师帅、旅帅小旗十余面，五彩花竹盔一个，折叠长梯十余架，刀矛无算。该逆舍死抢拖贼尸，狼狈败退回巢。其回奔路上，拖拉贼尸痕迹血水淋漓，宽有丈余，草为偃平，而濠沟水内尚有浮尸无数，洵足大快人心而张国宪。惟该逆节被痛剿，兼之围堤竣工，自必倍思溃窜。奴才等惟有督同各营统带极力扼截，设法剿洗，以期迅就荡平。

再，侍卫都兴阿督饬官兵不动声色，将逆匪击退，实属镇静有为。除俟另立战功并案奏请恩施外，其该营官弁兵丁，由奴才等酌量奖励。

所有近日连镇军营情形，套堤工竣并大获胜仗各缘由，恭折奏报，伏乞皇上圣鉴。谨奏。

［咸丰四年七月二十七日］

咸丰四年七月二十九日奉朱批：另有旨。钦此。

——《清政府镇压太平天国档案史料》第15册，第118—119页。

〇上谕

军机大臣字寄钦差参赞大臣、科尔沁郡王僧。咸丰四年七月二十九日奉上谕：

僧格林沁等奏贼扑套堤、歼毙多名一折。据称，所筑套堤均高丈余，周围环抱，我兵立于堤顶防守，声势联络。该逆于二十五日夜大股出巢，扑奔西面，扛抬长梯，向侍卫都兴阿营盘段落套堤濠墙支搭。该侍卫镇静以待，俟贼攀援将登，始开枪炮，毙贼甚多，并夺获旗帜、刀矛等件。逆匪被围日久，其势已穷，自必亟思奔窜。此次虽经我兵歼毙多贼，而该逆诡谲异常，难保不乘间仍图窜逸。著该大臣等督饬各营将弁，一面严密防剿，仍一面设法力破贼巢，毋令负嵎久踞。屡据奏称，逆众被围情急，众心渐离，且粮草均已缺乏，正可乘此机会奋力扫除。该大臣既知专恃大炮轰打及零星捡斩无济于事，自应力筹进剿，为扫穴捻渠之计，不可因套堤筑成，仅以防贼窜逸为词，再延时日。前此批谕甚明，谅僧格林沁必能懔遵严旨，妥速办理，以慰廑念。

前奏密云销档出旗马甲讷兴额献羊百只，已据穆隆阿查明讷兴额销档原案具奏。所有讷兴额应得奖励之处，著僧格林沁自行酌量办理。穆隆阿折著抄给阅看。

将此由六百里加紧谕知僧格林沁，并谕西凌阿、托明阿知之。

钦此。遵旨寄信前来。[1]

——《清政府镇压太平天国档案史料》第 15 册，第 123 页。

〇上谕

理藩院奏科尔沁札萨克多罗郡王僧格林沁之福晋溘逝、请旨可否赐奠一折。僧格林沁于所属一切管项悉臻严肃，督办旗营事务尤奋勉，且自遣赴军营以来，更见身先士卒，追杀逆匪，冒刃冲锋，勇敢有为。兹伊福晋溘逝，加恩著由广储司赏银五百两，令其治丧，并著派贝勒德木齐扎布即日前往奠醊。所有该福晋应得恤典，著理藩院照例办理。

——《清代起居注册（咸丰朝）》第 20 册，第 11790—11791 页。

〇上谕

僧格林沁奏道员办理粮台出力、恳请宽免处分一折。直隶通永道海瑛，接办粮台事务以来，一切支放均能撙节动用，运送军火粮饷并无贻误。所有海瑛前在署大顺广道任内失察顺德府属之沙河、任县失守城池处分，著准其宽免。该部知道。

——《清代起居注册（咸丰朝）》第 20 册，第 11792—11793 页。

闰七月

闰七月初七日

〇上谕

奕格奏，请将协济官兵之蒙古王公鼓励等语。本年黑龙江官兵经过蒙古地方，该蒙古王公等沿途豫备协济马匹、食用等物，俾官兵得以速行，洵属急公好义。郭尔罗斯后札萨克辅国公杨三巴拉，郭尔罗斯前扎萨克镇国公阿勒坦鄂齐尔，科尔沁左翼后札萨克多罗郡王僧格林沁及左翼中札萨克和硕达尔汉亲王索特那木彭素克、左翼前札萨克多罗斌图郡王林沁札勒赞等，均著交理藩院分别议叙。

——《清代起居注册（咸丰朝）》第 20 册，第 11857—11858 页。

① 本条内容，《清文宗实录》卷一三七、《东华续录》咸丰三十七皆误作七月二十八日。此条谕旨系针对僧格林沁七月二十七日所具之折而发，该折七月二十九日方奉朱批，故此谕不可能在此前一天发布。

闰七月初八日

〇僧格林沁等奏

奴才僧格林沁等跪奏，为逆匪势极穷蹙，叠次奔扑，俱被官兵击退，殄灭多名，现在严饬各营加意防范，并设法进剿，以期迅速荡平，恭折奏祈圣鉴事。

窃连镇逆匪被围日蹙，前次我兵极力剿洗情形，业经奏报在案。七月三十日恭奉寄谕，奴才跪读之余，更深愧悚，惟当极力图维，以赎愆咎。近日该逆势极穷蹙，时思窜溃。逐日夜间，该逆多寡不等，沿濠窥伺。揆之该逆情形，乘我兵防守稍懈，或可舍命扑出；即不能溃出重围，亦劳我兵力。奴才等严督各营统带，不分日夜风雨，加意扼守，不得稍有疏懈。上月二十八日夜，该逆向将军瑞昌营奔扑，登时击退，毙贼甚多。三十日风雨大作，该逆乘势向西南奔扑，副都统绵洵、总兵萨炳阿督饬官兵开放枪炮，惟见该逆纷纷倒毙，不计其数。本月初三日，该逆大股扑出，离巢未远，即向侍卫都兴阿、护军参领德亮等营盘开炮，并抛掷喷筒、火弹。该侍卫等不动声色，严阵以待。该逆见我兵枪箭不发，游疑许久，呐喊回巢。该逆连次向河西营墙奔扑，皆被官兵击退，颇形怯惧。现在河东水势渐消，套堤以内，间有涸出沙滩之处。初四日夜子刻，阴黑如罄，西北风甚紧，该逆趁风雨涉水，潜向前副都统明庆、护军参领舒保营墙舍死狠扑，扛抬长梯，执持挡牌，直至濠边，势极凶猛。明庆等遵照奴才指示，镇静以待，俟众匪逼近濠边，枪箭齐施。侍郎庆祺开放大炮，由斜刺轰击，凭高临下，甚为得手，登时殄毙多名，带伤逃回者无算。夺获长梯五架，挡牌、旗帜甚多，余匪踉跄回巢。天明查看，沙滩之上拖尸血迹纵横满地，我兵并未受伤，洵属得获全胜。惟逆匪屡扑屡挫，图窜倍急，奴才等自当趁其穷蹙，极力筹布，设法攻剿，以期迅奏肤功，早纾圣廑，断不敢稍涉延缓，自蹈罪戾。

所有近日殄剿情形，理合恭折奏闻。

再，前因明庆接应迟缓，经奴才参奏革职留营。该革员自获咎以来深知愧奋，此次截击逆匪甚为出力，合无仰恳皇上天恩，准予开复原官，以示鼓励之处，伏候圣裁。谨奏请旨。

［咸丰四年闰七月初六日］

咸丰四年闰七月初八日奉朱批：览奏俱悉。朕惟速盼捷音，尽数歼除。林逆若在连镇，断不可任其潜逃。明庆既屡次出力，著开复原官。钦此。

——《清政府镇压太平天国档案史料》第15册，第181—182页。

闰七月初十日

〇上谕

军机大臣字寄钦差参赞大臣、科尔沁郡王僧，钦差大臣托。咸丰四年闰七月初十日奉上谕：

陈金绶等奏琦善因病出缺一折。已降旨，授托明阿为钦差大臣，驰驿前往扬州督办军务矣。托明阿未到以前，所有剿办事宜，暂著陈金绶权行代办，并谕令雷以諴仍在扬州随同防剿。现在瓜洲贼匪负嵎死守，虽运河东岸有陈金绶、穆克登额在彼扎营，西岸有德兴阿所统满汉官兵，三汊河一带亦有参将安勇、游击毛三元等专司驻守，惟当此时军无统属，逆贼得信，必更肆其猖獗。陈金绶勇敢虽著，谋略不足，非统帅之才。且自焦山以上及浦口、六合、仪征等处，各路水师正当攻剿万分吃紧之际，托明阿接奉此旨后，即著星夜驰驿迅往扬州接办。到扬以后，水陆各营均归节制。兵力已多，此次就道，毋庸多带官兵行走，致有稽迟。托明阿经朕简畀重任，即当勉奏肤功，悉心筹画，与陈金绶、雷以諴等迅殄妖氛，以慰廑念。至江防最为扼要，金陵、镇江皆与瓜洲一水相通，抵扬后尤当与向荣等随时咨商，联络声气，不可稍存意见。谅该大臣必能计画周至，为朕分忧。

其连镇之贼已被套堤围困，此时托明阿虽赴扬州，并未多带官兵前往，连镇穷蹙之寇，以巨万兵勇足敷剿办。僧格林沁务即督率将弁，克期殄灭，扫穴捡渠，断不准任其潜逃为患。朕惟速盼捷音早至，该大臣亦当上体朕心也。

将此由六百里加紧谕令知之。

钦此。遵旨寄信前来。

——《清政府镇压太平天国档案史料》第 15 册，第 203 页。

闰七月十一日

〇上谕

军机大臣字寄钦差参赞大臣、科尔沁郡王僧，钦差大臣、正蓝旗汉军都统胜，钦差大臣托，帮办军务、已革直隶提督陈，已革刑部侍郎雷，钦差大臣、湖北提督向，江南提督和，都察院左副都御史袁，荆州将军官，湖南提督塔，已革礼部侍郎曾，顺天府府尹，直隶、两江、江苏、安徽、山东、山西、河南、陕西、闽浙、福建、浙江、江西、湖广、湖北、湖南、四川、两广、广东、广西各督抚，江南、河东河道总督。咸丰四年闰七月十一日奉上谕：

前据王庆云奏请饬各路粮台运储粮石一折，当交军机大臣会同户部速议具奏。兹据恭亲王奕䜣等酌核例案，详议覆奏。现在贼氛未靖，各路军营需饷浩繁，部库筹拨银两实

形支绌，叠经降旨，并由户部奏明，行知琦善、向荣、胜保等军营运储米石，以充军食。湖北等省漕粮，均准截留接济。山东折漕，因恐出入折耗，令将米石拨营备用。各属仓社米谷，均准关支。僧格林沁军营亦屡奏劝捐粮草，可见银粮兼支，为现时要务。与其空言拨饷，支领不能应时，何如就近筹粮，兵丁得沾实惠？著各路带兵大臣及各该督抚等，严饬粮台承办各员，查照旧章，征兵每名日支口粮米八合三勺，月支盐菜银九钱，并于出边口之日加给盐菜银四钱，凯旋进边口之日即行停止。其各路防兵，除随时酌撤外，其余即照旧例核支，毋庸加给银四钱，以示区别。务须各就地方情形，迅速储备粮石。值此秋收之时，筹办较易为力。其有漕省分征存未运漕粮，均准各该粮台就地动用，并准碾动各属仓谷。其无漕省分，均令于所属仓谷项下酌量关支。仍将动用各项粮石数目分晰报部，以凭查核。至各处情形不同，并著随时体察，或筹项采买，或劝谕捐输，或由邻省转运，务即通融筹办。各该大臣督抚等具有天良，当此军饷支绌之时，均应赶紧设法储粮抵饷，以济急需，毋得狃于粮台积习，坐待拨款，致有贻误。将此由五百里各谕令知之。

钦此。遵旨寄信前来。

——《清政府镇压太平天国档案史料》第15册，第215—216页。

闰七月十三日

○僧格林沁等奏

奴才僧格林沁等跪奏，为续获胜仗，恭折驰奏，仰祈圣鉴事。

窃照连镇逆匪自七月二十五日连次奔扑，屡受惩创之后，倍形穷蹙，思窜愈急。奴才等严督各营统带，不分雨夜，并力围困，不容片刻疏懈。兼之连次赏不逾时，官军颇形鼓舞。初七日夜间，该逆大股凫水乘船，潜向正东护军统领珠勒亨、侍卫绷阔分防之处奔来。我兵遥闻声息，即严兵静待。该逆将近围堤濠边，齐声喊杀，将船向前紧逼，船上扎有长梯，该逆支梯攀援上扑，一面抛掷火弹，施放喷筒，势极凶猛。绷阔等容俟枪箭可及，始行挥令官兵开枪放箭。逆匪纷纷伤毙，坠地落水，余匪随拖贼尸，仍向上扑，竟似有进无退之势。我兵枪炮连环，复用药包向下击放。该匪慌乱，将火绳遗于船上，致将该逆装载火药船只引燃，登时火光烛天，烧毙逆匪甚多。各营开放大炮，从旁向该逆大队轰打，并分兵前往协援，逆匪始行败回巢穴。夺获扎梯船一只，火药包多件，竹盔、长矛飘浮水面，不能胜计。捞获带伤长发逆尸六具，皆身穿黄坎肩，项挂药包，形状尽属强悍，当令投诚留营效力人等辨认，委系真正粤匪。剖验贼尸，肚内皆系黑豆、高粱，其为贼垒中米谷无多可知。是夜败退，势倍穷蹙，日夜死守，设法诱引，未敢离巢。初八、初九、初十等日虽未奔扑，夜间时有零星贼匪沿濠窥伺，查探我兵虚实。揆之该逆情形，连日不出，自系另生诡谋，或制造

长梯、挡牌，或俟大风大雨乘夜舍死狠扑。奴才等已严饬各营统带，无分风雨昼夜，加意严防，不得稍有疏懈。此近日连镇军营实在情形也。奴才等惟有严密布置，吁祷天神默佑，圣主洪福，趁此丑类技穷之时，相机迅图殄洗，上慰宸廑，下救元黎，断不敢稍事迁延大意，致误机宜。所有续获胜仗缘由，理合恭折奏闻，伏乞皇上圣鉴。

再，现在军营需饷孔殷，顺天粮台虽已支绌，兵饷仍按期支应。惟直隶粮台开支兵饷积欠不下百日，原办分局之候补知府张琛，业经钦差大臣胜保调赴高唐，接办之口北道锡祉并未带有银两。旋经直隶总督拨解银五(十)[千]两，每兵仅得银三钱。奴才等目睹官兵拮据情形，不得不即为筹办。是以差委即用道黄德坊前往天津，会同盐政文谦设法劝捐，并札饬该盐政，将运道各库存款赶紧拨解来营，以应急需。合并附陈。谨奏。

[咸丰四年闰七月十一日]①

咸丰四年闰七月十三日奉朱批：览奏俱悉。逆匪实已穷蹙，指日定可歼除，犹不可稍涉大意，致令窜延。僧格林沁昼夜艰辛，朕甚廑念，著传谕众将士迅速成功，同膺懋赏。钦此。

——《清政府镇压太平天国档案史料》第15册，第216—218页。

闰七月二十二日

○上谕

谕军机大臣等：

现在连镇贼匪经僧格林沁等设法围剿，势已穷蹙，指日当可歼除。惟昨据僧格林沁奏称，该营粮台关支兵饷积欠甚多，前经桂良拨银五千两，亦属不敷支发。本日已谕户部拨银八万两，解赴该大臣军营。当此攻剿吃紧之际，若不宽为接济，何以激励军心？直省藩库情形虽极支绌，然军需孔亟，总应设法筹措，毋误兵食。著桂良督饬接办粮台之口北道锡祉悉心筹画，无论银米，速行拨解连镇军营，俾支发得以裕如，进剿益可得力。将此由六百里谕令知之。

——《清文宗实录》卷一四〇，咸丰四年闰七月己丑。

○上谕

军机大臣字寄钦差参赞大臣、科尔沁郡王僧。咸丰四年闰七月二十二日奉上谕：

僧格林沁自带兵剿办逆匪，抚驭士卒，不辞劳瘁，朕心实深嘉尚。近闻该大臣军营需

① 据中国第一历史档案馆藏朱批奏折，档案号04-01-30-0398-011。

饷甚殷，当此攻剿吃紧之时，必应宽为筹备。本日已谕户部拨银八万两，并饬顺天府克日解往大营，俟解到后即由该大臣酌量拨给各营。并有旨谕知桂良设法筹办，无论银米，源源接济矣。现在逆匪被围日久，势极穷蹙，朕不惜巨万帑金，叠次拨给军营，以冀士饱马腾，迅速蒇事，该大臣务当激励弁兵，迅殄逆氛，肃清畿辅，以慰廑念。将此由六百里谕令知之。

钦此。遵旨寄信前来。

——《清政府镇压太平天国档案史料》第 15 册，第 278—279 页。

闰七月二十六日

○僧格林沁、西凌阿奏

奴才僧格林沁等跪奏，为逆匪夜趁风雨分股奔扑，旋经官兵击退，毙贼多名，恭折驰奏，仰祈圣鉴事。

窃连镇逆匪日形穷蹙，连次舍命狠扑，屡受惩创，节经奏报在案。闰七月十三日恭奉朱批：览奏俱悉。逆匪实已穷蹙，指日定可歼除，犹不可稍涉大意，致令窜延。僧格林沁昼夜艰辛，朕甚廑念，著传谕众将士迅速成功，同膺懋赏。钦此。奴才跪读之下，感激涕零，当经遵旨传谕各营大小将士，无不欢呼踊跃，倍形鼓舞。奴才等因思该逆虽心胆益寒，断不肯垂手待毙，势必另生诡谋，希图溃窜，是以随时谆饬各营统带，无分雨夜，加意严防。各营虽有套堤可恃，深恐未尽周备，复饬河西各营将濠沟开宽，并于濠沟以外掘挖梅花陷坑数重，河东近水营盘在濠外密布木桩一道，以杜该逆船只木筏。

初七日该逆受创之后，因夜间月明如昼，未敢出巢。自十九日起，连日阴晦，时有风雨。二十二日亥刻，东北风甚紧，兼之阴云微雨，黑夜之间，对面不能看视。该逆分向正南之庆祺营墙、正西之瑞昌营墙奔扑。庆祺督饬官兵开放枪炮，毙贼不知确数，该逆未敢进前，登时败退。天明查看，该逆遗弃竹盔、挡牌、药包等物多件。其扑向瑞昌营墙之贼势极凶猛，我兵虽放枪炮，该逆胆敢扛抬长梯，执持挡牌[藤牌]，施放火枪，冒烟而进，竟有舍死不退之势。我兵登高击下，枪炮施放连环，并抛掷火罐。火光之中，遍地皆贼，纷纷倒地者不可胜数。该逆见我兵枪炮密下如雨，势不能支，拖抢贼尸，叫苦奔逃，败退回巢。夺获长梯四架，挡牌十七面，抬枪、鸟枪、药包、刀矛、藤牌、竹盔、旗帜不计其数。梅花坑内陷有贼尸十二具，受伤活贼二名。讯据供称，逆众被围情急，且现在谷米无多，前此每人日给谷子一斤八两，后减为一斤，现在每人日给谷子十二两，仅能碾米六两，不敷一日食用，杂以黑豆、绿豆，勉强充饥。逆首林凤详希冀窜出重围，与高唐贼匪会合。等语。当将该犯正法。二十四日投出难民，据供，二十二日夜伤毙贼匪一百三十余名，现在逆众互相嗟怨，人心乖离。至该逆月余以来共计奔扑八次，皆被官兵击退，毙其精锐者自必亟多。但困兽犹斗，

势必舍死狠扑，奴才等惟有不时谆饬各营认真严防，不得稍有疏懈，仍设法极力图维，一有可乘之机，当即激励将士，奋力进攻，以期及早蒇事，上纾宸廑。

所有军营布置及逆匪奔扑、官兵获胜各缘由，谨恭折具奏，伏乞圣鉴。

再，现值秋雨连朝，各营官兵昼夜荷戈，在堤巡防，凄风冷雨，异常艰苦，兼因粮饷不足，几至枵腹从事。奴才目睹情形，倍切焦灼。闰七月二十四日奉到二十二日寄谕，荷蒙垂念军营需饷孔殷，谕拨巨帑，克日解营。天恩优渥，浃髓沦肌，奴才感戴欣忭之忱难以言喻，当恭录谕旨，通传各营统带，转传大小将士兵丁，咸令知之。谨附折恭谢天恩。谨奏。

［咸丰四年闰七月二十四日］①

咸丰四年闰七月二十六日奉朱批：览奏俱悉。此贼岂肯坐以待毙？俾攻扑必受伤，固属得手，然我兵亦不能攻入，似此相持，何时蒇事？现在汝是否胸有成算，抑别有密策，可速行奏来。钦此。

——《清政府镇压太平天国档案史料》第15册，第286—288页。

八月

八月初四日

〇僧格林沁、西凌阿奏

奴才僧格林沁、奴才西凌阿跪奏，为恭折覆奏，仰祈圣鉴事。

闰七月二十七日，接奉朱批：览奏俱悉。此贼岂肯坐以待毙？俾攻扑必受伤，固属得手，然我兵亦不能攻入，似此相持，何时蒇事？现在汝是否胸有成算，抑别有密策，可速奏来。钦此钦遵。伏查现在局势，各营征兵虽不下三万，无如疲羸者倍于精捷之兵，而逆匪乃百战之余，凶狡异常，负固死守，以延喘息。日前奴才等多方布置，极力鼓舞，我兵叠次攻剿，总未能覆剿捣穴，徒折奋勇之人。奴才等目睹情形，焦愤万状，辗转推思，官兵尚称用命，实因地势所限，若操之过急，损折必多，仍恐于事无补。万不得已，修筑套堤，以困为攻，日久相持，实因无可奈何，始为此愚蠢株守之法，实非奴才本意。幸频承温谕，训迪周详，各营官兵咸知感激奋兴，日见起色。而贼占各村，除东西连镇之外，其灶户、陈庄等村皆被水浸，该逆谷米无多，谅难久拒，是故叠次狠扑，希冀漏网。仰仗皇上洪福，连次获胜，尚无溃窜。但逆匪屡次挫失，图窜自然倍急，诚如圣谕，该逆岂肯垂手待毙，势仍舍命再冲。奴才等昼夜竞惕，督率各营严密困守者，深恐倘再变局，不特身罹重罪，更无以仰对君

① 据中国第一历史档案馆藏朱批奏折，档案号04-01-30-0398-010。

父。兹奉垂询，奴才恭录朱谕，密传各营统带，揆度现在事机，宜攻宜守，各抒己见，详切直陈。奴才非敢托虚衷以图卸责，实欲藉群策以匡不逮。旋据各营登覆，佥以慎图可望蒇事为词。奴才复加申令实力严防，倘有疏虞，定即从重办理。

至奴才荷承倚畀，统带重兵，剿办丑类，乃因才识鲁钝，多月无功，久劳圣虑，负疚悚愧，难以言喻。行军之道，移步换形，惟有刻刻留心，一有可趁之机，即当迅图扫荡，断不敢坚执己见，专事围困。近日贼巢更鼓不鸣，终日不见一人出巢，亦不牧放骡马，揆之该逆情形，希图诱引我兵，以便施其谲诈伎俩。自上月二十八日起，河水陡涨，河东水深八九尺、丈余不等，所有灶户、陈庄房屋坍塌过半，该逆仍前死守。初一日子刻，该逆大股出巢，遥为列队，先有数十名伏于西南，掘坑藏匿，暗放枪炮，又在离濠半里余扎有白布挡帐一架，黑夜之间，意在我兵不辨真假，专向此处抵敌，该逆趁势向别处奔扑，当被我兵合力击退。天明查看，坑边间有血迹。计夺获白布帐一架，旗帜、药包多件。是该逆屡次奔扑，屡次变幻，无不登时受创。日内该逆自必另生诡谋，舍命狠扑，奴才等惟有严加防范，不敢稍涉大意。

所有现在实在情形，谨遵旨恭折覆奏，伏乞皇上圣鉴。谨奏。

［咸丰四年八月初二日］

【览奏俱悉。是时惟冀该逆攻扑，或可一鼓歼除。以后若有变幻情形，迅速具奏。】

——《清政府镇压太平天国档案史料》第15册，第313—315页。

八月初六日

〇上谕

军机大臣字寄钦差参赞大臣、科尔沁郡王僧。咸丰四年八月初六日奉上谕：

有人奏，帮办粮台之候补道卑鄙贪污、劣迹多端，请饬查办等语。据称，连镇帮办粮台、直隶候补道黄德坊，在涿州钻谋留营差遣，嗣在军营捐输银一万余两。其所捐之项，系直隶主簿胡彬承修道路，在粮台领银三百两，该员捏报伊捐输用银二千余两。又匠役花上林制造地雷，卖给该员，每尊价银二十两，捏报每尊用银二百五十两，计四十尊，用银一万两。又本年宁津等州县上忙钱粮，均系批解现钱，该员暗行抵换，作为原解二成钞票，并采买小钱交局搀和。又添造帐房，捏销钱文。又河堤漫口，粮台地方并无水患，该员雇觅大船三十余只为水营粮台，任意开销，并在船狎优，采买私硝私磺，招集私党赵岩等在粮台差委，通同作弊，以致总办通永道海瑛恐受其累，避匿大营，该员愈得把持侵蚀。复与游击张秉铎率领回匪多名，各处砍伐树株，运营栽桩，捏称张秉铎采买报效。又伐邢姓大树，为经文岱帐前搭盖天棚，宽至数亩。等语。该员骩法营私，劣迹昭彰，若不严行查参，何以惩贪污而重军饷？著僧格林沁按照片内所参各情，提集应讯人证，确切查明，从严惩办。原片

著抄给阅看。

该大臣前此奏报,逆匪被围,穷蹙已极,且粮食将尽,时虞突围窜扰。现在情形如何,贼匪有无扑窜,已逾数日,未据奏报,实深悬系。近因胜保不能迅灭丑类,降旨革职,责令督兵自效。僧格林沁务当激励将士兵勇,迅图扫荡妖氛,肃清畿辅,以慰廑念。将此由四百里谕令知之。

钦此。遵旨寄信前来。

——《清政府镇压太平天国档案史料》第15册,第369—370页。

八月初七日

○僧格林沁、西凌阿奏

奴才僧格林沁、奴才西凌阿跪奏,为连镇逆匪连次水陆突围,官兵续获胜仗,恭折奏报,仰祈圣鉴事。

窃逆匪前于昏夜用布帐以疑我兵,业经恭折奏闻在案。奴才深知其必于一二日内另施伎俩,以冀溃奔,当谆饬各营加意等候,如有动静,总须辨明真伪,再开枪炮,勿堕诡计去后,初二日夜间,该逆果分向四面扑扰,遥遥放枪呐喊。奴才等督率各营官兵严整以待,该逆未敢近前,即各退回巢穴。河西营盘得获贼匪号衣、抬枪、鸟枪等件。是时北面逃出投诚人二名,据称该逆因屡冲重围未能兔逃,已深惊恐,定于是夜分贼四面扑扰,牵制我军,逆酋带强悍之贼乘坐船筏,向围堤水口狠扑,并有如能逃出即有性命之语。而是夜水口之处并无动静,谅因已知投诚之人泄露机关,是以中止。

初三日夜,该逆仍前四面来扰,果有大股贼匪乘坐大船四只、木筏数十个,顺风蜂拥驶奔水口,向我兵开放枪炮。因有套堤子墙遮拦,我兵并未受伤。散秩大臣侯穆辂、副将史荣椿督率官兵开放枪炮,向水面轰击,护军统领珠勒亨督饬官兵从旁截击,该逆舍死前进,被濠外木桩所阻,不能逼近濠墙。我兵枪炮连环,极力截打,并抛掷喷筒、火弹,登时击沉大船一只,烧毁大船一只,殄灭逆匪不知确数。逆匪叫苦连天,败退而回。天明捞获贼尸一具,状甚强悍,令从前投诚之人辨认,系广西逆匪伪水官总制廖性,乃逆匪中素称凶猛、专管水队船只桥梁之人,并捞获挡牌二十余面,刀矛、竹盔、火药、炮子等物不计其数。该逆此次全副气力而出,复又退败,未能溃围,洵可丧逆之胆。

至此股逆匪窜占连镇五月之久,奴才未能及时殄灭,负咎殊深,实因该逆狡猾诡诈,以致未能迅速成功。两月以来,该逆共扑十次,皆被我兵击退,毙贼自必甚多,究未能扫数歼除者,总因该逆白昼及明月之下死守不出,每值昏黑并夜间风雨,必出巢扑扰,我兵不见贼踪,惟有静听声息,开枪放箭。该逆屡次受创,仍舍命狠扑者,实系粮米无多,穷蹙已极。

据投出之人声称，现在每人仅止日给谷子四两，惟以黑豆、绿豆充饥。现在贼势日益穷蹙，我兵倍形鼓舞，仰藉皇上天威，或可旦望蒇功。奴才惟有督率各营，昼夜弗懈，以保无虞。

所有续获胜仗缘由，理合恭折奏闻。

再，散秩大臣侯穆铬现在分扎之处，正当冲要，此次击退大股获胜，甚为出力。该员前因失察兵丁在沿途骚扰，奉旨摘去顶戴，今既知愧奋，自应吁恳恩施，可否赏还顶戴之处，出自皇上天恩。谨奏。

［咸丰四年八月初五日］

【览奏俱悉。穆铬著给还顶戴，仍带革职留任处分。】

——《清政府镇压太平天国档案史料》第 15 册，第 347—349 页。

〇上谕

咸丰四年八月初七日内阁奉上谕：

僧格林沁等奏逆匪突围扑扰、官兵续获胜仗一折。连镇逆匪被我兵围攻，叠次出巢扑扰。本月初二日夜间，分四面放枪冲突，因官兵严整以待，随即退回。至初三日夜间，复分四面来扑，并有大股贼匪乘坐大船、木筏蜂拥驶奔水口，经散秩大臣穆铬、护军统领珠勒亨等督兵开放枪炮，连环轰击，并抛掷喷筒、火弹，将该逆船只击沈、烧毁，毙贼无数，并将伪总制廖姓轰毙，夺获挡牌、竹盔、刀矛、火药、炮子等无算。逆贼困守连镇，叠被惩创，穷蹙已极，著僧格林沁等督率官兵迅速进攻，无任久稽显戮。穆铬此次击贼尚属出力，著赏还顶戴，仍带革职留任处分。该部知道。

钦此。

——《清政府镇压太平天国档案史料》第 15 册，第 371 页。

八月十三日

〇僧格林沁、西凌阿奏

奴才僧格林沁、奴才西凌阿跪奏，为奏闻事。

八月初八日，奴才僧格林沁接准军机大臣字寄，咸丰四年八月初六日奉上谕：有人奏，帮办粮台之候补道卑鄙贪污，劣迹多端，请饬查办等语。等因。钦此。遵旨寄信前来。奴才僧格林沁伏查，该员黄德坊系保定同知，于上年九月间，直隶督臣派赴涿州办理兵差到营。奴才因顺天甫设粮台，粮员不敷差委，该员尚堪驱策，咨留随营当差。本年四月，奴才因该员捐办道路、地雷妥协，并节次随队无误，是以保奏以道员即用，并请赏戴花翎，荷蒙恩准。旋经顺天府奏派该员会同通永道觉罗海瑛办理粮台事务，现经奴才委赴天津，会同

盐政文谦劝办捐输,并未在营。

兹恭奉饬查参劾各款,奴才详阅原参片,有奴才深悉者,如前次堤漫东光被水,粮台向驻戈家新庄,始终并无水患,该员派委徐城至通州、天津雇大船三十余只,在城西马头为水粮台,日费船价三百余千一层。查前次堤决,戈家新庄周围实系皆水,村东即系河溜间段,深浅不等,运送军火、粮饷,车船均为不便,曾据禀报移至马头。至每日需用船价若干,应俟另行查明办理。

又,京中解营火药一万余斤、硝磺一千余斤,该员发交东光县收存,置之不用,另遣人各处采买,以为浮开地步,其采买均系私硝、私磺,南皮、河间等县拿获私卖之人,该员反严札申饬一层。实系奴才前因大炮日夜轰击,需药过多,军营距京渐远,调取运送甚非容易,饬令粮台就近设法购办,并寓杜绝奸匪接济之意。且京中调到火药,系加工碾造之药,存作枪药之用,发县收放干洁之区,计尚存八千余斤属实。所存硝磺,系备作火攻器具之用,尚非该员置之不用。其如何严行申饬南皮等县,应俟另行查明办理。

至欲借翼长经文岱势,伐邢姓大坟树,为经文岱帐房前搭盖木架天棚,高丈余,宽数亩,平砖铺地,周砌栏杆一层。查[经]文岱系按接统原任副都统达洪阿之军,该营据濠墙下,实有木棚一架,达洪阿在日,奴才经过该段即经看见,实非经文岱接任后支搭。兹覆查,丈量得木棚宽一丈五尺,横一丈八尺,高七尺五寸,并无栏杆。据禀覆,其木(栏)[棚]需用木植,系该营四月间制做营门跳板余剩零碎木料,于五月间达洪阿谕令搭盖,席片系达洪阿自买,地平砖系收复小村捡拾之砖等语。

又,总办通永道海瑛恐受其累、躲避大营一节。查六月间兴筑套堤,必须遴委妥员随同料理,当经奴才委令海瑛常川在工督办,前次奏请天恩开复海瑛处分折内,附折声叙在案。实系奉委在营,且海瑛不时抽空前往粮台,办理无误,实无畏累躲避情事。

以上各款,系奴才素所深悉,拟请毋庸查办外,其余各款,如果属实,均干法纪,亟应确切严查。当经飞调该员兼程来营,拟即遴委大员逐款从严究办,奴才断不敢因曾经保荐,心存徇饰。所有遵旨查办缘由,谨先行覆奏。

至连镇之贼,初三日受创之后,连日结队出巢,遥为观望,未敢进前。初七、初八夜间,由灶户、陈庄拥出逆匪多名,或驾小船,或在破窑隐匿,向濠墙开放枪炮。我兵伏于子墙之下,故为不闻,该逆渐次逼近,约枪炮可及,我兵始行开放枪炮,毙贼四五十名,余匪败退。初九日巳刻,该逆分前后三队出巢,向奴才僧格林沁营墙扑来,前队约有二三十人,中队七八十人,大队在后。遥见旗帜林立,奴才预饬官兵不许早开枪炮,该逆前队已到濠边,即欲攀拉濠边树栅,我兵随开大炮,轰其大股,后队登时倒毙多名,旗帜错乱,众窜回巢。其前队、中队之贼闻有炮击,亦即退后,我兵抬枪、鸟枪连环施放,复又毙贼数十余名。近日该逆三五零星出巢,割取高粱,虽经濠墙开炮轰击,该逆仍舍命割取,揆之情形,自系粮米缺

乏之故。初十日,奴才饬派委鸟枪参领王亮带领历次投诚之人及各州县解到监犯数十名,又派留营效力之李湘棻带领该革员自雇练勇四百余名,各带器械进濠,佯割青草、高粱,用作引诱。该逆似系情急,即由连镇李庄拥出马步贼匪数百余名,远远窥视。李湘棻等预将练勇伏于拆毁破村,仍督催割取。该逆见人少敌,蜂拥而进,李湘棻等即行退后数武,转身压下,破村预伏之人亦即杀出,前后夹击,毙贼五六十名。各营开放大炮,向该逆退经之处击打,毙贼无算。阵亡练目二名,受伤三名,官兵并无受伤。十一日辰刻,该逆分股向拉木棍布扎布营墙奔扑,当经我兵击退。查现在该逆情形,急思溃窜,是以不分昼夜,舍命奔扑,即不能溃围而出,亦可劳我兵力。奴才等惟有与各营统带悉心筹计,及早图功,不敢稍事迁延。谨奏。

[咸丰四年八月十一日]

【知道了。览奏曷胜焦急,似此旷日持久,何时可期蒇事?现在该逆思窜愈急,正可迅速攻剿,失此机会,殊觉可惜。汝尚云不敢稍事迁延,则半载有余,咎将谁执?功罪惟汝自取,朕亦无可再谕矣。】

——《清政府镇压太平天国档案史料》第15册,第404—406页。

八月二十五日

○上谕

军机大臣密寄钦差参赞大臣、科尔沁郡王僧。咸丰四年八月二十五日奉上谕:

前据僧格林沁奏逆匪急思窜逸、官兵击退情形,当批令迅速攻剿,不可失此机会。旬日以来,未据奏报,朕心实深焦灼。贼匪窜踞连镇五月有余,该大臣等果能督率将弁奋力进攻,何至围剿日久,办理尚无把握?似此糜饷老师,何日始能蒇事?畿辅重地未能早就肃清,朕每一念及,寝馈难安。该大臣身膺重寄,独不能为朕分忧耶?

昨据江苏巡抚吉尔杭阿奏称,英吉利、米利坚、佛兰西三国夷酋先后驶抵上海,称欲变通成约,并有定期八月十八日起碇前赴天津之语,已谕桂良、文谦等严密布置。虽夷情诡谲,其果否来津尚难豫料,然当此贼氛未靖,设再有夷匪前来,纵未必遽劳兵力,恐人心更难镇定。惟有速将连镇贼匪克日剿除,俾我数万重兵不致为其牵掣,于防守机宜大有关系。著僧格林沁等迅即激励将弁,妥速进攻,务将此股贼匪就地歼除,勿留余孽。该大臣接奉此旨,于夷务情形不可向军营将士稍有泄漏,致启惊疑。是为至要。

将此由五百里密谕知之。

钦此。遵旨寄信前来。

——《清政府镇压太平天国档案史料》第15册,第483—484页。

九月

九月初一日

○僧格林沁、西凌阿奏

奴才僧格林沁、奴才西凌阿跪奏，为逆匪被围倍蹙，连次扑冲皆被击回，我兵叠获胜仗，恭折奏闻，仰祈圣鉴事。

窃近来逆匪思窜愈急，时时在高处延颈瞭望，并有在巢外附近往来梭行，情形日见衰败，及至将炮对准开放，即鸟兽惊散，登时潜藏躲避。本月二十四日，该逆分股扑向南面庆祺、桂龄营墙，该营开放连环枪炮，将逆贼击退，得获独木长梯三架。二十五日亥刻，该逆分二队向奴才僧格林沁营扑来。奴才在墙上督率官兵镇静以待，原冀该逆奔至切近，痛加歼殄。逆匪至鹿角栅前，抛掷火弹，我兵仍不动声色，擎枪以待。该逆遥立不前，适东段官兵瞥见贼匪扛抬木梯，欲向前进，开枪向击，该逆被击退回，仍在鹿角栅前暗伏。迟有三四刻之久，该逆必以为我兵防守稍懈，复又扑来。我兵枪炮并发，登时击回。查看濠内，遗有木板长梯二架，药包、竹盔等物，沿路血迹十余处，逆贼谅复受创。并查见正南、东南无水之区，该逆掘有大坑数十处，自系该逆隐藏之所，业已填垫，以杜诡谋。其潜伏之处遗下熟黑豆在地，似即系贼营中现在裹带干粮，其为只有黑豆充饥无疑。近日投出难民供称，贼巢粮米已无，惟食黑豆，并闻该逆制造吕公车及掘挖地道，总要舍死扑出等语。现在周围濠沟，除有水之处业经严密布置外，其余各处濠深丈余，业已及泉，足以破其地道。濠沟二处，梅花坑数重，并有大小木桩，该逆虽有吕公车，亦难逼近濠沟。是该逆纵有诡谋，似可无虞。

但围困(难)[虽]极严密，仅可杜其溃窜，不能制其死命，旷日持久，奴才曷胜焦急。现在将士非不鼓舞，愿效死力，惟该逆穷蹙已极，防守益坚，澈夜更鼓不绝，时防我兵进攻。奴才等与各营统带熟思妥议，深恐贪功轻进，徒折精锐，与事无济。二十五日以后，该逆每于夜间结队出巢，先使数人遥为窥探，我兵闻有警动，偃旗息鼓，以俟奔扑。该逆见我兵从容不迫，即蛇行而退，随用大炮遥向该逆后队轰击。以现在贼势而论，人心不固，粮米缺乏，扑则不敢，守则无粮，断难久稽显戮，一有可乘之机，即当督兵进剿，可望就地歼除，若操之过急，惟恐另生他变。奴才等惟有严饬各营加意防范，仍随时随事设法图维，务(其)[期]迅速荡平，早纾圣廑。

所有近日连镇军营情形，谨恭折奏报，伏乞圣鉴。谨奏。

[咸丰四年八月二十九日]

——《清政府镇压太平天国档案史料》第15册，第512—513页。

〇僧格林沁等奏（节录）

……前据顺天随营粮台、直隶即用道黄德坊禀称，密云驻防镶蓝旗满洲人希兰保等，捐输钱文、布匹，业经该粮台照数验收，并据声称，所捐钱文照例减二成，以京钱三千二百文作银一两，每布一匹照市价合京钱三千，开列清单，禀请奏奖前来。谨录原单恭呈御览。可否照请奖励，出自皇上天恩。除移咨户部查核外，谨附片具奏请旨。

计开：

希兰保……

鲍元澂……

方汝翼……

秦荦……

丁彦儒……

苏寿柏……

王书荣……

扈爱莲……

苗玉立……

何文炳……

苗玉田……

李嶓……

何梦兰……

王朝宗……

苗蕴玉……

韩茂林……

韩英魁……

王锦……

吴和春……

石成周……

熊存瀚……

捐钱五百五十七吊；捐布三千六百二十六匹，合京钱一万零九百七十八吊。

统共捐钱并捐布合钱，共京钱一万一千五百三十五吊。

［咸丰四年八月二十九日］

【户部速核议奏。】

——朱批奏折，档案号04-01-35-0685-082。

○僧格林沁等奏（节录）

……据办理随营粮台通永道觉罗海瑛详称，山东德州附生张其恕，捐输京钱二万吊。查捐例内载，由附生捐贡，由附贡捐直隶州知州，不论双单月选用，共银七千七百四十九两，八折合银六千一百九十九两二钱，以三千二百文作银一两，合京钱一万九千八百四十千文，该捐生所捐钱文有盈无绌。又，据湖南善化县监生刘子寿禀，捐京钱七百七十吊，核计请给州同职衔，有盈无绌。该生等所捐钱文，均经照数点收，作正动用等情，详请查核前来。查该生等踊跃输将，自应照例奖叙，可否将附生张其恕以直隶州知州不论双单月选用、监生刘子寿给予州同职衔之处，出自皇上天恩……

［咸丰四年八月二十九日］

【张其恕等均著照所请行。】

——朱批奏折，档案号04-01-35-0685-083。

○上谕

军机大臣密寄钦差参赞大臣、科尔沁郡王僧。咸丰四年九月初一日奉上谕：

自前月十三日接据僧格林沁奏报后，半月有余，未见进兵消息。乃本日奏报情形，仍系贼匪冲扑，被官兵击败，未容窜出等语。朕日盼捷音速奏，而每览奏折，几成习见套语，毫无出奇制胜之处，实属不解。逆匪所掘大坑，我兵既能填垫，是逆匪所伏地方，我兵亦能前往，并非重濠之隔，遂成天堑，何以不令各路合力进攻，徒以加意防范为说？且阅折内所叙，贼扑庆祺营盘，则庆祺营中官兵自为抵御；贼扑僧格林沁营盘，则僧格林沁营中官兵自为抵御。直是分段巡防，各不相顾，并不为联络进攻之计。转瞬天气渐寒，傥堤水冻结，该逆另启诡谋，又将作何防范？僧格林沁既称该逆扑则不敢，守则无粮，即此岂非可乘之机？犹称有机可乘，即当进剿，究竟如何始为进剿机会？虚词搪塞，至于此极，朕实为之愧恨。著僧格林沁即行督饬各路官兵设法进兵，克日攻破贼巢，不得再以徒折精锐为词，布置严密为解，任令该逆日久负嵎。

至英、米二夷船只，已于二十四日竟抵天津，经文谦接见开导，尚未回帆。昨又谕桂良，酌量应否前往，密为调度。惟总督出省，地方不免讹言。此次夷酋之来，不过欲变通条约，并非用武之事，傥军中或有传闻疑惧之言，著僧格林沁持以镇定，不可张皇。如有探闻情形，随时密奏。

将此由六百里加紧密谕知之。

钦此。遵旨寄信前来。

——《清政府镇压太平天国档案史料》第 15 册，第 517—518 页。

九月初八日

〇僧格林沁、西凌阿奏

奴才僧格林沁、奴才西凌阿跪奏，为连镇军营续获胜仗，恭折奏祈圣鉴事。

窃奴才于九月初二日恭奉九月初一日寄谕，荷蒙训迪周详，不加严谴，奴才跪读之下，倍切悚惶。查该逆自初一日起，逐日结队出巢，不敢直前奔扑，仅使数人沿濠窥探，或在地势曲湾之处暗伏，以俟我兵动静。近日连镇西面前次拆毁破村，逆贼挖濠筑起土垒，惟恐该逆另生诡谋，并时见贼匪数百成群出巢，刈割荒草。初四日，奴才预派马步官兵进濠，出其不意攻剿贼巢，派令盛京步队官兵及李湘棻所带景州壮勇由西面进濠；奴才西凌阿带同侍卫达崇阿、巴隆阿，营总格绷额、巴扬阿，督带马队官兵由南面进濠。将［近］贼垒，高粱地内藏有贼匪一百余人，经马队瞥见，向前截击，当毙贼匪数十名，落水者二三十人。官兵直至连镇贼濠，正欲寻路扑进，讵该逆开放枪炮，向外击打，密如雨下，我兵仍奋勇前进。时该逆由连镇、李庄分为三路倾巢迎敌，势如蜂拥。我马队官兵分作两翼，分投迎剿，步队兵勇中路进逼，各队官兵开枪放箭，练勇短兵相接，毙贼无数。该逆不能抵御，始行退却，大队遥为排列，沟内藏有贼匪，向外放枪，总兵桂龄从斜刺向贼队，较准开放大炮，毙贼甚多，该逆败回巢穴，拚死拒守。当经兵勇将前次拆毁破村濠沟全行垫平，始行撤队而回。是日之战，约毙贼匪一百余名，割取耳级，夺获刀矛、旗帜、竹盔无数，兵勇受伤十余名。初五日丑刻，该逆向奴才僧格林沁营扑来，登时开放枪炮，击打退回，毙贼不知确数。查看沿路血迹十余处，得获木梯一架，遗下棉花、衣服、布匹甚多。初四、初五、初六等日，陆续逃出难民四名，讯据供称，贼匪屡次受创，万分情急，兼之粮米缺乏，仅食黑豆，(即)［急］于舍死奔扑，现在贼巢制造吕公车二十余座，定于初十前后狠命向北面奴才僧格林沁营奔扑。奴才惟有加意严防，懔遵垂训，督饬各路官兵设法进攻，断不敢任令该逆日久负嵎，自蹈重戾。

谨将续获胜仗缘由恭折奏闻，伏乞皇上圣鉴。谨奏。

［咸丰四年九月初六日］

咸丰四年九月初八日奉朱批：另有旨。钦此。

——《清政府镇压太平天国档案史料》第 15 册，第 554—555 页。

〇僧格林沁等奏（节录）

……前于八月初八日奴才接到咸丰四年八月初六日恭奉寄谕，饬查粮员黄德坊被劾

各款,当经奴才将素所深悉、拟请毋庸查办各款恭折覆奏,声明拟即遴委大员,将其余各条款从严究办在案。奴才当将此案札派侍郎瑞麟、副都统绵洵提集全案人证卷宗,逐一讯究去后,兹据该侍郎等禀报,讯之案内人证,供有大概情形,质之该道黄德坊,供词支饰等情,禀报前来。此案既经讯有大概情形,亟应严切根究,相应请旨,将直隶即用道黄德坊暂行解任,以便从严究办……

[咸丰四年九月初六日]

咸丰四年九月初八日奉朱批:依议。钦此。

——录副奏折,档案号03-4103-074。

○上谕

军机大臣字寄钦差参赞大臣、科尔沁郡王僧。咸丰四年九月初八日奉上谕:

僧格林沁等奏剿贼获胜情形一折。此次该大臣督派马步各队官兵分路进壕,虽已逼近贼垒,斩杀百余,该逆败回巢穴,拚死扼守,究未大受惩创,故敢于次日扑我营盘。逆匪占踞连镇,仅系村庄,并无城郭之固,僧格林沁围攻五月有余,前此仅能于该逆出扑时极力击退,即初四日进兵出战,亦不过将前次拆毁破村濠沟全行垫平,究竟如何捣穴擒渠,尚无成算。且贼粮缺乏、仅食黑豆等语,朕耳闻已熟。若贼巢中果无粮米,则伙党势必瓦解,岂有仍以黑豆苟延数月之理?僧格林沁性情诚朴,或不免受人欺蒙。现在贼匪制造吕公车,欲于初十日前后向北奔扑,即应加意防范。然与其防贼出扑,不如督兵进攻,先发制人,兵家胜著。该大臣等务当赶紧攻剿,勿但以小胜塞责,并以进剿过猛、恐伤精锐为词,迁延时日。至军士随征已及一年,更宜加以激励,迅将此股歼除,解甲释戈,共相休息。如久令负嵎抗拒,僧格林沁亦何以对各营将士耶?将此由六百里加紧谕知僧格林沁,并谕西凌阿知之。

钦此。遵旨寄信前来。

——《清政府镇压太平天国档案史料》第15册,第571—572页。

九月十七日

○上谕

咸丰四年九月十七日内阁奉上谕:

僧格林沁著管理奉宸苑事务,未到任以前,著载垣暂行署理。

钦此。

——《咸丰同治两朝上谕档》第4册,第261页。

九月二十日

〇上谕

军机大臣字寄钦差参赞大臣、科尔沁郡王僧，泰宁镇总兵兼总管内务府大臣庆。咸丰四年九月二十日奉上谕：

有人奏，庆祺所派劝捐委员，车马饮馔悉由州县供给，每到一处，勾串劣绅，指户挨索。富户等有私馈委员银钱者，即瞒隐不报；不遂所欲，即吓派多捐，送州县官勒追；州县官不遂意，即以阻挠为词。委弁把总李德英，在南沧等处自贴告示，并有宿尼纵酒及勾串劣绅兰、吕二姓私设捐局勒派等事。从九衔王锡，在肃宁县勒索孔姓规费银两，寄顿程典史署内，孔姓告发，典史畏累自尽；该委员又伪造庆祺咨札参稿，藉以恫吓官绅；河间劣绅陈擢之，与该委员等朋比为奸，所捐银两，有勾串绅士私索者，多半无从稽核。等语。军营需饷，固不能不藉资于捐项，若令员弁等藉此勒索滋扰，侵蚀公款，以饱私囊，不但捐输未能踊跃，且恐无济军需，徒滋扰累。况该委员在营既有月领薪水，又何以供费皆取给于地方官？著僧格林沁、庆祺按折内所参各款秉公查办，并将所捐银钱有无侵吞明查暗访，务得实情，以清弊窦。原折著抄给阅看。

至连镇贼情，前据僧格林沁奏，有初十前后出扑之语。现在如何设法进攻，未据续报。天气将寒，若再事迁延，沟水凝冻，恐所挖重壕未足深恃，僧格林沁等务须赶紧攻击，毋再延误。

将此由六百里谕令知之。

钦此。遵旨寄信前来。

——《清政府镇压太平天国档案史料》第15册，第624—625页。

九月二十七日

〇僧格林沁、西凌阿奏

奴才僧格林沁、奴才西凌阿跪奏，为连镇节次接仗，歼毙多匪，并现在贼势情形，恭折奏报，仰祈圣鉴事。

窃近日逆匪仍前死拒，百计诱引，坚匿不出。前据投出人犯供有贼营制造吕公车、定于初十前后舍死狠扑北面之语。奴才原冀果如所供，正可趁其离巢，痛加歼剿，深为欣悦，当饬各营一体严防以待。乃此数日，并无大股扑出，奴才万分焦急。十三日，奴才督带官兵进攻，直至贼垒木城，该逆拚死抗拒。正在进攻之际，连镇忽有多匪冲出，意在抄围，我兵分向击打，奋勇痛剿，该逆纷纷倒地，伤毙甚多，败退而回。我兵阵亡一名，受伤四十余

名。十五日,又复进攻,该逆即负固死守,并无一匪出巢,只在垒内向外施放枪炮,密如雨下,我兵仍未能得手。兹续向投出之人讯得,贼营所做吕公车,前推容易,拉回极难,最怕重濠。揆之贼情,此时既已造成,未即冲扑者,谅因防守周匝,是以迟疑,不敢轻试。并讯得该逆已决挖河堤,引水东面,欲乘船扑出之语。其走投无路、倍形慌张情形,已可概见。二十四日夜,逆匪扑向瑞昌营墙,经官兵登时击退,毙贼不知确数,得获挡牌三面。奴才惟有会同各路统带,鼓舞将士,设法竭力进攻,及早荡扫,以赎愆尤。仍不分昼夜风雨,加意提防,随时体查情形,破其鬼域伎俩,以免疏虞。

所有进仗获胜及现在贼势情形,理合恭折奏闻。谨奏。

［咸丰四年九月二十五日］

——《清政府镇压太平天国档案史料》第15册,第644—645页。

〇上谕

谕军机大臣等:

僧格林沁等奏节次接仗、歼毙多匪一折。十三日,我兵进攻,直至贼垒木城。该匪冲出,意在抄围,经我兵奋勇痛剿,伤毙贼匪多名。此次接仗虽属得手,但仅僧格林沁一路进攻,其各路带兵大员何以不同时并进?殊不可解。况我兵受伤者亦复不少。究竟如何接仗情形,亦未详细声叙。该逆一经挫败,即负嵎死守,已成惯技,惟在我兵设法诱敌,或潜师袭取,四面环攻,断不能因贼不出巢,遂至束手无策。该大臣屡次奏称贼粮缺乏,何以数月之久,尚能固守?况贼中枪炮尚多,可见该逆米粮火药并未断绝,且恐附近愚民暗中接济。似此旷日持久,殄灭无期,该大臣统领全军,贻误之罪,又将谁诿?据称,逆匪决挖河堤,引水东面,欲乘船扑出,是该逆已欲乘间窜突。该大臣等务当克日进攻,一面杜其窜路,毋得再事迁延,致干重罪。将此由六百里加紧谕知僧格林沁,并谕西凌阿知之。

——《清文宗实录》卷一四六,咸丰四年九月癸巳。

〇上谕

僧格林沁等奏,粮员被参各款讯明定拟,并自请议处各等语。[①] 前因御史伍辅祥奏,帮办粮台之直隶候补道黄德坊卑鄙贪污,劣迹昭著,当降旨交僧格林沁查办。旋经该大臣奏请,将该员解任严究。兹据审明,该员帮办粮台,虽无侵渔抵换情弊,惟制造军器以少报多,并有与投效之候选布政司理问徐城狎优等情,更属不自检束。黄德坊著即革职,发往

① 详见中国第一历史档案馆藏朱批奏折,档案号04-01-01-0854-044、04-01-16-0165-126;录副奏折,档案号03-4199-029。

新疆充当苦差。其随同狎优之徐城，著一并革职，以示惩儆。僧格林沁未能先行查出，著交部议处。余著照所议办理。

——《清代起居注册(咸丰朝)》第 21 册，第 12499—12500 页。

十月

十月初二日

○僧格林沁、西凌阿奏

奴才僧格林沁、奴才西凌阿跪奏，为逆匪乘驾大小船只舍死奔扑，经官兵开放枪炮，登时击退，毙贼多名，续获胜仗，恭折驰奏，仰祈圣鉴事。

窃该逆屡次受创，心胆益寒。二十四日夜向瑞昌营墙奔扑，被我兵击败之后，连日夜间出巢窥伺，大队不敢近前，遥为观望，先使数人或骑马或步行沿濠窃听，我兵见有惊动，即口号不传，更鼓息止，该逆不知我兵虚实，不敢进前，旋即退回。二十五日，由上哨河内漂下大小木板数十块，钉有铁叶，极其坚厚，据投出之人供称，该逆制造吕公车二十余座，因濠深墙高，地势宣软，推拉甚难，已经拆毁数座。惟该逆穷蹙已极，势必于万死之中妄求生路。自二十二日起，河水陆续长有尺余，遂闻该逆有决堤放水之说。东面套堤内水深四五尺、三四尺不等，可以驶行船只，奴才预料该逆必由东面水路奔扑，随于有水各营拨给炮位，谆饬带兵各官加意严防。

二十七日亥刻，该逆分水旱两队出巢，其旱路贼匪向奴才僧格林沁及总兵经文岱营墙交界之处扑来，因离濠较远，我兵未开枪炮，该逆亦未敢扑近。其水路贼匪乘驾大船五只、小船十余只，向穆辂营墙奔扑。是时夜黑如磬，藉有水光，可以看视，我兵擎枪以待。该逆先用大船一只尽力驶奔向前，周围俱有木板铁叶挡牌，船头扎有长梯一架，将近营墙，被水内木桩所阻，该逆即将长梯搭于濠上，先将梯上拴系火弹引燃，一片火光，该逆随即一拥而上，经内火器营营总富泰指挥官兵开放枪炮，奋力击打，爬梯贼匪纷纷落水，船上之贼不能续登，倚恃挡牌遮身，藏匿不出。我兵开放小炮、抬枪击打，无不穿透。其余大小船只蜂拥而来，向濠墙开炮，欲为接应，经穆辂督带官兵迎击前面，奴才西凌阿督饬官兵在西边侧击，珠勒亨带领官兵在东边助势，东南、东北各营开放大炮，向该逆后队击打。我兵勇气倍增，该逆被击，哭喊动地，带枪中炮及受伤投水者不计其数，抢获大船一只，十二丈长梯一架，铁挡牌、方圆挡牌十余面，扒杆二根，竹盔七个，刀矛、药包、木棍等物多件，大黄旗二面，黄风帽一顶。活擒逆匪三名，船上贼尸六具，水内沉尸无算。据生擒逆匪及二十八日投出之人供称，是夜之战，击毙贼匪一百余名，并击毙伪将军叶姓一人，受伤逃回者无数。

该逆日久经营,造此坚蠢木梯,必以为可望溃逃,今被大加惩创,自然倍形急迫。奴才惟当与各统带加意备防,相机进取,以副圣廑。

所有续获胜仗缘由,理合恭折奏闻,伏乞圣鉴。谨奏。

[咸丰四年九月二十九日]

咸丰四年十月初二日奉朱批:该逆穷蹙情形并未甚著,岂能竟待其出迎击?正可乘此机会迅速进攻。钦此。

——《清政府镇压太平天国档案史料》第16册,第1—2页。

十月初六日

○上谕

军机大臣字寄钦差参赞大臣、科尔沁郡王僧。咸丰四年十月初六日奉上谕:

胜保等奏,步队官兵不敷攻剿,请将前留连镇交桂龄统带之兵来营调遣等语。现在高唐围剿万分吃紧,自应厚集兵力,迅图蒇事。著僧格林沁即饬桂龄统领原带官兵一千余名,速赴胜保军营听候调遣,或酌量分拨官兵以资攻剿。署直隶提督张殿元前带官兵二千余名在吴桥防堵,嗣经僧格林沁调赴天津。此时夷船业经回驶,张殿元自可无庸驻津,著僧格林沁迅速将该署提督所带官兵仍调回连镇,藉资协剿。

僧格林沁自十月初二日奏到接仗情形后,迄今数日,未据续报,朕心实深焦灼。现当天寒水冻,所筑壕堤恐不足恃,尤当赶紧进攻,严防窜路。近日如何设法攻剿之处,即著速行驰奏。

将此由六百里加紧谕知僧格林沁,并谕西凌阿知之。

钦此。遵旨寄信前来。

——《清政府镇压太平天国档案史料》第16册,第31—32页。

十月初九日

○僧格林沁、西凌阿奏

逆匪屡次受创,心胆益寒。九月二十四、五等日叠出窥伺,均经我军击退。二十七日,该逆分水旱两队出巢,其旱路贼匪向臣僧格林沁及总兵经文岱营墙交界处扑来,因离濠较远,我兵未开枪炮,该逆亦未敢扑近。其水路贼匪乘驾大船五只、小船十余只,向穆辂营墙奔扑。是时夜黑如墨,藉有水光,可以看视,我兵擎枪以待。该逆先用大船一只驶近营墙,被水内木桩所阻,该逆即将长梯搭于濠上,先将梯上火弹引燃,一片火光,逆众随即一拥而

上,经营总富泰指挥官兵开放枪炮,奋力攻击,贼匪纷纷落水。船上之贼不能续登,倚恃挡牌遮身,藏匿不出,我兵开放枪炮击打,无不穿透。其余大小船只争向濠墙开炮,经穆铬、西凌阿、珠勒亨各带官兵开放大炮,该逆伤毙及投水者不计其数。二十九日,由河西连镇拥出贼匪多名,舍命攻扑瑞麟营盘。瑞麟督饬官兵开放枪炮,抛掷喷筒火弹,该匪抵死抗拒。臣僧格林沁与瑞麟当饬开放大炮,从旁横击,侍郎伊勒东阿击其后队,三面齐攻,毙贼无算。该逆力不能支,踉跄败退。十月初五日,东西连镇突出贼匪千有余名,分路来扑,总兵桂龄调集官兵镇静以待。该逆离濠数武,桂龄指挥官兵一齐开放枪炮,贼匪纷纷倒地。我兵勇气百倍,奋力攻击。旋有贼匪跪地乞降,桂龄察知其诈,仍施放连环枪炮,该逆始行败退回巢,夺获旗帜、器械多件。是夜阴云密布,该逆分两股出巢,一股向正北,一股向正南,蜂拥而来,均经官军击败回巢。惟该逆穷蹙已极,诡谋愈多,现在严守濠墙,俟该逆切近,开炮迎击,以期得手。

[咸丰四年十月初七日]

——《钦定剿平粤匪方略》卷一〇八,第8—10页。

○上谕

军机大臣字寄钦差参赞大臣、科尔沁郡王僧。咸丰四年十月初九日奉上谕:

据僧格林沁奏连日获胜各等语。已明降谕旨,将委参领武宽革职,发往新疆,并谕令桂良迅速筹饷接济矣。逆贼占踞连镇数月之久,迭经严旨催剿,总未悉力进攻。此次僧格林沁奏报,虽据称连获胜仗,仍系待贼奔扑出巢始行轰击,我兵并未离营一步,实所不解。该逆米粮断绝,前据僧格林沁言之凿凿。兹阅所称扑扰情形,岂逆贼饥饿之余,尚然如此凶横?岂非该大臣等为人所愚,遽以入告耶?此时河水冻合,所筑壕堤断不足恃。且以困为剿,总须饷糈充足,方为可恃。现在我军既有冻馁之(虑)[虞],若再不速筹剿灭,是贼未困而我军先困,何时始能蒇事?事势至此,断难再缓。著僧格林沁等迅速设法四面并力进攻,万不准再延时日。若复以损折官兵、于事无济等语巧为搪塞,是该大臣等有意迁延,听贼他窜,贻误之罪,岂能屡宥?傥各路带兵大员不知奋勉,即著该大臣严参治罪。至前谕饬令桂龄带兵赴胜保军营候调,并令张殿元仍回连镇,当已遵办。仍著将该提镇起程及到营日期随时驰奏。将此由六百里加紧谕知僧格林沁,并谕西凌阿知之。

钦此。遵旨寄信前来。

——《清政府镇压太平天国档案史料》第16册,第44—45页。

○上谕

僧格林沁等奏逆匪出巢奔扑、官兵连获胜仗一折。逆匪于上月二十七日由水路奔扑,

经我兵击退。二十九日夜间，河西连镇出贼多名，经瑞麟督兵轰击，并经僧格林沁、伊勒东阿并力齐攻，该逆三面受敌，力不能支，纷纷奔窜，踏动地雷，先后毙贼无数。本月初五日，东西连镇复出贼千余名，分两岸向南窜扑，经桂龄督率官兵开放枪炮，贼匪纷纷倒地，余众诡作乞降，我军仍奋力攻击，贼始败退回巢。至夜间，复分两股出巢，被僧格林沁开放大炮，登时击退。其向正南扑扰之贼，复被玉明、桂龄、萨炳阿枪炮环攻，未能窜出。间有零匪凫水渡河，悉经击毙。并夺获刀矛多件。该逆叠次窜扑，均被官兵击败，毙匪无算，贼势实已穷蹙。著僧格林沁等迅速进攻，悉数歼除，毋留余孽。其防守不力之委参领武宽著即革职，发往新疆充当苦差，以示惩儆。

——《清代起居注册(咸丰朝)》第 22 册，第 12572—12574 页。

〇上谕

据僧格林沁等奏攻剿连镇贼匪叠获胜仗、亟须筹饷接济一折。现在连镇地方草豆价甚昂贵，各营驼马渐有羸瘦，需饷甚急，虽经僧格林沁设法劝捐，并河南陆续报解饷银，惟用项较繁，尚虞匮乏，必须赶紧宽筹，以资接济。著桂良迅即妥筹，不论何款项下，宽为豫备，咨明该参赞听候提拨，毋误要需。将此由六百里加紧谕令知之。

——《清文宗实录》卷一四七，咸丰四年十月甲辰。

十月初十日

〇僧格林沁、西凌阿奏

奴才僧格林沁、奴才西凌阿跪奏，为恭折覆奏，仰祈圣鉴事。

窃十月初七日戌刻，奴才将近日连镇军营情形恭折奏闻，拜发后，于亥刻接奉咸丰四年十月初六日寄谕，著奴才僧格林沁即饬桂龄统领原带官兵一千余名，速赴胜保军营听候调遣，或酌量分拨官兵以资攻剿，等因。钦此钦遵。伏查奴才前因桂龄人甚练达，镇静可靠，当派令在连镇南面扎营，正扼南面河道及冲决水口极要之处。该镇实力实心训练将士，逆匪节次向扑，皆被痛击退回，况各营罗布，合围已有就绪，此时若一调动，南面立见空虚，实属势难抽拨。

奴才辗转思维，高唐步队不敷攻剿，自应迅速多分官兵前往接济。查张殿元所带官兵计有三千名，夷船回驶，毋须驻津，应即遵旨调回军营。张殿元现署提督，未便调派出省，奴才当即飞札张殿元，即在前项官兵内选派二千名，交署山永协副将、参将保衡克日兼程带赴高唐，听候胜保调遣。其余之兵，拟俟张殿元管带到营，仍饬前赴吴桥防守，以为南面援应。惟望连镇迅速蒇事，奴才即统带所有重兵前往高唐，会同胜保合力并攻，以期一律

肃清，荡扫罄尽，早纾圣廑。

谨将遵旨酌量分拨官兵缘由，理合恭折覆奏，伏乞皇上圣鉴。谨奏。

［咸丰四年十月初八日］

——《清政府镇压太平天国档案史料》第16册，第39页。

〇上谕

军机大臣字寄钦差参赞大臣、科尔沁郡王僧，钦差大臣胜。咸丰四年十月初十日奉上谕：

前因高唐步队官兵不敷攻剿，谕令僧格林沁饬桂龄带兵一千余名赴胜保军营听候调遣。兹据僧格林沁等奏称，桂龄在连镇南面扎营，扼要防堵，若一调动，恐南面空虚等语。所奏自系实在情形。但高唐需兵甚急，著即于张殿元所带官兵内选派二千名，交署副将保衡克日兼程驰赴高唐，听候胜保调遣，毋稍迟误。其吴桥一带，仍饬张殿元带兵驻守，以为南路援应。高唐逆匪本属无多，又添精兵二千名，谅已足敷剿办。胜保务即督饬各路官兵迅图克复州城，毋得再事迁延，致干重罪。将此由六百里各谕令知之。

钦此。遵旨寄信前来。

——《清政府镇压太平天国档案史料》第16册，第53页。

十月十六日

〇裕诚等奏（节录）

太子太保大学士管理兵部事务臣裕诚等谨奏……查定例，所属营伍废弛、失于查察、不豫行揭参者，降二级留任等语。此案参赞大臣僧格林沁，于帮办粮台之候补道黄德坊制造军器以少报多，并有与候选理问徐城狎优等情，未能先行查参，钦奉谕旨著交部议处，应请将钦命参赞大臣、正蓝旗满洲都统、科尔沁扎萨克多罗郡王僧格林沁照失于查察、不豫行揭参降二级留任例，议以降二级留任。查系公罪，例准抵销，可否准其抵销之处，恭候钦定……

咸丰四年十月十六日

【著准其抵销。】

——朱批奏折，档案号04-01-12-0483-092。

十月二十三日

〇僧格林沁、西凌阿奏

奴才僧格林沁、奴才西凌阿跪奏，为设法诱贼出巢，痛加剿洗，擒斩多名，续获胜仗，现在赶紧筹画，极力进攻，恭折驰奏，仰祈圣鉴事。

窃连镇逆匪节次被创，心胆益寒，防范益坚，现在固结死党，合力拒守，我兵仍未能逼近其垒。且该逆因出巢失利，是以诱引较前倍难，奴才等万分焦急。近日陆续投出多名，并有割取长发首级来降者，据供贼势甚为穷蹙，因节次奔扑俱被官兵击退，伤毙甚多，现在惟恐人心不固，又恐官兵乘隙进攻，复将壁垒加厚，死力拒守。奴才又问询出李开芳曾向林瀛详约定，如回援时，夜间施放喷筒、火弹为号等语。若虚作高唐之匪回援，连镇之贼急欲窜出，或可堕计。奴才当向各营统带商酌，严密布置，定于十九日申刻，先令马队千名携带旗帜，由北面择高阜向南绕行，使贼望楼瞭望可及，至南面数里之大王村会齐，俟昏暮后回营。十九日，奴才正在南面布置一切，见有割草贼数名，当即派人进墙击倒一名，登时擒获。奴才一面讯问，一面饬催马队官兵速向南面奔走，马队官兵故作急趋之势，并口称高唐之贼已到吴桥。奴才查看被擒之贼右臂已中枪伤，损折成废，当将该犯放回贼巢，料逆必将所见所闻之事向逆首告知，易于中计。旋又派令参领穆腾额带兵数名，于夜间由大王村沿路施放喷筒、火弹，向桂龄围墙奔扑。奴才西凌阿督同珠勒亨、达崇阿、巴扬阿、富勒浑布带领马队，会同庆祺桂龄在南面营墙预伏，其余各营官兵在于分防之处照常传号传筹，并派令参领玉亮带领历次投诚之人扮作长发贼，在桂龄营墙等候。

二十日寅刻，穆腾额施放火弹、喷筒扑来，诱敌之兵及庆祺、桂龄营墙官兵即施连环枪炮，作为迎敌之势。玉亮即带各勇将预积柴草焚燃，登时火光腾起，桂龄营墙枪炮息止，玉亮即带扮充长发贼之宁宗阳等手执黄旗，在围墙之上跳舞呐喊，向内招呼，贼垒内即有数人直至围墙切近攀拉树栅，向墙上盘问，宁宗阳等即以高唐前来援救之语回答。该逆等一闻是语，飞奔而回，垒中欢声鼎沸，即见南面木城之贼全行扑来，连镇之贼相继而至，相离树栅数武，我军用长杆向下诱引先到长发，逆贼二人攀援上墙，即被擒绑，其余贼匪在树栅前攀援欲进，因贼众渐渐逼近，桂龄在墙上相度机宜，恐有疏失，当即暗传号令，开放枪炮，奋力痛击，逆匪纷纷倒地，月光之下，但见尸横无数。该逆始知中计，拖拉贼尸，踉跄回窜，哭喊振野。我兵趁势轰击，伤毙逆匪无算，擒获活贼二名，割获首级五颗，夺获大小黄旗、黄衣、刀矛、鸟枪等物多件。

至此股该逆狡猾异常，诡诈百出，诱引诚为不易，此次堕计受创，倍形穷蹙。惟该逆受创之后，思窜欲急。二十日投出难民供称，该逆已将吕公车拆卸，船只仍搭浮桥，现又造有三四丈长梯数十架，并选择奋勇，欲向旱路奔扑。奴才等已谆饬各营统带加意严防，并另

作筹画，赶紧图维，迅速荡平，以慰圣廑。

再，投诚人宁宗阳，前在阜城打仗，奋勇杀贼多名，身受重伤，此次诱贼尤为出力，拟请赏给六品顶戴蓝翎。续行投出之施绍恒等二名，投出之时杀死长发广西老贼一名，割取首级，李开芳与林灟详约定以喷筒为号，系施绍恒供出，此次打仗，施绍恒亦甚出力，拟请赏给六品顶戴，以示观感。

所有设法诱贼出巢、殄毙多名缘由，谨恭折具奏，伏乞圣鉴。谨奏请旨。

［咸丰四年十月二十一日］

【有此机会，惜毙贼不多，攻营呐喊，该逆并未奔扑，迨告以援贼已至，始行出巢，汝之布置，殊觉可惜。况此事岂能再行？著仍行实力进攻，出其不意，尽数歼除，勿徒延时日，不但于贼无大伤，且恐另生他变。仍另有旨。】

——《清政府镇压太平天国档案史料》第16册，第122—124页。

〇上谕

军机大臣字寄钦差参赞大臣、科尔沁郡王僧。咸丰四年十月二十三日奉上谕：

僧格林沁等奏设法诱贼出巢、痛加剿洗一折。已明降谕旨，将宁宗阳等奖励矣。此次我军虚作高唐之匪回援连镇，诱贼出巢，捡斩多名，布置颇费经营。但南面木城之贼全行扑来，连镇之贼亦相继而至，正可乘其不备，四路进攻，为一鼓歼除之计。失此机会，殊觉可惜。该逆被围日久，思窜愈急，既有造梯选勇、由旱路奔扑之说，该大臣务严饬各营，一面实力进攻，一面防其奔窜之路，毋稍大意。逆贼负嵎死守，总当出其不意，力破贼巢。若止能诱出，而毙贼不多，剿办何能蒇事？况该逆狡诈百出，此计岂能再行？现在天寒冰结，我军仅恃长堤，万一逆贼乘间突出，贻害何可胜言？该大臣等其迅图剿洗，断不可再事迁延，致滋他变。将此由六百里加紧谕知僧格林沁，并谕西凌阿知之。

钦此。遵旨寄信前来。

——《清政府镇压太平天国档案史料》第16册，第127—128页。

〇上谕

僧格林沁等奏诱贼出巢、痛加剿戮、续获胜仗一折。十月二十日，僧格林沁饬令参领穆腾额等设计分兵，诱贼出巢，南面木城及连镇之贼相继而至，我军开放枪炮，奋力痛击，逆匪纷纷倒地，我并趁势轰击，杀毙逆匪无算，夺获大小黄旗、黄衣、刀矛、鸟枪多件。此次逆匪被诱，剿击受创，思窜愈急，著僧格林沁等乘其困蹙，设法进攻，就地歼除净尽，毋再迁延。其诱贼出力之宁宗阳、施绍恒，均著赏给六品顶带，宁宗阳并赏戴蓝翎，以示鼓励。

——《清代起居注册(咸丰朝)》第22册，第12754—12755页。

十一月

十一月初八日

○僧格林沁、西凌阿奏

奴才僧格林沁、奴才西凌阿跪奏，为逆匪乘风大股出巢，痛被歼剿，官兵续获胜仗，恭折奏祈圣鉴事。

窃该逆每于二十日以后，趁天气昏黑，必舍命扑扰。十月二十日，诱引出巢受创之后，不特白昼依前死拒，昏夜之间亦不出巢。奴才等百方诱引，潜匿不出。揆之谲狡逆情，必系藉此懈我军心，俟隙窜扑。奴才等当即谆饬各营，断不可因逆匪潜伏，稍涉松劲。

十一月初一日亥刻，东北风甚大，寒冷异常。该逆趁风大股扑奔西南，至玉明、萨炳阿营墙，顺风扬洒石灰，势极凶猛。我兵瞥有警动，严整以待，俟逆匪拥至切近，始行开放枪炮，连环击打。逆匪纷纷倒地，伤毙甚多，乃仍一面拖拉死尸，一面抵拒前进。我兵向下极力痛击，总兵桂龄营及附近各营开放大炮，从旁轰打逆匪后队。该逆死伤过多，始行退败，哭声动野。因迎面风势过大，未往追杀。天明查看，濠内沿途血迹成片，直至贼垒，愈远愈多，逆匪裹头绸布上有血迹脑浆者，遗弃遍地。得获铁片、大小挡牌七个，鸟枪、木梯、铁锨、木锤、石灰篓、扬灰簸箕等物多件。

该逆自初一日败退之后，连日夜间结队出巢，遥为隐藏，仅使数十人或十余人沿濠窥伺。揆之贼匪情形，因我兵防守甚严，一处有警，各处枪炮侧应，该逆不敢(狼)[狠]扑。初四日子刻，约有数十人向已革总兵乌勒欣泰营墙扑扰，当被击退，得获药包数个。初五日子刻，该逆分两股出巢。一向奴才僧格林沁营墙扑来，人数不多，抛掷火弹，施放鸟枪。该逆见我兵不动声色，未敢进前。一股向伊勒东阿营墙奔扑，甫经攀拉树栅，即被各营大炮击回，遗下木梯一座。

至该逆先后受创数十余次，伤亡不计其数，目今惟有倚恃枪炮尚多，壁垒高厚，仅能死守巢穴，其凶猛之气大逊于前。但困兽犹斗，奴才何敢稍涉大意，现在一面设法进攻，一面谆饬各营严密围困，以免疏虞。惟现已节交冬至，连镇切近河干，堤墙高厂，寒风凛冽，奴才身被重裘，清夜尚觉无温。其各营将士，虽经奴才设法劝捐皮棉衣袄一万六千余领，分给御寒，仍不能概皆温暖。奴才每睹该官兵等单寒艰苦情形，不胜焦急，总由奴才调度无能，旷日持久之所致。兴念及此，惶愧无地。奴才等惟有激励将士，赶紧设法图维，及早蒇事。

所有官兵击贼获胜缘由，谨恭折具奏，伏乞圣鉴。谨奏。

［咸丰四年十一月初六日］

咸丰四年十一月初八日奉朱批:另有旨。钦此。

——《清政府镇压太平天国档案史料》第16册,第231—232页。

〇上谕

谕军机大臣等:

僧格林沁等奏逆匪出巢、痛剿获胜一折。贼匪自上次诱出以后,该大臣等并未实力进攻,即初一等日三次扑我营盘,均经击退,亦不过小有斩获,岂得谓凶猛之气大逊于前?该逆连日沿濠窥伺,意图出窜,乃称防守甚严,不敢很扑。似此迁延时日,稍有松懈,必至窜突他处。现在天气严寒,各将士冒冷执戈,朕每一动念,辄为心恻。该大臣仅以围困为得计,试问守而不攻,岂能歼兹丑类?况军营衣领等项向恃捐输,若不赶紧攻剿,劝捐断难为继。连镇并无城郭,何至抗拒数月,未能破其巢穴?该大臣既知士卒艰苦情形,即当激励军心,迅图攻取,若必待逆贼出巢始行轰击,岂坚匿不出,即束手无策耶?隆冬岁暮,风雪在所不免。此次既乘风奔扑,则其狡谲伎俩,必更伺我之隙,肆其诡谋。与其设计围困,不如迅速进攻。该大臣等务当及早蒇事,以慰朕怀,不得自谓调度无能,致令该逆久稽显戮也。将此由六百里加紧谕知僧格林沁,并谕西凌阿知之。

——《清文宗实录》卷一五〇,咸丰四年十一月癸酉。

十一月二十七日

〇僧格林沁、西凌阿奏

奴才僧格林沁、奴才西凌阿跪奏,为连镇贼匪势极穷蹙,乘夜大股出巢,欲图溃窜,当被官兵击退,毙贼多名,续获胜仗,现在激励将士相机进剿,务期一鼓荡平,恭折驰奏,仰祈圣鉴事。

窃该逆先后受创数十余次,虽时思溃窜,[无]如素称凶勇之贼,业经丧胆,一闻我兵枪炮声,即掷器械鼠窜而回,坚匿死守。初七至初十等日,该逆夜间大股出巢,欲乘隙扑扰。各营官兵闻有警动,即用大炮遥为轰击,该逆未敢进前。天明查看各处,遍地血迹,并折腿断臂及棉花衣片等物甚多。初十日以后,月色明朗,该逆未敢出巢。二十二日天气阴晦,是日亥刻,约有(臣)[贼]匪数十余名,向瑞麟营墙窥探,踏上地雷,登时发作。我兵随用大炮轰击,该逆即行退回。二十三日降雪约有三寸余,我兵藉有雪光,得以看视,该逆未敢出巢。二十四日,遥有贼匪多名由连镇往来搬运物件,并拖拉冰床,有欲向东面水路冰上奔扑之势。奴才素知该逆诡诈百出,难保非声东击西,以便牵制我兵。奴才等当即严饬东、西水陆各营加意防守,不得稍有疏懈。该逆果于是日戌刻,大股向正西都兴阿营墙扑来,

势甚凶猛。都兴阿预饬官兵不动声色,镇静以待,俟该逆大股切近木桩,我兵一声号炮,大小炮位、抬枪、鸟枪、弓箭同时开放。副都统双成督带官兵从左边接应,总兵董占元饬令官兵开放枪炮,从右边侧击,贼匪中炮着枪者纷纷倒地。该逆势将拼死,一面抢拉贼尸,一面舍命前扑。我兵枪炮连环,络绎不断,远近各营大炮轰击,以壮声威。该逆料难窜出,始哭号败退。是日之战,虽毙贼不知确数,谅必不少。木桩以外,血迹二十余段,大段盈丈,小段亦有数尺,脑浆、脑骨、五脏、皮肉狼藉满地。得获二丈长梯一架,跳板一块,小木炮二个,大刀、铁剑、竹盔、竹筒、火绳、衣片等物不计其数。

该逆经此次惩创之后,倍形穷蹙。惟该逆穷蹙愈极,防守愈坚。奴才等每欲督兵进攻,预先派委妥实之人前往侦探。该逆无分昼夜,在垒内向外瞭望,并于贼巢以外埋伏贼匪多名,擎枪以待。我兵距贼巢较近,该逆即施放枪炮,不容我兵进前。揆之贼匪情形,既防我兵进剿,又因该逆人心不固,恐生他变,是以昼夜严防,无隙可乘。自初一日,陆续投出两湖、江南、安徽、河南、山东及本地民人,共计六十余名。内湖北人伪司马朱有长持有抬枪一杆。据供,伊等原要投出,因前在怀庆府时,得有晓谕民间告示,有将广西、两湖、江南、安徽等处之人首级来献者,赏给银两,是以不敢出降。近日接得告示,内开投降免死,又见投出之人并不杀害,并有得赏顶戴者,伊等乐于投出,情愿杀贼报效。奴才逐一查看投出之人,俱系诚心向顺,似无异心。并据供称,林凤详选择奋勇者千余名,以备奔扑,其现在投出者大半俱在选择之内。近日林凤详派人随处稽查,其欲要投出之人一经拿回,即斩首示众。现在贼巢黑豆、豆饼连骡马一并合计,仅敷一月吃用,林逆自知断无生路,惟有哭泣嗟叹。但困兽犹斗,该逆断不肯束手待毙,势必舍命奔扑。奴才等现已谆饬各营加意严防,一俟痛加殄剿之后,该逆自必人心溃散。奴才等即鼓舞将士,乘机进攻,可期扫数歼除。以现在贼势而论,大约年内可望蒇事。

所有贼匪奔扑、官兵获胜缘由,理合恭折奏闻,伏祈圣鉴。

再,现在官兵待饷甚殷,奴才业经札饬长芦盐政,无论盐关道库各款,先行筹拨银两现钱,解送来营,以应急需,迄今尚未解到。相应请旨,饬下该盐政作速拨解,以便支放兵饷。为此谨奏请旨。

[咸丰四年十一月二十五日]

咸丰四年十一月二十七日奉朱批:另有旨。钦此。

——《清政府镇压太平天国档案史料》第16册,第393—395页。

○僧格林沁、西凌阿奏

再,二十四日之战,该逆蜂拥而来,势极凶猛,竟有抵死不退之势。副都统双成、总兵董占元督带官兵从左右侧击,该逆力不能支,始行败退。查双成前在阜城因贼匪乘夜抄入

营盘，防堵不力，经奴才等奏请摘去顶戴；董占元前在怀庆奉调防剿，进兵迟延，经前任直隶督臣讷尔经额奏请摘去顶戴。该员等均年逾七旬，然精力俱属强健，尚堪臂使。自摘去顶戴之后，颇知愧奋，今复击贼获胜，自应吁恳恩施，可否将双成、董占元均予开复顶戴之处，出自皇上天恩。谨附片具奏请旨。

［咸丰四年十一月二十五日］

——《清政府镇压太平天国档案史料》第16册，第395页。

〇上谕

僧格林沁等奏请开复副都统、总兵顶带等语。副都统双成、总兵董占元，前因防堵不力、进兵迟延，均经摘去顶带。现在督带官兵击贼获胜，尚属奋勉出力，双成、董占元均著赏还顶带。

——《清代起居注册（咸丰朝）》第22册，第13199页。

〇上谕

军机大臣字寄钦差参赞大臣、科尔沁郡王僧。咸丰四年十一月二十七日奉上谕：

僧格林沁等奏击退贼匪情形一折。连镇逆匪屡次伺隙扑扰营盘，该大臣等仅能待其出扑后击退回巢，并不思实力进攻。此次所陈击败各情，亦属仍前敷衍，毙贼多寡，亦无确数。据云年内可望蒇事，即使实有此把握，又岂得谓之迅速耶？所奏贼多设伏以待，不容我兵进前，以数万军剿此穷寇，若竟任其死守，不图进取，日久相持，兵糈支绌，思之愤闷。所有投诚贼匪恐不可恃，尤应留心驾驭，勿堕奸计。当此天气沍寒，士卒疲乏，该大臣等惟当激励各营文武赶紧筹攻，断不准再延时日，致生他变。节次批示并所降谕旨，备极详明，别无可谕矣。至请饬文谦拨解兵饷，已谕令该盐政迅速筹拨。将此由六百里加紧谕知僧格林沁，并谕西凌阿知之。

钦此。遵旨寄信前来。

——《清政府镇压太平天国档案史料》第16册，第415—416页。

〇上谕

咸丰四年十一月二十七日奉上谕：

僧格林沁奏，请饬拨解兵饷等语。连镇军营待饷孔殷，著文谦于无论何款项下，速行筹拨银两或现钱，克期派员解往，以济要需。其前次派拨未解之款，著一并速行起解，毋稍延误。

钦此。军机大臣遵旨由六百里加紧传谕长芦盐政文谦。

——《清政府镇压太平天国档案史料》第16册，第416页。

〇上谕

僧格林沁奏，请将捐修套堤之绅士奖励等语。直隶宁津县捐修套堤之千总衔宋任卿著赏给都司衔；附生宋权著赏给詹事府主簿衔；俊秀宋贵卿著作为监生，宋璧人、宋天锡均著赏给守御所千总衔，宋蕴亭著赏给州同衔；营千总衔孙泽涵、武生孙祥龙均著赏给守御所千总衔；俊秀孙月涵著赏给府知事衔，孙舒龙著赏给州同衔，孙云龙著赏给营千（给）[总]衔，孙遇龙著赏给布政司理问衔；武生孟相廷著赏给守御所千总衔；监生孟举廷著赏给营千总衔；俊秀孟华峰著赏给州判衔，孟云峰著赏给州同衔；从九品衔荣升阶著赏加守御所千总衔；俊秀荣云阶著赏给布政司经历衔；附生张钧韶著作为贡生；俊秀李恩长著赏给中书科中书衔；监生王景开著赏给布政司都事衔；俊秀张兆麟、张松长、周芳龄均著赏给按察司照磨衔，张青长著赏给营千总衔，张彭长著赏给州判衔，周梦龄著赏给布政司都事衔；监生李仁长著赏给都司衔，李庚长著赏给布政司理问衔；俊秀李镗著赏给盐大使衔，崔砚田著赏给卫守备衔；附生张若阳著以复设训导分发本省，分缺先用；前任高唐州州判刘玉林著以知县留于山东尽先补用；刑部候补主事庞际云著赏给员外郎；附生邢友齐、刘秉序均著以训导不论双单月选用；候补卫千总张殿春著赏给守御所千总衔。所有动用捐款，均著免其造册报销。该部知道。

——《清代起居注册（咸丰朝）》第22册，第13200—13203页。

十二月

十二月初八日

〇僧格林沁、西凌阿奏

奴才僧格林沁、奴才西凌阿跪奏，为连镇贼匪扛抬木炮、长梯，大股出巢，舍死奔扑，即被官兵击退，捡斩多名，连获胜仗，并近日贼势情形，恭折奏祈圣鉴事。

窃十一月二十四日，该逆向都兴阿营墙奔扑，我兵枪炮连环施放，该逆纷纷伤毙，逆匪抢拖贼尸，败退而回，毙贼不知数目。二十八日，投出投诚人十一名，据供，二十四日之战，击毙长发老贼六十余名，中伤未死者百余名，贼匪败退之后，连日夜间出巢探路，并另选奋勇千余人，宰杀骡马，以为犒赏，大众盟咒，务要人人拚死，一拥而出，如不得手，一同死在濠边等语。奴才等查该逆万分情急，势必拚死狠斗，随即逐营晓谕，不动声色，留神瞭望，不得早开枪炮，翻将该逆惊回。是日，该逆果于亥刻大股出巢，向将军瑞昌营墙扑来，离木桩约有数武，大队在后扎住。先有数百余贼蜂拥前进，我兵俟枪炮可及，一面施放喷筒、火弹，一面开放大炮、抬枪，先将切近木桩之贼击倒多名。该逆胆敢舍死冒烟而进，我兵登高

临下，易于得手，无不勇气百倍，奋进力击。左右两营之副都统绵洵、护军参领德亮督带官兵开放枪炮，从旁接应，获咎前漕运总督李湘棻带领枪勇协同击打，该逆伤亡者纷纷倒地。各营大炮遥向该逆后队轰击，该逆四面受敌，万难抵拒，始行踉跄败退。该逆抢回伤亡者不知数目，生擒二名，得获贼尸八具，木梯十架，刀矛、竹盔、红绸、黄绸、白布等物不知其数。沿濠直至贼垒，血迹殷斑。

该逆此次被击之后，益形穷蹙，自二十九日至初四日，逐日夜间出巢扑扰，均被官兵随时击退，毙贼多寡不等，并误踏地雷轰毙者亦属不少。近日陆续投出投诚人一百二十余名，连历次投出者，共计二百余名。初三、初四等日，奴才派员带领六品顶戴施绍恒并投诚人进濠诱贼，并调拨队伍，以备截杀。施绍恒等直至贼垒叫骂，该逆即结队出巢，约有二百余名。施绍恒等退至宽敞之处，该逆随后扑出，施绍恒见贼匪所到之地，我兵枪炮可及，即开枪击打，其投诚之人无不奋勇，刀矛并进，毙贼数十余名。正在迎杀之际，复由贼巢扑出大股逆匪，蜂拥而来。施绍恒等一字排列，(击)[擎]枪以待，该逆恐我兵另有埋伏，未敢前进。时逆匪伪检点黄姓突出阵前，四面观望，炮台官兵瞥见黄衣贼匪，料是贼目，即对准开放大炮，当将该逆击毙，贼众抢抬该逆尸身，败退回巢。

查伪检点黄姓为逆贼中狡悍兼全之人，所有贼巢布置及制造攻具、带队奔扑，林凤详皆赖该逆一人，洵为穷凶极恶之贼。此次被炮轰毙，实属大快人心，而林逆失此一人，益形丧胆。现在惟有两广人及沿途裹胁监犯，共有千余名，与林凤详结成死党，牢不可破。其两湖等处之人屡次奔扑，伤亡过多，又因施绍恒等投出，得有顶戴，续有投出之人，亦皆温饱，是以心存观望，乘间俱要投出。林逆亦深知人心不固，恐生他变，现在惟用权诈，收罗众心。据投出之人供称，初五日，有欲投出之人被该逆拿回，不但并未杀害，林凤详翻自责无能，以致众人受困，当给银二十两，仍令投出，旋被山东监犯于半路截杀，夺回银两。看此情形，似系该逆作用，惟林逆一犯，实属诡诈百出，当此万分穷蹙之时，尚能如此狡猾，实非寻常贼犯可比。奴才等业将林逆诡诈情形传饬各营官兵，咸使知之，不得因贼势已穷，稍涉大意。奴才等一面懔遵圣谕，激励各营文武赶紧筹画，一有可乘之机，无分昼夜，即督兵进攻，庶期一鼓荡平，以赎旷日持久之咎。

其驾驭投诚贼匪，亦当仰遵垂训，尤应留心，勿堕奸计。现除发交宁宗扬、施绍恒等留营随时进队外，至新近投出各犯，现拟札交附近连镇之景州、吴桥、交河、德州等处防堵各营，分营管束，留神羁绊，以免疏虞。

所有续获胜仗及近日贼势情形，理合恭折奏闻。谨奏。

[咸丰四年十二月初六日]

咸丰四年十二月初八日奉朱批：览奏已悉。钦此。

——《清政府镇压太平天国档案史料》第16册，第492—494页。

〇僧格林沁、庆祺奏

奴才僧格林[沁]、奴才庆祺跪奏，为遵将劝捐官绅被参各款逐一查明，恭折会奏，仰祈圣鉴事。

窃奴才僧格林沁于九月二十二日接奉军机大臣字寄，咸丰四年九月二十日奉上谕：有人奏，庆祺所派劝捐委员，车马饮馔悉由州县供给，每到一处，勾串劣绅，指户挨索。富户等有私馈委员银钱者，即瞒隐不报；不遂所欲，即吓派多捐，送州县官勒追；州县官不遂意，即以阻挠为词。委弁把总李德英，在南沧等处自贴告示，并有宿尼纵酒及勾串劣绅兰、吕二姓私设捐局勒派等事。从九衔王锡，在肃宁勒索孔姓规费银两，寄顿程典史署内，孔姓告发，典史畏累自尽，该委员又伪造庆祺咨札参稿，籍以恫吓官绅。河间劣绅陈擢之，与该委员等朋比为奸，所捐银两，有勾串绅士私索者，多半无从稽核。等语。军营需饷，固不能不籍资于捐项，若令员弁等籍此勒索滋扰，侵蚀公款，以饱私囊，不但捐输未能踊跃，且恐无济军需，徒滋扰累。况该委员在营既有月领薪水，又何以供费皆取给于地方官？著僧格林沁、庆祺按[折]内所参各款秉公查办，并将所捐银钱有无侵吞明查暗访，务得实情，以清弊窦。原折著钞给阅看。等因。钦此钦遵，寄信前来。

奴才僧格林沁伏思，派员劝捐，原期克济军饷，若该员弁果有勒捐滋事、侵款营私等弊，诚如圣谕，不但捐输未能踊跃，且恐无济军需，徒滋扰累。因将钦奉上谕、原折各一件，发交泰宁镇总兵奴才庆祺阅看，公同商酌，先将指参各官绅传集讯问，一面按款分查，以凭核对。奴才僧格林沁恐有未实未尽，复密饬妥员驰赴南沧、肃宁及所有办捐州县详细察访，总期核实究办，肃清弊窦，仰副宸廑于万一也。

查奴才庆祺自奏办捐输以来，所捐钱文，除附近各捐生自行呈交外，其余均由委员会同各州县缮单呈送，遇有奏请奖叙之时，汇数声报。当奏报三次捐输之际，实收京钱三十一万余吊。迨续领从九照五百张用完，又请从九照千张、监照三百张，陆续劝办，至今始及京钱五十万吊。是九月二十日以前尚无此数，何有七八十万之多？

至原奏内称，所捐钱文，有曾经地方协同办理者尚可稽查，而勾串本地绅士私行勒索者无从核计，大半皆为该员弁等饱其囊橐一节。查劝捐一事，会同地方官，第为慎重起见，至绅襟之多寡，富户之大小，非本地绅士不能周知，而亦无从联络。故每派一处，必有坐派绅士，又令本地绅士劝办，以期得力，并非私相勾串。至所捐钱数，注明照上，非同他事可以影射。且奴才庆祺曾于各处屡张明示，凡报捐上兑者，除按印收部照所注钱数收纳外，毫无分文使费，如有籍词需索者，准各捐生指名呈控。捐生有不得照者，不难告发。傥于照上填写钱数外再有需索，即系使费，该捐生何肯应付？似此情形，不特正款不能含混，即浮费亦难勒索。是侵吞之弊，本可信其必无，惟事关考核，奴才等不敢稍涉轻心，又饬各州

县据实查覆，亦称并无此弊，自堪质信。

又，原奏内称，委员既有月领薪水，所到之处，车马饮馔悉由州县供给一节，查奴才庆祺所派劝捐委员，因费用较繁，除营中照例领给外，又量地之远近，津贴薪水，其坐派绅士，例无领给，亦按月酌发薪水以资办公。诚恐各官绅经费不充，取资州县，未免致滋扰累，以故筹画加详。数月(要)[以]来，尚未闻有骚扰地方情事。现奉查办，复查各州县，均以并无供给各情，切实申覆，自无异议。

又，原奏内称，勾串劣绅，指户挨索，富户私馈委员银钱，即为瞒隐不报一节。查奴才庆祺由捐局坐派绅士，均经切实酌定，其各处分派绅士，或州县酌保，或众绅公举，亦皆禀明，发给谕单，始令帮办，劣绅似难搀入。所捐之户，皆由州县具帖邀请入署，公同委员、绅士劝谕。此外有未经邀请而由各绅转为具呈者，尤属情殷报效，无待委员指派。至可捐之户，众人皆知，断难私馈求免，委员亦无能挨索。况富户之情愿私馈、不愿输将者，无非避多就少，现在捐款屡经酌减，为数甚微。其少者京钱二百串，不过核银四十两；等而上之，实银五百两，可抵向例千金之用。富户出银数十两，业已足敷报捐，岂有出银数百两、数十两及钱数百串，而反为求免之理？且各处著名首户，均经捐有巨款，其为并无瞒隐可知。至得钱数十串即为瞒隐，及不遂所欲，吓派多捐，送官押追，州县官稍不遂意，即以阻挠为词，转加挟制等情，如果有被其吓派挟制者，一经行查，自难为其隐匿。乃现据各处申详，均未有以前情禀揭者，是其并无此弊，实属可信。

至原奏内称，委弁李德英在沧盐各界处所，勾串劣绅兰姓、吕姓，私设捐局，挨户勒派一节。查委弁李德英系庆云汛把总，经奴才庆祺于三月间派赴盐山、庆云两县劝捐。其沧州一处，因上年曾被贼扰，本未派办，惟以该处绅士来营，屡问捐例，并称该州城内虽经蹂躏，四乡殷户颇多，如果委员前往，必能踊跃，故于三月间派人前往一次，因该牧以不能劝办等词禀覆，旋即中止。然此后各绅仍复屡来问例，因发公札一件，于委员李德英赴盐山、庆云之便，饬令带赴沧州，传谕各绅帮办。武举人兰际春即兰姓，附生吕维翰即吕姓，二人均在札内，是此二人实由奴才庆祺札派，并非李德英勾串。及奉谕两月，并无捐生一名，而该州绅民却有赴盐山报捐者六名。经委弁李德英禀明，奴才庆祺遂传绅士询问，据兰际春、吕维翰到营禀称，该处因被贼害，绅民志切同仇，颇愿急公助饷，惟州主以团练为词，不准殷户赴营报捐，并禁止各绅劝办，绅等因恐获咎，故未捐出一名等语。奴才庆祺因思该处团练不过五六百人，所费无多，何至禁绝绅民报效？乃始查该牧禁阻属实，嗣又访闻传谕各绅不准大户报捐，只须劝捐监生、从九一二十名，以半年为度，陆续搪塞官事等情。种种谬妄，实难枚举。因叙参稿一件，拟咨奴才僧格林沁奏参。嗣因该牧情愿请札劝办，遂派从九品王锡前往查问，并准该牧赶办，于十日内劝捐京钱六千余吊。兰际春等亦即劝捐京钱九(十)[千]余吊。是一经该牧劝办，而该处捐项顿有成数，其为众情乐输，而非委弁

绅士勒派,已可概见。至有无私设捐局,质之李德英、兰际春、吕维翰三人,均称未设局;行查沧州、盐山,亦称并无其事。惟张贴告示一节,质之李德英,据称营中所带告示不敷,曾于庆云、沧州两处,用该弁本汛钤记出示晓谕,并将稿底呈出。嗣据沧州将该弁在该州贴过告示揭取前来,奴才等验得,系申明劝捐大意,兼注捐项数目,文义尚无违碍,与该弁所呈稿底无异。又据庆云禀覆亦然。盐山则并未贴过。至所称该弁曾在南皮县淫宿尼僧、纵酒滋事各情,质之该弁,极口称诬。查该弁并未派往南皮,行查该县,亦称并未到过。是该弁实无其事,尚非狡展。又所称该弁自称李二大人,势甚熏灼一节,奴才等详加质讯,该弁竭力自剖;访问乡民,亦皆不知此称。且讯知该弁行五,若妄自为大,即不必改称李二大人,揆之情理,亦尚可信。此查明委弁李德英被参各款之实在情形也。

又,原奏内称,委员王锡在肃宁县勒索富绅孔姓规费银三百余两,寄顿该县程典史署内。迨孔姓赴府告发,典史畏累自尽,该员转得置身事外一节。查奴才庆祺于本年二月二十二日由河间起身赴阜城时,据肃宁县在籍训导孔广韵以该县典史程孟熙向伊需索委员使费银二百二十两,是否委员收受,抑典使招摇撞骗,不敢妄指等情,到营面禀。奴才庆祺因控涉赃私,即令具呈,发交河间府知府吴廷栋提集全案人证,秉公究办,并非赴府告发。嗣于三月二十六日据该府详称,讯得孔广韵与同去送银之孔广述均称,此项银两面交典史程孟熙一人之手,并未见有委员。质之程孟熙,并不承认,亦未供出委员需索。第孔广韵称,此项银两系从钱铺挪借,因将两家钱铺传讯,其日期、数目均属相符。而该典史旋即身死,验得吞食鸦片,实因畏罪自尽,委员并无需索银两情事,应毋庸议。等因,结报前来。奴才庆祺批令仰候直省督司批饬办理在案。现奉查办,奴才等复会咨直隶督臣,调取原卷,查阅无异。是此案实与委员王锡无涉。且孔姓供系交付典史一人,并未见有委员,其非寄顿可知。设委员实有需(寄)索[寄顿]各情,则该典史身故后,传讯亲属、家丁,尚堪指证,该上司秉公讯办,如得实情,亦断不任委员置身事外。再四覆勘,决无疑义。至所称该员赴各处劝捐,每伪造咨札参稿,恫吓官绅一节,当传该员面讯,据称奉委赴沧时,曾带咨稿一件,系本营大臣庆祺拟咨参赞大臣僧格林沁奏参该牧之稿,嗣因该牧愿求办捐,暂与停参,遣王锡赴彼传谕,饬将参稿带交阅看,以示炯戒,并非王锡伪造,原稿尚存沧署,可以调取等情。惟沧查覆各款,未将此款声叙,续令查覆,仍以并无伪造稿件恫吓情事申覆。及将王锡供有稿件存署等情复行饬查,始经补送前来,验得实系奴才庆祺原稿。此外有无伪造稿件,经行查该员劝捐之肃宁、束鹿两县,据实禀揭,均称未有。此查明委员王锡被参各款之实在情形也。

又,原奏内称河间劣绅、从九职陈擢之与该委员等朋比为奸一节。查陈擢之名陈抡元,系贡生,奴才庆祺在河间防堵时,派办捐输,最为得力,其人并未闻有劣迹。且前在饶阳、深州、武强等处劝捐,现办顺德府、邢台等处捐务,与把总李德英、从九品王锡并未同

差，而承办处所又甚相远，无由朋比为奸。行查该绅所至州县，亦无另有与委员朋比为奸情事。至勾串勒索、挟制侵吞诸弊，访查引证，亦皆并无其事也。

以上各款，经奴才等传集官绅讯问者，均已讯取切实亲供；其行查各州县者，亦皆切实详覆。核［与］察访情形相符，委无各项情弊。惟委弁李德英张贴告示属实，查告示系属因公钤记，系用本汛，似无不合。至肃宁一案，与委员王锡无涉，其带赴沧州稿件，系奴才庆祺所发，而非该员伪造。均属不能置议也。

再，原奏内称，嗣后傥须劝捐接济，仍咨明该省藩司，督同地方官妥为办理转解一节。查奴才庆祺筹办捐务，责成局员专理，不假吏胥之手，捐生一经具呈，除应奏各项先给印收外，其余立给执照，毫无窒碍，以故踊跃逾恒。今春在河间时，因捐监各生该县有验照之说，捐输顿行减色。奴才庆祺访知，验照因取结起见，取结为需索地步，而验照实无明例，札（访）［询］该县，亦称并非例应查验，批饬禁止。特捐生应具族邻地保甘结，随捐呈径交捐局备咨，始得如前踊跃。是此中一有阻隔，万难顺利。若由藩司督同地方办理，未免假手吏胥，致生枝节。且委员、绅士均系专派办捐，傥不得力，随时撤委，亦可叠札严催。若归地方，则劝捐非其专责，又恐公事浩繁，不能缓急相恃。必须仍由营中办理，庶无需索之弊，亦不至辗转迟延。惟有随时整饬，加意访查，决不敢稍涉姑容，致滋弊窦也。

所有奴才等查明劝捐官绅被参各款情由，理合恭折会奏，伏乞皇上圣鉴。谨奏。

［咸丰四年十二月初六日］

【知道了。】

——《清政府镇压太平天国档案史料》第16册，第494—500页。

〇僧格林沁等奏

再，连镇军务情形，功在垂成，万分吃紧。各营出力将士兵勇，尤宜赏不逾时，以期鼓舞而免疏虞。谨先将近日尤为出力各员名开列清单，恭呈御览，可否照请奖励之处，出自天恩。谨附片具奏请旨。

计开：

盛京正蓝旗防御、委佐领乌微阿于二十八日逆匪扑营痛加击打，毙贼多名，应请赏戴蓝翎。

镶红旗护军参领、司钥长德亮，二十八日之战，该参领从旁侧击，毙贼甚多。查该员前于上年十月间，因派押军装、锅帐未能随时赶到，致使官兵露宿，经钦差大臣胜保奏参，先行摘去顶戴，交部议处，当经兵部议奏革职留任在案。该参领（护）［获］咎以来，深知愧奋，在营甚为出力，应请赏还顶戴，并开复原参处分。

正白旗汉军（饶）［骁］骑校洪亮、阜城汛千总戎发开炮有准，轰毙贼匪多名，并击毙贼

目，均请赏戴蓝翎。

右翼前锋校双成奉委监造地雷，著有成效，应请赏以委前锋侍卫补用。

民人花上林奉委制造地雷，著有成效，应请赏给六品顶翎。

六品顶戴义勇施绍恒节次打仗奋勇，此次诱贼出巢，歼毙多名，应请赏戴蓝翎。

［咸丰四年十二月初六日］

【均著照所请行。】

——《清政府镇压太平天国档案史料》第16册，第500—501页。

○上谕

是日内阁奉谕旨：

僧格林沁等奏，请将军营尤为出力各员名奖励等语。连镇逆匪被我军围剿，势极穷蹙，近日屡次扑出，均被我军击回，歼毙甚多。所有出力人员，自应量予鼓励。盛京正蓝旗防御、委佐领乌徵阿，著赏戴蓝翎。革职留任镶红旗护军参领、司钥长德亮，著赏还顶带，并开复革职留任处分。正白旗汉军骁骑校洪亮、阜城汛千总戎发，均著赏戴蓝翎。右翼前锋校双成，著以委前锋侍卫补用。民人花上林，著赏给六品顶翎。六品顶带义勇施绍恒，著赏戴蓝翎。该部知道。

——《清代起居注册（咸丰朝）》第23册，第13284—13286页。

十二月十九日

○上谕

内阁奉谕旨：

和硕睿亲王仁寿之子德长加恩著赏给二等侍卫，在大门上行走。和硕郑亲王端华之子二等侍卫谦善，科尔沁札萨克多罗郡王僧格林沁之子布彦那木呼，著赏给二等侍卫，并赏戴花翎，均著挑在乾清门上行走。

——《清代起居注册（咸丰朝）》第23册，第13530—13531页。

十二月二十九日

○僧格林沁、西凌阿奏

奴才僧格林沁、奴才西凌阿跪奏，为兵勇合力进攻，焚毁贼巢，殄毙贼匪多名，得获枪炮、刀矛、旗帜多件，并该逆屡次舍命奔扑，俱被官兵击退，毙贼无算，连获胜仗，恭折驰奏，

仰祈圣鉴事。

窃连镇贼匪穷蹙万分，虽自知断无生路，仍随时窥伺，希图窜逃。现在两湖人与林凤详渐已乖离，惟两广人及山东、河南捻匪约有三千余人与林逆结成死党，强悍异常。该逆原占踞村镇五处，已于初九日将西北小村退出，枪炮移于连镇。揆其贼势，自系林逆恐众人溃散，是以聚之一处，易于防守。本月初十日丑刻，该逆大股向协领奎星保营墙奔扑，势极凶猛。该协领督饬官兵开放枪炮轰击，侍郎瑞麟、伊勒东阿、侍卫穆腾阿饬派官兵协同击打，各营大炮同时开放，当将该逆击退。得获贼尸八具，多系广西长发老贼，木梯九架，刀矛、药包多件，遍地血迹数十余处。

近日投诚人为数较多，奴才出示晓谕，投诚人无器械不收。旋即陆续投出八百余名，俱持有抬枪、鸟枪、刀矛。奴才等当令剃发，择其勇敢者留营驱使，其被胁各省难民分别发交德州、吴桥防堵官员管带。奴才等复又出示晓谕，投诚人俱著携带广西人首级。旋又陆续投出千余名，亦俱持有器械，因无广西人首级，均不准其剃发，亦不准其出濠，即在奴才僧格林沁及庆祺、绵洵、经文岱营墙濠内扎营四座，每夜即令放卡巡哨，并就近不时攻扰贼巢，使该逆澈夜不安。现在投诚人共二千余名，奴才等留心查看，俱系不得已从贼，现在投出，无不亟思杀贼报效。且此项义勇随同林逆身经百战，每遇与贼接仗，进退步伐极为便捷，其打仗出力者，酌定剃发、衣服、银两三等奖赏，该勇等无不急思立功，剃去长发。奴才久悉贼内有湖北人詹起伦一名，人极强悍，谋勇兼全，是林逆最为得力之人。前经屡次设法离间，并令投诚人寄信招降，林逆已生疑忌，现在詹起伦业经投出，奴才恐其怀疑，是以于投出时责其不遵传谕，投降较迟，鞭责一百，令其赶紧立功赎罪，再结以恩信，必能得其死力。

二十一日，贼匪出巢，向伊勒东阿营墙扑扰，当被击退。二十二日，奴才等预令各营统带派拨接应官兵，听候调拨。即派委文武督带投诚勇目施绍恒、宁宗扬、周隆亭、刘正发等鼓舞投诚各勇，于是日酉刻同时并进，分路攻打。其庆祺营勇目王有明、林思谟派拨进攻正南韩家湾贼垒，因该逆抵拒不及，登时先被攻破，我兵抢入木城，痛加殄洗，即将贼垒焚燃。惟时西连镇贼垒，系拨派宁宗扬、刘正发等往攻北面，施绍恒、周隆亭等往攻西面，均已切近贼垒。该逆虽两面受敌，然尚拚死抗拒，枪炮密如雨下，因恐义勇扑进，旋即出巢抵敌。该勇等奋勇向前，短兵相接，刀矛并举，斩捡无算，割取耳级、头颅，夺获铁心铜炮一位，抬枪、鸟枪、刀矛、旗帜甚多，被焚逆匪不知凡几，将西连镇周围更楼、席棚焚烧殆尽。林凤详在东连镇潜匿死守，未敢救援，只在垒内吹角鸣锣，以防分攻。及至我军撤队而出，该逆尚然严守，其为心胆倍寒，毫无疑义。

惟该逆情急万分，思窜愈急。二十四日亥刻，约有贼匪百余名潜向瑞昌营墙窥探，踏上地雷，登时轰动，官兵即向烟尘之处开放枪炮，登时击退。该逆以为我兵击贼之后防守

疏懈，即于是夜丑刻，大股复向瑞昌营墙扑来。我兵俟该逆切近，随即开放枪炮连环，各营枪炮接应。副都统绵洵因见攻击一时之久，该逆抵死不退，当将各营枪炮停止，即令壕内壕外义勇抄出贼后，该逆力不能支，始行败退。毙贼不知确数，生擒贼匪三名，割取首级七颗，得获长梯八架，刀矛、旗帜、药包、竹盔甚多。

二十六日，奴才等饬派马步队官兵、义勇分两路进攻，并预传严令，若不攻破其巢，不准撤队。奴才西凌阿带领马队各处指挥策应，侍郎瑞麟、总兵经文岱、侍卫穆腾阿督带步队，侍卫达崇阿、营总格绷额督带马队，以壮声威。庆祺营义勇一千余名进攻东连镇，因该处墙垣坚厚，该逆防守极严，未能攻克。员外郎瑞禧督带勇目施绍恒、宁宗扬、周隆亭、刘正发等并义勇六百余名，进攻西连镇。该处聚有贼匪四军，分作贼营四座，贼营以外，挖有围濠二道，濠外密布木签、鹿角、陷坑。义勇直抵贼垒，争先拖拉树栅，呐喊一拥而进，一面劈开栅门，一面抛掷喷筒、火弹，登时四面火起，义勇趁势由北面杀进贼巢。该逆猝不及防，难于抵拒。我兵勇枪箭齐发，刀矛并进，贼匪向前者纷纷倒地，退后者被火焚烧，喊杀震天，哭声动地，连镇街内贼尸枕藉，屋内烧死者不可胜数，生擒贼匪十余名，得获大小黄旗、枪炮、刀矛等物多件。义勇由北而南，攻克焚毁贼营三座。林凤详恐河西一带俱为兵勇攻破，即将河东枪炮运过河西，林逆带领强悍贼二千余名拒住南面贼营，死力拒敌。维时已交申刻，东北风大作，兵勇攻战六时之久，俱已疲乏，即撤队回营。镶黄旗护军参领松林进攻，被贼匪抬枪击中额角，登时阵亡，受伤官兵数名，阵亡义勇十余名，受伤二百余名。该逆经此次受创之后，胆裂魂飞，澈夜向外开放枪炮，惟恐兵勇进攻。现在仅剩东连镇、灶户、陈庄及西面一隅之地。据投诚人声称，贼巢骡马业经全数宰杀，现惟林逆及广西人食用黑豆，现已为数无多，余匪俱食草根、树皮，并将历次打仗抢回贼尸，及捉回欲行投出之人俱被杀毙，割肉分食充饥。此现在贼垒中之实在情形也。

奴才现在分布各路官兵随时接应，激励投诚义勇无分昼夜更番叠战，极力进攻。该逆上干天怒，恶贯满盈，今粮既不充，再疲于应接，虽有死党，亦再难久拒。一有可乘机会，即当随时鼓舞兵勇，趁势捣穴捡渠，扫除群丑，务期一鼓荡平，毋留余孽。所有近日进攻获胜缘由，理合恭折奏祈皇上圣鉴。

至镶黄旗护军参领松林临阵捐躯，深堪悯恻，应请照例赐恤，以慰忠魂。

再，奴才前因兵饷支绌，札令天津盐政文谦在于盐关道库各款内筹拨饷银，以应急需，当经附折奏闻在案。旋据先后拨解现银四万四千二百余两、钞票制钱四万一千二百吊到营，仍属不敷支放，奴才复札令再为筹画接济。应请敕下该盐政赶紧筹拨现银五六万两，飞速解营。合并陈明。谨奏请旨。

［咸丰四年十二月二十七日］

——《清政府镇压太平天国档案史料》第16册，第661—664页。

○僧格林沁等奏

再,本月二十六日攻破西连镇贼巢,奋勇前敌之投诚义勇阵亡、受伤至二百余名之多,其为真心投顺尚属可信。且近日进攻,各营大小将士亦无不踊跃奋兴,均堪嘉尚。除分别存记,另候核奖外,谨择其尤为出力数员名,开具清单,吁恳皇上天恩,量加奖叙,以期倍加鼓舞。谨附片具奏请旨。

［咸丰四年十二月二十七日］

——《清政府镇压太平天国档案史料》第16册,第664页。

○僧格林沁等奏

再,奴才前以军饷浩繁,帑项支绌,并因时交冬令,兵丁需衣御寒,当经分委革道黄德坊前往天津,会同盐政文谦劝办捐输钱文、衣袄,并饬令仿照铜斤局现收捐输章程,核收捐项,以期踊跃。即据盐政文谦倡捐京钱六千吊,皮袄一百件,棉袄一百件。该革道因劾调回,所有未完事件,经奴才札令该盐政接办完竣。

正在拟请奖叙间,接准户部咨开,该部议奏,直隶天津地方捐输应仿照晋省捐数办理,等因,移咨前来。伏查直隶天津收捐,既经部议照晋省收捐数目办理,军营在津劝捐之项自应一体遵照。当将全案札交该盐政,就近体查情形,或令各捐生补足数目,或应如何变通,妥议详覆。

旋据该盐政详称:前黄革道来津劝捐,照户部捐铜章程,按例定银数六折,每两交京钱三吊文,皮袄每件作京钱五吊,棉袄每件作京钱三吊,合计收捐。若始按铜局章程劝捐,继照晋省捐例,令补足钱数请奖,不特无以示信于民,诚恐此后捐输难期踊跃。且报捐军饷在先,部议章程在后,而捐生又多外省之人,均系黄革道劝捐,该盐政素不相识,并有已经回籍者,均无从饬令补足。若按其所捐钱数另给议叙,该捐生等均照捐铜新例具呈指捐,又未便竟自更换,此外亦无变通之法。

奴才复加酌核,所详自系实在情形,惟有将此次所收之捐从优奖叙后,下次不得援以为例,以归核实而资取信。是以札交顺天粮台、通永道觉罗海瑛仿照铜斤局章程,议拟核详去后,兹据该道详覆,所捐钱文均经该粮台陆续验收,作正动用,其皮棉各衣亦经呈解大营,分赏兵丁在案。其各官生等所捐钱文及皮棉衣合钱,按照铜局章程捐例六折后,以京钱三吊文作银一两核计,均属相符。并据详称,捐生内天津县王德清、广平府同知宋嵩庆、府经历刘恩第在津帮办劝捐出力,所捐钱数与例亦均相符。各等情。详请奏奖前来。除移咨户部查核外,理合分晰开列清单,恭呈御览。可否照请奖叙,出自皇上天恩。

再,据盐政文谦呈称,该员受恩深重,且前在淮关监督任内短收关税银两,未能完缴,

正切悚惶，此次捐输不敢仰邀议叙。又举人刘骏通捐京钱一千吊，因该举人曾在津郡另捐军饷，现经札饬该粮台径移天津盐政并案核奖。及零星捐输钱文、衣袄不敷请奖，并随时奖给功牌顶戴各员，名单内均未开载。合并声明。

谨奏。

［咸丰四年十二月二十七日］

【户部查议具奏。】

——《清政府镇压太平天国档案史料》第16册，第665—666页。

〇上谕

军机大臣字寄钦差参赞大臣、科尔沁郡王僧。咸丰四年十二月二十九日奉上谕：

僧格林沁等奏焚毁西连镇贼巢、逆势益形穷蹙一折。览此次进攻情形尚为得手，西面贼营止存一座，想不日即可扫荡。我兵全占河西地面，以全力并注河东，办理较易为力。林逆既将东面枪炮移置河西，则东连镇贼巢愈形空虚，我兵若能分路齐攻，使该逆彼此不能相顾，尤为妥善。各营官兵站墙巡濠，固为以逸待劳，当此事机顺利、人心鼓舞之时，亟应饬令叠战环攻，速行进击，不可专恃投诚人等之力。该大臣等务即督饬带兵各员乘胜进剿，克日殄除，以副朕望。将此由六百里加紧谕知僧格林沁，并谕西凌阿知之。

钦此。遵旨寄信前来。

——《清政府镇压太平天国档案史料》第16册，第673—674页。

〇上谕

咸丰四年十二月二十九日奉上谕：

僧格林沁等奏，军饷不敷，请饬天津盐政再行筹拨等语。现在僧格林沁等攻破西连镇贼巢，正在得手之际，需饷甚殷。前此拨解银两仍属不敷支发，著文谦于盐关道库内再行筹拨银五六万两，迅即派委妥员解赴僧格林沁军营，以济要需，毋稍贻误。钦此。

军机大臣遵旨由六百里加紧传谕长芦盐政文谦。

——《清政府镇压太平天国档案史料》第16册，第674页。

〇上谕

内阁奉谕旨：

僧格林沁、西凌阿奏焚毁贼巢、连获胜仗一折。连镇贼匪被剿穷蹙，时思窜逸，本月初十等日，叠向协领奎星保、侍郎伊勒东阿营墙扑扰，均被官兵击退，杀毙长发老贼多名。二十二日，僧格林沁等派令各营兵勇分路进攻，其韩家湾贼垒先被攻破，我兵抢入木城，痛加

剿洗，即将贼垒焚毁。西连镇逆匪拚死抵拒，我兵奋勇向前，斩擒无数，夺获枪炮、刀矛多件，即将周围更楼、席棚焚毁净尽，复焚毙贼匪无数。二十四日，该逆叠向瑞昌营盘奔扑，各营开放枪炮环攻，贼始败退，毙贼不计其数，并生擒贼匪多名。二十六日，僧格林沁等复派令兵勇分两路进攻，直抵西连镇贼垒，蜂拥而进，抛掷喷筒、火弹，贼巢登时火起。我军枪箭齐施，刀矛并举，贼匪纷纷倒地，其退后者复被焚烧，贼尸枕藉，不可胜数，生擒贼匪十余名，当将贼营三座全行焚毁。逆贼于河东西分布营垒，藉相策应，西连镇贼营既经焚毁，其东连镇等处贼势益形穷蹙。僧格林沁等务当无分昼夜，悉力攻剿，以期迅速蒇事。所有此次出力之委护军参领布勒库，著赏还顶带，并开复革职留任处分。盛京佐领、委协领易广吉，防御、委佐领德贵，均著赏戴蓝(领)[翎]。六品顶翎勇目施绍恒，著赏给守备衔。勇目刘正发、周隆亭、王有明、林思谟，均著赏给六品顶翎。阵亡之护军参领松林，著交部照例议恤。

——《清代起居注册(咸丰朝)》第 23 册，第 13698—13701 页。

咸丰五年

正月

正月十四日

〇上谕

军机大臣字寄钦差参赞大臣、科尔沁郡王僧。咸丰五年正月十四日奉上谕:

前据僧格林沁等奏,焚毁西连镇贼巢,逆势益形穷蹙,朕即日盼捷音,乃旬余以来,未据该大臣等奏报,实深悬系。兹据巡防王大臣等所呈探报,本月初二日,我兵攻破灶户、陈庄,贼匪仅踞连镇河东一处;初三日复将贼筑木城烧毁,逆党尚有二千余人,我军大炮已运进套堤,并陆续投出之贼亦复不少。办理似属得手。乃初九日攻剿连镇,兵勇阵亡二十余名,受伤者四十余人,是该逆灰烬之余,尚思抵死抗拒。探报情形是否属实,究竟此时如何筹画攻剿,大约何时始能蒇事,该大臣有无确实把握,著僧格林沁迅速详细具奏,以慰廑念。将此由五百里谕知僧格林沁,并谕西凌阿知之。

钦此。遵旨寄信前来。

——《咸丰同治两朝上谕档》第5册,第9—10页。

正月十八日

〇僧格林沁、西凌阿奏

奴才僧格林沁、奴才西凌阿跪奏,为恭折覆奏,仰祈圣鉴事。

本月十五日接奉军机大臣字寄,咸丰五年正月十四日奉上谕:旬余以来,未据该大臣等奏报,实深悬系。兹据巡防王大臣等所呈探报情形,是否属实,究竟此时如何筹画攻剿,大约何时始能蒇事,该大臣有无确实把握,著僧格林沁迅速详细具奏。等因。钦此。遵旨

寄信前来。奴才等跪读之下，曷胜惶恐。

窃维逆匪占踞连镇，十月于兹，节经痛剿，歼毙无算，究属迁延日久。奴才因该逆诡狡异常，是以时与各营统带熟筹妥议，总期歼殄得手，我军不致过伤，非计出万全，断不敢轻易进攻。近来陆续投出投诚人，共计三千余名，奴才察其并无异心，酌量收录，令于围堤以内屯扎，打仗亦颇得力。兵勇合力进攻，焚毁贼营数座，杀毙贼匪多名。十二月三十日，退出灶户、陈庄。初一日，奴才西凌阿、侍郎瑞麟统带各路官兵，员外郎瑞禧督带投诚义勇，奋力环攻三昼夜之久，始将西连镇贼巢全行荡平，立将贼队浮桥(折)[拆]毁，即饬该义勇在西连镇沿河筑起墙垒屯扎，昼夜攻击，并调拨义勇在灶户、陈庄扎营，并将大炮运进套堤，高筑炮台六座，隔河轰打。现除蚁聚东连镇之外，其余各处之匪均已罄尽。惟该逆死守巢穴，四面密布炮火，不容兵勇近前，虽被困万无生路，而或战或守，仍能从容不迫，毫无溃乱情形。

正月初二日，林逆心腹四川人萧灜山、安徽人钟有年带领捻匪水手九十一名并大炮、抬枪、鸟枪、刀矛百余件出降。奴才稔知萧、钟二犯在南省自行投入贼营，渡河北犯以来，俱系该二犯主谋画策，与林逆同恶相济，并据萧灜山供系浙江军营六品军功保举县丞，钟有年供系文生，即使真心投降，亦属罪不容诛，更难保非技穷生诈，另施鬼蜮伎俩，当将萧、钟二犯凌迟处死，伙贼九十一名全行正法。近日复陆续投出六百余名，奴才等因贼势已穷，逆匪自知万无生路，始行投出，希图幸逃，断难宽宥，当即随时正法。至现在贼匪不下二千名，结成死党，聚于连镇一隅，筑砌木城数重，抵死拒守。

自初三日以后，不分昼夜，兵勇极力环攻，业经数次逼近木城，抛掷喷筒、火弹，将欲攻进贼垒，皆被该逆舍命抵敌，枪炮如雨，未能攻克。击毙贼匪多名，夺获大炮五尊，抬枪、鸟枪、刀矛二百余件，木城以外房间焚烧迨尽。计伤亡官兵十余名，义勇阵亡一百余名，受伤八百余名。该义勇等从前皆系盛世良民，且能于被胁之后返正来归，敌忾同仇，踊跃效力，尚属堪嘉，是以每遇该勇等打仗阵亡，即饬酌赏棺木，遇有受伤，亦即赏赉医调，以示体恤而资鼓舞。

此近日连镇军营实在情形也。

伏查逆匪叠被剿击，兼之粮米告匮，众心已见乖离，贼势万分穷蹙，揆度情形，指日必可蒇事。岂意穷凶极恶，以人为粮，据投出之人供称，逆匪啖餐，甚不觉苦，竟可将掩埋十余日之逆尸刨出餐食，固结如前。相持又经旬余，虽系苟延喘息，断难久稽诛戮，然釜底游魂，尚能如是狡悍，奴才等倍深愤急，惟有竭力攻击，以期迅速蒇功，断不敢稍事延缓。

谨恭折覆奏，伏乞圣鉴。谨奏。

[咸丰五年正月十六日]

——《清政府镇压太平天国档案史料》第 17 册，第 30—32 页。

〇上谕

军机大臣字寄钦差参赞大臣、科尔沁郡王僧。咸丰五年正月十八日奉上谕：

僧格林沁等奏近日连镇军营情形一折。逆匪退出灶户、陈庄，西连镇贼巢已全行荡平，其势极为穷蹙。惟该逆尚有二千名，在东连镇筑砌木城数重，为负嵎死守之计。我军沿河筑垒，并将大炮运进套堤，高筑炮台轰击，正可并力进攻，将此股逆匪全数殄除。大营兵勇数倍于贼，若因该逆炮火难近，不思捣穴捡渠，逆匪虽粮绝势穷，而狡悍异常，恐滋他变。该大臣等务即督饬员弁兵勇奋力攻剿，断不可专恃坐困，待其自毙。仍一面严防纷窜之路，毋令乘间逃逸。是为至要。将此由六百里加紧谕知僧格林沁，并谕西凌阿知之。

钦此。遵旨寄信前来。

——《咸丰同治两朝上谕档》第5册，第21页。

正月二十一日

〇僧格林沁、西凌阿奏

奴才僧格林沁、奴才西凌阿跪奏，为兵勇合力进攻，克复连镇，生捡逆首，全股贼匪扫数歼除，恭折驰奏，仰祈圣鉴事。

窃此股贼匪占踞连镇十月有余，节经官兵痛加剿洗，殄毙无算，究未能及早蒇事，迁延日久，奴才曷胜焦急。缘该逆诡诈百出，狡滑异常，虽被围万分穷蹙，粮米断绝，以人为粮，而或战或守，从容不迫，毫无溃乱情形，全股贼匪约尚七千余名。奴才统带官兵三万之众，止因多系八旗精兵及东三省马队，国家劲旅，倘贪功锐进，必致挫失，所关匪细。奴才虽然焦急，究不敢孟浪从事，不得不时与各营统带熟筹妥议，非计出万全，断不敢轻易进攻。数月以来，陆续投出投诚人三千余名，奴才等查其并无异心，且打仗颇为得力，是以收录驱策。兵勇合力进攻，焚毁贼营数座，杀毙贼匪多名。贼势既穷，该逆于本年正月初三日全数蚁聚东连镇一处，逆党死守巢穴，四面密布炮火，不容兵勇进前。奴才等当令投诚义勇分扎西连镇及灶户、陈庄，并将大炮运至西连镇，高筑炮台，隔河轰击。并闻林瀛详业经剃去长发，欲乘隙混出重围。奴才等谆饬各营，严查出入，不得稍有疏失。是以正月初二日，林逆心腹人萧瀛山、钟有年带领捻匪水手，携带大炮、抬枪、鸟枪、刀矛出降，奴才稔知系与林逆同恶相济之犯，当即凌迟处死，伙贼全数斩除。十二月三十日以后投出之犯，亦即随时正法。业经恭折奏报在案。

初三日以后，更番进攻，该逆死力抵拒，未能攻克，击毙贼匪多名，得获大炮、抬枪、鸟枪、刀矛、旗帜无数。该逆如此穷蹙，尚能抵拒稽诛，倍深愤急。百计筹维，必须先示以兵

勇进攻不甚出力，以懈其心，然后奋力向前，或可一战克捷。当于十七、十八等日出队，佯为进攻，密饬兵勇，无须向前。至十九日寅刻，奴才西凌阿、瑞麟、经文岱、伊勒东阿、珠勒亨、达崇阿督带马步队官兵在北面进攻，庆祺、绵洵、侍卫穆腾阿、营总巴扬阿在南面督带马步队官兵并义勇奋力攻打，并令瑞昌、玉明、双成、萨炳阿带兵在河西厄截，以壮声势。凡我大小将士兵勇，莫不踊跃用命。该逆不料仓猝之间四面受敌，仍然死力抗拒。我军一经逼近，先将贼巢木城焚燃，四面火光烛天，枪炮向内击打，歼毙无数。仰赖圣主天威，逆首林凤详身受重伤，伙匪稍却。我军登时将木城攻破，兵刃相接，痛加殄剿。贼巢以内遍地火光，屋宇墙垣被火烧塌，压毙逆匪无数。逆党见势已败，纷纷投河者无数。突有逆匪拚死扑出木城，欲向东面奔逃，经明庆、都兴阿督带马队奋力截杀，一名未能溃逃。至巳刻，除生擒之外，全数歼殄罄尽，夺获大小炮十余尊，抬枪、鸟枪、刀矛、旗帜五百余件。遂严搜首逆，恐其情急轻生，竟查寻无获，亦无该逆尸身。复向被擒余匪严加诘讯，始知该逆窋有地窖数处。当饬奋勇兵勇逐一穷搜窖内，或只水缸，或系空洞，至未刻(经)官兵方将林凤详在极深地洞内搜获。该逆潜藏污泥黑暗之中，外有逆匪伪总制、伪检点、伪将军多名拥护，一同成擒。当令投诚之勇详切辨认，实系逆首林凤详。乃该逆受伤甚重之后，藏入洞中，复又服毒，现在抬至大营医解，拟即委派大员护解，槛送赴京，并令沿途查看情形，设若该逆奄奄将毙，立即就地凌迟，以免幸逃显戮。奴才严督官兵搜捕余匪，务期尽绝根株，不使一名幸逃。

谨将蒇事缘由，差派御前侍卫穆腾阿、奏蒙古事侍卫都兴阿恭赍捷报驰奏，仰慰圣怀。所有各营文武各官，在营一载有余，寒凉溽暑，倍尝艰苦，洵属著有微劳。除微职末弁拟请由奴才等秉公酌量移咨拔擢外，所有在事出力各员，可否准奴才等量请天恩奖叙之处，伏候训示遵行。谨奏请旨。

［咸丰五年正月十九日］

【览奏曷胜欣慰。即有恩旨。】

——《清政府镇压太平天国档案史料》第 17 册，第 37—39 页。

〇起居注

申刻，御前大臣、科尔沁郡王、参赞大臣僧格林沁驰奏生擒逆匪林凤详，上诣寿康宫请安，并贺喜。

——《清代起居注册(咸丰朝)》第 24 册，第 13844—13845 页。

〇上谕

咸丰五年正月二十一日内阁奉上谕：

本日据僧格林沁、西凌阿奏克复连镇、生擒逆首、全股贼匪扫数歼除一折。览奏欣慰。

此股逆匪，自上年窜踞东西连镇，并占踞附近村庄，节经僧格林沁等督率各营将弁痛加剿洗。自攻克西连镇后，该逆全数蚁聚东连镇死守巢穴。僧格林沁等令投诚义勇分扎西连镇及灶户、陈庄，并将大炮运进，隔河轰击。逆首林凤详剃去长发，意欲乘隙溃围逃窜，贼势万分穷蹙。十九日寅刻，西凌阿、瑞麟、经文岱、伊勒东阿、珠勒亨、达崇阿督带马步队官兵在北面进攻，庆祺、绵洵、穆腾阿、巴扬阿在南面攻打，瑞昌、玉明、双成、萨炳阿带兵在河西扼截，将士兵勇无不踊跃用命，先将贼巢木城焚毁，火光烛天，毙贼无数。林凤详身受重伤，伙匪却退，我军攻破木城，兵刃相接。贼巢内屋宇墙垣被火烧塌，压毙及投河死者不计其数，奔逃余匪歼殄罄尽，夺获大小炮十余尊，枪刀旗帜五百余件。林凤详于地洞内污泥中潜藏，被我军搜获，并将伪总制、伪检点、伪将军等一并生擒，实足以快人心而伸天讨。科尔沁郡王僧格林沁，经朕授为参赞大臣，督兵剿贼，叠著勋劳，此次攻克连镇，生擒首逆，调度有方，深堪嘉尚，著加恩封为博多勒噶台亲王；伊子乾清门二等侍卫伯彦讷谟祜，著在御前行走。察哈尔都统西凌阿，襄赞军务，克奏厥功，著赏给伊精阿巴图鲁名号，并赏给轻车都尉世职。赍递捷报之御前侍卫穆腾阿、奏蒙古事侍卫都兴阿，均著赏加副都统衔。投诚出力之守备衔勇目施绍恒，著赏加都司衔。六品顶翎勇目周隆亭、宁宗扬，均著赏给守备衔。勇目张长兴、詹起伦、杨顺山、朱兴泰，均著赏给六品顶翎。其余各营文武员弁等，著僧格林沁、西凌阿查明保奏，候朕施恩，以示奖励。现在畿辅地方一律肃清，著僧格林沁等即移得胜之师前往高唐，督办军务，迅速克复州城，尽歼丑类，以副朕望。

钦此。

——《咸丰同治两朝上谕档》第5册，第28—29页。

○上谕

军机大臣字寄钦差参赞大臣、科尔沁亲王僧。咸丰五年正月二十一日奉上谕：

僧格林沁等奏官军克复连镇、生擒逆首、贼匪全股歼除一折。览奏欣慰。已明降谕旨，将该大臣等分别加恩，并令将出力员弁兵勇人等查明保奏矣。该逆窜踞连镇十月有余，叠受创惩，犹复负嵎抗拒。本月十九日，经西凌阿等亲督弁兵，将贼巢木城焚毁，斩获逆匪无数，并于地洞中将首逆林凤详拿获，俾全股匪徒悉数斩擒。将弁兵勇皆能踊跃用命，不遗余力，该大臣调度有方，深堪嘉尚。务当督饬兵勇搜捕净尽，不可稍留余孽。谅该大臣等定能办理妥协，一律肃清。现在高唐余匪数不盈千，胜保日久无功，著僧格林沁即统带得胜官兵驰赴高唐，督剿余匪，一并歼除，收复城池，以慰廑念。将此由六百里加紧谕知僧格林沁，并谕西凌阿知之。

钦此。遵旨寄信前来。

——《咸丰同治两朝上谕档》第5册，第27—28页。

〇上谕

军机大臣密寄钦差参赞大臣、科尔沁亲王僧。咸丰五年正月二十一日奉上谕:

本日已寄谕僧格林沁,命其带兵驰往高唐督办军务矣。该城余匪本属无多,胜保自任钦差大臣以来,志骄气惰,将士未能用命,以致小丑数百,日久稽诛,被参各款甚多。朕以简任乏人,一时未即惩办,叠降谕旨,令其改过自省,仍然不知愧惧,迁延日久,殊堪痛恨。著僧格林沁于到高唐后,将防剿事务布置妥协,即传旨将胜保拿问,派员押解来京,一面访查胜保劣迹,并贻误事机各情节,详细奏闻。如革职不足蔽辜,应从重治罪之处,即著迅速密奏。胜保所带将弁何人出力,兵勇何营可用,详加访问,必能知其大略,该大臣仍当随时妥为驾驭。其有素不安分、扰害地方者,即著从严惩办,以肃军令。将此由六百里加紧密谕知之。

钦此。遵旨寄信前来。

——《咸丰同治两朝上谕档》第5册,第25—26页。

〇上谕

军机大臣字寄钦差大臣胜。咸丰五年正月二十一日奉上谕:

本日据僧格林沁、西凌阿奏克复连镇、生擒首逆、歼除全股贼匪一折。十九日,僧格林沁等督率马步官兵并义勇奋力进攻,将贼巢木城焚毁,逆首林凤详受伤,我兵痛加剿洗,将该匪全数殄灭。复由地洞内搜获林凤详,派员槛送京师。朕披览所奏,曷胜欣慰,已降旨分别加恩,并谕令僧格林沁等即日带兵驰赴高唐矣。因思高唐逆匪数不盈千,胜保统领大军,剿办至今,尚无把握。蕞尔孤城,不能克复,总由该大臣平日调度无方,以致各营兵勇不能奋勉图功。连镇贼匪十倍于高唐,僧格林沁谋勇兼资,竟能悉数歼擒,无一漏网,胜保闻之能无自愧?现在大兵即日驰赴高唐,若必待僧格林沁到后始图克复州城,尚复何颜对朕?著胜保督饬各路兵勇迅即进攻,断不准再事耽延。傥仍前玩泄,不思奋勉以赎前愆,朕惟有执法从事,断难再邀宽宥。将此由六百里加紧谕知胜保,并谕德勒克色楞、崇恩知之。

钦此。遵旨寄信前来。

——《咸丰同治两朝上谕档》第5册,第28页。

正月二十二日

〇僧格林沁、西凌阿奏

奴才僧格林沁、奴才西凌阿跪奏,为奏闻事。

窃照连镇军务告蒇,业经恭折驰奏在案。奴才当饬各营在围堤以内实力搜捕余匪,业

经尽绝无遗。伏查连镇既已竣事，奴才本当将各营征兵全数带赴高唐剿办，一俟该处奏功，即督兵南下。惟因限于经费，不敢多带重兵，是以选带黑龙江、吉林马队二千名，哲里木盟马队二百五十名，凉庄马队三百余名，精健巡捕营步队八百名，投诚义勇三千余名，并钦差大臣胜保前次留于连镇之西宁、河州、宣化、正定等处官兵二千余名，一并统带，定于二十一日移营高唐，会同钦差大臣胜保协力进攻，以期迅速荡平。

又，奴才接准钦差大臣托明阿函称，扬州军营兵力不足，探闻连镇大功将蒇，商调官兵。等因。伏查扬州军务正当吃紧之际，自应赶紧拨往，以资协剿。当经札令总兵萨炳阿统带汉中等营官兵一千五百余名，并选派吉林马队五百名，即日赴扬，听候调遣。其余官兵，饬令分起撤回本营，委令庆祺弹压督后，俟官兵全数起程，再行赴京。其逆首林凤详受伤之后，复又服毒，幸搜获尚属迅速，得以即时医解，大约不妨。已派侍郎瑞麟、总兵经文岱酌带官兵，将该逆犯林凤详并伪指挥黄益峰、伪将军李瀣田、孟新瀣、陈亚末、欧锦等，一同解送奉命大将军办理，并在围堤以上祭飨阵亡将领兵勇。复因沧州被难尤烈，奴才于生擒逆犯内讯有伪职者，选出三十余名，交伊勒东阿、玉明囚解，顺赴该处正法致祭，以慰忠魂。飞咨直隶总督酌撤防堵官兵，以节经费。又，各营收留投诚之人，经奴才等随时挑选，得年力精壮二千余名，现已分隶中左右前后五营，各选得力勇目约束管带。其余不堪驱策数百名，拟俟高唐军务告蒇，分别札交地方官遣回原籍。又年未及岁者数十名，内有江宁驻防旗人二名，业交泰宁镇总兵庆祺顺带赴京，呈送奉命大将军，发交该旗，妥为办理，余均分赏随营文武管领，以免流离。谨将遣撤官兵分起日期另缮清单，恭呈御览。

再，革员李湘棻前因发往军台阻水，经奴才奏留军营当差。该革员捐资募勇，随同官兵进仗，迭次立功，深知愧奋，洵属得力。兹已大功告蒇，未便没其微劳，可否宽免其罪，量予恩施，该员系曾任二品大员，奴才不敢擅拟，惟有吁恳逾格天恩，以示鼓励。现闻山东日照县合山矿苗甚旺，值此经费支绌之际，似宜试为开采。如蒙俞允，拟即委令该革员前往经理。是否有当，伏候训示遵行。谨奏请旨。

［咸丰五年正月二十日］

附连镇军营官兵遣撤日期清单

谨将连镇军营官兵内，除直隶兵九百余名，札令总兵董占元、游击格洪额即日带交直隶提督张殿元酌量遣回外，其余官兵分起遣撤日期开后。计开：

二十一日　头起，侍郎伊勒东阿、护军统领玉明统带京旗各营官兵三千三百余名。

二十二日　二起，扎赉特贝勒拉布棍布扎布、科尔沁公棍楚克林沁［统］带哲里木盟官兵八百余名，散秩大臣穆铬、副都统郭什讷统带京旗巡捕各营官兵三千余名。

二十三日　三起，护军统领珠勒亨统带昭武达盟官兵九百余名、京旗官兵一百八十余

名、密云官兵五百余名,副都统明庆统带察哈尔官兵八百余名,副都统双成统带西安官兵六百余名。

二十四日　四起,协领奎星保统带盛京官兵一千名,护军参领乌忠阿统带京旗官兵一千五百余名,护军参领德亮统带京旗官兵三百余名。

二十五日　五起,营总奇凌阿等统带盛京官兵一千四百余名,协领柏林统带热河官兵四百余名。

二十六日　六起,营总珠勒格讷统带吉林、黑龙江官兵一千八百余名。

二十七日　七起,总兵庆祺统带盛京官兵二千七百余名、京旗官兵三百八十余名。

七起共约计遣撤马步队官兵二万余名。

【览。】

——《清政府镇压太平天国档案史料》第17册,第43—45页。

○上谕

军机大臣字寄钦差参赞大臣、科尔沁博多勒噶台亲王僧。咸丰五年正月二十二日奉上谕:

僧格林沁等奏连镇军务告蒇、选带马步兵勇移营高唐会剿一折。览奏与朕意适合。高唐贼匪数不盈千,该大臣现已选带精锐兵勇八千余名,谅已足敷剿办。现定二十一日移营高唐,办理更为迅速,可见该大臣实心任事,筹画周详,必能乘此锐气克复高唐,尽歼丑类。至官兵分起遣撤,均派统兵大员管带,自系为弹压兵丁起见。但该大臣前往高唐,军营中如需大员管带兵勇,仍可酌量奏调,以资差遣。总兵萨炳阿现带兵前赴扬州,著即饬该员迅速前往,听候托明阿调遣。余均著照所议办理。将此由六百里加紧谕知僧格林沁,并谕西凌阿知之。

钦此。遵旨寄信前来。

——《咸丰同治两朝上谕档》第5册,第31页。

○上谕

咸丰五年正月二十二日内阁奉上谕:

僧格林沁等奏,革员叠次立功,可否免罪等语。革员李湘棻,前降旨发往军台,经僧格林沁奏留军营当差。该革员捐资募勇,随同进仗,尚知愧奋。李湘棻著免其发遣,并赏给六品顶戴,以示鼓励。至所请开采山东日照县合山矿苗之处,著崇恩察看情形,如可开采,即委李湘棻会同地方官前往试办。

钦此。

——《咸丰同治两朝上谕档》第5册,第32页。

〇上谕

咸丰五年正月二十二日内阁奉上谕：

西凌阿奏保举军营出力人员、恳请鼓励一折。僧格林沁之兄、三品台吉琅布林沁，在直隶军营屡著战功，著赏给二品顶戴，并赏戴花翎。叠次随同打仗出力之三品顶戴花翎护卫额尔德呢绰克托，著赏给二品顶戴。四品顶戴蓝翎图布德、五品顶戴蓝翎莫尔根特本，均著赏换花翎。六品顶戴雅哈赖，著赏戴蓝翎。

钦此。

——《咸丰同治两朝上谕档》第5册，第33页。

正月二十三日

〇上谕

军机大臣字寄钦差参赞大臣、科尔沁博多勒噶台亲王僧。咸丰五年正月二十三日奉上谕：

胜保奏，拟将投诚贼众假扮连镇逆匪，诱贼出城，一鼓可以歼灭等语。僧格林沁于二十一日起程，约计日内即可驰抵高唐。连镇荡平之信，贼中当已闻知。所有令投诚义勇诱贼出城之计，据胜保奏，已与僧格林沁严密函商，但此时情形较异，是否可行，谅僧格林沁已有定见，即著妥筹办理。兵不厌诈，原不妨用间出奇，惟仍须斟酌尽善，确有把握，方为计出万全也。至胜保奏，已革德安卫守备定魁，在高唐州城外点放地雷，被烧殒命等语，定魁著准其开复原官，照阵亡例议恤。原片著抄给阅看。将此由六百里加紧谕令知之。

钦此。遵旨寄信前来。

——《咸丰同治两朝上谕档》第5册，第34页。

正月二十六日

〇僧格林沁奏

奴才僧格林沁跪奏，为奏闻事。

窃连镇蒇事后，奴才分别酌带官兵并官兵数目遣撤归伍各缘由，业经附折开单恭呈御览。其遣撤兵丁，奴才复严饬各营统带沿路妥为弹压，不准秋毫滋扰；其带赴高唐兵勇，亦即赶紧前进，商令西凌阿、绵洵在后督催。奴才即于二十一日轻骑减从起程，于二十三日卯刻驰抵高唐，周历踏看城垣形势并官兵营盘。除俟西凌阿、绵洵等督催兵勇到齐设法攻

剿外，谨将奴才驰抵高唐日期恭折奏闻。

再，将军瑞昌所带之兵现已遣撤，拟即札令瑞昌赴杭任事，合并声明。谨奏。

[咸丰五年正月二十四日]

【知道了。】

——《清政府镇压太平天国档案史料》第17册，第55页。

〇僧格林沁奏

奴才僧格林沁跪奏，为恭折密覆，仰祈圣鉴事。

本月二十三日接奉军机大臣密寄，咸丰五年正月二十一日恭奉上谕，饬查胜保劣迹并(遗)[贻]误事机各情节，并清字朱谕，奴才敬谨聆悉。

伏查此股贼匪素称狡悍，办理固属不易。惟奴才等荷承倚畀，督率重兵，旷日持久，糜饷劳师，总由调度无能之所致，有辜圣恩。且为统带者，办理一切机宜，若不虚心推敲，贪功轻进，或机事不密，必致功难奏效，兵将伤折，尤为军中大忌，而胜保在营皆所难免，此胜保办理不善之实在情形也。除此之外，别项劣迹，奴才尚无见闻。兹奉密寄，奴才接见帮办军务德勒克色楞，抚臣崇恩，翼长、副都统常亮，总兵孔广顺等，及办理粮台天津道张起鹓，详切谘访，亦无指摘之事。容俟随时察查，倘果有别项劣迹，惟当随时严劾，断不敢稍事循隐，自蹈罪戾。惟该大臣既经拿问，未便在营，奴才已传旨将胜保拿问，已饬令崇恩派委知府崇厚、参将穆隆阿押解赴京，听候谕旨，并将钦差大臣关防封固，连神雀宝刀赍送军机处呈缴。至该大臣所带将弁何人出力，兵勇何营可用，除奴才素稔所带川勇桀骜不驯者居多，留营恐增他虑，奴才立即密交崇恩设法陆续遣散外，其余容俟详加查访。惟有凛遵垂训，随时妥为驾驭，查有素不安分扰害地方者，即当从严惩办，以肃军令。

至高唐贼势，奴才周历查看，城垣虽不甚大，而修筑未久，甚为完固，周(闸)[围]壕沟三道，亦均宽至数丈。该逆占踞十月之久，布置均极严密，若遽行轻易进攻，不特该逆(闸)[围]壕过宽，未能直抵城下，即设法填壕逼近，该逆凭高击下，我兵徒致损伤，仍难克捷。且李开芳系百战之余，狡诈异常，闻其数月以来并无大股出巢，倚恃人少粮多，只以城高壕宽负固自守。奴才悉心筹计，必须诱其全股出巢，再行痛剿，或设法安伏内应，使该逆内外受制，方可得手。总之，此股贼匪虽不甚多，而地势可凭，且似此狡黠，恐仓卒设计未必入我术中。况现存之兵疲羸过半，似宜训练蓄锐，俟有可乘机会，方期迅速蒇事。奴才惟有赶紧设法筹画，极力图维，以期迅扫妖氛，上纾宸廑。

所有遵旨查访胜保贻误事机各缘由及高唐军情，谨恭折覆奏，伏乞圣鉴。谨奏。

[咸丰五年正月二十四日]

——《清政府镇压太平天国档案史料》第17册，第56—57页。

〇上谕

军机大臣字寄钦差参赞大臣、科尔沁博多勒噶台亲王僧。咸丰五年正月二十六日奉上谕：

僧格林沁奏遵旨密查胜保劣迹并现筹攻剿情形一折。已明降谕旨，将胜保解交刑部治罪，并令德勒克色楞帮办该大臣军务矣。高唐贼匪负嵎固守，总因将骄兵惰，纪律不严，以致数百小丑日久稽诛。现在该大臣统领得胜官兵接办军务，逆匪必已闻风胆落，正可乘此声威，一鼓歼捡。至申明约束、整饬戎行，尤为行军要务。所有高唐军营带兵大员，自德勒克色楞以下，均归僧格林沁节制。傥各营将弁有不遵调度者，即著从严惩办，毋稍姑容。德勒克色楞与胜保共办一事，日久无功，亦属咎有应得，现既宽其既往，仍命帮办军务，尤当知感知惧，力赎前愆，傥再不知奋勉，即著严参治罪。该大臣务即激励将士，力破贼巢，尽歼丑类，并严杜纷窜之路，无令逃逸，迅奏肤功，以慰廑念。胜保别项劣迹，仍著查明参奏。将此由六百里加紧谕知僧格林沁，并谕德勒克色楞、西凌阿、崇恩知之。

钦此。遵旨寄信前来。

——《咸丰同治两朝上谕档》第 5 册，第 35—36 页。

〇上谕

咸丰五年正月二十六日内阁奉上谕：

胜保剿办高唐逆匪日久无功，前经拔去花翎，并降旨革职，责令督率将弁迅图克复，原冀其感奋立功，以赎前愆。乃数月以来，仍复迁延观望，以致数百余匪日久稽诛，糜饷劳师，厥罪甚重。前经密谕僧格林沁传旨，将胜保拿问，著即解交刑部按律治罪。现在僧格林沁已驰抵高唐，即著督饬各路兵勇克日进攻，迅将此股余匪悉数歼捡，毋留遗孽。德勒克色楞在胜保军营帮办军务，未能迅速蒇功，亦难辞咎，姑念总统全军，责在胜保，从宽暂免置议，仍著随同僧格林沁帮办军务，以观后效，傥再不知奋勉，惟有执法惩治，决不宽贷。所有高唐军营领兵大员，自德勒克色楞以下，均归僧格林沁节制。该大臣其申明纪律，速奏肤功，以慰朕望。

钦此。

——《咸丰同治两朝上谕档》第 5 册，第 36 页。

〇上谕

咸丰五年正月二十六日内阁奉上谕：

僧格林沁奏，遵保尤为出力各员，开单呈览，恳请给予奖叙等语。内火器营委鸟枪护

军参领玉亮，著赏给副鸟枪护军参领。前任参将李万年，著免其捐复，仍以京营参将即补。京营守备纯贵，著赏戴蓝翎。京营副将史荣椿，著记名以陆路总兵用。黑龙江总管德楞额，著赏换花翎。步军统领衙门员外郎瑞禧，著以内阁侍读学士升补，先换顶戴，并赏戴花翎。黑龙江委骁骑校青山、领催巴彦巴图、前锋富勒浑、披甲德明，京营外委卢堃、马兵王永明，均著赏给六品顶翎。黑龙江总管珠尔格讷、格绷额，盛京协领奎星保、奇凌阿，内火器营营总富泰，外火器营营总乌兰都，均著赏给副都统衔。御前二等侍卫萨克慎，乾清门二等侍卫图库尔、二等侍卫阿克东阿，均著赏给头等侍卫。蓝翎侍卫爱伸，著赏给三等侍卫。副护军参领成保，著赏给护军参领。盛京协领集尔哈布，著赏戴花翎。盛京佐领萨斌通阿、恩龄，天津河营把总刘玉魁，均著赏戴蓝翎。宗人府理事官上行走宗室增庆，著赏给副都统衔，记名以副都统用。兵部员外郎恩承、李祜，均著赏戴花翎。侍卫处主事苏博通额，著以六部员外郎遇缺即补，先换顶戴。步军统领衙门委署主事德克津泰，著遇有本衙门员外郎缺出，即行补用，先换顶戴。侍卫处学习笔帖式阿克达春，著以六部笔帖式遇缺即补。通永道觉罗海瑛，著赏戴花翎。直隶候补知县曹大绶，著免补知县，仍留直隶，以知州遇缺即补。该部知道。单片并发。

钦此。

——《咸丰同治两朝上谕档》第5册，第40页。

○僧格林沁奏

查此次军营一二品大员以下至于兵丁等，均能奋勉。侍郎瑞麟、总兵庆祺、副都统绵洵等协同臣办理一切，甚为出力。扎拉济特贝勒拉木棍布扎布、公棍楚克林沁均能勇往。应如何奖励之处，出自天恩。

——《钦定剿平粤匪方略》卷一一九，第4页。

○上谕

僧格林沁奏遵旨恳请鼓励军营出力人员一折。侍郎瑞麟等自到军营以来，帮办诸务，实属奋勉，侍郎瑞麟、总兵宗室庆祺、副都统宗室绵洵等，均著加恩赏给都统衔，瑞麟著赏给巴达朗阿巴吐噜名号，绵洵著赏穿黄马褂。扎勒济特贝勒拉旺棍布扎布著赏加郡王衔，并赏戴三眼花翎。公棍楚克琳沁著赏戴双眼花翎，在乾清门行走。该部知道。

——《清代起居注册(咸丰朝)》第24册，第13892—13893页。

二月

二月初一日

〇上谕

谕军机大臣等：

贾桢、谭廷襄奏连镇大兵移营山东、粮台支应应否仍由该衙门备办一折。僧格林沁大营粮台支应，向由顺天府派员承办，现在该大臣由连镇移营高唐，督兵进剿，所有带往官兵应行支发各款，著即归并山东粮台支应，仍派通永道海瑛会同办理，以资熟手。贾桢等即行咨会山东巡抚崇恩妥速筹备，毋误供支。将此谕令知之。

——《清文宗实录》卷一五八，咸丰五年二月甲午。

二月初六日

〇僧格林沁等奏

奴才僧格林沁等跪奏，为设法诱贼出巢，收复高唐州城，逆匪向南奔窜，现被痛加殄剿，毙贼多名，恭折奏祈圣鉴事。

窃奴才正月二十三日驰抵高唐州，业将查看大概情形附折奏闻在案。奴才拜折后，复加周历，不特城垣坚固，兼因相持日久，该逆布置濠坑角栅已极周密，若专恃兵勇进攻，徒致伤折，断难得手。奴才等悉心筹度，必须用计夺取，以冀克复。于正月二十八日夜间，密令投诚义勇扮为接应之贼，虚开枪炮，闯围而入，原冀该逆开城相接，即可乘势拥入，我兵在外击打，义勇里应外合，歼兹丑类，乃该逆狡滑异常，不肯堕计。

伏思此股逆匪虽系百战老贼，究竟为数无多，撄城死守，牵制如许重兵，糜饷劳师，尤觉可惜。该逆踞守十月之久，坚匿不出，自奴才移营以来，逐夜出巢探路，谅知连镇之信，已生逃窜之心，必须就计施为，速使离巢，方期迅扫。遂于二十九日夜间，密令南面将占墙官兵分开，远远列队，停止更筹，故作疏防之势，设逆溃出，俟其离濠渐远，再行截击，以免缩回。子刻，该逆果然扑出，见此段毫无官兵，欢呼雷动，全股直往南窜。奴才僧格林沁、奴才德勒克色楞、奴才西凌阿督带马队五百余名，衔尾紧追。该逆拚死狂奔，至距高唐五十余里之茌平县属冯官屯，天已明亮，该逆因见追兵随至，即入村踞守。奴才查看该处三村相连，周围挑有护庄深濠，极为严密，当即催调后队马步队官兵义勇，于初一日辰刻全数赶到，一拥向前，登时由西面扑入村中，一面救护该村男妇，一面用火焚攻，短兵相接，痛加

歼剿，立将西面二村夺回，殄毙逆匪二百余名，夺获抬枪、刀矛、骡马无数，烧毙贼匪不计其数，生擒十余名。据供逆众八百余名，欲向济宁州奔窜，现被击杀，仅剩五百余名等语。该逆情急势迫，蚁聚东南一隅，数次欲行溃围，皆被击回。该逆因不能兔脱，依前死拒，兵勇连日奋力进攻，未能攻克。现已将大炮运到，向内击打，虽未攻破巢穴，而歼毙逆匪多名。体查现在情形，该逆天夺其魄，堕计屯踞村庄，较之坚城易于攻取，仰赖圣主天威，或可及早蒇事。即或余匪有溃围，谅剩贼无多，自当前截后袭，歼殄无遗。奴才等惟有激励兵勇，昼夜奋攻，不准松劲。所有收复州城围剿获胜各缘由，理合恭折奏闻。

至初一、初二等日进攻，原欲趁其喘息未定，一鼓荡平，是以诸将士兵勇莫不倍前奋励，急欲成功。讵该逆依前慓悍，抵拒甚力，以致副都统衔乾清门头等侍卫克兴阿、副都统衔营总额图浑巴图鲁乌兰都均经受伤。头等侍卫苏彰阿巴图鲁达崇阿于初二日进逼贼巢，带队攀援上房，击毙贼匪甚多，讵该逆暗放枪炮，以致该员登时阵亡。该员自到军营，每遇进仗，无不身先士卒，奋不顾身，屡立功绩，洵称勇敢得力之员，深堪悼惜。又，吉林协领、委营总丰山，委参领丰玉，同于是日阵亡。均请照例赐恤，以慰忠魂。至伤亡兵勇，应俟查明，照例办理。其高唐抚恤及遣勇各事宜，奴才商令崇恩赶紧经理。

再，驻扎连镇之京旗各营及蒙古官兵均经撤回，所有副都统双禧统带健锐营官兵、总管约逊统带察哈尔官兵，奴才业经饬令归伍，以节糜费。合并附陈，谨奏请旨。

［咸丰五年二月初三日］

——《清政府镇压太平天国档案史料》第 17 册，第 79—80 页。

〇崇恩奏

山东巡抚臣崇恩跪奏，为收复高唐州城，妥筹善后事宜，并拨兵随队追剿丰官屯余孽，恭折驰奏，仰祈圣鉴事。

窃照正月二十九日三更后，参赞大臣僧格林沁计诱逆贼出巢，向南奔窜，时将黎明，大兵尾追至距高唐城五十里之丰官屯，地属茌平，该逆情急，据村抵抗。僧格林沁等连日督队围攻情形，业由僧格林沁奏闻在案。臣当于是夜派候补参将玉山、候补游击文英、署高唐营游击候补都司信长庆、候补都司绪纶，管带奋勇队四百名，随同大队追剿；一面飞檄茌平附近之长清、东阿、聊城并南路各州县，一体昼夜严防；一面臣督同文武，选带弁兵，由东门驰入城内，残孽仅止十余人，立即搜戮净尽。

查讯锁禁在城难民，供称，该逆如何放火，乘势窜出，该民人等禁在空房，不能详悉。逆匪先在州署及城垣缺口暗埋地雷三处，为飞火延烧，同时轰发，幸未伤人。旋将被害之该州知州魏文翰尸身在于枯井内捞获，该牧死当盛暑，弃井十月之久，并未全腐，所衣蟒袍尚堪辨认。臣查验之际，泪落如绠，当即妥为棺殓，饬该家属收领。所有衙署、仓库、监狱、

庙宇以及居(心)[民]铺户房屋均被烧毁。其三面关厢并周围四五十里以内之大小村庄，不特庐舍拆烧，田地蹂躏，即树木亦砍伐无遗。盖因该逆占踞历时过久，是以凶残荼毒，较之临清为尤甚，而受伤被困及转徙流离之难民，哀号遍野。臣目击情形，实堪悯恻，亟应妥为抚恤，绥戢闾阎。当即分派文武各员，先将城内余火赶紧扑灭，一面分赴城乡，会督绅耆，标召尸亲认领尸骸；无亲属者，分别男女埋葬；伤病之人，给药医治。一面招集流亡，确查户口，动支官生捐输粟谷散放赈济，招徕商贾，以通贸易。并因贼平之后每有土匪乘机抢掠，遂即拣派青州协领久禄、候补都司冯化青带兵二百名，在于城乡各处加意弹压，认真缉捕。如有匪犯，立时拿获，讯明实情，就地正法，不任稍有疏纵。以上诸务，臣派定各员，分投妥为经理去后，随即轻骑减从，驰抵丰官屯僧格林沁营中，会晤商办一切。总期逆匪即日扫除，地方肃清，民人复业，以副圣怀。

所有收复州城、办理善后及拨兵随剿缘由，理合恭折由驿具奏，伏乞皇上圣鉴。谨奏。

[咸丰五年二月初三日]

咸丰五年二月初六日奉朱批：览奏俱悉。钦此。

——《清政府镇压太平天国档案史料》第 17 册，第 80—82 页。

○崇恩奏

再，胜保所募川、楚、直隶、河南、江南等省练勇，共计五千余名。僧格林沁到后，将册移交前来，并派直隶天津道张起鹓及刑部主事杨熙来营，与臣商办裁撤，以节经费。惟是既撤之后，口粮应即停支。而该勇等跋踄远归，途中若无盘费，势难枵腹而行，且恐别滋事端，所关匪细。臣悉心筹计，拟将此项撤散练勇一体给予回籍路费，计其道途远近，核定数目，即由东省粮台发交统带官弁勇目，按名分给。仍令该官弁勇目等克日统领起程，不准逗遛，并饬沿途严行约束，毋许滋事。俟到籍后，交与该管地方官遣散归农。其有技艺出众、情愿入伍者，遇有该营马步守兵缺出，酌量(拔)[拨]补食粮，以期造就人材。至各勇内如有从前应领口粮，均即查明数目，造具清册，由臣咨送各该督抚，转饬该地方官照数找发，作正开销。则该勇等不致中途耗费，而到籍后亦得藉谋生计，似属较有实惠。专此附片具奏，伏乞圣鉴。谨奏。

[咸丰五年二月初三日]

咸丰五年二月初六日奉朱批：另有旨。钦此。

——《清政府镇压太平天国档案史料》第 17 册，第 82 页。

○上谕

军机大臣字寄钦差参赞大臣、科尔沁博多勒噶台亲王僧。咸丰五年二月初六日奉

上谕：

僧格林沁等奏收复高唐、贼窜冯官屯，连日追剿情形一折。该逆穷蹙余生，困守一隅，大兵四面合围，谅不至再有窜逸。现在大炮已经运到，即应尽力轰击。村庄设备虽为严密，究不能如城池之坚固。在城则利其窜出，以便跟追；在村则必须兜围，以防奔突。计自初二日进仗后，又已数日，当必更形得手。务宜于奋勇之中加以慎重，傥任其旁窜他处，或困守村庄，则又蹈从前故辙。谅该大臣等必已早有成算，不令釜鱼槛兽日久稽诛也。崇恩奏资遣裁撤练勇等语，著即照所拟妥为筹办。刑部主事杨熙，本由四川带勇前来，现在裁撤川勇需人弹压，著崇恩详加察看，如该员尚能约束，即饬令管带回籍，毋令沿途滋事。傥［此］外尚有带勇之员，无须该员管带，即饬令回京当差。将此由六百里加紧谕知僧格林沁，并谕德勒克色楞、西凌阿、崇恩知之。

钦此。遵旨寄信前来。

——《清政府镇压太平天国档案史料》第17册，第83页。

○上谕

僧格林沁等奏设法诱贼出巢、收复高唐州城、逆匪南窜、现被痛剿一折。正月二十九日夜间，僧格林沁密令南［面］站墙官兵分开列队，停止更筹，故作疏防之势，诱贼出巢。该逆果疑城外无兵防守，全股向南奔窜。僧格林沁等督带马队，整队穷追，该逆拚死狂奔，至茌平县属冯官屯，入村踞守。该处三村相连，意欲死守抗拒。本月初二日，官兵一拥向前，登时由西面扑入村中，短兵相接，痛加歼剿，立将西面二村夺回，殄毙逆匪二百余名，夺获抬枪、刀矛无数，烧毙逆匪二百余名，生捡十余名。现仅剩余匪五百余名、蚁聚冯官屯村庄东南一隅，抵死抗拒。现将大炮运到，向内轰击，毙贼多名。该大臣等务当激励兵勇，昼夜环攻，立将丑类尽歼，及早蒇事，以慰朕望。其阵亡之头等侍卫达崇阿，吉林协领、委营总丰山，委参领丰玉，均著交部照例议恤。

——《清代起居注册（咸丰朝）》第24册，第13981—13983页。

二月十一日

○僧格林沁等奏

奴才僧格林沁等跪奏，为连日进攻情形，恭折奏祈圣鉴事。

窃高唐逆匪窜至茌平县属冯官屯地方拚死抵拒缘由，业经恭折奏闻在案。连日奴才等激励兵勇，奋力围攻，并将大炮运到，连环轰打。该逆图窜愈急，拚死愈力，屡次狠扑，皆被截击而回，现在该村屋宇顷颓迨尽。连日投出两湖人十余名，据供，逆匪连被截剿、围攻

及大炮歼毙甚多，受伤不计其数，打毙贼马亦复不少。该逆沿墙掘地犬伏，以避枪炮，而固结如初，凶悍倍常，抗拒抵敌，毫无脱空之时。兼之此村外有深濠围绕，切近墙垣又有重濠一道，以致进攻尚未得手。官兵阵亡三十余名，受伤一百余名，伤亡义勇尤多，奴才实深愤急。至攻克连镇之后由井内搜获湖南人一名刘自明，供系伪土官将军，前在武昌、南京，俱系该犯掘窋地道，轰陷城垣，已将该犯带赴军营。奴才现与商酌地攻之法，是否可行，尚难预定。现在将息兵力，一面布置濠垒，一俟该逆防守稍懈，即督饬兵勇合力进攻，以期灭此穷凶，不敢稍涉松劲，致令日久稽诛。谨将进攻情形恭折奏闻，伏乞皇上圣鉴。

再，此股贼匪虽狡悍百出，究竟为数无多，现在马步队官兵足敷围剿。所有参将保恒统带直隶、山西官兵一千四百余名，奴才业经饬令撤回归伍，以节糜费。合并附陈，谨奏请旨。

［咸丰五年二月初八日］

——《清政府镇压太平天国档案史料》第 17 册，第 92—93 页。

○上谕

军机大臣字寄钦差参赞大臣、科尔沁博多勒噶台亲王僧。咸丰五年二月十一日奉上谕：

僧格林沁等奏连日剿贼情形一折。据称，贼匪现踞冯官屯，沿墙掘地犬伏以避枪炮，一时攻剿尚未得手。该逆窜出之后，屡被大兵痛剿，所剩狡悍之贼谅已无多，仍当激励兵勇设法速攻，以期及早蒇事。尤须加意慎重，勿致穷凶乘间窜突，复扰他处。湖南人刘自明，系由连镇搜获之犯，其所献地攻之法，未免旷日持久。且该犯曾为贼伪将军，是否可恃，并著该大臣确切体察，勿堕奸计。总之，冯官屯既不若高唐之有城垣可守，又不若连镇地势之宽广，该大臣既能剿除连镇大股悍匪，岂有区区残寇不能悉数歼擒，犹待迁延时日耶？所需军饷，已于直隶、山西等省饬拨。务当迅速奏功，以慰朕望。将此由六百里加紧谕知僧格林沁，并谕德勒克色楞、西凌阿、崇恩知之。

钦此。遵旨寄信前来。

——《清政府镇压太平天国档案史料》第 17 册，第 104—105 页。

○上谕

僧格林沁等奏酌保在营出力人员开单请(蒋)［奖］一折。① 护军参领乌忠阿，著赏给

① 咸丰五年二月初八日，僧格林沁、西凌阿奏："窃奴才自奉命出师以来，各营大小将士文武，效力行间一年有余，兹因连镇大功告成，业经奴才将尤为出力各员先行保奏，荷蒙恩准在案。兹据各营统带择其在营出力各员名开单请奖前来，奴才等复加查核，各营文武员弁兵丁等，或打仗奋勇、建功著绩，或经理文案并一切差委不辞劳瘁、毫无遗误，或办理粮饷撙节核实，均属在事出力，允宜吁恳恩施。奴才等分别劳绩，酌拟清单。又，各营弁兵打仗出力，经奴才随时奖拔、先行给与顶翎者，除微职末弁由奴才(咨)［恣］行拔擢外，谨将随时奖拔前锋校、护军校、骁骑校各员名汇总，另缮清字清单，恭呈御览。可否照请奖叙，出自皇上天恩。"详见中国第一历史档案馆藏朱批奏折，档案号 04-01-016-0167-010。

副都统衔。云南鹤丽镇总兵萨炳阿，吉林(号)蓝翎营总禄山，黑龙江副管、委营总乌当阿，佐领、委参领西蒙额，均著赏戴花翎。西安协领海春，著赏换花翎。副参领兼公中佐领张廷岳，公中佐领高昌懋、福寿，骁骑校经文布，委佐领花莲布，防御、营总福全，佐领喜安、崇禧，防御清泰、巴杭阿，佐领穆精阿，防御三音那、裕色，骁骑校丰恩、巴彦布、保山、郝士秀，防御、拟正骁骑校庆龄，委骁骑校庆麟、周毓伦、韩道兴、韩兴桂、张复元、洪福仁、德重、荣格，额外骁骑校苑长春，委防御海满，委参领庆喜、伊尔杭阿、乌立伸、恒凌、农吉布、双全、倭兴额，署参领达木的音，委营总讷依琫阿、巴克坦布，委官萨色布，笔帖式多恩洪阿，委笔帖式棍布札布，委营总都拉木色楞，营总恩承，佐领寿昌，游击李炳业、格洪额，都司冷庆，守备王恩洪，千总李清藩，把总邢得禄、王勋、王遇龙，外委马泳芝、牛升、王绳武、李士禄，额外外委田庆善，兵丁、马甲、勇目依里洪阿等十四名，均著赏戴蓝翎。銮仪卫整仪尉奎英，著以治仪正升用。副护军参领广庆、海亮、保亮，均著以护军参领升用。佐领周万清，印务章京连步廷，均著以副参领升用。委前锋参领孝顺，著以副前锋参领升用。委护军参领祥恩，著以副护军参领升用。护军校乌什杭阿，著以委护军参领升用。鸟枪护军校都尔松阿、保成，均著以空花翎升用。蓝翎长善福、成兴，著以鸟枪护军校升用。额外蓝翎长倭什布，著以前锋校升用。技勇兵保贵，著以委步军校即补。防御、委参领德山，著以佐领尽先升用。骁骑校、委参领巴彦都勒恩，著以防御尽先升用。游击成明、万年新，均著以参将尽先补用。守备朱起鸿，著以都司尽先升用，先换顶戴。千总田万年，著以守备尽先升用。保升守备、千总吴登元，著以守备尽[先]先升用。千总祁得、马丕基，均著以守备尽升用。委骁骑校穆锦等七十九名，均著赏给骁骑校。额外蓝翎长伊凌阿，护军吉拉珲、恒宽，蓝(领)[翎]长广陞，均著赏给护军校。护军参领伊勒通阿、穆腾阿、文运，保升护军参领、副护军参领宝山，前锋侍卫倭什洪额，委护军参领富森布、印登额、德胜，委骁骑校额尔德纳、荣惠，防御音德布，委护军校额勒洪额，笔帖式福尔逊，披甲玉亮，防御倭仁、阿舒禄、冬禄、观隆，云骑尉额腾额，骁骑校玉亮、富克精额、萨斌图，参将乌林泰，游击乌尔清额，都司郑邦俊、玉禄，署守备、千总王丰年，五品衔现升千总尹光彩，千总、候推守备张德政，千总李秀林，均著以应升之缺尽先用。候补笔帖式宗室霖济，著赏戴花翎。工部员外郎桂祥，著赏戴蓝翎。刑部候补主事存禄，著以直隶州知州即行升用。礼部额外主事尹耀宗，著以员外郎升用。銮仪卫鸣赞鞭官桂芬，著以同知升用。司库椿和，著赏加同知衔。户部笔帖式庆彦，著以主事升用。印务笔帖式玉衡，著以六部笔帖式补用。保升知府、景州知州李麟遇，著开缺以知府不论双单月遇缺即选。直隶州知州刘衡，著以知府不论双单月遇缺即选。拟晋州知州徐志导，著开缺留于直隶，以知府不论何项缺出即行补用。候补通判王曾械，著俟服阕后免补本班，以同知不论双单月遇缺即选。县丞谭岁本，著以通判不论双单月分缺先选。主簿唐成棣，著以州同仍留北河，归分缺前先用。拣发顺天知县周绍曾，著

免补本班，仍留原以同知不论繁简遇缺即补。知县叶增庆，著免补本班，仍留直隶，以知州不论繁简遇缺即用。直隶河工候补州判吴元忭，著以沿河知县补用。革职知县刘铠，著开复原官，仍留直隶归本班补用。拔贡刘湝年，著（后）服阕后以教谕不论双单月遇缺即选；滕振魁，著以直隶州州判遇缺即选。永清县县丞陆慎言，著开缺留于真隶，以知县不论繁简即补。候补县丞李文楷，著免补本班，以知县留于甘肃，无论繁简遇缺即补。候选县丞曾镜湖，著尽先选用。候选府经历李兆麟，著［以］府经历留于直隶即用。主簿徐綖，著以河工州判尽先升用。管河主簿唐思均，著以北河通判用。主簿张光锷，著以县丞留于北河，遇缺即补。庞各庄巡检岳奎龄，著以河工县丞即补。候补从九品汤滨，著免补本班，以县丞仍留直隶尽先补用。候选府照磨袁骏，著留于直隶，以府照磨尽先补用。捐班前先用从九品赵永盛，著免补本班，仍留直隶，以府经历、县丞分缺先补用。候选从九品林作宾，著以从九品归分缺先选用。候补从九品刘谟阁，著以县丞选用。典史陈宗庆，著以知县补用；陈绍谌，著以县丞留于直隶补用。山东候补未入流汪曾槼，著留于直隶，仍以未入流归分缺先班补用。供事赵连璧、张邦杰、马星黼，议未入流章平阶，均著以县丞不论双单月不入班次遇缺即选。供事傅焕章、从九品衔刘庭兰，均著以从九品不论双单月遇缺即选。供事朱士昌，著赏给府经历衔。议叙未入流戴云汉，著俟服阕后以未入流本班不论双单月遇缺尽先即选。供事李昌符，著以未入流不论双单月遇缺尽先即选。经书程裕、潘德润，均著以从九品不论双单月遇缺即选。从九品衔周忠，著以从九品遇缺即选。廪生刘芳春，著以复设训导不论双单月尽先选用；杨上田，著以训导尽先选用。监生姜学思，著以县丞不论双单月尽先选用。文童叶赏纬，著以未入流选用；梁师亮，著以从九品尽先选用。文生李鹰遇，著赏戴蓝翎。六品军功李椿龄，著赏给五品顶戴。文举人、拣选知县戈济荣，著以直隶州知州分发山西尽先补用。该部知道。单并发。

——《清代起居注册（咸丰朝）》第 24 册，第 14004—14018 页。

〇上谕

僧格林沁等奏请将军营出力官兵酌（景）［量］奖励一折。著照所请。前锋校成兴，著赏给委前锋侍卫，遇缺即补。盛京骁骑校福佑，著以防御遇缺即补。火器营鸟枪蓝（领）［翎］长德存、福克精阿、乌勒希、崇阿、强谦、皂寿、巴克坦布、德秀、全胜，均著赏给鸟枪护军校。健锐营前锋、蓝翎长孝顺泰、成福、倭哩赫，前锋海龙阿、景泰、穆哈善、海供阿、五十八、克兴额、克什泰、玉福、都尔松阿，委前锋乌洪阿、硕云、魁寿、松林、双兴，均著赏给前锋校。前锋、蓝翎长龙保、文泰、长顺，均著赏给前锋校。圆明园护军苏楞额、金山，圆明园枪甲爱伸布，均著赏给护军校。察哈尔护军阿什瓦，著赏给察哈尔护军校。盛京委骁骑校荣禄、栢灵阿、果奇斯欢、胡五云、焦廷璧、托津、双福、赵松兰、纯庆，委官成福、庆林、关文启、

恩庆、德喜、福清阿、长贵、袁长春，七品顶带披甲色普铿额，领催金福陞、永胜，兵丁吴景福、富勒珲、乌彰阿、福勒经阿、长永、林钟和、王兰宝、庆傅、松林、德陞，吉林委官顺德，前锋德谦，披甲苏昌阿、郭兴阿、书春、福庆，黑龙江领催苏谦、库们德哲、普兴阿、施蒙额、杭阿善、德新保、阿灵阿、绰伦泰、木兰扎普、布勒经阿、特尔清、泰兴、福克精额，披甲图瓦强阿、亮海、喜成阿、托克托布，察哈尔领催鄂拉哲济那逊，亲军鄂启尔巴图、苏密雅，前锋达什拉普坦，护军玛哈达瓦罗勒玛扎普布彦达赉察克都尔扎都木巴，哲里木盟七品顶带披甲阿木尔济呼，昭武达盟披甲噶鲁泰布尔格德璧都尔雅木特那海，均著赏给骁骑校。盛[京]骁骑校董连禄，黑龙江七品顶带披甲布尔扎海，健锐营前锋瑞禧、德善，火器营鸟枪护军恩特恒，均著赏带蓝翎。察哈尔参领兼勋旧佐领奖赏蓝翎朱克多尔巴穆，著赏换花翎。公中佐领托多普呢玛布，骁骑校车普德巴勒珠尔，八品笔帖式巴雅尔，护军文扎朱巴达尔呼巴图济尔哈尔鄂勒哲济图噶勒桑扎拉丰阿萨音布彦多噜普珠尔模特，亲军伊达玛，均赏戴蓝翎。哲里木盟二等台吉拉什呢木帮，头等台吉萨音特古斯，副都统们都巴雅尔绰伊色楞柏勒呼明保，副都统差使记名帮办台吉梅特多尔济，副都统玉木札普巴克模特阿穆尔喀什里沁，头等台吉尔绰尔，三等台吉霍罗达，四等台吉巴彦珠噜赫巴尔底什哩德格尔桑格苏克乌勒济布彦，均著赏戴花翎。佐领德色呼，骁骑校色尔呼楞古勒格萨音特呼斯，七品顶带披甲特克吉呼萨尧奇模特，披甲阿木尔们都哈尔达赉额耶图，均赏带蓝翎。昭武达盟帮二等台吉噶勒丹，管辖章京特古斯济尔哈尔，头等台吉达什拉，副都统色森扎普，四等台吉兼副都统阿那噶玛，参领噶瓦桑，四等台吉绰克托他斯哈璧里古达赉乌拉济桑，均著赏带花翎。兵丁色噜普格勒济格尔布彦图屯噜普索旺多济扎普，均著赏带蓝翎。以示奖励。该部知道。单并发。[①]

——《清代起居注册(咸丰朝)》第24册，第14018—14025页。

二月二十六日

〇上谕

军机大臣字寄钦差参赞大臣、科尔沁博多勒噶台亲王僧。咸丰五年二月二十六日奉上谕：

英桂奏楚北逆氛复炽、豫省边防吃紧一折。逆贼占踞汉阳等处后，官军叠次进剿，未能得手。该逆由应城上窜，逼近南阳。豫省素多捻匪，倘逆匪北来勾结，贻患非轻。该抚

---

① 本段中所涉人物，因缺乏相关记载以资佐证，难以区分人名为何，故部分段落只照原文录入，未予标点，以免讹误。后文亦有有些情况相同者，不再出注。

现已由陈州驰赴信阳，相机布置。惟豫省兵勇叠经调赴正阳、六安，并以各属土匪滋事，纷纷调拨，现在边防万分吃紧，在防官兵过于单弱，自应迅派重兵前往，遏贼北窜。著僧格林沁于所带官兵及胜保前存兵丁内，挑选马步兵三四千名，派委得力大员统带，星速驰赴河南，交英桂调遣，毋得稍涉延缓。至调拨以后，大营兵力或恐不敷，东省官兵有得力可用者，即著归并大营协剿。如东省官兵可以径赴河南，亦著斟酌办理。总期一律精锐，毋许稍有老弱，致滋贻误。该官兵起程日期，并著迅速驰奏。冯官屯余匪无多，岂容任其久踞？十数日来未接奏报，实深焦念。著僧格林沁等督饬兵勇迅速进攻，务将该匪即日悉数歼除，俾南贼闻风胆落，不致再图北窜，是为至要。将此由六百里加紧谕知僧格林沁，并谕令德勒克色楞、西凌阿、崇恩知之。

钦此。遵旨寄信前来。

——《清政府镇压太平天国档案史料》第 17 册，第 163—164 页。

二月二十八日

〇僧格林沁等奏

奴才僧格林沁等跪奏，为近日围剿逆匪情形，恭折奏祈圣鉴事。

窃逆匪由高唐窜至冯官屯占踞，经奴才等督带兵勇攻击获胜各情形，业经随时奏报在案。奴才等因该逆拼死抵拒，兵勇难于逼近，将运到大炮四面安设，向内轰打。所有贼踞村内楼房屋宇皆击坍塌，无一椽完整，仍逐日奋力进攻。乃该逆狡悍异常，因房间不能栖止，将村内掘空土壕，盘旋纡绕三匝，可以由地下通行，即在沟内空窖潜藏，以避炮火。围壕之外复空小孔，逆等伏于地下向外瞭视，俟我军逼至鸟枪可及之处，即向上开枪。是以日日进攻，兵勇皆有伤亡。虽然连次逼越外壕，总未得手深入。

伏思此股逆匪止有数百余人，现被重兵围困，竟不能迅速蒇事，奴才等愤懑难堪。讯据投出之人供称，村内粮米充足，逆匪足敷食用，更增焦急。辗转筹度，拟用水灌，或可奏功。因冯官屯外旧有河形，可以引水，当经委员会同地方河工各员详细勘度、溯查来源去后，旋据禀覆，勘得冯官屯旁旧有汉河，可通徒骇河，若由上河厅、三孔桥挑开，引放运河，水势始能顺溜而至，惟挑垫筑坝处所均应妥为设法修理，以免泛澜旁泄，等情。奴才业经移咨东河总督、山东巡抚，委员覆加细勘，赶紧设法修理。如能畅溜而至，冯官屯虽不能淹没，而周围壕内必可满溢，该逆即难潜匿，势必拼命出斗，以期即时荡扫。

奴才等现仍一面设法激励兵勇赶紧奋攻，断不敢藉候水攻，稍事延望。现在各营围壕距贼巢数十弓至百余弓不等，该逆每夜出巢窥探，李开方亦时亲自向义勇等巧言引诱，以冀要结众心，俱被各勇枪炮击回。并有李开方遣出假意投降一人传给暗号，俟我兵进攻时

作为外应，当经奴才等查出正法。

再，地攻之法早已开工，因刘自明空至贼壕，该犯畏罪，携带同空地道六人乘夜逃入贼垒后，复又改道开空至十余丈，现在该逆亦迎头空来，是地攻之法断不可为。仰见圣谟深远，洞鉴纤微，奴才等无任钦服悚惶之至。

所有近日围剿情形，理合恭折奏闻，伏乞皇上圣鉴。谨奏。

［咸丰五年二月二十五日］

——《清政府镇压太平天国档案史料》第17册，第159—161页。

〇僧格林沁等奏（节录）

……军营调到各处大炮，因昼夜轰击，以致间有炸□，必须赶紧补铸，以资应用。查武成永固炮二位，并由天津调到五千斤、六千斤铜炮，俱因火门轰裂，不堪应用，若熔化改铸，较为节省。当经咨行直隶督臣，调到炮匠，将废铜［炮］二位，札解天津盐政，会同天津镇，并将天津现存废铜炮拣出，改铸八千斤重、五千斤重铜炮各一位，废炮如不敷熔化，即购觅铜斤补铸，所需工料由津照例垫办，作正开销。理合附片奏闻……

——录副奏折，档案号03-4268-053。

〇上谕

军机大臣字寄钦差参赞大臣、科尔沁博多勒噶台亲王僧。咸丰五年二月二十八日奉上谕：

僧格林沁等奏围剿逆匪情形一折。逆匪窜踞冯官屯，经我兵用大炮轰击，房屋坍塌。乃该逆在沟内空窖潜藏，以避炮火，实属狡悍异常。该大臣现拟由上河厅三孔桥挑开，引放运河，以水灌贼。此计未免迂缓，且恐办理稍不周妥，或有泛滥旁泄之虞，转使该逆有险可恃。该大臣务当斟酌妥善，一面迅速办理，仍一面设法进攻，毋令负嵎久踞。逆贼诡谲多端，惯于勾结，此次义勇虽将该逆击回，仍当随时稽查奸细，毋令潜相煽惑，以致窥我虚实。是为至要。将此由六百里加紧谕知僧格林沁，并谕德勒克色楞、西凌阿、崇恩知之。

钦此。遵旨寄信前来。

——《清政府镇压太平天国档案史料》第17册，第170—171页。

三月

三月初三日

○僧格林沁等奏

奴才僧格林沁等跪奏,为近日剿办逆匪情形,恭折奏祈圣鉴事。

窃逆匪自踞冯官屯后进攻情形并拟挑穵河道引水浸灌各缘由,业经奴才等随时奏报在案。现在该逆逐夜出巢窥伺,皆被击回。二十八日子刻,该逆潜行出巢,向西南奔扑。因我兵防守严密,不能兔脱,当即开枪呐喊,抛掷火弹,拚死向前。奴才等督率兵勇开放枪炮,连环击打,伤毙逆匪不知确数,未容窜出。此次之扑倍前凶狠,奴才等揆度情形,自系因我兵逐日攻打,兼被大炮轰击,不能潜匿,是以图窜愈急。奴才等惟有一面趁势攻剿,一面加意严防,以期就地歼旃。讵料该逆暗施诡谋,在贼壕以内向西南炮台旁边开穵地道,于二十九日夜间将炮台前壕墙轰塌,该逆即由此处冲出。昏夜仓卒之际,该处兵勇一时溃乱,幸炮台以外尚有围壕,该逆未能突奔,乘乱扑上炮台占踞。适奴才闻警驰至,齐集兵勇奋力击打,始将该逆击退,仍潜入沟内,依前死拒。乾清门侍卫都兴阿、护军参领舒保均身受重伤,兵勇阵亡三十余名,受伤二百余名,并失去五百斤制胜炮一位。奴才愤悚难堪,伏思此股逆匪虽然凶狡异常,究属人数无多,奴才握带重兵,不能迅速蒇功,已属有负倚畀,今竟有此挫失,更系奴才防范未周、调度无能之所致,不敢因登时击回,稍涉讳饰,应请旨将奴才僧格林沁交部议处。

至挑穵引河业已开工,并经分咨东河督臣、山东抚臣遴委干员,并严饬承办委员天津道张起鹓等慎妥督办。其引河两旁遇有低洼之处,先行培垫筑埝,以免旁泄,浸没民田。计期十日内外,即可竣工。合并附陈。谨奏。

［咸丰五年二月二十九日］

——《清政府镇压太平天国档案史料》第17册,第174—175页。

○僧格林沁等奏

再,二月二十八日接准军机大臣字寄,咸丰五年二月二十六日奉上谕(谕文略)。伏查豫省边防既据该抚奏报吃紧,自应遵旨选派劲旅立即起程。奴才当即札令西安副都统常亮选带马队官兵一千五百名,大同镇总兵孔广顺选带绿营步队二千五百名,即日兼程前赴信阳防次,听候调遣。惟马队官兵缺马者甚多,应请敕下河南巡抚赶紧筹备,以资乘骑。现在冯官屯军营兵勇虽有疲羸,究竟尚保万余,足敷围剿,拟请毋庸归并,以节经费。谨附

片具奏请旨。

［咸丰五年二月二十九日］

——《清政府镇压太平天国档案史料》第 17 册，第 175 页。

〇上谕

军机大臣字寄钦差参赞大臣、科尔沁博多勒噶台亲王僧。咸丰五年三月初三日奉上谕：

僧格林沁等奏剿办逆匪情形一折。冯官屯贼匪仅数百人，大军四面围攻，乃任其轰塌濠墙，扑上炮台，致兵勇伤亡甚多，实属不成事体。已明降谕旨，将僧格林沁交部议处矣。逆贼狡悍异常，虽人数无多，尚思窜逸，若不实力进攻，迁延时日，该逆转得乘我之懈，肆其猖獗，何日始能蒇事？僧格林沁前奏冯官屯屋宇均经轰坍，该逆仅（将）［恃］空窖潜藏，以避炮火，岂尚容其久延残喘？著僧格林沁等督饬兵勇，一面奋力围攻，一面严密防范，断不准任其窜出，再致滋扰。至挑挖引河，业已开工，著即饬该委员等妥慎督办，惟不得以此藉口，致稽进剿。

另片奏，遵旨挑选马步官兵四千名，派副都统常亮等统带赴豫，惟马队缺马甚多等语。现已谕令英桂、载龄购办马匹，克日起解，即著饬令该副都统等沿途迎提应用。此项马步官兵定已起程。本日据官文、杨霈奏，逆贼于二月十七日攻陷武昌，巡抚陶恩培等殉难，虽经王国才等于次日收复，以兵单不能固守，于十九日复陷。襄河贼匪亦复蔓延上窜。现在河南南阳、信阳等处在在吃紧，此项马步官兵一俟行抵豫省，尚应速筹进剿。著僧格林沁等飞催该副都统等星夜统带前进，毋许稍有逗遛，致滋贻误。

将此由六百里加紧谕知僧格林沁，并谕令德勒克色楞、西凌阿、崇恩知之。

钦此。遵旨寄信前来。

——《清政府镇压太平天国档案史料》第 17 册，第 180 页。

〇上谕

僧格林沁等奏剿办逆匪情形一折。冯官屯贼匪于二十八日潜行出巢，向西南奔扑，经我军枪炮击回，未容窜出。次日，该逆开空地道，扑上炮台，虽经［该］大臣等督兵奋击，仍退回巢，惟兵勇阵亡三十余名，受伤者甚多，实属疏于防范。僧格林沁著交部议处。

——《清代起居注册（咸丰朝）》第 24 册，第 14212—14213 页。

〇上谕

又命军机大臣传谕乐斌、王庆云、载龄曰：

湖北贼氛复炽，武昌失守，剿办万分吃紧，杨霈营中之饷早已不敷，著乐斌、王庆云、载龄无论何款，迅速筹拨，解赴杨霈大营，以应急需。前饬乐斌拨兵勇各一千名，派颜朝斌等管带赴楚，即著飞催前进。此外有无可拨官兵，并著悉心筹画添派，前往助剿。僧格林沁已遵旨挑选马步兵四千名，派员统带径赴信阳州。惟常亮所带马队官兵一千五百名缺少马匹，著载龄筹拨马数百匹，赶紧解往应用。

——《钦定剿平粤匪方略》卷一二三，第16—17页。

〇上谕

军机大臣字寄河南巡抚英。咸丰五年三月初三日奉上谕：

前因豫省南路边防吃紧，曾谕令僧格林沁挑选马步精兵三四千名，派员管带，星速赴豫，交英桂调遣。本日据僧格林沁奏，挑选马队兵一千五百名、步队兵二千五百名，派西安副都统常亮、大同镇总兵孔广顺分带，迅赴信阳州防次。又据杨霈、官文奏，武昌省城已于二月十七日失守，贼势猖獗，上游兵单，荆襄万分吃重。北路官兵不日即可抵豫，英桂断不可截留，著即饬令迅赴荆襄一带，听杨霈调遣。至豫省南路边防最关紧要，俟北路官兵有可抽拨，自当续调前往。该抚仍当确探贼踪，加意戒备，不可稍有疏虞。惟僧格林沁所拨马队官兵马匹不敷骑用，已谕载龄于陕西省妥速筹备，并著英桂于该省营马内分筹接济，以期无误军行为要。将此由六百里加紧谕令知之。

钦此。遵旨寄信前来。

——《清政府镇压太平天国档案史料》第17册，第182页。

三月十四日

〇上谕

军机大臣字寄钦差参赞大臣、科尔沁博多勒噶台亲王僧。咸丰五年三月十四日奉上谕：

前此僧格林沁故撤高唐南面之兵，原为诱贼离巢，追杀易于得手。乃自窜踞冯官屯以后，又已月余，该逆抵死坚匿，而官军竟无计可破。前月二十九日之战，甚至伤亡兵勇，遗失炮位。似此情形，转不如任其坐困高唐，犹得以粮尽制其死命。该大臣所用水攻之法，现已竣工，惟闻该屯地势微高，逆贼在濠内添土筑垒，巧为抵御。是水势虽形畅旺，不过灌满四面濠沟而止，该逆在屯内仍能暗施诡计。即现在掘濠戽灌，自下而上，亦难得力。如果此举再无成效，该大臣又计将安出？以万余兵勇围数百之贼，百计经营，迄无把握，朕心实深焦灼。著僧格林沁即将现在水势若何，攻剿能否得手，及水攻傥不可恃、应作何设法之处，迅速具奏。总期克日蒇功，以慰悬望。

至拨赴河南之马步队官兵四千名,业经降旨,令赴湖北迎剿。河南兵力空虚,防堵倍形吃紧,前此谕知该大臣等,如东省官兵可期得力,即酌量归并大营。嗣据覆奏,大营兵勇足敷围剿,是山东官兵现尚可以抽调。著僧格林沁会同崇恩,即行选派三四千名,派委得力将弁管带,前往河南,交英桂调遣,专备该省防堵之用。仍咨明英桂,沿途妥速迎提,毋任稽留延缓。

将此由六百里谕知僧格林沁,并谕德勒克色楞、西凌阿、崇恩知之。

钦此,遵旨寄信前来。

——《清政府镇压太平天国档案史料》第17册,第204—205页。

三月十九日

〇僧格林沁等奏

奴才僧格林沁等跪奏,为遵旨覆奏,仰祈圣鉴事。

三月十六日奴才接奉咸丰五年三月十四日寄谕一道,奴才跪读之下,悚愧难名。伏查逆匪自高唐窜出,奴才等原期趁其急图奔命,一鼓荡扫。乃占踞冯官屯,掘地潜伏,抵死不出,我兵进逼,即有伤折,屡次奋力进攻,总难蒇事。万不得已,始拟用水浸灌,当经一面附折入奏,一面即委员开挖引河。奴才等仍督率各营兵勇,依前极力攻打,并用大炮向内轰击,仍未得手,并恐该逆另挖地道,谆饬各营镇静以待。至初五日寅刻,该逆果复点放地雷三处,因我兵屹立未动,即时开放枪炮,该逆被击,败入巢穴。(放)[旋]于初四日引河工竣,将湖中蓄水酌量开放,归入引河,势尚舒畅,顺溜已至大营。初五日午刻,先将围濠灌满,随后向内浸淹。惟因冯官屯地势微高,现虽将水浸入贼濠二道,深已三四尺不等,濠外低洼处所亦有一二尺深浅,尚未能浸灌逆匪地窖。奴才倍形焦灼,辗转思维,若启提水势过大,恐引河内漫溢,有碍民田,若先将引河两岸培厚加高,固可多放多容,又恐工程浩大,不敢轻举,止可赶造水车,用人力掣灌,方为万全,现已委员赶紧制造,以资应用。虽觉迟缓,究觉贼占之地周围不及千丈,若昼夜向内掣灌,贼窟岂能挡御?宽以时日,可望有效。且该逆现在诡谋,惟待挖掘地雷,前于放水次日,将西北面沟内泡陷,漂出药袋、药篓甚多,自系该逆暗放地雷之所。此时地已湿透,断难施此伎俩。然揆之逆情,亦断不肯垂手待毙,必系另想诡谋。奴才等现在加意慎防,以免疏失。连日贼内投出四名,据供贼匪见水甚觉惊慌等语。奴才恐该犯等投出另有奸计,当交地方官管押,未经留营。此近日实在情形也。

至前次拨赴豫省马步队官兵,业于初二日分起前进,于初八日全数起程,并经奴才遵旨饬知常亮、孔广顺,星夜统带前进。此次恭奉谕旨,著奴才僧格林沁会同崇恩,选派山东官兵三四千名赴豫。查现在军营仅有东省官兵五百名协同防剿,奴才当即移咨抚臣崇恩,

即将此项官兵撤出，一并选派三四千名，饬赴豫省。旋准该抚覆称，东省官兵先经调赴各省已逾万名，现在本省官兵已属单薄，兹于无可抽拨之中酌拨一千名，遴派妥慎将弁管带，驰赴河南。等因。查现在东省兵力单薄，自系实在情形。惟豫省防堵尤关紧要，奴才与崇恩悉心筹度，现拟选派官兵一千名、东勇一千名，即日驰赴河南，听候调遣。所有现在军营情形并筹拨赴豫官兵数目，谨恭折具奏，伏乞圣鉴。

再，勇目宁宗扬自投诚以来，深明大义，随同军营奋力剿贼，叠次建功，经奴才保奏，荷蒙天恩赏给蓝翎守备衔。二十九日之战，该勇目进仗身受重伤，被逆匪掳入巢内。据投出之人供称，宁宗扬骂贼不屈，被逆匪碎割身死，实堪悯怜。可否量予恤典，出自皇上天恩。谨奏请旨。

［咸丰五年三月十七日］

咸丰五年三月十九日奉朱批：览奏均悉。宁宗扬应得恤典，著兵部查议具奏。钦此。

——《清政府镇压太平天国档案史料》第17册，第207—209页。

〇英桂奏

臣因楚北逆氛复炽，豫省南汝光一带均与毗连，信阳尤为紧要，亲往该处督防。连日叠据探禀，分窜德安之贼，长发不过千余名，裹胁约三千余人，有杨昌泗、刘富成督兵迎击；下游贼匪分踞团风、蕲水，有窥伺麻城、罗田之意，督臣杨霈现在枣阳，催集兵勇，与胡林翼等合军进攻各等情。臣沿途饬属严加防范，并催令兵勇冒雨前行。途次接奉谕旨，前令僧格林沁挑选马步精兵三四千名赴豫等因。查僧格林沁来咨，官兵内有马队一千五百名，臣思信阳、南阳山路崎岖，马队难于施展，荆襄水陆交冲，马队恐亦不能得力，合无仰恳天恩，饬下僧格林沁截留改拨，庶兵归实用，饷不虚糜。至豫省南路边防，南阳固关紧要，信阳及光商等州县逼近逆氛，路径纷歧，防不胜防。镇臣邱联恩虽扎营西双河，居中控制，而三关兵力究形单薄。仰蒙俞允，续调北路官兵，亦恐缓不济急。臣初十日行抵信阳，即将河北镇余丁五百名分驻三关，以壮声威，复饬光山等县添募壮勇，加意堵截。俟确探贼踪所向，即与镇臣分投驰剿。

——《钦定剿平粤匪方略》卷一二四，第10—12页。

〇上谕

军机大臣字寄钦差参赞大臣、科尔沁博多勒噶台亲王僧。咸丰五年三月十九日奉上谕：

前因河南防堵吃紧，谕令僧格林沁会同崇恩，选派山东官兵三四千名，前往河南，交英桂调遣，谅已遵旨办理。本日据英桂奏称，该大臣前派马队一千五百名，于荆襄一带地势不甚相宜，请截留改拨等语。此项官兵，已据僧格林沁奏派副都统常亮等带赴信阳防次，

业经起程，即可毋庸折回改拨。其续调山东兵勇共二千名，务即挑选精壮步队，飞催前进，毋稍迟误。冯官屯贼匪为数无多，我兵围剿月余，尚未殄灭，实深焦急。本日据奏，水攻之法尚须赶造水车，用人力掣灌，不免又稽时日。总须著力攻剿，勿(待)[徒]恃水攻，方为妥善。将此由六百里加紧谕知僧格林沁，并谕德勒克色楞、西凌阿、崇恩知之。

钦此。遵旨寄信前来。

——《清政府镇压太平天国档案史料》第 17 册，第 215—216 页。

〇上谕

军机大臣字寄河南巡抚英。咸丰五年三月十九日奉上谕：

英桂奏驰抵信阳，添兵扼守关隘，并因荆襄一带马队不能得力，欲请饬僧格林沁截留改拨，自为相度地势起见。惟此项官兵，已据该大臣奏，即日兼程前进，自应仍赴楚北，以资攻剿。至豫南防堵紧要，本日据僧格林沁奏，选派兵勇共二千名，前往河南，交英桂调遣，以防贼匪北窜。俟此项官兵抵豫后，或可与常亮所带马队官兵互相调换，以期得力。现在贼踞德安，南汝光商均属接壤，英桂已抵信阳，即可就近调度。邱联恩现赴三关堵御，著饬令该总兵加意严防，以固边圉。泥台败窜捻匪，虽经擒斩多名，并须严饬该道府等净绝根株，勿令余孽复萌，致滋后患。楚北军情，并著英桂随时确探，迅速具奏。将此由六百里加紧谕令知之。

钦此。遵旨寄信前来。

——《清政府镇压太平天国档案史料》第 17 册，第 216 页。

四月

四月十一日

〇僧格林沁等奏

奴才僧格林沁等跪奏，为近日围剿逆匪情形，恭折奏祈圣鉴事。

窃维此股窜匪占踞冯官屯以来，奴才等督饬兵勇极力进攻，无如该逆潜伏巢穴，并力死拒，百计诱引，坚匿不出，我军近逼，时有伤折，总未得手。奴才等万不得已，奏明开空引河，用水浸灌。乃该逆所占踞之处地势较高，初时殊不惊惧，依前死守。奴才等当将围墙培厚加高，水势抬起，用水车、水机、水戽尽力浇灌，昼夜不息。十数日以来，围墙以内高处水深二三尺，低洼之处已有水至四五尺不等，渐渐逼上其巢。现在该逆潜伏之处俱已有水三二尺，谷麦虽尚充足，半被水浸。三月二十日以后，该逆见水势日长，始露惊慌，连次乘

夜窥伺，由水底拖栅向南北炮台奔扑，均经兵勇随时击退。三月三十、四月初一等日，大股出巢。初三日一夜，向北面炮台连扑五次，经奴才西凌阿亲督兵勇痛击，败退而回。初四日夜二更时候，西南风起，经绵洵、经文岱督饬官兵，顺风将火球装入炮内，向贼巢轰打，恰中贼踞破房，将该逆火药燃着，登时火起，破房数间及坍塌房屋木料并轧米碾盘全行焚毁。我军趁火光照亮向内击打，直至次日寅刻，火始熄止。是日投出难民，据供火烧炮击，伤毙贼匪数十名，烧毁火药、器械、米谷无算。此近日围剿逆匪之实在情形也。

惟是刻间水势已经成围，逆匪料难溃脱。但李开方之狡悍，迥异常贼，断不肯束手待毙，势必另生诡谋，以冀幸逃。并据投出两湖人供称，该逆现造木牌长梯，意欲舍死奔扑。是以奴才等节次申谕各营，悉力严防，不准稍涉大意，总期聚而歼旃，不令一名漏网。再等长水尺余，即须悬釜而炊，其时自必情急狠斗，我兵勇趁时奋击，可望一鼓荡平。惟因干旱之际，虽极力掣水浸灌，随灌随消，每日仅长水二寸余，以致稍缓时日。奴才等万分焦灼，现已向东昌府调拨小船数只，一俟到齐，即选择会水兵勇合力进攻，痛加殄洗。总之，逆匪为数无多，旷日相持，奴才已难辞咎，一有可乘机会，即当奋力歼剿，以赎愆尤，断不敢稍有迁延，致蹈重戾。

理合将近日军营情形恭折奏闻，伏祈圣鉴。谨奏。

［咸丰五年四月初九日］

咸丰五年四月十一日奉朱批：览奏俱悉。该逆窜踞冯官屯已两月有余，何以屡次进攻并未歼除，徒有折损？现虽长围已合，水灌亦未得手。僧格林沁总统诸军，丑兹穷寇，迟延日久，朕实为汝愧愤。务期乘机迅图克复，不准一名漏网，以免南贼觊觎。固北方之藩篱，洵为至要。钦此。

——《清政府镇压太平天国档案史料》第17册，第267—269页。

〇僧格林沁等奏（节录）

……据直隶完县知县贺祥群禀称，该县二等武举王瀚，在前钦差大臣胜保营捐输银三百两，请给卫守备虚衔等因，当经札饬直隶粮台、天津道张起鹓查明前项报捐银两何日兑收，捐数是否合例，一并详覆，以凭核办。去后，兹据该道详称，遵查完县武举王瀚捐输银三百两，系于上年十月十九日据完县批解来营，该道粮台兑收，作正开销。兹奉前因，查现行常例内载，由监生、武生捐卫守备衔，银六百两，并无武举捐卫守备衔专条，亦无武举捐职应扣原资银若干银两明文。惟筹饷例载，由武生捐卫千总，银六百零三两，未经拣选武举捐银三百四十二两。是未拣选武举应抵银二百六十一两。今武举王瀚报捐银三百两，请给卫守备衔，按监生、武生报捐卫守备衔银六百两之数，扣除武举原资银两，并减二成计算，应捐银二百七十一两二钱，现据捐银三百两，实属有盈无绌。详请查核奏奖前来。除

移咨户部查核外，谨附片具奏，可否照请奖叙，出自皇上天恩……

［咸丰五年四月初九日］

咸丰五年四月二十一日奉朱批：著照所请。户部知道。钦此。

——录副奏折，档案号03-4268-092。

四月十八日

○僧格林沁等奏

奴才僧格林沁等跪奏，为冯官屯军务告蒇，首逆就擒，余匪悉被歼馘，恭折驰奏，仰祈圣鉴事。

窃照逆匪窜据冯官屯，坚匿死守，奴才筹用水攻各情形，业经随时奏报在案。连日风势大作，未免消水，当饬极力浸灌，围堤以内高处有水三四尺，低洼之处有水深至五六尺。据投出之人供称，贼窖之内亦有水三四尺不等。贼匪倍形惊慌，而坚匿如前。四月初十日调到小船数只。十一日，奴才先令续行投出之人向内招呼，解散胁从，并用箭缚扎手谕，予限三日，投诚免罪。复因巨逆李开方罪大恶极，恐其技穷自尽，致逃显戮，是以奴才假意爱其才干，导谕一并投诚。乃该逆迁延观望，并未即出。十二日以前，陆续投出两湖等处人蔡连修等二百二十二名。奴才逐一查看，尚系真心来归，自应仰体圣主好生之德，宽其一线，当即收录，在围堤以内安扎水营，攻贼赎罪。奴才预料李开方必然藉此另生诡谋，当与奴才德勒克色楞、奴才西凌阿等详细审度，严密防范。该逆果于十三日巳刻遣令伙匪一百四十余名，夹混茌平、高唐难民数十名，一拥齐出，纷纷凫水，叫喊投降，并有李开方心腹伪先锋指挥黄大汗即黄近文一同投出。奴才揆度形状，实系诈降，仍佯为信实，将投出之人全数渡引出墙，除茌平、高唐之人严看外，其余一百四十余名全数诛戮。筹计李开方见诈降之人均经渡出重濠，必以为堕其术中，贼垒堤防或懈，奴才遂密传号令，于未刻齐队攻打。讵该逆防守照常，我军仅止逼近该逆所筑土埝，烧毁贼窟窝铺数处，引燃火药，枪炮连环轰打，烟火弥漫，逆匪仍然抵拒。除轰毙之外，仅擒获活贼十名，仍未能捣穴擒渠，令人倍增愤懑。

十四、十五等日，兵勇奋攻，大炮轰击，该逆万分穷蹙，仍敢求乞让其一路，逃往南省，再不北犯等语。虽该逆狂悖令人发指，然已露摇尾乞怜之态，可望生擒。当即一面呵斥不准，一面督令兵勇极力围攻。该逆万分难支，于十六日辰刻带领所存余孽，始行投出就擒。除将该逆李开方及曾受南逆洪秀全等所封伪职之黄懿端、谢金生，并李开方亲随李添佑、谭有桂、韦名传、曹得相、刘志隆等八名，拟即派委贝子德勒克色楞、已革侍郎培成、天津道张起鹓将逆囚等槛解赴京，送交奉命大将军办理外，其余逆匪一百余名悉数正法，以彰国

完。其由连镇被捡免死收录、至冯官屯复经投入贼巢之伪土将军刘子明一犯同时被获。该犯情罪尤重,当即凌迟处死。奴才当即督饬各营兵勇前往逆窟之内严密穷搜,全数净绝,并无一名漏网,并将二月二十九日失去五百斤炮位起获。所有冯官屯军务告蒇日期,理合恭折驰奏,仰纾圣廑。

再,此股窜孽既经荡平,奴才现统各营官兵内,除受伤患病必须遣回休养之外,尚可挑选精锐,并投诚义勇亦可挑选强壮奋勉之人,奴才拟即督带赴南协剿。惟江南、皖、楚近日何省待兵尤殷,奴才不能深悉,亦未敢专擅,伏乞皇上训示遵行。其应行遣撤之兵,奴才拟即先行饬令起程。其挑选余剩投诚义勇,亦即酌给川资,给予免罪手照,分别遣发回籍,各安生业,以节虚费而示体恤。所有在事出力人员,除微末之弁拟请仍由奴才分别移咨奖擢外,其余文武各员可否准奴才等量请天恩奖叙之处,伏候训示遵行。谨奏。

［咸丰五年四月十六日］

咸丰五年四月十八日奉朱批:另有旨。钦此。

——《清政府镇压太平天国档案史料》第 17 册,第 296—298 页。

〇起居注

是日午刻,御前大臣、科尔沁博多勒噶台亲王、参赞大臣僧格林沁驰奏,生捡逆匪李开芳。

——《清代起居注册(咸丰朝)》第 25 册,第 14645 页。

〇上谕

是日内阁奉谕旨:

僧格林沁、德勒克色楞、西凌阿奏冯官屯军务告蒇、首逆就擒、余匪尽歼一折,览奏欣慰。此股逆匪由高唐窜踞冯官屯,经僧格林沁等叠次歼剿,引水围困,连日用炮轰倒贼巢房屋,该逆计无所施,于十三日巳刻,遣伙匪百余名,混入难民内拥出,凫水投降,并有逆首李开方心腹、伪先锋黄大汗一同投出。我军将逆众全行渡出,除茌平、高唐难民外,将贼匪一百四十余名尽数伏诛。我军遂逼近土捻,烧毁贼窟数处,捡获贼匪十名。十四、十五等日,兵勇奋攻,用大炮轰击。该逆万分穷蹙,我军奋勇向前,枪炮齐施,轰毙贼匪无数,生捡逆首李开方及授有伪职之黄懿端、谢金生,并李添佑、谭有湗、韦名传、曹得相、刘志瀶等八名,余逆百余名尽行正法。其前次投入贼巢之伪上将军刘子明一犯同时擒获,凌迟处死。穷搜余匪,并无一名漏网。实足以伸国法而快人心。科尔沁博多勒噶台亲王僧格林沁,自授为参赞大臣后,督师剿贼,均合机宜,忠勇之诚,深堪嘉尚。前次歼灭连镇贼匪,即迅速移兵围剿高唐。迨逆匪窜踞冯官屯,坚匿不出,复多方设法,将逆党首要各犯悉数歼捡。北路一律肃清,厥功甚伟。前经赏给亲王,著加恩世袭罔替,并赏坐肩舆;伊兄二品顶带台

吉琅布林沁，著赏给辅国公；伊弟四等台吉崇格林沁，著赏给二品顶带，并赏戴花翎。贝子德勒克色楞，前在胜保军营，未能迅速奏功，本有应得之咎，从宽免议，以观后效，自随同僧格林沁帮办军务后，极知奋勉，克成厥功，著赏给贝勒衔，并赏戴三眼花翎。察哈尔都统、世袭轻车都尉西凌阿，帮办军务，叠著战功，著赏给三等男爵。所有在事出力文武各员，并著僧格林沁等查明保奏，候朕施恩。现在冯官屯逆匪全数荡平，著僧格林沁挑选精锐官兵分起南下，该大臣即驰驿来京陛见，以慰廑怀。

——《清代起居注册（咸丰朝）》第 25 册，第 14645—14650 页。

〇上谕

军机大臣字寄钦差参赞大臣、科尔沁博多勒噶台亲王僧。咸丰五年四月十八日奉上谕：

本日据僧格林沁等奏冯官屯军务告蒇、首逆就擒一折，览奏欣慰。已明降谕旨分别加恩，并出力各员准其酌保矣。此股逆匪，穷蹙之余，犹思负嵎久踞，经该大臣等戮力同心，剿除净尽，并将首逆李开方等槛送京师。现在北路肃清，僧格林沁即请督兵南下，具见忠勇之诚。惟该大臣督兵剿贼已历年余，辛劳倍著，朕嘉尚之余，实深眷念。僧格林沁著即驰驿来京陛见，以慰廑怀。所有各营官兵及投诚义勇，自应分别留撤。惟现在兵勇究有若干，该大臣所挑精锐兵勇及应行裁撤各数目，著详细查明，迅速覆奏。西凌阿仍著统带各营酌留兵勇暂行驻扎冯官屯，听候谕旨。将此由六百里加紧谕知僧格林沁，并谕西凌阿、崇恩知之。

钦此。遵旨寄信前来。

——《清政府镇压太平天国档案史料》第 17 册，第 298 页。

〇上谕

僧格林沁奏，绅民捐输津贴请免报销等语。束城、阜城、东光等县绅民捐输草豆，分给各营兵丁，洵属踊跃急公。此项银两，免其造册报销。至派办捐输各员，著僧格林沁择其尤为出力者酌保数员，候朕施恩。

——《清代起居注册（咸丰朝）》第 25 册，第 14653 页。

四月十九日

〇上谕

军机大臣字寄钦差参赞大臣、科尔沁博多勒噶台亲王僧。咸丰五年四月十九日奉上谕：

昨据僧格林沁奏，各营官兵及投诚义勇分别撤留等语，已谕知该大臣将兵勇数目及应挑应撤各数详细具奏矣。因思投诚义勇一项，人非一省，良莠难齐，其中真心悔罪、奋勉立

功者固不乏人,而势蹙求生、仍怀反侧者亦复不少。该大臣驾驭有方,自不至别有他患,以后管带之人,即恐宽猛两难,易滋流弊。况此项义勇,南省人居多,傥带往南省,而有刘子明之类混杂其中,尤为可虑。现在该大臣如何挑选,其挑选之后是否分隶各营,抑仍令自为一队,应如何约束以慑其气,诚信以结其心,即著该大臣于回京之先,豫向管带各员密授操纵机宜,方为妥善。或即分隶营伍,使散而易制,将来即令充补各营缺额,亦属安插之一法,并著该大臣妥为筹办。至挑剩之勇,昨据声称,酌给川资,给予免罪手照,遣发回籍,其是否呈缴军(机)[械],未经叙及。傥该勇等原籍尚为贼踞,或回籍后并无生业可谋,又恐流而为匪。加以结队同行,或恃有免罪执照,沿途骚扰,亦不可不防。兼恐该勇在北路军营日久,一旦投入贼营,或熟悉道路,或泄漏虚实,尤属可虑。该大臣务于解散之中,熟筹钤制之法,万不可稍存大意,致贻后患。将此由六百里谕令知之。

钦此。遵旨寄信前来。

——《清政府镇压太平天国档案史料》第17册,第305—306页。

四月二十三日

○僧格林沁、西凌阿奏

奴才僧格林沁、奴才西凌阿跪奏,为恭折覆奏,仰祈圣鉴事。

四月二十日接到咸丰五年四月十八日奉上谕:现在冯官屯逆贼全数荡平,著僧格林沁挑选精锐官兵,分起南下,该大臣即驰驿来京陛见,以慰廑怀。等因。钦此钦遵。伏查冯官屯军营兵勇,除哲里木盟、卓索图盟官兵,凉庄官兵,共一千三百余员名,均经遣撤,现存京旗、吉林、黑龙江、绿营官兵六千余名,投诚义勇三千余名。奴才于上次拜折后饬知各统带,将受伤患病老弱官兵详加查验,拟即遣撤归伍,余存官兵均交奴才西凌阿统带,暂在冯官屯听候谕旨。并将投诚义勇内直隶、山西、山东、河南之民三百二十四名,先行给予免罪执照,赏给川资,遣发回籍,各安生业。其两湖等处义勇,查有籍隶湖南之候选知府刘衡、籍隶湖北之宣化镇游击徐廷楷二员,历炼可靠,当经札委该员等管带,即日起程,前赴湖北,交督臣杨霈军营调遣。

奴才僧格林沁定于二十二日带同副都统绵洵、乾清门侍卫绷阔赴京,跪聆圣训,并将随营之巴图鲁、侍卫等一并随带回京。至副都统那敷德、托云保、魁福,总兵经文岱,均年逾六旬,应请旨即令该副都统等各回本任,以示体恤。

再,随营各处粮台,内直隶粮台拟即裁撤,暂留顺天粮台、通永道觉罗海瑛会同山东粮台、兖州府知府叶圭书办理支应,合并声明。谨奏请旨。

[咸丰五年四月二十一日]

咸丰五年四月二十三日奉朱批:另有旨。钦此。

——《清政府镇压太平天国档案史料》第17册,第308—309页。

〇上谕

谕军机大臣等:

僧格林沁奏,冯官屯现存京旗、吉林、黑龙江、绿营官兵六千余名,均交西凌阿统带,暂在该处听候谕旨等语。该处官兵,除裁撤归伍外,尚存京旗兵若干名、吉林兵若干名、黑龙江兵若干名、绿营兵若干名,系何省何营,统计马队若干、步队若干,著西凌阿分晰开单,详细具奏。现在冯官屯军务告竣,直隶粮台著即裁撤。其现存官兵,著暂留顺天粮台通永道觉罗海瑛会同山东粮台兖州府知府叶圭书办理支应。将此谕令知之。

——《清文宗实录》卷一六六,咸丰五年四月乙卯。

〇僧格林沁等奏

再,逆首李开方之亲随李添佑等五名,前拟一并解京,恭折具奏在案。内刘志滏一犯,因病未能起解,业经在营正法。理合附片奏闻。谨奏。

[咸丰五年四月二十一日]

咸丰五年四月二十三日奉朱批:览。钦此。

——《清政府镇压太平天国档案史料》第17册,第309页。

〇上谕

僧格林沁奏河神效灵、请建祠宇以答灵贶一折。[①] 上年贼匪窜踞连镇,并由高唐州窜扰冯官屯,经僧格林沁修筑套堤,并引河水围攻,均赖河神默佑,得以蒇事,朕心实深寅感。著桂良派员于连镇河堤勘定地方兴建河神庙宇,落成之日,奏请颁给御书匾额。其应得封号,著礼部敬拟具奏,以答神庥。

——《清代起居注册(咸丰朝)》第25册,第14697—14699页。

---

① 咸丰五年四月二十一日,僧格林沁奏:“窃维逆匪前由阜城窜踞连镇,骑河蚁聚,我兵剿办殊为棘手。迨经奴才挑挖长濠,即藉水力成围,正值夏秋水势奔腾冲旺之时,所筑套堤工新土软,每遇水长,处处堪虞。去岁六月间运河堤决,全河水势陡入围堤,以致围堤决口。彼时水势若溃泛而出,则一番经营几成画饼。奴才当□于危险之□,默祷河神呵护,俟军务告蒇,吁请圣主天恩,在连镇河干兴建祠宇,以答神庥,立见狂澜壁立,得以抢筑堤埝。嗣后屡遇水势涨发,皆化险为平,藉成大功。现在高唐余匪窜踞冯官屯,复藉水力蒇事,仰见圣主洪福,天心厌□,百神默助,灵□昭然,奴才寅感之余,倍深欣忭。合无仰恳饬下直隶督臣委员前往连镇南面河堤决口之处,敬谨勘修河神庙宇,由礼部照例奏请封号,并请颁赐御书匾额之处,伏候训示遵行。”详见中国第一历史档案馆藏录副奏折,档案号03-4174-023。

○僧格林沁等奏

再，逆匪窜踞冯官屯，掘地潜伏，拚死抵拒。我军难于近逼，攻剿殊为棘手，是以筹画水攻，挑穵引河，自东昌府至贼垒，计程一百二十余里，地势高下，程途较遥，奉委勘度及督办各员，均能竭尽心力，赶紧办理，不特竣工迅速，兼能力求撙节，毫无贻误。兹藉水势浸灌，军务及时告蒇，实属著有成效。自应将奉委督办挑穵引河尤为出力、应请奖叙各员开列清单，恭呈御览。可否照请鼓励，出自皇上天恩。谨附片具奏。

［咸丰五年四月二十一日］

咸丰五年四月二十三日奉朱批：另有旨。钦此。

——《清政府镇压太平天国档案史料》第17册，第309—310页。

○上谕

僧格林沁等奏，请将督办挑穵引河出力人员奖励等语。该员等办理挑河，浸灌贼垒，军务得以及时蒇功，自应酌予奖励，以昭激劝。候补内阁侍读学士、步军统领衙门员外郎瑞禧，巡捕营副将史荣椿，布政使衔直隶天津道张起鹓，均著交部从优议叙。即补员外郎德克津泰，著赏戴花翎。通永道觉罗海瑛，著赏加按察使衔。候选知府刘衡，著赏戴花翎。兵部员外郎李祜，著开缺以知府不论双单月不入班次遇缺即选。刑部员外郎张琛，著开缺以知府不论双单月尽先选用。直隶候补知县陆慎言，著免补本班，以知州即补。候补知州曹大绶，山东通判娄鼎，茌平县知县方传稙，均著赏戴蓝翎。候选通判沈康保、徐本璿，均著免选本班，以同知不论双单月选用，沈康保并著赏戴花翎。甘肃候补游击德克登额，著免补游击，仍留甘肃，以参将尽先补用，先换顶戴。凉州防御庆瑞，著以佐领尽先补用，先换顶带。笔帖式荣喜，著以骁骑校尽先补用，先换顶带。黑龙江参领达桑阿，吉林委参领萨隆阿，均著赏戴蓝翎。直隶游击徐廷楷，著以参将补用。千总明诚，著以守备遇缺即补，先换顶戴。该部知道。

——《清代起居注册（咸丰朝）》第25册，第14688—14691页。

○上谕

僧格林沁等奏，请将捐办挑河工程之革员开复等语。已革广西左江道张祥晋，著开复道员原官，归部选用。

——《清代起居注册（咸丰朝）》第25册，第14687—14688页。

○上谕

僧格林沁等奏，冯官屯剿贼尤为出力各员恳请奖叙等语。[1] 乾清门头等侍卫绷阔，护军参领舒保，均著赏给副都统衔。升署福建汀州镇标游击萨尔善，著以参将尽先升用。京营候补千总伊灵阿，著免补千总，以守备尽先升用，先换顶带。直隶千总李永，著赏加守备衔。直隶游击范维清、守备文镕、千总马丕基、把总吉尔哈奔，京营候补外委杨文浩、高得顺，均著赏戴蓝翎。直隶外委王永太，著以把总升用，并赏戴蓝翎。理藩院员外郎札克丹，著赏戴花翎。都司衔施绍恒、守备衔周隆亭，均著赏换花翎。勇目陶洪顺、许锡九，均著赏戴蓝翎。该部知道。

——《清代起居注册（咸丰朝）》第 25 册，第 14691—14692 页。

○上谕

又谕内阁曰：

僧格林沁等奏，请将军营出力官员酌量奖励，著照所请。健锐营副将、前锋参领官福，遇有前锋参领缺出，即行坐补。前锋校湍多布，额外前锋校双兴，均著遇有委前锋参领缺出，即行坐补。额外前锋、蓝翎长丰伸图，遇有前锋校缺出，即行坐补。以上四员，均著先换顶戴。外火器营委鸟枪护军参领松桂，遇有副鸟枪护军参领缺出，即行坐补。鸟枪护军校魁祥，遇有空花翎缺出，即行坐补。鸟枪蓝翎长特克什布，遇有鸟枪护军校缺出，即行坐补。以上三员，均著先换顶戴。以示奖励。

——《钦定剿平粤匪方略》卷一二七，第 14 页。

○上谕

又谕内阁曰：

江宁副都统绵洵，金州副都统增庆，伯都讷副都统魁福，巴里坤总兵经文岱，均著交部

---

① 咸丰五年四月二十一日，僧格林沁等奏："冯官屯大功告蒇，各营文武历次进攻，昼夜防守，著有微劳，拟请恩奖，业经奏蒙恩准在案。谨将尤为出力各员分缮满汉清单，恭呈御览，可否照请奖叙，出自皇上天恩，谨附片具奏请旨。乾清门头等侍卫绷阔，护军参领舒保，以上二员，拟请赏给副都统衔。升署福建汀州镇标中营游击萨尔善，拟请赏以参将尽先升用。京营候补千总伊灵阿，拟请免补千总，赏以守备尽先升补，先换顶戴。直隶提标千总李永，拟请赏加守备衔。署务关路参将、游击范维清，宣化镇张家口协膳（善）[房]堡守备文镕，宣化镇尽先守备左营千总马丕基，通永镇张湾营把总吉尔哈奔，巡捕营六品军功候补外委杨文浩、六品军工候补外委高得顺，以上六员，均拟请赏戴蓝翎。通永镇右营尽先经制外委王永太，拟请赏戴蓝翎，以把总升用。理藩院员外郎札克丹，该员巡查濠墙，并办理投诚新勇，一切事宜均臻妥协，拟请赏戴花翎。都司衔勇目施绍恒，守备衔勇目周隆亭，以上二名，均拟请赏换花翎。勇目陶洪顺、许锡九，均拟请赏戴蓝翎。"详见中国第一历史档案馆藏录副奏折，档案号 03-4200-103。

从优议叙。副都统托云保，齐齐哈尔副都统那敷德，吉林副都统麟瑞，均著赏戴花翎。

——《钦定剿平粤匪方略》卷一二七，第14—15页。

〇上谕

僧格林沁等奏，革员当差愧奋，并委办引河得力等语。① 已革布政使张集馨，著加恩赏给五品顶带。

——《清代起居注册(咸丰朝)》第25册，第14687页。

〇上谕

是日内阁奉谕旨：

僧格林沁奏，请将在营办理劝捐出力各员奖励等语。兵部员外郎恩承，著以六部郎中遇缺即补。侍卫处主事、即补员外郎苏博通额，著赏戴蓝翎。笔帖式阿克达春，以六部主事遇缺即补，先换顶带，并赏戴蓝翎。候选笔帖式铭□，著免选本班，以知县不论双单月选用。山东千总武殿元，著以守备尽先升用。京营把总陈珍，著以千总尽先补用，并赏戴蓝翎。该部知道。

——《清代起居注册(咸丰朝)》第25册，第14685—14687页。

四月二十四日

〇僧格林沁奏

奴才僧格林沁跪奏，为恭折覆奏，仰祈圣鉴事。

四月二十一日丑刻接奉咸丰五年四月十九日寄谕一道，奴才跪读之下，仰见圣虑深远，至备至周，奴才曷胜钦服。惟是此股贼匪由豫晋北入直境，前在独流众至三四万，妖氛甚为炽盛。自王家口被追至東城、阜城、连镇等处，被围被剿，殄除无算，逆焰始见消退。内中被胁余匪早经胆寒，欲图投出者甚多，因在河南、山西、直隶见统兵大臣告示，长发之人无论擒降，一概诛戮，是以不敢投出，固结逾坚，匪势愈大，得以长驱北犯，实系当时既不能剿，又不能解散胁从之所致。自准投诚赎罪以来，经奴才等晓以大义，收录为用，该勇等皆系盛朝赤子，岂无天良？且知圣恩高厚，准予免罪，无不感激奋兴，愿效死力，打仗阵亡

① 咸丰五年四月二十一日，僧格林沁等奏："革职侍郎培成、已革布政使张集馨获咎，在营当差，深知愧奋，此次奉委办理引河，实属殚心竭力。兹已军务告蒇，允宜吁恳天恩，惟均系曾任二品大员，奴才未敢专擅，可否量予恩施，伏候训示遵行。"详见中国第一历史档案馆藏录副奏折，档案号03-4200-104。

者极多，身受重伤者不知凡几。其为真心悔罪，奋勉图效，即此可见。只须遵循圣训，约束以慑其气，诚信以结其心，则不特无虑反侧，兼可驱使为用。现将直隶、山东、山西、河南近省之勇先行遣撤回籍，随带一切军械全行饬留，不准携带。其两湖、江南、安徽之人，离家较远，概未准其告遣，即系恐其迢迢长途另滋事端。现在调拨赴楚，该勇等行至相近家乡之处，难免逃回家乡，然尚不致仍投贼营。

现在南省之贼蔓延宽广，流毒数省，人数太重，奴才愚昧之见，若不抚剿兼[施]，深恐兵力未逮。粤匪首先创逆，罪不容诛，断难宽贷，且此时各处窜扰粤匪无多，自当无论擒降，概行歼斩，以彰国宪而申天讨。其余两湖及各省之匪，人数过多，似宜抚剿兼施，军务方有就绪。是以前次斩戮广西等处贼犯，皆系派令投诚楚勇行刑，即系欲使其感德畏威之意。可否密饬各省统带大员，体查情形，分别办理之处，伏候圣裁。谨奏。

[咸丰五年四月二十一日]

咸丰五年四月二十四日奉朱批：另有旨。钦此。

——《清政府镇压太平天国档案史料》第 17 册，第 310—311 页。

〇僧格林沁奏

再，奴才现派湖北人六品蓝翎勇目詹起伦等八名，于到楚后暗探贼营一切情形，并可宣布皇仁，使两湖被裹之众咸知圣恩高厚，或可及早解散。已饬派委解送义勇之候选知府刘衡、游击徐廷楷，将该勇目等所探情形详细禀报。谨附片奏闻。谨奏。

[咸丰五年四月二十一日]

咸丰五年四月二十四日奉朱批：知道了。钦此。

——《清政府镇压太平天国档案史料》第 17 册，第 311 页。

四月二十五日

〇西凌阿奏

臣随同僧格林沁在营以来，每见僧格林沁办理军务殚竭心力，一切赏罚无不公允，惟于藩邸亲随，多所引嫌。二月二十八日，逆匪施放地雷，攻夺炮台，僧格林沁闻警，带领亲随数名赶紧前往，讵料该逆将僧格林沁随带之三等护卫巴萨拉炮毙。僧格林沁因系亲随，不肯入奏。兹军务告蒇，谨据实陈明，可否饬部核给恤典，出自天恩。

再，科尔沁四品台吉伯彦都古拉喜来营省亲，随同进仗，甚属奋勉。臣察看该台吉才堪造就，而僧格林沁因系胞侄，不肯请奖。又，四品顶戴蓝翎护卫玛勒洪阿、奇苏、阿勒腾桑，五品顶戴蓝翎护卫鄂奇尔、额普图等，皆叠次随同打仗，卓著战功，僧格林沁亦未敢奏

请恩施。

——《钦定剿平粤匪方略》卷一二七，第29—30页。

〇上谕

西凌阿奏请恤军营阵亡护卫并奖励出力各员一折。僧格林沁随带之三等护卫巴萨拉，前在冯官屯军营打仗出力，中炮阵亡，著交部照例议恤。科尔沁四品台吉伯彦都古拉喜，四品顶带蓝翎护卫玛勒洪阿、奇苏、阿勒腾桑，五品顶带蓝翎护卫鄂奇尔、额普图，皆叠次随同打仗，各有斩捦，伯彦都古拉喜著赏戴花翎，玛勒洪阿等五员均著赏换花翎。

——《清代起居注册（咸丰朝）》第25册，第14717—14718页。

〇杨霈奏

楚北地多湖泽陂塘，水田相望，于马队实为不便，不若将常亮马队遣赴豫省防守三关，另请饬僧格林沁将步队官兵酌派二三千名来楚，庶彼此均可得力。

——《钦定剿平粤匪方略》卷一二七，第23页。

〇上谕

谕军机大臣等：

扎拉芬、杨霈奏，武汉贼匪上窜德安，我军进攻，并常亮失利退回，扎拉芬被围冲出受伤各折片。览奏实深焦急。此次贼匪大股分扑平林市长林冈，杨昌泗等迎剿，先胜后挫。常亮所带马队退回时，反将步队冲乱。扎拉芬营盘被围，该将军受伤，溃围而出。现在逆势猖獗已极，襄樊一带情形甚属吃重。前据乐斌等奏称，先后调派兵勇数千名，归颜朝斌统带赴楚。又据僧格林沁奏，派刘衡等带投诚义勇前往助剿。此项兵勇谅已陆续抵楚，著该督等迅速催提，奋力攻剿。扎拉芬现在是否由南路赴襄阳？该郡系粮台重地，且尚有后起步队，该将军到彼，一面严密布置，一面仍赶紧整顿，与杨霈诸军合力进剿。杨霈屡次挫失，若再不知奋勉，致逆匪肆扰襄樊一带，自问当得何罪？见在茌平县冯官屯贼匪悉数殄灭，投诚两湖义勇，僧格林沁已派员管带回籍，交该督等调遣。并据该大臣见派勇目詹起纶等八名，于到楚后暗探贼营，设法解散。该督即当随时察看情形，剿抚兼施，妥为办理。将此由六百里加紧各谕令知之。

——《东华续录》咸丰四十七，第32页，咸丰五年四月丁巳。

四月二十七日

〇上谕

逆贼李开芳等,以边境莠民甘心从逆,辄敢纠领党与窜扰畿疆,实属罪大恶极。见在北路肃清,除逆首吉汶元业经歼戮、林灜详已由连镇军营解京正法外,所有首逆李开芳,见经僧格林沁捡解来京,著即凌迟处死,枭首示众。其授有伪职之逆犯黄懿端、谢金生,并著凌迟枭示。从逆之李添佑、谭有桂、韦名传、曹得相,均著即行处斩,一并枭示。以彰国法而快人心。

——《东华续录》咸丰四十七,第 34 页,咸丰五年四月己未。

〇上谕

谕军机大臣等:

见在湖北逆踪上窜随州,其荆襄等处及河南边境地方极形吃重,常亮所带马队官兵,见经杨霈拨赴信阳三关,扎拉芬所带官兵多已折回枣阳,襄阳见尚无人统带,著官文接奉此旨,星速驰往随州接印任事。杨霈军营兵勇屡经溃散,必得加意整顿,挑选精锐,裁汰疲弱,方足以资得力。前由僧格林沁军营拨往投诚义勇,并著妥为驾驭,俾知感德畏威,以助攻剿。新授荆州将军绵洵到任需时,所有将军印务,著载增暂行署理。该处防守事宜,即著妥为布置,不得专待西凌阿来荆,致形诿卸。至孔广顺所带官兵,见经驰赴应山协剿,著即星夜趱行,一路剿洗,遏贼北窜。扎拉芬所带官兵,即交孔广顺一并统带。将此由六百里加紧谕知官文、载增,并传谕孔广顺知之。

——《东华续录》咸丰四十七,第 35 页,咸丰五年四月己未。

五月

五月初一日

〇起居注

上御养心殿。御前大臣、科尔沁博多勒噶台亲王、参赞大臣僧格林沁御座前行(招)[抱][1]见礼,亲加慰问,赐御用珊瑚朝珠一盘、四团龙补褂一件。

——《清代起居注册(咸丰朝)》第 25 册,第 14757 页。

---

① 此处据《清文宗实录》卷一六七、《东华续录》咸丰四十八咸丰五年五月壬戌校改。

五月初四日

〇上谕

内阁奉谕旨：

僧格林沁奏请将(催)领[催]各员奖励一折。领催乌林保等,前在军营或打仗出力,或开炮有准,自应量加奖励。盛京镶蓝旗满洲委官(催)领[催]乌林保,领催德春,均著赏给骁骑校。内火器营镶蓝旗满洲外委鸟枪蓝翎长阿什山保,外火器营镶白旗满洲蓝翎长永恰布、贵成,均著赏给护军校。勇目尹可兴,著赏戴蓝翎。

——《清代起居注册(咸丰朝)》第 25 册,第 14781—14782 页。

〇上谕

僧格林沁奏请将捐输军饷各员奖叙等语。直隶候选郎中郝开周,著赏给举人,准其一体会试。俊秀任国政、任清栋,均著赏给贡生。俊秀毕得龄、陈天瑞、仇居敬、李明伦、刘日章、刘致祥、李士俊、谷应魁、张志士、赵文明、李获士、康锡爵、康观德、张志周、康三宝、李桢、梁凤翔、王教,湖北俊秀史明篇,均著赏给监生。直隶俊秀刘利配、张谦、单维本、梁性成、李金声,均著赏给从九品职衔。该部知道。

——《清代起居注册(咸丰朝)》第 25 册,第 14783—14784 页。

五月初十日

〇起居注

上御乾清宫,升座,受奉命大将军惠亲王,御前大臣、科尔沁博多勒噶台亲王、参赞大臣僧格林沁恭缴印信、关防,率领随征将士行礼。

——《清代起居注册(咸丰朝)》第 25 册,第 14833 页。

〇上谕

前因逆匪扰及畿疆,特授惠亲王为奉命大将军,并派恭亲王奕䜣等办理京城巡防事宜,复命科尔沁博多勒噶台亲王僧格林沁为参赞大臣,统兵进剿。现在北省军务告蒇,河北一律肃清,本日举行凯撤典礼。大将军及参赞大臣均已恭缴印信、关防,所有京城办理巡防事务著即裁撤。其在事出力之司员、章京等,并(酌)[著]巡防王大臣酌量保奏,以示奖励。

——《清代起居注册(咸丰朝)》第 25 册,第 14834—14835 页。

五月十二日

○上谕

理藩院奏,科尔沁扎萨克博多勒噶台亲王僧格林沁呈请将伊胞兄、辅国公郎布林沁之父追封等情请旨一折。僧格林沁之生父、郎布林沁之父原任四等台吉璧启,著加恩追封贝子。该衙门知道。

——《清代起居注册(咸丰朝)》第25册,第14856—14857页。

五月十七日

○起居注

上诣瀛台自在观拈香。御勤政殿,赐奉命大将军惠亲王,御前大臣、科尔沁博多勒噶台亲王、参赞大臣僧格林沁,并成功诸将士,亲、郡王,贝勒、贝子、公,文武大臣等宴。上次第赐酒,自将军至随征将士等并赏赉有差。

——《清代起居注册(咸丰朝)》第25册,第14904—14905页。

五月二十日

○上谕

谕军机大臣等:

西凌阿奏督兵驰抵汴梁、分起前进并筹拨军需一折。前据杨霈奏,四月二十九日收复随州、派兵进攻德安。官文奏,于五月十一日督兵启程,驰赴枣阳,并探闻随州、德安之贼已陆续下窜,出府河而至襄河。逆匪奔窜无常,总未大受惩创。官文所带川兵及该大臣所带兵勇,均系精锐之师,必须赶紧会合,探明贼踪,痛加剿洗,力挫凶锋。兵贵神速,断不可稍涉观望,致误事机。僧格林沁前奏,派勇目詹起纶等赴楚侦探贼情,该勇目等如探明逆匪情形,该大臣查勘确实,即可相机布置,并将所探情形随时附报具奏。现派绵洵帮办该大臣军务,业经启程,并带银四万两前往。该大臣驰抵楚省,所需军饷,可先与官文通融办理也。将此由六百里加紧谕令知之。

——《清文宗实录》卷一六八,咸丰五年五月辛巳。

七月

七月初一日

○上谕

咸丰五年七月初一日，惠亲王绵愉，军机大臣、恭亲王奕䜣，怡亲王载垣，僧格林沁、德木楚克札布、景寿，军机大臣，总管内务府大臣，钦奉朱谕：

朕维礼缘于义，首重慈闱之尊养；孝本乎诚，宜崇母范之鸿称。钦惟康慈皇贵太妃侍奉皇考廿余年，徽柔素著；抚育朕躬十五载，恩恤优加。虽懿德抝谦，而孝忱难罄，今谨上尊号为康慈皇太后。福履无疆，长承爱日之暄；寿考有征，永协亿龄之庆。一切应行典礼，著该部察例具奏。特谕。

——《咸丰同治两朝上谕档》第 5 册，第 248 页。

七月初九日

○绵愉等奏

惠亲王臣绵愉等跪奏，为吁恳节哀事。

本月初九日大行皇太后升遐，臣等趋赴阙廷，仰见皇上悲哀异常。退思我皇上负荷宗庙社稷之重，又值军务未蒇，圣心倍切忧勤，若不稍节哀思，何以仰慰在天之灵？臣等惟有吁恳皇上顺变节哀，勉强抑制，所有一切丧仪、应行举办各事，应请旨派交臣等详查旧制，悉心斟酌，次第奏请举行。溯查道光二十九年大事，宣宗成皇帝曾勉从王大臣所请，每日奠醊后仍居养心殿。今臣等不揣冒昧，谨援成宪，吁恳遵依。不胜瞻恋之至。理合缮折具奏，伏乞皇上圣鉴俯允。谨奏。

咸丰五年七月初九日

臣绵愉

臣载垣

臣载锐

臣僧格林沁

臣德木楚克扎布

臣景寿

臣彭蕴章

臣穆荫

臣杜翰

臣裕诚

臣麟魁

臣阿灵阿

臣存佑

——《咸丰同治两朝上谕档》第5册,第256—257页。

七月十一日

〇绵愉等奏

臣绵愉等谨奏,为遵旨会议具奏仰祈圣鉴事。

臣等恭查会典并则例,内载:康熙二年孝康章皇后大事,圣祖仁皇帝于二十七日除服,众皆除服;康熙五十五年孝惠章皇后大事,圣祖仁皇帝于二十七日除服,众于是日除服;雍正元年孝恭仁皇后大事,世宗宪皇帝于二十七日除服,众皆除服。是雍正年间以前,列圣除服皆在二十七日以内。又恭查乾隆四十二年孝圣宪皇后大事,高宗纯皇帝穿孝百日。又道光二十九年孝和睿皇后大事,钦奉宣宗成皇帝谕旨,穿孝百日。等因。钦此钦遵,各在案。

臣等恭读大行皇太后遗诰,丧服酌遵旧典,持服二十七日而除等语。臣等伏念皇上孝思肫笃,孺慕无穷,惟现值军兴未靖,宵旰忧劳,若不稍节哀思,转无以慰大行皇太后在天之灵。臣等敬谨援照典例,拟请皇上仰体慈怀,酌遵旧典,于二十七日大祭除服。可否之处,出自圣裁。

再,此折系礼部主稿,合并声明。

臣等未敢擅便,为此谨奏请旨。

咸丰五年七月十一日

臣绵愉

臣奕䜣

臣载垣

臣裕诚

臣麟魁

臣全庆

臣僧格林沁

臣德木楚克扎布

臣景寿

臣徐泽醇

臣宗室肃顺

臣陶樑

臣文清

臣杜翻

——《咸丰同治两朝上谕档》第5册,第261—262页。

七月十五日

〇绵愉等奏

臣绵愉等谨奏,为遵旨妥议具奏事。

本月十二日内阁抄出十一日奉上谕:

朕恭读大行皇太后遗诰,谕朕持服二十七日而除。朕追怀抚育深恩,何忍遽遵遗命,特命王大臣等悉心会议。兹据惠亲王绵愉及恭理丧仪王大臣等合词吁恳,请酌遵旧典,于二十七日大祭后除服,朕心终有未安。惟仰体大行皇太后谦抑之怀,矜恤之意,不得不稍从抑制,以示遵循。所有二十七日以外、百日以前,朕诣几筵前,仍穿缟素;在宫办事及接见臣工,勉御青长袍褂。仍俟百日后再行除服。其百日以后应穿服色,仍著惠亲王绵愉、恭理丧仪王大臣、御前大臣、军机大臣会同礼部妥议具奏。钦此。

臣等公同会议,吁恳皇上仰体大行皇太后慈爱之心,于百日除服,即照二十七月释服礼举行。是虽释服,惟现在大行皇太后梓宫暂安绮春园,与圆明园近在咫尺,未便即御吉服,仍拟请皇上御青褂寻常袍,俟奉移山陵后,一切服色从吉。其未经奉移山陵以前,所有坛庙祭祀斋戒以及朝会典礼服色,即请遵照释服后常例服用,似属允当。

除臣工以下服色应仍遵照旧制外,所有臣等遵旨妥议缘由,是否有当,伏候训示遵行。谨奏请旨。

咸丰五年七月十五日

臣绵愉

臣奕䜣

臣载垣

臣裕诚

臣麟魁

臣全庆

臣僧格林沁

臣德木楚克扎布

臣景寿

臣彭蕴章

臣穆荫

臣杜翰

臣徐泽醇

臣宗室肃顺

臣陶樑

臣文清

臣杜翻

——《咸丰同治两朝上谕档》第5册,第268—269页。

〇上谕

咸丰五年七月十五日内阁奉上谕:

前以大行皇太后百日后朕应用服色,谕令惠亲王绵愉等会同礼部议奏。兹据集议具奏,自应仰体大行皇太后慈爱之心,于百日除服,即照二十七月释服礼举行。惟梓宫暂安绮春园,朕当仍御青褂寻常袍,俟奉移山陵后,一切服色从吉。其未经奉移山陵以前,所有坛庙祭祀斋戒以及朝会典礼服色,即照释服后常例服用。至臣工以下服色,著该部再行核议具奏。

钦此。

——《咸丰同治两朝上谕档》第5册,第267—268页。

八月

八月初一日

〇绵愉等奏

臣绵愉等跪奏,为吁恳皇上因时制礼、俯鉴群情事。

咸丰五年七月二十八日内阁奉上谕:昨据恭理丧仪王大臣奏,大行皇太后梓宫择吉于十月二十五日卯时奉移山陵,朕追忆慈颜,哀怆靡极,允宜亲送梓宫,藉伸孺慕等因。钦此。仰见我皇上大孝不匮,必敬必诚,臣等实深钦服。惟是情深永慕,固本于性天;礼贵得中,宜权夫时势。伏读咸丰二年十二月二十七日内阁奉上谕:明年二月二十六日孝和睿皇

后梓宫永远奉安山陵，业经降旨，定于二十日启銮。奉安礼成后，恭谒慕陵，行敷土礼。事关国家大典，岂敢稍从简略？惟现因剿办楚匪，直隶调兵数千，又调吉林、黑龙江官兵，春间陆续过境，兵差络绎，畿辅地方支应实繁，民力已恐竭蹷，若再以跸路经行，致烦供亿，朕心实有不安。仰惟皇考宣宗成皇帝临御三十年，痌瘝在抱，无日不以爱民为心，即谒陵典礼，亦有从权停止之时。矧兹逆氛未靖，民困未苏，朕承皇考付托之重，惟思忧乐同民，因时布惠，岂忍拘循常典，重累闾阎？所有明年孝和睿皇后梓宫奉安大典，并恭谒慕陵行敷土礼，届期应遣近支王代朕行礼，钦此。复于咸丰三年正月十七日奉上谕：本年二月二十六日孝和睿皇后奉安昌西陵，著惠亲王绵愉恭代行礼。等因。钦此。仰见我皇上以念切民依为至孝，深合因时制礼之经。臣等伏思，近年直隶地方兵差络绎，民力维艰，况本年三月甫经圣驾恭谒西陵，虽跸路所经，共沐恩施于蠲赋，而茅檐久困，尤资休息于轻徭。臣等再四思维，惟有吁恳皇上俯鉴群情，停止亲往山陵。圣心轸念民依，即所以仰慰大行皇太后在天之灵。所有一切恭奉礼仪，可否即派近支王敬谨恭代。臣等不胜沥诚待命之至，谨缮折合词具奏，伏乞皇上圣鉴俯允。谨奏。

咸丰五年八月初一日

臣绵愉

臣奕䜣

臣载锐

臣奕誴

臣载垣

臣裕诚

臣翁心存

臣麟魁

臣全庆

臣文彩

臣僧格林沁

臣德木楚克扎布

臣景寿

臣文庆

臣彭蕴章

臣穆荫

臣杜翰

——《咸丰同治两朝上谕档》第5册，第282—284页。

〇上谕

咸丰五年八月初一日内阁奉上谕：

十月二十五日朕亲送大行皇太后梓宫奉移山陵，据王大臣等合词具奏，以直隶地方连年兵差络绎，民力维艰，恳请停止亲送。朕追念慈恩，方以执绋相随藉伸哀慕，况事关典礼，何敢简略仪文。惟念现在直隶地方撤兵未久，民困未苏，若再以跸路经行重烦供亿，于心实有不安。朕仰承皇考付托之重，宵旰忧劳，无日不以爱民为念，今必拘循常典，转非所以上慰在天之灵，不得不兼权时势，强抑哀思，勉从诸王大臣等所请，停止亲送，所有一切礼仪，著恭亲王奕䜣前往恭代。届期朕于绮春园大宫门跪送后，仍步行恭送至红桥。所有应行典礼，各该衙门敬谨详查，酌核具奏。

钦此。

——《咸丰同治两朝上谕档》第 5 册，第 281—282 页。

八月十二日

〇绵愉等奏

臣绵愉等跪奏，为遵旨酌议具奏事。

本月初九日奉旨，在京兵丁旗人等，前经礼部奏请，照民人之例，于一月后嫁娶，兵丁旗人与军民人等一月后既准嫁娶，并著一体剃发，等因。钦此。初十日臣等复面奉谕旨，命臣绵愉等会同妥议章程，以归画一，等因。臣等伏查，各路出征官兵，前经礼部奏准，免其齐集举哀，制服不摘冠缨。现当逆匪未平，时有征调，京城旗营绿营训练操防，与出征官兵同关紧要。所有带操官员将弁，与兵丁同事差操，未便令其服制纷歧，致淆观听。谨拟在京八旗之骁骑营、健锐营、内外火器营、两翼八旗护军营、圆明园八旗及内务府三旗之各营，步军统领之巡捕、步军等营，所有武职章京将弁，均有管带操防之责，拟请自三品以下，无论旗营绿营，均准其于一月后剃发。至外省驻防及绿营官员兵丁并军民人等，均照在京武职官员兵丁民人之例，一律遵行。如蒙俞允，应请饬下礼部通行京外一体遵照。其大行皇太后几筵前执事各员及守卫殡宫官员、兵丁，凡在档木以内者，仍俟百日后剃薙发，以昭区别。

所有臣等遵旨酌议缘由，是否有当，伏乞皇上圣鉴，训示遵行。谨奏。

臣绵愉

臣僧格林沁

臣德木楚克札布

臣景寿

臣裕诚

臣文庆

臣穆荫

臣杜翰

咸丰五年八月十二日奉旨:依议。钦此。

——《咸丰同治两朝上谕档》第5册,第293—294页。

九月

九月初五日

○上谕

奕兴所管镶蓝旗满洲都统事务,著僧格林沁署理。

——《清代起居注册(咸丰朝)》第27册,第15735页。

九月十二日

○上谕

军机大臣字寄热河都统柏。咸丰五年九月十二日奉上谕:

会议军器王大臣奏筹议开采蒙古金银矿一折。据称蒙古地方向有金银等矿,经僧格林沁等函询该王公等,现接覆信,知喀拉沁、翁牛特所辖之伊玛图山等处均有矿苗,并将金银砂赍送到京,煎炼均有所获等语。口外产金产银等矿,该蒙古王等情殷报效,果能开采得法,于经费不无裨益。惟于蒙古游牧有无妨碍,著柏葰会同该王等将原折所称各该处亲行履勘,详加体察,如堪开采,即将一切章程妥议具奏。原折抄给阅看。将此谕令知之。

钦此。遵旨寄信前来。

——《咸丰同治两朝上谕档》第5册,第327—328页。

○上谕

咸丰五年九月十二日内阁奉上谕:

僧格林沁等奏酌添外满洲火器营官兵操演阵式一折,[1]著阅兵大臣将所添阵式阅看具奏。钦此。

——《咸丰同治两朝上谕档》第5册,第328页。

九月二十九日

○上谕

咸丰五年九月二十九日内阁奉上谕:

察哈尔解交上驷院牧放之马匹驼只将次到京,著派僧格林沁、穆荫兼管稽查。钦此。

——《咸丰同治两朝上谕档》第5册,第354页。

十月

十月十七日

○上谕

咸丰五年十月十七日内阁奉上谕:

僧格林沁、穆荫等奏稽查驼马膘分不齐,请将管解之翼领、牧长分别鼓励、惩处,开单

---

① 咸丰五年九月二十日,僧格林沁等奏:"伏查步队官兵枪炮连环及进退步伐,自应随时操演,以期纯熟,而临阵奋攻,设伏诱敌,尤为行军切要。此次直隶、山东军营每遇官兵整队进攻,贼匪势必潜匿不出,甚至贼匪由暗击明,官兵攻剿更难得手。若将官兵散伏于坑坎之间,或隐或现,诱贼出巢,伏兵突起奋击,必获全胜。奴才僧格林沁目睹军营情形,大队官兵仅可壮军威而助声势,于诱敌设伏难期便捷。臣等公同商酌,相度教场地势,变通阵法,拟请于大队枪操之外,酌添三阵。先将各旗官兵伏于教场以外,将台前红旗摇动,第一阵伏兵进队式,第二阵枪兵奋攻迎击式,二阵演毕,即接演旧有之转打抬枪式、五进抬枪式、连环抬枪鸟枪式毕,再接演第三阵长矛诱敌翻扑式,并马枪出敌式、马队交冲式,将台前蓝旗摇动,八旗分为八队,列成阵式,听令撤队。以上新添三阵,除本队进攻之外,另有接应队伍以继其后。所有酌添各项阵式,臣等公同演试,尚属联络。臣等为整饬操防起见,是否有当,谨绘图恭呈御览,伏祈圣鉴训示遵行。如蒙俞允,请敕派阅兵大臣阅看后,臣等即督饬该营翼长、章京勤加训练,务期一律纯熟,使兵丁等进退有则,步伐整齐,庶可得收实效。"详见中国第一历史档案馆藏录副奏折,档案号03-4236-025。

呈览一折。[1] 察哈尔解京马匹驼只，经僧格林沁等稽查，膘分不齐，所有全行堪用之解马翼领色博勒多布卓尔，著遇有该处总管缺出尽先升用，先换顶戴。固山达诺们达赖，著遇有该处翼领缺出尽先升用，先换顶戴。委署固山达色布腾那木札勒，著先换翼领顶戴。索特那木端岳特，著遇有该处固山达缺出尽先升用。笔帖式囊苏特札布、厄勒哲依达赖、勇隆旺楚克，牧长唐武忒桑斋扎布、达密林，均著遇有该处委署固山达缺出，间缺升用。不堪牧放较多之解马牧长敏鲁克札布那逊，委固山达索特那木喇布斋，均著革职。翼领三保、札勒沁，委署翼领图蒙巴雅尔、巴彦察、连泰、彭苏克喇什，固山达索特那木端鲁布，牧长沙克都尔札布、贡噶札勒沁、伊特兴、旺济勒端鲁布、巴札尔色迪拉、苏伦那尔图、厄勒哲依嘉，均著摘去顶戴。至此次捐输驼只，何以有口老残伤并二三岁驹驼至一千五百余只之多？显有抵换情弊，解驼之翼领玛呢巴达喇、护军校齐默特多尔济、牧长达瓦密济克僧格，均著革职，交刑部审讯。失察之察哈尔署都统穆隆阿、副都统庆昀，均著交部议处。余依议。

钦此。

——《咸丰同治两朝上谕档》第 5 册，第 382—383 页。

十一月

十一月初二日

〇上谕

咸丰五年十一月初二日内阁奉上谕：

会议军器王大臣等奏蒙古台吉捐造军器恳请奖励一折。科尔沁旗蒙古四等台吉特古

---

① 咸丰五年十月十七日，僧格林沁等奏："咸丰五年九月二十九日奉上谕：察哈尔解交上驷院牧放之马匹驼只将次到京，著派僧格林沁、穆荫兼管稽查，等因，钦此。旋于十月初十至十二等日，商都、太仆寺二处陆续解到捐输马二千匹，驼二千四百八十三只，次第到京，解赴南苑牧放。奴才等遵即亲赴南苑，逐群详加查看得，商都解到马八群，每群一百五十匹，共一千二百匹。太仆寺解到左翼三群马，每群一百六十六七匹，共五百匹；右翼二群马，每群一百五十匹，共三百匹。二处共解到捐输马二千匹。此内惟太仆寺左翼马五百匹膘分充足，均行堪用，其余马一千五百匹内，每群有膘分不堪用者或三四成、五六成不等。奴才等公同商酌，拟于所解之马全行堪用者，将解马之翼长等按应升之缺尽先升用，先换顶戴，以示鼓励；每群有三四成马不堪用者，将该解马之牧长等摘去顶戴；五六成不堪用者，将该解马之牧长等革职。管解翼领三保、札拉沁等一并摘去顶戴，以观后效。至解到马二千匹内，择出堪用马五百匹，尚堪牧放马九百零二匹，均交上驷院分群牧放；其余不堪牧放马五百九十八匹，交南苑郎中铭海招商变价。再，查商都所解捐输驼二千四百八十三只内，仅择出堪以牧放驼九百余只，交火器营收管。其余驼一千五百余只，非口老残伤，即二三岁驼驹。惟查此项驼只，系咸丰三年内外蒙古札萨克王公等捐输之项，何至有二三岁驼驹即口老者若许之多？显有抵换情弊。相应请旨，将该解驼之翼领玛呢巴达拉等革职，交刑部究办，以示惩警而肃牧政。至察哈尔署都统穆隆阿、副都统庆昀，乃系统辖之责，均有失察之咎，应请交部议处。其不堪牧放驼一千五百余只，交上驷院郎中广恩、火器营章京海林等招商变价。"详见中国第一历史档案馆藏录副奏折，档案号 03-4256-034。

斯吉尔嘎拉，曾随僧格林沁在连镇军营打仗杀贼，兹因火器营制造军器，捐银二千两，应得奖励，著理藩院核议具奏。

钦此。

——《咸丰同治两朝上谕档》第5册，第417页。

十一月初七日

〇上谕

谕军机大臣等：

前因都司衔义勇头目施绍恒，差勇目彭继辉、张洪发来京投递僧格林沁禀呈，当将该勇目等交步军统领衙门审讯，本日据该衙门讯明供词具奏。勇目彭继辉、张洪发，系僧格林沁派同詹启纶等前赴湖北探听贼情，行至楚境，因查验护牌系功牌改写，经营弁拿获看押，旋即查明释放。其同行之陈洪亮等四人，业经胡林翼营员弁拿获正法。此项义勇既已投诚，自应妥为安置，胡林翼因该勇目等护牌查验不符，疑为奸细，尚属有因。惟据供称，西凌阿、绵洵因义勇被贼裹去多人，便不给口粮，出队时亦不为接应，追贼匪下压，马队开弓向义勇放射。似此情形，是统兵大臣不能善为抚驭，恐将驱之从贼。该义勇等桀骜性成，本难驾驭，全在调度得宜，尚可收搏噬之用。著官文按照所禀各情确切查明，并令带勇员弁务当示以恩威，勿令有所藉口，别滋事端。原禀著钞给阅看。将此由五百里谕令知之。

——《清文宗实录》卷一八二，咸丰五年十一月丙寅。

十二月

十二月十七日

〇上谕

内阁奉谕旨：

镶蓝旗满洲都统著僧格林沁调补。正蓝旗满(满)[洲]都统著端华调补，所遗正黄旗汉军都统著柏葰补授。

——《清代起居注册(咸丰朝)》第28册，第16761页。

咸丰六年

二月

二月十五日

○上谕

内阁奉谕旨：

理藩院代奏(喀)[科]尔沁扎萨克博多勒噶台和硕亲王僧格(琳)[林]沁因伊生母病故、呈请赏假回籍穿孝一折。僧格(琳)[林]沁毋庸回籍，赏假百日，在京穿孝，并著加恩派乾清门头等侍卫布尔赫德由驿前往该处赐奠。再赏银七百两，由广储司给发，办理伊母丧事。伊子布彦那木呼，著再赏假四个月，办理丧仪。

——《清代起居注册(咸丰朝)》第29册，第17186—17187页。

二月十八日

○上谕

向荣、吉尔杭阿奏贼匪冲窜高资、堵剿获胜一折。瓜镇逆贼自正月十八等日挫败之后图窜愈急，二月初一至初五等日，上游贼营暗举号火，瓜洲、镇江之贼由金山渡过鲇鱼套，偷搭浮桥，至黄泥洲江滨扎垒二座，经游击张汝琳等瞭见，整队出攻。该逆三四千人分股由便民河徒涉而过，适刘存厚等援兵齐至，前后夹击，贼众败退。官军渡河追剿，援贼继至，愈聚愈多，被高资水勇登岸抄攻，守备衔刘襄等冲入贼队，兵勇合力截杀，共毙贼数百人。初六日，贼复涉水扑来，将张汝琳等营盘围绕，又在便民河营[……][1]差委等语。著兵

① 此处原稿有遗漏。

部传知僧格林沁,在连镇等处打仗出力人员内,择其晓畅营务、堪以带兵者酌保四五员,奏明请旨发往。

——《清代起居注册(咸丰朝)》第29册,第17221—17223页。

二月二十一日

〇上谕

谕军机大臣等:

英桂奏捻匪情形,请三省各防本境,另简大员专驻亳州进剿一折。从前剿办捻匪未能得手,既因在事诸臣不克和衷,此时专派英桂督剿,事权归一,应如何统筹大局、分别缓急、催兵进剿?乃请简派大员,进驻亳州,分投剿击,直似江皖兵勇皆非所辖,希图卸责。试思封疆大吏,经朕畀以督剿重任,岂尚不得谓之大员耶?前因捻匪直逼归德,谕令和春、福济即调郑魁士、塔思哈所带官兵,并伊兴额等马队,赴豫应援,今归德已无匪踪,情形一变,应令郑魁士等先由何处进剿,著英桂即行飞调。现在河南兵力甚单,昨已谕令直隶省调兵一千二百名,山西调兵一千名,陕西二千名,驰往归德,交英桂调遣。此项官军陆续可到,著即分拨进剿,不可令其株守归德。本日据王履谦奏,南岸刘口、北岸曹河民房官舍均被该匪焚烧,是匪踪已曾扰及北岸,现虽暂时回窜,难保不去而复来,设此路稍有疏虞,又蹈上年粤匪故辙。本日已谕崇恩带兵出省,赴曹单一带督防。其傅振邦等官军,本在英桂调度之内,即饬令严堵萧砀,迎头截击,不可任其深入徐州。英桂居中调度,总当遏贼北窜,令带兵各员由北而南,一路截剿,方操胜算。若以重兵悉置南路,不啻驱贼北来,轻重失宜,必致蔓延腹地。此乃大局形势,不可不知者也。连镇带兵得力人员,已饬部拣发赴豫。前据僧格林沁奏称,西凌阿善带马队,史荣椿善带步队,人皆诚实。然须用当其才,使不至有所掣肘,方能得力。该二员现在该抚营中,著察看委任。永城之围是否已解,虞城、夏邑等处有无贼踪,此次折内均未叙及。瑛棨等因该匪北窜刘家口等处,省城亟应守御,奏请派兵防剿。今刘口之匪虽已南窜,省城重地仍应严为设防,著传谕该藩司等妥为布置,毋稍大意。将此由六百里加紧谕令知之。

——《清文宗实录》卷一九一,咸丰六年二月己酉。

二月二十二日

〇上谕

内阁奉谕旨:

僧格(琳)[林]沁现在穿孝,其所管之正白旗领侍卫内大臣事务,著裕诚署理。

——《清代起居注册(咸丰朝)》第29册,第17254页。

三月

三月初九日

〇上谕

谕军机大臣等:

惠亲王奏筹备军粮一折。现在军务未竣,南漕缺额,近畿粮价昂贵,自应设法筹补,以实仓储。盛京地方连年丰稔,上年僧格林沁曾经派员前往劝捐,除提用外,尚有赢余,著承志等先将现存捐款就近购买谷石杂粮,并遴委廉干人员,劝导本地绅民,无论银钱谷米,均可一律报捐。所有收买及捐输各项粮石,著陆续由海运津起剥,解交京仓存积。该署将军等务须悉心体察,妥为办理,毋误储峙。将此谕令知之。

——《清文宗实录》卷一九二,咸丰六年三月丙寅。

四月

四月

〇僧格林沁呈(节录)

科尔沁扎萨克和硕博多勒噶台亲王僧格林沁呈军机处……前于三月初一日奉宸苑奏请挑挖护城河淤垫情形一折,奉旨钦派王大臣查办在案。今内务府欠交关税司员等,情愿措交银三万一千两。又在京王大臣等设措捐输,惠亲王捐京钱一万吊文,怡亲王载垣捐京钱一万吊文,博多勒噶台亲王僧格林沁捐京钱一万吊文,奉宸苑卿曾维捐京钱一千吊文,以备挑挖。查护城河原系保护城池,最关紧要。今淤垫情形较重,若 律挑挖,钱粮不敷。查朝阳门迤北至德胜门、西便门迤南至西南角楼二段,拟清挖河身,必须一律宽畅,水势通流,与风水有益。又拟河底淤垫并河坡积土、平垫泊岸、堆砌土墙,使平时(滀)[蓄]水六尺有余,方昭慎重等情,呈军机处代奏,请钦派大臣勘估钱粮,俟估有确数,另请钦派大臣兴修。为此谨呈。今将欠交关税司员约交银两数目、衔名清单一并呈递。

咸丰六年四月

内务府欠交关税司员约交银两数目衔名清单：

郎中瑞长　约交银一万两

郎中存樾　约交银二千两

郎中文勋　约交银五千两

郎中中福　约交银一千两

员外郎毓泰　约交银一万两

员外郎福瑞　约交银三千两

共约交银三万一千两。

——录副奏折，档案号03-4499-012。

八月

八月初七日

○僧格林沁、全庆奏（节录）

……窃奴才等蒙恩管理崇文门税务，当即严饬委员认真稽查，竭力整顿。自咸丰五年八月初三日接任起，至咸丰六年八月初二日止，计十二个月，一任期满，征收正额银十万二千一百八十七两五钱六分二厘，收盈余银十二万九千三百一两七钱八分八厘，通计正额盈余共实收银二十三万一千四百八十九两三钱五分，比照历年足额年分，短收盈余银八万三千四百七十五两一钱二分二厘，较之上任多收银五万七千四百七十八两七钱三分二厘。所收银内，除各处发项及本衙门一切官用均核减开销外，其余银两尽数解交户部。

再，征收海淀、药材、烧酒钱粮，除交正税外，余银一百二十五两五钱二分。又，罚项存公银一并解交户部。

今届一任期满，谨将征收正额及盈余项下支发各款核减开销银两数目另缮清单，恭呈御览……

咸丰六年八月初七日

——录副奏折，档案号03-4379-048。

○僧格林沁等单

咸丰五年八月初三日起，至六年八月初二日止，计十二个月：

征收海淀钱粮，除交正税外，余银三十两二钱六分；

征收药材钱粮，除交正税外，余银三十一两六钱九分；

征收烧酒钱粮，除交正税外，余银六十三两五钱七分。

共余银一百二十五两五钱二分。

咸丰五年八月初三日起，至六年八月初二日止，计十二个月：

收正额银十万二千一百八十七两五钱六分二厘；

收盈余银十二万九千三百一两七钱八分八厘。

以上正额盈余，共实收银二十三万一千四百八十九两三钱五分。

除交正额银十万二千一百八十七两五钱六分二厘，加平饭银三千八十八两六钱四分，净余银十二万六千二百十三两一钱四分八厘。

支发各项：

赏普济堂银一千两　核减支发银五百两，

赏功德林银一千两　核减支发银五百两，

赏太监银三千六百两，

赏茶膳房银二千两，

武备院领银五百两，

翰林院庶吉士饭银八十两，

军机处官员饭银四百二十两，

内阁官员饭银二百两，

内务府笔帖式饭银二百两，

户部户科河南道饭食等项银一千八百六十八两五钱，

步军统领衙门领暑汤冰水银四百五十两　核减支发银二百二十五两，

署中神祠供献香仪等项核减用银一百九十九两八钱五分，

署中饭食心红纸张等项核减用银二千七百九两六钱四分，

四科房书吏饭食并贴写人役工食等项银四千两　核减支发银三千二百两，

各门稽查书役人等饭食等项核减用银三千六百十三两六钱三分，

交广储司给发升平署人等月粮银二千两，

恭进银鱼、冬笋，并卢沟桥、海淀、东坝委员等公费饭食，膳房、厨役以及巡役人等饭食等项，核减共用银三千五百九十四两七钱四分。

以上各项俱照旧案核减支发。

共用银二万五千四百十一两三钱六分。

下余银十万八百一两七钱八分八厘。

［咸丰六年八月初七日］

——录副奏折，档案号03-4379-049。

〇僧格林沁等单

咸丰五年八月初三日起，至六年八月初二日止，计十二个月：

收罚项银一百三十两六钱，

赏查拿人役银六十五两三钱，

存公银六十五两三钱一并解交户部。

[咸丰六年八月初七日]

——录副奏折，档案号03-4379-051。

〇僧格林沁等奏（节录）

……奴才等上年奉命督理崇文门税务，当饬委员德克津泰、联康等竭力整顿，设法招徕，并将奴才僧格林沁、奴才全庆、原任监督奴才德兴及委员等应得饭银津贴，并卢沟桥等处所收零星税饭钱文，一并存公，以备关满赔补亏项，稍尽微忱。现届关满，所收盈余虽比上任多征五万余两，核计历年总数，仍少征八万三千四百七十五两一钱二分二厘，奴才僧格林沁等即应遵照定例分赔。兹拟将奴才等接任起至满任止，所存各项饭银津贴并卢沟桥等处零星税饭钱文易银，共计六千九十五两六钱，尽数解交户部，请旨敕部，将此项银两归于亏短总数内酌核。奴才等仍应分赔若干之处，俟户部议覆到日，奴才等即当遵照办理……

[咸丰六年八月初七日]①

——录副奏折，档案号03-4379-052。

〇僧格林沁等奏（节录）

……查崇文门每年应交同乐园节省银八千两，于道光二十九年八月初六日奉旨：崇文门每年应交同乐园八千两，著自本年为始，于此项内分交侍卫处二千两，仍以六千两解交内殿查收，每年均照此办理，钦此。钦遵在案。此项银两，奴才等如数备齐，遵例解交内殿银六千两，其余银二千两知照侍卫处查收……

[咸丰六年八月初七日]

——录副奏折，档案号03-4379-053。

① 本件及下一件，档案中未标明确切日期，据文中所述及本书前后文可以确定，其具奏及奉批日期当在咸丰六年八月初七日。

○上谕

咸丰六年八月初七日内阁奉上谕：

僧格林沁、全庆奏关税期满征收盈余银两亏短情形，并将税饭银六千九十五两零解部，请饬部酌核分赔等语。著户部核议具奏。单并发。

钦此。

——《咸丰同治两朝上谕档》第 6 册，第 213 页。

八月十一日

○上谕

咸丰六年八月十一日内阁奉上谕：

户部奏遵议崇文门短收税银酌核赔缴一折。[①] 僧格林沁应分赔银三千二百十二两零，著加恩全行宽免。德兴业经身故，应赔银两并著免其追缴。余依议。

钦此。

——《咸丰同治两朝上谕档》第 6 册，第 217 页。

① 本日，大学士管理户部事务臣文庆等奏："臣等伏查，崇文门原定正额税银拾万贰千壹百柒拾伍两叁钱壹分贰厘，至盈余银两，向系该监督等自行奏闻。今据崇文门监督僧格林沁等奏称，自咸丰伍年捌月初叁日起，至陆年捌月初贰日止，壹年期满，共收正额银拾万贰千壹百捌拾柒两伍钱陆分贰厘，盈余银拾贰万玖千叁百壹两柒钱捌分捌厘，计短收盈余银捌万叁千肆百柒拾伍两壹钱贰分贰厘，实因商贩不通、货物稀少，请部酌议等语。臣等查，上年崇文门短收税银，因粤匪窜扰，江路梗塞，商贩不通，亏短有因，经臣部奏请，将短收税银减免一半，再于一半中减免七成，其余三成著落该监督等分赔，奉旨允准在案。今查，崇文门税务以南来货物为大宗，自上年捌月开征以后，北路军务虽就肃清，南来商贩仍多阻滞，该监督奏称商贩不通、货物稀少，自系实在情形，且所收税银已较上年多征伍万余两，自应援照上年成案办理。臣等公同商酌，所有崇文门本年短收盈余银捌万叁千肆百柒拾伍两壹钱贰分贰厘，拟请援照上年成案减免一半，尚剩一半银肆万壹千柒百叁拾柒两伍钱陆分壹厘，按十成计算，再减免七成银贰万玖千贰百壹拾陆两贰钱玖分贰厘柒毫，以示体恤。其余减剩三成银壹万贰千伍百贰拾壹两贰钱陆分捌厘叁毫，查系额外盈余，例免议处，应著落该监督等分赔。兹据该监督等片奏，将所存各项税饭钱易银陆千玖拾伍两陆钱尽数解交户部，请部酌核等语。查上年前任监督花沙纳等将税饭钱易银叁千两先交赔项，奉朱批：花沙纳等业经减成，毋庸加恩宽免，等因。钦此。在案。今该监督等所交税饭银陆千玖拾伍两陆钱，自应照案开除，未便再请宽免。查该监督等应赔之项，除将所交税饭银两先行开除外，仍应分赔银陆千肆百贰拾伍两陆钱陆分捌厘叁毫。前任监督僧格林沁分赔一半，银叁千贰百壹拾贰两捌钱叁分肆厘壹毫伍丝，应遵照臣部定例，贰千两以上至伍千两予限贰年完缴。原任监督德兴，在任壹百零玖日，应摊赔银玖百柒拾贰两柒钱柒分肆厘捌毫陆丝，亦应遵照定例，叁百两以上定限壹年完缴。接任监督全庆，在任贰百伍拾壹日，应摊赔银贰千贰百肆拾两零伍分玖厘贰毫玖丝，遵照定例，壹千两以上至伍千两予限贰年完缴。应令自奉旨之日起，按限照数完缴，以符定例而重税课。"详见中国第一历史档案馆藏录副奏折，档案号 03-4379-054。

十二月

十二月初二日

○上谕

咸丰六年十二月初二日内阁奉上谕：

前据僧格林沁呈验奕纪采办桑园山地方矿砂，当交户部查验煎炼。兹据户部奏称，试炼矿砂，得银无多。且喜峰口外桑园山地方前曾降旨封禁，仍著无庸开采。

钦此。

——《咸丰同治两朝上谕档》第6册，第345页。

十二月十二日

●僧格林沁奏（节录）

……窃奴才遵旨，于本月十一日，会同奴才全庆等，将新制大小皮炮在芦沟桥演试，按五百弓立靶，每炮四出，到靶者二出，其余数十弓至二百余弓不等。演毕，奴才等详细验视，炮身间有振裂情形。查军火器械允宜坚固致远，方可存备调用。此项皮炮既无准无力，且不坚固，实属不堪备用……

咸丰六年十二月十二日

——录副奏折，档案号03-4236-075。

十二月二十八日

○上谕

内阁奉谕旨：

正黄旗领侍卫内大臣著僧格(啉)[林]沁调补，正白旗领侍卫内大臣著裕诚调补。

——《清代起居注册(咸丰朝)》第33册，第28180页。

十二月三十日

○起居注

上御保和殿，筵宴朝正外藩科尔沁、乌珠穆沁、巴林、扎赉特、喀喇沁、敖汉、土默特、鄂

尔罗斯、杜尔伯特、和阗、阿克苏、喀什噶尔、叶尔羌、喀喇沙尔、伊犁、青海、察哈尔王、贝勒、伯克及朝鲜正副使等，随文武大臣依次就坐。诸乐并作。上进酒。召左翼科尔沁卓哩克图亲王巴图、科尔沁扎萨克达尔汗亲王索特纳木彭苏克、乌珠穆沁扎萨克车臣亲王彭苏克纳木济勒、科尔沁扎萨克图郡王索特纳木伦布木、科尔沁扎萨克冰图郡王林沁扎勒赞、科尔沁郡王济克默特朗布、巴林扎萨克郡王纳木济勒旺楚克、喀喇沁扎萨克都楞郡王色伯克多尔济、敖汉郡王布彦德勒格呼固鲁克齐、扎赉特扎萨克贝勒拉木棍布扎布、科尔沁贝勒贡葛喇布坦、土默特扎萨克贝勒那逊鄂勒哲依、扎噜特扎萨克贝勒诺尔布林沁、喀尔喀扎萨克贝勒巴彦巴图尔、乌珠穆沁扎萨克贝勒达克丹、苏尼特贝勒三达瓦拉、鄂尔多斯扎萨克贝子额尔德呢绰克图、喀尔喀贝勒沙拉布贡格、杜尔伯特扎萨克贝子贡噶绰克坦、巴林贝子索哩雅、鄂尔多斯贝子扎那吉尔迪、鄂尔多斯贝子巴达尔呼、科尔沁扎萨克博多勒噶台亲王僧格林沁、喀喇沁贝勒德木齐扎布，右翼阿拉善亲王贡桑珠尔默特、喀尔喀扎萨克亲王车林多尔济、喀尔喀扎萨克贝勒济木丕勒多尔济、绰罗斯贝子二等侍卫伊铿额等，至御座前赐酒。成礼。

——《清文宗实录》卷二一六，咸丰六年十二月癸丑。

咸丰七年

正月

正月二十四日

〇载垣等奏

臣载垣等谨奏，为遵旨会同妥速议奏，恭折仰祈圣鉴事。

据巡视中城御史保恒等奏疏通大钱一折。咸丰七年正月十六日奉朱批：御前大臣、军机大臣会同户部妥速议奏。钦此。

据原奏内称，窃当十铁钱久已畅行，近因私铸搀杂，奸商把持，并闻有奸民造言停铸当十铁钱，以致市间渐不行使。本月十一日恭读谕旨，仰见皇上圣虑周详，轸念民依之至意。臣等遵即出示晓谕，并亲督司坊官同赴市廛，曲为开导，如查有奸商把持阻挠，即行究办。至胥吏亦严加约束，不准骚扰。惟数日之间，各铺户虽已开市，物价愈见昂贵。小民生计日艰，情急滋事，若尽绳以法，不惟于事无济，其情亦属可悯。若不极力挽回，诚恐民困日甚，火热水深，愈难补救。臣等目击情形，实深焦灼。伏思钱法总贵流通，当十大钱仅止京城使用，不能推广畅行，日形壅滞，以致与制钱大有轩轾。且利贵因民，京师鼓铸，铜铁并重，制钱大钱，相辅而行。朝廷立法本为至善，无如臣工办理未尽妥协，日久弊生，利民而反以累民。臣等体察舆情，公同商酌，谨就管见所及，酌拟数条。等语。

臣等谨按该御史等原奏五条，会同悉心妥议，逐款覆核，恭呈御览。

一、各州县纳解钱粮宜收铜铁大钱一条。

据称，国家财赋出入以钱粮为大宗，而法必由近及远。叠奉谕旨，饬令顺天、直隶官收民用，一律行使。无如各州县阳奉阴违，情怀观望，总由藩库不肯遵收，致各州县得以藉口。此后民间交纳钱粮，请以银四成、宝钞三成、大钱三成，铜铁并收，悉听民便。如州县不收大钱，一经民间控告，即行从严参办。至部库、藩库，一律并收。等语。

臣等查，铜铁当十大钱，叠经户部奏奉谕旨，饬令顺天府府尹、直隶总督严饬各属，征收钱粮搭收当十大钱，如商民不用，由州县究办；州县不收，由司道揭报；司道驳斥，由总督严参在案。兹据该御史等奏称，此后民间交纳钱粮，请以银四成、钞三成、大钱三成，铜铁并收等语，自系为流通大钱起见，应请准如所奏，顺天、直隶所属交纳钱粮，以实银四成、五宇宝钞三成、当十大钱三成，铜铁并收，悉听民便。其零星小户应交宝钞成数，不及制钱五百文者，准以当十大钱抵交。其所交宝钞、大钱数目，按照现定章程办理。今既按成搭收，所有一切用项，亦自应按照所收成数搭放，方为平允。现当钱粮开征之日，该府尹、总督等接奉部文，迅即刊刻誊黄，先行晓谕，使民共知。查直隶府属无多，现届本年征收上忙钱粮之时，由户部无论现任候补，择其公正勤能者，每府派委一二员前往，会同地方官一并征收，由该府所属各州县取具甘结，报部存案。嗣后如各州县不遵照此次征收成数章程，阳奉阴违，以及胥吏勒掯不收，或仍收实银、官为代办宝钞大钱等弊，准令百姓来京呈控，无论官吏，即照阻挠大钱例从重加等治罪。如奉行不力，该上司又不据实揭参，即由户部奏请，将顺天府府尹、直隶总督藩司严加参处。

一、亟饬部局多发铜铁大钱以冀流通一条。

据称，大钱只行于京师，城外甚为稀少，应令户工两局、铁钱局颁发大钱，交顺天府府尹、直隶总督委员分解各州县铜铁大钱各五千串，交地方官发商听民交易，以便百姓交纳钱粮。此项钱文一年归款。等语。

臣等查，铜铁大钱京外之不能流通，由于州县之不收纳，以致市肆商民不敢携带出京，而城外大钱遂觉稀少。如地方官果能认真按成征收，在京贸易商民自必贩运大钱出京，通行各处，以供百姓交纳钱粮之用。若如该御史等所奏，先行颁发各州县铜铁大钱各五千串，发商听民交易，窃恐不肖州县罔知大局，发商则多方勒掯，征收则故为阻挠，甚或颁发之日暂为存库，开征之后仍收现银，一俟解交藩库，即以所存大钱起运。是不仅运费徒糜，转足以启州县抵换之弊。兼之每月兵饷钞本专藉各局月铸钱文为之接济，顺天、直隶所属计一百六十余州县，若每州县颁发铜铁大钱各五千串，计需京钱三百余万吊，无论各局现铸卯钱无此巨款，将来兵饷钞本从何接济？该御史等所奏应毋庸议。

一、户工两局、铁钱局宜妥定章程核实鼓铸一条。

据称，铜铁大钱原与制钱相辅而行，现在市间不惟制钱日少、大钱日多，并当十、当五铜钱亦属罕见，固由奸商囤积，亦恐各局每月鼓铸未能配搭均匀。应请饬令各局悉心筹画，每月应筹制钱若干，当五当十铜钱、当十铁钱各若干，以免偏重之弊。并请严拿私铸，以杜搀杂。等语。

臣等查，户局每月额铸制钱三万一千二百余串，当十大钱合制钱六万二千四百余串；工局每月额铸当十、当五大钱各三万一千余串；铁钱局每月额铸当十大钱合制钱一十五万

三千一百余串，制钱三万七千五百余串。各局所铸各项钱文，原已配搭均匀，岁有定额，并无破碎模糊等弊。惟以城外四乡大钱未能通行，仅能于城内周转，而铜铁制钱又为奸商收买，出京买银牟利，兼之城外私铸大钱贩运来京，贱价售卖，真伪混淆，日甚一日，此市肆制钱所以日少、大钱所以日多也。该御史等所奏自系未知各局情形，惟所称严拿私铸以杜搀杂之处，应请旨饬令步军统领、顺天府、五城暨直隶总督严饬所属地方官，无分畛域，实力缉拿。如查有私铸匪徒，无论首从，均于讯明后令该督恭请王命，就地即行正法，以儆刁玩而重圜法。并著乡长、保甲以及四邻准其出首报官，如有隐瞒不报者，一经访闻，分别定拟徒流。如该地方官自行拿获，俟讯明办理后，由该督奏请议叙。傥被邻境访拿，即将该地方官从严参处，以杜因循而免推诿。其无知匪徒聚众私铸，并准地方官报知旗营，会同起获。惟查国家设局鼓铸钱文，无论制钱大钱，军民人等所重者国宝，原非以铜铁而论。今既明定章程，嗣后使用铜铁大钱，除破碎不堪使用者准其挑剔，既字画端楷，虽有毛边沙眼，俱令一律行使，以免奸商猾吏藉私铸之名任意挑拣，致坏钱法。

一、崇文门两翼、户部捐铜局均宜认真搭收大钱一条。

据称，京城捐局税务每年所入为数甚巨，能一律搭收大钱，则民间知大钱与制钱并无歧异，并早为出示晓谕，毋任胥吏舞弊刁难，致阻圜法等语。

臣等查，捐铜局搭收大钱，业经户部于议覆给事中伍辅祥折内酌定搭收章程，计每银壹两搭收大钱六百文，合计收捐壹万两，可收大钱六千吊，为数已不为不多，应请勿庸再议。至崇文门左右翼税银应如何分成搭收当十大钱之处，应请饬下该监督等迅速酌核定议，奏明办理。

一、官钱铺请饬户部严行整顿以杜弊端一条。

据称，闻各官号或囤积制钱，或以制钱私相贸易，或以钱票收买私铸，始则重票轻钱，继则重铜轻铁。此铁钱壅滞之由也。查户部奏设官号，原为流通钱法，接济旗营兵饷，乃该商等假公济私，视为利薮，抑扬操纵，百弊丛生。若不严行整顿，其害不可胜言。现闻户部令官号用银赴市收买当十铁钱，务须认真稽察，不准稍有捏饰。并请饬令户部出示，准民间持铜铁大钱赴官号易其本票，钱数不得增减，自无重票轻钱之弊。至民间钱铺，如有囤积制钱、收买私铸等弊，各衙门一体认真查办。等语。

臣等查，户部所设官号，原为开放每月兵饷，钱票宝钞藉资周转。该御史等所奏一切情弊，商情诡谲，所有售卖制钱、收买私铸等弊，臣等实难保其必无。应由户部随时认真严密稽查、妥定章程外，所有十四官号暨五城内外钱铺，仍应请旨，饬令步军统领、顺天府府尹、五城一体严密稽查。如有官民铺户专卖制钱、暗买私铸者，即行从严究办。如官吏不实力奉行，从中渔利者，别经发觉，尤当从重治罪。其所称现闻户部令官号赴银市收买当十大钱，缘本月初十日市肆不用铁钱，官民各钱号均不赴银市交易，户部因令各官号将所

存现银赴市兑买,以冀倡导民号一律交易。乃查近日官号照常办理,民号上市者甚属寥寥,应令顺天府、五城传谕民间钱铺,一体赴市兑易银钱,俾商民共知大钱仍可通行,不为谣言所惑。至所称准民间持铜铁大钱赴官号易票一节,又据给事中宗稷辰奏请,令兵民执钱换票等语,奉上谕,著御前大臣、军机大臣会同户部一并妥速议奏,钦此。臣等查,官民钱铺与商民交易,以钱易票,以票易钱,原为例所不禁。其市肆兑换情形,不惟官不能为经理,商民亦不能操其权。若均以大钱赴官号易票,办理殊多窒碍。臣等公同商酌,以钱易票,原为市肆兑换之常,与其赴官号易票,不如仍令商民照常赴市兑换,庶足以昭平允。惟钱数不得擅为增减,以免重票轻钱等弊。

以上五条,臣等谨就现在时势,参酌成案,详细核议,缮折具奏。是否有当,伏乞皇上训示遵行。

再,此折系户部主稿,合并声明。谨奏。

咸丰七年正月二十四日

臣载垣

臣僧格林沁

臣德木楚克扎布

臣景寿

臣彭蕴章

臣柏葰

臣穆荫

臣杜翰

臣翁心存

臣基溥 留署

臣沈兆霖 假

臣熙麟

臣杜翮

——《咸丰同治两朝上谕档》第7册,第21—27页。

○上谕

咸丰七年正月二十四日内阁奉上谕:

前因御史保恒等奏请疏通大钱,并联顺奏请定交纳章程暨转运粮石,先后谕令御前大臣、军机大臣会同户部妥速议奏。本日据载垣等会议具奏,京师行用铜铁大钱,总由直隶省未能设法疏通,以致情形壅滞,自应亟筹变通。著照所议,顺天、直隶各属钱粮,即自本

年上忙为始，著以实银四成、宝钞三成、当十铜铁大钱三成，按成搭交。其零星小户应交钱粮，不足宝钞之数者，准以大钱抵交。所交宝钞、大钱数目，按照现定章程办理。一切用项，亦照成数搭放。该府尹、总督迅即刊刻誊黄，遍行晓谕，务使民间家喻户晓，按章输纳。

朕闻直隶州县征收钱粮，或勒揹实银，私换钞票，种种舞弊，该上司不能严加参劾，均堪痛恨。现在既往不咎，嗣后如敢仍前疲玩，不收宝钞、大钱，勒令交银，或经民间呈控，或有人参奏，定将该州县照枉法例从重治罪。如该上司徇隐不参，著户部奏请严加议处。

至所请由部派员赴各府会同征收、取结报部存案之处，恐有名无实，转滋烦扰，即著该府尹、总督责成该道府等，于所属开征时严密访查，有弊必惩，傥有徇庇等情，该上司亦无从藉词诿卸。

其私铸大钱罪名，前经从重定拟，而愚民无知，仍多藐玩，自应尽法惩治。著步军统领、顺天府、五城暨直隶总督严饬所属实力缉拿，如查有私铸匪徒，即照所议，无分首从，均于讯明后就地正法，以儆刁风。甲长、邻居隐瞒不报，分别徒流治罪。该地方官自行拿获者，于讯办后由该上司奏请奖叙；如被邻境访拿，即将该地方官从严参处。

至捐铜局搭收大钱，前经户部议定章程，每银一两搭放大钱六百文。其崇文门左右翼税银应如何分成搭收当十大钱之处，著该监督等迅速酌核具奏。官民钱铺如有囤积制钱、收买私铸者，著步军统领、顺天府、五城一体查拿严办。

似此详加整顿，大钱既可疏通，即粮价自然平减。所有乡间米石，仍著该府尹等饬令各属晓谕，务使照常贩运，公平粜粜，以济民食。余依议。

钦此。

——《咸丰同治两朝上谕档》第 7 册，第 20—21 页。

〇载垣等奏

臣载垣等谨奏，为遵旨议奏恭折仰祈圣鉴事。

咸丰七年正月二十日奉上谕：给事中宗稷辰奏请招商买米并疏通大钱各折片，著御前大臣、军机大臣会同户部一并妥速议奏。钦此。臣等遵即将该给事中宗稷辰原奏公同阅看。大致以民之受困者在大钱之壅滞，尤在粮食之缺乏，因筹及借本招商，以为米捐之地，系为民食紧要起见。臣等伏查，奉天及天津等处节经户部奏开米捐，并采买米石，招商贩运，其捐米捐钱、助赈平粜之议，亦经户部次第定拟酌办。本月二十日复经钦奉上谕，准照臣彭蕴章等所拟，由户部筹款，发交顺天府府尹，于京城附近地方购买米麦运京，并准照户部所议，传齐粮行经纪，酌中定价，于五城内外择殷实铺户，取具保结，认领钱票宝钞，承办粮石，公平发粜。是筹本办米，劝捐平粜，均属现办之件。惟捐输米石，必须广为招徕，方足以期集事。该给事中所称顺天所属宝坻、武清等县米面甚贱，并计及于奉天之贩运等

因，应请旨饬下盛京将军、奉天顺天各府尹、直隶总督，谆饬所属，剀切出示晓谕商民人等，将米粮源源运京，以备捐生购买，仍一体准其免税。至该给事中奏请钦派大臣专司运米收米事宜，应否准行，恭候钦定，再行按照成案，将米捐兑收章程酌核办理。

除该给事中附片所奏疏通圜法一节，业经臣等汇入议覆五城御史折内奏办外，所有酌议捐米招商缘由，理合缮折具奏，伏乞皇上圣鉴，训示遵行。谨奏。

咸丰七年正月二十四日

臣载垣

臣僧格林沁

臣德木楚克扎布

臣景寿

臣彭蕴章

臣柏葰

臣穆荫

臣杜翰

臣翁心存

臣基溥 留署

臣沈兆霖 假

臣熙麟

臣杜翻

——《咸丰同治两朝上谕档》第7册，第27—28页。

○上谕

咸丰七年正月二十四日内阁奉上谕：

前因给事中宗稷辰奏请招商买米并捐米平粜一折，当交御前大臣、军机大臣会同户部议奏。兹据载垣等会议具奏，该给事中所称顺天府属宝坻、武清等县米面甚贱，并计及奉天贩运，请饬出示招徕等语，著盛京将军、奉天顺天各府尹、直隶总督各饬所属州县，剀切出示晓谕商民人等，务将米粮源源运京，俾捐生得以及时购买。其经过地方，准其照例免税，以广招徕。所有收捐米石并奖叙事宜，著派仓场侍郎阿彦达、李菡查照捐米成案，酌核章程办理。所收米石，或留备仓储，或接济平粜，俟集有成数，再由该部酌议具奏。

钦此。

——《咸丰同治两朝上谕档》第7册，第20—21页。

正月二十九日

〇载垣等奏

臣载垣等谨奏,为遵旨会同速议具奏恭折仰祈圣鉴事。

咸丰七年正月二十一日内阁奉上谕:给事中吴惠元奏请筹流通大钱一折,著御前大臣、军机大臣会同户部一并妥速议奏。钦此。臣等遵将该给事中原折公同查阅,据称,大钱不行,不独直隶省钱粮等项宜改收大钱,即崇文门、顺天府与长芦盐务、地丁、税课各款,除宝钞照常交纳外,其搭成之银俱宜按照以银折钱章程,不分铜铁,一例改收大钱等语。臣等查,顺天、直隶交纳钱粮,业于核议五城御史折内,定以实银四成、五宇宝钞三成、当十大钱三成,铜铁并收,其崇文门左右两翼税银应酌收大钱,令该监督奏明办理,钦奉谕旨饬遵。所有该给事中奏请将顺天直隶地丁、崇文门税务搭成之银改收大钱,应毋庸再议。惟奏称长芦盐课改收大钱之处,查咸丰五年六月,长芦盐政以该处银价昂贵,奏请将盐课酌收实银五成、制钱三成、钞票二成,经户部核准在案。该处盐课向为拨解盛京俸饷大宗,所有五成实银,应令仍照旧章拨充该省俸饷;其二成钞票、三成制钱,即改收五宇宝钞二成、当十铜铁大钱三成。傥该盐政、运使等奉行不力,阻挠钱法,由户部按照现定章程从严参办。惟大钱之收项愈多,则私铸之匪徒愈众,是以臣等于会议五城御史折内,将私铸罪名从重定拟。而地方官若不能实力缉拿,仍恐有名无实。应令顺天府尹、直隶总督遵照臣等前议,严饬各属认真访拿,有犯必惩,无得阳奉阴违,致干参办。所有遵旨会同速议缘由,理合缮折具奏,伏乞皇上圣鉴,训示遵行。谨奏。

臣载垣
臣僧格林沁
臣德木楚克札布
臣景寿
臣彭蕴章
臣柏葰
臣穆荫
臣杜翰
臣翁心存
臣基溥
臣沈兆霖
臣熙麟
臣杜翻

咸丰七年正月二十九日奉旨:依议。钦此。

——《咸丰同治两朝上谕档》第7册,第40—42页。

二月

二月十八日

〇向荣、吉尔杭阿奏

镇江各营勇多于兵,勇数既多,势不能责成一人统带。因思前随僧格林沁在连镇、冯官屯打仗出力之员应不乏人,合无仰恳皇上天恩,俯念江镇军营乏员差遣,在连镇等处打仗出力人员内遴选敢勇服众者四五员,迅速驰驿来营,以备委用。

——《钦定剿平粤匪方略》卷一四七,第8页。

〇上谕

上谕内阁曰:

著兵部传知僧格林沁,在连镇等处打仗出力人员内,择其晓畅营务、堪以带兵者,酌保四五员,奏明请旨发往。

——《钦定剿平粤匪方略》卷一四七,第8—9页。

〇载垣等奏

臣载垣等跪奏,为遵旨议奏恭折仰祈圣鉴事。

宗人府府丞钱宝青奏请将持钱易票之条再行妥议一折。咸丰七年正月二十九日奉朱批:原议王大臣妥速议奏,片并发。钦此。臣等遵即将该府丞原奏公同查阅,大致以持钱易票为急则治标第一关键,因本五城之议,由官号而推及于民钱铺,其说未尝不是。臣等伏查,军兴以来,饷需支绌,经户部奏设乾字官号四座,以钱票搭放八旗兵饷。嗣因兵饷全行改票,奏令内务府所开天字五号帮同办理。其宇升等五官号专为开放钞本而设。乾字四官号成本业经尽数提放兵饷,每月发乾、天各号票本银两及酌拨现钱、钱票,均不及应放兵饷钱数十分之八。即宇升等五官号之钞本,亦不能按应放宝钞之数全数发给,专恃各该号多开钱票,藉资周转。核计从前十四官号官票存并钞存几及二千余万,以后应放兵饷杂款,每月尚需钱票宝钞二百万上下,仍须各官号随时办理。若将私存铁钱概易官票,则各该号所放钱票过多,市肆情形又将有轻视钱票弃置不用之弊,不惟户部放款诸多窒碍,并恐旗民生计益形窘促。且畿辅一带数百万人家铺户,若有铁钱者同日纷纷赴十四号换票,

无论地窄人多,各号应接不暇,万一市井无赖聚集多人,乘间滋扰,别生事端,咎将谁执?即由官号而推及民铺,臣等亦未尝不见及于此。特以钱易票,虽为例所不禁,若必悬诸功令,五城内外在在均有棍徒,官亦何能逐段弹压?必致民号畏累,纷纷关闭,于大局不无妨碍。此五城原议户部所以不敢谓可,臣等亦未敢轻议照办也。该府丞钱宝青复援五城之议推及于民号,果使钱法从此流通,臣等亦何敢坚执前议?特恐其效未见,而害已先形。臣等再四思维,实属漫无把握。查户部现议招商平粜,由部发给钱票宝钞,饬商认办粮石,准兵民人等取具现行铜铁大钱,按照定例购买,钦奉谕旨遵行。将来贫民所得零星大钱皆有去路,与持钱易票之法名虽异而实则同,应由户部会同顺天府赶紧办理。该府丞所奏拟请仍照臣等前议,令商民人等照常赴市换易。

再,该府丞请将户部捐铜局及崇文门解部大钱抵作铁钱局应铸大钱若干,发交官号,令铁钱局核计省出成本,减铸大钱,增铸制钱等因。臣等查,铁钱局大钱制钱酌量增减,已由户部会同惠亲王等奏明办理。至收买官票一节,查官票易钞,现据爱仁奏请改复旧章,奉旨交部议奏,应由户部酌拟章程,另行奏明办理。

所有酌议缘由,理合缮折具奏,伏乞皇上圣鉴,训示遵行。谨奏。

[咸丰七年二月十八日]

臣载垣

臣僧格林沁

臣德木楚克扎布

臣景寿

臣彭蕴章

臣柏葰

臣穆荫

臣杜翰

臣翁心存

臣基溥

臣沈兆霖

臣熙麟

臣杜翻

咸丰七年二月十八日奉旨:依议。钦此。

——《咸丰同治两朝上谕档》第7册,第62—64页。

二月二十日

〇载垣等奏

臣载垣等跪奏，为遵旨速议具奏事。

咸丰七年二月十六日给事中英汇奏请详查商人领票买粮弊窦一折，奉朱批：御前大臣、军机大臣迅速议奏，于数日内覆奏。钦此。又，御史陈鹤年奏招商平粜、请设立官厂一折，奉朱批：著与英汇折一并速议。钦此。臣等详阅该给事中等原奏，盖恐商人实领虚买则于官有亏，籴多粜少则于民无利，因请设为稽查之法。所奏均不为无见。臣等正在会商间，旋于十七日据户部、顺天府酌拟平粜章程具奏，奉上谕：户部、顺天府奏遵旨会办平粜酌拟条款开单呈览一折，各粮行承领宝钞钱票，购粮平粜，著照该部等所议，各就所进之门，将何项粮食为数若干，开单报明该门，以备总局查核。其有就近购买接济者，亦令报明各该地面官厅备查，以杜领多买少之弊。至出粜时如有拥挤滋闹及强用破烂钱文或铺户不收铁钱，著步军统领、五城各衙门派委员弁认真弹压稽查，如有前项弊端，立即从严惩办。余依议。钦此。是该给事中等具奏之时，尚未知户部、顺天府定有章程。今户部、顺天府条款业已奉旨准行，自应参酌异同，分别核议。

查英汇原奏各条：一、请照甲米之例派员分门稽查；一、请饬商人将领数先行注册，将粜卖所得之钱随时归款；一、请令商人承买，不拘粮色，并不准刁难大钱。均与户部、顺天府所奏大致相同。惟分门稽查一节，该给事中拟请奏派御史，意在慎重。而事涉纷繁，现经奉旨准户部等议，由所进各门呈报，更为简易。其商人卖得之钱随得随交，亦涉琐屑，自应仍以积至五百吊交收为便。以上三条，应请仍照户部、顺天府原定章程办理，毋庸另议。至所称城外居民准令入城零购一条，查京师内外城粮食皆系运自四乡，此次承领各粮行，本无城内城外之别，若论外城之外，则皆本产粮食之区，尽可在乡购买，倘准其买粮出城，恐积少成多，奸商又从而滋弊，所奏亦毋庸议。

至陈鹤年所请设立官厂派员监粜，似系仿照五城放赈之例办理。惟设厂往往有拥挤之弊，似不如现办章程多分粮店较为便民。其所虑籴多粜少、囤积居奇之弊，诚恐难免。查户部、顺天府原奏，本有先派委员查验各行现存粮石之议，应请即责成顺天府、五城认真查察，如果籴多粜少或囤积居奇，断难掩人耳目，一经查出，即行从重惩办。所有现办章程，似未可纷更，转失便民本意。

臣等悉心会商，意见相同，理合恭折覆奏，伏乞皇上圣鉴训示。谨奏。

［咸丰七年二月二十日］

臣载垣

臣僧格林沁

臣德木楚克扎布

臣景寿

臣彭蕴章

臣柏葰

臣穆荫

臣杜翰

咸丰七年二月二十日奉旨:依议。钦此。

——《咸丰同治两朝上谕档》第7册,第69—71页。

四月

四月初十日

○上谕

西凌阿、庆昀奏调拨军营马匹遵旨护送进京一折,此项马匹到京时,著派僧格林沁、穆荫会同查验具奏。

——《清代起居注册(咸丰朝)》第35册,第21201—21202页。

五月

五月初六日

○实录

以恭亲王奕䜣为镶红旗蒙古都统,惇郡王奕誴署正红旗蒙古都统。调镶蓝旗蒙古都统桂良为正白旗满洲都统,镶红旗蒙古都统景寿为镶蓝旗蒙古都统,科尔沁亲王僧格林沁署镶红旗汉军都统。

——《清文宗实录》卷二二五,咸丰七年五月丙辰。

五月初十日

○载垣等奏

臣载垣等跪奏,为遵旨会议覆奏仰祈圣鉴事。

本月初七日奉朱谕:今日引见后,著御前大臣、军机大臣会同谭廷襄妥议流通大钱暨铁制钱办法,并将将来设有窒碍之处作何补救之方一并议及,庶免京外情形有所隔膜。惟不必另定章程,徒涉纷更。总期潜移默运,益民生而裕经费也。钦此。仰见我皇上廑念民生、集思广益,以期推行尽利之至意。

臣等窃思,疏通大钱并搭收钱粮,应先由直隶酌定章程,再由户部核计,方能中外相符,不致隔膜。当即会同商议。

臣谭廷襄伏查,本年春间,因京师大钱阻滞,钦奉上谕,饬令实力推行,并令直隶钱粮以实银四成、钞票三成、大钱三成按数征收,一律搭放,业已钦遵,通行晓谕。嗣因体察情形,大钱本未疏通,距京距省稍远之处民间绝不行使,奏明以大钱二成、制钱八成搭配通用。其大钱不到之处,钱粮内有应征之三成,暂准以制钱抵交。两陵兵饷内,三成大钱即以二八成钱核放,绿营亦先放一成,以期通畅。现在省城虽已遵照,而四路乡僻尚未全通,复经委员分投劝办。惟京师地面铁大钱仍然阻滞,查大钱便于整用而不便于零用,民间往往积存为累,视为畏途,银价之增、物价之昂率由于此。现在制钱日少,大钱日多,积而不行,为患益甚,自应变通尽利,以惠闾阎。前经户部议请加铸铁制钱以便行用,诚为釜底抽薪之善策,应请再行加炉广铸,并于直隶之天津、正定、大名等府一并添设铁制钱局,以助其不足。京师现铸铁大钱已属不少,应请停铸铁大钱,并停铸铜制钱,而专铸铜大钱,以示区别。铜则当十,铁则当一,等次犁然,不致混同无辨,俾民间知铜之宝贵。仍俟铁制钱充足,即行明定成数,一律搭配,内外通行,庶银价物价可平,而生计渐裕。至直隶钱粮,征收则银七票三,搭放则银五票五,行之业已数年。虽钞票不尽出自民间,而融消各营之钞票,则于兵丁不无裨补,即库款亦可藉得赢余。上年赈济工需,悉皆取给于此。现改为实银四成、钞票大钱各三成,实银少收数十万两,两司库益形支绌。而所收之制钱、大钱运解为难,散放不便,转多种种窒碍。且此项大钱、制钱亦恐不尽出自民间,上无益于国,下无益于民,而徒资中饱,诚属非计。况近来不特银少,即制钱亦甚少。现时天津、大名、正定各府银价悉在四串以下,民愿完银而不愿完钱,殊难相强。合通省之钱粮,以三成核算,应收制钱一百数十万串,若令悉储官库,市肆立见空虚,此又事之必不能行者也。在立法之初,原因疏销大钱起见,第大钱之通与不通,在市肆而不在钱粮,市肆通则钱粮自通。今国家每年弃数十万实银以求大钱之通,而终于有损无益,似不如仍循银七票三、银五票五之旧,较有实济。应请自本年下忙为始,直隶征收钱粮悉照银七票三之案办理,其大钱三成即纳在钞票三成之内,交票交钱,悉听其便。仍于各府设立钞局,准以钞票与大钱互相易换,再以大钱分发各行店,按二八搭配行使,庶钞票与大钱互相通融,以为补救,而京外不致隔膜,并可遵旨毋庸另立章程。

再,京师铁大钱积存已多,应如何照旧设法官收之处,应由户部核明,另行奏办。臣柏

蓘复与户部各堂官详加商榷,查钱法流通,总以子母相权,方可便民利用。前以铁大钱壅滞不行,经铁钱局奏明,改铸铁制钱八成、铁当十钱二成,原为逐渐转移,以资补救。惟查铁钱局现存铁大钱一百八十余万吊,五宇各官号存备钞本铁大钱一百余万吊,捐铜局收捐项下存储铁大钱二百余万吊,平粜处收存粮价铁大钱五十余万吊,共存铁当十钱五百余万吊。核计官存如是之多,实已足敷搭用。所有铁钱局尚铸二成大钱,似应照现议停铸。其停铸铜制钱、加铸铜大钱,应由户工两部酌改卯额,分别奏办。至京师铁大钱积存已多,现有捐铜局搭收二成,数月以来,已收铁大钱二百余万吊之多,此后源源接续,应毋庸另议官收章程,以归简易。现在距京数百里之外,民间即绝不见有大钱。直隶奏明以大钱二成、制钱八成搭配通用,原为因地制宜,变通办理。而京师则大钱日积日多,制钱经商民运售出京,日形其少。前以大钱八成、制钱二成奏令收放一律搭用,此时暂听商民通融行使,应俟市廛制钱充足,再行核定成数,均匀搭配,庶足昭详慎而图经久,不致又滋流弊,徒事纷更。

至铁制钱虽利于行使,总以敷用为要,亦不必过于加多。查山西、河南皆产铁之区,采铸亦便,现在正筹分铸运京,尚未确有把握。应随时体察情形,妥筹核办。京师毋庸遽议加炉,总在制造精良,防弊周密。所有铁钱局以及直隶添设各局加铸铁制钱,应令如式鼓铸,务使轮廓完好,字画清楚,藉资民用,勿惜目前小费。是为至要。

至奸民私铸,混淆官钱,尤不可不防其渐。在京应责成步军统领衙门、五城、顺天府一体严密查拿,遵照会议五城御史折内办法,从重治罪;并由直隶总督严饬各府州县认真查缉,严行惩办,毋得日久生懈,以维钱法而除弊端。

臣载垣等公同商酌,均属意见相符。总以铁制钱与铜大钱相辅而行,仍以宝钞运实于虚,当可便民利用。相应请旨,所有直隶省下忙征粮等事宜,并京师鼓铸章程,是否即照臣等所拟办理,伏候命下,再由户部知照铁钱局暨户工两部遵办。

所有臣等会议缘由,谨恭折具奏,伏乞皇上圣鉴。谨奏。

［咸丰七年五月初十日］

臣载垣

臣僧格林沁

臣德木楚克扎布

臣景寿

臣彭蕴章

臣柏葰

臣穆荫

臣杜翰

臣谭廷襄

咸丰七年五月初十日奉旨:依议。钦此。

——《咸丰同治两朝上谕档》第7册,第152—156页。

闰五月

闰五月二十一日

○载垣等奏

臣载垣等跪奏,为遵旨速议具奏事。

据署直隶总督谭廷襄奏推行大钱钞票章程一折,咸丰七年闰五月十七日奉朱批:原议王大臣速议具奏。钦此。臣等公同详阅,如所称各州县设立分局及持票取钱酌分缓急二条,系就该省现在情形斟酌办理。所称添局加铸铁制钱及省局搭铸当十铜钱并严惩偷漏三条,核与该署督会同臣等原议大致亦属相符。惟官票价值请照时价长落一条,核与部定章程究涉歧异。臣等谨按原奏所开各条分别核议,归并开列,恭呈御览。

一、由州县分设票局一条。

据原奏内称,各州县所收三成钞票,多以实钱四千抵收,拟即作为票本,令每州每县各设分局,于征收钱粮时,将所收钱文以二成开发本地就近各营确有发单印据之票,以一成留给民间完纳钞票。统计兵饷五成内,有二成当时即准取钱,三成仍归省城掣字。其杂项应放五成钞票,酌量款目,再搭大钱一成,许州县发交行店,以备民间二八搭用。州县解司杂项,亦准于钞票三成内搭解大钱十分之二。民间完粮应交三成钱文,由局发给印用小票,注明钱数,同实银一并投柜。截数时并计钱数,将分局所换营票汇总具批,连小票一并解司。等语。

臣等查,此条意在先通营中钞票,以民间所交之钱发兵丁所领之票,使交钱易票之利归之于上,而兵民皆得实惠。所拟尚为核实。其由州县设局,系为各就营分近便起见,所定成数系为收三放五、截长补短起见,发给印票系为豫防浮勒起见。均应如所议办理。

一、官票价值请照银价长落一条。

据原奏内称,直隶省现时银价,每两京钱三吊二三四五百文不等,若仍按京钱四吊作银一两责令交纳钱粮,比较额征银数转增,民间未免苦累,请随时按照银价一律核算,其价在四吊以上者,仍不过京钱四吊之数,等语。

臣等查,此条大意欲使营票之价与交钱之数相平,以便开发,未始非权宜之计。惟银票价值行之有年,各省均归一律,若听其随时长落,则各州县参差不齐,难以考核,且易起捏报短解之弊。应令仍按旧章,概以京钱四吊核收。其民间市价每银一两不及京钱四吊

者，准令仍交现银，俾民间不致苦累，而部中易于稽核，与现办章程亦无窒碍。其价在四吊以上各州县，仍令以京钱四吊为限，不准浮收。

一、持票取钱应分缓急一条。

据原奏内称，银七票三，现已改自下忙为始，其持票取钱，请自本年秋季起，除本年秋季所发有据之饷票，在于各州县征收钱文内，按原收银价支取外，其散归民间市肆钞票，仍照旧掣字办理，等语。

臣等查，此条系因钞票收少放多，局铸钱文缓不济急，是以量为分别，应如所议办理。惟所称按照原收银价一节，即系前条随时长落之价，今前条既经臣等酌核，拟令仍交实银，则此项营票应即将所收之银开发以足二成之数，毋庸另立原收银价名目，以杜轇轕。

一、添炉加铸铁制钱并省局搭铸当十铜钱各一条。

据原奏内称，省城铁钱二十五炉改为全铸制钱，并于正定、大名、天津三府各先开设二炉，俟有成效，再行续添。仍先酌拨两个月工本以资周转，年底通盘核计，除拨用外，盈余之钱易银归本。一切事宜，悉照省局办理，选派正佐各一员前往，会同地方官筹办。并称省局搭铸当十铜钱，相辅而行。各等语。

臣等查，此二条前经该署督会同臣等酌议具奏，业经奉旨允行，应准其分设炉座，先行试办。其筹给工本之处，亦应照所议办理。惟当十铜钱以京局所铸为大宗，该省存铜无多，本年五月曾经筹银赴京局易钱，倘日后铜斤不敷，自应设法周转，俾京局大钱源源出运。至所铸当十铜钱及铁制钱，务当仿照京局，轻重大小一律如式，以杜私铸而免纷歧。

以上各条，臣等悉心酌议，意见相同。

至严惩私铸，尤为整顿钱法紧要关键。况正定、大名距省较远，天津五方杂处，奸宄尤易潜踪，应令该署督严饬地方文武实力查拿，一经破获，即照新章程尽法惩办。傥地方员弁访拿不力，即由该署督据实严参，请旨从重惩处。庶奸私可以绝迹，而圜法益见流通。

所有臣等遵旨速议原由，理合恭折具奏，伏乞皇上训示遵行。谨奏。

［咸丰七年闰五月二十一日］

臣载垣

臣僧格林沁

臣德木楚克扎布

臣景寿

臣彭蕴章

臣柏葰

臣穆荫

臣杜翰

咸丰七年闰五月二十一日奉旨:依议。钦此。

——《咸丰同治两朝上谕档》第7册,第197—200页。

六月

六月二十六日

〇上谕

咸丰七年六月二十六日内阁奉上谕:

昨据御史毛昶熙奏参步军统领联顺徇私废法各款,当令左都御史肃顺面传谕旨,令将所参劣迹据实详奏。本日复据该御史奏称,已革笔帖式庆阳系联顺亲戚,今在步军统领衙门影射办事,揽权纳贿,广置房产,上年做寿演戏,五营将备齐往庆贺,营汛为之一空。其为联顺腹心,纵容舞弊,已有实据。著派端华、僧格林沁即将庆阳拿获,会同刑部审讯。庆阳家产并著端华等严密查封。至所参联顺得受营规、堆拨兵役每多缺额等款,著一并查明具奏。联顺著先开步军统领之缺,听候查办。

钦此。

——《咸丰同治两朝上谕档》第7册,第240—241页。

六月二十七日

〇僧格林沁奏(节录)

……窃奴才奉命,于六月二十六日带同侍卫处主事阿勒金布,笔帖式、内务府员外郎福瑞、宽惠,至蒋沟庆阳寓所,查得新旧房共三所,计四十二间;菜园一块,约五亩。屋内仅有桌椅、大小穿衣镜、木器数十件;木箱一只,内有女衣数件;书数十部,画数轴。余俱零星物件。均已查封,派内务府官役看守。询得看房家人张套儿口供一件,另缮夹片,一并恭呈御览……

咸丰七年六月二十七日

——录副奏折,档案号03-4122-070。

〇上谕

咸丰七年六月二十七日内阁奉上谕:

端华、僧格林沁奏遵旨查封庆阳家产,查有私存稿案各件,有乖体制等语。向例,各衙

门稿案均应收存官所，何以已革笔帖式庆阳寓所存有步军统领衙门稿案及各项报单？著联顺明白回奏。

钦此。

——《咸丰同治两朝上谕档》第7册，第241页。

七月

七月初五日

○上谕

咸丰七年七月初五日内阁奉上谕：

联顺身任大员，于奉旨饬令交出之家人迁延不交，已逾三日，显有隐匿情弊，殊属可恶，咎由自取。联顺著先行解任质讯，并派端华、僧格林沁即日前往，将该员家产查钞，毋任隐匿寄顿。

钦此。

——《咸丰同治两朝上谕档》第7册，第248页。

七月十一日

○上谕

咸丰七年七月十一日内阁奉上谕：

端华等奏会审被参大员，请将解任各官先行革讯一折。前因联顺于奉旨饬交家人延不交出，当经降旨将该员解任，并将侵用官项之经管笔帖式兰森等一并解任，交端华、僧格林沁会同刑部审讯。兹既讯据庆阳供称各员得受钱文，并每月分给姚大各情，均经向联顺告知，而联顺呈递亲供并不据实登覆，一切诿为不知，显有掩饰情弊。联顺著先行革职，笔帖式兰森、廉保、恩锦、恩霈均据供认得受钱文，著一并革职，交端华等严行审讯。联顺家人姚大即海寿，著步军统领衙门、顺天府、五城、直隶总督一体严密查拿务获，归案审办。

钦此。

——《咸丰同治两朝上谕档》第7册，第258页。

○上谕

前因联顺被参案内，究出步军统领衙门笔帖式廉保有侵用官项情弊，当将该员家产查

封。惟廉保系胜保之弟，现尚同居，所封家产，有胜保资财在内，虽将来定案时自必分别给还，第念胜保现在带兵剿匪，宣力行间，尚有老母在家，查封后未免失所。此案一时未能讯结，著端华、僧格林沁会同刑部，于查封廉保家产内，先将胜保一分查明给还，俾伊母得资养赡，用示朕眷念勤劳、恩施格外之意。

——《清代起居注册(咸丰朝)》第 37 册，第 22208—22209 页。

十月

十月初三日

〇上谕

咸丰七年十月初三日内阁奉上谕：

端华、僧格林沁会同刑部奏大员被参案内讯取供词请旨定夺一折。已革理藩院尚书、步军统领联顺，废弛营务，信任庆阳纳贿，纵容家人索赃，并失察属员侵蚀公项及滥保营员各款，业经端华等逐款讯明。惟得受钱粮房钱文一节，据庆阳等供系面交，而联顺恃无见证，坚不承认。联顺身任大员，罔知自爱，被参赃款研讯非虚，岂能任其狡展，以致案悬莫结？朕不为已甚，免其刑讯，著端华等即照众供确凿之例定拟罪名具奏。所有案内各犯一并定拟奏结。

钦此。

——《咸丰同治两朝上谕档》第 7 册，第 354 页。

十月二十七日

〇上谕

咸丰七年十月二十七日内阁奉上谕：

僧格林沁会同刑部等衙门奏遵旨定拟大员被参各款及案内各犯罪名[①]，并端华奏联顺等家产不应请抵各一折。此案已革理藩院尚书、步军统领联顺，身任一品大员，不知自爱，于所属钱粮有监临之责，竟敢得受换银余钱及办公钱文至三万四千余串之多，并有废弛营务及信任庆阳纳贿、纵容家人索赃、失察属员侵蚀官项、滥保营员各款，实属辜恩昧良。联顺著照所拟斩监候，勒限一年完赃后，从重发往新疆，所抄家产不准作抵。已革笔帖式兰

① 详见中国第一历史档案馆藏录副奏折，档案号 03-4580-014。

森、廉保、恩锦、恩霈、穆克登额,已革员外郎毓量,已革主事德清,已革司务伊奇立,均照拟斩监候,勒限一年完赃后,从重发往新疆。已革郎中椿龄、已革主事常顺,均著照拟杖流,限内完赃发往军台,如逾限不完,即著发往新疆。以上各员查封家产一并入官,均不准作抵。已革笔帖式庆阳,著从重发往黑龙江充当苦差,遇赦不赦,著落该革员家属勒限追赃,亦不准以家产相抵。已革书吏章安澜,著照拟斩监候,并即查抄家产入官,亦不准作抵。吏部主事恩辉,著交都察院照例议处。解任中营副将李英,著即革职。参将李万年、马溎,游击苏恩绶、马服襄、李炳业,都司王全山、肇春,守备程秀、纯贵、特通阿、周光恒、张海,笔帖式奎斌,均著分别交部议处。世袭云骑尉苏联芳,著交部照例议处。笔帖式庆春,著交部察议。余依议。

钦此。

——《咸丰同治两朝上谕档》第 7 册,第 403 页。

十月二十八日

○端华、僧格林沁奏（节录）

奴才端华、奴才僧格林沁谨奏……窃奴才等自七月初六日起,率同两蓝旗章京等详细查抄联顺住房三所,计一百七十二间,坐落在国子监胡同路北,契纸四套;路南马厩灰棚十四间,契纸一套;园寓一所,坐落在海甸太平庄;灰瓦房五十三间,菜园地十八亩,契纸一套。外有出租房八处,共房一百十八间半,契纸八套;铺面房二所,契纸一套;白家疃山园一所,灰瓦房六十一间,契纸一套。地三处,共五顷三亩零一段,契纸三套。衣服、首饰、玉器、什物、园寓器具,白家疃山园什物等项,并家人姚海寿家具什物,均已查清。当饬两蓝旗及该地面官兵严密看守。现联顺业已定罪,相应请旨,将联顺房间、地亩、园寓及白家疃山园房间,饬交内务府按契查收外,所有联顺之衣服、什物等件谨缮清单,并家人姚海寿家具什物另单,一并恭呈御览,请旨饬交何处,俟命下之日,奴才等再行遵办。

至抄出联顺所存当百等项铜钱及当十铁钱四十八串五百四十个,已缮入清单内。其余当十铜钱制钱一百九串八百八十个、官票银二百二十四两,已分放看守各处官兵作为饭食之需……

咸丰七年十月二十八日

【俟进宫后,自十一月二十一日起分日呈览。】

——朱批奏折,档案号 04-01-01-0865-036。

十二月

十二月初六日

〇上谕

军机大臣字寄绥远城将军成、归化城副都统德。咸丰七年十二月初六日奉上谕：

前据僧格林沁呈递归化城喇嘛洞等处所空矿苗，当谕令将四川派来炉民李福堂饬往山西，交成凯差遣。现在该炉民即日前往绥远城，著成凯、德胜遴派妥员，带同该炉民往喇嘛洞、清水镇等处详细踏看，如果矿苗畅旺，开采并无妨碍，即行具奏。将此谕令知之。

钦此，遵旨寄信前来。

——《咸丰同治两朝上谕档》第7册，第447页。

僧格林沁王府
Sengge Rinchen Palace

王立新　白乌力吉　主编

本册点校者　赫晓琳

僧格林沁史料长编

第三册

黄山书社

2021—2035年国家古籍工作规划重点出版项目（第一批）
2023年度国家古籍整理出版专项经费资助项目

本册目录

同治元年

正月

正月初三日

〇袁甲三奏

臣恭奉谕旨：袁甲三办理捻匪，是其专责，本年捻逆四出滋扰，该大臣从未派兵牵制。等因。臣查各股捻首在江境之铜沛萧砀、豫境之商虞永夏、皖境之蒙阜亳宿筑圩分踞，数百里贼巢林立，非各路会合，直捣巢穴，难期一气廓清。臣前在三省剿匪任内，驻师徐宿，目睹贼势狓猖，必须各路军营合力大举，曾于咸丰八年八月、十一月先后奏请饬下东豫巡抚挑选劲旅，派员统领前进，与臣合捣贼圩。彼时果能照办，贼势何至蔓延？乃前山东巡抚总以防守本境、遏贼北窜为词，河南之军亦未凑合，以致事机错失，竟成今日之患。今臣驻军临淮，居皖境之东偏，距贼巢均在数百里外，且中隔徐宿一军，势难派兵牵制。本年春间，屡请移军徐州，与僧格林沁及东豫各军会合，力图埽荡，旋因苗练，未能前往。现在臣营四面寇氛，西、南、北三路防剿尤关紧要，非俟苗事定局，(卢)[庐]郡克复，断不能分兵北路，直捣捻巢。但一经交春，捻逆必图外窜，诚如圣鉴，不可不先发制人。查总兵田在田驻扎徐宿，且距归德较近，如能会同严树森、毛昶熙密筹机宜，分路进剿，亦可以分贼势。臣俟楚师南来，皖事稍定，即当奏请移军北路，合力大举。

——《钦定剿平捻匪方略》卷一三〇，第6—8页。

〇上谕

前因捻逆四出滋扰，谕令袁甲三会同严树森、毛昶熙密筹机宜，分路进剿，为先发制人之举。兹据袁甲三奏，各股捻首在江境之铜沛萧砀、豫境之商虞永夏、皖境之蒙阜亳宿筑圩分踞，数百里贼巢林立。临淮一军，距贼巢均在数百里外，不能分兵北路，直捣捻巢。田在田驻扎徐宿，距归德较近，请就近会同严树森、毛昶熙分路进剿等语。徐宿一带捻匪，屡经窜扰东豫，肆意蹂躏，非乘冬令归巢之际直捣贼圩，春令气候融和，该匪又将外窜。田在田、吴棠专办徐宿剿匪事宜，责无旁贷，著即督率所部兵勇，将徐宿一带捻巢迅速攻克，一面知照郑元善、毛昶熙分路进剿，务将著名巨捻老巢先行攻克，则附近胁从小圩自可望风归正。僧格林沁一军现已进驻单县，距徐郡甚近，著田在田知会僧格林沁拨兵进攻，为四面捣穴捦渠之计。六合一城，为江北紧要门户，该逆既失此险要，势必麇聚贼党，并力来争，著吴棠迅速选派知兵文武各员前往守御，扼要驻扎，并办理一切善后事宜，毋稍大意。袁甲三军营饷需久缺，所有李世忠一军应赏银米，并著吴棠迅由江北粮台就近如数筹拨，毋稍延缓。将此由六百里各谕令知之。

——《清穆宗实录》卷一五，同治元年正月丙戌。

正月初四日

○上谕

田在田奏攻克汴塘贼圩等语。汴塘贼圩虽经官军克复，然贼匪向北败窜，与刘添详等股匪又合，仍恐不免旁窜，且有腹背受敌之虑。该处与山东地方毗连，道路四处可通，僧格林沁驻军曹郡，必须严密防范，遏其分窜之路，著即分兵兜剿，以期迅速歼除。谭廷襄办理设汛安营各事宜，是否已臻周妥，著遵奉前旨，与僧格林沁筹商，添兵策应，并严饬沿河各地方文武员弁，督率乡团，实力巡防口岸，毋稍疏虞。清淮屡为逆匪窥伺，难保不再图窜扰，吴棠有帮办剿匪之责，更宜合力防剿，毋令纷窜。至田在田所部各军口粮，仅可供支至正月初旬，饷需情形，极为支绌，亟须就近接济，著吴棠于江北粮台，无论何款，迅速筹拨解往，俾免饥军哗溃。将此由六百里各谕令知之。

——《清穆宗实录》卷一五，同治元年正月丁亥。

正月初七日

○上谕

严树森、毛昶熙奏贼氛环逼、苗患尤巨，请广选将才、调拨马队一折。苗沛霖阴险很悍，实为中原巨患，本日已谕胜保速赴颍州，密为筹办。惟蒙亳颍霍一带村圩，苗逆分布党与，融成一片，近又句结粤捻首逆，图扑颍州。颍郡西、南、北三面均与豫境归陈汝光处处毗连，光固又有潘四一股逼处，是豫境边防万分吃紧。胜保刻下督兵赴颍，严树森即日交卸，将赴湖北新任，归陈一带，系毛昶熙专责。郑元善统辖全省，责无旁贷，惟当与毛昶熙和衷商酌,派拨劲兵,分投防剿。张曜一军,如平舆得手,应派往何路策应,并著妥商布置,毋令苗练有隙可乘,扰及腹地。其蒙亳捻股,及汝宁踞贼、正息土匪,并直东教、会各匪,肆行纷扰,亦应分兵援应,妥筹兼顾,以期次第肃清。吉林、黑龙江与俄国接壤,其马队未便分拨,已谕托明阿调拨西安马队一千名赴豫防剿。此项马队到时,须勤加训练。如一时未能赶到,即著咨商僧格林沁酌量分拨,以资攻剿。将此由六百里谕令知之。

——《清穆宗实录》卷一五,同治元年正月庚寅。

正月初八日

○僧格林沁、国瑞奏

查直东防务紧要,胜保由豫赴颍,已奉旨派副都统遮克敦布驰赴直东交界,会同大顺广道王榕吉接办防务。直东地面现无大股贼踪,即有零星匪徒,谭廷襄一军驻扎东昌,足资剿办,设有外来贼匪扑窜情形,尚可拨兵前往会剿。

至袁甲三奏捻股窜扰固镇,另股东窜,请令臣等派队扼剿,奉谕酌拨兵勇,兼顾睢宿。查睢宿地方虽关紧要,尚有田在田一军进剿,吴棠现已赴淮筹备战守,惟捻匪股数众多,时思北窜,北路之防尤较南路吃重。捻匪现又窜至丰县,正在调拨马队前往迎剿,若抽兵兼顾睢宿,尤恐顾彼失此。况数百里移师往援,亦恐缓不济急。田在田统军徐宿,防剿捻匪东窜是其专责。袁甲三驻兵临淮,南路可期控制。严树森、毛昶熙等扼守河南,以杜捻匪西窜。臣等统军驻扎北路,以固藩篱。胜保复督兵颍上,西北兼防。惟有请旨严饬各路统兵大员认真防守汛地,实力进剿,各路官军均能逼近贼巢,声势联络,互相接应,方克有济。

臣等以北路紧要,于十二月二十七日移营单县。据报,江南丰县地方,南捻立棱眼即苏金、二老渊等,复率领马步二万余人,窜至金乡、鱼台一带,经臣等饬翼长舒通额等带领马队绕至北面剿办。贼见我军有备,旋复回窜,当令营总苏克金率领马队驻扎曹马集,于正月初一日进剿。我军至丰县迤西、鱼台东三十余里之汴家集地方,遇该逆马步万余,横亘七八里,列仗迎拒。我军排队冲杀,该逆始犹抗拒,继见我军分为三路,奋勇冲压,该逆踉跄败退。我军乘胜追剿三十余里,因汴梁集迤东村落稠密,该逆处处埋伏,轮转抗拒,我军自辰至未,转战多时,共毙贼数千名,余贼向东南遁去。次日,各起马队仍向东南进剿,探得该逆连夜向丰沛一带奔窜,意欲回巢。我军因连日追剿,疲困撤队,驻扎马良集,稍缓兵力。

至德楞额会同田在田呈报克复汴塘,查刘平盘踞汴塘,经德楞额会同吴棠围攻两月之久,复由臣等军营拨给炮位,正可即时进剿。田在田督军会攻汴塘已经半月,设若实力攻剿,早经克复,不致南捻窜至援应,刘平出圩,现在蔓延淮东,所报克复殊属不实不尽。德楞额自应请旨暂行摘去顶戴,责令剿办刘平、刘双印等股,以赎前愆。至刘双印等,前经色尔固善、富尔荪、李其昌等招抚未久,复萌故智,滋扰地方,是该员等草率于前,又不能迅速剿办于后,咎无可辞,应请旨将头品顶戴协领色尔固善、副都统用佐领富尔荪、候补参将李其昌等暂行革职,以示惩警,仍责令随同德楞额,速将刘平等股剿抚并施,以赎前愆。

臣僧格林沁现令德楞额带领马步各队速回峄县,先清腹地贼匪。臣等驻扎单县,济宁较为空虚,现令西凌阿由曹县前往济宁驻扎,以资弹压。

——《钦定剿平捻匪方略》卷一三一,第22—26页。

〇僧格林沁奏

查自上年八月起,浍河南北各股捻匪,如刘添详、刘添幅、魏群、李城、苏金即立棱眼、二老渊、胡四、赵浩然、张洛敏、罗麻子等股,窜入东境,均经我军痛加剿洗。惟李加膺一股尚未大受惩创,现闻由汴塘东窜。南捻魏希元,于上年八月间曾遣人递禀乞抚,并已禀知吴棠。昨又禀称,各股捻匪因巢穴乏食,欲于今正大举北窜,是北路之防尤关紧要。查吴棠久驻徐郡,剿抚皖捻机宜均甚熟习,相应请旨饬下吴棠,俟将清淮防务办理妥协,仍应迅速回徐驻扎,以便臣与之会商,剿抚兼施,用固北防。

——《钦定剿平捻匪方略》卷一三一,第26—27页。

〇谭廷襄奏

查直东自开东至景州,东省自濮范至德州,延袤六七百里,黄河由西南流向东北,运河由东南流向西北,大名、东昌两郡均在运河之西、黄河之北。扼守南路,以开东濮范为要;扼守北路,以威清临德为要。而河道多在山东,势据上游,必先守东,而后能顾直。现蒙钦派副都统遮克敦布会同大顺广道王榕吉接办防务,似应驻扎开濮之间。该处近接大名,防剿尚易为力。

东省濮范虽已设防,其风俗人情,迥非大名可比。且水套之匪尚未净尽,现在河路未通之处,冰凌与泥淖相间,只可稍缓再行搜查。濮州迤南水套内,尚有郭申令等匪众潜藏,亦须河路稍通,方可设法进剿。臣驻扎东昌,严防北路,并于郡西南之朝城县派拨马步千余,与濮范两军相为犄角,西顾直隶,北蔽莘堂,情形现已周密。

惟自黄河改道后,濮范极为吃重,各该地方额兵无多,不敷控制。河东罗家河口为贼匪出入要地,并无专汛,必须分别裁改增添。臣欲于罗家河口扼扎一军,南接曹县,北卫濮范。而臣营无可分拨,拟与僧格林沁妥商酌派。僧格林沁现已移扎单县,曹郡仍应留兵,以资联络。

北路有东昌一军,自茌平至德州均可无虑。西南虽有朝城一军可蔽莘堂,惟冠馆邱县临清,系久经匪扰之处,仍须酌驻一军,以护直隶南界。臣营马步三千有余,分驻东昌、张秋、范县、朝城四处，均形单薄，前经奏奉谕旨，饬令僧格林沁酌拨马队前来，臣已函催办理。现探南捻五旗并出，窜至丰县，边马已抵鱼台。僧格林沁正值迎剿之时，马队恐难遽拨，臣惟就现在应办防剿事宜，先行妥办。

——《钦定剿平捻匪方略》卷一三一，第 27—29 页。

〇谭廷襄奏

上年十二月二十六日，南捻窜至朱家湾，与汴塘贼匪勾连，势甚猖獗。副都统德楞额攻剿汴塘踞匪，正可得手，援贼突至，经该副都统击败，袭破圩墙，逆首刘平拥众向东北窜走，当拨马步各队前往追逐。惟援贼赵学颜等股约有三万余人，又有蓝旗刘添详等续扑大营，已派勇队抄过河北堵截等情。臣查德额楞系专办南路防剿大员，围攻汴塘日久未破，复有援贼麇至，亟须堵扼北窜之路。惟闻该副都统扎营系在运河以南，既被扑营，堵遏恐不得力。现在山湖两路并无重兵，殊属可虑。现咨僧格林沁就近派兵前往协助，并饬兖州镇总兵扎隆武等督兵分路严防，并饬峄县地方官收放湖水，调团扼守。仰恳天恩，饬下德楞额认真堵遏，毋得任贼北窜，以全大局。

——《钦定剿平捻匪方略》卷一三一，第 29—30 页。

〇上谕

僧格林沁等奏迎剿皖捻获胜一折。江南丰县地方，尚有南捻立棱眼即苏全、二老渊等股马步二万余人，窜至山东金乡、鱼台一带，经僧格林沁饬令行营翼长苏克金等带兵迎剿，贼即回窜。正月初一日，进兵至丰县迤西、鱼台以东汴家集地方，遇贼迎拒，官军奋勇冲击，贼众踉跄败走，各军乘胜追逐三十余里，贼复拚死回拒，转战数时，毙贼数千名，救出难民数百名，夺□旗帜、器械、骡马无算，余匪向东南丰沛一带奔窜。副都统德楞额会同徐州官军(攻)[围]攻汴塘刘平股捻，未能实力攻剿，致贼蔓延，咎有应得，著暂行摘去顶戴，责令剿办刘平等股贼匪，以赎前愆。其逆首刘双印，前经色尔固善等招抚，未久仍复滋扰地方，亦属咎无可辞，头品顶戴、协领色尔固善，副都统用佐领富尔荪，候补参将李其昌，均著暂行革职，以示惩儆，并责令随同德楞额，速将刘平等股贼匪剿抚兼施，毋稍玩误，致干(咎)[重]咎。

——《清代起居注册(同治朝)》第 1 册，第 92—95 页。

〇上谕

据僧格林沁奏迎剿皖捻并遵筹剿办窜匪，及谭廷襄议覆直东防剿事宜各折片。畿辅地面现无大股贼踪，即有零星匪党，谭廷襄一军驻扎东昌，足资剿办。僧格林沁仍随时查看情形，统筹兼顾，以固北路藩篱。

前据毛昶熙、袁甲三各奏，请令僧格林沁移军亳州及派兵扼剿东窜捻股，据该大臣覆称，北路之防，尤较南路吃重，现在捻逆复窜至丰县，调拨马队前往迎剿，断难抽兵兼顾徐宿，且一经分拨，贼众兵单，奔驰数百里间，既恐缓不济急，裹积亦非易易。惟有各路统兵大员及各督抚认真防守汛地，四路同时合筹进剿，一俟何路逼近贼巢，各路官军声息相通，互相联络接应，以为捣穴捡渠之计。田在田统军徐宿，防剿捻匪东窜是其专责，本日业经寄谕该总兵并吴棠认真办理。僧格林沁统军北路以固藩篱，兼图节节进剿，所请令吴棠移扎徐宿会商之处，已谕令酌度情形，即行禀覆该大臣矣。袁甲三驻兵临淮，即应控制南路。郑元善、毛昶熙等扼守河南，以杜捻匪西窜。各将本汛严行备豫，为通力合作之谋。向来各路带兵将帅，往往于无贼之时，并不筹思进剿，一遇有警，即以贼众兵单、请饬应援为词。该大臣等务各随时豫为合谋，刻以灭贼为心，毋蹈从前恶习，如有临时事机贻误，断不能幸邀宽宥也。

副都统德楞额，与田在田会攻汴塘，未能遏贼东窜，谭廷襄片奏该员恐不得力，亦与僧格林沁所奏略同。田在田前奏攻克汴塘，既有不实不尽，何以不即一并奏参？著僧格林沁即行查明，据实具奏。德楞额如果不能得力，亦即严参。

遮克敦布到防，据谭廷襄奏，应驻濮范之间。该抚驻扎东昌，严防北路，并于郡西南朝城县派拨马步千余，与濮范两军犄角。其罗家河口应扎一军，安河东即以安河西。均著僧格林沁妥商调拨。冠县、馆陶、邱县、临清久经匪扰，仍应酌驻一军，以护直省南界。此事关系直东防务，甚为紧要。胜保留兵，曾否议定扼要驻扎？谭廷襄所部马队不敷调度，并著僧格林沁即量为酌拨，俾资分布。傅振邦前在南路剿捻，尚称得力，前经饬令务于正月到京，据谭廷襄奏，该员旧证复发，乞假一月调理，自应俯如所请。僧格林沁所奏东路防堵，惟运河一道尚可凭藉，应令傅振邦带领登莱等府团练，驻扎运河北岸窑湾海赣一带，与德楞额联络守御之处，著俟该员假满到防办理。

将此由六百里各谕令知之。

——《清穆宗实录》卷一五，同治元年正月辛卯。

〇上谕

前据吴棠奏称，接奉前旨，酌量地方情形，应行驻扎清浦，居中调度。本日复据僧格林沁奏，自上年八月，浍河南北股捻，如刘添详、刘添幅等，窜入东境，均经痛剿而回，恐难甘心。其李加英一股，尚未大受惩创，现闻由汴塘东窜。有赴僧格林沁军营投诚之南捻魏希元，曾将此情禀知吴棠。昨又具禀，探闻各股捻匪巢中乏食，即欲今正群股大举北窜等情。请饬吴棠将清淮防务办理妥协，迅速回徐驻扎等语。吴棠移扎清浦，前奏如筑土圩、安营集练各事宜,自当办理就绪。现闻群捻又将北窜,徐州地属紧要,僧格林沁即欲得人商办,惟清口距徐郡尚远,著吴棠酌量,如可前往,即将清浦防务料理妥实,择员接办,抽身一行,与僧格林沁会商剿抚之策;如不能前往,或新任徐州道张富年亦可禀商,即著迅速知照僧格林沁,总期与事机无误。

上年十二月,有南捻立棱眼等股窜至山东金乡、鱼台一带,经僧格林沁饬派各军迎剿,贼复窜向东南丰沛一路遁走。田在田统军徐宿,防剿捻匪东窜是其专责,前经奏报攻克汴塘贼巢,如果属实,何至南捻纷窜、接应逆首刘平出圩,现复蔓延淮东?殊恐所报军情不实不尽,本日业将会剿汴塘贼匪之副都统德楞额暂行摘去顶带,责令带兵自效,以赎前愆,著田在田即将前奏攻克汴塘实在情形明白回奏。

现在通饬各路统兵将帅合力剿捻,互相策应,不准迁延贻误,傥仍前玩泄,或粉饰战功入告,贼至即以兵单贼众、请饬应援为词,事机先误,揆厥所由,必当治以应得之罪,决不宽宥也。

将此由六百里谕令知之。

——《清穆宗实录》卷一五,同治元年正月辛卯。

正月初九日

○上谕

前因严树森奏,豫省漕粮未能如期交纳,请照历年成案,春兑春开,以应京仓急需,当经谕令户部速议具奏。兹据户部奏称,河北三府地方,小民甫经安业,应完漕粮未能如期交纳,系属实在情形,所请春兑春开之处,自应准照办理。惟南漕缺额,京仓需米孔殷,请饬该省迅速办理等语。著郑元善严饬该粮道,催令有漕州县上紧征收,依期运次交帮北上,不得再有藉口,率请变价,致误仓储。至东豫运河,为漕艘经行要路,并著僧格林沁、文煜、郑元善、谭廷襄迅将直隶、河南、山东各处匪徒剿除净尽,务令运河两岸一律肃清,以利漕行。将此由四百里各谕令知之。

——《清穆宗实录》卷一五,同治元年正月壬辰。

正月十一日

○贾臻奏

颍郡被围,为日已久,不特袁甲三、李世忠、李续宜等未闻有拨兵援剿之期,即胜保所派总兵成禄一军,亦无入皖确耗,而环城贼营日逼日近,该逆恃其人众,更番攻扑,四关之兵不敷战守,粮台存饷早已告罄,火药铅丸等项存储无多。而今日之贼,发捻悍练合而为一，人数十倍于我。附近民圩助寇兵而赍盗粮者，相望于道。若迟之又久，音耗杳然，众心自危，内变将起。合无仰恳皇上天恩，俯念郡城至危，将士苦守，再行饬下胜保兼程南来，先催其前队总兵成禄、黄得魁等带兵速由太和抵颍。闻僧格林沁前军已抵归德，西凌阿亦抵睢宁，距颍甚近，并请饬下僧格林沁派兵就近援剿，而以大队径由蒙亳进捣捻巢，以速其回顾。袁甲三、李世忠、李续宜等亦分由临淮、六安两处派队驰援，毋以道梗饷乏为词。庶几重围可解。臣仍就现有兵练竭力固守。

——《钦定剿平捻匪方略》卷一三二，第15—16页。

〇上谕

贾臻奏，传闻上年十二月间，僧格林沁大军进至曹县、考城一带，其西凌阿前队已抵睢州、宁陵，该处距颍非遥，请饬酌拨一旅之师，赴颍援剿等语。颍州贼众兵单，被围甚急，据称该大臣若径趋蒙亳，则围城捻匪必将回顾老巢，是捻匪去而粤逆之势孤，颍州之围自无难立解。惟前据僧格林沁奏，因刘双印复萌故智，该大臣驻扎单县，济宁较为空虚，已令西凌阿由曹县前往济宁驻扎。该大臣现在防剿北路，正当吃紧之际，能否拨兵前往颍州及径趋蒙亳之处，即著相度机宜，妥为策画。兹又据贾臻加紧奏报，城围日紧，待援急迫，该大臣已近单宋，前队如能迅援颍郡，即行策应，方为妥善。

再，前据该大臣奏，德楞额会同田在田呈报克复汴塘，不实不尽，谕令该大臣将田在田攻剿情形是否确实查明具奏。兹据田在田奏，匪首刘平已于本月初三日就捻正法，其家属腹党无一漏网等语。并著僧格林沁一并查明，据实具奏。

将此由六百里谕令知之。

——《清穆宗实录》卷一六，同治元年正月甲午。

〇毛昶熙奏

查河南现在情形，发捻苗逆逼处东陲，南北各路土匪方炽，非统筹全局，不足以资控驭。窃以归陈二郡相去尚有二百余里，宋营兵力万难兼顾，宜令穆正春统带所部五千人进扎陈州，其原扎项城都司王永庆一营五百人，亦归该将节制，与皖省颍州互为声援。再由臣会商抚臣郑元善，酌派得力文职大员会同办理。至汝宁、光州糜烂已极，张曜一军力量太单，应责成新任巡抚郑元善添募劲旅，亲统前往。盖抚臣久官汝光一带，百姓爱戴，必能号召乡团，以资捍御。至省城为根本重地，防务万不可疏，宜令杨飞熊统带所部二千五百人驻扎，专司防守。如河北有警，即由东河河道总督黄赞汤就近调拨，驰往救援，并请旨饬下内阁侍读学士段晴川，会同河北道周煦徵，妥筹河北三府团练，以壮声势。至亳捻巨患，臣独当之，仍请旨饬下科尔沁亲王僧格林沁，派拨兵勇，节节进剿，臣当督饬将弁会捣贼巢，以清巨患。至一切筹兵筹饷应如何酌量变通之处，容臣会商抚臣郑元善，陆续奏闻。

——《钦定剿平捻匪方略》卷一三二，第9—11页。

〇上谕

严树森奏河南东路有警、仍将省防兵勇留驻，并饬总兵穆正春赴楚等折片。据称，亳捻刘二老冤等，复有装旗聚众、分路出窜之信，宋防情形吃重，僧格林沁前敌马队已抵单、宋之交，恐该匪乘虚西窜各等语。亳捻屡经出扰，宜防伺隙西窜省垣，亟须厚集兵力，以备不虞，穆正春在豫正资得力，严树森所请饬令带领亲军五百人、马队五十骑随往湖北之处，殊于豫省军务非宜。穆正春如已起程，著即饬令折回河南，仍率所部，交郑元善调遣。其游击李世玉、都司王国良、周兆常三员及所带马步亲兵，均著一并折回。严树森赴鄂需员，现在周凤山所招湘勇成军，正当由鄂北行，著即毋庸赴豫，留于湖北，归严树森调遣。郑元善接任豫抚，务将严树森布置一切妥为办理。豫省军情，该抚责无旁贷，不得以胜保带兵由豫赴颍，藉词推诿。并著催提余际昌新募楚勇，迅速整队赴豫，取道信阳，疏通驿路，将正罗确信一带土匪，会合张曜所部兵勇，节节埽荡。

即日又据毛昶熙奏筹画归陈军务及恳请单衔奏事各片，所称归陈势难兼顾，应令穆正春统带所部进扎陈州，并令郑元善添募劲旅，亲统前往汝光剿匪等语，恐于省防不甚相宜，殊非强干弱枝之义。省防留驻之兵，若仅杨飞熊一军二千余人，一经贼氛窜逼，又恐战守俱困，致贼肆其窜扰。著毛昶熙会同郑元善悉心妥筹，毋致顾彼失此。亳捻为患甚巨，毛昶熙自请独当其任，谅非徒托空言。本日又经寄谕僧格林沁，酌量派拨兵勇，节节进剿，惟北路藩篱，尤关紧要，僧格林沁兵力亦非甚厚，恐其未能多拨，仍著该学士就所部各军，严密堵剿，毋令蔓延，并督饬项城所驻都司王永庆等营实力守御。河北团练，即应由该学士知照段晴川，会同该地方官妥为整理。军情紧要，如有会商不及之处，毛昶熙著准其单衔奏报，以免迟延。

将此由六百里各谕令知之。

——《清穆宗实录》卷一六，同治元年正月甲午。

正月十五日

〇吴棠奏

臣查捻逆叠窜东境，屡经亲王僧格林沁痛剿败回。昨准该亲王来函，已督师追贼至单县地方。此时捻逆慑于军威，不敢北犯，惟清淮防兵单薄，是以乘间东趋，深恐此堵彼窜。且该亲王大兵已至单境，距徐属砀山不过百余里，乘胜南征，即可直捣宿永贼巢。设捻股乘虚由沭阳北窜山东，该亲王恐转为贼牵掣，不能南下，该逆反得负嵎自固。惟有吁恳天恩,饬下亲王僧格林沁,迅拨马队二三千名,兼程驰赴沭阳追剿,庶该捻急于回顾,不敢东窜,并不致乘隙北犯,实于南北大局均有裨益。

——《钦定剿平捻匪方略》卷一三二,第31—32页。

〇上谕

吴棠奏,捻匪自徐境东窜沭阳县境,请饬僧格林沁迅拨马队追剿等语。捻首李城等纠合各股匪徒,由汴塘迤东并股北窜,自峄县顿庄闸抢渡运河,旋由红花埠、刘马庄窜至沭阳之马蹄庄、汤家涧等处,经吴棠调派副将袁世功等督带马队前往沭阳迎剿获胜,获贼讯供,此次捻逆出窜,约三万余人,欲东窜阜宁、盐城打粮。现在大股捻踪,仍在沭阳盘踞,盐城、阜宁一带尚属完善,亟须厚集兵力,痛加剿洗,以裕江北饷源。僧格林沁所部各军声威素著,该匪闻风震慑,现已督师追贼至单县地方,距徐属砀山仅百余里,著即酌量迅派马队二三千名,兼程前赴沭阳,会同吴棠派出之袁世功等兵勇合力兜剿,俾该匪急于回顾,不敢东窜,并不至乘隙北犯,则剿办自易得手。僧格林沁务须统筹全局,南北兼顾,是为至要。

清淮兵力较单,现据吴棠咨催龚耀伦赴任,并檄调张祖云等带队来援,著田在田即饬各该员克日起程,迅赴沭阳会剿,毋稍迟误。清江防守事宜,吴棠业经赶筑圩墙,并添调步队,齐集练丁,协同扼守,布置尚属周妥。仍著严密防范,不可稍涉大意。

又,吴棠片奏,徐台万分支绌,截留清淮军需银一千八百两,又提拨藩库银三千两,解赴徐郡,以资接济,徐州军饷,已可支持。田在田惟当激励将士,将徐宿一带贼圩次第攻克,毋稍稽延。

将此由六百里加紧各谕令知之。

——《清穆宗实录》卷一六,同治元年正月戊戌。

正月十七日

〇上谕

谕议政王、军机大臣等:

近日风闻直隶沧州海口有海船驶至,所载系江浙难民,并已驶进海汊,已由总理衙门行文文煜等查办。旋据崇厚呈报总理衙门,与所闻情形略同。现在海河未尽开冻,北风司令,南省船只何以遽能驶至?且江浙难民避至闽广等处尚在意中,何以辄来北省?雇赁海船,价值非轻,既系难民,何能有此力量?实属可疑。著文煜、崇厚刻即遴派干员,星驰前赴沧州查看,该船共系几号,所载共若干人,是否实系难民,如形迹实有可疑,即会同该地方文武设法捡拿。此项船只,既已托称难民,即未携带器械,亦恐系贼匪假冒,探问直省虚实而来。文煜等务当督饬委员及该地方官严行查究，认真办理，不得稍涉草率。傥敢意存将就，或以驱逐出境即为了事，将来别经访闻，惟文煜等是问。盛京为根本重地，山东密迩畿辅，防范尤宜严密，即著玉明、僧格林沁、谭廷襄将各该海口防务派委贤员，会同各该地方官实心办理，毋许稍涉松懈，致有贻误。将此由六百里各谕令知之。

——《清穆宗实录》卷一六，同治元年正月庚子。

正月十九日

○吴棠奏

臣于正月初八日派队赴钱家集剿匪获胜，当饬袁世功、吴凤柱带队追剿。十一日及贼于沭阳西北庙头地方，游击张振西等各带马队合兵进剿。该逆马贼约七八百名，步贼五千余名，列仗抗拒。我军马队分三路齐进，鏖战两时，阵毙贼匪五千余名。张振西等从旁冲入，各军继进，马贼先遁，步贼随溃。我军乘胜追杀，毙匪五百余名。

十二日，后股捻匪二万余名，自高流等处窜至蒋家圩，与前匪合股。袁世功等即赴蒋家圩，会合朱光庭等步队奋力冲击。该逆猝不及防，当被击退。袁世功等奋勇追剿，毙贼七八百名，逐北二十余里。该逆复纠众来扑，并有另股捻匪绕向东南奔窜，意图抄出官军之后，袭扰清淮。

臣查先后窜来捻股约计五万有余，惟有朱光庭等步队一千六百余名、袁世功等马队五百余名派出截剿，该逆乘虚扰窜，则官军为贼所隔，清淮一带又恐被贼蹂躏，当调朱光庭、袁世功等带队扼扎钱家集、六塘河一带，南顾清淮里下河门户，并留千总朱永林带队二百名，在沭阳守城，并饬清河、安东一带团练扼守六塘河要隘。适团练大臣晏端书已到淮安，星夜来浦，督练助守。惟清淮防兵单薄，虽叠次获胜，而前股捻逆尚未尽歼，后股又复续至，贼焰猖炽，若不添兵助剿，深恐滋蔓难图。现准田在田函称，张祖云、姚广武两队暂留徐宿军营，已饬龚耀伦、张从龙、王靖保、陈振邦、滕国栋等队于十二日起程。查龚耀伦等所部兵勇不过八百余名，殊觉单薄。此时逆捻因畏僧格林沁军威，不敢北犯，故全股东窜，觊觎清淮、里下河一带完善地方，臣现在力扼东南窜路，而东北海州、安东、阜宁各路防不胜防，惟有吁恳天恩，饬下亲王僧格林沁自马良集拨队东援，并请饬下德楞额自台庄带队驰赴沭阳，会合臣军并力攻剿。

——《钦定剿平捻匪方略》卷一三三，第7—10页。

○上谕

谕议政王、军机大臣等：

前因吴棠奏捻匪自徐境东窜沭阳，当经谕令僧格林沁酌派马队前往会剿，并谕令田在田速饬龚耀伦等克日带队赴援。兹据吴棠奏，前起捻股虽经袁世功等追剿获胜，后起大股捻匪自高流等处窜至蒋家圩，与前匪合股，袁世功、朱光庭等分督马步各队奋勇剿击，毙贼七八百名，追压二十余里，该捻又复蜂拥来扑，并有另股捻逆绕向东南奔窜，意图抄出官军之后、袭扰清淮等语。清淮防兵单薄，若不添兵助剿，必至滋蔓难图，著僧格林沁仍遵前旨，迅即酌拨马队二三千名驰赴沭阳，会同吴棠所部各军合力剿洗，并饬德楞额由台庄带队前往援剿，毋稍迟误。龚耀伦等自徐带来兵勇不过八百余名，仍恐不敷分剿，著田在田察看徐宿军情，如现在不十分吃紧，即添派张祖云、姚广武两队前来策应。里下河等处完善之区，为江北饷需所自出，该匪垂涎已久，亟应竭力捍御，以裕饷源，著都兴阿就近调派劲旅，前赴阜宁一带迎头截击，以遏贼氛。当此时艰孔亟，该大臣等务当统筹全局，不分畛域，协力剿办。将此由六百里加紧各谕令知之。

——《清穆宗实录》卷一六，同治元年正月壬寅。

〇上谕

颍州城被贼围困，将及三旬，据贾臻奏称，日夜战守，待援孔亟。袁甲三驻军临淮，正路梗阻，绕越归、徐之路，叠次乞援，相距千里，时阅数旬，未接一札，请饬现驻归德之西凌阿就近迅速援剿等语。西凌阿之前队早已驰抵归德，就近赴援颍州，自必可期得力，著僧格林沁即遵前旨，迅筹策应。胜保现在行抵何处？其所派前队成禄一军，据奏早经渡河，何以此次贾臻奏报，未及一字？岂其尚未到颍？殊堪疑诧。该大臣援颍，是其最急之务，责有攸归，著懔遵前旨，兼程速进，并催成禄等军赶紧赴援。袁甲三曾否拨兵救应？亦不得意存膜视。驻扎六安之吉顺一军能否赴颍，抑或另派楚军往援，李续宜身任皖抚，接奉前旨，必已遵办。郑元善所派杨飞熊之军，与其驻守沈项，曷若越境以剿为防？均著该大臣、该抚等迅速筹办，大集援军，以保名城，毋再稽迟。并著各将所办情形迅速驰奏，以纾悬系。贾臻仍就现有兵力，激励官民，协力固守，以待援师，毋稍疏懈。将此由六百里加紧各谕令知之。

——《清穆宗实录》卷一六，同治元年正月壬寅。

正月二十日

〇僧格林沁、国瑞奏

叠奉谕旨，酌量拨兵前往颍州援剿，或径趋蒙亳。臣僧格林沁审度机宜，捻匪老巢多在亳州东南，该逆若欲北来，由归德之永虞夏、徐州之丰沛萧砀直入东境，或由宿徐北至韩庄八闸，头头是道。若重兵扎于亳州，不能扼贼北窜。我军自去岁大彰挞伐后，捻逆时有结众北窜之信，此时亟须严加防范。该逆如果北来，自当再加惩创，此后办理皖捻方可得手。颍州被围虽急，若拨兵前往，少则无济于事，若全军往援，恐该逆乘虚北来，我军反落贼后。且前接谭廷襄来函，言胜保不日取道大名赴豫，自系遵旨由豫赴颍。是胜保一军南下，河北已觉兵单，贾臻又欲臣等统军往南，万一该逆北窜，何以御之？况东境各处匪党尚未削平，现在督饬搜捕，其直东交界，派遮克敦布与王榕吉驻扎防守，并奉谕旨，令臣僧格林沁通筹兼顾，臣等惟有先筹肃清东境疆圉，严防皖捻，以固北路藩篱。一俟腹地安帖，然后统军节节前进，庶免为该逆牵掣。

南捻前窜丰县，业经击退回巢，此时该逆五旗并出，意在窜扑东境，现督马队驻扎单县马良集等处，修筑堤濠，以遏贼踪。其曹属会匪，虽经叠次痛剿，大股渐就肃清，而零星贼匪伏匿河套，时思出窜。前派赵康侯带领勇丁在郓巨迤西驻扎搜捕，并饬署郓城县知县陈烈等分路搜缉。据赵康侯禀报，将著名匪首常连佩拿获，解营讯办，其余黄河套内零星匪党，现饬赵康侯等一俟河水开冻，再行前往剿抚。

又据毛昶熙文称，河南商邱县金楼地方，有另股捻匪盘踞，官兵攻剿数月，未能得手，咨商移兵会剿。臣等复探得，金楼迤南十数里，即宋濇沅、孙葵心老巢，该处粮草缺乏，若大兵前往，人马无处觅食。臣僧格林沁咨行河南巡抚筹拨饷银，在虞城、商邱、夏邑等县先行置备粮草，如捻逆无北窜确音，即可乘间督兵进剿。

至奉谕饬查田在田攻克汴塘究竟有无讳捏，臣等已饬兖州镇道确探接仗情形是否属实，尚未接据禀覆。

兹准吴棠函称，捻匪窜至沭阳县境，已奏请由臣等迅拨马队二三千名驰往追剿。查上年十二月皖逆窜至鱼台、沛县，经臣等派拨马队剿除大半，该逆未遂所欲，星夜窜回。今复由峄境过河东窜，难保非诱我军向东追剿，该逆乘曹单空虚，得以北犯。是以臣等驻军单县，并派前敌马队驰赴砀山马良集等处驻扎，既可严防捻匪北窜，又可作直捣老巢之势，俾该捻抽身回顾，东路贼情自缓矣。臣僧格林沁现饬德楞额迅速追剿，并咨行吴棠，饬令该处官兵实力剿办，毋任滋蔓。

——《钦定剿平捻匪方略》卷一三三，第15—18页。

〇田在田奏

前次攻剿汴塘，探有另股捻匪李加膺等由砀山一带北窜。自刘平捡获后，李加膺等经僧格林沁督军击败，惟西南蒙村、丁家寨等处，向与捻巢切近，因龚耀伦即日带兵赴淮，其原扎蒙村之孚胜营勇亦调赴清淮防剿，该处为徐郡门户，关系最为紧要。正筹画间，接奉谕旨，饬各路官军会剿捻巢。查捻逆老巢在宿永萧砀商鹿亳太颍怀之间，以徐宿全局而论，则宿州居前敌之中，濉口偏在西隅；以剿捻全局而论，宿徐又在极东，濉口在北，豫省之虞夏商鹿皆其西北、正西也。查贼巢多在浍南临涣一带，该处系永宿交界，数年来，各路大军未有深入其地者。现在臣营蒙村一军，本在濉口之前，南接临涣，西连永城，相去均不及百里。臣愚以为，会剿之师仍应从此入手。现派参将吕道宣驰赴蒙村，接管龚耀伦所余队伍；游击艾宪银仍驻烈山，为濉口左右两翼；游击张祖云分带烈山之勇驻戴家圩，以资掎角。一面添募马勇三四百名，步队除调赴清淮外，其余详加挑拣，筹备口粮，由臣亲自统带，即由濉口、蒙村一路节节前进，剿抚兼施。如豫军进至永城，即可声息相通。且查蒙村以南即李加膺等老巢，现经东军惩创，其气已馁，若僧格林沁督军前进萧砀等处，前联徐豫两军，后仍控制东省，俾臣等仗其声威，领队前驱，后路无虞空虚，兵力亦不嫌单薄。僧格林沁近在单县之王楼，已距徐宿不远，昨接来札，询臣以进兵道路，臣已派员代备马草等项，一面绘齐舆图，拟即就近驰往单县，当面禀商。将来或分或合，及由何路进取之处，俟筹定后再行具奏。总期联络各军，大气包举，直捣贼巢。惟军行粮随，现既悬军深入，尤须多为筹备。臣惟有殚竭心力，与吴棠妥筹接济，一面禀商僧格林沁，定议后即行迅速进剿。

——《钦定剿平捻匪方略》卷一三三，第18—20页。

○上谕

僧格林沁奏剿办棍匪、清查曹属会匪余党及布置堤濠、严防南捻各情形一折。前因颍城待援孔亟，谕令该大臣能否拨兵援剿，相度机宜，妥为策画。兹据奏称，亳州捻匪老巢，由归徐北窜，头头是道，自去岁经我军大彰挞伐，时思结众北来报复，此时总以严防北路为要，若重兵移扎亳州，即不能扼贼北窜，即拨兵援颍，少则无益于事，多则正中该逆诡计，得以乘虚北窜。现在驻军单县，派赵康侯等各军搜捕曹属会匪及黄河水套零匪。所筹均合机宜。僧格林沁大军原属不可轻动，必须北路之防稳固，方可进剿捻巢。西凌阿之兵如果已至宋郡，切近颍州，即遵前旨调派赴援，以保危城。

汴塘棍匪业已歼除几尽，其余股匪，据报自郯城马头集往扑清淮，谅即吴棠所奏游弋沭阳等匪。僧格林沁所称该逆意诱我军向东追剿，即乘曹单空虚北犯，甚为有见。现派前敌马队驰赴砀山之马良集等处驻扎，既可严防北窜，又可作为欲捣该捻老巢之势，使贼回顾，以缓东路贼情。并饬德楞额作速进剿，与吴棠饬令该处官兵实力剿办。即照所筹迅速办理。

田在田现赴该大臣军营禀商进剿机宜，该总兵谋勇尚为可用，既自愿为僧格林沁前驱，此路官军并归该大臣统率，与东豫诸军相联一气，更必可期得力，抑或仍令自为一路，著僧格林沁妥筹具奏。

北路诸军总宜互相策应，非事权归一，不足以资调度。僧格林沁素矢公忠，谅必能大局通筹，总期于事有济，不必意存谦抑也。

将此由六百里谕令知之。

——《清穆宗实录》卷一六，同治元年正月癸卯。

○上谕

田在田奏通筹大局、拟由濉口蒙村前进、会合东豫各军直捣贼巢各折片。据称捻匪巢穴多在浍南临涣一带，该处系永宿交界，数年来各路大军从未深入其地。田在田现拟整齐队伍，筹备口粮，亲自统带各军，由濉口、蒙村一路节节进捣。如豫军进至永城，声息即可相通。李加英等股匪，经东军惩创，其气已馁，若僧格林沁督军前进，萧砀等处后路不至空虚。田在田领队前驱，可期直捣贼巢、势如破竹等语。所筹不为无见。田在田现已驰赴单县，与僧格林沁面商进取机宜，著僧格林沁悉心筹画，俟计议已定，即行驰奏；并即由僧格林沁飞咨各路统兵大员，克期并举，联络声势，则剿办自易得手。将此由六百里谕令知之。

——《清穆宗实录》卷一六，同治元年正月癸卯。

○僧格林沁奏（节录）

……兹差黑龙江齐齐哈尔正白旗协领色尔固善，前奉谕旨补授福州副都统，所遗协[领]一缺，奴才等拣选得黑龙江正黄旗记名副都统、佐领苏克金堪以拟补。递出佐领一缺，拣选得布特哈正红旗□明佐领下即补佐领、骁骑校、委参领富克精阿堪以补授。递出骁骑校一缺，拣选得黑龙江正蓝旗诺们□勒格尔佐领下即补骁骑校、披甲达凌阿堪以拟补。胡伦贝尔索伦正红旗公中佐领西成阿阵亡，所遗之缺，拣选得布特哈正黄旗托克图□武佐领下即补佐领、骁骑校托普德武堪以拟补。递出骁骑校一缺，拣选得齐齐哈尔正黄旗云敦扎布佐领下尽先即补骁骑校、委防御、前锋明善堪以拟补。察哈尔镶红旗贡□□色布德恩佐领下鄂勒哲依布林阵亡，所遗之缺，拣选得镶蓝旗嘎拉臧佐领下尽先骁骑校、护军三□吉尔嘎勒堪以拟补。以上请补各缺，如蒙俞允，俟军务完竣，再由各该处给咨赴部，补行带领引见。是否有当，伏候训示遵行……

同治元年正月二十日议政王、军机大臣奉旨：苏克金等依拟升补。该部知道。钦此。

——录副奏折，档案号03-4704-043。

○上谕

内阁奉谕旨：

僧格林沁奏，马队官兵技艺生疏，请将该将军等议处等语。[①] 吉林马队官兵向称劲旅，兹据僧格林沁奏称，查验该处选派到营马队官兵，技艺多有生疏，实属训练废弛。吉林将军景纶，著交部议处。其挑选兵丁之各城副都统、总管等官，均著交部查取职名，分别议处，以示惩儆。

——《清代起居注册（同治朝）》第 1 册，第 222 页。

〇实录

调绥远、归化二城马队官兵三百五十名，赴钦差大臣僧格林沁军营听候调遣。[②]

——《清穆宗实录》卷一六，同治元年正月癸卯。

〇上谕

谕议政王、军机大臣等：

景纶、麟瑞奏剿办土匪获胜一折。据称边外土匪张玉等结伙二百余人，肆行焚抢，经景纶等派员督兵会剿，追抵莫胡屯，杀毙七名，生擒十数名。该匪窜越松花江，潜至呼兰城，经黑龙江官兵迎头截击，擒斩数十名。其阿勒楚喀属界，荒山鼐子屯等处各匪，复经该处兵团先后搜获二十余名，击毙十余名等语。此股土匪叠经官兵会剿，擒斩多名，残匪为数无多，亟应及时殄灭。著景纶、特普钦严饬在事员弁，认真堵缉，务使呼兰接界地方一律肃清，毋任凶徒得以漏网。

又据景纶奏，边务吃紧，官兵无可调遣，官文前奏请调吉林马队，现拟挑派壮丁三百名，守候装银解到起程等语。所奏自属实在情形，即著照议办理。惟本日据僧格林沁奏，近来所调吉林官兵技艺生疏，迥非昔比等语。现当军务孔亟，该将军在任有年，宜如何勤加训练，俾资调遣，乃竟任意废弛，致调出官兵不能得力，实属不成事体，已明降谕旨，将景

① 据僧格林沁奏称："查从前吉林、黑龙江马队官兵技艺娴熟，向称劲旅，每遇征调，均资得力。近来所调吉林官兵，技艺多有生疏，人之勇往，亦迥非昔日。是以奴才等前经奏调吉林马队官兵一千名，惟恐该将军仍令属员挑派，致将老弱、技艺生疏者滥竽充数，请旨敕下该将军认真选派年力精壮、枪马熟习者，以期一兵得一兵之力。现在该官兵业已到营，经奴才等连日查验，内中稍知技艺者不及十分之一，其余不独鸟枪生疏，甚至有不能乘骑驰骋之人……现当国家多[事]之秋，该将军受恩深重，且在任有年，宜如[何]训练官兵以备征调，而期早除贼氛，如此废弛，实属咎无可辞。此项马队，除奴才等赶紧督饬带兵官认真训练，以资助剿外，相应请旨，将吉林将军景伦及各城副都统、总管等官均请交部查取职名议处，以示惩戒。"详见中国第一历史档案馆藏录副奏折，档案号 03-4760-003。

② 据僧格林沁奏称："至奴才等军营归化马队官兵，先系征调五百名，嗣因伤亡病故较多，于咸丰十年十一月奏请续调五百名，并饬将伤病兵丁撤回（归）。续调之兵，前经抚臣谭廷襄奏留东昌剿办贼匪，此项官兵除屡次打仗阵[亡]及前在东昌逃回百余名外，现在仅存百余名，不成队伍，应请旨敕下绥远城将军、归化城副都统照旧挑选精壮、技艺娴熟马队官兵三百五十名，照例发给马匹，令速即来营，以敷五百名之额，不得以老弱充数。"详见中国第一历史档案馆藏录副奏折，档案号 03-4760-003。

绝交部议处，并将副都统、总管等员交部查取职名，一并议处，以示薄惩。此次挑赴湖北官兵三百名，总须择其技艺精强、枪马娴熟者前往，俾利攻剿。傥仍虚应故事，不知振作，恐该将军不能当此重咎也。至吉林存营官兵，务当随时操演，极力整顿，以重边防。

将此各谕令知之。

——《清穆宗实录》卷一六，同治元年正月癸卯。

正月二十五日

〇吴棠奏

臣所调袁世功、吴凤柱等马队，于正月十四日驰扎钱家集，朱光庭等步队并清安团练，均抵六塘河。十五日，东岸官庄等处，有捻股六七千名自河西来扑，朱光庭带领兵练开放枪炮，轰毙贼匪多名，袁世功等带马队援应，该匪恐官军抄其后路，遂向西北退窜。惟朱光庭等所守系南六塘河，为赴清淮之要路……惟查此次窜来捻匪五万有余，臣所部并调至各军不过数千，虽清江要地经臣悉力扼守，将贼击退，而匪股众多，绕道东窜，止有龚耀伦等马步各队一千五百余名，追击数万捻逆，兵力单薄。且恐该逆由海州窜入山东地方，臣营马队无几，追剿难及。惟有仰恳天恩，饬下亲王僧格林沁迅拨马队前来剿捻，并乞饬下德楞额自台庄先行带队东来会剿，以顾盐阜完善地方，且防该匪乘虚北窜。

——《钦定剿平捻匪方略》卷一三四，第5—8页。

〇上谕

前因捻匪由徐州窜扰(沐)[沭]阳，谕令僧格林沁派拨马队助剿。旋据僧格林沁奏，已派前敌马队赴砀山扼扎，并已饬德楞额作速进剿。兹据吴棠奏，该逆由(沐)[沭]阳分窜安东王营，并淮安下关刘伶台等处，复有另股分窜阜宁之东沟、淮安东乡之车桥等地方，匪众兵单，势难抵敌，请饬僧格林沁速拨马队前来助剿各等语。捻匪由徐州窜扰(沐)[沭]阳，虽经吴棠调派兵勇截击，而该匪已扰及安东、阜宁，并至淮安之下关、东乡等处，设再任令南趋，则里下河各完善地方将不可问。海州、赣榆逼近东省，设由该处回窜，则北犯可虞。僧格林沁前奏，该逆诱我东剿，不为无见，惟此时逆焰日张，淮安以南岂可再任蹂躏。且该匪既可由海州北犯，则该大臣虽严扼砀山，亦复何益？著僧格林沁仍遵前旨，速拨马队二三千名，派委得力员弁统带，克日前往清淮，协同剿办。德楞额一军，并著由台庄星夜起程，驰赴(沐)[沭]阳一带相机会剿，断不准藉口耽延，致有贻误。田在田督办徐宿军务，孤军恐难抵御，著即归僧格林沁节制，以一事权而资协剿。其应否饬令该总兵督率所部驰往东路、会同吴棠以利攻剿之处，即著该大臣妥为调遣。吴棠仍就现有兵力，于南北两路实力堵剿，不得任令纷窜。晏端书著准其暂留江北督办团练。将此由六百里各谕令知之。

——《清穆宗实录》卷一七，同治元年正月戊申。

正月二十六日

〇上谕

近闻山东省拿获奸细张林，供称系宛平县人，陈逆四眼狗令其往东省句结土匪，溷入某大营当勇，同伙在营者现有数百名，并有带兵官在内，因营中道员某派令赴省送信，已在西关暗募回民二百人，复赴肥城、长清等县，句结土匪二千余人，欲为发逆内应，以二月为期，并带有伪太平天国钤印封条二纸，缝在带中，发际有火烧疤一块，即其暗记各等语。发逆据有江浙诸郡，其潜谋北犯，亦在意中。今既据张林供出军营已有奸细数百，并有带兵官员，一旦窃发，其患不小。著僧格林沁、胜保不动声色，严密查拿正法，毋任一名漏网，以清肘腋之患。将此由六百里密谕知之。

——《清穆宗实录》卷一七，同治元年正月己酉。

正月二十九日

〇上谕

前因颍州被围，情形危急，谕令僧格林沁督饬西凌阿由归德赴援，胜保、郑元善督催成禄、杨飞熊等军分援，胜保即相机继进，袁甲三设法拨兵援应。并据李续宜奏，于本月二十四日起程赴皖，惟须先往安庆，已派成大吉等由霍进援颍郡。兹据贾臻奏，本月初七日，东北关地道堵住后，贼匪复添筑数营，意图再空，并于刘家花园筑营，欲夺西北关大石桥闸口。参将李璋于十五日出击，贼援纷至，势极凶很。现于郡城东、南、西三面空掘长濠，为久困之计。城大兵单，子药米粮均已缺乏，再延旬日，则贼濠空成，文报不通，必至进援无路等语。颍郡为淮北根本、豫省藩篱，被围已阅数旬，万分危急。胜保奉命援救，李续宜身任地方，均属责无可贷。乃成禄一军，早已行抵太和，何以日久尚未到颍？著胜保严饬该员星驰前进，傥敢再事迁延，即著从严参办。该大臣亦即由陈州督兵继进，毋稍迟缓。成大吉援颍是否起程？著李续宜严行督催，毋令观望。袁甲三昨奏，有派博崇武援颍之议，未知能否得力。该大臣专办皖北军务，务当设法救应，毋许膜视。西凌阿如抵归德，杨飞熊驻兵沈项，均系劲旅，且去颍州极近，并著僧格林沁、郑元善遵照前旨，饬令该都统等统兵速进，立解城围。贾臻仍当激励将士，实力守御，以待援师。将此由六百里加紧各谕令知之。

——《清穆宗实录》卷一七，同治元年正月壬子。

正月三十日

〇上谕

遮克敦布奏请宽筹月饷、王榕吉奏筹备防剿大概情形各折片。已谕文煜、谭廷襄，将该副都统饷需分别接济矣。胜保所留兵勇，既据王榕吉奏称多有疲乏，即著遮克敦布于到防后，会同王榕吉认真点验，将疲乏者汰去，以节虚縻。联捷防河勇丁由豫撤回以后，凡骁勇敢死之士，自应留于军营，以资得力，其余勇丁应行遣散，并著妥为筹办。至濮范降卒中之桀骜不驯者，据王榕吉称，尚须再行抽调一二千名，前赴豫皖军营效力，以除祸根，著该副都统等咨商胜保办理。遮克敦布所称投诚降众未尽渡河，据胜保奏称，已派明庆前往办理，此项降众如敢滋事，即著遮克敦布等派兵，会同明庆实力剿除。至直东交界运河一带，据遮克敦布称未能肃清。并据王榕吉奏，河套中余匪，探有捻首郭身令、李占标等又复竖旗聚众，意在出巢，业经胜保派队往剿，即著该副(统)[都]统等相机策应，会合剿捕。其应平各属应如何周历巡查，消患未萌，均著悉心妥办。至该副都统等系归僧格林沁节制，此后如实有紧要事件，准其专折奏报；其余办理事宜，均著禀知僧格林沁妥筹具奏，以免歧误。将此由五百里谕知遮克敦布，并传谕王榕吉知之。

——《清穆宗实录》卷一七，同治元年正月癸丑。

二月

二月初五日

〇郑元善奏

接准亲王僧格林沁咨称，大军现由豫境归德一带进剿亳捻，当即催提副将余际昌等军，以便会合宋军，策应东路。旋探亳东捻旗已动，本月二十一、二等日，贼队由营郭、蔡道口一带窜入豫境，行踪剽疾。时毛昶熙由省回宋，行抵杞城，飞函知会，该捻纠集各股精悍二万余人，已由宁陵睢州各境焚掠而西，边骑到处扑城，均经各该地方官督勇击退。二十四日，全股进逼杞城，经毛昶熙先期飞调陈禄兴勇队，由宁陵抄前援应，一面督率署知县刘时修布置城守。是日申酉之交，匪众蚁附关厢，势极汹涌。正在督勇轰击，旋见后队贼骑纷纷败窜，侦知僧格林沁已督马队三千，由刘口追贼至杞，在城东三里堡接仗获胜，当派城勇乘势缒击，斩馘多名。该匪退至护城堤外，往来游驶。二十五、六等日叠次扑城，马队出击，均有捡斩。贼仍在近城四面屯聚，并攻破附近民寨，意图盘踞。各等情。

臣闻报后，立即亲督马步二千人，于二十七日拔队东进。行抵陈留，据报，匪众麇集杞西,游骑已至陈留交界之韩冈一带,当将大队扼扎陈留,连日派队至韩冈以东探踪剿击。而沿途寇骑充斥,兵力过单,且与僧营隔绝,彼此难以策应。余际昌一军业经到省,现已飞调驰赴陈留,相机进剿。并函咨胜保,就近由陈州派兵,以扼南路,一面约会僧格林沁、毛昶熙会合夹击,期歼丑类。

惟省垣为根本重地,而存兵无几,万一贼势西趋,臣仍当亲督各队回顾省防,兼备西路,不敢顾此失彼,致有疏虞。

——《钦定剿平捻匪方略》卷一三五,第17—19页。

〇上谕

郑元善奏大股亳捻西窜杞境、经僧格林沁督军追剿获胜,现在亲率省防马步兵勇扼扎陈留、相机进剿一折。僧格林沁驻军单县,此时闻由豫境归德一带进剿亳捻,是否系该大臣前敌之军?抑系亲督大军前往?毛昶熙之兵驻扎归德,该捻由亳东窜至宁陵等县,何以先事毫无豫备、临时始行调队迎剿?现在僧格林沁之兵已至杞县,攻贼之后,而归德、陈州又有毛昶熙、胜保之兵,郑元善复在陈留堵截,该匪攻扑村墟,想系因官兵三面紧迫之故。现在如能剿洗净尽,固可一劳永逸;傥兜围不密,铤而走险,恐其由考城一带乘虚北窜。僧格林沁是否尚在曹单,该处有无大队可以堵截,郑元善驻兵陈留,其通许一带有无防守,能否遏截西窜,均著面面筹到。并著激励兵勇,冲开贼垒,与僧格林沁马队会合。僧格林沁所派之兵现已接仗获胜,著即飞饬乘胜进攻,毋稍松懈。毛昶熙驻守杞城,仍应选派劲旅出城,会合夹击,一面饬令归德军营严密防剿。并著胜保由陈州调拨得力兵勇,遏贼南窜之路。贼势西面吃重,省城防务,著郑元善妥筹兼顾,毋稍疏懈。将此由六百里各谕令知之。

——《清穆宗实录》卷一八,同治元年二月戊午。

二月初七日

〇上谕

据胜保奏,上年彰卫两府被贼蹂躏,独怀庆一府得以保全,实由联捷一军堵御之力,现在河朔士民纷纷呈请奏留联捷仍办防河等语。联捷防河本不得力,遇有警报,辄遁回怀庆,以避贼锋。僧格林沁驻军东省,想已早有所闻。此次胜保钞录绅民所递呈词有无虚饰,所称豫境所辖黄河上下游亘延数百里虚无一兵、省防及卫怀之团均难移拨抵御各情是否确实,均著僧格林沁酌度情形,切实覆奏。原片著钞给阅看。将此由六百里谕令知之。

——《清穆宗实录》卷一八,同治元年二月庚申。

○胜保奏

逆捻姜台凌等股盘踞沙河南岸邢家寨等圩，抗阻官军。据总兵成禄、副将刘景芳等禀报，二十八日，我军由穗子铺过河进剿，毙匪甚多，逆众退入邢家寨死拒。次日，我军过河攻破田仲营贼寨，歼毙悍贼三百余……查新蔡被围，万分危急，是否已被攻陷，抑系该逆等虚词恐吓，现道途梗塞，尚未接确实禀报。臣复添派诚顺营马勇驰赴南路，会同董道平等，迅将冯塘新站等处之贼并力奋击，疏通进兵之路。其由归德窜往睢杞一股，经僧格林沁马队击剿，逆众败窜杞鹿太交界之新集、水集等处，蔓及太康，将犯陈州之北，臣派往前敌各军不下万余人，业已深入，存营马步仅三千余人，力难分投肆应。副都统明庆所追河北逃回降众，沿途会团截杀，所余无几，现调该副都统迅带所部马队五百名来陈，以资调遣，并催调副将杨飞熊一军援剿项城、新蔡诸贼，以遏南路逆焰。惟后路杞太大股窜匪亟须埽荡，现僧格林沁亲督马队追剿，已抵杞县，毛昶熙亦行抵该处，郑元善调集参将杨长春等军扼扎陈留，合力堵剿，省垣门户可保无虞。惟恐该匪被剿南奔，则必趋鹿太，臣既腹背受敌，且有断绝粮道之虞。臣军实已无可分拨，再三筹画，惟有仰恳天恩，饬下僧格林沁酌量情形，于击退此股匪徒后，如可驻扎归德睢杞之间，则步步进逼，为会捣蒙亳老巢之计。或东省郓单一带仍须兼顾，则不能久驻豫疆，应请选派得力马队一二千名，扼扎鹿太之交，策应臣军后路，实于皖豫军务有裨……

——《钦定剿平捻匪方略》卷一三五，第20—24页。

○上谕

谕议政王、军机大臣等：

胜保奏分路剿贼获胜并粤捻各逆分犯豫疆各折片，亳州捻逆纠合匪众，直奔陈州，经官军击退后，另股又窜至冯塘、新站等处，新蔡亦复被围。睢杞捻众经僧格林沁剿败后，回犯陈州。该郡三面逆氛环逼，其军情紧迫，自系实在情形。惟毛昶熙带兵扼扎归德，曾有亳捻巨患臣自当之之奏，何以此次捻众西窜，未见该学士派兵堵遏？即使毛昶熙阻隔在杞，营中将弁竟不救援，缓急更何足恃？该学士敢为大言，临事毫无实际，已可概见。现在业已回营，即著派兵痛剿，傥仍不能得力，必将毛昶熙治罪。

胜保驻扎陈州，原为居中调度，前奏省城有警，分兵兼顾，现在何以不能分剿西窜捻逆、亦未将项城新蔡一带匪众实力扫荡？僧格林沁赴豫之师未必能厚，尚能剿败西窜大股捻逆，可见实心办事，自必立收成效也。该亲王扼扎郓单，南援清淮，兼顾豫省，兵力亦以分而见单。胜保请俟僧格林沁击退杞县股匪后，即驻扎归德睢杞之间，为会捣蒙亳之计，如郓单尚须兼顾，即选马队一二千扼扎鹿太，为胜保后路策应。是否可行，著僧格林沁酌量办理。胜保务当就现有兵力妥为筹剿，不得以兵单饷绌，藉词诿过。

颍郡被围已久，李续宜前调赴援之成大吉一军现在行抵何处？即著催令前进。西安马队到豫，暂留胜保军营。惟豫省饷项是否足敷支应，著郑元善酌量具奏。汴城兵力甚单，现在虽无可虞，郑元善仍著妥为兼顾，毋稍疏忽。

前有寄胜保抚安苗沛霖谕旨一道，于现在办法，已不相符，著即缴回。

将此由六百里各谕令知之。

——《清穆宗实录》卷一八，同治元年二月庚申。

二月初八日

〇上谕

瑛棨、张芾奏，川匪回窜，距陕稍远，拟将所派官兵暂行停止等语。川匪谢寡妇等，由乔庄回窜木水坝地方，距陕较远。蓝逆前有窜陕之信，现在此股贼匪业经团练击退，边境已臻安静。所调官兵，著准其暂行停止，以节糜费。惟该匪出没靡常，若在川境被剿穷蹙，势将复窜陕疆，著托明阿、瑛棨严饬所属地方文武各员，在于通省隘口巡防侦探，如遇匪踪阑入，即行设法兜拿，以重边圉。河南前调马队五百名，因郑元善奏，咨商僧格林沁军营分拨，当经谕令托明阿饬即折回。昨据胜保奏，粤捻各匪麇集豫省，恐乘虚渡河北犯，请将此起马队无庸撤回等语，著该将军即饬原带之协领图克唐阿，将此项马队五百名仍行管带，取道孟津，前赴怀卫一带择要驻扎，听候胜保调遣。将此由五百里谕令知之。

——《清穆宗实录》卷一八，同治元年二月辛酉。

二月初九日

〇上谕

据谭廷襄奏，赴豫降众张玉怀等折入朝城，经明庆等押令过河，渡河南行后，旋复折回，于本月初二、三等日，以凑集盘费为词，逐渐北趋冠县等语。直东降众本不足恃，叠谕胜保妥为防范，嗣经该大臣调赴皖豫，即有变计思归之奏。昨又奏称，沿途会团截杀，所余无几，何以尚有张玉怀等仍赴冠县？此事关系直东防务，岂可饰词具奏？该降众等本应骈首，免其一死，给以口粮，令其随征自效，已属法外之仁，现在仍复折回，谅因河套中尚未肃清，意图句结滋扰，即使勉强押令南行，非独不能得其死力，更恐缓急之际，变生肘腋，莫若乘此尚未显然背叛之时，四面截杀，免贻后患。即著僧格林沁、谭廷襄、遮克敦布等不动声色，斟酌办理。明庆所带马队五百名，虽因陈州吃紧调回，第此事胜保办理不善，咎无可辞。岂可因已离直东，即不思力图补救？仍著胜保饬令该副都统驻扎冠县，与王榕吉等妥商筹办，务期将此股降众办理妥协，再行南下。谭廷襄另片奏兰山等处剿匪情形等语，东省西路，虽有僧格林沁大兵驻扎，而东南尚形空虚，德楞额一军如可折回，即令扼扎峄县。幅匪窜及莒州，该处为入青莱之路，尤应严为堵御，即著谭廷襄饬沂州青莱等属文武绅团，并咨青州副都统，一体协同堵剿，毋任蔓延。将此由六百里各谕令知之。

——《清穆宗实录》卷一八，同治元年二月壬戌。

二月初十日

〇胜保奏

臣连日督饬诚顺、靖安两营马勇，并参将李忠华等步勇，分击冯塘、鲁台等处各捻，斩馘多名。匪势退却，在槐店附近一二十里外游弋。道员洪贞谦暨总兵成禄等均已督队驰抵太和，会同署臬司黄元吉号召民团，收抚各圩，以助官军援颍。所有穗子铺一带，逼近沙河南岸，各贼时图过河攻扑，经臣派游击阎进升等带勇一千名扼扎堵剿，策应前敌。该逆大股分扑太和、穗子铺等处，我军分向太和东南两河口、陈家埠口堵遏贼冲。惟贼势过众，分投截击，几于应接不暇。

旋接署安徽抚臣贾臻禀称，正月二十七日击贼大捷，连破贼营三座，贼卡十三处，堵塞地道口门，兵气较扬，人心亦定。惟城外贼营仍旧合围，而张落刑盘踞颍上未动，并据城练得苗沛霖书，有二月初四日带练先拔颍上、后解颍围之约。臣查苗沛霖既有赴郡解围之说，其非甘心叛逆，尚有可原。臣仍当相度情形，如果真能立功赎罪，再行酌度妥办，请旨遵行。惟现在自冯塘、槐店以至穗子铺、太和县，中间处处为贼牵掣，道路时塞时通，臣现拟亲督随营马步驰赴槐店，酌度前敌机宜，进抵太和，督饬该镇道等由刘家集、王家圩等处节节埽荡，直抵颍郡北门，会合郡军内外夹击，以解重围。

再，接探报，北路大股亳捻于二十七、八、九等日叠次围攻杞县，四面筑立长围，僧格林沁、毛昶熙派队出剿，屡击不退，边马北至兰仪，南到太康通许各处，抚臣郑元善驰抵陈留，为贼所阻，未能会合等情。查僧格林沁、毛昶熙被围在杞，急应拨兵援应，臣军现在进解颍围，正当吃紧之际，势难掣动，不得已派知县侯桢等带新募壮勇一千名驻扎太康，援剿杞县，相机策应，并飞饬总兵黄得魁在省城一带迅集得力楚勇一千名，驰赴陈留，随同抚臣协力剿击。现副都统明庆带领黑龙江马队五百名，业将河北逃回降众追及，已飞饬其督带来南，兼程渡黄，就近驰赴陈留、杞县助剿，以厚兵力。臣仍先其所急，即日督队驰援颍郡，一俟颍围解后，如北路贼势尚炽，再行酌量回军，与僧格林沁等会合剿办。

——《钦定剿平捻匪方略》卷一三六，第5—8页。

〇上谕

胜保奏援颍诸军已驰抵太和、即日亲赴前敌相机援剿,并查明降众疑惧思归、沿途并无骚扰、现已知悔、情愿跟随效力各折片。道员洪贞谦、总兵成禄业经督率前队驰抵太和,会同署臬司黄元吉号召民团,收抚各圩,以助官军援颍。其沙河南岸及税子铺等处,亦经胜保派令阎进升等带队堵剿。惟贼股甚众,处处牵掣,必须尽力奋击,方可开通道路。胜保拟即日亲督马步驰赴槐店,并督饬该镇道等由刘家集等处滚营前进,节节扫荡,迅解颍围。即著照所议迅速办理,毋稍迁延。

至贾臻所称张落刑盘踞颍上未动、苗沛霖有先拔颍上后解颍围之约等语,苗沛霖如果决志归正,必先将张落刑歼除,再行进解颍郡之围,始可明其心迹。若仅虚张声势,派练赴援,安知不与张落刑暗地串通、遂其故智?胜保断不可堕其术中,致贻后患。

僧格林沁等被围在杞,亟应设法援救,胜保督办皖豫剿匪事宜,责无旁贷,著即妥筹援剿。如有疏虞,惟胜保是问。追回降众能否驯顺,尚未可必,仍令前赴胜保军营,交该大臣严行钤辖,断不可令其随同明庆赴杞,致有他虞。

至周士键兄弟,平日声名本属恶劣,复经严树森参劾,是以降旨将该员革职,逐出军营,胜保何得不遵诏旨、擅自留营调遣?如各路统兵大臣纷纷效尤,于明奉谕旨之件违抗不遵,尚复成何事体?仍著胜保恪遵前旨,将该革员迅即逐出,毋得徇情容隐。

将此由六百里谕令知之。

——《清穆宗实录》卷一八,同治元年二月癸亥。

〇上谕

谕议政王、军机大臣等:

前因郑元善奏,亳捻西窜杞县,经僧格林沁督军追剿获胜。本日复据胜保驰奏,探报北路巨捻三四万人围攻杞县,经僧格林沁、毛昶熙派队出剿,屡战未退等语。僧格林沁军报未至,已浃两旬,殊深悬系之怀。节据郑元善、胜保所奏,是该大臣已身入杞县,与毛昶熙同在围中,尤深廑念。单县距杞不远,大营兵勇为数尚多,务即拨调赴援。如能迅解城围,与豫营兵勇会合痛剿,固属不可失之机。万一贼围已合,其势猖獗,即当与毛昶熙分筹战守。毛昶熙激励民团,督饬该县文武,将守御事宜力筹稳固。僧格林沁飞调劲军,能即力战冲围突出,不惟大军驻单得所主张,亦可与郑元善陈留等处官军声气相通,设法调度,断不可专一困守危城,为贼牵掣。郑元善进驻陈留,务与僧格林沁、毛昶熙设法会合,内外夹攻,以解城围。余际昌之军已到,应即先其所急,飞调赴杞援应。谭廷襄昨奏亦称,僧格林沁移军追贼,已至杞县,著即飞探,如杞县之围势难冲突,即著该抚会商国瑞等,赶紧调拨策应，毋稍延误。至曹单之防，亦须兼筹，不可留兵太少，顾此失彼。将此由六百里加紧各谕令知之。

——《清穆宗实录》卷一八，同治元年二月癸亥。

二月十二日

○僧格林沁等奏

僧格林沁、国瑞、郑元善、毛昶熙奏言：

臣僧格林沁于正月二十一日据虞城、商邱各县禀称，亳东捻匪五旗并出，欲由虞城西窜豫境，当与臣国瑞飞调驻扎砀山马良集及单县之马队，于二十二日驰赴曹县刘口地方会齐。旋据探报，该逆已由宁陵窜至睢州。我军于二十四日追至睢州，该逆已西窜杞县，即督带各起马队向杞县追剿。午刻，至许冈地方，各股捻匪列仗相拒，马步横亘十余里，经署翼长苏克金等督队冲压，该逆纷纷败退，乘势追杀数里，尸骸满野，余匪窜入废寨。忽有西路大股逆匪结队来援，我军分路冲击，贼始退却。共计是日杀贼约有二千余名，天晚始行撤队，在杞县迤东四里驻扎。

适臣毛昶熙由省驰回归德，二十三日方至杞县，贼众已至，当派都司蒋学耕等带领随行马勇冲出贼阵，驰赴宁陵，飞调游击陈禄兴所带马步全队来杞，以资剿击，一面严布城防。二十五日，臣僧格林沁入城，与臣毛昶熙会商剿办，所带马队皆令环布濠边助守。二十六至二十八日，各股捻匪分扰四关，势甚猖獗，臣僧格林沁、臣国瑞、臣毛昶熙督率员弁，开放枪炮，并力防守，并叠次缒城出击，连日皆有斩捡，贼始退去，在堤外各村盘踞。

臣僧格林沁自入杞城，即欲遣队出剿，因连日大风扬沙，咫尺莫辨，且自龙门口追贼，转战数百里，人马饥疲，难以接仗，经臣毛昶熙多方筹济军食，休息三日，兵气大振。二十九日，该逆复来攻扑，臣僧格林沁派马队豫伏濠边，故作不出之状，迨该逆将欲撤队归村，急令马队暗由小西门齐出，直扑东南史庄、马楼等处贼营。该逆仓猝来迎，我军奋力冲杀，匪势不支，向东逃窜，遂踏平贼营七座，毙贼千余名。追杀十余里，天晚撤队回城。

臣郑元善扼扎陈留，适所调余际昌一军前来，当令与杨长春所部楚勇三千名会合进剿，一面约会臣僧格林沁由杞派队，前后夹击。初一日，臣僧格林沁派苏克金统带马队进剿县西陈敏屯一带捻股，适余际昌等军赶到，该逆见我马步齐至，不敢交锋，避入圩内，难以骤攻。而东北田陵寨贼匪西来接应，苏克金等驰往截剿，将贼冲为两段，乘势掩杀，贼众弃械狂奔，我军追杀十余里，计毙贼二千余名，余匪入寨，死守不出。

初三日，复派苏克金等马队、余际昌等步队往剿赵寨贼圩，余际昌、杨长春身先士卒，越濠而过，我军一拥入寨，贼众惊散。经马步各队痛杀，共计毙贼四千余名，此圩悍贼歼除净尽。

苏克金、余际昌等复令各队驰赴焦寨贼圩，并力围攻，忽田陵寨之贼全股来援，寨内之贼亦拌命杀出，苏克金等率马队驰御援贼，余际昌等率步队追杀寨内窜贼，分投奋击。苏克金等将援贼追散，会合余际昌等追杀焦寨窜匪。是日鏖战四时之久，共计杀贼八九千人。该逆丧胆，乘间宵遁，沿途复经各团掩杀，毙贼不计其数。败残余匪皆折回西南，由通许一带败窜。

臣僧格林沁、臣国瑞于初四日统领马队驰赴陈留，与臣郑元善会商后，立即拔营前进。臣郑元善以省兵尽锐东出，根本空虚，即督小队于是日旋省，布置要隘，以防回窜，一面知会臣毛昶熙，督率在杞各营步勇回顾省防，兼为臣僧格林沁大军后路策应，并探明贼踪所向，如被击回窜，臣毛昶熙仍督所调宋营马步即日驰回归德，截贼归路。

至此次剿匪尤为出力之已革副将余际昌，拟请开复原官，免缴捐复银两，并赏还花翎，赏加勇号；尽先参将杨长春，拟请免补参将，以副将尽先补用，以昭激劝。其余在事出力文武官绅兵勇，可否由臣等先行存记，汇案择尤保奏，出自逾格鸿慈。

——《钦定剿平捻匪方略》卷一三六，第15—20页。

○上谕

谕议政王、军机大臣等：

僧格林沁等奏杞县击贼叠获大胜、败匪由通许一带窜遁，该大臣督兵追剿一折。捻匪以大股窜入豫境，围攻杞县，经僧格林沁督兵驰至，会合郑元善派出官军痛加剿洗，贼众大受惩创，遂向通许逃遁，该大臣即由陈留督兵追剿，实属公忠体国，勇往无前。毛昶熙、郑元善接济军食，合力会剿。览奏均深嘉悦。该匪被击西窜，难保不蔓及巩洛，窥伺山陕。郑元善现已回省，自应将汴梁防务妥为布置，仍著调派得力官军，探明匪踪，迎头前进，与僧格林沁所统大兵会合夹击，毋任逆众再得西窜。现在汝宁捻逆未平，设与此股窜捻句结，则胜保有四面受敌之虑。该大臣前奏，拟即赴太和力图援颍，仍著调派一军驰赴通许等处，与僧格林沁等军合力兜剿，使该匪不得进逼陈州，方为妥善。该匪被剿穷蹙，自必仍由宋郡回窜，即著毛昶熙速行驰还归德，扼贼归路，为一鼓聚歼之计。傥该逆实有窜突西路之势，则暂且截令归巢，徐图进剿，未始非策。著僧格林沁等相机妥办。前据僧格林沁奏，捻逆诱我出击，将图北犯，实能洞烛贼情。此时国瑞已随该大臣入豫，德楞额复往东路追剿清江一带捻匪，曹单等处系派何员驻扎，能否独当一面，所留兵勇是否足敷镇守，均著僧格林沁妥为筹画，毋致顾此失彼。并著谭廷襄将该省防剿事宜与僧格林沁随时会商，悉心经理。直东交界防务，系遮克敦布等专责，并著与王榕吉实力筹办，毋稍疏忽。豫省一经肃清，直东边防复能巩固，则僧格林沁即可进捣蒙亳老巢，以期一劳永逸。惟在该大臣等同心协力，迅奏肤公，是所殷盼。将此由六百里各谕令知之。

——《清穆宗实录》卷一九，同治元年二月乙丑。

〇上谕

僧格林沁等奏会剿大股捻匪大获胜仗，并据骆秉章奏石逆大股偪近川疆、请饬黔楚各军入川助剿各一折。亳捻刘大老冤等纠集大股窜至杞县，经僧格林沁督带马队，会合郑元善、毛昶熙兵勇痛加剿洗，叠获大胜。该逆纠合余党，向通许一带西窜，僧格林沁现带马队追击。此股捻匪，因恐僧格林沁进兵亳境，捣其老巢，欲由豫省窜入陕疆，另图巢穴。现虽被创奔逸，而踪迹飘忽，日向西趋。毛昶熙一军，因归德防堵紧要，未能尽移西追。郑元善因汴梁空虚，业已折回省垣。僧格林沁马队为数无多，现虽追贼西至通许，又须兼顾东省曹单一带。设贼势日趋关陕，恐僧格林沁一军未能舍豫东边防，悉力穷追。所有陕省毗连豫疆之潼关、商雒各隘口，自应早为设防，以资堵御。著瑛棨调派兵勇，严密堵扼，并著张芾联络乡团，以助声势。傥遇该匪窜至，即行会合截击，毋令窜入边境。至石达开股匪，业已偪近川境，骆秉章现催黔楚各军入川绕截。该逆踪迹飘忽，恐因川楚各军堵剿严密，折向陕境老林，致剿捕又形费手。著瑛棨、张芾于兴安、定远两府厅境内毗连川东各要隘严密设防，妥为筹布，毋得以贼踪尚远，稍存大意。将此由六百里谕令知之。

——《清穆宗实录》卷一九，同治元年二月乙丑。

〇上谕

内阁奉谕旨：

僧格林沁等奏亳捻窜入豫境、马步会剿大获胜仗一折。亳东捻匪纠合各股悍捻、长枪会匪并力西窜，正月二十四日，僧格林沁、国瑞督带马队追至杞县之许冈地方，各匪列队抗拒，经署翼长苏克金等奋力冲压，另股分队来援，均经我军击败，共毙贼二千余名。适毛昶熙带队至杞，郑元善亦带领参将杨长春等驰抵陈留。二十九日，该逆复来攻扑，僧格林沁设伏诱贼，贼将撤队，我兵马队齐出，直扑史庄、马楼等处贼营。该逆仓猝迎敌，官军奋力冲杀，匪势不支，向东逃窜。我军勇气倍加，踏平贼营七座，毙贼千余名，夺获旗帜器械无算。次日，苏克金等复毙贼二千余名。该逆分股盘踞西北赵寨等处。初三日，僧格林沁等派队围攻赵寨，余际昌、杨长春越濠而过，各受枪刃伤，仍大呼喊杀，兵勇蜂拥皆登，痛加剿洗，尸填满濠，共毙长发悍贼四千余名，内有黄衣贼目一名，红衣贼目一名。苏克金等复挥令各队驰赴焦寨围攻，贼队分股来援，我军马步合为一处，余际昌等裹创血战，并力追杀十余里，鏖战四时之久，共计杀贼八九千人，夺获大旗数百杆，骡马八九百匹。该逆丧胆宵遁，各团练沿途助剿，复毙贼不计其数。此股亳捻意图西窜，势极凶悍，僧格林沁等三路会剿，旬日之间，杀贼万计，实足以伸天讨而快人心。僧格林沁调度有方，深堪嘉尚，著先行交部从优议叙。败残余匪，仍即督同郑元善、毛昶熙等乘胜穷追，尽歼丑类，毋留余孽。其尤为出力之已革湖广督标中军副将余际昌，著开复原官，免缴捐复银两，并赏还花翎，仍赏给伟勇巴图鲁名号。尽先参将、四川重庆中营游击杨长春，著免补参将，以副将尽先补用。其余在事出力之文武官绅兵勇，并著僧格林沁等择尤保奏，候朕施恩。

——《清代起居注册（同治朝）》第 1 册，第 438—442 页。

二月十五日

〇上谕

谕议政王、军机大臣等：

本日据吴棠奏捻匪回扑清江、官军并击获胜一折。捻匪盘踞众兴，直扑清江北圩，其西坝匪众乘隙蜂拥，直渡盐河兜合，势甚凶悍，幸德楞额带领马队赶到，会合夹击，贼匪退败。该逆仍未大受惩创，尚在众兴盘踞。另匪乘间窜至安东西乡，恐其乘清江圩工甫修之时，仍图聚党回扑。著吴棠商同德楞额，会合各军，力图进剿，并拨兵驰往安东县城，严密防守，毋稍疏虞。

吴棠奏，接田在田来函，有带队二千名于初五日驰抵宿迁县城之语，现在清江兵力不敷，待援孔亟，著僧格林沁即饬田在田赶带马队，由桃源南岸东下，并力会剿。

另片奏，查抄金安清泰州、如皋寓所及同裕钱铺寄顿赀财，该革员局用内有滥支银一万四千八百十二两零，此项滥支之款，皆出自江北钱粮捐厘正项，应行赔归江北粮台。著准其提往清淮，接济军饷。其金安清经手收支各款，仍著饬催乔松年、王朝纶等认真详查，毋涉含混。其上海寄顿赀财，并饬委员迅速呈报。

将此由六百里各谕令知之。

——《清穆宗实录》卷一九，同治元年二月戊辰。

二月十六日

〇郑元善奏

接准僧格林沁来函，该大臣亲督马队，于初五日自陈留启行，是日驻军慰氏，探悉捻股在县城迤东盘踞，初六、七等日派队进剿，连战获捷，捡斩甚多，败匪现窜入里四、黄河、樊家三处民寨，负嵎固守，因马队势难攻围，饬调步勇前往会剿等情。臣已遵照，挑派襄胜、昌胜两营勇丁三千名，檄委副将巴扬阿等管带，即日驰赴尉氏一带听候调遣。

——《钦定剿平捻匪方略》卷一三七，第 7 页。

〇上谕

谕议政王、军机大臣等:

郑元善奏汝防吃紧、新蔡被围,请留杨飞熊一军驻扎汝郡会同剿办一折。汝宁逆捻陈大禧负固平舆,近复句结新项阜阳捻股及张泗林正息明港匪众三四万人,围扑官军前敌营盘。副将杨飞熊到防后,虽击毁贼巢,少挫凶焰,而终觉贼众兵单,剿平不易。又据禀报,逆捻杨方衡、袁安愚等句结发逆数千,并各路匪徒,围攻新蔡县城,四面扎营,轮流攻扑,情形甚为吃重。省防兵力不多,未能分拨援救。僧格林沁由通许一带追剿窜逆,现已驻军尉氏。本日据郑元善奏,已挑勇丁三千名,前赴该大臣军营听调。如里四、黄河等民寨攻克后,即可分兵助剿汝宁之匪。杨飞熊一军,前谕令酌量饬赴槐店,策应援颍,现在新蔡被围甚急,胜保、郑元善、毛昶熙自应饬令该副将一军仍驻汝郡,酌拨队伍,先解新蔡之围,再会同张曜等军攻剿平舆贼垒,以期根株尽拔。胜保现由陈郡进兵太和,所有沈项槐店一带毗连颍州,深恐匪众旁窜,仍著胜保酌量缓急,拨兵驻守,毋稍疏虞。将此由六百里各谕令知之。

——《清穆宗实录》卷一九,同治元年二月己巳。

二月二十一日

〇毛昶熙奏

臣因僧格林沁自杞统带马队由陈留一路追贼时,嘱臣督率步勇回顾省防,臣到省后,复接各路探禀,宋郡正东又有续出援贼,臣将省防及一切策应事宜,商明臣郑元善就近妥办,即于初八日由省起程,带领都司蒋学耕马勇、参将陈禄兴步勇兼程前进,于初十日抵宋。查知前敌营盘总兵图塔纳等,于前次大股捻匪出窜,在马牧一带与贼接仗,叠次获胜,一面探知续窜另股捻匪尚在郡东平台一带游驶,先经调到团练数千名正与相持。臣知该匪意图接应前股,即派陈禄兴、蒋学耕率领马步驰往,又委员添调各寨民团数千名一同前进。该匪探知兵练大至,登时慌乱,夺路狂奔。乡团乘势疾追,捡斩多名,遂将续窜大股压退。

其永城一带贼巢,经参将孙之友督率所部并调集乡团进剿,于正月二十五日将城西李大楼、洪家冈两寨攻克。二月初一日进攻城东北王花园贼圩,驰抵寨外,该参将分饬兵团列阵以待,亲督奋勇数百名抢过濠堑,竖梯登墙。寨中贼匪并力抵御,鏖战两时,站墙之贼骇散,兵勇齐上,夺开寨门,大队继进,该逆鼠窜狼奔。跟踪追杀,歼毙长发老捻数百名。乘胜前进,数日之间,丁楼、阎楼、刘家河、吕庄、官庄店、刘竹园、张楼、冯庄、李家林等处九寨先后来营乞降。

现闻各处逆党心皆震慑,亟应乘机剿办,以期渐就荡平。宋郡相近之金楼、王双楼、马厂各圩,臣已严饬将弁兵练赶紧围攻,克期收复。俟近处肃清,即约会各路官兵四面进剿。

——《钦定剿平捻匪方略》卷一三七,第16—18页。

〇上谕

谕内阁:

毛昶熙奏击退续窜捻匪、克复贼圩一折。捻匪窜扰河南,经僧格林沁于杞县地方击剿获胜后,归德平台一带续有股匪游驶,经毛昶熙督饬陈禄兴、蒋学耕马步各军,添调民团合剿,捡斩多名,当将大股贼匪压退。其孙之友一军,在永城一带搜剿,直捣王花园贼圩,歼毙长发老捻数百名,并先后收抚丁楼等处九寨。办理均为得手。著毛昶熙乘此声威,约会各路官兵,迅速埽荡,毋留余孽。

——《清穆宗实录》卷二〇,同治元年二月甲戌。

〇上谕

谕议政王、军机大臣等:

前因有人奏,降调知府王继庭、已革编修孙毓汶被参各节,均与该员等情罪不符,请饬查办,当经谕令谭廷襄详细查明,据实具奏。兹据奏称,前任青州府知府王继(廷)[庭]被清盛奏参,系因明新禀报地方被扰、府县未见援应所致,并非与王继庭另有不合;明新具禀,系属目击情形,亦非有捏陷别情。前任翰林院编修孙毓汶丁忧在籍,经僧格林沁派令督练剿贼,该员赴营缴札,不肯接受,语言过当,以致被参,亦非卢朝安有心倾陷。各等语。王继庭、孙毓汶被参各节,既据该抚详细访查,尚非被人诬陷,亦无冤抑实据,该员等业经分别降调革职,即著毋庸置议。至孙毓汶在籍续捐银两,接济兵饷,曾否给奖,并著谭廷襄查明具奏。将此谕令知之。

——《清穆宗实录》卷二〇,同治元年二月甲戌。

二月二十二日

〇僧格林沁、国瑞奏

二月初三日,我军在杞县西北攻克赵寨后,该逆旋于是晚向西南奔窜。臣等恐该逆仍窜南阳一路,当即督带马队,于初四日驰抵陈留。探得河南捻众往西南窜去,即于初五日拔营,由朱仙镇绕至贼西,行抵尉氏县,该逆即在县东十数里各庄盘踞。我军自初七日起,连日出队,均有斩捡,惟因经旬大风,尘沙迷目,未能痛剿。该逆每经战败,即遁入民寨内,负嵎死拒,马队难以进攻。当经咨调省防勇队三千名到营,臣等于十一日督带苏克金等各起马队及巴扬阿等管带勇队前往进攻。该逆列仗死拒，横亘数里，我军马步一齐冲压，贼众旋退。我军步队扎住，马队仍前冲击。该逆即由东南突出马贼数百名，直抄我军之后，经卓明阿等整队迎击，立毙百余名，贼众大乱。我军乘势掩杀，复毙贼多名，其余全行窜入黎寺集寨内。旋即调拨勇队环攻，该逆拌死守御，急切难以得手，暂行撤队。该逆复出寨尾随，意在诱敌，臣等将计就计，引贼至河边樊家寨，即令苏克金等一齐拨马回压。该逆始犹抵拒，我军枪箭连环，贼势不支，即行败走。经马队追杀四五里，直抵贼寨，毙贼数百名，余匪窜入寨内。十二日，复督马步各队前往进攻，该逆未敢踞寨，向该县东南撤退。臣等将勇队扎住，督催马队跟踪尾追。行仅十数里，即见该逆马步直前扑来，我军向前迎击，鏖战逾时，该逆前队纷纷倒地，后股已乱，我军齐力冲压，贼势大败，俱向东南逃窜。掩杀二十余里，歼毙马步贼匪三四千名，生擒百余名。贼势零落，由通许睢州迤南柘城一带星夜回巢。我军紧蹑其后，于十六日驰抵归德。途次叠据报称，毛昶熙派拨勇队及各团沿路截杀甚多，回巢马步贼匪不过千余名。

查此次亳东各股逆捻西窜，经我军叠次歼除，余匪逃回者不及十分之一，尚足以寒贼胆。但著名捻首未睹歼除，清淮一路尚有李城大股窜扰，颍上又为张落刑纠约各股，势甚鸱张，一时难期肃清。行军之要，粮草为先，即如臣等追剿西窜捻匪，地方豫备粮草未能敷用，更兼各处协饷积欠过多，屡催罔应，徒有直捣老巢之心，实无筹画饷糈之力。每念及此，焦灼万分。惟有仰恳皇上天恩，饬下河南巡抚郑元善、署漕运总督吴棠速为筹备，以济兵食。

再，此次追剿捻匪，佐领、委营总西成阿等四员先后阵亡，可否仰恳天恩，将西成阿、卓凌阿交部从优议恤，依昌阿、辅清阿交部议恤，以慰忠魂。

——《钦定剿平捻匪方略》卷一三七，第18—21页。

〇上谕

僧格林沁奏续行进剿西窜亳捻叠获胜仗一折。前经叠次谕令该大臣，熟筹进捣亳捻老巢，以为先发制人、一劳永逸之计，原须全局统筹，谋操必胜，方可大举。兹据僧格林沁奏称，此次亳东各股捻逆西窜，经我军马队及豫省勇队叠次歼除，其余匪零星逃回者不及十分之一，但著名捻首未能悉歼，更兼清淮一路尚有李城大股窜扰，颍上又为张落刑纠约各股，势甚鸱张，一时难以肃清。军行粮饷为先，即如此次进剿西窜捻股，虽经各地方豫备粮草，有五言十，岂能士饱马腾？每值撤队，尚须竭力经营，何能骤行深入？更兼各处协饷积欠过多，屡经催解罔应，是以徒有犁庭埽穴之心，而无筹画饷糈之计等语。洵属实在情形。亳东老巢巨捻结众西窜，叠经痛剿遁回，零星败匪，所余无几，乘此鼓行而前，捣渠捣穴，净绝根株，实有可图之机，乃以储峙不先，糗刍弗给，未能乘势急切蒇事，皆由地方官吏疲玩成风，一时积习，难以骤挽，殊堪痛恨。本日业经严切寄谕郑元善、吴棠及直隶总督、山东巡抚竭力通筹，豫备粮草，以为进捣老巢之策；并饬将各省应解协饷克期拨解该大臣军营，俾得士饱马腾，方可定期大举。

僧格林沁忠勇素著，谋略兼长，此次西窜捻匪叠被剿创，实足以寒贼胆。惟寇穷则有反噬之心，捻匪所畏者，仅有该大臣之军，恐其声彼击此，别蓄诡谋。该大臣总当于勇往之中，寓慎重之意，遇有警急，酌量调遣。纵将来远涉穷追，直捣巢穴，止可拨兵前去，亦断不必身临前敌。本日田在田尚有禀该大臣抽拨马队之请，可见清淮徐宿一带捻氛尚炽，专恃该大臣坐镇。是指挥调度，较冲锋陷阵为尤要也。至直隶、山东、河南及江北各路应解协饷，该大臣即随时严催，毋任延缓，如再仍前玩愒，即行据实严参。一俟饷糈豫备可以足用，定期密约各路，直捣亳巢，再行妥筹驰奏。谅能谋定后动，相时缓急，无误事机也。

该大臣何日回至单县，仍即先行具奏，以慰廑念。

将此由六百里谕令知之。

——《清穆宗实录》卷二〇，同治元年二月乙亥。

〇上谕

僧格林沁奏追剿西窜捻逆歼除殆尽一折。据称亳东各股捻逆西窜，经官军叠次歼除，得以逃回者不及十分之一，惟行军之要，粮草为先，各处协饷，积欠过多，徒有直捣老巢之心，实无筹画粮草饷糈之力等语。僧格林沁已抵商邱之马牧集，正可拨兵，或亲自督队，一鼓作气，乘胜进攻附近蒙亳一带捻圩，克期灭贼。惟东由宿州、西自亳州，两路进剿，该处贼圩林立，大兵进捣，无从觅食，必得宽为豫备，方不至军行迟误。况进捣老巢，实为东、豫等省永除后患，该大臣冲锋冒险，劳勚如此，而该督抚于应解饷项尚不悉心筹画，于心何安？著文煜、郑元善、谭廷襄于欠解月饷，无论何款，即先行拨解僧格林沁军营。吴棠于徐州、江北两粮台一并悉心筹画，源源解往，俾得士饱马腾，克期进捣老巢，无后路之虞，方为妥善。傥仍前延误，致僧格林沁停兵待饷，必治文煜等之罪。懔之。将此由六百里各谕令知之。

——《清穆宗实录》卷二〇，同治元年二月乙亥。

〇上谕

僧格林沁奏续行追剿西窜亳捻迭获胜仗、并将大股援贼歼除殆尽一折。僧格林沁之军自杞县将西窜亳东捻匪痛加剿击后，余匪往西南奔窜，该大臣督军由陈留驰抵尉氏，该逆即在县东十数里各庄盘踞。本月初七等日出队剿击，均有斩捡，逆捻每经战败，即遁入所占民寨，负嵎死拒。旋经调到副将巴扬阿等所带步队，与营总苏克金等各起马队会合，该大臣于十一日督率进攻，逆众胆敢列仗抗迎，马队横亘数里。官军马步一齐冲压，贼众诈退，诡计包抄，带领哲里木盟及黑龙江马队之营总卓明阿、诺们丕勒等整队以待，直至贼众临近，同声呐喊，奋力冲击，毙贼百余名，贼队大乱。官军乘势掩杀，复毙贼多名，余匪全行窜入黎寺寨内，恃险死守。勇队环攻未下，暂行撤退。该逆出寨尾追，苏克金等将贼引至樊家寨后，一齐拨马回压，该逆始犹抗拒，官军枪箭连环，贼势不支，马贼先败，步贼亦狼奔回窜。我军马队追杀数里，直捣贼寨，毙贼数百名，夺获旗帜枪械八百余件，余匪仍窜伏寨内。十二日五鼓进攻，该逆不敢据守，即向东南奔窜。官军马队跟追十数里，瞥见该逆马步横仗数里，直前回扑，势甚凶猛，我军马队迎击，枪箭齐施。逆众更番拚死决战，我军勇气百倍，各队枪箭迸发，该逆前队纷纷倒地，后股亦乱。各军齐力冲杀，马步贼众大败，俱向东南逃窜。官军掩杀二十余里，歼毙马步贼匪三四千名，生擒百余名，夺获抬枪抬炮一百四十余件，长矛旗帜二千余件。所余马步贼匪零落，由通许等处遁回，复经各路团勇截杀甚多。此次亳东大股捻匪出巢西窜，迭经痛剿，歼除殆尽，实足以寒贼胆而快人心。著僧格林沁仍即督率诸军，将败归余匪迅加埽荡，净绝根株，毋留余孽。其迭次在杞县、丰县等处打仗阵亡之佐领、委营总西成阿，尽先即补协领、佐领、委营总卓凌阿，均著交部从优议恤。佐领、委营总依昌阿、辅清阿，均著交部议恤。以慰忠魂。

——《清代起居注册（同治朝）》第 1 册，第 540—546 页。

二月二十三日

〇上谕

议政王、军机大臣字寄直隶总督文，办理三口通商大臣、内阁学士崇，署直隶提督成。同治元年二月二十三日奉上谕：

前因浙江宁波等城失守，贼匪有掳船纵横海上之信，谕令文煜等前往天津海口办理防务。节据文煜等奏称，先后到防，并将筹办情形具奏。现在浙中贼匪尚无欲由海道他窜消息，文煜统辖全省，事务较烦，亦未便株守一隅，所有天津海口防务，即著该督等悉心筹酌，如实已诸臻周密，著文煜即行回省，仍将何日起程先行具奏。文煜起程以后，所有天津海防应办事宜及镇道以下各官，均归崇厚、成明督率调度，以一事权。天津调出官兵业已归伍，前据文煜等奏称，将该官兵分驻北塘两岸炮台及营城地方，如伤亡空缺，即令募补足数等语。此项官兵务须勤加训练，其伤亡空缺，并著速行挑补足数，毋许再有缺额。

前此僧格林沁办理津防，奏明直隶提督应于二月间赴天津海口驻扎，至十月间回古北口，所议极合机宜。成明现驻海口，著俟九月间奏明请旨。按察使孙治应否仍留海口，抑应饬令回省，并著文煜、崇厚会商办理。

前因有人奏，署长芦盐运使、候补道许诵恒专务婪赃，不顾国课，与署运同徐嵩年拜认师生，通同舞弊，于上年十二月十一日寄谕文煜、崇厚查明参办。至本年正月初八日，据文煜奏称，派令孙治等随同查办。迄今复又月余，尚未据该督等将办理情形覆奏。似此特旨交查重案，任意迟延，实属不以公事为重。著文煜、崇厚督饬孙治等，将许诵恒、徐嵩年被参各款迅速逐款研讯，严行参办，不准再事延缓，稍有徇隐，致干咎戾。将此谕令知之。

钦此。遵旨寄信前来。

——《咸丰同治两朝上谕档》第12册，第89—90页。

二月二十四日

〇胜保奏

臣督饬前敌各军进扎王家圩、刘家海、茨河铺等处，屹立三营，以为犄角之势，均距颍城不过十里、十余里，与城内消息已通。乃粤捻各逆知臣悬军深入，锐意解围，复悉众来扑，死力抗拒，并纠合西面各悍贼，分路包我营盘，经臣亲赴前敌，督率将士奋力鏖战，屡次获捷，计三营各斩馘数百名，贼始却回，兵勇亦有伤亡。惟我军前敌已与贼对垒，仅通西北一线之路，而环城各贼营层层密布，昨据探报，西北又有大股捻众自亳巢来援，攻扑民寨，接济围颍诸贼馈粮，以分我兵力。此时臣军前后左右贼势重重，应接不遑，几至无可措手。

查臣所统马步兵勇共计一万七八千人，除副都统明庆派赴河北外，后路节节梗阻，不能不节节留兵，以通饷道而联声势。留扎陈州之师以备睢杞通太窜贼，留扎槐店、鲁台、新安集三处之师以击胡桥等处踞贼，留扎界首集、穗子铺两处之师以御邢家圩及沙南各贼，兵力已分大半。而前敌自穗子铺击贼以后，转战百余里，接仗数十次，连克贼垒十余座，伤亡又属不少。所有前敌进剿兵勇仅六千余人，且饷银军械军火无不短绌，距河南省城已五百余里，中间处处贼氛，情形万分危急。查睢杞一带窜匪，业经僧格林沁等击败，南窜通许扶沟辖境，省垣情形已松。此时贼势全趋陈属，臣营后路层层隔断，而兵力只有此数，前后实难兼顾。惟有吁恳天恩，饬下僧格林沁酌拨得力马队千余名驰赴槐店，就近归臣调遣，俾得一臂之助。并请饬下郑元善督带省防劲旅暂行进扎陈州，以固大营后路，而为前敌策应，实于皖豫大局有裨。

至苗沛霖之众，虽已擒斩捻首数十名，大挫凶锋，计日可抵回溜集，第尚为发捻各逆所隔，一时未能直抵城下。楚师前已行抵固始，计期可达……

——《钦定剿平捻匪方略》卷一三八，第1—3页。

〇上谕

胜保奏督军援颍深入重地、面面受敌，并大营后路税子铺被贼攻陷，请饬各路派兵援救各折片。胜保一军，自连破刘家海等处贼垒，进抵距颍十里之王家圩安营，与城内消息已通。乃粤捻各逆知该大臣孤军深入，复悉众来扑，并纠合西南各悍贼，分包前敌营盘，又分股窜陷税子铺地方。该处为大营后路要道，我军后路已断，面面受敌，兵力不敷分拨，粮饷军火缺乏，情形万分危急。著僧格林沁迅速酌拨得力马队千余名驰赴槐店，归胜保调遣。并著郑元善督带省防劲旅暂行进扎陈州，以固大营后路，而为前敌策应。总兵成大吉等一军距颍不远，著李续宜即饬该总兵等兼程前进，与大军会合，力解重围。胜保一军深入皖省，其后路被贼层层隔断，危急万分，僧格林沁、郑元善、李续宜务当亲督各军，或迅催将士，星速驰援，疏通道路，俾得转危为安。僧格林沁等向来皆以国事为重，断不可有意见不和之处，稍缓须臾，致误全局。副将杨飞熊一军，前经郑元善奏请留驻汝郡，会同张曜等军攻剿平舆贼匪，目下胜保待援迫切，著郑元善斟酌情形，如汝宁防务稍松，即饬张曜独力剿办，仍飞饬杨飞熊一军星速驰援颍郡，毋得稍分畛域，致误事机。

胜保所参总兵成禄赴援迟延，副将刘景芳筑营未定、为贼所乘，均属颟顸疏懈，成禄著摘去顶带，刘景芳著暂行革职，均准其留营剿贼，以观后效。傥再不知奋勉，即行从严治罪。

本日复据副都统明庆驰奏，安插降众，仍带队赴豫助剿，请饬周士键来营带队等语。明庆并非帮办大员，以安插降众事宜，并不禀请该大臣陈奏，辄自行入告，已属非是。周士键声名恶劣，胜保前此擅留差委，尚未允准，明庆何得率行奏请留营？尤属冒昧。该副都统前次出京，沿途需索供应，从宽未予严谴，此次种种谬妄，著胜保即饬该副都统回营，并传旨严行申饬。

御史薛春黎奏被贼裹胁良民请仿照龚景瀚遗法设法解散一折，著僧格林沁、胜保酌量办理。原折著钞给阅看。

将此由六百里加紧各谕令知之。

——《清穆宗实录》卷二〇，同治元年二月丁丑。

二月二十七日

〇郑元善奏

臣查皖捻频年窜豫，久成熟径，历任抚臣竭力堵剿，总苦于贼众兵单，未能大加惩创。且攻击全资马队，叠次请调吉林、黑龙江马队，皆因西陲多事，未能分拨，不得已雇募马勇，技艺既少，胆气不壮，寥寥数百人，鲜克有济。僧格林沁统领马队四五千人，悉系三省、三盟百战劲旅，而又恩威并用，赏罚严明，故能得其死力，所向有功。

此次西窜捻股，屡据各路探报，并获犯供词，均称，苏添幅、苏添详、李加英、刘大老渊、二老渊、赵浩然等著名捻首十余人，纠合积年凶悍党伙四五万众，蓄意抗拒大兵，西犯河洛。迨杞县解围，贼势大挫，苏添幅等隐有归志。又接亳东老捻来信，嘱令顶住官兵，万不可退，有官兵进剿，必致老稚同尽等语，是以拚死踞寨，万分汹涌。僧格林沁洞察贼势，熟审机宜，于贼之飙疾奔突，则以马队紧蹑穷追；于贼之踞守负嵎，则以步队围攻破敌。未及浃旬，殄除群丑。在豫省官吏士民，佥称近年以来未尝有此大捷。

惟蒙亳匪巢林立，环逼豫疆，此次鼠窜狼奔，漏刃破胆，难保不纠众复来。与其分兵设防，不若合力进剿，先发制人，直捣蒙亳老巢，为埽穴犁庭之举。纵令该匪被剿纷窜，而田在田驻兵宿州，袁甲三扼扎临淮，吴棠统师淮徐，皆可知照会合，分布严防。即胜保颍郡解围，亦可移得胜之师，两路并进。此诚机之不可失者。

现接宋营来信，知僧格林沁已于十六日抵宋，飞调单县步队由马牧集围攻金楼，节节进剿，不日自可得手。至所需粮饷、草料、军装等件，臣已分饬司局及各州县等筹办接济。省东一带刻下暂可无虑，惟汝郡及新蔡情形，据藩司张曜禀报，二月初一日督带马队由项城驰援新蔡，经过火烧店，沿途被胁民寨翻然就抚。其火烧店迤南悉皆匪巢贼窟，该司连日且战且进，直抵新蔡城外。该匪并力来扑，经我军击毙多名。讵东面复有大股粤匪前来策应，势难抵敌，该司整军撤回，于初八日回汝。十二日，会同检讨吴元炳、副将杨飞熊等进攻孔海贼寨，各军奋勇齐进，立将西寨攻破，匪势溃窜，我军分途截杀，并无漏网。正拟复攻东寨，因援贼麇至，我军冲入贼阵，斩杀黄衣马贼一人，余匪自相践踏，追杀十余里。统计是日毙匪六七千人。

臣查汝军剿贼尚属得手，而平舆未克，贼势仍未稍衰。且新蔡被围计已四十日，藩司张曜督队往援，以众寡悬殊，未能得手。臣一面飞饬张曜将原有兵勇扼扎前敌，牵制贼势，一面调杨飞熊统率所部，由汝宁驰赴项城驻扎，图援新蔡。犹恐兵力尚单，臣赶将省城防守事宜妥为布置，酌留昌胜五营勇丁二千五百人，暂交游击李殿元统带，严密防御；挑派襄胜五营勇丁并亲军马勇共三千人，分为两起，定于本月二十二日檄饬知府李徵松管带头起自省起程，臣亲督后队于二十六日出省，取道陈州、项城，督令杨飞熊会合前进，相机筹办，驰解新蔡之围，以清边圉而固门户。

——《钦定剿平捻匪方略》卷一三八，第24—28页。

〇郑元善奏

接据胜保军营汪曜奎等禀称，穗子铺被贼攻袭，官军失利，现在文报、饷道阻隔不通，情形紧急，请兵救援。臣闻信莫名焦愤，一面饬知府李徵松管带头起襄胜营勇即日启行，驰赴陈州驻扎，一面赶将省城防守事宜经理，迅即出省，由通许太康一带兼程赴陈，相机前进。

正在布置间，又接胜保来函，据称，颍郡望援迫切，遂锐意前进，前敌官军已扎至距颍十里之王圩等处，惟贼势过众，官军营盘仅通一线之路，围颍各贼半皆铤险西窜，以图断我后路，因之邢圩贼寨援匪骤添，穗子铺猝被攻陷，后路业已不通，不但颍围难期速解，即太和亦势将被围，亟应厚集援军，以分贼势等情。

查该大臣此次援颍之师，因城围紧急，锐意前征，悬军深入，前闻前敌各营距颍不远，声息可通，乃变生仓猝，穗子铺官军忽被攻陷，前临贼窟，后无援师，阻隔不通，势将坐困，万一稍有疏失，不特颍围万不能解，即豫境亦在在可危。杨飞熊一军，前奉胜保札调，因汝郡正在吃紧，且绅民环跪乞留，势难前往，经臣奏明仍留汝郡。现在军情变幻，旦夕异宜，不但汝郡不暇兼顾，即新蔡之围亦急切不能往救，惟有再行飞催杨飞熊，令其星夜由项赴陈，臣仍于二十六日督队出省，驰赴陈州，审察机宜，或为胜保大军后路策应，或由槐店派队进剿，收复穗子铺，以通饷道。并探闻陈郡迤东捻股甚众，意图西窜，有侵扰周口、窥伺省城之说，尤不可不豫为之防。统俟到陈后，酌度缓急轻重，相机办理，以期周密。

抑臣更有请者。臣所带省防楚勇数仅三千，益以杨飞熊刚锐各营，不足六千之数，且皆系步勇。陈郡槐店迤东遍地贼氛，无论臣营兵力众寡悬殊，且无得力马队，不足以资冲击，现当孤军危急，皖豫两省全局攸关，惟有仰恳天恩，饬下僧格林沁迅速统带全起马队，由宋赴陈，会同臣营步勇，即日由槐店一带进援。一俟贼势稍平，颍城围解，僧格林沁仍由归德进捣亳巢，臣酌拨队伍再行驰救新蔡。

——《钦定剿平捻匪方略》卷一三八，第28—31页。

〇上谕

谕议政王、军机大臣等：

郑元善奏，窜豫捻匪被僧格林沁痛剿，业已破胆，正宜乘胜直捣蒙亳老巢，惟孔海东寨虽已攻破，而平舆未克，胜保饷道被贼阻遏，新蔡被围，亦甚紧急，现拟调杨飞熊赴援新蔡，该抚亦即统兵出省，取道陈州、项城，相机筹办等语。捻匪窜扰豫省，大受惩创，亟宜乘此声威，为埽穴捡渠之计。惟胜保孤军深入，势将被困，著僧格林沁遵照前旨，速拨马队千余名，星驰前往槐店，听候胜保调遣，以资得力。郑元善前赴陈州，与前次寄谕适相符合，应如何派拨劲旅，驰赴新站、界首等处，为胜保后路声援，并著速筹办理，毋稍延缓，致有贻误。至新蔡被围，已阅四十余日，郑元善现饬杨飞熊由汝宁往援，著即催令该副将星夜前进。汝蔡解围以后，应否饬令赴颍，再由该抚酌度情形调拨。平舆贼匪，著郑元善严饬张曜速筹埽荡。其金楼踞匪，久经毛昶熙围攻未下，现经僧格林沁派队往剿，谅自无难攻克。一俟新蔡、金楼得手后，即可筹攻蒙亳。

正在寄谕间，据郑元善驰奏，援颍官军于税子铺失利等语。围颍贼众不下一二十万，胜保孤军深入，而税子铺猝被攻陷，危急情形，实属不堪设想。郑元善业已督同杨飞熊等赴陈，尚恐兵力单薄，于事无济，即著僧格林沁察看情形，或亲统全起马队驰往陈州，与郑元善会商进剿，或派妥员分带马队前往应援之处，均著相机妥办。该大臣未到以前，仍著郑元善督催杨飞熊等飞速前进，务将税子铺先行攻复，以通胜保饷道。俟颍州情形稍松，即行驰援新蔡。至陈郡迤东捻股，既据郑元善探闻有侵扰周口、窥伺省城之说，并著该抚于到陈后相机防剿，毋任深入。

将此由六百里加紧各谕令知之。

——《清穆宗实录》卷二〇，同治元年二月庚辰。

〇吴棠奏

众兴捻股回扑清江，经官军击败后，又复分股由沭境绕窜安东之王家集、陈师巷、佃湖等处，希图袭扑安城，臣即派都司滕国栋等带队驰往扼守。该逆屡次来扑，均经击退。又复窜由海州之响水口绕至阜宁县境东坎地方，意图抢渡射阳湖，窥伺里下河。

先是，乔松年派知府杜文澜带防湖炮船，经臣饬留射阳湖巡缉，臣又派游击扎拉芬等带队五百名赴阜宁办理善后，都兴阿亦派副将刁经明等管带炮船赴盐城，会同该县练勇防扼下河门户。二月初九、初十等日，另股捻匪由东坎东窜，经水陆各队并各乡团练严密堵御，该逆进不得逞，复由原路回窜，与众兴匪合。臣于十三日派游击黄国瑞等带队，并炮船三十只，由中河南岸进剿众兴踞匪，叠将抢渡运河之贼击退，遂进扎桃境之三义坝、黄家嘴一带。该处对岸五六里，有贼圩四座。十八日四鼓，黄国瑞带队渡河，出其不意，冲破贼圩三座，杀贼百余名，余贼向西遁去。旋由圩北围裹，黄国瑞督队奋击，立斩悍贼二百余名，余贼纷纷逋窜，落濠死者不计其数，当将贼营三座一律焚毁。最后贼圩一座，因去岸太远，又望见众兴大股匪徒来援，黄国瑞等遂整队过河，仍扎南岸十里铺地方。

叠据睢宁、宿迁、桃源等县报称，另股捻首魏坤、罗麻子、罗和尚等匪聚众两万余人，由睢宁县境窜至高作地方，声言接应众兴踞匪，合股东窜。又接田在田来函云，二月十四、十五日，两次带队迎剿高作捻股，连获胜仗，惟贼势过众，难遽击退，嘱臣严防东窜等语。又据桃源县报称，十八日，另股边马已窜桃西四十里之金锁镇地方。臣查众兴之匪盘踞北岸，所有派防阜宁、安东及沭境之钱家集各队，万难遽撤。清江重地，臣与德楞额带队扼扎，其黄国瑞、姚广武、朱光廷等队，派防三义坝、十里铺、五堤头，系桃源南岸要隘，以防众兴之匪南窜，皆未能更动。不得已于清江抽出副将刘成元一军一千余名，派令驰扼桃源西之成子河圩，以防南岸另捻东扰之路。

伏念北岸捻匪虽经臣叠次剿办，屡有斩馘，究以贼众兵单，未能悉数歼除。现又有南岸另捻东趋，不能不分军防扼，兵力愈形单薄。前蒙天恩，饬僧格林沁拨队东来，现闻该亲王追贼，已由归德、杞县至朱仙镇一带，正在剿匪吃紧，其不能拨队东来，自属实情。臣就现有兵力严防各路，以守为战，一面飞咨都兴阿，将前拨援浦暂撤之王万清一军调回清江，并飞咨田在田由南岸进兵，牵制另捻东窜，以分贼势。

——《钦定剿平捻匪方略》卷一三八，第20—23页。

〇上谕

据吴棠奏派队逼退东窜捻股获胜、探闻另股捻首窜至高作地方、竭力筹剿一折。众兴捻股回扑清江，经官军扼击获胜后，分股由沭境绕窜，图袭安城，复绕至阜宁县境，均经兵练堵剿击退。其三义坝等处贼圩，亦经官军冲破，逼贼西遁。惟据禀报，另股捻首魏坤等聚众二万余人，由睢宁县境窜至高作地方，声言接应众兴踞匪，合股东窜。现在北岸捻匪未尽歼除，南岸又有另捻东趋，清江各路防兵扼堵众兴踞匪，万难撤动，吴棠已抽出副将刘成元一军驰扼桃源县西之成子河圩，以防南岸另捻东扰之路。而兵分力薄，深恐不敷剿办。田在田带队已至高作，著僧格林沁饬令迅将该处逆匪埽荡，即由南岸进兵，与刘成元一军会合夹击，毋令逆众奔窦纷扰。是为至要。

本日据冯子材等奏，江南粮台驻扎高邮，距镇江较远，一切捐款，向由各局解赴粮台，再行分拨，展转稽迟，动需时日，未免贻误事机；吴棠前次厘定南台进款，内盐厘一项，系在泰兴所属之口岸设局征收，该处距镇止隔一江，请饬就近径解镇江等语。镇江需饷孔亟，所有盐厘一项，著吴棠转行乔松年，即饬口岸局员就近径解镇江支放局，以资凑发，仍随时报明粮台，核实收放。其余沿江各卡局，各项捐款，仍著饬知台员，查照旧章，先尽镇营之用，并解赴高邮，分别拨济。

将此由六百里各谕令知之。

——《清穆宗实录》卷二〇，同治元年二月庚辰。

〇上谕

前据英桂奏河南、直隶协饷请饬部改拨一折，当经降旨令户部速议具奏。本日郑元善奏，僧格林沁大军抵豫，不能不筹画接济，请饬山西按月照发等语。河南军务方殷，需饷甚巨，全赖完善省分畛域不分，藉资接济，若各省纷纷奏请改拨，尚复成何事体？著英桂仍遵前旨，按月如数解拨河南军营，以收士饱马腾之效。傥该省以停兵待饷，或致贻误事机，惟英桂是问。将此由六百里谕令知之。

——《清穆宗实录》卷二〇，同治元年二月庚辰。

三月

三月初一日

〇胜保奏

围颍逆匪分股一两万人，于沙河南岸西窜穗子铺一带，欲由旧县集围扑太和，以断臣军后路。臣连日飞调杨飞熊一军及黄得魁添募之勇,迄今未到,而楚军虽距颍南不远,未能奋力合击,槐店以北、穗子铺以西屯贼两三万断我粮道,所留后路之兵仅有数千,各处分扎,极力支持,实属危急万分。

现苗沛霖专人呈递禀函,据称,现已齐练六万余人,续调三万余人即可到齐,由正阳至颍上扎营数十座,先攻张落刑颍上老巢,以为围魏救赵之计,亟欲于日内率领部众西来,共解颍围。并据委员方模勋禀称,张落刑现踞颍上为老巢,各捻首贼眷辎重悉存其中,张逆自率贼众在十八里铺屯扎,因苗练围攻颍上,率众两三万前往救援,苗练于二月十三、四、五等日,在六十里铺地方与贼接仗,三战三捷,毙贼无数等语。臣已饬苗沛霖迅速进攻,歼除张逆,臣仍在太和居中调度。

现据密探,围颍之贼声言,如被我军剿败,即由沈项境内直趋周口,以图他窜,尤不可不防。拟请饬下僧格林沁暂扎归陈适中之鹿太境内,觇贼动静,既可策应各军,又可为会捣捻巢之计,不宜再使北面空虚。并请谕郑元善迅带余际昌、杨长春之军进扎周口槐店一带,以扼贼西窜之冲,兼顾太和后路,并可就近策应沈项汝宁。现在蒙亳各捻业已倾巢出窜,亳东一带老巢自必空虚无备,应请毛昶熙就归德现有兵力,出其不意,径捣亳东一带老剿,乘贼不暇回顾之时,当可易于得手。

臣现在饷源梗阻,军情危急,若日内再无接济,又无应援,实有不可终日之势。

颍州城内情形,据贾臻来函,知援兵距城数里,众心甚固,而望救愈殷。臣已饬成禄先选精锐,乘贼之隙,或能冲过贼营,直抵城下,以慰颍郡人望,再图破贼之谋。

至臣前请饬僧格林沁酌拨得力马队千余名前赴槐店听候调遣,仍恳恩准施行。

——《钦定剿平捻匪方略》卷一三九,第1—3页。

〇上谕

胜保奏,逆匪自窜税子铺一带,欲由旧县集围扑太和,以断大军后路。苗沛霖力攻颍上,叠获大胜,贼势已分。恐颍郡解围,该逆有由沈项直趋周口之信,请饬僧格林沁暂扎鹿太境内,以觇贼情动静,并请饬郑元善迅带余际昌等军进扎周口、槐店一带,兼顾太和后路。现在亳东老巢空虚无备,毛昶熙应就归德现有兵力直捣老巢。各等语。胜保进攻颍郡,后路贼势蔓延,设令西窜周口,则陈州亦形吃重,前谕酌调应援之马队,谅僧格林沁业已派往,即著该亲王催令前进。

僧格林沁本拟直捣亳东老巢,惟鹿太为捻踪出没之区,该亲王是否应暂扎该处,以觇动静,即著酌量办理。并著仍遵前旨,于勇往之中寓慎重之意,如有得力之员可派,不必亲自前往,以便在单县驻扎,可以策应南北,更为周妥。

毛昶熙前建进捣亳巢之策,现在归德无事,即可乘虚而进,出其不意,以操必胜之权,著即相度机宜，实力进剿，以分贼势。郑元善已于二十六日前赴陈州，著即催令杨飞熊一军会同进剿。

另片奏，狗逆欲挟庐州之众，纠合捻逆，图扰豫陕；及苗沛霖情形已有端倪，主剿一层，暂可从缓，并将苗沛霖手函及伪书三件呈览。狗逆在庐郡，经楚军渐次进逼，情形穷蹙，希图北窜，亦在意计之中。著郑元善、毛昶熙密探，如有北窜消息，即著设法痛剿。胜保亦当设计歼捻，毋任北窜。至苗沛霖办理情形，未据该大臣指明所谓转圜者何事，所呈苗沛霖信函，内有“贤母投杼，未经十年，何遽忘之”之语，投杼一语，尚可意揣；十年之说，系属何事？王金奎等所谓水落石出，究指何事而言？其伪书三件，如何夺获？即著胜保详细覆奏，毋稍含混。

至杨飞熊一军，前奉旨令其赴汝宁，为张曜援应，日久未赴槐店，并非该副将之过。且该副将与黄得魁同为胜保檄调，黄得魁未据该大臣参奏，而请将杨飞熊摘顶拔翎，殊失士心。现已据郑元善檄调前赴槐店，即著该抚催令迅速前往，不得延误，致干重咎。

将此由六百里各谕令知之。

——《清穆宗实录》卷二一，同治元年三月癸未。

三月初二日

○上谕

谕议政王、军机大臣等：

有人奏，山东曲阜武生桂锡桢，前在黄良楷、德楞额各军营投充马勇，后又潜回曲阜本籍，声称号召乡团，藉端扰害。十年九月，匪扰曲阜，桂锡桢先期出走，闻归入邹县教匪伙党，复又投效僧格林沁军营。嗣因教匪猖獗，桂锡桢带马勇二百余名又回曲阜，招集不逞之徒，四出打粮，地方大为惊扰。其人勇悍诡谲，机警变诈，并闻仍与教匪句结，沂州光棍，多其党与。若不亟筹办理，恐至滋蔓难图。等语。桂锡桢藉招勇为名扰害地方，不法已极。上年僧格林沁奏报内，有派令前次投诚之桂锡桢前往兰峄一带招降棍徒等语，恐其离营后又复反侧，亟应严拿惩办。著僧格林沁、谭廷襄密速查拿，妥为办理。该武生既通贼句匪，且聚党甚众，务须不动声色，设法调至大营，严讯各情。如果属实，即在军前正法，并遣散其党，以绝后患。将此由五百里各谕令知之。

——《清穆宗实录》卷二一，同治元年三月甲申。

○上谕

贾臻奏，贼匪麇聚颍郡，请饬各路援军分道并进、就地翦除等语。据称颍郡被困已久，旬日以来，贼先于东、西、南三面各将长濠填平数段，作进扑城关之势。经参将马陞等分路包抄，颇有捡斩。连日探闻，淮北捻匪五旗并出，徐宿蒙亳一带守巢之贼无多，有南御楚师者，有东堵苗练者，要以北拒胜保前敌之贼为最众，而城外贼数仍不加少。此时粤捻交乘，贼数之多，无过于今日。然聚群不逞之徒于颍郡一隅，我以兵练环其外，因利乘便，为聚而歼旃之计，似事机易于措手，亦无过于今日。所陈不为无见。目下北军攻其西，楚师击其南，苗练袭其东，已有三面围困之势。若由僧格林沁派令西凌阿马队由亳抵颍，以抄其北，该逆股数虽多，已成阱兽釜鱼之势。而豫省徐宿诸军，各就近攻取，以分贼势，毋令再赴张落刑之约，远出滋扰。著李续宜迅催成大吉等军分道进逼，再由袁甲三多派劲旅，并迅速知照李世忠带兵水陆并进，由怀远以达颍州，以壮声威而备策应。城围一解，诸逆亦可就地翦除。较之分路防剿，究属事半功倍。著僧格林沁、胜保、袁甲三、李续宜、郑元善、毛昶熙审度机宜，派拨官军并力合击，务将贼匪悉数歼除。事机可乘，慎毋迁延歧视。是为至要。现在援师云集，贾臻惟当激励将士，静候援兵，养锐而动，以收内外夹击之效。至贾臻所陈贼匪填濠盖土，种种诡谲情形，并著该大臣等饬令督兵将帅加意防范，毋致堕其术中，方为妥善。将此由六百里各谕令知之。

——《清穆宗实录》卷二一，同治元年三月甲申。

三月初四日

〇刘毓楠、吕序程奏

掌江南道监察御史刘毓楠、陕西道监察御史吕序程奏言：

豫省为京师门户，汝宁府、光州又为省会藩篱，其地最关紧要。近因苗练西向蚕食，土匪四起，勾结发逆及张落刑、孙葵心各股捻匪，任意焚杀。汝郡大股捻匪，自上年七月以后分作十旗，每旗聚匪数万，罗山、正阳、确山遍地皆匪，动辄围城，焚杀极惨。又有萧汶信等盘踞陡沟集、明港驿，直逼信阳州城，于上年十二月初一日围攻六昼夜，本年正月十一日又围城二日，以致驿路梗塞，文报不通。此汝郡捻匪之实在情形也。

光州自上年七月至十一月被围四次，有逃军刘克涓即刘炎鼎，与弟刘鸿涓、霍老端盘踞尤家庙，恃有伊弟刘其涓充当本州差役，潜通消息，藉作内应。又有卢其恕等分踞长陵集等处，肆行抢掠，民不聊生。自代理息县知县李洪藻在土沟桥被害后，迄今并无一官，捻逆屡围县城，全赖绅民护守。捻首刘克涓等勾结发贼环攻光州，前署知州秦笃新用钱犒贼，准其在州城三里外抢掳，人心汹汹。此光州捻匪之实在情形也。

南汝光道赵书升，惟以抽厘金、收盐税为事，假养勇之名，尽饱私囊。藩司张曜初为州县时颇称勇敢，逮洊升监司大员，身家念重，前后判若两人，恣意酒色，拥兵不肯出队，所报胜仗，多有不实。其统带之兵勇，半系汝民，与平舆捻逆率皆戚友熟人，闻接仗时枪炮向上空发，并不击贼。候选知州单体晋带勇驻扎息县，不加约束，纵勇扰民。游击汪长清老病衰颓，诸务废弛。各州县困守孤城，城外贼各数万，危急情形，不堪言状，而信阳、确山、正阳、罗山、光州、息县更为吃紧。似此捻匪盘踞，任意狓猖，若不迅加殄灭，其祸患有不可设想者，可否请旨饬下僧格林沁、郑元善，迅派得力将弁，会同胜保认真协剿，令其先解各处城围，次第埽荡，以除心腹之患。

——《钦定剿平捻匪方略》卷一三九，第16—18页。

○上谕

谕议政王、军机大臣等：

有人奏河南汝光两属捻匪猖獗、请饬将弁会剿一折。据称汝光两属，近因苗练西向蚕食，土匪四起，句结发逆及张落刑等各股捻匪。汝郡则大股捻匪分作十旗，光州则自上年七月至十一月被围四次。南汝光道赵书升，惟以抽厘金、收盐税为事，假养勇之名，尽饱私橐。藩司张曜恣意酒色，拥兵不肯出队，所报胜仗，多有不实。候选知州单体晋带勇在息县，不知钤束；游击汪长清老病衰颓，诸务废弛。信阳等处，更为吃紧。请饬僧格林沁等派兵会剿。各等语。汝光等处匪踪猖獗，前据胜保等叠次驰奏。现在新蔡既未解围，平舆亦未克复，是该处贼势甚张，已可概见。若令再行北窜，则归德均形吃重。前谕僧格林沁派兵驰赴鹿太交界，并谕毛昶熙直捣亳东老巢，郑元善驰赴槐店一带，均为颍州后路起见。而于汝光防剿，未免兵势较单。著僧格林沁、郑元善、毛昶熙通盘筹画，何路吃紧，即由何路进兵。胜保驰解颍围，兵力已不为不厚，若将豫省劲旅悉调赴槐店等处，万一汝捻乘虚北窜，该大臣亦有进退维谷之势。务与郑元善等虚衷商酌，不得顾此失彼。至藩司张曜、道员赵书升现在是否得力，所参知州单体晋、游击汪长清各情是否属实，即著僧格林沁、郑元善、毛昶熙查明，据实具奏。原折著钞给阅看。将此由五百里各谕令知之。

——《清穆宗实录》卷二一，同治元年三月丙戌。

三月初六日

○僧格林沁奏

前奉谕旨，令臣酌拨得力马队千余名驰赴槐店，就近归胜保调遣。查臣营马队官兵共四千余名，除阵亡受伤患病无马外，核计堪以出队者不过三千名。现在围攻金楼贼寨，并分拨马队赴王双楼，杜贼援应，复有亳捻结众将至，是防剿兵力甚单，情形吃重。且北路又无重兵防守，不独攻剿金楼难以中止，即扼贼北窜亦关紧要。叠据邹县、曲阜等处禀报，凤凰山一带教匪投诚后尚知敛迹，未经投诚之匪见我军远征，德楞额一军又往清淮，以致乘间四出掳掠。臣等因兵力一时难分，当饬兖州镇总兵扎隆武等督带兵团在彼妥为弹压，一俟官军可以分拨，即应往剿。又据济宁州知州周鹍探报，该州东南乡邹县境内独山庄，又有王继云为匪，招聚多人，号称英雄会，时出焚掠等情。都统西凌阿现在济宁驻扎，当经飞咨令其就近侦探，带兵前往剿除。臣营三千马队，实属兼顾不遑。况清淮贼众兵单，吴棠、田在田等亦常函请拨兵，只因势不能分，殊深焦灼。再四筹酌，实难抽拨马队驰往槐店助剿。

——《钦定剿平捻匪方略》卷一三九，第 23—24 页。

○上谕

谕议政王、军机大臣等：

僧格林沁等奏攻剿金楼贼寨情形、前饬调赴胜保军营马队未能派往，郑元善奏勇目宋景诗率众逃遁、派兵追剿各一折。前因胜保兵力不敷，谕令僧格林沁派拨马队前赴槐店助剿，兹据僧格林沁奏称，现攻金楼未下，兼须扼贼北窜，在营马队万难抽拨，所有前调马队，著准其暂缓派往。

勇目宋景诗，因该部众叠次挫衄，辄敢擅向陈州撤退，并句结派驻陈州之诚顺三营马步同逃，迨郑元善派员开导，初以饷绌为词，旋复乘夜率众向兰仪一带遁去。似此反覆无常，而胜保前在山东力主招抚，迨经逃遁，复敢心存回护，不即据实具奏，已明降谕旨，将该勇目斥革，并将胜保交部议处矣。至该勇目率领多人擅自离营，所称沿途并无骚扰，断难凭信。现向兰仪东北一带逃遁，其为阑入直境，抑或扰回山东，均未可定。该降众本皆犷悍之徒，投诚以后，辄敢反覆，断难再事姑容。郑元善已派昌胜营全队及副都统明庆马队追剿，并著胜保、谭廷襄、遮克敦布派拨官军沿途拦截，与豫省派出各军合力兜击，务将宋景诗等悉数歼除，毋得信其安分归农之语，纵令归巢，致贻后患。其诚顺营降众折回陈州后是否可用，仍著胜保、郑元善妥为防范，毋稍大意。

胜保进剿颍州能否得手？副将杨飞熊、知府李徵松等军，郑元善业已调往陈州，即著催令前进，为胜保后路声援。该抚俟剿办宋景诗得有头绪，亦即速赴陈州，相机援应。毛昶熙攻剿金楼，久未得手，现经僧格林沁督兵剿办，毛昶熙仍应率勇策应，毋得藉口卸责。

其邹县等处教匪会匪，既经僧格林沁分派总兵扎隆武、都统西凌阿等剿办，即著督饬该总兵等实力进攻，速歼丑类。曹州等属水套匪徒，业经陆续投诚，应办善后事宜，并著谭廷襄等妥为经理。北路无重兵防守，僧格林沁仍著妥筹兼顾，不可为金楼贼寨所牵掣。

将此由六百里各谕令知之。

——《清穆宗实录》卷二一，同治元年三月戊子。

〇僧格林沁奏（节录）

……窃奴才于二月十八日准议政王、军机大臣字寄，同治元年二月十二日奉上谕：僧格林沁著交部从优议叙，等因，钦此。奴才跪读之下，当即恭设香案，望阙扣头。伏思奴才蒙古世仆，一介庸愚，叠承训谕。奴才督兵剿贼，捍卫疆域，奴才宜如何殚心力，迅扫妖氛，用副委任。前因剿贼获胜，屡荷鸿施，优加奖励，兹复仰赖圣主洪福，赴豫剿匪得胜仗，乃蒙圣恩，交部从优议叙，闻命自天，感悚无地。所有一切军务，奴才惟有竭尽愚诚，勉力图维，以期仰酬高厚鸿慈于万一……

同治元年三月初六日议政王军机大臣奉旨：知道了。钦此。

——录副奏折，档案号03-4597-033。

三月初九日

〇胜保奏

围颍各逆屡扑成禄、洪贞谦等营盘，该镇道等奋力相持，叠次斩馘甚多。惟各股援贼四出纷乘，沙河南岸贼骑络绎不绝，意欲围攻旧县集，窥伺太和，截断后路，虽经臣派队击退，仍屯踞邢家圩等处。北岸穗子铺、万福沟一带均有贼踪。逆众数万，往来游驶，节节据我粮道，冀困大军。臣派营总常海等带领马队连夜闯过贼营赴陈，飞调饷银来营，以资接济，一面派员于太城设局，赶制火药铅丸，以供前敌。并先期密饬总兵黄得魁等所带后起各队三千余名星夜兼程，由槐店一路护送军火前来，随剿随进，直抵太和。五品花翎刘效忠亦由河北带勇队一千余名驰抵鹿邑，军威日壮。该逆复因僧格林沁、毛昶熙督兵攻剿金楼，拟捣蒙亳老巢，纷纷向亳境撤退，大军后路情形稍松。臣当饬前敌各军滚营前进，设法力破贼垒，以期早抵城下，迅解重围。一面催提成大吉、萧庆衍两军由三河尖、曹家集前进，计三五日内即可逼城而垒。

臣思楚师若专由南面进兵，则西面空虚，必致该匪铤走他窜，是以函致该提督，令其相度机宜，分由颍南、颍西两路进兵，断贼粮道，扼其窜路，并可与北面官军联络声势。臣复飞饬苗练之营长潘立勋等，各带练众，随同楚军一体进扎。其颍东一带贼势较重，贼营亦多，现经苗沛霖率练六七万将颍上围攻后，亦即遵令节节前进，三五日内亦可进薄颍城，以收破竹之效。

至沙河南北被剿西窜捻股尚多，现闻郑元善带兵出省，行抵陈州，救援新蔡，并策应臣后路。查新蔡之围亦系逆众分我兵力之计，如果颍围速解，穗子铺等处后路肃清，则围蔡之贼势孤计蹙，加以大兵合力剿办，可期应手而解。此时若专力援蔡，诚恐该逆负嵎于前，援贼复乘于后，甚为非计。臣已函致郑元善，即亲统马步各队驰赴槐店，相机援剿。仍请旨饬令僧格林沁酌派得力马队一千余名，或由鹿邑，或由槐店，前来助剿。

——《钦定剿平捻匪方略》卷一四〇，第4—7页。

○上谕

谕议政王、军机大臣等：

胜保奏督饬兵勇击退援贼、军事渐有转机，并苗练一律薙发、情愿杀贼助饷，及宋景诗率众溃逃、专弁驰往截回各折片。逆匪盘踞税子铺等处，意图阻扼官军饷道，经胜保调派营总常海等带领马队，由槐店护送军火直抵太和，军威日壮。该匪因僧格林沁等督兵攻剿金楼，拟捣蒙亳老巢，纷纷向亳境撤退，是胜保军营后路情形已松，正宜乘此声威，进援颍郡。著即严饬前敌各军，催提后起兵勇，奋力前进，会同成大吉等军逼城而垒，迅解重围，毋得迁延贻误。并著僧格林沁督同毛昶熙，将金楼踞匪迅速埽荡，出贼不意，直捣老巢，以期尽歼丑类。

至苗练部众，据胜保奏称遵示薙发，现在设法离间粤捻，以期诱捡首逆。著即密饬苗沛霖，迅将张落刑歼除，自明心计，毋得徒托空言，致堕奸计。

宋景诗降众沿河西窜，巴扬阿督兵追蹑，如能将该逃勇等一鼓歼除，则汴城兵勇可以抽调。即著郑元善亲督马步各队驰赴槐店，以为胜保后路声援。杨飞熊一军前已调往陈州，汝防未免空虚，并著郑元善相机策应。

将此由六百里各谕令知之。

——《清穆宗实录》卷二一，同治元年三月辛卯。

○郑元善奏

据睢州、宁陵、柘城等县禀报，此次亳东捻股四五万人，就熟乘虚，纷窜豫境，亲王僧格林沁一捷于杞，再捷于尉，步贼歼灭净尽，马贼无多，踉跄东遁，二月十三日窜至睢州境，经该处寨团齐出，截击杀毙数十名。十四日至宁陵之大黄冈，又窜及柘城之慈云堡，该县知县谢国辅督练邀截，斩馘百余名，生捡三十七名。又据驻防宋集之守备刘廷禀报，败匪在大李庄盘踞，刘廷传齐各队，乘夜袭击，毙贼七八十名，匪众惊溃，并力追剿，又毙匪三百余名。十五日，参将陈禄兴等各带马步队伍在包公庙等处择要设伏，并知会各练并力截杀。陈禄兴轻骑诱敌，该匪意在夺路，奋勇冲扑，深入伏中，我军四面合击，毙匪二百余名。追至曹庄迤东，又遇陈文平等豫伏步勇截杀，共计毙匪五六百名，余匪向东奔窜。各等情。臣查匪股狡猾，虽败残之余，数仍不少。各州县随地扼击，宋防将士又设伏拦截，斩馘尤多，实足寒贼胆而快人心。

——《钦定剿平捻匪方略》卷一四〇，第20—21页。

三月十四日

〇吴棠奏

三月初六日，突有另股捻匪由泗州境内北窜至宿迁县埠子地方，声言欲东窜里下河。尔时德楞额、田在田两军早已追贼西行，王万清、刘成元两军因浦六吃紧，均各撤回防所，黄国瑞一军又回宝□湖西修理军器，清江存兵无多，臣当派参将朱光庭带队千名驰守成子河圩，又派都司张从龙等带队七百名前往接应。该捻于初七日分股攻扑成子河圩，朱光庭正在带队堵御，另捻已由陶家桥水浅处蜂拥抢渡，直扑桃城，朱光庭赶回桃城守御。张从龙等行至高家湾地方，即遇马贼二千余人，不能前进，遂撤扎顺清河，与守备王立所带炮船并力堵扼。初九日，有马贼二百余人东趋，经参将姚广武等带队击退，追杀十余里，毙贼五十余名。据获贼供称，此起捻首系李加膺、刘添幅等股，因在河南击败回巢，不敢西窜，现复装旗，有马贼一万余人，步贼二万余人，意图乘间东扰里下河等语。臣现已分拨各队严守浦圩，伺隙出剿，一面咨都兴阿拨队截击，并调黄国瑞一军来浦，以便进剿。适游击杨得荣带炮船到浦，臣并令驶赴顺清河，会同各军堵御。惟念此次窜捻数万，皆系著名悍贼，清淮防兵并所调各军统计不过数千，众寡不敌，仰恳天恩，饬下亲王僧格林沁，迅拨马队二三千名东来剿办，实于大局有裨。

——《钦定剿平捻匪方略》卷一四〇，第28—29页。

〇上谕

吴棠奏泗境另捻东窜、请饬拨劲旅驰援，并田在田奏收复众兴后叠次击贼获胜、余匪遁回老巢各一折。捻匪由泗州境内北窜宿迁，有东窜里下河之谣，经吴棠派队扼击，据生擒匪首供称，此起捻首李加英、刘添幅等股，因被僧格林沁击败，不敢西窜北窜，现复装旗，意图东扰里下河等语，吴棠请饬僧格林沁拨马队二三千名赴淮剿办。著僧格林沁察度情形，酌量调拨。清淮一带，地广兵单，如捻股锐意东窜，必须厚集劲旅，方可遏此狂锋。僧格林沁围攻金楼能否得手，务须通盘筹画，未可顾此失彼。田在田追贼获胜，余匪败遁回巢，著即统率将领援应清淮，务须灭此寇氛，毋任纷窜。吴棠身任地方，责无旁贷，著先就现有兵力严密堵御，并飞催田在田、德楞额等军回援，俟兵力稍厚，会合夹击，毋得专待僧格林沁马队，致滋贻误。

吴棠另片奏，李世忠赏银，于王藻应交银两内备银二万两，现在均已筹解等语。王藻应交银三十万两，已陆续缴过若干，著吴棠即行详查具奏。

田在田另片奏，本籍被匪，伊母欲于徐州暂住等情。该总兵之母虽经来徐暂住，惟军营非奉养之地，且各该士卒谁无父母？若纷纷效尤，转恐以私废公。田在田仍应派人送母回籍，一意剿贼，国尔忘家，以副委任。

将此由六百里加紧各谕令知之。

——《清穆宗实录》卷二二，同治元年三月丙申。

三月十五日

〇僧格林沁等奏（节录）

……奴才等军营遇有各营官弁缺出，均由打仗出力人员内拣选，奏请补放，以资策励。兹查黑龙江齐齐哈尔正黄旗佐领卓凌阿所遗员缺，奴才等拣选得墨尔根城厢黄旗舒讷布佐领下尽先补用佐领□领、前锋讷勒亨额堪以拟补。吉林拉林厢黄旗防御伊常阿所（拟补吉林拉林厢黄旗防御伊常阿所）遗员缺，拣选得双城堡京旗□那尔洪阿佐领下即补防御、披甲额勒津太堪以拟补。

以上请补各缺，如蒙俞允，俟军务完竣，再由各该处照例补行带领引见。是否有当，伏候训示遵行……

同治元年三月十五日议政王、军机大臣奉旨：讷勒亨额、额勒津太均著依拟升补。该部知道。钦此。

——录副奏折，档案号03-4705-034。

〇僧格林沁等奏（节录）

……奴才等接准绥远城将军咨称，绥远城镶白旗满洲平□佐领下防御萨赛泰现在病故，所遗员缺应以前经僧格林沁保升即补防御之绥远城五品顶带花翎骁骑校硕罕坐补，即由军营奏请补放，所遗骁骑校一缺，仍应咨回本处轮补科布多保升人员，以符定例。又准咨称，土默特右翼公中佐领塔布岱现在病故，所遗员缺业经理藩院请将从前记名骁骑校格图肯坐补，其所遗骁骑校一缺，应咨送军营，将从前酌保以骁骑校尽先即补之五品顶带花翎马甲巴彦德勒格尔拟补。各等因前来。

奴才等查骁骑校硕罕、马甲巴彦德勒格尔在奴才等军营屡次打仗，均属奋勉，今照咨请补各缺，如蒙俞允，一俟军务完竣，再由该处照例补行带领引见。其硕罕所遗骁骑校一缺，俟命下之日，奴才等行文该将军照例拣补，以符定制。是否有当，伏候训示遵行……

同治元年三月十五日议政王、军机大臣奉旨：硕罕、巴彦德勒格尔均著依拟升补。该部知道。钦此。

——录副奏折,档案号03-4705-035。

三月二十三日

〇僧格林沁等奏

僧格林沁、国瑞、毛昶熙奏言:

臣等连日督军进攻金楼,该逆仍在圩内隐匿,虽经施放炸炮,轰击贼匪无几,急切难以攻克。现于贼圩里许四面设立营盘,筑立炮台,昼夜严防,断其接济。惟王双楼捻首宋濬沅等,与金楼唇齿相连,时思救援,自应先除此股,以孤贼势。臣国瑞督带马步兵勇,臣毛昶熙派参将敖天印等各带楚勇乡团,于三月十六日将王双楼四面围困,先用炸炮攻打,将圩内房屋烧尽,贼势穷蹙。是夜三更,匪首宋濬沅等率领匪众二千余人倾巢出窜,向南奔逃。恒龄等管带马队追至黄仲集地方,该逆列仗抗拒,我军奋勇冲压,匪势不支,纷纷退败。追杀三十余里,将窜匪歼除殆尽,仅余贼匪二百余名,窜入距亳州西北十八里之丁水陆堡。当将王双楼贼圩平毁。讯据捡贼供称,捻首宋濬沅、王胖儿均已阵毙,当经派员前往详查,如果属实,归德地方除此巨患,百姓藉此可以安业。

——《钦定剿平捻匪方略》卷一四二,第1—2页。

〇僧格林沁奏

曹属长枪会匪,虽经官军将匪首郭秉钧等击毙,惟焦桂涓等率领余党潜逃,依附皖捻之内。兹据探报,该逆勾结李城、李廷彦、赵浩然等,拥众北窜,意图报复。此等穷寇一经装旗北窜,势必行走剽疾,虽臣等全军迎剿,尚须竭力图维,有备方能无患。今汝光告急,清淮吃紧,叠蒙圣谕,饬令酌量拨兵,臣自应遵派前往。但所拨马队若仅千名,或数百名,何能济事?若欲厚拨兵力,臣等所统马队堪以出队者不过三千余名,兵分力单,捻匪窥探虚实,势必乘虚北窜。且河南之汝光、江南之清淮均距臣大营七八百里,即使抽身回顾,亦恐鞭长莫及。臣昼夜思维,焦灼万状,或应专防北面,相机进剿,或带领马队援应清淮,未敢自专,惟有仰恳圣恩指授机宜,俾臣得有遵循,以期周妥。

——《钦定剿平捻匪方略》卷一四二,第2—3页。

〇上谕

僧格林沁等奏追剿王双楼窜匪获胜、平毁贼圩及剿办棍匪续获胜仗情形一折。僧格林沁大军攻剿金楼踞匪,王双楼捻首宋喜沅等并力来援。本月十六日,侍郎国瑞带兵围攻王双楼,先用炸炮将圩内房屋焚烧,毙贼无算。该逆于夜间倾巢向南窜逃,我军跟踪追剿至黄仲集地方，匪众迎拒，经马队冲压，匪势不支。纷纷退败。复经团勇合力（进）[追]杀，将窜匪歼除殆尽，王双楼贼圩全行平毁。并讯得生擒匪党供称，捻首宋喜沅、王胖儿均已阵毙。其东路棍匪，经副都统德楞额督兵剿办，驰抵兰山县属底阁圩。该圩匪首靳光得开炮抗拒，我军乘夜纵火，延烧圩内房屋，匪众惊乱，我军奋勇登墙，开启北门，一拥攻入，该匪纷纷逃遁，官兵极力追击，毙贼二百余名，生擒七十余名。办理均尚得手。著僧格林沁饬令带兵将弁，将金楼踞匪速行埽荡，并将兰山一带棍匪悉数歼除，毋留余孽。

——《清代起居注册（同治朝）》第 2 册，第 778—780 页。

〇上谕

谕议政王、军机大臣等：

前因有人奏河南汝光两属捻匪猖獗，请饬僧格林沁派兵会剿，复因吴棠奏捻股东窜，请饬僧格林沁派拨马队赴淮助剿，均经谕令该大臣酌量办理。兹据僧格林沁奏，曹州会匪焦溃涓等依附皖捻，句结匪首李城等欲图北窜，汝光清淮，相距较远，势难兼顾，请旨遵循等语。僧格林沁公忠之悃，中外咸知，每遇军务紧急，辄请由该大臣拨兵援剿，朕倚该大臣为柱石，亦必谕令酌量调派，其如何察度情形、分别缓急，仍在该大臣相机筹办。兹据奏称，曹属会匪句结捻匪，意图报复，僧格林沁即当以全力扼贼北窜，不容稍涉疏懈。豫省匪势西趋，即著咨商郑元善、毛昶熙妥为扼剿。其清淮需调马队，既一时未能派拨，并著遵照前旨，飞催田在田、德楞额等军回援，与吴棠会合夹击。僧格林沁为国重臣，于剿办捻匪，固未能处处分兵，亦必须面面顾到，刻下自应先将焦溃涓等句合皖捻一股并力歼除，以清北路门户，其余再由该大臣相机酌办，不为遥制。该大臣亦不必以事涉棘手，辄行请旨，致误机宜。

再，僧格林沁前奏，遵查桂锡桢并无复叛情事，桂锡桢既经总兵扎隆阿等留于曲阜，保护城池，但能实在出力，则该处绅民自应知感，何至欲图杀害？近来投诚人众每多反侧，该大臣既将桂锡桢留营差遣，务须加意钳束，不时暗中察看，不可过于信任，致有贻误。

将此由五百里谕令知之。

——《清穆宗实录》卷二三，同治元年三月乙巳。

三月二十五日

〇上谕

田在田奏追剿窜匪回巢、收复贼圩二十余座，并分兵东援清淮一折。此次捻匪由众兴败窜回巢，田在田即赴徐州布置，陈大庄等处二十二寨情愿投诚，苗村桥捻首屈来峰亦悔罪求抚，自应因势利导，俾遂其向化之诚。已经反正者勤加抚绥，不准稍有滋扰，未经归正者亦当开诚相待。滩口以西本系民圩，年余来官军不能堵御，以致被贼逼胁，并非甘心从逆，著田在田督同张富年，派委良吏，善为抚恤，必能闻风向化。

捻逆于五铺地方筑圩，虽因张集出贼接应，何以不饬令滩口官兵由东南牵制？仍著田在田俟东路稍松，即饬将弁将五铺以西各贼圩节节进剿，疏通道路。僧格林沁见驻归德，即可联络声势，以资策应。

捻首李成已窜至高皇山、古饶集一带，胡元昌统带奶奶山等处防兵即可相机就近堵剿。其赵浩然等股匪，已由桃源窜至武家墩，窥伺蒋坝，该总兵见饬张富年由邳州南援，并调欧玉标等马步，亲自统带前赴督剿。当此扬防同警之时，僧格林沁既不能分拨马队，而田在田等军已落贼后，即著迅速前进，与吴棠之兵会合堵剿。其续行东窜之匪，并须严行堵截，勿令扰及里下河完善地方。是为至要。

至该总兵派兵驻扎滩口、渠沟及奶奶山等处，而捻逆径窜至古饶集一带，是贼情仍形猖獗。宿蒙两路尚未能联为一气，杜贼北窜，该总兵辄称棋布星罗，声威殊壮，近于夸张。军营积习，以粉饰为工，往往驱贼出境，遥为尾追，即自炫其功，最可痛恨。该总兵本系武臣，当以质实见长，胜败均据实直陈，断不可蹈营中恶习，莫谓村集地名纷歧，朝廷不能稽核觉察也。懔之。勉之。

将此由六百里谕令知之。

——《东华续录》同治七，第46—47页，同治元年三月丁未。

三月二十七日

〇吕序程奏

河南南汝光道赵书升骄惰贪婪，罔恤民瘼，藉养勇为名，在信阳州城南三里店设立厘局，勒索往来商贩，并按包勒收盐税，名曰包头，连平河店所设之盐卡票规，每日约共收制钱数十串或百余串不等。又所罚游河集盐店钱二千四百串，及城工余钱二千余串，并各捐输之项，如果认真养勇，何虞饷缺？乃该道尽入私囊，捏造名册帐簿，以备稽查，实无一勇，于所属捻匪横行，并不剿办。上年萧汶信、闵士林、戴城、田衡踞陡沟集，国宝善、陈玉林踞明港驿，去信阳州城皆不过数十里，两处初皆不满千人，如乘贼势未成，迅速剿捕，无难一鼓荡平。乃该道坐视不理，遂致养痈成患，聚匪各数万人，日向四乡焚杀，村落为墟，屡扑城垣，万分危急，该道一筹莫展。经该州绅民捐赀募勇二千余名，于十月初九日禀请该道，交署信阳协副将金文布、千总雷履祥、顾朝选、魏振铎统带出队，乃该署副将督队不力，首先逃遁，所带员弁亦相率败走，民勇死者数百人，枪炮火药尽为贼有，贼势由此益形猖獗，蔓延罗山、正阳、确山等处，不可收拾，皆赵书升所酿而成也。似此贪劣之员，诚恐贻误大局，相应请旨，将南汝光道赵书升先行革职，交郑元善严行查办。

又，汝光一带捻股愈起愈多，人数愈聚愈众，藩司张曜原属有用之材，特以官职较大，志得意满，拥兵自卫，不肯尽力，以致日久无功。可否请旨将该藩司暂行革职，仍留营效力，责令迅即出队，攻捣汝阳、新蔡、正阳、罗山等处贼巢，不准安坐汝郡。

——《钦定剿平捻匪方略》卷一四二，第17—19页。

○上谕

谕议政王、军机大臣等：

前因有人奏，河南汝光两属捻匪猖獗，南汝光道赵书升惟以抽厘金、收盐税为事，假养勇之名，尽饱私橐；藩司张曜恣意酒色，拥兵不肯出队，所报胜仗，多有不实。当经谕令僧格林沁、郑元善、毛昶熙查明，据实具奏。兹复有人奏，赵书升骄惰贪婪，不恤民瘼，藉养勇为名，设立厘局，勒索商贩，并按包勒收盐税；所收盐卡票规钱数，并所罚游河集盐店钱文及城工余钱，暨各捐输之项，并不养勇，尽入私橐，捏造名册帐簿，以备稽查；捻匪萧汶信等初起皆不满千人，赵书升坐视不理，养痈成患，以致聚匪各数万人，四乡焚杀，屡扑城垣，赵书升一筹莫展；该州绅民捐赀募勇，由赵书升交署副将金文布等统带出队，该副将等辄行逃遁，民勇死者数百人，枪炮火药，尽为贼有；藩司张曜以官职较大，志得意满，安坐汝郡，拥兵自卫，不肯尽力各折片。复据御史吕序程奏，信阳州学正雷焕然于难民逃避入城时，以启圣祠及明伦堂东西庑等房赁与难民居住，按名勒索租钱，无者立即逐出，并擅伐文庙树株等语。河南汝光两属土匪日形猖獗，若果地方官及带兵大员认真剿办，何至横行无忌、蔓延滋甚？张曜、赵书升二员屡次被人参奏，必非无因。著僧格林沁、郑元善、毛昶熙按照前后所参各款严密访查，如果属实，即行严参惩办。郑元善由河南牧令历升巡抚，宦豫最久，尤应破除情面，切实查办，毋许回护旧日寅好，代人受过。原折片三件，均著钞给阅看。将此由五百里各谕令知之。

——《清穆宗实录》卷二三，同治元年三月己酉。

四月

四月初二日

○上谕

吴棠奏泗境另捻东趋、派兵扼剿一折。据称，捻首韩老万等纠合大股窜至桃境，意图东窜，经副将黄国瑞等带队迎击，该捻分股窜扑高良涧等处，均被击退等语。前股败捻李加英等甫经击剿回巢，此股巨捻又复接踵而至，若非痛加剿洗，不足绝其窥伺之诡谋。著吴棠严饬在事将弁实力扼剿，尽歼丑类。其蒋坝、衡阳两路，为里下河门户，尤应严密防守。黄国瑞前次叠著战功，为贼所畏，即著饬令带队由山阳南岸抄出贼前，拦头截击，吴棠仍派得力兵勇会合夹击，以期一鼓歼除，毋令窜逸。

另片奏，发逆窜扑扬城等语，扬城为里下河屏蔽，关系江北大局，著僧格林沁酌派一军驰往应援，若实在不敷分剿，即咨令吴棠会合都兴阿等军，将东窜另捻迅速剿除，庶清淮防兵即可回援扬郡。

李鸿章现已到沪，其新勇六千，曾国藩前次奏报，内有分作三次、由轮船装载到防之语，约计此时第二、三起勇丁必已陆续启行，即著曾国藩遴派得力将弁管带，迅速东驶，会合扬防各军，将此股匪众尽力剿办，再赴沪防，实于大局有裨。其黄翼升所部水师，并著曾国藩饬令迅赴下游，以壮声势而资策应。

现在围攻江浦浦口之贼，业经李世忠等击退，各城营一律肃清，败残余匪若再并入扬境，窜匪麇集滋扰，其患尤不可胜言。著都兴阿就现有兵力严密堵剿，不可稍涉大意。冯子材昨奏扬境逆势过重、由镇营挑兵三千名听候策应等语，著都兴阿酌度形势，如扬防地广路歧，兵力不敷分布，即著函商冯子材如数调拨，以资防剿。

将此由六百里各谕令知之。

——《清穆宗实录》卷二四，同治元年四月甲寅。

四月十三日

○上谕

御史刘庆奏秦晋两省屏卫京畿，请简派重臣择要驻扎、督办筹防一折。[①] 僧格林沁现

---

① 本月，江南道监察御史臣刘庆奏："窃臣伏见我皇上御极以来，亲承两宫皇太后训政，轸念时艰，整饬戎务，节节布置，委任得人，曾国藩节制东南，胜保视师淮上，其东豫军务，则僧格林沁将次竣事，蜀事则骆秉章亦渐有成效。此皆仰赖圣谟神算，决胜万里，诸路统兵大臣自必迅奏肤功，上纾宸廑。惟念秦晋两省乃北方饷需所出，与畿辅唇齿相依，富庶完善，为近时最。比年劝捐筹饷，上裕部库，下济军需，重为直省所倚赖，而逆贼窥伺之日久矣。现在南阳、河南两股捻匪已有意图西犯之势，而臣闻该两省兵力练勇均未免单薄，万一有警，必至临事周章，而畿辅亦为之震动。此诚北方大局所关，不可不预为绸缪者也。伏查山西之潞安、泽州、蒲州等府，陕西之潼商等处，毗连豫境，延袤二千余里。贼踪出没无常，随在可以侵入。即使派兵堵御，亦恐防不胜防。臣愚以为，与其临时枝节防堵，致有顾此失彼之虞，不如预宿重兵于河洛之间，联络周布，以绝奸人觊觎之萌。则所以保我秦晋者，即所以卫我神京。况洛阳居天下之中，诚使控制得宜，更足以壮各路之声援而寒贼胆。相应请旨，特简重臣驻扎河南府，厚其兵力，重其事权，会同各该省抚臣认真筹防，以期有备无患。现在僧格林沁正在东豫一带剿办股匪，忠诚亮直，人所共知，或即饬令该王移驻洛阳，督办北省筹防事宜，所有营伍均归调遣，何处有警，即由该王就近调兵往剿，居中策应，不动声色。如此择要以图，则南有曾国藩之重兵，北有僧格林沁之声势，南北两镇，屹然并重，将见军威益盛，人心益固，不特天下之全局可以振而久安，长治之道亦即基于是矣。"详见中国第一历史档案馆藏录副奏折，档案号03-4779-019。

在督兵围攻金楼贼圩，功在垂成，若遽移兵北扎洛阳，则金楼股匪必至死灰复然，亳州各圩捻匪若因僧格林沁大营北徙，难保不装旗复出，窜掠豫东，扰及直隶大名一带。至豫省南路光州、信阳、汝宁、南阳一带土匪捻匪，与颍亳各匪声息相通。昨据胜保奏称，拟由颍郡回军陈州并汝宁一带，截击宜阳、汝州回窜股匪。傥亳境捻匪无僧格林沁一军牵制其后，或竟倾巢西窜，与汝宁等郡股匪会合，则胜保一军亦有腹背受敌之虞。惟此时窜陕股匪业已深入南山，日向西趋，川北匪徒又复阑入陕境，该省兵力单弱，深虑川贼捻匪合并一股，由南山窜入西同凤各郡，致富庶完善之区复被蹂躏。晋省兵力素弱，茅津渡等处防堵能否得力，亦无把握。僧格林沁应否亲督兵勇移扎洛阳，或分派一军前往，为兼顾秦晋之谋，著该大臣悉心筹度。务当就现有兵力与各路地势贼情，斟酌缓急，通盘筹画，毋得顾此失彼。郑元善、毛昶熙均身任剿匪之责，自应深维大局，著即与僧格林沁会同筹商布置，务将此股匪徒逼出陕境。其续行西窜股匪，亦著迅派兵勇，于豫省截击，毋令再窜商雒，致干咎戾。茅津渡一带，并著该抚派兵，会同晋省防兵严密堵扼。刘庆原折，著钞给阅看。将此由六百里各谕令知之。

——《清穆宗实录》卷二五，同治元年四月乙丑。

四月十四日

〇田在田奏

据总兵胡元昌禀称，西捻窥臣东援，宿萧留兵无多，乘间闯入高黄山等寨，扰我腹地，并闻首逆张落刑由南路败回雉河，连日至孙疃等处纠约众捻首来会，李城等又遣党就奶奶山以西古饶集等寨扼河屯踞，宿东尹家窝一带，亦因练匪丁潮臣等煽惑，时复西来，两路句结，驿路梗阻。

又，臣吴棠函称，续窜捻股回至桃源。臣闻报后驰回夹沟，申谕各圩勿为贼诱，一面调齐各队，亲统前进。四月初一日至高黄山东，贼即列仗来迎。我军奋力压退，追至山脚，择要驻扎，断其樵汲。该逆立脚不住，是夜潜撤西去，并入古饶集、半壁峭等圩。臣即就符离集驻扎，派队在高黄山后横口挑筑营垒。贼众马步千余，突由西来冲扰，兵勇当即迎敌，奶奶山下前寨防兵亦出接应，贼始撤退。讵另股悍贼冒入奶奶山后寨，袭踞其中，该处地势居高临下，匪众炮石连环，下面各寨之兵均难支拄，驻防该处之都司冯杰恐来路隔断，反成坐困，不得已乘夜撤回。初五日，贼复句结东北尹家窝等匪，扰我赴徐大道，经臣亲督各队，就黄花洞一带冲击，逼归西路。初六日，饬冯杰等仍带队伍由山东抢赴前寨，其余马步均往横口接应，将近山根，捻首赵克元纠党万余人，由西蜂拥而来，势极凶猛。我军合力鏖战两时许，贼始败退。

连日探悉，张逆等在临涣装齐五旗，分东西两路窜扰，贼情狡诈，所向均难豫定，臣营仅此兵力，能否极力维持，尚未确有把握。设另股再由他路出巢，实恐难以兼顾。惟当相机筹办，不敢稍涉松懈。

——《东华续录》同治八，第 24 页，同治元年四月丙寅。

○上谕

谕议政王、军机大臣等：

田在田奏张逆北窜煽惑宿境人心、督队回宿一折。张逆前在颍上，与苗沛霖狼狈为奸，早已料苗练必纵令他窜。今该逆已窜至临涣，而胜保仍有心袒护，总由主抚之见胶执胸中，不知贼情狡诈，处处为所蒙蔽。著胜保迅将颍上县城立时克复，并将苗练如何纵令张逆携眷窜出情形据实具奏。临涣西路，距永城不远，该处为归德后路，现在攻剿金楼正在吃紧，著僧格林沁妥筹防范，毋令突出，掣动大局。惟该逆声东击西，是其惯技，而奶奶山等处另捻窜踞，田在田兵力不敷，亦系实在情形。袁甲三身膺督办之责，著迅即酌派官军，会同田在田力遏东窜，免致扰及徐城，庶清淮不至再被蹂躏。

至苗党丁潮臣肆掠焚抢，实属罪不容诛。前袁甲三因胜保函商，即准其率众赴颍，竟不奏明请旨，已属纵匪殃民。况苗沛霖反正既无确据，何得畏其以为口实，稍涉迁就？胜保既令其赴颍，仍不遵旨严加钤束，任令窜扰，尤属非是。著胜保、袁甲三、田在田务将该逆痛加剿击，歼除首恶，以赎前愆。傥任令丁潮臣再行窜逸，惟胜保、袁甲三是问。

至奶奶山等处布置，前据田在田奏称棋布星罗，声威殊壮，核之地图，甚觉疏略，曾谕该总兵不得以驱贼出境，稍涉大意。现在奶奶山既被贼占，后寨又被贼冒入，该处驻守都司冯杰所司何事？何以并未参奏？即著田在田迅速进扎山下，督饬各军，将奶奶山等处克复，乘胜而西，攻克古饶集等处，毋稍迟误。

将此由六百里各谕令知之。

——《清穆宗实录》卷二五，同治元年四月丙寅。

四月十六日

○上谕

同治元年四月十六日内阁奉上谕：

前因户部议覆御史陈廷经等奏抽厘章程，请饬各直省督抚、各路统兵大臣，除厘捐之外，所有各捐名目一概禁止，当经降旨允准。兹据僧格林沁等奏，山东省亩捐一项，现因防堤防河需费浩繁，难即概行停止，拟请将曹州府七属、济宁等四州县、兖州府八属、沂州府七属分别办理,不至扰及贫民各等语,所奏自系为慎重防务起见,著照所请,妥筹办理,务使捐无苛派、饷不虚糜,以期事归实济。俟军务稍平,即行奏请停止。

钦此。

——《咸丰同治两朝上谕档》第12册,第185页。

四月十八日

〇上谕

同治元年四月十八日内阁奉上谕:

前因御史刘毓楠奏参河南布政使张曜恣意酒色、拥兵不肯出队、所报胜仗多有不实,南汝光道赵书升抽收厘金盐税、假养勇为名、尽归私橐,复因御史吕序程奏参张曜身家念重、拥兵自卫,赵书升骄惰贪婪各等款,叠经谕令郑元善确切访查奏参。兹据郑元善奏称,张曜少年老成,向无嗜好,带兵剿办汝捻,大小数十战,无不身先士卒,勇往过人,并身受矛枪各伤,众所共睹,并无志得意满之事,亦通省所共知。惟赵书升屡次被人参劾,必非无因,请撤任查办。各等语。张曜被参各款,既据该抚查无其事,著无庸议。赵书升被参各款,该抚既称系出有因,著即先行撤任,交郑元善,仍遵节次谕旨,会同僧格林沁、毛昶熙逐款查讯,毋许徇隐。所遗南汝光道员缺,关系紧要,著即照该抚所请,准其以丁忧河南候补道蒯贺荪署理,并责令将各属匪踪实力剿捕,以资得力。余著照所议办理。

钦此。

——《咸丰同治两朝上谕档》第12册,第188—189页。

四月二十日

〇上谕

遮克敦布等奏直东交界布置情形,并捡获水套匪首、讯供正法各折片。所筹裁撤疲乏、操练兵勇及搜捕防守各事宜,均尚周妥。水套余匪,屯踞濮州、菏泽一带,著遮克敦布等认真搜捕,务绝根株。并著将在防兵勇勤加训练,一面激励乡团协力巡防,以资捍卫。并著慎选团首,申明约束,毋令聚众抗官,致成尾大不掉之患。现在直东交界地方防兵无多,北路颇形空虚。马复城捻股,既有句结水套匪徒北窜之说,不可不豫为防范。著僧格林沁、郑元善、毛昶熙督饬兵勇并地方文武绅团严密堵扼,毋令该匪窜入豫疆,延及东省。并著谭廷襄随时侦探,先期布置,该匪如有北窜信息,即迅速派兵迎头截击。僧格林沁所部兵勇,现俱深入皖豫交界等处,直东大名、东昌一带存兵无几,该大臣务宜兼防北路,毋令匪踪绕越，方无后顾之虞。将此由六百里各谕令知之。

——《清穆宗实录》卷二五，同治元年四月壬申。

四月二十七日

○袁甲三奏

据署寿春镇中营游击朱佩棻禀称，狗逆陈玉城于四月十七日辰刻窜至寿州东津渡，距城五里，该游击会商苗练，佯许进城，见将狗逆及随从伪王、伪佐等七人全行捆缚。又据外委傅兆瑞回营禀称，该弁同进寿城，苗练留守寿州之李万春已将陈玉城等七人诱令进城，余众安置城外，一面请示苗沛霖，十九日得苗沛霖信，即将该逆等生擒，次日派船械送颍州之江口集苗练营盘，声言解赴胜保军营。贼党二千在东门外驻扎，均令薙发，前赴下蔡，分拨各队调用。

臣查四眼狗本与苗练声息相通，此次苗练见其势穷，且追兵踵至，未必非藉捦献立功，以掩其从前叛逆之罪。该练之事系胜保一力主持，所言解赴胜保军营，尚属可信。陈逆恶贯满盈，胜保以大局为重，必能除此巨憝，毋庸臣之过虑。但其党二千余人均属犷悍之贼，若任苗练收之，用其死力，为害不可胜言。应请旨饬下胜保，督令苗沛霖将已收逆党全数交出，一并正法，毋任一名漏网，庶不至再有后患。

——《东华续录》同治八，第53页，同治元年四月己卯。

○袁甲三奏

琳天燕余安定本系庐州人，为苗练句结而来，久住寿州，与粤苗时通消息，见闻该逆因贼势穷蹙，已薙发归顺苗练。其人诡谲狡诈，断不可使为苗用。又有信茂林者，籍隶寿州，亦系为苗句粤之人，屡见于伪信，并闻其往来于庐郡，贩硝济贼，亦属法无可贷。见在淮南渐就肃清，此等莠民岂容倖逃法网？相应请旨饬下胜保，令苗沛霖将二犯一并交出，立正典刑。

——《东华续录》同治八，第53页，同治元年四月己卯。

○袁甲三奏

皖军克复庐城时，生捦贼首伪王宗椹天义陈潮旺，一系广西起首老贼，派员押解到营，臣委员讯问，据陈潮旺供，广西北流县人，粤逆自金田镇起事，仅一百八十人，即有该逆在内，是年为官军击败，该逆身负伪东王杨秀青逃跑，杨秀青呼为恩父，陈玉城系其族侄，是以呼为王宗；又云庐郡城内粮草足支三月，惟油盐甚缺，专盼上年西窜之伪扶王陈得才、伪天将马融和等股回庐救应，前几日接到苗沛霖来信，知颍郡解围，陈得才西窜已远，马融和跟随张落刑逃去，均不能回救，属其早作打算，狗逆盼援绝望，又见楚皖官军四面合围，恐蹈安庆故事，是以背城一逞；嗣因官军兜杀，无路可逃，致被捡获；又云庐郡及和含浦六一带均系出粮之区，江南向藉江北之粮，今全被官军克复，金陵万不能久踞等语。臣于讯明后即将该逆凌迟处死，枭首示众，以快人心。

——《东华续录》同治八，第53—54页，同治元年四月己卯。

○上谕

谕议政王、军机大臣等：

袁甲三奏逆首陈玉城经苗练生捡、声言解赴胜保军营、余众亦投顺苗练一折。狗逆屡抗官军，从前李续宾等均被该逆戕害，实属罪大恶极。既经苗练捡获，人心当为大快，而苗沛霖前罪亦可宽宥。如将狗逆解到后，即著胜保将其凌迟处死，务即传首李续宜、多隆阿、袁甲三等楚皖各营，以泄众愤而申天讨。

其余安碇、信茂林二犯，亦著胜保饬令苗沛霖即行解赴该大臣军营，明正典刑。傥苗沛霖意存观望，不肯将狗逆即时献出，或纵令窜逸，又如任听张落刑回窜雉河集故智，则是甘心叛逆，罪无可辞，即著曾国藩、多隆阿、李续宜等督饬将领，将苗练一并剿洗，尽数歼除，毋留余孽。如苗沛霖业将狗逆释放，或句结张落刑渡淮北窜，著僧格林沁督兵迎剿；或该逆西趋陈项，抑或由南阳一带奔窜商雒，希图会合发逆，即著胜保、郑元善分饬将弁，节节堵截，毋得稍有疏懈，致误事机。

本日据曾国藩奏，克复旌德县城，南岸军威甚振，即著饬令曾贞干等乘胜迅克芜湖、太平，直逼金陵。鲍超一军，即饬进攻宁广，分援湖州，规复高淳、东坝，以期与江上之师声势联络，并力进取。

又据袁甲三奏，捡获老贼陈潮旺，供称江北各城全被官军克复，金陵粮道已断，万难久踞。该大臣志在灭贼，一切机宜，谅必妥筹熟计，迅奏肤公，毋俟谆谆训谕也。

将此由六百里加紧各谕令知之。

——《清穆宗实录》卷二六，同治元年四月己卯。

四月二十八日

○卞宝第奏

礼科给事中卞宝第奏言：

闻总兵田在田驻军徐宿，不能御贼，而为民害。咸丰十年间，捻扰清江，危急求救，该总兵节节逗留，处处掳掠，绕道安东，杀死民团三百余人，捏报杀贼获胜，冒功邀赏。营弁田蓝田在睢宁肆扰，该总兵徇纵不问。本年捻逆东窜，田在田不即赴援，始终不过运河一步，止知索饷，擅将接济扬州营饷强行截留。三月间，该总兵奉命会剿，耽延十余日始行起程；及起程后，只到徐东七十里之房村地方，又复折回徐州，藉迎养之名，往接家眷，滥用马队数百护送，骚扰地方。凡其所至，部兵抢掠，居民纷纷逃避，甚于畏贼。且性耽安逸，日晡不起，营务极形废弛，防剿实难得力。

——《钦定剿平捻匪方略》卷一四五，第38—39页。

〇上谕

有人奏，田在田驻军徐宿，不能御贼，而且为民害，前在安东杀死民团，捏报战功；本年捻匪东窜，不即赴援，擅将扬州饷银截留；又因接家眷，滥用马队，骚扰地方；纵其所部抢掠等语。著僧格林沁、吴棠据实查明，按款详查，迅速覆奏，毋得稍涉徇隐。吴棠与田在田共事最久，必能知其底蕴，更不准有一字讳饰。如该总兵实有此等款迹，而带兵又不能得力，即著会同参奏，并著僧格林沁酌保得力将弁，一面具奏，一面驰往接统其众，毋稍延缓。原片著钞给僧格林沁、吴棠阅看。将此由六百里各谕令知之。

——《清穆宗实录》卷二六，同治元年四月庚辰。

〇上谕

胜保奏密饬苗沛霖设伏寿州、生擒首逆、槛送京师并苗练进攻江口集接仗情形各折片。苗沛霖设计擒渠，功原足录，而其从前屡经反覆罪状，天下咸共闻知。苗沛霖前此总以不得表明心迹为憾，可见其所重在名节、不在官阶。此次仅释其罪，不遽复其官，乃所以平众人之心，亦正为保全苗沛霖计也。前经叠谕该大臣饬令苗沛霖，务将张落刑巨憝歼擒，但粤匪现扰秦中，张逆被剿穷蹙，或由豫省西窜入秦，更虞句结为患。胜保尤应兼顾，总宜令该练就地将雉河集巨股歼除，并将张落刑、余安碇、信茂林一并擒献，必当立予恩施，复其官职，以示朝廷赏罚之公。至此次苗沛霖之效力，皆由慑服该大臣所致，即著传知该练，奋勉图功，以期叠膺懋赏。朝廷用人行政，自有次第权衡，谅该大臣亦必能仰体此意，牢笼驱策，使之尽力也。

陈玉城为贼中巨寇，此次生擒，实足大快人心。惟槛送京师，深恐沿途防范非易，如未押解起程，著胜保即遵昨寄谕旨办理，著即毋庸传首至京；若业已起程而行尚未远，著即派员追回遵办。傥前谕寄到，已将该逆槛送就道，距该大臣军营已远，即飞饬解赴僧格林沁或郑元善或吴棠军营，遵旨眼同该大臣委员办理，仍传首楚皖各军营，以彰国法。

又，据谭廷襄奏，南捻复行北窜，查有道员陈显彝曾任馆陶，于地方情形熟悉，且晓戎机，现在胜保军营，请饬令赴东省馆陶一带办理防务等语。著胜保即饬该员迅赴东省，毋稍延误。

将此由六百里加紧谕令知之。

——《清穆宗实录》卷二六，同治元年四月庚辰。

五月

五月初一日

〇实录

调正黄旗领侍卫内大臣醇郡王为正白旗领侍卫内大臣。以正红旗汉军都统僧格林沁为正黄旗领侍卫内大臣，未到任前，以正红旗蒙古都统奕山署理。①

——《清穆宗实录》卷二七，同治元年五月壬午。

五月初二日

〇胜保奏

洛阳为天下之中，山陕实上游重地，现在窜洛捻匪业已回窜，粤逆则由武关阑入，攻破山南等县，全陕震动。臣若亲督全军经理西北，当可力顾完善。惟刻下皖事实已办有头绪，如果接办得人，臣原可先顾西北，无如臣现在所处，有不能遽然舍去者。

查历年淮北之患，首在捻匪，而捻匪之畏苗练甚于官军。苗沛霖先复颍上，继扎江口，杀捻极多，其不与捻合可知。现复生捡陈逆，是抚苗已有成效，自应循照办理，以全大局。无如李续宜成见太重，臣与筹商军事，函牍概置不答，且遍贴告示，声言剿苗，以致淮北数百里已定之人心又形惶惑。又，臣拿获奸细，搜出恶党吉学盛与捻匪王老鳌密书，内有楚军暗结张落刑以攻苗练等语，尤深骇异。查刻下情形，不虑苗练之不就范围，但虑楚军之恃强妄作。傥曲直不分，功过不辨，皖练之激而成变者，将不止一人。恐臣一离此邦，即有决裂之患。应请饬下李续宜即来颍，与臣会商一切，臣所办已成之局，不准该抚以意更改。苗沛霖既带罪立功，如蒙恩赏还原官，则自新有路，必将鼓舞奋兴，不至遂生他变。臣即将皖事交该抚接办，克日整旅西行，俟秦豫乂安，臣再折回淮北，始终其事。或特简大员，仿照通商大臣之例，专办抚苗剿捻事宜，他人不能过问。但使苗肯尽力，捻匪必不难平。第

① 僧格林沁于五月二十八日得知此事，于六月初一日具折谢恩（见中国第一历史档案馆藏录副奏折，档案号03-4706-014）。但关于任命日期，该折内称："窃奴才于本年五月二十八日接准兵部文称，同治元年五月初三日由内阁抄出，本日奉旨，正白旗领侍卫内大臣著醇郡王调补，正黄旗领侍卫内大臣著僧格林沁补授，僧格林沁现在军营，著奕山署理，钦此。"僧格林沁任正黄旗领侍卫内大臣的时间究竟是五月初一日还是五月初三日，待考。

恐李续宜偏恃己见，意存掣肘，臣拟将苗营各练均改为钦差营练名目，即派苗沛霖兼理大营营务处，带练杀贼，听候调遣，并请旨责成僧格林沁就近经理此事，督同剿捻立功，该抚不必与闻。如皆窒碍难行，惟求另简贤能，授以皖抚，臣有所交代，庶可抽身西行。或加李续宜以部院虚衔，仍令自成一军，责以剿贼自效。

——《钦定剿平捻匪方略》卷一四六，第2—5页。

○上谕

上谕议政王、军机大臣等：

前据胜保奏，捻首邢冠军为张落刑羽翼，接济贼粮，抗拒官军，复助虐攻陷穗子铺，截我大兵粮道，情罪难宽。见饬黄得魁等昼夜围攻，生擒邢冠军并老捻多名，仍令兵勇合力环攻，以期聚而歼旃。当以该大臣认真剿办，不少宽纵，从此埽荡捻巢，可期廓清皖境。兹据奏，邢圩自邢万军即邢冠军被擒后，贼气已夺，邢万军之父邢正举及圩内良民禀请归正，胜保即亲赴该圩，逆众匍匐请命，当将邢万军之父邢正举及其子邢庆兰押赴军营为质，一面饬令邢万军随军助剿，以赎前罪等语。胜保办理此事，忽严忽宽，前后如出两人，殊不可解。邢冠军素为张逆羽翼，若饬令随同剿捻，该逆狼子野心，难保不故智复萌，潜通为患。邢冠军及其父邢正举、其子邢庆兰等均著即行正法。悍贼王浩然余党数十人，著一并明正典刑，勿留余孽。圩内如果有寄居良民，仍著分别省释。

至所称抚苗已有成效，无如李续宜成见太重，已寄谕李续宜据实具奏矣。苗沛霖缚送陈逆，业准其免罪自新。如果督率练众，随同官军，直捣蒙亳老巢，将张落刑擒献，自当再予恩施。若仍首鼠两端，意存反覆，李续宜身为皖抚，岂得以业经招抚，遂置不问？

至胜保所称特简大员，假以事权，仿照通商大臣之例，责令专办抚苗剿捻事宜，并请将苗练改为钦差营练名目等语，苗沛霖不过一乡间练总，岂得以外国为比，俨树一敌？所奏著不准行。

至所请另简贤能，授以皖抚，似藉以取悦苗练，尤属非是。

窜陕股匪，现在蓝田、渭南交界处所，前谕该大臣酌派兵勇三千名，仍著拣派得力大员统带前往，交孔广顺调遣，以资得力。

将此由六百里谕令知之。

——《东华续录》同治九，第4页，同治元年五月癸未。

○上谕

上又命议政王、军机大臣传谕李续宜曰：

据胜保奏称，李续宜成见太重，遍贴告示，声言剿苗，以致淮北人心又形惶惑，并拿获奸细,搜出吉学盛与捻匪王老鳌密书,内有楚军暗结张落刑以攻苗练之事,请特简大臣专办抚苗剿捻事宜,他人不得过问,并将苗练各营改为钦差营练名目,即派苗沛霖兼理,责成僧格林沁就近经理,督同剿捻等语。所论甚属偏执,已寄谕胜保严加训饬矣。苗练本应痛剿,第其捡献陈逆,姑予免罪自新,若从此真心归顺,捡获张逆,悉听该抚约束,未尝不可将计就计,以省兵力。若仍首鼠两端,非独仅予免罪不能因此置之不问,即开复原官后,亦岂能容其肆行无忌?苗沛霖为该抚部民,固不能不听受约束,而该抚于苗沛霖后来之向背顺逆,亦当待以平心,随时酌办,不可豫存成见。现在淮南渐就肃清,著该抚迅赴颍郡,酌度时势,与胜保晤商妥办。张落刑逆迹昭著,何以楚军有勾结剿苗之举?是否实有其事,即著据实具奏。淮北剿办事宜,朝廷惟责成李续宜经理,胜保不得独执己见,已谕知该大臣遵照。著该抚于抵颍后,将贼势军情并胜保办理是否妥协之处迅速密陈。寿州是否收复,剿捻应如何次第办理,并著妥筹具奏。

——《钦定剿平捻匪方略》卷一四六,第7—9页。

五月初五日

○上谕

谕议政王、军机大臣等:

前据谭廷襄、遮克敦布先后驰奏,会匪董执信、李标等,带领马步千余名,句结南捻,自流通集过堤北窜,至曹县境韩集、曹楼等处盘踞;另股由东路出巢,何家寨已见边马,恐由萧丰北窜。当经谕令谭廷襄知照德楞额等实力堵剿,西凌阿马队准其就近调遣;并谕遮克敦布由东明过河,绕赴曹郡,迎头截剿,毋令逼入水套;其濮范防河,责成王榕吉办理。惟数日以来,未据谭廷襄等续有奏报,风闻滕县已见发逆,边马已至鱼台、定陶,连夜火光烛天,系内应之贼同时并起,曹单等县纷纷告急。直东防兵本单,胜保招降之众又未能安帖,若再加以南来捻逆,则北路愈形吃重。谭廷襄意存粉饰,奏报每多敷衍。僧格林沁统兵东豫,曹郡距单县甚近,该处情形,该大臣必有闻见,如贼势浩大,即迅速亲统马步全军,由间道绕出贼前,与谭廷襄等所派之兵会合截剿,以固北路藩篱,毋为金楼一隅之匪所牵掣。谭廷襄惟当实心剿办,不得以僧格林沁督兵迎剿,稍涉推诿,傥有疏虞,则该抚身任封圻,罪无可逭也。

将此由六百里各谕令知之。

——《清穆宗实录》卷二七,同治元年五月丙戌。

五月初八日

○谭廷襄奏

西路捻匪由河南分股窜入曹县，董执信、李标一股，马步不过千余，由考城之流通集至曹城之魏湾，旋即窜入东明之沙果寺民寨占踞。遮克敦布已带兵于四月二十六日前赴东明，尚未过河，署曹州府知府林士琦等先已各带兵团截击。署菏泽县知县王朝翼与贼接仗，因民团溃散，器械间有遗失，适兖沂曹济道卢朝安由单县继至，僧格林沁亦派翼长苏克金等带队前来。五月初二日，卢朝安先令王朝翼诱贼出圩，苏克金督队兜剿，将马贼歼尽，步贼退入圩内。官军四面堵截，以防窜逸，仍飞调曹州团练再行进攻水套等处，已派李灿章剀切晓谕，并经署曹州镇总兵常存等严密堵御，不致复为勾结。

南路之贼在萧县以南窥伺，何家寨已见边马，臣咨会德楞额，并饬兖沂两路在事文武筹备堵截。该匪未能深入，已向东南回窜。

沂属幅匪困于费县南泉，逐日围攻，未能即破。适有另股幅首岳相林，先经僧格林沁派署兖州镇总兵扎隆武等相机办抚，现据扎隆武报称，岳相林遣其心腹来见，声言各股皆愿投诚效力，已禀请僧格林沁覆示等语，臣已函致扎隆武酌度情形妥办。

其邹县教匪，近因兵勇叠次截击，不敢北犯，南伺滕境，希图割麦，臣已饬扎隆武拨兵剿办。是滕境系属教匪，并非发逆。

臣受恩深重，畀任封圻，责无旁贷，惟有实心实力筹办防剿，以期殄除丑类，早就肃清。

——《钦定剿平捻匪方略》卷一四六，第 26—28 页。

○上谕

上命议政王、军机大臣传谕谭廷襄曰：

西路捻匪由河南分股窜入曹县、东明地方，经卢朝安等兜剿，已将马贼歼尽，步贼退入圩内，无难一鼓歼捡。著即飞饬各员弁实力围剿，无任再行窜逸。知县王朝翼与贼接仗，因民团溃散，遗失器械，并著据实查参。南路之贼在萧县以南窥伺，意图北窜，经大营兵勇追袭，已向东南回窜。幅匪岳相林等是否真心投诚，务令在事各员相机妥办，未可将就了局。邹县教匪窥伺滕县，著即飞饬扎隆武等实力痛剿。德楞额一军现在何处？闻该员近来颇不得力，如糜饷无功，即行咨会僧格林沁据实奏参，毋稍瞻徇。该抚既知身任封圻，责无旁贷，自当于各路军情通盘筹画，实力整顿，以期境内肃清，不徒以空言粉饰，方为不负委任。

——《钦定剿平捻匪方略》卷一四六，第 28—29 页。

五月十一日

〇遮克敦布、王榕吉奏

正封折间，据报，该逆于五月初七日赴副都统苏克金营中乞降，当蒙允许，捻首李标、董执信及各贼目，于初八日经苏克金带赴僧格林沁大营，听候核办，其余胁从，多籍隶曹属，已经苏克金知会曹州府县分别安插。

——《钦定剿平捻匪方略》卷一四六，第31页。

五月十三日

〇谭廷襄奏

逆匪董执信等窜踞东明之沙果寺寨，道员卢朝安、知府林士琦偕翼长苏克金率队围攻，即有贼目董招、董佩、赵孟奇至苏克金马前禀称，董执信等情愿投诚等情。现在遮克敦布派侍卫益谦先带马步兵勇过河，各军已将会合，尽可悉数歼除，不宜稍事迟回，致有别股勾结，或煽惑降众，又多周折。臣已飞饬该道府等赶紧办理。

至兰峄一带幅匪，费县之南泉围寨业经官军于五月初五日克复，幅首岳相林等已回盘龙山，先经僧格林沁饬令扎隆武等议抚。值此军威震慑，必有自拔来归者。但治贼之方，总当以剿为抚，俾知畏惧，不可任其避就，利则进战，钝则乞降，为患地方，久而愈甚，是以臣仍饬沂州文武速筹进剿。

邹县教匪在凤凰山修理围卡，周数十里，坚固完密，屯聚人数逾万。此时幅匪被剿窜逃，难保不投入教匪，亟应赶紧剿除。第臣营兵力甚单，除分拨各路防剿外，现驻泗曲一带实止二千余名，又南路新调台庄等营五百余名，合不为多，分愈见少。现添调营驿马匹，派兵教练，并酌挑劲勇，以资攻剿。

——《钦定剿平捻匪方略》卷一四七，第8—9页。

〇上谕

谭廷襄奏官军克复费县南泉围寨、乘胜进攻水寨等匪。另片奏，知府林士琦与苏克金、卢朝安等围攻沙果寺贼寨，匪首董执信等情愿投诚，现在侍卫益谦带兵过河，各军已将会合，尽可悉数歼除，已饬该道府等赶紧办理；其盘龙山幅首岳相林等亦有求抚之说；邹县教匪在凤凰山内修理围卡，人众已将逾万，亟应赶紧剿除等语。捻首董执信等经官军剿败，穷蹙投诚，其心实不可恃。现经苏克金带赴僧格林沁大营，即著僧格林沁认真办理。其匪首等罪无可宥，断不可仍令漏网；其余胁从，并著该大臣分别核办。至幅首岳相林，先经僧格林沁令扎隆武等议抚，现在该匪已回水套，著僧格林沁、谭廷襄仍饬各军及该地方文武速筹进剿，不可为该匪求抚之说所误。僧格林沁自三月十九日攻剿王双楼获胜之后，未接该大臣军情奏报，实深驰系。前于四月二十八日，据胜保奏生擒狗逆一折，经寄谕僧格林沁将该逆迎提处死，现在是否已经办理，亦尚未据覆奏。著一并迅速奏闻，以慰廑念。将此由六百里各谕令知之。

——《清穆宗实录》卷二八，同治元年五月甲午。

〇上谕

谭廷襄奏粮台需饷孔亟、恳催各省欠饷一折。[①] 据称，僧格林沁大营兵饷，直隶、河南每月应拨银三万两，山西每月应拨银二万两，各该省均解不足数，直隶欠银三十六万两，又另案指拨银十七万两；河南欠银三十九万两，又指拨清查银五万两；山西欠解银二十二万二千两，又指拨河东加票银四万两。请旨饬催迅解等语。僧格林沁一军现在驻扎豫境，即拟进捣贼巢，兵勇口粮，待用甚切，若不进筹拨解，枵腹荷戈，军心必至涣散，所关非细。著文煜、郑元善、英桂严饬各该藩司，迅将前项银两照数筹拨，赶紧委解，以济兵食，毋得再有延迟，致干重咎。将此由六百里各谕令知之。

——《清穆宗实录》卷二八，同治元年五月甲午。

五月十五日

〇僧格林沁等奏

僧格林沁、国瑞、毛昶熙奏言：

金楼贼匪粮尽援绝，当经传谕贼中，被胁人等投出免死，旋有陆续投诚者，均酌给吃食，即在贼围以外、环濠以里分别安插，以摇乱贼势。该逆见投出者得以饱食，近日捻教各匪返正者甚多。据投出人等供称，圩内悍贼不过一千名，屡次拥众扑出，均经我军击回。查看贼情，断难久持。现在臣等仍督饬将弁，设法进攻，以期及早蒇事。

四月二十日，据报亳捻李廷彦等窜至商邱东南之界沟等处，意图救援金楼，经臣等派

---

① 五月初十日，谭廷襄奏："窃照钦差大臣、亲王僧格林沁粮台，前经奏委藩司贡璜接办，其随营事宜，仍令帮办之兖沂曹济道卢朝安经理。兹据该司道详称，大营兵饷，直隶、河南每月应拨银三万两，山西每月应拨银二万两，即使源源接济，尚恐不敷支放。乃自上年起至本年四月止，均各解不足数，直隶省欠银三十六万两，又另案指拨银十七万两；河南省欠银三十九万两，又指拨清查银五万两；山西省欠银二十二万二千两，又指拨河东加票银四万两。通计三省共欠银一百二十三万二千两。现在大军驻扎豫境，即拟进捣贼巢，兵勇口粮待用甚切，若不速筹拨解，旧欠固难找给，新欠又复接添，枵腹荷戈，军心必致涣散，具详恳请奏催前来。相应请旨敕下直隶、河南、山西各督抚，严饬藩司，迅将欠解前项银两照数筹拨委解，勿再迟延，以维大局。"详见中国第一历史档案馆藏朱批奏折，档案号 04-01-03-0160-043。

署行营翼长苏克金带领马队前往剿办。二十一日至界沟以南卢庙一带,该逆结众抗拒,我军两路包抄,毙贼二百余名,余匪窜回亳州卢庙等处老巢。因防范金楼外援最关紧要,旋将马队撤回,臣毛昶熙即派总兵赵鸿举管带楚勇在彼填扎,以资堵御。

——《钦定剿平捻匪方略》卷一四七,第16—17页。

○僧格林沁、国瑞奏

长枪会余匪王广继勾结捻匪魏常洛等股,欲由萧砀北窜,臣等派委营总恒龄等带领马队,于四月二十三日驰往砀山一带,探踪迎剿。该逆知我军已在前路遏截,未敢北窜,乘夜由萧境回巢。复据河南睢州、宁陵探报,会匪首逆董执信、李标等率马步贼千余名,由睢州北窜至东明县境,占踞沙果寺民寨盘踞。五月初二至初四等日,经署翼长苏克金等带领马步各队叠次进攻,匪势不支。初七日,董执信、李标率众投诚,并将枪炮器械全数呈缴。当令苏克金将董执信、李标等带往大营,其余降众,饬令道员卢朝安分别安插遣散。

其永夏一带从逆圩寨,经营总富和剿抚兼施,数十寨全行归正。惟捻首赵浩然尚在埋头集盘踞,富和带队往攻,该逆率众抗拒,我军奋力冲压,毙贼百余名,贼众败奔圩内,监生蔡桂森等闭门拒绝,施放枪炮,该逆逃窜太邱集坚守不出,当将埋头集收复。富和会同该处寨长,将圩内零贼搜杀净尽,该营总即驻扎该处,进攻太邱集,赵浩然坚志死守。捻首李加膺、李城窜至李家林等处,一因巢穴乏粮,图抢二麦,一为救援赵浩然,固结党与。富和等带队迎剿,于四月初六至二十四等日连获胜仗,毙贼千余名,李城旋同李加膺率众窜回老巢。现在仍饬富和驻扎夏邑迤东之薛家湖,俟大兵移扎夏邑,再行会合进剿。

其德楞额一军,于三月二十至五月初三等日,剿办兰峄境内匪徒,毙贼千余名,将贼寨全行烧毁。现仍饬德楞额乘胜进剿,以期早清腹地。

邹县教匪见我军马步厚集,即行敛迹,近日并无大股出窜。

费县幅匪岳相林等,以官军声威日振,又兼曲泗有重兵屯扎,该匪无隙可乘,声言情愿投诚,查其情意,并非虚假,当经发给免死护牌,饬令赵康侯等妥为办理。

——《钦定剿平捻匪方略》卷一四七,第17—20页。

○上谕

谕议政王、军机大臣等:

僧格林沁等奏金楼贼势穷蹙、击败亳州援贼、剿办曹属会匪、进剿捻棍教各匪情形各折片。金楼教匪,久抗官军,叠经僧格林沁督军围攻,现在圩内乏食,陆续投出;其图援金楼之亳捻李廷彦等股匪,亦经苏克金马队击败。务宜乘该圩粮尽援绝之时,速图攻克,庶不致以得力全军,为一隅所牵掣。长枪会股匪,业经恒龄等马队前往萧砀截击,该逆闻风遁回。永夏一带匪圩，亦经该大臣派兵，剿抚兼施，将胁从各圩渐次解散，并将埋头集攻克、李加英等股匪击退。惟窜踞东明之沙果寺匪首董执信等被剿穷蹙，率众投诚。该匪于官兵未集之时肆行滋扰，比及战败，又复以投诚为救死之计。且曹属东昌一带，降众聚处已多，该大臣务宜将董执信等一股妥为安插，令其散居各处，归地方官严行管束，毋任麇聚一隅，复至滋事。其棍匪岳相林等，久在费县一带，盘踞多寨，刻下因有重兵扼扎曲阜、泗水，现亦投诚，随兵剿匪，务饬赵康侯等妥为办理。此事不难于收降，而难于将来撤兵后不为地方贻患。嗣后该大臣务宜饬令带兵各员，于收降一事加意慎重，不可轻率。此时汝宁一带土匪势炽，蒙亳永宿等处捻匪势将于麦熟时出巢窜扰，邹县教匪负嵎日久，该大臣俟攻克金楼时，应向何路移兵进攻，即著就当时事势，审度缓急，酌量办理，毋稍拘滞。将此由六百里谕令知之。

——《清穆宗实录》卷二八，同治元年五月丙申。

〇上谕

僧格林沁等奏剿办会捻等匪叠次获胜并查明历次阵亡各员弁开单请恤一折。山东长枪会匪首董智信等北窜东明县境，盘踞沙果寺民寨，经署翼长苏克金等驰往会剿，歼毙贼匪二百余名，匪首董智信等率众投诚，并将枪炮器械全数呈缴。捻首赵浩然盘踞埋头集地方，经营总富和驰扎永夏一带，将被胁各圩寨数十处全行招抚，复会团进攻埋头集，毙贼百余名，当将埋头集收复。捻首李加膺等意图援救赵浩然，又经官军迎剿，共毙贼千余名。其德楞额一军，于兰峄境内攻剿贼寨，先后毙贼一千五百余名，将黄山、蛇山等山砦房屋尽行焚毁，夺获骡马枪炮无算。剿办尚为得手。仍著僧格林沁饬令各路带兵各员乘胜剿办，无留余孽。其自上年六月至本年四月打仗阵亡之员弁兵丁等，著该部按照单开查明，分别议恤。

——《清代起居注册（同治朝）》第 3 册，第 1226—1228 页。

〇僧格林沁等奏（节录）

……奴才等军营遇有各营官弁缺出，均由打仗出力人员内拣选，奏请补授，以资策励。兹查正蓝旗委护军参领长均现在军营病故，所遗委护军参领一缺，查无应升人员，已咨行该营照例拣补；所遗护军校之缺，奴才等拣选得镶红旗蒙古博勒恭额佐领下额外蓝翎长、护军吉泰堪以拟补；惟吉泰系调旗请补斯缺，与例稍有未符，俟有本旗缺出，再将吉泰调回，以符定例。张家口满营佐领定安现已补授齐齐哈尔副都统，所遗正黄旗满洲佐领（防御额勒洪额）一缺，拣选得本处镶蓝旗满洲记名佐领、防御额勒洪额堪以拟补；递出防御一缺，拣选得本处以防御升用之正红旗满洲骁骑校色普什新泰堪以拟补；递出骁骑校一缺，拣选得本旗尽先骁骑校、前锋达翰泰堪以拟补。察哈尔护军校玛呢布木阵亡，所遗员缺，拣选得本处正黄旗鄂勒特□桑佐领下委防御、护军达木沁扎布堪以拟补。吉林佐领辅青阿阵亡，所遗员缺，拣选得伊通河正黄旗塔奇绷阿佐领下即补佐领、骁骑校喜贵堪以拟补。佐领伊昌阿伤亡，所遗员缺，拣选得吉林满洲镶红旗防御伊克唐阿堪以拟补。佐领伊朗阿伤亡，所遗员缺，拣选得宁古塔镶蓝旗防御讷苏肯堪以拟补。土默特前锋校诺们桑阵亡，所遗员缺，拣选得本处噶勒图佐领下即补骁骑校托果□堪以拟补。陕西河州镇标中营游击舒麟，前经请补循化营参将，所遗游击员缺，拣选得甘肃精河营都司许得堪以拟补；递出都司员缺，拣选得西宁镇标前营守备徐绶堪以拟补。以上请补各缺，如蒙俞允，俟军务完竣，再由各该处照例补行带领引见。是否有当，伏候训示遵行……

同治元年五月十五日议政王、军机大臣奉旨：吉泰等均著依拟升补。该部知道。钦此。

——录副奏折，档案号03-4705-185。

五月二十一日

○谭廷襄奏

据署曹州府知府林士琦等禀报，捻匪焦桂涓等于五月初十日窜至马集，经团总刘锡蕃施放枪炮，未容入寨。焦桂涓等势极穷蹙，将马步遣散大半，留百余人赴郡投诚等情，业据禀报僧格林沁大营，解往听候核办。惟此次焦桂涓等马步千余人，现只到郡百余人，余皆先行遣散，必须确查下落，且内有头目曲元基、陈魁二名，一籍隶东明，一籍隶考城，先已逃避，更未便任其潜匿，为患将来。臣已饬兖沂曹济道卢朝安督同该府县切实根究，认真查办。

查曹郡会匪被剿，投入南捻者不少，现因穷蹙来归，若竟不准投诚，则与收抚之董执信等同罪异罚，不足以昭平允。如就便安插，人数甚多，难保不复生反侧。臣再三斟酌，拟将该匪首及千百长等仍归僧格林沁大营查办，胁从人等由地方官责成团总稽察，并将各团寨分别搜拿，庶可逐渐归正。至遮克敦布派出各军，可否饬令酌量分驻曹州，暂资镇抚。

——《钦定剿平捻匪方略》卷一四八，第1—2页。

○上谕

前因僧格林沁奏，曹属会匪焦溃涓、刘前句结捻匪李城等，意图北窜，当经谕令并力歼除，以清北路门户。兹据谭廷襄奏，焦溃涓等窜至马集，经团总刘锡蕃轰击，旋即赴曹郡投诚等语。匪首焦溃涓等既经解赴僧格林沁大营，即著谭廷襄等咨照该大臣，与董执信等一并认真核办。其遣散马步千余名及头目曲沅基等究系何往,著谭廷襄饬令道员卢朝安督同该府县等切实根究妥办,毋令贻患将来。现在遮克敦布尚驻东明,其派出各军应如何酌量分驻曹州,以资镇抚,濮范等处,王榕吉一军是否足敷堵剿,以固北路,即著与谭廷襄会商办理。总宜于直东交界防务布置周密,是为至要。

另片奏,水寨教匪被剿狂奔,惟官兵不能抽拨赴究,尚未可以深入;幅匪岳相林投诚,业由僧格林沁发交免死执照;扎隆武恐谭廷襄攻克南泉围寨,或于抚事有碍等语。岳相林等既经扎隆武等议抚,原可即由僧格林沁核办,惟剿抚本当并用,剿若得手,则抚更易成,谭廷襄自未便因该匪就抚空言,遽尔悬军束手。著仍饬沂州文武相机核办,毋以顾瞻迁就,转形牵掣。

将此由五百里各谕令知之。

——《清穆宗实录》卷二九,同治元年五月壬寅。

五月二十五日

〇上谕

吴棠奏,平毁朱洲贼圩,并饬将弁越境围攻涝支贼圩等语。此次吴棠派令守备张保胜等进剿朱洲贼圩,而郯城境内涝支圩匪首英信等胆敢纠众来援,吴棠饬龚耀伦等带队围攻,自应如此办理。著即会同山东官兵迅速剿除,以免蔓延,不得以地属东省,稍分畛域。前谕密查田在田被参各款,当此徐宿吃紧之际,该总兵如不得力,即著会同僧格林沁据实严参,不得以曾经同事,稍涉回护也。将此由六百里谕令知之。

——《清穆宗实录》卷二九,同治元年五月丙午。

五月二十七日

〇上谕

同治元年五月二十七日内阁奉上谕:

谭廷襄奏酌保济宁粮台出力委员开单呈览一折。山东省济宁粮台承办僧格林沁军营粮饷供支,该委员等或转运随营,或制备军械,一年有余,详慎经理,现在报销完竣,均属著有微劳,自应量予鼓励。道衔候补知府潘骏文,著俟补缺后以道员用。河南候补同知盛桂林,著俟补缺后以知府用,先换顶戴。分缺先用通判明灏、候补知县麟盛,均著俟补缺后以知州用。候补通判徐铨,著俟补缺后以同知用。已补临邑县知县张赞勋,著以同知直隶州用。知县用候补按察司知事汪得棆,著以知县归候补班前先用。候补州判傅淦,试用县丞韩云章、邵玉如、陈泰来、韩文昶、孙元恩,均著俟补缺后以知县用。候选县丞、直隶候补主簿陈钟英,著以县丞仍留直隶,归候补班前先用。分缺先用典史王锡均,著以本班尽先补用。候补典史李祜、候补从九品吴恩培,均著俟补缺后以主簿用。附贡生郑澍,著以训导归部尽先选用。从九品衔书吏刘寅东、安化清,均著以从九品归部,不论双单月即选。书吏沈恩庆、李承恩,均著以未入流归部,不论双单月即选。该部知道。单并发。

钦此。

——《咸丰同治两朝上谕档》第12册,第260页。

五月三十日

○上谕

前因匪首刘占考更名刘效忠率众投诚,其家属经官兵拿获,押解曹州监禁,曾谕令俟刘效忠剿贼立功后再将其家属给还。兹据胜保奏,刘效忠随赴皖省以来,屡次打仗杀贼,甚为出力,请将其家属释放等语。刘效忠既据胜保奏称剿贼立功已有实据,即著僧格林沁转饬曹州府,将刘效忠家属释放,妥为安置,毋令失所,仍著责成地方官随时稽察防范,毋令滋事。将此谕令知之。

——《东华续录》同治九,第65—66页,同治元年五月辛亥。

六月

六月初二日

○文煜奏

捻首李标、董执信等北窜之初,先经曹州兵勇接仗失利,凶焰由此大张。嗣经两省兵勇夹击,该逆首李标、董执信等穷蹙乞降,经大名镇伊绵阿等会同翼长苏克金,亲入东明县属沙果寺寨中点验降众,分别递籍安插,逆首李标、董执信经苏克金带赴僧格林沁大营听候发落。甫经启行,后股捻匪焦桂涓、刘前等又率马步一千余贼赶来接应,大顺广道王榕吉派知县易涣书等督带各军合力助剿,焦桂涓等闻知李标等业经乞降,其势已孤,亦即投诚薙发,当将该逆等解赴曹州查办。沿河数百里一律肃清。

——《钦定剿平捻匪方略》卷一四九,第1页。

六月初三日

〇上谕

谕议政王、军机大臣等:

前因僧格林沁等奏匪首董执信等被剿穷蹙,率众投诚,当经谕令该大臣妥为安插。复据谭廷襄奏,会匪焦溃涓等窜至马集,被团练击败,即赴曹郡乞降,经谭廷襄将该匪等解往僧格林沁军营核办。兹据遮克敦布等奏,捻首焦溃涓等带领马步千余人北来焚掠,因刘青和、石二陇等被官军捡获,探知河北已无接应,其势益孤,遂就近赴曹州乞降一折,并将焦溃涓伪示、供词一并钞录呈览。曹属会匪焦溃涓等句结皖捻李城等意图北窜,前经僧格林沁驰奏,核与该逆供词实相吻合,现虽穷蹙乞降,察其狼子野心,断难驯顺,且有与董执信、李标等面商再举之语,是董执信等名为就抚,其实心存叵测,若不及早翦除,必贻后患。焦溃涓业已解赴僧格林沁军营,著该大臣提同董执信、李标等三犯即行正法,其股首及千长、百长,类皆桀骜不驯,并著僧格林沁严密查察,如仍怙恶不悛,著一并明正典刑,毋稍宽纵。该逆既有求南捻赵浩然等北来、并与刘前等竖旗北犯之供,仍著僧格林沁、谭廷襄豫为防范,毋任窜越。

遮克敦布另折奏,北路虽渐肃清,门户仍须严防,若将兵勇分驻曹郡,则馆濮一带兵力愈形单薄,且隔越黄河,声势亦不能联络等语,自系实在情形。遮克敦布著毋庸分驻曹郡,如该郡有警,仍著该副都统星驰往援,毋许稍分畛域。其边启沅一股,并著该副都统严饬直东文武购线严拿,毋任漏网。焦溃涓伪示、供词,均著钞给僧格林沁、谭廷襄阅看。

将此由六百里谕令知之。

——《清穆宗实录》卷三〇,同治元年六月甲寅。

六月初四日

〇上谕

瑛棨奏陕省军情紧要、援师次第云集,请简派大臣总统全军以归节制,并汉回互斗、焚杀甚惨,请就近酌派胜保赶紧来陕各折片;又据郑元善奏陕省窜出粤匪窥扰河洛、拟调各路兵勇亲率西行、相机援应,并历陈廖庆谋战功叠著、请檄调来营差委各折片。前因陕省军情吃紧,简派多隆阿督办陕西军务,谕令该将军督率将领,由豫省沿河西上,原期驰赴潼关,藉资镇抚,兼可迎剿东窜贼匪,保全晋豫地方。嗣因多隆阿一军须由六安绕赴襄阳入陕,复经谕令该将军探明道路,迅速遄行,毋庸圩道楚省。现在陕南窜匪既未剿除,而汉回仇杀情形日甚一日,亟须该将军入关剿办,著多隆阿迅催雷正绾等遄行入陕,毋得稍事迁延。现在渭河南北各州县汉回互相残杀，回匪马队日增，已延及附省之十余里地方，多隆阿大兵到后，固须慑以兵威，仍须推寻其肇衅之由，持平办理，释其仇怨，方能迎刃而解。汉回构衅，非如发逆之可以剿杀了事。云南之事，亦由于办理偏袒，贻祸至今。多隆阿饶有智谋，惟于陕省地势民情究未熟悉，著即会同瑛棨、吴振棫等妥筹办法，断不可轻听本地绅民之言，致令有所偏倚。该将军督办全省军务，责任固重，营务亦繁，必须得一二明干文员帮同筹办，著官文于属员中择其才识谙练、晓畅戎机者，如道员金国琛等，简派一二员，交多隆阿军营，以资襄助。

其窜至渑池一带之贼，有图占洛郡、窥伺汴梁之说，已谕令胜保驰赴洛阳，督兵剿洗。郑元善业将汝光防剿事宜责成张曜等妥办，著即回省布置，以顾根本。前据僧格林沁奏，金楼贼匪势已穷蹙，计不日即可竣事，是以谕令毋庸分兵前赴洛阳。现在由陕回豫之贼，意图侵轶洛中，东逼省会，郑元善以关系豫省全局，商请僧格林沁抽拨马队千名，飞咨毛昶熙，酌派游击敖天印带队来援。僧格林沁定能先其所急，如数调拨。僧格林沁所派各队到齐后，即著郑元善会合胜保各军，将此股窜匪迅速歼除，毋令蔓延贻患。

豫省官军接仗失利，贼势益张，现在盘旋于新渑之交，去晋疆均不甚远，仍著英桂督率在防文武，会同成明所带京兵严密守御，毋稍松懈。已革知府廖庆谋，既据郑元善奏称该员办事认真、勇往直前，著准其檄调来营差遣；其被参各款，仍著确切讯究，毋稍瞻徇。现在陕省援兵次第云集，瑛棨当就现有兵力，会同马德昭、孔广顺等相机调遣，剿抚兼施。汉回皆地方百姓，即地方官应办之事，瑛棨不得专待简派大臣，致滋贻误。瑛棨请饬胜保赴陕，因豫省军情紧要，必须胜保移兵前往，多隆阿计日即可抵陕，是以仍令督办陕省军务，以期事权归一。

至信陵一带踞匪，前经官文派欧阳正墉越境攻剿，著官文严饬该员，会同豫省兵勇合力兜剿，以期及早廓清。

将此由六百里各谕令知之。

——《清穆宗实录》卷三〇，同治元年六月乙卯。

六月初五日

〇僧格林沁、毛昶熙奏

金楼贼圩，经官军屡次进攻，守御甚严。讯据逃出民人供称，贼中头目尤本立、常立身最为凶悍，金鸣亭、郜姚氏等结成死党，舍命抗拒。臣等审度情形，设法离间，乃出示谕令，投诚免死。旋有金鸣亭遣人潜递禀词，欲率匪众投诚，当即密谕该逆设法捡献首逆，多日未见投出。复经访得，金鸣亭之子金钱驹及其家口避居金楼东南二十余里之郭老家寨内，拿获到营，而金鸣亭仍复不出。嗣后贼中粮渐缺乏，投出男妇多人。适有常立身伙党出降，因令将金鸣亭前递禀词带给常立身阅看，该逆遂将金鸣亭杀害，藉此除一巨恶。

自五月十五日后，各营叠次进攻，仍未得手。三十日，臣僧格林沁派国瑞带领翼长全顺、苏克金等督催各营兵勇合力进攻，臣毛昶熙亦派知府尹耕云等带队助剿，游击许得等带领投诚勇队首先攻入，贼势大乱，当将匪首部姚氏及其两子并尤本立、常立身、杨玉聪等一并杀戮，毙贼七八百名，余匪搜杀净尽，立将贼寨平毁。

至亳州迤北界沟、营郭集等处，有李廷彦、杨𫓶汰、宋潱沅等股匪滋扰，渐次北犯，意在接应金楼。臣僧格林沁派恒龄等带领马队、臣毛昶熙添派练勇，会同进剿，该逆旋即南窜。十七日，追至那家圩，毙贼多名，余匪乘夜远遁。二十六日，该营总等带队直抵亳州，以安民心。臣僧格林沁亦即日移营夏邑，相机剿办。

所有此次带勇攻克金楼出力之陕西河州镇标中营游击许得，拟请遇有该省参将缺出，即行升补。候补守备李万年，拟请免补守备，遇有本营都司缺出，尽先补用，先换顶戴，以示鼓励。

——《钦定剿平捻匪方略》卷一四九，第 11—13 页。

〇僧格林沁奏

查董执信、李标自投诚后，尚知感荷皇仁，臣询以贼匪情形，并无隐讳，应令随营效力赎罪，仍随时察看，傥首鼠两端，再行办理。惟续窜捻匪焦桂涓等窜回曹属，前经臣商之国瑞，拣派营总恒龄等在杨家集截剿，毙贼多名，其胁从之匪纷纷逃散，势更穷蹙。该逆首带百余人赴曹州府投诚，经知府林士琦等先将伙党分别遣散。旋据恒龄等带队回营，将起获焦桂涓所带伪示呈验。查该逆因被剿势穷，始行投诚，且伪示词意甚属悖逆，情节较重，未便姑容，当将逆首焦桂涓、王贯一并为从之千百长等匪，及焦桂涓家属，一并就地正法，以绝根株。

至前派驻扎永夏之营总富和，叠攻夏邑东南之太邱贼圩，未能得手，嗣于五月十八日探报，逆首张落刑在鞠家集装旗，马步贼匪二千余名，均交赵浩然带领，欲接太邱贼匪南窜，现已潜入寨内，樊家集捻匪亦入太邱会合。十九日，富和带领全队设伏樊家集附近，起更时分，该逆马步贼匪一齐拥出，我军待其行近，伏兵抄击，该逆踉跄败走，毙贼二百余名，生擒四五百名，立予骈诛。败匪薙发逃散甚多，太邱、樊家集、汉道口三寨被逼留发者数百名随即归正。二十四日，富和移扎汉道口，次日进攻四村集贼圩，该逆王广继等率领马步贼匪出圩抗拒，经我军击败，贼匪进寨避匿不出。应俟大军会合，再当相机进剿。

又，永城西南之双桥集，为捻逆郝八等占踞，营总永林带队往攻，密约寨首王立正等内应，立将该匪屠杀殆尽，随将双桥集收复。

——《钦定剿平捻匪方略》卷一四九，第 13—15 页。

〇上谕

谕议政王、军机大臣等：

僧格林沁等奏官军攻克金楼贼寨并派队赴亳州迤北剿捻获胜一折，金楼踞匪与蒙亳捻巢相为掎角，经该大臣尽力殄除，不留余孽，实足以寒逆胆而申天讨。亳州一带捻圩尚多，前派营总恒龄等在亳州迤北剿贼获胜，该大臣已拨炮添兵助剿，即可乘此声威，剿抚兼施，以期节节收复。

僧格林沁另折奏，匪首焦溃涓势穷乞降，带有伪示，词甚悖逆，已全行正法等语。焦溃涓意存叵测，自应明正典刑，以昭炯戒。昨谕将董执信等三犯一并正法，原因其狡诈性成，仍恐句结为患。既据该大臣奏，董执信、李标投诚以后尚知感奋，著暂缓正法，令其随营效力，并随时察看，如其心怀疑贰，首鼠两端，仍即于军营正法。前据谭廷襄奏，焦溃涓与刘前同窜曹考之砖庙集，焦溃涓现已正法，刘前是否已解往该大臣军营，著一并查明具奏。该大臣于各路降众尚未滥收，颇知慎重，此后兵威益壮，闻风归诚者必不乏人，务须慎益加慎，免致将来尾大不掉。是为至要。

德楞额等仍饬令实力剿办，将未克各圩砦次第克复，毋任稍有疏懈。

将此由六百里谕令知之。

——《清穆宗实录》卷三〇，同治元年六月丙辰。

〇上谕

僧格林沁等奏官军攻克金楼贼寨、首伙匪众悉数歼除并于亳州地方剿捻获胜一折。金楼贼圩为教匪总头部姚氏老巢，叠经官军攻剿，贼众负嵎抗拒，并有贼目金鸣亭施其狡计，与悍贼尤本立、常立身并力死守，经僧格林沁督饬各军，将圩围困，剿抚兼施，陆续招出投诚男妇甚多，分别遣留，又将投诚人家挑选精壮，派游击许得、守备李万年管带，随同官兵进攻贼圩。五月二十七、八等日，攻剿甚力，贼众犹复死守。僧格林沁激励诸军，于三十日齐力进攻，贼众拚死抵拒，圩中枪炮络绎不绝，各队官军愈形奋勇，侍郎国瑞带领翼长全顺、苏克金等，与毛昶熙所派知府尹耕云，前往督催各营兵勇一齐涌上，圩贼自乱，许得等带投诚勇队首先杀入，与贼巷战，各营相继奋勇砍杀，当将匪首部姚氏及其两子并常立身、尤本立、杨玉聪等一并歼戮，共毙贼匪七八百名，余匪搜杀净尽，并无一名漏网，夺获枪炮旗帜多件，立将金楼贼寨毁平。

其亳州之界沟、营廓集等处股匪滋扰，亦经派令营总恒龄带领马队，会同毛昶熙所派练勇，于邢家圩、吴家庙、营廓集、宋老庄等处叠有斩捻，办理甚为得手。

金楼教匪盘踞，荼毒生灵，抗拒官兵，尤为顽恶异常，经僧格林沁督率官军，兼施谋勇，一鼓歼除，实足大快人心。仍著乘胜将蒙亳群捻次第埽除。所有此次尤为出力之陕西河州镇标中营游击许得，著遇有该省参将缺出，即行升补。巡捕营候补守备李万年，著免补守备，以本营都司缺出，尽先补用，先换顶带。其余尚有出力员弁兵勇，并著僧格林沁查明保奏，以示鼓励。

——《清代起居注册(同治朝)》第3册，第1390—1394页。

○上谕

僧格林沁奏官军追剿匪首获胜、将诈降匪徒全行正法，并收复捻圩、剿办棍匪获胜各情形一折。山东长枪会匪焦贵昌等续窜曹属，意在纠合董执信等四出滋扰，经僧格林沁派营总恒龄等带队，在杨家集截剿，毙匪多名。该匪(向)[闻]董执信等业已投诚，其势穷蹙，因亦率众投降。旋据恒龄等起获焦桂昌所带伪示，并取具供词，均极悖逆，即(将)[经]僧格林沁札饬兖沂道卢朝安等，将逆首焦桂昌、王贯一并为从之千百长等匪，及焦桂昌母妻两子，共二十四名，于五月二十一日一并就地正法，实足伸国宪而快人心。其夏邑东南之太邱等贼圩，经营总富和督军攻克。永城西南之双桥集捻圩，经营总永林收复，毙匪多名，被胁乡民均薙发归正。棍捻各匪，亦经德楞额、哈勒洪阿督队剿击，先后攻克卓山砦、洪山圩贼巢，生擒匪徒陈雨来等二十二名正法，逃窜之匪，后经官军追杀殆尽，将贼圩一律焚毁。办理均尚得手。著僧格林沁督饬带兵各员乘胜进攻，尽歼丑类，毋留余孽。

——《清代起居注册(同治朝)》第3册，第1394—1397页。

○上谕

僧格林沁奏，帮办大员闻讣，恳请回旗穿孝，据情代奏请旨等语。① 工部右侍郎国瑞，因伊父原任兵部右侍郎道庆在京病故，闻讣恳请回旗穿孝。惟僧格林沁一军现在剿办豫东捻幅各匪，正在需人，国瑞著仍留僧格林沁军营帮办剿匪，无庸回旗，俟军务办有端绪，

① 僧格林沁奏称："据侍郎国瑞声称，五月二十八日接到家信，知国瑞之父、原任兵部右侍郎道庆于本年五月初八日在京病故，闻讣之下，哀恸欲绝。伏思国瑞由咸丰六年蒙恩简派出差出师，迄今七载，于侍奉严亲，久缺□□，尚冀亲年日永，军务早竣，供职之余，稍尽孝思。讵意国瑞福薄，严亲遽尔弃养。朝夕□□，心实难安。窃念为子之道，尽礼日短，竭□之力报国□□，此后苟延余生，惟有勉图报效。哀求奴才代奏，仰恳皇上天恩，赏假回旗穿孝，一俟孝满，即行回营当差等情前来。查军营带队人员□□□□□□□例，遇有亲丧事故，于该员闻讣之日□□军情缓急，或令墨经从戎，或令持服七日，历经办理有案。今侍郎国瑞闻讣丁忧，恳请奴才代奏赏假回旗穿孝，该侍郎随同奴才在营驻扎，奴才以忠孝之言再三开导，见其哀恸不已，所陈发乎至情，自应代为奏闻。惟现当豫东捻幅各匪稍知敛迹之时，或剿或抚，时须与该侍郎面商办理，难以暂令离营。第该侍郎之父道庆系于道光年间曾任二品大员，当差勤慎，嗣因跌伤左腿，不能痊愈，奏请开缺。今该侍郎又系帮办军务二品大员，与带队者有间，应否赏假准令回旗之处，奴才未敢擅便，理合附片具奏，伏候训示遵行。"详见中国第一历史档案馆藏录副奏折，档案号03-4600-015。

再行奏请回旗补行穿孝。国瑞之父、原任兵部右侍郎道庆，于道光年间仕至二品，当差勤慎，宜沛恩施，以彰优异，伊孙、国瑞之子松安，著交宗人府带领引见。

——《清代起居注册(同治朝)》第3册，第1397—1399页。

〇上谕

田在田奏督队袭攻奶奶山寨、将宿境东北捻匪逼回老巢，并攻克殷赵两圩各折片。黑旗捻股聚众，复扑宿城，经官军密购奶奶山贼寨内应，将南上寨房屋延烧殆尽。其绕赴宿城东北之山套等处滋扰各路股匪，亦经田在田分饬各队兵勇，先清东路，将围攻刘庄等处贼匪击退。仅李城一股，直扑符离大营，亦经官军击败。又，灵璧县境捻首张逢科，占踞殷赵两圩，亦经兵勇攻克。此时黑旗大股业已逼回老巢，殷赵两圩攻克后，灵璧捻股亦可无虞句结。惟黑旗捻数过多，贼巢无粮，仍恐复出肆扰。现在二麦业已收割，该匪野无所掠，但使各处民圩齐心固守，官兵随时应援，该匪粮尽势穷，自将纷纷溃散。著田在田激励民团，严密守御，并整饬兵勇，随时援应，毋稍疏懈。其奶奶山寨踞匪，著迅筹攻拔，及早歼除，毋留余孽。本日据僧格林沁奏，金楼贼圩业已攻克，即可乘胜进攻(毫)[亳]捻老巢。此时黑旗捻股势已穷蹙，田在田宜速筹进攻，与僧格林沁分路齐进，俾该逆不能互相应援，以期一鼓歼除。前因宿州军情吃紧，谕令袁甲三拨兵助剿，著袁甲三即饬派出之将领，会合田在田迅速进攻。倘兵力仍形单弱，袁甲三并宜酌量增添，或另筹一军，由南路进捣该捻老巢，以期两面夹击，及时埽荡。将此由六百里各谕令知之。

——《清穆宗实录》卷三〇，同治元年六月丙辰。

六月初八日

〇上谕

谭廷襄奏攻克水寨等处贼巢并剿击教匪情形一折。据称水寨贼匪程四虎，句结林家洞等寨匪，互相犄角，经官军奋力攻破；其滕县进剿幅匪，颇有斩擒；峄县教匪，经德楞额等叠次进仗，亦颇得手等语。水寨贼匪，虽经官军将贼巢攻克，而匪首程四虎尚未擒获，且沂州一路，匪围林立，著谭廷襄仍饬绪纶等节节进攻，毋任迁就。滕峄等处幅匪，并著设法剿办，毋任顾此失彼。其招抚岳相林一节，著咨扎隆武等妥速办理，毋许草率了事。其在逃之刘前一犯，仍著该抚饬属跟踪查拿，毋任为患他处。

又，有人奏，邹县、曲阜等处教匪，请饬德楞额会合扎隆武等并力进攻等语。本日据谭廷襄奏称，德楞额一军进剿兰郯交界贼匪，追击殆尽，该处情形稍松。即著僧格林沁、谭廷襄责成该副都统，就近会合扎隆武、赵康侯，将该处教匪痛加剿办，务尽根株。倘该副都统等坐失机宜，迁延贻误，即著僧格林沁严参。并毋任招抚，致贻后患。原片著钞给阅看。

将此由五百里谕令知之。

——《清穆宗实录》卷三〇，同治元年六月己未。

六月初十日

〇上谕

谕议政王、军机大臣等：

前因郑元善奏，陕省窜出粤匪盘踞新安、渑池一带，又有卢氏窜回皖境股匪间道西驰，恐其侵轶洛中，并北走河干，东逼汴梁，当经寄谕胜保驰往河洛，督军剿办。该大臣此时当已奉到，著即懔遵前旨，迅速启行。河洛地处四达之区，贼势披猖，意图窥伺，责令胜保移军督剿，倚任至重，即须亲统各军，尽力剿洗，及早肃清中原腹地，以慰廑念。现在鲖阳踞匪亦经剿办得手，即应饬令派定各军，与郑元善所派袁保庆等兵，奋力攻捣，迅速蒇事。陈大濬等滋扰汝光各属，与官军抗拒经年，又与张落刑句结粤捻各匪，狼奔豕突，尤为肆行悖逆，若使势穷就抚，率行收降，何以申国宪而振军威？且该逆首党与众多，难保不乘间复生反侧。所筹准予陈大濬投降之处，著不准行。并著郑元善饬令豫省之军，与已抵信阳之楚军等合筹攻剿，毋稍延宕。郑元善前奏，请饬胜保进扎河洛，并称已咨商僧格林沁抽拨马队千名，及咨毛昶熙派令游击敖天印勇丁前往会剿。该大臣行赴河洛，著即催提各军，与郑元善会商进剿。如贼众兵单，不敷剿办，仍将留皖各军一并调往，以厚兵力。僧格林沁业经攻克金楼贼寨，即当进捣蒙亳老巢。该大臣速抵河洛，使僧格林沁之军不须兼顾西路调拨，更可无虞牵掣也。

昨据瑛棨奏，兵力不敷分布，请将各路军营防剿之陕省弁兵撤回，以资调遣。著胜保、郑元善查明各该营有无陕省弁兵，能否酌量遣撤归伍之处，妥筹覆奏。

将此由六百里各谕令知之。

——《清穆宗实录》卷三〇，同治元年六月辛酉。

六月十二日

〇上谕

毛昶熙奏调派精锐兵勇西援河洛、并请饬多隆阿取道汝宁沿途埽荡贼巢各折片；又据官文等奏逆匪攻陷郧西，并探闻发逆窜出潼关、历河陕等处疾趋光州、窥伺楚疆，及请将金国琛免调入秦各折片。河洛之贼是否他窜，渑池等处有无贼踪，均未据郑元善奏报，著即迅速驰奏，一面侦贼所向，妥筹防剿，必须克日歼除，方免蔓延贻患。著胜保迅速督率大队兵勇，沿途探明何路紧急，迎头截击。如该逆尚在洛阳附近地方，即著督兵西上，尽力剿洗。毛昶熙所派之刘进贞等马步各队，业已取道汴城，即著郑元善带赴西路会剿，俟西路肃清，仍即饬回宋营，以壮兵势。僧格林沁现在进攻亳北匪巢，毛昶熙务当随时策应，毋误事机。

郧阳居楚之西北上游，关系甚重，郧西城池，岂可任贼久踞！著多隆阿先其所急，迅督所部同金国琛何绍彩等军协力进攻，收复县城。其郧阳府城守事宜，著官文等严饬讷钦等严密布置，力遏贼氛。

叠据瑛棨等奏，渭河南北州县，汉回仇杀，日甚一日，所调各军，迄无一人一骑赶到。该省望援甚急，岂容再事迁延！雷正绾本系陕省总兵，著官文、多隆阿迅催该总兵督率兵勇，星速入关，以期弹压汉回，剿抚兼施，迅速蒇事。若该总兵到陕，兵力足敷剿办，则多隆阿一军应于何处驻扎，著官文等随时妥筹具奏。

金国琛剿办郧西贼匪正当吃紧，著暂缓入秦，俟郧西事竣，再行斟酌办理。其正息信罗等处贼巢，仍著郑元善督饬张曜等，会同越境攻剿之楚军节节埽荡，将汝属踞匪悉数歼除。是为至要。

将此由六百里各谕令知之。

——《清穆宗实录》卷三一，同治元年六月癸亥。

六月十七日

〇僧格林沁、国瑞奏

臣等攻克金楼后，于六月初二日移营夏邑，派营总常山保带领马队前赴营郭，复派侍卫托伦布带领马队赴永城迤北之顺和集驻扎，以便会合富和马队相机进剿。一面于永夏亳宿一带出示晓谕，准胁从人等悔罪投诚，以期解散贼党。

近据富和禀报，将永城迤北之刘家河寨、王家集寨等处贼圩收复，歼贼多名，投诚百余名，其余被胁难民一律薙发，会同地方官妥为安插。现在臣等督饬富和等带领马队，进攻韩家集贼巢。

至恒龄等带队在亳州迤北连日进攻，先后收复阎家集、吴庙、吴庄、王楼四圩，亦均呈缴枪炮，即拟进攻庐庙贼圩。臣等仍当督饬设法办理，以期次第廓清。

惟刻下天气炎热，马队患病者居多，且高粱丛茂，大雨时行，马队炮车均难施展，拟令驻扎永亳之军先将附近贼圩次第剿抚，一俟秋高气爽，再当节节前进。

至邹县教匪时出窜扰，前派总兵札隆武等带领兵勇驻扎曲泗，又派健锐营翼长海群带马队二百余名前往会同剿办，合之谭廷襄所派兵勇，统计马步各队不下三四千名，惟无统率大员督剿,诚恐难期得力,可否请旨饬下山东抚臣谭廷襄出省,驻扎兖沂之间,督兵剿办,以期事权归一。

——《钦定剿平捻匪方略》卷一五〇,第20—22页。

〇上谕

僧格林沁奏移营夏邑,派队剿办永亳捻匪、收复贼圩,及督剿棍匪获胜一折。所筹甚合机宜。永亳之军剿抚附近捻圩,声威已振,谅该匪不敢装旗出窜。刻下天气炎热,北方马队不服蒸湿,患病者多。且高粱丛茂,马队未便长驱;大雨时行,炮车亦难挽运。自系实在情形。著即饬令恒龄等将未下各捻圩剿抚兼施,次第收复。一俟天气凉爽,即行进剿,克期大举,以期一鼓荡平。如老巢贼首或出掳粮,外援各匪纷来救应,仍须严饬在事各员弁奋力剿洗,不得稍形松懈。进止机宜,是在该大臣随时酌度,不为遥制。

至山东兰峄一带棍匪、邹县教匪,虽经德楞额、扎隆武等相机剿抚,惟无统率大员,恐带队官无所禀承,难期得力。著谭廷襄即行出省,驻扎兖沂适中之地,督兵剿办各处幅教各匪,所有该处马步兵勇俱归调遣,以一事权。该抚身任封圻,责无旁贷,应即赶紧出省督剿,以息寇氛而安疆圉,方为不负委任。

前据瑛棨奏兵力不敷分布,请将各军营调拨陕省弁兵撤回,以资调遣,著僧格林沁、谭廷襄查明各该营有无陕省弁兵,能否酌量遣撤归伍之处,妥筹办理。

将此由六百里各谕令知之。

——《清穆宗实录》卷三一,同治元年六月戊辰。

〇僧格林沁奏

现在时艰孔棘,各路统兵大员、督抚大吏宜如何殚竭血诚,力图补救,若仍前含混,为将帅者市恩于麾下,为督抚者见好于属员,则民生何日得安?逆匪何日得平?若为将帅者谓有贼可以固宠,为督抚者谓敷衍可以保荣,何以仰对先皇而答陛下?臣详阅部颁蒋琦龄原奏,所陈各条均属切中时弊。即如各路军营,每以将佐一战之功遽行优保,甚至副将保以总兵,并赏加提督衔,守备则越级保升参将,我皇上逾格恩施,俯如所请,得保者固知感激,而嗣后按级保升者则视为平常矣。当年川楚军务,将士血战数年,而保至一品者并无多人,今辄越级保举,试思文武仕途共有几级?无怪将佐志骄意满,始勤终惰。至获咎文员,但能营谋入营,稍有微劳,即可开复原官,无怪乎官方之不肃,盖有所恃而不恐矣。

至蒋琦龄奏请添派监军御史,固属未协,但各路军营若无稽查,则奏报失实,滥保无功,愈无底止。应请皇上密派贤员数人,分赴臣军营及各路军营,认真密查,是非自见。此后有纪律谨严、赏罚平允、奏报从实者,及积习相沿、铺张粉饰者,均令指名上陈,庶贤者奋兴,愚者亦知儆戒也。

现在贼锋已挫,各路统兵大员若能乘此会齐进剿,江北逆氛可望埽荡。近日军务每患饷缺,而饷缺由于征收之不足。各省州县,其中有被贼蹂躏者,有水旱虫灾、野无青苗者,不能开征,理所必然。亦有水旱偏灾、贼窜边境者,不肖州县藉此措词,亦报不能开征,其实灾轻之区,良善之民谁未纳赋?不过州县意图肥己,私征匿报,刁生劣监、奸书蠹役从而挟制官吏,州县不得已任其瓜分,以免生事,从此地方百姓轻视官长,绅团得以跋扈,抗差抗粮,习为常事。地方道府职司监察,耳目切近,岂无所闻?或有喜其逢迎、代为缄默,大吏偶有风闻,又念道府情面,姑且容之,直至断难姑息,始行参革撤任,岂知事已不可收拾?又岂知被参之官私橐已饱,去就皆可任意耶?若不严定章程,实力劝惩,军项何日得充?官方何日能肃?

臣为军务地方大局攸关,谨据实直陈。

——《钦定剿平捻匪方略》卷一五〇,第23—26页。

〇上谕

僧格林沁奏敬陈管见一折,沥言外间统兵将帅、封疆大吏奏报不实,以及吏治废弛、兵饷支绌种种积弊,议论均极真切,具见该大臣公忠体国之忱,业经明降谕旨,申饬各路统兵大臣及各督抚,痛加振作矣。

蒋琦龄前奏监军一条,当经降谕驳斥,因此等重寄,若用非其人,不独扶同徇隐,且恐骚扰地方,颠倒是非,汉唐以来,流弊滋多,所以卒至于不可行也。

该大臣所称奏报不实、徇情滥保诸弊,诚为近来军营所不免,而最甚者莫如胜保军营。胜保之不可恃,朝廷久已洞悉,因其时寿州既陷,颍州危急,诚恐苗沛霖或再句合张落刑图谋北犯,楚军尚在皖省西南,鞭长莫及,不得已令胜保前往羁縻,以缓其势,非真谓苗沛霖之可抚也。嗣胜保以苗沛霖捡献张落刑为归正确据,屡代乞恩,而朝廷仅许其免罪,亦未遽信胜保一面之词。迨李续宜抵皖后,阅其先后章奏,于苗练一节,并未尝一意主剿,而较之胜保事事将顺迁就,办理似觉结实。徒以张落刑尚未歼除,而苗练无人驾驭,是以不能遽撤胜保之兵。适因豫省河洛捻氛告警,因特命胜保移兵前往,令其暂与苗沛霖相离,亦正所以使李续宜事权归一、可以从容展布也。惟李续宜之兵究在皖省以南,而北面无重兵控制,终非妥善。现在僧格林沁进扎亳州,距苗圩较近,于李续宜之军亦可联络,且于苗沛霖之应剿应抚,见闻较确。僧格林沁在军营多年,历练老成,胸中必有成算,著即将实在情形迅速具奏。僧格林沁若能接办此事,控制于北,李续宜坐镇于南,则察苗沛霖之向背从违以定剿抚,必能和衷共济,同奏肤公。其如何办理之处,著迅速具奏。即降谕旨将胜保酌撤,并将其所部之兵,并归僧格林沁统带,以一事权。

将此由六百里密谕知之。

——《清穆宗实录》卷三一，同治元年六月戊辰。

〇上谕

僧格林沁奏胪陈军营及地方积弊一折，前因各路军营积习日深，曾经通谕各营痛除诸弊，力加整顿，今僧格林沁所奏，意见亦适符合。各路统兵大臣及督抚大吏奏报情形，多至失实，或市恩麾下，见好属员，每以将佐一战之功，遽行越级优保；或获咎文员营谋到营，稍有微劳，即可奏请开复原官。(贵)[赏]重罚轻，何以昭激劝而励戎行？若为将帅者谓有贼可以固宠，为督抚者谓敷衍可以保荣，居心更何可(闻)[问]！僧格林沁以督兵大员，肯将军营积弊据实上陈，具见公忠体国，不染习气，甚属可嘉。现在各路统兵大臣及督抚大吏，实心任事者固不乏人，而粉饰因循、不知振作者亦复不少。嗣后奏报情形，倘仍前含混欺饰、任意铺张，或滥保无功、市恩邀誉，并妄为获咎劣员开复处分，以致纪律不严、军心解体，经言官参劾，或朝廷别有访闻，必将该大臣、督抚等从重惩处，以肃军律，决不宽贷。

至军行首重饷需，近来各省征收钱粮率多缺额，州县牧令，每遇偏隅水旱，或贼窜边境，即以合境均被灾扰报请蠲缓，仍行私征肥己，道府代为缄默，大吏徇情姑容，以致吏治日弛，饷源日绌，实堪痛恨。著各督抚严行查察，如有此等情弊，立即据实参办，毋得再事宽纵。倘仍积习相沿，不加整顿，必将该督抚严行惩处，毋谓诰诫之不早也。

将此通谕知之。

——《清代起居注册(同治朝)》第 3 册，第 1510—1514 页。

六月十八日

〇上谕

谕议政王、军机大臣等：

潘祖荫奏请添设四界重镇以专责成一折。据称，江苏、安徽、山东、河南四省边界捻匪狓猖，封疆大吏未忘畛域，致使草泽奸民日肆蔓延，贼之出掠回巢，任其所之。团练坚壁之弊，又使圩寨头目恣睢跋扈，隐为心腹之忧。徐州府属，地当孔道，设有四界司一官，实为四省交冲，拟请添设四界镇总兵一员，四界分巡兵备道一员，四省沿边州县悉归节制。田在田一军，不独虚糜兵饷，并恐在彼牵掣扰乱，应将其现统兵数挑选淘汰，作为四界主兵，其有不足，再由四省添拨，规画既定，备御必周等语。江南、山东，界连皖豫地方，捻匪纵横，近复圩寨林立，官军防剿，往往不敷，贼得乘虚肆其荼毒，且有兵至乞降、兵去复叛者。现在僧格林沁攻拔金楼贼巢，不日进捣蒙亳，即令埽穴捡渠，亦必妥筹善后之策。该京卿所奏不为无见。著僧格林沁、曾国藩、吴棠、李鸿章、李续宜、谭廷襄、郑元善按照所请，悉心妥议，是否可行，详细具奏。各处投诚匪党，反侧靡常，该统兵大臣及各督抚给以免死号旗，应即如何为之限制，仍不得句结团聚，复行滋扰，并著僧格林沁等妥筹办理。该京卿所陈邹县凤凰山一带之匪既降复叛，拥众数万，公行劫掠，是否实情，现在作何办理，著谭廷襄查明，据实具奏。田在田之兵，今春在宿迁开枪攻毁民圩，并抢夺守城将弁器械，并不查究，其所部兵勇，皆潜与贼通，是否属实，著僧格林沁、吴棠会同查明具奏。

另片奏，楚军乘胜近逼金陵，大局安危所系，镇江、扬州已有备御，惟通州、靖江、泰兴等处，江港可通者十余处，由江南太仓、常熟、江阴出口，即能阑入，贼若乘虚扰及里下河等处，江北军饷无筹，即全师不壮等语。著曾国藩、李鸿章设法兼顾，派令妥员防守，保全完善之区。原折片均著钞给阅看。

本日据曾国藩奏到，鲍超进逼宁国，由抱龙冈等处攻击，甚为得手；曾国荃之兵，亦于雨花台获胜。惟贼援甚众，地大兵单，金陵有难克日进攻之势。前谕该大臣慎筹进止一切机宜，原以时会难得，而兵力究有未敷，此时惟当策画万全，以期必胜。是为至要。

将此由五百里各谕令知之。

——《清穆宗实录》卷三一，同治元年六月己巳。

六月二十二日

〇实录

调正红旗汉军都统僧格林沁为正白旗满洲都统。未到任前，以户部尚书宝鋆署理。①

——《清穆宗实录》卷三二，同治元年六月癸酉。

六月二十四日

〇上谕

谕议政王、军机大臣等：

---

① 七月十一日，僧格林沁接兵部咨，得知此事，随具折谢恩："窃奴才于七月十一日准兵部咨称，同治元年六月二十二日奉旨：正白旗满洲都统，著僧格林沁调补，僧格林沁现在军营，著派宝鋆署理，等因，钦此。同日承准军机处寄到同治元年七月初八日内阁奉上谕：现当溽暑炎蒸，南中尤甚，等因，钦此。奴才跪读之下，钦感难名，当即恭设香案，望阙扣头。伏思奴才蒙古世仆，一介庸愚，屡蒙圣主之隆恩，毫无报称，仰荷鸿施之优渥，益切恐惶，兹蒙圣主格外恩施，将奴才僧格林沁调补正白旗满洲都统，复派奴才之子布彦诺木呼前来军营省视，并颁赏奴才荷包、玉珮、衣料等件，闻命自天，感悚无地，奴才于办理一切军务，惟有倍加谨慎，竭力图维，以期仰酬高厚鸿慈于万一。"详见中国第一历史档案馆藏录副奏折，档案号03-4706-105。

谭廷襄奏遵筹出省督剿兖沂幅教各匪，并南捻窜扰滕峄边界、分投堵击一折。此次南捻由铜山窜至峄县之涧头集，经德楞额分队堵御，该捻不能抢渡，向东逃窜。而滕县夏镇复有另股捻逆窜至，谭廷襄已咨扎隆武等前往堵御。即著该抚传谕德楞额、扎隆武实力堵剿，毋任阑入。该逆由南窜入东境，必道经徐州。田在田督兵驻扎，防堵逆捻北窜，是其专责，何以任听阑入？该总兵所司何事？现在捻逆已逼入江南境内，著田在田迅速带队，会同东省之兵悉数剿除，傥再任阑入东境，必治该总兵以纵寇之罪。吴棠前派兵越境赴兰山协剿高归一股，颇能不分畛域，此次南捻尚在江境，务当派兵会同田在田之军分投迎剿，免致南窜。谭廷襄著即将紧要公事料理，前赴兖沂驻扎，调度各军，务当虚衷讲求，不得稍存己见，致属员得以逢迎揣摩，有误事机。东省南路兵勇单弱，僧格林沁现驻夏邑，相距徐郡较近，能否酌拨马步，将北窜捻逆会同田在田剿除净尽，著酌量情形，妥筹办理。

正在寄谕间，据田在田驰奏督军进攻雷单等圩，并西捻伺隙纷出、督队迎剿一折，现在该总兵进攻西路捻匪虽尚得手；而东窜另股捻逆尚未击退，本日据谭廷襄奏报情形，仍在徐兖交界肆扰。自应先其所急，将东窜捻逆剿除，再行进剿宿西，不得以直捣老巢为词，转令逸匪肆扰。吴棠之军已至邳宿等处，尤可乘机会合夹击。该总兵务当实心攻剿，不准稍存巧卸。前据袁甲三奏，已遵旨派拨兵勇赴清淮一带助剿，仍著吴棠知照袁甲三多拨兵勇会剿，以收夹击之效。

将此由六百里各谕令知之。

——《清穆宗实录》卷三二，同治元年六月乙亥。

六月二十五日

〇上谕

本日引见之前任山东兖沂曹济道王观澄，前据僧格林沁奏参，该员年力就衰，难期得力，仍著勒令休致。

钦此。

——《咸丰同治两朝上谕档》第 12 册，第 312 页。

六月二十六日

〇僧格林沁、国瑞奏

臣等因永城迤北之韩家集贼寨未下，复派翼长全顺前往，督同富和等设法进攻，附近被捻逼胁之刘家集等六寨，均即薙发归正。我军正拟进攻韩家集，李加膺股匪前来接应，当经侍卫托伦布带队迎剿，将贼击退。六月十二日，我军齐抵韩家集，该逆豫在濠外列仗抗拒，我军施放枪炮，击毙数名，该逆旋即撤回寨内，复经我军将围墙轰塌数处。因阴雨不止，暂行撤队。该逆于是夜向东南逃遁，经富和带队追剿，至永城东南之车家集地方，毙贼百余名，余匪逃散。即将韩家集寨收复，其车家集、左家寨内被胁之人一律薙发投诚。复于十五、十六、十七等日，将陈家官庄等十七寨先后收复。十七日，永城西南之胡家寨寨长王凌月等，将捻首杨孟吉等斩杀，携带首级来营呈献，被胁之人均已薙发。至胡家寨以西丈八集、大庙盘踞之匪闻风南窜，即将该寨拆毁。十八日，出队渡过浍河以南，至张家瓦房，将赵浩然、胡四党匪捡斩百余名。现在永城所属浍河迤北贼圩所剩无多，臣等札饬永城县知县前往各寨妥为安抚，以期解散。

至恒龄等带领马步队驻扎亳州迤北营郭、黄塚，会同毛昶熙派往勇队，进攻卢庙贼圩。因连日大雨，未能出队，现仍驻扎该处，以资弹压。十六日探报，匪首李城等股匪有东扰海沭之说，已窜至萧县，又王广继等率众由徐州府向东北奔窜等情。臣等得信后，即派署翼长苏克金等带领马队赴徐州府会齐，相机追剿，并令德楞额督饬兵团，于沿河认真防守，暨咨行吴棠，札饬田在田，各派官兵会剿。适据署翼长苏克金禀报，驰抵徐州府，探知捻首李城等分为两股，一股向东窜去，一股向北窜去，欲奔夏镇，苏克金等于二十日带队跟踪追剿。

至副都统德楞额一军，剿办兰峄棍匪，已将卓山、蒺藜崮各寨焚毁，正拟进攻云谷山砦，因探报南捻窜至铜山孙四庄地方，该副都统遂督率马步兵勇分布运河各闸，相机堵御。十六日，南捻突至韩庄以东之三湾地方，马贼千余名凫水抢渡，该副都统督带马步兵团实力严守，毙贼数十名，该逆向东奔窜。现仍饬该副都统严密堵剿，以期力遏偷渡。

——《钦定剿平捻匪方略》卷一五一，第17—20页。

〇上谕

僧格林沁奏进剿捻圩收复贼寨，并追剿东扰捻匪、督剿棍匪各情形一折。永城所属之韩家集、车家集，均经僧格林沁派兵攻剿收复，被胁之刘家集等十六寨均行归正。复派队至陈家官庄等各寨，并宿州之铁佛寺寨等处，先后收复。永城之胡家寨寨长，亦将捻首斩首呈献，丈八集踞匪闻风南窜。复出队渡浍河以南，将赵浩然等党匪捡斩百余名。浍河迤北贼圩所剩无多。其进攻亳州各队，现亦会同毛昶熙所派勇队，进剿卢庙贼圩，事机颇为顺利。著即乘此声威，迅将永亳贼圩剿抚兼施，以期及早肃清。至匪首李城等股匪现已窜至萧县，王广继等股匪由徐州向东奔窜，无非欲牵掣官军，藉为圩贼缓被攻围之计。该大臣已派翼长苏克金等带领马队赴徐会剿，该匪分股窜向夏镇。德楞额剿办兰峄棍匪，已将卓山、蒺藜崮各寨焚毁，因南捻窜至铜山县境，复率兵勇分防运河，将窜至三湾之贼击退。

前据谭廷襄奏，捻匪由铜山窜至峄县、滕县，复有另捻窜至夏镇；并据田在田奏，西捻伺隙东窜。与该大臣现奏情形大略相同。当即谕令该大臣并谭廷襄、田在田、吴棠合力会剿；并因东省南路兵勇单弱，复谕僧格林沁酌派马步，会同田在田将北窜捻匪于徐郡剿除净尽。现在谭廷襄即日出省，赴兖州一带防剿，即著僧格林沁饬令苏克金等驰赴滕峄，与东省兵勇会剿，并饬苏克金等听候谭廷襄调度，一面知照谭廷襄办理。其由三湾折向东窜之贼，亦即饬令德楞额会同吴棠迅速剿除，毋稍蔓延为患。

陕省弁兵既属无可裁撤，即著仍留该大臣营内，以资攻剿。

田在田屡次被人参奏，如果不能得力，该大臣即一面奏闻，一面另派得力之员前往接办，以便即将该总兵撤退。此事关系大局，于该大臣军营后路亦有裨益，毋稍迟缓。

将此由六百里谕令知之。

——《清穆宗实录》卷三二，同治元年六月丁丑。

〇僧格林沁奏

苗沛霖从前带练剿贼，未尝无功，然恃功桀骜，亦所不免。地方带兵各员，既未能实力剿贼，又复妄报战功，铺张粉饰，不足以服众心，苗沛霖因此藐视官长，渐难控制。前闻有勾通粤逆之事，观此次归正后即能拴获陈逆，解往胜保军营，是苗沛霖与粤逆业已结仇，或可不致再行反侧。复查苗沛霖未归正时，南捻无所牵制，遂恣意北窜。臣统军屡次截剿，将及二年，今始办到永亳。刻下江北未靖，尚须用以牵制诸捻，不得不暂示羁縻。至苗沛霖，自拴陈逆后，蒙恩予以自新，现在情形是否驯顺，臣相隔穹远，未悉其详。现已咨行安徽巡抚李续宜详细确查，俟咨覆到日，再行据实具奏。

臣前接胜保函称，苗沛霖归正以来，其报国之念出自至诚，特楚军成见未化，时有掣肘之嫌，现在窜陕之贼又肆鸱张，欲行西援，诚恐一经分身，苗练楚军势必又生决裂，欲归臣驾驭，当经函覆该大臣，以皖抚李续宜亦系顾全大局之人，苗练果能真心效力，楚军必不至与之争斗，仍令该侍郎就近调和，虚心共济。该侍郎复遣人到营，代苗沛霖呈递禀词，大意系剖辨已往事迹。查袁甲三、李续宜均身任封圻，岂不能容一苗沛霖？该大臣等意见不合，应请旨谆饬胜保、袁甲三、李续宜，务当和衷共济，以军务大局为要。就现在时势而论，臣驻扎夏邑，距皖南较远，李续宜驾驭苗沛霖能否得宜，尚未可知。此时既无把握，胜保一军似未便遽撤。

再，臣所统马步数千名，将来节节进剿，实有兼顾不遑之势。现在胜保、袁甲三、李续宜、郑元善、毛昶熙各路马步兵勇，又兼收复苗沛霖练众，合之可有数万，一俟秋高气爽，亦应由西、南两路并进，相应请旨，严饬该大臣等，届时督兵实力进剿，江北一带可期及早肃清。

——《钦定剿平捻匪方略》卷一五一，第22—24页。

〇上谕

谕议政王、军机大臣等：

据僧格林沁密覆军务情形一折，内称，苗沛霖之桀骜，由从前地方官办理不善，今既捡解陈逆，恩准免罪，须用以牵制诸捻，不可不善为驾驭各等语。持论平允，与节次谕旨均相吻合。至苗沛霖所递禀词内，以著名逆党丁潮臣为归正之练，且谓袁甲三、李续宜合谋攻剿，则全系一面之词。胜保之于苗沛霖，以事之迁就为抚。李续宜有欲钤制该练之意，据奏亦未尝一意主剿。似李续宜所办亦合机宜。惟胜保与李续宜各存成见，积不相能，且胜保以苗沛霖之好恶为好恶，更难期其与李续宜浃洽。叠经谕以和衷共济，终觉意见未融。袁甲三前经因病乞退，本拟移交李续宜接办，因恐该抚未能兼顾，业经密寄询问，一俟覆到，即可将袁甲三撤回，其钦差大臣拟即一并裁撤，所部之兵，并归李续宜派员统带，以一事权。

苗沛霖固应议抚，惟胜保迹近受制，办理含糊，甚不可恃，若任其久留皖省，必至大局掣肘。前经寄谕李续宜，令其持平核议，现在尚未覆奏。暂示羁縻，胜保亦不能即撤，而日久究不能不撤。既撤以后，李续宜坐镇于南，北路即不可无控制之兵，届时惟有将胜保之众并归该大臣接统，与李续宜筹商抚驭之策，方能和衷共济，迅图荡平。僧格林沁素以大局为重，必当深谅朝廷不得已之心也。该大臣既咨行李续宜，询以南路军务，一俟李续宜覆到，其能否驾驭苗沛霖，著察看情形，迅速驰奏，奏到后再定办法，毋稍稽迟。

将此由六百里密谕知之。

——《清穆宗实录》卷三二，同治元年六月丁丑。

〇僧格林沁等奏（节录）

……奴才等军营遇有各营官弁缺出，均由打仗出力人员内拣选，奏请补授，以资策励。兹查吉林防御依克唐阿现已升补佐领，所遗骁骑校员缺，奴才等拣选得吉林满洲正黄旗西□佐领下骁骑校富兴堪以拟补。防御讷苏肯现已升补佐领，所遗防御员缺，拣选得吉林满洲厢白旗德楞额佐领下骁骑校讷穆锦堪以拟补。防御贵恒阵亡，所遗员缺，拣选得宁古塔正黄旗松恒佐领下骁骑校巴图哩堪以拟补；递出骁骑校一缺，拣选得拉林正黄旗穆成额佐领下领催恒山堪以拟补。骁骑校□贵现已升补佐领，所遗骁骑校员缺，拣选得宁古塔正黄旗德平阿佐领下前锋春兴堪以拟补。骁骑校春寿阵亡，所遗员缺，拣选得阿勒楚喀厢白旗□保佐领下披甲尽先骁骑校全顺堪以拟补。骁骑校庆□阵亡，所遗员缺，拣选得吉林厢白旗长寿佐领下领催即补骁骑校□禄堪以拟补。陕西庆阳营参将庆奎现因病故，所遗员缺，拣选得河州镇标中营游击、升用参将许得堪以拟补；递出游击一缺，拣选得甘肃精河营都司徐绶堪以拟补；递出都司一缺，拣选得陕西西安城守营千总、免补守备尽先都司牛玉林堪以拟补。□徐绶前经请补甘肃精河营都司，所遗西宁镇标前营守备员缺，拣选得厢黄旗满洲□□佐领下即选守备塔思哈堪以拟补。

以上请补各缺，如蒙俞允，俟军务完竣，再由各该处照例补行带领引见。是否有当，伏候训示遵行……

同治元年六月二十六日议政王、军机大臣奉旨：富兴等著照所请升补，余依议。该部知道。钦此。

——录副奏折，档案号03-4706-061。

〇僧格林沁等奏（节录）

……奴才等接准绥远城将军咨称，土默特右翼头甲佐领胡必泰、左翼四甲骁骑校福克金宝现因病故，所遗佐领、骁骑校各一缺，案查均有前经僧格林沁保奏尽先即补人员，应咨送军营拟补，等因前来。奴才等在于土默特保举尽先人员内，拣选得左翼补□珂什克佐领下免补骁骑校、即补佐领温都逊堪以拟补胡必泰所遗佐领之缺，左翼□鲁布佐领下即补骁骑校登博楞，堪以拟补福克金宝所遗骁骑校之缺。惟温都逊系调翼请补斯缺，与例稍有未符，应俟本翼缺出，再将该员调回，以符定制。如蒙俞允，俟军务完竣，再由该处照例补行带领引见。是否有当，伏候训示遵行……

同治元年六月二十六日议政王、军机大臣奉旨：温都逊等著照所请升补，余依议。该部知道。钦此。

——录副奏折，档案号03-4706-062。

六月二十八日

〇上谕

谕议政王、军机大臣等：

吴棠奏清江南北两岸土圩各工一律完竣、绘图呈览，并匪首高归等投诚情形各折片。清江浦扼南北之冲，其地向无城郭，实不足以资战守。此次吴棠相度地势，筑建圩墙，仅四阅月，巨工告成，足见该署督办事认真，甚属可嘉。

高归等既属真心反正，且随同官军打仗出力，自应准其投诚。惟招抚一节，流弊极多，仍著吴棠饬令黄国瑞等随时防范，傥稍有反覆，即当立予正法，以绝后患。

至北窜捻股，窜至邳境运河滩岸，抢船偷渡，虽经黄国瑞等督兵剿退，而该逆未受大创。现在金楼贼圩已破，该逆慑于声威，势必折而东窜，著吴棠饬令游击张从龙等，督带马步千名，迅速驰赴宿迁，会合姚广武、黄国瑞等军两面夹击。其总兵黄开榜现带炮船，并著驶赴邳宿运河，并力剿捻，毋稍疏懈。

至海州匪首张殿标等业经剿灭，境内已称安堵。惟探报捻首李城等股纠合三四万人出巢，声言赴海沭一带打粮。该处防剿吃紧，著僧格林沁饬令所派兵勇，会同吴棠派出各军，迅速剿除，毋令肆扰。

昨据胜保奏称，丁潮臣因临淮之兵攻剿日急，该练悉众哗归，约有二万余人等语。该练众既怀愤激，势必乘怒很斗，著袁甲三妥为防剿，不得稍有疏虞。

将此由六百里各谕令知之。

——《清穆宗实录》卷三二，同治元年六月己卯。

七月

七月初二日

○上谕

胜保奏，苗沛霖立功已有成效，尚怀疑惧，该大臣现奉旨西行，未能兼顾皖事，恐离皖之后有人挑衅，或致意外之虞等语。胜保现在取道项城、商水一带，西剿粤贼，前因豫省河洛吃紧，叠经寄谕胜保统兵前往驻扎，胜保起程以后，即应责成李续宜接办。苗沛霖在皖，如果能恪遵约束，谅该抚亦必不为已甚，阻其自新之路；傥仍有跋扈情形，李续宜自不能置之不办。该抚平日议论，并非专意剿苗，惟胜保离皖以后，苗沛霖总不免心怀疑惧，自应予以羁縻，加以钤束。一切操纵机宜，僧格林沁惟当与李续宜妥密筹商，联络一气。余著仍遵前旨相机办理，据实迅速覆奏。将此由六百里谕令知之。

——《清穆宗实录》卷三三，同治元年七月癸未。

七月初四日

○田在田奏

据宿州、烈山两营禀报，捻首任传秀等率党由宿西一路出窜，经各营扼要截击，堵回老巢，该处雷单两圩已情愿薙发投诚，请兵驻扎等语。臣饬总兵胡元昌派参将艾宪银、都司王豹文两队分赴两圩驻扎，责令献出各捻家属，认真清理，一俟队伍扎定，即拨宿营马步及参将吕道宣由蒙村抽带马勇来徐，一同北剿。仍飞探北路窜匪情形，先就现有兵力，赶紧追击，并飞知臣吴棠，通饬东路防兵，加意堵御。

六月十九日，僧格林沁派翼长苏克金带马队两千到徐，次日旋即北去。臣商同署道张富年，派都司李定邦带马队六十名为之乡导，一面加派副将滕自新、游击田玉田随同前往。二十二日，据探北窜捻众分为两股：一股王广继等已由滕境过河，直扑峄县境，苏克金马队跟踪追往，计已绕出贼前，当可与德楞额会剿；一股任弗得等七八千人尚在运河以南，盘踞邳州境内之岠山一带，伐木筑圩，四出掠粮。滕自新等途次探知，即就近赴邳追剿。适杨文全马队调到，即饬会同滕自新等队径赴邳境剿办，并飞商臣吴棠，饬总兵黄国瑞等，务趁雨水陡涨，守住运河，俾贼不得突过，我军赶至，即可前后兜剿。同时据胡元昌来禀，宿西朱圩、穆圩、伍圩等处，现亦纷纷请抚，其袁甲三所派之总兵吴秀已带队行抵灵璧，专弁来商，约期在宿东大店地方会哨。

又奉僧格林沁檄知，已派副都统富和由夏邑进兵，饬派吕道宣在濉口以西会同剿抚等情。臣以宿州附近之赵克元等党伙仍与我军相持，虽各圩势渐瓦解，而任传秀一股被击折回，又绕至宿东蒿沟一带装旗逼人，灵璧捻首张逢科亦逃至尹家窝滋扰，宿城东西一律吃重；濉口以西地方，经富和、吕道宣于日前节次会哨，收抚数圩，事机亦关紧要。臣通筹调度，只得暂时留徐，以便策应。

二十四日，探闻苏克金已到峄县，与德楞额迎剿，将王广继一股击败，余匪逃至考谷山棍匪圩内，并力拒守。该副都统等已拔队围攻，谅可尽数殄灭。惟一股仍在邳境，亟应痛加惩创，免致过河援应，当即飞饬吕道宣，先调蒙村马队来徐，其宿营马步各队本只两千，亦饬分半赴尹家窝、蒿沟一带剿捕各匪，分半赴大店会哨，乘机清理各圩。并密谕宿东各圩总，计捦任传秀等以立功。仍俟会哨一毕，即速北来，随同东剿。

旋据滕自新、杨文全等来禀，二十五日追至曹八集，距贼踞之埝庄仅二十里，探悉贼队扰及土山窑湾，黄国瑞已由邳州过河，约同会剿，当以杨文全带马队先驰，滕自新、田玉田等带步队后应。行甫五六里，即遇马贼来迎，我军奋勇冲突，立毙执旗贼目数人，余众(警)[惊]溃，追杀三十余人。次日，杨文全、田玉田先带马队往剿，行至十二里之吕圩，接仗时许，适滕自新率领步队接应，两翼包抄，枪炮齐施，贼众负创争溃。我军跟追数里，杀毙三十余名，并将捻首李麻子捦斩。

查邳境股匪，既有水师在东，我军又跟踪牵缀，叠挫其锋，乘此机势，可望一鼓埽荡。

——《钦定剿平捻匪方略》卷一五二，第7—11页。

〇上谕

议政王、军机大臣字寄钦差大臣、科尔沁博多勒噶台亲王僧。同治元年七月初四日奉上谕：

有人奏永不叙用之员钻谋开复、请饬查办一折。① 据称，已革知府廖庆谋残忍好杀，激生事端，经严树森奏参，革职永不叙用。嗣因逗留不去，违例在任所置买田宅，复经降旨查抄。该革员潜赴胜保军营，钻谋开复。河南巡抚郑元善，前为汝属知县，曾受该革员之父、汝宁府知府廖甡提拔保举，急思图报，与该革员交情至密，特为营谋开复。胜保复听受情托，滥与保荐。请饬僧格林沁确查严参等语。现在军务、吏治疲玩已极，亟应实力整顿。廖庆谋如果被参属实，岂容复为奏请开复？胜保、郑元善身为统帅疆臣，尤不应滥保劣员，以朝廷爵赏为市恩之具。此风一开，凡军营获罪人员，要挟夤缘，相率效尤，无所不至，于国纪殊有关系。著僧格林沁将廖庆谋被参各节，或别有不法情事，确切查明，据实参奏。至胜保、郑元善如何徇情滥保之处，并著一并查奏，毋得稍有瞻徇。原折著抄给阅看。将此谕令知之。

钦此。遵旨寄信前来。

——《咸丰同治两朝上谕档》第 12 册，第 328 页。

---

① 七月初四日，陕西道监察御史臣吕序程奏："窃臣伏读上谕：前因胜保、郑元善奏，已革知府廖庆谋从前冤抑被参，当经降旨，令郑元善详细具陈。兹据奏称，该革员前署罗山县等处，办事认真，到皖后督运粮饷，攻剿贼圩，著有劳绩，可否仍恳开复原官等语。已革知府廖庆谋系永不叙用之员，非有卓著战功，未便率请开复。既据胜保及该抚再三吁请，著永不叙用之案先行开复，俟续有战功，再行奏请开复原官，以慎名器而杜冒滥。钦此。仰见皇太后、皇上慎重名器之至意，臣不胜钦佩之至。

"查已革知府廖庆谋，残忍好杀，激生事端，经前任河南巡抚严树森奏参，奉旨革职，永不叙用。钦惟文宗显皇帝圣明洞鉴，赏罚黜陟，悉有权衡，断不至偶涉偏听，致被参者稍怀冤抑，予以革职永不叙用，实属情罪允当。乃该革员逗遛不去，并违例在任所置买田宅，经臣于咸丰十一年十二月奏参，奉上谕：著严树森查明现在何处，即行递解回籍，所置房产查抄入官等因，钦此。闻严树森当即派员将其房产查抄在案，赃据确凿，贪劣昭著。乃该革员仍不回籍，胆敢潜赴钦差大臣胜保军营，钻谋开复，其藐玩抗违，已可概见。

"查河南巡抚郑元善，前为汝属知县时，曾受[该革员之父、汝宁府知府廖甡提拔保举，急思]图报，与该革员谊属同寅，交情至密，是以为之营谋开复，串通保举。胜保听受请托，徇情滥保，以奉旨永不叙用之员，甫及年余，率请开复。其前后各折，不知如何弥缝捏饰，朦混邀恩，幸赖皇太后、皇上圣明，不遽全如所请。

"臣愚以为，似此劣员，且当治以抗违之罪，其永不叙用之案，既奉先皇帝谕旨，亦似未便准其开复。至其所请开复原官，虽奉上谕，俟续有战功再行奏请，但该大臣等既欲极力成全，何难捏报战功、极力保举？皇太后、皇上深居九重，何从察其真伪？况该革员残酷性成，断不能改，若仍令带兵，必至不分良莠，大肆杀戮，其害实有甚于贼者。且现在各军营中获罪人员想犹不少，若此端一开，诚恐相率效尤，纷纷鸣冤保荐，是军营为夤缘之路，将帅为护身之符，甚至发遣被逮者皆可倚恃不行，仍可要挟起用，渐成尾大不掉之势。臣窃忧之。现在虽甚乏材，何至舍获罪劣员遂别无人可用？

"近日伏读上谕：僧格林沁奏陈军营积弊一折，各路统兵大臣及督抚大吏奏报情形多至失实，或市恩麾下、见好属员，或获咎文员营谋到营，稍有微劳即可奏请开复原官，赏重罚轻，何以昭激劝而励戎行？僧格林沁以督兵大员，肯将军营积弊据实上陈，具见公忠体国，不染习气，甚属可嘉。现在各路统兵大臣及督抚大吏，傥仍前含混欺饰，或滥保无功，市恩邀誉，并妄为获咎劣员开复处分，经言官参劾，或朝廷别有访闻，必将该大臣、督抚等从重惩处，决不宽贷，等因钦此。

"兹胜保、郑元善为已革知府廖庆谋奏请开复，正蹈此弊。现当整顿军务、吏治之时，叠奉谕旨，不啻三令五申，而此等积弊仍不能免，若不严行查办，何以昭炯戒而儆官邪？相应请旨饬下钦差大臣僧格林沁，将该革员藐玩抗违，或别有不法情事，确切查明，据实严参治罪。至胜保、郑元善徇情滥保，应如何惩处之处，恭候钦定施行。"详见中国第一历史档案馆藏录副奏折，档案号 03-4601-009。

七月初五日

○李续宜奏

查苗沛霖、张落刑两逆首积不相能，惟操之过急，难保不暗中勾结，合谋为患。臣现将苗沛霖党与陆续解散，几及其半，再缓数月，苗势必孤。待其势孤，然后大伸天讨，彼时苗即欲与张合，张必不遂其谋；纵令互相串通，以拒我师，臣亦无难审量缓急，次第剿办。

——《钦定剿平捻匪方略》卷一五二，第11—12页。

○上谕

李续宜奏叠奉谕旨遵筹密陈一折。苗练借剿贼为名，忽抚忽叛，若不亟图剿除，则中原大局后患尚多。该抚现在先解散党与，以孤其势，即著酌量办理。该练所占民圩甚多，并未甘心服从，若示以顺逆，晓以祸福，归顺者妥加抚绥，怙恶者逐渐剿办，必可次第反正。该抚熟悉情形，应如何办理之处，不为遥制，并不责以旦夕之效。惟苗沛霖被逼窘迫，穷而思窜，亦在意计之中。前据该练递禀于僧格林沁，经该亲王具奏。僧格林沁公正朴诚，即使该练往投，必能措置合宜。惟该亲王远在豫省，于苗练狡展、皖军布置各情未能深悉，著李续宜随时筹商，以期互相联络。

胜保已饬赴河洛之交，皖事无虞掣肘。惟多隆阿一军，现因陕省汉回互斗，扰及西安同州，恐剿办尚须时日，更恐陕省事竣，金陵尚待其协剿。北路藩篱，僧格林沁止能顾及虞永一带，而光固等处，该抚均当豫筹，杜其奔窜。胜保性好浮夸，郑元善材非远到，均恐不能堵御。总当计筹万全，不至激变目前，亦不可酿患日后，方为妥善。

袁甲三在临淮督师，久无成效，万难胜此重任，现尚未准开缺，将来朝廷自有权衡。该抚于临淮各军先行随时察看，再候谕旨。该抚咯血之证，在营调摄，自当渐痊，即著将办理情形随时具奏。原折著留览。

将此由六百里密谕知之。

——《清穆宗实录》卷三三，同治元年七月丙戌。

○上谕

寄谕钦差大臣僧格林沁：

李续宜奏遵旨密覆办理苗练情形一折。据称，苗沛霖、张落刑两逆首积不相能，惟操之过蹙，难保不句结为患。现将苗沛霖党与陆续解散，几及其半，拟俟苗势既孤，再行审量缓急、次第办理等语。览李续宜所奏，其于苗练一事，并非一意主剿。但苗沛霖植党树援，势焰日炽，不受地方官钤束，自应散其党与，以后或剿或抚，始可以操纵自如。苗沛霖果驯顺输诚，督率练众，会同官军进攻逆捻，则该大臣攻捣永亳捻巢，正藉苗练牵制之力，以清疆圉，李续宜亦断不肯无故加兵。第恐苗沛霖见其党与日散，楚军日盛，而胜保又已前赴河洛，难保不心怀疑惧，或挟众北趋，径投该大臣军营申诉。务当妥为驾驭，或令酌带练勇，剿捻立功，由该大臣察看情形，斟酌妥办，朝廷亦不为遥制。惟苗沛霖性情狡猾，仍当随时防范，不可稍涉大意。李续宜现驻六安，相距虽远，第既与该大臣同办皖北军务，所有军情变幻及剿抚机宜，务须彼此函商，以期和衷共济，庶不至办理参差。

将此由六百里密谕知之。

——《清穆宗实录》卷三三，同治元年七月丙戌。

七月初八日

○上谕

现当溽暑炎蒸，南中尤甚。僧格林沁以蒙古藩王，亲统三盟马队，驰驱皖豫之交，与士卒同甘苦，每一念及，廑系倍深。著派该大臣之子布彦诺木呼驰驿前往省视，并赏给黄辫珊瑚豆大小荷包各一对，白玉佩一件，帽纬二匣，大卷纱袍料二件，小卷纱马褂料一件，即著布彦诺木呼亲赍前往，交该大臣祗领，以示轸念戎行、优礼荩臣至意。

——《清代起居注册（同治朝）》第 4 册，第 1667—1668 页。

○上谕

谕议政王、军机大臣等：

前据僧格林沁奏，移营夏邑，剿办永亳捻圩，请俟秋高气爽，克期大举，当经谕令随时酌度。嗣据奏称，所统马步数千名，将来节节进剿，兼顾不遑，现在胜保、袁甲三、李续宜、郑元善、毛昶熙各路马步兵勇约有数万，一俟秋高气爽，应由西、南两路并力而进，江北一带可期肃清等语。所奏通筹全局，实为有见。

捻匪盘踞蒙亳，叠扰东豫，实为中原大患。自僧格林沁督师南下，屡挫贼锋，该捻不敢北窜。现在攻克金楼，军威甚振，自应节节进剿，肃清巢穴。惟该大臣所统马步本止两万，分拨各处防范，统带不过数千名，提军深入，止能顾及北面一路，而西、南两路若不并力进剿，必至乘虚纷窜。李续宜身任皖抚，于蒙亳情形自能通筹策应。袁甲三业经准其开缺，所统临淮之师约有二万，著李续宜留心察看，兵勇可用者若干，将弁得力者何人，俟大举之时，派令由怀远一带进剿。

邳宿海沭，为贼氛出没之区，里下河一带完善地方，久为贼所垂涎，吴棠驻师清淮，兵力尚不能厚，著即知会僧格林沁拨兵并力埽荡，保全完善。徐宿为南北要冲，田在田在彼督办，恐其意存敷衍，势难堵御。该镇被参各款，尚未据僧格林沁等覆奏，著即酌保一员接统其众。如兵力不敷，并著李续宜于临淮军内酌拨数千名，统归管带，以资攻剿。吴棠兵力既单，如僧格林沁不能拨兵援应，并著李续宜于临淮军内酌拨协助，免致临时掣肘。郑元善进剿平舆，现已克复，著豫筹兵勇数千名随同进剿。毛昶熙近在归德，或直捣亳州，或旁趋鹿邑，著与僧格林沁商酌办理。郑元善、毛昶熙于届时进止机宜，著僧格林沁就近调度，以期得力。

山东兰峄一带应如何饬令德楞额等堵御，著僧格林沁豫为调度。正息信罗等处，前据官文等奏，饬派欧阳正墉等进剿，能否于大举之时派兵深入豫境，著官文、严树森酌量妥筹。多隆阿入陕后，傥金陵已克，自可留于北路，以壮兵威。第闻捻圩半被裹胁，叠闻官军得手，各处反正者颇多，若明降谕旨，无论苗练捻圩民圩，其及时反正、听官约束者，或蠲免钱粮数年，量加抚恤，出力绅民，酌给奖叙，如此刊刻誊黄，遍行晓谕，则自拔来归者必多。既免致玉石不分，以广朝廷德意，于进剿机宜，亦觉事半功倍。应如何降旨之处，并著筹商具陈。以上各情，著僧格林沁与官文等妥筹会商，绘图贴说，密行陈奏。饷需一节，各该大臣等亦应豫为筹画，庶兵到饷随，一鼓作气，迅奏肤(公)[功]也。

僧格林沁为北路屏蔽，若统师南下，北路殊形空虚；且以国家重臣，驰逐于贼巢中，尤深廑念。届时止可派员进剿，该大臣仍在皖豫之交驻扎，为诸军节度，无庸深入贼境，用慰悬望。

将此由六百里各密谕知之。

——《清穆宗实录》卷三三，同治元年七月己丑。

〇上谕

李续宜现以安徽巡抚兼钦差大臣，胜保已赴河洛，袁甲三亦已回籍，于办理苗捻各事，更属责无旁贷。该大臣前奏，苗练若操之过急，恐其与张落刑句合，现在苗练党与解散几及其半，再缓数月，苗势必孤，然后大申天讨。可见该大臣于此事已有成算在胸。僧格林沁前奏缓攻苗练，即可专办捻匪，自亦为通筹大局起见。惟远在豫省，于苗练实在情形及该大臣作何布置，究恐未能深悉。著李续宜随时知照，会同商酌，庶办理不至两歧。

再，另有旨谕令该大臣酌量督军移扎临淮，该处为南北要冲，惟距苗圩较远，皖西一带，有蒋凝学等军，是否足资统摄，于大局不至松劲之处，即著酌筹具奏。

将此由六百里密谕知之。

——《清穆宗实录》卷三三，同治元年七月己丑。

七月十二日

〇僧格林沁、国瑞奏

查捻匪任弗得、王广继等率众由徐州府迤西向东北分股奔窜，经臣等派苏克金等带领马队追剿，并饬德楞额督兵严防河岸，暨咨行吴棠，札饬田在田派兵会剿。嗣据德楞额报称，六月十七、八日，贼扑运河之大泛口，当即督饬兵勇驰往，奋力堵御，与参将梁恺东西截击，歼除贼匪二三百名，该匪向东南窜至邳属碾庄盘踞。德楞额因王广继一股窜至峄县，派参将李其昌带领马步迎剿，二十一、二等日，在城北十里泉、郭里集一带遇贼接仗，先后毙匪百余名，该匪窜至齐村恶石口，与云谷山棍匪勾结。

是日，苏克金等带领马队赶至峄县，会合德楞额，督率马步进剿。二十三日，探知该匪围攻郭里集民圩，我军分为三路，一齐往援，并力合击，追过沧浪河，贼众溃逃。我军分路追剿，歼贼一千余名，余匪窜入云谷山内，即有该处棍匪援应，官军大队撤出山口。又于沿途民房搜获带伤贼匪六七百名，共计毙贼二千余名，夺获枪炮、旗帜、器械千余件，骡马三百余匹。

二十五日，苏克金等会同德楞额带队前往云谷山查探路径，该处山险道狭，马步不能前进，匪众意在恃险抗拒。德楞额饬李其昌带领马步勇队在彼相机堵剿，自与苏克金马队由峄县韩庄河驰抵徐州。适田在田已由徐州府赴曹巴集驻扎，七月初二日，德楞额、苏克金、田在田会合前赴过满山，向正南跟踪追剿，相距五六里，贼匪在新河迤南列仗以待，并将石桥扎住，经昭乌达盟委营总玛呢巴达拉等带领马队开放连环枪炮，奋力冲击，贼匪稍却，我军乘势冲过桥南，该匪纷纷奔溃。我军自邳州新河桥进剿，至睢宁县南黄山石峡地方，歼匪三千余名，其陷于泥中贼匪，复经苏克金、田在田调团搜剿殆尽。是日，统计毙匪四千余名，败残马步余匪七八百名翻山逸去。因淫雨又至，将队撤回曹巴集。复探余匪窜向正南，有奔回老巢之信，田在田一军拟即蹑踪前进，其德楞额一军即由台庄回峄办理云谷山贼匪，苏克金等带队于初八日回营。此派队剿办东窜捻匪获胜之情形也。

据黄开榜禀称，此股西捻拥众数万，该总兵会同黄国瑞，带领炮船陆勇，沿河布置二百余里，节节前进，追剿数十里，歼除无数，该匪窜向西南而去。计贼踞之邳州土山、唐宋山、岠山、碾庄、过满山等处，均一律肃清。臣等查看原禀，长篇累牍，言语尽属支离。及苏克金等回营查询，贼匪不过一万，亦未闻沿河有黄开榜带领炮船与贼接仗之事。现已行文吴棠，令其详细确查。

至臣等前派营总恒龄等带领马队驻扎亳州迤北黄塚地方，以便剿办卢庙一带捻圩，因连日大雨，未能出队。六月三十日，捻首刘狗儿等率马步贼匪突由南路窜至黄塚南门，侍卫卓明阿等带领马队出西门，分三队包抄，两次冲击，贼仍未退。我军奋力冲压，协理台吉克兴额复督队扑击，贼众披靡，分股向东南败窜。我军追剿二十余里，共计歼除贼匪二千余名，救出裹胁幼孩多名，余匪向南远遁。此派队驻扎黄塚迎剿西路贼匪获胜之情形也。

——《钦定剿平捻匪方略》卷一五二，第28—32页。

〇僧格林沁奏

臣于七月初四日接准郑元善来咨，及该抚会同毛昶熙具奏保举出力人员奏稿清单各一件。所保署杞县知县刘时修等，则称以上各员于大股捻匪围扑杞城时，昼夜督团堵御，击毙爬城悍贼多名，并随同官兵缒城出击，立挫凶锋，实属异常出力等语。查彼时各股贼匪拥众窜至杞县，在城外四面村庄盘踞，时至城边焚掠。臣等所带马队全行布置于城外环濠以内，每遇贼匪扑近城濠，我军马队或隔濠施放枪炮，或出濠追压，或乘其不备，歼贼甚多。至署知县刘时修等，不过登陴守城，贼来之时在城上开炮，及接济兵食，不无微劳，量为鼓励，固无不可，若称击毙爬城悍贼多名，并随同官军出城，力挫凶锋，实无其事。我军马步扎于城外，贼若爬城，我军何往？至缒城出击，我军本在城外，况该员等并未随同剿贼，所拟考语实属凭空杜撰，所保亦属过优。臣身历行间，明知所奏非实，何敢缄默不言？应请旨饬下郑元善、毛昶熙，将所保人员另行择其实在打仗、尤为出力者酌量保奏，其仅只随队、并无战功者，不得滥入荐章，以整戎行而肃功令。

——《钦定剿平捻匪方略》卷一五二，第32—34页。

〇上谕

谕议政王、军机大臣等：

僧格林沁奏督军追剿东窜两股贼匪及扑犯黄冢捻匪均获胜仗一折。据称，捻匪任缚得、王广继等率众由徐州府迤西向东北分股奔窜，德楞额督兵截击，毙匪多名。苏克金等赶至峄县，歼除二千余名。王广继窜入云谷山中，与棍匪句结，德楞额派参将李其昌带队堵剿，自与苏克金马队驰抵曹巴集，会合田在田，自邳州新河桥追剿至睢宁县黄山石峡地方，共毙匪四千余名，余匪奔回老巢。西路捻股刘狗儿等扑至黄冢，经侍卫卓明阿等督队剿击，歼除贼匪二千余名。所办均极得手。著僧格林沁即饬田在田将曹巴集余匪追杀净尽，毋令并归老巢，并严饬德楞额将云谷山攻克。王广继一名务须剿除，毋任再行旁窜。营总恒龄等驻扎亳州迤北，业将窜贼大加创惩，当可趁此声威，一鼓攻克卢庙一带捻圩。著俟天气晴霁，泥潦渐干，即与郑元善、毛昶熙等会筹进剿老巢，以清捻患。

折内所称，总兵黄开榜禀称此股西捻拥众数万，该总兵会同黄国瑞带领炮船旱勇沿河布置，原禀长篇累牍，尽属支离，并未言及德楞额等剿胜情事。比及苏克金等回营查询，贼匪不过一万，未闻沿河有黄开榜带领炮船与贼接仗之事，已行文吴棠详细确查等语。此股捻匪窜扰，黄开榜是否与贼接仗，著吴棠查明，据实具奏。该总兵武夫不知笔墨，必系办理文案之人代为铺张，嗣后须令事事务实，不可稍涉虚浮，若有意渎禀，冀图冒功，即著严参惩办。

其田在田被参各款，著吴棠迅速会商僧格林沁覆奏，毋再稽迟。

将此由五百里各谕令知之。

——《清穆宗实录》卷三四，同治元年七月癸巳。

〇上谕

前因郑元喜、毛昶熙奏，杞县等处御贼出力各员开单请奖，当经降旨，均照所请奖励。兹据僧格林沁奏，郑元善等所保各员内，称署杞县知县刘时修等击毙扒城悍贼并缒城出击各情，并无其事，所保亦属过优等语。本年二月间，逆捻窜逼杞县，僧格林沁所带马队分布城外，该署知县刘时修等登陴守御、开炮轰贼及接济兵食，不无微劳。惟逆匪并未扒城，该员等亦并未随同官军缒城出击，郑元善等何得遽以禀报虚词率请优奖？殊属冒滥。所有署杞县知县刘时修，教谕杨凤鸣，训导孟传恕，千总王文清，典史王太澄，训导侯守箴、李春洲，布政使经历孙宝善，千总赵东岭，训导董其祥，未入流王沅，贡生陆凤岗、孙玉章，生员孙嘉善各员名，前次降旨所给奖叙，均著先行撤销。仍著郑元善、毛昶熙查明刘时修等当时劳绩，核实声叙，另行具奏请奖。并著郑元善等查明此次保举由何员开单详请，一并具奏，再降谕旨。至各路军营积习，似此滥保市恩、奏保失实者，恐复不少，叠经谕令各路统兵大臣、督抚痛除积弊，不得以朝廷名器见好属员。僧格林沁以督兵大员，前于六月间胪陈军营滥保各情，切中时弊，本日复以郑元善等所保失实各员入奏，具见公忠体国，瞻徇毫无，实为难得。嗣后各路统兵大臣及各督抚等，务当遵奉叠次明谕，遇有保举，核明功绩，据实上陈，期于名实悉称。傥再有任意铺张、含混冒滥等情，一经查出，或被人指参，除将所保之员撤销外，必将具折保奏之该大臣、督抚等惩处，决不宽贷。

——《清代起居注册(同治朝)》第4册，第1694—1699页。

七月十六日

〇上谕

吴棠奏扼剿西捻获胜、邳宿运河南岸肃清一折。逆捻窜扰邳州，意图抢渡运河，总兵黄开榜分拨炮船沿河扼守，黄国瑞督率陆军渡河进剿，生擒贼目王春玉正法，斩馘甚多。该逆大股屯聚运南，官军水陆齐进，毙贼二千名。副将姚广武等御贼于张家集，先后毙贼五百余名。黄开榜督队乘夜进劫猫儿窝以南各贼栅，纵火延烧，连拔贼栅十一处。姚广武等追贼至旧邳圩,复歼毙贼匪三百余名。该逆绕窜宿迁,复经官军击退。败匪由睢宁境内遁回老巢,运河南岸一律肃清。仍著吴棠督饬各员严扼要隘,毋任再行窜扰。所保出力之总兵黄开榜等,前据僧格林沁奏,接据该总兵禀称沿河剿贼各情言语支离,业经谕令吴棠查明具奏,著俟奏到时再降谕旨。

——《清穆宗实录》卷三四,同治元年七月丁酉。

〇上谕

上命议政王、军机大臣传谕吴棠曰:

前据僧格林沁奏,黄开榜向该大臣禀称,西捻拥众数万,黄开榜会同黄国瑞带领炮船(悍)[旱]勇沿河布置二百余里,节节进剿,歼除无数,语尽支离,且贼匪不过一万,未闻沿河有黄开榜炮船接仗之事,业谕吴棠查明,据实具奏。此次该署漕督所奏捻众三四万人,水师布列运河二百余里,与僧格林沁前奏适相符合,是否黄开榜等张大其词,向该署漕督粉饰具禀,吴棠即率行入奏?抑系进剿实在情形?黄开榜水师船只本属无多,亦安能绵亘布列长至二百余里?是僧格林沁所称语言支离,亦断非无因。著吴棠仍遵前旨,确查具奏,不得以业经入奏,稍存回护。此次折内所保之黄开榜等,著俟查明覆奏时,如果该总兵等出力属实,再行明降谕旨,给予奖励。至捻匪股数众多,窜扰淮徐,已成熟径,现虽遁回老巢,难保不再来窥伺。吴棠务宜督饬在事文武严密堵扼,毋令乘隙复行东窜。

——《钦定剿平捻匪方略》卷一五三,第5—6页。

七月十七日

〇谭廷襄奏

邹县教匪复于六月二十九日出巢,当经泗水防兵截回。臣派游击谢炳带勇七百余名驰往曲阜,臣即暂驻泰安,督饬诸军分投筹办。兹据署峄县知县张振荣禀报,六月三十日,击败云谷山贼匪,王广继仅存五六百人,由云谷山窜往费县抱犊崮等处藏匿。又据署沂州府奎芳等禀报,七月初七日,都司姜顺等会同署兰山县知县长赓带兵巡哨,行至城西武得匪围,诱贼出寨,立毙三十余名,该匪遁入围内,坚壁不出。

臣查兰、费两属匪围大小数十处,其间负嵎抗拒者固多,而首鼠两端者亦复不少,逼之过急,则西连教匪,为患滋甚。臣已严饬在事文武,择要先攻,并散其胁从,以期剿抚并施。

至邹曲教匪所踞凤皇山、白莲池,在邹曲泗费滕五县之中,峭壁层峦,甚为险峻。山中男妇数万,大半皆系裹胁,匪首盘踞其中,时将掠得粮石散给养赡,为之守御匪巢。西面之土旺村,路通邹县大道,早经被占,将山口砌筑关隘,有贼屯踞。东面之王山村,在泗费两属交界，路通费县。其南北两面层峰叠嶂，间有小道，车骑难通。若欲进兵，非东西两面齐入，南北扼截，使其首尾不能相顾，难期得手。

见在东路兰费之幅匪未清，兵勇无可分拨。臣与总兵扎隆武等所带马步各队，实在可以合并打仗者不及三千，专顾西路已属不敷，未可再行分布东路。且见时山内草木丛杂，天复溽暑，时晴时雨，马步皆属难行。探闻匪巢存粮无几，秋成在迩，必将大股四出觅粮，进剿机宜，亟须豫备。若臣远赴沂郡，诚恐一时未能回顾。适接僧格林沁来函，以兰峄南路必当督饬德楞额认真出力，不任松懈，惟北路鞭长莫及，属臣酌核，剿抚兼施。并因德楞额等追捻至徐，大获全胜，匪踪远遁，已饬德楞额折赴峄县，其扎隆武之队即可撤回，以固藩篱而壮声势。臣已饬调扎隆武等回军邹曲，臣拟于日内先由泰安进驻兖州，体察情形，居中调度。其兰费一路，臣已拣派员弁驰往，会同该府县联络团练，速议剿抚。并查王广继败匪究竟藏匿何处，一俟兰费事有端绪，可以提兵西向，不为幅匪牵掣，再由兖郡会兵合击，方可埽穴捡渠。

臣所部兵勇本属无多，仍当设法添募得力劲旅，以便进兵剿办股匪。

——《东华续录》同治十一，第29—30页，同治元年七月戊戌。

○上谕

谭廷襄奏先由泰安进扎兖郡一折。前因东省剿办幅教各匪无大员统率，谕令该抚前赴兖沂适中之地，以期兼顾。该抚据僧格林沁文内有北路酌核剿抚兼施之语，拟即驻扎兖郡。惟既云先剿兰费一路幅匪，再行会合夹击教匪，自应分拨马步东向，将幅匪会同德楞额军并力剿除。若驻扎兖郡，则距东路兰费较远，驻军于无贼之地，即出省督办，亦有名无实。著仍遵前旨，进扎兖沂适中之地，并派拨马步，乘教匪未出之前，将幅匪先行剿除，免致为所牵掣，不得拥兵自卫，坐观成败。如教匪有出窜之信，仍著拨兵堵截。其王广继败匪藏匿何处，并著查明进剿，悉数歼除。

另片奏，请饬调遮克敦布马步来营等语，现据文煜奏称，威县余匪聚众千余，意在于临清州下堡寺会齐，该副都统营中马步自未便调往。威县界连直东，务当三面兜剿，即著文煜、谭廷襄、遮克敦布乘此甫经蠢动之际，酌拨兵团，赶紧扑灭，傥任其猖獗，致成巨患，必将文煜等重惩。懔之！勉之！

将此由六百里各谕令知之。

——《清穆宗实录》卷三四，同治元年七月戊戌。

七月十八日

〇僧格林沁等奏

僧格林沁、国瑞、吴棠奏言：

臣等遵查田在田参款，溯自咸丰十年正月，捻股窜扰清口，距安东境三十余里，田在田马队自运北东来，安东团练遽以官兵为贼，官兵又误认练众为捻，遂有兵练误杀之事。本年二月间，捻贼东窜，田在田赴援清淮，因南岸睢宁又有另捻，是以未能过河。其在宿迁截留扬州饷银一万两，旋即送回银五千两，仍解扬州军营。至田在田迎养其母，派队接护，实因沿途曾被贼扰、行人稀少之故。三月间，田在田奉命会剿东窜捻匪，因夹沟又有另捻，是以行抵徐属之房村地方即行折回。以上各节尚属事出有因。惟臣吴棠访有千总田蓝田抢夺民物情事，该镇并不即时查参，且闻该总兵以夜治军，日晡未起，性耽安逸，实属非是。会匪王广继、捻匪任弗得等由徐州迤西分股向东北窜扰，该镇近在徐城，未能督兵截剿，自系因贼众兵单，尚有可原。迨经臣僧格林沁等派翼长苏克金等带领马队前往会剿，田在田仍一味迟延观望，至今仍未进兵，实属庸懦无能，辜恩溺职，难期得力。应请旨将山西太原镇总兵田在田即行革职，以为怠玩军务者戒。其所带之兵，拟请归臣吴棠统带，即派得力将官来徐接统，实力进剿。臣吴棠一俟清淮军务稍松，即行赴徐，以便秋高气爽，会同节节前进。其千总田蓝田抢夺一案，由臣吴棠详查办理。臣僧格林沁现仍飞催田在田，将此股败残余匪迅速剿办，毋任日久滋蔓。一俟臣吴棠派员来徐接带，再令该员交卸，以昭慎重。再，接据署淮徐扬海道张富年禀报，东路败残捻匪已于初十日窜至宿州境内之葛家集，势将回巢。

——《钦定剿平捻匪方略》卷一五三，第18—20页。

〇上谕

谕议政王、军机大臣等：

据僧格林沁等奏遵查田在田被参各款一折，已明降谕旨，将该总兵即行革职矣。惟据奏称，该总兵所带之军悉归吴棠统带，拣派得力将领赴徐剿办，自因僧格林沁营内无得力大员可派。第徐州为南北襟要，必得谋勇兼优、足以独当一面者，方可胜任。著僧格林沁会商吴棠，于清淮军营内酌派一员，迅速前往统带，仍归僧格林沁节制，以资攻剿。其该处军务，即由僧格林沁、吴棠统筹兼顾，庶调度得合机宜，不至任贼北窜。

清淮防剿吃紧，吴棠自刻不可离，秋间大举之时，傥必须亲自前往，清淮防剿事宜仍应设法兼筹，以免疏虞。

田在田虽经革职，徐宿一带军务，仍著僧格林沁、吴棠责令实力办理，不准松懈，一俟派有接替之员，方准交卸回籍。其田蓝田抢夺一案，即著吴棠查明严参，以肃军律。

将此由五百里各谕令知之。[①] ——《清穆宗实录》卷三四，同治元年七月己亥。

〇上谕

同治元年七月十八日内阁奉上谕：

前因光禄寺卿潘祖荫、给事中卞宝第先后奏参总兵田在田驻军徐宿，杀团冒功、纵兵抢掠各情，当经降旨交僧格林沁、吴棠查明严参。兹据僧格林沁等奏，田在田前于咸丰十年援救清江，道经安东，团练官兵互相误认为贼，以致误杀。本年二月间，带队剿贼，因无从购食，采取野菜，拣烧遗柴，尚无公然抢劫之事。在宿迁剿贼，有与民团口角，并无开枪攻毁民圩、抢夺器械情事。惟于千总田蓝田抢夺民物、殴辱委员等事，经吴棠咨查，并未具覆，显系心存回护。六月间追剿会捻各匪，该总兵迁延落后，所带勇队只图抢掳财物，并不即时查办，迨捻逆残败，该总兵自认追剿，总以兵疲饷绌为词，观望不进，且性耽安逸，日晡未起，难期得力等语。田在田以专阃大员督办军务，委任不为不重，乃庸懦无能，既不知约束兵勇，又不能实力攻剿，一味巧饰，希图安逸，沾染军营恶习，实属辜恩溺职。田在田著即革职，以为怠玩军务者戒。

钦此。

——《咸丰同治两朝上谕档》第 12 册，第 242—243 页。

七月二十五日

〇上谕

钦差大臣、科尔沁博多勒噶台亲王僧格林沁，公忠素著，威望聿隆，著统辖山东、河南全省军务，并调度直隶、山西两省防兵。直隶、山东、河南、山西各督抚提镇以下各官，及正白旗汉军副都统遮克敦布、礼部右侍郎毛昶熙、署漕运总督吴棠，均归节制。其蒙亳徐宿等处防兵，并著一并调遣。所有剿匪事宜，即著会商钦差大臣李续宜妥为筹办，肃清北路，迅奏肤功。该大臣其敬承朕命，毋许固辞。

——《清代起居注册(同治朝)》第 4 册，第 1790—1791 页。

---

① 寻奏，遵查田蓝田并无纵勇抢夺情事，惟约束兵勇不严，实属庸懦，应请即行革职。从之。参见《清穆宗实录》卷三四，同治元年七月己亥。

八月

八月初一日

○郑元善奏

接南阳府县禀报，逆匪一窜镇平，一窜距城五十里之安皋地方，前有阻遏之师，后有追逐之旅，残氛穷寇，自不致分突鸱张。惟胜保应西赴关中，副将王佐臣、参将卢得胜等军事无统属，恐不免推诿迁延。署臬司洪贞谦向在胜保军营带兵，臣饬该司驰赴宛郡，督率调遣。至陈州一路，壤接颍阜，捻股蠢动，不能不豫为布置。刻下汝宁陈逆老巢尚未攻拔，兵力断难移动，惟有杨长春一军本驻河洛，臣已檄杨长春迅带所部四营，即日取道许州，驻扎陈郡，以剿为防。如僧格林沁定期大举，即可就近调遣。似此节节布置，各路暂可无虞。

——《钦定剿平捻匪方略》卷一五四，第1页。

○上谕

郑元善奏回省日期并派洪贞谦督兵追剿粤匪、又酌调副将杨长春驻扎陈州一折。南阳败匪分窜镇平、安皋等处，势已穷蹙，惟副将王佐臣、参将卢得胜等军事无统属，恐不免推诿迁延，该抚派署臬司洪贞谦驰赴宛郡，督率调遣，即著饬令该员克日出省，严督各军，将此股穷寇悉数歼除，毋留余孽。傥敢迟延不进，纵匪他窜，即将洪贞谦严参治罪。杨长春所部四营，即饬令迅速前进，驻扎陈郡，以剿为防，俟僧格林沁督兵大举，进捣捻巢，该员即可就近听候调遣。黄赞汤虽已简放广东巡抚，惟秋汛为日正长，中河上南现在险工叠出，谭廷襄远在兖州，恐一时尚难兼顾，仍著黄赞汤驻工，认真办理，俟险工平稳以后，再行来京请训。将此由五百里各谕令知之。

——《清穆宗实录》卷三六，同治元年八月辛亥。

八月初二日

○毛昶熙奏

礼部右侍郎毛昶熙奏言：

七月十八日，亳东各股捻匪窜近营郭一带，臣闻信后，即饬参将陈禄兴率领所部千人驰往营郭，会合驻防三营并僧格林沁所派营总恒龄等马队，探踪追剿。又令都司邵春仁等随后接应，并飞檄驻扎鹿邑之都司张玉等集团扼堵，毋任纷窜。据探，我兵正在泥台店一带与黑旗捻匪刘狗等相持，而白旗捻匪姜台凌、王怀义、孙四牙等纠伙二万人，绕至亳州迤南，旁窜鹿邑，经张玉等截击获胜，该匪退窜，复由间道分股欲趋太康。顷又探得，蓝白二旗贼匪无数，自泡河直窜正西，杂旗捻匪由鹿邑以北西去，势将窜扰潼关。等因。臣飞饬守备李玉得等各带马勇，随同恒龄等追剿。查该匪因恐官军会攻老巢，纠党出窜，意图牵掣我师。又有移巢西山套之信，查西山套在裕州南召嵩县之间，山势联络，西通洛郡，南界宛城，东北即至省会，断不可令其蔓延。适接胜保函称，现经商请郑元善亲赴南阳督剿粤逆，该大臣即驰赴河洛，扼要驻扎。而此股匪徒势趋太康，距开封不远，省城驻扎兵勇无多，恐贼匪乘虚往扑，臣即日督带亲军小队驰往省垣，与在城司道熟商守御之策，就近飞饬各属团练处处扼守。现在汝宁有大军驻扎，将军多隆阿前军已抵南阳林水驿，胜保又驰赴河洛，布置已为周密。如匪踪去省稍远，臣即赶紧折回宋营，与僧格林沁会期进攻亳北捻圩。至宋郡及前敌防剿事宜，已派前给事中李鹤年等妥为照料，就近听候僧格林沁指挥调度，断无疏虞。

——《钦定剿平捻匪方略》卷一五四，第3—5页。

〇上谕

多隆阿奏兵抵襄樊、飞拨马步各营前进并督率后队相继入秦一折；毛昶熙奏亳东各捻分窜鹿邑、欲趋太康，其蓝白二旗自泡河西窜、杂旗由鹿邑西走，势将窜扰潼关等语。关中军务，改派胜保赴陕督办，其多隆阿之军，节经谕令将南阳西窜之匪剿办肃清，仍候曾国藩酌量檄调，或即为金陵后路援应。雷正绾一军，曾谕官文飞饬绕截贼前，杜其入陕之路。昨据郑元善奏，南阳败匪分窜镇平及安皋等处，势已穷蹙，经该抚派令署臬司洪贞谦赴宛，督率副将王佐臣等军乘势剿洗。兹据多隆阿复奏，金国琛等军跟踪追杀，并经饬令马队五营，由光化一路间道疾趋，迎头截击，正可与洪贞谦所督各军联络兜剿，严行堵贼北窜及南犯楚疆之路。此股残匪，谅亦不难迅速歼除。现在亳东各捻，恐官军会合，捣其老巢，分旗出窜，意图牵掣我师，并有移巢西山套之信。该处山势延亘，西南通宛洛，东北即至汴城，断不可任令蔓延。且贼势既趋太康，更距汴省不远。郑元善业经回省，毛昶熙现亦亲赴省垣，即著与该抚会筹守御，并饬各属团练扼要防堵，仍即赶回归德，与僧格林沁筹商会攻亳北捻巢之计，并严督守备李玉得等及参将陈禄兴会合楚勇，与僧格林沁所派营总恒龄等马队，将亳东窜出各旗捻匪探踪剿击。多隆阿由樊城进发，仍催督金国琛等会合豫军，埽除镇平败匪，并可沿途侦探，如亳捻由鹿邑西窜潼关，势必经由河洛，且恐其移巢西山套，更成负嵎，即著一面相机剿击，一面听候曾国藩调度，择要驻扎。雷正绾与穆图善之军未知现抵何处，著官文、多隆阿催令迅速前赴商南，迎头截剿。其楚省边防与豫省交界之处，即著官文妥筹防范，毋稍疏虞。将此由六百里各谕令知之。

——《清穆宗实录》卷三六，同治元年八月壬子。

八月初八日

〇东华续录

拨京饷银十万两，解僧格林沁军充饷。

——《东华续录》同治十二，第 14 页，同治元年八月戊午。

八月初九日

〇僧格林沁、国瑞奏

捻匪姜台凌、孙四牙等股率众出巢，窜至亳州东南，臣等派翼长苏克金、侍卫托伦布带领马队驰往，会合恒龄、卓明阿等扼贼北窜。七月二十二日，该逆由亳州迤南向西窜至鹿邑，势欲窜扰太康，复经臣等派恒龄等带领马队一千五百名前往追剿，并饬苏克金、托伦布等移扎营郭、黄家防剿卢庙一带捻匪。据探，该逆二十余万分起由鹿邑、柘城窜往陈州以东会合，又分为两股，一由陈州南窜西华，一窜至淮宁、太康之间，意在扑扰周口。二十八日，恒龄等追至西华，将贼所踞白堤集攻破，毙捻二十余名，该逆向西败窜，我军现仍跟踪尾追。惟永城以东捻匪，因闻亳捻西窜，我军往追，捻首李城、李加膺拥众窜至岳家集、孟家楼一带盘踞，经营总富和于二十二日带队往剿，在界首店斩捡马贼十数名。我军驰至孟家楼，该逆列仗抗拒，经我军冲击，追杀数里，毙贼二百余名。复攻孟家楼寨，该逆死守不出。迨我军撤回，行至康家寨、朱家寨，均有贼匪迎拒，即经官军迎剿，各有斩捡。是日共毙贼四百余名，生捡多名。

该逆李城、任之灏复纠集捻首苏添幅等，率众窜至永城东南一带，欲将归正各圩夺回，经富和于二十六日带队迎剿，署永城县陈灏亦带练随后策应，行十余里，该逆列仗来扑，我军两次迎击，枪箭齐施，逆势仍未却退，而两旁高粱地内贼匪愈聚愈众，纷纷绕越，势将包抄我军之后。富和因众寡悬殊，暂行收队。现在该逆仍在永城迤东李家林一带盘踞。

臣等审度情形，现因秋雨连旬，遍处泥水，炮车难以挽运，应于秋分后整队前进。至营中马匹，因在各处剿匪，自上年冬间至今，伤损倒毙甚多，亟须添拨，应请旨饬下察哈尔都统，挑选膘壮马一千匹，派员管解，务于闰八月内解送到营，以资剿匪之用。

——《钦定剿平捻匪方略》卷一五四，第 10—12 页。

〇僧格林沁奏

接据李续宜咨称，苗练就抚，其寿州、正阳虽经胜保派兵驻守，而苗练把持如故，该练藉就抚之名，威逼各圩，收集群盗，以张其翼，凡与该练为仇者，必率众练尽力攻击，似此情形，实堪隐忧等因。查苗练甫经归正，其不驯形状，自未必遽能消除，惟在地方大吏妥为驾驭，使其不致决裂，且可藉资剿捻，实属一举两得。臣详审目下情形，楚军与苗练仍有各不相容之势。查李续宜自系慑以兵威，防其桀骜，但苗沛霖现既归正，若仍以叛逆视之，若辈又何知顾惜行止？诚恐一经决裂，殊多费手。臣奉命调遣蒙亳防兵，已于七月二十九日札饬苗沛霖奋勉图功，惟鞭长莫及，难期随时照应，相应请旨饬下李续宜，务当顾全大局，妥为驾驭，使该练知感知诫，庶期早就肃清。

——《钦定剿平捻匪方略》卷一五四，第12—13页。

〇郑元善奏

亳捻姜台凌、孙四牙等纠合各匪伙万余人，突窜鹿邑之梅城集、王皮溜，西趋淮宁、扶沟各境。七月二十三日，攻扑西华县城，知县徐炳登陴守御，施放枪炮，轰毙红旗马贼数名、步贼数十名，匪势渐退。接据探禀，僧格林沁已派营总恒龄等带领马队三千名跟踪追击。又接毛昶熙来函，因匪势过众，西路紧要，奏明回省布置。臣查省城存兵本属无多，前留省城刚锐一营、襄胜一营，又将带回亲军小队添募成军，改为玉成营，计三营，共一千五百人，又五门城勇，三营兵弁，以之巡防省城，专顾根本，尚属周密。惟南阳之围虽解，匪众窜扰镇平，盘踞不动。臬司洪贞谦因东路有警，尚未出省。续接各路探报，该逆已由鄢陵、临颍、许州、郾城各境向西奔窜，既恐其循熟入洛，窥伺秦中，又恐其突窜宛南，勾合发逆。臣与毛昶熙会晤商酌，惟有一面催恒龄等马队紧蹑疾追，一面飞调副将杨长春统带四营，由汝至许。臣先其所急，札委署臬司洪贞谦酌带省防楚勇即日出省，驰赴许州，会督杨长春所部，探明贼踪，绕前遏截，与恒龄马队收夹击之效。并饬南阳镇总兵图塔纳等酌拨得力劲旅，扼要防剿，以免勾结。

——《钦定剿平捻匪方略》卷一五四，第13—15页。

〇上谕

谕议政王、军机大臣等：

僧格林沁奏派队追剿西窜捻匪、迎剿永城窜匪各情，并历陈苗练情形；郑元善奏亳捻突窜鹿邑及粤逆盘踞镇平各折片。捻匪姜台凌等率众出巢，窜至亳州东南，经僧格林沁调派营总恒龄等跟踪追剿，扼贼北窜。该逆遂攻扑西华县城，知县徐炳登陴守御。匪势虽觉渐退，而该逆奔窜靡定，亟宜并力兜剿，以遏凶锋，著僧格林沁严饬派出之恒龄等跟踪追蹑，痛加剿洗。惟该逆避兵西窜，必须得一支劲旅迎头截击，著郑元善速饬洪贞谦驰赴许州，会同杨长春所部确探贼踪，与恒龄等马队前后夹击，聚而歼旃，毋令蔓延为患。永城以东捻匪窜踞岳家集一带，经营总富和带队往剿，颇有斩获。该匪愈聚愈众，知县陈灏督剿阵亡。仍著僧格林沁责令富和实力剿办，务将岳家集、孟家楼等巢穴攻破，毋稍松懈。毛昶熙业已回省，著即密饬各属团练扼要防剿。永城县境既有贼匪屯聚，毛昶熙自应仍回归德，调拨宋营兵勇，会同富和将李家林一带踞匪克日歼除，毋留遗孽。

至粤匪围攻镇平县城，经官军击退后，仍在距城不远之村庄盘踞肆扰。多隆阿现在计已行过襄阳，著仍遵前旨，就近将镇平败匪埽除净尽，再行相机前进。所有撤赴商南之前敌马队，著即赶紧折回南阳、镇平一带，会同卢得胜各军攻剿，毋得贻误。

此次晋省协拨皖营军饷一万两，著以五千两解赴胜保行营，以五千两分解太和军营，匀拨济急。僧格林沁所请部拨库款十万两，以济急需，本日据英桂奏，委邵煜、沈珍分解京饷十万两，业已起程，已谕令该抚将此项银两解赴僧格林沁军营交纳，该大臣即派员沿途迎提，以期迅速。

将此由六百里各谕令知之。

——《清穆宗实录》卷三六，同治元年八月己未。

〇实录

调察哈尔牧群马一千匹，赴钦差大臣僧格林沁军营备用。

——《清穆宗实录》卷三六，同治元年八月己未。

〇上谕

僧格林沁奏，苗沛霖甫经归正，全在地方大吏妥为驾驭，方可不至决裂，现在楚军与苗练，仍有各不相容之势，请饬李续宜顾全大局各等语。苗练藉就抚之名，威逼各圩，收集羽翼，其居心实属叵测。李续宜慑以兵威，使之潜消桀骜，自是正办。第陕省回匪猖獗，亳捻大股又复西窜，当此各路军务吃紧之时，若该练意不自安，致成反侧，虽该大臣一军兵力强盛，可以剿办，深恐四出滋扰，备多力分，转形棘手。现在僧格林沁已札饬苗沛霖奋勉图功，将攻剿捻匪情形随时禀报，暂示羁縻，惟相隔较远，仍有鞭长莫及之虞。著李续宜统筹大局，妥为驾驭，务使该练于知畏之后，继以知感，庶地方早就肃清。此事关系至重，叠经谕令该大臣妥筹办理，想自能斟酌万全也。胜保办理苗练，一味偏袒；僧格林沁素以公事为重，其心无私，前在连镇、高唐等处办理剿抚各节，宽严得宜，持论亦无偏倚。该大臣之待僧格林沁，不可与胜保一例看视。如僧格林沁有未能见及之处，该大臣不妨详晰指陈，庶彼此心心相印，可以和衷共济，实所深望。僧格林沁原片著钞给阅看。将此由六百里谕令知之。

——《清穆宗实录》卷三六，同治元年八月己未。

○上谕

僧格林沁奏，请将阵亡之知县从优议恤等语。捻匪纠众窜入永城县境，署知县陈灏带领团练，随同营总富和迎剿，适遇大股贼匪从旁抄袭，该令策马督战，致被该匪围裹，登时阵亡，殊堪悯恻。直隶州用署河南永城县、郏县知县陈灏，著交部从优议恤，以慰忠魂。该部知道。

——《清代起居注册（同治朝）》第 4 册，第 1933—1934 页。

○上谕

前因僧格林沁奏请奖励随带军营出力旗员，当经降旨，将笔帖式常瑛等分别奖叙。嗣据该部奏称，与议覆给事中何璟条奏新定章程不符，照章奏驳。兹据僧格林沁奏称，何璟所奏，系为杜绝京员回籍办团取巧之弊，非为旗员出差及在军营者而设。军营随带旗员，系属从戎离署，远隔旗籍，既与汉员回里办团者不同，自难一律照办。且笔帖式向例应升京职，旗员随营当差，较在京尤为艰苦，与军机处及襄办典礼之员差使虽别，而劳绩无异。如按照新章办理，该员等未免向隅等语。著吏部将何璟原奏章程另行悉心酌核，迅速妥议具奏，以昭平允。

——《清代起居注册（同治朝）》第 4 册，第 1934—1935 页。

八月初十日

○上谕

谕议政王、军机大臣等：

胜保奏陕回狓猖、克日驰抵潼关相机剿办，暨官文等奏援军赴陕、留兵防守蕲黄襄郡各折片。昨因托明阿等奏回匪扑犯省城，望援紧急，成明奏京兵豫勇在同州失利，节经谕令胜保赴同州一带，率同成明奋力进剿。雷正绾、穆图善两军，经官文等奏明，由荆子关西行入陕，并即饬催由商南或淅川径援西安。晋省河防，仍令英桂严密布置矣。陕回猖獗已极，成明一军到陕后毫无布置，一经接战，遽至挫锐。此等失机，非寻常惩处所能了事，业经谕知该大臣等，饬令该署提督收集溃散，重整军威，如再贻误事机，定即军法从事。胜保节制全陕军务，此军亦归节制，著即妥为调度。此时同州至西安省［城］一带悉为匪踞，胜保大兵总应由同州一路迎头进剿，并须兼顾晋防，杜贼北窥之计，方为胜算。至雷正绾、穆图善前后两军既扎商南，其镇平一带，有多隆阿之军兜剿，可以无须回顾。应否进至西安，并如何与胜保之兵分路同时进剿之处，即著胜保相机妥为调派。该大臣督军有年，当兹重寄，谅能计出万全，务使逆回大受惩创，庶能诚心知悔知惧。晋省兵力本弱，蒲州防兵无可调拨，饷源所出，关系紧要。马陞现在该大臣军营，新放太原镇总兵，若能分兵令其赴任，筹防本境，当可得力。如或不敷分拨，应如何妥筹兼顾，即由该大臣酌度办理。珠尔杭阿等兵谅已折回晋省，英桂仍就沿河地方严密防守，毋稍疏虞。南阳窜匪仍在镇平一带盘踞，多隆阿现由南阳前进，正可探踪迎剿，务将丑类悉数歼除，俾不得西窜陕境，与回匪句结，则胜保入关之军，可无腹背受敌之虑。鄂省援军四出，各处毗连地方亦须防范周密。官文请以何绍彩所部驻守荆子关，屏蔽三省，并为各军后路接应。襄阳蕲黄，留金国琛等军防守，不能入陕。即照所拟妥为办理。并饬周凤山、欧阳正墉等军，将信阳等处匪巢迅埽，以通驿路。至皖匪现扮官兵，在襄郏一带焚掠，逼近汝州；又续行窜出亳捻，窥伺太康通许及许州境地；张落刑大股复突然西窜。与昨郑元善所奏之窜出亳捻是否一股分投肆窜？僧格林沁所派恒龄及苏克金等之兵能否会合，制其奔突？郑元善监临将已竣事，即著亲赴河洛一带，督饬洪贞谦及杨长春等军确探贼踪，与恒龄等并力剿击，尤不得令群捻再由汝陕西趋。苗练归诚，本责令剿捻立功，何以辄令张落刑大股出窜？僧格林沁诚能动物，应能激励之，仍使奋力追剿，歼捡首恶，以为立功报效地步。胜保于抵关后，著即将进兵情形与确侦陕西省城各情速行奏闻。

正在寄谕间，成明奏到匪围朝邑、击退待援，请暂留珠尔杭阿、兴岱等兵各片。回匪进围朝邑，情形甚属危迫，著胜保入关后，即行迅速筹画援应，毋令再有疏失。所请留珠尔杭阿等兵，该大臣大兵到后，自可酌为拨替，俾仍回顾晋防，方为妥善。成明连次发递六百里加紧折报，甚属轻率，嗣后军情，即令统归胜保奏报，以一事权。

将此由六百里各谕令知之。

——《清穆宗实录》卷三六，同治元年八月庚申。

八月十二日

〇毛昶熙奏

臣于七月二十七日到省，与郑元善筹商堵剿事宜。连日据探，该捻等由太康境内分股窜向商水、西华、扶沟、禹郑一带，郾城、舞阳亦有贼踪，均经各地方官调团会击，该匪未能纷窜。又因省城布置严密，不敢北趋。现在僧格林沁所派马勇闻已进至郾城，臣与郑元善会商，派署臬司洪贞谦督带兵勇即日出省，探踪前进，约会副将杨长春等直前迎剿，与恒龄等马队前后夹攻，一面由臣飞檄各处乡团齐心辅助。臣于八月初八日仍带亲军小队驰回宋营，部署一切，听候僧格林沁调度。其前窜南阳发逆解围后，退窜内乡、镇平一带，臣已会同郑元善檄饬南阳镇总兵图塔纳，督带本部，拔营前进。又咨留襄阳道金国琛所统楚师，仍由南阳会合埽荡。

——《钦定剿平捻匪方略》卷一五四，第19—20页。

八月十五日

○上谕

谭廷襄奏筹剿教匪情形，请饬傅振邦帮办营务，并饬新任河督克日赴工各折片。教匪踞险死守，人数众多，谭廷襄分军进扎西路，并将东北两路空虚地方分兵驻扎，添募勇队，以备奔突。现在兵力未厚，势难深入山险，直捣老巢。该抚拟于四面隘口扼贼出路，令其不能远出掳粮，为逐渐进逼之计。就现在事势，亦止可如此办法。惟嗣后奏报，总须将实在情形上陈，不可稍存粉饰，至有不实不尽。德楞额一军进剿兰郯匪徒，屡次获胜，自可将东路匪寨渐次埽除。谭廷襄俟东路匪踪稍靖，即可知照德楞额，令其移军西向，与该抚合办教匪。该副都统带兵能否得力，并著僧格林沁、谭廷襄据实具奏。邹泗各县团练如果能齐心杀贼，自可令其协助官兵；若恃众抗违，别滋事端，即著查明遣撤。西凌阿患病曾否痊愈，是否现随僧格林沁带兵，抑仍在山东境驻守，所部兵数若干，驻扎何处，并著僧格林沁、谭廷襄查明奏闻。馆陶、冠县境内突被匪扰，虽经直东兵勇击散，并未大受惩创。该匪忽聚忽散，必有窝集处所，著谭廷襄严饬附近各州县，将散窜余匪实力搜捕，并著遮克敦布督饬兵勇乡团，于大名一带一体搜缉，并将部四等严拿务获，以期净绝根株。傅振邦久历戎行，可资商推，著谭廷襄咨行该提督，如业已病痊，即著饬赴该抚军营帮办营务。黄赞汤现因中河上南等处河工险要，已亲赴工次抢护，谅未能即时交卸。东河总督一缺，不久即可简放，当饬即赴新任也。

正寄谕间，复据谭廷襄驰奏南捻大股突入东境一折。张落刑等五旗并出，由鹿邑西窜，僧格林沁已派营总恒龄追剿。永城一路亦有捻众出巢，其由江南丰县窜至东省鱼台、金乡县境者，大股屯聚堤濠，东西延亘四十余里，并至济宁州之黄德集，距州城不足五十里，势将北窜。此股捻匪，既由丰县而来，何以吴棠于徐州一带绝无一兵堵御、任令窜入东境、致无贼地方又被滋扰？实堪痛恨。若即系永城屯聚股匪窜至东境，是否由豫境虞城一带而来，抑系由江南丰沛一带窜至，其前派富和一军追剿此股窜匪，现在驻扎何处，所带官兵若干，曾否跟踪追击，著僧格林沁查明具奏，并将防堵不力之带兵官严行参处。该匪日向北趋，深虞扰及畿南，谭廷襄现虽拨勇丁千数百名，令副将保德带赴长沟，并令总兵扎隆武带兵合剿，惟兵力甚单，恐不足以资堵御，著僧格林沁迅督劲兵驰往截剿，并著遮克敦布拨兵协助，一面整饬兵团，严防大名境内，毋令贼踪窜入。并著吴棠督饬总兵黄开榜，由徐州驰赴曹单一带会剿，截贼后路，以防回窜。汶上东平一带乡团，并著谭廷襄设法鼓励，以资得力。

将此由六百里各谕令知之。

——《清穆宗实录》卷三七，同治元年八月乙丑。

〇上谕

谭廷襄奏请饬催欠饷一折。僧格林沁驻军永城，剿办东豫捻匪，转瞬秋高气爽，即须进捣捻巢。现在捻匪装旗出窜，一切堵剿机宜，尤关紧要。若令停兵待饷，贻误何可胜言？著文煜、郑元善、英桂严饬藩司，各将该省欠解协饷赶紧照数筹解，并著文煜于长芦运库另拨银五万两，一并委解该大臣粮台，毋得再事迁延，致干重咎。前因该大臣饷需紧要，已将英桂奏解京饷银十万两改拨该大臣军营，现在山西防务亦甚吃紧，所有河东道库另请添拨银五万两，即可无庸筹拨；其协饷等项，仍著源源报解，毋得推诿。将此由五百里各谕令知之。

——《清穆宗实录》卷三七，同治元年八月乙丑。

〇上谕

袁甲三奏收复官沟、王家洲等圩，攻克湖沟，浍北肃清，并投诚匪首汪敦友攻复龙潭各折片。附苗从捻各圩以次收抚，金马胡人众亦均向化助剿，湖沟以西捻巢亦欲赴营乞抚，如果实系怵于声威，诚心归正，原可相机办理，为次第廓清之计。惟该逆反覆无常，每当穷蹙之时，即以乞抚为缓兵之策。袁甲三务当督饬该将领等加意防范，妥为驾驭，于既抚者毋使再萌反侧；未抚各圩尤须斟酌办理，不可堕其诡谋。李续宜闻讣丁忧，尚未到临，袁甲三于防剿事宜仍当认真办理，以资镇抚。商城匪首汪敦友悔罪投诚，随同官军攻克龙潭，现在攻取七里洲。该处距九洑洲仅十数里，且为贼营粮道，著即饬令李世忠迅图攻取，以为进攻九洑洲之计。本日据谭廷襄奏，捻首张落刑、李城、赵浩然等五旗并出，于七月下旬窜向鹿邑迤西，已由僧格林沁派队追剿。其东窜另股，势甚剽疾，已窜至山东金乡、鱼台、济宁境内，虽经谕令僧格林沁、吴棠带队分剿，诚恐匪势浩大，著袁甲三设法派兵，牵制该捻后路，以分其势。袁甲三素顾大局，定能力疾从公，不存五日京兆之心也。将此由六百里谕令知之。

——《清穆宗实录》卷三七，同治元年八月乙丑。

○上谕

官文、严树森奏遵旨会筹军情、并将六省要隘绘图呈览一折。现在多隆阿已入陕省，何绍彩等驻军荆子关等处，分遏秦豫之冲，楚省已无兵可拨。而川匪窜扰之处，逼近楚疆，上游处处吃重，不能不严为防备，以固根本。著官文、严树森就本省现有兵力，饬令各属加意防范，毋令外匪阑入。会剿蒙亳捻匪，既据奏称力难兼顾，著俟多隆阿等援陕之军得手后，秦豫边防稍松，再行酌量抽拨。该大臣已函致僧格林沁等妥筹办理，惟军情变幻，旦夕不同，如续有闻见，不妨与僧格林沁等往返函商，以收和衷共济之效。前此南阳被围紧急，郑元善身任封圻，自应力图援救，乃以监临届期，径尔旋省，置军务地方于不顾，实属不知缓急。旋经楚军入境痛剿，始解城围，未闻该抚派兵夹击，以致西路空虚，败贼悉窜镇平、淅川一带。该抚起家县令，不数年遽领封疆，宜如何激发天良，勉图报称。前谕于监临事毕即行出省，著懔遵前旨，亲赴河洛一带，督饬洪贞谦等实力进剿，并探明何路贼势最重，即行移师剿办。傥再迁延退缩，致令贼踪窜扰完善地方，定将该抚从重治罪，勿谓朝廷宽典可以幸邀也。

正在寄谕间，据袁甲三奏，转据李世忠呈称，江南龙潭地方，经李显发相机攻取，适有商城匪首汪敦友赴营投诚，即令充当前敌，汪敦友奋力前驱，连战皆捷，当将龙潭要隘夺回，请咨明河南巡抚注销汪敦友被控原案等情。著郑元善查明该犯被控是何情节，据实奏闻，并咨覆袁甲三察核办理。

将此由六百里各谕令知之。

——《清穆宗实录》卷三七，同治元年八月乙丑。

八月十六日

○英桂奏

近日连接探报，南阳解围，发捻大股直窜河洛，已于八月初四日窜至洛阳之周庄，并扰及嵩宜界内之白杨树村，势甚猖獗，又有另股自太康窜至朱仙镇一带滋扰，切近汴梁，亦图西犯等语。查白杨树村距陕州仅二百余里，与晋省接壤，仅隔一河，晋疆西防正急，而南路警报频传，实属防不胜防。臣前接部咨，奉旨令僧格林沁节制直东豫晋四省，可否饬下僧格林沁酌拨精锐之师，驻扎河南适中之地，以为四路策应，并仰恳饬催多隆阿速带楚军驰至河洛，力遏窜匪。

——《钦定剿平捻匪方略》卷一五五，第1页。

〇上谕

上命议政王、军机大臣传谕僧格林沁、胜保、郑元善、毛昶熙、英桂曰：

据英桂奏，探得南阳解围，发捻大股直窜河洛，已至洛阳之周庄，并扰及嵩宜界内之白杨树。又有另股，自太康窜至朱仙镇一带滋扰。豫省腹地，岂可再被蹂躏？太康一股，前据僧格林沁奏，已派恒龄等带兵追剿，仍著严饬该将弁尽力剿洗，如兵力单薄，必须添兵协剿之处，著该大臣妥筹办理。其南阳解围、直窜河洛之发捻，势甚浩大，郑元善业已出闱，著即克期出省，调集杨飞熊、卢得胜及洪贞谦等所带兵勇驰赴洛阳，遏贼北窜。如各路兵力尚嫌不足，李续焘一军亦可迅速调派前往，并力扼剿。郑元善不准藉词在省耽延，致有贻误。郑元善带兵出省，汴城不免空虚，著毛昶熙迅带兵勇回顾省垣，仍激励乡团，会同官军及在城文武妥筹防剿。胜保前派驻扎洛阳之兵，著即饬令归郑元善调度，以厚兵力。山西沿河各隘口，西防回匪，南防发捻，在在均关紧要，英桂务当就现有兵勇实力防堵。山西情形如此紧要，著胜保迅赴同朝一带，力筹扼剿。山西为完善之区，胜保素顾大局，该省专恃该大臣兵力声威以为屏障，谅不至贪图近功、致疏远略也。

——《钦定剿平捻匪方略》卷一五五，第1—3页。

八月十七日

〇上谕

前据僧格林沁奏，楚军与苗练仍有各不相容之势，请饬李续宜顾全大局等语，当经谕令李续宜遵照办理，将筹办情形与僧格林沁详细酌商。并据议政王、军机大臣等将僧格林沁所致信函呈览。该大臣公忠体国，所论军务大局及办理苗练情形，权时度势，甚为切要。苗沛霖从前阴鸷狡猾，其甘言软语，原不足恃，如胜保之以事事曲从为抚，固无了期。然必坚持成见，不与以可转之机，必将决裂，亦非办法。李续宜猝丁母忧，业经赏假百日，令唐训方前往署理，酌量驻扎。袁甲三虽因病开缺，现尚未能交卸。际此新旧乘除，一切控驭机宜尤关紧要。前据该大臣奏，已札饬苗沛霖奋勉图功，将攻剿捻匪情形随时禀报，未知苗沛霖曾否禀覆。而现在围攻南阳之发逆回窜河洛，其太康捻股又复窜至朱仙镇一带，闻张落刑亦在其中，并未闻苗沛霖派练剿击，可见其尚怀观望，并不肯奋勉出力。该大臣仍当设法笼络，予以自新，使其知畏知感，奋力剿捻，俾捻匪有所牵制，不能长驱出犯，庶该大臣得以直捣捻巢，廓清腹地。淮北军务，已责成该大臣节制，所有苗练及捻匪剿抚各事宜，均著审度时势，权宜办理，毋稍拘执。将此由六百里密谕知之。

——《清穆宗实录》卷三七，同治元年八月丁卯。

〇上谕

李续宜奏吁恳赏假回籍奔丧一折，已降旨赏假百日，准其回籍矣。皖省粤逆虽就肃清，而徐宿蒙亳等处捻匪屡次出巢肆扰，且正阳关、寿州各处，苗练眈眈虎视，亦未必帖耳就抚。曾国藩节制四省，军务綦繁，现值进剿金陵，调度正当吃紧，皖北关系紧要，必须得人督办，俾曾国藩得以专意东征。据李续宜奏称，唐训方久历戎行，熟谙战守，著官文速饬该藩司前赴安庆，接署抚篆，毋稍迟延。其应否驻扎临淮接统袁甲三一军之处，并著曾国藩酌度具奏。前因袁甲三奏病势难支，降旨准其开缺，现在李续宜给假回籍，临淮当南北之冲，战守事宜不容稍懈，唐训方甫经到皖，一切情形尚未熟悉，必须该大臣相助为理，著袁甲三力疾从公，妥筹办理。所有钦差大臣关防，仍俟李续宜假满回皖再行交卸。胜保前办苗沛霖抚事，种种迁就，物议沸腾。僧格林沁老成之见，其心无私，且系节制淮北军务，不可与胜保一律看视。唐训方抵皖后，所有驾驭苗沛霖之法，当与僧格林沁详细筹商，不可意存歧视。昨据袁甲三奏，龙潭攻克，现复攻取七里洲，以断九洑洲之粮道。能否得手，著曾国藩审度机宜，妥筹办理。本日又据冯子材奏，鲍超一军八月间可至金陵等语，著曾国藩酌量情形，催令该提督迅速移师，以期厚集兵力。广德州贼目投诚一事，办理有无就绪，著曾国藩迅速具奏。将此由六百里各谕令知之。

——《清穆宗实录》卷三七，同治元年八月丁卯。

八月十九日

〇上谕

议政王、军机大臣字寄两广总督劳。同治元年八月十九日奉上谕：

前因户部库储支绌，谕令劳崇光、英桂无论何款，各先提银六十万两解京。兹据该部奏称：截至本年六月底，惟山西如数解齐，广东仅报起程银五万两，其余作何筹解，未据登覆；嗣于七月间奏请将劳崇光交部议处，仍限两个月，责令将提解之六十万两解齐，奏准行知在案；现在限期虽未届满，而月余以来，仅据广东续报起程银二十三万两，核其两月限内报解，不及十分之五，请严饬依限筹拨等语。部库存项万分缺乏，九月分放款已属不敷支领，劳崇光身任兼圻，受恩深重，叠奉谕旨严催，宜如何悉心筹画，先其所急，以济要需！乃任意玩延，屡催罔应，直将紧要部款置之度外。且山西奉拨各路协饷较广东尤多，近日本省防费所用亦复不少，而英桂于京饷从无贻误，早经遵旨埽数解齐。广东并非瘠苦之区，何至一筹莫展？该督一味耽延，视谕旨如弁髦，实堪痛恨。现在山西续解京饷款内，已改拨僧格林沁军营银十万两，又准该省截留防费银三十万两。虽令该省另行筹解，而山西防务方殷，部库应有之款已实短银四十万两。广东若再不能宽筹速解，势必贻误开放，所关非细。著劳崇光懔遵前旨，仍于两个月内将提解银六十万两及未解京饷银两赶紧如数解齐，以资接济。傥敢仍前玩泄，定当从重惩处，决不宽贷。懔之。将此由五百里谕令知之。

钦此。遵旨寄信前来。

——《咸丰同治两朝上谕档》第12册，第412—413页。

〇上谕

谭廷襄奏添兵会击捻匪并兰费剿匪、堵御教匪情形一折。捻匪由鱼台堤濠窜向西北一路，僧格林沁派色尔固善追及鱼台西北及金乡交界之罗家寨等地方。谭廷襄既称此军与贼接仗，又称仍行撤队回扎鱼台，究竟曾否获胜，抑系未经得手，并未明晰声叙，著即将接仗情形详细具奏。现在该匪大股扰及嘉祥，逼近济宁，一经窜渡运河，势必北趋省垣，到处蔓延，又成上年春间之局。该抚现复添派协领海群马队，与前派副将保德等各队驰赴长沟一带，与僧格林沁追剿之军两面夹击，并令扎隆武传齐各团，扼守口岸，著即严饬在事各员实力堵剿，毋得有名无实，致滋贻误。运河防堵一节，尤为紧要关键，所有沿河及南阳等湖船只，均须提归东岸，并激励团勇齐心守御，毋令贼踪偷渡，是为至要。东昌一带接壤大名，并著调集乡团扼贼西窜，一面知照遮克敦布一体堵御，以杜贼窜畿南之路，毋稍疏忽。兰费一带股匪，捻首王广继并未歼除，本境土匪尚多，著即饬令德楞额并该抚派出之游击绪纶等迅速剿除，毋再延缓。凤凰山教匪，时虑乘间突出，该抚务宜严密布置，力扼要冲，俟勇队到齐，即分道进攻，务须捡渠捣穴，不得因邹曲一带队伍单薄，致令乘虚出窜，扰及山外完善地方。将此由六百里谕令知之。

——《清穆宗实录》卷三七，同治元年八月己巳。

八月二十日

〇上谕

前因僧格林沁奏，军营随带旗员［与汉员］回里办团不同，所保笔帖式常瑛等，经吏部照前给事中何璟奏定新章议驳，该员等未免向隅等语，当交该部将何璟原定章程另行妥议具奏。兹据奏称，满汉各员升转，定例本有不同，旗员随带从戎，亦与汉员回籍办团者有间，所有旗员［随］带军营者，亦准以京职外官酌保，并加保班次，均就各旗员现在官［职］，在京在外，本应升之阶级，酌核保奏，惟不准滥行保至五品京堂以上；京员自郎中以下，补缺时准照所保班次，即与升补，遇题缺则统由该部堂官酌量应升应补，不得率请加无论题选咨留字样，以示限制；其汉员奏调军营及回籍办团者，仍照奏定章程核办等语。此次僧格林沁所保之笔帖式常瑛等四员，著即照该部奏定新章给予奖叙，从前业经予奖叙者，毋庸再议。其余军营团练各汉员，著仍照旧章办理，以示区别。

——《清代起居注册（同治朝）》第 4 册，第 2016—2018 页。

八月二十一日

〇上谕

谕议政王、军机大臣等：

寄谕钦差大臣僧格林沁，前日伯彦讷谟祜自军营回京，召见时，询悉该大臣腕恙尚未就痊，殊深廑念。该大臣以军务方殷，未敢遽行请假，足征以国事为重，力疾从公。并闻所部兵勇，除调出追剿捻匪外，留营不过数百，甚为单薄。傥捻匪由夏鹿一带乘虚扑犯，恐存营兵力不敷守御，亦必当谋出万全，毋令捻逆乘间窥伺，方为妥善。将此谕令知之。

——《清穆宗实录》卷三八，同治元年八月辛未。

〇曾国藩奏

臣叠奉谕旨，垂询各路军情，谨就闻见所及，分条具陈。

一、多隆阿一军初克庐州时，臣本欲其会攻金陵，不料陕西告警，官文等奏请多隆阿率师援秦，而谕旨亦饬令先保陕西。臣虽觉金陵兵单，事机可惜，然以秦晋为饷源所出，未敢奏调多隆阿西援之师转而东征也。厥后粤逆回窜，秦事稍松，而汉回仇杀，望援仍切。其时宁国已克，南岸兵力足敷调遣，臣因咨达多隆阿不必回顾苏皖，或速剿陕省，或留驻河南，请其定计。嗣多隆阿军抵襄阳，由光化荆子关入秦，本不至为南阳之贼所阻。南阳贼匪经鄂军会剿解围，亦尚不至为楚疆之患。胜保前次奏报，殊未确实，致朝廷久经派定援秦之局，又复中变。多隆阿接奉毋庸入陕之旨，不知从何处折回？若已抵秦境，则进退两难。若果回鄂疆，自当遵旨驻扎南阳一带，食鄂省之饷，击豫省之贼。凡有窜入南汝两府者，责成多隆阿拦截痛剿，西可屏蔽秦中，南可保障楚省，北可联络郑元善叶裕之师，东可联络蒋凝学颍州之师，诚为一举而数善皆备。至于防守庐州，石清吉本系多隆阿部将，不须该将军前往驻守。围攻金陵，鲍超已定由东坝前进，不须该将军遽往会剿。诚以鄂豫秦三省交汇之区，不可无大枝劲旅为游击之师，非谓江南不必添兵也。

一、里下河一带屡廑圣怀，江南之贼若由常熟、江阴偷渡，北岸之靖江、如皋、通州、海门等处实属防不胜防。顷接李鸿章咨称，探得伪辅王杨辅青自宁国败回，伪护王陈坤书自扬州败回，均至苏城，与伪忠王商议，金陵危急，皖浙官军分路进剿，上游已无路可窜，欲分大股由江阴、福山、杨林各口窥窜江北里下河，就食完善之区等语。李鸿章已奏请饬都兴阿、黄彬等严防。以臣愚见，都兴阿兵力只有此数，红单船勇丁不甚可靠，至江北应防要地，尚无专汛派防之水师。臣见咨商杨岳斌，属其亲赴下游，遍历靖江、如皋、通州、海门数百里江面，察看要冲，妥筹布置。又拟令太湖水师造船一百六十号，防剿上海、松江，由淀湖以入苏州，而以黄翼升水师专防淮扬里下河一带。星夜赶办，计四个月可以集事。目下太湖水师尚未办就，黄翼升不可离沪，所有里下河之防，应请饬都兴阿、黄彬引为专责，臣亦当力筹兼顾。仍请饬下僧格林沁、吴棠，如贼果窜里下河，即于清江浦严兵以待。此等败残股匪，不难一战歼之。

一、李世忠一军，前奉谕旨，归臣节制调度。查李世忠投诚之初，胜保奏明准带一万八千人，实数盖近三万，近又陆续增至五六万，于长淮五河等处设厘卡数处，长江新河口设厘卡一处，各县亦有卡局，所获颇厚。又广运盐斤，自捆自卖，相沿已久。非另筹巨款，按月供支，以养其众，势难骤绳以法。且去冬今春，克复天长、六合、浦口、江浦，击退陈坤书股匪，于大局不为无功，未可没其劳而遽议其后。臣拟姑循其旧。至该军饷需，专盼粤东厘金。闻晏端书到粤，事多掣肘，若该省厘金不能大有起色，不特皖浙欠饷无出，即李世忠一军亦难筹接济。

一、镇江一军，前奉谕旨，饬臣统筹兼顾。顷冯子材函商一切，臣覆函以镇江饷绌兵单，只宜固守，不宜出战，待鲍超攻克东坝、溧阳、溧水、句容等处，屯驻金陵之东北，能与镇江联络一气，不为贼氛所梗，届时冯子材再行拨兵会剿，庶几声势联络，士气易奋。至李鸿章久有移扎镇江之意，无如松沪一带战争不休，观忠逆之志，似欲甘心于沪上，李鸿章有万不可离沪之势。或俟太湖水师办成，李鸿章即统水陆诸军，由松沪进兵入苏，亦属因利乘便之法。所有镇江防剿，应始终责成冯子材耐苦坚守，不作出剿之计。

以上四条，臣勉竭愚虑，未审当否。

——《东华续录》同治十二，第39—41页，同治元年八月辛未。

〇上谕

曾国藩奏叠奉谕旨、分条覆奏及历陈近日军情各折片。

多隆阿援陕之师，自庐州拔营后，两月未见官文等奏报，是以改派胜保督办陕西军务。嗣因多隆阿有入陕消息，复谕令胜保专办渭北，多隆阿专办渭南。见在胜保已抵临潼，多隆阿[计]亦可到西安，俟陕境回匪剿平后，即著照该大臣所拟，令该将军驻扎南阳一带，俾鄂豫秦三省交汇之区，得此大支劲旅，于全局甚有裨益。

曾国藩探悉伪辅王等有句结盗匪偷渡江北之意，已严饬都兴阿等督率水师实力防守，并令吴棠严军以待。僧格林沁所部马步各队，分剿皖豫山东数省捻匪，已属不敷调遣，恐难再拨劲旅驻守清江，仍谕令该亲王审度机宜，妥为筹办。里下河尚称完善，该逆垂涎已久，都兴阿之兵力止有此数，红单船之勇丁不甚可靠，万一杨辅青等股败贼率众渡江，该大臣务当力筹兼顾，毋稍大意。曾国藩见派杨岳斌亲赴下游，察看江面冲要，著即饬令妥筹布置。太湖水师战船办成后，即令黄翼升一军专防淮扬里下河一带。所筹均合机宜，著即妥为筹办。

至所称李世忠自投诚以后据有城池，自为风气，添设厘卡，广运盐斤，上侵公家之利，下为商民之害，殊切隐忧，必须另筹巨款，按月供支，足以养彼之勇，乃能行吾之法等语，已寄谕劳崇光、晏端书，将粤东厘金迅速妥办。

昨据冯子材奏，逆匪扑犯镇防，当经谕令冯子材以守为战，不可悬军深入。本日曾国藩奏称，镇江饷缺兵单，止宜固守，不宜出战，与寄谕适相吻合。仍著曾国藩随时授以机宜，以期万全无失。近据李鸿章奏，苏城大股逆匪攻扑青浦，沪防万分吃紧，是李鸿章一时断难移军赴镇。该大臣权衡缓急，自不必拘泥前议，致误事机。浙省逆匪，以全力扼守金华，官军进攻龙游尚难得力。

昨因有人条奏宁郡克复，徽郡粗安，宜饬驻徽将领规取严州等语，已谕该大臣酌办。见在广德州城又经收复，徽防更可无虞，著该大臣饬令张运兰迅速督率兵勇攻取严郡，则左宗棠进取之师较易得手。

将此由六百里谕令知之。

——《东华续录》同治十二，第41—42页，同治元年八月辛未。

〇上谕

里下河完善之区，贼匪垂涎已久，况杨辅青等股败贼穷无所之，图窜江北，自系意中之事。都兴阿之兵力止有此数，红单船之勇丁不甚可靠，万一乘间偷渡，不独里下河被其蹂躏，即清江浦一带亦必为之震动。亟宜先事筹维，以期有备无患。著吴棠整饬各军，豫为布置，如该匪有渡江消息，即著督兵前进，会同都兴阿兵勇，将败残股匪一鼓歼除。僧格林沁公忠体国，素顾大局，届时如可分兵会剿，谅该大臣必能相机妥办也。将此由六百里各谕令知之。

——《清穆宗实录》卷三八，同治元年八月辛未。

八月二十三日

〇上谕

谕议政王、军机大臣等：

本日据多隆阿奏，楚军回豫剿办粤逆，调拨庐营赴楚；并瑛棨奏凤翔被扰，请饬胜保、多隆阿分办陕省军务;英桂奏皖捻逼近晋境,请饬多隆阿迎截各折片。览奏曷胜焦急。粤捻数万,直扑淅川厅城,并扰及荆子关一带。石达开余党,又由四川窜踞竹山、竹溪等县。粤捻大股又欲由荆子关一路先窜郧阳,句结二竹逆匪进攻兴安府城,以冀联络汉中之贼,直赴西安。多隆阿现因兵力不敷,拟调庐郡所留四营会合攻剿。惟庐郡相隔遥远,未能即时赶到,多隆阿自应就现有兵力扼要截击,毋令该逆窜入郧阳,与二竹、汉中各股匪合并,致滋蔓延。雷正绾、穆图善两军及义中等营,既经多隆阿檄令折回商南、荆子关,并分驰郧西迎剿,著多隆阿即督饬诸军,迅将此路逆匪埽除净尽。所有陕西平利窜匪及武关防堵事宜,亦著多隆阿妥为兼顾。雷正绾一军如尚未折回商南,即著留于西安,为胜保声援,以便分剿凤翔等处之匪。官文前已派何绍彩一军驰赴郧阳,著即饬令与多隆阿兵勇会合夹击,并著饬令金国琛、梁作楫所部兵勇分投迎击,一面剿办竹山、竹溪之贼,一面严扼襄郡要隘,以防贼踪窜入。所有多隆阿营粮饷军火,即著官文、严树森源源接济,毋令缺乏。

石达开股匪现在川南叙永一带,何以遽越二千余里窜至郧阳?究从何路突入?是否系前窜太平、定远之蓝逆等股?著官文、骆秉章查明具奏。汉中股匪,虽经毛震寿剿办,现又有由川续到滇匪郭刀刀一股窜入平利县境,贼多兵少,势难兼顾,著骆秉章速行添兵,驰赴汉南会剿,不可稍分畛域。

至陕省凤翔一带,复有回匪纷纷起事,并句结甘省悍回,凶焰甚炽。胜保前已督军驰至临潼,连获全胜。该处距省密迩,计此时已可直达省垣。军情旦夕变迁,多隆阿全军现将改赴楚省,则剿办陕回军务,即系胜保专责,应由何路进兵,著与瑛棨妥商办理。泾阳被围日久,亦应先往解围。凤翔贼匪初起,扑灭尚易,如能添拨兵勇,令马德昭剿办,亦可独当一面。均著胜保相机酌办。同朝一带,仍宜兼顾筹防,毋令窜扑晋省。

姜台凌大股捻匪窜至陕州,与晋省仅隔一河,屡经抢渡,经该处防兵击退。晋省蒲州一带,西防回逆,南防捻匪,隘口纷歧,到处吃重,英桂所请多隆阿由潼关直趋陕州之处,现在情形,断难照办。英桂务宜督饬在防文武加意严防,毋稍疏懈。潼关毗连陕州,为胜保一军后路,并著胜保、瑛棨饬令哈连陞严密扼守,毋令贼踪阑入。

前因皖匪亳捻及张落刑大股西窜,谕令郑元善克期出省,驰赴洛阳。该抚于贼攻南阳时,藉词监临入闱,置紧急军情于不顾,并以败残余匪不难殄除,饰词入奏。该抚安坐省垣,于各路防剿情形毫无布置,以致粤捻各逆纷窜西南,晋陕楚防同时吃重,实属畏葸取巧,深堪痛恨,著即懔遵叠次谕旨,督率洪贞谦克日出省,并调集杨飞熊、杨长春、卢得胜及李续焘各军迅赴河洛,将此股捻匪痛加剿除,毋留余孽。该抚既已贻误于前,傥再观望不进,致令蔓及晋陕,自问当得何罪?该抚前奏洪贞谦即日出省,现已将及一月,未据将出省日期奏报,尤属颟顸可恶,著即行查明,如果迁延不进,即遵前谕,严行参处。僧格林沁所派恒龄一军,现在追贼行抵何处,著僧格林沁查明具奏,并饬令恒龄实力剿捕,毋稍松劲。

郑元善出省后，省城空虚，恐亳捻回窜，著毛昶熙回防省垣，并著僧格林沁随时兼顾。

将此由六百里加紧各谕令知之。

——《清穆宗实录》卷三八，同治元年八月癸酉。

八月二十六日

○谭廷襄奏

接奉谕旨，令查色尔固善在罗家寨等处地方与贼接仗情形。臣查捻逆行走剽疾，窜过鱼台，臣因河防紧要，济宁之长沟与贼逼近，尤为吃重，抽拨马步先往扼守，一面派总兵扎隆武驰赴东平、汶上。又恐其直趋西路，复饬留防道员陈显彝督带兵勇过河，扼扎郓城。其实仅闻僧格林沁派色尔固善追贼至境，曾在鱼台、金乡之间与贼接仗，未悉详细情形，是以前奏内未敢悬揣声叙。续接僧格林沁来函，知色尔固善与贼接仗，毙匪数百名，追杀七八里，因高粱茂密，虚实莫辨，彼此相持，随即亲督大军，于十七日驰抵城武，并调色尔固善等马队合剿。

现据各营文武禀报，该匪屯聚金嘉交界之羊山、满家洞一带，势已北趋，围困附近民寨，似将久踞。股首胡四本系满家洞人，上年曾拥众来东滋扰，今复与李城等北犯，若令勾结本地土匪，与曹属匿匪北踞梁山，东渡运河，其患不堪设想。臣思战守二者本属相因，现有僧格林沁大兵在前，战必可恃，惟驻军西北，转向东南进剿，济宁正当其冲。该逆大股所踞之地，距济宁只四五十里，上游之安山、戴家庙，下游之安家口、夏镇，均为该匪往来熟径，其长沟上下之白嘴，并赵春、石佛各闸，尤属切近。臣咨会副都统德楞额，并严饬沿河州县，分别拨军调团，严密守御，一面将邹曲一带堵剿机宜，密嘱营员料理。约计二十日，僧格林沁可由巨野之大义集进兵，臣即于是日驰抵济宁，加派队伍，前赴长沟，复派道员黄良楷将驻守济城之马队拨令分赴赵春闸一带，及西南之唐家口、王嵋屯等处，作为游兵。

旋据僧格林沁函称：该逆大股盘踞满家洞，其余大股在金山东北纸房一带，意在拌死抗拒，渡河东窜；二十日，我军三路进剿，前后三战及沿庄搜杀之匪，共计七八千名，该逆大受惩创，北路可保无虞；是夜，大雨如注，暂在金乡驻马半日，即行向南跟追；其海群所带马队，饬令仍回臣营；拟俟追出东境，回军夏邑，再行奏报；等情。臣查此股捻匪未能深入，与教幅联合，诚属至幸。至东路教匪，闻官兵西移御捻，于十五、六、七等日出巢，经官兵击退，并于十九日夜间在泗水北孙徐村袭剿获胜。惟闻该匪大股仍欲乘间出掠，亟须防备。济宁现可无虑，臣于二十二日驰回兖郡，以顾东路。其派往济宁马步各队，分别留撤。

——《钦定剿平捻匪方略》卷一五五，第18—21页。

○遮克敦布奏

查直东交界各州县犬牙相错，河汊纷歧，降众伏莽，忽聚忽散，而最为冲要之馆陶县，及素为贼匪出没之下堡寺、金滩镇等处，均需兵勇驻守弹压。其曲广威肥及临清等州县，亦须仍前分派兵勇，梭织巡防。顷据东明县禀报，南捻窜抵金乡，经僧格林沁痛剿，大获胜仗，余匪窜往砀山等语。当饬该县严防窜越，一面另拨兵勇，据河堵御。臣所统兵勇三千余名，均归僧格林沁节制调遣，曾奉札饬，总以河北为要，然地广兵单，前此布置已觉难周，刻下防剿更为吃紧，惟有激励兵勇乡团，尽力支持，断不敢稍涉疏懈，致负委任。

——《钦定剿平捻匪方略》卷一五五，第21—22页。

○上谕

谭廷襄奏驰赴济宁剿办南捻、经僧格林沁督军大获胜仗、现仍折回兖州，遮克敦布奏拨兵防剿并现办情形各一折。南捻突入东境，屯聚金嘉交界之阳山、满家洞一带，意在渡运北犯。谭廷襄以济宁地方紧要，亲往该处，加派队伍，前赴长沟守御。旋据报称，僧格林沁亲督大军，于十七日驰抵城武，二十日在金山以东列仗，毙贼七八千名，现在向南跟追。办理甚为妥速。著僧格林沁即饬派出将弁，将此股贼众殄除，并将匪首胡四、李城等设法捡获，仍将接仗获胜详细情形迅速奏闻，以慰廑念。谭廷襄业经驰回兖郡，即将邹泗一带教匪实力防剿，毋任肆行出掠。其应如何添兵剿办之处，著俟僧格林沁将此股南捻剿完，会商妥办，以期早日蒇事。遮克敦布奏，拟将西安马队四百名撤回、请调外火器营马队二百名、并添募马勇二百名各等情，外火器营马队系为京营操防之用，岂能任听各军营纷纷调拨？所奏著不准行。至添募马勇一层，如果认真训练，原可资以剿贼，但恐奸匪溷迹，必当随时严密查察。西安马队，尽可择其得力者留于军营，不必概行遣撤。大名等属骑马贼匪尚未一律剿除，著访明窝集处所，直捣巢穴，以净根株。将此由六百里各谕令知之。

——《清穆宗实录》卷三八，同治元年八月丙子。

八月二十七日

○吴棠奏

黄开榜在邳宿剿匪情形，查核各路探报，与该总兵所禀尚无异词。其所以致僧格林沁奏参者，因苏克金禀称，由曹八集过满山，进剿碾庄获胜；黄开榜禀称，由沿河之河成闸、猫儿窝进剿获胜。其时捻踪分窜，各剿各处之贼，各就情形具禀，僧格林沁以两禀均举碾庄等处，事涉歧异，请旨饬查，系为核实军情起见。臣于奉旨后复加密访，并将各处禀报接仗日期详加核对。查此次捻股出窜，苏克金系在徐郡之东，由碾庄迤西进剿，其获胜系七月初二、三日之事。黄开榜之在河成闸、滩上等处剿匪，系在邳境运河之南，由碾庄东北乡庄进剿，其获胜系六月二十五日至三十日之事。日期先后不同。此次贼扰两旬之久，蓄意抢渡运河，若非苏克金一军奋击于西，黄开榜、黄国瑞等先后扼剿于东，则回遁未能如此之速。臣前准僧格林沁咨查，当将以上各情禀覆。兹两次钦奉圣训，谨将实在情形详细上陈。至臣前折开列剿匪出力各员著有微劳，可否仰恳天恩，准臣所请，仍予鼓励之处，伏候圣裁。

再，总兵黄开榜现经臣禀商僧格林沁，会饬前赴徐宿，接统田在田各队。应否俟徐宿军务起色，再行查案奏奖，抑一并先予恩施之处，出自鸿慈。

——《钦定剿平捻匪方略》卷一五五，第29—31页。

〇上谕

前因僧格林沁奏总兵黄开榜禀报击捻获胜，语多支离，复据吴棠奏扼剿西捻获胜，邳宿运河南岸肃清，恳将黄开榜等奖励，所称获胜情形，与僧格林沁前奏相符，是否黄开榜饰禀冒功，迭经谕令吴棠确查具奏。兹据奏称，遵将各处禀报接仗日期详加核对，苏克金由曹八集一带进剿，在徐郡以东，系七月初二、三日事；黄开榜在河成闸、滩上等处剿匪，系邳境运河之南，其获胜系六月二十五等日；日期先后不同，是以禀词各异，黄开榜并无饰禀冒功各情，恳将出力各员仍予奖励等语。所奏尚属实在情形。总兵黄开榜，著交部从优议叙。其尤为出力各员，均仍照吴棠前次所请。参将王正标，著赏加副将衔。游击郭昌、龚云福，均著免补游击，以参将补用。都司骆得胜、陈顺理、汪陞发，均著免补都司，以游击补用。千总邵法国，著以守备尽先补用。把总高占魁，著赏加守备衔，并赏换花翎。外委谢大魁，著赏给五品顶戴，并赏戴蓝翎。其余出力员弁兵勇，著吴棠查明，汇案请奖。该部知道。

——《清代起居注册(同治朝)》第4册，第2067—2069页。

〇上谕

吴棠奏，徐宿逼近捻氛，为四省交界之区，黄开榜有勇有谋，堪以独当一面，已咨商僧格林沁办理；并由该署漕督于清淮军营拨派步队八百余名、马队一百余名，以壮徐军声势。所筹均尚妥协。田在田营务废弛已极，吴棠饬该总兵迅即前往查明存营兵勇实数，裁汰老弱，勤加训练，以固徐防。其高宝等处师船，据奏派都司黄中理管带，该处湖面防务紧要，现派何员专办，并著吴棠随时查察，毋令稍有疏失。将此由四百里谕令知之。

——《清穆宗实录》卷三八，同治元年八月丁丑。

○上谕

吴棠奏徐宿军饷请旨饬催等语。[①] 现在黄开榜接统田在田兵勇，即当随同僧格林沁，会合各路官军，大举进剿捻巢，饷需万分支绌，若不速筹接济，势必坐失机宜。著英桂将能否以应拨甘饷抵解徐台之处悉心筹画，迅速具奏。除昨据该抚奏报已由藩库拨解徐州饷银一万两外，其河东道库欠解本年协饷银六万两，著饬刘子城克日并批解赴徐宿军营。河南积欠月饷，著郑元善不拘何款，先行筹解银二三万两以济急需。此后如何按月筹解，并著督饬藩司酌定确数，赶紧具奏，毋得迟逾推诿。将此由五百里各谕令知之。[②]

——《清穆宗实录》卷三八，同治元年八月丁丑。

○上谕

前因捻匪大股西窜，当经寄谕郑元善克日出省，迅赴河洛剿办。兹据郑元善奏缕陈捻股分窜、官军剿击获胜，并派队布置，拟出闱后亲赴河洛督办，李续焘一军见在未便札调各折片。豫省各路地方任贼纷窜，虽据该抚奏称，杨长春战于汝境，卢得胜战于裕州，均未大加剿洗。僧格林沁派出之恒龄等，博望驿一战稍挫凶焰，又未能乘胜追剿。如果卢得胜有不遵恒龄遣调、藉词推诿、致误军情，即著郑元善查明，严参惩办。该抚监临外闱事竣，著即懔遵叠次严谕，迅赴河洛，督饬诸军，速筹剿办，何路紧急，即亲往何路策应。粤逆大股已越淅川而奔荆子关，欲窜郧阳，句结由川窜扰二竹股匪，以犯陕境。胜保到陕后，多隆阿即可暂扎商南，居中调度。昨有旨，饬令督率诸军，将欲窜陕省之豫捻认真堵剿，兼顾陕西

---

① 吴棠奏称："伏思粮台饷源，不外乎钱漕捐输厘捐等项，而徐属迭遭匪扰，民困未苏，凋敝情形日甚一日，是以本境无可筹画，全赖各省协饷为大宗，迭经部臣议准，陕西、河南两省每月各协解银一万两，山西藩司每年协解银十万两，河东道每年协解银十二万两。如各省均能按期拨解，尚可以盈补绌，勉力维持。乃本年时已八月，仅据山西藩司解到银二万两，河东道解到银二万两，陕西藩司解到银一万两，河南丝毫未解。统计不过十分之二，以致兵饷积欠累累，时有哗溃之虞。现在田在田奉旨革职，饬令另派大员接统其众，现已禀商亲王僧格林沁，遴派九江镇总兵黄开榜前往接统。指日秋高气爽，即当随同僧格林沁，会合各路官军，大举进剿，若饷需如此竭蹶，设当攻剿吃紧之际，而糈粮不继，势必坐失机宜。诚如圣谕，虽有强将劲兵，亦难奏效，自应赶速通盘筹画。查河东盐课一项，本年业经山西抚臣英桂筹完银十二万两，系属截存在库之款，不难按月清解，乃迄今八月之久，仅拨解银二万两，计欠解银六万两。陕西军务未平，道路时有梗阻，前经田在田奏请将该省协解徐饷就近划拨甘肃，而以河东盐道应拨甘饷抵解徐台，奉旨寄谕英桂酌量办理，未知英桂如何议覆。河南现在亦办军务，如不能照原拨之数，究竟每月酌解若干，亦应核实议定。合无仰恳天恩，俯念徐宿军务紧急，敕下山西抚臣转饬河东盐法道刘子城，迅将本年欠解银六万两克日并批解徐，以后源源接济，并饬查照田在田前奏，酌议于河东盐课项下每年再拨银若干两解交徐宿军营，划抵陕西协饷。至豫省积欠月饷，应请敕下河南抚臣，不拘何款，赶紧筹解银二三万两，以救眉急；此后如何按月筹解，并即督饬藩司酌定，遴委干员前往，面向各该司道筹商，一面札饬署淮徐扬海道张富年确查该粮台每月需用若干，有无可以节省，其各项进款，何款可以指实，一并悉心通筹，俾固军心而期济饷，以仰副皇上整饬戎行之至意。"详见中国第一历史档案馆藏录副奏折，档案号 03-4934-095。

② 寻英桂奏，甘省待饷已久，应解之饷，不能抵解徐饷。

平利窜匪及武关防堵事宜，势难复顾南阳。宛南军务，仍著郑元善严饬洪贞谦等实力剿办。陕西窜贼，并著该抚行抵河洛，赶紧筹剿。如令纷窜秦晋两省，以邻为壑，定惟该抚是问。李续焘一军见在信阳攻剿龙井，难以檄调，即饬豫省官军会合，速将龙井剿平，进攻明港，以通驿道。将此由六百里谕令知之。

——《东华续录》同治十二，第51—52页，同治元年八月丁丑。

八月二十九日

〇僧格林沁、国瑞奏

捻匪姜台凌等股由舞阳、叶县一带向西南急趋，我军连日追逐。据恒龄等禀报，八月初三日追至裕州之博望驿，该匪正图攻寨，我军赶至，该匪马步万余人分队抗拒。恒龄带队首先冲入，卓明阿挥兵由西北横抄。突有马步贼千余由旁扑来，经待卫隆春压退。北山下复出马步贼数百名，经右翼吉林、黑龙江马队将此股围杀殆尽。知府祝垲调集练勇，随同剿贼，毙匪约三千名，余匪窜入山内。我军马队不能进山追剿，当即咨行郑元善，速调步队入山剿办。

至永城迤东捻匪李城、赵浩然等股，探知我军分队西行，乘隙纠合各股捻匪，窜至永城迤东，经富和带队迎剿，未能得手。该逆旋于初八日窜赴砀境，势欲北窜。臣等当派暂革副都统色尔固善统带各队追剿。十一日，行至鱼台县迤北罗家屯地方，追及贼踪，毙贼数百名。该逆前股闻信折回，拌死来敌，并由高粱地内突出步贼数百名。我军先后退下，马队仍前冲杀，讵该逆马贼见我军无多，齐由西路将我军围在垓心。我军奋力抵敌，托伦布、诺们丕勒杀出重围，阵亡官兵二百余名，受伤二百余名。臣等飞催卓明阿、恒龄等马队兼程赶回，十六日驰抵河南虞城，臣等于十七日至城武，各起马队会齐，并经谭廷襄饬翼长海群带领本部马队三百余名亦至城武会剿。十八日至巨野县属之大义集，探得该逆大股在满家洞一带盘踞。二十日，我军齐队进剿，臣僧格林沁亲督指挥，令托伦布等马队诱贼深入，回军击之，臣国瑞督卓明阿等马队斜刺杀入，该逆腹背受敌，始行败溃。我军乘势掩杀，毙贼千余名。余匪翻过山梁，我军越山追剿。恒龄带队击其马贼，臣国瑞冲其步贼，枪箭齐施，毙匪甚多。该逆败退，追杀二十余里，毙贼四五千名。我军甫经收队，复由满家洞迤北之子山集西北突出马步贼匪二千余名，向东奔窜。卓明阿等带队往剿，复毙贼千余名，余匪连夜南遁，向砀山东南保安山一带奔窜，其步贼为兵团斩杀殆尽。臣等即饬富和、全顺、卓明阿、恒龄等驰往永城，相机进剿李大个等巢穴，臣等即日带队回扎夏邑，并咨行谭廷襄将长沟防兵仍撤回兖属，以防教匪。

其德楞额一军，在兰峄剿办棍匪，尚称得力，现在此股捻匪业经我军剿尽，应令该副都统仍将防河官兵移扎兰峄，以资剿办。

至苗沛霖意存观望，势属显然。臣曾札饬苗沛霖实力剿捻，并许将打仗情形代伊具奏，又先后差弁赴蒙颍六安一带查探楚军苗练（进）[近]日情形，迄今尚未回营，苗沛霖亦无禀覆。是南路军情，臣未能知其底蕴。其逆首张落刑西窜一节，并无实据。

伏查各起马队剿捕悍贼万余，先后共毙捻逆二三万，其中奋勇剿贼、异常出力官兵实属不少。经臣等择尤查取衔名，暂归本年杞县等处剿贼获胜案内存记，俟剿灭一股或捡斩著名逆首，再行奏保。惟各起马队内有叠次剿贼出力者，若不量加鼓励，似不足以昭激劝，应如何奖赏之处，出自圣恩。

都统西凌阿患病，尚须一二月始能痊愈。总由前在南路带兵，染受潮湿之故，并非托病偷安。合并陈明。

——《钦定剿平捻匪方略》卷一五五，第32—36页。

〇僧格林沁奏

查此次色尔固善统带马队追剿北窜捻匪，十一日之仗，该员并不将队伍调齐，相机进剿，以致各军前后参差，众寡不敌，我军阵亡、受伤甚多。是该员调度无方，实难辞咎。且秉性乖谬，难期造就。相应请旨，将暂革福州副都统色尔固善即行革职，以示惩儆。

——《钦定剿平捻匪方略》卷一五五，第36—37页。

〇上谕

谕议政王、军机大臣等：

僧格林沁奏剿办西窜捻匪并追剿北窜捻匪情形各折片。此次大股捻匪窜入东境，色尔固善接仗失利，若非僧格林沁亲督各军迅埽狂氛，则东省地方又遭蹂躏。该大臣调度有方，实堪嘉尚。该营各起马队冲锋陷阵，叠次破贼，甚属得力，著于前次发去山西解京饷银十万两内提出银一万两，传旨赏给马队，以示鼓励。至此次出力员弁，该大臣所称查取衔名、归入杞县等处获胜案内存记，虽系为慎重名器起见，惟该将士等经年苦战，立功不为不多，此次以少击众，毙贼至七八千名之多，若不量予保奏一次，未免向隅。想该大臣必能仰体朝廷轸恤戎行之意也。

僧格林沁现已回军夏邑，其永城李大个等巢穴，即著督饬富和等迅速进剿，务拔根株。恒龄一军，现经折回东击，其西窜镇平一带捻匪，若被楚豫官军击败，势必东窜回巢。著僧格林沁相机迎剿，毋令饱飏。苗沛霖意存观望，经该大臣札饬实力助剿，能否恪遵，仍著随时具奏。

本日据英桂奏，捻匪窜近陕州，并于茅津渡上下游抢渡，均经官军击退，惟兵单将寡，请饬僧格林沁派兵会剿等语。僧格林沁大营兵勇征调四出,恐无可拨之兵。惟山西为畿辅右臂,且为饷源所出,现在捻氛逼近河干,该处渡口林立,防不胜防,若得一旅节制之师,直趋陕州,与多隆阿一军会合夹击,俾该匪腹背受敌,不特晋省可以保全,即秦豫亦实获其福,于大局殊有关系。所有豫省防剿事宜,及能否派兵会剿之处,仍著僧格林沁斟酌情形,相机妥办。

将此由六百里谕令知之。

——《清穆宗实录》卷三八,同治元年八月己卯。

〇上谕

僧格林沁奏官军迎剿北窜捻匪大获胜仗一折。捻匪大股窜至鱼台县属之罗家屯地方滋扰,经僧格林沁派令暂革副都统色尔固善督队迎击,未能得手。僧格林沁亲督马步各军,由夏邑驰赴东境,于八月二十日自金山迤东满家洞一带进剿。该逆列队抗拒,我军分路攻击,侍郎国瑞复督中路马队冲入贼阵,该逆腹背受敌,始行败溃。乘势掩杀,毙贼千余名。我军追过山梁,适援贼万余麇集,我军奋勇冲杀,又毙贼四(万)[五]千名①,将步贼歼除殆尽。余匪向东奔窜,复经官军追杀,捡斩无算。共计毙贼七八千名,救出被胁难民千余名。夺获旗帜、器械、牲畜不可胜计。著即饬令派出各队跟踪追剿,将败残余匪悉数歼除,毋留余孽。所有此次在事出力各员弁,著僧格林沁即行□尤保奏,候朕施恩。另片奏色尔固善剿贼失利,请旨革职等语。色尔固善带兵剿捻,不能相机调度,以致失利,实属不知愧奋,暂革副都统色尔固善,著即行革职,以示惩儆。

——《清代起居注册(同治朝)》第 4 册,第 2082—2084 页。

〇上谕

英桂奏发捻大股盘踞河洛、图扰晋疆,请饬僧格林沁派兵驰赴洛阳援剿等语。多隆阿一军,现已驻扎商南,本日已谕令该将军酌调兵勇赴潼关防剿。至僧格林沁甫由山东剿办捻匪回军夏邑,并分派将弁追剿东省窜捻,该抚请饬该亲王选派劲旅、由洛阳径趋陕州之处,亦恐难行。已寄谕僧格林沁酌量办理。惟现在永济之永乐渡及附近芮城之曲里等渡最关紧要,仍著英桂严饬总兵和昌等,督饬在防兵勇,激励民团,协力守御,毋得稍有疏虞。据胜保奏,陕省回匪扮作难民,往北山纷窜,请饬绥远、归化两城派兵截剿,业经谕令德勒克多尔济等严密防范,著英桂随时与该将军将防守事宜妥筹布置,并著饬令大同镇庆德将所部官兵勤加训练,听候调遣。如回匪假装难民溷入晋境,即饬令地方官督率兵弁并力兜

① 此处据《清穆宗实录》卷三八(同治元年八月己卯)校改。

拿,以期有备无患。将此由六百里谕令知之。

——《清穆宗实录》卷三八,同治元年八月己卯。

〇上谕

英桂奏,发捻各匪连日于茅津渡上下游抢渡,均经官兵击退,请饬多隆阿由潼关迎剿,并请令僧格林沁赴洛援应各等语。多隆阿驻军商南,已谕令酌派兵勇防守潼关。僧格林沁追剿东省败匪,恐不克分兵径赴洛阳。该匪窜扰豫境,郑元善责无旁贷,著懔遵前旨,督饬诸军迅赴河洛,探明何路紧急,即向何路攻剿。傥攻剿不力,任令逆匪阑入晋疆,该抚恐不能当此重咎也。本日据僧格林沁奏,恒龄追剿姜台凌、王怀义等股贼匪,杀毙过半,余匪窜入山内,马队不能深入等语,并著郑元善督饬洪贞谦等率领步队入山搜剿,毋留遗孽。将此由六百里谕令知之。

——《清穆宗实录》卷三八,同治元年八月己卯。

闰八月

闰八月初八日

〇上谕

上又命议政王、军机大臣传谕僧格林沁曰:

据胜保奏,捻逆王怀义一股窜至陕州,经王佐臣击退,回窜东南,而张落刑、姜台凌等复扰,由卢氏窜近灵宝、阌乡地面,现在贼踪距潼关仅四五十里,防不胜防,请仍饬僧格林沁速拨马队千名防剿等语。陕省军情紧急,胜保现有兵力不敷调拨,急需马队剿办,自属实情。僧格林沁存营马队亦属无多,著即酌量情形,如该营尚可抽调,即速拨马队千名,由陕州、潼关一带入陕,驰赴胜保军营,听候调遣。

——《钦定剿平捻匪方略》卷一五六,第17页。

闰八月初九日

〇袁甲三奏

查胜保前办苗沛霖抚事,所以物议沸腾者,不在因时权变,而在颠倒是非。又创为报重施轻之说,使苗沛霖心怀觖望。在僧格林沁老成持重,万不致蹈其覆辙。惟臣鳃鳃过虑,窃以为有不可不防者四:

苗沛霖倡乱以来，未常轻离巢穴，其众亦未曾远出，恐僧格林沁未悉情形，一旦调赴北路剿捻，以犷悍之众，而又习惯行军，必将纵横驰突，愈不可制。此不可不防者一也。

苗沛霖素仰僧格林沁威名，深惮官军马队，只可遥为控制，不可与之合队，恐其窃窥北路虚实，学习马兵步伍，更启恣横之心。此不可不防者二也。

苗沛霖于楚师畏而恶之，自胜保去皖，无所倚恃，气颇自馁。现虽退避楚师，而其实未尝甘心。今僧格林沁处既有胜保为之先容，又有博崇武从中簧鼓，恐将多方挑唆，使僧格林沁与楚师意见不能相合。此不可不防者三也。

苗沛霖到处张贴告示，自称奉旨督办团练，有不附从者，则以违旨攻之，惑世诬民，莫此为甚。恐再假以威权，则植党愈多，更不服地方钤束。此不可不防者四也。

臣愚虑所及，不敢不直陈于君父之前。应如何密饬僧格林沁斟酌办理之处，出自圣裁。

——《钦定剿平捻匪方略》卷一五六，第24—25页。

〇上谕

袁甲三奏捻匪败窜回巢、复图东窜，现饬严密战守并密筹进剿一折。据称北窜另股捻匪，在羊山地方经僧格林沁马队截击，大获全捷。该逆等败回宝案山，又被该处团练官军截杀。八月二十三日，贼全股已至宿州西四铺及孙疃，计两日半，奔窜四五百里。现探李城、任柱、任缚得等均各回巢，带往马步贼众，所剩不过十之二三，有即日装旗出窜、由灵泗而扰清淮之谣。袁甲三已饬徐鹔等扼要驻扎，严守以避其锋，出奇以挫其锐，办理深合机宜。著僧格林沁严密侦探，如果该匪装旗东窜，即速派劲旅，直捣老巢，为一劳永逸之计。袁甲三亦即派兵攻剿孙疃等处逆巢，该逆回兵救援，便可于中途邀击，必能得手。清淮等处防务紧要，吴棠务须严密防范，并于临淮徐宿等军互相联络，不可稍存玩忽，致误事机。灵宿境内新抚各圩，袁甲三随时派员妥为安抚，使人人乐为我用，以收众志成城之效。另折奏近日苗练情形，并寿州、正阳关均已收复，道员蒋凝学带兵进城驻扎；又片奏，苗沛霖有不可不防者四，请密饬僧格林沁斟酌办理等语。所筹均尚周密。苗沛霖阴贼险很，反覆无常，惟尚知惮慑僧格林沁威名，必当恩威并用，潜消其跋扈之渐，隐防其狡毒之谋。现在捻患未平，时须杜其句结。俟兵力既厚，再当酌核办法。谅僧格林沁成算在胸，必能曲为体会也。袁甲三密片一件，著钞给僧格林沁阅看。将此由六百里各谕令知之。

——《清穆宗实录》卷三九，同治元年闰八月己丑。

闰八月十二日

〇僧格林沁、国瑞奏

据营总富和禀报，八月二十三日，追贼至永城迤北薛家湖地方，侦知败匪千余名，甫由薛家湖迤东向南逃窜，富和等即刻带队向东追剿，该逆拌死来拒，经我军奋力冲击，毙贼二百余名，直追至丁家集，贼匪四散狂奔；复探得郭家楼地方尚有贼匪二三百名避匿，富和带队折回，四面围住，将避匿之贼搜杀净尽，仅余捻首数名踉跄奔逃等语。

查此次虽未捡获著名捻首，然该逆拥众万余，乘隙北窜，经我军追剿获胜，将该逆马步贼匪歼除殆尽，窜回无几，尚足以寒贼胆。臣等现饬富和带队仍驻扎永城，并添派翼长全顺会同恒龄、卓明阿马队屯扎永城，以便相机进剿。惟思各股捻匪叠经痛加剿洗，一经直捣老巢，难免势穷思窜，不得不豫先防范，各专责成。傥直捣老巢之时，贼向西窜，应李续宜拨兵追剿；贼向东窜，应吴棠拨兵追剿；贼向北窜，应臣等拨兵追剿；贼若南窜，则三路拨兵合力剿办。庶不致临时观望。

至臣等军营马队，因叠次追剿贼匪，颇形疲乏，拟请饬下察哈尔都统，挑选年力精壮兵丁二百五十名，迅赴臣等军营，以资进剿。

——《钦定剿平捻匪方略》卷一五七，第7—9页。

〇僧格林沁奏

前闻楚军苗练彼此不睦，曾派弁前往蒙颍一带探访。据差弁周隆廷等先后回营禀称，苗沛霖归正情形，虽未能一律驯顺，现已愿将寿州城垣、正阳关厘卡交出，除九营头目潘四于五月投归李续宜外，其余各处苗练仍归苗沛霖调用，苗沛霖屡恳蒋凝学向李续宜婉言。并接据李续宜来咨，亦与该弁禀称相同。似此情形，苗沛霖尚可驾驭。惟李续宜面见都司周隆廷时，曾有苗沛霖叵测、须用重兵防范之语，固系慎重机宜。但彼此怀疑，则苗沛霖亦必不能帖然为用。为今之计，自宜恩威并行，施以权术，不必先与争利。业经臣札谕该练剿捻图功，俟贼平后，苗沛霖其势既孤，傲慢自必尽除矣。惟蒋凝学带勇五千余名驻扎颍郡，唐训方现署抚篆，势难统筹全局。刻下捻匪叠次溃败，势将穷蹙，若苗练妥帖，合之楚军，由南进剿，臣等督带马队由北进兵，可期得力。至于郑元善所统兵勇，已赴豫省西路防剿，恐难及时撤回。吴棠所部各队，现接来函，以防守里下河为要，恐难分拨。毛昶熙各队，除带赴省城外，其驻扎营郭等处勇数无多，亦属有名无实。傥楚军苗练各不相下，势必彼此争闹，合力除捻之举难期迅速蒇事。臣现将管带楚军之蒋凝学是否堪以统带，抑或应添派提镇大员督率，及苗沛霖应如何驾驭，暨督催楚军进剿捻巢各情节，咨行曾国藩酌量调度，仍应请旨饬下该大臣妥为兼顾，庶于剿捻大局可期有益。

——《钦定剿平捻匪方略》卷一五七，第9—11页。

○上谕

僧格林沁奏追剿回窜败匪、进扎永城及苗沛霖现应驾驭情形各折片，业经明降谕旨，将卓明阿等照所请奖叙矣。其营总富和等，由砀山追剿永城之薛家湖、郭家楼等处残匪，沿途截杀殆尽，仅余捻首数名及零星从贼奔败回巢，所办甚属妥协。僧格林沁现饬富和并添派之翼长全顺，会同恒龄、卓明阿马队驻扎永城，一俟永亳一带积潦渐消，道路可行，即行相机进剿亳州捻巢。该捻等叠经痛剿，一经直捣老巢，势必穷思铤走，若令东西纷窜，官军移向各路往追，贼又绕路回巢，官兵又复回攻，必至往来周折，为所牵掣。总当豫为筹画，谋定后动，方免临时互相推诿，贻误事机。僧格林沁现在夏邑，将由北路进兵，将来各路约齐会剿之时，贼如窜往北路，即由该大臣拨兵追剿。其贼窜西路，应由唐训方拨兵追剿。贼窜东路，应由吴棠拨兵追剿。贼若南窜，即三路合力追剿。均著各专责成，先期妥为布置，毋得观望迁延，自干罪戾。其毛昶熙所部驻扎营廓等处勇营，并著僧格林沁酌量，随同官军，应由何路进攻，妥为调遣。楚军应由南路进攻，其西路贼窜，责令追剿，是否足敷分拨，唐训方甫莅皖军，于进兵情势未知能否洞悉。既据僧格林沁将督催楚军进剿捻巢各情移咨曾国藩，即著妥为筹议；并将驻扎颍郡楚军，道员蒋凝学是否堪以统带，抑应添派得力提镇大员督率之处，一并妥筹兼顾。吴棠驻军清淮，筹防里下河一带，于亳州东路灵宿等处亦恐相距稍远。黄开榜派赴徐州代领田在田一军，应令如何酌量进扎；袁甲三尚驻临淮，应与吴棠等如何各分汛地、合力进攻之处，均当豫为筹定。总之各路责成，均须严密部勒，方能及时同心戮力，声势联络。著该大臣等会同商酌尽善，迅即奏闻。郑元善现赴河洛，督办西路，所统各军虽难撤回助剿，惟亳捻如由西、北两面窜走，均系豫境，著郑元善、毛昶熙严饬各属文武官绅，率领兵练，协同官军防剿。如有贼由何路窜逸，不能实力堵御，该地方官吏与带兵将领厥罪惟均。

苗沛霖反覆再三，其叵测情状，天下闻知。此次因僧格林沁札谕该练，欲用之剿捻，遂乘机具禀申诉，揣其意，一则欲借僧格林沁抑制李续宜，撤去楚师；一则欲借剿捻之名，冀僧格林沁奏准，还其前此占踞之利薮。一面之词，毫无情理，而阴鸷之谋时流露于意言之表。苗沛霖如果能带练剿贼，为国出力，朝廷屡经明谕，贳其既往，予以自新，该大臣等何难待之坦白，尽释猜嫌。但必须悔罪归诚，有杀贼攻城之实据，方可加之信任。若仍心迹闇昧，或阳为助剿而与贼阴相结纳，或欲冒官练之名以胁制民圩，希图煽惑，朝廷亦必洞见肺肝，谅该大臣等亦断不以欲资其力，稍涉迁就，致为所惑而忘后患。著僧格林沁、曾国藩等仍各悉心会同察度，妥筹万善。正阳等处厘卡既已交出，该练等果能随同剿贼，曾国藩等并当筹给饷需。至寿州、正阳关等处，利源所在，断不得令该练等藉词饷需，再图侵占。前次逆首陈玉城就擒寿州，其骁悍之众尚有二千余人，苗沛霖收隶所部，现在曾否遣散，其窜扰南阳一股捻逆有无此项余党，并著僧格林沁等查明具奏。

将此由六百里各谕令知之。[1]

——《清穆宗实录》卷四〇，同治元年闰八月壬辰。

〇上谕

僧格林沁奏，苗练楚军，彼此不睦，宜暂用驾驭，并将给苗沛霖札谕及苗沛霖原禀咨送军机处呈览等语。苗沛霖以怀远生员充当练总，蒙文宗显皇帝破格施恩，擢任川北道，加二品衔，宜如何激发天良，剿贼图报！乃有窃踞城邑、逼胁民圩、惨杀绅练各情事。即生擒陈玉城，亦因庐州兵势众盛，是以缚献渠魁，并将陈玉城死党二千余人留为己用。畏恶李续宜，时思去楚军以自便，其实楚军未曾与苗练打仗，李续宜亦非一意主剿。正阳关、寿州皆国家疆土，此时畏李续宜之威始行退出，又岂能藉口居功？详阅原禀，如粤逆送印加官封王赠女，已据供认不讳。而该大臣札谕苗沛霖，有楚军如有寻衅之处可随时禀报、以凭核办等语，设使该练无端捏造楚师寻衅，前赴该大臣行营禀讦，必当探访真确，详细权衡，不可轻听，致蹈胜保前辙。该大臣欲用苗练以剿捻，自系虑苗练与捻众句合，更难著手。惟该练阴鸷居心，能否真心助顺，尚不可知。此时附苗各圩，已有数百处反正，特恐苗沛霖得该大臣札谕，复向各圩逼胁，假公济私，亦不可不严为防范。要之，苗沛霖之为降为叛，总以剿捻之真假为凭。如果随同僧格林沁力破捻巢，不独前罪尽宽，并可加恩录用。然必须将所踞城邑民圩尽行退出，厘卡利源一一归公，伊但带练随剿，核其人数若干，酌拨粮饷，方为妥善。且俟苗沛霖覆禀，果肯与僧格林沁约期见面，再行酌量办法，或推心以置腹，仍杜渐而防微。袁甲三昨日所陈四条，曾经录寄该大臣，所称苗沛霖能唆令该大臣与楚师构衅，及窥破北路虚实，皆属意中之事，该大臣定能先见及此。该大臣公忠体国，自无丝毫成见，但左右之人，不能尽如该大臣之存心，恐营内办事之员，有受其贿属、贪利忘害、代为乞恩者，亦须加意防维，毋得为所蒙蔽。苗沛霖前依胜保以自固，此时复思附僧格林沁以图存，该大臣能深明其底里，则用其力以剿贼，亦可有益无损。

至将来进剿捻巢之时，河南为大营后路，不可不慎之又慎。前因南阳被围，郑元善未能督兵救援，径回省垣，办理监临事务，当经谕令该抚于出闱后即行驰赴河洛实力剿办，旋经官文等派令道员金国琛剿办南阳贼匪，力解城围。多隆阿攻克荆子关，曾未闻豫军随同剿办。发捻各匪，屡次由豫赴陕，复由楚窜豫，毫无遏堵。即如陈得才一股，由豫穿行至陕，复由陕回窜，虽经郑元善奏报各属剿击情形，何以未有一处能行拦截？是否空言搪塞，

---

[1] 寻奏，遵查苗沛霖所收陈逆余党，因带往江沟集剿捻，遇发逆马茫和与捻合股，遂逃归马逆队内，现留苗沛霖处无几。其南阳窜匪，未据各路禀报，无从深悉。报闻。参见《清穆宗实录》卷四〇，同治元年闰八月壬辰。

毫无豫备？抑系地大兵单，不敷分布？又如杨长春、杨飞熊、李续焘，皆屡经行阵之将，(破)[颇]著战功，此时何以并无功效？是否郑元善调度无方，该将弁等不能乐为之用？僧格林沁近在夏邑，著即查明具奏，毋稍偏徇。

苗沛霖一事，本日寄谕该大臣等会剿捻匪，业已言其大略。因此事机宜较密，有非事外人所能与闻者，用再重言申明。

将此由六百里密谕知之。

——《清穆宗实录》卷四〇，同治元年闰八月壬辰。

〇实录

钦差大臣僧格林沁奏，捻匪北窜，力疾亲往。得旨：览奏倍深系念，该大臣惟当随时调摄，以副期望。

——《清穆宗实录》卷四〇，同治元年闰八月壬辰。

〇上谕

上又命议政王、军机大臣传谕庆昀、廉至曰：

僧格林沁军营马队官兵不敷分拨，著庆昀、廉至挑选年力精壮兵丁二百五十名，配齐鞍马器械，带赴军营，听候调遣，不得以老弱兵丁、疲瘦马匹充数。

——《钦定剿平捻匪方略》卷一五七，第15页。

〇僧格林沁奏（节录）

……奴才等接准吉林将军咨称，三姓正红旗公中佐领□安病故，所遗之缺，□应拣补军营人员，应将三姓正红旗佐领之缺照例咨送钦差大臣、亲王僧格林沁军营拣员请补等因前来。奴才等在于吉林应升人员内，拣选得打仗出力之吉林厢红旗防御富兴堪以拟补。如蒙俞允，俟军务完竣，再由该处照例补行带领引见。是否有当，伏候训示遵行……

同治元年闰八月十二日议政王、军机大臣奉旨：富兴著依拟升补。该部知道，钦此。

——录副奏折，档案号03-4706-195。

闰八月十六日

〇胜保奏

臣前因黑龙江三起官兵四百十五员名伤病无马，饬交营总音德善等带赴汴梁调理，乃僧格林沁并未与臣咨商，率尔调往，于情理殊觉未平。查现在皖匪倾巢而出，僧格林沁军营马队较多,何以未能截剿,任令大股捻众窜近雒南?臣兵力不敷,尚须筹添堵剿,何可妄加抽撤,致误关中大局?在僧格林沁断非故掣臣肘,当因相距已远,一切情形未能深悉,是以忽有此举。应请饬令僧格林沁,仍将此项无马官兵饬令营总音德善迅速管带来陕助剿,傥未能折回,即恳饬令该大臣于吉林、黑龙江马队内另拨一千名,或五百名,迅速前赴臣营,以资剿办。

——《钦定剿平捻匪方略》卷一五七,第18—19页。

〇上谕

谕议政王、军机大臣等:

胜保奏武关等处发捻各匪纷窜情形,并请将黑龙江马队仍调赴陕等语。现在发捻各匪同时西窜,窥伺武关,西、同、凤三府回匪未平,设令发捻各匪乘间阑入关内,则内外交讧,剿办更形棘手。著多隆阿督率所部,迅将商州、商南一带屯聚贼匪痛加剿洗,并令温德勒克西等严扼武关,毋任贼踪窜入。现在各股巨匪纷聚秦豫交界,多隆阿务宜督饬所部相机剿办,妥行调度,毋令顾此失彼,方为尽善。郑元善前奏捻匪由灵宝、阌乡折窜永宁、卢氏,已派杨长春带队,于宜永嵩伊各境邀截。现在捻匪已窜至商雒一带,是豫军邀截之说又成虚语。该抚于本省军务漫无布置,又不认真督剿,一味空言搪塞,以致大股发捻各匪同时纷聚商雒、淅川一带,贻害本境,流毒邻封,实堪痛恨。著即迅饬杨长春驰赴商雒一带,会合楚军,速将匪股尽除,并派兵分布各境,以防回扑河陕,毋再玩误,致干重谴。胜保所留豫省之黑龙江三起官兵四百十五员名,前经僧格林沁调赴归德大营,著僧格林沁仍将此起马队饬令营总音德善管带,前赴胜保军营。胜保之军甚形单薄,副都统祥恩一军留防寿州,经胜保调赴陕西,著袁甲三、唐训方另行派兵前赴寿州接替,以便祥恩一军起程赴陕。将此由六百里各谕令知之。

——《清穆宗实录》卷四〇,同治元年闰八月丙申。

闰八月二十一日

〇曾国藩奏

皖北形势,以淮水为纲领。前此发匪盛于淮南,捻匪扰于淮北,袁甲三驻扎临淮,跨两淮而处其中。顷大江以北、长淮以南业已肃清,然唐训方暂署皖抚,仍应驻扎临淮,以资控制,西可联络蒋凝学寿颍之师,东可联络吴棠清江之师,南可联络石清吉庐州之师、李世忠滁州之师,即北路亦可稍助僧格林沁之声援。若不驻临淮,则中段空虚,恐徐宿蒙亳各捻又将窥伺淮南,关系甚大,不可不防。闻唐训方定于闰八月中旬由鄂启程来皖,俟其到省,臣当与之熟商，接统袁甲三之军，汰弱留强，与楚军联为一气，庶可防剿兼施。

——《东华续录》同治十三，第37页，同治元年闰八月辛丑。

闰八月二十三日

〇上谕

前因僧格林沁奏称，郑元善、毛昶熙保举杞县剿捻案内，知县刘时修等击毙爬城悍贼多名等情，均属实无其事，所保亦属过优，降旨将刘时修等保举撤销，并著郑元善等再行查明实在劳绩，另行请奖。兹据郑元善奏称，杞县知县刘时修等，于本年正月二十三日大股捻匪突扑县城时，该县文武登陴固守，击毙爬城悍贼多名，刘时修等乘贼不意，缒城出击，均属实在情形。僧格林沁督师进剿，系二十四日赶到，于前一日情形尚未目击。惟前次保奏单内，未将此层声叙明晰，自请交部议处，并另缮核减清单请奖等语。捻匪扑犯杞县城池，该县文武婴城固守，击毙悍贼多名，知县刘时修缒城出击，系在僧格林沁带兵赶到之前一日，且拴获捻首多名，送交毛昶熙军营正法，尚非奏报不实，应即照该抚等核减清单给与奖励。杞县知县刘时修，著赏戴花翎。教谕杨凤鸣，著以同知直隶州归部选用，仍在任候选。训导孟传恕，著赏戴蓝翎。千总王文清，著免补守备，以都司补用，仍在任候补。典史王太澄，著俟补府经历、县丞后，以知县用。即选训导侯守箴，著以知县归部选用。训导李春洲，著俟选缺后，以知县不论双单月在任候选。孙宝善著以布政司经历留于河南补用。千总赵东岭，著以守备补用。候选训导董其祥，著以本班不论双单月遇缺即选。候选未入流王沅，著以典史遇缺即选。贡生陆凤冈，著以县丞归部选用。贡生孙玉章、廪生孙嘉善，均著以训导选用。该部知道。单并发。郑元善、毛昶熙于前次保奏单内未能详细声叙，究属草率疏忽，均著交部议处。

——《清代起居注册（同治朝）》第4册，第2275—2280页。

〇毛昶熙奏

礼部左侍郎毛昶熙奏言：

南路发逆被击，窜往楚省随枣一带。其捻逆之窜赴商南者，经多隆阿扼剿获胜，回窜内乡，经抚臣派副将杨长春督队追剿，南阳亦有官兵截击，似可无虞，汴省防务较前已松。并闻永宿一带渐次肃清，僧格林沁不日督兵前进。臣酌量缓急，不敢以有用之兵置之无用之地，拟将原带兵勇亲督驰回归德军营，听候僧格林沁调度。惟查宋营兵勇口粮积欠甚多，臣现与署藩司王宪竭力筹给，以便进剿。

——《钦定剿平捻匪方略》卷一五八，第9—10页。

○上谕

郑元善奏粤逆纷窜唐邓、捻股纷驶内乡，现在相机力剿；毛昶熙奏省防较松，带兵驰回宋营随同僧格林沁进剿蒙亳各一折。粤逆伪扶王等分股窜扰邓州、新野等处，郑元善督饬洪贞谦等带兵追蹑，该逆窜向枣随一带。其捻匪姜台凌等股，经多隆阿于商南击败后，窜及内乡，另股窜过卢氏朱阳关。杨长春督队进剿，虽有斩捻，而山路崎岖，亟宜厚集兵力，四面兜剿，以期狝薙无遗。郑元善身膺重寄，岂得以地广兵单、饷糈支绌藉词推诿？著即严饬洪贞谦、杨长春等军认真攻剿，务将此股窜匪悉数歼除。如再不振刷精神，迅歼丑类，定将该员弁等从重治罪，该抚立予严谴。毛昶熙督办河南团练，责有攸归，豫省糜烂至此，该侍郎岂竟毫无策应？著即激励各属乡团沿途截杀，以辅兵力所不逮，毋得以进攻蒙亳，驰回宋郡，遂置本省应剿之贼于不顾。据郑元善奏，该匪如被剿情急，势必东驶回巢。著僧格林沁探明贼踪所向，派拨马队，相机截剿，毋令窜越。据官文等奏，发逆由淅川一带窜近襄樊，现在派兵迎剿。郑元善已饬洪贞谦扼扎唐邓交界，以防回窜，即著遴派劲兵，交洪贞谦驰赴楚境，合力攻剿，不得株守交界处所，致误事机。汴城防务已松，毛昶熙自应回宋。惟前据僧格林沁奏，宋营各队分扎于营廓等处，亦属有名无实，是宋营弁勇不甚得力。该营业归僧格林沁调度，并著该亲王随时整饬，俾成有用之师。豫省饷需万分支绌，该侍郎目击时艰，尤当汰除老弱，挑选精锐，务令悉成劲旅、饷不虚糜，方为不负委任。郑元善另片奏，陈逆纠合张汎林等股匪，图援陈寨，经张曜督队迎击获胜等语。现在秋令已深，汝郡一带积潦谅已消涸，著郑元善速饬张曜督率汝防各军尽力攻剿，毋令逆首陈大喜突围逃逸。是为至要。将此由六百里各谕令知之。

——《清穆宗实录》卷四一，同治元年闰八月癸卯。

闰八月二十五日

○上谕

谭廷襄奏剿办教匪、连营进逼，见在密筹攻取各情形一折。凤凰山教匪依山结寨，险峻难攻，见有被胁入山之王存芳等薙发归诚，该抚欲乘此机会，使其彼此相离，各生猜忌，然后官兵乘之而入，可以一鼓成功。所筹尚属可行。惟此股匪徒前经僧格林沁大军攻剿，将次得手，而匪首宋继朋等率众乞降。僧格林沁赴豫后，仍然背叛，较前尤为猖獗。此时王存芳等因官兵紧逼，钞掠无路，存粮日少，情急投诚，并未大受惩创，难保非诡言试探，懈我军心。该匪众尚数万，其真心归顺者自当妥为遣散，准予自新；其前此之已降复叛、反覆不常者，断断不能姑容，再贻后患。该抚见饬将王存芳等设法驾驭，使其暗中出力，引导大军,以贼攻贼,惟当密饬各营认真防守,乘机进攻,不得稍涉大意,致有疏虞。傥因机事不密,或为贼匪所乘,惟该抚是问。恐不能当此重咎也。德楞额一军攻剿云谷山贼匪,为日已久,前谕由城前等处进逼,与各路官军联络声势,著谭廷襄催令赶紧移营,或分军扼扎匪寨之南,以防窜突,并著酌度情形,饬令赶紧办理,无任藉词延宕。兰山一带攻克匪巢多处,并收复南路各围,著饬该府县等赶将西疃攻复,以期渐次肃清。

另片奏,博山之太和庄被匪徒翟雷攻破,淄川革生刘德培暗中勾结,该抚已调省兵,饬吴载勋会合大营派往兵勇兜剿等语。淄博一带尚称完善,岂堪令匪团滋扰?著即严饬吴载勋等迅速办结,不得任令蔓延。

将此由五百里谕令知之。

——《东华续录》同治十三,第45页,同治元年闰八月乙巳。

闰八月二十六日

○僧格林沁、国瑞奏

捻匪叠受惩创,势渐穷蹙。闰八月初八日,据翼长全顺等禀报,捻首李加膺恳请率众投诚,该翼长即与恒龄、卓明阿带队前往鞠家集,先将该匪巢穴清理,捻首李加膺旋率小捻首贾瑞金等十一名到永城乞降,经全顺讯供,解送来营。据李加膺递有禀词,甚属恳切,情愿带领降众数百名效力赎罪,并有永城绅民联名保状。臣等详审各情,实系悔罪投诚,自应仰体皇仁,宽其既往,当即准予薙发,令其前赴永城前敌营内效力赎罪,并发给免死护牌,以期日久相安。其余降众,已饬全顺选择精壮者,准其与李加膺随队报效。一俟永城迤南道途干涸,即当督队向前攻剿。并经札饬黄开榜一军移扎宿州,以期声势联络。臣等现拟由北路进攻捻巢,已将情形咨行袁甲三、吴棠,于亳东防剿如何各分汛地及派官兵由何路进剿之处,筹商咨覆。并饬安肃道蒋凝学带领楚勇,即由西南沙河督队向东北进剿。其蒋凝学是否堪以统带官军,抑或添派得力提镇大员督办之处,仍咨行曾国藩作速咨覆。并咨商该大臣,转饬苗沛霖实力剿匪,即由蒙城进攻贼圩。至胜保军营兵力不敷迎剿,奉旨令将前调汴省马队饬赴胜保军营,臣等遵将新调到营之官兵二百四十九员名,拨给马匹器械,饬委营总音德善管带,迅即起程前往胜保军营,以资攻剿。其余患病并无马官兵一百余名,仍留营调养,毋庸拨往。再,据德楞额禀报,进剿盘踞云谷山下棍匪,叠于恶石口、定花盘等处获胜,匪众向费县窜去;复探得匪首刘双印身带枪伤,逃上云谷山,即督队往攻等情。已饬德楞额作速进剿,迅将此股棍匪埽灭,以便会剿教匪。

——《钦定剿平捻匪方略》卷一五八,第13—16页。

〇僧格林沁奏

恭奉谕旨，令查郑元善贻误情形等因。臣查郑元善所统豫省各军，原系勇多兵少，每处不过兵勇千余名至二三千名不等。当贼众奔窜之际，每阅该抚奏报，则称马步贼匪动经数万，虽无如此之多，然贼数实有万余，该抚所统兵勇未能拦截，实属力有不逮。但该抚职任封圻，总应将实在情形据实陈奏，朝廷亦可酌量情节，指授机宜。无如所奏，每与实在情形不符，未免欺饰。前此南阳被围，又兼捻匪姜台凌、王怀义各股率众西窜之际，郑元善藉监临之名回省，实属不知缓急。臣督军剿匪，路经陈留，与郑元善见面，才能、胆气臣未见其长，遇事每涉颟顸迟钝。侍郎毛昶熙办理团练，带兵防剿，皆属有名无实。河南军务及整饬地方，若恃该二员办理，实难望有起色。杨长春一员，前在杞县剿贼，尚称勇往。至杨飞熊、李续焘二员，从前如何奋勉，目今何以并无功效，是否郑元善调度无方，臣并无见闻，不敢轻率陈奏。

——《钦定剿平捻匪方略》卷一五八，第17—18页。

〇上谕

僧格林沁奏捻首李加英悔罪投诚、准其效力赎罪一折。李加英率众投诚，既据该大臣察其情词恳切，自可宽其既往，予以自新。惟所缴枪炮，现仍酌量给还，该捻等狼子野心，仍当严密管束，毋令恃有免死护牌，复萌故态。僧格林沁现令其前赴永城前敌效力，著即饬令督队前进，攻剿贼巢。该大臣拟由北路进兵情形，咨行袁甲三等筹商防剿，并咨会曾国藩转饬苗沛霖实力进剿。俟计议已定，一面奏闻，一面分路进攻，以期捣穴捦渠，廓清积年巨患。副都统德楞额剿办云谷山棍匪，虽小有斩捦，尚未大受惩创。昨据谭廷襄奏，教匪王存芳等情急投降，该抚令其暗中出力，引导大军，乘机进取，正须厚集兵力，一鼓成功，著僧格林沁严饬德楞额迅将云谷山克期攻拔，即就近移营会剿教匪，毋任迁延贻误。前有人奏，署河南臬司洪贞谦品行卑污，请撤任查办等语，僧格林沁驻军归德，自必有所见闻，该署司平日官声何如，带勇接仗曾否得力，著该大臣确切查明，据实具奏。将此由六百里谕令知之。

——《清穆宗实录》卷四一，同治元年闰八月丙午。

〇上谕

前因潘祖荫奏称，江苏、安徽、山东、河南四省边界，捻匪蔓延，徐州府属为四省交冲，请于该处添设四界镇道各员，以专责成，当经谕令僧格林沁、曾国藩、吴棠、李鸿章、李续宜、谭廷襄、郑元善等妥议具奏。兹据僧格林沁等奏，捻匪起于蒙亳，扰及江皖东豫，出没之区四通八达，即使四界添设镇道，仍不过兼顾一隅，徒更旧章，无裨全局，须俟大兵剿办，地方肃清，再行酌议，随地制宜，各等语。该大臣等所奏自系实在情形，潘祖荫所请添设镇道之处，著毋庸议。

——《清代起居注册（同治朝）》第4册，第2318—2319页。

〇上谕

僧格林沁奏，请将护送马匹官员奖励等语。此次察哈尔太仆寺牧群内解到僧格林沁军营马四百匹，均属膘壮，堪以乘骑，该解马官员沿途喂养护解，均属勤慎，未便没其微劳，除解马官固山达拉普坦等暨兵丁三十八员名，业经该大臣赏给银两鼓励外，所有解马官翼长拉什色稜拉普坦，张家口照料官右翼蒙古骁骑校、记名防御库穆吉泰，均著以应升之缺尽先升用，以示奖励。该衙门知道。

——《清代起居注册（同治朝）》第4册，第2319—2321页。

〇僧格林沁等奏（节录）

……奴才等军营遇有各营官弁缺出，均由打仗出力人员内拣选，奏请补授，以资策励。兹查吉林满洲镶红旗防御富兴，现已升补公中佐领，所遗防御之缺，奴才等拣选得伯都讷蒙古正白旗博尔和图佐领下蓝翎尽先即补防御、领催马尔庆阿堪以拟补。其富兴前经请补防御，所遗骁骑校之缺，拣选得吉林鸟枪营正白旗富全佐领下花翎尽先即补骁骑校、领催德顺堪以拟补。吉林满洲镶白旗德楞额佐领下骁骑校讷穆锦前经请补防御，所遗骁骑校之缺，拣选得吉林满洲镶红旗明山佐领下蓝翎尽先即补骁骑校、披甲台斐音阿堪以拟补。乌拉镶蓝旗阿克东阿佐领下骁骑校音德布前因打仗阵亡，所遗骁骑校之缺，拣选得拉林镶白旗富顺佐领下蓝翎尽先即补骁骑校、前锋巴哈那堪以拟补。土默特右翼佐领额勒登布现因打仗阵亡，所遗佐领之缺，拣选得本翼图们额勒哲依安佐领下花翎即补佐领、前锋校索诺木堪以拟补。递出前锋校之缺，拣选得本翼布彦额勒哲依佐领下蓝翎即补骁骑校、甲兵岳忠呢堪以拟补。左翼阿什克图佐领下骁骑校喜麟现因打仗阵亡，所遗骁骑校之缺，拣选得右翼格图肯佐领下蓝翎即补骁骑校、甲兵塔□呢格堪以拟补。惟塔□呢格系调翼请补斯缺，与例稍有未符，应俟本翼缺出，再将该员调回，以符定制。如蒙俞允，俟军务完竣，再由各该处照例补行带领引见。是否有当，伏候训示遵行……

同治元年闰八月二十六日议政王、军机大臣奉旨：马尔庆阿等均著依拟升补。该部知道。钦此。

——录副奏折，档案号03-4706-217。

〇僧格林沁等奏（节录）

……查奴才等前经遵奉谕旨,保奏出力马队官兵,其请奖单内,哲里木三等护卫庆弼□克图等四十五员名,均蒙赏戴花翎。查该营先经呈报册内,有出力之四品台吉察幹特穆尔一员,嗣又呈报续行出力册内,有察罕特穆尔一员,是以汇奏时均请赏戴花翎。兹据该营声称,察幹特穆尔即系察罕特穆尔,实系重复,应请声明,将察罕特穆尔之名撤销等情。是此项请奖花[翎]之三等护卫庆弼□克图等仅止四十四员名。除将呈报错误之员,已由奴才等分别惩办外,应请敕下理藩院,将察罕特穆尔之名撤销……

同治元年闰八月二十六日议政王、军机大臣奉旨:该衙门知道。钦此。

——录副奏折,档案号03-4706-218。

〇僧格林沁等奏（节录）

……奴才前因军营炮位短少,捻匪时窜东境,需炮甚殷,于上年二月咨行两广总督劳崇光,一俟铸有成效,即饬径行运至山东济南省城交纳,以备调用。兹于本年闰八月十九日接准劳崇光咨称,据布政使衔前浙江盐运使潘仕成禀称,□同潘国荣钦遵赶紧办理,现已铸就大小炮位一百十八尊,共重[四万]四千二百四十斤,合膛炮子一万二千斤,熟铁配造洋木炮架一百十八座,业经演示合用,与外洋铸造无异,饬派五品顶戴誊录李□、监生潘维屏押解,运到香港,雇觅洋船,由海道运至山东济南省城等情,并开列计一千斤炮十尊、四百斤炮五十二尊、二百四斤炮五十六尊,熟铁配造洋木炮架大小一百十八座,合膛炮子一万二千斤,咨行验收前来。查奴才军营现在所存炮位,自上年起,在济宁采买铜斤,续铸炮位,此时足敷攻剿之用,所有此项捐铸炮位,自应解赴京城验收存储,以昭慎重。现经奴才咨行山东巡抚,一俟前项炮位运至山东海口,即饬径运天津,并咨行直隶总督,饬令天津镇道委员妥为护解至京,交内火器营衙门验收。然查验炮位,务须熟谙火器之员,奴才知外火器营营总穆腾额熟习火器,堪以派委,相应请旨敕下管理火器营王大臣转饬该营总认真查验,如果堪用,验收后即交八旗汉军炮营收存,以备调用……

——录副奏折,档案号03-9412-017。

〇上谕

据僧格林沁奏,此次察哈尔两起交到马六百匹,不堪骑用者较多,虽因调拨较繁,牧群内所存无几,而该管员弁平日不能小心喂养,临时率以老弱充数,亦概可知。著庆昀等实力整顿,嗣后各路军营调用马匹,如再似此草率,不能一律膘壮,定将该都统并该管之员一并惩处。将此谕令知之。

——《清穆宗实录》卷四一,同治元年闰八月丙午。

〇实录

调锡林郭勒盟官马二千匹，赴钦差大臣僧格林沁军营备用。

——《清穆宗实录》卷四一，同治元年闰八月丙午。

闰八月二十七日

〇吴棠奏

徐宿军务，前经会商亲王僧格林沁，拣派总兵黄开榜前往接办，以期次第整顿。兹黄开榜已于本月十六日进驻宿州，听候僧格林沁调遣。其所部各队，除留防徐宿两城外，挑选马队兵勇一千名、步队兵勇三千名，专备进剿；又分扎蒙村、烈山两营一千名，严扼要隘，俾战守均有可资。臣仍饬令随时训练，悉成劲旅。至捻匪李城等股，经僧格林沁在东境痛剿后，其气已夺，乃声言仍欲装旗出窜。臣现饬黄开榜并邳宿水陆防兵严加戒备，毋任窜逸。

——《钦定剿平捻匪方略》卷一五八，第18—19页。

〇上谕

议政王、军机大臣字寄署漕运总督吴。同治元年闰八月二十七日奉上谕：

前因都兴阿奏访获习教匪徒，当经谕令吴棠遴派员弁前往泰州一带查办。兹据吴棠奏，查阅都兴阿咨到经卷等件并曹怀富等供，不过吃斋学道拜师收徒，其经卷亦只是华严等经，尚无违悖不法及创立邪教名号等语。愚民惑于果报之说，辄谓茹素即能获福，讽经即可免灾，念佛治斋，浸成风俗。第传徒聚众，结会敛钱，党与过多，必致为地方之害。且据都兴阿奏，访闻该处入教者，男妇俱穿白衣，其家中祖先牌位一概劈毁，查询称为新新教；匪犯左戎山即左成山又供称，系普渡教。该习教民人如果立愿修身，何必均穿白衣及手拿白扇等件作为记号？又何至劈毁祖先牌位？是否有新新教、普渡教名号，均应逐一根究，以期弭患未萌。州县官失察地方教匪，处分颇重，往往讳匿不报；即委查各员，率多瞻徇同官，代为掩饰。已获之曹怀富等，计已押解到浦，即著吴棠亲行研讯，务得确情，分别惩办。在逃之韩富春等各首犯，仍勒限严拿，毋令漏网，并著饬令道员王荫棠等会同运司乔松年等严密访查，总须严拿首犯，解散胁从，兼之晓谕愚民，以祛其惑，固不可辗转株连，累及良善；亦不可颟顸草率，贻患将来。吴棠平日办理地方诸事，素能实心实力，兹事谅必能宽严得中，妥协办理。吴棠另片奏，捻匪李成等股经僧格林沁剿败后，仍欲装旗出窜等语，并著吴棠速饬黄开榜实力防范，所有邳宿水陆防兵，务令随时扼截，毋得稍有疏懈。将此由四百里谕令知之。

钦此。遵旨寄信前来。

——《咸丰同治两朝上谕档》第12册，第495—496页。

○上谕

上命议政王、军机大臣传谕僧格林沁曰：

光禄寺少卿董元章等奏称，河南汝州团首李瞻、洛阳团练会元局李书声等，堵剿捻匪，保卫地方，素称得力。本年四月间，李瞻因本地富户彭姓不肯入团，毁其房屋，并率众围张家寨，情形跋扈。杨飞熊听信已革洛阳令任桂挟仇指使，诱杀李瞻，并杀其从行十余人，致郏县、宝丰团练畏而解散。李瞻连次杀贼，信非叛逆，其瞻王名号，恐系仇家彭姓等捏造之词。革令任桂任洛阳时，适值粤匪由陕回窜，会元局团首李书声纠众抵御，开炮毙贼多名，获银数千两，任桂等目为饷银，饬令缴官。该团以银两包裹内杂有妇人衣饰争辩，负气不缴。杨飞熊即指为叛逆，会同知县徐光第焚烧村庄，抢掠财物。杨长春到洛，诱令该团送银一万四千余两，始允讲和，复将团首李书声等斩枭，以致各团解体。各等语。汝州练首李瞻等，前据郑元善奏，访闻有纠众谋叛情事，密饬杨飞熊等会同地方官相机掩捕，将李瞻等歼毙。[折内叙有李瞻手执黄旗，任桂率马队迎击捡获，][1]并未言及诱杀情事，其于洛阳团练李书声等，则称纠众盘踞，肆行抢杀，且勾通贼匪攻城，讯据供称抗官劫饷、拒杀官兵不讳，当即正法，亦与此次所参情节不同。李瞻、李书声固非安分良团，然据所奏各情，究非叛逆，其中有无冤抑，僧格林沁驻扎豫省，相距较近，向来交查各件，均能持平，著照原折所参各款确切查明，据实覆奏，使曲直判然，分毫不爽，庶已散之民心可图复聚。任桂、徐光第各劣款，务须访查得实，严行参办。杨飞熊、杨长春有无前项劣款，著一并查明覆奏。[2]

——《钦定剿平捻匪方略》卷一五八，第24—26页。

闰八月二十八日

○李续宜奏

接唐训方来函，该署抚已于闰八月十三日自湖北启行，计二十日后定可行抵安庆。臣拟于闰八月二十六日启程，回籍料理臣母丧葬等事，藉省臣父起居，以广圣主锡类之仁。再，臣接道员蒋凝学来禀，苗沛霖于八月间将寿州、正阳关先后退出，知该道于二十一日已

① 此处据《清穆宗实录》卷四一(同治元年闰八月丁未)补。

② 《清穆宗实录》卷四一(同治元年闰八月丁未)在此后尚有“原折一件，并郑元善折二件，均著钞给阅看。将此谕令知之”一句。

至寿州布置防守事宜。查蒋凝学固属因势利导，而苗沛霖亦非慢无悔心，前既擒献陈逆，今又退出城关，从此痛改前非，臣自当称物平施，饬部下各将宽其既往，诱以自新，冀安各路反侧之心，而策叛练桑榆之效。

——《东华续录》同治十三，第50—51页，同治元年闰八月戊申。

〇上谕

李续宜奏起程回籍日期并苗练退出城关情形一折。唐训方已由楚北启行，计日可抵安庆，李续宜务将地方情形及军务应办事宜详细告知，以便接办。前据僧格林沁奏，拟令苗练剿贼自赎，当经谕令该大臣与曾国藩、毛昶熙、吴棠、唐训方等察度苗沛霖情形，是否真心悔罪，妥筹办理。现在寿州、正阳城关虽经退出，而颍上县城尚为该练所踞，曾否一并退出交官，其从前逼胁附近各民圩曾否解散，悉归地方官约束，均著唐训方于驰抵临淮后查明具奏，次第办理。本日已将李续宜原折钞寄僧格林沁阅看，并著唐训方与僧格林沁随时商酌，一面督饬蒋凝学妥筹抚辑，以安反侧之心，毋稍大意。本日据罗惇衍奏请迅饬李续宜回任一折，已明降谕旨，令该抚回籍后，将母丧赶紧办理，事毕即行赴皖。现在皖北捻匪未平，苗练甫经就范，皖南大股贼众麇聚广德，正当防剿吃紧之时，亟须得人而理。该抚务当体朝廷不得已之苦衷，移孝作忠，力顾皖省全局，以副委任，毋稍耽延。将此由六百里各谕令知之。

——《清穆宗实录》卷四一，同治元年闰八月戊申。

〇毛昶熙奏

据洪贞谦禀称，捻匪窜扰内乡，当派马队追剿获胜，立解城围，败匪溃向西南，官军追剿，歼毙多名，该匪又折回东南奔窜，势颇穷蹙，探贼或由邓州窜赴林水驿，或由新野绕窜唐县，奔回老巢。已派马步各队驰赴林水，绕出贼前，会合南阳镇总兵图塔纳迎头截击，又先期派副将卢得胜驻扎叶县，遏其归路等语。臣查此股捻匪由商南被击折回，经豫省官兵沿途追袭，捡斩甚多。抚臣所派副将杨长春闻已驰至南阳，该匪现窜至附近南阳之白牛铺地方，其为意在回巢无疑。窃以该匪由宛回巢之路有三：一由唐泌取道西平、遂平、项城；一由襄城取道通许、尉氏；一由颍郾取道西华、商水。现在西遂一路业有余际昌一军由汝赴宛，可以迎头截击；而临郾、襄城两路颇为空虚，傥不扼要痛剿，诚恐扰及附省地方。臣现派副将陈禄兴等拔营赴许，先期布置，如遇该匪窜至，即突出邀截，务期尽绝根株。仍檄许州、裕、叶、南阳一带地方官调集团练，并力堵御；并飞调卢得胜一军由叶前进，与陈禄兴之军前后夹击；又札知余际昌、杨长春两军会合痛剿。至省城重地，亦当严密设防。臣现督饬续调来省之游击邵春仁等分布守御。如该匪被击分窜至洧川、尉氏等处，臣即亲督兵勇前往迎击。其周家口一带系贼回巢必由之路，臣已函致僧格林沁豫为布置，仍一面飞咨郑元善豫为堵遏，不令幸逃。

——《钦定剿平捻匪方略》卷一五八，第26—28页。

〇上谕

毛昶熙奏捻匪被击意欲归巢、由省派兵赴许扼剿一折。现当筹剿亳捻老巢之际，此股捻匪先期出窜，自商南痛剿后，势已穷蹙，如果毛昶熙所派各军，果能实力与余际昌等会合剿办，杨长春紧蹑其后，无难一鼓聚歼。著毛昶熙严督所派各军，确探贼踪，合力兜剿，迅殄游氛，毋得有名无实，致干罪戾。汴城防务，仍妥筹兼顾，认真布置。贼如分窜洧川、尉氏等处，即亲督兵勇前往迎击。周口一带，为贼回巢必由之路，僧格林沁谅已豫为部勒。若贼归路已穷，铤而西走，郑元善驻军河洛，著即力筹堵剿，毋任兔脱。本日据李续宜奏报，苗沛霖将寿州、正阳关先后退出，蒋凝学已往布置防守。该抚现拟饬令部下各将，宽其既往，诱以从新，冀安各路反侧之心，而策叛练桑榆之效等语。李续宜宽严交济，具有深心，与僧格林沁前次所奏适相符合。已饬李续宜、唐训方督饬蒋凝学妥筹办理，原折著钞给僧格林沁阅看。僧格林沁既拟准其就抚，必须晓谕将所踞颍上县城及逼胁附从各民圩一并交出归官，方见其真心归顺朝廷。与李续宜办法亦出一致，可无后患。将此由五百里各谕令知之。

——《清穆宗实录》卷四一，同治元年闰八月戊申。

九月

九月初一日

〇唐训方奏

暂署安徽巡抚、湖北布政使唐训方奏言：

臣钦奉恩命，暂署安徽巡抚，并令速赴安徽。臣谨即迅速交卸，准于闰八月十三日起程赴皖。伏念臣自咸丰四年从戎湖北、江西、安徽等省，于皖省形势仅知其略，淮河南北并未亲历。目下沿江虽幸肃清，而蒙亳颍寿捻氛肆扰，正阳关、三河尖一带防范均未可稍懈。现在颍州及三河尖等处皆有兵勇驻扎，声势似可联络，惟地方久被贼踞，元气未复，军饷无从筹给，容俟臣抵皖后，详察地方情形，设法补苴。至苗沛霖名曰就抚，亦难深信，容商之僧格林沁，妥筹驾驭之方，和衷办理，断不敢豫存成见。①

——《钦定剿平捻匪方略》卷一五九，第1页。

① 奏入，上谕曰：著懔遵叠次谕旨，与僧格林沁和衷商摧，妥筹办理。参见《钦定剿平捻匪方略》卷一五九，第1—2页。

九月初二日

〇郑元善、毛昶熙奏

据署臬司洪贞谦等报称，前窜内乡捻股，于闰八月十二、十三等日围扑县城，城上枪炮齐施，轰毙不计其数。十四日夜，贼复用云梯攻城，守城民勇奋力击退，并由东南隅縋城而下，呐喊齐进，该匪惊溃……省垣重地及沿河要口，在在均宜严防。现已飞咨山西抚臣，并行知河北镇道，督饬兵勇，加意扼守。又将胜保调陕之定威营勇一千名留扎渑池，暂顾北路。臣郑元善惟就现有兵力，或设伏邀击，或出奇袭追，逼令东归，徐图蹑剿。臣毛昶熙暂驻省垣，布置防御。又飞咨亲王僧格林沁，酌拨马队，于陈州一带迎头拦截，以期痛加剿洗。

——《钦定剿平捻匪方略》卷一五九，第2—5页。

〇郑元善、毛昶熙奏

窃惟逆捻鸱张，几及十稔，由陈许而宛洛，由宛洛而殽渑，良由豫省东南延袤千里，平原四达，无关梁厄塞之限，贼之边马动以万计，倾巢而出，饱掠而归，我军皆系步队，与贼决战，以步当骑，势已不敌，况贼锋剽疾，倏忽靡常，即有时追及，而喘息不属，勉强与战，安望成功？臣等窃思，欲制逆捻，当练骑兵。比年僧格林沁转战豫东之间，所向披靡，固由其勇略过人，亦所部马队精锐趫捷，足以制贼死命。用骑之利，已有明征。查豫省满营抚标及河北、归德、南阳三镇，额设马甲马兵不下三千余人，近来饷项不充，兵丁枵腹，马多倒毙，有兵之名，无兵之用。

国家营制攸关，岂可听其废弛？且豫省剿匪需马甚急，量为变通，可收驰驱之利。拟合各营通计抽调二千人，合为一军，所需马匹，即由豫省采买，配给乘骑，加意教练，务使铳箭精熟，驰逐便利，比照马勇支给行营口粮，于陈州迤东太康、鹿邑、淮宁之间择要屯扎，以扼豫省东南门户。亳捻稍有蠢动，随时可以驰击。傥有阑入，则疾趋赴敌，或扼其前，或冲其胁，或遏其归途，或邀其辎重，相机雕剿，制人而不制于人。惟军饷支绌万分，此项马价，拟于本年漕米项下借银二万两，即由臣等派员出口采办，仍于臣等营内月饷扣还。成军以后，应将臣等各营步勇酌裁四千人，以为此军刍粮之用。并请饬下僧格林沁，酌派骁果骑将一人前来协同统带，以资训练。他日军务完竣，各令归伍，不致无方安插。计无有便于此者。如蒙俞允，即由臣等分别办理。遇有捻警，以战为守，东藩既固，西路自安，似于中原大局不无裨益。

——《钦定剿平捻匪方略》卷一五九，第5—7页。

〇上谕

谕议政王、军机大臣等：

郑元善等奏围扑内乡捻匪被击东遁，永宜捻患甚炽，官军叠次获捷，现拟逼令回窜一折。捻逆回扑内乡县城，经洪贞谦派队赴援，将贼击败，立解城围。该逆避窜邓州，欲由新野唐县东遁。著郑元善严饬该署司等，速将此股窜匪迅速殄灭。其窜入随枣之粤逆已过应山，余际昌之军，既因张曜围攻陈逆老巢吃紧，未能撤动，郑元善惟当就本省兵力相机剿办，并著迅催尹嘉宾马步，会合卢得胜之军，极力扼截。至卢永捻股，经副将杨长春攻剿、参将李世玉截杀后，有东遁归巢之势。该匪奔突靡定，省垣重地及沿河要口，均宜严密防范。著郑元善督饬杨长春、李世玉等跟踪追蹑，并飞饬河北镇道加意扼守，毋令偷渡。其省垣根本之地，尤须防其乘虚窥伺，即著毛昶熙暂时驻扎，布置守御。僧格林沁进剿蒙亳，尚难克日拔营，并著分兵兼顾，会同郑元善、毛昶熙各军分投策应，并力扼截。所有胜保调陕之定威营勇一千名，即著郑元善飞咨胜保留扎渑池，以顾北路。

郑元善、毛昶熙另折奏，请抽调满营抚标及河北、归德、南阳三镇额设马甲马兵二千人，合为一军，采买马匹，配给乘骑，教练成军以后，即将该抚等步勇酌裁四千名，以为此军饷需之用。所筹颇中窾要，即著郑元善等认真挑选，妥速办理，并著僧格林沁酌派熟谙马队将领一二员前赴豫省，加意训练，务令技艺娴熟，悉成劲旅，俾屯扎东南要隘，得以遏捻匪西窜，于全局甚有裨益。原折著钞给僧格林沁阅看。

将此由六百里各谕令知之。

——《清穆宗实录》卷四二，同治元年九月辛亥。

九月初三日

〇上谕

谭廷襄奏攻剿兰山县属匪围连次克捷、收复多处、歼捻首要各犯一折，业经谕令谭廷襄督饬各该文武乘势埽荡，次第肃清。僧格林沁有节制山东省军务之责，所有该抚办理攻克收复各匪围是否确实、内应投诚各匪首是否可靠之处，著即详查，据实具奏。东省棍幅等匪所在多有，其负嵎抗拒匪围，必须实力攻克，捣穴捦渠，俾各匪首知所震慑，悔罪投诚，方为可恃，不至留遗后患，转益蔓延。僧格林沁耳目较为近切，于该省情形自必能详细也。谭廷襄原折著钞给阅看。将此由五百里谕令知之。

——《清穆宗实录》卷四二，同治元年九月壬子。

九月初八日

〇曾国藩奏

接奉谕旨垂询各节，当与抚臣李续宜再三商度，嗣复与署抚臣唐训方熟商。

查李续宜所部湘勇在皖境者万余人，见在分守颍州、寿州、六安、霍邱、固始五城，又守三河尖、正阳关两隘，皆系最要之区，若再令分剿捻巢，则防守七处之兵与进剿亳南之兵皆嫌其单。湘军素无马队，于追逐捻匪本不相宜，若步军太单，则更无把握矣。屡接官文函咨，石清吉防守庐州之十营，前已调去三营，今又欲再调三营回援鄂省，皖北腹地空虚，颍寿之湘勇以分守七处而太单，庐州之防兵以抽调六营而亦薄，更无余力可以进剿亳南。此楚军不敷分拨兼有窒碍之情形也。

若道员蒋凝学与毛有铭同为监司，成大吉、萧庆衍、王载驷皆为提镇，势位相侔，才智相等，彼此俱难统属。至臣所部各军，如杨岳斌、鲍超、张运兰、朱品隆诸统将，皆抱病未痊。见在皖南军情警急，臣欲求一人支持大局尚不能得，又安能另派大员督率淮北剿捻之师？此颍寿各军难相统驭之情形也。

至苗沛霖，反覆叵测，诡谲多端，耳目最广。蒋凝学等欲阳抚之而阴防之，固在苗沛霖算中。即僧格林沁欲调苗剿捻，并欲调苗离巢，使楚军得以放心剿捻，亦未尝不在苗沛霖算中。臣愚以为，欲苗之不猜疑，必在我者先有诚一不欺之道；欲苗之不反覆，必在我者先有坚定不变之谋。大抵驭苗之策有二：一曰赦其罪而不资其力；一曰资其力而并予以权。凡良圩之出财出力以从苗者，非心服也，彼挟朝命以临之，不得已而为所胁耳。自夏间党与离散，苗势渐衰，今调之会剿捻巢，则必听其招集旧部，号令群圩，是予以威权矣。又必听其广收练粮，设立厘卡，是予以利权矣。惟赦其罪而不资其力，犹不失为中策。于征调之札则吝之，使其号令不能遽振；于厘卡之事则宽之，使其生计不至遽穷。情愿假以利权，断不予以威权，俾苗沛霖既服官军之足以自立，又感疆臣之不与争利，或相安无事。此臣察度苗练但取中策之微意也。至苗沛霖所收逆首陈玉城余众曾否遣散，是否溷入南阳捻股，俟访查的确，续行附奏。

——《东华续录》同治十四，第6—8页，同治元年九月丁巳。

〇上谕

谕议政王、军机大臣等：

皖北蒙宿永夏颍亳各州县捻巢林立，遍地贼氛。前因僧格林沁奏请饬令皖豫徐宿诸军各专责成，分路防堵，并约期会攻老巢，当以楚军方由南路进攻，其西路贼窜能否分顾，谕令曾国藩酌量妥筹。兹据曾国藩奏称，李续宜所部湘勇万余人，分守颍寿等七处，并进剿亳南之兵，皆嫌单薄；庐州防兵，亦经官文檄调六营回援鄂省等语。是楚军驻皖各营，进剿亳南尚形不足，势难兼顾亳西。其带队各员，如蒋凝学、毛有铭同为监司，成大吉、萧庆衍、王载驷皆为提镇，彼此俱难统属。曾国藩远驻安庆，现在皖南军情十分紧急，势难兼顾皖北。所有防剿颍亳捻匪事宜，自应仍由僧格林沁酌度办理。现在唐训方已经驰赴安庆，接篆任事，即可前赴临淮，接统袁甲三军务，僧格林沁并可与该署抚筹商办理。楚军虽不敷分拨，然遇有捻匪出窜之时，亦须扼要迎截。僧格林沁前已札饬蒋凝学向西南一带进剿，惟寿州等处关系至要，本日已谕令唐训方派员接替，俾蒋凝学得以由寿州前赴防所，该大臣可即酌拨大营兵丁前往助剿，以厚兵力。至该大臣现驻永城，将来进捣捻巢，自宜先由永夏一路进兵，与吴棠东路徐宿一军及袁甲三所派之南路进攻蒙宿一军相去较近，约期齐举，声势自易联络。俟永夏蒙宿一带肃清，再行移师而西，合捣颍亳捻巢。军威既振，匪势亦孤，自可易于得手。至攻捣捻巢时，务宜逐渐进取，步步为营，不可孤军深入，为贼匪抄袭后路。是为至要。

苗沛霖诡谲多端，耳目最广，各营章奏信函，均能探访钞录，该大臣务当慎密防范，不可为所窥探。曾国藩所称推诚抚驭，使无猜疑，与僧格林沁前奏大旨相同。惟苗练每挟朝命胁制附近各圩，逼令从己，若使其招集旧部，随同官军剿捻，则苗练藉此号召群圩，而威复振。若剿捻获胜，则必并吞捻众，占踞捻寨，而焰愈张，将成尾大不掉之势。曾国藩所称赦其罪而不资其力，不加征调，使其号令不能遽振，或于厘卡之事宽其生计，令其相安无事，盖与其假以威权，尚不如假以利权。所筹甚合机宜，即著僧格林沁妥筹办理。

袁甲三所陈将湖沟一路仍归宿军，由吴棠督饬办理，令其进攻孙疃、板桥、曹市集李城等老巢，而以临淮一军专攻高炉、西洋、雉河等集张落刑等老巢，于地利军情，颇合机宜，现已谕令袁甲三、吴棠、唐训方照议办理，仍著僧格林沁统筹兼顾。曾国藩、袁甲三原折各一件，并著钞给阅看。

本日复据毛昶熙奏，西路另股捻匪回窜，扰及韩城、宜阳，意欲由汝郏回巢；南路捻匪欲由桐柏、泌阳回巢；巩县等处亦有贼踪；襄城地方，已派副将陈禄兴扼截等语。现已谕令毛昶熙、郑元善派兵分路邀击，并著僧格林沁派拨马队，于皖豫交界处所迎头邀截，痛加剿戮，毋稍疏忽。该大臣接奉此旨，务须慎密，不可宣播漏泄。

将此由六百里谕令知之。

——《清穆宗实录》卷四二，同治元年九月丁巳。

○上谕

毛昶熙奏派兵进扎襄城，截剿西、南两路窜捻，并西捻窜及巩县、布置省防、探踪迎击各折片。豫省宜永一路捻匪，欲由汝郏东归；其南路捻匪，仍欲由桐柏、泌阳一带归巢。经毛昶熙派令副将陈禄兴等扼扎襄城，兼顾西、南两路。而宜永大股，复已窜至黑石关及巩县之亢店一带，有图扑省垣之势。是该逆探知襄城一路已有重兵扼剿，故为声东击西之计，以便归巢。逆情狡谲异常，断不可堕其奸计。毛昶熙惟当饬令陈禄兴等军探明贼踪，严密堵截，以杜西、南两股回窜之路。仍一面派拨兵勇，号召乡团，固守省垣；并将巩县踞贼认真迎剿。如该匪绕由尉氏、通许回窜，仍著亲督兵勇出省邀击，毋致铤走；并一面知照僧格林沁于该逆回巢之路严密堵遏，以图聚歼。郑元善所派之杨长春、洪贞谦、卢得胜等军，分剿西、南两路窜捻，均各小有斩捡，并未痛加剿洗。该抚务当饬令各员分路跟追，与毛昶熙所派兵勇援应夹击，尽歼丑类，毋任远飏。此次捻匪出巢，由豫省分路四窜，扰及秦楚地方，该抚等毫无布置，以致蔓延为患。现在该逆分股回窜，傥该省仍不能实力堵截，任令从容回巢，该抚等扪心自问，所办何事？应得何罪？懔之！将此由六百里各谕令知之。

——《清穆宗实录》卷四二，同治元年九月丁巳。

○上谕

曾国藩覆陈剿捻抚苗情形、遵筹办法一折。据称颍寿之湘勇以分守七处而太单，庐州之防兵以抽调六营而亦薄，更无余力可以进剿亳南。本日已谕知僧格林沁，令其剿办捻巢，暂且无庸深入，恐后路或被钞袭。楚军虽不能全力剿捻，如遇该匪出巢，窜入边界，亦须随时邀击。僧格林沁如调蒋凝学等军遥作声援，亦不得不酌量分拨，仍著曾国藩咨会唐训方等妥筹调遣。唐训方见署皖抚，蒋凝学等即应暂归统率。李续宜假满回任，自无庸另派大员统辖。至驭苗之策，总以赦其罪而不资其力为最妥，已谕知僧格林沁察度办理矣。金陵将士多病，见在天气渐寒，疫气当已消尽，鲍超、杨岳斌等病皆就痊，览奏为之稍慰。著催令鲍超等回营，拊循士卒，先图固守，俟人马强壮，再议进攻。蒋益澧何时到浙，其克复寿昌详细情形，并见在剿办何处，著左宗棠迅速具奏。贼势见在趋重金陵、宁国，而楚营兵将均为病所苦，势极危急，左宗棠当设法分兵捣其要隘，藉以牵掣其势。如徽州有警，曾国藩檄调蒋益澧军就近兼顾，即著左宗棠饬令速往，毋得稍分畛域。将此由六百里各谕令知之。

——《东华续录》同治十四，第10页，同治元年九月丁巳。

○上谕

袁甲三奏遵筹东路防剿一折。据称由临淮进兵之路有二，其一由固镇、湖沟、开县溯浍河而西，一由怀远、龙亢、蒙城溯涡河而上，权其缓急轻重，惟有将湖沟一路仍归吴棠办理，抽出临淮一军，除留防固镇外，专注蒙城一路，迅抵雉河老巢，兼可就近镇抚苗练，实为一举两得等语。唐训方业已到省，不日可抵临淮。该署抚接统临淮之军，即著将袁甲三所筹东路进兵机宜酌度情形，相机办理。湖沟为东路门户，应如何由该处进攻李成、刘添幅等老巢之处，著责成吴棠督饬将弁妥筹剿洗，毋得稍涉松劲，致误戎机。

又，据袁甲三奏称，僧格林沁已札令蒋凝学由西南督队，自沙河向东北进剿捻巢等语。蒋凝学一军进次寿州，分防颍、寿、正阳关三处，防守极关紧要，如该道所部随僧格林沁进剿捻巢，其寿州等处应如何遴派妥员接替镇守，即著唐训方妥筹布置，勿致顾此失彼。至定远、五河、灵(壁)[璧]、泗州、盱眙及凤阳府县各防兵，除业经酌撤外，袁甲三复督饬水陆将弁严加裁汰，自系为节费起见。唐训方到临后，应否添募以资攻剿之处，著一并妥筹具奏。袁甲三所奏敬陈管见四条，及请严防踔路各折片，言皆切当，具见悃忱，均著留中备览。

将此由六百里各谕令知之。

——《东华续录》同治十四，第 10—11 页，同治元年九月丁巳。

九月初十日

○胜保奏

臣前离皖时，传见苗沛霖，再三戒谕，勉以安分忍耐，力释群疑，如实有难处之情，亦惟有来营自效，不准再起争端。故自臣启行后，苗沛霖尚能恪遵戒谕。昨遣其幕友、候选布政司经历方金镛驰赴大营，禀请臣调其来营随剿，藉图报效。并接据郑元善、毛昶熙咨称，探苗练带领大队，欲由陈州前赴臣营各等语。臣查该练报效，虽出真诚，而人数未免太众，且恐沿途未奉明文，转易激而生事。然若重拂其请，该练久处危疑之地，无人为之作主，亦恐难以自安。臣拟传谕苗沛霖，挑选精锐不得过一万人，饬令来营助剿，转可藉资钤束。僧格林沁如调该练助剿，仍令另行拨队前往，俾资得力。若虑其跋扈性成，则今昔情形迥异，苗沛霖实有立功之念，且经臣默化潜移，但使驾驭得宜，即为有益无害。臣已饬河南军需局，于应拨臣营两月饷内拨银一万两，接济盘费，并令副都统博崇武赍银前往，提护来营。博崇武居心精细，与苗沛霖素称契合，即饬其沿途照料，严约部众，扎营居住，不准一名落后，不准一人下乡，倘有滋扰地方情事，惟该副都统及苗沛霖是问。一俟该队到后，臣当绳以大义，励以图功，必能专意剿贼，俾收实效。如能仰托皇上洪福，届时已收破竹之效，无须该练到陕，臣即当饬其移剿捻巢，仍于皖事有益。

——《东华续录》同治十四，第 16 页，同治元年九月己未。

○上谕

上谕议政王、军机大臣等：

胜保奏川匪窥犯省垣、督军迎剿大获胜仗、败贼远窜，及咸阳剿回续胜并同朝一带军情各折片。川匪郭刀刀等由宁陕等处窜至子午峪，图犯省垣，经胜保督军迎剿，于三日之内两获大捷，斩馘万余，剿办尚合机宜。此股败贼见在窜向何处？仍著该大臣严饬王佐臣等军跟踪追击，务期一鼓歼除，毋留余孽。回逆侦知我军撤队，南剿川匪，句结大股悍匪乘夜攻扑雷正绾营盘，虽经该提督等并力击退，并督兵出营痛剿，力挫凶锋，惟逆众麇集咸阳，意图很斗，雷正绾一军兵数尚单，必须添军策应。著胜保酌量情形，迅速添拨，以厚兵力而殄贼氛。至同朝一带，近日虽无贼扰，而仓头、王阁村等处贼巢尚在，西路攻剿得手，即难保不回顾巢穴。胜保督办陕西军务，责无旁贷，务当妥筹兼顾，不得稍有疏虞，致干重咎。

另片奏，檄调苗练精锐一万人来陕助剿各等语，并由军机处将胜保咨送苗沛霖禀函、诗句呈览，披阅之下，不胜诧异。苗沛霖近日已将寿州、正阳关退出，李续宜前奏亦有真心效力、必当宽其既往之请，僧格林沁复檄令助剿捻巢，是皖省各将帅皆有推诚相待之意，该练如能埽捻立功，朝廷既雪其罪愆，即可褒其勋绩，在皖正可出力报效，伊复有何疑惧，必须赴陕？胜保身为大臣，岂不知征兵遣将，皆须禀命朝廷？乃并不先行请旨，辄敢擅拨饷银，派员迎提苗练，胆大妄为，实堪痛恨。见已谕知多隆阿，迅率所部入关助剿，以厚兵力。著胜保于接奉此次谕旨之日，即迅速飞檄截止苗练，不许一人一骑入陕，仍令静候僧格林沁调遣，以免纷歧。傥敢不遵谕旨，阳奉阴违，必将胜保从重治罪，决不宽贷。

将此由六百里谕令知之。

——《东华续录》同治十四，第16—17页，同治元年九月己未。

〇上谕

前据僧格林沁奏，进攻蒙亳捻巢，必须厚集兵力，札调苗沛霖带练助剿，节经谕令该大臣妥筹办理。兹据胜保奏称，苗沛霖遣幕友方金镛驰赴西安，请调来营助剿，如僧格林沁须调该练助剿，仍另行拨队前往等语。苗沛霖前次在该大臣处具禀，声称屡受国恩，勉图报效，自应恪遵僧格林沁札谕，迅速督练启行，听候调遣，何得不遵调度，径赴胜保军营？是其反覆无常，已可概见。苗沛霖率众入陕，虽非尽出胜保之意，然胜保平日与之互相袒护，此次不俟奏明请旨，擅令苗沛霖带练来陕，其居心尤不可问。若不速行截止，恐陕省回患之外，更添一苗患，于大局甚有关系。本日已严饬胜保速将苗沛霖截止，并谕令郑元善、毛昶熙各派兵勇，沿途拦截。多隆阿一军，已密饬其星速入关，如豫省兵力尚难阻遏，多隆阿即扼住潼关，断不准其闯入。仍著僧格林沁查探，苗沛霖如现在尚未启行，即著妥为阻止，或设法羁縻，令其剿捻立功，以践前禀。如苗沛霖执意西行，不遵理谕，即著该大臣调兵拦剿，并著由六百里加紧知会多隆阿速赴潼关扼守，杜其窜越。苗沛霖耳目最广，僧格林沁接奉此旨，务当加意慎密，毋得稍有漏泄，致误事机。将此由六百里加紧密谕知之。

——《清穆宗实录》卷四二，同治元年九月己未。

九月十五日

○上谕

毛昶熙奏捻扰河洛一带，势恐东趋，省垣吃重，现筹布置防守情形一折。据称捻逆经副将杨长春击败后，由白杨树南窜汝州之临汝，嗣复折回，滋扰洛阳之龙门、关林，偃师之白马寺、孙家湾等处，贼氛逼近巩县之黑石关。郑元善现在河南郡城，东、南两面俱为匪隔，十日以来，文报不通，不知抚臣如何剿击。该匪傥由洛阳、偃师、巩县东驶，即至省垣。业饬部署旧存兵练及续行调至之游击邵春仁、都司蒋东才等壮勇共一千名，分布省城内外，并号召团练，届时助剿等语。毛昶熙既称此股捻匪被官兵追剿紧急，所过乡村寨堡，均有团练截杀，是该逆被剿穷蹙，即难来往自如，乃又云飘忽靡定，忽南忽东，不知追剿者何地？截杀者何贼？其为纸上空谈，已属显而易见。又称陈禄兴等军现饬即日移营郑州，现在捻逆窜扰洛阳、偃师，逼近巩县，自宜由巩县进兵，痛加剿洗，力遏东窜，乃仅移营于距贼甚远之郑州，名为豫顾省城，实则避贼而行，于击剿洛偃之匪，有何益处？若如该侍郎之意存敷衍，毫无实际，豫匪尚有歼灭之期耶？郑元善身任豫抚，剿匪是其专责，总以截剿贼匪，肃清地方，方为不负委任，非空言所能搪塞。近日何以株守河南郡城，为匪所隔，未见有所展布？著郑元善、毛昶熙督饬各军认真剿办，迅将洛偃一带逆匪实力歼除，毋令东窜。毛昶熙一面仍将省城防守事宜严密布置，以期有备无患，不准仍前敷衍了事。黄河口岸关系紧要，著郑元善、毛昶熙严饬河北镇道扼要严防，不准一贼偷渡。该逆蔓延洛偃一带，势甚猖獗，豫省兵力恐尚不敷分布，著僧格林沁酌度情形，应如何拨兵协剿之处，务当妥筹兼顾。将此由六百里各谕令知之。

——《清穆宗实录》卷四三，同治元年九月甲子。

九月十七日

○僧格林沁、国瑞奏

亳州迤北白旗捻首李廷彦滋扰地方，盘踞数寨，并分踞卢庙、邢大庄等处，阻隔归亳要路，行旅为之不通，亟宜先攻卢庙，方可节节前进。臣等于闰八月二十五日带领夏邑马步兵勇，移扎商邱之黄仲集，其夏邑营盘，即令单县调到官兵驻扎。二十六日，督队进攻卢庙贼巢，用炮轰击，贼匪负嵎死守，急难攻进。次日往攻，该逆仍复坚守。适逆首李廷彦率众来援，围贼开门出应，经我军诱至卢庙东北，乘势掩杀，追至东寨门，毙贼甚多，生擒悍逆李金儿正法，余匪狂奔回寨，势渐穷蹙。

据逃出人等供称，此寨捻匪原欲投降，因邢大庄捻逆李廷彦不允，是以众心犹豫。因思各寨既听李廷彦主持，先必攻拔邢大庄，始能攻取卢庙，遂调永城驻扎之翼长全顺、舒通额等带领马步兵勇移扎界沟集，以便两路进攻，其永城一带，仍令营总富和带领马队并降众在彼驻扎。九月初五日，臣僧格林沁仍攻卢庙贼巢，臣国瑞带领舒通额等兵勇进攻亳北之邢大庄，先将附近贼卡数处攻克，督军进至邢大庄。查该寨东北有张大庄，西北有丁庄，两处相为掎角，虽用炸炮轰击，该匪仍拌死相拒，兼有左右二围策应，进攻不易，当即传谕丁庄，如再敢行接应，即先进攻该围。捻首丁广儿遂情愿投诚，不敢复拒官军。初六日，我军进攻张大庄，正攻剿间，邢大庄出贼援救，经翼长舒通额带队抵御，臣国瑞挥军奋攻，轰倒围墙，守备谢起发等鼓勇先登，余众继进，短兵相接，斩馘千余名，匪势不支，于西门齐向邢大庄奔窜，均经舒通额、恒龄等围杀净尽，并搜获匪首张守玉正法。是日，因丁庄并无拒敌情形，旋将该圩收抚。

初七日，臣国瑞仍攻邢大庄。该庄势已孤立，我军列炮环击，捻首李廷彦诈称投诚，遂将计就计，将匪首李廷彦等三名诱出捡获，解营正法。初八日，进攻仍未得手。

臣僧格林沁前于初五日攻剿卢庙，始犹抗拒，继因攻围紧急，势不能支，即有捻匪范添云等七名前来乞降。初六日，该寨首事唐承悰等四名出围投诚，讯据供称，捻首李怀篙等率众占踞围寨，捻首李嬲奇、彭春儿等拒守北面，李怀篙等在南面拒守，伊等与李嬲奇愿为内应，杀贼献寨投诚，当准所请。李怀篙等即于是夜由南门逃窜。初七日官军齐至卢庙，经翼长全顺将捻首李嬲奇等六名传出围寨，讯称，情愿作为前敌，杀贼效力，即令全顺督饬总兵成景等查看围众，分别遣留。

臣僧格林沁即于初八日进攻卢庙迤西之孙老庄，该寨捻首孙彩兰并不自出投诚，仅令高献漳等纳款，情词闪烁，显系缓兵之计，当饬投诚之李嬲奇领众进攻，翼长恩承、苏克金等继至，枪箭齐施，一拥而入，即将捻首孙彩兰等七名并寨内贼匪千余名尽行杀毙，救出被胁老弱无算。

是日先派营总常山保等带队进攻孟楼贼围，自辰至未，尚未得手。臣僧格林沁于攻克孙老庄后驰赴孟楼，并力攻剿。该逆仍负嵎相抗。初九日，臣因邢大庄尚未攻克，遂一面派苏克金等仍攻孟楼贼寨，一面亲督各队进攻邢大庄。是日，官军驰至孟楼，该匪已于夜间窜出，归并邢大庄围内。该寨墙高濠深，攻扑非易，我军仍用炸炮由南面轰击，燃烧圩内房屋。并恐其乘夜逃窜，派恒龄马队及卢庙降众设伏以待。夜间，该逆果有蠢动，我军乘势越墙，一鼓齐上，杀入围寨。逆匪即由东门奔窜，经恒龄马队截杀数百名，其余乘夜远遁。围内贼匪，经兵勇搜杀及落水死者不计其数，救出难民数百名。当将邢大庄克复。

适盘踞亳州迤东之黑旗捻首宋漋沅，因与捻首苏添幅为仇，遂决意反正，先将捻首苏大王、蒋能幹等九名杀毙，并遣其弟宋中沅等来营为质。宋漋沅复攻开王大庄、刘大庄贼寨，两处杀毙捻首苏添详、王宽，带同伊侄宋惟忠、宋怀朴并司学文等十六人同赴界沟军营请罪，经苏克金解送到营。臣等查宋濬沅实属真心归正，当经准予薙发，复令回归招抚降众。旋据宋濬沅禀称，苏添幅纠合贼众攻伊围寨，遂派苏克金等带队，赴宋濬沅围寨助剿，并查得该寨均已薙发。复据宋濬沅禀称，伊所管各寨亦已一律归正，惟丁花园、王路口、五马沟、岳楼、高阁、颜集、八里庄尚未投诚，禀请核办。臣国瑞因于攻剿邢大庄撤队时路过丁花园，即行督兵进攻，乘夜围击，遂将丁花园寨濠全行平毁。王路口、五马沟、岳楼、八里庄并李枣园、香铺、吴庙口、吴家庄各小头目围寨，均各闻风投诚。臣等随委守备桂锡桢赴各寨察看属实，复派常山保带队，同亳州知州刘兰馨等驰赴各寨，稽查安抚，以期日久相安。

查亳州迤北捻逆盘踞数年，时出焚掠，荼毒生灵，今仰托圣主鸿福，旬余攻克贼巢数处，收复多寨，将著名捻首李廷彦擒获，明正典刑，洵足以寒贼胆而振军威。现在亳州迤北肃清，仍当节节进剿，已于十三日督带官军移扎永境之酂县城，以期次第扫荡。

至此次尤为出力之员弁，谨缮清单恭呈御览，可否照请奖励，出自天恩。其余出力弁兵，均由臣等酌量奖赏，以示鼓励。至臣等军营，自四月初九日至九月初九日在各处打仗阵亡官弁兵丁，谨开列清单，请旨饬部议恤，以慰忠魂。

——《钦定剿平捻匪方略》卷一六一，第15—22页。

〇上谕

僧格林沁等奏督军攻克捻巢、收复贼寨，亳北肃清一折。亳州迤北捻逆，盘踞数载，四出滋扰，实为地方大害。此次僧格林沁督军进剿，于旬月之间，将著名捻首李廷彦等擒获正法，收复贼巢多处，亳州迤北一律肃清，剿办甚合机宜。第苏添幅一股尚未歼灭，著僧格林沁严饬苏克金等，督率降众，实力攻击，尽歼丑类。前据官文等奏，另股亳捻由陈家河等处窜逼枣阳。又据毛昶熙奏，河洛捻股，恐夏邑马队沿途扼截，不敢回巢，现在尚无一定去向各等语。是该捻慑于声威，旁趋纷窜，已有明证。此时该大臣乘胜进兵，直捣捻匪巢穴，该逆闻风震慑，更难保不四出纷窜，东窥清淮，西走楚豫，为移巢避兵之计。若非各路兜剿，为患终无了期。现在防守颍寿等城之兵截贼南窜，实其专责，即著责成唐训方督饬蒋凝学等军认真扼守，毋得稍有疏虞。至清淮一带防务，叠经吴棠奏称布置已属周密，即著先事豫防，妥筹战守，并迅商黄开榜一军，秣马厉兵，听候僧格林沁调遣，会合进兵，以剿为防，力顾东路。将来大兵深入，傥吴棠、唐训方等防剿无方，致令贼踪纷扰，或东或南，何路有失，即惟何路之统兵大员是问，决不宽贷。僧格林沁公忠体国，想必能统筹全局、调度得宜也。将此由六百里各谕令知之。

——《清穆宗实录》卷四三，同治元年九月丙寅。

〇上谕

胜保奏派兵追剿败窜川匪获胜并移兵会剿回巢一折。川匪由汉中西窜，经胜保调派副将王佐臣，督队由鄠县涝峪等处跟踪追击，该匪窜踞民寨，官军分路攻剿，该匪铤险奔逃，营总讷恩、德善等沿途兜击，先后毙贼数千名。剿办正在得手，而胜保因泾阳、凤翔被围，辄令王佐臣移得胜之兵驰往剿办，深恐余贼未能歼尽，其势必将复炽，自应俟此股窜匪剿除净尽后，再行相机调遣，方不至顾此失彼。毛震寿攻剿洋县匪徒正当吃紧，恐难分兵截剿，仍著胜保严饬该副将尽力追击，务将逃窜贼匪悉数歼除，毋留余孽。胜保驻军西安，将近两月，并未出省督办，实属任意延玩，著即克日起行，亲率各军，迅将咸阳一带回巢节节埽荡；并分饬将弁，兼顾同朝，其亭口、华亭、三水等处官兵，仍遵前旨，即令马德昭前往统带，以杜该匪窜越甘境之路。胜保另折奏，请将已革知府廖庆谋留营、免其解往查办等语，廖庆谋被参各款，系在胜保未经调赴军营之先，业经降旨交僧格林沁查办，自应静候该亲王查明办理。如廖庆谋果无劣迹，所参各款尽属虚诬，僧格林沁自不难秉公昭雪，胜保何得多方袒护，遽请留营？著即派委妥员，速将该革员押赴僧格林沁军营，听候查办，不准迁延。将此由六百里谕令知之。

——《清穆宗实录》卷四三，同治元年九月丙寅。

〇僧格林沁奏（节录）

……帮办军务都统西凌阿，于本年春间因患腰腿疼痛，不能乘骑，该都统赶紧延医调治。于夏间复患癣疮，又经医治多日，癣疮始见稍痊，而腿疾尚未痊愈。据医生云，总因从前染受潮湿，又兼癣疮渐愈，湿气下注，以致腰腿复患疼痛，必须妥为调养，方可望见痊愈。惟该都统目睹军务，未能身历行间，焦急尤甚。查该都统自道光年间出师，迄今十有余年，以致染患湿气。现经奴才叠次派员看视，一时难以望痊，若令病躯从戎，□非体恤。合无仰恳圣恩，准其帮办军务都统西凌阿回京调养，迅速医治，庶可望其早痊……

同治元年九月十七日议政王、军机大臣奉旨：西凌阿著准其回京调理。钦此。

——录副奏折，档案号03-4707-037。

九月十九日

〇上谕

英桂奏捻逆窜围河洛、请调重兵援剿一折。捻逆已由河洛蔓及孟津，总由豫省官军不能扼剿，以致任贼鸱张。设该逆由孟津偷渡，西则晋省垣曲、阳城首当其冲，北则直省渐形侵逼，所关实非浅鲜。僧格林沁进剿亳北捻巢正在得手之际，兵力本不宜分拨，惟逆氛已切近河壖，而豫省官军既不能痛加剿击，晋防兵力更为单弱，若竟任贼猖獗，时交冬令，黄河冰冻，贼之偷渡更为可虞，不得不先其所急，调拨劲旅，痛殄凶锋。著僧格林沁即行抽拨精兵若干，派委得力将弁管带，驰往洛阳，迅加剿洗，俾免北窜。郑元善亲驻洛阳，尤应督率豫军实力进剿，若以坐待济师，致贼益滋蔓延，或竟渡河肆扰，自问当得何罪？晋省东滩渡、风门口及白云口一带均形吃紧，英桂仍即严督所派都司凌安、王文奇等兵勇择要严防，毋稍疏忽，致干咎戾。将此由六百里各谕令知之。

——《清穆宗实录》卷四三，同治元年九月戊辰。

九月二十一日

○上谕

寄谕钦差大臣僧格林沁，前因郑元善奏攻克平舆，直逼该逆老巢，当经明降谕旨宣示。兹有人奏称，访闻平舆并未克复，贼之粮道并未能断，现在河南发捻横行，良民居乡者皆逼令领旗蓄发等语。平舆究竟是否克复，郑元善前奏攻破平舆后余贼遁入砖寨老巢是否属实，发捻各逆是否有逼令良民领旗蓄发情事，著该大臣按照所奏，确切查明具奏。原折著钞给阅看。将此谕令知之。①

——《清穆宗实录》卷四四，同治元年九月庚午。

九月二十二日

○上谕

上命议政王、军机大臣传谕僧格林沁、郑元善、毛昶熙曰：

捻首孙老畏纠众回扑洛郡，扰及孟津渡口，经郑元善饬河北镇道员弁严密布置，该匪扑近河滩，叠被兵勇民团对岸轰击，并无一人一骑北渡。其窜扰偃师、巩县之贼，亦经该县知县择要扼，毙贼多名。该匪以东、北两路未能窜越，现由白沙镇向汝州一带遁驶，亟宜跟踪追蹑，尽歼丑类。著郑元善飞饬卢得胜，迅速会同杨长春各军，克日拔队追剿，毋得以贼踪稍远，任令该将弁迁延不进，贻误事机。许州为东窜要路，毛昶熙现派陈禄兴驻扎，著即严饬该游击随时探明贼踪，迎头截击。前因洛阳吃紧，节经谕令僧格林沁派兵援剿，现在

---

① 寻奏，平舆集业经张曜督兵攻破，现在并无贼踞；发捻逼令良民领旗蓄发，系属实在情形。报闻。参见《清穆宗实录》卷四四，同治元年九月庚午。

匪势南趋,有乘隙归巢之意,豫省止此兵力,深恐未能遏截,仍著该大臣酌度机宜,选派得力马队,改由洛河以东一带绕出贼前,会同豫军夹击,截其回巢并以后北窜黄河南岸各路,以期聚而歼旃。河岸渡口现虽一律肃清,惟该匪飘忽无常,仍著郑元善谆饬该镇道等加意巡防,毋稍松懈。捻匪刘绍碌窜扰项城县境,盘踞曹寨,攻扑县城,虽经该县知县击退,而曹寨距县城甚近,郑元善调派已革参将尹嘉宾驰赴项城,著该抚速饬该参将奋勇进攻,会合在城兵勇协力剿击,务将刘绍碌股匪迅速扑灭,毋令蔓延。郑元善奏张曜难胜藩司之任,已将该员开缺,以总兵候补,并归僧格林沁节制。张曜带勇杀贼,屡立战功,朝廷用其所长,即著僧格林沁等传谕该员振刷精神,迅将陈逆老巢克期攻拔。郑元善又奏,洪贞谦带兵不能得力、迁延粉饰各情,亦经先行交部议处,并撤去署理按察使,嗣后不准再令该员带兵,并不准其前赴胜保军营夤缘入幕。宛南防剿最关紧要,即著该抚迅派得力大员前往接办。洪贞谦声名本属平常,仍著郑元善确查该员有无别项劣迹,据实参奏,不准稍有回护。①

——《钦定剿平捻匪方略》卷一六二,第10—13页。

〇上谕

上谕内阁曰:

河南布政使张曜,著开缺,以总兵候补,并归僧格林沁节制。

——《钦定剿平捻匪方略》卷一六二,第13页。

九月二十三日

〇上谕

谕议政王、军机大臣等:

英桂奏,回匪突过陕省洛河,窜扑朝邑,副将哈连陞被逆回拥往匪巢不返,以致敷水镇营盘被陷,万一潼关有失,秦晋壤地毗连,防守更无把握,请饬多隆阿速由河南淅川厅直趋潼关,相机防剿。并据爱仁、王茂荫奏,请饬多隆阿扼守潼关各等语。多隆阿一军,所部本属无多,现在移师入关,于商南一带尚能兼顾,若捻逆由洛西直趋陕州、灵阌,抄袭该将军后路,多隆阿既有鞭长莫及之势,而豫省兵力又甚不得力,应如何抽拨劲旅调赴河洛以西、力扼捻逆西窜、为多隆阿后路援应之处,著僧格林沁妥筹兼顾。至山东门户,关系紧要,仍

① 《清穆宗实录》卷四四(同治元年九月辛未)载有此事确查结果:"寻张之万奏,遵查洪贞谦并无别项劣迹。报闻。"

著该大臣严密堵御，毋稍松劲。将此由六百里加紧谕令知之。

——《清穆宗实录》卷四四，同治元年九月壬申。

〇上谕

胜保奏咸阳进剿，攻克马家堡及普马寨等贼巢一折；并另片奏，请将成明所带京兵步队撤回，该营月饷由山西改解胜保大营一手经理等语。乃本日成明驰奏回匪大股攻扑同朝、力击不退一折，据称朝城万分危急，副将哈连陞被贼掳去，潼关亦有被围之信；现在同朝粮尽援绝，该提督咨报胜保拨军援剿，相距潼关仅六十里，而送文夫役三日未回，文报为之不通，不得不径行驰奏请援等语。同朝一带滨河，与晋省毗连，最关紧要，节经谕令胜保亲自出省前往布置。本日所奏咸阳剿匪情形，未及同朝一语，转欲将成明步队撤回，月饷移归大营经理。详阅成明折内节次咨报胜保贼渡洛河及扑扰郡城等情，何竟置若罔闻，以致逆氛日肆猖獗？刻下马家堡等贼巢虽破，贼或被击东趋，或因官军全势在西，专将大股乘虚扑犯关门及滨河要地，均在意计之中。胜保督兵日久，平时自诩方略，所谓通盘筹画、洞悉贼情者安在？胜保渥荷优容，重加委任，于所奉谕旨，视若弁髦，叠经指示同朝一带紧要地方，犹敢漫不经心，始则安坐省垣，继因屡催出省，明知咸阳一路有雷正绾足以调度，不能遵旨亲赴同朝，与雷正绾东西齐力，以收夹击之效，俾贼得以蹈瑕乘间，因成明兵力单弱，恣其凭陵。若贼由该处涉河，扰及晋省完善地方，或竟大股偷渡北犯，该大臣自问当得何罪？并何颜面以对天下？著胜保仍懔遵前旨，迅即亲往同朝，并调拨劲军力筹战守，以图保全。如该郡县或有疏失，及令一骑一贼渡河北窜，惟胜保是问。苏家沟等处进剿机宜，即著雷正绾乘胜进取，妥为筹办。潼关情形紧急，已谕多隆阿即由淅川入关扼剿，系为关门形胜，关系秦晋豫数省咽喉，缮守既定，方可令由关以西节节进剿。此时情形万紧，断难兼顾同朝。胜保尤不得以该将军入关，辄将同朝责任希图诿卸，且令多隆阿即能以余力兼顾同朝，胜保更复何颜以对？

另片奏恳仍令瑛棨帮办军务及将成瑞交熙麟查办各等语，均属非是。若以军务地方必须联为一气方能剿贼，如官文、曾国藩等，以统帅而兼封圻，则僧格林沁之在豫省，未闻必以抚臣帮办。豫省官吏尤称疲玩，僧格林沁督军所向有功，则又何说？且据所称司道等官一味搪塞，町畦难化；牧令安于泄沓，积习相沿。瑛棨所司何事？何竟不能力图整顿、加之督率？若于军务事宜及劝捐等项，该抚辄敢任令该地方官意存观望，或迹涉把持，试问所居何心？胜保犹得谓瑛棨之能顾大局耶？所请断不准行。其已革甘肃提督成瑞，仍照刑部拟定罪名，迅速解京。

正在寄谕间，英桂及爱仁、王茂荫均各驰奏潼关紧急，所陈大略相同。回匪肆扰华阴一带，潼关关门已闭，是其情形愈加紧急，同朝更切望援。该大臣务即力图补救，毋再玩忽，谓朝廷宽典之可幸邀也。

将此由六百里加紧谕令知之。

——《清穆宗实录》卷四四，同治元年九月壬申。

九月二十四日

〇郑元善、毛昶熙奏

接奉谕旨，饬令阻截苗练。查本年闰八月初十日，臣郑元善接据阜阳县知县莫兆煦探称，苗沛霖现起大队，由颍西渡河来豫，声言前赴陕西胜保军营等语。臣思该练远道助剿，必系奉调，而胜保果檄调该练，断不能不请旨遵行，且无一字咨照，因一面飞札归陈各属州县探明苗练动静，飞速禀报，一面切致胜保询问有无札调，请其飞檄阻止。迄今已逾一月，胜保并无回信。嗣接东路各州县禀称，苗练现奉亲王僧格林沁札谕，按兵不动，是以未及具奏。至胜保所称已饬河南军需局拨银一万两接济盘费一节，该局并未接到胜保饬知，臣郑元善亦未承准胜保咨会，业谕该局不准给发银两。本月十六日，据署陕州知州陆乃普禀报，总兵博崇武已携有该大臣护照，前往迎提苗练，臣郑元善业经札止博崇武，并飞咨僧格林沁谕阻苗练。复飞饬博崇武，令其遵旨办理，并知照沿途各地方，传博崇武前来行营，面谕该镇，设法拦阻，毋令该练一名西来。惟该练人数众多，性复桀骜，如果不能理谕，则臣郑元善、臣毛昶熙两营兵勇力既不能拦截，势亦难于抽调，可否仰恳天恩，饬下僧格林沁驰谕阻止，以期消患无形，于中原大局庶有裨益。

——《钦定剿平捻匪方略》卷一六二，第14—15页。

〇上谕

郑元善、毛昶熙奏遵旨阻截苗练并陈前此办理情形一折。据称，已遵旨札知博崇武传谕该练毋庸西行，并饬军需局不准给发银两；一面飞札归陈各属州县，探明苗练动静，飞速禀报；一面切致胜保函询有无札调，迄今胜保并无回信；嗣接东路各州县禀复，苗练现奉僧格林沁札谕，按兵不动；又据署陕州知州陆乃普报称，博崇武已携有胜保护照，前往迎提苗练；该抚现在知照沿途各地方传知博崇武到营，面谕该镇，设法拦阻；诚恐练数众多，不能理谕，请饬僧格林沁驰谕阻止等语。苗沛霖所部人数众多，良莠不一，若令由豫赴秦，势必滋扰地方，为患甚巨。前经僧格林沁调令随同进剿捻巢，该练如能听受该大臣约束节制，即著酌量檄调助剿，并谕以在皖在陕均是为国家出力，不必舍近就远，以期消患未形。调练赴陕一节，著僧格林沁即行严札禁止。傥该练不遵调度，仍欲赴陕，则是有意抗违谕旨，断难姑容，即著选派劲兵，会同郑元善、毛昶熙之军扼要阻截，万不准其有一人一骑入陕。

郑元善等折内,有苗练现奉亲王僧格林沁札谕按兵不动等语,声叙殊未明晰,著将苗沛霖近日情形,曾否派练助剿,抑或仍欲入陕,详细查明具奏。将此由六百里各谕令知之。

——《清穆宗实录》卷四四,同治元年九月癸酉。

九月二十六日

〇上谕

谕议政王、军机大臣等:

前因胜保有檄调苗练赴陕助剿之奏,当经严饬胜保速行阻止,并谕令僧格林沁等设法羁縻。如苗沛霖必欲西行,即派兵截剿。兹据贾桢奏,风闻苗练蠢动,拟于月内分派大队,一由清江行走,一由颍西偷渡;该练素无纪律,贪戾性成,由颍渡河,犹为赴陕必经之路,若绕赴清江,其心更属叵测;设西犯山左,则北路门户大开,固为腹心之患,抑东犯里下河,淮扬通海,在在可虞;请密饬江北、山东各路一体严防等语。苗沛霖反覆无常,本不甘心就抚,近因胜保征调入关,该练乘机思逞,分股窥伺,亦意中事,自应豫为防范,以备不虞。著僧格林沁仍遵前旨,如该练决志离巢,不听阻止,即视其所向,调派得力将领遏截去路,痛加剿击。郑元善、毛昶熙接奉前旨,计已豫作准备,该练如有入豫信息,即著严饬各路团练,调拨兵勇,会同截击,毋令西窜。并著袁甲三、吴棠、谭廷襄严密布置,随时加意侦探,傥苗练果有前赴清江等处消息,务各妥为开导,刚柔互用;如不听阻止,即著分拨兵勇,并力兜剿,毋许一人一骑阑入境内。

将此由六百里加紧各谕令知之。

——《清穆宗实录》卷四四,同治元年九月乙亥。

十月

十月初一日

〇卞宝第奏

顺天府府丞卞宝第奏言:

窃闻侍郎胜保,自去春督师直东,以至入皖入陕,所过州县,非索馈千金或数百金不能出境,稍有羁留,官民尤困。随营之妓甚多,供亿之资不少,贪声满路,万口一词。应请严密查办,以肃军律。

——《钦定剿平捻匪方略》卷一六三,第6页。

〇丁绍周奏

湖广道监察御史丁绍周奏言：

查现任兵部侍郎胜保，咸丰初年以京卿从戎，转战江苏、河南、山西、直隶，勇敢争先，不避艰险。朝廷嘉其战功，屡次弃瑕录用。声威既著，骄侈遂萌。闻该侍郎上年督兵直隶，路过衡水，悦民间女子，招至营中阅看。又复纵容委员滥卖功牌，至今直省拿获骑马贼，多带有胜营翎顶执照者。其家人丁祥，现寓京城东四牌楼七条胡同，富有巨赀，冒捐三品衔候选道，皆由该侍郎军营纳贿营私而得。及胜保抵皖豫后，并不实力剿办，惟以招抚苗沛霖为事，外间有胜保、苗沛霖相为倚重之语。并闻苗练拟率众往投胜保，尤应及早阻止，以防后患。

——《钦定剿平捻匪方略》卷一六三，第6—7页。

〇华祝三奏

掌广东道监察御史华祝三奏言：

查胜保系寒士出身，自带兵以来，不数年间，家赀骤富，第宅华侈，金钱挥霍，姬妾众多，虽王公无与比。揆厥由来，总不外滥保取贿赂、虚勇冒口粮、勒派充私橐数端。近更恣肆骄淫，声名狼籍。本年春间督兵赴皖，风闻挈眷而去，烜赫道途，有目共见。嗣拔营赴陕，于过河南府时，责令每县馈银三千两，其营务戈什哈随员等尚不在此数。闻陈玉城逆眷亦为胜保所有。随从车辆供亿浩繁，各州县不胜苦累。周家口等处厘局委用私人，便于肥己，不准地方官过问。其贪财渔色，明目张胆，一至于此。现在侍郎张之万奉命赴河南查办事件，可否请旨饬下该侍郎，会同僧格林沁，将胜保近来贪渔欺罔劣迹逐一查明，据实参办。

再，臣闻河南地方官沿途出示，佥以胜保调苗练万余赴陕助剿，谕令居民各自戒备。现在人心惶惶，恐遭荼毒，闻者莫不骇异。臣维苗沛霖久蓄异谋，近因李续宜军威甚盛，故跧伏不动，今胜保调其入关，是犹放虎出柙，恣其吞噬，后患殆不可言。此事如已奏明请旨，是调度乖方也，应请饬部严加议处；如未经奏明，擅自征调，是胜保与苗沛霖暗中勾结，狼狈为奸，其心更不可问。应请旨速将胜保撤回，治以专擅之罪，以为骄蹇不法者戒。

——《钦定剿平捻匪方略》卷一六三，第7—9页。

〇上谕

谕议政王、军机大臣等：

前有人奏，风闻苗沛霖欲统逆练一二万人往投胜保，恐到陕后句结回匪，肆行无忌，请饬堵截等语。又有人奏，胜保自去春督师直东，以至入皖入陕，所过州县，非索馈千金或数

(千)[百]金不能出境,稍有羁留,官民尤困;随营之妓甚多,供亿之资不少。又有人奏,胜保上年督兵直隶,路过衡水,悦民间女子,招至营中阅看;又纵容委员滥卖功牌,至今直省拿获骑马贼,多带有胜营翎顶执照。本日又有人奏,胜保以一寒士,自带兵以来,家赀骤富,姬妾众多,揆厥由来,总由滥保取贿赂、虚勇冒口粮、勒派充私橐;本年督兵赴皖,挈带眷属,烜赫道路;其拔营赴陕,同行女眷大轿有数十乘,闻四眼狗家眷亦为胜保所有,随从车辆不知多少,各州县不胜苦累等语。以上胜保贪渔欺罔各劣款,系近日节次有人参奏,情节大同小异,似非虚诬。僧格林沁久驻河南、安徽交界处所,见闻自必较确,著即按照所参各款据实覆奏。① 再,据本日多隆阿奏报,内有风闻苗练陆续已入潼关之语,著僧格林沁仍遵前旨,迅速相机堵截,令其回皖帮同剿捻,如不遵理谕,即派兵剿击,毋任一人一骑入陕。多隆阿一军不日可抵潼关,前有旨令其堵截苗练,该大臣可即咨照会商办理。

将此由六百里加紧密谕知之。

——《清穆宗实录》卷四五,同治元年十月庚辰。

---

① 十一月初四日,僧格林沁接到此谕,随将查访情形具奏如下:"查胜保被参各款,距奴才军营窎远者,前经奏请敕下直隶总督、河南巡抚密查,具奏在案。其近处者,经奴才密派都司廖承恩、施绍恒前往太和、周口一带查访去后,兹据该委员等回营禀称:查得周口分卡收厘,系自七月间,先派知府张仙保督办,嗣因张仙保赴归德府署任,复派候补道德源督办,并令随员候补知府李连芳、县□书□延□帮办,□各卡均派本地绅董李应章、胡百□、陈□科、□□□、李奎文、李□、何天佑、郭□□、王诏□□□□、李兴太、李耀邦等经理。自开卡至今,共收厘捐大钱万余千文。至以前有匪徒杀毙兵勇,经槐店首事李兴泰、李耀邦从中讲和,南北两岸各出银一千两,经何天佑、李应章等追至槐店,亲交胜保。又候补道汪耀奎在下江买女子往送胜保,中途被人杀毙,复至苏州买一民女,送与胜保。又,候补知府李莲芳,在颍州府、太和县购买民女二人,均送与胜保,是以得有保举。又,太和城内张刘氏,胜保曾认为干女,令军中呼为二姑奶奶,留营管带勇丁千余名。又,八月间,祥都统路过周口,船上随带胜保三房家眷,人言啧啧,其实乃四眼狗之妾。又,四眼狗之弟二人被获后,馈送金银数千两,是以胜保未将其正法,仍留在营当差,赏戴翎顶。又,胜保由京□□□□奶奶至太和,□胜保往穗子铺带队剿贼,闻□奶奶□,星夜撤队回太和,令□反□连璧□脉后,遣人送回。又,其家眷上路,有大轿十数乘。又,胜保坐彩画龙舟,现存周家口。胜保经过乡村镇店,不拘老幼,尽要跪道,否则即用鞭责。以上各款,均在各处向□民探询等语。

"奴才因查访各情出自舆论,恐未尽确,复饬传太和县知县张钟翰到营面询。据称,周口设卡一款,因五六月胜保兵勇被土棍杀毙,经汪源□从中调处,送银息案。候补道汪耀奎两次买民女送胜保一款,□□属实,不知其详。候补知府李莲芳买民女一款,闻有夜间送进营内之说,不知几名。张刘氏一款,因其前夫张隆已故,嫁阜阳县□□□□开为妻。胜保曾收为干女,接见两次,称为刘二姑娘,未见带勇。祥都统坐船过周口一款,除四眼狗之家属坐□船由颍郡走太和西去,祥都统有无同行,不知其详。开释四眼狗之弟一款,□知被获未曾正法,赏给顶戴留营当差属实,至馈送金银一节,实不知情。胜保由京接□□奶奶一款,是时胜保出队穗子铺,□□撤队回城属实,是否因女眷□病,难以查考。家眷坐轿上路一款,向来此处并无大轿,亦未见有家眷坐轿上路。胜保置造龙舟一款,闻系由(颖)[颍]郡、太和西去,不知现存何处。经过乡村跪道一款,胜保来往城乡,绅耆迎送属实,老幼跪道实无其事。等语。

"查胜保参款,经臣派员查访,兼谘询地方官,所称情形大略相同,是胜保任意妄为,不知检束,即此亦可概见。

"正在奏办间,于十二日接据户部郎中何恩寿由河南省城遣人呈递禀函,□陈胜保入皖后一切情形,奴才与该员素不相识,详阅所递来禀,有关皖省吏治民生及统兵大员欺冒贪污重情,□□均应查办,奴才不敢壅于上闻,除将原禀封送军机处以备呈览外,理合将查明情形据实密奏,伏乞皇太后、皇上圣鉴。"详见中国第一历史档案馆藏录副奏折,档案号03-5063-022。

〇上谕

多隆阿奏行抵樊城，督军进剿陈得才大股贼匪；并密陈闻胜保遣员迎调苗练，陆续已入潼关，现在添兵遵旨入陕一折。据称，前授荆州副都统萨萨布，由陕西差弁至楚，询悉胜保曾遣总兵博崇武前往寿州，迎调苗练，风闻该练陆续已入潼关等语。此事前经寄谕僧格林沁、郑元善、毛昶熙等派兵沿途拦截，该大臣等如果先期遵旨办理，或可阻其西行。苗练此时是否已入潼关，似亦尚未确定。日前虽有风闻苗练不带锅帐、将欲赴陕之信，而河南等省近日亦未见奏报。惟该将军刻下须由唐仙镇折回，前往潼关扼截，路隔一千余里，诚属鞭长莫及。如该将军所筹，此事关系非细，不可缓图，又不可操之太急，均属洞中机宜。著即就近将总兵蓝斯明等三营之兵迅行调取，统率赴陕，万勿刻迟。一俟行抵陕境，如苗练尚未入关，自可迎头堵截；即使该练时已到关，该将军务当观其动静，相机办理，总期设法暂行笼络驾驭，俾不至骤成巨患，方为妥善。该练恃有胜保为护符，思乘回匪之乱，入关肆其狡谋。现在陕回势正鸱张，该将军抵陕，即须将该省军情妥密筹画，应即如何与雷正绾分路剿办，雷正绾所部各军是否足以独当一面，于该将军未到以前能否通盘顾及，一切机宜，均须早为筹定。于行抵陕境，即行飞速奏闻。至所请明降谕旨，仍命该将军一军专办陈得才股匪，以安苗练之心，亦属有见。第恐陕省匪徒，见之愈无忌惮，转致从而生心。本日已于寄信胜保谕旨内，将该将军专办陈得才一节叙入，谅苗练亦必即有闻知，且较明发谕旨更可密速，亦可使其心志暂安，不复疑虑矣。蓝斯明之兵，如调到需时，多隆阿即先率所部，星驰赴陕，务期早日入关，以占先著。多隆阿所带之兵尚虞单薄，可即咨商僧格林沁派兵协助。现据骆秉章奏报，龙究场贼巢已破，川省军情渐觉有绪，已谕该督于楚军兵勇暂缓裁撤，赶办石逆等股，竣事后亦可调拨入陕援助。多隆阿声望素著，此时尤当军威强盛，所向克捷，即苗练等亦必望而知畏，加之控御不难矣。慎之勉之！将此由六百里加紧密谕知之。①

——《清穆宗实录》卷四五，同治元年十月庚辰。

十月初二日

〇僧格林沁、国瑞奏

臣等于九月十三日亲督马步各队进攻亳州迤东刘集捻首苏添幅老巢，墙峻濠深，猝难攻取。我军于十四日用炮轰塌寨内房屋甚多，恐该逆乘夜逃窜，派投诚之宋喜元带领降众

① 寻奏，现在苗练尚无入关消息；雷正绾能否独当一面，俟到陕后查明具奏。报闻。

在彼巡守。该逆果于十五日五更时窜出，向南逃遁，经宋喜元带队截杀，我军马队赶到，乘势进攻，拥入该寨，杀贼多名，当将刘集克复。是日，刘集迤南之观音堂踞贼亦闻风南遁，我军追至观音堂迤南十里之蒋集地方，该逆胆敢纠众来扑，翼长舒通额等带领马队奋力冲击，贼始败退，遁入蒋集。我军即于十七、十九、二十等日叠次进攻。旋探得逆首张落刑等复由蒋集迤南之庙集等处率党来援，当经舒通额等带领马队击退，尚未能痛加剿洗。

臣等自移营刘集以来，亳州东南及涡河两岸大小圩寨从贼捻匪，每日俱有来营投诚者，亦有弃寨逃走者。营总富和、总兵黄开榜禀称，宿州、永城东南一带亦有来营投诚各寨，均准薙发归正。查投诚寨内，有崔庄捻圩匪首任心桃禀称，花旗捻首雷彦现赴西路打粮，任心桃将其家属送交亳州收押，以冀该逆即早来归，免在西路滋扰。伏思用兵之道，招降最难，盖招降必须驾驭得法、安置合宜，日后接办得人，方无后患。刻下虽慑以兵威，将来仍须地方官妥为办理善后。现在亳州迤东粮道可望疏通，臣已委员管带各投诚勇目，及选择降众之强壮者，驱之使前，令其立功赎罪，俾以匪攻匪，互相为仇，不致再行纠合为患。复严饬地方官及团练绅董经理降寨防守事务，广设耳目，明查暗访，设有匪众滋事，扰害良民，即飞报臣营，酌量办理。至将来官兵撤后，自应分别安插，惟在地方文武认真经理，可冀日久相安。但必须忠正廉能、精明干练之员足当斯任，应由抚臣秉公遴选，委用贤员，方克有济。

现在亳州东北一带捻巢，虽经臣等督军克复多寨，而亳永蒙宿贼寨尚多，捻首张落刑又自刘集迤南率党仍思抗拒，亟应节节进剿，以期迅歼丑类。至西窜亳捻，现探得姜台凌、王怀义等在武关迤东被多隆阿大军击败，已于本月十四五日由南路潜行回巢。容再酌量情形，相机剿办。

——《钦定剿平捻匪方略》卷一六三，第 11—13 页。

〇僧格林沁奏

钦奉谕旨，以胜保调拨苗练赴陕，令臣妥为阻止。查苗沛霖前经臣叠次札饬，令其带练进剿捻巢，以冀其杀贼立功，并令定于何处与臣面见，用授进剿机宜。乃据英翰禀报，苗沛霖函称仍往展沟剿除捻巢，嘱令该员转禀等情。是苗沛霖并不来营面见，又有遣人赴陕求胜保调遣之事，其为心怀疑惧，已可概见。现在该练并无西行之信，未便豫为阻止，致启猜嫌。臣已将进剿亳捻情形札知苗沛霖，即询以何日由何路进队剿捻，现在攻克何处捻巢，约计何时可以攻至宿亳、与官军会合，仍责令将剿捻情形随时飞报，便知真伪。接郑元善来文，以陕州禀报总兵博崇武到州，持有护照，饬调苗练赴陕，拟俟博崇武到洛再行面询情形等因。是博崇武未到之先，苗练不能前往。博崇武抵洛之后，即可由郑元善阻其往调，臣仍俟苗沛霖如何禀复，再行核办。

——《钦定剿平捻匪方略》卷一六三，第 13—15 页。

○上谕

僧格林沁等奏攻克亳东各捻巢、收复贼寨，并督剿棍匪、击退援贼一折。亳州迤东，捻巢林立，该大臣现扎刘集，进攻蒋集贼寨，著即饬令舒通额等乘胜逼攻，节节进剿。该大臣督军深入，自以疏通粮道为先。诚恐各捻首穷极思变，很命来扑，必须步步为营，自立不败之地，再图进攻，方为胜算。各寨投诚匪众，择其精壮者派员统带，俾充前敌，尤得以贼攻贼之法。至所称将来官兵撤后，必须忠正廉明地方官妥为办理，实属要言。已谕知唐训方、郑元善慎选贤员，妥办善后。其云谷山棍匪，既经德楞额于山下四面扎营，断其水道，谅无难即日攻克，著催令迅即攻拔，毋再耽延。另片奏，苗练并无西行消息，未便豫为阻止，致启猜嫌，不如仍用羁縻之法，责令进剿捻巢。所办甚是。惟苗沛霖始而与该大臣约期禀见，继以往展沟剿捻为词，并未来见，复遣人赴陕求胜保调营，其为心怀疑惧，显而易见。该大臣所称，如苗沛霖实系带练剿捻，则无另有反侧；接郑元善来文，俟博崇武到洛面询各情，是博崇武未到之先，苗练不能前往；博崇武抵洛之后，即可由郑元善阻止等语。苗沛霖虽云随剿捻巢，并未实在出力，谓为必无反侧，已难凭信。该练如坚欲西行，未必定俟博崇武来调，恐其暗中调队，装扮官军，陆续西去。是亦不可不防。设使该练潜行调队西行，亦非郑元善、毛昶熙所能阻止，仍应由该大臣严密访查，于笼络之中，时寓防维之意，如有举动，著随时迅速具奏。本日据毛昶熙奏，探闻博崇武已由会兴镇渡河，由北岸行走，恐其已抵苗营，可即由该大臣传博崇武到营，将迎护苗练入陕一层严谕阻止。至调苗练进剿捻匪，不妨开诚布公，使之不疑。如苗沛霖立有功绩，由该大臣奏请加恩开复，朝廷无不俯允。谅该大臣操纵机宜，必能权衡悉当也。将此由六百里谕令知之。

——《清穆宗实录》卷四五，同治元年十月辛巳。

○上谕

亳州一带，为群捻汇萃之区，该处百姓，亦皆为朝廷赤子，止以从前地方官吏未能拊循，遂至为贼驱迫，成固结莫解之势。现在僧格林沁移师进剿，各圩寨纷纷归正，已由该大臣将投诚勇目降众委令前驱，立功自赎。惟抚驭居民，安插降众，全在地方文武认真办理，惩犯于初起，消患于未萌，方能日久相安，不至大军一撤，复萌叛志。且该大臣现督军深入贼境，解散胁从，疏通饷道，尤为第一要著。设已抚圩寨，地方官吏处置未能得宜，致逆捻复行句煽，尤于大营饷道关系非轻。郑元善身任封圻，唐训方现署抚篆，于皖豫善后事宜，均各责无旁贷，务须秉公遴选，择其忠正廉能、精明干练之员加之委任，与该处团练绅董，将一切布置事宜妥为办理，务使归正良民，悉行乐业。如有潜萌叛志者，仍当不动声色，密为访拿，以靖地方。本日毛昶熙奏遵旨阻截苗练折内，有苗练并未西行、博崇武现由会兴镇北走等语，著郑元善即飞饬博崇武先赴僧格林沁军营听候办理，仍一面确探苗练行踪，遵旨拦截，毋令西行。将此由六百里各谕令知之。

——《清穆宗实录》卷四五，同治元年十月辛巳。

○僧格林沁等奏（节录）

……奴才等军营遇有各营官弁缺出，均由打仗出力人员内拣选，奏请补授，以资策励。兹查西安佐领玉亮在营病故，所遗佐领一缺，奴才等拣选得蓝翎防御瑞昌堪以拟补。递出防御一缺，拣选得蓝翎骁骑校公额布堪以拟补。递出骁骑校一缺，拣选得蓝翎前锋贵常堪以拟补。以上请补各缺，如蒙俞允，俟军务完竣，再由该处照例补行带领引见。是否有当，伏候训示遵行……

同治元年十月初二日议政王、军机大臣奉旨：瑞昌等均著依拟升补。该部知道。钦此。

——录副奏折，档案号03-4707-088。

○上谕

同治元年十月初二日内阁奉上谕：

僧格林沁等奏，请将藉差延宕之侍卫议处等语。头等侍卫韩金甲、蓝翎侍卫朱捷南，本年三月间经僧格林沁派往山东一带查验河堤，该侍卫等迟至九月二十六日始行回营，实属任意逗留，韩金甲、朱捷南均著交部议处，即著来京听候部议。

钦此。

——《咸丰同治两朝上谕档》第12册，第560页。

十月初五日

○谭廷襄奏

钦奉谕旨，饬臣阻止苗练。查该练心怀叵测，诚不可不豫为之防。第查该练果欲东趋，南有盱眙一路最为便捷，北有徐宿一路，其中尚有捻阻，然皆不近东省边界。傥遽然北犯，长驱直向东省，则是逆迹昭著，恐非语言所能动，亦非一旅之师所能截击也。臣思僧格林沁威望久为该练畏服，此时自应仍由僧格林沁遵旨设法开导，力阻西行。如果事必决裂，断难挽回，臣之一军数不及万，德楞额一军亦只四千，并力驱除，万不足恃。幸有僧格林沁大军在南，益以署漕臣吴棠一军，均可听候僧格林沁核示机宜，斟酌办理。

——《钦定剿平捻匪方略》卷一六三，第23—24页。

十月初七日

〇吴棠奏

清淮居亳宿之东，以邳宿为门户，必须于该处严防，兼可扼守运河，力防逆匪北窜。久经饬派水陆各队驻扎，如贼窜东路，即由邳宿扼剿。其灵睢交界之区，距临军驻扎湖沟者较近，应由临军进攻。若再于清淮抽拨，远赴数百里外之湖沟进剿，实属无兵可分。袁甲三前奏湖沟一路系宿军进兵较易，似于地势军情尚未详审。至黄开榜所部，僧格林沁饬令进驻宿州后，又令分扎濉溪口，与永城官军联络。因宿西一带贼氛逼近，尚未能遽行分军。兹又叠据该总兵禀报，收复二铺贼圩后，李家圩、刘家寨、邵家寨、关家寨、董家寨等处人众纷纷投诚，均经该总兵亲往察看，妥为安抚。是黄开榜一军正在宿西剿办得手之时，一经他移，则局面又恐有变，且与永夏诸军隔绝。查湖沟地方本系临营派兵防剿，此时惟有仍由临军先行相机进击，一俟黄开榜可以移师，再饬由宿前进，庶免以兼顾而致两误。至蒙城一路应如何派兵议剿之处，计署安徽抚臣唐训方将抵临淮，自当咨商办理。

——《钦定剿平捻匪方略》卷一六三，第28—29页。

〇上谕

谕议政王、军机大臣等：

前因袁甲三奏，由固镇、湖沟进攻李城等老巢，由宿州进攻较易，当经谕令吴棠等妥筹剿洗。兹据该署漕督奏称，黄开榜所部进驻宿州，分扎濉溪口，剿办正当得手，一经移动，恐生他变。湖沟本系临营派令防剿，此时请仍由临军先行相机进击，一俟黄开榜可以移师，再饬由宿前进等语。所奏亦系实在情形。清淮防军本形单薄，湖沟既本系临淮派兵防堵，即著唐训方饬令官军相机进剿。该处距临稍远，转运军火粮饷较难，并著唐训方与吴棠筹商转运。俟黄开榜可以移军，再行前进。该署漕督等同办一事，务当和衷筹商，万不可稍分畛域，方于军务有益。并著僧格林沁妥筹兼顾，庶不至贼合我分，以期迅就歼除。将此由五百里各谕令知之。

——《清穆宗实录》卷四五，同治元年十月丙戌。

十月初八日

〇唐训方奏

臣奉命权篆皖抚，并接统袁甲三临淮一军，已于上月遣人回籍，召募四营，至今尚未到皖。适准湖广督臣官文咨称，总兵何绍彩七营交曾国藩与臣调遣，该军系臣旧部，与曾国藩面为筹商，不若带赴临淮，亲加训练，即可为临军观摩之助，亦可为庐郡策应之师，以视仓卒就地召募，其缓急足恃，相去霄壤。至于苗练，虽经就抚，而颍州、正阳等处良莠不分，在在均须重兵弹压。蒋凝学以一军分布三处，兵力尚觉稍单，又别无妥员可以接替镇守。僧格林沁饬令蒋凝学随同进剿捻巢，暂时请免更动。臣到临后酌度情形，妥商僧格林沁、曾国藩相机办理，并由臣飞檄新募四营迅速成军，兼程到防，以厚兵力而利攻剿。

——《钦定剿平捻匪方略》卷一六四，第10—11页。

〇上谕

谕议政王、军机大臣等：

前因僧格林沁奏，札调蒋凝学由西南督队，向沙河东北进剿，当经谕令唐训方遴派妥员接替镇守。兹据该署抚奏称，颍寿正阳等处良莠不分，蒋凝学以一军分布三处，兵力尚单，别无妥员可以接替，请暂免更动等语。颍寿正阳等处甫经归顺，地势极为紧要，苗沛霖名为助剿，既不谒见僧格林沁，又不将剿捻情形详禀，而转请胜保调赴陕西，是僧格林沁思用其力以免掣肘，而该练仍怀叵测，不得不倍加慎重。唐训方所奏蒋凝学请暂缓更动，亦系为大局起见。第僧格林沁已深入皖境，该大臣忠勇性成，志在克期灭捻，而主客之势，非有皖军接应，其势较孤。蒋凝学现虽未能前进，仍著唐训方飞催新募之军赴皖，以便蒋凝学得以随同僧格林沁进剿。并著僧格林沁相度机宜，妥为筹商。该大臣素顾大局，谅能和衷办理也。唐训方现抵临淮，皖北甫经克复，亟宜培养地方元气，著即认真派委循良之吏，招集流亡，劝课农桑，如有成效，准其酌保。吏治民风，均宜留意，毋得视为迂阔。勉之！将此由六百里各谕令知之。

——《清穆宗实录》卷四五，同治元年十月丁亥。

十月十二日

〇僧格林沁、国瑞奏

臣等正在进攻亳州迤东蒋集贼寨，探得马村桥捻逆立棱眼即苏全党，勾结黑旗捻首李城，意在俟我军进攻蒋集时前来抄袭后路。逆首张落刑复纠约涡河南岸各捻首，俟我军回顾后路，南路捻众亦来接应。自应先将东路援贼击退，再行进攻蒋集，方为稳固。

臣国瑞于九月二十九日督军驰至马村桥，即有捻首李城率领马贼四五百名前来抗拒，经舒通额、恒龄竭力冲击，逆势不支，纷纷败退。我军乘势掩杀，歼毙马贼百余名。追至马村桥，该寨逆首苏全党见势甚紧急，闭门死守。我军难以仰攻，即行撤队。路过苏阁圩地方，侦知捻首苏添幅之侄苏平益在彼盘踞，臣国瑞即调步队由东西两面进攻，该逆拌死相拒，复经舒通额等督饬各起马队合力迎击，将悍贼二百余人歼除净尽，立将该圩焚烧。

臣等因援贼既经击败，即回军攻剿蒋集贼巢。十月初一至初五等日，各营出队捡斩颇多。惟张落刑纠约各股巨捻，在涡河北岸下张桥一带盘踞，愈聚愈众。初六日，臣等饬翼长舒通额、苏克金带领各起马队前往下张桥一带击其不备，该逆拌死抗拒。我军分三路截杀，舒通额带领数骑首先冲入贼中，枪箭齐施，逆众始乱。我军乘势追击数里，毙贼数百名，将该逆追过涡河以南。因贼圩林立，我军未便深入，当即收队。臣等现仍相机进剿，傥能聚而歼旃，即可攻克蒋集，拔其根株。

至宿州蓝旗捻首刘添幅，具禀投诚，言词恳切，情愿杀贼立功，已饬一律薙发，并令刘添幅即行来营。

又据富和禀称，连日前往查收投诚围寨，路过岳家集、孟家楼等寨，捻首岳振山、李大个孜胆敢列阵迎拒，该营总带队出击，降人李加膺亦带降众进剿，捡斩多名。李加膺身受枪伤，犹裹创带队，带勇杀贼。至投诚之宋喜元及伊弟宋中元，自投诚以来，随队打仗，亦甚勇往。是李加膺、宋喜元等真心反正，尚属可信。

其花旗捻首雷彦前赴西路打粮，曾经臣等饬投诚之任心桃将雷彦家属交亳州收押。正在办理间，雷彦业由西路折回，即赴亳州具禀，情愿投诚，经该州知州刘兰馨解送臣营。讯据雷彦供称，涡河南岸之崔庄系伊本寨，及雷庄等三寨，共有马步捻匪七八百名，俱愿投诚，杀贼报效等语。臣等查看情形，尚属真心悔罪，遂准其率众薙发投诚，责令随同剿贼。

前据张曜禀称，逆首陈大湣等在汝宁一带势甚鸱张，经该员叠次剿办，奈贼众兵单，应接不暇。查现在皖捻先后俱已回巢，豫省除陈大湣外别无贼踪，巡抚郑元善、侍郎毛昶熙所统兵勇现在无事，自应乘此机会合力剿办汝宁捻匪，以期迅速蒇事。

至臣等督军深入，军马食用甚关紧要，运解车辆全赖地方官实力严催，方能源源运送。无如地方大吏并不认真督办，各州县得以因循搪塞，以致发价采买粮草，解到甚属寥寥，势难持久，殊为可虑。豫省应解协饷积欠尤多，嗣后傥仍前疲玩，惟有据实严参，或可望其实心经理。

——《钦定剿平捻匪方略》卷一六四，第 22—26 页。

〇上谕

谕议政王、军机大臣等：

僧格林沁奏督军进攻亳州东南贼寨屡获胜仗并捻首投诚情形一折。亳州迤东蒋集捻匪，负嵎抗拒，僧格林沁督饬马步各军进剿，逆首张落刑纠集涡河南岸各捻接应，经官军迎击获胜，并攻克苏阁圩，惟蒋集贼巢尚未攻拔。现在各股援贼均经击退，自应乘此声威，直捣巢穴。著僧格林沁激励诸军，相机进取，节节埽荡，殄除积年巨憝。其投诚之刘添幅等，均能谨慎奋勇，具见该大臣推诚相与，化莠为良。从此剿抚兼施，自不难廓清皖境。第被剿穷蹙之匪，难保不乘间西窜，郑元善第务当督率各路弁勇乡团严密防范，如再不能遏截，任令该匪长驱深入，定将该抚等从重治罪，决不稍宽。汝宁逆首陈大憘等势甚鸱张，昨据郑元善奏，官军击败援贼，平毁二十余垒，当即谕令该抚责成张曜速拔该匪老巢。现在皖捻先后回巢，其粤逆一股，该抚亦派刘车龙会合楚军兜剿。据僧格林沁奏，郑元善、毛昶熙所统兵勇现在无事，应乘此机会，合力剿办汝宁捻匪等语。所筹甚合机宜。郑元善已移扎汝州，毛昶熙现拟驰回宋郡，即著会督兵勇，前赴汝宁攻剿，务将陈大憘等股克日歼除，以期迅速蒇事。僧格林沁督军深入，采买粮草、接济军马食用，全赖地方官派拨车辆，源源运送。据称地方大吏并不严饬各州县认真办理，以致解到粮草甚属寥寥，自系实在情形。著郑元善速饬各属，迅将已办未解粮草及应解协饷，一并赶紧解往，毋误要需。僧格林沁一军剿办皖北匪巢，皖省疆吏岂容(膜)[漠]视不顾？唐训方计已行抵临淮，所有该大臣军营应需粮草，并著该署抚设法筹解，藉资协济，不得以相距较远，稍涉推诿。前据郑元善、毛昶熙奏，请抽调满营抚标及三镇官兵，买给马匹，教练成军，当经谕令该抚等妥为办理。此项马勇是否业已办齐，僧格林沁曾否派将领前往，并著僧格林沁、郑元善、毛昶熙仍遵前旨，俟办有就绪，即行迅速具奏。本日据英桂奏，胜保所派迎提苗沛霖之博崇武，现抵山西凤台县，声称由河南前赴安徽。博崇武绕道赴晋，殊出情理之外，已谕令英桂派员将该总兵押赴僧格林沁军营候旨。如博崇武业已行抵河南，即著郑元善派员押送，毋令径赴苗营。将此由六百里各谕令知之。

——《清穆宗实录》卷四六，同治元年十月辛卯。

〇僧格林沁奏

叠奉谕旨，以胜保檄调苗练赴陕助剿，令臣妥为阻止，并将胜保被参各款详查具奏。臣业经札饬苗沛霖随同进剿捻巢，十月初四日，苗沛霖遣副将邵徵祥等来营递禀，据称，苗沛霖前于九月十三日接臣札谕，即由龙亢折回下蔡，齐练五千，二十三日带赴展沟一带剿捻，令邵徵祥等来营专听指挥等情。经臣诘询，该员等声称，苗练并未另有动静。查苗沛霖从前带练剿贼，屡有战功，地方官不能折服其心，遂致渐形桀骜，与捻匪勾结，围攻寿州，经胜保奏准归正，其以前之事自必时形矛盾。苗沛霖屡次向臣具禀，疑惧之心终不能释。现既用以剿捻，自应量加抚恤，以安其心。当由臣营饷需内拨给银一万两，饬令邵徵祥等会同粮台委员王朝宗解交苗沛霖兑收，以济练勇口粮，使其知恩知畏，方能使其不疑。并饬王朝宗就便密查苗沛霖动作，仍饬苗沛霖袭取雉河集一带贼巢，实力图功。

至胜保被参各款，查胜保从前充当批本时，臣深悉该大臣实系寒家，自带兵数年，家道饶裕，其贪婪冒滥，狂妄无知，行止非理，中外皆知。所有应查各款，近处臣已派都司施绍恒、廖承恩前往太和县、陈州、周家口一路密查;其远处应请饬下直隶总督、河南巡抚密查具奏。胜保之任性妄为,不胜枚举。惟该大臣现在督剿陕省回逆,前收投诚之苗沛霖、宋憬(时)[诗]、刘占考皆非善类,该大臣一经卸事,恐别生枝节,应请皇上先择可以代胜保之任者,再行惩办胜保,方为妥贴。现在臣已督军深入捻巢,所隐忧者,他处万一再有不虞,臣一时实难分兵耳。

——《钦定剿平捻匪方略》卷一六四,第30—32页。

〇上谕

英桂奏另股回匪在延安府属滋扰、拨兵防守,并博崇武迎提苗练改道晋省,暨请留德兴阿办防、派黄宅中办团各折片。朝邑解围情形,昨据胜保奏到,已令其妥筹兼顾,不可令回匪去而复来,贻晋省之患。此时延安府属回匪马照沅聚众千余,欲与逆回会合滋扰。晋省西路州县,多与该处接壤,渡口林立,在在须防,尤不可不先期布置。英桂现已抽调精兵五百名,派员带赴碛石镇择要扼扎,并咨商大同镇总兵庆德拨兵严防,所办尚属认真,即著饬令在事员弁实力巡防,毋稍疏懈。胜保前次奏调苗练,朝廷灼知其弊,已饬令迅速截止,此次博崇武取道山西凤台,行踪殊属诡秘,实堪诧异。即著英桂赶紧查明博崇武现在何处,如尚未离晋,即著派员押解该总兵前赴僧格林沁军营候旨,不得稍有疏纵。现在晋防吃紧,德兴阿著准其暂留晋省,帮同办理防堵。在籍道员黄宅中,并著照所请,饬令办理河保一带团防事宜。将此由六百里谕令知之。

——《清穆宗实录》卷四六,同治元年十月辛卯。

十月十四日

〇上谕

议政王、军机大臣字寄办理三口通商大臣、内阁学士崇。同治元年十月十四日奉上谕:

前据僧格林沁奏称,通判潘国荣在广东捐铸大小炮位一百十八尊,已在香港雇船,拟由海道运至山东,解交僧格林沁军营。当因该处军营炮位已足敷用,谕令谭廷襄于此项炮位运至山东海口时,饬令径赴天津,并谕令文煜派委镇道大员,随同崇厚验明,委员解京。惟此项炮位是否利用,必须豫行演试,著崇厚于解抵天津时,即将炮位在津逐一演放试验后再行解京,交内火器营验收,一面专折具奏。务须认真办理,毋得草率从事。将此谕令知之。

钦此。遵旨寄信前来[1]。

——《咸丰同治两朝上谕档》第12册,第579页。

〇郑元善、毛昶熙奏

查博崇武于九月三十日行抵省城,臣毛昶熙详细讯问苗沛霖情形,据称,苗沛霖并无西行之意,因奉僧格林沁札调剿贼,禀知胜保,并有秦省兵勇倪不敷用、尚可拨队往助之语,胜保实因兵勇本单,因即奏调,并令博崇武前往太和,饬调道员黄元吉勇队赴陕,即在太和听候谕旨,如所奏苗练西行奉旨允准,博崇武即往迎护;如奉旨不准,即由博崇武传谕该练,仍随僧格林沁进剿,博崇武仍回胜保军营。今奉严旨拦阻苗练,博崇武赶即遵照驰往太和,传谕苗练,毋庸西行,苗练断无抗违等语。查博崇武已于十月初三日由汴起程,前往太和,臣毛昶熙一面饬其赶紧办理,如接到苗沛霖回信,速行咨照,一面专派妥弁知会驻扎太和之道员黄元吉,将博崇武如何传谕劝阻及苗沛霖如何回覆确情迅速报知,再行奏闻。

——《钦定剿平捻匪方略》卷一六五,第1—2页。

〇上谕

前因郑元善、毛昶熙各奏,博崇武有由河北行走、迎护苗练赴陕等语,曾经谕令僧格林沁加意防维,并谕知郑元善等,飞饬博崇武先赴僧格林沁军营,听候办理。兹据奏称,博崇武于九月三十日行抵汴省,毛昶熙面询该副都统,据称苗沛霖本无西行之意,因奉僧格林沁札调剿贼,禀知胜保,并有秦省兵勇不敷、尚可拨队往助之语,胜保因而奏调,并令博崇武前往太和,饬调道员黄元吉勇队赴陕,当经毛昶熙传谕博崇武拦阻苗练,并饬令该副都统前往太和赶紧办理等语。苗练既无西行之意,博崇武即可毋庸前往太和劝阻,转或启其猜疑。著郑元善、毛昶熙仍遵前旨,饬令博崇武即赴僧格林沁军营听候办理。博崇武叠经被人参劾暗通苗练,该员到营后,即著僧格林沁饬令留营差委,不可仍令其赴胜保、苗沛霖等处军营。惟该员既暗通苗练,而僧格林沁正在欲用苗练之时,仍须于差委之中,寓防闲之意。僧格林沁剿捻方当得手,苗练正应遵该大臣札调,随同进剿。苗沛霖现在是否束身归命,真心剿贼,立功自赎,僧格林沁必能谨遵叠次谕旨,于操纵机宜,权衡悉当,并著将实在情形随时速奏。道员黄元吉勇队是否堪以调赴陕西,即著僧格林沁等就近妥筹,奏明办理。将此由六百里各谕令知之。

——《清穆宗实录》卷四六,同治元年十月癸巳。

---

[1] 《清穆宗实录》卷四六(同治元年十月癸巳)载有此事的处理结果:"寻奏,河冻冰结,海运炮位船只碍难进口,请俟明春再行演试。报闻。"

十月十五日

〇袁甲三奏

臣密探苗沛霖本有藉胜保札调分股西窜之意，因僧格林沁连获大捷，慑于声威，并接到僧格林沁剿捻之札，因而中止。其另股窜扰清江之说，系本年八月间，苗党严道洪欲赴西坝筑圩聚众，与李世忠互争盐利，早经吴棠查明驱逐，清江安堵如常。现又探得，苗练党众自胜保西去，失所倚恃，又恐僧格林沁未能如胜保之一力护持，是以月前僧格林沁札饬苗沛霖，令其单骑赴宿境谒见，并饬总兵黄开榜派员护送，苗沛霖始而应允，继而不果，复派副将邵徵祥并前次占踞寿州之李万春前赴僧格林沁军营，尚未回来，练众甚形惶惑。现虽名为遵札剿贼，出队至凤台县所属之展沟一带，攻打捻匪郭明栋等圩，声言万人，实止三千有零。苗沛霖虽云自去，其实尚在下蔡，以待僧格林沁回信，并非真心打贼。又闻其在下蔡赶做帐房，声言豫备出队剿捻之用，是否真心归正，究未可知。并据道员蒋凝学禀称，苗沛霖前奉僧格林沁札调，志得气扬，欣欣然钞示淮南北，整队派粮。查苗练各队旗分尖方，如颍州、颍上、三河尖及淮南一带均系苗练方旗，因蒋凝学驻扎颍寿，方旗均尚未调，惟加紧浚濠修垒聚粮，闻订于十月初十日齐赴老寨会话。该练邀众会话，系属常事，此次未知所议何事。臣以现时情形度之，怀远以东及浍河南北从逆者，经臣收抚二百余圩，其正阳以上、沙河以南，正阳以下、淮河以南，亦经蒋凝学收抚二百余圩，兼有寿州附近各圩均不从苗，前赴臣营禀请归官，臣以相距较远，饬赴蒋凝学军营具禀，并函致蒋凝学相机妥办。以苗练全势而论，已去十之五六。苗沛霖从未轻离巢穴，刻刻以寿州之军及临淮分驻长淮卫、蚌埠各营为虑，一经妄动，恐我军齐蹑其后。年内天气渐冷，似可无虞。但该练异常狭狯，前闻其打造镰刀多把，欲强割正阳南湖芦苇以断楚军樵采，虽传言未可深信，而该练能否无事，殊不可知，总在僧格林沁之安其心而不资其力，牢笼而钤束之，或可渐就范围。

——《钦定剿平捻匪方略》卷一六五，第3—6页。

〇上谕

袁甲三奏遵查苗练现无分窜豫陕及清江等处情事一折。据称，探闻苗党自胜保西去，失所倚恃，月前僧格林沁札饬苗沛霖单骑来谒，苗沛霖但派副将邵徵祥等前赴僧格林沁军营，练众惶惑之至；现虽名为遵札攻剿展沟一带捻匪，其实苗沛霖尚在下蔡；又闻其赶做帐房，声言豫备出队剿捻，并加紧浚濠修垒聚粮，订于本月初十日齐赴老寨会话；且闻其打造镰刀多把，欲强割正阳南湖芦苇，以断楚军樵采等语。苗沛霖经胜保檄调赴陕，仍未敢遽离巢穴，自系慑于僧格林沁声威，并因寿州及长淮卫等处分布各营皆足以蹑该练之后。现虽不敢公然西窜，而情形诡秘，不可不防。僧格林沁札饬苗沛霖剿捻，系属权宜笼络之计，乃闻该练奉僧格林沁札调时，则志得气扬，欣欣然钞示淮南北，整队派粮；继则仍在下蔡观望，并非真心剿捻。苗沛霖向来借官练以威胁各圩，该圩百姓，但知不从苗练，即为负罪朝廷，是以苗沛霖得行其跋扈。僧格林沁于抚驭苗沛霖之中，仍当设法使各圩百姓咸知，不从捻匪抗官者即系良民，正不必从苗充练，始为无罪。如此宣示，在苗沛霖不至因此疑虑，而其胁从即可日渐解散。总之办苗之法，但能令其有所顾忌，安其心而不资其力，苗不能藉势威胁圩民，民亦不至为苗所胁制。设必不得已而调用苗练，亦必令该练众造具花名清册，径送该大臣军营，一面即可将其管队头目驾驭笼络，俾该练众等感该大臣之恩，则权操自我；而苗沛霖之权，亦不夺自消。著僧格林沁随时相机妥筹办理。至该练浚濠修垒，派粮整队，似因畏惧楚军就近攻剿。唐训方抵临淮后，袁甲三亦务将驾驭情形与之熟商妥办，于安抚之中，仍寓钤制之意，方为妥善。至苗练欲割取南湖芦苇，其说虽未可尽信，然亦不可不豫为防范，并著唐训方密饬蒋凝学勤加侦探，妥为布置。袁甲三折著钞给僧格林沁阅看。将此由六百里各密谕知之。

——《清穆宗实录》卷四六，同治元年十月甲午。

十月十六日

〇上谕

谕内阁：

谭廷襄奏，云谷山官军失利，带兵大员玩视军情，请饬查办等语。吉林阿尔楚喀副都统德楞额，自剿办山东峄县云谷山贼匪，日久迁延，迨至匪势穷蹙，该副都统安坐齐村，不令马队远出。参将李其昌等请发炸炮，靳不肯与。嗣贼目有句结幅匪救援之信，德楞额漫不关心。及贼陷营盘，知县张振荣派员求救，仍复置若罔闻。德楞额以带兵大员，既不能身临前敌，又不能豫筹布置，以致贻误戎机，实堪痛恨。德楞额著即行革职，交僧格林沁查明严参，从重惩办，以肃军律。

——《东华续录》同治十五，第43页，同治元年十月乙未。

〇上谕

谭廷襄奏云谷山官军失利，并德楞额贻误军情及降众竖旗报复各折片。德楞额从前剿匪不力，曾经获咎，弃瑕录用，经僧格林沁派令攻剿云谷山棍匪，宜如何奋勉图报？乃竟安坐齐村，按兵不动。此次又因贪抢财物，中贼诡计，致百战劲旅，一旦覆没，棍匪势焰复张。贻误军情，实堪痛恨。该革员屡次被人参劾，必非无因，著僧格林沁将该革员贻误原委查明严参，按律惩办，一面遴派妥员前往该处，接统其众，重整军声，迅图攻克。其佐领荣禄分带马队首先溃走，倡言贼势重大，摇惑人心，致令炮队溃散，勇营失陷，甚属可恶，著一并查明，严参治罪。僧格林沁前次所保打仗出力人员，内有请以副都统记名之内火器营营总玉亮，是否即系从前在连镇等处管带毛勇之人，该员可否足当一面，现在何处带队，并著查明具奏。现在匪势复炽，亟宜厚集兵力，迅速往援，著谭廷襄迅饬海群管带马队前往援应，一面饬令知县张振荣、参将李其昌实力扼守要隘，毋令该匪肆扰，与教匪句结一气，致成滋蔓。至教匪经官军痛剿，势已渐蹙，仍应就现有兵力认真围剿，不得因一隅有失，掣动全局。是为至要。莘寇等处降众，因与团练寻仇，复图起事，经该抚派兵往捕，将首犯张玉珍等正法，并委参将兴瑞等带兵追捕，办理尚是。即著饬令该员等持平妥办，不准团练寻衅，亦不任降众妄为，以期日久相安。至由胜保军营潜回、复在罗家楼地方竖旗聚众之吴锡溃等，仍著严饬员弁，跟踪追捕，迅速殄灭。将此由六百里各谕令知之。

——《清穆宗实录》卷四六，同治元年十月乙未。

〇上谕

熙麟奏潼关绅士呈请调练剿回；胜保奏请厚集兵力早殄贼氛，并回匪西行、同朝情形已松及汉南贼众兵单各折片。前据胜保奏调苗沛霖带练入关助剿，当以该练业经僧格林沁檄饬剿捻，节次谕令胜保速行阻止，此次熙麟仍复奏请，自系阅历尚浅，未悉其中底蕴，著毋庸议。至僧格林沁马队，本属无多，何绍彩等军均各有剿匪之责，胜保所请调拨之处，碍难俯允。著仍遵前旨，就现有兵力竭力剿洗，不准再以调苗助剿等词，哓哓渎请。洋县之贼负嵎已久，何以尚难克复？曹逆复入定远厅属之渔渡坝，亟宜实力堵截。胜保现驻潼关，势难兼顾，骆秉章前派入陕追贼之易佩绅一军现在何处？即著骆秉章严饬易佩绅等兵勇认真剿办，并著毛震寿督率所部，迅将洋县城池赶紧克复，严防续来川匪，毋令纷窜。本日据恩麟奏，贼匪由凤县窜赴两当，此项窜匪系属何股，为数若干；所称窜入渔渡坝等处之匪，川省现派何员跟追；毛震寿在彼，近日若何接仗，若何布置。一切情形，均著毛震寿一并详悉单衔驰奏。本日据恩麟奏，陕省回匪窜入清水县境，并北路盐茶土匪裹胁日众，现在调兵剿办，情形甚急。熙麟俟穆腾阿抵陕，即当迅赴新任，妥筹调拨，顾全大局。将此由六百里谕知胜保、熙麟、骆秉章，并传谕毛震寿知之。

——《清穆宗实录》卷四六，同治元年十月乙未。

十月十九日

〇上谕

谕议政王、军机大臣等：

都察院奏，山东绅士赵芳伊等赴该衙门呈诉，幅匪鸱张，逆首刘双印等立寨蓄发，推宋斌为伪王，万甲申等为伪将军，不但兰郯以西、费县以南尽为贼巢，即已经克复之红山底、阁旺山等圩仍为贼窟；该匪西连教匪，南结捻逆，官为难剿而议抚，贼为缓兵而纳款，一误再误，逆焰益张；惟该匪素畏僧格林沁威名，若得分军驻沂，佐以本处兵团，庶可转危为安等语。东省幅教各匪，占踞民圩，蔓延甚广。该省本无得力将领，而地方官又不知兵，该绅士等呈诉，未破良圩，危在旦夕，深虑匪势日炽，良圩益蹙，剿办更形棘手。前因德楞额一军失利，降旨将该副都统革职，谕令僧格林沁派员接统其众，著即严饬派往之员星速前进，务将德楞额所部实力整顿，重振军威。该大臣现在深入皖境，似难撤回东省，俟张落刑一股办理完竣，李续宜已到皖省，剿捻事宜能交该抚专任，该大臣即可回剿东匪。傥必须会同攻剿，并著商度具奏。至东省军务，本归僧格林沁节制，著严饬该省带兵员弁，督同各处乡团认真攻剿。如该匪分股围扑民圩，官军即随时策应，互相保卫。傥该员弁救援不力，以致良圩被贼攻陷，该大臣务当据实参奏，从重惩办，俾该省军务日有起色，殄除逆匪而绥靖地方。将此由五百里谕令知之。

——《清穆宗实录》卷四六，同治元年十月戊戌。

十月二十四日

〇上谕

同治元年十月二十四日内阁奉上谕：

前因御史刘毓楠、吕序程奏参河南南汝光道赵书升等贪劣各款，当经谕令僧格林沁等严行查办。兹据僧格林沁等奏称，查明赵书升并无抽收厘税入己及勒罚商民情事，于地方防剿事宜尚能尽心，民情爱戴，亦无纵贼殃民等款，副将经文布在萧王村剿捻失利，实因众寡不敌，并非临阵逃遁各等语。该二员既据查明并无前项劣迹，著毋庸议。前任南汝光道赵书升，著照所请准其回任，仍著僧格林沁等随时察看，如不得力，即行奏参。至所参光州营游击汪长清老病衰颓，候选知县单体晋带勇滋扰，据郑元善奏称，汪长清精力尚强，防剿颇称勤奋，惟于光州人地未宜，著即开缺，留省另补。其单体晋一员，业经郑元善另案奏参，以县丞降调，亦著毋庸议。余著照所议办理。该部知道。

钦此。

——《咸丰同治两朝上谕档》第12册，第608页。

〇上谕

胜保奏带队武员脱逃、请饬查拿等语。管带黑龙江马队营总协领音德善，经僧格林沁饬令管带官兵，配齐战马，赴陕助剿，沿途倒毙战马，竟至八十余匹之多，该员迄今并未到关，查无下落。是否因马匹倒毙，不敢回营？抑或别有情弊，畏罪潜逃？若不严拿惩治，何以肃军律而儆效尤？著僧格林沁、郑元善、毛昶熙及黑龙江将军，并直隶、山东、山西、陕西各督抚，一体严拿务获，讯明定拟具奏。①

——《清穆宗实录》卷四七，同治元年十月癸卯。

十月二十七日

〇毛昶熙奏

查归德地方，前因捻匪连年窜扰，民不安居，经臣带兵驻宋，次第驱除，先后收复洪楼、周堂、大孔集、阎集等寨。本年五月间，会合僧格林沁将金楼、王双楼踞匪剿灭净尽。八月间，又将马厂攻克，并派兵克复卢庙贼圩。归德八属一律肃清，闾阎俱已安谧。见在僧格林沁进剿亳东捻巢，亲驻刘集，叠获大胜，匪众胆寒，宋郡门户无虞窜越。惟匪首陈大瀍、张沨林等所踞巢穴陈寨、张寨最为坚固，明港、陡沟皆系要冲，应将四处老巢先图攻克，兵威既振，剿抚兼施，其余皆迎刃而解矣。

总兵张曜等围攻陈寨业经数月，节次击退外援，寨中甚为穷蹙，仍应责成该总兵等赶紧攻拔。臣此次带兵赴汝，或由确山进兵明港，或由正阳进兵陡沟，皆系攻其要害。而明港系驿路要道，该匪盘踞其中，南北隔绝，故此路尤为紧急。近日总兵李续焘一军已将龙井攻克，渡过淮汝，进图明港，贼以全力拒之。臣由确山派兵而南，与李续焘之兵会合夹击，必易得手。明港既克，驿路可通，汝宁、光州互相联络，然后进取陡沟、张寨等处，不难一气呵成。

惟用兵日久，各营多有伤亡，拟令游击邹复胜等赴楚，另募精壮勇丁，听候调遣。因此项勇丁急切不能到营，见在先令总兵赵鸿举添慕马勇一营，副将陈禄兴添募步勇一营，均可即日成军，以资攻剿。至汝宁团练，经臣时加整顿，尚称勇敢。臣亲至该郡，并可随时号召，以为官兵之助。

——《东华续录》同治十五，第58—59页，同治元年十月丙午。

〇上谕

本日据毛昶熙奏称归德府属一律肃清一折。河南归德府属地方，自咸丰三年发捻各

---

① 寻多隆阿奏，音德善因病失迷，现已回营，请革职留营效力。允之。参见《清穆宗实录》卷四七，同治元年十月癸卯。

逆往来滋扰，焚杀掳掠，村落为墟，吾民火热水深，情殊可悯。见在虽据奏一律肃清，而民气未复，民困未苏，招集拊循，在在均关紧要。著郑元善遴委廉能公正之守令前往该地方，招集流亡，加意抚绥。所有钱漕等项，酌量奏请蠲缓，以副朝廷嘉惠元元、绥靖闾阎至意。

——《东华续录》同治十五，第59页，同治元年十月丙午。

十月二十八日

〇谭廷襄奏

教匪与棍幅各匪向未联络，自峄县官军挫失后，棍幅各匪得志，教匪亦即乘机勾结，分股屯聚凤凰山东南滕费之交，意在两路潜扑我军前敌营盘。臣当将扼扎平邑集之定顺、范正坦两军调至邹曲适中之地，并探知云谷山匪势已松，仍将翼长海群马队调回，以破其内外夹攻之计，一面严饬前敌总兵保德等一一准备。该匪知我军防范甚严，不敢出扑，棍幅各匪即分股三千余人，于十月初九日由费县之贾庄地方北窜，经署知县王成谦与游击石占鳌等带队截击，毙匪数十名。该匪窜九女关，尚未悉其趋向。复饬范正坦等率领原带马步队一千余人，驰赴新莱一带迎头堵击，总期前截后追，力遏窜路。傥贼仍趋东北，亦令步步跟逼，以防与淄川之匪互相联络。现在云谷山之匪既与教匪通气，费县之范家崮、宝泉崮等匪均在教匪巢穴东南，亦复日夜窥伺，希图乘隙而入，亟应迅速歼除，方能杜其勾合。已檄饬王成谦添募劲勇五百名，设法进剿。其冯茂城前一路，介在教幅之间，非有兵勇数千，不能扼扎，应俟僧格林沁将峄县一带剿匪事宜派员接办，再行酌度。此时峄县外贼业已退尽，仍只刘双印一股在云谷山踞守，臣拟先派道员黄良楷前往，督率地方官暂筹守御。

——《钦定剿平捻匪方略》卷一六六，第22—24页。

〇上谕

谭廷襄奏督军堵剿教幅各匪情形，并围攻淄川获胜，及范县地方搜剿匪犯各折片。峄县官军挫失之后，棍幅各匪势焰复张，教匪亦即乘机句结，经谭廷襄调派定顺、范正坦两军及海群马队，豫为准备。匪势尚未遽合，惟兵分力单，受贼牵掣。现在云谷山匪徒既与教匪通气；费县之范家峒等匪，均在教匪巢穴东南，亦复日夜窥伺，希图乘隙而入。亟应先行攻剿，方能断绝句通。前因德楞额贻误军情，降旨革职，并令僧格林沁拣派妥员，前往接统其众。此时该处军情吃紧，该大臣务即懔遵前旨，迅派得力大员前往峄县一带，接统德楞额所部，认真整顿，先将踞守云谷山之刘双印一股迅速剿灭。谭廷襄仍就现有兵力实力剿堵，并督饬各路团练协同守御，毋得稍涉大意。淄川踞匪，经官军叠次围攻，其势渐蹙，著谭廷襄严饬陈显彝等迅图攻拔，不得任贼纷窜。吴锡溃等在范家楼地方聚众起事，经官军捡斩多名，余匪解散，惟匪首吴锡溃、轩五作、于永合等逃往濮州水套藏匿，必应迅速拿获，以净根株。前已谕令遮克敦布等赶紧兜剿，著谭廷襄饬令在事员弁，会同遮克敦布等派出之兵，迅将吴锡溃等按名弋获，不可任其漏网。将此由五百里各谕令知之。

——《清穆宗实录》卷四七，同治元年十月丁未。

十月二十九日

〇上谕

英桂奏请饬德楞额移师大同一折。山西大同府城内，回民居住甚多，时虞与陕甘回匪暗相句结。该镇官兵，除调往河保一带并绥远、归化等城防堵外，所余兵数较单，自应豫筹调兵，前往弹压，以冀消患未萌。惟山东沂州一带，棍匪幅匪，势尚蔓延，德楞额因剿贼玩误，业经革职，该革员现在东省贻误军情，即调往大同，亦难得力，其所部兵丁，亦因沂郡军务吃紧，势难移调赴晋。僧格林沁现在驻军亳州，进捣捻匪老巢，兵力本非有余，亦断不能分拨兵勇，前赴沂郡接替，俾德楞额所部兵丁移往大同。此时附近晋省各路军营，急切无可移拨之兵，英桂务当就现有兵力严密镇防，并督饬地方文武认真稽察，毋任该处回民句结生事。大同地方紧要，一俟他处有可调之兵，朝廷当即设法调往也。另片奏伊昌阿应否暂留蒲州等语，晋省防务正当吃紧之时，伊昌阿著仍留蒲州，协办操防。将此由五百里谕令知之。

——《清穆宗实录》卷四七，同治元年十月戊申。

十一月

十一月初二日

〇议政王等奏

本日僧格林沁咨到户部郎中何恩寿原禀一件，恭呈御览，谨奏。

——《咸丰同治两朝上谕档》第12册，第622页。

十一月初三日

〇僧格林沁、国瑞奏

臣等进攻蒋集，该圩捻首陈万幅勾结刘狗、杨嬲汰党与死守，兼有张落刑等为之援应，并力抗拒。十月十五日，据报，张落刑等遣悍党在涡河南岸之朱庄、韩庄一带盘踞，欲攻投诚各圩。十六日，派翼长苏克金等带本队及投诚马勇前往迎剿，并饬舒通额带队接应，败贼于丁固寺，歼毙多名。该逆分股狂奔，遁入破寨者，经苏克金等悉数剿除；其由南岸东窜者，经舒通额督队截击，斩馘多名，逃脱无几。十八日，捻首杨懋汰率众来援蒋集，营总恒龄带队迎剿，毙贼数十名，生捡十余名，余匪东窜，遁入贼圩。臣等复督军进攻蒋集，连日各股捻党来援，均经马队迎剿，捡斩多名。又探得张落刑勾结孙丑儿等各股，窜至涡河以北、距大营东南十五里之赵村屯聚，意欲来扑，现在相机迎剿。

惟军饷缺乏，直隶、山西、山东、河南四省协饷拨解寥寥，兵勇嗷嗷待哺，万难久持。且现经深入痛剿，贼势穷蹙，悔罪者业已投诚，而死党益负嵎坚守，亟宜添募勇丁，迅图攻拔。而募勇又不如用降众为前敌，较易得力。重赏之下，必有勇夫，虽需饷较繁，而事半功倍。当此军情紧要，若因饷匮致形棘手，所关甚巨。惟有仰恳鸿慈，严饬直隶、山东、河南各督抚将每月协饷银三万两，山西巡抚将每月协饷银二万两，按月解足，庶士卒无枵腹之虞，数月之间，可期蒇事。

——《钦定剿平捻匪方略》卷一六七，第1—2页。

〇上谕

僧格林沁奏督军进攻蒋集捻巢、击退援贼大获胜仗，并沥陈饷绌情形、请旨饬催各折片。该大臣现已进抵亳南，深入捻境，若因饷需不继，有误军行，机会诚属可惜。著于直隶等省饷到后，即行招集降众，率为前驱，用资攻剿。前据胜保在皖省督军时，奏请派员办理周口厘金，此项厘金每月可得若干，著该大臣查明是否足资贴补，即行奏闻，以便降旨归该大臣提取充饷，庶道途较近，或可稍济眉急，不至停兵待饷，以利军行。德楞额在云谷山失利，据所禀各情，与谭廷襄原奏不符，恐系该副都统豫为卸罪地步，蒙混具禀。闻该副都统随同该大臣攻剿，尚属勇往，迨该大臣相离稍远，即养尊处优，未肯亲自督队。谭廷襄虽庸懦无能，但其所参各情，未必尽属子虚。定安人尚明白，惟遇事未能刚断有为，著该大臣留心察看，随时训饬，俾知振作。将此由六百里谕令知之。[①]

——《清穆宗实录》卷四八，同治元年十一月辛亥。

〇上谕

僧格林沁奏兵饷缺乏、请饬直隶等省各督抚按月协饷等语。僧格林沁攻剿亳捻老巢，声威正盛，现已进军涡河北岸，张落刑纠率悍贼，麇聚于涡河南岸抗拒，剿办正在吃紧。设

① 寻奏，周家口厘金所入无多，请仍归地方官经理。报闻。参见《清穆宗实录》卷四八，同治元年十一月辛亥。

或饷匮兵哗，何堪设想？此时僧格林沁一军为北路安危所系，岂可因饷项支绌，致令办理棘手？著文煜、谭廷襄、郑元善每月协拨饷银三万两，英桂每月协拨饷银二万两，著于一月内定期报解，迅速奏闻。傥敢仍前玩泄，必将各该督抚重治其罪，决不宽贷。豫省地接蒙亳，傥皖捻肃清，该省除一外患，尤应竭力筹画饷需，以资协助，毋得稍存(膜)[漠]视。将此由五百里各谕令知之。

——《清穆宗实录》卷四八，同治元年十一月辛亥。

○上谕

谕内阁：

前因御史刘毓楠奏参河南署按察使洪贞谦钻(剌)[刺]卑污，与河南府通判闵春涛朋比为奸等情，当经谕令僧格林沁严行查办。嗣因郑元善、多隆阿先后奏参洪贞谦带兵迁延，捏报胜仗，降旨将该员即行革职。兹据僧格林沁奏称，查明洪贞谦官声本属平常，署臬篆后，带兵出省，迁延畏葸，实系不能得力等语。① 洪贞谦业经革职，著永不叙用，并著郑元善将该革员与已革通判闵春涛一并勒令回籍，不准在河南逗遛，以惩庸劣而杜钻营。

——《清穆宗实录》卷四八，同治元年十一月辛亥。

○上谕

前因光禄寺少卿董元章、御史刘毓楠奏称，河南知县任桂，挟仇指使副将杨飞熊等擅杀良团李瞻、李书声等多名，杨飞熊及知县徐光第并有焚烧村庄、抢掠财物情事，以致各团解体等语，当经谕令僧格林沁查明参办。兹据奏称，汝州团首李瞻，苛派横敛，凶恶情形，罪无可逭；洛阳团首李书声，设立会元局，盘查客商，辄敢抢劫银物，杀毙土客及兵勇多命，亦属法所难容；任桂禀报李瞻叛逆，虽措词失当，尚无挟仇情事；杨长春诱捡李书声正法，办理尚无屈枉；杨飞熊、杨长春并未纵兵殃民，河汝一带团练，自闻惩办李瞻等之后，亦知

---

① 据僧格林沁奏："奴才当经拣派同知□□□、知州王锡麟前往各处严密查访去后，兹据该员等回营禀称，查得洪贞谦由刑部供事议叙，加捐知县，分发河南，历署叶县、睢州篆务，于道光三十年间大计案内被参，捐留原省，咸丰三年补授祥符县丞。因粤逆窜扰豫境，调赴胜保军营办理文案，历次保奏，以道员至记名按察司，加二品顶戴，与向在胜保军营办理粮台之河南府通判闵春涛同营当差，其有无朋比为奸，并无确切证据，碍难指实，惟官声平常，舆论不一；闵春涛报捐候选道员，是否粮台饷项，亦无由而知，上年闵春涛已被严树森奏参革职，现尚在省；此次洪贞谦骤署臬篆，本出意外，以致众议哗然，接任后又不肯带兵出省，嗣因奉文饬催，如有逗留，即行严参，该员始由许州进驻南阳，捻匪由陕回窜，扰及内乡等处，又未闻带兵截击等语。查洪贞谦带兵不能得力，业已恭奉谕旨，将其先行交部议处，撤去署理按察使，等因，钦此。惟该员与闵春涛有朋比为奸情事，访查并无确实证据。"详见中国第一历史档案馆藏录副奏折，档案号03-4603-095。

敛迹各等语。① 李瞻等办理乡团,辄敢恃众妄为,抢劫焚杀,虽据查明尚无叛逆实据,而跋扈狂悖,目无法纪,杨飞熊等将伊等捦获正法,实属罪有应得。此外安分良团,奉公守法,并无解体情形。该士民等尚属深明大义,仍著将团练事宜妥为办理,实力奉行,以卫地方而资联络。知县任桂,副将杨飞熊、杨长春,知县徐光第,既据查无挟仇妄杀、纵兵殃民情事,即著毋庸置议。

——《清穆宗实录》卷四八,同治元年十一月辛亥。

---

① 据僧格林沁奏:"又据该委员等查得,李瞻系汝州西南十五里之管上村人,由山西试用知县回籍措资,即为团首。始则按亩摊钱,作为练费,继则苛派富室,稍不遂欲,即围庄焚烧,人人为之侧目。时有在籍江西试用通判彭凤台,因其作事凶殊,恐被拖累,出围躲避,李瞻即率团丁围烧房屋,搜抢一空。并因城南之张家等寨未肯随从,围庄攻杀。叠经汝州知州禀巡抚郑元善,派委已革前任洛阳县任桂前往查访。任桂即以李瞻叛逆情由,面禀巡抚。郑元善饬令带兵赴陕州剿办窜捻之候补副将杨飞熊道经汝州,会同任桂与地方各官相机剿办。杨飞熊到后,查知李瞻在于樊及铭之樊古寨内盘踞,即带兵前往。李瞻率众拦问,杨飞熊答以赴陕州剿办窜捻,并用好言(言)抚慰,一面饬令兵勇拔队先行,止留随身亲军百人,李瞻因而深信不疑。杨飞熊旋与樊及铭、樊润元等暗中商定,乘其不备,内外夹攻。李瞻即时逃跑,兵勇追往刺死,并捦获其党王澍等十余人,立时正法,余匪逃逸。李瞻当时并无手持黄旗、列队抗拒之事。此李瞻藉团跋扈、任桂杨飞熊等办理之实在情形也。

"其洛阳县团首李书声等,在于洛阳东北二十五里之平落村设立会元局,并于往来要路派人盘查,如遇过往客商,虽询无可疑,亦须有保方能释放,否则即行杀毙,资物尽归所有。两年以来,行路之人皆有戒心,地方官因其势众,亦不能制。本年三月间,杨长春带兵在□防堵,与贼接仗,失利回城,适有陕西土客携带银一万二千余两行至该处,包给官兵护送进城,维时任桂解赴杨长春营内之饷银一千一百余两,亦交官兵护解,任桂先行进城。该局练首郭小二等,因见土客十余人乘骑马匹,形迹可疑,即将银车截住,盘查搜看。适有勇丁所获妇人衣饰数件寄放车内,该局即指为赃物,将银物尽数截回。土客上前拦阻,即杀毙九人及兵勇十余人,并捦去兵勇数人,亦杀毙。杨长春带队前往,有行走落后之兵勇数十人,又被该局赶杀。杨长春随又带兵前往该局围攻,旋经偃师县人何青莲、周兆麟说和,陆续送还兵饷并土客银万余两。杨长春撤队后,即令何青莲等传谕李书声等,谓银已送还,事已了结,将来逆捻回窜,仍要该局帮同打仗,且必为之保举,并命李书声等来营面议。次日,李书声一人来营,杨长春仍以好言安慰。李书声等□信以为真,随与李书山、黄开元同来谒见,杨长春即将李书声等捦获,会同地方官立即正法。[此]杨长春诱获李书声等之实在情形也。

"至河汝一带团练,自惩办李瞻等之后,咸知敛迹,不致仍前滋事,即钱粮亦能催解。谘访舆论,均称李瞻等实非良团,死不为枉,民情亦极安贴,并无解体情形。其自号□王及勾匪扑城各情,并无确据。至任桂因李瞻等屡次焚掠,禀请剿办,原属实事,惟谓其叛逆,并无切实证据。又徐光第官声尚好,民情甚属爱戴,亦无谓其隐匿汝州□□之事。副将杨飞熊、杨长春,咸谓其带勇有年,遇敌勇往,亦无纵兵殃民情事等。

"访查李瞻以充当团首,苛派富室,稍不遂愿,即围庄焚烧。迨彭凤台躲避后,率团丁围烧房屋,并因张家等寨未肯随从,胆敢围庄攻杀,虽非叛逆,其凶恶情形已属罪无可逭。经任桂以李瞻叛逆请兵剿办,未免措词失当。其郑元善折内叙有李瞻手持黄旗,现经查明,并无其事,显系张大其词。其李书声设立会元局,盘查客商,以陕西土客可疑,即将银物截回,杀毙土客,并将兵勇杀毙多命,亦属法所难容。现经查明,任桂所解饷银亦在其内,经杨长春带兵围攻,该局始将兵饷送还。将李书声诱捦正法,所办尚无屈枉。至杨飞熊、杨长春带兵有年,遇敌勇往,亦无纵兵殃民,徐光第官声尚好,似可免议。署南阳府知府顾嘉蘅官声政绩如何,据该委员□□,顾嘉蘅之守南阳,堵剿捻匪,颇有声威,谘访舆论,甚称爱□,现闻已回原籍,并未在豫。本年狗逆余党围攻南阳时,该员尚在城中,咸谓守御等事,得该员之力居多等语。是顾嘉蘅之官声□□□好,尚堪供使。

"理合将派员查访情形,谨附片覆奏,伏乞圣鉴。"详见中国第一历史档案馆藏录副奏折,档案号03-4603-095。

〇上谕

前因御史吕序程奏参已革知府廖庆谋钻谋开复等语，当经谕令僧格林沁确切查明，据实参奏。兹据僧格林沁奏称，详查原案，廖庆谋性情残忍，多疑好杀，系严树森奏参革职永不叙用之员。郑元善于胜保督师过豫时轻率举荐，已有不合；迨胜保札调该革员赴营，甫及数月，即属出力，亦未便遽请开复原官，虽查无听受情托实据，究属冒昧滥保等语。① 胜保、郑元善均著交部分别议处。廖庆谋屡次被人参奏，既据僧格林沁查访该革员声名狼藉，举动亦非平静，廖庆谋业经革职，仍著永不叙用，并著郑元善严饬该革员迅回广东原籍，不准在豫省逗遛。

——《清穆宗实录》卷四八，同治元年十一月辛亥。

〇僧格林沁奏（节录）

……奴才等接前任福州副都统色尔固善呈称，黑龙江镶红旗佐领额尔楚岱、墨尔根城正黄旗佐领马立绅、齐齐哈尔正黄旗音登额佐领下骁骑校呢克通阿、布特哈镶黄旗明兴佐领下骁骑校满保，前于咸丰十年闰三月十五日在金陵打仗阵亡，所遗各缺，均未请补，未悉原省曾否拟补，呈请查明核办等情。当经奴才等咨查黑龙江将军详细声明去后，兹准覆称，阵亡佐领额尔楚岱等所遗佐领二缺、骁骑校二缺，本省并未选补等因前来。查此项遗缺，该省即未选补有人，未便久悬，现当军营带队需人之际，自应拣员请补，以资驱策。奴才等谨于黑龙江各起打仗出力人员内，拣选得黑龙江镶红旗金山保佐领下蓝翎骁骑校西林，堪以拟补额尔楚岱所遗佐领之缺，递出骁骑校一缺，拣选得京城正红旗托蒙阿佐领下花翎即补防御、领催俄尔根巴图堪以拟补。布特哈正红旗和善佐领下蓝翎骁骑校和色绷

---

① 据僧格林沁奏称："奴才僧格林沁于七月初八日承准议政王、军机大臣字寄，同治元年七月初四日恭奉上谕：有人奏，永不叙用之员谋钻开复，请饬查办等因。钦此钦遵。当经奴才行文胜保，饬调廖庆谋来营，以凭查讯。兹于十月初十日由郑元善派员将廖庆谋解送来营。经奴才面加查讯，并派员究诘，据廖庆谋亲供内称，本年正月奉胜保札委，随营差遣，因在槐店剿匪出力，胜保、郑元善会同保奏，奉旨开复永不叙用等语，诘无另有别情，当经奴才札饬河南藩臬两司饬调原卷宗以凭查核，并将廖庆谋暂交归德府收管。兹据该司将案卷□送前来，奴才详查原案，廖庆谋性情残忍，多疑好杀，业经严树森奏参，革职永不叙用。其御史吕序程奏参该革员在汝阳县逗留、置买房产一案，已经藩臬两司审结，详奏有案，惟该革员潜赴胜保军营钻谋开复一节，查参折内称，巡抚郑元善前为汝属知县时，曾□□该革员之父、汝宁府知府廖甡提拔保举，急思图报，与该革员交情至□，是以为之营谋开复，串通保举。胜保听受请托，徇情滥保等语。奴才旋查郑元善保奏廖庆谋奏片内称，本年春间胜保督师过豫，与其□论将才，当告以廖庆谋驭军有方，足备驱策，嗣经胜保札调该革员赴营等语，是廖庆谋赴胜保军营，因郑元善所荐，该革员□系残忍好杀、已被参革、永不叙用之员，使之再行带勇，安能服众？郑元善轻率举荐，已有不合，迨该革员赴营，甫及数月，即属出力，亦未便遽请开复原官，虽查无听受请托实在确据，究属冒昧滥保，相应请旨，将胜保、郑元善交部照例分别议处。廖庆谋屡次被人参奏，查其声名，实属狼藉，奴才查看该革员举动，殊非平静，应请旨饬下河南巡抚郑元善，饬令该革员迅回广东南海县原籍，毋任仍在豫省逗遛，以肃吏治而整官常。是否有当，谨附片覆奏，伏乞圣鉴。"详见中国第一历史档案馆藏录副奏折，档案号 03-4708-003。

阿堪以拟补马立绅所遗佐领之缺，递出骁骑校一缺，拣选得齐齐哈尔正黄旗西里布佐领下蓝翎前锋成福堪以拟补。齐齐哈尔镶白旗精色布库佐领下蓝翎前锋乌善堪以拟补呢克通阿所遗骁骑校之缺。黑龙江镶红旗托克湍扎布佐领下升补骁骑校、委笔帖士、披甲桂廉堪以拟补满保所遗骁骑校之缺。以上请补各缺，如蒙俞允，俟军务完竣，再由该处照例补行带领引见……

同治元年十一月初三日议政王、军机大臣奉旨：西林等均著依议升补。该部知道。钦此。

——录副奏折，档案号 03-4708-004。

〇僧格林沁奏（节录）

……兹查黑龙江正红旗协领恒龄现已补授副都统，所遗协领一缺，奴才等拣选得墨尔根城厢红旗花翎佐领西蒙额堪以拟补；递出佐领之缺，拣选得布特哈镶红旗诺们扎布佐领下花翎骁骑校伊里善堪以拟补；递出骁骑校之缺，拣选得布特哈正黄旗鄂罗那佐领下蓝翎领催尔□堪以拟补。察哈尔镶蓝旗吉普逊扎布佐领下骁骑校永隆在营病故，所遗骁骑校一缺，拣选得察哈尔正黄旗鄂勒特□桑佐领下蓝翎即补佐领、前锋东鲁普堪以拟补。至镶红旗委护参领玉全，现准兵部咨称，于该营于本年二月初三日坐补副护军参领，所遗委护军参领之缺，拣选得镶红旗蒙古博勒恭额佐领下借补正蓝旗护军校吉□堪以拟补，即将该员调回本旗，以符定例。所遗正蓝旗护军校一缺，拣选得本旗蒙古龄秀佐领下护军景德堪以拟补。以上请补各缺，如蒙俞允，俟军务完竣，再由各该处照例补行带领引见……

同治元年十一月初三日议政王、军机大臣奉旨：西蒙额等均著依拟升补。该部知道。钦此。

——录副奏折，档案号 03-4708-005。

十一月初四日

〇上谕

前因僧格林沁奏参郑元善办事迟钝，御史吕序程奏郑元善奏报欺饰，并据光禄寺少卿董元章、御史刘毓楠奏称，河南州县杀团冒功，大吏纵兵殃民各折片，当经简派侍郎张之万前往查办。本日据张之万奏，派令随带司员至孟津渡口访查，该处原派文武委员诸多疏懈，由洛至偃，残破雕敝，情形可悯；会元局杀团一案，与原参大略相同；汝州之案亦然各等语。河南巡抚郑元善，由河南州县不数年间擢任封圻，值此时势艰难，宜如何激发天良、力图报称？乃到任已将一载，于奏报军务及交查事件一味粉饰，致吏治军务日就废弛，复任令劣员擅杀殃民，以致各属团练纷纷解体，实属有负委任。郑元善不胜巡抚之任，著以道员降补，交吏部带领引见，以示薄惩。其未经查明各案，仍著张之万秉公查明具奏。

——《清穆宗实录》卷四八，同治元年十一月壬子。

〇上谕

昨据僧格林沁奏，遵查河南知县任桂并无挟仇妄杀情事，业经降旨无庸置议。兹据张之万奏称，访查任桂前任洛阳县时杀团之案，实为残恶，现署偃师县，又复增加漕粮，苛派月差，且于贼匪肆扰时，前期先赴洛阳，贼退始行回任，尤为巧滑等语。任桂著即革职拿问，交张之万提集人证，将该革员被参各情逐款严讯，据实具奏。

——《清穆宗实录》卷四八，同治元年十一月壬子。

十一月初五日

〇上谕

谕议政王、军机大臣等：

昨据僧格林沁奏遵旨密覆胜保各款迹一折，折内有陈四眼狗之弟二人被获后，馈送胜保金银数千两，是以胜保并未将其正法，仍留在营当差、赏戴顶翎各等语。四眼狗之弟二人系属何名，所赏系何项顶翎，现在营内充当何差，多隆阿计将行抵潼关，著僧格林沁、多隆阿均各遣人设法访查确实，迅速先行密奏。将此由六百里各密谕知之。

——《清穆宗实录》卷四八，同治元年十一月癸丑。

十一月初八日

〇上谕

议政王、军机大臣字寄山西巡抚英。同治元年十一月初八日奉上谕：

英桂奏请疏通饷源以资接济一折。山西应解京甘及各路军饷，向在司库及潞盐加费加票并各货厘捐各项减成款内拨解，现在邻省多事，商贩裹足，厘金收项日少，现拟劝办捐输，亦不过一时权宜，能否照前踊跃，尚未可定。该省入款，向以盐课为大宗，自应设法疏销，以期接济饷需。陕省回匪现尚未靖，潞盐行销之处，全赖河南一省。僧格林沁现已督兵进扎亳州，攻捣捻匪老巢，正在得手之时，断不能撤退大军，驻扎归陈无贼之地，为该省保护销盐之用，任令皖北群捻别出滋扰，置之不顾。该抚所请，实属窒碍难行。现在豫省汴宋及河洛一带业已平静，捻匪陆续归巢；汝宁光信一带匪势日蹙，可望渐次肃清。英桂于行销潞盐一事，务当振刷精神，设法办理，总期销路疏畅，不得藉词豫境匪扰，推诿贻误，是为至要。河东道员刘子城办理盐务能否整顿，著该抚随时察看，如不得力，即著据实奏明，毋许徇隐。本日据文兴、文艺奏，乌什欠解经费四年之久，盼饷甚急，前有河东拨解甘饷六万两，因陕省匪扰路阻，未能起解，现由恩麟咨商英桂，由陕省韩城及甘肃合水一带绕路解往，俟此项银两到甘时，即由甘省分拨乌什等语。乌什地居边要，饷需久缺，接济势难再缓，著英桂迅将此款筹拨，委员绕道解甘，毋再延宕。将此由四百里谕令知之。

钦此。遵旨寄信前来。

——《咸丰同治两朝上谕档》第12册，第633—634页。

○曾国藩奏

据安肃道蒋凝学禀称，驻防颍州之湘营，于十月初六日出外樵采，被苗沛霖之党王全奎部下杀毙勇夫九人。初十日，驻防寿州之湘营出外樵采，复被苗党李万春部下掳去七人，杀害三人。并钞呈苗党上僧格林沁禀稿，请僧格林沁拨兵三百名，与寿春镇总兵李璋同守寿州，将楚师撤出等情。臣以苗沛霖意在挑衅称兵，一面批示蒋凝学忍之又忍，一面函商僧格林沁，请其将如何批发苗禀密告臣处，以免办理两歧。旋又据蒋凝学禀，钞呈僧格林沁与苗沛霖札稿，拨给银一万两，令其带练剿捻等情。臣查僧格林沁于苗沛霖加意牢笼，冀其就我范围，助剿捻匪，而苗沛霖前后禀词痛诋楚师，又掳杀湘营十九人，殊出情理之外。湘勇驻防寿州、正阳关，与苗练逼处太近，若再杀掳挑衅，将欲始终含忍，则彼以前此施于孙家泰等故技构怨无已；将欲声罪致讨，又恐有碍僧格林沁抚苗剿捻之局。再四思维，殊无善策。刻下江北自和含庐巢上至舒桐潜太，处处空虚，九洑洲粤匪锐意北窜，正苦无兵调防，臣拟将寿州、正阳关之湘勇撤出，并将霍邱防兵抽出，调至庐巢一带。其寿州一城，即由僧格林沁派兵驻防，如苗党之所请，或该练从此真心向化，竭力剿捻，助僧格林沁一臂之力，亦未可知。臣自问与僧格林沁毫无阻阂，而外间颇疑主抚主剿议论不合，苗沛霖遂大肆簸弄，必欲使南北两军不和而后快。臣故思抽出寿州、正阳之兵，以遂苗党之私，以成僧格林沁急欲灭捻之计。是否有当，伏祈训示。

——《东华续录》同治十六，第14—15页，同治元年十一月丙辰。

○上谕

曾国藩奏金陵苦战力解重围一折，并宁国旌德仍形吃紧、请简大臣会办各片。苏浙诸贼酋，因官军逼攻金陵老巢，大举来援，号称数十万众，意图吞噬各营，合犯上游，贼计甚为狡恶。经曾国藩饬令曾国荃等，督率各营将士，以孱病之余，当穷凶之寇，苦守力战四十余日，出死入生，竟能力挽危机，保全大局。详阅折中所叙战状，各营将士坚忍奋力，谋勇兼施，殊堪嘉尚。金陵各营立脚已定，仍应严密防守，徐图进攻之策。惟伪忠逆回苏之后，仍复分党留守金陵，并分股力攻九洑洲官营。李世忠亲督所部，竭力堵剿，未知能否抵御。宁国、旌德同时吃紧，鲍超、张运兰、朱品隆诸军尚属羸病之余，即著曾国藩照所拟，速饬何绍彩等营赴援宁国，保护水陆运道；王文瑞、周万倬等军赴援旌德，迅解城围。该大臣前有请简大臣帮同会办之奏，曾经寄谕优加慰勉，兹复据奏，严树森有皖北等处统归该大臣调度之奏，恐致颠蹶，仍请简派大臣会办，稍分责任，俾得专精图报等语，自属实在情形，亦见该大臣不自满假之忱。朝廷倚任贤能，惟期于事克济，严树森所奏请将皖北各军统归曾国藩调度，通筹缓急，未尝不有所见。第以时事方艰，金陵、宁国均当吃紧，曾国藩本节制四省军务，皖省又其兼辖之区，于军情缓急，自必随时筹及兼顾，而皖北各军相离稍远，必得有人分统，方足以资督率，是以将严树森折留中，未即照允。李续宜请假回籍，叠经寄谕迅回署任，毋庸定俟百日假满之期，尚未据有覆奏。现在袁甲三业已回籍，唐训方甫到临防，皖北剿捻正当吃紧，苗练复时形叵测，著曾国藩即行咨催李续宜，克期遵旨迅回署任，于督办皖北军务，更必可资得力，该大臣亦可相资臂指，分任其难，以求有济。至苗沛霖之党，忽将驻防颍寿湘军出外樵采之人掳杀，意在挑衅称兵，且欲使南北两军不和，实为洞见肺肝。惟该大臣所拟将寿州、正阳关之湘勇撤出，并将霍邱防兵抽出，调至庐州、巢县一带，仍属未可轻动。寿州一城，僧格林沁所部现当剿捻甫能得手之际，亦断不能分兵驻防，本日业经寄谕僧格林沁，令其将苗练因何据杀湘军樵采之人严加诘问，随机钤束，将曾国藩原片钞寄阅看，并令交出为首滋事之人，严加惩办，使鬼蜮之谋无所于施。蒋凝学等军仍著驻扎寿颍，如果苗党再有掳杀挑衅等事，随时严诘，毋任渐生凶狡。苗沛霖名为反正，既归僧格林沁节制，曾国藩亦即可给与札文，加之训诫，诘其掳杀樵采之湘军究属何由，并兼与僧格林沁随时咨会办理情形，破其奸计。该大臣等均属公忠体国，其中无隔阂之处，朝野咸知，要当至诚坦示，一气联络，则外间所有妄加揣测剿抚异议之浮言，及一切欲相媒孽之伎俩，自无所用其簸弄矣。张运兰所部，已派易开俊、刘松山分带，张运兰系福建臬司实缺人员，现经因病回里调养，而宁国军情正当紧要，该员久在行间，颇资得力，著曾国藩仍饬调理痊可，即行回营，毋久稽延。

正在寄谕间，据都兴阿奏报江南大股逆贼会合九洑洲踞匪出窜江北情形一折，据称贼由中关上流渡过九洑州，该处陆营不支，贼遂以一股牵掣我军炮船，其余股众尽由陆营处所另起浮桥，渡过江北筑垒，又在河内筑起土坝数道，使我炮船不能深入。又据总兵詹启纶禀报，伪忠逆由仪凤门渡江到九洑洲，协同八伪王，贼众七八万过江，自浦口直抵江浦一带屯扎。此次逆贼，多系薙发扮作兵勇，并闻仍有数万贼众麇集七里洲等语。逆贼不能逞于金陵，势将图窜江北，李世忠所部攻捣九洑洲，及防守江浦、浦口，恐未必能严密，均在意计之中。昨据李鸿章奏报金陵解围，曾国荃即饬常胜军进攻九洑洲。此时贼窜渡江，是否常胜军业已进攻、逆众被击窜走？抑或因李世忠之军战守未能得力所致？江北之防，关系紧要，如令逆贼纷窜，深虞有妨大局。都兴阿总与李世忠龃龉，恐未肯派兵援应，本日已谕令该将军勿存成见，速拨援兵，以冀保全大局。仍著曾国藩督饬李世忠所部，务将江浦、浦口严密固守，毋任贼得乘间久踞蔓延。其白齐文所统之常胜军，并饬曾国荃激励协力战守间，迅将贼架浮桥及河中土坝速行夺毁，毋恣凭陵，是为至要。

将此由六百里谕令知之。

——《清穆宗实录》卷四八，同治元年十一月丙辰。

〇上谕

曾国藩奏，拟将驻防颍寿等湘营撤调庐巢一带等语。金陵贼援，苦战击退，而皖北和含巢庐等处，本虑(恐)[空]虚，据曾国藩奏称，蒋凝学等驻防颍寿之湘营，忽于十月初六等日，被苗沛霖之党将其出外樵采掳杀十余人，并据蒋凝学钞呈苗党上僧格林沁禀稾，请由僧格林沁拨兵，与寿春镇李璋同守寿州，将楚师撤出等情。曾国藩以湘勇驻防寿州等处，与苗练相逼，苗党意存挑衅，不与较量，恐其复以前此施于孙家泰等故技，构怨无已，将欲声罪致讨，又恐有碍僧格林沁抚苗剿捻之局，拟将寿州、正阳关之湘勇撤出，并将霍邱防兵抽调庐巢一带，其寿州一城，即请僧格林沁派兵驻防，并称该大臣自问与僧格林沁毫无隔阂，而外间疑有剿抚议论不合之处，苗沛霖肆其簸弄，必使南北两军不和，故欲调出湘勇，为思患豫防之计。本日业经寄谕曾国藩，以寿州一城，僧格林沁剿捻吃紧，断不能复分兵驻防，若因无兵可分，竟交与苗练驻守，恐日久又成尾大不掉之势。是蒋凝学等湘军，仍应驻扎颍寿，以为互相钤制之计。该大臣等均属公忠，仍将办理情形随时咨会，务须至诚坦示，一气联络。其苗党掳杀湘勇，事出情理之外，即著僧格林沁严加诘问，随机钤束。苗沛霖既奉僧格林沁札令随同剿捻，又何得无故将湘勇横加掳杀？如果有心挑衅，是并不能遵守僧格林沁节制，即为叛逆复著，当谕以朝廷宽宥，不能再三曲徇，并著将为首滋事之人送出究办，若始终桀骜，即当告以必与楚军合力，痛加剿办，悔之无及。本日寄谕曾国藩，亦经谕令酌量给札责问。该大臣等同抱忠赤之怀，朝野咸知，谅必能相联一气，妥筹办理，不至为狡谋所构难也。曾国藩原片著钞给阅看。将此由六百里谕令知之。

——《清穆宗实录》卷四八，同治元年十一月丙辰。

十一月初十日

〇上谕

议政王、军机大臣字寄钦差、吏部左侍郎、署河南巡抚张。同治元年十一月初十日奉上谕：

御史刘其年奏河工经费宜裁减以杜弊混一折，另片奏请将东河河道总督一缺裁去等语。据称东河修防之费，岁额百五十万，近因库储告竭，欠发甚多，每厅所领仅十之一，厅员藉词推诿，有所辖数十里，而河堤坍卸净尽者。其支发各款，则河道藩司，视厅员之交谊为等差，私相授受，多寡不均，或与藩司幕友私人互相勾结，或升任身管利权，皆可随时暗中支领，各州县以贱值购买河工印领，交库弥补亏空。州县河员，各图便利。请饬该督抚体察各厅工程，酌留经费一二十万两，责成该员认真经理，督抚司道毋许需索规费。其从前旧欠，一概销除，俾免轇轕弊混。所筹不为无见。著张之万酌度现在情形，裁减浮费，归于实用。酌留之项，不必拘定一二十万之数，但能节省一分，即获一分之益，俾朝廷有节省之实效，而无欠发之虚名，方为妥善。其河道总督一缺，是否可以裁撤，并著该署抚一并详悉妥议具奏。

又，有人奏，河南南汝光道赵书升屡被参劾，决非循良之吏，请留省察看，另请补用等语。赵书升被参各款，前据僧格林沁等查明，并无抽税入己及勒捐折罚等情，是以准令该员回任，若如所奏，赵书升于境内捻匪初起，不能及时扑灭，不得谓之防剿尽心。上年捻匪扑城，难民数千围署喧呼，不得谓之民情爱戴。与僧格林沁等查覆各情大相歧异，是否僧格林沁耳目难周，访察未确，郑元善瞻徇袒护，一奏塞责，著张之万秉公覆查，据实具奏。原折二件、片一件，均著钞给阅看。

将此谕令知之。

钦此。遵旨寄信前來。

——《咸丰同治两朝上谕档》第12册，第640—641页。

十一月十三日

○僧格林沁、国瑞奏

臣等进攻蒋集贼寨，逆首张落刑勾结蓝白各旗捻首，率党二三万人，麇集涡河南北两岸，欲与官军死战。连日探报，贼渐北趋。十月二十八日，臣等派翼长舒通额等各率马队迎剿，击败北岸逆众及东路援贼，南岸之贼亦即退走。是役毙贼四千余名。蒋集捻首陈万幅因援贼累败，势极穷蹙，于二十九日畏罪南遁，其弟陈万详来营乞降。臣等派营总常山保往该寨查看，所有被胁之人俱已一律薙发，自应仰体皇仁，准予投诚，饬令署颍州府知府博铭妥为安抚。十一月初一日，臣等督军进攻马村桥贼巢。该寨墙高濠深，用炸炮轰击，焚寨内房屋数处，贼仍坚守。我军撤队，诱敌离巢，奋力冲击，捦斩多名，余匪遁回。

查张落刑叠次纠党北来抗拒，现在败遁回巢，我军肃清北岸后，移营进捣，难保该逆不情急南窜。臣等已咨行吴棠、唐训方、郑元善、毛昶熙一体侦探，实力堵截，毋任远遁。

至营总富和，带领马队驻扎永城，叠次迎剿零星捻匪，收复数圩。探闻捻首李城纠约宿永各圩捻党，欲窜山东打粮，或至清江掳掠。除严饬富和侦探剿办外，并札饬德楞额一体慎防，遏其窜突。黄开榜整队听调，以备截击。

再，现在收复各寨，亟须妥筹安抚。署亳州知州刘兰馨才具不甚开展，难期独力办理。署颍州府知府博铭，既非实任，且交卸在迩，诚恐呼应不灵。臣等查得署安徽布政使马新贻人尚谙练，熟习皖省情形，应请旨饬下唐训方，传谕该员迅赴亳州，妥办安抚事宜，以重地方。

——《钦定剿平捻匪方略》卷一六八，第2—5页。

〇僧格林沁奏

近据派出查探苗练之人回营禀称，该练现扎展沟，攻剿捻圩属实。又据苗沛霖禀称，自到展沟，各圩俱献捻匪，淝河迤南一律薙发，虽破牛圩、李圩，未获著名捻首，现在进攻宋小嬲贼圩，淝北亦有来投者，三义集练圩生捡匪犯张兰勋，因伤重不能送案，或就地正法等情。当经臣札饬苗沛霖，即就近将张兰勋解交凤台县或蒙城县，讯明禀覆，以凭核办，仍责令苗沛霖实力剿捻。

又，据道员黄元吉禀称，参将曹福云欲照勇丁虚数支领口粮，并抗令不赴前敌，随于军前正法等情。臣查曹福云即有前项情事，亦应禀明办理，黄元吉以道员擅将该参将正法，殊出情理之外，已由臣札饬庐凤颍道查访，禀覆核办。现黄元吉所带兵勇陆续溃散，贼势益张，朱圩各寨匪党在沙河南北肆扰，经臣飞札道员蒋凝学带领兵勇就近剿办，以免滋蔓。

再，副都统博崇武现已到营，应即留营差委。

——《钦定剿平捻匪方略》卷一六八，第5—6页。

〇僧格林沁奏

钦奉谕旨，饬查德楞额失利情形。

谭廷襄原奏内称署峄县知县张振荣会同参将李其昌紧扎云谷山下围攻、德楞额安坐齐村一节。查德楞额围攻云谷山，曾将各项炮位调到齐村，豫备进攻，乃因大炮过重，山路难行，是以未便运入。德楞额驻在齐村，距克侯村马队炮队营盘仅三里，日间带炮进山轰贼，夜间督带马队轮流巡守，并非不令远出。

原奏又称刘双印将欲勾匪来援，飞赴齐村密禀，德楞额漫不关心，大股贼至，始行出队，在山之东面贪抢财物，中贼诡计失利一节。查德楞额十月初三日在龟黄寨山下击退援贼，初四日马步贼匪自北窜来，德楞额调队进山，豫备迎剿，该匪往扑勇营，旋经击退。初五日教棍各匪西窜，德楞额即调马队接应，屡经压退，官兵马匹俱有伤亡，何能贪抢财物？实缘贼众兵单，并非中贼诡计。

原奏又称佐领荣禄首先溃退返奔峄城一节。查德楞额马队失利，退至齐村，天已昏黑，佐领荣禄是否首先溃败入城，未据翼长察隆额等禀报。

原奏又称德楞额径回齐村勇营，望援不至，随即失陷一节。查初五日罗升高勇营失守，德楞额尚在卓山督队剿贼。陈绍棠赴营请队，系初四日之事，亦即拨兵助剿，尚非置若罔闻。

惟德楞额失事获咎，实所应得，业经革职，应毋庸议。至选派得力之人前往统接其军，臣再四思维，德楞额尚非坐失机宜，臣若另行派员前往，遽易生手，更恐难期得力。相应请旨，仍令德楞额剿办云谷山贼匪，以赎前愆。该营饷项极形缺乏，并请饬下谭廷襄，严饬藩司源源接济，俾免枵腹之虞。

——《钦定剿平捻匪方略》卷一六八，第6—8页。

〇上谕

谕议政王、军机大臣等：

僧格林沁奏督军进击蒋集援贼获胜、现在进攻马村桥贼寨情形，并查明德楞额被参各款、博崇武业已到营、请饬马新贻赴亳办理安抚[①]各折片。官军进攻蒋集捻巢，逆首张落刑句结蓝白各旗捻首孙丑儿、姜台凌等，率党麇聚涡河南北两岸，欲与官军拌死一战，经僧格林沁督饬翼长舒通额等军迎剿，毙贼甚多。蒋集贼势穷蹙，捻首陈万幅南遁，其弟陈万详率领寨中胁从悔罪投诚。办理甚为得手。其刘集迤东马村桥贼寨负嵎，亦经官军进攻，诱击出拒贼匪甚多。仍著僧格林沁乘势督军迅速进攻。惟逆首张落刑等叠次纠党北来迎拒，均经击败回巢，指日官军将涡河北岸肃清，移营前进，直捣其巢，势必穷极铤走，复图滋蔓。即现在陈万幅遁走，亦必须严行追捕，务绝根株。

前经叠谕皖豫清淮各军，大军进捣捻巢之际，东南西面，各专责成，齐力兜击。现在僧格林沁之军自北而南，节节进剿，业将近逼巨捻老巢，即著吴棠、张之万、毛昶熙、唐训方等

① 关于请饬马新贻赴亳，僧格林沁原片内称："查皖豫一带收复各寨，亟须地方官妥为办理安抚，前经随折详细具陈，恭奉谕旨，已谕知唐训方、郑元善慎选贤员，妥办善后等因，钦此。奴才等因安抚一切事宜最关紧要，饬传署亳州知州刘兰馨来营，先行经理，并札调道府前来，以便责令办理。该署知州迟延多日始行到营，饬令经理数日，查其才具，不甚开展，难期独立安插。再，署颍州府知府博铭现已到营，该员在皖多年，亳境情形尚属熟习，惟该员□称，实任知府不日可到，交卸在迩，现虽责令先行办理，但其究系将及卸事之人，诚恐呼应不灵。该管道员尚无来营之信，臣办理安抚，必须明练大员督理，方期妥善。奴才等查得署安徽布政使马新贻，前在曹州府时，曾见该员人尚谙练，皖省情形亦尚熟习，曾在临淮军营，此时唐训方业已到防，应请旨饬下唐训方传谕马新贻迅即前来亳州，督同博铭妥为办理安抚事宜，以重地方。"详见中国第一历史档案馆藏录副奏折，档案号03-4603-149。

各率所部，严行备御，并著随时勤密侦探，一有贼由何路窜逃之信，即行迎击，毋令贼得乘间远飏。陈万幅既系南遁，势必逃往清河一带附近地方，正当发逆渡江北窜，吴棠尤应严督各地方及各带兵员弁迅即搜捕，毋使窜匿句串，又致死灰燎原。僧格林沁奏，捻首李城纠约宿永捻圩，定期欲窜山东打粮，或至清江掳掠等语。僧格林沁仍饬富和严密侦探，督兵追剿，德楞额一体严防，并著吴棠随时侦探堵剿。

其德楞额被参各款，据僧格林沁查明多属不实，且据知县张振荣呈称，谭廷襄所参各款与原禀不符。军营带兵剿贼，与地方禀报偶涉歧异，及难免民练怨尤之处，虽亦时有，此次德楞额偾机失事，固属咎有应得，且其带兵日久无功，舆情不洽，又岂能曲为原宥？僧格林沁仍应严督该革副都统力图振刷，奋勉立功，毋再迁延贻误，致干重罪。

东省兵饷，自应随时接济，并本省官兵，应与如何相为策应之处，著谭廷襄仍遵叠次谕旨，妥筹办理，不准稍涉松懈。

皖豫一带收复各寨，亟须良有司官妥为安抚，叠经谕令该抚等慎选贤能，前往妥办，兹据僧格林沁所奏，署亳州知州刘兰馨办事迟延，才具亦不开展，何以辄令署理此等紧要地方？颍州府遗缺，系简放全陞，该省拣员调补，系属何人？署知府博铭，虽于皖境尚称熟习，但非实任，即恐呼应不灵。著唐训方即饬署安徽布政使马新贻迅即前赴亳州，督同博铭将该处一切安抚事宜妥为办理。

博崇武既已到营，亦无经手要事，即著僧格林沁饬令来京。

黄元吉于参将曹福云欲照虚数支领勇粮及抗令不赴前敌等情即使属实，何得并不禀报，辄将该参将擅行正法？殊出情理之外。既经僧格林沁札饬庐凤颍道查访禀明核办，即著唐训方督饬该道，务将黄元吉擅杀等情确切查明办理。黄元吉部勇业经溃散，所有朱圩各寨贼匪，肆扰沙河南北，并著唐训方饬令蒋凝学之军就近剿办，毋令鸱张。

苗沛霖所禀僧格林沁，自到展沟，各圩俱献捻匪，淝河以南一律归诚，所破牛圩、李圩均未获有捻首，惟三义集练圩生捦匪犯张兰勋，伤重不能送案等情。苗练所获匪首，必系真正积恶凶渠，著僧格林沁饬令苗沛霖，即将张兰勋一犯解交该大臣军营，抑或咨会唐训方，仍交凤台、蒙城县地方讯办，均著僧格林沁酌度办理。

所有亳州涡河南北一带山川道路、民圩捻巢及官兵驻扎处所，著僧格林沁绘图贴说，详细陈奏。

又郑元善奏收复白杨树寨、进攻李楼一折，项城白杨树寨刘绍碌等股匪，与汝宁陈大澐等股句结狓猖，经郑元善调派参将尹嘉宾所部乘间收复，捦斩甚多，并将捻首李金棠生缚，所办甚好。著张之万即饬尹嘉宾等，速将李楼乘胜攻克，刘绍碌等匪悉数歼除。

将此由六百里各谕令知之。

——《清穆宗实录》卷四九，同治元年十一月辛酉。

十一月十五日

○上谕

谭廷襄奏棍教各匪联合大股出扑邹曲一带、连日督军截剿一折，另片奏莘冠降众张锡珠等抢掠滋事、现在派兵进剿等语。东省教棍等匪本不联属，自邹曲大军进逼山寨，教匪穷蹙，潜与棍幅各匪句结合股，该匪倾巢而出，图扑邹县前敌营盘，总兵保德等督率马队前往抵御，东路步兵不至，保德坠马受伤，该匪乘势图扑县城，经员外郎刘锡鸿等驰赴援剿，因匪势太众，致被压下，该逆直至兖城二十里外放火。谭廷襄严饬各营以守为战，将该匪逼退，现尚盘踞邹县西北一带村庄。而捻首李城复有由宿州窜赴山东之信。且本日据文煜等奏，张锡珠由馆陶窜回冠县，道员秦聚奎力战阵亡。是东省军情万分吃紧。谭廷襄所称兵无可调，勇不能增，亦系实情。僧格林沁攻剿亳州捻巢正当吃紧，惟东省为畿辅屏蔽，关系甚重，现在贼势甚为狓猖，若不将各股迅图扑灭，后患曷可胜言？著僧格林沁酌度情形，如能抽拨得力兵勇前往东省，尽力剿洗，方能挽回大局。其李城由宿东窜之匪，即由僧格林沁迅即知照吴棠，就近饬令黄开榜等军相机截剿，毋令教棍各匪合伙。德楞额前经谭廷襄参奏，若仍留东省督兵，恐与该抚意见不合，贻误事机，应否饬令该革员赴该大臣军营带兵自效，另派出色将领前来接统其众，并著僧格林沁斟酌办理。该大臣公忠体国，素顾大局，谅必能妥速援剿，以纾朝廷南顾之忧。

阎敬铭到任需时，谭廷襄责无旁贷，仍当振刷精神，就现有兵力，分投堵剿。傥豫存五日京兆之见，任令棍教各匪蔓延贻患，恐不能当此重咎也。翼长海群是否因腿疾不能带队，保德是否因坠马跌伤腰腿，东路步兵何以阻于峄山、不能会合马队，均著谭廷襄确切查明，据实具奏。

张锡珠股匪，据文煜等奏，马步约三四千人，遮克敦布现在亲赴馆冠一带剿办，并著谭廷襄督饬派出之副将文英等会同进剿，以靖地方。署冠县知县李焴，何以于张锡珠等毫无觉察，率行送至遮克敦布军营录用，以致乘间逃逸，势焰日张？李焴办理不善，咎无可辞，即著谭廷襄从严参办，毋稍回护。

谭廷襄另片奏，进攻淄川踞匪，开空地道，药发太骤，未能得手，并非据该员禀报之词，含糊粉饰；道员陈显彝奋发有为，任劳任怨，洵属有用之才等语。淄川踞匪本不甚多，岂容任令久踞！既据谭廷襄奏称，陈显彝于现带各军均能设法笼络，即著责成该道激励将士，迅将淄川县城攻克。傥徒以开空地道空言迁延日月，定将该道员从重惩办，决不稍宽。至其与吴载勋办理错谬，有无通贼各情，仍著查明具奏。

将此由六百里各谕令知之。

——《清穆宗实录》卷四九，同治元年十一月癸亥。

十一月十六日

〇上谕

本日据英桂、德兴阿奏，胜保侵蚀兵饷各节，复派员将胜保京师寓所财产严密查抄矣。惟闻颍寿一带，胜保另有眷属寄寓，并此外有无家属寄寓之处，著僧格林沁、唐训方不动声色，确切查明，即将胜保各寄寓财产全行查抄，迅速具奏。至张瀠之妻是否系为胜保眷属，如访明亦有影射寄顿情事，并著一并查抄。前据僧格林沁奏参胜保收受陈玉城之弟贿赂、赏给翎顶一节，当谕令该大臣将陈玉城之弟二人查明系属何名，并著僧格林沁查明迅速具奏。惟胜保与苗练声气相通，如事有相涉之处，亦须斟酌妥办。将此由六百里加紧各谕令知之。

——《清穆宗实录》卷四九，同治元年十一月甲子。

十一月十七日

〇上谕

谕内阁：

前因陕西军情吃紧，特命胜保为钦差大臣，督办陕西军务，方期丕振军威，迅速底定。乃胜保自督军入陕以后，节经光禄寺卿潘祖荫奏参胜保在陕省冒饷纳贿、纵兵殃民，顺天府府丞卞宝第，御史丁绍周、华祝三，先后奏参胜保拥兵纵寇、声名恶劣，谕令僧格林沁查明覆奏。复据严树森叠次奏参胜保欺罔贻误各折片，并钞录陕省亲友绅耆历叙情形各信函呈览；多隆阿奏称，接据陕省绅士耆民等信函公禀各件，沥诉胜保讳饰贪冒妄为情形呈览。续经僧格林沁将胜保被参各款查覆具奏，并据英桂、德兴阿奏参该大臣克扣军饷等情各款。胜保前在皖豫督兵时，节经严树森、袁甲三等叠次奏劾其荒淫贪纵，朝廷以军务方殷，人才难得，暂缓查办，且擢任统帅，令其督兵剿贼，宜如何感激奋勉，力图报称！乃竟任性骄纵，于督办北路及皖豫军务时，供帐华侈；粮台设立杂支局，糜费浮于正项；收受劣员金安清贿赂，代为奏请奖励；丁忧回京时，令金安清沿途代索奠仪；又令劣员汪曜奎揽捐分肥，侵吞隐匿；军营保举各员，俱令拜认门生，馈送贽敬；并挈带姬妾赴皖，到处携妓随营，令知县李连芳代为招往；委员秦姓由扬州买婢送往颍州，汪曜奎、李连芳均因买送民女，得有保举；复任听委员滥卖功牌，纵令家人丁祥捐纳道员三品衔；委用私人张仙保等在周家口设局抽厘，不准地方官过问，便于肥己；该处匪徒杀害兵勇，因其馈银，代为消弭；由河南赴陕西时，经过州县，向地方官需索多金；入关以后，滥索过站银两供应；经过华阴地方，被匪阑去军装器械，并讳败为胜，捏报大捷多次，藉以请奖纳贿；及虚冒勇粮，纵兵奸掳，任用劣员戴鸾翔、窦型等，收受奉旨革拿之营员施鹏等馈送，札给差使；将拿获从逆之马承恩索银释罪；又于营中杂畜优伶，并于西安、潼关等处收留回妇及各处民间妇女。其尤甚者，认逆首张濋之妻张刘氏为义女，任赴陕营，并收纳逆首陈玉城之妇为妾；陈玉城之弟二人，因馈送银两，擅将伊免死留营，给与翎顶。至兵勇饷需，辄敢按月提银三千两入己，并将不敷分散之各营勇粮，令其那借，折作八成发出，十成扣还；其优伶之冒充亲军者，则按月支放，均无拖欠。以至各营兵勇枵腹荷戈，叠经挫失。种种胆大妄为，实出情理之外。以上各款，叠据中外臣工胪列参劾，并陕省绅耆士民信函呈词申诉，情形大略相同。是其劣迹昭著，已无疑义。前因胜保在北路剿办各股逆匪，曾著战功，且平素带兵尚称勇往，此次督军抵陕时，特经寄谕该大臣，饬令改过自新，力求湔洗。叠次谆谆训诫，至再至三，冀其立功赎罪，保全勋名。乃竟视若弁髦，毫无畏惧，且骄恣情形，日甚一日，岂可再事姑容！多隆阿业已行抵潼关，著该大臣即行传旨，将胜保撤去钦差大臣关防，革职拿问，即日派委妥员押解来京，交刑部治罪，并派步军统领存诚，总兵崇纶、熙拉布，将该革员京寓赀产查抄。其陕西军营侵吞饷项及寄顿各处赀财，即著多隆阿严密查抄。并著直隶、河南、山东、安徽各督抚，查明该革员有无寄顿赀财，一并查抄。该革员跋扈贪污，欺罔无忌，实属辜恩负职，罪由自取，若不严行惩办，何以肃军律而振纪纲？多隆阿既授为钦差大臣，所有胜保统率各营兵勇，亦著并归多隆阿节制调遣。除金安清业因另案革职查办外，其汪曜奎、李连芳、委员秦姓，并胜保家人丁祥，均著多隆阿查明，如尚随营，即著一并提讯究办。并著安徽、江苏各巡抚一体查拿，送至多隆阿军营，归案审办。其周家口设局抽厘之张仙保，及说事人李兴泰、李耀邦，并送银之何天佑、李应章，均著张之万分别查拿审办。戴鸾翔、窦型、施鹏、马承恩现均在陕，著多隆阿即行提营，归案讯办，定拟具奏。至胜保所部兵勇，因其侵克军饷，以至困苦饥寒，朝廷深加廑念，并著多隆阿将查抄胜保留陕赀财，分给胜保所部欠扣银粮兵勇，以示优加体恤、泽普大公至意。其所部将士，如有能随同多隆阿奋勇剿贼、恪守军律、卓著战功者，仍著该将军一体秉公保奏，毋稍歧视；朝廷亦必立予奖叙，不靳恩施也。

——《清穆宗实录》卷四九，同治元年十一月乙丑。

十一月十九日

〇上谕

谕议政王、军机大臣等：

谭廷襄奏教会各匪被官军扼截、已由南路回窜一折。此次匪首刘双印句通教匪，窜至邹县之中山店一带，断我饷道，并围攻官军营盘，经翼长海群等极力冲杀，贼匪始行败退。

惟棍幅各匪，尚在邹县之西南游弋。且教匪虽已遁回巢穴，而既与各匪相合，即难保不去而复来。谭廷襄请饬僧格林沁酌拨马队，前因云谷山失利，匪势鸱张，叠经谕令僧格林沁酌量情形，添兵助剿，该大臣素顾大局，断无(膜)[漠]视之理。惟此时棍教各匪合队横行，淄博莘冠一带蜂屯蚁聚，未尽埽除，全局几至无可措手，非得该大臣回驻东省，节节埽荡，断难奏廓清之功。现在该大臣督军深入捻巢，声威颇振，即著酌度军情，迅筹捣穴捡渠之策，以便抽调大军，剿办东省各匪，于大局方有裨益。近日蒙亳徐宿逃遁之匪，多有窜入教幅党内者，以致与官军接仗，势极凶悍。捻首李城，亦有装旗纠众欲来山东找寻王广继之说。是该捻等将欲舍其老巢，而以兰费滕峄为窟穴。该处山深谷邃，一经窜入，其剿办之难，更非皖北可比。僧格林沁务当妥筹兼顾，酌拨马队，会合东省官军实力堵剿，毋令匪踪蔓延，致东省益形糜烂。谭廷襄续调曹登各镇兵二千，现在是否到齐？即著就现有兵力，督饬进剿，毋得一筹莫展，贻误事机。兰山一带，逼近淮徐，前已谕令吴棠派兵会剿，并著酌量情形，迅拨兵勇，前赴兰峄等处会合兜剿，毋稍迟缓。

谭廷襄另片奏，莘冠降众张锡珠等，因遮克敦布勒令呈缴马匹，坚执不从，旋即潜逃，在直东交界滋事等语。降众呈缴马匹，本年二月间，曾据谭廷襄奏，已令一律交官收纳，尚属出于诚心，此时何以又有勒交马匹坚执不从之奏？可见该抚奏报，全是虚罔粉饰，实堪痛恨。又据文煜前奏，内称该匪有马贼千余，步贼二三千人，啸聚如此之多，而谭廷襄漫无觉察，不知平日所司何事？现在道员秦聚奎阵亡，贼势愈炽，谭廷襄务即督饬常存等带领兵勇前往剿办，迅图扑灭，稍赎前愆。遮克敦布恪遵前旨，添兵会剿，务绝根株，免蹈上年覆辙。

将此由六百里各谕令知之。

——《清穆宗实录》卷四九，同治元年十一月丁卯。

十一月二十日

○上谕

谕议政王、军机大臣等：

郑元善奏汝军攻克吴赵庄等处贼巢，并张之万奏豫省近日军情及胜保遣人赴皖暗挑苗练各一折。皖亳捻匪，经僧格林沁屡次击败，势难西窜，豫省东路军情稍松。宛邓发逆，复由淅川败窜郧阳，豫省外患稍靖。正宜及时将南路贼匪速行殄灭。现在陈大滭老巢既经攻克，则附近土匪正可乘胜剿办。张之万俟省城部署稍定，即著速行出省，前赴汝宁，会同毛昶熙一军，督率张曜、余际昌所部，将该处余匪尽力埽除，以清积年巨患。并将陈大滭迅速歼捡，毋任漏网。毛昶熙现已督兵驰抵汝宁，并著会同豫军合力兜剿，毋稍迁延。

其汝阳境内吴赵庄、吴同寨各贼巢，业经汝军攻克，并将李寨等处收抚，即著张之万饬令汝宁府知府刘成忠妥为安插。陡沟逆首张汎林为积年巨匪，不得因其势穷乞哀，遽行议抚。该署抚务当饬令李续焘实力进攻，速将张汎林歼捡，毋贻后患。角子山匪首李合，昨已据郑元善奏报捡获，仍著张之万督饬刘车龙一军，将余匪速行殄灭。

至吴正谊等为苗练党与，潜行入关，赴胜保军营，复经胜保令偕都司李德英暗回皖省，藉募勇为名，暗挑苗练四五千人，令于年底赶至关中，情殊可恶。现经张之万派弁追至通许，将李德英截回，即著押赴僧格林沁军营查办。此外有无胜保委员，另从他道行走，已入皖境，及吴正谊是否已入皖境，究往何处，均著张之万一面查明，咨会僧格林沁办理，一面详晰奏闻。现在胜保业已革职拿问，苗练闻信，自不至再赴关中。其从前有无业经起程队伍，及现在有无冒充颍州之勇，改从僻道赴陕省，并著僧格林沁一体查明截止。胜保拿问之信，苗练想已闻知，该练现在作何举动，著僧格林沁随时侦探情形，迅速具奏。

将此由六百里各谕令知之。

——《清穆宗实录》卷四九，同治元年十一月戊辰。

十一月二十一日

〇曾国藩奏

前因苗练掳杀寻衅，臣拟撤去寿州、正阳关湘勇，并抽出霍邱防兵，南防九洑洲粤匪，业经具奏请旨遵行。见在粤匪叠陷和含巢三州县，军情紧迫，不及恭候谕旨，已将蒋凝学寿州、正阳关各军撤回，分守颍州、霍邱，腾出毛有铭、萧庆衍所部移扎舒城。其寿、正两城隘，函咨僧格林沁，酌拨兵勇前往接防。所有苗练各圩，既感僧格林沁抚驭给饷之恩，又无湘军逼处猜嫌之见，目下必不另生枝节，或者感激思奋，随同僧格林沁竭力剿捻，亦属意中之事。

——《东华续录》同治十六，第55—56页，同治元年十一月己巳。

〇上谕

谕议政王、军机大臣等：

曾国藩奏汇报近日各路军情并撤回蒋凝学诸军，及祁门被陷各折片，览奏曷胜焦急。前据唐训方奏称，和州、含山、巢县三城连被贼陷，当经谕令曾国藩等扼要严防，会筹剿办。兹据曾国藩奏称，贼匪大股连陷含和巢三城，幸张树声等五营由南岸冒雪渡江，驻扎无为州，其庐江一县，亦截留上海新募吴长庆四营入城，并截留唐训方新募之何有能等三营，与石清吉兵协守庐郡，并调萧庆衍等军齐集舒城，布置尚属周妥。惟贼众兵单，店埠运漕一带尚无兵勇扼守,逆踪飘忽殊甚,诚恐著著落后。曾国藩务宜迅速调度,檄饬各军实力堵遏,一面知照唐训方,令将临淮兵勇分拨店埠等处,以免疏虞。

至李世忠本系帮办袁甲三军务,从前袁甲三在临淮时,遇有奏陈皖北军务、关系该提督军营事件者,俱于折尾会衔具奏,并将折稟寄谕钞给该提督知悉,以为驾驭笼络之计。该提督亦尚能奋勉效力,屡著战功。此次该营被困,唐训方、曾国藩均未据将详细情形陈奏,亦未经该大臣与都兴阿拨兵往援,是视李世忠一军虽有如无,来往去留,任其自便,势必漫无稽察,恐其势日形扞格,因而生心。著曾国藩、都兴阿、富明阿仍遵前旨,查明此次李世忠因何败衄,是否不肯出力,抑真系兵单之故,迅速具奏。并查明营盘是否失陷,即由该大臣等迅拨兵勇,前往援应,不得置之不顾。唐训方、李续宜嗣后相待李世忠,可仍照袁甲三之法,酌中办理,以安其心。

常胜军是否已到金陵江面?著李鸿章迅速严催,并著都兴阿等遵奉前旨,督催此军,会同水路各营,速将九洑洲攻拔,以断江路。定远一带,即由唐训方派兵遏截,毋令贼匪北窜。

至蒋凝学一军,前经谕令曾国藩等不可撤动,此次曾国藩因军情紧急,已先行撤回,并咨商僧格林沁拨兵前赴寿州、正阳等处接防。惟僧格林沁兵力本非有余,寿州等处城关若竟空无一兵,即不至为苗练所踞,亦恐他匪乘间窜入。如僧格林沁不能拨兵,著唐训方酌量派兵,分往驻守。至曾国藩所称苗练感僧格林沁抚驭给饷之恩,无湘军逼处猜嫌之见,是蒋凝学一军之撤,非但防北渡贼匪,兼可弭苗练构衅,固属一举两得。惟蒋凝学等军既撤之后,恐苗练肆无忌惮,其焰复炽,曾国藩、唐训方仍当会商僧格林沁等妥筹兼顾。此次所称撤兵以后,苗练不至另生枝节,是否确有把握,仍著曾国藩、唐训方随时侦探情形具奏,并酌度机宜办理。胜保现已革拿治罪,该练首闻信后,有无怀疑畏惧,或诚心归正,绝无反覆之处,均著僧格林沁密察情形覆奏,不可稍行宣露。

鄂省东界紧接皖疆,官文、严树森务须派兵严扼要隘,加意防堵。如庐郡等处情形再形吃重,即著速拨劲旅,前往接应,毋得稍分畛域。至宁国、泾县、旌德贼匪,虽经易开俊等及朱品隆击退,并经唐义训会同左宗棠派援之王文瑞等营,将攻陷绩溪之贼击败,克复县城,而太平、黟县复有贼匪窜扰,祁门县城续行失陷,贼踪剽疾异常,势将延及江西,断绝徽郡饷道,关系甚重。著曾国藩督饬皖南各军实力剿办,务将祁门先行克复,次第肃清徽郡各境。浙省兵力尚厚,著左宗棠添拨兵勇,赴援徽郡,以期力顾大局。饶郡广信一带,沈葆桢宜严密筹防,毋令贼踪窜入,并拨兵进援祁门,以固边境,毋稍大意。至皖北安庆、庐郡一带,地广兵单,处处空虚,贼势过重,情形万分紧要。曾国藩现请调江忠义督带所部三千人驰赴皖北,与江忠濬同驻庐境,该提督现虽在粤境会剿莲塘股匪,惟皖北事势,较之莲塘情形,轻重悬殊,自应先其所急。著曾国藩、毛鸿宾迅速知会江忠义,即日移军前往,并著酌添勇丁一二千名随后续往，以厚兵力，仍一面将起程日期飞速奏闻。莲塘股匪，著毛鸿宾另筹兵勇会剿，不许藉词将江忠义奏留，致误大局。

正在寄谕间，据李续宜奏拟俟百日孝满后再乞宽假一折，现在皖北军情紧急如此，断难俯允所情，李续宜务当体朝廷不得已之苦衷，不必拘定百日，即于葬母后速赴皖北，并著曾国藩严切函催，毋再迁延。

本日复据张之万奏，请调金国琛赴豫等语，豫省将材甚少，统兵乏员，著官文、严树森即饬金国琛赴豫差委，毋稍迟误。

将此由六百里加紧各谕令知之。

——《清穆宗实录》卷五〇，同治元年十一月己巳。

十一月二十六日

〇吴棠奏

山东棍匪、教匪、幅匪纷然肆扰，筑有圩砦，藉图抗拒。诚如圣谕，若令其互相勾结，联成一片，则凶焰愈张，剿办更无从著手。臣现饬黄国瑞一军奋力进击，不准稍分畛域。惟兵勇仅二千人，为数尚单，可否饬下僧格林沁酌拨马队千名驰赴沂州会剿，早清东境，便可并力南征，实于大局有裨。

——《钦定剿平捻匪方略》卷一七〇，第13—14页。

〇上谕

谕议政王、军机大臣等：

吴棠奏遵旨拨兵会剿幅匪及请饬僧格林沁酌拨马队各等语。前因山东教幅各匪势极披猖，曾经谕令僧格林沁、吴棠酌拨兵勇驰援。现在吴棠派令记名总兵黄国瑞，管带马步勇二千名，驰赴兰山，会同剿贼，办理尚属周妥。惟兰费一带贼圩林立，山径丛杂，必须探明路径，四面兜击，方可一鼓歼除。著吴棠督饬黄国瑞迅督所部，会同沂州现有兵勇并力攻剿。山东教棍各匪业经黏成一片，兖沂两属几于遍地贼踪。该省兵力止有此数，而贼势日增，往往不能堵遏。仍著僧格林沁遵奉前旨，酌派得力将弁，飞速驰援，拯民水火，非但贼匪闻风胆落，即将士亦当为之一振。著酌度情形，妥速办理。至黄国瑞初到东省，人地不甚熟悉，督办团练，恐难骤期联络，著谭廷襄责令该地方官实力举行，以辅兵力。知县长赓，前经该前抚奏称，与同知奎芳等均为沂营得力之员，此次吴棠亦称长赓勇敢有为，著即督饬该员等激励绅团，赶紧劝办，与黄国瑞一军互相援应，以期得力。其良团力能剿贼、卓著成效者，务须随时奖励，加意笼络，俾官绅联为一气，用资捍卫。谭廷襄在任一日，即属责无旁贷，著振刷精神，督率将士，就现有兵力，奋图攻击，迅遏贼氛。将此由六百里各谕令知之。

——《清穆宗实录》卷五〇，同治元年十一月甲戌。

十一月二十八日

〇上谕

谕议政王、军机大臣等：

文煜奏臬司带兵出省、遵旨筹剿情形，又匪徒被击南退、无虞北窜，又带兵官与贼通气、请饬交按察使孙治覆讯、按照军法从事各一折。贼匪窜扰冀州、宁晋一带，复由冀州窜扑新河县城，经官兵堵截，复窜至巨鹿县之毛耳寨。现在该匪虽无北窜之势，贼势未见少衰，并非因官兵痛剿，势蹙南窜，亟应实力搜捕，以期迅埽逆氛。著文煜、遮克敦布督饬各军，认真剿办，一面由北路进剿，一面由南路迎截，会合夹击，以期聚而歼旃。孙治业经带兵出省，驰赴赵州，著即饬令实力办理，将此股贼匪埽除。该督等务当振刷精神，力求实效，不可专恃属员展转禀报，徒为纸上空谈；并不得以北窜无虞，他处即可任其延蔓，敷衍了事。

文煜奏称，僧格林沁已拨马队一千五百名，由威县一带追剿。僧格林沁现攻亳南捻巢，马队正在不敷分拨之际，安徽、直隶相距太远，似无余力再行兼顾，且僧格林沁近日奏报，亦未提及另拨马队驰剿威县一带贼匪之说，诚恐该匪假扮官兵，冒为僧格林沁马队，溷入官军，图逞狡谋。此等诡计，不可不防。著文煜、遮克敦布查访明确，一面飞咨僧格林沁，询明有无此项马队，带队者系何姓名，一一符合，方可凭信，毋堕该匪术中。

王恩第通贼情形，众口佥同，足为确据，著即饬令孙治迅提王恩第密速讯明，即行就地正法，以昭炯戒。遮克敦布于王恩第通贼情事毫无觉察，仍令其在营带兵，实属形同聋聩，著该副都统于所部将士随时访察，如有通匪情形，立即从严惩办，毋得仍前玩泄，致干咎戾。

本日据汪元方奏，此次窜冀之贼，实由山东办理不善，因该匪投诚后求见总兵，该总兵坚拒不见，先令查收其马匹，旋又查收其兵械，致群匪怀疑，持戈相向，惟未详该总兵姓名等语。著文煜、遮克敦布迅速查明启衅根由，并该总兵姓名，据实具奏，不得化有为无，稍涉回护。

将此由四百里各谕令知之。

——《清穆宗实录》卷五〇，同治元年十一月丙子。

十二月

十二月初一日

〇上谕

同治元年十二月初一日内阁奉上谕：

前因僧格林沁奏，遵查河南南汝光道赵书升被参各款均无实据，当即照所请，饬令该员回任。嗣复据御史吕序程奏参该员素日声名狼藉，实非循良之吏，恳请饬查，当以僧格林沁督兵远驻亳境，耳目恐有难周，复谕令张之万确切查看具奏。兹据张之万奏称，随时采访，该员虽无显著劣迹，而舆情实有未洽，请将该员撤任，留省察看等语。赵书升著即撤任留省，如查有劣迹，即行据实奏参。所遗南汝光道员缺，著蒯贺荪补授。

钦此。

——《咸丰同治两朝上谕档》第12册，第674—675页。

〇僧格林沁、国瑞奏

自蒋集收复后，其南韩楼贼寨系逆首张落刑族党在彼占踞，有纠众来援之信。十一月十五日，探得张落刑纠约孙丑儿、葛大牛、姜台凌、王怀义、杨二各股马步悍贼二三万人，麇聚涡河迤北王双楼、灵奶奶庙一带，盘踞十数寨。臣等于十六日督带马队前往，至后夏张桥地方，该寨捻首杨㥥汰率党出寨抗拒，经官军合力冲压，该逆始行遁回。复派翼长舒通额等带队向东南探踪进剿，至双楼贼寨，捻首葛树齐即葛大牛率领马步贼匪二千余名前来迎拒，经舒通额等挥军冲击，贼队截为两段，一向南奔，一向该寨败走。舒通额等向南追剿，翼长苏克金等将奔寨之贼逼至濠边，击毙淹毙者四五百名。其南遁之贼，经舒通额追杀数里，毙贼数百名。复探得张落刑党与踞五加河北之小王楼，臣等于十九日正督攻小王楼间，韩楼贼匪出圩列仗来援，经托伦布等迎剿，将贼击回。二十三日，孙丑儿窜至耿黄等寨内，臣等督队往攻，用炸炮轰击，毙贼甚众，并将该寨房屋烧毁多间，该逆率党南遁。旋有姜台凌领众前来，仍派翼长舒通额等带领各起马队前往攻剿，贼众列仗以待，舒通额等率队冲压，贼势不支，即向圩中奔溃。我军紧蹑其后，贼众拥至寨门，桥板塌陷，贼无进路，又复回扑，我军奋勇争先，毙贼殆尽。南北门复拥出步贼数百名，当派苏克金、托伦布等带各营分投剿击，歼毙多名，该逆退守圩内。臣等当将马步兵勇撤下，仍用炸炮攻击，复将房屋燃烧大半，该圩踞匪向东南逃窜。

至捻首李城率党东窜，经营总富和于十八日追至睢宁县东南枣沟集寨地方，李城等率马步贼队数千回拒，富和会合克蒙额马队、姚广武等马勇，分三路往剿，毙贼多名，该逆溃散，我军追杀，复毙贼二千余名，其余马步贼匪千余名向北奔逃。该营总等现仍尽力追剿，以期悉歼丑类。

——《钦定剿平捻匪方略》卷一七一，第1—3页。

〇僧格林沁奏

钦奉谕旨，以苗党掳杀湘勇，令臣与曾国藩妥筹办理。查臣营距苗沛霖处甚远，中隔捻巢，往来必须绕道，苗练掳杀湘勇之事，若由臣查讯，恐办理需时，业经咨会曾国藩，转饬蒋凝学及地方官就近查询苗沛霖，令其将滋事之人交出，秉公究办。臣复函商曾国藩，此案凶犯若令苗沛霖查拿交出，谅非难事，但从此淮北之练又归其所属，恐苗沛霖嗣后藉此号召练众，更属有名，不若仍由地方官查拿惩办。如苗沛霖拦阻把持，再与理论。庶于惩办凶犯之中，仍寓不假事权之意。

臣遵旨驾驭苗沛霖，实出于万不得已。缘粤匪未除，捻匪未灭，伏莽乘间肆起，军情贼势，已有防剿不遑之势，若再添一练匪，各路兵力实有未逮。叠据该练具禀剖辩，实无叛意，倾心来归，臣非不知其狡猾性成，第因南畏楚军，北慑马队，穷蹙而来，是以将计就计，札令剿捻立功，发给银两以收练众之心，且可稳固苗沛霖，不生西行赴陕之意。苗沛霖屡次来禀，每有怨尤楚军之词，臣概置不答，惟以理化导而已。臣所以多方驾驭者，恐激成事端，转烦兵力。当此时艰，添兵增饷，诚非易举，不得不暂事羁縻，并非折楚军之威而纵苗练之欲。此时兵力、饷源若可剿除苗练，不妨声罪致讨，除一后患。使慑以兵威，苗沛霖从此敛迹，较之驾驭笼络，更觉结实。惟兵力足则以威制之，兵力不足则以权术制之，务须豫为密定一策，庶免剿抚两难。臣详阅曾国藩原奏，有欲撤寿州、正阳之兵以遂苗党之私、以成臣急欲灭捻之志等语，急欲灭捻，诚臣素志，至于专赖苗练，实未计及于此。今曾国藩遽议抽撤楚军，未免坠其计中，于防守钤束均有窒碍。臣与曾国藩心无芥蒂，自应和衷商办，俾得早灭贼氛，肃清疆圉。曾国藩因军情紧急，已将蒋凝学一军先行撤回，而臣营兵力本非有余，寿州等处实不可无兵防守，应请旨饬下唐训方，酌量派兵驻守，以昭慎重。

——《钦定剿平捻匪方略》卷一七一，第3—6页。

〇谭廷襄奏

臣前准僧格林沁咨会，南捻李城纠合谢桥等匪，声言欲窜山东，当咨德楞额，并饬沿河各州县防守河岸，以备扼剿。嗣探闻，该匪于十一月十二日出巢东窜。复获被裹难民供称，李城因河北棍匪及王广继伙党暗相纠约，拟在江南窑湾地方接应，该匪窜至宿迁之赵河，经官军击败，各匪未能接应，复折而西等语。臣仍恐其阑入东境，复饬各该文武一体严防。现在李城败匪马步一二千名，由江南邳境下游潜渡运河，二十一日边马窜至峄县之泥沟、后城一路，经署峄县知县张振荣禀请德楞额调勇驰往防剿，贼已向东北奔窜，经民团堵御，生捡张东合等三名，讯明正法。该匪现至兰山之洪山、成泉山等处。臣查兰费二属匪圩林立，伏莽甚多，王广继伙党尚在费县狼邱、范家冈一带屯聚，李城虽止残败余匪一二千人，既与各匪勾结，联络一气，其势必张。僧格林沁派出富和、春寿等队，现抵何处，尚无确信。臣前次奏调署漕臣吴棠一军，昨准吴棠来函，已令总兵黄国瑞自带所部千名，并调参将张从龙等马步千名，起程驰赴兰山，计月杪月初当可赶到。臣现飞咨吴棠，迅催黄国瑞等军前进，一面咨会德楞额，星夜带兵追击，并咨请僧格林沁，速催春寿等赶紧来东，仍饬沂州文武员弁随同诸军实力截杀。臣营又抽调楚勇六百名，派都司杨通濂管带，驰赴费县平邑集，会合剿办，如能同心协力，当不至于燎原。

——《钦定剿平捻匪方略》卷一七一，第6—8页。

○上谕

谕议政王、军机大臣等：

僧格林沁奏督军击退援贼、助剿教幅各匪，谭廷襄奏南捻被击窜入东境、催兵截剿各一折。捻首李城本有赴东找寻王广继之说，此次由江南邳境下游潜渡运河，窜至兰山县属之洪山等处游弋。虽败残余匪，人数无多，而兰费一带，伏莽甚众，万一与各匪句结，联络一气，其势必将复炽。僧格林沁已派富和、春寿等带兵追击，即著严催该员等迅速赴东，会合东省官军实力截杀，并著谭廷襄饬令都司杨通濂驰赴费县一带会剿。吴棠所派之黄国瑞一军计可到沂，即著饬令会合该处兵团，将此股败匪一鼓歼除，庶免燎原之患。至棍教各匪，并未大受惩创，著僧格林沁严饬德楞额督兵迅剿，不得再有贻误，致干重咎。谭廷襄当就现有兵力认真防剿，毋令延蔓。守备桂锡桢从前曾经投贼，闻其人甚不安分，带队恐难得力，著僧格林沁饬令春寿严加钤束，毋令滋事。将此由六百里各谕令知之。

——《清穆宗实录》卷五一，同治元年十二月戊寅。

○上谕

僧格林沁奏覆陈驾驭苗练情形一折，据称粤逆未除，捻匪未灭，到处伏莽，有防剿不遑之势，苗练南畏楚军，北慑马队，穷蹙而来，是以将计就计，酌给银两，令其剿捻立功，于苗沛霖怨尤楚军之禀，则概置不答；其掳杀湘勇之事，业经咨会曾国藩，转饬地方官就近查办，并非抑楚军之威而纵苗练之欲，实因酌量时势，不能不暂事羁縻，今曾国藩遽议抽撤楚军，未免堕其所惑；寿州等处，不可无兵防守，请饬唐训方派兵驻扎，以昭慎重等语。览僧格林沁所奏，其于苗练笼络驾驭之处煞费苦心，即剿捻给饷，亦属权宜之举，与曾国藩、李续宜办理此事本意,均相符合,并无歧异。谅曾国藩闻之,亦必深然其说。惟据僧格林沁奏,并非欲抑楚军之威而纵苗练之欲,是所恃全在寿州、正阳等处楚军之威,藉以防守钤束,使其有所畏惧。今曾国藩骤将蒋凝学等军撤回,寿州一带空虚,苗练一无所畏,万一乘机思逞,寿城复被占踞,则收复以重烦兵力。僧格林沁督军深入捻巢,断难兼顾寿州,著曾国藩、唐训方迅即调派得力将弁,酌带兵勇,驰赴寿州、正阳关驻扎,俾苗练有所钤束,不至别滋事端,方为妥善。僧格林沁折著钞给阅看。将此由六百里各谕令知之。

——《清穆宗实录》卷五一,同治元年十二月戊寅。

〇僧格林沁奏

奉旨饬查四眼狗陈逆之弟二人系属何名,胜保赏给何项顶翎,现充何差,臣已派员往查。至颍寿一带,胜保另有眷属寄寓,应行查抄之处,业经密咨署抚臣唐训方就近办理。其苗练有无冒充颍勇赴陕及该练现在如何动作,已派人前往侦探,俟访明再行覆奏。其周口厘金,据陈州府知府刘拱宸禀明,该处因连年兵燹,街市萧条,开局以来,至今共收制钱七千余千、银三百余两,业经胜保咨交毛昶熙抽收充饷,毛昶熙已于十一月初二日派员接办等语。查此项厘金每月无几,应请毋庸归臣提取。惟现因道路梗塞,来源未能畅旺,一经疏通,商贾辐辏,厘金尚可望有起色,嗣后似应归地方官抽收,以期经久,毋庸归毛昶熙办理。至苗沛霖所获匪犯张兰勋一名,前令解交凤台县或蒙城县讯办,现复咨会唐训方就近酌核办理。

再,博崇武在营并无经手事件,前奉饬令赴京,该员已于二十日起程。

——《钦定剿平捻匪方略》卷一七一,第10—12页。

〇上谕

景纶等奏酌调赴陕官兵起程日期,并僧格林沁奏直东防剿紧要、请饬吉林黑龙江派拨马队等语。吉林、黑龙江马队征调频仍,不敷派拨,景纶等调赴陕省之布特哈官兵,虽系调赴陕省助剿,惟此时直东情形紧要,不能不先其所急,俟抵关时,著成保截留,饬赴畿南文煜行营。成保一面先行进京,会同熙拉布统带京兵前往,俟抵防后,即将此项官兵归并统带,以资剿办。将此由六百里谕令知之。

——《清穆宗实录》卷五一,同治元年十二月戊寅。

十二月初二日

〇上谕

谕议政王、军机大臣等:

昨据僧格林沁奏直东防剿紧要等语。莘冠降众张锡珠等，在直东交界滋扰，亟须赶紧扑灭，以靖畿疆，已派前锋统领熙拉布统带京兵三千驰往援剿。惟吉林、黑龙江马队存营无多，据景纶、特普钦奏遵拨陕西军营官兵一折，内称酌派布特哈官兵二百五十六员名，由法库边门入关赴陕，当即谕令成保派员迎催，改赴畿南一带剿贼，并令成保先行进京，会同熙拉布统带京兵前往，俟抵畿南军营，统归该员等管带，以资攻剿。现在濮州贼势若何，毛得平曾否他窜，张锡珠窜扰南宫县境，官兵曾否获胜，僧格林沁军营距直东尚不甚远，侦探较确，著随时据实具奏，以慰廑念。将此由六百里谕令知之。

——《清穆宗实录》卷五一，同治元年十二月己卯。

十二月初三日

○袁甲三奏

臣自交卸起程，行次砀山，接曾国藩来函，谓因苗沛霖有禀请僧格林沁派兵驻守寿州、撤出楚师之请，拟将计就计，移调蒋凝学驻守寿正之兵专守颍州、霍邱，腾出兵力，以防南路，其寿州、正阳两处，或由僧格林沁派兵驻守，或即令苗沛霖自守，就我缓急之用，安彼反侧之心，并以成僧格林沁抚苗剿捻之谋等语。臣查曾国藩此番布置，实具万不得已之苦心。惟臣在皖日久，颇悉全淮情形。正阳扼淮沙淢淠之汇，寿州跨踞淮淝，障蔽南北，人又习战，实为异常险要之区。苗沛霖始意本图据为巢穴，然后西吞颍亳，东陷灵宿，为并踞长淮之计。适楚师克复安庆，乘胜长驱，臣亦派兵合力攻下庐州，肃清江北，僧格林沁又连破捻众，声势赫然，该练惟恐僧军、楚师与临淮之兵三路合攻，万难支持，是以退出两处，为乞抚缓兵之举，蒋凝学因得乘势驰入寿州，制其腹心。苗沛霖深悔失计，乃思别启衅端，痛诋楚师，肆为狂悖，以惑人心，激蒋凝学之怒，并断其樵采，使有匮绌之忧。谲智阴谋，无非为复取寿州而设。幸蒋凝学布置严密，不堕该练术中，其在防颇尽心力。一旦令其撤退，既弃前功，又中贼计。臣料楚师既撤后，苗沛霖未必俟僧格林沁派兵，将先自驰入盘踞。既得寿州，必更添兵积谷，踞为根本，为患有不可胜言者。且苗沛霖下蔡老巢之卡月入万计，正阳亦仍旧抽厘，颍州城外又遣逆党王金奎添设厘卡，若得寿州，必又增厘益税，财多则能聚众，声势愈以鸱张。此尤臣所深虑者也。臣已驰书曾国藩，嘱其妥为布置，应请旨饬下僧格林沁、曾国藩会同妥议具奏，无论如何派拨，必不可使苗练仍踞寿州、正阳，则大局幸甚。

——《钦定剿平捻匪方略》卷一七一，第12—14页。

○袁甲三奏

臣于十一月十四日行抵徐州，闻有捻股出巢之信，当即分路确探。据报，捻首李城等业经装旗出窜，又勾结捻首魏五、葛大牛等，约计马步五千余人，欲由灵泗东窜清淮，并有北窜山东之说。查捻逆叠经僧格林沁痛加惩创，其势已衰，人数亦较前为少，捻巢又苦缺食，或里下河尚称完善，欲往就粮，或欲东匪合股，暂冀苟延，均在意中，未必再思与僧格林沁力战。闻宿州湖沟之兵追剿毙贼不少，或未必容其远窜。惟僧格林沁之兵以山东为后路，此时进捣捻巢，剿办得手，万一此股窜入东境，归并教匪，加以幅匪、会匪处处蠢动，其势必又蔓延，恐僧格林沁有回顾之忧，不能一意进剿。臣愚以为，但能严防清淮以保里下河完善之区，力扼运河以断东省勾结之路，贼既不得下窜，又不能北就教匪，其技已穷，必将折而回窜。宿州湖沟之军断其归路，使不得回巢，俟其气衰计阻，合力兜击，可以一鼓歼除。此股就歼，余捻势将瓦解。僧格林沁既无牵掣之患，剿抚亦更易为力矣。

——《钦定剿平捻匪方略》卷一七一，第 14—15 页。

○上谕

袁甲三奏苗练终难就抚、不可再令占踞全淮上游形势一折。据称，寿州城坚池深，山环水阻，实为异常险要之区，苗沛霖本图踞为巢穴，嗣因庐州克复，僧格林沁连破捻巢，惟恐三路合攻，万难支持，是以退出寿州、正阳关，为乞抚缓兵之计。蒋凝学驰入寿州，苗沛霖深悔失计，乃思别启衅端，激怒楚师。一旦撤退，尽弃前功，请饬僧格林沁、曾国藩会同妥议，必不可使逆练仍踞寿州、正阳等语。所陈与历次谕旨大致符合。袁甲三在皖年久，于该处情形熟悉，所筹深合机宜，著曾国藩、唐训方仍遵前旨，派兵驻扎寿正二处，与蒋凝学之军互相联络。僧格林沁仍当与曾国藩会同妥商，拨兵兼顾，以期万全无弊。原折著钞给僧格林沁、曾国藩、唐训方阅看。

另片奏，南捻李城等装旗出窜，欲与东匪合股，但能严防清淮以保里下河完善之区，力扼运河以断东省句连之路，贼穷回窜，则宿州湖沟之军断其归路，可以一鼓歼除等语。此股捻匪窜入东境，经僧格林沁派富和等追击，昨经谕令催兵前进，著仍遵前旨，严催赶紧合击。如被击回窜，即著吴棠等饬宿州湖沟之军断其回巢之路，就地歼除，以清积年巨憝。里下河一带，并著都兴阿、富明阿、吴棠督饬地方严行防范，毋任扰害。原片著钞给僧格林沁、都兴阿、富明阿、吴棠阅看。

将此由六百里各谕令知之。

——《清穆宗实录》卷五一，同治元年十二月庚辰。

十二月初五日

○上谕

谕议政王、军机大臣等：

张之万奏遵旨将吴正谊等押赴僧格林沁军营，并历陈苗练情形一折。吴正谊、李德英等，均在胜保军营历经保举奖励，且札赴颍亳寿州一带募勇，难保不与苗练为影射，业经押赴僧格林沁军营，即著该大臣察看情形，妥为安置。张之万所奏驭苗之法，湘军不宜操之太蹙，北兵亦不宜信之过坚，与该大臣前奏隐相符合。其所称颍寿东西两团，东团为苗沛霖所部，西团归吴正谊等管辖，西团本非苗党，若僧格林沁曲加笼络，俾移其畏苗之心，坚其为国之志，并严谕苗沛霖，如有各团中私自弄兵寻仇者，即是与官为仇，移兵讨之，其势既孤，其计自穷各等语，所筹亦不为无见，并著该大臣妥筹办理。张之万折著钞给阅看。将此由六百里谕令知之。

——《清穆宗实录》卷五一，同治元年十二月壬午。

十二月初六日

○吴棠奏

据黄开榜禀称，任弗得、任柱、夏广熙等大股捻匪二万余，围扑孙疃之长胜营，势甚岌岌，经黄开榜督饬各军合力剿击，贼见官军守御严整，十一月十二日即由宿州迤南向东路奔突。黄开榜当以孙疃贼巢未下，抽派副将姚广武等统带马步队二千跟踪追剿。十三日，逼贼至宿州东南之大店地方，袭杀落后零匪百余名。十四日，至葛家店，该逆马步万余列仗抗拒，姚广武等分路进击，贼众东遁，官军追杀十余里，斩贼百余名。十五日，追贼至灵璧县，适亲王僧格林沁所派副都统富和带马队千名来会。十七日，追贼至泗州，署安徽抚臣唐训方所派带兵官克蒙额一军并来会剿，兵力已厚，当即乘夜追击。十八日，至睢宁县境之枣沟地方，克蒙额、姚广武、富和等军分路兜击，贼犹屡退屡上，鏖战两时之久，姚广武突入贼阵，受伤落马，富和、克蒙额等队并力冲上，贼始不支，弃械纷溃。姚广武复裹创督队，随同追杀，沿途毙贼无数，救出难民千余名。败匪仍向北路狂奔，意图乘间渡运。十九日黎明，有败捻窜至宿迁南岸觅渡，时署淮扬镇总兵龚耀伦已令炮船分布河内，遂带兵三百名，同守备王树枏马队一百名，乘雾渡至南岸痛击，毙贼甚众。败捻西窜邳州岠山，该署总兵复派游击汪昇发等截杀二百余名，又叠经邳州戚家圩、皁河圩、埠子圩民练截杀二百余名。败匪复窜至邳州之马厂河口，又经都司张垤带炮船水勇登岸迎剿，适富和等队并臣派防河之参将吴凤柱马队同时追至，三面蹙击，斩匪甚多，余贼狂奔西遁，邳宿睢境一律肃清。惟据探报，败匪千余，于二十日由双沟西窜，二十一日折而北趋，追兵不及，有向东境台庄以上大泛口渡河之说。臣前派总兵黄国瑞带队赴东剿办棍匪，理应移缓就急，先将此股捻匪埽除净尽，见饬该总兵即统所部队伍，克日由邳州一带北追，探明贼踪，并力剿办。

——《东华续录》同治十七，第15—16页，同治元年十二月癸未。

〇上谕

吴棠奏西捻大股出窜、扼剿获胜，并败匪北趋东境；谭廷襄奏官军收复濮州、生捻首逆，并南捻被击、窜入兰山界内各折片。逆捻李城等纠众出窜，经吴棠调拨兵勇，会同僧格林沁、唐训方派出之富和、克蒙额等军合力进剿，斩获无算，邳宿睢境一律肃清，余匪折向东境台庄渡河。据谭廷襄奏，该股匪现在盘踞兰山境内之成全山车辋一带。该处匪圩甚多，若不迅图扑灭，势必句结各寨，联络奔突，剿办更形棘手。总兵黄国瑞带队赴东剿办棍匪，现据吴棠飞饬该总兵移缓就急，著即催令驰赴兰境，会同春寿等军并力兜剿，并著谭廷襄速饬管带楚勇之员弁，由平邑集相机进剿，务将此股窜匪悉数歼除。傥任令该匪与棍教各匪联成一片，合伙东趋，复蹈上年覆辙，恐该前抚不能当此重咎也。濮州首逆毛得平等，虽经捦获正法，所有余匪，仍恐搜捕未尽，且水套内匪首吴锡溃尚未缉获，即著责成署总兵常存，督同游击禄彰等，酌留兵勇，以资防范。仍著饬令该地方文武员弁，赶紧搜剔余匪，尽绝根株，不准草率了事。将此由六百里各谕令知之。

——《清穆宗实录》卷五一，同治元年十二月癸未。

十二月初八日

〇谭廷襄奏

南捻李城由江南窜至东境，阑入费县攻扑，知县王成谦由平邑集带队往援，民团已击毙贼匪二十五名，生捦二名，解营正法。适闻另股贼匪马步数千窜向东北，正在整队往追，又探有匪徒直扑县城，经我军登陴守御，炮毙百余名，该匪围城不能逞志，亦即北窜。统计马贼数千，步贼万余。据逃出难民供称，此股系李城招集余党，并勾结兰峄等匪，合伙欲赴登莱青一路打粮等情。查臣营驻扎沂费两处兵勇不过三千，力量本单，且系步队，追贼未能迅速，先已由王成谦飞催驻沂之同知奎芳等带队东援，第贼数太多，扼截不易。现又咨僧格林沁、吴棠，迅催富和、黄国瑞等兼程前进，并催德楞额星夜追击，仍饬沂州文武一体协剿。贼若向东奔突，先已饬令现驻淄川之道员陈显彝豫备兵团，探明扼截，一面飞咨登州镇总兵曾逢年，督带该镇官兵一千五百名沿途迎剿。贼若窜近北路，除严饬费县扼守三关外,或将臣前敌各队酌量抽拨,驰往堵遏,容臣随时相机办理。

——《钦定剿平捻匪方略》卷一七二,第7—8页。

〇上谕

谭廷襄奏南捻围扑费县、被击窜赴东北一折。捻逆李城由兰山成全山车辋一带攻扑费县同石民围,经官军击退。又有匪徒直扑县城,我军登陴守御,毙匪百余名,该逆由费县北窜。李城招集余党,并句结兰峄等匪,合伙欲赴登莱青一路打粮。谭廷襄现催德楞额迅速追击,并饬沂州文武一体协剿,并据称,贼如向东奔窜,即饬现驻淄川之道员陈显彝督带兵团扼截,一面咨登州镇总兵曾逢年,带官兵一千五百名迎剿。贼如窜近北路,即抽拨前敌各队驰往堵扼。所筹尚属妥协。著即就现有兵力相机剿办,迅埽逆氛。登莱青地方尚多完善,尤须加意严防,毋令匪踪阑入。德楞额一军仍驻峄县,并未星驰进剿,实属不知缓急,著僧格林沁、谭廷襄饬令迅速带兵前进,将此股贼匪实力歼除,傥再任意迁延,必治德楞额以应得之罪。僧格林沁派出之富和一军,即饬赶紧赴东协剿。黄国瑞一军,业经行抵邳州,并著吴棠飞催前进,会同东省官军并力兜剿。傥富和、黄国瑞等迁延观望,意存畛域,即著僧格林沁、吴棠、谭廷襄严参治罪,毋稍姑容。将此由六百里各谕令知之。

——《清穆宗实录》卷五一,同治元年十二月乙酉。

十二月初九日

〇上谕

谕议政王、军机大臣等:

前因东省降众张锡珠等滋事,扰及南宫一带,畿南防剿紧要,特命熙拉布统带京兵三千,并令山海关副都统成保会同带兵前往助剿。现在张锡珠股匪败窜馆陶等处,直隶所属地方已可无虞,是以将熙拉布所带官兵,谕令暂缓由京起程,再行听候调遣。惟此股降众并未大受惩创,而豫省临漳、内黄两处土匪蜂起,与山东之冠莘等县、直隶之大名广平两郡境壤毗连,畿辅重地,不可无知兵大员统带劲旅,实力防剿,成保曾隶僧格林沁营中带兵,其人才具能否独当一面,畀以重任,是否不至偾事,著僧格林沁迅速具奏。将此由六百里谕令知之。

——《清穆宗实录》卷五一,同治元年十二月丙戌。

十二月初十日

〇僧格林沁、国瑞奏

降众张锡珠等滋事，臣等因督军进捣皖捻，实无兵力可分，并无派马队一千五百名由威县追剿之事。诚如圣谕，恐该匪假冒官军马队，图逞狡谋，当即飞咨直隶督臣文煜等一体严防。

至臣等督军进捣皖捻老巢，该逆张落刑纠合各股捻首，意在攻扑我营。自我军屡次击败，该逆无隙可乘，十一月二十五日后俱已撤回涡河南岸，各归老巢。臣等仍拟攻剿涡河迤北贼圩，次第埽荡。十二月初五日，带队进攻韩楼，用炸炮燃烧该圩房屋甚多。臣等惟有竭力图维，以期迅殄丑类。

现探该逆张落刑等或欲窜向东北，与李城合伙，或往汝宁一带与陈大憘合伙南窜。该逆并在雉河集迤东十余里尹家沟地方挑挖长濠，以阻炮车。臣等已咨行河南抚臣张之万、侍郎毛昶熙、署安徽抚臣唐训方，督饬官军，严密防范。

惟前因捻首李城率众东窜，派营总富和带领马队跟踪追剿，嗣经该营总于十一月十八日追至睢宁县枣沟集地方，会合临淮马队、黄开榜所派马勇，将贼击败，毙匪二千余名。其败残余匪亟须乘胜追击，乃据该营总禀称，败匪于二十一日由滩上凫水过河，因运河东岸棍教各匪猖獗，临淮马队、黄开榜所派马勇业已撤回，该营总自以队单，亦于二十五日撤回永城，听候札饬等情。查此股窜匪既经我军击败，其余败残之匪自应认真追剿，以期尽绝根株，乃辄以队单为词，撤回永城，以致败匪阑入东境，实属不知缓急，应请旨将候补副都统、营总富和即行革职，仍留营带队，以观后效。

——《钦定剿平捻匪方略》卷一七二，第11—13页。

〇上谕

僧格林沁等奏遵覆并无拨队赴直追剿贼匪及现在捻匪情形一折。据称，张逆等现欲窜向东北，与李城合伙，或往汝宁一带与陈大憘合伙南窜等语。现在李城一股已窜入东境，如张落刑前往句合，势必由徐宿一带经行，著唐训方、吴棠选派得力将弁，确探贼踪，迎头截击，毋令窜越。汝宁踞匪，剿办正当得手，著张之万、毛昶熙严饬在事各军，豫防张逆南窜，与之句合，加意侦探截剿，庶陈大憘匪众可期迅速殄灭，毋得稍涉大意，贻误事机。僧格林沁现在督队进攻韩楼，计可克期攻毁，仍著激励马步兵勇，将涡河迤北贼圩次第埽荡，以期直捣老巢，殄除巨憝。营总富和，带领马队跟追窜捻，会合黄开榜，毙匪二千余名，余匪凫水过河，黄开榜因东岸棍教各匪猖獗，辄将马勇撤回，富和遂亦撤队回扎永城，退缩不前，均堪痛恨。富和现经僧格林沁等奏参革职，责令戴罪自效，若再不知奋勉，即著从严参办。带领马勇追剿李城股匪者，是否确系黄开榜？抑系黄国瑞？追剿吃紧之际，急将马勇撤回，何以未据吴棠参奏？实属不知振作。著吴棠将黄开榜退缩贻误情形据实严参，毋稍瞻徇。清淮各营，本归僧格林沁节制，嗣后如再有畏葸偾事员弁，著该大臣随时参办，以肃军令。将此由六百里各谕令知之。

——《清穆宗实录》卷五一，同治元年十二月丁亥。

○僧格林沁等奏（节录）

……兹查黑龙江墨尔根城正黄旗协领舒通额现已补授副都统，所遗协领一缺，奴才等拣选得胡伦贝尔新巴尔虎正红旗即补协领、副管有福堪以拟补；递出副管之缺，拣选得黑龙江正黄旗佐领富克精阿堪以拟补；递出佐领之缺，拣选得胡伦贝尔新巴尔虎镶红旗巴勒丹多尔济佐领下即补佐领、骁骑校德克□布堪以拟补；递出骁骑校之缺，拣选得齐齐哈尔镶黄旗德隆阿佐领下尽先防御、披甲哈勒真吉善堪以拟补。齐齐哈尔镶白旗佐领乌勒喜春现在因伤身故，所遗佐领一缺，拣选得布特哈正红旗伊东阿佐领下骁骑校库蒙□堪以拟补；递出骁骑校之缺，拣选得黑龙江镶黄旗伊萨布佐领下即补骁骑校、披甲丰陞额堪以拟补。吉林阿勒楚喀正黄旗贵全佐领下骁骑校□隆阿在营病故，所遗骁骑校一缺，拣选得吉林满洲正黄旗桂□佐领下尽先骁骑校、前锋富克锦堪以拟补。以上请补各缺，如蒙俞允，俟军务完竣，再由各该处照例补行带领引见……

同治元年十二月初十日议政王、军机大臣奉旨：有福等均著依拟升补。该部知道。钦此。

——录副奏折，档案号 03-4710-034。

○上谕

英桂奏参将宋景诗不遵调遣一折。据称，多隆阿饬宋景诗赴三原防剿，该参将中途改变，由白马渡过河，多隆阿现派兵追杀，英桂亦派与宋景诗素识之副都统常海赴荣河一带追寻，善为笼络，并派拨马步追剿，已咨多隆阿添派得力马步队数百名，交德兴阿星夜跟追等语。前因胜保所部，降众叛卒杂出其中，谕令多隆阿妥为驾驭，乃竟派宋景诗防剿三原，已属调遣失宜。且宋景诗于初四日抢渡，该大臣于初五日发报，何以一语不及？实属疏忽。宋景诗由荣河东渡，该省防河各员所司何事？甚可痛恨。现在多隆阿攻剿同州回匪老巢，恐有窜逸偷渡情事，著英桂严饬防河各员认真防范。宋景诗狼子野心，屡次滋事，莫若乘此机会，派兵歼除，免生后患。所部人众，未必尽甘心为乱，著英桂派委妥员，传旨晓谕，如有愿杀贼立功者，即派员带领赴陕，交多隆阿调度；其愿回原籍者，即令将马匹器械呈缴，酌给川资，妥为遣散。多隆阿既未能驾驭于前，必应除患于后，著即添派马步，渡河追剿,务期聚而歼旃。宋景诗如回原籍,必由河北行走,且恐阑入直境,著文煜、张之万侦探贼踪,迎头截击。该马勇素无纪律,不难立即歼除,傥任令滋蔓,必当重治其罪。再,据僧格林沁奏称,并无派马队赴直之事,文煜何以率行陈奏?恐有逆众假冒情事。该省探报之不实,亦可概见。文煜身任畿疆,而漫不经心至此,实为可愧。著即查明具奏。将此由六百里加紧各谕令知之。

——《清穆宗实录》卷五一,同治元年十二月丁亥。

十二月十一日

〇谭廷襄奏

南捻李城勾结各匪,于十一月二十八日边马四出,由费县窜至峄县之石城崮,经该处团练击败。惟东、北两路均属通衢,而北路九女等关尤为紧要,叠经臣严饬费县文武调团扼守,并饬都司杨通廉带勇会击。十二月初三日,该匪转窜费县之蒙山脚下,大队盘踞,分股转向西北,意图窜越九女关。适杨通廉等由贾庄带队追至,贼向东路窜回。初四、初五等日,贼扑小汴桥及上冶民围,均经我军跟剿,击毙百数十名。该匪屯扎河东,欲藉蒙山为负嵎之计。署费县知县王成谦等由西至东,且战且进,该匪前股马队退向东南薛庄一带,后股尚在上冶未窜过关。其武德等围,经同知奎芳等于十一月初六日叠次攻剿,将匪巢五座焚毁净尽,阵斩八十余名,生擒二十七名正法。二十七日,郯城县知县周士溥带队续至,一同进兵南路层山匪围,冒雨猛攻。该匪穷蹙,匪目张振详乞为内应,于十二月初一日开北门以待。我军整队直入,立将匪首傅西溃并伙匪蒋孟唐等十一名生擒正法,逃匪又经截杀,先后歼毙三百五六十名,当将层山匪围攻克。

查李城一股勾结甚众,探闻宿州刘家圩近被官军攻破,其中伙党先来东省,希图抢掠,并欲牵掣蒙亳大军,是捻匪之来不止一股。臣营现驻沂费兵勇仅有三千,杨通廉、王成谦一军步勇不及二千,黄国瑞一军尚无到兰信息。富和一军,据峄县禀报,于初四日抵峄,若与德楞额星夜跟追,尚可拦截,不致深入,否则王成谦等一军敌此悍贼,万难支拄。傥任窜过关隘,屯扎蒙山之内,或直奔东路,其害滋甚。现又飞催富和、德楞额等赶紧进兵,并饬奎芳等派队西援,仍令王成谦等设法进剿,以期顾全大局。

——《钦定剿平捻匪方略》卷一七二,第24—26页。

〇上谕

谭廷襄奏费县追剿捻匪、沂州攻克匪围,并办理淄川踞匪情形各折片。沂州土匪,经同知奎芳等将城前庄等处匪巢攻毁,不过小有斩擒,谭廷襄仍当督饬该地方官竭力埽除,毋令与外匪句结为患。李城一股由费县窜向峄县之石城崮，经该处团练击退，转窜费县之蒙山，图越九女关，都司杨通廉、县令王成谦等带队扼截。该匪虽未窜越，而贼众兵单，官军势难持久。黄国瑞兵勇尚无驰抵兰山信息，著谭廷襄迅速催提，并著吴棠严檄该总兵速赴沂郡，会合堵剿。富和一军现在已抵峄县，著僧格林沁、谭廷襄饬令该营总与德楞额跟追拦截。德楞额日久无功，傥再纵贼窜过关隘，即著将该革员严参治罪。至东省股匪众多，兵力止有此数，不敷分拨，僧格林沁仍当酌量情形，力筹兼顾。淄州官军，围城日久，未经攻克，所穵地道，屡未得手，是陈显彝带兵之不能得力已可概见。已革知府吴载勋办理此事始终贻误，前据毕道远等联名奏参，谕令谭廷襄查办，迄今未据覆奏。谭廷襄既将该二员误用于前，岂可复回护于后？著即严申纪律，饬令在事文武克期进攻，克复城池。其从前贻误各员，即行参撤，以肃军律。胜保所统宋景诗一军，本系莘冠等县降匪，现因胜保革拿解京，宋景诗心怀疑惧，冒称遣撤兵勇，由同州率众渡河入晋，昨已谕令文煜、英桂、张之万侦探该降众经过地方，派兵截剿，并著谭廷襄于莘冠一带豫筹堵截。傥该匪众窜回本籍，即著实力剿洗，毋令漏网。将此由六百里各谕令知之。

——《清穆宗实录》卷五二，同治元年十二月戊子。

十二月十二日

〇文煜奏

前奏僧格林沁派拨马队一千五百名追剿降众一事，顷准该大臣咨照并无其事，惟因捻匪李城窜赴山东沂属，曾派营总富和等带队追剿等因。臣前次奏报，系属据禀声叙，自系因营总富和等一起马队，探役遂误听讹传，嗣后惟当饬属格外小心，确加侦探，免致堕贼诡谋。

——《钦定剿平捻匪方略》卷一七二，第33页。

〇上谕

谕内阁：

前因直东交界降众张锡珠滋事，据文煜奏称，接据肥乡、邢台等县禀报，僧格林沁派拨马队，由威县一带追剿，当以事涉可疑，谕令查明是否属实，并经查询僧格林沁，旋据覆称并无其事。兹据文煜奏称，遵查前项马队，系由僧格林沁派赴山东营总富和一起，探役误听讹传等语。文煜于本省紧要军情奏报不实，实属颟顸，著交部议处。其禀报不实之肥乡、邢台等县各员，并著文煜查明参奏。

——《清穆宗实录》卷五二，同治元年十二月己丑。

○上谕

谕议政王、军机大臣等：

文煜奏贼氛仍未少衰，请速拨马队等语。本日已谕令神机营调派马队一千名，派成保、萨萨布统带，径趋深州、束鹿，会同该督相机剿办。京兵未到以前，文煜仍当就见有兵力，饬属堵剿，无任蔓延。新河被匪冲入，仓库钱粮有无被劫情事，该县带勇收复有无捏饰，著文煜查明具奏。伊绵阿前在新河接仗，此次匪窜新河，何以仅据地方绅团阻截？伊绵阿见在何处？遮克敦布前奏贼匪步队已被击散，马队已不满千，且有回窜馆陶、直境肃清之语，见在马步各匪为数尚多，足见前奏全属虚妄。即以窜回馆陶之马贼数既不多，该副都统见驻馆陶，何以不闻派一旅之师从而迎击，坐令已散之贼凶焰复张？实属形同聋瞶。著遮克敦布即查明此股贼匪实在下落，首犯张锡珠见在何处，据实具奏，并与文煜会筹办理。如该匪被击南窜，该副都统即派兵截剿，以期迅速殄除。若再不知奋勉，专以粉饰为事，定即从重治罪。

文煜另片奏，接奏寄谕并僧格林沁咨文，始知并无马队到直，系因营总富和一起马队派赴东省，以致误传，尚无贼匪冒充情事。军营侦探最关紧要，文煜等嗣后务当遴委干员，申明军律，事事从实奏报，毋得稍涉欺罔，致干重咎。

将此由六百里各谕令知之。

——《东华续录》同治十七，第 29—30 页，同治元年十二月己丑。

十二月十四日

○唐训方奏

朱圩捻党肆扰沙河南北，蒋凝学一军撤回颍州，臣已责成该道就近相机剿办，毋使鸱张。所有亳州安抚事宜，仍由臣督饬署亳州知州李文森妥为办理，以专责成。惟寿州、正阳城关最为淮西重镇，且俯瞰临淮，尤握高屋建瓴之势，必须声息相通，方足以资控制。只以僧格林沁方议抚苗，而湘军逼处其间，未免易滋猜忌，曾国藩调开蒋凝学一军，盖恐办理两歧，起将帅不睦之渐，用意固甚深远。特念寿、正城关究不宜无兵扼守，无如臣部北逼捻巢，南御发逆，实不敷分拨，再四筹思，苗练感僧格林沁抚驭给饷之恩，若由该大臣暂拨精锐驻扎寿州，俟臣部腾出兵力再行换防，必可相安无事。仰恳天恩，饬下该大臣暂为筹拨，一俟南路发逆防剿稍松，即由臣酌拨数营前往接代。一转移间，既可保全要区，且于驾驭苗练之道尤为不著痕迹。刻因大兵环逼，苗练尚无动静，嗣后能否不至反覆，臣究未敢深信，惟有随时密探，会同僧格林沁、曾国藩妥为商办，不敢稍涉大意。[①]

——《钦定剿平捻匪方略》卷一七三，第5—7页。

〇上谕

张之万奏明港驿路渐通，饬各军进剿邢集、陡沟踞匪一折。据称邢集、蓝店各匪围攻宝峰民寨，叠经副将李白衮等斩首多名。确山县属之熊蓝两寨，亦畏罪乞降。即著张之万饬令该县知县王观瀛相机妥为收抚，毋令降而复叛。其附近之熊王寨既经攻破，明港驿路自可渐次疏通，惟捻首陈大憘窜踞萧王寨，并恃有邢集、陡沟为之羽翼，若不将邢集、陡沟迅速攻克，陈逆断难就擒。该署抚现已饬李续焘等分督各军进剿，著即督饬该总兵等奋力剿办。现在汝南一带剿匪正在得手，兼有毛昶熙、张曜两军会合南剿，自可埽荡妖氛。惟该署抚接据僧格林沁飞咨，有亳捻张落刑西窜之说，则陈州、沈项一带向为亳捻入豫熟径，僧格林沁现捣亳捻老巢，万难西顾，沈项去汝郡较近，即著毛昶熙随时侦探，实力扼堵。张曜一军，并著暂缓南剿，如沈项有警，即著就近扼剿，毋得贻误。将此由五百里各谕令知之。

——《清穆宗实录》卷五二，同治元年十二月辛卯。

十二月十六日

〇上谕

谕内阁：

僧格林沁督兵剿贼，懋著勋劳，两载以来，由直隶、山东以至河南、安徽境内，剿办捻逆各匪，栉风沐雨，辛苦备尝。现在进攻亳州各捻巢穴，叠有斩获，剿抚兼施。时当冬令，布屋单寒，殊深廑系，著发去黄面貂尾马褂一件，交僧格林沁（祇）[祗]领，以示体恤。[②]

——《清穆宗实录》卷五二，同治元年十二月癸巳。

---

① 奏入，上命议政王、军机大臣传谕唐训方曰：寿州、正阳为淮西重镇，不可无重兵扼守。僧格林沁攻剿捻巢，正当吃紧，前据该大臣奏称，存营兵勇只有此数，若令兼顾寿州、正阳，兵力实有未逮，自系实在情形。唐训方既难信苗练不至反覆，自应先事筹防，以备不虞。著仍遵前旨，遴派得力员弁，酌拨劲旅，前往驻扎，保全要区，不得以北逼捻巢、南御发逆为词，稍涉推诿。参见《钦定剿平捻匪方略》卷一七三，第7页。

② 僧格林沁接奉此谕，于同治二年正月初八日回奏："窃奴才于同治元年十二月二十日恭奉十六日内阁奉上谕：僧格林沁督兵剿贼，懋著勋劳，时当冬令，布屋单寒，殊深廑系，著发去黄面貂尾马褂一件，交僧格林沁祗领，以示体恤。等因。钦此。复于十二月二十二日奉军机处由驿递到颁赐奴才等福寿字并荷包、□件、食物等项，祗领之下，当即恭设香案，望阙叩头。伏思奴才僧格林沁、奴才国瑞受恩深重，于一切剿抚事宜，虽竭力图维，亦属分所当然，□蒙恤自宸衷，既荷授衣之宠，赏颁天府，复沾锡嘏之恩，奴才等惟有竭尽愚诚，督率将士，迅扫妖氛，以期不负委任，而酬高厚鸿慈于万一。"详见中国第一历史档案馆藏录副奏折，档案号03-4607-042。

〇谭廷襄奏

十二月初六日，捻首李城等纠众万余，分投窜扑蒙阴对山庄等处，署蒙阴县知县谢庆元督率兵团迎剿，毙匪多名，守备任全吉手刃执旗悍贼三名，我军奋勇直上，又毙马贼二十余名。东路团丁两面兜剿，复毙贼百余名。该匪败退，追至费县之三官庙，因夜深收队。贼在上冶与官兵夹河而阵。初六日，知县王成谦等督勇接仗，毙贼数十名，贼始败退。初七日，复由薛庄围攻城阳民圩，王成谦等带队往援，该匪即于初八日直扑费城，团勇登陴守御，王成谦等督队赶到，挥众前进，城内亦派队出击，毙匪数百名，贼向西南梁邱一带窜去。探悉逆捻仍欲与兰滕费峄各匪会齐，大股窜赴登莱青等处滋扰。

查梁邱在费县西南，距教匪巢穴不及百里，一经勾结，西犯兖州，东犯沂州，皆意中事。且其地群山围绕，四面皆匪，进兵必多阻隔。德楞额与富和一军，于初六日由峄县移向东北数十里之税郭集驻扎，现接德楞额来咨，因山内闭守圩寨粮草一无所有，初十日折回峄县置备，再行前进。臣先因僧格林沁派队远道追贼，恐麸料缺乏，曾委员带银一千两驰赴峄县购备，一面檄令道员黄良楷在滕县劝谕各圩寨设法接济，并因天寒，运送棉衣袴八百套，皮衣二百件；今师行后，又称峄县东北山内口食不继，折回城内，臣现复派员携银二千两、干粮三千斤前往接济，并由司续解以备进剿。但梁邱一带路径丛杂，不能面面堵截，倘该匪向西北奔窜，则泗水等处相距亦止百余里，防兵无几，已由臣派拨马队及元疃各营步队驰往截击。捻匪既有东扰之说，仍饬东路州县与道员陈显彝、总兵曾逢年等照臣前奏办理。至黄国瑞一军，于十二月初三日至宿迁县，拟由郯邳交界之长城攻入，并由沂州府知府文彬等督率马步千人，添调兰费各团，于初八日先行驰赴费县，会筹剿办。

——《钦定剿平捻匪方略》卷一七三，第11—13页。

〇上谕

谭廷襄奏蒙阴、费县剿捻情形一折。李城股匪，现向西南梁邱一带窜去，仍欲与兰滕费峄各匪会齐，窜赴登莱青等处滋扰。梁邱为棍幅各匪麇集之所，距教匪巢穴甚近，谭廷襄务宜督饬兵勇，严密堵剿，毋令纠合句联，并饬曾逢年等严防登莱青一带，俾该匪不得窜入。淄川股匪久未歼除，倘李城等捻股窜至，与之句联，办理更难著手，著该抚即严督在事文武，迅克城池，毋再迟延，致干罪戾。黄国瑞一军已至宿迁，该抚应即迅速催令由郯邳交界之长城攻入，并饬沂州守文彬督兵调团，驰赴会剿。富和一军已抵东境，即著僧格林沁、谭廷襄严檄该营总实力攻剿，不准迁延贻误。德楞额于师行之后，又称峄县东北山内人马口食不继，由税郭集折回城内。德楞额以获咎之员，不思立功自赎，辄敢于军情紧要之时，藉词退避城内，不法已极，著僧格林沁、谭廷襄严檄该员克日进兵，杀贼自效，如再迁延观望，即在军营正法，以肃军律。谅僧格林沁公正为怀，亦不肯代人受过也。传闻僧格林沁左手疮疖尚未痊愈，现在调理若何？当此天气严寒，朝廷深为廑念。① 将此由六百里各谕令知之。

——《清穆宗实录》卷五二，同治元年十二月癸巳。

十二月二十日

○议政王等奏

现据僧格林沁送到苗沛霖所递禀词一件，并抄录札饬苗沛霖文底一件，谨将原件恭呈御览。谨奏。

——《咸丰同治两朝上谕档》第12册，第715页。

十二月二十一日

○僧格林沁、国瑞奏

臣等于十二月初六日仍督军进攻韩楼贼寨，虽轰塌该寨房屋多间，匪众坚守如故。查韩楼东十余里夏家桥地方捻首杨瞾汰，每值涡河以南各匪来援韩楼，皆杨瞾汰接济粮食，该逆乃八卦黑旗积年巨捻，应先除此患，以绝贼援而孤韩楼之势。初七日，督军进攻，用炸炮轰击，寨内房屋延烧殆遍。旋有逆首杨瞾汰之兄杨瞾汶出寨乞降，当令将逆首杨瞾汰交出。始称未在寨内，追究诘至再，则称杨瞾汰已被炸炮轰毙。复究圩中胁从，则称数日前星散大半，现在蓄发者无多，情愿归正，并将杨瞾汰尸身送出验看。查该逆既已击毙，其余被逼从匪者自宜准其投诚。惟杨瞾汶系该逆胞兄，虽经出圩乞降，未便宽纵，当将正法枭示，并将杨瞾汰一并戮尸枭示，以昭区别。次日，派侍卫卓明阿带队，督饬投诚各寨，前往该处收集枪炮，平毁贼圩，以免后患。

复据亳州知州禀报，涡河南岸溜子集贼匪不时出寨滋扰，并阻我军西路粮道。初九日即往攻剿，该逆出圩抗拒，经翼长苏克金带领马队冲压，毙贼数十名，并用炸炮轰击，燃烧

① 僧格林沁接奉此谕后回奏："奴才僧格林沁于上年十二月二十日恭奉十六日寄谕：传闻僧格林沁左手疮疖尚未痊愈，现在调理若何？当此天气严寒、剿匪吃紧之际，朝廷深为廑念。等因。钦此。仰见天恩高厚，以奴才腕恙未愈，上劳垂问，跪读之下，感激难名。窃思奴才自前年春间染受风湿，并触动肝郁，以致左胳膊、右腕生疮，当经配药敷治，左胳膊数月之间即就痊可，而右腕虽叠经调摄，迄未见效。凡焦急过甚，疼痛倍加，军务得手之时，稍觉轻减。现用药纸贴敷疮口，以蔽风寒，尚不能持鞭垂手，每于骑马督队，惟有力疾支撑。奴才所望及早蒇事，上纾宸谨。"详见中国第一历史档案馆藏录副奏折，档案号03-4607-041。

房屋数处。旋有该处投诚之勇目雷彦声称,溜子集捻首李传珠、卢照有等亦悔罪求抚,察其情形,尚属出于至诚,当令地方官分别安插。

是日即改攻韩楼,该匪仍前抗拒,复用炸炮轰击,房屋延烧净尽,该逆虽拌死守墙,然贼势甚蹙。料其必图逃窜,豫派翼长舒通额前往堵御。逆首张平等果出南门向东南逃逸,经舒通额督带马队冲击,该逆大乱,我军乘胜追杀,捡斩多名。十二日,查验圩中尚有被逼良民老幼妇女三千余名,俱令各投别寨依亲,圩墙尽行平毁。

亳境涡河北岸一带,惟马村桥逆首立棱眼苏添才尚敢抗拒。十三、十四等日带队进攻,该逆虽遣人恳请投诚,而逆首不肯出圩,仍须设法攻剿。至李城败匪窜赴山东兰费一带,经臣等饬催,营总富和带领马队跟追,会合德楞额之军并力进剿。十二月初七日,德楞额会同富和一军,由峄县行至兰山境内,即有作子坊、前黎圩、全山等圩贼匪一二千名出扑,德楞额等带队分投冲杀,毙贼一百余名。臣等仍饬赶紧前进,务将此股贼匪悉数歼除。

——《钦定剿平捻匪方略》卷一七三,第23—26页。

○僧格林沁奏

臣密派土人扮作商贾,前往苗沛霖处查访。据回营报称,探得苗沛霖曾有声言豫备干粮前往陕西之说,复又中止,此时并无动静。十二月十二日,臣接据苗沛霖禀称,扎营谢家沟口,破谷家等处贼圩,将捻首郑兰等杀毙等情,所禀无非遵照札饬攻剿捻匪情形。惟所称粤逆大股拥出长江之患不知伊于胡底、长淮之防又不可稍疏、不识如何布置等语,审度其词,显系注意长淮,用言尝试,希图派其防守。臣前以寿州、正阳不可无兵驻扎,臣相距甚远,且无兵可分,曾经奏请饬下署抚臣唐训方酌量派兵驻守,以昭慎重。今苗沛霖禀请布置,臣再四筹酌,惟有仍用羁縻之法,札饬剿捻立功,其长淮之防,自有该省督抚等筹办,庶于钳制之中仍寓笼络之意。

——《钦定剿平捻匪方略》卷一七三,第26—27页。

○上谕

谕议政王、军机大臣等:

僧格林沁奏督军攻拔夏张桥等处贼圩并追剿窜匪李城各情形一折,另片奏羁縻苗练、札饬剿捻立功各等语。捻首杨懇汰救援韩楼,僧格林沁移师夏张桥,进攻该圩,杨懇汰被轰身死,伊兄杨懇汶出寨乞降。僧格林沁准令被胁从匪人等投诚,将杨懇汶枭示。所办甚是。其溜子集捻首李传珠、卢照有等被剿穷蹙,情愿悔罪归诚,效力赎罪,僧格林沁察其真心悔过,饬令地方官分别安抚。韩楼逆匪张平等窜逃,官军将圩墙平毁。现在涡河北岸,仅有苏添才一股尚敢抗拒官军,僧格林沁剿抚兼施,自不难荡平捻众。惟该匪等野性未驯,纳降太多，地方官难于钤束，恐大军一撤，仍复相聚为匪。嗣后各匪圩首，有率众求抚者，僧格林沁务须详加访察，如果诚心反正，或系被胁从匪，自可贷其一死；如系著名首匪，屡与官军打仗，虽势蹙求降，仍当翦除，以杜后患。

至苗沛霖禀称粤逆大股拥出，长江之患不知伊于胡底，长淮之防又不可片刻稍疏，请示如何布置等语，显系注意长淮，用言尝试。僧格林沁业已窥见其隐，据议政王等将该大臣咨到苗沛霖原禀及札饬文稿呈览，如饬令苗沛霖钤束练众，安分从戎，力务农业，不可苛派民间，专以剿捻为急务，江淮之防自有督抚筹办等语，均能切中事机，于绝其觊觎之中，仍隐寓驾驭牢笼之意。办理甚为得法。惟寿州、正阳不可无兵防守，僧格林沁所称鞭长莫及，自系实情。著曾国藩、唐训方仍遵前旨，迅速酌派得力大员，统带兵勇，前往正、寿二城驻守。此事关系长淮全局，不可稍有疏虞，致令前功尽弃。

僧格林沁另片奏，遵查副都统成保临阵勇往，不辞劳瘁，可期实心任事，请添调察哈尔等处马队赴畿南攻剿等语。前因张锡珠等马贼千余，行踪剽疾，已拨京营马队一千，交成保、萨萨布管带前进，兵力应敷，现在计已行抵该处剿洗。察哈尔马队官兵，目前已可无庸再调。又据谭廷襄奏，李城等匪窜匿梁邱，德楞额、富和两军已驰抵兰山；谭廷襄所派奎芳一队，已由费县折回东面。著僧格林沁仍严饬德楞额、富和前进，会同东省官军，将此股匪众迅速歼除，毋许再有延误。

将此由六百里各谕令知之。

——《清穆宗实录》卷五三，同治元年十二月戊戌。

〇僧格林沁等奏（节录）

……查记名副都统、黑龙江镶红旗佐领色楞泰，曾在德楞额军营带队，前据德楞额因该员带队始勤终惰，难期得力，禀请饬调来营查询。该员到营后，讯据供称，因病久未出队。查该员并无病容，显系怠惰偷安。查得德楞额军营黑龙江镶蓝旗防御硕罗图差使懒惰，不安本分，经奴才等札调来营，查讯属实。又据管带吉林马队之已革记名副都统、营总富和禀称，吉林阿勒楚喀镶白旗佐领德吉，每值出队，辄敢捏病偷安，屡经严传，仍敢不遵，呈请参办前来。查德吉前因管兵平庸，任意怠惰，曾将该员委营总革退，尚冀愧奋，勉力行间，该员仍前不知奋勉。均应从严惩治，以肃功令。相应请旨，将记名副都统、黑龙江镶红旗佐领色楞泰，镶蓝旗防御硕罗图，吉林阿勒楚喀镶白旗佐领德吉，即行革职，留营充当兵丁差使，以观后效。倘再不知愧奋，即应严行治罪……

同治元年十二月二十一日议政王、军机大臣奉旨：色楞泰等均著照所请，革职留营。该部知道。钦此。

——录副奏折，档案号03-4710-086。

〇上谕

僧格林沁进捣皖捻老巢，剿办正当吃紧，使饷需不继，兵勇枵腹荷戈，必至功亏一篑。且时已岁暮，待用尤殷，著文煜、张之万无论何款，迅于年内筹解银数万两。此后协拨月饷，务须源源接济，按期清解，以利军行。[①] 再，宋景诗自渡河入晋以后，所有河南、直隶与山西连界各口，著文煜、张之万恪遵前旨，严密防范，并将宋景诗现在行抵何处，情形如何，迅速具奏。将此由六百里各谕令知之。

——《清穆宗实录》卷五三，同治元年十二月戊戌。

〇上谕

僧格林沁现在进捣皖捻老巢，剿办正当吃紧，必需各省协饷源源接济，庶兵勇不至枵腹荷戈。著英桂无论何款，迅于年内先行筹解银数万两，以济要需。此后协拨月饷，务须按期清解，毋稍贻误。再，宋景诗渡河以后，行抵何处，常海等能否追及拦截，著即将现在办理情形迅速奏闻。将此由六百里谕令知之。

——《清穆宗实录》卷五三，同治元年十二月戊戌。

〇上谕

毛昶熙奏官军攻克萧王寨等处贼圩、剿办邢集捻匪大胜一折。捻首陈大喜窜踞萧王寨，已成槛兽釜鱼之势，官军果能实力兜围，何难一鼓歼除？乃纵令铤而走险，袭踞信随交界之雷鼓台，复在草店、小林店等处四出烧抢，不知毛昶熙所司何事？可见折内所云面授机宜，不过纸上铺张之说。李续焘等剿捕此股匪徒，并不严密堵遏，致首恶稽诛，余氛复炽，实属疏纵。张之万计日可抵汝南，著会合毛昶熙，督饬张曜迅速跟踪追剿，务将雷鼓台攻拔，悉歼丑类。李续焘一军近在长台关，并著张之万等恪遵前旨，派令该总兵督军追剿，并令地方文武绅团随处堵截。傥敢迁延不进，致令陈大喜再有他窜，惟张曜、李续焘是问。

---

① 本条及下一条，命文煜、张之万、英桂筹款，缘于谭廷襄之奏："僧格林沁军营饷银，向由直隶、山西、河南、山东协拨，前奉寄谕饬解，业经臣行司，将九、十两月应拨银六万两委员解交。统计自上年十二月二十八日起，至本年十二月初八日止，实解过银三十九万两，已敷本年连闰十三个月应拨之数。只因上年原有未解银六万两，核计尚欠两月，应仍赶紧筹措，以备供支。惟现据粮台司道详称，时近岁暮，待用尤殷，复查各省协饷，截至本年十二月底止，直隶共欠解银五十七万两，又指拨银十七万两；河南共欠解银六十二万两，又指拨清查银五万两；山西共欠解银三十五万二千两，又指拨河东加票银四万两、捐输京防银一万两。统共欠解银一百八十余万两，为数太巨。该兵勇等日事呼吁，若不及时支放，殊不足以安众心。应催各该省，无论何款，移缓就急，先行拨银数万两，并将嗣后月饷按期清解等情，请奏前来。相应请旨，敕下直隶、山西、河南各省，将欠解僧格林沁军营协饷，迅于年内先行筹解银数万两，并将此后月饷源源接济，以期无误要需。"详见中国第一历史档案馆藏朱批奏折，档案号 04-01-03-0160-050。

该逆窜入随州境内,并与巨捻林振山句结,著官文、严树森迅派兵勇迎头截击,毋令垂尽之匪得容残喘,致令燎原。是为至要。

本日据僧格林沁奏,遵查吴正谊无可安置,已交原解官押回豫省,由张之万酌核办理等语。吴正谊既据僧格林沁察看,营中无可安置,自未便即令回籍,著张之万酌留豫省,妥为驾驭,毋稍疏忽。

将此由六百里各谕令知之。

——《清穆宗实录》卷五三,同治元年十二月戊戌。

十二月二十七日

〇吴棠奏

据副都统富和函称,见奉僧格林沁派带马队千名入东追贼,十二月初一日已抵徐郡,此时计与东军会合进剿,可期得手。惟东境幅匪麇聚于郯城县之长城圩、徐家圩、芦塘圩等处,逼率民圩接济粮食,图赴邳南打粮,值总兵黄国瑞一军于十二月初十日驰抵郯城县重坊地方,据该县知县周士溥来见,面禀,初七、八等日,李城伙党见在各圩暂住,装旗匪众尚未到齐等语。十一日,黄国瑞派参将张从龙等带队往攻徐家贼圩,该逆抵死抗拒,官军越沟向圩内抛掷火器,兵勇乘势冲入,斩匪一百三十余名,内有捻首李友辉、李友珠二名,余匪四散逃遁。经参将姚绍修等队追斩多名,生捻幅匪、捻匪十一名,讯明正法,并将贼圩平毁。其附近芦塘、徐家桥等圩,各有耆老来营,禀求投诚,黄国瑞以东境匪圩林立,正可乘机收抚,以孤贼势,当即允准,饬令杀贼自效。惟长城贼圩未下,臣已饬黄国瑞赶筹攻拔,以便节节进剿,与同知奎芳等队合力兜击。

至宿州官军进攻孙疃贼圩,有著名悍捻夏广慁等盘踞孙疃以南之钟阳集圩,乘间运粮,接济孙疃踞匪。总兵黄开榜于十二月初四日密派副将欧玉标带同练总朱廷芳等队夜袭钟阳贼圩,各队越濠登墙,抛掷火器,一齐拥入。该逆短兵抗拒,欧玉标手刃数贼,我军奋勇接仗,毙贼无数,生捻逆首吴连芳等多名,捻首夏广慁、夏广元、夏广才、夏四元、陈四虎及伪军师陈姓等率匪百余溃围逃遁,欧玉标复带各军乘胜追及,尽数捻获,当将贼圩焚毁。黄开榜即将获匪夏广元等讯明正法。夏广慁一犯向系著名捻首,已由黄开榜禀候僧格林沁核办。见仍饬黄开榜筹攻孙疃老巢,以冀迅扫逆氛。

——《东华续录》同治十七,第70—71页,同治元年十二月甲辰。

同治二年

正月

正月初五日

〇曾国藩奏

恭奉谕旨，以金陵逆贼有投诚之信，饬令酌办一节。查金陵一城袤延百里之遥，我军分屯雨花台，仅扼城南，其东、西、北三面并未合围，讵能制贼死命？目下伪忠王虽潜回苏州，而金陵城外各贼垒布置严密，并不少懈。伪侍王一股又窥伺太平、金柱，专图进攻。各路贼势尚未穷蹙，遽冀其献城乞降，酌理准情，未敢凭信。至自拔来归、不得妄加杀戮，臣亦曾纳降数次，未敢轻于屠杀。此次钦奉谕旨，尤当严禁军士私取财物，申明约束，以导向化之路。

又奉谕旨，饬令寿州防兵未可轻动，并垂询苗练是否不至另生枝节。臣查苗党掳杀湘军樵采勇夫，衅端渐开，时僧格林沁正抚苗剿捻，给以饷项，苗党则痛诋楚师，大肆簸弄，臣恐因剿抚两歧，以致南北不和，适值北岸和、含、巢三城并陷，遂将寿正防军撤出，腾挪赴援，明示以坦然不疑，正冀其幡然自悔。见在事隔两月，该练尚无据城以叛之迹，或者感北军抚驭之恩，无湘勇逼处之嫌，不至更生他变。如果反覆无常，逆迹明著，臣与李续宜之兵，自度剿发匪则不足，制苗练则有余，不足深虑。

——《东华续录》同治十八，第5—6页，同治二年正月壬子。

〇上谕

曾国藩奏钦奉叠次谕旨并案覆陈一折。所陈察看苗练、滁军及上游水师未能分扎下游、学习洋人兵械、禁约军士屠掠各条，筹画均属周至。金陵城外各贼垒，现尚死力抵拒，各路贼势，如伪忠逆、侍逆等股，均尚未即穷蹙，原难遽冀贼之献城乞降，其中如有自拔来归者，该大臣自必能严禁屠戮，以为随时解散之方也。寿、正防军之撤，原系移缓就急，现在该练尚无踞城以叛之迹，或系因僧格林沁之军剿捻亳州，相离尚不甚远，自足以资控制。惟将来僧格林沁一移他处，则苗练无所钤束，势必又生枝节。该大臣等总宜豫为之所，设法散其党与，使日后不能再有反侧，方为妥善。李世忠桀骜未化，朝廷亦所深知，该大臣所陈委曲优容各节，具见苦心，然亦不可不随时随事量为裁制。滁营饷银子药等件，固宜陆续接济，若如那勒丰阿等遣撤官兵，被其卡员阻殴等事，亦未可专事姑容。李世忠为部众所蒙蔽，尤当使其早自儆省，以为保全。著曾国藩嗣后察看，如该提督有必须加惩究之处，著即据实奏明办理。所称上游水师杨岳斌等，各备巢湖东坝之贼，不能移扎下游，自属实在情形，均如所奏办理。外国铜冒自来火，既饬工匠试造，即可于造成后，饬令各营演放熟习，以利攻剿。另片奏近日各军情，均已览悉。韦志俊进攻青阳既未得手，朱品隆之军由池州继进，著即饬令迅克青阳，以期次第埽荡太平、石埭等股贼氛，俾金陵之贼羽翼渐除，庶可徐图进取。将此由五百里谕令知之。

——《清穆宗实录》卷五四，同治二年正月壬子。

正月十二日

〇僧格林沁、国瑞奏

臣等自上年十二月间叠次进攻马村桥捻首苏添才贼巢，该逆恃有跨河南北两圩，墙高濠阔，抵死抗拒。我军屡用炸炮轰击，将南圩房屋烧毁殆尽，复于本年正月初一、初二等日，督带马步兵勇炮位绕至河北，攻打北圩，将房屋燃烧，所存无几。初四日移营进逼。初六日，先用炸炮轰击，圩中贼匪稍乱，我军乘势攻进，歼毙贼匪多名，余众势不能支，旋向南圩逃窜，遂将北圩平毁。乘胜环攻南圩，复于夜间袭其不备，贼众惊乱，兵勇乘势填濠攻入，该逆向东逃走，兵勇在圩内搜杀多名。至窜出之贼，经营总常山保等分路追击，毙贼百余名，遂将南圩全行平毁。

惟永城南界唐家寨、岳家集等处贼圩尚多，欲节节前进，必须先清后路，方为稳固。俟将唐家寨等处剿除后，即相机进剿。

捻首魏喜沅前赴宿州投诚，经该州知州英翰饬令薙发，派人押解来营。臣等查看情形，尚属真心归正，遂令仍回宿州，杀贼立功赎罪。

其长城贼圩，经黄国瑞、德楞额等军往攻，尚未得手。现拟先清附近贼圩，以孤长城之势，然后并力围攻，以期尽歼丑类。

——《钦定剿平捻匪方略》卷一七五，第14—16页。

〇上谕

僧格林沁奏剿办捻棍各匪叠胜情形，并谭廷襄奏各匪被击回窜各折片。此次僧格林沁督军攻毁苏添才马村桥捻巢，即移营皮桥，拟进攻唐家寨等处，先清后路，以期节节进逼。所筹甚合机宜。惟苏添才尚未捡获，著僧格林沁督军歼除，毋任死灰复然。张落刑穷蹙思窜，实在意计之中，该大臣务当严防，不令他窜，方为妥善。李城股匪窜至山东日照，经该地方官督勇迎剿，该匪全股窜回。著僧格林沁严饬德楞额等认真攻剿，毋任纷窜。傥谭廷襄布置未协，则罪无可逭。如德楞额挟嫌坐视，亦责有攸归。文彬本系初任之员，所带之兵恐难独当巨捻，德楞额不得稍涉推诿。其长城贼圩，著谭廷襄责成黄国瑞迅速歼除。张锡珠现由武邑窜近景州，崇厚督兵堵剿。德州相距甚近，著该前抚饬令该州文武带勇集团，会同直隶官军夹剿，以期克日蒇事。雷凤鸣既与宋景诗积不相能，准其调至兖州军营，务当妥为驾驭，毋稍大意。将此由六百里各谕令知之。

——《清穆宗实录》卷五五，同治二年正月己未。

正月十四日

〇崇厚、成保奏

匪众由枣林、郑家口意图抢渡，叠经各团勇堵截，并乘夜围攻贼营，该匪夺路向南奔窜，经姜国仲等由西北迎击，臣等复亲督官兵在东北策应。正月初八日，贼窜枣强边界，旋窜山东武城境内，又被该处团练截击，夺获大车数十辆。贼匪连夜直奔威县以南，姜国仲等跟踪追及，贼遂奔威县东南之尖庄地方，急思抢渡过河。旋经我兵追击，该匪势不能支，前队骑马悍贼乘夜偷渡河东，余匪窜至山东馆陶县属之方儿寨一带，意图负嵎抗拒。臣等亲督后队驰赴威县，现在天津洋枪队并黑龙江后起官兵尚未赶到，乘此军威已振，先就现到各营兵勇，并调集附近乡团，在西北、东北两面周围兜截，另挑得力奋勇直破中坚，一面飞咨谭廷襄，严饬各属会合截击，毋令纵逸，以期迅就肃清。

——《钦定剿平捻匪方略》卷一七五，第22—23页。

〇上谕

谕议政王、军机大臣等：

崇厚奏贼窜东境、分兵越境追剿一折。此股贼匪，自王家庄、武邑击败后，尽力狂奔，官军从后尾追，总未及贼接仗，焉能逐渐歼除？兹复据奏，贼窜枣强边界，复由山东武城境内直奔威县东南之尖庄，乘夜偷渡河东，余匪窜至馆陶县属之方儿寨一带，意图抗拒。何以贼之所向,官军总未能绕出贼前拦击,而所过州县,亦长驱无阻?山东边界,所派带兵防剿,系属何人?竟致贼之所到,如入无人之境?该地方文武所司何事?著谭廷襄查明据实严参,崇厚访查明确,亦即从严参奏。前据遮克敦布绘图贴说,于尖庄河添设炮船,现在已将遮克敦布之兵归祝垲统带,该处有无炮船?何员带领?何以任贼渡河?著崇厚、谭廷襄一并查明具奏。其前此奏报故城及束鹿、田家庄等处,击贼出力之团练人等,并著查明,速即保奏,以示鼓励。此次折内所称,山东武城境内,又被团练截击,夺获大车数十辆,如果实系与贼见仗有所斩获,即一并查明,择尤保奖,毋令掩抑。现在贼既窜至馆陶之方儿寨,意欲负嵎抵拒,正可乘此痛加剿洗。其前队骑贼,渡过河东,现抵何处?崇厚已驰赴威县,著即就现到各营兵勇越境进剿,调集各路乡团,在于西北、东北两面兜截,并再飞催天津洋枪队及黑龙江后起官兵,迅速围剿。并著谭廷襄飞速派兵,严饬所属地方文武,调集团勇,迎头拦截,与直隶官军联络策应,务将此股贼匪就地歼除,毋任贼氛分合自如,及与各处伏莽句结,再行回窜。此股贼匪一日未灭,畿疆一日不安。贼踪剽疾异常,必须得力马队追剿,方能制其死命。著僧格林沁于所部马队,酌量派拨一千或数百名,遴委熟经行阵之员带领,星驰前来,以利攻剿。方儿寨系贼熟到之地,前此文煜、遮克敦布即因贼窜该处,遽报畿疆一律肃清,旋复任贼回窜,又肆鸱张。崇厚等如不能将此贼迅速歼除,前车可鉴。即谭廷襄亦不能以贼氛屡入东境,任其往来,谓朝廷宽典之可数邀也。懔之!将此由六百里各谕令知之。

——《清穆宗实录》卷五五,同治二年正月辛酉。

正月二十日

〇崇厚、成保奏

贼在邱县之老瓜寨一带盘踞,闻我兵两路进攻,遂向东南窜逸。适我兵赶到,挥军前进,于南馆陶地方与贼接仗。该匪猝不及防,我兵一拥而上,贼即夺路狂奔。我兵跟踪追杀,毙贼一百余名,生擒及击伤者数十名,夺获骡马器械多件。因天时昏黑,未及穷追,拟于二月十七日再行进剿。臣等当飞催姜国仲、余承恩夹击,并饬候补道刘策先等管带洋枪队屯扎下堡寺,严防尖庄一带河口,力遏东匪回窜。所有各营马步兵勇,均已饬赴东西两路前敌,并力合击,以期四面兜剿,尽歼丑类。①

——《钦定剿平捻匪方略》卷一七六,第2—3页。

---

① 奏入,上命议政王、军机大臣传谕僧格林沁、崇厚、谭廷襄、成保曰:此次贼匪未受惩创,势尚鸱张,必须四面兜剿,方可制贼死命。著崇厚、成保严饬官军奋力追剿,并著谭廷襄饬令东省官军会同兜剿,迅歼丑类。此股匪徒现在究有若干,贼情若何,必应探询明确,方能无误机宜。而崇厚屡次奏报,从未声叙,殊属疏忽。著即迅速查明,随时具奏。参见《钦定剿平捻匪方略》卷一七六,第3页。

正月二十四日

〇僧格林沁、国瑞奏

永城东南之张家瓦房，乃贼首赵浩然所踞巢穴。该犯素与张落刑狼狈为奸，自臣等移营皮桥，距该寨六十余里。正月初九日，督带马步各队攻其不备，赵浩然隔墙声称情愿投诚，即令伊出见，该逆又复迟疑。查其圩寨甚为坚固，若以力取，难操必胜，不如先以计诱。因知前经投诚之李加膺与该逆系姑表至亲，遂令李加膺前往，再三开导，赵浩然同伊弟赵欣然始出寨谒见。虽称情愿投诚，并非真心归正，且该逆系积年巨恶，自应明正典刑。惟各股捻逆欲自拔来归者尚复不少，若将赵浩然等即行正法，恐各匪闻风疑惧，结为死党，剿抚更形费手。当将该逆暂交归德府收禁，一俟将各捻首捡获，再行尽法处治。并饬地方官将唐家寨、岳家集、孟家楼捻首李大个孜等处贼寨一律平毁，以免匪徒潜匿。至童沟集等处捻首田现已经南遁，其被胁各圩均已归正，俱令薙发安业。

复据探报，逆首张落刑遣其族人张振江等率党数千，潜于距营四十余里之曹家庙等处盘踞，意在乘隙来扑，已派翼长恩承、全顺、舒通额、苏克金督带各起马队探踪进剿。臣等复督带末队炮位继进，驰抵曹家庙，与贼接仗，歼毙数十名，余匪败窜回巢，张振江等率众过河南窜。

臣等正拟移营进攻白龙庙之捻首刘狗贼寨，适探捻首孙丑与刘尿即大老渊、刘狗即二老渊、杨二等股率众由涡河南鹿邑一带西窜，当派翼长苏克金等跟踪追剿。查该逆拥众西窜，势必奔赴汝宁，勾结西路贼匪。该处军务甫经得手，未便令其勾合，当派翼长舒通额、副都统恒龄带领马队千余名驰往会击。

至恭奉谕旨，直东股匪窜至馆陶，令臣等酌拨马队千名或数百名以利攻剿，原应速拨前往，奈因李城股匪窜赴山东，捻首孙丑等近又西窜，除派出各军追剿外，存营马队数百名仅敷防剿。臣等再四思维，傥富和剿办李城股匪得早蒇事，或舒通额之队剿除窜匪回营后，再行审度南北军务情形，酌量拨调。

——《钦定剿平捻匪方略》卷一七六，第6—9页。

〇上谕

僧格林沁奏督军进攻捻巢、将逆首赵浩然等捡获，并剿办捻棍各匪情形；张之万奏陈大漋逃入阜境、添兵会剿、皖捻西窜沈项各一折。捻首赵浩然，盘踞张家瓦房老巢，稔恶最久，此次僧格林沁督率马步各队攻其不备，突将该圩合围，该逆势穷力竭，始行出寨投诚，自应明正典刑，以申国法。惟各股捻匪震慑兵威，多思反正，若将赵浩然等即行正法，恐该匪等闻风疑惧，转坚其从逆之心。僧格林沁现将赵浩然等暂交归德府严禁，所筹甚合机宜,即著依议妥为办理。现在直境匪众悉窜山东馆陶一带,该省兵力本弱,难望克日歼除。富和及舒通额等各队,傥能早日蒇事,则移剿畿南股匪,自必得力。并著僧格林沁严饬该员等,将李城一股及窜豫各匪迅速剿灭,不准稍有迁延,复致滋蔓。陈大漋亡命东奔,窜伏阜境之华庄、吴老庄寨等处,张曜等各率所部合力前进,竟使元恶稽诛,余烬复炽,实堪痛恨,已明降谕旨,将张曜等分别惩处矣。此时皖捻西窜沈项,处处吃紧,僧格林沁已派舒通额等带领马步队千名跟踪追击,即著张之万督饬张曜率领所部驰赴沈项,扼要堵截,并著毛昶熙饬赵鸿举统率马步兵勇迎头堵剿,以收夹击之效。豫省千里平衍,非厚集骑兵不能制贼,张之万沥陈棘手情形,请调东三省马队千名,未始非策。惟自军兴以来,东三省马队大半征调远出,已无可拨之队。毛昶熙前次奏请购买口马、抽练骑兵,现在所买马匹尚未入关,即著迅催前进,赶紧训练,较之远调客兵,更形简捷。此时防务紧急,该抚等惟当激励将士,联络民团,就现有兵力实力筹剿,不得藉口于兵单饷绌,稍有疏虞。至陈大漋一犯,尤应迅速捦获,不准再令窜逸,致与亳捻句结。将此由六百里各谕令知之。

——《清穆宗实录》卷五六,同治二年正月辛未。

〇上谕

僧格林沁奏,千总打仗出力,恳请鼓励等语。千总衔李加英,自上年投诚以来,带队剿捻,极为勇往,屡次随同攻剿捻匪圩寨,奋勇受伤,洵属实心报效。李加英著以守备候补,先换顶戴,以昭激劝。

——《清代起居注册(同治朝)》第7册,第3525—3526页。

〇上谕

谕议政王、军机大臣等:

崇厚奏匪踪扑灭、直境肃清,并密陈东省隐患,请饬僧格林沁等带兵驰剿各一折。此股匪徒,节据崇厚奏称,连次杀贼名数并不甚多,何以遽能净尽?该署督务当认真剿办,毋得任听州县禀报之词,敷衍了事,致贻后患。其窜扰河东股匪,现在开乞长濠,藉资堵御,即著崇厚亲赴河干,督率办理。惟东省兵力不厚,该署督当不分畛域,越境追剿,岂可画疆自守?前谕将遮克敦布所带兵勇交祝垲管带,此项兵勇堪用者若干,著宝山、祝垲认真挑选,并著宝山迅即带赴馆陶等处,会同东省官兵相机进剿。谭廷襄一体严饬各员弁,听候宝山调度,毋得意见参差,以专责成。祝垲本系被参撤任之员,经朝廷特简大顺广道,自当感激报效,著崇厚饬令督率三府守令,将该处团练妥为办理,酌募勇丁,加意训练,于向来盗贼渊薮极力搜捕,毋得以州县一禀转详了事。其沿河一带乡团,并著崇厚督饬地方官严查保甲,筑寨浚濠,妥为联络,以辅兵力之不逮。宝山赴东以后,所需口粮,仍著崇厚随时接济，毋令缺乏。僧格林沁现在进剿捻巢，正当吃紧之时，所调马队未能分拨。崇厚、谭廷襄务就现有兵力分投剿办，不得专待援师。至胜保以获咎大员解京治罪，该署督遽请饬赴东省剿贼，显系意存尝试，甚属非是。该署督务当以文煜为前车之鉴，毋专见好于人，置公事于不顾，致负委任。所请保奖出力文武员弁，现在首逆张锡珠并未捡获，亦未将全股歼除，何得滥行奖叙？著崇厚存记，统俟股匪肃清，再行请旨酌保。再，崇厚屡次奏报，声叙殊属简略，嗣后务将贼情战状详细具奏，不准稍有疏漏。将此由六百里各谕令知之。

——《清穆宗实录》卷五六，同治二年正月辛未。

正月二十五日

〇军机处咨

办理军机处为咨行事。

同治二年正月二十四日，贵署督等具奏直境肃清，请奖出力文武，请调僧格林沁或胜保驰往东省剿匪各一折，希即各照抄一分咨送本处，万无迟误。须至咨者。

右咨署直隶总督崇。

正月二十五日

——《咸丰同治两朝上谕档》第 13 册，第 32—33 页。

正月二十六日

〇上谕

张之万奏追剿陈大濇获胜并扼堵西窜捻匪一折。陈大濇股匪遁入阜境吴家老庄，经张曜督军进攻，正在得手之际，而皖捻大股已窜至侯家寨，张曜分军回顾华庄，一面知会余际昌督队北来，合军堵剿。皖捻大股西来，与陈逆互相句结，意图牵掣官军，为余烬复然之计。张之万务宜督饬张曜、余际昌合力堵剿，将此股捻匪先行击退，以孤陈逆之势，一面饬令尹嘉宾率领所部严防前敌，以杜陈逆他窜。其由亳州出窜之孙四瞎股匪，欲由朱圩会合前股西窜，沈邱境内之纸店一带亦有贼踪，又欲渡河北扰。著毛昶熙赶紧督率所部，侦贼所向，于商水临颍一带扼要驻扎，并著张之万派兵探踪迎剿，毋令窜入腹地。是为至要。前据僧格林沁奏称，捻首孙丑与刘大老冤、二老冤、杨二等股，由涡河南岸向鹿邑西窜，已派苏克金、舒通额等马队陆续驰往皖豫地方追击，并著张之万、毛昶熙知会苏克金等前后夹击，以期力埽凶锋。该抚折内所称之阜境，是否即系颍郡阜阳县境？张曜现回扎之华庄及皖捻所窜之侯家集，均系何县所属？捻首孙四瞎，是否即系孙丑？均著张之万查明具奏。嗣后军营折报，所奏地名，务将系何州县所属一并详叙，以清眉目，毋得仍前含混。将此由六百里各谕令知之。

——《清穆宗实录》卷五六，同治二年正月癸酉。

二月

二月初一日

○上谕

谕议政王、军机大臣等：

崇厚奏严防河岸、筹办濠工一折。据奏，连日河东贼匪在大营河口、尖庄等处乘夜来扰，意图抢渡，经隔河开枪轰毙数名，贼遂不敢近岸，遥见火光向东南冠县一带窜去。崇厚前赴尖庄，亲历河岸查看，水浅可涉者多处，长濠工程，现饬粮台酌发银两，兴工挑挖，并称沿河绅民乐有此举。即著崇厚督饬委员人等妥速劝谕，催集民夫，赶紧挑挖，务令濠工一律宽深，足资守御，并不得稽延时日，致令贼匪突行冲扑。其水深崖陡、有险可守之处，均须督令带领兵勇各员弁严密豫防，毋稍疏懈。至各绅民等，如能将长濠认工捐挖，自应核计工价，给与奖叙，所请颁发五六品等职衔部照及国子监照，均于本日饬令各该部监照数颁发矣。河东骑贼向东南冠县一带窜去，河东现在有无余匪？东省有无兵勇迎头截击？崇厚前奏查明张锡珠一股回窜馆陶等处，仅止马步二三千人，自不难于殄灭，著懔遵前旨，仍由宝山酌量带兵越境追剿，与东省兵勇会合，即将此股贼匪悉数歼除，并将追剿及贼踪所到地方情形侦察明确，详细奏报。河西平乡、邱县一带近河处所，既有联庄会良莠不齐，即责令祝垲及副将刘景芳等，酌带兵练，前往各处严密搜拿，如果居民人等能将伏匿匪徒捆献，亦即加之奖励，惟不得令不肖员弁藉端骚扰善良。是为至要。

正在寄谕间，谭廷襄奏到捻棍各匪援应长城、被击东窜，并张锡珠股匪扰及堂冠、派兵剿办等折片。据称，张锡珠股匪渡河后，由堂邑窜往范家厂一带，另有冠县匪徒孙偲邈乘机啸聚，与张锡珠股匪欲由魏家湾一带偷渡运河东犯。谭廷襄所派海群马队及陈显彝勇队均已赶到，并飞饬总兵保德驰赴堂邑一路兜击，著即严饬该总兵等，会同直隶追剿之军，并力埽荡。宝山赶到，即亲督所部，与东省兵勇前后夹击，毋稍延玩。

宋景诗既不十分出力，其队目程顺书竟至随贼而去，狼子野心，势难归正。崇厚、谭廷襄务各懔遵叠次谕旨，严加防范，如果心迹渐形不轨，即当密速妥筹，先发制其死命，设法歼厥渠魁，再行解散余众。如或办理不善，不能临机观变，或不善控驭，以至酿成巨患，必惟崇厚、谭廷襄等是问。

陈显彝声名甚劣，且既经该前抚由淄川撤回，何以此次仍令带兵？著查明，如不得力，仍行撤去，不准姑容。李城等纠集棍教各匪，欲援长城之贼，经谭廷襄咨令德楞额探踪扼截，专办北路即以兼顾长城，何以德楞额仍驻坊前，并不移军？及贼窜至长城，黄国瑞之军腹背受敌，德楞额仍敢坐视，不相援应，殊出情理之外。该已革副都统明系挟谭廷襄参奏之嫌，并因其不日交卸东抚，辄敢屡次故相违拗，置地方军务于不顾，意将何居？著僧格林沁严行查参，督令速与东省官军合力剿贼自效。现又经谭廷襄咨令追剿北窜之贼，如再不能迅速进兵，则是有心延误，惟有即时军法从事，谅僧格林沁亦断不肯为之姑容也。

江南海赣境地毗连，著谭廷襄飞咨吴棠派兵堵剿，并严督同知奎芳与知县王成谦等各队，将紫荆关窜出之匪两面夹攻，痛加殄除，毋令与淄川之贼为援，再与李城等股匪句合。总兵曾逢年督攻淄川，办理如何？著即催督进攻，豫防外匪赴援，早期蒇事。教匪叠次潜扑泗水及邹滕等处民寨，仍不得以派兵截击，即行遁回，防范稍疏。东昌北路，所关尤要，该前抚将兖州军事布置交恩锡暂行督率，拟即日亲带马步兵勇驰赴东郡督办，均著随时具奏。

将此由六百里各谕令知之。

——《清穆宗实录》卷五七，同治二年二月丁丑。

二月初二日

〇上谕

前因道员黄元吉将参将曹福云擅行正法，当经降旨，令僧格林沁、唐训方确查办理。兹据奏称，黄元吉营内带兵官曹福云勇数太虚，经管理营务、已革知县杨继焕等查出，裁撤一半；适值山西解到饷银，曹福云仍以原数冒领，经黄元吉驳斥，曹福云竟将黄元吉推跌倒地；复因黄元吉将其棍责，声称必欲起队向杨继焕等报仇，黄元吉恐滋事端，因将曹福云正法等语。[①] 副将衔候补参将曹福云冒领勇粮，胆敢将统带官推跌，本有应得之罪，惟黄元吉既将该参将棍责，其事已结，何以闻曹福云有起队报复之言，不复详察，辄将该参将正法？是否有架祸唆使之人，亟应澈底根究，以成信谳。著唐训方即提已革知县杨继焕，参将范文英、李安邦来营，研讯确情，按律定拟。布政使衔候补道黄元吉，著暂行革职，听候查办。

——《清代起居注册（同治朝）》第 7 册，第 3572—3574 页。

① 详见中国第一历史档案馆藏朱批奏折，档案号 04-01-16-0173-205。

○上谕

崇厚等奏直隶军务万分危迫、请饬僧格林沁北来兜剿，暨宝山请调提标等兵各折片。前据崇厚等奏，匪踪扑灭，全境肃清，当以所奏情节可疑，恐系据属员一面禀词敷衍了事。数日之间，旋称河东匪势燎原，情形万分危迫。前后奏报不符，殊堪诧异。僧格林沁剿办皖捻，正在吃紧之际，岂能抽身北来？崇厚、宝山、成保膺兹重任，均属责无旁贷，且叠次奏调兵勇，为数不少，著懔遵前旨，饬令派出各员弁激励兵勇，联络乡团，严密防剿。傥敢藉口兵单，专待援应，并不实力剿办，致令逆匪回窜，扰及畿辅，恐崇厚等不能当此重咎也。宝山前赴馆陶剿贼，所统遮克敦布兵勇本属单薄，著照所请，准其将古北口提标兵五百名迅调来营，以资攻剿。所请调热河驻防兵五百名，已谕令瑞麟遵照调拨矣。除将此次所奏情形再行寄谕僧格林沁妥筹外，仍著崇厚等相度机宜，以剿为防，毋得稍涉疏懈。遮克敦布随营员弁内，护卫荣俊、主事王仲牲，均著不准留营，余均准其留于宝山军营，以资差委。将此由五百里各谕令知之。

——《清穆宗实录》卷五七，同治二年二月戊寅。

○唐训方奏

署安徽巡抚唐训方奏：

叠奉谕旨，查询各节，当即钦遵分别妥办，兹将办理情形据实覆陈。

查黄元吉部勇溃散，所有朱圩各寨贼匪，臣遵饬蒋凝学剿办。嗣据该道禀称，因发逆北窜，经曾国藩调防六安，见在颍郡存兵仅敷防守，势难剿捻等情。臣复咨调驻扎固始之成大吉一军分兵进剿，旋据曾国藩咨称，巢县贼众且悍，诚恐蔓延桐城以上，成大吉一军应留为雕剿潜太蕲黄一带之用，碍难拨营进捣朱圩。查曾国藩来咨，均系实在情形。臣已严饬太和县知县督率绅团加意防守，俟腾出兵力，再图剿洗。

又，查苗练所获匪首张兰勋，准僧格林沁咨会，令臣就近核办，见由凤台县知县蔡锷录供详请核夺。臣查阅该犯供词，实属罪大恶极，未便久稽显戮，当即札饬蔡锷将张兰勋就地正法，并传首捻圩附近地方，以昭炯戒。

又，接曾国藩来咨，谓苗练近日尚无踞城以叛之迹，此际若另行筹兵驻扎寿、正二处，阳抚阴防，使反侧者无以自安，似不如推诚相待，转可稍省兵力等语。臣查曾国藩虑事最深，所陈情形断非漫无把握；且苗练见攻涡河以北捻圩，并将剿办各情节次禀报，臣当即随时指示，于驾驭之中仍寓钤束之意。应请照曾国藩所议，目前不必派防，较为稳著。

——《东华续录》同治十九，第11—12页，同治二年二月戊寅。

〇上谕

唐训方奏接奉叠次寄谕遵即筹办情形及请催李续宜星速来皖各折片。李续宜续请假期,刻下已满,计必能星速就道,而长途跋涉到皖尚需时日,临淮军务紧要,唐训方责无旁贷。现在巢和各城尚未攻克,本日据吴棠奏,伪忠逆纠众二十万,陆续渡江,是皖北情形万分吃重。且僧格林沁攻捣捻巢,该匪穷蹙纷窜,亦意中事。临宿一带,防剿均未可稍松。该署抚务当振刷精神,于一切战守事宜妥筹熟计,断不可存五日京兆之见,稍涉松懈。蒋凝学等军现因防剿发逆,自不暇进捣朱圩,仍著督率太和绅团认真防守,一俟兵可分拨,即图进剿。苗练近颇恭顺,据奏无庸添兵驻守,俾释猜疑。现虽暂从该署抚所请,惟苗练阴鸷性成,仍当随时与曾国藩、僧格林沁熟商驾驭钤束之法,不可稍涉大意。张兰勋业经讯明正法,传首各圩,足昭炯戒。克蒙额虽无藉词退避情事,该署抚仍当随时察看,如不得力,即据实严参,毋稍姑息。将此由五百里谕令知之。

——《清穆宗实录》卷五七,同治二年二月戊寅。

〇上谕

前因李续宜奏恳赏假四十日,当经批准,俟假期满后,即迅速起程,不准再有续请。现在假期将满,该抚自当懔遵前旨,克日起程矣。渡江窜皖之贼,现麇聚于含、和、巢县一带,该省军情,一切战守事宜,在在均关紧要,必须李续宜抵任后,慑服悍练,埽荡捻巢,皖北军务方有头绪。直隶、山东贼氛遍地,逼近畿辅,亟盼僧格林沁分兵前来埽荡,惟必须该抚到皖以后,僧格林沁方能察看情形,抽身一行,或拨兵助剿。是李续宜之赴皖,为三省军务安危所系,尤为刻不容缓。该抚忠义性成,深为朝廷倚赖,著即迅速起程,以副委任,毋稍迟延。将此由六百里谕令知之。

——《清穆宗实录》卷五七,同治二年二月戊寅。

〇上谕

吴棠奏派兵扼防兰郯股匪,并黄国瑞一军逼攻长城逆垒情形等语。捻匪李城等股援应长城踞逆,围扑官军营盘,经黄国瑞督兵迎击,颇有斩捡。而援贼马步万人,复由西北两路拥至长城,踞匪亦开门冲出,复经黄国瑞等分投冲杀,歼贼无算,贼始败退。黄国瑞一军,自入东境后,叠次出力,甚属可嘉,惟该营兵力太单,恐成腹背受敌之势。昨据谭廷襄奏攻剿北路情形,当因黄国瑞营盘紧要,谕令僧格林沁严催德楞额迅速进兵,此时该处贼援麇至,亟应厚集兵力,以遏贼氛,著僧格林沁懔遵前旨,严饬德楞额赶紧前往策应,并饬富和等军一并相机会剿。崇厚现办直东军务,具奏急迫情形,非该大臣亲率兵勇督剿,不能得力。原折钞给阅看,即著妥筹办理。谭廷襄、吴棠督饬黄国瑞等,就现有兵力,迅克坚圩,毋留余孽。兰郯海赣,境地毗连,李城等股若为官军击败,不能与长城踞匪句结,势必悉众东窜,谭廷襄、吴棠务当严饬在事员弁实力扼堵,毋令贼踪阑入本境。傥有疏虞,惟该前抚等是问。伪忠逆纠众渡江,其蒋坝、三河等处险隘,已据吴棠饬令总兵安勇等妥筹防范,并添拨炮船协守,即著饬该总兵等严密防剿,不得稍涉大意,以固北路藩篱。将此由六百里各谕令知之。

——《清穆宗实录》卷五七,同治二年二月戊寅。

二月初三日

○崇厚等奏

署直隶总督崇厚、署直隶提督宝山、山海关副都统成保奏言:

直东匪徒纷起,如直隶之大顺广三府,山东之东昌、临清、曹州各属均有,馆陶、冠县、莘县、朝城一带即为该匪老巢,现若分兵进剿,必先捣其巢穴。但非厚集兵力,不能制其死命。查现在兵勇马队一千数百名,未尽得力;步队六七千名,内中最得力者亦不过三千余名。若就现有兵勇全行东剿深入,则直境空虚;若酌留直隶防守,则东剿不敷,恐致顾此遗彼。如僧格林沁北来,必有得力马队。臣成保督带马队两千名,臣宝山选带步队三四千名,直捣巢穴,痛加剿洗,可期悉数歼除。惟有吁恳饬下僧格林沁迅即北来,合力剿办,俾得乂安两省。

——《钦定剿平捻匪方略》卷一七七,第16—17页。

○上谕

谕议政王、军机大臣等:

崇厚等奏体察贼情会筹剿办一折。据称直东贼匪,原系白莲教,直隶之大顺广三府,山东之东昌、临清、曹州各属,均有此项匪人,散则为民,聚则为寇。馆冠莘朝一带,即为该匪老巢。现若分兵进剿,即系捣其巢穴,惟兵勇太单,全行东剿则直境空虚,若酌留直境防守,则东剿不敷,恐致顾此失彼,请饬僧格林沁带队北来等语。僧格林沁一军,剿捻正当吃紧,未必即能北来,昨已寄谕该大臣斟酌办理。崇厚等仍当就现有兵力妥筹防剿,以遏贼匪回窜之势。张锡珠等掳掠所得辎重,闻在河西一带存寄,是该处伏莽重重,亟应尽力搜拿,以除后患。著崇厚等出示晓谕该处各村庄,限以期日,捆献匪徒,送官惩治,傥敢容隐窝留,过期不首,一经官兵访捕,则玉石俱焚,必将全村剿办。如此明白晓谕,庶闻风震慑,可以散其党与,而河东之匪,无从再与河西各村互相句结。惟仍应严防胥役藉端诬陷,兵勇乘势骚扰。所称马步各队得力者少，此项不得力之兵勇，如系未经战阵，著即赶紧训练，以成劲旅；傥查有疲病老弱，并著认真裁汰，妥为散遣，毋令逗遛滋事。将此由五百里各谕令知之。

——《清穆宗实录》卷五七，同治二年二月己卯。

二月初四日

○上谕

同治二年二月初四日内阁奉上谕：

张之万奏请将贪鄙之知县革职查办一折。河南署太康县知县张同洛，自同治元年正月到任之日起，至十月底止，滥派车马至四千余辆之多，其运办僧格林沁军营草料，业经开销车价一千余两，该员复全派民间代运，竟有每车一辆折价自二十千至五十千不等，实属贪鄙不职。且该员于同治元年补征咸丰十一年钱粮，并不报明征解，更难保无征多报少、以完作欠情弊。张同洛著即行革职，交张之万提省查办，并提集经手丁书胥役人等澈底查讯，按律从严究办，以儆官邪。该部知道。

钦此。

——《咸丰同治两朝上谕档》第13册，第41页。

○张之万奏

河南巡抚张之万奏：

皖捻麇集豫省，合以陈逆各股，其焰甚炽。我军张曜在北，余际昌在南，声势间隔，益形单弱。当经飞商毛昶熙，派游击邵春仁等驰往接应。正月十八日，张曜派参将尹嘉宾督率兵勇，乘夜驰至侯寨，连破贼垒三处，杀毙悍贼二百数十名，其窜至油店桥一股，亦经李忠奎率领本部竭力剿击。十九日，张曜复亲督马步出击，杀贼数十名。是日，余际昌探知皖捻已由油店桥窜过华庄，正在整队进剿，适陈大湇等率众来犯，当即列队迎战，歼毙百余名。而皖捻马队数千驰至，包钞我军之后，余际昌赶即分兵，东西两路迎敌，捡斩无算。该逆复会合马步来扑，将我兵冲为数段，昌胜左右、刚锐新后各营均被围困。余际昌骤马冲突，各勇均踊跃用命，突出重围，仍就原垒扎住。张曜因余际昌营盘后路隔绝，于二十日夜亲率马步，由顿家冈往援，邵春仁等亦由正阳拔队驰往援剿。该匪见我兵云集，且又知后来大股在鹿邑地方为僧格林沁剿败，接应无人，遂于二十一、二等日西遁，图扑新蔡县城，复经邵春仁等渡河击败，该逆遂折西北，窜至李庄桥。查李庄桥四面皆有贼寨，正北一面则荒坡，各寨最为猖獗，臣严饬各军聚集一处，并激励乡团，以为四面兜围之计。

查此次窜捻原系两股:其与陈大溍合者则陈大常、袁洝愚、秦喧、孙四□、张沨涓、洪马瞎等,由陈家空而窜李庄桥者也;其刘狗、孙臭等一股,经僧格林沁派副都统苏克金带领马队,于十八日贼窜鹿邑时截杀无数,十九日贼窜至鹿邑城东,复经续派马队,于二十日由魏桥追杀,轰毙数千名,生擒百余名,该贼向东北逃窜。查此股贼匪既经苏克金等击败,不至西窜,而汝南情形吃紧,且该逆各股马队甚众,我军步队追之不及,臣已飞咨僧格林沁,迅饬该副都统即率得胜之师,探踪而进,与豫军合剿,以遏寇氛。

——《东华续录》同治十九,第16—17页,同治二年二月庚辰。

○上谕

张之万奏皖汝各匪逼近汝郡、饬军扼截,并擒获临漳等处匪首各折片。皖捻麇集阜阳境内,与陈大溍各股句合,经张之万、毛昶熙督饬诸军合击,匪众焚巢西遁,窜至李庄桥等处,与陈逆平舆旧巢甚近,若不及早歼除,必至益形滋蔓。张曜现已绕出贼前,扼贼去路,并经张之万催集各路追剿之师,一面激励乡团,为四面兜围之计,著即严饬兵团奋力攻剿,务将陈大溍迅速歼除,以免与皖捻句结。刘狗等股匪,已经苏克金所部及僧格林沁续派马队先后在鹿邑击败,不至西窜。该抚现已咨行僧格林沁,俟苏克金将此股击退,即令其率得胜之师驰赴豫境,与汝南各军会剿陈大常等股匪。惟贼骑飘忽靡常,深虑此剿彼窜,官军追蹑,常至落后,张之万等务当认真扼截,俾该逆不能另行远窜,庶苏克金等马队可以追及汝南,与豫军会合夹击。至临漳、内黄土匪崔瞾,现经地方官访获正法,其支汶炳一犯,仍著迅饬所属严拿务获,毋任漏网。崔瞾系聚众滋事首犯,谢三既将该匪首窝藏,岂有不知情之理?嗣后该抚于此等通匪要犯,务当立行严办,以儆奸顽,毋须再事研讯,转致稽迟宽纵也。将此由六百里各谕令知之。

——《清穆宗实录》卷五七,同治二年二月庚辰。

二月初六日

○僧格林沁、国瑞奏

正月十八日,苏克金等与贼接仗,因匪众兵单,未能痛加剿除。十九日,翼长舒通额驰抵鹿邑会剿。二十日,苏克金等带兵行至鹿邑魏桥地方,该逆见我军赶至,即在涡河南北两岸列仗抗拒,势甚汹涌。我军分三路迎剿,毙贼多名。该逆犹抵死不退,经恒龄、舒通额等更番转战,自辰至午,贼队始溃。我军乘势掩杀,甫将各股马步歼除殆尽,西北旋又来马步贼匪数股,直扑我队。舒通额等各带队伍,一面截击,一面绕至贼尾,直前冲击,贼众大乱,遂向东南奔窜。我军奋力追击二十余里,贼尸枕藉。

二十日,复探逆首张落刑等股窜赴东路宿州等处,欲由徐州北窜山东、东窜清淮,当派都司施绍恒等带兵前往,会同宿州知州英翰探踪追剿。旋于二十六日据英翰等禀报,该逆探知西路捻匪业被我军截剿,又于二十三日经施绍恒带队驰抵袁家集,截杀马贼数十名,该逆不知我军多寡,遂于二十四日潜回老巢。臣等即于二十七日带领马步官军移扎亳州涡河北岸之庙集,逼近白龙庙逆首刘狗儿等巢穴。

至西窜沈项捻匪,于二十七日接张之万函称,此股捻匪经余际昌迎剿,未能得手,请拨兵会剿等因。查臣军现在逼近捻匪老巢,该贼情急思窜,日夜严防,尚觉我军单薄,一时实无可分之兵,业已函致张之万,就现有兵力先行设法剿办,一俟臣等腾出兵力,再行拨兵应援。

——《钦定剿平捻匪方略》卷一七七,第21—23页。

〇上谕

僧格林沁等奏追剿西窜捻股大获胜仗并派投诚降众截剿张落刑等股匪情形一折。据称,捻首孙丑等股西窜鹿邑、柘城一带,经翼长舒通额、苏克金等督兵追剿,屡获大胜;惟窜往沈项皖捻,余际昌一军迎剿未能得手;而僧格林沁大军,又因张落刑等时思出巢纷窜,不得不移营进逼贼巢,断难分兵援豫各等语。皖省捻匪,经此次痛加惩创,其胆已寒,自可无虞西窜。惟张落刑一股最为凶悍,此次率众思窜,虽经僧格林沁派令投诚降众截杀回巢,而其势未蹙,必应赶紧剿灭。现在僧格林沁逼贼而军,即著相机进兵,将涡河迤南各捻匪分别剿抚,以孤张落刑之势,庶巨憝易于成擒,不至四出滋扰。直东股匪甚炽,谭廷襄虽调拨马队,与直隶官军会合,而匪众兵单,恐难蒇事。该大臣将张逆一股迅速办结,仍须回顾直东。至沈项等处,贼巢林立,张之万、毛昶熙务当督饬余际昌等,就现有兵力,迅速防剿,不得专待援师,致滋贻误。将此由六百里各谕令知之。

——《清穆宗实录》卷五七,同治二年二月壬午。

〇上谕

内(开)[阁]奉谕旨:

僧格林沁奏官军追剿捻匪大获胜仗一折。捻首孙丑等纠合大股西窜河南鹿邑一带肆扰,经僧格林沁派翼长舒通额、苏克金等督兵追剿,行至鹿邑之魏桥地方,与贼接仗,鏖战竟日,将万余步贼歼灭殆尽,仅余马贼千余遁回老巢,剿办尚属得手。即著乘胜进剿,尽歼丑类。阵亡之二品顶戴、副管旗章京拉普丹多尔吉,佐领、委参领兴善,均著交该衙门从优议恤,以慰忠魂。

——《清代起居注册(同治朝)》第7册,第3598—3599页。

〇僧格林沁等奏（节录）

……前据已革协领、委营总富和禀称，管带吉林三、五起官兵佐领、委营总常奎，于正月初二日派令该员带队接应，是日，在湍宝湖追剿贼匪，该员未能实力策应，禀请核办前来。奴才等伏思，现在攻剿贼匪正当吃紧之际，似此退缩不前，未便稍事姑容，致启效尤之渐，自应从严参办，以肃功令。相应请旨，将吉林佐领、委营总常奎即行革职，仍留营当差，以观后效，倘再不知愧奋，即行从严惩办……

同治二年二月初六日议政王、军机大臣奉旨：常奎著即革职，留营差委，余依议。钦此。

——录副奏折，档案号03-4608-021。

二月初八日

〇上谕

谕议政王、军机大臣等：

崇厚奏军饷难继、将领乏人并饬王榕吉总理军需局各折片。直隶军营饷项，每月需银五万数千两，延至四五月间即难勉强支持。该署督既知饷需难继，即当抽拨兵勇，早渡河东，迅速进剿，不可画疆自守，稍分畛域，致令河东贼焰日张。宝山现署提督，成保现在军营督队，该二员身当前敌，责无旁贷。据云宝山身弱多病，成保所部不全得力，如果属实，著崇厚随时查参，据实陈奏，免致贻误军务。仍一面饬令越境攻剿，以期早殄寇氛；一面知照谭廷襄，令其督率兵团，会合夹击，以分贼势。前调之古北口及热河官兵各五百名，谅可计日到营，兵力应足敷用。崇厚仍当激励民团，于河西堤岸一带分布防守，以助兵势，并著将河西一带伏莽赶紧埽除，务净根株。

至胜保系获罪大员，自应解赴刑部审讯，静候朝廷处置。崇厚前已冒昧代请，令其带兵剿贼，意存尝试，已属非是，此次又代为渎请；王榕吉复擅向崇厚呈递禀词，请令胜保赴营，实属胆大妄为。崇厚、王榕吉均著传旨申饬。至王榕吉现带晋省兵丁赴直，须责令督队剿贼，以资得力。军需、支应等局，本有承办各员经理，该臬司止可随时稽核，不得藉词局务羁身，置剿匪事宜于不顾。

有人奏，已革臬司孙治，前在天津管理粮台，任意浮冒，僧格林沁曾以不胜道员之任咨令前直隶总督恒福奏参，该已革臬司复有引用亲戚杨国杞等随办粮台，夤缘超升，并所行札谕告示不妥，以致州县纷纷讳盗，被人参劾，经文煜代为弥缝各案。该臬司屡次被人参奏，必非无因，僧格林沁如果实有不胜道员之咨，现在必有卷可查；孙治任内印札告示，亦可向各州县调取。著崇厚严切查明，据实具奏，不得以保奏在先，稍存回护。傥有意欺饰，代为消弭，将来别经发觉，恐崇厚不能当此重咎也。原片著钞给阅看。

将此由五百里谕令知之。

——《清穆宗实录》卷五七，同治二年二月甲申。

〇上谕

德勒克多尔济等奏绥远、归化存兵不敷调拨，已檄催伊克昭盟、鄂尔多斯前调蒙古官兵赴甘一折。前因固原失守，甘省军情万分紧急，当经谕令德勒克多尔济等速将恩麟咨调归化城官兵二千名，克日由定边等处驰往固原会剿。兹据该将军等奏称，归化城蒙古兵一千名，已全数调赴僧格林沁军营；绥远兵除派拨沿河驻扎防堵外，存城官兵实已不敷分布。边防河防，在在吃重，设有缓急，恐有征调不及之虞。已檄催伊克昭盟长选派精兵，克日赴甘。所奏尚系实在情形。鄂尔多斯蒙古官兵先后派出八百名赴甘，仍恐不敷调遣，著熙麟等遵照前旨，迅饬该盟长续行调派，并将派拨数目及起程日期赶紧奏报。其阿拉善蒙古兵曾否派拨赴甘，并著熙麟、奕梁、恩麟迅即檄催，到防候调。昨据多隆阿奏报，王阁村、羌白镇业经克复，如东路肃清，多隆阿兵力足敷剿办，自可令马德昭赴任，熙麟等可随时函商多隆阿等，妥筹办理。绥远等城官兵既无可拨，即著毋庸调派，其与陕甘接壤之处，著德勒克多尔济等认真防范，毋令句结为患。将此由五百里谕知德勒克多尔济、塔清阿、奕梁、熙麟，并传谕恩麟知之。

——《清穆宗实录》卷五七，同治二年二月甲申。

二月十三日

〇僧格林沁、国瑞奏

查涡河迤北虽经收复多寨，迤南雉河集、尹家沟、白龙庙等处即系张落刑等老巢，其余捻圩尚复不少，逆首张落刑犹思纠众抗拒。自正月中旬我军移扎涡河北岸庙集，逼近白龙庙刘狗等巢穴，正拟往攻，讵该逆窜赴尹家沟，与张落刑合伙。该逆窜后，其党徐登濬等率众来降，即将邓楼、张庄二处贼圩平毁，遂于二月初一日派翼长舒通额等带领马队驰往尹家沟，掘濠树栅，以图围攻。该逆乘我布置未齐，率党千余人拌命扑出，经我军截杀多名，该逆向西南逃遁。我军一面跟追，一面就近进攻雉河集张落刑老巢，该匪亦于是夜逃窜，即将雉河集、尹家沟两处贼巢全行平毁。

又，宿州知州英翰等带领捻首杨二即杨瑞瑛、王怀义、龚耀来营投诚，臣等思王怀义等既降，南路已通，恐该逆张落刑等势穷回窜，即派翼长全顺等带领马队前往花果集一带探踪剿捕。初二日，舒通额等至涡河迤南张村堡地方，贼匪二三千名回拒，舒通额等齐队迎击，毙贼千余名。讯之捻贼，供系捻首王广一股前来援应张落刑者，并讯悉张落刑一股已由该处向南奔窜，离此已去三十余里等语。舒通额等旋即整队紧追，初三日行至淝河北岸，见该逆马步三千余名列仗以待，经我军呐喊冲去，旋即四散逃走。我军分路追杀，毙贼二千余名，逃窜无几，生擒捻首韩四万、程二老砍二名，讯明就地正法。初四日，复带队寻张落刑等踪迹，至李庄捻首刘登瀛圩内，将二老冤即刘玉渊并伊弟刘四麻孜、张延生及窝匪之刘登瀛一并拿解到营，讯明正法；其捻首苏添才即立棱眼并伊义子贺绕儿等九名，亦经全顺等擒斩。

初五日晚间，据英翰差弁面禀，英翰正在石弓山一带查办投诚各寨，旋有宿州、蒙城交界之西洋集捻首李勤邦、刘添详、头号雷即张慎德、王沨潮、罗克有即罗麻孜、侯泳固等恳请投诚，经该州许其归正，带至大营，再听核办。是夜，李勤邦回寨后，旋即遣人报称，逆首张落刑仅带数人窜至该寨，经李勤邦等将张落刑并伊子张瀶及伊义子王碗儿一并诱擒。英翰得信后，连夜带队驰往，一面差弁禀请派拨马队护解。臣等即派马队前往提解到营，亲提审讯。据张落刑供认，曾受粤逆伪封，率领各股捻匪盘踞蒙亳永宿一带，时到各处焚掠，屡与官兵打仗属实。查张落刑叛逆昭彰，贼中巨恶，今幸仰赖圣主洪福，将士用命，使该逆势蹙就擒，实足以彰国法而快人心。除将擒获各股捻首由臣等随时正法外，惟张落刑一名系属首逆，并其子张瀶等，可否解送京师审讯办理，抑或即由臣等就地正法，请旨遵行。

初六日，复有捻首孙臭即孙葵汶、姜台凌俱各率众来营乞降。该二犯均与张落刑同恶相济，扰害最深，现拟暂行看押，并派兵前往该犯等所属降众各圩查明后再行斟酌办理。又据投诚之郑如先报称，将逆首大老冤即刘学渊诱擒，当派参领祥恩带兵前往押解到营，讯明属实，当将该逆犯凌迟处死。前获之捻首赵浩然，亦即饬署归德镇总兵成景等就近正法枭示。

查此次各股捻匪纠合图窜，经我军连日跟追，数日之内，将首逆张落刑，捻首大老冤、二老冤、刘四麻孜、苏添才、张延生、刘登瀛七犯擒获，又捻首王怀义、姜台凌、杨瑞瑛、龚耀、刘添详、罗麻孜、张慎德即头号雷、孙臭即孙葵汶等八名先后来营乞降，其余未获之捻首苏添幅，仍饬各军设法兜拿。所有擒获捻首张落刑之署宿州知州、即补知府英翰，拟请赏加道衔，李勤邦拟请赏加六品顶戴蓝翎，其余帮同擒获人等，按照前悬赏格，赏银一万两，以示鼓励。

——《钦定剿平捻匪方略》卷一七八，第1—5页。

○僧格林沁、国瑞奏

前奉谕旨，以直东股匪滋扰，饬臣分兵援剿。查臣等所统官军，现虽将首逆张落刑等擒获，捻首王怀义等数名来营乞降，无如未经剿除者尚有数股，均应乘此声威，实力兜拿，作一劳永逸之计。况颍州府属朱圩捻首朱花子及逆首张闵行等会合滋蔓,急应督军往剿;其宿州孙疃一带捻首李城虽经窜入山东,而该处尚有捻首任弗得等股在彼抗拒,总兵黄开榜带兵围攻,日久未克,亦应分兵剿办。以臣等现有兵力,实有难分之势。惟直东地近京畿,不得不先其所急,现拟派副都统恒龄带领所部马队七百余名驰赴直东,合之前拨海群所带马队三百名,共有千名,足成一军,会合副都统成保等所带马队,由北而南,实力剿办,可期得手。惟各起马队连日追剿贼匪,以致疲瘦,拟俟稍缓数日,即令起程。沿途仍应缓行,以养马力,到彼便可相机会剿。

再,此时皖北办理清查抚恤各事宜,最关紧要,应请旨饬下唐训方迅来蒙城,以便臣等与该署抚会商,责令妥为办理。

——《钦定剿平捻匪方略》卷一七八,第6—7页。

〇上谕

谕议政王、军机大臣等:

僧格林沁等奏拴获捻首情形,并请派皖抚来蒙会商善后、分兵直东合剿各一折。览奏曷胜欣慰。皖北军务渐有就绪,办理甚属得手。该大臣业将刘大老冤等及赵浩然、赵欣然先后正法枭示,所有张落刑及其子张漋等三犯,即著于军前以极刑处死,以儆凶顽而快人心。在逃之该逆首家属,仍著严密缉拿,毋任漏网。至捻首王怀义、姜台凌、杨二即杨瑞、龚耀、刘添详、罗麻子、张慎得即头号雷、孙臭即孙葵汶等犯,均系积年著名捻首,屡经扰害本境,及窜扰邻(首)[省]地方,稔恶已久,现因势穷力竭,始行投诚,若遽准其免死,不足以申国法而泄众愤,且狼子野心,将来大营官兵撤退后,难保不招集余党,为死灰复然之计。著僧格林沁酌量情罪轻重,将积恶头目速行正法,以绝后患。现在涡河南岸捻圩尚有若干,颍亳鹿邑及蒙宿一带余匪共若干股,均著查明,详细具奏。前由鹿邑窜向柘城捻股,虽经苏克金等击败,而匪首孙丑、刘尿等尚未(捻)[拴]获,该大臣务当督饬兵勇,迅将该匪首等及未获之苏添幅等设法兜捕,以靖闾阎。其窜赴汝郡与陈大漋合伙之皖捻各股,及颍郡宿州未尽余匪,均著该大臣次第翦除,毋留余孽。俟皖北肃清后,再行亲赴直东一带,剿捕该处贼匪。副都统恒龄马队七百余名,现因连日追贼,马力疲乏,著缓程前行,俟到东省后,会合海群所部及前次直隶截留之黑龙江布特哈官兵,合队进剿,以资得力。至皖北清查抚恤事宜,必须地方大吏前往经理,著唐训方即速驰赴蒙城一带,与僧格林沁会商,妥为办理。僧格林沁军营将士勤劳日久,未邀奖励,所有此次出力将弁兵勇,即著查明,从优保奏,以昭激劝。僧格林沁折内,声叙苏添幅等尚未拿获,而张落刑供词,则称龚瞎子、苏添幅等五犯均已歼毙,是否确实,并著查明具奏。将此由六百里各谕令知之。

——《清穆宗实录》卷五八,同治二年二月己丑。

〇上谕

僧格林沁等奏官兵追剿窜捻连获大胜、生擒捻首张落刑等多名，并王怀义等投诚各情形一折。安徽蒙亳一带捻匪，节经僧格林沁督军痛剿，势已穷蹙。巨捻张落刑、刘狗、刘学渊、苏添才等股，尚麇聚尹家沟，意图窜突。二月初一日，僧格林沁派令翼长舒通额、苏克金等，带领各起马队，驰往围攻。该逆拚死出扑，经官军截杀多名，逆向西南逃遁。侍郎国瑞带同托伦布等马步进攻雉河集张落刑老巢，该逆闻风逃窜，遂将雉河集、尹家沟两处贼巢全行平毁。初二至初七等日，舒通额等追至（汤）［涡］河迤南之张村堡地方，遇捻首王广一股抗拒，官军枪箭齐施，追斩殆尽，阵擒捻首韩四万、陈二坎，就地正法。复探知李庄捻首刘登瀛圩内有巨捻藏匿，舒通额等调集乡团，四面合围。该圩团总畏惧，将刘二老冤即刘玉渊并其弟刘四麻孜、张延生献出。舒通额等查明，与窝匪之刘登瀛一并解营，凌迟处死。其杨二即杨瑞瑛、王怀义、龚耀等股先后投诚，经僧格林沁派令翼长全顺等驻扎花果集王怀义寨内，探踪进剿。捻首苏添才即立棱眼，并其义子贺绕儿等九名，误投该寨，复经全顺等按名弋获解营，当将苏添才即立棱眼凌迟处死，余俱正法枭示。捻首李勤邦、刘添详、头号雷即张慎德、王凤朝、罗克有即罗麻孜、（候）［侯］永固等赴宿州知州英翰处恳请归正，旋据李勤邦等将张落刑并其子张（涛）［澺］、义子王碗儿诱擒，经英翰等解送大营。据僧格林沁讯明属实，录供呈览。捻首孙臭即孙葵文、江台灵俱率众赴营乞降。又据投诚之郑如先将刘大老渊即刘学渊诱入圩内，僧格林沁派令参将祥恩等带兵前往，拿获到营，将刘学渊凌迟处死，从匪三名正法枭示。办理甚为得手。巨捻张落刑曾受粤逆伪封，扰害东豫江皖，荼毒生灵，实属罪恶贯盈，岂容稍稽显戮？著僧格林沁即将张落刑一犯在营极刑处死，并其子张（涛）［澺］、义子王碗儿一并正法，传首安徽、河南、山东等省被扰地方，以申国法而快人心。其余投降各捻，著僧格林沁分别妥办。蒙亳一带渐次肃清，所有善后事宜，著唐训方慎选牧令，招集流亡，妥为经理。安徽蒙亳等处，自遭捻患，几及十年，四野荒芜，疮痍满目，言念吾民，殊堪矜恻，著加恩蠲免钱漕二年，以苏民困。僧格林沁锐意剿捻，卒能将各股捻首擒获收抚，使积年巨患克日埽除，洵属调度有方，谋勇兼备。科尔沁亲王僧格林沁，著加恩仍以亲王世袭罔替，前奉特旨赏用章服等项，并仍准其服用，以示优异。侍郎国瑞，随同僧格林沁追剿，亦属著有微劳，著交部从优议叙。所有擒获首逆之宿州知州英翰，本日已简放颍州府知府，仍著赏加道衔。投诚之李勤邦，著赏给六品顶带，并赏带蓝翎。其余在事出力各员弁团勇，著僧格林沁择尤保奏，用示鼓励。该部知道。

——《清代起居注册（同治朝）》第7册，第3672—3680页。

○上谕

僧格林沁等奏请派皖抚来蒙会商善后事宜一折。蒙亳一带，巨憝虽已歼除，惟疮痍未复，人心未定，唐训方资望较浅，恐尚不足以资镇抚，且临淮一带亦须有大员坐镇。前据官文等奏，已咨催李续宜起程赴皖，著李续宜懔遵前旨，迅速驰赴安徽巡抚署任，将军务地方及蒙亳一带善后各事宜妥筹办理。将此由六百里谕令知之。

——《清穆宗实录》卷五八，同治二年二月己丑。

○上谕

僧格林沁奏，请将玩视军情之知府革职等语。[①] 安徽颍州府知府全陛，于上年十二月间，经僧格林沁派令安抚投诚各捻圩，该员一味敷衍，于善后事宜漫不经心，嗣因奉有委查事件，禀请回任后，并不赶紧回营，实属性耽安逸，玩视军情。全陛著即革职，以示惩儆。

——《清代起居注册（同治朝）》第 7 册，第 3680 页。

二月十五日

○上谕

谕议政王、军机大臣等：

谭廷襄奏东昌剿匪获胜、请饬直隶官兵会剿，暨剿办李城等股匪并羁縻宋景诗各折片。张锡珠等股匪，经保德等向燕店集一带进剿，毙贼千余，但马贼尚多，步贼聚散不定，且贼中并有粤逆陈玉城旧队，尤为凶悍，若不迅图扑灭，深恐贼势日张，蔓延难制。保德一军，兵力过单，不敷攻剿。现在宝山业经渡河，成保患病计已痊愈，著崇厚催令该提督等，迅调各队渡河，与东省兵勇两面夹击，合力截剿。昨日崇厚奏报，由临清州拜发，自系因近防不如远剿，惟既有宝山、成保等督兵出境，崇厚总宜驻守直隶边境，防贼回窜，不可使本境边防空虚，致有疏失。僧格林沁已派恒龄带马队七百名到东，与海群所带马队合军剿贼。俟该副都统到时，崇厚、宝山、成保、谭廷襄各宜饬派出之兵与之会合，将张锡珠股匪四合兜围，歼捦首要各犯。如再观望，定以军法从事。陈逆旧队何时并入贼股，贼首系何

① 僧格林沁奏称："查现任颍州府知府全陛，自上年十二月初间到营，经奴才等令其经理安抚及清查投诚各圩，该员一味敷衍了事，于善后事宜漫不经心，复于是月下旬，以奉委查访胜保前在颍州府有无寄顿禀请回任，当经谕令该员赶紧查明回营，以便料理安抚事宜。迄今月余，尚未回营。曾经奴才等叠次札调，该员竟敢置若罔闻。似此性耽安逸，玩视军情，奴才等实属呼应不灵，诸多掣肘。傥各地方官纷纷效尤，尚复成何事体？相应请旨，将颍州府知府全陛即行革职，以为玩视军务者戒。是否有当，伏候圣裁。"详见中国第一历史档案馆藏录副奏折，档案号 03-4712-046。

姓名，著该前抚确查具奏。

李城股匪窜至新泰羊流店一带，教匪绕窜新泰之谷里等处，幅匪亦出巢纷窜，虽经兵团截杀，惟无成队之军分投拦截，傥该匪合股径犯泰安，去省城不过一百余里，该处防守空虚，实属可虞。若由东北直犯博山，既系青州大路，毫无阻遏。尤恐与淄匪句结，所关更巨。德楞额节节逗遛，已谕令僧格林沁严行查催，仍著谭廷襄催令整队进剿，毋许耽延。并著檄令派出之焦其洲，带同兖营前敌兵勇，由间道迎剿，毋任贼匪纷窜。邹县教匪不时出巢，兖郡一带防兵无多，恩锡业经接防，著即饬令严密防范，毋稍大意。

宋景诗与良团寻仇，意存反侧，雷凤鸣虽随同剿贼，竟敢与楚勇斗杀，均属跋扈。程顺书等，前据该抚奏称投入贼伙，此次自诉迫于胁从，并非安心为贼。若辈首鼠两端，实为日后隐忧。现今东省兵力未足，谭廷襄止可于羁縻之中寓防范之意，俟兵力可以剿办，必须尽数歼除，方免后患。

将此由六百里各谕令知之。

——《清穆宗实录》卷五八，同治二年二月辛卯。

〇上谕

张之万等奏亳汝各匪句结南窜、张冈余党同时蠢动、会筹布置一折。此股皖捻陈大常等，经陈大渲句结，窜至正阳所属之张冈，由新蔡一带南窜，沿途并未大受惩创。虽贼众兵单，究属追剿不力。张之万等现饬余际昌、赵鸿举等军杜其句结南路土扶桥贼巢，即著严饬各军伺隙进剿，不可株守一隅，致贼益无忌惮。其陈逆余党窜入荒坡，张曜业经前进，即饬迅速规取，毋稍迟误。该总兵前因陈逆窜逸获咎，此时若不能奋勉图功，必将重治其罪。南阳与汝郡接壤，淅川、内乡均系捻匪入陕之路，著张之万饬署南阳府知府顾嘉蘅督率民团，于该郡厅县一带认真防剿，毋令旁窜陕境。皖捻人数众多，陈大渲本属渠魁，复句结陈大常等各股，恐正阳各军未能迅图埽荡。该处军务甫有转机，新抚各寨人心未定，若日久不能歼除，必至蔓延。僧格林沁自捡获张落刑后军威远震，捻逆无不闻风畏慑，虽亳州距正阳较远，如由沈项一带派拨得胜之军进剿，不过兼旬，定可奏功。著该大臣酌量情形，妥筹办理。该大臣所派兵到后，余际昌等军或不能堵御，任陈大渲等南窜，定以军法从事。其僧格林沁派兵未到之先，仍著张之万等督率各将弁严防，毋得专待援军，以致旷日持久，贻误事机。再，据谭廷襄奏，李城股匪窜至新泰，而德楞额仍在莒沂之间，并未尾追等语，著僧格林沁严饬该已革副都统迅速追剿，并查明逗遛不进各情，严行参办，以肃军律。将此由六百里各谕令知之。

——《清穆宗实录》卷五八，同治二年二月辛卯。

二月十七日

○方略

崇厚又奏言：接准僧格林沁来咨，已派副都统恒龄带马队七百余名赴直会剿。查东匪现在纷窜西北，宝山未能督军遏截，业经奏参，急须大员统带全军。僧格林沁所派副都统恒龄久经战阵，熟悉贼情，应请旨即饬恒龄带领马队迅速来直，统带各营马队兵勇，以资呼应而一事权。

奏入，上命议政王、军机大臣传谕崇厚、成保、谭廷襄曰：

崇厚等叠经奏报河岸设防浚濠，并饬各军分拨梭巡，何以此次贼由小滩以南抢渡，竟任其过河至千余人之多？姜国仲至被兜围，虽经都司崔福泰等接应，得解重围，而渡河之匪已窜至曲周西北马厂地方，其为姜国仲等疏于防范、宝山并未亲督所部截剿已可概见。现在贼之后股尚未过河者，即应严加堵遏。姜国仲尤当知所愧奋，力赎前愆。崇厚亲历河岸，总当严申军律，续来股匪不准再任窜渡。其窜曲周马厂，是否过河之匪均在其中？抑有分窜他处？不可不严密确探。总兵徐廷楷、知府余承恩与成保、春霖所带马步各军，均已分路绕赴广宗，会合夹击，即著崇厚飞催各军迅即驰往，迎头进剿，以顾北面之防。如果后股不能续渡，前股曲周马厂之贼仅有千人，残败之余，诸军会合，乘胜兜剿，不难聚而歼旃。能令此贼渡河，匹马不还，河东余匪自然胆落，不敢再思偷渡。其河东之匪，谭廷襄已到东昌，著即严饬各军乘机剿击，毋再任令抢渡。此次小滩抢渡之贼，东省兵练何以未见从后尾追？著谭廷襄严行查参。恒龄既已自皖北起程赴直，并著崇厚飞速迎催，以资统率。小滩迤南豫东壤地相接，仍著崇厚、谭廷襄咨会张之万豫筹堵截，以杜分窜。

——《钦定剿平捻匪方略》卷一七八，第26—28页。

○上谕

本日已明降谕旨，将宝山撤去提督署任，令恒龄署理直隶提督。前据僧格林沁奏称，拟派副都统恒龄带马队七百名驰赴直隶会剿，并令沿途缓行，以养马力。现在贼已渡河，扰及曲周，畿南军务紧要，统领乏人，恒龄历经战阵，熟悉直东股匪情形，著僧格林沁饬令该署提督迅速驰赴畿南，接统各营马队，并令成保、萨萨布、海群等帮同管带，以一事权而资攻剿，毋稍延误。将此由六百里谕令知之。

——《清穆宗实录》卷五八，同治二年二月癸巳。

二月十八日

○唐训方奏

据英翰禀称，上年十二月杪，青疃寨巨捻魏漋沅与所部头目十余人潜来投诚，当经英翰责其立功赎罪，而刘家圩捻首刘效允等尚敢抗拒，经守备刘师韩攻破匪巢，毙贼甚多，其余胁从一律薙发。是时宋家圩赵克宽亦愿将赵克元家属献出，以明心迹。该处四圩为浍河要隘，既已就抚，则一律肃清。

正月初八日，生员牛斐然等克复袁家集，悍渠魏立槐越墙奔窜。嗣闻张落刑在曹家庙装旗，有袭攻青疃之信，英翰当由周家圩驰至青疃，饬令魏漋沅等分布防守。忽败捻魏立槐自蒿家堰圩会合韩四万等股，马步约二三千人，蜂拥来扑，并分股突犯穆家阁圩。英翰守御甚严，贼不敢逼，而穆家阁甚形吃紧。英翰亲督兵勇前往援应，该逆负创遁回。十八日，张落刑至蒿家堰，添集悍党三四千人，分拒青疃援军，而以全力猛扑穆家阁。英翰急派魏漋沅等分投抄杀，贼匪败退。是夜，英翰乘贼黑夜无备，密派魏希古等袭破邱家寨，捡斩不少。十九日，各旗捻匪约马步六七千人，自蒿家堰东窜，英翰飞饬刘保忠出队截击，并亲督各兵跟追，斩捡无算。张落刑仅剩黑、红、黄旗各捻二千余人，遁至谢家槽房李城圩内。二十一、二等日，移至吴家圩，又移至童亭、邵家圩等处，连日复收抚红旗捻首王万注及魏坤共二十余圩。

臣查张逆踪迹诡秘，既已蓄谋东窜，急宜豫备邀截，当于二十六日札调克蒙额等马队驰赴任桥花庄，探明张逆来路，迎头兜击，派已革九江镇总兵普承尧会同朱淮森等营相继并进，并密札英翰设法诱捡张落刑，除此巨患。而张逆已被僧格林沁大兵拦截，由白沙集、大侯家圩踉跄遁回。僧格林沁复派马队加紧跟追，该逆穷蹙已极。英翰遂于本月初五日在蒙境李家圩内，将张落刑父子三人一并捡获，初六日押解僧格林沁大营核办。

此次仰仗天威，僧格林沁以百战百胜之师，卒捡巨憝，洵足伸天讨而快人心。昨准僧格林沁来咨，请旨饬臣驰赴蒙城会商善后事宜，当将临淮老营赶为布置，定于十五日统兵赴蒙。所有安民清寨诸要务，臣当与僧格林沁会商妥办，并饬普承尧迅即督队埽荡宿州西南一带捻股后，折赴蒙城，由臣饬令搜捕余孽，以靖根株。

——《钦定剿平捻匪方略》卷一七九，第1—4页。

○上谕

据唐训方奏称，兵练收抚贼圩甚多，宿境渐就肃清，并驰赴蒙城，与僧格林沁面商善后事宜各等语。临(准)[淮]距蒙城不远，唐训方此时谅与僧格林沁面晤，所有善后事宜，即著妥商筹办。现在著名巨捻均已捡获，其余零星股捻，不难指日荡平，并著该大臣等会商应剿应抚各圩，相机办理。蒙亳一带，久经兵燹，民不聊生，亟须循良之吏，巡行劳徕，招集流亡，劝课农桑，用苏民困。闻道员马新贻在皖年久，民情爱戴，如能得力，即著该大臣等调往差委。惟自下蔡以北，苗沛霖所收各圩尚多，现在该练虽不敢稍涉鸱张，日久仍恐为患，应如何清理之处，并著豫筹机宜，以期一劳永逸。其陈大常等股捻，窜至豫省之正阳，前谕僧格林沁派兵协剿，是否业已前往，即著酌量办理。该大臣督军皖豫以来，已近一年，冲锋冒险，夙夜宣勤，此时夙志已偿，方拟令暂行休息，而直东降众张锡珠等股势颇猖獗，昨复窜越河西曲周等处。畿辅重地，岂可令其蔓延交界，往来自如！现在淮北零星捻股，谅唐训方督率各军亦可次第办理，著僧格林沁酌量情形，统带马步数千名先回直东，将张锡珠等股悉数埽荡。成保、宝山等恐未能迅速奏效，谅该大臣公忠体国，自能筹画咸宜也。将此由六百里各谕令知之。

——《清穆宗实录》卷五八，同治二年二月甲午。

二月十九日

○上谕

谕议政王、军机大臣等：

谭廷襄奏捻棍各匪西窜兖属、教匪潜袭民寨暨剿办张锡珠股匪各折片。李城等由泰安西南窜入宁阳、曲阜边界，教匪即出巢袭破徐入寨、峄阳寨，是该匪等声息相通，意图句结，已可概见。虽经德楞额跟踪尾追，总未能奋力兜击，遏其逆焰。兖营兵勇多不得力，更无知兵之将，宁阳、曲阜均系捻匪熟径，且密迩邹县匪巢，与沂郡亦壤地相接，一经句结盘踞，将数百里联为一片，官军更难著手。

前据谭廷襄奏称，教匪窜至新泰之谷里等处，此次又称袭破峄县民寨，是分股出巢，其势更张。恩锡既接兖州之防，并有该督抚留防兵勇，何至任令出窜，毫无堵遏？且该处兵少勇多，恐有匪类溷迹其中，若不急筹攻取，贻患何穷？德楞额见已赶到，著即催令督率兵勇，会合恩锡所带防兵，并饬令焦其洲等军探踪夹击，分投进剿，俾捻教各匪不至句联，再行节节歼除，廓清兖境。

张锡珠等分股抢渡河西，南股仍在堂莘一带，仍著谭廷襄督饬保德，统率各军，力图埽荡，不得稍事松懈。恒龄马队既据僧格林沁咨会派令北来，昨已有旨，令恒龄署直隶提督，著谭廷襄迅催该大臣，饬令星驰北上，与海群马队合兵进击。并著迅饬保德等挥军会合兜剿，迅殄逆氛。

知县李熇，前于张锡珠倡乱之始毫无觉察，厥咎甚重，见在饬令代理冠县，该前抚何以始终信任，受其蒙蔽？著访查该员平日劣迹，迅即撤任查办，毋令贻害地方。

将此由六百里谕令知之。

——《东华续录》同治十九，第52—53页，同治二年二月乙未。

二月二十日

〇崇厚奏

二月十五日，臣自带亲随小队并洋枪队，率同臬司王榕吉，由威县驰抵广宗。途中接据知府余承恩等禀称，该员带领勇丁，于十五日驰抵鸡泽县之司徒堡，与大股贼匪相遇，当即绕至北面，列队迎剿，击毙骑马悍贼百余名，匪众向东逃窜。余承恩等趁势追杀，突有步贼由两翼重重围裹，马贼亦回骑复战，当将我军围在垓心。幸总兵徐廷楷等带队赶到，破围而入，内外夹攻，毙贼多名，贼始苍黄□遁。余承恩等即衔尾穷追，无如贼马飘疾，请迅派马队截剿等情。臣当即会同成保等军星夜驰抵平乡县，催令前进，乃成保以马队兵单力薄，必欲步队同行。窃思贼马飞驰，我军以步追马，岂能赶到？臣愤懑已极，即将各步队全交王榕吉统带，自与成保、宝山带各营马队，于十七日晚驰抵隆平县。是日，前敌各步队已先在隆平城东之坵底村与贼接仗，毙贼数十名，贼始折而东窜。徐廷楷、姜国仲、余承恩等均已带队赶过隆平，向东追击，成保始随步队前往。臣查追截匪踪全恃马队驰骤，乃此次步队已连次接仗，马队转致落后，竟未与贼相遇，已属疲玩因循，迨臣竭力督催，始将马队跟随步队而行，尤属畏葸不前。相应请旨，将成保交部严加议处。至臣督催不力，应一并请旨，将臣立予罢斥，或仍责令带罪效力，以为号令不严、将不用命者戒。惟贼势方张，军情孔亟，仍请饬令僧格林沁克日带兵北来。该亲王威望素重，军令素严，必可迅埽贼氛。臣拜折后，赶即催齐后队，督赴前敌，设法截剿。

——《钦定剿平捻匪方略》卷一七九，第8—10页。

〇上谕

谕议政王、军机大臣等：

崇厚奏贼窜西北、截往东路，请将追贼迟延之副都统议处，并自请严议一折。贼匪乘间过河，窜至曲周县境后，复经余承恩等军击之于鸡泽之司徒堡，王榕吉所部击之于隆平之坵底村，贼始折而东窜。成保追贼迟延，经崇厚屡次督催，始带马队跟随步队而行，实属畏葸不前。成保著暂行革职，责令留营带队自效。崇厚督催不力，亦难辞咎，著交部严加议处。现在总兵徐廷楷及姜国仲、余承恩等，均已赶过隆平，仍著崇厚严饬奋力追剿，严防北路。成保经此薄惩，如再不能奋勇前驱，转以慓悍之贼专委之于各步队，以致节节落后，坐误事机，试问该革副都统与该署督能当此重咎耶？

昨经寄谕僧格林沁，令其酌量情形，统带马步数千名先回直东，埽荡张锡珠股匪。现在此匪骎骎北窜，成保、宝山均不能得力，直省军情尤为紧切，即著僧格林沁将蒙亳等处善后事宜一切悉遵前旨，与唐训方面为交代，迅即统带马步各队驰回北路，将直东之贼迅速埽除，并著将筹定布置及何日可以启行之处先行驰奏，以慰悬盼。恒龄所统马队七百名，不日可抵直境，著僧格林沁飞催前进，崇厚并派员先行迎提，到后即可合力夹剿。崇厚原折，著钞给僧格林沁阅看。

正在寄谕间，谭廷襄奏攻克长城贼圩及攻击淄川踞匪情形等折片。长城为郯境著名匪寨，黄国瑞与知县周士溥埽穴捡渠，办理尚为得手。谭廷襄所奏与黄国瑞筹定攻克长城后进取之方，以凤凰山为最要，兰山之作子圩及宝泉崮等处次之。近日教匪潜袭峄山民寨，希图梗塞大道，窥伺前敌营盘。李城等匪又窜入宁阳，虽经德楞额等从后追剿，并由谭廷襄调令游击焦其洲等各军驰往夹击，而贼势一与教匪句合，更将延蔓。黄国瑞之军，当令赴兖进剿，先由费县攻克宝泉崮后，即由凤凰山东南扎营，与兖军西北会合夹击。教匪一经破灭，则兰费余匪均当瓦解。所筹尚合机宜，即照所拟。著谭廷襄每月由东省添助黄国瑞军饷一万两，以两三月为期，务令悉歼群丑，仍将郯境西哨等寨乘势分别剿抚；并遵前旨，催督德楞额及焦其洲等军，将李城等匪奋力兜击，毋许稍涉迁延观望。其淄川踞匪，负嵎已久，谭廷襄奏称，近日进攻叠有斩获，贼之精锐仅余数百，又将最为骁悍之贼目姬魁击毙，其势甚穷。即著督饬总兵曾逢年等，克日将淄川县城攻克，不准再事迟延。黄国瑞进止机宜，并著谭廷襄会商吴棠妥筹速办，毋得辄以空言塞责。

将此由六百里各谕令知之。①

——《清穆宗实录》卷五八，同治二年二月丙申。

二月二十四日

〇刘长佑奏

臣闻直隶、山东、河南等省马贼纵横驰骋，行走剽疾，臣所部楚军可以出入山险，而不足与骑马之贼相争于平原旷野之间，应请旨调拨吉林、黑龙江马队一千名，或蒙古哲里木、昭乌达马队一千名，酌派干员统带，必使其力足以与贼相持，而后可徐筹攻剿之方。现在僧格林沁军营各项马队均称得力，可否就近先拨一千名归臣调遣。

——《钦定剿平捻匪方略》卷一七九，第22页。

---

① 寻吏部议，崇厚照不应重公罪降二级留任例上加等，议以革职留任。从之。参见《清穆宗实录》卷五八，同治二年二月丙申。

○上谕

谕议政王、军机大臣等：

刘长佑奏由粤抵津、由津定期赴营各一折，并自陈筹兵筹饷各片，均经览悉。刘长佑闻命北上，即日前赴军营，甚慰盼怀。直隶大顺广所属地方，前因降匪张锡珠等为乱，冀州、南宫等各州县横被蹂践。入春以后，叠经崇厚奏报，各军分投堵剿，该匪已由临清渡河，窜过东境。本月望后，复由小滩等处袭渡河岸，窜扰曲周、平乡、宁晋等县境，节据崇厚奏报，贼复渡河马队千人，嗣复沿路裹胁步贼二三千名之多。虽据声称，见饬马步各军赶过宁晋，向东南追剿，殊恐此贼未经痛剿，所至又复蔓延。畿南密迩京师，北路之防尤要。第仅将贼驱逐出境，直东交界地方平衍，运河一衣带水，窒濠筑垒，亦难恃以为固。贼踪往来剽疾，必得痛加剿洗，迅将全股殄灭，方足以儆凶顽而靖畿辅。刘长佑久历戎行，声威颇著，到营后察看贼情地势，将直省见有马步各军将及万人申之军律，布以方略，定能所向有功。该督所奏，治兵筹饷，其源皆出于察吏，洵为探本之论。直隶吏治废弛，清厘整饬，自当积渐为之，不求速效，不恤人言，方能有所裨益。该督到任，总当尽其心力，慎毋有所顾虑，致多牵掣，朝廷亦断不为一切遥制也。见在直隶军营，已有吉林、黑龙江马队合五百名，署提督恒龄所带马队七百名，又有由京派出成保、萨萨布所带京旗马队，统计为数不少。该督所拟派拨吉林、黑龙江及蒙古马队，自可毋庸再调。僧格林沁剿办亳捻，已将张落刑等巨逆捡戮殆尽，昨已饬令酌带马步各队北来，先剿直东之贼。傥能迅至，更可商同剿办。山东临清一带，节经谭廷襄奏闻，派兵调团堵剿，应如何设法兜击，随时知照谭廷襄，并力办理。其宋憬诗等降众，前经崇厚、谭廷襄请令随同剿贼自效，诚恐狼子野心，仍怀反侧。此时虽在东境，与直省军营声息相通，著刘长佑到营后，悉心体察，并酌量应剿应抚，抑应暂为羁縻，如何控御之处，妥为筹定，具奏办理。将此由五百里谕令知之。①

——《东华续录》同治十九，第62—63页，同治二年二月庚子。

二月二十七日

○上谕

谕议政王、军机大臣等：

崇厚奏东匪被剿南奔并恒龄击贼获胜，谭廷襄奏逆首伏诛及筹办进剿情形各折片。

---

① 寻奏，宋憬诗等降众，拟仍暂为羁縻，以孤贼势而纾兵力。报闻。参见《东华续录》同治十九，第63页，同治二年二月庚子。

此次东匪被官军击败，纷向馆陶一带逃逸，经崇厚驰赴临清州所属之下堡寺地方，督军进剿，适恒龄一军由临清拔队击贼，毙贼数十名，达尔济、海群等队亦毙贼数十名，败匪由西南窜去，惟大股尚在曲周地方盘踞，恒龄已督兵绕赴曲周西北追蹑。即著乘胜进攻，毋令该逆得容喘息。至贼踪飘忽靡定，崇厚现已折回威县，筹备前营粮饷，著饬令余承恩、姜国仲各军实力追杀，两面夹击，毋稍松劲。其莘、堂等处，著谭廷襄督饬保德，就现有兵力相机扼截，总期步步进逼，设法兜剿，聚而歼旃。李城捻恶已久，此次为郜向魁、郜贵等斩首来献，余贼溃散，洵足快人心而申国法。郜向魁等应得奖赏，准俟僧格林沁查验无误，即由谭廷襄酌核办理。其夜袭贼营并跟踪剿贼出力各员弁，准其先行存记，汇案请奖。至败匪东遁，与峄山渐近，势必句通教匪及刘双印等负嵎抗拒，著谭廷襄督饬德楞额、恩锡等军迅速会剿，毋令日久蔓延。黄国瑞一军，该前抚拟令先破费县宝泉崮，扎营凤凰山东南，以断教幅句结要路，所筹尚是，即著责令迅筹进剿，不得稍有稽延。李城、任缚得均系著名捻首，现在李城已诛，而任缚得尚在宿南一带窜踞，并著谭廷襄严饬东省员弁赶紧歼捡，以除后患。知县李焴办理降匪，贻误大局，屡令该前抚查参，何以始终信任、辄为铺叙战功？殊属非是。仍著懔遵前旨，将该员撤任查办，一面遴选胜任之员前往接署，不得再为渎请，自干咎戾。将此由六百里各谕令知之。

——《清穆宗实录》卷五九，同治二年二月癸卯。

二月三十日

○僧格林沁、国瑞奏

臣等钦奉上谕，当于十八日遵旨，将逆首张落刑及其子张澶等三犯在军前极刑处死。该逆在颍州府一带扰害最深，随将张落刑首级解赴该府地方示众，以儆凶顽而快人心。至投诚捻首孙臭即孙葵汶、姜台凌二犯，俱系罪大恶极，诚如圣谕，若遽准其免死，不足以伸国法而泄众愤，当将该二犯一并极刑处死，传首示众，以昭炯戒。其余投诚人等，俱系真心向化，自拔来归，且能随营效力，自应宽其既往，以广皇仁。

臣等前因逆首张落刑等虽除，尚有捻逆苏添幅等未获，遂派翼长全顺等带领马步官兵，在淝河迤北驻扎，清查围寨，搜捕余匪。二月初九日，据投诚之王怀义将黑旗捻首苏添幅拿解前来，当于审明后凌迟处死。又，阜阳县刘家寨之刘化山等呈出捻首刘银即刘养才一名，宋中元在燕家牌坊拿获捻首伊中平一名，均即讯明正法。又，据游击翁吉顺在涡河以北王楼地方拴获捻首胡四即胡林彪一名，该犯乃山东金乡县人，从前捻股窜扰山东，该逆屡为前导，实属罪不容诛，已将该犯解赴山东，极刑处死。其叠经拴获零匪，并先后拴获张落刑等之家属，均已正法。所有派出之军，现仍驻扎淝河以北，清厘各寨，督令搜拿余匪，以净根株。

其宿州境内，已据英翰禀报，一律肃清。查颍属太和尚有朱圩贼匪未经剿除，已经臣等派翼长舒通额带领马队千余名，于二十四日前往相机剿办。现在鹿邑亳宿一带均无匪圩，亦无成股贼匪。

至汝宁军务，前接张之万来函，商派马队助剿，原应拨队前往，无如臣等军营马队，因上年李城股匪窜赴东境，曾派营总富和等带领马队千余会剿，昨又因直东股匪鸱张，拨副都统恒龄带领马队七百余名，合之前拨海群马队千余名赴剿，其翼长全顺等所带马队驻扎淝河北岸一带清查各圩，搜剿余匪，回营尚需时日，存营者实在无多，尚应办理稽察现投捻圩及攻剿朱圩股匪。臣等再四思维，难以再行抽拨，当经函商张之万，如该处可以支持，俟调出之队撤回一军，再行拨往。傥待援甚急，查臣等军营尚可选拔投诚马勇千名，该勇丁屡次随同官兵打仗，亦尚勇往，如须调遣，俟接来信，即令副将巴扬阿管带赴豫，以厚兵力。

臣等刻下赶紧清厘蒙亳交界投诚各圩，一俟翼长舒通额将朱圩办理就绪，臣等即统带全军驰回山东，兼顾直东，以期次第剿除。其蒙亳颍宿捻匪初平，苗练甫经敛迹，善后事宜最关紧要，唐训方、马新贻先后来营，臣等与之商办苗练事宜，安插蒙亳善后章程，均能悉心商榷，缓急合宜。若令该署抚在蒙亳宿一带暂驻，则办理善后可期妥协。

——《钦定剿平捻匪方略》卷一八〇，第17—20页。

〇上谕

僧格林沁等奏遵旨将逆首张落刑等处死并续拴捻首多名一折，览奏曷胜欣慰。安徽捻首张落刑逼胁良民，致扰蒙亳等处，曾受粤逆伪职，罪大恶极，不容稍稽显戮。前据僧格林沁于拴获该匪后，奏请解京处死，当谕以安徽等处民情痛恨已极，即在该处极刑处死，以快人心。兹据该大臣奏称，遵将张落刑及其子溰儿等三犯在军前极刑处死，并传首颍州地方，洵足以彰国法而泄众愤。其孙臬即孙葵文并捻首江台灵怙恶不悛，屡抗官兵，现据该大臣等一并极刑处死，办理均属妥协。所有逃逸之捻首苏添幅、刘艮即刘养才、胡四即胡林彪、伊中平四犯，均系著名捻首，纠众扰害山东等处地方，现在悉经僧格林沁等派兵拴获，一并正法。其余零星股匪，均经随时捕拿。并张落刑等逆眷，悉行正法。鹿邑亳宿蒙城等处已无匪圩，地方渐次肃清，从此与吾民共享升平，安居乐业。著该管督抚慎选牧令，薄赋轻徭，删除烦苛，与民更始，用副廑念残黎至意。

——《清代起居注册（同治朝）》第7册，第3842—3845页。

〇僧格林沁、唐训方奏

臣唐训方自接署安徽抚篆，驻扎临淮，默会臣僧格林沁抚苗之意，札令带练速抵涡南，设法捦获逆首张落刑立功。苗沛霖遂即带练进扎蒙城，其意未尝不思立功邀奖。嗣知张落刑业经英翰捦获，顿失所望，举止失措。臣等因逆首就捦，札令苗沛霖将练归农，并令伊来营面议，安抚一切。苗沛霖禀覆支吾，意在缓期。本月十八日，臣唐训方路经蒙城，苗沛霖亲迎数里，有欲散练归农、各处厘卡归官之意，臣等即谕作速办理，以昭体恤。

查苗沛霖数年桀骜，其过不可胜言，况此等心迹，断难望其自行向善。然或剿或抚，必应谋定后动，方臻妥帖。臣等连日筹商，剿之一层，查苗沛霖素居下蔡，巢近寿州，臣僧格林沁自量兵力尚可剿办，惟淮河以北地势间有沟渠，马队或可驰驱，炮车可以勉强挽运，一经进剿，苗沛霖势若不敌，必将南窜，淮河以南地多稻田，纵横沟壑，马队炮位断难行走，彼时专恃臣唐训方所统各军接手剿办。臣唐训方各路兵勇，现值粤逆过江，扰及巢县，贼众兵单，处处堪虞，傥苗练南窜，我军腹背受敌，兵力断难兼顾。且苗练不窜淮南，必窜清淮，吴棠一军防堵下河尚在支持，傥后路有警，更难著手。况近日山东、畿南贼势日张，必须添兵助剿，臣僧格林沁等回顾之举，亦属迫不可待。是剿办一节，此时势难轻动。自可权用安抚之计，一俟南北两路官军无后路之忧，兵力足可制其死命，斯时苗沛霖如果练众不散，厘卡不交，不难合力剿除。此刻下势难攻剿之情形也。

为今之计，即可借苗沛霖自欲撤练归农、厘卡归官之势，并暂事羁縻，以减厘金、轻赋税、不准团长任意苛敛剥削，出示晓谕，苗沛霖如果遵行，其势自孤；如不遵行，其练必将归怨，然后待时而动，庶几计出万全。

——《钦定剿平捻匪方略》卷一八〇，第20—23页。

○上谕

僧格林沁等奏督军清查寨圩及密筹驾驭苗练各一折，办理均属周妥。鹿邑亳宿一带已无匪圩，亦无成股贼党，该大臣现饬派出之军驻扎淝河以北，清厘各寨，搜捕余匪，自应趁此声威，净绝根株。惟张锡珠股匪又复分股窜入直境，经恒龄等分投追剿，而贼势过重，恒龄所统马队犹形单薄，不能制其死命。总督刘长佑虽已到直，既无亲兵同来，而人地又不免生疏，恐难责效于旦夕。该大臣提得胜之师克期回东，相机进剿，声威所播，群匪震慑，自收事半功倍之效。唐训方既得民心，则蒙亳善后事宜即可交该署抚办理，谅可悉臻妥协，著僧格林沁于接奉此旨后，将该处应办事宜移交唐训方筹办，即行带兵北上，先剿除张锡珠各股匪，以清畿辅门户。其汝宁捻匪，如必须拨兵往剿，并著该大臣酌量情形，或挑选投诚马勇千名前往援助，以资协剿。苗沛霖自闻张落刑被捦后，惊慌失措，原不难于剿办，第苗沛霖既面禀愿散练归农，厘卡归官，自可趁此解散，消患无形。该大臣等所出示谕，甚属周妥，洵为良策，即著照所议办理，督饬各圩，散归农亩，从此轻徭薄赋，生聚招集，庶吾民得以休息，各安生业。如有不遵谕示，藉团苛敛者，即从严惩办。并著唐训方督同马新贻慎选牧令，劝课农桑，兴起学校，以期共享升平之福，毋令稍有滋扰。德楞额既查无逗遛情事，即著无庸置议。昨据谭廷襄奏，长城孙疃等圩均已攻破，李城已为宿州人部向魁、部贵等所杀，其首级现经解送该大臣军营，部向魁等云即系该大臣谕令黄开榜所募者，亦一快事也。将此由六百里各谕令知之。

——《清穆宗实录》卷五九，同治二年二月丙午。

○僧格林沁等奏（节录）

……查天津海口绿营兵丁，前因海防紧要，业于上年正月间遵旨将此项兵丁撤回归伍，以重防务。惟其中有因拖欠口粮，有因患病开革，以致资斧不济，流落未能归里，情殊可悯。奴才等因知此项兵丁均系前在海口教练之军，一切技艺尚属□习，若任其□□□□□□□，恐该兵丁等无计回乡，日久必致滋事。维时奴才等军营正在募勇，与其新招乡勇，不谙技艺，莫如收留此项，饷不虚糜，是以于上年陆续招集到营，共计三百余名，暂归巡捕营派充前敌，俾资攻剿。自到营后，屡次随同官军打仗，攻坚抵锐，无不奋勇向前。现当天津海口整顿营伍之时，此项兵额，谅已募补足数。而该兵丁等既属久历行间，将来入伍，可期得力，相应请旨，俟军务蒇事，可否仍将此项兵丁饬归天津镇标，按名充补兵额，以资得力而示体恤之处，奴才等为该兵丁久经战阵、无使失所起见，是否有当，伏候圣裁……

——录副奏折，档案号03-4712-098。

三月

三月初三日

○上谕

谕议政王、军机大臣等：

张之万奏东匪窜逼临漳、续派新募楚勇迎剿，并会毛昶熙奏豫捻窜逼楚疆、现与楚军会剿各一折。前因直省东匪被击南窜，当经谕令张之万等，以贼南窜正当豫疆，即严饬河北文武探踪迎击，力保完善。兹据奏称，贼已窜近临漳，副将杨长春于张里集迎头截击，屡却贼锋。闻东南一带喊声，贼马尽向东南狂奔，旋又有马贼绕出临漳之南张村集，窜至三台驻扎，及由曹村孙陶各口直扑河岸，并有步贼数百潜踪偷渡，均经河北地方文武悉力堵御。河北边防，仅隔漳河一水，亟应竭力严防。豫省各军分剿陈大喜及正阳、新蔡、项城各路之贼，均属不能抽拨，著张之万督饬杨长春与游击徐连陞等两军并力堵剿，与直隶省渡河追剿之军会合兜围，将股贼速行殄灭，并催令参将敖天印所带新募楚勇星速驰赴河北地方，以厚兵力。刘长佑计当到营，著即督率诸军，将河西股匪迅图剿办，饬令渡河追贼之军跟踪紧蹑。僧格林沁何日可由淮北启行？此时如由亳州北来，正可迎剿河朔窜匪，著即一路探踪拦头剿击。河朔接壤晋省，如果南北两面剿贼吃紧，恐贼铤走，横逸潞泽一带，并著英桂豫为严防，饬令各该地方认真备豫，毋或疏虞。陈大溎以漏刃余生，句结亳捻，被汝军于张冈剿败之后，铤险南窜。余际昌一军，由白雀园、虎头关节节追剿，直至麻城县境，办理尚属得手。张之万早经函会鄂省派兵兜剿，本日严树森所奏，总兵杨朝林即系驻扎麻城，业经谕令该抚速饬迎剿。如其兵力尚单，即令添兵协剿，仍著张之万饬令余际昌乘势进击，与楚军前截后追。谅此败残余匪，不难一鼓歼除，第须将其全股殄灭，渠魁捦戮，毋任再行漏网，复滋延蔓。信阳州之明港驿业经收复，所有该州应行修复驿道、买补驿马之处，著张之万饬属迅速办理，并饬确山、遂平、郾城、临颍等县一体遵照。信阳地方被贼蹂躏，如须酌予津贴，或暂时借拨经费，在后筹还归款，均即酌量办理，总期往返迅速，有裨军务。

正在寄谕间，崇厚奏报南窜股匪追过河东，其北窜股匪并续经渡河之贼，已窜至南宫、冀州之间一折。河西军务，竟属毫无布置。刘长佑到营后，著将马步各军迅速调度，确探贼踪究有几股，督率进剿，严扼北路之防。其窜逼豫境贼股，谅即徐廷楷所跟追之由西南窜逸一股，仍即饬令该总兵实力追击，与豫省之军会合兜剿。僧格林沁素顾大局，著即赶紧北上，沿途侦探，何路紧急，即向何路迎剿。邱县之贼，又已窜渡河西，应令山东省如何联络堵截之处，并著僧格林沁、刘长佑等随时咨会谭廷襄并力办理。

将此由六百里各谕令知之。

——《清穆宗实录》卷六〇，同治二年三月己酉。

〇上谕

严树森奏亲赴下游查阅营垒并豫捻窜扰光山、鄂北吃重各折片。前因皖北军情吃紧，已令严树森暂缓兴汉之行。见据该抚奏称，忠逆大股由九洑洲陆续渡江，一窜六合等处，一窜和含，掳粮之贼，已至庐州之柘皋店埠一带。又据探称，李世忠驻防九洑洲营垒被陷，见在该逆围攻江浦、桥林，图扑西梁、裕溪，再犯无庐等语，与前日曾国藩所奏情形大略相同。皖北舒庐潜太一带处处空虚，鄂防甚关紧要，该抚已于二月二十四日起程，亲赴黄州府属之上巴河查阅前敌营垒，即著妥为布置，饬令驻扎之穆正春、王桐柏等督率各军，严密防范，无稍疏虞，并一面知照李续宜迅速起程赴皖，相机防剿，毋再延误。湖北武闱乡试主考事宜，即著官文入闱办理。

至陈大溎句合亳捻南窜，本日据张之万等奏到，该逆在光山县境，经余际昌连日督军驰剿，捡斩约以千计，见已窜至麻城县境，期会楚师前后夹击等情。此股逆匪行踪飘忽，来往楚豫之交，已成熟径，若得楚军邀其前，豫军蹙其后，败残之匪何难一网歼除？本日已谕张之万，饬令余际昌一军越境追剿，并著官文、严树森督饬驻扎麻城之总兵杨朝林，督率防兵，前后夹击。如兵力不敷，即著速行添调，驰往协剿。务将此股贼匪就地歼除，免致蔓延腹地。严树森俟下游布置稍定，即著取道麻城一带，将会剿事宜妥为筹办，毋误事机。

其姜台凌一犯，业经僧格林沁生捡正法，该抚所称与陈大凙合股之亳捻姜台凌，是否另股托名？并著侦探明确，实力剿办。

将此由六百里各谕令知之。

——《东华续录》同治二十，第4—5页，同治二年三月己酉。

三月初五日

〇上谕

谕议政王、军机大臣等：

御史福宽奏逃兵不法、请饬严密查拿一折。据称，马兵张槵，前经僧格林沁带往军营，旋即逃回，现在京西萧家河地方居住，绰号小霸王张三，多行不法，胆敢窝藏奸宄，伙同抢劫安河仓米，行踪诡秘，声势甚大等语。兵弁潜逃，本干例禁，复敢纠众妄为，不法已极，著步军统领衙门迅派明干员役密速掩捕，务获惩办，毋得稍露风声，致令远飏，别滋事端。原折著钞给阅看。将此谕令知之。①

——《清穆宗实录》卷六〇，同治二年三月辛亥。

三月十三日

〇僧格林沁、国瑞奏

太和县属朱圩贼匪尚未削平，臣等先派翼长舒通额等带队往剿，复因该逆负嵎抗拒，马队难以攻取，遂商令臣国瑞，带领翼长苏克金等督带马步队伍前往进攻。二月二十九日驰抵太和，即督饬在沙河搭造浮桥，督队进剿，败其圩外伏贼，毙匪甚多，夺获枪炮无算。因附近之马家寨情愿投诚，初五日督队前往受降，责令立功赎罪，并将马家寨平毁，仍带队进攻朱圩。是日天晴风劲，遂令开放炸炮，将圩内房屋数百间全行烧尽，圩中人声鼎沸，料

① 寻刑部奏，准步军统领衙门将张槵拿获解部，讯无伙抢仓米情事，惟前经僧格林沁派令守城，辄敢乘间潜逃，应按例拟斩立决，业经病故，应无庸议。从之。参见《清穆宗实录》卷六〇，同治二年三月。

难久踞，遂派营总西蒙额等带领马队伏于附近村庄，并令宋喜元选带步勇，与马队一齐进攻，由北门入，贼由南门出窜，马队绕至南路跟踪追剿，歼贼多名，贼众投入深沟，淹毙不计其数。宋喜元等攻入圩中，搜杀数十名，当将朱圩克复。其刘家寨贼匪，亦于是夜逃窜。所有三处贼圩濠墙，已饬太和县知县张钟翰督团一律平毁。初六日，据陈家寨团总捡获朱花子亲族朱立东、朱小臣二名，讯明正法。其窜逃余匪，咨行河南、安徽抚臣饬属一律搜捕，以净根株。臣国瑞即于初八日带队回营。

朱圩匪众既歼，蒙亳一带善后事宜，臣等已遵旨交署抚臣唐训方接办。该署抚现扎蒙城，妥为经理。并因苗沛霖仍扎蒙城迤东三十里之双涧集，即派道员马新贻赴苗沛霖处查询，据该革员声称，定于三月十五日将各处之练散撤为农，三十日将各处厘卡一并交官等语。现在双涧集之练虽尚未撤，该革员已先回凤台县本寨。查苗沛霖如能行践其言，情形尚属驯顺。

初八日，接准该署抚函称，派营弁及地方官清查圩寨，讵有蒙城西乡之贾家圩匪首贾汶彬悍不服查，其所管五十余圩皆愿归顺，因为贾汶彬所逼，不敢投官，当经该署抚派已革总兵普承尧率领兵勇将该圩攻克，毙贼千余名，经此惩创，嗣后查办诸圩更当顺手等情。臣等前因该署抚所带兵勇无多，饷项缺乏，兼之初抵蒙亳，需用浩繁，无法筹措，臣等先其所急，札饬粮台拨给饷银一万两以资接济。

查直东贼匪鸱张，现在分股奔突，一窜临漳，一窜南宫、冀州，必须分路剿办，当派翼长苏克金带领马队千余名，由卫辉府赴临漳一带，绕至贼西，以便向东截剿。臣等带领舒通额等马队千名，兼程取道东昌，探明贼踪，绕至北面，向南进剿。其步队炮位，令其随后行走，听候调遣。臣等定于初九日，分东西两路，同日起程，妥筹堵剿，以遏贼氛。

——《钦定剿平捻匪方略》卷一八二，第12—15页。

○上谕

谕议政王、军机大臣等：

僧格林沁等奏攻克朱圩、收复马家等寨，督兵北上分路剿办河北股匪一折。朱圩贼匪业已歼除，蒙亳一带善后事宜，业经僧格林沁交唐训方接办。该署抚现扎蒙城，即著妥为经理。其蒙城西乡之贾家圩，亦经唐训方督军攻克，所有附近各圩，自不难次第清查，责令归地方官钤束。苗沛霖现因张逆殄灭，首恶已除，由双涧退回凤台县本寨，有散团撤卡之约，谅不敢以谎言搪塞。惟苗沛霖居心叵测，俛僧格林沁督师北上，该革员故态复萌，不将各处之练散撤，各处厘卡一并交官，则是心怀狡诈，终为后患。届期计李续宜亦已可到，著唐训方迅即与之斟酌机宜，随时办理，朝廷亦不为遥制。

直东贼匪奔窜靡定，僧格林沁现派苏克金带领马队，由卫辉府赴临漳一带绕至贼西，著即饬令该翼长会同豫省派出之杨长春等军向东截剿，力保完善。本日据谭廷襄奏，捻会各匪窜扰宁阳，距省城不及三百里，谭廷襄意欲由东昌回顾省城，而尚为张锡珠一股牵掣。本日已谕知该抚，俟僧格林沁行抵东昌，该抚即可带兵回顾省城。僧格林沁系督办四省军务，直隶、山东各股贼匪应如何分剿之处，即由该大臣妥筹办理。

宋景诗不遵多隆阿调遣，擅自回东，且一路讹索州县银两，掳抢民财，前经崇厚等令其添募勇丁千余人杀贼自效，嗣据崇厚等亦奏称其拥众观望，并不协助官军，且屡与本地团练为仇，并收用四眼狗死党数百人。雷凤鸣所部，前因与东省兵勇口角，杀毙兵勇至五六百名之多，其目无法纪，已可概见。该大臣到东后，并著酌量缓急，如其尚怀观望，即当设法歼除，以靖直东边患。

王恩第通贼各情，先经文煜参奏，叠有旨交孙治、崇厚密拿正法，崇厚等因其添募勇丁较多，力不能办，该革员现在挟宋景诗以自固，前经谕令刘长佑拿办正法，如闻风折回东省，即著该大臣密速掩捕，以军法从事，毋稍姑容。

将此由六百里谕令知之。

——《清穆宗实录》卷六一，同治二年三月己未。

○僧格林沁等奏（节录）

……据已革副都统德楞额呈称，黑龙江协领察隆额因事告假，经德楞额准令速去，连夜折回，乃察隆额一月未经回营。又，吉林佐领、委营总永山，黑龙江副都统衔协领、委营总德陞额带队罢软，屡次打仗亦不奋力，呈请核办前来。查协领察隆额等或迟延不赴前敌，或带队不知奋勉，均属退缩不前，自应据实参办，以儆效尤，相应请旨，将黑龙江协领察隆额，副都统衔协领、委营总德陞额，吉林佐领、委营总永山，即行革职，仍留营充当兵丁，以观后效。傥不知愧奋，再行从重惩办……

同治二年三月十三日议政王、军机大臣奉旨：察隆额等均著革职留营。钦此。

——录副奏折，档案号03-4712-141。

○上谕

谭廷襄奏捻会各匪窜向西北、调派各军截剿一折。捻匪李城余党及会匪张守义等，由峄山窜扑兖郡，复窜至南土柳闸及杨家洼一带，虽经官军击败，而永林遇伏阵亡，军威稍挫，贼焰愈张，亟宜赶紧扑灭，俾免延蔓。现在贼窜宁阳西北卧牛山等处滋扰，该处距省城不及三百里，肥城、平阴、长清一路处处可虞，而泰郡尤当其冲，防守万分吃重。谭廷襄现调守备郭大胜等带队绕赴宁阳迎击，并令各州县调团防堵，惟兵力太单，恐难抵御。德楞额一军已与贼接仗，即著饬令星夜追蹑，会同富和等军痛加剿洗，毋令贼氛趋近省垣。是为至要。僧格林沁已于初九日由皖回军，取道东昌，剿办降匪。谭廷襄务于此军未至之前，将降匪张锡珠等实力搜剿，毋稍疏懈。宁阳匪势猖獗，本日已谕知僧格林沁酌量办理，一俟僧格林沁督军行抵东昌，谭廷襄即可回顾省垣根本之地。将此由六百里谕令知之。

——《清穆宗实录》卷六一，同治二年三月己未。

三月十八日

〇王兰谷奏

掌山东道临察御史王兰谷奏言：

查降众宋憬诗、雷凤鸣皆系张锡珠等旧党，自陕西擅回东省，经文煜、谭廷襄责令剿贼自效，在当日不过羁縻之术耳。讵该降众等藉募勇为名，招集旧党以自固。宋憬诗聚至三千余人，雷凤鸣聚至一千四百余人，不惟不肯剿贼，而且潜与贼通，时常接济贼匪火药铅丸等物。该处柳林团剿贼最为得力，宋憬诗即诬以通贼，杀其团长文生王百龄，并毙团丁多名。该团乏食，宋憬诗断其粮道，意在尽歼其类。并在东昌等处布散耳目，犯门斩关，肆无忌惮。复于所住之甘管屯修筑土圩，贼首杨殿一现在该圩藏匿。东省楚勇稍能打仗，雷凤鸣以语言微衅，乘其不备，袭杀数百名，枪炮器械尽行抢去。营总海群禁其打粮，雷凤鸣杀其马队多名，遂踞沙镇土圩，收纳马贼，增益马队至五六百骑。两奸叵测，竟与贼为掎角之势。官军受其牵掣，民团畏其倾害，虽欲剿贼，而势有不能。贼遂恃为护身符、逋逃薮，出没自如，毫无所忌。此欲清东境必先除宋憬诗、雷凤鸣也。

而议者或谓，直东之贼为数已多，若致宋憬诗等速变，势更难剿，不得不暂为羁縻。窃谓变速祸犹小，变迟祸更大。若其党与愈聚愈众，一旦窃发，其能制乎？且此辈以力去之则难，以计去之则易。首恶既除，余匪自散，何虑致变？窃计山东现无精兵，又无良将，未可轻举。僧格林沁自剿平豫捻后，群贼闻风落胆，可否请旨密饬僧格林沁统兵来东，诱宋憬诗、雷凤鸣到营，声其罪而诛之，一面抚所部勇，驯良者妥为安插，桀骜者尽行搜捕，然后直捣贼巢，与直兵夹击，旬日之间，定可荡平。惟宋憬诗等耳目众多，几事不密则害成，并请饬下僧格林沁不露声色，密为设法筹办，出其不意，以歼厥渠，知破竹之势，定能所向如志也。

——《钦定剿平捻匪方略》卷一八三，第1—3页。

〇上谕

有人奏降众通贼，有碍直隶、山东军务，请密饬翦除一折。据称，叛匪张锡珠等，以山东堂莘冠馆等县地方为巢穴，与直境逼近，往来甚便，必须东省捣其巢穴，直隶兵勇追剿夹击，方可聚歼；惟欲清东境，必须先除降众，该降众等均与张锡珠股匪为犄角之势等语。宋景诗等狼子野心，本非善类，现复由陕西擅回东省，招集党与，通贼杀团，并戕害兵勇多名，致官军民团均受牵掣，不能专力剿贼。若复再事羁縻，恐该降众聚集益多，乘隙举事，愈难剿洗。僧格林沁现由亳州移师北上，计可行抵东省，著即相度机宜，将宋景诗、雷凤鸣设计调至大营，讯明正法，一面将所部降众分别解散，其桀骜者尽行搜捕，以清后患。惟宋景诗等耳目众多，恐其闻风远飏，豫为防范，僧格林沁务当不露声色，慎密将事，断不可稍有泄漏，致误事机。原折著钞给阅看。将此由五百里密谕知之。

——《清穆宗实录》卷六一，同治二年三月甲子。

三月二十日

○刘长佑奏

查该逆于甘集合股后，因官兵兜剿甚急，又分两股，一由隆平、宁晋一带向西北窜逸，一由平乡、鸡泽一带向南路奔逃。臣当与臬司王榕吉筹度机宜，相察地势，窃以滹沱河为天设之险，而当北路之冲，该匪前曾偷渡，虽经徐廷楷等督兵截回，而贼踪飘忽无定，仍应拨兵驻守，以严北路之防……现准亲王僧格林沁咨称，已派副都统苏克金管带马队千名，于初九日自皖亳起程，由河南卫辉前进，探贼迎剿。该亲王亦于是日统带全军，由山东济宁一带北来。臣愚以东省伏莽虽多，而畿辅尤关紧要，亟应先其所急，已将近日贼窜情形咨呈该亲王，冀其先赴直境，一鼓歼除，以期迅奏肤公，早纾圣念。

——《钦定剿平捻匪方略》卷一八三，第20—24页。

○上谕

谕议政王、军机大臣等：

刘长佑奏分军剿匪获胜、筹防北路情形、咨催僧格林沁先赴直境各折片。直隶窜匪，经官军击败后，复分两股，一由隆平等处向西北窜逸，一由平乡等处向南路奔逃，叠经徐廷楷等分路截剿，颇有捡斩。第该匪分合无定，踪迹飘忽，非分扎步队，扼其窜路，而以马队追剿，不足以制其死命。现在直省马队尚嫌单薄，刘长佑初到直省，人地究尚生疏，僧格林沁于北路情形本系熟悉，而威望素著，自能酌度缓急，先清畿辅之患。直隶股匪，巢穴虽在山东，然必须直隶贼踪净尽，刘长佑督兵扼扎边界，届时僧格林沁进兵东省，可无后顾之患。该大臣现在行抵何处？著即统带全军，迅赴直境，督兵攻剿，以期及早蒇事，毋为东匪牵掣。将此由六百里各谕令知之。

——《清穆宗实录》卷六一，同治二年三月丙寅。

〇上谕

刘长佑奏直隶饷需支绌、请饬各省按月协拨银两等语。现在直隶剿办降众股匪，需饷孔亟，而僧格林沁已统带全队移营北来，兵数益增，饷项愈绌，亟应豫为筹拨，以济要需。著晏端书、黄赞汤、沈葆桢于广东、江西两省每月各拨银一万两，官文、严树森、毛鸿宾于湖南、湖北两省每月各拨银七千两，徐宗幹、英桂于福建、山西两省每月各拨银六千两。各该省均著自四月起，无论何款，迅速如数筹拨，按期委员解交直隶，毋令缺乏。畿疆重地，关系紧要，官文等务当顾全大局，设法拨济，不得以办理防剿、筹款维艰，稍存诿卸也。将此由五百里各谕令知之。

——《清穆宗实录》卷六一，同治二年三月丙寅。

〇唐训方奏

臣于二月二十日行抵蒙城，知僧格林沁仍驻亳东之白龙庙，臣即留亲军驻蒙弹压，乘炮划星夜前进，二十二日与僧格林沁会晤。查捻逆倡乱，蔓延数省，僧格林沁力战年余，渠魁始得授首，地方渐就廓清。第宿亳蒙永之间周围数百里，新抚之圩降众不下数万，其中避剿暂投、心存反侧者正复不少，加以张逆死党如张总愚、程二老砍等亡命在外，众尚万余，大军一撤，势将回窜，非留重兵控制，诚恐死灰复然。臣与僧格林沁悉心筹商，饬委道员马新贻署理庐凤道篆，兼办善后，并飞调总兵徐鹑四营驻蒙亳之交，其总兵王才秀三营本驻蒙城，暂缓移动，僧格林沁亦酌拨马步勇千名，均归马新贻调遣，仍谆饬该道督同府州县清查圩寨，搜捕余匪，招集流亡，凡一切应办事宜，条议举行。

臣与僧格林沁计议已定，即于二十七日折回蒙城，分派蒙城县知县贺绪蕃等清查捻圩。查得蒙邑西乡贾家圩巨捻贾汶彬怙恶不悛，现纠党三百名，助太和县之朱圩，力抗僧格林沁之军，以待豫捻回援。其所管数十圩虽愿归顺，皆畏贾汶彬所逼，不敢报官。臣当饬已革总兵普承尧督带兵勇，于本月初六日往剿。该圩周围二里，濠堑三重，西、南、北三面皆有寨门，贾逆拚命死拒，枪发如雨。普承尧令暂革副将唐敏兴攻其西，县丞唐训邦攻其西南，而以参将唐启虞一军由东越濠超垒，抛掷火毬火弹而入，仍留北门为该逆败窜之路，令守备唐敏魁带兵伏二里外以待迎击。该逆从西、南两寨门夺路冲出，凶锐莫当，其出南门者八九百人，唐训邦以劈山炮连环轰击，毙贼二十余人，其势稍却。我军猛扑，逼贼入濠，聚而歼旃。其出西门者约千余人，先驱悍贼并马驰突而来，唐敏兴率队迎之，掷火弹以乱其阵，贼马惊窜，我军后队为偃月阵环击之，贼遂大溃。时唐启虞从圩内追出，里外夹攻，斩杀殆尽，败贼从北遁者，皆被唐敏魁一军截杀，圩中妇孺与投戈降顺者悉予免死。比经降众认出，贾汶彬已死乱军中矣。共计杀贼二千余人，夺获骡马百余匹，救出被掳妇女二十人。

臣思贾汶彬当大兵挞伐、群捻肃清之会，尚敢助逆抗官，若加兵稍迟，难保不勾匪回窜，兹幸将士用命，丑类殄除，余党震慑，连日收抚百余圩，悉令薙发，并将救出妇女分递原籍，此后办理更当顺手。臣俟此间布置就绪，仍回临淮。

——《钦定剿平捻匪方略》卷一八三，第26—29页。

〇上谕

唐训方奏办理善后并蒙城剿捻获胜，及请令马新贻署理庐凤道篆务各折片。蒙城巨捻贾汶彬现已歼除，而张总愚、程二老坎等尚复稽诛，现在徐鶺等四营驻扎蒙亳之交，王才秀亦驻蒙城，僧格林沁复派马步勇千名助剿，为数已不为少。如有余匪蠢动，或张总愚等大股回窜，著唐训方饬令该总兵等实力剿洗，赶紧扑灭。僧格林沁已督军北上，蒙亳一带善后事宜，唐训方责无旁贷，著相度机宜，悉心筹办。新抚各圩，降众过多，必须妥为弹压，方可消其反侧。至招集流亡，抚绥疮痍，尤宜加意安辑，毋令失所。临淮一带，现尚安谧，唐训方办理蒙亳地方事务，甚关紧要，不必急于折赴临淮。马新贻昨已简放安徽按察使，仍著驻扎蒙亳一带，督同英翰将颍宿等处剿抚各事宜妥为清理，以期永远相安，方免流弊。将此由五百里谕令知之。

——《清穆宗实录》卷六一，同治二年三月丙寅。

三月二十四日

〇唐训方奏

苗沛霖以屡服屡叛之贼，去岁慑于僧格林沁与楚军之威，跧伏不动，反侧之意实未尝一日能忘。臣与僧格林沁知其叵测，原欲移灭捻之师，乘胜图苗，特以僧格林沁叠奉谕旨，饬剿直东股匪，势难久待，而臣部驻防庐郡梁园、蒙亳湖沟等处，兵分力单，不敷攻剿，故因该逆有撤练交卡之请，暂事羁縻，俟直东事定，江北贼平，共图大举。臣旋驻蒙城办理善后，查该逆将蒙东诸营渐次撤退，并传知各寨，于本月十五日齐到下蔡，共议归农。臣终虞其狡诈，随密探所撤队伍，果藏涡河两岸，蚕食新抚各圩，且增修怀远县城，添队死踞。其十五日所议，则以僧格林沁杀姜台凌为词，谓我辈所为终难免死，不如先发制人，众心复为煽动。十七日，由临赴蒙之粮舟与自蒙返临之小队往来涡河，皆被拦夺，据逃回勇丁所禀均同。当经飞饬临淮蒙宿各营加意防范，以待其变。至临淮为臣营根本重地，拟于十九日乘舟回临。缘涡河道梗，只得率亲军回营，由宿州驰回，部署各军，观衅而动。

臣查该逆势众且悍，诡谲百出，诚恐勾结蒙亳余匪，大肆鸱张，并与东路各匪联成一片，乘虚北犯，则燎原之势，益难收拾。据臣愚见，直东股匪其焰稍衰，较之苗逆蓄谋骤发，轻重缓急，判若天渊。合无仰恳天恩，速令僧格林沁星驰来皖，由蒙城进兵攻其西北，臣由临淮进兵攻其东路，其西南寿州、正阳、霍邱、固始一带，请责成曾国藩、李续宜拨兵堵剿，庶免豕突之忧，而除腹地之患。

——《钦定剿平捻匪方略》卷一八四，第1—3页。

〇上谕

谕议政王、军机大臣等：

唐训方奏密陈苗练叛迹复著、请饬僧格林沁等会剿一折。据称，苗练所撤队伍，藏于涡河两岸，蚕食新抚各圩，且增修怀远县城，添队死踞。其散练归农之议，则以僧格林沁杀姜台凌为词，煽惑众志，以图先发制人。唐训方所部粮舟、小队往来涡河，皆被拦夺。现拟率现军四营，由宿州驰回临淮，力顾根本。惟逆众且悍，诡谲百出，较直东股匪，轻重缓急，判若天渊，请饬僧格林沁来皖，曾国藩、李续宜拨兵会合堵剿。各等语。僧格林沁兼程北来，日内计已驰抵东省，此时若即令其折回蒙亳，不但徒劳往返，且恐直东匪众闻风思逞，余焰复张。著仍遵前旨，先将直隶股匪全数剿灭，再赴东境，酌量贼情，分别剿办，俾畿辅重地迅就肃清。将来移师皖境，庶无后路牵掣之虞。僧格林沁驻皖已久，于苗练情形知之甚悉，该练叛逆既著，唐训方兵分力单，虽经僧格林沁酌留马勇千名，亦恐不敷剿办。该大臣仍当设法援应，其应如何办理之处，即著详细奏闻。

唐训方现已驰回临淮，力扼东路，西南寿州、正阳、霍邱一带防兵已撤，甚觉空虚。曾国藩前奏，所部兵勇，制发逆则不足，制苗练则有余，谅能先事筹维，妥为布置。李续宜现在行抵何处，著曾国藩迅速咨催，令其星驰赴皖，与曾国藩熟商，将寿州等处要隘派兵扼剿，截其南窜之路。唐训方就现有兵力分投防剿，毋稍疏虞。蒙亳余匪未净，倘为苗练句结，势益鸱张，且新抚各圩，亦当力为保护，俾为我用，著饬马新贻督同蒙亳一带地方员弁妥为经理。苗沛霖屡降屡叛，被胁各圩未必甘心从逆，唐训方仍当出示晓谕，剀切开导，令附近良圩不至为苗练所煽诱，或即悬立赏格，其有捡献首逆、协助官军杀贼者，即著该署抚奏请破格奖励，庶贼党日孤，剿办较易得手。

将此由六百里各密谕知之。

——《清穆宗实录》卷六二，同治二年三月庚午。

三月二十六日

〇上谕

是日内阁奉谕旨：

前因僧格林沁等奏保剿捻出力人员，当经降旨，将侍卫托伦布、隆春以陆路总兵用，并赏加勇号；副都统舒通额、苏克金赏穿黄马褂。兹据僧格林沁等奏称，查明前次请奖单内，开写声叙，未能明晰，请分别撤销改奖等语。侍卫托伦布、隆春，既经得有勇号，所有前次以陆路总兵用之处著即撤销；阿拉楚喀副都统舒通额，著改为以都统记名简放；福州副都统苏克金，著改为赏给头品顶戴。该部知道。

——《清代起居注册(同治朝)》第 8 册，第 4022—4024 页。

〇僧格林沁、国瑞奏

三月十四日，臣等行抵济宁，查探李城余党与张守义等各股匪众扰及泰安等处，势极狓猖，又连接恒龄禀报，剿办张锡珠股匪屡获胜仗，并准谭廷襄函称，已将匪首杨蓬山及张锡珠之子张金堂捡获。是直东匪势渐衰，今有苏克金、恒龄两军马队二千余名，或分或合，足资剿办。臣等审度军情，一面札苏克金与恒龄务当会合进剿，声气相通，遂一面先其所急，由济宁改道宁阳，兼程前进，并札行营翼长赵康侯、营总何建鳌，带领步队兵勇炮位驻扎邹县，以截教匪出山滋扰之路。

复据德楞额等禀称，李城等党众窜至莱芜，经德楞额等尽力尾追，十六日驰抵博山，探得该匪在县城东北西河一带盘踞，意在与淄川踞匪勾结等情。臣等因德楞额等兵力较单，该匪既欲窜赴淄川，一面派营总倭和赴济，调取新铸炮位，并札副都统定安护炮前进，一面督军赶紧前行，十七日驰抵泰安，仍督军由青石关径至博山，会合德楞额等马步，于十九日驰至淄川迤南二十余里驻扎。查探该匪尚在该县城东南一带盘踞，已暗与城内之贼勾合，臣等即于二十日督军在淄川迤东进剿。该匪马步列仗来迎，经我军奋力冲击，毙贼二三百名，夺获马匹枪械多件。二十一日，探得该匪退去数里，在红山一带盘踞，我军当即进剿。该匪马步数千，仍敢倚山列仗抗拒，迨我军绕路迎击，该匪恃险来扑，德楞额、富和所带各队因山路窄狭，贼来势猛，立脚不住，经翼长舒通额、协理台吉诺林丕勒等挥令各队竭力迎击，始将贼众击退。复带领马队从旁抄击，冲贼队为两段，匪势不支，纷纷败溃。我军乘势压过山梁沟坎，分四路向东北追击三十余里，枪击矛刺，毙贼千余名。其被我军截断一股贼匪三百余名，经李其昌带领步队围住，悉数捡获。臣等查验，俱系长发悍贼，并贼匪头目数名，当令就地正法。救出被裹难民千余名，夺获马匹枪炮甚多。其余贼匪翻山向西南奔窜，是夜窜入淄川城内，与刘德培合伙。臣等现扎淄川迤北相公庙一带，俟炮位到齐，拟即移营逼近贼巢，相机攻剿。

——《钦定剿平捻匪方略》卷一八四，第 4—7 页。

○僧格林沁、国瑞奏

臣等钦奉谕旨，令查通贼降众。查宋憬诗等投诚后，其桀骜不驯，固所难免。惟此时各处贼匪尚未削平，若遽行惩办，诚恐操之过急，别生枝节，兵力无多，更难著手。即如苗沛霖，前经臣等叠次理谕带练剿捻，并给予饷银万两，以示不疑，迨张落刑被捡，苗沛霖疑惧倍加，虽经臣等连次饬令来营，苗沛霖一味搪塞，竟声言此乃调虎离山，一经到营，必无生理。似此情形，本应主剿，臣等再四筹商，彼时直东贼匪鸱张，抚臣李续宜尚未到皖，若臣等一经进兵，难以歇手，傥不能北顾，则直东之匪益肆猖獗，不得不暂示羁縻。此时若将宋憬诗等诱捡处治，其随行降众必与贼匪结为铁党，更恐剿办费手。臣等再四思维，自宜先除贼众，俟直东肃清后，宋憬诗等若敢行为叵测，彼时不难慑以兵威，悉除匪类。其雷凤鸣，因营总海群禁其打粮，擅杀海群马队多名，并未接据该员禀报。臣等拟俟回至河北，再行详慎查明，酌核办理。

——《钦定剿平捻匪方略》卷一八四，第7—9页。

○谭廷襄奏

李城余党及张守义等匪窜逼淄川，臣因东昌现无成股匪徒，济南情形吃紧，酌拟回省兼顾，先派守备张大富带领马步勇九百名赴省驻扎，一面将东昌布置事宜赶紧料理，酌留曹州官兵及各起马步勇丁，统交总兵保德，在冠县、堂邑一路搜捕余孽，并严防河西败匪回窜。臣即于本月二十一日酌带小队赴省，并令已革游击石占鳌督带雷凤鸣队随营前进。途次叠据探禀，该匪于十七、八等日在淄川正南之东坪、西坪一带及东南之龙口山等处游弋，经署副将范正坦等堵遏数日之久，该匪分股沿山而过，范正坦等截击，歼毙多名，并生捡二名。该匪夺路狂奔，范正坦等跟踪追抵淄川，适僧格林沁大军于二十日赶到，立即随同接仗，该匪遁入距城东北二十余里之洪沟峪等处。僧格林沁当派马队先行追剿，拟即续统大兵，亲赴瓦村一带截击，并查阅淄城形势，饬令总兵曾逢年、署济东道吴台朗集夫空濠围困，听候添调炮位进攻。

现在东北捻股已至长山城东四十里之张店，驿路梗阻。臣查该匪由莱博窜入淄川，意图合伙抗拒，前为龙口山官兵截住，后又经僧格林沁大军追击，未能勾合一气，旋即遁向东北。此时长山之张店已被梗阻，该处系赴金岭镇大道，东可直达青郡，西可绕回济属，完善之地，处处可危。探闻僧格林沁于二十一日督队进剿，已获全胜。臣现令驰抵淄川之杨通廉、郭大胜等军协同各军守御，仍责令青州各属调集团勇严防。惟该匪东面既受创惩，仍恐绕回西路，刻下省城至章邹一带守备空虚，尤应豫筹堵截。臣已飞饬张大富一军驰赴章邱扼扎，并令邹平等县扼要防守，仍饬曾逢年等督率兵勇严遏城匪外窜。臣于二十三日抵省，督同官绅筹备一切。雷凤鸣队愿充前敌，杀贼自效，即日添派员弁，督赴淄川。臣布置省防后，再行相机前进。

——《钦定剿平捻匪方略》卷一八四，第9—11页。

〇上谕

谕议政王、军机大臣等：

僧格林沁奏督军驰至山东、先将窜捻剿办获胜，现拟进攻淄川，暨遵查宋景诗等情形各折片。僧格林沁因探悉捻匪李城余党与张守义等各股扰及泰安等处，遂由济阳改道宁阳前进，派令赵康侯等步队驻扎邹县。该大臣会合德楞额之军，在淄川迤东进剿，虽连日叠有斩捻，而该匪盘踞淄川城东，暗与城贼句合，经官军追至狼山，均遁入淄川城内。该大臣现扎淄川迤北，一俟炮位到齐，即行移营进逼贼巢，相机攻剿。所办甚合机宜。著即催提炮位到齐，激励各军，乘机进取，务将刘得培等凶渠就地歼捻，毋任外窜。直隶股匪虽有苏克金等军剿办，该大臣如能早靖东匪，迅速来直，必更得力。所查宋景诗等情形均悉，即照所议妥为驾驭，仍将雷凤鸣是否曾有擅杀海群马队情事查明办理。

正在寄谕间，谭廷襄奏到筹防东路并攻克峄山七寨、收复云谷、香山贼巢，现仍催兵进剿，遵查王洛月等各折片。峄山与凤凰山东西犄角，而云谷山久为峄匪巨巢。此次官军设法攻取，办理尚为得手。惟现在峄山余匪遁回老巢，云谷山败匪并入凤凰山，合伙负嵎，恃为逋逃渊薮，必须乘势迅速攻捣。著谭廷襄严饬恩锡等速筹进取，严防各匪乘间奔突；并著飞催黄国瑞乘此声威，速将兰费余匪殄除，埽荡附近一带贼巢，以靖地方。凤凰山贼势既孤，攻剿较易为力，著即饬赵康侯、何建鳌步队，会合恩锡等并力攻取。僧格林沁即可就近督饬，相机剿办。谭廷襄现已回省，著即严饬曾逢年等，速将淄城乞濠等事克日妥办，豫备僧格林沁大军进攻，毋稍延误。山东省城至章邱、邹平一带防务，并著妥为布置，责成守备张大富等认真防剿。

畿南股匪，现饬刘长佑督饬诸军办理，僧格林沁仍应随时侦探，与刘长佑声息联络，催饬苏克金星速前进，与恒龄马队合力驰剿。仍将谭廷襄督饬保德将冠县、堂邑一带余孽搜除务净，并严防河西败匪回窜，与直省官军随时策应，毋再任贼往来自如，致干咎戾。

所查王洛月即王冠珠现在恩县，并未回籍滋事，其弟王贯三等亦均未在东等情，仍著随时详细访查，毋令奸匪得以潜匿。

将此由六百里各谕令知之。

——《清穆宗实录》卷六二，同治二年三月壬申。

〇上谕

张之万奏请饬拨天津炸炮等语。皖豫捻逆屯踞正阳、项城、新蔡、阜阳等处，墙峻濠深，刍粮火药，充牣其中，胜则肆扰，败则负固死守。官军肉薄，徒伤精锐，不若借资火器，相机轰击，攻剿较易得手。天津所铸炸炮，如尚有存储，自应量为分拨。著刘长佑、崇厚迅速查明天津新铸炸炮现在有无存储，如能照该抚所请，拨给五尊或八尊，解赴豫营，著即配齐合镗炸炮子五六百出，赶紧解交河南张之万军营，并著拣派善于施放之员弁兵丁管解前往。此项弁兵到豫后，即著留于豫省军营，交张之万调遣。仍一面先行覆奏。至由天津拨给炸炮、炮子，此项铸造经费，仍由河南筹银拨还津局，以清款项。山东李城余党，经僧格林沁击败后窜入淄川，与刘得培股匪互相句结。此时僧格林沁一军不得不先其所急，将淄匪埽除，再行移师赴直。惟现在直隶股匪恐其日益蔓延，刘长佑身膺疆寄，责无旁贷，著即就现有兵力认真攻剿，仍随时与僧格林沁会同筹商，妥为办理，毋稍松劲。将此由五百里各谕令知之。

——《清穆宗实录》卷六二，同治二年三月壬申。

三月二十八日

〇上谕

谕议政王、军机大臣等：

刘长佑奏亲督各军截剿股匪殆尽、余匪悉数渡河一折，另片奏东省莘堂冠馆之间贼巢林立、请饬山东抚臣于大兵进剿之日调派柳林团勇助剿等语。逆匪窜扰直境，分南北两股，意在牵掣官军，经刘长佑督饬各路带兵文武员弁合力兜剿，先后在冀州、沙河、临洺等处歼毙贼匪甚多。该匪被剿狂奔，由尖庄东北之蒋家庄等处悉数渡河。著刘长佑督同臬司，迅将河西防守事宜严密布置，并酌派马步各军齐赴沿河，择要驻扎，力杜回窜之路。河东捻教各匪甚多，该匪现已窜回老巢，东省官军亟应尽力剿洗，著谭廷襄严饬保德，督率各营兵勇，会同直隶各军，将窜回河东股匪两路夹攻，务须责令悉数歼除，不可粉饰迁延，再贻后患。僧格林沁进兵淄川，蕞尔县城，谅不难克期攻拔。此股窜回河东之匪，如东省兵力不敷分剿，仍著该大臣妥筹策应。东省匪徒蔓延十余州县，匪首之多，以莘冠为最，百姓被其煽惑胁从，以致良莠不分。将来大兵进剿，该匪散归各县各村，甲长既不敢据实举报，地方官复从而讳饰之，凯撤后该匪乘间啸集，余烬复然，贻患伊于胡底？堂邑之柳林团不肯从贼，各匪与之为仇，誓必破其团而后快，朝廷早有所闻。该团势成孤立，若地方官与之联为指臂，该团无不乐效前驱。著僧格林沁、谭廷襄选派明干大员，酌调该团勇丁随营助剿，导引前路，庶可以指贼所在，搜杀无遗；被胁良民，亦不至无辜被戮。程顺书、李汶光临阵乞降，日久终恐反侧，刘长佑现虽设法羁縻，务须妥筹区处。将此由五百里各谕令知之。

——《清穆宗实录》卷六二，同治二年三月甲戌。

三月二十九日

○谭廷襄奏

查捻会各匪与淄逆并力踞守，见经僧格林沁督饬长濠围困，并由济宁添调炮位，挽运前进。诚恐该匪情急西窜，已豫饬章邱等县扼要严防。见准僧格林沁函，约臣赴淄川会同剿办。惟续据探报，教匪与刘双印等合股，由凤凰山窜向东北，本月二十三日至蒙阴之常马庄，经兵团击毙多名，旋窜新泰之三里庄及羊流店迤南之翟家庄一带。该处逼近北路，省城南面空虚，当即飞调都司杨通廉等军驰往泰安扼击，臣即于二十七日亲带小队驰赴淄川会剿。

——《东华续录》同治二十，第70页，同治二年三月乙亥。

○上谕

谭廷襄奏督军剿办沂属棍匪、全境围寨一律肃清一折，另片奏亲带小队驰赴淄川会剿等语。沂州府属民风强悍，兰费等县匪圩林立，分旗别寨，各自称雄，现虽慑于兵威，不敢抗拒，恐撤防以后故智复萌，暗长潜滋，不可不加意防范。著僧格林沁、谭廷襄严饬该员弁，搜捕余匪，务尽根株；并密饬该地方官随时侦察新抚各圩，如稍萌反侧，即迅速拿办，从重惩治，以儆其余。现在教匪与刘双印等合股，由凤凰山窜向新泰县之三里庄、翟家庄一带，教匪老巢自必空虚，谭廷襄催令黄国瑞拔队由宝泉崮一路进攻，著即飞饬该总兵迅速会同各军乘虚进捣，埽穴捡渠，廓清兖境；并著檄饬都司杨通廉等军驰往泰安，扼贼北窜之路。淄川踞匪，丑类甚多，僧格林沁督饬长濠，并添调炮位，进攻不难克复，第该匪穷蹙他窜，亦意中事，不可不豫为之防。谭廷襄现赴淄川，务当严饬章邱等县，调集团勇，四面兜击，第该匪遁窜无路，官军一鼓歼除，方为妥善。将此由六百里各谕令知之。

——《清穆宗实录》卷六二，同治二年三月乙亥。

四月

四月初二日

〇唐训方奏

苗沛霖居心狡诈，怙恶不悛，前次张落刑伏诛后，该逆慑于军威，禀请散练归农，彼时叛迹尚未显露，不得不暂示羁縻。乃自僧格林沁统军北上，该逆复以姜台凌投诚被戮等词摇惑众心，纠集党与，袭攻蚌埠水师营盘，经参将张得胜率队迎击，毙贼多名。讵逆党潜入怀远县城，突起占踞，城上遍插苗练旗帜，安设炮位，公然背叛，并分党进逼蒙城，围攻寿州，情形甚为紧急。伏思苗逆蓄谋数年，各圩练众听其驱使，积储粮食甚为充足。此次四路举事，较从前势更鸱张，若不厚集兵力，迅图扑灭，恐其勾结发逆，蔓延愈广，为患不可胜言。臣现在驰回临淮，调集各军，相机堵剿。可否请旨饬令僧格林沁移师南下，会合皖军，四面兜剿，以期永除巨患。

至怀远县知县英俊，虽未闻警先逃，而于逆匪踞城漫无觉察，咎实难辞，应请即行革职。署凤台县知县蔡锷，事前既不知防范，事后又擅离职守，应请革职永不叙用，以示惩儆。其张建猷、邹长青、苗憬开、苗添馨、苗希年、童维翰、袁有功、张士端、张诚心、王金奎、金汝霖、苗长春等十二名，皆系苗逆党与，从前历保官阶，应请饬下吏兵二部查明，一并革职。傥能悔过自新，捡斩苗逆，再行恳请恩施，准予开复。怀远县典史魏文潮力竭被戕，惨罹锋刃，应请照例议恤。

——《钦定剿平捻匪方略》卷一八五，第1—2页。

〇上谕

前据僧格林沁、唐训方奏称，自捡获逆首张落刑等，蒙亳等处地方肃清，被胁各圩悉皆归正；并称苗沛霖面禀唐训方，订期散练归农。当以皖北地方被捻发各逆蹂躏十年，小民流离失所，因降旨蠲免钱粮二年，并饬地方督抚招集流亡，以资生聚，庶几出吾民于水火之中，而登之衽席。明知苗沛霖罪在不赦，但能散练归农，亦不咎其既往，以示宽大之恩，俾吾民不至再罹锋镝。乃兹据唐训方奏称，苗沛霖怙恶不悛，叛迹复著，袭攻蚌埠水师营盘，占踞怀远，围攻寿州，请饬四面兜剿等语。苗沛霖以练总擢至道员，复因暗受伪职，袭踞寿州，革职治罪。上年因官军追剿陈玉城，该练畏慑声威，诱捡首逆，免其查办。复经僧格林沁开诚相待，赏给饷银。该逆稍有人心，受此天高地厚之恩，自当没世不忘。乃敢因大军撤退之时，煽惑愚众，图袭营盘，占踞城池。如此反覆无常，枭獍其性，实属覆帱所不容，若再稍事姑息，何以振纲纪而安闾阎？本日已谕僧格林沁，由山东统带马步驰回安徽进剿，并著曾国藩、李续宜、吴棠、唐训方各拨重兵，四面兜剿，歼厥渠魁，用彰天讨。

怀远县知县英俊，虽未闻警先逃，而漫无觉察，咎实难辞，著即革职。署凤台县知县蔡锷，事前既不知防范，事后又擅离职守，著即革职永不叙用。其苗逆党与张建猷、邹长青、苗金开、苗添庆、苗希年、童维翰、袁有功、张士端、张诚心、王金奎、金汝霖、苗长春等十二名，著吏兵二部查明从前所保官阶，即行革职，傥能悔过自新，捦斩苗逆，方准开复。怀远县典史魏文潮惨罹锋刃，殊堪悯恻，著交部照例议恤。

苗逆阴鸷残杀，小民被其逼胁，并非甘心附从，著唐训方出示晓谕，其新经投诚各圩，如能同心协剿，或竭力固守，均准择优奖励。其被苗逆逼从各圩，深明顺逆、自拔来归者，亦当妥为安抚，毋令失所。傥始终甘心从逆、抗拒官军者，即著督军痛剿，毋任漏网，以示除暴安良至意。

——《清穆宗实录》卷六三，同治二年四月戊寅。

〇上谕

谕议政王、军机大臣等：

唐训方奏驰回临淮、调集各军、堵剿苗练一折。据称，苗逆袭攻蚌埠，经参将张得胜迎击获胜；逆党麇集怀远县城，插旗安炮，复分队进逼蒙城，围攻寿州；该逆蓄谋数年，练多粮足，此次四路举事，较前势更鸱张等语。苗沛霖心怀叵测，反覆无常，朝廷因军务方殷，勉事羁縻，早知其不可久恃，顷因僧格林沁督师北来，该逆遂以姜台凌投诚被戮等词摇惑众志，竟敢袭踞城邑，抗拒官军，亟宜声罪致讨，以申国宪而除巨患。前据僧格林沁奏，调齐炮位，进攻淄川，蓑尔县城，不难攻拔。如相待尚需时日，则淄川一邑，似不足牵掣大军。该大臣能否将攻取淄川事宜妥速布置，酌留兵勇，交谭廷襄督攻后，该大臣即督率马步各队返旆南征，即著酌度机宜，权衡缓急，迅速办理。该逆屡降屡叛，无端倡乱，名不正而言不顺，部众携贰，谅僧格林沁军至蒙亳，该逆党势必瓦解土崩。如该逆被剿势穷，诡词求抚，僧格林沁当一意拒绝，断不可为其所摇，致蹈前车之辙。

李续宜计已行抵皖境，著即星驰前进，与曾国藩妥速筹商，由舒六直趋寿州、正阳，力扼西南，乘势进剿。唐训方固守临淮要隘，毋令东窜，仍饬令马新贻等就近晓谕新抚各圩，毋为苗练所迫胁，并将本日发去明发剿办苗练谕旨于各处宣示张贴，如有杀贼立功、捦献首逆者，该王大臣等即随时奏请破格奖励，俾反正者益坚其志，而被胁者不至甘心从逆，则剿办自易得手。苗沛霖诡谲伎俩，现值发逆扰及皖北，或与之暗中句结，或因李世忠撤去帮办，唆令起事，均未可知。著曾国藩速饬各营员弁严密防范，仍遵前旨，密察李世忠动静，相机办理。苗练赴清淮捆盐，往来络绎，此时苗沛霖公然背叛，其捆盐练众曾否撤回，著吴棠确切查明，严拿惩办，并檄饬水陆各营及徐宿各军以备不虞。

颍亳一带，在在与豫境毗连，张之万、毛昶熙务当豫拨劲兵，严防边境，并饬各该地方官督率兵勇，激励乡团，防剿兼施，毋使该练众得以窜越。袁甲三回籍时，所带练勇千名，现在是否仍留陈州？何员统带？著张之万、毛昶熙妥筹调拨，扼要守御。

直隶股匪，现虽渡河而东，而大顺广等属伏莽尚多，所有恒龄马队，即著留于刘长佑军营搜捕余匪。如察看沿河各要隘布置已定，即饬恒龄等督饬所部渡河，会同东省各军剿除窜匪。谭廷襄亦当严饬保德等并力兜剿，毋再观望迁延，致干重咎。其刘长佑所调李明惠等统带之后起各勇，并著该督飞催来直，以资调（遗）［遣］。僧格林沁所部马队本不甚多，此次攻剿苗练，必须厚集兵力，著该大臣即饬苏克金一军迅速折回蒙亳，以便调遣。

寿州米粮军火均极绌乏，唐训方署理抚篆，责无旁贷，并著设法运解，以济急需。

唐训方折，著钞给僧格林沁、张之万、吴棠阅看。

将此由六百里各谕令知之。

——《清穆宗实录》卷六三，同治二年四月戊寅。

四月初四日

〇张之万、毛昶熙奏

探闻苗沛霖因僧格林沁援剿畿南，乘皖省空虚，举兵背叛，诱杀颍上县濮令，遂占颍上县城，寿州、怀远亦被占踞。复据袁甲三函称，苗沛霖戕害颍上县令后，寿州、凤台地方官均遭杀害，各属城池及正阳关亦被陷踞，颍州只有楚师二千，内无储粮，不敷固守，并钞寄伪示一纸，语甚狂悖。伏查苗逆枭獍性成，此次公然背叛，分党肆扰，势颇鸱张。豫省归陈一带毗连皖境，在在可虞，臣张之万现已抽调得力兵勇数营进扎太和、归德，豫为防范，并添募马步兵勇，以资策应。臣毛昶熙督饬归陈团练，认真整顿，力筹堵御。

窃以该逆甫经起事，党与未固，若得大枝劲旅迅速进剿，贼势不难瓦解。豫省各军分防边境，兵力已苦不敷，无可抽调，惟有请旨饬下僧格林沁星速南来，由归陈一带前进，痛加剿洗，于大局实有裨益。

——《钦定剿平捻匪方略》卷一八五，第12—13页。

〇上谕

谕议政王、军机大臣等：

张之万、毛昶熙奏苗逆举兵背叛、戕官踞城，请饬僧格林沁回军剿洗，并钞录伪示呈览一折。前因苗沛霖叛迹显著，业经明降谕旨，声罪致讨，令僧格林沁酌度机宜，回军蒙亳，迅速剿办，并令张之万、毛昶熙严防边境。本日据张之万等奏称，豫省边防紧要，各兵不敷调拨，请饬僧格林沁回军，由归陈一带痛加剿洗。即著该大臣酌量缓急，应由何路进兵，务须先其所急，力埽凶锋，不为遥制。

寿州、颍上等处是否已被占踞，地方官被戕如何情形，未据唐训方奏及，著该署抚详细查明具奏，并著懔遵前旨，固守临淮要隘，联络新抚各圩，俾知感奋出力，以孤苗党之势。仍须保固完善，以待大军会剿，不得任其蚕食，肆意滋扰。

张之万已添募马步兵勇，并抽调数营，进扎太和、归德，如有缓急，即须派队策应。毛昶熙务须亲赴归陈，将该处地方团练认真整顿。若任令该逆窜入豫疆，定惟张之万、毛昶熙是问。

潼关协副将黄鸣铎，前在署寿春镇任内，固守寿州，与苗练为仇。苗沛霖入寿城时，将该员执去，割耳薙发，陵虐备至，曾经谕令胜保查办。嗣据胜保奏，黄鸣铎并未被害，亦未言其现在何处。该副将向来打仗颇能得力，且与苗练向为仇敌，必能不避艰险，力图灭贼。著僧格林沁、唐训方确切查明黄鸣铎是否被害，现在何处，据实奏闻，候旨简用。如实已为苗沛霖所杀，亦当查明，奏请赐恤，以作忠义之气。

张之万等折，著钞给僧格林沁、唐训方阅看。

又片奏，请将袁保恒调营差遣等语，著照所请，即饬该员统率旧部，赴营助剿。如陈州一带有警，即令该员在本籍督团堵御，以资得力，该抚即酌量调度。

将此由六百里各谕令知之。

——《清穆宗实录》卷六三，同治二年四月庚辰。

〇上谕

曾国藩奏近日军情等语。逆贼欲解金陵之围，分党由徽宁窥伺江西，由和含一带图犯湖北，叠经官文、严树森、左宗棠、沈葆桢等奏闻。江省饶信两防守备尚严，与左宗棠派往皖南之刘典等军声势联络，贼不得逞，而逆谋窜江之意迄未少息。和含一带贼众游弋已久，势必欲越皖境，上犯鄂疆。又有由豫窜鄂之捻股，可分党下窜以应之。兹据曾国藩奏，巢县大股窜扑庐江，由界河分窜桐舒。其由鄂东窜捻股，已自蕲水分为两股，一股回窜黄州，一股窜皖，攻扑宿松，越潜太以扑桐城。庐江、桐城守将虽均能严备出击，各有斩捦，而桐舒捻逆势已联成一片。并搜获忠逆伪文，有将由舒六而窜英霍、分道扰犯鄂境等情。诚如曾国藩所奏，逆谋甚狡，而规画甚大，总欲图解金陵之围。此时曾国荃雨花台之军自不得辄自移动，堕贼诡谋。湖北为数省枢纽，诚不可以稍有疏失。前谕官文、严树森饬令舒保、成大吉等军将捻股痛加遏剿，豫截豫捻与皖省逆匪句结之路。严树森已出驻团风，亲督各军，分投布置，当不至任贼窜入，肆其披猖，著即迅筹堵剿。李续宜已自湘启行，道出鄂疆，自可与严树森面为商酌皖鄂两省堵剿机宜。

惟苗练叛迹复著，已踞正阳，围攻寿州，李续宜亟应赶紧赴皖，迅图剿办。唐训方资望稍浅，且恐未能面面兼顾，所请饬令僧格林沁回军剿苗，虽已谕令该大臣酌量进止，而僧格林沁现在围攻淄川踞贼，东省群匪方资镇压，即直隶边界之贼，甫经刘长佑击剿，渡河回窜，直东接壤，防剿綦严，北路情形，均望僧格林沁之军埽荡，其能否回军皖省，尚未可知。李续宜到鄂，与严树森商定一切，著即仍遵叠次谕旨，兼程赴皖。

石埠桥虽已解围，巢含大股贼氛正肆，鲍超之军仍应在北岸相机击剿。当此群丑蓄谋，纷窜皖鄂，曾国藩所督各路之军，几有应接不暇之势。该大臣素能镇定，惟当毅力精心，以图万全。浙沪两军事机尚顺，节据左宗棠、李鸿章各奏，进攻富阳及昆山均可得手，著该督抚即严督各军，迅速进取。左宗棠以杭城不难即克，而难于杜贼纷窜，是以不急旦夕之效，固属老谋。此时贼既分投北岸及长江上游，图解金陵之围，浙沪两军，如能一克富阳以取杭州，一克昆山以取苏郡，则金陵之贼腹背受敌，或即可收捣穴搂渠之效。谅该大臣督抚等必能因时审势，以赴事机也。

将此由六百里各谕令知之。

——《清穆宗实录》卷六三，同治二年四月庚辰。

〇僧格林沁、国瑞奏

查淄川逆匪于三月二十五日傍晚，趁我军撤队时拥众扑出，经翼长舒通额等奋力回击，计毙马步悍贼二百余名。讵该逆于夜间复潜行出城，攻扑青州满兵营盘，协领恒祥等督兵固守，击毙匪众百余名，贼始退去。二十六日，臣等移扎距城九里之张家坡。二十七日，调到炮位，连日督队进攻，一面挑空环濠。该逆每日出扑，皆被马步官兵击回。惟据投出之人供称，现在捻匪李辈儿、张守义等恐环濠空成，难以出窜，欲乘未经合围之时冲出逃遁，因每夜派马队前往近城一带哨探。四月初二日夜间，据守备桂锡桢禀报，该逆马步突出南门，向东南奔窜。并据拿获捻匪供称，捻匪受伤，不能行走，留于城内者约三四百名，其余全行逃窜，刘德培所带党众仍在城内盘踞未动等语。当饬翼长舒通额、已革副都统德楞额等带领马队一千数百名跟踪追剿，臣等仅留吉林马队三百余名，仍督饬各营挑濠安营，以期及早葳事。

其直隶股匪，叠据提督恒龄禀报，自到直东，数获胜仗，败残余匪现已南窜，剿办尚称得力。其东昌地面冠馆莘堂等属已无股匪，现在谭廷襄已到淄川，督催所派兵勇，会同臣等商酌攻剿事宜。此时直隶已无大股之贼，其窜过河东余匪，现有恒龄、成保马队追剿，又有苏克金一军由卫辉探踪前进，与督臣刘长佑会于尖庄，兵力足敷剿办。臣等俟淄川克复，即当移军进剿邹县之白莲池教匪。该逆盘踞山中，地面宽广，必须厚集兵力。届时东昌一带贼匪无多，拟仍留恒龄马队与成保之军会合搜捕，苏克金一军即调赴邹县助剿。

至唐训方所奏苗练叛迹复著，恭奉谕旨，饬臣僧格林沁通筹熟计，设法援应。查苗沛霖心怀叵测，原在意中，本拟俟剿灭各股捻匪后，以兵力制之，奈因直东股匪鸱张，不能不暂示羁縻，先顾北路。兹该逆叛迹昭著，若督兵驰回，恐直东匪众闻风思逞，余焰复张。现据马新贻等禀报，苗沛霖业已先后占踞颍上、怀远、凤台三县，又复带领党众近逼蒙城，情形吃紧，请兵往剿等语。现在直东军务未靖，难以拨兵南下，再四筹画，已饬都司施绍恒带领投诚勇一千名，由邹县速赴蒙城，交马新贻差遣，以资进剿。

——《钦定剿平捻匪方略》卷一八五，第16—19页。

〇袁甲三奏

臣于陈州寓所接阅各路探报，逆练苗沛霖已于三月十五日纠约逆党，举兵叛逆，当将怀远、寿州、凤台、颍上各地方官分别逐杀，占踞城池，并于沿淮水陆各要隘张贴伪示，大肆狂悖，分股东下，窥伺临淮，署巡抚唐训方前以捻渠就缚，经僧格林沁约商善后事宜，旋至蒙城部署一切，尚未还临淮大营，并传闻凤阳府县两城为苗党袭踞，唐训方由蒙城绕道宿州回赴临淮各等情。

查该逆素蓄异谋，诡诈百出，此次公然背叛，臣料其窜扰约有两途：顺流东下，由临淮直指西坝，希图全踞长淮，独擅盐米之利，此一途也；上踞临凤，以抗官军进捣之路，分股四犯，由宿灵北窥徐州，接连东匪，由颍太西窥陈汝，荐食中州，此一途也。均须迅为防备，以遏其锋。拟请饬唐训方力扼下游，镇定人心，勿令民圩震动；吴棠极力固守，勿令西坝疏虞。颍州为全豫门户，最当冲要，拟请饬留防之楚师坚壁自固，河南迅速拨队前赴太和，以为颍州声援。一面饬僧格林沁迅即回军直捣怀蒙，为扼吭拊背之势，贼必不敢分股四犯。一面饬李续宜迅赴霍邱、六安，由颍上、正阳而下，贼必不敢轻离老巢。然后厚集各路兵力，会合进讨，可以万全。

惟现在事势宜急而不宜缓，若不早为布置，该逆一处得逞，其焰愈张矣。至豫省兵力只敷剿办本境，并请饬下张之万体察情形，于拨防太和外，仍分遣游兵二枝，一西巡光固以断淮南上犯之路，一东巡归德以断永夏西趋之路，并以剿办汝匪专交毛昶熙，张之万亲赴东北一带适中驻扎，以便调度。此目前急务也。

抑臣更有请者。苗沛霖早挟逆志，各路地方官及统兵大员非不深知，只以粤捻交乘，未暇专力剿办，是以暂事羁縻。而乡愚无知，以抚剿未见明文，未免依违两可。兹既显然背叛，剿办之外，别无游移，应请天威震怒，明降谕旨，数其罪而诛之，并饬当事诸臣急筹防剿，此后毋得再及抚之一字，则奸人气折，士志益坚，其从贼之人亦晓然于顺逆存亡之理，必有自拔来归者。此邪正立剖之时，亦胜负攸关之会也。

——《钦定剿平捻匪方略》卷一八五，第19—22页。

〇上谕

僧格林沁等奏督军进攻淄川踞匪情形,并派马勇南征一折。淄川踞匪与捻逆句合后,经僧格林沁督军攻剿,捻逆乘隙南窜,逆首刘得培之势已孤,而官军所调炮位已到,谅可指日攻拔。南窜捻匪现窜何处?舒通额等督兵追剿,已否追及?著僧格林沁将淄川踞匪迅速攻克,并严饬舒通额等将窜匪赶紧追剿,毋任远窜,以致重烦兵力。直南股匪,现虽回窜河东,而东昌各属伏莽尚多,谭廷襄止知敷衍目前,遽谓已无股匪,殊不可信。且该匪因刘长佑驰赴临清,即折由茌平等处北窜,著即饬苏克金、恒龄等,会同直隶官军绕前夹击,以期歼除净尽。现在阎敬铭将次抵东,臬司丁宝桢由楚募勇千名赴任,已催令迅速前进。该署抚等虽情形未能熟悉,而素来办事尚称结实,著该大臣于阎敬铭到东后,或令前赴东昌搜捕余匪,令丁宝桢赴邹县统带官军,剿办教匪。该大臣仍遵前旨,驰赴蒙亳,剿办苗逆。即著豫筹办理。本日据袁甲三奏,苗逆非占踞长淮,以专盐米之利,恐上踞寿正、下踞临凤、北窥徐州、西窥陈汝,莫若乘此初起,饬令僧格林沁回军,直捣怀蒙,为扼吭拊背之势等语。该大臣甫由皖回东,已属劳瘁,而触热南征,尤廑于怀。第恐逆练之羽翼一成,为患滋大,事机所值,深虑皖省兵力不能迅速奏功,仍著该大臣酌量缓急,妥筹办理。都司施绍恒所带投诚勇一千名谅已起程,即著迅催前进。施绍恒可即作为该大臣前队,解散苗练胁从告示及捡献苗沛霖赏格,该大臣即可迅速刊刻,交其带往张贴,庶良团之心有所恃,不为苗沛霖所胁,更可冀有人割取其首级以献,一如前此办理李城等故事。该大臣声威素著,人望所属,傥能设计除之,亦可不烦兵力。所请派员督办直东豫交界军务一折不为无见,著暂行留中备览,以便妥议施行。将此由六百里谕令知之。

——《清穆宗实录》卷六三,同治二年四月壬子。

〇上谕

僧格林沁奏,请将阵亡各员优恤等语。副都统衔乾清门头等侍卫、富隆阿巴图鲁卓明阿,屡次打仗,叠著战功,兹因攻剿淄川贼匪,中枪殒命,实堪悯恻。卓明阿著照阵亡例交部从优议恤。其阵亡之吉林镶红旗尽先协领、佐领、委营总永林,哲里木盟郭尔罗斯公旗头品顶带、副管旗章京库木吉勒图巴图鲁萨音布彦,图什业图亲王旗花翎三品顶带参领德奇满珠尔,均著交兵部、理藩院从优议恤,以慰忠魂。

——《清代起居注册(同治朝)》第 8 册,第 4124—4125 页。

〇僧格林沁等奏

再,据已革副都统德楞额禀报,三月初六日在邹县西厂地方进剿贼匪,暂革副都统用花翎佐领富尔莽奋勇直前,冲入贼队,身受刀矛重伤等情。查富尔莽前因招抚刘双印等降众,驾驭未能妥协,经奴才等奏参,暂行革职。今剿贼奋勇,身受重伤,深知愧奋,相应请旨,将暂革副都统用花翎佐领富尔莽开复暂行革职处分,以昭激劝。谨附片具奏请旨。

——录副奏折,档案号03-4713-055。

〇上谕

僧格林沁等奏,暂革佐领剿贼奋勇,请开复处分等语。暂革副都统用花翎佐领富尔莽在邹县剿匪,冲入贼队,身受重伤,尚知愧奋,富尔莽著准其开复暂行革职处分。

——《清代起居注册(同治朝)》第8册,第4125页。

四月初六日

〇上谕

前因苗沛霖叛迹复著,叠谕僧格林沁回军剿办,并谕张之万、唐训方派兵分剿。兹据袁甲三奏称,苗练复叛,请饬僧格林沁等进剿等语,自系未悉现在办理情形。苗沛霖蓄志叛逆已非一日,而从前调援京师、调赴陕西,均不肯往,本系自守之贼,未肯遽离巢穴。第恐蒙颍等处为所占踞,则西窥陈汝,亦在意计之中。惟僧格林沁因东匪牵掣,尚难统军南征。本日奏称,派都司施绍恒管带投诚勇一千名前往,交马新贻差遣,尚恐未能得力。张之万已拨兵前赴太和、归德一带,是否足资堵截?而陈州为太和后路,袁甲三现虽告病回籍,著即会商该处绅耆,激励团练。昨谕毛昶熙,如探有警信,即行驰赴陈州,谅袁甲三等以本地绅士,必能稍收成效,俟毛昶熙赴陈,更可会同妥筹办理。袁保恒已准张之万调赴军营,如陈州团练分办无人,袁保恒即著毋庸前赴汝宁军营。唐训方身权抚篆,于苗逆一事责无旁贷,僧格林沁即能返旆南征,亦恐尚需时日,著恪遵前旨,相机办理,毋得专待援师,致误事机。袁甲三所奏分遣游兵,一西巡光固以断淮南上犯之路,一东巡归德以断永夏西趋之路,自系扼要之策。并据称以剿办汝匪专委毛昶熙,而张之万亲赴东北一带适中驻扎,以便调度各等语,著张之万、毛昶熙酌量情形,豫行筹办。其驻颍之蒋凝学一军,并著唐训方妥筹调度,以资攻剿。将此由六百里各谕令知之。

——《清穆宗实录》卷六三,同治二年四月壬子。

〇阎敬铭奏

臣由临晋启行,于四月初四日行至阜城县,探闻贼匪已至景州之南,道途梗阻,又接山东历城县知县来禀,闻抚臣谭廷襄进兵周村,僧格林沁攻剿淄川贼匪,甚为得手。兹奉谕旨,命僧格林沁统师南下,剿办苗沛霖一股。伏念东省兵既无多,又无得力之将,即臬司丁宝桢到东,兵仅千名,亦难分布。刻下淄川功在垂成,未便中止。仰恳圣恩,饬下僧格林沁酌留兵将助攻淄川,以顾东省大局。臣即日绕道前进,至抚臣行营接印,筹办一切。

——《钦定剿平捻匪方略》卷一八五,第30—31页。

〇上谕

谕议政王、军机大臣等:

刘长佑奏匪众东渡巯河,又图北窜,督兵防剿一折。河东股匪被直隶官兵追剿穷蹙,不敢遁回莘冠等处老巢,由东昌府七集村偷渡巯河,扰及茌平地方,复窜至高唐州迤北之朱家庄一带。该逆避兵而行,是其惯技。此次因恩县、德州等处防守空虚,径欲乘隙北窜。该督已檄调李同文督率该管地方官,厚集团练,扼要堵截,并饬热河、古北口官兵一千名驰赴景州,匪众若一路北窜,该处正当其冲,即著严饬该道员严扼运河西面,贼至迎头截击,以遏窜越,傥有疏纵情事,即惟该道员是问。恒龄、苏克金业已渡河,即著催令绕出贼前,会同谭廷襄派出各军实力兜剿。徐廷楷、余承恩等亦著饬令各率所部折回东北,觇贼所向,悉力截击。务须四路兜捡,杜其回窜。莘冠等处伏莽尚多,河防仍关紧要,著饬王榕吉严密扼堵,毋稍疏懈。刘长佑奏,阎敬铭函致该督,三月十三日由晋省启行,计程当在景德之交,而张锡珠股匪见由东昌偷渡巯河,在茌平楚掠,距德州、景州不远。德州民团陈冠甲,据刘长佑奏称,闻其志切同仇,最为齐整,即著阎敬铭就近访闻,如实在可用,即行饬调迎剿,以资得力。

正在寄谕间,据阎敬铭奏行抵阜城,探悉东、南两路见皆不通,设法绕路前进各折片。著即探明路径,驰赴军营,接印任事。僧格林沁见派施绍恒带勇赴皖,剿办苗练,该大臣尚在淄川攻剿踞匪,能否即赴蒙亳,著俟阎敬铭抵任后,与该大臣妥筹会商,斟酌办理。

将此由六百里各谕令知之。

——《东华续录》同治二十一,第17—18页,同治二年四月壬午。

四月初八日

〇唐训方奏

三月二十三日,苗逆亲督悍党万余人,在蒙城东南迤西抢筑营垒,直抵河岸,计欲断我粮道。马新贻以城中米粮军火缺乏,非出死力击之,将有坐以待毙之势,因令游击陈德雄等炮船排布河下,自率练众,会督总兵王才秀、徐鶸,署知县贺绪蕃,参将李南华等,分路齐出,该逆亦分股迎敌,鏖战逾时,我军勇气百倍,李南华率练抢过濠沟,立枭守垛悍贼数十人，大兵乘势薄之，逆势不支，弃垒而遁。徐鹳、王才秀督率所部尽力穷追，共计斩首二千余级，生擒二百余名，就地正法。是役以少胜多，足寒贼胆。惟凶渠张建猷数垒坚持未下，该逆复添调丑党，开它长濠，欲以持久困我。刻下饷需奇绌，已饬马新贻就地设措，激励兵练，竭力守御，并由臣饬总兵张得胜、普承尧等分扎蚌埠，进图怀远，以牵贼势。

又据各路禀报，该逆叛踞怀远时，分党踞守颍上，署知县濮炜等遇害，并杀署凤台县知县蔡锷于下蔡。正阳关前系该逆派练驻扎，近复大股守之。霍邱、颍州均与正阳、颍上毗连，该处府县两城同时告警。苗党潘垲复踞三河尖卡，寿州仍被围困。忠逆自石涧埠解围后，悉众以扑舒城，当经道员蒋凝学击退，旋犯六安。鄂省回窜之捻，亦由潜桐趋六安，与发贼合。苗逆复乘机勾结，并诱惑蒙城新抚捻股，遣人密招李城逆党回巢。

臣查苗逆恃其粮足练众，公然戕官踞城，党与四出，大有并吞长淮之意，非僧格林沁速攻其北，李续宜速攻其南，恐难制其死命。现在六安被围，寿州无兵无饷，势难持久。蒙城兵力虽暂时勉支，而饷源无出，终虞生变。臣以一军西图怀远，东顾清江，近扼临淮，屏蔽凤阳府县两城，实形竭蹶。万一六安不早解围，致发、捻、苗三逆交乘，更将不堪设想。幸曾国藩派鲍超追剿庐桐之贼，谅能援救六安。臣亦函催李续宜督师会剿。致畿辅重地，有督臣刘长佑防剿，似可无虞，仍请旨饬下僧格林沁移师南来，与臣部三面并进，庶期歼厥渠魁，使不得合谋以逞，大局幸甚。

——《钦定剿平捻匪方略》卷一八六，第1—3页。

〇上谕

谕议政王、军机大臣等：

唐训方奏蒙城力战却贼，苗逆分踞颍上等县、围攻寿州，现复句通发捻大举合围，六安、临淮兵单饷绝情形，请飞催南北援军迅速赴剿一折。苗逆亲督悍党万余，于蒙城附郭抢筑营垒，计图困逼。马新贻激励所部击走，各军尽力穷追，痛加剿杀，惟凶渠张建猷数（营）［垒］坚持未下。逆贼复添调丑党，开它长濠，滚营进逼。现在逆党分踞颍上，杀害该署令濮炜及署凤台令蔡锷，复添大队，踞守正阳。其党潘垲复踞三河尖卡，围攻六安。寿州、霍邱、颍州同时告警。舒六一带正值发捻交乘之际，苗逆遂复乘机句结，并出伪示，诱惑蒙城新抚捻股，遣人密招李城败党回巢，又有串通李世忠，以正阳、怀远易五河县之信。

苗逆复行叛乱，凶焰骤张，现已遣党四出，大有并吞长淮之意。其南句发逆，北招捻党，东连降勇，诚如唐训方所奏，不可不早为消弭，以致不可收拾。僧格林沁现在督军围攻淄川踞匪，据该大臣奏，已遣施绍恒所带勇队千名赴皖。此时苗焰骤炽，非该大臣亲督大军，回军赴皖，断不足以制其死命。著僧格林沁即由淄川克日返旆南征，与李续宜、唐训方之军南北夹击，毋误事机。李续宜早已自湘启行，前据曾国藩奏称，该署抚行经鄂省，尚须与严树森面筹防剿，现在苗逆叛乱，事机万紧，李续宜著即兼程星速赴皖，毋得在途迟滞。唐训方所部兵力虽单，务须激励诸军，兼筹战守，督率蒙城、寿州文武竭力备御，毋使贼逆得以肆其蚕食。施绍恒勇队到皖，应由何路进取，著与僧格林沁咨商调度。一俟僧格林沁、李续宜南北之军到齐，迅即乘机进捣，歼厥渠魁。该逆人数虽多，大半由于迫胁，如能迅将一二凶渠死党剿除，元恶授首，余者自可反正归诚。六安地方尤为紧要，发逆忠酋巨股自石涧埠、舒城来犯，鲍超一军现在无为，著曾国藩饬令就近援救，与桐城之周宽世、舒城之蒋凝学等军联络击剿。鄂省自蕲水分窜捻股东越潜太，著曾国藩迅即调派各军分投拦剿，毋令并入六安，串合发逆，并与苗练句结为患。并著官文、严树森督饬鄂省官军，务将由鄂窜皖捻股前截后追，毋任东趋，以邻为壑。

淄川围剿事宜，僧格林沁布置已周，阎敬铭昨奏由阜城前进，不日当可到营，著即交其督办。谭廷襄现在淄川，地方军务，一切均可面为交代，并著阎敬铭星速前往接篆，督办淄川军务，俾僧格林沁得以及早南征，毋稍延误。阎敬铭未接篆以前，谭廷襄仍须督饬各军实力剿击，不可松劲。其白莲池教匪，即著僧格林沁、阎敬铭饬令恩锡督率在事兵练妥筹剿办，并著飞催丁宝桢所带楚勇星速前来，以资倚任。苏克金马队留办直东股匪，自可资其得力，惟念僧格林沁南征，兵力亦不可不厚，此军或令随同赴皖，或可仍留直隶，著僧格林沁自为调度。本日已明降谕旨，令刘长佑督办直东豫三省交界剿匪事宜，该督现赴临清，所有折由茌平等处北窜之贼，仍著督饬恒龄等，会合直隶各军兵练绕前夹击，务令贼匪不得喘息，迅即殄除净尽，以绝根株而杜蔓延。王榕吉、祝垲均系素娴军旅，著刘长佑督饬，在于交界地方襄办防剿，以资臂助。该督前奏檄调李同文督率地方团练，并饬热河官兵驰赴景州，扼要堵截，仍著责成该道员等及徐廷楷、余承恩各军四面兜击。李同文如尚未到，著崇厚迅即督催前往。李鸿章前奏刘长佑过沪，所调副将陈飞熊等弁勇三百余名，已由海道北来，其续调总兵李明惠湘勇五百名，亦取道广东，附轮船前进。以上二起兵勇，如有到津消息，均著崇厚催令前赴刘长佑军营，以资调遣。

袁甲三昨奏，应遣游兵分巡光固及归德，以遏苗逆窥觎之路，当谕张之万等妥为豫筹。汝匪剿办事宜，如可专由毛昶熙督办，张之万应赴陈州沈项一带，何路择要驻扎，著即筹定奏闻。陈州切近皖疆，袁甲三务即号召绅耆团练，速为备豫。袁保恒应留陈郡帮同办理，抑即遵前旨赴张之万军营，即由袁甲三酌定饬遵。

前有御史王兰谷奏，六安州绅士、记名盐运使李元华谋勇兼优，曾经谕令吴棠、唐训方查明该员是否可用，所带练勇曾否遣散，饬令前往天长、盱眙扼扎，以防渡江逆匪窥伺里下河之路。刻下六安吃紧，如果李元华足资任使，即著吴棠、唐训方饬令迅速招集所带练勇，会同该地方官军合力战守，以期得力。

苗逆虽有以怀远与李(同)[世]忠易五河县之信，而吴棠昨奏，李世忠近有函致该漕督，以苗练生变，宜早筹备等语。李世忠与苗沛霖本有仇隙，此时可激励用之，使不遽与苗合，著曾国藩、吴棠等妥为驾驭。

唐训方原折，著钞给僧格林沁、曾国藩、李续宜阅看。片一件，著钞给吴棠阅看。

将此由六百里加紧各谕令知之。

——《清穆宗实录》卷六三，同治二年四月甲申。

四月十二日

〇僧格林沁、国瑞奏

查淄川县城以石筑砌，甚为坚固，城外沟壑纵横，进攻非易，其中粮食尤为充足，且该逆已与教匪勾结，捻棍各匪亦为之响应，若不力筹歼灭，势必滋蔓难图。臣等现在督饬兵勇，调集民夫，挑挖环濠，工程业经过半，四面设立营盘围困。

至白莲池教匪，近将棍匪刘双印等万余人勾入教内，贼势愈大，布置益坚。每值出山打粮，兖州、泰安各属地方多遭焚掠，情形甚为可虑。臣等派营总何建鳌、候选道赵康侯带领步队兵勇炮位驻扎邹县，署盐运使恩锡带兵驻扎兖州，该匪近日未敢出巢，民心稍定。

其捻首张守义等，前由淄川南窜，经翼长舒通额、已革副都统德楞额带领马队跟踪追剿，四月初三、初四等日，在沂水迤北之马鞍山、宝泉山叠次获胜，斩捡多名，其余败匪俱向西南翻山狂奔。现据署蒙阴县知县谢庆元禀称，初六日窜至该县张庄一带，适值舒通额等赶到，贼由蒙山小道南遁，舒通额等即带兵由九女关一带跟追。查该逆趋向，势必归附教匪。臣等曾饬舒通额、德楞额，如此股窜入白莲池，即带队驰赴邹县，会合步队，相机进攻。

至直东股匪，前据恒龄禀报，逆首张玉怀等由尖庄抢渡卫河东窜，经总兵保德督兵截击获胜，该逆旋由阳谷县属之七级潜渡运河，扰及茌平县境。臣等当饬苏克金迅往茌平一路，会同恒龄相机夹击。该翼长于初三日驰抵平原县，探知贼在县城西北十五里盘踞，当即带队进剿，行至王湾地方，即遇大股贼匪马步三千余名列仗抗拒，该翼长及副都统成保、萨萨布，翼长海群，营总讷勒亨额、达尔济，分路齐进，奋力冲压，贼势不支，纷纷败溃。追杀六十余里，歼毙贼匪二千余名，其余马贼六七百名狂奔窜逸。据生捡贼供，该逆欲由桑家园渡河回窜，苏克金遂带队赴运河东岸，以防偷越，并派队由德州西街内浮桥过河，前往桑家园运河西岸堵御。讵行至德州，该处外围各门紧闭，不肯放行。苏克金差官告知前情，并约德州地方文武会面，乃城守尉富明、知州张应翔置若罔闻，仍坚闭不纳。苏克金等被其阻隔，致令溃逃余匪乘夜由老君堂渡过运河，向北窜奔。苏克金另行觅路过河，初五日追至故城县，探得该逆向枣强县一路回窜，苏克金等仍带队跟踪追剿。

伏思此股败残贼匪现虽折向西南，而南路尚有恒龄马队暨直隶总督刘长佑所派防河官兵,亦必实力堵截。该逆一经受创,势必又复北趋,臣等已饬苏克金驻扎河间适中地方,严防北窜,并饬恒龄、成保、萨萨布、海群各军跟踪追剿,毋任该逆再行滋蔓。

至苗沛霖叛迹已彰,臣等未尝不亟思南下。第目睹直东情形,若不速筹埽荡,其患更有甚于苗沛霖者。臣等权其缓急,苗沛霖一节,此时势难兼顾,惟有请旨饬下南路各军,先就现有兵力认真防剿,一俟直东贼匪剿除净尽,民情稳固,臣等即当驰赴蒙亳,再图进剿,断不敢稍事迁延。

——《钦定剿平捻匪方略》卷一八六,第11—15页。

〇僧格林沁、国瑞奏

查德州设有城守尉,管辖满营,扼要驻扎,原期固守藩篱;知州有率团御贼、保护百姓之责。当败窜余匪北趋,自应相机防剿。乃不但任贼北渡,迨官兵追至,又复闭门阻隔。经苏克金约其会面,仍复置若罔闻。据该知州禀称,虑系贼匪冒充,未便开门放入等语,显系豫图卸过。似此玩视军务,贻误事机,殊出情理之外。相应请旨,将德州城守尉富明、德州知州张应翔交部分别议处,以示惩儆。

——《钦定剿平捻匪方略》卷一八六,第15—16页。

〇谭廷襄奏

宋憬诗勇队与堂邑县柳林团挟有宿嫌,屡次互杀,前经臣饬东昌府知府秦际隆传谕,毋得藉端构衅,一俟股匪殄灭,即为查办,并将该队交保德妥为驾驭。现在宋憬诗随同保德赴北路剿匪,臣与僧格林沁密行商酌,宋憬诗仍应暂事羁縻,俟各股匪歼除,再行确查妥办。

——《钦定剿平捻匪方略》卷一八六,第19页。

〇上谕

僧格林沁奏追剿南窜股匪及北路获胜、现筹南北军务缓急情形一折,暨谭廷襄奏东省近日各路军情及恭报交卸抚篆、密陈宋景诗应暂事羁縻各折片。现在围攻淄川及筹剿白莲池教匪,僧格林沁所筹均极周至。其追剿南窜之张守义等股匪,及北路追剿窜匪,于茌平等地方获胜等情,与谭廷襄、刘长佑奏报大略相同。此股窜匪,据称仅余马贼六七百名,经僧格林沁饬令恒龄及成保、萨萨布、海群各军探明贼踪,实力追剿,与刘长佑所派直省各军前后夹击。其苏克金一军,僧格林沁饬令驰赴河间,豫备迎击,严防北面藩篱。办理甚为妥协。即著僧格林沁、刘长佑严督诸军,务即乘机速将此股窜匪探踪四面兜剿,殄除净尽。仍著刘长佑、阎敬铭严饬直东所属各该地方实力严防,毋任余匪被剿,乘虚冲突;并将沿河伏匪一律搜除，严饬防河员弁认真巡察，毋稍松懈。

前因唐训方、张之万、袁甲三叠次奏报苗沛霖复行叛乱，逆焰骤张，节经寄谕僧格林沁将淄川围剿事宜移交阎敬铭督办，即行返旆南征。兹据僧格林沁奏称，目睹直东情形，若不立筹埽荡，其患更有甚于苗沛霖者，拟俟直东贼匪剿除净尽，再行回军蒙亳等语。苗沛霖阴鸷狡诈，蓄谋甚久，而煽胁尤众，若不早图，势将谋距淮甸，蔓延东豫，以窥中原，其患实非浅鲜。唐训方现有兵力不敷攻剿，非得僧格林沁回军，断不足以制其死命。惟直东军情紧切，自应布置妥协，方可返旆而南，但亦不能定俟直东两省全行肃清始议南征，久稽时日。著僧格林沁赶紧部勒，饬催恒龄及苏克金等军，将北路窜匪克日埽除。其淄川城匪及白莲池教匪围剿事宜，即可交阎敬铭等督办。淄川城小而坚，攻捣定需时日，白莲池亦负嵎自固之贼，未能远出，但能将四面围剿，布置周妥，阎敬铭虽初任封圻，办事认真，当能接办。

该署抚现已到任，于东省军务责无旁贷，并著飞催丁宝桢迅速来东，以资任使。张守义等窜匪如果窜入白莲池，即可会合德楞额、黄国瑞等军并力进剿，聚而歼旃。其谭廷襄折内所奏，又有另股窜由泰安上下峗峪等处至宁泗境内之贼，并著阎敬铭严督地方兵团实力剿办。东省萑苻甚众，各属地方，似此散股恐尚不少，该署抚履任方新，均须督率整顿，毋得率听属吏粉饰因循，致负委任。谭廷襄已卸抚篆，即著前赴工次，将河东河道署任事宜专心办理。现在节逾小满，所有勘工催料均关紧要，毋稍疏忽。宋景诗与柳林团互杀，显系有意寻仇，其能否暂事羁縻，著刘长佑、阎敬铭详加诇察，相机办理。

将此由六百里各谕令知之。

——《清穆宗实录》卷六四，同治二年四月戊子。

〇上谕

是日内阁奉谕旨：

僧格林沁奏，请将贻误事机之城守尉等分别议处等语。德州城守尉富明、知州张应翔，于翼长苏克金追贼至该州时，闭门不肯放行，以致窜匪乘夜北渡。虽据该知州禀称，恐系贼匪冒充，未便开城，惟于贼踪北窜不能堵遏，迨官兵追至，又复不察虚实，任意阻滞，实属贻误事机，仅予议处，尚觉过轻，富明、张应翔均著交部严加议处，以示惩儆。

——《清代起居注册（同治朝）》第 8 册，第 4189—4190 页。

四月十四日

〇上谕

谕议政王、军机大臣等：

刘长佑奏官军越境剿匪获胜、逆首畏罪输诚一折。据称，马步各军追贼于平原、曲周等处，屡获胜仗，首逆杨朋岭等悔罪乞降，现已令其逞缴器械马匹，暂留军营，派都司唐建勋等妥为照管等语。杨朋岭屡降屡叛，此次被击穷蹙，又复乞降。刘长佑因宋景诗等相距不远，暂将该犯留营，固属一时权宜之计。惟若辈狼子野心，终难驯服，著严督都司唐建勋等妥为羁束，毋令再有逃逸。至前此投诚之程顺书等，及此次杨朋岭等首伙各贼，该督能否派令随同官军，作为前敌，察其勇怯，以觇其真伪；或即咨商僧格林沁，分拨该大臣军营妥为安插。如该匪等首鼠两端，心怀反覆，即可不动声色，设法歼除，以绝后患。傥敢敷衍目前，贻患后日，必惟刘长佑是问。直境虽就肃清，而河东伏莽尚多，仍须及时搜剿。阎敬铭到任后，叠经谕令进扎淄川，俾僧格林沁得以统兵南下。该处军务一日未竣，该署抚即一日不能他往。其莘冠一带，防剿善后，均关紧要，必须遴委明干大员前往办理。总兵保德，平日带兵尚无贻误，或即责成该员会同直隶官军认真搜捕，能否得力之处，并著刘长佑、阎敬铭会商妥办。将此由五百里各谕令知之。

——《清穆宗实录》卷六四，同治二年四月庚寅。

四月十六日

○阎敬铭奏

臣于四月初八日驰抵山东省城，初九日接印任事。时值捻匪土寇交乘，边警频仍，将材缺乏，练兵筹饷，察吏安民，均属不易措手。现将署中公事择要清厘，即当驰赴淄川军营，会同僧格林沁筹度机宜，迅图克复。

——《钦定剿平捻匪方略》卷一八七，第 1 页。

四月十七日

○唐训方奏

安徽巡抚唐训方奏言：

苗逆自蚌埠败归，复添大股死守怀远，并于淮河南岸之李家嘴、北岸之黑窑一带密排营垒。其迤东三十里，有苗党吴昆田匪圩，为进兵必由之路，我军进扎蚌埠，吴昆田诡词乞抚，潜往附近各圩聚党，以图抗拒。总兵张得胜、普承尧、朱淮森等乘其未备，于四月初四日夜往袭，将该圩平毁。后路既清，我军进逼黑窑而营。初九日进攻贼垒，该逆万余出拒，鏖战逾时，贼始败退。我军乘胜跟追，直抵贼垒。张得胜等奋力猛扑，越濠逾垣而入，破其外垒，杀贼数百名，贼凭内墙死拒。副将刘名典亦率水师前进，轰沈逆船三十余只，毙贼无算。忽怀远城贼以炮船绕出河滨步队之背，施放大炮，子飞如雨，张得胜等恐伤精锐，麾军退数十步，列阵以待，复令轻骑挑战，欲诱其出以击之。该逆坚闭不出，我军收队回营。

至寿州被围后，据署知州毛维翼禀称，贼于城外扎营数十座，炮船数百只，四面环绕，文报不通。三月二十五日夜，贼以炮船载云梯，由西南湖逼攻。毛维翼督率兵练登陴力战，以大炮轰沈贼船三十余只，毙贼数百名，贼始遁去。二十七日夜，贼扑南门，复经毛维翼击毙百余人。该逆旋以炮划分攻东西两门，均经击退。又有大炮船百余只，望北门城垛开炮，继以步贼数千直扑城根，经我军用炮轰沈贼船十余只，毙步贼二三百人，贼遂四散狂奔，将炮划驶回下蔡。

又，据马新贻禀称，犯蒙之贼添垒数十，我军屡挑不出，盖知我营军粮已匮，欲为坐困之谋。四月初二日，贼围蒙城迤东之白家圩，令与城中阻隔。马新贻恐粮路不通，急令副将程文炳等往援，该圩练总、知州丁叶兰见官兵已到，率练出击，两面夹攻，斩贼数十名，贼遂败归。是夜，复令死士潜砍贼营，破其六垒。

查苗逆雄踞淮上，势甚鸱张，虽经我军屡摧凶焰，而该逆知我外乏援师，内无储积，以悍党力扼怀远，以小股牵缀寿州，亲率大股合围蒙城，复勾发、捻二逆，旁扰凤临，蓄谋甚为凶狡。现据谍报，苗逆尽掳下蔡民船千余号，意欲乘势东下。况蒙亳永宿之降众、阜霍灵固之苗圩，类皆首鼠两端，其尚跧伏未动者，特谓僧格林沁之军旦夕至皖耳。若不急救蒙城，必至降众苗党并起应之，大局不可复问。惟有仰恳天恩，饬催僧格林沁星夜督兵援蒙，庶可安反侧而支危局。

寿州一路，李续宜抵皖无期，实无会剿之师。臣已函商曾国藩，檄鲍超从庐定节节前进，赴援寿州，未审能否如愿。豫省诸军与其驻守归陈，曷若进兵颍上、三河尖等处，四面兜剿，使该逆疲于奔命？至蒋凝学一军本归曾国藩调遣，该道现驻舒城，一分于江北，再分于三河，三分于六安，其颍州仅新军四营，守则有余，战则不足。臣惟有拊循饥卒，力保东路，以待援师。

——《钦定剿平捻匪方略》卷一八七，第1—5页。

〇上谕

唐训方奏临淮官军剿苗，蹋破吴家匪圩，进规怀远、寿州、蒙城，击贼获胜等情形；暨苗逆句合发捻，已由六安进扑定远而逼凤阳各折片。苗逆自败归蚌埠，复添水陆大队死守怀远，并于淮河南岸之李家嵴、北岸之黑窑一带密排营垒。其迤东三十里，又有逆党吴崑田匪圩，阻我军进攻之路。而该逆以小队分扰寿州，亲率大股合围蒙城。逆意专欲持久，以待官军粮尽自溃。经唐训方饬令总兵张得胜等乘间进兵，将吴崑田匪圩蹋毁，官军进逼黑窑，攻破外垒，水陆斩获甚众。其围攻寿州之贼，均为署牧毛维翼等击走。蒙邑城外，贼营数十，以深沟高垒困我，并围蒙东之白家圩，令与城中阻隔。马新贻令副将程文炳等往援，与该圩练内外夹击，颇有斩获。惟守备李加英，以追贼过猛，马蹶被掳。而程文炳等复夜砍贼营，破其六垒。寿蒙守御，尚足自完。进攻怀远之军，亦尚足以挫其凶焰。

苗逆盘踞淮甸，练多粮足，唐训方以贼欲久持困我，官军利在速战，以伐狡谋，实为切中机宜。本日李续宜复奏，行抵湘乡县城，因病耽延，恳请开其署抚之缺，责令专办军务，业经明降谕旨，允其所请，仍催令迅速前赴皖营，并已有旨将唐训方补授安徽巡抚。该抚身任疆圻，当兹巨寇猝兴，更属责无旁贷，著即督饬所部力图怀远，并拊循各路之军，激励团练，屏障凤临，督令蒙城、寿州文武竭力战守。

惟是临淮兵单饷绌，独力御苗，已虞不及。此时该逆复句合发捻，由六安以进扑定远，逼近凤阳，蔓延所属之刘府总铺一带，纵横至百余里，逆势鸱张。并闻苗逆尽掳下蔡民船，装载悍党万人，意将乘势东下。蒙亳永宿之降众，阜霍灵固之苗圩，类皆首鼠两端，特以僧格林沁之军早晚即可到皖，故皆跧伏未动，若令日久肆煽，势必并起应之。前经叠谕僧格林沁迅即回军赴皖剿苗，实属万不得已。此时直东股匪残败，淄川围攻及白莲池进剿各事宜，该大臣当已布置周妥，著即遵前旨，移交刘长佑、阎敬铭督办，僧格林沁即行返旆南征，仍于蒙亳择要驻扎，节节进攻，不可辄行深入，一意直前，致为逆党包抄后路。是为至要。苏克金一军，闻已由该大臣饬令回剿苗逆，其余尚有何路官军，即行酌量调遣，以厚兵力。

寿州一路，李续宜到皖尚未有期，鲍超之军能否从庐州、定远一路进援，著曾国藩相机调遣。如李续宜病未稍减，未能即日赴皖，而鲍超之军又不能赴援寿境，应如何另筹劲旅，以顾寿州一路之处，著曾国藩、唐训方迅筹妥办，毋稍疏虞。唐训方既力保东路，其东北一带兵力空虚，著吴棠严饬黄开榜等勤加侦探，遏其北窜。豫省官军，驻守归陈不若越境以剿为防，即著张之万等饬令进兵颍上三河尖等处，与皖军四面兜剿，以期得力。唐训方所部各军，节经分布蒙城长淮卫等处，临淮兵力既单，军火饷需，在在缺乏，此时他处无可指拨，惟有曾国藩就近尚可勉筹接济，即著该督设法运济。谅曾国藩必能尽力筹措，以顾全局也。

唐训方另片奏，捕获附逆之训导元继曾，当即正法。所办甚是。其知州陈之锜一员，既有侵吞军饷、罔利营私及藉端挑衅等重情，该抚请将所欠饷盐勒限比追，发往军台，不足蔽辜，著即在军前正法，以昭炯戒。淮甸悍俗，遭值寇变频仍，恣睢暴乱之徒及依草附木者，必须重加惩治。其中如有恃符狡展，即著该抚便宜从事，毋稍牵掣，致误事机。其各圩绅董，有能激励奋发、集团助剿者，亦即优加奖劝，俾贼不得肆其诱胁，且使备多力分，以孤其势。僧格林沁回军在即，先声所播，自可令反侧潜消，唐训方定能因势利导也。

正在寄谕间，张之万、毛昶熙奏到余际昌追剿捻匪获胜，及李世玉等剿办直东窜匪，李续焘所带勇丁因病裁撤等折片。所奏总兵余际昌追剿窜鄂捻股，于沙子冈获胜，并将回窜之贼夹击于淮河南北等情形，即著张之万等饬令余际昌与添派之副将孙之友等军并力击剿，尽歼丑类。直东股匪窜扰河北连界，其由成安境内被击东窜，及临漳属境击往东北窜走之贼，仍即督饬参将李世玉等实力剿办，与直东各路官军随时联络兜剿，埽除净尽。李续焘所部湘军，著张之万酌量遣撤。参将张士元所带马勇，即著照所拟，归袁保恒统带赴陈，以资防剿。其防剿机宜，仍著袁甲三妥筹办理。

将此由六百里各谕令知之。

——《清穆宗实录》卷六四，同治二年四月癸巳。

四月十九日

〇上谕

同治二年四月十九日内阁奉上谕：

僧格林沁奏直隶开垦稻田已有成效、请归地方官经理，并前任盐政捐资倡办请奖等语。[1] 直隶自天津迤东至新城一带海河两岸水田，日久荒芜，经僧格林沁等捐资开垦，现届三年，办有成效。此项水田，嗣后即著归直隶总督派员经理，自行报部，以归简易而昭核实。其盐水沽等地亩酌减租米新章是否允协，及上年所收米石是否变价，应作何支放之处，均著刘长佑核明办理。前任长芦盐政宽惠捐资倡办，尚属急公，应得奖叙，著内务府核议具奏。

钦此。

——《咸丰同治两朝上谕档》第13册，第174页。

〇僧格林沁、国瑞奏

叠奉谕旨，饬催臣等督军回顾北路，彼时剿捻正在吃紧，势难速撤，当派恒龄、苏克金先后带队驰回直东剿办。闻河北一带不独贼势披猖，团练亦多跋扈，曾嘱苏克金、恒龄随时察访。四月十五日，苏克金因前次札调，带队到营，臣等面询直东豫三省情形，据称，各股匪徒虽被剿殆尽，而伏莽尚多，团练尤为凶恶，前过德州，已为地方官及团练阻滞，嗣至故城境内，复被团练拥众拦截，多方晓谕，执意不听，且敢开放枪炮，致伤官兵多名，不得已齐队冲压，始行退回。该员询之乡人，贼匪由此经过时，团练曾否截杀，据云闭门未曾出击，其为纵贼阻兵，亦可概见。该员向督臣刘长佑述及，该督亦言洋枪队追贼时，曾被拦阻等语。除饬苏克金及参领常山保仍带队驰回河间驻扎、以顾北面藩篱外，臣等伏思直东团练如此恶劣，降众如此叵测，伏莽又如此之多，实属腹心之患。匪首杨蓬岭于咸丰十一年

① 详见中国第一历史档案馆藏录副奏折，档案号03-4955-102。

冬间曾经投诚，旋即叛去，今被剿势穷，又复乞降，似此反覆无常，终遗后患，且素与宋憬诗同类相契，难保不联为党与，乘机倡乱，应请饬下刘长佑实力清查，如有贼匪余党及恶劣团练，一律慑以兵威，从严剿办，不可再蹈故辙，一味羁縻。即使不逞之徒被拿聚众，苏克金、恒龄等马队亦足合力歼除。总之，痛加剿洗之后，庶民知畏法，方可日久相安，否则大兵一经南下，势必仍肆鸱张，肘腋之患，岂堪设想！

至于苗沛霖复叛，戕官踞城，自应声罪致讨。然剿苗与剿捻不同，不得不谋定后战。查苗沛霖从前带练剿贼，颇经战阵，且素以小仁小惠固结练众，悉成死党，兼之阴谋诡计，狡狯异常，非捻匪专事掳掠者可比。臣等督军南下，必先直东稳固，无后顾之忧，且须仍带马步全队，豫筹饷源粮草，计出万全，始可一意进剿。今直东情形既在在堪虞，淄川、白莲池又负固未下，各军势难遽行抽调。此臣等再四筹画，未敢即行南下之实在情形也。

淄川踞匪，现经臣等督饬兵勇四面围困，用炮轰击，该匪人数不过二三千名，惟城中粮食尚足，是以并力死守，毫无惊惶。臣等虽严督进攻，但兵少勇多，恐难深恃，傥该逆情急出窜，惟有饬马队实力追剿。

其窜匪张守义一股，经翼长舒通额等由宝泉山跟踪进剿，四月初六日追至费县九女关，复将该逆击败，又追杀二十余里，歼毙马步贼匪一千五六百名，余匪窜入白莲池山内。该处教匪复勾结捻匪李城、棍匪刘双印等股，为数愈众，其势愈张。臣等已饬舒通额等带领马队驻扎曲阜，会合驻扎邹郡之步队，探明路径，实力攻剿。

——《钦定剿平捻匪方略》卷一八七，第23—27页。

〇上谕

谕议政王、军机大臣等：

僧格林沁等奏筹画南北军务缓急情形，刘长佑奏遵筹直东豫三省交界地方剿匪事宜各一折。直东各股贼匪，虽经被剿殆尽，而伏莽尚多，且各处团练率多凶恶，前此苏克金带兵路过德州、故城等处，竟被团练拦阻；即直省派出追贼之洋枪队，亦曾被团练拦截。至贼匪由该团经过，但闭门自守，并不出击。团练之设，原以助兵力所不及，似此纵贼阻兵，有名无实，若不从严惩办，必至贻害无穷。刘长佑、阎敬铭身任封圻，责无旁贷，著即严饬所属，实力清查，如有贼匪余党及恶劣团练纵贼阻兵者，即咨会僧格林沁，督饬苏克金、恒龄等马队尽力剿除，毋稍姑息。

杨朋岭诱捡张玉怀，已降旨免其治罪。此等匪徒屡降屡叛，且素与宋景诗相契，难保不暗中句结，仍著刘长佑随时密察，如再有反覆，即按照办理王恩第之法，立正典刑，勿得以受抚在先，稍涉瞻徇。其程顺书等降股，谅该督亦必自有办法。

僧格林沁所陈南北军务情形，虑及直东不靖，大局堪虞，自是老成之见。惟苗沛霖蓄谋已久,势甚鸱张,若不及早翦除,任令句合发捻,将来盘踞愈久,根柢愈固,剿办更难著手。且现在唐训方止能力顾东路,利在速战,而苗逆知我饷绌,计图坐困。李续宜因病难即赴皖,寿州一路,未知鲍超能否赴援。情形万分危急。僧格林沁自应仍遵前旨,将淄川围剿事宜交阎敬铭妥为经理,俟布置已有端绪,各营扼扎稳固,该大臣即反旆南征,行抵蒙亳,酌量进止,殄除巨憝。

刘长佑所奏豫省之内黄滑浚等县与大名最为切近,该处素多土匪,现派大名道祝垲前往,会同河北镇道妥办。即著张之万速饬该镇道督饬各属集团练兵,以期缓急可恃。其与直省毗连之东昌、临清等州县匪巢林立,降卒叛将杂处其间,必须直东两省会商筹办,方免彼此歧异。阎敬铭现赴淄川,不克亲临边境,著即遴委文武明干大员,会同王榕吉,将应剿应抚及一切善后事宜实力整顿,毋误事机。刘长佑仍当不时亲历三省交界各州县,体察妥筹,如有不称职之文武,随时咨商各该抚,分别查参更换,俾疆圉一律肃清,方为不负委任。

将此由六百里各谕令知之。

——《清穆宗实录》卷六四,同治二年四月乙未。

〇上谕

前因苗沛霖叛迹昭著,谕令僧格林沁统兵南下。兹据该亲王奏称,恐督军深入,粮饷缺乏,甚为可虞,请暂缓南行等语。现在皖北发捻各逆交乘,曾国藩所统各军已有接应不暇之势,若再任苗逆得以句结肆扰,则皖事愈难措手。唐训方以饥军支持于两淮之间,情形甚属急迫,历据该抚请饬僧格林沁南下,亦因待援孔亟,得以及早蒇事。本日仍催令该亲王南行,惟僧格林沁饷需由山东等省筹拨,设大军深入,而饷需不继,亦甚可虑。著曾国藩悉心筹酌,或能于盐课等款项下,遇僧格林沁饷项缺乏之时就近接济。唐训方酌饬地方官豫备粮草,以供支用。俾该亲王于抵皖后,无后顾之忧,方能一意攻剿。该大臣等营饷项短绌,朝廷本所深悉,第苗逆一日不除,则于该大臣等办理军务诸多牵掣,曾国藩等身任地方,自能和衷商办也。将此由六百里各谕令知之。

——《清穆宗实录》卷六四,同治二年四月乙未。

〇上谕

传谕山东按察使丁宝桢:

前因苗沛霖复叛,僧格林沁即当统兵南下,谕令丁宝桢迅速赴东,迄今为时已久,尚未据该臬司覆奏。著再传谕丁宝桢,无论行抵何处,即行兼程前进,迅赴山东接印任事,与阎敬铭会商剿匪机宜,俾僧格林沁得以统兵南下,毋得稍涉迟误。

——《清穆宗实录》卷六四,同治二年四月乙未。

四月二十日

〇阎敬铭奏

臣于四月初九日接受抚篆后，正欲起程赴淄，接据聊城等县禀报，东窜之匪由夏津折回，仍在莘冠境内滋扰，十一日由阳谷县境七级地方偷渡运河，经翟家团迎击，互有杀伤，炮队赶到，杀毙贼匪数名，该匪仍向东北奔窜，是夜在聊城境内顾官屯盘踞，十三日窜至东阿境内滑口、铜城，又窜至离黄河十五六里之周家集。臣已饬曹州镇总兵保德确探贼踪，迅由间道绕出贼前，迎头拦截，又咨直隶提督恒龄探踪追击，并令现驻省城之守备张大富一队驰赴齐河、禹城、茌平等处进剿。

又，据泰安府县禀报，四月初七日，教匪窜入泰安等境，旋向蒙费交界之白马关及费县武台等处窜回老巢。又据兖州府禀报，捻棍教各匪合股出窜，十一日贼马百余骑窜至邹县南关，经弁勇迎击，贼分两股，一扑曲阜，一扑东滩店，均由城东马疃一带蜂拥而来。我军分路追剿，由城北与马队会合，向南压下，始将贼匪击败，杀贼数十名，生捻长发贼四名，贼匪大股均回东路。续据泗水县禀报，十三日夜间，教匪大股将离城三十五里之故安寨攻破占踞。臣即饬署运司恩锡迅速调队攻剿，又饬各该府县加意防备。

臣因淄川军务尤为紧要，定于十八日酌带兵勇赴淄，会同僧格林沁妥筹攻剿。

——《钦定剿平捻匪方略》卷一八八，第15—17页。

〇上谕

谕议政王、军机大臣等：

阎敬铭奏赴淄日期并防剿各匪情形一折。淄川挑挖长濠，计可完竣。僧格林沁现拟制造攻具，克期进攻。惟皖北凤阳、寿州等处苗逆鸱张，唐训方兵单饷缺，情形万分危急，叠经寄谕僧格林沁移军南旋，并令阎敬铭速赴淄营接办军务，俾僧格林沁得以及早赴皖。今该署抚已定期起程，著即于行抵淄川后，会商僧格林沁办理。淄营兵少勇多，未能恪守纪律，阎敬铭务当严申号令，以振军心。城内贼粮甚多，势难待其自毙，致稽时日。僧格林沁谅已将攻剿事宜布置妥协，阎敬铭接办后，即可设法进攻，以期早拔坚城。直隶东窜股匪，扰及夏津莘冠阳谷等处，偷渡运河，在聊城、茌平、东阿一带游弋。此股败残余匪，为数无多，阎敬铭现已分饬保德及守备张大富分投截击，并咨恒龄探踪追蹑，著即督饬各路兵勇并地方乡团四面兜剿，务期悉数歼除，毋任余烬复然，再形滋蔓。至捻棍教各匪分途出窜，扰及泰安兖沂各府属州县地方，蔓延愈广，亟宜调集兵团，分路扼截。著阎敬铭即严饬各地方文武认真防剿，并督令恩锡迅筹进攻，以期力埽凶锋，毋许因循延误。将此由五百里谕令知之。

——《清穆宗实录》卷六四，同治二年四月丙申。

○上谕

官文、严树森奏窜鄂捻股暂时肃清、忠逆大股及苗沛霖党均图犯鄂境、见筹布置情形一折。所奏豫捻一股屡经挫败，窜回河南光山、罗山等境；皖捻一股被剿，由广济、黄梅窜走安徽之宿松县境，官文等令提督成大吉由蕲水鼓行而东，跟踪追蹑，并檄总兵穆正春所部驰扎英蕲之间，相机会剿。曾国藩前奏由庐江西窜之发逆与由潜泰东窜之捻股，已在桐城地方会合，由舒城窜围六安，势甚凶猛，并有捻股已至霍山县境。搜获忠逆伪文，所称伪酋股数甚多，计欲分党牵掣皖军，而自率悍贼由舒六英霍疾趋湖北麻城、宋埠一带，分犯汉黄，窥伺荆襄，与窜陕之陈玉城余党联成一片，逆谋凶狡。适值苗沛霖复行叛乱，逼处鄂边，与发捻句结肆扰，鄂省为南北枢纽，自应力筹防剿，以图万全。曾国藩见调鲍超、萧庆衍等军由庐舒进以解六安之围，令道员李榕一军由潜山进以击霍山之捻，并令成大吉回顾鄂疆，彭玉麟、杨岳斌所部各派水师赴鄂，协同防剿。官文等见饬穆正春自巴河抽出所部前赴英山，会合皖军，以剿为防，而令副将王桐柏率所部驻上巴河等处，成大吉扼扎岐亭，舒保马队作为游兵驰骤其间，并罗麻等界之松子、长岭二关，两路口，应山、随州、枣阳、襄樊等处，各派防兵，与内河分防、武汉巴河等处分段巡逻及专防黄郡各水师，均尚布置周妥。

曾国藩所派之水师，王吉一军，即分列阳逻至汉口一带江面，豫为策应之兵，群逆当不得肆其冲突。即著官文等督饬水陆各军严密设防，贼如犯鄂，临时相机联络接应，毋稍疏虞，致令阑入。严树森仍自巴河回驻团风，该处与巴河紧接，尤为扼要，即著随时妥为调度，固守鄂疆，以副委任。皖省群丑接连，逆氛甚恶，苗逆之势复张，僧格林沁自东省移师南下，到尚需时，即抵皖境，亦应由蒙亳一路节节进剿，其六安舒桐蔓连英霍一带贼氛，仍著曾国藩、唐训方迅筹剿击。贼如犯鄂，曾国藩即飞饬各军紧蹑，与鄂省诸军前后合力夹击。

其李云麟之军见守枣阳，一时不能赴陕，而陕南军务极紧，见在发逆狡谋，又有欲由襄汉句连之信，兴汉贼氛尤应及早埽除，前谕骆秉章饬周达武一军由川赴陕，仍著懔遵叠次谕旨，飞饬该总兵拔队星驰迅往汉南，以资剿办。李桓自报由湘起程，许久未接中途奏报，见已行抵何处？即著星速前赴汉中，督率办理，毋稍稽延。

览官文等所奏豫捻被剿窜回光罗等境，方以未见豫军截剿为疑，正在寄谕间，张之万等奏到截剿回窜捻匪、总兵余际昌遇伏阵亡等折片，览奏殊堪悼惜。豫军骤失此将，精锐折耗，亟应收合拊循，以冀军声复振。著张之万即饬张曜暂行统摄余际昌所部，招集散亡，加意抚绥，并与鄂军随时联络，妥筹防剿。此时豫省惟张曜一人，势不能敷调遣，毛昶熙军营副将程禄兴、参将尹嘉宾勇略如何？著张之万、毛昶熙于该二员中酌量任使。金国琛一员，前经谕令毛鸿宾饬令赴豫，本日复寄谕该抚督饬起行，一俟到豫，即责令带兵防剿，以资得力。

将此由六百里谕知官文、严树森、曾国藩、唐训方、骆秉章、张之万、毛昶熙，并传谕李桓知之。

——《东华续录》同治二十一，第61—63页，同治二年四月丙申。

四月二十五日

○上谕

上谕议政王、军机大臣等：

唐训方奏击退大股发捻、凤定肃清一折。据称，苗逆句合发捻，数万之众，分扰定远、凤阳一带，经唐训方饬令道员秦荣等督团防守，副都统克蒙额等分道击贼，于凤阳城外毙贼甚多，游击欧阳胜美等自庐州来援，各率所部，分路冲突，积年巨匪踉跄南遁，已飞咨吴棠等多发侦探，严密防范等语。发捻并犯皖疆，见经唐训方派集兵练，以剿为防，逆股悉数败遁，凤阳、定远一律肃清，临淮复臻稳固，洵属调度有方，深堪嘉尚。所有尤为出力之马步兵练，均准其择尤保奏，藉资策励。其张总愚，程三、程四老砍等股败捻，绕由怀远之考城、下洪地方并入苗党，深恐凶焰更炽，著该抚饬令前敌各营实力剿防，毋稍大意。至匪众南遁，势必遁入巢县，而零星股匪分走定远之明光、池河等处，或绕盱眙，或回江浦，俱不可定。著曾国藩、都兴阿、富明阿、吴棠严密侦探，督令在防各将士认真击剿。李世忠虽不能十分出力，仍当暂为羁縻，俾为我用，并著曾国藩等饬知该员固守地方，遇贼即击，勿任寇氛肆扰。该逆如犯江北，都兴阿等务当认真剿洗，勿稍疏虞。临淮饷绌兵单，唐训方前此击败苗逆，此次复痛剿发捻，均已不遗余力。惟大敌屡临，支持不易，曾国藩素顾大局，当妥为兼顾，以期得力。吴棠近在清淮，兵力尚可分布，并著随时筹商调派，不得稍分畛域。僧格林沁所派赴皖之马步各队，当已渐次到营，著唐训方妥为调度。该抚前已授为安徽巡抚，地方军务责任綦重，务须慎益加慎，以保皖疆。将此由六百里各谕令知之。

——《东华续录》同治二十一，第76—77页，同治二年四月辛丑。

四月二十七日

○上谕

同治二年四月二十七日内阁奉上谕：

前因多隆阿奏，副都统祥恩寄顿胜保资财，该将军派员往查，祥恩辄将委员捆殴，当经降旨将祥恩革职查抄，交多隆阿严讯。复因僧格林沁呈出郎中何恩寿信函，有道员戴鸾翔贪鄙奸诈、□恶助虐等语，一并交多隆阿审讯。经多隆阿奏请，将该员革职，归案审办。嗣据多隆阿奏，屡经研讯，该二员坚不吐实，因军务方殷，请解部严审，复经谕令将该二员就近押赴山西，交爱仁、王茂荫秉公讯办。兹据爱仁等奏称，查明祥恩等被参各款均讯无实据，惟祥恩于协领同庆等查起胜保寄物，并不细询来历，辄因口角细故，将笔帖式安成殴伤。戴鸾翔奉委劝捐，并不善为经理，因前任卫千总童维即童登魁书捐过少，辄将其捆缚两手，交县看押；又因西安县代雇骡驮短少，将县役棍责，实属任性妄为。业已革职，应毋庸议等语。已革副都统祥恩、已革道员戴鸾翔，久在胜保军营，最为亲信，该革员等非但不能匡正胜保，复敢凭藉威势，肆行无忌，虽被参各款讯无实据，而殴打委员、捆押捐户、棍责县役，种种妄为，其平日之倚势作威已可概见。况戴鸾翔未至胜保军营以前，久已声名狼藉。以上二员，仅予革职免议，不足蔽辜。祥恩、戴鸾翔业经革职，著永不叙用，均著发往军台效力赎罪，以昭炯戒。

钦此。

——《咸丰同治两朝上谕档》第 13 册，第 189 页。

○上谕

曾国藩奏官军苦守力战，石涧埠、庐江等处先后解围，并历陈江西、皖南援剿情形；都兴阿等奏各路军情吃重、分饬水陆各军严密布置各折片。逆酋李秀城率党围扑石涧埠营盘，经毛有铭等会合彭玉麟水师并力夹击，荡平贼垒，立解重围。其窜扑庐江、六安州等处之贼，该文武员弁且守且战，叠获胜仗，贼遂解围而遁。剿办尚属得手。惟伪忠逆自六安解围下窜，据都兴阿等奏，苗逆纠同发逆，诈称数十万，已由滁州窜至天长之玉兴集，仪邑西北乡居民纷纷震恐，与曾国藩所奏，或称其图犯扬州里下河，或称其纠合苗党、窜扰滨淮各属之语相合，是其窥伺扬防、图窜里下河一带已无疑义。现在淮扬两郡防剿正当吃紧，著都兴阿、富明阿严饬水陆各军，整肃队伍，相机迎剿；并著吴棠仍遵前旨，檄饬蒋坝衡阳高宝等处守将认真扼截。淮扬唇齿相依，都兴阿、富明阿、吴棠务当不分畛域，互为策应，力保完善之区，俾该逆无隙可乘，方为妥善。

李显发驻扎六合，并不力筹堵御，竟欲亲往里下河查办游勇，实属不知缓急。著曾国藩速行札饬李世忠，迅将李显发调回，固守六合，毋稍疏懈；并责成李世忠就近调派勇队，遏截贼匪东窜之路，毋得意存观望，自取咎戾。

鲍超现由庐州追击忠酋，著即饬令该提督会同刘连捷等进攻巢县，迅拔坚城。寿州粮缺兵单，万分危迫，该大臣当严檄蒋凝学等军星夜驰援，克期赶到，俾免疏虞。僧格林沁现因围攻淄川，功在垂成，未便撤围南下。虽据该亲王驰奏，一俟淄川克复，即督率全部回剿苗练,而此军何日可以南下,究难豫定。成大吉业已由鄂旋皖,计日可抵寿州,该提督熟习苗练情形,著即先行檄饬成大吉、蒋凝学、毛有铭会师进讨。其蒙亳一带,并著唐训方督饬将弁妥筹援应,毋稍大意。李续宜已由水路北来,行将抵鄂,该前抚受恩深重,著曾国藩飞催前进,迅速抵皖,毋再迁延。

皖南之贼,时思窜扰江西,虽经刘典、王沐等军埽除黟祁贼匪,而贼之窜往鄱阳者,已由枧田街近逼浮梁。且昨据沈葆桢奏,建德踞贼恨彭泽县九都团练之悍,以大股分路猛扑,民团为贼所乘,退至西河扼守,现因饶防危急,不能分兵往援。是江省防务,饶九均形吃重。曾国藩现调李榕一军由北岸驰赴建德,著即酌度机宜,将此军就近调赴彭泽,攻剿窜匪,俾该县民团不至溃败,则士气益坚,边防可期稳固。惟该大臣酌量迅速办理。

镇江军务,昨据冯子材具奏,与都兴阿所奏略同。该将军务当随时严檄上下游水师认真防范,备豫不虞,并咨会乔松年将沿江团练实力整顿,以壮声势。

正在寄谕间,据李鸿章驰奏克复昆山新阳县城、捡斩逆匪殆尽一折。昆新一城为苏省东面切近门户,现经官军克期攻拔,捡斩逆贼至数万之多,苏城踞贼自必闻风丧胆。且据曾国藩奏,探悉忠酋有回救苏城之说,亟宜乘贼情惶恐之际,迅速进攻。著李鸿章督饬程学启等速移得胜之师规取苏城,力图克复,俾渡江之贼回顾巢穴,不敢肆意分窜,则淮扬一带防务可期稍松。现在我军乘胜之余,宜先由何路攻取,最操胜算之处,著该抚妥筹,迅速办理。李鸿章另片奏,请将俞斌所抄家产发还变卖,令其缴足罚款等语,著照所请,所有抄过俞斌产业,准其发还,勒令自行变卖,将应缴之款赶紧如数呈缴。如缴不足数,或任意迟延,即著从严参办。李鸿章请将新复之太仓等州县漕粮豁免等语,已特颁谕旨,将本年漕粮一体豁免矣。该州县居民叠遭蹂躏,困敝不堪,全赖良有司加意拊循,随时安集,并著曾国藩、李鸿章慎选牧令,绥辑地方,俾流民不至失所,以副委任。

将此由六百里各谕令知之。

——《清穆宗实录》卷六五,同治二年四月癸卯。

五月

五月初一日

○阎敬铭奏

查山东各营兵饷积欠至两年之多,操练遂废,偶遇调发,无非随时凑集,募替游手好闲者充数应调,将不习兵,兵不习将,驱之御贼,瑟缩溃散。贼骑长驱,官兵非逃即退。此营制之坏、兵不可恃也。

如此兵不得力，势惟募勇，而又无带勇之将及能练勇之人，招募乌合，队伍不齐。降众如宋憬诗等皆令带领大队，跋扈横恣，莫敢谁何。饷糈偶缺，强者持械围闹，弱者弃营散走，甚至剽掠居民，比贼尤甚。并有与贼暗通消息，临阵对语，挟制官军，无所不至。此招募之坏、勇不可恃也。

又，如此兵勇，均不能御贼，势惟借助民团。数年来藉团啸聚、率众抗官者，所在林立，美其名曰暂事羁縻，考其实则自甘聋聩，强凌弱，众凌寡，抗纳钱漕，武断词讼，敛财聚众，有联合数县或十数村庄者，良善涂炭，强霸横行。此团练之恣肆、民不可恃也。

又，如此是则山东情形厝火积薪，势已岌岌，而尚不至一时蜂起，全赖僧格林沁督兵出入东省，声威所至，良足以寒贼胆而作人心。臣窃谓僧格林沁部下各军，除苏克金、恒龄两军分拨河间等处，已属无多，其合围淄川各营，半系山东本营暨招募之勇，只以震慑僧格林沁军威，尚知敛戢，然皆不习纪律，不同心志，战守毫无可恃。

臣仰蒙圣恩，授以疆寄，自应力加整饬，只因到任甫及半月，一切均未周知，而骄勇疲兵、强团降众环布于各州县属，且苗逆既经蠢动，东省降众未必无与之通者，傥乘新旧交替及僧格林沁大兵南去，盗贼生心尝试，事变（狡）[猝]来，臣实无可措置。伏祈皇上俯准僧格林沁暂时留东镇抚，一面密谕曾国藩、李续宜、唐训方、吴棠通筹全局，如果兵力足制苗练，即为捣穴擒渠之计；傥有未逮，务宜各路派兵牵制该匪，勿令旁窜。一俟直东之事稍定，僧格林沁带兵南下，再图大举。

——《钦定剿平捻匪方略》卷一八九，第1—3页。

○上谕

谕议政王、军机大臣等：

阎敬铭奏沥陈东省兵勇民团积弊、请暂留僧格林沁驻扎以安反侧而靖人心一折，另片奏恒龄、苏克金两军实为直东一带必不可少之劲旅等语。所奏自系实情。惟皖北发逆方炽，张落刑余党未尽歼除，加以苗练踞邑戕官，蔓延句结，曾国藩大有应接不暇之势。且李续宜抱病北来，日久尚未抵皖。唐训方兵饷两绌，止能固守临淮。曾国藩现虽檄调成大吉等驰援寿州，能否解围，尚难豫定。即或南路攻剿得手，又恐该逆乘虚由蒙亳一带北窜。以现在贼势而论，南北均形吃重，亟应缓急兼权。僧格林沁惟当仍遵前旨，先将淄城攻拔，翦除巨憝，再行赴皖，期与楚师南北兜剿，共图苗逆，庶不至有后顾之忧，而又不可旷日持久，为淄川一城牵掣兵力，以致顾此失彼。阎敬铭平日颇能实心任事，现在既膺重寄，责无旁贷，亟宜振刷精神，拣任贤能之员，将该省兵勇团练诸积弊次第整顿，俾军务吏治日有起色，方为不负委任。刘长佑有督办三省剿匪之责，所有直东毗连州县各股匪，该督当不分畛域，督饬员弁越境会剿。其孤山屯聚教匪，据阎敬铭片奏，总兵黄国瑞督军进剿获胜，即著阎敬铭速饬该总兵乘胜进捣贼巢，肃清余孽。另股匪首张广得被剿穷蹙，率众乞降，既据奏称准其暂留保德军营以观后效，仍著该署抚留心密察，如果稍萌异志，即行拿办。杨朋岭、程顺书自就抚以来能否真心反正，并著刘长佑严密侦察，毋贻后患。

本日据王拯奏，降贼宋景诗于昌邑、莘县、临清、聊城四州县村庄竖伊旗号，勒取麦石，心甚狡而谋甚大，请密饬刘长佑计调来营、及早诛戮等语。宋景诗自陕逃归，沿途骚扰，近复招集党与，专与团练为仇，其心本属叵测，若不早图，必为直东巨患，著僧格林沁、刘长佑、阎敬铭体察情形，妥筹办理。原折著钞给阅看。

又据御史富稼奏，风闻直隶大城县有总保长名目，包办合邑差徭，从中侵肥欺索，请饬详查惩办等语。著刘长佑逐一查察，如各州县实有前项情弊，速行裁汰，并将该地方官严参惩办。原折著钞给刘长佑阅看。

将此由六百里各谕令知之。

——《清穆宗实录》卷六六，同治二年五月丙午。

〇上谕

东省兵勇，率皆招募乌合，并无得力之军，而降众叛卒杂出其中，通贼扰民，挟制官长，实为心腹之患。民间藉团啸聚，率众抗官者，所在林立。此等情形，久为朝廷所深悉。惟因苗逆猖獗，不得不移缓就急，屡谕僧格林沁督兵南下，冀得及早蒇事。第东省情形如此，刘长佑虽久在行间，而甫经到任，或民望未孚；阎敬铭本不知兵。设该亲王南征，直东匪势复张，不无后顾之忧。且所统马队冒暑南行，于天时地利均不相宜，实为兵家所忌。因谕知该亲王，俟淄川克复再行南下。惟苗逆盘踞长淮，唐训方督兵进剿，前已获胜，并将发捻大股击退，于剿办极有把握，仍著督饬将弁，随时相机攻剿，毋稍松劲。曾国藩已调蒋凝学等军会援寿州，共讨苗逆，并著严饬各军合力会攻，不可专待僧格林沁之军，致有贻误。吴棠调派陈俊家等炮船五十只，驰赴临淮五河，是湖防已臻周密。宿州一带，仍著饬令姚广武随时侦探，严密防范。其太和、颍上均与豫省毗连，张之万身任疆寄，责无旁贷，务当抽调重兵，妥为扼截。并著曾国藩、唐训方设法拦堵，毋令苗逆西窜。豫省得力之将甚少，恐不足以御巨寇也。李续宜为苗逆所畏服，该前抚现虽患病，但能镇抚调度，即可制其骄悍之气。前经叠次谕知曾国藩催令赴皖，该前抚谅已接奉前旨，即著兼程前进，会商剿办苗逆，以副委任。阎敬铭原折，均著钞给阅看。

吴棠另片奏，总兵黄国瑞孤山剿匪获胜等语。东省教匪恃险负嵎，必当埽其巢穴，小胜未可深恃。著吴棠饬令该总兵会同兖军迅速进攻，以期及早肃清，用靖地方。

将此由六百里各谕令知之。

——《清穆宗实录》卷六六，同治二年五月丙午。

五月初三日

〇袁甲三奏

叠接安徽按察使马新贻来信，知苗逆围攻蒙城，经官军击败后，添调贼队，滚营进抵城下。臣查蒙城逼近苗逆老巢，该处不失，苗逆必不能肆出滋扰。万一稍有疏虞，进剿更难著手。应请饬下僧格林沁倍道往援，直捣蒙城，内外夹击，必易得手。傥稍迟时日，该逆合围既定，拨兵虽到，急切难以攻入，城中粮尽，不堪设想矣。并闻前次投诚各捻匪，近以堵苗为名，纷纷装旗，其心叵测。又据探报，南路回窜之匪已至沈邱县城西南一带，贼势甚众，窥其所向，似欲乘僧格林沁未至，由阜太抢渡沙河，窜归亳州老巢。非僧格林沁赶紧南来，恐已投之众与思归之贼勾结为乱，又不但苗逆猖獗已也。

——《钦定剿平捻匪方略》卷一八九，第10—11页。

〇上谕

谕议政王、军机大臣等：

袁甲三奏遵筹团练备御及豫省兵力不敷防剿、现闻蒙城危急等折片，并袁保恒奏遵旨留陈帮办团练、恳请免赴军营一折。袁甲三以接奉前谕，因苗逆猝叛，陈州切近皖疆，饬令号召乡团速为备御，并以袁保恒应遵前旨，留陈郡帮同办理。自陈病体支离，现将团练办法饬令伊子袁保恒会同地主官绅实力整顿。惟豫省兵力不敷分拨，近因余际昌战殁，张曜等亦调赴南路，不能派往太和，东路空虚。苗沛霖占踞颍上、正阳以后，分围蒙寿，若令得逞，势必分路以窥汝宋，而陈州均当其冲。中州地多平衍，贼骑每多于官军数倍，请调东三省马队助剿，并称现在蒙城为苗逆围攻甚紧，应请令僧格林沁倍道往援等语。僧格林沁叠经谕令返旆南征，该大臣以目击直东现在情形，北路之患，有更紧切于南方者。昨经阎敬铭奏恳谕留僧格林沁暂缓南征，所见亦同。当经谕令速将淄川攻拔，翦除巨憝，再行赴皖。该大臣全局在胸，谅不至为淄川一邑，久滞南征。第淄城攻克尚未有期，直东群匪办理情形，亦尚未布置周妥，难即督军赴皖。苗逆鸱张，本为巨患，唐训方惟有懔遵前旨，拊循激励各路兵团，督令蒙城、寿州文武竭力战守，毋稍疏虞。豫省东路归陈一带，仍著袁甲三与张之万等妥筹防剿。张之万前奏，参将张士元所部马勇归袁保恒统带赴陈，其应如何布置情形，仍著袁甲三妥筹办理。豫省兵力本不为厚，将材尤乏，金国琛一员，节经谕令官文等饬令即速赴豫差遣，仍著督催前往，由张之万酌量委任。其李续焘之军，业经豫省遣撤回楚，著官文等于该员行经鄂省，酌度情形，如可留为鄂省之用，即著另拨一军赴豫，派得力之员统带，以资调遣。吉林、黑龙江官军调发过多，势难再行檄调，并著官文、严树森于鄂省马队酌调若干赴豫，俾利驰逐。昨据巴扬阿奏，荆州旗营现存马八百余匹，均尚膘壮，鄂省马队，尚有舒保等军足资分布，如荆营马军可以拨调豫省，亦为径捷。即著官文等酌量调派，一面奏闻。张之万与袁甲三、毛昶熙均当各就豫省兵团力筹战守，不得专待僧格林沁南征及他省拨兵，致滋贻误。僧格林沁仍当将直东大局赶紧筹办，一有就绪，即行恪遵前旨，返旆而南，毋为淄城一处久稽时日，以致苗逆势愈滋蔓。至已降之众及南归之匪，均有句结之意，而僧格林沁势难即行南下，袁甲三、张之万、毛昶熙、唐训方当迅速设法，分别安抚截剿，不可任其自然，致增贼焰。袁甲三片著钞给僧格林沁、唐训方、张之万阅看。袁保恒现在陈州帮办防剿，一时暂缓前赴军营，嗣后陈郡防剿事势渐纾，各路如有应行调遣之处，亦应力图报效，正不得拘守常例，以不忍夺情及侍疾等词，遂忘臣子墨绖从戎之义也。将此由六百里各谕令知之。

——《清穆宗实录》卷六六，同治二年五月戊申。

五月初四日

〇唐训方奏

续据马新贻禀报，英翰折回蒙城后，连日筑营进剿，突有韩村奸民勾引苗党李化东、孙梦卜等马步千余人，启门入寨，英翰带队往剿，小有斩捻。讵自山东逃回马贼千余，又被苗逆勾结，归并韩村寨内。该逆麇集益多，剿办更为棘手。日内接僧格林沁来札，尚无起程日期等语。臣愚以为，马队利于野战，难于攻城，与其以剽悍之铁骑羁于淄川，莫如趁此蒙城尚存，僧格林沁刻日督师南下，可以捣穴捦渠。不然蒙城一失，则颍亳蒙宿各圩势必尽并于苗，又辅以张总愚、程三老砍及李城等股捻匪，恐占地日宽，蔓延日广，彼时僧格林沁即返旆南征，亦必难于收拾。臣已飞饬马新贻坚守待援，并饬地方官购备粮草，专待僧格林沁军到，妥为支应。相应仰恳天恩，饬下僧格林沁迅速由蒙进剿，以维大局。

——《钦定剿平捻匪方略》卷一八九，第16—17页。

〇上谕

谕议政王、军机大臣等：

唐训方奏蒙城、寿州及怀远击贼获胜、收抚宿州捻党，蒙宿军情紧急、仍请饬僧格林沁回皖剿办各折片。张之万、毛昶熙奏击退张冈外援之贼、追剿大股捻匪逼回皖境、攻克方寨等处各折片。僧格林沁目击直东巨患未清，不能即行督军回皖，非但为围攻淄川一城。而淄城现已合围，其势亦难遽撤。且以北方马队官兵，值此盛夏，触热南征，天时地利，均非所宜。叠经寄知该大臣督抚等，谕令僧格林沁之军速将淄城攻克，直东全局办有就绪，再行返旆而南。此时皖省发捻交乘，及苗逆鸱张，唐训方务当督饬各军固守蒙寿，力图怀远，与曾国藩所部皖北诸军联络策应，勉力撑拄。寿州固守危城，犹能出击，并令团练分壁城外，攻破贼营，现在蒋凝学与毛有铭两军赴援继至，寿城当可无虞。蒙城被围较紧，颍州守英翰等亦尚能出战，袭夺贼之营垒，攻破贼踞穆家圩及张蔡两圩。怀远踞贼，经官军苦战，大加剿创。唐训方激励将卒，均能争先用命，力挫凶谋。仍著督率各军，齐集团练，进规怀远，以力保东路。临淮水军单薄，速将所调清江戈船催提前来，以厚兵力而资备御。山东遁回宿捻，既经英翰招抚，蒙城之南一带，亦因张、蔡等圩攻克，不敢复有显然从逆。其附苗之韩村及并入韩村之李城余党，仍著相机剿抚兼施，毋任苗逆肆行句合，以孤贼势。据唐训方奏，鲍超、萧庆衍两军业已攻克巢城，是皖北逆匪之势少衰。巢县与蒙城相距非遥，现在蒙城被困，力难久支，僧格林沁之军急切不能赴援，著曾国藩酌度情形，饬令鲍超等军于怀蒙等处，择其何地尤为紧要，相机策应。曾国藩与唐训方于皖省军情均责无旁贷，惟有通筹竭力办理。山东臬司丁宝桢一军，自湘新募成军赴东，计已在途，如应移调赴皖，即著于该员行经豫省时截留，由豫东汝颍一路径趋皖北，以资调遣，曾国藩、唐训方与张之万等咨会办理。僧格林沁所派之施绍恒等队计当到皖，著唐训方即饬赴援蒙城，当可得力。

张之万所奏截击张冈外援之贼，并救应正阳、息县各民寨，尚为得手。著即与张曜饬令吴元炳、赵鸿举等与王文行各军，将张冈贼巢攻拔，埽除汝南埠等余孽。其由沈邱、新蔡追击出境之捻股，并著督饬保英、尹嘉宾等马步越境追剿。太和、固始一带，均与蒙颍毗连，张之万等尤当饬令防剿各军，与皖省之兵联络声势，相为接应。方寨、黄寨及大小张寨攻克，戕害余际昌之贼张振全业经捡戮，出力官绅人等，准张之万等择尤保奏。

将此由六百里各谕令知之。

——《清穆宗实录》卷六六，同治二年五月己酉。

五月初六日

〇上谕

同治二年五月初六日内阁奉上谕：

前因僧格林沁奏，前任长芦盐政宽惠捐资倡办直隶开垦稻田，请给与奖叙，当交内务府核议具奏。兹据奏称，前任长芦盐政宽惠之父明伦，前在织造任内，欠交皮张、参斤变价等项银一万四千两零，今宽惠捐输银八千两，可否移奖该员子弟，抑或抵作伊父欠交银数，请旨遵行等语。宽惠捐输银两，著准其于伊父明伦欠交银数内抵免八千两，其余欠交银六千余两，仍著饬令赶紧措交。

钦此。

——《咸丰同治两朝上谕档》第13册，第203页。

五月初七日

〇上谕

上谕议政王、军机大臣等：

都兴阿等奏贼扰天长、防剿获胜并水陆堵剿、李显发复回六合各折片，吴棠奏剿逆获胜、留船防湖暨宿南军务、驾驭李世忠情形、请将尹作宾免遣留营各折片。大股逆匪由来安窜围天长，复纠合捻匪麇聚于天长各路，经都兴阿等派兵往剿，在金家集等处接仗获胜。其由小河口抢渡之贼，亦经吴棠派防水陆兵勇叠次击退。惟逆数众多，凶焰甚炽，意在攻扑仪扬，窜赴里下河。都兴阿等务当督饬将士严密设防，毋任窜越，以期力保完善。并著吴棠严饬水师将弁力扼小河口等处，以固湖防。其邵伯等处及下游水师布置防守均尚妥协，仍著都兴阿等饬令管带水师各员严加防范，毋稍疏忽。李显发前赴扬营谒见都兴阿等，极言并无纵放勇丁情事，是李世忠之令该副将赴里下河查拿游勇，其心尚知愧励，见经都兴阿等谕令折回六安防守。因兵勇饷源无出，拟在仪邑泗源沟及瓜(州)[洲]七濠口地方设立厘卡，稍资接济，自系实在情形。惟任其设立厘卡，必致作威倚势，层层剥削，苦累商民。然不准其设卡，则必须设法拨给月饷若干，方免为所藉口。著吴棠即行妥筹，酌核办理。见值粤苗各逆鸱张，李世忠既可激励，使为国家效力，自当妥为驾驭，不可令怀疑贰。吴棠所奏不为无见，该漕督务当加意笼络，并著都兴阿等一律办理，不宜另生嫌隙。僧格林沁见攻淄川，未能即行南下，所有宿永等处扼剿苗逆事宜，仍著吴棠督饬姚广武，就见有兵力实力防剿，毋得专待援兵，致滋贻误。已革游击尹作宾打仗奋勇，并随克孙疃，著有劳绩，著准其暂免发往新疆，留于吴棠军前效力赎罪，仍著吴棠察看，如不能得力，即行起解，毋稍姑息。将此由六百里各谕令知之。

——《东华续录》同治二十二，第16—17页，同治二年五月壬子。

五月十二日

〇僧格林沁、国瑞奏

查淄川贼匪刘德培负嵎死守，经臣等督饬挑挖环濠，设立营垒，并用炮轰击城垣，已有缺陷之处，遂督饬各军于五月初七夜间进攻，该逆拌命坚守，枪炮甚密，兵勇攻扑多时，未能抢进，实因各营兵少勇多，不谙纪律，以致急切未下。现仍督令设法攻取，以期及早蒇事。

至邹县教匪，经翼长舒通额等督队防剿，四月二十一日诱贼出山，伏兵抄击，鏖战三时之久，贼始败退，追杀二十余里，毙贼一千余名，生擒悍贼三十五名。总兵黄国瑞于五月初二日派参将张从龙等往凤凰山进攻，东南两面密令马步在山坳要路设伏，该总兵自带小队直抵白莲池贼圩东门诱敌，棍匪头目刘双印等在圩内抵拒，复突出马步贼五六千人，另有贼匪数千在山顶接应。该总兵诱贼于四五里外，即遇副将郭宝昌等伏兵接战，我军列仗回攻，贼仍抵死不退。适参将康锦文等带同豫伏马步翻山接应，该总兵复由小路上山督队，截贼队为两段，歼毙数百名，生擒匪首刘双印，余匪狂奔，天晚收队。

据刘双印供称，情愿暗招匪党，作为内应。查刘双印怙恶已久，自应明正典刑，惟该逆余党尚多，且白莲池西路不易进攻，似宜将计就计，先将该犯解交滕县监禁，暂缓处死，饬令设法通知余党，暗为内应，以便相机进取。现札黄国瑞探明路径，与舒通额等联络夹攻，迅图扑灭。

再，探得宋憬诗筑围自守，收留各股余匪及遣散降众，屯聚该圩，谋为不轨，自应赶紧剿除，以绝后患。臣等前派翼长苏克金带队驻扎河间，又有恒龄所带马队，如果宋憬诗被剿他窜，当足会剿，业经密咨直隶总督刘长佑派拨官兵，定期知照恒龄、苏克金，以便会合兜剿。并请饬下刘长佑，将宋憬诗一股速筹剿办，以便臣等抽调恒龄、苏克金两军统带南征。

又，据峄县知县张振荣禀称，四月十一日，有马贼二三百名由滕县窜入峄境西南，飞奔韩庄，假充官兵，渡河南窜，当经臣等札派佐领讷莫津等，带领各勇前赴徐宿追剿。旋接吴棠函称，该捻逆沿途并未抢掠，窜向宿州一带，多已薙发反正，经吴棠饬总兵姚广武酌办。谅此股败匪当不至勾结为患。臣等拟俟直东稍平，即当统军南下。

——《钦定剿平捻匪方略》卷一八九，第36—39页。

〇僧格林沁奏（节录）

……奴才僧格林沁查前任云南提督傅振邦，曾在南路军营办理军务，嗣因告病，回籍调理。该员系山东莱州府人，奴才到淄川后，查询该员病已痊愈，现调来营，面询军务情形，颇为熟谙，且查其年力尚强，堪以驱策，可否请旨，将前任云南提督傅振邦留于奴才军营，以资差遣……

——录副奏折，档案号03-4714-026。

〇上谕

谕议政王、军机大臣等：

僧格林沁奏进攻淄川、剿办邹县教匪获胜、生擒刘双印及查探蒙城军务，并恳将傅振邦留营等折片。又，阎敬铭奏遵派大员办理东昌搜捕安抚事宜及恳留王继庭、曾逢年各折片。淄川督攻未下，山东省各军兵少勇多，不谙纪律，积习殊堪痛恨，即著僧格林沁严加督饬，期与各营官兵奋力进攻，迅速蒇事。邹县教匪，经各路官军扼扎进剿，东西两路均获胜仗，并将匪首刘双印生擒，办理尚为得手。黄国瑞勇往向前，实堪嘉尚。仍著僧格林沁督饬该总兵探明路径，与舒通额等联络声势，迅速进攻，务将白莲池、凤凰山贼巢攻破，痛殄逆氛。

刘双印罪大恶极，屡降屡叛，自应明正典刑，惟既据僧格林沁奏称，该匪首自供，情愿暗招匪党，作为内应，如果于事有益，自可暂缓其死，即饬黄国瑞及滕县地方官，责令赶紧设法妥为办理，如该大臣前在蒙亳所办，甚合机宜；若仅系该匪首暂求免死之计，其言未必的实，即著将刘双印军前枭戮，以快人心而作士气。宋景诗不轨情形，亟宜早为扑灭，朝廷早有所闻。兹据僧格林沁所奏，实难再事羁縻，以致养痈成患。现在直东各匪既已剿抚兼施，渐就平定，著刘长佑乘此声威，派拨官兵，迅即知会恒龄、苏克金等军，定期会合，将宋景诗股匪实力进剿。苏克金由河间一路进兵，自可兼顾北路之防。其直东毗连各境，应即如何严密设防，毋任奔突，著刘长佑妥筹布置，毋稍疏忽。如该督接奉前谕，能将宋景诗等设法捡诛，不烦兵力，更为妥善。仍须将其死党痛加剿洗，胁从之众妥为解散，以清遗孽。直东地方渐就清理，计其时亦近秋凉，僧格林沁即可返旆南征。

苗逆巨患未除，唐训方等兵力甚单，饷糈尤为奇绌。僧格林沁前由皖省北行，既已拨给唐训方饷银万两，将蒙城、亳州粮食拨给马新贻，以资食用，兹复将归德存粮拨给。又恐皖省团练降众备粮自效，未能久持，行令河南省于应解该大臣军饷内拨银一万两，解赴蒙城，交马新贻激励降众，实力防剿，以待统兵南下。实属公忠体国，大局通筹，不遗余力。

翼长舒通额等，在九女关追剿张守义等窜匪，马贼数百名窜回宿州，薙发反正，是否可靠，严饬总兵姚广武及该地方官悉心体察，毋稍疏懈。阎敬铭所派署臬司呼震与总兵保德，办理东昌搜捕、安抚各事宜，即著严饬该员等认真办理。僧格林沁及阎敬铭所请留营之提督傅振邦、降调知府王继庭，均著准其留营差遣。曾逢年著准其带印在营，俟克淄川后，再将登州镇印交李懋元接受任事。

将此由六百里各谕令知之。

——《清穆宗实录》卷六七，同治二年五月丁巳。

〇上谕

僧格林沁奏蒙城饷缺，现咨河南巡抚拨给军饷等语。苗逆倡乱长淮，肆行煽惑，而该降勇团练等均能备粮自效，甚属可嘉。惟此项勇粮，若竟日久由投诚各圩摊派，殊不足以示体恤而安降勇之心，且恐日久力有未逮，一经煽诱，难保不复形反侧。著唐训方饬令马新贻等体察情形，相机办理。其蒙城战守事宜，务当加意防剿，一俟僧格林沁大军南下，即可收并力夹击之效。此次僧格林沁所拨蒙城饷银，实为顾全大局，遇事求济。即著张之万于豫省应解该大臣军饷内，赶紧拨给银一万两，派员解赴蒙城，交马新贻收放，以济急需。该抚务当迅筹现款，克日委解，毋得稍分畛域。将此由六百里各谕令知之。

——《清穆宗实录》卷六七，同治二年五月丁巳。

〇僧格林沁等奏（节录）

……查奴才等军营马队□□弓张，因经年征剿，均□残缺，不敷应用。原拟于济南府济宁州等处购办，不特一时不能齐备，且筋膘制法亦不如式，难资适用。可否请旨饬下武备院，择其五力以上战弓一千张，均带皮弦，派委员弁，务于六月以内解送奴才等军营，以资应用……

——录副奏折，档案号03-4794-009。

〇实录

拨武备院战弓一千张，解往钦差大臣僧格林沁军营备用。

——《清穆宗实录》卷六七，同治二年五月丁巳。

五月十四日

〇张之万奏

皖省毗连豫界，各州县巨捻林立，骑贼剽疾异常，我军步队纡徐，何能抵御？张总愚、程大老砍等股，闻在亳州境内装旗，如僧格林沁一军南来较速，或可早图扑灭，否则前此降众复为煽动，必思仍窜豫垣。顷据光州、固始两州县禀称，前由楚窜皖之捻，勾结发逆，纷纷回窜豫省，张冈甫经合围，又须分兵迎剿，胜负不敢逆料。目下豫省额设马兵久无一马，即使有马，非大加训练，亦与现有之马勇同属无用。屡接河北探报，知近畿一带逆匪渐次荡平，直隶所调马队较多，似可少为分拨。合无仰恳天恩，饬下亲王僧格林沁、直隶督臣刘长佑，将现留东三省马队酌拨四五百骑，迅派得力将弁管带来豫，以期痛埽逆氛。

——《钦定剿平捻匪方略》卷一九〇，第3—4页。

〇上谕

谕议政王、军机大臣等：

张之万奏河南亟需马队、请酌拨以利进剿一折。据称，由楚窜皖之捻句结发逆，众逾二万，已纷纷回窜豫省，胜负实无把握，请饬僧格林沁、刘长佑将现留三省马队酌拨四五百名来豫各等语。所奏尚属实在情形。僧格林沁督师东省，马队本不敷分拨，恒龄、苏克金亦各带所部到直，更以分而见单，何能轻议抽调？惟河南军情正在吃紧，闻亳捻又纷纷装旗，窃恐仍窜豫境，光固一带捻踪麇至，若无得力马队追剿兜击，势必任令长驱，日益蔓延，为患诚非浅鲜。直省现就肃清，有恒龄等所部马队已足防剿之用，成保、萨萨布所统京营马队尚称精壮，惟未久经战阵，以致不能即成劲旅。此项京兵，素为僧格林沁所深悉，若隶该大臣军营，俾得历练行阵，学习营规，足备折冲之选。即著刘长佑审度情形，将成保等所部马队酌拨数百，驰赴山东，以便僧格林沁于得力马队内抽调数百名，派员统带，发往河南，交张之万调遣。如此一转移间，于直东两军尚无妨碍，而于豫省大有裨益。该大臣等素能不分畛域，即著通筹大局，会商办理。张之万原折，均著钞给阅看。将此由六百里各谕令知之。

——《清穆宗实录》卷六七，同治二年五月己未。

五月十五日

○唐训方奏

据马新贻禀称，近日察看蒙城贼情稍懈，商令总兵王才秀等出城攻击，遂于四月二十四日先派勇目宋澧沅等带所部马勇出西门，绕至南门排列，以缀南路之贼，令王才秀等出北门攻沿河贼营，徐鹌等攻正东贼营，游击施绍恒、参将李南华等攻东北、东南两路，分投并进。该逆仓皇失措，我军乘势跃过长濠，抛掷火器，延烧贼营。徐鹌等急督勇练冲入，连刃悍贼多名，王才秀等亦将沿河贼营攻破两座。该逆冒死狂奔，我军立将城东附近贼垒十余座分队占住，并将长濠一律填平。惟东南河北一带贼营坚守未下。是役共计斩馘千余级。

蒙邑自有此捷，方期激励将士，迅解城围，适据英翰禀称，连日进攻韩村，急切难下，突有苗党邹焕林等占踞刘家圩，四面裹胁，李允、李大个子、项盘等亦由雉河窜至龙山西北泥宝集、丹城一带，聚党装旗，邹焕林等复乘势偷袭张家寨。续据马新贻禀称，捻匪苏老梦等盘踞亳南刘家集、耿皇寺、三丈口、立德寺、宝光寺等处，遥为苗逆声援，阻我粮道。张总愚等股复经苗逆诱令纷窜雉河西洋集一带，该集投诚捻首葛春沅纠合葛大牛等复叛，高炉集捻匪高加等亦乘机作乱，涡河南北遍地捻氛。蒙亳声息不通，粮源顿绝，刻下文报仅有宿州一线之路，而沿途复有贼马往来，必须夜间潜递，不得已分队驻扎小涧集、侯家圩两处。兵分愈单，恐宿州亦终阻绝。臣得报之下忧心如焚，幸僧格林沁所派佐领讷莫津等马队进剿山东窜捻，已到宿州，臣当飞饬该佐领等会同英翰抽拨勇练，梭巡龙山、雉河一带，遇贼即击，以期绝处逢生。

至蒋凝学、毛有铭两军虽抵寿境，尚未解围，清江戈船，叠次飞调，迄今未到。而苗逆近抽悍党麇集怀城，臣部黑窑各军不日当有大战，但无饷无粮，未能拔队远去。且淮河南岸兵单，其势亦难抽拨，是黑窑各军势如骑虎，而蒙军为尤甚。似此苗捻交乘，不但日有北窜之虞，而由宿州趋出灵璧，即可阻绝临淮粮运，使我坐困。臣再四筹维，山东臬司丁宝桢新招之军恐难得力，和含闻均克复，鲍超进捣二浦，距蒙城水路甚遥，亦属鞭长莫及，惟有李续宜部下归曾国藩调度之成大吉一军见驻麻城之宋埠，鄂省兵力尚厚，足敷防剿，麻城密迩商固，若蒙城幸存，成大吉自商固颍太趋亳，程途较捷，或可援救。然以视僧格林沁之声威，究属不及。应求圣明迅赐施行，大局之幸也。臣营存粮不敷，已与勇丁同食豆粥，情形危迫。臣惟有竭力支撑，断不以饷绌兵单，稍存恇怯。

——《东华续录》同治二十二，第30—32页，同治二年五月庚申。

○上谕

谕议政王、军机大臣等：

唐训方奏捻苗各匪句结蔓延、蒙军四面受敌、情形危殆一折；都兴阿等奏江防堵剿叠胜、严防情形，并贼匪伪扮难民渡江及停止北盐南运各折片。涡河南北遍地贼氛，粮艘被劫，蒙亳声息不通，城中现粮仅敷五日，万难久持。僧格林沁前派佐领讷木津、守备桂锡桢等马队追剿山东窜捻，已到宿州，现经唐训方饬令会同英翰梭巡龙山、雉河一带。而蒙亳宿永处处伏莽，兵力较单，实有兼顾不遑之势。现在蒙城情形危迫万分，设被苗逆占踞，则凶焰愈张，非独皖北地方为贼吞噬，即豫东两省亦将被贼肆扰，大局何堪设想？以目下南北情形而论，皖北军务，较之东省紧急百倍，僧格林沁一军为淄川一隅牵掣，未能亲督兵勇即时南下，亦须分拨一旅迅速赴援，以期顾全大局，并著于恒龄、苏克金二人中，酌派一人统兵前往，以资得力。

昨因张之万请拨马队赴豫剿捻，当经谕令僧格林沁酌派数百名前往，此时如援皖兵力不敷调遣，即著将派往豫省马队先行移拨皖省，并由该大臣添拨若干，派令前往援救蒙城，毋稍迟延。如前拨之马队数百名先已到豫，张之万不得藉词截留，以期移缓就急。丁宝桢一军，如尚未入东境，即著唐训方、张之万等仍遵前旨，沿途截留，移援蒙城。如业已行抵山东，则东省得此一军，僧格林沁之兵更可派拨援皖。并著张之万、毛昶熙于归郡、汝宁一带先期布置，严密设防，以备匪党纷窜。陈州一带，即责成袁甲三督饬袁保恒联络绅团，豫筹防剿。

张之万拨解临淮之饷银一万两，务当严饬委员迅速解到，不许稍延时日。蒙城及临淮军营粮食垂尽，唐训方与勇丁已同食豆粥，情形危迫如此，岂容束手坐视？现惟豫省相距较近，临淮、蒙城水路亦惟陈郡可通，袁甲三素顾大局，著即在陈郡设法劝捐，无论谷米杂粮，总以迅集成数，即由水路运赴临淮、蒙城两处，以救倒悬。该前督无论如何为难，均著设法迅速筹办，断不可以不在其位不谋其政为词，置之(膜)[漠]外。

宿州与临淮消息尚有一线可通，总兵姚广武现住该处，著吴棠即严饬该总兵迅速进援蒙城，不准拥兵观望；并分兵兼顾灵璧，毋令苗捻各匪阻绝临淮运道。如兵力不敷，即著吴棠添兵速行往援，并设法解运粮饷济急，力顾大局。

成大吉一军现驻麻城，距蒙城较近，此时大股逆匪东窜天六，鄂省边防已松，即著曾国藩、官文、严树森饬令成大吉星夜兼程，移军驰援蒙城，官文等不许执意奏留。怀远踞贼，即著唐训方激励诸军迅速攻克。寿州围城贼匪，著曾国藩、唐训方饬令蒋凝学、毛有铭两军力加剿洗。所调清江戈船，著吴棠赶紧督饬前往。庐郡一带现无贼踪，曾国藩营兵力有余，若能抽拨一军驰抵颍上，直捣苗逆老巢，则蒙城之贼势必回顾，或可解城围之急。此时皖南贼势已松，即著曾国藩妥筹迅速办理。李续宜假期将满，皖北时势万紧，著即迅速起程，驰往该处督办军务，毋再稽迟。唐训方折，著钞给僧格林沁阅看。

金家集一带陆路之贼，已有回窜浦口、九洑洲之意，著都兴阿等督饬水陆诸军严密防范，毋令东窜扬城。其盱眙一带筑垒之贼，及攻扑天长各贼，均经黄开榜等水陆会剿，叠次获胜，并解天长西北两门重围。仍著都兴阿等会同吴棠，督军力埽贼氛，毋任纷窜。

至江阴贼匪，屡有扮作难民渡江北扰之说，都兴阿等现饬水陆防兵一体严查，并密查贼首黄姓务获。所办甚是。逆匪窥伺里下河已非一日，现当江防吃紧，岂得任令南岸奸民纷纷北渡？且贼踞江南已久，该难民前既相安，何以此时忽欲北渡？江阴令沈方煦，遽请吴棠准令渡江，该漕督不加查察，且咨行都兴阿等，令水师不得拦阻，市小惠而忘大害，何竟愦愦至此？著即严饬北岸地方官认真盘察，并将续来难民一体禁渡，傥漫不经心，致令奸宄溷迹，贻误事机，恐吴棠不能当此重咎也。办理荒谬之江阴令沈方煦，著都兴阿、富明阿、吴棠会同查明严参，以儆玩泄。

淮北盐八万引，前据吴棠奏改南运，现据都兴阿等奏称，有引界混淆、透私漏课及与捻匪湖船溷迹之弊，著吴棠即按照都兴阿等咨明情节，另筹妥办，毋得固执前见。至吴棠与都兴阿共办一事，惟当以大局为重，和衷共济，共图保卫江北地方，不可稍存意见，致公务或有贻误。懔之！

将此由六百里加紧各谕令知之。

——《清穆宗实录》卷六七，同治二年五月庚申。

五月十七日

〇上谕

议政王、军机大臣字寄署山东巡抚阎。同治二年五月十七日奉上谕：

有人奏参知县侵吞捐饷、请饬严追一折。据称，山东栖霞县知县郑景福，于咸丰十年僧格林沁防守天津时，咨令山东省劝捐助饷，该县因勒派捐户九十余名，共捐银六千余两，惟牟墨林所捐之二千两报解请叙，其余四千余两全行侵蚀，捐户未得奖叙，人言啧啧，内不自安，夤缘调署曹县，其事遂寝，各等语。劝捐助饷，本朝廷万不得已之举，乃不肖地方官竟敢藉端中饱，迨至舆论沸腾，复虑事机败露，夤缘调缺，巧为弥缝，贪黩营私，殊堪痛恨。阎敬铭甫经抵任，无所用其回护，著即按照折内所参郑景福各款严密饬查，如果查有实据，即行严参惩办，并将所吞饷银勒令悉数交出，毋稍轻纵。原折著抄给阅看。将此谕令知之。

钦此。遵旨寄信前来。

——《咸丰同治两朝上谕档》第13册，第224页。

〇上谕

谕议政王、军机大臣等：

吴棠奏剿办发逆获胜、天长解围，并诱捡教匪、生捡巨逆一折。现在天长之围虽解，而贼踪尚未远遁，吴棠现饬黄开榜严扼天长湖河各要隘，探明贼在何处，即督同龚云福等军实力剿除，毋留余孽。黄国瑞一军，剿办滕县教匪，生捡刘双印，解赴僧格林沁军营惩办，实属奋勇可嘉，已谕令僧格林沁督饬该总兵探明路径，与舒通额等联络声势进攻，务将白莲池、凤凰山贼巢攻破。惟凤凰山道路深险，匪徒凶狡，恐黄国瑞恃勇轻进，或致失利，著吴棠饬令该总兵谋定后动，当于勇往之中，寓持重之意，不可孤军深入。是为至要。苗逆句捻至雉河等集一带，声称即日北扰宿徐，吴棠已派副将艾宪银马步队五百名赴宿州助剿，并催令游击龚文林炮船出湖，赴皖剿苗。即著遵照昨奉谕旨，令姚广武由宿州进援蒙城，力图解围。如兵力不敷，仍著该漕督速行添拨赴援，以期力保危城，不得稍分畛域。投诚之王得章等，仍饬姚广武妥为驾驭，毋稍疏虞。将此由六百里谕令知之。

——《清穆宗实录》卷六七，同治二年五月壬戌。

五月十八日

〇刘长佑奏

山东堂邑县降贼宋憬诗包藏祸心，实为直东巨患。该降贼自知罪大，虽屡次来禀，白其无他，迄未敢来营一见。其筑寨屯粮，广树党与，皆效苗逆之所为。莘堂馆冠各处贼巢均与呼吸相通，所踞之刘贯寨、甘官屯逼近临清，密迩畿疆，震动甚易。山东抚臣与前督臣历请暂事羁縻，具有深心。今畿辅稍定，允宜大举合围，及时歼除。惟臣营兵勇分布沿河数百里，既顾西北，兼顾西南，防剿并筹，已不能步步为营，其东、南两路又甚形空虚。据保德面称，原设兵勇断不足恃，万一稍不应手，势必逞其凶狡，分路窜扰，即不能长驱北犯，而乘虚东窜，直逼济南，臣既有鞭长莫及之势，山东抚臣亦不能不舍淄川而固省垣，转有顾此失彼之虞。若再与白莲池教匪勾结，为祸更烈。又事之不可不防者也。臣愚以为，淄川会匪已用长濠围困，蕞尔小邑，纵不能即日攻克，亦可无虑纷窜，抚臣阎敬铭困之有余。如得僧格林沁暂时移营东昌，进扼东、南两路，且于恒龄、苏克金各马队呼应较灵，臣即当克期亲率诸军，由正北、西北及西南各路渡河夹击，四面围剿，可期迅速奏功。

再，山东臬司丁宝桢久历戎行，已将到任，如僧格林沁万难分身，可否请旨饬下山东抚臣，即派丁宝桢速赴东昌、临清一带会办，俾资得力。

——《钦定剿平捻匪方略》卷一九〇，第20—22页。

〇上谕

谕议政王、军机大臣等：

刘长佑奏降贼日益凶悖、亟须两省会剿一折。据称，降贼宋景诗筑寨屯粮，广树党与，莘堂馆冠各处贼巢均与呼吸相通，其所踞之刘贯寨、甘官屯，又复逼近临清，实为畿疆巨患，允宜及时进剿，大举合围，惟直省兵勇防剿兼筹，不敷分布，如得僧格林沁大军暂时移营东昌，进扼东南两路，直隶各军由西北各路渡河夹击，冀可迅速奏功，傥僧格林沁万难分身，请饬丁宝桢速赴东昌一带会办等语。宋景诗狼子野心，负嵎自固，万无姑容之理。现在该逆凶狡情形日甚一日，自应赶紧剿灭，以除巨憝。刘长佑所陈大举合围之策，老成持重，深中肯綮，惟丁宝桢所部兵勇不过千余人，即使进扎东昌、临清一带，恐亦不足以遏狂寇。僧格林沁声威素著，若能移营东昌，进扼东南两路，不但可以遏贼东窜，且于恒龄、苏克金各马队发纵指示，呼应较灵。刘长佑即克期亲督诸军，由正北、西北及西南各路渡河夹击，四面围剿，庶怙恶降贼，可望一鼓歼除，不至分路旁窜。畿疆重地，关系紧要，刘长佑惟当与僧格林沁等熟筹妥办，谋定后动，断不可草率从事，致贻后患。至淄川连营乞濠各事宜，业经僧格林沁办理完竣，蕞尔弹丸，纵未能即日攻克，亦可无虞纷窜。丁宝桢到东后，即著阎敬铭檄令统率所部前赴淄川助剿，以期迅速奏功。

本日据丁宝桢奏驰抵泰安，遵即前赴淄川大营筹办等语，著阎敬铭督饬该臬司，将淄川地势贼情会筹攻剿，迅图克复。丁宝桢既到淄川，僧格林沁似可即赴东昌，与刘长佑会同剿办。另片奏，密探邹县白莲池股匪情形，必须绝其出入之路，方能得手。所筹不为无见。即著丁宝桢随时禀商抚臣妥办，以期无误事机。

将此由六百里密谕僧格林沁、刘长佑、阎敬铭，并传谕丁宝桢知之。

——《清穆宗实录》卷六七，同治二年五月癸亥。

五月二十日

〇上谕

刘长佑奏办理营制情形、开单呈览，并马队未能调赴河南，暨请饬河南拨饷各折片。

直隶营务废弛，所收练勇又多临时召募，旗帜队伍不分，号令难齐，各营兵勇数目多寡悬殊，以致临敌各不相顾，难收实效。刘长佑现将所部兵勇，按照楚营成式，参酌北地形势，另立规制，以五百人为一营，设立营官亲兵哨队官长，分别旗帜队伍，讲明号令，督令兵勇逐日操演，渐有改观。单内所开营制，尚属详明整肃，著俟新制旗帜锅帐等件齐备后，即审择地势，将安营结阵诸法加意讲求，俾各营将士一律纯熟，以期悉成劲旅。所有未尽事宜，仍著该督随时酌定，俾营制益加周密。应需军饷，即著与崇厚筹商酌拨，随时奏闻。

前因张之万奏，请拨马队四五百名赴豫助剿，当经谕令刘长佑，将成保等所部马队酌拨数百名驰赴山东，以便僧格林沁于得力马队内抽调数百名，派员带往豫省。嗣因唐训方奏称，临淮、蒙城危急，苗捻鸱张，复谕令僧格林沁将前调赴豫马队改拨赴皖，并令添拨数百名，于苏克金、恒龄二人中酌派一人带往援皖，尚未据该大臣具奏。唐训方兵单饷绝，危迫万状，势难置之不顾。刘长佑所请马队暂缓抽调，并商令僧格林沁将淄川营中得力马队与成保等所统马队互相拨换之处，著俟僧格林沁奏到时再降谕旨。

将此由六百里谕令知之。

——《清穆宗实录》卷六七，同治二年五月乙丑。

五月二十二日

〇僧格林沁、国瑞奏

前因直东贼氛未靖，各处伏莽甚多，若不先清畿疆，诚恐大军一经赴皖，北路之匪乘隙勾结，又肆蔓延，势难兼顾，是以屡次陈奏，谅已仰蒙圣鉴。

至臣等所带马队，得力者不过三千，每值出队，除去患病受伤，又仅得二千余名。从前剿捻，每值全队，虽二三万马步贼匪，尚能制胜；每值分队，虽万余或数千马步贼匪，难期必克。况苗逆异常狡狯，与捻匪动作不同，虽全队合力迎剿，胜负之机，尚难确有把握。若再分拨皖豫，或调换他队，实未可轻率应敌。目下皖北军务较之东省紧急，臣等曷敢再事迟疑，致获避重就轻之议？若不奏明情形，即刻南下，又难释北顾之忧。合无仰恳天恩，饬下议政王、军机大臣速议具奏，如北路可保无虞，自应克期南征，臣等将北路之苏克金、恒龄等马队及驻扎曲阜、邹县之舒通额等军调齐，即行起程；其直东之宋憬诗，应剿应抚，由直隶督臣刘长佑酌量调度；淄川、白莲池踞匪，交山东抚臣阎敬铭办理。至京营马队，若责令副都统成保带领，以之弹压地方，缉捕余匪，或可得力；如交臣等带赴皖境，使其身经强敌，实难制胜，随军教演，亦非一时可成精锐。佐领讷莫津等所带马勇四百余名，业经札留宿州防剿矣。统俟奉到谕旨，即行全军南下，力图会剿。

——《钦定剿平捻匪方略》卷一九〇，第26—28页。

〇上谕

谕议政王、军机大臣等：

僧格林沁等奏南北军务轻重机宜请旨定夺一折。前因张之万奏河南急需马队，谕令僧格林沁酌拨数百名赴豫，并因唐训方奏蒙城四面受敌，情形危殆，当以僧格林沁一军攻剿淄川踞匪，未能克日南下，谕令分拨一旅迅速赴援。兹据奏称，直东贼氛未靖，各处伏莽甚多，若不先清畿辅，恐大军赴皖，北路之明贼暗匪乘隙句结，彼时再分队回援，则两处兵力均形单薄，势难兼顾。所部马队，得力者仅二千余名，前派追剿窜捻之马勇四百余名，业经留于宿州防剿，此外实未便抽拨各等语。所奏自系实在情形。淄川踞匪势已穷蹙，虽屡次出城突扑，均经官军击败，功在垂成，势难中止。而此外尚有不法降贼，亦需僧格林沁会同刘长佑等协力兜剿。且督剿白莲池教匪正当吃紧，该大臣自应将积年巨憝逐一歼除，俾北路可保无虞，方可督兵南下。至马队数止二千有余，若再分拨皖豫，恐彼此均不得力，著即照该大臣所请，暂缓调拨。该大臣惟当专力剿办东省各匪，俟淄川及降贼等股匪均就削平，然后再行返旆南征，庶免后顾之虑。

寿州被围甚急，昨据曾国藩奏，蒋凝学、毛有铭援师进扎九里沟，连破牛尾冈三垒，军士伤亡甚多，该大臣现已飞催成大吉迅赴三河尖援应；檄饬周宽世驰赴六安，分扎州城等处；并调派驻沪之黄翼升，督带淮扬舟师，驶至五河以上，埽清浍涡淮肥等处匪船。布置甚属周妥。此时僧格林沁之兵既一时未能南下，即著责成曾国藩，严饬水陆诸军星速前进，会同蒋凝学等并力冲入寿城，以拯倒悬之急。蒙邑城外贼垒甚多，马新贻等虽能竭力守御，而兵单饷绌，危迫万分，著唐训方设法兼顾；其拨兵济饷各事，并著随时会商曾国藩、吴棠，毋稍贻误。

皖豫唇齿相依，临淮与蒙城情形如此窘迫，张之万等岂容坐视？著恪遵前旨，将应解临淮饷银迅速拨解；并著与袁甲三筹商，由陈郡劝捐粮石，运赴蒙城，藉资接济。仍随时整顿营垒，激励团练，严防苗逆乘间西窜，毋稍疏虞。

淄川踞匪，势穷思窜，叠经僧格林沁督率官军截杀殆尽，仍著严饬各路兵勇昼夜环攻，迅图克复。逆首刘得培，既有结党很扑窜赴青州府之谋，并著阎敬铭密饬青州文武员弁，将曾经解散之快役团严密查拿，毋令内应为患。雷凤鸣以失律伏诛，其降众亦分别遣散，办理甚为妥善。其余尚有在僧格林沁及刘长佑两处军营者，均应似此不动声色，乘机翦除。仍著僧格林沁、刘长佑会筹妥办，谋定后动，毋得漏泄风声，致有贻误。

将此由六百里各谕令知之。

——《清穆宗实录》卷六八，同治二年五月丁卯。

○上谕

僧格林沁等奏督剿白莲池教匪续获大胜一折。邹县教匪负嵎抗拒，五月初五日，总兵黄国瑞派守备李开春等赴白莲池山腰扎营，匪众四五千人迎头冲突，该总兵督军拦截，开放喷筒洋枪，毙贼无数，逆始败退。官军乘胜追逐，冲进头道圩门，该匪越山散窜，贼首刘锦春率众扑下，黄国瑞挥军奋击，转战数时，将刘锦春揿斩，贼败入圩。初七日，该总兵督同副将郭宝昌等马步进攻，派令张从龙等埋伏与山等处。该逆出圩列仗抵拒，山后贼匪从东路宝泉岗前来援应，官军分队迎敌，张从龙等伏兵策应，守备王树楠截贼后路，该逆进退无门，拚死力斗，张从龙直入重围，火器环施，败匪翻山逃匿。官军四面围杀，将贼匪二千余名殄除殆尽，夺获骡马旗械甚多，余匪败入二道圩内，当将头道圩墙一律平毁。办理甚为得手。黄国瑞自入东以来，进攻匪巢，屡次获胜，兹将匪首刘双印揿获，兹复将贼首刘锦春歼除，洵属奋勇可嘉。记名总兵黄国瑞，著加恩赏穿黄马褂，以示优异。副将郭宝昌，著记名以总兵用。守备李福，著以都司遇缺尽先即补，先换顶戴。阵亡之保升守备白万贵、保升千总李正标，均著交部从优议恤。

——《清代起居注册(同治朝)》第9册，第4522—4525页。

五月二十四日

○上谕

同治二年五月二十四日内阁奉上谕：

前因僧格林沁覆奏，河南巡抚郑元善办事迟钝，当经降旨以道员降补，来京交吏部带领引见。嗣据郑元善保举知府廖庆谋系永不叙用之员，复经吏部议以降二级调用。本日吏部将该员带领引见，察看年力尚强，郑元善著加恩以知府发往山东，交阎敬铭差遣委用。

钦此。

——《咸丰同治两朝上谕档》第13册，第245页。

○阎敬铭奏

淄川踞匪于五月十一日夜乘雨扑陷官军营盘，即经我军夺回。僧格林沁当将疲乏勇队遣撤九百余名，臣复将不得力之马勇遣散二百余人，前敌兵力甚单。适新任臬司丁宝桢带勇到东，拟即调赴淄营，饬令相机进剿。适奉谕旨，东昌剿匪吃紧，僧格林沁钦遵前往。惟查淄营兵勇散漫无纪，马勇本属无多，且系零星乌合，赖僧格林沁声威慑伏，匪势不敢鸱张，刻下连营合围，已有端绪，一旦移师他往，该匪乘隙奔窜，别无劲旅跟追，势必扰害完善地方。且僧格林沁只带马队数百名，如赴东昌，必须将现驻曲邹之翼长舒通额一军调往，该军专防白莲池北路，现在总兵黄国瑞进攻白莲池东南一面正在得手，该匪被剿穷蹙，必由西北出窜，兖营原驻兵勇马队本单，所可恃者惟舒通额一军，一经抽撤，北路必致空虚。是僧格林沁东昌之行，虽于会剿有益，而于淄川、兖州两处大局牵掣实多。合无仰恳天恩，将僧格林沁仍留淄营督剿，迅埽逆氛。至东昌进剿需兵，又不得不赶紧抽拨。臣再四筹计，拟饬丁宝桢一军驰赴东昌，会同恒龄、保德等随同直隶督臣刘长佑并力剿办。淄营前敌兵力尚单，臣即与僧格林沁妥商匀拨，俾免疏虞。

——《钦定剿平捻匪方略》卷一九〇，第31—33页。

〇上谕

阎敬铭奏沥陈淄兖吃重情形一折。淄营兵勇散漫无纪，惟仗僧格林沁声威慑伏，匪势不敢鸱张，刻下连营合围已有端倪，若移师他往，不免功败垂成。且僧格林沁前赴东昌，必须将现驻曲邹之舒通额一军调往，该队专防白莲池北路，一经抽撤，必致空虚。该抚所筹，系属实在情形。自应将僧格林沁仍留淄川督剿，以期迅速蒇功。其丁宝桢一军，并即饬令驰赴东昌，会同恒龄等军并力剿办，务期聚而歼旃，毋令窜逸为患。淄营前敌兵力尚单，仍著阎敬铭与僧格林沁悉心筹商，添拨劲旅，以利攻剿。将此由六百里谕令知之。

——《清穆宗实录》卷六八，同治二年五月己巳。

五月二十八日

〇上谕

同治二年五月二十八日内阁奉上谕：

张之万奏，请将催办粮草出力各员奖励等语。[①] 河南候补直隶州知州李德均，自上年

---

① 张之万奏称："臣接据管理军需局司道详称，据知府用候补直隶州知州李德均禀称，该员于同治元年正月十七日由前抚臣郑元善札委，催办僧格林沁大营粮草，当即带领文武员弁驰赴归德一带，查明马队行抵之处，催令各该州县赶解草料米面，收发应用。计自上年起一年有余，大营屡次迁移，数百里程途，均皆跟踪支应，统计收发各州县官办民捐草料米面九百六十余万斤，其未经解完零星尾数，已奉僧格林沁面谕，饬令各处暂存，听候调用。查该文武员弁，或专管收发，或随同押运，或赴各处提催，或在各厅看守，皆能无分寒暑，冒雨冲风，任劳任怨，不辞艰险，故得历时久远，始终无误，实属著有微劳。除该员李德均不敢仰邀甄叙外，所有随同办理之文武员弁，可否请给奖励等情，由该局司道查明，具详请奏前来。臣伏查该员等督办草料，供给马队，跋涉长途，均无贻误，似应给予奖叙，以昭激劝。查有候补府经历王之翰、候补县丞骆震，均拟请补缺后，以应升之缺升用。候补县丞李恭辰，拟请俟服阕补县丞后，以应升之缺升用。遇缺前选县丞张伯墉，拟请留于河南，遇缺尽先补用。候补典史陈炯、萧炳扬，均拟请补缺后，以府经历用。候补直隶州知州李德均，督办年余，毫无贻误，虽据称不敢仰邀议叙，似亦未便没其微劳，合无仰恳天恩，以知府仍留河南，归候补班前先用，俟补缺后再行送部引见之处，出自逾格鸿施。除随同办理之武弁咨明兵部注册外，所有督办僧格林沁大营支应草料米面各员请奖缘由，理合附片具陈，伏乞圣鉴训示施行。"详见中国第一历史档案馆藏录副奏折，档案号03-4610-111。

正月间经前任巡抚郑元善委办僧格林沁大营粮草，迄今一年有余，大营屡次迁移，均能随时支应，始终无误。随同办理各员，亦均著有微劳。自应量予奖叙。知府用河南候补直隶州知州李德均，著以知府仍留河南，归候补班前先用，俟补缺后再行送部引见。候补府经历王之翰、候补县丞骆震，均著俟补缺后以应升之缺升用。候补县丞李恭辰，著俟服阕补县丞后，以应升之缺升用。候选县丞张伯墉，著留于河南，遇缺尽先补用。候补典史陈炯、萧炳扬，均著俟补缺后以府经历用。该部知道。钦此。

——《咸丰同治两朝上谕档》第13册，第251页。

六月

六月初二日

○唐训方奏

淮河南岸李家嘴之贼不时上下游弋，威胁各圩，抽丁勒粮。我军仅一营扼于长淮卫，未能进逼。五月初十日，该逆步贼数百甫经出垒，副将刘明典率水师驶至南岸，开炮击之，贼即反走。刘明典登岸跟追，该逆回戈转斗，提督张得胜派兵飞渡南岸，与刘明典内外夹攻，当者辄殪，贼乃大败遁去。旬日之内，该逆闭垒死守。十三日，天长捻党陈大和、张总导等股马步七八千人，回窜红心池河一带，扰及定远，该县文武登陴固守。十四日，臣复派副都统克蒙额驰至定城，该逆已遁向西北刘府一带。十六日，灵璧所属苗圩突出马步多人，扰至王庄，烧杀抢掳，南距临淮仅六十里。臣复派马步各队疾趋而北，该逆知大兵踵至，纷纷遁回。臣以逆踪飘忽，兵至则遁，兵去复来，必思所以制之，因就临淮军中抽出游击欧阳胜美一营，南屯定远，以防自南北窜之贼；又抽游击李坤一营，北屯王庄，以防自北南窜之贼。

其徘徊刘府一带捻党，苗逆以重金诱之，将次渡淮，并入怀远城中，欲图分道滋扰。是时，临淮黑窑诸军绝粮数日，士卒仅觅野菜充饥，其机甚危。幸督臣曾国藩协饷万金，闽海关协饷二万两，不日均可到营。臣赶备麦面，并悬立重赏，飞檄前敌将领，乘各逆未济击之。十九日，该捻前股渡淮，旋由怀远城外逾涡，分扎黑窑小街，后股仍扎南岸上洪地方。议以副将李振基炮船移泊南岸，牵制李家嘴之贼；普承尧等督率水师相机前进，而以张得胜所部直捣上洪。遂于是夜水陆并发。黎明，张得胜直抵上洪，一鼓而前，贼众惊溃，我军乘势薄之，击毙及淹毙无算，南岸后股之贼歼除净尽。普承尧督水师并力轰击，该逆炮划遁入涡河内口，刘明典等炮船直抵城下，正在鏖战，黑窑之贼突出，欲袭北岸营垒，普承尧等整军以待，贼不敢近，绕由后湖而遁。已饬张得胜等军直逼黑窑贼垒扎营，并饬普承尧抽拨四营前赴南岸，分扎李家嘴、下洪乪东数里，与黑窑官军南北对峙，俾淮南苗党百数十圩不为牵动，东路当可无虞。连日淮水大涨，尤非戈船不能制胜。曾国藩所调提督黄翼升淮扬水师如能速到怀远，不难得手。

寿南逆垒坚闭不出，城中粮食垂尽，运道不通，不得不逼贼猛攻，开城中一线之路。道员蒋凝学、毛有铭于五月十一日各率所部进至演武坪，攻破濠外贼垒。又以我军欲破濠内各垒，以通城路，必自东皋峰始，该道等复于十二日督饬各军苦战数时，始将该垒攻破，骈斩盈千。我军亦有损折，现拟略为休息，即行相机再攻。

其宿州之韩村踞逆仍复固守，臣前饬佐领讷木津、守备桂锡桢马队会同英翰兵练梭巡高炉、龙山等处，遇贼即击，冀通宿亳赴蒙粮路，而该佐领等已于初十日先后遽回东省。英翰一人四路接应，实属兼顾不遑。

豫饷解到一万两，臣已饬由宿州截留三千两，护解蒙城，暂济军食。昨又准张之万来咨，续拨一万两，复饬马新贻尽数提至蒙城，以维危局。讯据获贼供称，捻逆为苗逆所诱，欲令分踞淮河南北两岸，不料官军速攻，皆不得逞，现拟暂回老巢，纠约丑党，再图合围蒙城等语。查寿州粮路阻绝，蒙城饥军孤悬，均形危急。知州毛维翼苦守寿城两月余，若能再守旬日，成大吉一军当可赶到。蒙城捻氛日炽，防兵甚单，讷木津等既已回东，丁宝桢之军臣虽分别咨行，迄无音信。现已函商曾国藩，调回总兵何绍彩四营，以为游击之师，能否速来，尚不可定。此时非僧格林沁速派马队驰至亳南，攻开涡河一路，蒙邑恐难久持。

——《钦定剿平捻匪方略》卷一九一，第2—7页。

〇上谕

皖省捻苗句结，阴狡异常，其势甚炽。唐训方兵单饷绌，督率诸军，竭力战守，俾淮南苗党百数十圩不为逆苗牵动，所办尚属稳妥。见当淮水大涨，水军非得戈船不能制胜，著曾国藩迅即饬催黄翼升师船星驶赴淮，与普承尧等军速将怀远一城力图攻克，逆势自必就衰。并著该督抚等分饬蒋凝学等军，乘胜再将寿南逆垒进攻，英翰兵练将高炉、龙山之贼埽荡，以通寿蒙两处粮道。临军粮饷告竭，曾国藩协饷万金已到，其闽海关协饷，唐训方迅即催提，以资散放。成大吉一军，前据曾国藩奏闻，业经催饬赴援寿州，仍著飞催前进，以解寿围。蒙城击退大股发捻，豫省续拨饷银应亦提到，佐领讷木津、守备桂锡桢马队何以遽回东省，该抚折内声叙未详，著详悉奏闻。丁宝桢之军见已到东，东省军务正资分投剿办，援皖之师恐僧格林沁未必能再有派拨。至皖省发逆已松，而苗逆之患方炽，唐训方兵力不厚，且饷需绌乏，临淮、寿州、蒙城等处一有疏虞，大局即难于收拾。曾国藩责无旁贷，一切调度机宜，著随时与唐训方妥筹办理。唐训方以临淮之军不敷分布，拟调总兵何绍彩四营以为游击之师，此军曾国藩前奏为鲍超派守西河，此时鲍超之军已由二浦转战而前，宁防见尚无事，即著曾国藩速饬该总兵迅率所部四营驰赴皖北，归唐训方调遣。如何绍彩之军已回楚省，即著曾国藩飞咨官文等，迅速饬令赴皖。将此由六百里各谕令知之。

——《东华续录》同治二十三，第5—6页，同治二年六月丁丑。

〇上谕

谕议政王、军机大臣等：

刘长佑奏全军出境进图元恶、仍须两省夹击，并江长贵到省各折片。东省降贼宋景诗负嵎自固，万无姑容之理。刘长佑现与臬司王榕吉策励诸军，督同前进，于临清之尖庄、馆陶之马头及南馆陶一带河口择地安营，并札饬祝垲、伊绵阿及冠县令孙善述，各带兵勇乡团，联络进剿；复令山东署臬司呼震、总兵保德亲督兵勇会合夹击；一面咨令苏克金由阜城移营前进，恒龄等马队由临清东西两路渡河包剿。布置尚为周妥。惟东、南两路尚虑空虚，刘长佑进剿之军，自易得手，其乘虚远窜，转为流寇，不可不虑。丁宝桢一军，前已谕令阎敬铭饬赴东昌，会同恒龄等军并力剿办，著该抚迅即饬令速往，以厚兵力。其恒龄、苏克金等军，并著僧格林沁迅饬前进，会同夹击。刘长佑务当布置严密，悉数歼除，不可轻率从事，致令乘隙窜逸，又复回扰直境。江长贵前在徽浙等处剿贼尚属勇往，著刘长佑饬令该署提督随营剿贼，并著随时察看，如能带兵得力，即行奏闻。本日据唐训方奏临军战守情形，并讷木津、桂锡桢两军现已赴东等语。皖北军情紧要异常，蒙城粮道不通，孤危尤甚，唐训方前派讷木津、桂锡桢会同颖州守英翰，在高炉集一带梭巡击贼，现复撤回山东，此时北路军营既不能添兵援皖，岂得复将该处留防兵勇撤回？著僧格林沁即行查明讷木津等兵勇因何撤回东省，并著饬令仍赴蒙城，听候唐训方调遣，毋稍延误。将此由六百里各谕令知之。

——《清穆宗实录》卷六九，同治二年六月丁丑。

六月初八日

〇上谕

谕议政王、军机大臣等：

庆(旳)[昀]等奏详查宁夏一带军务情形，请添兵筹饷、择任贤能以除积习而振军威一折。据称，甘省回匪之反覆无常，由地方官首重求和，抑汉扶回，更张逆焰，各处义民集团自卫，足见其复仇志切，且宁郡一城，众逾十万，其间岂无殷富？良由地方官每事诛求，假公济私，商民目官场为骗局，故不肯协力接济等语。所奏自系实在情形。该将军请饬户部行行筹拨实银二十万两，解赴宁夏郡城备用，并请饬僧格林沁拨兵一二千名前来会剿，未免于京外情形未尽谙悉。前因部库支绌，经该部奏请，严催各省设法筹解，数月以来，所需京饷仅可勉强支持，一时安能有此巨款拨济宁郡？惟需饷情形甚紧，业经谕令户部迅速设法筹解。僧格林沁回剿山东股匪，马步各队，除调出外，存营无多，攻剿正当吃紧，又岂能抽调劲旅远赴宁城？第宁夏宁朔平罗等县叠被回匪扰害，士民纷纷求救，而熙麟驻扎庆阳，相距较远，恩麟护理督篆，省垣事务綦繁，均难兼顾。庆昀现驻宁夏，于一切尚能谙练，著熙麟、恩麟迅即饬知附近宁夏一带之道府州县及武职各员，就近将办理回匪情形禀商庆昀，即由庆昀札饬遵行，免致熙麟等鞭长莫及。庆昀惟当督饬该镇道等，激励旗绿各营，联络各处乡团，分投剿洗，俾汉民得所凭藉，不至惨遭焚劫，而回匪亦不敢轻视官军，方为妥善。宁夏县知县彭庆章声名狼藉，劣迹昭著，且有收受回匪钱米情事，即著庆昀咨会熙麟等从严参办，以顺舆情。察吏乃安民之本，该督等所属文武员弁，务当随时甄劾，力求整顿，毋得稍事姑容。庆昀业经咨行恩麟，遴选老诚谙练之员赴宁夏差委，即著恩麟认真拣派前往，将从前办理不善之地方官一并撤回，即以此次派往之员酌量委署，期于破除积习。庆昀即可督率新任各员，劝导商民，量力捐输，藉资接济。至请令部臣特派司员数人携带例案驰赴宁郡等语，部员出京，恐滋扰累，各路军营，从无似此办法。该将军如虑例案不全，难除积弊，可咨明户部，发给则例等书，俾得查照办理。将此由六百里谕知庆昀、熙麟，并传谕恩麟知之。

——《清穆宗实录》卷六九，同治二年六月癸未。

六月初九日

〇袁甲三奏

自苗逆背叛，臣知必与捻匪勾结，是以前次奏请饬令僧格林沁回剿蒙怀，豫省拨兵进驻太和，以为各路声援。乃僧格林沁现为东省挽留，而豫兵亦为南路牵掣，以致苗捻日益蔓延。窃谓僧格林沁威望诚为群贼所惮，而各省共恃一军，岂能处处皆到？援皖则不能专力于东，顾东则不能以全力注皖。张冈未克，豫军自应先清南路；即张冈既克，南路亦未可撤兵。归陈现虽无警，然闻警而后设防，事已无及。至苗捻均在皖境，唐训方势处下游，仰攻为难，但能力扼临淮，为攻取怀远之计，颍亳各处鞭长莫及。李续宜由南路进兵，中多梗阻，亦不能顾及西北。合东皖豫三省全局而论，非于皖豫之间另筹一军不可。添兵之道，步不如马，平原驰逐，利用骑兵，能得铁骑四五千，可抵步卒两万。僧格林沁所向有功，专恃马队。臣前由归德直捣雉河，深入贼中数百里，连战皆捷，亦得马队之力居多。臣素知东三省不独正额官兵健勇无前，即吉林、黑龙江余丁亦皆骑射雄捷，远过他处。吉林人又多以打牲为业，枪箭命中尤属异常，若能挑募成军，实力训练，其得力不减正兵。臣在营时，吉林、黑龙江带队之副都统萨萨布及副都统善庆、协领穆克德布最为得力，现惟萨萨布尚在深州剿贼，善庆、穆克德布均在原省，拟请饬令善庆、穆克德布各挑余丁千名，并于吉林招募打牲人二千名，作为马勇，即由该二员统带来豫。所需马匹，可否饬令察哈尔、绥远城各拨一千匹，派员迅解来豫。其不敷马匹，就近由河南设法筹备。俟善庆、穆克德布带兵来豫，即责成该二员操练，分起统带。如直省防务稍松，可否即饬萨萨布带兵数百名来豫，以资厚集。增此一军，处处足敷防剿，僧格林沁亦不至以兼顾为难。骑兵足用，则步队更易见功。从此归陈颍亳之间屹为重镇，不但苗捻不敢合股西窜，且可与诸军分道夹攻，同时并进。

——《钦定剿平捻匪方略》卷一九一，第14—16页。

〇上谕

上命议政王、军机大臣传谕袁甲三、吴棠、张之万、毛昶熙曰：

据袁甲三奏称，陈郡麦收歉薄，粮价腾踊，且水道既梗，由旱路绕运蒙城，旷日持久。现于亳州、太和、阜阳之高家等寨，劝谕该练总高锡龄等，筹送蒙城粮食千数百石，许以如期运到，从优请奖，或作为捐办，或作为垫办、筹款归还等语。所筹尚属周妥，即著照所拟办理，并令该地方官迅饬该练总等速行运往，期于必到，以济危急。蒙城北路粮道，尚有宿州一路可通，著吴棠督饬徐州镇道多筹粮米，迅由徐宿接济，无论如何为难，总当设法运到。至临淮距陈郡千里，惟有下游清淮水路就近可通，并著吴棠速运粮米解往，毋稍迟误。归陈等处团勇虽不能越境剿贼，然在本境防堵，总可联络声势，藉资御侮。袁甲三务与毛昶熙设法鼓励各团勇齐心御贼，毋令阑入本境，并晓谕各圩寨力图自拔，以孤苗逆之势。张冈一带捻匪，即著张之万、毛昶熙迅速剿灭，以便移军进逼永亳。袁甲三请调吉林、黑龙江余丁及绥远城、察哈尔马匹，已谕景纶等挑选预备。萨萨布现在直东军营，俟该处剿办事竣，余丁调齐，再令赴豫。善庆、穆克德布二员，已谕景纶等，于余丁挑齐时，即饬该二员带往。

——《钦定剿平捻匪方略》卷一九一，第16—18页。

六月十六日

〇上谕

谕议政王、军机大臣等：

刘长佑奏进军防剿叠挫贼锋、现饬严遏窜越一折。降贼宋景诗叛迹昭著，经刘长佑咨会提督恒龄定期进剿，并分派各营齐赴清水镇，探明恒龄进扎处所，再行会合前进。布置甚为妥协。乃各军转战而前，直逼甘管屯贼巢，郑魁士等令诸军四面环攻，该逆冒死抵拒，官军迄未得手。撤队时，该匪分股绕出阵后，兵勇猝为所乘，致有伤折，赖姜国仲等由间道助战，贼始败窜。而恒龄所部，并未前来会剿。据该提督声称，是日卯刻出队，因沿途搜捕，是以未能会合等语。行军之要，信赏必罚，而尤贵持平，不听将令而轻进者，虽有功亦必罚，如刘长佑之参张植初等，良足示惩。惟恒龄马队，虽据称因沿途搜剿，未能会合，而既经刘长佑咨会合剿，即应先期告知，以便各营会合前进，何以先期并无一语告知，事后始行函致该督？是恒龄期会不至，不无贻误，刘长佑未将恒龄参劾，办理殊失其平。该督有督办三省剿匪事宜之责，嗣后惟当督饬诸军，破除情面，赏功罚罪，一秉至公，俾军务日有起色，方为不负委任。恒龄如有不遵调遣之处，即著刘长佑严行参办。刘长佑如稍有瞻徇，于各营员意存观望者不能参处，以致军律不严，惟刘长佑是问。并著僧格林沁严饬恒龄，恪遵刘长佑调遣，鼓勇前进，毋得稍形玩愒，致干重咎。宋景诗马队甚多，宜防窜突。刘长佑、丁宝桢所部步队居多，此次分路会剿，务在一鼓歼除。苏克金马队现驻阜城，如马队尚不敷防剿，即著刘长佑飞咨僧格林沁调回，会同攻剿，以厚兵力。丁宝桢现在堂邑，与保德等各带兵勇，严防东南一面，并著阎敬铭饬令该臬司等，一切进止机宜，悉听刘长佑檄调，以期并力进攻，埽穴捦渠，肃清疆圉。至该匪被剿穷蹙，势必乘间他窜，仍著刘长佑飞饬祝垲、春霖等，督率沿河各员弁认真防范，毋令窜越。将此由六百里谕知僧格林沁、刘长佑、阎敬铭，并传谕丁宝桢知之。

——《清穆宗实录》卷七〇，同治二年六月辛卯。

六月十九日

〇上谕

唐训方奏临军南北两岸破贼六垒，并水师夺获贼划获胜情形一折；另片奏寿州粮绝，知州毛维翼死守待援，成大吉一军尚未到寿，蒋凝学、毛有铭等军叠次猛攻，损伤精锐，围仍未解，本月初四日，苗逆亲督炮划戈船，四面架梯爬城，以致失陷等语。旋据曾国藩奏，毛维翼督勇固守，蒋凝学等运米接济，而外委邱维城开城纳贼，毛维翼战死一折。寿州被困日久，竟致失陷，刻下苗逆之势日炽，计必留兵严守寿城，而增党怀远，绕出淮河南北两军之后，以阻临淮声气，添兵急攻蒙城，期于必得，固下蔡老巢之藩篱，招宿亳等处之丑类，占地愈广，收拾愈难。曾国藩现檄蒋凝学暂驻三河尖，办足米粮，移扎颍州，以卫豫境；成大吉仍扎三河尖，以蔽鄂疆；檄周宽世退扎六安州，以固皖省；毛有铭暂驻六安，为诸路游击之师；并飞调何绍彩四营，由宁国北渡，驰赴临淮，归唐训方调遣；又飞咨彭玉麟、杨岳斌，选派三板八十号，星赴临淮援剿。均著照所拟办理。惟蒙城被围甚急，临淮尤关紧要，仍须援兵早到,方可保全。仍著该大臣妥筹兼顾,俟各路布置稍定,伺隙进剿苗逆,毋稍疏忽。

昨谕吴棠,饬黄开榜督带炮船驶至临淮,会攻怀远,唐训方妥为调度,令英翰、姚广武兵勇分扎后路,通蒙营饷道。著仍遵前旨,赶紧妥办。蒙城危急万分,欲援蒙城,宜先攻怀远,以绝贼之饷道。而林家圩雄踞涡淮之冲,又必须先行攻克,方可进图怀远。现在临军叠次获捷,声势尚壮,著唐训方即饬张得胜、普承尧等相机进取,期于步步为营,共支危局。临淮军饷匮竭,著吴棠迅筹接济,不准迟延推诿,致滋贻误。讷木津、桂锡桢等马勇前已到皖,忽又折回,叠经谕令僧格林沁催令仍赴宿营听调,著即飞饬前进,不准其藉口耽延。淄川一城,计不日即可得手,苗逆势焰日张,亟望此股削平,该大臣即可移兵南下。现在围攻情形如何,并著僧格林沁具奏,以慰驰系。临淮军情岌岌,楚北边防较松,除酌留兵勇防捻外,其前此防剿发逆各军,著官文、严树森迅速调赴临淮,攻剿苗逆,保卫长淮,毋稍迟误。

前谕曾国藩另筹一军,赴颍上捣苗逆老巢,攻其所必救,能否照办,未据覆奏。长江现已肃清,能否于江北陆路防军内抽调劲旅,或径援蒙城,或由定远驰抵怀远,奋勇力攻,以断围蒙之贼粮道,即著曾国藩赶紧筹画,一面调派,一面奏闻。

寿州三面临水,一面依山,非水陆大军合剿,难期攻克,应如何筹策万全之处,著曾国藩与唐训方会筹,指示诸将机宜,力图攻拔。寿州城内官员,除毛维翼业经给恤外,其余文武下落,著即查明具奏。唐训方片内所称白、李两圩被困日久,因饥降苗等语,李圩是否即系李南华在内?李南华素能打仗,现在何处,其人是否可用,手下有无练众,曾否降苗,并著唐训方查明具奏。

前据张之万等奏,张冈业已合围,不难攻克,俟攻克后,再分兵归陈等情。张冈顿兵日久,何以尚未攻拔?张之万、毛昶熙专办张冈一寨,师老兵疲,久无功效,自问当得何罪?现在苗逆亲入寿州,如张冈早日得手,可以分兵攻捣老寨,则皖省军务自可稍纾。著即严饬张曜等克日攻拔,如再玩延,定将该抚等从重治罪。懔之!临淮、蒙城军饷,仍著设法绕道解济,顾全大局。是为至要。陈防紧要,著袁甲三督率袁保恒,将兵团勤加操练,以固豫境之防,毋稍松懈。

将此由六百里加紧各谕令知之。

——《清穆宗实录》卷七〇,同治二年六月甲午。

六月二十三日

○刘长佑奏

宋憬诗凶险性成,负嵎自固,虽进军防剿,屡挫贼锋,无如该逆乘此大雨时行,高禾满地，益逞诡谋，忽于六月十一日潜至堂邑县之赵田庄，攻扑署冠县知县孙善述营盘，经臬司丁宝桢督勇应援，始将该逆击退。

叠准提臣恒龄来函，以贼情叵测，西北防务最关紧要，请以全力严遏窜越，酌拨步队二三千名，并炸炮数尊，前赴临清，会合所部马队节节搜剿，俟将该逆驱入寨中，然后以分防之兵进而合围等语。臣遂先后拨给大名、天津暨提标官兵二千四百名，带去炸炮二尊，又新定营津勇五百名，合诸成保、萨萨布、海群各马队，共马步五千有余。仍恐该匪闻风思窜，复饬沿河各口岸弁兵小心防守。十三日，提臣恒龄先率马队驰抵距贼巢二十里之李官庄驻扎，侍卫益谦等各率步队，于十四日齐至李官庄。臣于十五日派总兵徐廷楷等由馆陶出队，至崔家庄、潘家庄一带遥为声援，并扼西窜之路。

嗣准恒龄咨称，马步各军于是日午刻进至黎儿庄，距贼巢五六里，因该处高粱过密，道路积水未消，而先期知会之山东臬司丁宝桢、署曹州镇总兵保德及柳林团练均未见到，传令暂行撤队。突有马贼千余从高粱地内冲出，我军分两路迎击，毙贼数十名，已将逆众压下。讵由西路突出马贼千余，将我军包抄，提臣恒龄奋力抵御，冲出重围，海群、成保、萨萨布各马队纷纷败走，伤亡兵丁多名，步队亦不能支，向北溃退，并遗失炸炮一尊，晚间撤回临清本营。

查宋憬诗于近巢地方情形较熟，得以伺我军进止，若急切与争，必致徒伤精锐。为今之计，惟有严防窜越，速整戎行，一面咨商僧格林沁，将苏克金所部马队调赴临清，与恒龄合队驻扎，并饬保德、丁宝桢各营进扎柳林团附近地方，互相接应。俟各军布置周妥，即滚营前进，将附近高粱全行砍伐，直逼贼巢，以期尽歼丑类。

提臣恒龄此次本有应得之咎，惟素属骁勇，每战必先，仰恳天恩，从宽免议。傥再不知奋勉，即当从严参办。至副都统成保、海群有无策应不力之处，已咨请僧格林沁查办。

——《钦定剿平捻匪方略》卷一九二，第2—5页。

〇上谕

谕议政王、军机大臣等：

刘长佑奏贼情狡悍，官军限于时地骤难得手一折。前次官军进剿宋逆，因恒龄期会不至，致有挫失。此次黎儿庄接仗，虽因积潦在途，高粱蔽野，以致未能得手，而先期知会之丁宝桢、保德等均未赶到，显系号令不一，呼应不灵。似此一误再误，岂不益张贼势？畿辅重地，小丑跳梁，官军竟不能制，尚复成何事体？直东营务废弛，前降旨令刘长佑督办三省剿匪事宜，原期畛域不分，藉资整顿。该督膺兹重寄，务当破除积习，整饬戎行。嗣后该两省在事文武员弁，其有认真杀贼、不避艰险者，该督自应随时奏请奖叙；如有观望不前、藉词推诿者，即著从严参办，毋得意存谦让，专事宽和，致辜委任。苏克金一军，前经谕令僧格林沁、刘长佑，如恒龄兵力尚单，即飞速调往助剿。今恒龄等兵既有挫失，著僧格林沁檄饬苏克金督带所部马队迅赴临清，与恒龄合队，并饬令恪遵刘长佑调度。此次副都统成保、海群如果策应不力，即著据实严参，并严饬成保等奋勉立功，力图报效。丁宝桢、保德等，业经刘长佑知会，何以届期不到？著阎敬铭速饬丁宝桢各营进扎柳林团附近地方，不准再有迟误。刘长佑俟各军调齐，布置完备，即著激励诸军滚营前进，直逼贼巢，尽歼丑类。郑魁士久历戎行，打仗勇敢，近日体气渐壮，著准其留营带兵剿贼。将此由六百里各谕令知之。

——《清穆宗实录》卷七一，同治二年六月戊戌。

六月二十五日

○袁甲三奏

蒙城米粮缺乏，业经练总高锡龄等办粮千石，因水大路阻，不能前解。臣飞饬令其设法绕道运送，复派游击吕浩然管解饷银赴颍，以资接济。屡据颍郡官绅禀称，阜阳练总王金奎向虽从苗，此次深明顺逆，绝不与通，并愿首倡义举，助官剿贼，正可因势利导，以孤苗逆之党。且运粮赴蒙，正在万分为难，该练距蒙较近，当即饬令极力筹运，期于必达。

顷接探报，苗逆已于六月初四日攻陷寿州，杀掠更惨，蒋凝学等军为水所隔，救援不及。蒙城附近之白、李二圩被陷后，该逆并力围蒙，勾结降捻，以断粮道，并运粮推积颍上，图为西犯之计。亳捻蠢动后，阜西一带投诚之捻复行勾结滋扰，归德、鹿邑、柘城、太康等处，均有亳州捻股纷窜。又探知该逆拥张落刑之侄小阎王为盟主，分股四出，直扑陈州各等情。臣当饬各地方官集练堵剿。该匪东路不得逞志，复由柘城西趋太康，又有另股由亳鹿之南上窜，亦距陈只数十里。臣一面飞咨张之万、毛昶熙迅拨大队堵击，一面截留张之万派赴归德之游击吕振河马队及吕浩然马勇，驰赴太康迎头截剿，该逆折向东南奔窜。另股突至陈郡西北，兵练登城守御，贼遂绕向西南奔窜，当檄孙之友由周家口一路迎剿，以保要区。

现在事势日迫，非援兵兼道而前，断难有济。成大吉一军即能克日前来，急扼三河尖，镇遏苗党以固颍州，其力已极，若必越颍上而援蒙城，恐非其力所能到。欲解蒙围，当由宿州进兵较可为力。惟有仰恳饬下僧格林沁迅即南下，由宿州星速援蒙，迅解城围。并请饬下张之万，调拨马步四五千人，痛剿新窜捻股；曾国藩厚集兵力，进攻寿正颍上；唐训方乘下游水师到临，亦即迅督各军，并攻怀远，使苗逆专力自顾，不暇旁扰，于大局方有裨益。

已革花翎游击克勇巴图鲁王金奎，可否仰邀圣恩，准予开复，伏候圣裁。

——《钦定剿平捻匪方略》卷一九二，第12—15页。

〇上谕

前据唐训方、曾国藩先后驰奏寿州失陷，并曾国藩调度布置情形各折片，当经谕令曾国藩等催军赴援；张之万、毛昶熙速拔张冈，分兵赴皖；并令袁甲三操练兵团，以固豫防。嗣据张之万等奏，豫军在息县获胜，并捻窜柘城等处堵御各折片，复谕令张之万等力图张冈，进兵归陈。兹据袁甲三奏皖豫震动、竭力筹办一折，与曾国藩、唐训方及张之万等所奏情形大略相同。僧格林沁围攻淄川，尚未即克，势难分兵南下，节经谕令攻克后再行移兵赴皖。亳州、鹿邑股匪四出纷扰，专恃陈郡团练堵御，袁甲三惟当督率练众实力严防，以杜窜扰。张之万、毛昶熙现督豫军规取张冈，务宜懔遵叠次谕旨，速行攻拔贼圩，庶可移兵归陈，与袁甲三声势联络，合力堵御。并著饬令孙之友、李世玉两军迎头探剿，务将奔窜太康边境捻匪痛加剿除，力固边境。蒙城粮米久缺，仍著袁甲三饬令高锡龄等将现办粮米千石，并游击吕浩然管解之饷银一千两，星夜设法运往，以后并著源源接济，毋稍迟缓。练总王金奎此次绝苗，不肯与通，尚属能知顺逆，著即照袁甲三所请，开复游击原官并花翎勇号，仍著袁甲三饬令王金奎迅速运粮，赴蒙接济。颍州人心震动，亟须添兵驻扎，以固人心。曾国藩前檄蒋凝学暂驻三河尖，办足米粮，移扎颍州，著即严饬迅速办理；并飞饬成大吉仍扎三河尖，周宽世等仍驻扎六安州等处，务期力保完区。前调之何绍彩四营及彭玉麟等所部三板八十号，均著严饬星赴临淮援剿，以资得力，并著随时与豫军联络声势，互相援应，毋得稍分畛域。将此由六百里各谕令知之。

——《清穆宗实录》卷七一，同治二年六月庚子。

六月二十七日

〇僧格林沁等奏

僧格林沁、国瑞、阎敬铭奏言：

淄川踞匪刘德培，倚恃城坚粮足，负嵎抗拒，叠经臣等围攻，逆情惊慌，时思逃窜，数次拥众出扑，均经我军击回。六月二十日起更时，该逆倾巢分路扑濠，我军各按分防地段迎击，惟一股由东南河口窜出，马步贼千余名翻山逃遁。侍卫托伦布等各带马队数百名跟踪追剿，二十一日及贼于淄川东南五十里之田庄地方，该逆列仗抗拒，我军奋力冲压，逆势不支，我军追杀十余里，歼贼四百余名，生捻百余名，讯明正法，余匪数百名翻山而逸，我军现复绕路截击。据获贼供称，此股窜匪皆系会匪、棍匪、捻匪等语。其存城贼匪，于二十一日复拥众出扑，经我军击回。二十二日，该逆潜出东门，知贼势已分，翼长全顺等带勇竖梯攻城，城贼益惧，把总郭靖带领投诚勇丁由西南首先登城，都司周隆廷亦由西北攻进，贼匪向东门奔逃,我军沿巷追杀,毙贼多名。窜出马步悍贼千余向正东逃去,色尔固善等当即带队尾追,其余受伤及老弱数百名均经搜杀净尽,立将城池克复。至窜出贼匪,我军追杀三十余里,歼毙数百名。逆首刘德培仍率党数百人奔至大白山上,经傅振邦、色尔固善督带马步各队四面兜围,我军枪炮仰攻,复毙贼多名。该逆犹敢抛石抗拒,傅振邦、色尔固善挥军直上,勇气百倍,将刘德培及其子刘申儿,助恶匪首纪魁、杨训、王在潮、苏宏图、冯中罄等,暨伙匪六百余名,悉数擒获,未容一名漏网。臣等当将刘德培等凌迟处死,其伙匪六百余名分交各营,同时正法。共计追杀搜剿捡斩贼匪二千余名。

至白莲池教匪,经总兵黄国瑞叠次禀报,进攻该匪老巢,数获胜仗,屡有斩捡,贼势益蹙。六月十七日,黄国瑞督带各营兵勇,分东、南、北三路进攻。总兵郭宝昌等带队行抵东门外圩,该逆开枪抵御,郭宝昌等越入圩墙,后队继进,当将该处贼匪诛戮殆尽。其时参将康锦文、张从龙等亦将东、南两处寨门攻破,毙贼多名。合军即抵刘庄地方,突出贼匪千余名,拌死抗拒,将弁受伤不少,仍裹创力战,当将刘庄、厂里、新庄等处贼巢攻克。该匪逃至白莲池、二山、杨家峪、枣园等处盘踞,人数尚众。黄国瑞即令前队驻扎刘庄,扼守东、北两面,张从龙等扼守南门,黄国瑞亲督各营进攻杨家峪老巢,副都统舒通额等于十八九等日会合马步各队,将白莲池西寨门及枣园等处贼寨一律攻克,即分队在西寨门内扎营。匪众现在凤凰山、鹿山、小凤凰山各山寨负嵎固守,臣等当饬各军会合进攻山寨,以期尽歼丑类。

在事尤为出力各员,除前任提督傅振邦系一品大员,已革副都统色尔固善曾任二品大员,应如何加恩之处出自圣裁,至总兵曾逢年等,相应开列,恳请分别奖叙。其余出力人员,容俟查明,另行保奏。

再,各营兵勇当此炎热之时,追剿窜匪,实属奋勉,已由臣等于军需项下赏给银三千两,以示鼓励。

——《钦定剿平捻匪方略》卷一九二,第16—20页。

〇僧格林沁、国瑞奏

前接署提督恒龄禀报,六月十五日带队进攻宋憬诗老巢,误中贼伏,以致失利。臣等接阅之余,曷胜焦急。查恒龄、苏克金等马队,于四月间已扎直东,彼时宋憬诗党与未众,若即时剿办,可望得手。因直隶督臣刘长佑意在羁縻,致中该逆缓军之计,得以乘隙布置。现该署提督业经挫失,诚恐逆焰愈炽,收拾愈难,当即飞饬翼长苏克金带领本队,由景州进扎临清,与恒龄会合,相机防剿。成保、萨萨布马队驻扎卫河迤北,以防窜渡。并商令巡抚阎敬铭暂驻淄川,将各营勇队分别遣留,以节縻费。臣等于二十六日起程,前往白莲池附近驻扎,督饬官军攻剿教匪山寨,一俟此股歼除,即拟将黄国瑞一军拨往南路,救援蒙城,臣等即统带全队驰赴河北，会剿宋憬诗，以期次第清厘。

至佐领讷木津，臣等前赴宿州助剿时，因捻匪有由楚豫回窜之信，恐我兵力一时难分，曾饬该员探明回顾。讷木津因捻匪李大个孜等复窜过大堤，是以带领马勇北来。及该员到营，捻匪已由鱼单回窜永城，臣等当饬讷木津仍带本队折回宿州，业于五月二十八日起程，行至永城，时值李大个孜等情愿投诚，臣等复饬将李大个孜等带赴宿州，交英翰等酌量办理。

——《钦定剿平捻匪方略》卷一九二，第20—22页。

〇上谕

谕议政王、军机大臣等：

僧格林沁等奏克复淄川、生擒匪首刘得培等正法，并攻克白莲池等处贼寨情形一折。另折奏，拟即移营白莲池附近驻扎，督饬各路马步兵勇进攻教匪山寨，先清此股，再行拨兵援蒙，并带马步驰赴河北会剿宋景诗；及恒龄攻剿挫失，现调苏克金由景州移扎临清合力防剿；并佐领讷木津折往宿州各等语。淄川既克，匪首伏诛，其逸出各匪，谅已搜捕净尽，地方善后一切事宜及应行剿办余匪，著阎敬铭暂驻淄城妥为经理。各营勇队分别遣留，以节縻费。该大臣于淄川克复后，即行拔营赴白莲池驻扎，先将教匪一股办清，再图南下，实属奋勇可嘉。所筹办理次第均合机宜，著即督饬黄国瑞等分道进攻。该处山径险僻，尤须属令诸将慎之又慎，不可贪功轻进，以期渐次得手，一律荡平。宋景诗率党背叛，无难一鼓歼除，惟因期会未至，号令未齐，以至恒龄等深入中伏，幸未多有损失。现在刘长佑用滚营进扎之法，芟刈高粱，节节进逼，并调集乡团四面合围，僧格林沁复调派苏克金驻扎临清，与恒龄马队会剿。所有恒龄、苏克金两军，著僧格林沁仍遵前旨，饬令暂归刘长佑节制调遣，以归画一而免贻误。刘长佑当激励诸军克期进剿，捦渠埽穴，翦除直东股匪，以便僧格林沁攻克凤凰山等处教匪后，即可督兵南下，不至再有牵掣。至蒙城情形危急万分，白莲池兵力足敷分布，该大臣务须酌派得力大员，分带劲旅，迅速往援。傅振邦在徐宿一带有年，于该处情形定必熟悉，或即先行酌量调派，以慰该地方官民倒悬之望。李大个子投诚情形及淄川逃出零匪共有若干，著僧格林沁、阎敬铭随时分别具奏。将此由六百里各谕令知之。

——《清穆宗实录》卷七一，同治二年六月壬寅。

〇上谕

僧格林沁等奏官军攻克淄川县城、生擒首逆一折。淄川逆首刘德培等踞城戕官，负嵎肆恶，经僧格林沁等督兵进剿，该逆数次拥众扑窜，均经官军击回，其踉跄逃逸者，亦经兵团截杀，捡斩数百名。本月二十二日，翼长全顺带兵乘夜攻城，把总郭（清）［靖］督勇由西南一拥先登，都司周隆廷亦带勇丁由西北攻进，贼匪纷纷向东门奔窜，我军追杀，毙贼多名，遂将淄川城池克复。刘德培等率党数百人奔至大白山上，经傅振邦、色尔固善督带马步四面围攻，当将逆首刘德培及其子刘申儿、贼党纪魁等六百余名一并生捡，分别凌迟正法。合计追杀搜剿，共毙贼二千余名，实足以伸国法而快人心。僧格林沁督剿此股贼匪，调度有方，深堪嘉尚。各营将士当此夏令炎蒸，均能踊跃用命，迅速奏功，实属奋勉可嘉。仍著僧格林沁督饬将白莲池教匪扫荡肃清。东省所有此次尤为出力之前任提督傅振邦，著先行交部从优议叙，听候简用。已革副都统色尔固善，著开复原官。总兵曾逢年，著赏戴花翎。参将李其昌，著开复原参暂革处分。都司周隆廷，著以游击补用，先换顶戴。把总郭靖，著免补千总，以守备尽先即补，先换顶戴。以示鼓励。其余在事出力人员，著僧格林沁确切查明，奏请奖叙。

——《清代起居注册（同治朝）》第 9 册，第 4775—4779 页。

六月二十九日

〇上谕

僧格林沁督军豫皖以来，叠扫捻逆巨股，歼除逆首张落刑等，屡奏战功。嗣复回师北路，围攻淄川踞匪，克拔坚城，捡诛首恶，洵属勋劳懋著。因念近日天气炎蒸，该大臣冒暑督师，运筹决胜，允宜优加赏赉，以奖勤劳。著发去黄辫珊瑚豆大荷包一对，黄辫珊瑚豆小荷包两个、翠玉翎管一枝、白玉搬指一个、白玉烟壶一个、玉柄小刀一把、火镰一把，俟布彦讷谟祜由隆福寺差竣回京，即令亲（赉）［赍］前往军营，交僧格林沁祗领，并传谕该大臣为国贤劳，尤宜善自保爱，以隆委寄。

——《清代起居注册（同治朝）》第 9 册，第 4785—4787 页。

七月

七月初一日

〇上谕

前据僧格林沁等奏，遵查道员黄元吉将参将曹福云擅行正法，因曹福云冒领饷银，被黄元吉棍责后不服，称欲报仇，黄元吉将其正法等情。当经降旨，将黄元吉暂行革职，交唐训方澈底根究。兹据奏称，讯明黄元吉因曹福云冒领口粮，不遵开导，肆行凶横，即欲军法从事，经杨继焕、范文英等代求，从轻棍责，曹福云被责不服，有起队报仇之语，黄元吉恐致酿成事端，即将曹福云正法，杨继焕等并无架祸唆使情事，请旨分别办理等语。此案参将曹福云意图虚领口粮，不遂所欲，肆行无忌，实属大干法纪，业经正法，应毋庸议。黄元吉于此等重案，并未具禀，率行擅杀武职大员，亦属冒昧糊涂，著即行革职。副将范文英、李安邦，虽无唆使情事，而带队不能得力，著一并撤销勇号，以示薄惩。杨继焕本系革职永不叙用之员，仍复溷迹军营，不知检束，即著驱逐回籍，交地方官严加管束，毋任出外滋事。范文英在籍患病，既据各供，并无架唆之事，即著免其提质。

——《清代起居注册(同治朝)》第9册，第4803—4805页。

〇吴棠奏

臣昨探闻寿州不守，已飞饬黄开榜水师赶紧起队援皖，并饬姚广武力顾蒙北饷道，不敢稍任延误。查苗逆攻扑蒙寿，窃踞怀远，各路皆有官兵堵剿，寿州之所以失陷者，以内应开城所致。城中粮尽变生，故该逆得肆其诡计。然苗逆非若捻匪之能驰骤于千百里外也，苗逆每叛，必图勾捻，窃揣北路情形，剿苗援皖，仍以先剿捻匪为要务。春间，亲王僧格林沁削平诸捻，得力于马队居多，旋因剿匪直东，各捻复行猖獗，又值苗逆倡乱，官军未暇专征，迄今纠众数万，踞圩百余，若不及早埽除，逼胁日多，捻势日炽，将来僧格林沁南下剿苗，亦恐为捻逆中阻。苗逆恃捻为屏蔽，势将不可收拾。仍求谕饬僧格林沁，克日督带马步劲旅，先行南征捻逆，翦除群丑，歼灭元凶，在此一举。姚广武一军，因徐境各匪有北窜之信，臣已饬其折回宿营，就现有兵力，亟筹堵御。

——《钦定剿平捻匪方略》卷一九三，第1—2页。

〇唐训方奏

近日苗逆以蒙城久困，志在必得，勾结捻党，阻绝亳州粮路，又于涡河北岸日添悍党，凡自蒙抵宿之小涧集等处，步步为营，宿州粮路亦为所阻。总兵姚广武因闻捻匪有北窜之说，折回徐州防剿，强留不得，临淮又无兵分援，蒙城粮尽饷绝，设有疏虞，亳州、太和无兵防守，势必相继沦亡。且恐该逆乘虚北犯归陈等属，中原大局将不可问。曷若乘蒙城未失，厚集援兵，犹可保淮北之土疆，固豫东之门户。僧格林沁现派讷木津马勇五百来援，尚恐兵力单薄，未足以解蒙围而通粮路。相应请旨，仍饬僧格林沁迅拨大队，星夜赴援，以支危局。

——《钦定剿平捻匪方略》卷一九三，第4—5页。

〇上谕

谕议政王、军机大臣等：

唐训方奏陈淮河两岸力筹堵剿、蒙城困迫日甚各折片，并吴棠奏苗逆句捻其势日炽、宿捻及土匪均欲装旗北窜各等语。苗逆虽系自守之贼，而专于逼胁各圩，且凶谋阴狡，每以包截官军后路为长技。此次乘寿州沦陷，水陆东下，猛扑临军，唐训方所部各军，饥困之余，前后受敌，勉强支持，深恐屡战力疲，一有挫折，则全淮不堪设想。现在蚌埠贼划虽经击沈多只，而陆贼仍负嵎死守。著唐训方仍督各军竭力妥筹战守，一俟彭玉麟、杨岳斌、黄开榜等水师赶到，即饬前敌诸军水陆会合攻剿。

蒙城被围日久，宿州一线粮道亦为阻绝，蒙城内外，仅马新贻、英翰两军勉力战守，而兵力无多，粮运屡断，情形万分危迫，殊恐难复久支。吴棠所派援蒙之姚广武一军，因徐境各匪有装旗北窜之信，调回防剿，现据该漕督所奏，又有豫东两省回宿败捻诱胁各圩，众至数万，其李大个子等在宿州煽胁各圩，已有二万余人，声言装旗北窜等情。寿州陷后，苗逆势已复张，若不及早埽除，将来北路大军南下，亦恐为捻逆中阻，势将不可收拾。吴棠与唐训方所奏各情大略相符，均请饬令僧格林沁移师赴皖，情词甚为迫切。前据僧格林沁奏，俟攻克白莲池后，令黄国瑞带兵往攻苗逆，当经谕令该大臣，以傅振邦熟悉徐宿一带情形，可即令带兵前往。现在蒙城如此危急，苗党捻匪如此之多，该大臣即不能亲往，必须调派得力兵将前去，方能有济。傅振邦、黄国瑞二员中，何员最为得力，著该大臣酌量，迅速调派，一面奏闻。唐训方仍即就所有兵力竭力撑拄，以待援师，毋稍疏失。吴棠严饬姚广武，速将宿西各匪剿除，即折回宿境，与马新贻、英翰等军声势联络，以通蒙城粮运。并著该漕督懔遵叠次谕旨，源源接济，毋令乏绝。

讷木津、桂锡桢之军，已有招降李大个子股匪之禀，何以该匪又复纠党装旗、声言北窜？是否讷木津等禀报虚捏，抑或李大个子肆行反覆，著僧格林沁严密确查，仍饬讷木津等速行折回宿境，合力剿贼，毋许观望。

唐训方所奏，有已革知府金汝霖为苗逆内应，现已计捡就戮。此等衣冠悖逆，殊堪发指，其籍贯何处，眷口何存，例应连坐，著唐训方密行查拿办理。

将此由六百里各谕令知之。

——《清穆宗实录》卷七二，同治二年七月乙巳。

七月十六日

○僧格林沁、国瑞奏

臣等由淄川起程，于七月初五日行抵邹县白莲池。查白莲池教匪，自黄国瑞、舒通额等由东西两路攻进贼巢，会合搜剿，捡斩多名，余匪窜上红山。该处悬岸陡壁，山顶宽敞，察其人数，尚有二万余众。所恃豫积粮米，倚险抗拒。臣等当令舒通额等严加防范，以杜偷窜；并令署运司恩锡等将远处营垒移扎西南红山脚下，以防奔突。臣等驻扎土旺迤西数里之来富庄地方，初八、初九两日，督饬各营环山列队，用炮轰击，该逆拌死抵拒，炮石如雨，我军仍奋勇争先，攀藤附葛，意图抢攻。该逆用巨石自岭堕下，各营兵勇受伤数百名，当即撤队。现于红山对面平岭之上添筑营垒两座，派参将李其昌等各带勇队驻扎，并将炮位安设营内，添兵保护，以便昼夜轰击。惟山径丛杂，涧壑纵横，贼之窜路分歧，防范实有难周。现饬舒通额等统带马队巡逻，傥有奔窜，即可跟踪追剿。

至淄川逃出捻棍会匪千余名，经托伦布等带领马队跟踪追剿，败于田庄，余匪数百名翻山奔窜。该侍卫等追至临朐县龙冈及曾家冈等处，复毙贼百余名，败匪仅剩二百余名，逃窜入山。旋随宝泉崮匪首吕从学等赴黄国瑞营中，恳请投诚，效力赎罪，经该总兵验明准投，现在此项人众即饬归黄国瑞管带，屡次随同进攻，尚能勇往。

再，据佐领讷莫津禀称，捻首李大个孜等现在岳冢集游弋，因知我队已抵永城，情愿投诚，当经臣等以李大个孜系属漏网捻逆，情急来投，殊不可靠，已札饬讷莫津将该捻首是否真心投诚，抑或首鼠两端，据实禀覆，再行核办。

——《钦定剿平捻匪方略》卷一九四，第13—15页。

〇僧格林沁、国瑞奏

据总兵姚广武禀称，该总兵于六月二十九日驰抵侯圩，将运蒙粮饷军火送至小涧集，交臬司马新贻转运蒙城，并与马新贻筹商进剿，必须剿除狼山贼垒，粮路方可畅行。该总兵当与英翰筹议，于蔡寨以西扼要扎营，一面分兵绕赴狼山东路。七月初四、五等日，我军出队，均有斩捡，逆势不支，初五日夜将狼山踞垒十余座全行撤遁。该总兵督队驰剿，适蒙军由山南至，合力夹击，歼贼不少，该逆狂奔而回。该总兵以东西尽属贼巢，未便深追，而从逆之赵、王二圩均出乞降。旋探该逆果窜至蒙城城外涡河南北筑垒。初七日，该总兵督队趋抵蒙城，次早会同蒙军分路抄击，捡斩多名，复折向西北攻刘家圩，外圩之贼尽被歼毙。因该逆坚拒，急切未下，遂由檀城集折回，一路经过各圩纷纷乞降，蒙城粮路现已疏畅。各等情。臣等一俟白莲池教匪埽灭后，即当拨兵赴皖，会同各军合力夹击。仍俟直东一律肃清，臣等再行督带马步，全军南下，既无回顾之虑，即可专意进剿。

——《钦定剿平捻匪方略》卷一九四，第15—16页。

〇上谕

谕议政王、军机大臣等：

僧格林沁奏攻剿教匪及追击淄川窜匪等情形，并蒙城粮路已通各折片。白莲池教匪，经黄国瑞、舒通额等由东西两路攻进贼巢，会合搜剿，捡斩多名，余匪窜上红山。僧格林沁驰抵白莲池后，复督令恩锡等将远处营垒移扎西南红山脚下，并督队四面环攻。该逆拌死抵拒，官军仍未得手。现于红山对面平岭之上添扎营垒两座，安设炮位，昼夜轰击。该逆被炮轰打，难保不穷而思窜，山径丛杂，防范最宜周密。该大臣务应严为布置，毋令乘间出窜。惟山势险峻散漫，既难仰攻，又恐非重围所能困，总宜寻觅机会，使逆巢有内应之贼，庶几一鼓可下。淄川逸匪，被官兵追剿穷蹙，赴黄国瑞军营投诚。此辈狼子野心，反覆无常，难保不与教匪暗通消息。著僧格林沁督饬黄国瑞随时防范，如查有反覆情形，即速歼除，毋稍姑息。捻首李大个子等投诚，是否真心悔罪，亦须令马新贻、英翰等详加体察，斟酌办理。蒙城所属狼山，逆垒十余座既经撤退，赵、王两圩均经乞降，总兵姚广武复将附近投诚各圩收抚，蒙城粮路现已疏通。著僧格林沁即严札该总兵奋力进抵蒙城，会合马新贻、英翰等军内外进攻，迅解城围，毋许藉词逗遛，致干重咎。昨据唐训方奏称，苗逆亲率党与二万余人，于临淮南北两岸添扎营垒，官军日有伤亡，而逆党日加增益，情势甚为危迫。僧格林沁务当迅将红山股匪剿除净尽，以便移师皖省，埽荡苗氛，毋稍延缓。将此由六百里谕令知之。

——《清穆宗实录》卷七三，同治二年七月庚申。

七月十八日

○上谕

同治二年七月十八日内阁奉上谕：

前因中外诸臣交章奏参胜保贪污欺罔各款，当经降旨将胜保革职拿问，交刑部治罪。嗣经刑部奏称，胜保押解到部，复派议政王、军机大臣、大学士会同刑部审讯，节经王大臣等将胜保亲供呈览，于被参各款恃无质证，一味狡展，而于携带姬妾赴营一节，则业已承认不讳。本日复据王大臣等陈奏胜保所递亲供及诉呈各一纸，更堪诧异。胜保于督兵入陕之初，人言藉藉，朝廷不惜谆切训诫，至再至三，原期其力洗前愆，立功赎罪，乃入陕以后仍复肆无忌惮，怙恶不悛，即其所自认携带姬妾赴营一节，已属大干例禁。谕旨谆谆训诫之谓何？竟敢视若弁髦，欺藐朝廷，至于此极。苗沛霖性情阴鸷，曾谕胜保察其就抚是否可靠，胜保极口保其无他，并乞恩施，且擅调其练众入陕。迨谕旨不准，犹敢屡次抗辩。今苗沛霖已戕官踞城，肆行背叛。宋景诗以反覆降匪，经胜保代为捏报战功，保至参将，后又在陕拥众东归，亦已背叛。是今日苗、宋二逆之糜饷劳师，皆胜保之养痈贻患所致；而胜保之党护苗、宋二逆，不得谓无挟制朝廷之心。至胜保被参各款，前经僧格林沁覆奏，有派员查访并咨询地方，所称情形大略相同，胜保任性妄为，即此已可概见等语。是胜保之贪污欺罔，实天下所共知，岂能凭其自行回护之词，信为竟无其事？据胜保本日所递诉呈内，博引律例，妄欲将原参各员治以诬告之罪，尤属饰非乱是，胆大妄为。核其种种情罪，即立正刑诛，亦属咎所应得。姑念其从前剿办发捻有年，尚有战功足录，胜保著从宽赐令自尽，即派周祖培、绵森前往监视。所有案内牵涉人犯，即著刑部分别提审，讯明奏结，以清积牍。

钦此。

——《咸丰同治两朝上谕档》第13册，第325—326页。

〇吴棠奏

姚广武一军，自进扎侯圩后，现据禀称，屡派兵勇护粮，闯过狼山，解送小涧集，交马新贻兑收。并于七月初三日夜亲至小涧集，与马新贻面商剿贼机宜，仍即回驻侯圩。又称，副将艾宪银等军逼攻宋圩，叠次获胜，忽捻匪由临涣窜入浍北牛家板桥等处，截断艾宪银等军粮道。此时官军前后受敌，急须策应宿营。又据署淮徐道朱善张禀称，七月初五日，捻股由牛家板桥窜至宿州西之九里湾并东北符离集，初八日，捻股由萧县之姚家楼窜至铜山之敬安集，延亘四十余里，徐西之十八里屯望见火光，探得贼欲分股赴曹单海沭打粮各等语。臣已飞饬姚广武激励所部，相机援蒙，并北顾徐宿，一面严饬邳宿睢桃在防兵练一体严防，并添调兵五百名，严扼成子河圩一带，以防奔突。

惟详阅姚广武绘送宿蒙饷道一图，蒙城三面被围，仅有侯圩、小涧集一线可通之路，而狼山苗逆横梗其间，又西则捻圩复沓，群盗如毛，虽经闯送银粮，势不可久。设苗逆分撤围蒙之党，全趋狼山，或聚众中途专邀送饷之军，则姚、马两军声援立断，恐寿州覆辙再见于蒙城。虽将傅振邦、黄国瑞拨一员南下，只能力顾一路，不能调度豫皖各军，合力兜剿。可否仰恳天恩，饬令山东抚臣督饬傅振邦等剿办山东未尽匪股，仍求谕令亲王僧格林沁星夜督师入皖。该亲王威望素著，贼既慑于先声，又可驱策各路官军四面进剿。削平苗捻，惟有此策。

——《钦定剿平捻匪方略》卷一九四，第22—24页。

〇唐训方奏

自总兵姚广武派马队绕出狼山之东，抄贼粮道，该逆于初五日夜将十四营贼众全行退窜，臬司马新贻等督队追击，姚广武亦亲督马队由山后会合穷追，捻斩甚众。马新贻复恐守城兵单，该逆乘间袭取，当派都司李同胜等带勇驰回蒙城。时涡河南北两岸之贼进逼蒙城，见我军回援，遂各归垒自守。蒙城围虽未解，粮道已通。该逆不得逞志于蒙，于是益抽精锐，前赴怀远，困我前敌，并于初八日夜将距怀十里之宋家圩袭陷，连营六座，直抵河岸，连日文报军粮尽为阻绝。适杨岳斌、彭玉麟所派总兵丁泗滨、王吉等统带炮船百号赶至，臣当令总兵何绍彩四营会合往援，当能力挫凶锋，俾前敌复臻稳固。惟陆师以分防苦战，近复传染时疫,该将士力疾进征,能否迅解贼围,尚未可必。惟有仰恳天恩,饬下僧格林沁转饬黄国瑞一军星驰援蒙,臣即抽换蒙城数营回援临淮,稍纾兵力,庶可节节埽荡,而皖北大局不致动摇矣。

——《钦定剿平捻匪方略》卷一九四,第24—25页。

〇上谕

吴棠奏皖军危迫、请饬僧格林沁赴援,并将宿蒙饷道绘图呈览各折片;唐训方奏蒙城诸军合击狼山,贼弃垒遁,趋重怀远,请饬黄国瑞星驰援蒙一折。蒙城围虽未解,粮道已通,该逆不得逞志于蒙,于是益抽精锐,前赴怀远,困我前敌,连营河岸,联络炮划,连日文报军粮尽为阻绝。杨岳斌等所派丁泗滨等统带炮船百号现已驶至,经唐训方令其会合总兵何绍彩往援,当能力挫凶锋,俾前敌复臻稳固。惟陆师以分防苦战,近复染疫,能否得力,尚不可知。唐训方请饬僧格林沁令黄国瑞一军星驰援蒙,该抚即抽换蒙城数营回援临淮,稍纾兵力。刻下山东匪势已蹙,即宋景诗一股,有直东兵勇合剿,似尚不难了结。著该大臣自行察度,如东匪即日可以蒇事,该大臣即可亲统大军南下,以得胜之师削平苗捻。或一时不能亲往,即令黄国瑞一军先赴蒙城,听唐训方调遣。该大臣务当酌量情形,星速援皖,毋令稍有疏失。吴棠当严饬姚广武竭力会剿,并将徐宿各捻股设法剿除。唐训方就现有兵力固守临淮,并催令丁泗滨等水师速赴怀远,力顾前敌,痛挫凶锋,不得专待援师,致滋贻误。染疫士卒,善为拊循,以期得力。吴棠所奏翁廷奎勇丁滋闹淮安关署情形,所拟办法甚为草率,显有不实不尽,著该漕督再行确查,按律惩治,毋稍姑容。淮关应解清淮军饷二万三千两,著就近催令该监督按月拨解。李鸿章、吴棠另折奏,江北各属漕米,仍请准收折色,以济扬营饷糈等语。本年江北各漕,著仍照向章折征,留充扬营军饷,以资兵食。将此由六百里各谕令知之。

——《清穆宗实录》卷七三,同治二年七月壬戌。

七月二十三日

〇实录

漕运总督吴棠奏,狼山贼营撤退,蒙城粮道渐通,请饬钦差大臣僧格林沁赴援皖省。得旨,僧格林沁南下一节,已谕令该大臣自行察度,恐一时未能督师入皖,吴棠惟当会同唐训方妥为筹办,严饬在事将弁认真防剿。乞降各圩,镇抚须得法,毋堕奸计。已革游击尹作宾突阵受伤,著准其开复原官。

——《清穆宗实录》卷七四,同治二年七月丁卯。

七月二十四日

○唐训方奏

据丁泗滨等来禀，该镇等于七月十二日驶至小蚌埠，与贼接仗，夺获逆划二十一只，烧毁二十余只，复登岸攻破逆卡，直扑逆垒，鏖战逾时，共毙贼七八百人，讵贼以死踞垒，未即下，该逆复乘夜于沙洲增垒四座，并于两岸添筑炮台；十四日往攻，两岸逆众愈多，巨炮齐施，我兵伤亡不少，只得收队，仍扎小蚌埠等情。臣念前敌各营坚守苦战逾四月矣，若不设法济运，饥溃即在目前，适黄开榜统带炮船百号，于十五日到临，臣当派船五十只，装载米面，运送前敌各营。讵该逆又从沙河窄狭处横施铁锁木桩，而以枪炮伺击，我军到彼，断锁拔桩，舍命冲突，勉将粮石送过，而受伤者亦复不少。现探该逆又于河沿多备竹石，意图横截河流，此后粮运断难为继。情形危急至此，临军后路更单。臣虽函致曾国藩添派劲旅来援，而皖营兵力有可抽拨与否，尚属未定。即令有兵援应，而前敌各军能否支持以待，犹未可知。臣再四思维，惟有趁蒙城贼势稍松，酌调马新贻带领王才秀一军千余人来临，力保后路，留姚广武、英翰两军及李南华等各练众于蒙城，一面迅催僧格林沁所派援兵，乘此蒙贼调赴淮岸，立解城围，直捣该逆老巢。俟该逆回顾，临军即乘势力图怀远，似为一举两得。

再，李世忠派总兵朱元兴援临，尚无骚扰地方之事。近复增兵五百人，均由朱元兴带领，进扎刘府一带。是否实力剿办，再行据实密陈。

——《钦定剿平捻匪方略》卷一九五，第5—7页。

○上谕

唐训方奏逆匪阻截淮河运道、力图疏通，并李世忠之兵进扎刘府各折片。丁泗滨等水师进援临淮，驶至小蚌埠，夺获并烧毁贼划四十余只。贼更于沙洲地面乘夜增筑四垒，并于两岸添筑炮台。水师阻于巨炮，伤亡甚多。黄开榜续到之炮船运载米面，虽经拔销断桩，奋力冲突，勉将粮石送赴前敌各营，而受伤者亦复不少。现探该逆于沿河多备竹石，意欲横截河流，此后粮运断难为继。临军后路亦形单薄，情形危迫万分，非有陆路援军速行驰救，大局将不堪设想。曾国藩所部各营虽不敷分布，亦当于无可筹拨之中，勉力抽派一军，星驰援应，会同临淮水陆各营，将沙洲贼垒攻破，毋得游移，致误戎机。蒙城贼势稍松，唐训方现调马新贻一军驰赴临淮，力顾后路，并催僧格林沁所派援兵进解城围，直捣该逆老巢，俟贼匪回顾时，即令临淮各军乘势力图怀远。著僧格林沁即饬令讷木津等军迅速照办，不准观望迁延；并著僧格林沁速将红山教匪攻克，星夜督军驰援皖北，以救然眉。李世忠派总兵朱元兴进援临淮，尚无骚扰地方之事，近复增兵五百人，均由朱元兴带领，进扎刘府一带。如果实力攻剿，即著唐训方妥为联络，会合进取，以厚兵力。并著唐训方设法疏通粮路，接应前敌各营，毋令缺乏。将此由六百里各谕令知之。

——《清穆宗实录》卷七四，同治二年七月戊辰。

七月二十六日

○僧格林沁奏

查唐训方请饬黄国瑞一军星驰援蒙，现在教匪盘踞红山，人数甚众，臣督各军环扎营垒，尚虞贼众兵单，且黄国瑞之军堵御东面，正当吃紧，若一抽撤，设贼众窜扑东面，深恐滋蔓难图。不若就各路之军会合攻剿，将此股教匪歼除，再饬黄国瑞一军先行援蒙。至臣所统马队，大半皆在河北为宋憬诗一股牵掣，昨已函致督臣刘长佑，催其迅将宋逆一股翦灭，将来苏克金、恒龄两军即可随臣南征。现据代理峄县知县陶锡祺禀报，捻匪李大个孜等盘踞徐西婆罗店一带，意图北窜，边马已抵沿河等情。臣思苗逆鸱张，皖境待援迫切，亟须大兵南下，而宋逆一股，经刘长佑督办数月，或战或抚，尚无定见，因之苏克金、恒龄两军日久牵掣。据保德、丁宝桢禀报，宋逆欲行投诚，当经臣札饬苏克金等查明禀报。兹据覆称，仍未定期进剿，亦未酌准投诚。查直隶总督为一省表率，从前文煜、孙治剿贼失利，彼时原无得力之兵，今马步劲旅云集河北，该督优柔寡断，劳师糜饷，实难望其振作。臣因河北未靖，日夜焦灼，若俟教匪歼除，彼时宋逆仍未剿灭，势须移军河北。惟捻氛既有北窜之意，我军一经移动，必致尾随窜扰，则东境又被蹂躏。是进剿宋逆万难再缓，相应请旨，饬下苏克金、恒龄会督马步各军赶紧进兵，所有直东马步悉归调遣，以专责成而歼丑类。

——《钦定剿平捻匪方略》卷一九五，第8—10页。

○上谕

僧格林沁奏酌筹南北缓急情形，请饬迅歼宋景诗股匪，冀可调集全军督带南征一折。苗逆围扑蒙城，未能得手，近复添调悍党，横截淮河，阻遏前敌各营运道，昨据唐训方驰奏，情形万分危迫。曾国藩所部，多在西、南两路防剿，势难抽拨来援，必须僧格林沁督率马步全军前往剿办，庶可埽除苗捻，迅速奏功。惟教匪盘踞红山，仰攻颇难得力。黄国瑞之军堵御东面，正当吃紧，未能抽调赴皖。该大臣所统马队，大半皆在河北，为宋景诗一股牵掣。是直东股匪未清，该大臣全军断难南下。刘长佑身膺督办之责，马步各军悉归节制，为数已属不少，何以区区小丑，竟不能克日殄除？现在涂潦谅已消涸，高(梁)[粱]茂密处所，应已一律芟除，即著刘长佑督同恒龄、苏克金、丁宝桢等军合力进剿，捣穴捡渠，尽歼丑类，毋得任意迟延，致干重咎。宋景诗本反覆无常之小人，虽据保德、丁宝桢禀报，该逆有悔罪投诚之说，殊难深信。刘长佑惟当乘此大军云集之际一鼓歼除，俾直东交界处所永无后患。其恒龄、苏克金等军，既暂归刘长佑节制，即应会合马步兵勇，齐心协力，相机进剿，将此股迅速完结，得以及早随同僧格林沁南征苗练，方为无分畛域，出力报效。丁宝桢部勇无多，前经谕令阎敬铭添兵助剿，即著该抚迅催前进，毋得以阻水为词，任意延缓。程顺书一犯，前据刘长佑奏明正法。此次保德等禀内，有令宋逆剿捕窜匪陈顺书等之语，陈顺书是否即程顺书？并著刘长佑查明具奏。教匪恃其险阻，拌死抗拒，僧格林沁现督令各军环山筑垒，该匪粮食将尽，势必乘隙图窜。该大臣尤应密饬各营将领严防窜逸，仍一面激励诸军，用间用奇，设法力拔贼巢，以收聚歼之效。将此由六百里谕知僧格林沁、刘长佑、阎敬铭，并传谕恒龄、苏克金知之。

——《清穆宗实录》卷七四，同治二年七月庚午。

〇实录

拨察哈尔备调马一千匹，解往钦差大臣僧格林沁军营备用。

——《清穆宗实录》卷七四，同治二年七月庚午。

七月三十日

〇僧格林沁、国瑞奏

白莲池教匪窜踞红山，负嵎死守，各营官军用炸炮昼夜轰击，贼中死伤过众，粮食已尽，欲由西南奔窜。臣等饬翼长舒通额等选派马队，赴西南山岭下设伏，并令舒通额带领马队扼守东北。七月二十二日夜间，山上人声喧乱，总兵黄国瑞督队，由北面云蒙寺首先抢上山梁，扑入贼寨，当将西山贼众与东山之贼冲作两路。其时西面贼众由西北扑窜下山，臣国瑞督兵自西北截击，该逆势不能支，纷纷乱窜。我军刀砍矛刺，贼尸积遍山谷，落涧死者不计其数。黄国瑞举火焚寨，并督兵将东山贼众截住，围杀殆尽，其扑下之贼向西南拥扑，守墙兵勇开放连环枪炮，击毙贼匪二百余名，并捡获匪首郭溛冈等犯。逆众拌命窜扑，冲破石墙丈余，大股贼匪一齐窜出。臣国瑞即派德楞额等带领各营步队赶紧追剿，适委营总常德等带豫伏马队从旁横击，舒通额又由西北绕至，合力追杀，贼众向南狂奔，我军紧蹑其后，沿途歼毙无算。贼匪窜赴罔山、八顶崮盘踞，德楞额等步队赶到，立将罔山围定，贼即避入山洞。连日搜杀，捡斩无数，随将首逆李九捡获。统计先后毙贼一万数千名，其匪首宋继朋尸身亦在云蒙寺山坡查获，并捡获宋继朋之妻高氏，并弟宋继溪，逆孙亭儿及逆族男妇六名口，又搜获匪首李化亭、王春芳，当将宋继朋首级悬竿示众，并将宋继溪等一并正法。现经臣僧格林沁商令臣国瑞暂住邹境，率同德楞额等，督同总兵扎隆武官军搜拿余匪，平毁贼巢。

查蒙城待援孔亟，现在教匪已除，臣等当派总兵黄国瑞带领马步三千余名，即日起程，星驰赴皖，速解蒙城之围。惟河北宋憬诗一股尚未扑灭，亟应赶紧歼除。邹县境内，臣等已留兵弹压，即使捻匪李大个孜欲行北窜，亦可就近堵剿。臣僧格林沁即日督带舒通额马队八百余名驰往东昌，以便督饬苏克金、恒龄相机进剿。

此次尤为出力各员，谨先行开列，仰恳天恩奖励。

——《钦定剿平捻匪方略》卷一九五，第18—20页。

○僧格林沁、国瑞奏

臣等与黄国瑞接见之际，询悉该总兵系湖北德安府应城县人，原姓陈氏，从前为发逆所掳，嗣经逃出，投至总兵黄开榜营中效力，即蒙认作义子，遂以黄为姓，屡随打仗出力，洊保今职。仰蒙高厚，官秩日崇，而报本之私愈不能已，伏乞恩施格外，俯准黄国瑞仍归陈姓，俾该镇仰邀锡类之仁，当益矢忠贞之志矣。

——《钦定剿平捻匪方略》卷一九五，第30—31页。

○唐训方奏

苗逆连日于淮河两岸增垒八十余座，又以船填塞砖石，或沈或浮，复于桅上重施铁锁，横截河道。我军昼夜苦攻，该逆竭力抵御，前敌运道竟无一线可通。臣窃计前次送粮仅敷数日，而前后困逼，危迫万分，不得已檄令统带各员，将全师撤退。臣豫料贼必跟追，先派何绍彩、克蒙额等率马步队设伏于小蚌埠一带。贼果大队追至，遇伏惊退。黄开榜、成发翔、丁泗滨、王吉等炮船复连环轰击，毙贼甚多。贼未敢乘势径逼临淮，惟兵勇困敝之余，非大为休息，势难使之再战。现恃舟师为犄角，仅能力保老营，而南之凤阳、北之蒙城贼势恐复滋蔓。临淮为皖北屏障，设有疏虞，南北不堪设想。惟有仰恳天恩，速饬僧格林沁派黄国瑞驰援蒙城，张之万饬张曜速进颍上，都兴阿分拨数营进援临淮，趁此时尚可支持，合力同心，约期大举，庶贼以备多力分，而埽穴捦渠，乃可徐议，不独临淮一军之幸也。

——《钦定剿平捻匪方略》卷一九五，第21—22页。

○张之万奏

捻首张总愚等因闻僧格林沁大军即日南下，慑于声威，遂纠集程大老砍、李库等各股马步贼，约有万人，由鹿邑南境避兵疾走。七月二十一日，总兵保英等各率所部，由陈州探踪迎击，捦斩多名，而寇踪剽疾，其大股已于是日窜入太康县属五里口一带。贼骑四出裹掠，二十二日扰及扶沟县之大石桥等处，距城不及十里。该县知县邹金生募勇登陴，昼夜严备。二十四日，通许、尉氏县境已见贼踪，势渐北趋，逼近省垣。臣查该逆苍黄出窜，莫定所向，前闻苗沛霖有密约该捻潜袭汴垣、牵掣我军之说，今捻势北趋，距省仅百余里，则苗逆指使之说似非无因。臣闻警后，饬都司连美等率领所部，益以臣营马步亲军，连夜拔营进扎通许，遏贼北犯；知会臣毛昶熙，迅派得力将弁，挑选马步精锐，星夜取道鹿柘，抄出贼前，迎头截击；并飞檄张曜督率所部，由陈州进剿，以防贼窜汝南之路。俟宋军抄到，即令与张曜各营合力剿击，以歼穷寇。臣现率在城司道布置城守，日夜严防，以期有备无患。仍随时相度机宜，何路吃紧，即派兵往何路策应，不敢稍形疏懈。

——《钦定剿平捻匪方略》卷一九五，第22—23页。

〇上谕

僧格林沁奏，恳请打仗出力之总兵归宗复姓等语。总兵黄国瑞籍隶湖北，本姓陈氏，因投黄开榜营中效力，遂从其姓。屡次随同打仗出力，战功懋著，洊擢总兵，本日复因攻克白莲池教匪巢穴，降旨赏给头品顶带，自应复姓归宗，俾该员既遂显扬之志，益励忠孝之忱。黄国瑞著准其复姓陈氏，用示朝廷锡类旌功至意。

——《清代起居注册(同治朝)》第9册，第5041页。

〇上谕

谕议政王、军机大臣等：

僧格林沁等奏攻克教匪山寨、生擒首恶及拨兵驰援蒙城一折，览奏欣慰。僧格林沁自攻克淄川，移营剿办教匪，甫经匝月，即能埽穴擒渠，肤公迅奏。现复移师东昌，督剿宋逆，实属不辞劳瘁，忠勇可嘉。著即会同刘长佑，督饬恒龄、苏克金、保德、丁宝桢等，将宋景诗股匪一鼓殄除，以便统师南下。教匪头目宋继朋、李九等已就骈诛，此外或不免有余匪潜匿，著咨令阎敬铭督饬地方文武各员认真搜捕。国瑞带兵暂驻邹县，搜捕余匪，该大臣当令实力办理，毋令余烬复然，致贻异日之患。本日据唐训方奏，苗逆于淮河两岸增垒塞河，前敌运道竟无一线可通，该抚不得已将水陆各军撤退，兵勇伤亡甚多，困敝之余，非大为休息，不能再战，现恃舟师为掎角，仅能力保老营，而南之凤阳、北之蒙城，贼势仍复滋蔓，临淮危急，更甚于前，请饬僧格林沁派令陈国瑞援蒙、都兴阿派兵赴援临淮、张曜进兵颍上各等语。本日虽已谕令都兴阿拨兵赴援，而江防甚紧，能拨与否，尚未可知。又适据张之万奏，张总愚纠集程大老坎、李库等捻股窜逼汴城，张曜回军援应，亦难前往。现在僧格林沁已令陈国瑞带兵三千余名赴皖，著即督饬该总兵星夜前进，以壮临淮声势。所有该总兵一军应行驻扎何处，攻打何路，已谕令唐训方妥筹调度，仍著僧格林沁饬令该总兵听候唐训方指示，奋勉图功。惟此时皖北情形万紧，非陈国瑞一人所能奏功，该大臣于北路肃清后，即应迅速南征，用申天讨。唐训方折著钞给阅看。将此由六百里谕令知之。

——《清穆宗实录》卷七四，同治二年七月甲戌。

〇上谕

临淮为皖北屏蔽，关系甚重，苗逆注意于此，计甚狡毒，必须竭力固守，方可沿长淮南北次第进兵，翦除苗逆。本日据僧格林沁奏，业经该亲王调派陈国瑞一军前赴蒙城援救，著唐训方派员迎催赴皖，并著该抚酌度缓急，何路吃紧，即派该总兵前往攻剿。至僧格林沁移扎东昌，剿办宋憬诗股匪，一俟削平后，即亲督马步全军南下。顷据张之万奏，捻首张总愚等由鹿邑窜至太康、扶沟县属，通许、尉氏县境亦有贼踪。苗沛霖有密约该捻潜袭汴城之说，是张曜一军为所牵掣，势不能径趋颍上。虽经谕令都兴阿酌度数营赴临，亦虑缓不济急。必得就近一枝劲旅会同临营夹击，方可迅速奏功。前据曾国藩奏，李世忠愧悟渐生，颇知敛抑，该提督以五河为临淮后路，傥苗逆下窜，誓必决一胜负等语。李世忠失陷二浦，朝廷不加严谴，原冀其感激愧奋，剿贼自效，该提督前派总兵朱元兴带兵一千五百余人来临助剿，是其志切同仇，力顾大局，尚属奋勉可嘉。著唐训方即檄饬朱元兴，督勇由刘府一带进剿附近苗圩，以牵贼势。李世忠既欲出力报效，与其驻勇五河，专俟贼至，何如督饬所部，由五河星驰前进，以拯临淮之急？并著曾国藩即行札调该提督迅速进兵，毋稍迟误。记名运司李元华，前据吴棠奏请调营差遣，该员曾否赴吴棠军营？如尚在六安本籍，或饬令招集旧日团勇进扎颍上，或阳攻下蔡，亦足以牵掣苗逆，使其回顾。并著曾国藩等酌量办理。曾国藩接奉此旨后，察看李世忠近日情形，如果私仇公愤发于至诚，即将此旨摘录传谕，并须坦白相待，使之不疑，令其知感知愧，乐为我用。李世忠是否可资其力，此旨可否摘录传谕，并著曾国藩酌量办理，随时覆奏。将此由六百里加紧各谕令知之。

——《东华续录》同治二十四，第54—55页，同治二年七月甲戌。

〇上谕

苗沛霖于淮河两岸增垒塞河，前敌运道竟无一线可通。据唐训方奏，不得已将进攻怀远水陆各军撤退，兵勇伤亡甚多，困敝之余，非大为休息，不能使之再战，请饬僧格林沁派令陈国瑞驰援蒙城，张之万饬张曜速进颍上，都兴阿分拨数营救援临淮。本日据僧格林沁奏，攻克教匪山寨，生擒首逆，已令该总兵带兵三千余名驰援蒙城，当谕该大臣催令星速前进。惟临淮军情如此紧迫，僧格林沁之军因回剿宋憬诗一股未能全队启行，兵力尚觉单薄。此时江北防务虽属紧要，而临淮亦为皖北关键，都兴阿等能否于扬防抽拨数营前赴临淮助剿，著即妥筹，一面派拨，一面具奏。里下河之防必须处处严密，并著会同吴棠，饬所属文武各员认真防范。吴棠仍当严饬姚广武等实力会剿，不得稍有退缩。如有就近可拨兵勇，并即赶紧派拨。临淮军饷当源源接济，毋令哗溃。谅吴棠必能力顾大局。记名运司李元华曾否到营？若令招集旧日团勇，由六安进扎颍上，以牵制逆练之党，使之反顾，则蒙怀可以稍松。本日已谕知曾国藩酌办，并著吴棠酌量办理。亳捻由鹿邑边境西窜太康、扶沟等县，扰及通许，并知会毛昶熙派兵钞击，力扼西北两路，飞檄张曜督所部由陈州探踪进剿，所筹均妥。即著毛昶熙迅派得力将弁，挑选马步精锐，星夜取道鹿柘，钞出贼前，迎头截剿，并会合张曜等兵实力夹击，就地歼除，无任北犯。汴垣空虚，张之万当督饬司道等办理防守事宜。惟守郭不如守险，该抚见带兵旋省，恐各军因而懈忽，仍当驻军扼要之地，以剿为防，勿令直逼省垣，方不致有疏失。唐训方所请令张曜进扎颍上之处，著俟此股捻匪剿办完竣，即令相机进扎，以牵苗逆之势。将此由六百里加紧各谕令知之。

——《东华续录》同治二十四，第55—56页，同治二年七月甲戌。

〇上谕

僧格林沁奏被匪滋扰荒废地亩请分别招致灾黎认垦，并筹办善后各等语。山东白莲池教匪连年肆扰，蔓延兖沂两属之邹滕费等县，现经官军削平，而附近居民，或被匪句结，或迁徙他处，田畴荒芜，地势甚广。该大臣请将曹州府一带被水灾黎出示招徕认垦，使灾民既得有生业，而于地亩亦不至旷废。所筹甚为妥善。著阎敬铭迅即遴派公正妥员详细履勘，其有原业主者，由该地方官即行出示给领，令安生业，傥不肖胥吏藉端抑勒需索，或无业莠民蒙混冒领，必须查明严禁，以免扰累。如该地方官不能认真办理，致有前项情弊，即著指名严参惩办。其实系逆(彦)[产]及无业主之田，即著按照该大臣所拟，由曹州府知府出示，招徕该处被水灾黎迁徙认垦，并著该署抚严饬各属实力奉行，次第办理，务使实惠均沾，有利无弊，方为妥善。至白莲池四面皆山，为各县犬牙相错之地，虽经僧格林沁歼除首恶，埽荡群丑，尚恐有余匪逃匿他处。沂属民风向多犷悍，亦恐零星幅匪暗中句结。现在僧格林沁督师剿办宋逆，深虑大军撤动，不逞之徒仍复生心，傥办理不善，死灰再令复然，关系诚非浅鲜。著阎敬铭酌派(武)[文]武员弁认真搜捕，以清余孽。白莲池势极险要，或酌拨官职较大武员分营驻守，以资弹压，并著妥议具奏。僧格林沁剿平宋逆，即统师南下，一切戢暴安良、办理善后各事宜，即系该署抚专责，务须悉心经理，以副委任。各该地方官能否得力，亦须留心察看，如或不克称职，即著奏请更换，毋稍瞻徇。僧格林沁片著钞给阅看。将此由六百里谕令知之。

——《清穆宗实录》卷七四，同治二年七月甲戌。

〇上谕

僧格林沁奏，教匪滋扰地方，荒废地亩，请移民认垦等语。所奏甚是。山东白莲池教匪滋扰有年，经僧格林沁等督军剿办，将该匪盘踞各山寨一律铲除，所有附近之邹滕等县各处居民人等，或被匪句结入伙，或避难他处，田畴多致荒芜，亟宜变通筹画，以冀民间各安生业。其有原业主者,著各该地方官查明给领,毋得任听胥吏藉端勒措,致滋扰累。其实系逆产及无业主之田,著阎敬铭饬属确切履勘,一律入官。至曹州府连年黄水漫溢处所,沿河两岸各州县被灾穷民,无业可归者人数不少,殊堪悯恻,著阎敬铭即饬该地方官出示晓谕,如愿迁移认垦,即赴各该州县报明,由曹州府移送兖州等府,发交各县安置,照户丁多寡拨给田亩,开垦认种。务派廉明守令经理,不准假手吏胥,致生抑勒诸弊。并加恩免租二年,俾苏民困,以副朝廷轸念穷黎、痌瘝在抱之至意。该部知道。

——《清代起居注册(同治朝)》第 9 册,第 5038—5040 页。

〇上谕

僧格林沁奏请饬催各省协饷等语。现在僧格林沁剿办东匪已竣,拟即统兵南下,剿办苗逆。该处人众地宽,必须招募勇丁及添制军火,以利攻剿。所有饷需,亟应宽为筹备。该大臣奏请河南每月仍解银三万两,山西每月仍解银二万两,著张之万、英桂按月如数拨解,毋得稍有迟延,致滋贻误。其山东省月饷欠解无多,刻下各匪均已翦除,地方渐就肃清,著阎敬铭自八月分起,于协饷三万两外,添拨银二万两,迅速解赴该大臣军营,以资接济。将此由五百里各谕令知之。

——《清穆宗实录》卷七四,同治二年七月甲戌。

〇上谕

僧格林沁奏请饬已革大员来营差委等语。已革直隶总督文煜著即释回,与已革直隶按察使孙治,均准僧格林沁调赴军营差遣委用,以资驱策。

——《清代起居注册(同治朝)》第 9 册,第 5037—5038 页。

〇上谕

僧格林沁等奏督军攻克教匪山寨、歼捡首逆一折。山东教匪宋继明等纠众两万余人,盘踞邹县之白莲池,四出焚掠,大为东省之患。僧格林沁督饬总兵陈国瑞等攻破白莲池老巢,该匪窜踞红山,负嵎死守。官军用炸炮昼夜轰击,逆众粮尽欲遁,侍郎国瑞豫于东面派兵扼守,而于西南山岭以下伏兵,严阵以待。本月二十二日,陈国瑞督带本队由北面云蒙寺首先抢上山梁,扑入贼寨,当将西山、东山之贼冲作两段。西面贼众扑窜下山,国瑞督令道员赵康侯等奋勇截击,枪炮并施,贼尸遍满山谷,落涧死者不计其数。陈国瑞遂将贼寨占住,举火焚烧,并将东山贼匪围杀殆尽,逆首郭洬冈等均被官军捡获。余匪拚命窜扑,自西南石墙逸出,经国瑞派德楞额等跟踪追剿,委营总常德、守备桂锡桢带领伏兵从旁横击,舒通额马队赶到,合力追杀,沿途歼毙无算。复追及于灵岗山、八顶崮等处,搜杀捡斩殆尽，随将首逆李九拴获。统计先后毙贼一万数千名，逆首宋继明一犯业经官军歼毙于云蒙寺山坡，将首级解赴到营，悬竿示众。并拴获该逆之妻高氏等多名，均经先后解营，同前获之郭溭岗、李九分别凌迟处死，实足以伸天讨而快人心。

僧格林沁自攻克淄川后移军邹邑，甫经匝月，即将教匪埽穴拴渠，良由该大臣调度有方，懋著忠勤，用能驱策群力，深堪嘉尚。国瑞自帮办军务以来，筹度机宜，不辞劳瘁，此次复能督军设伏，尽歼丑类，勋勣卓著，甚属可嘉。国瑞著加恩赏还御前侍卫，并发去白玉搬指一个、白玉翎管一支、大荷包一对、黄辫小荷包二个，交该侍郎祗领，以示优奖。总兵陈国瑞，自入东省，所向有功，现又攻克教匪坚巢，先登破垒，尤属奋勇，著加恩赏给头品顶带。其随同出力之总兵郭宝昌，著交部从优议叙。参将张从龙，著以副将尽先补用。都司李福，著赏给猛勇巴图鲁名号。参将康锦文，著以副将补用。都司蔡得胜，著免补都司，以游击尽先补用，先换顶带。守备王得胜，著免升都司，以游击仍留漕河标补用。赵世良，著赏换花翎。马敬，著免补守备，以都司留于漕标尽先补用。守备李开春，著以都司尽先补用。千总王洪、孙玉殿，均著免补千总，以守备补用。田有才，著以守备补用。把总谢殿元，著以千总补用。把总卢遐龄，著赏戴蓝翎。外委范承先，著以把总补用。候选县丞赵钟冀，著赏戴蓝翎。守备桂锡，著以都司尽先补用，先换顶带。其余在事出力文武员弁，并著僧格林沁查明请奖，候旨施恩。该部知道。单并发。

——《清代起居注册(同治朝)》第9册，第5042—5048页。

〇上谕

是日内阁奉谕旨：

僧格林沁奏，革员剿贼奋勇，恳请奖励等语。已革副都统德楞额，已革记名副都统、吉林协领富和，此次剿办白莲池教匪勇往出力，杀贼甚多，均知愧奋。德楞额著开复原官，仍交部从优议叙。富和著准其开复原官。该部知道。

——《清代起居注册(同治朝)》第9册，第5037页。

八月

八月初二日

〇上谕

阎敬铭奏驰抵博平并催军赴堂邑剿匪情形一折。阎敬铭由省城驰抵博平，派令副将范正坦等各营分扎沿河上下李海务等处。总兵保德、臬司丁宝桢等军，在杨家庄并堂邑之定远寨、温仪集、梁家浅地方，将打粮焚掠之贼击退，并击败盘踞马桥等处匪徒。其扑犯柳林团营之匪，亦经各团勇夹攻，歼毙多名。官军复将王家海子贼圩攻破。著阎敬铭即督饬所部各营，择要布置，与保德等军互相策应，并与刘长佑各军约期大举，节节进剿，迅将宋景诗股匪埽除，毋稍延缓。现在秋禾业已收割，僧格林沁已埽平红山股匪，移军东昌，保德、丁宝桢各营屡获胜仗，刘长佑正宜乘此机会，迅督所部滚营前进，联络僧格林沁、阎敬铭诸军，速将宋逆歼除，毋得游移迁延，致误事机。将此由六百里各谕令知之。

——《清穆宗实录》卷七五，同治二年八月丙子。

〇上谕

议政王、军机大臣字寄河南巡抚张、山西巡抚英。同治二年八月初二日奉上谕：

阎敬铭奏请饬催山西、河南欠饷等语。昨据僧格林沁奏，请饬催各省协饷，谕令张之万每月仍解银三万两，英桂每月仍解银二万两。兹据阎敬铭奏称，各省协饷，山西欠银四十三万二千两，河南欠银七十一万一千两，僧格林沁军营士卒因欠饷太多，几至衣履不完，东省司库异常匮乏，万难设法筹垫，请饬山西、河南将前欠协饷内先行各拨解十万两等语。东省捻逆教匪渐次肃清，僧格林沁即拟移师南征，若不速为筹备，不但行粮无著，不能克期成行，且瞬届深秋，御寒无具，尤虑军心涣散，贻误戎机。著张之万、英桂迅将同治二年六月以前欠解协饷先行各拨银十万两，解赴济宁粮台，豫备南征之用。至各该省应解僧格林沁军营月饷，仍著按月清解，毋得迟延推诿，致有停兵待饷之虞。是为至要。将此由五百里各谕令知之。

钦此。遵旨寄信前来。

——《咸丰同治两朝上谕档》第13册，第358页。

八月初四日

〇上谕

谕议政王、军机大臣等：

刘长佑奏督军滚营进逼、叠获胜仗一折。直隶官军在临清南岸之旧县于家楼地方赶筑营垒，逆匪马步更番挠扑，叠被击却。又分股窜至尖庄对岸调马桥一带，意图抢渡，经防河弁兵击回。是防剿情形渐次得手。惟该逆股数众多，诡诈百出，飘忽靡定，该处地势平衍旷阔，尤易旁窜，非四路邀击，不能制贼死命。刘长佑见与江长贵等军筑定新垒，移营进逼；恒龄、苏克金亦各督所部马队分路追击；王榕吉等严防河岸，遏其纷窜。所筹尚妥。著即会同各军实力进剿，并著扼要设伏，防其奔突。阎敬铭已抵博平，所派各军调赴堂邑，与保德、丁宝桢等所统兵勇合队击贼，直东各军已渐联络。僧格林沁剿平教匪后，亲督舒通额等马队驰抵东昌，诸军更有统属。著即督同直东各将弁，遇贼即击，先将四面股匪次第歼除，然后大举合围，迅攻老巢，将首要逆匪悉数埽除，以清畿辅。刘长佑、阎敬铭亦当激励将士，恪遵调度，以期同心戮力，迅奏肤功。谅此区区小丑，不难克日荡平也。将此由五百里各谕令知之。

——《东华续录》同治二十五，第4—5页，同治二年八月戊寅。

八月初六日

○上谕

谕议政王、军机大臣等：

曾国藩奏近日军情，及吴棠奏皖疆危急，请饬催北路援师攻怀、南路六颍之师攻寿各等语。据曾国藩奏，曾国荃调萧庆衍之军，已由江浦南渡，分守要地。惟湖口肃清之后，江西群贼东趋，绕过池州，进扑青阳县城，朱品隆所部，未知能否坚守待援，著曾国藩即督催李榕、江忠义、席宝田各军陆续前进，赶紧赴援，仍饬朱品隆竭力固守，以待援师，毋令稍有疏虞，致皖南全局复为震撼。

至所奏苗党之踞寿州者，跧伏未动，其聚于怀远者，将普承尧等军后路截断，粮运梗塞，该督所派赴援水师各军攻夺宋家滩贼划数十只，而河洲一垒未破，前敌粮运仍为贼阻，临淮兵力过单，殊少自全之策等语。与唐训方叠次奏报及本日吴棠所奏淮甸危急情形均属相符。唐训方前奏，前敌水师困于贼中，龚文林等恐以资贼，已将所领炮船全数焚毁，病伤士卒无一得归，情形万紧。兹据吴棠奏，黄开榜现带师船，精锐已多损失，不得已而退守，恐贼水陆下窜，临军势且不支，以为欲拯临淮之急，亟须生力一军，先由宿蒙直捣怀远北路，以攻贼所必救，并须数道进兵，使贼面面受敌，方可以期得手等语。所筹不为无见。僧格林沁之军剿平白莲池教匪后，该亲王移师东昌合剿宋景诗一股，已遣新请归宗之总兵陈国瑞带兵三千名赴援皖北，即著唐训方迎催，令其速由蒙城痛埽逆氛，进攻怀远北路。其六颍各楚师，如蒋凝学、毛有铭、周宽世、成大吉所部，据曾国藩奏称各驻要区，防守尚稳。惟远防不如近剿，著曾国藩速饬进攻寿州，使贼不得专力扑攻临淮。临军复振，自可与南北援军三路齐力进击，俾贼疲于奔命，以蹙其势。曾国藩身膺重寄，责无旁贷，此等机宜，亟应随时调度，与唐训方联络策应，以求万全。总当于万难筹措之中，力筹援应之策。

正在寄谕间，唐训方奏报攻复长淮卫、进营固守，现在贼复趋重蒙城一折。唐训方派令姚荣麒等乘贼不备，进克长淮卫，水陆进扎。有此一战，贼锋少挫。惟苗逆诡谲异常，知临淮猝难动摇，又以其移蒙图怀之贼，转而图蒙。蒙城虽粮路已畅，而贼势又复趋重。唐训方兵力本单，分防临淮、蒙城两处，中隔苗圩二百余里，马新贻现已率王才秀之军将胡家等圩攻破，绕由宿州以回临淮。蒙邑仅有英翰等军，尤虞单薄。陈国瑞由北路赴援，正可迎头将趋重蒙城之贼痛加剿洗。著僧格林沁、唐训方即行严催陈国瑞之军迅速进取，毋失事机，并著吴棠饬令姚广武一军与英翰等联络策应。临淮军事稍松，仍著唐训方妥筹固守，激励诸军，与南北援师并力战守，以策万全。

将此由六百里加紧各谕令知之。

——《清穆宗实录》卷七五，同治二年八月庚辰。

八月初十日

○上谕

议政王、军机大臣字寄二品顶戴署山东巡抚阎、山西巡抚英、河南巡抚张。同治二年八月初十日奉上谕：

吴棠奏请拨各省协饷一折。据称，陈国瑞带兵三千，由东援皖，现值苗逆披猖，亟须多添队伍，豫筹粮饷，以利攻剿，刻下淮河路断，饷盐不销，各路厘捐日减，清淮各军饷多积欠，不惟无可挪之款，且并无可筹之方，请饬山东、山西、河南接济饷银，以供陈国瑞一军进剿之用等语。皖省苗逆凶焰日炽，经僧格林沁派令陈国瑞移军前往助剿，必能大振军威。本日已降旨令陈国瑞帮办吴棠军务，亟须豫筹接济，方不至停兵待饷，贻误戎机。著阎敬铭、英桂、张之万由藩库不拘何款，各先行拨解银三万两，限一月内起解，专供陈国瑞一军剿匪之用，并著各该抚由本年九月起，仍按月各协解陈国瑞军饷银一万两，务当源源报解，以裕军食，毋令缺乏。是为至要。将此由五百里各谕令知之。

钦此。遵旨寄信前来。

——《咸丰同治两朝上谕档》第 13 册，第 373 页。

○上谕

上谕议政王、军机大臣等：

据都兴阿等奏，北渡难民均饬水陆防兵会同地方逐细查察安置，见在南岸官军得手，难民渐已纷纷南渡。至所有句通发逆之教匪盛广大等，经通州知州黄金韶叠次拿获讯办，与吴棠所奏相符。即著吴棠速饬将所获各匪于讯明后即行骈戮，毋久稽诛。其余匪尚恐不免散处各属，仍著吴棠饬令各该地方官实力查拿，以消内患。都兴阿、富明阿亦饬令各防文武员弁严密巡查，毋稍大意。

其扑犯仓利桥、巫山、夏港等处之贼，经吴全美所部水师击退。既据都兴阿等查明，该总兵督同各港师船，联络调度，尚为得力，著即饬令严率所部，联络沪军，互相策应，并令往来梭巡于江阴各港，何处有贼，即驰赴何处应援。见当南岸官军得手之际，江防尤应严密，以杜逆匪乘虚北渡。

江阴县城业经克复，其弃城窜出、会合各路援贼分投打馆之匪，究系窜走何处，著李鸿章详悉速奏，并督各军乘势追击，与都兴阿等南北并力堵剿，以杜纷窜。江阴克复，即应进规常郡，期与京口官军及进逼苏郡之兵联络策应，以图攻取。

皖北军情，昨据唐训方奏报，马新贻带兵回至临淮，临军之势稍纾，而贼复趋重蒙城，总兵陈国瑞由白莲池移得胜之师赴援，正资倚任。该员叠经僧格林沁等奏报，亦颇称其得力，吴棠所请令陈国瑞帮办该漕督军务之处，本日已明降谕旨宣布，著即传知该总兵，当懔承恩命，愈加忠勇奋发，努力自爱，毋稍满假，以期克保令名，长承优眷。并著饬令星速赴援，即将趋蒙逆党迎头痛击，会合英翰等蒙城战守之军，力解城围。与唐训方等遇事和衷联络策应，以措皖局。一俟僧格林沁大军南下，大集诸军，荡平苗逆，同膺懋赏。

王万清一员，昨已有旨，准都兴阿等所请，留于军营带勇效力，即著都兴阿等饬令与参将戴锦芳迅速统带川勇等二千名，星夜赴皖援救，以厚兵力。徐属窜扰萧县等境捻股，吴棠派兵迎击北遁，见往何处？仍饬姚广武等官军追击，并令该总兵仍须兼顾蒙城一路，随时应援，并筹接济。

将此由六百里各谕令知之。

——《东华续录》同治二十五，第13—15页，同治二年八月甲申。

八月十二日

〇张之万奏

陈州府东南，另有匪股三四千人，窜至沈邱县境，闻系苗逆党与。八月初二日，贼骑已至淮宁县属之鲁台集，步贼亦至霍龙、淮寨等处，其边马直扑西华县城。刻下张曜一军专顾西路，未便分拨，前派副将孙之友由陈州带队西剿，现今折回，由扶沟、西华一带向东迎击，其参将李世玉一军，即由通许、尉氏探踪堵剿，并飞檄游击王文行，率其全队取道上蔡，与各军会合探剿。臣即日出省，确探寇踪，何路吃紧，即派兵前往策应。

查苗逆素畏僧格林沁，此时逆党窜豫，深恐僧军南下，进剿蒙亳，河南官兵取道颍太，则该逆四面受敌，故乘僧军未到，先期滋扰，以缀我兵。刻下山东各匪均已翦除，若得僧格林沁移军助剿，贼势必穷。惟有仰恳饬令僧格林沁星速南来，会合兜剿，以保豫疆。

——《钦定剿平捻匪方略》卷一九六，第22—23页。

〇上谕

张之万奏亳捻扰及许境、经兵练击败、悉数西趋，并另有股匪由淮宁县境直扑西华县城各折片。据称，亳捻由临颍一带窜逼许州，占踞城外之大庄、保全两寨，经官军收复后，该匪悉众西遁，讯据贼供，捻首张总愚、程大老坎、李库等均为苗逆所使，纠合悍党，图窜陕西，句结回逆；如潼关有备，即折窜楚北老河口一带，句约发逆入寇等语。前因豫省官兵克复张冈，当谕令张之万驻扎许州，遏捻匪西窜之路，乃该抚不知酌量缓急，径回省垣，致该匪得以乘虚奔窜，深入腹地。张之万调度失宜，实难辞咎，著先行交部议处。毛昶熙、张曜驻军陈宋各郡，何以于亳捻西趋毫无知觉，致各军皆出贼后？可见驻兵防堵，全属有名无实。毛昶熙、张曜均著传旨申饬。现在长葛、禹州边境均有贼踪，张曜现拟派马队跟追，并亲率步队，由北面取道山径，绕越贼前，会合马队夹击。著即奋力截剿，痛歼丑类。张之万出省后，并当相机堵剿。毛昶熙亦即派拨兵勇，随时策应。傥任贼蔓延豫省，或扰及山陕，惟张之万、毛昶熙是问。此时前股贼骑已过许境，或由郏汝径趋卢氏、西犯潼关，亦意中事。且回匪被剿穷蹙，难保不暗中句串苗逆，约会西来。是潼关一隅最关紧要。多隆阿留守潼关之兵是否尚在该处？著该大臣酌度情形，如潼关守将不足深恃，兵力不敷堵剿，即当添派得力将领，酌带兵队前往助守，毋令一人一骑得以入关，方为妥善。张曜业已督军西进，该匪或闻风南窜，则宛邓之间处处可虑。欧阳正墉一军驻扎襄阳，去南阳不远，著官文等酌量情形，或饬令该道派兵驰赴宛邓等处，会同豫军截击，或另派得力兵勇出境会剿，均著迅速酌办，毋稍迟延。其商雒一带，亦系该匪熟径，并著多隆阿、张集馨会商布置，以备不虞。密县、禹州均有贼匪，而密县毗邻汜水，晋省河防，不可松懈，著英桂严饬在防文武员弁认真防守，如匪党窜近晋边或附近潼关一带，届时傥晋防兵勇足敷堵御，尚有可拨之师，渡河迎击，会合豫省之军夹剿，以期悉数歼除。该抚务当先期斟酌调派，毋得稍有疏虞。僧格林沁现在剿捕宋逆，正当吃紧之际，张之万请饬该大臣星速南来、会合豫军遏此狂寇之处，自应俟僧格林沁将宋逆殄灭后再行率师南下。张之万当就现有兵力，将阑入境内之匪痛加剿洗，不得专盼僧格林沁之兵，致滋贻误。将此由六百里加紧谕知僧格林沁、官文、多隆阿、严树森、英桂、张之万、毛昶熙，并传谕张集馨知之。

——《清穆宗实录》卷七六，同治二年八月丙戌。

八月十六日

〇刘长佑奏

八月初三日，僧格林沁由水路进驻清平县属之魏家湾地方，在臣营东南七十里，即飞调恒龄、苏克金各起马队暨防守北路之提标、津标等营官兵同赴东路。臣于初七日亲赴魏家湾面商机宜，并请克期会合进剿。臣回营后，与江长贵、郑魁士督同前敌各军滚营再进，时贼分股尚踞李广庄，隙墙安炮，以图抵御。初八日，我军整队进至庄前，贼马百余匹驰来冲突，知府余承恩、已革总兵吴再升开炮击之，当毙执旗马贼一名，余匪退入村内。我军枪炮齐施，并掷放火弹火箭，贼不能支，悉由村后逃去，余承恩等即于该处筑营安扎。适闻僧格林沁续将西北驻防之洋枪队全数调去，恐涉空虚，即饬王榕吉在馆陶防兵内匀拨防护，以补其缺。嗣准僧格林沁咨，拟由柳林村进兵，令即严防西南河岸。臣前敌各营系在贼巢正北，遂于初九日与江长贵、郑魁士亲督诸军，向西南兜扎。探知僧格林沁马队于柳林村西遇贼接仗获胜，臣督饬各军搜剿而进，沿途马贼纷纷来扑，均经兵勇击退。初十日，又督催兵勇进扎新集一带，距贼巢仅七八里。据王榕吉禀称，是夜有马步贼匪在滩上村乘船抢渡，经游击汤继扬等隔河轰击，毙贼甚多，并夺获船只暨火弹火包多件，余贼潜遁。臣料该匪被剿势蹙，必将旁窜，正在督队再进，冀可合围兜剿，旋准僧格林沁咨称，舒通额等已追至冈屯迤北，总兵王佐臣、春霖等步队先后赶到，即令移扎西南，扼要防守，又饬调总兵徐廷楷、姜国仲及参将邱瑞祥所部兵丁，定于十一日午刻齐赴塔头大营听候调遣等语。臣以各军既经逼近贼垒，即宜及此进取，因于十一日亲率各营将士分路并进，讵该逆乘夜南窜莘冠之交，僧格林沁已派马队跟踪追剿，仍嘱严防西南一带，经臣飞调徐廷楷迅统所部，前往小滩镇一带扼要驻守，一面饬大名镇道驰赴南乐、清丰边境，督率兵勇民团迎头拦截，力遏西窜之路，并飞调豫省河北镇迅统所带兵勇，会同滑浚内黄等县团勇，在直豫交界地方择要堵御。应请旨饬下河南抚臣飞催前进。伏查该匪马队飘忽靡常，微特西南宜加严防，即西北、正北两面亦难保不被剿回窜，除将沿河各口岸照常布置外，臣仍俟天气晴霁，亲督兵勇驰赴冠馆附近一带相机追截，总期与僧格林沁一体联络，防剿并筹，断不敢稍存意见，致滋贻误。

——《钦定剿平捻匪方略》卷一九六，第29—32页。

○上谕

刘长佑奏宋逆被剿南窜、现筹防截情形一折。僧格林沁督师进驻清平县之魏家湾，刘长佑亲赴该大臣军营会商机宜后，即督同前敌各军滚营前进，由新集一带逼近贼巢。僧格林沁马队，由柳林村进逼，沿途叠获胜仗。贼势不支，自必乘隙旁窜。据刘长佑奏称，初十日夜，马步贼匪在滩上村乘船抢渡，经游击汤继扬等击退。该匪被剿穷蹙，乘夜南窜莘冠之交，僧格林沁现派马队跟追。刘长佑飞调徐廷楷赴小滩镇扼守，力遏西窜。各等语。宋景诗马贼颇多，行踪诡诈飘忽，现虽南窜，仍恐折而西趋，乘虚窜犯直境，不独大名各属防守吃紧，即西北、正北亦应在在严防。畿辅重地，岂可复被蹂躏！僧格林沁督办四省军务，谅必统筹全局，面面兼顾。所有调赴东路之直隶提镇各营，及海口、热河、洋枪队等军，著即饬回刘长佑军营，交该督调遣，分投截剿。僧格林沁既抵清平，所有剿办宋景诗事宜，著即责成僧格林沁调度一切。如虑步队无多，查丁宝桢、保德等所带步队为数不少，可即檄饬与恒龄、苏克金马队相辅而行。该匪既已出窜，小丑跳梁，谅僧格林沁必能痛加截剿，将首从各逆骈首歼捦，决不令其西扰直境也。

刘长佑身任封圻，保全直隶境地是其专责。该匪现已南窜，该督即可无庸深入东境。刘长佑拟亲督兵勇，驰赴冠馆一带追截，任事甚属奋勉。惟东省追逼愈紧，则直省更觉吃重。该督总当酌量情形，驰回直境，择要驻扎，督同王榕吉、徐廷楷、姜国仲等，分带提标、镇标、海口、热河、洋枪队等军，会合各路兵勇民团，分投扼住运河，断贼西趋之路，以卫畿疆而重职守。

阎敬铭前在博平，近日曾否移营他处？并著随同僧格林沁相机策应，毋稍疏虞。(预)[豫]省滑浚内黄等县接壤大名，现经刘长佑飞调河北镇道扼要堵御，仍著张之万严饬该镇道等，迅统所部驰赴直豫交界处所，严密防范。如防守不能得力，致该匪阑入豫境，必将该镇道等从重治罪，决不宽贷。

宋逆是否全股南窜，其甘管屯、李广庄等处有无余匪盘踞，著僧格林沁等查明具奏。恒龄现署直隶提督，因剿办宋景诗股匪前赴山东，事竣后，该大臣尚须督师南下，如必须恒龄前往，即著据实奏闻，以便另派妥员接署直隶提督篆务，俾免旷误。刘长佑所调之李明惠一军，早经恽世临驰报起程，何以尚未到营？著刘长佑星速催提，并檄饬取道河北，即会合河北镇道派出之军，将宋景诗迎头截剿，不准逗遛贻误。

前据御史刘庆奏，东省招垦荒废地亩，所有首逆从逆之家及逃归复业之户，请查明分别办理等语。该御史所奏各情有无可采之处，著阎敬铭详加酌核，妥议章程具奏。原片著钞给该抚阅看。

将此由六百里各谕令知之。

——《清穆宗实录》卷七六，同治二年八月庚寅。

八月十八日

○上谕

谕议政王、军机大臣等：

唐训方奏蒙城情形较前倍形危急，请饬催陈国瑞援军速至以解重围一折。据称，苗逆悉调悍党，包抄蒙城官军后路，又纠约捻首相盘及红蓝旗贼匪万人，分踞蒙城西南、正东各面；涡河北岸，添贼营至五十余座之多，官军已为包抄；该逆复于南岸增垒十二座，若再增垒十余，将南岸诸营包围在内，粮路遂无一线可通等语。蒙城四面皆贼，唐训方军营兵饷两绌，万难抵御，若不赶紧援救，恐蹈寿州覆辙。著僧格林沁懔遵前旨，催令陈国瑞一军迅速驰赴蒙城，力解重围。陈国瑞饷需既已有著，务当星速遄行，以保危城而维大局。唐训方于该总兵未到以前，仍当就现有兵力竭力支持，毋得稍有疏失。萨萨布熟悉皖省情形，本日已谕令刘长佑饬令该员驰赴临淮，交唐训方差遣，如该员现在该亲王军营，即著僧格林沁饬令萨萨布迅速前往临淮，以资得力。协领穆克德布现尚未回吉林，该协领系在何处，是否尚在临淮军营，著唐训方查明。如该协领打仗尚能得力，即由该抚酌量差委。将此由六百里加紧各谕令知之。

——《清穆宗实录》卷七六，同治二年八月壬辰。

○上谕

前因皖省苗逆日炽，僧格林沁派陈国瑞移军助剿，当经谕令阎敬铭、英桂、张之万迅筹饷需，解供陈国瑞一军进剿之用。本日据唐训方奏，苗逆悉调悍党，包抄蒙城官军后路，并句捻四面筑垒，危急万分，专恃陈国瑞一军驰救，乃接该总兵函称，伊军向由东省月给饷银万两，到东后八阅月，仅领银四万两，现当千里赴援，需费尤巨，深恐兵入皖境，即有乏饷之虞，现在临淮饷需亦属艰窘，请饬山东将应解皖营月饷，连陈国瑞一营应解之饷，一并解交该总兵行营，以资兵食等语。蒙城为皖豫关键，苗逆悉力围攻，情形万紧，陈国瑞一军早经僧格林沁饬令赴援，现以饷需无出，致碍师行，若使蒙城或有疏虞，关系甚非浅鲜。著阎敬铭、英桂、张之万迅即遵照前旨，由藩库不拘何款，赶紧各先拨银三万两，解交该总兵军营，以应急需。并由本年九月起，仍按月各解陈国瑞军饷银一万两，务当源源接济，不准稍存(膜)[漠]视，致误戎机。其山东省应解皖营月饷，并著阎敬铭一并由徐宿解送陈国瑞行营，毋得以该总兵移师赴皖，稍分畛域。

本日复据熙麟奏，庆阳军火匮乏，煤铁俱无，且工匠均为逆回雇去，更属无从制造，已飞咨英桂于泰乙镇采办磺二千斤、硝八千斤，并拨该省局存火药一万斤，现据英桂咨覆，业已备齐等语。著英桂速行派员解赴庆阳军营，以利攻剿。晋省防务渐松，前由京营派往之祥安等，现在该省监制火器、火药等项，需用自必裕如。而甘省情形，据熙麟所奏，实系无从采办。著英桂即将祥安等所造之火箭、炸炮子等项，迅速酌量分拨解甘。是为至要。

将此由六百里各谕令知之。

——《清穆宗实录》卷七六，同治二年八月壬辰。

八月二十一日

〇僧格林沁奏

臣于八月初四日行抵清平县之魏家湾，择地安营。初七日，各队先后到齐。初九日，臣带领各起马步队，由魏家湾过河进兵，先由柳林西南前进，将赵家、塔头等处村庄一律克复，即在各该处分扎营垒，逼近甘官屯、刘贯庄贼巢。初十日，该逆由甘官屯东门逃窜，我军自北绕赴西南追剿，贼匪遁入刘贯庄寨内，并力死守。我军即将甘官屯贼寨收复，当饬恒龄、春霖带队驻扎。是夜，探得该逆全股由刘贯庄向西南逃窜。十一日黎明，苏克金、恒龄带领马队跟踪追剿，臣复督带舒通额随后策应，并调魏家湾步队炮位移至刘贯庄驻扎。是日，我军追出五十余里，查看贼踪，有向东南分窜之势，遂令苏克金等向西南追击，舒通额向东南堂邑一带搜剿。十三日夜，臣督带各起马队取道冠县，迎头兜击。大雨终朝，未能前进。探得该逆在冠县东南十余里赵新庄等处盘踞，十四日黎明出队，至烟店地方，该逆瞥见我军，出庄抗拒，马步贼匪约有二千余名。当饬舒通额督军冲击，该逆抵死不退。正相持间，突出悍贼二百余名直冲入营总常德队内，协理台吉诺林丕勒见贼势甚猛，即督军横击，尽将悍贼殪死，贼势稍却。舒通额挥令马队一齐冲压，马贼向东南败退，步贼仍敢直前迎拒，舒通额等督军围击，步贼不支，纷纷乱窜，即经我军击杀殆尽。尚有步贼二百余名向东铤走，当饬成保等带队搜剿。其马贼见步贼已溃，即向东南逃窜，我军追杀三十余里。是日共毙贼一千余名，夺获枪炮多件。其余马贼六七百名，知我军紧蹑其后，悉向西南奔窜。据探该逆于十六日巳刻窜过开州，官军即于午刻追过开州等语，是否接仗，尚未接据禀报。

臣因东昌府所属之莘堂、曹州府之观朝等县围寨，素有匪党窝藏，现在大股贼匪已经我军击杀殆尽，其豫先窜散各匪，难保不潜匿各圩，再图聚众滋扰，是以督饬舒通额带领马队，仍驻扎刘贯庄，并札调各地方官，督饬各团次第清理，实力搜拿，以绝根株而安良善。

查直东军务惟宋逆一股，现已被剿穷蹙，离巢远窜。此时不过镇压搜捕，无须多兵，该督抚自应酌留本镇本汛官兵暨京营、黑龙江各起马队搜拿余匪，弹压地方，其两省外调官兵及所募勇丁共有两万余名，均应赶紧遣撤，令其归伍归农，庶不致别生事端。应请旨饬下该督抚，迅将外调官兵饬令归伍，所募勇丁及时遣散，以节经费而免虚糜。

再，查署直隶提督恒龄系黑龙江人，带队极为勇敢，若令管辖旗兵，尚堪整饬。惟该员于绿营一切事宜未能谙练，似未便署理提篆，致滋贻误。应请旨另行简员署理，以重职守。

——《钦定剿平捻匪方略》卷一九七，第1—4页。

〇上谕

谕议政王、军机大臣等：

前据刘长佑奏宋逆被剿南窜，当经谕令僧格林沁督兵追剿，并饬刘长佑驰回直境，严防该匪西窜。兹据僧格林沁奏，行抵魏湾安营后，即督饬马步各军分路前进，先后将赵家、塔头等处村庄克复，直逼甘官屯、刘贯庄贼巢，连日毙贼数千，尚有步贼二百余名向东铤走，其余马贼六七百名向西南狂窜，官军紧蹑其后。该逆遂窜过开州，现在派兵追剿各等语。宋景诗股匪，经僧格林沁督师进剿，击杀殆尽，所有逃窜马步各贼为数无多，亟应悉数歼除，肃清畿辅。其东窜步贼，业经成保等带队搜剿，谅易殄灭。惟马贼狂窜开州，该大臣务当严饬苏克金、恒龄尽力追蹑，乘其喘息未定，将此股窜匪就地殄除，毋令阑入豫境。并著刘长佑督率兵勇，由开州一带迎头截击，以剿为防，会同苏克金等军两路夹攻。仍严催李明惠由河北进剿，以收聚歼之效。张之万当恪遵前旨，檄饬河北镇道扼扎直豫交界处所，豫防余匪窜越，毋得稍有疏虞，致干重咎。僧格林沁因莘堂观朝等县素有匪党窝藏，现拟驻扎刘贯庄，调派地方官督饬各团次第清理，即著严饬各该员弁实力搜拿，务绝根株，毋贻后患。

此时宋逆一股离巢远窜，镇压搜捕无须多兵，该大臣请将直东调募兵勇赶紧遣撤，自系为撙节饷项起见。惟直东交界地方人情浮动，剽悍匪党尚多，僧格林沁指日督师南下，刘长佑、阎敬铭各有地方之责，自应乘此军威大振之时，将各处伏莽陆续搜捕净尽，届时察看情形，兵力如果有余，自当分别遣撤，以节糜费。本日僧格林沁所陈，应将兵勇分别酌留、撤遣归伍归农之处，著刘长佑、阎敬铭斟酌办理。

恒龄于绿营事宜，既据僧格林沁奏称未能谙练，所有直隶提督一缺，即著改派江长贵暂行署理。该员能否胜任，仍著刘长佑随时察看，据实具奏。

将此由六百里各谕令知之。

——《清穆宗实录》卷七六，同治二年八月乙未。

〇僧格林沁奏

逆首宋憬诗屡降屡叛，怙恶不悛，直隶总督刘长佑督办三省剿匪事宜，所统马步兵勇不下一万数千余名，沿河驻防，自春至秋，数月以来，贼势愈张。及至六月间，该督奏称，拟用滚营之法步步前进，月余之久，仍扎临清，尚未逼近贼巢。至八月初三日始行过河扎营，尚距贼巢四十余里。坐拥重兵，迁延不进，实属贻误戎机。至曹州镇总兵保德、山东臬司丁宝桢，亦系管带马步兵勇驻扎堂邑，专剿宋憬诗股匪，并应听刘长佑节制，乃该员等不图督兵剿贼，及至堂邑西北二十余里辛集地方，辄与该逆晤面，擅议收抚，亦属咎有应得。相应请旨，将刘长佑及保德、丁宝桢一并交部议处。

——《钦定剿平捻匪方略》卷一九七，第6—7页。

〇上谕

僧格林沁奏，请将带兵大员议处等语。直隶总督刘长佑，督办三省剿匪事宜，自应迅速进兵，将宋景诗股匪殄灭，乃时经数月，尚未成功，殊属迟延。刘长佑著交部议处。山东曹州镇总兵保德、按察使丁宝桢，管带马步兵勇驻劄堂邑，不思励兵灭贼，辄至辛集地方，令宋景诗谒见，未经禀商刘长佑，擅议收抚，尤属非是。保德、丁宝桢著一并交部议处。①

——《清代起居注册（同治朝）》第10册，第5207—5208页。

〇僧格林沁奏（节录）

……窃奴才于八月初五日准兵部咨称，军机处片交，奉旨颁赏各督抚及各路带兵大臣并出差各员文宗显皇帝御制诗文全集，兹由驿递到，奴才敬谨祗领，跪读之下，仰见文宗显皇帝圣学渊深，天才超轶，犹复兢兢业业，夙夜勤求，于敬天法祖□知人安民诸大端，无不洋溢乎翰墨之表。皇上情伤手泽，志扩孝里，颁示臣工，用彰遗训。奴才仰叨先皇帝知遇至渥至优，对方策而警心，□音容而零涕，惟有竭尽愚诚，力图扫荡群丑，辑安良善，以副委任，即以慰先皇帝在天之灵……

［同治二年八月十八日］

同治二年八月二十一日议政王、军机大臣奉旨：知道了。钦此。

——录副奏折，档案号03-4714-108。

〇上谕

曾国藩奏皖南紧要、未能拨兵赴援临淮一折，所虑甚属周密。陈国瑞一军，已叠经催令僧格林沁饬即速赴临淮，并令山东等省迅筹协饷，当已拔营前进，计日可到蒙城。前日以江北军务稍松，又令富明阿酌带精锐兵勇赴援临淮，准唐训方派弁分头迎探，俟各城兵勇到齐，斟酌机宜，妥速进剿。临淮兵力渐厚，暂可无须曾国藩拨兵援应。青阳危急，必须援兵早到，方可保全。江忠义、席宝田二军见在行抵何处？著曾国藩、沈葆桢迅即催提此项兵勇，令与李榕水路之师会合，力解青阳之围，保全皖南要地。曾国藩已檄令鲍超引军西上，以剿由江回皖之贼，其宁国、芜湖、南陵、泾县等处，著饬各守将严为戒备，以鲍超为

① 《清穆宗实录》卷七六（同治二年八月乙未）载有部议结果："寻议，刘长佑照任意耽延例降一级调用，保德、丁宝桢均照不应重私罪例降三级调用。得旨，刘长佑著加恩改为降三级留任，保德、丁宝桢均著加恩改为革职留任。"

游击之师，无令逆氛肆扰。此股窜匪由江西败遁，其胆已寒，得江忠义等军并鲍超一军合剿，当可聚而歼旃。沪上各军正在得手，必须加功于金陵，方可收效于苏郡。俟青阳贼股剿办完竣，仍令鲍超等军前赴金陵，以图合围而顾全局。至李世忠之军，如其踊跃用命，自不必拒绝，以寒其心。设仍观望不前，亦无庸催调以资其力。此中操纵机宜，谅唐训方必能领会也。蒋凝学等军如可进捣逆巢，安抚圩众，曾国藩饬令酌量战守。其倘贯金一匪是否歼毙，并著查明具奏。将此由六百里各谕令知之。

——《东华续录》同治二十五，第 39 页，同治二年八月乙未。

八月二十三日

〇刘长佑奏

据探宋逆冒充官队，于十六日窜至开州边境之清河头，该处兵练并力堵御，毙贼多名，该逆绕由开清边界之北仓潜行西窜等语。臣一面飞饬大名镇道率兵驰剿，一面亲督各营由南乐驰赴河南内黄，扼贼去路。旋接大名镇道禀报，贼被马队追及，拌命狂奔，已至河南浚县境内。臣查浚县在内黄之西南，相距约七十余里，南可渡黄，西可渡卫，我军若由内黄进剿，其势必落贼后，且贼果渡卫，必赴临漳，西北之防尤关紧要，因调各营分由龙王庙、汉河嘴冒雨西渡。适闻败匪百余人窜近南乐县境，当饬该县张保泰与开州知州杨咏春会督兵团截击，获贼供称，宋逆大股在井店被马队击败后，已由浚县西渡卫河等语。十八日，臣营次大名，派余承恩等各队赶赴临漳，江长贵等营驰赴临洺关，并派徐廷楷率兵由小滩绕赴顺德府一带，以备边防。仍密饬余承恩等行至临漳，如贼未西渡，即带兵出境，视贼所向，前往迎击。江长贵、徐廷楷各队亦相继前进，与余承恩等合力兜剿。其姜国仲、祝垲所部兵勇，仍饬暂驻开清一带，严防回窜。一面探听，贼若西渡卫河，即可由浚县大石桥一路跟追，与余承恩等军收夹击之力。臣暂驻大名府部署一切，察看何路吃重，即驰赴行阵督饬防剿。至僧格林沁马队，日夜跟剿，迄无定向，臣所率步队日行不过百里，声息难通，惟当勤探贼踪，相机防剿，以期迅殄丑类，严杜蔓延。

——《钦定剿平捻匪方略》卷一九七，第 13—15 页。

〇上谕

谕议政王、军机大臣等：

刘长佑奏宋逆被剿西窜、亲督步队分道堵截，及贼由浚县渡过卫河、窜入临成一带各折片。所奏宋景诗被剿狂奔，窜过开州等情，与僧格林沁前奏大略相同。该督以捡获贼供，有宋逆在井店被马队击败，已由浚县西渡卫河之信，当派余承恩等各队驰赴临漳，江长贵、徐廷楷各率所部驰赴临洺关及顺德府一带，以备边防而资后劲。讵贼已于十七八日为马队追及，由浚县凫过卫河，窜入临漳成安一带。是贼踪已复自西而北，余承恩等各队曾否与贼相遇？该督现驻大名，正可督令与江长贵等各军，由顺德、临洺会合堵剿。王榕吉之兵驰赴巨鹿，参将刘祺驰赴正定，亦皆可以联络接应。著刘长佑迅即严督诸军迎头截击，以防北窜。恒龄、苏克金马队，由内黄取道追剿，是已在贼之南，追剿愈紧，必至贼踪逼近畿疆。此贼马队尚多，直省官军均系步队，不足制贼死命，著僧格林沁饬令恒龄、苏克金速即间道绕出贼前，自北而南，奋力迎剿。其河北一路，著张之万懔遵前旨，饬令该镇道等实力防剿。贼由开州窜越浚县渡河，业经扰及卫辉属境，该镇道等曾否带领兵练截击？并著张之万严行督率，认真防剿，毋任贼匪乘间往来，致干咎戾。晋直交界，相距漳洺道里非遥，现在宋逆有图窜山西之势，并著英桂豫饬所属严加备御，毋令贼于直境被击，得以西越晋疆，扰及完善。

僧格林沁现在是否尚驻刘贯庄？所有莘堂观朝等县窝藏匪党，搜捕如何？如已有端绪，即可径交阎敬铭督率地方办理，该署抚务当严督所属，联合绅团，实力搜捕，净绝根株。宋景诗一股残败之余，率其死党，冒死纷窜，谅人数已不甚多，即著僧格林沁督令各军，乘势埽除，尽歼丑类。

刘长佑督师日久，未能将此贼迅图殄灭，现在贼踪复扰直境，尤应激励各营兵勇，与恒龄等马队会同夹击，以速收效。其大名镇道姜国仲、祝垲二员所部兵勇，现尚驻开州等处，仍饬严防回窜，随时探明贼踪，与迎头拦截之军合力兜围，毋再贻误。

将此由六百里各谕令知之。

——《清穆宗实录》卷七七，同治二年八月丁酉。

八月二十六日

〇上谕

谕议政王、军机大臣等：

本日据议政王、军机大臣呈览僧格林沁信函一件，内称，苏克金、恒龄于十七日追贼至开州西北花谷集，尚有马贼千余、步贼六七百名列仗抗拒，官军进剿，毙贼八百余名，步贼均已歼尽，马贼至北高店抢渡卫河，淹毙之外，尚有马贼五百余名向西北奔窜等情。又据曲周县禀报，马贼一股，约四五百名，自广平府城东窜至鸡泽小寨一带，后有官兵尾追等语。前据刘长佑奏报，贼由浚县、内黄窜至临漳、成安一带，当经寄谕该大臣督抚等督饬诸军会合堵剿，并饬令苏克金、恒龄等马队绕出贼前，自北而南，迎头截击。现在贼复自广平而窜鸡泽，是又已由临漳、成安骎骎北窜。刘长佑前所派赴顺德、临洺、巨鹿、正定诸军，及驰往临漳之余承恩等各队，究竟曾否到防？何以未见迎击？著即严督各军，迅即探明贼踪，联络堵剿。直军多属步队，不足制贼死命，恒龄、苏克金等马军，僧格林沁务即遵奉前旨，饬令间道绕出贼前，迎头截击，与直省各军会合剿办，速将此股败残匪党悉数歼除，毋任节节尾追，使贼日趋于北，逼近畿疆，甚至沿途复肆裹胁，贼氛转炽，致干咎戾。此时贼如尚在鸡泽一带，江长贵、徐廷楷及王榕吉之军，正可由临洺关、顺德、巨鹿东西两面迎头拦截，若令贼再北窜，各军又必悉成尾追之势，步步落后，不能及贼。刘长佑甫经被议，此时贼复窜入直境，务当激励诸军，迅图灭贼，毋再迁延。

此股败贼，前据僧格林沁奏报，自东境被剿之后，所余马队不过六七百名，何以此次苏克金等又复报称马步贼匪尚千余名？是否沿途尚有伙党接应？已由僧格林沁饬各地方查明禀覆，并著刘长佑一体饬属确查具奏。宋景诗首匪，是否尚在窜贼之内，僧格林沁信函亦未叙明，并著侦查确实具奏。

当宋逆南窜时，即据刘长佑奏报，飞调豫省河北镇道，迅率所部兵勇，会集滑浚等县团勇，在于直豫交界择要堵御，何以贼踪往来直豫沿边，未见豫军截击？著张之万严饬该镇道等认真防剿，与直省各军前后联络，以收夹击之效。贼踪日近邢洺，晋省边防，尤应早为设备，著英桂速遵前旨，严饬所属于潞平一带调集兵团，豫筹堵剿，毋令乘间豕突。

前曾寄谕英桂，以甘省军火缺乏，饬令将祥安在晋所造火箭、炸炮子等项酌量分拨，解赴熙麟庆阳军营应用。本日复据熙麟奏报，平凉失陷，该省军情愈紧，所请由京营拨运军火，虽经谕令管理该营王大臣酌办，殊恐缓不济急，著英桂仍遵前旨，将祥安所造火箭炮子各项速即酌拨，派员解往庆阳应用。

将此由六百里各谕令知之。

——《清穆宗实录》卷七七，同治二年八月庚子。

八月二十七日

○上谕

谕议政王、军机大臣等：

阎敬铭奏移军东昌搜剿余匪，并拟札调陈贯甲来营各折片。阎敬铭移军东昌后，以莘堂冠馆余匪麇聚，饬保德、呼震等分赴朝城莘冠馆堂各路，带队捕剿。各营陆续搜杀，并将朝城之付驿集攻毁，捡获余贼辛魁沅等及宋逆家属二口正法。办理尚属认真。该处为直东交界降匪、教匪啸聚之区，从前带兵及地方大吏姑息养奸，未能大加剿洗，兵至为民，兵去为寇，养痈贻患，流毒至今。兼以东省团练从前办理不善，以致恶团林立，抗官逼民，恃强玩法，几于良莠不分。正宜乘僧格林沁大军攻剿宋逆得手之时痛加荡涤，埽除群丑，庶几境内敉安，不至大兵一撤，萌蘖复生。此等皆地方大吏应为之事，该署抚惟当饬令保德等分道实力搜捕，并将各处黑团严行惩办，毋得草率从事。傥将来官兵撤后再起变端，惟阎敬铭是问。宋逆现余马贼五六百名，由广平窜至鸡泽，恐直隶官军堵御严密，该逆复回窜东境，临清、馆陶一带防务甚关紧要，务当督饬丁宝桢等军严守要隘，与直隶各军声息联络，会合兜剿，毋稍疏虞。

东省强团，临邑陈贯甲为尤著，该团首私养护身壮勇至数百名，日常制造枪炮军械，勒捐居民，盈千累万，旁及济阳等处绅富，均各派捐，愚民附和，修筑圩寨，周围一二十里，私设公局，收理呈词。似此坏法乱纪，已成尾大不掉之势。该署抚以该团防堵捻匪亦属有功，尚无变乱实迹，拟札调来营，归标候补，并设法散其团众，自为消患未萌、变化民风起见，即著照所拟妥速办理。傥该团不服调遣，须烦兵力，即当速为剿办，乘僧格林沁大军尚在直东境内，声威所慑，自易剿除，断不可姑容酿乱，亦不可轻发损威。

署邱县知县吴瑞珊虚报勇粮，前经该署抚奏参，已于折内批示革职查办。此次该署抚访查该革员并未雇募勇丁，且调取帐册，亦未能交出，实属胆大妄为，著即将该革员拿问，提省审办，以惩贪冒。

将此由五百里谕令知之。

——《清穆宗实录》卷七七，同治二年八月辛丑。

八月二十九日

〇刘长佑奏

八月二十日，据知府余承恩等禀报，探知宋逆已由成安窜入邯郸县境，并扰及永年县之南桥地方，即督军星夜驰剿。贼复北窜曲周境内，计一昼夜狂奔三百里。提臣江长贵、副将崔福泰等督队赶至曲周，总兵徐廷楷由小滩督队赶至安寨，均在该逆之后。当经臣飞咨僧格林沁暨翼长恒龄、苏克金，迅督马队向北兜截，臣率小队于二十一日由大名启行，取道广平、曲周驰回威县，中途叠接探报，该逆由平乡窜巨鹿，经知县石元善督团截剿，该逆随奔向隆平，侦知余承恩等队已至平乡，又乘夜折向东北，至二十一日午刻阑入新河县城。臣闻报之下，一面飞咨江长贵、徐廷楷、余承恩各军，分由冀州、衡水驰往追剿，一面咨请僧格林沁速饬恒龄、苏克金马队由西北绕出贼前，并令姜国仲、祝垲各率兵勇随之。藩司王榕吉各营原系派赴巨鹿防剿，因奉僧格林沁调赴堂邑大营，面谕事宜，至二十三日始带队抵威。臣以我军后路尚须布置，令王榕吉暂驻威县，即于二十四日会同郑魁士，亲督参将邱瑞祥等营，取道南宫、冀州，二十五日兼程抵衡水。探报该逆于二十二日窜至武邑，该县知县娄道南因县城坍塌日久，难以守御，带练出城迎剿，讵该匪分股扑入县城，劫放狱犯，并抢失由天津运库拨解臣营饷银二万两，娄道南带勇折回援剿，贼已向阜城窜去等语。臣查武邑、阜城为东北大道，可以直扑河间，东窜天津，西窜保定，在在均关紧要。正焦虑间，接准江长贵函报，该提督率同崔福泰等已由武邑驰出富庄驿，徐廷楷已由武强出小范镇，余承恩等已由阜城、交河出东光之秦村地方，距贼只数十里。时恒龄、苏克金马队尚未赶到，臣虑该逆乘间复窜西北，遂由衡水、武强驰抵献县，以便兼顾。二十六日于武强营次接据余承恩等禀报，我军追至大屯，捡获落后零贼数名，讯供宋逆定计北犯，因各路官军追截甚急，始折向东南，二十三日又经阜城县督团截击，死伤多名，纷纷由东光霞口渡河。适臣派出缉拿马贼之副将刘景芳率马勇踵至，歼其后队匪党十余名，夺马数匹，余匪向东光一带窜去。余承恩随即拔队东渡，相机跟剿等语。臣以该匪狡诈异常，仍须防剿并筹，庶免窜越，一面督催徐廷楷即由白镇渡河，径赴东光，与余承恩等分投跟剿，并商催江长贵迅督吴再升、崔福泰等绕赴沧州一带，步步逼追，兼扼回窜东北之路，一面飞咨僧格林沁暨阎敬铭，速拨马步兵勇，由德州、临清等处迎头截剿，并饬王榕吉督兵分赴枣强、南宫、清河、威县择要驻扎，以资夹击，兼扼贼由景州回窜西北之路。臣仍由献县前赴景州一带，就近策应各军，共除穷寇。

——《钦定剿平捻匪方略》卷一九七，第26—30页。

〇上谕

谕议政王、军机大臣等：

刘长佑奏贼窜直境东北，经各路步军追截，折奔东南，现筹合力防剿一折。宋逆以败残余匪，避兵而行，一昼夜辄狂奔三百里，是其力将竭，其技已穷。派出马队，果能认真追剿，何难聚而歼旃？乃恒龄、苏克金等自开州花谷集接仗后，及贼窜至阜城东光，徐廷楷等率步队跟追，距贼不远，而恒龄、苏克金马队尚未见到。本日伯彦讷谟祜到京召见，面询贼情，与刘长佑所奏均相符合。并据奏称，道经阜城，宋逆亦跟踪而至，询以恒龄、苏克金马队，则尚落贼后，未之得见。直隶各军，步队居多，全赖恒龄、苏克金马队追剿，可以制其死命，乃贼匪马队如此狂奔，而恒龄、苏克金马队独迟迟不进，是其贻误戎机，实难辞咎。恒龄、苏克金均著先行交部议处。现在该员等所部马队行抵何处，即著僧格林沁严饬迅速前进，与直隶官军会合夹击，尽歼丑类。傥敢仍前玩泄，意存观望，必将该员等从重治罪。

现在宋逆窜至东光一带，该处东距天津，南距武德，在在须防。且该逆于武邑境内劫去饷银二万两，藉资盗粮，若不赶紧扑灭，其势必将复炽。刘长佑现已驰赴景州，即著督饬徐廷楷、余承恩等跟追痛剿，不得再落贼后。一面严催江长贵、王榕吉等分扎沧州等处，力扼西北两路，以固畿辅门户。并著僧格林沁、阎敬铭速拨马步兵勇，由德州、临清等处迎头截剿，总期四面夹击，共除穷寇。倘派出各军堵剿不力，致贼匪再行纷窜，何路有失，即惟何路之带兵员弁是问，决不宽贷。天津兵勇，大半征调四出，洋枪队是否已由僧格林沁饬回，现在何处，著刘长佑查明。如此项枪兵业已饬回，即饬仍在天津归崇厚调遣。此时贼踪逼近，一切防剿事宜，即著崇厚妥筹办理，毋稍疏忽。

将此由六百里各谕令知之。

——《清穆宗实录》卷七七，同治二年八月癸卯。

九月

九月初一日

○英桂奏

准僧格林沁、刘长佑、阎敬铭先后咨称，宋㯳诗巢穴屡为官兵攻破，遂领余党移屯莘冠境内，叠向运卫各河窜扑抢渡，恐其西窜，亟宜一体堵剿。并据各路探报，该逆现由河南浚县境内渡过卫河，扑窜成安，距顺德不远各等情。臣查成安县系广平府所属，一经西窜，则潞属之黎城县首当其冲，不惟该处防堵宜严，即平辽二州亦与直省连界，在在均关紧要。刻下皖捻尚在汝洛一带盘踞，因伊洛二河水势盛涨，不能过渡，一经水落，势必全股西趋，晋省兵勇无多，分布沿边要隘，恒虞单薄，所恃惟楚勇一千名，前因垣曲县之东滩渡最为吃重，已将楚勇派拨五百名前往驻守，尚余五百名仍驻平阳，拟即调赴潞辽一带，视何路紧急，即往何路进发。臣惟有督率在防文武，激励兵勇民团，严防潞泽辽平，并咨护太原镇总兵和昌，会同河东道刘子城慎守蒲解绛沿河口岸，总期豫为备御，力保完善。[①]

——《钦定剿平捻匪方略》卷一九八，第1—2页。

○吏部、兵部奏

遵查直隶总督刘长佑，督办三省剿匪事宜，自应迅速进兵，将宋㯳诗股匪殄灭，乃时经数月，尚未奏功，殊属迟延，钦奉谕旨，交部议处。应请将刘长佑照任意耽延降一级调用例，议以降一级调用。山东曹州镇总兵保德、按察使丁宝桢，管带兵勇驻扎堂邑，不思督兵灭贼，辄至辛集地方，令宋㯳诗谒见，擅议收抚，尤属非是，钦奉谕旨，一并交部议处。应请

---

① 奏入，上谕曰：宋㯳诗股匪现由成安窜走邯郸、新河、武邑一路，至东光渡河，距晋稍远，皖捻尚在汝洛一带，仍著懔遵前旨，饬和昌、刘子城等加意严防，毋得专恃河水盛涨，不能过渡，稍涉疏忽。潞辽一带，仍饬各属随时侦察，以防直境贼踪回窜。参见《钦定剿平捻匪方略》卷一九八，第2页。

将保德、丁宝桢均照不应重私罪降三级调用例，议以降三级调用。俱系私罪，均毋庸查级纪议抵。

——《钦定剿平捻匪方略》卷一九八，第2—3页。

〇上谕

前因僧格林沁奏，直隶总督刘长佑剿贼迟延，山东曹州镇总兵保德、按察使丁宝桢不思励兵灭贼，擅议收抚，当交部一并议处。兹据奏称，刘长佑例应降一级调用，保德、丁宝桢例应降三级调用，俱系私罪，毋庸议抵等语。刘长佑著加恩改为降三级留任，保德、丁宝桢均著加恩改为革职留任。

——《清代起居注册（同治朝）》第10册，第5273—5274页。

九月初二日

〇崇厚奏

三口通商大臣、兵部左侍郎崇厚奏言：

据探，宋逆分股由阜城折奔东南，窜入东光一带，逼近天津所属之沧州、南皮等处，当咨僧格林沁、刘长佑分饬各路兵勇北来会剿，并督饬长芦运司克明等筹办城守事宜。适有僧格林沁前派来津查办水田之都司邓启元及刘长佑派提炮位之参将王永胜尚未赴营，当即调集镇标兵丁五百名，并芦团练勇五百名，分饬该二员管带，扎营城南、城西，严密防守，并由李同文等传集勇丁，昼夜巡防，实力盘诘，藉以弹压土匪，稽查奸细。津郡城外，前办理海防时，四面筑有围墙，屹有长濠，现在赶紧整理，浚濠引水，以资捍御。昨据探弁回称，匪踪现向东南窜赴东省交界一带地面，并探知恒龄、苏克金、徐廷楷、余承恩等渡河追剿，刘长佑亦已督队驰抵河间一带等语。又接春霖禀报，僧格林沁调去之洋枪队，现仍饬归直隶督臣调遣，臣即咨照刘长佑办理。

——《钦定剿平捻匪方略》卷一九八，第3—5页。

〇阎敬铭奏

据探，宋逆马步贼千余人，于八月二十六、七、八等日，由直隶东光、陵县、平原、高唐州境窜至清平县境之新集，又分股由戴家湾偷过河西。臣当派都司杨通廉、守备郭大胜统带两营勇队，迅往清平迎剿；其原扎魏家湾之千总曹正榜、原扎土桥闸之署副将范正坦两营，亦饬就近防剿；又派守备张大富一营在东昌防守。旋据臬司丁宝桢禀称，贼过河后，又窜向西南贾镇一路，僧格林沁已派马队追剿，丁宝桢亦亲带各营跟踪剿办。臣并飞饬总兵保德，由朝观一路回击，以期灭此残丑。

——《钦定剿平捻匪方略》卷一九八，第5—6页。

〇上谕

谕议政王、军机大臣等：

阎敬铭奏宋逆余匪由直隶回窜东境，现已派队迎剿；崇厚奏遵旨筹办津郡防守事宜各一折。据阎敬铭奏，该逆于二十六日由东光窜入陵县关厢，即于是日窜入平原县境。二十七日窜至高唐州境。二十八日窜至清平县境，又分零股，由戴家湾偷过河西。该抚已派都司杨通廉等往清平迎剿，饬总兵保德由朝观一路回击。所筹尚妥。著即督饬在事各员及文武地方官严密堵剿，务期就地歼除，毋任再行窜越。其由戴家湾过河之匪，距临清、堂邑均属相近，僧格林沁此次未曾拔营，当可调派一军，将此畸零匪股悉数斩捡，并探该逆大股已至何处，即派兵迎头击剿，与阎敬铭所派之兵会合夹击。此股匪众，数日之间，奔突千有余里，已属强弩之末，官军以逸待劳，自不难收效旦夕。恒龄、苏克金现在何处？贼匪奔驰不息，当是恒龄等在后追剿之故。著僧格林沁仍饬跟踪紧蹑，并设法分队绕截其前，会合东省之兵，聚而歼旃。刘长佑现在景州一带，不必深入东境，仍须严防该匪回窜。如该逆被击窜回，即与东军合力夹击。该匪踪迹飘忽不常，且闻其装束与官兵无异，乡团见而不敢即击。前次狂窜直境，扬言北犯，原欲引官军尽入直境，彼得乘隙回窜东省，遂其句结裹胁之谋。现在东省追剿甚紧，恐其另有诡谋，或仍声言北犯，而乘间突窜河南、山西。著僧格林沁、阎敬铭设法杜其旁窜，于各要隘设伏以待，使其无隙可乘。并著张之万、英桂督饬在防将弁实力堵御，毋令入境。天津各属防守事宜，崇厚仍遵前旨，严饬地方文武认真办理，毋稍疏懈。将此由六百里各谕令知之。

——《清穆宗实录》卷七八，同治二年九月丙午。

九月初三日

〇张之万奏

据探，宋憬诗逆党有被剿南窜之信，杨长春即率所部驰赴楚旺一带扼要堵剿。八月十六日，该匪窜扰开滑交界之火烧店、枕固地方，经僧格林沁马队追及击败，滑县团勇乘势截杀打粮悍贼甚伙，余匪西窜浚境王庄、元果村一带，该县兵练迎剿，枪炮环击，轰毙五十余名，斩首数十级，匪势不支，遁入内黄县境。十七日，僧格林沁马队复由北路追击获胜，余匪窜扑卫河，适杨长春带队循河而上，挥队纵击，马贼惊逸。正拟渡河蹑击，侦知后股马贼五六百名由上游渡河，西窜安阳县属之新城、吕村等处，杨长春恐贼深入，连夜整队，绕由安境白倍集一带兜剿。行至县属永和,衔枚急进,一拥冲击,枪炮不绝,匪众苍黄哗溃。天明,我兵追至铁炉村,该匪见兵即走,复经彰德府知府罗景恬等带领兵勇扼之洹河之上,该匪即向临漳柳园等处北窜直境成安县地方。臣已催河北道周煦徵即日驰往临内一带,会同杨长春于沿边扼要处所分布兵练,联络声势,严密防剿,以固北鄙。

——《钦定剿平捻匪方略》卷一九八,第15—17页。

九月初四日

○上谕

是日内阁奉谕旨:

盛京副都统成保,随同僧格林沁剿贼,前于宋逆由刘贯庄窜出时并不实力堵截,平日打仗亦不能得力,实属辜恩溺职,有负委任。成保著即行革职,以示惩儆。

——《清代起居注册(同治朝)》第10册,第5281页。

九月初五日

○僧格林沁奏

宋憬诗股匪窜至开州,另有匪首朱登沣一股,率党数百人,先在该处接应,合伙奔走。迨我军追至花谷集,复将该匪击败,其余马贼于八月十七日抢渡卫河,拌命狂窜。臣饬苏克金、恒龄等渡河追剿,连日阴雨,道路泥淖,马队难以趱行,致落贼后。该逆因后有追兵,未敢北窜,即向东狂奔,八月二十八日晚间,由清平属之戴湾过河,窜回唐邑之贺庄。臣令翼长舒通额调齐队伍,严阵以待,当经拴获贼匪数名。讯据供称,宋憬诗等俱在伙匪之内,该逆原欲就官军远追,乘隙窜袭老巢,因见我军防守严密,未敢来扑等语。查探该逆于二十九日窜至冠县东南吕庄一带,遂饬催苏克金、恒龄等马队前进,于三十日晚间到营,当将京营官兵马匹换给乘骑,并添派舒通额、成保选带存营马队,与苏克金、恒龄等军合力进剿。九月初一日,追至朝城属之袁庄地方,侦探该逆又向开州一带窜去,现已飞札舒通额等督带各军,作速前进,灭此朝食。查该匪以败窜之余,纠众狂奔,沿途抢换马匹,刻不停留,现窜开州,难保不复向北奔突,是北面之防最关紧要。因思步军进剿马贼徒劳无益,不若扼要分布,以杜北窜。查河间迤南子牙河堤岸颇高,水势甚溜,若于该处严防,马贼即难偷渡,相应请旨饬下直隶督臣刘长佑,督饬各军在正定东北至河间一带严防滹沱、子牙等河,以杜窜越而重畿疆。

至前次由烟店向东败窜步贼二百余名,经成保等追杀多名,余匪散匿各村。臣即与阎敬铭督饬员弁实力搜捕，净绝根株。前调直隶各营步队官兵，除酌留海口营弁兵四百余员名守护炮位外，其余热河、天津、镇标、提标、洋枪队等项官兵，已饬令回直，仍听刘长佑调遣。

——《钦定剿平捻匪方略》卷一九八，第18—20页。

〇上谕

谕议政王、军机大臣等：

僧格林沁奏添派队伍追剿宋逆股匪，请饬严防北窜一折。宋景诗以败残余党，昼夜狂奔，乃前窜开州，即有匪首朱登峰一股接应合伙。所至遇河躧渡，到处句结土匪，豕突狼奔，实欲诱我官军疲于追剿。此次回窜东境，径回堂邑地方，因僧格林沁大营未动，不得遂其回踞老巢诡谋。复因官军跟追，向开州一带窜走。似此亡魂穷寇，一经舒通额等各军马队追及，不难即日埽除。惟是贼众狂奔之际，必须前有拦截，则后追马队方能及贼，痛加剿洗。僧格林沁以各队步军追剿马贼徒劳无益，不若扼要分布隘口，以杜北窜。所筹甚合机宜。著刘长佑即行督饬各军，在正定东北至河间一带滹沱、子牙等河岸，凭河据守，严防北窜。该处河溜甚急，有险可扼。僧格林沁前调直省各军步队，除酌留海口营弁兵四百余名守护炮位之外，余皆饬令回直，听刘长佑调遣。务即沿河妥为分布，一俟贼踪窜至，即与追贼之马队各军前后夹击，共歼丑类。宋逆现窜开州，恐其此次诡谋，欲乘我不备而蓄意北犯。刘长佑以逸待劳，务当加意截剿，不可稍有松懈。

河南、山西两省，系该逆往来熟径，又恐该逆故作北犯之势，而意在窥伺该二省，乘隙旁趋。均不可不豫为之防。并著英桂仍遵前旨，督饬钟秀于平辽一带督率各该文武兵勇实力筹防，毋稍疏忽。张之万前奏，贼窜卫境，曾经河北镇杨长春带队击剿，此时更当早为备豫，仍即懔遵前谕，饬令该镇道等随时侦缉设防，与僧格林沁派出追贼之马队各军联络声息，豫筹堵剿，毋许徒托空言，致贼乘间窜越，自干罪戾。李明惠一军曾否至豫？前谕张之万于该员过豫即行截留，以资分布。其该抚前调之道员金国琛，本日复准曾国藩所奏，调赴皖北，统带蒋凝学等各军。保皖即以保豫，如果颍六贼不得逞，豫省光商即可无虞。如金国琛行入河南境内，并著张之万饬令速即遵曾国藩所调，迅赴皖北，毋稍迁延。

舒通额与苏克金等各军，何日追贼及于何处，著僧格林沁迅速驰奏，以慰廑念。莘堂等境，散匿各村败窜步贼，仍著阎敬铭督饬保德、丁宝桢等分投搜捕，净绝根株，毋留余孽。直东豫省各属地方，当此贼踪飘忽靡定，均应一律联合兵团，早为备豫，何得任令贼氛所到，一无阻挡？并有匪徒聚众，豫为接应？著刘长佑、阎敬铭等各饬所属，一体设防，互相警备。是为至要。

将此由六百里各谕令知之。

——《清穆宗实录》卷七八，同治二年九月己酉。

九月初八日

〇刘长佑奏

宋逆由吴桥沟店堡等处折回德州边临镇一带狂奔，经余承恩等各营向南跟追，该匪窜至夏津，分为两股：一系宋逆自率千人，由戴家湾潜渡闸河，回窜老巢；一系贼目杨淀一领马贼五六百名，向高唐州东北窜去。经余承恩等由恩县迎剿，贼向东北逃走，狂奔恩县一带而去。臣虑其西渡，派游击汤继扬、参将张九元各带所部练勇，驰赴油房、郑家口，会同清河、故城各乡团沿河驻守，以防偷渡，并飞咨提臣江长贵，会同徐廷楷督饬各军，由沧州、吴桥一带迎剿，以扼西北一路。旋据探报，该逆由德州东南窜回平原、陵县交界，与吴桥、宁津边境相连，又虑其复由东光旧路窜渡，臣于九月初二日督同郑魁士、姜国仲等带队折回阜城堵御，并飞催护天津镇总兵春霖带领洋枪队驰回天津，备崇厚筹防之用。

现准亲王僧格林沁咨称，宋逆窜渡闸河，添派舒通额等马队追剿，于初一日由堂邑、莘县追至朝城之袁庄地方，该逆窜向西南一带，难保不抢渡卫河，折而北窜，咨令严防等语。臣思东北败匪仅三百余骑，江长贵等各营足敷防剿；河间为东北要路，已飞调游击蒋希夷一营在彼驻扎；其德州至吴桥一带，饬参将刘祺督勇驰往助剿；并饬余承恩等由德州西渡，取道枣强、南宫，分扎邯郸、成安、永年、曲周、威县一带，相机防剿，以逸待劳；并饬新授藩司王榕吉，就近飞调汤继扬、张九元各营，在馆陶尖庄一带严防；其龙王庙上下游各岸，仍责令祝垲督勇集团，实力巡防。豫省滑浚等县，亦经严饬河北镇道会督兵勇择要驻扎，加意防堵，弗再贻误，致干严参。臣于初四日由阜城移扎衡水，以为东西各军声援。

——《钦定剿平捻匪方略》卷一九九，第7—9页。

〇上谕

谕议政王、军机大臣等：

刘长佑奏宋逆折回东境、分股狂奔，现在分筹防剿一折。宋逆由吴桥沟店堡等处折向德州边临镇一带，经余承恩等跟追，该匪窜至夏津，分为两股：一系宋逆自率千人，由戴家湾潜渡闸河，回窜老巢；一系贼目杨淀一领马贼五六百名，向高唐东北窜去。经余承恩等由恩县迎剿，贼向东北逃走，狂奔恩县一带，又由德州东南窜向平原、陵县交界地方。与僧格林沁前奏大略相同。刘长佑现派游击蒋希夷一营驻扎河间，参将刘祺所部援剿德州、吴桥一带，余承恩等分扎邯郸、成安、永年、曲周、威县一带，王榕吉调汤继扬等营在馆陶尖庄严防，祝垲守御龙王庙上下游各口岸。著刘长佑即行督饬各军严密守御，力扼该匪回窜之路，遇有贼踪窜及，即可会同跟追各军两面夹击，以图聚歼。豫省滑浚等县，并著刘长佑严饬河北镇道扼要防守，毋再被匪阑入。昨据僧格林沁奏，该逆窜入开州，即有匪首朱登峰率党接应。此股开州之匪，是否现已回窜东境，著僧格林沁、刘长佑查明，实力追剿，迅速埽除。余承恩等军正由恩县迎剿，何以该逆仍得由恩县狂奔而去？著刘长佑严饬该员等认真剿办，不可稍有粉饰，有名无实。并著僧格林沁仍遵前旨，督饬各军将此股逆匪赶紧殄灭，以期肃清畿辅。僧格林沁、刘长佑务当战守兼筹，两面夹攻，毋得专事尾追，徒劳无益。宋景诗究竟现在何处？恐该逆自知穷蹙，力难抵御，故设疑兵，分路窜突，自行遁归南捻，冀逃法网，亦不可不豫为之防。该亲王等务当确实查明，毋令逆首远飏，致堕诡谋。将此由六百里各谕令知之。

——《清穆宗实录》卷七八，同治二年九月壬子。

九月初九日

〇吴棠奏

据陈国瑞函称，八月二十四日，行抵蒙境侯圩，督队赴狼山查勘形势，以红里贼圩关系官军粮道，派总兵郭宝昌等军攻破该逆第一垒，贼闻风先遁，乘势袭破红里圩，追毙匪徒百余名。二十五日，陈国瑞派游击王豹文驻扎红里圩，以堵东面窜贼，一面令姚广武带队往攻大宋、小宋等圩，陈国瑞至小涧集，会合英翰等军，先将王圩攻克，留队驻扎。二十六日，陈国瑞督军攻母家圩，苗党先已遁去，余众开门乞降。时姚广武亦攻拔小宋贼圩，进围大宋贼圩，英翰一军移扎蒙北涡河北岸。陈国瑞又赴蒙城西南进攻贼垒，见贼垒联络，外掘长濠三道，极其宽深，遇有官军进逼，即由圩内开放枪炮，官军叠次逼攻，未能得手，把总鲁元林战殁，阵亡勇丁多名。二十八日，官军收复涡北王圩一处，进攻蒙北贼垒，贼负嵎不出，陈国瑞饬各队奋勇齐进，都司张学胜阵亡，弁兵受伤者二百余人。揆度贼意，以官军远道赴援，利在速战，是以踞圩死守，以老我师。且贼势甚众，将蒙城四面围包，官军太单，不能自外包贼，进退维谷。嘱臣赶提协饷，以期添兵制贼等语。

臣查蒙城四面贼垒，求通一线之粮道亦复不得，相持日久，傥城中粮尽变生，关系大局非浅。亲王僧格林沁在东昌剿匪叠胜，入皖之期当不甚远。而蒙围甚急，可否仰恳天恩，饬下僧格林沁先将炮队拨赴皖境，会同陈国瑞等军并力援蒙。该亲王队内有开花炮位，用以进攻贼垒，最为得力。仍求饬令六颍临淮各军进攻正阳、寿州、怀远等处，以分贼势；或饬唐训方就近抽拨临军，助解蒙围。则官军即可出奇进剿，渐次戡除。臣现派都司张保圣等带马队二百名赴蒙随剿，并切嘱陈国瑞相机持重，不可再损将士，致伤锐气，并嘱招徕从苗各圩，先散逆党，藉孤贼势。阵亡都司张学胜、把总鲁元林，应请旨交部从优议恤。

——《钦定剿平捻匪方略》卷一九九，第11—13页。

○上谕

吴棠奏官军连克蒙北贼圩，进攻逼城贼垒，伤亡甚多，请饬拨劲旅南下以援危城各折片。据称，陈国瑞一军赴援蒙城，行抵蒙境，当将蒙北之王圩、母家圩收复，并先将东面之红里圩贼击走，令姚广武以次进攻红里圩东之大宋、小宋等圩。现在蒙城之北及西南面，均属贼垒联络，外掘长濠，极其宽深，于官军进攻，并不出斗，惟于圩内密排枪炮出击。陈国瑞所部进攻圩垒，伤亡已多。蒙城四面贼围，求通一线粮道而不可得，尤虑日久变生。官军势单，不能自外包贼，进攻则徒伤士卒，不进攻则无以解蒙围，已处进退维谷之势。吴棠以僧格林沁赴皖之期当不甚远，而蒙围甚急，官军太单，呼吸安危，朝不保夕，僧格林沁队内有开花炮位，用以进攻贼垒，最为得力，请饬先将得力炮队星夜拨往救援。即著僧格林沁速将在营得力炸炮，派兵解赴陈国瑞等军营，合力攻击。富明阿带领官兵马步二千余人赴淮，前已有旨令其先解蒙围，务即迅速前进，与陈国瑞力筹进取。贼势趋重蒙城，临淮情形稍松，著唐训方酌量，就近抽拨得力兵将，助解蒙围，及力攻怀远逆巢。并著曾国藩仍遵前寄谕旨，饬令六颍等处官军进攻正阳、寿州，以分贼势。吴棠所派都司张保圣等马队赴蒙随剿，为数无多，陈国瑞进止机宜，务须饬令详度地势，相机而动，不可轻率深入，致堕诡谋。富明阿到后，兵力较充，即可妥筹进剿之方。尤须先将被胁附苗各圩先行解散，以孤贼党。吴棠仍将各省协饷催提，源源运济，毋令缺乏。黄开榜所部炮船遗失多只，著吴棠饬令设法筹购炮位，修补船只，仍即回防，以资得力。裴荫标以在营将弁公然为盗，纵勇殃民，可恶已极，经总兵陈文胜查拿，该漕督并派员前往，会同将裴荫标正法，并咨明李世忠。办理甚为允协。李世忠亲率所部五千人驰赴临淮助剿苗逆，如果实能效命，并著曾国藩、吴棠、唐训方随时策励，与为联络，以尽其用。吴棠折著钞给僧格林沁阅看。将此由六百里各谕令知之。

——《清穆宗实录》卷七八，同治二年九月癸丑。

九月初十日

○上谕

宋景诗以屡降屡叛之贼，窜扰直东一带地方，经僧格林沁、刘长佑等督军剿洗，叠有斩获。该逆以失巢穷寇，岂能久延残喘！惟念宋景诗自外生成，罪固在所不赦，其他胁从之众，或因迫于饥寒，被其驱使，或因家产破亡，被其逼胁，其罪可从末减，其情尚属可矜。自今以后，凡宋景诗之伙党内，有能不甘从逆、自拔来归者，朝廷悉准赦其既往之罪，仍著带兵大员及地方大吏妥为安插，如有能将宋景诗捆缚及擒斩以献者，则非但无罪，而且有功，必当予以奖励。总之，朝廷所必欲诛者，惟宋景诗一人，其余被胁之众，概可从宽。务须及早归顺，切勿甘心从贼，自取灭亡也。著僧格林沁、刘长佑、阎敬铭将此旨刊刻誊黄，广为晓谕，以示朝廷法外施仁之至意。

——《清代起居注册(同治朝)》第10册，第5343—5345页。

〇上谕

本日议政王、军机大臣呈递僧格林沁信函，据称，初二日寅刻，我军由袁庄拔队，向西南行三十余里，即见该逆在何庄、宋寨一带攻扑民围，当即齐队进剿，该逆列仗迎拒，约计马贼千余名，势甚凶猛，官军一拥冲压，逆势不支，纷纷向西南狂奔，计追杀一百余里，至开州地方，所剩败匪尚有数百名，恒龄等仍在前追杀，舒通额等齐队继进等语。此股窜匪，剿办已经得手，不难紧蹑其后，一鼓剿平。著僧格林沁即行飞饬恒龄等昼夜跟追，并设法分兵绕击，毋任再行窜扰。苏克金等亦当饬令整队追贼，不得藉口沿途搜剿窜匿余匪，多所迟误，致干重咎。宋逆以失巢狂寇，到处狼奔豕突，沿途裹胁之人，未必尽甘心从逆。然宋逆诡诈多端，安知不诓骗其胁从之众，以为归顺朝廷，万无生理，使从逆者心愈坚而势愈固？为今之计，若能解散胁从，使首恶之势日孤，则剿办更易为力。本日明降谕旨一道，著僧格林沁、刘长佑、阎敬铭于奉到后，即行刊刻誊黄，遍行张贴，或悬赏购线，务将宋逆殄除，以靖地方。将此由六百里各谕令知之。

——《清穆宗实录》卷七八，同治二年九月甲寅。

九月十三日

〇阎敬铭奏

宋逆余匪自八月二十一日偷渡河西后，仍留一股约马步贼八九百人在河东一带游弋。探得河西一股逆首系宋憬诗，河东一股贼目系杨淀一，暗为援应，牵掣官军。连据各路探称，南岸股匪自柳林奔窜莘冠朝城观城各境，经僧格林沁先派翼长舒通额等督带马队追剿，斩杀无数。臬司丁宝桢派所部昼夜穷追，总兵保德亦在朝城截击。臣虑南岸之贼与东岸之贼会合一气，先派副将范正坦等分防河东七级等要口，以防偷渡，都司杨通廉等带勇专为追击之军。并虑东股北窜，即至德州，飞咨直隶督臣刘长佑扼要严防。

嗣探悉河东一股由清平窜至高唐，三十日窜至腰站，经杨通廉等及直隶所派知府余承恩由西堵截，该匪即奔东北平原一带，九月初一、初二、初四等日由恩县北窜陵县，又回窜禹城，初四、初五等日自禹城窜平原、茌平县境，又北至高唐李官庄。官军日夜跟追，及贼于小井庄，杀毙多名，兵勇亦有伤亡。臣以贼众驰突于恩县、高唐、平原、禹城之间，利在四窜，官军单薄，未能四面包剿，殊难得手，适河西股匪败窜，贼势稍松，臣即札调先驻河西各营游击王心安等移营过河。初八日，臬司丁宝桢亦带队驰赴高唐。讵意贼匪闻风，于是日子刻由恩县奔武城县夹马营地方过河。臣一面飞咨直隶督臣拨军堵截，一面派队追剿，并于恩县以南、茌平以北及河西馆陶一路分兵布置，防其回窜。

至河西窜匪，有在黄河上流抢船之信，即饬沿河各营县防范，并派千总张祖荣带领炮船，在张秋河口堵截，以防下窜。初七日申刻，有败匪乘船数只顺流北窜，张祖荣截其去路，三面围攻，枪炮齐施，贼众纷纷落水。追至子山以下，生擒贼匪张明篙等五名，余匪数十人弃舟翻山，奔窜东阿县，知县吴树声已逾山追捕，总兵保德等亦即带队跟追。此股逃匪是否有宋憬诗在内，尚未确实查明。僧格林沁已咨国瑞酌派马队驰往肥城、东平一带搜剿，臣亦飞咨总兵扎隆武，并札饬东阿、山南各州县严密搜拿，又派守备张大富等拔队探明山路追剿。

查窜匪船只本属无多，千总张祖荣堵御不力，以致匪船驶过张秋河口，贼得翻山逃窜，非从严惩办，不足以肃军律，相应请旨，将张祖荣革职，发往军台效力赎罪。张秋通判锡龄，经臣札饬严防河路，亦未能力阻窜贼，应请旨将锡龄摘去顶戴。臣督率无方，亦难辞咎，并请将臣交部议处。

——《钦定剿平捻匪方略》卷二〇〇，第3—6页。

〇上谕

谕议政王、军机大臣等：

本日议政王、军机大臣呈览僧格林沁信函，内称，宋景诗败窜至张秋镇，驶过黄河逃走。官军追剿另股马贼于广平属境各情形，与阎敬铭所陈大略相同。逆贼宋景诗分遣其党，窜踞于运河东西直东各境，牵掣官军，而自率死党，由张秋抢船，驶过黄河逃遁，固在意中。既据僧格林沁咨行山东、河南各巡抚饬属兜拿，阎敬铭令总兵保德等带队跟追，东阿知县吴树声亦逾山追捕，此贼亡魂漏刃，所带领不过数十人，当亦无难捡拿就获。惟贼踪诡异，犹恐所至潜行煽结，余烬复然，即著阎敬铭严饬保德、吴树声等紧蹑跟追，使贼不得喘息，并飞饬东阿、山南各地方四面兜捕，毋任远飏。僧格林沁亦即饬国瑞就近自邹县酌派马队驰往肥城、东平一带探踪搜剿，如果宋逆确由此路遁走，非欲于兖沂等处句串教匪余党，即图窜越豫境，与各捻股结连，及投入苗沛霖伙内，以为藏身之固。宋逆现在弃舟翻山，去当不远，务须跟踪，设法购线拿获，以绝后患。东阿、阳谷与曹属毗连，为从前贼扰豫东熟径，著张之万严饬所属，于曹考等处交界沿河各地面严密截拿，以防该逆乘间窜越。现在运河东西两岸，贼首杨淀一、朱登峰各带股匪窜扰，著刘长佑、阎敬铭严督所部，务将各该股匪就地歼除。僧格林沁函内声称，大兵所追系朱登峰一股，如果苏克金等马队紧蹑其后，刘长佑现驻衡水，督率诸军迎头拦击，并催令李明惠之军由河北前进，与苏克金等马军联络兜剿，谅能聚歼，不至再虞纷窜。其盘踞运河以北之杨淀一，伙党仅数百名，务即赶紧歼除，毋使再行滋蔓。著阎敬铭催督各军，刘长佑分饬所部，与东省之军互相策应，迅速办理。至宋景诗过河逃走，既未的实，尤恐贼计狡谲，声言弃众南窜，而仍潜伏近处，或仍在贼股内另作诡图，均属不可不防。谅该大臣、督抚等必能计及。阎敬铭另片奏，平毁莘县所属延家营教匪巢穴，首伙捡戮等语。直东各境，似此伏莽恐复不少，著刘长佑、阎敬铭随时督令带兵文武及各地方妥筹办理。将此由六百里各谕令知之。

——《清穆宗实录》卷七九，同治二年九月丁巳。

九月十六日

〇上谕

谕议政王、军机大臣等：

刘长佑奏败贼穷窜，分合靡常，经兵团截击南奔，兼筹防剿及催提李明惠一军前进兜剿各折片。所陈贼分两股，东西窜扰于直东各境，并扰及河南滑浚等县地方。东路股匪，据称系杨淀一，而于西路股匪，未据声称贼首何人，是否即朱登峰一股？所称都司陈定邦等捡获贼供，宋景诗已于开州太平庄率党百余人，乘船遁逸，与前日僧格林沁信函、阎敬铭奏报内所称宋逆自张秋镇下驶、弃船翻山、带领数十人逃走等语，又复小异。殊恐获贼所供均非确实。该逆狡计，故为声扬弃众逃走，而实则仍在贼股内，或别图窜扰，均属不可不防。各股贼窜分合之处，折中声叙亦尚多未明晰，嗣后务须将何股贼首何人，窜由何路，一一侦探确实，分别另单简明开载，方能一目了然。僧格林沁前称大军所追系朱登峰一股，此次刘长佑亦称，西路股匪屡经恒龄等马队追及巨鹿等境，现在此股北窜定州，复由新乐回窜稾城，著僧格林沁严饬恒龄、苏克金等马队，既即探踪追剿，毋再迁延。刘长佑督令直省各军及各地方文武严扼北窜之路，并豫备迎头截击，与恒龄等马队会合夹攻，尽歼丑类。稾城地近晋边，前经叠谕英桂于平辽一带严防窜越，著即饬令钟秀严督所部兵勇实力设防，以保完区。该省防兵颇单，直省诸军果能前截后追，贼不得越获鹿、井陉，自可无虞犯及晋疆。刘长佑现驻满城，即分饬诸军妥筹兼顾。其分股零星余匪，向濮州窜去者仅有四五十人，该地方文武实力捕拿，即可全数歼捡。著刘长佑饬令所属认真办理。杨淀一一股由枣强南窜，现又已至何处？并著刘长佑、阎敬铭各督直东两省各军联络兜剿，务将败残余匪克日殄除，毋许遗孽复行滋蔓。贼踪窜至滑浚等境，河北镇道何以均未在防？杨长春遇贼于张官屯，何以未及接仗？屡经谕令张之万督饬该镇道等严密设防，究系如何办理？著再行申谕该抚，严饬该防文武痛加振刷，毋再玩延，致干咎戾。李明惠一军，著刘长佑再行提催，或即饬令驻扎豫省要路，与直省官军会合夹击，毋致与贼相左。宋景诗究系逃往何处，有无另作诡图，著该大臣、督抚等严切确查，随时具奏。将此由六百里各谕令知之。

——《清穆宗实录》卷七九，同治二年九月庚申。

九月二十日

〇上谕

谕议政王、军机大臣等：

刘长佑自方顺桥驰奏，贼股窜至清风店，为官军拦截，复由新乐、藁城渡滹沱河南窜之后，此两日来未据续报军情。现在风闻有刘长佑带兵前赴易州之信，未知是否确实。该督刻下带兵，究系驻扎何处，其前由藁城渡滹沱河南窜之贼复窜何所，各路官军前截后追、剿办如何，著刘长佑即将详细情形迅速驰奏。易州地方，与紫荆关、倒马关切近，均可直达晋省，该处毫无豫备，尤应妥为防范。即著刘长佑严加堵御，毋稍疏忽。晋省所属，与易州一带亦多毗连，并著英桂妥筹兼顾，随时侦探贼踪，毋任匪党乘间窜扰。刘长佑前奏，此股贼匪败残余党不过数百人，如果官军前后夹击，无难聚歼。恒龄、苏克金等马队是否前后追剿？著刘长佑飞檄严催，并著僧格林沁饬令与直省各军联络兜剿，迅图蒇事，毋得迁延观望，致该逆肆行铤走，到处诱煽，又成燎原之势。王榕吉现在驻扎何处？剿办何路？近闻其带兵甚不得力。刘长佑前次折报，称其在馆陶尖庄一带防剿，嗣后并未提及该员带兵剿贼情形。著该督即行饬知该员，令其督率官军，与恒龄等马队实力剿贼，毋得远驻无贼之地，自干罪戾。如实意存观望，不听调遣，即著刘长佑严行参奏。至直省带兵各员，有不能得力者，著刘长佑一并严参惩办。该督于治军驭将一节，亦不得一味宽厚，致将玩兵疲，贼势永无了期也。将此由六百里各谕令知之。

——《清穆宗实录》卷七九，同治二年九月甲子。

九月二十一日

〇上谕

张之万奏，宋逆党匪阑入河朔，兵练截击败窜等语。前据刘长佑奏报，贼自大寨向西窜走，适河北镇道均未在防，总兵杨长春遇贼未及接仗等语，当经寄谕该督抚等饬令实力严防。兹据张之万奏，贼由开州进窥滑浚，杨长春探踪迎剿，由彰郡带兵行抵郡南之张官屯，遇贼挥军进击，立即压退，并于初四等日督队至杨家新庄及临漳之南骆村一带，叠加剿击，追贼出境，直至直隶肥乡县之李林铺、王安堡而还等语，与刘长佑前奏情形迥不相符。

是否杨长春等及各地方文武捏报胜仗，希图逭责？抑系刘长佑前奏探报失实？均属不可不察。各省带兵将领及地方官吏，往往于贼踪所过，不能豫备截击，及贼去而捏饰禀报，辄称某日某处捡斩贼匪若干名，大吏不察，据以入奏，而贼实往来境地，毫无阻截，以致逆氛所至延蔓。积习相沿，痛恨实深。前河南军务之无起色，未必不由于此。此次杨长春等于河朔地方击贼，究竟有无其事，著刘长佑、张之万均各确切查明，据实奏闻，毋许稍存文饰。如实系防剿不力，事后捏报胜仗，即应据实严参。军营探报，亦往往有侦查不实之弊，刘长佑亦不可不加查察。

运河东西分窜股匪，节据僧格林沁、刘长佑等所报，均各余匪数百余名，日来剿办究复如何？其自稾城越滹沱河南窜之贼，又经窜向何处？宋憬诗是否果已弃众潜逃？见在曾否捕拿就获？直豫两省防剿各军，仍著刘长佑、张之万严督，前截后追，迅歼丑类。

亳捻李大个子由睢杞折趋兰考，避兵东归，经毛昶熙派令游击吕振河等率领马步叠加剿创，遁回亳巢。此股捻匪为苗逆指嗾，出而滋扰，仍难保不复图窥觎豫境，仍著张之万饬令宋防兵勇扼要严防。

张之万前奏，大金店盘踞之张总愚股匪被剿南窜，见在各军剿办若何，此股贼匪复又窜往何处，著张之万详悉具奏。

善庆所带黑龙江余丁早已进口南行，何以尚未抵豫？著张之万迅即迎提，并著刘长佑饬令所属沿途查明，催趱前进。萨萨布一员，即准张之万所请，饬令赴豫带领马队，即由张之万传旨截留。善庆带兵到豫，仍即饬令遵奉前旨，抽拨吉林、黑龙江余丁五百名，绥远城、察哈尔马五百匹，统带赴皖，以资攻剿，毋稍迟延。

李明惠一军见已行抵河北，毋庸再行折赴许州，转费周折，仍著刘长佑遵旨，饬令由河北探明贼踪拦截，与直省官军速收夹击之效。俟贼股歼灭后，此军仍回直隶，归刘长佑调遣。

将此由六百里各谕令知之。

——《东华续录》同治二十六，第41—42页，同治二年九月乙丑。

九月二十四日

〇上谕

谕议政王、军机大臣等：

刘长佑奏败贼纷窜，经兵团截剿殆尽，兼获巨憝，现仍分路搜捕一折。宋景诗弃众潜逃，余党分股，一为杨淀一，一为朱登峰，并有刘厚得、程敬书、岳金声诸贼目，分道狼奔。据刘长佑奏，杨淀一著名悍贼，凶狡尤甚，前由恩县等处折窜至武城之夹马营，潜渡运河，与程敬书合窜南宫、邱县、馆陶一带，于本月十三日，在大名府之石槽坊地面，经该地方文武兵勇截击，将杨淀一生捡正法。其党岳金声，率领败残余匪百余骑，窜至任县、隆平交界，复经余承恩等兵练围剿，穷蹙乞降，当将岳金声正法，余众遣散，马匹器械，全数收缴。其朱登峰一股，由稾城渡滹沱河而南，经恒龄等击之于赵州，复为柏乡、任县、沙河等各地方官带团截剿，至邱县、馆陶之楚家庄一带，由西南安净村渡河东窜。所余马贼，谅亦无多。即著僧格林沁饬令恒龄、舒通额等马队乘势追击，刘长佑督饬祝垲等兵勇随同跟追，务将此股余匪及早歼除净尽，毋留余孽。

宋景诗究系逃往何处？刘厚得亦著名凶悍，是否果与宋逆潜逃？著刘长佑、张之万、阎敬铭一体饬令带兵文武搜捕，并令各地方探踪购线，务将渠魁就获，毋任漏网，致令潜谋煽结，余烬复然。如宋景诗、刘厚得等复有在何处再行滋扰之事，必惟该督抚等是问。现在大名、曲周、广平等县，尚有马贼各四五十名、七八十名不等，往来奔逸，更难保刘厚得等不仍藏匿其中。且恐直属地方，似此零股马贼，所在滋扰，亦尚不止大名、曲周等县为然。此次宋逆分股窜扰，直东各属被其蹂躏，百姓荼毒，已属难堪。现在余贼败残，无难早日肃清。刘长佑现由方顺桥回扎衡水，李明惠所带勇队已抵广平，足资助剿，著即严督各路兵勇，速将朱登峰残股并大名、曲周等县零匪悉就歼除，不得以杨淀一一股就歼，稍涉松劲，尤不得任令各地方粉饰迁就，以为了事，自干咎戾也。

将此由六百里各谕令知之。

——《清穆宗实录》卷八〇，同治二年九月戊辰。

九月二十五日

○僧格林沁奏

宋憬诗匪党叠被官军击败，余匪分股奔逃，一系匪首朱登峰率党由隆平、冀州等处向北急趋，一系匪首杨淀一率党由武邑、枣强等处向西奔窜，经臣豫饬翼长舒通额等追剿。旋据禀报，朱登峰一股于九月初八日受创后，沿途抢换马匹，昼夜狂奔，窜至定州、无极等处，该翼长等恐该逆向东省逃窜，勾结余匪，苏克金带队即往东行，以备迎击，舒通额、恒龄等督军仍星夜跟追。十一日，该逆由新乐、滦城折而东南。十二日，舒通额等追至稾城，与贼接仗，小有斩捡。追至柏乡县史庄地方，毙贼二百余名，夺获骡马三百余匹，余匪百余名仍向东窜。我军追至广平府西北地方，探系分三路逃走，均向南馆陶奔窜。十八日，据舒通额等禀称，贼匪抢渡卫河，窜往东南，我军马匹已乏，实难追及等语。当调舒通额等回营，派副都统定安、翼长海群带队前往分路追剿，行抵莘县，探知贼尚有百余名窜至七级以西康庄一带，海群跟踪前进。十九日，贼又窜入阳谷县境，旋即折回，定安带队追至莘县西南十余里，与贼接仗，杀贼数十名，夺获马四十余匹，余匪三四十名，向元城一带窜去。二十日，我军追至河干，天已昏黑，贼匪乘夜东窜。我军天明寻踪，追至冠县，时已向暮，探贼已至桑阿镇一带游弋。是夜该逆又回窜馆陶属之罗家河口，渡过河西，我军紧蹑其后，所剩贼匪无多，一经过河，旋即漫散，难以查探踪迹。现仍饬定安等及大名府地方文武一体搜捕，毋任漏网。

其杨淀一一股约有二三百名，由枣强折向西南，避兵疾奔，经署大名府知府长启等于九月十三日率勇在石槽坊截杀贼匪多名，生擒逆首杨淀一等六名，讯明正法，余匪四散，仍带勇搜拿等情。正虑余匪尚无著落，据广平府知府余承恩禀称，十六日带同兵练至任县东北，遇贼二百余名，即督队追至隆平，将匪围住，均即乞降。该员将匪首岳金声正法，其余一百余名分别留营遣散。臣查此股贼匪势穷乞降，并非诚心归正，已咨督臣刘长佑斟酌办理。并准抚臣阎敬铭咨称，聊城县知县督团将宋憬诗之母宋张氏、妾宋马氏、弟妻宋高氏三口拿获，经臣函商，暂将该逆眷解赴东昌管押，俟将宋憬诗拿获再行办理。

至宋憬诗、刘厚德等，前经马队追剿，在开州河沿率党百余人弃马抢船入河逃逸，至东阿县登岸南窜，当经臣飞咨国瑞由邹县带队赴东平一带搜捕。并探得，九月初二日，宋憬诗等率党至开州太平寨地方，诈入民团，进内搜抢，旋即窜出，至河沿抢小船数只逃走。国瑞闻信，由邹县驰抵东平，分投确探，知该逆百余人已于肥城境之雕鹅岭抛械四散，即派桂锡桢带兵访拿。又据获贼于得城等供称，宋憬诗现向东北山中逃去，仅有夏七一人跟随等语。当将于得城等正法。查该逆既已逃散，若令大队搜捕，必致闻风先遁，恐难弋获，因函致国瑞，酌派官兵购线缉捕，撤回大队，仍扎邹县，以资镇压。并咨抚臣阎敬铭，督令地方官一体严拿。

伏思直东一带贼目现已殄灭多名，惟宋憬诗及朱登峰、程敬书、张广德等在逃未获，已由阎敬铭刊刻誊黄，晓谕各处购拿捡献，复经臣咨会直东督抚饬属合力搜捕，并出示晓谕，歼厥渠魁，胁从罔治，其甘官屯、刘贯庄贼围及附近贼巢均已平毁。现在既无成股贼匪，官军未便因此牵掣，除派副都统定安带领黑龙江及京旗官兵驻扎直东交界地方，会同各地方官弹压巡缉外，臣拟于拜折后，遵旨督队南行，由大名、卫辉过河赴汴，相机剿办捻匪。拟自西向东进攻，俟该逆有回窜之信，再行咨照国瑞，带兵由徐州自北而南合力兜剿，逼回老巢，聚而歼旃。就便剿办苗逆，以期次第办理。

至大顺广道祝垲，臣派令筹备粮草尚无迟误，不无微劳足录，相应请旨，将祝垲交部议叙，以示鼓励。

再，马队官兵因追剿窜匪一月有余，均已疲乏，拟令缓程前进，以息马力。

——《钦定剿平捻匪方略》卷二〇一，第9—14页。

〇上谕

谕议政王、军机大臣等：

僧格林沁奏追剿宋逆股匪，首逆逃窜，严饬搜捕，遵即督兵南剿捻苗，并请饬直东督抚遣撤募勇、安置灾民各折片。宋景诗匪党分窜，昨据刘长佑奏，杨淀一一股业已歼除。兹据僧格林沁所奏略同。并称朱登峰一股由稾城、柏乡一路被击，窜至广平府地方，分路复窜南馆陶，抢渡卫河，经僧格林沁派令副都统定安等马队分投追剿，至莘县、元城、冠县等处，叠加埽荡，余匪由桑阿镇一带回窜馆陶属之罗家河口，渡过河西，散漫无踪。此等零星残匪，谅亦不难搜除净尽，著僧格林沁仍饬定安等寻踪搜捕，刘长佑与阎敬铭各饬所属一体缉拿，务将余匪净绝根株，毋任一人漏网。杨淀一余党匪首岳金声虽已拴拿正法，其余匪百余名，据刘长佑前奏，拟即遣散。但此股残匪，被官军叠次追剿，势穷乞降，其非诚心归正，已可概见，既由僧格林沁咨行刘长佑斟酌办理，即著该督察看，如果投降实由穷蹙，并非诚心，即当概予诛锄，毋留余孽，以免后患。宋景诗率其败残百余人，逃至肥城之雕鹅岭，抛械四散，其贼目刘厚得同船七八十人，已被团练炮击沈溺，宋景诗止余夏七一人跟随，向东北山中逃走，余匪四散。此等均属获贼供词，恐尚难据以为信。刘厚得著名凶狡，是否在船沈溺，著再行详查确实具奏。宋景诗系属渠魁，现在亡魂漏刃之余，断不准听其兔脱。即著刘长佑、阎敬铭严饬所属，一体严拿务获。傥竟令该匪首得以兔脱，致留遗孽，必惟该督抚是问。僧格林沁仍饬国瑞酌派官兵，探踪购线，协同躧缉朱登峰、程敬书、张广得等及在逃各匪犯，均须按名逐一搜拿务获，毋使漏网。僧格林沁所派定安，带领黑龙江及京旗官兵驻扎直东交界，弹压巡缉，直东境内如有匪徒滋扰，即会同各该省官军立即剿办。张之万现驻许昌，而豫省捻踪肆扰，僧格林沁督兵赴豫，侦察贼情，应将何股先行剿洗，谅该大臣必有权宜。豫省各军，应令如何相为策应，并著与张之万商同饬令听候调遣。

另片奏，北方剿贼，非马队不能制胜，请饬直东各督抚，将所募之勇酌量妥为遣撤等语。所见甚是。著刘长佑、阎敬铭酌量情形，或即遣撤，各归本籍，或择其精锐，派赴豫皖，随同剿贼，或即以补各该省兵额之缺。僧格林沁原片，著钞给刘长佑、阎敬铭阅看。直东地方，所有一切善后事宜，该督抚等即当严督所属妥筹办理。畿辅地方紧要，勇队裁撤之后，其直东各营伍应即如何整顿操练，并著刘长佑、阎敬铭赶紧筹办。

白莲池荒废地亩，令曹州所属灾民迁移认垦，前经寄谕阎敬铭查明妥办。兹据僧格林沁奏，宋逆削平，莘堂冠馆朝观等县逆产甚多，运河左近黄水漫溢，被淹村庄，哀鸿遍野，正可藉资安辑。著即照所请，饬令已革直隶总督文煜、已革按察使孙治留于山东，专司办理兖州、东昌等处清查逆产、招抚灾黎事宜，督同地方官逐处查勘，认真妥办，不得有名无实，徒滋弊端。白莲池地势较广，该大臣拟将黄河以南被淹灾民安置白莲池一带，黄河以北被淹灾民安置刘贯庄、甘官屯一带,即著饬令地方官详查办理。

黄河改道以来,西自考城、东至利津各州县,犬牙相错,被水隔绝,土匪四起,州县难以稽察,不能即行捕缉,以致酿成巨患。现在黄水两岸,仍恐尚有奸民倚恃漫水藏身,复萌故智。据僧格林沁奏,即如梁山地方,系寿张县属,现隔黄水以南,河面漫溢数十里,该管地方官即稽查难周,其请将新黄河以南地方归以南各州县管理,以北地方归以北各州县管理之处,即著阎敬铭查明办理,总期于地方有益,而奸匪不得伏戎为患,方为妥善。白莲池地方,亦属犬牙交错,向为藏奸之所,应即改为一州县管理,以便稽查而专责成,并著阎敬铭悉心妥议。如一州县官职尚轻,不足以资统摄,应否升设直隶州厅,稍重事权,以资镇压,并著酌量情形,筹定具奏。

僧格林沁所部马力疲乏,著准其缓程前进,行抵豫省,即将捻苗剿办事宜相机进取,随时驰奏。

将此由六百里各谕令知之。

——《清穆宗实录》卷八〇,同治二年九月己巳。

〇上谕

僧格林沁奏请将出力道员奖叙等语,直隶大名道祝垲,于上年官军在河南夏邑追贼至汝宁,督饬各州县备办粮草无误,现在追剿宋逆,经僧格林沁派令随队前往,督饬各地方官豫办粮草,亦无迟误,尚有(激)[微]劳,祝垲著交部议叙。

钦此。

——《清代起居注册(同治朝)》第10册,第5469—5470页。

九月二十七日

〇上谕

谕议政王、军机大臣等:

阎敬铭奏先后拿获宋逆家属、讯明宋逆窜路情形一折。据称,派弁暗访匪党踪迹,经东平、平阴等州县先后拿获汪喜等十四名,又获著名贼目于得成等七名,又孔三等二十四名,讯据贼供,宋逆死党三十余人,由雕鹅岭地方往山深处东北逃走,贼目郭景会、刘厚德、张梦海等均被官兵炮船轰毙,落水身死;又供,宋逆仅有夏七一人跟随;又供,宋逆与其弟宋憬书叔侄三人赴东南山中逃走。该署抚已派各州县营汛分路躧缉,并将宋逆之母宋张氏等缉获等语。与僧格林沁前奏大略相同。宋逆踪迹诡秘,恐其由兖沂山径南窜徐属,著吴棠饬令各州县悬赏购线,严密侦探,务在必获,毋令入境句结苗党,或致死灰复然。阎敬铭仍当督饬，令地方官防其回窜，严密兜捕，不可稍涉疏懈。其朱登丰、程敬书、张广德等及零星窜散余党尚属不少，著懔遵前旨，一体缉拿，务期净尽。傥有漏网匪徒再行句结为患，定惟该署抚是问。白莲池一带闻尚有匪徒藏匿山谷，僧格林沁大军南下，恐该匪余烬复炽，乘机盘踞，不可不严行搜捕，以绝根株。著阎敬铭会同国瑞派兵搜缉，以收廓清之效。

将此由六百里各谕令知之。

——《东华续录》同治二十六，第 49 页，同治二年九月辛未。

九月二十九日

〇吴棠奏

蒙围危急，陈国瑞于九月十一日约会英翰、姚广武等军，由西北面进；派总兵郭宝昌、副将康锦文等带队，由北面进；参将骆得胜等带队，由东面进。各军开枪轰击，毙贼二百余名。官军越过二道贼濠，直逼贼垒，副将康锦文受伤，都司李福、守备马敬、千总曹学纯先后阵亡，伤亡兵勇三百余名。

宿境捻股窜窥临涣圩者，由周家圩筑垒二座，以截艾宪银等军之后，艾宪银与讷穆锦等各队出剿，攻毁贼筑二圩，余捻仍踞杨沟背等圩负嵎相抗。陈国瑞以临涣一路为蒙军最要粮道，当嘱姚广武等队赴宿剿捻，并截留自浦拨往之副将张从龙一军，顺道先剿捻匪，再赴蒙营。

臣查陈国瑞一军兵力本单，不足以制围蒙之贼，连日伤亡将士多名，不惟无救于蒙围，且恐苗逆生心，乘机出扑官军营垒，凶焰更张。正筹画间，据淮徐扬海道朱善张禀称，直东军务肃清，邹县兵马整齐，侍郎国瑞指日随同亲王僧格林沁分道南下征苗，因曹州水阻，改由韩庄取道徐州各等语。合无仰恳天恩，饬亲王僧格林沁克日移军入皖，不惟宿永各捻可以一麾而定，且能留蒙邑一城，将来进戡逆苗，尤省兵力。

——《钦定剿平捻匪方略》卷二〇一，第 20—21 页。

〇上谕

谕议政王、军机大臣等：

吴棠奏官军攻剿围蒙贼垒，及宿捻猬集、情形危急，请饬劲旅援皖各折片。陈国瑞一军，与姚广武、英翰等军约齐，分路进攻围蒙贼垒，于贼营丛杂之中，冒雨越濠夺垒，将弁兵勇受伤五百余名，阵亡三百余名之多。似此情形，蒙城固已十分危殆，而陈国瑞之军损折日多，殊堪痛惜。不惟无救于蒙围，且恐苗逆乘机出扑官军营垒，凶焰更张。吴棠所拨各军，又不能不先顾临涣粮道，如或蒙城不保，该逆得以据为北路巢穴，即使援师大集，攻剿更难措手。僧格林沁现已由东督兵赴豫，著即于抵豫后迅速布置，赴皖救援，先解蒙城之围。其豫境各捻应即如何分路堵剿，筹度机宜，可即交张之万、毛昶熙等办理。该大臣即督饬各军，先行剿办苗逆，设法保全蒙城，俾有进兵之地。该大臣务当先其所急，迅即筹办，不可为豫捻所牵，致令苗党得以愈益鸱张，负嵎自固。陈国瑞兵力本不甚厚，奋力血战，徒多损失。该营所需炸炮等项，并著僧格林沁饬催各营迅即分拨解往，以资利用。李世忠所部，与富明阿统领各军，分南北岸进兵，该提督效用正殷，即著曾国藩加之激励，饬令迅速进攻，并饬驻扎颍六各军分路并进，以制贼势。富明阿所督各军，仍与唐训方会商，设法援应蒙城内外诸军，力图保全，并与陈国瑞熟筹进攻机宜，毋徒冒进，致挫军威。僧格林沁所督各军，马多步少，淮河南北一带汊港纷歧，利于步战，所有一切驰逐攻坚之事，著曾国藩、富明阿、唐训方严饬楚军，奋勇当先，不准因僧格林沁督军前来，观望推诿，致有贻误。

将此由六百里各谕令知之。

——《清穆宗实录》卷八〇，同治二年九月癸酉。

十月

十月初二日

〇僧格林沁、刘长佑奏

查宋憬诗伙党朱登峰一股，叠经马队追剿，由馆陶罗家河口窜过卫河以西，经臣僧格林沁饬副都统定安等寻踪追剿，臣刘长佑亦饬藩司王榕吉督同游击汤继扬等带兵截击。该逆仅余马贼五十余名，九月二十二日窜至邱县城东，因后有马队追剿，前有步队截击，无路可遁，穷极诈降。王榕吉当委知州杨咏春等会同定安等带队合围，该逆仍敢抗拒，经官军斩馘八名，将逆首朱登峰及其弟朱登山等四十余名全数捡获，解往大名臣僧格林沁行营。臣刘长佑因面商善后事宜，亦至大名会同审讯。据朱登峰供称，系冠县人，与宋憬诗同伙，至张广德，在苏曹集被大兵击败，旋即逃逸，程敬书于回窜卫河时亦即潜逃，逆首宋憬诗于九月初二日带领百余人，由开州登船逃入黄河，不知去向等语。查朱登峰等系屡降复叛之贼，今因被剿诈降，实属罪无可逭，遂于讯明后均即正法。臣僧格林沁于二十四日自刘贯庄起程，二十六日行抵大名，与臣刘长佑会晤，所有在逃之程敬书、张广德二犯，仍令地方官一体严拿，毋使幸逃。现在直东并无成股贼踪，臣僧格林沁即督军由内黄至延津渡河赴豫，相机剿捻。臣刘长佑即赴广平、顺德一带，督令地方文武实力搜捕，仍回威县调度一切。此次捡获首从各逆之游击汤继扬等，均属著有微劳，可否存记汇保之处，出自天恩。

——《钦定剿平捻匪方略》卷二〇二，第1—3页。

〇上谕

僧格林沁、刘长佑奏追剿朱登峰股匪、全数捡获正法一折。逆匪朱登峰等，均系屡降屡叛之贼，此次被剿穷蹙诈降，经官军合围剿捕，全数捡获正法。其在逃之程敬书、张广得二犯，著刘长佑严饬地方官实力搜捕，毋任幸逃法网。现在直东境内，虽无成股贼踪，惟逆首尚未全获，大名、河间一带伏莽尚多，难保不因僧格林沁大军赴豫，余烬复然。僧格林沁在大名与刘长佑会晤，自必将一切未尽事宜告知该督，著即责成刘长佑，督饬文武员弁及地方官吏认真搜剔，务绝根株。经此次谆谆训诫之后，傥在事各员并不实力奉行，致余匪复相煽惑滋事，重烦兵力，惟刘长佑是问。懔之！将此由五百里各谕令知之。

——《清穆宗实录》卷八一，同治二年十月乙亥。

〇上谕

僧格林沁等奏追剿朱登峰股匪全数捡获，曾国藩奏蒙城粮尽援绝、恐难持久各情形，富明阿奏驰援蒙城并招抚各圩、拟分路进取各折片。直东股匪，节经僧格林沁督师搜剿，歼捡殆尽，其在逃之宋逆及零星余匪，叠谕刘长佑等严密拿办，谅不难悉数弋获。僧格林沁现由延津渡河，赴豫剿捻。此时豫捻窜扰何处，未据张之万飞章入告。僧格林沁入豫境后，察看贼氛，如情形并不甚重，即当由归德一路进兵，先拯蒙城之急。昨据吴棠奏，接准侍郎国瑞函称，以直东军务肃清，邹县兵马整齐，拟由韩庄取道徐州，南征苗逆等语。凤凰山附近地方有无余匪潜匿，如无须国瑞驻师镇压，即著饬令该侍郎迅由徐宿一带前进，俾附逆各圩咸知僧格林沁大兵将到，各思投诚效顺，则苗逆之势渐孤，剿办自易得手。况被胁练圩，非尽甘心从逆，叠据富明阿、唐训方奏，遵旨出示招抚。现有练董田端书、张大儒等，将苗逆粮台焚毁，聚集二万余人，图攻下蔡。若乘此机会，悬以重赏，予以优奖，而以劲旅继其后，提挈而鼓舞之，则各圩之反正者必多，而蒙城之围可期立解。并著僧格林沁迅速妥筹办理。富明阿现已驰赴蒙城，兵力渐厚，著再申明前谕。前饬陈国瑞等并力进攻，或分兵赴全家集，扼扎涡河上游，截贼粮运，以牵制贼势，均著富明阿相机妥办。惟富明阿拔营后，新抚各圩未免失望，必得大军镇抚，方足以维系人心。王才秀蚌埠一军尚嫌单薄，著唐训方添拨兵勇，前赴长淮卫等处驻扎，以壮声势。李世忠援临之军已有万人，该提督既系力图报效，即可借资其力，并著曾国藩乘机利导，饬令分攻苗逆老巢，檄调蒋凝学规取寿州，唐训方亦即率师进图怀远，务期四面兜剿，使该逆首尾不能相顾，自不难捣穴捡渠。切不可彼此观望，予贼以可乘之隙，致有贻误。陈大漋股匪，由随州窜近黄州，势将阑入皖境。曾国藩仍当抽调得力将领，会同鄂军，前截后追，以收夹击之效，毋稍大意。

曾国藩另片奏，请留道员黄冕经理江楚海运及筹办米盐互市事宜等语。黄冕著暂缓赴粤，准其留于苏皖，听候曾国藩差委。该道员曾任江苏知县，声名狼藉，颇不理于众口，此次曾国藩饬令经理海运等事，不过节取其长，以供驱策。曾国藩仍当随时留心，秉公察核，如黄冕故态复萌，仍有贪横恣肆情事，即当据实严参，毋得以奏留在前，稍涉瞻徇。

将此由六百里各谕令知之。

——《清穆宗实录》卷八一，同治二年十月乙亥。

〇上谕

谕内阁：

阎敬铭奏东省渐次肃清、恳请回籍终制一折。阎敬铭以丁忧臬司，破格夺情，擢膺疆寄，原因山东省军务吏治皆须力加整顿，而阎敬铭平日办事朴诚，是以特资倚畀。该署抚受此不次特恩，宜如何激发天良、力图报称？见在淄川、邹峄各匪及东昌府属降匪虽经僧格林沁督兵剿洗，次第歼除，而宋逆在逃，余匪未靖，叠经谕令该署抚督属搜捕，务绝根株，况东省吏治颓靡，尤宜及时振作，以挽积习，一切应办事宜，均关紧要。遽请终丧，迹则本于守经，意实近于诿卸。且该署抚于到省后，沥陈兵团积弊，谓宜认真整饬，并有一事未善即一日不敢偷安之语，该署抚任事半年，扪心自问，所整饬者果何事耶？乃因贼匪稍靖，辄称四境已清，军旅已息，故作粉饰之词，冀遂卸肩之计，大失朝廷倚任之意。阎敬铭著传旨申饬，所请开缺终制之处，著不准行。

——《东华续录》同治二十七，第1页，同治二年十月乙亥。

十月初三日

〇上谕

谕议政王、军机大臣等：

张之万奏捻匪由鲁山、南召南趋，剿击获胜，并攻破王寨，请留善庆暨黑龙江余丁、察哈尔马匹各折片。张总愚股匪，由登封、汝州窜入鲁山县境，经官军追至该县之大营集，进剿获胜。贼复窜扑南召县城，为守城兵练击退，并经张曜督军追及于城南十里铺，续获胜仗。该匪遁至口字河迤南，扼拒山口，未能抢入。此股捻匪人数众多，现被逼剿南趋，势必西窜商雒，南窥宛楚。该处系三省扼要之区，山岭丛杂，且与镇平、内乡接壤，逼近武关，为多隆阿大营转运军火之路，亟应加意严防。张之万务当督饬张曜，派拨劲旅，严扼镇平、内乡交界险要，毋令西窥陕境，仍督率永奎、王文行等各队，与张曜所部，就南召山内四面围剿，毋令他窜，并知照楚军迎头会剿，以期迅埽逆氛。陕南兴安一带遍地贼踪，傥被此股捻匪窜入，句结蔓延，益难收拾。著刘蓉、张集馨督饬商雒文武各员，鼓励兵团，严密堵截，一面知照李云麟就近防剿，并著多隆阿筹拨兵勇扼守武关，毋令该匪阑入腹地。至襄樊随枣一带，为捻匪由豫窜楚熟径，著官文、严树森迅饬在防将士扼要固守，毋令扰近边界。僧格林沁现已督兵由大名前赴豫省，傥此股捻匪，因陕楚两路防堵严密，折回东窜，即著迎头截击，痛加歼戮，以殄狂氛。至豫省正息各境，伏莽未清，虽经总兵李殿元将该匪击散，截杀百余名，平毁寨墙，而逆首并未就获，仍虑余烬复然，著张之万督饬李殿元并该地方文武，迅将张正渭等首伙各贼悉数歼除，毋留余孽。萨萨布已由归德驰赴临淮，即著唐训方饬令管带马队听候调拨。现在豫省贼势鸱张，官军马队统带乏人，善庆适带黑龙江余丁行抵豫境，著照该抚所请，准其留于豫省，并将拨往临淮之黑龙江余丁五百名、察哈尔马一千匹一并留豫，归善庆统带，以资防剿。

再，本日据李鸿章奏，刘长佑派赴上海招募楚勇之参将吴永敖，已由李鸿章拨给银三千两，由沪渡江，顺途招集楚勇，驰回馆陶。此项楚勇，能否留于豫省助剿之处，已谕令刘长佑酌量办理矣。

将此由六百里谕知僧格林沁、官文、严树森、多隆阿、刘蓉、张之万、唐训方，并传谕张集馨知之。

——《清穆宗实录》卷八一，同治二年十月丙子。

十月初四日

〇上谕

谕议政王、军机大臣等：

前据富明阿奏驰援蒙城、招抚诸圩各折片，当经谕令僧格林沁鼓舞反正各圩，富明阿截贼粮运，唐训方添兵分扎长淮卫等处。兹据唐训方奏，援兵四集，分投并进，剿抚兼施，并平毁颍西捻圩等情各折片，与富明阿前奏情形大略相同。淮河南岸，绅练田端书等引众向官，纷纷效顺，唐训方现已会同富明阿各给札谕，许以优奖，并悬立重赏，购献首逆。其刘府、考城、洛河、上窑、姚家湾一带，复令游击郭清标前往联络绅练。著富明阿、唐训方乘此机会，设法鼓舞，以收人心，并令该绅练等集团攻克下蔡，以制蒙城贼势。现在各圩既望风效顺，陆续来归，则苗逆之党与日孤，官军之声威日壮。惟甫经反正各圩，人心未定，亟须分拨劲旅，与之联络，著富明阿、唐训方迅速筹办。前经谕令僧格林沁，入豫境后，察看贼氛如不甚重，即当由归德一路进兵，先拯蒙城之急。现在蒙城米粮久断，浮萍树叶，亦将食尽，势将朝不保夕，僧格林沁务当相度皖豫两省情形，先其所急，相机援剿，不可顾此失彼。被胁各圩投诚助官,闻该大臣行抵皖省,归者益众。即著遵奉前旨,悬赏奏奖,多方鼓励,以散苗党而孤贼势。富明阿现赴蒙城,务当分兵断贼水陆粮运,激励诸军,进攻贼营,速解城围,毋稍延误。王才秀驻军北岸之洪家湾,兵力尚单,即著唐训方饬令何绍彩一军移扎该处,并令朱淮森抽调兵勇前扎马村沟,以资镇扼。其王庄、曹老集一带,即著饬令普承尧收抚各圩。李世忠已亲督大队由五河西上,李显发亦率所部由马村沟拔营继进。即著唐(方)[训]方咨令该提督专攻南岸,迅拔寿州,并饬蒋凝学、毛有铭等军进取颍西各圩,剿抚兼施,以分贼势。唐训方仍遵前旨,拨兵攻复怀远,令苗逆兼顾不暇,庶剿办可期得手。至南北两岸进剿各军后路,仍著该抚察度情形,何路吃紧,即分兵向何路策应,毋稍大意。将此由六百里各谕令知之。

——《清穆宗实录》卷八一,同治二年十月丁丑。

十月初六日

〇卫荣光奏

翰林院侍讲学士卫荣光奏言:

查宋逆经僧格林沁击散后,党与尚伙,如直隶、山东、河南交界处所,时有匪徒啸聚,拦劫商旅,焚掠居民,地方官以未成巨案,概置不问,日久勾结渐多,肆行无忌,近日闻有通贼拒官情事。一旦僧格林沁(太)[大]兵南下,余贼纠党乘虚揭竿一呼,伏莽四应,将有变而加厉之势。前湖北抚臣胡林翼治鄂时,兴国、崇阳等处从贼者甚多,胡林翼以保甲之法行之,勒令户首捆斩三千余人,迄今并无土匪滋事之案,足见养痈以贻患,不如除暴以安良。应请饬下直隶总督,山东、河南巡抚会商办理,于直东豫三省交界地方,择一久历戎行之员作为统领,挑选马队一二千人、步队五六千人驻扎该处,勤加训练,相机剿办,并责令各州县实行保甲,清查户册,所有宋逆党与暨著名土棍,悉数查拿,毋任一名漏网,庶乱萌既遏,地方悉就肃清。

——《钦定剿平捻匪方略》卷二〇二,第22—23页。

〇上谕

卫荣光奏请严缉北路奸匪暨责成河北镇道防河各折片。据称,宋逆经僧格林沁击散后,党与尚多伏匿,直隶、山东、河南交界处所,时有匪徒啸聚劫掠,与逆贼相通。僧格林沁大兵南下,伏莽四起,将有变而加厉之势。请饬三省各督抚会商,于连界地方,择一久历戎行之员作为统领,挑选马步各队扼要驻扎,并责令各州县官实行保甲,清查户口,使奸宄无所容身。黄河为河北彰卫怀三府屏障,而三府又为畿辅藩篱,尤宜严加防卫。各等语。所奏不为无见。直东各属，自逆匪倡乱以来，叠次厚集兵勇，分路兜剿；复特令刘长佑督办三省剿匪事宜，以期事权归一。僧格林沁督师攻剿，已将各股匪次第翦除，在逃各匪，责令该管各地方官随地搜捕，并明降谕旨，解散胁从，捆献首恶。僧格林沁南下，复留定安统带黑龙江及京旗官兵，驻扎直东交界地方，巡缉弹压。现在兵勇为数已不为少，著刘长佑、阎敬铭、张之万按照卫荣光条陈各节悉心酌核，分别试办，并各遵叠次谕旨，督饬兵弁随时访拿，一面力行保甲，将宋逆党与暨著名土棍，责令户首捆献，明正典刑，以除稔恶而靖地方。至黄河捍蔽河北三府，防守最关紧要，总因该镇道等不能认真巡防，致前此宋逆余党窜扰浚县、内黄时，任令往返数次，毫无阻遏，殊为可恨。著张之万责成河北镇道讲求营制，扼要设防，并联络乡团，于沿河一带实力守御，遇贼即击，庶各匪不得肆意窜越，而畿疆悉臻巩固。原折片著钞给刘长佑、阎敬铭、张之万阅看。将此各谕令知之。

——《清穆宗实录》卷八一，同治二年十月己卯。

十月初七日

○上谕

谕议政王、军机大臣等：

刘长佑奏直境已无贼踪，见将兵勇分别撤留、妥筹善后一折。宋逆分股贼目邱得胜、李得城、程来书，伙贼葛登幅、梁兆玉等二百八十余名，均经刘长佑饬属拿获正法，岳金声匪伙亦悉数捡斩，贼目程敬书已在山东馆陶县拿获，直隶全境已无匪踪，前调兵勇自应分别撤留。游击蒋希夷所部豫勇八百名，著刘长佑即行拨赴河南，交张之万调遣，俾资协剿。其余兵勇，刘长佑见拟挑选精壮三千名，先后奏调来直之楚勇二千名，共兵勇五千名，择要分布，勤加操练，以备不虞，此外即行遣撤。即著照该督所拟办理。

据山东所获贼目供称，宋憬诗改穿蓝布棉袄，冒充孔姓，乘马向山路逃逸等语。亟应严行搜捕，以除巨憝而申国宪。著阎敬铭督饬属员实力查拿，倘搜缉不力，再令首恶乘间脱逃，致稽显戮，惟阎敬铭是问。

前据阎敬铭奏，拟调团首陈贯甲归标察看情形，见在宋逆余党渐次搜捕净尽，直东兵力有余，著阎敬铭即将陈贯甲调令归标，如该团首遵调前往，该署抚即设法驾驭，妥为拊循，俾为我用。东省得此劲旅，亦可藉资协助。如敢任意抗违，不遵调遣，意萌反侧，著阎敬铭知会刘长佑，会合两省官军协力进剿，毋令养痈成患。该署抚务当谋定后动，不得稍涉轻率，转致一发不可收拾。

直东豫一带土匪，恐因僧格林沁南征，复图句结，昨已谕令各该督抚饬属严行搜捕，著刘长佑、张之万、阎敬铭懔遵前旨，随时访拿，务绝根株。是为至要。

将此由六百里各谕令知之。

——《东华续录》同治二十七，第 15 页，同治二年十月庚辰。

十月初九日

○吴棠奏

据总兵陈国瑞函称，连日出队进剿蒙城之匪，该逆坚守不出，其水路粮道现为我军截断，仅由西南一带进粮，闻亦随运随用，所存无多，我军必须过河驻扎，截其陆运之粮，方可制胜，该总兵查探形势，拟由王家窑设法渡扎，截其粮路，则蒙围或可不攻自解等语。臣查苗逆异常诡谲，虽经我军叠次进攻，仍不足挫其凶焰。陈国瑞拟先断其粮道，实为扼吭之策。惟涡河以南贼营密布，荆州将军富明阿已带所部马步队四千余名，于九月二十一日自临赴蒙，计日可到，其前派宋庆管带之一千三百名亦已到蒙，兵力虽已较厚，第恐苗逆粮道一断，不免有铤走之虞，惟盼亲王僧格林沁迅速移师南下，庶期一鼓歼除。临涣一带捻首李大个孜、项盘等仍在杨勾背圩屯踞，现经陈国瑞派拨马队，会合副将艾宪银竭力剿捕，以顾后路粮道。至宋憬诗被击逃逸，臣已饬属密拿，以期早灭渠魁。

——《钦定剿平捻匪方略》卷二〇三，第 13—14 页。

○上谕

吴棠奏，陈国瑞连日出队进剿，拟先过河驻扎，截贼粮道，暨剿办后路捻股，并购拿宋逆各等语。前经叠次谕令富明阿派军驻扎涡河上游，截贼粮运，以牵制贼势，此次陈国瑞拟由王家窑设法渡河驻扎，断其陆运，以扼其吭，实为制胜要著。即著富明阿督饬该总兵，率领得力兵弁，设法渡河扼扎，以图进取。南岸贼营密布，恐该总兵一军尚嫌单薄，见富明阿率所部马步四千余名，并前派宋庆一军一千三百名，均已到蒙，即著严饬诸军奋力进剿，迅解蒙城之围。并著唐训方相机添拨劲旅，分投策应，毋专待僧格林沁一军，致有贻误。

至临涣一带捻首李大个子等，尚在杨句背圩屯踞，见经陈国瑞派拨马队，令张保圣等会合副将艾宪银尽力搜捕，即著吴棠严饬该将弁等认真剿办，以顾陈国瑞等军后路粮道。

昨据刘长佑奏，据山东所获贼目供称，宋憬诗向山路逃逸等语。其曾否潜匿徐属，皆未可知。著吴棠仍遵前旨，严饬各州县悬赏购线，严密访拿务获，以绝根株。

此次吴棠由六百里驰奏，正折系捐输请奖及加广学额寻常事件，反将蒙城等紧要军务夹片陈奏，实属不知缓急，吴棠著传旨申饬。

将此由六百里各谕令知之。

——《东华续录》同治二十七，第 19—20 页，同治二年十月壬午。

十月十五日

〇阎敬铭奏

钦奉谕旨，以宋憬诗改装易姓，乘马逃逸，令臣饬属查拿。臣已叠次严谕各州县悬赏购线，并分派弁兵逐处挨查，务获首恶，断不敢稍涉怠玩。东省军务渐就肃清，现在情形，似可无须兵力。然南捻窥伺，不可不早为筹防。查东省现在防兵，除僧格林沁奏派副都统定安督领京旗马队八百名在直东交界驻扎，其总兵保德一军驻刘贯庄协同镇抚，而地方辽阔，兵力不敷分布，臣拟再酌留臬司丁宝桢所募湘勇一营，并千总曹正榜一营，共千五百名，分扎东昌莘堂等处，以资弹压。其德州、平原、禹城、夏津各州县，拟饬守备郭大胜一营适中驻扎，来往梭巡。武定府属，拟留都司马春峤一营驻扎。

至苗逆意图北窜，今年夏秋捻踪屡近曹单边境。查捻匪北犯之路，一由曹单，一由邹滕。南路防兵，只有总兵扎隆武带兵八百名驻扎白莲池，仅可搜查教匪；邹县一路，惟恃国瑞一军驻扎；至曹单并无防兵。现在僧格林沁移兵南下，筹剿苗逆，若由西南进兵，该匪被击，难保不扑犯东北。况捻匪动称数十万，恐僧格林沁兵力单薄，尚须调取国瑞一军合剿，则东省门户更属空虚，不得不豫为布置。臣拟酌留东治六营楚勇，饬赴曹单扼要堵御。惟东省地势平衍，追贼利在骑兵，现拟于绿营马兵中挑选一二千名，汇为一营，勤加训练，以备冲突跟追之用。其余各营勇丁，臣已全行遣散，以节縻费。

——《钦定剿平捻匪方略》卷二〇三，第23—25页。

十月十六日

〇张之万奏

臣闻僧格林沁统军南渡，不日抵汴，星夜回省，与该大臣会筹方略。该大臣即于十月初七日拔队，与臣同赴许防。

叠据张曜禀报，我军屡胜后，复于九月二十四日冒雨出队，直抵拐角铺迤南，踏破贼卡两处，毙贼多名。草店之贼列队迎拒，我军略有斩获。二十五日，马步悍贼冒雨复扑太子望寨，守备许万榜率领兵练出寨迎击，张曜亦派王文行等各队驰往合击，斩首数十级，贼众败退。是夜，复派罗辅臣等分由僻路进劫贼营，斩馘一百余名。二十六至二十九等日，张曜督军于刘山、孟山一带进剿，叠有斩捦，该逆悉众南走，张曜拔营追击。据获匪供称，张总愚臂受枪伤，现在率众南去，欲由楚回皖等语。十月初三日，我军击贼于镇平县之百树庙地方，毙马贼多名，余匪相率狂奔。我军追至距镇平十五里之柳泉铺，该匪大股回拒，张曜亲督步勇合击，毙贼无算，贼复败退。张曜以镇平接壤内乡，恐贼被剿西犯，复派军由磨坞一带进扎镇平、内乡之交,以顾西路。该匪即由黑龙集等处窜至邓州境内,图窜老河口,我军追过镇平,副将敖天印、参将李世玉各率所部,由南阳探踪蹑击等情。

臣与僧格林沁会商,张逆悉众窜豫,本以牵掣援皖之师,早有进扰楚北老河口之说。今遁入邓境,距老河口甚近,势必循熟南走。且自遁鲁山、南召后,节节依山为阻,不敢出就平原,现已逼近楚疆,官军由许州驰往,恐已无及,应仍由臣督饬张曜等认真蹑击,如果入楚,即令张曜率军出境,会合楚师尽力夹击。此时皖省情形万分吃重,僧格林沁即于初十日拔队东发,取道鄢陵、扶沟,由陈宋各境驰赴亳州,进援蒙城。其豫省军务,仍由臣随时与该大臣会商办理。

——《钦定剿平捻匪方略》卷二〇四,第1—3页。

〇张之万奏

臣遵奉谕旨,将黑龙江余丁五百名、察哈尔马一千匹留于河南军营防剿。豫军得此马队,可望转弱为强。惟此起马队来自远方,马匹既多疲瘦,兵丁技艺亦尚生疏,非休养训练两三月不能得力。经僧格林沁教臣以牧马练兵之法,俟到亳州,即派老成骑将来营帮臣操练。臣现在许防将吉林、黑龙江各起马队调集一处,认真讲求,庶可悉成劲旅。

——《钦定剿平捻匪方略》卷二〇四,第4—5页。

〇上谕

谕议政王、军机大臣等:

张之万奏僧格林沁由汴赴援蒙城,张总愚股匪南窜、派兵追剿,并程二老坎股匪由楚回豫、欲归皖巢,饬令各军迎击等折片。所称僧格林沁统兵至汴,与张之万同赴许防,已于初十日黎明拔队,取道鄢陵、扶沟,由陈宋各境驰赴亳州,进援蒙城,殊慰廑念。蒙城危殆已极,陈国瑞进攻贼垒,不能得手。富明阿到后,所拟设法运济蒙邑城内粮饷及断贼粮道之处,均不知有无把握。僧格林沁现已由汴赴亳,著即迅速赴援,以期立解蒙围。其陈国瑞等军应作如何调度攻剿,谅该大臣必有成竹在胸。苗逆知该大臣大军到来,亦必震慑军威。但苗逆拌力死守,且诡诈百出,工于用计,僧格林沁督军进剿,务当加意严防,妥筹进止,以策万全。并著富明阿、唐训方俟僧格林沁到蒙、苗逆畏惧之时,即酌量分兵,攻其要害老巢及解散被胁从逆各圩,使兵力不聚于一路,令其面面受敌,不能被击旁窜,方为妥善。富明阿、唐训方等前奏,招抚练董田端书等图攻下蔡,此时苗逆畏惧,或回匿下蔡及怀远等处,或调其死党来蒙并力死拒,均未可知。观衅蹈瑕,惟在该将军、巡抚等随时相机,以期得手。张总愚股匪慑于僧格林沁兵威,自遁鲁山、南召以后,节节遁由山僻小路,经张曜等沿路追击,现复遁入邓州境地,距老河口甚近,即著张之万督饬张曜跟踪追蹑,如寇踪入楚，即令逾境会合楚师，尽力夹击，以期就地歼除。官文、严树森亦即饬令鄂省官军迎头截击，毋令此股匪徒得以窜扰老河口等处，肆行饱掠。其程二老坎等股匪，现由楚境复窜光罗，总兵李殿元会合兵团叠加剿击，势将窜由光息，遁回皖巢，即著张之万严督该总兵与王文行等军，乘贼惰归，奋力痛剿，毋稍松懈。僧格林沁取道归陈，其两郡防剿各军应令如何严密布置，并著随时妥筹具奏。程二老坎等股如回亳巢，恐将又为苗逆羽翼，亦须及时先为埽除，以孤贼势。张之万遵将黑龙江余丁五百、察哈尔马一千匹留豫，该省得此骑兵，自足以资驰骤，第须认真操演，俾成劲旅。僧格林沁抵亳后，即派老成骑将赴张之万军营，俾资教练。该抚仍当督饬善庆等善为管带，以资得力。将此由六百里各谕令知之。

——《清穆宗实录》卷八二，同治二年十月己丑。

十月十七日

○上谕

唐训方奏督军进抄蚌埠贼垒、水陆接仗情形，并请饬善庆统带马队来临各折片。唐训方督率水陆各军滚营前进，攻剿蚌埠贼营，以冀牵制围蒙贼势。惟接仗数次，仅平一垒，而贼于两岸俱钉巨桩，誓死抵拒，我兵猛力进攻，徒伤精锐。唐训方现拟设法包抄，断其粮道。惟宋庆一军业经拨给陈国瑞调遣，克蒙额马队又经富明阿带领赴蒙，兵分力单，该抚请仍令善庆统带留豫马队来临助剿，亦是实在情形。僧格林沁办理皖豫两省军务，自能妥筹兼顾。该大臣现已驰赴蒙亳，著即酌度情形，如豫省军务稍松，即将此项马队调赴临淮，以资冲击。抑或由该大臣酌拨马队助剿之处，均著妥筹办理。唐训方当就现有兵力，速筹包抄贼众之计，仍随时返顾，务策万全。唐训方已抵蚌埠，援蒙之师后路声势更壮，著富明阿懔遵叠次寄谕，督同陈国瑞设法救援蒙城，毋稍迟误。李世忠督兵攻克柏家圩，将苗众悉数歼除，附近民圩反正者百有余处，剿办出力，甚属可嘉，著僧格林沁等因势利导，传谕李世忠乘胜进兵，迅攻寿州等处贼巢，以分贼势。将此由六百里各谕令知之。

——《清穆宗实录》卷八二，同治二年十月庚寅。

十月二十日

○上谕

吴棠奏蒙军进扎涡南，绘图呈览，并捻匪出扰徐境情形一折。陈国瑞一军在王窑以下夺获贼船，由浅水处所躐过涡河南岸，搭造浮桥，即亲督马步各军过河，与贼力战，抢筑新营，包抄贼之东南两面，复又派拨马队抄袭后路运粮之贼。现在河南连营二十余座，副将张从龙夜击贼营，已至蒙城南门濠边，其南岸连营与贼陆路粮道已能窒遏。所办尚为认真。惟西、南两面尚无布置，城围未能遽解。僧格林沁刻下当已到亳，系由蒙之西北一路前往。富明阿等军到蒙后，兵力较厚，即可调拨，由西南面进剿，与陈国瑞一军会合夹击，断贼粮道，力解蒙围。临涣一军与贼相持，李大个子等匪忽又窜扰，逼近徐城，道员朱善张派兵堵守，姚广武分队回援，总兵鹤龄等水陆各军亦各分投防剿。即著吴棠督饬各军实力扼剿，毋令蔓延勾结为患。

本日曾国藩片奏，李世忠进军姚家湾，以图下蔡，直捣苗逆老巢；唐训方亦分军大小蚌埠，以图怀远；颍州兵练攻破朱滑孜贼圩，颍郡西面渐已廓清。李世忠此次协助官军进剿，颇能认真出力，其进军以图下蔡贼巢，正与前次寄谕相为吻合。僧格林沁等即当随时激励用之，俾与富明阿、陈国瑞等相为策应，以资得力。

唐训方为富明阿等军后路声援，兼顾临淮，此时分军以图怀远，使逆党到处受敌，面面不能兼顾，所筹亦合机宜。均即乘机迅速办理。各处练圩，当此僧格林沁到皖、官军得手之际，其为贼裹胁者，尤必群思反正，并著该大臣、将军、督抚等迎机招徕，以孤逆势，攻剿更易得手。吴棠绘呈军营形势图留览。

将此由六百里各谕令知之。

——《清穆宗实录》卷八二，同治二年十月癸巳。

十月二十三日

〇上谕

谕议政王、军机大臣等：

唐训方奏官军进剿寿州叠获胜仗、剿抚兼施情形一折。李世忠一军由南岸进兵，业经攻克柏家圩，收抚民圩百余处，兹复移师前进，距寿州十余里。两日之间，攻克逆圩二十余座，杀贼四千余名，收抚投诚各圩十余处，实属奋勉出力。著曾国藩即饬李世忠速将寿州攻拔，一面饬令蒋凝学、成大吉各军会合进攻，毋稍迟缓。绅练田端书等引众二万，向官效顺，著富明阿、唐训方仍遵前旨，饬令进图下蔡，以制蒙城贼势。并著曾国藩檄令周宽世、毛有铭各军乘势进攻颍蔡一带。各路同时并进，使苗逆应接不暇，剿办当易得手。李世忠俟攻拔寿城后，即移军西上，直捣下蔡老巢，与姚书田等练众并周宽世等楚军联络声势，将颍蔡一带贼氛悉行埽荡，俾苗党退无所据，该逆自不难速就歼擒。李世忠颇能用命，著僧格林沁等多方激励，令其益加奋勉，为国宣力。该提督统兵深入，并著曾国藩代筹后路布置，毋令贼匪抄袭。

蒙城濠外贼垒，业经英翰攻克其一，若再破一二垒，粮路即可通运。陈国瑞亦连日猛攻，轰开贼营十余丈，毙匪百余名。剿办甚为得手。惟蒙城待援情形十分危迫，而苗党人数众多，悉力抗拒，贼营急切难破。昨览吴棠绘呈之图，官军包贼营外，抢筑营盘，仅能遏截东、北两面，未能合围。著富明阿即分军进扎西、南两面，与陈国瑞联络声势，断贼粮路。僧格林沁现已移军赴皖，著即驰往蒙城，严密布置，迅解城围，以救倒悬。

唐训方现已进军蚌埠，著即将沿淮一带贼圩速行埽荡，进规怀远，力扼中权，以断蒙寿贼势。所有李世忠粮饷军火，著唐训方源源接济。其陈国瑞所部军饷火药，仍由吴棠随时拨解，毋令缺乏。

将此由六百里各谕令知之。

——《清穆宗实录》卷八三，同治二年十月丙申。

十月二十四日

〇上谕

富明阿奏攻剿情形、添募勇丁并请催吴棠协饷各折片。富明阿一军，由涡河南北两岸进援蒙城，抢筑营垒；陈国瑞一军攻克李圩；英翰一军于城西南各路断贼粮运。该逆见我军攻之愈力，拌死抗拒，夜夜并力攻城。官军于十月十五日将城河以南两营退入城门，河北两营为贼所踞，浮桥亦为所毁。贼复增添精悍，阻我进兵之路，致与城中声息不通。蒙城危在呼吸，亟应设法援救。即著富明阿、唐训方就现有兵力，与陈国瑞等军联络声势，设法进援。派兵断贼粮道，尤为目前要著，并著妥筹布置。僧格林沁已由河南省城起程，著懔遵前旨，迅督大军，星驰救援，力解蒙城之围，以期转危为安。捻首李大个子、相盘等，现在窜往徐宿之间，四出焚掠。徐宿一带，为蒙城粮运必由之路，该处如被匪梗塞，关系实非浅鲜。富明阿业饬姚广武带领马勇四百名跟踪追剿，并著吴棠派兵夹击，妥筹兼顾，迅埽贼氛，以清饷道。富明阿拟于宿州一带添募勇丁一千名，惟苗逆诡谋百出，且与捻匪互相句结，党与众多，该将军在宿州等处募勇，万一苗捻各逆阴遣死党赴募，作为内应，一经堕其狡诈，势必为该逆所乘，不可不豫为之防。富明阿务当酌量情形，出以慎重，妥筹办理，不可稍涉大意。富明阿所称八月间由扬州起程，粮台支发饷银军火等项，支应亦俱无多，迄今五十余日，未见续有报解，现将营中所屯之米酌发接济，存米一经发完，而协饷仍复不至，饥军哗溃堪虞，至军火器械等项需用尤急，请饬按月拨解等语。蒙军势形岌岌，若兵粮军火更多缺乏，势必立形决裂，大局何堪设想？著吴棠督饬乔松年，务将每月应解富明阿营粮饷军火器械等项按月如期拨解，如再稍涉迟逾，致误戎机，必惟吴棠等是问。将此由六百里各谕令知之。

——《清穆宗实录》卷八三，同治二年十月丁酉。

十月三十日

〇富明阿奏

苗逆围攻蒙城，更添精悍阻我进路，臣仍严饬各军滚营进扎。詹启纶派军前逼贼垒紧扎三营，与英翰所扎之营联为一气。十月二十日，轰退贼营一座，毙贼百余人。二十三日，该逆率众扑犯官军营垒，经我军截剿，毙贼无数。王万清亦于北岸步步前进，紧逼贼垒。臣逐日选派马队驰赴蔡家圩一带截贼粮运。据陈国瑞咨称，十月十六日夜间，亲率马步各军进截该逆正南粮路，派佐领讷穆锦等带领马队接应。十七日，令康锦标等在南门一带抢扎三营，适僧格林沁派翼长舒通额等带领马队二千名来蒙，行至陈国瑞营次，陈国瑞派游击李坤等会合前往，夺贼一营，杀毙悍贼四五百名。英翰亦于十八、九等日在南门外抢筑三营；二十日，又派程文炳等于附近要地扎营，与陈国瑞联络应援。姚广武等亦率营前进。臣与陈国瑞通饬各营赶修长濠，以防窜逸。该逆见我军合围，断其粮路，遂连夜穵濠，避我枪炮，以便负粮而进。二十二日，程文炳等力据其濠，匪党蜂拥来扑，陈国瑞派队冲击，程文炳等率队夹攻，捡斩悍贼数百名。前攻之刘家圩及现围之李家圩亦均薙发投诚。二十三日，侍郎国瑞统率马队来蒙，会同臣查看情形，妥筹进剿，拟将蔡圩铲除，先清南路。二十四日，僧格林沁、国瑞亲率马步各队，与臣前往蔡圩合击，毙贼甚多。僧格林沁现驻葛家楼剿办苗捻各圩，肃清后路，再图进取。

至蒙城远近附苗各圩，经臣到蒙后前后收抚五十余圩，已交英翰就近妥为办理。现在围蒙之贼及苗逆死党知我外围已合，又闻僧格林沁已到，密禀投诚者甚多。臣饬令立功后方准投诚，并限以五日献出逆首，必照前示重赏，予以官阶。即该逆等意在缓军，而我不为所愚，逆亦无能为役矣。

至李世忠一军，自攻克柏家圩后，于十月初八日攻克中心渡及李万春贼圩二十余座，毙贼数千；十一、十二、十三等日叠破小古墩、夏家寨等处贼圩，杀贼千余。兵勇共伤一千数百名。现饬进取下蔡，力图苗逆老巢，以收夹击之效。

——《钦定剿平捻匪方略》卷二〇五，第24—27页。

〇富明阿奏

僧格林沁督师来蒙，所有援蒙各军一切进剿机宜及军情奏报，拟即商饬陈国瑞等，随时咨报僧格林沁汇核具奏，以期事权归一。

——《钦定剿平捻匪方略》卷二〇五，第27页。

〇上谕

富明阿奏续报攻剿情形一折。据称，本月十八、九等日，詹启纶等前逼贼垒扎营，与英翰原扎之营联为一气，截贼粮运；英翰亦在蒙城南门外抢筑三营，又派程文炳等进扎要地，与陈国瑞联络应援；僧格林沁派翼长舒通额等，带马队二千名到蒙，国瑞亦于二十三日到蒙；僧格林沁现驻葛家楼，剿办苗捻各圩，肃清后路；并李世忠攻克中心渡及李万春等贼圩，杀贼数千，急图报国等语。蒙城合围，贼粮已断，僧格林沁、国瑞先后到蒙，军威已振。现在附逆各圩，纷纷投诚，实有可乘之机会。著僧格林沁等督饬各军奋力进取，先解蒙城之围。仍责令投诚各圩密图首逆，如能函首来献，余党自必瓦解；或以贼攻贼，令当前敌，而以劲军继其后。其真能出力者，免罪优奖；如不出力，立予正法。该亲王等务当妥速办理，以纾朝廷南顾之忧。惟苗逆设计阴狡，僧格林沁等须刻刻防维，不可稍涉大意。李世忠屡克贼圩，杀贼不少，其所部伤亡亦多，著僧格林沁、曾国藩加以奖励，使其格外出力报效，并令其进取下蔡老巢，使苗逆腹背受敌，以收指臂之效。

富明阿另片奏，援蒙各军进剿机宜，咨报僧格林沁汇奏等语。嗣后皖省攻剿苗捻各路兵勇及陈国瑞等军，一并统归僧格林沁节制，以一事权。从此各军有所禀承，自不难迅奏肤公，克期蒇事。

李世忠立功图报，其心无他，惟其手下人多有不安本分者，恐该提督有未能查知禁止之处，致为人言所指摘。近日闻有武弁黄银怀，自称升用总兵，系李世忠部将，奉委到江西省城提取饷银，乃购屋娶妻，窝娼聚赌，提刀逞凶，被人呈控有案。又有都司胡冠英、徐凤和二员，赴新建属之吴城镇造船，其文移有管带豫胜营提督王字样。此等劣弁，未知是否李世忠部下，著曾国藩饬知李世忠，即将该员等撤回管束。如系冒名提饷造船，即知会江西巡抚，将该员拿办，以示惩儆。

富明阿前奏，蒙城被围，实由唐训方不能豫先筹顾，又将英翰一军撤回小涧集，致与城内声气不能相联，使该逆得以乘隙肆志，至今补救为难等语。唐训方办理蒙城事宜是否措置乖方，著僧格林沁查明具奏。原片著钞给僧格林沁阅看。

将此由六百里各谕令知之。

——《清穆宗实录》卷八三，同治二年十月癸卯。

〇实录

命荆州将军富明阿帮办钦差大臣僧格林沁军务。

——《清穆宗实录》卷八三，同治二年十月癸卯。

○英桂奏

再，晋省应解僧格林沁军营月饷，自本年正月起已解过银八万两，经臣先后附片具奏在案。兹据藩司郑敦谨详称，又在司库各货厘捐及追罚充公项内筹动银一万两，差委候补府经历姚庭楹管解，定于十月十七日起程，前赴河南一带，探明僧格林沁军营交纳，以济兵糈等情。除分咨查照外，理合附片陈明。谨奏。

议政王、军机大臣奉旨：知道了。钦此。

——朱批奏折，档案号04-01-01-0878-086。

十一月

十一月初一日

○吴棠奏

北窜捻股，经淮徐扬海道朱善张派都司刘佐廷等带队击败，该逆遂窜江东交界之湖团一带，十月初十日窜扑丰县城，经该县知县督率勇练击退，毙贼十余名，余贼乘夜北窜。姚广武派副将杨文全带马队四百名向北追剿，十七日驰抵徐州，探得捻股已窜曹单。臣现饬杨文全即带此起马队驰赴东境，协同东省兵练实力剿办，一面咨会山东抚臣拨队会击。

至蒙境军情，据荆州将军富明阿函称，现由西面列营包至西南，与东南陈国瑞之军已包贼三面，因兵力尚少，仍余蒙南贼垒数座，未能合围，官军逐日派马队在南路梭巡，屡获运粮之贼。又据总兵陈国瑞函称，十月初八至十六等日，叠次进攻蒙东贼垒，将李圩南北七垒攻破，该镇已饬游击李坤等在蒙南扎营一座，拟再添营两座，即可断贼运粮之路。现在亲王僧格林沁已抵亳州，侍郎国瑞亦已由徐带马队赴宿，大兵云集，指日可以合围。臣已拨银五千两、钱三千串，解交朱善张购办粮草运至宿州，听候僧格林沁提用，并拨兵米一千石交国瑞军营，以资接济。

——《钦定剿平捻匪方略》卷二〇六，第1—2页。

○阎敬铭奏

钦奉谕旨，饬将山东存营之勇分拨若干，遴委妥员带赴蒙城，交富明阿调遣。臣因东省勇丁骄纵疲玩，业已先后裁撤一万余人。又以大军甫离东境，伏莽最易生心，南捻巢穴相邻，苗逆势焰方盛，边防辽阔，后事堪虞，臣正欲乘此全省甫定之际，整顿营规，改练马队，已于十月中旬分起将收留已散马勇缴到马匹解赴省城，派臬司丁宝桢由东昌先行回省，挑选额兵，配骑操演，以为日后去勇用兵之地。核计现在兵勇，并丁宝桢湘勇，不过六千余人，而驻扎之处实已不敷布置。近据金乡等县禀报，捻首项盘、刘全、李大个孜等，于十月十一至十五等日由江南丰县等处分扰金乡、单县、峄县、城武各境，旋于二十五、六等日折回西南，向砀山一带窜去。查山东南境与江豫接壤，自西南之曹县至东南之峄县，东西几六七百里，黄河改道以来，四望平原，无险可扼，现在仅有东治楚勇副将陈锡周等五营二千五百人，又守备郭大胜五百人，分布六七百里，策应实有所不及。拟待北路搜捕事竣，将各军酌拨防边，庶几防南可以固北。且苗逆诡计，知僧格林沁大军由豫入皖，北路空虚，必嗾捻匪分股北犯。此时捻踪尚游弋砀山一带，与东境接壤，若悉锐南下，北方根本之地究属空虚。况东省兵勇所留无多，实难再行抽拨赴皖助剿。

——《钦定剿平捻匪方略》卷二〇六，第2—4页。

〇上谕

谕议政王、军机大臣等：

吴棠奏捻股西窜曹单、派队跟追，并官军连破蒙东贼垒；阎敬铭奏南捻蠢动、势难分兵赴皖各一折。南捻相盘、刘泉、李大个子由丰县扰及山东之金乡、单县、峄县、城武等处，旋由西南各路回窜砀山一带，现在东境虽已无匪踪，惟南捻屡由金乡等县北犯，已成该逆熟径，难保不再图回窜，著吴棠、阎敬铭督饬两省官军会同进剿，务将此股歼除净尽，不得以贼匪业经击退即可卸责也。现在东省勇丁既据阎敬铭奏称所留无多，即著毋庸抽调赴皖助剿，其遣撤归农之勇丁能否散而不聚，有无后患，著阎敬铭体察，妥为办理，毋令日后滋生事端。所练马队，并著该署抚督饬丁宝桢挑选额兵，配骑操演，务使认真训练，不可有名无实。蒙城官军已将正西及西南、东南三面贼营包围，陈国瑞现派游击李坤等在蒙南扎营一座，拟再添营两座，四面长围渐合。著吴棠督饬陈国瑞将蒙南营垒赶紧筑成，我军一经合围，则贼之粮运即断，攻剿自易得手。僧格林沁已抵亳州，即日进兵剿苗，国瑞马队已由徐赴宿。各该营饷需，并著吴棠随时接济。僧格林沁既已抵皖，所有该省军情及应行请奖人员，著吴棠知会富明阿，嗣后均由该亲王陈奏，以一事权。将此由五百里各谕令知之。

——《清穆宗实录》卷八四，同治二年十一月甲辰。

十一月初二日

〇唐训方奏

逆匪于蚌埠水陆拒守，我军屡攻未克，已掘长濠困之。而后路湖沟以西各圩闻有反正之机，若非临以兵威，仍恐观望不前。臣于十月十九日驰回临淮，札调陈松一营进扎湖沟，使附近各圩知所畏慑。黄开榜新办炮划百只,本欲拨赴临淮助剿,因邳宿一带捻匪蠢动,经吴棠截留防剿,幸提督李世忠派来炮船三十只,合之临淮旧有之船,尚敷守御。旋接李世忠咨称,十月初三日攻克柏圩之后,旬日之间,共破寿州附近贼圩四十一座,捡斩万余人,并得粮三千余石。该提督此次进兵甚属奋勇,见仍催令速进,为捣穴焚巢之计。

至蒙城各军,叠据英翰禀称,自初十以后连日移军自西而南,并随同将军富明阿马队冲贼粮路,叠有斩获。又据陈国瑞函称,该城东南李圩为贼屯粮之所,该镇督军将李圩南北七垒攻克,惟李圩围困未下,连日移营正南,断其粮道,与西南英翰各营相连,已成合围之势。臣查围蒙之贼,见经官军断其水陆粮道,远近各圩兼闻僧格林沁将至,慑于军威,尽思返正,剿办较易为力。臣仍督饬前敌诸军围攻蚌埠,以图怀远。

——《东华续录》同治二十八,第5页,同治二年十一月乙巳。

〇上谕

蚌埠、怀远为蒙寿两城适中扼要之区,非速行攻拔,不能断蒙寿两处逆匪声援。见当蚌埠攻剿吃紧之际,该抚遽行回驻临淮,恐前敌诸军因此松劲。湖沟地方既有陈松一营由固镇移扎,该处足资防御。该抚俟办理反正各圩已有头绪后,仍当亲往蚌埠,督饬前敌各军,将该圩速行攻拔,以便进克怀远,不可坐失事机。

李世忠一军屡克贼圩多处,前因其距寿州城外仅十余里,谕令曾国藩饬令该提督将寿州速行攻拔,并饬蒋凝学、成大吉各军会合进攻。复据富明阿奏称,已咨该提督,令其进取下蔡,力图苗逆老巢。此次该抚所奏,亦有函催该提督速进,为捣穴焚巢之计。见在李世忠应否先取寿城,或越过寿城先捣下蔡老巢之处,著唐训方商同该提督斟酌办理。总须顾定后路,勿为匪众钞袭,方为妥善。

将此由五百里谕令知之。

——《东华续录》同治二十八,第5—6页,同治二年十一月乙巳。

〇上谕

议政王、军机大臣字寄钦差大臣、大学士、湖广总督官,湖北巡抚严。同治二年十一月初二日奉上谕:

唐训方奏临淮饷绌,请拨江汉关洋税银两等语。江汉关洋税本系专解京饷之款,惟据唐训方奏,临淮军饷奇窘,罗掘俱穷,实有朝不谋夕之势,以饥军当狂寇,哗溃深虞。且现在僧格林沁、富明阿等大军进攻围蒙贼垒,临军亦进捣怀远,以撤贼势,军情万紧,正资士饱马腾,傥以饷项告匮,贻误戎机,所关非细。著官文、严树森迅即提拨洋税银三万两,委员解赴临淮,以应急需而维大局。

又,据大理寺卿贺寿慈奏,楚北毗连皖豫,寇踪窜突时虞,本年皖捻由豫窜楚,自枣随以至黄麻,七八百里中均遭荼毒,使各属团练犹齐,兵力有助,不至于此,现在窜匪虽靖,邻氛未弭,请饬认真整顿团练,并保在籍道员陈庆溥等督同劝办各等语。团练保甲,相辅而行,本地方大吏应为之事。湖北黄州等属团练,上年曾立战功,著有成效,此时何以渐就废弛?现在程二砍虽已回巢,而楚边已为该逆熟径,张总愚窜扰淅川一带,图伺鄂疆,亟应乘贼踪未及之先,力求整顿,著该督抚等于界连皖豫两省地方,饬令各属团练实力举行,重加整饬,毋得有名无实。至所保在籍道员陈庆溥、员外郎吴鼎元督同劝办之处,并著该督抚妥为察看,如该员等可期得力,即饬妥为办理。贺寿慈原折片二件,著抄给阅看。

又,据都察院奏,公安县民人叶华品呈称,该县自咸丰十年江陵之毛家尖堤溃漫,被淹四载,屡经督抚札饬江陵修复,复由公安筹款帮费,均以无费停工,小民频遭水患,淹毙馁毙,惨不可言,恳恩早为兴复等语。本日已明降谕旨,令官文等查明该处修堤之费向来是否民捐民办,抑应官为修理,酌量奏办。惟览该民人所呈,该县连年被淹,流离困苦,经费实无从出,官文、严树森尤当体察情形,如向系民捐,而现在民力实有未逮之处,亦当设法迅为捍筑,保全民命,毋得徒事批饬兴修,仍复任令地方官藉口修费,延搁不办,以重堤工。是为至要。叶华品原呈原图,著分别抄录,发给阅看。

将此由五百里各谕令知之。

钦此。遵旨寄信前来。

——《咸丰同治两朝上谕档》第13册,第537—538页。

十一月初三日

○上谕

唐训方奏官军攻克蚌埠要隘并收复怀远县城一折。怀远一城,东据临淮上游,西为寿州、下蔡、正阳等处门户,西北由涡河直达蒙城,最关险要。苗逆自占踞该城后,率众逾万,于蚌埠南北两岸拒守,阻官军进取之路。经唐训方调派水陆各军,层层围裹,贼势不支,逆党张士端穷蹙求抚,先后将蚌埠要隘及怀远县城献出。唐训方现已督带将领,整队入城。其尤为出力各员,均照所请,先予奖叙。惟张士端系苗逆死党,屡抗官军,前经降旨革职,傥能悔过自新,捡斩苗逆,方准开复。今力竭势穷,始行反正,城虽献而首逆未除,未便遽准开复原官。念其献出城隘,尚知顺逆,降旨先行赏给游击衔,仍著唐训方用为前队,向导官军,攻取苗逆老巢。若能使元凶授首,自当格外恩施,准予开复。李世忠闻知蚌埠收复,即亲率李显发等驰赴怀远,会合夹击,剿办甚觉奋勉。现在怀城已克,李世忠一军应否进攻寿州,抑或直捣下蔡,著僧格林沁、曾国藩商同唐训方等酌量调遣,毋误事机。临淮一带水师现在作何布置？如淮流尚未枯涸，唐训方应督饬炮船，由怀远泝流而上，南可以攻取正阳、寿州，斩关夺隘；北可以攻取下蔡老寨，埽穴捡渠。惟当与李世忠所部水陆并进，使该逆应接不暇，谅不难克日歼捡。

蒙城粮食将尽，危迫万分，所存小涧集杂粮，前据富明阿奏，炮船既不能运送，开空地道又徒劳无功，半月以来，城中情形若何，声息能否相通，朝廷实深廑念。苗练回扑蒙城时，马新贻因救援临淮，未回蒙邑，英翰以数千人扼扎小涧集，所恃以守城杀贼者，仅练总李南华一军耳。其奋发有为之概，求之将弁中不可多得。现被苗练围攻日蹙，若不设法援救，恐壮士闻而灰心，苗逆亦因之得志。著僧格林沁督同富明阿等，迅饬诸军，一面截贼粮运，一面挑选劲旅分攻贼营，务期粮道可通，城中得有接济，方为妥善。若徒以外围贼营为事，迁延日月，坐令蒙邑被陷，纵能攻破贼营，恐所得不偿所失也。

将此由六百里各谕令知之。

——《清穆宗实录》卷八四，同治二年十一月丙午。

十一月初四日

〇僧格林沁等奏

科尔沁博多勒噶台亲王僧格林沁、杭州将军国瑞、荆州将军富明阿奏言：

臣僧格林沁自大名督军南下，十月初九日驰至许州，侦探捻逆已由镇平等处南遁，未便远道驰追，致误援蒙，遂督军兼程东行，并函致臣国瑞带领马步队伍驰赴蒙城会剿。十四日，臣僧格林沁驰抵亳州。查探亳东四十里外各圩复叛从逆者不一而足，即派翼长舒通额等进扎庙集一带，各寨畏惧兵威，均出围谒见，惟蒋集匪首陈万幅意图盘踞抗拒，旋将该逆诱出正法，仍出示晓谕，解散苗党，以孤贼势。

复探涡河南岸杨家寨系匪首杨心田盘踞，东十五里之西洋集系匪首葛春元盘踞，此二处均为苗逆前敌，并有碍我军粮道，臣僧格林沁于十八日进扎高炉集，攻杨家寨贼圩，该逆负嵎抗拒，我军以炸炮昼夜轰击，二十日将该寨房屋燃烧，贼匪乘夜突出，我军过河追剿，杀贼多名。因黑夜未便穷追，当将该寨平毁。二十一日，臣国瑞带队驰至高炉集，次日即进扎距蒙十余里之小涧集。臣僧格林沁即移扎西洋集之北岸葛家楼，分军进扎李家寨。连日进攻西洋集贼寨，该逆拒守甚密。

二十五日，臣僧格林沁复商令臣国瑞带兵赴蒙，会合臣富明阿进攻南面贼营，当即攻毁贼营一座。是夜，围城贼匪复并力扑城，并出犯长濠，我军守御之际，南路运粮贼营二十四座及蔡家圩逆众悉行潜遁，当经副都统恒龄等各率马队追击，杀贼极多，恒龄即在蔡家圩驻守。二十六日，臣等亲督各军分路进攻，何建鳌先以炸炮猛攻西南要路，傅振邦等带队齐进，当将西南贼营攻破。陈国瑞、英翰、詹启纶分路进取，连拔贼营，毙贼无数。败匪向东奔突，经陈国瑞等截杀过半，余皆扑河向北岸逃遁，淹死甚多。直至昏黑，南岸仅剩东北三处贼垒，复经陈国瑞亲带勇队攻破，余匪二千余名向东南逃窜，陈国瑞当即派队跟踪追剿。其北岸仅剩贼营五座，是夜亦经姚广武等攻破。贼众拚力向长濠猛扑，均经我军枪炮击毙。总兵王万清正在巡察之时，适有三四人暗越长濠，该总兵亲持短兵奋力砍倒一名，忽闻有苗先生被杀之说，当将贼尸抢入营中，呈请查验。臣等即令蒙城县知县贺绪蕃、绅士李南华等率众前往辨认属实，当即戮尸枭示。是役共计杀毙贼众数千，蒙城之围立解。臣等一面即行运送粮食入城，军民得庆再生，欢声动地。其由沿河堤下潜行逃窜之贼不过数百人，经托伦布等带领马队截杀大半。板桥集之匪亦即返正。陈国瑞派队向东南追剿窜匪，沿途捡杀殆尽。逆党苗憬开、张建猷、赵克元逃至双涧集各寨隐匿，经副将张从龙捡获解营，其双涧等集均已诚心归正。至西洋集贼匪，经官军连日进攻，轰毙无算，该逆拚死拒守，惟有赶紧调集步队，设法攻取。复探捻首李大个孜、魏群率党窜回岳家集等处，捻首项盘等占踞石弓山等处，臣僧格林沁已派翼长苏克金等带队前往相机攻剿。

查逆贼苗沛霖已蒙圣恩免治其罪，竟不知悛改，复行叛逆，踞城戕官，荼毒生灵，实属罪大恶极。今幸仰赖圣主威福，将士用命，一战就戮，并将悍党苗憬开等一并生捡，实足以伸天讨而快人心。至陈国瑞奋勇杀贼，不避艰险，詹启纶率勇攻剿，亦颇出力，王万清阵斩巨恶，甚属勇往，合无仰恳圣恩，将提奏总兵陈国瑞交部从优议叙；总兵詹启纶交部议叙；补用总兵王万清赏加勇号，该员系由勇丁出身，现在候补，例无廉俸，并拟赏银一千两，以示鼓励。其余出力官弁，可否查明保奏之处，出自天恩。

——《钦定剿平捻匪方略》卷二〇六，第 15—20 页。

〇僧格林沁等奏

僧格林沁、国瑞、富明阿又奏言：

臣等以蒙围既解，亟须分拨官兵，进取怀远等处，以殄贼氛。现在公同商酌，臣富明阿带领所部马步官兵驰赴怀远；并令总兵陈国瑞带领所部驰赴下蔡，规取苗逆老巢；复派臬司英翰带领所部继进，作为陈国瑞后路，办理安抚事宜，随时策应。至豫省尚有张总愚率党在西路滋扰，该省前次截留之黑龙江余丁五百名，现由臣僧格林沁派色尔固善前赴张之万军营，妥为教练，以资防剿。捻逆程二老砍现已率众窜回亳州以南老巢，闻又有出巢之信。近日从逆之众有来营投诚者，亦有各处避匿者，臣等现因兵力不敷分拨，暂时羁縻，分别酌量准予来归，一俟兵力可分，即当相机剿办。

——《钦定剿平捻匪方略》卷二〇六，第 20—21 页。

○上谕

僧格林沁等奏督军进援蒙城、斩馘首逆苗沛霖、生擒捍党、踏平贼垒、立解城围一折。苗逆纠集捍党数万围攻蒙城,其势甚炽,经富明阿、陈国瑞等先后督兵驰救,叠有斩擒。而贼众且悍,围城三匝,营垒如林。十月十四等日,僧格林沁督带马步各军驰赴亳州,节节进剿,先将附逆之蒋集匪首陈万幅擒斩,并攻破杨家寨贼巢,遂与国瑞等军(令)[会]合进逼。二十五日,富明阿、国瑞进攻正南一面,断贼粮路,贼匪并力扑城,并出犯长濠,官军枪炮齐施,毙贼极多,当将蔡家圩及贼营二十四座攻破。二十六日,僧格林沁亲督大军分路进攻,何建鳌于西南一面进,炮无虚发;傅振邦、陈国瑞带勇齐进,攻破贼营,贼势大乱;英翰即由正南、詹启纶即由正西继进,各军一齐呐喊,同时分登贼垒,枪击矛刺,毙贼无数。余匪奔窜,复经陈国瑞、托纶布、詹启纶截杀殆尽。其河南贼垒三处、河北贼营五座,亦经陈国瑞、姚广武等军攻破。逆首苗沛霖于昏夜之中越濠图窜,经总兵王万清亲持短具奋力砍毙,抢尸入营,呈验属实。是役共计杀贼数千,夺获军械骡马旗帜刀矛无算,蒙城之围立解。逆党苗景开、张建猷、赵克元等亦经副将张从龙擒获解营,著即讯明正法。

苗沛霖以诸生充当练总,擢至道员,不思图报高厚,竟敢(帖)[怙]恶不悛,屡降屡叛,戕官据城,荼毒生灵,罪大恶极。现经僧格林沁等督兵砍杀,戮尸枭示,(询)[洵]足以伸国宪而快人心。僧格林沁甫抵蒙城,元凶授首,具见调度有方,深堪嘉尚,著交部从优议叙。富明阿、国瑞著一并交部从优议叙。记名总兵陈国瑞,著俟补总兵后以提督记名简放。总兵詹启(瑞)[纶],著遇有提督缺出尽先提奏。总兵王万清,著赏给劲勇巴图鲁名号。蒙城官绅李南华等,固守待援,时逾四月,卒能保全要地,实属异常奋勉,李南华前经唐训方保奏,降旨以副将补用,著再加恩,交军机处记名,遇有总兵缺出,请旨简放。署蒙城县知县贺绪蕃,著免补知县,以同知直隶州知州补用,并赏加四品衔,以示优异。其余解围出力及婴城固守之员弁官绅,著僧格林沁等查明保奏,候旨施恩。

——《清代起居注册(同治朝)》第 11 册,第 5753—5758 页。

○上谕

谕议政王、军机大臣等:

僧格林沁奏督军进援蒙城,蹋平贼垒,歼毙首逆,立解城围一折。苗沛霖怙恶不悛,屡降屡叛,前乘官军回救临淮,纠合丑类,围扑蒙城,深濠固垒,志在必得。自僧格林沁督师抵蒙,军威大振,南路运粮之贼营及蔡家圩逆众闻风潜遁。该亲王复亲督将领分路进攻,蹋平贼垒多座。苗沛霖暗越长濠,希图兔脱,经王万清短兵砍毙,立解城围。览奏曷胜欣慰。现在元凶就戮,寿州、下蔡等处贼胆已寒,亟宜乘胜进兵,埽除巢穴。且怀远县城,昨据唐训方奏业经收复，著僧格林沁饬令富明阿，督同陈国瑞等迅速进取下蔡苗逆老巢。唐训方恪遵昨日谕旨，商同李世忠，率水陆各军，分剿寿州踞匪，并著曾国藩严饬驻守颍六之文武员弁会师夹击，务将苗逆余党悉数歼除，毋令一名漏网。

至捻首李大个子窜回岳家集，相盘等占踞石弓山等处，程二老坎复回亳州、有出巢肆扰之信。加以苗逆余党，随在可以并入。现在僧格林沁在皖，恐匪众不敢回巢，四出纷扰。该大臣已派苏克金等分路攻剿，一经得手，更恐伺隙旁窜。楚豫山左各边境，不可不加意防范，力遏贼氛。著官文、吴棠、严树森、张之万、阎敬铭分饬所属，豫为戒备，实力截剿。傥匪踪窜扰何省地方，即惟何省督抚是问，不能宽贷也。张之万奏留之黑龙江余丁及察哈尔马匹，已据僧格林沁派令色尔固善赴豫教练，著张之万随时整饬，俾成劲旅。其张总愚一股现窜何处？并著张之万督饬张曜等赶紧歼除，毋贻邻患。

本日据李鸿章驰奏，苏州省城业经官军克复，计可乘胜进取无锡、常州。近来各路军营更番奏捷，天时人事，大有转机。各路统兵大臣及各该督抚等，受朝廷委任深恩，其各振刷精神，力图埽荡，廓清函夏，有厚望焉。

将此由六百里各谕令知之。

——《清穆宗实录》卷八四，同治二年十一月丁未。

十一月初八日

〇富明阿奏

臣于蒙城解围后，与僧格林沁会商，拟即进取怀远。旋据探报，怀远已经收复，因查蒙城附近尚有未降贼圩，当派詹启纶督带马步搜剿，将蒙城西南之欧王堡贼圩攻克，斩杀二百余名，其余各圩纷纷投诚，蒙城附近安谧如常。现在皖北军事渐就肃清，虽有颍上、寿州尚未规复，而李世忠、蒋凝学均已逼近颍寿，剿办甚属应手。陈国瑞、英翰等乘胜直趋下蔡老巢，闻已次第埽平。合计各路兵数已有三万余人，当此苗势瓦解、人心返正之时，谅不致久烦兵力。惟江南各军攻剿甚为顺利，该逆穷极思窜，江北实当冲要，扬防兵力甚单，不敷分布，可否将派援临淮官兵撤回扬州防所，以保完区，伏候训示遵行。

再，臣近日以来伤疾复发，举动维艰，寝卧呻吟，莫名痛楚。蒙宿一带荒凉凋敝，医药甚难，惟有仰乞天恩，赏假一个月，准臣前赴清淮一带赶紧延医调治，一俟就痊，即行奏请销假。

——《钦定剿平捻匪方略》卷二〇六，第25—26页。

〇上谕

富明阿奏苗党剿洗殆尽、皖北渐就肃清，请撤回扬防官兵一折。苗逆就歼以后，寿州、下蔡等处自必望风瓦解，李世忠等在颍寿如何得手，陈国瑞等是否将下蔡老巢埽平，近日军务情形，著僧格林沁详细驰奏。江南苏州府城克复后，现在紧攻无锡、常州，金陵亦渐合围。若逼之愈紧，恐逆众穷极思窜，江北实当冲要。沿江绵长二百余里，港汊纷歧，里下河一带完善之区，发逆久已注意，扬防存兵无多，不敷分布，若有贻误，关系非轻。援蒙各军为数不少，况首逆已诛，皖事渐定，江北援军，当可酌量调回。著僧格林沁悉心筹画，如富明阿所带各兵无须留办防务，即将扬防派来之兵全数撤回，以资调遣。李世忠、蒋凝学进剿颍寿各军，著僧格林沁、曾国藩饬令实力进攻，不得因有大军在皖，稍存推诿观望之心。其蒙城附近各圩，僧格林沁、唐训方派兵次第收复，务期一律肃清。苗逆党与，亦必须歼除净尽，毋贻后患。江北防务，都兴阿、吴棠当就现有兵力悉力严防，毋以目前无事，稍涉大意。江面水师，都兴阿尤宜悉心整顿，以资得力。富明阿另奏伤疾复发、请回清淮调理一片，富明阿著赏假一个月，前赴清淮安心调理，仍著随时察探江北军情，与都兴阿协力相机办理。将此由六百里各谕令知之。

——《清穆宗实录》卷八四，同治二年十一月辛亥。

十一月初九日

〇吴棠奏

据淮徐扬海道朱善张禀称，副将杨文全带队追捻至丰县北境，该捻首李大个孜等股匪窜至东境单县、鱼台县境，因水阻折回，经丰砀各兵练截杀多名，余匪窜回永城县之岳家集老巢。臣查该逆虽已回巢，而徐宿饷道最关紧要，现派副将杨文全带马队二百名驻扎萧砀之间，以防捻逆而顾饷道。至援蒙各军现已解围，应否酌派何队肃清苗逆余党，并拨队北剿永宿捻匪之处，俟亲王僧格林沁酌量调遣。

——《钦定剿平捻匪方略》卷二〇七，第1页。

〇唐训方奏

臣于怀远收复后，旋据陈国瑞、英翰函禀，苗逆伏诛，蒙围立解，余党剿戮殆尽，洵足伸天讨而快人心。现复据宋庆等禀报，陈国瑞于蒙城解围后，即派宋庆督带所部进克苗逆老寨，经就近被胁各圩捆献逆族数十人，旋即攻克下蔡，苗逆妻子均就诛戮，逆党苗添馨、宋憬诗等余众不满三千，向西南窜去，现已派兵追剿。又据李世忠咨称，前派副将何璜集练助剿,至十月二十九日逆党悉除,生擒苗逆妻妾四人、逆子一人,遂将下蔡收复等情。自此群氛迅埽,淮甸可期肃清。除饬蒋凝学等进兵颍上、正阳,并由李世忠就近剿办寿州、正阳等处外,臣尤当严饬所部,搜捕余党,安抚难民,以期仰副皇上除暴安良之至意。

——《钦定剿平捻匪方略》卷二〇七,第1—2页。

〇上谕

谕议政王、军机大臣等:

唐训方奏蒙城解围、阵斩苗逆,现与临军攻破下蔡老巢一折。苗沛霖伏诛后,陈国瑞即派宋庆督领所部,进克苗逆老巢,李世忠派副将何璜带练助剿,旋将下蔡攻克,苗逆妻子均就诛戮。现在逆党苗添庆、宋景诗等,余众不满三千,向西南窜去。著唐训方会商陈国瑞,饬令宋庆探明贼踪,实力追剿,务将苗逆余党埽除净尽。如宋庆兵力不敷剿办,应如何添派劲旅会同埽荡之处,著僧格林沁、富明阿、国瑞、唐训方酌度情形,相机布置,务将窜出之苗添庆、宋景诗等逆党悉数捡获,毋任漏网。宋景诗一犯,自山东潜逃,现复率众由下蔡向西南窜去,恐其遁归商邱原籍,及与窜豫之张总愚等捻股合伙,著张之万懔遵前旨,遴派干员,于由皖入豫一带及商邱地方认真剿截,并设计诱捡,毋任恶首逃逸。

正在寄谕间,吴棠奏,捻首李大个子等股匪,由山东之单县、鱼台阻水,折回丰砀,经兵练截杀,窜回永城之岳家集。著张之万督率兵勇,乘其惰归,迅速殄除。清淮所派援蒙各军,应否抽拨北剿永宿捻匪之处,著僧格林沁酌量调遣。徐宿饷道,最关紧要,著吴棠即饬派出之副将杨文全驻扎萧砀,严防该捻回窜,以顾粮道。

将此由六百里各谕令知之。

——《清穆宗实录》卷八四,同治二年十一月壬子。

十一月初十日

〇张之万奏

皖捻程二老砍前由楚境分股回窜,经兵练叠击,疾驶归巢。其续窜之股,在沈邱、太和、阜阳边境屯聚。十月十八、十九等日,副将尹嘉宾等率领马队叠次击贼于蔡河西岸、沙河南岸,毙贼千余名。二十四日,贼复由槐店迤东水浅处渡河,副将巩玉林率步勇从后掩杀,尹嘉宾率马队抄出贼前,练勇四面接应,贼遂大溃,向东北奔逃,兵练纵横截杀,逼入河内,溺死尤众,夺获旗帜、刀矛及楚省所失号衣多件。现接毛昶熙函称,据投诚练总程新政带同程二老砍之弟程大宽并程大老砍之子程友政赴营纳款,据称,程二老砍前次出窜,实为张总愚所逼,非其本心,兹已真心反正,亟图改过自新,当经毛昶熙派员将程新政、程大宽押赴僧格林沁军营并令程友政回亳，传谕程二老砍，听候亲王僧格林沁谕示，暂事羁縻，各等语。

臣查程逆一股，前自襄城南窜，叠经副将孙之友等军击败，捡斩甚多。及贼窜唐县时，其众不过数千，会东路复有葛小牛一股窜至临颍，不得已调回孙之友等军东向迎剿，事机不偶，致令程逆乘虚南遁。自入楚境长驱而东，蹂躏千余里，所掠既饱，捆载东归。迨自光罗分股入境，其众已不止万人。经豫省兵练节节截击，斩馘甚夥。现该逆全股陆续回巢，畏惮兵威，又思反正，其狡诈可见，自应设法羁縻，听候僧格林沁相机办理。

至刻下续窜之股尚屯踞沈阜边境，臣严饬尹嘉宾、徐连陞等扼扎槐店一带，会合民团，竭力堵剿。复经毛昶熙派李大成、蒋东才两营屯扎周口，当不致深入为患。

——《钦定剿平捻匪方略》卷二〇七，第6—8页。

〇上谕

张之万奏亳捻窜踞淅川、窥伺陕疆，并蓝逆窜近西坪、程逆回巢投诚，续窜股匪屯踞沈邱等处，正息一带剿办土匪情形各折片。张总愚股匪屯踞淅川厅境，经总兵张曜分派各营，力据险要，筑垒扼守，并将围攻驻马、板山两寨之贼击退。此股逆匪，日夜窥伺秦境，经张曜分军扼扎，严备西北，贼计未逞。惟豫省兵力本单，蓝逆一股，又由山阳、商州一带窜近西坪，虽豫军击退，而大股仍盘踞护水关、界岭等处，设与张总愚合并，则贼势蔓延，益难收拾。张之万现饬葛承霖统带湘勇四营，蒋希夷所部楚勇并驻守两河口之张士元两营，前往淅川一带防剿，著即严督诸军星夜前进，并饬令张曜分拨诸军，四面围逼，以期聚而歼旃。

李云麟剿办山阳股匪，据报连获胜仗，何以该逆复有大股盘踞护水关等处、窜近西坪？该京卿剿办此股，不思乘势东追，辄行舍而西上，实属有意趋避。著懔遵叠次寄谕，速统所部折回东路，绕向西坪扼扎，迎头截击，以断蓝、张二逆合并之路。傥任令该二逆句合，致成巨患，李云麟自问当得何罪？

荆子关、西坪一带为秦豫交界要区，著多隆阿速饬蓝斯明带兵前往，与李云麟分路扼扎，以固陕省藩篱；并著添拨兵勇，前往商雒一带，严密堵扼，以为李云麟、蓝斯明二军后路声援；一面将围攻商州之贼迅速歼除。其地方绅团，即由刘蓉、张集馨檄令该处文武，联络鼓舞，以助兵力所不及。仍著刘蓉迅速入陕，不得逗遛川境，致与该省声息悬隔。张总愚股匪，如被豫军剿急，难保不北窜河陕，南趋襄郧，并著多隆阿、张集馨将潼商一路严行筹防，英桂将蒲州一带界连陕洛要隘豫筹防堵。

鄂省现已无贼，张曜所部兵力甚单，著官文、严树森速派得力兵勇，越境驰赴淅川助剿。殄豫境之寇氛，即以固楚省之藩篱，毋许稍分畛域。前此余际昌在方家寨剿匪阵亡，即由兵力太单所致，官文、严树森当引为前车之鉴，赶紧派兵协助，毋蹈从前覆辙。程二老坎分股由楚续窜，与前股回窜各匪，屯聚沈邱、太和、阜阳边境，经尹嘉宾等军及各路民团由沙河南北两岸沿途截击，歼毙甚多。现经毛昶熙派兵屯扎周口，著张之万、毛昶熙分饬尹嘉宾、徐连陞并李大成、蒋东才等军，会合乡团，分路堵截，悉数歼除，毋留余孽。程逆一股，前在豫省唐县时，不过数千，自入鄂境后长驱而东，蹂躏千里，自光罗分股入豫，人数业已逾万，且有所掳楚军号衣多件。著官文、严树森确切查明，系属何路兵勇败挫，毋得讳败为胜，稍事粉饰。

程二老坎之弟程大宽并程大老坎之子程友正赴营纳款，经毛昶熙解赴僧格林沁军营。该逆窜扰数省，焚掠千余里，罪不容诛，自应即行正法。或须暂示羁縻，为诱捦首逆程二老坎之处，著僧格林沁斟酌办理。正息一带伏莽尚多，著张之万饬令王文行、李殿元、王玉佩等军，将谈家围踞贼速行埽荡，并将曹魁一股殄除净尽，以靖南圉。

至毛昶熙驻军归德，前次皖捻出巢，既未能力图扼截，又不能进捣老巢，为牵制该捻回顾之计，此次程逆等股匪回巢，又不能迎头截剿，该侍郎安居归德城内，莫展一筹，即如程大宽等投诚一事应准与否，尚无决断，必须解赴僧格林沁军营定夺。如此懦怯巧滑，诚不知其所司何事。著即迅督兵团进攻附近匪圩，并将沈阜一带捻股埽除，毋再任意玩误，致干重咎。

将此由六百里谕知僧格林沁、官文、多隆阿、严树森、刘蓉、英桂、张之万、毛昶熙、李云麟，并传谕张集馨知之。

——《清穆宗实录》卷八四，同治二年十一月癸丑。

十一月十一日

〇僧格林沁奏

臣于蒙城解围后，派总兵陈国瑞前往下蔡等处相机办理。据前获解营之苗憬开供称，情愿献出下蔡、寿州等处，以赎前罪。复据陈国瑞面称，带领该犯前往，藉可迅速收复。当即准令锁押带往，以作向导。其余张建猷等犯，均于讯明后正法。

十月三十日，臣复调队进攻西洋集，该逆仍敢拌死拒守，我军奋力攻入，搜杀贼匪三千余名，生捦匪首葛春元等正法。臣即移扎西洋集。其涡河以南葛家圩一带从逆圩寨，经副都统恒龄等剿抚并施，各寨咸知反正，收复贼圩十处。惟刘家集有匪麇聚，恒龄现已移兵前往酌办。

至翼长苏克金等剿办石弓山一带捻匪，据报，十月二十七日收抚张家楼等三圩，该处附近尚有数圩，为捻首项盘率党占踞。二十九日，守备李加膺禀称，李大个孜、魏群儿等恳求投诚，并称情愿带队进攻项盘所踞等圩，查讯该二犯尚系诚心归正，应准免死立功，其魏群儿所管十寨、李大个孜所管十六寨均已一律薙发；十一月初三日，该翼长带领马步及魏群儿、李大个孜等降众进攻石弓山贼寨，该匪坚伏不出，其迤东耿家楼等六圩均已投诚等语。臣商令国瑞于初四日带领翼长舒通额等马步各队前往攻取，以期早就肃清。

其陈国瑞一军，节据禀报，派总兵宋庆于十月二十九日行抵苗家老寨，讵苗添礬、苗希林等先期带领余党千余向下蔡逃窜，苗沛霖妻子均已自尽。我军搜捕苗姓二十余人，副将张从龙驻扎该寨，宋庆等赴下蔡攻取。苗添礬等见官军追至，又向西逃遁，我军入圩，宋庆即驻下蔡，派副将康锦文等带同苗憬开过河攻取寿州，又派弁收复颍上、正阳一带各圩。十一月初一日，我军行抵寿州，苗逆所派守寿州之李万春见我军已到，并有苗憬开等同往，即开门迎接入城，当将寿州收复。张从龙等旋又会同团练攻破贼党童维翰老巢，并截杀苗党陈汰和等百余名，生捦苗希年父子二人押往颍上，令其献出城池等情。惟称初一日收复寿城后，初三日有李营马步大队进城，即杀守门勇丁五名，经我军迎敌，将该队逐出城外。又称，初三日李世忠督兵围攻下蔡，以宋庆不肯让给，调队攻打，而宋庆之军亦出队迎敌，将其击退，李队遂往下蔡附近，尚未撤队各情。

臣接阅不胜诧异，查官军剿贼原为除暴安良，似此贪功互斗，尚复成何事体？当经札饬陈国瑞亲往下蔡、寿州，会合李世忠妥为弹压，毋滋事端。复咨会抚臣唐训方，亲往各该处拨兵驻守、弹压兵勇及详查启衅缘由，俟查覆到日酌核办理。

现惟颍上等处尚未克复，仍须督饬官军次第攻剿，迅埽余氛。

——《钦定剿平捻匪方略》卷二〇七，第12—16页。

〇上谕

谕议政王、军机大臣等：

僧格林沁大军自力解蒙围、阵斩首逆后，乘胜进兵，收复寿州、下蔡苗家老巢，势如破竹。惟颍上、正阳等处尚未克复，自应一气埽荡，廓清全淮。著僧格林沁督饬陈国瑞、宋庆等，将颍上、正阳一带贼圩赶紧攻克，尽行平毁。其已经收复各地方，并著曾国藩、唐训方慎选贤守令，妥为安辑，务令各务农业，将荒废地亩次第耕种，俾衣食有资，不至流而为匪，方为妥善。李大个子等投诚一节及苗金开等献出寿州，是否诚心反正？抑系暂时为免死之计？若辈狼子野心，难保不复萌反侧，著僧格林沁严饬陈国瑞等妥为钤束，毋稍大意。昨据唐训方奏，苗添庆、宋景诗等余众不满三千，向西南窜去等语。此次僧格林沁折内，亦称苗添庆等向西逃遁。宋景诗是否在内，现在窜往何处，著僧格林沁、曾国藩、唐训方各派兵弁，严密兜拿，毋令兔脱。其驻守颍六之成大吉等军，著曾国藩严饬其搜剿圩贼，尽力协助。寿州收复后，李世忠所部进城，擅杀守门勇丁五名，又于围攻下蔡时，因宋庆不肯让给,调队攻打,争功寻衅,实属不成事体。僧格林沁现派陈国瑞前往弹压,即著该亲王会同曾国藩、唐训方,将启衅根由秉公查办。捻首李大个子、魏群儿等虽已投诚,而相盘尚未殄灭,深恐被剿情急,东窜徐宿一带,著吴棠严饬在事员弁实力防剿,不得稍有疏虞。杭州将军虽已简放国瑞,现派副都统明兴署理,暂可毋庸到任。福州副都统一缺,将军英桂到后亦可兼顾,苏克金到任亦可暂缓也。将此由六百里各谕令知之。

——《清穆宗实录》卷八五,同治二年十一月甲寅。

〇上谕

谕内阁:

僧格林沁奏攻克西阳集贼寨及收复下蔡、寿州,攻克苗家老寨一折。蒙城解围、苗逆伏法以后,西阳集逆匪仍敢负嵎死拒。十月三十日,僧格林沁调队合攻,先以炸炮环击,继以喷筒火箭毁烧寨内房屋,烟焰冲天,人声鼎沸。国瑞等由西面攻入,傅振邦等由南面攻入,将寨内贼匪搜杀。其翻墙扑河出窜之贼,复经舒通额等带兵截杀。统计毙贼三千余名,生擒匪首葛春沅、葛玉汰、葛占青、葛东杨、孟举,就地正法。并派恒龄等收复葛家圩等十处。其魏群儿等寨,亦俱薙发投诚。总兵陈国瑞等收复苗家老寨及寿州、下蔡等处,将苗沛霖妻(挐)[拏]诛戮,搜捕苗姓二十余人,生擒苗希年父子。其前获之苗党张建猷、赵克沅,续获之孙梦卜、管侍详等犯,均于讯明后凌迟处死。办理甚为得手。仍著僧格林沁等督饬各军,乘胜将颍上等处一律克复,肃清皖境,毋留余孽。

——《清穆宗实录》卷八五,同治二年十一月甲寅。

十一月十四日

〇上谕

富明阿奏近日招抚情形并将援蒙之扬军撤回、筹办皖北善后一折。总兵詹启纶等军攻克欧王堡贼圩后,四路兜剿,连日收抚一百数十圩。参将王品裕督同投诚练总詹文魁等,拿获苗逆家属,并收抚民圩十一处。以上反正各圩,应如何加意拊循、妥为控制之处,著唐训方督饬按察使英翰相机办理,毋令再萌反侧。逆属苗徐氏、逆子苗连生业经解交僧格林沁军营,著该亲王讯明办理。苏常各军均极得手,发逆纷纷拥至江边,深恐铤走北岸。扬军单薄,不敷分防,僧格林沁、富明阿将扬营援蒙之军先行撤回三千五百人,令詹启纶统带,仍回扬州原防,所筹甚是。本日据李鸿章奏,无锡业已克复,南岸攻剿愈紧,北岸防务愈形吃重,若稍有疏虞,致令金陵、常州等处之贼窜入江北完善之区,即南岸叠奏捷音,亦复所得不偿所失。著都兴阿、富明阿、吴棠分督水陆各军严密堵御,力遏该逆北渡之路,不可稍涉大意。皖北之患，实由民圩过多、练总权大所致。各团练总，文职保至府道以上，武职保至二三品，仗势自豪，不但生杀之权地方官不能专主，甚至乡井小民，止知有练总之尊，不知有官长之令。积习日久，党与既多，势益强横。有一大练总而管至百数十圩者，稍有所拂，即藉寻仇为名，纠众烧杀。如苗沛霖之酿成巨患，率皆由此。若不妥筹善后，隐弭此患，恐跋扈桀骜之徒暗伏乱萌，又蹈苗逆覆辙。著僧格林沁将如何遣散各处民圩、渐削练总之权、俾团练无从抗官之处悉心筹画，妥为办理。并著曾国藩、唐训方督饬地方文武，力加整顿。此后该处民练，总须官为督办，毋再畀权练总，致成尾大不掉之势，方为妥善。将此由六百里各谕令知之。

——《清穆宗实录》卷八五，同治二年十一月丁巳。

十一月十七日

〇吴棠奏

据署徐州镇总兵姚广武禀称，十月二十八日，派游击熊朝鉴等攻克宿境之宋家捻圩，将捻首宋小喜拴获枭示。十一月初一日，亲王僧格林沁饬令回顾本境，该总兵即于初三日带队回宿，清理宿西各捻圩。臣即饬侦探贼情，妥筹剿办。

——《钦定剿平捻匪方略》卷二〇七，第 24 页。

〇上谕

吴棠奏徐宿援蒙官军回顾本境一折。总兵姚广武一军，于十月二十八日攻克宿境之宋家圩，将捻首宋小喜拴获正法，见经僧格林沁饬令该总兵带队回宿，清理宿西各捻圩，即著吴棠督饬姚广武，迅将宿西伏莽次第埽除，以靖地方。

将此由五百里谕令知之。

——《东华续录》同治二十八，第 49 页，同治二年十一月庚申。

〇上谕

阎敬铭奏东昌布置粗定、见拟回省，并访闻邱县乡民张本功等聚众抗粮、拿获正法各折片。阎敬铭自八月间督军驻扎东昌，迄今将及三月，督率各州县搜拿匪党三千数百名正法，民情渐知儆惧，见令定安等军会同地方官巡缉余匪，实行保甲，并责成署东昌守曹丙辉认真整饬，其毗连徐宿及单县马良集并韩庄闸，均已派员带兵扼守，仍著督饬认真办理，以靖地方。

李大个子股匪，前据僧格林沁奏报，该匪首到营投诚，惟项盘等股仍行负固。东省与徐宿毗境,并著阎敬铭严饬派出之王心安等军慎密防维,毋令捻踪阑入。

阎敬铭见届服阕,本日业经降旨补授山东巡抚,著于回省后即将察吏整军及该省应办各件逐一实心讲求,力加整顿,俾地方日有起色,方为不负委任。

邱县乡民张本功等聚集匪众多人,意图入城抗粮,经该抚派调勇丁,会同地方官将该匪首等缉拿正法,办理甚为妥速。东省地方雕敝,民困未纾,该大吏等固宜加意拊循,惟此等不法匪徒,胆敢纠众抗官,实为法所难宥。此外各州县似此者恐尚不少,仍著切实访拿惩办,以儆刁顽。各属黑团并著设法晓谕解散,为首匪犯严缉正法,毋任一名漏网。兖沂曹一带伏莽尚多,该抚拟诸务清厘,明春出省前往巡查,著照所拟妥为办理。

至淄川、白莲池等处随同僧格林沁官军剿匪出力官绅人等,均系著有微劳,惟僧格林沁前次请奖,所部员弁人数无多,原以赏功之典宜从核实,所有淄川等处随同出力各员弁,著阎敬铭择尤汇保,毋许冒滥。

将此谕令知之。

——《东华续录》同治二十八,第50—51页,同治二年十一月庚申。

十一月十八日

○上谕

前据僧格林沁奏攻克苗家老寨下蔡、寿州等情形一折,内称,十一月初一日收复寿州,初三日有李营大队进城,即杀守门勇丁五名,经我军迎敌,将该队逐出城外,拴获五十余人,内有提督蒋立功一名。又初三日,李世忠督兵围攻下蔡,以宋庆不肯让给,调队攻打,宋庆之军亦出队迎敌,将其击退,李队遂往下蔡附近,尚未撤队。经派陈国瑞亲往下蔡等处,会同李世忠妥为弹压,并咨唐训方详查启衅缘由酌办等语。

昨又据吴棠奏,李世忠查封西坝之盐,至数十万包之多,淮北盐务疲敝,悉由李世忠把持盘剥所致。豫胜营勇,李世忠向不发给口粮,全以掳掠为事。近在怀寿一带,焚掠之惨,甚于盗贼。自五河以下至滁州、来安、全椒、天长及江浦、六合等处,经李世忠勇队盘踞至六年之久,州县官不敢理事,居民搬徙,不敢还乡,以致田亩荆榛,屋庐瓦砾,数百里内,人烟断歇。苗平而淮北粗安,李存而淮南仍困,请密饬僧格林沁、曾国藩察看情形,宜及僧格林沁等军全在皖境之时早为办理。各等语。

李世忠跋扈恣肆,盘踞利源,其勇队分踞多县,不能约束,骚扰病民,终为淮南巨患,朝廷早已洞悉,止以淮(南)[北]之苗患未除,是以隐忍未发。未几而寿州、下蔡等处无端寻衅,又复见告。以官军业经得手之处,胆敢调队攘夺攻打,且杀害守门勇丁多名,其居心叵测、目无法纪可见。僧格林沁所谓先事羁縻,俟唐训方查覆到日再行酌办者,谅已胸有定见，未便明言。今览吴棠密陈皖北隐患一折，其办法似尚周妥可行，惟调其所部实缺人员赴任一节，宜加参酌。著僧格林沁、曾国藩、吴棠、唐训方详细密函筹商，即将李世忠调赴曾国藩军营，折以正言，晓以大义，令其随营剿贼。如彼以部中乏饷为词，即谕以官为给饷，毋令其再擅利权，并勒令将所踞城池厘卡盐利交出归官，一面于各城及要隘处所分拨队伍，严阵以待。挑选其营中得力弁勇，编成队伍，分隶楚南良将各营。其部曲来自逆党及著名凶恶者，概予芟除遣散。如李世忠俯首听命，即可留营录用；若敢抗不遵调，则是显然背叛。僧格林沁等即一面请旨革职，一面声罪致讨，断不可稍存姑息。僧格林沁等于计议将定、未办此事之先，即须豫为贯注一气，同时并举，使其猝不及防，不可稍有参差落后、不能应手之处。并往来密函筹商，均各亲自拆阅，不准漏泄一字。吴棠折著钞给僧格林沁、曾国藩、唐训方阅看，僧格林沁折著摘钞给曾国藩阅看。

再，本日据户部奏淮北票盐提充军饷、请分别截留以保正课一折，亦因皖徐平靖，淮北销路渐通，亟宜将饷盐分别截留，以挽颓纲而裕正课。著曾国藩严饬盐运使忠廉，设法遵照办理。乔松年于盐务情形素所熟悉，并著吴棠接此旨后，将此旨内盐务及户部折内应办各条密行摘录，知照乔松年一体帮同办理。户部折并著钞给僧格林沁、曾国藩、吴棠、唐训方阅看。

将此由六百里密谕僧格林沁、曾国藩、吴棠、唐训方，并传谕乔松年知之。

——《清穆宗实录》卷八五，同治二年十一月辛酉。

十一月二十日

〇上谕

前因僧格林沁、吴棠奏称，李世忠盘踞利源、杀害勇丁各情，当经密谕僧格林沁、曾国藩等会同密商妥办。本日据曾国藩奏，李世忠率练会剿苗逆，削平各圩，有裨大局，恳请开复该提督革职留任处分，并请保其余出力员弁，本日业于另寄曾国藩谕旨内允准。曾国藩于李世忠在寿州、下蔡等处跋扈情形，发折时似系尚未知悉，朝廷亦就事论事，姑允所请。赏功罚罪，本属并行。曾国藩亦可因此次加恩，晓以大义。傥该提督感激悔悟，恪遵曾国藩札调，前赴军营，遣散部众，将所踞城池盐利厘卡交出归官，如可调遣布置，一切悉由僧格林沁、曾国藩等妥筹善后。如抗不遵调，僧格林沁、曾国藩等仍当懔遵本月十八日密寄谕旨，密函会商妥办，毋稍姑容。此旨并著该大臣等密函知照吴棠、唐训方可也。将此由六百里各密谕知之。

——《清穆宗实录》卷八五，同治二年十一月癸亥。

十一月二十二日

○僧格林沁奏

豫省归德一带设有勇丁数千，经费亦属不赀。此项勇丁，当捻氛正炽之时，防剿原不足恃，不过藉有备之名以安民心，而人数既众，于民间不无扰累。兹捻匪均已埽除，归德一带无须设防，相应请旨，饬下侍郎毛昶熙将所募之勇遣散归农，以节糜费。至各省设团练修围寨，原以助守望而御寇盗，节经费而辅兵力，权宜补救，法非不善，乃各团每以有寨可据，辄藐视官长，擅理词讼，或聚众抗粮，或挟仇械斗，甚至谋为不轨，踞城戕官，如山东之刘德培、河南之李瞻、安徽之苗沛霖等先后倡乱，劳师糜饷，始得次第翦除。查办团之举，始则合一乡为一团，继而联众团为一练，地广人多，良莠不齐，一有不肖团长稍露跋扈情形，承办团练绅士又不能杜渐防微，随时举发，致有尾大不掉之势。况捻匪屡经窜扰之区，亦未见各团堵御得力。其河南团练均归侍郎毛昶熙管理，该侍郎于通省地方安能周历兼顾？而各练既有专管大员，地方官因而呼应不灵，几同虚设。见在贼氛渐就削平，应请饬令毛昶熙回京供职，所有团练一节，即照直隶、山东统归地方官经理，以一事权。并请饬下河南巡抚督率地方官妥为办理，务当实力严查，各团如有添置军器等事，均责令禀请地方官批准，方许置备，傥不肖团长借修围制械种种敛钱，以致苦累乡愚，一经查出，随时从重惩办，庶几权归于上，免滋流弊。

——《东华续录》同治二十八，第 64 页，同治二年十一月乙丑。

○上谕

上谕内阁：

各省设立团练，原以助守望而御寇盗，辅兵力之不足，其能协(奏)[助]官兵保卫桑梓者固不乏人，乃或有不肖团长，以有寨可踞，藐视官长，甚至擅理词讼，聚众抗粮，挟仇械斗，其尤甚者竟至谋为不轨，踞城戕官，即如山东之刘德培、河南之李瞻、安徽之苗沛霖等先后倡乱，皆由团练而起，虽螳臂当车，终归翦灭，而国家已重烦兵力。良由办团之人良莠不齐，间有一二团长倚势跋扈，承办团练绅士不能即时举发，遂有尾大不掉之势。国家使民自卫以卫地方，似此奉行不善，流弊滋多，殊非杜渐防微之意。见在贼氛渐就削平，除直隶、山东团练已由官为经理，所有河南省团练事宜，著即照直隶、山东两省，统归官为经理，以一事权。如果地方官吏认真从事，与百姓联为一气，则民方恃以保卫间阎，断不至有抗拒情事。著张之万督饬各守令实心实力办理，不可有名无实。至各直省举行团练，均须慎选贤能之员悉心妥办，务使收守望相助之效，而无藐法抗官之弊，以资悍卫而立防闲，方为妥善。将此通谕知之。

——《东华续录》同治二十八，第 64—65 页，同治二年十一月乙丑。

〇僧格林沁奏

恭奉谕旨，蒙城被围，实由唐训方不能豫先筹顾，令臣查明具奏。

查原奏内称，苗沛霖今春纠党围蒙，练董李南华及署知县贺绪藩督饬勇练坚定苦守，又有臬司马新贻一军驻扎联络，尚可支持，迨进攻怀远之军失利，临淮吃紧，唐训方札调马新贻办理营务，并抽调王才秀兵勇赴临助剿，又饬英翰撤回小涧集，致与城内声气不能相联，任贼合围，补救为难等语。当饬马新贻、英翰将撤调各情据实禀报，兹据马新贻申称，七月十九日，奉唐训方札饬，以苗逆亲率大股死党，并撤蒙城围贼，全力下窜，围我前敌各营，粮道梗塞，万分危迫，饬该司即带王才秀一军赴临。其时蒙邑城外尚有贼垒十余座，情形稍松，随将各营勇练均交英翰接统。又据英翰禀称，马新贻统兵时，久经驻扎小涧集，兼顾后路，七月二十四日，英翰奉委统军时，系由袁家集驰至小涧集，接统蒙军，即扎该处，并非奉调退扎小涧。各等语。臣查唐训方因逆匪下窜，围扑前敌各营，粮道梗塞，彼时蒙城贼势稍松，札调马新贻一军驰赴临淮，固属移缓就急之计。而苗逆知临淮猝难动摇，复以全力突围蒙城，是蒙城贼势又复趋重，唐训方彼时自应赶紧将马新贻之军调回援剿，抑或亲统重兵赴援，方为正办，乃仅遣宋庆带领千余人前往，该抚并不亲督兵勇实力解救，以致蒙城岌岌，几致沦陷，其缓急调度失宜，实所难辞。

再，怀远逆首张士端因闻臣等督军进解蒙围，恐将及己，是以赶紧投诚，乃唐训方奏报收复怀远，铺张其词，且遽将张士端保以开复勇号花翎，又请以游击尽先补用，幸圣明鉴烛，仅将张士端赏给游击衔，以观后效。惟张士端既经保奖，所有献出寿州之李万春、献出颍上之方长华事同一律，若不仿照请奖，又觉办理两歧。伏乞训示遵行。

——《东华续录》同治二十八，第65—66页，同治二年十一月乙丑。

〇上谕

僧格林沁奏遵查从前蒙城复行被围情形一折。前此苗逆撤退蒙围、全股下窜之时，安徽巡抚唐训方以临淮紧急，将藩司马新贻所部由蒙城调回，致蒙城守御单薄，堕贼奸计，复行被围。该抚仅派宋庆统带千人前往，未将马新贻调回蒙城，复未能亲督兵勇迅速赴援，以致日久重烦兵力，实属措置乖方。其据报收复怀远情形，亦属未能明晰。唐训方著交部议处。

——《清代起居注册(同治朝)》第11册，第5885—5886页。

〇僧格林沁、国瑞奏

臣国瑞于十一月初四日带领马步赶到石弓山，正值翼长苏克金等督队进攻项盘围寨，当将南圩攻破，杀毙贼匪无数，余皆遁入北圩。臣国瑞督军进攻，马步分作两层，严密围困。该逆见围逼紧急，即于是夜溃散，遂将捻首项盘、其弟项学里并贼党李贝儿等十余名悉数拴获正法，余匪分别歼戮解散。连日督饬翼长舒通额、苏克金分路收复被逼圩寨一百余处，永宿一带已无贼踪。十三日，臣国瑞带队回营。

至前派副都统恒龄清查涡河以南圩寨，旬日之间，于蒙亳阜阳境内清理八十余圩，并拴斩捻首葛小牛，见仍赴颍州等处次第清理。又，侍郎毛昶熙派员解到投诚之程三老砍即程大宽与程大老砍之子程友政，讯据该犯等均称，程二老砍情甘投诚，当经传谕赶紧来营。程二老砍旋赴恒龄行营乞降，经该副都统派员解送到营。查该犯等尚属诚心归正，应准效力赎罪。其著名捻首邹唤林、龚耀及从犯多名，均经拴获正法。又，据总兵陈国瑞禀称，初六日，总兵宋庆将正阳收复。其李世忠争夺下蔡、寿州之事，据称，该提督之队见已撤回，两面释然无事。惟正阳收复后，又有道员蒋凝学等争夺开炮，击伤兵勇，复经臣僧格林沁移咨督臣曾国藩认真查办。又，据道员蒋凝学禀称，十一月初三日，已将颍上县城收复等情。

查苗逆所踞各处已经各路官军先后收复，会捻匪首经我军歼除殆尽，皖境渐就肃清，仍须驻兵清理各处圩寨，搜拿余孽，免贻后患。惟豫西尚有大股捻逆张总愚窜踞淅川，又有川匪蓝二瞬东犯西坪，自应拨兵往剿，就地歼除。臣等见派翼长苏克金带领马队千余名即日启程，由陈州驰往许州，会合豫省官军并力剿办。查程二老砍、李大个子、魏群儿均愿效力赎罪，臣等即令其各带百余人随同官军前往效力，以便解散党与，使该逆势孤，进剿可期得手。惟该逆所踞之处近于山谷，马队官军利于平原追剿，倘该逆一经受创，铤险入山，则马队断难跟追，止可近扎山口，臣等咨行抚臣张之万，豫先责成总兵张曜等带领步军准备入山搜剿，如能击贼出山，则马队即可跟踪剿办，庶几各有专责，以免推诿。复思捻苗各匪均已削平，豫省官军无须设防，即可全力进剿张总愚股匪，业经咨商抚臣酌核，如果汝宁一带见无贼踪，即调各处防兵云集淅川，四面合围，使该逆无路可遁，聚而歼旃。

——《东华续录》同治二十八，第67—68页，同治二年十一月乙丑。

〇上谕

僧格林沁奏拴获捻首相盘等犯，收复颍上、正阳等处，皖境渐清，现拨马队赴豫进剿张总愚股匪等各折片。筹办均为妥协，览奏欣慰。苗逆伏诛，其党瓦解，石弓山捻首相盘犹敢负嵎抵拒，现已破巢拴戮，与著名巨捻葛小牛、邹唤林、龚耀等均各拴获斩枭，永宿一带及蒙亳阜阳境内各圩寨均各归正，颍州等处及涡河南岸亦当次第清厘。苗逆所踞各处，均经官军先后收抚，会捻匪首，歼除殆尽，皖境渐就肃清。其尚有各圩寨及零星余匪，应行搜捕净尽、以绝根株之处，仍著妥为办理，免留余孽。其程二老坎及李大个子、魏群儿赴营乞降，均准效力赎罪，仍应随时查察是否真心悔罪，分别办理。苗金开系苗逆死党，屡经窜扰豫省，著名凶恶之犯，尤须加意察看，妥筹办理，毋贻后患。皖北善后事宜，当此地方新复、腥秽甫蠲、疮痍满目之际，一切抚绥教养尤关紧要，全在地方官吏慎选贤能牧令，妥为经理，即著曾国藩与唐训方严督所属，详切讲求，实力办理。怀远投诚之张士端，业经给予游击虚衔，碍难收回。所有献出寿州之李万春、献出颍上之方长华，与张士端事同一律，其应如何酌加奖励之处，仍著僧格林沁拟定具奏。正阳收复之时，道员蒋凝学何以有争夺开炮、致伤兵勇之事？竟与李世忠前事相同。此次蒋凝学系与何人争夺，因何致有争端，著僧格林沁、曾国藩查明，据实奏闻，不准稍涉徇庇回护。

豫省现惟张总愚股匪鸱张为患，现有张曜督军剿办，僧格林沁复经派拨苏克金等马队前往剿办，正与本日寄谕该亲王之旨适相符合，具见老成谋国，思虑周详，深堪嘉许。该亲王于皖境肃清后，即当移军豫省，中州平定可期。

毛昶熙所部勇丁原属权宜办理，以助兵力之不及，此时兵力足敷应用，著毛昶熙即行散遣，均令归农，以节糜费而免滋事。该侍郎即回京供职，将该省团练事宜，仍归张之万督率地方官吏妥为办理。张之万身任封圻，于军务团练等事均属责无旁贷，尤应及时整饬，以副委任。团练用民自卫，修堡筑寨，以资守望而御寇贼，讵非良法，乃或奉行不善，往往辄滋弊端，甚有敢行倡乱，如苗沛霖、刘得培、李瞻等致烦兵力。本日复经明发申谕，各该督抚谅能善体此意，得人而理，期于有备无患。是为至要。

将此由六百里各谕令知之。

——《清穆宗实录》卷八六，同治二年十一月乙丑。

○上谕

同治二年十一月二十二日内阁奉上谕：

僧格林沁奏，讯明署州判婪赃不法，请旨严办等语。署宿州州判、候补县丞吴埙，经僧格林沁派令随同舒通额等清查民寨，乃该州判并不同行，纵勇在陈家圩抢掠居民衣物。复讯据该署州判供认，在张家楼等处，因搜查捻匪，先后勒罚制钱数百千文不等。民人陈继曾控告岳发年霸占伊妻一案，辄听岳发年许给钱文，遽行释放。宿州地方，久被捻匪肆扰，现在甫经肃清，该地方官宜如何加意拊循，力求整顿，乃该署州判竟敢营私骫法，婪索多赃，实出情理之外。若不从严惩办，何以儆贪墨而饬官方？吴埙著即在军前正法，以昭炯戒。前经叠谕各该督抚，于新复地方慎选贤能牧令，善为抚绥，现在直隶、山东、安徽、河南、江南各省渐次廓清，所有办理善后地方，最关紧要，各该督抚务当饬令该地方官洁己爱民，妥为经理。如查有此等贪赃不法、重为民害之员，即著奏明照此办理。如该督抚姑息颟顸，不将此等劣员参办，一经朝廷访闻得实，或被控告纠参，定将该督抚严惩不贷。将此通谕知之。

钦此。

——《咸丰同治两朝上谕档》第13册，第574—575页。

○上谕

前据庆昀等奏宁夏汉城内乱，张集馨、熙麟奏报宁夏灵州相继失陷，甘肃回氛甚炽，亟宜增兵调将，以固秦晋边防。现在多隆阿在盩厔，为一隅所牵掣，汉南贼势披猖，刘蓉尚无入陕消息，而张总愚一股盘踞淅川山内，蓝逆由山阳出窜，仍在商南之青山口，距荆关仅八十余里。陕豫军务方殷，而甘肃平固未复，宁夏灵州又陷。该回逆东犯秦晋，北窜蒙古，皆可长驱直入。陕省西北定边一带，计惟多隆阿所部之兵，就近可以调往扼扎，而多隆阿既须援甘，又须防陕，非由各处拨兵赴陕，多隆阿亦难分兵兼顾。刻下最要者，惟淅川之张总愚一股。该匪负嵎死拒，一日不了，则河南、湖北、陕西三省皆不得安枕，楚豫兵力亦难匀拨赴陕。著张之万督同张曜及派出各兵认真进剿，如兵力尚单，即飞咨僧格林沁等调拨马队助剿。楚省郧阳防兵，现因商雒淅川一带贼踪未净，固不可以移动，而麻黄襄枣一带防兵，与其设防于境内，不如兜剿于邻封。官文向能不分畛域，严树森亦岂得偏持成见、存此疆彼界之心、致成不了之局、贻祸生灵？著即严饬在防各军赴豫会剿。张之万久驻许昌，殊无裨益，著懔遵前旨，移营进扎淅川一带就近督剿，兼遏贼匪纷窜之路。所有张总愚一股，即著责成楚豫二省协力剿除，傥任蔓延窜越，或时日久稽，即惟官文、严树森、张之万是问。

苗逆授首以后，余党以次伏诛，寿颍各城均已收复，现止剿办零星股匪，可以无须大兵屯聚。淅川张总愚一股，经楚豫两省兵力夹剿，亦可迅速完竣。是皖省张德胜、蒋凝学、成大吉诸军，及楚豫两省得力劲军，均可移缓就急，分拨赴陕，进扎商雒荆关等处要隘，归多隆阿、刘蓉调遣，以便多隆阿添兵助剿，平固汉南，及扼防陕省西北边界，陕甘两省军务方有起色。此中布置机宜，必须先事筹画，临时始有成算在胸。著僧格林沁、官文、曾国藩、多隆阿等会商妥筹调度，以期一劳永逸。届时何营可以留防以资扼守、何营可以赴陕归多隆阿调遣之处，并著迅速会商妥协，一面调拨，一面奏闻。

现在皖北及豫省零匪，即可由僧格林沁、张之万、唐训方督同陈国瑞、张曜等军实力翦除。楚豫交界捻股，即由曾国藩责令皖北楚军会同豫军分投办理。吴棠严饬姚广武等肃清徐宿一带捻圩。均须克日埽荡，一律肃清，不得稍有迁就，以致重烦兵力。皖北肃清以后，陈国瑞一军应否移扎徐宿、以资弹压之处，著僧格林沁、吴棠等届时酌量具奏。至僧格林沁大军，一俟皖省肃清，即可移扎豫境，就近督饬将弁相机剿办。如楚豫将弁各怀观望，不肯奋勇剿洗，即著从严参办，毋稍姑容。李云麟当懔遵节次严谕回军商南，剿除蓝逆余匪，不准迁延。刘蓉速扎青石关，与多隆阿联络声势，力图克复汉南各城，毋得再有濡迟。

目下东南事势大有转机，而西北逆氛尚炽，该大臣督抚等各有地方带兵之责，务宜通筹全局，及早图维，乘此声威，削平丑类。如有所见，不妨据实奏闻，以收集思广益之效。

将此由六百里各谕令知之。

——《清穆宗实录》卷八六，同治二年十一月乙丑。

十一月二十七日

〇张之万奏

据张曜禀称，板桥川之匪挑集长枪悍贼三四千人，叠扑挖子岭、锁河口两路营盘，经罗辅臣等击退，斩首百余级。十一月初九日，该匪又向毛塘、蒲塘一路冲突，李世玉率兵扼击，毙贼甚夥，追杀至板桥口而还。乃贼之大股于是日黎明骤扑卧龙冈营垒，势尤凶悍，我军鏖战至未刻，贼始退却，兵勇乘势尾击，捡斩多名。据获贼供称，张逆知蓝逆窜近，急欲会合，因各路严防，探闻卧龙冈兵力稍单，欲由此处冲突等语。臣查亳捻叠次窜扑，虽未遂其狡谋，而捻巢已覆，更无归志，势必趋岩踞险，为久踞计。困兽思斗，非厚集兵力，难与角力。现葛承霖、蒋希夷各队均已赴宛，又准僧格林沁来咨，允拨马队二千驰往助剿，得此胜兵，声势较壮，已飞饬葛承霖等星夜兼程前进，会同张曜各军夺隘攻剿，逼贼出险，俾马队利于驰击，然后各军合围兜剿，痛殄凶氛。

——《钦定剿平捻匪方略》卷二〇八，第30—31页。

〇上谕

唐训方奏亲历下蔡寿正等处查看、派兵驻守，并统筹善后一折；张之万奏苗捻余党群趋汝南、与土匪合股，毛昶熙移军督剿，张曜一军击败板桥川贼匪，现飞饬葛承霖等助剿各折片。毛昶熙前有旨令其回京供职，现在陈大瀞等股句合苗党，有马步五千余人，由岳城一带南窜谈家围，并攻陷正阳之袁寨等处。信阳境内龙井、洋河等寨均有贼踪，势甚猖獗。毛昶熙以汝事日亟，拟拔队南征，著将宋防诸事妥为经画，即日亲督邵春仁勇队进扎陈州，一面亲赴汝宁前敌，督饬诸军，迅图埽荡，张之万派出之王玉佩等营并归毛昶熙调遣。该侍郎即将此股贼匪迅速剿除，再行回京供职。板桥川之匪骤扑卧龙冈营垒，仍图西窜，与蓝逆句合。葛承霖、蒋希夷各队均已赴宛，僧格林沁亦拨苏克金等马队助剿，张之万当懔遵前旨，移营前进，督饬张曜等力图剿办，务将张总愚一股，以精锐步队逼之出险，俾苏克金马队利于驰击，方能悉数扑灭。僧格林沁已将皖境各捻及苗逆余党办有头绪，未尽事宜，可移交唐训方妥筹办理。该大臣酌度情形，如可移营赴豫，即择适中之地驻扎，以资策应；或添拨兵勇，派得力将弁带赴板桥川会剿，责令克日蒇事，以免再有句结。唐训方所奏派兵驻守、以期永远肃清各情,均中窾要。至皖北地方辽阔,人情强悍,寇盗易滋,如有应行添设重镇及改设州县藉资控扼之处,著与僧格林沁面商,并咨会曾国藩妥筹具奏。将来僧格林沁带兵赴豫,唐训方有地方之责,无可推诿,著懔遵叠次寄谕,悉心妥办,毋令一夫失所,以副朝廷委任之意。

将此由六百里各谕令知之。

——《清穆宗实录》卷八六,同治二年十一月庚午。

十一月二十九日

○上谕

议政王、军机大臣字寄钦差大臣、科尔沁博多勒噶台亲王僧,钦差大臣、协办大学士、两江总督曾,安徽巡抚唐。同治二年十一月二十九日奉上谕:

正白旗满洲奏副参领恒矜呈诉苗练仇杀案内副将被戕冤抑一折,本日已明降谕旨,交僧格林沁等查奏矣。据称,咸丰十年间,逆练苗沛霖谋为不轨,因副将徐立壮不肯从逆,将其家属诱执,全行杀害,徐立壮因与苗逆相寻仇杀;嗣寿州团长孙家泰因苗逆图攻州城,斩其党羽七人,以绝内应,苗逆挟恨,围逼寿州,势甚危迫,当事者竟将徐立壮正法、孙家泰监禁;该副将全家被害,一身正法,虽云衅起私仇,实由不肯从逆所致,请饬查办,以彰忠义等语。苗沛霖已正刑诛,其从前与苗逆为仇,如该副参领所称徐立壮、孙家泰等,不甘从逆,即属义民,乃竟骈首就戮,并恐有地方官冀安苗逆反侧,故置之死地者,亟宜确切查明,俾死者不致含冤于地下。徐立壮等被杀有无冤抑,其时该地方官等办理有无谬误,著僧格林沁、曾国藩、唐训方查明,据实奏闻,不准因已往之事稍涉迁就。此外寿州等处官绅团众与苗练为难、被害冤抑者尚不乏人,如黄鸣铎、蒙时中等案详细情形及起衅根由,并黄鸣铎现在下落,均著一并查明具奏,毋得稍涉徇隐。将此各谕令知之。

钦此。遵旨寄信前来。

——《咸丰同治两朝上谕档》第13册,第591—592页。

十二月

十二月初五日

○上谕

张之万奏张总愚股匪被击东窜、现筹会剿,苗捻余党句结汝南土匪窜扰信阳州境、请留毛昶熙督办各一折。张总愚股匪由淅川之板桥川,为张曜逼剿,乘夜出窜,欲往鲁山、嵩县交界四棵树地方暂扎,再绕由潼关西窜,与陕省逆匪句结。张曜所部跟踪追击,贼由内乡东北一带窜至南召。张之万所派道员葛承霖湘勇,已由宛郡而趋南召,与张曜等追兵成夹击之势。惟张曜等均由西南追剿,而东北一面空虚,路通河陕,非得马队纵横抄截,不能得力。僧格林沁所派苏克金带领马队已至许昌,即著僧格林沁严饬苏克金迅速进兵,与张之万所部及张曜之军会合兜剿。张之万即移军汝州,督饬色尔固善、杨海泰等马步各队,觇贼所向,联络接应。官文、严树森仍遵前旨,速饬鄂边各军越境剿贼,使贼面面受敌,得以迅期蒇事,免致再为楚患。并著张之万仍饬留驻荆关之敖天印、孙之友各营严防川匪,与陕省官军会图蓝逆。蒋希夷、周登高两营抢扎四棵树,尤须饬令严密堵御,不可稍有松懈。苗逆余党高三、牛落红等,与正息土匪句合,窜扰信阳,现踞游河集等处,其势尚张。所奏铜钟、陡沟等处剿击情形,究竟是否确实?张之万派出马步各队及毛昶熙所派之黄贵诚等营陆续到汝,毛昶熙前已有旨,令其暂留豫省,著即统率汝南诸军,速将游河集等处大股实力歼除。张之万仍饬总兵李殿元、知府刘成忠等,将现踞谈家围之袁、王两寨余匪一鼓聚歼,毋留余孽。宛汝之间,地属毗连,且多险厄,该抚与该侍郎尤应迅图埽荡,毋使各匪得以窜合为患,致剿办又形费手。将此由六百里各谕令知之。

——《清穆宗实录》卷八七,同治二年十二月丁丑。

十二月初九日

○上谕

同治二年十二月初九日内阁奉上谕:

吏部奏遵议巡抚处分请予降级留任等语。安徽巡抚唐训方,于苗逆围攻蒙城时,未将马新贻一军调回,复未能亲督兵勇迅速赴援,已属措置乖方;其奏报收复怀远情形,亦复含糊,未能明晰。经僧格林沁遵旨查明,据实覆奏。该部议以降三级留任,不准抵销。唐训方既于调度军务,一切未能合宜,即属难胜巡抚之任,著即开缺,以布政使降补。

钦此。

——《咸丰同治两朝上谕档》第13册,第605页。

○上谕

议政王、军机大臣字寄钦差大臣、科尔沁博多勒噶台亲王僧,钦差大臣、协办大学士、两江总督曾,安徽巡抚乔。同治二年十二月初九日奉上谕:

前据僧格林沁遵旨覆奏,唐训方于皖北军务措置乖方,以致蒙城被围,日久未解;其奏报怀远收复情形，亦复含糊，未能明晰，降旨交吏部议处。本日据吏部议以降三级留任，不准抵销，尚觉从轻，已明降谕旨，将唐训方以藩司降补，安徽巡抚令乔松年补授矣。乔松年接奉谕旨，即著驰赴新任，所有应办事宜，即著实力整顿，次第经理。皖北地方新复，投诚各圩人心尚未大定，苗捻余孽潜匿散处，搜捕安抚，均关紧要。乔松年受朝廷拔擢之恩，身膺重寄，于地方吏治军务，均应实力讲求，以期无负委任。该抚初抵皖省，情形尚未熟悉，一切剿抚机宜并地方应办事件，著僧格林沁、曾国藩随时指示，乔松年亦当随时咨询商榷，以期办理尽善。至江北粮台，必须大员督办，关系甚重。万启琛已调补江宁藩司，著曾国藩饬令迅赴江北，办理粮台事宜，以资接替而重职守。将此由四百里各谕令知之。

钦此。遵旨寄信前来。

——《咸丰同治两朝上谕档》第 13 册，第 604 页。

十二月十三日

○上谕

多隆阿奏遵筹全局一折。所奏东南军务及善后事宜，均与前寄谕旨大意相符。西北陕甘一路，系多隆阿专责，盩厔围攻已久，屡据该将军奏称即可得手，此次复称蓝逆外援已绝，著即督令穆图善等迅即进攻，克复此城。其汉南之贼，与洋县之贼互杀，并可因贼自相扰乱之际，乘机蹈衅，用间出奇，以图汉洋之贼。凤县地方团勇，既将两当窜贼击退，盩厔攻克后，自可速行分兵，埽荡留坝等处踞贼。汉南军务，迄未得手，节经催令刘蓉迅即由川入陕，以资统率。该抚军威重整，新募勇营，约亦可到，谅必不日可以进兵。蓝二顺股匪尚在商南，蓝斯明所部严扼武关，兵力尚单，曾否分兵往助，著即饬令实力筹剿，与豫省留驻荆关之敖天印等军会合，速将赵家川、黄家垭一带之贼殄除。麟游余匪，曹克忠何以尚未全行埽荡？亦即督令赶紧办理，以为雷正绾后路策应。甘省宁灵继陷许久，庆昀不见续报，恐宁夏满城亦不可知。著多隆阿探查实在是何情形，随时具奏。该处回氛尤炽，雷正绾之军必须速克平固，转战而前，以彰挞伐。并著飞催陶茂林，速将凤郡料理就绪，迅由汧陇进发，与雷正绾会合，以厚兵力。至所请将留守庐州之石清吉、梁美材等七营赴陕助剿，及江南兵势稍纾、另拨数营驰赴陕营之处，均俟僧格林沁、曾国藩等遵筹大局情形覆奏到时，再行酌量谕知办理。原折留中备览。将此由六百里谕令知之。

——《清穆宗实录》卷八八，同治二年十二月乙酉。

十二月十六日

○上谕

张之万奏亳捻避兵遁入山内、皖捻被剿窜往桐柏各一折。张总愚窜走宛南,前经寄谕僧格林沁,饬令苏克金马队与张之万所部张曜各军会合进剿。兹据张之万奏称,该抚进军汝州,贼知官兵已由襄郏而前,旋由鲁山退回南召县境之李青店等处。张曜等军连日于板山坪追击获胜,葛承霖之军亦进逼至留山堡,与贼接仗,各有斩捡。惟李青店、白土冈等处,在南召迤西,山深径窄,非得步队逼贼出险,则骑兵终无用武之地。即著张之万严督张曜、葛承霖等军,各由西、北两面并力夹击,逼贼东趋地势较宽之处。僧格林沁仍遵前旨,饬令苏克金带领马队豫备,即由鲁山抄进,与张之万所部诸军会合兜击。此贼前有仍图西北窜扰秦疆之意,其四棵树地方,路由嵩县,直达河陕,防剿尤关紧要。张之万现饬亲军由鲁山进扎,务须实力办理,并饬葛承霖等湘楚各勇,力争李青店西北之险,即可斩关夺隘,与张曜等合力进逼,使贼不得依山负固,以老我师。至汝南一带,贼由尖山窜往桐柏,与毛昶熙日前所奏略同。其正阳土匪余瞎子等,因捻逆远飏,其势已孤,辄敢向王文行等啖降。王文行等严行拒绝,即将该匪寨乘机攻破,剿抚兼施,所办尚好。著张之万即饬王文行等军,将谈家围贼寨乘势进攻,尽歼丑类。并著毛昶熙严督黄贵诚、尹嘉宾等,将窜往桐柏之捻股密速剿办,迅殄游氛,毋令匪等得以暇息,再行滋蔓。蒙亳等处善后有无就绪,僧格林沁即行驰奏。将此由六百里各谕令知之。

——《清穆宗实录》卷八八,同治二年十二月戊子。

十二月二十日

○曾国藩奏

恭奉谕旨,鲍超全军见扎东坝,此时溧水已复,自应进图句容,以断忠逆救援金陵之路一节。查溧水迤北为句容,迤东则为溧阳。该处去东坝较近,实伪侍王李侍贤之老巢。十一月十二日,侍逆纠党五六万众,分屯梅渚,距东坝、建平各四十余里。十四日进犯建平,守城将士一战却之,又转趋周城、社渚一带,于二十五日猛扑溧水,守将王可陞彻夜登陴力战却之。近据谍报,忠逆由金陵退出句容,旋由句容潜入溧阳,与侍逆合股,意在分扰溧水、建平,夺我东坝一关,并图上窜。东坝为江皖浙三省关键,鲍超正须以全力争此要区,暂不能进取句容,以合金陵之围。自句容而外,论者又谓宜急取广德,肃清全皖,扼贼上犯之路,臣以广德易取而不易守,鲍超既力扼东坝,更无他军可当广德一路,句容、广德之不能早争先著,实由限于兵力、难以兼顾。

又奉谕旨，以李世忠擅杀寿州守门勇丁，又于围攻下蔡时，因宋庆不肯让给，调队攻打，争功启衅，令臣秉公查办。查陈国瑞与李世忠构衅，彼此各执一词。据陈国瑞禀称，派副将康锦文带同苗憬开于初一日攻克寿州，初三日有李世忠营将领进城，即杀守门勇丁五名，康锦文整队迎敌，立将李营队伍逐出城外，生捡五十余名，内有保提督蒋立功一名等语。据李世忠禀称，派提督朱元兴等前往收复寿州，不料被苗憬开将朱元兴、杜宜魁二员同时杀毙，又派蒋立功前往收复正阳，行过寿州，被人诱入城内，宋庆、康锦文将蒋立功锁押等语。僧格林沁初次具奏，李世忠所部擅杀守门勇丁，其时但据陈国瑞之禀，尚未接李世忠之禀，厥后接到李世忠禀件，知陈国瑞部下宋康二将有锁押蒋立功之案，其所带之苗憬开又有杀毙朱元兴、杜宜魁之案，情节尤重，僧格林沁寄臣一函，谓两造各执一词，已咨唐训方查办。唐训方旋亦寄臣一函，谓朱元兴、杜宜魁与宋庆、康锦文先后同入寿城，彼此互争，均有杀伤，今李世忠咨称，朱、杜死于苗憬开之手，应即杀苗憬开以议抵，先了此案等语。以臣愚见，观之苗憬开，本系苗沛霖亲属死党，即无杀朱、杜二人应抵之案，亦在万不可赦之列。宋庆虽禀诉蒋立功擅杀门卒，然互争之时，杀伤实亦相当，又于李世忠部下之提镇击毙二人，锁押一人，当不至更有余怒。李世忠不敢归咎于宋庆等，而指名系苗憬开所杀，又恐其部下滋事，急急带队回滁，是尚无寻仇生衅之意。此案由唐训方悉心查明，僧格林沁就近判断，自可处置妥善，两得其平。至下蔡之役，系李世忠部将何璜先入，苗众虽降而尚未献寨，逮宋庆、康锦文挟苗憬开而来，贼始举寨以献，当时互相斗杀，在所不免，何璜旋即退至龙王庙，尚无始终争执情事。兹谨就臣所闻覆陈梗概，其详细情形，应由僧格林沁、唐训方查明拟结。

又奉谕旨垂询，正阳收复之时，道员蒋凝学何以有争夺开炮、致伤兵勇之事。查正阳关城本系毛有铭会同康锦文、程文炳于十一月初四日前往收复，维时蒋凝学、成大吉两军尚在颍上，未知朱万瀊先已献关投诚。初六日移师至正阳，隔河立营，正拟搭造浮桥，而关上陆军、河下炮划已群起轰击，蒋凝学等但知朱万瀊尚在城内，以为苗党之出拒官军也，不得不开炮还击。盖康锦文自寿州而往，在正阳之东，毛有铭自六安而往，在正阳之西南，蒋凝学自颍上而往，在正阳之西北，三者各不相谋，当彼此互击之时，不特康锦文官兵在关城之内，蒋凝学不得而知，即毛有铭湘军在关城之旁，蒋凝学亦不得而知也。旋经毛有铭飞骑驰告，彼此各自收队。究竟浮桥未成，并无一人渡河，蒋凝学所禀伤亡六十余人，康锦文所禀伤亡二十余人，臣窃以为皆不可信。顷据唐训方来咨，有亲赴正阳细加访察，实因彼此未及知会、并非有心寻衅等语，揆厥情形，尚属可信。唐训方业经咨呈僧格林沁，免其查办。

又恭奉谕旨，寿颍各城均已收复，令将张得胜、蒋凝学、成大吉诸军移缓就急，分拨赴陕。查湘营之在皖北者有四：一曰蒋凝学，驻军颍州及三刘集，进取颍上县城者也；一曰毛有铭，驻军老庙集，会复正阳一关者也；一曰周宽世，驻军六安州，分防迎河集者也；一曰成大吉，驻军三河尖，与蒋凝学同进颍上者也。此外又有石清吉一军驻防庐州，系多隆阿旧部，亦归臣处调遣。臣以皖北首党就灭，群圩悉平，而忠逆又有上窜江西之议，皖南别无大枝游击之师，乃檄毛有铭所部移扎皖南，并调周宽世回守省城，换出安庆防兵，令与毛有铭同赴南岸，为江皖交界游击之兵。其成大吉一军，已准官文来咨，调赴鄂省防剿三关一带；石清吉一军，亦赴鄂省防剿小河司一带。将来此二军者，或久留湖北，或渐入陕西，应由官文酌度办理。臣所辖皖北之兵，除调出四军外，仅留蒋凝学数营分防颍州、六安等处，暂时未可轻动。

——《东华续录》同治二十九，第27—29页，同治二年十二月壬辰。

〇上谕

曾国藩奏接奉叠次谕旨覆陈一折。所称李世忠、蒋凝学在寿州、正阳等处启衅情节，及鲍超兵力止能力扼东坝、暂难分攻广德，成大吉、石清吉两军已由官文调赴鄂省防剿，其余未可轻动各条，著即照该督所拟，妥筹办理。惟苏常一带军情正在得手，贼势趋重丹句金陵，意图夺围上窜。冯子材兵力苦单，亟盼鲍超之军会攻句容，而鲍超力扼东坝，既不能与之会攻，又不能分攻广德，止是相持局面，日久终虑变生。该大臣仍当于慎重之中，力求出奇制胜之策，方为妥善。陕甘逆焰甚张，多隆阿亟须添调兵勇分投剿洗。前据该将军奏，以淮北现就肃清，恳将留守庐州之石清吉、梁美材所部七营调赴陕省助剿，如江南兵势稍纾，并恳另拨数营驰往，以厚兵力等语。其需兵情形，非常紧迫。今据奏，石清吉等营已由官文调赴鄂省，著该大臣即咨商官文，先其所急，酌度办理，谅该大臣等均不至有畛域之见也。折片二件，均著留中。所有李世忠、蒋凝学启衅各节，应俟僧格林沁、乔松年覆奏到时，再降谕旨。李世忠如不敢往见僧格林沁，当仍遵前旨，调至军营，谕令遣散部众，交还城池，退出厘卡，停给饷盐，以期消患无形。如招而不至，或至而不从，即著僧格林沁妥筹办法，不可迁就姑息，一面迅速奏闻。将此由五百里密谕知之。

——《清穆宗实录》卷八八，同治二年十二月壬辰。

十二月二十五日

〇上谕

议政王、军机大臣字寄山东巡抚阎。同治二年十二月二十五日奉上谕：

阎敬铭奏查办逆产、迁移灾民情形，请将沿河州县管辖地方仍循旧制一折。邹县白莲池逆产，经该抚派员查出一百五十三顷七十余亩；堂邑之甘官屯、刘贯庄附近逆产二十六顷八十余亩；又堂邑莘冠馆朝各县逆产六十二顷十亩零，房屋九百九十五间；观城县逆产十亩；临清州逆产三顷九亩零。据该抚声称，曹单等处强悍贫民，未便移诸兖州荒乱之地等语，所奏不为无见。其黄河以南东阿、平阴等处及河北灾民，均因安土重迁，不愿分投迁徙，自系实在情形。著即照所议停止。其邹曲泗滕费五县未经认领荒田三百三十二顷余亩，著即照该抚所议，以一年为限，如果系逃亡之户、地有原主，于限内回籍认领者，即仍给予耕种。逾限未领，然后入官。惟地方胥吏，于清查叛绝各产时则侵吞入己，于逃户归籍认领原产时则多方需索，或虚捏逃户姓名、倩人代领，据为利薮，或地方奸民任意侵冒，各种情弊，皆所不免。阎敬铭务当严督各该地方官认真经理，不得任听书吏奸民丛滋弊窦，致令利归中饱。其沂郡所属土匪及淄川土匪叛产，亦著阎敬铭实力清查，毋任隐漏。前据光禄寺少卿郑锡瀛奏，请查明无主荒地屯田养兵，并清查叛产办理屯田各折片，当经谕令各该省督抚酌量办理。昨据刘蓉奏称，陕省逆回叛产不下数百万亩，拟于清查后筹办营田，以资军饷，并将叛产、绝产分别详查、妥筹举办等语。现在东省白莲池及堂邑等处叛产，并兖郡荒田绝产，是否可以办理屯田之处，著该抚因地制宜，熟筹妥办，总期于国计民生两有裨益。至僧格林沁所奏黄河南北各州县所辖地方，请以河为分界之处，既据阎敬铭查明事多窒碍，著即仍循旧制，以归简易。该抚仍当督饬沿河各州县，于隔河所辖地方随时巡查抚绥，毋稍疏忽。本日已将恩锡补授山东盐运使，该抚当督饬该员，益加奋勉，将东省鹾务实力整理，以裕饷源，将此由六百里谕令知之。

钦此。遵旨寄信前来。

——《咸丰同治两朝上谕档》第 13 册，第 662—663 页。

十二月二十七日

〇僧格林沁、国瑞奏

臣等前派翼长苏克金带领马队会合豫军剿办张总愚股匪，接据苏克金禀报，十二月初四日行抵鲁山，查探该逆盘踞李青店地方，该处在乱山之中，崎岖小路，马队难以进攻，其张曜之军现驻板山坪地方，系在城之西南，傥能诱贼东窜，马队方可得手等情。臣等查马队非平原不能施展，该逆倚山负嵎，自应诱其出山，方能痛剿，当经飞咨张之万，严饬张曜督队前进，并令各路步队实力进剿，总期由西北逼贼东趋，俟其窜至南召一带，地势稍阔，庶马队得以兜击。

至颍州一带圩寨，前派副都统恒龄等前往清查，拿获逆党冉广诗、王际组，讯明正法。并有颍州绅练程凤三等联名禀控平素通苗之练总吴琪树并伊子吴怔谊、王金奎、朱鑫即朱品三等，请分别治罪，平圩以净根株等语。当经恒龄等按名拿获，讯明吴琪树纵子带队攻破傅圩；吴柾谊通苗结捻，屡犯城乡；王金奎烧杀抢掳；朱鑫即朱品三先受粤逆伪职，继为苗逆心腹，并续获逆党方金镛一犯，均即骈诛枭示。

其翼长全顺等前往亳州以南清查圩寨，据报，龚纪寺西南姚得洸围寨闭门抗拒，随派提督傅振邦带队往攻，匪众逃窜，旋将姚得洸等拿获正法。并据臬司英翰派员捡获著名捻首葛大牛、侯豹儿等解营，立即正法。至陈国瑞等所获苗姓二十一名，苗希年一犯已解送到营，移交抚臣唐训方军营正法；苗逆之妻徐氏、逆子连生，已咨抚臣转饬蒙城县就地正法。

现在皖北渐就肃清，唐训方于十一月二十五日前来西洋集，会商善后事宜，二十九日仍回怀远驻扎，督同地方官办理。伏思蒙亳东西相距二百余里，永城县与颍州府亦南北相距约二百里，其间地广人稀，地方官殊难兼顾。现在贼氛甫灭，更宜倍加防范。查雉河集为蒙亳永宿颍各州县适中之地，若于该处增设文武，酌添防兵，足资控制。应请饬下两江总督、安徽巡抚妥筹办理。

——《钦定剿平捻匪方略》卷二〇九，第 25—28 页。

〇僧格林沁、国瑞奏

前因蒙城解围，钦奉谕旨，准将守城出力官绅等奏请奖励。臣等遵即查明守城出力官绅，另缮清单，拟请恩施奖励。惟查守城练丁内，择其跟随贺绪蕃及李南华、施绍恒等出力者计五百一十名，数月坚守，昼夜辛劳，且苗逆叠次攻入，均经该练丁舍命抵敌，随时击退，实属协力同心，坚持固守，未便没其微劳，臣等拟请赏银一千两，以昭激劝。如蒙俞允，即由臣等于粮台军饷内发给。

——《钦定剿平捻匪方略》卷二〇九，第 40—41 页。

〇上谕

僧格林沁等奏查验颍亳等处圩寨、捡斩苗党捻首多名、皖北渐就肃清一折。僧格林沁一军，自歼除苗逆、蒙城解围后，派令恒龄等带队分往颍亳等处清理圩寨，先后拿获匪犯冉广诗、王际祖、王应豆，并通苗之练总王金奎、朱鑫即朱品三、方金镛、吴琪树、吴正谊并其妻刘氏，一律骈诛；复攻毁姚得光围寨，将该犯捡斩；搜拿著名捻首葛大牛、侯豹儿，与邹焕林一并正法。其苗逆之妻徐氏、逆子连生及苗希年，从逆叛党，概行诛戮。皖北一带现就肃清，洵足以快人心而伸天讨。所有各该处善后事宜，即著该地方官认真讲求，妥为办理。

另片奏，遵保蒙城守城出力官绅、开单请奖等语，候选从九品张桂岭，著免选本班，以县丞选用。童生杨菁华，著以县丞选用。守备黄大道，著以都司升用，先换顶带。千总陆怀武，著以守备升用，先换顶带。把总杨先，著以千总升用，先换顶带。军功葛晋祺、陈佩，均著赏戴蓝翎。至随同贺储蕃、李南华、施绍恒等守城练丁五百余名，据僧格林沁奏称，拟请赏银一千两等语，该练丁此次被困蒙城，协力同心，坚守数月，实属异常出力，著加恩赏银一万两，即由僧格林沁粮台给发，以示奖励。该部知道。单、片并发。

——《清代起居注册(同治朝)》第11册，第6232—6236页。

〇上谕

国瑞奏请将僧格林沁护卫奖励一折。哲里木、昭乌达两盟官兵随同僧格林沁剿办直东皖豫各匪，叠著战功，俱经随时给奖。其跟随僧格林沁之护卫图伯特等，从征数载，陷阵冲锋，亦属著有劳绩，自应一律奖励，以昭激劝。花翎护卫图伯特，著赏给图尔格齐巴图鲁名号。头等护卫阿拉当桑，著赏给二品顶带。二等护卫额普图、讷尔济二员，均著赏给三品顶带；鞥额木图，著赏给三品顶带，并赏换花翎。三等护卫扎棍那苏图、绰莫尔鄂尔托、济尔嘎哏三员，均著赏戴花翎。其余出力之护卫及阿拉巴图等，著僧格林沁自行分别鼓励。该部知道。单并发。

——《清代起居注册(同治朝)》第11册，第6236—6237页。

〇僧格林沁、国瑞奏

查李世忠所部勇队，前与陈国瑞派出之队在下蔡、寿州有争斗情事。嗣据李世忠禀称，有提督朱元兴、杜宜魁在寿州城内被害等情，旋将苗憬开、李万春、朱万瀊、邵徵详、方长华等提解到营。讯据苗憬开供，系苗沛霖族侄，跟随苗逆围困蒙城，被大兵击败，逃至双涧集被获，经陈国瑞带赴寿州等处收复城关，伊令踞守寿州之李万春、踞守正阳关之朱万瀊先后投诚。李万春供认，伊投诚后，有豫胜营四五人进城，未戴官帽，彼时伊派守门之人并苗憬开亲带十余人不让其进，以致互相争斗，即将豫胜营四五人杀死，随后始知内有提督二人。朱万瀊供称，伊购买磺斤，并将正阳关厘卡银钱接济苗逆。又讯据邵徵详供称，从前保至花翎副将，苗逆复叛，将伊全家扣住，伊遂在蒙城以南蔡圩踞守，旋被官兵击败，遂致信劝张士端投诚，并令其撤蚌埠党众，献怀远城池，又随官军收复各处城关。方长华供称，从前保过五品蓝翎，苗逆派伊守颍上县城，因闻蒙城苗党被官军击败，遂将苗党赵玉蚤等斩杀，献城出降。

查苗憬开、李万春、朱万瀊三犯均系从前办练、受有官职，乃随苗沛霖叛乱，占踞城关，实属罪大恶极。苗憬开被捡后，随同收复各处，李万春献出寿城，此二犯原可贷其一死，惟将豫胜营提督朱元兴等戕害，怙恶不悛，核其情罪，与朱万瀊均属法所难宥。已于审明后，将苗憬开、李万春、朱万瀊一并正法。其邵徵详虽经劝令苗党归正，并随同官军收复城关，惟系二品职官，任令苗逆主使，究属不知大义；张士端于贼势已败、献出怀远投诚后，复任令苗党苏会云逃走，与杀党献城者有间。应请旨将副将邵徵详、游击衔张士端即行革职，均拟发往黑龙江，交该将军严加管束。方长华当贼势已败，即杀苗党数人献城投降，询访颍上舆论，咸称实出无奈，尚无倚势扰民情事，应请革职，免其置议。至副将康锦文，带领苗憬开收复寿州，于该犯等滋事时，该员不能认真弹压，致有杀害职官之事，咎实难辞，应请旨将康锦文即行革职，仍留督臣吴棠军营差遣，以观后效。

——《钦定剿平捻匪方略》卷二〇九，第36—39页。

〇上谕

前因李世忠所部勇队与陈国瑞所部在下蔡、寿州互斗，致提督朱元兴、杜宜魁被戕，曾经谕令僧格林沁秉公查办。兹据僧格林沁等奏称，查明启衅原委，分别惩办，并将投诚苗党定拟等语。苗沛霖族侄苗景开被捦后，经陈国瑞带赴寿州等处，收复城关，并劝令踞守寿州之李万春、踞守正阳关之朱万灉投诚，原可贷其一死。乃因提督朱元兴等四五人未戴官帽，欲进寿城，辄行互斗，将该提督等杀毙，业经僧格林沁将苗景开及李万春、朱万灉一并正法，实属罪有应得。至降众邵徵祥，虽经随同官军收复城关，劝令苗党归正，惟以二品职官，甘为苗逆主使，究属不顾廉耻。张士端因献出怀远县城，曾经赏给游击虚衔，乃投诚后，复任令苗党苏会云逃走，其为有意疏纵，已可概见。花翎副将邵徵祥、游击衔张士端，均著即行革职，发往黑龙江，交该将军严加管束。方长华前曾保至五品花翎，被苗逆逼胁，派守颍上县城，闻苗党被官军击败，旋即捦斩苗党多人，献出县城，尚属情有可原，著革职，免其置议。副将康锦文带领苗景开收复寿州，于该犯等滋事之时不能弹压，致有杀害职官之事，亦难辞咎，康锦文著即行革职，仍留吴棠军营差遣，以观后效。该部知道。

——《清代起居注册(同治朝)》第11册，第6256—6260页。

〇上谕

谕议政王、军机大臣等：

僧格林沁等奏查验颍亳等处圩寨、捦获捻首苗党多名、皖北渐就肃清；张之万奏西路击贼获胜、商令苏克金移营夹击，并诱捦捻首正法、进围鲍寨各折片。颍亳等处圩寨，经僧格林沁派恒龄等前往查验，并攻毁姚得洸贼围，捦获著名捻首葛大牛、侯豹儿，并拿获苗党王金奎等犯正法，所办均属妥协。皖北一带，渐就肃清，现在有无匪党藏匿，僧格林沁仍饬各路实力搜捕，以期一律廓清，不留遗孽。所有发往黑龙江之邵徵详、张士端，著僧格林沁交地方官即行起解。

苏克金一军，经该大臣派令带领马队，赴豫驻扎鲁山。据张之万奏，恐贼匪东窜，商令该副都统移扎南召左近，以利抄击，据苏克金覆称，该逆盘踞山中，难期蒇事，现饬南召县并添派官兵侦探，该副都统整队以待，一有确信，即便进兵等语。著僧格林沁檄令苏克金择要扼扎，如该匪出窜，即会同豫军实力夹击，毋稍观望。张曜现扎板山坪，若马队由张曜营垒之南前进，马步相辅而行，先破白土冈，进逼李清店，可以制其要害。著张之万飞檄色尔固善等取道南召、镇平，与张曜会合，饬吴再升、葛承霖分股扼扎，诱贼出险，与苏克金马队痛歼丑类，以靖地方。

知府刘成忠、参将王文行等军，计捡捻首黄梅寒、鲍憬潮二名正法，并将悍党三四百名追捕斩戮，所办甚妥。现在余逆尚踞鲍寨，著毛昶熙督饬各营力图攻拔，即乘胜进剿谈家围，以期节节埽荡。此次攻破余寨、捡斩黄鲍二逆出力各员，著张之万等先行存记，俟汝郡肃清，汇案保奖。

张之万另片奏，副将黄贵诚由信阳带兵追贼至吴家店，因口粮缺乏，未能前进，请将该副将摘顶等语。黄贵诚追贼未能向前，实属不知缓急，著摘去顶带，以示薄惩。已谕知官文等派兵会合夹击，著张之万仍责令黄贵诚实力追剿，不准稍存畛域之见。

将此由六百里各谕令知之。

——《清穆宗实录》卷八九，同治二年十二月己亥。

〇上谕

僧格林沁等奏，蒙亳一带贼氛甫灭，请于适中之地增设文武、酌添防兵，以资控制等语。安徽蒙亳，东西相距二百余里。河南永城县与安徽颍州府，亦南北相距二百里左右。数年以来，苗捻构乱，经官军剿洗后，元凶授首，裹胁逃散，其间平原旷野，地广人稀，加以素习强悍，寇盗易滋。雉河集为蒙亳永宿颍适中之地，相距均在百里以外。该大臣拟请添设重镇，或酌设州县各官，以资治理。所筹甚中窾要。著曾国藩、乔松年审度时势，酌量情形，遴选职分较大武员，统带数营驻扎该处，以资弹压，庶可清理伏莽，永消反侧。其办理善后各事宜，尤属刻不容缓。应如何酌设州县各缺、以专责成之处，并著详细筹商，妥议章程具奏。唐训方现已以藩司降补，所有前存临淮之钦差大臣关防一颗，著乔松年于到任后，派员亲赍赴京恭缴，以昭慎重。将此各谕令知之。

——《清穆宗实录》卷八九，同治二年十二月己亥。

〇上谕

僧格林沁奏遵旨密陈一折。前因曾国藩覆奏李世忠尚无背叛情形，当经密谕该大臣，李世忠如不敢往见僧格林沁，即遵旨调至该大臣军营，散其部众，消患无形。兹据僧格林沁覆奏，李世忠背叛情形尚未显露，似难骤绳以法，现在金陵军情紧要，请饬曾国藩速调李世忠前赴该大臣军营助剿，晓以大义，令将所踞城池厘卡交出归官各等语。所筹办法，与该大臣前奏均属符合。即著曾国藩迅将李世忠调赴该大臣军营,一切遵照前旨酌量妥办,并由该大臣随时密商僧格林沁,毋稍泄漏。僧格林沁原折留中,另钞给曾国藩阅看。将此由六百里各密谕知之。

——《清穆宗实录》卷八九,同治二年十二月己亥。

〇上谕

同治二年十二月二十七日内阁奉上谕:

僧格林沁奏请裁并河员改归地方官经理以节经费一折[①],著议政王、军机大臣会同该部妥议具奏。

钦此。

——《咸丰同治两朝上谕档》第13册,第668页。

---

① 僧格林沁奏称:“窃奴才前读邸抄,知有裁撤东河督之议,仰见我皇上慎重官守、循名核实之至意。寻绎之下,钦佩莫名。奴才带兵豫东江南三省,自徐州以西、汴梁迤东,往返河干,窃见大河原身□□干涸,如欲挽归故道,实有积重难返之势。盖黄河自□朝康熙年间起,频年修堤筑土,高至数丈,二□□来不无冲刷,以致河身渐长,以现在干涸河底,较平地高至二丈有余,从先原软两岸筑堤保□……每遇漫溢,水势下注,被灾甚广。今自咸丰五年兰工决口,改道北趋□□东曹□归大清河,至利津入海。若于兰工筑坝,仍使河归故道,不但经费浩繁,且经伏秋两汛水势陡长之时,恐□他处再行漫溢,被灾□甚,不若顺水之性,以免周章。其……黄河,西自黄沁厅起,至江南丰□交界止,□□五百余里,河势□□,每年抢险,堤工紧□□□省运河督催粮运之事,诸务纷繁,是以设□东河总督一缺,专司其事。兹黄□□道自兰阳□□迤东已成干涸,惟兰阳汛迤西之黄沁两岸有□堤工者,仅存二百五十余里,且……抚即可就近督催……应严饬地方劝筑民堰,以资拦护。其北岸黄沁等厅及南岸上南等厅有工处所,应设官修守,仅此寥寥数厅,以总督大员督率办理,似属赘设。况南河总督一缺早经议撤,所有东河总督员缺,亦可以一并议裁。前经河南抚臣张之万……事重,不能兼顾,原为慎重河防起见,惟思现在豫西□务尚未蒇事,虽该抚一时不能兼顾,但河道不甚绵长,既有开归、河北两道就近分巡经理,并有该抚督催防范,足资□□,拟请旨将东河总督员缺裁撤,一切豫省工程,责成河南抚臣督同河北、开归两道管理。所管山东河务,向有运河道一缺专辖,奴才查豫省工程俱以地方道员兼辖河务,惟运河为粮船往来经行之地,是以特设此缺,以重催儹。现在粮运久停,且无款项办公,此缺几同虚设,亦拟请旨裁撤,改归山东抚臣督同地方道员管理,与豫省一律,以昭画一。其运河五厅,本由地方佐贰改隶河工,现仍改归地方管理,以复旧制。其原设河标兵丁一千六百名,本为催提粮运、弹压水手而设,现在并无专司事件,东省兵本无多,当此地方甫定之时,与其募勇而费勇粮,莫如练兵而给兵饷,拟请旨将此河标将弁兵丁各缺额,仍分中左右三营,改归兖州镇管辖,按时操练,仍驻济宁,与曹兖两处声势联络,似于地方有裨。既归兖镇,则副将一缺亦可一并裁撤,以一事权。”详见中国第一历史档案馆藏录副奏折,档案号03-4967-026。

同治三年

正月

正月十七日

〇僧格林沁、国瑞奏

查皖北一带经臣等派队清查,各处已无窝藏巨匪,地方渐就肃清。惟豫西张总愚一股尚在李青店,以该处山丛路狭,马队官军难于深入,已遵旨札饬苏克金择要扼扎。现据苏克金禀称,已派营总春寿等带兵勇驻扎南召,该翼长仍驻鲁山,确探贼踪,如该匪出窜,即行会合兜剿等情。自应仍俟步队诱贼出险,马队方可抄击。臣等拟俟乔松年到皖,将善后安抚一切事宜妥为商办后,即分拨马步前往会剿。

——《钦定剿平捻匪方略》卷二〇〇,第14页。

〇上谕

僧格林沁等奏查办蒙城等处荒田、安抚穷黎,并拟拨兵赴豫会剿及遵查苗逆仇杀徐立壮等案情一折;另片奏,请将东省查出逆产田地 并入官交租等语。苗逆仇杀徐立壮等一案,已将总兵黄鸣铎及寿州绅士公禀等件交兵部立传翁同书阅看,据实登覆,俟兵部查覆后再降谕旨。其山东白莲池等处查出逆产,亦照该大臣所请,谕令阎敬铭督饬地方官将此项田地归官招佃,照纳官租,以杜弊混而裕经费。其蒙城等处荒田,即著该大臣严饬各州县确切查明,认真妥办,务令流氓复业,田地不至荒芜。豫西股匪尚在李青店盘踞,不可不迅图扑灭,该大臣现虽未能即赴豫省,惟当严饬苏克金等马队会同豫省各营将张总愚一股悉数歼除,俾不至日久蔓延为患。将此由五百里谕令知之。

——《清穆宗实录》卷九一,同治三年正月己未。

○上谕

谕内阁：

僧格林沁等奏称，投效游击边得胜戴有花翎，查验功牌札文，均无实据。讯据边得胜供称，曾随总兵马陞带勇出力，经前署安徽巡抚查取职名请奖，其时马陞云五品蓝翎千总应保花翎守备，该游击即以花翎守备具禀。迨经贾臻给予札文，以都司尽先补用，始知错误。复因颍州解围，经胜保保至游击尽先补用，并未保有花翎。请将该游击即行革职，解回天津原籍，交地方官严加管束等语。边得胜以蓝翎千总，明知保举时误为花翎守备，辄敢冒戴花翎，实属居心险诈。况该游击在颍州一带声名狼藉，不安本分，仅予革职递籍，不足蔽辜，著即行革职，从重发往军台效力赎罪，以示惩儆。翎顶系朝廷名器，所以奖赏有功，近来无耻之徒往往滥行戴用，冀图蒙混，殊属不成事体。嗣后各省督抚暨各路统兵大臣，如查有假冒翎顶之员弁，即行从严定拟罪名，以为不安本分者戒。

——《清穆宗实录》卷九一，同治三年正月己未。

○上谕

谕议政王、军机大臣等：

前因僧格林沁奏，剿办白莲池教匪及东昌一带土匪逆产，请逐一查办，并招集难民垦种，降旨特派已革直隶总督文煜等专司办理。嗣据阎敬铭奏，曹单等处强悍贫民，未便移诸兖州荒乱之地，其黄河南北灾民，均因安土重迁，不愿分投迁徙，当照所议停止移民认垦。兹据僧格林沁奏，接准文煜报称，查出东昌、曹州、临清、兖州等属逆产二百五十七顷余亩，绝产荒地三百三十四顷余亩，各处难民既不愿前往认垦，自未便强令迁移，请将此项田地入官，招佃耕种，按亩交租，不得照民地仅纳钱粮，以昭核实而裕经费等语。所奏甚属妥善。著阎敬铭督饬地方官认真办理，毋得稍有弊混，并著户部查照定例，此项入官地亩，每亩应交租项若干，迅速移咨该抚遵办。其查出房间，或招租，或变价，均著阎敬铭斟酌妥办。阎敬铭拟将邹县逆产作为白莲池添设文武衙署书差兵役饭食之用，虽系因公起见，究恐不免牵混，所有白莲池应设文武官署等项经费，著该抚另行筹款拨给。其流亡未归荒田，即照该抚前议，予限一年，如限满不归，一并入官招垦，输纳官租。惟滕县绝产二顷八十八亩零，若一概入官，该绝户不免馁而之恨，除零星地亩无庸计议外，如查有绝户地亩在数十亩以上者，自应传集该户家族人等，如有情愿过继子嗣为其立后者，即以该户田地畀之，用示朝廷继绝存亡之意，并著阎敬铭妥筹办理。僧格林沁片，著钞给阅看。将此谕令知之。

——《清穆宗实录》卷九一，同治三年正月己未。

〇上谕

前因僧格林沁覆陈筹办李世忠情形，当经密谕曾国藩迅将李世忠调至军营剿贼，并遵旨妥办一切。兹据僧格林沁奏，派赴五河一带探听李世忠动静之总兵王佐臣等回营面禀，据李世忠声称，所管勇队，除有家业者业已遣散外，其余现已请示曾国藩办理；炮位船只，亦已分别遣留；所管各州县及厘卡地方，拟即禀请曾国藩派员接管。情词极其驯顺，惟所言与所行是否相符，尚难遽信，必须俟李世忠遵调前赴曾国藩军营，并将淮北各城及厘卡地方全行交出，由乔松年派员接管，方见其言行符合；必须俟曾国藩、乔松年将各事办妥，该大臣方可督军赴豫剿匪。各等语。僧格林沁老成之见，虑事甚属周详，著曾国藩迅速遵照前旨，札调李世忠到营，将其部众妥为布置，所占城池厘卡，谕令交出归官，一俟办理妥协，即行知照僧格林沁，俾得拔队赴豫，毋稍稽迟，致生他变。僧格林沁原折，著钞给阅看。乔松年现在督办江北粮台，须俟接替有人，方能赴任，著曾国藩迅饬万启琛速赴江宁藩司之任，以便乔松年交卸起程。乔松年到皖后，著曾国藩将此次谕旨及僧格林沁折均另录一分密行知照，会同商办，不准稍有漏泄。将此由六百里密谕知之。

——《清穆宗实录》卷九一，同治三年正月己未。

正月二十四日

〇上谕

前因僧格林沁奏遵查苗逆仇杀徐立壮等案，并呈递黄鸣铎及寿州绅耆禀词，当经谕令兵部，传知翁同书据实声覆。兹据翁同书逐条呈覆，所称孙家泰、蒙时中被害情形，与黄鸣铎等禀大略相同，惟于徐立壮，则称其句结长发捻匪，图袭寿城，在城内恣意淫掠，杀害无辜，兵民共愤，经黄鸣铎等拿解前来，数其罪而诛之，士民同声称快。袁甲三从前奏报，亦有徐立壮句来捻匪，又为苗沛霖句结、拟为内应之语。而黄鸣铎与绅耆公禀，则于招捻重情全未提及。著曾国藩、乔松年将徐立壮句捻焚劫各情细加访询，是否确有其事，据实查明具奏。至博崇武等三镇突围南去，其为畏惧苗逆，已属显然，曾否与逆合队攻城，当时众目共睹，无难查办。张学醇为苗说和，往来苗营，肆行无忌，曾否为苗设计，并曾否带队赴寿逼死孙家泰等，邹学镛等附苗情形，并当日御苗死事各员弁应行查恤者，均著该督抚详查速奏，毋稍徇隐。翁同书呈一件、黄鸣铎等禀二件、孙家泰等履历一件，均著钞给曾国藩、乔松年阅看。

昨有旨令曾国藩察度情形，调都兴阿兵渡江剿贼，现在陕甘军情紧急，山西绥远城逼近回氛，防务颇形吃重，本日已令都兴阿前赴绥远，会同德勒克多尔济办理防务，并令富明阿即日前赴扬州接统都兴阿所部，扼守江北。目下扬防无警，江北兵勇尚属不少，应如何调遣过江助剿，以益冯子材等兵力，著曾国藩妥为区画，一面奏闻，一面调派，以资得力。前据步军统领衙门拿获苗逆奸细冈沨川等五名，业经刑部讯明，于本日正法，其同行落后之伙犯开铁三、包明典，并供出白旗贼目张汶得，已谕令山东、河南巡抚严拿。该犯等从苗为逆，皖北是其熟径，难保不潜行逃回，并著僧格林沁、乔松年督饬地方员弁严密查拿，毋任兔脱。

将此由六百里各谕令知之。

——《清穆宗实录》卷九二，同治三年正月丙寅。

正月二十八日

〇上谕

李云麟奏，汉中贼党，分南北中三路，尽力东趋，一由石泉、汉阴出兴安而至郧阳，一由西乡出紫阳、砖坪、平利而至竹山，一由宁陕出镇安而至商州，皆于河南之南阳、湖北之襄阳一带会齐。该京卿已将兴安防守事宜布置，随即驰赴石泉。惟时中路股匪欲由茶镇等处偷渡过江，经水师奋勇截回。北路之贼，已由洋县渡江，扰至宁陕。其西乡踞逆，亦欲由瓦房店、梅湖而出紫阳。李云麟已派游击金殿安等进扎紫阳、西乡交界之瓦房店、梅湖，督团堵截，而自率各营亲兵，扎石泉迤北之饶峰岭，相机截剿等语。

发逆东下，势甚猖獗，李云麟所部无多，恐不能十分得手。现在汉南所属势必空虚，著刘蓉迅由宁羌一带进兵，先收复汉中郡县，并分兵接应李云麟，以防疏失。该抚当迅速驰入陕境，振刷精神，力图灭贼，毋稍观望。李云麟现扎饶峰岭，地当石泉、宁陕之交，既可固中路门户，亦可截北路窜匪，地势已得，亟应激励兵勇，分投扼截，出奇制胜，并须兼顾兴安之防，不得稍形疏懈。如兵力不敷，即飞咨多隆阿、刘蓉调拨，以资得力。张集馨现权抚篆，责无旁贷，著即督饬地方文武实力防剿，如有兵勇可拨，并须拨赴商州要隘，毋任寇氛四窜，方为不负委任。多隆阿前奏盩厔即可得手，何以至今尚无信息？著即严饬穆图善等设法攻克，以便分兵剿洗发逆。若为一隅所牵掣，致令逆踪扰及完善，恐该大臣不能当此重咎也。

此股逆众，既有由河南南阳、湖北襄阳一带会齐之谣，官文、严树森、张之万当各饬派出防兵，实力遏截，毋令阑入本境。如能派兵出境，会秦师夹击，更为上策。该督抚等，其慎固封守，兼顾邻疆，不得强分畛域。

现在张总愚一股尚未扑灭，苏克金马队，非僧格林沁亲自督率，恐难得力。皖北应办事宜谅有就绪，该亲王必须移扎豫境，方能尽殄狂氛，肃清中土。著即赶紧区画，一俟皖事布置妥协后，迅即移师进剿，以慰朝廷拯民水火之意。

将此由六百里谕知僧格林沁、官文、多隆阿、严树森、张之万、刘蓉、李云麟，并传谕张集馨知之。

——《清穆宗实录》卷九二，同治三年正月庚午。

二月

二月初四日

○上谕

张集馨奏，湘果各军已于正月十一日克复汉中郡城，发逆窜至西乡、石泉地界，屡扑宁陕厅城，均经在城官绅兵勇击退，该逆见由东河贾家营向镇安而去，昼夜行走，势不停留，已飞咨湖北、河南各督抚一体严防，各等语。汉南发逆全股东趋，意图窜扰楚豫，为回救金陵、牵掣官军之计，其谋甚狡。豫省兵力单薄，张总愚一股尚未就歼，若为发逆所句结，剿办必更棘手。僧格林沁布置皖省事宜已否周妥？著即酌量情形，督带兵勇进扎南阳一带，迎头截剿。如一时尚难离皖，即著派得力将弁统带劲旅星驰赴豫，会同该省兵勇扼要堵截，勿任阑入腹地。张之万务当督饬地方文武员弁认真防剿，不可稍有疏失。张曜一军剿办张总愚股匪久无成效，著该抚严饬该总兵迅速图功，克日蒇事，庶可腾出兵力，痛歼发逆。若任令外匪入境，与张总愚联成一片，蔓延为患，定惟该抚等是问，决不宽贷。镇安接壤郧襄，该逆前次本有会兵襄阳之说，不可不豫筹防范，著官文、严树森督饬在防各军实力截击，并添派劲兵前赴郧襄一带探踪迎剿，毋稍大意。湖北、河南如能严密堵遏，该逆穷无复之，难保不分窜商南，由豫窥晋，著沈桂芬相机设防，妥筹办理。陕西省城防务虽松，张集馨仍当随时侦探，如城固、西乡之贼窜近子午谷各口，即著温德勒克西等痛加剿洗。盩厔连日进攻甚急，夜不撤队，谅可得手。多隆阿务当激励将士，迅复坚城，以便分兵策应，顾全大局。

将此由六百里加紧谕知僧格林沁、官文、多隆阿、严树森、张之万、沈桂芬，并传谕张集馨知之。

——《东华续录》同治三十一，第5—6页，同治三年二月乙亥。

二月初六日

○上谕

谕议政王、军机大臣等：

曾国藩奏覆陈遵旨札调李世忠到营大概情形等语。曾国藩叠接李世忠文称，五河县城业已交出，弁勇业已撤遣，其滁全等城亦可次第交出。该大臣于行文咨令散遣部众外，并给予李世忠信函，属其自赴安庆，或派亲信大员赴营面商遣勇事宜。惟部众能否悉遵约束，该提督能否亲赴安庆，及江北各城如何派营接防，须俟李世忠呈覆到日奏明办理。是曾国藩办理此事已有端绪。李世忠措词既甚驯谨，曾国藩复能示以不疑，谅无不肯赴营之理。曾国藩总须俟其交齐各城、悉遣部众后，即行设法将该提督调至军营，责令帮同剿贼，其事方为万全。河南信息伏莽未除，张总愚捻股尚在南召一带山内，近日汉中发逆复有分窜南阳之信，情形甚紧。著僧格林沁遵照前旨，迅即拔队起程，前赴豫省驻扎，调度防剿一切事宜。所有李世忠部众如何妥协遣散，所留二千人是否分隶各营，如何管带调遣，及交出各城如何派营接防，均著责成曾国藩悉心筹画，妥速办理，不可稍涉大意，致留后患。将此由六百里各密谕知之。

——《清穆宗实录》卷九三，同治三年二月丁丑。

○上谕

前因张集馨、多隆阿、李云麟先后奏陈收复汉中，留坝贼匪分股东窜，叠经谕令多隆阿严防陕省隘口，湖北、河南各督抚迎头堵截。兹据刘蓉奏收复汉中、贼匪东窜情形，与张集馨等所奏大略相同。该逆因苏州克复，意图回援金陵，率众东窜，行走甚疾。川军甫抵汉中、城固，而逆踪已及汉阴、石泉，势必一由山阳、商雒以趋豫省，一由兴安一带以窥鄂疆。若令窜出山险，则平原旷荡，势必纷扰蔓延，堵截更难得手。刘蓉务宜督率诸军，星夜东下，乘势追击，一面饬令李云麟迎头扼截，毋稍松劲。并著官文、严树森饬令襄郧在防将士严扼要隘，仍添派劲旅驰往策应，以厚兵力。豫省与陕西商雒交界地方，即著张之万添筹兵勇，鼓舞乡团，严扼山险，毋令贼踪窜入，以期与陕省追师前后夹击。前因豫省兵力较单，谕令僧格林沁亲督援师，或酌派马队先赴该省助剿，恐一时未能遽到，张之万务当先期豫为布置，不可专待援师，稍形松懈。仍一面饬令张曜迅将张总愚股匪殄除，勿任与汉中股匪合并。陕省商雒一带为入豫门户，著多隆阿添派兵勇，与蓝斯明一军迎头扼截，毋任逆踪阑入豫省。刘蓉追剿此股贼匪，务当尽力追蹑，如该匪窜入楚豫，即著越境穷追，与楚豫防兵联络夹击，不得稍分畛域，画疆自守，致令滋蔓难图。如楚豫不能堵截，任贼长驱，视其窜扰何省，惟何省督抚是问。傥前截而后不能追，惟刘蓉、李云麟是问。将此由六百里各谕令知之。

——《东华续录》同治三十一，第7页，同治三年二月丁丑。

〇上谕

同治三年二月初六日内阁奉上谕：

鸿胪寺少卿胡家玉奏河流北徙、请筑官堤以弭水患，并预筹河运各折片。著议政王、军机大臣会同该部汇入僧格林沁前奏请裁并河员折内，一并妥议具奏。

钦此。

——《咸丰同治两朝上谕档》第14册，第41页。

二月初八日

〇上谕

谕议政王、军机大臣等：

官文等奏皖豫各捻阑入鄂边、派兵堵剿获胜一折。皖捻王廷干等由信阳一带阑入随州之小林店，经楚省兵团击走，回窜桐柏之平氏镇。汝捻陈大瀒与平氏镇之捻会合，围扑随州，亦经楚军击败，现窜枣阳。著官文、严树森督饬周凤山、赵克彰等，将枣阳等处捻众悉数歼除。前据张之万奏，皖匪由桐泌窜随州之新城集，严饬黄贵诚、尹嘉宾、图塔纳拔队追击，何以并未出境会剿？黄贵诚前此追贼不力，仅止摘顶，已属罪重罚轻，著该抚即责令该员等实力进剿，不得强分畛域，以邻为壑，如再不知愧奋，即行严参治罪，以儆玩泄。汉中逆股出窜，有犯郧阳之意，成大吉一军既不能赴陕，即当派令速赴前敌，认真迎剿，若任令阑入楚境，与蓝二逆一股会合，办理更形棘手。道员梁作楫一军小有挫失，是否足资堵御，并著该督抚妥筹调度，毋稍疏虞。

豫省张总愚一股未灭，而汉南发逆有分窜南阳之谣，陈大瀒一股亦恐被击回窜，实有防不胜防之势。前谕僧格林沁将皖事布置妥协，即酌量带兵进扎南阳一带，否则酌派将弁带兵会剿，未知该大臣能否即日移营前进。楚省所需马队千名，能否匀拨，均著妥筹办理，迅速具奏。吴棠前奏，派郭宝昌等驻防徐郡，统带陈国瑞所部，俟军务大定，再议裁撤。陈国瑞患病，是否业已痊愈？其所部之四千人，皆素经行阵，屡著战功，河南现在兵微将寡，僧格林沁进扎豫省后，若得陈国瑞一军归其调遣，必更可资得力。著僧格林沁、吴棠会同妥商调派，或陈国瑞一军能先赴豫，即由张之万派赴前敌，扼要驻扎，以资防剿，将来僧格林沁到豫，统归该大臣调度。此数省边防均极吃重，该大臣忠勇夙著，务须通盘筹画，力顾大局，用慰廑系。

将此由六百里各谕令知之。

——《清穆宗实录》卷九三，同治三年二月己卯。

二月十六日

〇上谕

同治三年二月十六日内阁奉上谕：

僧格林沁奏帮办大员恳请回旗补行穿孝，据情代奏请旨等语。杭州将军国瑞，著准其回旗葬亲，补行穿孝，俟孝满后，仍著前赴僧格林沁军营帮办军务。

钦此。

——《咸丰同治两朝上谕档》第 14 册，第 55 页。

〇上谕

僧格林沁奏审明苗逆党与、定拟罪名等语。苗党潘垲并其子潘立勋，前被捻匪裹去，投诚后因其剿捻出力，办理霍邱一带团练，给予官阶，自应实心报效，乃苗逆叛乱后，胆敢助给船只，运送银米，管理三河尖厘卡，又复倚势把持，明随官军办事，暗与苗逆勾通，核其情罪，万难宽贷。姑念苗逆此次围攻蒙城，该犯等并未同往助逆，尚可稍从末减。五品蓝翎候补知县潘垲、参将衔蓝翎游击潘立勋，均著即行革职，发往乌里雅苏台，交该将军严加管束。余著照所议办理。苗逆倡乱，凶焰甚张，其间被逼胁从者所在多有，而潘垲父子以一团民，因剿捻微劳，屡保官职，乃竟不知大义，首鼠两端，非若乡愚被逼，出于无奈，是用从重惩办。此外被胁小民，业已悔过自新，真心归正，朝廷断不苛其既往也。将此通谕知之。

——《清代起居注册（同治朝）》第 12 册，第 6548—6551 页。

〇僧格林沁、国瑞奏

查张总愚一股现仍盘踞豫西南召一带，倚山负固，臣等前派翼长苏克金带领马队驰往会剿，因该逆仍踞山中，马队难以进击，臣等拨步队兵勇二千三百名，派提督傅振邦督队，前往鲁山一带，会同苏克金酌核剿办，已于正月二十八日起程。惟雨雪载途，行走未能迅速。兹准张之万函称，拟俟（博）［傅］振邦兵到，会合苏克金马步痛加剿洗。现在皖境虽就肃清，其善后事宜仍须妥筹办理，抚臣乔松年月内谅可到皖，臣等拟俟该抚臣到任，将皖北事宜面为商定后，即当移扎豫境，相机防剿。

——《钦定剿平捻匪方略》卷二一一，第 12—13 页。

〇上谕

谕议政王、军机大臣等：

僧格林沁奏拨兵赴豫会剿各折片。张总愚等捻股负嵎山中，该大臣已拨步队兵勇二千三百余名，派提督傅振邦督带，前往鲁山一带，会同苏克金剿办，于正月二十八日起程。惟因雨雪泥泞，未能迅速前进。僧格林沁拟俟乔松年月内到皖，将皖北事宜面为商定，即行移扎豫境。所筹均属周妥。傅振邦一军，连日应已到豫，著张之万严催张曜，会同傅振邦等设法进攻，务将张总愚一股就地歼除，毋再延缓干咎。该逆乞降之说，无非冀缓师期，懈我兵力，万勿为其所惑，致有疏失。汉中发逆陈得才大股，本日据多隆阿奏，前队已到山阳，后队尚在宁陕一带，刻下曾否窜近豫境，何以未见张之万奏报？著遴派妥员，勤加侦探，早为防备，以免临事掣肘。乔松年计可即日到皖，僧格林沁务当赶紧部署，俟与乔松年见面，商酌办法后，即行移扎豫境，相机调度，以资控制。将此由六百里各谕令知之。

——《清穆宗实录》卷九四，同治三年二月丁亥。

二月十九日

〇上谕

李云麟奏川楚各军齐进、发逆避击狂奔，及收复西乡各情形一折。发逆分股东窜，经李云麟督带兵勇，在饶峰岭截剿，进赴土门垭。扶逆余党，尚踞两河。官军奋击，逆众宵遁。伪天将马逆继至，亦被官军击败。该逆等知中路难犯，欲由石泉、汉阴交界之三官庙直犯兴安，抄楚军后路。官军分投防堵，该逆在镇安属之手爬岩一带游弋。其启逆一股，因石泉有备，仍折回宁陕。邱逆亦率党北趋，并归一处。已由镇安至西乡之子午汛，首尾不断，绵亘三百里。而蓝二顺股匪，复由郧西扰至洵阳县属之蜀河。是兴安上下，均形吃重。虽经李云麟分派水陆各军，联络乡团，严密防守，第贼势太盛，必须前后夹击，始可遏截狂氛。著李云麟严饬各军认真堵御，固守兴安郡县，毋为该匪所乘。洋县、城固业经刘蓉收复，李又复收复西乡，计两军相去不远，何以刘蓉、李云麟奏报，声息仍未相通？著刘蓉懔遵前旨，速饬何胜必、萧庆高等，迅即督勇前进，紧蹑贼踪，务与李云麟会合兜剿，就地歼除。傥任意迁延，不以追贼为事，将来东路稍有疏失，必惟刘蓉、李云麟是问。宁陕一带之贼，前据多隆阿奏相机遏剿，不任蔓延，现在邱逆又复北趋，西安门户之防最关紧要，多隆阿务当妥筹防剿，毋稍大意。并著张集馨将省垣防守事宜豫作准备，仍协同温德勒克西等严防子午谷等处要隘，毋得稍有疏虞。蓝二顺一股现已折窜洵阳，郧西情形稍松，官文、严树森当不分畛域，飞饬梁作楫等越境追剿，毋得坐视兴安之急，不思设法应援。该逆图救金陵，锐意东窜，不走湖北，必走河南，节经谕令该督抚等先事筹防。著官文、严树森、张之万分饬派出将领，随时侦探贼踪，迎头截击，毋令该匪窜越。张之万仍当严饬张曜等，迅将张总愚股匪殄灭，俾得腾出兵力，分路严防。该逆既有欲出荆子关、由鄂豫等省直窜金陵之说，不可不豫为防范。著僧格林沁、曾国藩不动声色，将皖豫地方隘口密为布置，以备不虞。

李云麟另片奏,请将派往受降中途遇害之营弁议恤等语。据称,逆党萧克城率众千余投诚,经李云麟派刘连陞等前往受降,何以行至中途,猝有另股逆匪蜂拥而至?萧克城曾否被杀?此股逆匪是否即系萧克城豫先埋伏、李云麟等为其所绐?著即详晰声明,据实具奏。

将此由六百里谕知僧格林沁、官文、曾国藩、多隆阿、严树森、张之万、刘蓉、李云麟,并传谕张集馨知之。[1]

——《清穆宗实录》卷九四,同治三年二月庚寅。

二月二十日

○上谕

官文等奏官军克复厉山、立解枣阳霸山之围,并郧军收复上津堡一折。皖捻阑入鄂疆,在随枣一带肆扰。此次官军被围,至六昼夜之久,幸各将士坚守苦战,援军奋勇驰救,立解重围,军气复振。剿办甚属出力。著官文、严树森激励各军,乘胜穷追,务将此股悉数殄除,肃清边境。上津堡虽经克复,而蓝二顺首恶尚在稽诛,汉南大股发逆悉数东下,张总愚巨股又有自南鲁逸出、逼近南阳之说。败捻已越枣阳,若再上窥襄樊,或直走新邓,势将不可收拾。官文等现饬成大吉等水陆各军分驻襄郧,互相联络,其荆门荆宜一带,又饬周凤山六营居中控扼,所筹均尚周密。即著饬令在防将士严密堵剿,聚歼丑类,不得稍有疏虞。张总愚一股,前据僧格林沁等奏,饬苏克金等诱令出险抄击,此时该逆既已出山,即可用马队冲突。著该大臣严饬苏克金等迎头截击,痛加剿洗,张之万严饬张曜等军会合夹攻,总期一鼓歼灭,毋任旁窜纷趋,又成滋蔓。楚豫军情万分吃紧,张之万务当振刷精神,督率各军,会合楚师,认真防剿,以保疆圉。将此由六百里各谕令知之。

——《清穆宗实录》卷九四,同治三年二月辛卯。

二月二十二日

○上谕

谕议政王、军机大臣等:

御史吕序程奏请将叛迹昭著之潘垲等正法一折。据称,潘垲系积惯讼棍,其子潘立勋

---

① 寻李云麟奏,遵查萧克城乞降之事,为贼首黄姓所觉,伏兵杀之,刘连陞同时被害,并非萧克城豫设埋伏。报闻。参见《清穆宗实录》卷九四,同治三年二月庚寅。

著名捻匪，率众投苗，占踞三河尖，招匪数万，逼胁光固官围，归伊调遣，勒令良民蓄发，东西数百里烧抢一空，率众数万，助苗攻破寿州，复于光州、固始各城门衙署张贴伪示，语多狂悖，请饬僧格林沁将该犯等一并正法等语。潘垲父子句通苗逆，罪本难宥，前据僧格林沁奏称，苗逆围攻蒙城，该犯等未往助逆，尚可稍从末减，曾经降旨将潘垲、潘立勋发遣乌里雅苏台。兹据该御史奏陈，潘垲父子种种悖逆凶恶情形，殊堪发指。该御史籍隶河南罗山县，距三河尖一带甚近，见闻较确，所陈自系实情。若不将该犯等立予诛戮，无以申国法而绝后患。著僧格林沁即将潘垲、潘立勋立行骈诛。如该犯等业已起解，即著迅派委员驰追，无论行抵何处，即将该犯等就地正法。毋得先行泄漏，致令闻风远飏。至查抄家赀，多系有名无实，该犯恶党亦业经解散，该御史所请查抄老巢家赀济饷、并查办恶党之处，著毋庸办理，以免惊扰而定人心。原折著钞给阅看。将此由五百里密谕知之。

——《清穆宗实录》卷九五，同治三年二月癸巳。

二月二十九日

○上谕

谕议政王、军机大臣等：

张之万奏进剿李青店踞逆获胜，该匪翻山夜遁，现在探踪截击一折。张总愚股匪，会合李青店逆党，穷蹙纷窜，张曜等亲当其冲，未能力加遏截，致令贼踪横逸，实堪痛恨。现在陕西汉中发逆，日夜锐意东趋，已扰及内乡境内。陈大湻捻股，欲向樊城老河口逸出。傥任其乘势句结，贼氛愈形蔓延，防剿更难分布。著张之万严饬张曜、葛承霖、吴再升等军，星速绕出贼前，会合夹击，并饬宋庆等军驰赴嵩县，与张曜等前截后追，痛加剿洗，务将张总愚股匪悉数就地歼除。傥再任令远飏，或致与发逆另股句合，复行滋蔓，必重治张曜之罪。闻近来张曜大不如前，遇贼不肯奋勇接仗，勿谓朝廷一无闻见也。其陈大湻一股，并著官文、严树森、张之万督饬楚豫边防各军严密扼截，毋令逸出，窜合为患。苏克金一军赴豫助剿张逆股匪，屡据声称，俟逼贼出险，即行驰击，此次该逆拌死出窜，苏克金马队何以并未蹑追？实出情理之外。现在陕中发逆日逼豫边，经张之万商令苏克金、傅振邦由南阳进兵，严防内乡之西峡口，即著僧格林沁严饬苏克金等迅速进剿，如再迁延贻误，即行严参惩办。僧格林沁久未见有奏报，曾否拔队起程？何时可以前往豫省？著即迅速具奏。楚省郧西一带边防，并著官文、严树森饬令派出之梁作楫等军，与豫省官军联络防范。张之万仍当督饬李殿元一军，严防荆子关要隘，毋令发逆阑入豫疆。如兵力尚单，即著酌量添派，以资扼剿，毋得稍涉大意，致有疏虞。将此由六百里各谕令知之。

——《清穆宗实录》卷九五，同治三年二月庚子。

〇上谕

张集馨奏宁陕道路已通、城防弛严、境内肃清一折。汉中发逆窜扑宁陕厅城，自正月初八日至二十六日，贼众盘踞城外附近一带，窥伺城垣，均经该厅文武督兵集团屡次击退。此股系罗逆及伪扶陈逆，不下十余万，贼伪端蓝逆断后，其伪启增诸逆党约二三万人，均于二十六日夜间由贾家营、梁家堡分窜镇安县、孝义厅各境。又，西乡另股马逆二万余人，于二月初一日由石泉银杏坝续窜关口，亦由贾家营东窜。宁陕厅境已无贼踪，由子午谷直至省门一律安静。

该厅文武绅团相持一月之久，卒能击退大股逆匪，尚属出力。著刘蓉迅即查明，奏请奖叙。此股逆匪志在回援金陵，日夜东窜，亟须力筹堵截，以遏逆氛。刘蓉督兵追击，见在行抵何处；李云麟扼扎石泉，何以任令马逆一股窜向关口，由贾家营东去，未见奏报。见在进剿情形究竟如何，著即迅速驰奏，并著绕赴贼前，奋力堵截，毋得有名无实，徒托空言，自干咎戾。

本日据张之万奏称，发逆逼近荆子关，经总兵李殿元堵剿，毙贼多名。又探称，发逆欲从内乡窜合张总愚股匪，见已扰及内乡交界之石楼地方，本日已谕僧格林沁严督苏克金等军实力堵截，张之万严防本境，官文、严树森严扼襄樊，以防陈大漋等股匪句合皖粤各逆。前经叠谕刘蓉不分畛域，尽力穷追，著即懔遵前旨，星夜东进，会合李云麟一军紧蹑贼踪，两路夹击，毋稍松劲。

至贼踪分窜靡定，傥被楚豫各军阻截，难保不折回陕境，以窥晋疆，沈桂芬当督饬蒲津一带在防文武加意严防，以备不虞。所有商雒、潼关等处，仍著多隆阿檄饬在防各军严密扼守。其子午谷及西安省防，仍应加意备御。宁陕厅属团众，张集馨不可遽令解散。盩厔蕞尔一城，贼匪并不甚众，多隆阿围攻日久，迄未克复，以致全局为贼所牵。多隆阿初膺简命，锐不可当，近来何以顿兵县城，日久无功？殊不可解。著即速行设法攻拔，毋再迁延贻误。

将此由六百里谕知多隆阿、刘蓉、沈桂芬、李云麟，并传谕张集馨知之。

——《东华续录》同治三十一，第35—36页，同治三年二月庚子。

三月

三月初五日

〇军机大臣等奏

现据僧格林沁咨,密奏提督李世忠呈递禀词折内声明,将原禀封送军机处,兹将原禀封送前来,臣等公同拆阅,谨将李世忠原封一件进呈御览。谨奏。

——《咸丰同治两朝上谕档》第 14 册,第 69 页。

三月初六日

〇僧格林沁奏

捻匪张总愚一股盘踞南召一带,倚山负固,臣前派提督傅振邦督带步队前往会剿。顷闻贼匪向西北山中窜至嵩县属之龙王庙地方,有奔黑峪、栾川之信。该处系乱山之中,马队不能进击,翼长苏克金现移往鲁山、嵩县一带堵御。又据探报,发逆于二月初十、十一等日窜至西坪地方,该处系入西峡口大道,并有水路之贼自汉中沿江直下,若过郧阳,指日可到老河口,是邓州、新野亦属吃紧。捻匪陈大憘一股又于十三日窜至襄阳所属之榆山一带,欲向樊城、老河口奔窜,而发逆又复东来,难保不勾结为患。查皖境已就肃清,臣原拟抚臣乔松年到皖,将善后事宜面为筹商后再行统军赴豫。该抚臣现尚未到,臣只得先其所急,于二月二十六日分拨马队起程,作为头起,臣即带领后起马队赴豫,先至许州一带相机探剿。傥该逆仍踞山谷,惟有派拨步队进攻,令马队扎于许州以南平阔地方,俟诱其出山,方可抄击。惟臣营步队兵勇不敷调遣,已于皖省投诚勇丁内选择一千名,带豫随剿。

——《钦定剿平捻匪方略》卷二一二,第 1—2 页。

〇沈桂芬奏

据称汉南发逆于镇安、山阳属境分股东窜,已至内乡、邓州等情。查南阳一带现经僧格林沁派副都统苏克金统带马队驰往堵御,该逆避兵而行,难保不分头窜逸,晋边与河陕各属仅隔一河,臣相机设防,并饬沿河将弁加意梭巡,不敢稍涉懈弛。

——《钦定剿平捻匪方略》卷二一二,第 3—4 页。

○上谕

谕议政王、军机大臣等：

僧格林沁奏统军赴豫、相机进剿；曾国藩奏汇报各路军情、请饬闽粤两湖一体严防；沈桂芬奏豫捻窜近陕洛、拨兵赴防，并遵防陕省窜匪；张集馨奏汇报各路军务、省门左近一律肃清各折片。张总愚窜至嵩县属之龙王庙，有奔黑峪、栾川之信。发逆窜至西坪，并有水陆之贼自汉中沿江直下，邓州、新野亦属吃紧。陈大濇一股窜至襄阳所属之榆山一带，欲向樊城、老河口奔窜。僧格林沁恐各匪句结为患，已亲统全军赴豫，先至许州一带探剿，所筹深合机宜。著即督同苏克金、傅振邦等诱贼出险，先将此股殄灭，以次削平群寇。张之万督饬地方文武团练协同剿办，均听候僧格林沁调遣，粮饷军火，随时筹济，不得迟误。

汉中贼匪沿江而下，较旱路尤为剽疾，若过郧阳，指日可到老河口。邓州、新野均属紧要，张之万当抽拨兵勇赴防，毋任阑入，句合为患。此股窜贼，既有窜过郧阳可到老河口之说，而陈大濇一股亦欲由樊城、老河口奔窜，是楚北防务十分吃重，何以近日未据官文等续报情形？著官文、严树森饬令在防将士昼夜防范，傥兵力尚有不敷，应即相机筹调。樊城一带，傥需水师防剿，亦应一并筹派，不可稍有疏虞。沈桂芬因张总愚有分股窜河洛之谣，已调兵分防曲里、洪阳等渡口，如匪踪逼近，即令和昌等隔河堵击，各口渡船严饬一律提归北岸，并著张之万、张集馨通饬所属照办，以免奸匪抢船北渡。汉南发逆东窜，恐因豫省有大军堵截，避兵而行，或窜晋，或回陕，俱在意中，沈桂芬仍当认真设防。刘蓉、李云麟务当派兵出境会剿，不得以驱贼出境，遂谓可以卸责。李云麟前奏，调澄汉九营水师防河，何以此股贼匪沿江而下，直犯郧阳，窥伺老河口？足见水师不能得力。著即统率所部，尽力追剿，毋得区分畛域，贻患邻封。多隆阿伤痕曾否就痊？盩厔余匪应已埽除净尽，潼关等处，防务至要，该将军当与刘蓉、张集馨咨商，分兵筹防，以期有备无患。刘蓉派援盩厔之五营，亦可另行改拨，分防要口。该抚仍当懔遵前旨，察看军情贼势，克日出省督剿，以资得力。

曾国藩奏，鲍超东坝之师，久无战事，檄令分营进取句容、丹阳一带，如复句容，即以全军驻扎，专防金陵城贼冒死外窜。所筹亦甚周密。惟东坝为江浙门户，现在广德踞匪归并湖州，皆思上犯江西，沈葆桢设防严密，该逆计无复之，难保不回窜广德，由东坝图援金陵，均不可不虑。鲍超一军，自当力保东坝，方能进取。现在广德已经收复，应即派兵驻守，以防复踞。该大臣请饬闽粤两湖一体严防，免成流寇，前已谕令毛鸿宾、恽世临、徐宗干等严密侦探堵御，著官文、严树森一体豫为防范，以免疏虞。江忠朝业已起程，杨岳斌水师即著毋庸上驶，仍饬于江面严断济贼之路。金陵城大而坚，围攻不易，曾国藩能否亲往督办，俾各营将士有所禀承，以期迅速奏功，并著酌度办理。

将此由六百里谕知僧格林沁、官文、曾国藩、多隆阿、严树森、张之万、沈桂芬、刘蓉、李云麟,并传谕张集馨知之。

——《清穆宗实录》卷九六,同治三年三月丙午。

〇上谕

僧格林沁奏密陈李世忠遣散部勇情形、豫筹控制一折[1];曾国藩奏接准李世忠来函,请俟五城勇散后开缺引退等语。李世忠因皖北肃清,先将天长、五河两城交出,归地方官妥办善后,并将五河兵勇三千名一律遣散。其滁全来各城,亦拟于三月底全数移出,散遣练勇。如果言行相符,消患无形,固属妥善。第据僧格林沁奏,查核所禀,虽属驯顺,而语多剖辩,心犹未平。曾国藩亦有该提督平日揽权专利、诡诈多端之语。是其畏罪输诚,未可尽信。且其部下人数众多,一朝尽行撤遣,难保不迟疑畏沮,滋生事端。僧格林沁现拟饬陈国瑞全军驻扎徐州,藉资控制,所办甚是。该大臣已赴豫省督剿,所有一切抚绥驾驭机宜,著曾国藩、乔松年会商妥办。五城兵勇届期能否遣散,李世忠届期是否前赴安庆军营,该提督果能自实其言,输忱效顺,即照曾国藩所拟办理。傥阳奉阴违,潜图反侧,亦不得谓事所必无。僧格林沁、曾国藩、乔松年亦当悉心筹画,先事防维,不可稍涉大意。乔松年日内计已自安庆赴任,即著照该抚前奏,迅速驰赴临淮,驻于营中,以资镇抚。将此由六百里各密谕知之。

——《清穆宗实录》卷九六,同治三年三月丙午。

三月初九日

〇上谕

多隆阿奏攻克盩厔详细情形并汉南发逆下窜各折片。该大臣于围攻盩厔时受伤甚

---

① 据僧格林沁奏:"查前据督臣曾国藩文称,提督李世忠咨开,以皖省军务告竣,无须重兵防扼,拟将队伍裁汰,以节饷项,其五河县兵勇三千名,业已一律遣散,五河县交地方官妥办善后,滁全来各城,亦拟如是办理,该提督即至滁州妥为料理等因。奴才以豫省军务紧要,未便久待,该提督既称即赴滁州料理,其是否将勇一律遣散,是否办理完结,于何月起程赴督臣曾国藩军营之处,札令该提督禀报去后,兹于二月十九日接□禀称,三月底定将各该城全行交出等语。查所禀一切虽属驯顺,而语多剖辩,是其心犹未平,欲犹未厌,勉强遵令,已可概见,而交出五河县,亦未尝非慑于兵威,其余各城勇丁,究未一律遣散。若该提督言行相符,固属消患于无形;倘待大兵撤后,再有反侧,又成苗逆。前车之鉴,不可不豫为防范。惟豫省军务吃紧,我军若待三月底听其交出各城始行移兵,恐有缓不济急之势。再四思维,前奉寄谕,著奴才会商吴棠,调派陈国瑞之军赴豫,查该镇现虽患病,今准吴棠函称,假以调理,可早日就痊,专候如何调派等语,是该镇病势尚不甚重。其所部兵勇素经行阵,屡著战功,早在圣明洞见之中。且该镇与提督李世忠旧有嫌隙,拟请暂留该镇之军驻扎徐州一带,倘有不测,足资控制,以期有备无患。查该镇既与李世忠不睦,奴才是以□意未申,以免构衅生事,致启兵端。所有李世忠散勇之事,仍听督臣曾国藩妥为办理。"详见中国第一历史档案馆藏录副奏折,档案号03-4701-029。

重,此次折内未据提及,朝廷廑系殊深。见在枪子是否取出?伤病曾否渐痊?该大臣已否回省就医?均著迅速驰奏,并一面安心调摄,以慰驰廑。盩厔既复,蓝大顺巨逆是否歼毙,抑系脱逃,并著饬令穆图善等将该逆下落查明,及盩厔余匪一并认真搜捕,毋令漏网。汉南发逆下窜,前队已入豫境,扰及内乡属之巡检司等处,后队仍在龙驹寨一带,南阳情形吃紧。该大臣见饬蓝斯明扼扎商州,饬刘汉秀等扼守潼关,以防西窜,所筹尚属周妥。此股贼势甚剽疾,并有水路之贼自汉中沿江直下,以犯郧阳,刘蓉、李云麟当懔遵前旨,督军痛剿,越境穷追,并会合多隆阿一体分兵严行截击,与楚豫官军联络夹剿,痛殄逆氛,毋得以驱贼出境为了事。僧格林沁督军赴豫,业已启程,豫省张逆及东窜发逆尤恐被剿回窜,商雒一带,多隆阿当饬各员认真防剿,毋稍大意。陶茂林进剿陇州回匪,连获全胜,与雷正绾定期夹剿,即著饬令一鼓歼除,肃清陕境,以便进兵甘省,规复平固,毋得迟延。将此由六百里各谕令知之。

——《东华续录》同治三十二,第20—21页,同治三年三月己酉。

三月十三日

〇上谕

前因甘肃宁夏失守,回氛甚恶,该处可由蒙古草地直达归绥,该二城官兵深不足恃,因谕令都兴阿由扬防前往。该将军奏明取道京师,较为直捷。兹据到京,查其所带兵力,仅止三百名,为数甚单。因思僧格林沁派驻山东恩县定安所部,有黑龙江营总依能额等所带两起黑龙江官兵三百六十余名,若令调赴归绥,交都兴阿统带,则兵力较厚,庶足以资镇压。至归绥乃系扼要地方,亟应妥筹防剿,著僧格林沁即饬定安将所带黑龙江官兵三百六十余名,交营总依能额管带,即由恩县拔队前赴归绥,归都兴阿调遣。该将军克日由京起程,此项官兵,由东取道直境,甚为便捷,并著饬催迅速启行。其定安所部驻扎恩县之兵,如须添补,即著该大臣另为筹拨,以资弹压。僧格林沁自蒙赴豫,何日启行、何日可到许昌?张总愚股匪出山以后,各路官军兜剿如何?陕省汉中出窜逆匪,已由商南窜越豫省内乡等境,尤恐其与张总愚等句合。而邓州、新野,又恐为沿汉下窜之贼纷扰。陈大禧股匪扰及襄樊,亦恐其与汉中窜匪潜谋合并。该大臣抵许昌后作何筹布,鄂豫各军堵剿是否得力,应令如何协同剿办之处,著即迅速奏闻,以慰悬廑。将此由五百里谕令知之。

——《清穆宗实录》卷九七,同治三年三月癸丑。

三月十四日

〇上谕

谕议政王、军机大臣等：

张集馨奏陕省回务渐就肃清、南山发逆尚未窜尽、调兵严防潼关一折。据称，多隆阿右眼铅子尚未取出，不时疼痛昏迷，览奏实深廑系。兹特降旨，命穆图善署理钦差大臣关防，并帮办多隆阿军务，俾该将军得以调理。多隆阿当设法医治，以期克日痊愈，用慰悬念。穆图善现已帮办军务，署理关防，一切相机调度，责无旁贷，著即督饬各军，西剿回匪，南防发逆，务当妥筹兼顾，毋稍疏虞。雷正绾督勇援甘，责任甚重，现在灵台汧陇埽荡肃清，泾州后路无虞梗阻，该提督尤当督率陶茂林、曹克忠激励各营，鼓行而西，尽力剿洗，毋得任意迁延，自干咎戾。逆匪曹背时现与蓝逆合股，分踞宁陕厅之金鸡河、八斗坪等处，虽经该厅兵勇民团击却，该逆尚在镇安。而蓝二一股，游弋于蜀河一带，逼近洵阳。是汉南余孽，势尚披猖。著刘蓉恪遵前旨，会同李云麟迅将曹蓝各逆悉数殄除，傥任其盘踞蔓延，蹂躏不已，或听其结队东窜，徒事尾追以塞责，必惟刘蓉、李云麟是问。

曹蓝等逆均由川省窜入汉南，刘蓉等攻剿紧急，难保不遁回蜀境，骆秉章仍当督饬在防将领严密防范，期于迅殄逆氛。豫西捻匪窜至卢氏县之漫川镇，该县毗连阌乡、卢灵关一带，防堵最关紧要，著僧格林沁、张之万严饬诸军，速将此股迎头截剿，埽除净尽，毋令窥伺秦疆。参将雷显扬已到潼关防所，著穆图善、张集馨严饬该参将等认真堵御，不准稍涉松懈。沈桂芬仍恪遵叠次寄谕，分饬各营严防河岸，毋稍大意。

骆秉章等奏官军攻剿松潘逆番、克复叠溪一折。叠溪营城业经克复，贼目日吉亦已被歼，该逆首自必闻风丧胆。著骆秉章檄饬蹇訚、联昌等，移得胜之师，乘机进剿，务将逆首捦斩，以杜后患。并饬该文武员弁严防西北两路，毋令窜入甘肃等处。前据刘蓉奏，川省綦江县复有黔匪窜扰，该督本日奏报何以尚未提及？著即星速奏闻，仍飞饬刘岳昭督率所部前往截击，毋令阑入蜀境。

将此由六百里谕知僧格林沁、多隆阿、雷正绾、穆图善、骆秉章、张之万、沈桂芬、刘蓉、李云麟，并传谕张集馨知之。

——《清穆宗实录》卷九七，同治三年三月甲寅。

三月十六日

〇上谕

谕议政王、军机大臣等：

现在苏杭均已克复，金陵围攻日紧，前阅李鸿章奏，内有三四月可以克复之言。当此大功垂成，各路统兵将帅及各该督抚等，允宜同心协力，以期共济。自陕省汉中之贼出窜宁陕、商州一路，并有分由汉江水路下窜者，节据多隆阿、张集馨等奏报，汉南贼欲回救金陵，约于鄂省襄阳老河口等处会齐，官文等前奏克复厉山，并枣阳霸山解围、收复上津堡等情形折内，具称蓝二顺首恶稽诛，汉南逆匪悉数东下，张总愚股匪自南鲁山中逸出、逼近南阳，豫省败捻又越枣阳，或由王家河以窥襄樊，或由双沟司以达新邓，均未可知。襄樊为全鄂上游、南北锁钥，东、西、北三面之贼纷沓而来，鄂军能否自固藩篱，犹无把握。所派成大吉、欧阳正墉、梁作楫及副将龙藻琦、都司周有全、总兵周凤山等水陆各军，分驻襄郧并当阳各处，以上各军是否均已到防？何以各军战守情形，经月全无奏报？当此金陵垂克之时，若令贼得肆其狡谋，于襄樊一带会齐，乘上游建瓴之势，顺流直下，将使围攻金陵大军为所牵动，岂不又碍全局？官文、严树森如不能将此贼严密防剿，致误大局，自问当得何罪？军情紧要，鄂省各路官军深恐事权不一，为兵家大忌，官文、严树森二人内，即当商定一人出省，督办防剿，毋得安坐省垣，一任贼之纷窜，俟得有胜仗，一奏塞责，以为了事。并著于商定出省后，一面迅速奏闻。曾国藩能否亲往金陵督办攻剿？现在襄樊吃紧，该处为金陵及皖省上游，亟应豫为防范，不可稍涉大意。该督前奏杨岳斌统带师船严防江面，不能调往他处，此时江面上游有事，著即于杨岳斌、彭玉麟二人内，酌留一人防江，一人泝流而上，以资防剿。如鄂省派出成大吉等军无所统率，杨岳斌等无论何人前往，均可登岸，将鄂省各路陆军并归统带调遣，以期得力。

僧格林沁日内当已行抵许昌，该处与襄樊较近，军情贼势，谅能侦查明晰。张总愚股匪出山以后，剿办若何？汉中窜匪逼近内淅境地，一犯南阳，与襄樊贼股又虞串合，而张逆一股，前据张之万奏窜及嵩县等境，该处又与河朔切近，有关北路之防。究竟中州军务，现以何路最为紧要，著僧格林沁于抵豫后，酌量缓急，将各军分别调遣，并著一面迅速奏闻。

其襄樊一带窜贼，官文、严树森必当严督将士剿除净尽，不准有以邻为壑之心，并不准以有僧格林沁在豫，稍存推诿。曾国藩为国重任，身系东南全局安危，官文等向来办理军务，尚能不分畛域，均属有功之人，值此大功垂成，尤应始终罔懈，同济艰难，以维全局。若令垂成之功又有中变，事属何人贻误，必将该督抚重治其罪，不能以前此有功，稍从宽宥也。

将此由六百里加紧各谕令知之。

——《清穆宗实录》卷九七，同治三年三月丙辰。

三月十九日

〇张之万奏

僧格林沁已由亳州督师前来，臣即于三月初三日驰赴许州接见，会商进剿机宜。僧格林沁于初七日进扎洛阳，防贼北窜，臣折回汝州，严饬张曜、葛承霖、宋庆、善庆、色尔固善等军紧蹑兜剿。查张总愚捻股由黑峪陆续西窜，二十一日，张曜等追至黑峪，该匪列队抗拒，我军奋勇冲击，匪众窜往卢氏境内栾川、庙子街、三川等处，张曜令保英、李世玉各军扼扎黑峪，防贼回窜，自率张士元、尹嘉宾……

——《钦定剿平捻匪方略》卷二一二，第8—9页。

〇上谕

张之万奏发逆围攻内乡、官绅竭力解围，陈大渲未遂句结、张总愚窜卢氏之栾州、现饬绕前截剿一折。豫省宛洛一带，寇氛四集，防不胜防。目前军务，以先剿张总愚为要领。张之万已飞饬张曜、宋庆等军绕出其前，扼扎桃湾，以防西窜朱阳关之路，并令善庆等马队会合剿洗。著即严饬该将领等卷甲疾趋，灭此朝食，毋再任其蔓延。张曜前由黑峪追剿张总愚，捦斩甚少，尽成尾追之势，此次若再不得力，即由僧格林沁、张之万严参惩办。陈大渲回窜淅川之李官桥、襄阳之老河口，发逆窜商南之竹林关等处，是襄郧二府均属十分吃重。官文等一月无报，实属不知缓急。究竟所派之梁作楫等军能否得力，应否添调新军，均须认真布置，不至纵匪深入，蹂躏地方。该匪本为图救金陵而来，若由随枣黄麻直趋英霍，或由水路顺流而下，则曾国藩不能不力争上游，恐于金陵垂成之局又生枝节。襄郧一带地势宽广，官文所派防边各将，职分相等，无所统率，必将贻误事机。汉南前车可鉴。官文、严树森当懔遵十六日谕旨，即日商定一人出省督师，一人留办防务，不准稍有迁延，致干咎戾。并仍遵前旨，飞咨曾国藩移调杨岳斌等水师，于襄樊一带督同陆师夹剿。

僧格林沁现已由许州取道长葛、新郑等处，进扎洛阳，该亲王威望素著，各逆自必望风逃避。惟当通筹数省大局，移缓就急，妥筹调度，并严督各军会合豫军，克日将张总愚一股先行剿除，再将各股以次埽荡。现在陈大渲一股及汉中窜逆一股均聚内乡。内乡以北，有僧格林沁驻扎洛阳之师，足资捍御。其由内乡以东，系发捻图援金陵之路，著僧格林沁一面迅饬苏克金等军由南阳进兵剿洗，一面严饬张之万等派拨重兵扼其东窜，免致由豫入皖，掣动金陵大局。其分窜老河口捻股，著官文等督饬严密截剿。以上各路窜匪，如由何路掣动大局，惟何省督抚是问。其应于何路扼要设防之处，并著僧格林沁、官文等悉心调派，彼此知照，毋误事机。

张之万另片奏，汝南各军攻克小郑寨，现在围攻赵寨；及信阳州知州宫国勋剿捕龙井余匪、正阳县知县白檕攻克周寨各情。著该抚会同毛昶熙，督令汝防各将士及地方团练，将赵寨及未复各寨次第攻克，以靖地方。原奏称攻克信阳州之龙井寨，有出示安良、另派首事之语，信息一带，圩寨林立，总因首事者不得其人，往往投诚后旋即反覆，聚众为害。张之万谅已深鉴此弊。所派首事，务须慎选安分驯良之人，不得敷衍目前，意存迁就。

将此由六百里各谕令知之。

——《清穆宗实录》卷九七，同治三年三月己未。

三月二十一日

〇吴棠奏

据僧格林沁函称，陈国瑞一军俟该亲王到豫后，察看情形，再行调派等语。查陈国瑞病体复元，业经销假，现在徐宿一带大兵甫撤，弹压镇抚倍关紧要，淮徐各军向经臣与陈国瑞酌商调度，既奉僧格林沁函令该总兵暂缓赴豫，陈国瑞自应驻扎淮徐之间，照旧与臣会督各军，以资控制。

——《钦定剿平捻匪方略》卷二一二，第 15—16 页。

三月二十二日

〇上谕

谕议政王、军机大臣等：

前因多隆阿奏全陕回匪肃清，所统全军应赴援何省，请旨遵行，当经谕令多隆阿，将所部不宜入甘之军移剿陕南窜匪。现在曹蓝各逆势尚猖獗，刘蓉所部近日剿贼情形，未据该抚驰奏，实深廑念。此股匪徒，若不及早扑灭，不独兴安、商州等处受其蹂躏，将来会合发逆，必至窜扰鄂豫腹地。陕省回务既已肃清，多隆阿所部多系南人，势难进剿甘肃，即著多隆阿商同穆图善，于所部酌调兵勇四千名，交姜玉顺、佘福象统带，驰赴陕南，会同刘蓉各营，迅将曹蓝各股匪徒尽力剿洗，仍遵前旨，追贼出陕，行抵鄂境，即归官文调遣。并著官文将此起兵勇四千名催提赴鄂，以资得力。刘蓉务当激励诸军，督饬李云麟肃清汉南余孽，毋得任令盘踞蔓延，致辜委任。汉中一郡，关系紧要，佘福象系汉中镇总兵，如须留兵弹压，自应令佘福象酌带亲兵百数十人速回本任，其所带之勇，一并交姜玉顺统带，并著刘蓉妥筹调派。捻匪张总愚一股窜扰卢氏，势将乘间西趋，而陈大喜及汉南窜逆均聚内乡，势将句合，亟需一军，由陕省迎头截击。并著多隆阿等速饬萧河清、孟宗福等，酌带四千人，由雒南一带确探贼踪，分投迎击。僧格林沁现已驻扎洛阳，此军即可催提赴豫，归僧格林沁调遣，期将张总愚等股迅速剪除。萧河清既带兵剿贼，潼关一带应派何员带兵驻守，著多隆阿、穆图善、刘蓉、张集馨酌量调派。

穆图善本系西安副都统，省城根本重地，不可无兵驻守，多隆阿马队，除酌留四五百名交穆图善统带外，其余均著交苏伦保、常星阿、温德勒克西等分起管带，由陕赴豫，遇贼即击，抵豫后一并归僧格林沁调度，以一事权。穆图善留省后，著即会同德兴阿，将存城之兵认真操演，以备缓急。其酌留之马队四五百名，并著穆图善等随时训练，如省城防兵已敷分布，即著将此项马队派赴讷钦军营，以资攻剿。前谕多隆阿选派得力之员前往讷钦军营，帮同带兵，可否于苏伦保等数员中酌派一员前往，著多隆阿、穆图善、刘蓉、张集馨妥商调派。曹克忠一军，著暂留陕省，以为游击之师。张集馨仍将善后事宜妥为布置，并将省标兵弁勤加训练，以备不虞。

襄郧军务紧要，不可无大员总统，叠经谕令官文、严树森酌定一人出省督师，尚未据官文等覆奏。其陈大漋现由老河口窜往何处，陈得才等匪曾否与陈捻会合，亦未据官文等驰陈，西望不胜焦急。官文威望素著，即著该大臣克日出省，将襄樊等处水陆各军力加整顿，迅殄逆氛。所有在事文武员弁，如恇怯无能，迎剿不力，该大臣务当从严参办，毋得讳饰瞻徇，贻误事机，自取咎戾。官文出省后，省城防务，严树森责无旁贷，并著认真经理，期于有备无患，不可稍涉大意。

多隆阿前次所保各员，曾交军机处存记。该员弁等即调往他省，如续有功绩，仍当格外施恩。甘肃回氛甚炽，仅恃有雷正绾、陶茂林等军节节进剿，著刘蓉迅即酌量情形，如兵力尚单，即仍遵前旨，将该抚所部兵勇分拨数千名，派得力大员统带前往，分路进剿，以资接应。

正在寄谕间，据穆图善奏，多隆阿伤病增剧，势甚危笃，须重用参芪，以固其气等语。览奏益深廑系，著发去人参六两，交该大臣祗领医治，安心调理，用冀速痊。另片奏，连日据百姓报称，蓝逆受伤，十分沈重。此股败匪，现趋宁陕，图与蓝曹二逆合股，匪数无多。即著刘蓉派兵截击，悉数殄除，毋稍疏懈。

将此由六百里加紧谕知僧格林沁、官文、多隆阿、穆图善、严树森、刘蓉，并传谕张集馨知之。

——《清穆宗实录》卷九八，同治三年三月壬戌。

〇上谕

张集馨奏，统兵大臣伤病难救，谨陈该营详细情形，密筹办法，与十九日寄谕多隆阿等谕旨大致暗合。本日已另降谕旨，作为特旨，照所陈办理矣。该署抚请令姜玉顺、佘福象率诸将将四千人赴鄂，惟佘福象系汉中镇实缺，当令赴任，归刘蓉节制，以资镇守，所统亲兵不得过多。该处如须留兵防守，刘蓉自能量为调派。姜玉顺即令带兵四千名，由子午谷过宁陕，将窜匪节节埽荡，迅至湖北，交官文调遣。萧河清等即令率四千人由雒商进兵，将卢灵关一带西窜之匪迎头截击，并会同常星阿等各带马队，赴河南归僧格林沁调遣，已令僧格林沁、官文分别檄调。至穆图善系西安副都统，应回本任，并著留马队数百名在省，令与德兴阿将存城之兵认真训练操防，以备不虞。钦差大臣关防，仍归穆图善暂署。再降谕旨，曹克忠即令至盩厔，将来留在西安附近，该署抚当与之妥为联络，以资指臂之助。当此主将创深、军情不靖，诚恐一朝有变，将士从而生心。张集馨历练有年，务当不动声色，豫遏乱萌。如多隆阿竟至不起，该署抚或亲往盩厔，拊循将士，于应行办理之事，一面妥办，一面奏闻。刘蓉见未到任，该署抚责无旁贷，务须筹策万全，以副委任。正在寄谕间，穆图善奏，多隆阿病势危笃，览奏弥深廑系，著张集馨随时探悉奏闻。穆图善另片奏，蓝逆伤重，窜至宁陕，图与蓝曹二逆合股等语。张集馨即飞檄姜玉顺等，将此股败匪，会合刘蓉所派之兵，尽数歼除。蓝逆下落，并著确探具奏。

——《东华续录》同治三十二，第57页，同治三年三月壬戌。

三月二十三日

〇僧格林沁奏

臣督军驰至宜阳县暂扎，调提督傅振邦自南阳带领步队驻扎嵩县，以扼东路，饬苏克金带领马队仍扎南阳，以防南面，并令总兵张曜自西路进兵，逼贼出险，复将臣所带步队兵勇一千名拨往嵩县，归傅振邦调遣，自东路黑峪进兵，即饬该提督统带，其张曜等军俱归调遣，以一事权。旋据张曜等禀报，该逆于栾川迤西山口修筑四垒，挑空长沟，阻我兵路，该总兵连日进攻，毙贼多名。十五日，督率副将尹嘉宾等奋勇进攻，破其两垒，毙贼无算。是夜，该匪遗弃辎重，向南翻山越岭，由大坪头一带狂奔逃窜。该处由二郎坪可通内乡、镇平、南阳之路，张曜现已督兵追剿，并酌留数营暂驻栾川，防剿朱阳关发逆等情。臣复饬傅振邦督同张曜等军实力追剿，傥该逆被剿穷蹙，窜出山险，即系内乡、镇平一带，复札令苏克金整军以待，一至平阔地方，即行截击。现在北面情形稍松，臣即于十九日督军进扎嵩县，以便相机策应。

——《钦定剿平捻匪方略》卷二一二，第17—19页。

〇上谕

僧格林沁奏驰抵河洛、相机剿办，张逆翻山南窜，现拟督兵截剿一折。张总愚股匪盘踞卢氏县之栾川，经张曜、尹嘉宾等带领兵勇连日进攻，毙贼无算。该匪越岭南趋，由大坪头一带狂窜，亟宜跟踪追剿。该大臣现已前扎嵩县，著即饬令傅振邦督同张曜等军奋力追击，逼贼出险。苏克金所部马队现扎南阳，俟该逆窜出山险，即令由南面迎头截剿，以期尽歼丑类。并著张之万严饬南阳镇府，率领在防兵勇，会同苏克金迅速兜剿，毋任纷窜他境，致滋蔓延。前据张之万奏，陈大喜一股回窜淅川之李官桥、襄阳之老河口，汉中发逆窜往内乡之下瓦亭，相距甚近，曾否句合，著僧格林沁、张之万派兵分投堵击，迅速歼灭，毋令句结东趋，扰及腹地。昨日谕调多隆阿所部萧河清、孟宗福、苏伦保、常星阿、温德勒克西等，各带步队兵勇共四千名，马队除酌留西安四五百外，约有千名，分起由陕赴豫，著僧格林沁迅速催提前进，以资攻剿。将此由六百里各谕令知之。

——《清穆宗实录》卷九八，同治三年三月癸亥。

三月二十七日

○上谕

谕议政王、军机大臣等：

官文等奏捻逆两次图踞襄樊、官军援剿获胜一折。襄樊为形势之地，久为群寇垂涎，此次捻逆陈大喜等由枣而西，力争上游，其势甚炽，幸成大吉、梁洪胜等军援剿获胜，襄樊赖以复安。惟败捻西趋老河口，而汉南发逆已窜至邓州之厚坡，将与陈大喜一股会合；后股窜至雒南，又将与窜往嵩卢之张总愚捻逆合股。楚豫各边，千有余里，数十万之贼麇聚其间，防务万分吃重。官文等现派水陆防兵，严防上游要隘，并于下游黄冈等处相机扼堵，所筹均尚周密。第贼势正盛，而官军分布各处，必须总统有人，方能事权归一。著官文恪遵叠次谕旨，即日出省督师，分饬各路将士，将西趋老河口捻股乘胜剿灭；并侦探发逆踪迹，迎头截击，毋令与捻匪句结，蔓延为患。严树森居守省垣，务将汉黄一带防守先事豫筹，督饬水陆各营严密防范，毋稍疏虞。僧格林沁前已移军嵩县，计张总愚一股不难克日殄除。惟发逆头起窜扰邓州境内，其后股又窜雒南，必须痛加剿洗，方能遏其凶锋，不至窜扰腹地。著僧格林沁会同张之万，督饬南路各军，与楚师两路夹击，速殄贼氛。前谕将多隆阿军营马步各队约共五千余名，调赴僧格林沁军营，此时剿办大队捻逆，正宜厚集兵力，仍著僧格林沁将此项马步兵勇迅速催提赴豫。汉南剿贼之姜玉顺一军四千名，并著官文迅速飞调赴楚，藉资策应。将此由六百里各谕令知之。

——《清穆宗实录》卷九八，同治三年三月丁卯。

三月三十日

○张之万奏

张总愚于栾川迤西山口修筑四营，阻我进剿之路，张曜等军会合进攻，踏平贼垒，杀毙悍贼极多，该匪立脚不住，遗弃辎重，悉向东南翻山越岭，由大坪头一带狂奔。张曜等随派数营留驻栾川，防剿朱阳关之贼，自督各营跟踪紧剿，追抵庙子街，探明贼由下关出马山口，直奔镇平、内乡，此路万山丛杂，奇险异常，我军马队万难前进。张曜商令善庆、色尔固善统领所部马队，会同尹嘉宾、张士元两军步队，由黑峪直向马山口会齐，张曜自与宋庆、葛承霖两军逾越险阻，亟图痛剿。臣查张总愚被剿南窜，虽系震慑兵威，亦欲勾结发逆，此时头股倪逆已由邓州窜至新野，围扑县城，经臣飞饬永奎带领马队驰往援剿，并调贾文田等两营步队一同前往。其端逆一股，由西坪窜至内乡，围攻县城，城上开放枪炮，贼始飏走，现踞邓州之厚坡、张村等处，边马仍在内乡之贯张铺及镇平之西南乡。又有发逆钟得终一股，亦由屈原冈一路窜至内乡，围攻县城，均经城上枪炮击退。而陈大漋大股由邓州永青山、孟家楼南窜，亦有勾合发逆之势。宛属西南，处处伏莽，诚恐张总愚一经勾结，其祸蔓延。而阑入朱阳关之发逆虽已出关南去，尤虑乘虚回窜，臣已饬保英各队仍在朱阳关扼要严防。臣正欲移营南阳，适僧格林沁由嵩县、伊阳、鲁山、南召前往南阳，臣即驰往大营，与该亲王会商方略。僧格林沁面称，驰赴南阳察看情形，由何路进剿，再行函会办理，嘱臣俟其信到，再行移营南阳，以资策应。

——《钦定剿平捻匪方略》卷二一二，第31—33页。

○上谕

谕议政王、军机大臣等：

张之万奏张总愚股匪翻山南窜、现饬紧蹑追剿，并拟移营进扎南阳一折。捻逆张总愚盘踞栾川，经官军进剿，蹋平贼垒，该匪立脚不住，翻山由大坪头一带狂奔，张曜督兵追蹑。该匪由下关出马山口，直奔镇平、内乡山内，虽系震慑兵威，亦欲句结发逆，且头股倪逆已由邓州窜至新野，围扑县城；端逆一股，与后股钟得终先后攻扑内乡县城；而陈大漋大股，由邓州永青山、孟家楼南窜，亦有句合发逆之势。宛属西南，处处伏莽，张总愚一经句结，其祸蔓延。僧格林沁现由嵩县驰赴南阳剿办，并派傅振邦统带前敌各营，所筹均合机宜。惟新野系四达之区，张之万现派永奎等前往援剿，设该匪被剿他窜，南窥襄樊，北走叶裕，在在可虑。僧格林沁自应与张之万分投扼剿，方可力遏狂氛。惟北路之防，仍宜兼顾，僧格林沁若久驻南阳，恐汉中之贼伺隙向东北奔窜，有鞭长莫及之势。著僧格林沁酌量情形，可否仍驻嵩县，控制诸贼东北窜路，而调度张曜等军，会合马步，将张总愚一股克日歼除，并调派各军，将麇聚内乡、镇平、邓州之发捻及陈大漋各股分投埽荡。多隆阿部下萧河清、常星阿等管带之马步，约共五千名，前经谕令调赴僧格林沁军营。嗣又据刘蓉、李云麟奏派驻扎商州之英毅六营，会合蓝斯明一军，赴鄂豫越境追贼，此军入豫，亦可归僧格林沁调遣。通计前后所调之兵，数已不少。著僧格林沁酌量布置，调派来豫，侦贼所向，迎头截击，兼顾商雒边防，毋令回窜。张之万现驻汝州，应由何处会剿，抑或专顾东、北两路，并著该大臣相机商办，断不可令该匪阑入腹地，致官军反落贼后，又成尾追之势。官文接奉叠次谕旨，计已出省督师。此时鄂豫边境，群贼聚集窥伺，奔突靡定。襄樊随枣一带，均关紧要。著官文驰檄各路将领认真防剿，毋得稍有疏失，致负委任。如发捻各匪被僧格林沁剿败，遁入楚境，即著严饬诸军越境追蹑，会同官文派出之师并力兜剿，庶两路夹击，可收聚歼之效。严树森仍遵前旨，将省城防守及下游堵剿事宜豫为筹办，毋稍大意。将此由六百里各谕令知之。

——《清穆宗实录》卷九八，同治三年三月庚午。

四月

四月初一日

○上谕

同治三年四月初一日内阁奉上谕：

前因给事中征麟奏参东省文武庸劣各员，当经谕令阎敬铭秉公查办。兹据阎敬铭奏遵查各员被参款迹、请旨办理一折，盐运使衔记名道陈显彝系山东幕友，服官东省，由州吏目洊擢道员，查无与崇恩门丁秦彦臣换帖及在淄川拥兵自卫各情，惟据阎敬铭奏，该员虽无卑鄙劣款，惟语多夸张，行涉轻浮，陈显彝著勒令休致。候补道童埏由山东知县洊升道员，因回避游幕省分，签掣江苏候补，经前山东巡抚崇恩奏明留东，嗣经团练大臣、侍郎杜翻派办筹防局务，并无与杜翻结拜师生之事，其派办盐务、酌议招商、设巡请领经费，亦无捏名贩盐及私自借贷情事。滨州团练与勇目互争毙命，前经谭廷襄查参，与该道无涉。守备金国宝并未统领各营，原参招权纳贿各情，均无实据。惟据阎敬铭奏，道员童埏虽无借贷等事，详加访问，该员浮靡虚饰，败坏风气；金国宝虽无擅作威福情事，惟人本平常，操练营伍难期得力。童埏、金国宝均著即行革职。兖沂曹济道卢朝安，由府经历累保直隶州知州，因随僧格林沁防剿出力，保升道员，虽屡次被参，而详细访查，实无钻营卑鄙确据。恩县知县陈恩寿题补莱阳县知县，系照例序补，非由钻营谋干。抚标中军参将玉山、尽先守备马凌霄、千总唐文箴等，皆由剿匪出力，历次保升，其充当巡捕，亦无擅作威福情事。守备马荣标、千总李梦岐并未弃置主将、首先溃退,其保升一节,系谭廷襄论功保奖,并非朦混。以上各员弁,均著免其置议。该部知道。

钦此。

——《咸丰同治两朝上谕档》第14册,第103页。

四月初二日

○上谕

前有旨令僧格林沁调派陈国瑞之军赴豫,嗣据吴棠奏请将陈国瑞一军驻扎徐宿,当经允照所请,仍令听候僧格林沁随时调遣。嗣经僧格林沁覆奏,仍令暂驻徐州镇抚,届时酌量调派。兹据曾国藩奏称,汉中发捻各匪窜至邓州、内乡之交,襄樊贼势甚众,虑由豫皖陆路冲至凤颍庐巢一带,掳船南渡,图解金陵之围等语。皖北防剿各军,节经官文、曾国藩移调湖北、皖南,现存皖北各营,兵力已不甚厚。金陵功在垂成,汉中发逆人数众多,设由豫省窜入皖北,势将掣动大局,关系非轻。凤颍庐巢一带,为该逆救援金陵陆路所必经之处,防堵均形吃重,乔松年虽在临淮,所部未必可恃。陈国瑞一军素称得力,且距凤颍庐巢一带较近,著僧格林沁酌量情形,陈国瑞应否移扎何处,兵力是否足敷堵剿,即由该大臣檄令,遇有发捻各逆由豫窜皖时,即就近由徐宿一带移军援剿,以资得力。将此由六百里谕令知之。

——《清穆宗实录》卷九九,同治三年四月壬申。

四月初七日

○上谕

官文、严树森奏捻逆句结绕窜枣阳,出省调度,总兵梁洪胜于光化县境续获胜仗各折片。逆捻自襄樊败走之后,复欲北窜,经梁洪胜等军击败,窜向河南淅川之李官桥等处。汉中逆股窜至邓州、新野之交,适与之合,乘虚阑入枣阳县境,而贼尾股仍在河南内淅邓州等处,其众数十万,蔓延数百里,逆氛颇炽。其地由湖北之安麻蕲罗可达英霍,由河南之信罗光固可达六安,到处空虚。贼之欲绕豫楚,以扰皖军后路,而解金陵之危,计颇狡毒。官文等以先保汉黄安德四府及力扼长江广汉为切要之图,派令周凤山等军分驻襄阳等处,布置均为妥协。官文现在出省督师,自应择要驻扎,以便居中调度。惟分布各路,兵力尚虞单薄。前谕多隆阿等派令姜玉顺等带兵四千名,由宁陕迅赴湖北,交官文调遣,曾否起程,即著多隆阿、穆图善催令姜玉顺等星速前往,官文即飞檄迎提,以厚兵力。

穆图善暂署钦差大臣关防,节经谕令将各军分投调拨,何以只字未见覆奏?所有前谕将萧河清带领之四千余人，由雒南一路，会同常星阿等马队前赴河南，归僧格林沁调遣，是否亦已派往？并著飞催前进，僧格林沁亦即迎提到豫，以资臂助。官文等所奏贼窜情形，与前日张之万所奏略同。汉中逆匪，恐与张总愚、陈大澧等均已句合。捻逆蜂屯蚁聚，尽窜鄂疆。僧格林沁由嵩县督军驰赴南阳，与邓新及枣阳一带渐近。贼势一片，恐非鄂军独力所可支，僧格林沁大军并傅振邦所带前敌各营，应与鄂军如何联络，前截后追，著即迅速筹办。仍遵前旨，兼顾北路之防，以备贼复回窜豫境。张之万前奏发逆曾在荆子关为李殿元等设伏邀击，绕窜内乡，何以近日复有豫军在荆子关为发逆攻破之事？是否前奏讳败为胜？著该抚查明具奏，并著即与僧格林沁赶紧商定，督率张曜等与傅振邦等军分投堵剿。如须越境穷追，毋得迁延观望，坐失事机，致干罪戾。曾国藩前奏派往鄂省之李济清、万化林二营，已据官文等分派襄涢一带，其咨商杨岳斌、彭玉麟，于浦口以上津渡节节布置，以防贼之东援。部勒谅臻严密。此时捻逆群党麇集鄂境，其由水陆下窜，图扰皖军后路，以解金陵之危，均须加意防维，不可稍涉大意。谅曾国藩必能筹画万全也。

陈得才等股既已攻破荆子关，逼扰郧境，恐其后股尚复游衍商雒一带。多隆阿所派蓝斯明等军，自应由后追蹑，与楚豫官军前后夹击。蓝二顺逆党尚在蜀河，鄂军凭汉堵击，仅能扼使不得东渡。李云麟前奏，以专剿此贼自任，此时正可与鄂军合力痛歼，若再坐失事机，避贼而行，又复任意枝梧，该京堂自问当得何罪？

正在寄谕间，刘蓉奏到连日追剿曹逆叠胜，现饬兜围，及赴多隆阿军营，相视情形各折片，曹逆股匪，由孝义一带入山，经刘蓉饬令萧庆高等军派队率团进剿，贼势已蹙。惟贼尚踞文公庙老巢，亟须乘此声威，捣穴捡渠，毋留余孽。多隆阿伤病犹剧，殊增廑念。现在派拨诸军，分道征剿，事宜至关紧要。刘蓉到省接篆后，不准在省耽延，著即亲赴多隆阿军营，会同穆图善妥为筹布，催督各军，分投前往楚豫各路，奋勇剿贼，毋稍稽延。如各将士有依恋主帅、未忍遽离等情，即可告以多隆阿伤病就痊，亦当觇贼所在，前往统率，以慰其心。刘蓉出省，著即奏闻。所有省城日行事件，照例饬司代办。其防御抚辑等事宜，仍饬各该文武加意整饬，毋许松懈。襄郧与陕毗连，而潼商等处，仍恐余氛未靖，事机均极吃紧。刘蓉责无旁贷，惟当妥筹调度，严饬各路官军戮力灭贼，岂可安坐省垣，转形诿卸？

本日又据张之万奏报，追剿张总愚股匪至马山口，突遇逆匪大股，截剿获胜，现在分兵剿办等情，正与此谕多相符合。张总愚股，果与逆匪窜合，其由内新唐邓一带，叠被剿击，窜去大股，即系陈得才、陈大澧等全股南趋。僧格林沁已抵马山口，督率苏克金、张曜等军，于赤眉城西大获胜仗，余贼折入山陬，避我马队。著僧格林沁即饬各军，将此入山残匪埽除，以便分兵择要，堵截逆捻大股。张之万已由汝州移营南阳，著即飞饬宋庆、葛承霖之军，由内乡等处跟追，期与楚军合力会剿，并令连美、李承先马步各队驰赴信阳，实力堵截。总当不分畛域，越境追击，共殄逆氛，毋得徒托空言。

南北贼氛，本相一气，值此游氛四合，其势虽张，各路官军亦须会合四面兜剿，以期聚歼。该大臣督抚等，其各同心齐力，以赴事机，是所殷望。

将此由六百里各谕令知之。

——《清穆宗实录》卷九九，同治三年四月丁丑。

〇富明阿奏

扬防马队现仅剩百余名，半皆伤残老弱，不足以备战阵。且马队翼长、京口副都统杜嘎尔，经都兴阿带赴归绥，是扬营既无得力骑兵，而又乏堪任翼长之大员总理一切。刻下西路捻逆张总愚、陈大濬等既有东窜之信，金陵发逆亦时虞奔突，设有警急，实属无以御敌。因思臣去岁驰救蒙城，前抚臣唐训方曾派副都统克蒙额管带驻临马队官兵作为乡导，该副都统勇敢善战，治军严肃，惟所部仅有官兵一百六十余名，精壮不过百名，人数无多，不能成队，且皖北现已肃清，亦可无需马队，合无仰恳天恩，俯念扬防紧要，准将驻防临淮之吉林、黑龙江马队官兵挑选精壮百名，由克蒙额管带来扬，以利攻剿。至扬防现有马队本形单薄，一时骤难多撤，拟将残弱过甚者酌撤五六十名，余俟克蒙额到防后，再行饬令起程归伍。①

——《钦定剿平捻匪方略》卷二一三，第14—15页。

四月十六日

〇僧格林沁奏

臣于三月十九日督带马队，由嵩县越山取道向南进发，二十五日驰抵南阳县属之马山口。据副都统色尔固善等面禀，二十四日，突有后股发逆率众来扑，经我军迎击，殪贼二百余名，该逆向赤眉城奔窜，我军追杀二十余里。二十六日，臣统领马步各队进山追剿，行至夹道沟，该逆列仗抗拒，当令副都统恒龄等马队越山冲压，翼长舒通额等马队从旁接应，毙贼四五百名，败匪翻山向西南板桥川一带狂奔。因阻于山险，马队未能穷追，即饬色尔固善、张曜等带领步队蹑剿。

---

① 奏人，上命议政王、军机大臣传谕僧格林沁、富明阿、乔松年曰：富明阿奏请调临淮马队来扬等语。临淮马队无多，若调赴扬营，则该处更形空虚。现在楚豫贼匪图犯皖以援金陵，不可全无备豫。陈国瑞业已销假，前据吴棠奏令其驻扎徐宿，著僧格林沁酌量，将该提督一军调赴临淮一带扼要驻扎，以备不虞。如楚豫贼匪窜近皖疆，即可调陈国瑞一军截剿。并遵叠次谕旨，催提陕西所拨之常星阿等马步各队迅速赴豫，一俟到营，即酌拨马队数百名赴皖，交乔松年调遣，以防贼匪下窜。乔松年即可腾出克蒙额所统马队，全数赴扬，归富明阿调遣，以资得力。参见《钦定剿平捻匪方略》卷二一三，第15—16页。

其前窜发逆数股及张总愚捻股，悉向新野、邓州一带逃奔，楚边又形吃重，臣即督带马队兼程跟追。接翼长苏克金等禀报，三月十五至二十五等日，苏克金、春寿连日在邓州双桥、新野县安春寨一带与各股贼匪接战，叠获胜仗，前股发逆陈得才、贼目蓝姓及捻匪陈大淳、张总愚两股悉由新野向南分窜，苏克金等现已跟踪追剿。臣于四月初二日至枣阳属之唐县镇，距贼二十余里扎营。初四日追至随州，探得张总愚股匪在州城南关一带潜伏，屯踞数村，当派舒通额、成保各带马队由东面进，恒龄、托伦布各带马队渡过府河，由西面进，杨朝林带步队由北路进，各军奋勇冲压，毙贼数百名，落河淹毙者千余名，立将南关夺获。余匪翻山东窜，我军追杀十余里，因山路险隘，收队回营。是役共计毙贼二千余名。初五日，逆匪窜至随州东二十余里各村庄盘踞，该处地势狭窄，沟坎甚多，人马难以并行，该逆在汉河以东屯踞。初六日，臣督饬马步各队过河进剿，杨朝林步队甫经过河，该逆纠党抗拒，抵死不退，复有大股援贼麇至，遂将步队撤回河西，饬舒通额、成保、隆春、奇克塔善各带马队在右，恒龄、托伦布各带马队在左，一齐冲压过河，左右包抄，枪箭环施，匪势不支，旋即大败。我军追杀三十余里，毙贼五千余名，生擒数百名，我军亦间有伤亡。讯据获贼供称，张总愚身带重伤，贼目张四至樊三老得均已阵毙等语。余匪向马平港一路狂奔，我军由宜阳追贼，翻山越岭，奔驰半月有余，马力甚形疲乏，实难穷追。

查张总愚一股数约万人，除擒斩逃散外，现在漏网之贼仅剩数百名，若得平阔地势，一战即可剿灭净尽。至随枣一带多属山冈水田，地势狭窄，马队殊难展布，遂饬杨朝林管带步队兵勇蹑踪兜击，并咨会督臣官文督饬水陆各军扼要堵截，以收前后夹击之效。倘该逆被剿回窜，一至平阔地方，即亲督马队迎击，断不任其蔓延为患。

陕省现已无贼，即飞调萧河清、孟宗福等酌带四千人迅即来楚，与杨朝林会合追击，以厚兵力。至各股贼匪现窜德安一带，距省城不远，官文所部各军足敷剿办。倘向江南奔窜，有曾国藩各军截击，谅可无虞。臣所带步队无多，炮位又难转运，一俟萧河清等步队到楚，即将马队撤至豫境，以防北路。

再，据色尔固善、张曜等禀报，三月二十七八等日，紧蹑后股发逆，于泉山、北山顶、老鹳河等处叠次擒斩甚多。苏克金等于四月初一日由唐县向东北一路跟追窜匪，未悉何股，俟接禀报，再行驰奏。

阵亡之吉林委防御西林、昭乌达盟佐领三丕勒，奋不顾身，殊堪悯恻，相应请旨，交部从优议恤，以慰忠魂。其余阵亡官兵，容俟查明请恤。

——《钦定剿平捻匪方略》卷二一三，第16—20页。

〇上谕

谕议政王、军机大臣等：

僧格林沁奏马队追剿发捻叠获胜仗，现抵随州，调楚陕步队跟追，并饬豫军蹑剿后股发逆；官文奏楚北兵力不敷，请催调秦军来鄂，另片奏发捻合股阑入枣阳等处，水陆各军先后获胜，并现在布置各情形。览奏均悉。发逆梁姓股匪七八千人，张总愚匪股万人，及陈得才、陈大溹等股，叠经僧格林沁指挥马步各军痛剿，毙贼甚多。张总愚已身带重伤，余匪越岭逃遁。僧格林沁以枣随一带地势狭窄，马队难以施展，请飞调萧河清、孟宗福等所带之四千人迅速赴楚。此项步队，屡经饬令多隆阿等拨赴豫省军营，交僧格林沁调遣，何以至今尚未起程？实属不知缓急。著多隆阿、穆图善、刘蓉迅即懔遵前旨，将马步各队照数调派，饬萧河清等改赴楚省，交官文调遣。官文俟此项步队到后，饬令与杨朝林之军追击各股逆匪，以资得力。其常星阿等马队，仍归僧格林沁调度。傥该逆被剿回窜，一至平阔地方，该亲王当扼要豫为布置，迎头截击，为一鼓聚歼之计。金陵已成孤注，旦夕可克，该逆众如向英霍一带奔窜，曾国藩、乔松年自当遵奉前旨，严密防剿。诚恐皖南军事方殷，皖北兵力不厚，急切难以分拨，僧格林沁仍当妥筹截剿，并催调陈国瑞一军驻扎临淮一带，以备缓急之用。总不可令该匪东趋，得遂其回救金陵之计。张曜此次追斩各逆，亦颇奋勇，张之万务当饬令该总兵实力搜捕，不得恃有僧格林沁大兵，稍耽安逸。豫省无贼地方，当严饬文武各员，督同绅团协力守御，毋令败匪再行阑入。张总愚近往何处，苏克金由唐县等处追剿之匪系属何股，曾否得手，著僧格林沁查明驰奏。发捻各逆由枣入随，经杨朝林督队追击，连获大胜。该逆由钟祥县属之洋梓地方分股扑城，经梁洪胜等水陆堵截。该匪窜臼口镇及马梁内湖等处，亦经张启基等设伏败之。现在随枣钟京，贼氛遍地，武汉戒严，官文现饬石清吉移扎杨店，成大吉马步十二营移扎滠口，分扎涢口。杨朝林俟后路稍定，由钟祥水路下驶，会合江长贵节节进攻。又将舒保马队分布于孝感之杨店等处，先顾省垣，兼扼东趋皖省之路。孝感黄陂水路，各分拨炮船扼防。布置已极周妥。著即督饬派出各军认真剿办，并即督带亲兵，泝流而上，先保襄河水面，俟安陆京天等处埽荡，即由陆路往云孝德安一路督剿。其慎固封守，以纾朝廷南顾之忧。省城防守事宜，著严树森妥筹办理，毋稍大意。所调之姜玉顺等楚勇四千名，著多隆阿、穆图善迅即催令起程。前拨常星阿等马队，迅催前赴僧格林沁军营。到营后应如何分拨湖北，交官文调遣，即由僧格林沁妥筹办理。李云麟所剿蔡逆蜀河一股曾否殄灭？近日军情何以未据奏报？陕南蓝曹余孽，如犯兴安，或图回蜀，李云麟当认真剿洗，不得观望粉饰，致误事机。刘蓉曾否出省，商雒、潼关一带防剿情形若何，多隆阿病势曾否轻减，均著刘蓉即行具奏，以慰驰廑。将此由六百里各谕令知之。

——《清穆宗实录》卷一〇〇，同治三年四月丙戌。

四月十七日

〇上谕

穆图善奏遣军迎剿南山窜匪一折。览所奏情形,于叠次寄谕,声覆殊未明晰。前因陕省回匪肃清,楚豫军务紧急,叠谕多隆阿等,调派姜玉顺等带勇四千赴鄂,萧河清等带勇四千,并常星阿等督带马队,前赴豫省军营,归僧格林沁调遣。多隆阿伤病未痊,穆图善署理关防,自应将遵旨调派情形星速驰奏。本日据穆图善奏称,屡奉寄谕,深以陕省余孽未清,仰劳圣虑,现派姜玉顺统带十营,由鄠县涝峪口进剿曹背时股匪等语,而于屡次催调驰赴鄂豫马步各军谕旨,竟无一字提及,实属不知缓急。现在陕南发逆句合捻股窜扰鄂境,随枣钟京,贼氛遍地,其滋扰陕省者,仅曹蓝两逆耳。蓝二顺一股,前已责成李云麟赶紧扑灭;至曹背时一股,刘蓉责无旁贷。且部勇甚多,自应严饬萧庆高等认真剿洗,俾姜玉顺一军克期赴楚,方是正办。乃于派兵援鄂一事,刘蓉等竟漠不关心,殊不可解。该抚身受厚恩,务当力顾大局,以副委任,即著督饬各军,迅将盘踞两郎一带之曹逆悉数歼除,毋再迁延干咎。李云麟亦当懔遵前旨,将蜀河等处逆股殄灭净尽。昨据僧格林沁奏,俟萧河清等步队到楚,始可将马队撤至豫境,以防北路,是楚省需兵甚为紧要。著穆图善商同刘蓉,速饬姜玉顺、萧河清等督带步队,遵照昨日寄谕,赶紧赴楚,归官文调遣;常星阿督带马队,速赴僧格林沁军营,以资攻剿。东治两营,据穆图善奏,现派总兵陈天佑接统其军,并咨商德兴阿,将所部马队两起交副都统西蒙克西克统带,驰赴讷钦军营助剿等语。此项马队是否系多隆阿军营留防西安之兵?抑系德兴阿部曲?两起共几百名?声叙亦未明晰,均著迅速奏闻。讷钦所部现归都兴阿统带。将来陈天佑、西蒙克西克到定边后,即归都兴阿相机调度。都兴阿接奉此旨,即著星驰前进,以资统摄。多隆阿所统马队一千五百名,前已照数分拨僧格林沁及定边军营。此外步队,除拨给姜玉顺、萧河清等八千名,带赴鄂省外,现存陕省者尚有若干?如果调拨各省后所存无多,不敷防剿,即著刘蓉将所部兵勇匀拨若干,将陕省边防妥为布置,仍一面迅速奏闻。将此由六百里各谕令知之。

——《清穆宗实录》卷一〇〇,同治三年四月丁亥。

四月十八日

〇上谕

谕议政王、军机大臣等:

刘蓉奏追剿曹逆、叠破寨垒一折。曹背时股匪窜踞大庄坪等处,经萧庆高、黄鼎等督军先后攻克,其文公梁、八里坪曹逆老巢,亦经黄鼎等约期进攻,将各贼营焚毁,连蹋贼营六座，并将曹逆矛伤。剿办尚属得手。惟曹逆虽经受伤，仍行逃窜，非跟踪追剿，迅速歼捡，恐致复形滋蔓。刘蓉务宜督饬将士，乘该匪穷蹙之时，尽力穷追，毋任漏网。现在曹逆败残之余，刘蓉所部兵勇已敷剿办，鄂省随枣钟京一带贼氛遍地，前经谕令穆图善、刘蓉将派赴豫省之萧河清、孟宗福等所带楚勇四千人改派赴楚，与原派赴楚之姜玉顺等所带四千人一并前往，交官文调遣；其常星阿马队，仍派赴僧格林沁军营。著即懔遵前旨，迅饬萧河清、姜玉顺、常星阿等军克期起程，毋稍延缓。鄂省贼势甚重，专盼前项派拨助剿之兵，穆图善等何以置若罔闻，于奉到谕旨后，尚未见有覆奏？傥因调派迟延，缓不及事，致令楚疆有失，必惟穆图善、刘蓉是问。多隆阿病势若何，刘蓉何日出省，即遵前旨迅速奏闻。将此由六百里各谕令知之。

——《清穆宗实录》卷一〇〇，同治三年四月戊子。

四月十九日

〇上谕

谕议政王、军机大臣等：

曾国藩奏徽军挫失并克复金坛、暨办理竭蹶情形，恳请皖鄂分任军饷各折片。浙省贼股上犯徽郡，毛有铭等军既经挫折，歙休境内无地非贼，是该处军情正当吃紧之时。皖南兵力尚单，前谕左宗棠筹拨蒋益澧各军驰援徽境，著即酌量情形，多拨劲旅前往，与该处防军联络夹攻，务将该逆速行剿洗。并饬令黄少春、刘清亮两军严扼遂安要隘，以防湖贼续窜徽境；饬令王开琳等截贼婺源、德兴之交，毋令南窜严州、西窜饶郡。曾国藩虑鲍超驰援江西不能速到，现派周宽世七营、金国琛九营，先从饶州一路往援，著即饬迅速前往，力筹堵剿。并著沈葆桢饬令在防将士，与周宽世等军严密布置，互相援应。

此时窜江之贼粮食不继，号令不一，多有纷纷逃散者。刘典、王文瑞各军陆续到后，声势更壮，谅已足敷剿办。发捻窜近随枣黄德，曾国藩已派彭玉麟统率师船，上赴九江，防剿北岸鄂皖江面，兼顾南岸鄱湖、都昌一带，江路当可无虞。惟皖北陆路，仅颍六庐巢等处置有防兵，其余潜太英霍桐舒等县皆空虚无兵，深虑楚豫境内发捻大股乘隙东窜。鲍超一军，自攻克金坛后，该处败匪及常州余逆，均为驻防溧阳之吴毓芬等截剿于南渡，全股殄除，现在常丹两城已克，东坝二溧已经李鸿章派兵扼守，鲍超一军自可腾出移援徽郡，或即令渡江北，防剿潜太英霍桐舒一带。著曾国藩酌量情形，妥为调度。至皖北颍亳庐寿等处，与豫楚边境甚近，防兵空虚，乔松年身膺疆寄，责无旁贷，如何拨兵防守各城，如何堵御发捻之处，惟当力筹布置，不准观望推诿。曾国藩亦仍当随时兼顾，以期互相策应。

前经谕令僧格林沁将陈国瑞一军调赴皖北，为截剿发捻东窜之备，本日据曾国藩奏，皖北空虚可虑，自应即以此军移扎截剿。著僧格林沁相机酌度，迅即檄令扼要驻扎，如果发捻窜近皖疆，即可令其截击。此外或另有劲旅，可以扼要驻扎，备豫缓急之处，著僧格林沁、曾国藩随时会同筹商办理。淮徐一带，即著吴棠豫筹布置，拨兵驻守，并与临淮各军联络声势，毋稍大意。天长、六合一带，即著富明阿将援剿镇江之扬营兵勇撤回，移扎该处，严密堵遏，仍著曾国藩与富明阿、吴棠、乔松年互相援应。至发捻大股，现在麇聚于随枣钟京等处，鄂省兵力尚敷堵剿，官文、严树森总当严督诸军，将该逆就地殄尽，万不可令其窜入皖境。

金陵官军攻破朝阳等门月围，歼贼甚众，正当乘该匪穷蹙之时，力筹攻拔。并著李鸿章将丹阳、常郡余匪搜捕净绝，分布诸军，严扼要路，以防金陵逆股外窜。值此功在垂成，各路将帅及封疆大吏，俱宜振刷精神，统筹兼顾，以期及早蒇功。

曾国藩声称，户部覆奏折内所称湖北等省协济月饷等款为数甚巨、实则所得极少等语，本日已交户部核办矣。所请将杨岳斌、萧庆衍、蒋凝学、毛有铭、梁美材诸军仍由鄂省照旧供支，于六成之外，酌添一二成之处，著官文、严树森速筹发给。其普成尧、何绍彩两军，著即交乔松年调遣，饷项即由临淮粮台支发报销。

李世忠既经散财遣众，交出城卡，心迹已明，其赴安庆谒见迟早之处，即可听其自便。李世忠交还之五河、六合、滁全天来各城，著曾国藩、吴棠、乔松年将善后事宜妥为经理。孙家泰一案，著俟乔松年会同曾国藩具奏时再降谕旨。

将此由六百里各谕令知之。

——《清穆宗实录》卷一〇〇，同治三年四月己丑。

四月二十日

〇穆图善奏

钦奉谕旨，以发捻逆股尽窜鄂疆，令臣督催各军前往楚豫剿贼，当即檄饬姜玉顺先行统带九营，即由南山拔队前进，赴援楚省，一面飞咨抚臣派兵防堵潼商要隘，以便蓝斯明、萧河清各率所部回营，由潼关驰援豫省，交僧格林沁调遣。臣俟将各路军事稍为部署，亦即督带马步官军分起出关，驰抵鄂省，与官文将剿贼事宜妥为商办。至抚臣刘蓉所部之兵，据该抚声称，已檄调英毅六营驰赴襄樊，以备援剿。

——《钦定剿平捻匪方略》卷二一四，第6—7页。

○上谕

谕议政王、军机大臣等：

穆图善奏陕省军务渐就肃清、全军遵旨驰援楚豫，并曹克忠一军攻克马鹿镇等处贼巢各折片。曹背时一股，经提督姜玉顺歼灭殆尽，曹逆亦在诛数。穆图善现檄姜玉顺先行统带九营，由南山拔队，援应楚省；饬蓝斯明、萧河清各率所部赴豫。自尚未接到本月十六日令萧河清等改赴楚省之谕。著懔遵前旨，令萧河清、姜玉顺所带步队八千人，一并驰援楚省。多隆阿部下马队，除酌留拨给都兴阿外，其余悉令常星阿等统带，仍赴僧格林沁军营。僧格林沁现驰随州，俟西省马步到齐，应如何分拨策应，并派防豫省东北两路之处，均著妥为筹画。穆图善欲亲督马步出关分剿，奋勇可嘉。该将军即妥为部署，亲率各营赴楚，并须激励各军，认真出力。陕西未尽事宜，移交刘蓉办理。多隆阿钦差大臣关防，著刘蓉派员赍赴京师恭缴。官文于陕西兵勇到后，兵力益足，务当妥筹分布，将楚境贼氛节节埽荡，毋留余孽。严树森仍慎固省防，不可稍涉大意。刘蓉已派英毅六营赴襄樊，此军何日到楚，亦可归官文调遣。

现在陕西地方虽可渐次肃清，而统帅伤亡，兵勇分散，诚恐甘省逆回及本境余匪从而生心，再图滋事，不可不豫为之防。刘蓉所部之湘果十四营，现屯汉郡，著分饬带兵各员，将各路余匪搜捕净尽，俟甘省回匪剿办得手，不至复行回窜，再议一律撤遣回蜀。潼商等处防守紧要，著刘蓉选派得力兵将分股驻扎，以便蓝斯明、萧河清起程赴楚。涝峪口匪踪是否净绝，曹背时是否伏诛，该抚何日出省调度，并著迅速奏闻。曹克忠已将马鹿镇等处贼巢剿洗，著饬令仍行回驻陇境。如省城附近需兵弹压，即调回驻扎盩厔一带，以资控制。都兴阿统兵日久，持重老成，现带重兵赴定边一带，本日已令督办甘肃军务，著即趱程前进，与雷正绾会商妥办，以期节节肃清。雷正绾自陕入甘，屡获奇捷，劳勚卓著，现在围攻平凉，谅可即日得手。著即督率将弁，迅速图功。甘省匪势尚炽，该提督一军恐尚单薄，是以添派都兴阿办理。都兴阿尚不能即日到甘，俟其到后，或在一处会商，或议分投办理，均须和衷共济，以纾朝廷西顾之忧。蔡逆一股，经刘蓉派令湘果各营，会商李云麟击剿，闻已败窜郧西，著责令该京卿跟踪蹑剿，不得稍留遗孽，贻患邻封。若纵令与楚豫各匪合股，定惟李云麟是问。

将此由六百里各谕令知之。

——《清穆宗实录》卷一〇〇，同治三年四月庚寅。

四月二十三日

〇官文奏

发捻各股阑入楚疆，据总兵杨朝林禀称，四月初三日，马队已至枣阳，亲王僧格林沁派令带队前进，初四日即抵随州。维时州城四面皆系贼馆，连日扑城，知州潘亮功督同在城文武正在开炮轰击，适僧格林沁亲率马队由东西两门包抄，该总兵督率八营由北而南并力合击，贼势不支，向东败窜。我军乘势掩杀，追贼二十余里，杀毙一千余名，溺毙贼匪甚众等情。查该逆自入随枣，蔓及京山、应城、安陆，贼情实为叵测，幸我军处处设备，未为所乘。今更得僧格林沁探踪剿办，大张挞伐，不独该逆震慑声威，我军精神更为一振。臣现饬石清吉七营由孝感、云梦前进，会合夹击，而以成大吉所部各营由新沟赴孝感县属之杨店，为后路接应。杨朝林等所部各营现在随枣会剿，均听僧格林沁调遣。至该逆窜至天门、京山、云梦一带，沿河掳抢民船，搭造浮桥，意图窜越，均为水师击退。初七日，贼在两河口搭桥偷渡，经都司熊星源督率民船击毙贼匪多人，遂向杨家河退去。水路港汊纷歧，情形尤为吃重，现派副将张启基力保襄河水面，俟安陆、京、天、应城贼踪埽荡，臣即由陆路驰赴德安，与僧格林沁面商战守机宜，妥速办理。

——《钦定剿平捻匪方略》卷二一四，第8—10页。

〇张之万奏

发逆与捻匪勾合，经僧格林沁亲督马队追至湖北随州一带，叠获大胜后，三月二十七日，色尔固善、张曜等于淅川泉山下追及后股败匪，我军马步一气冲压，匪势不支，立时狂窜。追杀十余里，阵斩悍贼二百余人，败匪奔至北山，我军迎截，悉数诛戮。次日出队，甫行数里，发逆伪启王梁城富沿山冲扑，我军分投攻剿，贼由板桥川之南蛮子营翻山败遁。我军正在追杀，探悉西北毛塘一路，伪朝将邱姓等纠领发匪七八千人来扑，该匪不知前股已遁，竟敢直扑我队，复经色尔固善、张曜亲率各队冲杀，乘胜追逐，连翻大山三重，捡斩多名。二十九日，贼踞淅川厅西之娘娘渡，我军乘夜渡河进攻，宋庆督领步勇冲开贼阵，各军继至，贼被枪毙及溺水死者无数。四月初一日，张曜等督军直越楚境，跟踪蹑剿。初二日追贼于郧阳之羊皮滩，贼众回拒，经宋庆等击败。初三日，张曜派队探踪追截于南化一带，毙贼多名。该逆又西越大山，直窜赵家川等处，张曜等统兵绕路前进。

连日探报，发捻前股锐意东窜，于初二日已抵信阳之黄土关下，兵团扼御，众寡不敌。该逆绕至平靖、黄土两关之后，旋即窜至距城二十余里之杨柳河。查信阳为豫南藩篱，先经臣派连美、贾文田、冯圣传、李承先等营前往扼守三关，昨又派道员葛承霖一军驰往，以厚兵力。不意贼行剽疾，各营未到以前，匪踪业已阑入。然有此数军，尚足以资堵剿。且闻僧格林沁亦派苏克金驰防信阳，声威更壮。臣于十三日行抵南阳，分饬前敌各军及地方团练严防边境，并飞咨官文、严树森迅即派兵，与色尔固善、张曜等赴楚追剿之师前后夹击，以冀早日荡除。

此次尤为出力之游击蒋希夷，前因带兵不力，摘去顶戴，应请恩准开复，以示鼓励。其余出力员弁，容臣另行择尤保奏。

——《钦定剿平捻匪方略》卷二一四，第14—17页。

〇上谕

官文奏随州等处续获胜仗；张之万奏截击发逆获胜，并堵剿信阳等处窜匪；毛昶熙奏连克贼巢，息县渐次肃清各一折。楚军随同僧格林沁马队，在随州击败发捻股匪，斩馘甚多，与僧格林沁前奏情形大略相同。该逆由天门、京山、云梦一带掳掠民船，意图抢渡，均为水师击退，是楚省防堵尚属严密。惟发捻前股，现据张之万声称，已窜至豫省之信阳州属黄土、平靖两关，距城二十余里之杨柳河等处，张之万前派连美、贾文田、冯圣传、李承先等营驰扼三关，并派道员葛承霖一军驰往，现已行落贼后。僧格林沁所派之苏克金，恐亦未能绕及贼前。该逆蓄意东趋，皖北兵力甚单，深为可虑。前经谕曾国藩能否腾出鲍超一军，防剿皖北一带，此时事机紧急，著即檄令该提督统率所部，迅速前往楚皖交界地方，严密堵遏由信阳东窜之贼。并著官文将天门等处股匪力行埽除，严防东窜皖省之路，不得令该逆阑入，致滋蔓延；仍一面派兵，与豫省派出各军联络，尽歼丑类。多隆阿旧部八千人业已陆续起程赴楚，兵力足资剿办，如何接替分拨，著官文妥筹布置。僧格林沁当督催马队，星夜穷追，并仍遵前旨，檄调陈国瑞一军赴皖北扼要驻扎，以备截击。乔松年当就近分拨兵勇，将窜近皖北之匪竭力剿洗。暂扎丹阳之扬营兵勇，著富明阿迅即调回移扎，严密堵遏。仍与吴棠、乔松年互相援应，协力堵截。张之万并当檄令连美等军，严扼东窜股匪，毋稍松懈。毛昶熙已将汝南贼巢攻克，斩戮巨捻赵帼良等，并将降勇王廷干等悉予骈除，息县境内渐次肃清，自可腾出兵力，移堵发捻股匪。著即统率所部，随同僧格林沁一军随地截击，毋令蔓延。至发逆后股，由淅川败至板桥，经张曜会同色尔固善马步各军截杀甚多，复追入楚境郧阳所属之羊皮滩，叠获胜仗，该逆势已穷蹙。著僧格林沁、官文、张之万檄饬色尔固善并楚豫各军前截后追，务将此股殄除，毋留余孽。唐训方久在戎行，熟谙军务，一切战守布置机宜，著与官文悉心筹商，以臻妥善。将此由六百里谕知僧格林沁、官文、曾国藩、富明阿、吴棠、李鸿章、乔松年、张之万、毛昶熙，并传谕唐训方知之。

——《清穆宗实录》卷一〇一，同治三年四月癸巳。

四月二十四日

○吴棠奏

陈国瑞一军，前接僧格林沁来函，令其暂缓赴豫。兹探张总愚一股已与发逆勾合，楚豫之交贼势甚重，徐州紧接豫疆，不得以现在地方绥靖，稍松防范。陈国瑞现于四月二十日由淮赴徐，督率所部，实力巡防，以定人心而资控制，并听僧格林沁调遣。[1]

——《钦定剿平捻匪方略》卷二一四，第22页。

四月二十八日

○僧格林沁奏

四月初九日，发逆蓝姓、倪姓、范立川、戴侍保及陈大澯捻股悉在应山县以北盘踞，有北趋之势，而张总愚败匪已由马平港凫水渡过府河，向德安府城西洛阳店一带狂奔，欲与前股发逆勾合。臣即会商官文，督饬各军迎头截击，并札总兵杨朝林等马步各军蹑踪剿办，务将张逆败匪悉数翦除。臣于初十日督带马步各队冒雨前进，十一日至应山县，探得蓝逆尚在距应山五十余里之孟畈店一带麇聚，倪逆与陈逆股匪已窜出黄土关北，遂饬翼长苏克金带领所部马队扼要堵剿倪、陈二逆股匪。臣于十二日督带马步各队行至孟畈店以南高楼畈地方，该逆胆敢列仗抗拒，当令翼长舒通额等马队分路抄击，毙贼多名，该逆败退。我军追至孟畈店，该逆纠合援贼迎拒，提督傅振邦等带队分两翼相辅而进，毙贼无数，该逆翻山逃窜。舒通额等分六路追击，立将该逆冲断，我军向正北追杀三十余里，毙贼千余名。又探得孟畈店以西吴家店地方有发逆邱姓分股前来，逆匪范立川等与之勾结，有众万余，依山盘踞，十五日，督饬马步各队追剿，该逆恃险迎敌，傅振邦带队攻击，舒通额等分左右翼登山抄袭贼后，贼败向西北乱窜，我军连翻大山三道，追杀二十余里，毙贼千余名。余匪向西北朱家店一带溃窜，十六日折往信阳属之冯家庄、谭家河一带逃奔，翼长苏克金带领马队，由信阳取道冯家庄，探踪进剿。

先是，苏克金于初一日由唐县带队行至桐柏县，探得陈大澯等股匪有向东北奔窜信阳之势，当即带队前进，于初七日抵信。该逆在该州西北六十余里之谭家河盘踞，我军连日出队，因稻田过多，未能得手。十二日，该逆窜至王家冈地方，正在筑垒，我军乘其不备，毁栅而入，该逆纷纷乱窜，我军乘势追杀，毙贼数十名。十七日，我军分西南、正南两路前进，

---

① 奏入，上谕曰：著懔遵叠次谕旨，饬令陈国瑞迅速前往，探明贼踪，实力巡防，一面听候僧格林沁妥为调遣。参见《钦定剿平捻匪方略》卷二一四，第22页。

追及范逆、邱逆等股，小有斩捦。十八日，探得发捻各股败匪俱向正南狂奔，有回窜应山之势，当饬候补道葛承霖等带领步队，并饬苏克金、傅振邦统带马步各军跟踪追剿。

查陈得才一股已窜向德安一带游弋，陈大澯一股现与发逆合伙南窜，此二股均未受我军惩创。其余发捻股匪经我军叠次痛剿，势极穷蹙。刻下贼踪悉数南趋，若沿江一带密为设防，不任该逆渡越，加以楚省各路官军联络声势，处处堵剿，无使兵分力单，则败残之余不难尽歼丑类。臣查楚省地势，若用马队，须在冬春水田干涸之时，此时实难施展。计我军追剿各股贼匪，登山涉水，奔驰已及一月，马匹不无疲乏，是以臣于十九日督带舒通额等马队暂扎信阳，以固北路之防。傥该逆被剿回窜，一经官军追出山险，马队可以驰骋，立即督队迎剿。所有我军叠次打仗救出难民，已咨照河南、陕西抚臣，饬沿途地方官按站解回原籍，妥为安插。

又，副都统色尔固善、总兵张曜等禀报，初一日督带马步各队浮渡丹江，赴楚蹑剿，初二日于郧阳之羊皮滩地方追及贼股，阵毙悍贼二百余名，生捦五十余名，裹胁之人逃散殆尽，所剩多系湖北等处长发老贼；初三至初六等日，我军绕由北路追剿，毙贼多名，立即抢扎南化；该逆西越大山，直窜赵家川等处，我军因河水未消，绕由北路前进等语。臣已饬色尔固善、张曜实力追剿，毋任蔓延。

——《钦定剿平捻匪方略》卷二一四，第22—27页。

○上谕

严树森奏遵旨筹办省防、布置汉黄一带水路情形，并请将陕西所派英毅等二十营撤回各折片。发捻各逆窜楚，股数众多，德安、云梦、应城、随州、京山、天门等处，纵横数百里，而大股则麇集于德安之三里店等处，切近城池。官文已抵汉川，郧汉一带当可无虑。著官文严饬水陆各军认真剿办。德安等府县城池，责令各该地方官严密防守，不可稍有疏失。严树森所派驻防郧汉之师，悉归官文调遣。如何路有失，定惟何路带兵官是问。防省之成得升等营，归唐训方调遣。唐训方接署抚篆，办理省城防守事宜，务当随时禀商官文，以一事权。严树森所募之湖南勇丁，如已将次到鄂，即归成世音等训练调拨；如尚未募齐，即可停止。并著官文等酌量办理。

另片奏，刘蓉前派之英毅六营，业由商州径赴襄樊，现有添派湘果马步十四营东下追贼，月需饷银五万七千余两，属由鄂省先行筹拨一月□济。鄂省饷源将竭，不能为秦军筹此巨款，请饬陕西将英毅、湘果二十营兵勇即日截回，李云麟一军五月以后月饷，由秦筹给等语。刘蓉所派之英毅六营已入楚境，应否留楚，即著官文知照刘蓉办理。至湘果十四营，前经刘蓉议令撤遣回蜀，当以甘省余孽恐被剿回窜，必须暂缓撤遣，本未令其留楚，著刘蓉仍遵前旨，责令搜剿各路余匪，将来如何区画遣撤，并须妥为筹办。李云麟军饷，五月以后由陕西支发，刘蓉筹解毋误。

正在寄谕间，据僧格林沁奏督饬马步各队移向应山、信阳一路追剿发逆、叠获胜仗，并函会官文札饬楚豫官军蹑剿败残余匪一折。陈大滘与蓝、范等逆合股，在英山一带麇聚，僧格林沁亲督大队痛剿，捻斩无算。复经傅振邦等马步追蹑，逆众向正南狂奔。该亲王已饬候补道葛承霖等带队追剿，而自带舒通额等马队暂扎信阳，以固北路之防。所办极为周妥。著即督饬各将弁分投蹑剿，务期节节肃清，毋任窜入腹地，该亲王即在信阳州居中调度。傥该逆被击东趋，即可督率舒通额、恒龄等尽力追击，以收聚歼之效。陈国瑞一军，应令扼扎何处截剿窜贼，并著僧格林沁酌量调派。官文务当督饬水军力固江防，陆路迎剿窜逆。豫军到楚，一并归官文节制调遣，以资得力。

将此由六百里谕知僧格林沁、官文、刘蓉，并传谕唐训方知之。

——《清穆宗实录》卷一〇一，同治三年四月戊戌。

〇上谕

熙麟奏庆阳情形紧要、不能迅赴兰州，庆防兵勇在环县击贼获胜，宁夏满城被围日久、亟待援兵。陕省截留甘饷，并钞录林寿图原函呈览，暨遵查恩麟奏报凤翔回匪情形各折片。前因甘省军情紧要，庆阳仅办粮台转运，文煜到后已有大员接办，是以叠谕熙麟迅赴兰州省城接印任事。兹据奏称，平凉大军将次合围，定边兵勇将次进征，恐败匪纷窜肆扰，分我兵力，且近获贼供，刻有东窜之志，庆阳之防剿吃紧，实倍往昔等语。所奏自系实在情形，即著熙麟暂驻庆阳，会同文煜等，于征兵筹饷各事宜妥为调度。恩麟暂权护篆，办理有无偏谬，仍著留心随时察看，不得存两人分任之见，稍存诿卸。

见在汉中发逆悉数东窜，鄂北襄随一带到处传烽，僧格林沁驻扎楚豫之交剿办发捻，断不能移师西向。都兴阿由定边一路前进，计见在已入甘境。雷正绾尚称能战，陶茂林亦已抵甘，著熙麟会同该提督，饬令各营将士迅克平凉，节节扫荡，以期早日蒇事，慰朝廷西顾之忧……

——《东华续录》同治三十三，第68—69页，同治三年四月戊戌。

四月二十九日

〇僧格林沁奏

用兵之道，首贵严明，侦探贼情，尤须真切。如是则统帅居中调度，战守自合机宜。知己知彼，方能百战百胜。然临敌之际，偶值天时之变、地利之险、人事之不齐，斯又利钝之难以豫料也。近见各路奏章，每以贼众兵单为词，获捷之报络绎不绝，而贼势愈众，蔓延愈广，推原其故，总由领队之员偏守一隅，不能确探贼情，贼至不肯迎击，贼退不肯跟追，敷衍出境，即报胜仗，并以少报多，讳败为胜，豫为冒功邀赏地步。而握兵符者既不能身临前敌，又不知详加查考，率行据禀入告，甚至冒滥请奖。若不破除积习，认真整饬，则将士益难驾驭，军务何时可收实效？现在发捻各股，人数皆不过万余，统计亦止六七万人。即如窜楚各股，除发逆陈得才、捻匪陈大濬未受我军惩创，其余皆经臣督饬官军痛加剿洗，目睹各股贼势，实无数万之多。惟捻逆巢穴近在腹地，马贼较众，行走尤疾，各旗合股时多，分窜时少，出巢掳掠，不肯远去。一遇官兵紧追，即奔回老巢。每与交仗，非鏖战数时，短刃相接，不能取胜。此臣从前在皖剿办张落刑等匪所亲见者也。其各股发逆离巢久远，现有大江阻隔，回窜金陵亦属非易。且马贼少而裹胁多，行走疾徐与我步队相等，每与交仗，一经我军冲压，贼即披靡。此臣刻下进剿发逆所目睹者也。今各股发逆虽向南趋，若得水师一军沿江严密布置，不使该逆渡越，加以楚陕豫官军联络跟追，处处扼截，以剿为防，可期克日埽除。设使东窜皖境，地势较楚省稍觉平坦，臣当酌拨马步各队相机协剿，不致任此穷寇再事鸱张。臣目击各路军营铺张粉饰，不敢不据实直陈。应如何严禁积习之处，恭候圣裁。

——《钦定剿平捻匪方略》卷二一四，第 32—34 页。

〇上谕

内阁奉谕旨：

据僧格林沁奏，用兵之道，首贵严明侦探，知己知彼，调度战守方能合宜，近见各路军营奏章，每以贼众兵单为词，获捷之报络绎不绝，而贼势愈众，蔓延愈广，总由领队之员不能确探贼情，贼至不肯迎头堵击，贼去又不肯跟踪追剿，但敷衍出境，即报胜仗，故意以少报多，讳败为胜，豫为冒功邀赏地步，握兵符者，既不能身临前敌，复不详加查考，率行据禀入告，相沿成习，急须认真整顿等语。各路军营恶习，以少报多，讳败为胜，叠经通谕各该统兵大臣及督抚大吏，痛除积弊，不啻三令五申，兹览僧格林沁所奏，是各路军营积弊仍未革除，该统兵大臣等仍不能认真整顿。似此积习日深，何以殄灭贼氛、乂安黎庶？僧格林沁此次督师由豫入楚，所言军营各弊，自必确有见闻。该大臣老于用兵，惟能真实不欺，故能所向克捷，洵足为各路军营之法。嗣后各路营员及统兵大臣，于贼势之多寡、接仗之胜负，均须字字从实奏报，如仍任意铺张，未能扫除积习，一经有人参奏，必将捏报军情之营员及统兵大臣等一并从严惩治，决不宽容。僧格林沁督师皖豫楚三省之交，如有似此情弊，一经见闻所及，即著指名参奏，惩一儆百，以挽颓风，庶几各路军营不敢视朝廷谆谆诰诫为具文也。

——《清代起居注册（同治朝）》第 13 册，第 7051—7054 页。

五月

五月初一日

○穆图善奏

臣以楚豫军情紧急，遵饬姜玉顺所部九营由陕南武关一路兼程赴楚，嗣以南山购粮不易，不得不改道潼关。乃复连日阴雨，至四月十七日天色微霁，姜玉顺始行起程。至萧河清一军本在潼关防剿，所部仅二千名，孟宗福又因患病骤难成行，楚省待兵甚急，未便久延，再四踌躇，惟有饬蓝斯明将驻扎商州之二千名凑成四千名，会同萧河清作为头起拔队东下，即日出关，姜玉顺一军作为二起克期继进，均归官文调遣。又饬常星阿等六起马队径赴僧格林沁军营，听候调遣。臣拟料理就绪，即亲率所部回援楚疆。

——《钦定剿平捻匪方略》卷二一五，第1页。

○乔松年奏

捻逆与发逆合股，自湖北枣阳趋向东南，麇聚楚地。闻湖广督臣官文出省迎剿，僧格林沁已率师追贼，贼如不南犯汉口，必将东窜皖北，亟宜豫防。查皖楚相接之颍州、六安均为门户，贼踪现距孝感不远，如果东窜，则六安尤当其冲。现在驻守六安之甘肃安肃道蒋凝学，所带六营皆系楚师能战，可以独当一面，臣又派总兵王才秀带所部一千五百人前往驻守三河尖，藉资接应，并饬驻守正阳关之总兵朱淮森整顿听调，如六安有警，即驰往应援。寿州、定远亦皆派营防守，凤阳距临淮较近，查有总兵黄鸣铎熟悉营务，已饬募勇五百名前往防守。其安庆附近州县，曾国藩已派总兵普承尧守庐州，总兵何绍彩守巢县，皆可得力。至提督陈国瑞一军，仰蒙谕饬僧格林沁调赴临淮，现在贼匪未入皖境，而僧格林沁方在用人之际，臣现咨请僧格林沁，酌度情形，如可派来，实于皖省军务有益。

——《钦定剿平捻匪方略》卷二一五，第1—3页。

○上谕

谕议政王、军机大臣等：

乔松年奏皖北布置防守情形一折。发捻麇聚楚地，声言回救金陵，若由楚东窜皖北，则六安首当其冲。现在驻守六安，有道员蒋凝学六营，乔松年复派总兵王才秀带所部一千五百人驻守三河尖，为六安接应，并饬驻扎正阳关之总兵朱淮森整顿听调。其寿州、定远等处，亦皆有营防守。所筹尚属妥协。惟发捻股数众多，现在楚省德安、云梦、应城、随州、京山、天门等处，纵横数百里，遍地皆贼，而皖北防兵究嫌单薄，恐不足以资堵御。陈国瑞一军，前据吴棠奏，业已拔营前赴徐州，听候僧格林沁调遣。此军骁勇善战，前谕僧格林沁调赴临淮，此时贼虽未入皖疆，而军情旦夕变迁，逆迹慓悍，尤宜先为筹画，以备不虞。著僧格林沁即饬该提督一军择要驻扎，或即调赴临淮，如贼势东趋，即行驰往援应，以资扼截，毋稍疏虞。

本日据穆图善奏，已饬常星阿六起马队径赴僧格林沁军营听候调遣，此军到后，著该大臣妥为调度，饬令与前敌马步各军，迅将楚豫交界之贼四面围剿，毋任东窜；并遵前旨，酌拨马队数百名赴乔松年军营，乔松年即将克蒙额马队腾出，饬赴扬州，听富明阿调用。

乔松年另片奏，李世忠所散勇丁，归农者不少，亦有游手之人，诚恐流而为盗等语。滁全天来等处甫经交出，该地方久为李世忠盘踞，官民不相联属，历有年所，此时控驭抚字及一切善后事宜至关紧要，乔松年身任皖抚，责无旁贷，务即饬令各该地方官妥为整顿，抚绥善类，驱逐匪徒，毋使无业游民复行啸聚滋事，以靖地方。其署滁州知州阙平相在任有年，既无裨益，即著另选贤员接署，以资治理。

将此由六百里各谕令知之。

——《清穆宗实录》卷一〇二，同治三年五月庚子。

五月初四日

〇奕䜣等奏

臣奕䜣等谨奏，为遵旨会议具奏事。

同治二年十二月三十日内阁抄出，钦差大臣、亲王僧格林沁奏，酌议裁并河员改归地方官经理，以节经费而一事权，同治二年十二月二十七日议政王、军机大臣奉上谕：僧格林沁奏请裁并河员改归地方官经理以节经费一折，著议政王、军机大臣会同该部妥议具奏，钦此。

据原折内称，黄流改道，自兰阳汛迤东已成干涸，惟兰阳汛迤西至黄沁厅两岸，有堤工者仅存二百五十余里，且河势与汴梁不远，巡抚即可就近督催，现在豫西军务尚未蒇事，虽该抚一时不能兼顾，但河道不甚绵长，现有开归、河北二道就近分巡经理，并有该抚督催防范，足资保固，拟请将东河总督员缺裁撤；所管山东河务，向有运河道一缺专辖，运河为粮船往来经行之地，是以特设此缺，以重催趱，现在粮运久停，亦请裁撤，改归山东抚臣督同地方道员管理；其运河五厅，本由地方佐贰改隶河工，现仍改归地方管理；其原设河标兵丁一千六百名，本为催提粮运、弹压水手，现在并无专司事件，拟请将此河标将弁兵丁各缺额，仍分中左右三营，改归兖州镇管辖，仍驻济宁，惟既归兖镇，则副将一缺亦可一并裁撤等因。

臣等查东河河道总督一缺，前据河南抚臣张之万覆奏御史刘其年奏裁减河工经费一折，奉上谕，前因御史刘其年奏裁减河工经费，并请将东河河道总督一缺裁撤，降旨交张之万详悉妥议具奏，嗣据奏称，东河河道总督一缺兼辖两省黄运河工，关系匪轻，未敢率议裁撤，俟详加体察，再行奏请等因。钦此。是此缺之可裁与否，应由河南抚臣体察情形覆奏后，始可定议。现尚未据奏到。兹复据僧格林沁奏请将此缺裁撤，臣等查兰阳汛迤西黄沁两岸，有堤工者虽仅存二百五十余里，然沿河各州县之田赋、居民之庐墓，胥藉堤工为保护。上年夏秋间连逢阴雨，河水盛旺异常，节据河臣奏报，上南、中河等厅叠出奇险，皆由该河督督率抢办，幸保无虞。是河督之责任关系不为不重，若如僧格林沁所奏，将河督一缺裁撤，责成河南抚臣督同开归、河北二道分巡经理，以河工情形揆之，每岁自立夏以至霜降，皆须该抚时常出省，往来河干，巡察修防，设遇伏秋大汛，出有险工，并须常住河岸，督率抢护，地方与河务能否兼顾，非该抚亲历情形，不能详悉，臣等未便悬拟。且现在豫省西南军务尚未蒇事，抚臣带兵出省，远驻南阳，势难顾及河防。开归、河北两道职分较小，呼应是否灵便，能否责令分巡经理，俟军务肃清后再由该抚兼辖之处，应请饬令张之万仍遵前旨，详加体察，俟覆奏到时再行酌议办理。

至东河河道总督，本系兼辖两省河工之员，现在黄河自河南兰仪缺口以下，由直隶大名府境内，历山东之曹州、济宁、泰安、东昌、济南、武定各府州始达海口，地连三省，绵长几逾千里，上年十二月十九日据谭廷襄奏称，下游大清河河身太窄，拟将附近徒骇、马颊二河设法疏浚，俾水有分泄，再将缺口堵筑，并将刷及城垣之处筑坝拦护，张秋以上等处，应先将开濮两州之金堤及濮范菏泽比邻之史家堤堵筑，并将旧有土埝加培，择要接修，逐渐布置等语。奉上谕，著刘长佑、阎敬铭按照该署河督所奏，严饬该管道府，督令各州县，赶紧劝令分投兴办，并会同谭廷襄办理等因。钦此。是直东两省河工正当经营伊始之时，并非无工可修，惟经费筹画维艰，现拟由地方官劝谕绅民妥办，能否一律举行，尚未据该督抚覆奏。此项工程如能劝谕绅民兴办，所有相度地势、挑浚修筑诸事宜，应否由该河督巡历督率，以期坚固，将来堤埝既成之后，一切镶扫戗护修防抢险诸事宜，是否须由该河督经理，抑可由该省督抚督同地方官筹办，应请一并饬令直隶总督刘长佑、山东巡抚阎敬铭察看情形，详细覆奏，以便定议。

至山东运河道一缺，据僧格林沁奏称，运河为粮船往来经行之地，特设此缺，以重催儹，现在粮运久停，此缺几同虚设等语。臣等查运河道员固应催儹漕运，而督率所属，疏导泉源，潴蓄水柜，挑浚河湖淤浅，修筑堤堰闸坝，稽核五厅工程支销款目，均系该道专责，事务本属殷繁，惟工程之缓急、用款之多寡，当视漕运之有无为权衡。现在江浙湖广安徽漕运久停，应办工程多可从缓，各厅支销款目无几，较之南漕未停河运以前，事务之繁简迥殊，该大臣拟请裁撤此缺、改归地方道员管理，系为节费起见。惟地方道员向有本任应办事件，运河事务虽简，而所属五厅堤岸绵长，亦有应行择要修筑工程，且南省漕粮虽经久停河运，而山东本省漕船尚由运河浮送，该地方官能否兼行管理之处，应请饬下山东巡抚阎敬铭体察现在情形，奏明酌办。

至运河五厅各缺，据僧格林沁奏称，本由地方佐贰改隶河工，现仍改归地方管理等语。吏部查运河五厅佐贰各缺，现在河务较简，请仍归地方管理之处，应俟山东抚臣覆奏到日再行核办。臣等查运河厅员本为修理河湖工程、蓄水济运而设，与运河道员所办事务相为表里，现在南省漕运久停，道员之事务既简，则厅员之事务亦应随与俱简。上年十二月间，据署东河河道总督谭廷襄以额办岁抢修并咨案工程有关保堤卫民、疏挑引渠月河等事，奏请停用钞票，改给一半实银，并称预为河运请办坝工、修浚河淤等语，除停钞改给半银由工部会议户部另案覆奏外，臣等查各省卫所粮船久经废毁无存，将来南省军务即行肃清，而制造帮船需款甚巨，非一时所能猝办，该河督所请预为河运办坝浚河一节，自可暂行停止。现在应办工程，不过相择堤岸紧要处所补缺修残，藉以保卫民田，其余各项工程均可一律停缓。该大臣拟请将运河五厅改归地方管理，系因工程较简起见，应请饬下山东抚臣查明，可否裁并一二厅，抑将厅员分归地方道员兼辖之处，俟覆奏到时再行核议。

又，河标将弁兵丁各缺额及副将一缺，据僧格林沁奏称，原设河标兵丁一千六百名，本为催提粮运、弹压水手而设，现在并无专司事件，东省兵本无多，拟请改归兖州镇管辖，并裁撤副将各等语。兵部查河标中军副将一缺应否裁撤，及河标将弁兵丁可否改归兖州镇管辖之处，亦应俟河南、山东各巡抚覆奏东河河道总督一缺是否裁撤，到日再行一并核办。臣等覆查，河南抚臣张之万覆奏御史刘其年奏请裁减河工经费折内，据称东河南岸四厅、北岸三厅河道均已干涸，请将豫省所属之兰仪、仪睢、睢宁、商虞、曹考五厅裁撤，其曹河、曹单二厅，应请由山东抚臣酌量办理，当奉旨允准等因各在案。臣等查曹河、曹单二厅，据河南抚臣张之万奏已成干涸，如何酌办，山东抚臣迄今并未奏闻，复查干河各厅所辖滩地，经前督臣黄赞汤于同治元年二月二十二日奏请查丈，酌议收租，嗣经户部议令河南抚臣将查丈滩地若干、应收租项若干一并查明，专案咨报，迄今亦未据咨报。以屡经奏请奉旨查办之件任意耽延，实属不成事体，相应请旨，饬下山东、河南各抚臣，将曹河、曹单二厅情形并滩地收租事宜迅即详细查明覆奏，再行分别办理。

所有臣等遵旨会议缘由，理合恭折具奏，伏乞圣鉴。

再，此折系工部主稿，合并声明。谨奏。

——《咸丰同治两朝上谕档》第14册，第145—149页。

○奕䜣等奏

再，前任鸿胪寺少卿、现升通政司副使胡家玉奏，河流北徙，请动官项筑堤，并将江广漕米办理河运各折片，同治三年二月初六日奉上谕，著议政王、军机大臣会同该部，汇入僧格林沁前奏请裁并河员折内，一并妥议具奏。钦此。

据原折内称，黄水漫淹两省，灾及数十州县，亏国计，害民生，欲卫民田，必须筑堤束水，而工费浩繁，地方官劝民兴办，积年灾区，力有未逮，拟请敕各该督抚会同履勘，自兰阳以至利津海口，通盘筹画，核实估计，移用固本京饷每年三十余万金，于秋末冬初兴工，仍照旧章暂开河工事例，以裕经费等语。

臣等查，黄河北徙以后，上下两游情形判然迥异。下游自利津海口溯流至肥城一带，数百里间，均有大清河堤岸河身可资管束，其间民埝决口虽不下三四十处，而据谭廷襄前奏情形，极宽处所不过数十丈，需费尚不甚巨，无论民办官修，兴举均易为力。上游自张秋镇以上，濮范寿张等处河流散漫，一片汪洋，既无河身，又无旧岸，黄性挟沙而行，若无双堤夹峙，藉以束水刷沙，日久势必停淤，又将变徙他处。现在民修埝圩，第就黄流漫滩所及之处筑土拦护，势难逼水归漕，藉收管束河流之效，若移就两案相近处所，另筑双堤，紧束河身，俾无散漫，则需费太巨，官民均力难兴办，自应先就民间现修土埝加培接修，为逐渐布置之计。惟自兰仪厅至张秋镇绵长数百里之遥，自张秋镇至大清河清黄汇流之处相距又数十里，工段甚广，筹费维艰。

该副使以民力未逮，拟请移用固本京饷银叁拾万两，仍暂开河工事例以裕经费之处，户部查，直隶固本京饷系专备练兵经费、保卫畿辅起见，未便移用；至暂开河工事例一节，应俟各该督抚将河道如何兴修、需费若干核实奏明，再由户部酌核办理。应请饬下东河督臣会同豫东直隶各督抚，查明上游民埝何处应加高培厚，何处缺口应行补修，下游何处缺口，所缺口岸宽狭丈尺各计若干，上下游堤埝官修经费应需若干，通盘筹画估计，并将兰仪缺口以下至利津海口黄水漫淹经流处所，及有无民埝，并决口段落，绘图贴说，详细具奏，以凭定议。臣等复查，黄水上游之消涨，视下游河流之畅塞为凭，现在下游大清河身太窄，不能容纳，自应如谭廷襄前奏，先将附近之徒骇、马颊二河疏浚，俾水有分泄，庶上游不致到处漫溢。其张秋以上之金堤、史家堤本有堤身，自可因以施工，藉省经费，亦应如谭廷襄前奏，先行堵筑，以资拦护。应请饬催刘长佑、阎敬铭仍遵前旨，会同谭廷襄迅速筹办。

又，该副使片奏内称，海运未可全恃，河运不容久废，江西湖广等省去海甚远，仍以办理河运为宜等语。工部查，山东运河自南旺湖分水北流，至临清州汇入卫河，北归天津入海，地势南高北下，以张秋以南为上游，张秋以北为下游。今黄河自张秋穿运而东，下游运水已断，势须专藉黄水分流，以资浮送。黄性迁徙靡常，设全河正身改由运河下游北趋天津，则黄水之患势将波及畿辅。现在黄水支流分入运河，虽拟将徒骇、马颊二河疏浚，分泄入海，而运河下游支流未断，将来是否不致掣动正身，改由运河北趋天津，所有借黄济运之处，日久有无流弊，抑或另有清水河渠可引以通运之处，应请饬下东河督臣详查情形覆奏。至运河下游既为黄流分注，上游地势平迤，亦为黄水倒灌，南北运堤向均窄狭，有无冲溃残缺、应行修筑处所，其黄运交汇之处溜势汹急，运堤应否展宽，或应改筑月堤以便漕船绕渡，由汶上县南至运中河、北至东阿县境内，运河闸坝堤岸有无残缺，河身有无淤浅，何处应修应浚，共需经费若干，均请饬下东河督臣查明情形，估计经费覆奏，以凭核办。

该副使原折内又称，拟于向来漕船渡黄处所开挖横河一道，令南岸清江闸之水与北岸运中河之水互相贯注，漕船由此经行等语。工部查该副使片拟开挖横河处所，地势高下若何，河身之宽深丈尺若何，长短之里数若干，约需款项若干，应请饬下漕运总督吴棠就近确切查明，绘图贴说，分晰具奏。此项工程，应俟谭廷襄将借黄济运有无流弊之处查明具奏，再行酌办。

又，该副使片奏内称，漕船毁弃无存，拟俟东南数省肃清后，裁撤水师，将红单拖罾及各将领坐船分拨江广等省，以资漕运，暂雇民船以济不足，大船运米到清江浦，长龙、三板小船提泊清江闸，作为剥船，装载运通，并请将水勇充补舵公水手等语。兵部查，裁撤水师战船运米，应俟东南数省肃清后，令各该省督抚酌量情形办理；其水勇可否改充舵工水手，查战艇漕船轻重迟速恐或情形不同，水勇改为舵工能否得力，亦应令该督抚察看人材，妥为办理。再，战船吃水浅深，运米应否改造剥船换载，水勇改充口粮，户部查，战船改造剥船、水勇改充口粮，应俟东南军务肃清、运道一律通畅，并由东河、漕运各督臣将工部指查各情声覆定议后，再由户部核办。至河东河道总督及运河道厅各员缺应否裁撤归并，应俟黄河官堤能否兴修、河运能否举行查明定议后，再与僧格林沁原折一并酌核情形，妥议具奏。

所有臣等会议胡家玉条陈各折片缘由是否有当，伏乞圣鉴。谨奏。

同治三年五月初四日奉旨：依议。钦此。

——《咸丰同治两朝上谕档》第14册，第150—153页。

五月初五日

〇官文奏

随州击败之贼盘踞八里畈一带，四月初六日，总兵杨朝林带队进剿，该逆过河列阵，杨朝林督令各营由左路冲出贼前，僧格林沁马队又四路包抄，杀毙溺毙者无数，贼由淅河一带遁入马平港。闻大兵将至，遂由游山窜洛阳店而去。十一日，僧格林沁以马平港无贼，亲带马队驰往应山，追剿北路之贼，令杨朝林等率各营驰赴德安，会合舒保等将南窜发逆及张总愚股匪迅图剿灭，现已行抵德安，扎营城外。其自枣阳南窜之贼，经总兵梁洪胜战捷于安郡，再捷于臼（日）［口］，该逆即向京山阜市一带窜去。四月初五日，梁洪胜督率所部追抵永溰河，毙贼极多，该逆仍向京山、天门分股窜去。次日，我军行抵距天门七十里之金河滩，侦知另有大股逆匪围逼天门县城，梁洪胜移营驰赴该县，奋勇冲杀，贼尸枕藉，余逆溃散，窜石家河一带。初九日，我军整队过河，探得另有大股逆匪由宋河直窜阜市，意在由云梦、孝感以犯黄州，石家河败匪亦欲赴阜市合伙，而天门之柳河为该逆必由之路，梁洪胜由小路疾趋，节节设伏，贼至起而击之，冲为两段，伤毙颇多。十三日，败匪勾合阜市大股，自柳河、花台一路窜出，梁洪胜以马步队夹击获胜，贼仍向柳河窜去。目下天门、京山、应城、德安同时告急，迨大兵跟踪追击，该逆又分股盘踞随州之南山等处，我军以寡敌众，虽经获胜，究未大挫凶锋。僧格林沁现调萧河清步军来楚，即由应山取道信阳回豫，专防北路。臣现与僧格林沁函商，请其驻军德安，会同攻剿，实于东南军务有裨。臣仍饬水陆各军实力进攻，以冀歼除丑类。

——《钦定剿平捻匪方略》卷二一五，第4—6页。

〇官文奏

汉南发逆分道东趋，原拟秦师追剿，会合楚军夹击。自该逆阑入枣阳，勾结捻股，蔓延郡县，臣官文即于四月初三日出省，督师剿办，僧格林沁亲统劲旅，会合鄂军，叠获大胜。该逆悉趋下游天门、京山、应城、德安等处，贼踪距秦已远。即使秦师越境遄征，但事尾追，不能绕前迎击，徒令跋涉道途，于事鲜济。且鄂省本年入春以来贼氛环逼，盐课厘金钱粮捐输顿为减少，饷项已万难支拄，若再加秦军二十营饷糈军火，实属一筹莫展。惟有请旨迅饬陕西抚臣，将派拨赴楚之英毅、湘果二十营全行截回，以息兵力而节糜费。

——《钦定剿平捻匪方略》卷二一五，第7—8页。

〇上谕

官文奏官军追剿获胜、下游情形吃紧、派兵分剿，请截留英毅、湘果各营各折片。随州贼匪盘踞八里畈，经总兵杨朝林击败，逃窜马平港。僧格林沁马队驰往应山，杨朝林移营德安，总兵梁洪胜将枣阳南窜之贼击败于安郡臼口尹溰河等处，并将围逼天门县城及窜扰阜市之另股各匪击退。现在天门、应城、德安等处贼势甚重，其击败之贼，复回窜随州之南山。官文现咨商僧格林沁驻军德安，会军夹击。著僧格林沁即酌量情形，移军前往，四面兜剿，并分兵绕出贼前，力遏贼匪东窜之路。总期就地歼除，毋令阑入皖境。武昌省城防守事宜，即著唐训方严密布置，不可稍涉大意。前据穆图善奏派蓝斯明、姜玉顺、萧河清等步队克日起程，此时计已行抵鄂境，僧格林沁现调萧河清一军赴该大臣军营，著即饬令该总兵前往，听候调遣。其余步队各军，应分隶何路，著僧格林沁、官文会商调度。常星阿所统马队，俟到鄂后，即著归僧格林沁调遣。前据严树森奏，请将陕西所派英毅等二十营撤回，当因英毅六营已入楚境，应否留楚，谕令官文知照刘蓉办理。现据官文奏称，贼踪去秦较远，陕军势成尾追，不能绕前迎击，应需饷糈亦难筹给。著官文、刘蓉即檄令此军，无论行抵何处，迅即撤回陕境。其李云麟所统湘果等十四营，前经刘蓉议令暂缓撤遣，本未令其留楚，著刘蓉仍遵前旨，责令在陕南搜捕余匪，毋庸饬令赴楚。所有英毅六营勇丁应否留防陕境，或饬令赴援甘省，及酌量裁撤之处，著刘蓉酌度办理。将此由六百里谕知僧格林沁、官文、刘蓉，并传谕唐训方知之。

——《清穆宗实录》卷一〇二，同治三年五月甲辰。

五月初六日

〇上谕

乔松年奏续报皖北情形并派兵驻守滁州等处各折片。楚北贼匪分窜信阳、应山等处，贼踪飘忽靡常，不可不严为戒备。该抚已饬臬司英翰驻守亳州，以防土匪，布置尚妥。普承尧、何绍彩两军，经曾国藩派令分驻庐州、巢县，断难移动。鲍超一军，昨据曾国藩奏称，仍遵前旨赴江西援剿，亦未能分顾皖境。陈国瑞一军，该抚拟令扼扎颍六之间，著即禀商僧格林沁办理。如兵力尚单，可即将冯子材派守金坛等处所余兵勇四千名，仍遵前旨，酌量调赴临淮，以资防剿。滁州、天长等处，业经吴棠等派游击张从龙等带勇前往驻扎，所有善后事宜，即著该抚饬令各州县实心经理。克蒙额马队，前有旨俟僧格林沁酌拨马队到临淮后，再令赴扬，兹据富明阿奏，此项马队仅存八十人，留于临淮，不能成队，若早调来扬，可以合成劲旅，尚属实情。所请于常星阿未到之先，即饬克蒙额管带赴扬，以资得力之处，著乔松年酌量办理。将此由五百里谕令知之。

——《清穆宗实录》卷一〇二，同治三年五月乙巳。

〇上谕

都兴阿奏遵旨赴防，行抵太原，趱程前进一折；另片奏，请调兵勇人员及抽拨洋枪各项等语。熙麟奏通筹甘省军务，仍请派令僧格林沁督剿。恩麟奏筹办宁夏军务情形折片。都兴阿行抵太原，接奉寄谕，刊刻木质关防，著即照办，并著督率各兵，星驰前进，遵照叠次谕旨，迅解宁夏之围，毋稍延缓。所请抽拨洋枪八百杆，已谕知管理神机营王大臣照数拨解。另单请调文武各员，除候选道荣禄另有差委，其侍卫额尔登布等四员，均谕令赴甘肃军营差委矣。该将军又以曹克忠勇敢善战，请令赴营，并令刘蓉另派驻防陇边等语。曹克忠驻守汧陇一带，系为豫防甘肃逆氛回窜秦中而设，能否另派劲旅防守，抽出该总兵所部赴都兴阿军营调遣，著刘蓉酌度具奏。熙麟奏衰病情形，并恳暂派文煜代理现办公事，本日已有旨令熙麟开缺，回旗调理，熙麟起程以后，所有庆阳防守及粮台一切事务，均交文煜办理。文煜系弃瑕录用之员，务须振刷精神，力图报效，以副委任。熙麟所请令僧格林沁督师赴甘，其折内所称河南仅剩零匪，该王现驻嵩县，自系得自传闻，均未确实。河南匪势，趋重湖北，且时有东窜皖疆、回救金陵之意，该亲王驻军信阳州，责任极重，断难西行。甘肃现有都兴阿督办，雷正绾帮办，如果申明纪律，节节剿办，无难立奏肤公也。恩麟奏沥陈筹办宁夏军务情形，并密陈办法一片，殊嫌哓辩。梁生岳办抚，贼匪既未献城归顺，则庆昀之不再羁縻，婴城固守，自属正办。梁生岳、定安二员，主抚无功，是否藉以缓师，意存畏葸，著都兴阿查明参奏。恩麟另片奏，军营鼓舞人材，惟恃爵赏，前奏各件，或因道路羁延，未据奉到，或经部议驳斥，未能尽准，一切呼应不灵，恳请于所奏事宜及保举人员，俯赐准行等语。朝廷用人行政，一秉大公，恩麟前后所陈及保升各员亦多有奉旨俞允者，他省军营所奏，亦多有奉旨驳斥者，惟在权衡当否，归于至善。该护督如果保举与例相符，措置悉无乖谬，自当照行，俾资观感。否则赏罚者天下之公器，亦断不能为该护督曲徇也。将此由六百里谕知都兴阿、熙麟、刘蓉、文煜，并传谕恩麟知之。

——《清穆宗实录》卷一〇二，同治三年五月乙巳。

〇吴棠奏

前闻楚豫发捻有东窜之信，适陈国瑞病已痊愈，当商令赶紧赴徐，以资控制，并听候僧格林沁调遣。现在发捻前股已窜至豫省信阳州属之杨柳河等处，蓄意东趋。臣并接督臣曾国藩咨称，发捻在枣随交界私议分股行走，以两股由宋河走应城，以三股走应山，均在麻城会合。查麻城与六安接壤，则皖北之防极关紧要。臣已叠咨陈国瑞，一经僧格林沁檄调，即行赶紧拔队，一面由淮徐两路筹备米麦，以济(糗)[糈]粮。至徐宿一带，本有总兵姚广武一军驻防，现饬该总兵妥筹备御，如陈国瑞移军前进，即责成姚广武防剿，并随时察看情形，再由清淮拨兵前往协助。

先是，臣另接督臣曾国藩来咨，布置江皖各防，除六颍庐巢及怀凤临寿等处已由曾国藩及乔松年分兵驻守外，咨由臣营派防滁州等语。臣即饬补用总兵、署漕标副将张从龙带马步队共一千二百余名赴滁助守，业已分起前往，所需粮饷军火，由臣宽为筹画，源源接济，并令总兵黄开榜所部炮船扼守清淮一带。

至李世忠交出各城，自兵燹之后，蒿莱满目，凋敝不堪，各该处善后事宜亟须次第筹办,而尤以振兴学校、开辟荒芜为最要。臣惟有会商曾国藩、乔松年妥为经理。

——《钦定剿平捻匪方略》卷二一五,第13—15页。

〇实录

漕运总督吴棠奏,遵旨布置淮徐防务及拨兵赴滁助守,得旨:皖北防务紧要,陈国瑞一军,著懔遵叠次谕旨,听候僧格林沁檄调,即行拔队;其淮徐一带,著姚广武等严密布置;派防滁州之张从龙一军,即令赶紧赴防,以资扼守。

——《清穆宗实录》卷一〇二,同治三年五月乙巳。

五月初八日

〇上谕

谕议政王、军机大臣等:

官文奏护军统领舒保力战阵亡,并分饬镇将遏贼东趋各折片。已明降谕旨,将舒保优恤,建祠予谥,并将德隆阿等一并附祀专祠矣。发捻合股阑入楚疆,虽经僧格林沁等督率马步各队累战皆捷,而大股麇聚于阜市巡检司等处,扰及京山,复分股一自宋河至随州之南山,一自杨家河至德安,亘延二百余里。捻首欧老洪图犯德安,窥伺黄孝,其黄土关一股,复由东篁店广水驿窜至孝感县属之二郎畈等处。是汉江以北,群贼如毛,亟宜尽力剿洗。著僧格林沁、官文等遵照前旨,督饬各军四面兜剿,务将下游武汉及大江北岸窜路竭力遏截,并分饬苏克金、傅振邦等绕出贼前,毋令窜入皖豫边境。光固一带,著张之万派拨劲兵,豫为防范,以备不虞。英霍毗连楚境,更觉吃紧,著曾国藩、乔松年督率地方文武严密布置,俾该匪无隙可乘。惟该逆等以援救金陵为名,故能号召匪徒,固结不解。为今之计,若将金陵迅速攻拔,则该逆失所依附,众心涣散,剿灭必易。是攻拔金陵,洵为目前第一要务。曾国荃率师合围,已经数月,布置自必周妥,著即督率诸军,会合彭玉麟水军,奋勇进攻,迅拔坚城,以副委任。金陵城内丑类尚多,围攻断不可稍有瑕隙,致令乘间出窜,贻患他省。如由何处冲突而出,即惟何处统兵之员是问。李鸿章所部兵勇,攻城夺隘,所向有功,炮队尤为得力。现在金陵功在垂成,发捻蓄意东趋,迟恐掣动全局,李鸿章岂能坐视?著即迅调劲旅数千及得力炮队,前赴金陵,会合曾国荃围师,相机进取,速奏肤公。李鸿章如能亲督各军,与曾国荃会商机宜,剿办更易得手。著该抚酌度情形,一面奏闻,一面迅速办理。曾国藩身为统帅,全局在胸,尤当督同李鸿章、曾国荃、彭玉麟和衷共济,速竟全功,埽穴揵渠,同膺懋赏。并著左宗棠严饬蒋益澧、高连陞等,迅拔湖州郡城,肃清全浙,腾出兵力,驰援江皖一带地方,俾免蔓延贻患。江北天六等处,地广兵单,该处为里下河一带门户,恐贼匪垂涎完善,前谕富明阿将援剿江南之师悉数调回,分投布置,现在计已到防,如果贼有窜近消息,而兵力尚有不敷,即著李鸿章调派得力之兵妥筹兼顾。陈国瑞一军应令移扎何处,仍著僧格林沁酌量调派,一面迅速奏闻。徐宿清淮等处,并著吴棠随时整饬,加意筹防,期于有备无患。将此由六百里各谕令知之。

——《清穆宗实录》卷一〇二,同治三年五月丁未。

五月初九日

〇穆图善奏

查多隆阿所部提督姜玉顺统带九营,于四月十七日由鄠县涝峪口拔营起程;提督谭仁芳统带四营,于十六日由盩厔县起程;提督蓝斯明统带四营,于二十七日由商州起程;提督萧河清统带四营由潼关起程,二十八日已抵陕州;总兵孟宗福统带四营,于二十八日由西安起程;总兵黄金山管带亲兵左营、提督刘定邦管带藤牌营,于五月初一日由西安起程;副都统温德勒克西、常星阿、舒伦保等六起马队,亦于四月二十七日起程前进。现在马步各营均已先后出关,臣定于五月初六日督率全军兼程前进。

——《钦定剿平捻匪方略》卷二一五,第20—21页。

〇上谕

谕议政王、军机大臣等:

穆图善奏督军分起赴鄂一折。据称,现在马步各营均已先后出关,该将军定于五月初六日督队拔营起程等语。多隆阿所部,前经谕令以八千步队赴楚,如尚有余兵,拨赴甘省助剿。兹据穆图善奏,多隆阿所部一万余人全行赴楚,自未便令其折回,著即催令各军迅速前进,到后交僧格林沁、官文分别调遣。楚北群盗如毛,得此兵力,自无难克日奏功。惟皖北地方仍形空虚,该匪不能逞志于楚,恐蓄意东趋,由英霍以救金陵,不可不虑。陈国瑞曾否到颍六驻扎,著僧格林沁、曾国藩、乔松年速为布置,并著曾国藩、乔松年悉心筹画。如兵力实有未敷,或函商官文酌拨楚军,或仍遵前旨,拨镇防兵勇四千人扼扎要地,均须早为筹策,万不可任令逆匪阑入,致误戎机。楚军既由穆图善全行带回鄂境,自未能拨赴甘省,雷正绾兵力不充,待援颇切,刘蓉所部兵勇为数不少,著即酌拨数营赴甘,交雷正绾调遣,以厚兵力。蔡逆一股,阑入镇安大小心川,思欲偷渡汉江,前谕李云麟追蹑,并令刘蓉檄萧庆高等遏其窜路,何胜必等会合邀击。近日情形若何,久未据李云麟奏报。若此股逆众迅殄,亦可腾出兵力,赴援甘省。著刘蓉、李云麟督饬将弁,速将此股殄灭,毋任蔓延川陕交界地方,致办理又形棘手。楚省兵力已厚,官文督饬唐训方,设法宽备饷需,以收饱腾之效。所有刘蓉、李云麟前派追剿发逆已入楚境各营，著刘蓉、李云麟迅速檄调回陕，毋令前进。将此由六百里各谕令知之。

——《清穆宗实录》卷一〇二，同治三年五月戊申。

五月十三日

〇张之万奏

发捻逆匪自窜入平靖、黄土两关后，分踞信阳西南乡一带，图扑州城，连美、冯圣传等军派队进击，该逆不虞我军猝至，不敢拒战，我军追剿十余里，当即回营。四月十七八等日，连美等督军行至中途，正与贼遇，我军奋力冲杀，毙贼五六百名，败贼窜谭家河，向武胜关一带南奔，复经僧格林沁檄饬葛承霖、连美等军追剿，十九日败贼于谭家河，杀毙甚多。二十至二十二等日，各军叠有斩捡，追出武胜关外，始行收队。惟光州、罗山一带正当吃紧，逆匪已由大新店窜至罗山之姚家畈、宣化镇及光州之白雀园，虽经臣派副将徐连陞等驰赴罗山堵剿，仍恐兵力尚单，已飞调张曜、色尔固善、善庆、宋庆督率所部前往信阳，听候僧格林沁调度，会合各军，并力埽荡。又虑西路或有匪踪回窜，饬留李世玉两营驻扎淅川，严密巡防。臣俟催调各军东行，并筹画饷糈，布置一切，即拟亲赴信阳，会同僧格林沁熟商防剿。

——《钦定剿平捻匪方略》卷二一五，第26—27页。

〇上谕

谕议政王、军机大臣等：

张之万奏葛承霖等军追剿各股发逆至楚，并张曜等现调回驰援东路，仍留两营驻防淅川一折。发逆自窜入平靖、黄土两关之后，分踞信阳西南乡一带，窥伺州城，经僧格林沁督率葛承霖等叠次剿杀，追出武胜关外。此股贼匪出关，现奔何处，著僧格林沁查明具奏，并著饬令葛承霖等跟踪蹑剿，务期埽除净尽，毋任再窜他处。伪启王一股，经张曜、色尔固善等追过郧西，因山路崎岖，无从觅食。而光州、罗山一带正当吃紧，发逆各股，由大新店窜至罗山之姚家坂、宣化镇及光州之白雀园一带，张之万已派副将徐连陞等前往堵剿，并飞调张曜、色尔固善等队驰赴信阳，归僧格林沁调遣，并留李世玉两营驻防淅川。著僧格林沁相度贼情，妥为调度，以期节节埽荡。豫省西路防兵甚单，多隆阿所部楚军，已悉数起程赴楚，著僧格林沁、官文、穆图善酌量情形，南阳、淅川一带如无重兵，可即分拨数营前往驻扎。张之万请俟催调各军东行，布置一切，拟即亲赴信阳，会同僧格林沁熟商防剿。惟汝南地方并未肃清，亦关紧要，信阳州有僧格林沁在彼，可无庸该抚前往，如须会商办理，商定后仍以分驻为妥。南阳地当冲要，应否扼要驻扎，该抚妥筹办理。昨据德兴阿奏，大股发逆逼近省垣，请截留赴楚兵勇剿办，已谕令穆图善将后队酌量调回，以资攻剿。其先行起程之马步各队，如已到楚豫，著僧格林沁、官文分别调遣。

陕省兵力无多，穆图善务当抽调所部折回，会同金顺等马队及刘蓉步队实力痛剿，不得意存(膜)[漠]视，致误戎机。前据刘蓉奏称，派防各路之军似甚周密，何以大峪口逆股二万余众突如其来，先事既绝无侦探之人，临事又未能出奇制胜？该抚向以知兵自许，乃于此等重大军情毫无防备，并不赶紧奏闻，抑何聋聩若是？著即懔遵昨日寄谕，与穆图善、德兴阿妥速筹办防剿事宜。曹克忠一军如可调回西安助剿，并著一面奏闻，一面飞调。近日军情，并著赶紧驰奏，以慰悬系。山阳、镇安交界有无匪股窜犯，亟须赶紧布置，不可稍涉大意。此股贼匪奔驰飘忽，恐其疾趋山西，著沈桂芬勤加侦探，妥筹防剿。本日据讷钦奏，已带兵行抵灵州之花马池，据奏情形，灵州一带四面皆贼，著都兴阿、雷正绾迅速与之会合联络，以免孤军深入之虑。西蒙克西克马队，已拨归都兴阿军营，计已可到，此项饷银，著刘蓉按月筹解，毋令缺乏。

张之万另折奏，盘获冒充职官、私募勇丁、沿途滋扰之勇目李泉恒，著即将其正法枭示，并著张之万咨照各省，嗣后如有似此劣弁，一体拿办，不得姑容。

张之万另片奏，请将江北饷银一万六千余两，并陈国瑞营饷停解等语。江北各军未撤，仍须严防，前项欠饷一万六千余两，著仍行报解；陈国瑞现令驻军颍六，力固皖北地方，是此军饷项，尤关紧要，著张之万督饬藩司妥筹接济，毋误军食。

将此由六百里各谕令知之。

——《清穆宗实录》卷一〇三，同治三年五月壬子。

五月十七日

〇上谕

谕议政王、军机大臣等：

官文奏击退皁市、京天、应城发捻，并蓝逆西窜，及发逆尾股窜犯郧西、官兵出境追剿各折片。湖北天门、应城等处贼匪，经梁洪胜、李喜溢等屡次剿击，纷纷败退；猛扑京山县城，又经防兵乡团抵御。逆向宋河奔逸至马平港，尾股陆续窜向德安西北之洛阳店、桑树店一带，现在京天、皁市、应城已无贼踪，而德安极为吃重。皁市败匪，全数东趋，东北东南，遍地皆贼，自应山之广水、孝感之小河司杨店一带，渐近云梦，有自小河溪分窜黄陂、黄安边境者，有由应山而至黄陂站者。官文现调成大吉十营为游击之师，联络石清吉、杨朝林各营相机堵剿，拨李喜溢等防滠口、汉口等处，并留守京应，仍防被剿各贼回窜云孝，一面飞催姜玉顺等趱行，并催苏克金、傅振邦绕前截击。布置均属周妥。著即严饬派出各军，以剿为防，并催萧河清等迎头击剿。僧格林沁现扎信阳，著即调派劲旅迎剿。苏克金、傅振邦马步队在应山，尚为贼阻，必须令其设法绕道，务出贼前，断其东趋之路。信罗光固一带逼近贼氛，张之万当严防窜越。该逆若由黄麻以窥英霍，则舒桐潜太，路路吃重，曾国藩当懔遵叠次谕旨，增兵严防，并令水师严防江面，毋任窥觎。陈国瑞一军，前经乔松年奏请令驻颍六一带，著僧格林沁、乔松年飞檄该提督扼扎六安、颍州要隘地方，遇贼即击，毋稍疏懈。皖北兵力如尚不敷，著乔松年即咨商曾国藩等，拨镇江余兵四千人赴防，或商拨扬防兵勇，均须赶即筹画，不可临事张惶，致误大局。陈国瑞一军尚恐单薄，由镇防撤回江北之兵勇为数不少，著富明阿酌派劲兵，为陈国瑞等军后路声援，并酌量地势驻扎，若有警报，即由富明阿就近调派，协同剿洗，以资得力。以上各路，著各该督抚等认真调派，饬令实力防剿，傥任该逆东窜，由何路行走，窜越地方，不能阻遏，必惟该省督抚是问，不能因有前功稍从宽贷也。懔之！慎之！

官文另片奏，蓝逆二顺向山阳、镇安等处窜逸，伪启王一股扑郧西县城，梁作楫等率军击败。此股败匪，与蓝二逆句合，业由小路窜至陕西，去西安止数十里。穆图善已折回省垣，其先行起程之马步各队，谅可陆续到楚豫境内，著僧格林沁、官文赶紧催调布置，以厚兵力。近日军情，并著各路勤加侦探，飞速奏闻，以纾朝廷南顾之忧。

将此由六百里加紧各谕令知之。

——《清穆宗实录》卷一〇三，同治三年五月丙辰。

五月二十二日

〇上谕

僧格林沁奏，请留遣犯在营效力，并恳将出力之已革台吉等分别奖励等语。所有因案遣戍之郭尔罗斯公旗未经承袭台吉色勒普、科布多杜尔伯特汗旗人扎木巴拉等二名，既据奏称随同官兵进剿尚属得力，均著准其留营效力，并免发遣。科尔沁旗已革四等台吉吐们巴雅尔，到营数载，勇往向前，著准其开复四等台吉。其鼐曼王旗无品级台吉莫楞、罗布桑、乌尔棍保、岳鲁等，从征多年，打仗奋勇，莫楞、罗布桑等均著赏还四品台吉顶带。乌尔棍保、岳鲁均已阵亡，所有四品台吉顶带，即赏还该台吉之子嗣世袭，以示鼓励。至该旗台吉因何撤销顶带之处，著理藩院查明原案具奏。该衙门知道。

——《清代起居注册（同治朝）》第13册，第7186—7188页。

〇僧格林沁奏

四月二十一日，发捻逆匪头股窜至罗山迤南仙花店一带，二股由德安池北马平港等处渡过府河，窜踞应山之骆家店，经苏克金、傅振邦等带领马步各营，至应山之刘家店分路包抄，该逆拌命狂奔。二十五日，苏克金等探得该逆在小河司一带盘踞，即令马队扎于山顶，以备应援，步队向前迎敌，枪箭齐施，并令营总乌尔图那逊自右抄击贼后，该逆败退。苏克金、巴扬阿探得三股逆匪自西路皁市奔至平林市，由府河东窜，欲与前股合伙，当拨马步探剿。五月初二日，在应山陈家畈接仗，该逆分股迎扑，被我军击退，毙贼多名。初五日，我军夜袭贼营，该逆惊乱，直奔孝感，有东趋黄州之势。臣仍严饬苏克金等驰往追剿，并函致督臣官文，督饬所部各军实力追击，又严饬水师于沿江一带认真堵御，毋任偷渡。贼现分股东窜，其头股由罗山仙花店趋光山之新集等处，二股由孝感、黄陂东窜，豫东、楚北均形吃重。臣已将色尔固善、张曜等军撤回东路，以厚兵力，并札饬苏克金等移营光山，会合进剿。臣自扎息县，以防北路。仍不时侦探贼踪，傥该逆分股东趋，即拨队跟追；如全数东窜，臣即拔营东下，相机进剿。如该逆窜至淮北，一出稻田，马队得有地势，即可竭力截击。

至前奉谕旨，饬调陈国瑞一军驻扎临淮，遵于四月二十三日咨行漕臣吴棠，檄令陈国瑞迅带所部前往临淮扼扎，并咨行抚臣乔松年，饬令臬司英翰带领兵勇会剿。复因逆匪渐次东向，又咨照乔松年转饬陈国瑞、英翰等军移扎正阳关，扼要堵御，以期有备无患。

——《钦定剿平捻匪方略》卷二一六，第5—7页。

〇上谕

谕议政王、军机大臣等：

僧格林沁奏官军追剿发逆屡获胜仗一折。发捻各匪分股东窜，豫东楚北并形吃重，僧格林沁令苏克金等移军光山，与张曜等会合进剿，而自扎息县以防北路。著即严饬苏克金等，将窜犯光山之匪迅即剿除。该大臣居中调度，仍当多设侦探，傥逆众东趋，即拔队东下，以固皖省门户。陈国瑞、英翰二军，即著僧格林沁、乔松年催令带队驻扎正阳一带，扼要堵截，侦探贼踪所向迎击。乔松年并当整顿兵勇，备豫不虞，免致临事周章，又多棘手。现孝感败贼，有直趋黄州之势，著官文懔遵叠次谕旨，严饬派出各军认真剿击，并令水师于沿江一带堵御，毋任一贼偷渡。武昌省城，防范最关紧要，唐训方督同在省文武悉心办理，不得稍涉大意。逆窜光山、罗山，则商城、固始均属吃紧，张之万身任豫抚，何得置身事外？著即添调劲旅，以剿为防，并催令张曜等会同僧格林沁所派马队，遇贼即击，毋任贼匪东趋，贻邻疆以无穷之患。梁逆由镇安一路窜出大峪口，不过数千败匪，而德兴阿、刘蓉前奏匪众二万余，究竟匪数若干，是否句结蔡逆合股，近日西安情形若何，曾否与贼接仗，著刘蓉赶紧查明具奏。安贵、梁作楫于此股匪徒窜过郧西，何以不能追击？并著官文严饬该镇道等，分兵入陕助剿，不得强分畛域。将此由六百里谕知僧格林沁、官文、乔松年、张之万、刘蓉，并传谕唐训方知之。

——《清穆宗实录》卷一〇四，同治三年五月辛酉。

五月二十三日

〇上谕

僧格林沁自上年督师攻拔山东淄川县城，埽平凤凰山逆垒，旋即回军皖北，歼除逆首苗沛霖，肃清淮甸，厥功甚伟。本年发捻各逆窜扰豫楚交界，该大臣亲督所部兵勇，转战而前，所向克捷，洵属勋劳懋著。因念近日天气炎蒸，该大臣冒暑督兵，不辞劳瘁，允宜优加赏赉，以奖忠勤。著发去黄纱马褂料二件，金表一对，玉柄小刀一把，火镰一把，鼻烟一匣，茶叶二匣，派布彦讷谟祜驰驿亲赍前往军营，交僧格林沁祇领，并传谕该大臣，为国宣劳，尤宜善自爱护，以隆倚畀。

——《清代起居注册（同治朝）》第13册，第7199—7200页。

〇官文奏

发捻逆匪由黄陂图窜汉口，唐训方于五月初八日带队追击，黄陂之贼已遁，赶追不及……查楚境北路多山，南路多水，马队难于施展。至德安黄孝之间，地始平坦，又为贼踪中阻。我军由南北两路节节进逼，随枣钟京天应云孝安应各郡县已无贼踪，全股趋重于黄陂以东黄安、麻城、黄冈之间。傥得大兵四集，可冀聚歼。惟接据姜玉顺报称，四月二十五日起程，由潼关、灵宝一带前进，蓝斯明等尚无起程确信。目下贼众兵单，不敷分布，幸僧格林沁统带马步各营，于随州两战大捷，贼势稍衰，其武汉等处人心尚属镇定。兼有唐训方在省办理城防事宜，可以无虑。臣已于五月十二日拔营至孝感一带，不日即往黄陂，严督水陆前敌各军赶紧前进。至下游江路，已有彭玉麟亲率水师驻扎九江、湖口，联络鄂防，并分巡田家镇等处。陆路如皖之颍六庐巢，已经曾国藩派兵扼扎；怀远、凤阳、临淮以下等处，亦经曾国藩咨商乔松年、吴棠、杨岳斌酌量派兵守御。傥该逆尽行东下，鄂军出境穷追，会合江皖水陆之师，必收夹击之效。

——《钦定剿平捻匪方略》卷二一六，第8—11页。

〇上谕

官文奏陕师未至、贼势东趋，现派各营合力截击，并移营孝感督剿一折，与僧格林沁昨日所奏情形大略尚无歧异。此股发捻，阑入楚疆，经僧格林沁督带马步，于随州两战大捷，楚军复分投截杀，贼势败窜。惟楚境北路多山，南路多水，马队难于施展。至德安黄孝之间，地始平坦，又为贼踪中阻，未能聚而歼旃。僧格林沁昨奏，有贼踪东趋，即拔队迎剿，该逆窜至淮北，一出稻田，马队即可得力之语。此时随枣钟京天应云孝安应各郡县已无贼踪，全股趋重于黄陂以东黄安、麻城、黄冈之间，倘得马队劲兵迎头截击，必可大挫凶锋。著该亲王侦探贼踪，相机妥办。官文现派成大吉、杨朝林、石清吉、周凤山各从黄陂、麻城，或迎头截剿，或跟踪追击，并拔营至孝感一带督剿，即著督饬成大吉等星夜跟追，仍设法绕出贼前，会合江皖各军痛加剿洗，毋令贼匪一意东趋，又成尾追之势。至由陕调楚各军，除孟宗福、黄金山等六营，经穆图善等留陕防剿外，其姜玉顺、蓝斯明、谭仁芳等所部各营，业经分起由豫赴楚，并著官文飞速催提，酌量道路远近，饬令分投进兵，毋稍延缓。皖北接壤楚境，六安首当其冲，前据乔松年奏，蒋凝学驻守六安，共有六营，并令王才秀所部驻三河尖接应；其寿州定远庐巢凤阳一带，亦各派兵驻守。现在贼踪逼近，防兵究嫌单薄，著曾国藩、乔松年妥筹布置，酌量添调兵勇，扼要防剿，毋稍疏虞。其陈国瑞、英翰两军，并著僧格林沁、乔松年恪遵昨日谕旨，飞速催令带队驻扎正阳，探踪迎击，毋落后著。富明阿仍遵前旨，酌拨江北劲旅扼扎上游，以资协剿。徐宿清淮一带，夙为捻匪出没之所，难保不闻有贼警，又萌反侧，著吴棠随时镇抚，加意筹防，以期有备无患。贼窜光罗一带，商城、固始均属吃紧，张之万当催令张曜等，会合僧格林沁之军相机剿办。唐训方已抵署任，武昌等处防守事宜，并著严密妥筹，以防贼匪回窜，不得稍涉大意。将此由六百里谕知僧格林沁、官文、曾国藩、富明阿、吴棠、乔松年、张之万，并传谕唐训方知之。

——《清穆宗实录》卷一〇四，同治三年五月壬戌。

五月三十日

〇乔松年奏

现调陈国瑞所部之郭宝昌一军已抵怀远，暂行驻扎。陈国瑞函称，于五月十九日由徐州起程，从泗州水路前进，数日间可抵临淮。一俟到临，即视颍六一带何地紧要，查照僧格林沁来咨，商令驰往驻扎，相机防剿。其蒙亳六安等处，已饬在防各军严密布置，并确探贼情，随时禀报僧格林沁，俾得统筹调度。其镇营兵勇四千人，前以未能得力，毋须调皖，一面函商曾国藩，一面即经陈奏，现准曾国藩来咨，意见相同，臣已咨照冯子材等妥为遣撤。至陷阵冲锋，马队最为得力，现在克蒙额一营人数太少，钦奉谕旨，令富明阿酌拨江北劲兵豫备援应。查扬营管带马队之副都统富陞素称勇敢，其马队亦皆精锐，现在楚中之贼断不能越皖境而至扬州，是扬防松而皖防急，若将此军调赴皖北，与克蒙额合扎一处，尤为得力。可否仰恳饬下富明阿，将富陞所带马队暂拨前来，以资助剿，于皖省防务大有裨益。一俟军务稍松，仍即饬回扬营。

——《钦定剿平捻匪方略》卷二一六，第21—22页。

〇上谕

谕议政王、军机大臣等：

乔松年奏陈国瑞一军催令赴防，镇防余兵酌拟遣撤，请添调扬防马队助剿一折。陈国瑞一军，业于五月十九日由徐州起程，现在谅已行抵临淮，著乔松年与之会商，并禀商僧格林沁，酌度地方缓急，何路紧要，即飞饬该总兵扼要实力防剿。该抚仍当随时督饬，并令各军与之联络声势，以期周密。一面将贼情侦探，飞咨僧格林沁，以便该大臣赴皖督剿。镇营兵勇四千人，既经该抚与曾国藩咨商，恐其不能得力，即著冯子材、魁玉妥为裁撤，惟不可令其群聚一处，致生事端。若散遣不得其法，致贻后日地方之患，定惟冯子材等是问。前令富明阿酌拨江北劲旅，豫备援应，皖北若有警信，非马队不能得力，记名副都统富陞素称勇敢，所部马队亦皆精锐，著富明阿即派该副都统督带所部马队，驰赴临淮一带，与克蒙额合扎一处。现在楚贼东窜，断不能越皖境而至扬州，是扬防松而皖防急。该将军即赶紧调拨，不得稍存畛域之见。俟皖防无事，再行调回扬营可也。将此由五百里各谕令知之。

——《清穆宗实录》卷一〇四，同治三年五月己巳。

六月

六月初二日

〇上谕

谕议政王、军机大臣等：

前因皖北兵力单薄，谕令富明阿酌派劲兵，为陈国瑞等后路声援，并令富明阿督饬富陞统带马队驰赴临淮，与克蒙额合军，遏贼东窜。兹据富明阿奏称，楚豫发捻下窜，若由巢滁定远等处分路直趋，则扬防各路均形吃重，且里下河一带游勇散勇结队成群，巢湖船只到处聚泊，防务断难稍松，兵力实难远分等语。所奏尚系实在情形。陈国瑞一军日内谅可行抵临淮，如兵力尚单，即著吴棠酌拨姚广武等军就近援应。徐宿一带未可空虚，即以清淮防军为姚广武后路声援。扬防之军兼为清淮策应，著富明阿、吴棠督饬各军联络布置，互相应援。扬防各路兵勇，即著无庸拨赴皖北。乔松年即饬在防诸军密探贼踪，实力堵遏。陈国瑞到临后，著乔松年仍遵前旨，会商进兵，并禀商僧格林沁酌量调度。

游兵散勇及新降人众麇聚里下河一带，巢湖船只每多生事，防范不可不严，著富明阿饬令派出之孙文友等梭巡盘诘，查拿驱逐，庶奸宄无从溷迹，地方得臻安谧。沿江口岸亦著一体严查，无任匪踪淆溷。江南散勇遣散五十三营，每营五七百人不等，且多降众在内，著李鸿章于遣散之时妥为管押，毋任逗留滋事。该将军启行后，水陆各防，即著饬令吴全美等严扼要隘，妥为弹压，以靖地方。

将此由六百里各谕令知之。

——《东华续录》同治三十五，第2—3页，同治三年六月辛未。

六月初四日

〇上谕

谕议政王、军机大臣等：

官文奏贼趋麻城、黄冈，派兵会剿，拟即赴黄州督师；曾国藩奏覆陈近日军情各一折。逆匪不得逞志于汉口，分股向东北斜趋，官文饬富森保等各军分投截击。黄安、黄陂之贼，分窜麻城之岐亭等处；捻逆亦分股由黄陂所属之油榨河，窜入罗山县属之仙花地方；又，黄安北路之贼，分股窜至光山县属之蓟家河等处。成大吉等现将新洲及辛家冲并力攻克，水师炮船在黄冈县境剿退贼匪。官文拟即移营驻扎黄州，著即赶紧驰赴黄州，督饬成大吉等马步水陆各军认真剿办，将黄麻一带逆匪悉数殄除，毋任蔓延他处。蕲水等处，即责令梁洪胜等实力固守，毋任窜突。该逆未尝一日忘援金陵，其停顿不即东趋，必系探听皖省下游信息，欲以捻逆牵掣上游，便可遂其豕突狼奔之计。僧格林沁现已移扎光州，苏克金等马队皆在豫境，著即饬令该员等将光罗各境窜匪迅速剿除，并严防楚匪东窜皖境。张之万当严饬各郡县慎固封守，毋令贼再阑入。应如何添兵会剿之处，著与僧格林沁会商妥办。皖北之防，乔松年须振刷精神，豫为戒备，毋徒恃其不来，或致临事掣肘。曾国藩现调周宽世一军移赴皖北，并因黄麻距皖较近，列城空虚可虑，令陈国瑞驻扎寿州。该处为淮南江北适中之地，有此劲旅，兼可为庐寿舒六等处游击之师。所筹均妥。著即飞饬该员等迅速到防，毋稍延误。

金陵之贼，飞走技穷，著曾国藩随时督同曾国荃相机进剿，周历巡防。该处城池虽高且坚，但使真能断其接济，外援不来，内贼不出，又宽为收抚胁从，播散告示，俾令传入贼中，以破其固结之谋，不久定能蒇事。该大臣等其慎勉图之，以副企望。闻中外匪徒，仍有偷济贼粮食军火之事，著即严饬水陆各军实力严防，遇有此等匪船，即行开炮轰击，毋稍姑息。曾国藩折内所称由李鸿章解到轮船经费银两照数收到，惟兵数众多，转瞬即罄，既愿李鸿章统兵来助，复望其携饷相遗。著李鸿章仍遵前旨，俟长兴克后，赴援金陵，并令刘铭传等督带选锋，先行驰往助剿。轮船尾项，催令各处赶解，接济安庆大营。此外如有可筹之饷，仍须宽为筹画，随时接济曾国藩军营。谅该抚必不稍有畛域之见存也。黄翼升系简放新设水师提督，所有设官分汛一切事宜，即著该督抚等详细定议具奏毋迟。

将此由六百里各谕令知之。

——《清穆宗实录》卷一〇五，同治三年六月癸酉。

六月初十日

〇张之万奏

发捻逆匪分扰豫境光罗一带，依山傍险，出没靡常。其大股盘踞黄州、黄安等处，意图东走皖疆，南窥江表。其窜踞光山新集之贼众约数万，扰至泼陂河、田家新凹、西高庙等处，攻破曾家寨、孟家寨，又分股围攻连康寨。时副将徐连陞自攻克宣化镇后，经臣派赴光山会剿新集之贼，徐连陞当派游击李大成往援阳山寨，出贼不意，掩毙甚夥，贼众纷纷逃窜。五月十五日，徐连陞驰抵光山之泼陂河寨，探知该匪即在附近一带焚掠，遂督率各营分路前进。该逆胆敢迎拒，相持许久，我军奋勇直前，贼即向南败遁，追杀至傅湾地方，遂将郑店、四面山各寨同时收复。其时小河司踞贼窜至仓子埠、紫檀河、柳子港、新洲、团风一带，余匪仍踞宋埠未动，又有另股窜至白杲、沙家庙。而前此宣化镇败匪已窜至湖北黄安县西四十里之七里坪，其头、二两股逆匪均已直趋黄州。贼踪遍地，臣严催色尔固善、张曜、善庆、宋庆等马步兵勇星速前进，遂解连康寨之围，直抵泼陂河，与徐连陞会合。新集之贼侦知大兵云集，连夜南奔，悉向黄安、黄冈一带窜去。

查该匪避兵远飏，疾趋入楚，我军惟有出境穷追，会同楚师合力兜剿，不敢稍分畛域。臣先后所派徐连陞、色尔固善、张曜等军，已饬就近听候僧格林沁调度，而僧格林沁复派归苏克金节制，并令张曜帮同苏克金统带，是豫省马步官军此时尽在东路。现又加以陕省援师，兵力不为不厚。傥会合楚军，剿办得手，可期就此歼除。设该匪被击绕窜，则商城、固始、光山、罗山等处皆系防不胜防，自当先为之备。虽僧格林沁驻扎光州，声威甚壮，而该处皆稻田水沟，恐非马队所能施展，势不能不用步军。豫军既已全数入楚，臣营别无可调之兵，设有缓急，深虞鞭长莫及。臣再四筹计，惟有于赴楚各队内筹调一军，令先驻扎光固一带防贼回窜，兼顾豫南门户。已函商僧格林沁酌办矣。

至发逆伪启王一股窜向靡定，荆子关一路亦关紧要。前派张士元两营在彼防守，兵力太单，臣现已遵旨驻防南阳，惟有力筹兼顾，并与僧格林沁遇事商办，以期无误事机。

——《钦定剿平捻匪方略》卷二一七，第9—12页。

○上谕

谕议政王、军机大臣等：

张之万奏豫军追贼入楚、调回一军扼守光固，并裁勇练兵各一折。发逆窜扰光山等处，经副将徐连陞等督率兵勇分投剿洗，该匪避兵远飏，悉向黄安、黄冈一带窜去。张之万现派徐连陞、色尔固善、张曜等军尽赴东路，听候僧格林沁调遣。即著僧格林沁严饬各军出境追蹑，会合楚师两面夹击，务将此股巨匪悉数殄除，毋留余孽。黄州水陆布置，前据官文奏，已派梁洪胜等营及丁长春等炮船前往扼守，此时该郡遍地贼踪，官文务当严饬各营实力迎剿，痛埽狂氛，毋令蔓延为患。豫军追贼入楚，豫南门户空虚，张之万现拟于赴楚各队内抽调一军驻扎光固，防贼回窜，所筹尚是，即著该抚函商僧格林沁斟酌妥办。伪启逆等股窜向靡定，荆子关一路，防守甚关紧要。张之万现驻南阳，当督饬张士元等营力守要隘，毋稍疏懈。

所陈练兵代勇、裁勇养兵之法，实为目前要务；而陆续调练，尤系整顿兵制之关键。张之万既称已调归德一营训练，业有成效，即著将其余各营次第挑选，逐日练习。其练成之兵，或酌量调赴前敌，使之亲列行阵，作其胆气，庶养一兵得一兵之用，不至徒托空言，有名无实。张之万、毛昶熙奏，汝南官军攻克时玉洸贼寨并张家大圩、梁家湾寨，捡斩徐锡田、刘周城等逆首一折，著责成毛昶熙督饬各军搜捕余匪，悉数正法，务绝根株。出力员弁兵勇，准由该抚等存记，汇案请奖。

正在寄谕间，据刘蓉奏，另股游匪冒称扶逆，前由郧西、镇安窜及凤凰嵴地方，经官军击败，仍回窜郧西等语。此股贼匪游弋无常，难保不由郧西一带窥伺淅川，著张之万督饬在防将士妥筹扼堵，毋令贼踪东窜。

将此由六百里各谕令知之。

——《清穆宗实录》卷一〇五，同治三年六月己卯。

六月十五日

○上谕

谕议政王、军机大臣等：

官文奏官军会剿逆匪叠获胜仗并派兵驰援麻城一折。发捻各逆趋集黄麻一带，经成大吉、石清吉等军分路剿击，叠有斩馘。惟陈得才大股尚踞麻城白杲、沙河等处，麻城之围未解，亟宜并力埽荡。著官文饬令成大吉、石清吉等营，迅将白杲等处之贼痛加剿洗，毋任蔓延。麻城贼氛四逼，城中无粮，甚形危急，周凤山、杨朝林等援军，并著催令迅解城围，不得稍有疏失。前据张之万奏，豫省光山等处之贼已窜黄安、黄冈一带，是豫边情形稍松。僧格林沁现扎光山，苏克金等马队已在光麻之交，若横出与楚军会剿，自更得手。著僧格林沁即饬苏克金等联络夹击，并遵前旨，饬张曜、色尔固善等军出境追蹑，与鄂军四面兜围，务期尽歼丑类，痛殄狂氛。第贼势注意东趋，蕲水之云路口，已有梁洪胜五营绕前扼截，该逆不能逞志，恐其由麻城直趋皖境。僧格林沁、官文尤当分饬各军，一面迎头拦截，毋得徒事尾追，致贼踪蔓及皖境。其姜玉顺、萧河清、蓝斯明等军，已先后驰抵樊城，鄂省兵力不为不厚，现在分别遣留，自已就绪，即著催令径赴黄州、麻城一带，会同成大吉等并力进取，以期厚集，毋稍宕延。官文俟遣撤勇丁、整顿营务办有眉目，即遵前旨移扎黄州，以资调度。

将此由六百里各谕令知之。

——《清穆宗实录》卷一〇六，同治三年六月甲申。

六月二十一日

〇上谕

乔松年奏陈国瑞一军已抵正阳，该抚拟移扎寿州扼剿，并布置英翰等军择要驻扎，暨颍州所属民间良圩未可平毁各折片。楚境蕲罗贼匪逐渐东趋，是皖境边防愈形吃重。陈国瑞已抵正阳，驻扎防剿，扼贼下窜之路，即著乔松年饬该总兵严密堵御，择要布置，并禀商僧格林沁相几调度。寿州为六安、颍上扼要之区，该抚即拟移扎寿州，以居形胜，所筹甚合机宜。惟贼势东窜，奔突靡定，据称僧格林沁现已派员于三河尖一带，查看驻营地势，如贼窜皖境，即亲督追剿。该抚现已调英翰等军驻扎颍上、怀远等处，即著饬令各军勤加侦探，严密防守，万一贼踪东趋，务当督饬各路官兵，会同僧格林沁之师，前后夹击，埽荡逆氛，毋令扰及完善。至颍州所属太和等县，民间筑圩固守，自系坚壁清野成法，所有旧日良善各圩，即著无庸平毁。该抚务须晓谕各圩民，使一闻寇警，仍各完聚入保，俾贼无所掳掠，官兵自易于剿办。仍随时侦察，有无匪类潜踪。俟军务稍松，再令一律平毁。将此由五百里谕令知之。

——《清穆宗实录》卷一〇七，同治三年六月庚寅。

〇上谕

张之万奏西路边防稍松，拟移营进扎汝郡，并筹解宁夏甘饷银数各折片。陕省逆匪分窜郿县一带，豫西之防已松，而汝南新息烽烟甫靖，马步各军均行入楚会剿，后路空虚。僧格林沁现拟进扎三河尖，张之万拟即移军汝郡，以资联络。所筹尚合机宜。现在发逆大股屯聚麻城、黄安一带，曾国藩前奏逆踪已扰及英山，是皖北军情已形吃重。前谕僧格林沁、官文督令苏克金、张曜、成大吉等军，分兵绕前截击，毋使悉数东趋，此时僧格林沁进扎三河尖，正可督饬诸军，迎头堵剿。即著僧格林沁、官文檄令马步各军，联络夹击，迅将黄麻英山一带之贼就地殄除，无任窜突。其陈国瑞驻扎正阳之军，及皖北各路防兵，并著僧格林沁、乔松年豫筹布置。如贼势悉锐东窜，即令觇贼所向，与鄂军前截后追，力顾皖北完善之区，毋得稍有疏虞。张之万移扎汝宁，该处地方久为贼薮，且麻城逆匪复有窜至商城新店等情，贼踪飘忽，尤难豫料。即著该抚移营进扎，以壮豫军后路声援，并与僧格林沁妥筹策应，一面将汝南一带搜捕余匪、镇抚地方各事宜，督饬地方官妥为办理。其驻防荆子关之张士元一军，仍著饬令该游击严密扼守，以固西路门户。昨据曾国荃等驰奏，江南官军克复金陵外城。此时金陵巢穴已覆，由鄂窜皖之贼，自已闻风丧胆，失所依据。该大臣督抚等，其各同心戮力，迅奏肤公，肃清皖鄂，有厚望焉。至该逆虽系声言回救金陵，难保不伺隙蹈瑕，复行回窜鄂省上游及豫南一带，官文、张之万等尤当妥筹备豫，慎固封守，毋为该逆所乘。

另片奏，拿获过境陕省兵勇，携带妇女，请移案赴楚审办等语。此次由陕赴楚兵丁周得懇等，竟敢携带妇女同行，实属大干例禁。其所供并非抢自民间，已难凭信。况据周得懇等供称，上年追贼，在周家口地方救出张孙氏等，经总兵邱世成令其分留为妻；其刘程氏一名，亦系参将朱殿魁由贼中救出收留。此等妇女，均系遭难流离，殊堪悯恻。该总兵、参将等，以专阃大员，辄敢乘人之危，擅行收留，即与抢自民间无异。似此劣弁，若不从严重办，何以肃军律而儆效尤？著官文即将此案于豫省咨送到后严行审讯，按照军法从重治罪，毋稍宽纵。总兵邱世成、游击王占胜、参将朱殿魁等，无论在陕在楚，均著官文严提审讯。其兵丁周得懇、李长春、熊有得三名，即著张之万押解赴鄂，归案审办，以成信谳。将此由六百里各谕令知之。

——《清穆宗实录》卷一〇七，同治三年六月壬辰。

〇上谕

谕议政王、军机大臣等：

富明阿奏，江宁省城已克，拟派协领恒玉等先赴金陵查看满城情形，再筹布置，俟军事稍定，即亲赴省垣等语。金陵外城业经克复，洪逆仅率贼众万余抗守伪城，谅不难克期攻拔。惟该逆计穷势蹙，深恐铤险出窜，江北各口亟应加意严防。鄂省发捻东趋，前据曾国藩奏，已由麻黄等境窜向英山一带，意图由皖回援金陵。僧格林沁已督兵进扎三河尖，陈国瑞驻兵正阳关防堵，天长、六合等处亦当严密布置，扼贼窜突。著富明阿懔遵前旨，督饬扬防水陆各军，严扼江北各要隘，毋令零星贼股乘间阑入，扰及完善地方，并严饬天六等处防军慎密防范，遏发捻东趋之路。该将军仍当扼扎扬州，妥筹分布，毋庸即赴金陵。俟江宁全城克复，巨逆授首，江南北一律肃清，该将军如须亲赴满城筹办善后，届时再行奏明请旨，酌量办理。

将此由五百里谕令知之。

——《东华续录》同治三十五，第25页，同治三年六月壬辰。

六月二十五日

〇僧格林沁奏

发捻各逆由光山之新集向麻城奔窜，臣于五月二十五日移营光州迤北、淮河北岸之长岭集，以固北面之防，仍饬苏克金、张曜迅由西北进兵，会合管带楚军之提督成大吉等两面夹击。现在苏克金、张曜等军业已进扎距麻城北四十里之黄土冈，叠据禀称，该逆环逼麻城，以阎家河为巢穴，我军自五月二十七至六月十五等日，节次派队进剿，均有斩捡，惟麻城东北阎家河至沈家庄，西南中馆驿至白杲等处，俱有贼匪盘踞，其麻城西北一路山道崎岖，又无安营之地。复准官文咨称，提督成大吉进扎徐门古北冈，会商杨朝林、周凤山，于六月初六日带队移扎六合集，被贼包抄后路，新凤等营挫败，该提督拨队策应，将贼击退，现在发捻势将合围，断我粮道各等因。

查新凤等营挫败，是南面楚师不能得力，而麻城东北贼营环逼，并据探报，前扰英山之贼回窜罗田、麻城，则贼势更形趋重。查麻城一带多系山路，马队不能施展，全赖步队进击方收实效。臣曾调张曜等步队作为前敌驰往剿办，乃该总兵奉檄以来将及一月，叠次具禀搪塞，并未实力进剿，殊属不知缓急，应请旨将总兵张曜暂行革职，仍责令迅速进兵，以观后效，傥不知愧奋，再行据实严参。该逆现在恃险负固，非痛加剿洗，不能挫其凶锋，而臣营马队又限于地势难以展布，再四思维，总兵陈国瑞之军已抵正阳关，臬司英翰之军亦至颍上，因即札饬陈国瑞带领所部，由三河尖、商城一路兼程驰赴麻城，会合苏克金、张曜等军并力兜剿，并调英翰酌带所部两营驰往商城驻扎，以为陈国瑞后路声援，其余该司所部勇队，亦归陈国瑞统带赴麻，藉厚兵力。但陈国瑞之军既经移营前进，则正阳关未免空虚，昨日函商抚臣乔松年带领皖军移扎正阳，以资策应。臣仍扎长岭集调度，傥该逆被击窜至平原，即当督队抄击。

再，前敌步队管带乏员，查有河北镇总兵杨长春，剿办捻逆尚属勇往，合无仰恳天恩，饬下河南抚臣张之万，檄令杨长春迅赴臣营，听候差委。

——《钦定剿平捻匪方略》卷二一七，第29—32页。

〇僧格林沁奏

逆匪麇聚麻城一带，现饬翼长苏克金等带领兵勇，会合提督成大吉等军并力剿办。臣驻扎长岭集，现复查探贼踪，如有东窜之信，仍须督军东下，相机兜剿。惟汝宁一带土匪虽经侍郎毛昶熙节次剿办，新息渐次肃清，而人心甫定，所有镇抚地方、招集流亡、办理善后事宜，在在均关紧要，必须地方大吏带兵驻守，妥为经理。查豫西边防情形已松，南阳一带无须重兵驻守，已由臣函致抚臣张之万移扎汝郡，作为后路声援，并办善后事宜。相应请旨，饬下该抚臣迅速前赴汝郡，以资镇抚。

——《钦定剿平捻匪方略》卷二一七，第32—33页。

〇上谕

谕议政王、军机大臣等：

僧格林沁奏发捻各逆麇聚麻城一带，飞调陈国瑞等军兜剿，并请将张曜暂革留营、乔松年移扎正阳、调杨长春差委一折。逆匪趋重麻城一带，张曜奉调作为前敌，并不实力进剿，实堪痛恨，本应从重治罪，此次姑照该大臣所请，张曜即著暂行革职，仍留营效力，以观后效。著僧格林沁督饬该总兵实力进剿，傥再不知愧奋，即行严参惩办。

已革提督马德昭久经行阵，带队颇能得力，因熙麟告病开缺，由甘回陕，本日已寄谕刘蓉，饬令马德昭前赴该大臣军营，到营后即由该大臣酌量差委。

该逆环逼麻城，以阎家河为巢穴。苏克金等军现已进扎距麻城北四十里之黄土冈，正可乘此逆众纷集之时，为一鼓聚歼之计。该处山径既不利马队，该大臣止须多调得力步队合剿，断不可亲自督军前进，致有疏失。据该大臣奏，檄调陈国瑞所部，由三河尖、商城一路兼程驰赴麻城，会合苏克金、张曜等并力兜剿，并饬令英翰酌带两营驻扎商城，为陈国瑞后路援应，其余该司所部勇队，均归陈国瑞统带赴麻。如此则兵力较厚，自不难迅埽狂氛。陈国瑞移营之后，正阳关未免空虚，著乔松年带领皖兵进扎正阳，扼守要冲，兼为寿州保障。该抚前奏拟移扎寿州扼剿，现在既须移营，则寿州地方应派何员扼守，并著妥为调派，并会商僧格林沁、曾国藩豫筹布置，以免疏虞。

僧格林沁折内所称，准官文咨称，提督成大吉进扎徐门古北冈，会商杨朝林、周凤山，于初六日移扎六合集，被贼包抄后路，新凤等营挫败，该提督拨队策应，将贼击退，现在发捻势将四面合围，断我粮道等语。此等军情，何以未据官文奏报？著官文即责令成大吉等将此股逆众尽力剿洗。新凤等营挫败，必须严申纪律，重整军威，方可转败为胜，著将挫败情形据实奏闻，不准一字讳饰。

刻下金陵外城已破，而连日未据续报捷音，恐内城各匪仍图死拒，楚北各逆一闻此信，必将拌死东趋，仍图回救，东路皖防未可稍形松懈，否则占踞麻城，负嵎自固，或因首逆巢穴已覆，仍由旧路回窜，均难著手。该大臣等务须通力合作，探贼所向，就地歼除，毋任日久蔓延。是为至要。

河北镇总兵杨长春打仗尚称得力，著张之万即饬该总兵前赴僧格林沁军营听候调遣。其河北镇一缺，即由该抚派员署理。

另片奏，请饬张之万移扎汝郡以资镇抚等语。昨据张之万奏，移营进扎汝郡，已谕令该抚迅速赴汝，与僧格林沁联络声势。该抚到汝后，即将防守、安辑各事宜次第妥办。陕豫楚交界各隘口应须移兵设防、豫防贼匪窜突之处，并著张之万悉心布置，不得稍涉大意。

将此由六百里各谕令知之。

——《清穆宗实录》卷一〇七，同治三年六月甲午。

〇实录

命已革甘肃提督马德昭赴河南军营，交钦差大臣僧格林沁差委。

——《清穆宗实录》卷一〇七，同治三年六月甲午。

六月二十九日

〇上谕

本日据官文、曾国藩由六百里加紧驰奏，克复江宁，全股悍贼尽数歼灭，洪逆自焚，并生擒李秀城、洪仁达等逆，已明降谕旨，将曾国藩、曾国荃及单开平逆首功之总兵李臣典等酬庸锡爵，普沛恩纶。因思军兴以来，各路统帅疆臣公忠体国，共济时艰，督饬官军，扫穴擒渠，将各路逆氛次第扫荡，江宁贼势日孤，卒就殄灭。现在红旗奏捷，东南军务即可从此底定，良由各该统帅疆臣不分畛域，同心剿贼，调度有方，允宜特加异数，以昭恩渥。钦差大臣、科尔沁博多勒噶台亲王僧格林沁，前在直隶、山东歼除发逆林凤祥、李开方等，复带兵剿除捻匪，肃清直隶、山东、河南全境，并督师皖北，将张落刑、苗霈林等股剿灭，近复移扎豫皖之交，扼剿东窜援贼，该亲王忠勇性成，不避艰险，军麾所莅，威望允孚。僧格林沁已叠次加恩，晋封亲王，世袭罔替，著再施恩，加赏一贝勒，令其子布彦诺谟祜受封。钦差大臣、大学士、湖广总督官文，征兵筹饷，推贤让能，克复楚北郡县多处，肃清全境，并筹办东征军务，接济饷需，不分畛域，实属荩勤卓著，著加恩锡封一等伯爵，世袭罔替，并加恩将其本支毋庸仍隶内务府旗籍，并抬入正白旗满洲，赏戴双眼花翎。江苏巡抚李鸿章，统领中外水陆各军，由上海一隅，转战而前，连克苏常府县，并派兵出境，攻拔嘉兴等处，现复协剿湖郡，扼守高溧一带，使江宁逆匪进无援兵，退无窜路，实属谋勇兼优，著加恩锡封一等伯爵，并赏戴双眼花翎。陕甘总督杨岳斌，统带曾国藩所立水师，自九江克复，东流建德，协克安庆府城，并攻拔池州、无为、铜陵等处，扼守江路，断贼接济，实属勋绩懋著，著加恩赏给一等轻车都尉世职，并赏加太子少保衔。兵部右侍郎彭玉麟，前在江楚等省屡著战功，及与杨岳斌同领水师，叠克鲁港、南陵、芜湖、金柱关、铜城闸、东西梁山等要隘，招抚高淳、溧水降众，克复东坝，肃清江面，实属勇敢有为，著加恩赏给一等轻车都尉世职，并赏加太子少保衔。四川总督骆秉章，前在湖南巡抚任内，荐贤使能，创办团练，克复城池，其于楚师饷项尽心筹画，不遗余力，及擢任四川总督后，督饬官兵，歼灭石达开等逆，洵属老成持重，懋著公忠，著加恩赏给一等轻车都尉世职，并赏戴双眼花翎。署浙江提督鲍超，前在江楚屡克名城，肃清江西辖境，及随征东下，叠克宁国府、石埭、太平、泾县及河西等隘，并复江浦、浦口、九洑洲，本年复克东坝、句容、金坛等处，使江宁苏常之贼不能联为一气，厥功甚伟，著加恩赏给一等轻车都尉世职。西安将军都兴阿，前在扬州督兵，屡歼悍贼，扫除天长、六合各路窜匪，督率水师严扼江面，现虽督师甘肃，而从前所立之功，自不可泯。江宁将军富明阿，前在蒙城力除苗匪，现在接办江北防务，力遏窜贼，并派兵渡江，协克丹阳。均著加恩赏给骑都尉世职。广西提督冯子材，督办镇江军务，数年以来，固守名城，剿除窜贼，本年复会同江北官军克复丹阳，并著加恩赏给骑都尉世职。署京口副都统魁玉，帮办镇江军务，协同守御，甚为得力，著加恩赏给云骑尉世职。漕运总督吴棠，剿办清淮一带窜匪，并扫除徐宿捻逆，地方赖以安谧，著赏给头品顶戴，仍交部从优议叙。闽浙总督兼署浙江巡抚左宗棠，前在湖南军营，运谋决胜，迨抵浙江后，统领各军，将各该郡县及杭州省城次第克复，现惟湖州府城未克，指日全浙廓清，再当渥加懋赏。杭州将军国瑞，在僧格林沁军营帮办军务，打仗得力，杀贼甚多。江西巡抚沈葆桢，筹解曾国藩军营饷需，源源接济，均无贻误，现在剿办抚建等处贼匪，调度得宜，劳勩卓著。均著俟江皖浙等省军务平定，再行加恩。至杨岳斌、鲍超，此次虽已加恩，仍俟江皖肃清，同膺上赏。其余各省统兵将帅，其各慎勉图功，迅歼丑类，廓清疆圉，共荷恩施。有厚望焉。

——《清代起居注册(同治朝)》第 13 册，第 7427—7436 页。

〇上谕

谕议政王、军机大臣等：

本日据官文、曾国藩由六百里加紧驰奏克复江宁、全股悍贼悉数歼灭一折。览奏之余，实深欣慰，已明降谕旨，宣布普沛恩纶矣。粤逆久踞江宁，负嵎抗拒，实为从来未有之悍寇。此次水陆各军于溽暑炎蒸之际猛力环攻，迅克坚城，悍党悉除，渠魁就缚，非曾国藩运筹决策、督率有方，曾国荃等躬冒矢石、鼓勇先登，末由建此奇功，成乃丕绩。朝廷嘉悦之怀，实难尽述。除曾国藩等已加恩锡封外，其余出力员弁兵勇，并著查明保奏，候旨施恩。发去银牌四百面,著曾国藩、曾国荃等择其功绩最著者先行颁给,以励戎行。

各路贼匪皆视金陵为趋向,此时巢穴既覆,则其余窜逸之贼自必闻风丧胆。僧格林沁见已移扎光州,官文度亦进至黄州,即著妥筹会剿,督率官军,将麻黄一带贼氛乘胜埽荡,悉行殄灭,毋令窜突。

曾国藩奏称,拟即前赴江宁,察看情形,日来计已驻师白下,即著将一切善后及抚恤难民各事宜次第筹办。广德等处如尚有踞贼,曾国荃尚须驻扎江宁,即由曾国藩派拨兵队乘势埽荡,毋稍迟缓。其逆首李秀城、洪仁达等均系内地乱民,不必献俘。第该逆等罪恶贯盈,自应槛送京师,审明后尽法惩治,以泄神人之愤。著曾国藩遴派妥员,将李秀城、洪仁达押解来京,并咨明沿途督抚,督饬地方文武多派兵役,小心护送,毋稍大意。

发捻各逆尚麇集于黄麻之交,奔窜靡定。曾国藩赴江宁后,安庆地处上游,控制皖南皖北,不可无大员镇抚,即著彭玉麟驻扎安庆,妥筹防剿。如发捻有东窜之信,即饬防守要隘各军实力迎击,痛加剿洗。俟曾国藩回安庆后,彭玉麟应赴何路助剿,届时由曾国藩酌量办理。

江宁克后,群丑就歼,虽无逸出之贼,而楚皖之交贼氛尚炽,下游防守不可稍松。著富明阿懔遵前旨,暂缓前赴江宁,仍督水陆各军严密防守天六等处,毋稍疏懈。如江宁满城善后各事必须大员料理,即著魁玉先行前往,随时与富明阿咨商办理。李鸿章、冯子材、魁玉仍饬丹句等处防军严防湖州一带窜逸之匪,尽力截杀,毋令纷窜。并著李鸿章将王永胜等军调回长兴,协攻湖郡。左宗棠当督率各军,会合苏师,迅将湖州、安吉之贼全行殄灭,克复坚城,毋令一贼上窜。杨岳斌抵江省后,所筹进剿机宜动中窾要,著与沈葆桢会商妥筹,迅将崇仁等处踞贼竭力埽荡。此时江宁已复,匪势瓦解,乘胜进兵,自收破竹之效。该督抚等务当同心戮力,迅埽欃枪,奠定东南,渥膺懋赏。有厚望焉！其徐宿一带防守事宜,著富明阿咨商吴棠妥筹办理。

将此由六百里加紧各谕令知之

——《东华续录》同治三十五,第49—50页,同治三年六月戊戌。

七月

七月初一日

○上谕

见在蔡启等逆在陕西盩厔一带滋扰,虽经刘蓉等督兵剿办,而贼势未衰。四川边界多与陕西毗连,设该逆被击穷蹙,乘间窥川,不可不豫为防范。昨据曾国藩驰奏,金陵克复,全股悍贼歼除。而湖北麻黄一带贼尚充斥，该逆等声称欲救金陵，故锐意东窜，此时金陵巢穴既覆，此股贼匪闻风丧胆，未必仍敢东趋。僧格林沁已移扎光州，官文亦进至黄州，合力进剿。贼见我军势大，必将折而西奔，恐其逼近川疆，冀图窜逸，均不可以不防。著骆秉章严饬沿边防军勤加侦探，严密守御，毋令一贼得以阑入，以期尽埽妖氛。将此由六百里谕令知之。

——《东华续录》同治三十六，第1—2页，同治三年七月己亥。

七月初二日

〇上谕

昨因江宁红旗报捷，省城克复，全股悍逆悉数歼除，业将在事出力诸臣酬庸锡爵，分别加恩。因思诸王贝勒等分属宗亲，谊关休戚，允宜同被恩纶，用昭笃眷。除恭亲王业经加恩外，惠亲王之子奉恩辅国公奕详，著晋封奉恩镇国公。不入八分镇国公奕询、奕谟，均著赏戴三眼花翎。惇亲王之子镇国将军载濂，著晋封不入八分镇国公；载津著赏给头品顶带。醇郡王著赏给亲王衔。钟郡王著赏给纪录四次。管理武英殿事务孚郡王著赏给纪录四次。管理乐部事务郡王衔载治、贝勒载漪，均著赏给纪录三次。定郡王溥煦、郡王衔贝勒溥庄、贝勒奕劻、礼亲王世铎、睿亲王仁寿、豫亲王义道、肃亲王华丰、庄亲王奕仁、克勤郡王晋祺、顺承郡王庆恩，均著赏给纪录二次。御前大臣内廷翊卫克勤厥职，亦应一体恩赉，除醇郡王及僧格林沁已分别加恩外，景寿著赏还紫缰，奕山著晋封一等镇国将军，德木楚克扎布前经告假，见在虽未在京，亦应一体加恩，著赏给纪录四次，以示嘉赏成功、覃敷闿泽至意。

——《东华续录》同治三十六，第3页，同治三年七月庚子。

〇上谕

蒙古三盟马队官兵，自随僧格林沁剿贼以来，频年征战，所向有功。上年肃清直隶、山东全境，削平张落刑、苗沛霖等巨逆，该蒙古马队甚为出力。本年复埽清豫省，进扎皖鄂之交，遏贼东窜。该官兵等从征多年，立功数省，严寒酷暑，备极辛劳。而该大臣向来于蒙古官兵内保举出力将士，人数尤属无多，从不肯稍有冒滥。现当江宁克复，行间士卒，均荷恩施，该蒙古官兵，际此溽暑炎蒸，荷戈力战，允宜优加奖赉，普沛恩纶。所有僧格林沁军营统带蒙古马队各员，著该大臣择其出力者，查明酌量保奏，候旨加恩。其该营蒙古兵丁，加恩并赏银一万两，由该大臣粮台给发，以示体恤。至吉林、黑龙江官兵，历年征战，亦属著有微劳，并著由该大臣随时酌量奖励，以昭激劝。俟全功告成，定当同加优赉也。

——《清穆宗实录》卷一〇八，同治三年七月庚子。

〇上谕

谕议政王、军机大臣等：

蒙古三盟马队官兵，自随僧格林沁剿贼以来，频年征战，所向有功。现在进扎皖鄂之交，严扼发逆东窜，时当夏令，冒暑遄征，轸念行间，倍深廑系。本日以江宁克复，已将该处兵弁谕令曾国藩等酌加奖赉外，兹复明降谕旨，将僧格林沁军营统带蒙古马队各员，著该大臣酌量保奏；其该营蒙古兵丁，并加恩赏银一万两。著发去明发谕旨一道，该大臣于接奉后，即行翻译蒙古文，宣示该营将士，以示朝廷垂念辛勤、优加奖赉之意。将此谕令知之。

——《清穆宗实录》卷一〇八，同治三年七月庚子。

七月初三日

〇上谕

官文奏发捻麇聚麻城白杲，官军小挫后胜，黄麻投诚贼目立功赎罪一折。逆匪尽驱白杲、麻城、闵家集各路之贼，猛扑官军营垒，分股包抄六合集。周凤山前军小挫各情，与僧格林沁前奏大略相同。周凤山此次进剿失利，虽因众寡不敌，究属布置失宜，著即拔去花翎，以示薄惩。麻城之贼，由新洲、辛家冲扰及歧亭、宋埠，该处为各军后路，最关紧要。官文现调赵克彰三营，并毅桓等三营，扼扎歧亭、宋埠，饬蓝斯明由水路前进，催姜玉顺、萧河清由水陆分道径赴麻城，分军由江面赴蕲州迎剿。著官文即饬派出各军协力进剿，殄除群丑，以收聚歼之效。苏克金一军已抵麻城之黄土冈，因山路崎岖，马队难于施展，现由北面伍家河、阎家河进逼。英山折回之贼，大股屯踞麻城，势将回窜，黄孝等处均形吃重。著僧格林沁严檄苏克金等，会合楚军，实力埽荡，毋令该逆再由旧路西窜，复肆蔓延。金陵攻拔，该逆既不敢东趋皖境，若再不得逞志于楚，势必并窜豫疆，光罗一带，尤形危紧。著张之万督饬将弁严密堵御，不得因僧格林沁大军在境防剿，专恃客兵，转得置身事外。若令该匪阑入豫境，又成燎原之势，必惟张之万是问。贼目黄桂元等，赴富森保等营投诚；降目高郭宝等，率长发老贼三百余人，赴麻城东门乞降。官文饬令立功赎罪，著照所拟办理。惟逆匪类多叵测，其悔罪输诚、自拔来归者固不乏人，而意存反覆，往往首鼠两端，亦不可不豫为之防。官文当饬属妥为办理，毋得稍涉大意，致堕诡谋。将此由六百里各谕令知之。

——《清穆宗实录》卷一〇八，同治三年七月辛丑。

七月初六日

〇上谕

同治三年七月初六日内阁奉上谕：

前因僧格林沁奏，遵查苗逆仇杀徐立壮等案，并呈递黄鸣铎等禀词，当经谕令兵部传知翁同书声覆，并交曾国藩、乔松年详查具奏。嗣据乔松年于驰抵临淮，附陈大概，复经谕令俟会同曾国藩奏到，再降谕旨。兹据曾国藩、乔松年奏称，遵查孙家泰力拒苗逆、仰药自尽，蒙时中慷慨赴难、突遭惨害，与黄鸣铎等禀词均相吻合，惟徐立壮被杀情形，传闻异词，出入甚重。徐立壮本苗逆部下队长，后因积不相能，自愿助守寿州，以拒苗逆，而所募勇丁，入城肆行剽掠，徐立壮明知故纵，又招著名捻首葛小牛窜掠寿城。该州人民公议，请于翁同书，令其移营城外。徐立壮以违令被诛，罪由自取。其家属之死，系为苗逆所杀，与办团无涉，可毋庸议。博崇武署寿春镇总兵，于苗逆构乱，一意主抚，自知众志不孚，与庆瑞、尹善廷突围南去，避匿不出，坐视苗逆攻城，并未堵御。虽查无与苗逆合队确据，而迎合苗逆，顿兵不出，实属共见共闻。张学醇奉袁甲三檄提孙家泰、蒙时中解赴临淮，堕苗逆诡谋，一筹莫展，卒至寿州城陷，孙家泰等之死，虽非张学醇设计逼胁，而追原祸始，办理错误，实无可辞。邹学镛拟就折稿、逼令翁同书出奏一节查无实据，惟随同附苗，款接献勤，实属昏愦无耻。请将博崇武等分别罪名拟结，并孙家泰优恤建祠等语。

此案前署寿春镇总兵、记名副都统博崇武，以专阃大员，迎合苗逆，顿兵纵寇，所犯情节较重，著即行革职，发往新疆充当苦差，永远不准援减。庆瑞、尹善廷随同博崇武避匿，坐视城陷，实属畏葸无能，均著即行革职，发往新疆效力赎罪。寿春营游击邹学镛，听从博崇武等指挥，献媚苗逆，实属卑鄙可恶，著即行革职，永不叙用。前任臬司张学醇，身任监司，毫无识见，甘为苗逆所绐，致寿城被陷，颠倒荒谬，贻害地方，该员前经袁甲三奏参革职，嗣以军前立功，复经奏请奖励，著将前次请奖之案即行撤销，仍发往军台效力赎罪。前任漕运总督袁甲三，于苗逆攻逼寿州时，派张学醇查提孙家泰等解赴临淮，原系权宜办理，冀消反侧，惟于张学醇等之办理不善，致堕狡谋，未能先行觉察，亦有应得之咎，所有前次降旨准将该故漕督在临淮建祠之处，著即撤销。其办团各员，除徐立壮罪有应得、毋庸议恤外，已革刑部员外郎孙家泰力拒苗逆、疾恶若仇，候选从九品蒙时中挺身就义、甘蹈汤火，均属义勇可嘉，孙家泰著开复原官，追赠四品卿衔，照阵亡例从优议恤；蒙时中著追赠通判衔，照阵亡例从优议恤。孙家泰之父、五品封职盐大使孙赠祖，于寿州城破被执，骂贼阵亡；及国子监典簿孙家德，追贼救父，力竭被害；甘肃候补府经历孙家彦、候选训导孙家洪、候选盐大使孙传洙、候选从九品孙传熙，在籍办团，均被戕害。一门忠节，洵堪嘉悯，著交部各照本职从优议恤，即在寿州地方建立孙氏专祠，并准将蒙时中附祀，以慰忠魂。其余殉难官绅人等，著曾国藩等续行查明，分别请恤。该部知道。

钦此。

——《咸丰同治两朝上谕档》第14册，第226—228页。

〇乔松年奏

臣恭奉谕旨，调陈国瑞等军到防，即著饬令迎头截剿。又奉谕旨，饬臣会同僧格林沁之师前后夹击。臣查贼初入楚之时，势甚剽疾，不如以静待动，以逸待劳，伺其近而击之，可操万全胜算。商之曾国藩，意见相同。是以训练固守，以待贼来。及贼忽南忽北，迄无定向，近日探得贼在罗田盘踞，积谷掳人，以为久住之计。其余群贼，仍在麻城一带屯聚。是贼踞罗田、麻城以为巢穴，必将逐渐进步，虑而后动，与寻常之飘忽乱窜者不同，又当发兵进剿，大张挞伐，庶足折其谋而夺其气。臣方商诸僧格林沁，覆函亦谓拟令陈国瑞从商城进剿麻城之贼，而陈国瑞书来，则拟由英山进剿罗田之贼。臣思两策皆善，因饬英翰一军为陈国瑞后路接应之师。目下贼匪游弋无定，英山界上曾有贼骑窥伺，旋即退去。罗田之贼有南扰蕲州、蕲水者，尚未东犯英山，然罗田距英山至近，贼匪终必东窜。若陈国瑞能由英山进兵，则迎头截剿，更为得宜。臣前请移扎寿州，奉旨允准，现定七月初四日拔营前往。惟有联络各军，慎固封守，断不敢任贼深入。

——《钦定剿平捻匪方略》卷二一八，第5—7页。

〇上谕

谕议政王、军机大臣等：

乔松年奏接奉叠次谕旨并陈近日军情一折。据称，贼匪盘踞罗田，积谷掳人，以为久住之计，余贼仍在麻城屯聚。是贼踞罗田为巢穴，必将逐渐进步，与寻常之飘忽乱窜者不同，蓄谋甚狡，亟应乘其盘踞未固，大张挞伐。前据僧格林沁奏，驻扎光州之长岭集，居中调度，军情变幻靡常，刻下应由何路督率诸军合力兜剿，并联络楚师夹击之处，著该大臣相机办理，务将贼氛迅速殄灭。陈国瑞一军蓄锐已久，或令从商城进剿麻城，拦腰横截，或令由英山进剿罗田，迎头兜击，著僧格林沁妥筹调度，檄令速进。正阳关地当扼要，著乔松年懔遵前旨，亲往移扎，一切攻剿机宜，随时禀商僧格林沁，协力进取。寿州地方，派定何员驻守，并著奏闻。将此由六百里各谕令知之。

——《清穆宗实录》卷一〇八，同治三年七月甲辰。

七月十一日

〇乔松年奏

查陈国瑞一军经僧格林沁调赴麻城，英翰一军由颍上拔队调驻商城，为该提督后路。但麻城贼势固重，而罗田之贼亦图久踞，终有窜扰英霍之虞。日前臣拟扎寿州，一面具奏，一面函商僧格林沁，旋接覆信，亦谓可以进扎正阳关。臣查正阳关在寿州之西六十里，若防麻城之贼，则正阳为近；若防罗田之贼，则正阳稍远。现在陈国瑞等两军先后从麻城进剿，此路定可无虞，惟英山空虚，六安最为吃紧，臣驻寿州，与六安较近，易于援应。俟行抵寿州，即赴正阳关，权其缓急，以期兼顾。

——《钦定剿平捻匪方略》卷二一八，第 8 页。

〇上谕

杨岳斌奏贼势趋重崇仁、现在出省督剿，并亲赴各路察看形势，调回水师五营分布赣河一折。崇仁之贼图犯吉临等郡，杨岳斌拟由丰城驰赴崇仁督剿，著即会商刘典，督同江忠朝等军力图埽荡，并令鲍超等将许湾、东乡各踞贼分投剿洗，毋任旁窜。贼众我寡，宜黄南丰金溪兵力尚难遍及，该督已调回水师五营，如陆军单薄，亦可咨商曾国藩等，将金陵陆师酌量调派，以厚兵力。省城防务，沈葆桢督率万泰等认真巡防，务须周密。

乔松年奏陈国瑞已赴麻城，英翰驰驻商城。麻城贼势固重，罗田之贼亦图久踞，终有窜扰英霍之虞。该抚现拟先赴寿州，即赴正阳关察度形势，权其缓急，期于兼顾无失。所筹尚妥。著即于到寿布置后，仍遵前旨，驰赴正阳关，妥筹防剿。朱淮森四营，即可令全驻寿州，以备缓急调用。图一件留览。另片奏，罗田之贼恐窜英山，请调金陵劲旅，从英山进剿等语。金陵得胜之师，休息已半月有余，著曾国藩即调派得力将弁，带精兵万人，从英山一路前进，与楚师会合夹击。该抚片内所称曾国藩不日仍回安庆，已与函商办理等情，江宁地属首要，现在甫经克复，一切抚绥安缉、应行办理之事甚多，曾国藩如不能再赴安庆，即著派彭玉麟、曾国荃等酌量带兵分驻上游，以资控扼。其皖南之广德等处，恐湖州贼匪续犯江西，并著分派劲兵，迅图克复广德，毋任分窜。

昨据御史陈廷经条陈善后事宜一折内，有疆舆略为变通一条，请以徽州、宁国、池州、太平四府割属江苏，与江宁、苏州、松江、常州、镇江为一省；以扬州、淮安、徐州、海州、通州割属安徽，与安庆、庐凤颍泗为一省。江南江北分设科场各等情。与地方吏治有无裨益，著曾国藩、李鸿章、乔松年酌度形势，妥筹具奏。其安置勇丁一条，叠经降旨，令该督抚等豫筹善策，如何酌量挑补兵额、遣散归农之处，并著该督抚等妥慎办理，毋贻后日无穷之患。

又，据御史贾铎奏，请饬曾国藩等勉益加勉，力图久大之规，并粤逆所掠金银悉运金陵，请令查明报部备拨各等语。曾国藩以儒臣从戎，历年最久，战功最多，自能慎终如始，永保勋名。惟所部诸将，自曾国荃以下，均应由该大臣随时申儆，勿使骤胜而骄，庶可长承恩眷。至国家命将出师，拯民水火，岂为征利之图？惟用兵日久，帑项早虚，兵民交困，若如该御史所奏，金陵积有巨款，自系各省脂膏，仍以济各路兵饷赈济之用，于国于民均有裨益。此事如果属实，谅曾国藩亦必早有布置。惟该御史既有此奏，不得不令该大臣知悉。

曾国藩由安庆到江宁，于调兵安民整饬地方各事宜，谅已有奏报在途。江宁城内情形若何，居人能否渐次复业，实深廑系。贡院有无损坏，应如何修葺之处，著曾国藩查明具奏。闻江北厘卡亩捐户捐及一切各捐均仍照前，叠经降旨裁革，未据地方官认真办理，亟应厘剔弊端，与民休息，著曾国藩、吴棠、李鸿章严行禁革，如有委员劣绅藉端苛敛，即行拿办，以儆其余。两淮盐务，为库款大宗，曾国藩早经派员兴办，此时江路通畅，可以图复旧观，著饬运司招商认运，以期国课渐充。并著饬令藩运司等官各归旧驻地方，不得仍前驻扎泰州一隅，图旦夕晏安之便，致与大局无益。

江防师船已由富明(防)[阿]次第裁撤回粤，浙江之贼不能越苏常而至镇江，楚北之贼不能越英霍而至天六，江西之贼不能越九江而至安庆，此外并无可防之贼。是扬防各军现属无事，著富明阿酌量裁撤调拨，以节糜费。楚北麻城等处之贼剿办若何？如须增兵助剿，为一劳永逸之计，即著僧格林沁、官文飞咨曾国藩，将金陵得胜之军酌量调拨，以期早日肃清。近日军情贼势，并著赶紧奏报，以纾朝廷南顾之忧。

将此由六百里各谕令知之。

——《清穆宗实录》卷一〇九，同治三年七月己酉。

七月十二日

〇上谕

谕议政王、军机大臣等：

官文奏官军剿贼叠胜、粮道疏通，现拟移营黄冈督剿，并英山已无贼踪，暨豫筹出境剿贼、拟派大员督军各折片。发捻麇集麻城之白杲地方，环逼营垒，阻我粮道，经成大吉等防剿兼施，叠获胜仗，粮道得以疏通。其洗马畈、蔡家河一带贼匪，经梁洪胜等分路追杀，败贼溃入团陂。黄冈坛坪踞贼，复经富森保派兵狙击，均有斩捦。是鄂境各股逆匪，势焰渐衰，亟应乘胜埽荡。僧格林沁所派之色尔固善及善庆两军，均已抵扎麻城。其苏克金一军，亦在黄土冈由北面进逼。而自陕回援之蓝斯明等各营，复分扎蕲黄要隘。温德勒克西等已抵黄陂。姜玉顺自樊城拔营，计日即可到楚。大兵云集，声势甚盛。著僧格林沁、官文督饬马步水陆各军,乘金陵已克、贼心震慑之际,并力夹击,尽殄狂氛,毋留余孽。惟贼计狡狯,难保不铤而走险,为避兵之计。豫省南路边防最关紧要,张之万务当豫筹布置,扼要严防,毋令一贼得以窜越。官文现已移营黄冈,并著督饬各路将弁,会合僧格林沁所派之军,将发捻各逆四面兜击,毋令余匪纷窜邻省,致滋延蔓。官文另折奏,豫筹出境剿贼,拟令唐训方督带楚军等语,自系为先事图维起见。惟唐训方本日已简放直隶藩司,吴昌寿到鄂后,该员即须前赴新任,将来发捻万一他窜,必须大员督军出境追剿,届时再行请旨办理。将此由六百里各谕令知之。

——《清穆宗实录》卷一〇九,同治三年七月庚戌。

七月十七日

〇张之万、毛昶熙奏

臣张之万行抵汝郡,叠据色尔固善、张曜等禀报,发捻各股仍踞麻城,其前窜商城之贼现又南下,我军三面进扎,杜其回窜。六月二十三日,该匪大股骤来,约计三十余队,排列十二三里,直扑官军营盘。张曜等正在迎剿间,苏克金亲带马队驰至,围营之贼立时撤退。我军乘势齐进,毙悍匪十余名,始行败遁。次日,该逆又扑李世玉营盘,适我军马步齐至,善庆亦由城内来援,贼复遁归。现在自柏子塔至白杲均系贼垒等情。

其汝郡迤南以及光州所属积为盗薮,屡扑屡起。臣毛昶熙驰赴息县,督饬诸军,将著名逆寨次第埽平,良民渐次复业。而汝正新蔡之间,犹难保无漏网匪党,亟宜乘势清理。除前派各营仍令随同张曜由麻城一带进剿,并酌留队伍驻息弹压外,所有马湾等处,已派记名总兵赵鸿举率领参将蒋东才等,会同臣张之万所派参将王文川等严行搜扑,臣毛昶熙即驰还汝郡,与臣张之万面商一切应办事宜。

至于豫省全局,东则归陈,南则汝光,自遭兵燹之后,田亩荒芜,即有志力田,而孤立无邻,亦复不敢兴作。臣张之万现在遴派知府师长怡等分赴各处,逐一履勘,设法招徕,以资垦种。

至臣前议练兵代勇、裁勇养兵,现已调南阳镇兵五百名随带来汝,饬知府汤聘珍赶紧训练,讲求战守实际,不拘寻常操法,以期一兵得一兵之用。其河北归德镇兵及臣标各营,再行陆续征调。一俟演习精熟,即拨赴前敌,抽撤勇丁,以省经费。惟前敌各军远在楚境,全赖僧格林沁悉心筹画,相机调度,臣张之万拟即日轻骑暂赴僧格林沁军营,晤商一切,以冀早靖妖氛。

——《钦定剿平捻匪方略》卷二一八,第19—21页。

七月十八日

○上谕

谕议政王、军机大臣等：

乔松年奏驰抵寿州，并赴正阳关察看形势，现拟仍驻寿州，派朱淮森两营扼扎正阳，蒋凝学进扎英山，张德胜防守六安等语。湖北之贼，现麇聚罗田、麻城一带，或由英霍、或由固始商城入皖，均难豫料。该抚既以寿州形势甚便，并可兼顾正阳，即著驻扎寿州，将所部各营勤加教练，仍一面多发侦探，视贼趋重何路，即由何路进剿，并饬朱淮森、蒋凝学等军分扼要隘，严密堵剿，毋稍疏虞。一切战守机宜，仍随时咨商僧格林沁妥筹办理。

另片奏，李世忠部下记名总兵陈玉安，于散勇应领盐斤扣留不发，以致众勇不服，该总兵竟商同副将刘同盛，将勇丁王在纶等三人杀而埋之庙中。似此胆大妄为，实属大干军令，陈玉安、刘同盛均著即行革职，并著乔松年饬属将陈玉安一犯严拿务获，与刘同盛一并严审，按律惩办。至李世忠遣勇不下数万，朝廷正虑其滋事，如该革员等任意克扣勇丁，兼敢逞凶杀害，势必激成事端，著乔松年严密访查，如再有此等劣员，即行从严参办，毋稍姑容。

将此由四百里谕令知之。

——《清穆宗实录》卷一〇九，同治三年七月丙辰。

七月二十七日

○上谕

谕内阁：

前因乔松年奏保蒙城解围出力各员，业经降旨，均照所请奖叙。兹据僧格林沁奏称，查核该抚奏奖单内，按察使英翰请赏勇号，该员带兵止在小涧集扎营，嗣经援军大至，始行移营会剿，并未身先士卒。都司施绍恒请以副将尽先补用，该员系由该大臣派往援剿，未及数日，城围即解，在蒙并未续有战功。徐登善请以游击尽先补用，并赏加勇号，该员系由捻党于克寨后投诚，即有劳绩，亦应先免其为匪之罪，不应以先得官阶接续请奖。守备李勤邦请赏换花翎，并赏加都司衔，六品军功杨步斗请以守备尽先补用，该二员均经该大臣于蒙城解围后保奏有案，该抚请奖，系出重复。请旨撤销各等语。所有英翰、施绍恒、徐登善、李勤邦、杨步斗五员，此次奖励之案，均著即行撤销，仍俟续有劳绩，再行奏请。近来各省军营出力人员，一经保奏，朝廷无不立沛恩施。在统兵各大员，自应核实奏奖，岂容稍有冒滥？此次保奖之案，乔松年到任未久，未能深悉底蕴，其原折内称，系据英翰开单呈报。

英翰久历行间,乃竟重复开报,浮冒请奖。乔松年并未详核,率行具奏。均有不合。若非僧格林沁悉心察核,浮滥之弊,何由上闻?乔松年、英翰均著交部分别议处,以为冒滥请奖者戒。此外各省保奖之案,似此者谅亦不少,各路统兵大臣及各省督抚务宜留心察核,一有闻见,即当随时奏闻。如再有滥请奖励者,一经查出,除将该员奖案撤销外,必将原保之员从重惩处,决不宽宥。毋谓朝廷名器可滥邀也。懔之!慎之![1]

——《清穆宗实录》卷一一〇,同治三年七月乙丑。

〇僧格林沁奏

发捻各逆麇集麻城,经臣叠饬翼长苏克金、总兵张曜等节节移营,实力剿办,自六月十八日起,各营分扎麻城东北门外,后路官军仍扎黄土冈,其伍家河等处均拨官军驻守。英翰一军亦到麻城协剿。七月初三日,苏克金等由阎家河、古梅寺等处两路进兵,计毙贼匪数十名,生捡二十余名。旋有伪天将桂子春率众投诚,经该翼长等收降一百十余名,作为前敌。初七日,英翰在柏子塔附近四五里筑垒,张曜派游击杨春祥亦同至南山头扎营。该逆分两股来扑,我军奋勇迎击,贼即败退。初八日,苏克金等仍向阎家河进兵,一路乘胜埽荡,计夺贼垒十余座,村庄四五十处,生捡三十余名。维时英翰之军进攻东路小山嘴,追至阎家河以东,贼即弃营逃走,又夺贼营十余座,贼馆三十余处,斩捡五十余名。初九、初十日,探得乌石山有无数贼旗,当即齐队由牛棚山进剿,直追至高岸河,连拔贼垒二十余处,袭杀二十余里,共计阵斩发逆三四百名,被击落河死者三四百名,生捡二十余名。十一日,伪扶王陈得才大股来扑红石堰,约有万人,苏克金、张曜督队冲击,约毙贼六百余名,生捡长发贼一百余名,贼败入山。惟苏克金行至中途,受暑昏迷,旋报出缺。臣以攻剿正当吃紧,即派已革副都统成保暂署翼长,接统苏克金所部之队,并责令英翰等军乘胜进剿。旋据英翰等禀称,十二夜间,有捻首宋朝如赴营乞降,计有一千七百七十一名,英翰择留四百名派在前敌立功赎罪,其余均遣令还乡。贼中自宋朝如投诚后,众皆惊恐,乘夜向东南逃窜。又据署翼长成保等禀称,陈得才等大股贼匪仍聚麻城西南闵家集正南白杲等处,我军立即移营城南,会合楚军进剿等情。

臣查发捻各逆麇聚麻城,现经我军叠次进击,已将城之东北踞贼歼除殆尽,惟城南白杲一带贼势尚重,自应并力合剿。傥贼匪因无巢穴可归,仍复西窜,一入深山峻岭,剿办又形棘手。惟有督饬成保等会合楚军实力剿办,一俟秋分以后,臣即当亲督马步各队相机兜剿。至总兵陈国瑞,前经臣札调由三河尖、商城一路驰赴麻城会剿,该总兵辗转迁延月余,

---

① 寻吏部议,乔松年应降一级调用,英翰降三级调用,俱系私罪,无庸查纪级议抵。得旨,乔松年著加恩改为降三级留任,英翰著改为降五级留任。参见《清穆宗实录》卷一一〇,同治三年七月乙丑。

尚未到营,实属不知缓急,贻误戎机。除将所部之队饬交总兵郭宝昌管带外,相应请旨,将头品顶戴浙江处州镇总兵陈国瑞交部严加议处。把总蒋庆祥、守备阎乐天应请旨交部照例议恤。

——《钦定剿平捻匪方略》卷二一八,第23—26页。

○上谕

谕议政王、军机大臣等:

僧格林沁奏麻城剿匪获胜、翼长因病出缺,并请将玩视军务之总兵严议,前赏蒙古马队官兵银两请旨办理各折片。麻城北路贼匪,经官军由黄土冈、伍家河、八道河、红石堰等处节节进逼,叠获胜仗,捻首宋朝如率众乞降,经英翰择留四百名充当前敌,余皆遣令还乡。即著该亲王妥为办理,毋令再生反侧。惟宋朝如投诚后,贼众惊恐,正可趁该逆惶惧、奔窜不定之时,乘胜进兵,以收破竹之效。官文身任兼圻,剿办本省贼匪是其专责,此次僧格林沁所部叠获大胜,并未见官文派出各军协同剿洗。蓝斯明等本分扎蕲黄各隘,姜玉顺早由樊城拔营,得力步队甚多,何以并不进兵会剿?官文所司何事?似此任意迁延,殊属不知缓急。著官文严檄各军,会同僧格林沁官兵,联络声援,将麻城南路白杲一带之贼实力进剿,为一鼓聚歼之计,毋得专恃僧格林沁客兵,转得置身事外,以致日久无功。苏克金所部将士,该亲王现令成保暂为接统,惟成保前在直东带队颇不得力,此次派令管带苏克金马队,未知能否胜任。著即责令该革员奋勉图功,以赎前愆,仍著随时察看,如不得力,即行更换。据获贼供称,该逆图窜东北,是商城、光山一带又形吃重。著张之万激励将弁实力堵剿,毋令匪踪再行阑入豫疆。前赏蒙古兵丁银一万两,据该亲王奏称,现在哲里木、昭乌达两盟随营征剿,至土默特官兵,亦在营随同出力等语。此项银两,即照僧格林沁所请,将该两盟及土默特官兵均匀分赏。其管带各盟马队人员,及吉林、黑龙江带队员弁,僧格林沁拟俟麻黄股匪扑灭,再行奏请奖励。该亲王慎重名器,不肯稍涉冒滥,具见公忠体国之忱。陈国瑞已据该亲王调令来营,仍著随时酌量差遣。僧格林沁密折一件留中。将此由六百里各谕令知之。

——《清穆宗实录》卷一一〇,同治三年七月乙丑。

○上谕

僧格林沁奏请将进兵迁延之总兵交部严议一折。记名提督、浙江处州镇总兵陈国瑞,经僧格林沁调赴麻城,自应迅速前进,乃行走月余,尚未到营,实属不知缓急。陈国瑞著交部严加议处。

——《清代起居注册(同治朝)》第14册,第7707页。

〇僧格林沁奏

查头品顶戴福州副都统苏克金，前随臣营在连镇、冯官屯等处最为出力，又随都统西凌阿赴湖北等处征剿，十年间，经臣奏调到营，管带马队，派充行营翼长，临敌勇往，战功叠著。本年入夏以来，积劳成病，七月初十日，在麻城力疾督战，感受暑热，以致落马昏迷，旋即出缺，殊堪悯惜。可否照都统军营病故例从优议恤之处，出自圣主鸿慈。

——《钦定剿平捻匪方略》卷二一八，第 28—29 页。

〇上谕

僧格林沁奏，请将积劳病故之副都统从优议恤等语。头品顶戴福州副都统苏克金，随从僧格林沁十有余年，转战数省，身经百余仗，所至有功，近因感受暑热，犹复力疾督战，以致落马昏迷，遽尔身故，殊堪悯惜。苏克金著加恩照都统军营病故例从优赐恤，以慰忠魂。该部知道。

——《清代起居注册（同治朝）》第 14 册，第 7706—7707 页。

七月二十八日

〇上谕

谕议政王、军机大臣等：

官文奏发捻势已穷蹙、欲循旧路回窜，见饬各军合力进剿，并续获胜仗各折片。发捻各逆麇聚于麻城白杲等处，经成大吉等军与僧格林沁派出各军分路剿洗，贼粮将尽，势已穷蹙，兼之金陵克复，无巢可归，其自拔来归者亦复不少。自应乘此贼心涣散之际，合力兜剿，以期迅就肃清。官文见饬姜玉顺等马步各军严扼黄孝要路，会合杨朝林等军三路进兵，为聚而歼旃之计，即著督饬诸军实力进剿，一鼓灭贼，不得稍有迟延。僧格林沁派出之军转战而前，所向奏绩，即著饬令色尔固善、张曜等乘胜进兵，会合楚师，将发捻各逆全股歼除，毋稍松劲。惟该逆诡谲异常，避兵而行，是其惯技。官文奏称，逃出难民佥称贼匪备十日干粮，并扎草人，图由旧路回窜，而罗田、蕲水等处之贼悉数窜至道观河、沙河一带，沿村打馆，是其急欲上窜，情形毕露。见在富森保、石清吉等虽于道观河扼扎营垒，逼贼而军，第该处道路纷歧，难保不乘虚窜豫，著张之万恪遵历次谕旨，激励将弁，实力堵剿，毋令匪踪再行阑入豫疆，致剿办又形费手。

将此由六百里各谕令知之。[1]

——《东华续录》同治三十六，第62—63页，同治三年七月丙寅。

八月

八月初四日

○上谕

谕议政王、军机大臣等：

官文奏官军约期会剿、连获胜仗，并派兵豫扼黄孝要隘一折。另片奏攻克银家官塘等贼垒，并克白杲老巢等语。七月十九等日，成大吉等三面进攻白杲及夫子河等处发捻，杨朝林等率军横攻，将沙河等处贼垒踢平多座。该逆奔逃无路，伏匿于银家官塘、三角湾垒内。姜玉顺等进剿密耳山大股贼匪，亦获大捷，贼向鹅笼司、安家寨等处北走。其中馆驿聚贼，亦经姜玉顺等击败。发逆马融和等窜蕲水县属之关口、蔡家河一带，梁洪胜等抄入贼馆，颇有斩捡。二十一日，各军将银家官塘等处贼垒悉数毁平，并克白杲老巢，余匪东西分窜蔡家河及净瓶山等处。官文已飞咨僧格林沁等会合夹击。著僧格林沁督饬马步各军，将麻城贼匪认真剿洗。其窜光山新集之贼趋向未定，僧格林沁现驻光州，谅可确探贼踪，派兵迎击。张之万责任封圻，亦不得坐视逆匪阑入，并著于光罗等境严密防剿，毋稍疏忽。贼踪飘忽靡常，恐不得志于楚豫，将犯皖疆，曾国藩、乔松年当督饬派出前敌各军，遇贼即击。如防剿不力，查由何路入境，即将派防之带兵官严行参处。或仍图由旧路回陕，即著刘蓉、李云麟扼要设防，以杜回窜。现在由白杲山内东窜之贼，由大坳、小坳窜蔡家河等处，鹅笼司、安家寨各贼股尚未尽除，是楚北贼氛仍炽，未可稍涉松劲。官文当指挥各军，多设侦探，视贼所向，跟踪蹑剿，未可复任扰及完善，致滋蔓延。

正在寄谕间，据张之万等奏豫军会剿麻城获胜并捡获汝正新息境内余匪一折。麻城之贼如败窜东北，即系豫之商城地面，叠经谕令张之万派兵防堵。现经僧格林沁派令张曜、徐连陞所部前往商城驻扎，著张之万严饬该总兵等实力守御，如能出境迎击，更胜于本境设防。如由黄孝折而西北，即是豫省之信阳、罗山，著即饬令派出之张士元驰赴信罗，严扼要隘。其荆子关一路毗连陕境，陕贼未靖，仍应加意防范，毋稍大意。汝正新息余匪，时名书等解营正法，办理尚为认真。此外余匪，难保不潜匿各处，仍图煽乱。著张之万、毛昶熙督饬赵鸿举等认真搜捕，务须尽绝根株，毋留后患。

---

① 据《钦定剿平捻匪方略》卷二一八第32页，本条谕旨由“议政王、军机大臣传谕僧格林沁、官文、张之万”。

将此由六百里各谕令知之。

——《清穆宗实录》卷一一一，同治三年八月壬申。

八月初九日

〇官文奏

该逆盘踞白杲，经成大吉等三面会剿，将夫子河一带逆垒、逆馆悉数毁平，逆势愈形穷蹙，遂乘势进攻银家官塘、三角湾等处贼垒，该逆负嵎死拒。七月二十一日，成大吉移营叶家台，逼贼而垒，一面密令各军乘夜分道急趋，攻其不备。石清吉率所部由静山、仁寿砦、云雾砦三路进击，富森保马队继之，杨朝林等由走马冈进剿，成大吉派胡以章等由叶家台进，王明滔等由三角湾进，萧翊等由望花南冈进，成大吉督亲兵马队为各路策应，逼近逆垒，以火器突前攻扑，并将火弹喷筒连环施放，该逆拌死抗拒。成大吉等督令各营轮流环攻，至二十二日夜，愈攻愈猛，贼势不支，我军乘间一拥入垒，纵横截杀，始将银家官塘、三角湾等处贼垒一鼓齐下，附近贼馆贼卡悉数荡平。成大吉等复各督马步，乘胜直捣白杲。时姜玉顺马步各军亦由沙子冈、晏家寨并力进攻，立将密耳山一带贼垒贼馆尽数踏平。适僧格林沁所派马步各军亦至，会趋白杲老巢，逆众急向白杲山内狂窜。姜玉顺追杀至三汊河，绕向晏家寨山口横截，该逆改向料棚逃遁。我军追剿数十里，沿途斩杀甚多。因山径险窄，兼之天气炎热，环攻两昼夜，人马疲乏，先后收队回营。总计此次杀毙、轰毙及翻崖跌毙之贼不下二千余名，生擒数十余名，救出难民数千。

现在发捻各逆如游魂无归，分路狂奔，尚无定向。东窜之贼势将与蕲水、罗田踞匪合伙，已令杨朝林、周凤山即由东界岭跟追，成大吉等由马鞍山出上巴河一带兜剿，兼顾黄州门户，期与防剿蕲水、蕲州之梁洪胜等上下夹击。西窜之贼头股已由料棚窜至新集一带，距光山不远，大股仍麇聚黄安料棚牵掣，我军不能越境跟追，已飞咨僧格林沁派兵截击，免致蔓延豫境。并飞檄姜玉顺等马步各军，先将黄安料棚踞贼痛剿，仍觇贼所向，并力穷追，不准稍分畛域，兼严饬扼防黄陂河口之李成谋七营稳扎稳进，力顾黄孝门户。如料棚贼势稍松，拟饬赵克彰三营移扎德安，并调杨朝林八营拔赴随枣，以昭周密。

现据驻守黄安之游击蔡正清报称，二十四日，该逆分马步两股，自东南直绕正北，逼近城根，黄安县知县文龄会同办理团练委员覃瀚元、在籍留营主事李廷箫等，挑选劲勇，缒城横击，其中蔡正清自率所部迎击其首，连开枪炮，该逆受创，越山向北狂奔。又蕲水发捻数众且悍，屡扑梁洪胜营垒，均经击败。该逆窜扰六神港，经巡防兰溪之副将张启基炮船飞桨齐进、连施枪炮击退，遂由六神港东岸分窜梁志墩一带，又由西岸窜至陈家湾等处，复经张启基督率炮船上下攻击，该匪遂由殷家冲山后逃遁。又经总兵左光培统率所部炮船，在巴水驿将贼截剿。该处港汊分歧，难保不窥伺江面，已严饬水师于江湖河汊各要隘严密巡防，一面飞咨乔松年、张之万派兵迎剿，以便与楚军前后夹击，尽数殄除。

——《钦定剿平捻匪方略》卷二一九，第8—12页。

〇上谕

官文奏攻克白杲、发捻分股奔窜，官军跟踪追击，并各路堵剿情形一折。成大吉、姜玉顺等克粉壁学、银家官塘等贼垒后，直捣白杲，追剿两昼夜，斩杀甚多。现在发捻各逆分路狂奔，尚无定向。东窜之贼，将与蕲水、罗田踞匪合伙；西窜之贼，已由料棚窜新集，距光山不远。大股仍麇聚黄安，牵制楚师。官文已令杨朝林等分道追击，并飞咨僧格林沁截剿。著官文严饬各路将领，无分漏夜，尽力追踪兜截，毋任再有延蔓。僧格林沁驻军光州，谅该逆不能偷越，著即侦贼所向，派兵兜剿，毋任窜入皖豫境内。麻城北路贼匪，著僧格林沁督饬马步各军认真剿洗。近日军情，并著随时驰奏，以慰廑系。其分股窜扑黄安之贼，业经官绅击退。蕲水之贼，扰六神港，又由西岸窜陈家湾等处，经张启基炮船击败，匪向殷家冲山后而遁。此股逆匪现窜何处，并著官文查明下落，饬令在防将士会同地方文武迅图扑灭，以收廓清之效。蕲水、罗田等处之贼，趋豫入皖，踪迹不定，著乔松年、张之万懔遵初四日谕旨，整饬防军，会合楚军，前后夹击。傥令深入，定惟该抚等是问。汝正新息余匪未靖，毛昶熙当会同张之万督军认真搜捕，不得稍留余孽，致贻后患。将此由六百里各谕令知之。

——《清穆宗实录》卷一一一，同治三年八月丁丑。

八月初十日

〇上谕

谕议政王、军机大臣等：

乔松年奏麻罗之贼现窜英山，并据报陈国瑞有谋叛情事一折。前据僧格林沁奏，陈国瑞进兵迁延，玩视军务，当以该员不知缓急，降旨交部严加议处。因材堪节取，仍令该亲王调令来营，酌量调遣。兹据乔松年奏称，接据英翰禀称，陈国瑞因奉僧格林沁札调赴营，将所部队伍交郭宝昌管带，心生惭惧，遂率众谋叛，图袭商城，句结扶逆，并据称其党止有谭、赵二姓及亲随队伍等语。览奏曷胜诧异。陈国瑞自归僧格林沁调遣以来，战胜攻取，屡著劳绩，朝廷嘉其勇往，擢任专阃，待之不为不厚。此次乔松年所奏各情，是否因疑惧交乘、遽生反侧，其谭、赵二姓及亲随队伍人众究有若干，著僧格林沁、乔松年查明具奏。僧格林沁仍遵前旨，将陈国瑞所部队伍交郭宝昌迅速接统，解其兵柄，一面札令来营，听候查办。

如情有可原，不妨稍示优容，留资驱策。傥敢不遵调遣，及真有谋叛实据，则是骄盈昏悖，自外生成，朝廷亦不能因其曾效微劳，曲加姑息。即著僧格林沁相机妥筹办理，迅绝后患。麻城、罗田之贼直窜英山，乔松年已饬蒋凝学严防六安，并派张景春、张得胜会同防守，即著督饬派出各军实力扼剿，遇贼即击，毋令匪踪东窜。但兵力尚嫌单薄，著曾国藩仍遵前旨，调派得力将弁，带兵从英山一路前进，以厚兵力。谅该大臣成竹在胸，必能权衡缓急、妥速筹办也。将此由六百里各密谕知之。

——《清穆宗实录》卷一一一，同治三年八月戊寅。

〇上谕

同治三年八月初十日内阁奉上谕：

前因僧格林沁奏参乔松年保奏英翰勇号系属重复冒滥，当经降旨将英翰勇号撤销，并将乔松年等交部分别议处。兹据吏部覆奏，请将英翰降三级调用，乔松年降一级调用，俱系私罪，毋庸查级纪议抵等语。乔松年著加恩改为降三级留任，英翰著加恩改为降五级留任。

钦此。

——《咸丰同治两朝上谕档》第 14 册，第 282—283 页。

八月十四日

〇上谕

谕议政王、军机大臣等：

官文奏发捻被剿、分窜豫皖、派兵追击一折。发捻各匪，自官军击败后，人数尚多，分股乱窜。蕲水、罗田等处之贼悉数东趋，扰及六安、英山一带。麻城西路分窜料棚之贼，经文武乡团连次击退，河口防师李成谋率队截击，僧格林沁之军亦至，与楚军会合跟追，败贼悉数遁入光山县境。是楚北虽无贼踪，而豫皖均形吃重。前因官文奏，匪股趋豫入皖，纷窜不定，谕令僧格林沁、乔松年、张之万分投截击。现在皖豫两省军情并紧，虽系败残之贼，而匪势尚众，亟宜迅图聚歼，方免蔓延之患。昨据乔松年奏，已饬蒋凝学严防六安，并派张景春、张得胜协同防守。此时贼窜英山，著乔松年迅饬蒋凝学等整队前进，迎头截击。傥兵力不敷，即著飞咨曾国藩派兵合剿。务期厚集兵力，一鼓歼灭，毋稍大意。僧格林沁曾有诱贼出险、即可纵击之奏，此时贼入皖境，地渐宽平，马队正可施展。而黄安败捻复窜光山，僧格林沁之军未免为所牵掣。该亲王务即督饬色尔固善等，先将捻股剿尽，即可移师而东，兜击发逆，将楚皖豫三省交界之贼次第殄除，毋留余孽。张之万身任封圻，责无旁贷，现在逆匪阑入光山，若任令窜越，扰及完善，更成不了之局。著懔遵叠次谕旨，饬令在防各将士，振刷精神，实力遏击，迅埽贼氛。官文虽已击贼出境，仍当督饬东西两路各将弁分投追剿，与皖豫各军声势联络，以收夹击之效，毋得以贼踪渐远，稍形松劲。将此由六百里各谕令知之。

——《清穆宗实录》卷一一二，同治三年八月壬午。

八月十五日

〇上谕

谕议政王、军机大臣等：

乔松年奏发逆大股窜至英山、接仗防守情形，并拟将何绍彩防兵移向霍山各折片。发逆纠众数万，屯围英山县城，经蒋凝学统率所部官军驰往进剿，力战数时之久，贼匪败窜。追杀至南路山冈，毙匪甚众。剿办尚为得力。惟捻逆散漫东窜，势将接踵而来，六安、舒城一带均须实力严防。该抚已添派都司罗元超等带勇数百，交张得胜统带，驻守六安，并调陈飞熊往守舒城。布置甚为周妥。著即饬令张得胜等严密防守，毋稍疏懈。蒋凝学一军兵力过单，发逆败退之后，复句结大股围攻英山县城，现仍悉力拒守。傥发捻合窜皖境，一半牵掣英山，一半径犯霍山，以断英山后路，则蒋凝学一军势成孤立。乔松年现已函商曾国藩，拟将巢县防兵何绍彩一军移向霍山，即著曾国藩迅饬何绍彩统带防兵进扎霍山，与蒋凝学之军前后夹击，一鼓歼除。甘肃凉州镇总兵冯标，前在该大臣军营，此时甘省军务紧急，即著迅饬赴任，毋得任令延缓。昨据官文奏，白杲之贼经官军击败，悉数东窜英六一带，当经谕令僧格林沁、官文、乔松年等分投截剿。兹据乔松年奏称，该匪由松子关一带图窜六安，是六安防剿更形吃紧。乔松年拟调英翰一军回皖协剿，惟据该抚奏称，据英翰禀报，陈国瑞部下将士不肯同叛，均投归英翰营中，陈国瑞自带亲队千余人，仍在麻城之三河口驻扎，必须陈国瑞之事办理就绪，英翰之军方能调赴皖境。著僧格林沁仍遵前旨，将陈国瑞所部交郭宝昌接统，迅调陈国瑞来营，相机查办。陈国瑞到营后，即饬英翰驰往六安，与在防各军迎头截剿。并著督饬色尔固善速即剿除捻逆，移师东击。并著官文督饬各路将弁追贼出境，会合英六等处防兵，两面兜击，尽歼丑类。将此由六百里各谕令知之。

——《清穆宗实录》卷一一二，同治三年八月癸未。

八月十六日

〇僧格林沁奏

查发捻各股经我军叠次击败，悉数奔窜麻城以南闵家集、白杲一带。成保等先后移营前进，旋据成保报称，七月二十二日，商令英翰各军进攻阎家河迤西沿山贼垒，成保等各带本队，由北分路攻剿闵家集一带踞匪，同时并进。周登高等先登破垒，随入阎家集，来往冲压。集南贼垒齐出接应，经成保等由东面并力冲击，立将贼匪击败，全数向南鼠窜，共攻破贼垒二十余座，贼村五十余处，捻首张总愚等窜入西山。

又，总兵郭宝昌带领所部，抵麻城东南扎营，探剿蔡家畈、闵家集一带扶逆老巢，带领全队衔枚疾驰，行至长墙，一齐翻越攀登，逆众慌乱欲窜，我军炮火齐施，乘势扑入。该逆率众力拒，各路援贼毕至，郭宝昌即同英翰各督队伍直上，施放枪炮，毙贼数百，贼势渐退。我军乘胜追剿，败贼群向白杲奔去。当将蔡家畈等处老巢克复。二十三日，探得扶逆等股向东遁窜，遵逆、张总愚等股现向麻城西北打馆，白杲一带已无贼踪。我军分路跟剿，二十九日追至光山县迤南之宴家河，遥见贼垒林立，马队分两路前进，步队亦到，冲压数次，因天晚路狭收队。八月初一、初二等日，追至鸡笼山迤东，逆股均依山盘踞。我军因稻田泥淖，坑坎甚多，无处列阵，均靠山顺河撤退。当饬成保等督队驰赴罗山县南驻扎，扼贼西北窜路。

先是，探得发逆遵酋、捻逆张总愚等经官军叠次击败，合伙西趋，意图回窜豫陕，臣遂选带病痊马队千名，由长岭集兼程前进，八月初一日驰抵罗山。该逆在罗境杨家店一带盘踞，当即取道九里关，绕贼西面，相机截剿。因统带马队之护军恒龄在途病疟，当委侍卫托伦布暂为统带，令翼长全顺前后照料。臣于初三日督令翼长舒通额等管带马队向杨家店进剿，该逆往东溃退，我军紧蹑其后，追杀三十余里。至万家店，逆众列仗回拒，我军冲压，匪势不支，向萧家河老巢败窜。我军仍复跟追，贼即拌命抵拒，我军奋力鏖战，该逆抵死不退，大股贼匪继至，援军为敌所阻，不能接应，前路马队因稻陇狭窄，马力难施，步贼左右包抄，舒通额等俱下马力敌，短刃相接，左右转战，杀贼无数。该逆愈聚愈众，我军陷于深沟之中，以致失利。正黄旗汉军都统、翼长舒通额，头等侍卫隆春、奇克塔善，副都统、护军参领祥恩，营总常德、西蒙额，头品顶戴协理台吉克兴额，头品顶戴副管旗章京布彦吉勒噶勒，二品顶戴副管旗章京那逊巴雅尔，副管旗章京霍呢齐，二品台吉、副管旗章京海勒普沁保，二品台吉三音阿木固朗、布彦克什克等，俱手刃数贼，力竭阵亡，实属异常忠勇。因思舒通额等俱系从征多年，转战数省，削平捻苗各逆与幅教各匪，每遇大敌，无不以一当百，争先力战，得以所向有功，相应请旨，将舒通额等交部从优议恤，以慰忠魂。其余阵亡官弁兵丁，容俟查明具奏。

现在成保管带各队，于初六日业已抵罗，即饬移扎罗邑以南，扼贼西北窜路。窃查此次失利，实因山道崎岖，稻陇狭隘，兼之路径生疏所致。带队之员伤亡较多，马匹亦多阵毙，其全顺、托伦布、诺林丕勒杀出重围，伤亡兵丁尚不甚多，约计不过二百余名，稍加整顿，势必灭此朝食。是役若有步队数千，一战可期蒇事。以前路地势而论，若专赖马队，实难得手。现拟就近招募本地勇丁千余名用作向导,以利进剿。

再,据张曜报称,已革荆子关副将徐连陞,带领所部在罗田县滕家埠以北遇贼接仗,杀贼甚多,该副将身先士卒,奋不顾身,力竭阵亡。又,陈得才等股悉数折回,意图窥犯,经张曜督队接应,该逆未敢扑营。现在逆众自金家寨至开顺街横踞九十里,处处与商固交界,惟有会合各军,以剿为防。复据英翰报称,连接张曜来信,白杲之贼进山后未能东窜,均已折回北来,大股已至滕家埠,距长岭、松子两关相近,张曜立即督队抢扎长岭关,营盘一齐,即可开仗,催令英翰至商城会剿各等语。现在英翰已同郭宝昌全行拔队,绕赴商南,择要以进,如贼北来,即迎头截击;如贼东窜,则跟踪尾追。

八月初三日,抵商城之酆家集,探得该匪在霍境叶家集一带盘踞,并分股在商境黄土岭以南游弋,拟即逼贼扎营,与张曜等军会合,相机攻剿。仍分拨兵勇,督同民团,把守黄土岭要隘,以期兼顾商城。臣仍飞饬张曜、英翰等勠力同心,认真堵剿,毋任他窜,致滋延蔓。

至已革副将徐连陞打仗阵亡,殊堪悯恻,相应请旨,将已革副将徐连陞开复原官,交部照例议恤。

——《钦定剿平捻匪方略》卷二一九,第22—27页。

〇僧格林沁奏

已革总兵张曜,前因带兵迁延,经臣奏参,暂行革职,以观后效。该员自革职后,会合各军进剿麻城踞匪,立解城围,疏通城北粮道,并攻克闵家集等处老巢,所向克捷,尚知愧奋,相应请旨,将已革总兵张曜开复原官,以为愧奋者劝。

——《钦定剿平捻匪方略》卷二一九,第31页。

〇上谕

僧格林沁奏剿匪获胜,贼分东西两路逃窜,亲督马队堵剿西窜股匪、先胜后挫一折。麻城以南踞贼,经成保等军在闵家集、蔡家畈等处叠获胜仗,僧格林沁亲督马队驰赴罗山,堵剿西窜股匪,追至萧家河一带,大股援贼继至,我军马力难施,陷于深沟之中,以致失利。据该亲王奏称,伤亡兵丁不过二百余名,稍加整顿,即可进剿。即著僧格林沁整饬队伍,激励将弁,相度地宜,实力进攻,以期迅歼丑类。该亲王成算在胸,虽偶有挫失,自能运筹决胜,以振军威。僧格林沁拟就近招募本地勇丁千余名作为向导。该处地势,既须步队方能得手,即著该亲王酌量办理。该匪现窜霍山叶家集一带盘踞,并分扰商城黄土岭以南游弋,英翰、郭宝昌等军已抵商城之丰家集,即著僧格林沁檄令该臬司等逼贼而营,与张曜等军会筹埽荡,迅殄逆氛。僧格林沁大军进捣罗山逆匪,非有步队协剿,不足以资取胜。著官文速派成大吉、李成谋等步军出境跟踪追蹑，并一面派拨步军绕出罗山之前，拦头截击，以收夹攻之效。该逆现窜英霍一带，乔松年虽已调何绍彩一军与蒋凝学协同扼守，如兵力尚嫌单薄，著曾国藩酌调数营，前赴英霍助剿。曾国藩现驻安庆，即可就近权衡缓急情形，妥为调度。并著张之万就现有步队檄赴光罗等处，均归僧格林沁调遣，以厚兵力。乔松年仍遵本月十四、十五等日两次谕旨，妥为筹防。陈国瑞曾否到营，现在情形若何，著僧格林沁详查具奏。

另片奏，请将张曜开复等语，业经批示照准。仍著该亲王随时策励认真追剿，以期迅速蒇功。

将此由六百里各谕令知之。

——《清穆宗实录》卷一一二，同治三年八月甲申。

○上谕

僧格林沁奏剿办发捻股匪情形一折。发捻各匪叠经官军击败，窜踞麻城以南闵家集等处。七月二十二日，经成保等带兵进剿，攻破闵家集等处贼垒二十余座，毙贼三四百名。是日，郭宝昌一军并攻克(察)[蔡]家畈等处逆巢，捡斩发逆甚夥，该逆遂向西北奔窜。官军连日跟踪追剿，探知该逆在罗山以南杨家店一带盘踞，八月初三日，僧格林沁督饬舒通额等马队进击，追杀三十余里，匪势不支，向萧家河一带败窜。官军奋力追剿，杀贼甚多，旋遇大股援贼突至，官军步队未及接应，马队因稻陇狭仄，难于施展，舒通额等下马力战，短兵相接，杀贼无数，力竭阵亡，伤亡兵丁二百余名。仍著僧格林沁激励将士，奋力进剿，尽歼丑类。正黄旗汉军都统舒通额，头等侍卫隆春、奇克塔善，记名副都统、护军参领祥恩，营总常德、西蒙额，头品顶带协理台吉克兴额，头品顶带副管旗章京布彦吉勒噶勒，二品顶带副管旗章京那逊巴雅尔，副管旗章京霍呢齐，二品台吉、副管旗章京海勒普沁保，二品台吉三音阿木固朗、布彦克什克，均因奋勇剿贼，力竭阵亡，殊堪悯恻，著交部一并从优议恤，以慰忠魂。其余阵亡官弁兵丁，著僧格林沁查明请恤。又，已革荆子关副将徐连陞，于七月二十八日在罗田县滕家埠以北地方遇贼接仗，力竭阵亡，著开复原官，交部照例议恤。

——《清代起居注册(同治朝)》第14册，第7856—7859页。

八月十九日

○张之万、毛昶熙奏

麻城发捻各股，自经我军攻夺闵家集后，全股分窜，惟遵逆赖汶洸、张总愚、牛洛红、任柱等股,因勾合不及,由中馆驿、料棚西窜黄安之七里坪。查赖逆等股先已窜入光山境内,其东窜各股已由蕲水窜至皖境,扶逆窜至楚豫交界李家集等处。贼踪东西靡定,豫境固始、商城、罗山、光山均形吃重。僧格林沁饬成保等各率所部,紧蹑西窜之贼,复派张曜、徐连陞各赴商城之长岭关、松子关,会同臣等原派防堵之李大城等军扼其东窜,严防光固门户。僧格林沁亲带马队,由光商绕出贼前,督同臣等派赴之赵鸿举等军截其西窜,以固信罗门户。

张曜、徐连陞督队陆续进发,徐连陞行过罗田滕家埠,突遇贼匪大股,遂即激励所部,誓死迎战,短兵相接,击毙甚多。该匪愈来愈众,徐连陞力战阵亡。张曜探闻东窜之贼由罗田三里畈折向北窜,遂即驰抵长岭关扎营。该匪排列对山,意图窥伺,经张曜挑选奋勇,从旁横击,大队一齐直上,匪势不支,立时败退,匪众东窜金家寨一带。八月初一日,我军进扎滕家埠,探知扶逆陈得才已遁过金家寨二十里,正拟追剿,扶逆忽悉数折回,自率死党数千人直至山冈,意图窥犯营垒。张曜亲督三营出队迎击,该逆立时撤退。

其西窜之贼,先经成保等由麻城追至光山,南北并进,至罗山蔡家河、陈家河等处,正在驻扎,贼众猝至,小有挫失。僧格林沁自商城驰往西路进剿,初一日已由罗山驰赴九里关一带,扼其西犯。彼时万家店已有贼踪,僧格林沁督队东向迎击,亦未得手。臣等闻报,即赶备银两马匹,迅解僧格林沁行营,以资接济。现在僧格林沁暂扎罗山,调集马步各军,稍加整顿,步步为营,即日进剿。

臣等查东窜之扶逆又复折回商城境内,与张曜相持;而西窜逆氛麇集于豫楚之交,为僧格林沁所扼。虽诸将裹创力剿,无如为地势所限,非山径崎岖,即田塍交错,马队仍难著力,必得重用步军。而诸军日久从征,不无疲乏,加以新挫,尤宜逐加选汰,去弱留强。且楚军追剿之师画疆而守,英翰、郭宝昌之军已由商城绕入皖境。昨接官文来咨,又有贼供图窜南阳之信,缓急别无可调之兵,须添募精壮步军,以厚兵力。僧格林沁已派杨长春就近于湖北地面招募秦军新散勇丁二千名,臣等复饬宋庆添募步勇一千五百名。如各贼伏而不动,臣等候新勇成军后,即饬悉赴前敌,听候僧格林沁调度。如该逆竟敢夺路西奔,扰及宛境,臣等惟有随时会商僧格林沁,相机调遣,尽力捍御,以保完善之地而杜西犯之谋。其南阳地方,臣张之万已飞饬该府调团豫为布置,以防窜突。

——《钦定剿平捻匪方略》卷二二〇,第1—4页。

〇上谕

谕议政王、军机大臣等:

张之万奏麻城败贼被剿狂奔,官军沿途追截、互有胜负,现筹添募劲旅相机兜剿一折。所奏情形,与僧格林沁前奏大略相同。现在东窜之扶逆折回商城近境,与张曜相持。而西窜逆氛，麇集于楚豫之交，贼势甚炽。僧格林沁现已移扎罗山，扼贼西向。惟该处地势崎岖，田塍交错，马队仍难著力。僧格林沁派杨长春招募秦军散勇二千名，张之万饬宋庆添募步勇一千五百名，固为因时制宜起见。第贼计甚狡，难保不一气狂奔，肆其冲突。况仓卒招募之勇，训练未精，亦恐难以御敌。僧格林沁、张之万总当就现有兵力，熟筹堵剿，毋令贼踪西犯，扰及完善之区。仍一面将存营步队逐加选汰，去弱留强，一面将募勇事宜迅速办理。务期精壮可用，以辅马队之不足。毛昶熙所部步队居多，可否调赴前敌、以厚兵力之处，并著酌量调派。官文懔遵前旨，速派成大吉、李成谋等步军出境跟踪追蹑，并一面派拨步军绕出罗山之前，拦头截击，归僧格林沁调遣，以收夹击之效。不得画疆自守，贻误戎机，自干咎戾。将此由六百里各谕令知之。

——《清穆宗实录》卷一一二，同治三年八月丁亥。

八月二十三日

○上谕

谕议政王、军机大臣等：

乔松年奏陈报西南两路军情，并英翰一军攻克金家寨，及陈国瑞折回光州各折片。据称，贼窜过松子关后，一股窜往豫境，一股窜入皖境之金家寨，地在六安、霍邱之间。乔松年以军情紧急，将英翰调回。英翰随与郭宝昌进兵，攻克金家寨，余贼向南溃遁。即著饬令英翰等跟踪蹑剿，务将此股败匪尽数歼除，毋令死灰复然，又成滋蔓。其英山一路之贼，围攻蒋凝学营垒，经该道督军苦战，捡斩甚多，贼始解围。惟该处逼近罗田，恐贼接踵而来，尚须后路接应。蒋凝学兵力本单，前经谕令曾国藩拨营前往英霍助剿，现经该督调派刘连捷、朱洪章两军来皖，官文亦派谭仁芳驰赴英霍，兵力已厚。著乔松年催令各军迅速前来，会合蒋凝学等军力遏凶锋，杜其窜扰。张得胜现在六安，与英翰、蒋凝学两军相为掎角，著饬令勤探两路军情，何处紧要，即往何处协助防守。巢县之兵，如尚可拨援英山，仍著曾国藩调派前往。其窜入豫境一股，现已在商城、罗山一带游弋，僧格林沁进捣罗山，步队不敷分布，著官文遵照前旨，速派成大吉等出境追蹑，并派拨步军绕前截击。张之万亦当遵旨，将现有步队檄赴光罗，归僧格林沁调遣。

前谕僧格林沁，于陈国瑞到营后，查看该员曾否实有反情，妥筹办理。兹据乔松年奏称，陈国瑞本由光山赴该大臣军营，现已折回光州，不知曾否谒见等语。该总兵向来打仗勇敢，曾著功绩，本属有用之才，惟在驾驭得宜，恩威并用。此次该员叛状，既未确有实据，或尚可就我范围。惟因何折回光州，曾否到营谒见，著僧格林沁详细具奏。如果叛迹昭著，自外生成，自当声罪致讨，乔松年即可饬防军杜其入皖。若因迹在疑似之间，操之过蹙,激成事端,亦非朝廷保全功臣之道。此事惟在僧格林沁辨别真伪,斟酌机宜,妥筹办理。

正在寄谕间,据富明阿奏遵拨富陞马队赴皖,并详陈江北情形一折。富陞所部马队一百二十余名,现经富明阿饬令赴皖,即著迅催该副都统克日起程,前往寿州,听候乔松年调遣。惟据富明阿奏称,贼有秋凉东窜之语,恐其绕越安庆,由巢舒各城直达和含,则里下河一带亦不可不防。如该逆觊觎江北,扬防处处吃重。乔松年当仍饬令富陞管带所部马队迅速回扬,不得稍分畛域。曾国藩随时侦探,如果扬防有警,亦当酌量拨兵,协助富明阿之军先事豫防,毋稍大意。皖北现在兵力较厚,乔松年务将此起窜匪就地歼除,并力扼要隘,毋令贼匪东趋,扰及完善。

将此由六百里各谕令知之。

——《清穆宗实录》卷一一三,同治三年八月辛卯。

八月二十五日

〇上谕

谕议政王、军机大臣等:

官文奏蕲罗贼匪踞险牵掣官军、骤难出境追击,并防北窜股匪回扰楚境一折。鄂省东窜贼匪,麇聚蕲罗交界之大小界岭等处,依山踞险,抗拒官军,贼势绵亘几二百里。虽经官军分路环攻,而贼情甚为狡谲,迄未大受惩创。官文现饬成大吉等分由大小界岭、月山互为援应,进剿蕲水之贼。谭仁芳等分由鸭子坂、骆驼坳一带进剿罗田之贼。周成谋驰赴麻城,何处有贼,即由何处进剿。周凤山扼守团陂,何处紧急,即由何处援应。布置尚为周妥。即著官文严饬派出诸军,会同蒋凝学等由英山兜剿之军,实力进攻,务将该逆就地歼除,毋任蔓延为患。如逆党被创奔突,仍饬诸军蹑踪追剿,不准稍分畛域。并著曾国藩飞饬赴援之刘连捷、朱洪章及续派各军,分由宿松、太湖及桐城、潜山一带进兵,会合蒋凝学、何绍彩等军,严遏英霍窜匪,相机迎剿,毋徒株守本境。乔松年即饬英翰、郭宝昌等实力会剿,迅歼丑类。

其由黄安北窜光山股匪,经僧格林沁击剿,复窜罗山境内,并扑孝感县属之三里城一带。现据官文探知,该逆仍欲乘隙窥伺黄孝应德,图犯随枣一带,如楚边无懈可乘,即由信罗直犯南阳。前因僧格林沁进剿罗山逆匪,马队未能得力,谕令官文迅饬成大吉、李成谋等步军出境夹击,现据官文奏称,蕲罗贼势尚张,成大吉等军现在分路剿办,一时未能出境,另派姜玉顺、萧河清、常星阿、苏伦保、温德勒克西马步各军,由河口抄出贼前,径赴三里城、德孝等处,与豫军会剿。仍分拨队伍,驰赴武胜关,探明豫军及僧格林沁之军现扎何处，即由何处出境夹击。即著僧格林沁迅速催提，赴光罗一带协剿窜匪。姜玉顺等马步各队共有若干名？如步队为数尚多，可资分拨，即由官文知照僧格林沁抽调赴营，以厚兵力。其罗山、信阳毗连南阳各要隘，著张之万选派劲旅，加意防维，毋任匪踪阑入。并懔遵叠次谕旨，迅派得力步队前赴僧格林沁军营，以资调遣。僧格林沁、张之万务当会饬诸军，与楚省所派姜玉顺等军尽力扼剿。成大吉、李成谋步军，仍著官文随时酌度军情，如蕲罗贼势少衰，可以抽调出境，即遵前旨，迅饬成大吉等绕出罗山之前，与僧格林沁等军前截后追，以收夹击之效。黄孝应德各路要口，并著官文饬派出防军严密遏截，毋稍疏懈。

将此由六百里各谕令知之。

——《清穆宗实录》卷一一三，同治三年八月癸巳。

八月二十七日

〇上谕

谕议政王、军机大臣等：

据御史丁浩奏称，皖豫交界地方，自苗沛霖、潘垲伏诛后，伏莽尚多，恐乘间窃发。河南光州游家庙及息县青陂、固始县张老埠杨家集，并安徽霍邱县境等处捻首刘克昌等，均系潘逆余党，平日倚势烧杀抢掠，现复拥众自卫，心怀叵测，傥大兵一去，必仍肆行无忌，请饬派拨兵勇严密拿办等语。现在皖豫之交，发捻窜扰，所奏捻首刘克昌等，亟宜净绝根株，以免句结。著僧格林沁、张之万、乔松年派拨兵勇，会同各该地方官严密查拿，以净余孽而免后患。原片均著钞给阅看。将此各谕令知之。

——《清穆宗实录》卷一一三，同治三年八月乙未。

八月二十八日

〇僧格林沁、国瑞奏

我军于八月初三日与贼接仗后，该逆潜伏未动。初五日，即令署翼长成保，总兵杨长春、巴扬阿等，管带马步各队进扎莽张、潘家店等处，以遏贼匪西窜。总兵陈国瑞管带本队千余名到营，亦令随同成保等进剿。其已故翼长舒通额马队，并令护军统领恒龄接统。十三日，探得该逆渐移罗陈店以东盘踞，成保等军即进扎罗陈店，臣僧格林沁于十四日带领马队移扎光山之胡家园。适臣国瑞亦由长岭选带病痊马队三百余名到营。十四日，成保等探得该逆在柳林寨、大山寨一带麇聚，我军即行出队，商令陈国瑞带队在前，杨长春为西路，尹作宾为东路，宋庆居中，巴扬阿为后路策应，成保督带马队继进。天始向明，我军齐抵柳林寨北,分路冲压,毙贼百余名。该逆复分路回拒,我军连攻数次,毙贼数百名,匪势不支,纷纷败退。我军勇气百倍,入山穷追数里,直过柳林寨南。该逆复纠山后伏贼,将我军截为两断,并踞住山口。马队限于地势,不能冲突,巴扬阿、尹作宾等步队亦为贼牵掣,不能与陈国瑞等军会合,致陈国瑞、宋庆、杨长春等军全行被围。巴扬阿、尹作宾更番进攻,因山路狭窄,不能合攻,该逆死拒不退。我军内外交攻两昼夜,干粮已尽,仍复忍饥鏖战,于十六日黎明始将贼匪击退,陆续救出陈国瑞等军。总兵巴扬阿力竭阵亡,参将尹作宾尚无下落,容俟查明再行办理。

臣等于十六日督带马步各队进扎柳林寨以西王家湾。十七日,探得该逆又穿山向东南一路奔窜,头股已过光山属之新店,后股窜至泼陂河,臣等遂督队紧蹑,追至泼陂河扎营,一面扼防北路,一面拨马队跟剿五十余里,至新店地方,该逆即入楚境,向南奔窜,马队难以穷追。现在该逆既向南狂奔,意在窜入山险,避我马队,而楚地山岭分歧,东窜则麻城,南窜则黄安,西窜则应山,处处宜防,非厚集步队不能制贼死命,遂咨会督臣官文,催提督姜玉顺、萧河清等各率所部迎头截击,逼令该逆出山,俾马队得以抄击。臣等暂扎泼陂河,觇贼所向进剿。

再,据总兵张曜、臬司英翰等先后报称,东窜发捻股匪已至商城东南流波疃地方,复由麻埠东窜六安青山一带,现在英翰、郭宝昌各带所部,已由胡家店绕赴六安拦剿。该逆知六安有备,现又折踞漫水河一带游弋。其另股先窜蕲水之马融和等,刻已至英山地方,臣等飞饬张曜、英翰等无分畛域,迅将此股贼匪竭力进剿,勿令蔓延。

阵亡之总兵、信阳协副将巴扬阿,相应请旨交部从优议恤,以慰忠魂。其余阵亡官弁兵勇,容俟查明,再行具奏。

——《钦定剿平捻匪方略》卷二二〇,第16—20页。

〇上谕

谕议政王、军机大臣等:

僧格林沁奏督饬马步各军进剿西窜发捻、先胜后挫,贼渐南趋,咨催楚军迎击,并饬催进剿东窜股匪一折。贼匪在柳林寨、大山寨一带麇聚,官军分路冲压,乘胜穷追。山后伏贼齐出,将陈国瑞等军围困。官军内外夹攻两昼夜,始将贼众击退。巴扬阿力竭阵亡,参将尹作宾尚无下落。逆匪穿山向新店一路奔窜,后股已至泼陂河。僧格林沁紧蹑其后,该逆窜入楚境大山,向南奔窜,马队不能穷追。该逆东则可窜麻城,南则可窜黄安,西则可窜应山一带。著官文飞饬姜玉顺、萧河清等,各率部队迎头截击,务须将山内贼匪就地殄除,勿再任其纷窜。如该逆被逼出山,马队可以施展,即著僧格林沁督饬诸军乘隙兜剿;傥不得地势,仍当令陈国瑞等步队向前,毋庸令马队跋涉山险田埂,致令再有疏失。成保带队如不得力，即行拣员更换。东窜之贼，由麻埠窜六安青山一带，英翰、郭宝昌各率所部，由胡家店绕赴六安拦截。逆知六安有备，折踞漫水河一带游弋。其另股马融和等已窜至英山地方，该亲王已飞饬张曜等迅殄此股。惟该逆既分窜六安、英山等处，地势宽广，张曜、英翰、郭宝昌等兵力尚恐不敷分剿，著曾国藩、乔松年督饬蒋凝学等军认真迎剿，刘连捷、朱洪章之军当已陆续到英霍一路，曾国藩等催令速进，与蒋凝学、何绍彩等会合夹击；一面仍将续派各军迅催入皖，视何路兵单，即饬赴何路助剿。官文前派谭仁芳驰赴英霍，此军已否入皖？并著催令速进，以厚兵力。其黄安等处要隘，仍著官文妥筹兼顾，毋令回窜。

僧格林沁另折奏，陈国瑞到营后，伏恳戴罪剿贼，并身临前敌，困苦备尝，未尝不自知愧悔。当此用人之际，自应善为驾驭，以供驱策。僧格林沁所奏，操纵深合机宜。该员现已降三级调用，仍留军营效力，如能立功自赎，将来仍由该亲王奏乞恩施。惟在该亲王随时妥为调遣，以成其材。将此由六百里各谕令知之。

——《清穆宗实录》卷一一三，同治三年八月丙申。

九月

九月初三日

〇上谕

官文奏官军移营击贼获胜，现饬约期会剿、追贼出境一折。蕲罗贼匪，经成大吉等分路痛剿，歼匪无算，直追出大小界岭，始行收队。该逆复在大坳冲及罗田离城二十余里之黄泥塘地方意图分窜，复经石清吉等迎剿，匪势穷蹙。讯据贼供，七区之贼备有行粮，有将遁走之势。昨据僧格林沁奏，该逆窜入楚境大山，向南奔突，麻城、黄安、应山一带路路可通。是该逆游魂无归，现在分路狂奔，尚无定向。著官文檄饬成大吉，与富森保、石清吉等军约期再举，乘胜进攻。仍遵前旨，将该逆就地歼除，毋留余孽。如该逆窜出山险，即著曾国藩、乔松年督饬皖军两面夹击，协力埽荡。俟贼踪窜近平原，马队可以施展，并著僧格林沁督军兜剿，悉数歼灭，毋令再行纷窜他处。英山之贼，有分股由打虎厂图窜蕲州等处之信，著官文即饬谭仁芳由长岭冈移扎张家塝，严密防守，以保蕲黄门户。并著曾国藩、乔松年饬令英山防军跟踪追蹑，以期聚而歼旃。罗山贼匪由朋兴店扰至易家棚，因萧河清等军踵至，该逆知防有重兵，连夜向罗山窜走，并据探该逆皆窜光息交界之剥皮河、墨斗关、劳山一带。僧格林沁现驻罗山之南关外，正可派兵迎截。并著张之万、毛昶熙选派劲旅，会筹剿洗，迅殄逆氛。

曾国荃于克复金陵后，心血过亏，困惫殊甚，前经谕令在营安心调理，日来曾否就痊，朝廷甚深廑系，著曾国藩传旨存问。前谕曾国藩如不能赴安庆，即派彭玉麟、曾国荃等酌量带兵，分驻上游，将来曾国藩由安庆赴金陵后，应否即令曾国荃移扎上游，以资控扼之处，即著懔遵前旨，酌量奏闻。

正在寄谕间，据张之万、毛昶熙奏剿办东路股匪获胜、六安之贼复图回窜、西路之贼南窜麻城各情形，与僧格林沁、官文所奏略同。既据张之万等奏称，将士出境援剿，转战半年，伤损实多，所部两营，实无可调之队，即著张之万、毛昶熙就前敌现有之兵力加整顿，饬令听候僧格林沁调遣，实力防剿，毋任回窜；仍一面将添募练勇，迅速训练成军，以厚兵力。

将此由六百里各谕令知之。

——《清穆宗实录》卷一一四，同治三年九月辛丑。

九月初七日

〇上谕

谕议政王、军机大臣等：

前因陕西调回湖北之温德勒克西两起马队及苏伦保两起马队、蓝斯明四营步队，昨因甘肃回氛日炽，谕令官文将前项马步各队酌量驰赴甘省，谅该大臣已妥为调度。本日复据常清由八百里驰递，据称叶尔羌回变被陷，英吉沙尔、喀什噶尔两城武弁谋叛，乌噜木齐城围未解，请催调内地精兵援剿等语。前授杨岳斌为陕甘总督，令其带兵赴任，昨据奏到，江西军务未竣，兵不能分，该督亦因病奏请开缺，已赏假一月调理。本拟俟杨岳斌到任后，酌拨甘肃兵将出关助剿，今杨岳斌既不能即日赴甘，是甘肃情形仍形危迫。穆图善已带所部赴甘，著官文即遵照本月初五日谕旨，速将温德勒克西等及苏伦保马队派往甘肃，交穆图善统带。蓝斯明等步队，如楚省军情稍松，可以调拨，亦著派令赴甘，以资得力。以上各起马步，著官文于接奉此旨时，迅速遵旨酌量调派，不准藉词奏留。麻城余匪仍有若干，曾否复窜豫境，近日军情若何，著僧格林沁、官文随时具奏。东窜英霍之贼，业经曾国藩调派刘连捷等营迎剿，该逆不能逞志于皖，必再犯鄂，官文务饬各军尽力防剿，毋任回窜句结。现在东南大局虽定，西北军事方殷，新疆地方关系紧要，边城处处传烽，势将不可收拾。僧格林沁老成宿望，视国如家，必有救时良策，不妨剀切敷陈，以备采纳。将此由六百里加紧各谕令知之。

——《清穆宗实录》卷一一四，同治三年九月乙巳。

九月十四日

○官文奏

八月二十八日，罗田踞贼马队分窜骆驼坳，杨朝林率各营由山后横出，列阵以待，梁洪胜由骆驼坳大路抄出，贼旋退窜。众军正在追剿，另股马贼直抵罗田县城东关，杨朝林等奋力冲杀，毙贼数十余名，天晚收队。又，英山之贼分窜英山、蕲州交界之打虎厂，冲扑长镇卡四角寨，该处团勇堵御，杀贼多名。贼窜扑永镇卡，团绅骆云炜等督勇迎击，贼始败退。此蕲水、罗田与英山相连之贼，仍复依山固踞，我军剿击之情形也。

准僧格林沁咨称，前窜光罗发捻避兵而行，已至新店地方，逸入楚境，道途纷歧，东窜则麻城，南窜则黄安，西窜则英山，处处宜防。又据探报，该逆由光罗交界之文曲寺、向家店回窜麻城之张店、顺河集、新集一带，分股阑入黄安境内，四出奔突，扰及黄安东北腹地。其时下游蕲水、罗田与英山毗连之处群盗如毛，攻剿甚紧，兵力万难抽分，臣调李成谋、周凤山、姜玉顺等迅即拔营，取道黄陂河口驰赴黄安，并力截击；复令唐协和一军扼扎蕲水团陂，杨朝林等扼扎骆驼坳、鸭子畈，并饬营总桂廉等军前往黄州之东三台河堵扼，饬水师张启基等自兰溪、下巴河至鹞子湖、团风、鹅公颈、内湖一带巡防，又以万化林所统炮船八只驶赴仓子埠巡防。布置粗定，而回窜黄安之贼由麻城之料棚、宋埠直犯上巴河等处，万化林自率水师，由鹅公颈驰抵辛家冲，贼已蜂拥来扑，并分窜白塔河等处。万化林饬各船排炮迎击，该匪始行退去。八月三十，九月初一、初二等日，该逆分窜黄冈属之严家嘴、蕲水、下巴河之七里铺及六神港、竹林墩，经李济清、左光培、张启基水师轰击，水勇复登岸截剿，贼遂奔走。又据周凤山等禀报，黄安贼经周凤山、李成谋叠次追击，悉趋蕲水，见有准备，始行退去，其头股已下窜蕲州曹家河，而尾队尚在蕲水境内。查此股逆匪实由河南回窜，势极剽急，既为僧格林沁马队追击，又因楚军于三里城堵御紧严，未能窜越，乃绕道复犯黄安，径行下窜，原欲与蕲、罗、英三处之贼合股，使成大吉等军腹背受敌，断其粮道，或且径犯黄郡，窥伺大江。赖李成谋、周凤山等军昼夜穷追，又赖沿湖沿河各水师齐心横击之力，使贼不得喘息。此回窜黄麻贼匪径犯腹地、水陆各军追击之情形也。

探闻僧格林沁之军已到麻城，臣即饬马步各军迅由上巴河下驶，其盘踞蕲水、罗田与英山相连之贼负嵎如故，崇山峻岭，路径险窄，贼既傍山死拒，则我军自下击上，仰攻实难，诚恐徒伤精锐，不如俟各路大兵到齐，以期功成一举。且成大吉等后路运道已为蕲水之贼围逼梗阻，实深焦灼，已飞饬李成谋、周凤山进顾前军粮路，并专员飞催姜玉顺等马步各队星夜续进，务期力解此围。惟蕲州甚属空虚，若楚省攻急，贼必下窜，臣前已飞咨皖省，令刘连捷、朱洪章由皖之宿松、太湖一路节节迎剿，以便与楚军会合夹击，早殄逆氛。

——《钦定剿平捻匪方略》卷二二一，第8—12页。

〇张之万、毛昶熙奏

查东窜之伪端王及马融和等股仍踞英霍一带，伪扶王等股由六安之流波礓径向东窜，又折而西南，盘踞漫水河地方。张曜一军扼扎商六交界之两河口，当即跟踪进剿，抢扎流波礓，并由张曜先带两营，往商英翰、郭宝昌，合力剿办，以扼东路。其遵逆等股均窜黄安、麻城境内，分三路盘踞：一在东南之范店，一在正南之苦竹坳，一在西南之双山门，即以双山门为老巢。陈国瑞等直从西南进攻，冲散贼队，毙贼无算。八月二十七日，我军出其不意，并力进发，该逆悉数夜窜。陈国瑞等挥军追杀二十余里，至黄安大山，该匪依险负嵎，沟深路窄，势难猝攻，遂收队暂扎箭卡河，以扼回窜。现探黄麻之贼又复窜至石香炉、黄土冈等处，逼近西界岭，切近商城。该处虽有李大成一营，仅足守城，此时陈国瑞、宋庆、杨长春等马步各军均随僧格林沁在西路追剿，由箭卡河前进，势难分军东顾，而张曜则已赴皖援剿。臣等一面函商僧格林沁，一面飞饬张曜确探贼踪，如逼近豫疆，即督率所部回军商城，相机扼守，毋令逆踪窜入，并严饬地方文武集团守隘，以保豫疆。

——《钦定剿平捻匪方略》卷二二一，第12—13页。

〇上谕

张之万等奏东路窜匪经张曜追击出境，西路一股被剿南窜、复逼商城，请饬张曜回军扼守一折。遵逆等股在黄安、麻城境内分路盘踞，经陈国瑞等挥军追杀，贼窜黄安大山，依险负嵎。该处沟深路窄，马队难于施展，豫省步军又多疲乏，亟需劲旅协剿，以厚兵力。著官文严檄成大吉等军，会同僧格林沁所部及豫省官军，协力兜剿，四面围攻，以期聚而歼旃。并著张之万、毛昶熙激励将弁，实力进攻。如该逆逸出山险，即著僧格林沁督饬马队官军痛加剿洗，迅殄逆氛。黄麻之贼，复窜至石香炉、黄土冈等处，逼近西界岭，图窥商城。张之万拟调张曜回军商城扼守，张曜现在扼扎六安之流波疃等处，应否调回商城、以固豫省边防之处，著僧格林沁体察情形，相机办理。伪端王及马泳和等股仍踞英霍一带，伪扶王等股由六安之流波疃折窜漫水河地方。是皖省边境，匪势尚形滋蔓。著乔松年督饬在防各军节节埽荡，将各股匪迅速殄除，肃清边圉。

正在寄谕间，据官文奏，蕲罗贼匪仍复依山固踞，光罗发捻绕道回窜黄安，扰及麻城、黄冈地界，经水陆官军追击，悉趋蕲水、蕲州等语，与张之万所奏情形不同。是否该逆由黄安分股窜逸，著官文、张之万探明贼踪，分投剿洗。成大吉等后路运道，已为蕲水之贼围逼梗阻，官文当督饬李成谋、周凤山等军星速解围，疏通成大吉等营粮路，一面绕路会攻蕲水。罗田、英山毗境，贼匪负嵎如故，著官文飞饬刘连捷、朱洪章等军，由宿松、太湖一路节节迎剿，力顾蕲州等处要隘。僧格林沁之军如已到麻城，即著相机会剿，以资厚集。

前谕官文将温德勒克西等及苏伦保马队派往甘肃，交穆图善统带，著官文懔遵前旨，催令赶紧起程，傥再不知缓急，观望迁延，即著从严参办。至蓝斯明等步队能否调拨赴甘之处，并著官文妥为筹画，迅速办理。

将此由六百里各谕令知之。

——《清穆宗实录》卷一一五，同治三年九月壬子。

九月十六日

○上谕

谕议政王、军机大臣等：

乔松年奏英霍逆匪被剿西窜、现筹剿办情形一折。逆匪窜聚英霍一带，围攻蒋凝学之军，并分扰至潜山边境，经蒋凝学督军苦战，屡挫凶锋。复经英翰、郭宝昌尽力追剿，该匪遂退窜蕲罗一带。蒋凝学乘胜尾追，斩捡甚众。英霍已无贼踪，剿办甚属出力。蒋凝学等均著先行存记，俟军务大定，由乔松年奏请给予奖励。现在逆踪虽已西趋，难保不乘间回窜。蒋凝学扼守英山极为得力，未可遽令赴鄂。其英霍交界，即著饬令英翰扼要驻扎，妥筹援应。六安及流波疃一带，仍著责令张得胜认真防守，与英翰等联络声势，严密戒备。曾国藩前派之刘连捷、朱洪章、朱南桂等军，及续派之李榕、王可陞、何绍彩等军，计已到皖。此时英霍已无贼踪，自应越境进剿。即著曾国藩、乔松年饬令拔队赴鄂，会合楚师，两面夹击，尽殄贼氛。曾国藩现赴江宁，距英霍一带较远，若派出诸军悉由曾国藩调度，军情旦夕变迁，千里请战，深恐缓不济急。所有刘连捷等军，已抵皖境以后，一切进剿机宜，即可由乔松年斟酌调派，以期毋误事机。蕲罗等处贼氛麇集，官文当懔遵前旨，督饬在事将弁实力扼剿，并飞调刘连捷等军追击。僧格林沁之军如已到麻城，并著相机会剿，以资厚集。

将此由六百里各谕令知之。

——《清穆宗实录》卷一一五，同治三年九月甲寅。

九月二十六日

○上谕

谕议政王、军机大臣等：

官文奏发捻麇聚蕲水、围逼官军营垒，并分股窜扰蕲州、麻城等处一折。光罗发捻昼夜东趋，势甚剽疾，而罗田踞逆，亦欲与蕲水一带踞匪句合，经杨朝林、成大吉等分路攻击，将鸭子畈、七区、匡家河等处贼巢埽平。败贼悉窜蕲水、蕲州，与发捻合股盘踞。该逆乘雾出队，环攻官军营盘，石清吉等御贼阵亡，富森保冲出重围，成大吉一军及飞虎七营仍为贼匪层层围裹，未能骤出。官文已调姜玉顺等营赴下游蕲水巴河，会合李成谋相机进剿，以解成大吉之围。为今之计，非先解此围，不能取胜。著即督饬李成谋等迅速进攻，力解重围，妥筹进取。官文前调蒋凝学六营赴蕲水驻扎，仍请调刘连捷一军赴楚兜剿。本日适据乔松年奏，张曜、郭宝昌等军现驻金家寨等处，东西均可兼顾。刘连捷等军行抵潜山、太湖，暂为驻扎，听候曾国藩调度。前谕此军到皖，即归乔松年调度，现在楚省军情甚紧，著曾国藩、乔松年飞檄刘连捷一军速赴湖北，即归官文调遣，以厚兵力。僧格林沁现驻商城，如匪踪横出河南，即著督饬马步各队认真剿击。陈国瑞等军能否分援蕲水，合力解围，并著迅速筹办，无分畛域。总之，此股贼匪人数尚众，逆首陈得才、马融和、倪泷怀、吴义汰均在蕲水、广济一带，非楚皖豫三省通力合作不能歼灭。著僧格林沁等会筹办理，以纾朝廷南顾之忧。湖北水陆兵力不为不厚，现又调蒋凝学、刘连捷等入楚，该营均属劲旅，惟在调度得宜，方能收指臂之效。官文于此股贼匪窜扰，未能迅即扑灭，此剿彼窜，兵力颇受贼匪牵掣，又复屡次败衄，损失名将，若不振刷精神，力图剿贼，自问当得何罪？

官文另片奏，请留马步各队助剿等语。温德勒克西等马步各队现扎宋埠等处，经官文饬令觇贼所向，力清后路，再赴蕲水、蕲州会剿。著照所请，暂行留楚，俟军务稍松、兵力稍裕，仍令赴甘剿贼，不得藉词逗遛。

曾国藩前保之布政使彭毓橘、刘连捷，按察使吴坤修、黄润昌、易良虎、陈湜，平日于吏治地方能否讲求，何人足以胜方面之任，著再行察看，据实具奏，以备录用。

将此由六百里各谕令知之。

——《清穆宗实录》卷一一六，同治三年九月甲子。

十月

十月初一日

〇僧格林沁奏

自我军进扎新店地方，探得逆匪在新店正南双山门等处盘踞。八月二十六日，陈国瑞等进剿获胜，该匪向东南遁窜，当饬成保、陈国瑞带领马步移扎麻城，相机剿办。臣督带马步移扎麻城正北白雀园地方，为后路声援。旋探该逆已窜至蕲水、罗田等处盘旋，有与东窜股匪勾结之势，遂饬成保、陈国瑞、张曜等军于九月初六日移扎商城正南松子关、长岭关一带，以杜该逆回窜豫疆，臣督带马步进扎商城，以防北路。

据探捻匪张总愚复率众回窜松子关以南木子店，成保等于初八日带领兵勇前进，乘夜袭取贼营，该逆向南败窜。我军越岭追剿，毙贼数十名，贼向麻城之白杲奔窜，似欲西遁。成保等各带所部，自木子店拔营折赴麻城，遏贼北窜；张曜一军仍扎长岭关，以顾豫东边防；臣督带马队，于十三日由商拔营，兼程西进，十四日至麻城，与成保等军会合。探得该逆在新洲集一带盘踞，遂令成保等军进扎宋埠。十五日，臣督令成保等军进剿，该逆因西面有楚军防守，未敢窜突，复折而东趋。

先是，常星阿、姜玉顺、蓝斯明等于十四日督队追剿，小有斩捦，该逆已向东南上巴河、蕲水奔窜，意欲东趋，与下游发捻大股勾结，已饬常星阿、蓝斯明等拔队尾追，与成大吉等会合剿办。复令成保、陈国瑞等带领步队扼扎罗田，与楚皖官军联络声势，遏贼西北窜路。臣督带马队驰抵麻城正南，查看此路地势稍平，即于黄冈之新集地方扎营，以固北路而资策应，并咨会督臣官文，就近督饬常星阿、蓝斯明、姜玉顺、成大吉等军认真追剿。楚皖兵力既厚，步队亦易为功。曾国藩所拨官兵，虽未知现扎何处，谅官文、曾国藩必能令楚皖各军扼守要隘，以杜该逆西窜。

查楚豫皖之交重山复水，若用马队，实非所宜。傥逼贼出险，窜近平原，臣再分拨马队，实力追剿。然亦不敢拥兵坐视，仍与官文等频通信息，但有可乘之机、得宜之地，即合力助剿，以期迅灭贼氛。

至国瑞抵营以来，病虽渐痊，气体未复，且时疫过重，官兵亦多疟疾，臣令国瑞暂驻底营，筹备军粮，调治病兵，俟就痊后再行督带来营，是以未经列衔。

——《钦定剿平捻匪方略》卷二二二，第1—3页。

〇官文奏

蕲水、罗田、英山之贼乘虚向西北狂奔，经僧格林沁之军击于木子店，旋窜白杲，又经姜玉顺等军追击叠胜，遂全趋蕲水，与下游大股发捻逆匪勾合。僧格林沁已督带马队扎营上巴河，并先派成保等军扼扎罗田一带。是西路上游及我军后路可保无虞，姜玉顺、萧河清、蓝斯明、温德勒克西、常星阿、舒伦保等军即可锐意东行，会合成大吉等军内外夹击，约期大举。现值秋深水涸，臣并饬李济清等水师各营，佐以李明惠等步队，上自辛家冲，下至龙坪等处，内湖外江，严扼贼匪抢渡。臣拜折后，即驰赴上巴河，与僧格林沁面商进剿机宜。

——《钦定剿平捻匪方略》卷二二二，第3—4页。

〇上谕

僧格林沁奏督军进剿西窜股匪、逼贼东趋，官文奏发捻东趋、与蕲水之贼句合、现筹剿办情形各一折。逆匪盘踞新店、双山门等处，经陈国瑞等军击败，遁入楚疆。僧格林沁进扎商城，而捻匪张总愚率众回窜，官军败之于木子店，复向西南白杲一带狂奔。陈国瑞、姜玉顺等督军扼剿，叠有斩捡。该逆已东窜上巴河、蕲水一带，与下游大股发捻句合。是楚北西路可保无虞。而逆势既归并一处，则下游倍形吃重。皖楚之交，山重水复，马队万难施展。著官文即饬姜玉顺、萧河清等军锐意东行，会合成大吉之军内外夹击，务将此股贼匪就地歼除，毋任再行西窜。其刘连捷一军，并著官文飞檄催提，饬令自东而西，与鄂军两面兜围，大彰挞伐。成保、陈国瑞扼扎罗田，遏贼西北窜路。李济清等水师严扼辛家冲一带，以防抢渡。即著僧格林沁、官文分饬各军，严密堵御，以备抄击。僧格林沁现已移营黄冈之上巴河，拟俟贼踪窜近平原，督率马队追击。该大臣惟当稳慎进取，毋稍疏虞。将此由六百里各谕令知之。

——《清穆宗实录》卷一一七，同治三年十月戊辰。

十月初三日

〇上谕

都兴阿奏逆贼扑犯营垒、官军击剿获胜，并筹议剿办新疆回匪各折片。(送)[逆]首马叱咔，纠集马步贼匪，扑犯官军营垒，经杜嘎尔督饬托克屯挥军迎击，毙贼七八百名。剿办尚属得手。第该逆狡黠异常，探知我军地广兵单，难保不再来窥扑。且宁夏之贼复于上游放水，泄浸满城，尤应亟筹宣泄。著都兴阿督率杜嘎尔等严密防剿，毋稍大意，一面催令定安统带练勇，抢夺大坝闸口，赶紧设法宣泄水势，以保危城。现在杨岳斌回籍，选募精勇七八千名，赴甘尚需时日。都兴阿督军剿办甘回，正当吃紧，非俟杨岳斌大支劲旅到甘，万难出关剿贼。所请饬派明庆等统带所调马队来甘助剿，及请饬僧格林沁抽拨官兵交成保统带之处，届时再降谕旨。将此由六百里谕令知之。

——《清穆宗实录》卷一一七，同治三年十月庚午。

十月初八日

〇上谕

新疆各城，自库车、喀喇沙尔、叶尔羌、乌噜木齐汉城被陷后，回氛四起，势极蔓延。本日又据保恒奏，乌噜木齐满城亦已失陷，并闻巴里坤、哈密一带均有回匪扰乱。是新疆情形极为吃紧。边疆重地，亟应及早廓清，惟该处向来用兵，必须内地筹调大支劲旅，宽拨饷需，方能布置裕如，大张挞伐。现在甘肃军务尚无就绪，道路亦未通畅，而湖北贼氛未净，碍难腾出兵力赴甘援剿。是欲剿关外之贼，必须先清甘省；欲清甘省，非将窜扰楚豫皖三省之贼迅速殄除，则兵力悉为牵掣，不能鼓行而西。前谕曾国藩调派刘连捷等军赴楚助剿，叠据奏报，业经陆续到皖。刘连捷一军，已由官文檄调赴鄂，此起官兵皆系曾国藩旧部，即鄂省水陆各营，亦系楚勇居多，若得曾国藩前往调度，则兵将相习，必可收指臂之效。现在江宁已臻底定，军务业经蒇事，即著曾国藩酌带所部，前赴皖鄂交界，督兵剿贼，务即迅速前进，毋稍延缓。第恐曾国藩之兵由东路进逼，贼必避兵西窜，武汉一带防守亦关紧要。官文俟曾国藩到后，即可回驻省垣，会同吴昌寿妥筹防范，并将各营饷需源源接济，毋令缺乏。僧格林沁现驻黄冈之上巴河，第恐深入楚境，难保贼匪不伺隙窜扰北路，著酌量情形，扼要驻扎，力顾豫疆。贼或北窜，即著督率马步迎头夹击，以期聚而歼旃。僧格林沁、官文、曾国藩均系威望素著，似此三面扼扎，必能将此股贼匪悉数歼除，克期蒇事。

至江南甫经肃清，所有抚辑地方一切事宜，均须妥为筹办，即著李鸿章前赴江宁，暂署总督篆务。曾国藩俟李鸿章到后，即行交代起程。江苏巡抚，著吴棠暂行署理，并著迅速起程赴苏，将地方应办事件认真筹办。富明阿著兼署漕运总督，所有淮徐一带防守事宜，即著妥筹兼顾，应否移扎清淮，并著富明阿斟酌情形，奏明请旨。至李鸿章籍隶安徽，该省系总督兼辖，固应回避，惟此时军情紧要，不能不权宜变通，李鸿章著无庸奏请回避，即行前往江宁接替，以便曾国藩迅速出省。曾国藩、李鸿章皆系朝廷有功之臣，素能不分畛域，此时虽系暂时任事，于应剿应防一切机宜，均当以大局为重，力戒满盈，不可稍涉大意，以副委任。

穆图善一军，本日已谕令出关剿贼。甘肃兵力不敷调拨，杨岳斌前已奏明回籍募勇赴甘，著即赶紧选募成军，克日起程，毋稍迟误。温德勒克西等及苏伦保等马步各队，前经官文奏请暂留楚省，现在西路需兵孔亟，仍著官文、曾国藩饬令迅赴穆图善军营，不得藉词奏留。甘省军情万紧，四川系属邻疆，派兵赴援，较为迅速，著骆秉章无论如何，总须抽调一军，派员统带前往，听候都兴阿调遣，毋许再有推诿。

将此由六百里各谕令知之。

——《清穆宗实录》卷一一七，同治三年十月乙亥。

十月十一日

〇僧格林沁、官文奏

逆众自趋蕲水后，大股麇聚梅子山等处，延袤八九十里，与蔡家河踞匪互为掎角。臣等通筹全局，亟应楚豫夹击，并严防江面，绝其旁窜，以期聚而歼旃。臣僧格林沁议由蕲水陆路亲督马步各军节节进剿，臣官文并令楚军陆师均归臣僧格林沁调遣，以厚兵力。现值秋深水涸，江湖之防较前吃重，水师战守机宜，仍归臣官文调度。所有蕲州茅山渡等处沿江要隘，及兰溪、下巴河粮道，飞檄各水师加意严防。

叠据各营禀报，九月初十日贼犯田家镇、洋桥，均经水师击败。步贼欲扑龙坪，亦经击散。该逆退向蕲州之下坝，会合大股，依山盘踞。十三、十五、十六等日，贼在下湖庙一带图犯湖边水师，又扰彭司桥及小烂泥滩等处，旋复窜犯土门，均经师船击退，贼遁西湖嘴一带。臣官文以内湖水势日涸，炮船恐难得力，先饬谭仁芳率步队扼扎蕲州，与水师相辅而行。据报，十六日行抵蕲州，败贼于西湖嘴，追至冷水井、易家冲而回。至兰溪屡被贼扑，臣官文令李明惠所部步队，会同总兵张启基水师扼防，叠次击贼获胜。该逆退踞邓家畈，意图偷渡，复经师船击退。二十一日，贼于黄篾湖西岸沿山筑垒，以大股突扑李明惠后营。李明惠亲带勇丁，会合张启基水师击退，副将杨秀琪奋勇杀贼，中枪阵亡。臣官文以该逆屡次窥伺江湖水面，当将留防襄河溳口、小河口一带炮船调赴下游，归张启基分布防剿，并派李成谋陆师扼防下巴河、七里铺，唐协和陆师移扎黄冈县东湖面，以辅水师之不逮。又饬沿江州县稽查渡口，并令都司熊星源等督率炮船，在襄河岳口以下及府河小河口、石牌一带分段梭巡，力杜窜越。

至成大吉及飞虎等营，前在白莲河被贼围裹，嗣经蒋凝学破围入援，力扼蔡家河，与成大吉联络一气。二十日力解重围，斩捡及解散者甚多。二十一日，与杨朝林、梁洪胜并力剿洗，连捷于关口等处。据探该逆分股败遁，一窜太湖，一窜广济。成大吉等军已由蕲州之张家塝进剿，蓝斯明等马步队由广济跟追，皖师刘连捷等军已抵太湖，乘此军威，奋力夹击，当可迅奏肤公。惟英山一路尚属空虚，臣官文已咨商臣僧格林沁酌拨数营，防贼回窜，以备不虞。

所有阵亡副将杨秀琪，应请饬部从优议恤，以慰忠魂。

——《钦定剿平捻匪方略》卷二二二，第10—13页。

〇上谕

谕议政王、军机大臣等：

僧格林沁、官文奏蕲水发捻被剿穷蹙，分窜广济、太湖，督率水陆各军分路防剿一折。逆众自趋蕲水后，大股麇聚梅子山等处，与蔡家河踞匪互为犄角，经僧格林沁、官文分督水陆各军扼要防剿，连获胜仗。成大吉一军，复与蒋凝学援师奋勇力战，立解重围，又累捷于关口等处。逆匪分股败窜，一窜太湖弥陀寺，一窜广济。自应乘胜会剿，以期聚而歼旃。即著僧格林沁督饬成大吉等马步各军跟踪追击。至刘连捷等军已抵太湖，并著僧格林沁、曾国藩饬令迎头会剿，迅奏肤公。第逆匪既经陆军剿击，下游又有皖军拦截，当此秋深水涸，沿江沿湖各要隘尤应严密堵御，以防抢渡。官文务当督率水师梭巡防范，遇贼即击，毋得稍有疏虞。英山一路，防守尚属空虚，著僧格林沁酌拨数营，严防回窜。现在东南军务渐次底定，楚皖交界之贼，尤应及时扑灭。曾国藩著仍遵前旨，迅赴皖鄂一带督兵会剿，俾此股残匪早就殄除，以副委任。将此由六百里各谕令知之。

——《清穆宗实录》卷一一八，同治三年十月戊寅。

十月十二日

〇上谕

僧格林沁、官文奏督军追剿发捻各匪叠获胜仗、各股匪穷蹙乞降、分别遣留，请将出力各员奖励一折。发捻股匪经官军击败后，窜至上巴河、蕲州一带，与东窜各匪勾合，在风火山等处盘踞，蔓延数十里。经僧格林沁督带马步，将风火山逆匪击退，抢上山梁，包龙庙之匪列仗回拒，复经恒龄等两面夹攻，该逆翻山向蕲水溃窜。十月初二、初三等日，成保、宋庆在英山芭茅街等处追杀贼匪数百名，解散甚众。初四日，成保、陈国瑞等追至土漠河，见沿河山树林内俱系贼垒，商令杨长春等分军扼扎。适成大吉之军赶到，列在山后。讵该逆张总愚、陈大禧等各率伏贼蜂拥直扑，复有贼股抄在我军之前，陈国瑞直捣中坚，该逆四路扑犯，我军枪炮齐施，逆势不支，四散狂奔，南北两山之军乘势截杀，追剿二十余里，毙贼八九百名，生擒数百名，救出难民不计其数。初六日，英翰等军追至乐儿岭，该逆恃险盘踞，各军奋力猛攻，逆势披靡，立将该岭夺回。英翰等军于初七日追至黑石渡地方，督令降目黄中庸乘夜袭取，逆匪陈得才等股率众来扑，官军分路迎击，将贼击为两段。僧格林沁亲督马队赶到，邱元才率党向麻埠奔窜，伪将温其玉、黄文浩等见我军大队齐至，势极穷蹙，各率党众九千数百名抛械乞降。初九日，逆酋马融和率领伙党六七万众来营投诚，逆匪甘怀德复于十三日将伪端王蓝成春解营正法，并率党五千余名投诚，其流波疃等处之匪亦经何绍彩等击败，贼酋汪世第率众数千悔罪投诚，伪将邱元才、范立川等亦率众来归，统计受降约有十数万人，剿办甚为得手。仍著僧格林沁等督率所部，奋力击剿，将陈得才等股悉数歼除，毋留余孽。所有尤为出力之总兵郭宝昌，著赏穿黄马褂。陈国瑞，著开复降三级调用，暂停开缺处分。都司桂锡桢，著免补都司，以游击尽先补用，先换顶戴。已革副都统成保，著仍以副都统记名简放。该部知道。

——《清代起居注册(同治朝)》第15册，第8165—8170页。

十月十四日

〇乔松年奏

探报楚境逆匪经僧格林沁击败，东窜太湖，延及霍山，臣已飞饬刘连捷折回太湖堵剿。

其霍山一路，令英翰、郭宝昌、何绍彩等分投夹击，并饬张得胜一军由流波疃拔赴霍境，迎头截剿，兼顾六安，李榕、王可陞两军赴潜霍交界，兼顾潜山，皆与英翰等军前后会合，三路兜剿，毋任窜扰。仍饬朱南桂所部八营严守宿松，以防广济之贼。僧格林沁督军追剿，现已进驻英山。惟贼踪飘忽，一日数变，臣相距较远，常恐鞭长莫及，已将刘连捷等营分布地方呈明僧格林沁，以备酌量调派，臣仍激励各军，严行防剿。①

——《钦定剿平捻匪方略》卷二二二，第14—15页。

十月十七日

○上谕

谕议政王、军机大臣等：

道员金国琛在安徽带兵得力，本日已简放甘肃巩秦阶道。见在阶州失守，该省需员办理军务，著曾国藩即饬金国琛酌带所部迅速赴任，以资得力。前经谕令曾国藩驻楚皖交界，督师剿贼，该大臣接奉前旨，谅已部署起程。嗣据乔松年奏，蕲水等处之贼回窜霍山、太湖等境，僧格林沁已至英山，诚恐贼众逐渐深入皖南北，防不胜防，必须就地殄除，方可一劳永逸。李鸿章见已至江宁办监临事务，即可就近照料一切，以便曾国藩督师出省。前因左宗棠须赴衢州办理闽省军务，曾经谕令马新贻迅赴浙江省城，是安庆省垣尤须大员驻扎，应派何员前往接替之处，并著迅速具奏。本日据御史胡庆源奏，江南乡试人众云集，请饬稽察奸宄等语。金陵开科，士商云集，诚恐良莠不齐，奸宄溷迹，著曾国藩、李鸿章督饬文武各员加意防范，不可稍有疏虞。

将此由五百里各谕令知之。

——《东华续录》同治三十九，第20页，同治三年十月甲申。

十月十九日

○上谕

穆图善奏统兵陆续抵甘、请催山陕两省军火饷银，并行粮原款即在陕西补解欠饷内扣还归款各折片。穆图善所部黄金山等四营、金顺两起马队先后驰抵花马池地方，并督率孟宗福等克期前进，所陈饷糈艰窘情形，朝廷早经鉴及。前因新疆回氛甚炽，谕令穆图善出

---

① 奏入，上谕曰：著即督饬诸军，遇贼即击，均归僧格林沁节制，仍随时与曾国藩会商妥办，皖北各路防务不准稍涉疏懈。参见《钦定剿平捻匪方略》卷二二二，第15页。

关剿贼，或绕赴兰州，或北走草地，均由该将军探明前进，著仍遵前旨，统军出关，暂驻哈密，筹画进兵之策。穆图善既不克在甘剿贼，著都兴阿就见有兵力妥筹防剿。前次请调吉林兵一千名赴甘助剿，本日据景纶等奏，存兵无多，无可征调，已允所请，俟湖北军务告竣，僧格林沁马队尚可酌拨数千，届时即当拨交该将军统带，以资调遣。穆图善所需饷项十分紧急，前谕沈桂芬先拨银二三十万两，迅解穆图善军营，俾利遄征，该营粮台见无丝毫存款，各军士嗷嗷待哺，几有不可终日之势，著沈桂芬将指拨之款迅速筹解，一面赶紧覆奏，毋得稍延。刘蓉相距较近，尤应力筹接济。乃叠次奉谕严催，竟敢延不报解，任意宕延，实属不知缓急。著刘蓉懔遵叠次谕旨，将欠解之饷按数如期筹解，并将军火帐棚等项按次委解，以供要需。并著穆图善派员迎提，以期妥速。倘刘蓉仍前延玩，致穆图善停兵待饷，不克前进，必重治该抚以应得之罪。穆图善所部兵勇，陕省欠饷七八月之多，此次沿途所发面麸等项，著刘蓉即在补解欠饷内扣还归款。嗣后该将军行粮，仍著刘蓉陆续协济。

将此由五百里各谕令知之。

——《东华续录》同治三十九，第23页，同治三年十月丙戌。

十月二十日

〇僧格林沁、官文奏

自我军败贼于新洲集，该逆东趋风火山等处盘踞。臣僧格林沁于九月二十日督马队进扎竹瓦店，常星阿、蓝斯明等移扎朱店，成保、陈国瑞等进扎团陂。二十二日，分西、北两路进剿获胜，夺贼垒多处，该逆麇集包龙庙，列仗回拒，翼长恒龄等各率马队由中路进攻，该逆翻山向蕲水一带溃窜。是日毙贼数百名，解散无数。

二十三日，臣官文到竹瓦店晤商机宜，以贼踪奔窜靡定，江防固须严密，仍当遏截西北，以防越岭回窜。臣官文即日回营，督饬水师慎防江面，臣僧格林沁次日督队进扎新店地方，兼催各路步队进剿。探得该逆分股一窜蕲州之曹家河，一窜蕲水以东之陈家坝，将趋皖境，遂飞咨抚臣乔松年，严饬官军实力扼截，前后夹击，一面令常星阿等追剿曹家河窜匪。臣僧格林沁督带恒龄、成保等马步各队跟追东窜之贼，二十六日至陈家坝，探报贼踪渐趋东北，当札饬英翰、郭宝昌等于英山扼要堵剿，成大吉等管带所部跟踪尾追。二十七日，成大吉等败贼于青石岭等处，该逆翻山分窜，一向东北潜太一路，一向正北英山一路。遂饬成大吉等追剿东北窜匪，臣僧格林沁督带恒龄、成保、陈国瑞等马步各队，绕赴英山，分东西两路横出，堵剿北窜之贼。十月初二、三等日，成保等在英山以东追杀贼匪数百名，解散无算。初四日追至土漠河，四路悍贼齐来扑犯，经我军击败，毙贼八九百名，生擒数百名。初五日，探得贼势将趋霍山，恐其西窜，则流波疃一带正当其冲，总兵张得胜之军未免单薄，遂饬驻古佛堂之何绍彩等拔队迅赴流波疃，会同张得胜实力堵剿，并催英翰、郭宝昌各带步队，向霍山一路速进横截，臣僧格林沁督带恒龄等马队随后继进。初六日，英翰、郭宝昌追至乐儿岭，捡斩甚多。初七日至黑石渡，该逆漫山遍野，直扑我军，英翰等督队迎击，捡斩数百名，截贼队为两段。臣僧格林沁亦督带马队赶到，贼势穷蹙，投械乞降者九千余人。因人数过众，须妥为安插，速解其势，当饬英翰等酌留二三千人，令为前敌，立功赎罪，其余酌给川资，遣散回籍。侦知逆首张总愚等俱在管家渡一带麇聚，当饬成保、英翰等各带所部进剿。初九日，匪党七万余来营投诚，臣出示晓谕，痛改前非，均遣散回籍。闻张总愚、陈大禧伏匿英霍潜太之间，已飞咨乔松年，饬各处防兵一体搜拿，现在大伙陆续来降者不一而足。统计各营接仗捡斩数千，受降十数万人，前后遣散降众，已分咨湖广、安徽、河南、陕西各督抚，严饬沿途地方官酌给川资口粮，分起递解原籍，妥为安插，无使滋事。

臣僧格林沁统兵在黑石渡暂扎，以资镇抚。俟稍有端绪，再行酌量缓急，拨兵助剿。惟常星阿等于九月杪追贼至广济东南，遇伏失挫，萧河清力战阵亡，官兵亦多阵殁。臣僧格林沁飞咨臣官文，确查接应不力各员，据实参办。现在该逆上窜蔡家河一带，意图回窜黄麻，难保不北犯豫疆，已飞饬常星阿等整队绕出贼前堵截，并拨成大吉之军由英山折回楚省会剿，毋令西趋。豫省兵力单薄，先令成保、陈国瑞等带领马步队取道商城，向光州择要扼扎，并函会国瑞选带马队驻扎光州，以杜北窜。已革提督马德昭业经到营，现札令帮同成保管带步队，认真追剿。

至成保、陈国瑞、桂锡桢，自夏及今，大小数十战，英翰、郭宝昌横出截击，使贼匪丧胆，纷纷乞降，洵属异常出力。除英翰甫蒙简任藩司，不敢再请奖叙外，总兵郭宝昌等谨开列恳恩奖叙，已革副都统成保应如何给奖之处，出自天恩。

——《钦定剿平捻匪方略》卷二二二，第 17—22 页。

〇上谕

谕议政王、军机大臣等：

僧格林沁、官文奏追剿发捻各匪获胜、匪首穷蹙乞降一折。发捻各匪，经官军击败后向东狂奔，与前次东窜股匪联成一片。官文严防水路，僧格林沁督军追击，成保、陈国瑞等奋力截剿，歼毙无算。匪首黄中庸等震慑军威，畏罪乞降，陆续来归者不下十万余众。伪端王蓝城春已讯明正法。该亲王声威所及，巨憝授首，匪众倾心，盖缘公忠素著，用能数日之间，获此奇捷，览奏深为嘉悦。马融和亦系著名悍寇，虽暂时帖耳受抚，狼子野心，终难驯制。且降众人数过多，恐首鼠两端之辈，不免久而生心。著僧格林沁暂驻黑石渡，妥为镇抚，以防反侧。其有籍可归者，自应妥为安置，俾安生业。沿途经过各地方，尤须认真弹压，方不至滋生事端。著官文、吴昌寿、乔松年、张之万严饬所属地方妥筹办理。陈得才、张总愚、陈大濬三犯尚在逃未获，著僧格林沁督饬各军实力搜拿，并著饬令马融和设法诱捡陈得才等，以明心迹。该三犯现在跧伏英霍潜太一带，著乔松年严饬在防诸军一体兜剿。倘堵遏不力，任令脱逃，查由何路窜走，即惟何路防兵是问。常星阿等追剿南窜股匪，至广济县地方遇伏失挫，萧河清力战阵亡，马步官兵亦多阵没，殊堪悯惜。接应不力之员，著该亲王会同官文查明参办。现在此股若干人，著僧格林沁查明具奏。逆众既图上窜，回扰黄麻，难保不北犯豫疆，该亲王已令成保、陈国瑞向光州一带扼扎，以杜北窜。并著国瑞选带马队驰往光州，会同张之万督饬防军奋力扼剿。马德昭现已到营，即著札令帮同成保管带步队，以资差遣。将此由六百里各谕令知之。

——《清穆宗实录》卷一一八，同治三年十月丁亥。

十月二十日

〇上谕

本日据僧格林沁等奏，官军剿贼叠获大胜，各股匪众穷蹙乞降，见拟陆续遣散递籍，已分咨湖广等省督抚妥为安插等语。此等降众，大半被贼裹胁居多，见既投诚反正，自应分别遣散。惟其中良莠不齐，若不妥筹安置，难保不别滋事端。著恽世临于该降众等遣回过境时，饬令所属地方官酌给口粮，分别递回原籍，妥为安插，认真约束，毋稍大意。将此谕令知之。

——《东华续录》同治三十九，第27页，同治三年十月丁亥。

十月二十一日

〇僧格林沁、官文奏

逆众败溃后，分股由广济奔逃。臣僧格林沁派常星阿暂充翼长，蓝斯明帮办，及温德勒克西、舒伦保、富森保等马队，姜玉顺、萧河清、杨朝林、梁得胜等步队，分两路追剿。九月二十八日抵车盘铺，留姜玉顺、杨朝林殿后。二十九日，常星阿等追贼至吴文区郭德园一带，截击获胜，讵山内突出巨股伏匪，袭我后路，常星阿等分投迎剿，而前股败匪又复回扑，我军久战，枪炮俱红，不能施放，山高路狭，马队阻于驰驱，姜玉顺、杨朝林相距二十余里，驰救不及，萧河清奋勇掠阵，手刃数贼，力竭阵亡。常星阿等督队突出重围，且战且退，收队回营。十月初一日，该匪以一股牵掣我军，分股由广济翻山，绕越蕲州滨湖一带上窜，沿途官军截击，颇有斩捡。初四日，贼众窜近巴水驿，经周凤山各营出队迎击，遂由枣茨岭直窜上巴河，并分股奔下巴河，欲扑黄州。协防水师各军均因贼众兵单，只能力顾沿江镇市要隘，不能远追拦截。臣官文急派护卫队前往三台河，扼守黄州要道。该逆前队由黄冈直趋麻城县境。初五、六等日，在黄泥渡掳船，又在汤家墩搭造浮桥，意图窥伺武汉，均经官军击败。

维时广济各军皆落贼后，而贼踪剽疾，沿途虽经各军截击小胜，未能力遏凶锋，该逆遂由岐亭、新洲各路上窜黄陂。初七日，常星阿等马步各军赶到回龙山，臣官文催令绕出贼前，现已赶赴上游，节节追剿。查武穴、龙坪、田家镇、下巴河均为沿江著名市镇，而汉口尤为根本重地，臣官文先令喜昌带护卫一营星夜赴汉口驻扎，稳守城堡，复飞调李成谋驰赴桥口，又派周凤山赶赴滠口，会合各营，保卫汉镇。并暂留由豫来鄂募勇之知府汤聘珍三营驻防黄陂、麻城一带，又调万化林炮船驰往滠口、黄花涝巡防，调驻防汉口之振威左营及驻防省城之武胜一营并赴游湖关驻扎，其团风、鹅公颈一带，令李济清、袁多如分布梭巡。至下游各防，已檄李明惠移扎下巴河之七里铺，兼防兰溪一带；谭仁芳移扎罗田，扼要驻守，遥为臣僧格林沁大军西路接应；蓝斯明四营暂扎上巴河，整顿军旅，联络声势。其襄河小河口一带，饬张启基督船巡防；兰溪一带，即令左光培接防；下巴河一带，改饬丁长春炮船分段扼扎。仍恐该逆由黄孝窥伺德安，檄调驻防樊城之沈俊德一军驰赴德安，会同赵克彰分隘驻扎，一面飞咨河南抚臣豫派劲旅迎击，以免窜越。

刘连捷一军叠经檄催，坐守皖境，并未入楚。查此次贼匪巢穴已失，形同流寇，非合数省兵力会剿，无以制其死命。现臣僧格林沁已入皖境，距楚渐远，臣官文拟移营前赴附近黄陂地界，以便督剿。至常星阿等，此次由广济追贼，既不能整齐队伍，谋定后战，出围之后又不能绕前拦截，致该逆西犯，扰及腹地，姜玉顺、杨朝林迟于救援，均属咎无可辞，相应请旨，将副都统常星阿、舒伦保、温德勒克西、富森保，总兵杨朝林，革职留任，撤去勇号。候补提督蓝斯明、姜玉顺，候补总兵梁洪胜，均暂行革职，撤去勇号。以上各员仍请留营督队，以观后效。傥再不知奋勉，即行严参治罪。补用提督萧河清战功屡著，此次追贼，遇伏阵亡，深堪悯恻，相应请旨，饬部照提督阵亡例从优议恤，入祀湖南湖北昭忠祠，并于原籍长沙县及死事之广济县地方建立专祠，以彰功烈而慰忠魂。其余阵亡员弁勇丁，容俟查明办理。

——《钦定剿平捻匪方略》卷二二二，第24—28页。

〇上谕

谕议政王、军机大臣等：

僧格林沁等奏陆路贼匪由广济上窜、督师追剿一折。逆匪分股，一由张家塝、陈德园溃走，一由蕲州、广济奔逃。叠经官军追剿，该逆以一股牵掣我军，分股由广济翻山，绕越蕲州滨湖一带上窜，经谭仁芳等截杀，遂由枣茨岭逸入上下巴河等处，旋由黄冈、麻城直趋岐亭、新洲各路,上窜黄陂。官文现派常星阿等赶赴上游,节节追剿,并令喜昌等分防汉口等处。著官文檄饬派出各军实力严防,扼要驻扎,相机剿办,务期一鼓歼除,毋得稍涉疏懈。昨据僧格林沁、官文奏,追剿发捻获胜,匪首马融和等受抚,陆续来归者不下十余万众等语。该逆心存叵测,首鼠两端,系属意中之事。著僧格林沁懔遵前旨,暂驻黑石渡,妥为镇抚,并著官文妥筹办理。陈得才、张总愚、陈大澪等势极穷蹙,现在英霍潜太一带,形同流寇,非合数省兵丁会剿,无以制贼死命。著僧格林沁、官文严檄各军,前截后追,两面夹击,务将该逆等迅速捦获,毋令再行漏网,致稽显戮。并著知照豫省官军合力兜剿,迅殄逆氛。将此由六百里各谕令知之。

——《清穆宗实录》卷一一九,同治三年十月戊子。

〇上谕

僧格林沁、官文奏,提督追贼阵亡,恳请优恤等语。记名提督萧河清,久随多隆阿军营,战功卓著。本年由陕回鄂剿贼,冲锋打仗,擒斩颇多。此次由广济追贼至花果桥等处,因山路险阻,猝中贼伏,该提督身受重伤,犹手刃数贼,力竭阵亡,深堪悯恻。记名提督萧河清,著照提督阵亡例从优议恤,入祀湖南湖北昭忠祠,并于原籍湖南长沙县及死事之湖北广济县地方建立专祠,以慰忠魂。其余阵亡员弁勇丁,著僧格林沁等查明,照例办理。所有追剿不力及赴援迟误之正蓝旗蒙古副都统常星阿,镶红旗蒙古副都统苏伦保,正黄旗汉军副都统温德勒克西,成都副都统富森保,湖北宜昌镇总兵杨朝林,均著革职留任,撤销勇号。记名提督蓝斯明、姜玉顺,记名总兵梁洪胜,均著暂行革职,撤销勇号。以上各员,仍责令留营,带队剿贼,以观后效。傥仍不知愧奋,即著严参治罪。该部知道。

——《清代起居注册(同治朝)》第 15 册,第 8180—8183 页。

十月二十三日

〇上谕

张之万等奏发捻分股蔓扰、严扼豫边,并商城、光山一带截剿窜贼各折片。前因僧格林沁等奏,广济地方股匪窜扰黄麻,恐北犯豫防,已令成保、陈国瑞向光州一带扼扎,国瑞并选带马队驰往光州,当经谕令会同张之万督饬防军奋力扼剿。兹据张之万等奏,贼由英山扰及商城边境,复由蕲水上犯,逼近豫南。英山窜匪,有陈大澪等在内,商固一带皆其熟径,其势铤而走险,渐有深入之虞。而黄麻又与信阳、罗山处处接壤,亟宜严密扼剿,方免窜入腹地。且张总愚、陈大澪为豫省积年巨患,若不乘此大兵云集之际合力兜剿,迅图聚歼,傥再令逃逸,后患何时可已?该抚等已饬王文行等驰赴光罗适中之地,探贼迎剿,赵鸿举等驰赴商城边境之苏仙集，会合张曜之军夹击。即著严饬各军，遇贼即击，毋令深入，扰及完善。苏仙集之匪，经张曜前队亲军与僧格林沁所派之春寿马队合兵进逼，贼向商城以北奔窜。张曜绕至光山一带，由北面横截，该匪由光山窜往西南。亟宜乘其穷蹙，一鼓歼捡。著僧格林沁严饬春寿，会合豫军，分路穷追，毋令该逆得以喘息，剿办自易得手。张之万、毛昶熙亦即督催各军，尽力追击，并分饬沿途地方民团扼要堵截，不可稍涉大意。将此由六百里各谕令知之。

——《清穆宗实录》卷一一九，同治三年十月庚寅。

十月二十四日

〇上谕

谕议政王、军机大臣等：

徐宗幹奏汀漳等处贼氛肆扰、派兵防剿一折。据称，龙岩州踞贼日众，漳郡城贼未退，焚杀惨虐，并南靖、平和相继失守，现在檄饬丁翼带勇五百，赴大田交界地方防堵，委赵均带勇千余赴宁洋，催林文察由同安一路进兵，并拨队前赴宁洋扼扎，惟盼浙军及援江各军早抵闽境等语。前据左宗棠奏称，闽省军情紧急，业经派令黄少春、刘明珍赴邵武，刘典赴汀州，高连陞赴福州。现在汀漳贼势披猖，著左宗棠分檄派出各员，迅带所部，克期入闽。该督抵衢后，仍著体察情形，入闽督剿，迅埽逆氛。前因鲍超请假，谕令左宗棠等即饬宋国永、娄云庆分带鲍超所部，赴闽剿贼。著曾国藩再行檄催该员等迅速前进，归左宗棠调遣，毋失机宜。江省兵勇，可以抽拨入闽者，沈葆桢此时当已酌量派往，即著迅催起程，毋稍延缓。左宗棠前派援闽之兵，已有一万八千，而由江援闽者，尚有宋国永数起，兵力已厚。徐宗幹当饬闽省兵勇并力协剿，务将此股贼匪聚而歼旃。省城防守事宜，随时与英桂妥筹布置，毋稍大意。漳郡绅民，皆欲齐心杀贼，义勇可嘉，徐宗幹须乘机鼓励，以辅兵力。曾玉明内渡，已抵厦门，即著催令统领水师，会同现派之陆军相机兜剿，毋得专待援军，致贼延蔓。广东自平远失守后，近日军情，未据毛鸿宾、郭嵩焘驰奏，现在该县是否克复，李福泰出省已抵何处，贼势如何，均著毛鸿宾等详细具奏。前据沈葆桢奏，广东嘉应、大埔均已失守，毛鸿宾等何以并未奏报？即著将各该州县失守情形确实查奏，毋稍粉饰。此股贼匪，虽已趋重闽疆，而粤省边隘多与闽省毗连，随处皆可回窜，毛鸿宾等尤当力筹防剿，不可稍有疏虞。其王文瑞、赵焕联两军，著毛鸿宾等分咨江西、湖南，催令迅速赴粤援剿。刘连捷一军，昨据官文奏，该员坐守皖境，并未入楚等语。此时鄂皖贼势已蹙，亟须一鼓作气，迅速歼除，著曾国藩迅催刘连捷等军，克日拔队前进，会合楚师，前后夹击。或僧格林沁、或官文调遣，均须饬令遵调，不得专候曾国藩到楚始行前进，致误事机。徐宗幹折内称由六百里驰递，而发报时又用六百里加紧，殊属不合。嗣后务归画一，以符体制。将此由六百里各谕令知之。

——《清穆宗实录》卷一一九，同治三年十月辛卯。

十月二十五日

○官文奏

逆匪于十月初六等日由新洲仓子埠一带窜过黄陂，势将突扑汉口。臣飞调周凤山一军，于初八日赶到滠口扼扎，与水师万化林、唐瑞廷等会合堵截。该逆折回黄陂，窜入孝感之杨店，分股扰至九子墩、双庙等处，经周凤山督军截击，悉窜杨家河、白沙铺一带。臣于十一日驰抵黄陂，严督常星阿等尽力追剿。十三日，常星阿等败贼于白沙铺，掩斩甚多，将贼馆尽数踏毁，贼向三家店、赵寺埠、斗冈岭一带分窜，前队已至德安。适臣所调蓝斯明一军亦赶赴白沙铺助剿，又派李成谋、梁洪胜两军由应城、天门绕出贼前迎击，飞咨湖北提臣江长贵严防襄樊随枣，并调水师总兵张启基、都司熊星源、守备黎泽庚分防襄河，副将唐瑞廷巡防府河，总兵万化林仍防滠口，严扼水路，以顾腹地。拟就楚省兵力，分道兜裹，为聚歼之计。惟路径纷歧，傥窜越河南，即当檄饬楚军出境，与豫军会击。并严饬温德勒克西等马步各军，若贼西窜，即跟踪追击。至武汉之防，臣会同抚臣吴昌寿严密布置。其下窜股逆，探知已由六安北走，僧格林沁蹑踪力追。惟楚省下游各邑虽已肃清，而六安以上，固始、商城均与罗田、麻城、黄安接壤，已饬谭仁芳四营会同团勇扼守罗田，成大吉一军经僧格林沁檄令回楚，现饬扼扎岐亭适中之地，上固武汉，及保下游门户。又调周凤山一军移扎麻城之两路口，以壮上游声势。其沿江各水师，仍饬加意巡防。

再，僧格林沁现追贼出境，楚军均已回鄂，是以不及会衔具奏。

——《钦定剿平捻匪方略》卷二二二，第 35—37 页。

○上谕

官文奏击剿上窜发逆获胜，拟俟楚境肃清即饬温德勒克西等赴甘援剿，并阵毙蓝城春各折片。贼匪由新洲仓子埠窜过黄陂，势将突扑汉口，经官军堵截，该逆折回黄陂，窜入孝感之杨店，分股扰至九子墩、双庙等处。经周凤山等督军分路截剿，将白沙铺贼馆蹋毁，败贼向三家店、赵寺埠、斗冈岭分窜，贼之前队已至德安。官文现令李成谋、梁洪胜两军由应城、天门绕出贼前迎击，江长贵严防襄樊随枣，张启基等严扼襄河等处水路。著即严饬派出各军分路紧蹑，合力剿洗，为一鼓聚歼之计，以期迅殄逆氛。官文所称温德勒克西等马步各军，若贼西窜，即可跟踪追击、就便入甘等语。该督如令温德勒克西等督军西追，势将纵贼入秦，又成不了之局。官文惟当督饬该员等，将黄孝德安等处之贼实力剿办，就近殄除，毋得以邻为壑，致令穷蹙之贼复肆狓猖。俟此股贼匪殄灭，即令温德勒克西等驰赴甘省，以厚兵力。僧格林沁现在追贼赴皖，据官文奏称，楚军均已回鄂，何以并不会同该亲王之军协同埽荡？其应如何拨兵前赴皖豫交界、越境追剿、以固边圉之处，并著官文妥筹办理。前据僧格林沁、官文奏称，伪将甘怀德等诱令伪端王蓝城春至成保营前投降，当将蓝城春解送到营，讯明后即将该逆凌迟处死。兹据官文奏，成大吉在麻城之木牌楼地方，将蓝呈春已殪于阵。所奏情节，前后不符。该逆蓝呈春是否即系蓝城春，究竟在何处歼毙，著僧格林沁、官文确切查明具奏。将此由六百里各谕令知之。

——《清穆宗实录》卷一一九，同治三年十月壬辰。

十月二十七日

○上谕

谕议政王、军机大臣等：

乔松年奏扶逆就歼、皖省贼踪净尽，并陈现办情形一折。发捻各匪，前经僧格林沁等督军追剿，受降十余万众，旬日之内渐就廓清。惟扶逆陈得才一股尚在后路，经蒋凝学一军自楚追及，叠获胜仗，杀贼甚众，收降三万余人。僧格林沁亦由霍山派兵进击，该逆前后受敌，计穷服毒身死。蒋凝学将该逆尸身搜获，送至僧格林沁军营查验。皖北一律肃清。此股发逆，窜扰楚皖陕豫，已及十年。陈得才曾扰苏州，尤属著名巨匪，现在计穷身死，洵足寒贼胆而快人心。所获是否陈得才正身，即著僧格林沁查明具奏。发逆渐就殄灭，惟捻匪陈大澘、张总愚两首逆，前据僧格林沁奏，俱在英霍潜太一带山内伏匿，已飞咨乔松年一体搜拿。仍著僧格林沁、乔松年严饬该处带兵将弁，分投搜缉，务在必获。前据官文奏称，贼之前队已至德安，已令李成谋绕前截击。皖省现无贼踪，著乔松年督饬蒋凝学等军驰赴楚境，会合夹击，以收聚歼之效。豫省距楚较近，前据张之万奏，贼由英山扰及商城边界，复由蕲水逼近豫南，该抚已派王文行、张曜等军迎剿，当经谕令张之万督军追剿，扼要堵截，并著乔松年选派皖防将弁，带兵前赴豫疆，与豫省各军并力兜击，务期尽歼丑类。将此由六百里各谕令知之。

——《清穆宗实录》卷一一九，同治三年十月甲午。

○上谕

乔松年奏逆首就殄、皖省贼踪净尽一折。发逆蓝成春经僧格林沁擒获正法，其扶逆陈得才一股亡命奔逃入皖境，道员蒋凝学等督兵追击，叠获胜仗，杀贼甚众，收降三万余人。

其时僧格林沁亦由霍山派兵进击，陈得才势穷计蹙，服毒身死。蒋凝学将该逆尸身搜获，送至僧格林沁大营查验属实，戮尸枭示。道员蒋凝学，前次剿办英霍窜匪甚属出力，此次自楚之皖，身先士卒，殄灭巨逆，奋勇可嘉，著赏还布政使原衔，遇缺提奏。提督张得胜，遇缺简放提督何绍彩，坚扼六安之冲，力堵窜贼，奋勇截杀，收降匪众数万，亦属异常出力。张得胜著交部从优议叙，何绍彩著遇有提督缺出尽先提奏。其余出力员弁兵勇，著乔松年择尤保奏，候旨施恩。

——《清代起居注册(同治朝)》第 15 册，第 8232—8234 页。

十月二十九日

〇曾国藩奏

臣钦奉谕旨，驰赴皖鄂交界督兵剿贼。现值李鸿章前来江宁办理监临事务，臣与面商，须淮军与湘军三路并进，方能得力，因会檄调刘铭传、李鹤章等统率淮勇渡江而北，随臣西上，进剿皖鄂之贼。惟臣自咸丰四年躬亲矢石，屡次败挫，厥后十载，久未亲临前敌。盖自揣临阵指挥非其所长，不得不自藏其短，俾诸将得展其才。此次臣若自赴楚界，未必有益，而与僧格林沁、官文同驻蕲黄，四百里之内，以钦差三人萃于一隅，恐启贼匪轻视将帅之心。拟仍驻扎安庆、六安等处，派刘连捷等直入黄州各属，听候官文调遣，凡臣所能调者，官文皆能调之，傥有不遵调度，惟臣是问，力戒将士畛域之见，以敦江楚一家之谊，务将此股贼匪悉数埽除，使皖鄂一律肃清，庶仰慰宸廑于万一。

——《钦定剿平捻匪方略》卷二二二，第 39—41 页。

〇上谕

曾国藩奏遵赴皖鄂交界督兵，拟仍驻扎安庆、六安等处，派刘连捷等入黄州归官文调遣，并调刘铭传等率淮勇渡江北剿一折。前因楚皖贼势甚众，僧格林沁、官文均未得手，是以谕令曾国藩赴楚皖交界，督师剿贼。嗣据僧格林沁等先后奏报，蕲水获胜，成大吉军解围，贼窜英山等处，经僧格林沁等督师进剿，擒获首逆多名，降者十余万众。昨又据乔松年奏报，扶逆陈得才自戕，发逆剿除净尽，皖省一律肃清。是楚皖近日军情，较之半月以前大不相同。现在楚境余贼，由黄孝窜德安一带，逆数无多，楚军可敷剿办。曾国藩又派刘连捷等军入楚，归官文调遣，计日定可廓清。著即饬令刘连捷、李鹤章、刘铭传等军迅赴黄州、德安等处，遇贼即击。如贼趋皖豫，并令各军分投防剿，通力合作，为一劳永逸之计。曾国藩即可无庸前赴安庆，亦无须交卸督篆，仍驻扎金陵，妥筹调度。李鸿章现在入闱监临，俟出闱后，仍回江苏巡抚本任，并咨行吴棠、富明阿各回本任。江苏各郡县新复，规制粗定,一切理财用人、抚绥安辑诸事宜,非老成硕画、真能视国如家者,不克胜此巨任,曾国藩惟当仰体朝廷倚畀之重,次第经画,奠安黎元。所有核算报销及筹饷撤勇诸事宜,即在金陵督饬司道从容办理,不得遽(盟)[萌]功成身退之志,用副厚望。将此由六百里各谕令知之。

——《清穆宗实录》卷一一九,同治三年十月丙申。

十一月

十一月初二日

○僧格林沁、国瑞奏

探得捻逆张总愚、陈大瀀等率党窜踞毛坪、坛子口一带,由商境金家寨向西北窜去,意图勾合发逆,当饬郭宝昌带领所部,及马融和、倪瀣淮、高大贵等降众三千五百名,自管家渡拔队,由山南绕向麻黄一路迎头截剿;令翼长成保,已革提督马德昭,总兵杨长春、陈国瑞等,各带马步,取道商城,向光山一带探踪追剿。臣于十月十七日督带翼长恒龄等马队,亦由商城向光山一路进发。十九日,我军至商城,侦知该逆等向光山以南沙窝一带逃窜,即先令成保带领马队,绕由北路,取道信阳,向桐柏、新野一路,率同营总乌尔图那逊等扼截发匪赖汶洸等西北窜路;令副都统色尔固善、马德昭、杨长春、陈国瑞、宋庆等分路向泼陂河一带追剿张总愚、陈大瀀等股匪;臣僧格林沁督带恒龄等马队,于二十一日进扎光山县以南之余家湾地方,居中调度;臣国瑞督带马步驻扎光山,以为后路声援。

是日,据陈国瑞禀报,探得该逆在沙窝一带盘旋,有西窜之意,陈国瑞即于是夜带队急进至吴家畈大山以北,适遇该逆大股由沙窝向西窜走,当令各军分队迎头截杀,毙贼六百余名,生捡百余名,余匪翻山向新店一带窜去。正追剿间,该逆后队约二千余众又从沙窝而来,是时月色昏暗,彼此不辨,该逆以我军即其前股,故不我防,我军俟其行近,一拥冲入贼队,毙贼无数,余匪西窜。

又据马德昭、杨长春等禀报,我军于二十二日由八里畈拔队前进,至距新店十里,甫出山口,即遇贼队来扑,经施绍恒、周隆廷等率队拥进,将贼冲断,该逆翻山逃窜。我军奋力追杀,毙贼四五十名,救出难民百余名。

二十三日,马德昭、陈国瑞等军会合追剿,齐抵新店地方。该逆约数千人,半据山顶,半屯河滩,分股来扑。陈国瑞督军抵敌,先将河沿贼匪击退,毙贼多名,复挥令各军奋力冲压,立将该逆杀败,追剿三十余里,毙贼四五百名。仍饬马德昭、陈国瑞等乘胜跟追。

二十四日,忽有捻首耿士玉、田学礼、赵沨珠率马步贼四百余名来营乞降,臣当饬恒龄等带队前往查验，令将马匹器械呈缴，并讯明实系被裹者九十三名，解交光山县递解回籍；其余三百余名，俱系张总愚、陈大禧等著名伙党，立即正法。

查捻逆张总愚、陈大禧等向南窜逸，其众连裹胁不过万余，虽官军叠次剿击，杀贼仅千余人，惟解散者甚众，刻下亦不过五六千人，若再经官军紧追痛剿，其党必分股窜散。又恐该逆等改装易服，希图潜遁，是以出示晓谕附近各处绅民一体搜缉，如有捡获张总愚、陈大禧二逆来献者，每一犯赏银一千两，以期早日成捡。

——《钦定剿平捻匪方略》卷二二三，第1—4页。

○上谕

僧格林沁、国瑞奏投降发逆酌量遣留、并督军追剿发捻窜匪各情形一折。投降人众，经僧格林沁督饬英翰等分别留营遣散，业已就绪，办理甚妥，仍著饬令带兵各员及沿途地方官妥为弹压，毋任别滋事端。其西窜股匪，向光山一带奔逃，僧格林沁派令马德昭、陈国瑞等跟踪追击，斩杀解散甚众。著僧格林沁、国瑞乘此声威，严饬马德昭、陈国瑞等军，务将此股逆匪悉数歼除，毋任远窜。张之万前已派令王文行等军驰赴信阳、罗山一带，会合张曜、春寿等马步各队夹剿窜匪，仍著严饬各军分路兜击，互相策应，使贼无路可窜，即可一鼓歼捡。陈大禧、张总愚等均系著名首恶，现在窜匿何处，著僧格林沁、张之万分饬各营，探明踪迹，设法购捡，毋令兔脱。其邱沅才一股，现窜随州之高城一带，势渐西趋。僧格林沁现已饬张曜督军紧蹑，并著官文迅饬西路防军迎头截击，力扼窜路。楚豫边界，为贼匪往来熟径，官文、张之万务当督率在事员弁，探明贼踪，并力夹击，以收聚歼之效。曾国藩昨已有旨，令其毋庸赴楚，其所派刘连捷、李鹤章、刘铭传等军，已令其驰赴黄州、德安等处剿贼。著官文酌量情形，分别调遣，以资得力。将此由六百里各谕令知之。

——《清穆宗实录》卷一二〇，同治三年十一月己亥。

○上谕

僧格林沁等奏，请将废弛营务各员惩处等语。乾清门三等侍卫富山，头品顶戴记名副都统、黑龙江副管善庆，经僧格林沁等派令管带吉林等处马队防剿贼匪，乃不能认真训练，以致官兵技艺生疏，队伍不整，马匹亦多疲瘦倒毙，而富山性耽安逸，尤为懒惰，实属咎有应得。富山著即革职，善庆著革去头品顶戴、记名副都统，仍留副管，用示薄惩。均著仍留军营，以观后效。傥再不知愧奋，即行从严参办。余著照所议办理。该部知道。

——《清代起居注册（同治朝）》第15册，第8256—8257页。

十一月十二日

〇乔松年奏

自发逆殄灭、皖境肃清后，捻首张总愚、陈大禧等即回窜楚豫，僧格林沁已督各军赴豫击剿，乘胜进取，定可克日埽荡。所有潜太英霍各山中，俱经各军搜净，并经臣饬英翰派出副将黄秉忠复往搜查，并无贼踪。张得胜带领马勇已赴豫境追剿，听候僧格林沁调度。郭宝昌一军，经僧格林沁调令回楚，由麻城一路追剿。总兵陈飞熊一军，臣已饬令拔队赴楚，听候官文调遣。并催蒋凝学一军迅由英山拔队，往楚助剿，该军素称善战，所向克捷，必可协力埽除。至皖北与楚豫交界之处，现仍照旧设防，以备捻逆回窜，不敢稍有疏虞。

惟张总愚等余孽以飘忽奔窜为长技，若只追而不堵，则用力劳而收功少。臣愚以为，僧格林沁既尽力追击，必豫筹堵截贼之窜路，贼不能恣其驰骋，方可期其或捦或降。豫楚两省疆臣皆当相度贼之来路，节节设防，须分守城之兵、扼隘之兵、游击之兵为三项：守城之兵专守城池；扼隘之兵专守险要，贼近即击，不必跟追；游击之兵分作两支，以一支随僧格林沁转战穷追，以一支驻于本省边界，往来追剿援应，而不必出境。如此则藩篱各能自固，贼不能长驱深入，复有大兵紧追，乃可制其死命。臣见群逆之入豫楚，去来自如，僧格林沁追逐无休，备极勤苦，傥贼仍回环旋绕，忽东忽西，则又有旷日持久之虑。请旨饬下楚豫督抚，分画守城、守险、游击之军，各专责成，以为僧格林沁之助，庶残寇不难一鼓荡平。

——《钦定剿平捻匪方略》卷二二三，第5—7页。

〇上谕

乔松年奏现在布置情形，并请饬楚豫分派守城、扼隘、游击之兵，各专责成等折片。蒋凝学一军由英山拔队赴楚，陈飞熊一军亦回楚归官文调遣，著官文即妥为调派，迅将黄孝德安等处余贼一律埽除，毋留遗孽。张总愚、陈大禧等回窜楚豫，余党无多，自不难于翦灭。惟僧格林沁以统师重臣，追奔逐北，几无停晷，而楚豫境上不能豫筹堵截之方，未免旷日持久。著官文、张之万通筹大局，酌分三项：守城之兵专守城池；扼隘之兵专守险要，贼来即击，不必远追；游击之兵分作两支，以一支随僧格林沁转战，以一支驻于本省边界，往来追剿援应。各专责成，贼踪何路窜逸，即惟守隘之员是问；如窜陷城池，即惟守城之官是问；傥随剿不力，贼去不追，即由僧格林沁查明，严行参处。如此明定章程，庶不虑贼之东奔西窜，而足以制其死命。现在张总愚等窜向何处？僧格林沁当居中驻扎，派兵四面兜拿，明立获犯赏格，严定纵匪罪名，以期廓清地方，一劳永逸。潜太英霍一带现虽无贼，仍著乔松年督饬英翰等实力防范搜查，毋任再有窜越。将此由五百里各谕令知之。

——《清穆宗实录》卷一二一，同治三年十一月己酉。

十一月十四日

○上谕

谕议政王、军机大臣等:

官文奏上窜发逆狂奔德随一带,派军分路兜击一折。发逆上窜云梦、孝感境内,经官军分路截杀,叠有斩捡,贼向京山、应城一带窜去。张总愚逆党,复由光山、黄安窜向黄陂之河口。范立川余党,亦自信阳、应山窜入随州之安居、环潭,图与上窜之逆合股。逆踪麇聚德随等处,渐有西趋之势。官文现饬江长贵等力扼襄樊,并饬常星阿等由京山、安陆前进,成大吉驰向茅茨畈进剿,李成谋、梁洪胜等军力顾京钟应城要隘。所筹尚合机宜。即著严饬各军前截后追,务将此股败匪就地歼除,毋令旁窜。常星阿等前次赴援不力,致贼乘虚奔窜,业经降旨革职留任。此时如再不知奋勉,纵贼西行,即著官文严参,按照军法治罪,不得稍涉姑容。僧格林沁督军楚豫,于各营接仗情形必所深悉,如有临阵退缩之员,无(谕)[论]楚豫兵官,并著指名严参惩办,以肃戎行。德随一带与豫境处处毗连,张曜一军已抵枣阳,正可拦头截击,著僧格林沁、张之万饬令会合楚军,两面兜剿,毋令窜扰豫疆。老河口为繁盛之区,该逆如绕过襄樊,转窥光化,则该处适当其冲,著官文飞催梁作楫等实力扼剿,遏其奔突。此股败残之匪奔窜靡定,总由防剿各军未能联络兜击,有追兵而无遏截之兵所致。现在贼踪西向,难保不由郧西一路窥伺陕疆,官文、张之万务当督饬在事将弁,绕出贼前,痛加剿洗。楚省兵力甚厚,傥奔窜贼股不能在楚地就地歼除,任令长驱入陕,以邻为壑,必将官文从重治罪,决不宽贷。刘蓉前奏商州仅存镇西军三营,兴安仅存陇军两营,此外猝无兵勇可调等语。此时贼踪渐近,著刘蓉添调兵勇,分赴商州、兴安一带实力防范,不得稍有疏虞。蒋凝学一军,官文既拟令其驰赴甘肃援剿,著即饬令取道郧西等处,将发捻各匪就近拦击,以辅陕省兵力之不足,俟此股残灭,再行由陕入甘。至该道员所部仅有三千五百人,而降众马步亦有三千人,势均力敌,恐难钤制。甘省地瘠民贫,饷难充裕,并著官文斟酌情形,或将此起降众另行分隶各营,毋庸随同入甘,较可放心。霍山窜至黄安股匪人数无多,著僧格林沁饬令陈国瑞、郭宝昌等分投兜剿,迅速歼除。乔松年仍当督率皖军严防回窜,毋稍大意。将此由六百里各谕令知之。

——《清穆宗实录》卷一二一,同治三年十一月辛亥。

十一月十八日

○张之万、毛昶熙奏

探知张总愚、陈大湣各逆率党窜至光山沙窝地方,僧格林沁督军亦至,臣等因与该大臣有面议事宜,即由汝营起程,驰赴前敌。沿途接据探报,捻匪由沙窝西窜,十月二十一日,经总兵陈国瑞乘夜进军,捻斩数百名,败匪窜往新店;其后队复经陈国瑞之军截杀甚多。二十二日,总兵杨长春进军击贼,斩首数十级,救出难民无算。二十三日,副都统色尔固善、总兵宋庆等会合陈国瑞,各率所部,直抵新店,贼众蜂拥来扑,各军奋力冲压,将贼击败,追杀三十余里,斩获尤夥。该匪叠经击败,仍由鄂边西窜。

适僧格林沁亦督军继进,与臣等遇于罗山,会晤后,知该大臣先期已派翼长成保、营总乌尔图那逊、春寿各率马队驰往桐柏、新野一带,以扼西北窜路。臣等以张、陈各逆意在西趋,而赖汶洸及牛洛红、任柱等亦已扰及枣阳之吴金店,该处西北即窜新野、唐县之路,正西即由樊城窜老河口之路,成保、乌尔图那逊等马队已驻扎新野、老河口一带,惟唐桐各属情形吃重。其时发逆邱沅才一股经张曜击败,于宣化镇后日夜紧追,该匪遁入楚省随州,遣党乞降于总兵张得胜,业经该总兵禀商僧格林沁相机收抚。臣等当与该大臣面商,调回张曜一军,令扎唐县,一面飞饬知府汤聘珍,率新募之军,益以彭心友等各营,即日由罗山驰赴宛南;复派前防小林店之参将崔廷桂所部辅之,择要扼扎,会同张曜探踪进剿。其色尔固善及宋庆、杨长春等队,仍令随同僧格林沁所派各军追击张、陈各逆。僧格林沁即于次日拔营,由信阳一路督剿。臣等亦即驰赴光山、光州一带,布置边防,由息县、正阳各属回扎汝郡。

查张、陈各逆意在与赖逆一股勾合西趋,宛属边防正当戒备,惟该逆被剿紧急,难保不绕越回趋,是汝光边圉仍宜严防。且僧格林沁所遣降众,经由汝光者络绎于道,尤不可不慑以兵威,以资弹压。体察情形,汝光之防一时尚难骤撤。臣等会同计议,如果张、陈各逆一意西扰,自当审度缓急,将汝光防务酌量布置,臣张之万即移营宛南,督饬张曜、汤聘珍等军尽力剿击,歼兹穷孽。

——《钦定剿平捻匪方略》卷二二三,第16—19页。

〇上谕

谕议政王、军机大臣等:

刘蓉奏筹办阶州等处军情,并请严防下游捻匪上窜一折。盐关回匪窜往秦州之马跑泉,阶州蔡启两逆分路扼守隘卡,竟图堵我进兵之路,必须官军四面环击,方可制其死命。昨据恩麟奏,盐关回匪出巢滋扰,秦州戒严,当因匪踪滋蔓,恐与阶州发逆句结,谕令骆秉章严檄周达武等军,协同萧庆高等迅赴阶州,与刘蓉所派各军并力急攻,克复城垣。著刘蓉严饬各军,会合周达武等实力埽荡,迅复阶城,毋任逆匪久踞。惟湘果、英毅诸军须由汉郡采办米粮,周达武等军所需粮米,亦须由昭剑一带采办,相去较远,转运倍艰。著恩麟即派道府大员,由阶州附近一带州县采办粮米接济,其需用粮价银两,即在各军应发月饷内扣还。如此办理，并不致贻累甘省。恩麟当妥筹迅办，不得视同膜外，致误事机。由楚西窜之匪窥伺陕疆，著官文等懔遵前旨，严饬马步各军取道郧西，一面绕前截击，一面跟踪蹑剿，以期迅埽逆氛。蒋凝学一军，仍饬令取道郧西等处，将发捻各匪就近拦击，俟此股殄灭，即行由陕入甘。兴商防兵甚单，刘蓉务当遵奉前旨，设法添调兵勇，分赴各该处实力严防，毋稍疏懈。

正在寄谕间，据张之万等奏，捻匪被击西遁、逼近宛境等语。张陈等逆在光山县境被击西窜，赖汶洸等亦扰至枣阳南之吴金店，是唐桐各属情形既形吃重，尤恐匪众句合，绕窜宛境。著僧格林沁、张之万严饬各军分路扼剿，务将（窜）［西］窜之匪一鼓歼灭，毋任窜入陕境，又成不了之局。邱沅才以贼中悍党，穷蹙乞降，虽不妨暂事笼络，亦须时防反侧，以弭后患。汝光一带，匪踪纷窜靡定，著张之万严饬该处防兵严密堵遏，以重边防。其降众由汝光经过者人数较众，并著饬令该处文武员弁弹压抚辑，毋令滋事。将此由六百里谕知僧格林沁、官文、张之万、刘蓉，并传谕恩麟知之。

——《清穆宗实录》卷一二一，同治三年十一月己卯。

十一月二十二日

○官文奏

十月二十五日，常星阿、蓝斯明、姜玉顺等向京山之宋河进发，侦知发捻逆匪已由京山折向三阳店、张刘店一带横窜，即各率所部，于二十六日向三阳店一路堵击。该逆现与续窜随州环潭之贼会合，二十七日分股窜至德安府北之平林市，经驻防德安之总兵赵克彰乘夜带队疾趋，以一营由河东潜渡，断其归路，以一营列后，防其包抄，自率两营直捣中坚。时天色微明，贼凭河列队，我军枪炮齐施，轰毙执旗马贼二名、步贼十余名，解散难民数百，该逆向雷公店败窜。其随州茅茨畈、双河一带贼众，亦慑于追兵，分路向枣阳之资山、平林店、熊家集并襄阳之黄龙垱等处奔窜，是日边马扰及东津湾。二十八日，提臣江长贵亲督马步兵丁，并派参将文斌等各率所部，分路迎击。该逆不敢接仗，由姚山庙、蔡阳铺窜去。我军扼守襄樊。十一月初一日，该逆扰至古河口、下封寺地方，经龙藻琦、陆成祖炮船轰毙多名，救出难民数百名。该逆两次窜扰东津湾，并结木筏抢渡，又经炮船击退，将木筏焚毁。初二日，马步悍贼复至百家巷一带烧掳，龙藻琦率哨官许瑞良分路夹击，毙贼尤多，该逆始向黄龙垱、峪山一带逃遁。

时常星阿、姜玉顺等马步各营，先于十月二十八日行抵随州之川洞地方，以清潭等处巨股向襄枣一带窜去，常星阿等率马步队联络追剿，探知贼踞双河附近，常星阿先率马队赶至，毙贼三十余名，余匪败走。常星阿、姜玉顺等率队追至吴家寨，见大股尾贼在白水寺、玉皇庙、赵家湖一带焚掠，姜玉顺、梁洪胜、蓝斯明等率所部，同杨朝林之精捷等营分路前进，望贼多处，争先攻击。贼见我军骤至，蜂拥来拒，经梁洪胜率部截杀，姜玉顺、蓝斯明、杨朝林奋力合攻，当毙骑马悍贼十余名，步贼数十名。贼势不支，我军左右抄杀，复毙贼一百余名，生捦二十五名正法，踏毁贼馆数处。该逆向西奔窜，姜玉顺等连夜跟追，该逆复以悍党殿后死拒，各将士合力猛杀，贼不能敌，尽向襄枣交界之耿家集、黄龙垱、蘧家湾等处狂奔。我军追杀三十余里，又毙贼二百余名，捦斩三十余名，并将熊家集、杜家冈、潭家冈、虎尾山、兴隆山一带贼馆悉数踏平，解散难民不少。

其前由霍山窜入黄安败匪，于十月二十六日假冒官兵，上窜孝感之小河溪、应山之罗家店，二十八日，由罗家店窜及平林市土垱埠等处。臣豫派李成谋驰由罗杨店绕出长岭冈扼扎，二十九日带队往土垱埠进剿。该处河水深不及尺，该逆纷纷渡河。李成谋率队过河追击，毙贼三十余名，该逆向罗杨店一带奔赴随州合股。

查上窜发捻叠经官军分路追剿获胜，由随枣一路狂奔，意在乘虚冲突，其另股败逆亦已归并一处，正可合力兜剿，就地歼除。僧格林沁督军由枣阳前进，会合楚军夹击；郭宝昌亦于十一月初三日由黄陂驰赴德安一带，臣已催令迅速追剿。惟屡据获贼供称，该逆不由随枣直趋河南，即由老河口、郧阳一路图窜荆子关，是楚省各军亟须分途遏截。已令李成谋扼扎随枣，富森保扼扎樊枣之间，成大吉扼扎楚豫交界之吕堰驿，并令梁洪胜移扎老河口，杨朝林驰赴郧阳，并顾郧西竹溪，以保楚省西北藩篱。傥贼匪旁趋，即令常星阿、舒伦保、温德勒克西、姜玉顺、蓝斯明等随同僧格林沁所派各军出境，分路追剿，以图聚歼。现据探报，发捻余氛已在楚豫之交，湖北全境将次肃清，腹地无虞。楚中前敌各军，已经臣全数派赴襄樊，以便僧格林沁就近调遣。臣以游勇难民及遣散降众半聚汉镇，现由黄孝一带回驻汉阳桥口安抚弹压。

——《钦定剿平捻匪方略》卷二二三，第21—25页。

〇上谕

官文奏发捻败逆奔趋襄枣一带、现筹会剿一折。德安股匪由府北之平林市窜向雷公店，随州之贼分窜襄枣之黄龙垱、资山等处，经官军击败，夺路狂奔。前由霍山窜入黄安败匪，复上窜孝感、应山之小河溪等处，奔赴随州。虽系亡命之余，乘虚铤走，而狼奔豕突，其势尚炽。且匪氛尚在楚境，何得遽谓全境将次肃清、腹地无虞？官文既称逆匪归并一处，正可合力兜剿，就地歼除，不准徒托空言。必须严申军令，督饬常星阿、李成谋等军，一面分路追剿，一面绕出贼前，迎头截击，务须悉数歼诛，毋任逃窜出境。成大吉已扎楚豫交界之吕堰驿，梁洪胜已扎老河口，杨朝林驰赴郧阳，并顾郧西竹溪一路，即著责令该提督等实力遏截，傥任令贼踪窜入豫陕境内，必当按照军法治罪。蒋凝学一军，并著饬令赶紧拔队驰赴郧西，以备截击，毋稍延缓。僧格林沁督军已抵枣阳，际此雪虐风饕，冲寒督战，朝廷甚为廑系。前曾谕令该大臣，如楚豫兵官临阵退缩者，即指名严参惩办，现在官文所派各军已由僧格林沁调遣，即著督饬该将士奋力剿贼，与郭宝昌等军会合兜击，迅殄逆氛。傥在事员弁有不遵调度者，即著指名严参，以军法治罪，毋稍姑容。前据官文奏，刘连捷等坐守皖境，并未赴鄂。嗣据曾国藩奏称，已派刘铭传等统淮勇渡江，剿皖鄂之贼，刘连捷等赴黄州候官文调遣。何以此次官文折内，于刘连捷等入楚一节并未提及？著曾国藩严饬刘连捷等星驰入鄂，会合楚军，并力击贼，傥敢意存畛域，任意迟延，朝廷法令具在，不能因该军士在江南剿贼著有微劳，稍从宽宥也。将此由六百里各谕令知之。

——《清穆宗实录》卷一二二，同治三年十一月己未。

十一月二十六日

〇僧格林沁奏

捻匪张总愚、陈大瀍等股匪，经我军在光山县南八里畈、新店等处叠次击败，该逆向西狂奔，当饬副都统色尔固善等及管带陈国瑞勇队之总兵林起敬等马步各军跟踪尾追，臣亲督翼长恒龄等马队，于十一月初四日驰抵枣阳。探得发逆赖汶洸、邱沅才，捻逆牛洛红、任柱、李允等各股匪，经副都统常星阿等马步各队蹑踪尾追，该逆窜至襄阳县东北黄龙垱、峪山一带盘踞。臣拟于初八日督队进剿，讵该逆等已于初七日夜间由峪山向西北滚河一带窜去。臣令常星阿、蓝斯明等马步队伍追剿，至蒋家沟地方，该逆马步分列以待。我军常星阿等马队先行冲击，该逆抵死不退。是时姜玉顺等步队及恒龄等马队均布阵于山坡之上，恒龄等见常星阿军力不支，立即带队助剿。该逆马步从旁扑犯，我军转战，陷于沟坎泥淖之中，不得驰骋。而姜玉顺、梁洪胜等步队虽经接应，未能尽力支撑，致被该逆乘势包抄，因而小挫，收队后驻扎官庄。初十日，探得捻逆张总愚、陈大瀍等匪乘夜由王家河北窜，渡河向西逃窜，与前股发捻勾合，经我军乘贼渡河，奋勇冲击，毙贼百余名，落河淹毙者无算，余皆乘夜窜散。

该逆既合伙西趋，诚恐图窜樊城，扰及完善，遂饬姜玉顺等各率步队移扎樊城，扼要堵剿。十一日，臣督带马步跟踪前进，至吕堰驿地方，探得该逆等合伙向西南邓州属白洛堰一带奔窜，我军探踪追击，适翼长成保等马队、总兵郭宝昌张曜两军步队赶到，臣即于十四日督饬各军，分中左右三路整队前进。追至邓州之唐陂地方，贼匪倾巢出拒，经恒龄等马队更番冲击，贼势少却。该逆复出大股，向我右哨步队拌死来扑，我军极力支持。该逆愈聚愈众，致为贼匪抄袭，官军挫失，兵勇俱有阵亡。该逆因我军失利，胆敢乘隙上窜，在邓州东北白牛里一带盘旋，亟应拨兵截剿。臣已飞咨督臣官文，抚臣张之万、乔松年、刘蓉等，檄饬防军扼要堵击，毋任阑入边境，并札调姜玉顺、梁洪胜两军来营协剿，令藩司英翰、道员蒋凝学各率所部移扎商城，提督成大吉进扎新野，以厚兵力。

杭州将军国瑞，已于十一月初七日率马步官兵由官山移扎信阳州，以为后路声援，臣已函会该将军妥筹防剿。臣暂驻邓州，稍加整顿，拟即督军合力追剿。

此次接仗失利，虽因带队各员未能戮力同心，致有败挫，究系臣调度无方，实难辞咎，应请旨将臣严加议处。臣惟有激励将士设法进攻，誓灭穷寇。

——《钦定剿平捻匪方略》卷二二三，第27—31页。

〇上谕

谕议政王、军机大臣等：

僧格林沁奏追剿发捻各股贼匪、先后接仗失利，现驻邓州相机追击，檄调楚皖官军扼剿，并自请严议一折。发捻各股，由枣阳黄龙垱、峪山等处向西北滚河一带窜去，经僧格林沁督军追击，乃带兵各官未能戮力同心，以致马步官军或因陷于沟坎泥淖，遂至失利；或因雾气迷漫，为贼所乘。总由该将弁等带兵不能得力，屡致败挫。即著僧格林沁查明，据实严参惩办，以肃戎行。该逆现窜邓州东北白牛里一带，僧格林沁移扎邓州，即著整饬队伍，督令带兵将弁合力追剿，以赎前愆。僧格林沁自请严议之处，著加恩宽免。贼踪已入豫境，著张之万严饬张曜等实力严防，毋令纷窜腹地，扰及完善。邓州距陕较近，著刘蓉檄饬在防各军严密防剿，毋令阑入边境。陕省兴商等处兵力甚单，蒋凝学一军现扎商城，未能由郧西绕出贼前，迎头截剿，必须由楚省调拨劲军绕前截击，方能遏其入陕之路。即著官文迅拨得力兵勇，驰赴豫陕之交界地方，会合陕军奋力兜截，毋稍延缓。前谕曾国藩迅饬刘连捷等军星驰入鄂，归官文调遣，即著仍遵前旨，饬令迅速前进，傥敢逗遛，即著曾国藩查明严参，并著官文檄调刘连捷等军到鄂，以便腾出兵力，赴陕助剿，以资周转。国瑞现由光山移扎信阳，即著该将军妥筹布置，相机策应。将此由六百里各谕令知之。

——《清穆宗实录》卷一二二，同治三年十一月癸亥。

十一月二十七日

〇官文奏

查陈得才、蓝城春先后授首，吴青汰、范立川、倪瀣汉、马融和、倪瀣淮次第乞降，仅余张总愚、赖汶洸、陈大湻等屡败之众，尚稽显戮。楚师水陆各军追剿截杀，僧格林沁复亲督大军会击，逆势愈衰，当可无虞。且僧格林沁威望夙著，为楚军所畏服，既经臣咨由僧格林沁就近调度，必能就地殄除。襄阳有提臣江长贵久经战阵，人尚可靠，似无须臣亲往督剿。

日来在硚石行营撤遣降众，弹压游勇，均各就绪，商民安堵如常。惟西征军实及金陵遣勇欠饷尚无端倪，督署公件不能随营办理者，已积压数月之久，均难再缓。拟于十一月十九日回省，会同抚臣督饬司道赶紧办理。仍严饬水陆各军，乘此声威，认真剿洗。此后军情，由僧格林沁就近奏报，以期迅速。

——《钦定剿平捻匪方略》卷二二三，第32—33页。

○上谕

谕议政王、军机大臣等：

官文奏兵力厚集襄樊会剿败匪，楚省可保无虞，定期回省；曾国藩奏遵旨回任，拟赴安庆、黄州妥筹防剿各一折。据曾国藩奏，刘连捷等军宜以黄州上巴河为老营，凡黄州八属有警，即令分队驰剿；刘铭传等军宜以三河尖、固始为老营，凡皖豫交界有警，即令相机防剿。有此二枝劲旅，庶可腾出湖北本省兵力，专顾德安、襄阳等处，以为通力合作之计。自是老谋深算。惟远防不如近剿，现在贼踪骎骎西窜，若驻扎三河、固始，未免距贼较远，兵情旦夕变迁，著曾国藩饬令刘连捷、刘铭传等入鄂入皖之军，探踪前进，均归僧格林沁调遣，以期力殄狂氛，肃清余孽。曾国藩拟俟科场完竣、诸务就绪，乘坐轮船，驶赴安庆、黄州一次，不若就目前李鸿章尚在江宁，该督即日出省，规画指挥，严饬诸将认真防剿，较可得力。俟各路布置定妥，仍即驰回江宁，办理善后一切要务。官文以西征军实及金陵遣勇欠饷尚无端倪，并公事积压已久，请回省督办，自系实情。著即回省，督饬司道认真筹办，一面严饬水陆各军认真剿办，务将此股贼匪即在楚境就地歼除，毋任旁窜他省。僧格林沁暂驻邓州，惟当恪遵昨日谕旨，稳慎进兵，力图剿洗。凡遇山险泥淖，均以步队当先；平原旷野，以马队当先。并须豫拨劲兵，严扼该逆西窜之路，前截后追，毋任入陕。刘连捷、刘铭传等军，并著该亲王酌量调度，以资厚集。其何路兵将赴调迟延，即著僧格林沁严行参奏。皖境现虽无贼，乔松年仍当饬属妥防，不可稍有疏失。张之万惟当懔遵昨日寄谕，严饬张曜等实力防剿。兴商之防甚单，刘蓉当设法添派兵勇，豫筹堵截，免致临渴掘井，贻误事机。将此由六百里各谕令知之。

——《清穆宗实录》卷一二二，同治三年十一月甲子。

十二月

十二月初五日

○张之万奏

据探发捻各匪因官兵失利，势又猖蹶，十月十五、六等日叠扑邓州城垣，经马步各军击退，悉窜镇平之黑龙集、侯集等处。刻下镇平西、南、北三面均有寇踪，西北为马山口入山之路，西南则由内乡趋淅川，头头是道，实属防不胜防。臣于二十六日行抵舞阳，催王文行勇队前进。复接僧格林沁函会，知已移扎南阳，整顿队伍。臣一面飞饬汤聘珍等各营星夜绕由南召、鲁山出贼之前，扼贼北窜河汝之路，一面飞饬河陕汝地方文武，号召民团，坚壁清野，力保完区。俟僧格林沁振军复进，然后合力痛剿。惟僧格林沁之军新挫，需兵殊急，其所调皖军英翰、蒋凝学之队，又只令进驻商城，遇有缓急，深恐鞭长莫及。臣已知会乔松年，催令皖军由信阳入境，迅赴宛南，以厚兵力。至邓州各营军装器械大半损失，急须添补，侍郎毛昶熙暂留汝郡，督率粮台委员简练军实，陆续运赴前敌，以资整顿，仍将汝南善后各事宜认真布置，料理就绪，即星驰赴宛，与臣会筹一切。

——《钦定剿平捻匪方略》卷二二四，第1—2页。

○张之万奏

逆众志在入山，南召、内乡之间鸟道羊肠，断非用骑之地，步队甫经挫衄，猝难整顿。若召募新军，既恐缓不济急，且将领难得其人。查总兵陈国瑞骁勇过人，声威素著，自随僧格林沁剿办楚豫窜匪以来，每战必捷，所部不过三千余人，而数万贼众当之辄北，前因病请假，在光州就医，闻已痊愈，合无仰恳天恩，饬令陈国瑞速赴僧格林沁军营带兵剿贼，以期迅殄妖氛。

——《钦定剿平捻匪方略》卷二二四，第2—3页。

○上谕

张之万奏发捻各逆由镇平分窜，现派队追击，并亲赴舞阳布置，请饬催陈国瑞助剿各折片。前据僧格林沁奏，贼窜邓州，官军小挫，当经谕令该亲王等整队追击。兹据张之万奏，逆贼势又猖獗，叠扑邓州城垣，经马步各军击退，复向镇平一带窜扰。刻下镇平西、南、北三面均有贼踪，西北为马山口入山之路，西南则由内乡趋淅川，头头是道。张之万已行抵舞阳，催王文行勇队前进。僧格林沁现在移扎南阳，著即整顿各军会合痛剿，务须就地殄除，毋任再行肆窜。英翰及蒋凝学二军能否酌调赴营，著该亲王察度妥调。陈国瑞打仗向称勇往，据张之万奏，该总兵因病请假，在光州调理，现在谅已就痊，著僧格林沁飞调该总兵迅赴前敌，以资得力。张之万务当严饬汤聘珍等各营，星夜绕由南召出贼之前，扼贼北窜河陕之路。并飞檄河陕汝地方，整饬民团，共资保卫。王文行勇队，催令即日前进，会合僧格林沁所派之军合力痛击，毋任观望。贼势骎骎西趋，若一入山险，又成不了之局。刘蓉前奏兴商止有五营，而他处兵勇万难抽动，请责成湖北派兵前截后追。该抚责任封圻，自当于无可抽拨之中设法筹备，方为不负委任，岂能尽诿邻封、袖手坐视？著即严饬地方官实力办理团练，以补官军之不足；仍于附近营汛抽调兵勇，择要设防。傥任令匪踪阑入，定惟该抚是问。均光郧阳，与邓州、镇平接壤，逼近贼氛，著官文严饬郧西一带防兵认真截剿，毋得纵令西窜，致滋延蔓。现当河冰冻结之时，贼踪若至陕汝，即易履冰过河，沈桂芬务须严饬地方文武各员实力巡防，备豫不虞，不得以寇氛尚远，稍涉大意。将此由六百里各谕令知之。

——《清穆宗实录》卷一二三，同治三年十二月壬申。

十二月初九日

○张之万奏

发捻各逆由镇平纷窜，扰及裕州之赵河等处。臣闻警，即于十二月初一日进扎叶县。据报，该匪在镇平境内盘旋数日，因马山口有兵扼守，连日分股来扑，与我争险，均经防军击却，不得逞志，遂相率北趋，由南阳之石桥趋南召，疾走鲁山，贼骑四出扰掠，二十九日直薄鲁山县城，全股在近城一带游弋，窥伺河汝等情。查该匪自入豫境，即趋岩邑，是其注意总在入山，我军马山口之队先贼扼险，贼果不敢由此深入。无如扼险之兵有限，贼窜之道无穷，其扼扎镇平与贼相持者，仅恃汤聘珍及崔廷桂等数营，该匪乘隙即趋，头头是道，其锋正锐，势难力堵。现既全股北走，则镇平之军已出贼后，且鲁山西北皆山，直接河汝，该匪本有入山过冬、再窥陕境之说，难保不由此深入。而豫省兵力，除张曜等新挫之队，亦更无兵可调。臣已派张曜率领所部，并统带宋庆、汤聘珍各军，即日拔营，由南召、鲁山一路尽力追剿，并将临胜四营及新募飞虎一营拨归张曜、宋庆管带。适僧格林沁亦于初二日督军抵叶，臣与会筹布置，意见相同，即饬张曜迅统各军克日进剿。僧格林沁本拟督带马队疾趋郏汝，与张曜等军会合，臣见该亲王日夜奔驰于冰雪中，劳顿已极，且马队亦皆疲乏，该亲王勇于灭贼，恐仓猝遇贼，不能计出万全，因勉留暂住一二日，以资休息，一面飞檄张曜等星夜前进。此时贼势方张，汝陕门户洞开，瞬息即可窜越，且黄河三门冰结成桥，贼势蔓延，秦晋均恐震动。除飞咨各该抚臣严备边防外，臣惟有督饬将领，尽力以图，贼至何处，即由何处蹑剿，以期仰慰宵旰之忧。

——《钦定剿平捻匪方略》卷二二四，第4—6页。

〇上谕

张之万奏贼由南召北趋鲁山、窥伺河汝，现在会筹进剿一折。豫省发捻各逆，由镇平纷窜，扰及裕州之赵河等处。该逆因马山口有兵扼守，分股来扑，叠经防军击却，未得逞志，遂相率北趋，由南阳之石桥疾趋南召，直薄鲁山县城。全股在近城一带游弋，窥伺河汝。僧格林沁、张之万先后督军驰扎叶县，现将临胜四营及新募飞虎一营拨归张曜、宋庆管带，克日进剿。即著饬令该总兵等，整饬诸军，取道前进，并飞檄王文行勇队跟踪蹑剿。鲁山西北皆山，直接河汝，务须严饬张曜等军绕出贼前，合力兜击，毋令贼踪窜入山险，致滋蔓延。僧格林沁所部马队日夜奔驰，疲乏已极，著俟暂行休息，兵力稍纾，即由该亲王统带前赴郏汝，相机筹度，会合张曜等军稳慎进攻。其扼扎镇平之汤聘珍、崔廷桂等数营，现已落在贼后，应由何路调赴前敌截剿，并豫省本境有可添调之兵，应行酌量调拨，并著僧格林沁、张之万妥筹速办。曾国藩前派分赴楚豫之刘连捷、刘铭传等军曾否到防？楚省现无贼踪，著曾国藩、李鸿章迅檄刘连捷等所部星速驰赴豫境，毋许再有稽延。官文所部成大吉、李成谋诸军，自应遵旨飞速拨赴豫省助剿，即著僧格林沁檄调前进，分投堵剿。陈国瑞因病请假，谅已就痊，即著僧格林沁调赴前敌，并飞檄皖省之英翰、郭宝昌、蒋凝学各军迅赴南召、鲁山一带，前截后追，以杜纷窜。乔松年即催令英翰等速行入豫，毋稍延缓。以上各军，均归僧格林沁节制调遣，即著该大臣随时檄调。如将士有畛域之见，及赴调迟延者，均著严参。

该处山路居多，步队尤为得力，该大臣务须多为之备，加意慎重，以防意外之失。该逆有入山过冬、再窜陕境之说，现届冬令，黄河三门冰结成桥，匪踪易于渡河。秦晋毗境，防务均形吃重。著沈桂芬懔遵前旨，严饬河防文武实力堵御，应否添兵协守、以备不虞，并应熟筹妥办，万勿以寇氛尚远，稍涉疏虞。陕省毗连河汝等处要隘，并著刘蓉派兵严防。仍遵前旨，速饬地方官整饬民团，妥筹守御。陕省防兵，仅有兴商数营，较形单薄，如贼势西趋陕疆，并著官文酌派劲兵，越境兜击，毋得稍分畛域。豫省扼守马山口兵队现系何人统带？仍著张之万饬令择要扼扎，以杜匪党回窜，争据山险之路。

昨据御史陈廷经奏绿营水师废弛，请饬整顿营伍、制造火器一折，所陈各节是否可行，并著曾国藩、李鸿章会同商酌，奏明办理。陈廷经原折，著钞给曾国藩、李鸿章阅看。

将此由六百里各谕令知之。

——《清穆宗实录》卷一二三，同治三年十二月丙子。

十二月十三日

〇官文奏

发捻逆匪全股窜入邓州，臣前次奏报，如贼纷窜，即令常星阿、苏伦保、温德勒克西、姜玉顺、蓝斯明等随同僧格林沁出境分追，现又添派富森保、杨朝林、梁洪胜会同常星阿等星夜驰赴邓州，内外夹击，以期聚歼。又派成大吉由老河口、均光一路迎头包袭，兼顾楚境；提臣江长贵确探贼踪，扼守要隘；李成谋扼扎双沟，为后路援应。即该逆回窜，亦足以严边界之防。

——《钦定剿平捻匪方略》卷二二四，第9—10页。

〇上谕

官文奏发捻窜豫、派军驰赴邓州助剿，及援甘楚军起程日期、刘连捷令扎英霍六安各折片。逆匪由邓州至镇平，相率(此)[北]趋，现由南召奔鲁山，窥伺河汝，叠经降旨令官文派兵赴豫助剿。兹据官文奏称，已令常星阿、苏伦保、温德勒克西、姜玉顺、蓝斯明等，随同僧格林沁出境分追，现又添派富森保、杨朝林、梁洪胜等内外夹击，又派成大吉由老河口、均光一路迎头包袭，兼顾楚境。所筹均尚周妥。现在贼众北趋，若不迎头拦截，恐一入河汝，将为秦晋之患。著即催令常星阿等星驰前进，归僧格林沁调遣，不得稍涉观望，致干咎戾。楚省要隘应办防务，即责成江长贵、李成谋等妥为经理，以防回窜。刘连捷一军，自可无庸赴楚，惟该督饬令驻扎英霍六安潜太一带，去贼太远，以有用之兵，置之无用之地，殊为可惜，著僧格林沁遵照叠次谕旨，檄调赴豫，并催调刘铭传等军星速入豫，派赴前敌截剿，以厚兵力。蒋凝学一军现扎商城，并著僧格林沁酌量调遣。此军系派赴甘省之兵，著俟豫省贼势稍平，仍令该道带兵赴甘。

据官文奏称，该道每月需饷六万两，因楚省支款繁多，力有未逮，不得不藉旧欠接济新饷，议定自同治四年正月起，每月由湖北补发欠饷银二万两，其余银四万两，该道行抵陕西，即由陕西筹给；行抵甘肃，即由甘肃筹给等语。著刘蓉、恩麟于蒋凝学一军到境时照数接济。刘蓉并于荆子关设立分局，藉收转运，以利师行。

将此由六百里谕知僧格林沁、官文、刘蓉，并传谕恩麟知之。

——《清穆宗实录》卷一二四，同治三年十二月庚辰。

〇官文奏

查道员蒋凝学一军自皖援鄂，所部仅三千数百人，屡次战捷，以少胜多，实属忠勇奋发。该营参将刘维桢侦知，群贼中惟陈得才为最悍，而陈得才党与，又以吴青汰为最悍。

蒋凝学遂令刘维桢宣布皇仁，暗施反间，该道仍率部昼夜穷追。十月初九日，追至霍山县属之长岭庵，贼目吴青汰率三万余人因刘维桢以求降，蒋凝学即派知府蒋泽沄率各营排阵要隘，遣游击熊显荣、从九品何林亨驰入贼中，察其真伪。首逆陈得才即亲率大股来冲，蒋凝学激励吴青汰等剿贼立功，吴青汰即与屈忠星等反戈杀贼，蒋泽沄同总兵李扬隆等乘势痛剿，捡斩极多。是夜，贼目范立川带同陈汉汰、周添瞬等二万余人来降，倪瀣汉及陈得才部党高启城等见吴青汰、范立川等反正，相继来归者又五万余人，蒋凝学驭之以权，怀之以恩，各降众均帖然心服，陆续遣回者共十一万一千三百余人，留精壮在营效力者三千余人。陈得才自度不支，服毒自尽，又经范立川等掘获尸身，解至僧格林沁行营，戮尸传首示众，实足大快人心。所有出力各员，应请分别奖励。至蒋凝学一军，见经僧格林沁饬赴商城听候调遣，定于十一月二十八日拔营星夜驰往，臣已于江汉关税项内发给银七万两，又购买米三千石解赴襄阳备领，以利军行。①

——《东华续录》同治四十一，第 19—20 页，同治三年十二月庚辰。

十二月十六日

〇上谕

沈桂芬奏豫省匪势渐近晋疆、酌调官兵并暂留楚勇严防一折。前因张之万奏，贼扰鲁山，窥伺河陕，当以时交冬令，河冰冻结，恐匪踪易于渡河，谕令沈桂芬设防。兹据奏称，见在蒲州等营调派兵丁一千名，就近添防；罗承勋管带二起楚勇赴甘，甫经渡河，饬令折回，暂驻茅津；添调太原、平阳等营兵一千，赴永济一带防范；泽州防兵早撤，见已筹兵备调等语。布置尚属周密。惟晋省兵丁向多孱弱，此次沈桂芬派出防兵，务须拣择精壮可用者，方不至有名无实。和昌既驻茅津，著饬令整顿各营，将各处紧要渡口严密梭巡，多设侦探，与罗承勋并力协守，毋稍大意。贼既北趋鲁山，渐逼秦晋，僧格林沁、张之万当已相机兜剿，扼其入陕，其可窜入晋省之路，尤应派兵截击，毋令阑入，扰及完善。是为至要。将此由四百里各谕令知之。

——《东华续录》同治四十一，第 24 页，同治三年十二月癸未。

① 奏入，赏总兵官李扬隆从一品封典，总兵官袁秀林、参将刘维桢巴图鲁名号，投诚贼目吴清泰等蓝翎，余加衔升叙有差。参见《东华续录》同治四十一，第 20 页。

十二月二十一日

〇刘蓉奏

发捻各逆始由枣阳回窜豫境之邓州，继由镇平分窜南召白土冈及镇内交界之马山口等处，骎骎入山，并闻有赴河南府、过年再图入陕之信。臣以贼势愈趋愈近，兴商一带隘口繁多，万一该逆经鄂豫官军围剿紧急，或窜淅川以图商南，或趋郧西以窥山阳，均应先事豫防，当饬镇西军鄢太愚驻扎商南之富水关，陇军黄加焜驻扎山阳之漫川关，并调驻防凤县之毅军二营驻扎商州、山阳交界之竹林关，扼要防堵。又恐兵力尚单，札商在籍主事管涝等，统率团练，协同官军分路守御，以壮声威。前蒙皇上廑念，陕防单薄，饬湖广督臣官文酌派劲兵越境兜击，伏恳圣恩，饬下官文、僧格林沁懔遵前旨，分拨安肃道蒋凝学一军绕赴淅川，驻扎荆子关，为绕前截击之师，则淅川、郧西两路既可兼顾，并与臣派防富水关等处之军声势联络，实于防剿机宜两有裨益。

——《钦定剿平捻匪方略》卷二二四，第14—16页。

〇上谕

刘蓉奏东路匪逼陕疆，现筹派兵集团分防要隘，请将工程处银两展限筹解各折片。豫省发捻，由镇平窜南召之白土冈及镇内交界之马山口等处，并有赴河南府、过年再图入陕之信。贼势愈趋愈近，兴商一带隘口繁多，亟应力筹防御，以扼该逆西窜之路。刘蓉现派鄢太愚等驻扎富水等关，并联团协剿，以壮声威。均著照所拟办理。前谕官文，如贼势西趋陕疆，酌派劲兵越境兜击，并以蒋凝学现扎商城，谕令僧格林沁酌量调遣。兹据刘蓉奏，请分拨蒋凝学一军绕赴淅川，驻扎荆子关，为绕前截击之师，于淅川、郧西两路均可兼顾等语。现在蒋凝学未知由何路进剿，应否即令该道进驻荆子关，或另腾出兵力前往扼扎，以固秦疆门户之处，著僧格林沁、官文通筹全局，妥筹办理。刘蓉仍当就本省兵勇力遏贼氛，不得专待邻省拨兵，一味株守，至令无贼之区又被蹂躏。陕西欠解工程处银九万两，据刘蓉奏称，该省残破太甚，未便急切追呼，请展限筹解，并请将林寿图一并议处。该省被扰甚久，未能依限解清，亦属实情。所请将该抚暨藩司林寿图一并交部议处之处，均著加恩宽免，并准其展缓三个月，于明年四月以前埽数完解。惟定陵工程紧要，经此次展缓之后，务当依限解清，毋得再事延缓。前谕僧格林沁将李成谋一军调赴豫省助剿，兹据左宗棠奏，闽省贼氛正炽，请饬李成谋速赴漳州镇总兵本任等语。著官文即饬李成谋迅赴新任，并酌挑所部水师得力弁丁随带赴闽，以利攻剿。将此由六百里各谕令知之。

——《清穆宗实录》卷一二五，同治三年十二月戊子。

十二月二十二日

〇僧格林沁奏

据报，发逆、捻逆由南召窜鲁山县以北梁洼、杨楼及宝丰县以西张八桥一带盘踞，臣于十二月初五日督带马步各队取道郏县，初九日进扎宝丰，令总兵郭宝昌、张曜等分道进攻，因限于地势，未能得手，必须步步为营，乘隙进取。臣晤抚臣张之万筹商进剿机宜，非近贼安营，日夜规取，不能制贼之命。而我军现无帐房，驻军总在十里以外，出队奔驰，已有贼逸我劳之势，因嘱张之万多备帐房，作速解营，以资应用。一俟帐房解到，即令各营步队逼贼扎营，相机攻击，并饬张曜等督带队伍，由鲁山向梁洼一带进剿，以牵制贼势，使其首尾不能相顾，而收夹击之效。

至臣叠奉谕旨，饬刘连捷、刘铭传等军探踪前进，归臣调遣，仰见宸谟广运、厚集兵力之至意。惟闻此二军守则有余，战则不足，似可暂缓来营。臣查各营中纪律严明、打仗得力者，惟提督姜玉顺一军，业经札调来豫，协同进剿，并拟调英翰所部副将黄秉忠、同知史念祖管带两营步队来豫助剿。

再，臣前见徐州镇总兵詹启纶所带勇队颇称骁勇，相应请旨，饬总兵詹启纶选带勇队三千名迅速来营，合以黄秉忠、史念祖两军，与各路官军剿办发捻股匪，庶可迅殄贼氛。

——《钦定剿平捻匪方略》卷二二四，第16—18页。

〇上谕

谕议政王、军机大臣等：

僧格林沁奏督军进扎宝丰，昼夜进剿，明袭暗攻，叠获小胜，现仍设法规取，并请调步队来营助剿一折。逆贼麇聚张八桥、梁洼等处，经僧格林沁派令郭宝昌、张曜等分道进攻，因限于地势，尚未得手，必须步步为营，乘隙进取。该亲王拟俟帐房解到，逼贼而营。著即督饬郭宝昌等稳慎进兵，不得稍有疏失。张曜一军，著僧格林沁、张之万督令将梁洼贼垒攻拔，使该逆首尾不能相顾，自可收夹击之效。该亲王营内需用帐房军械等项，著张之万督饬赶紧运解，以资利用。姜玉顺一军，前已有旨令其赴豫，著官文即行严催，令赴豫省协剿，归僧格林沁调遣，毋任宕延。刘连捷、刘铭传等勇队，叠在江南克复城邑，均是百战劲旅，即不令当前敌，亦可调令防堵要隘，藉壮声援。俟该提督等到营，仍由僧格林沁酌量调派。詹启纶前经请假回籍修墓，业经赏假三个月，计期尚未起程，本日已谕知富明阿，令该总兵挑选精锐勇丁三千名，克日赴豫。如回湖北本籍，即著官文饬令赶紧赴豫。其英翰所部之黄秉忠等二员，亦经谕令乔松年，饬令管带两营，迅速赴豫。俟豫省军务肃清，再令詹启纶回籍。陈国瑞现在何处？能否出力？著该亲王量加驱策调遣。该亲王营中马队伤病不少，实深廑念。蒙古现有捐输马匹，尚堪调用，如须添调，即赶紧奏请拨解，以利军行。将此由六百里各谕令知之。

——《清穆宗实录》卷一二五，同治三年十二月己丑。

○上谕

僧格林沁奏，请饬英翰所部副将黄秉忠、同知史念祖管带两营步队来豫助剿；徐州镇总兵詹启纶所带勇队颇称骁勇，并请饬该总兵选带三千名来营等语。现在豫省匪势狓猖，窜扰南召、鲁山。该逆一入山险，非有得力步队，不足以资剿洗。著富明阿檄饬詹启纶，选带精锐勇队三千名，速赴僧格林沁军营，俟豫省军务肃清，再行遵照前旨，饬令回籍修墓。英翰部下黄秉忠、史念祖管带步队两营，尚能得力，著乔松年饬令星驰入豫，迅赴僧格林沁军营，均听候该亲王调遣，以资厚集而利攻剿。将此由六百里各谕令知之。

——《清穆宗实录》卷一二五，同治三年十二月己丑。

十二月二十三日

○上谕

谕议政王、军机大臣等：

杨岳斌奏湘勇起程日期并请饬发协饷及派员募勇情形一折。据称，接准部咨，知甘省协拨饷银已有成议，而湖北防务已松，即饬安肃道蒋凝学等先期带兵赴甘，该军马步七千八百余人，甘省得此一军，可以稍厚兵力，惟该营每月需饷银四万余两，食米四千余石，必须按月接济，请饬都兴阿转饬庆阳粮台，先将部议协拨杨岳斌军营之款暂济该道军饷，至各省协饷，已准江西、江苏各解到三万两，饬总兵彭楚汉等招募湘勇，一俟训练成军，即当统带赴甘各等语。前因蒋凝学一军驻扎商城，谕令僧格林沁酌量调遣。复因发捻各逆骎骎西趋，谕令僧格林沁等斟酌情形，饬令蒋凝学驻师荆子关，实力扼扎。是该道员所部马步各队尚未能克期赴甘，杨岳斌惟当赶紧募勇成军，认真训练，并咨催各省欠拨之饷，以期资粮稍足，即日成行，迅赴甘省，俾得腾出兵力出关剿贼，以靖边陲。蒋凝学一军如有赴甘之期，即著都兴阿、文煜、杨能格由庆阳粮台支发饷银，毋稍缺乏。将此由五百里谕知都兴阿、杨岳斌、文煜，并传谕杨能格知之。

——《东华续录》同治四十一，第 37—38 页，同治三年十二月庚寅。

十二月二十六日

〇张之万奏

贼众分踞鲁山之梁洼、宝丰之张八桥等处。十二月初九日，僧格林沁亲督马步进军宝丰，密派勇目张玉等探明贼馆处所，导引官军，袭取贼垒。十一日，副将骆得胜等前往劫营，各勇衔枚宵进，袭破张八桥贼围，逆众夺路而遁。其张曜、宋庆等军由南召取道前进，先后驰抵鲁山，十一日各率所部分道进剿，行至段店西北，贼垒林立，未便深入。十三日，张曜挑选奋勇，夜劫贼营，疾行十余里，至浪店地方拔栅而进，袭破贼卡，斩首十余级，近村踞匪闻声惊走。十五日，张曜等复整军而出，甫至段店，忽梁洼大股踞贼由左右村庄蜂拥而出，守备周步升、外委王克仁各率本哨冲入贼阵，同时阵亡。该匪屡次冲扑，经张曜等迎击，枪炮环施，毙匪多名，始行败退。

查我军连日进剿，贼之出窜事在意中。河洛为贼往来熟径，空虚可虑。昨与僧格林沁筹商，该大臣毅然以河洛门户自任，臣身膺疆寄，敢不竭力兼筹？现有已革副将徐邦道自募川勇两营来豫投效，经臣点检，此军颇为精壮，少加简练，即令驰赴河洛扼要防剿。一面飞饬张曜等激励军士，随同僧格林沁大军两路夹攻，为就地聚歼之计。守备周步升、外委王克仁力战捐躯，深堪悯恻，合无吁恳天恩，饬部从优议恤。[①]

——《钦定剿平捻匪方略》卷二二四，第 23—24 页。

---

① 奏入，上谕曰：据奏鲁山、宝丰袭剿情形，与僧格林沁前奏略同。著仍遵前旨，督饬张曜一军迅克梁洼贼垒，随同僧格林沁大军两路兜击。河洛之防至关紧要，并饬徐邦道扼要防剿，毋稍疏虞。阵亡之周步升、王克仁，均著交部从优议恤。参见《钦定剿平捻匪方略》卷二二四，第 24—25 页。

同治四年

正月

正月初五日

〇僧格林沁奏

上年十二月十九日，臣令翼长恒龄、常星阿等带领马队，暨总兵郭宝昌等步队，由北面进攻甘露台踞贼。翼长成保等各带马步，由南面进攻张八桥贼寨。我军行至塔儿湾地方，探得该处有小股潜匿，营总何建鳌即令参将施绍恒率兵兜围，毙贼数十名，生擒四十余名，恒龄等擒获巡哨贼匪二十余名。该逆知我军两路进取，未敢出敌。二十一日，饬郭宝昌、何建鳌等分南北两路逼贼安营，并派恒龄、成保等马队列阵于何建鳌、郭宝昌营盘左右，以防扑犯。郭宝昌等先在北路扎营，甫成四垒，马贼蜂拥来扑，郭宝昌督率所部出营扼击，枪炮齐施，毙贼无数。成保复带马队横出抄袭，贼势大乱。我军乘胜追击，压过山冈。其何建鳌等带领步队至南路塔儿湾安营，尚未扎定，大股马步贼匪蜂拥而至，恒龄等令我军马步佯退，诱贼深入，恒龄等率领马队从旁突出，更番进击，贼势披靡。常星阿、何建鳌复率本队鼓勇转战，并力追剿，杀贼无数。败贼向梁洼一带逃遁，恒龄等合军追击，踏毁沿路逆垒数处，直抵张八桥老巢收队。是日，共计歼悍贼二千余名，生擒七百余名。何建鳌即乘势立营，与郭宝昌营互相联络。该逆经我军痛剿，遂于二十一日乘夜西窜。臣于二十二日亲督马队并郭宝昌步队探迹追击，该逆业已遁入山险。

贼情诡诈，难保不乘虚折向东北，图扰河洛。臣饬常星阿、郭宝昌等跟踪追剿，并饬总兵张曜、宋庆等作速由鲁山拔营前进，会同常星阿等实力紧追，无使该逆喘息。臣即于二十三日督带恒龄等马步各队取道汝州，向洛阳一路进发，以期绕前堵截。正拔队间，据郭宝昌等禀报，二十二日督军追至清凉寺地方，杀贼千余名，该逆已向汝州正西白杨树一带窜去，遂饬常星阿等紧蹑贼后。旋探得该逆有图奔洛阳之说，臣即于二十四日督军驰至兴隆镇地方，拴获贼探十余名，供称，该逆等知马队官兵追击甚紧，仍欲往西路山内遁窜等语。且探贼踪现在嵩县西北一带盘旋，该处俱系山径，马队难以展布，倘该逆一经北窜，则宜阳、永宁一路正当其冲，臣遂于二十六日督军由洛阳取道宜阳，至永宁正东韩城镇驻扎，觇贼所向，相机堵剿，与常星阿、郭宝昌等军前截后追，期将此股残寇就地殄灭。现已函会将军国瑞督兵进扎河南府，联络声势，并飞饬河陕汝道督带兵勇驻防朱阳关，以遏贼匪西窜之路。

查此股发捻各匪窜入豫境，为数不过万余，近经官军叠次痛剿，仅剩五六千名。就贼势而论，以臣现有兵力已敷调遣，现复催提督姜玉顺督队进扎荆子关，以重西路之防，若川陕两省有兵扼防，剿办庶易得手。所有前调总兵詹启纶及抽调副将黄秉忠、同知史念祖等军，此时贼踪渐向西趋，距江皖等省千有余里，似未便徒劳师旅，拟暂缓征调，以节经费。

至二十一日之仗，常星阿与恒龄、何建鳌等临阵决策，悉合机宜，大获全胜，相应请旨，将常星阿、舒伦保、温德勒克西等开复原参处分，并赏还勇号，以为奋勉图功者劝。

——《钦定剿平捻匪方略》卷二二五，第1—5页。

○上谕

谕议政王、军机大臣等：

僧格林沁奏官军逼贼安营、叠获大胜一折。贼踞张八桥等处，经僧格林沁督饬恒龄、郭宝昌等马步各队两路进取，贼众奔溃，斩获不少，逆众向汝州白杨树一带窜去。该亲王饬常星阿、郭宝昌紧蹑贼后，并亲督马步，由洛阳取道宜阳，至永宁正东韩城镇驻扎，觇贼所向，相机堵剿。著即督饬常星阿等前截后追，务将此股逆众就地殄除，并随时严密侦探，毋任遁入山险，负嵎为患。张之万即催令张曜等会师合击，并严饬河陕汝道督带兵勇驻防朱阳关，以遏逆匪西窜之路。此股逆匪虽止剩数千名，而漏刃余生，困兽犹斗，以刻下情形而论，若遁入深山，马队无从施展，必须多用步队，方能得力。前调之詹启纶、黄秉忠等军，已屡次催令赴豫，仍著僧格林沁严檄到营，酌量调遣。山径崎岖，该亲王督军深入，未可轻进，必须格外慎重，以奏全功。设使该逆径趋西北，恐秦晋边界守御不严，仍当早为飞檄知照，一面派兵绕前遏截，以期有备无患，先发制人。姜玉顺一军，著官文迅饬驻扎荆子关，严扼西路要隘，毋令阑入完善地方。将此由六百里各谕令知之。

——《清穆宗实录》卷一二六，同治四年正月辛丑。

○上谕

僧格林沁奏官军逼贼安营、叠获大胜，逆众被剿奔窜、拨兵蹑追一折。河南发捻各匪，经官军击败后，仍盘踞甘灵台、张八桥一带。僧格林沁亲督诸军进扎宝丰，派翼长恒龄等带领马步各队，由南北面分投进攻，行至塔儿湾地方，猝遇伏路逆匪，立即兜剿殆尽，遂饬郭宝昌等列队迎剿，逼贼安营。该逆仍负嵎抗拒，分出马贼来扑，郭宝昌等督率所部扼击，枪炮齐施，刀矛并刺，毙贼无算。成保带领马队横出抄击，使贼首尾不能相顾，逆众大乱。官军乘胜追击，压过山岗。其南路何建鳌等带领步队在塔儿湾地方安营，尚未扎定，该逆突出马步大股贼匪，蜂拥而至，意图扰犯官军营盘。常星阿等因地势难于施展，挥令各军佯退诱贼。贼果尾随扑营，恒龄、苏伦保等各督马队从旁突出，更番进击，枪箭环施，贼势披靡纷窜，官军复并力蹑剿，将步贼斩杀净尽，马贼向梁洼一带遁逃。并经恒龄等合军追击，该逆沿途弃垒而遁，官军追至张八桥始行收队。共阵歼悍贼二千余名，生擒七百余名，全行正法，夺获旗帜、枪炮、器械无算。逆众震慑兵威，向西逃窜。郭宝昌等追至清凉寺地方，复杀贼千余名，该逆向汝州正西白杨树一带遁去。剿办甚为得手。仍著僧格林沁督饬恒龄等军跟踪蹑剿，务将此股余匪就地聚歼，毋任再行延蔓。副都统常星阿等，前在湖北剿贼失利，业经降旨革职留任，撤去勇号，此次与恒龄等临阵决策，悉合机宜，得获全胜，深堪嘉尚，副都统常星阿、苏伦保、温德勒克西均著开复原参处分，并赏还勇号，以示奖励。该部知道。

——《清代起居注册(同治朝)》第 16 册，第 8799—8803 页。

正月初六日

○乔松年奏

臣叠奉谕旨，饬调英翰等军赴豫协剿。窃惟贼踪飘忽靡常，而皖省兵力不厚，若英翰一军出省，则该逆必亟为回窜之谋，与其临事张皇，莫如先事备御。英翰、郭宝昌、蒋凝学同为在皖得力之人，今郭宝昌、蒋凝学已遵旨入豫助剿，所有英翰一军，惟有仰恳天恩，仍留颍州防守，以顾本省。倘贼窜至豫东，如沈邱、项城、新蔡、固始等处，即行迎头夹击，断不准株守本境。如僧格林沁已将贼围困山中，尚觉兵力未厚，则臣亦必匀拨兵勇前往助剿。现已咨明僧格林沁，听其酌度咨调。臣既不敢贻误封疆，亦不敢稍分畛域。

——《钦定剿平捻匪方略》卷二二五，第 10—11 页。

○上谕

乔松年奏皖省兵力未厚、请留英翰防守颍州一折。昨因僧格林沁奏张八桥剿贼获胜，若遁入深山，必须多用步队方能得力，前调之黄秉忠等军，当经谕令该亲王严饬到营，酌量调遣。兹据乔松年奏称，贼踪窜无定向，倘英翰远出赴豫，恐贼乘虚窜入皖境，自系实在情形。英翰著仍留颍州，布置防守；黄秉忠、史念祖两营均著毋庸赴豫。乔松年务当督饬该臬司统率所部,实力筹防,如豫贼东窜,即行迎头截击,毋任阑入。僧格林沁在豫剿贼,渐次得手,傥贼踪纷窜,必需皖兵截击,仍著乔松年酌拨兵勇前往助剿,以期厚集。以上各情,均著该抚咨明僧格林沁遵照办理。前因王拯奏参乔松年近于巧宦,当经谕令曾国藩随时察看,据实具奏。兹据曾国藩奏称,乔松年门丁常杏洲捐纳官阶,迹涉招摇,后令还归本姓,名曰杨澍,改充委员,各官羞与之齿等语。乔松年由道府擢任封圻,宜如何洁己奉公,正色率属,以副委任,乃纵令家丁蒙混报捐,以致人言啧啧,舆论沸腾,本应治该抚以应得之咎,惟念乔松年自升任皖抚以来,办公尚属认真,此次姑免深究。杨澍即常杏洲著该部查明,无论报捐何项官职,即行斥革,并著乔松年即行驱逐出境,不准在署逗遛。嗣后乔松年务当精白乃心,整躬驭下,禁苞苴,远佥壬,将皖省善后各事宜实力经画,庶可保全声名,长承恩眷。傥再稍不谨饬,被人指摘,必不能复邀宽宥也。懔之!慎之!将此谕令知之。

——《清穆宗实录》卷一二六,同治四年正月壬寅。

〇上谕

都兴阿、穆图善奏攻剿宁夏附城贼圩大胜、派员赴楚募勇各折片。宁夏附城贼圩,经都兴阿等分路进攻,杀伤逆匪将以千计,大挫凶锋,剿办甚为得手。该逆经此次痛剿,其胆已寒,著都兴阿乘此声威,督率各军,将城外各圩迅速埽荡,进拔坚城,肃清边圉。前据张集馨奏,曹克忠一军攻破高家堡逆巢,拟进攻萧河城,是静宁一带,驿路渐可疏通,惟固原踞逆尚在相持。雷正绾近日剿办情形若何?著即妥筹攻取,将首逆孙义宝等设法捡斩,毋令兔脱。其曹克忠一军应如何进剿之处,仍著都兴阿、雷正绾妥为调度。甘省兵力尚单,都兴阿等拟派副将陈东霖等赴湖北募勇八营,以资攻剿,著照所议办理。所需枪炮等项,即著咨照官文,按照营制给发。前经寄谕富明阿,饬令詹启纶选勇三千名,赴僧格林沁军营调遣,昨据僧格林沁奏,豫省各军已敷调拨,请将詹启纶一军暂缓征调,现在甘省既嫌兵单,如需詹启纶之兵赴甘助剿,即著都兴阿咨商僧格林沁妥筹调拨。杜嘎尔现在随营攻剿,未能兼顾宁夏副都统任内之事,即照都兴阿所请,仍令常陞戴罪暂行署理,责令整顿操防,帮同庆昀将城守事宜认真筹办,傥再不知奋勉,即行从严参办。将此由六百里各谕令知之。

——《清穆宗实录》卷一二六,同治四年正月壬寅。

〇曾国藩奏

臣叠奉谕旨,饬刘连捷、刘铭传等迅赴豫省,归僧格林沁调遣。臣查捻匪出没无定,马队颇多,楚军不惯面食,不善驰骋,于剿捻难期得力。惟李鸿章所部淮勇居处相近,熟悉捻匪行径,足以制其死命。此次谕旨,饬刘铭传等赴豫,李鸿章亦称淮勇剿捻人地相宜,惟刘铭传等所用洋炮军火最为笨重，须由水路运送，路遥河涸，目下不能赴豫等语。臣思苏军赴豫，不特洋枪炸炮宜由水路运送，即子药米粮亦须方舟济运。河南水次，以周家口为总会，自扬州、洪泽、临淮、颍州达周家口，计程三千余里。冬春水涸，挽运极艰。须俟淮颍水涨，将火药米粮运足，然后用其所长，猛击猛进，无馈运不继之患。周家口距汴梁最近，亦无驱贼北窜之患。

至臣处向来募兵，约计入款出款不甚悬绝。自元年克复沿江十余城，筹攻筹防，陆续添至十万人，于是入不敷出，为数甚巨。现在各省厘金渐减，用款日增，臣再四筹思，舍裁勇别无节饷之法。上年秋冬之间，臣处已撤勇三万，今岁当续裁二万余人。金陵守兵当裁去七千人，皖南朱品隆、唐义训两军亦应次第裁遣。皖北刘连捷、朱南桂、朱洪章三军，前因行粮无措，未遽赴楚，旋接官文两次来咨，以楚境渐次肃清，饬令该军无须前往，现在全楚安谧，刘连捷患病甚深，应即先撤该军，而朱南桂等二军亦在裁撤之列。除韦志俊、洪容海、古隆贤、陈炳文诸降将另谋安插外，其余总以多撤为贵。且数万之众，早散早遣，尚恐不免后患，岂可听其安闲长聚，贻患无穷？臣素非畏事之徒，近年统勇过多，惴惴焉若不克终日。但求遣散各勇，不生他变，庶几免于咎戾矣。

——《钦定剿平捻匪方略》卷二二五，第6—9页。

〇上谕

谕议政王、军机大臣等：

曾国藩奏叠奉谕旨恭折覆陈一折。所陈剿办捻匪宜用淮勇，西路军务宜并力先清甘肃、再及关外，并饷源日匮、必须多撤楚勇各条，均于时势军情确有见地。刘铭传等军，前据李鸿章奏，所用洋炮军火最为笨重，运送颇难，当经谕令毋庸檄调赴豫，并令李鸿章与左宗棠筹商，如闽省应需该营前往协剿，即檄调刘铭传统军赴闽，听候左宗棠调遣。此次曾国藩所奏各情，均与前旨吻合。见在僧格林沁督兵逼贼立营，大获胜仗，军威已振，毋须再俟淮勇助剿，所有刘铭传所部，即著咨商李鸿章恪遵前旨，酌量调赴闽省，以资厚集。

甘肃军务未清，原不能扬威塞外。第新疆南路各城大半沦陷，乌鲁木齐及古城之汉城先后为贼占踞，北路亦形岌岌，若不迅图埽荡，恐全局沦胥，必致不可收拾。昨因伊犁危急，谕令穆图善迅速带兵出关，并令鲍超即日整队西行，著懔遵前旨，赶紧办理。至鲍超赴甘前，因沈葆桢奏到，已有旨准其将所部八千人统带前往。曾国藩所称鲍超回蜀募勇，宜用川北保宁、龙安两府之人一节，保龙二府兵勇与甘肃风气不甚相远，且皆可径达阶州，自较川东之勇尤为得力，著骆秉章传知鲍超，迅速驰赴川北募勇成军，克期赴甘。一面檄调宋国永等军由江西驰赴川东，管带旧部，续行入甘，毋稍迟误。其所需军饷一切，仍著骆秉章源源筹解，以利师行。

曾国藩以饷源日匮，拟请多撤楚勇，自系目前第一急务，即著将刘连捷、朱南桂、朱洪章三军次第裁撤，以节縻费。至韦志俊等诸降众，尤应妥筹安插，善为遣散，庶腾出有用之饷，以供留防之勇，济西征之军，于大局实有裨益。

将此由六百里谕知曾国藩、骆秉章，并传谕鲍超知之。

——《东华续录》同治四十二，第8—9页，同治四年正月壬寅。

○富明阿奏

臣恭奉谕旨，饬总兵詹启纶赴豫助剿。查扬防一军，奉旨裁撤头、二起兵勇，已于年内一律遣散，现仅存臣亲军四百名及詹启纶所部九百名，若仅令詹启纶带此一千三百名前往，兵力亦嫌单薄。臣现饬詹启纶赶募勇丁七百名，合成二千之数，其旧部得力营官，均令随带前往，俾资臂助。并札饬粮台发给两月口粮，筹备军火等项，一俟新募勇丁招齐，即饬詹启纶统带前往，驰赴僧格林沁军营，听候调遣。

——《钦定剿平捻匪方略》卷二二五，第9—10页。

正月十六日

○上谕

雷正绾奏，逆回马队凶悍，官军各营皆系步队，而攒集马勇，近来马匹倒弊甚多，每次逆回窜败，步队追赶不及，匪徒转多漏网，若非添立马队，秦陇之祸尚未有艾，现在鄂豫发捻十余万众均已投诚，甘肃逆氛正炽，请饬苏伦保、常星阿、温德勒克西、富森保四起马队赴甘会剿等语。军营冲锋陷阵及追剿窜贼，均以马队为先，此时由鄂窜豫之贼，为数不过数千，剿除自易，而甘肃逆回正形猖獗，非得力骑兵，势难蒇事，苏伦保等四起马队，著僧格林沁斟酌豫省贼势军情，或全数饬令赴甘，或分拨数起前往，俾西陲军务早就荡平，均著该大臣妥筹调派，迅即奏闻。将此由六百里谕令知之。

——《清穆宗实录》卷一二七，同治四年正月壬子。

正月二十一日

○僧格林沁奏

发逆赖汶洸，捻逆张总愚、陈大禧、欧老红、任柱等股匪，均因河洛一路有兵堵截，复折而南窜至背子街一带，有图奔鲁山之势。臣于十二月二十八日督带翼长恒龄、成保等马队翻山追截。查背子街一带叠岭层山，崎岖狭窄，马队难以驰骋，当饬参将蒋希夷等分扎要道，杜其分窜。惟东南一路直达鲁山，地势稍平，马队堪以施展。臣于初二日取道大营镇，向鲁山前进。先是，翼长常星阿等带队进扎鲁山。据探该匪窜距鲁山十数里，图犯城池，臣即督带恒龄、成保、陈国瑞等马步各队驰抵鲁山城下。该逆马步大股潮涌来扑，臣挥令恒龄带领马队在左，成保在右，常星阿居中，一齐奋力冲压，逆势不支，纷纷败北。我军渡河追杀，歼贼多名。该逆穷极回斗，拌力死拒，复有另股马贼欲抄我军之后。营总富克精阿、精色布库等并不及时援应，首先撤退，以致恒龄等军被贼所抄，翼长恒龄与营总保青、副管旗章京那木萨赖等力竭阵亡。幸副都统舒伦保、营总常顺等各带马队从旁接应，将贼截断，总兵陈国瑞亦带小队横出，扼住桥口，使贼不能来抄，我军得以杀出重围。约计伤亡官兵百余名，舒伦保、常顺督军援应，身受多伤，同时阵亡。

因思翼长恒龄等俱系从征多年，转战数省，每遇劲敌，无不身先士卒，所向有功，此次鲁邑得以转危为安，悉赖该员等力战之绩，相应请旨，将护军统领恒龄等交部从优议恤，以慰忠魂。其余阵亡官兵，容俟查明请恤。

查此次接仗，恒龄等率左翼马队竭力抵敌，乃右翼营总富克精阿、精色布库等首先撤退，致有挫衄，实属贻误事机，若不从严惩办，不足以肃军令而饬戎行。臣于收队后，将富克精阿、精色布库即在军前正法，以为临阵退缩者戒。其恒龄所带马队，即令协理台吉诺林丕勒接管，并委充行营翼长，以专责成。

初四日，探得该逆南窜叶县，臣即督队紧追。该逆复折窜东北，图犯襄城。初六日，我军驰至襄城，探得该逆在城北十余里方庄、罗塘一带。是晚大雪，臣出其不意，饬陈国瑞等乘夜往攻，并令常星阿等马队随后策应。丑刻，我军到彼，陈国瑞挥令步队分攻方庄、罗塘两处贼垒，纵火延烧，焚毙无数，其出窜者又经我军截杀殆尽，该逆遁踞石固驿，十一日复向东北窜逸，我军跟踪尾追至新郑南路。是晚，臣令郭宝昌选带部勇袭杀多名，该匪向东北一带奔窜，我军追至郭店驿、吕庄。十六日驰抵尉氏县，探得该逆向东南遁窜，拟即督饬官军设法进剿，不使该逆喘息，以期就地歼除。

——《钦定剿平捻匪方略》卷二二五，第13—16页。

〇上谕

谕议政王、军机大臣等：

僧格林沁奏逆匪回窜鲁山、翼长恒龄等战殁、现饬官军紧蹑追剿一折，逆匪赖汶洸、张总愚等，因知河洛一路有兵堵截，率党南窜，盘踞背子街，图奔鲁山。各军追剿，小有斩捻。该逆直奔鲁山县城，大股来扑，势如潮涌。僧格林沁挥令恒龄等奋力冲压，而另股马贼抄我军后路，营总富克精阿等并不及时援应，以致恒龄、苏伦保等被困阵亡，览奏实堪痛恨。该大臣现已将富克精阿等军前正法，著即将失利各营重加整顿，以图再振。此次官军失利,经陈国瑞带领小队,横出扼住桥口,使贼不能包抄,官军得以杀出重围,实属异常出力,著僧格林沁传旨嘉奖。现在该逆由叶县折而东北,图犯襄城,陈国瑞等乘夜攻袭贼垒,冒雪斩馘多名,复由石固驿尾追至新郑县南郭店等处,叠获小胜。官军驰抵尉氏,该逆复由县西向东南窜走。贼踪飘忽靡常,尉氏距开封省城较近,四通八达,尤防旁窜。该处地方平衍,马队可以施展,著僧格林沁即饬陈国瑞、常星阿等马步各队,设法进剿,前截后追,毋使该逆得以喘息,以期就地殄除。

詹启纶一军,前据富明阿奏,已于正月初十等日起程,本日复经寄谕严催,著该大臣飞檄迎提,饬令绕前截击。贼踪向东奔窜,去楚北边防愈远,官文所部成大吉等军,著檄令星夜赴豫,合力进剿。其防剿荆子关之姜玉顺一军,并著官文酌量,移缓就急,调赴河南。以上各军到豫后,统归僧格林沁调遣,并著该亲王严檄飞催,饬令由何路进剿,豫为部勒。至穷寇反噬,僧格林沁尤宜豫防,务须随时稳慎进取,庶不至为贼所乘。该大臣兵力如不甚厚,即应及时添调,不可稍有惜费之心。行军罚既宜重,而赏亦不可过薄。退缩失机者固当按律严办,其奋勇出力者即可随时保奖以鼓舞之,庶几所向有功。

开封之防,至关紧要,著张之万即行带兵回顾省城,将省防一切妥筹布置,务臻严密。贼踪由尉氏县西窜向东南,恐其觊觎颍亳一带,乔松年前奏业已起程回省,著仍将颍亳一带边防迅速派兵妥筹堵御。英翰一军现扎何处,并著妥为调遣。直隶、山东两省,与豫边在在毗连,该逆铤走靡常,一经官军追急,必至拌命狂窜。大广曹单一带,更恐有宋景诗余匪,贼踪入境,傥被句结,必至燎原。著刘长佑、阎敬铭即酌派得力之员带兵驻扎,严密防堵,毋令渡河而北。山东藩司丁宝桢,前有旨令来京陛见,此时无论已未起程及行抵何处,均著刘长佑、阎敬铭饬令迅速回东,带兵严防本境要隘,毋令贼踪扰及完善。各该督抚等均当先事豫防,防兵之外,均须派有后路策应之兵。无论贼踪窜近何省,均可与僧格林沁追兵互相夹击,以殄寇氛而固边圉。傥漫无准备,致令贼氛入境,又肆蔓延,将来窜扰何省,即惟该省督抚是问。

将此由六百里各谕令知之。

——《清穆宗实录》卷一二八,同治四年正月丁巳。

〇上谕

内阁奉谕旨:

僧格林沁奏发捻回窜鲁山,官军力保危城,袭取贼垒,请将阵亡各员并出力勇目分别奖恤一折。河南发捻赖文洸等股匪,因河洛一路均有官兵堵截,纠众折向南窜,图扑鲁山,经僧格林沁督饬恒龄等军翻山追剿,沿途叠有斩捦。本年正月初三等日,恒龄、陈国瑞等军齐抵鲁山城下,适值四乡难民纷纷向城内逃避,该逆突出马步大股蜂拥扑城,势甚汹涌,恒龄等奋力冲击，逆势不支，渡河败窜。官军追杀数里，歼除多名。逆众因势已穷蹙，拚死回斗，复有另股马贼抄袭各军后路。营总富克精阿等并不即时援应，致官军被贼抄裹，鏖战时许，恒龄等力竭阵亡。该逆乘夜向叶县一带奔窜，复经僧格林沁饬勇目张玉等侦探路径，导军进攻，连日叠有歼捦，并拔取贼垒二处，余匪向尉氏县东南逃窜。仍著僧格林沁督饬诸军，迅将此股窜逆悉力兜剿聚歼，毋留余孽。

营总富克精阿、精色布库于贼匪抄袭官军首先撤退，致有挫衄，实属贻误戎机，业经僧格林沁提讯，在军前正法。所有此次力战阵亡之头品顶带护军统领恒龄，都统衔副都统苏伦保，二品顶带吉林委营总保青，记名副都统、委营总常顺，哲里木盟公衔副管旗章京那木萨赖，昭乌达盟副管旗章京硕隆，均著交部从优议恤，以慰忠魂。其余阵亡官兵，并著僧格林沁查明请恤。至勇目张玉、魏允佩，叠次侦探道路，导引官军，袭取贼垒，实属奋勇可嘉，均著赏给六品顶带、蓝翎，以示鼓励。

——《清代起居注册(同治朝)》第 16 册，第 8913—8917 页。

〇上谕

前据富明阿奏，遵饬赴豫助剿之詹启纶一军，于正月初十、十一两日分起启行，驰赴僧格林沁军营，听候调遣。兹据僧格林沁奏称，发捻回窜鲁山，援军未及接应，以致苏伦保、恒龄等战殁，现在逆势猖獗，由尉氏县西向东南奔窜各等语，是詹启纶一军一入豫境，正可探贼所向，迎头截剿，必须迅速抵豫，以壮声威而资得力。著富明阿查明该营已起程者，派员沿途趱催前进，如有后队尚未起程者，严催克日启行，毋稍延缓。将此由六百里谕令知之。

——《清穆宗实录》卷一二八，同治四年正月丁巳。

正月二十五日

〇上谕

谕议政王、军机大臣等：

有人奏，河南巡抚张之万才识短浅，轻听偏信，贼匪窜扰南汝一带，一筹莫展；倚总兵张曜为腹心，张曜带兵所至，骚扰居民，并不与贼接仗，前年贼至内乡、淅川，该总兵避居西峡口，百姓请救不问，惟以掳抢为事，后至南召、鲁山，亦不进剿，但日日捏报胜仗，以至贼氛益炽；侍郎毛昶熙带兵数载，糜饷无济各等语。著僧格林沁按照所参各款详细访查，将张之万平日办理防剿是否能合机宜，于地方公事有无整顿，如实不胜疆寄，即著据实奏闻。总兵张曜剿贼能否得力，所参避贼掳掠、捏报胜仗各节，均著确实查奏。侍郎毛昶熙带兵既无实济，现在是否可以撤回，著察度情形，奏明办理。本日复据张之万奏，张曜自总统豫军以来，叠著功绩，材堪大用等语，所保各情有无偏徇，并著僧格林沁一并查核具奏。原折一件、张之万片一件，均著钞给阅看。将此谕令知之。

——《清穆宗实录》卷一二八，同治四年正月辛酉。

〇张之万奏

上年十二月十九日，总兵张曜会同宋庆等各率所部，于鲁山城北山坡毙贼多名。二十日夜，张曜等带兵衔枚潜进，绕赴鲁境之藿山西北，设伏以待，一面由藿山庙间道直达贼巢。该匪猝不及防，立即奔溃，其应援贼众亦被我军击败。时营总何建鳌在南路扎营，该匪率众来犯，何建鳌等佯败，诱贼深入，翼长恒龄率马队更番冲击，何建鳌等带队转战，歼贼殆尽。我军由张八桥、甘露台一带尾追十余里，沿途踏毁贼垒无数，统计阵歼悍贼数千，生擒六七百名。二十二日，张曜等督兵进剿，至鲁山属之廊店，该匪正向西北奔窜，追至瓦屋迤东，歼戮无算，败匪悉向汝州西北奔窜。二十四日，僧格林沁督军追至汝州之白沙一带，斩馘甚夥，余匪夺路逸出。适张曜等各军踵至，迎头截击，斩毙尤众。该匪窜近龙门，因河洛有兵扼扎，又因二十六、七等日僧格林沁由洛阳、宜阳进扎韩城镇，官军绕出其前，不敢西向，遂由伊阳之南翻山奔窜。张曜等军分路追剿，均有擒斩。二十六日，郭宝昌猝然遇贼，为其所乘，贼遂于二十九日回窜鲁山。正月初三日，僧格林沁大军追及，派队出击，未能得手，兵将多有伤损。时总兵陈国瑞已到，见前敌失利，即亲率小队驰往接应，贼不敢逼而退。初四日，马贼逼近叶城，经臣派队雕剿，擒斩十余名，贼遂不敢进城，悉由叶县边境东走。初五日，僧格林沁追至叶县，与臣会商剿务，张曜、汤聘珍等各军步队亦于是日赶到。初六日，僧格林沁进军襄城，是晚探得贼匪距城东北十余里，密派陈国瑞选带奋勇，乘夜冒雪前进，斩杀贼匪数百名，焚死不计其数，生擒五百余名。现闻该逆向西北禹州一带狂奔，僧格林沁进军剿击，臣飞饬豫军各步队，即日会合大军尽力痛剿。惟查该逆现在骑多于步，飘忽异常，所虑被剿之后回窜蒙亳，臣一面函嘱乔松年派兵皖省边境，贼如回窜，乘其惊魂未定，出而迎击，毋令喘息。臣俟确探贼踪，何处吃重，即当克日移营，相机策应。

——《钦定剿平捻匪方略》卷二二五，第21—23页。

〇又谕

张之万奏鲁宝踞匪被剿西趋、旋复折窜东北，现督豫军会剿一折。逆众由襄叶向东北奔窜，复由尉氏县西向东南遁窜，僧格林沁已抵尉氏，前经谕令督饬马步队前截后追，就地殄除，现在贼踪已至何处，连日进剿情形若何，著僧格林沁、张之万随时奏报，并著懔遵前旨,激励各军,令陈国瑞、张曜等分投邀击。仍檄催詹启纶、成大吉等各军到营,会合兜击,毋再任其延蔓。张之万折内所称确探贼踪,何处吃重,即当克日移营策应,刻下贼氛距汴梁甚近,该抚自当赶紧前进,力顾根本,著遵照二十一日寄谕,妥速会筹灭贼之方,以副委任。中州地方,征兵筹饷,力所能逮,颇足自强。该抚身任封圻,务宜振刷精神,肃清残寇,傥徒事尾追,毫无布置,或任令纷窜完善地方,恐该抚不能当此重咎也。直隶、山东、安徽等省,前已谕令各该督抚早为备豫,如匪踪向何路奔突,仍当飞速知照,并派兵出境会击,毋得稍分畛域。将此由六百里各谕令知之。

——《清穆宗实录》卷一二八,同治四年正月辛酉。

正月二十九日

○僧格林沁、国瑞奏

逆众由尉氏县西折向东南窜逸,在双溪河一带盘旋。正月十八日,督饬翼长常星阿等各军跟踪前进,行至双溪河地方,侦知逆众麇聚于河南一带村庄,随令翼长成保等各带马队过河探剿。贼见官军猝至,纷纷窜走,经官军掩杀,毙贼甚多。马步各队陆续过河,逼贼而垒。讵马步援贼全股倾巢出扑,当经翼长诺林丕勒等各带马队更番冲压,毙贼多名。逆众拌命很斗,抵死不退,复有另股马贼图抄我军之后,诺林丕勒等赶紧带队由间道折回,扼住桥口,开枪堵击,毙匪多名,余匪始退。是时,郭宝昌等抢扎营垒已定,堪以固守,且因我军马队疲乏,未便穷追,遂即收队。臣等暂扎鄢陵,略加整顿,即当觇贼所向,相机进取。

查此股发捻贼匪叠经我军痛剿,步贼业已无多,而马贼尚有千余名,俱系皖豫积年巨捻,非有强健骑兵不足制贼死命。以臣等现统马队而论,自上年入夏以来,先后在营病故及陆续伤亡者已近千名,此时能出队打仗者不过千名。其楚军常星阿等所带四起马队虽有千余名,内除受伤患病及无马官兵外,其堪以随队打仗者亦仅三百余名。合之臣等马队,追击此股贼匪,已属仅敷剿办。若拨楚军赴甘,不惟兵分力单,于事无济,且恐各股贼匪剿办均难迅速。现在贼势复向南趋,仍在豫境临颍县南一带,正宜厚集兵力,迅将此股穷寇就地殄灭,以期先清肘腋之患。一俟贼氛稍靖,即当拣调马队,饬交常星阿等管带,前往甘省助剿,俾资得力。至臣等军营马匹,现在残伤疲乏者过半,实属不敷应用,必须酌量添补。此时若调口外捐输马匹,又值青黄不接,到营恐不堪用,拟即派员前往河北一带采买,以资骑用而利进剿。

——《钦定剿平捻匪方略》卷二二五,第25—27页。

〇乔松年奏

接奉谕旨，以皖省兵力未厚，黄秉忠、史念祖均令毋庸赴豫。查黄秉忠一军业已成行，未敢拘泥撤回，现仍令其驰往豫省，听候僧格林沁调度。其颍州一带防务，臣仍当督饬英翰妥筹严防，断不令该逆阑入窥伺。昨据探报，贼匪尚在郏县一带屯聚，僧格林沁已督兵分路追袭，想不难于扑灭。

——《钦定剿平捻匪方略》卷二二五，第27—28页。

〇上谕

谕议政王、军机大臣等：

僧格林沁等奏督军追击窜匪，势渐南趋，现扎鄢陵相机进剿；乔松年奏覆陈现办情形各一折。逆众由尉氏县西折向东南窜逸，在双溪河一带盘旋。僧格林沁派令成保等过河掩袭，毙贼甚多，夺垒三处。马步各军陆续过河，逼贼而营，贼众败退，现在临颍县南一带。该亲王以马队疲乏，拟暂扎鄢陵，略加整顿，再行相机进取。所筹极合机宜。贼以舍命狂奔，疲我马力，我军马力既形疲敝，且为数不过一千三百余名，必须养足全力，俟各路马步到齐，然后足以制贼死命，断不可因急于灭贼，锐意直前，致有轻进之失。马匹不敷应用，即照所请，在河北地方采买，以供驱策。至调赴甘肃之马队，此时既不能分拨，著俟此股贼匪全行扑灭，豫境肃清，再行派往。

该逆计无复之，四散奔突，若回窜鲁南，或由郑汝以入嵩洛，均属不了之局。张之万现在是否仍在叶县？著督率所部，实力截剿，并严饬所属地方，督率兵团，扼要堵截，不得恃有僧格林沁在豫，遂任贼到处狂窜，蔓延完善。黄秉忠、史念祖二军，前有旨令毋庸赴豫，兹据乔松年奏，黄秉忠一军业已成行，著即催令迅赴豫营，归僧格林沁调遣，并著僧格林沁催提，此军到后，妥为调派。楚省现无贼踪，所有成大吉等军，著官文迅饬前赴僧格林沁军营，听候调遣。其詹启纶一军业已起程，并著该大臣迎提，以资得力。

颍州一带防务，乔松年当督饬英翰妥筹办理。其成大吉等军赴豫后，楚省边防亦须安设重兵，著官文妥筹办理，毋稍疏虞。

将此由六百里各谕令知之。

——《清穆宗实录》卷一二八，同治四年正月乙丑。

二月

二月初四日

○张之万奏

鲁宝踞匪被剿西趋，经官军节节击败，复由鲁山折窜东北。僧格林沁由襄城一路进军抄击，臣督饬豫军尽力会剿，该匪不敢屯扎，悉由石固驿一带北窜新郑。正月十一日，僧格林沁督军追至新郑县境，是晚，派总兵郭宝昌带勇袭破贼营，逆众翻墙逃窜，我军奋力掩杀，斩馘多名，余匪弃垒而遁。因大军跟追甚急，遂由洧川东窜尉氏，游骑渐近汴垣。臣以省会空虚，先期派知府汤聘珍率领所部进扎省南关外，贼知有备，未敢进逼。十三、四等日，张曜所部副将周明崑、周登高各率勇队，由洧川追至尉氏县之保全寨地方，猝遇贼众大股，周登高率勇抵敌，毙贼三十余人。该匪叠经我军追剿，全股由鄢陵一带折而南趋。十六日，僧格林沁进军尉氏。十七日，各军跟踪前进，营总春寿等率马队先行，参将蒋希夷亦由间道带步队疾进，与贼相距数里。十八日黎明，春寿、蒋希夷等乘贼不备，挥兵锐进，击破贼卡数处。贼见官军猝至，纷纷窜走，我军从后追截，阵斩悍贼甚多。及僧格林沁大队到齐，探知贼踪不远，复令各队过河追击。乃援贼马步蜂拥而来，前窜之贼回身复斗，我军马队更番冲击，逆众抵死不退，愈聚愈众，马队为贼所乘，幸宋庆、张曜所部赶将营盘筑定，会合郭宝昌步队凭垒迎击，始将贼众压退。二十一、二等日，该匪悉由临颍、郾城等属循熟南趋，扰至西平，攻扑县城，经署知县金福楙炮毙白旗贼目，贼乃沿洪河奔窜。僧格林沁驻军鄢陵，因马队转战日久，兵力疲乏，亟须休息，再图进剿。其张曜、宋庆各军已由郾城一带跟踪追击。

臣查该匪本有东归颍亳之意，今既乘隙铤走，未敢复回故巢，则游魂为变，其势将成流窜。此时僧格林沁所部马队既因奔驰日久，须稍事休息，以资整顿，臣已函商该大臣，先令豫军蹑踪追剿，一面飞饬张曜、宋庆等视贼所向，探踪疾追，急击勿失。至汝南各寨，伏莽初平，未便再令惊扰，臣已函嘱毛昶熙，就现有兵力择要布置，并飞檄各地方官严为之备。惟该匪窜突靡定，一经官军邀击，难保不乘虚回窜，北面之防仍形紧要，已飞饬省中司道加意严防。臣于二十二日由叶县进扎襄城，现仍确探贼踪，何处吃重，即刻移营前进，相机策应。

——《钦定剿平捻匪方略》卷二二六，第2—5页。

○上谕

谕议政王、军机大臣等：

张之万奏贼匪被击南趋、扰至西平县境、派兵追剿并遵旨暂行回省布置各折片。贼匪由淯川东窜尉氏，经僧格林沁督军击败，遂由临颍、郾城一带循熟南趋，扰至西平，沿河奔窜，发捻合而为一，人数众多，乘隙铤走。若不合楚豫皖三省之力，聚而歼旃，势将此剿彼窜，流毒无所底止。著张之万饬令张曜、宋庆等军，视贼所向，探踪疾追，急击勿失。僧格林沁驻军鄢陵，整顿马步，著即拊循激励，以作士气，一面催提詹启纶、黄秉忠两军迅速到豫，俟兵力厚集，由该大臣酌量调遣，务当稳慎进攻，谋定后战，尽殄贼氛。官文前有合兵会剿及派成大吉、江长贵、周有全等分军扼守要隘之奏，此时贼踪渐近楚疆，成大吉一军，前已令赴豫省，即著官文饬令该提督等侦探贼踪，迎头截击。其从前派定守兵，并著调令出境拦剿，以收两面夹击之效。傥贼踪日趋日近，即著官文留省居守，吴昌寿出省督兵，以期呼应灵通，不至贻误军事。颍、亳一带为捻匪故巢，尤须严防回窜，仍著乔松年督饬英翰等军严密防守，并酌拨劲兵，会合楚豫官军三面兜剿，毋得稍有疏虞。汝宁伏莽未清，此时贼踪逼近汝郡，深恐句结蔓延，益难收拾，毛昶熙务当督饬兵团，认真堵截，不得纵贼南行，致干咎戾。张之万现已回省，著将省防布置妥协，仍侦探贼踪，出省督兵剿贼，以保岩疆。派防荆子关之姜玉顺一军，前已有旨饬令赴豫，归僧格林沁调遣，现虽贼势南趋，而商雒一带防守，仍不可稍涉空虚，著刘蓉督饬在防各营严密扼守，不得因贼氛稍远，遂形懈弛。

本日据御史贾铎奏，苗匪伏诛后，余匪窜入六安等处，伙党甚众，麻埠镇有赵传经等，尤为著名逆党；并闻麻埠镇有地主教，教首江智芒等，均系霍山县人，句通苗党赵传经等，做会聚众；盖有地主宫传教，入会者已数千人，请饬查拿等语。苗党赵传经等以漏刃余生，胆敢纠众酿乱，怙恶不悛，现在出没六霍一带，若不及早翦除，深恐余烬复炽，著乔松年迅即派兵驰赴六安州麻埠镇等处，按照该御史所指各匪犯，严密查拿，兜剿净尽，并将地主宫拆毁，以绝根株。该处逼近光固一带，傥匪徒被击西窜，难保不阑入豫疆，现在捻众骎骎南趋，尤虑与固始匪徒句合，致剿办又形棘手，著张之万严饬光固等处防兵并各该地方文武各官认真缉捕，有犯必获，以靖余孽。贾铎原片，著钞给乔松年、张之万阅看。

将此由六百里各谕令知之。

——《清穆宗实录》卷一二九，同治四年二月庚午。

二月十九日

〇张之万奏

臣于正月二十九日由襄城拔队起程，驰至鄢陵，会商僧格林沁，飞饬张曜、宋庆等各率所部星夜进军，视贼所向，急击勿失，臣遂于二月初二日驰回省城。

连日接据探报，逆众盘旋于西平境内数日，二十三日，副将徐邦道带队追至，侦知近城十里外贼卡林立，即于是晚前往劫营，该匪不意我军猝至，弃卡逃遁，我军追杀十余里，颇有斩获；二十四日，该副将复整队往追，行十余里，遇贼大股，兵单未能深入，相持至晚而退；该匪知官军日近，悉由郾城、上蔡、遂平交界之五沟营、黄埠等处南窜，沿途焚掠裹胁，其氛甚恶；二十六、七等日，该匪扰至汝阳县境，攻破金乡寨，裹胁丁壮而去；二十八日窜至汝郡东北，复诱破唐营、万家两小寨，是晚，该匪遣悍党数百潜伏于汝郡城东，意欲乘隙攻袭，经臣毛昶熙督率地方文武及臣营留汝各员布置城守，严为之备，贼不敢逼，亦即潜退。

刻下贼踪肆蔓于正阳、息县、新蔡之交，讯据获贼供称，有由信阳窜往楚省之说。现徐邦道一军及张曜、宋庆、汤聘珍等军均已到汝，相机剿击。臣查汝东各寨伏莽初平，近因雨雪日久，寨墙类多坍塌，人心未能自固，此时寇踪逼近，万一勾结煽惑，又恐滋蔓难图。臣甫经抵省，即星夜南行，已恐鞭长莫及。毛昶熙留驻汝郡，现兵不过千人，亦难资以堵剿，所恃张曜、宋庆等军业经抵汝，且僧格林沁亦于本月初八日自鄢陵拔营前进，逆匪慑于声威，断不敢蔓延久踞。臣一面严饬地方官吏固守城寨，一面飞催张曜等统率豫军相机前进，尽力剿击。如果贼窜楚疆，仍即追剿出境。并先期飞咨鄂省，赶紧派兵迎截，与僧格林沁大军会合痛剿，歼此穷寇。

臣在营日久，省中防务及应办公事亟须整顿，此番旋省，该司道等逐日禀商事件，日不暇给，现在赶紧料理，一有就绪，即日出省督军剿贼。

——《钦定剿平捻匪方略》卷二二六，第19—21页。

〇张之万奏

以地方疆吏受命督师，埽荡贼氛是臣专责。乃自抵任以来，带兵出省已阅三年，虽两次肃清淮蔡，而遇此发捻合窜，未能迅行天讨，日久无功，咎无可逭。若复恃有僧格林沁在豫，任贼狂窜蔓延，则臣罪戾滋深。具有天良，何敢出此？惟查臣部步队本有三十余营，合之吉林、黑龙江马队，共有马步一万余人。以兵力计之，原可与僧格林沁相辅而行，用收夹击之效。自上年贼窜马山口后，所有各营马步均归僧格林沁调遣，此后臣由南阳移扎汝郡，复由汝郡移扎叶县、襄城，止有亲军数百人隶臣左右，此外如张曜、宋庆、汤聘珍等各队，均经僧格林沁派令追贼出境，经年累月，始得接见各营将领一次。是臣有剿贼之责，而无剿贼之权。

况臣到任即带兵出省，与两司相见之日绝少，遇有公事，仅恃书函，千里内外，往返需时，一切用人行政，或函商已定，则必惮于更端；批札稍迟，将别滋夫疑窦。两司与臣皆系积年京秩，骤膺外任，于地方情状本属未能周知，非朝夕接见，悉心讲求，何以令行政举？此臣久不在省，于地方公事不能整顿之实在情形也。

假令臣所部兵力尚足办贼，自应专心兵事，俟寇氛埽荡，再为整顿地方。现在发捻各股愈聚愈众，臣部亲军数百人外，更无兵将足资调遣，臣名为出省带兵，实则随僧格林沁之后，奉行钦差大臣文书而已。傥臣果欲出号施令，或与僧格林沁意见相左，则前敌将领何所禀承？是则非徒无益，又将有损于军事。臣断不敢卤莽至此。或谓臣不出省，则僧格林沁后路无人，一切车马、草料、米面必致呼应不灵，此非所虑也。大抵文员之畏军令甚于畏参革，此时僧军所需，羽书一至，咄嗟立办，并无贻误之处，固无俟乎抚臣之督催也。

军务、地方均属朝廷公事，臣出省实与军务无裨，而地方公事因之积压不少。此次到省，据藩司苏廷魁、臬司王正谊等屡以为言，劝臣奏请在省暂驻。伏惟臣子万不得已之衷，非极艰难，不敢直陈于君父。至地方一切应办公事，苟有补救，亦可仰答夫生成。臣应否留省之处，未敢擅便，伏候圣裁。

——《钦定剿平捻匪方略》卷二二六，第23—25页。

〇上谕

谕议政王、军机大臣等：

张之万奏贼众窜至汝境、张曜等追蹑到汝，并回省料理省防、覆陈寄谕各折片。逆众盘旋西平境内数日，副将徐邦道等追至，潜往劫营，贼弃卡遁，官军追杀，颇有斩获。该匪遂由郾城、上蔡、遂平交界之五沟营、黄埠等处南窜，沿途攻破民寨，裹胁丁壮，其氛甚恶。窜至汝郡，潜伏城东，欲图攻袭。经毛昶熙督率地方文武，严为戒备。刻下贼踪肆蔓于正阳、息县、新蔡之交，讯据获贼供称，有由信阳窜往楚省之说。徐邦道及张曜、宋庆等军均已到汝，僧格林沁亦自鄢陵拔营前进，著即督饬马步各军奋力痛剿。该匪慑于声威，自必南趋楚境，当豫计其必由之路，先行派兵在彼多设埋伏，或于山深密林之处多设旌旗，以为疑兵，使贼不敢窜近山谷。如其入山负嵎，不妨率队围困，使不得再出滋扰。著该亲王相机妥筹办理。僧格林沁忠勇性成，急于灭贼，而于该匪狡诈百出之处，或非意料所及，上兵伐谋，须令人不可测度，未可一意跟追，再堕狡计。近日军情贼势，并须赶紧驰奏，以慰悬系。正息等处距光罗不远，前经谕令，如贼氛窜近楚省，令官文在省守御、吴昌寿出省督剿，此股贼匪，游魂无定，必将扰及楚边，著吴昌寿即行调集劲旅，克日出省，择要防剿，拦头夹击，以期速殄狂氛。颍州密迩寇踪，远防不如近剿，著乔松年即行移扎颍州一带，亲督英翰等所部各队严密防堵。其驻防皖境之刘铭传等军，即著饬令整顿队伍，移营前进，如贼氛窜近光固，该提督等即可出境拦截，痛加歼剿，不可以有用之兵株守本境。詹启纶勇队已到何处？著僧格林沁严行催提到汝，责令随剿，毋任沿途逗遛。总之，此股贼匪，东奔西突，大为腹地之患，必须乔松年、吴昌寿亲督皖楚在防各军出省，与僧格林沁之军会合一处，前截后追，方能制其死命。该抚等惟当严饬将士等，不可稍有畛域之见，致成不了之局。汝宁防务紧要，毛昶熙既在郡城，当饬令在城文武兵弁齐心守御，俟大兵到汝，整队出城夹击，毋失事机。张之万现在回省，即著将省城守御各事宜认真布置，并将积压地方公事督同司道认真清厘。并著僧格林沁随时察看军情，如必须张之万出省，即行飞咨该抚遵办可也。将此由六百里各谕令知之。

——《清穆宗实录》卷一三〇，同治四年二月乙酉。

二月二十一日

〇上谕

谕议政王、军机大臣等：

都兴阿、穆图善奏统筹剿办情形一折。宁夏攻剿回匪，见在正当吃紧之时，未能抽兵出关，遽援新疆，自系实在情形。惟乌鲁木齐等处叠就沦陷，伊犁等城岌岌可危，该将军大臣等飞章呼吁，望救甚殷，岂能置之度外？自应速将宁夏一带肃清，以便赶紧分兵，出关援应。都兴阿等见攻宁夏城北贼圩，虽小有斩获，而贼势未衰，尚复踞巢坚拒。著即督率将士实力进攻，速拔坚城，以期先清甘境。雷正绾一军已克固原，必须迅将灵州一带贼氛埽荡，庶可与都兴阿等军会攻宁夏，即著懔遵前旨，实力办理。前经叠谕杨岳斌速赴甘省，以刻下情形而论，非杨岳斌迅速到甘，不能腾出兵力进援新疆。该督受恩深重，具有天良，谅不至稍事迁延，致滋贻误也。发捻各匪窜扰豫省，势尚鸱张，詹启纶等军见随僧格林沁追剿，正当吃紧之时，未能即赴甘省。都兴阿等惟当就见有兵力迅速图功，毋得专待增兵，致延时日。哈密防守最关紧要，鹤龄既未能迅往该城，即著都兴阿将派出之官兵五百名饬令赶紧前往，交护总兵德祥统带赴哈，以资防守。

将此由六百里各谕令知之。

——《东华续录》同治四十三，第22页，同治四年二月丁亥。

三月

三月初六日

〇上谕

谕议政王、军机大臣等：

前据张之万奏，贼由郾城、上蔡、遂平交界之五沟营等处南窜至汝宁城东，有由信阳窜楚之说，当经谕令僧格林沁督队跟追，吴昌寿带兵出省防剿。近日贼势若何，久未据僧格林沁等奏报。此股贼匪，究竟能否就地歼除？抑已窜越楚皖？著僧格林沁激励各军，稳慎进攻。詹启纶一军，谅已早到汝宁。现在军势贼情，该亲王务当迅速驰奏，以慰廑系。贼众骎骎南窜，吴昌寿当懔遵二月十九日寄谕，克期带兵出省，进至豫境，察看贼势兜剿，并著督令成大吉等一并出境会剿，以收夹击之功。官文于省城防守事宜务须妥为经理，并严饬水陆诸军听吴昌寿节制，不得稍有牵掣，致误戎机。刘铭传一军，多系淮勇、皖勇，精锐之师，利于驰击，是否仍扎三河尖地方？现既不令赴闽，即当责令剿灭此股捻逆，著曾国藩、李鸿章传知该提督整顿队伍，如贼近皖境，即令其实力剿洗；如贼在楚豫，即檄令越境迎剿，听候僧格林沁调遣。僧格林沁之兵，转战经年，疲劳过甚，正宜驻于平原旷野地方，蓄养锐气。凡山径崎岖、薮泽低洼处所，断不可再行冒险前进。且该大臣但须指挥调度，使各路将士合力进剿，贼股即可殄灭，亦岂可身临前敌，致蹈危机？张之万于省城防守及地方应办事宜，谅已布置妥协，并著探悉汝防军情，随时奏报以闻。将此由六百里各谕令知之。

——《清穆宗实录》卷一三二，同治四年三月辛丑。

三月初八日

〇上谕

本日据张之万奏贼窜信阳，并贼复折窜北向、现筹布置各折片；官文等奏吴昌寿督兵出省一折。贼由正罗各属南窜，经兵勇民团追剿堵截，径向北窜，陈国瑞追击于确山城东，大获胜仗。此次张之万奏，陈国瑞带兵攻剿，杀贼二千有奇，夺马二三百匹，系逃出难民供称，尚未接僧格林沁咨会，如果属实，自系甚为得力。陈国瑞现在所部，究有若干兵勇，及出力战状，僧格林沁查明即可奏请恩施，以示奖励而资鼓舞。

贼由遂平、西平等处扰及郾城，日向北趋，僧格林沁传令各队跟追，不得绕出贼前，由北遏截，自系因北面地势平旷，马队得以驰骋，易于奏功，惟北路空虚，而贼踪飘忽，如地近平原，仍须檄饬各路进兵，绕前遏截，以杜北窜。汴省无兵可拨，省垣以南各州县，即著张之万严檄该牧令布置城守，督饬各属认真团练，为坚壁清野之计。一面将省城防守事务速行筹办，黄河紧要渡口，亦当迅筹防守，毋稍疏虞。河北一带团防事宜，著张之万责成各该州县迅速兴办，所有镇道等防守要隘兵勇，并著严饬备齐，不至临期贻误。是为至要。直东一带交界地方，前经各该督抚遵旨派有兵勇防守，仍著僧格林沁侦探贼情，随时迅速知照各该省，饬令带兵将弁迎头截击，万不可令其窜入直东境内，致逆势益形滋蔓。

官文等所奏水陆防堵情形，布置尚为严密。此时贼已北趋，吴昌寿驻扎黄州，距贼较远，著即督率楚军，越境追至豫疆，如贼匪折回南趋，亦可迎头截剿。并著官文筹画饷需，源源接济。所有楚北各军，即著统归吴昌寿调遣。吴昌寿抵豫后，即著随同僧格林沁合力攻剿,听候进止机宜,不得稍分畛域。所有楚边防务,仍著官文、吴昌寿严密防堵,毋任贼踪复行窜入。

将此由六百里各谕令知之。

——《清穆宗实录》卷一三二,同治四年三月癸卯。

〇上谕

张之万奏遵保守城出力官绅、开单恳请奖励一折。上年十一月间,贼匪窜扰河南邓州地方,僧格林沁驻扎州城,该官绅等擐甲荷戈,婴城固守,并储备粮料,接济官兵,尚属著有微劳。所有尤为出力之邓州知州黄缙昌,著以知府尽先升用,并在任候升,先换顶带。游击程占鳌,著以参将升用,在任候升。吏目邓忠,著以应升之缺升用,并赏给六品翎顶。守备赵凤春,著免补守备,以都司尽先补用,并赏换花翎。候补通判陈学灏,著俟补缺后以直隶州知州用。州同陈绍奎,著赏戴蓝翎。千总李振邦,著以守备升用。学正赵凤临、训导燕伦,均著赏加盐提举衔。训导史简册,著以教谕尽先选用,并赏戴蓝翎。军功唐殿甲、千总赵贯甲,均著赏戴蓝翎。监生萧鸿恩等五名,均著赏给六品顶带,萧鸿恩并赏戴蓝翎。生员傅作霖等三名,均著赏给五品顶带。外委周振甲,著以把总尽先补用,并赏戴蓝翎。都司马成功,著以游击升用。从九品唐熙龄,著赏给五品顶带,并赏戴蓝翎。武生吴蓬莱,著赏给六品翎顶。监生许盈,著赏加守备衔,并赏戴蓝翎。知县李春晖,著赏加知州衔。把总韩清甲,著以千总归营尽先补用。武生杨占魁,著赏给五品翎顶。军功李玉衡,著以把总归营补用。生员唐焜煌,著以训导尽先选用。把总马嵩恒,著以千总尽先补用。外委崔大有,著免补外委,以千总尽先补用。余著照所议办理。该部知道。单并发。

——《清代起居注册(同治朝)》第 17 册,第 9299—9303 页。

三月初十日

〇上谕

谕军机大臣等:

阎敬铭奏豫匪突入东境、调兵迎剿并布置情形一折。前日据张之万奏称,贼由遂平、西平等处绕及郾城,日向北趋,当以北路空虚,贼踪飘忽,谕令僧格林沁绕前进击,何以数日之间,曹州、单县、定陶、城武、菏泽、郓城、巨野、金乡、济宁均有骑马贼匪蔓延,或数十人,或一二百人不等?东境既有防兵,何以任令阑入、漫无准备?僧格林沁不肯截其北窜之路,致令扰及完善,措置殊未合宜,著僧格林沁即行统领马队追剿,严扼北犯之路,会合山东防兵,将曹济各属马贼一律削平,毋任再肆延蔓。丁宝桢已派参将宋延德先往截击,该藩司既在曹单交界之清堌集居中驻扎，即著阎敬铭饬令赶紧调派兵弁，认真剿捕。该抚以丁宝桢勇队无多，虑其不敷分布，已飞调总兵保德，带领前挑兵一千名追击，并调范正坦等带兵前往济宁、东平等处剿办，均著严饬该总兵等实力剿洗。省城防务，并须妥为布置，毋稍大意。直隶东明、长垣一带，与曹考接壤，刘长佑前次备调之各起兵勇，著即调赴大名等处，严为防备。如须出省布置，并著酌度情形，妥为办理。直隶现存马步共有若干名数，遇便奏闻。僧格林沁带兵北向，著吴昌寿遵照叠次谕旨，带兵直抵豫境，为僧格林沁接替之军，迅将豫省余匪奋力剿除，不得稍分畛域。此股贼匪，飘忽而来，究系何处股匪，是否有宋景诗在内，著僧格林沁、阎敬铭查明具奏。张之万于吴昌寿到豫时，饬令各营兵勇听候调遣，兼令各州县整饬团练，同心灭贼，并严饬河北镇道，加意严密防守，以靖地方。汴省防务，仍著妥筹办理，毋稍疏懈。将此由六百里加紧各谕令知之。

——《清穆宗实录》卷一三二，同治四年三月乙巳。

三月十三日

〇僧格林沁奏

查发捻各逆前由临颍、郾城一路向南奔突，臣令张曜、宋庆、郭宝昌跟踪尾追，并令副都统倭和、总兵陈国瑞由扶沟、商水继进。嗣探该逆有窜往上蔡之势，惟恐再窜楚疆，扰及完善，因飞咨官文扼要布置，一面札饬提督成大吉、姜玉顺即赴九里关外，西自黄陂站、七里坪，东至界岭等处，严密扼防。旋探该逆窜至汝宁，有攻毁民寨情事，更恐煽惑伏莽，又肆鸱张，遂于二月初五日饬营总何建鳌取道商水先往堵御，臣僧格林沁即于初八日亲督马队，自鄢陵起程前进，并商令臣国瑞暂扎许州，以为后路声援。十一日，臣行抵汝宁，侦知逆众由息县以北向东南奔突，臣札调总兵詹启纶迅赴三河尖，会同藩司英翰实力堵截，以扼入皖之路。十四日，臣追至息县属之陡沟，该逆连夜窜入罗山境内。十六日，我军驰至罗山西南之张家店，已绕出贼前，正可迎头截剿，而该逆又向信阳一带狂遁。十八日，在中山铺等处经郭宝昌等追及贼尾，小有斩捦，逆众复西窜信阳以东三河一带。十九日，翼长成保、常星阿、张曜、宋庆会合郭宝昌行至十八里庙，贼众由山口冲出，郭宝昌等奋力迎击，自巳至申，毙贼数百名。二十日，臣至信阳，该逆已折而北窜，复由二十里河向西北奔逸，臣即催调陈国瑞等自陡沟探踪西进。

二十四日，臣至确山，适陈国瑞等军亦到。该逆大股约有万余，在确山迤东数里列队屯聚，臣当派翼长全顺管带马队，与陈国瑞步队由西面进，何建鳌、倭和带领参将施绍恒等由西南进，以常星阿所部马队助之，并令成保带领黄旗马队在南面依山列仗，以郭宝昌之军伏于山口，总兵张曜、宋庆等在后策应。布置甫定，臣在山巅督阵，逆众旋即蜂拥前来，直扑西面，凶猛异常。陈国瑞鏖战时许，步贼已怯，而马贼犹拌命死斗。正相持间，郭宝昌由山口突出，将马贼冲断，何建鳌、倭和随后接应，全顺、常星阿亦各带马队直前冲压，逆势不支，纷纷败退。我军追杀十余里，尸横遍野。追至小桥地方，逆众复敢回拒，我军又极力奋击，贼遂向东北窜遁。是役计毙悍贼三千余名，夺获旗帜刀矛不计其数，逆众遗弃辎重甚多，救出难民及逃散者不下数千人。据获贼供称，是日系逆首赖汶洸、任化榜、欧老红、张总愚、陈大滘等各股悍党合力死战，受创后败窜者仅系马贼，其步贼已所余无几。该逆现由遂平、西平、郾城、鄢陵、许州、扶沟各境直走睢州。

三月初一日，臣追至睢州以北，据探该逆由李八集窜过黄河老堤，图扰东境，当饬藩司英翰、总兵詹启纶由颍亳归德虞城一路向单县进发。初四日，臣追至曹县西北，该逆仍向东北窜突。恐其偷渡运河，复飞咨抚臣阎敬铭，并札兖州镇道分投严防。又虑该逆不渡运河，必将回扰豫疆，遂令总兵张曜、宋庆等即在虞城一带扼扎，俾资防剿。臣连日自定陶、城武、嘉祥、巨野等境，于初七日追至汶上县之马家海地方，而该逆行走甚速，昼夜无停，竟于是日由开河地方渡过运河，初九日窜至宁阳，折而东南。臣现已督军追至曲阜县西北。此股逆匪形同流寇，一味狂奔，我军驰追匝月，每日均在百里以外，往返不下三千余里，未敢稍息。步队奔驰既久，业已节节落后，拟稍待兵勇到齐，即当相机追剿。

查确山之战，陈国瑞勇队打仗最为奋勉，郭宝昌勇队同时进剿，亦极出力，是以每营赏给银五千两。何建鳌所部勇队奋力接应，亦赏银三千两。已饬粮台照数给发。其陈国瑞、郭宝昌之带队员弁均属勇往，未便没其微劳，谨另缮清单，恳请奖励，出自天恩。

——《钦定剿平捻匪方略》卷二二七，第15—20页。

〇上谕

僧格林沁等奏追剿发捻各逆获胜，败匪由豫入东、紧蹑进剿各折片。豫省发捻各逆，由临颍、郾城狂窜汝宁、息县、罗山、信阳、确山等处，经官军节节蹑剿，殪贼甚众。该逆复奔许州、鄢陵、扶沟，并自李八集窜过黄河老堤，向东北窜逸，由开河地方窜过运河，至宁阳折而东南。此股贼匪，势同流寇，官军追剿匝月，上下往返驰逐，几及三千里，各营将士，均形劳苦，惟步兵逐日遄行，足无停趾，疲乏异常。该亲王于步队兵勇到齐后，须令暂为休息，再行进兵，方不至有前突后竭之虞。贼踪飘疾，此拿彼窜，是其惯技，著该亲王檄令各营及东省官军分路布置，于逆匪图窜之路，豫为扼要驻扎，庶四面兜捡，易于殄灭。若一味跟剿，官军处处俱落贼后，恐该逆任意蔓延，将成不了之局。僧格林沁韬略素娴，谅能谋定后战，迅殄逆氛也。陈国瑞等打仗奋勇，该亲王已将陈国瑞、郭宝昌两军各赏银五千两，何建鳌等所部赏银三千两，所办甚是。惟该亲王所部马队，昼夜奔驰，不辞劳瘁，亟应量加鼓励，亦著赏银五千两，即由山东藩库发给。其马队出力各员弁，并著随时保奏，候旨施恩。

阎敬铭飞檄东省官军，会同僧格林沁所部各营协力剿洗，务将此股就地歼除，毋任再行肆扰。贼匪大股虽趋东境，而豫省匪踪尚未净尽，著吴昌寿懔遵前旨，迅赴豫疆，实力剿办，该省余匪，即责成吴昌寿迅速埽除，不得稍分畛域。张之万仍一面查明何路尚有伏莽，饬属认真搜捕，同心杀贼，以期次第廓清。直隶东明、长垣一带，毗连曹考，难保该匪不由东窜直，刘长佑前次备调之各起兵勇，是否已抵大名等处，应否出省布置，均著妥筹办理，并将防守情形随时奏报以闻。曹州、济宁之匪，经僧格林沁大兵跟剿，恐其窜入徐州一带，著彭玉麟迅速赴任，督饬官军严密防守，毋令扰及完区。彭玉麟未到任以前，即著吴棠分路布置，妥为办理。

僧格林沁另片奏，郭宝昌打仗勇往、请旨遇缺简放等语，[①]已谕令军机处存记。惟陈国瑞打仗素称得力，确山之战，据奏最为奋勉，亦应量予恩施，并著该亲王随时察看，酌量保奏，俾资鼓舞。

将此由六百里各谕令知之。

——《清穆宗实录》卷一三三，同治四年三月戊申。

〇上谕

僧格林沁等奏追剿发捻各逆大获胜仗、出力员弁开单请奖一折。河南发捻各逆由临颍等处狂窜信阳州境，经总兵郭宝昌会合翼长成保等并力截剿，毙贼数百名，该逆遁至确山县地方。僧格林沁亲督各军分路进剿，并分军设伏策应。该逆蜂拥来扑，总兵陈国瑞督勇力战，刀矛相接，步贼披靡，马贼犹拚死抗拒，山口伏兵突出，将马贼冲断，贼势不支，纷纷败退。官军追杀十余里，计毙悍贼三千余名，夺获器械辎重甚多，救出难民数千名，剿办甚为得手。著僧格林沁乘此声威，督军追剿，以期迅殄逆氛。单开尤为出力之守备范承先，著以都司仍归漕标、河标尽先即补。把总纪长，著免补把总，以千总仍归漕标、河标尽先即补。段得胜著免补把总，以千总仍归湖北督标尽先即补。张玉廷著免补把总，以千总仍归淮阳镇标尽先即补。外委刘金斗，著以把总归曹州镇标尽先即补。军功曹立中，著以把总归寿春镇标尽先即补。军功丁自精等三名，均著以外委归寿春镇标尽先即补。外委田得元，著以把总归寿春镇标尽先即补。军功宋全得，著以外委归兖州镇标尽先即补。把总蓝国谱，著以千总归寿春镇标尽先即补。副将康锦文，著交部从优议叙。副将张士元，著赏加总兵衔。都司雷彦，著免补都司，以游击尽先补用。守备郭运昌，著免补守备，以都

---

① 僧格林沁奏称："查提督衔记名总兵、卓勇巴图鲁郭宝昌，自到奴才军营管带勇队以来，每遇打仗，勇往向前，平日整饬勇队，纪律严明，且查其人甚朴诚，堪以管辖营伍，洵胜提镇大员之任。奴才既见其才堪造就，未便缄默不言，理合附片具奏，可否遇缺简放之处，出自圣裁。"详见中国第一历史档案馆藏录副奏折，档案号03-4716-115。

司尽先补用。王凤鸣等二员，均著免补守备，以都司尽先补用。外委宋朝如，著免补把总，以千总尽先补用。郭宗仪等二员，均著免补外委，以把总归寿春镇标尽先补用。千总张学淮，著免补千总，以守备尽先补用。以示奖励。该部知道。单并发。

——《清代起居注册(同治朝)》第 17 册，第 9367—9372 页。

三月十五日

○刘长佑奏

前探贼匪已窜楚界，当以贼踪虽远，而铤走靡定，仍须实力严防，饬大名镇道妥为布置，并派宣化、通永、天津、正定各镇标兵二千一百名，臣标五营兵一千名，速即整理装资，听候调遣。复令枣强县知县李秉衡、涿州营守备李德英，饬各募勇五百名，以资策应。三月初八、初九等日，叠据大名镇总兵姜国仲、大顺广道范梁及各州县禀称，贼匪回窜鄢陵，旁趋考城、曹州，于初五日由定陶向曹郡东北一带狂奔，传闻有山东菏泽县捻首郭秉钧在内。又探，宋逆憬诗由确山被官兵击败后，带领马贼二千余人分股疾趋，并声言欲回堂邑报复前仇，僧格林沁全军跟踪紧蹑等情。臣查开东长垣与豫境相接，然有黄水漫溢，河流纷歧，兵勇驻守，尚可杜其偷越，惟山东范濮连界之张秋镇，本属黄运合流之处，河面甚狭，船只亦多，即系该逆前次偷渡故道，傥防范稍疏，一被抢渡，则必阑入观朝冠莘馆邱等州县，与直境西南两路犬牙相错，地势平衍，无险可扼，必须厚集兵力，方足杜其北窜，兼收夹击之功。臣已催调兵勇，拟于十六、十八两日与臬司李鹤年先后出省，前赴广平威县一带察看贼势，相机筹办。

——《钦定剿平捻匪方略》卷二二七，第 25—27 页。

○阎敬铭奏

据藩司丁宝桢暨各州县禀报，捻首赖汶洸、张总愚等阑入东境，于本月初五日窜至城武县境大田集，僧格林沁带领马队蹑追甚紧。初五日由定陶窜至嘉祥县羊山地方，次日僧格林沁大队亦至，贼复由羊山北窜汶上。初九日窜至汶河南岸宁阳县白马庙，午后又东窜曲阜，僧格林沁仍带队紧追，不使喘息。

查该逆自二月二十三日在确山为官兵击败，历许州、考城、曹州以至曲阜，十五日内扰及数十县境，绕窜二千余里，迅疾异常。虽系穷寇，而马贼颇多，且各处裹胁，又逾万人。官军日夜穷追，稍一憩息，贼即远飏。必须厚集兵力，四面兜剿，方能歼灭。否则纵有惩创，难绝根株。臣现札调同知刘时霖一营移扎开山，添募勇丁五百名，委都司韩登泰管带，又挑省标精壮兵丁七百名，饬参将玉山管带，与前调游击王正起一营，均扎城外，互为掎角。一面札饬驻扎观范之参将黄兆昇严防黄河北岸，并咨兖州镇范正坦续挑精兵五百名，扼贼由济宁南窜之路，以资防剿。

——《钦定剿平捻匪方略》卷二二七，第28—30页。

○张之万奏

逆匪在确山县东经僧格林沁大军击败，悉向东北奔窜，自遂平、西平、郾城以达临颍、许州、鄢陵各境。二月二十九日，贼扑扶沟县城，经知县邹金生击却。初一日，贼由尉氏、通许边境疾走杞县，初二日进扑东关，知县查以谦令把总张志荣、练总侯守箴缒城出击，斩长发老贼十七名，生擒悍党五名，余匪连夜遁至兰仪之仪封、坝头、水口村及睢州之匡墙、西陵寺、榆厢铺等处。初二日，贼骑陆续窜过乾河，扰及考城之张庄、程贺村等处。初三日，全股窜入东省曹县境内。初四日，僧格林沁亲统马步大军，由考城一路追抵定陶，据探贼踪复向东窜单县、鱼台之交，即饬张曜、宋庆、蒋希夷各队同扎虞城，该亲王仍督军追蹑。臣查该匪日夜狂奔，其势已成强弩之末，似尚不难翦灭。惟贼踪飘忽，设因官军邀击，折而西趋，难保不再图回扰。臣已严饬张曜、宋庆驰往虞城扼要驻扎。至直东交界处所，伏莽未绝，万一再行勾结，则河朔完善之区何堪设想？臣现檄调知府汤聘珍、参将崔廷桂率所部兵勇克期北渡，驰赴直豫东交界地方，联营扼扎，并飞檄河北镇道严加备御，以杜贼匪窥伺，一面确探贼踪，何处吃紧，臣即出省督率堵剿。

——《钦定剿平捻匪方略》卷二二七，第30—31页。

○上谕

谕军机大臣等：

本日据张之万奏贼窜东境，阎敬铭奏捻踪东窜，并据刘长佑奏调兵出省督办及存营调出兵数各折片。僧格林沁以马队追贼，昼夜遄行三千余里，贼匪到处有马可掳，官军无马更换，疲乏殊甚，若再与尽力追逐，势必为贼所乘，务当稳慎进取。饬令丁宝桢所带之勇分投布置，严密扼截。阎敬铭亦当懔遵前旨，檄令东省各营处处截剿，并督饬团练固守乡村，毋任贼势蔓延。僧格林沁所带步队，亦须暂息数日，再行追贼。丁宝桢所部勇丁，即著归僧格林沁调遣，合力攻剿。张之万现饬张曜、宋庆等军驰往虞城，即著听候僧格林沁调遣，严密扼截，毋任贼踪回窜。知府汤聘珍等军，张之万现已檄令北渡，并檄河北镇道，调集营兵，整顿团练，务当督令节节设防，严密布置。汴梁以南，尚恐有另股败匪续行北窜，张之万亦当分兵豫防，毋得顾此失彼。刘长佑现已调兵，定期出省，拟先驻广平，并令臬司李鹤年总办营务，自可得力，仍须严扼濮范沿河一带，毋令逆踪偷渡，一面与张之万所派河北防兵联络声势，毋稍疏懈。直隶各标兵丁，仍著随时训练，以备续行调遣。此股逆匪，既有宋景诗在内，难保不复窜直东一带熟路，肆行滋扰，临清州南北各州县，阎敬铭务当调派兵勇，与直隶防兵互相援应，严加防范。吴棠、彭玉麟仍当遵奉前次谕旨，严扼邳宿一带，以防贼扑清江，东犯里下河之路。本日复据官文、吴昌寿奏称湖北长阳匪党搜捕肃清一折，巨匪田侍珮等虽经捡斩，党与歼除，仍须留驻兵勇镇压，毋任余孽与豫捻句结，复行滋蔓。吴昌寿当迅速带兵驰赴豫省，督率攻剿，并将到豫日期驰奏，毋稍观望。楚北边境，即由官文分饬各军扼守，以防回窜。至山西泽、潞两府，与河北彰、卫、怀一带处处毗连，平定一路，亦与直隶井陉、获鹿接壤，沈桂芬当即分派兵勇，择要扼守，毋任贼踪窜入。是为至要。将此由六百里各谕令知之。

——《清穆宗实录》卷一三三，同治四年三月庚戌。

三月十六日

〇上谕

谕军机大臣等：

都兴阿、穆图善奏移营进剿获胜情形并请豫调马队一折。都兴阿等军进攻宁夏，逐日出队，均有斩捡。现在黄金山等已逼扎东门等处，击破贼卡，挑空长濠，正当乘此声势，将城贼聚而歼旃，迅图克复。惟盐灵中卫贼匪分股窜扰，皆为宁夏贼党外援，虽经都兴阿等派兵防剿，尤当相机妥筹兼顾，庶免贼匪得以句连，又烦兵力。鄜州、宜君、中部等处亦有贼匪滋扰，雷正绾、刘蓉当分筹截剿，毋令蔓延。宁夏肃清后，都兴阿等即须振旅出关，惟所部马队无多，难资剿办。常星阿等各起马队，前经雷正绾奏调，已谕令僧格林沁酌量调拨，著僧格林沁斟酌情形，一俟军务稍松，即先将此项马队迅饬赴甘，改归都兴阿军营听候调遣。杨岳斌前已据奏起程，即著星速前进，以便与都兴阿等商办一切事宜。杨岳斌入陕时，常星阿等如尚未抵甘，著雷正绾、刘蓉催令该副都统等督带马队驰赴宁夏。其讷依楞阿马队，业经刘蓉饬赴都兴阿军营，著即催令前进。鲍超告假回籍，此时想可抵川，著骆秉章迅催该提督赶紧部署入甘。都兴阿等出关后，宁夏北路军情，或交鲍超接办，或即由雷正绾兼顾，届时自可酌度办理，不至接替无人。詹启纶一军，现随僧格林沁剿办豫捻，都兴阿等请令该员迅赴宁夏之处，著暂缓置议。将此由六百里谕知僧格林沁、都兴阿、穆图善、雷正绾、骆秉章、刘蓉，并传谕鲍超知之。

——《清穆宗实录》卷一三三，同治四年三月辛亥。

三月十七日

〇上谕

谕军机大臣等：

昨据僧格林沁、阎敬铭等各奏，豫匪窜入东境，蔓延曹济等属，历十数州县而至曲阜，僧格林沁见带马队紧蹑其后，阎敬铭亦派丁宝桢带领勇队分投追击。此股贼匪由豫窜东，势极飘忽，恐不能逞志于东，必将窜扰徐邳一带，叠经谕令彭玉麟赶紧赴漕督新任，办理徐宿防务，彭玉麟未到任以前，仍由吴棠认真办理。惟徐宿等境与东省接壤，地方甚属空虚，恐防兵不能得力，难固藩篱，著曾国藩速派得力兵将驰赴徐宿，交彭玉麟等妥为调遣。如贼近江苏边界，即须出境会合山东官兵夹击。里下河地方尤为紧要，并须妥为防范，毋令贼踪阑入。彭玉麟恳辞漕督，业经批令仍赴新任，毋许固辞。该大臣可就近切催，令速到任办防，以便吴棠早日入粤。刘铭传一军见在何处？能否分兵赴淮东交界处所扼要，并著妥筹调派。署两淮盐运使李宗羲已经简任安徽按察使，见当整饬鹾纲之际，必须廉明练达、有为有守之员，方足以资整顿，著曾国藩遴派妥员先往接署，仍著酌保数员，候旨简放，总期操守谨严，洞悉盐务情形，于兴利除弊各事宜实力举行，庶于国课民生两有裨益。本日简授山东邓州镇之周惠堂见在是否在营？著该大臣即行催令赴任，以重职守。将此由六百里谕令知之。

——《东华续录》同治四十四，第26页，同治四年三月壬子。

三月十九日

〇上谕

谕军机大臣等：

吴棠奏贼窜东境、逼近徐州，派兵严防一折。前因豫省发捻各匪被剿北窜，阑入东境，当经谕令僧格林沁暨各省督抚等分派兵勇，整顿乡团，扼要截击。现在吴棠以东省之曹单一带与徐州之丰砀接壤，势极吃紧，下游清淮一带亦须扼要设防，已经徐州镇道分兵严杜，并饬张从龙等水陆各军，分防成子河及邳宿等处，著吴棠督饬各兵勇实力防维，设遇贼踪纷扰，即著认真兜击，毋令窜入里下河完善之区，致成巨患。彭玉麟经朝廷简署漕运总督，著懔遵前旨，赶紧驰抵漕督署任，督饬兵勇，实力筹剿，以重职守。扬防裁撤兵勇，难保无逗遛淮扬一带希图滋扰者，著吴棠、彭玉麟妥为防范，不得任令句结窜匪，滋生事端。蒙颍一带，亦系贼踪绕窜之路，著乔松年严檄在防兵勇，遇贼即击，毋任窜脱。曾国藩前有扬州与金陵仅隔一江、可就近派兵接防之奏，现在清淮一带贼踪均已窜近，该处兵力深恐不敷，著该大臣一面侦探，一面将现存兵勇酌量拨赴江北，以资援应。刘铭传一军能否分兵赴淮东交界处所扼要驻守，仍著妥筹调派。贼入东境曲阜后，匪势如何，及官兵接仗情形，尚未接各路奏报，著僧格林沁、阎敬铭查探确实奏闻。僧格林沁所部各队休息数日后，即著调齐兵勇，稳慎进攻。阎敬铭亦当督饬丁宝桢等会合各路兵勇分投截剿，以期悉数殄除，毋令滋蔓。直隶与东境毗连，刘长佑现经出省，即饬派出各军妥筹扼击，不得稍涉大意。僧格林沁已统全部马队在东省剿贼，后路步队想已陆续赶到，合之东省兵勇，联络进剿，声势已壮，深恐匪众被击回窜，则豫省又形吃重，著张之万迅饬河北镇道，激励民团，尽力堵遏，并饬张曜、宋庆等军迅图夹击，以收聚歼之效。此时豫省各军俱赴北路追贼，南面空虚可虑，著吴昌寿懔遵叠次谕旨，星驰赴豫，以剿为防，俟行入豫省，即赶紧驰奏，不准观望迟延，致干重咎。将此由六百里各谕令知之。

——《清穆宗实录》卷一三三，同治四年三月甲寅。

三月二十日

〇阎敬铭奏

三月初九日，探得贼匪由汶赴宁，僧格林沁带队紧蹑，丁宝桢带队驰抵兖州，闻该逆已折绕西面转窜宁阳。初十日，护理兖州镇总兵范正坦奉调带兵赴宁，途中猝遇贼匪，众寡不敌，以致守备张俊之等六员力竭阵亡。十一日，贼由宁阳渐近东平。十三日，僧格林沁自宁阳向东平前进，令丁宝桢分道驰至泰安，以防北窜省城之路。丁宝桢行抵泰郡，贼果于十三、四、五等日扰及东阿、平阴、肥城一带。十五日，丁宝桢拔队扼驻张夏，已在贼前。臣复调驻扎省城圩外之王正起一营前往杨家台，驻扎开山之同知刘时霖两哨前往杜家庙，专顾长清赴省一路。至省城为根本重地，兵数无多，城外土圩周围计四十余里之长，且为山水冲激，大半倾圮，臣已赶筹补筑，并添派兵勇，联络民团，协力防守。

抑臣尤有虑者。贼匪素多诡谋，恐其分股牵掣我师，复分股偷渡黄河，北犯东昌一带。臣已饬沿河州县将船只尽行提归北岸，并会同绅董严稽渡口。副都统定安由东昌移扎张秋，游击周森藻炮船在东阿上下河路往来梭巡，以防贼匪偷渡，庶保无虞。

再，兖州镇总兵范正坦一闻贼警，立即带队急行，中途遇贼回窜，猝不及防，以致失利，应请免其处分。所有打仗阵亡之守备张俊之，把总尹振彪、姚广勋，外委袁汝汉、刘庆元、沈宪珍，仰恳天恩，饬部优恤。

——《钦定剿平捻匪方略》卷二二八，第2—3页。

○阎敬铭奏

正缮折间，据丁宝桢禀称，探得该匪于十七日回渡汶河，复窜宁阳一带，丁宝桢立即拔队进赴宁阳等情。果如所探，是此股贼匪后畏追师，前避迎截，又复绕道回奔，虑其潜走滋阳、泗水向东南窜去，丁宝桢自应带队跟追，期与僧格林沁会合夹击。

——《钦定剿平捻匪方略》卷二二八，第 4 页。

○张之万奏

接奉谕旨，饬令僧格林沁北行，而以吴昌寿策应后路。仰见庙堂胜算，计出万全。惟近日发捻贼踪及豫省情形，有不敢不为我皇上敬陈者。

现据探报，捻匪凫渡运河后，向汶上、兖州一带窜遁，其势已骎骎趋向东北。僧格林沁督队紧追，断不任其北驶。惟贼踪虽距豫较远，而被剿回窜，仍属意中之事。总兵张曜、宋庆及参将蒋希夷等，经僧格林沁派令回扎虞城，业已择要安营，并因归德城守空虚，又经张曜分派都司商自秀屯驻中五台寺。其商邱县属之刘口集与曹县毗连，尤属吃紧，臣飞檄副将徐邦道扼要严防。复函商臣毛昶熙移扎宋郡，檄饬崔廷桂管带归德镇兵前赴河北，联络直东各军，专顾河防。调知府汤聘珍勇队来省，听候派拨。臣亦拟相机出省，以资堵遏。此近日布置边防之情形也。

至湖北抚臣吴昌寿现驻黄州，而僧格林沁大兵已追贼至汶上，南北相去千有余里，就令吴昌寿兼程疾进，亦断难首尾相应。况楚军之行向不迅速，即如邓州之役，僧格林沁调姜玉顺一军赴豫协剿，迟至月余并未入境，而贼早他窜。况楚军形势今昔不同，自金陵攻克后，楚军凯撤之师所过滋扰，姜玉顺、蓝斯明等军大半归自关中，皆系多隆阿旧部，自该将军故后，无人统辖，此军到处驿骚实甚，百姓衔之切骨，且长技在于枪炮，又必先营后阵，以之剿剽悍轻狡之捻，尤非所宜。故连年捻逆一入楚边，无不逞志。僧格林沁老于兵事，深悉贼情，每谓与捻匪接仗难于长发，皖军为上，豫军次之，楚军见贼即溃败，盖畏贼马冲突，又不习于长枪故也。

抑臣更有虑者。豫省频年兵燹，民力已极凋敝，而供亿车马，苦累尤不胜言。若楚省兵勇再令往驻豫中，计其军装一切所需车辆，每县必至千乘，一县不足，势须邻封协济，车辆不足，更须派拨民夫，大河以南各属必致全行扰及。而所过地方又均系被匪较重之区，地本荒芜，方冀招集流亡，及时播种，稍示抚绥，一闻兵至，复将舍业而逃。遍地哀鸿，将来何从措手？此尤臣所流涕而道者也。

臣身为疆吏，具有天良，何敢存门户之见？惟以楚军来豫，既苦相隔太远，与僧军合力之无期，又恐迁地弗良，当捻匪凶锋而易挫。夫此残败之贼不能即灭者，良以僧格林沁马队疲乏之故。然近日所统步队，如陈国瑞等军，皆贼所惮，马步相依，必能得力。再会合皖豫各军，定当奏捷。

臣管窥所及，何敢缄默不言？是否有当，伏乞圣裁。

——《钦定剿平捻匪方略》卷二二八，第4—7页。

○上谕

谕军机大臣等：

张之万奏贼由曹单折窜济兖，布置防堵；乔松年奏近日情形各一折。前据僧格林沁奏称，贼由曲阜向东南窜逸，吴棠奏称贼踪逼近徐州，谅即张之万折内所称向兖州迤北一带窜遁之匪。该逆既向徐州附近一带奔窜，难保不南趋里下河，西窜蒙宿归德等处，僧格林沁马力如已歇息，著即调齐马步各队，视贼所向，饬令各路兵勇合力围剿，尤须防其北窜，仍当一面兼顾北路，节节严防，毋令蔓延直东境内。阎敬铭亦当厚集兵力，扼要堵截，并多拨劲旅，赴前敌随同协剿，毋令贼踪久留东境。归德、商邱、虞城既各有兵防守，毛昶熙亦率所部由汝郡移扎归德，兵力既厚，遇有贼匪窜至，务须奋力剿杀，不得以驱逐出境即为了事。河北一带，现有崔廷桂两营驻扎，即著张之万饬该员联络直隶防兵，严防河岸，毋令贼匪抢渡。昨有旨谕令乔松年督令蒙颍防兵截贼绕窜之路，现据该抚奏称，已派英翰驻扎雉河，与昨日谕旨相合，著即饬令该藩司认真防堵，毋稍松懈。此时刘铭传一军，自应从萧砀一路前进，即著乔松年饬令该提督赶紧督兵迎头截剿。金陵距皖北较远，刘铭传进止，即著听候乔松年调遣，无论行抵何处，统归僧格林沁节制，不得专候曾国藩檄调，致误事机。至豫省兵力无多，现俱移防东路，后路不免空虚，吴昌寿仍当督带楚北兵勇二三千名，迅即遵奉叠次谕旨，赶紧赴豫助剿，俾豫省得以腾出兵力专防东路。其行抵豫境日期，并即迅速驰奏。

正在寄谕间，复据阎敬铭驰奏，贼已回窜宁阳、东平一带，复渡汶河，回窜宁阳，踪迹飘忽，所向靡定。东省地势平衍，可以任意驰骋，且现已裹胁二万余人之多，设令阑入畿疆，为患益巨，总宜厚集兵力，四面蹙之，同时合力兜剿，方能速行翦灭。至直东一带，现有兵勇尚恐不敷分布，著刘长佑于现调兵勇外速行添调，扼要分布，如遇贼匪窜至东昌、临清一带，即行越境会合东省兵勇迎剿。阎敬铭于现挑曹州等镇营各兵外，仍添调东路官兵，并添募得力勇丁，奋力迎截，不准纵令北窜。僧格林沁务宜绕由北路向南逼剿。吴棠、彭玉麟即克期饬令清淮兵勇北上，探贼所向，越境截击，不得稍分畛域。曾国藩亦即派兵渡江，向清淮一带后路援应。刘铭传督带全军，一面由萧砀飞速前进，如贼仍在东境，即由萧砀一带前进迎截。乔松年添筹兵勇，接应刘铭传后路，毋稍迟缓。以上应调各军，除由各该省接济粮饷外，如有不足，行抵何省，即由何省供支，总期士饱马腾，不可稍有缺乏。豫省河北防兵止有两营，张之万仍当添拨重兵，严密防堵，傥令贼匪偷渡河北，扰及畿疆，必将张之万从重治罪。贼势鸱张如此，各路统兵大臣并该省督抚等，务当振刷精神，力图防剿，贼踪倪由何路窜逸，即惟何路带兵大员及地方督抚是问，毋谓诰诫之不早也。

将此由六百里谕知僧格林沁、曾国藩、刘长佑、吴棠、彭玉麟、乔松年、阎敬铭、张之万、吴昌寿、毛昶熙，并传谕刘铭传知之。

——《清穆宗实录》卷一三三，同治四年三月乙卯。

三月二十一日

○上谕

谕军机大臣等：

吴昌寿奏进扎鄂边中路相机会剿一折。豫省发捻各逆虽纷窜东境，而余匪伏莽所在尚多，现在僧格林沁马步各军全赴东省跟剿，豫省兵力甚单，尚须扼守东路，兼顾河防，倪贼踪回窜勾结，不惟豫省有燎原之势，即楚边亦在在堪虞，是以叠次严谕吴昌寿带兵赴豫，廓清豫贼，即以防固楚疆。今该抚拟行至德安，审定贼势，再定进止机宜，虽为慎重起见，未免意存畛域。贼情飘忽无定，豫省兵力空虚，著吴昌寿仍懔遵昨日寄谕，迅带得力兵勇二三千名星驰赴豫，实力助剿，毋得迁延观望，并将到豫日期迅速驰奏，以慰廑系。至楚省沿边，几及千里，防务未可稍松，官文接奉此旨，即于成大吉等诸将中酌派一员，统领楚防各军严密防范，以便吴昌寿驰赴豫省。其在防不得力之兵勇，即责令派出之员简校裁汰，以期兵归有用。应山黄孝安麻随枣襄樊光郧等处，地当扼要，尤须派得力将弁加意防守。将此由六百里各谕令知之。

——《清穆宗实录》卷一三四，同治四年三月丙辰。

三月二十四日

○上谕

吴棠奏遵防北路窜匪、请饬水陆各军北来驻扎以备堵剿一折。据称，北路窜匪已窜至山东泰安一带，蒙阴县境又有贼踪，距邳、宿均止数百里，清淮徐州水陆各军陆续裁撤，扬州一军久经撤防，江北兵力不敷分布，请饬黄翼升、张树珊等军北来驻防等语。前因江北兵力较单，谕令曾国藩拨兵援应，现据吴棠所奏各情，自非厚集兵力不足以资堵剿，著曾国藩仍遵前旨，将现存兵勇酌量调拨，派令黄翼升带炮艇百余只到浦驻防；并著李鸿章迅派张树珊、吴毓芬等军驰赴邳宿一带防守，以固里下河藩篱。贼匪窜入东境，踪迹飘忽，兖沂边境，均与淮徐毗连，吴棠已派张从龙等分投设防，即著严饬该员弁等认真遏截，遇贼即击，毋任纷窜。俟江南水陆各军到齐，兵力更厚，或饬张从龙等出境剿贼，令江南各军为后路援应，或饬江南新到之军充作前敌，而令淮徐各军严防要隘，均著吴棠、彭玉麟酌度办理，总期与东省之兵合力击贼，迅图殄灭，不得稍分畛域，幸贼不入境即为了事。彭玉麟未到任以前，吴棠责无旁贷，务当激励各将士妥筹防剿，以副委任。

贼入东境后，是否仍踞宁阳、汶上一带，抑又纷窜旁趋，官兵接仗情形如何，近日未据僧格林沁奏报，朝廷甚深悬系。此股贼匪穷蹙铤走，无巢可归，若不亟图剿办，必至肆意盘踞，逞其荼毒。东省为畿辅屏蔽，设日久蔓延，关系诚非浅鲜。著僧格林沁即饬丁宝桢等，并阎敬铭节次所派各兵勇，奋力围剿，毋得退缩观望，致误戎机。贼匪经过之地，村落为墟，官兵采办粮草深恐不易，僧格林沁大兵一到，所需尤多，著阎敬铭飞饬完善各州县赶办刍粮，妥速接济，毋令缺乏，俟军务完竣，准其作正开销。贼匪所到之处，每以焚掠裹胁为事，东省伏莽未净，句结响应本在意中，著阎敬铭督饬派出兵勇并各该地方文武员弁搜捕弹压，以清乱源。僧格林沁马步兵力是否足敷剿办，仍著查明具奏。前谕该大臣行赏犒军，并将陈国瑞酌量保奏，现在陈国瑞谅已到营，著传知该员，令其感激图功，实力报效，随同该大臣马队奋勇杀贼，傥能始终出力，定当破格奖励，以旌其劳。该大臣即严饬各路兵勇四面兜围，绕由北路，逼贼南趋，派队跟追，毋令贼匪得以喙息，以期一鼓歼除。

黄河沿岸一带地面辽阔，著郑敦谨挑选河标兵丁，于各渡口及水浅处所设卡巡防，并将渡船提归北岸，毋令贼匪偷渡。刘长佑、阎敬铭亦当派兵集团，一体严防。东南兵力渐厚，直东一带兵力尚恐单薄，著刘长佑遵奉前旨，于现调兵勇外再行添调，扼要屯扎，俟贼踪窜近，即著严饬防兵，迎头拦击，毋稍疏纵。

此股贼匪，由鄂豫狂窜北趋，虽系残败之余，尚多著名悍寇，若不亟图埽荡，其患诚无已时。现在各路将弁均归僧格林沁调遣，务当统筹胜算，分派诸军，处处策应，迅殄逆氛，傥何路防剿不力，即由该大臣指名严参，重治其罪。

将此由六百里各谕令知之。

——《清穆宗实录》卷一三四，同治四年三月己未。

三月二十六日

〇上谕

谕军机大臣等：

刘长佑奏督军行抵威县，现筹布置情形一折。刘长佑于抵威县后，探知该匪由山东济南窜向平阴、肥城，又复回窜东平、东阿属境，现在布置诸军杜其北窜，拟俟各起兵勇到齐，酌拨数营前赴元城、南乐，以备冠县、朝城一路；并派天津、通永两镇之兵合驻景州，以备德州、恩县一路；添调海口六营兵饬赴吴桥，互相策应；该督驻扎威县，居中调度，与曲周之杨毓栩、清河之冷庆等军相为犄角。所筹布置情形，尚属周密。惟贼氛距黄河南岸甚近，直东毗连处所，在在可渡，处处须防，且为该逆熟径，诚恐兵以分而见单，一经偷渡，势又蔓延。刘长佑惟当督饬在防各军，确探贼踪，严密堵御，仍须添调劲旅，使各路兵力厚集，无隙可乘，以免临渴掘井，致误事机。如贼踪窜至东昌、临清，即当饬令所派官兵，会合东省官军，越境夹击，以剿为防，仍一面自固藩篱，方为妥善。该逆飘忽靡定，声东击西，乃其惯技，僧格林沁马步各军及阎敬铭所派丁宝桢等军，务须联络策应，或由南路紧蹑，或由北路要截，总当将该逆就地歼除，实力剿洗，毋任扰及畿疆。现在办理情形，即著该亲王迅速驰奏。河北卫怀所属滨河地方均可偷渡，难保该逆不被剿西驰，以图北窜，屡经有旨谕令张之万严密设防，现在贼氛密迩，该抚所派防军能否厚集？傥先事漫无准备，致贼踪扰及完善，震动畿疆，必惟该抚是问。吴昌寿当懔遵叠次谕旨，速行赴豫助剿，以便豫省腾出兵力，严扼河北一带之防，毋得观望迁延，稍分畛域，致干重咎。其楚边防务，即由官文妥为调度。山西去贼虽远，其毗连直、豫之平定潞泽等处，亦当豫为筹策，以备不虞，著沈桂芬多设侦探，妥筹布置，毋稍疏忽。将此由六百里各谕令知之。

——《清穆宗实录》卷一三四，同治四年三月辛酉。

三月二十九日

〇阎敬铭奏

据探，贼于三月十七日回窜宁阳；十八、九等日由滋阳走曲阜，南窜邹县；二十一、二等日由邹窜滕，复窜峄县之韩庄一带，欲图渡运。僧格林沁追军已逼，遂折向东北，直入兰山县属，南趋郯城，走赣榆、青口出境。查青口东北即接莒州，贼势飘忽，难保不窥东路空虚，复行入境，扰及完善之区。臣先已飞檄各营县督团堵御，并飞咨青州副都统恩夔严为防范。当贼于十六日渡汶之时，丁宝桢先派参将莫组绅带勇驻扎宁阳，突遇该逆窜至，莫组绅即于汶河南岸陈家店地方接仗，鏖战多时。适僧格林沁大兵将到，该匪始收队狂奔。丁宝桢闻信，即于十八日自张夏驰抵宁阳，追至兖州，而该匪已窜滕县。现贼虽出境，难保不再行折回。查东省南界以济南为门户，丁宝桢因移扎该处，居中调度。惟东之滕峄兰郯，西之金鱼曹单，数百余里，在在须防，兵力实属不敷，丁宝桢已添招勇丁一千名，臣拟再陆续选募，以资堵剿。至东省各营官兵疲弱已久，只曹州镇兵调赴丁宝桢行营者尚属可用，兖营兵丁竟难得力，已令撤回。河北一带河防，除臣于水路添设船勇外，复令参将黄兆昇一队驻扎东昌，以控北路。

——《钦定剿平捻匪方略》卷二二八，第26—27页。

〇上谕

谕军机大臣等：

阎敬铭奏贼踪南窜、筹防情形一折。贼由滕峄图渡运河，复折向东北，由峄县奔至兰山县境，南趋郯城，赴赣榆、青口，是此股贼匪已出东境，海州、淮安一带俱形吃紧，著吴棠、彭玉麟懔遵叠次谕旨，选派得力弁兵扼守要隘，毋令一贼一骑阑入腹地，仍一面派兵迎头拦击。如江南调往之张树珊、吴毓分等军到齐，即可派赴前敌，实力剿洗，与东省追贼之兵夹击，以收聚歼之效。仍当酌添后路之兵，层层接应。本日据李鸿章奏，已派吴毓芬前赴扬防，欧阳利见带炮船赴江北，此时贼已入境，著即迅饬该员等及张树珊军飞速前进，均归吴棠、彭玉麟调遣。扬防亦属紧要，著曾国藩、李鸿章另拣得力之员前往镇抚。曾国藩并严饬黄翼升炮船星夜前进，不得稍有迟误，傥赴援迁延，致令里下河等完善地方被贼蹂躏，必惟该督抚等是问。刘铭传一军，前已谕知乔松年，令由萧砀进剿，刻下贼窜赣榆，正可拦击，著刘铭传遵旨飞速前进，不准延缓。李鸿章奏刘铭传一军拟添练马队之处，正恐缓不济急，著曾国藩、李鸿章查明，扬防所撤之马队如尚未起程，即著酌量拨给，俾该提督管带驰剿。

僧格林沁现已追贼抵滕，仍著稳慎进取，与江淮诸军协剿。马步各队，亦宜稍为休息，养其锐气，毋使疲乏。赣榆一带水田居多，尤当加意慎重，不可为贼所乘。丁宝桢一军应由何路进取，并著僧格林沁酌量调遣。山东所募勇丁认真训练，登莱青等属防守紧要，青州驻防旗营是否足敷守御？著阎敬铭妥筹办理。贼氛虽至江北，难保不复行回窜，阎敬铭仍当加意防范，并饬派出之黄兆昇等严防北路。英翰一军，前经乔松年派在雉河集扼守，现在逆匪去皖境较远，此军及詹启纶一军应由何路防剿，著僧格林沁妥筹调度，以厚兵力。张之万仍遵前旨，督饬将弁，于河南北要隘严密防堵，毋稍大意。

将此由六百里谕知僧格林沁、曾国藩、吴棠、彭玉麟、李鸿章、乔松年、阎敬铭、张之万，并传谕刘铭传知之。

——《清穆宗实录》卷一三四，同治四年三月甲子。

四月

四月初二日

〇僧格林沁、国瑞奏

捻逆剽急靡常，三月初十日，我军追至曲阜县西北，该逆直前抗拒，臣等督饬马队冲击，捡斩多名，匪势不支，即向北窜。臣等以逆众既向北趋，追剿更难松劲，一面饬藩司丁宝桢带领队伍驰赴泰安一带扼要严防，一面仍督官军向北蹑追。十三日追至汶河，该逆已于十二日偷渡，遂饬总兵陈国瑞、郭宝昌等带领步队先行渡河。贼匪前股业已窜过盐河，后股之贼因官军追至，闻风乱窜，淹毙贼匪数百名，余匪即在河北游弋。十五日，我军渡河追剿，该逆又向东南奔至冈上屯，回窜汶河以南，仍由宁阳、曲阜、邹、滕、峄各境渐向南趋，遂饬总兵张曜、宋庆移扎永城、夏邑，以便迎头截剿，并调藩司英翰、总兵詹启纶移扎徐州，探踪迎击，仍亲督马步驰追。该逆悉由台庄渡运，旋向兰山、郯城各境东窜。二十五日，追至赣榆，查探贼踪，已由青口南窜，遁出东境。

查该逆既由青口向南，仍应督军追剿，以防回窜，并饬丁宝桢移扎峄县防守。惟青口距清江匪遥，已飞咨漕运督臣，严饬在防各军探踪迎剿。并恐该逆被逼西遁，图渡运河，已调英翰、詹启纶由徐州进兵，俾前截后追，以收夹攻之效。现在余匪虽属无多，皆系悍党，乘马狂奔，日趋百余里，我军紧追，已有不及之势。若欲绕出贼前，必须日行二百余里，马力实有未逮。而堵御之兵无多，又恐为贼所乘，即如汤聘珍之在信阳，范正坦之在兖州，丁宝桢之在宁阳，俱因贼众我寡，接仗失利。逆众前向北窜，当因北有黄河之险，足遏贼踪，是以督军追剿，不使停留。今贼既南趋，官军奔驰半月之久，不无疲乏，拟缓程前进，以息兵马之力。南路现已有兵堵截，臣等惟有合力进取，早荡寇氛。

——《钦定剿平捻匪方略》卷二二九，第1—3页。

〇僧格林沁、国瑞奏

三月二十五日，官军驰抵赣榆，驻扎附郭一带空闲村庄。因人马无处觅食，派员传知县陈继煐来营，以便查询贼踪，购买粮草。乃该员并不出城，旋向官兵开放枪炮，复将查询贼情及买取食物之兵勇二名诓入城中，人马均行扣留，城上枪炮不绝。次日，该员仅遣家丁二名出见，并据申称，以士民坚留守城，不能来见。当谕知买粮送出，即行发价，或令商贾出城，以便公平买卖。该家丁回城后，陈继煐又复不出。复派千总何钟第前往催问，讵城上绅民将其唤至城边，用枪打伤数处，其余买食兵勇亦被击伤数名。陈继煐复遣人来营递禀，据称本欲遵谕出城，行至垛口，被百姓拥回。又据绅耆张如松等禀称，愚民恐县官出城，致生内变。

伏思臣等统领马步官军追剿窜匪，皆系紧蹑贼踪，难以运粮随行，是以到处扎队，皆傍城寨，以便购买粮草，接济军食，今知县陈继煐明知官军到境，闭门深拒，并不晓谕绅民商贾卖给军粮，又令绅民击伤弁兵勇丁多名，种种荒谬，实出情理之外。相应请旨，将同知衔署赣榆县知县陈继煐即行革职拿问，交吴棠提同该邑绅民详加审讯，从重惩办。并请饬下该督抚，通饬各地方城寨官绅，遇有官军经过，不得擅开枪炮，并将粮草一切公平买卖，以利师行。

——《钦定剿平捻匪方略》卷二二九，第3—5页。

〇上谕

僧格林沁奏追剿发捻各逆小有斩捡、贼踪已出东境各折片。匪众未由峄县台庄渡运，先向兰山、郯城各境东窜，业已遁出东境，僧格林沁追至赣榆县地方，马力已乏，自应稍为休歇，且由此而南，地多水田，马队亦未能驰骋，不可再令冒险前进，与贼相持，僧格林沁务当稳慎进取，先令步队追贼，而以马队从平旷地方截其回窜，方为妥善。江南派往淮扬之张树珊、吴毓芬两军，并欧阳利见所带炮船，及叠谕派防江北之兵，著曾国藩、李鸿章饬令速赴江北，并严饬黄翼升炮船星夜前赴里下河一带，不准片刻迟延。吴棠、彭玉麟仍当相机调度，严密扼守，不可稍涉疏懈。驻扎永城、徐州之张曜、詹启纶等军，著僧格林沁饬令探踪迎剿，并饬令刘铭传懔遵前旨，由萧砀一带往东迎击，兼防贼匪回向西窜之路。其雉河集及归德一带，仍著乔松年、张之万一体严防。阎敬铭亦当檄令丁宝桢等扼守本境，严密布置，毋任贼踪回窜东境。至僧格林沁所称丁宝桢在宁阳遇贼，以众寡不敌，接仗失利等语，前据阎敬铭仅将范正坦挫败情形陈奏，并未言及丁宝桢有失利之事，著阎敬铭即行查明具奏。

赣榆县令陈继焕，于僧格林沁督兵追至该县境内，既不出城，又不听购买粮草，叠经该大臣持令札传，抗不遵应，并任听绅民将买取食物之兵勇扣留，及催问之差弁，亦用火器打伤，实属荒谬，迥出情理之外，著即革职拿问，交吴棠、彭玉麟提同该邑绅民，详审究办，并将击伤官兵之人从重惩办，以儆刁顽。江北州县，积习疲玩已久，该省督抚务当严饬该地方官，并各团寨绅民，于官军经过时，查探明确，如实系官兵，不准擅开枪炮，并听军士与商民将粮草公平购买，毋许阻挠，致误军行。

将此由六百里各谕令知之。

——《清穆宗实录》卷一三五，同治四年四月丙寅。

四月初四日

〇上谕

谕军机大臣等：

吴棠奏匪股绕窜江境，现派队分投扼截，并请收回署两广总督成命各折片。贼窜赣榆一带，叠经谕令僧格林沁等妥筹会击，现在贼在海州境内，该处南接清淮，东南则趋盐阜，皆为里下河最要门户，吴棠现派汪陞发等守盐阜之射阳湖、马家荡等处，派姚广武驰守沭阳，派滕国栋等守安东，而以赵三元水师辅之，张从龙扼盐河，留李元华等驻守清江土圩，布置均属周妥。惟此时扬防已撤，贼众兵单，前敌既难操胜算，后路亦深虑空虚，欧阳利见于三月二十二日起程，到淮必速，张树声、张树珊等军何以尚未起程？著曾国藩、李鸿章飞催赴援，以厚兵力。吴棠于诸军到淮时，相机调度，挫贼凶锋，须力保里下河完善之区，方为不负委任。陈国瑞、詹启纶等军，于该处地势均称熟悉，著僧格林沁催令该总兵等绕前夹击，辅以马队，毋令回窜东省，以收一鼓聚歼之效。曾国藩等于上年请撤扬防时，曾有扬州与金陵仅隔一江，可以就近派兵接防，由皖北兜剿，无虞窜越后路之奏，此时扬防吃紧，仍当与李鸿章力筹添兵保卫。该督抚应否出省前赴江北督剿之处，并著酌度办理，迅速驰奏。如里下河被贼蹂躏，定惟该督抚等是问。刘铭传一军，已据曾国藩奏称调赴邳宿，著即严催前进，如再敢观望不前，即将该提督从重参处。昨据彭玉麟奏，力辞署理漕督，已有旨俯如所请。该员现仍以兵部侍郎总统水师，著即迅拨轻利炮船数十号，前赴清淮一带遏防，如能亲自统带前来，会同吴棠办理剿匪事宜，更资得力。该侍郎接奉此旨，即著妥筹办法。

吴棠另片奏，清淮士民闻该漕督有赴粤之信，适值寇警，纷然警骇，恳辞署理两广总督，专意筹办清淮防剿，使江北士民同心协力，无所犹豫等语，具见体国公忠，不肯避难就易，深堪嘉尚。吴棠仍著暂留漕运总督本任，俟此股贼匪一律埽除，再赴两广总督署任。

将此由六百里各谕令知之。

——《清穆宗实录》卷一三五，同治四年四月戊辰。

四月初九日

〇吴棠奏

逆匪窜入海沭一带，经臣分路派队严守城圩，叠据海州、赣榆、沭阳各州县禀称，贼踪来扑，均经兵团固守，断贼掳掠。复经亲王僧格林沁督令总兵陈国瑞带队追剿，三月二十七日，在海境之房山地方击贼获胜，二十八日进扎沭阳。二十九日贼由沭阳西窜，臣派副将闪凤来随同总兵张从龙等由运河北岸西进，防贼窜越运河；总兵欧阳利见带炮船四十只，于四月初一日到浦，业经督臣曾国藩饬该总兵拨炮船二十只，暨副将龚耀伦等所带炮船三十只，统令驰赴邳宿扼防运河。是日，贼由沭境西窜，由唐店、峒峿等处径窜窑湾一带，希图渡运，经兵勇截击，贼又折向西窜。亲王僧格林沁由沭阳督师西追窜匪，初一日已抵宿迁县北之峒峿驿，该逆折走吕家湖，西窜邳境。

臣查此起匪股剽急异常，步队追剿往往不及，前派参将吴凤柱带马队一百名，现又派副将杨文全带马队二百名，驰赴总兵陈国瑞军营，随同追贼，如贼出境，亦令出境追击。又调总兵赵三元带炮船三十余只驶入邳宿运河，径赴东境之台儿庄、韩庄一带，防贼偷渡。

其余陆军，俟江南援兵到齐，悉令进扎邳宿一带，跟踪会剿，不敢稍分畛域。至道员吴毓芬一军派赴扬州，现已到防，已经抚臣李鸿章饬令在扬扎定，应请旨饬令毋庸北来。总兵张树珊一军，已报由镇江北渡。提督黄翼升水师到浦，臣即催令前进。又据宿迁县禀称，总兵詹启纶一军四月初二日行抵邳州，已函嘱其赶赴僧格林沁军营听候调遣。

——《钦定剿平捻匪方略》卷二二九，第16—18页。

〇上谕

吴棠奏贼踪西窜、现派各军严扼运河，并吴毓芬等军已到扬州等处、请添调水师严扼东境、月拨清淮防饷一万两各折片。发捻各匪，由沭阳西窜，由峒峿等处径窜磘湾，希图渡运，现又折走吕家湖，西窜邳境。吴棠现派吴凤柱等带马队，随同陈国瑞追剿，詹启纶军亦已抵邳，著僧格林沁督饬该总兵等两面遏击，痛挫凶锋。该亲王马队至平原旷野，可以纵横驰击，如遇山路水田，仍宜慎重进取。刘铭传一军，叠经谕令由萧砀一带进剿，此时正可迎截，著曾国藩、乔松年严饬该提督，懔遵叠次谕旨，赴徐邳一带剿办，如逗遛不进，以致贼氛肆扰，即行从重参处。吴棠仍催令赵三元带炮船驶入邳宿运河，赴东境之台儿庄、韩庄一带，防贼偷渡，俟江南援兵到齐，悉令进扎邳宿一带，探明贼踪，越境会剿，不得稍分畛域。山东黄、运两河，未设河防，黄翼升水师计可到浦，著曾国藩添拨炮船百余号，归黄翼升统带。彭玉麟仍遵前旨带领水师，均著由浦入东，兼顾山东黄河入直之路，如能阻遏河险，逼贼于黄运之间，可期一鼓荡平。著张之万、阎敬铭查该省河道何处浅阻，赶紧挑通，以便舟师来往，毋令阻滞。此股逆匪昼夜狂奔，恐运道绵长，赴防不及，即可将此起水师留扎济宁一带，以防捻股日后再有窜越。安徽、山东防务吃紧，乔松年务当督饬各军，严防蒙宿等处，与刘铭传实力剿洗。阎敬铭督饬丁宝桢等扼扎要隘，毋任再行回窜。河北之防，不可不严，吴昌寿即赴豫省相机调派，并遵叠次谕旨，督饬河北镇道等严密防范。河标兵弁，著张之万整顿调派防河，未可有名无实。吴毓芬一军已到扬防，著李鸿章、吴棠即饬该道在扬镇抚。张树珊等军，仍著曾国藩、李鸿章催令迅速到浦，归吴棠调遣。吴棠请于扬防军需节省项下月拨清淮饷一万两，著曾国藩饬令江宁藩司，于四月起照数划拨清淮防饷一万两，按月解清，不准愆期套搭。将此由六百里各谕令知之。

——《清穆宗实录》卷一三五，同治四年四月癸酉。

四月十二日

〇阎敬铭奏

据各路禀报，捻匪南窜，僧格林沁追至赣榆，该匪复遁海州。三月二十七日扰及沭阳，大军跟追抵沭。四月初二日，贼复折向邳境奔走。查邳境沿运西行，即近东境峄县台庄、韩庄地面。其时藩司丁宝桢先闻贼至赣榆，虑其回窜，统带全军驰赴沂州，为迎截之谋。其韩庄等处，只有参将王心安一营，殊觉兵单。臣令丁宝桢相度机宜，兼顾滕峄西路。又饬沂州府知府文彬等，将添募新勇一千二百名并旧有额勇，分布于兰山蒙沂各要隘，以防窜越。该匪因运河水深，不能偷渡，连日在邳州之沙湖集、梁山一带肆扰。初四日，僧格林沁追至邳境，该匪复由红花埠南东入海州之桃林，初六日窜至赣榆东安庄等处。臣揆度逆情，现在邳沭海赣数百里平坦之地往来奔突，势将为大兵所蹑，非向北而西再窜东境之峄滕，即由北而东再窜东境之兰莒。臣于峄滕一路饬丁宝桢分军堵截，于兰莒一路饬沂州府县扼要设防。现复派都司韩登泰带勇五百名，由省东一路驰赴诸城、莒州、日照一带扼守险隘，期与沂境联络声援，力保完善之地。青州为屏翰要区，臣已咨会副都统恩夔调兵守御。东昌一带有张玉怀、宋憬诗之伙党王振声将欲纠众起事，即经该府县与参将韦应麒密拿正法。

——《钦定剿平捻匪方略》卷二二九，第23—24页。

○上谕

谕军机大臣等：

阎敬铭奏贼踪复窜海赣一带，东省筹防情形；李鸿章奏饬催诸军赴援淮徐各折。此股窜匪，经僧格林沁追剿，由海沭折回邳境，复窜至赣榆东安庄等处，往来奔突，已成穷寇无归之势。曾国藩、李鸿章所派张树珊、张树声、欧阳利见水陆等军业已起程，克期当可抵浦，刘铭传、周盛波等部，亦由六安径赴徐宿，是南路兵力厚集，即著吴棠于各军到后相机调遣，与僧格林沁大军联络夹击，并酌量分拨水师，于济宁一带扼扎，以杜贼沿河上窜之路。僧格林沁现已追贼至邳，著督饬马步各军乘势力剿，仍稳慎进取，务将此股逆匪一鼓殄除，毋令再行回窜。如兵力不敷，即飞催英翰、詹启纶等军到营，从北面兜剿，与江南派援各军合力夹击。该处东滨大海，若能三面蹙之，必可就地殄除。僧格林沁当严密调派，毋失机会。东省峄滕兰莒各处，与邳赣壤地紧接，该逆经西南两路夹剿，恐仍图从此北窜，著阎敬铭严饬派出之丁宝桢、韩登泰两军实力防守，并著僧格林沁妥筹兼顾。彭玉麟仍遵叠次谕旨，带领轻利炮船，由浦入东，阻遏河险，毋稍迟缓。其河道浅阻之处，并著咨会张之万赶紧挑浚。现在水师仅有欧阳利见一军赴浦，尚形单薄，仍著曾国藩等迅催黄翼升炮船星速前进，扼要防扎。豫省河南北各处防务，著吴昌寿严密布置，并将境内余孽埽荡廓清。直隶距贼较远，而大名等处防堵亦未可稍松，刘长佑仍当檄饬将弁，认真防范。青州一带为滨海要区，著阎敬铭咨会恩夔豫筹布置。宋景诗等伙党王振声纠众图乱，经阎敬铭密拿正法，尚为妥速，仍当严饬各属地方官严密访拿，以消伏莽而清内患。皖北蒙、亳地方冲要，著乔松年调派得力将弁妥筹守御，毋稍大意。将此由六百里各谕令知之。

——《清穆宗实录》卷一三六，同治四年四月丙子。

四月十四日

〇张之万奏

署河东河道总督张之万奏言：

捻股由兰山、郯城各境东驶，直窜赣榆、青口，海州、淮安一带均形震动。逆踪飘忽无常，现虽蔓延江北，难保不复行回窜，所有直东皖豫边防，犹当慎益加慎，以防该匪乘隙阑入。臣已饬张曜迅速整备，俟僧格林沁檄调到日，即督所部前进，听候调遣。惟豫境边防尚须严为之备，所有留防之军仍驻永夏一带，联络皖军，以资堵扼。臣犹虑张曜出境后宋防兵单，又将知府汤聘珍一军饬由考城移扎永夏，与宋郡留防各军协力扼堵，以顾东陲。北路毗连直东，亦未敢稍形疏忽，臣已饬河北镇总兵杨长春挑选精壮兵丁，由怀庆驰赴内黄、滑、浚、封邱一带，会同崔廷桂等马步各营及地方官，于沿河渡口上下梭巡，严禁私渡。并约直省官兵常川会哨，边境当可无虞。[①]

——《钦定剿平捻匪方略》卷二二九，第27—28页。

四月十五日

〇刘长佑奏

查直省之天河两府属与山东之武城、夏津、恩县、陵县、德平、乐陵、阳信、海丰各州县接壤，大顺广三府属与山东之邱县、馆陶、莘县、朝城、观城、濮州、曹县、(荷)[菏]泽、定陶、临清等处均属交界，袤延千余里，无险可扼，在在宜防。设将在营兵勇全数分布边境，该逆或乘间北窜，则我军皆落其后。且备多力分，非于适中之地留重兵以资应援，亦恐未能遏狂寇之冲突。臣现于威县城内留驻兵勇一千余名，附近威县之曲周、清河属境共驻兵勇二千余名，均可临时调集，亲督前往，为各路应援。惟开东长防军距威较远，又饬副将崔福泰新募壮勇五百名，益以原调大名练兵五百名，驻防元城县属小滩地方，兼以开东长防军策应。并咨署提臣徐廷楷，在抽练兵内选备六百名听候调遣。兹据僧格林沁邳州来函，该逆

---

① 奏入，上谕曰：所有豫省河南北防务，昨已谕吴昌寿严密布置，并将境内余孽力筹埽荡。仍著张之万俟吴昌寿到省时，将防剿情形详细告知。其挑浚河道事宜，并著张之万实力办理。参见《钦定剿平捻匪方略》卷二二九，第28页。

于四月初二日窜赴邳州，经官军赶至，正欲迎剿，复由东北遁过沂河，折由红花埠向东南而逸。窃思该匪趋向无定，若窜青莱，窥伺武定，则直界之东北可虑；若扰兖沂，蔓延东昌、曹州、临清，则直界之西南吃重。臣已飞饬各营带兵官暨大名、天津镇道分路侦探，如遇贼氛逼近，务即督率防兵，联络乡团，会合东省兵勇实力迎击，臣仍随时体察情形，调度策应，以期有备无患。

——《钦定剿平捻匪方略》卷二二九，第28—30页。

〇上谕

谕军机大臣等：

刘长佑奏添调兵勇、侦探贼踪，现办情形一折。直隶地势平衍，无险可扼，自应于适中之地厚集兵力，以资援应而遏奔冲。该督现于威县城内留驻兵勇一千余名，曲周、清河属境共驻兵勇二千余名，并饬副将崔福泰管带兵勇各五百名驻防元城县属小滩地方策应，开东长一带防军仍令徐廷楷于抽练兵内选备六百名听候调遣，办理尚为周妥，著即督同臬司李鹤年严密巡防，毋稍松懈。聊城县积匪王振声在沙镇传帖聚众，已据阎敬铭奏称将该匪访拿正法，而余党尚未尽除，难保不散而复聚，仍著该抚督饬地方文武，严搜余党，悉数捕诛，毋任一名漏网；并著刘长佑于交界地方一体缉拿，毋任窜入大名一带，句结蔓延。僧格林沁所寄刘长佑函内，声称贼于初二日窜赴邳州，经官兵赶至，复由东北遁过沂河，旋又折自红花埠向东南而逸等语。此时海州、赣榆一带当又吃紧，该匪被追穷急，难保不由海口觅船，遁入外洋。著吴棠督饬该地方官，将海州、赣榆等处海口船只先行提往他处，毋为该逆抢掳。欧阳利见水师业已起程赴浦，黄翼升炮船仍著曾国藩、李鸿章迅催前进，均著归吴棠调遣，一面严堵里下河水路，一面严扼海口，以防纷窜。张树珊等军计可抵浦，即著吴棠督令张树珊等，与江北清浦所派诸军水陆严防，分投堵截。沂郡、日照等处海口，即由阎敬铭设法严防。兖沂曹陆路，亦由阎敬铭督饬丁宝桢、韩登泰两军实力防守。至贼匪窜向东南一隅，逼近海澨，僧格林沁正当乘此机会，严饬各路援军同时并举，聚而歼旃。刘铭传、周盛波两军，已由六安径赴徐宿，即著吴棠飞速迎提，相机调遣，饬令会合僧格林沁之军夹击，以期一鼓殄除。英翰、詹启纶等军，亦可由僧格林沁酌量添调。至此股逆匪，踪迹飘忽，奔突靡常，经官军痛剿，难保不回窜皖豫，乔松年、吴昌寿务当于交界处所分布兵勇，檄令在防将士严密扼守，毋令匪踪阑入本境，致滋延蔓。将此由六百里各谕令知之。

——《清穆宗实录》卷一三六，同治四年四月己卯。

四月十八日

〇吴棠奏

捻股因官军绕扎邳境，又由官湖等处回扑宿迁，经游击张祖云击退，贼遂以大股盘踞宿境，并宿沭交界之高流等处，零股边马分窜宿境沿运之窑湾、皂河一带，意图抢渡。臣即饬副将龚耀伦带炮船三十号严防邳境之黄林庄、滩上、窑湾等处，调回总兵赵三元，带炮船三十号严防皂河、顺河集等处，并派总兵欧阳利见暨提督张光泰等各水师，均赴邳宿境内并力防河。四月初五、六等日，屡有贼马冲至运河北堤，经各水师随时扼截，叠有斩掳，贼复北趋新安镇及郯境之红花埠一带。初九日，僧格林沁督率各军，由邳境驰赴红花埠击贼，贼遂由红花埠向北败窜。据郯城县知县周士溥禀称，贼由该县城西向北窜去。道员张树声、总兵张树珊于初六日带勇到浦，正值贼股回扑宿沭，清淮各队悉赴上游，深虑贼从沭阳绕扑清淮，得此一军填扎后路，足资守御。提督黄翼升于初九日到浦，即赴邳宿一带查勘河道。侍郎彭玉麟又拨总兵喻俊明带水师一营赴射阳湖，扼守里下河门户。惟臣处骑兵无多，昨已派副将杨文全等带马队三百名，赴总兵陈国瑞营中随同追贼，现在江南调来树字营勇全系步队，追贼势所不及。臣现令张树声等军进扎峄县之韩庄地方，进可与东军合力击贼，退可与水师联络，断贼窜越之路。张从龙等军驻扎邳宿之间，或顾运河，或顾清淮，统俟临时调派，以臻周密。

——《钦定剿平捻匪方略》卷二二九，第 32—34 页。

〇乔松年奏

捻匪由徐沂交界窜扰沭阳、赣榆等处，仍图向西南奔窜。清淮既有兵堵御，贼势如折而西趋，宿州、泗州皆当其冲。现据道员颜培瑚禀称，邳州、宿迁之间已见贼踪，臣即饬英翰一军由雉河进扎宿州，严扼要隘；并派张得胜所部由六安移扎泗州，联络严防；又派原驻正阳之朱淮森所部并淮河水师炮船移扎临淮，力顾东路。刘铭传一军已于四月初八日由六安拔队，路过寿州，臣与之筹商机宜，以贼势渐趋西南，定由临淮、泗州赴徐州一带进击，俾期便捷，该提督现已由寿起程。至贼踪飘忽靡常，徐宿皆属吃重。宿州为皖省极要之地，贼若西趋，必由此路窥伺。现在刘铭传及提督周盛波进剿之军计共一万五千人，合以詹启纶所部又数千人，在徐州一带兵力不至单薄。若英翰再行出境，转致有追兵而无迎剿之兵，此时英翰一军自应仍扎宿州。臣已飞饬英翰等，务与僧格林沁各军前后夹击，以收合剿之效。

——《钦定剿平捻匪方略》卷二二九，第 34—35 页。

○阎敬铭奏

据报，四月初七、八等日，贼在郯城之南唐店一带盘踞，势向西南窑湾，欲渡运河。初九日，复由郯城之西南折向西北，初十日窜至兰山西南。其时僧格林沁大军跟追，臣因贼势西趋，则日照、诸城一路可以稍松，惟该逆非由兰费北窜蒙阴，必由西路直扑峄滕，先饬沂州府知府文彬等带勇严防，并在青驼寺拨勇分扎。贼果于初十日窜至峄县西南之褚头林，是蒙阴北路无虞，而西路独为吃紧。藩司丁宝桢先自蒙阴探闻贼信，连夜由小路绕出邹县进发，以期迎头遏击，是日行抵滕县。因查大泛口水浅滩高，贼西犯则必偷渡，北窜则滕邑正当其冲，当经丁宝桢分拨参将王心安一军由台庄进扎大泛口，丁宝桢由滕县之临城驿迎击，十一日进扎临城。该逆窜至大泛口，经王心安扼要截杀，毙贼百余名，遂折向正北，直犯临城。先经丁宝桢分拨各队扼扎该处，遏贼来路。十二日，该匪边马直扑距临城五十里之西村桥，经我军追逐折回。贼之马步大股全向北路奔窜，都司杨酉林等带队驶进，毙贼六七百名。续有马贼数千接扑桥口，经参将莫组绅开炮轰击，毙贼百余名，该逆折向西趋，复经参将宋延德等冲杀。另股马贼又绕由西路抄袭，我军前后受敌，都司杨酉林等战殁于阵，弁勇多有伤亡。旋经丁宝桢督军追压，该逆直向正西狂奔。我军均系步队，驰逐莫及。是日之战，共杀贼千余名，生擒四十余名。臣现饬该藩司整齐队伍，由邹滕一路绕赴东平，防贼北窜。此次在临城驿阵亡之都司杨酉林等，均请旨交部从优议恤。

——《钦定剿平捻匪方略》卷二二九，第35—37页。

○上谕

谕军机大臣等：

吴棠奏贼踪再扑沭宿境内、官军严防布置情形，乔松年奏遵饬刘铭传赴徐州、请令英翰仍扎宿州，阎敬铭奏贼匪复窜东境、官兵迎贼接仗情形各一折。逆匪纷窜靡定，往往乘虚奔突，自窜扰海沭后，南路兵力陆续云集，又有僧格林沁尽力蹑剿，该逆不得逞志于东南，势恐折而西北，是以前谕僧格林沁督饬马步各军从北面兜剿，毋令再行回窜。兹览阎敬铭所奏，贼由郯城兰费窜至峄县西南之褚头林等处，官兵接仗受伤，经丁宝桢督军追压，该逆直向正西狂奔。丁宝桢已由邹滕一路绕赴东平，防贼北窜。现在该逆已由峄县边界西趋，兖济正当其冲，丁宝桢向称知兵，是以该抚令其出省剿贼，现既退守东平，去贼已远，兖济一带，并无得力兵勇驻扎。此时贼势纵横，毫无阻遏，任令长驱横冲，其将何所底止？著阎敬铭遴选得力将弁，增募勇丁，于兖州、济宁一带分投设防，遇贼即击；一面檄令丁宝桢稳扎东平，防贼北窜。僧格林沁闻贼北窜之信，谅已督队跟追，仍著该亲王绕出贼前，督饬将弁并东省兵勇极力兜剿，将贼逼向东南，庶可与淮徐之兵联络击贼，以期收聚歼之效。

邳宿清淮一带防军，业经吴棠分路布置，傥贼势南趋，即令各路兵勇随处翦除，毋令再行旁窜。运河水师炮船，如能由运入黄，驶至东明、长垣一带，亦可辅陆路兵勇所不及，著吴棠等斟酌情形，妥筹办理。吴棠前拟于济宁一带派拨得力师船驻扎，遏贼由黄运两河上窜之路，已有旨照所请行，此时贼氛甚紧，著即迅速调派，毋落后著。直隶大名一带，在在与东省毗连，前据刘长佑奏，已于威县、曲(州)[周]、清河各境调兵驻防，著该督檄令在防各兵勇实力遏截，毋稍疏懈。该逆由兖境狂奔而西，若不盘踞东境，恐由曹单一带循熟南趋。本日据官文奏，鲍超所部勇丁在金口溃散，若该逆向西南奔窜，与此起溃勇句结，所患更巨。吴昌寿此时想已抵豫，著严饬河北镇道，整顿兵练，力图扼剿，毋稍大意。河标兵弁，著张之万抵署任后，训练调派，分段设防，以期周密。贼匪纷窜靡常，宿州当扼要之地，防守不可不严，乔松年已饬张得胜移扎泗州，朱淮森移扎临淮，并催刘铭传拔队赴徐，该提督到徐州后，应即分军出境迎击。该抚业经函商僧格林沁，令英翰仍扎宿州，即著照所拟办理，以期得力。将此由六百里各谕令知之。

——《清穆宗实录》卷一三六，同治四年四月壬午。

四月二十二日

〇上谕

谕军机大臣等：

前因发捻各匪窜近清淮，谕令李鸿章酌度情形，应否出省，迅速驰奏。兹据李鸿章奏，清淮调到水陆各军，声援已壮，里下河及淮徐各郡均可无虞，苏省所派援闽各军，须由海道酌济饷项军火，江苏边境及苏浙后路仍当豫防，暂无庸出省督剿等语，所筹不为无见，即著照所议办理。惟发捻股匪，现由山东滕峄边界西趋，有直扑兖济之势，黄翼升、欧阳利见等水师，据李鸿章称，已据吴棠先期调拨，分布扼守。惟贼窜兖济，即距直境甚近，直隶仅有威县、曲周、清河等处防兵三千余名，元城县防兵千名，深恐兵力单薄，不敷堵御。刘铭传及周盛波所部各勇，合共一万数千人，兵力有余，畿辅地广兵单，防堵正关紧要，著刘铭传即于所部勇丁内，挑选精锐数千名，迅速带赴直隶，与刘长佑会商，分布直东交界地方，严密扼防，以固畿疆门户。应给饷需，即著吴棠、李鸿章迅速筹款，豫行拨给，以利遄行。此军行抵东境，并著阎敬铭竭力筹措饷需，东海关税银，阎敬铭亦可酌提拨解，以济此军食用，毋令停兵待饷。是为至要。刘铭传本系直隶提督，该省防务责无旁贷，务当懔遵谕旨，统兵北行，毋许稍涉迁延，致滋贻误。张诗日昨已简放宣化镇总兵，直隶带兵需人，著曾国藩迅饬该员驰赴刘长佑军营，听候调遣。河间、景州一带，与山东恩德一带毗连，最关紧要，刘长佑前调天津、通永两镇兵一千名驻防景州，并调海口兵五百名驻防吴桥，兵力仍恐单弱，刘铭传抵直后，应如何添兵分布之处，仍著刘长佑酌量筹办。甘省肃、甘两郡回匪猖獗，刘松山前已简放肃州镇总兵，周盛波已简放凉州镇总兵，著曾国藩、李鸿章饬令该总兵等迅即驰赴新任。其刘铭传、周盛波所部勇丁，除刘铭传带赴直隶外，所余兵勇，仍著曾国藩、李鸿章、吴棠迅速派员接统，由徐州一带探明贼踪所向，迎头截击。詹启纶一军尚有数千，徐州一带兵力尽敷剿办，著僧格林沁、吴棠飞速迎提，以资攻剿。现在北路一带空虚，僧格林沁务当绕向北路，逼贼南趋，毋令窜入畿疆。黄河一带，仍著刘长佑、阎敬铭严密防堵，不可稍涉疏懈。淮徐邳宿一带，并著吴棠、乔松年令在防将士力行堵遏。将此由六百里谕知僧格林沁、曾国藩、刘长佑、吴棠、李鸿章、乔松年、阎敬铭，并传谕刘铭传知之。

——《清穆宗实录》卷一三七，同治四年四月丙戌。

四月二十三日

○上谕

谕军机大臣等：

刘长佑奏匪踪回窜东境、现筹防剿情形一折。贼踪飘忽异常，奔窜靡定，现已由开河等处向西南逃去，则入直入豫，皆可伺隙奔突。刘长佑现赴大名等处相机防剿，即著妥筹布置，毋令贼匪得由曹单一带旁趋，扰及直境。吴昌寿亦当派拨兵勇，在东豫交界处所实力扼截，毋稍疏懈。黄河关系紧要，刘长佑已饬大名镇道加意设防，并派拨兵练巡防北岸，布置尚为周密。而山东所辖河道较长，濮范一带伏莽未尽，尤应严密防范，著阎敬铭调派兵团，驻扎东省北岸，以杜偷越而免句结。豫省沿河地方，吴昌寿会同张之万认真防堵，并饬河北镇道与大名防军联络声势，以期周密。僧格林沁前已追贼至红花埠一带，此时贼踪回窜东境，势渐北趋，僧格林沁当懔遵前旨，督带兵勇，绕由北路，逼贼向南，庶可与清淮等军两面夹击，将此贼聚而歼旃，毋令往来窜扰，疲我兵力。丁宝桢等军已绕赴东平，正可就近击贼，著阎敬铭严饬该藩司等会同陈国瑞之军跟踪追剿，毋误戎机。其威县等处防务，刘长佑仍当饬令李鹤年等尽力筹办，不可稍涉大意。至山西地界，多与直隶接壤，亦应先事筹防，著沈桂芬勤加侦探，扼要防堵，以保完善。将此由六百里各谕令知之。

——《清穆宗实录》卷一三七，同治四年四月丁亥。

四月二十四日

○阎敬铭奏

据各处探报，贼自滕县临城驿西窥滋阳，至济宁州境石佛、赵村等处，意图渡运。因水大难越，复于四月十四、五等日折往宁阳、汶上边境。时丁宝桢追至济宁，与僧格林沁大军会合前进。贼见各路官兵紧逼，即由开河、袁家口等闸淤浅之处抢渡运河，旋于十八、九等日西窜范县之罗家楼、濮州之箕山集一带屯聚，逼近黄河南岸。僧格林沁全军于十七日已至郓城。臣虑贼情窘急，勾结水套匪徒，希图北渡，现虽有副都统定安等军水陆严防，究恐河岸绵长，兵力单薄，当派同知刘时霖带队前往，一面飞咨直隶督臣刘长佑进兵策应，一面调齐游击王正起两营，随臣于二十三日出省，驰赴东昌、茌平一带调度布置，以期有备无患。

——《钦定剿平捻匪方略》卷二三〇，第 12—13 页。

〇上谕

谕军机大臣等：

阎敬铭奏贼匪渡运西窜、逼近黄河情形，并带勇出省一折。此时逆踪逼近黄河南岸，难保不句结水套匪徒，希图北渡，亟应严行堵御。阎敬铭已出省，驰赴河北东昌、(茬)[茌]平一带，即著督饬派出各军实力严防，遇贼即击，不得稍有疏虞，致令匪踪北渡。刘长佑现赴大名等处，著懔遵昨日谕旨，相机防剿，毋令窜入直境。僧格林沁全军业已行抵郓城，著即绕由北路迎头截击，逼贼南趋，庶可与清淮等军两面夹攻，以收聚歼之效。昨谕吴棠等将黄翼升、欧阳利见水师及彭玉麟等师船相机调赴上游，著吴棠懔遵前旨，会商彭玉麟星速调拨上驶，于直东两省扼要驻扎，以遏逆氛。刘铭传并懔遵前旨，星速驰赴直境，毋再迁延。将此由六百里谕知僧格林沁、刘长佑、吴棠、阎敬铭，并传谕刘铭传知之。

——《清穆宗实录》卷一三七，同治四年四月戊子。

四月二十七日

〇上谕

谕军机大臣等：

阎敬铭奏续探贼匪游弋黄河南岸、分兵筹防暨密陈贼酋凶狡情形各折片。贼匪在范县东南连破民寨，贼马已窜至菏泽之甘露集，奔突无定，散布于菏郓范濮之间，界近开州，阎敬铭已调齐水陆兵勇及柳城、阳谷、朝城、范县等处民团，在黄河北岸联络布置，著即严饬派出各员弁严密堵截，遇贼即击，毋稍疏懈。定安已率同韦应麒移赴开濮交界，著即咨令该副都统会同直省防军扼要遏击。黄河水套，伏莽尚多，设被贼匪句结渡河，所患尤巨，并著檄饬该处防兵随时防维，毋得稍涉大意。贼匪为僧格林沁大军所逼，又有陈国瑞分兵抄截，故往往避兵而行，纷纷四窜，著僧格林沁仍遵前旨，绕由北路截击，务须稳慎进取，不可锐意轻进。

贼自河南确山窜至东境，东趋滕峄，南窜海赣，又复折回，蔓延于范濮曹单一带，急则昼夜狂奔，缓则数日屯踞。贼中发捻各酋，皆著名悍寇，又凶狡善战，往往以一骑夹一步，为团阵滚进，绝非从前捻匪志在剽掠者可比。其素所畏惮者，惟僧格林沁，故专意欲老其师，以逞其诡计。该亲王转战数省，追奔逐北，使贼不暇喙息。而逆踪飘忽靡常，转瞬千里，是专恃僧格林沁跟踪追蹑，尚恐徒疲兵力，亟宜增添劲旅，专派知兵大臣统率诸军，分为两路，轮替兜剿，以期殄灭无遗。楚军素称能战，惟曾国藩声威素著，可以惟所指挥，前已有旨令曾国藩酌度出省。此时军情更紧，燎原之势已成，设再任其长驱奔突，有后追之兵而无前截之兵，此防彼窜，累日经年，数省膏腴，悉供搜括，于中原大局，所关非细。曾国藩老于戎事，筹画动中机宜，前次奏称，分布各军，专顾东西两防，各专责成，期与北路僧格林沁共收夹击之效，可知该大臣于筹办此股贼匪亦已胸有成竹，与谕旨亦相吻合，著即克期出省，督率南路水陆援兵，侦探贼踪，相机剿办。其江南北应调何军，出省后应驻何处督师，均著该大臣斟酌妥办。僧格林沁转战数年，勤劳备至，南路既有曾国藩大支劲旅，即著绕赴北面，屏蔽畿辅，添调马队，养足威望，与曾国藩会合夹击，务须加意持重，断不可轻进失利。

直隶防兵仍单，叠经谕令刘铭传统带精兵数千迅赴直隶，与刘长佑商办防剿，该提督统兵自南而北，正可与贼相遇，即可痛加剿洗，与僧格林沁之军两面夹击，并著懔遵叠次谕旨，星夜起程北上，毋再迟延。刘铭传北来后，所部兵勇尚多，著曾国藩遴派得力将弁，妥为管带，酌量调遣，以期得力。

僧格林沁、曾国藩均系公忠体国，为朝廷倚任之臣，谅必能和衷共济，力持全局也。

将此由六百里谕知僧格林沁、曾国藩、阎敬铭，并传谕刘铭传知之。

——《清穆宗实录》卷一三七，同治四年四月辛卯。

四月二十九日

〇国瑞奏

四月二十六日，据亲王僧格林沁家人富克精阿等飞驰到济泣诉，二十四日，该亲王在曹州城西之高楼集地方追及贼踪，比时陈国瑞、郭宝昌、何建鳌等各带步队赶到。该逆瞥见我军，即列仗迎拒。此次该逆自汶上县之袁路口过河，窜至郓城西北水套一带，勾结郓北伏莽，聚集马步数万，势甚凶猛，经僧格林沁督军击退，复率马步进追，不期伏贼尽出，我军被贼围裹。该亲王督令马队冲突，毙贼甚夥，始将败残马步各队带扎荒庄，复被该逆层层包裹，僧格林沁于夜间率领马步冲出贼围，该逆大股追袭，行至距曹州府西十余里，该亲王力竭阵亡，其翼长全顺，营总何建鳌，总兵陈国瑞、郭宝昌等，现据逃回官弁声称，均受重伤，存亡莫保。该家人等曾随官兵抢出僧格林沁尸身，乃因大股贼匪压至，将尸身掩藏麦地，得以驰来报信等语。臣闻信之下，痛不欲生。贼匪现在曹州、巨野一带盘旋，臣只得暂扎济宁，收集兵勇，先行寻觅该亲王尸身，再图灭此穷寇。

又，翼长恩承向随僧格林沁追剿窜匪，均系照料队后一切军务，是日因见前路马步纷纷败退，随即驰赴曹州。嗣闻军情贼势，万难在曹停留，是以携带钦差关防到济，所称打仗情形大略相同，当将关防敬谨封存。

臣帮办无能，咎无可辞，惟有请旨将臣先行治罪，并请简放钦差，总统全军，设法剿办，以挽大局。

——《钦定剿平捻匪方略》卷二三〇，第18—20页。

〇上谕

谕军机大臣等：

国瑞奏官军接仗失利、亲王僧格林沁力战阵亡、现在收集兵勇设法剿办一折。此股贼匪，虽系穷寇，内有牛落红、张总愚、陈大禧、宋景诗、赖汶洸等，皆著名贼首，凶狡异常。此次自汶上县之袁路口过河，窜至郓城西北水套一带，句结郓北伏莽，聚集马步数万。僧格林沁督军击退，乘胜跟追，不期伏贼尽出，层层围裹，该亲王力竭阵亡，览奏曷胜震悼。该亲王数年以来屏蔽北路，屡灭巨股贼匪，惟以忠勇性成，有进无退，朝廷申谕再三，令其持重，亦不料其遽至于此。前经谕令曾国藩酌度出省，会师剿贼，现在事机愈迫，著即携带钦差大臣关防，统领所部各军，星夜出省，前赴山东，于北面择要驻扎督剿。刘铭传叠经有旨，令其带劲旅数千名北进，谅已起程，著即绕赴北面驻扎，与刘长佑会商堵剿之策，不准稍涉迁延，致干重咎。逆氛如此猖獗，必图北犯，大名等处防务十分吃紧，深恐兵力单薄，刘长佑当通筹调派，分道扼防，毋令一贼阑入直境。开州等处，有黄河可扼，著督饬防兵民团，昼夜巡防，毋令偷渡。阎敬铭现驻东昌、(茌)[茌]平一带，务当督饬兵勇，整顿团练，力遏寇氛，毋任北窜，如兵力不敷，著于各标内抽调。丁宝桢是否仍在济宁一路？著阎敬铭饬令该藩司认真防范，扼要驻守，如再不得力，必当重治其罪。直东伏莽甚多，恐闻此信，盗贼蜂起，刘长佑、阎敬铭当责成各路地方文武员弁悉心防范，以期消患未萌。詹启纶一军现在何处？著乔松年、阎敬铭催令北来，牵制贼股，使不得锐意北犯。安徽、河南与贼氛逼近，乔松年当督饬英翰、朱淮森等，固守宿州、临淮等境。富明阿前有旨令其缓程行走，现在计已行抵直隶，接旨后即著留于直隶，与刘长佑筹商堵剿。吴昌寿著即带兵出省，驻扎直东交界，会合直隶、山东各军，分投夹击，殄灭巨股。其河北一带，并著严饬该镇道等整顿团练，贼来即击，毋稍松懈。清淮距贼不远，吴棠久在该处，深得民心，颇著成效，将来曾国藩督师北上,粮台当设于徐州,清淮为该大臣后路,著吴棠认真整顿兵勇,筹画饷糈,以备征调。水师轻利炮船,吴棠曾否酌拨若干,赴上游之济宁运河及黄河一带?著即迅速筹办。

两江总督,已有旨令李鸿章暂行署理,即著前赴金陵接印任事。两江任大责重,李鸿章务须悉心经理,仍随时与曾国藩筹商。曾国藩军营调兵集饷各事宜,该抚并当妥为筹画,不得稍有迟误。曾国藩于接奉此旨后,即著先就现有兵力,带领出省北上,其余各路得力兵勇将弁,不妨陆续檄调,未可久待征兵,致劳廑盼。总督印信,暂交藩司万启琛收存,毋庸俟李鸿章到金陵交卸。该大臣公忠体国,久著勋勤,必能赶紧赴援,尽埽寇氛,绥靖北路。曾国荃谅已就痊,该大臣仍当勖以大义,令其来京陛见,候旨录用。或酌量招集旧部,径赴军营,随同带兵剿贼。并著速行宣谕,以收臂指之效。

僧格林沁所部蒙古官兵,国瑞当与之熟习,前次赏银一万两,尚存粮台,著即先行散放,仍宣示朝廷德意,随时妥为拊循。其受伤者宜令静养,不必再行出仗。蒙古马队跟随僧格林沁多年,素知大义,此次僧格林沁阵亡,该蒙兵等自必倍加愤恨,力图复仇,著国瑞将此旨摘录,翻成蒙古文义,遍行宣示。钦差大臣关防,著国理暂行护理。济宁一路,关系紧要,务当收集各营兵勇,亲加训练,勉图自振。国瑞于主将损失,未能督兵救援,厥咎甚重,此次仅予薄惩,已属法外施仁,若再不知愧奋,自问当得何罪?全顺、何建鳌、陈国瑞、郭宝昌等下落,并著确切查明具奏。成保现在何处,及此次不能力救主将之各官弁,著国瑞一并据实严参,毋稍瞻徇。本日派乾清门侍卫克兴阿、岳林、恩全、吉凌前赴军营,迎护僧格林沁灵柩回旗,并令侦探军情,俟到营时,国瑞与之妥商办理,准其会衔奏事。近日军情贼势,著即随时奏报,以慰驰系。僧格林沁遗骸,为该家人等抢出,掩藏麦地,著国瑞、阎敬铭密派干员,率同该家人等前往寻觅,妥为棺敛,务使忠骨得以早日归葬,是为至要。本日又谕令阜保、特普钦各选调精壮马队五百名驰赴直隶,著国瑞、刘长佑酌量调遣。

将此由六百里加紧又紧谕知曾国藩、国瑞、富明阿、刘长佑、吴棠、李鸿章、阎敬铭、乔松年、吴昌寿,并传谕刘铭传知之。

——《清穆宗实录》卷一三七,同治四年四月癸巳。

○上谕

国瑞奏官军进剿发捻、督师重臣遇伏力战阵亡、现筹剿办一折。发捻逆匪,窜扰山东,由汶上县之袁路口过河,窜至郓城西北水套一带,勾结伏莽,纠约马步数万,势甚凶悍,经僧格林沁督军迎剿,将贼击退,复督马步进追,猝堕贼伏,该亲王督率诸军,奋力冲突,毙贼甚夥。乃该逆恃众,层层包裹,僧林林沁于四月二十四日夜间率队冲出,又被该逆大股猛扑,在曹州城西力竭阵亡。览奏曷胜悲悼!钦差大臣、科尔沁博多勒噶台亲王僧格林沁,于咸丰三年间督师剿贼，叠克临清、连镇、冯官屯、高唐州等处，北路赖以肃清。嗣于十年间整旅南下，转战直隶、山东、安徽、河南、湖北等省，埽荡捻圩，殄除发匪，擒斩巨逆张落刑、苗沛霖等，不可胜计，军麾所至，众望允孚。朝廷以该亲王频年转战，士卒疲劳，申谕再三，令其持重，而该亲王忠勇性成，视国事如家事，临阵无不身冒锋镝，誓灭此贼而后已。方期天鉴忠忱，克竟全功，长承恩眷，乃因猝遇贼伏，力竭阵亡。览其死事情形，不禁为之陨涕。僧格林沁著赏给陀罗经被，照阵亡例，以亲王饰终典礼从优议恤，应得恤典，该衙门详查具奏；任内一切处分，悉予开复；准其入城治丧；其灵柩回旗时，著沿途地方官妥为照料；并派乾清门侍卫克兴阿、岳林、恩全、吉凌迅即驰驿前往该营迎护；赏给银五千两；由广储司给发，经理丧事；准其入祀京师昭忠祠；其死事地方，及该亲王出师省分，均著建立专祠；生前事功，宣付国史馆立传；伊子伯彦讷谟祜，俟百日孝满后，即著承袭亲王，该衙门毋庸带领引见。伯彦讷谟祜所遗贝勒，即著赏给伊孙那尔苏，以示笃念忠荩之至意。[1] 杭州将军国瑞，于主将损失，未能督兵救援，实属咎无可辞，著即先行革职，仍暂护钦差大臣关防，戴罪剿贼，以观后效。内阁学士恩承，久随该亲王剿贼，亦属失于援应，著一并革职，仍留营戴罪图功。山东巡抚阎敬铭、布政使丁宝桢，于所辖境内未能加意协助，致督师重臣孤军深入，力竭捐躯，亦有应得之咎，均著先行交部严加议处。其余救援不力员弁，著国瑞、阎敬铭查明参奏。

——《清代起居注册(同治朝)》第 17 册，第 9620—9625 页。

〇上谕

内阁奉谕旨：

朕奉慈安皇太后、慈禧皇太后懿旨，科尔沁博多勒噶台亲王僧格林沁，蒙宣宗成皇帝恩眷之隆，派充御前大臣，管理旗营事务。文宗显皇帝御极以来，优加委任。咸丰三年，特命剿办发逆。十年，督师南下，转战直隶、山东、安徽、湖北、河南等省，于今六载，亲历戎行，靡间寒暑，屡歼巨憝，懋建殊勋，功在生民，志安社稷。顷因督战阵亡，虽已加恩优恤，建立专祠，并入祀昭忠祠，尚不足以崇奖忠荩。国家定制，王大臣中有公忠体国、超众宣劳者，向有配飨之例，况僧格林沁为国宣力，忠勇性成，尤宜特沛殊恩，用慰忠魂而昭异数，僧格林沁著加恩配飨太庙，以示朝廷轸念勋旧有加无已至意。

——《清代起居注册(同治朝)》第 17 册，第 9611—9613 页。

---

① 此后内容为实录所无。然《清穆宗实录》卷一三七(同治四年四月癸巳)载有如下内容：“寻议上，赐祭葬，谥曰忠。”

○上谕

上又命军机大臣传谕刘长佑、崇厚曰：

据国瑞奏称，僧格林沁追贼至曹州高楼集地方，为大股贼匪追袭，在曹州城西阵亡等语。此股窜匪现在曹州、巨野一带，并勾结水套伏莽，其氛甚恶。直隶边境多与东省毗连，防剿尤为紧要，刘长佑现驻大名一带，兵力尚单，著崇厚迅带洋枪队一千五百名，配齐军装器械，即赴畿南一带防剿。应在何处扼要驻守，著与刘长佑体察情形，会商筹办。天津防务应如何豫行筹画之处，著崇厚妥速布置。

——《钦定剿平捻匪方略》卷二三〇，第24—25页。

○上谕

上又命军机大臣传谕阜保、特普钦曰：

现在捻逆回窜山东曹州、巨野一带，僧格林沁力战阵亡，贼势愈炽，非有得力马队，不足制其奔突。著阜保、特普钦于吉林、黑龙江挑选马队各五百名，配齐军装器械，派委得力员弁统带，克日起程驰赴直隶，听候调遣，毋许延误。

——《钦定剿平捻匪方略》卷二三〇，第25页。

四月三十日

○阎敬铭奏

接藩司丁宝桢并巨野县知县飞禀，四月二十四日午刻，亲王僧格林沁追贼于曹州府高楼寨地方，被贼围裹。是夜三鼓，该亲王率军冲围，失利遇害，我军均已溃散，翼长全顺尚未查明下落等情。并据张秋禀报，二十六日正南火光甚长，查张秋正南系郓城一带，该匪之意不离东境，臣与丁宝桢均经出省，内地空虚，若乘间直犯省城，数日可到，患何可言？已饬丁宝桢严扼济宁腹心之地，以防回窜运河。臣一面飞饬黄河北岸添雇民勇，并调游击郭大胜两营，参将黄兆昇、同知刘时霖两营，及游击周森藻炮船二十只，在濮范阳谷一带水陆分布，以防抢渡黄河，臣带游击王正起所部，由莘县星夜旋省，赶紧筹防。惟是东省兵勇为黄运两路所分，无可再调，若江南炮船速至东省，在黄运两路设防，臣即可抽出各营，与丁宝桢相度机宜，或防或剿，庶几局势较灵，不致左牵右顾。提督陈国瑞勇敢善战，此次奔驰日久，为贼所疲，若令收合散卒，整军而前，必可一雪斯耻。其筹防各事及续探贼势情形，俟臣抵省后由驿驰报。

——《钦定剿平捻匪方略》卷二三〇，第31—32页。

○上谕

刘长佑奏贼踪窜逼黄河南岸、边防紧要，现在遏击筹办情形一折。此股逆匪，东奔西突，剽悍异常。直隶地势平衍，防兵单薄，深恐难遏奔冲，刘长佑当懔遵前谕，督饬在防员弁及水陆各军，联络声援，实力防剿。徐廷楷备调标兵五百名，著饬令即速赴防，以实腹地。此外如有可调之兵，并著刘长佑斟酌调派，或添募精壮勇丁，藉厚兵力。总之，贼匪早一日殄灭，即可省无数饷需，不得以目前增饷为艰，因循贻误。洛河船只甚多，尤宜防其抢渡，著仍飞咨吴昌寿，饬将现泊船只挽入上流。刘长佑一面督饬兵团，竭力守御河岸，毋稍疏懈。东明孤悬黄河南岸，阎敬铭当饬曹州镇总兵等相机援应，毋得稍分畛域。贼匪趋向靡常，山西之泽潞一带，与直隶、河南境地毗连，亟应豫筹防守，著沈桂芬侦探贼情，酌量调兵，扼要严防，以杜窥伺。

正在寄谕间，据阎敬铭奏，重臣失利殉难，贼趋郓城一带，现在赶紧回省布置省防各等语。贼匪已趋张秋之南，宁宁一带，尚有丁宝桢兵勇扼守，难保该逆不乘间直犯省城，阎敬铭回省后，务将省城守御事宜严密布置。该抚亦不宜久居省城，何路军情紧要，即亲赴何路督剿。其张秋至省一带河岸，尤须妥筹扼防，毋令偷涉。至泺口河身，由济南一带归入黄河，距省甚近，该处为盐船聚集之处，阎敬铭务当将此项船只提赴下游，毋令贼众抢船北渡。丁宝桢带兵剿贼，毫无成效，著责令就现有兵力，实力扼守济宁，相机进剿，如再有疏失，即当从重治罪。前经谕令吴棠酌调黄翼升等轻利炮船，驶入山东运河及直隶黄河一带助剿，兹据阎敬铭奏，东省兵勇无可再调，若得江南炮船速至，方能抽调各营、相机战守等语，是师船防河，实为目前要务，著刘长佑、阎敬铭飞咨吴棠迅速办理。至炮船所泊地方，必须近在湖河水势深阔之处，运掉方灵，且有退步，不致为贼扼掳，并著与吴棠酌量妥办。陈国瑞素称勇敢，若能招集溃勇，归阎敬铭调遣，必可成军雪耻，著阎敬铭查明陈国瑞现在何处，传知该总兵，将伤病赶紧调理，一面收集所部，速赴阎敬铭军营，随同剿贼。如贼势北趋，并令陈国瑞绕赴北路，迎头截击，以遏狂氛。景德一带空虚，刘长佑、阎敬铭务当豫筹堵扼，不可稍涉疏虞。至亲王僧格林沁殉难情形，尸身曾否觅获，及全顺等下落，仍著阎敬铭详查迅奏。

将此由六百里各谕令知之。

——《清穆宗实录》卷一三七，同治四年四月甲午。

五月

五月初一日

〇理藩院奏

据科尔沁贝勒伯彦诺谟祜呈称，贝勒之父科尔沁博多勒噶台亲王僧格林沁在军营阵亡，伯彦诺谟祜拟即往军营迎接灵柩等因，相应据情代奏请旨。[①]

——《钦定剿平捻匪方略》卷二三一，第1页。

〇上谕

内阁奉谕旨：

本日据国瑞由六百里加紧驰奏，刘铭传等军已由徐州移营北上，并已将科尔沁亲王僧格林沁忠骸棺敛，身后事宜业经妥为料理，暂停曹州府城各等语。僧格林沁为国捐躯，死事甚惨，眷怀忠荩，悲痛实深。顷览国瑞所奏，悲感之余，中怀稍慰。即著国瑞、阎敬铭分饬所属官弁小心照护，俟伊子伯彦讷谟祜及侍卫克兴阿等到时，多派弁兵，随同护送该亲王灵榇回京，并著沿途地方官妥为照料。俟到京再行亲临赐奠，以慰忠魂。记名副都统、翼长成保随同僧格林沁剿贼，不能竭力救护，至有此失，咎有应得，著先行革职，留营以观后效。[②]

——《清代起居注册（同治朝）》第17册，第9633—9635页。

〇上谕

前因僧格林沁在曹郡追贼，遇伏阵亡，当经谕令曾国藩携带钦差大臣关防，统领所部各军，星夜出省，前赴山东，于北面择要驻扎督剿。昨据刘长佑奏称，贼匪窜至濮州、菏泽、范县各属境内，马贼复窜开州属境，在黄河南岸试水深浅，另股马贼攻扑东明县城，均经官兵击退；阎敬铭奏，贼匪已趋张秋之南，有直犯省城之势，该抚现由东昌折回济南防守各等语。督师重臣失利阵亡，军情涣散，远近人心，闻风震动，土匪从而生心，势将到处蜂起。

---

① 奏入，上谕曰：著于本月初三日，偕同前次派往山东之侍卫克兴阿、岳林、恩全、吉凌一并驰驿前往。参见《钦定剿平捻匪方略》卷二三一，第1页。

② 对于成保，《东华续录》五月一日项下（同治四十六，同治四年五月乙未）记作“以僧格林沁战殁，夺副都统成保职，逮问”。据《清代起居注册（同治朝）》（第17册第9645—9647页）、《清穆宗实录》（卷一三八，同治四年五月丁酉）可知，五月一日仅是将成保革职，五月三日方予拿问。

现在南自曹郡,北至东昌,数百里间,一片贼氛,势甚凶恶。东省仅止丁宝桢所部三千人扼守济宁,能守而不能战,此外并无大支劲旅足资攻剿,贼众盘踞该省,纵横自便。济南省城,兵力甚单,设被该逆围攻,势亦岌岌可危。且德州一带,于直隶河间接壤,距京甚近,尤恐蓄意北趋,震及畿辅。是江南北来援军迟到一日,则逆焰之鸱张日甚一日,后患将不可胜言。曾国藩、李鸿章均系公忠体国大员,素能顾全大局,际此军情万紧之时,自当多拨援师,迅速北上。前经谕令曾国藩,先将总督关防交万启琛收存,不必俟李鸿章到金陵后交卸,著即就现有所部,克日统带出省,兼程驰赴山东,一面檄调各军,一面先就现有之兵,绕由贼匪北面,向南逼剿,保卫畿疆。所有江北一带及詹启纶等防剿各军,均可酌量调遣,分筹布置。洋船由海道行走,势甚迅速,李鸿章务当于所部各军内商拨劲旅数支,速派得力镇将统带,由上海乘坐轮船北驶,或由胶州登岸,西趋济南,或由天津登岸,由景德地方南趋东省,均著李鸿章酌量迅速办理。

阎敬铭现回省城防守,务当查拿奸细,先清内患,以待援师,毋稍大意。水套一带,尚有伏莽未靖,著刘长佑会同阎敬铭,严饬在防将士实力堵扼,毋任句结北渡,致误大局。直隶地广兵单,刘长佑务须严密扼守大名一带河岸,毋任贼踪偷越。景州、吴桥一带兵力较单,甚觉空虚,并著刘长佑添兵防守。刘铭传本系直隶提督,且叠经降旨,催令挑兵数千,迅赴刘长佑军营,著懔遵前谕办理,不必再候曾国藩札知,傥再迁延观望,必重治该提督以贻误军务之罪。本日复谕令官文等,将楚北姜玉顺所部九营,饬令迅赴直东交界地方,听候刘长佑、阎敬铭调遣,著刘长佑等俟此军到时咨商办理,何省军情紧要,即由何省调往剿贼。直隶地方平衍旷邈,并著刘长佑饬令地方文武,办理坚壁清野,力行团练,以助兵力。务须由官督办,不可任听绅民自行专擅,以杜流弊。国瑞现住济宁,著即招集溃散,抚绥将士,重整军威,牵制贼势,一面与丁宝桢所部剿捕土匪,毋令乘隙纷起。

前经明降谕旨,派克兴阿等四员驰驿前往该营,迎护僧格林沁灵柩,本日复准令伯彦讷谟祜偕同克兴阿等驰驿前往,著国瑞、阎敬铭于伯彦讷谟祜等到东时妥为照料,令其扶柩速行回京。该贝勒一腔悲愤,并著国瑞、(严)[阎]敬铭留心防护,毋令有冒险直前之举。

鲍超所部霆勇八千,行至楚北溃散,现已窜至江西义宁州,恐其阑入皖南滋扰,著李鸿章留心探访,饬令皖南防军堵扼,毋令窜入境内。苏省地方,仍须分兵布置,毋稍大意。

将此由六百里加紧又紧谕知曾国藩、国瑞、刘长佑、李鸿章、(严)[阎]敬铭,并传谕刘铭传知之。

——《清穆宗实录》卷一三八,同治四年五月乙未。

〇国瑞奏

前杭州将军国瑞奏言:

据副都统、翼长成保等禀报，我军失利后，马步兵勇收集无多，在曹州关厢暂扎。总兵陈国瑞所部百余人退入西南民寨。四月二十五日，在曹州府城西北将亲王僧格林沁忠躯寻获，抬至府城内暂行安置。查看忠躯，脖项伤七处，右膀伤一处。并声明，前次贼在高庄即高楼集一带盘踞，僧格林沁即谕马步分队进兵，已将贼压退数里。该逆从后包抄，我军腹背受敌，全军败退，遂在荒庄扎营。乃贼势过重，纷纷围筑营垒，四面合攻。是夜，僧格林沁督带马步兵勇一齐闯出重围，杀贼亦复不少。但贼匪恃众更番来扑，官员兵丁皆不辨东西，前途一片柳林，一经马步穿过，左右两面贼又来扑，僧格林沁受伤落马，兵心无主，黑夜星散等情。现在该逆因我马步溃败，在郓巨之交盘旋，势愈狓猖。臣所带三营，数不满千，其余勇队星散无踪，虽经派弁设法分投招聚，而军械鞭马不全，难以追剿。惟有一面督饬粮台妥为经理该亲王身后事宜，俟道路疏通，将灵柩迎回济宁，选派官兵护送回京，仍一面督饬各局，与马步兵勇筹备器械鞍马，再图剿办。

再，山东藩司丁宝桢一军仅有三千名，难抵强寇。臣现令该藩司将所有勇队分布济宁州城西南一带，轮守运河，以顾北路。犹虑勇数尚单，鞭长莫及，查有徐州镇总兵詹启纶，带勇三千名，自韩庄渡河，驻扎砀山，业已檄饬詹启纶星驰来济，期与丁宝桢先行并力防守运河。一俟臣收集各队，即行会督进剿。总兵陈国瑞，于大军溃散后，带领零星勇队究竟屯扎何处，业已派员往查。翼长全顺、营总何建鳌有无下落，并打仗受伤、阵亡马步官兵勇丁，统俟臣确切查明办理。至提督刘铭传一军，闻已由徐州移营，与臣军营较近，自应传旨催令赶紧北上，以资攻剿。

——《钦定剿平捻匪方略》卷二三一，第6—8页。

〇上谕

本日据国瑞驰奏寻获僧格林沁忠骸安置曹州府城、调詹启纶兵前赴济宁并刘铭传已由徐州移营各折片。僧格林沁忠勇捐躯，现经寻获遗骸，受伤至八处之多，览奏益深悲愤！本日已明降谕旨，令国瑞妥为棺敛，俟伯彦讷谟祜会同克兴阿等驰抵该郡时，即由国瑞派拨得力将士，阎敬铭酌拨员弁，妥速护送回京矣。詹启纶一军，即著国瑞饬令迅速移赴济宁，与丁宝桢之军扼截运河，毋令贼众抢渡。并著国瑞招集溃散士卒，整理器械，拊循鼓励，以期重整队伍。惟此全军挫失之后，士气骤难复振，即使陆续收集，亦当加意休养，一时不可令其出队。阎敬铭亦当饬令各路防兵分守黄运两河，毋任贼踪抢渡，以顾大局。刘铭传业由徐州移营，著即迅带所部，绕赴刘长佑军营，力固畿南门户，毋得片刻稽迟，致干重咎。陈国瑞现在何处民寨，著国瑞、阎敬铭查明，饬令该员收集散亡，赴阎敬铭军营听候调遣，即由该抚饬令会同刘铭传截击贼匪，遏其北窜之路。僧格林沁殉难情形，国瑞此奏，仍未甚详细，仍著国瑞续查具奏。将此由六百里谕知国瑞、刘长佑、阎敬铭，并传谕刘铭传知之。

——《清穆宗实录》卷一三八，同治四年五月乙未。

五月初二日

○上谕

礼部奏，僧格林沁剿贼阵亡，奉旨以亲王饰终典礼议恤，应否辍朝等语。[1] 钦差大臣、科尔沁博多勒噶台亲王僧格林沁督师有年，功勋卓著，此次剿贼，遇伏阵亡，览其死事情形，甚为悲怆，著即辍朝三日，以示悼念忠荩至意。

——《清代起居注册（同治朝）》第17册，第9637—9638页。

○刘长佑奏

四月二十九日，准总兵陈国瑞函称，二十[四]日，在曹州府城西会合各队，随同僧格林沁与贼接仗，被贼冲动，全军带队各官均各分散，该总兵身骑俱受重伤，冲出重围，欲探该亲王所在，势实不能，只得暂投附近民寨，收集溃卒，移时整队，复与追贼接战，转败为胜；又据曹州镇总兵保德禀称，僧格林沁于二十四日与贼接仗失利，力竭阵亡，已将遗骸抬至曹州郡城，身受八伤，经该地方文武妥为棺殓各等语。目下统帅战殁，贼势鸱张，时思渡河北窜，开长等处固形吃重，张秋一带尤觉空虚。山东抚臣阎敬铭以省垣吃重，于二十八日自莘县拔队，前赴东昌布置防务，回顾省城，现在曾否回省，尚未接准来咨。臣查直境自开长至景州一带毗连东省，在在宜防，阎敬铭如果回省，东路未免空虚，微特臣所部兵勇不敷分布，即调度策应亦难周到。臣一面激励沿河各军暨各州县整齐团练，合力严防，并檄催宣化官兵进扎开州东路之柳下屯，腾出正定官兵一营移扎濮州之古云集，会同东省派防各营严密扼守，一面饬臬司李鹤年、署通永镇总兵陈济清严为准备，如东路有警，即会督兵勇驰赴景州一带相机堵截。仍请旨饬催提臣刘铭传迅速移师，兼程前进，并请饬下通商大臣崇厚派员统带洋枪队，会同天津道酌带练勇驰赴景州驻防。现据探报，该匪从开州南岸延扎濮范迤东地面，臣拟驰赴大名调度，一面咨催前副都统定安驰回东境，在濮范一带巡防，并咨商阎敬铭分拨重兵迅赴张秋镇驻扎，臣仍随时确探贼踪，何路紧要，即往何路督剿，以免顾此失彼。

---

[1] 本日，礼部尚书臣倭什珲布等奏："臣等查定例，亲王薨逝，奏请辍朝三日。今科尔沁博多勒噶台亲王僧格林沁系外藩亲王，现在奉旨以亲王饰终典礼议恤，应否辍朝之处，伏候钦定。"详见中国第一历史档案馆藏录副奏折，档案号03-4615-122。

抑臣更有请者。两江督臣曾国藩所部各军深知贼情，为贼所惮，刻下江南底定，且有江苏抚臣李鸿章声威久著，足资捍卫，拟请旨饬下曾国藩迅速统师北上援剿，并请就近简派重臣，统带马步大队分赴河间、正定一带扼要驻扎，以固京师门户。

——《钦定剿平捻匪方略》卷二三一，第10—13页。

〇上谕

吴棠奏官兵逼贼回窜、现严邳宿之防，刘铭传一军由徐赴直，接济兵食，江湖水师不便入黄；吴昌寿奏添兵渡河严防北岸各折片。贼踪距清淮较远，吴棠现派张从龙、张树声等军分扼宿迁等处之防，黄翼升水师暂泊邳宿之间策应，著即与彭玉麟会商，妥筹布置，以期周密。贼匪北窜后，僧格林沁中伏阵亡，该逆麇集濮范菏泽一带，山东兵力甚单，该漕督所派总兵赵三元，统带轻利炮船四十号前赴济宁，务即催令迅速北驶，与东省丁宝桢等驻扎济宁之军妥筹策应。刘铭传现已由泗赴徐，挑队赴直，著该提督懔遵叠次谕旨，迅速前赴直隶，与刘长佑会商剿办，以固畿辅之防。直东军情紧急，如再迁延，致误师期，该提督自问当得何罪？吴棠拟请就黄河船只添置炮位、配以滨黄兵弁驾驶一节，是否可行，著刘长佑、阎敬铭妥为斟酌，并著吴棠于水师兵弁中择其能入黄驾驶、熟习地形者，赶筹办理，庶于军事有济。

阎敬铭现已折回省城，北路未免空虚，傥贼以虚声恫喝，悉锐北趋，莘冠朝观一带伏莽，所在响应，直边将有防不胜防之势。著阎敬铭斟酌缓急，迅速添派劲旅，严备东昌、张秋一带，杜其声东击西之计，毋得稍有疏虞，致干重咎。豫省东路河防，考城、兰仪密迩山东曹单，最为吃紧；北岸则龙门口正当其冲。吴昌寿现派汤聘珍所部三千，会同崔廷桂及河北镇道严密堵遏。南岸复有宋庆、张曜等军，防守尚属周至。著严饬北岸防兵，与直隶官军联络声势，遇贼即击，并催调谭仁芳四营，迅由许州拔营前进，驶赴北路，择要布置，以厚兵力。如贼势西趋，并檄宋庆、张曜各军沿河拦截，毋稍疏虞。直隶防兵未厚，北路宣化、大同等镇标兵，除留本地弹压剿捕土匪外，并著刘长佑拣调数千，随时听候调遣，以期缓急可恃。

本日又据祁寯藻奏，畿辅防堵紧要，酌保人才，以资任使。所保之余承恩、杨毓柟等十一员，著该督查明，是否均在直省，酌量器使。其提镇以下实缺将弁，如有调赴他省军营者，并著调回本任，以重职守。原单钞给刘长佑阅看。

山东东昌、兖州、泰安，直隶大名、河间等处，著刘长佑、阎敬铭慎简牧令，联络绅民协剿，妥筹坚壁清野之法，以辅兵力不逮。傅振邦前随僧格林沁剿贼，屡著战功，该员现在何处？著阎敬铭咨令赴东，会筹防剿。张曜一军，素为捻氛所惮，能否饬带所部渡河而北，与直东官军联络击剿，著吴昌寿酌量檄调。河南、安徽之汝光颍亳一带，为捻踪潜匿之区，吴昌寿、乔松年务即选派员弁，带兵驻扎，消患未萌。此时贼势披猖，僧格林沁以督师重臣，竟以追贼阵亡，各该省督抚提镇，当如何力图整顿、痛殄逆氛！傥逆踪窜扰何省，该省督抚提镇并不督兵出境，实力助剿，定当重治其罪，不稍宽贷。曾国荃前已谕令来京陛见，或径赴军营，著曾国藩再行严催，饬令酌带亲兵，赶紧北上，毋庸另募新勇，稽延时日，并著李瀚章就近速行宣谕，克日起程。

正在寄谕间，据刘长佑驰奏，贼势猖獗，请令刘铭传刻速前进，并请派曾国藩统师北上等情，与叠次谕旨适相吻合。所称陈国瑞身受重伤，冲出重围，暂投民寨，收集溃勇，复与追贼接仗，转败为胜各等语，陈国瑞未能救援僧格林沁，本属咎有应得，姑念其从前打仗奋勇，屡著战功，且此次身骑俱受重伤，困苦情形，不无可悯，姑免置议。刘长佑惟当令其收集溃散，绕赴北面，努力击贼，为僧格林沁复仇。该总兵部伍，如距阎敬铭军营稍远，即著径赴大名军营，听候刘长佑调遣。此旨即著刘长佑传知。

将此由六百里加紧谕知曾国藩、刘长佑、吴棠、阎敬铭、吴昌寿、乔松年、李瀚章，并传谕刘铭传知之。

——《清穆宗实录》卷一三八，同治四年五月丙申。

〇上谕

谕军机大臣等：

前日据国瑞奏，僧格林沁督军追贼，在山东曹州城西遇伏阵亡，已有旨令曾国藩星夜带兵赴东督剿，并令刘长佑等严密布置，以固畿疆。惟北路紧要，必须宽筹兵力，方足以资调遣，著麒庆、连成于接奉此旨后不动声色，于热河、密云地方各挑选精壮兵丁二千名，配齐军装器械，选派得力大员管带，勤加训练，听候调遣。该都统等惟以弹压土匪为名，万勿稍事张皇，以致人心惶惑。

将此由六百里各密谕知之。

——《东华续录》同治四十六，第7页，同治四年五月丙申。

五月初三日

〇上谕

前因记名副都统、翼长成保不能救护僧格林沁，业经降旨将其先行革职，并令国瑞查明参奏。本日复据国瑞奏，查明内阁学士、翼长全顺，记名总兵、营总何建鳌，随同僧格林沁死事，情形甚惨，亦经明降谕旨，将该二员加恩从优赐恤矣。其成保一员，尚未据国瑞查参。因思僧格林沁以亲王督师，躬冒矢石，屡蹈危机，该营各将弁果能奋勇争先，不避艰险，皆如全顺、何建鳌等，何至令统帅大臣竭忠毕命？总缘畏葸性成，趋避计熟，遂敢玩视军律，置主帅于不顾，殊堪痛恨。若不从严惩办，何以肃法纪而振军心？即如成保，身为翼长，出队时自应随侍僧格林沁左右，何以四月二十（五）［四］日夜间冲围接仗，并无成保在内，亦未身受一伤？其为首先溃逃，情节显然。成保业经革职，著即拿问，交阎敬铭严讯确情，从重定拟，毋稍宽纵。至其余临阵退缩及援应不力各员，仍著交国瑞确切查明，据实参奏。

——《清代起居注册（同治朝）》第 17 册，第 9645—9647 页。

〇上谕

谕军机大臣等：

国瑞奏匪踞黄河水套、逼勒各处民圩，现在赶紧招集马步分路设法办理各折片；崇厚奏遵旨先行起程驰赴畿南一折。逆匪窜至郓城县西红川口，东至王家古堆，南至安兴木，边马时犯曹州一路，号召伏莽，其势甚张。国瑞已派诺林丕勒等带马队绕赴曹州，会同成保、富森保等招集马步；并调詹启纶一军，与宋庆之军由曹单取道曹州，会合陈国瑞等。所筹尚妥。惟成保业已拿问，著即饬令诺林丕勒、富森保等马步各军，自菏泽以北黄河南岸设法兜剿。诚恐该逆东窜，抢渡运河，刘铭传一军已至单县，著即取道金乡、嘉祥、汶上、济宁等处，由梁山一带黄河南岸向西兜剿，痛挫凶锋。仍当稳扎稳进，不必贪功。俟大军到齐，自不难一鼓剿尽。陈国瑞收集兵勇，誓欲出队灭贼，并闻其连日获有小胜，具见血诚勇敢。所有郭宝昌勇队，均著陈国瑞统带。昨已有旨将陈国瑞加恩免议，该总兵自当知恩图报。惟好谋乃可图成，有忍始克有济，著国瑞传知该总兵，不可恃勇轻进，再有挫衄。现在曹州一路兵力渐厚，而北路尚属空虚，该总兵如能绕赴济宁，会合丁宝桢等迎头扼剿，固属妥善；否则设法渡河，赴刘长佑军营，听候调遣。并著酌度办理。

成保近年以来带兵殊不得力，自充当僧格林沁翼长，人心涣散，此次统带黄旗亲军马队，首先溃退，僧格林沁死难，该员未受一伤，独以身免，已降旨拿问，交阎敬铭审讯。著阎敬铭即将该革员提省严讯，从重定拟具奏，不准稍涉瞻徇，代人受过。其余在事溃退各员，仍著国瑞查明参办。

崇厚奏，取道景州，前赴畿南，著即催调洋枪队伍，迅速赴景州一路扼防，仍随时与刘长佑妥商进止，以固畿南门户。昨谕刘长佑挑宣化镇兵备调，其大同一路，能否抽调，著咨商沈桂芬妥筹办理。贼氛既有黄、运河阻隔，设防较易为力，刘长佑、阎敬铭、吴昌寿务当督饬文武员弁，昼夜巡防，不可稍涉大意。

给事中刘毓楠奏，河南开封府中河厅南岸，新筑圈堰一道，工料不甚坚实，傥伏汛涨发，易致溃决，稍有疏虞，关系非轻等语，著张之万亲历履勘，认真赶紧修筑，以固藩篱。

曾国藩谅已迅筹出省，著即懔遵前旨，克日北上，统率诸军，以期各将士有所禀承，万勿稍涉迟缓。发捻既句通水套诸贼，裹胁愈众，而行走甚速，远调势将不及，清淮驻扎之欧阳利见、张树珊等军，及扬防之吴毓芬一军，可以调令北来，较为迅速。吴棠调赴济宁之赵三元炮船四十号曾否到防，著吴棠迅速调派。清淮后路，亦关紧要，并著吴棠妥为布置，应添兵勇，著李鸿章另行抽调，以作后劲。彭玉麟前已到淮，相度水道，著即会同吴棠妥筹调度进止机宜，以期水陆均有准备。刘铭传军饷，仍著李鸿章筹解，如一时援济不及，即由刘长佑、阎敬铭妥筹解济，毋令缺乏。直东饷项本不宽裕，曾国藩所统各军应需饷项，该大臣务与李鸿章宽为筹备，以利师行。

正在寄谕间，据阎敬铭奏回省布置情形，贼窜至汶上河西，饬刘铭传于东平、汶上扼要严防等语，与本日所谕办法亦合。著刘铭传设法绕出贼前，扼要堵剿，不可令其北犯。刘铭传所带兵勇究有若干？如兵力不敷剿办，仍著赶紧续调所部，以厚兵力。阎敬铭另片奏自请从重治罪等语，前因督师重臣在该抚所辖境内阵亡，已有旨将该抚先行交部严加议处，该抚当力顾省垣，督饬将士，严防贼匪北窜之路，毋得再有疏虞，致干重咎。懔之！慎之！阎敬铭片一件，暂行留中，再降谕旨。

僧格林沁旧有马步若干，现在收集若干，刘长佑所部各路在防兵勇共有若干，著国瑞、刘长佑详细开单奏闻。

将此由六百里加紧又紧谕知曾国藩、国瑞、刘长佑、吴棠、彭玉麟、张之万、崇厚、李鸿章、阎敬铭、吴昌寿，并传谕刘铭传知之。

——《清穆宗实录》卷一三八，同治四年五月丁酉。

〇国瑞奏

礼部侍郎衔内阁学士全顺，补用总兵、京营副将何建鳌，均为营中得力之员，现据该二员亲兵报称，何建鳌于四月二十四日在曹州高楼集带队剿贼，嗣各军败退，该员犹督领数骑，杀贼多名，后被大股围裹，马先受伤，该员遂徒步冲击，复手刃数贼，力竭阵亡。全顺于二十(五)[四]日夜间保护僧格林沁突围，杀出十余里，身受多伤，旋与僧格林沁失散。该员情急，犹裹创冲突，到处寻觅，遂被马贼包住。该员复用短刀杀贼多名，力竭遇害。该二员素为贼匪所恨，战殁之时，被害尤惨，以致尸身无从寻觅。今据各该亲兵详陈战状，与臣所采访者无异。伏思该二员忠勇素著，复能见危授命，大节懔然，惟有仰恳天恩，将礼部侍郎衔内阁学士全顺照侍郎阵亡例，补用总兵、京营副将何建鳌照总兵阵亡例，交部从优议恤，以慰忠魂。

——《钦定剿平捻匪方略》卷二三一，第 31—32 页。

〇上谕

国瑞奏,大员剿贼阵亡,请旨优恤等语。内阁学士全顺、总兵何建鳌随同僧格林沁带队剿贼,四月二十四日官军在曹州中伏失利,僧格林沁阵亡,该学士等身陷重围,受伤甚重,犹复短刀杀贼,力竭捐躯,遇害尤惨。该二员从戎数省,转战多年,功绩卓著,其至死不离主帅,见危授命,尤属可嘉可悯。全顺著加恩照尚书阵亡例从优议恤,何建鳌著加恩照提督阵亡例从优议恤,并附祀僧格林沁专祠,以慰忠魂。该部知道。

——《清代起居注册(同治朝)》第 17 册,第 9643—9645 页。

五月初四日

〇上谕

前因山东巡抚阎敬铭、布政使丁宝桢,于所辖境内未能加意协助,致僧格林沁孤军深入,力竭捐躯,业经降旨,将阎敬铭等交部严加议处。因思发捻各逆上年扰及湖北境内,湖广总督官文以钦差大臣督师剿贼,其时楚师兵力甚厚,如果调度得宜,何难将该逆就地歼除?乃该督督办日久,未能使贼大受惩创,仅以驱之出境为事,致令该逆得以远飏,实属咎无可辞。前任河南巡抚张之万责任封圻,吏部左侍郎毛昶熙奉命督团剿贼,于逆匪窜扰河南境内,未能督率兵民协同截剿,均以空言敷衍,任令贼匪乘虚远窜,贻害邻疆,以致督师重臣战殁于阵,均有应得之咎。追维前事,愤懑殊深,官文、张之万、毛昶熙,著一并交部严加议处。近来贼匪窜扰之地,各该省督抚往往意存畛域,以驱贼出境为了事,以致此剿彼窜,迄无了期,实堪痛恨。嗣后各该省督抚等,务当协力同心,互相策应,于贼匪奔窜之路,务当严密防维,订期合力夹击,庶几军务日有起色。倘竟任其奔突,不能遏截,必惟各该省督抚是问。言出法随,决不宽贷。

——《清代起居注册(同治朝)》第 17 册,第 9657—9659 页。

五月初六日

〇国瑞奏

钦奉谕旨,饬查成保现在何处,并令将此次不能力(就)[救]主将各员查明参奏。查此次我军挫败,实由经旬累月人马不能休息。步队与贼恶战,陈国瑞身受矛伤,何建鳌力竭阵亡,所部死伤过半,杀贼亦属最多。郭宝昌步阵间有伤亡。至于诺林丕勒、托伦布、达尔济等所带吉林、黑龙江及察哈尔官兵,与贼鏖战一处,拌命迎剿,死伤亦多;成保、常星阿、温德勒克西、富森保所部次之。亲王僧格林沁力竭阵亡，实由昏夜遇贼，猝不及防。惟成保等带领右翼马队，郭宝昌带领步勇，系随僧格林沁一处扎营。至夜间保护突围，究属失于护持。况该二员素为僧格林沁相待最优，今僧格林沁殁于王事，成保并未受伤，郭宝昌仅受微伤，均得无恙。且郭宝昌原系陈国瑞部将，只以官阶相等，不受钤束，捏报陈国瑞谋叛重情，几至大局败坏。已革副都统成保、总兵郭宝昌应如何惩办之处，伏候圣裁。

——《钦定剿平捻匪方略》卷二三二，第 22—23 页。

〇上谕

内阁奉谕旨：

前因记名副都统成保遇贼溃逃，节经降旨，将成保革职拿问，交阎敬铭讯拟，并令国瑞将不能力救主帅各员查明参奏。兹据奏称，查明已革记名副都统成保、记名总兵郭宝昌分带马步各队，均随僧格林沁扎营一处，乃于僧格林沁接仗失利时失于护持，全身苟免，贻误匪轻，殊堪痛恨。除成保业经革职拿问外，郭宝昌著即行革职拿问，一并交阎敬铭严讯确情，从重定拟具奏。

——《清代起居注册（同治朝）》第 17 册，第 9662—9664 页。

〇上谕

谕军机大臣等：

国瑞奏侦探连日贼情、将马步兵勇分扎营盘一折。逆匪自窜入河套后，仍盘踞红川口一带，边马时在郓巨曹州打粮。国瑞前派诺林丕勒等管带现有马队，又派营总达尔济，由济宁选带招集到营马队四百名，赴曹州会合陈国瑞等步队，著即催齐詹启纶、宋庆两军，相度地宜，妥慎安营，力图进剿。吴棠派来炮船五十只，已到济宁运河，国瑞派员往汶上、东平验看水势，已饬令赵三元等驶赴戴村坝、安山等处实力巡防。张秋一带，黄运交汇之处，尤为紧要，此项炮船，恐尚不敷分布，著刘长佑、阎敬铭各就现有兵力，联集民团，扼要守御，严密梭巡，毋稍大意。吴棠仍当续派轻利炮船，交黄翼升等带赴东境，交刘长佑、阎敬铭择要布置，以资控扼。郭宝昌带领步队，随僧格林沁剿贼，不能护持主将，独以身免，且从前系陈国瑞部将，辄敢有诬陷陈国瑞之事，其居心殊不可问，著陈国瑞即将该革员拿解济南，交阎敬铭审办，与前日拿问之成保，一并严讯，定拟具奏，毋稍瞻徇。陈国瑞打仗勇往，屡立战功，前此被人陷害，经朝廷鉴察，曲为保全。此次曹州之败，复加恩免其置议，并令统带郭宝昌所部兵勇，该总兵自必能感恩图报，尽殄逆氛，渥膺懋赏。惟军威新挫，总须养足锐气，方可进剿，断不可恃勇轻进，急于图功。每遇军情事宜，与人商办，均须和衷共济。勉之！慎之！刘铭传已由单县拔营，是否已抵汶上、济宁一带？总须绕赴北路，遏截贼氛，以固畿疆。仍须续调全部勇丁，由周盛波管带，分起赴东，合并一处，以厚兵力，更操胜算。国瑞现在收集马步各队，共有若干，务须详细分别开单，注明何项队伍，迅速奏闻，不准稍涉含混，豫为将来冒销地步。将此由六百里谕知国瑞、刘长佑、吴棠、阎敬铭，并传谕刘铭传、陈国瑞知之。

——《清穆宗实录》卷一三八，同治四年五月庚子。

〇吴昌寿奏

据总兵宋庆、张曜等驰报，四月二十四日，亲王僧格林沁在曹郡城西剿贼阵亡，与臣所接探报大略相同。刻下统帅战殁，军情万紧，东豫毗连，考城距曹郡百里外，贼骑顷刻可至，所有扼扎考城之宋庆、张曜等军兵力本单，势难堵扼，当饬稳扎稳守，以固边防。而河朔完善，贼所垂涎，防河尤为吃紧，复饬河北镇道会同汤聘珍、崔廷桂各军力扼龙门口，并檄汤聘珍分兵扼扎上下游，与直省大名防兵联络声势，防贼偷渡，所有船只均行提归北岸。僧格林沁大营逃溃兵勇奔赴省城，络绎不绝，诚恐奸人乘机溷入，除布置省防城守外，遴派武职大员二人分查逃兵，安插城外，以期有备无患。

惟查捻势狓猖，豫省兵力只有宋庆、张曜、汤聘珍、蒋希夷等步队，合计不过万人，三省马队可用者悉交善庆带往僧格林沁前敌，现有马勇亦系零星队伍，尚待归并成营。臣所带楚军四营二千三百余人，初到豫省，人地生疏。现在北路屏藩，止恃黄河一水。臣一面督饬河北在防将士严守河堤，梭巡堵御，其直东两省河身绵长数百里，诚恐防不胜防，惟有请旨饬下直东督抚，尽两省兵力，联络民团，扼守河干，务期周匝。总兵陈国瑞，准将军国瑞来咨，该总兵身受重伤，尚无下落。傥其人尚在，可否仰恳天恩，仍旧录用，责令殄灭余氛，该营军饷，并请饬下直东各省源源接济。

——《钦定剿平捻匪方略》卷二三二，第23—25页。

〇上谕

吴昌寿奏探明统兵大臣阵亡、现饬河北将弁严扼边防一折。所陈僧格林沁在曹州城西失利阵亡情形，与国瑞等叠次奏报大略相同。吴昌寿现因河防吃紧，飞檄河北镇道，会同汤聘珍、崔廷桂等军力扼龙门口，并分兵扼扎上下游，与直省大名防兵联络，遏贼偷渡，布置尚属周妥。惟直东两省河身绵亘数百里，几于防不胜防。东豫毗连之考城处所，仅有宋庆、张曜等军扼扎，兵力较单，亟应筹添劲旅，以资捍御。著官文懔遵前旨，迅饬姜玉顺统带所部九营星速赴豫，会同吴昌寿所带楚军严扼河防。如豫境防务渐松，姜玉顺一军应否饬赴直东交界地方防剿，即由吴昌寿妥筹办理。僧格林沁军营逃溃马步兵勇，络绎奔赴豫省，恐有奸宄溷迹其中。该亲王部下桂锡桢一起马勇，本系降众，近日更恐与贼联为一气，假借官军名目，贻害地方。著吴昌寿遴派得力武职、精细明干大员，分投盘查，妥为安置，毋任为逆匪煽结，致滋扰害。河南省城防务及沿河要隘，仍著吴昌寿督饬汤聘珍等军及地方文武严密筹防，毋稍疏懈。吴昌寿请饬直东督抚联集民团、扼守河干，并接济陈国瑞军饷，已谕令刘长佑、阎敬铭迅办矣。将此由六百里各谕令知之。

——《清穆宗实录》卷一三八，同治四年五月庚子。

五月初七日

〇吏部奏

查山东巡抚阎敬铭、布政使丁宝桢，于捻匪窜扰所辖境内，未能加意协助，致亲王僧格林沁孤军深入，力竭捐躯，各有应得之咎。钦奉谕旨，均著先行交部严加议处。应请将山东巡抚阎敬铭、布政使丁宝桢均照官员任意耽延降一级调用私罪例上加等，各议以降三级调用，均毋庸查级纪议抵。

再，查丁宝桢前在按察使任内，因管带马步兵勇驻扎堂邑，不思励兵灭贼，擅议收抚，经臣部议以降三级调用，毋庸查级纪议抵，于同治二年九月初一日奏奉谕旨：著加恩改为革职留任。今因捻匪窜扰，未能协剿，议以降调，不准抵销，应请将丁宝桢照例革任。

——《钦定剿平捻匪方略》卷二三三，第11—12页。

〇上谕

内阁奉谕旨：

吏部奏，遵议巡抚藩司处分，请将阎敬铭、丁宝桢均降三级调用等语。阎敬铭、丁宝桢于发捻窜扰所辖境内，未能助剿，以致督师重臣力竭捐躯，咎实难辞，惟念该抚藩等均在东昌、东平等处分带兵勇驻扎，一时救援不及，情尚可原，阎敬铭著加恩改为革职留任；丁宝桢本有革职留任处分，著加恩降为四品顶带，仍留山东布政使之任。

——《清代起居注册（同治朝）》第17册，第9665—9666页。

〇上谕

有人奏，统兵大员养贼贻患、请严行惩办一折。据称，总兵张曜统带重兵，从未与贼接仗，上年十二月间，僧格林沁在宝丰击贼获胜，张曜统兵二万有余，并不进剿，遂使贼氛复炽，由鲁山窜扰襄城、郾陵一带，流入山东，致僧格林沁力战捐躯，所带兵勇到处抢掠，请饬查办等语。张曜在河南带兵不能得力，叠经被人参奏。昨有人奏称，该总兵为将弁中之铮铮者，其说未知孰是。张曜是否拥兵不进，纵勇抢掠，贻误戎机，著吴昌寿确切查明，据实具奏。吴昌寿到任未久,无所用其回护。现在该总兵与宋庆等军扼扎考城,该处兵力甚单,该总兵如果居心巧滑,实有迁延贻误情事,该抚一面奏参,一面另派得力大员前往接替。如张曜尚能得力,该抚亦不必因有人奏参,致有先入之见。原折著钞给阅看。将此谕令知之。

——《清穆宗实录》卷一三八,同治四年五月辛丑。

〇上谕

曾国藩奏遵旨覆陈霆营溃勇及筹办东豫捻匪情形,娄云庆一军实系因饥生变,见查金口兵溃原委各折片,娄云庆一军在上杭城外粮绝而哗,幸江西随发银六万两,饥军可免决裂。金口叛勇见调刘联捷等军分路严防布置,尚为妥速,即著督饬派出各军严密防御,毋令再滋事端。所筹东豫发捻情形,该大臣具奏此折,自系尚未接奉僧格林沁阵亡后续寄谕旨。见在该逆盘踞巨野、郓城一军,与河套之匪互相句结,匪势披猖,北路军情万紧。著曾国藩懔遵叠次谕旨,克日统带亲军兼程北上,先就直东见有兵力妥筹调度,以固畿辅藩篱。所称水师炮船不宜用于岸高河窄之地,清江至济宁七百余里,河道久淤,自台庄迤北堤岸愈高,河面愈狭,仅容一舟,匣口斗险,必须多人绞车而上,水师断难施展等语,朝廷亦以河路浅窄,叠经调拨轻利炮船,藉资协剿。吴棠所派炮船五十号已到济宁运河,业经国瑞调赴戴村坝等处扼守。嗣后应否再行续调之处,仍著曾国藩相度地宜,妥为调度。黄翼升、彭玉麟等军见应驻扎何处扼要堵剿,并著统筹全局,相机布置。剿办此股贼匪,自以设法四面合兵围攻、聚而歼之为上策,否则如该大臣所称,逼贼北窜,不如让出运河之西,驱回皖豫之界,剿办较易为力,亦合机宜。惟见在贼情与前迥异,畿南一带防务万分吃紧,直东等省见有兵力甚形单薄,刘铭传一军虽已行抵单县,而匪众兵单,亦尚不敷抵御。天津所练洋枪队千五百名,已由崇厚带赴景州驻扎。本日复寄谕李鸿章,令将上海所练洋枪队并落地开花炮酌量由海道赴津,以期迅速。曾国藩节制直东豫三省,督办剿匪事宜,责无旁贷,务当星速遄行,调度指挥,迅歼丑类,力固北路之防。

将此由六百里谕令知之。

——《东华续录》同治四十六,第27—28页,同治四年五月辛丑。

五月初八日

〇上谕

谕军机大臣等:

户部奏遵旨酌筹直东军饷一折。据称,山东、河南、山西等省向有协解僧格林沁军饷,应令解归曾国藩拨用；两淮盐厘项下原有协济月饷，仍令曾国藩就近酌提；并请于江海关税银内提款动用；至部库存项无多，势难提银接济；直东军饷，拟准令该两省于应解京饷项下酌量扣留各等语。直东军务紧要，曾国藩统带各路兵勇北来剿办，需饷甚多，自应宽为筹备。僧格林沁各营官兵，现已统归曾国藩节制，所有山东每月协解该营月饷五万两、河南三万两、山西二万两，著阎敬铭、吴昌寿、沈桂芬迅即筹备，按月如数解往曾国藩直东军营，不得稍有迟误。其两淮盐厘项下原协月饷，曾国藩亦可就近酌量提用。惟前项协款，尚恐缓不济急，该大臣先就近在江海关税银内提银二十万两，以资分给。即著李鸿章、刘郇膏迅速如数拨解，毋误要需，并将起程日期先行奏报。曾国藩所带各路兵勇数目，并僧格林沁营中现存官兵若干，每月共需饷若干，著即查明咨报户部，以便该部核办。直东军饷，户部无款可提，难以协济，著阎敬铭于地丁项下欠解本年京饷银十五万两，留充该省军糈；刘长佑即将长芦盐课及旗租项下应解本年京饷银内，各扣留五万两，以供防剿。其各省应解直隶固本军饷，报解寥寥，现在直隶增兵募勇，需饷孔殷，若再视为具文，不思筹解，则饷项立见缺乏。著瑞麟、左宗棠、骆秉章、李鸿章、李瀚章、徐宗幹、郭松焘、刘郇膏、孙长绂迅将各该省积欠银两赶紧照拨，克期起解；官文、郑敦谨、吴昌寿、阎敬铭、沈桂芬除业经抵拨解过外，各将积欠应解之数速行筹拨。各该督抚等务当权衡缓急，顾全大局，不得再分畛域。将此由五百里谕知官文、曾国藩、瑞麟、刘长佑、左宗棠、骆秉章、李鸿章、郑敦谨、徐宗幹、阎敬铭、沈桂芬、吴昌寿、李瀚章、郭嵩焘，并传谕刘郇膏、孙长绂知之。

——《清穆宗实录》卷一三八，同治四年五月壬寅。

五月初十日

〇国瑞奏

查四月二十四日，亲王僧格林沁督带马步各队在曹州府迤西剿匪，因我军追贼经旬累月，人马疲乏，该逆恃强很斗，众寡莫敌，以致先后败溃。及亲王僧格林沁黌夜突围，又未能同心保护，因而主帅力竭捐躯。所有带队各官，若不从严参办，何以肃戎行而儆效尤？除成保业经奉旨革职拿问，应俟抚臣阎敬铭讯明办理外，查总兵郭宝昌随同僧格林沁一处扎营，二十四日之役，不能与贼死战，是夜突围，又不能保护主帅，实属督队无能，厥咎较重，拟请革职，并革去勇号、黄马褂，暂留军营带罪效力。正蓝旗蒙古副都统常星阿，身为翼长，未能实力督队剿贼，二十四日之役先行退走，虽因众寡不敌，究属畏葸无能。正黄旗蒙古副都统温德勒克西、伯都讷副都统高福，系与常星阿合为一队，同时败退，且常星阿等擅回济宁，迨臣严催，始行带队赴曹，均难辞咎。常星阿拟请即行革职，并革去勇号；温德勒克西、高福均拟请交部严加议处。成都副都统富森保，虽与常星阿同队挫败，惟会同成保寻获僧格林沁忠躯，尚知愧奋，拟请交部议处。副鸟枪护军参领奎祥、副前锋参领倭什布，充当僧格林沁戈什哈章京，当该亲王突围遇害，该员等均各走失，未能保护，咎亦难辞。奎祥拟请革去副都统衔，并革去保升鸟枪护军参领；倭什布拟请革去保升前锋参领。会同成保管带土默特马队之土默特参领、委营总乌尔图那逊，管带吉林马队之佐领、委营总春寿，虽均归成保调遣，惟是夜突围，未能救护僧格林沁，亦有应得之咎，拟请将乌尔图那逊革去头品顶戴，春寿革去即补协领。福州副都统倭和、都司施绍恒会同何建鳌管带步队，或不肯打仗，或捏故告假，素闻遇敌巧避，倭和拟请降为副参领，仍归外火器营候补；施绍恒拟请革去副将衔尽先参将，仍留都司本任。以上各员均请留营，带罪图功，以观后效。傥再不知愧奋，臣即请以军法从事。至翼长、头品协理台吉诺林丕勒，副都统托伦布，察哈尔委营总达尔济，从征数载，战功素著，此次失利，实由全军溃散，独力难支，且杀贼最多，所部死伤亦复不少，合无仰恳恩施，从宽免议。

——《钦定剿平捻匪方略》卷二三三，第 29—31 页。

〇上谕

国瑞奏遵旨查明未能奋勇剿贼、致令主将阵亡之随征各员，分别轻重请旨惩办一折。僧格林沁前在曹州剿匪，各该员随同带队，先后溃败，迨该亲王夤夜突围，又未能竭力保护，以致主帅孤军无助，力竭捐躯，虽因官军追贼数日、人马疲乏、贼众兵单所致，惟不能力救主帅，究属咎无可辞。除总兵郭宝昌业经革职拿问外，副都统常星阿著即行革职，并革去勇号；温德勒克西、高福，均著交部严加议处；富森保著交部议处；副鸟枪护军参领奎祥，著革去副都统衔，并革去保升鸟枪护军参领；副前锋参领倭什布，著革去保升前锋参领；委营总乌尔图那逊，著革去头品顶带；春寿著革去即补协领；副都统倭和，著降为副参领，仍归外火器营候补；都司施绍恒，著革去副将衔尽先参将，仍留都司本任。以上各员，均著准其留营，戴罪剿贼，以赎前愆，倘再不知愧奋，即著按照军法从事。头品协理台吉诺林丕勒、副都统托伦布、委营总达尔济从征数载，战功素著，此次失利，实因全军溃败，致独力难以支持，均著从宽免议。余著照所议办理。该衙门知道。

——《清代起居注册（同治朝）》第 17 册，第 9685—9688 页。

〇国瑞奏

钦奉谕旨，饬将僧格林沁旧有马步若干、现在收集若干详晰奏闻。查亲王僧格林沁行营，诺林丕勒管带左翼马队官兵一千五百三十余员名内，两盟马队官兵四百九十余员名；成保管带右翼马队官兵八百五十余员名。又桂锡桢所带马勇五百余名，常星阿等由湖北管带马队九百八十余员名。此次官军失利，经臣连日收集溃散马队，及现随各带兵官在曹在济者,左翼有官兵八百余员名,内两盟马队官兵三百五十余员名;右翼有官兵五百余员名;常星阿等所带马队官兵七百七十余员名。共计有马无马官兵二千余员名。其何建鳌原带参将施绍恒、游击周隆廷、守备刘添福等三营步队勇丁共三千九百余名,陈国瑞原带步队勇丁二千五百余名,郭宝昌原带步队勇丁三千四百余名。自全军挫败,勇皆涣散,现在收集施绍恒营勇丁一千余名;周隆廷营勇丁七百四十余名;刘添福、魏希元等勇丁七百八十余名;陈国瑞一营现已收集勇丁四百余名,连臣在济招集该镇所部四百余名,约共九百余名;郭宝昌一营现已收集勇丁一千三百余名。是此役失散马步兵勇为数甚众。谨将现在收集大概数目先行奏闻。

——《钦定剿平捻匪方略》卷二三三,第22—24页。

○上谕

谕军机大臣等:

国瑞奏请添募勇丁剿贼、并请将陈国瑞一军仍归调遣,请令张树声等全队移扎汶东,并收集马步兵勇大概数目各折片。贼匪仍在郓巨一带盘旋,时图窜犯北路。昨因直隶兵力甚单,谕令陈国瑞迅带所部即日赴刘长佑军营,令刘铭传一军于济宁、汶上一带或张秋镇扼守,著国瑞、刘长佑、阎敬铭懔遵昨日寄谕,即飞饬陈国瑞一军统带全部赴直,仍归刘长佑调遣,相机防剿,力顾北路。

至山东地方,有收集马步兵勇数千名,并刘铭传一军、詹启纶一军,又续调之周盛波、张树声等军,岂尚不敷调遣?陈国瑞由曹考一带赴刘长佑大名军营,其势甚便,兼可为畿疆保卫。至所称此时若有一队集齐,或有一军可恃,即亲督进剿,似难俟休养之兵心大定,训练之技艺精熟,再行缓力图功、渐回大局等语。朝廷岂不知贼氛甚恶,亟宜剿除,以清腹地?惟国瑞自度新集溃散之卒、远来疲乏之师,能当此凶焰方张之寇否?若一意进剿,势必驱之北犯。国瑞其能当此重咎耶?为今之计,止宜养精蓄锐,各守本境,毋令四出滋扰,或间出轻锐奇兵,多方牵制,俟曾国藩大军齐集,四面布置周妥,渐逼渐紧,可以聚而歼旃。否则俟刘铭传到后会商进剿,谋定后动,以期万全无失。

其募勇助剿一节尤须慎重,恐有奸匪溷迹,不可不慎之又慎。所招溃散马步恐数目尚有虚报,必须切实稽察,严加甄核。张树声等军,前已令吴棠酌拨三四营赴东,国瑞请以全队就近移扎汶东一带严防运河,著吴棠酌度调派,以资得力。刘铭传一军,于僧格林沁未经挫败之先,即已调令北来,何以初八日始由徐州起程?究竟已抵何处?著即飞速前进,赴汶上、济宁一带相机防剿,如再迟延,定当重治其罪,不稍宽贷。黄运河防均属紧要,刘长佑、阎敬铭当懔遵叠次谕旨,妥筹防范,务将渡船提禁净绝,并严防本境伏贼暗通消息,不可稍涉大意。本日御史陈廷经奏保员办理直隶团练一折,已明降谕旨,将贾臻等交刘长佑差委。该督当督率地方公正官绅妥为经理，以辅兵力之不足，毋得有名无实，徒滋扰累。

正在寄谕间，据吴棠奏请调黄开榜赴营一折，见在霆营溃勇窜扰江西铜鼓营等处，黄开榜督带兵勇赴瑞州一带剿办，正当吃紧，未便令其北来。至淮徐兵单，叠经谕令李鸿章力筹调派，著吴棠仍即咨商李鸿章，迅派得力兵弁驰赴淮徐一带防守。喻俊明水师准其暂留桃宿镇抚。吴棠另片奏，挑选水勇二百名，整理大炮五十位，由济宁驰赴直隶等语。著刘长佑派员迎提，并赶紧豫备船只，俟此项炮勇到齐，即行酌量配带，以资防御。

将此由六百里谕知国瑞、刘长佑、吴棠、阎敬铭，并传谕刘铭传、陈国瑞知之。

——《东华续录》同治四十六，第 23—24 页，同治四年五月甲辰。

五月十四日

〇曾国藩奏

叠奉谕旨，饬臣赶紧赴援，保卫畿疆。臣部署一切，拟于月内起程，先赴徐州，以该郡为老营，派一良将驻扎济宁，臣亦当亲赴济宁一带察看形势。惟僧格林沁以督师重臣猝尔捐躯，震远近之人心，长逆贼之凶焰。朝廷责臣讨贼至切且速，即山东官民亦望臣星速北上，臣踌躇再四，有万难迅速者数端，请为我皇上缕晰陈之。

查臣部金陵未撤之兵仅存十六营，人人思归。此次闻有山东之行，皆不愿北征，劝谕三日，始定议裁撤者十二营，北征者仅四营，又新募两营，合三千人，作为随臣左右之亲兵。此外，刘松山宁国一军相距较近，现已飞檄往调，等候刘松山前来，如其部卒不愿北征，臣亦不复相强，当酌带楚军将弁，另募徐州勇丁，仿臣处之营制而约束之，存楚师之规模，开徐兖之风气。李鸿章所部淮勇已稍习于北方矣，然尚专食稻米，不惯麦面。若徐兖间另出劲旅，则北路数省到处相宜。臣鉴于金口兵叛之祸，不敢强楚勇以远征，现仅刘铭传、周盛波两军归臣调遣。淮勇虽称劲旅，人数尚少，不敷分拨，不得已为此迂缓之谋，添募徐方之士，约须三四个月，乃能训练成军。此其不能迅速者一也。

捻匪积年掳掠，战马极多，此次蒙古马队溃散，恐亦为贼所得。现闻贼马多至万余匹，驰骤平原，其锋甚锐。臣拟在徐州添练马队，派员前赴古北口一带采买战马千匹，约计往返程途，至速亦须三月，加以训练，非再得两月，断难集事。若竟不佐以马队，而强驱步兵以当骑贼，虽有贲育之勇，亦将不战自靡。此其不能迅速者二也。

扼贼北窜，惟黄河天险最为可恃，防河之策，自为目前第一要义。臣上次折内即拟由河南、山东抚臣另造三板战船，现在事机尤紧，直隶齐豫三省均须迅速造船，分列河干，以壮声势。吴棠所奏江南之船于黄河水性不合，与臣前奏相符。所有斟酌船式，采办木料，招募水勇，应由该三省督抚悉心筹画，因地制宜。惟炮位一宗，北省较少，金陵存留尚多，臣拟拨炮三百尊分济三省，派船解至济宁州，由该三省派船前来迎提。黄河水师办成，畿辅可永无捻匪之患。其事虽缓，其利甚大，然非有四五月工夫难期就绪。此其不能迅速者三也。

至刘铭传一军，不宜遽入直隶，宜剿贼于黄河以南，臣于上次折内陈明在案。兹奉节次谕旨，严催刘铭传渡河，径赴刘长佑军营，果使于事有济，自应设法北渡，惟目前濮州、范县、菏泽、郓城等处黄河南岸一片贼氛，若非节节埽荡，焉能冲过北岸？若使远避贼锋，绕路行走，则上游须绕至河南兰仪等处，下游须绕至山东历城、长清等处，非迂绕五六百里不能径行渡河。且该军现在南岸尚可遇贼一击，若贼未北渡，而该军先至北岸，反置劲旅于无用之地，似于军情地势均未相宜。臣昨接刘铭传来文，批令在鱼台、滕县附近运河之处驻扎，拟俟粮运稍有把握，再令进扎济宁。正筹度间，接奉谕旨，饬刘铭传由金乡、嘉祥一带黄河南岸向西兜剿；又接国瑞来函，亦欲刘铭传在黄河南岸协剿。与臣暂不北渡之说相合。以理势揆之，黄河夏秋盛涨，刘长佑亲统大军防堵河南，该逆应难飞渡，不特刘铭传目下不宜渡黄，即将来事势稍定，亦不宜令河南之兵兼顾河北。查河北仅有直隶一省，近年捻患尚少，河南有齐豫苏皖四省，近年捻患极多。据臣愚见，直隶宜另筹防御之兵，但令分守河岸；齐豫苏皖四省宜令筹追剿之师，不使驰援河北。盖楚勇淮勇向系每日仅行四十里，黄河水少，万人渡河，动逾旬日，若令时而北渡，时而南渡，我则疲于奔命，贼则相去已远，殊为非策。此因行军不能迅速，遂不能兼顾直隶者，其一端也。

僧格林沁之忠勇绝伦，妇孺皆知。其统兵追贼，日行七八十里或百余里不等，行走太速，势不能自带米粮，埋锅造饭。行文州县，令其供支面饭，将士争先落后，饥饱不均，有连日不得一餐者。其队伍难整在此，其行军迅速亦在此。臣处行兵之例，每日扎营支帐，埋锅造饭，不向州县索米供应，略师古法，日行仅四十里，少或二三十里。李鸿章之淮勇亦仿楚师之法，其步步稳妥在此，其行军迟钝亦在此。僧格林沁剿办此贼，一年以来，周历湖北、安徽、河南、江苏、山东五省，若他人接办此贼，断不能兼顾五省，不特不能至湖北，即齐豫苏皖四省亦不能处处兼顾。如以徐州为老营，则山东只能办兖沂曹济四府州，而济东泰临以北力不逮矣；河南只能办归陈两府，而开许南汝以西力不逮矣；江苏只能办淮徐海三府州，安徽只能办庐凤颍泗四府州，余皆力不逮矣。此四省十三府州者，纵横千里，从古四战之场，历年捻匪出没之区，若以此责成督办之臣，而以其余责成四省之巡抚，则汛地各有专属，庶军务渐有归宿。此贼已成流寇，飘忽靡常，宜各练有定之兵，乃足制无定之贼。此因行军不能迅速，遂不能遍顾各省者，又其一端也。

方今贤帅新陨，剧寇甚张，山东之望援急于星火，而臣策战事乃在半年以后。北路之最重莫如畿辅，而臣策直隶乃须另筹防兵。此皆骇人听闻之言，殆不免于物议纷腾、交章责备，然臣筹思累日，非专力于捻匪最熟之十三府州，不足以弭流寇之祸。理合直陈刍荛，备圣主之采择。

——《钦定剿平捻匪方略》卷二三四,第20—27页。

〇上谕

谕军机大臣等:

曾国藩奏遵赴山东剿贼并沥陈万难迅速情形一折,另片奏请另简知兵大员督办北路军务等语。前因僧格林沁在曹郡城西殉难,北路马步诸军总统难得其人,是以特简曾国藩驰赴山东一带督师剿贼。兹据奏称,训练军士,采买战马,添造炮船,剿办不能迅速等语。统筹全局,不亟亟争旦夕之效。大臣谋国,算无遗策,自应如是。惟贼势方炽,近复抢渡运河,扰及兖境,若径由张秋一带渡河而北,畿辅不免震惊,于大局殊有关系。僧格林沁旧部马队尚有千数,陈国瑞等步队亦不下四五千人,现虽暂归国瑞统带,深恐调度不能得力。而直东军情日紧,南望实切殷忧。曾国藩当仍遵前旨,酌带亲兵迅速起程,以副委任。徐州扼南北之冲,济宁州亦直东冲要之所,即著该大臣择要驻扎,以一事权,俾诸军有所禀承,旗绿防兵亦不至散而无纪,方为妥善。至督办军务,以规画指挥为上,并不在乎身临前敌。僧格林沁统兵追贼,日行七八十里或百里不等,节经谕令该亲王持重稳进,无如求效太速,视贼太轻,以致士马俱困,一败不振,中外震骇。曾国藩谋定后动,朝廷并不责令克日奏功,但须权衡缓急,赶紧调派一支劲旅,扼贼北窜,以固畿辅门户。其一切应办事宜,悉由该大臣随时酌办。直、东、豫三省文武官员,如有不能得力,即由该大臣随时奏请更换,亦断不可稍存拘泥之心。至山东本省并无得力之军足资控制,节经谕令刘铭传统赴济宁、汶上以北遏截贼踪。现在贼已抢渡运河,张秋一带尤关紧要,著曾国藩速饬刘铭传统率所部,由鱼台、滕县星速前进,力固北路之防,毋再延缓。至黄运两河,叠经责成刘长佑、阎敬铭等严密防范,第河道纡长,该两省兵力不敷堵剿,曾国藩仍当随时咨行该督抚等妥筹策应。该大臣筹兵筹饷,数载以来,勤劳备至,现值事机孔亟,正臣子竭忠报效之时,谅不忍以精力稍衰,遽辞巨任。至所称剿办未能迅速、不免物议纷腾交章责备等语,所奏未免过虑。朝廷用人具有灼见,且理之是非自有公论,岂局外无端之毁誉所能摇惑耶?将此由六百里加紧谕令知之。

——《清穆宗实录》卷一三九,同治四年五月戊申。

五月十五日

〇吏部、都察院奏

臣等查此案,钦差大臣、湖广总督官文,于捻逆上年扰及湖北境内,督办日久,未能使贼大受惩创，仅以驱之出境为事，致该逆得以远飏，实属咎无可辞。前任河南巡抚张之万责任封圻，吏部左侍郎毛昶熙督团剿贼，于逆匪窜扰河南境内，未能督率兵民协同截剿，均以空言敷衍，任令贼匪乘虚远窜，贻害邻疆，以致督师重臣战殁于阵，均有应得之咎。钦奉谕旨，官文、张之万、毛昶熙著一并交部严加议处。应请将官文、张之万、毛昶熙均照苗蛮杀劫专汛之员缉捕迟延藉端推诿降一级调用私罪例上加等，各议以降三级调用，均毋庸查级纪议抵。

——《钦定剿平捻匪方略》卷二三五，第13—14页。

○上谕

谕内阁：

吏部等衙门奏遵旨严议督剿不力各大员处分一折。上年逆匪窜扰湖北，湖广总督官文以钦差大臣出省督军，兵力甚厚，乃日久毫无成效，任令该逆窜回东豫等省。前任河南巡抚张之万身任封圻，吏部左侍郎毛昶熙督办团练，于发捻窜扰本境，徒恃有僧格林沁追逐之师，未能督率兵团协同截剿，以致贼匪乘虚远窜，贻害邻疆。均属咎无可辞。本应均照部议，各降三级调用，不准抵销，惟念该督抚等于境内贼匪远窜他省，系因该逆马队飘忽，致疏防范，尚非有心贻误，官文著加恩改为革职留任，拔去双眼花翎，撤销太子太保衔，以示薄惩；张之万著降为三品顶带，仍带革职留任处分，暂留河东河道总督任；毛昶熙著加恩改为革职留任。

——《东华续录》同治四十六，第46—47页，同治四年五月己酉。

五月十九日

○阎敬铭奏

臣闻亲王僧格林沁上月二十四日之战，前敌游击桂锡桢暗与贼通，我军甫挫，即带马队降贼，以致全军溃变。桂逆系土匪投诚，狼子野心，本不足恃。查现随国瑞在济宁者，尚有投诚粤酋马融和、捻首刘添幅等，济宁人言藉藉，有鉴于桂逆之事，深以杂处为虞。闻马融和人尚安静，亦未带队。近国瑞奏明，复遣刘添幅募勇于徐宿间，更恐资其羽翼。臣既有所见，不敢不言，伏乞皇上密谕国瑞随时防范，不可令其带兵，庶为万全之计。

又，总兵陈国瑞扎营曹州城外，养锐添军，该逆畏其声威，虽近在郓巨，不敢轻犯曹郡。若移该镇之军于河北，则曹州有贼之地无兵堵御，而济宁之兵一时又难分拨，可否令陈国瑞暂缓移军，以资保护之处。出自圣裁。

——《钦定剿平捻匪方略》卷二三五，第35—36页。

○上谕

上又命军机大臣传谕国瑞曰：

前令国瑞在山东招集溃卒，现在陆续归营者谅已不少。惟其中良莠不齐，务须严加稽察，分别留遣，方免匪徒溷迹。近闻该营有投诚粤匪马融和、捻首刘添幅等杂处其中，并有遣刘添幅赴徐宿募勇之事。此等降匪，向背本无一定，即使真心效顺，亦必察其动静，历久无他，始可渐加委用。若遽予以事权，则犬羊之性，难保不再萌异志，桂锡桢之事可为炯鉴。马融和今未带队，即著国瑞妥为羁縻，徐化其反侧之心，不可骤加委任。并迅将刘添幅檄调回营，毋庸在徐宿募勇，以杜后患。

——《钦定剿平捻匪方略》卷二三五，第40页。

五月二十二日

○国瑞奏（节录）

……现探得护[军]统领克兴阿等会同伯彦诺谟祜，于本月初八日由德州绕路，已至济南省城暂住，尚无来济宁之信。所有僧格林沁灵柩到济停放处所、祭仪一切及回京事宜，奴才督饬恩承、卢朝安俱在济宁备齐，均甚壮观如礼。一俟该统领等同伯彦诺谟祜到济，奴才祇将□□暂在济宁守候，容俟道路平稳，即将僧格林沁灵柩接回济宁，由此再行护送回京，届时奴才选派官兵沿途帮同照料……

——录副奏折，档案号03-4717-040。

五月二十六日

○国瑞奏

查陈国瑞所奏杨育才一员，臣当即传知陈国瑞将该员解送来营，即据该镇面称，杨育才现经逃走，已派员追捕等语。臣即札饬地方官一体严缉，应俟拿解到营，再行遵旨查办。至勇目刘添幅、魏希元，自投诚以来至今三载，临阵奋勇，尚无为鬼为蜮形迹，嗣后自当加意审察。其刘添幅所募勇丁，臣恪遵训谕，酌量裁减，不敢稍涉大意。至马融和，前经僧格林沁收留时，即交郭宝昌队内。现在郭宝昌之队已归陈国瑞统带，是马融和一名未在臣营，陈国瑞亦未令其带队。臣再谆嘱该总兵慎加防范。现在逆匪窜至城武、定陶迤南，其运河迤东之东平、汶上、济宁一带已无贼踪。臣拟将各起马队酌量归并，疲瘦马匹补换齐全，即饬副都统托伦布等各带本部马队，并饬总兵王佐臣等各带步勇，会合总兵詹启纶、藩司丁宝桢步队驻扎长沟西南嘉祥一带,扼要防剿,以杜该逆回窜。臣即带领存营官兵前往曹州,迎护亲王僧格林沁灵柩来济,赶将一切事宜料理周妥,派拨官兵护送回京后,再当督饬各军会合进剿。

——《钦定剿平捻匪方略》卷二三六,第 16—17 页。

○上谕

谕军机大臣等:

国瑞奏发捻各逆日渐南趋、请将僧格林沁灵柩迎赴济宁,覆陈投诚勇目实心报效,清淮炮船到济、咨行直隶换船入黄,并统兵提镇勇丁械斗不能弹压各折片;乔松年奏捻逆分窜、皖防加严、现筹防剿一折。杨育才为苗逆谋主,前有旨革职,交国瑞、刘长佑确切查明正法,何以任令逃走?著即饬令陈国瑞严切追捕,并饬地方官一体严拿,讯明重办,毋任漏网。刘添幅等既无为鬼为蜮情事,著国瑞随时加意防维,以后傥有反覆,惟国瑞是问。刘添幅所募勇丁,即著酌量裁撤,以弭[弭]后患。贼匪窜向城武、定陶迤南,东平、汶上、济宁均已无贼,国瑞自应督饬马步跟踪追剿,乃刘铭传、陈国瑞勇丁互相械斗,杀伤多人,实属不成事体。该员等均系提镇大员,不思乘贼势新挫之后奋力追击,而于勇丁互相斗杀不能禁止,且各执一词,殊失大员体度,本当从重治罪,姑念该员等均曾立功,免其深究。现在贼众南趋,著陈国瑞迅带所部,会同托伦布、温德勒克西等马队各军分投追蹑,毋使群贼得以喘息,滋扰完善地方。刘铭传仍在北路相机驻扎,防贼回窜,并探贼所向,设法进剿。国瑞于该营勇丁械斗一事,自称望轻才浅,虽令不行,实有不足镇服之势,刻下济南布置应已周妥,省防可以无虞,著阎敬铭前赴济宁,将各勇滋事情节查明具奏,不得稍涉偏徇。吴棠派龚文林管带炮船二十五只已至济宁,船身较大,不能北上,国瑞已令龚文林雇炮划装载至沈家口停泊,著刘长佑赶即雇觅入黄大船,赴沈家口迎提,令其扼要驻扎,以资防剿。

捻踪向丰沛一路窜扑,叠谕吴棠等督饬周盛波等军迎头遏击,本日据乔松年奏,河南永城已有贼踪,距雉河不远,其为张总愚欲遁归亳州老巢装旗已无疑义。乔松年已饬各将士一体严防,并令易开俊一军由宿蒙以至徐州,待曾国藩调度,所筹尚妥。著即督同英翰等认真防范,遇贼即击,并派兵驻守雉河集一带,以防伏莽句结为患,不准任其向北路回窜,一无堵截。贼踪已至永城,去虞夏不远,吴昌寿当督率地方文武严密防剿,毋任阑入腹地。其姜玉顺、蒋凝学等军,均即派员迎提,以资得力。吴棠仍懔遵前旨,饬周盛波、张树声等军将南向贼众迎头截击。曾国藩此时应已起程,到淮必可迅速,即当扼要驻扎,南北兼筹,以期军有统辖,不至漫无纪律。何日出省,著即驰报以闻,用慰廑系。

贼氛去晋虽远,若由曹考入豫,恐复窥伺晋疆,沈桂芬务当先事豫筹,未可漫无准备。前太仆寺少卿徐继畬现在年力如何?如尚强健,该抚即令其来京陛见,候旨录用。

僧格林沁灵柩仍在曹州，距贼甚近，国瑞欲移至济宁，以便北上，著国瑞一面派拨弁兵，一面知照克兴阿等妥为迎护，与伯彦讷谟祜料理伴送来京，以昭慎重。

将此由六百里谕知曾国藩、国瑞、刘长佑、吴棠、乔松年、吴昌寿、阎敬铭、沈桂芬、克兴阿等，并传谕刘铭传、陈国瑞知之。

——《清穆宗实录》卷一四〇，同治四年五月庚申。

闰五月

闰五月初一日

〇上谕

谕军机大臣等：

曾国藩奏督兵出省日期，乔松年奏匪入皖境接仗情形，阎敬铭奏贼股窜出东境、现在筹办炮船，吴昌寿奏发捻窜近豫疆、带兵渡河策应各一折。贼首张总愚等窜蒙亳一带，官军迎战于龙山，颇有斩捦，贼由王家窑南遁。著乔松年督饬英翰等军向南跟追，并仍防牛洪等股续至，务将该逆截断，毋任合并。易开俊一军，即照乔松年所拟，驻扎蒙宿一路，会同英翰等合力剿洗。东境已无贼踪，著吴棠、阎敬铭檄令陈国瑞一军，蹑剿该逆后队，牵制贼势。直东两省，现时固不可无重兵防守，将来兼须有往来击剿之军，以资策应，未经到防之潘鼎新一军，宜仍留直隶镇守。刘铭传所部，仍令驻扎山东济宁一带，专顾北路。其往来击剿之军，或派余承恩，或派陈国瑞，均由刘长佑、阎敬铭酌度办理。阎敬铭欲缮军筹饷，以图自强，并派知府曹丙辉等就河内各船改造试用。失之东隅，收之桑榆，仍未为晚，即著与刘长佑、崇厚妥商办法，以期一劳永逸。吴昌寿因贼窜蒙亳，欲为四面捣巢之计，又以郓、巨之贼窜过曹县，前股已至刘口，宋防岌岌可虑，饬张曜等绕前截击，并抽调汤聘珍一军渡河，与张曜等会合，一面亲督谭仁芳四营渡河，视贼所向策应。所筹均妥。著即严檄张曜等认真防剿，毋令贼踪深入为患。蒋凝学军距豫不远，该抚即飞提到营，以资厚集。姜玉顺等九营，屡次谕令官文飞饬赴豫，何以尚无到豫消息？究竟已至何处？该省军情甚紧，兵力甚单，傥有疏虞，关击非浅，著官文仍严催该提督星速赴豫，如有意迟延，即行严参惩办。归陈各属，距贼甚近，吴昌寿当督饬地方文武，整顿兵团，以资防御。河洛为关陕门户，与晋省仅隔一河，吴昌寿已派徐邦道一营西扎虎牢关，仍恐兵力单薄，著沈桂芬整顿防兵，严扼要隘，不可稍涉大意。曾国藩督师出省，想已到清淮一带，即著进驻徐州，相机调度。该大臣必有成算在胸，到徐后军情贼势，随时驰报，以纾南顾之忧。东境无贼，道路已通，国瑞即督率两盟马队，与克兴阿等护送僧格林沁灵柩回旗。所有钦差大臣关防，国瑞即亲赍回京恭缴。其温德勒克西等马队，仍著留于山东，即由国瑞酌派一员统带，仍令暂行驻扎曹考一带。闻色尔固善治军谨严，兼有谋勇，可否派令统带此项马队之处，著国瑞酌量办理。此起马队，曾隶多隆阿部下者居多，曾国藩知之有素，必能妥为驾驭。现应如何调遣之处，即著妥为布置。曾国藩未经调派以前，如直隶、山东有警，亦可由刘长佑、阎敬铭暂行酌调。阎敬铭仍遵前旨，驰赴济宁一带，整顿防兵，稽察伏莽，务将善后各事宜妥为布置。前谕查办刘铭传、陈国瑞勇丁械斗一节，叠经降旨，令刘铭传驻东防守，陈国瑞追贼出境，该二员不能约束，已有旨严行申饬，可以无庸查办矣。将此由六百里各谕令知之。

——《清穆宗实录》卷一四一，同治四年闰五月甲子。

闰五月初五日

〇兵部奏

查副都统温德勒克西、高福，于亲王僧格林沁剿匪突围，未能竭力保护，以致主帅力竭捐躯，虽因兵单所致，究属贻误事机，钦奉谕旨，交部严议。应请将正黄旗蒙古副都统温德勒克西、伯都讷副都统高福均照奏定严议章程，议以革职，不准留营。成都副都统富森保，据原奏声称，虽同队挫败，惟会同成保寻获僧格林沁忠躯，尚知愧奋，钦奉谕旨，交部议处，拟照加等章程酌减，议以革职留营。

——《钦定剿平捻匪方略》卷二三七，第13页。

〇上谕

内阁奉谕旨：

兵部奏遵议未能力救主帅各员，请将正黄旗蒙古副都统温德勒克西、伯都讷副都统高福均革职，不准留营；成都副都统富森保革职留营等语。温德勒克西等随同亲王僧格林沁剿匪，未能竭力救护，实属咎有应得。姑念该员等追剿疲乏，系由贼众兵单所致，温德勒克西、高福均著加恩改为革职留营；富森保事后尚知愧奋，著加恩改为革职留任。该部知道。

——《清代起居注册（同治朝）》第18册，第9805—9806页。

闰五月初七日

〇国瑞奏

亲王僧格林沁，自咸丰十年统兵剿除河间一带土捻各匪，十一年亲督马步剿办捻匪，于登莱青各府歼贼数万；复督剿河北窜匪，濮范寿阳悉平；回剿曹属会匪，巨恶授首。同治元年迎剿捻匪于杞县、尉氏，杀贼几及四万；攻拔教匪于金楼；复剿办捻首李城一股，斩馘万计；整军赴皖进攻捻巢，捦斩十数万人。二年捦获五旗捻首张落刑、苏添幅等；回攻山东淄川踞匪、邹县教匪及宋憬诗股匪，先后蒇事；南征苗沛霖，蒙城围解，苗逆授首，淮北肃清。僧格林沁忠勇性成，身经百余战，杀贼数十万，行则身先士卒，战则亲冒矢石，驻则与将士同甘苦，虽严寒溽暑，从无少怠。此臣随营数载，朝夕目睹者也。上年发捻各逆窜扰楚豫，督军追剿，转战千余里，叠挫凶锋。今春穷寇入东，僧格林沁疾驰追蹑，誓欲克期殄灭。四月二十四日，探明各逆在曹州府西北高庄集地方，我军分三路进剿，该逆亦分股迎拒，势甚凶猛。我军被其冲动，力不能支，纷纷溃散。僧格林沁飞马赶到，率同马步，且战且走，退扎荒庄。该逆悉众来围，开挖长濠。时至三更，贼氛愈逼愈近。翼长全顺等力请僧格林沁冲出重围，再作计议。行近贼濠，逆众惊觉，纷纷包裹，僧格林沁督令随行马步开枪击贼，复行数里，该逆恃众四面包抄，僧格林沁并不少怯，犹抽佩刀手刃悍贼，不期马受矛伤惊逸，以致落马，从人失散。比及天明，贼退寻视，僧格林沁业已被害，身受八伤，颜色如生。该处在曹州府城西北十五里，地名吴家店。此僧格林沁历年战功及死事之详细情形也。①

——《钦定剿平捻匪方略》卷二三七，第15—18页。

〇上谕

谕军机大臣等：

国瑞奏先(饷)[饬]两盟马队护送僧格林沁灵柩回京，俟将各项马步兵勇安插即行回京一折。现在天气炎热，僧格林沁灵柩自应早日回京。国瑞已派令诺林丕勒管带两盟马队三百八十余名，随从克兴阿等护送启行，即著饬令沿途小心照料，以期妥协。温德勒克西等马队，俟色尔固善到东，即交令管带，暂驻曹考一带，听候曾国藩调遣。至各项招集马步兵勇，叠经谕令国瑞开单呈览，此次所奏马步各队，或云数百余名，或云数千余名，究竟有马官兵若干，无马官兵若干，以及各项马步各队实在确数，总未详细开单呈览，词意含混，实属颟顸。马步兵勇既有六千余名之多，自应量为安插，并著派得力将领分营管带，方不至散而无纪。该营现在所存兵勇，著即查明确数，分拨直隶、山东两省各若干名，开列清单，咨交刘长佑、阎敬铭分配各营，以资防剿。下余兵勇若干名，许州(底)[底]营官兵数百名，并八汉炮位及各局置办军火等项，均著赶紧清厘。除酌留直东二省兵勇外，其余应留兵勇军火，均著造具清册，面交曾国藩接管。俟交代清晰，即著迅速来京。其钦差大臣关防，即派委员先行赍送回京，所有应行事件，仍钤用从前木质关防。曾国藩此时计已行抵

① 奏入，上谕曰：僧格林沁事迹，前已有旨宣付史馆。此次国瑞将僧格林沁历年战功及殉难情形详细查明具奏，即著一并交付史馆，叙入列传，以昭忠节。参见《钦定剿平捻匪方略》卷二三七，第18页。

徐郡，所有国瑞应交曾国藩马步各队及军火等件，即著该大臣飞速迎提，以资攻剿，毋任迁延观望。现在暂驻曹考之色尔固善所带马队，应如何酌量留防及进剿之处，著曾国藩妥筹调遣。前据阿克敦布等奏称，遵调山东军营马一千匹，已派员管解进口，前赴山东，著曾国藩即行派员迎提，归该大臣调拨应用。将此由六百里各谕令知之。

——《清穆宗实录》卷一四一，同治四年闰五月庚午。

闰五月十四日

〇国瑞奏

前因外火器营副鸟枪护军参领奎祥未能保护主帅，业经奏参，奉旨革去副都统衔及保升鸟枪护军参领。臣驰抵曹州查询，始悉该员于四月二十四日夜间随同僧格林沁突围后，即至曹州城内，迨马队各员闻知僧格林沁遇害，俱各情急，出城寻觅忠躯，该员竟安坐曹州，并不同去。查该员身充戈什哈章京，为亲随官兵领袖，乃事前既失于保护，事后又畏葸偷安，视同膜外，负义昧良，莫此为甚。相应请旨，将奎祥即行革职，发往军台效力赎罪。巡捕营尽先都司王英奎、健锐营委前锋参领吉和春、外火器营尽先空花翎保山、黑龙江佐领西林、尽先佐领哈尔吉善、尽先防御吉立善，俱充当戈什哈，于突围后并未受伤，均各私回济宁，迨闻僧格林沁遇害，该员等视如无事，毫不关心，殊出情理之外，均应请旨即行革职。刑部候补主事玉琦，于兵败后直至闰五月初二日始行回营，实属任意巧避，应请旨一并革职，以示惩儆。

——《钦定剿平捻匪方略》卷二三八，第7—8页。

〇上谕

国瑞奏续查负义昧良畏葸偷安各营员据实参办一折。前因僧格林沁阵亡，业经降旨，将未能保护主帅之外火器营副鸟枪护军参领奎祥革去副都统衔并保升参领。兹据国瑞奏称，查该员身充戈什哈章京，为该亲王亲随官兵领袖，乃于该亲王突围后，即至曹州城内，比闻该亲王遇害，该员仍复安坐曹州，并不出城寻觅忠骸，事前既疏于保护，事后复畏葸偷安，视同膜外，实属负义昧良。奎祥著即行革职，从重发往军台效力赎罪，以示惩儆。巡捕营尽先都司、千总王英奎，健锐营委前锋参领吉和春，外火器营尽先空花翎护军校保山，黑龙江佐领西林，尽先佐领、骁骑校哈尔吉善，尽先防御、甲兵吉立善，俱系充当戈什哈，突围时并未受伤，均各私回济宁，殊出情理之外，以上六员[①]均著即行革职。候补主事、开缺刑

---

① 《清穆宗实录》卷一四二（同治四年闰五月丁丑）误作“五员”。

部笔帖式玉琦任意巧避，畏葸偷安，著一并革职。副鸟枪护军参领倭什本、佐领连喜，向随已革记名副都统成保办理营务，声名狼藉，畏葸无能，倭什本著以鸟枪空花翎降补，连喜著以骁骑校降补，并拔去花翎。参领西成、副护军参领玉全，差使滑懒，人品平庸，西成著以骁骑校降补，并拔去蓝翎，玉全著以护军校降补。余著照所议办理。该部知道。

——《清代起居注册(同治朝)》第18册，第9864—9868页。

〇国瑞奏

亲王僧格林沁自咸丰十年以来剿办直东皖豫土捻各匪，历著战功，本年四月二十四日在曹属地方遇害，蒙恩准入祀京师昭忠祠，其死事地方及该亲王出师省分均建立专祠，仰见皇上矜恤荩臣、表扬忠节之至意。伏念僧格林沁随征将士转战数省，屡建奇功，乃或临阵伤亡，或积劳病故，均堪悯惜，相应分别开列，仰恳天恩，准将正黄旗汉军都统舒通额等给予谥号，并于各死事地方附祀僧格林沁专祠；头等侍卫隆春等附祀河南、湖北两省僧格林沁专祠；副都统格绷额等均准在僧格林沁专祠一并附祀。

——《钦定剿平捻匪方略》卷二三八，第3—4页。

〇上谕

国瑞奏随征阵殁官员恳请附入专祠一折。前以亲王僧格林沁督师阵亡，谕令于死事地方及出师省分建立专祠。因念该亲王所部各营将士，自咸丰十年以来随征直东皖豫数省，屡建奇功，或临阵捐躯，或伤亡病故，虽经随时分别给予恤典，允宜并崇庙祀，以慰忠魂。正黄旗汉军都统舒通额、副都统恒龄、协理台吉克兴额、副管旗章京那木萨赖、副都统苏克金，均著加恩予谥，并于死事地方附祀僧格林沁专祠。乾清门头等侍卫隆春，头等侍卫奇克塔善，副都统苏伦保，副管旗章京布彦吉勒噶勒，二品台吉三音阿木固朗，副管旗章京那逊巴雅尔，二品台吉海勒普沁保、布彦克什克，副管旗章京霍呢齐硕隆，记名副都统祥恩，营总鄂勒哲依布彦，委营总保青、西蒙额，记名总兵巴扬阿，副将徐连陞，均著附祀河南、湖北两省僧格林沁专祠。副都统格绷额、舒明安，头等侍卫卓明阿，蓝翎侍卫德成，辅国将军、二等侍卫宗室谦士，护军参领定奎，翼长额勒精额，游击张振奎，协领德云，记名副都统常山保、常顺，协领卓凌阿，台吉倭罗启立，副管旗章京萨音布彦，二品顶带梅林斡克巴雅尔，二品台吉楚克哈斯保、托克托呼，三品台吉阿尔萨朗鄂绰尔布尔吉喀阿尔塔拉什鄂云毕力克阿木尔吉呼苏勒特木绥和图巴咱尔观保布彦鄂勒济，营总玛呢巴达拉，副管旗章京拉哈巴鄂勒吉图，二品台吉和齐业勒图，副管旗章京拉普丹多尔济，三品台吉棍楚克扎布桑拉普多布鲁布，总管伊什旺布，参将许得、徐绥，均著在于僧格林沁专祠一并附祀，以彰忠烈。

——《清代起居注册(同治朝)》第18册，第9860—9864页。

〇实录

追予直隶、安徽、河南、山东等处阵亡都统舒通额谥威毅，副都统恒龄谥壮烈，苏克金谥庄介，台吉克兴额谥威烈，章京那木萨赖谥贞恪，并侍卫隆春等均附祀钦差大臣僧格林沁各省专祠。

——《清穆宗实录》卷一四二，同治四年闰五月丁丑。

〇实录

予故钦差大臣僧格林沁旧部阵亡弁兵护军校增瑞等一千十五员名赏恤如例。

——《清穆宗实录》卷一四二，同治四年闰五月丁丑。

闰五月十六日

〇曾国藩奏

臣于闰五月初八日行抵清江，叠据安徽布政使英翰禀称，五月二十五日，捻匪窜陷高炉集，雉河粮路不通，二十八日复有大股三四万人猛扑该军部将牛师韩头营，经我军奋力轰击，贼始稍退，盘踞各村四五十里外，火光烛天，拴获贼党供称，张总愚纠合任柱、牛洛红、赖汶洸等股锐意攻扑雉河营盘，见在四面被围，万分危急，请派大队星速救援。又据总兵易开俊禀称，该军奉调赴徐，于五月二十七日行抵蒙城，正值高炉集被陷，雉河围困，暂驻蒙城，而贼众分布涡河两岸，逼近蒙城，粮路梗塞，该军仅三千人，断不能御数万之寇，若驰援雉河，深恐孤军偾事各等情。

伏查蒙亳雉河皆群捻之老巢，同治二年经亲王僧格林沁拴斩各酋，肃清该处，议定于雉河设立新县，筑城增防。今捻逆四股合而为一，并力争此，以为窟穴。英翰以藩司大员，素称皖北得力之师，万一因援绝而溃，则雉河北岸一片逆氛，已属不可收拾。傥竟窜越淮南，上而寿州六安至安庆，下而庐州滁和至扬郡，均属屡年百战恢复之疆土，何堪再被蹂躏？臣见檄调提督黄翼升水师由高良涧进洪泽湖以达临淮，总兵周盛波陆师由徐郡赴宿州以援蒙亳。惟水师难入小港，不能竟达雉河，陆军不满五千，亦难解此重围，不得已飞调刘铭传一军自济宁驰回徐州，以拯皖北之危，请旨饬下该提督星速旋军，先顾皖疆。其潘鼎新一军，专为拱卫畿辅而往，不遽调赴他省。臣所部楚勇，因道远年久，力竭精疲。此次金陵罗麓森等新募之军，宁国刘松山调出之军，见尚未至清江，亦恐南人北征，迁地弗良。皇上命臣办捻，不能不专恃淮勇之力，拟俟八九月间直东豫三省炮船造成，臣亲赴黄河验毕，或奏调潘鼎新兼顾东豫，届时再行请旨办理。臣俟步队到齐，即当驰赴徐州，相机调度。

——《东华续录》同治四十七，第 21—22 页，同治四年闰五月己卯。

闰五月十七日

○上谕

同治四年闰五月十七日内阁奉上谕：

科尔沁博多勒噶台亲王僧格林沁灵柩将次抵京，著派御前大臣景寿前往良乡县奠醊。钦此。

——《咸丰同治两朝上谕档》第 15 册，第 260 页。

闰五月十九日

○国瑞奏（节录）

……查亲王僧格林沁前在曹州府剿贼，为国捐躯，所有身后一切丧仪，当经奴才派委兖沂曹济道卢朝安会同已革内阁学士恩承妥为经理，所用款项即由粮台提用，经保升候补知府张赞勋在曹州府办理一切棺木、衣衾、灵棚、杠□等项，又经卢朝安等在济宁铁塔寺安设灵棚，预备帐幔，执事、车轿、架衣等项，经奴才查明，所办均甚周妥。兹据该道禀称，两处共用过银五千零十四两八钱二分四厘，禀请免其作正开销，即由粮台节省项下提拨，并请免其造册报销等语。奴才查所办一切均属从丰，无不如礼，所用银两数目亦属核实，在该道等跟随亲王僧格林沁当差有年，迭受提拔，亦断不至藉此稍有浮冒，所请免其造册报销，自系因公起见，相应请旨，可否准令免其造册报销之处，出自圣裁……

同治四年闰五月十九日军机大臣奉旨：著免其造册报销。该部知道。钦此。

——录副奏折，档案号 03-4717-104。

○国瑞奏

前僧格林沁与臣商榷，饬令粮台将一应杂支款项力为撙节，兼以上年山东、山西、河南等省协饷较多，即饬该粮台将所余之项提出存储，以备缓急之需，并拟俟大军凯撤，奏明运解部库，俾资应用，兹已积有二十万两，存储陈州府库。现在各营马步兵勇均已分别拨遣，所有前项存银二十万两，应否解送部库，抑或作何拨用之处，伏候圣裁。

至归德粮台总局存银五万余两，尚有应放遣撤官兵口分及营中伤赏粮价制造杂支各项均未清厘，臣现在遵旨不日回京，未便等候，应令办理粮台道员卢朝安俟清厘事竣核实报销，以清款项。

——《钦定剿平捻匪方略》卷二三八，第 23—24 页。

〇上谕

上命军机大臣传谕曾国藩、国瑞、刘长佑、吴棠、乔松年、阎敬铭、吴昌寿曰：

逆匪盘踞高炉集一带，围攻雉河、龙山等处营盘，贼势甚重……其存储陈州府库饷银二十万两，著交曾国藩查明存案，如江皖豫三省何路军需紧要，即由该省商同曾国藩酌提应用。詹启纶一军现扎砀山，著曾国藩酌量调派。归德粮台所存之五万两，著国瑞饬令卢朝安撙节支放，核实报销……

——《钦定剿平捻匪方略》卷二三八，第 28—29 页。

闰五月二十一日

〇上谕

同治四年闰五月二十一日内阁奉上谕：

本日科尔沁博多勒噶台亲王僧格林沁灵柩到京，著派醇郡王带领侍卫十员，即日前往奠醊。并奉慈安皇太后、慈禧皇太后懿旨，以僧格林沁历荷三朝恩眷，朕御极以来，该亲王连年在河南、山东等省督师剿贼，懋建殊勋，公忠体国，慈怀优眷，倚畀方殷，乃于本年四月间在曹州府力战阵亡，兹值灵柩旋京，愈深悲惋，命朕于二十六日亲临赐奠，用伸慈悃，以示优崇。

钦此。

——《咸丰同治两朝上谕档》第 15 册，第 262 页。

闰五月二十六日

〇起居注

卯刻，上临故钦差大臣、科尔沁博多勒噶台亲王僧格林沁第赐奠。

——《清代起居注册（同治朝）》第 18 册，第 9940 页。

〇上谕

同治四年闰五月二十六日内阁奉上谕：

理藩院等衙门奏遵议督师重臣恤典请旨遵行一折。① 本月二十一日，科尔沁博多勒噶台亲王僧格林沁灵柩旋京，朕奉慈安皇太后、慈禧皇太后懿旨，于本日亲往赐奠，眷怀忠荩，悲惋愈深，允宜再沛殊施，以彰优礼。僧格林沁之孙那尔苏所袭贝勒，著再加恩作为世袭罔替，伊次孙温都苏并著赏给辅国公，用示轸念旧勋有加无已至意。余著照所拟赐恤。该衙门知道。

钦此。

——《咸丰同治两朝上谕档》第15册，第268页。

闰五月二十七日

○国瑞奏

臣自咸丰十年随亲王僧格林沁出师直东，旋蒙天恩，授以帮办军务。彼时各省每月协饷十一万两，马步兵勇总在一万内外，经总办山东粮台、前任藩司清盛、贡璜、兖沂曹济道卢朝安将出入钱粮按月呈报清查。未几，即经僧格林沁饬令卢朝安此后不必月报，应届报销时，粮台自行办理。迄今五载，每月各省协饷解到数目有案可查，至于每月兵饷杂支用过若干，是否实用实销，竟无从查考。臣以整顿军务、经理奏报为专责，于稽核度支碍难过问。臣原期功成凯旋，一切有僧格林沁主持，不意僧格林沁中道捐躯，军务未能告蒇，臣咎实难辞。仰荷圣主未加重谴，感激私衷，难图报称。但粮台经手钱粮五年之久，银数在六百余万，虽各省积欠不少，大约用过总在五百万两上下，款项不为不巨。臣在文案处查，本年四月内，山东抚臣阎敬铭咨呈内，仅开粮台自同治二年正月起至三年六月底止三次报销笼统数目，仍难透澈明晰，其三年七月至今计应二次报销，尚未核办。傥此后各处应查应

① 本日，文祥等奏："臣等查理藩院则例内载，凡四等台吉、塔布囊以上统兵阵亡者，照都统阵亡例给与优恤银两；其余官兵阵亡、伤残、病故，应恤赏银两者，均照内地例办理等语。又兵部中枢政考内载，阵亡赠爵，统兵参赞、都统授骑都尉兼一云骑尉，前锋统领、护军统领、副都统授骑都尉，营总、参领以下，前锋校、护军校及有顶带官员以上，授云骑尉，令其子孙承袭，袭次完后，给与恩骑尉，世袭罔替。其先授世爵后阵亡者，按其等次加以应赠之秩，合为一爵，令其子孙承袭。至一等公以上无爵可加，令其嫡子袭一等公，以别子袭其余爵。又，出征阵亡官员各给恤赏，一、二、三等公、侯、伯及领侍卫内大臣、内外都统、将军、一等子，银一千一百两；参赞大臣，若世职大者照伊世职恤赏，世职小及无世职者照伊原衔恤赏。其阵亡官员应得荫袭敕书，移咨吏部办理；应得祭葬，移咨礼、工二部议给。各等语。至亲王阵亡作何议恤，例无专条，亦均无办过似此成案。今僧格林沁督军进剿发捻，力竭阵亡，钦奉谕旨，照阵亡例，以亲王饰终典礼，从优议恤，臣等公同酌议，拟请将钦差大臣、科尔沁博多勒噶台亲王僧格林沁应得恤赏从优，照公爵加倍给与恤银二千二百两。其应得世职，理藩院查该亲王之职系世袭罔替，已无可再加；兵部查，统兵参赞、都统阵亡，议给世职，止于骑都尉兼一云骑尉，无可再加，其轻车都尉以上世职，均系特旨赏给。所有该亲王应如何给与世职之处，臣等未敢擅拟，恭候钦定。俟命下之日，臣等遵奉施行。至应得敕书及祭葬银两，移咨吏、礼、工三部办理。其亲王饰终典礼，事隶礼部，臣等业经移咨礼部核办。"详见中国第一历史档案馆藏录副奏折，档案号03-4717-113。

问事件及年久别有异说,臣何以答覆?臣自奉旨饬令回京之日,赶办一切未了事务,叠饬粮台将本年四月二十四日以前用度大概开报,本年四月二十四日以后各项支发正杂各款详细开报,以凭查核。又,查四月以前,除陈州另款存储银二十万两业经奏明在案,彼时归德亦存储二十万有奇,臣曾询之卢朝安,据称若将欠项及应发杂支放竣,能否有盈,尚难悬揣。臣只得等候清算明白,再行具奏。现据卢朝安将本年四月二十四日以后收发禀覆,仍系笼统开报,并未详细分晰。且前奏尚存五万余两,亦未据核清。伏思臣现已交卸军务,不日粮台亦应撤去,此后倘遇饬查,呼应更恐不灵。再四思维,惟有请旨饬下山东巡抚阎敬铭转饬兖沂曹济道卢朝安等,赶紧将原存银两数目及支发正杂各款数目作速据实报销,以重帑项。

——《钦定剿平捻匪方略》卷二三九,第16—18页。

〇上谕

国瑞奏粮台事务未能深悉、请饬阎敬铭令卢朝安据实报销一折。据称,自帮办僧格林沁军务以来,整顿军务等事是其专责,于稽核度支碍难过问,粮台收发数目,据卢朝安笼统开报,并未详细分晰,请饬该员将原存银两数目及支发正杂各款数目作速据实报销等语。国瑞自随僧格林沁出师山东以来,既有帮办之名,营中事无巨细,自应周知,前于奏报僧格林沁阵亡折内,亦称其在邳州行营分放月饷,并有赴济宁将一切军火、粮饷布置等语,此次忽称稽核度支碍难过问,且于本日另折内奏称,僧格林沁军营向章,从不找发积欠,吉林等处遣撤官兵,亦经酌给津贴,此次又称归德有存储二十万两有奇,据卢朝安声称,若将欠项放竣,及应发杂支,能否有赢,尚难悬揣等语。此项存银,国瑞前于奏报陈州另款存储银二十万两时并未提及,迟至此次方行入告。僧格林沁军营既无找还积欠章程,所谓欠项、杂支各节,又系何等款目?层层轇轕,殊欠清晰。僧格林沁军营粮台,前经阎敬铭奏请专归卢朝安经理,所有一切收发款目,自属责无旁贷。现在该营马步兵勇均经国瑞开单奏明确数,分别散遣,粮台即应撤去,所有前后各项支发正杂等款,著阎敬铭严饬卢朝安,将存发银两逐款详细稽核,分晰开报,不准稍有冒滥,并著迅速清算完结,毋任日久耽延,致滋流弊。国瑞原折,著钞给阎敬铭阅看。将此由五百里谕令知之。

——《清穆宗实录》卷一四三,同治四年闰五月庚寅。

六月

六月初八日

○孙楫奏

窃惟发捻此次窜扰山东，僧格林沁督师追剿，经四十余州县，历五十余昼夜，巡抚阎敬铭安坐省城，不为援应。各牧令纷纷请饷接济大营，该抚概行驳斥，并闻有僧营自有粮台、地方官不准支应之语。僧格林沁由考城追贼至曹州，计三日夜，走七百余里，岂能裹粮而行？此该亲王所以有三日不食之叹也。迨水套伏莽与贼勾结，该亲王函致该抚赴曹助剿，该抚乃藉防河为辞，竟往东昌，畏难取巧，置身事外，以致大帅殒亡。设非刘铭传等迅速赴援直东，不知伊于胡底。该抚现虽革职留任，而东省士民犹太息痛恨不置也。且闻四月间，该抚曾以该亲王轻敌易进、请添帮办入奏，外间传说，皆谓其折发在该亲王阵亡之后一日，是该抚佯为不知，故示先见，如此居心，尚堪问乎？尤可异者，该抚闻该亲王凶信，连夜由莘县疾驰回省，于防剿事宜置之不顾，特将其家眷装扮民妇，送往署齐河县李均署中，先去以为民望，封疆大吏岂容出此？查阎敬铭与李均系属亲戚，李均以候补知县久署齐河美缺，在省城开设麟芝公钱店、漆店，麟芝药栈，并与人伙开长盛银楼，每七八日赴省一次，寓居店铺，招妓聚饮，舆马盈门，并不谒见司道，便衣小帽，出入抚衙，两家女眷亦时常来往。该抚岂真毫无知觉？辄将李均列入贤能，奏保升阶，公忠自诩者，果若是耶？阎敬铭于军务则畏葸无能，一筹莫展，于劣员则瞻徇情面，有心纵容，且只知身家，不顾大局；李均交结上司，殉于货色，谄媚夤缘，寡廉鲜耻。相应请旨，饬下曾国藩确切查明，认真究办，不可含混开脱，化有为无，以严法纪而儆官邪。

——《钦定剿平捻匪方略》卷二四〇，第25—27页。

○孙楫奏

山东布政使丁宝桢，前在湖南带勇，骆秉章未尝许可，不知毛鸿宾何以保奏。比到东省，适值宋憬诗滋事，未能剿办，任令远飏，贻患至今。此次在曹县防堵，僧格林沁追贼已过曹单，该司尚未闻知，迄未与该亲王会合，亦从未获一胜仗。现驻济宁所部勇丁肆行无忌，抢掠焚杀，更甚于贼，四乡民不聊生，该司置若罔闻。似此有损无益之勇，虚糜饷糈，何所底止。兖沂曹济道卢朝安，声名平常，久邀洞鉴。四月间随国瑞驻扎济宁，于僧格林沁追剿吃紧之时，该道约同城守营都司周贞元、炮营章京王姓等逢迎国瑞，开筵痛饮，演戏三日。讵该亲王凶耗忽来，正当恒舞酣歌之际，人言藉藉，道路争传。候补道王继庭闻系阎敬铭私人，东省公事悉归主裁，言听计从，务为刻薄，以官为幕，居住抚衙，声名洋溢，人所共闻。前在营务处当差，亦不过坐办文案，本不知兵，何由带队？该抚乃称其奋力堵剿，叠遏凶锋，免补知府，保升道员，冒滥欺朦，已可概见。以上各情，应一并请旨，饬交认真查办。

——《钦定剿平捻匪方略》卷二四〇，第 27—29 页。

○上谕

军机大臣密寄钦差大臣、协办大学士、两江总督、一等毅勇侯曾。同治四年六月初八日奉上谕：

有人奏，僧格林沁在山东督师剿贼，经四十余州县，阎敬铭安坐省城，不为援应，并饬州县不准支应口粮；该亲王函致该抚赴曹助剿，该抚藉防河为名，竟往东昌；迨该亲王殉难，疾驰回省，将家眷装扮民妇，送往署齐河县知县李均署中；李均与该抚系属亲戚，以候补知县久署齐河美缺，在省开设钱店、银楼等铺，每七八日赴省一次，寓居铺内，招妓聚饮，便衣小帽，出入抚衙，该抚将其列入贤能，奏保升阶。丁宝桢在曹县防堵，迄未与僧格林沁会合，亦从未获一胜仗；所部勇丁在济宁焚抢，肆无忌惮。兖沂曹济道卢朝安，随国瑞驻扎济宁，于僧格林沁追剿吃紧之时，该道约同城官员逢迎国瑞，开筵痛饮，演戏三日；该亲王凶问之来，正在恒舞酣歌之际。候补道王继庭，闻系阎敬铭私人，以官为幕，居住抚衙，本系坐办文案，该抚列入剿贼案内，免补知府，保升道员。各等语。以上各情是否属实，有无其事，著曾国藩详细严密访查，据实具奏，毋稍徇隐。原折片著抄给阅看。将此密谕知之。

钦此。遵旨寄信前来。

——《咸丰同治两朝上谕档》第 15 册，第 289 页。

六月十三日

○上谕

谕军机大臣等：

吴昌寿奏豫军进剿倪村店获胜、攻克程家围等处贼寨、雉河解围、撤兵回防归陈各折片。雉河贼匪，因张曜等军节节进剿，皖军亦由高炉集进剿获胜，该逆两面受敌，力难支持，逆首赖汶洸、李允、牛落红等退至雉河西南张村铺，任柱、张总愚退至雉河西北刘奶奶庙，雉河重围立解。该匪被剿穷蹙，难保不窜赴豫东，或由光固颍六一带窥伺鄂疆，吴昌寿现已檄调张曜、陈国瑞等军分撤归陈，以防边境，著即督率该总兵等实力堵御，毋令贼踪阑入，并著官文、郑敦谨迅速派兵，严扼皖鄂边界；阎敬铭分布兵勇，力扼曹郡，以固边境；乔松年严督英翰诸军截击，力杜旁窜邻疆，以免纷扰。前经谕令吴棠酌拨兵勇进顾皖境，著即饬令派出将士进遏徐宿一带，毋任贼匪东窜徐郡。至曾国藩节制三省，各路军营均归调度，自当统筹全局，将贼匪全股从远处四面兜围，使重叠网罗，不能冲突，方足制其死命，著即严檄各营马队及刘铭传等军迅速追剿，一面分兵绕前截击，以杜纷窜。京饷待用孔亟，关系紧要，吴昌寿仍当将河南应行解京之饷银十五万两派员起解，不得截留本省。所有豫营应用饷银，前据国瑞奏僧格林沁粮台留存归德、陈州两处余款各二十万两，著查明已动用若干，余著曾国藩、吴昌寿将此项存款提用十五万两，接济豫饷。该抚所调谙练造炮之火器营空花翎永安等十一员名，并请留铜喷炮二尊，著即咨明玉亮办理。将此由六百里各谕令知之。

——《清穆宗实录》卷一四五，同治四年六月丙午。

六月二十一日

〇上谕

朕奉慈安皇太后、慈禧皇太后懿旨，科尔沁博多勒噶台亲王僧格林沁，自咸丰三年督军剿办发逆，绥靖畿疆，复于十年统师南下，转战直隶、山东、安徽、河南、湖北等省，叠平逆首张落刑、苗沛霖等巨股，扫荡群凶，殊勋懋建，实为有功国家之臣，前已加恩配飨太庙，以示优崇。因思我朝历届办理军务，凡功勋卓著之臣，均于告成以后图像紫光阁，以彰懋绩，现在南北各路军务虽未告蒇，而如僧格林沁之勋绩昭然，本应在绘像之列，今乃中道战殁，未获目睹成功，追念忠良，弥深眷注。僧格林沁著先行绘像紫光阁，并著南书房翰林撰拟赞词，以示表扬忠烈、垂诸久远至意。

——《清代起居注册(同治朝)》第 18 册，第 10119—10120 页。

六月二十九日

〇上谕

同治四年六月二十九日内阁奉上谕：

吴昌寿奏请开复总管原参处分等语，副都统衔双城堡总管善庆，前因所部马队技艺生疏，经僧格林沁奏参，革去头品顶戴、记名副都统。该员被参后，整饬营务，操练勤能，打仗奋勇，善庆著开复原参处分，赏还头品顶戴，仍以副都统记名简放。该衙门知道。

钦此。

——《咸丰同治两朝上谕档》第 15 册，第 318 页。

七月

七月初五日

〇朱镇奏

山东道监察御史朱镇奏言：

捻匪张总愚、任柱、牛洛红、陈大憘等股纠约赖汶洸，于三月初三、四等日由河南考城窜入山东曹州、兖州、泰安各府属，旋入江南赣榆县境内，四月初四日复回窜山东郯城县境，僧格林沁尽力追剿，而山东抚臣阎敬铭安坐省城，并不发兵守隘，任贼奔突，致使僧格林沁遇伏阵亡。藩司丁宝桢拥兵数千，贼于三月初三日即入东境，丁宝桢于十五日后始带兵出省，行至兰山县境，闻贼已窜入江南，并不择要驻扎，遏贼归路，辄即折回济南，声言防堵，其实离贼甚远，始终未与贼遇。且纵令兵勇淫掠焚掳，以致民怨沸腾。现在捻逆虽已窜回安徽老巢，恐不旋踵复回窜东境，如阎敬铭之怯懦无能、丁宝桢之养勇贻害，非特不能合力剿除，且恐贻误大局。相应请旨即予严谴，以励军心。

再，山东郯城县西杨家圩，于三月二十日被贼攻陷，杀戮之惨，所不忍言。该县知县周士溥并不督率兵勇力为援救，实属不顾大局，应请饬下统兵大臣，嗣后遇团圩被陷，地方官坐视不救者，即行严参惩处。

——《钦定剿平捻匪方略》卷二四二，第4—6页。

〇上谕

谕军机大臣等：

有人奏，发捻各匪窜入东境，巡抚毫无布置，藩司纵勇殃民，恐误大局一折。据称，张总愚等股由河南窜入东境，旋扰江南赣榆，复回窜山东郯城等境。僧格林沁尽力追剿，阎敬铭安坐省城，并不发兵守隘，任贼奔突，致该大臣遇伏阵亡。藩司丁宝桢带勇出省，行至兰山县，闻贼窜江南，并不择要驻扎，遏贼归路，辄即折回。嗣后出省防堵，离贼甚远，始终未与贼遇，并纵令兵勇淫掠焚掳，阎敬铭置之不问。各等语。以上所奏该抚等措置失宜各情，如果属实，殊负委任。即著曾国藩按照所参各节确切查明，据实具奏，毋稍徇隐。另片奏，山东郯城县知县周士溥，于贼匪攻扑杨家圩之时，并不督率兵勇力为援救，以致被匪攻陷，肆行杀戮，情殊可恨，著该督一并查明参办。原折片均著钞给阅看。发捻各股贼匪，由皖北窜扰豫境以后，近日贼匪情形并剿办机宜，久未据该大臣奏报，并著迅速驰奏，以慰廑系。前有旨将陈湜调补山西按察使，令其办理防务，本日据王榕吉奏到筹防情形，复谕令吴昌寿派兵，会同山西防兵联络堵剿，以壮声势。惟山西兵力究恐单弱，仍著曾国藩饬令刘铭传等军驰赴豫省西北一带，绕出贼前，择要堵御，以固秦晋之防。将此由五百里谕令知之。

——《清穆宗实录》卷一四七，同治四年七月丁卯。

七月十七日

○上谕

谕军机大臣等：

本日据伯彦讷谟祜奏称，家人头等护卫额卜图、诺尔布，家丁松阿哩等，向随伊父僧格林沁军营，恩养有年，本年四月间，僧格林沁在曹州追贼失事，该家人止知顾惜身命，以致家主阵亡，虽因昏夜仓卒未能救卫，究属保护不力，罪有应得，业由国瑞移交山东巡抚拟罪，请饬就地正法等语。著阎敬铭亲提该家人额卜图等三名，严讯确情，按律定拟具奏。前据国瑞奏，副都统成保遇贼溃逃，总兵郭宝昌不能救护主帅，厥咎甚重，叠经降旨将该员等革职，交阎敬铭严讯确情，从重定拟，迄今尚未据该抚审拟具奏，并著阎敬铭迅速讯明惩办，毋稍宽纵。将此谕令知之。

——《清穆宗实录》卷一四八，同治四年七月己卯。

○实录

理藩院奏，科尔沁亲王伯彦讷谟祜，可否随爵承袭博多勒噶台王号。得旨，所赏僧格林沁博多勒噶台王号，著加恩准其随爵世袭罔替。

——《清穆宗实录》卷一四八，同治四年七月己卯。

七月三十日

○曾国藩奏

查总兵陈国瑞随同亲王僧格林沁带兵剿捻，与郭宝昌分统左右两翼。本年四月曹南之战，僧格林沁追贼阵亡，郭宝昌不顾主将，奉旨革职拿问。陈国瑞饰词巧脱，逍遥法外，无论所禀受伤各情不足深信，即使均属实情，亦只可略从末减，未便概置不问。臣伏读五月初二日谕旨，陈国瑞打仗奋勇，屡著战功，此次身骑俱受重伤，不无可悯，姑免置议等因，仰见朝廷爱惜将材至意。惟臣接统此军，博询众论，佥称左右翼长同罪异罚，过于悬殊。古称法立而后知恩，帅臣当申明法律之严，庶裨将益感戴圣恩之厚。相应补行纠参，请旨将总兵陈国瑞撤去帮办军务，革去黄马褂，暂留处州镇实缺，责令带罪立功，以示薄惩而观后效。

——《钦定剿平捻匪方略》卷二四二，第 34—35 页。

〇上谕

曾国藩奏曹南未能救护主将之总兵同罪异罚，补行纠参一折。浙江处州镇总兵陈国瑞，随同亲王僧格林沁带兵剿捻，与郭宝昌分统左右两翼，本年四月间，僧格林沁在曹州府南境追贼阵亡，郭宝昌等救援不力，均经降旨分别惩处，朝廷因陈国瑞向来打仗尚属奋勇，且于曹南之战，身骑俱受重伤，从宽暂免置议。兹据曾国藩查明，陈国瑞与郭宝昌均充翼长，不应同罪异罚，惟念其接仗受伤，尚可稍从末减。陈国瑞著撤去帮办军务，褫去黄马褂，责令戴罪立功，以示薄惩而观后效。

——《清穆宗实录》卷一四九，同治四年七月壬辰。

十月

十月二十五日

〇上谕

同治四年十月二十五日内阁奉上谕：

万青藜、卞宝第奏官荒地亩拟试垦水田、请饬议筹办一折。据称，宁河县与天津县交界地方有荒地六七十里，旷无居人，地方废弃可惜，查宁河等县所属塌河淀、军粮城等处濒临海河，若引水灌溉，可开稻田一千余顷，岁可收稻米十数万石，于北地仓储、近畿民食均有裨益，请饬侍郎崇厚派员履勘，会议章程，请旨办理等语。咸丰年间，科尔沁亲王僧格林沁在大沽海口一带兴办水田，倡捐办理，得稻田四千二百余亩，嗣经崇厚督员经理，使斥卤之区成为沃壤，民利赖之。今宁河、天津交界地方，查有荒地数十里，经卞宝第函致崇厚，询访情形，并据该侍郎覆称，军粮城一带临傍海河，但须开渠二道，官为筹款，招佃垦种，可得稻田千余顷。该侍郎连年在盐水沽一带劝垦水田，收获颇丰，自必确有把握，即著崇厚派委妥员，会同地方官前赴军粮城一带覆勘情形，酌议章程，会同顺天府府尹、直隶总督奏明请旨办理，以兴地利而裕民食。

钦此。

——《咸丰同治两朝上谕档》第 15 册，第 504—505 页。

十一月

十一月初六日

〇上谕

同治四年十一月初六日内阁奉上谕：

曾国藩奏臬司积劳病故、恳请议恤等语。前任广东按察使龄椿，前经僧格林沁委办直隶捐输，接济军饷，六载以来，并无贻误，兹因积劳病故，殊堪悯惜，著交部照例议恤。

钦此。

——《咸丰同治两朝上谕档》第15册，第527页。

十一月初九日

〇阎敬铭奏

遵查，本年四月二十四日，已革副都统成保、已革总兵郭宝昌随僧格林沁追贼，至曹州府城西北二十余里，探知该逆盘踞高庄集一带。维时成保为右翼翼长，统领马队；郭宝昌统带步队。僧格林沁传令迎剿，各军进抵沙堌堆地方遇贼，僧格林沁亲督中军与贼接仗，左翼右翼一齐催队接应，战约一时之久，中军马队首先败退，左翼亦俱退下。僧格林沁亲临右翼，成保、郭宝昌督领马步各队鏖战多时，贼始败走。追杀四五里，该逆大股麇至，只剩右翼马步两军，僧格林沁见众寡不敌，饬成保、郭宝昌退至小庄伐树立营。该逆愈聚愈众，四面筑围乞濠，以困我营。自午至亥，我军相持数时之久，内无粮草，僧格林沁传令郭宝昌将步队分而为二，一队在前开路，一队跟随断后，僧格林沁与成保马队居中，于子刻向外冲扑，且战且走。该逆层层包围，枪炮齐发，首尾不能相顾。成保杀出重围，即不见僧格林沁所在。郭宝昌在后，因被该逆围住，拌命冲出，致将弁兵勇伤亡一千余名，郭宝昌亦身受矛伤。成保、郭宝昌各自追寻僧格林沁踪迹，二十五日午刻，成保在府城西北十五里之麦地内寻见僧格林沁忠骸，郭宝昌亦随后寻至，一同恭送进城，妥为棺殓。

此案已革副都统成保、已革总兵郭宝昌随同僧格林沁剿贼，虽均讯无畏葸退缩、临阵溃逃情事，惟该革员等分带马步各队，失于护持，以致僧格林沁阵亡，咎均难辞。查律例内并无主将阵亡不能力救之翼长并带队大员作何治罪明文，臣悉心核议，成保充当翼长，随侍僧格林沁左右，于被贼围困之际，但知杀出重围，置僧格林沁于不顾，且未身受一伤，厥罪较重，自应比律问拟，成保应请比依官军临阵先退者斩监候律，拟斩监候，解交刑部监禁，入于朝审办理；郭宝昌所带步队，经僧格林沁分为前后，开路接应，不能兼顾，且身受矛伤，较之成保随侍僧格林沁左右、并未身受一伤者，情罪有间，应请于成保斩监候罪上酌减一等，拟发新疆效力赎罪。成保等均系已革二品大员，仍请旨定夺。①

——《钦定剿平捻匪方略》卷二四七，第 20—23 页。

〇上谕

同治四年十一月初九日内阁奉上谕：

阎敬铭奏粮台出力委员开单恳请奖叙一折。山东济宁州粮台，经前钦差大臣僧格林沁派员分司供支，时阅五年，均无贻误，尚属著有微劳，自应量予鼓励。前任兖沂曹济道卢朝安，著交部从优议叙。知府盛桂林，著俟补缺后以道员用。县丞邵玉如等二员，均著赏加运同衔。通判袁兰祥，著俟补缺后以知州用。贡生卢华杰，著以训导不论双单月遇缺尽先即选。从九品郭培镜等二员，均著俟选缺后，以应升之缺升用。该部知道。单并发。

钦此。

——《咸丰同治两朝上谕档》第 15 册，第 534 页。

十一月十四日

〇周祖培等奏（节录）

太子太保、大学士、管理刑部事务臣周祖培等谨奏……委员将成保、郭宝昌由济宁军营提解至省，臣因赴兖州办理防剿，先行提案讯供，因恐供情尚有未确，饬司覆审。兹据审明，录供呈送前来。臣覆加查核，缘成保系正白旗满洲塔思哈佐领下人，由护军校历升副护军参领，咸丰三年随僧格林沁出师，克复连镇、冯官屯等处，并随赴海口防堵，打仗出力，洊升副都统；同治二年因在山东刘官庄堵御不力，奉旨革职；嗣随僧格林沁追剿发捻各逆、收复降众出力，奉旨交军机处记名，仍以副都统用。郭宝昌籍隶安徽凤阳县，于咸丰九年投效临淮大营充勇，打仗出力，记拔外委；因解凤阳府县城围，剿办盱眙营叛兵，扫荡高宝湖西发捻，剿破黄河南岸贼垒，攻克众兴，奉旨赏给卓勇巴图鲁名号；随剿山东白莲池贼圩，生擒逆首，并解蒙城、麻城两县城围出力，叠经僧格林沁保奏，奉上谕记名以总兵用，赏加提督衔，并赏穿黄马褂。四年二月，成保、郭宝昌在河南确山县剿贼获胜，该逆被剿穷蹙，窜入东境，成保、郭宝昌随同僧格林沁紧蹑贼踪，由山东曹济兖沂等处昼夜穷追至江苏

---

① 奏入，得旨：刑部速议具奏。旋经刑部议覆，应如该抚所奏办理。上从之。参见《钦定剿平捻匪方略》卷二四七，第 23 页。

徐海一带，沿途叠有斩捡。该逆回窜东境，四月二十四日，成保、郭宝昌随僧格林沁追至曹州府城西北二十余里，探知该逆盘踞高庄集一带，维时成保为右翼翼长，统领马队，郭宝昌统带步队，僧格林沁传令迎剿，各军进抵沙堌堆地方遇贼，僧格林沁亲督中军与贼接仗，左翼枪炮齐施，右翼听闻炮声，亦催队接应，一齐呐喊，奋力冲杀，战约一时之久，中军马队首先败退，左翼马步支持不住，亦俱退下。僧格林沁亲临右翼，成保、郭宝昌身先士卒，督领马步各队鏖战多时，贼始败退。成保、郭宝昌追杀四五里，该逆大股麇至，只剩右翼之马步两军，僧格林沁见众寡不敌，饬令成保、郭宝昌退至小庄伐树立营。该逆蜂拥而来，愈聚愈众，并四面筑围圪壕，围困我营。自午至亥，我军相持数时之久，内无粮草，僧格林沁传令郭宝昌将步队分而为二，一队在前开路，一队跟随断后，僧格林沁与成保马队居中，于子刻向外冲扑，且战且走。该逆层层包围，枪炮齐发，首尾不能相顾。成保奋力杀出重围，即不见僧格林沁所在。郭宝昌在后，因被该逆围住，拚命冲出，以致将弁兵勇伤亡一千余名，郭宝昌亦身受矛伤。成保、郭宝昌各自追寻僧格林沁踪迹，二十五日午刻，成保在府城西北十五里之麦地内寻见僧格林沁忠骸，郭宝昌亦随后跟踪寻至，一同恭送进城，会同文武员弁妥为棺殓。经已革杭州将军国瑞先后奏奉谕旨，将成保、郭宝昌革职拿问，交臣研讯，委员提解至省，讯悉前情。至成保被参前在直东被宋憬诗捡去一节，查讯尚无哀怜乞命、甘受凌辱情事，与从前僧格林沁原奏相符。即在营当差，亦无颠倒是非之事。郭宝昌被参捏报陈国瑞叛逆一节，讯据该革员供明，目不识丁，系文案委员、已革在逃之县丞杨启英捏词朦禀，并非有心诬陷，并据陈国瑞代为剖辩咨保，研诘至再，各供矢口不移，似属可信。将成保比律拟斩监候，郭宝昌拟遣等因。具奏前来。

查律载，官军临阵先退者斩监候。又例载，断罪无正条者援引他例，比附加减定拟各等语。此案已革记名副都统成保、已革记名总兵郭宝昌，随同僧格林沁剿贼，虽均讯无畏葸退缩、临阵溃逃情事，惟该革员等分带马步各队，失于护持，以致僧格林沁阵亡，咎属难辞。查律例内并无主将阵亡不能力救之翼长并带队大员作何治罪明文，惟成保充当翼长，随侍僧格林沁左右，于被贼围困之际，但知杀出重围，置僧格林沁于不顾，且未身受一伤，厥罪较重，自应比律问拟，应如该抚所奏，成保应比依官军临阵先退者斩监候律，拟斩监候，解部监禁，入于朝审办理。该抚奏称，郭宝昌所带步队，经僧格林沁分为前后，开路接应，不能兼顾，且身受矛伤，较之成保随侍僧格林沁左右、并未身受一伤者，情罪有间，应请于成保斩监候罪上酌减一等，拟发新疆效力赎罪等语。应如该抚所奏办理。惟成保等均系已革二品大员，仍请旨定夺……

同治肆年拾壹月拾肆日

——录副奏折，档案号03-5015-016。

〇上谕

谕内阁：

前据阎敬铭奏，审明已革副都统成保、已革总兵郭宝昌不顾主将，分别定拟罪名，当经降旨交刑部速议具奏。兹据刑部奏称，该革员等随同僧格林沁带兵剿贼，虽均无临阵逃溃情事，惟成保充当翼长，被贼围困之际，置主帅于不顾，厥罪较重，应比依官军临阵先退者斩监候律，拟斩监候；郭宝昌所带步队，前后开路接应，不能兼顾主帅，且身受矛伤，情罪有间，应酌减一等，拟发新疆效力赎罪；该革员俱系二品大员，仍请旨遵行等语。成保著照部议斩监候，解部监禁，入于朝审办理；郭宝昌著照部议发往新疆效力赎罪。

——《清穆宗实录》卷一六〇，同治四年十一月乙亥。

十一月十八日

〇上谕

同治四年十一月十八日内阁奉上谕：

罗惇衍奏，人材不可终弃，请将汪承元等量为录用等语。人臣以人事君，果有才品俱优而沉沦淹滞、末由上达者，原应力加荐引，以副朝廷求贤若渴之怀。若罗惇衍所保各员内，如杜翰、匡源，曾任卿贰大员，并在内廷行走，因案获咎，其人之可用与否，朝廷素所深知，何待该尚书渎请？至已革将军国瑞，帮办僧格林沁军务，本年官军在曹州失利，未能救援主帅，厥咎甚重，前年冬间蒙城解围，亦系僧格林沁督同富明阿、陈国瑞等力战所致，并非国瑞一人之功。罗惇衍专归功于国瑞，实属错误。已革侍郎成琦，与端华拜认师生，并阿附肃顺，被参褫职，纵如该尚书所称才能肆应，亦岂可复行录用？已革臬司张集馨，叠经熙麟、李云麟参奏，先后经刘蓉查明覆奏，实有应得之咎，业经加恩开复永不叙用处分，并无不白之冤，岂得据德兴阿一面之词，率行代为剖辨？前任浙江盐运使朱孙诒，曾因御史汪朝棨保奏，业经降旨将骆秉章覆奏所称该员乖张谬妄前后改辙各情明白宣示。前任云南盐法道吴惠元，曾经罗惇衍保留直隶差委，未邀允准，旋因该员告病开缺，有心规避，降旨勒令休致。该二员即再加录用，亦难望其得力。前任奉天府府尹德椿，因案甫经革职。前任太常寺卿汤修，业已告病回籍。前任庶子袁保恒，因事降调。候补京堂汪承元，前经陈孚恩保奏，业以四五品京堂候补，并非沉没下僚，其应否起用录用之处，朝廷自有权衡。罗惇衍于以上各员毫无拣择，胪列满纸，率行陈奏，殊属冒昧，不知体要。著传旨申饬。

钦此。

——《咸丰同治两朝上谕档》第15册，第548—549页。

同治五年

正月

正月初四日

〇曾国藩奏

遵查山东巡抚、藩司等被参各款。

原折所称，僧格林沁山东剿贼，阎敬铭不为援应等语。查僧格林沁今年督师山东，经过曹县、定陶、菏泽、郓城、巨野、嘉祥、济宁、宁阳、曲阜、汶上、东平、滋阳、邹县、滕县、峄县、兰山、郯城，共历十七州县，实无四十余县之多，亦无函致该抚赴曹助剿之事。至东昌防河，系先期奏明而往。惟该亲王殉难后，阎敬铭不应疾驰回省。彼时贤王新逝，远近震动，该抚但宜进驻汶上、东平以定众志，不宜暂回省城以惑军心。此军事阅历太少之失也。

至将家眷装扮民妇送往齐河县署，则臣历询往来各员，皆称未闻此说。捻匪向不攻城，当曹南警信至时，乡民纷纷避乱，挈眷进省，岂有舍省垣巩固之区、趋旁邑弹丸之地？此不待辨而可明者。

其各牧令请饷接济大营、该抚驳斥一节。查山东协饷五万两按月批解，丝毫无误，即该亲王身后，粮台尚余银二十万两，亦足为饷项无绌之证。

原折又谓阎敬铭请添帮办之疏在该亲王阵亡后一日所发，佯为不知，故示先见。查僧格林沁于四月二十四日夜殉节，国瑞近在济宁，距郓城仅二百余里，二十七日始得确信。阎敬铭时在茌平，距郓城四百余里，闻此折系二十五日所发，其为不知主帅已死当无疑义。

原折又谓齐河县知县李均与阎敬铭系属亲戚，列入贤能奏保。查李均之弟、内阁中书李应莘与该抚为亲戚，齐河一缺，系前任抚臣谭廷襄所委，阎敬铭因之久未调动，又将齐河本任之张联奎另案甄别，酌改简缺，又将李均列入贤员，保举升阶，物议遂为不平。李均于省城西门内开设钱店、漆店、药栈均属确凿，其招妓聚饮，查无实据。而率意妄行、寡廉鲜耻，则众论多与原奏相符。

原奏所称山东布政使丁宝桢带勇扰民一节。查丁宝桢所带仅湘勇千人，厥后陆续增募，亦仅步队二千六百人，较之捻党马步数万，众寡悬殊。本年二月初间带兵出省，甫至曹州，贼已由东明一带窜入定陶，遂与僧格林沁分道跟追。二月十六日曾在宁阳获一胜仗，三月二十四日，僧格林沁札饬赴历城、章邱交界之龙山镇堵御，甫经赴防，又接该亲王札饬，仍回峄县驻扎。原折所参折回省垣、复防东平，不知其一往一返，皆系奉札而行也。四月初二日，其部将战贼于大泛口，十二日，丁宝桢亲自截贼于滕县之临城驿，杀伤不少。十三日，与僧格林沁相遇于道，颇加慰劳，饬令暂回济宁防守。原折所称始终未与贼遇，并未与该亲王接见者，殆系传闻失实之词。

该司带勇恩多于威，诚不免于骚扰，然并无淫掳重情及畏楚勇甚于畏贼之谣。逮僧格林沁殉节后，各路败兵游勇并集济宁，凡他营不法之案，或归咎于该司部下，阎敬铭思全其名，将所部改隶他将，饬回藩司本任。该司心地光明，办事结实，山东官民实无闲言。

原折所参兖沂曹济道卢朝安、候补道王继庭一节。查卢朝安系捐纳佐杂出身，前任单县知县时，藉团练为名，勒索富绅朱姓财物，久为众所指目。在济宁道任内，办理大营粮台。本年四月，与绅士姚姓饮酒观剧，忽传僧格林沁凶问，苍黄惊散，虽无约同都司周贞元、章京玉姓邀请国瑞之事，而原折所指多属得实。候补道王继庭，前在青州府任为巡抚文煜奏参革职，阎敬铭因其熟悉例案，延之入幕，佐理文书，动中窾要，该抚于公事极为认真，悉与该道熟商，近以交代，参劾多员，间有过当之处，外间疑出王继庭之意，遂共怨其刻薄，因并疑其专擅。至并未打仗列入保单一层，不能代为之讳，而廉正精细，尚属有用之材。

原奏所称郯城县西杨家圩被贼攻陷，知县周士溥并不救援一节。臣另派一员往查，据探并无杨家圩名目，细问居民，俱言亭子庙围内团长杨倬系已革文生，或即杨家圩之误。围中居民百余家，捻匪来时，并未围攻，三月二十日仍从东南窜回西北，亦未围攻破寨。则所称周士溥坐视不救，系属讹传，似无疑义。

臣仰承圣主垂询，固不肯摭拾浮言，淆乱是非，亦何敢稍涉偏徇，上负朝廷好问察言之意。就臣所查者酌加拟议，藩司丁宝桢，功多过少，众望允孚，似应免其置议。兖沂曹济道卢朝安，心术险鄙，声名尤劣，虽经告病开缺，未便姑容，应勒令休致。候补道王继庭，才尚可用，并无劣迹，似应开复原官，撤销道员。候补知府、署齐河县知县李均，贪鄙妄为，似应即行革职。郯城县知县周士溥，似可毋庸置议。巡抚阎敬铭应如何量予处分之处，恭候钦定。

——《钦定剿平捻匪方略》卷二四九，第12—18页。

〇上谕

前因给事中孙楫、御史朱镇先后奏参阎敬铭、丁宝桢等贻误各款，并朱镇奏参山东郯城县知县周士溥劣迹，当经谕令曾国藩查奏。兹据曾国藩将阎敬铭等被参各节查明覆奏。

此案阎敬铭并无奉有僧格林沁函令赴曹助剿、不肯往援情事，其赴东昌防河，本系先期奏明，并非借此意存趋避。当僧格林沁殉难曹州时，该抚即驰回省垣，以致军心不免惶惑。至谓其将家眷装扮民妇送往齐河县署，则并无此说。山东应解僧格林沁协饷，阎敬铭按月接济，并无所吝。原参称其于僧格林沁战殁后，佯为不知，奏请添设帮办，故示先见，亦属失实。惟于齐河县知县李均，系属姻亲，该员有在省城开设店栈之事，该抚毫无觉察，转将该员列入贤员，屡登荐牍，实属非是。阎敬铭著交部议处。

至山东布政使丁宝桢带兵剿贼，俱奉僧格林沁札委而行，原参各节，多系传闻失据。该藩司亲自截贼于临城驿，杀伤过当，所部亦并无淫掳重情，功多过少，官民尚无闲言，丁宝桢著免其置议。

前任山东兖沂曹济道卢朝安，前在单县任内，勒索富绅财物，迨擢任道员后，办理大营粮台，饮酒观剧，闻僧格林沁殉难之信，苍黄惊散，声名恶劣，心术亦属险鄙。卢朝安业经告病开缺，仍著勒令休致。

山东候补道王继庭才尚可用，并无劣迹，惟未亲临行阵，阎敬铭将该员附入战功保奏，致招物议。王继庭前已开复知府原官，著撤销道员，以昭公允。

候补知府、署齐河县知县李均，虽无招妓聚饮实据，而开设店栈，与民争利，实属贪鄙妄为，著即行革职，以示惩儆。

至山东郯城县知县周士溥，并无任贼攻陷民圩、坐视不救之事，著免其置议。①

——《清穆宗实录》卷一六五，同治五年正月甲子。

五月

五月初三日

〇实录

追予山东阵亡都司姜顺附祀故钦差大臣僧格林沁淄川县专祠。

——《清穆宗实录》卷一七六，同治五年五月辛酉。

---

① 寻吏部议，阎敬铭应照滥举匪人例降二级调用，该抚本有革职留任处分，请照例革任。得旨，著加恩降为三品顶带，仍留山东巡抚之任。参见《清穆宗实录》卷一六五，同治五年正月甲子。

六月

六月初五日

〇上谕

军机大臣字寄兼管顺天府府尹万、府尹卞、直隶总督刘。同治五年六月初五日奉上谕：

有人奏，咸丰十年间僧格林沁督师海口，伏设暗桩，闻有震豫恒盐商张兆乾等，使其伙沙洛玉即沙三秃子，潜与敌通，将所设暗桩机宜泄漏，致大沽炮台被陷，我军失利。现闻沙洛玉即沙三秃子或在丰润县宣庄、或在北塘各盐店藏匿，请饬查拿等语。沙三秃子与夷人暗通消息，以致官军失事，殊堪发指，亟应严行惩办，著刘长佑不动声色，遴派干员，严密查拿。该匪行踪诡秘，难保不潜匿近畿一带，并著万青藜、卞宝第(实)[饬]属一体严拿务获，尽法惩治，毋任漏网。原片均著抄给阅看。将此各谕令知之。

钦此。遵旨寄信前来。

——《咸丰同治两朝上谕档》第16册，第139页。

十一月

十一月初三日

〇上谕

同治五年朝审官犯情实成保一起一名，谨将勾到时所奉谕旨恭录于后。

一起斩犯成保，系已革副都统，因随同钦差大臣僧格林沁追剿贼匪，叠有斩捦，该革员随僧格林沁追至曹州府城西北时，该革员统领右翼马队、已革记名总兵郭宝昌统带步队各军与贼接仗，奋力冲杀，中军马队先败，左翼马步亦退，僧格林沁亲临右翼，该革员同郭宝昌督队鏖战，贼始败退。该革员等追杀四五里，该逆大股麇至，只剩右翼马步两军，僧格林沁见众寡不敌，令该革员等退至小庄，伐树立营。该逆蜂拥而来，四面围困。僧格林沁令郭宝昌将步队分而为二，一队在前开路，一队跟随断后，僧格林沁与该革员马队居中，向外冲扑。该逆层层包围，枪炮齐发，首尾不能相顾。该革员奋力杀出重围，不见僧格林沁所在，郭宝昌亦身受矛伤。后经寻见僧格林沁忠骸，恭送进城，妥为棺殓。旋被奏参拿问，将该革员比依官军临阵先退律定拟，解部监禁，武职大员随同剿贼，不能力救主将，致令阵亡，惟尚无畏葸溃逃情事，不无可原，是以未勾。

——《咸丰同治两朝上谕档》第 16 册，第 314—315 页。

〇上谕

成保系武职大员，随同剿贼，未能力救，致主将阵亡，惟尚无畏葸溃逃情事，不无可原，著免勾。窃犯陆泳源即陆官，著一并免勾。余均照所拟。

钦此。

——《咸丰同治两朝上谕档》第 16 册，第 314 页。

十一月十五日

〇上谕

同治五年十一月十五日内阁奉上谕：

山东莱阳县知县王朝翼，前经僧格林沁保奏，当经降旨，谕令署理兖州府知府。兹据阎敬铭奏称，该员自到署任以来，公事尚无错误，惟资浅望轻，难为统率，请饬撤回本任等语。王朝翼著即撤回莱阳县知县本任，兖州府知府员缺，著王继庭补授。

钦此。

——《咸丰同治两朝上谕档》第 16 册，第 327 页。

十一月二十五日

〇吴棠奏

钦奉谕旨，饬将抗拒官兵之已革知县陈继烘等审讯。遵查四年三月间，捻匪由东省窜入赣邑西南乡，二十四日，大股麇至，逼近城垣，陈继烘即会同在城员弁督率兵练上城防守，一面传谕各圩绅董联络保卫。是时，练丁张干、杨存跟随练长魏清上城防守西门，马步各匪屡次扑城，陈继烘日夜督军固守，该匪无隙可乘，扮作官兵，屡向哄诱，均经开炮击退。二十五日，僧格林沁统兵追剿抵境，陈继烘先期未奉饬知，又因守城吃紧，无从探悉。嗣后僧格林沁派弁持令至城前传话，守城士民仍疑是匪假扮，不肯开城，又放炮轰击，并有乡民获送形迹可疑二人，讯明双和、富明系僧格林沁大营兵勇，因在乡买物，误被获送。正申查间，陈继烘接奉僧格林沁札调赴营，士民疑惧，哀求坚留。二十六日，陈继烘委县丞刘清涟等缒城代谒，适有弁兵又至城前喊令开城，士民愈怀疑惧，仍指为匪，魏清及张干等先后开枪，各伤一人。迨刘清涟等回城，备述前奉令札实系僧格林沁所发，并传谕赶紧办粮，陈继烘即晓谕士民释疑。二十七日办粮出城，并送营勇双和等归队，维时僧格林沁已拔营追剿出境。此案已革前署赣榆县知县陈继烘，因捻匪窜扑，督练守城，不知僧格林沁到境，情尚可原。迨经派员持令札传，为士民坚留，致未即时往谒，究非寻常疏忽可比，业已革职，应毋庸议。练长魏清等随同守城，疑匪开枪，打伤弁兵，实非有心致死，惟军火伤人，非他物可比，未便置之不问，除魏清业经病故外，张干、杨存应请各发云贵两广烟瘴少轻地方充军。①

——《钦定剿平捻匪方略》卷二六一，第36—38页。

① 奏入，得旨：刑部议奏。旋经刑部议覆，均应如该督所奏办理。上从之。参见《钦定剿平捻匪方略》卷二六一，第39页。

同治六年

正月

正月十一日

〇上谕

同治六年正月十一日内阁奉上谕：

本月二十一日，已故科尔沁博多勒噶台亲王僧格林沁灵柩回旗，著派礼亲王世铎于二十日带领侍卫十员前往赐奠，并著顺天府府尹、直隶总督、盛京将军、奉天府府尹各饬所属，沿途妥为照料。其灵柩到旗时，著派盛京礼部侍郎清安前往赐奠，用示朝廷笃念忠荩至意。

钦此。

——《咸丰同治两朝上谕档》第17册，第10页。

〇上谕

军机大臣字寄盛京将军都。同治六年正月十一日奉上谕：

本月二十一日，已故科尔沁博多勒噶台亲王僧格林沁灵柩回旗，本日已降旨，令直隶总督、盛京将军、顺天奉天各府尹饬属沿途照料。惟念奉天属境土匪尚未剿除净尽，必须派兵护送，现在驻防昌图厅诺林丕勒所带兵丁五百名内，有伯彦诺谟祜本旗兵一百五十名，即著都兴阿迅速派员管带，前赴中后所一带，迎接僧格林沁灵柩，沿途小心护送回旗，以昭慎重。将此谕令知之。

钦此。遵旨寄信前来。

——《咸丰同治两朝上谕档》第17册，第9页。

正月十四日

〇上谕

同治六年正月十四日内阁奉上谕：

伯彦诺谟祜奏扶送伊故父僧格林沁灵柩回旗安葬、恳恩赏借四年亲王俸银一折。[1] 已故科尔沁博多勒噶台亲王僧格林沁灵柩回旗，长途耗费，用款实多，著将伯彦诺谟祜应领四年亲王俸银如数赏给，无庸扣还，以示朝廷笃念忠荩、优加体恤至意。

钦此。

——《咸丰同治两朝上谕档》第17册，第12页。

三月

三月初六日

〇清安奏（节录）

……窃奴才于正月十八日恭奉谕旨：已故科尔沁博多勒噶台亲王僧格林沁灵柩到旗时，著派清安前往赐奠。钦此。该王灵柩于二月十三日到旗，奴才即于十四日由省起程，将礼部印钥照例递交盛京兵部侍郎延煦署理，十七日行抵该旗，遵旨赐奠毕，伯彦诺谟祜率领阖家叩谢天恩。奴才即于是日由该旗起程，二十日回省接印任事……

［同治六年二月二十三日］

——录副奏折，档案号03-4630-014。

---

① 本日，伯彦诺谟祜奏："窃奴才前因送柩回旗安葬，乞假两月，经理藩院代奏，业蒙允准在案。兹于同治六年正月十一日奉上谕：本月二十一日，已故科尔沁博多勒噶台亲王僧格林沁灵柩回旗，著派礼亲王世铎于二十日带领侍卫十员前往赐奠，并著顺天府府尹、直隶总督、盛京将军、奉天府府尹各饬所属沿途妥为照料，其灵柩到旗时，著派盛京礼部侍郎清安前往赐奠，用示朝廷笃念忠荩至意。钦此。钦遵。奴才跪聆之下，感激涕零，仰见圣慈优渥，备极周详。凡此高厚之隆施，实为古今所罕有，涓埃未报，铭镂尤深。伏查奴才此番扶送奴才故父僧格林沁灵柩回旗，长途耗费及安葬事宜在在用款实多，惟是奴才频年在京当差，毫无储蓄，值兹葬事临迩，殊觉支绌弥形，再四思维，惟有仰恳天恩，逾格准将奴才所食亲王俸银赏借四年，按年扣还，俾奴才得以从容储备，免至诸事竭蹶，则感荷鸿慈，愈无既极矣。是否可行，伏候圣裁，训示祗遵。"详见中国第一历史档案馆藏录副奏折，档案号03-4674-050。

十二月

十二月二十三日

〇上谕

内阁奉谕旨:

昨据李鸿章驰奏,山东、江苏捻股全数荡平,业经降旨宣示。因思博多勒噶台亲王僧格林沁,前在河南、山东、安徽、湖北等省剿办捻匪,迭著战绩,方冀克期奏功,旋因追贼山东,于曹州殉难。现在山东等省捻股肃清,朝廷追念该亲王为国捐躯,益深凄恻。伊子御前大臣伯彦诺谟祜,著加恩赏用黄缰,用示眷念旧勋有加无已至意。

——《清代起居注册(同治朝)》第 27 册,第 15219—15220 页。

同治七年

七月

七月初五日

〇上谕

本日据英翰密片一件，所陈不为无见，著将原片钞给李鸿章阅看，该大臣即将所奏情形悉心妥筹办理。该降逆当日句结任、张诸逆，以致僧格林沁捐躯，殊堪痛恨，该大臣当将此意宣示，庶现在降众不至群怀疑惧也。将此由六百里密谕知之。

——《清穆宗实录》卷二三七，同治七年七月庚辰。

七月初十日

〇李鸿章奏

捻逆倡乱已历十数年，从前督办诸臣，如僧格林沁、袁甲三等皆叠次埽穴擒渠，战功卓越，虽未克悉数荡平，其灭贼之心久而愈奋，今在事各军马步，多系该前大臣旧部，怆怀遗烈，莫不感激涕零。至现任大学士、两江总督曾国藩，接办年余，谋定后战，虽未立见速效，而长墙围制之策，实已得其要领。臣得变通尽利，以竟全功，实自曾国藩开之。且自回任后，事事与臣和衷共济，筹饷筹兵，不遗余力。现幸中原底定，可否分别加恩，以慰忠荩。此外，凡剿捻以来文武大员殁于王事者，可否一律推广皇仁而作士气，出自逾格鸿慈。

——《钦定剿平捻匪方略》卷三一八，第10—11页。

〇上谕

原任钦差大臣科尔沁博多勒噶台亲王僧格林沁，自咸丰三年督师剿捻，叠歼巨憝，懋著勤劳。同治四年四月间,在山东曹州剿贼,乘胜逐北,中伏捐躯。前已叠降恩旨,从优赐恤。现在捻股荡平,逆首次第伏诛,因思该亲王忠勇性成,赍志以殁,眷念殊勋,倍深怆恻。僧格林沁著加恩赐祭一坛,派盛京工部侍郎奕庆前往致祭,用示笃念荩臣至意。

——《清穆宗实录》卷二三七,同治七年七月乙酉。

〇上谕

现在捻匪全股肃清,本日已降旨,将已故亲王僧格林沁赐祭一坛。因思已故三品顶戴副都统伊兴额,从前在安徽等省剿捻,战功卓著,嗣复随同僧格林沁在山东东平州力战阵亡,该故员忠勇奋发,未获及身灭贼,此时捻股荡平,追念前勋,倍(称)[深]悯恻。伊兴额著加恩赐祭一坛,由富明阿派协领一员前往致祭,用(尉)[慰]忠魂。

——《清代起居注册(同治朝)》第 29 册,第 16132—16133 页。

八月

八月十四日

〇上谕

同治七年八月十四日内阁奉上谕:

理藩院奏,据科尔沁博多勒噶台亲王伯彦讷谟祜为庶祖母、生母呈请封典,请饬部查明办理一折。伯彦讷谟祜故父僧格林沁,自幼经额驸索特那木多布斋之媵韩氏抚养,赖以成立。僧格林沁功勋卓著,为国捐躯,前已叠沛恩施。今韩氏年逾八旬,自应念其抚育之勤,一体加恩,著封为索特那木多布斋之侧室。伯彦讷谟祜生母尼鲁特氏,著一并加恩,封为僧格林沁之侧室,以遂孝思。嗣后不得援以为例。该衙门知道。

钦此。

——《咸丰同治两朝上谕档》第 17 册,第 315—316 页。

九月

九月二十日

〇奕庆奏(节录)

……窃奴才于七月二十二日接准理藩院来咨,恭奉谕旨:原任钦差大臣、科尔沁博多勒噶台亲王僧格林沁,著加恩赐祭一坛,派盛京工部侍郎奕庆前往赐祭等因。钦此。查该亲王应需祭品,奴才衙门并未办有成案,当即咨理藩院,嗣于八月十五日接到满蒙汉祭文各一道,应需祭品牛犊一头,羊八只,酒九瓶,由该处库存公项下照例动用,就近采买等语。遵即派员确访时价采办,于八月二十五日将祭品备齐,奴才于二十六日由省起程,将工部印钥照例递交盛京户部侍郎额勒和布署理,于二十九日行抵该旗,遵旨赐祭毕,该亲王次孙、辅国公温都苏率各领队家属叩谢天恩,奴才即于是日由该旗起程,于九月初二日回省接印任事……

[同治七年九月初四日]

——录副奏折,档案号03-4642-065。

十二月

十二月十二日

〇上谕

同治七年十二月十二日内阁奉上谕:

崇厚奏请颁给祠庙匾额等语。本年四月间捻匪扑犯天津郡城,幸赖神灵助顺,得以转危为安,实深寅感,著南书房翰林恭书河神、火神、天津府县城隍神、通真道人仙祠匾额各一方,发交崇厚祗领,敬谨悬挂,以答神庥。至所称该处绅士以僧格林沁从前驻津办防时创筑濠墙,此次贼匪窜近,深资保障,恳请颁给匾额等情,并著南书房翰林恭书匾额一方,发交崇厚,悬挂僧格林沁专祠,以顺舆情。

钦此。

——《咸丰同治两朝上谕档》第18册,第474页。

〇实录

颁直隶天津府故钦差大臣、科尔沁博多勒噶台忠亲王僧格林沁专祠扁额,曰“丹心万古”。

——《清穆宗实录》卷二四八,同治七年十二月乙卯。

同治十年

三月

三月初十日

〇上谕

同治十年三月初十日内阁奉上谕：

曾国藩奏已故督臣有功桑梓，据情转奏，恳予本籍建祠一折。已故两江总督马新贻，于咸丰十一年间丁忧，在籍办理团练，力任其难，联络众志，却退悍贼，保全菏泽县城，嗣经僧格林沁檄令督办善后事宜，亦能筹画妥协，有裨地方，既据知府刘毓敏等呈请建立专祠，是该故督有功桑梓，允协乡评，自应俯如所请，马新贻著准其在山东菏泽县建立专祠，春秋官为致祭，以顺舆情而彰忠荩。

钦此。

——《咸丰同治两朝上谕档》第21册，第84页。

三月十八日

〇上谕

同治十年三月十八日内阁奉上谕：

李鹤年奏建立僧格林沁专祠工竣，请颁匾额等语。河南省城建立已故科尔沁忠亲王僧格林沁专祠，现已告竣，著南书房翰林缮写匾额一方，交李鹤年祇领，悬挂僧格林沁专祠，以彰忠荩。

钦此。

——《咸丰同治两朝上谕档》第21册，第87页。

〇实录

颁河南省城故钦差大臣、科尔沁博多勒噶台忠亲王僧格林沁专祠扁额，曰“精忠伟烈”。

——《清穆宗实录》卷三〇七，同治十年三月戊申。

同治十一年

十二月

十二月初十日

〇丁宝桢奏（节录）

太子少保衔头品顶戴山东巡抚臣丁宝桢跪奏……窃照东省自同治七年肃清以后，诚恐漏网伏匪乘间滋事，臣屡饬地方文武无分畛域，严密侦缉，随时获犯惩办。前经署布政使、兖沂曹济道长庚访获戕害忠亲王僧格林沁之逆匪张凌云即张皮绠、漏匪单□梆，均在河南、安徽交界地方伏匿，密商臣派令梁山营都司贾宗江带同尽先游击刁文焕、候补府经历陈镖等，并酌带得力员弁驰往，设法擒拿。贾宗江等侦知该匪等蚤东暮西，并无定所，复又广觅眼线，四路踩缉。本年八月二十日探悉单□梆潜回安徽亳州原籍，即与刁文焕、陈镖等督率弁兵，并会商河南补用同知穆宗滨暨河南永城县知县陈梦莲，添派熟悉路径勇役，驰至亳州□子集地方，适派出眼线将单□梆引诱出庄，一齐上前围捕，亳州兵役亦即踵至，当将单□梆拿获，究出张凌云先已闻信逃回原籍涡阳县藏匿。贾宗江即将单□梆就近解交永城县寄禁，复与刁文焕等带同弁兵星夜驰抵涡阳县，会同该县兵役不动声色，复将张凌云立时擒获，一并押解到省。

臣督同臬司李元华、济南府知府豫山提犯研鞫，缘张凌云即张皮绠、单□梆分隶安徽涡阳、亳州等州县，均先未为匪犯案，咸丰十年不记月日，张凌云往投逆首张落刑，派归头目张三□风队下，连年肆出焚掠，攻打城池，拒敌官兵，不记次数。同治四年二月二十三日，张凌云随同逆首张总愚，带领贼队窜至河南确山，被官兵击败，昼夜紧追，由许州考城窜入东境，扰及曹州、济宁、兖州、泰安一带，叠被官兵截击，由青口窜至江南海赣邳宿，四月初间，复由峄滕回窜东境，屡与官兵接仗，被追穷蹙乱奔，四月二十四日窜至曹州府城西北，又经僧亲王统带马步官兵追袭，贼众败退数里，大兵一齐跟蹑，张总愚即令马步贼队在于高楼集附近树林、麦地四面埋伏，官军一拥直追，张总愚指挥贼众四面包抄，官军腹背受敌，全军败挫，即倚荒庄扎营，贼众四面挖濠筑墙，层层包围。迨至三更时分，官军一齐呐喊，闯出重围，且战且走，贼众更番迎扑，官军愈战愈少，转战十余里，贼众即分股在前面柳林埋伏，僧亲王带队战至该处，伏逆齐出喊扑，僧亲王受伤落马，张凌云瞥见，即用攮刀连扎，伤僧亲王咽喉等处，倒地，官军即零星四散，贼众旋亦收队。张凌云后又随同张总愚到处窜扰，至七年六月间，张总愚在茌平等处经官军剿灭，张凌云即乘间逃逸。单□梆于四年九月间被张总愚贼队裹胁，随同前赴各处焚掠杀人，亦因七年六月间贼势穷极潜逃，因与张凌云曾于贼中认识，同在河南、安徽交界地方潜匿，被获提审，供悉前情不讳，严诘不移，供无遁饰。

臣查张凌云即张皮绠从逆多年，扰及数省，且系戕害忠亲王僧格林沁之正犯，实属罪大恶极。单□梆随逆焚掠杀人，迨至贼势穷极，始行潜逃，亦属罪不容诛。当于审明后照例饬委臬司李元华、臣标中军参将莫组绅恭请王命，将张凌云即张皮绠凌迟处死，单□梆即行处斩……

同治十一年十二月初十日军机大臣奉旨：贾宗江等均著照所请奖励，长庚著交部从优议叙。该部知道。钦此。

——录副奏折，档案号 03-4834-026。

同治十二年

二月

二月十四日

〇上谕

同治十二年二月十四日内阁奉上谕：

醇亲王奏戕害僧格林沁之捻逆就捦、请派员赴该亲王坟园赐祭一折。前据丁宝桢奏，捻匪张凌云，系戕害僧格林沁之犯，漏网潜逃，于上年八月间访拿获案，讯明正法，并将该犯摘心，于山东省城僧格林沁专祠致祭等语。张凌云一犯，罪不容诛，既经丁宝桢讯明正法，并于僧格林沁专祠摘心致祭，足以纾义愤而慰忠魂，醇亲王所奏，著毋庸议。

钦此。

——《咸丰同治两朝上谕档》第23册，第63页。

闰六月

闰六月二十五日

〇上谕

内阁奉谕旨：

李鸿章奏请将已故大员附祀僧格林沁专祠等语。原任直隶总督庆祺，于咸丰年间在天津府历办防剿，并随同僧格林沁克复连镇，地方赖以安靖。兹据该处绅士、前浙江布政使沈兆沄等[以]该故员遗爱在民，呈请附祀僧格林沁专祠。庆祺著准其附祀，以彰劳勚而顺舆情。

——《清代起居注册(同治朝)》第40册，第22646—22647页。

同治十三年

八月

八月初六日

〇上谕

同治十三年八月初六日内阁奉上谕：

春福奏建立僧格林沁专祠工竣请颁匾额一折。山东青州地方建立已故科尔沁忠亲王僧格林沁专祠现已告竣，朕亲书匾额一方，交春福祗领，悬挂僧格林沁专祠，并著山东巡抚饬地方官春秋致祭，以彰忠荩。

钦此。

——《咸丰同治两朝上谕档》第24册，第268页。

〇实录

以山东青州府故钦差大臣、博多勒噶台忠亲王僧格林沁专祠告成，命列入祀典，并颁御书扁额，曰"丹心万古"。

——《清穆宗实录》卷三七〇，同治十三年八月丙子。

光宣时期

光绪六年十月十九日

〇上谕

光绪六年十月十九日内阁奉上谕：

岐元奏统兵大员在营病故请旨赐恤一折。公衔协理台吉诺林丕勒，前随僧格林沁军营转战直隶、山东等省，屡著战功，近年带兵驻扎昌图，弹压巡防，均称得力，兹以积劳病故，殊堪悯惜，著照军营立功后积劳在营病故例从优议恤。该衙门知道。

钦此。

——《光绪宣统两朝上谕档》第 6 册，第 268—269 页。

光绪九年七月初二日

〇上谕

光绪九年七月初二日内阁奉上谕：

给事中邓承脩奏，已故戍员战功卓著，请量予褒恤一折。已革前任总兵、降补都司陈国瑞，随同僧格林沁转战数省，曾著劳绩，嗣缘案遣戍，上年伤发身故，著加恩开复总兵原官，并将战绩宣付国史馆，以奖前劳。该衙门知道。

钦此。

——《光绪宣统两朝上谕档》第 9 册，第 221 页。

光绪十四年三月初十日

〇实录

予故科尔沁忠亲王僧格林沁在奉天省城建立专祠。从将军庆裕等请也。

——《清德宗实录》卷二五三，光绪十四年三月辛酉。

光绪十五年正月二十二日

〇上谕

光绪十五年正月二十二日钦奉慈禧端佑康颐昭豫庄诚皇太后懿旨：

科尔沁博多勒噶台亲王僧格林沁，于咸丰同治年间叠平巨寇，功在旗常，前经从优赐恤，并图形紫光阁，配飨太庙。该亲王身后荣名，已足昭垂千古。现在归政届期，追念前劳，允宜再沛殊恩，以示优异。僧格林沁著于京师建立专祠，春秋致祭。该衙门知道。

钦此。

——《光绪宣统两朝上谕档》第15册，第65页。

光绪十七年七月十八日

〇实录

予故科尔沁博多勒噶台亲王僧格林沁祠额曰“显忠祠”，扁曰“气壮山河”。

——《清德宗实录》卷二九九，光绪十七年七月庚辰。

光绪十八年十二月十五日

〇上谕

光绪十八年十二月十五日奉旨：

已故贝勒那尔苏，系僧格林沁之孙，追念伊祖前劳，加恩准如阿穆尔灵圭所请，追封亲王，用示优异。嗣后不得援以为例。钦此。

——《光绪宣统两朝上谕档》第18册，第353页。

光绪十九年十二月初八日

〇实录

以战功卓著，予故总兵陈国瑞附祀科尔沁亲王僧格林沁蒙城专祠。从安徽巡抚沈秉成请也。

——《清德宗实录》卷三三一，光绪十九年十二月丙辰。

宣统二年正月二十六日

〇实录

山东巡抚孙宝琦奏，已故陕西河州镇总兵王得胜战功卓著，遗爱在民，请附祀故忠亲王僧格林沁专祠。从之。

——《宣统政纪》卷三〇，宣统二年正月辛未。

参考文献

中国第一历史档案馆编:《嘉庆道光两朝上谕档》,广西师范大学出版社,2000。

中国第一历史档案馆编:《咸丰同治两朝上谕档》,广西师范大学出版社,1998。

中国第一历史档案馆编:《光绪宣统两朝上谕档》,广西师范大学出版社,1996。

《清实录》,中华书局,1986—1987。

《东华录 东华续录》,上海古籍出版社,2008。

《清代起居注册》(道光朝),联经出版事业公司,1985。

《清代起居注册》(咸丰朝),联经出版事业公司,1983。

《清代起居注册》(同治朝),联经出版事业公司,1983。

《清代起居注册》(光绪朝),联经出版事业公司,1987。

中国第一历史档案馆编:《鸦片战争档案史料》,天津古籍出版社,1992。

中国第一历史档案馆编:《清政府镇压太平天国档案史料》,社会科学文献出版社,1992—1994。

中国史学会主编:《第二次鸦片战争》,上海人民出版社,1978。

《筹办夷务始末》,上海古籍出版社,2008。

《钦定剿平捻匪方略》,成文出版社,1968。

《钦定剿平粤匪方略》,成文出版社,1968。

本书所涉清朝年号纪年与公元纪年对照表

清代年号	公元纪年	清代年号	公元纪年
道光年间	公元 1821 年—公元 1850 年	咸丰三年	公元 1853 年
道光五年	公元 1825 年	咸丰四年	公元 1854 年
道光六年	公元 1826 年	咸丰五年	公元 1855 年
道光七年	公元 1827 年	咸丰六年	公元 1856 年
道光八年	公元 1828 年	咸丰七年	公元 1857 年
道光九年	公元 1829 年	咸丰八年	公元 1858 年
道光十年	公元 1830 年	咸丰九年	公元 1859 年
道光十一年	公元 1831 年	咸丰十年	公元 1860 年
道光十二年	公元 1832 年	咸丰十一年	公元 1861 年
道光十三年	公元 1833 年	同治年间	公元 1862 年—公元 1874 年
道光十四年	公元 1834 年	同治元年	公元 1862 年
道光十五年	公元 1835 年	同治二年	公元 1863 年
道光十六年	公元 1836 年	同治三年	公元 1864 年
道光十七年	公元 1837 年	同治四年	公元 1865 年
道光十八年	公元 1838 年	同治五年	公元 1866 年
道光十九年	公元 1839 年	同治六年	公元 1867 年
道光二十年	公元 1840 年	同治七年	公元 1868 年
道光二十一年	公元 1841 年	同治十年	公元 1871 年
道光二十二年	公元 1842 年	同治十一年	公元 1872 年
道光二十三年	公元 1843 年	同治十二年	公元 1873 年
道光二十四年	公元 1844 年	同治十三年	公元 1874 年
道光二十五年	公元 1845 年	光宣时期	公元 1875 年—公元 1912 年
道光二十六年	公元 1846 年	光绪六年	公元 1880 年
道光二十七年	公元 1847 年	光绪九年	公元 1883 年
道光二十八年	公元 1848 年	光绪十四年	公元 1888 年
道光二十九年	公元 1849 年	光绪十五年	公元 1889 年
道光三十年	公元 1850 年	光绪十七年	公元 1891 年
咸丰年间	公元 1851 年—公元 1861 年	光绪十八年	公元 1892 年
咸丰元年	公元 1851 年	光绪十九年	公元 1893 年
咸丰二年	公元 1852 年	宣统二年	公元 1910 年